HEBREW-ENGLISH EDITION OF
THE BABYLONIAN TALMUD

SEDER MO'ED

TA'ANITH

MEGILLAH

HAGIGAH

תלמוד בבלי

מסכת

תענית

עם פירוש רש״י ותוספות
ובצירוף תרגום ופירוש והערות באנגלית

על ידי
יוסף ראבינאוויץ ז״ל

בעריכת
יחזקאל (איזידור) אפשטיין ז״ל

דפוס שונצין
שנת להחזיר העט״רה ליו״שנה לפ״ק
לונדון

HEBREW-ENGLISH EDITION OF
THE BABYLONIAN TALMUD

TA'ANITH

TRANSLATED INTO ENGLISH
WITH NOTES, GLOSSARY AND INDICES BY

DR J. RABBINOWITZ, B.A., PH.D.

UNDER THE EDITORSHIP OF

RABBI DR I. EPSTEIN, B.A., PH.D., D.LITT.

LONDON
THE SONCINO PRESS
1990

ISBN 0-900689-84-6

PUBLISHERS' NOTE

This HEBREW-ENGLISH EDITION of THE SONCINO TALMUD is being published to facilitate the easier reference to the original text by scholars and students.

The Publishers wish to express their sincere thanks to Rabbi Dr. A. Melinek, B.A., Ph. D., for his painstaking care in examining the texts and making the necessary corrections for the preparation of these Tractates.

It has been necessary to duplicate some of the original Hebrew-Aramaic pages in this Tractate where the text has been of such length as to require more than one page of English translation.

INTRODUCTION

Ta'anith generally appears in the printed editions of the Babylonian Talmud as the ninth tractate of Seder Mo'ed. As its name Ta'anith ('Fasts') implies, the tractate deals with the special fasts decreed upon the community because of continued drought, which was looked upon as a visitation from Heaven for disobedience to God's will (cf. Deut. XI, 17; XXVIII, 23 and Lev. XXVI, 19). The humiliation of the people by fasting and prayer, and by other ceremonial acts such as the taking out of the Ark to the open space of the city and people clothing themselves in sackcloth and placing ashes on their heads etc., all this was designed to awaken the community to a sense of their guilt and stir them on to repentance, and thus appease the anger of God. Originally these special fast days were imposed upon the community only in the case of continued drought, but at a later date they were extended to cases of other forms of visitation, e.g., pestilence.

The following in brief are the main contents of the four chapters of the tractate.

CHAPTER I discusses when in the Jewish year mention should first be made of rain in the second benediction of the prayer known as the Eighteen Benedictions, and when the prayer for rain is first to be inserted in the ninth benediction; and when both these should be discontinued. Special fasts are to be ordained on account of continued drought; first three fasts observed in succession on Monday, Thursday and Monday; if no rain came, a further three fasts are to be held, and if these fasts too proved not effective a final series of seven fast days are to be kept. These three periods of fast days differed from each other in their degree of stringency.

CHAPTER II gives the Order of Service for the seven fast days and the full ceremonial to be observed in connection therewith. The Ark is to be taken out to the open space of the city where the service is held, the people are to clothe themselves in sackcloth and place ashes on their heads, and the *Shofar* is to be sounded. A discussion follows on the festive days of the Jewish year enumerated in Megillath Ta'anith ('the Scroll of Fasts'), when mourning and fasting are prohibited.

CHAPTER III deals with the occasions when the *Shofar* is sounded at the beginning of the series of fasts. Other occasions for the proclaiming of special fast days are mentioned, for example, when a plague rages in the city or its buildings suddenly collapse. This chapter is rich in *aggadic* material; here are found the famous stories of Naḳdimon b. Gurion and the twelve wells of water, and of Ḥoni the Circle Drawer and his prayers, and legends concerning him.

CHAPTER IV enumerates the occasions in the year on which the priests pronounce the priestly blessing four times during the day. Here also are given the details concerning the *Ma'amadoth* (v. Glos.), the days of the week on which the men of the *Ma'amad* fasted, and the portions of the law they read on each day. The origin of the Wood Festival is given and reference made to its observance nine times a year, when different families brought an offering of wood to the Temple. The five sad experiences which befell the Jewish people on the seventeenth of Tammuz and the ninth of Ab are enumerated. The chapter closes with a brief description of the Youth Festivals which took place in Jerusalem on the fifteenth of Ab and the Day of Atonement.

ACKNOWLEDGMENT

I should like to express my warmest thanks to my friend the Rev. W. Morein, B.A., Minister of the North London Synagogue for his kindness in reading the MS. and for a number of suggestions which I have been pleased to adopt.

J. RABBINOWITZ

The Indices of this Tractate have been compiled by Judah J. Slotki, M.A.

PREFATORY NOTE BY THE EDITOR

The Editor desires to state that the translation of the several Tractates, and the notes thereon, are the work of the individual contributors and that he has not attempted to secure general uniformity in style or mode of rendering. He has, nevertheless, revised and supplemented, at his own discretion, their interpretation and elucidation of the original text, and has himself added the footnotes in square brackets containing alternative explanations and matter of historical and geographical interest.

ISIDORE EPSTEIN

TA'ANITH

CHAPTER I

a *MISHNAH.* [2a] WHEN DO WE [BEGIN TO] MAKE MENTION OF THE POWER OF RAIN?[1] R. ELIEZER SAYS: ON THE FIRST DAY OF THE FEAST.[2] R. JOSHUA SAYS: ON THE LAST DAY OF THE FEAST. R. JOSHUA SAID TO HIM: SEEING THAT RAIN ON THE FEAST IS A SIGN OF [GOD'S] ANGER[3] WHY MAKE MENTION OF IT? THEREUPON R. ELIEZER SAID TO HIM: I ALSO DID NOT SAY TO PRAY[4] BUT TO MAKE MENTION [IN THE WORDS] 'HE CAUSETH THE WIND TO BLOW AND THE RAIN TO FALL'[5]—IN ITS DUE SEASON. HE [R. JOSHUA] REPLIED TO HIM: IF THAT IS SO ONE SHOULD AT ALL TIMES MAKE MENTION OF IT.

WE PRAY FOR RAIN ONLY CLOSE TO THE RAINY SEASON. R. JUDAH SAYS: THE LAST TO STEP BEFORE THE ARK[6] ON THE LAST DAY OF THE FEAST MAKES MENTION, THE FIRST DOES NOT; ON THE FIRST DAY OF PASSOVER THE FIRST MAKES MENTION, THE LAST DOES NOT.

GEMARA. What has the Tanna [in mind] when he teaches WHEN etc.?[7]—The Tanna refers to [a Mishnah] elsewhere which teaches: We make mention of the Power of Rain in the [benediction of] the Revival of the Dead,[8] and we pray for [rain] in the Bene-
b diction of the Years[1] and [we insert] the *Habdalah*[2] in [the benediction] 'Thou favourest man with knowledge'.[3] [With that passage in mind] the Tanna now teaches: When do we [begin] to make mention of the Power of Rain? Would it not have been more appropriate to teach it there, why did he leave it until now?—[Say] rather, because the Tanna had just completed [learning the Tractate] Rosh Hashanah[4] where we have learnt: And on the Feast [the world] is judged through water. And, [as there] he taught: 'And on the Feast [the world] is judged through water,' therefore there he teaches: When do we [begin] to make mention of the Power of Rain. But let him teach: When do we [begin] to make mention of Rain: why, the Power of Rain?—R. Johanan said: Because Rain comes down by the Power [of God], as it is said, *Who doeth great things and unsearchable, marvellous things without number.*[5] And it is [further] written, *Who giveth rain upon the earth, and sendeth waters upon the fields.*[6] Where [in these verses is this idea] implied?—Rabbah b. Shila replied: It is derived from the analogous use of the word *heker* in verses treating of Creation. Here it is written, '*Who doeth great things and unsearchable*'. And there it is written, '*Hast thou not known? hast thou not heard that the everlasting God, The Lord, the Creator of the ends of the earth, fainteth not, neither is weary? His discernment is past searching out.*[7] And [of Creation] it is [also] written, *Who by Thy strength settest fast the mountains, Who art girded about with might.*[8] Whence do we know that mention of
c Rain is to be made in the Prayer?[1]—It has been taught: *To love the Lord your God and to serve Him with all your heart.*[2] What is Service of Heart? You must needs say, Prayer. And the verse following reads, *That I will give the rain of your land in its season, the former rain and the latter rain.*[3]

R. Johanan said: Three keys the Holy One blessed be He has retained in His own hands and not entrusted to the hand of any messenger, namely, the Key of Rain, the Key of Childbirth, and the Key of the Revival of the Dead. The Key of Rain, for it is written, *The Lord will open unto thee His good treasure, the heaven to give the rain of thy land in its season,*[4] The Key of Childbirth, for it

a (1) The term 'Power of Rain' is applied to the phrase 'He causeth the wind to blow and the rain to fall' inserted in the second benediction of the prayer known as 'the Eighteen Benedictions'—The *Tefillah* (v. Glos.) On the expression POWER OF RAIN v. *infra.* (2) The Feast, החג, the name by which the festival of Tabernacles is referred to in Mishnah and Talmud. Cf. I Kings VIII, 2, 65; Neh. VIII, 14, 15. (3) Lit., 'curse', v. Suk. 28*b*. (4) I.e., to insert in the ninth benediction the words, 'Give dew and rain for a blessing upon the face of the earth'. (5) V. n. 1. (6) To step before the Ark (*Tebah*), a technical term denoting the recitation of the *Tefillah* or the *'Amidah* by the reader. V. R.H. (Sonc. ed.) 32*b* n. c 9. (7) What is the Tanna's authority that the power of rain has to be mentioned at all? (8) The second benediction.

b (1) The ninth benediction. (2) Additional prayer inserted in the fourth benediction in the evening service at the termination of Sabbath and festivals. (3) Ber. 33*a*. (4) The order of the tractates of the Mishnah mentioned here is the same as given by the Gaon Sherira of Pumbeditha (968 C.E.) in the letter addressed by him to the community of Kairwan. (V. Neubauer *Med. Jew. Chronicles*, p. 13). The same sequence is given by Maimonides in the Introduction to his Commentary on the Mishnah. (5) Job V, 9-10. The Gemara cites IX, 10, but the commentators substitute for it V, 9 which makes the sequence of ideas clearer. (6) V. *supra* n. 5. (7) Isa. XL, 28. (8) Ps. LXV, 7. Rabbah b. Shilah infers from the analogous use of the word חקר in Job (where it speaks of rain) and Isaiah (where it refers to Creation) that just as God displayed 'Power' at Creation so too 'Power' is a concomitant of rain. Hence the expression, POWER OF RAIN.

c (1) The *Tefillah*. (2) Deut. XI, 13. (3) Ibid. v. 14. (4) Deut. XXVIII, 12.

מזכירין גבורות גשמים רבי אליעזר אומר מיום טוב הראשון של חג ר' יהושע אומר מיום טוב האחרון של חג אמר לו ר' יהושע הואיל ואין הגשמים אלא סימן קללה בחג למה הוא מזכיר אמר לו ר' אליעזר אף אני לא אמרתי לשאול אלא להזכיר משיב הרוח ומוריד הגשם בעונתו אמר לו א"כ לעולם יהא מזכיר אין שואלין את הגשמים אלא סמוך לגשמים ר' יהודה אומר *העובר לפני התיבה ביו"ט האחרון של חג האחרון מזכיר הראשון אינו מזכיר *ביו"ט ראשון של פסח הראשון מזכיר האחרון אינו מזכיר: **גמ'** *תנא היכא קאי דקתני מאימתי תנא התם קאי דקתני *מזכירין גבורות גשמים בתחיית המתים ושואלין בברכת השנים והבדלה בחונן הדעת וקתני מאימתי מזכירין גבורות גשמים וליתני התם מ"ש דשבקיה עד הכא אלא תנא מראש השנה סליק דתנן *ובחג נידונין על המים ואיידי דתנא ובחג נידונין על המים תנא מאימתי מזכירין גבורות גשמים וליתני מאימתי מזכירין על הגשמים מאי גבורות גשמים א"ר יוחנן מפני שיורדין בגבורה שנאמר °עושה גדולות (א) עד אין חקר ונפלאות עד אין מספר וכתיב °הנותן מטר על פני ארץ ושולח מים על פני חוצות מאי משמע אמר רבה בר שילא אתיא חקר חקר מברייתו של עולם כתיב הכא עושה גדולות עד אין חקר וכתיב התם °הלא ידעת אם לא שמעת אלהי עולם ה' בורא קצות הארץ לא ייעף ולא ייגע אין חקר לתבונתו (ב) וכתיב °מכין הרים בכחו נאזר בגבורה ומנא לן דבתפלה דתניא °לאהבה את ה' אלהיכם ולעבדו בכל לבבכם איזו היא עבודה שהיא בלב הוי אומר זו תפלה וכתיב בתריה °ונתתי מטר ארצכם בעתו יורה ומלקוש אמר ר' יוחנן *ג' מפתחות בידו של הקב"ה שלא נמסרו ביד שליח ואלו הן מפתח של (ג) גשמים ומפתח של חיה ומפתח של תחיית המתים מפתח של גשמים דכתיב °יפתח ה' לך את אוצרו הטוב את השמים לתת מטר ארצך בעתו מפתח של חיה מנין דכתיב °ויזכור אלהים את רחל וישמע אליה

רש"י

מאימתי מזכירין גבורות גשמים. שאומר משיב הרוח ומוריד הגשם ובגמרא מפרש טעמא אמאי קרי ליה גבורות גשמים מפני שיורדין בגבורה שנאמר עושה גדולות וגו': סימן קללה בחג הן. כדאמרינן במס' סוכה בפרק הישן (דף כח:) מאימתי מותר לפנות משתסרח המקפה משל תורה אור לעבד שבא למזוג כוס לרבו ושפך לו קיתון על פניו וא"ל אי אפשי בשמושך כלומר כשהגשמים יורדין לסוכה הכל יוצאין ונראה שאין הקב"ה חפץ שנשתמש לפניו ואמאי מתחילין להזכיר גבורות גשמים בחג ונראה שהוא מתפלל שיבא מטר בחג: לא אמרתי לשאול. שיתפלל על הגשמים בחג כגון ותן טל ומטר: אלא להזכיר. שמתחיל להזכיר בחג גבורות של מקום שמוריד גשמים: בעונתו. כלומר בזמנו: אם כן. ואמאי פוסק בפסח מלהזכיר: **גמ'** תנא היכא קאי. כלומר מדקתני מאימתי מכלל דפשיטא ליה להאי תנא דחייבים להזכיר והיכא חזינן דמחייב להזכיר: התם קאי. מזכירין גבורות גשמים כו' במסכת ברכות: (וליתני התם. במסכת ברכות סמוך דתני מזכירין ליתני מאימתי): מ"ש דשבקיה עד הכא. כלומר האי דקתני הכא בסדר מועד מאימתי ליתני התם (ד) דקתני מזכירין במסכת ברכות היינו סדר זרעים: עד הכא. עד סדר מועד: אלא. לא תימא דהא דקתני מאימתי דהתם קאי דתנא מראש השנה סליק שניהן בסדר אחד הן להכי לא מצי למימר מאי שנא דשבקיה עד הכא: (בחג. הוי דין על המים ומשום דתני מאימתי הוי דין על המים קתני נמי אימתי זמן הזכרה) (ה): ואיידי דתני בחג נידונין. כלומר אגב דתנא בחג נידונין על המים קסבר בנפשיה הואיל ונידונין בחג על המים ש"מ בעינן להזכיר עניינא דמיא לרצויי על המים דליתו לברכה להכי קתני מאימתי מזכירין: כתיב עושה גדולות (ו) עד אין חקר. אלמא דכתיב חקר בגשמים וכתיב חקר בברייתו של עולם מה ברייתו של עולם כתיב ביה גבורה אף גשמים הוי כמאן דכתיב ביה גבורה: ואמר רבי יוחנן שלש מפתחות. הייתו שלא נמסרו לשליח אחד ביחד (ז): יפתח ה'. ולא שליח: כי

תוספות

מאימתי. מיום טוב האחרון של חג. שמיני דלא יתבון בסוכה ואפילו האידנא איט אלא מדרבנן משום ספיקא ולהט"ג דבקיאינן בקביעא דירחא גזרה שמא יחזור הדבר לקלקולו או משום מנהג אבותינו בידינו כדאי' פ"ק דביצה (דף ד:) ולכן מדכרינן אבל כל שבעה לא שהגשמים בימי סוכה סימן קללה הן כדתנן פרק שני דסוכה (דף כח:) משל לעבד וכו': **אם** כן. אם אתה אומר מזכירין אע"פ שאין שואלין הואיל ומשמע בעונתו אף בקיץ יזכירו ומה אתה נותן סימן מי"ט הראשון ור' אליעזר אומר בברייתא בגמרא כל הקיץ אם בא להזכיר מזכיר דלעולם בעונתו משמע מיהו עד השתא לא רמי עליה חובה אבל בי"ט ראשון חובה לרצות לפני שאלה שכל הבא לבקש מקדים ומרצה והסימן קללה לא קפדינן ורבי יהושע קפיד: **התם** קאי. פירוש בסדר זרעים בברכות פרק אין עומדין (דף לג.) וליתני התם מאי שנא כו' כלומר אמאי תנא הכא במועד מאי דתני התם בסדר זרעים: **אלא** תנא מרא"ש השנה קא סליק. פירוש ור"ה הויא בסדר מועד ואם תאמר ואכתי ליתני בסדר זרעים וי"ל דהכא עיקר דאמר בחג נידונין על המים והורחא דמילתא לרצות לפני שאלה לכך שביק עד הכא אבל בסדר זרעים (ח) אומרים מזכירין גבורות גשמים אפשר דמשמע לעולם כמו תחיית המתים או הבדלה בחונן הדעת: **וליתני** מאימתי מזכירין (ס) גשמים מאי גבורות גשמים אמר ר' יוחנן שיורדין בגבורה. תימה התם בברכות פ' אין עומדין (שם) קתני כי הכא מזכירין גבורות גשמים ושואלין הגשמים וכו' אמאי לא קא מקשה כמו הכא וליתני מזכירין על הגשמים מאי גבורות ויש לומר שאני הכא דהוי עיקר סדר של גשמים באיזה זמן מתחילין לאומרו ומאימתי פוסקין מלאומרו ומשום הכי פריך הכא טפי מהתם: **וכתיב** מכין הרים בכחו נאזר בגבורה. וזה גבי בריאת עולם וכי היכי דהאי חקר בבריאת העולם רוצה לומר בגבורות כמו כן הכא גבי גשמים האי חקר נמי רוצה לומר גבורות אכן יש להקשות אמאי נקט גבורות טפי מכח וכמו כן הוה ליה למימר מאימתי מזכירין כח גשמים או ליתני גדולות גשמים וי"ל דמן הדין נקט גבורות משום טעמא דאיכא כח ואיכא גדולה אי נמי משום דהברכה מתחלת בגבורה להכי נקט גבורות: **שלשה** מפתחות שלא נמסרו לשליח. וא"ת והא אמרינן (סנהדרין דף קיג.) (י) דמפתח הגשמים נמסרין לאליהו וכן מפתח של תחיית המתים וכן לאלישע דכתיב (מלכים א יז) ויאמר אליהו חי ה' וגו' דה"כ אומר בפירקין דלקמן (דף כג.) וי"ל דהא דקאמר שלא נמסרו לשליח אינו ... תחיית המתים ושל גשמים נמסרו לשליח להיות לעולם ממונה עליהם: **וישמע** אליה אלהים ויפתח את רחמה. פירוש שהוא בעצמו עשה וא"ת מהכא משמע דליכא אלא שלשה מפתחות וא"כ יש להקשות והא כתיב (ירמיה נ) פתח ה' את אוצרו ויוצא את כלי זעמו ומשמע נמי שלא נמסרו לשליח וכמו ההיא וישמע אליה אלהים וגו' וא"כ אמאי לא חשיב לה וי"ל דלא חשיב אלא מפתחות של טובה ולהכי לא קא חשיב מפתח של זעם וא"ת דמשמע מהאי קרא דפתח ה' שלא נמסר מפתח של ברד (פסחים דף קיח.) יורקמי שר של ברד הוי וי"ל מכלי זעם אחרינא קאמר שלא נמסרו לשליח אבל משום ברד לא דחוהו של ברד לא נמסרו איבעיא

עין משפט נר מצוה

א א ב ג מיי' פ"ב מהלכות תפלה הלכה טו סמג עשין יט טוש"ע א"ח סי' קיד סעיף א:

ב ד מיי' שם הלכה טז וסמ"ג שם טוש"ע א"ח סי' קיז סעיף א:

ג ה מיי' שם הלכה יב וסמג שם טוש"ע א"ח סי' רלד סעיף א:

רבינו חננאל

(אידי) [אהדא] דתנן במתניתין מאימתי מזכירין גבורות גשמים מקשי תנא היכא קאי דקתני מאימתי כלומר מי הזכיר שנזכיר גבורות גשמים עד שיאמר מאימתי. ושנינן תנא מר"ה סליק דתנן ובחג נידונין על המים. ולפיכך תנא הכא מאימתי מזכירין גבורות גשמים. ואמאי תני גבורות כלומר מה גבורה יש בגשמים. וא"ר יוחנן שיורדין בגבורה שנאמר בענין המטר עושה גדולות עד אין חקר וגמר חקר חקר מברייתו של עולם שנאמר בורא קצות הארץ אין חקר לתבונתו. וכתיב מכין הרים בכחו נאזר בגבורה. מיכן סמכו לומר גבורות גשמים ופריש במתני' בתפלה ואמרי' ומנא לן שלא תהא הזכרה זו אלא בתפלה. ופשטנא מדכתיב [ולעבדו] בכל לבבכם וגו' ונתתי מטר ארצכם בעתו יורה ומלקוש וגו' ודייקינן איזו היא [עבודה] בלב שבשבילה המטר יורד הוי אומר זו תפלה. וא"ר יוחנן שלשה מפתחות לא נמסרו לשליח אלא הם בידו של הקב"ה. מפתח גשמים שנאמר יפתח ה' לך את אוצרו הטוב את השמים וגו'. מפתח של חיה

רבינו גרשום מאור הגולה

מאימתי מזכירין גבורות גשמים. שאומ' מוריד הגשם: כאחר שהגשמים סימן קללה הוא בחג כדאמרינן בסוכה משל לעבד שמשמש לרבו והפך לו רבו קיתון על פניו כלומר איני חפץ בך אף כך כשיורדין גשמים בחג יוצאין הכל מן הסוכה ונראה שאין הקב"ה חפץ שישבו בסוכה ואמאי מתחיל להזכיר גבורות גשמים ונראה שהוא מתפלל שירדו גשמים בחג: לא אמרתי לשאול. על הגשמים בחג אלא להזכיר. שמתחיל להזכיר בחג *) גבורות של מקום שמוריד גשמים בעונתם לאחר החג כשצריכין: אם כן לעולם יהא מזכיר אפי' בימות החמה שמוריד

הגהות הב"ח

(א) גמ' שנאמר עושה גדולות ואין חקר נפלאות וכו' כצ"ל ותיבת עד נמחק ונ"ב עיין שם אין חקר (כ) שם אין

מסורת הש"ס

רס"א מ"ז | [ברכות כ.] | שם לג. | רס"א מ"ז | סנהדרין קיג. | [ל"ל עושה גדולות ואין חקר נפלאות עד אין מספר (איוב ה פ"ט) וכן בח"א למהרש"א ע"ש וגם לקמן ט: ונ"ל. ונפי' הרע"ב מ"ב פ"ה דברכות צריכין אנו להגיה על דרך הנ"ל]

תורה אור: איוב ט | שם ה | ישעיה מ | תהלים סה | דברים יא | שם | דברים כח | בראשית ל

הגהות וציונים (בתחתית הדף)

(ג) שם ואלו הן מפתח של חיה ומפתח של גשמים ומפתח של תחיית המתים: מפתח של גשמים דכתיב יפתח ה' לך גו' מפתח של חיה מנין דכתיב ויזכור אלהים את רחל וישמע אליה אלהים ויפתח את רחמה מפתח של תחיית המתים וכו' כצ"ל: (ד) רש"י ד"ה מאי שנא כו' ליתני התם היכא דתני כו' סדר זרעים אמאי שבקיה עד הכא כו' כצ"ל ומבה"א: (ה) ד"ה בחג כו' זמן הזכרה ליבעי למיתני מאי איכא ליה למיחשב (ו) ד"ה כתיב עושה גדולות ואין חקר כו': (ז) ד"ה ואמר כו' בידו. נ"ב כפ"ק דסנהדרין: (ח) תוס' ד"ה אלא כו' אבל בסדר זרעים דקתני מזכירין גבורות גשמים ושואלין וכו' כל"ל ותיבות גשמים ושואלין נמחק: (ט) ד"ה וליתני מאימתי מזכירין על הגשמים ושואלין וכו' אמאי לא כו' כצ"ל ותיבת גשמים נמחק: (י) ד"ה שלשה כו' דמפתח הגשמים נמסר לאליהו:

גשמים בעונתו: גמ' התם קאי מזכירין כו' בסס' ברכות: וליתני התם בסס' [ברכות] סמוך לדתני מזכירין כו' ליתני מאימתי מ"ש דשבקיה עד הכא כלומר מי קתני הכא בסדר מועד מאימתי מזכירין בסס' ברכות דהיינו בסדר זרעים. תנא מר"ה סליק שהיכן שנינו בסדר מועד אמאי דהתני מצי למימר מ"ש דשבקיה עד הכא. כתיב עושה גדולות עד אין חקר וכתיב חקר בברייתו של עולם מה ברייתו של עולם כתיב ביה גבורה אף בגשמים ... שלא נמסרו לשליח אחד ביחד כדכתיב גבורה: שלא נמסרו ביד שליח. יפתח ה' ולא שליח כי

*) נראה דצ"ל גבורות של מקום שמוריד גשמים וכו'.

ד א מיי' פ"ד מהלכות מעשה הקרבנות הלכה ס:

תורה אור

אליה אלהים ויפתח את רחמה מפתח של תחיית המתים מנין דכתיב °וידעתם כי אני ה' בפתחי את קברותיכם במערבא אמרי אף מפתח של פרנסה דכתיב °פותח את ידך וגו' ור' יוחנן מאי טעמא לא קא חשיב להא אמר לך גשמים (א) היינו פרנסה: ר' אליעזר אומר מיום טוב הראשון של חג כו': איבעיא להו ר' אליעזר מהיכא גמיר לה מלולב גמר לה או מניסוך המים גמר לה מה לולב ביום אף הזכרה ביום או דלמא מניסוך המים גמר לה מה ניסוך המים מאורתא *דאמר מר °ומנחתם ונסכיהם אפילו בלילה אף הזכרה מאורתא תא שמע דאמר רבי אבהו לא למדה ר' אליעזר אלא מלולב איכא דאמרי ר' אבהו גמרא גמיר לה ואיכא דאמרי מתניתא שמיע ליה מאי היא דתניא מאימתי מזכירין על הגשמים *רבי אליעזר אומר משעת נטילת לולב *ר' יהושע אומר משעת הנחתו א"ר אליעזר הואיל וארבעת מינין הללו אינן באין אלא לרצות על המים וכשם שארבע מינין הללו אי אפשר בהם בלא מים כך אי אפשר לעולם בלא מים אמר לו ר' יהושע והלא גשמים בחג אינו אלא סימן קללה אמר לו ר' אליעזר אף אני לא אמרתי לשאול אלא להזכיר וכשם שתחיית המתים מזכיר כל השנה כולה ואינה אלא בזמנה כך מזכירים גבורות גשמים כל השנה ואינן אלא בזמנן לפיכך אם בא להזכיר כל השנה כולה מזכיר רבי אומר אומר אני משעה שמפסיק לשאלה כך מפסיק להזכרה ר' יהודה בן בתירה אומר בשני בחג הוא מזכיר ר' עקיבא אומר בששי בחג הוא מזכיר ר' יהודה משום ר' יהושע אומר העובר לפני התיבה ביום טוב האחרון של חג האחרון מזכיר הראשון אינו מזכיר ביום טוב ראשון של פסח הראשון מזכיר האחרון אינו מזכיר שפיר קאמר ליה ר"א לרבי יהושע אמר לך רבי יהושע בשלמא תחיית המתים מזכיר דכולי יומא ומניה הוא אלא גשמים כל אימת דאתיין זמנייהו היא והתנן *יצא ניסן וירדו גשמים סימן קללה הם שנאמר °הלא קציר חטים היום וגו' ר' יהודה בן בתירה אומר בשני בחג הוא מזכיר מ"ט דרבי יהודה בן בתירה דתניא *רבי יהודה בן בתירה אומר נאמר בשני °ונסכיהם ונאמר בששי ונסכיה ונאמר בשביעי כמשפטם הרי מ"ם יו"ד מ"ם הרי כאן מים מכאן רמז לניסוך המים מן התורה ומאי שנא בשני דנקט דכי רמיזי להו בקרא בשני הוא דרמיזי הלכך בשני מדכרינן. רבי עקיבא אומר בששי בחג הוא מזכיר שנאמר בששי ונסכיה *בשני ניסוכין הכתוב מדבר אחד ניסוך המים ואחד ניסוך היין ואימא תרוייהו דהמרא סבר לה כר' יהודה בן בתירה דאמר רמיזי מיא

אי

יחזקאל לז · תהלים קמה · במדבר כט · ש"א יב · במדבר כט

רש"י

כי אני ה'. ולא שליח: פותח את ידך. ולא שליח: גשמים נמי הייט פרנסה. (ב) וכבר חשבנא ליה: מלולב גמר לה. שדומה ללולב שכשם שאי אפשר לאלו ארבע מינין בלא גשמים ובאין לרצות על המים כדאמרינן בסוכה *כך אי אפשר לעולם בלא מים: מה לולב ביום. שמתחילין ליטול ביום ראשון אף הזכרה נמי ביום כלומר שאין מזכירין בלילי יום טוב הראשון עד למחר: מה ניסוך המים מאורתא. כדאשכחן במס' סוכה (דף נא:) שממלאין הכלי מים לניסוך המים בלילה ויש ספרים דכתיב בהו דאמר מר ומנחתם ונסכיהם בלילה (ג) שמקריבין הקרבנות ביום יכולין להביא המנחות והנסכים בלילה אף האי ניסוך המים נמי יכול לנסך בלילה: אף הזכרה נמי מאורתא. שבלילי י"ט הראשון קאמר ר' אליעזר שמתחילין להזכיר גבורות גשמים: גמרא גמיר לה. רבי אבהו דרבי אליעזר לא למדה אלא מלולב: *) מתניתין שמיע ליה. דרבי אליעזר גמר מלולב: משעת הנחתו. מיום שמברכין בו באחרונה דהייט בשביעי א]: ארבעה מינין הללו. שבלולב ואתרוג: כך גשמים. יהא מזכיר כל השנה אפילו בימות החמה אם הוא רוצה יהא מזכיר: משעה שפוסק מלשאול. שבפסח פוסק מלומר ותן טל ומטר פוסק מלהזכיר גבורות גשמים והשתא לא מצית למימר אם בא להזכיר כל השנה כולה מזכיר אלא בימות החמה אינו מזכיר הואיל ואין זמנו אף בחג אינו מזכיר הואיל ולא סימן ברכה הן: האחרון. המתפלל תפלת מוסף: הראשון. המתפלל תפלת יוצר: אינו מזכיר. ושוב אין מזכירין: שפיר קאמר ליה ר' אליעזר לר' יהושע. דקאמר כי היכי דמזכירין תחיית המתים כל השנה ואף על גב דלאו זמנייהו כך מזכירין גבורות גשמים אם רוצה כל השנה ובחג נמי אע"ג דלאו סימן ברכה הן מזכירין הואיל ואין שואלין: כל אימת דאתיין זמנייהו הוא. וכיון דלאו זמנייהו הוא אין מזכירין והוא הדין בחג: בששי ונסכיהם. דסגי בנסכה וכיון דבשני אתרבי מ"ם לדרשה להכי מתחילין להזכיר בשני: בשני ניסוכין הכתוב מדבר. שני ניסוכין על קרבן אחד אבל ונסכיהם (ד) משמע הרבה דבקרבנות הרבה לכן לא הוה דריש רבי עקיבא מונסכיהם: סבר לה כרבי יהודה. דמ"ם יו"ד מ"ם מרבה ניסוך המים:

אי

*) נ"ל מתניתא

תוספות

איבעיא להו רבי אליעזר מהיכא גמיר לה מלולב גמיר מה לולב ביום וכו'. פי' ולולב הוי רצוי דמים וגדל על המים או דלמא מניסוך גמר לה פי' ונפקא מינה (ה) אי מלולב גמר לה אבל ניסוך המים סבירא ליה דלאו ביום ראשון הוא או מניסוך המים קא גמר לה דסבירא ליה דניסוך המים ביום ראשון הוא אי נמי דאי מלולב גמר הוה דווקא ביום שנאמר (ויקרא כג) ולקחתם לכם ביום אבל אי מנסוך הוה אפילו בלילה ולענין זה אהני דאמר מר ומנחתם ונסכיהם (ו) בלילה אף וכו' פירוש דאע"ג דניסוך קרבנות לא הוי עד לאחר הקרבת קרבנותיהם ואם כן היאך קריבי נסכים בלילה רוצה לומר בלילה שניה והניסוך החג דהוי ממים מצי למהוי בלילה ראשונה ואע"ג דאמרינן במסכת יומא בפ' בראשונה (דף כו:) *אמר רב ואיתימא ר' יוחנן אין מנסכים מים בחג אלא בתמיד של שחר וא"כ לא הוי בלילה ראשונה דהא אינה אלא ביום יש לומר דאינו חייב לנסך אלא בתמיד של שחר מכל מקום אי בעי עביד ליה בליליא: דאמר רבי אבהו לא למדה רבי אליעזר אלא מלולב. פירוש וסבירא ליה דניסוך לא הוי עד בשני: משעת נטילת לולב. פירוש דהיינו תחלת יום ראשון של סוכות ורבי יהושע אומר משעת הנחתו פירוש לאורתא דמוצאי שביעי של סוכות שמניחין בו את הלולב: משעה שמפסיקין לישאל. ותן טל ומטר בברכת השנים פוסקין מלהזכיר מוריד הגשם בתחיית המתים: העובר לפני התיבה בי"ט של חג האחרון מזכיר וכו'. פי' האחרון שמתפלל תפלת מוסף הראשון אינו מזכיר פירוש שמתפלל שחרית אינו מזכיר ובירושלמי קאמר אמאי אינו מזכיר מאורתא פירוש מתפלת ערבית ומשני דלית תמן כל עמא ולדכרו בצפרא פירוש בתפלת שחרית ומשני דהוו סברי דהוו מדכרו ליה מאורתא: מים. מ"ם מנסכיהם דכתיב בשני ויו"ד דכתיב בששי ונסכיה ומ"ם שבשביעי כתיב כמשפטם והוי מים (ז) טעמא דרבי עקיבא בששי ונסכיה דמשמע תרי נסכים הלכך בששי בחג הוא מזכיר גבורות גשמים:

אי

לפנינו איתא ר' אבא ואי תימא רמי בר חמא ואי תימא ר' יוחנן

מסורת הש"ס

[דף לז: ע"ש תוס' ד"ה כדי] · תמורה יד. [זבחים ח. פד.] מנחות מד: כג. · [לקמן ד.] · [סב] · לקמן יב: · שבת קג: · זבחים קי:

רבינו חננאל

שנאמר וישמע אליה אלהים ויפתח את רחמה. מפתח של תחיית המתים שנאמר וידעתם כי אני ה' בפתחי את קברותיכם וגו'. גשמים היינו פרנסה ומשום שהגשמים חשובים כתחיית המתים קבעו ברכה זו בתחיית המתים: פיסקא ר' אליעזר אומר מיו"ט הראשון של חג מזכיר. [איבעיא להו אי מלילי יו"ט הראשון מזכיר] ונמר לה מניסוך דאתקש ניסוך המים לניסוך היין דאמר מר ומנחתם ונסכיהם (מלילי' יו"ם טו"ב הראשו"ן מזכי"ר) אפילו בלילה. פירושו בתמורה בתחלת פרק יש בקרבנות. או מלולב גמר לה דכתיב ולקחתם לכם ביום ולא בלילה ופשטנא מהא דתניא מאימתי מזכירין על הגשמים. ר' אליעזר אומר משעת נטילת לולב. ר' יהושע אומר משעת הנחתו. א"ר אליעזר הואיל וארבעת מינים הללו אינם באין [אלא] לרצות המים כו'. שפיר קאמר ליה רבי אליעזר לר' יהושע אני לא אמרתי לשאל אלא להזכיר כשם שתחיית המתים מזכיר כל השנה ואינה אלא בזמנה כך גשמים מזכיר ואינן אלא בזמנן. ואמרינן ר' יהושע פריך הכי מה לתחיית המתים שמזכיר בכל יום דכל יומא זימניה היא אלא גשמים אטו כל יומא זימנייהו הוא. והתנן יצא ניסן וירדו גשמים סימן קללה היא ר' יהודה בן בתירה אומר בשני של חג הוא מזכיר. ונמר לה מניסוך דכתיב בשני ונסכיהם מדכתיב מ"ם יתירה דהוה ליה למכתב ונסכה וכתיב ונסכיהם. ובששי כתיב יוד יתירה דכתיב ונסכיה. ובשביעי כמשפטם. כתיב מ' יתירה. מיכן לניסוך המים מן התורה. וכי רמיזי מיום שני רמיזי הלכך מיום שני מזכיר. ר' עקיבא אומר בששי בחג הוא מזכיר. ר' עקיבא נמי אית ליה מיכן לניסוך המים. מיהו דייק מדכתיב ביום הששי. ונסכיה. בשני ניסוכין הכתוב מדבר ניסוך מים וניסוך יין

רבינו גרשום

כי אני ה' ולא שליח פותח את ידך ולא שליח. גשמים נמי היינו פרנסה וכבר חשיבנא ליה: פיסקא מלולב גמר לה שדימה ללולב שכשם שאי אפשר לאילו בלא מים כך אי אפשר לעולם בלא מים מה לולב ביום שמתחיל ליטול ביום ראשון אף הזכרה ביום (בו' צ"ל כלומר) שאינו מתחיל להזכיר בלילי יו"ט ראשון עד למחר. מה ניסוך המים מאורתא כדאשכחן במס' סוכה שממלאין המים לניסוך המים בלילה ויש ספרים שכתוב בהן [דאמר מר] מנחתם ונסכיהם בלילה שמקריבין קרבן ביום יכולין להביא המנחה והנסכים בלילה אף האי ניסוך המים יכולין לנסך בלילה. אף הזכרה נמי מאורתא שבלילי יו"ט הראשון קאמר ר' אליעזר שמזכירין להזכיר גבורות גשמים. גמרא גמיר לה ר' אבהו דר' אליעזר לא למדה אלא מלולב. ממתניתין שמיעה ליה דר' אליעזר גמר מלולב: משעת הנחתו מיום שמברכין בו באחרונה דהיינו בשביעי. ארבעת מינין הללו שבלולב ואתרוג: כך גשמים יהא מזכיר כל השנה אפי' בימות החמה אם הוא רוצה אף בחג נמי אם הוא רוצה יהא מזכיר. משעה שפוסק מלשאל שבפסח פוסק מלומר ותן טל ומטר פוסק מלהזכיר גבורת הגשמים ועכשיו לא מצית למימר אם בא להזכיר כל השנה מזכיר אלא בימות החמה אינו מזכיר הואיל ואין זמנו אף בחג אינו מזכיר הואיל ולאו זמן ברכה הוא. האחרון המתפלל תפלת מוסף. הראשון המתפלל (תפלת) יוצר: מזכיר ושוב אינו מזכיר. שפיר קאמר ליה ר' אליעזר לר"י דכי היכי דמזכירין תחיית המתים כל השנה אע"ג דלא זמניה כך מזכירין גבורות גשמים אם רוצה כל השנה ובחג נמי אע"ג דלאו סימן ברכה הוא מזכירין. סימן קללה הוא וכיון דלאו זמנה אין מזכירין וה"ה בחג: נאמר בשני ונסכיהם דסגי בנסכה וכיון דבשני אתרבי מ' לדרשה דמים לפיכך מתחיל להזכיר בשני: בשני ניסוכין הכתוב מדבר שני ניסוכין על קרבן אחד ונסכיהם משמע ניסוכין הרבה דקרבנות הרבה. סבר לה כר"י דמרבה ניסוך המים

אי

הגהות הב"ח

(א) גמ' אמר לך גשמים נמי היינו פרנסה: (ב) רש"י ד"ה גשמים נמי היינו פרנסה שזרעים ופירות גדלים מהם לפרנסת העולם וכבר חשבנא ליה: (ג) ד"ה מה ניסוך כו' ונסכיהם בלילה אפילו בלילה דאע"פ שמקריבין הקרבנות: (ד) ד"ה בשני ניסוכין כו' אבל ונסכיהם דמשמע הרבה ניסוכין בקרבנות הרבה: (ה) תוס' ד"ה איבעיא כו' ונפקא מינה דאי מלולב גמר לה כו' דס"ל דניסוך המים נמי ביום ראשון הוא: (ו) בא"ד ומנחתם ונסכיהם אפילו בלילה וכו' פי' דאע"ג כו' וא"כ האיך קריבי נסכים בלילה אלא י"ל בלילה שניה מ"מ הניסוך דחג דהוי ממים כו' כצ"ל: (ז) ד"ה מים כו' וטעמא דר"ע דכתיב בששי ונסכיה:

הגהות מהר"ב רנשבורג

א] רש"י ד"ה משעת הנחתו וכו' דהיינו בשביעי. כ"כ וכן פרש"י לקמן דף ג ע"א בד"ה אלא ר' יהושע היא וכו' דהיינו בשביעי וכו' עכ"ל. וצ"ע דלקמן דף ד סע"א פרש"י בד"ה ר' יהושע היא וכו' דהיינו יום שמיני וכו' עכ"ל. וכן משמע מדברי הש"ס שם ודו"ק. שוב ראיתי דלק"מ דמ"ש רש"י בשביעי על שעת הנחת לולב אמר אבל שהזכרה היא לאורתא דשמיני וכמ"ש תוס' ד"ה משעת נטילה וכן נלמד ממהרש"א לקמן דף ג ע"א ד"ה גמ' יעוש"ה:

is written, *And* God *remembered Rachel, and* God *hearkened* [2*b*] *to her, and opened her womb.*[5] The Key of the Revival of the Dead, for it is written, *And ye shall know that I am the* Lord, *when I have opened your graves.*[6] In Palestine they said: Also the Key of Sustenance, for it is said, *Thou openest thy hand* etc.[7] Why does not R. Joḥanan include also this [key]?—Because in his view sustenance is [included in] Rain.[8]

R. ELIEZER SAYS: ON THE FIRST DAY OF THE FEAST etc. The question was asked, Whence did R. Eliezer derive this? Did he learn it from *Lulab*[9] or from the Libation of Water?[10] If he learnt it from *Lulab*, then just as the obligation of the use of the *Lulab* comes into force on the [first] day of Tabernacles, so too should we begin to make mention of rain on that day. Or perhaps he learnt it from Libation. [If so, then] just as Water Libation may be [carried out] on the evening [preceding the first day]—(for a Master [interpreting the verse], *And the meal-offering thereof and their drink-offerings,*[11] said, Even by night)—so too should one begin to
a make mention of rain on that evening![1]—Come and hear: R. Abbahu said: R. Eliezer deduced it from *Lulab* only. Some there are who say: R. Abbahu had a tradition. Whilst others say: He based it on a Baraitha. Which is the Baraitha?—It has been taught: 'When do we [begin to] make mention of Rain? R. Eliezer says: From the time of the taking up of the *Lulab*; R. Joshua says, From the time when the *Lulab* is discarded.[2] Said R. Eliezer: Seeing that these Four Species are intended only to make intercession for water,[3] therefore as these cannot [grow] without water so the world [too] cannot exist without water. R. Joshua said to him: Is not rain on the Feast a sure sign of [God's] anger? R. Eliezer replied: I too did not say to pray but to make mention. And just as one makes mention of the Revival of the Dead all the year round[4] although it will take place only in its proper time, so too should mention be made of the Power of Rain all the year round although it comes only in its due season. Therefore if one desires to make mention all the year round he may do so. Rabbi says: I hold the view that when one ceases to pray [for rain][5] one should also no longer make mention of it. R. Judah b. Bathyra says: On the second day of the Feast one [begins] to make mention. R. Akiba says: On the sixth day of the Feast. R. Judah says in the name of R. Joshua: The last to step before the Ark on the last day of the Feast makes mention, the first does not; on the first day of Passover the first makes mention, the last does not. Did not then R. Eliezer reply well to R. Joshua?—R. Joshua can answer you: It is quite in order to make mention of the Revival of the Dead [all the year round], since any day may be its time, but is rain seasonable at all times? Have we not learnt: Should Nisan terminate and then rain fall it is a sign of [God's] anger, for it is
b said, *Is it not wheat harvest to-day* etc.?[1]

'R. Judah b. Bathyra says: On the second day of the Feast one [begins] to make mention'. What is R. Judah b. Bathyra's reason?—It has been taught: R. Judah b. Bathyra says, Of the second day of the Feast, Scripture says, *we-niskehem*[2] ['and their drink-offerings'] and of the sixth day, *u-nesakeah*[3] ['and its drink-offerings'] and of the seventh day, *kemishpatam*[4] [according to their rule]. Note [the letters] *Mem, Yod, Mem* which form the word *mayim* ['water'].[5] Here you have the biblical allusion to the Libation of Water. And what makes him [R. Judah b. Bathyra] fix it on the second day?—Because [the first of the allusions to the Water Libation] is found in connection [with the order for] the second day. Hence why we should [begin] to make mention on the second day. R. Akiba says: On the sixth day of the Feast one [begins] to make mention, for of the sixth day Scripture says, *And its drink-offerings.*[6] Scripture thus speaks of two libations,[7] the Libation of Water and the Libation of Wine. Perhaps both Libations must be of wine?—He [R. Akiba] is of the same opinion as R. Judah b. Bathyra who said,

(5) Gen. XXX, 22. R. Joshua stresses the connection between מפתח key (lit., 'opener') and the verb פתח to open, in the verses cited. (6) Ezek. XXXVII, 13. (7) Ps. CXLV, 16. (8) Since it comes through rain. (9) The Palm-branch. Term applied to the Four Plants used in the service on Tabernacles. Cf. Lev. XXIII, 40. (10) [The vessel for the Water Libation was filled the preceding evening, v. Suk. 51*b*. *Aliter:* The drink-offerings of wine brought in conjunction with animal sacrifices could be offered on the evening following the animal sacrifice, v. *infra* n. b1.] (11) Num. XXIX, 18.

a (1) [On this first interpretation of Rashi this verse is irrelevant and is to be omitted, v. Rashi. On the second interpretation the argument will run as follows: Should R. Eliezer deduce his opinion from the Water Libation, the mention of rain would have to be mentioned in the evening, seeing that the evening is a time at which drink-offerings (of wine) may be offered. Once, however, it is granted that the mention of rain starts on the evening, it will have to be the preceding, so as to be on the same day as the Water Libation (the night always being counted with the following day). V. Tosaf, s.v. איבעיא. On this interpretation the text should read as 'Libation (not 'Water Libation') may be on the evening', v. Me'iri a.l. where also other interpretations of this difficult passage are given.] (2) On the seventh day of the Feast. (3) V. Suk. 37*b*. (4) In the second benediction. (5) On the first day of Passover.

b (1) I Sam. XII, 17. (2) Num. XXIX, 18. (3) Ibid. 31. (4) Ibid. 33. (5) The מ of נסכיהם, the י of נסכיה, and the מ of כמשפטם taken together spell the word, מים water. (6) The plural form implies (at least) two drink-offerings. ['*Its*' is taken to refer to the festival, in contradistinction to the phrase, '*their drink-offering*' mentioned in the sixth day where '*their*' has reference to the sacrifices.] (7) On the Festival of Tabernacles. (8) I.e., he accepts the allusion supplied by the letters *Mem, Yod, Mem*.

There is an allusion to water.[8] [3a] If he accepts the view of R. Judah b. Bathyra let him also agree with him [that one begins to make mention on the second day of the Feast]?—R. Akiba holds the view that the additional Libation occurs in the text[9] on the sixth day.

It has been taught: R. Nathan says, *In the holy place shalt thou pour out a drink-offering of strong drink unto the Lord.*[10] Scripture [here] speaks of two Libations, the Libation of Water and the Libation
a of Wine.[1] Perhaps both are of wine?—If it were so, he should have said, either *hassek hassek* or *nasok nesek*. What is the force [of the words] *hassek nesek?*—From this is to be inferred, that one points to the Libation of Water, and the other to the Libation of Wine.[2]

Who is the authority for that which we have learnt, The Libation of Water [is performed] throughout the seven days [of the Feast]? Is it R. Joshua? He would have stated on one day only![3] Is it R. Akiba? According to him it is performed on two days![4] Is it R. Judah b. Bathyra? According to him it is performed on six days?[5]—I can still say, It is R. Judah b. Bathyra and he will hold the same opinion as R. Judah of the following Mishnah. For we have learnt: R. Judah says, A vessel of a *log*[6] capacity was used for Libation throughout the eight days [of the Feast]; but he [R. Judah b. Bathyra] excludes the first day and includes the eighth day.[7] Why does he exclude the first day? Is it because the [first of the] biblical allusions to water [is to be found] on the second day? Then the eighth day too should be excluded seeing that the last [of the] allusions to water is on the seventh day!—It must then be R. Joshua, and as for the Libation of Water being performed throughout the seven days [of the Feast] this is founded on a tradition;[8] for R. Ami said in the name of R. Joḥanan, in
b the name of R. Neḥunia a native[1] of the Plain of Beth-Ḥawartan,[2] the laws concerning the Ten Young Trees,[3] the Willow of the Brook,[4] and the Libation of Water are laws [communicated] to Moses from Sinai.[5]

'R. Judah in the name of R. Joshua says: The last to step before the Ark on the last day of the Feast makes mention [of rain], the first does not; on the first day of Passover the first makes mention, the last does not.' Which R. Joshua? Is it R. Joshua of our Mishnah? Surely he said, ON THE LAST DAY OF THE FEAST ONE MAKES MENTION? Or, is it R. Joshua of the Baraitha? Surely he said: From the day that the *Lulab* is discarded? And further, when it is taught: R. Judah says in the name of Ben Bathyra: The last to step before the Ark on the last day of the Feast makes mention. Which Ben Bathyra [is meant]? Is it R. Judah b. Bathyra? Surely he said: On the second day of the Feast one makes mention?—R. Nathan bar Isaac replied: [In both passages cited] it is R. Joshua b. Bathyra. Sometimes he is called by his own name and some times he is referred to by his father's name; by the one before his ordination, and by the other after his ordination.

It has been taught: The Sages did not make it obligatory on one to make mention of dew and winds, but if one desires to make mention he may do so. What is the reason?—R. Ḥanina said: Because they are never withheld. And how do we know that dew is never withheld?—For it is written, *And Elijah the Tishbite, who was of the settlers of Gilead, said to Ahab: As the Lord the God of Israel liveth, before whom I stand, there shall not be dew nor rain these years but according to my word.*[6] And it is written further, *Go, show thyself unto Ahab, and I will send rain upon the land.*[7] Of dew, however,

(9) Lit., 'written'. (10) Num. XXVIII, 7.
a (1) On the Festival of Tabernacles. (2) The two different word formations of the root, נסך seem to point to two kinds of libation. (3) On the seventh day, since R. Joshua says: We begin to make mention from the time when the *Lulab* is discarded. [The question is not quite clear. Rashi did not seem to have this passage which is also omitted by MS.M.] (4) On the sixth and seventh day. Cf. 2*b*. (5) From the second until the seventh inclusive. (6) A liquid measure equal to the contents of six eggs. (7) [I.e., whilst R. Judah b. Bathyra agreed with R. Judah that the Water Libation continued to the eighth day, he differs in so far that he holds that the rite began only with the second day, so that it lasted only seven days.] (8) [*Var. lec.* omit R. Joshua and read, 'It must then be that as for the libation of water being performed etc.' On this reading all authorities agree that the rite is performed for seven days, the difference between them being only as to where the allusion is to be found, v. D.S. a.l.]
b (1) Lit., 'a man of'. (2) Perhaps Beth Hawran, east of the Jordan. V. Neubauer, *Geog. du Talmud*, p. 50. (3) All work in a tree-planted field had to be discontinued thirty days before the end of the sixth year of the Sabbatical cycle; but where ten saplings are spread over an area of fifty square cubits they may be cultivated right until the end of the sixth year. V. Sheb. 1, 6. (4) The use of the Willow in the daily processions around the altar during the festival of Tabernacles. V. Suk. IV, 5-6. (5) A phrase often denoting a law which has no scriptural basis and the origin of which is no longer known. V. Moore, *Judaism*, I, 256. (6) I Kings XVII, 1. (7) I Kings XVIII, 1.

אי סבר לה כרבי יהודה בן בתירה נימא כוותיה קסבר רבי עקיבא כי כתיב ניסוך יתירא בששי הוא דכתיב תניא ר' נתן אומר °בקדש הסך נסך שכר לה' בשני ניסוכין הכתוב מדבר אחד ניסוך המים ואחד ניסוך היין אימא תרוייהו דחמרא אם כן °ליכתוב קרא או הסך הסך או נסך נסך מאי הסך נסך שמעת מינה חד דמיא וחד דחמרא אלא הא דתנן *ניסוך המים כל ז' מני אי ר' יהושע נימא חד יומא אי ר"ע תרי יומי אי ר' יהודה ב"ב שיתא יומי לעולם ר' יהודה ב"ב היא וס"ל כר' יהודה דמתני' דתנן *רבי יהודה אומר בלוג היה מנסך כל שמונה ומפיק ראשון ומעייל שמיני ומאי שנא ראשון דלא דכי רמיזי מים בשני הוא דרמיזי שמיני נמי כי רמיזי מים בשביעי הוא דרמיזי אלא רבי יהושע היא וניסוך המים כל שבעה הלכתא גמירי לה *דאמר ר' אמי א"ר יוחנן משום ר' נחוניא איש בקעת בית חורתן [ב]עשר נטיעות [ג]ערבה וניסוך המים הלכה למשה מסיני: רבי יהודה אומר משום רבי יהושע העובר לפני התיבה ביום טוב האחרון של חג האחרון מזכיר הראשון אינו מזכיר ביום טוב הראשון של פסח הראשון מזכיר האחרון אינו מזכיר: הי רבי יהושע אילימא רבי יהושע דמתניתין הא אמר ביום טוב האחרון של חג הוא מזכיר אלא ר' יהושע דברייתא האמר משעת הנחתו ותו הא דתניא ר' יהודה אומר משום בן בתירה העובר לפני התיבה ביום טוב האחרון של חג האחרון מזכיר הי בן בתירה אילימא רבי יהודה בן בתירה הא אמר בשני בחג הוא מזכיר אמר רב נחמן בר יצחק (א) תהא ברבי יהושע בן בתירה זמנין דקרי ליה בשמיה וזמנין דקרי ליה בשמיה דאבא והא מקמי דליסמכוהו והא לבתר דליסמכוהו *תנא בטל וברוחות לא חייבו חכמים להזכיר ואם בא להזכיר מזכיר מ"ט א"ר חנינא לפי שאין נעצרין וטל מנלן דלא מיעצר דכתיב °ויאמר אליהו התשבי מתושבי גלעד אל אחאב חי ה' אלהי ישראל אשר עמדתי לפניו אם יהיה השנים האלה טל ומטר כי אם לפי דברי וכתיב °לך הראה אל אחאב ואתנה מטר על פני האדמה ואילו טל לא קאמר ליה מאי טעמא משום דלא

תורה אור: במדבר כח · מ"א יז · שם יח

רש"י

אי סבר לה כר' יהודה. לימא כר"י. שיזכיר בששי: ניסוך יתירה בששי כתיב. כלומר ונסכיה דמרבי תרי ניסוכין כתיב בששי מתחיל להזכיר ואהני מ"ם יו"ד מ"ם דלא מצית למימר תרווייהו דיין: או הסך הסך או נסך נסך. מדשני קרא בדיבוריה ש"מ תרתי: אי ר"ע תרי יומי הוו. ותו לא דהא אמר (ב) ונסכיה דהיינו בששי מרבה ניסוך המים: וסבר לה כר' יהודה דמתניתין. דאמר בלוג הוה מנסך כל שמונה לא סבר כוותיה במה דאמר כל שמונה מנסך אלא במה דאמר בשמיני מנסך וכיון דבשמיני מנסך משכחת לה לרבי יהודה [ב"ב] דאמר בשני מתחילין לניסוך המים כל שבעה: (ג) דמפיק ראשון ומעייל שמיני. משיב בעל הגמרא מי מצי אמר רבי יהודה דבשמיני מנסך: מאי שנא. דקאמר דבראשון אינו מזכיר דכי רמיזי מים בשני הוא דרמיזו דמנסכיהם מרבה ניסוך המים שמיני נמי מי מצי אמר דמנסך הא שביעי אמר רחמנא דמ"ם יו"ד מ"ם כתיב בשביעי דסוים קראי דניסוך המים בשביעי כתיב כמשפטם ולא בשמיני: אלא ר' יהושע היא. דאמר משעת הנחתו (ד) [דהיינו בשביעי] מזכיר ואעפ"כ סבר דניסוך המים כל שבעה דגמרא גמיר לה הלכה למשה מסיני דניסוך המים כל שבעה ודאי כר"א אתי שפיר אבל כרבי יהודה בן בתירה וכר"ע לא מיתוקמא אלא להכי לא מוקי לה כר' אליעזר דהא לא מיבעי אי ר' אליעזר סבירא ליה הכי דודאי לרבי אליעזר אתי שפיר והא דקא מוקים כר' יהושע רבותא קמשמע לן אבל כר"י בן בתירה וכר"ע לא מיתוקמא דרבי יהודה יליף מונאמר בשני ונסכיהם כו' אלמא דסבר דניסוך המים לא הוו אלא ו' ימים דאיהו לא מפיק ראשון ומעייל שמיני משום הכי · פירכא דפריך לעיל לא אתי כרבי יהודה ורבי עקיבא יליף מנסכיה שנאמר בששי אלמא דסבר דניסוך המים לא הוו אלא תרי יומי אבל כרבי יהושע מיתוקמא לפיכך אין מזכירין אלא ביו"ט האחרון דגשמים בחג סימן קללה אבל ניסוך המים הוי כל שבעה דגמרא גמיר לה: עשר נטיעות. המפוזרות בתוך בית סאה חורשין כל בית סאה ערב שביעית עד ר"ה אע"ג דשאר שדות אין חורשין לפני שביעית ל' יום זה חורשין דהואיל אם אין חורשין סביבן מפסידין: וניסוך המים. כל שבעה: ר' יהודה אומר משום רבי יהושע העובר לפני התיבה בי"ט האחרון של חג כו'. כעין אמר מר הוא כלומר אמרינן לעיל ר' יהודה אומר: הי רבי יהושע אילימא רבי יהושע דמתני' (ה) מיו"ט האחרון הוא מזכיר. דראשון נמי המתפלל תפלת יוצר מזכיר ואילו הכא תני הראשון אינו מזכיר: האמר משעת הנחתו. דהיינו בשביעי והכא קתני יו"ט האחרון של חג דהיינו בשמיני: ותו הא דתניא. במכילתא אחריתי ר' יהודה אומר משום בן בתירה העובר לפני התיבה בי"ט אחרון של חג האחרון מזכיר הראשון אינו מזכיר: (אלא) אמר רב נחמן בר יצחק תהא. תרווייהו הא דבעית הי ר' יהושע והא דבעית הי בן בתירה היא דהאי דקאמר ר' יהודה לעיל משום ר' יהושע והדר קאמר משום בן בתירה תהא תרווייהו ר' יהושע בן בתירה ולא קשיא זמנין קרו ליה בשמיה דאבוה בן בתירה וזמנין דקרו ליה בשמיה דידיה ר' יהושע: מקמי דליסמכוהו. לא הוה חשוב וקרו ליה בשמיה דאבוה והאי דקרו ליה בשמיה דנפשיה ר' יהושע היינו לבתר דסמכוהו: בטל וברוחות. משיב הרוח ומוריד הטל לא חייבוהו חכמים להזכיר אפילו בימות הגשמים: לפי שאינן נעצרין. שאלמלא (ו) כן אין העולם מתקיים והאי דאמרינן בתפלה משיב הרוח ומוריד הגשם לאו משום חיוב אלא חוק גשם הוא מזכיר [א] דטל ורוחות מועילות לארץ לתקנה ולנגבה כדכסמוך זיקא דבתר מיטרא כמיטרא: ואילו טל לא קאמר. ואתנה טל ומטר אלא מטר בלבד: דלא

תוספות

אי רבי יהודה בן בתירה. דאמר בשני בחג הוא מזכיר שית יומי הוו א"כ לא יהיה הניסוך כי אם ששה ימים: עשר נטיעות. פירש"י (ז) נטיעות מפוזרות בבית סאה חורש כל בית סאה בשבילן דכל נטיעה יונקת ודווקא מבית סאה היה צריך להם יכול לחרוש עד ר"ה של שביעית דהוו שפיר אוקומי אילנא שרי אבל יותר מבית סאה אינו חורש אלא כדי צורכן דהואיל ומפוזרות ביותר מבית סאה קיימי שפיר ובפחות מיכן למה קיימי וליעקר קיימי ודווקא נטיעות אמר דחורשין בשבילן עד ראש השנה אבל אילנות אסור דאורייתא כל אלול ומדרבנן *פסח ועצרת תקון בשדה הלבן עד פסח מותר אבל מפסח ולהלן אסור ושדה אילן עד עצרת מותר מכאן ואילך אסור: ערבה. שמקיפין את המזבח וניסוך המים הלכה למשה מסיני כולהו: ויאמר אליהו התשבי מתושבי גלעד. לכך נקרא מתושבי גלעד לפי שהרגו ישראל אנשי יבש גלעד על מעשה פילגש בגבעה ולא נשאר ביבש גלעד כי אם מעט אנשים מן המיושבים בעיר כי כל השאר היו עם אספסוף לכך מעיד כי אליהו מן התושבים כך שמעתי מהר"י טרוט"י משם הר"י בה"ר יצחק ממלאון: בטל וברוחות לא חייבו חכמים להזכיר. משיב הרוח ומוריד הטל כו' לפיכך אין קפידא לומר מוריד הטל אפילו בימות החמה אך שלא יאמר מוריד הגשם והכי הלכתא ואם לא אמר בימות הגשמים כי אם מוריד הגשם ודילג משיב הרוח ומוריד הטל אין מחזירין: ואילו טל לא מיעצר. ומ"ה נראה דגבי גדעון (שופטים ו) כשאמר (ח) על הארץ יהיה טל ועל הגיזה יהיה חורב כתיב ויעש כן אבל כשאמר על הארץ יהיה חורב ועל הגיזה יהיה טל כתיב ויהי כן כלומר דעל הגיזה היה הטל אבל לא כתיב ויעש כן משמע דעל הארץ היה טל דטל לא מיעצר ע"כ בנוסח שלפני ועוד מצאתי כשאמרו על כל הארץ יהיה טל כתיב ויעש אלהים כן וכשאמר טל יהיה על הגיזה לבדה (ט) ועל כל הארץ יהיה חרב כתיב ויהי כן ולא הזכיר בזה הש"י וטעמו אשר אומר כי הוא זה כי אין הש"י מזכיר שמו על הרעה כי אם יהיה חורב על כל הארץ היתה רעת יושבי בה וכתיב (שמות כ) בכל המקום אשר אזכיר את שמי אבוא אליך וברכתיך אבל כשאמר על כל הארץ (י) יהיה טל כתיב ויעש אלהים וכדומה לזה (בראשית א) ויקרא אלהים לאור יום ולחשך קרא לילה וגבי חשך לא הזכיר השם יתברך וכן בחמשה דברות אחרונות (שמות כ) מלא תרצח ואילך לא הזכיר הש"י הכל הולך אל מקום אחד משל למלך שבנה דירה נאה והגיח לצייר מגיע לפני כל חדרי הבית זולתי בית הכסא מקום הטינוף: בימות

עין משפט נר מצוה

ה א מיי' פ"י מהלכות תמידין הלכה ו סמג עשין רט:
ו ב מיי' פ"ג מהלכות שמיטה ויובל הלכה ה:
ז ג מיי' פ"ז מהלכות לולב הלכה כב:
ח ד מיי' פ"י מהלכות תמידין הלכה ו:
ט ה מיי' פ"י מהלכות תפלה הלכה ח סמג עשין יט טוש"ע א"ח סי' קיד סעיף ג:
[שביעית פ"א מ"א ומו"ק דף ג:]

מסורת הש"ס

סוכה מב: · שם מח: · מו"ק ג: ע"ש סוכה לד. מד. ע"ש זבחים קי:

הגהות הב"ח

(א) גמ' אמר רב נחמן בר יצחק תהא תרוייהו כרבי יהושע בן בתירה: (ב) רש"י ד"ה אי ר"ע כו' דהא אמר מ"ם יו"ד מ"ם דמרבה ניסוך המים היינו בששי הס"ד: (ג) ד"ה וסבר לה כו' לניסוך המים כל שבעה הס"ד ואח"כ מה"ד דמפיק ראשון ומעייל שמיני הס"ד ואח"כ מה"ד משיב בעל הגמ' מי מצי אמר רבי יהודה בן בתירה דבשמיני מנסך מאי שנא כו' כצ"ל: (ד) ד"ה אלא ר' יהושע כו' משעת הנחתו הוא מזכיר ואעפ"כ כו' דגמ' כו' כל שבעה וה"ה דכר"א נמי אתי שפיר אבל כו' דהא לא מיבעי ליה אי ר' אליעזר כו' לא הוו אלא ו' ימים דליכא למימר דאיהו מפיק ראשון ומעייל שמיני משום הכי פירכא דפריך לעיל הכך לא אתי כר' יהודה כו' כצ"ל: (ה) ד"ה הי ר' יהושע וכו' דמתני' מיו"ט:

(ו) ד"ה לפי שאינן נעצרין שאלמלא נעצרין אין העולם כו' לאו משום חיוב דרוח אלא חיוב גשם הוא מזכיר: (ז) תוס' ד"ה עשר נטיעות פי' רש"י עשר נטיעות המפוזרות כו' אוקמי אילנא ושרי אבל יותר: (ח) ד"ה ואילו כו' דגבי גדעון כשאמר יהי נא חרב אל הגזה כו' כתיב ויעש כן אבל כשאמר על יהיה על הגזה כו' כתוב ויהי כן כלומר כו' משמע דעל הארץ היה נמי טל כו' כצ"ל: (ט) בא"ד ועל כל הארץ חרב כתיב כו' כצ"ל ותיבת יהיה נמחק:

רבינו חננאל

יין. דכי כתיב ניסוך יתירה בששי כתי' הלכך בששי מזכיר. ואקשינן אלא הא דתנן ניסוך המים שבעה מני אי ר' יהודה בן בתירה האמר ניסוך המים מיום שני של חג מתחיל משיתא שמזכיר ולא משכחת אלא ששה אי ר' עקיבא תרי יומי הוו כו' כל אחד משעה שאום פי' מזכיר מאותה שעה מתחיל ימי הניסוך ואסיקנא הא דתנן ניסוך המים ז' גמרא היא דאמר משמיה דר' יוחנן ערבה ביום השביעי של חג. וניסוך המים שבעת ימי החג. ועשר נטיעות (מעודרות) [מפוזרות] בבית סאה חורשין כל בית סאה בשבילן כבר פירשנוהו. ואלו כולן גמרא בידינו כי הל"מ הם. ותריצנא הכי א"ר יהודה משום ר' יהושע בן בתירה העובר לפני התיבה ביו"ט אחרון של חג האחרון מזכיר. פי' המתפלל במוסף הוא מזכיר בתחיית המתים מוריד הגשם. [והמתפלל שחרית אינו מזכיר וביו"ט הראשון של פסח] המתפלל שחרית מזכיר מוריד הגשם ופוסק. והמתפלל במוסף אינו מזכיר כלל. וכן הלכתא (ד)גרסינן בירושלמי א"ר יוחנן הלכה כר' יהודה שאמר משום ר' יהודה בן בתירה. ומ"ם דר' יהודה [כדי שיצאו] המועדות בטל. מפני שהטל סימן יפה לעולם. אם לא הזכיר גשמים בתחיית המתים ולא שאלה בברכת השנים מחזירין אותו. היכן הוא חוזר בו ויחיה כמו שא' בר"ח אם עקר את רגלו חוזר בתחלה. ואם לאו חוזר לעבודה. והכא אם עקר את רגליו חוזר בתחלה ואם לאו חוזר לשומע תפלה *) (וכן א"ר יהודה קודם שיסמך בישיבה היו קורין אותו בן בתירה). מתוך ה' דברים נגאלו ישראל ממצרים. מתוך צרה שנאמר ויאנחו בני ישראל מן העבודה. מתוך צווחה שנאמר ויזעקו ותעל שועתם אל האלהים מן העבודה וישמע אלהים את נאקתם. מתוך זכות אבות שנאמר ויזכור אלהים את בריתו וגו'. מתוך תשובה שנאמר וירא אלהים את בני ישראל וגו'. מתוך הקץ שנאמר וידע אלהים. וכך הם מפורשים בענין בצר לך ומצאוך. וכן בענין וירא בצר להם בשמעו את רנתם. אסור ליחיד להזכיר עד שיזכיר ש"צ ויאמר מוריד הגשם קמון לצלותא כמו שיזכיר ש"צ דמי ומזכירין הצבור ביחיד אע"פ שלא מקמי ש"צ: תנא בטל וברוחות לא חייבו חכמים להזכיר שאינן נעצרין כמו המטר דכתיב חי ה' אם יהיה טל ומטר כי אם לפי דברי. וכתיב לך הראה אל אחאב ואתנה מטר על פני האדמה. ואלו טל לא אדכר. למימרא דלא

*) נראה שהסגור שייך למעלה וכצ"ל ותריצנא הכי אמר ר"י משום ריב"ב וקודם שנסמך בישיבה היו קורין אותו בן בתירה.

רבינו גרשום

אי סבר כר"י [לימא כר"י]שיזכיר בששי. ניסוך יתירה בששי כתיב כלומר ונסכיה דמרבה תרי ניסוכין כתיב בששי להכי אמר בששי מתחיל להזכיר ואהני מים דלא מצי למימר תרווייהו דיין: אי ר"ע תרי יומי הוו ותו לא דהא אמר ונסכיה דכתיב בששי מרבה ניסוך המים. אי ר' יהודה (בן בתירה) שתא הוי ותו לא דהא אמר מ"י"ם מים דהיינו בשני מרבה ניסוך המים: וסבר לה כר' יהודה דמתניתין דאמר בלוג היה מנסך כל שמונה ולא אמר דסבר כוותיה במה דאמר מנסך כל שמונה אלא במה דאמר בשמיני מנסך וכיון דבשמיני משכחת לה לר' יהודה[ב"ב]דאמר בשני מתחיל לנסך ניסוך המים כל שבעה דאפיק ראשון ועייל שמיני: משיב בעל התלמוד מי מצי אמר ר' יהודה דבשמיני מנסך מ"ש דקאמר דבראשון אינו מזכיר דכי רמיזי מיא בשני רמיזי דמינסכיהם מרבה ניסוך המים: שמיני נמי מי מצי אמר דמנסך ביה מיא שביעי אמר רחמנא דמים כתיב בשביעי ולא בשמיני אלא ר' יהושע היא דאמר משעת הנחתו דהיינו בשביעי מזכיר ואעפ"כ סבר דניסוך המים כל שבעה דגמרא גמיר לה הלכה למשה מסיני דניסוך המים כל ז' ודאי כר"א אתי אלא להכי לא מוקים לה כר' אליעזר דהוא לא בעי אי ר' אליעזר[היא]דודאי כר"א אתי שפיר: אי ר' יהושע הדא יומא ותו לא דאמר משעת הנחתו בשביעי מזכיר וה"ה דמתחיל לנסך: עשר נטיעות מפוזרות בתוך

הגהות הגר"א

[א] רש"י ד"ה לפי כו'. מזכיר דרוחות מועילות כצ"ל:

גליון הש"ס

גמ' ליכתוב קרא או הסך וכן בב"ק דף סה ע"א ודף פה ע"ב ובמנחות דף יז ע"ב:

עין משפט נר מצוה

א מיי' פ"י מהלכות תפלה הלכה ח סמג עשין יט טוש"ע א"ח סימן קיד סעיף ג ד ס:

רבינו חננאל

דלא מיעצרי. וכן הרוחות לא מיעצרי. דכתיב כי כארבע רוחות השמים פרשתי אתכם. א"ר חנינא בימות החמה אמר משיב הרוח אין מחזירין אותו. אמר מוריד הגשם מחזירין אותו. בימות הגשמים לא אמר משיב הרוח אין מחזירין אותו. לא אמר מוריד הגשם מחזירין אותו ולא עוד אלא אפילו אמר מעביר הרוח ומפריח הטל אין מחזירין אותו לפי שאינן נעצרין. תנא בעבים וברוחות לא חייבו חכמים להזכיר. ואם בא להזכיר מזכיר. איני והא תני רב יוסף ועצר את השמים מן העבים ומן הרוחות ושנינן [עבים אעבים ל"ק] חרפי אין נעצרים. אפלי נעצרים משום דמעלי כרביעין למיטר קמן. רוחות ארוחות נמי [ל"ק] רוח מצויה לא מיעצרא. רוח גדולה שאינה מצויה בכל עת נעצרת. ולמה אין מזכירין. וצריכין אותה לזרות בגרנות. ושנינן אפשר בנפוותא פי' יכולין לחבר בלא רוח לבור בכברה ולהסיר התבן מן הבר. תנא עבים ורוחות שניות למטר. פי' מיטרא ובתריה זיקא בניחותא אי עיבא מעלי כאילו מטרא תניינא. שמשא בתר מטרא כתרי מטרי הני מילי שימשי בגלויא אבל גלוהי דליליא ושמשי דביני קרחי לא. השלג מועיל לארץ כה' מטרות שנאמר כי לשלג יאמר הוי ארץ. וגשם א' מטר ב' וגשם ג' מטרות ד' הרי כאן חמשה. השלג מועיל להרים. המטר הגדול לאילנות מטר בניחותא

רבינו גרשום

בתוך בית סאה חורשין כל השדה כולה בשביל ערב שביעית עד ר"ה אע"ג דשאר שדה אין חורשין לפני שביעית שלשים יום וזה חורשין דהואיל דילדות הן אם אין חורשין סביבן מפסידין: וניסוך המים כל שבעה: ר"י משום ר' יהושע יו"ט האחרון של חג וכו' הי רבי יהושע אילימא ר' יהושע דמתניתין דאמר ביו"ט האחרון והא מוכיח (מי"ט האחרון מזכיר) דראשון נמי המתפלל יוצר אור מזכיר ואלו הכא תני הראשון אינו מזכיר האמר משעת הנחתו דהיינו בשביעי והכא קתני יו"ט האחרון דהיינו בשמיני. ותו הא דתניא במכילתא אחריתי ר' יהודה [אומר] משום בן בתירה העובר לפני התיבה ביו"ט האחרון [אחרון] מזכיר ראשון [אינו מזכיר] אלא אמר רב נחמן בר יצחק תנא תרוייהו הא דבעית הי ר' יהושע

גמרא

דלא מיעצר וכי מאחר דלא מיעצר אליהו אשתבועי למה ליה הכי קא"ל אפילו טל דברכה נמי לא אתי וליהדריה לטל דברכה משום דלא מינכרא מילתא (*אלא) רוחות מנא לן דלא מיעצרי *א"ר יהושע בן לוי דאמר קרא °כי כארבע רוחות השמים פרשתי אתכם נאם ה' מאי קאמר להו אילימא הכי קאמר להו הקב"ה לישראל דבדרתינכו בארבע רוחי דעלמא אי הכי כארבע בארבע מיבעי ליה אלא הכי קאמר כשם שאי אפשר לעולם בלא רוחות כך א"א לעולם בלא ישראל א"ר חנינא *הלכך בימות החמה אמר משיב הרוח אין מחזירין אותו אמר מוריד הגשם מחזירין אותו בימות הגשמים לא אמר משיב הרוח אין מחזירין אותו לא אמר מוריד הגשם מחזירין אותו ולא עוד אלא אפילו אמר מעביר הרוח ומפריח הטל אין מחזירין אותו תנא בעבים וברוחות לא חייבו חכמים להזכיר ואם בא להזכיר מזכיר מ"ט משום דלא מיעצרי ולא מיעצרי והתני רב יוסף °ועצר את השמים מן העבים ומן הרוחות אתה אומר מן העבים ומן הרוחות או אינו אלא מן המטר כשהוא אומר ולא יהיה מטר הרי מטר אמור הא מה אני מקיים ועצר את השמים מן העבים ומן הרוחות קשיא רוחות ארוחות קשיא עבים אעבים עבים אעבים לא קשיא הא בחרפי הא באפלי רוחות ארוחות לא קשיא הא ברוח מצויה הא ברוח שאינה מצויה רוח שאינה מצויה חזיא לבי דרי אפשר בנפוותא תנא העבים והרוחות שניות למטר היכי דמי אמר עולא ואיתימא רבי יהודה דבתר מיטרא למימרא דמעליותא היא והכתיב °יתן ה' את מטר ארצך אבק ועפר ואמר עולא ואיתימא רב יהודה זיקא דבתר מטרא לא קשיא הא דאתא ניחא הא דאתא רזיא (ואי בעית אימא) הא דמעלה אבק הא דלא מעלה אבק ואמר רב יהודה זיקא דבתר מיטרא כמיטרא עיבא דבתר מיטרא כמיטרא שימשא דבתר מיטרא כתרי מטרי למעוטי מאי למעוטי גילהי דליליא ושמשא דביני קרחי אמר רבא מעלי תלגא לטורי כחמשה מטרי לארעא שנאמר °כי לשלג יאמר הוא ארץ וגשם מטר וגשם מטרות עוזו ואמר רבא תלגא לטורי מטרא רזיא לאילני מטרא ניחא לפירי עורפילא

רש"י

ולא מיעצר. לעולם אפילו באותן שנים: אישתבועי למה ליה. (א) אם יהיה השנים האלה טל ומטר כי אם לפי דברי הא לא נעצר: אפילו טל דברכה. שימלאו שום צמח: וליהדריה לטל דברכה. ולימא ואתנה טל ומטר: דלא מינכרא מילתא. דהא טל הוה מעיקרא ולא הוה אור היה אחאב הרשע מודה בחזירה דטל של ברכה דאי הוה אומר ואתנה טל ומטר היה אחאב מקנטרו ואומר לו שלא נעצר: אלא דמכניפנא לכו מד' רוחי עלמא לא גרסינן דהא פרשתי אתכם כתיב בקרא והיכא למימר דגרס ליה והכי משמע קרא כי מד' רוחות השמים שפרשתי אתכם משם אקבצכם ואריכות לשון בעלמא הוא דלא כתיב קיבוץ בקרא: כשם שא"א לעולם בלא רוחות. שלא יתקיים מרוב הבל וחמימות: בלא ישראל. שאין העולם מתקיים אלא בשביל ישראל והכי אמר קרא כי כד' רוחות השמים פרשתי אתכם לרוחות העולם כדי שיתקיים שנאמר (ירמיה לג) אם לא בריתי יומם ולילה חקות שמים וארץ לא שמתי: בימות החמה. מניסן עד החג: משיב הרוח אין מחזירין אותו. דבלאו הכי לא מיעצר: מוריד הגשם מחזירין אותו. דמיעצר וכיון דבעא אמיטרא לא התפלל תפלתו כהוגן וחוזר לראש הברכה ואומרה בלא מוריד הגשם לפי שהגשמים בקיץ סימן קללה הן מפני הקציר: מעביר הרוח. שלא ישב: ומפריח הטל. שלא ירד: אין מחזירין אותו. דלא מיעצרי: בעבים. מקשר עבים: למימרא דלא מיעצרי. לפיכך לא חייבוהו להזכיר: בחרפי. עבים בכירות הבאים לפני המטר אינן עצורות: באפלי. הבאות מאוחרות לאחר המטר דשניות למטר הן כדלקמן ובהנהו כתיב ועצר וכיון דאין כולם נעצרות לא חייבו להזכיר: שאינה מצויה. כתיב ועצר ואפ"ה לא חייבוהו להזכיר דסגי ליה במצויה: רוחות לא מצי לתרוצי הא בחרפי הא באפלי דרוח בין במטר בין בלא מטר לא מיעצר כגון רוח מצויה: רוח שאינה מצויה כמי חזיא לבי דרי. לגורן לזרות הקשין מן התבואה ונחייב להזכיר: אפשר בנפוותא. וו"ן בלע"ז בנפה וכברה: שניות. כמעט שמועילות כמטר עצמו: מאי היא. (ג) אי זה עבים ורוחות קאמר דשניות למטר: אמר עולא ואיתימא רב יהודה דבתר מיטרא. עבים ורוחות שלאחר המטר: זיקא ל"ג הכא: יתן ה' את מטר ארצך אבק ועפר וגו': זיקא דבתר מיטרא. שהרוח מעלה אבק אחר הגשמים ונדבק בתבואה: ה"ג הא דאתא ניחא הא דאתא רזיא. כשירד בנחת אינו מעלה אבק: רזיא. בכח ולא גרסינן ואי בעית אימא הא והא כו' אלא ה"ג הא דמעלה אבק הא דלא מעלה אבק והיינו רזיא: כמיטרא. שניות למטר כדקתני בתוספתא: למעוטי מאי. מאחר דכולהו כמיטרא מאי קמעטינן דהוי בתריה ולא הוי כמיטרא: גילהי דליליא. איסלוסטר"א בלע"ז בגילהי הוה קאי במס' (פסחים דף יג.) ורוב גילהי בליליא שכיח: וביומא שמשא דביני קרחי. שבין העבים שנראה במקום אחד אורה ובמקום אחר מעונן כקרח שיש לו שערות במקום אחד וקרחה במקום אחר: מעלי תלגא לטורי. וכ"ש לבקעה אלא הרים אין להם גשמים אלא שלג שהגשמים יורדין למטה ואין ההר שותה מהן ועוד שלג שבעמקים נמס והולך מפני החום ששולט שם כמים הוא אבל בהרים קרוי שלג: כחמשה מיטרי לארעא. דהכי משמע קרא כי לשלג יאמר הוא ארץ כשיאמר לשלג הוה ארץ הרי הוא כגשם מטר וגשם מטרות והרי יש כאן חמשה: מיטרא ניחא. שיורד בנחת יפה לפירות התבואה: עורפילא

תוספות

בימות החמה אמר משיב הרוח אין מחזירין אותו אמר מוריד הגשם מחזירין אותו. אבל אם דילג שלא אמר לא גשם ולא טל אין מחזירין ובימות הגשמים לא אמר משיב הרוח אין מחזירין אותו לא אמר מוריד הגשם מחזירין אותו אבל אם אמר מוריד הטל בימות הגשמים אין מחזירין אותו ואם ספק אם הזכיר אם לאו אם אינו זוכר (ג) שלא אמר שום דבר בימות הגשמים כל ל' יום חזקה מה שהוא למוד הוא אומר ומחזירין מספק כל ל' יום וכן זכרנו ומי כמוך וכתוב לחיים שאומרים מן הכסה עד יום הכפורים מספק מחזירין ירושלמי בשם רבי חנינא היה שייך בגשם והזכיר של טל אין מחזירין אותו בטל והזכיר של גשמים מחזירין אותו והתניא בטל וברוחות לא חייבו חכמים להזכיר ואם בא להזכיר מזכיר לא דמי ההוא דמצלי ומיקל להוא דלא מצלי ולא מיקל ומפרש רבינו נתנאל (ד) טוב כשאינו מזכיר לא גשם ולא טל מכשהוא מזכיר גשם לפי שהגשמים סימן קללה בימות החמה היה שייך בטל לא הזכיר לא טל ולא גשם אין מחזירין אותו והדין להפך במוריד הגשם דאמר בירושלמי בגשם והזכיר של טל אין מחזירין אותו והתניא אם לא שאל בברכת השנים או שלא אמר גבורות גשמים מחזירין בההוא דלא הזכיר כלל לא טל ולא מטר ומשם הר"ם שאין לומר בימות החמה משיב הרוח דהא אמר רבי חנינא בימות החמה אמר משיב הרוח אין מחזירין אותו מכלל דלכתחילה אין לאומרו ומשום הכי אמר הר"ם בשם א"ז לעולם בין בימות החמה בין בימות הגשמים מוריד הטל לעולם לא אתי לידי ספק אמר ספק לא אמר והיכא דלא מזכיר בגבורות מזכיר בשומע תפלה דהכי קאמר בירושלמי ומה שאלה שהיא מדוחק אומר בש"ת הזכרה שהיא מרווח לא כ"ש וכי היכי דשואלין בש"ת הוא מזכיר בש"ת ואפילו (ה) הזכיר קודם שומע תפלה אינו אומר עד שיגיע לש"ת והיכא דלא אמר בשומע תפלה אי נזכר קודם שעקר רגליו חוזר לש"ת ואי לא חוזר לראש בין לא אמר מוריד הגשם ובין לא אמר ותן טל ומטר (ומחזירין) וכן הפסק והני מילי ביחיד אבל שליח צבור פסק רבינו יהודה דאין מחזירין לפי דאין מחזירין שליח צבור אלא משום ג' דברים מתחיית המתים ומבונה ירושלים ומברכת ולמלשינים משום דנראה ככופר שמעתי מפי רבי שלמה לא דמי (ו) מצלי ומיקל למאן דלא מצלי ולא מיקל פירוש מיקל כמו מקלל כלומר שאין מחזירין אם לא אמר ותן טל ומטר: **הא** בחרפי. פי' הא דאמר נעצרים היינו בחריפי כלומר בפירות המתבכרות וכו' אבל באפלי במאוחרות לא מיעצרי: **רוחות** ארוחות לא קשיא הא ברוח וכו'. וה"ה דמצי לשנויי הא בחריפי הא באפלי אלא שפיר קא משני ליה הא ברוח מצויה וכו': **שניות** למטר. שניות במעלה כדאמרי' איכשר משנה למלך: **הא** דאתא ניחא. פי' כשיורדות בנחת כלומר בחוזק ולא היה טובה: **גילהי** דליליא. פי' זריחה הלילה שקורין לגישו"ר בלע"ז: **ושמשא** דביני קרחי. פי' כמו דבר קרחה שמכאן ומכאן יורדין הגשמים והשמש זורח באמצע זה השמש לא מעלי:

הגהות הב"ח

(א) רש"י ד"ה אישתבועי למה ליה דקאמר אם יהיה: (ב) ד"ה מאי היא אי זה עבים: (ג) תוס' ד"ה בימות כו' אם אינו זוכר שלא אמר שום דבר כו' כל"ל ותיבת שלא נמחק: (ד) בא"ד ומפרש רבינו נתנאל יותר טוב כשאינו מזכיר כו' בימות החמה הלכך היה שייך בטל ולא הזכיר כו' גבורות גשמים בתחיית המתים מחזירין כו' ולא מטר (ומשם הר"ם) שאין לומר כו' דלכתחלה אין לאומרו: (ה) בא"ד מזכיר בש"ת ואפילו מזכר קודם ש"ת: (ו) בא"ד מפי ר' שלמה לא דמי ההוא דמצלי ומיקל למאן:

מסורת הש"ס

[כעי' ליתא] ע"ז י: ע"ש

והא דבעית הי בן בתירה ר' יהושע בן בתירה. וזמנין קרי ליה בשמיה דידיה ר' יהושע. מקמי דליסמכיה לא הוי חשוב וקרי ליה משמיה דאבוה: בטל וברוחות לא חייבו. משיב הרוח ומוריד הטל: מ"ט לא חייבו חכמים להזכיר דלא מיעצרי כלומר שמעולם ירד טל ומנשב רוח ולא צריכי (שאין ברכה מ"ט דלא מיעצר כלומר שלעולם יורד ואין בו) ברכה: [illegible]

Scripture does not speak. Why? [3b] Because it is never withheld. But if it is never withheld, why did Elijah take an oath on it?—This is what he conveyed to him [Ahab]. The dew of blessing also would not fall. Then the dew of blessing should also have been restored?—Because the difference would not have been discernable. How do we know that winds are not withheld? R. Joshua b. Levi said: Scripture says, *For I have spread you abroad as the four winds of*
a *heaven, saith the Lord.*[1] What does the prophet desire to convey? Shall we say that the Holy One, blessed be He, spoke thus to Israel, 'I have scattered you to the four corners of the world'. If so, Scripture should have said not *'as the four'* but *'to the four'*. But this is what he meant: 'As the world cannot endure without winds, so too the world cannot exist without Israel'. R. Hanina said: Therefore, if in the summer one inserted [in the *Tefillah* the words], 'He causeth the wind to blow', he is not compelled to repeat [the *Tefillah*]; if, however, he said, 'He causeth the rain to fall', he is compelled to repeat [it]. Similarly, if in winter one did not insert, 'He causeth the wind to blow', he is not compelled to repeat; if, however, he did not say, 'He causeth the rain to fall', he is compelled to repeat. And furthermore, even if he said, 'He causeth the wind to pass and the dew to disappear',[2] he is not compelled to repeat.

A Tanna taught: The Sages did not make it obligatory to make mention of clouds and winds, but if one desires to make mention he may do so. What is the reason? Is it because they are never withheld? But are they never withheld? Did not R. Joseph learn, '*And He will shut up the heaven,*[3] means, in respect of clouds and winds. You say that this verse is in respect of clouds and winds, perhaps it is not so but means in respect of rain? When Scripture adds, *So that there shall be no rain,* rain is thus already referred to. What then is the force of [the words], *And He will shut up the heaven?* [It must mean] in respect of clouds and winds'. There will then be a contradiction between 'winds and winds' and between 'clouds and clouds'?—There is really no contradiction between 'clouds and clouds'. In the one case [the reference is] to early
b clouds[1] and in the other to late clouds.[2] Between 'winds and winds' too there is no contradiction; in the one case they are normal winds and in the other extraordinary winds.[3] But are not extraordinary winds suitable for[4] [winnowing] in the barn?—This can be done with sieves [independently of the wind].

A Tanna taught: The clouds and the winds are secondary to rain.[5] Which are they? 'Ulla said, or as some say, R.[6] Judah said: Those that come after the rain. Can we then say that these are beneficial? Is it not written, *The Lord will make the rain of thy land powder and dust,*[7] and on this 'Ulla, or as some say, R. Judah commented, [This refers to] the wind following the rain?[8]—There is no contradiction; in the one case [it speaks] of when the rain comes down gently and in the other when it comes down with vehemence.[9] In the latter it throws up dust, and in the former it does not.

Rab Judah further said: Wind after rain is as beneficial as rain, clouds after rain as beneficial as rain, sunshine after rain as beneficial as twofold rain. What does this exclude?—The glow after sunset and sunshine between clouds.

Raba said: Snow is beneficial to the mountains as fivefold rain to the earth, as it is said, *For he saith to the snow, 'Fall thou on the earth'; likewise to the shower of rain and to the showers of His mighty rain.*[10]

Raba further said: Snow is beneficial to the mountains, heavy

a (1) Zech. II, 6. (2) Lit., 'to fly away'. (3) Deut. XI, 17.
b (1) Before the rain. These are never withheld. (2) After the rain. [Such clouds depend on the rain and are withheld, nevertheless, as clouds as a whole are never withheld, no mention need be made of them.] (3) [Such are withheld. Since, however, they are not particularly beneficial no mention need be made of them. (4) [R. Gershom reads, 'are necessary']. (5) I.e., they are almost as beneficial as rain. (6) [Read with MS.M., Rab Judah.] (7) Deut. XXVIII, 24. (8) The wind raises dust which in turn sticks to the damp produce. (9) [Cur. edd. insert here in brackets, 'If you wish I can tell you', but this is best left out.] (10) Job XXXVII, 6.

rain to the trees, gentle rain to the fruits of the field, [4*a*] drizzling rain ['*urpila*] even to the seeds under a hard clod. What is '*urpila*? '*Uru pili* ['Wake up ye cracks'].

Raba further said: A young scholar may be likened to the seeds under a hard clod; once he has sprouted he soon shoots forth.

Raba further said: If a young scholar gets into a rage it is because the Torah inflames him, as it is said, *Is not my word like a fire? said*
a *the Lord.*[1]

R. Ashi said:[2] A scholar who is not as hard as iron is no scholar, as it is said, *And like a hammer that breaketh the rock in pieces.*[3] R. Abba said to R. Ashi: You have learnt this from that verse but we have learnt it from the following verse: *A land whose stones are iron.*[4] Do not read, *abaneha* [stones] but *boneha* [builders].[5] Rabina said: Despite this, a man should train himself to be gentle, for it is said, *Therefore remove vexation from thy heart*, etc.[6]

R. Samuel b. Naḥmani said in the name of R. Jonathan: Three [men] made haphazard requests,[7] two of them were fortunate in the reply they received and one was not, namely, Eliezer, the servant of Abraham; Saul, the son of Kish; and Jephtha the Gileadite. Eliezer, the servant of Abraham, as it is written, *So let it come to pass, that the damsel to whom I shall say, 'Let down thy pitcher* etc.'[8] She might have been lame or blind, but he was fortunate in the answer given to him in that Rebecca chanced to meet him. Saul, the son of Kish, as it is written, *And it shall be, that the man who killeth him, the king will enrich him with great riches, and will give him his daughter.*[9] [He] might have been a slave or a bastard. He too was fortunate in that it chanced to be David. Jephtha, the Gileadite, as it is written, *Then it shall be, that whatsoever cometh forth out of the doors of my house* etc.[10] It might have been an unclean thing. He, however, was fortunate in that it so happened that his own daughter came to meet him. This is what the prophet had in mind when he said to Israel, *Is there no balm in Gilead? Is there no physician there?*[11] And it is further written, *Which I com-*
b *manded not, nor spake it, neither came it to my mind.*[1] '*Which I commanded not*': This refers to the sacrifice of the son of Mesha, the king of Moab, as it is said, *Then he took his eldest son that should have reigned in his stead and offered him for a burnt-offering.*[2] '*Nor spake it*'; This refers to the daughter of Jephtha.[3] '*Neither came it to my mind*': This refers to the sacrifice of Isaac, the son of Abraham.

R. Berekiah said: The Congregation of Israel also made a thoughtless request, yet God granted that request,[4] as it is said, *And let us know, eagerly strive to know the Lord. His going forth is sure as the morning: and He shall come to us as the rain.*[5] The Holy One, blessed be He, said to her [Israel]: My daughter, thou askest for something[6] which at times is desirable and at other times is not desirable, but I will be unto thee something which is desirable at all times, as it is said, *I will be as dew unto Israel.*[7] She further made another thoughtless request. She said before Him: *O God, Set me as a seal upon thy heart; as a seal upon thine arm.*[8] Thereupon the Holy One, blessed be He, replied to her: My daughter, thou askest for something which at times can be seen and at other times cannot be seen. I, however, will make of thee something which can be seen at all times, as it is said, *Behold I have graven thee upon the palms of My hands.*[9]

WE PRAY FOR RAIN ONLY etc. [The scholars] were of the opinion that 'praying' and 'making mention' are one and the same thing. Who is the authority for this?—Raba replied: It is R. Joshua, who said, [We begin to make mention of rain] from the time when the *Lulab* is discarded.[10] Abaye said to him: You can even say, that it is R. Eliezer; 'praying', however, is one thing and 'making

a (1) Jer. XXIII, 29. (2) [So MSS. cur. edd., And R. Ashi said.] (3) Ibid. (4) Deut. VIII, 9. (5) Cf. Ber. 64*a* for a similar example of אל תקרי. The scholar as the builder of minds must be adamantine and determined if he is to succeed in his lofty mission. (6) Eccl. XI, 10. (7) Lit., 'asked not in a proper manner', two they answered in a proper manner, and one they answered in a non-proper manner. (8) Gen. XXIV, 14. (9) I Sam. XVII, 25. (10) Jud. XI, 31. (11) Jer. VIII, 22. [Was there no remedy for Jephtha? Surely he could have had his vow annulled by appealing to Phinehas who was in Gilead for a remission of the vow; cf. Gen. Rab. LX, 3.]

b (1) Ibid. XIX, 5. (2) II Kings III, 27. (3) [So MS.M., cur. ed., 'this refers to Jephtha'.] (4) Cf. *supra* n. a 7. (5) Hos. VI, 3. (6) I.e., rain. (7) Hos. XIV, 6. (8) Cant. VIII, 6. (9) Isa. XLIX, 16. A seal on the heart and arm is not always visible. Hence the reply of God. (10) *Supra* 2*b*. After the seventh day which is close to the rainy season.

עורפילא אפילו לפרצידא (א) דתותי קלא מהניא ליה מאי עורפילא עורו פילי ואמר רבא האי צורבא מרבנן דמי לפרצידא דתותי קלא דכיון דנבט נבט ואמר רבא האי צורבא מרבנן דרתח אורייתא הוא דקא מרתחא ליה שנאמר °הלא כה דברי כאש נאם ה' ואמר רב אשי *כל ת"ח שאינו קשה כברזל אינו ת"ח שנא' °וכפטיש יפוצץ סלע א"ל רבי אבא לרב אשי אתון מהתם מתניתו לה אנן מהכא מתנינן לה דכתיב °ארץ אשר אבניה ברזל אל תקרי אבניה אלא בוניה אמר רבינא אפ"ה מיבעי ליה לאיניש למילף נפשיה בניחותא שנאמר °והסר כעס מלבך וגו' א"ר שמואל בר נחמני אמר רבי יונתן שלשה שאלו שלא כהוגן לשנים *השיבוהו כהוגן לאחד השיבוהו שלא כהוגן ואלו הן אליעזר עבד אברהם ושאול בן קיש ויפתח הגלעדי אליעזר עבד אברהם דכתיב (א) °והיה הנערה אשר אומר אליה הטי נא כדך וגו' יכול אפי' חיגרת אפי' סומא השיבו כהוגן ונזדמנה לו רבקה שאול בן קיש דכתיב °והיה האיש אשר יכנו יעשרנו המלך עושר גדול ואת בתו יתן לו יכול אפי' עבד אפילו ממזר השיבו כהוגן ונזדמן לו דוד יפתח הגלעדי דכתיב °והיה היוצא אשר יצא מדלתי ביתי וגו' יכול אפילו דבר טמא השיבו שלא כהוגן נזדמנה לו בתו והיינו דקאמר להו נביא לישראל °הצרי אין בגלעד אם רופא אין שם וכתיב °אשר לא צויתי ולא דברתי ולא עלתה על לבי אשר לא צויתי זה בנו של מישע מלך מואב שנאמר °ויקח את בנו הבכור אשר ימלך תחתיו ויעלהו עולה ולא דברתי (ב) זה יפתח ולא עלתה על לבי זה יצחק בן אברהם אמר רבי ברכיה אף כנסת ישראל שאלה שלא כהוגן והקב"ה השיבה כהוגן שנא' °ונדעה נרדפה לדעת את ה' כשחר נכון מוצאו ויבוא כגשם לנו אמר לה הקב"ה בתי את שואלת דבר שפעמים מתבקש ופעמים אינו מתבקש אבל אני אהיה לך דבר המתבקש לעולם שנאמר °אהיה כטל לישראל ועוד שאלה שלא כהוגן אמרה לפניו רבש"ע °שימני כחותם על לבך כחותם על זרועך א"ל הקב"ה בתי את שואלת דבר שפעמים נראה ופעמים אינו נראה אבל אני אעשה לך דבר שנראה לעולם שנאמר °הן על כפים חקותיך: אין שואלין את הגשמים כו': סברוה שאלה והזכרה חדא מילתא היא מאן תנא אמר רבא °ר' יהושע היא דאמר *משעת הנחתו א"ל אביי אפילו תימא רבי אליעזר שאלה לחוד והזכרה לחוד ואיכא דאמרי לימא

רבי

ירמיה כג · שם · דברים ח · קהלת יא · בראשית כד · שמואל א יז · שופטים יא · ירמיה ח · ירמיה יט · מלכים ב ג · הושע ו · שם יד · שיר ח · ישעיה מט

רש"י

עורפילא · גשמים דקים כך שמן כדלקמן : אפי' לפרצידא דתותי קלא. הגרעין שתחת גושה של קרקע : מהניא · שמתחיל לגבץ ולעלות מיד : עורו פילי · שסותם סדקי הארץ ל"א שמגדלת ומצמחת הגרעינין העומדין בסדקי הקרקע : צורבא מרבנן · בחור חריף כמו ביעי דצריבן במסכת ביצה (דף ז·) תלמיד חכם זקן לא קרי צורבא אלא ההוא מרבנן קרי ליה : כיון דנבט נבט · שמתחיל לגבץ ולעלות עולה למעלה כך תלמיד חכם כיון שיצא שמו הולך וגדל למעלה : אורייתא מרתחא ליה · שיש לו רוחב לב מתוך תורתו ומשים ללבו יותר משאר בני אדם וקמ"ל דחייבין לדונו לכף זכות : כאש · שמחמם כל גופו · בוניה · תלמידי חכמים מקיימי עולם בבנייניהו : ברזל · קפדנים וקשים כברזל : שלשה שאלו כו' · משום דבעי ברכיה מייתי בגשמים לקמן נקט לה : ובנות אנשי העיר יוצאות והיא הנערה · משמע הנערה היוצאה תחלה מן העיר ויאמר לה השקיני (ג) לה היה מנחש : אפי' סומא · לפי שלא פירש בשאילתו ואפשר שתהיה בעלת מום ולא יבין בה אליעזר ויקחנה : (אלא) השיבוהו כהוגן · וזימנו לו רבקה : דבר טמא · כלב או חזיר : והייט דאמר להו נביא כו' · מדגלי ביה קרא ואמר הצרי אין בגלעד [אלמא דלא הוי ניחא קמי שמיא כדאמרינן הצרי אין בגלעד] פנחס היה שם והיה יכול להתיר נדרו אלא שלא רצה יפתח לילך אצלו (ד) והוא לא רצה לבוא אצל יפתח בבראשית רבה* : וכתיב אשר לא צויתי · בירמיה כתיב בפרשת בקבוק ובנו את במות (*התופת אשר בגיא בן הנם) לשרוף את (בנותיהם ואת) בניהם באש אשר לא [צויתי ולא] דברתי ולא עלתה על לבי שלא תאמרו הלא לוה כמו כן הקב"ה ליפתח ומישע ואברהם כי מעולם לא צויתי למישע לשרוף את בנו באש דכתיב ויקח את בנו הבכור אשר ימלך תחתיו ויעלהו עולה על החומה ולשמים נתכוון כסבור היה לרצות להקב"ה והאי דכתיב* על שרפו עצמות מלך אדום לשיד מילתא אחרינא הוא ולא דברתי ליפתח (ה) מימים ימימה ותהי חק בישראל ובתרגום מזכיר פנחס לגנאי ויפתח לגנאי אלמא לא היה הקב"ה רוצה בבתו שהרי מזכירם לגנאי לפי שלא הלכו זה אצל זה לבטל הנדר ה"ג ולא עלתה על לבי זה יצחק בן אברהם כלומר שאע"פ שצויתי לו מעולם לא עלתה על לבי לשחוט בנו אלא לנסותו מפני קטיגורו הייט שטן כדאמר בסנהדרין בהנחנקין (דף פט:) ויהי אחר הדברים האלה אחר דבריו של שטן וכו' ואית דלא גרסינן האי ולא עלתה על לבי *דטעי בקרא אחרינא דלא כתב אלא אשר לא צויתי ולא דברתי (ירמיה ז' פסוק לא) ובפרשת בקבוק כתיב כל הני שלשה אשר לא צויתי ולא דברתי ולא עלתה על לבי · בתנחומא אשר לא צויתי זו בתו של יפתח אע"פ שצויתי לו תורה ומצות מצוה זו לא צויתי עליו ולא דברתי זה בנו של מישע מלך מואב והלא מישע נכרי הוא ולא חולין הוא לי לדבר עמו אפילו דיבור בעלמא · ובאגדה קא חשיב כלב בהדייהו אשר יכה את קרית ספר ולכדה וגו' ורבי יונתן דלא חשיב ליה דבגמרא פשיט ליה להאי קרא בהלכות שנשתכחו בימי אבלו של משה כדאמרינן בתמורה (דף טז·) ואין לחוש שתשרה רוח הקדש על עבד ועל ממזר כדאמרינן בנדרים (דף לח·) שאין שכינה שורה כו' מפי רבי· וגדעון ששאל למטע טל מעל הארץ ובגיזה לבדה יהיה אין זה שלא כהוגן ומה תקלה יש אם יחסר העולם טל לילה אחת לבד מפי רבי : ויבוא כגשם לנו · פעמים אינו מתבקש שהוא סימן קללה בקיץ : (ו) דבר המתבקש לעולם · טל אפילו בימות החמה : פעמים נראה · כשהוא ערום נראה זרועו וכנגד לבו ואינו נראה כשהוא לבוש והכף נראית כל שעה שהיד נראית לעינים וי"ל על כפים (ז) על השמים צורת אדם שהוא בכסא וכן נשא לבבנו אל כפים (איכה ג) מפי רבי : (ח) ה"ג סברוה שאלה והזכרה חדא מילתא היא · כלומר הא דקתני אין שואלין את הגשמים היינו אין מזכירין את הגשמים : ומאן תנא · דאמר סמוך לימות הגשמים מזכירין אבל לא קודם לכן : רבי יהושע היא · דאמר משעת הנחת לולב הוא מזכיר דהייט יום שמיני וזהו סמוך לגשמים דמן החג ואילך הוא זמן גשמים :

הכי

[פי' תוספות סוכה נב. ד"ה אם ברזל] · [צ"ל השיבום יעב"ץ] · רש"א · [פ' חיי שרה] · צ"ל סבעל · רש"א · [סנהדרין לט:] · [עמוס ב] · [לעיל ג:] · [צ"ל משום דטעו וכ"ה ברש"י שבע"י]

תוספות

עורפילא. היינו גשם דק אפילו לפרצידא דתותי קלא מהניא פי' פרצידא זו גרעין שהוא מתחת האבן הייט כמו חטה שמתחת הקרקע : מאי עורפילא עורו פילי · פי' מעוררן ומצמיחן פילי פי' אותן העומדים בסדקי הארץ :

שלשה שאלו שלא כהוגן. אליעזר שאול ויפתח וא"ת אמאי לא חשיב כלב בן יפונה שאמר אשר יכה את קרית ספר ולכדה ונתתי לו את עכסה בתי לאשה אמאי לא פריך כמו הכא יכול ממזר או עבד וי"ל דהא דקאמר כלב שיתן לו (ט) הקב"ה כל מי שיכול לחזור אותן הלכות ששכחו בימי אבלו של משה אתן לו עכסה בתי וי"מ דלכך נקראת *עכסה שכל הרואה אותה כועס על אשתו וזהו ודאי משום לניעות יתירא דקא חזו בה והיה סומך דזכותה וזכות דידיה מסתייע דלא מזדווגין לה אלא כפי מעשיה כדאיתא בסוטה (דף ב·) דאין מזווגין וכו' : יכול אפי' חיגרת או סומא · תימה אמאי לא נקט הכא גבי אליעזר עבד אברהם כמו דקאמר גבי שאול בסמוך יכול אפי' ממזרת או שפחה וכו' ואמר רש"י משום דגבי אליעזר לא שייך עדיין ממזרת דהא לא נתנה תורה אי נמי דגבי אשה לא דייק עלמא אלא ליופי וא"ת היכי קאמר דשאל אליעזר שלא כהוגן והא לא אמר אלא אשר אומר אליה הטי נא כדך ואם יראה שתהא חיגרת או סומא לא יאמר לה וי"ל דה"פ יכול אפילו חיגרת ואפילו סומא יכול אפי' חיגרת שיהיה לה אפילו רגל של עץ והוא לא יהא רואה או סומא כגון שיש לה עינים יפים ואינה רואה כלל : והיינו דקאמר להו נביא לישראל הצרי אין בגלעד אם רופא אין שם · כלומר להתיר נדרו ליפתח והא הוה פנחס ואמאי לא הלך יפתח אצלו להתיר נדרו אלא מתוך גסות רוחו אמר לא אלך אצלו שאני שופט ונגיד אלא יבא אלי ופנחס אמר ליתי גבאי דאנא כביא ועל ידי תהא פטורה שהייתי (י) סורה ומתיר הנדר ופוטר אותה ולבסוף נענשו שניהם יפתח נענש שנפלו אבריו קודם מיתה כדכתיב ויקבר בערי גלעד ופנחס נענש דכתיב לפנים היה ה' עמו* :

[כל זה איתא במ"ר סוף סדר בחקותי]

רבינו חננאל

לפירות : עורו פילי . פי' הטפה היורדת בכח מערערת פילא כמו פילחא כדכתיב כמו פולח ובוקע בארץ· אפי' לפרצידא דתותי קלא . פי' שתחת האבן צומח *)וכן ת"ח דומה לפרי תחת האבן (ששואב שואב) וכיון שצומח [צומח] בבת אחת . צורבא מרבנן דמרתחא אורייתא מרתחא ליה שנאמר הלא כה דברי כאש : אמר רב שמואל בר נחמני א"ר יונתן ג' שאלו שלא כהוגן אליעזר שאול ויפתח . ומצינו בבראשית רבה ד' הן ששאלו שלא כהוגן אליעזר שאול ויפתח וכלב ופשטיה כיון דשאול וכלב שוין דתרווייהו נתינת [בתם חשיב] להו כאחד . לפיכך תני הכא שלשה: אין שואלין הגשמים כיון ששנינו כאן שאילת הגשמים סמוך לגשמים היא הוצרכנו לומר סברוה שאלה והזכרה ביום אחד הן הניחא לר' יהושע דאמר משעת הנחתו מזכיר ומיד שואל כי אין שאלה אלא בתפלת החול בי"ח בברכת השנים אלא לר' אליעזר קשיא ושנינן הזכרה לחוד ושאלה לחוד לזמן אחר ולאו כי הדדי :

*) עי' מ"ש בפירוש רבינו לקמן ריש פ"ג ושייך כאן .

רבינו גרשום

עורפילא' מיטרא דקה· פרצידא גרעין · דתותי קלא. תחת קרקע קשה: עורו פילי התעוררו בקעים כלומר שמכנים המטר דקה בבקעים ומוציא התבואה שבהם: כיון דנבט שבקע ויוצא אף ת"ח כיון שיוצא שמו בעולם שוב הולך וגדול בכל שעה : שאינו קשה כברזל . שאינו קשה לרצות· הצרי אין בגלעד כלומר שהיה יכול לילך אצל אליהו ומתיר לו נדרו : על לבי זה יצחק שלא היה בלבו של הקב"ה שישחטהו אלא בפה כדי לנסותו : על כפים חקותיך . וידים נראין לעולם : אין שואלין את הגשמים . ותן טל ומטר : ר' יהודה אמר האחרון מזכיר. גבורת גשמים וה"ה דשואלין ותן טל ומטר : מאן תנא דהתחלת שאלה והזכרה מצי למיהוי ביום אחד : דאמר משעת הנחתו דהיינו בשביעי מתחילין להזכיר שהוא חולו של מועד מצי להתחיל לשאול בברכת השנים שהרי מתפללין אתה חונן. דאי ר' אליעזר כיון דאמר בראשון מתחיל להזכיר לא מצי למיהוי התחלת הזכרה והתחלת שאלה ביום אחד דביו"ט ראשון ליכא שאלה שהרי אין מתפללין בו אתה חונן ולא מצי למישאל אלא בברכת השנים אפי' תימא דקתני אין שואלין ר' אליעזר היא ולא תימא שאלה והזכרה כהדדי .

הגהות הב"ח

(א) גמ' אליעזר עבד אברהם דכתיב ובנות אנשי העיר יוצאות וגו' והיה הנערה אשר: (ב) שם ולא דברתי זו בתו של יפתח: (ג) רש"י ד"ה ובנות כו' השקיני בה היה מנחש: (ד) ד"ה והיינו כו' יפתח לילך אצלו מתוך גסות רוחו ואמר לא אלך אצלו שאני שופט ונגיד: (ה) ד"ה וכתיב כו' ולא דברתי ליפתח שנאמר מימים ימימה כו' ואית דלא גרסי האי: (ו) ד"ה ויבוא כו' קללה בקיץ הס"ד ואח"כ מה"ד דבר המתבקש לעולם טל אפילו בימות: (ז) ד"ה פעמים וכו' וי"ל על כפים השמים כו' ותיבת על נמחק: (ח) בא"ד מפי רבי הס"ד ואח"כ מ"ה ה"ג סברוה כו': (ט) תוס' ד"ה שלשה וכו' שיתן לו כל מי וכו': (י) שם ד"ה והיינו וכו' שהייתי מורה ומתיר:

גליון הש"ס

גמ' ר"י היא דאמר משעת הנחתו. תמוה לי אמאי נקט ר"י דברייתא ולא נקט ר"י דמתני' ...

יא א מיי' פ"ב מהל' תפלה הל' טז סמג עשין יט טוש"ע א"ח סי' קיד סעיף ה:

רבי יהושע היא דאמר משעת הנחתו אמר רבא אפילו תימא רבי אליעזר שאלה לחוד והזכרה לחוד: רבי יהודה אומר העובר לפני התיבה כו': ורמינהו *עד מתי שואלין את הגשמים (א) ר' יהודה אומר עד שיעבור הפסח ר' מאיר אומר עד שיעבור ניסן אמר רב חסדא לא קשיא כאן לשאול כאן להזכיר מישאל שאיל ואזיל להזכיר ביו"ט הראשון פסיק אמר עולא הא דרב חסדא קשיא *כחומץ לשינים וכעשן לעינים ומה במקום שאינו שואל מזכיר במקום ששואל אינו דין שיהא מזכיר אלא אמר עולא תרי תנאי אליבא דר' יהודה רב יוסף אמר מאי עד שיעבור הפסח עד שיעבור שליח צבור ראשון היורד ביו"ט ראשון של פסח א"ל אביי שאלה ביו"ט מי איכא א"ל אין שואל מתורגמן וכי מתורגמן שואל דבר שאינו צריך לצבור אלא מחוורתא כדעולא רבה אמר מאי עד שיעבור הפסח עד שיעבור זמן שחיטת הפסח וכתחילתו כן סופו מה תחילתו מזכיר אע"פ שאינו שואל אף סופו מזכיר אע"פ שאינו שואל א"ל אביי בשלמא תחילתו מזכיר (ב) הזכרה נמי ריצוי שאלה היא אלא סופו מאי ריצוי שאלה איכא אלא מחוורתא כדעולא *)א"ר אסי א"ר יוחנן הלכה כר' יהודה א"ל ר' זירא לר' אסי ומי אמר רבי יוחנן הכי והתנן *בשלשה במרחשון שואלין את הגשמים רבן גמליאל אומר בשבעה בו *וא"ר אלעזר **הלכה כרבן גמליאל א"ל **)גברא אגברא קא רמית איבעית אימא לא קשיא כאן לשאול כאן להזכיר והאמר ר' יוחנן במקום ששואל מזכיר ההוא להפסקה איתמר והאמר ר' יוחנן התחיל להזכיר מתחיל לשאול פסק מלשאול פוסק מלהזכיר אלא לא קשיא *הא לן הא להו מאי שנא לדידן דאית לן פירי בדברא לדידהו נמי אית להו עולי רגלים כי קא"ר יוחנן בזמן שאין בית המקדש קיים השתא דאתית להכי הא והא לדידהו ולא קשיא כאן בזמן שבית המקדש קיים *כאן בזמן שאין בית המקדש קיים ואנן דאית לן תרי יומי היכי עבדינן אמר רב מתחיל במוספין ופוסק במנחה ערבית ושחרית וחוזר במוספין אמר להו שמואל פוקו ואמרו ליה לאבא אחר שעשיתו קודש תעשהו חול אלא אמר שמואל מתחיל במוספין ובמנחה ופוסק ערבית ושחרית וחוזר ומתחיל במוספין

רבא

*) גי' הרא"ש א"ר יוסי בר חנינא הלכה כו' **) [כ"ק מג: סנהדרין כט: לו: חולין כג:]

ואמר ר' אלעזר הלכה כר"ג דאמר דאין שואלין עד שבעה וכו' · פירוש ולא אמרת הלכה כר' יהודה בהא דקאמר במתני' רבי יהודה אומר העובר לפני התיבה ביו"ט האחרון של חג האחרון מזכיר והראשון אינו מזכיר ומדמינן לטעיל שאלה להזכרה דפריך ורמינהו עד מתי שואלין את הגשמים עד שיעבור וכו' ומשני גברא אגברא וכו': **והא** אמר רבי יוחנן במקום ששואלין הגשמים מזכיר · ומשני ההוא להפסקה פי' דבמקום שמפסיק מלשאול מפסיק מלהזכיר אבל מתחיל קודם להזכיר וטעמא הוי דהזכרה הוה ריצוי שאלה ומש"ה ליכא חששא אם מזכיר קודם: **הא** לן · פירוש לבני בבל (ז) [א] עד לאחר שבעה במרחשון דאית להו פירי בדברא ובארץ ליכא חששא דהא יכולים פירותיהן להיות יבשים בלא הולכה למדבר: **והא** להו · כי המתחיל להזכיר יתחיל לשאול: רבא

הכי גרסינן ואיכא דאמרי לימא ר' יהושע היא אפי' תימא רבי אליעזר כו' · ולא גרסינן סברוה שאלה לחוד והזכרה לחוד דהא לא משתמע ממתני': עד אימתי שואלין את הגשמים · בסוף יומא הגשמים: עד שיעבור הפסח · דאמרינן כל חולו של מועד וזמן טל ומטר: עד שילך ניסן · וכדמפיק טעמא במתני': הכי גרסינן אמר רב חסדא כאן לשאול כאן להזכיר מישאל שאיל ואזיל והזכרה ביו"ט ראשון פוסק · לשאול שואל והולך עד שיעבור הפסח כדקתני עד מתי שואלין כו' להזכיר אינו מזכיר אלא בתפלת יוצר של יו"ט ראשון: במקום שאינו שואל · ביו"ט האחרון של חג שאינו מתפלל תפלתו תפלת חול דאין שאלה אלא בברכת השנים: מזכיר · גבורות גשמים כדאמר רבי יהודה האחרון מזכיר: במקום שהוא שואל · בחולו של מועד של פסח: תרי תנאי · חד אמר עד שיעבור הפסח שואלין כל שכן שמזכירין וחד אמר שאלה עד הפסח והזכרה שיכול להזכיר ביו"ט מזכיר ביו"ט הראשון של פסח בתפלת יוצר ובמוספין פוסק: רב יוסף אמר · האי דקתני עד אימתי שואלין עד שיעבור כו' ה"ק עד שיעבור שליח צבור כו' והיינו כלידך רבי יהודה דמתני' דלאמר הראשון מזכיר האחרון אינו מזכיר: שאלה ביו"ט מי איכא · וכי מתפלל הוא תפלת חול שאתה אומר עד שיעבור הפסח דהיינו (ג) זמן שליח צבור של תפלת יו"ט הראשון של פסח: אמר ליה אין שאלה למתורגמן · בדרשה שהוא דורש אומר ברכת שאלה לבדה: דבר שאינו צריך לצבור · דכיון דזמן הפסקה הוא לאו אורח ארעא למישאל בצבור דבר שאינו צריך: עד שיעבור זמן שחיטת פסח · (ד) חצות יום דארבעה עשר עד שיעבור חצות דהיינו כל תפלת יוצר ולא אשמעינן ר' יהודה דבמנחה דערבי פסחים אע"ג דמצלינן תפלת חול מפסקינן ולא יאמר ותן טל ומטר ואע"ג דמדכרינן עד למחר במוספין פוסק השאלה בתפלת מנחה של ערב יו"ט הראשון והזכרה שיכול להזכיר ביום טוב מזכיר עד תפלת מוסף של יום טוב הראשון: כתחילתו · שהוא מזכיר תחלה ביום טוב אחרון של חג ואינו שואל עד לאחר החג (ה) כך בסופו אינו שואל במנחה ערב יו"ט הראשון ומזכיר עד מוסף של יו"ט ראשון והכא ליכא למיפרך שאלה ביו"ט מי איכא: דהזכרה נמי ריצוי שאלה היא · שמרצה תחילה לפי שא"א לו לשאול ביו"ט וכיון דאיכא שאלה אבתריה מזכיר הוא לרצויי בעלמא: אבל סופו · למה הוא מזכיר הואיל ואינו צריך לשאול מכאן ואילך הא כיון דאפסקת מאתמול גלית אדעתך דלא ניחא לך בהו ואמאי מזכיר: הלכה כרבי יהודה · דאמר העובר לפני התיבה וכו': מי אמר רבי יוחנן הכי · דהלכה כרבי יהודה דמזכיר ביו"ט האחרון זמן גשמים כו': הלכה כרבן גמליאל · דאינו שואל עד שבעה במרחשון וקא ס"ד דבמקום שהוא שואל מזכיר עד דמשני לקמן כאן לשאול · בשבעה במרחשון: כאן להזכיר · מיו"ט האחרון וה"ה אמר ר' יוחנן במקום שאינו שואל מזכיר · (ו) במקום שאינו שואל אינו מזכיר והיכי א"ר יוחנן דהלכה כר' יהודה דאמר ביו"ט האחרון של חג דליכא שאלה דאין אומר ברכת השנים ביו"ט: להפסקה איתמר · דכשהוא מפסיק לשאלה בערב הפסח במנחה מפסיק נמי הזכרה דהכי משמע במקום ששואל מזכיר: והא תרוייהו איתמר · התחלה והפסקה: יתחיל לשאול · דהיינו בחול שיכול לשאול: פסק מלשאול · בערב הפסח פוסק מלהזכיר אלמא לא סבירא ליה כרבי יהודה והיכי אמר הלכה כמותו: הא לן · לבני בבל שיש להם תבואה ופירות בשדה בכל תשרי אין מזכירין עד שבעה במרחשון ושם שואלים כדאמר רבי יוחנן מתחיל להזכיר מתחיל לשאול: והא להו · לבני ארץ ישראל דקוצרין בניסן ואוספין בתשרי מזכירין בי"ט האחרון כרבי יהודה דאמר רב אסי הלכה כמותו: בדברא · מדבר כלומר בשדות: אית להו עולי רגלים · ואם ירדו להן גשמים קשה להן בחזירתן: אלא כי א"ר יוחנן כו' בזמן שאין בהמ"ק קיים וליכא עולי רגלים מזכיר: כאן בזמן שבית המקדש קיים · דאיכא עולי רגלים אינו מזכיר עד ז' במרחשון: אנן דאית לן תרי יומי · שני ימים טובים אחרונים שמיני ספק שביעי ותשיעי ספק שמיני לרבי יהודה דאמר מיו"ט האחרון באיזה מהן מזכיר: מתחיל במוסף · של שמיני ספק שביעי דשמא יו"ט האחרון הוא: ופוסק במנחה · שמא שביעי חול הוא ואין זמן הזכרה עד מוסף של מחר: ופוסק נמי בערבית ושחרית · של תשיעי ספק שמיני: לאבא · חברי: לאחר שעשיתו קודש · לשמיני ספק שביעי שהזכרת בו גבורות גשמים כרבי יהודה מיו"ט האחרון: תעשהו חול · בתמיה שמפסיק במנחה של אותו היום: ופוסק ערבית ושחרית · דלאו היינו תפלה של אותו היום:

רבא

רבינו חננאל

פיסקא ר' יהודה אומר העובר לפני התיבה ורמינן עלה עד מתי שואלין את הגשמים ר' יהודה אומר עד שיעבור הפסח ומשני רב חסדא פוסק מלהזכיר מיום הראשון של פסח ושואל עד שיעבור הפסח. וזהו כחומץ לשינים(וכעשן) שמקהה לשינים וכעשן לעינים. ומשני עולא תרי תנאי ואליבא דר' יהודה [רב יוסף אמר כו'] ואקשינן ושאלה ביו"ט מי איכא ופריק אין לשאול מתורגמן ומדלא דחי לה ואמר מי איכא תורגמן בצלותא שמעינן מינה דבי דינא הוו מוקמי מתורגמן לישאל מלתא דהוה צריכא להו לפיכך אמר אפשר לההוא לשאל בערבית ושחרית של יו"ט יהי רצון מלפניך ה' אלהינו שתתן טל ומטר על פני האדמה: רבה אמר מאי עד שיעבור הפסח עד שיעבור זמן שחיטת הפסח. פי' שואלין את הגשמים עד ערב הפסח זמן שחיטת הפסח ופוסק ומזכיר עד מנחה ואע"פ שפוסק מלישאל עדיין מזכיר ליל ט"ו ושחרית ביו"ט ופוסק נמצא מזכיר מאחרי שפסק מלשאול כתחלתו מה תחלתו מזכיר אע"פ שאינו [שואל] כן בסוף ודחה לה אביי בשלמא תחלתו מזכיר כי הוא ריצוי לשאלה. כלומר להבא עוד צריך לשאל. אלא סיפא הזכרה בלא שאלה למה כו' אלא מחוורתא כדעולא. דאמר תרי תנאי אליבא דר' יהודה: א"ר אסי א"ר יוחנן הלכה כר' יהודה דקתני העובר לפני התיבה ביו"ט האחרון של חג האחרון מזכיר. פירוש ש"ץ המתפלל מוסף הוא מזכיר מוריד הגשם ומזכיר והולך עד יו"ט הראשון של פסח בתפלת שחרית ואח"כ פוסק. ואקשינן איני דהלכתא כר' יהודה והאמר ר' אלעזר הלכתא כר"ג דתני בשבעה במרחשון שואלין את הגשמים ושנינן רבי אלעזר קא רמית אר' יוחנן. איבעית אימא הלכה כר' יהודה להזכיר כלומר מזכירין מיו"ט (הראשון) [האחרון] של (פסח) [חג] והלכתא כר"ג לשאל שאין שואלין את הגשמים ואין אומרים ותן טל ומטר אלא בז' במרחשון ונדחת זו דהא בהדיא לית ליה לר' יוחנן הפסקה בין הזכרה לשאלה דאמר ר' יוחנן התחיל להזכיר ישאל פסק מלשאל יפסוק מלהזכיר. אלא לא קשיא הא דר' יוחנן לבני ארץ ישראל והא דאמר רבי אלעזר עד ז' במרחשון לבני בבל משום דאית להו פירא בדברא והמטר מפסידם ואקשינן בני ארץ ישראל נמי יש להם עולי רגלים. ואם ישאלו מיום טוב (הראשון) [האחרון] של חג וירד המטר נמצא המטר מעכבן בחזירתן ואוקימנא בזמן הזה דליכא בית המקדש ושקל.

רבינו גרשום

אלא שאלה לחוד והזכרה לחוד דמזכירין ביום ראשון ושואלין בחולו של מועד. אמר רבא [אפילו תימא] ר' אליעזר היא דאמר הזכרה ביו"ט הראשון ולא מצי למישאל ביה שהרי אין מתפלל אתה חונן: דראשון מזכיר וה"ה שואל ר"י אמר עד שיעבור הפסח והיכי אמר במתני' שאינו שואל אלא עד יום ראשון של פסח כאן לשאול כאן להזכיר. הא דאמר ר' יהודה במתניתין הראשון מזכיר ביו"ט ראשון של פסח היינו להזכיר אבל לשאל יכול לשאל עד שיעבור הפסח: במקום שאינו שואל מזכיר: שהרי מתחיל להזכיר בחג ואינו שואל עד ששים בתקופה: מקום שהוא שואל דקאמרת דשואל עד שיעבור הפסח: על אחת כמה וכמה שיזכיר (ומתרץ) [והיכי תריץ] רב חסדא דרבי יהודה קאמר שאינו מזכיר אלא עד יום ראשון של פסח וה"ה לשאלה *) דפרכת האמר ר' יהודה ששואל עד שיעבור הפסח תרי תנאי ואליבא דר"י: עד שיעבור ש"ץ ראשון של יו"ט ראשון היינו נמי כדאמר ר' יהודה במתניתין הראשון [מזכיר האחרון] אינו מזכיר וה"ה לשאלה: שאלה ביו"ט מי איכא דקאמרת דקאמר ר' יהודה ביו"ט ראשון שואל והא אינו מתפלל אתה חונן והיאך אמר שאלה בברכת השנים. שואל במתורגמן המתורגמן המתרגם דרשה ביו"ט של פסח אומר שאלה בדרשה: דבר שאינו צריך לצבור כלומר שאין הצבור שואלין בתפלתן היאך ישאל המתורגמן אלא כדעולא דלא תריץ ליה עד שיעבור ש"ץ אלא לאחר הפסח ממש: עד שיעבור זמן שחיטת פסח דהיינו י"ד אבל ביו"ט ראשון אינו שואל והאי דקאמר ר' יהודה במתניתין עד יו"ט הראשון היינו להזכרה ולא לשאלה מה תחלתו מזכיר אע"פ שאינו שואל שמזכיר בחג ואינו שואל עד ששים בתקופה: אף סופו מזכיר. עד יום ראשון ואינו שואל אלא עד י"ד: דהזכרה נמי ריצוי שאלה היא כלומר להכי מזכיר בחג הואיל ועתיד לשאול בששים בתקופה שלפניו. מאי ריצוי שאלה איכא והא **) עדיין הוא עתיד לשאול אלא מכיון שפסק מלשאול שוב אינו מזכיר אלא כדעולא דתריץ עד שיעבור הפסח ממש והא דא"ר יהודה במתני' עד יום ראשון של פסח ***) היינו להזכרה ולא לשאלה הלכה כר' יהודה דאמר מזכיר ביום אחרון של חג וה"ה לשאלה כאן לשאול כאן להזכיר הא דאמר ר' יוחנן הלכה

*) נראה דצ"ל אלא אמר עולא הא דפרכת וכו'. **) נראה דצ"ל והא תו אינו עתיד לישאול וכו'. ***) הדבר תמוה דהא תי' זה כבר דחי הגמ' לעיל ועולא הא מתרץ דתרי תנאי אליבא דר"י וצ"ע.

גליון הש"ס

גמ' כאן בזמן שאין בית המקדש קיים. עי' יומא דף יג ע"א תוס' ד"ה הלכה:

הגהות הגר"א

[א] תוס' ד"ה הא לן פי' לבני בבל אין שואלין עד שבעה. כצ"ל (ועמ"ש רבינו בא"ח ריש סימן קי"ד):

הגהות הב"ח

(א) גמרא ורמינהו עד מתי שואלין את הגשמים ר' יהודה אומר עד שילך ניסן רבי יהודה אומר כו': (ב) שם בשלמא תחלתו מזכיר דהזכרה נמי ריצוי שאלה כו': (ג) רש"י ד"ה שאלה כו' שיעבור הפסח דהיינו עד שיעבור זמן תפלת שליח צבור: (ד) ד"ה עד שיעבור זמן שחיטת פסח עד שיעבור חצות יום די"ד דהיינו כל זמן תפלת יוצר כו' עד למחר במוספין ל"א פוסק השאלה בתפלת ערבית של ערב יו"ט: (ה) ד"ה כתחילתו כו' לאחר החג הס"ד ואח"כ מה"ד כך בסופו אינו שואל בלילי יו"ט: (ו) ד"ה והא אמר כו' מזכיר הא במקום: (ז) תוס' ד"ה הא לן פי' לבני בבל אין מזכירין עד שבעה במרחשון דאית להו פירי בדברא כי המתחיל להזכיר יתחיל לשאול והא להו פי' לבני א"י ליכא חששא דהא יכולים כו' כצ"ל וד"ה והא להו נמחק:

מסורת הש"ס

לקמן ס. | [קידושין מט:] | משלי | [לקמן י. וש"נ] | [שם] | [עי' תוספות יומא יג. ד"ה הלכה] | ברכות ס. מד. שבת ע: סוכה לו. מח יומא כח: ביצה ה: יד קידושין כט: [ב"מ קי. ב"ב קמז.]

mention' is another. Others have the reading: [4b] Shall we say it is R. Joshua, who said, From the time when the *Lulab* is discarded?—Raba replied: You can even say that it is R. Eliezer; 'praying', however, is one thing and 'making mention' is another.

R. JUDAH SAYS: THE LAST TO STEP BEFORE THE ARK etc. The following was cited in contradiction to this: Until when do we [continue] to pray for rain? R. Judah says: Until Passover is over; R. Meir says, Until the end of Nisan!—R. Ḥisda replied: The two statements [of R. Judah] are not contradictory; the one a refers to 'praying' and the other to 'making mention'; 'praying'[1] one continues [until the end of Passover] but 'making mention' is discontinued on the first day [of Passover]. 'Ulla said: This [solution of the contradiction] by R. Ḥisda is as difficult as vinegar to the teeth, and as smoke for the eyes. If one makes mention of rain at such times when it is not permissible to pray for[2] [it], how much more so should one make mention of rain when it is permissible to pray for it?—It must be, says 'Ulla, that [there is a dispute] between two Tannaim as to the opinion of R. Judah. R. Joseph said: What is the meaning of, 'Until Passover is over'? Until the first reader on the first day of Passover is over [with his prayers].[3] Said Abaye to him: Is there then a place in the Festival [*Tefillah*] for inserting the prayer for rain? He replied to him: Yes, the *Meturgeman*[4] 'prays'. Does then the *Meturgeman* ever pray for something of which the community has no need? Therefore, the better solution is that of 'Ulla.

Rabbah said: What is the meaning of, 'Until Passover is over'? Until the time limit for the slaughtering of the Paschal offering has passed;[5] and as at its beginning[6] so at its end; just as at its beginning one makes mention [of rain] although one has not yet [begun] b to pray,[1] so too at its end he makes mention although he no longer has to pray.[2] Abaye replied: I can understand that one should make mention at the beginning, seeing that making mention is a form of propitiation [prefatory to prayer] but as for the end, what place is there for such propitiation? Therefore, the better solution is that of 'Ulla.

R. Assi said in the name of R. Joḥanan, The *halachah* is according to R. Judah. Thereupon R. Zera asked R. Assi: Could then R. Joḥanan [really] have said so? Have we not learnt: We [begin] to pray for rain on the third of Marcheshvan; Rabban Gamaliel said: On the seventh of the same month. And with reference to this R. Eleazar declared: The *halachah* is according to Rabban Gamaliel. He [R. Assi] replied to him: You set one authority against another![3] Moreover, if you like I will say there is no contradiction; the one [case] speaks of 'praying' and the other of 'making mention'.[4] But did not R. Joḥanan say: Whenever one prays one should also make mention?—That [rule] applies only to the discontinuation [of 'praying'].[5] But did not R. Joḥanan say: When one begins to make mention one should also [begin] to pray; when one discontinues to pray one should also cease to make mention?—There is really no contradiction; one statement refers to us [Babylonians] and the other to them [Palestinians].[6] Why should we be different?—Is it because we have produce in the field?[7] They also have Pilgrims?[8]—R. Joḥanan speaks [of con- c ditions] after Temple times.[1] Now that you have arrived at this conclusion [I can say], Both teachings apply equally to them [Palestinians] and there is no contradiction; the one speaks [of conditions] in Temple times and the other [of conditions] after Temple times. But as for us who observe two days [of the festival],[2] what shall our practice be?—Rab says: He begins [to make mention] in the Additional Service of the Eighth Day of the Feast, he discontinues in the Afternoon Service and in the Evening Service and in the Morning Service but resumes in the Additional Service of the second day. Samuel said to them [to the scholars]: Go and say to Abba:[3] After you have declared the day holy[4] can you declare it again a weekday?[5]—Therefore Samuel said: He begins [to make mention] in the Additional Service and in the Afternoon Service and discontinues in the Evening Service and in the Morning Service [of the following day], and resumes

a (1) V. *supra* 2a n. a 4. (2) I.e., in the *musaf* of the last day of the Feast of Tabernacles, the 'prayer' for rain being inserted only in the weekday *Tefillah*. (3) I.e., the *Shaharith Tefillah*. (v. Glos.). [MS.M. 'until the time of the first . . . is over']. (4) The translator or interpreter. The function of this official in Talmudic times was to interpret to the audience in the Synagogue in a popular manner and to enlarge upon the theme of the rabbi lecturing. Rashi, feeling that in our passage no such official could be referred to, explains that here the lecturing rabbi and interpreter are one and the same person, he who lectures on the first day of Passover, and that he included in his address a prayer for rain. V. however, the commentary of R. Ḥananel ad loc. (5) I.e., noon of the fourteenth of Nisan. (6) I.e., of the rainy season.

b (1) V. *supra* 2a n. a 4. (2) Having ceased to pray on the preceding day in the afternoon service, v. Rashi. (3) R. Eleazar against R. Joḥanan. (4) Which begins on the seventh whereas in regard to mentioning R. Joḥanan will rule in accordance with R. Judah. (5) At the end of the rainy season we stop at the same time both the making of mention and the praying for rain; but at the beginning of the rainy season we commence with the making mention of rain and at a later date we also add the formal prayer for rain. (6) [In Babylonia the harvest was gathered later than in Palestine and consequently the prayer for rain would also begin later]. (7) And therefore rain was not opportune as long as the harvest had not been gathered in. (8) And therefore mention of rain should be put off as late as possible to enable the Pilgrims to reach home in comfort before the rains set in.

c (1) When pilgrimages to Jerusalem no longer took place. (2) [Because of doubt, in this case whether it is the eighth or seventh day of the Festival of Tabernacles.] (3) I.e., Rab. His proper name was Abba Arika. (4) By making mention of rain indicating thereby that it is the eighth day of the Festival. (5) [By discontinuing it at the afternoon service and then implying that it is still the seventh day which belongs to the half holiday.]

it in the Additional Service [5a]. Raba said: Once he has begun [to make mention] he should not discontinue. And so said R. Shesheth: Once he has begun he should not discontinue. Rab also retracted his statement. For R. Ḥananel said in the name of Rab: One counts twenty-one days from New Year[6] and begins to make mention in the same way as one counts Ten Days [of Penitence] from the New Year until the Day of Atonement; and once he has begun he should not discontinue. And the law is, once he has begun he should not discontinue.

MISHNAH. UNTIL WHEN DO WE PRAY FOR RAIN? R. JUDAH SAYS: UNTIL THE PASSOVER IS OVER. R. MEIR SAYS: UNTIL THE END OF NISAN, AS IT IS SAID: AND HE CAUSETH TO COME DOWN FOR YOU THE RAIN, THE FORMER RAIN AND THE LATTER
a RAIN, AT THE FIRST.[1]

GEMARA. R. Naḥman said to R. Isaac: Does then the former rain [fall] in Nisan? The former rain surely [falls] in Marcheshvan. It has been taught: Former rain [falls] in Marcheshvan and latter rain in Nisan. He replied: Thus said R. Joḥanan, This verse[2] was fulfilled in the days [of the prophet] Joel, the son of Pethuel, *That which the palmer-worm hath left hath the locust eaten* etc.[3] In that year, although Adar had passed yet no rain had fallen, and it was not until the first of Nisan that the first rain came down. Thereupon the prophet said to Israel, 'Go and sow'. They replied, If a man has a *ḳab*[4] of wheat or two *ḳabim* of barley, should he eat them and keep himself alive, or sow them and die? He answered: 'Despite this, go and sow'. A miracle happened for them and they discovered whatever [grain] which was hidden [in the chinks of] the walls and in the ant-holes; they proceeded to sow on the second, on the third, and on the fourth and the second rain came down on the fifth of Nisan; on the sixteenth of Nisan they offered the *'Omer*;[5] and thus it so came about that the grain which should take six months to ripen ripened in*eleven days.[6] To that generation was applied the scriptural verses, *They that sow in tears shall reap in joy. Though he goeth on his way weeping that beareth the measure of seed* etc.[7] What is the meaning of, '*Though he goeth on his way weeping that beareth the measure* etc.'?—Rab Judah said: When the ox is ploughing, on his forward journey he weeps, but on his return journey he eats the young green from the furrows. And this is the force of the words, '*He shall come home with joy*'. What is the meaning of, '*Bearing his sheaves*'?—R. Ḥisda said: Others say it was taught in a Baraitha: The stalk was then one span and the ear two spans.

R. Naḥman said to R. Isaac: What is the meaning of the scriptural verse, *For the Lord hath called for a famine; and it shall also come*
b *upon the land seven years?*[1] What had they to eat during these seven years?—He replied: Thus said R. Joḥanan, In the first year they ate what was stored up in the houses, in the second what was in the fields, in the third the flesh of clean animals, in the fourth the flesh of unclean animals, in the fifth the flesh of forbidden animals and reptiles, in the sixth the flesh of their sons and daughters and in the seventh the flesh of their own arms and thus the verse of Scripture was fulfilled, *They eat every man the flesh of his own arm.*[2]

Further, R. Naḥman said to R. Isaac: What is the meaning of the scriptural verse, *The Holy One in the midst of thee and I will not come into the city?*[3] [Surely it cannot be that] because the Holy One is in the midst of thee I shall not come into the city! He replied: Thus said R. Joḥanan: The Holy One, blessed be He, said, 'I will not enter the heavenly Jerusalem until I can enter the earthly Jerusalem'. Is there then a heavenly Jerusalem?—Yes; for it is written, *Jerusalem, thou art builded as a city that is compact together.*[4]

R. Naḥman further said to R. Isaac: What is the meaning of the verse, *But they are altogether brutish and foolish; the vanities by which they are instructed are but a stock?*[5]—He replied: Thus said R. Joḥanan, There is one thing that brings about the perdition of the wicked in Gehenna[6] and that is, idolatrous worship. Here it is written, '*The vanities by which they are instructed*' and elsewhere [of the idols] it is written, *They are a vanity, a work of delusion.*[7]

R. Naḥman further said to R. Isaac: What is the meaning of the verse, *For my people have committed two evils?*[8] Were they only
c two? Has he then ignored the fact that they were twenty-four?[1]

(6) [I.e., from the first day of New Year to the eighth day of the Festival of Tabernacles. This is despite the general rule that where a Jewish month has two New Moon days, the days of the month are counted from the second day].

a (1) Joel II, 23. E.V. '*at first*'. (2) I.e., Joel I, 4. (3) Joel I, 4. (4) A measure of capacity equal to one-sixth of a *se'ah*. (5) V. Glos. (6) From the fifth of Nisan to the sixteenth. (7) Ps. CXXVI, 5-6.

b (1) II Kings VIII, 1. (2) Isa. IX, 19. (3) Hosea XI, 9. The A.V. renders, *I will not come in fury*. Cf. Tosaf, s.v. לא. (4) Ps. CXXII, 3. Stressing the word שחוברה R. Joḥanan adduces from the verse that Jerusalem has a חברה a companion (or prototype) in heaven. Both are said to be situated exactly opposite each other. [The verse in Hosea is thus taken to mean: There is a holy (city) in thy midst (referring to the earthly Jerusalem) and I (i.e., God) will not enter the city (the heavenly Jerusalem)]. (5) Jer. X, 8. (6) A play upon the word ובערו the root of which (בער) in the Pi'el means, to destroy, to remove. The wicked, by following the instructions of idols that are but wood, find themselves fooled and are carried off into Gehenna. (7) Jer. X, 15. (8) Ibid. II, 13.

c (1) [*Aliter:* 'Has he forgiven them the twenty-four?'] The twenty-four sins enumerated in Ezek. XXII; according to some commentators the sins in transgressing the commandments contained in the twenty-four canonical books of Scripture. [Some take twenty-four as a round number. For other renderings v. *Aruch* s.v. עשר].

*See Corrigenda.

רבא אמר כיון שהתחיל שוב אינו פוסק וכן אמר רב ששת כיון שהתחיל שוב אינו פוסק ואף רב הדר ביה דאמר רב חננאל אמר רב מונה עשרים ואחד יום כדרך שמונה עשרה ימים מר"ה עד יוה"כ ומתחיל וכיון שהתחיל שוב אינו פוסק והלכתא כיון שהתחיל שוב אינו פוסק: **מתני'** עד מתי שואלין את הגשמים ר' יהודה אומר עד שיעבור הפסח ר' מאיר אומר עד שיצא ניסן שנאמר ויורד לכם גשם מורה ומלקוש בראשון: **גמ'** א"ל רב נחמן לר' יצחק יורה בניסן (א) יורה במרחשון הוא (דתנן) יורה במרחשון ומלקוש בניסן א"ל הכי אמר רבי יוחנן בימי יואל בן פתואל נתקיים מקרא זה דכתיב ביה יתר הגזם אכל הארבה וגו' אותה שנה יצא אדר ולא ירדו גשמים ירדה להם רביעה ראשונה באחד בניסן אמר להם נביא לישראל צאו וזרעו אמרו לו מי שיש לו קב חטים או קבים שעורין יאכלנו ויחיה או יזרענו וימות אמר להם אעפ"כ צאו וזרעו נעשה להם נס ונתגלה להם מה שבכתלין ומה שבחורי נמלים יצאו וזרעו שני ושלישי ורביעי וירדה להם רביעה שניה בחמשה בניסן הקריבו עומר בששה עשר בניסן נמצאת תבואה הגדילה בששה חדשים גדילה באחד עשר יום נמצא עומר הקרב מתבואה של ששה חדשים קרב מתבואה של אחד עשר יום ועל אותו הדור הוא אומר הזורעים בדמעה ברנה יקצורו הלך ילך ובכה נושא משך הזרע וגו' מאי הלך ילך ובכה נושא משך וגו' א"ר יהודה שור כשהוא חורש הולך ובוכה ובחזירתו אוכל חזיז מן התלם וזהו בא יבא ברנה מאי נושא אלומותיו א"ר חסדא ואמרי לה במתניתא תנא קנה זרת שיבולת זרתים א"ל רב נחמן לר' יצחק מאי דכתיב כי קרא ה' לרעב וגם בא אל הארץ שבע שנים בהנך שבע שנים מאי אכול א"ל הכי אמר רבי יוחנן שנה ראשונה אכלו מה שבבתים שניה אכלו מה שבשדות שלישית בשר בהמה טהורה רביעית בשר בהמה טמאה חמישית בשר שקצים ורמשים ששית בשר בניהם ובנותיהם שביעית בשר זרועותיהם לקיים מה שנאמר איש בשר זרועו יאכלו וא"ל רב נחמן לר' יצחק מאי דכתיב בקרבך קדוש ולא אבוא בעיר משום דבקרבך קדוש לא אבוא בעיר א"ל הכי א"ר יוחנן אמר הקב"ה לא אבוא בירושלים של מעלה עד שאבוא לירושלים של מטה ומי איכא ירושלים למעלה אין דכתיב ירושלים הבנויה כעיר שחוברה לה יחדיו וא"ל רב נחמן לר' יצחק מאי דכתיב ובאחת יבערו ויכסלו מוסר הבלים עץ הוא א"ל הכי א"ר יוחנן אחת היא שמבערת רשעים בגיהנם מאי היא ע"ז כתיב הכא מוסר הבלים עץ הוא וכתיב התם הבל המה מעשה תעתועים וא"ל רב נחמן לר' יצחק מ"ד כי שתים רעות עשה עמי תרתין הוא דהוו עשרין *וארבע שביקא להו א"ל הכי א"ר יוחנן אחת שהיא שקולה

רש"י

רבא אמר כיון שהתחיל. בשמיני ספק שביעי שוב אינו פוסק: הדר ביה. ממאי דאמר פוסק: מונה כ"א יום. מראש השנה עד שמיני ספק שביעי של חג כדרך שמונה מר"ה עד יוה"כ י' ימים שמתחיל למנות מיום ראשון של ר"ה ומזכיר מכאן ואילך וזהו שמזכיר בשמיני ספק שביעי שהוא כ"ב שוב אינו פוסק והא דמתחילין הכא למנות מיום א' דהא דלא עושין ב' ימים לאו משום ספק דהא עיברו לאלול דהא אנן בקיאין בקביעא דירחא אלא משום דמנהג אבותינו בידינו כ"א מונה כ"א יום כדרך שמונה י' כלומר אם עיברו אלול לא יחשוב מיום ראשון של ר"ה כ"א יום שאם כן לא ימלאו בידו אלא כ' וכלים (ב) ביום טוב שביעי יום ערבה אלא מיום שמתחילין למנות עשרה ימים לעשות בעשירי יוה"כ יתחיל למנות בלאו הכי לא יטעה שיום הכפורים יום אחד לבד וידע מהיכן התחילו למנות לו וביום שכלין כ"א (ג) דהיינו ביום טוב אחרון מתחיל להזכיר וכיון שהתחיל שוב אינו פוסק: א"ל רב נחמן לרב יצחק יורה בניסן הוא. דכתיב ויורד לכם גשם מורה ומלקוש בראשון בתמיה והא במרחשון הוא כדתניא לקמן וכספרי הוא: יורה ומלקוש מפרש לקמן: אמר ליה. ודאי במרחשון הוא ומקרא זה בימי יואל בן פתואל נתקיים שיורה ומלקוש היה בראשון ע"י נס שהיה רעב שבע שנים דכתיב כי קרא ה' לרעב וגם בא אל הארץ שבע שנים וכתיב יתר הגזם אכל הארבה וגו': הכי גרסינן יצא אדר ולא ירדו גשמים. ולא זרעו רוב אדר לא גרסינן: רביעה ראשונה. התחלת גשמים ולקמן (דף ו:) מפרש רביעה שמרביע את הארץ: או יזרענו וימות. ברעב קודם שתגדל התבואה החדשה שלא יהיה לו מה יאכל: נעשה להם נס כו'. והיינו דכתיב ושלמתי לכם את השנים אשר אכל הארבה וגו': נתגלה להם תבואה שבחורי נמלים ומה שבכתלים שאצרו העכברים: יצאו וזרעו (ד) מה שבידם: שני ושלישי ורביעי ומה שמצאו אכלו ולאחר שזרעו ירדו להם גשמים בה' בניסן והקריבו עומר בט"ז בניסן מאותה תבואה חדשה: הגדילה בששה חדשים. מתשרי ועד ניסן: בי"א יום. מחמשה בניסן עד ט"ז בו: הזורעים בדמעה ברנה יקצורו. שלא היה להן מה לאכול: מאי הלך ילך ובכה. אם לבני אדם כבר נאמר הזורעים בדמעה ברנה יקצורו אלא על השור הכתוב אומר: בהליכתו. לחרוש התלם: ובחזירתו אוכל חזיז. שחת מן התלם שזרעו בהליכתו שכשהוא זורע מיד מתחלת ליגדל: מאי בא יבוא ברנה נושא אלומותיו. אם מפני התבואה שיש להם לאכול הרי כבר אמור ברנה יקצורו: שבולת זרתים. וזהו נס גדול מה שאין כן דרך כל תבואה שהקנה פי שלשה ולרבעה בשבולת: כי קרא ה' לרעב. בימי יהורם בן אחאב נאמר: מה שבשדות. ספיחים ומה שנשתייר בשדות: אכלו בשר בניהם. מקראם: משום דבקרבך קדוש. שאתה מטיב מעשיך לא יבא הקב"ה בעיר: לא אבא בירושלים כו'. והכי קאמר עד שיהא בקרבך קדוש למטה דהיינו ירושלים לא אבוא בעיר שלמעלה: ירושלים הבנויה כעיר שחוברה לה יחדיו. ירושלים שלמטה תהא בנויה כעיר שחוברה לה שיהא כעולה בה חבירתה ודוגמתה מכלל דאיכא ירושלים אחריתי והיכן אם לא למעלה: ובאחת יבערו ויכסלו מוסר הבלים עץ הוא. אי לאו גזרה שוה היה משמע כמשמעו כגון שכן עושין לקבל מוסר ולסוף היו לוקין: באחת. עבירה אחת יתבערו הכסילים רשעים: עשרים וארבעה שביקא להו. בתמיה בפרשת התשפוט (יחזקאל כב) כ"ד עבירות שעברו ל"א שעברו על כ"ד ספרים: שקולה.

תרתי בלחוד הוא דעבוד. כ"ב שביקא להו וכי יש עבירה הכתובה בכ"ד ספרים כלומר במקרא שלא עשו אותה ואמאי כתיב כי שתים רעות (וכ"ב דמתמה. כלומר וכי הניחו כ"ד ספרים עבירה הכתובה בהם שלא עשו אותה) ואנו קבלנו מרבותינו כי אלו הן כ"ד חטאות שבכאן הם המפרשים שהיו אומרים כ"ד רעות אלו הן הנדברות ... ואל ההרים אכלו בך זמה עשו בתוכך ערות אב גלה בך טמאת הנדה ענו בך ואיש את אשת רעהו עשה תועבה ... ותבצעי רעיך בעשק ואותי שכחת נאם ה' ועל כולם לא חתם אלא על הגזל והנה הכיתי כפי אל בצעך אשר עשית ועל דמך אשר היו בתוכך. היעמוד לבך אם תחזקנה ידיך לימים אשר אני עושה אותך

תוספות

רבא אמר כיון שהתחיל שוב אינו פוסק. כלומר כיון שהתחיל ביום ראשון של (ה) אחרונים שוב אינו פוסק וכן הפסק: **יורה** במרחשון הוא. פי' אקרא דכתיב ויורד לכם גשם מורה ומלקוש בראשון פריך דמתני' אפשר לתרץ דלמלקוש קסמיך אבל ביורה מודה דבמרחשון: **ובחזירתו** אוכל חזיז מן התלם וכו'. וקשיא הא דקאמר לעיל נמצא הגדילה בששה חדשים גדילה באחד עשר יום והוה ליה למימר גדילה בתליסר *ובי"ג יומי שהרי מיד מתחלת ליגדל ושמא י"ל דלכל המאוחרת שנזרעה בשלישית קאמר נמצא גדילה בי"א יום וכו': **לא** אבוא בעיר. פירוש בעיר ר"ל בעיר ממש וי"מ פשטיה דקרא בעיר בשנאה כלומר לא אבוא בשנאה ועיר הוי ל' שנאה כמו ומלאו פני תבל ערים (ישעיה יד) ומי

עין משפט נר מצוה

יב א ב מיי' פ"ב מהל' תפלה הל' טו טוש"ע א"ח סימן קיד סעיף ה:

ג"י רש"א וכי"כ

רבינו חננאל

ואסקוה [מונה] כ"א יום מר"ה ועד יו"ט האחרון של חג ומתחיל להזכיר ביו"ט האחרון כדרך שמונה י' ימים מר"ה ועד יוה"כ והעשירי הוא יוה"כ. ומתחיל להזכיר וכיון שמתחיל שוב אינו פוסק וכן הלכה: מתני' עד מתי שואלין את הגשמים כו' א) הא אסיק' לשמעתא כי ש"ץ היורד לפני התיבה ביו"ט הראשון של פסח מזכיר מוריד הגשם ופוסק מלהזכיר והיורד במוסף אינו מזכיר ב) כיון שא"ר מאיר עד שיצא ניסן שנא' ויורד לכם גשם מורה ומלקוש בראשון ואקשינן והא מורה במרחשון הוא ומלקוש בניסן ושנינן בימי יואל בן פתואל ג) (ש"מ) [נאמר] מורה בניסן שיצא אדר ולא ירדו גשמים. ירד רביעה ראשונה באחד בניסן אמר להם הנביא צאו וזרעו נעשה להן נס ונתגלה להם החטים שאוגרין הנמלין בחורין ובכתלים ולקחו אותן וזרעו ירדה להן רביעה שנייה בחמשה בניסן וצמחו זרעים והקריבו העומר בי"ו בניסן. נמצאת תבואה הגדילה בו' חדשים גידלה בי"א יום על אותו דור נאמר הזורעים בדמעה ברנה יקצורו השור שהיה בהליכתו הולך כמו בוכה. בחזירתו היה אוכל חזיז. בא יבא ברנה [נושא] אלומותיו קנה זרת שבולת שתים. א"ל רב נחמן לר' יצחק הא דכתיב כי קרא ה' לרעב וגו' אותן ז' שנים מאי אכול א"ל הכי א"ר יוחנן שנה ראשונה אכלו מה שבבתים שניה אכלו מה שבשדות כו'. ותוב בעא מיניה בקרבך קדוש ולא אבוא בעיר א"ל הקדוש ברוך הוא לישראל שאינו בא בירושלים של מעלה עד שיבנה להם ירושלים של מטה וישרה שכינתו הקדושה בקרבם. ותוב בעא מיניה מ"ד ובאחת יבערו ויכסלו וגו'. א"ל אחת היא שמבערת הרשעים לגיהנם ומאי ניהי ע"ז. ותוב בעא מיניה מ"ד כי שתים רעות עשה עמי וגו'

מסורת הש"ס

לעיל ד:

[ג"י רי"ף ורא"ש יוסי]

[נ"ל דתניא לקמן ו.]

[סי"ל ותרתי ולכן גירסת הערוך עשרין ותרתי וכו' בערך עשר פ"ש שהאריך בפירוש זה למתשב כולהו]

הגהות הב"ח

(א) גמ' יורה בניסן יורה במרחשון הוא: (ב) רש"י ד"ה מונה כו' אלא כ' וכלים ביום שביעי יום כו' כצ"ל ותיבת טוב נמחק: (ג) בא"ד דהיינו ביום טוב אחרון. נ"ב כלומר עד ליל יו"ט ולא ליל יו"ט בכלל: (ד) ד"ה יצאו וזרעו מה שבידם שני כצ"ל ותיבת וזרעו נמחק: (ה) תוס' ד"ה רבא כו' ביום ראשון של שני ימים אחרונים שוב:

בתמיה משום דבקרבך קדוש דהיינו שאתה כו' גירסת רש"א [illegible]

א) נראה דר"ל דאסיקנא לעיל דאין הלכה כר"י דקך מתני' רק כאידך דר"י דש"ץ סורד וכו'. ב) נראה דצ"ל ר"מ אומר עד שיצא וכו'. ג) אולי צ"ל בימי יואל בן פתואל ירד מורה בניסן. ד) כאן צ"ל מ"ש למטה אר"י לא גלו ישראל וכו'. ה) אב ואם נחשבים לב' וכן יתום ואלמנה כ"כ בערוך.

רבינו גרשום

כר' יהודה היינו להזכרה שמתחיל להזכיר בחג והא דאמר ר' אלעזר הלכה כר"ג היינו לשאלה. והאמר ר' יוחנן במקום שהוא שואל מזכיר אלמא הא דאמר ר' יוחנן הלכה כר' יהודה היינו בין לשאול בין להזכיר דכי הדדי נינהו וקשיא הלכתא אהלכתא: ההוא להפסקה. כלומר הא דאמר מקום שהוא שואל הוא מזכיר היינו להפסקה כלומר שפוסק מלשאול ומלהזכיר ביום ראשון של פסח אבל להתחלה מתחיל בחג ושואל בשבעה במרחשון: הא לן והא להו הא דאמר הלכה כר"ג דאינו שואל עד שבעה במרחשון היינו להו לבני בבל דאית להו פירי בדברא ואין צריכין לגשמים עד ז' במרחשון והא דאמר הלכה כר' יהודה דבחג מזכיר ושואל לן בא"י דלית לן פירי בדברא: אית להו עולי רגלים ואם יורדין גשמים בג' *) אינן יכולין לחזור מפני הגשמים: כי קאמר ר' יוחנן הלכה כר' יהודה דשואל ומזכיר בחג בזמן שאין בית המקדש קיים דליכא עולי רגלים והא דאמר הלכה כר"ג בזמן שביהמ"ק קיים ובז' במרחשון כבר חזרו: ואנו דאית לן תרי יומי [שמיני] ואחרון של חג: היכי עבדינן הא אחד מהן חול הוא ובאיזה יום יתחיל לשאול. מתחיל במוספין של יום ראשון מימים האחרונים ופוסק במנחה דשמא חול הוא וערבית ושחרית מיום האחרון לגמרי. לאחר שעשיתו קדש ששאלת במוסף אלמא דקדש הוא תעשהו חול שאין אתה מזכיר במנחה: ופוסק ערבית שהרי היא הכנסה דיום אחרון ושחרית ושואל במוסף כמו שעשה אתמול דקדש הוא ואמר דאחרון שואל: כיון שהתחיל לשאול במוסף דיום ראשון שוב אינו פוסק אלא שואל במנחה בשחרית ובערבית ומוסף וכו' ואף רב הדר ביה ואמר כיון שהתחיל שוב אינו פוסק. מונה כ"א בתשרי דהיינו ראשון של אחרון ויתחיל לשאול ושוב אינו פוסק: כדרך שמונה מר"ה ועד יוה"כ. יורה ומלקוש בראשון האי ראשון היינו ניסן. בימי יואל נתקיים מקרא הזה יורה בראשון ולעולם יורה במרחשון הוא: שני ושלישי ורביעי בניסן נמצא תבואה שרגילה להתגדל בו' חדשים גדילה בי"א יום מרביעי דניסן עד יום י"ו בו שמקריבין בו העומר: כשהשור הולך לזרוע בוכה שרעב. מהו אלומותיו דמשמע תרי דקנה זרת ושיבולת שתי זרתות: אמר הקב"ה לא אכנס בירושלים של מעלה דהכי משמע עד שבקרבך קדוש שיבנה ירושלים למטה לא אכנס לירושלים של מעלה: יחדיו משמע תרי ירושלים. ומנלן דהאי אחת משמע ע"ז כתיב הכא מוסר הבלים עץ הוא. עשרים וארבעה שביקא להו כלומר והלא עברו על עשרים וארבעה ספרים

*) אולי צ"ל בג' במרחשון או דצ"ל בחג אינן יכולין לחזור וכו'.

שקולה כשתים ומאי ניהו ע"ז דכתיב °כי שתים רעות עשה עמי אותי עזבו מקור מים חיים לחצוב להם בארות בארות נשברים וכתיב בהו °כי עברו איי כתיים וראו וקדר שלחו והתבוננו מאד וגו' ההימיר גוי אלהים והמה לא אלהים ועמי המיר כבודו בלא יועיל תנא כותיים עובדים לאש וקדריים עובדין למים ואע"פ שיודעים שהמים מכבין את האש לא המירו אלהיהם ועמי המיר *כבודי בלא יועיל וא"ל רב נחמן לר' יצחק מ"ד °ויהי כאשר זקן שמואל ומי סיב שמואל כולי האי והא בר נ"ב הוה דאמר מר *מת בנ"ב שנה זהו מיתתו של שמואל הרמתי א"ל הכי א"ר יוחנן *זקנה קפצה עליו דכתיב °נחמתי כי המלכתי את שאול למלך אמר לפניו רבש"ע שקלתני כמשה ואהרן *דכתיב °משה ואהרן בכהניו ושמואל בקוראי שמו מה משה ואהרן לא בטלו מעשה ידיהם בחייהם אף אני לא יתבטל מעשה ידי בחיי אמר הקב"ה היכי אעביד לימות שאול לא קא שביק שמואל לימות שמואל אדזוטר מרנני אבתריה לא לימות שאול ולא לימות שמואל כבר הגיעה מלכות דוד *ואין מלכות נוגעת בחברתה אפילו כמלא נימא אמר הקב"ה אקפיץ עליו זקנה היינו דכתיב °ושאול יושב בגבעה תחת האשל ברמה *וכי מה ענין גבעה אצל רמה אלא לומר לך מי גרם לשאול שישב בגבעה שתי שנים ומחצה תפלתו של שמואל הרמתי ומי מידחי גברא מקמי גברא אין דא"ר שמואל בר נחמני א"ר (*יוחנן) מ"ד °על כן חצבתי בנביאים הרגתים באמרי פי במעשיהם לא נאמר אלא באמרי פי אלמא מידחי גברא מקמי גברא רב נחמן ור' יצחק הוו יתבי בסעודתא א"ל רב נחמן לר' יצחק לימא מר מילתא א"ל הכי א"ר יוחנן אין מסיחין בסעודה שמא יקדים קנה לושט ויבא לידי סכנה בתר דסעוד א"ל הכי א"ר יוחנן יעקב אבינו לא מת א"ל וכי בכדי ספדו ספדנייא וחנטו חנטייא וקברו קברייא א"ל מקרא אני דורש שנאמר °ואתה אל תירא עבדי יעקב נאם ה' ואל תחת ישראל כי הנני מושיעך מרחוק ואת זרעך מארץ שבים מקיש הוא לזרעו מה זרעו בחיים אף הוא בחיים א"ר יצחק *כל האומר רחב רחב מיד נקרי א"ל רב נחמן אנא אמינא ולא איכפת לי א"ל כי קאמינא ביודעה ובמכירה *(ובמזכיר את שמה) כי הוו מיפטרי מהדדי א"ל ליברכן מר אמר ליה אמשול לך משל למה"ד לאדם שהיה הולך במדבר והיה רעב ועיף וצמא ומצא אילן שפירותיו מתוקין וצילו נאה ואמת המים עוברת תחתיו אכל מפירותיו ושתה ממימיו וישב בצילו וכשביקש לילך אמר אילן אילן במה אברכך אם אומר לך שיהו פירותיך מתוקין הרי פירותיך מתוקין שיהא צילך נאה הרי צילך נאה שתהא אמת המים עוברת תחתיך הרי אמת המים עוברת תחתיך אלא יהי רצון שכל נטיעות שנוטעין ממך

יהיו

תורה אור: ירמיה ב · שם · ש"א ח · ש"א טו · תהלים צט · ש"א כב · הושע ו · ירמיה ל · [מגילה טו.] · [ליקא שם]

ומי סיב שמואל והא בר נ"ב שנין הוה וכו' · ועתה (*לפי') חזי שמואל נ"ב שנה שהרי בשנה ראשונה שהיה עלי ממונה לכ"ג נולד שמואל כדכתיב (שמואל א א) ועלי יושב כלומר אותו יום נתיישב ונתמנה ועלי היה נביא ושופט ארבעים שנה כדמפרש בקרא ושמואל היה נביא ושופט י' שנים קודם מלכות שאול כדאיתא בסדר עולם נמצא שהיה שמואל בן מ"ט שנה כשפסק מלהיות שופט וחצי שנה שבשנה ראשונה שהיה עלי נביא נולד ותרתין שנין ופלגא דשאול המלך הרי נ"ב שנין ולהכי קא פריך ומי סיב ומורי ש"י חשיב הני ארבעים שנה דעלי קודם שנשבה הארון ובאותו יום שנשבה מת כדכתיב ויהי כהזכירו ארון האלהים ויפול אחורנית ותשבר מפרקתו וגו' והארון היה בבית אבינדב בגבעה עשרים שנה כדכתיב (שמואל א ז) וירבו הימים ויהיו עשרים שנה וינהו כל בית ישראל אחרי ה' ומיד כשמלך דוד בירושלים דהיינו לאחר כשמלך בחברון שבע שנים ומחצה הביאו לשם לא ותשוב ארבעים שחיה עלי עם עשרים שנה שהיה הארון בבית אבינדב היינו ששים נמצא שהיה ששים שנה משנולד שמואל עד שבא הארון בירושלים אע"ג דנולד בשנה הראשונה א"כ נכי לפחות חצי שנה *דהריון אותן שבעה חדשים (ג)היה הארון בשדה פלשתים דלא קא חשיב ומלי' להנהו דשעת הריון נמצא שהיה שמונה שנים ממיתת שמואל עד שבא הארון לירושלים שהרי היה ששה חדשים ממיתת שמואל קודם שמשחו דוד למלך בחברון ומלך שם שבע שנים ומחצה ומיד מלך בירושלים והביא הארון ועתה הסר שמונה שנים מן ששים שנים שהיה משנולד שמואל עד הבאת הארון וישאר נ"ב שנים : **יעקב** אבינו לא מת · וכן משמע (ד) דכתיב ויגוע ולא כתיב וימת כדמפרש בסוטה (דף יג·) גבי מעשה דחושים : **ביודעה** ומכירה קאמינא · פי' ביודעה שבא עליה ומכירה שראה אותה :

מלקוש

שקולה כשתים · דכותיים וקדריים כדמפרש שהרעו משניהן לא הבינו מהן דכותיים וקדריים (א) אע"פ שיראתם פחותה לא רע להמיר ועמי המירו באחר ולא עוד אלא בלא יועיל : והאמר מר · במועד קטן (דף כח:) זו מיתתו של שמואל הרמתי (ג) ולא *כרת היא במסכת שמחות (פ"ג) מפרש מת בכך שנים זו היא מיתת כרת בכך וכך זו היא מיתת אסכרה : ימיו של שמואל נ"ב שנה · דכתיב עד יגמל הנער וגו' דשיבירי"ר בלע"ז וכ"ד חדשים נקרא תינוק וכתיב (שמואל א א) וישב שם עד עולם עולמו של לוי חמשים שנה שנאמר (במדבר ח) ומבן חמשים שנה ישוב מצבא העבודה (*בבכורות) ירושלמי ובסדר עולם תמצא כשני דפין תוספת על זה : קפצה · הלבין שערו: נחמתי · ורצה הקב"ה להורגו מיד : שקלתני כמשה ואהרן דכתיב משה ואהרן בכהניו ושמואל בקוראי שמו וגו' · שוין הן : מעשה ידיהן · יהושע אף הוא היה תלמידו של אהרן כדאמרי' בעירובין (דף נד:) יצא משה ושנה להן אהרן פירקו : כי זוטר בחור · מרנני כולי עלמא אבתריה · דאמרי מדמית זוטר שמא ח"ו עבירה היתה בו : וכי מה ענין גבעת בנימין אצל רמה · בהר אפרים : שישב ב' שנים ומחצה · כדמפרש בסדר עולם שמלך מתחילת שנת עשתי עשרה ושנים עשרה ושלשה עשר ושמואל מת בתוך שנת שלש עשרה לסוף שמונה חדשים: מי מידחי גברא כו' · לאידחי שמואל מקמי דוד : במעשיהם לא נאמר · דמשמע בעבור חטא : אלא באמרי פי · מפני דבר שגזרתי כגון האי מעשה דשמואל : שמא יקדים קנה · כשיוציא הקול נפתח אותו כובע שעל פי הקנה ונכנס בו המאכל ומסתכן ולפיכך לא אומר לך כלום מאכל ומשתה הולך דרך הושט : ה"ג לימא לן מר מידי · ולא גרסינן חד לחבריה : לא מת · אלא חי הוא לעולם : בכדי · וכי בחנם ספדו ספדיא וחנטו חנטיא דכתיב ביה (בראשית נ) ויחנטו (אותו) ויספדו (לו) : מקרא אני דורש · והאי דחנטו חנטיא סבורים היו שמת : מה זרעו בחיים · כשהוא מקבץ את ישראל מארץ שבים החיים הוא מקבץ שהן בשבי שהמתים אינן בשבי : אף הוא בחיים · שיביאנו בגולה כדי לגאול את בניו לעיניו כמו שמצינו במצרים וירא ישראל וגו' ודרשינן ישראל סבא ודחנטו חנטיא נדמה להם שמת אבל חי היה · כל האומר רחב רחב מיד נקרי · נעשה בעל קרי : לא איכפת לי · איני חושש : ביודעה · היינו נמי מכירה : כי הוה מיפטר . רב נחמן מרב יצחק : והיה צילו נאה · שזה צריך לאדם עייף לנוח תחתיו : ופירותיו מתוקין · לרעב : ואמת המים · לצמא :

רבינו חננאל

אני ה' דברתי ועשיתי. והפיצותי אותך בגוים וזריתיך בארצות והתימותי טומאתך ממך ונחלת בך לעיני גוים וידעת כי אני ה'. א"ל הכי אמר ר' יוחנן עבירה אחת שיש בה שתי רעות ומאי ניהו ע"ז שנאמר כי שתים רעות עשה עמי אותי עזבו והלכו אל הגלולים כי עברו איי כתיים גו' עד ועמי המיר כבודו בלא יועיל. ותוב בעא מיניה כתיב ויהי כי זקן שמואל מי קא סיב כולי האי והאמר מר במסכת מועד במשקין מת בן חמשים שנה זו היא מיתתו של שמואל הרמתי א"ל הכי אמר ר' יוחנן זקנה הקפיץ הקב"ה עליו שנאמר (ויהי כי זקן שמואל) נחמתי כי המלכתי את שאול למלך. ויחר לשמואל ויזעק אל ה' כל הלילה אמר לפניו רבש"ע שקלתני כמשה ואהרן כו'. עד מי גרם לשאול לישב שתי שנים ומחצה בגבעה תפלתו של שמואל הרמתי. וכי מידחי גברא מקמי גברא אין שנאמר חצבתי בנביאים הרגתים באמרי פי במעשיהם לא נאמר אלא באמרי פי אלמא מדחי גברא מקמי גברא. אין אומרים דבר הלכה בסעודה שמא יקדים קנה לושט ויבא לידי סכנה (ותתקל הסעודה) בתר דסעיד א"ל הכי אמר ר' יוחנן יעקב אבינו לא מת שנאמר כי הנני מושיעך מרחוק ואת זרעך מארץ שבים ינו' מקיש יעקב לזרעו מה זרעו בחיים אף הוא בחיים.

רבינו גרשום

ע"א עשרים ושש עבירות כתיבי באותה פרשה התשפט התשפט: ומאי ניהו ע"ז דכתיב פן תשחיתון ועשיתם פסל ואמר כל מקום שנאמר השחתה אינו אלא דבר ערוה וע"ז. ע"א. מאי נינהו ע"ז כלומר כשהוא עובד הני תרי ע"ז דקדריים וכותיים ומנלן דהאי קרא כי שתים רעות משמע ע"ז כתיב הכא כו': לא בטלו מעשה ידיהן בחייהן. משכן: מרנני כל עם אבתריה. דאמרי לפי שחטא מת בחור. קפצה עליו זקנה דלא רנני עליה דסבר זקן הוא. אלא באמרי פי כגון שמואל: ביודעה ומכירה: שמורה הבריות לפי שהוא מטר הראשון: שיורד בנחת כמי עושה הוראה לבניו בנחת: ששוטף את הגרנות. דמשמע יורה כחץ: שמפיל אילנות. דמשמע *) מחתך

מסורת הש"ס

[נ"ל מיתת כרת]

[נ"ל בכורים פ"ב ע"ש]

[נ"ל כבודו]

מו"ק כח.

[שבת קנג.]

[עמ"ש תוס' גיטין סח. ד"ה וכתיב]

[ברכות מח: וש"נ]

[תוספתא דסוטה פי"א]

[נ"ל יונתן]

הגהות הב"ח

(א) רש"י ד"ה שקולה כו' · נ"ב מלשון רש"י משמע שהיה גורס כותיים עובדים למים וקדריים עובדין לאש וכ"ה בילקוט ע"ש : (ג) ד"ה והאמר מר כו' של שמואל הרמתי כרת היא במס' שמחות מפרש מת בכך וכך שנים כו' כצ"ל ותיבות ולא נמחק: (ג) תוס' ד"ה ומי כו' אותן שבעה חדשים שהיה הארון כו' דשעת הריון ונמצא שהיו שמונה : (ד) ד"ה יעקב כו' וכן משמע מדכתיב ויגוע:

מלקושה : סקאן . צלצל : שמל קשיותן . שכשאינו יורה מתענין ומתפללין : או אינו יורה אלא בכסליו : בעתו . היינו י"ז במרחשון : בכירה גרסינן . עד שיגיע ר"ח כסליו כדאמר דאין מתענין אלא עד הש לישות שאינה

*) אולי צ"ל דכן משמע לשון מלקוש.

—He [R. Isaac] replied: There is one [evil] [5*b*] which is equal to two, and that is, idolatrous worship, for it is written, *For my people have committed two evils: they have forsaken me, the fountain of living waters and hewed them out cisterns, broken cisterns.*[2] And further it is written, *For pass over to the isles of the Kittites, and see, and send unto Kedar, and consider diligently* etc. *Hath a nation changed its gods, which are yet no gods? But my people hath changed its glory for that which doth not profit.*[3]

A Tanna taught: The Kittites worship fire and the Kedarites water, and although they know that water extinguishes fire they have yet not changed their gods but my people hath changed their God for that which doth not profit.

R. Naḥman further said to R. Isaac: What is the meaning of the verse, *And it came to pass when Samuel was old.*[4] Did Samuel ever reach old age? He lived only for fifty-two years. For a Master said: If a man dies in his fifty-second year he is said to have died at the age reached by Samuel, the Ramathite?[5]—He replied: Thus said R. Joḥanan: Old age came prematurely upon him, for it is written, *It repenteth Me that I have set up Saul to be king.*[6] Samuel complained before Him: Sovereign of the Universe! You have made me equal to Moses and Aaron, for it is written, *Moses and Aaron are amongst His priests, and Samuel among them that call upon His name.*[7] As in the case of Moses and Aaron the work of their hands did not come to nought in their lifetime, so too let not the work of my hands come to nought in my lifetime. The Holy One, blessed be He, replied: How shall I act? Shall Saul die? Of this Samuel will not approve. Shall Samuel die young? People will speak ill of him.[8] Shall neither Saul nor Samuel die? The time has come for David to reign and one reign may not encroach on another even by a hair's breadth. Thereupon the Holy One, blessed be He, said: I will make him prematurely old and this is what is written,
a *Now Saul was sitting in Gibeah, under the Tamarisk tree in Ramah.*[1] How comes Gibeah to Ramah?[2] This is to teach you that it was the prayer of Samuel the Ramathite that was the cause of Saul's two and a half years'[3] sojourn as king in Gibeah? Should then one man be put aside because of another?—Yes, for R. Samuel b. Naḥmani said in the name of R. Jonathan: What is the meaning of the verse, *Therefore have I hewed them by the prophets, I have slain them by the words of my mouth?*[4] Scripture does not say, 'by their works,' but, '*by the words of my mouth*'; this proves that one may be put aside because of another.

R. Naḥman and R. Isaac were sitting at a meal and R. Naḥman said to R. Isaac: Let the Master expound something. He replied: Thus said R. Joḥanan: One should not converse at meals lest the windpipe acts before the gullet and his life will thereby be endangered. After they ended the meal he added: Thus said R. Joḥanan: Jacob our patriarch is not dead. He [R. Naḥman] objected: Was it then for nought that he was bewailed and embalmed and buried?—The other replied: I derive this from a scriptural verse, as it is said, *Therefore fear thou not, O Jacob, My servant, saith the Lord; neither be dismayed, O Israel; for, lo, I will save thee from afar and thy seed from the land of their captivity.*[5] The verse likens him [Jacob] to his seed [Israel]; as his seed will then be alive so he too will be alive.

R. Isaac said: Whosoever repeats [the name] Rahab, Rahab, becomes immediately subject to an onset of issue.[6] Thereupon R. Naḥman said to him: I have repeated it and was not in any way affected. R. Isaac replied: I speak only of one who knew her intimately (and recalls her likeness).[7] When they were about to part, [R. Naḥman] said: Pray Master, bless me. He replied: Let me tell you a parable. To what may this be compared? To a man who was journeying in the desert; he was hungry, weary and thirsty and he lighted upon a tree the fruits of which were sweet, its shade pleasant, and a stream of water flowing beneath it; he ate of its fruits, drank of the water, and rested under its shade. When he was about to continue his journey, he said: Tree, O Tree, with what shall I bless thee? Shall I say to thee, 'May thy fruits be sweet'? They are sweet already; that thy shade be pleasant? It is already pleasant; that a stream of water may flow beneath thee? Lo, a stream of water flows already beneath thee; therefore [I say], 'May it be [God's] will that all the shoots taken from

(2) Jer. II, 13. (3) Ibid. v. 10-11. (4) I Sam. VIII, 1. (5) M.Ḳ. 28*a*. (6) I Sam. XV, 11. (7) Ps. XCIX, 6. (8) Saying that he died young on account of his sins.
a (1) I Sam. XXII, 6. (2) Gibeah being in Benjamin while Ramah is in Ephraim. (3) V. Seder 'Olam XIII. (4) Hos. VI, 5. (5) Jer. XXX, 10. (6) Cf. Josh. II. According to Meg. 15*a*, she was a very beautiful woman. The thought of her physical beauty may lead one to harbour impure thoughts. (7) Lit., 'her name'. [The words in brackets are bracketed also in the original, and left out in many edd.]

thee [6a] be like unto thee'. So also with you. With what shall I bless you? With [the knowledge of the Torah?] You already possess [knowledge of the Torah]. With riches? You have riches already. With children? You have children already. Hence [I say], 'May it be [God's] will that your offspring be like unto you'.

a Our Rabbis have taught: ['*Former rain*' is termed] '*yoreh*',[1] because it warns[2] people to plaster their roofs and to gather in their fruits and to attend to all their needs.[3] Another explanation: It saturates[4] the ground and waters it right down to its depths, as it is said, *Watering her ridges abundantly, settling down the furrows thereof, thou makest her soft with showers; thou blessest the growth thereof.*[5] Another explanation: [It is termed] '*yoreh*' because it comes down[6] gently and not heavily. Or perhaps [it is termed] '*yoreh*' because it causes the fruit to fall[7] and it washes away the seed, and the trees? The text [therefore] adds '*malkosh*' ['latter rain'];[8] just as latter rain is a blessing, so too is former rain. Or perhaps [it is termed] '*malkosh*,'[9] because it razes the houses to the ground and it shatters the trees and brings up the crickets? The text [therefore] adds '*yoreh*'; just as former rain is a blessing so too is latter rain. How do we know that '*yoreh*' itself is a blessing?—For it is written, *Be glad then ye children of Zion, and rejoice in the Lord your God; for He giveth you the former rain* [moreh] *in just measure and He causeth to come down for you the rain, the former rain and the latter rain,*
b *at the first.*[1]

Our Rabbis have taught: Former rain [falls] in Marcheshvan and latter rain in Nisan. You say, Former rain in Marcheshvan and latter rain in Nisan; perhaps it is otherwise, former rain in Tishri and latter rain in Iyar? The text [therefore] adds, *in its due season.*[2] R. Nehilai b. Idi said in the name of Samuel: ['*Latter rain*' is termed] '*malkosh*' because it is a thing that removes the stiff-neckedness of Israel.[3] The school of R. Ishmael taught: It is something that fills the stalks with grain.[4] In a Baraitha it has been taught: [It is] something which falls both upon the ears and upon the stalks.[5]

Our Rabbis have taught: Former rain [falls] in Marcheshvan and latter rain in Nisan. You say, Former rain in Marcheshvan; perhaps, on Kislev? The text [therefore] adds, '*in its due season, former rain and latter rain*'; as latter rain is that which comes in due season (since should Nisan pass and no rain fall, it is not a sign of blessing)[6] so too former is that which comes in due season.

Another [Baraitha] teaches: Former rain [falls] in Marcheshvan and latter rain in Nisan; this is the opinion of R. Meir; but the Sages say: Former rain [falls] in Kislev. Who are the Sages?—R. Ḥisda replied: It is R. Jose. For it has been taught: Which is the first rainfall?[7] The early [rain] falls on the third of Marcheshvan, the intermediate on the seventh, the late on the seventeenth; this is the opinion of R. Meir. R. Judah says: On the seventh, on the seventeenth, and on the twenty-third. R. Jose says: On the seventeenth, on the twenty-third and on the first of Kislev. And likewise R. Jose used to say: The individuals do not begin to fast until the first day of Kislev. R. Ḥisda said: The *halachah* is according to the opinion of R. Jose.

Amemar reported R. Ḥisda's statement in the following version: On the third day of Marcheshvan we pray for rain; Rabban Gamaliel says, On the seventh of the month. R. Ḥisda said: The *halachah* is according to Rabban Gamaliel. In accordance with whose view then is the following which has been taught: R. Simeon b. Gamaliel says: If rain falls on seven days in succession you may consider it as the combination of the first, the second [or the
c second] and the third rainfall?[1]—It is in accordance with the opinion of R. Jose.[2] R. Ḥisda said: The *halachah* is according to R. Jose. The reason for giving a date for the first rainfall is evident seeing that from that date we begin to pray for rain; likewise the date of the third rainfall is given because from that date we begin to fast; but what may be the reason for giving the date of the second rainfall?—R. Zera replied: It has to do with Vows. For

a (1) The reference is to Deut. XI, 14. (2) Lit., 'teaches'. Connecting יורה with the root ירה, to teach. (3) In preparation of the Winter. (4) Connecting יורה with the root רוה, to saturate. (5) Ps. LXV, 11. (6) Connecting יורה with the root ירד to descend. (7) Connecting יורה with the root ירה to throw. (8) Deut. XI, 14. (9) According to Rashi מלקוש is connected with לקש (cf. Amos VII, 1) which he takes to mean, grasshopper.

b (1) Joel II, 23. (2) Deut. XI, 14. (3) דבר שמל קשיותיהן של ישראל· (4) דבר שממלא תבואה בקשיה· (5) דבר שיורד על המלילות ועל הקשין· (6) [The words in brackets which appear bracketed also in the original seem irrelevant here. They are more appropriate in the preceding paragraph after the words, 'In its due season' where in point of fact they so occur in some edd.]. (7) [רביעה ראשונה. The *yoreh* (former rain) consists of three rainfalls, each being termed *rebi'ah*; when each is due is the point at issue in the discussion that follows. The word 'first' is accordingly difficult and is omitted by R. Ḥananel and MSS. of the Tosef. Ta'an. I from where the passage is quoted.]

c (1) [The words in square brackets are supplied from MS.M.; v. also Tosef. loc. cit.] (2) [According to R. Jose each rainfall is due within seven days of the other].

יהיו כמותך אף אתה במה אברכך אם בתורה הרי (א) תורה אם בעושר הרי עושר אם בבנים הרי בנים אלא יהי רצון *שיהו צאצאי מעיך כמותך: ת"ר יורה שמורה את הבריות להטיח גגותיהן ולהכניס את פירותיהן ולעשות כל צרכיהן (ג) דבר אחר שמרוה את הארץ ומשקה עד תהום שנאמר °תלמיה רוה נחת גדודיה ברביבים תמוגגנה צמחה תברך דבר אחר יורה שיורד בנחת ואינו יורד בזעף או אינו יורה אלא שמשיר את הפירות ומשטיף את הזרעים ומשטיף את האילנות ת"ל מלקוש מה מלקוש לברכה אף יורה לברכה או אינו מלקוש אלא שמפיל את הבתים ומשבר את האילנות ומעלה את הסקאין ת"ל יורה מה יורה לברכה אף מלקוש לברכה ויורה גופיה מנלן דכתיב °ובני ציון גילו ושמחו בה' אלהיכם כי נתן לכם את המורה לצדקה ויורד לכם גשם מורה ומלקוש בראשון: ת"ר *יורה במרחשון ומלקוש בניסן אתה אומר יורה במרחשון ומלקוש בניסן או אינו אלא יורה בתשרי ומלקוש באייר ת"ל בעתו מלקוש אמר רב נהילאי בר אידי אמר שמואל דבר שמל קשיותיהן של ישראל דבי ר' ישמעאל תנא דבר שממלא תבואה בקשיה במתניתא תנא דבר שיורד על המלילות ועל הקשין ת"ר יורה במרחשון ומלקוש בניסן אתה אומר יורה במרחשון או אינו אלא בחדש כסליו ת"ל °בעתו יורה ומלקוש מה מלקוש בעתו אף יורה בעתו (*כיון שיצא ניסן וירדו גשמים אינו סימן ברכה) תניא אידך יורה במרחשון ומלקוש בניסן דברי ר"מ וחכמים אומרים יורה בכסליו *מאן חכמים אמר רב חסדא ר' יוסי היא דתניא *) איזו היא רביעה ראשונה הבכירה בשלשה במרחשון בינונית בשבעה בו אפילה בשבעה עשר בו דברי ר"מ ר' יהודה אומר בשבעה ובי"ז ובעשרים ושלשה ר' יוסי אומר בי"ז ובעשרים ושלשה ובראש חדש כסליו וכן היה ר' יוסי אומר אין היחידים מתענין עד שיגיע ראש חדש כסליו אמר רב חסדא הלכה כר' יוסי אמימר מתני להא דרב חסדא בהא לישנא *בשלשה במרחשון שואלין את הגשמים רבן גמליאל אומר בשבעה בו אמר רב חסדא [ג]הלכה כרבן גמליאל כמאן *אזלא הא דתניא ר"ש בן גמליאל אומר גשמים שירדו שבעה ימים זה אחר זה אתה מונה בהן רביעה ראשונה ושניה ושלישית כמאן כר' יוסי אמר רב חסדא הלכה כר' יוסי בשלמא רביעה ראשונה לשאול שלישית להתענות שניה למאי אמר ר' זירא °לנדרים דתנן הנודר

תהלים סה | יואל ב | דברים יא

רש"י

יהיו כמותך · בתורה ולעושר ולכבוד: יורה · ונתתי מטר ארצכם בעתו יורה ומלקוש (דברים יא): יורה · רביעה ראשונה היורדת במרחשון כדלקמן למה נקרא יורה שמורה להן להטיח גגותיהן במיט של טיט שלא יטפו גשמים בבית: ולהכניס פירותיהן · שהניחו בשדות לייבשן עד עכשיו: כל צרכיהן · שאר דברים הצריכים לימות הגשמים: שיורד בנחת · והכי משמע יורה כאדם שמורה לתלמידיו בנחת דכתיב (קהלת ט) דברי חכמים בנחת נשמעים אי נמי לשון חץ יורה ההולך ביושר ואינו נוטה לכאן ולכאן לשון אחר שמתכוין לארץ ואינו יורד בזעף בספרי: תלמיה רוה · כשאתה מרוה תלמי חרישה של ארץ ישראל · נחת הוא לגדודיה · בני אדם היינו פשט המקרא ולקמיה *דריש שלפי' גייסות פוסקות בו: ה"ג או אינו אלא שמשיר את הזרעים · כלומר דעד השתא אמרינן יורה לברכה או אינו אלא יורה לשון קללה כמו ירה יירה (שמות יט) שסובר הכל או לשון חץ היורה שהכל והכי משמע קרא והיה אם שמוע תשמעו אל מצותי וגו' ואם לאו ונתתי מטר ארצכם יורה לרעה מלתא בעלמא הוא ואורחא דברייתא למתני כי האי גוונא: משיר פירותיהן · שטוען באילן כגון אתרוגים או רמונים או סופי תאנים ולא גרסינן שוטף את הגרעות דגרעות (ג) במרחשון ליכא: מה מלקוש לברכה · שא"א לדורשו לשבר גרעות ולהשיר פירות שאינם מצויים באותו הפרק ואי אתה יכול לדורשו אלא לטובה שיורד על המלילות ועל הקשין וממלא את התבואה בקשיה: הדר אמר דלמא מלקוש קללה הוא והכי משמע שמל וקשה כלומר מל את הבתים והאילנות שמפילן ומשברן וקשה לתבואה: שמעלה סקאים · וברכה דקרא למילוי מים בורות שיחין ומערות גימגום: שמפיל את הבתים · ומשמעו כדלקמן שמל קשיותן של ישראל אי נמי שמל דבר הקשה חותך ומשבר את הבתים כלומר אין בו תקנת גרעות והשרת פירות לפי שא"א לו: סקאי · מין ארבה כדמתרגם הגלגל (דברים כח) סקאה ומלקוש לשון ארבה כמו והנה לקש אחר גזי המלך (עמוס ז): את המורה לצדקה · אלמא יורה לטובה: ה"ג או אינו אלא יורה בתשרי ומלקוש באייר · שיש עדין מלילות וקשין: ת"ל בעתו · יורה במרחשון ומלקוש בניסן שכך היא העת והזמן ויפה הוא כדלקמן דזמן רביעה ראשונה במרחשון הוא אית ספרים דכתוב בהו או אינו אלא בכסליו דזמן יורה בכסליו הוא וכרבנן דפליגי עליה דר"מ לקמן ת"ל בעתו יורה ומלקוש מה מלקוש בעתו אף יורה בעתו דמלקוש זהו שיורד על המלילות ועל הקשין וזהו ניסן שיש בו קשין ומלילות: דבר שמל קשיותן של ישראל · שכשאינו יורד חוזרין ישראל בתשובה ומתענין ועושין צדקות: מלילות · ראשי שיבולות שאדם מולל בידו כדכתיב (דברים כג) וקטפת מלילות בידך: וקשין · קנה: שממלא תבואה בקשיה · ומשלימה: (ד) הי רביעה · איזה זמן רביעה: בכירה · ראשונה ולקמן מפרש למאי הלכתא ניניהו יורה יש בו ג' זמני גשמים: אפילה · אחרונה כמו כי אפילות הנה (שמות ט): ר' יהודה אומר · בכירה בז' במרחשון ובינונית בי"ז ואפילה בכ"ג וכולהו הני תלתא יורה קרי להו: אין היחידים מתענין כו' · דאמרי' בסמוך שלישית להתענות והואיל וזמן שלישית בר"ח חדש הוא אין ליחידים להתענות (ה): יחידים · חסידים והכי אמרי' במתני' לקמן (דף י) הגיע י"ז במרחשון ולא ירדו גשמים התחילו היחידים להתענות שמכאן ואילך זמן רביעה אפילה לר"מ דסתם מתני' ר"מ וה"נ אמר ר' יוסי דאין מתענין עד ר"ח כסליו דהיינו רביעה אפילה והיינו כחכמים דאמרי יורה בכסליו: אמר רב חסדא הלכה כר' יוסי · ואמימר תני להא דאמר רב חסדא הלכה כרבן גמליאל דאינו שואל עד ז' במרחשון: ז' ימים בזה אחר זה · שירדו גשמים (ו) עכשיו א] ופסקו עד יום שביעי וירדו ז' ימים זה אחר זה אתה מונה בהן ראשונה ושניה ושלישית: כר' יוסי · דאליבא דר' יוסי הכי הוו בין רביעה ראשונה ושניה ושלישית דראשונה בי"ז ושניה בכ"ג דהיינו ז' ימים עם שנים ימי רביעה ומכ"ג עד ל' ז' ימים בלא יום רביעה אחרונה דלכולהו תנאי לא הוי הכי דלר"מ דאמר ראשונה בג' ושניה בז' ליכא בין זו לזו אלא ארבעה ימים בין שניה לשלישית יש י' ימים ולר' יהודה בין ראשונה לשניה י' ימים אבל בין שניה לשלישית יש ב] *) יותר: נראה לרבי דהכי גרסינן אמר רב חסדא הלכה כר' יהודה דאמר בכירה בז' במרחשון ואז מתחילין לשאול כדלקמן (דף י.): ראשונה לשאול · מכאן ואילך ותן טל ומטר: שלישית להתענות · שאם לא ירדו גשמים עד זמן רביעה שלישית אפי' פעם אחת מתענין היחידים שני וחמישי ושני:

*) ס"א ז' ימים

הטודר

תוספות

מלקוש לברכה או אינו אלא שמפיל הבתים ומשבר האילנות וכו' · ל"ע אמאי לא קאמר ומשבר הגרעות ומשיר את הפירות כדלעיל: **גשמים** שירדו ז' ימים זה אחר זה ולא פסקו אתה מונה בהן רביעה ראשונה ושניה · כיון דלא פסקו ז' ימים דאין בין י"ז לכ"ג אלא ז' ימים י"ז י"ח י"ט כ' כ"א כ"ב כ"ג אבל לא גרסינן ושלישית שהרי אם יתחיל בכ"ג וירדו ז' ימים רצופים (ז) אכתי לא תמלא רביעה שלישית דאיכא ח' ימים מכ"ג עד ר"ח כסליו ואנכי נרבונ"א גורסין גשמים שירדו ז' ימים זה אחר זה אתה מונה בהם רביעה שניה ושלישית כילד הגשמים התחילו באמצע היום וירדו ז' ימים רצופים א"כ ירדו עד חצי יום של ר"ח מעת לעת:

דאזלי

עין משפט נר מצוה

יג א מיי' פי"א מהלכות נדרים הל' יא וס"א מהלכות מתנות עניים הלכה כה סמג לאוין רמב טוש"ע יו"ד סי' רכ סעיף יח:

יד ב מיי' פ"ב מהלכות תפלה הלכה טז סמג עשין יט טוש"ע או"ח סי' קיז סעיף א:

מסורת הש"ס

[ב"מ קז.]

דף ח:

[לעיל ה.]

[עירובין סג. וש"נ] *) נדרים סג. [ע"ש תוספתא פ"א]

לקמן י. [וש"נ]

[נדרים סג. ע"ש תוספתא פ"א]

הגהות הב"ח

(א) גמ' אם בתורה הרי יש לך תורה ואם בגדולה הרי יש לך גדולה ואם בכבוד הרי יש לך כבוד ואם בעושר הרי יש לך עושר אם בבנים הרי יש לך בנים יהי רצון שיהו כל צאצאי: (ב) שם ולעשות כל צרכיהן ד"א יורה שיורד בנחת ואינו יורד בזעף ד"א שמרוה את הארץ ומשקה כו' צמחה תברך או אינו יורה כו' את הזרעים ומשבר את הגרעות ת"ל יורה ומלקוש מה מלקוש לברכה: (ג) רש"י ד"ה משיר כו' דגרעות במרחשון ליכא וברכה דקרא למילוי מים בורות שיחין ומערות גימגו"ם הס"ד ואח"כ מה"ד יורה ומלקוש אם מלקוש לטובה יורה נמי לטובה ליסנא אחרינא מה מלקוש לברכה שא"א כו' התבואה בקשיה ומה"ד הדר אמר וכו' וקשה לתבואה שמעלה סקאים הס"ד ואח"כ מה"ד שמפיל את כו' ומשבר את הבתים והאילנות ואין בו תקנת כו' כצ"ל ותיבת כלומר נמחק: (ד) ד"ה הי רביעה צ"ל איזוהי רביעה: (ה) ד"ה אין היחידים כו' אין ליחידים להתענות אלא משלישית ואילך והכי אמרינן במתני' לקמן וכו' דאמרי יורה בכסליו הס"ד ואח"כ מה"ד ואמימר תני להא דאמר כו' כצ"ל ותיבות אמר רב חסדא הלכה כר' יוסי נמחק: (ו) ד"ה ז' ימים כו' שירדו הגשמים עכשיו ולא פסקו עד: (ז) תוס' ד"ה גשמים כו' ז' ימים רצופים אח"כ ירדו עד חצי יום אכתי לא תמלא:

רש"א מ"ז ופי' בילקוט ולעיל גבי או אינו אלא מלקוש באייר ת"ל בעתו שייך למיתני בתר הכי כיון שיצא ניסן כו'

רבינו חננאל

מורה ומלקוש. מורה שמורה את הבריות להטיח גגותיהן ולהכניס פירותיהן מלקוש שמל קשיותיהן של ישראל · תנא דבר שיורד על המלילות ועל הקשין וממלא התבואה בקשיה: ת"ר מורה במרחשון ומלקוש בניסן דברי ר' מאיר וחכמים אומרים מורה בחדש כסלו. מאן חכמים אמר רב חסדא ר' יוסי היא. דתניא מאימתי זמן רביעה. ר' מאיר אומר בכירה בשלשה בינונית בשבעה אפילה בי"ז. ר' יהודה אומר רשרעה ובשבעה עשר ובעשרים ושלשה. ר' יוסי אומר בי"ז ובכ"ג ובר"ח כסלו וכן היה ר' יוסי אומר אין היחידים מתענין עד שיגיע ר"ח כסלו· כמאן אזלא הא דתניא ר"ש בן גמליאל אומר גשמים שירדו ז' ימים זה אחר זה אתה מונה רביעה ראשונה ושניה ושלישית כמאן כר' יוסי פי' כגון שהתחילו הגשמים לירד ביום הראשון מחצי יום וכשתחשוב ז' ימים מעת לעת אתה מוצא מקצת מיום השמיני להשלמת ז' ימים ולא תמצא מאלו התנאים בו' ימים למנות בהן רביעה ראשונה ושניה או שניה ושלישית אלא לר' יוסי בלבד דאי ר"מ ראשונה ושניה משכחת לה שניה ושלישית לא משכחת לה דהא בין שניה ושלישית י' ימים ואי לר' יהודה שניה ושלישית הוא משכחת לה ראשונה ושניה לא משכחת לה דהא לדבריו י' ימים בין הראשונה לשניה אבל ר' יוסי דאמר ראשונה בי"ז שניה בכ"ג הנה ז' ימים ביניהם. אתה מונה בהן ראשונה ושניה ואם התחילו הגשמים בחצי היום בכ"ג יום למרחשון נמצאו עד ר"ח כסליו ז' ימים ומקצת היום של יום ראשון אתה משלימן מיום ראשון של חדש כסלו נמצאת מונה להן שניה ושלישית והוא שהיה (ר' א')[ר"ח] מרחשון חסר כי בשלשה איתא בפיר' בתוספתא שהיה ר' יוסי אומר בכירה בי"ז בינונית בכ"ג אפילה בל'. אמר רב חסדא הלכה כר' יוסי ואמרינן בשלמא רביעה ראשונה לשאול ותן טל ומטר כר' מאיר דאמר בכירה בג' במרחשון דתנן בג' במרחשון שואלין את הגשמים שלישית להתענות כדתנן הגיע י"ז במרחשון ולא ירדו גשמים התחילו היחידים מתענין אלא רביעה שניה למאי פירוש כיון דמרביעה ראשונה מתחילין לשאול עד רביעה שלישית ובשלישית מתחילין להתענות שניה למה לי הלא מתחלת רביעה ראשונה עד שלישית כולן ימי שאלה הן למה נקראת שניה והביאו טעם ר' זירא ורב זביד

רבינו גרשום

שאינה יורדת: כמאן כר' יוסי דאמר ראשונה בי"ז ושניה בכ"ג הרי ראשונה ושניה בז' ימים: עד שתרד רביעה ראשונה אינה חשובה כלום:

גליון הש"ס

גמ' לנדרים דתנן. תמוה לי אמאי לא נקט נמי לשכירות בתים דתקני ברישא דמתני' שם כמשכיר בית לחבירו עד הגשמים עד שתרד רביעה שניה:

הגהות מהר"ב רנשבורג

א] רש"י ד"ה שבעה ימים וכו' שירדו גשמים עכשיו ופסקו כ"ב ולא פסקו: ב] ד"ה כר' יוסי וכו' אבל בין שניה לשלישית יש יותר נ"ל אין יותר:

*אהנודר עד הגשמים (א) *משירדו גשמים עד שתרד רביעה שניה רב זביד אמר לזיתים דתנן *במאימתי כל אדם מותרין בלקט בשכחה ובפאה משילכו הנמושות בפרט ובעוללות משילכו עניים בכרם ויבואו בזיתים משתרד רביעה שניה מאי נמושות אמר ר' יוחנן סבי דאזלי *אתיגרא ר"ל אמר לקוטי בתר לקוטי רב פפא אמר כדי להלך בשבילי הרשות דאמר מר *גמהלכין כל אדם בשבילי הרשות עד שתרד רביעה שניה רב נחמן בר יצחק אמר לבער פירות שביעית *דתנן *עד מתי נהנין ושורפין בתבן ובקש של שביעית עד שתרד רביעה שניה מאי טעמא דכתיב °ולבהמתך ולחיה אשר בארצך (ויקרא כה) דכל זמן שחיה אוכלת בשדה האכל לבהמתך בבית כלה *לחיה מן השדה כלה לבהמתך מן הבית אמר רבי אבהו מאי לשון רביעה דבר שרובע את הקרקע כדרב יהודה דאמר רב יהודה מיטרא בעלה דארעא הוא שנאמר °כי כאשר (ישעיה נה) ירד הגשם והשלג מן השמים ושמה לא ישוב כי אם הרוה את הארץ והולידה והצמיחה ואמר רבי אבהו רביעה ראשונה כדי שתרד בקרקע טפח שניה כדי לגוף בה פי חבית אמר רב חסדא גשמים שירדו כדי לגוף בהן פי חבית אין בהן משום ועצר ואמר רב חסדא גשמים שירדו קודם ועצר אין בהן משום ועצר אמר אביי לא אמרן אלא קודם ועצר דאורתא אבל קודם ועצר דצפרא יש בהן משום ועצר דאמר רב יהודה בר יצחק *הני ענני דצפרא לית בהו משושא דכתיב °מה אעשה לך אפרים מה אעשה לך יהודה (הושע ו) וחסדכם כענן בקר וגו' א"ל רב פפא לאביי והא אמרי אינשי במפתח בבי מיטרא בר חמרא מוך שקך וגני לא קשיא הא דקטיר בעיבא הא דקטיר בעננא אמר רב יהודה טבא לשתא דטבת ארמלתא איכא דאמרי דלא ביירי תרביצי ואיכא דאמרי דלא שקיל שודפנא איני והאמר רב חסדא טבא לשתא דטבת מנוולתא לא קשיא הא דאתא מיטרא מעיקרא הא דלא אתא מיטרא מעיקרא ואמר רב חסדא גשמים שירדו על מקצת מדינה ועל מקצת מדינה לא ירדו אין בהן משום ועצר איני והכתיב °וגם (עמוס ד) אנכי מנעתי מכם את הגשם בעוד שלשה חדשים לקציר והמטרתי על עיר אחת ועל עיר אחת לא אמטיר חלקה אחת תמטר וגו' *ואמר רב יהודה אמר רב שתיהן לקללה לא קשיא הא דאתא טובא הא דאתא כדמבעי ליה אמר רב אשי דיקא נמי דכתיב תמטר תהא מקום מטר ש"מ א"ר אבהו *המאימתי מברכין על הגשמים משיצא חתן לקראת כלה 'מאי מברך אמר רב יהודה אמר רב *מודים אנחנו לך ה' אלהינו על כל טפה וטפה שהורדת לנו ור' יוחנן מסיים בה הכי אילו פינו מלא שירה כים ולשוננו רנה כהמון גליו כו' עד [א] אל יעזבונו רחמיך ה' אלהינו ולא עזבונו ברוך רוב ההודאות ולא כל ההודאות אמר רבא אימא אל ההודאות אמר רב פפא 'הלכך נימרינהו

רש"י

הנודר עד הגשמים · דאמר קונם אם אהנה מדבר זה עד הגשמים : עד שתרד רביעה שניה · בנדרים הולכין אחר לשון בני אדם ואין קורין גשמים לראשונה עד שתרד שניה שמכאן ואילך מקולקלות הדרכים ומאוסות מפני הגשמים ל"א עד הגשמים משמע תרי דהייט רביעה שניה : כל אדם · אפילו העשירים : *) פרט. לא תפאר אחריך (דברים כד) לא תטול תפארתו ממנו: משילכו הנמושות · בשדה דמכאן ואילך נתייאשו שאר העניים לפי שיודעין אם נשאר לקט שכחה ופאה נמושות נטלום : נמושות · לשון ממשש : משילכו עניים בכרם ויבאו· כלומר שלקטו וחזרו ובאו פעם שניה והשתא מסחי דעתייהו עניים : משתרד רביעה שניה · דעד ההיא שעתא לקטו הכל : דאזלי אתיגרא · הולכין בנחת ומעייני טפי מחזיק בפלך (שמואל ב ג) מתרגמא אתיגרא : לקוטי בתר לקוטי · עני מוליך בנו אחריו שמכאן ואילך פוסקין שאר עניים מללקוט : ה"ג רב פפא אמר לשבילי הרשות · כלומר שיש רשות מב"ד לעוברי דרכים לקצר שבילן לילך בשדות : עד שתרד רביעה שניה · שמכאן ואילך גדלה התבואה וקשה לה דישת הרגל דאמר מר בפרק מרובה* בתנאים שהתנה יהושע מהלכין בשבילי הרשות וכו' : בתבן וקש של שביעית · ספיחים שגדלו בשביעית דיש בהן איסור שביעית או תבואה שגדלה בשביעית לאחר שנכנסה : כלה לחיה מן השדה · לשון זכר כמו (בראשית יח) עשו כלה כלומר כלה האוכל: כלה לבהמתך · כמו כלה בחימה כלה ואינימו (תהלים נט) ומשירדה רביעה שניה מכאן ואילך אין תבן וקש בשדות שהגשמים עושין אותן זבל : והולידה · כאדם שמוליד: גשמים ברביעה ראשונה · אם באין כל כך שנימס הקרקע (ב) יפין הן ואין צריך להתענות : לגוף בה פי חבית· שעושה מן המים עד שנעשה טיחות כל כך שיכול לעשות מגופת חבית בלא תוספת מים : אין בהם משום ועצר · אין זו קללה של ועצר את השמים : קודם ועצר · קודם זמן ק"ש דכתיב ביה ועצר את השמים אע"פ שלא יהיה רוב גשמים : אבל ירדו קודם ועצר דצפרא יש בהן משום ועצר · הואיל ולא ירדו ביום ואין יפין לעולם : לית בהו משחא · ואין שנתן מתברכת : וחסדכם כענן בקר· שאין בו ממש : מיטרא במיפתח בבי· אם יורדין בבקר כשפותחין הפתחים יקפל החמר שמוכר תבואה את שקו ליכנס לישן מפני שהשנה מתברכת ויהיה שובע בעולם ולא *ישתכר במכירת תבואתו אלמא יפין הן: דקטיר בעיבא · אם נתקשרו שמים בעננים עבים ולא קלושים אין בהם משום ועצר : דקטיר בעננא · שהיא קלושה מעב אין בו ממש : טבא לשתא · אשריה כלומר טובה יש לשנה דטבת ארמלתא שאין גשמים יורדין בה להרביע את הארץ : איכא דאמרי דלא ביירי תרביצי · אותן מקומות שמרבילין בהן תורה אינן בורות מפני שהדרכים יפין הן והולכין התלמידים ממקום למקום ללמוד תורה ל"א לא ביירי תרביצי גנות שאינן גדילין על רוב מים כגון כרשינין: לא שקיל שודפנא · אין השדפון נאחז ומתדבק בתבואה : מנוולתא · שהדרכים מטולים בטיט מפני הגשמים : הא דאתא מיטרא מעיקרא · שירדו הגשמים בזמנן במרחשון וירדו אף בטבת רעים הן שכבר די לעולם בגשמים של מרחשון : דלא אתא מיטרא מעיקרא· טבא לשתא דטבת מנוולתא לשון אחר הא דאתא מיטרא מעיקרא טבא דמנוולתא: אין בהם משום ועצר · דאותן של קצת מדינה שירדו להן גשמים מוכרין לאחרים : ואמר רב יהודה אמר רב שתיהן לקללה · אותן שירדו ואותן שלא ירדו מפני שרוב גשמים קלקלו את תבואתם : הא דאיכא מיטרא טובא · יותר מדאי שתיהן לקללה : כדמבעי ליה · אין בהן משום ועצר שקצת מדינה תספק לקצת מדינה : תמטר תהא מקום מטר · כלומר יותר מדאי:מאימתי מברכין על הגשמים· בפרק הרואה (ברכות דף נד·) אמרינן על הגשמים אומר הטוב והמטיב והתם (דף נט·) פרכינן הך ברכה דתקון לה רבנן °ומשנינן לה הא דחזא מיחזא והא דשמע משמע : חתן לקראת כלה · שירדו כל כך שכשהטפה נופלת יוצאה אחרת ובולטת כנגדה מפי מורי ל"א שהשווקין מקלחין מים שוק מקלח וזה מקלח כנגדו : רוב ההודאות · כלומר רוב ההודאות אתה קורא להקב"ה ולא כל ההודאות והכי משמע ברוך אתה ברוב ההודאות ולא בכל אלא כך תופס בא"י אמ"ה אל ההודאות דמשמע כל ההודאות : למימרינהו

תוספות

דאזלי אתיגרא · פי' שהולכים במקלות ונשענים עליהם ואמר דתרגומא מחזיק בפלך דכתיב *גבי יואב הוי באתיגרא:
בשבילי הרשות · פי' בדרך שעשוי לדרך השדות והכרמים :
עד שתרד רביעה שניה · מכאן ואילך מזקי להו :
עד מתי נהנין ושורפין בתבן ובקש של שביעית · פירוש בשנה שמינית וכו' וס"ל כמ"ד ספיחי זרעים מותרים ולר' עקיבא דאמר ספיחי זרעים אסורים מקרא דהן לא נזרע ולא נאסוף כדמפרש במסכת פסחים פרק מקום שנהגו (דף נא:) צ"ל דמוקי לה ולבהמתך ולחיה וגו' בספיחי אילנות ולאו דוקא תבואה קאמר אלא כגון תבואת הכרם דהייט אילנות אבל ספיחי זרעים אסורים :
לא אמרן אלא קודם ועצר דאורתא· כלומר שירדו גשמים קודם ק"ש של ערבית אבל קודם של שחרית יש בהם משום ועצר כדאמר רב שמואל בר רב יצחק :
איכא דאמרי לא ביירי תרביצי. שאין הגנות ריקים מזרעים:
וכל

עין משפט נר מצוה

[שמואל ב ג]
טו א מיי' פ"י מהלכות נדרים הלכה יא סמג לאוין רמב טוש"ע י"ד סימן רכ סעיף יח :
נדרים סב: שביעית פ"ט מ"ז
פאה פ"ח מ"א ב"מ כא:
טז ב מיי' פ"א מהלכות מתנות עניים הלכה יא :
יז ג מיי' פ"ה מהלכות נזקי ממון הלכה ד טור ח"מ סי' רעד :
[סמוך לערך גד ובערך נמש גרס אתינרא ע"ש שמביא ראיה מתרגום]
יח ד מיי' פ"ז מהלכות שמטה ויובל הל' א סמג עשין קמח :
[במשנה דשביעית איתא מאימתי כו' משתרד רביעה כו' ע"ש ר"ש וכר"ש כתב דשניה אמת]
יט ה מיי' פ"י מהלכות ברכות הלכה ו סמג עשין כז טוש"ע א"ח סי' רכא סעיף א :
כ ו ז מיי' שם הלכה ה טוש"ע שם סעיף ב :

רבינו חננאל

למאי הלכתא . (למאי הלכתא) נקראת שניה . ובפרק ג' פירש כי רביעה א' וב' לשאול ג' להתענות וכן הלכתא . וא"ר זירא שניה לנודר דתניא הנודר עד הגשמים עד שתרד רביעה שניה רב זביד אמר לזיתים . דתניא מאימתי כל אדם מותרין בלקט שכחה ופאה משילכו הנמושות בפרט ובעוללות משילכו עניים בכרם ויבאו·בזיתים עד שתרד רביעה שניה . סבי דאזלו אתגרא . זקנים המהלכים במשענת בנתיבי בני רה"ר. מאי לשון רביעה שרובע לקרקע כדרב יהודה דאמר מטרא בעלה דארעא היא שנאמר והולידה והצמיחה . רביעה [ראשונה] כדי שתרד בקרקע טפח . שניה כדי לגוף בה פי חבית: אמר רב חסדא גשמים שירדו כדי לגוף בה פי חבית אין בהם משום ועצר · וכן גשמים שירדו קודם ועצר . פי' קודם ק"ש שכתוב בה ועצר את השמים . אמר אביי לא אמרן אלא קודם קרית של ערב אבל קודם שמע דצפרא יש בהן משום ועצר כלימר המטר היורד בשחר אינו כלום ועובר הוא כדכתיב חסדכם כענן בקר והני מילי במטר דקטיר בעננא . והוא שעמד והולך . אבל אם נתקשרו שמים בעבים בבקר אינו פוסק אותו היום מטר וזהו האמור בר חמרא מוך שקיך וגני . הצע השק שלך ושכב שאין לך היום הליכה. וטוביא דשתא דטבת ארמלתא דלא ביירא תרביצי . כגון הא דגרסי' (ב"ב ז.) חד מטיא תרביצא וחד מטיא אספלידא . וי"א דלא ביירי תרביצי ביירי מלשון בורה כדכתיב והאדמה לא תשם ומתרגמינן וארעא לא תבור כלומר שהשקה ונשאר בה להלוחית עדיין (משתיב) חורשין אותה וזורעין אותה היינו דלא ביירי תרביצי . פי' טבת ארמלתא שלא ירדו גשמים בטבת שהגשמים הם בעל לארץ שנאמר והולידה והצמיחה (הן) [אין] מניחין *) האכסדרא בורא (שדה) בור שוכנין בה מפני שלא באו גשמים ליכנס בבית אלא יושבין באכסדראות כמו אלמנה שאין לה ישיבת בית איכא דאמרי דלא שקיל שיבתנא כלומר לא נסתלק החום אלא ישנים בפתחים פתוחים מפני חוזק החום איני כי טוב הוא כאשר לא יבא המטר בטבת והאמר רב חסדא טבא דטבת מטולתא כלומר בעת שיהו בני אדם מטונפים את רגליהם ובבגדיהם בטיט בזה טובת השנה ושנינן אם היו גשמים במרחשון וכסלו הטוב שלא יהיו בטבת גשמים ואם לא היו גשמים במרחשון וכסלו (הוו ביה תשתא) [טוביא דשתא] דטבת מטולתא . ועוד א' גשמים שירדו על מקצת מדינה אין בהם משום ועצר איני והכתיב חלקה אחת תמטר וחלקה אשר לא המטיר עליה תיבש ואמר רב שתיהן לקללה ושנינן אי אתא טובא ומתכנשין תמן מיא לקללה . כדכתיב [תמטר] שם יהיה המטר כנס כלומר נקוים שם המים כגון

*) זהו פי' ב' ומ"ש למעלה כגון הא דגרסי' כו' עד אספלידא שייך לכאן.

רבינו גרשום

מאימתי כל אדם מותרין בלקט בשכחה ובפאה של בעה"ב המוציא לקט שכחה ופאה יכול ליקח . משילכו הנמושות שכבר הסיחו עניים דעתן . אתיגרא בפורח שכבר לא השאירו כלום : שבילי הרשות דרכים שהם ברשות היחיד בשדות *) ברביעה שניה כבר כלה לחיה: שניה אין צריך אלא כדי שיכול ללוש מהן עפר לגוף פי החבית . אין בהן משום ועצר . כלומר דיש בהן משום ברכה . קודם ועצר דק"ש · מוך קפל ודמוך כלומר שכל היום יורד מטר : עיבא עבים עבות הן של ברכה ובהכי אמרו מוך שקך וגני : ענני קטנים. ארמלתא שאין יורד גשמי: לא ביירי תרביצי אין חריבין בתי מדרשות שיכולין תלמידים לבוא שאין מעכבין להן גשמים ובטבת יש להם פנאי יותר מכל ימות השנה ע"א שאין מפסידין הגנות : דאתא מיטרא מעיקרא. קודם שבת ובטבת (נמי אתי טוביה אי ומוקפין) הוי ארמלתא: הא כתיב והמטרתי **) לפורענות : הא דאתא טובא אין בהן משום ועצר דברכה הוי . דאתא כדבעי כלומר זעיר הוי קללה דיקא נמי דקרא בזעיר מיטרא כתיב : תמטר תהא מקום מטר כל דהו : משיצא חתן לקראת כלה . משיצאו מים

*) נראה דצ"ל·עד מתי נהנין וכו' עד שתרד רביעה שניה שאז כבר כלה לחיה. **) צ"ל והרי"א אמר רב שתיהן לפורענות.

מסורת הש"ס

[נ"ל עד שירדו קראיה במשנה נדרים סב: ועי' במשנה ז פ"ט דשביעית]
*) [נ"ל פאה ר"ל בזית עי' חולין קלא:]
כ"ק פא.
[פסחים נב: נדה נא:]
[ב"ק דף פא.]
ברכות נט. ע"ש
ברכות נט: וע"ש
[גי' ר"ח ורי"ף מודים וגי' רא"ש אל"ד תונא]
[עי' בנדרים פרש"י בע"ש]

הגהות הב"ח

(א) גמ' הנודר עד הגשמים עד שיהו גשמים עד שתרד: (ב) רש"י ד"ה גשמים שנימס הקרקע טפח יפין הן :

הגהות הגר"א

[א] גמ' כהמון גליו כו' עד. נ"ב ויכולים את שמך מלכנו כ"ה גירסת סרי"ף וש"ס :

גליון הש"ס רש"י ד"ה מאימתי מברכים כו' ומשנינן לה הא דחזי מחזי . ק"ל הא דמיין שם כך פירושא ומסקינן אידי ואידי דמחזי כאן דאתא טובא וכו' וצ"ע:

we have learnt: [6b] If one interdicts himself by a vow [from the enjoyment of anything] until the rainy season or until rain has fallen, then his vow remains operative until the second rainfall.[3] R. Zebid said: It has to do with Olives. We have learnt: When is it permissible for any man to take of the gleanings[4] [of the field] and of the forgotten sheaves[5] and of the corners of the field?[6] After the *nemushot* have departed. When [is it permissible to take] of the grapes that have fallen off the branches and of the gleanings of the vine?[7] After the poor have left the vineyard and have come back again. When of the olives?[8] After the second rainfall.[9] Who are the *nemushoth?*—R. Johanan said: Old people
a who walk on a staff[1]. Resh Lakish said: Those who glean behind the gleaners.[2]

R. Papa said: [The date of the second rainfall is necessary] so that travellers should know whether they may walk on private paths[3] [across the fields]. For a Master said:[4] It is permissible for any one to walk on private paths until the second rainfall. R. Nahman b. Isaac said: [The date is necessary] for the disposal of the produce grown during the sabbatical year. For we have learnt: Until when is it permissible to derive benefit from the burning of straw and stubble grown in the sabbatical year? Until the second rainfall.[5] Why? Because it is written, *And for thy cattle, and for the beasts that are in thy land;*[6] so long as there is food for the beast in the field you may feed your cattle in the house, but when there is no more food in the field for the beast to eat, you must withhold food that is in your house from the cattle.

R. Abbahu said: What is the meaning of *rebi'ah?*[7] That which fructifies the ground. This is according to the teaching of Rab Judah who said: Rain is the husband of the soil, for it is written, *For as the rain cometh down and the snow from heaven, and returneth not thither except it water the earth, and make it bring forth and bud.*[8]

R. Abbahu further said: The first rainfall [to be beneficial] should be sufficient to penetrate the soil one handbreadth deep, the second should be sufficient to make of it a stopper for a cask.

R. Hisda said: When it has rained sufficient to make [of the soil] a stopper for a cask then*[the curse contained in the words *'and He will shut up'*[9] does not apply.

R. Hisda further said: If rain came down before [the time for reciting in the *Shema'*], *'and He will shut up'* then the curse contained in these words does not apply.[10] Abaye thereupon interjected: This only holds good when the rain fell before [the time for the recital of the words,] *'and He will shut up'* in the evening [*Shema'*], but if rain fell before [the time for their recital in] the
b morning [*Shema'*] then the curse can still be said to apply.[1] For R. Judah b. Isaac said: The morning clouds have no significance, for it is written, *O Ephraim, what shall I do unto thee? For your goodness is as the morning cloud,* etc.[2] Said R. Papa to Abaye: But people say, if it rains when the gates are opened [in the morning], 'lay down thy sack ass-driver and sleep'![3]—This is no contradiction. In the one case the heavens are overcast with thick clouds and the other with light clouds.[4]

Rab Judah said: Happy is the year wherein [the month of] Tebeth is widowed.[5] Some say it is so because the gardens do not lie waste[6] [or, because the schools are not empty]; others say, Because the grain will not become subject to blast. Is that so? Did not R. Hisda say: Happy is the year wherein [the month of] Tebeth is muddy![7]—This is no contradiction. The former is the case when rain had already fallen [in the previous months] and the latter when it had not yet fallen.

R. Hisda further said: If rain falls on some parts of the country and not on others then [the curse contained in the words], *'and He will shut up'* cannot be said to apply. Is that so? Is it not written, *And I also have withholden the rain from you, when there were yet three months to the harvest: and I caused it to rain upon one city and caused it not to rain upon another city; one piece was rained upon* etc.?[8] And referring to this verse, Rab Judah said in the name of Rab: Both are a curse!—There is no contradiction. In the one case [Scripture speaks of] abnormal rain and in the other of normal rain. R. Ashi said: This can in fact be proved from the use of the word *timoter*
c in the verse, that is to say, it will be a place [flooded by] rain.[1] And thus [the interpretation] is proved.

R. Abbahu said: When do we [begin to] recite the benediction over rain?[2] When the bridegroom goes forth to meet the bride.[3] What benediction should one recite?—Rab Judah said in the name of Rab: 'We give thanks unto Thee, O Lord, our God for every single drop which thou hast caused to fall upon us'. And R. Johanan concluded the benediction thus: 'Though our mouths were full of song as the sea, and our tongues of exultation as the multitude of its waves, etc.!' until, 'Let not Thy mercies forsake us O Lord, our God, even as they have not forsaken us. Blessed art Thou to Whom abundant thanksgivings are due'. 'Abundant thanksgivings' and not 'all the thanksgivings'?—Raba replied: Read, 'The God to Whom thanksgivings are due'. R. Papa said:

(3) V. Ned. 62b for slight variants. (4) Lev. XIX, 9. (5) Deut. XXIV, 19. (6) Lev. XIX, 9. (7) Lev. XIX, 10. (8) Deut. XXIV, 20. (9) Pe'ah VIII, 1.

a (1) These walk slowly and usually leave nothing behind them. (2) The poor who come for the second gleanings. (3) [שבילי הרשות Lit., (*a*) 'paths of permission', i.e., paths which the court has sanctioned for the use of the public (Rashi); (*b*) 'paths of (private) property', R. Gershon.] (4) B.K. 81*a*. Till then no injury can be done to the seeds sown. (5) Sheb. IX, 7. (6) Lev. XXV, 7. (7) V. *supra* 6*a* n. b7. (8) Isa. LV, 10. (9) Deut. XI, 17. (10) Although there most of the rain required has not yet fallen.

b (1) Since they did not fall during the day they are not beneficial. (2) Hos. VI, 4. (3) Rain will continue to fall and there will be plenty of supplies available and consequently the prices will fall. (4) Such have no significance. (5) I.e., without rain. Cf. *supra* the statement of Rab Judah, Rain is the husband of the soil. (6) As there is no rain people are able to attend undisturbed to the cultivation of the soil. תרביצא, a garden. The word is also applied figuratively to mean, School or College Assembly. As the roads are in good condition the scholars are able to attend the lectures at the School Assembly. (7) Heavy rains fall. (8) Amos IV, 7.

c (1) תִּמָּטֵר rendered as if the word were made up of the three words, תהא מקום מטר. (2) Cf. Ber. 54*a*. (3) When the accumulated rain-water rebounds to meet every additional drop of rain as it falls.

*See Corrigenda.

Therefore [7a] we should say both 'the God to Whom thanksgivings are due' and 'to Whom abundant thanksgivings are due'.

R. Abbahu said: The day when rain falls is greater than [the day of] the Revival of the Dead, for the Revival of the Dead is for the righteous only whereas rain is both for the righteous and for the wicked. And he differs from the opinion of R. Joseph who said: As [rain] is equal to the Revival of the Dead the mention of it has therefore been inserted in the section of the Revival of the Dead.[4]

Rab Judah said: The day when rain falls is as great as the day when the Torah was given, as it is said, *My doctrine shall drop as the rain:*[5] and by *'doctrine'* surely, Torah is meant as it is said, *For I give you good doctrine, forsake ye not my Torah.*[6] Raba said: It is even greater than the day when the Torah was given, as it is said, *My doctrine shall drop as the rain.*[7] Who is dependent upon whom? You must needs say, the lesser upon the greater.[8]

Raba pointed out a contradiction. It is written *'My doctrine shall drop as the rain'*, and immediately on this follows, *My speech*
a *shall distil as dew.*[1] [The implication here is], if the scholar is a worthy person then he is like unto dew, but if he is not then drop him like rain.[2]

It has been taught in a Baraitha: R. Banna'ah used to say: Whosoever occupies himself with the Torah for its own sake his learning becomes an elixir of life to him, for it is said, *It is a tree of life to them that grasp it;*[3] and it is further said, *It shall be as health to thy navel;*[4] and it is also said, *For whoso findeth me findeth life.*[5] But, whosoever occupies himself with the Torah not for its own sake, it becomes to him a deadly poison, as it is said, *My doctrine shall drop as the rain,* and *'arifa* surely means, death, as it is said, *And they shall break* [we'arfu] *the heifer's neck there in the valley.*[6]

R. Jeremiah said to R. Zera: Pray, Master, come and teach. The latter replied: I do not feel well enough[7] and am not able to do so. [Then said R. Jeremiah], Pray, Master, expound something of an aggadic character, and he replied: Thus said R. Johanan: What is the meaning of the verse, *For is the tree of the field man?*[8] Is then man the tree of the field? [This can only be explained if we connect the verse with the words immediately before it] where it is written, *For thou mayest eat of them, but thou shalt not cut them down;* but then again it is written, *'It thou shalt destroy and cut down'?*[9] How is this to be explained?—If the scholar is a worthy person learn [eat] from him and do not shun [cut] him, but if he is not destroy him and cut him down.

R. Ḥama b. Ḥanina said: What is the meaning of the verse, *Iron sharpeneth iron?*[10]—This is to teach you that just as in the case of one [iron] iron sharpeneth the other so also do two scholars sharpen each others mind by *halachah.*

Rabbah b. Ḥanah said: Why are the words of the Torah likened
b to fire, as it is said, *Is not my word like as fire? saith the Lord?*[1] This is to teach you that just as fire does not ignite of itself so too the words of the Torah do not endure with him who studies alone. This is in agreement with what R. Jose b. Ḥanina said: What is the meaning of the verse, *A sword is upon the lonely,*[2] *and they shall become fools?*[3] This means, destruction comes upon the enemies[4] of such scholars who confine themselves to private study; and what is even more they become stultified, as it is said, *And they shall become fools;* and what is more they are guilty of sin. For here it is written, *And they shall become fools,* and there it is written, *For that we have done foolishly and for that we have sinned.*[5] If you wish, you can infer it from the following verse, *The princes of Zoan are become fools . . . they have caused Egypt to go astray.*[6]

R. Naḥman b. Isaac said: Why are the words of the Torah likened to a tree, as it is said, *It is a tree of life to them that grasp it?* This is to teach you, just as a small tree may set on fire a bigger tree so too it is with scholars, the younger sharpen the minds of the older. This will be in agreement with what R. Ḥanina said: I have learnt much from my teachers, and from my colleagues more than from my teachers, but from my disciples more than from them all.

R. Ḥanina b. Papa pointed out a contradiction. It is written, *Unto him that is thirsty* bring *ye water;*[7] and it is also written, *Ho, everyone that thirsteth* come *ye for water.*[8] If he is a worthy disciple, then, *'Unto him that is thirsty* bring *ye water'*, but if he is not, then, *'Ho, everyone that thirsteth* come *ye for water'.*

R. Ḥanina b. Ḥama pointed out a contradiction. It is written, *Let thy springs be dispersed abroad,*[9] and it is also written, *Let them be only thine own!*[10] If he is a worthy disciple, *'Let thy springs be dispersed abroad,'*[11] but if not, *'Let them be thine own'.*

R. Ḥanina b. Ida said: Why are the words of the Torah likened unto water—as it is written, *'Ho, everyone that thirsteth, come ye for water'?* This is to teach you, just as water flows from a higher level to a lower, so too the words of the Torah endure only with him who is meekminded. R. Oshaia said: Why are the words of the Torah likened unto these three liquids, water, wine and milk —as it is written, *'Ho, everyone that thirsteth come ye for water';* and it is written, *Come ye, buy and eat; yea, come buy wine and milk without*
c *money, and without price?*[1] This is to teach you, just as these three liquids can only be preserved in the most inferior of vessels, so too the words of the Torah endure only with him who is meekminded. This is illustrated by the story of the daughter of the Roman Emperor[2] who addressed R. Joshua b. Ḥanania, 'O glorious Wisdom in an ugly vessel'. He replied, 'Does not your father keep wine in an earthenware vessel?' She asked, 'Wherein else shall he keep it?' He said to her, 'You who are nobles should keep it in vessels of gold and silver'. Thereupon she went and told this to her father and he had the wine put into vessels of gold and silver and it became sour. When he was informed of this he asked his daughter, 'Who gave you this advice?' She replied, 'R. Joshua b. Ḥanania'. Thereupon the Emperor had him summoned before him and asked him, 'Why did you give her such advice?' He replied, 'I answered her according to the way that she spoke to me'. But are there not good-looking people who are learned? [7b]

(4) V. *supra* 2a. (5) Deut. XXXII, 2. (6) Prov. IV, 2. (7) E. V. *'my teaching'*. Deut. XXXII, 2. (8) Hence the Torah, which is compared to rain, is the less important.

a (1) Deut. XXXII, 2. (2) עורפהו from the root ערף, to break the neck, to destroy; cf. Ex. XIII, 13, Hos. X, 11. Drop him with all your might just as the heavy rains coming down with force on the crops crush them. (3) Prov. III, 18. (4) Ibid. v. 8. (5) Prov. VIII, 35. (6) Deut. XXI, 4. (7) Lit., 'my heart is faint'. (8) Deut. XX, 19. (9) Ibid. v. 20. (10) Prov. XXVII, 17.

b (1) Jer. XXIII, 29. (2) בדים from בדד to be alone. E.V. *'boasters'*. (3) Jer. L, 36. (4) A euphemism for the scholars themselves. (5) Num. XII, 11. (6) Isa. XIX, 13. (7) Isa. XXI, 14. (8) Isa. LV, 1. (9) Prov. V, 16. (10) Ibid. v. 17. (11) Reveal the secrets of the Torah unto him.

c (1) Isa. LV, 1. (2) Hadrian.

רש"י

למימרינהו לתרווייהו · ברוך אתה ברוב ההודאות במרבית ההודאות הא"ל של כל ההודאות משמע ומתחלה היה משמע רוב ממש ולא מרובות וכמו כן בישתבח אל מלך גדול בתשבחות אל ההודאות · מפי רבי: (ג) רשעי עובדי כוכבים אינן היין כי תולעתם לא תמות ואשם לא תכבה (ישעיה סו): ופליגא דרב יוסף · דאיהו אמר כתחיית המתים ולא יותר שבה חיים בני אדם שהתבואה גדילה בו: כמטר לקחי. השוה לקח למטר: יערף · כמו אף שמיו יערפו טל (דברים לג) ושחקים ירעפו טל (משלי ג) שהיא מרבה הפירות: כתיב תזל כטל · דמשמע נחת: ערפיהו כמטר · הרגהו: לשמה · משום כאשר צוני ה' אלהי ולא כדי להקרות רבי: לא יכילנא · למיגמר: וכי אדם עץ השדה · אלא מקיש אדם לעץ השדה מה עץ השדה אם עץ מאכל הוא ממנו תאכל ואותו לא תכרות כך תלמידי חכמים אם הגון הוא ממנו תאכל למוד הימנו ואם לאו אותו תשחית סור מעליו: ברזל בברזל יחד · ואיש יחד פני רעהו מה ברזל זה אחד מחדד את חבירו כגון סכין על גבי חבירתה: אינה דולקת יחידי · עץ אחד אינה דולקת אלא ב' או ג' ביחד: יחידי · בלא חבר שיחדדנו: שמוסיפין טפשות דכתיב (ג) נואלנו · אשר נואלנו מתרגם דאיטפשנא: שחוטאין · דכתיב נואלו גבי חטאנו: ואיבעית אימא מהכא נואלו שרי צוען וגו' והתעו את מצרים · ותועה היינו חוטא: תורה כעץ · דכתיב עץ חיים היא למחזיקים בה כשמדליק את האור מצית את העצים דקין תחלה: קטנים מחדדין · ששואלין כל שעה: התיו · משמע להוליך לו מים: וכתיב לכו למים · ילך הוא עצמו: אם תלמיד (חכם) הגון · שרוצה ללמוד ממך מצוה לרב לילך אצלו במקומו: ואם לאו · ילך הוא אצל הרב: יפוצו מעינותיך חוצה · אם הגון הוא אמור לו (ד) סתרי תורה: ואם לאו יהיו לך לבדך · ואין לזרים אתך: שלשה משקים הללו · מים יין וחלב (ה) זו התורה שאינו נותן בה כלום ויודעה ולומדה: בפחות שבכלים · במאני דפחרא (ו) במאני דפחרא · בדרך שחוק אמר ימרמז מה את אומרת לי והלא אביך נותן יין בכלים מכוערין של חרס: ואלא במאי נירמיה · אם לא בשל חרס הא כולי עלמא עבדי הכי: ותקיף · החמיץ: כי היכי דאמרה לי · אי חכמה מפוארה בכלי מכוער הכי אמרי לה (ז) דיין משתמר בכלי מכוער אף התורה מתקיימת בי יותר משאילו הייתי נאה:

גמרא

*נימרינהו לתרווייהו אל ההודאות ורוב ההודאות אמר ר' אבהו גדול יום הגשמים מתחיית המתים דאילו תחיית המתים לצדיקים ואילו גשמים בין לצדיקים בין לרשעים ופליגא דרב יוסף דאמר רב יוסף *מתוך שהיא שקולה כתחיית המתים קבעוה בתחיית המתים אמר רב יהודה גדול יום הגשמים כיום שניתנה בו תורה שנא' °יערף כמטר לקחי ואין לקח אלא תורה שנא' °כי לקח טוב נתתי לכם תורתי אל תעזובו רבא אמר יותר מיום שניתנה בו תורה שנאמר יערף כמטר לקחי *מי נתלה במי הוי אומר קטן נתלה בגדול רבא רמי כתיב יערף כמטר לקחי וכתיב תזל כטל אמרתי אם תלמיד חכם הגון הוא כטל ואם לאו עורפהו כמטר תניא היה ר' בנאה אומר כל העוסק בתורה לשמה תורתו נעשית לו סם חיים שנאמר °עץ חיים היא למחזיקים בה ואומר °רפאות תהי לשרך ואומר °כי מוצאי מצא חיים וכל העוסק בתורה שלא לשמה נעשית לו סם המות שנאמר יערף כמטר לקחי ואין עריפה אלא הריגה שנאמר °וערפו שם את העגלה בנחל א"ל ר' ירמיה לר' זירא ליתי מר ליתני א"ל חלש לבאי ולא יכילנא לימא מר מילתא דאגדתא א"ל הכי אמר ר' יוחנן מאי דכתיב °כי האדם עץ השדה וכי אדם עץ שדה הוא אלא משום דכתיב °כי ממנו תאכל ואותו לא תכרת וכתיב אותו תשחית וכרת הא כיצד אם ת"ח הגון הוא ממנו תאכל ואותו לא תכרת ואם לאו אותו תשחית וכרת

אמר רבי חמא (*אמר רבי) חנינא מאי דכתיב °ברזל בברזל יחד לומר לך מה ברזל זה אחד מחדד את חבירו אף שני תלמידי חכמים מחדדין זה את זה בהלכה אמר רבה בר בר חנה למה נמשלו דברי תורה כאש שנאמר °הלא כה דברי כאש נאם ה' לומר לך מה אש אינו דולק יחידי אף דברי תורה אין מתקיימין ביחידי והיינו דאמר רבי יוסי בר חנינא *מאי דכתיב °חרב אל הבדים ונואלו חרב על שונאיהן של תלמידי חכמים שעוסקין בד בבד בתורה ולא עוד אלא שמטפשין שנאמר ונואלו ולא עוד אלא שחוטאין כתיב הכא ונואלו וכתיב התם °אשר נואלנו ואשר חטאנו ואיבעית אימא מהכא °נואלו שרי צוען [וגו'] והתעו את מצרים אמר רב נחמן בר יצחק למה נמשלו דברי תורה כעץ שנאמר °עץ חיים היא למחזיקים בה לומר לך מה עץ קטן מדליק את הגדול אף תלמידי חכמים קטנים מחדדים את הגדולים והיינו דאמר ר' חנינא *הרבה למדתי מרבותי ומחבירי יותר מרבותי ומתלמידי יותר מכולן רבי חנינא בר פפא רמי כתיב °לקראת צמא התיו מים וכתיב °הוי כל צמא לכו למים אם תלמיד הגון הוא לקראת צמא התיו מים ואי לא הוי כל צמא לכו למים רבי חנינא בר חמא רמי כתיב °יפוצו מעינותיך חוצה וכתיב °יהיו לך לבדך אם תלמיד הגון הוא יפוצו מעינותיך חוצה ואם לאו יהיו לך לבדך (*ואמר) רבי חנינא בר אידי °למה נמשלו דברי תורה למים דכתיב הוי כל צמא לכו למים לומר לך מה מים מניחין מקום גבוה והולכין למקום נמוך אף דברי תורה אין מתקיימין אלא במי שדעתו שפלה *ואמר רבי אושעיא למה נמשלו דברי תורה לשלשה משקין הללו במים וביין ובחלב דכתיב הוי כל צמא לכו למים וכתיב °לכו שברו ואכלו ולכו שברו בלא כסף ובלא מחיר יין וחלב לומר לך מה שלשה משקין הללו אין מתקיימין אלא בפחות שבכלים אף דברי תורה אין מתקיימין אלא במי שדעתו שפלה (א) כדאמרה ליה *ברתיה דקיסר לר' יהושע בן חנניה אי *חכמה מפוארה בכלי מכוער אמר לה אביך רמי חמרא במני דפחרא אמרה ליה אלא במאי נירמי אמר לה אתון דחשביתו רמו במאני דהבא וכספא אזלה ואמרה ליה לאבוה רמייא לחמרא במני דהבא וכספא ותקיף אתו ואמרו ליה אמר לה לברתיה מאן אמר לך הכי אמרה ליה רבי יהושע בן חנניה קריוהו אמר ליה אמאי אמרת לה הכי אמר ליה כי היכי דאמרה לי אמרי לה והא איכא שפירי דגמירי אי

תוספות

וכל העוסק בתורה שלא לשמה תורתו נעשית לו סם המות · וקשה והלא אמרינן (פסחים דף נ:) לעולם יעסוק אדם בתורה אע"ג שאינה לשמה שמתוך שלא לשמה בא לשמה ויש לומר דתרי שלא לשמה הוי דמה שאמרינן לעולם יעסוק בתורה אפילו שלא לשמה היינו כלומר כדי שיקרא רבי או כדי שיכבדוהו ומה שאמרינן הכא כל העוסק בתורה שלא לשמה נעשה לו סם המות היינו מי שלומד לקנטר*:

אם תלמיד חכם הגון ממנו תאכל · פירוש למוד לפניו ואותו לא תכרות כלומר לא תפרד ממנו לילך לפני רב אחר ואם לאו לא תלמוד לפניו והא דאמרינן דלומדים מת"ח אע"פ שאינו הגון כר"מ שהיה לומד לפני אחר במסכת חגיגה (דף טו·) היינו דוקא תלמיד חכם (אחר) יכול ללמוד לפניו לפי שלא ילמוד ממעשיו אבל אם אינו תלמיד חכם אינו רשאי ללמוד לפניו:

אף דברי תורה וכו' · וכן נמי אמרינן בעירובין פ' כילד מעברין (דף נה·) לא בשמים היא ולא מעבר לים היא כלומר לא תמצא התורה במי שמגביה עצמו כשמים שדעתו גבוה ולא בסוחרים ההולכים במדינת הים בעבר הים *דאי ספרא לא סייפא ואי סייפא לא ספרא °והכי נמי איתא התם לא בסחרנין ולא בתגרין ולא *באיסטרולגין כלומר באותן שרואין בכוכבים אמרו ליה לשמואל והא מר איסטרולוגוס הוא אמר להו תיתי לי דלא מעיינא בהו אלא בעידן דנפקא *למיא פירוש להטיל מים ולא אגי מבטל לעלמי:

*אי הוו סנו הוו חכימי טפי·(ח) פי' אם היו שונאים היופי הוו תלמידי חכמים ביותר: ברא"תים

עין משפט נר מצוה

כא א מיי' פ"ד מהל' ת"ת הל' א טוש"ע י"ד סימן רמו סעיף ז:

כב ב מיי' שם פ"ג הלכה ט:

רבינו חננאל

שנתון במקום האשבורן. אבל אם באו כדבעו לה לברכה: משיצא חתן לקראת כלה. כשתרד הטיפה על הקרקע שכבר ירד בו מטר מעלת כמין אבעבועין היו מברכין ברכת גשמים: א"ר אבהו גדול יום הגשמים כיום שנתנה בו תורה כו'. כל העוסק בתורה לשמה נעשית לו סם חיים שנאמר עץ חיים היא למחזיקים בה והמתעסק שלא לשמה נעשית לו סם המות שנאמר יערוף כמטר לקחי ואין עריפה אלא הריגה א"ר יוחנן כתיב כי האדם עץ השדה אם ת"ח הוא הגון ממנו תאכל ואותו לא תכרות. ואם אינו הגון אותו תשחית וכרת. דברי תורה אין מתקיימין ביחידי שנאמר חרב על הבדים ונואלו. והקטנים מחדדים את הגדולים כו'. ומתלמידי יותר מכולם. (למה)

[אין זה בעירובין אלא במדרש פ' נגנים איתא קצת מזה]

[במדרש הנ"ל איתא לבית המים]

שייך לע"ב

רבינו גרשום

מים התחתונים לקראת מים העליונים כדרך שיבא חתן לקראת כלה: ששקולה כתחיית המתים ששניהם חיים לעולם·אלא להכי כתיב כי האדם [עץ השדה] שת"ח נמשל בו וממנו תאכל. כלומר שיכול להבין בתורה: אותו תשחית וכרת שהתורה משחתת בו. נואלו שרי צוען. והרי הן היו חוטאין:בפחות שבכלים.

הגהות הב"ח

(א) גמ' אלא במי שדעתו שפלה עליו כדאמרה ליה כו' בכלי מכוער אמר לה אי בת מלכא אבוך במאי רמי חמרא אמרה ליה במאני דפחרא אמר לה כ"ע במאני דפחרא ואבוך במאני דפחרא אמרה ליה אלא במאי נירמי אמר לה כגון אתון דחשביתון רמו: (ב) רש"י ד"ה (רשעי עובדי כוכבים) תא"מ ונ"ב ס"א רשעים: (ג) ד"ה שמוסיפין טפשות דכתיב אשר נואלנו מתרגם כו' כצ"ל: (ד) ד"ה יפוצו כו' אמור לו (סתרי תורה) תא"מ ונ"ב ס"א דברי תורה: (ה) ד"ה שלשה כו' מים יין וחלב בלא כסף זו התורה מי שאינו נותן: (ו) ד"ה בפחות כו' דפחרא הס"ד ואח"כ מה"ד א"ל אי בת מלכא את כו' בבהיא אמר: (ז) ד"ה כי היכי כו' הכי אמרי לה כי היכי דיין משתמר: (ח) תום' ד"ה אי הוו כו' פי' אם היו שונאים כ"ב ונראה פירושא ניחא מפוזרים דיעקב ודרבי אבהו אבל לפרש"י קשיא:

מסורת הש"ס

[ברכות נט:] מגילה כא. · [ברכות לג.] · [ב"ב יב.] · [נ"ל ברבי] · ברכות סג: מכות י. ע"ב · [מכות י. ע"ש] · [נ"ל אמר] · נ"ל אמר · ישעיה נה · נדרים נ: ע"ש [עי' פרש"י בע"ז טז: בד"ה פתיא אוכמא]

גליון הש"ס

תוס' ד"ה אף כו' וכו' ה"נ איתא התם במדרש דברים רבה פ"ח:

אי הוו סנו טפי הוו גמירי דבר אחר מה
שלשה משקין הללו אין נפסלין אלא בהיסח
הדעת אף דברי תורה אין משתכחין אלא
בהיסח הדעת אמר רבי חמא בר' חנינא
גדול יום הגשמים (א) כיום שנבראו שמים
וארץ שנאמר °הרעיפו שמים ממעל ושחקים ישעיה מה
יזלו צדק תפתח ארץ ויפרו ישע וצדקה
תצמיח יחד אני ה' בראתיו בראתים לא
נאמר אלא בראתיו אמר רב אושעיא גדול יום הגשמים שאפי' ישועה
פרה ורבה בו שנאמר תפתח ארץ ויפרו ישע אמר רבי תנחום בר חנילאי
אין הגשמים יורדים אלא א"כ נמחלו עונותיהן של ישראל שנאמר °רצית תהלים פה
ה' ארצך שבת שבות יעקב נשאת עון עמך כסית כל חטאתם סלה א"ל
זעירי מדיהבת לרבינא אתון מהכא מתניתו לה אנן מהכא מתנינן לה °ואתה מ"א ח
תשמע השמים וסלחת לחטאת וגו' אמר ר' תנחום בריה דרבי חייא איש
כפר עכו אין הגשמים נעצרין אא"כ נתחייבו שונאיהן של ישראל
כליה שנאמר °ציה גם חום יגזלו מימי שלג שאול חטאו א"ל זעירי מדיהבת איוב כד
לרבינא אתון מהכא מתניתו לה אנן מהכא מתנינן לה °ועצר את (ב) השמים דברים יא
ואבדתם מהרה אמר רב חסדא אין הגשמים נעצרין אלא בשביל ביטול
תרומות ומעשרות שנאמר ציה גם חום יגזלו מימי שלג מאי משמע *תנא
דבי רבי ישמעאל בשביל דברים שצויתי אתכם בימות החמה ולא עשיתם
יגזלו מכם מימי שלג בימות הגשמים אמר רבי שמעון בן פזי אין הגשמים
נעצרין אלא בשביל מספרי לשון הרע שנאמר °רוח צפון תחולל גשם ופנים משלי כה
נזעמים לשון סתר אמר רב סלא אמר רב המנונא אין הגשמים נעצרין
אלא בשביל עזי פנים שנאמר °וימנעו רביבים ומלקוש לא היה ומצח אשה ירמיה ג
זונה היה לך וגו' ואמר רב סלא אמר רב המנונא כל אדם שיש לו עזות
פנים סוף נכשל בעבירה שנאמר ומצח אשה זונה היה לך רב נחמן אמר
בידוע שנכשל בעבירה שנאמר היה לך ולא נאמר יהיה לך אמר רבה בר
רב הונא כל אדם שיש לו עזות פנים מותר לקרותו רשע שנאמר °העז איש משלי כא
רשע בפניו רב נחמן בר יצחק אמר מותר לשנאותו שנאמר °ועז פניו קהלת ח
ישונא אל תקרי ישונא אלא ישנא אמר רב קטינא אין הגשמים נעצרין אלא
בשביל ביטול תורה שנאמר °בעצלתים ימך המקרה *בשביל עצלות שהיה שם י
בישראל שלא עסקו בתורה נעשה שונאו של הקב"ה מך ואין מך אלא עני
שנאמר °ואם מך הוא מערכך ואין מקרה אלא הקב"ה שנאמר °המקרה תהלים קד
במים עליותיו רב יוסף אמר מהכא °ועתה לא ראו אור בהיר הוא איוב לז
בשחקים ורוח עברה ותטהרם ואין אור אלא תורה שנאמר °כי נר משלי ו
מצוה ותורה אור בהיר הוא בשחקים תנא דבי ר' ישמעאל אפילו בשעה
שרקיע נעשה בהורין בהורין להוריד טל ומטר רוח עברה ותטהרם אמר
ר' אמי אין הגשמים נעצרין אלא בעון גזל שנאמר °על כפים כסה איוב לו
אור בעון כפים כסה אור ואין כפים אלא חמס שנאמר °ומן החמס אשר יונה ג
בכפיהם ואין אור אלא מטר שנאמר °יפיץ ענן אורו מאי תקנתיה ירבה איוב לז
בתפלה שנאמר °ויצו עליה במפגיע *ואין פגיעה אלא תפלה שנאמר שם לו
°ואתה אל תתפלל בעד העם הזה [וגו'] ואל תפגע בי וא"ר אמי מאי דכתיב ירמיה ז
°אם קהה הברזל והוא לא פנים קלקל אם ראית רקיע שקיהה כברזל קהלת י
מלהוריד טל ומטר בשביל מעשה הדור שהן מקולקלין שנא' והוא לא פנים
קלקל מה תקנתן יתגברו ברחמים שנא' °וחילים יגבר ויתרון הכשיר חכמה שם
כל שכן אם הוכשרו מעשיהן מעיקרא ריש לקיש אמר אם ראית תלמיד
שלמודו

בראתים לא נאמר אלא בראתיו · פי' דמשמע דמהדר אגשם ואם כן משום דגדול יום הגשמים כיום שנבראו בו שמים וארץ משתבח ביה הקב"ה אי הוה כתיב בראתים הוה משמע דאהדר אשמים וארץ: **פנים** נזעמים לשון סתר · פירוש בשביל לשון שקר שאומר לשון הרע הרוח לפון תבטל הגשם והיינו פנים נזעמים: **מותר** לקרותו רשע · אף על גב דאמרי' בקדושין (דף כה:) הקורא לחבירו רשע יורד עמו לחייו לזה מותר דודאי נכשל בעבירה ועומד במורדו להכרית פניו ענתה בו: **בהורין** · לשון בהרות טרוק"ש בלע"ז:

אי הוו סנו · אותם נאים שהם חכמים: טפי הוו גמירי · שאי אפשר לגלה להשפיל דעתו ובא לידי שכחה: בהיסח הדעת · שאם לא ישמרם יפה יהו נשכחין או נופל לתוכן דבר מאוס ונפסלים מלשתות בדבר קל יותר משמן ודבש שממתוך שהן עבים לפה הפסולת למטלה ואפשר לאדם טוטל העליון וזורקו לחוץ והתחתון בר ונקי מה שאין כן במשקה לגול שקיט עב קלי"ר בלע"ז: בהיסח הדעת · אם אינו מחזירם תמיד: שנאמר הרעיפו שמים ממעל ושחקים יזלו לדק תפתח ארץ ויפרו ישע ולדקה תלמיח יחד אני ה' בראתי בראתים לא נאמר · דמשמע אשחקים יזלו קאי אלא אני ה' בראתיו לטל ומטר שמע מינה שמשתבח ומתפאר (ג) הקב"ה במטר השמים: ישועה פרה ורבה בו · מליצי זכות נכנסין לפניו ביום הגשמים שנזכר לישועה מתוך שעת רלון הוא לישנא דקרא ויפרו ישע ואימתי בזמן שהשחקים יזלו לדק: רלית ה' ארצך · במים: נשאת עון עמך · מיד: ה"ג א"ל מר זעירי מדיהבת לרבינא כו' · זעירי סתם היה מן הראשונים ורבינא סוף הוראה לא ראו זה את זה: ואתה תשמע השמים וגו' · ואומר ונתת מטר על ארלם בתפלה דשלמה: ליה גם חום יגזלו מימי שלג · כשליה גם חום גוזלין מימות השלג שאינן יורדין מטר כמשפטם בידוע ששאול חטאו: ולא יהיה מטר · וסמיך ליה ואבדתם: ליה · דריש לשון לווי דברים שלויתי אתכם בימות החמה תרומות ומעשרות גזלו מימי שלג את המטר: רוח לפון תחולל גשם ופנים נזעמים לשון *שקר · תחולל תבטל כמו לא יחל דברו (במדבר ל) כדאמרי' ביבמות (דף עב·) דרוח לפון ברור הוא ומביא אורה לעולם מה שגשמים נעלרין ופנים נזעמין שמראה הקב"ה שאינו מביא מטר לעולם מפני לשון שקר רכילות ופשט המקרא כשם שרוח לפון תחולל גשם כך פנים נזעמים מפני לשון שקר: וימנעו רביבים · מבוש דמאנת הכלם שהיה בך עזות: היה · משמע כבר נכשל: העז איש · שיש בו עזות פנים אמור לו רשע בפניו ואין בו משום מלקות כדאמרי' במסכת קדושין (דף כה·) ומשום דבר זה בלבד מותר לקרותו רשע: מותר לשנאותו · אע"ג דכתיב ואהבת לרעך כמוך: ועז פניו ישונא · ועז כתיב חסר ו' מי שהוא עז פנים ישנא בשו"א *): ימך · כמי שאין בו כח להוריד טל ומטר: ועתה לא ראו אור · מפני שלא ראו אור של תורה: אפילו כשהשמים בהורין · כמו בהרת מנומר בעבים ורולה להוריד גשמים רוח עברה ותטהרם מפזרת העבים: (ד) המלאך אף ברי שמו יפיץ ענן אורו גשם שלו: ויצו · הקדוש ברוך הוא: עליה · על הגשם שתרד: במפגיע · כשיתפלל עליה כמו ואל תפגע בי: קהה הברזל · כמו הקהה את שיניו *ושיני בנים תקהינה (ירמיה לא): והוא לא פנים קלקל · שקלקלו הדור: וכ"ש אם הוכשרו מעשיהן · קודם לכן והכי משמע ויתרון הכשיר ויתרון שהכשיר לחכמה אם הכשירו מעשיהן מתחילה שיבואו הגשמים יותר מבחיילים יגבר שהן מגבירין חיילים ועומדין בתפלה בזמן שקלקלו:

*) [נ"ל בשי"ן שמאלית וע' מהרש"א בח"א]

שבת לב:

[נ"א סתר]

[מגילה יא.]

[לקמן ח. ברכות כו: סוטה יד. סנהדרין לה:]

רבינו חננאל

אין הגשמים יורדין בעולם אא"כ נמחלו עונותיהם של ישראל שנאמר רצית ה' ארצך וגו' נשאת עון עמך וגו' ואתה תשמע השמים וסלחת לחטאת עבדיך ועמך ישראל כי תורם את הדרך הטובה אשר ילכו בה ונתת מטר על ארצך אשר נתת לעמך לנחלה. אין הגשמים נעצרים אא"כ נתחייבו שונאי ישראל כלייה כו' או בשביל תרומות ומעשרות. ובשביל מספרי לשה"ר. ובשביל עזי פנים. וכל מי שיש לו עזות פנים ודאי נכשל בעבירה. ומותר לקרותו רשע שנאמר העז איש רשע בפניו ומותר לשנאותו [שנאמר] ועז פניו ישונא א"ת ישונה אלא ישנא' אין הגשמים נעצרים אלא בעון גזל שנאמר על כפים כסה אור ואין כפים אלא גזל שנאמר ומן החמס אשר בכפיהם. וכן נמי נעצרים בשביל ישראל שמעשיהם מקולקלין. והוא לא פנים קלקל

רבינו גרשום

כלי חרס: נפסלין בהיסח הדעת. כלומר מפסידין כשאין משתמרין' אלא בראתיו · דהיינו בריית עולם: שצויתי אתכם בימות החמה היינו תרומות ומעשרות: שנאמר ומצח שהיא עז פנים מיד אשה זונה היה לך ועוז פניו שמעיז פניו ישונא: ימוך שאינו נותן מטר: בהרים בהרים גדודים:

ויקרא כז

הגהות הב"ח

(א) גמרא גדול יום הגשמים כיום שנבראו ס"א מיום: (ב) שם ועצר את השמים ולא יהיה מטר ואבדתם: (ג) רש"י ד"ה שנאמר כו' ומתפאר בו הקב"ה (ומניה שמים) הא"מ וכ"ב ס"א אין זה ולספרים דגרסי גדול יום הגשמים מיום שנבראו הי' ניחא ומכריה ממה שמניח שמים אלמא דגדול מיום: (ד) ד"ה אפי' כו' המלאך אף ברי. נ"ב לשון רש"י באיוב אף ברי שם מלאך הממונה על העננים והוא יפיץ עב מטרו של המקום:

—If these very people were ugly they would be still more learned.[3] Another explanation: Just as these three liquids can become unfit for consumption only through inattention,[4] so too the words of the Torah are forgotten only through inattention.

R. Ḥama b. Ḥanina said: The day when rain falls is as great as the day on which heaven and earth were created, as it is said, *Drop down, ye heavens from above, and let the skies pour down righteousness: let the earth open, that they may bring forth salvation, and let her cause righteousness to spring up together; I, the Lord have created it.*[5] It is not said, 'I created *them*', but *I have created* it.[6]

R. Oshaia said: The day when rain falls is great for on it even salvation springs forth and waxes great, as it is said, '*Let the earth open, that they may bring forth salvation*'.

R. Tanḥum b. Ḥanilai said, No rain falls unless the sins of Israel have been forgiven, as it is said, *Lord, Thou hast been favourable unto Thy land, Thou hast turned the captivity of Jacob, Thou hast forgiven*
a *the iniquity of Thy people, Thou hast pardoned all their sins. Selah.*[1] Ze'iri of Dahabath[2] said to Rabina: You have learnt it from this verse, but we have learnt from the following verse, *Then hear Thou in heaven and forgive the sin* etc.[3]

R. Tanḥum the son of R. Ḥiyya of Kefar Acco[4] said: Rain is withheld only when the enemies of Israel[5] have merited destruction as it is said, *Drought and heat consume the snow waters; so doth the nether world those that have sinned.*[6] Ze'iri of Dahabath said to Rabina: You have learnt from this verse, but we have learnt it from the following verse, *And He will shut up the heaven . . . and ye perish quickly.*[7]

R. Ḥisda said: Rain is withheld only because of the neglect to bring heave-offerings and tithes, as it is said, *Drought and heat*[8] *consume the snow waters*. How is this derived from the verse?—In the school of R. Ishmael it was taught: Because you have not performed in the summer the things I have commanded you, you shall be denied snow waters in the winter.

R. Simeon b. Pazzi said: Rain is withheld only because of those who talk slander, as it is said, *The north wind bringeth forth rain, and a backbiting tongue an angry countenance.*[9]

R. Salla said in the name of R. Hamnuna: Rain is withheld only because of the insolent, as it is said, *Therefore the showers have been withheld, and there hath been no latter rain; yet thou hadst a harlot's forehead* etc.[10]

R. Salla further said in the name of R. Hamnuna: Any man who is insolent stumbles in the end into sin, for it is said, '*Thou hadst a harlot's forehead*'. R. Naḥman said: It is evident that he [actually] stumbled into sin, for it is said '*Thou hadst*' and not, 'thou *wilt* have'. Rabbah the son of R. Huna said: It is permissible to call 'wicked' any one who is insolent, as it is said, *A wicked man*
b *hardeneth his face.*[1] R. Naḥman the son of R. Isaac said: One may even hate him, as it is said, *And the boldness of his face is changed.*[2] Do not read *yeshuneh* [changed] but *yesuneh* [hated].

R. Kaṭṭina said: Rain is withheld only because of the neglect of the Torah, as it is said, *By slothfulness the rafters sink in* [yimak].[3] Because of the sloth displayed by Israel in not occupying themselves with the Torah the enemy of the Holy One, blessed be He,[4] becomes poor. *Mak*, actually means, poor, as it is said, *But if he be too poor* [mak] *for thy valuation.*[5] *Meḳoreh* actually denotes God, as it is said, *Who layest* [ha-meḳoreh] *the beams of Thine upper chambers in the waters.*[6] R. Joseph derived it from the following verse, *And now men see not the light which is bright in the skies; but the wind passeth and cleanseth them.*[7] And '*light*' surely means Torah, as it is said, *For the commandment is a lamp and the teaching* [Torah] *is light.*[8] '*Which is bright in the skies*': [With reference to this] it was taught in the school of R. Ishmael: Even when the heavens are full of white spotted clouds ready to cause dew and rain to fall a wind passes and cleanses them.[9]

R. Ammi said: Rain is withheld only because of the sin of violent robbery, as it is said, *He covereth His hands with the lightning;*[10] that is to say, for the sin [of violent robbery committed by] their hands He covereth the light. And '*hands*' surely signifies, violent robbery, as it is said, *And from the violence that is in their hands;*[11] and '*light*' surely [stands for] rain, as it is said, *He spreadeth abroad*
c *the cloud of His lightning.*[1] What is then his remedy?—Let a man make many prayers, as it is said, *And giveth it a charge that it strike the mark* [be-mafgi'ah],[2] and *pegi'ah* is prayer, as it is said, *Therefore pray not thou for this people . . . neither make intercession* [tifga'] *to me.*[3]

R. Ammi further said: What is the meaning of the verse, *If the iron be blunt, and one do not whet the edge?*[4] If you see the sky hard as iron so that neither dew nor rain fall, this is to be attributed to the deeds of the generation which are corrupt, as it is said, *And one do not whet the edge*. What then shall be their remedy? Let them make many prayers [for mercy], as it is said, *Then must he put to more strength; but wisdom is profitable to direct.*[5] [The latter words indicate,] how much more [efficacious their prayer would prove] if their deeds had originally been righteous.[6]

(3) They would be meek and devote themselves even more to their studies. (4) If one neglects to cover them. (5) Isa. XLV, 8. (6) Thus referring to the rain.

a (1) Ps. LXXXV, 2, 3. (2) Place not identified. Rashi reads: Said Mar Ze'iri to Rabina. (3) I Kings VIII, 36. (4) [Caphare Accho in lower Galilee; v. Hildesheimer, *Beiträge*, p. 81.] (5) A euphemism for Israel themselves. (6) Job XXIV, 19. (7) Deut. XI, 17. (8) ציה drought, is here connected with צוה to command and חום heat, taken to mean, summer. With the completion of the harvest heave-offerings tithes have to be brought. (9) Prov. XXV, 23. (10) Jer. III, 3.

b (1) Prov. XXI, 29. (2) Eccl. VIII, 1. (3) Ibid. X, 18. (4) A euphemism for God Himself. God is unable (lit., 'too poor') to send rain because Israel do not merit it. (5) Lev. XXVII, 8. (6) Ps. CIV, 3. (7) Job XXXVII, 21. (8) Prov. VI, 23. (9) Because of their disregard of the Torah which is compared to light, the wind disperses the clouds that were bringing the rain. (10) Job. XXXVI, 32. (11) Jonah III, 8.

c (1) Job XXXVII, 11. [The meaning then of the verse is: On account of hands (violence), He covers the lightning (withholds rain).] (2) Job XXXVI, 32. (3) Jer. VII, 16. An interplay upon the word פגע meaning both to strike and to intercede. [*Var. lec.* omit: 'What is then his remedy? . . . *to me*' which passage is apparently an intrusion from 8*a*, V. D.S. It is a well established Talmudic teaching that no amends can be made for robbery by prayer alone; this must be accompanied by restitution, v. *infra* 16*a* and Yoma 85*b*.] (4) Eccl. X, 10. R. Ammi recalling the words ונתתי את שמיכם כברזל in Lev. XXVI, 19 endeavours to find an allusion in ברזל in the verse quoted, to the hardness of the heavens. He takes the negative לא, as לו 'to it', 'of it' and interprets the word קלקל 'to whet', in the later Hebrew sense of, 'to be corrupt', thus rendering the face of it (of the generation) is corrupt. (5) Eccl. X, 10. (6) הכשיר from the root כשר to be proper. Cf. Esth. VIII, 5.

Resh Laḳish said: If you see a student [8a] to whom his studies are as hard as iron,[7] it is because he has failed to systematize his studies, as it is said, *And one do not whet the edge*.[8] What is his remedy? Let him attend the school even more regularly, as it is said, *Then must he put to more strength; but wisdom is profitable to direct*. [The latter words indicate] how much more profitable would his efforts be if he had originally systematized his studies. Thus for example, Resh Laḳish made it his practice to repeat in systematic order
a his studies forty times corresponding to the forty days[1] during which the Torah was given, and only then would he come before R. Joḥanan. R. Adda b. Abbahu made it his practice to repeat in systematic order his studies twenty-four times corresponding to the [twenty-four books[2] which embody] the Torah, the Prophets and the Hagiographa, and only then would he come before Raba.

Raba said: If you see a student who finds his studies as hard as iron, it is because his teacher does not encourage him,[3] as it is said, *'and one do not whet the edge'*.[4] What is his remedy? Let him seek many companions [to intercede for him with his teacher], as it is said, *'Then must he put to more strength; but wisdom is profitable to direct.'* [The latter words indicate,] how much more successful he would have been had his efforts originally found favour with his teacher.

R. Ammi further said: What is the meaning of the verse, *If the serpent bite before it is charmed, then the charmer hath no advantage?*[5] If you see a generation over whom the heavens are rust coloured[6] like copper so that neither dew nor rain falls, it is because that generation is wanting in men who pray softly.[7] What then is their remedy? Let them go to one skilled in the art of praying softly, as it is written, *The noise thereof telleth concerning it*.[8] *'Then the charmer hath no advantage'* [means]: 'As to him who is skilled in the art of praying softly and does not do so what benefit has he?[9] But if he has prayed softly and was not answered, what is his remedy? Let him go to the most pious man of that generation that he may intercede abundantly for him, as it is said, *And giveth it a charge that it strike the mark* [be-mafgia'h], and striking the mark [*pegi'ah*] is prayer, as it is said, *Therefore pray not thou for this people, neither lift up cry nor prayer for them, neither make intercession* [tifga']
b *to Me*.[1] But if he did pray softly and proved successful and on account of this he becomes overproud he thereby brings divine displeasure upon the world, as it is said, *The cattle also concerning the storm that cometh up*.[2]

Raba said: Two scholars who reside in the same city but are intolerant of each other in matters of *halachah* provoke anger and bring it upon themselves, as it is said, *The cattle also concerning the storm that cometh up*.[3]

Resh Laḳish said: What is the meaning of the verse, *If the serpent bite before it is charmed, then the charmer hath no advantage?* In the Messianic age all animals will assemble and come to the serpent and say to him, 'The lion claws [his victim] and devours him, the wolf tears him and devours him, but as for thee what benefit dost thou derive? His reply will be, *The charmer hath no advantage*.[4]

R. Ammi said: A man's prayer is only answered if he takes his heart into his hand,[5] as it is said, *Let us lift up our heart with our hands*.[6] [But it is not so. Surely][7] Samuel appointed an *amora*[8] to act for him and his exposition ran thus: *But they beguiled Him with their mouth, and lied unto Him with their tongue. For their heart was not steadfast with Him, neither were they faithful in His covenant;*
c and yet, *But He being full of compassion, forgiveth iniquity* etc.?[1]—This is no contradiction. The one refers to the individual, and the other to the community.[2]

R. Ammi said: Rain falls only for the sake of Men of Faith,[3] as it is said, *Truth springeth out of the earth and righteousness hath looked down from heaven*.[4]

R. Ammi further said: Come and see how great the Men of Faith are as is evidenced from the episode of the Weasel[5] and the Well. If this is the case with one who trusts in the Weasel and the Well how much more so if one trusts in the Holy One blessed be He!

R. Joḥanan said: He who leads a righteous life [on earth below][6] is judged strictly [in heaven] above, as it is said, *Truth springeth out of the earth and righteousness hath looked down from heaven*. R. Ḥiyya b. Abin in the name of R. Huna [adduced this lesson] from this verse, *And Thy wrath according to the fear that is due unto Thee*.[7] Resh Laḳish said: [It may be adduced] from this verse, *Thou didst take away him that joyfully worked righteousness, those that remembered Thee in Thy ways—behold Thou wast wroth, and we sinned—upon them have we stayed of old, that we might be saved*.[8]

R. Joshua b. Levi said: He who joyfully bears the chastisements that befall him brings salvation to the world as it is said, *'Upon them have we stayed of old, that we might be saved'*.

Resh Laḳish said: What is the meaning of the verse, *And He*
d *will shut up the heaven?*[1]—When the heavens are shut up so that neither dew nor rain falls it is like to a woman who is in labour but who cannot give birth. This is in keeping with what Resh Laḳish said in the name of Bar Kappara: 'Withholding' is applied

(7) He cannot grasp what he learns. (8) Taking קלקל as a reduplication of קל light, clear. I.e., he did not make it clear unto himself: פנים the meaning of a passage in the Torah, cf. Aboth III, 11,
a (1) Ex. XXXIV, 28. (2) On the twenty-four books of the Bible v. Blau, *Zur Einleitung in die heilige Schrift*, pp. 6ff. (3) Does not show him a cheerful countenance. Cf. Aboth I, 15 בסבר פנים יפות. (4) [Taking קלקל in the sense of 'corrupting' to make unpleasant. He showed a displeasing countenance to him.] (5) Eccl. X, 11. (6) Taking נשך to bite, in the Aramaic sense of שתך to become rusty coloured; נחש shortened for נחשת copper. The heavens are, so to speak, covered with a deposit of copper-rust and this prevents rain and dew from falling. (7) לחש to charm, is also used in the sense of, to whisper, and then to pray. The *Tefillah* (v. Glos.) was recited in silence. (8) Job XXXVI, 33. Connecting רע noise, from root רוע to shout, with רע friend from root רעה to associate with. The context in Job deals with rain. (9) He himself suffers with others from the drought that follows.
b (1) V. *supra* 7b n. c3. [MS.M omits: 'But if he has prayed ... *to me*'.] (2) Job XXXVI, 33. The verse is generally interpreted, that the cattle through their greater sensitiveness to atmospheric conditions feel in advance the coming of the storm. The Gemara reads מַקְנֶה (for מִקְנֶה of the Massoretic Text) in the sense of, acquire, and it takes אף to be a noun meaning anger; and עולה exalted or elated (with pride). The meaning of the verse according to this interpretation would be: He brings upon the world divine displeasure who is overbearing with pride because his prayer was answered. (3) Raba takes מקנה = ... התקנא ב to provoke; אף as previously, and על יעולה = that cometh up. (4) Heb. בעל הלשון lit., 'the man of tongue'; figuratively, the slanderer. The allusion here is to the tempting of Eve, Gen. III. (5) He feels deeply what he prays. (6) Lam. III, 41. (7) So Bomberg ed. and inserted in cur. edd. in square brackets, *infra*, n. c1. (8) Same as *Meturgeman*. V. *supra* 4b n. a4.
c (1) Ps. LXXVIII, 36-38. [MS.M. adds: 'Do these (verses) not contradict one another'. This reading makes unnecessary the insertion noted on *supra* n. b7. V. Marginal Glosses.] (2) The prayers of a community are accepted even if they do not come up to the higher standard set by R. Ammi. (3) Trustworthy men, honest in business. Cf. Prov. XXVIII, 20 איש אמונות. (4) Ps. LXXXV, 12. R. Ammi takes the verse to mean: When there is truth on earth righteousness symbolizing rain, (cf. Isa. XLV, 8) looketh down from heaven. (5) An allusion to the story of a young man who extracted a promise of marriage from a maiden who had fallen into a well, if he rescued her. The well and a passing weasel were made witnesses to the undertaking and avenged subsequently the maiden for the young man's breach of promise. V. Rashi and Tosaf. a.l. and Aruch s.v. חלד. (6) The greater the man the more strictly he is judged for his actions. R. Joḥanan takes צדק in the sense of strict justice דין. (7) Ps. XC, 11. (8) Isa. LXIV, 4.
d (1) Deut. XI, 17.

שלמודו קשה עליו כברזל בשביל משנתו ישאינה סדורה עליו שנאמר °והוא לא פנים קלקל מאי תקנתיה ירבה בישיבה שנאמר °וחילים יגבר ויתרון הכשיר חכמה כ"ש אם משנתו סדורה לו מעיקרא כי הא דריש לקיש הוה מסדר מתני' ארבעין זמנין כנגד מ' יום שניתנה תורה ועייל לקמיה דר' יוחנן רב אדא בר אהבה מסדר מתני' עשרין וארבע זמנין כנגד תורה נביאים וכתובים ועייל לקמיה דרבא רבא אמר אם ראית תלמיד שלמודו קשה עליו כברזל בשביל רבו שאינו מסביר לו פנים שנאמר והוא לא פנים קלקל מאי תקנתיה ירבה עליו רעים שנאמר וחילים יגבר ויתרון הכשיר חכמה כ"ש אם הוכשרו מעשיו בפני רבו מעיקרא ואמר ר' אמי מאי דכתיב °אם ישוך הנחש בלא לחש ואין יתרון לבעל הלשון אם ראית דור שהשמים משתכין (א) כנחשת מלהוריד טל ומטר בשביל לוחשי לחישות שאין בדור מאי תקנתן ילכו אצל מי שיודע ללחוש דכתיב °יגיד עליו רעו ואין יתרון לבעל הלשון ומי שאפשר לו ללחוש ואינו לוחש מה הנאה יש לו ואם לחש ולא נענה מאי תקנתיה ילך אצל חסיד שבדור וירבה עליו בתפלה שנאמר °ויצו עליה במפגיע *ואין פגיעה אלא תפלה שנאמר °ואתה אל תתפלל בעד העם הזה ואל תשא בעדם רנה ותפלה ואל תפגע בי ואם לחש ועלתה בידו ומגיס דעתו עליו מביא אף לעולם שנאמר °מקנה אף על עולה רבא אמר שני ת"ח שיושבין בעיר אחת ואין נוחין זה לזה בהלכה מתקנאין באף ומעלין אותו שנאמר מקנה אף על עולה *אמר ר"ל מאי דכתיב אם ישוך הנחש בלא לחש ואין יתרון לבעל הלשון לעתיד לבא מתקבצות ובאות כל החיות אצל הנחש ואומרים לו ארי דורס ואוכל זאב טורף ואוכל אתה מה הנאה יש לך אמר להם ואין יתרון לבעל הלשון אמר רבי אמי אין תפלתו של אדם נשמעת אלא אם כן משים נפשו בכפו שנאמר °נשא לבבנו אל כפים [*איני והא] אוקים שמואל אמורא עליה ודריש °ויפתוהו בפיהם ובלשונם יכזבו לו ולבם לא נכון עמו ולא נאמנו בבריתו ואף על פי כן °והוא רחום יכפר עון וגו' *לא קשיא כאן ביחיד כאן בציבור אמר ר' אמי אין גשמים יורדין אלא בשביל בעלי אמנה שנאמר °אמת מארץ תצמח וצדק משמים נשקף וא"ר אמי בא וראה כמה גדולים בעלי אמנה מניין מחולדה ובור ומה המאמין בחולדה ובור כך המאמין בהקב"ה עאכ"ו אמר רבי יוחנן כל המצדיק את עצמו מלמטה מצדיקין עליו הדין מלמעלה שנאמר אמת מארץ תצמח וצדק משמים נשקף רבי חייא בר אבין אמר רב הונא מהכא °וכיראתך עברתך ריש לקיש אמר מהכא °פגעת את שש ועושה צדק בדרכיך יזכרוך הן אתה קצפת ונחטא בהם עולם ונושע אמר ריב"ל כל השמח ביסורין שבאין עליו מביא ישועה לעולם שנאמר בהם עולם ונושע אמר ריש לקיש מאי דכתיב °ועצר את השמים בשעה שהשמים נעצרין מלהוריד (*טל ומטר) דומה לאשה שמחבלת ואינה יולדת והיינו דאמר ריש לקיש משום בר קפרא נאמרה עצירה בגשמים ונאמרה עצירה באשה נאמרה

רש"י

שלמודו קשה עליו כברזל. שקשה הוא לו מרוב קושיות בשביל משנתו שאינה סדורה לו ואינו זוכר מה כתיב בה ולפיכך אינו יודע לפרק אי נמי שגורסה בטעות פוטר על החיוב ומחייב על הפטור ומקשי עלה מדוכתא אחריתי והכי משמע קרא והוא לא (ב) שאינו יודע שמועתו מפני שפנים קלקל שקלקל במשנה שהיא קודם לגמרא: ירבה בישיבה. שיסדירו בני הישיבה משנתם שנאמר וחיילים בין תלמידים שהן חיילות חיילות: ויתרון הכשיר. כשסידר משנתו מתחילה: כנגד מ' יום שניתנה התורה. שתתקיים בידו והדר עייל קמיה דר' יוחנן למיגמר גמרא: כנגד תנ"ך. שהן כ"ד ספרים: שפנים קלקל. שהראה לו פנים רעות: ירבה עליו רעים. לפייס הימנו שיסבור לו פנים: משתכין עליו כנחושת. מאדימין פנים כעין רודיל"א כדאמרי' בבבא מציעא (דף נו.) דשתיך ספי שהעלה חלודה שנעלרין (*מלהוליד) טל ומטר: לוחשי לחישות. בשביל שאין מתפללים תפלה בלחש: יגיד עליו רעו. יתפלל עליו חבירו וגבי גשמים כתיב באיוב: ואין יתרון לבעל הלשון. כלומר מה הנאה יש לבעל הלשון שיודע ללחוש ואינו לוחש: מקנה אף על עולה. מקנה אף מי שמגיס דעתו ועולה: ואין נוחין זה לזה כו'. והכי משמע בשביל שצריך להגיד זה לזה ולהיות נוחין בהלכה ואינן עושין מקנה מתקנאים מתגרים באף ומעלים אותו ומביאים אותו עליהן. ויש גורסין ונוחין זה לזה בהלכה מתקנאים באף וכו' משיגיד עליו רעו שנוחין זה לזה מתקנאים באף ומעלים אותו מעליהם: ארי דורס ואוכל. מיד ואינו מתירא: טורף ואוכל. שמוליך לחוריו ואוכל שם שמפחד מן הבריות ולכולן יש להם הנאה: ולך מה הנאה יש לך. שאתה נושך בני אדם והורגן והוא אומר מה יתרון לבעל הלשון שמספר לשון הרע אע"פ שאין לו הנאה ולפיכך מביאו (ג) הקב"ה בדין אלא נחש כדי שיתביישו מפני שהשיא אדם הראשון ומתביישין עמו מספרי לשון הרע: ולבם לא נכון עמו. עם הקב"ה: ואעפ"כ. כתוב בסמוך והוא רחום יכפר עון ושומע תפלתם והיכי אמרת שאין תפלתם נשמעת אא"כ משים נפשו בכפו כלומר שנפשו מכוונת בכפו (ד): בלבור. תפלתם נשמעת ואע"פ שאין לב כולם שלם כדכתיב ויפתוהו בפיהם בדברים לו רבים: ביחיד. אינו אלא א"כ לבו מכוון: בזמן שאמת מארץ תצמח. שיש אמונה במשא ומתן אז צדק משמים נשקף דהיינו גשמים שהן צדקה: מחולדה ובור. שהמיתו שני בני אדם מגוי הוא באגדה (ה) מעשה בבחור אחד שנתן אמונתו לריבה אחת שישאנה אמרה מי מעיד והיה שם בור אחד וחולדה אמר הבחור בור וחולדה עדים בדבר לימים עבר על אמונתו ונשא אחרת והוליד שני בנים אחד נפל לבור ומת וא' נשכתו חולדה ומת אמרה לו אשתו מה מעשה הוא זה שבניט מתים במיתה משונה ואמר לה כך וכך היה המעשה: המאמין בהקדוש ברוך הוא. שמשימו עד בינו לבין חבירו על אחת כמה וכמה: המצדיק עלמו. שמכשיר ומקשט מעשיו: מצדיקין עליו. מדקדקין עמו אפילו כחוט השערה יותר משאילו מקלקל מעשיו כדי למרק עונותיו: שנאמר אמת מארץ תצמח. אז צדק משמים נשקף צדקה אין כתיב כאן אלא צדק דמשמע דין: וכיראתך עברתך. על מי שהוא ירא אותך אתה מחזיק עברתך כדי למרק עונותיו ופשט המקרא מי יודע עוז אפך מי יודע עוז וכח למנוא אותו לנוס מפניך ביום אפך וכיראתך עברתך כשם שאתה יראוי ומפוחד כך יש להתיירא ולהתפחד מעברתך: פגעת את שש ועושה צדק. במי ששמח ועושה צדק שהן העושים כך בדרכיך יזכירוך אתה פוגע בו אם חוטא כלום כמו ויפגע בו וימת. קרא הכי הוא פגעת את שש ועושה צדק והן העושין כך בדרכיך יזכירוך באותם דרכים שאתה מייסרן ביסורין יזכירוך לטובה ואומרים הן אתה קצפת בשביל שחטאנו בהם עולם ונושע בשבילם טעם לעולם הבא: שמחבלת. כמו חבלי יולדה אף השמים עושין כן וקשה לעולם ועל חטא הוא:

תוספות

אם ראית דור שהשמים משתכין עליו כנחושת מלהוריד גשם עליו וכו'. מכאן מוכיח ר"ת דהא דאמרי' בבבא בתרא (דף יט. ושם) אין טומנין בסלעים מ"ט משום דמשתכי ליה לקדירה ר"ל משתכי מקלקלים המאכל שבקדירה ובלע"ז אורמשי"ר והא דקאמר לקדירה לאו דוקא לקדירה אלא למאכל שבקדירה דהכי נמי קאמר (שבת דף יח:) האי קדרה חייתא שרי ואין לפרש כפרש"י שפי' התם משתכי משברים הקדירה דא"כ מאי קאמר הכא שהשמים משתכין (ו) ר"ל שהשמים משתברין אלא ודאי משתכים ר"ל מעלין חלודה כמו דבר שבטל ממלאכתו ימים רבים ומחליד ובלע"ז ראולי"ר: ואי לוחש ועלתה בידו ומגיס דעתו מביא אף לעולם שנאמר יגיד עליו ריעו וגו'. כלומר אם יגיד עליו ריעו שעל ידו באו הגשמים והוא מגיס דעתו מקנה אף עולה כלומר הוא קונה אף ועולה כלומר אם עולה שמגיס דעתו עליו הוא מקנה האף:

בחולדה ובור כך בהקב"ה על אחת כמה וכמה. פי' מאמין בחולדה ובור מעשה היה בנערה אחת היתה רוצה לילך לבית אביה והיה בור בדרך ונפלה ובא בחור אחד ואמר אם אני אעליך תנשאי לי אמרה לו הן ונשבעו ביניהן שהוא לא ישא אשה אחרת והיא לא תנשא לאיש אחר ואמרו מי מעיד בינינו והיתה חולדה אחת הולכת לפני הבור ואמרו אלו שניס בור וחולדה יהיו עדים בינינו והלכו לדרכם והיא עמדה בשבועתה והוא נשא אשה אחרת וילדה בן בא חולדה ונשכתו ומת וילדה לו בן שני ונפל לבור ומת אמרה לו אשתו מה זה המעשה שהגיע לנו שלא כשאר בני אדם נזכר השבועה וסיפר לאשתו כל המעשה אמרה לו א"כ חזור וקחנה וכתב לה גט והלך ונשא את הבתולה והיינו דאמרי המאמין בבור וחולדה שהעמידו עדותן: ונלומה

רבינו חננאל

תלמיד שתלמודו קשה עליו מפני שאין רבו מסביר לו פנים בהלכה: אם ראית הגשמים נעצרים ומתכסין שאין בדור לוחש לחישות כראוי כו'. ואין הגשמים יורדין אלא בשביל בעלי אמונה שנאמר אמת מארץ תצמח א"ר יוחנן כל המצדיק עצמו מלמטה ומחזיק דרך החסידות אפילו מעט אם יטה מדקדקין עליו מלמעלה ולוקחין הדין ממנו שנאמר אמת מארץ תצמח וצדק משמים נשקף. ועוד מהכא וכיראתך עברתך. לפי דקדוקן ביראתך כן מדקדקין עליהם בעברתך ועוד מהכא בדרכיך יזכירוך. כפי דרכך מזכירין אותך מלמעלה. אריב"ל כל ששמח ביסורין הבאין עליו מביא ישועה לעולם שנאמר הן אתה קצפת ונחטא בהם עולם ונושע. הן קצפת והכית אותנו בשביל חטאתינו שחטאנו שמחנו בהן כלומר הודינו כי הכאה זו בשביל עונותינו היא עולם ונושע ראויה זו להיות ישועה לעולם. א"ר שמעון בן לקיש נאמרה עצירה

רבינו גרשום

וכ"ש היכא דהוכשרו מעשיהם מעיקרא דהיינו יתרון הכשר והוא לא פנים קלקל שלא הראה פנים במשנה קלקל בתלמוד: והוא לא פנים. שאין רבו מסביר לו פנים ירבה עליו רעים. לרצות את רבו שיסביר לו פנים: משתכין: מחליד: לוחשי לחישות. שיודעין להתפלל ואין מתפללין: מקנה שמגיס דעתו אף עולה מעלה כעס על העולם: ומעלי אותו שמסלקין אותו מן העולם: מה הנאה יש לך. שאתה נושך ואינך אוכל. כאן ביחיד. נשא לבבנו: כאן בצבור. ויפתוהו בפיהם: מצדיקים עליו מלמעלה כדכתיב וסביביו נשערה מאד:

הגהות הב"ח

(א) גמ' דור שהשמים משתכין עליו כנחשת מלהוריד כו' לחישות שאין באותו הדור מאי: (ב) רש"י ד"ה שלמודו כו' משמע קרא והוא לא פנים קלקל שאינו יודע: (ג) ד"ה ולך כו' מביאו הקב"ה בדין (אלא נחש) תא"מ ונ"ב ס"א אינו ולגירסא שלפניט צ"ל מביאן: (ד) ד"ה ואעפ"כ כו' מכוונת בכפו מכוון הס"ד ונ"ב כלומר עם כפו: (ה) ד"ה מחולדה כו' מעשה בבחור אחד. נ"ב עי' בערוך ערך חלד מכאר המעשה באריכות: (ו) תוס' ד"ה אם כו' קאמר הכא שהשמים משתכין שאין ר"ל שהשמים

מסורת הש"ס

[נ"ל מלהוריד]

[לעיל ז: וש"נ]

ערכין טו:

גי' רש"א

[בשאלתות פ"ס קסב איתא קשיין אהדדי לא קשיא כאן ביחיד וכו' וכ"א בע"י ומעתה אינו צריך להגהת רש"ל לעיל בסמוך איני והא]

[בילקוט ליתא מטר]

נאמרה עצירה באשה שנאמר °כי עצר ה' בעד כל רחם ונאמרה עצירה בגשמים דכתיב °ועצר את השמים נאמר לידה באשה ונאמר לידה בגשמים נאמר לידה באשה דכתיב °ותהר ותלד בן ונאמר לידה בגשמים דכתיב °והולידה והצמיחה נאמר פקידה באשה ונאמר פקידה בגשמים נאמר פקידה באשה דכתיב °וה' פקד את שרה ונאמר פקידה בגשמים דכתיב °פקדת הארץ ותשקקה רבת תעשרנה פלג אלהים מלא מים מאי פלג אלהים מלא מים תנא כמין קובה יש ברקיע שממנה גשמים יוצאין אמר רבי שמואל בר נחמני מאי דכתיב °אם לשבט אם לארצו אם לחסד ימציאהו אם לשבט בהרים ובגבעות אם לחסד ימציאהו לארצו בשדות ובכרמים אם לשבט לאילנות אם לארצו לזרעים אם לחסד ימציאהו בורות שיחין ומערות בימי רבי שמואל בר נחמני הוה כפנא ומותנא אמרי היכי נעביד *ניבעי רחמי אתרתי לא אפשר אלא ליבעי רחמי אמותנא וכפנא ניסבול אמר להו ר' שמואל בר נחמני [ב]ניבעי רחמי אכפנא דכי יהיב רחמנא שובעא לחיי הוא דיהיב דכתיב °פותח את ידך ומשביע לכל חי רצון ומנלן דלא מצלינן אתרתי דכתיב °ונצומה ונבקשה מאלהינו על זאת מכלל דאיכא אחריתי במערבא אמרי משמיה דר' חגי מהכא °ורחמין למבעא מן קדם אלה שמיא על רזא דנא מכלל דאיכא אחריתי בימי ר' זירא גזור גזרה וגזור דלא למיתב בתעניתא אמר להו ר' זירא *נקבליה עילוון ולכי בטיל הגזירה ליתביה אמרי ליה מנא לך הא אמר להו דכתיב °ויאמר אלי אל תירא דניאל כי מן היום הראשון אשר נתת את לבך להבין ולהתענות לפני אלהיך נשמעו דבריך אמר רבי יצחק אפילו שנים כשני אליהו וירדו גשמים בערבי שבתות אינן אלא סימן קללה היינו *דאמר רבה בר שילא *קשה יומא דמיטרא כיומא דדינא אמר אמימר אי לא דצריך לברייתא בעינן רחמי ומבטלינן ליה ואמר רבי יצחק שמש בשבת צדקה לעניים שנאמר °וזרחה לכם יראי שמי שמש צדקה ומרפא ואמר רבי יצחק גדול יום הגשמים שאפילו פרוטה שבכיס מתברכת בו שנאמר °לתת מטר ארצך בעתו ולברך את כל מעשה ידיך ואמר רבי יצחק *אין הברכה מצויה אלא בדבר הסמוי מן העין שנאמר °יצו ה' אתך את הברכה באסמיך תנא דבי ר' ישמעאל אין הברכה מצויה אלא בדבר שאין העין שולטת בו שנאמר יצו ה' אתך את הברכה באסמיך ת"ר [ד]הנכנס למוד את גרנו אומר יר"מ ה' אלהינו שתשלח ברכה במעשה ידינו התחיל למוד אומר ברוך השולח ברכה בכרי הזה מדד ואח"כ בירך הרי זו תפלת שוא לפי שאין הברכה מצויה לא בדבר השקול ולא בדבר המדוד ולא בדבר המנוי אלא בדבר הסמוי מן העין: קיבוץ גייסות צדקה (*מעשה) פרנס סימן: אמר רבי יוחנן גדול יום הגשמים כיום קבוץ גליות שנאמר °שובה ה' את שביתנו כאפיקים בנגב ואין אפיקים אלא מטר שנאמר °ויראו אפיקי ים ואמר רבי יוחנן גדול יום הגשמים שאפילו גייסות פוסקות בו שנאמר °תלמיה רוה נחת גדודיה ואמר רבי יוחנן אין הגשמים נעצרין אלא בשביל פוסקי צדקה ברבים ואין נותנין שנאמר °נשיאים ורוח וגשם אין איש מתהלל במתת שקר וא"ר יוחנן מאי דכתיב

עשר

תורה אור: בראשית כ · דברים יא · בראשית ל · ישעיה נה · בראשית כא · תהלים סה · איוב לז · תהלים קמה · עזרא ח · דניאל ב · דניאל י · מלאכי ג · דברים כח · שם · תהלים קכו · ש"ב כב · תהלים סה · משלי כה

רש"י

נאמרה עצירה באשה כו' · כלומר על כולן מבקשים רחמים: פלג · בריכה: כמין קובה · אהל מלא מים: אם לשבט · אם גזר הקב"ה רוב גשמים לרעה אז יורדים בכח כשבט שמכה בכח וחזרו בתשובה הקב"ה מורידן על הרים וגבעות מקום שאין שם איש: אבל אם לחסד · שיורדין בנחת ימציאהו לארצו לארץ ישראל: אתרתי · לא בעינן רחמי אהדדי כדלקמן: נבעי רחמי אכפנא · דליתיב שובעא ומותנא ליבטל ממילא: דכי יהיב רחמנא שובעא לחיי הוא דיהיב · לחיים ולא למתים דאינו מביא שובעא כדי להמית בני אדם אלא כדי שיחיו: משביע לכל חי רצון · שובע נותן לבני אדם חיים: על זאת · על אחת משמע בעזרא כתיב: על רזא דנא · בדניאל כתיב: דלא ליתבו בתעניתא · דלא בעו דליתי ברכה לעולם בשבילן: ניקבל עילוון · יומי תעניתא דמשום קבלה מהני לן כתעניתא וכי בטיל גזרה עבדין להו: ומנלן דעבדינן הכי · כלומר דמהני אי עבדינן הכי: אשר נתת לבך להתענות לפני אלהיך נשמעו דבריך · אלמא משקיבל עליו נשמעו דבריו: כשני אליהו · בימי אחאב שהיה העולם צריך לגשמים דכתיב (מלכים א יז) אם יהיה השנים האלה טל ומטר כי אם לפי דברי: סימן קללה · שבני אדם צריכים לחזר בשוק לקנות סעודת שבת (א): קשי יומי דמיטרא · שאין בני אדם יכולין לעשות צרכיהן: כיומא דדינא · שני וחמישי שמתקבצין בני אדם לדון עם חבריהן כתקנת עזרא שיש הומות וקולות ואוושות ביום הגשמים כיום הדין ובערב שבת כל שכן דקשי מיטרא: והייטו דאמר ר' שילא: ומבטלינהו לירידת גשמים שטורחין בני אדם ואינן יכולין לצאת ולבא: צדקה לעניים · שמתעדנין בה ונוח להן יום ברור ומתחממין בה ביום הצינה: יראי שמי · שומרי שבת: פרוטה שבכיס · אפי' מעשה ידים שאינן צריכים לגשמים מתברכין: ברוך השולח ברכה · (*שיפוע) ומזכיר בה מלכות ואזכרה ככל הברכות כולן: הרי זו תפלת שוא · (ב) ושוב אין ברכה נכנסת בה: בדבר הסמוי מן העין · שאינו יודע הסכום: כאפיקים · כאפיקי נחלים: בנגב · (ג) יבשה והנה חרבו מתרגמינן נגיבו: אפיקי ים · מוצאי (ד) ים אלמא אפיק לשון מים ואפיקים בנגב כמי לשון גשמים: גייסות · חיילות כשהשמים מרווה תלמי הארץ בגשם מיד גדודים נוחין כדלקמן: פוסקי צדקה ברבים · לשם ולפנים ואורחא דמילתא נקט שאין אדם עשוי לפסוק צדקה בינו לבין עצמו ואינו נותן: נשיאים ורוח · באין לעולם כאילו גשמים יורדין ואינן יורדין בשביל איש המתהלל במתת שקר שהוא עושה לפנים ומחניף את העניים אף שמים מחניפין את הארץ שמראין נשיאים ורוח וגשם אין אי נמי אין קאי אשלשתן דמכל אלו נעצרין ליעקה

תוספות

ונצומה ונבקשה מאלהינו · ויעתר לנו פירוש מדקאמר על [זאת] משמע דאיכא מילתא אחריתא וכן פירש בסמוך על דנא: אלא בדבר הסמוי מן העין שנאמר יצו ה' וגו' · תימה דאמרינן פרק כל הבשר (חולין דף קה:) גבי הני שקולאי דדרו חביתא דחמרא בעו לאתפוחי אותבוהו תותי מרזיבא פקע חביתא ומפרש שם בשביל השד שהיה שם עד דאכפייה מר בר רב אשי לשד לשלם אמר ליה שידא למר בר רב אשי ליקבע לי מר זימנא דאיזיל ואשלם קבע ליה זימנא כי מטא זימניה איעכב ואמר ליה אמאי לא אתית בזמנך אמר ליה כל מידי דצייר וחתים וכייל ומני לית לן רשות למישקל מיניה אלמא בדבר המדוד והמנוי לית ליה רשות למשקל מיניה ובדבר הסמוי אית ליה רשות אלמא אין ברכה בדבר הסמוי וי"ל דלא קשה מידי דהא דקאמר התם (ה) הייטו טעמא דלית להו אלא בדבר הפקר ולא דבר דכייל ומנוי או צייר וחתים הייטו בשביל דאין ברכה מצויה בהני ולית בהו דבר הפקר והאי דבעלים נינהו אלא בדבר הסמוי והייטו מטעם דהברכה מצויה בדבר הסמוי ומה שמתרבה בשביל הברכה אית להו רשות למישקל בסמוי דהייטו כמו הפקר שאין לשום אדם זכות בו אי נמי הכא איירי בדבר המנוי והמדוד בלא צייר וחתים ובהא אית להו רשותא והתם איירי במדוד ומנוי וכייל וצייר וחתים ובהא לית להו רשותא: גדול יום גשמים כיום קיבוץ גליות שנאמר שובה ה' את שביתנו כאפיקים בנגב וגו' · ואם תאמר אמאי לא קאמר גדול יום הגשמים יותר מקיבוץ גליות דהא כאפיקים בנגב כתיב ומי נתלה במי קטן נתלה בגדול שאפיקים גדולים מיום קיבוץ גליות דהכי נמי אמר (לעיל דף ז.) יערוף כמטר לקחי מי נתלה במי קטן נתלה בגדול וי"ל דה"פ אנו מתפללים הכי שובה ה' את שביתנו כאפיקים היורדין בנגב שגדול יום קיבוץ כאפיקים בנגב א"כ עשה עמנו לטובה אות בקבוץ גליות בהיות כי זה כמו זה ואפיקים בנגב תחדש בכל יום כיום קיבוץ גליות אבל יותר לא:

עשר

עין משפט נר מצוה

כג א ב טוש"ע א"ח סי' תקעו סעיף טו:

כד ג שם סימן תקעא סעיף ג:

כה ד מיי' פ"י מהל' ברכות הלכה כב סמג עשין כז טוש"ע א"ח סימן רל סעיף ג:

רבינו חננאל

ולידה ופקידה באשה וכנגדן ברקיע ובארץ. פקידה שנאמר פקדת ארץ ותשוקקה. לידה שנאמר והולידה והצמיחה עצירה שנא' ועצר את השמים תנא כמין קובה יש ברקיע ומשם גשמים יורדים שנאמר פלג אלהים מלא מים: הוה כפנא ומותנא אמרי לא אפשר למבעי רחמי אתרתי דכתיב ונצומה ונבקשה מאלהינו על זאת. במערבא אמרי ורחמין למיבעי מן קדם אלהא על רזא דנא. מכלל דאיכא (אחר) אחריתי: אלא ניבעי רחמי אכפנא (ומותנא נסבול) דכי יהב רחמנא שובעא לחיי הוא דיהיב שנאמר פותח את ידך ומשביע לכל חי רצון. בימי רבי זירא גזור שמדא ומנעום מלקבוע תענית א"ר זירא ניקבליה עלוון מהשתא ולכי בטיל שמדא ניתוב בתעניתא שנאמר ויאמר אלי אל תירא דניאל כי מן היום אשר נתת לבך להבין ולהתענות וגו'. גשמים (בלילי)[בערבי] שבתות אפילו שנים כשני אליהו סימ' קללה הן. אין הברכה מצויה לא בדבר המדוד ולא בדבר המנוי ולא בדבר השקול אלא בדבר הסמוי מן העין שנאמר יצו ה' אתך את הברכה באסמיך וגו'. א"ר יוחנן אין הגשמים נעצרין אלא בשביל פוסקי צדקה ברבים ואינם נותנים שנאמר נשיאים ורוח וגשם אין וגו'.

רבינו גרשום

אם לשבט דאתי ברזיא: להרים שילך על ההרים: אם לחסד שיורד בנחת ימציאהו ליישוב: צדקה לעניים שמתחממין שהן ערומים: בערבי שבתות סימן קללה הוא שאין יכולין לטרוח לכבוד שבת.*) כדעבד לאבוך · שנעשה גל של עצמות:

*) שייך לדף ט.

הגהות הב"ח

(א) רש"י ד"ה סימן כו' סעודת שבת גס"ד ואחר כך מה"ד והייטו דאמר ר' שילא קשי יומי דמיטרא שאין כו' עד כ"ש דקשי מיטרא מה"ד ומבטלינהו לירידת גשמים כו': (ב) ד"ה הרי זו תפלת שוא. דשוב אין ברכה: (ג) ד"ה בנגב. לשון יובש והנה חרבו: (ד) ד"ה אפיקי ים. מוצאי מים אלמא כו' כנ"ל: (ה) תוס' ד"ה אלא כו' דהא דקאמר התם הכי הייטו טעמא:

מסורת הש"ס: [ג"י ושפע] · ב"מ מב. · ב"מ סה. עיין בכ"י בע"י פירושו · [ג"ל מעשר]

to rain, and 'withholding' is applied to a woman; [8b] 'withholding' is applied to a woman, as it is said, *For the Lord had fast closed up all the wombs;*[2] and 'withholding' is applied to rain, as it is written, '*And He will shut up the heaven.*' 'Bearing' is applied to a woman, and 'bearing' is applied to rain; 'bearing' is applied to a woman, as it is written, *And she conceived and bore a son;*[3] and 'bearing' is applied to rain, as it is written, *And make it bear*[4] *and bud.*[5] 'Remembering' is applied to a woman and 'remembering' is applied to rain; 'remembering' is applied to a woman, as it is written, *And the Lord remembered Sarah;*[6] and 'remembering' is applied to rain, as it is written, *Thou hast remembered the earth, and watered her, greatly enriching her, with the river of God that is full of water.*[7] What is the meaning of, '*With the river of God that is full of water*'? —A Tanna taught: There is in heaven a kind of chamber from which the rain issues.

R. Samuel b. Naḥmani said: What is the meaning of the verse, *Whether it be for correction, or for His earth, or for mercy, that He cause it to come?*[8] If the rain is '*for correction,*' [then it falls] upon the mountains and upon the hills; if it is '*for mercy*', He causes it to come upon His earth, upon the fields and upon the vineyards;[9] if it is '*for correction*', upon the trees; if it is upon His earth, upon the seeds [in the ground]; if it is '*for mercy*', He causes it to come for cisterns, pits and caves.

In the days of R. Samuel b. Naḥmani there was a famine and pestilence. People asked, What shall we do? Shall we pray for [the removal] of the two? That is not possible. Let us then pray for [the removal of] the pestilence and we will endure the famine. Thereupon R. Samuel b. Naḥmani said to them: Let us rather pray [for the removal of] the famine, because when the All-Merciful gives plenty, He gives it for the living, as it is said, *Thou openest*
a *Thy hand, and satisfiest every living thing with favour.*[1] How do we know that it is not fitting to pray for two things [at the same time]?—Because it is written, *So we fasted and besought our God for* this.[2] '*This*' would indicate that there were other things to pray for. In the West [Palestine] it was reported in the name of R. Haggai that it could be adduced from this verse, *That they might ask mercy of the God of heaven concerning* this *secret.*[3] '*This*' would indicate that there were other things too [to pray for].

In the days of R. Zera there was a religious persecution and fasting was also prohibited. R. Zera said to his colleagues: Let us now resolve to fast and when the decree is rescinded we will observe these fasts. His colleagues asked him: What is your authority for this? He replied: Because it is written, *Then said he unto me; 'Fear not, Daniel, for from the first day when thou didst set thy heart to understand, and to humble thyself before thy God, thy words were heard'.*[4]

R. Isaac said: If rain falls on the eve of Sabbath then though the years be [years of drought] as in the days of Elijah[5] it is yet none-the-less but a sign of [divine] anger.[6] This is in agreement with the statement of Rabbah b. Shila who said: The day when rain falls is as hard [to bear][7] as a day of Judgment.[8] Amemar said: Were it not that mankind must have rain we would pray and have it cease.

R. Isaac further said: Sunshine on the Sabbath is an act of kindness towards the poor, as it is said, *But unto you that fear My*
b *name shall the sun of righteousness arise with healing in its wings.*[1]

R. Isaac further said: The day when rain falls is great for thereon even the *peruṭa*[2] in one's purse is blessed, as it is said, *To give the rain of Thy land in its season, and to bless all the work of thy hands.*[3]

R. Isaac further said: Blessing is only possible in things hidden from sight, as it is said, *The Lord will command the blessing with thee in thy barns.*[4] In the school of R. Ishmael it was taught: Blessing is only possible in things not under the direct control of the eye, as it is said, '*The Lord will command the blessing with thee in thy barns.*'

Our Rabbis have taught: On entering the barn to measure the new grain one shall recite the benediction, 'May it be Thy will O Lord, our God, that Thou mayest send blessing upon the work of our hands'. Once he has begun to measure he says, 'Blessed be He who sends blessing into this heap'. If, however, he first measured the grain and then recited the benediction then his prayer is in vain, because blessing is not to be found in anything that has been already weighed or measured or numbered, but only in a thing hidden from sight.

(Mnemonic: *Gathering of Armies, Charity, Tithes, Sustenance.*)

R. Joḥanan said: The day on which rain falls is as great as the day of the Gathering of exiled [Israel,] as it is said, *Turn our captivity. O Lord, as the streams in the dry land.*[5] By '*streams*' rain is meant, as it is said, *And the channels of the sea appeared.*[6]

R. Joḥanan further said: The day when rain falls is great, for thereon even warring armies cease [fighting], as it is said, *Watering her ridges abundantly, settling down the furrows thereof.*[7]

R. Joḥanan further said: Rain is withheld only on account of those who subscribe to charity in public and fail to pay, as it is said, *As vapours and wind without rain, so is he that boasteth himself of a false gift.*[8]

R. Joḥanan further said: What is the meaning of the verse [9a],

(2) Gen. XX, 18. (3) Ibid. XXX, 23. (4) E.V. '*bring forth*'. (5) Isa. LV, 10. (6) Gen. XXI, 1. (7) Ps. LXV, 10. (8) Job XXXVII, 13. (9) [The text from this point to the end of the passage is in disorder and omitted in MS.M.]

a (1) Ps. CXLV, 16. (2) Ezra VIII, 23. (3) Dan. II, 18. (4) Dan. X, 12. The good intention was acceptable as a good deed. (5) Cf. I Kings XVII, 7ff. (6) Because the rain prevents the people from making the necessary preparations for Sabbath. (7) Owing to the inconvenience and discomfort to which people are put. (8) Mondays and Thursdays when the Beth din met and the people could have their cases tried (Rashi).

b (1) Mal. III, 20. You that fear my name, i.e., those who keep the Sabbath. On the Sabbath the poor have the time and leisure to enjoy the sunshine. (2) Smallest coin. The word is used for money in general. (3) Deut. XXVIII, 12. (4) Deut. XXVIII, 8. R. Isaac connects the Hebrew word באסמיך with סמא to hide, conceal. (5) Ps. CXXVI, 4. (6) II Sam. XXII, 16. The same word אפיקים is used in both verses. (7) Ps. LXV, 11. 'Watering ridges' implies rain. גדוד 'furrows' has also the meaning of, 'army'. (8) Prov. XXV, 14. Both act deceitfully and disappoint.

a *Thou shalt surely tithe?*[1] Give tithes that you may be enriched.[2] R. Joḥanan met the young son[3] of Resh Laḳish and said to him, 'Recite to me the Bible verse [you have learnt to-day]. The latter replied, *'Thou shalt surely tithe'*, at the same time asking, 'What may be the meaning of these words?' R. Joḥanan answered, 'Give tithes that you may be enriched'. The boy then asked, 'Whence do you adduce this?' R. Joḥanan replied: 'Go test it [for yourself]'. The boy thereupon asked: Is it permissible to try the Holy One, blessed be He, seeing that it is written, *Ye shall not try the Lord?*[4]—R. Joḥanan replied: Thus said R. Oshaia: The case of tithe-giving is excepted [from the prohibition], as it is said, *Bring ye the whole tithe into the storehouse, that there may be food in My house, and* try *Me now herewith, saith the Lord of Hosts, if I will not open you the windows of heaven, and pour you out a blessing, that there shall be more than sufficiency.*[5] (What is the meaning [of the words], *'That there shall be more than sufficiency?'*—R. Rami b. Ḥama said in the name of Rab: Until your lips grow weary from saying, 'It is enough'.) The boy thereupon exclaimed, Had I reached this verse [in my Bible studies] I should need neither you nor R. Oshaia, your teacher. On another occasion R. Joḥanan met the young son of Resh Laḳish sitting and reciting the verse, *The foolishness of man perverteth his way; and his heart fretteth against the Lord.*[6] R. Joḥanan thereupon[7] exclaimed in amazement: Is there anything written in the Hagiographa to which allusion cannot be found in the Torah? The boy replied: Is then this verse not alluded to in the Torah, seeing that it is written, *And their heart failed them, and they turned trembling one to another, saying: 'What is this that God hath done unto us?'*[8] R. Joḥanan lifted up his eyes and stared at him, whereupon the boy's mother came and took him away, saying to him, 'Go away from him, lest he do unto
b you as he did unto your father'.[1]

R. Joḥanan further said: Rain*may fall even for the sake of an individual but sustenance [is granted] only for the sake of the many. [That] rain [may fall] for the sake of even one man may be learnt from the verse where it is written, *The Lord will open unto thee His good treasure, the heaven to give the rain of* thy *land;*[2] sustenance for the sake of the many, as it is written, *Behold I will cause to rain bread for* you.[3]

An objection was raised: R. Jose the son of R. Judah says: Three good leaders had arisen for Israel, namely, Moses, Aaron and Miriam, and for their sake three good things were conferred [upon Israel], namely, the Well,[4] the Pillar of Cloud and the Manna; the Well, for the merit of Miriam; the Pillar of Cloud for the merit of Aaron; the Manna for the merit of Moses. When Miriam died the well disappeared, as it is said, *And Miriam died there,*[5] and immediately follows [the verse], *And there was no water for the congregation;* and it returned for the merit of the [latter] two. When Aaron died the clouds of glory disappeared, as it is written, *And the Canaanite, the king of Arad heard.*[6] What news did he hear? He heard that Aaron had died, and that the clouds of glory had disappeared; he thought that he was free to make war on Israel. Therefore it is written, *And all the congregation saw that Aaron was dead.*[7] With reference to which R. Abahu said: Do not read, 'they saw' [*wayir-u*] but 'they were seen' [*wayyero-u*].[8] This is also in accordance with the view of Resh Laḳish who said: [The word] *ki* may be used in four different senses, namely, 'if', 'perhaps', 'but', 'because'.[9] The two [the Well and the Cloud] returned because of the merit of Moses, but when Moses died all of them disappeared, as it is said, *And I cut off the three shepherds*
c *in one month.*[1] Did they then all [three] die in one month? Did not Miriam die in Nisan, Aaron in Ab and Moses in Adar? This therefore is meant to teach you that the three good gifts which were given because of their merit were nullified and they all disappeared in one month. Thus we find that sustenance[2] may be granted for the sake of one individual!—The case of Moses is exceptional; as he prayed on behalf of the many, he himself is regarded as a multitude.

R. Hunah b. Manoah and R. Samuel b. Idi and R. Ḥiyya of Wastanya[3] were wont to attend the discourses of Raba. When Raba died they came to those of R. Papa and whenever he expounded to them a law which did not appeal to them they winked

a (1) עשר תעשר Deut. XIV, 22. (2) A play upon the words תְּעַשֵּׂר to give tithes, and תַּעֲשֵׁר to grow rich. (3) The boy was a nephew of R. Joḥanan, being the son of his sister. (4) Deut. VI, 16. (5) Mal. III, 10. (6) Prov. XIX, 3. (7) [So MS.M. Cur. ed. Insert 'sat'.] (8) Gen. XLII, 28. First they sold their brother and then they complained at the punishment meted out to them by God.

b (1) In B.M. 84a it is related that R. Joḥanan was the cause of R. Laḳish's untimely death. (2) Deut. XXVIII, 12. (3) Ex. XVI, 4. (4) A rock that accompanied the Israelites throughout their wanderings in the wilderness. Cf. Shab. 35a. (5) Num. XX, 1. (6) Ibid. XXI, 1. (7) Ibid. XX, 29. (8) With the disappearance of the Pillar of Cloud Israel became visible and exposed to the enemy. (9) *'Ki'* here on the reading of R. Abbahu is rendered 'because'.

c (1) Zech. XI, 8. (2) I.e., the manna. (3) [Astunia, near Pumbeditha, v. Obermeyer, p. 229.]

*See Corrigenda.

עשר תעשר *עשר בשביל שתתעשר (דברים יד) אשכחיה ר' יוחנן לינוקא דריש לקיש אמר ליה אימא לי פסוקיך א"ל עשר תעשר א"ל ומאי עשר תעשר א"ל עשר בשביל שתתעשר אמר ליה מנא לך א"ל זיל נסי אמר ליה ומי שרי לנסוייה להקב"ה והכתיב (דברים ו) °לא תנסו את ה' א"ל הכי אמר רבי הושעיא חוץ מזו שנאמר (מלאכי ג) °הביאו את כל המעשר אל בית האוצר ויהי טרף בביתי ובחנוני נא בזאת אמר ה' צבאות אם לא אפתח לכם את ארובות השמים והריקותי לכם ברכה עד בלי די *מאי עד בלי די אמר רמי בר חמא אמר רב עד שיבלו שפתותיכם מלומר די א"ל אי הות מטי התם להאי פסוקא לא הוית צריכנא לך ולהושעיא רבך ותו אשכחיה ר' יוחנן לינוקיה דריש לקיש דיתיב ואמר (משלי יט) °אולת אדם תסלף דרכו ועל ה' יזעף לבו יתיב רבי יוחנן וקא מתמה אמר מי איכא מידי דכתיבי בכתובי דלא רמיזי באורייתא א"ל אטו הא מי לא רמיזי והכתיב (בראשית מב) °ויצא לבם ויחרדו איש אל אחיו לאמר מה זאת עשה אלהים לנו דל עיניה וחזא ביה אתיא אימיה אפיקתיה אמרה ליה תא מקמיה דלא ליעבד לך כדעבד לאבוך (*א"ר) יוחנן מטר בשביל יחיד פרנסה בשביל רבים מטר בשביל יחיד דכתיב (דברים כח) °יפתח ה' לך את אוצרו הטוב לתת מטר ארצך פרנסה בשביל רבים דכתיב (שמות טז) °הנני ממטיר לכם לחם מיתיבי ר' יוסי בר' יהודה אומר שלשה פרנסים טובים עמדו לישראל אלו הן משה ואהרן ומרים וג' מתנות טובות ניתנו על ידם ואלו הן באר וענן ומן באר בזכות מרים עמוד ענן בזכות אהרן מן בזכות משה מתה מרים נסתלק הבאר שנאמר (במדבר כ) °ותמת שם מרים וכתיב בתריה ולא היה מים לעדה וחזרה בזכות שניהן מת אהרן נסתלקו ענני כבוד שנאמר (שם כא) °וישמע הכנעני מלך ערד *מה שמועה שמע שמע שמת אהרן ונסתלקו ענני כבוד וכסבור ניתנה לו רשות להלחם בישראל והיינו דכתיב (שם כ) °ויראו כל העדה כי גוע אהרן אמר ר' אבהו אל תקרי ויראו אלא וייראו כדדריש ר"ל *דאר"ל כי משמש בארבע לשונות אי דלמא אלא *דהא חזרו שניהם בזכות משה מת משה נסתלקו כולן שנאמר (זכריה יא) °ואכחיד את שלשת הרועים בירח אחד וכי בירח אחד מתו והלא מרים מתה בניסן ואהרן באב ומשה באדר אלא מלמד שנתבטלו ג' מתנות טובות שנתנו על ידן ונסתלקו כולן בירח אחד אלמא אשכחן פרנסה בשביל יחיד *כיון דלרבים הוא בעי כרבים דמי רב הונא בר מנוח ורב שמואל בר אידי ורב חייא מווסתניא הוו שכיחי קמיה דרבא כי נח נפשיה דרבא אתו לקמיה דרב פפא כל אימת דהוה אמר להו שמעתא ולא הוה מסתברא להו הוו מרמזי אהדדי חליש דעתיה אקרויה

רש"י

ליטוקא דריש לקיש · בן אחותו של ר' יוחנן ולאחר מיתתו של ריש לקיש כדמוכח לקמן : אמר · ינוקא לר' יוחנן מאי עשר תעשר : א"ל ינוקא · והכתיב לא תנסו : שיבלו · כלומר שייגעו דולדלא"ט בלע"ז : אי הוה מטינא להתם · להאי קרא דהביאו את כל המעשר הוה ידעית ליה ממילא : לר' הושעיא רבך · דאמרית לי משמיה : אולת אדם תסלף דרכו ועל ה' יזעף לבו · כשאדם חוטא מסלף דרכו שבאין עליו פגעים ועל השם יזעף לבו שכועס ואומר מפני מה אירע לי פגע זה: ולא רמיזה · משה באורייתא שהחומש הוא יסוד נביאים וכתובים וכולן יש סמך למצוה מן התורה : דלי עיניה · רבי יוחנן שהיו עפעפיו מכסין את עיניו ומגביהן במזלגי דכספא בבבא קמא בפ' אחרון (דף קיז) שהיה רוצה לראותו מפני שהוא חריף : דלא ליעביד לך כדעבד לאבוך · שלא יתן עיניו בך כמו שנתן באביך והמיתו בבבא מציעא (דף פד·) : מטר בשביל יחיד · שאם א"ל מטר אלא לאדם אחד כגון שזרע אחר זמן זריעת בני אדם או שדר בעיר שכולה נכרים וצריך למטר בא בזכותו (א) ופרנסה שפע טובה ומחיה לכל העולם אינו בא לעולם בזכות אחד אלא בשביל רבים שאם רבים צריכין שובע שתשלח ברכה בתבואה הקב"ה עושה אם זכו אבל יחיד הצריך שיתברכו תבואותיו אין הקב"ה משנה בעבורו דין השנה אלא כפי ברכותיה ואע"פ שמוריד *) בשביל יחיד מטר זה להשבית תבואותיו שלא יהו גרועות משל אחרים אבל לעשות שדהו כשדה שובע לא : מטר ארצך · של אחד משמע : ממטיר לכם · לשון רבים : בארה של מרים · סלע וזבין ממנו מים והיה מתגלגל והולך עם ישראל והוא הסלע שבו הכה משה שלא היה רוצה להזיל מימיו בשבילו לפי שמתה מרים : ונסתלקו ענני כבוד · ענני רקיע וענני עשן ושאר עננים אינן של כבוד : חזרה בזכות שניהן · שכן כתיב ודברתם שניכם אל הסלע ונתן מימיו : כי משמש ארבע לשונות אי דלמא אלא דהא · כל מקום שצריך לדרוש כי בין לענין דרשה בין למשמעות המקרא תוכל לשנותו באחד מהני ארבע לשונות דלשון כי משמש בכולם וכן וכך וכרם ואחרי בכלל הני ד' הן והאי דכי גוע אהרן משתמש בלשון דהא ושמעינן מינה טעמא דקרא דמה טעם נתראו דהא מית שהרי מת אהרן וריש לקיש לא אתי למימר דלא מתרגמין שום כי בעולם אלא (ב) מהני לשונות אלא אפי' מתרגם א] דלמא ארי דרשינן משמעותיה כמשמעות דהא ומאן דמתרגם וחזיאו כל כנישתא דהא מית טועה הוא דאם כן ותחזיאו מיבעי ליה ויראו כל העדה במשקל ויראו ראשי הבדים וירפו המים ויעלו מעל משכן קרח : חזרו שניהם בזכות משה · מדכתיב ואכחיד את שלשת הרועים פשיטא לן דבדידהו משתעי שלא מצינו פרנסים לישראל שלשה כאחד אלא הם : מתה בניסן : שנאמר (במדבר כ) ויבואו בני ישראל כל העדה מדבר צין בחדש הראשון וישב העם בקדש ותמת שם מרים ותקבר שם (*בפרה) אדומה : אהרן מת . באחד לחדש*: מווסתניא · מאותו מקום · אחוו להדדי · מראין · ומבינין זה לזה דלא סלקא להו שמעתא כרבא : אקרויה

*) בשביל זה מטר להשבית רש"א

תוספות

עשר תעשר · הכי איתא בסיפרי עשר תעשר את כל תבואת זרעך היוצא השדה שנה שנה אין לי אלא תבואת זרעך שחייב במעשר רבית ופרקמטיא וכל שאר רווחים מנין ת"ל את כל דהוה מצי למימר את תבואתך מאי כל לרבות רבית ופרקמטיא וכל דבר שמרויח בו והכי נמי איכא בהגדה *היוצא השדה שנה [שנה] כלומר אם לא תעשר שדך כהוגן לא יהיה לך אלא היוצא מן השדה כלומר לא יעשה שדך אלא כפי מעשרות שהיו קודם לכן דהיינו היוצא מן השדה כלומר מה שהיית רגיל להוציא למעשר מן השדה ומעשה באדם אחד שהיה עשיר והיה לו שדה שעשתה אלף כור והיה אותו עשיר נוטל ק' כורין למעשר ומפריש כל שנה ושנה וכן עשה כל ימיו כשחלה למות קרא לבנו ואמר לו בני דע שהשדה זו שאני מוריש לך עושה בכל שנה ושנה אלף כורין הזהר שתפריש ק' כורין כאשר עשיתי ומת אותו האיש ועמד הבן במקומו ועשה השדה אלף כורין כאשר היה עושה בחיי האב והפריש ממנה ק' כורין בשנה שניה נסתכל וראה הבן שמעשר היה דבר גדול ואמר שלא יפריש לשנה אחרת נתמעט השדה ולא עשה כי אם מאה כורין נצטער עליו ושמעו קרוביו שכך מיעט ולא הפריש מעשר באו כולם אלנו מלובשים לבנים ושמחים אמר להם כמדומה לי שאתם שמחים בקלקלתי אמרו לו נצטער עליך כי גרמת לך כל הרעה הזאת ומפני מה לא הפרשת מעשר כראוי היטב בא וראה כי מתחלה כשבא השדה לידך היית בעל הבית והקב"ה כהן שהיה המעשר חלקו ליתן לעניים ועכשיו שלא הפרשת חלקו לו היה הקב"ה בעל הבית ואתה כהן שאין שדך עושה (ג) מה שהיה עושה מתחלה אלף כורין והפריש לך מאה כורין [סוטה מח.] והיינו דכתיב (במדבר ה) ואיש את קדשיו לו יהיו כלומר *כשאינו מפריש כהוגן לא יהיה לו אלא הקדשים כלומר המעשר ועל זה אמרו חכמים המעכב מעשרותיו לסוף בא שלא יהיה לו אלא אחד מעשר כדכתיב [ישעיה ה] (ישעיה ה) וזרע חומר יעשה איפה דהיינו המעשר דאיפה ג' סאין ובחומר יש (ל) ל' סאין וכן כתיב* כי עשרת צמדי כרם יעשו בת אחת וה"ר נתן האופניל"ל פי' *היוצא מן השדה כלומר ואם לאו לאו אתה מפריש העישור יהיה לאותו היוצא לשדה דהיינו עשו הרשע כלומר שיקחוהו העובדי כוכבים :

תלמוד

מסורת הש"ס: [שבת קיט.] · [לקמן כב: שבת לב: מכות כג:] · [צ"ל ואמר רבי] · ר"ה ג. · גיטין ל. שבועות מט: · [פסחים נג:] · ס"א כיון דאלים זכותו כרבים דמי

הגהות מהר"ב רנשבורג: [א] רש"י ד"ה כי משמש וכו' אלא אפי' מתורגם ארי כצ"ל.

[עי' ילקוט רמז תתלג וכן איתא בתנחומא פ' ראה]

רבינו חננאל

עשר תעשר כלומר עשר כדי שירבה קניינך ותעשר עוד פעמים אחרים . ואמרינן מי שרי למימר הכי והכתיב לא תנסו את ה' אלהיכם ושנינן חוץ מזו שנאמר הביאו וגו' ובחנוני נא בזאת וגו' כתיב אולת אדם תסלף דרכו ועל ה' יזעף לבו . כיוצא בו בתורה דכתיב ויחרדו איש אל אחיו לאמר מה זאת עשה אלהים לנו : א"ר יוחנן מטר בזכות יחיד שנאמר לתת מטר ארצך בעתו ר"ל אמר מהכא שאלו מה' מטר וגו' ותניא ומטר גשם יתן להם לאיש יכול לכל השדות שלו ת"ל בשדה. יכול לכל השדה ת"ל עשב השדה וכדר' דניאל בר רב קטינא דהוה סייר גינתיה ואמר האי משרא בעי מיא והאי משרא לא בעי מיא ואתי מטרא להאי משרא דאמר בעי מיא. פרנסה בשביל רבים שנאמר הנני ממטיר לכם לחם מן השמים וגו'. ואקשינן והא משה רבינו יחידי הוה (וקמא) [וקאמר] כי המן ירד בזכותו . והענן בזכות אהרן והבאר בזכות מרים . וכולן כיון שמתו נסתלקו כל אחד ואחד הדבר שהיה בזכותו . וחזרו בשביל מרע"ה . וכיון שמת נסתלקו הכל שנאמר ואכחיד שלשת הרועים בירח אחד . ושנינן שאני משה רבינו כיון דאלים זכותיה כרבים דמי . ג' פרנסים טובים עמדו לישראל. ואלו הן משה ואהרן ומרים וג' מתנות נתן להם הקב"ה על ידם ואלו הן מן ובאר ועמוד הענן כו' : תלמידי דרבא כד נח נפשיה אתו לקמיה דרב פפא לא הוו מסתברי להו שמעתתיה הוה מרמזי להדדי חזנהו [גם זה איתא בילקוט רמז תתלג וכן בתנחומא]

הגהות הב"ח

(א) רש"י ד"ה מטר כו' בא בזכותו הס"ד ומה"ד ופרנסה כו' ואף על פי שמוריד בשביל זה מטר להשבית : (ב) ד"ה כי משמש כו' שום כי בעולם אלא באחד מהני לשונות : (ג) תוס' ד"ה עשר כו' ואתה כהן שאין שדך עושה עתה מה שהיה עושה :

[צ"ל בפרשת פרה]

[צ"ל באחד לחדש בחדש החמישי בפ' אלה מסעי]

תלמוד לומר עשב · פי' שאם לא יהיו צריכים אלא לעשב אחד ירד על אותו עשב ועל שאר כל השדה לא ירדו :

נהילא מקמי מיטרא · פי' גשם דק וסימנך מהולתא פירוש שמתחילה יוצא הפסולת ואח"כ הסולת פירוש שלא היו עושין כמו דעבדינן האידנא (ד) היו עושין החטין במכתשת עד שנקלף כל הסובין מעל החטים וכי הוו מרקדין על גבי נפה היה הפסולת הסובין שעליו יוצא לכתחלה ואחר כך היה יוצא הסולת :

חריא דעיזי · פי' ריעי של עזים שבתחלה ריעי גדול ובסוף פוסקת מתרזת זבל דק :

ואמר רבי יוחנן מעליותיו של הקב"ה כמאן כר' יהושע · פי' כרבי יהושע דאמר כל העולם כולו ממים העליונים הם שותים דאי כרבי אליעזר הא אמר ממימי אוקיינוס הוא שותה :

קרי

תורה אור

אקרויה בחלמיה °ואכחיד את שלשת הרועים זכריה יא
למחר כי הוו מיפטרי מיניה אמר להו ליזלו
רבנן *בשלמא: רב שימי בר אשי הוה שכיח
קמיה דרב פפא הוה מקשי ליה טובא יומא
חד חזייה דנפל על אפיה שמעיה דאמר
רחמנא ליצלן מכיסופא דשימי קביל עליה
שתיקותא ותו לא אקשי ליה ואף ר"ל סבר
מטר בשביל יחיד דאמר ר"ל מנין למטר
בשביל יחיד דכתיב °שאלו מה' מטר בעת שם י
מלקוש ה' עושה חזיזים ומטר גשם יתן להם
לאיש עשב בשדה יכול לכל תלמוד לומר
לאיש ותניא אי לאיש יכול לכל שדותיו
ת"ל שדה אי שדה יכול לכל השדה ת"ל
עשב כי הא דרב דניאל בר קטינא הוה ליה
ההיא גינתא כל יומא הוה אזיל וסייר לה אמר הא מישרא בעיא מיא
והא מישרא לא בעיא מיא ואתא מיטרא וקמשקי כל היכא דמיבעי ליה
מיא מאי ה' עושה חזיזים א"ר יוסי (*בר) חנינא מלמד שכל צדיק
וצדיק הקב"ה עושה לו חזיז בפני עצמו מאי חזיזים אמר רב יהודה פורחות
אמר רבי יוחנן סימן למטר פורחות מאי פורחות אמר רב פפא עיבא
קלישא תותי עיבא סמיכתא אמר רב יהודה נהילא מקמי מיטרא אתי
מיטרא בתר מיטרא פסיק מיטרא מקמי מיטרא אתי מיטרא וסימניך
מהולתא דבתר מיטרא פסיק מיטרא וסימניך חריא דעיזי: עולא איקלע
לבבל חזא פורחות אמר להו פנו מאני דהשתא אתי מיטרא לסוף לא
אתי מיטרא אמר כי היכי דמשקרי בבלאי הכי משקרי מיטרייהו *עולא
איקלע לבבל חזי מלא צנא דתמרי בזוזא אמר מלא צנא דדובשא בזוזא
ובבלאי לא עסקי באורייתא בליליא צערוהו אמר מלא צנא דסכינא בזוזא
ובבלאי עסקי באורייתא תניא* ר' אליעזר אומר כל העולם כולו ממימי
אוקיינוס הוא שותה שנאמר °ואד יעלה מן הארץ והשקה את כל פני בראשית ב
האדמה אמר לו רבי יהושע והלא מימי אוקיינוס מלוחין הן אמר לו
*ממתקין בעבים ר' יהושע אומר כל העולם כולו ממים העליונים הוא
שותה שנאמר °למטר השמים תשתה מים אלא מה אני מקיים ואד יעלה דברים יא
מן הארץ מלמד שהעננים מתגברים ועולים לרקיע ופותחין פיהן כנוד
ומקבלין מי מטר שנאמר °יזוקו מטר לאדו ומנוקבות הן ככברה ובאות איוב לו
ומחשרות מים על גבי קרקע שנאמר °חשרת מים עבי שחקים ואין בין שמואל ב כב
טיפה לטיפה אלא כמלא נימא ללמדך שגדול יום הגשמים כיום שנבראו
בו שמים וארץ *) שנאמר *°עושה גדולות עד אין חקר וכתיב °הנותן מטר איוב ט / שם ה
על פני ארץ וכתיב להלן °הלא ידעת אם לא שמעת אלהי עולם ה' ישעיה מ
אין חקר לתבונתו [א] **) וכתיב °מכין הרים בכחו (וגו') כמאן אזלא הא תהלים סה
דכתיב °משקה הרים מעליותיו וא"ר יוחנן מעליותיו של הקב"ה כמאן שם קד
כרבי יהושע ור' אליעזר כיון דסלקי להתם משקה מעליותיו קרי להו
דאי לא תימא הכי °אבק ועפר מן השמים היכי משכחת לה אלא כיון דמדלי דברים כח
להתם מן השמים קרי ליה הכא נמי כיון דסלקי להתם מעליותיו קרי ליה
כמאן אזלא [הא] דא"ר חנינא °כונס כנד מי הים נותן באוצרות תהומות תהלים לג
מי גרם לאוצרות שיתמלאו בר תהומות (א) כרבי אליעזר ור' יהושע ההוא
בברייתו

*) [לעיל ב:] **) [לא גרסינן הכא עי' רש"י ד"ה ללמדך אלא לעיל ב. גרס לזה שפיר]

אקרויה · היו מקרין אותו מקרא זה בחלום ואכחיד את שלשת הרועים בירח אחד שרולין לעונשן בשמים משום דמכספי ליה : קבל עליו · רב שימי שתיקותא מלהקשות עוד : וכול לכל · כלומר יכול אין נותן מטר אא"כ הכל צריכין לו : ת"ל לאיש · אפילו בשביל אחד : אי לאיש יכול לכל שדותיו · כלומר אינו יורד עד שהוא צריך לכל שדותיו : ת"ל שדה · אפי' אינו צריך אלא בשדה אחד : אי בשדה יכול עד שילטרך לכל השדה ת"ל עשב · אפילו אינו צריך אלא לעשב אחד (עשב) בשביל ירק אחד יורד עליו מטר : וסייר · מעיין : מישרא · ערוגה : עושה לו חזיז · לכל צדיק הבא בעולם הזה להריק לו גשמים על שדותיו ברישא · בעי מאי חזיזים לשון רבים והדר בעי ומאי ניהו חזיזים מאי ניהו דקרי חזיזי : ה"ג עיבא קלישתא דתותי עיבא סמיכתא · דתותי עיבא כלפי הארץ : נהילא · (ב) כמו קיטמא נהילא (חולין דף נא:) שהיא דקה גשמים דקים כקמחא נהילא שהיא דקה הבאין תחילה למטר ואח"כ בא מטר : אתי מיטרא · גשמים יורדין לרוב ואין פוסקין מהר אבל בא מטר תחילה ומתחילין דקין לבא פוסקין מיד : מהולתא · שמתחילה יוצא קמח דק ולבסוף סובין גסין : חריא דעיזי · ריעי של עזים בתחילה יוצאה גסה ולבסוף דקה ופוסק : דתמרי · דבש עושין מהן : ובבלאי לא עסקי · כלומר יכולין הן לעסוק תמיד שיש להן מזונות בזול ובלא טורח : (ג) מלערים · בשלשול דאמרו (גיטין דף ע·) תמרי משחנן ומשלשלן : מלא צנא דסכיני בזוזא · שמתוך שלוקחין אותו בזול אוכלין מהן הרבה ומלערים אותן : ממימי אוקיינוס · כלומר ממים של מטה ולא ממים של מעלה שנאמר ואד יעלה מן הארץ שהוא בארץ ועלה : מלוחין הן · °ואין תבואה גדילה מהן : יזקו מטר לאדו · רקיעין מוליאין מים לעבים : יזקו · כמו יצוקו לך לעם ויאכלו (מלכים ב ד) : חשרת מים עבי שחקים · העבים מחשרין כלומר משירין המים לארץ : ללמדך · אקרא דלקמן קאי ואומר מכין הרים לא גרסינן הכא : *כרבי יהושע · דאמר ממים העליונים : ואמר רבי יוחנן מעליותיו של מעלה · כלומר ממים העליונים ורבי יוחנן מים העליונים אתא לאשמועינן דאי לאו רבי יוחנן הוי אמינא דהכי קאמר מעליות שהקדוש ברוך הוא עומד בהם הוא משקה אותן למטה ולעולם המים מאוקייטם : ור' אליעזר · אמר לעולם מעליותיו של הקב"ה כרבי יוחנן וכו' : תהומות · מים של מטה כדכתיב תהומות יכסיומו (שמות טו) :

חלש דעתיה אקריות בחלמא ואכחיד את שלשת הרועים וגו'. כי הוה מפטרי מיניה אמר להו ניזולו רבנן בשלום: רב שימי בר אשי הוה מקשי לרב פפא טובא יומא חד חזייה דנפל על אפיה ובעי רחמי ואמר רחמנא שזבן מכיסופא דשימי קביל עליה שתיקותא ותו לא אקשיה ליה. עבים הדקים נקראים חזיזים אמר רב פפא עיבא קלישא דתותי עיבא סמיכתא ונקראות פורחות: אמר רב יהודה נהילא פי' מטר היורד דק כמו קמח. אם הם תחלת ירידת המטר ירד מטר וסימנא נפה שכיון שמתחלת לפלוט הדק פולטת סולת וצריך וכיוצא. אבל אם זו נהילא באחרית מטר דע דפסק מטרא וזהו תמצית המטר וסימניך חריא דעיזא כיון שאינו בא בקילות אלא כעין שותת טפה לא נשאר בו כלום : תניא רבי אליעזר אומר כל העולם כולו מימי אוקינוס שותה שנאמר ואד יעלה מן הארץ והשקה וגו' ואע"פ שמלוחין מתמתקים הם בעבים. ר' יהושע אומר כל העולם כולו ממים העליונים הוא שותה שנאמר למטר השמים תשתה מים והאי דכתיב ואד יעלה מן הארץ מלמד שעננים כנוד מתגברות ועולות לרקיע ופותחות פיהם כנוד ומקבלות מטר שנאמר יזוקו מטר לאדו ומנוקבות ככברה ומחשרות על הארץ. שנאמר חשרת מים עבי שחקים ובין טפה לטפה כמלא נימא כו'.

[נ"ל מתמתקין]

רבינו גרשום

מטר אתי בשביל תפלת יחיד ולברך את מעשה ידיך שבשביל יחיד אתי מטר : יכול לכל כלומר שאינו יורד גשם אלא בשביל כולם ת"ל לאיש שמוריד לו מטר בשביל תפלתו : נהילא. מטר דקה סימן דאתי מיטרא : מהולתא. שבתחלה מוציא קמח דקה ולבסוף מוציא עבה : חריא דעיזי · ריעי של עזים שמוציא ריעי לבסוף דק :

הגהות הב"ח

(א) גמ' לאוצרות שיתמלאו בר תהומות כמאן כר"א: (ב) רש"י ד"ה נהילא כמו קיטמא נהילא. נ"ב בס"ק דברכות איתא האי לישנא אבל כאן צריך לפרש דמדמה ליה לקמח שיש בו דק וגס כמו גשמים וכמ"ש וסימניך מהולתא : (ג) ד"ה מלערים · נ"ל לערוה : (ד) תוס' ד"ה נהילא כו' כמו דעבדינן האידנא אלא היו עושין:

מסורת הש"ס

[במ"ק סגי' לשלמא ועי' ברכות סד. ומ"ק כט.]

[נ"ל בר']

פסחים פח. ע"ש

עירובין מה:

הגהות הגר"א

[א] גמ' (וכתיב מכין הרים בכחו וגו') תא"מ :

גליון הש"ס

רש"י ד"ה מלוחים ואין תבואה גדילה מהן. לא ידעתי למאי צריך לזה ולא כפשוטו שאנו רואים שאינם מלוחים:

[נ"ל עושה גדולות ואין חקר (איוב ה פסוק ט)]

[דיבור זה שייך בסמוך לאחר דיבור המתחיל ואמר ר' יוחנן]

at one another, and thus hurt him greatly. [9*b*] In a dream he was made to recite the verse, *'And I cut off the three shepherds'*. When next day these disciples took leave of him he said to them, Go *in* peace.[4]

R. Shimi b. Ashi was wont to frequent [the discourses] of R. Papa and used to annoy him very much with questions. One day he observed that R. Papa fell on his face[5] [in prayer] and he heard him saying, 'May God preserve me from the insolence of Shimi'. The latter thereupon vowed silence and annoyed him no more [with questions].

Resk Laḳish too held the view that rain may fall even for the sake of an individual, for Resk Laḳish said: Whence do we adduce that rain may fall even for the sake of an individual? Because it is written, *Ask ye of the Lord rain in the time of the latter rain, even of the Lord that maketh lightnings, and He will give them showers of rain,* to every one *grass in the field.*[6] You might have thought, only when all need [it], therefore Scripture says, *'to everyone'*. Further, it has been taught: Had Scripture said, *'to everyone'* [only] you might have thought [rain would fall] only when one needs it for all his fields, therefore Scripture adds, *'field'*. Had the word *'field'* [been used] you might have thought only when the whole field needs [rain] Scripture therefore adds, *'grass'*. This is borne out by the case of Daniel b. Kaṭṭina who had a garden which he was in the habit of inspecting daily and he would exclaim, 'This bed needs water and that one does not'; and rain would fall on those beds that needed water.

What is the meaning of the verse, *'Even the Lord that maketh ḥazizim* [lightnings]?—R. Jose son of R. Ḥanina said: This teaches that God provides a *ḥaziz* for each righteous man. What are
a *ḥazizim?*—Rab Judah said: *Poreḥoth.*[1] R. Joḥanan said: *Poreḥoth* are a sign of [coming] rain. What are *poreḥoth?*—R. Papa said: A thin cloud under a thick cloud. Rab Judah said: Should fine rain come down before the heavy rain then the rain will continue for some time; should it follow a heavy downpour of rain then the rain will soon cease. If before the rain, the rain will continue, of this the sieve serves as a reminder; if after a heavy rain, the rain will cease, of this goats' excrement serves as a reminder.[2]

'Ulla chanced to be in Babylon and observing light clouds [*poreḥoth*] he exclaimed, 'Remove the vessels for rain is now coming'. No rain however fell and he exclaimed, As the Babylonians are false, so too is their rain.

'Ulla chanced to be in Babylon and observing that a basketful of dates was being sold for a *zuz*[3] he exclaimed, 'A basketful of honey for a *zuz* and yet the Babylonians do not occupy themselves with the study of the Torah'. During the night he was in agony [from eating the dates] and he then exclaimed, 'A basketful of knives for a *zuz* and yet the Babylonians occupy themselves with the study of the Torah.

It has been taught: R. Eliezer said: The whole world draws its water supply from the waters of the ocean, as it is said, *But there*
b *went up a mist from the earth and watered the whole of the ground.*[1] Thereupon R. Joshua said to him: But are not the waters of the ocean salty? He replied: They are sweetened by the clouds. R. Joshua said: The whole world drinks from the upper waters, as it is said, *And drinketh water as the rain of heaven cometh down.*[2] If so, what is the force of the verse, *'But there went up a mist from the earth'?* This teaches that the clouds grow in strength as they rise towards the firmament and then open their mouth as a flask and catch the rain water, as it is said, *Which distil rain from His vapour;*[3] they are perforated like a sieve and they slowly distil [*meḥashroth*] waters on the ground, as it is said, Distilling [*ḥashroth*] *of waters, thick clouds of the skies;*[4] there is but one hand-breadth space between one drop and another, in order to teach you that the day on which rain falls is as great as the day whereon heaven and earth were created, as it is said, *Who doeth great things past finding out;*[5] and it is written, *Who giveth rain upon the earth;*[6] and it is also written, *Hast thou not known? hast thou not heard that the everlasting God, the Lord . . . His discernment is past finding out?*[7]

Whose view is supported by the verse, *Who waterest the mountains from Thine upper chambers,*[8] which R. Joḥanan interprets to mean the upper chambers of the Almighty? Whose view?—It is that of R. Joshua. And R. Eliezer's[9] view?—As [the waters] ultimately find their way above [Scripture] aptly terms them, *'from Thine upper chambers'*. For if it were not so, how will you explain, *Powder and dust from heaven?*[10] What you must [say is] that as these rise upwards [from the ground] the words, 'from heaven' are quite aptly applied to them. Likewise as the waters eventually find their way above Scripture aptly refers to them as, *'from Thine upper chambers'*. Whose view supports R. Ḥanina who said this, *He gathereth the waters of the sea together as a heap; He layeth up the deeps in storehouses,*[11] [as meaning,] Who caused the storehouses to be filled with grain? The deeps—the view of R.
c Eliezer. And what of R. Joshua's [view]?[1]—That [verse] refers to Creation of the world. [10*a*].

(4) בשלמא, 'Go in peace' was addressed to the dead while to the living the greeting was לשלמא 'Go to peace'. Cf. Ber. 64*a*. R. Papa, by his greeting, implied that the disciples would not survive long. [MS.M. however reads לשלם 'to peace'. R. Papa then in using this formula expressed the wish that the implications of the dream would not be fulfilled.] (5) He recited the prayer known as the *Taḥanun.**V. *P.B.* p. 62 (6) Zech. X, 1.

a (1) [Transpose with MS.M. R. Joḥanan's statement after that of R. Papa which follows.] (2) The fine flour comes first from a sieve then the heavier parts; contrariwise the goat first discharges with force then relaxes. (3) *Zuz* = a *denar* = about a quarter of a silver *sheḳel*.

b (1) Gen. II, 6. (2) Deut. XI, 11. (3) Job XXXVI. 27. (4) II Sam. XXII, 12. E.V. *'Gathering waters* etc.'. (5) Job V, 9. (6) Ibid. v. 10. (7) Isa. XL, 28. (8) Ps. CIV, 13. (9) How does he explain this verse? (10) Deut. XXVIII, 24. (11) Ps. XXXIII, 7.

c (1) How does he explain this verse?

*See Corrigenda.

Our Rabbis have taught: Palestine was created first and then the rest of the world, as it is said, *While as yet He had not made the earth, nor the fields.*[2] Palestine is watered by the Holy One, blessed be He, and the rest of the world is watered by a messenger, as it is said, *Who giveth rain upon the earth, and sendeth waters upon the fields.*[3] Palestine is watered by the rain and the rest of the world is watered by the residue,[4] as it is said, '*Who giveth rain upon the earth*, etc'.[5] Palestine is watered first and then the rest of the world, as it is said, '*Who giveth rain upon the earth*, etc'. This may be compared to a man making cheese; he removes first what is edible and discards the refuse.

The Master said: '[The waters of the ocean] are sweetened by the clouds'. Whence does he learn this?—R. Isaac b. Joseph said in the name of R. Joḥanan: It is written, *Darkness of waters, thick clouds of the skies,*[6] and it is also written, *Distilling of waters, thick clouds of the skies;*[7] take away the *kaf* and add it to the [word written with] *resh* and read *haksharath*.[8] As for R. Joshua what use does he make of these verses?—He is of the opinion that these verses are the basis for the statement made by R. Dimi when he came [to Babylon] and he reported that in Palestine people say, If the clouds are bright they contain little water, but if they are dark they contain much water.[9] In keeping with whose view is the teaching which has been taught: The upper waters remain suspended by Divine command, and their fruit is the rain-water,
a as it is said, *The earth is full of the fruit of Thy works?*[1] This is according to R. Joshua. And as for R. Eliezer?—[He is of the opinion] that this [verse] refers to the other handiwork of God.

R. Joshua b. Levi said: The whole world is watered by the residue of the Garden of Eden, as it is said, *And a river went out of Eden*, etc.[2] A Tanna taught: The residue of a *kor*[3] is enough to irrigate a *tarḳab*.[4]

Our Rabbis taught: Egypt is four hundred *parasangs* by four hundred, and it is one sixtieth of the size of Ethiopia; Ethiopia is one sixtieth of the world, and the world is one sixtieth of the Garden [of Eden],[5] and the Garden is one sixtieth of Eden, and Eden is one sixtieth of Gehenna;[6] thus the whole world compared with the Gehenna is but as a lid to the pot. Some say that Gehenna has no limit in size; others say that Eden is without limit. R. Oshaia said: What is the meaning of the verse, *O thou that dwellest upon many waters, abundant in treasures?*[7] What has brought it about that Babylon's treasures are full of corn? Because it dwells by many waters.[8] Rab said: Babylon is rich because it harvests without rain. Abaye said: We have a tradition, Better is a flooded land than an arid land.

MISHNAH. ON THE THIRD OF MARCHESHVAN WE [BEGIN TO] PRAY FOR RAIN. R. GAMALIEL SAYS: ON THE SEVENTH, [THAT IS,] FIFTEEN DAYS AFTER THE FEAST SO THAT THE LAST ISRAELITE[9] MAY REACH THE RIVER EUPHRATES.

GEMARA. R. Eleazar said: The *halachah* is according to R.
b Gamaliel. It has been taught: Ḥananiah says: In the Diaspora[1] [we do not begin to pray] until the sixtieth day after the [Tishri] cycle.[2] R. Huna b. Ḥiyya said in the name of Samuel: The *halachah* is according to Ḥananiah. Is it really so? Was not a question asked of Samuel: When do we begin to make mention [of the words] 'and give dew and rain'? and he replied, 'When wood is brought into the house of Ṭabut,[3] the fowler'?—Perhaps the two time limits are identical. A question was asked in the school: Is the sixtieth day counted with those that precede it or with those that follow it?[4]—Come and hear:[5] Rab said: The sixtieth day is counted with those that follow it; and Samuel said: With those that precede it.[6] R. Naḥman said: The mnemonic for this is, the highlands need water, but the lowlands do not.[7] R. Papa said: The *halachah* is that the sixtieth day is counted with those that follow it.[8]

MISHNAH. IF THE SEVENTEENTH OF MARCHESHVAN CAME AND NO RAIN FELL THE YEḤIDIM[9] [INDIVIDUALS] BEGIN TO FAST THREE FASTS; THEY MAY EAT AND DRINK AFTER IT GETS DARK[10] [AND ON THESE FASTS] IT IS PERMISSIBLE FOR THEM TO DO WORK, TO BATHE, TO ANOINT THEMSELVES WITH OIL, TO WEAR SHOES, AND TO HAVE MARITAL RELATIONS. IF THE NEW MOON OF KISLEV CAME AND NO RAIN FELL THE BETH DIN ORDAIN UPON THE COMMUNITY THREE FASTS; [ON THESE] THEY MAY EAT AND DRINK WHILST IT IS STILL DARK AND IT IS PERMISSIBLE TO DO WORK, TO BATHE, TO ANOINT ONESELF WITH OIL, TO WEAR SHOES, AND TO HAVE MARITAL RELATIONS.

GEMARA. Who are the *yeḥidim?* R. Huna said: The rabbis. R. Huna further said: The *yeḥidim* fast three fasts, [that is to say, on] Monday, Thursday and Monday. What new fact does he
c teach us? Has it not already been taught to us:[1] No fast is ordained upon the community to begin on a Thursday in order to prevent a rise in food prices.[2] Hence the order of the first three fasts must be, Monday, Thursday, Monday?—You might have thought that this applies only to public fasts but not to those of individuals therefore he teaches us [that it applies] equally to those of individuals. The same has been taught us elsewhere: When the *yeḥidim* begin to fast they fast on Monday, Thursday and Monday,

(2) Prov. VIII, 26. (3) Job V, 10. ארץ taken to mean ארץ ישראל Palestine, and חוצות from חוץ (outside, field) the rest of the world (חוץ לארץ). (4) [MS.M. adds, of Palestine.] (5) [The order of the last two sentences should be reversed with MS.M.] (6) Ps. XVIII, 12. (7) In the parallel psalm. II Sam. XXII, 12. (8) By the manipulation of the letters in the words חשכת and חשרת in the verses cited the word הכשרת is obtained, meaning 'making fit', i.e., drinkable. The meaning is the clouds make the waters drinkable. The additional change of ה to ח involved is quite common in Semitic languages. (9) [This popular proverb is alluded to in the verse cited from Psalms, 'Darkness of waters—thick clouds of skies', R. Joshua being of the opinion that חשכי is not a variant of חשרת.]

a (1) Ps. CIV, 13. (2) Gen. II, 10. The continuation of the verse is, 'and from thence it was parted and became four heads'. (3) A dry measure =30 *se'ahs*. Cf. II Kings VII, 16. (4) *Tarḳab*, Gk. τρικαβος = 3 *ḳabs* = one half *se'ah*. With the residue of water used for watering a space sown with a *ḳab* seed one can water a space sown with a *tarḳab*. (5) If the world is one sixtieth of the Garden of Eden, then it can be seen from the previous statement that the residue of the Garden of Eden is sufficient to water the whole world. (6) [*Var. lec.* omit 'and the Garden . . . of Eden' which words are difficult to explain.] (7) Jer. LI, 13. (8) Being a low-lying country it is well irrigated and consequently it needs but little rain. (9) Who comes on pilgrimage to Jerusalem on the feast of Tabernacles may reach home without being inconvenienced by the rain.

b (1) In the first instance applied to Babylonia. (2) The year was divided into four cycles (v. Glos. s.v. *Teḳufah*), Tishri, Tebeth, Nisan and Tammuz. Here the Tishri *Teḳufah* is meant—the Autumnal Equinox. (3) A sign that the rainy season was about to set in. (4) Exclusive or inclusive. (5) [Omitted in MS.M.] (6) [R. Ḥananel and *Aruch* reverse the opinions of Rab and Samuel.] (7) Rab came from Palestine which is mountainous and so needed more rain, while Samuel came from Babylonia which was well irrigated and therefore needed less rain. [R. Ḥananel and *Aruch* (v. n. 6): Samuel's place was Nehardea which was situated higher and consequently in greater need of rain at an earlier period than Sura, the place of Rab.] (8) And the words 'give dew and rain' are said earlier. (9) Distinguished persons. (10) On the night preceding the fast, the fast beginning only with dawn.

c (1) V. *infra* 15*b*. (2) Thursday being a market day, they would purchase food for the breaking of their fast and also for the Sabbath and consequently the abnormal demand for food would tend to make the prices soar.

בבריית‍ו של עולם תחלה ת"ר א"י נבראת תחילה וכל העולם כולו נברא לבסוף שנאמר °עד לא עשה ארץ וחוצות א"י (א) משקה אותה הקב"ה בעצמו וכל העולם כולו ע"י שליח שנאמר °הנותן מטר על פני ארץ ושולח מים על פני חוצות א"י שותה מי גשמים וכל העולם כולו מתמצית שנאמר הנותן מטר על פני ארץ וגו' א"י שותה תחלה וכל העולם כולו לבסוף שנאמר הנותן מטר על פני ארץ וגו' משל לאדם שמגבל את הגבינה נוטל את האוכל ומניח את הפסולת אמר מר ממתקין הן בעבים מנליה דא"ר יצחק בר יוסף א"ר יוחנן כתיב °חשכת מים עבי שחקים וכתיב °חשרת מים עבי שחקים שקול כף ושדי אריש וקרי ביה *חכשרת ור' יהושע בהני קראי מאי דריש בהו סבר לה כי הא דכי אתא רב דימי אמר אמרי במערבא נהור ענני זעירין מוהי חשוך ענני סגיין מוהי כמאן אזלא הא דתניא מים העליונים במאמר הם תלוים ופירותיהן מי גשמים שנאמר °מפרי מעשיך תשבע הארץ כמאן כר' יהושע ור' אליעזר ההוא במעשה ידיו של הקב"ה הוא דכתיב אריב"ל כל העולם כולו מתמצית גן עדן הוא שותה שנאמר °ונהר יוצא מעדן וגו' תנא מתמצית בית כור שותה *תרקב: ת"ר *ארץ מצרים הויא ד' מאות פרסה על ד' מאות פרסה והוא אחד משישים בכוש וכוש אחד משישים בעולם ועולם א' משישים בגן וגן אחד מששים לעדן ועדן אחד מס' לגיהנם נמצא כל העולם כולו ככיסוי קדרה לגיהנם וי"א גיהנם אין לה שיעור וי"א עדן אין לה שיעור א"ר אושעיא מאי דכתיב °שוכנת על מים רבים רבת אוצרות מי גרם לבבל שיהו אוצרותיה מליאות בר הוי אומר מפני ששוכנת על מים רבים אמר רב עתידה בבל דחצדא בלא מיטרא אמר אביי נקיטינן *טובעני ולא יובשני:

מתני' *בג' במרחשון שואלין את הגשמים רבן גמליאל אומר *בשבעה בו ט"ו יום אחר החג כדי שיגיע אחרון שבישראל לנהר פרת: **גמ'** *א"ר אלעזר הלכה כרבן גמליאל תניא חנניה אומר °ובגולה עד ששים בתקופה אמר רב הונא בר חייא אמר שמואל הלכה כחנניה איני והא בעו מיניה משמואל מאימת מדכרינן ותן טל ומטר אמר להו מכי מעיילי ציבי לבי טבות *רישבא דילמא אידי ואידי חד שיעורא הוא איבעיא להו יום ששים כלפני ששים או כלאחר ששים ת"ש רב אמר יום ששים כלאחר ששים ושמואל אמר יום ששים כלפני ששים א"ר נחמן בר יצחק וסימנך עילאי בעו מיא תתאי לא בעו מיא אמר רב פפא 'הלכתא יום ששים כלאחר ששים:

מתני' °הגיע י"ז במרחשון ולא ירדו גשמים התחילו היחידים מתענין ג' תעניות אוכלין ושותין משחשיכה ומותרין במלאכה וברחיצה ובסיכה ובנעילת הסנדל ובתשמיש המטה °הגיע ר"ח כסליו ולא ירדו גשמים ב"ד גוזרין שלש תעניות על הצבור אוכלין ושותין משחשיכה ומותרין במלאכה וברחיצה ובסיכה ובנעילת הסנדל ובתשמיש המטה: **גמ'** מאן יחידים אמר רב הונא רבנן ואמר רב הונא יחידים מתענין שלשה תעניות שני וחמישי ושני מאי קמשמע לן תנינא *אין גוזרין תענית על הצבור בתחילה בחמישי שלא להפקיע את השערים אלא שלש תעניות הראשונות שני וחמישי ושני מהו דתימא הני מילי צבור אבל יחיד לא קמשמע לן תניא נמי הכי כשהתחילו היחידים להתענות מתענין שני וחמישי ושני 'ומפסיקין בראשי חדשים ובימים

רש"י

בבריית‍ו של עולם. כתיב שהיה כל העולם שטוף במים והקב"ה כינסן במקום אחד כמכנים מים בנאד (ג) שנתנם באוצרות דכתיב נותן באוצרות תהומות שם חול גבולו ואוצר לים: משיורי תמצית. מה שנשאר בעבים אחר שתיית': על פני ארץ. א"י: בתחלה שותה. שם יורדין הגשמים תחילה תורה אור כך שמעתי: חשרת מים וחשכת מים. שני מקראות הן חד בתהלים וחד בשמואל בוידבר דוד: ה"ג שקול כף ושדי אריש. כלומר קח כף שבמלת חשכת ולרפו עם מלה חשרת וקרי ביה (נ) חכשרת שממתקין ומכשירין בעבים: חשוך ענני סגיאין מימוהי. והייט דכתיב חשכת מים: נהור ענני. כשהענן קליש זעירן מימוהי ומכלל חשוך סגיאין אתה למד אבל נהור זעירין וחשרת לשון השרה כמו אין שורין דיו (שבת דף יז:) כו' כדדריש ליה רבי יהושע לעיל אבל חשכת מיבעי ליה להכי ולהכי: במאמר הן תלוין. אינן נחות על שום דבר אלא מכונסות ועומדות כמין בריכה ותלויות במאמרו של הקב"ה: ופירותיהן מי גשמים. משום לישנא דקרא נקט הכי משום דכתיב מפרי מעשיך תשבע הארץ ופירותיהם כלומר מזיעת המים שאין נחסרין כלום כדכתיב (תהלים סה) פלג אלהים מלא מים כל שעה והקרן קיימת ופירותיהן מי גשמים וכן מפורש בבראשית רבה: ונהר יוצא מעדן. (ד) סימן לדבר שגן עדן שותה מן הגשמים תחילה דכתיב ונהר יוצא מעדן להשקות את הגן וגו': תנא מתמצית בית כור. כלי שמשקין במימיו בית כור יכולין להשקות בתמציתו שיעור זריעת תרקב שהוא אחד מששים בבית כור והכי נמי עולם אחד מששים בגן עדן ודי לו בתמצית העננים המשקין את הגן (ה) גן לפני כל העולם כולו כעדן לגן: נמצא כל העולם ככיסוי קדרה. הקטן כנגד הקדרה: שוכנת על מים רבים. רבת אוצרות בא קצך אמת בצעך: שרבו אוצרותיה. שקטו עושר: מים רבים. שמשקין שדותיהן דבבל עמוקים מכל הארצות וגשמים מספפין ויורדין שם: עתידה בבל. עשירה היא בבל שקוצרין בה תבואה בלא מטר שאינן צריכים לגשמים: נקיטינן. דהכי (ו) תלדא בבל בלא מיטרא: דטובעני. היא מקום מצולה ורקק: ולא יובשני. שאינה יבשה: **מתני'** בשלשה במרחשון שואלין את הגשמים וכו' רבן גמליאל אומר בשבעה בו בט"ו יום אחר החג. כלומר בשבעה במרחשון הוא ט"ו אחר החג: כדי שיגיע האחרון. כלומר קודם ביאת מים לנהר פרת שהוא רחוק יותר: **גמ'** ובגולה ששים. ובגולה אין שואלין עד ששים בתקופה לפי שהוא מקום נמוך ואין צריכים מטר כל כך: מכי מעיילי ציבי לבי טבות רישבא. משעה שמכניסין עצים לאוצר לצורך ימות הגשמים שכן היו נוהגין לפי שהיו יודעין שזמן גשמים הוא משם ואילך ולא היו יכולין לחטוב עצים ביער: רישבא. צייד עופות כמו אין פורשין *רשתות ליונים (ב"ק דף עט:) טבות שם אדם: כלפני ס'. ולא מדכרינן: כלאחר ס'. ומדכרינן: עילאי בעו מיא. העומדים בהרים צריכין יותר מים מפני שהגשמים מתגלגלים ויורדין למטה: תתאי לא בעו מיא. שמתכנסין כל מימי ההרים לבקעה ה"נ רב שהיה מארץ ישראל כדאמרינן בעלמא (גיטין דף ו.) מכי אתא רב לבבל וארץ ישראל גבוהה מכל הארצות משום הכי אמר כלאחר ששים ובבל בגולה מתוך שאינן צריכין לגשמים אין שואלין עד ס' לתקופת תשרי וכן אנו נוהגים שכל מנהגינו אחר בני בבל: **מתני'** הגיע שבעה עשר וכו'. אוכלין ושותין משחשיכה שאין אוכלין מבעוד יום כיום הכפורים ותשעה באב: **גמ'** מאי קמ"ל. האי דקאמר שני וחמישי ושני: תנינא. בפירקין דלקמן (דף טו:) אין גוזרין תענית כו' שלא להפקיע את השערים שאם היו מתחילין להתענות בחמישי היו קונין למוצאי התענית שתי סעודות גדולות אחד לתענית ואחד לשבת וכסבור המוכר שרעב בא לעולם ואתי לאפקועי שערים: אפקועי. מבטל שיעור מדה הראשונה וממעטה: אבל יחידים לא. שלש תעניות שהיחידין עושין קודם לצבור אינן זקוקין להתחיל בשני דליכא אפקעת שערים משום יחידים לחודייהו והללו ג' תעניות דיחידים אינן בכלל י"ג תעניות דלצבור תדע דקא חשיב במתני' שלש ושלש ושבע: ומפסיקין בראשי חדשים. שאם חל ר"ח בשני ובחמישי לאחר שהתחילו להתענות פוסקין תעניתם: וכן

תוספות

קרי ביה חכשרה. פי' הטל הכ"ף מן חשכת ושדי עם חשרת ויהיה חכשרה כלומר שהמים בעננים מתכשרים שהעננים שותים לבסוף הם ממתקים בעבים: טובעני ולא יובשני. פי' מוטב להיות בארץ שיהא לחה מבשיהא יבשה:

הלכתא יום ס' כלאחר ס'. וכן עמא דבר ויום תקופה מתחיל: אין גוזרין תענית על הצבור בתחילה בחמישי שלא להפקיע השערים. פי' שעשו הצבור תענית יקנו מזון של חמישי ושל שבת וכסבורים העם יוקר היא ויפקיעו השערים: ואזהו

משלי ח | תהלים קמז | שמואל ב כב | תהלים יח | תהלים קד | בראשית ב | ירמיה נא | פסחים צד. | [לעיל ד:] | לעיל ו. ב"מ כח. | לקמן טו: | ב"ב כב

[כלומר נכשרין וממתקין ערוך] | [פי' תרי וקב והיינו חצי סאה ערוך] | [כלומר מוטב שיהיה מטר הרבה מהיות חורב בלי מטר. ערוך] | [פי' סגאון כאשר כתיב בשא בית אב תרגומו רב בית אב. ערוך ענף ראש א] | וכנוסחאות דידן כתוב רישבן ועיין בערוך ערך רשבא ב

עין משפט נר מצוה

כו א ב ג מיי' פ"ב מהלכות תפלה הלכה טז סמג עשין יט טור ש"ע א"ח סי' קיז סעיף א:

כז ד ה מיי' פ"ג מהל' תענית הלכה א והלכה ב טוש"ע א"ח סי' תקעה סעיף א ב:

כח ו מיי' שם פ"א הלכה ה טוש"ע א"ח סי' תקעב סעיף א:

כט ז מיי' שם הלכה ט ופ"ג הלכה י ועוש"ע שם סי' תקעב סעיף ז:

רבינו חננאל

ארץ ישראל נבראת תחלה שנאמר עד לא עשה ארץ וחוצות א"י הקב"ה משקה אותה [בעצמו] וכל העולם כולו ע"י שליח. שנאמר הנותן מטר על פני ארץ ושולח מים על פני חוצות. א"י שותה מי גשמים וכל העולם שותה תמצית שנאמר הנותן מטר וגו' משל לאדם מגבל גבינה. נוטל מאכל ומניח הפסולת: ת"ר מצרים ד' מאות פרסה על ד' מאות פרסה. ואחד מס' בכוש. וכוש אחד מס' בעולם. והעולם אחד מס' בגן. וגן אחד מס' בעדן. ועדן אחד מס' בגיהנם. נמצא כל העולם כולו ככיסוי קדירה לגיהנם. אריב"ל כל העולם מתמצית הגן הוא שותה שנאמר ונהר יוצא מעדן להשקות את הגן. תנא מתמצית בית כור שותה. תרקב. פי' התרקב הוא חצי סאה. והכור יש בו ל' סאין. נמצא א' מס' בכור. וכיון ששנה בחיצונה והעולם א' מס' בגן. נמצא העולם כולו חלק א' מס' חלקים בגן ומתמציתו שותה כל העולם. דקדק התנא שמתמצית בית כור שותה תרקב שהרי זה התרקב א' מס' בכור כמו שהוא העולם א' מס' בגן רשותה המציתו: מתני' בג' מרחשון שואלין הגשמים ר"ג אומר (בשמונה) [בשבעה] בו. א"ר אלעזר הלכה כר"ג. תנא חנניה אומר ובגולה עד ס' יום בתקופה. אמר שמואל הלכתא כחנניה. וזמן הכנסת עצים דבי טיבות רישבא מן השדה הוה ס' בתקופה. ואיבעיא לן יום ס' כלפני ס' ואינו שואל או כלאחר ס' ושואל. רב אמר כלפני ס' ושמואל אמר כלאחר ס' וסימניך עילאי בעי מיא תתאי לא בעו מיא. פי' נהרדעא אתריה דשמואל והיא גבוהה והן מבקשים מים. וסורא אתריה דרב והיא לגבי נהרדעא תתאה. והן אינן מבקשין מים כלומר כיון שהן תתתיין נקוין המים בהן ומתקיימין אצלם. אמר רב פפא הלכתא יום ס' כלאחר ס': מתני' הגיע י"ז במרחשון ולא ירדו גשמים התחילו היחידים מתענים. ואוקים רב הונא להני יחידים רבנן ומתענין ב' וה' וב'. ומפסיקין בר"ח וביו"ט

הגהות הב"ח

(א) גמ' שנאמר עד לא עשה ארץ וחוצות א"י שותה תחילה כו' על פני ארץ וגו' א"י משקה אותה הקב"ה בעצמו וכו' מתמצית וכו' על פני ארץ וגו' משל לאדם שמגבן את הגבינה: (ב) רש"י ד"ה בברייתו כו' כמכניס מים בנאד ונתנם באוצרות כו' ואוצר לים מה"ד שותה תחלה שם יורדין הגשמים תחלה כך שמעתי ומה"ד מתמצית משיורי מים שנשאר בעבים כו' א"י מה"ד חשרת כו': (ג) ד"ה ה"ג שקול כו' תכשרת. נ"ב ולהכי נקט רי"ש ולא נקט שי"ן דשי"ן הכא וכלא כתיב: (ד) ד"ה ונהר יוצא מעדן כלומר סימן לדבר ס' דכתיב קרא ונהר יוצא מעדן תחילה להשקות הגן: (ה) ד"ה תנא כו' להשקות את הגן הס"ד ואח"כ מה"ד גן לפני כל עולם כולו כגן עדן לעולם: (ו) ד"ה נקיטינן דהכי הוא דתלדא בבל בלא מיטרא דטובעני כו' הס"ד:

רבינו גרשום

כמאן כר' יהושע דאמר מים העליונים הם. כמאן כר' אליעזר דאמר מן הארץ עולה מטר. מתמצית כור שותה תרקב. מתמצית גן עדן שותה כל העולם דכל העולם לגבי גן עדן כתרקב לפני כור תרקב תרי וקב דהיינו ג' קבין. כור ל' סאין ותרקב חצי סאה נמצא תרקב אחד מששים בכור וכל העולם אחד מששים בגן עדן: דחצדא בלא מטרא כלומר שקוצרת בלא מטר כלומר שאינה צריכה כמו שיושבת בין ביצעי המים. ע"א אבדא: טובעני ולא יובשני כלומר מיתרמי שטבעין הזרעים אבל לעולם אין מתייבשין: ר"ג אומר בשבעה בו בחמשה עשר יום אחר החג כלומר דז' במרחשון הוא ט"ו אחר החג כדי שיגיע האחרון כו' קודם הגשמים: ובגולה אין שואלין את הגשמים עד ששים בתקופה. לפי שהן במקום נמוך ואין צריכין למטר כל כך: ציבי דטבות רישבא. דהוה עשיר והיו עצים שלו מונחים ליבש בשדה עד שיכנסם במרחשון: כלפני ששים. ואין שואלין בו: או כלאחר ששים. עילאי בעו מיא רב דהוה מא"י בעי מים בששים. תתאי לא בעי מיא שמואל דהוה מבבל עד לבסוף לא בעי מיא עד ששים ואחד: אוכלין ושותין משחשכה. שאין אוכלין מבעוד יום כיה"כ ותשעה באב: שלא להפקיע את השערים. דבני כפרים הבאים ליום הכניסה מספקים מים ומזון לאחיהן שבכרכין

ל א ב מיי' פ"ג מהלכות תעניות הלכה א טוש"ע א"ח סי' תקעה סעיף א:
לא ג מיי' פ"ק מהלכות תעניות הלכה טו טוש"ע א"ח סי' תקסח סעיף ח:
לב ד מיי' שם טוש"ע א"ח סי' תקעד סעיף ג:
לג ה מיי' שם וטוש"ע שם סעיף א:
לד ו מיי' שם וטוש"ע שם סעיף ג:

[ג' רי"ף יהודה]

ובימים טובים הכתובים במגילת תענית תנו רבנן אל יאמר אדם תלמיד אני איני ראוי להיות יחיד אלא *כל תלמידי חכמים יחידים אי זהו יחיד ואיזהו תלמיד יחיד כל שראוי למנותו פרנס על הצבור תלמיד *כל ששואלין אותו דבר הלכה בלמודו ואומר ואפילו במסכת דכלה תנו רבנן לא כל הרוצה לעשות עצמו יחיד עושה תלמיד עושה דברי ר' מאיר רבי *יוסי אומר [ב]עושה וזכור לטוב לפי שאין שבח הוא לו אלא צער הוא לו תניא אידך לא *כל הרוצה לעשות עצמו יחיד עושה תלמיד עושה דברי רבי שמעון בן אלעזר רבן שמעון בן גמליאל אומר במה דברים אמורים בדבר של שבח אבל בדבר של צער עושה וזכור לטוב שאין שבח הוא לו אלא צער הוא לו ת"ר *מי שהיה מתענה על החולה ונתרפא על הצרה ועברה הרי זה מתענה ומשלים [ד]ההולך ממקום שאין מתענין למקום שמתענין הרי זה מתענה עמהן [ה]ממקום שמתענין למקום שאין מתענין הרי זה מתענה ומשלים [ו]שכח ואכל ושתה אל יתראה בפני הצבור ואל ינהיג עידונין בעצמו שנאמר °ויאמר יעקב (בראשית מב) לבניו למה תתראו אמר להם יעקב לבניו אל תראו עצמכם כשאתם שבעין לא בפני עשו ולא בפני ישמעאל כדי שלא יתקנאו בכם °אל תרגזו בדרך (בראשית מה) אמר רבי אלעזר אמר להם יוסף לאחיו אל תתעסקו בדבר הלכה שמא תרגזו עליכם הדרך איני והאמר ר' אלעאי בר ברכיה *שני תלמידי חכמים שמהלכים בדרך ואין ביניהן דברי תורה ראויין לישרף שנאמר °ויהי המה הולכים (*הולך) ודבר (מ"ב ב) והנה רכב אש וסוסי אש ויפרידו בין שניהם טעמא דאיכא דיבור הא ליכא דיבור ראויין לישרף לא קשיא הא למיגרס הא לעיוני במתניתא תנא אל תפסיעו פסיעה גסה והכניסו חמה לעיר אל תפסיעו פסיעה גסה דאמר מר *פסיעה גסה נוטלת *אחד מחמש מאות ממאור עיניו של אדם והכניסו חמה לעיר כדרב יהודה אמר רב *דאמר רב יהודה אמר רב לעולם יצא אדם בכי טוב ויכנס בכי טוב שנאמר °הבקר אור והאנשים שלחו (בראשית מד) אמר רב יהודה אמר רבי חייא °המהלך בדרך אל יאכל יותר משני רעבון מאי טעמא הכא תרגימו משום מעיינא במערבא אמרי משום מזוני מאי איכא בינייהו דיתיב

רש"י

וכן בימים טובים הכתובים במגילת תענית: תלמיד אני. ולאו חשוב כל כך כיחידים כלומר איני ראוי להתחיל תענית עם היחידים: לא כל הרוצה לעשות עצמו יחיד. לענין תענית: עושה. דנראה מגסי הרוח ותנן (אבות פ"ג משנה י) כל שרוח הבריות נוחה הימנו כו': הכי גרסינן התלמידים עושין עצמן. כדאמרינן לעיל שכל התלמידים ראויין לכך ולאין בהם משום גסות הרוח: רבי יוסי אומר כל אדם. ואפילו שאינו תלמיד עושה עצמו יחיד להתענות וזכור לטוב דלצער הוא לו ולא גסות ליסנא אחריתא גרסינן לא כל הרוצה לעשות עצמו יחיד עושה תלמיד עושה כלומר ולא כל הרוצה נמי לעשות עצמו תלמיד להתנהג עצמו במדת *תלמיד בחלוקו ובמטתו ולהתנהגות בסודר של תלמידי חכמים ושאר דברים עושה דכל הרוצה ליטול לו את השם לא יטול ורבי יוסי אריסא ומסתבר כי האי ליסנא מדקא מהדר רבן שמעון בן גמליאל דבר של שבח אינו עושה מכלל דאיירי בשבח: על החולה ונתרפא. הוא הדין אם מת החולה בעי לקיומי נדרו: על הצרה ועברה. מתענה ומשלים ואם לאו נראה כמתנה עם קונו אם תעבור (*אתענה) ואם לאו (לא) אתענה: למקום שאין מתענין הרי זה מתענה ומשלים. כל התעניות שקבלו עליהן בני עירו דנותנין עליו חומרי המקום שיצא משם: אכל ושתה. דיעבד: אל יתראה בפניהן. שנראה כחתן בין אבלים ויתקנאו בו: ואל ינהיג עדונים בעצמו. שלא יאמר הואיל ואכלתי כל שהוא אוכל הרבה: אל תראו עצמכם. שיש לכם חטים הרבה ולא הלכו אלא בשביל דבר זה שלא להתראות בפני בני עשו שהיו לעורים ורעבים: תרגזו עליכם הדרך. תתעו: לישרף בלא. דכתיב והנה סוסי אש וכתיב בההוא ענינא הלוך ודבר ואהכי כתביה לאשמועינן דאי לאו שהיו הולכין (א) בעומקה של הלכה לא [היו ניצולין]: הא למגרס. מבעי ליה באורחא אבל במלתא דמבעי ליה לעיוני לא: במתניתא תנא. מאי אל תרגזו בדרך אל תזיקו עצמכם בפסיעה גסה: והכניסו חמה לעיר. כשאתם לנין ושוכבין בדרך בעיירות הכניסו לעיר בעוד שהחמה זורחת: יצא אדם בכי טוב. שימתין עד שיאור כמו וירא אלהים את האור כי טוב (בראשית א): ויכנס בכי טוב. בערב בעוד שהחמה זורחת שאין ליסטין מצויין אי נמי שלא יפול בגומות ובקעים שבעיר שלא יעלילו עליו עלילות מרגל אתה או גנב: הבוקר אור והאנשים שולחו המה וחמוריהם. מיכן שילחו בכי טוב והוא הדין ליכנס בכי טוב יש ספרים דלא כתיב בהו האי קרא אלא מילתא דרב יהודה סברא הוא ולא בעי' קרא: לא יאכל יותר ממה שאוכל בשני רעבון. דאמר לקמן (דף יא.) שצריך להרעיב עצמו בשני רעבון: הכא (ב). תלמיד זה בבלי הוא וכי משתעי בבבל קאמר הכא וכל הא לן והא להו בבבל קאמר): משום מעיינא. שלא יתחלחלו מעיו של אדם ברוב אכילתו מפני טורח הדרך יש אומרים יהיו מעיו של אדם שופכין זה לזה כעין מעיין: משום מזוני. שמא (ג) אין לו לאח"כ:

תוספות

איזהו יחיד כו' שראוי למנותו פרנס על הצבור (ד) להיות פרנס ואיזהו תלמיד כל ששואלין דבר הלכה בכל מקום וכו'. וקשה דהכא משמע דקרי תלמיד אותו שיודע להשיב כששואלין לו דבר הלכה בכל מקום ואומרה והתם אמרינן במס' שבת פרק ואלו קשרים (דף קיד.) איזהו תלמיד הראוי למנותו פרנס על הצבור כשיודע להשיב כל ששואלין (ה) דבר הלכה ואפילו במסכת כלה אלמא הראוי למנותו פרנס על הצבור הוי כשיודע להשיב והכא משמע דאותו הראוי למנותו פרנס הוי מילתא אחריתי ועוד דהכא משמע דיחיד עדיף מדקאמר בסמוך לא כל הרוצה לעשות עצמו יחיד עושה אבל הרוצה לעשות עצמו תלמיד עושה ויש לומר דיש חילוק בתלמיד דדוקא כשהרב בא אל מקום אחד וכל התלמידים אצלו זה שואל אל הרב ממה שהוא לומד וזה שואל ממקום אחר ואותו הרב יודע להשיב לכל התלמידים לכל אחד ואחד כפי שאלתו ואפילו במס' כלה זהו יחיד דעדיף מתלמיד דהכא ונקרא תלמיד התם בפרק אלו קשרים אותו ודאי ראוי למנותו פרנס על הצבור אבל אם אינו יודע להשיב אלא במסכת שלו נקרא גם כן תלמיד ומזה מיירי הכא:

ההולך ממקום שמתענין למקום שאין מתענין הרי מתענה ומשלים. ל"ש דעתו לחזור ל"ש אין דעתו לחזור הואיל וקבל עליו התענית: למה תתראו. כמו שמפרש אל תראו עצמכם בפני בני עשו וכו' ויש במדרש למה תתראו פירוש למה תהיו כחושין:

אל תרגזו בדרך. ויש מדרש אל תפסיקו מדבר הלכה:

ואין ביניהם דברי תורה ראוים לישרף דכתיב ויהי המה הולכים הלוך ודבר וגו' טעמא דאיכא דבור וכו'. ויש מדרש שהם היו מדברים דברים בטלים ומש"ה ראוין לישרף:

פסיעה גסה נוטלת אחת מחמש מאות ממאור עיניו של אדם. ואין להקשות אם כן בחמש מאות פסיעות גסות יהיה ניטל כל מאור עיניו של אדם והא קא חזינן דלאו הכי הוה ונראה לפרש דהפסיעה ראשונה נוטל אחת מחמש מאות והפסיעה שניה נוטל פחות מן הראשונה שהשניה אינה נוטלת אלא אחד מחמש מאות הנשארים כמו בעישורייתא דבי רבי (כתובות דף סח.) ר"ל העישור ממה שנשאר אבל עדיין קשה דמ"ש פסיעה ראשונה דנוטלת יותר מן השניה אלא יש לומר דלא נוטלת אלא פסיעה ראשונה דוקא ומכאן ואילך כיון דדש דש אי נמי פסיעה ראשונה נוטלת טפי משום *)דכל התחלות קשות:

לעולם יצא אדם בכי טוב. פי' בפרק קמא דפסחים (דף ג.) [וע"ע תוס' ב"ק ס:]:

משום מעיינא. פירוש משום שהבני מעיין הוי קשה להו: חסור

*) [מכילתא הביאו רש"י פ' יתרו יט פ"ה]

רבינו חננאל

וביו"ם הכתובים במגלת תענית: ת"ר לא יאמר אדם איני ראוי לכך. אלא כל התלמידים ראוין לכך. איזהו יחיד כל שראוי למנותו פרנס על הצבור. ואיזה תלמיד כל ששואלין אותו הלכה בכל מקום ואומרה. פי' בכלום מקום כלומר מקום מן התלמוד. ואפי' במס' דכלה. שמתעסקין בה כל תלמיד חכם שרוצים לשנותה בכלה של אדר תניא לא כל הרוצה לעשות עצמו יחיד עושה שנראה כיהירות התלמידים עושין דברי ר' שמעון בן אלעזר. רשב"א דבר של שבח אינו עושה. דבר של צער עושה עצמו יחיד וכן ר' יוסי אומר עושה וזכור לטוב. שאינו שבח לו התענית אלא צער הוא לו: ת"ר הרי שהיה מתענה על החולה ונתרפא על צער צרה ועברה מתענה ומשלים ההולך ממקום שמתענין למקום שאין מתענין וכו'. זה שאמר יוסף לאחיו אל תרגזו בדרך. אל תתעסקו בדבר הלכה שלא תתגר עליהם הדרך ואוקמנא לעיוני אבל בגמרס לא. דא"ס ב' ת"ח המהלכים בדרך ואין ביניהם דברי תורה ראוין לישרף שנאמר ויהי המה הולכים הלוך ודבר והנה רכב אש וסוסי אש ויפרידו בין שניהם. במתניתא תנא אל תפסיעו פסיעה גסה שנוטלת אחד מחמש מאות ממאור עיניו של אדם. והכניסו חמה לעיר. כדרב יהודה אמר רב לעולם יכנס אדם בכי טוב ויצא בכי טוב כלומר באור היום כדכתיב וירא אלהים את האור כי טוב. וכתיב הבקר אור והאנשים שלחו. משום מעיינא פי' אם יאכל הרבה יקחהו שלשול ויבא להתאחר מן השיירא.

מסורת הש"ס

שבת קיד. קדושין מט: · [ב"ב נז:] · [תוספתא פ"א] · [תוספ' פ"ב] · [נ"ל לא התענה] · סוטה מט. · [נ"ל הלוך] · [פסחים מב.] · פסחים ב. ב"ק ס: ע"ש

הגהות הב"ח

(א) רש"י ד"ה לישרף בלא כו' שהיו הולכין בדבר של הלכה: (ב) ד"ה הכא תרגימו. בבבל תלמוד זה כו': (ג) ד"ה משום מזוני שמא לא יספי' לו לאח"כ: (ד) תוס' ד"ה איזהו כו' פרנס על הצבור ואיזהו תלמיד כו' כצ"ל ותיבות לסיות פרנס נמחק: (ה) בא"ד כל ששואלין אותו דבר הלכה ואפילו

רבינו גרשום

שבכרכין וכשהן באין בחמישי לא ידעו שקבלו עליהם תענית ואין מביאין מזון אלא לצורך השבת ולוקחין הכל לצורך ליל חמישי לפי שהתענו בו ומתייקר המזון לצורך השבת אבל כשגוזרין בשני כשבאין בשני לעיר שומעין כשגוזרין תענית וכשבאין בחמישי מביאין מזון כדי למכור ללילי חמישי ולשבת: מפסיקין בראשי חדשים אם אירעו בחמישי ושני הכתוב במגילת תענית דלא להתענאה בהון: אל יאמר תלמיד [אני] איני ראוי לכך להתענות. ר' יוסי אומר כל אדם נמי עושה עצמו וזכור לטוב: אפילו במס' כלה שאין רגילין להתעסק בו שאין שבח הוא לו שמתענה: דבר של שבח אינו עושה כגון החתן קורא ק"ש בלילה הראשון. של צער מתענה. ות"ח עושה. בין של שבח בין של צער: הרי זה מתענה ומשלים שנותנין עליו חומרי מקום שהלך לשם וחומרי מקום שיצא משם: אל יתראה בפניהם כשהוא שבע. אל ינהיג בעצמו עידונין. שלא יאמר הואיל שאכלת כל שהוא אוכל הרבה: והן רעיבין מפני הרעב: שמא ירגזו עליכם הדרך. שהרואה אתכם שאתם הולכין בדבר הלכה סבור נלחמים אתם ומתרגזים

גליון הש"ס גמ' המהלך בדרך אל יאכל כו'. עי' מג"א סי' קי ס"ק י:

and they interrupt[3] their fasts on New Moon [10b] and on such festive days as are enumerated in the Scroll of Fasts.[4]

The Rabbis have taught: Let not a man say, 'I am but a disciple and I am therefore not worthy to consider myself a *yaḥid*', since all Disciples of the Wise are accounted *yeḥidim*. Who is a *yaḥid?* And who is a *disciple?* A *yaḥid* is one worthy to be appointed Leader of the Community; a *disciple* is one who is asked any question of *halachah* connected with his studies and can answer it—even though it is on a subject dealt with in the Tractate Kallah.[5]

Our Rabbis have taught: Not everyone desirous to consider
a himself a *yaḥid* may do so;[1] a *disciple* however may do so; this is the opinion of R. Meir. R. Jose says: Anyone may do so, and may he be remembered for good, because it is not an advantage to him but a hardship. Another [Baraitha] teaches: Not everyone desirous to consider himself a *yaḥid* may do so; a *disciple* however may do so; this is the opinion of R. Simeon son of R. Eliezer. R. Simeon b. Gamaliel says: This only applies to things which are to his distinction[2] but in things which cause him hardship any one may do so and may he be remembered for good, because it is not an advantage to him but a hardship.

Our Rabbis have taught: If one fasted on account of some visitation and it passed, or for a sick person and he recovered, he should nevertheless complete his fast. If one journeys from a place where they do not fast to a place where they do, he should fast with them; from a place where they do fast to a place where they do not, he should nevertheless complete his fast. If he forgot and ate and drank let him not make it patent in public nor may he indulge in delicacies, as it is written, *And Jacob said to his sons: 'Why should you show yourself?'*[3] Jacob conveyed thereby to his sons, 'When you are fully sated do not show yourselves either before Esau or before Ishmael that they should not envy you'. See that ye fall not out by the way. R. Eleazar said: Joseph said to his brethren, 'Do not busy yourselves with questions of law lest the road become uncertain for you [you lose the way]'.[4] Is it really so; did not R. Elia b. Berackiah say: Two scholars who are journeying on the road and they do not discuss words of Torah merit to be devoured by fire, as it written, *And it came to pass, as they still went on and talked, that behold, there appeared a chariot of fire, and horses of fire, which parted them asunder?*[5]—[They parted asunder] only because they talked [of Torah] but if they had not talked they would have merited to be devoured by fire!—There is no contradiction. The latter case speaks of repeating one's studies, and the former of cogitation.

A Tanna taught: [Joseph said to his brethren] 'Do not take big strides and bring the sun into the city'. 'Do not take big strides': For a Master said: Big strides rob a man of one five-hundredth part of his eyesight. 'And bring the sun into the city': As Rab Judah said in the name of Rab: Let a man always leave [the city
b by 'daylight',[1] and enter it by 'daylight', as it is said, *As soon as the morning was light, the men were sent away.*[2] Rab Judah said[3] in the name of R. Ḥiyya: He who journeys on the road should not eat more than one eats in years of famine. Why? Here [in Babylonia] they explained the reason to be in order to prevent digestive troubles[4] but in Palestine they said, in order [to make] his provisions last [throughout the whole journey]. What is the difference

(3) Should any such festive day coincide with their fast days. (4) *Megillath Ta'anith*. A chronicle enumerating thirty-five eventful days in the history of the Jewish people on which fasting is forbidden. The Scroll was written between 66-70 C.E. V. Zeitlin, *Megillat Taanit*. (5) There are two explanations of the term *Kallah*. (*a*) It is the name of an apocryphal tractate of the Talmud not usually studied. (*b*) The term signifies the half-yearly assemblies in the Babylonian schools in Adar and Elul when a particular tractate was studied and the lecture sessions thrown open to all. V. Shab. 114*a* and commentaries ad loc.; *J.E.* VII, 423, and Ḳid., (Sonc. ed.) **49b** n. a4.

a (1) With reference to the first three fasts. (2) Cf. Ber. 16*b*. (3) Gen. XLII, 1. E.V. '*Why do you look upon one another.*' (4) [*Aliter:* 'Become unsafe for you'. Passers-by might be irritated by your disputes.] (5) II Kings II, 11.

b (1) Cf. Gen. I, 4. כי טוב applied by the Rabbis to the daylight. (2) Gen. XLIV, 3. (3) [*Var. lec.* insert: In the name of Rab.] (4) Which would retard the pace of the journey.

between the two [reasons]?—The difference is [11a] apparent in the case of a man on board ship[5] or of a man journeying from one inn to another.[6] R. Papa ate a piece of bread at every *parasang;* he was therefore of the opinion that the reason is in order to prevent digestive troubles.[7]

Rab Judah said in the name of Rab:[8] He who starves himself in years of famine escapes unnatural death, as it is said, *In famine He will redeem thee from death.*[9] [Scripture should have said] 'from *famine*'. This is therefore what [Scripture] meant to convey, As a reward for starving himself in years of famine one will escape unnatural death. Resh Laḳish said: A man may not have marital relations during years of famine, as it is said, *And unto Joseph were born two sons* before *the year of famine came.*[10] A Tanna taught: Childless people may have marital relations in years of famine.

Our Rabbis have taught: When Israel is in trouble and one of them separates himself from them, then the two ministering angels who accompany every man come and place their hands upon his head and say, 'So-and-so who separated himself from the community shall not behold the consolation of the community'. Another [Baraitha] taught: When the community is in trouble let not a man say, 'I will go to my house and I will eat and drink and all will be well with me'. For of him who does so Scripture says, *And behold joy and gladness, slaying oxen and killing sheep, eating flesh and drinking wine—'Let us eat and drink, for to-morrow we shall*
a *die'.*[1] What follows after this [verse]?—*And the Lord of Hosts revealed Himself in mine ears; surely this iniquity shall not be expiated by you till ye die.* This is the conduct of the ordinary man, but what does Scripture say of the conduct of the wicked? *Come ye, I will fetch wine, and we will fill ourselves with strong drink; and to-morrow shall be as this day.*[2] What follows after this [verse]? *The righteous perisheth, and no man layeth it to heart ... that the righteous is taken away from the evil to come.*[3] But rather a man should share in the distress of the community, for so we find that Moses, our teacher, shared in the distress of the community, as it is said, *But Moses' hands were heavy; and they took a stone, and put it under him, and he sat thereon.*[4] Did not then Moses have a bolster or a cushion to sit on? This is then what Moses meant [to convey], 'As Israel are in distress I too will share with them. He who shares in the distress of the community will merit to behold its consolation'.[5] Perhaps a man will say, 'Who is there to testify against me?' The very stones of his house and its beams testify against him, as it is written, *For the stone shall cry out of the wall, and the beam out of the timber shall answer it.*[6] In the school of R. Shila it was taught: The two ministering angels who accompany every man testify against him, as it is said, *For He will give His angels charge over thee.*[7] R. Ḥidḳa says: A man's own soul testifies against him, as it is said, *Keep the doors of thy mouth from her that lieth in thy bosom.*[8] And some say: A man's own limbs testify against him, as it is said, *Ye are*
b *my witnesses saith the Lord.*[1]

A God of faithfulness and without iniquity.[2] *'A God of faithfulness':* Just as punishment will be exacted of the wicked in the world to come even for a slight transgression which they commit, so too is punishment exacted in this world of the righteous for any slight transgression which they commit. *'And without iniquity':* Just as the righteous will receive their reward in the world to come, even for the least meritorious act which they do, so too are the wicked rewarded in this world even for the least meritorious act which they do. *Just and right is He:*[3] They [the Rabbis] said: When a man departs to his eternal home all his deeds are enumerated before him and he is told, Such and such a thing have you done, in such and such a place on that particular day. And he replies, 'Yes'. Then they say to him, 'Sign'. And he signs, as it is said, *He sealeth up the hand of every man.*[4] And what is even more, he acknowledges the justice of the verdict and he says, 'You have judged me well', in order that the words of Scripture may be fulfilled, *That thou mayest be justified when Thou speakest.*[5]

Samuel said: Whosoever fasts [for the sake of self-affliction] is termed a sinner. He is of the same opinion as the following Tanna. For it has been taught: Eleazar ha-Ḳappar Berabbi[6] says: What is Scripture referring to when it says [of the Nazirite], *And make atonement for him, for that he sinned by reason of the soul.*[7] Against which soul did he sin?[8] [It must refer to the fact that] he denied himself wine. We can now make this inference from minor to major: If this man [Nazirite] who denied himself wine only is termed, Sinner, how much more so he who denies himself the enjoyment of ever so many things. R. Eleazar says: He is termed, Holy, as it is said, *He shall be holy, he shall let the locks of the hair of his head grow long.*[9] If this man [Nazirite] who denied himself wine only is termed, Holy, how much more so he who denies himself the enjoyment of ever so many things. How will then Samuel explain the verse wherein he is termed, Holy?—That refers to the locks growing long. And how will R. Eleazar explain the statement that he is termed, Sinner?—That is because he defiled himself [by contact with the dead]. But did R. Eleazar say

(5) The former reason does not apply here, but the latter does. (6) Lit., 'from station to station', where he can obtain new provisions. The latter does not apply here but the former does. (7) [Of which he was not afraid owing to his corpulence, v. B.M. 84a.] (8) [MS.M. adds: In the name of R. Ḥiyya, cf. n. 3.] (9) Job V, 20. (10) Gen. XLI, 50.

a (1) Isa. XXII, 13. (2) Ibid. LVI, 12 (3) Ibid. LVII, 1. (4) Ex. XVII, 12. (5) [This sentence is omitted in MS.M.] (6) Hab. II, 11. (7) Ps. XCI, 11. (8) Micah VII, 5. Bosom is interpreted to mean, 'soul'.

b (1) Isa. XLIII, 10. (2) Deut. XXXII, 4. (3) [MS.M. reverses the application of the two texts.] (4) Job XXXVII, 7. (5) Ps. LI, 6. (6) Or 'Beribi' v. Nazir, (Sonc. ed.) 19a n. a1. *J.E.* s.v. Berabbi. (7) Num. VI, 11. E.V. *'dead'*. (8) He has sinned against his own soul. (9) Num. VI, 5.

דיתיב בארבא. שהולך בספינה משום מזוני ליכא משום מעיינא ליכא: מאוונא לאוונא. מקום מלון התגרים מכפר לכפר דמשתכחי מזוני וליכא למיחש למזוני ולמעיינא ליכא למיחש: כל פרסה ופרסה אכל ריפתא. קסבר רב פפא הא דאמר רבנן לא יאכל טפי משום מעיינא והיינו לא מיסתפי ממעיינא תורה אור

אסור לאדם לשמש מטתו בשני רעבון. ואם תאמר הרי יוכבד נולדה בין החומות ואותו העת עת רעב היה וע"כ שימשו מטותיהן בשני רעבון ויש לומר דלכ"ע לא הוי אסור אלא למי שרוצה לנהוג עצמו בחסידות ויוסף לא שימש אבל שאר בני אדם שימשו:

אמר שמואל כל היושב בתענית נקרא חוטא. וקשיא דאמרינן בפ' החובל (ב"ק דף צא: ושם) החובל בעצמו רשאי אבל אחרים שחבלו בו חייבים ומפרש התם הא דקאמר החובל בעצמו רשאי אמר שמואל ביושב בתענית אלמא משמע דשמואל קאמר דיושב בתענית לא נקרא חוטא ויש לומר דודאי הוי חוטא כדאמרינן הכא מקל וחומר מנזיר ומה נזיר שלא ציער עצמו אלא מיין וכו' אבל מכל מקום המצוה שהוא עושה התענית גדול יותר מן העבירה ממה שהוא מצער נפשו דמצוה לנדור כדאמרינן (סוטה דף ב.) הרואה סוטה בקלקולה יזיר עצמו מן היין ומכל מקום יש קצת חטא מידי דהוה *אמתענה תענית חלום בשבת דקורעין גזר דינו ונפרעין ממנו תענית של שבת ומאי תקנתיה ליתב תעניתא לתעניתיה*:

דיתיב בארבא אי נמי דקאזיל מאוונא לאוונא רב פפא כל פרסה ופרסה אכיל חדא ריפתא קסבר משום מעיינא אמר רב יהודה אמר רב *כל המרעיב עצמו בשני רעבון ניצל ממיתה משונה שנאמר °ברעב פדך ממות מרעב מיבעי ליה אלא הכי קאמר בשכר שמרעיב עצמו בשני רעבון ניצול ממיתה משונה אמר ריש לקיש אסור לאדם לשמש מטתו בשני רעבון שנאמר °וליוסף ילד שני בנים בטרם תבוא שנת הרעב תנא *חשוכי בנים משמשין מטותיהן בשני רעבון תנו רבנן בזמן שישראל שרויין בצער ופירש אחד מהן באין שני מלאכי השרת שמלוין לו לאדם ומניחין לו ידיהן על ראשו ואומרים פלוני זה שפירש מן הצבור אל יראה בנחמת צבור תניא אידך בזמן שהצבור שרוי בצער אל יאמר אדם אלך לביתי ואוכל ואשתה ושלום עליך נפשי ואם עושה כן עליו הכתוב אומר °והנה ששון ושמחה הרוג בקר ושחוט צאן אכול בשר ושתות יין כי מחר נמות מה כתיב בתריה ונגלה באזני ה' צבאות אם יכופר העון הזה לכם עד תמותון עד כאן מדת בינונים אבל במדת רשעים מה כתיב °אתיו אקחה יין ונסבאה שכר והיה כזה יום מחר מה כתיב בתריה °הצדיק אבד ואין איש שם על לב כי מפני הרעה נאסף הצדיק *אלא יצער אדם עם הצבור שכן מצינו במשה רבינו שציער עצמו עם הצבור שנאמר °וידי משה כבדים ויקחו אבן וישימו תחתיו וישב עליה וכי לא היה לו למשה כר אחת או כסת אחת לישב עליה אלא כך אמר משה הואיל וישראל שרויין בצער אף אני אהיה עמהם בצער וכל המצער עצמו עם הצבור זוכה ורואה בנחמת צבור *ושמא יאמר אדם מי מעיד בי אבני ביתו של אדם וקורות ביתו של אדם מעידים בו שנאמר °כי אבן מקיר תזעק וכפיס מעץ יעננה דבי רבי שילא אמרי שני מלאכי השרת המלוין לו לאדם הן מעידין עליו שנאמר °כי מלאכיו יצוה לך רבי חידקא אומר *נשמתו של אדם היא מעידה עליו שנאמר °משוכבת חיקך שמור פתחי פיך ויש אומרים אבריו של אדם מעידים בו שנאמר °אתם עדי נאם ה' °אל אמונה ואין עול כשם שנפרעין מן הרשעים לעולם הבא אפילו על עבירה קלה שעושין כך נפרעין מן הצדיקים בעולם הזה על עבירה קלה שעושין ואין עול כשם שמשלמין שכר לצדיקים לעולם הבא אפילו על מצוה קלה שעושין כך משלמין שכר לרשעים בעולם הזה אפילו על מצוה קלה שעושין צדיק וישר הוא *) (אמרו בשעת) פטירתו של אדם לבית עולמו כל מעשיו (*נפרטין) לפניו ואומרים לו כך וכך עשית במקום פלוני ביום פלוני והוא אומר (*הין) ואומרים לו חתום וחותם שנאמר °ביד כל אדם יחתום ולא עוד אלא שמצדיק עליו את הדין ואומר להם יפה דנתוני לקיים מה שנאמר °למען תצדק בדברך אמר שמואל כל היושב בתענית נקרא חוטא (א) סבר כי האי תנא דתניא *ר' אלעזר הקפר ברבי אומר מה תלמוד לומר °וכפר עליו מאשר חטא על הנפש וכי באיזה נפש חטא זה אלא שציער עצמו מן היין והלא דברים קל וחומר ומה זה שלא ציער עצמו אלא מן היין נקרא חוטא המצער עצמו מכל דבר ודבר על אחת כמה וכמה ר' אלעזר אומר נקרא קדוש שנאמר °קדוש יהיה גדל פרע שער ראשו ומה זה שלא ציער עצמו אלא מדבר אחד נקרא קדוש המצער עצמו מכל דבר על אחת כמה וכמה ולשמואל הא איקרי קדוש ההוא אגידול פרע קאי ולר' אלעזר הא נקרא חוטא ההוא דסאיב נפשיה ומי אמר רבי אלעזר הכי והאמר ר' אלעזר לעולם ימוד אדם עצמו כאילו

*) [נ"ל מלמד שבשעת כך אי' בשאלתות]

דבעל *כגון הוה ענין אחר כריסו רחבה כדאיתא בבבא מציעא (דף פד.) דקא חשיב אבריה דרב פפא וכאיש גבורתו ולפיכך יכול לאכול הרבה ואינו מזיק לו: מיתה משונה. מת בחרב וברעב וכל מיתה שאינה בידי מלאך המות כדרך כל אדם על מטתו: בשכר שמצער עצמו. כשישראל בצער: אסור לשמש מטתו בשני רעבון. דצריך אדם לנהוג צער בעצמו: חשוכי בנים. חסירי בנים (ג) דגרסינן במנחות (דף כט:) גבי מנורה ומי חסיכי כולי האי *שלא קיימו פריה ורביה: שני מלאכי שרת (ג) מלוין לו לאדם. אחד מימינו ואחד משמאלו דכתי' (תהלים צא) כי מלאכיו יצוה לך: הנה ששון ושמחה הרוג בקר ושחוט צאן אכול בשר ושתות יין כי מחר נמות ונגלה באזני ה' צבאות אם יכופר העון הזה לכם עד תמותון: זו מדת בינונים. שיראין מן המיתה כדכתיב בהו כי מחר נמות: אתיו אקחה יין ונסבאה שכר והיה כזה יום מחר. גדול יותר מאד: הצדיק אבד ואין איש שם על לב. מפני מה הוא מת מפני הרעה נאסף הצדיק מפני שלא יצטער הוא ברעה ואחר שהיא גזרה מלפניו כי מפני הרעה נאסף הצדיק ל"א מפני רעות של אלו הוא נאסף שאין הקב"ה רוצה שיבקש עליהם רחמים: כפיס. חצי לבינה ורגילין לתתה בין שתי נדבכי העצים: הכי גרסינן אבריו של אדם הן מעידין בו שנאמר ואתם עדי לשון רבים נאם ה': מאי דכתיב אל אמונה ואין עול כשם שמשלם כו' כך משלם לרשעים בעולם הזה כדי לטורדן מן העולם הבא וכדכתיב (דברים ז) ומשלם לשונאיו אל פניו להאבידו: ואין עול. שאין עושה (ד) דין בלא אמת ולדק: צדיק וישר. מצדיק הדין על הצדיקים לפרוע מהם ועושה טובה ויושרות עם הרשעים לפרוע כל זכותם בעולם הזה כדי לטורדן: ביד כל אדם יחתום. כותב מעשה כל אדם ומחתים (ה) יד על כל אדם לידע כל מעשיו: למען תצדק בדברך. שהוא מצדיק עליו בדבריך שאתה מרהה לו (ו): לשמואל קדוש יהיה. אגדל פרע קאי. שצערו אסור בהנאה אבל הוא עצמו לא נקרא קדוש ולר' אלעזר חוטא דכתיב כתרגומו מאשר חטא על הנפש פשט המקרא על שנטמא במת: וכי באיזה נפש חטא זה. מי הרג שנקרא חוטא שאין מצוה לצער עצמו כדאמרינן לדיקי (*מי) אכלי האי עלמא (והאיך) מי סני להו במס' הוריות (פ"ג דף י:): נקרא קדוש. רישיה דקרא קא דריש בשביל שמתוך כך מתמרקין עונותיו שמתענה: כאילו

לה א ב מיי' פ"ג מהל' תענית הלכה ח טוש"ע א"ח סי' תקעד סעיף ד: לו ג שם סעיף ה:

[גי' רש"א כשר] [לשון חיסור כמו לא תחסר. ערוך] [עי' בהגהות מהרי"ף שם] חגיגה טז. [ע"ש כמה שינויים] ג"ז שם [נ"ל נפרטין וכ"א בשאלתות] [נ"ל הן] [שבועות ח. סוטה טו. כריתות כו. ב"ק צא: נזיר יט. כב. נדרים י.] [נ"ל אין]

[ברכות לא: ולקמן יב:] [וע"ע תוס' ב"ק צא: ד"ה אלא ותוס' נזיר כ: ד"ה ואמאי]

[ואף לצדיק גמור צריך לצער עצמו עם הצבור שכן מצינו במשה רבינו שציער עצמו וכו' כך אי' בשאלתות פ' האזינו סימן קסג]

רבינו חננאל

והמרעיב עצמו בשני רעבון ניצל ממיתה משונה שנאמר ברעב פדך ממות. אסור לאדם לשמש מטתו בשני רעבון. תנא חשוכי בנים משמשין מטותיהן בשני רעבון. חייב אדם לצער עצמו עם הצבור שבזמן שפורש עצמו מן הצבור ב' מלאכי השרת המלוין אותו מניחין ידיו על ראשו ואומרים פלוני שפירש מן הצבור אל יראה בנחמת ישראל. אלא מיבעי ליה לצעורי עם הצבור שכן מצינו במרע"ה שציער עצמו עם הצבור שנאמר וידי משה כבדים וגו'. וכי לא היה לו כר או כסת לישב בה אלא רצה להצטער בצער צבור. ושמא תאמר מי מעיד בו. אבני ביתו. שנאמר כי אבן מקיר תזעק. ומלאכים השומרים אותו שנאמר כי מלאכיו יצוה לך וגו'. כתיב אל אמונה ואין עול. כשם שנפרעים מן הרשעים לעוה"ב אפילו בעבירה קלה כך נפרעין מן הצדיקים בעוה"ז וכשם שמשלמין שכר טוב בעוה"ב לצדיקים [אפי' על מצוה קלה] כך משלמין שכר טוב לרשעים אפילו על מצוה קלה בעוה"ז. בשעת פטירתו של אדם. כל מעשיו נפרטין לפניו. אומרים לו עשית במקום פלוני והוא אומר הן. אומרים לו חתום. וחותם שנאמר ביד כל אדם יחתום. ולא עוד אלא שמצדיק עליו את הדין ואומר יפה דנתוני שנא' למען תצדק בדברך וגו': אמר שמואל היושב בתענית נקרא חוטא. סבר לה כר' אלעזר הקפר בר' [דאמר] בשביל שציער עצמו מן היין קראו הכתוב חוטא שנאמר וכפר עליו מאשר חטא על הנפש המצער עצמו מכל מאכל ומשתה לא כ"ש. ושפני מה כתיב בו קדוש יהיה משום (דמרבי) [דמדכי] נפשיה מטומאה*). ור' אלעזר פליג עליה דאמר המצער עצמו לשם שמים כגון הנזיר וכיוצא

*) נראה מזה דרבינו היה לו גי' אחרת בכאן ההוא דמדכי נפשי' וכ"ה גי' רבינו גרשום כאן:

רבינו גרשום

ומתרגזים עליכם. בעיוני. לא עייני באורחא: משום מעיינא. שאם אוכל הרבה מתכבד במעיו ואין יכול לילך. משום מזוני דלא שכיחי באורחא: דיתיב בארבא. ליכא משום מעיינא ואיתא משום מזוני. דאזיל מאונא לאונא. דשכיחי מזוני. משום מזוני ליכא משום מעיינא איכא: רב פפא הוי אכיל סני: חסוכי בנים ולא כולי עלמא: זו מדה בינונית שהרי מזכירין יום המיתה כדכתיב כי מחר נמות: ההוא דמדכי בנפשיה. כלומר שנזיר שמצער עצמו מן הטומאה קרוי קדוש ולא ליושב בתענית. ההוא אשר חטא על הנפש דמסאב נפשיה על המת: כאילו קדוש שרוי בתוך מעיו ולא יתענה ר"ל

הגהות הב"ח

(א) גמ' כל היושב בתענית נקרא חוטא (סבר כי האי תנא) תא"מ ונ"ב ס"א שנאמר וכפר עליו מאשר חטא על הנפש וכי באיזה נפש חטא זה אלא שציער נפשו מן היין דתניא וכו' ולשמואל הא איקרי קדוש. נ"ב פירוש מדפליג אדשמואל אלמא דלשמואל לא נקרא קדוש אבל לר' אלעזר הקפר לא קשיא דלמא מודה דנקרא קדוש אלא דנקרא ג"כ חוטא אבל לשמואל קשיא דמשמע לדידיה לא נקרא קדוש ואע"פ דמודה שמואל דעושה מצוה בנזירתו מ"מ לא נקרא קדוש ובתר הכי פריך אר' אלעזר הא נקרא חוטא דמדפליג אשמואל אלמא דס"ל דלא נקרא חוטא: (ב) רש"י ד"ה חסוכי בנים חסירי בנים כמו דגרסינן במנחות: (ג) ד"ה שני וכו' שמלוין: (ד) ד"ה ואין עול שאין עושה דבר בלא דין: (ה) ד"ה ביד כל כו' ומחתים יד כל אדם על כל: (ו) ד"ה למען כו' שאתה מראה לו מה"ד וכי באיזה נפש חטא זה מי הרג שנקרא חוטא הס"ד ואח"כ מה"ד אלא שציער עצמו וכו' שאין מצוה לצער עצמו כדאמרינן אטו לדיקי אי אכלי תרי עלמא וכו' עד עונותיו שמתענה מה"ד לשמואל קדוש יהיה וכו' לא נקרא קדוש הס"ד ואח"כ מה"ד ולר' אלעזר וכו' שנטמא במת הס"ד:

גמרא

כאילו קדוש שרוי בתוך מעיו שנאמר °בקרבך קדוש ולא אבוא בעיר לא קשיא **הא דמצי לצעורי נפשיה הא דלא מצי לצעורי נפשיה ר"ל אמר נקרא חסיד שנאמר °גומל נפשו איש (א) (*חסיד) ועוכר שארו אכזרי וגו' אמר רב ששת האי בר בי רב דיתיב בתעניתא ליכול כלבא לשירותיה אמר רבי ירמיה בר אבא *אין תענית צבור בבבל אלא תשעה באב בלבד (*אמר) ר' ירמיה בר אבא אמר ריש לקיש 'אין תלמיד חכם רשאי לישב בתענית מפני שממעט במלאכת שמים: אוכלין ושותין משחשיכה כו': אמר רבי זעירא אמר רב הונא 'יחיד שקיבל עליו תענית אפילו אכל ושתה כל הלילה °למחר הוא מתפלל תפלת תענית 'לן בתעניתו (ב) אינו מתפלל של תענית אמר רב יוסף מאי קסבר רב הונא סבירא ליה אין מתענין לשעות או דלמא מתענין לשעות והמתענה לשעות אינו מתפלל תפלת תענית אמר ליה אביי לעולם קסבר רב הונא מתענין לשעות והמתענה לשעות מתפלל תפלת תענית ושאני הכא דאיכא שעות דליליא דלא קביל עליה מעיקרא *מר עוקבא איקלע לגינזק בעו מיניה מתענין לשעות או אין מתענין לשעות לא הוה בידיה קנקנין של נכרים אסורין או מותרין לא הוה בידיה *במה שימש משה כל שבעת ימי המלואים לא הוה בידיה אזל ושאיל בי מדרשא אמרו ליה 'הלכתא מתענין לשעות ומתפללין תפלת תענית 'והלכתא קנקנין של נכרים לאחר שנים עשר חדש מותרין במה שימש משה כל ז' ימי המלואים בחלוק לבן רב כהנא מתני בחלוק לבן שאין לו אימרא אמר רב חסדא

הא

רש"י

כאילו קדוש שרוי בתוך מעיו. כאילו כל מעיו קדוש ואסור להכחישן דהכי משמע בקרבך קדוש כלומר דאסור להתענות (ג) בקרבך קדוש רישיה דקרא קדוש בשביל שקדוש שרוי בקרבך לא אבוא בעיר של מעלה עד שתבנה ירושלים של מטה ורמיזה בעלמא הוא: הא דמצי לצעורי נפשיה. יכול לסבול התענית משבחו הקב"ה אבל מי שאינו יכול להתענות נקרא חוטא: נקרא חסיד. המתענה דכתיב גומל נפשו איש חסד מפריש עצמו ממאכל ומשתה כמו ביום הגמל את יצחק (בראשית כא) שבריה"ר בלע"ז מפי מורי אי נמי גומל לשון תגמול שמשלים נפשו לקוט (ד): ועוכר שארו. המתענה ומכחיש בשרו נקרא אכזר: שממעט במלאכת שמים. חלש הוא ואינו יכול ללמוד: לשירותיה. סעודתו כלבא ליכול סעודתו ולכך המתענה אינו מועיל לו אלא כמי שמתענה מפני שאין לו מה יאכל: אין תענית צבור בבבל. לענין איסורי חומרי תענית אמר ר' ירמיה למילתיה שהיו נוהגין בו כעין אבילות שהיו אוכלין מבעוד יום ואסורין בנעילת הסנדל אלא תשעה באב בלבד: יחיד שקיבל עליו תענית. מאתמול (ה) הרי אני יושב בתענית למחר אפילו אכל ושתה כל הלילה עד עמוד השחר למחר מתפלל תפלת תענית עננו: לן בתעניתו. באותו תענית שקיבל עליו שלא אכל במוצאי תעניתו ולן כל אותו הלילה לשם תענית עד הבקר: למחר אין מתפלל תפלת תענית. אינו יכול להתפלל (ו) עננו קודם שיאכל כדי לצאת ידי חובת תענית של לילה אע"פ שהוא יום אחד דכתיב (בראשית א) ויהי ערב ויהי בקר יום אחד ולקמן מפרש ואזיל מאי טעמא אין מתפלל למחר עננו: והכי גרסינן מאי קסבר רב הונא מיסבר קסבר אין מתענין לשעות או דלמא קסבר מתענין לשעות והמתענה לשעות אינו מתפלל תפלת תענית אמר אביי לעולם קסבר מתענין לשעות (*ומתפלל) תפלת תענית כו'. פירוש מאי קסבר רב הונא אין מתענין לשעות כלומר האי דקאמר למחר אין מתפלל תפלת תענית לכך אינו מתפלל דקבלת תענית זה אינו קבלה ואינו תענית כלל ואם רוצה לאכול ולסעוד בתוך התענית הרשות בידו דאין מקבלין תענית לשעות כגון זה שלא קיבל תענית של לילה זה מאתמול (ז) כדקתני לן בתעניתו דמשמע מאליו כשהחשיך ובא לסעוד עמד ולא אכל כלומר שהיה בדעתו לאכול עד שעבר מקצת הלילה שעה אחת או שתי שעות ואחר כך נמלך ולן בתעניתו או דלמא האי דקאמר רב הונא למחר אין מתפלל תפלת תענית לאו משום דאין מתענין לשעות דשם תענית עליו ואם רוצה לחזור בו ולטעום אחר שהתחיל בתענית אינו יכול אלא להכי אינו מתפלל תפלת תענית דסבר אין תענית של שעות חשוב וחמור כל כך שיהא צריך להתפלל עליו עננו: לעולם קסבר. בעלמא דמתענין לשעות והמתענה לשעות מתפלל תפלת תענית והכא מאי טעמא אין מתפלל תפלת תענית דשאני הכא היכא דהתענה אתמול ובלילה לן בתעניתו דלא קיבלה עילויה (ח) שלא קיבל עליו תענית זה בפני עצמו מאתמול כדרך שאר מתענין לשעות ואינו חשוב להתפלל עליו עננו: מר עוקבא איקלע לגינזק. גרסינן דאילו ר' עקיבא לא היה מסתפק לו הנך בעיי ועוד דבלשון ברייתא הוה משתעי ביה מעשה ברבי עקיבא כו' ולא בגמרא*: קנקנים של חרס. שמכניסין בהן יין לקיום אסור להשתמש בהן: במה שימש משה. דאילו באהרן כתיב בגדי כהונה דכתיב (שמות כט) והלבשתם שבשעה שהיה משה עובד אהרן היה לבוש בגדי כהונה ועבודה דמשה גזירת הכתוב הוא ובגדי כהונה לא מלינו בו ומסתמא אין הדבר כשר שהיה עובד בבגדיו של חול שיולא בהן לשוק: לאחר שנים עשר חדש. הולך טעם יין נסך ומותרים בלא עירוי מים אבל תוך י"ב חדש לריך עירוי שלשה ימים מעת לעת: בחלוק לבן. של פשתן עשוי לשם כך: רב כהנא מתני. כי האי לישנא: בחלוק לבן שאין בו אימרא. שפה מתרגמינן אימרא (שם כח) (ט) כלומר *תחוב היה מחוט אחד כל החלוק ולא כבגדים שלנו שבתי הידים מדובקין בבגד הגוף בתפירה כדי שלא יחשדוהו שמא באותה שפה הוליא מעות הקודש משום שנאמר (במדבר לב) והייתם נקיים מה' ומישראל:

הא

תוספות

כאילו קדוש. הקב"ה (י) פירוש והא אמר לעיל שנקרא קדוש כלומר שהיושב בתענית נקרא קדוש ומשני לא קשיא: גומל נפשו. פירוש שגומל חסד לנפשו שאינו מתענה נקרא חסיד: אין תענית לבור בבבל אלא תשעה באב בלבד. פירוש שהיה להם הרבה גשמים:

יחיד שקיבל עליו תענית אע"פ שאכל ושתה כל הלילה מתפלל תפלת תענית. תימה אמאי נקט יחיד לדבור נמי כדאמרינן במתני' (לעיל דף י:) דעושין שלשה תעניות ואוכלים משחשיכה וצ"ע: לן בתעניתו. פירוש שהתענה היום ובלילה לא אכל ולן בתעניתו אע"ג שהלילה היא מכח תענית שקיבל עליו אינו מתפלל תפלת תענית ובה"ג יש אוכל ומתפלל תפלת תענית ומפרש כמו הכא דבשחרית אומר תפלת תענית אע"פ שאכל כל הלילה ויש מתענה שאינו מתפלל כמו בערבית אע"פ שלא אכל ומפרש בהלכות גדולות דאין אומרין עננו בתפלת שחרית שמא נמלא שקרן בתפלתו דשמא לא יסיים התענית ולי נראה דלא נקרא שקרן כיון שהיה בדעתו להתענות אפילו אקרי אונס אחר כך ולא מצי לצער נפשיה לא גרע ממתענין לשעות וכן משמע מהא דתנן (לקמן דף יט.) ירדו להם גשמים קודם חצות אינן משלימין ומסתמא משמע שאמרו תפלת תענית מכל מקום אין זה ראיה גמורה דשמא לא אמרוה ומהא דלקמן (דף יג:) גבי רב הונא בריה דרב יהושע בריה דרב אידי *דיתיב בתעניתא מדאמרו ליה ליזוף מר וליפרע ואמר להו תענית חלום הוא אמאי לא אמר מפני שאמר תפלת תענית אין זה ראיה (כ) לדברי ה"ג דלא היה דעתו להתענות מבעוד יום ולא קבל עליו וכתב הר"מ מי שלא קבל עליו מבעוד יום דאין אומר עננו אי לאו דתענית חלום הוא ונוהגים שליח לבור אומרו בשחרית כדי להודיע לעולם ולהזכיר התענית אבל יחיד אינו אומר עד המנחה [ובטור אורח חיים (סי' תקסה) אומר שליח לבור אומר בכל פעם שאי אפשר שלא יתענו קצת מקהל עכ"ל]:

תורה אור

בקרבך קדוש — הושע יא
גומל נפשו — משלי יא

מסורת הש"ס

[נ"ל חסד]

[לקמן יג: ע"ש פסחים סח: ע"ש] [נ"ל ואמר]

ע"ז לד. [ע"ש בתוס' ד"ה ר' עקיבא]

[עי' תוס' חגיגה ו: ד"ה מאי נ"מ ותוס' סנהדרין טו: ד"ה שור סיני]

[נ"ל מתענין לשעות והמתענה לשעות מתפלל]

[ועמ"ש תוס' בע"ז לד. ד"ה ר"ע וכו' על דברי רש"י דהכא]

[נ"ל אריג יעב"ץ]

עין משפט נר מצוה

לז א טוש"ע א"ח סי' תקסה סעיף א:

לח ב מיי' פ"ג מהלכות תענית הלכה יא טוש"ע א"ח סי' תקסח סעיף ו:

לט ג טוש"ע א"ח סי' תקסה סעיף ג:

מ ד מיי' פ"א מהלכות תענית הלכה י סמג עשין ג טוש"ע א"ח סי' תקסב סעיף ז:

מא ה מיי' שם הלכה יא סמג שם טור ש"ע א"ח שם סעיף ט:

מב ו מיי' שם הלכה יב טוש"ע שם סעיף י:

מג ז מיי' פי"א מהלכו' מאכלות אסורות הלכה טו סמג לאוין קמח טוש"ע יו"ד סי' קלה סעיף טו:

[לפנינו איתא שזה היה רב יהושע בריה דרב אידי]

רבינו חננאל

וכיוצא בו [נקרא] קדוש כדכתי' קדוש יהיה. א"ל מה ת"ל מאשר חטא על הנפש בנזיר שנטמא הכתוב מדבר ומפני שנטמא נקרא חוטא. ור"ל אמר המונע עצמו מן התעניות הוא חסיד שנאמר גומל נפשו איש חסד. הגומל טוב לנפשו איש חסד: א"ר ירמיה אין ת"ח רשאי לסגף עצמו בתענית מפני שממעט (עצמו) במלאכת שמים. אמר רב הונא יחיד שקבל עליו תענית ב' ימים זה אחר זה אפילו אוכל ושותה כל הלילה כו'. הדין בזמן שקבל עליו יום אחד או ב' ימים תענית דינם אחד להבין פירושו בשני ימים מיום אחד. וכן פירושו. אדם שקבל עליו להתענות שני ושלישי והתענה יום ב' ובערב אכל ושתה למחר *) עוד ביום ג' מתענה ומתפלל תפלת תענית **) אע"פ שמתענה רוב יום ג' מפני שלא קבל עליו מיום ב' להתענות יום ג' ונמצא תעניתו ביום ג' תענית שעות דהא לא קיבל תענית מאתמול. ועל זה מדקדק רב יוסף מ"ט דרב הונא. מי אמרינן קסבר רב הונא מתענה לשעות. והמתענה לשעות אינו מתפלל תפלת תענית. לפיכך אמר למחר אינו מתפלל תפלת תענית. או דלמא קסבר רב הונא אין מתענין לשעות ואינם תענית כלל. לפיכך אינו מתפלל תפלת תענית. ואמר אביי לעולם קסבר רב הונא מתענין לשעות והמתענה לשעות מתפלל תפלת תענית. ושאני הכא דלא קביל עליה מעיקרא. ועוד לא היה בדעתו להשלים תעניתו עד הערב. וקיי"ל כל תענית [illegible] לאו שמיה תענית לפיכך ***) תמצא תענית שעות. ומסתברא דמי שנזדמן לו ולא אכל עד שעבר רוב היום וכיון שראה כך הסכים לצום ולהשלימו אותו יום בתענית זהו תענית שעות ומתפלל באותה שעה שהסכים להשלימו תענית שעות תפלת תענית עננו בשומע תפלה. ודווקא אחר שקבל עליו לעצמו ****) שמתפלל תפלת תענית אבל מקודם לא: ר"ע אקלע לגינזק בעו מיניה מתענין לשעות כו' ואסיקנא הלכתא המתענה לשעות מתפלל תפלת תענית וקנקנים (שלמים) [ישנים] ששימשו בהן עובדי כוכבים ביין שלהן לאחר שישפכו היין מהן אם ישארו ריקים י"ב חודש מותר לישראל להטיל בהן יין להשתמש בהן.

אמר

*) דברי רבינו כמו שהם לפנינו אין לו שום ביאור כלל ועי' ברא"ש כאן והמאה"ג וי' רבינו ז"ל ופירושו באר היטב. **) חסר כאן ואולי צ"ל לן בתעניתו כלומר אם לא קבל עליו תענית אלא יום ב' בלבד והתענה אותו היום ובלילה נמלך ולן בתעניתו למחר אין מתפלל תפלת תענית אע"פ שמתענה יום ב' ויום ג' כו' ועי' ברי"ף. ***) אולי צ"ל לא נקרא תענית שעות. ****) אולי צ"ל עצמו להשלים התענית מתפלל תפלת תענית.

רבינו גרשום

ר"ל אמר יושב בתענית נקרא חסיד שנא' גומל נפשו איש חסד שפירש עצמו מליכל כמו ויגמל: ממעט במלאכת שמים. שאינו יכול לעסוק בתורה: יחיד שקיבל עליו תענית. כראוי מבעוד יום. לן בתענית. ה"ק אם לא קבל מבעוד יום אלא בצפרא קבל עליה להתענות חצי היום ובחצי היום קבל עליה להתענות ולא קבל עליה כלום והתענה אף למחר אין מתפלל תפלת תענית שכבר יצא בתפלת תענית דאתמול. ושאני הכא דלא קביל עליה מאורתא כלומר באותו יום שמתענה לשעות מתפלל תפלת תענית אבל הכא דלן בתעניתו עבידה להאי תענית שני בתענית אריכא שהוא מאתמול שעדיין לא אכל וכיון שהתפלל אתמול תפלת תענית אין צריך להתפלל היום: מתענין לשעות שמקבלין תענית ביום אע"ג דלא קביל עליה מאורתא: קנקנים של עובדי כוכבים שנשתמש בהן יין. לאחר שנים עשר חדש. לאחר שנשתמשו בו עובדי כוכבים: בחלוק לבן שאין לו אימרא. שאין לו שפה כדי שלא יחשדוהו שמא באותה שפה הכניס מעות הקדש משום שנאמר והייתם נקיים:

גליון הש"ס

גמ' הא דמצי לצעורי. עי' לקמן דף כב ע"ב תוד"ה ר' יוסי: שם למחר הוא מתפלל תפלת תענית. מדברי רש"י שבת קל ע"ב ד"ה ערבית נראה שלא היה לרש"י שם הגי' כאן תיבת למחר:

הגהות הב"ח

(א) גמ' שנאמר גומל נפשו איש חסד: (ב) שם אמר ר' ירמיה בר אבא אמר ריש לקיש אין ת"ח וכו' שממעט במלאכת שמים אמר רב ששת האי בר בי רב וכו' אלא תשעה באב בלבד אוכלין כו': (ג) שם לן בתעניתו למחר אינו מתפלל: (ד) רש"י ד"ה כאילו וכו' דאסור להתענות הס"ד ואח"כ מ"ה בקרבך קדוש כו': (ה) ד"ה יחיד וכו' מאתמול כגון שאמר הרי אני יושב: (ו) ד"ה למחר וכו' אינו יכול להתפלל: (ז) ד"ה מאי וכו' מאתמול: (ח) ד"ה לעולם וכו' שלא קיבל עליו: (ט) ד"ה בחלוק וכו' אימרא (שם כח) כלומר: (י) תוס' ד"ה כאילו קדוש הקב"ה: (כ) ד"ה לן בתעניתו וכו' אין זה ראיה לדברי ה"ג דלא היה דעתו:

so? Did he not say: Let a man always consider himself [11b] as if the Holy One dwells within him, as it is said, ***The Holy One in the*** a ***midst of thee, and I will not come in fury?***[1]—This is no contradiction. The one speaks of him who is able to bear self-affliction and the other of one who is not able. Resh Laḳish says: He is termed, Pious, as it is said, *The Pious man*[2] ***weans his own soul; but he that is cruel*** etc.[3] R. Shesheth said: The young scholar who would afflict himself by fasting let a dog devour his meal.[4]

R. Jeremiah b. Abba said: There are no public fasts[5] in Babylonia except [the Fast of] the Ninth of Ab.[6] R. Jeremiah b. Abba further said in the name of Resh Laḳish: A scholar may not afflict himself by fasting because he lessens thereby his heavenly work.[7]

THEY MAY EAT AND DRINK AFTER IT GETS DARK etc.—R. Ze'ira said in the name of R. Ḥanina: An individual who has undertaken to fast though he may have eaten and drunk the whole of the [preceding] night, yet on the morrow he should recite the [special] prayer for fast days; if, however, he has continued his fast throughout the following night he may not recite the b prayer for fast days [on the next day].[1] R. Joseph asked: What view does R. Huna take? Does he take the view that one cannot [undertake a] fast for a matter of hours? Or perhaps one can undertake a fast for hours, but if one does so he should not recite the [special] prayer for fast days?[2]—Abaye replied to him: It is quite definite R. Huna may hold the opinion that one can undertake a fast for a matter of hours and if one does so he may recite the [special] prayer for fast days, but here the case is different since he did not previously take upon himself[3] [to fast]. Mar 'Uḳba[4] chanced to come to Ganzaka[5] and he was asked: Is fasting for a matter of hours considered a fast or not? and he was unable to answer. [They then asked him] are wine-jars belonging to idolaters prohibited for use or not and he was unable to answer; [he was then asked] in which [garments] did Moses perform the service [in the Tabernacle] during the seven days of consecration[6] and he was unable to answer. He went and inquired in the House of Learning and he was told, the law is that fasting for a matter of hours is considered a fast and we do recite the [special] prayer for c fast days [if one has completed the fast].[1] Further the law is that wine-jars belonging to idolaters may be used after twelve months; Moses performed the service during the seven days of consecration dressed in a white frock. R. Kahana taught: In a white frock without a border.[2]

a (1) Hosea XI, 9. R. Eleazar holds the view that the divine is ever present in man. How could then a man who fasts be called holy seeing that he humiliates God through his fasting. (2) E.V. '*merciful*'. Resh Laḳish takes איש חסד as denoting חסיד. (3) Prov. XI, 17. Resh Laḳish takes גמל in the sense of, to wean (e.g., Gen. XXI, 8). He refrains from food (Rashi). [*Aliter:* Resh Laḳish considers the one who does not fast as pious. On this view the verse is rendered: The pious man doeth good to his own soul, v. Tosaf. s.v. גומל.] (4) He deserves to have no food on which to break his fast. (5) Observed with the same strictness as the fast of the ninth of Ab. (6) [The reference is (*a*) to rain fasts of which some were subject to the stringencies of the ninth of Ab (v. *infra* 30*a*). As Babylon could do with a minimum of rain (v. *supra*) such fasts were not decreed (v. Tosaf. s.v. אין); (*b*) To fasts decreed for some visitation. Since there was no Sanhedrin in Babylon they were not treated as public fasts. An exception to this rule is the ninth of Ab which has been decreed for all generations by a Sanhedrin of a former age, v. Me'iri, a.l.] (7) He weakens himself by fasting and consequently his studies suffer.

b (1) Every fast must be explicitly undertaken on the preceding day. קבלת תענית In the case where he merges one day's fast into another for which he has failed to make that undertaking he is not entitled to recite the עננו prayer*(v. *P.B.* p. 50) since the second day's fast in the absence of the undertaking is considered no fast and can be broken at will (Rashi). (2) [I.e. is R. Huna's view that a fast that has not been undertaken in the preceding day is considered no fast at all, and consequently may be broken at will, or though the fast prayer is not provided for such a fast, it is nevertheless considered a fast in so far that once begun it has to be continued to the end of the stipulated time (Rashi). For other interpretations v. R. Ḥananel and R. Gershom.] (3) [I.e., the question whether fasting by hours is considered a fast has no bearing on R. Huna's case where the individual incidentally merged one day's fast into another without at all intending the second day to be a fast. Where, however, a man vows to fast for a number of hours, the fast indeed may be considered a fast in every respect (Rashi).] (4) The parallel passage in A.Z. 34*a* has R. Akiba. (5) Ganzaka, identified with Shiz S.E. of Lake Urmia, N.W. Persia. V. Obermeyer, p. 10. (6) Lev. VIII, 33. Aaron we know did put on special priestly garments for the occasion. Cf. Ex. XXIX, 29-30.

c (1) [Cf. MS.M.: 'and he who fasts by hours recites the fast prayer'; v. also A.Z. loc. cit.] (2) To indicate that it was for temporary ministration only. V. Tosaf. A.Z. 34*a*.

*See Corrigenda.

R. Ḥisda said: [12a] With reference to what you said that one may fast for a matter of hours this only applies if [the man concerned] had not tasted anything until the evening. Abaye said to him: This is then a full fast!—This speaks of a case where the fast was only an after thought.[3]

R. Hisda further said: A fast over which the sun has not set cannot be deemed a fast. An objection was raised against this. The men of the *Mishmar* fast but do not complete [the day].—[There fasting] is merely in order to afflict themselves [in sympathy with the community].[4]

Come and hear: R. Eleazar b. Zadok said: I am a descendant of *Sena'ah*[5] of the tribe of Benjamin; once the [fast of] the ninth of Ab fell on the Sabbath and we postponed it until the day after the Sabbath and we fasted but did not complete the fast because it was our festive day![6]—There too the fasting was merely in order to afflict themselves [in sympathy with the community].

Come and hear: R. Joḥanan [once] said: 'I will fast until I return home'!—There he said this merely in order to evade the hospitality of the house of the Nasi.[7]

Samuel said: A fast which one does not undertake before sunset on the previous day is not deemed to be a fast. But what if a man does observe such a fast?—Rabbah b. Shila replied: It may be compared to a pair of bellows filled with wind.[8] At what time should one undertake such a fast?—Rab said: During the time that one may read the Afternoon Service, and Samuel said, In the course of the Afternoon *Tefillah*. R. Joseph said: The view of Samuel appears the more reasonable, since it is written in the Scroll of Fasts: Therefore any man who has been subject to a fast previous to this [i.e., the incidence of these festive days]
a should bind himself[1] [by an undertaking]. Does this not refer to an undertaking made during prayer?[2]—No; this only denotes that he is forbidden [to break his fast because of his previous undertaking]. R. Ḥiyya and R. Simeon b. Rabbi differ on this question. One reads[3] *yesar*[4] ['he should bind himself by his undertaking'] and the other reads, *yeaser*[5] [he is forbidden, i.e., to break his fast]. The one who reads, *yesar*, justifies his view in the way we have just stated, but the one who reads, *yeaser*, what does this mean?—It has been taught in the Scroll of Fasts: Any man who is subject to a fast previous to this [incidence of these festive days] is forbidden [to break his fast]. How is this to be understood? If a man undertook to fast on Mondays and Thursdays throughout the year and any of the festive days enumerated in the Scroll of Fasts happens to fall on those days, then if his vow was made previous to our decree his vow overrides our decree, but if our decree was made before his vow then our decree overrides his vow.

Our Rabbis taught: Until when may one eat and drink [on the night preceding a fast]? Until the rise of dawn; this is the opinion of Rabbi. R. Eliezer b. Simeon says: Until cock crow. Abaye said: This only holds good where a man had not yet finished his meal, but if he had finished his meal he may not eat again.

Raba raised an objection against this: If one had completed his meal and rose from the table, he may eat further!—There it speaks of the case where he had not yet removed the [table].[6] Some say, Raba said: This holds good only when he has not gone to sleep, but if he has gone to sleep he may not eat again. Abaye raised an objection against this: If one had gone to sleep and then got up he may eat again!—There it speaks of the case where he was merely dozing. What constitutes dozing?—R. Ashi replied:

(3) R. Ḥisda's interpretation of fasting for a matter of hours is this. A man was too occupied for the first half of the day to have a meal and decides that he would end the day without food so as to make it constitute a fast. In such special circumstances the fast is a valid one, though the man had not explicitly undertaken it on the day previous (V. Rashi). (4) V. Mishnah *infra* 15b and notes. (5) Cf. Ezra II, 35. The Gemara reads *Sena'ab*. (6) V. *infra* 26a. (7) V. Glos. (8) I.e., of no significance.

a (1) The text reads, ייסר. (2) בצלו in prayer. ייסר בצלו an undertaking made during the *Minḥah Tefillah* the day previous. (3) In the text of the Scroll of Fasts. (4) ייסר. (5) יאסר. (6) The meal is not looked upon as ended.

הא דאמרת מתענין לשעות והוא שלא טעם כלום עד הערב א"ל אביי הא תענית מעלייתא היא לא צריכא דאימלך אימלוכי ואמר רב חסדא *כל תענית שלא שקעה עליו חמה לאו שמיה תענית מיתיבי *אנשי משמר מתענין ולא משלימין התם לצעורי נפשיה בעלמא הוא תא שמע *דא"ר אליעזר (*בן צדוק) אני מבני בניו של *סנאב בן בנימין ופעם אחת חל ט' באב להיות בשבת ודחינוהו לאחר השבת והתענינו בו ולא השלמנוהו מפני שיו"ט שלנו הוא התם נמי לצעורי נפשיה בעלמא הוא תא שמע *דאמר רבי יוחנן אהא בתענית עד שאבוא לביתי התם לשמוטיה נפשיה מבי נשיאה הוא דעבד אמר שמואל כל תענית שלא קיבל עליו מבעוד יום לאו שמיה תענית ואי יתיב מאי אמר רבה בר בר שילא דמי למפוחא דמליא זיקא אימת מקביל ליה רב אמר במנחה ושמואל אמר בתפלת המנחה אמר רב יוסף כוותיה דשמואל מסתברא דכתיב במגילת תענית להן כל איניש דייתי עלוהי מקדמת דנא ייסר מאי לאו ייסר עצמו בצלו לא יאסר עצמו פליגי בהא רבי חייא ורבי שמעון ברבי חד אמר ייסר וחד אמר יאסר (א) מ"ד ייסר כדאמרינן למאן דאמר יאסר מאי היא דתניא במגילת תענית כל איניש דייתי עלוהי מקדמת דנא יאסר כיצד יחיד שקיבל עליו שני וחמישי (ושני) של כל השנה כולה ואירעו בם ימים טובים הכתובין במגילת תענית אם נדרו קודם לגזרתנו יבטיל נדרו את גזרתנו ואם גזרתנו קודמת לנדרו תבטל גזרתנו את נדרו תנו רבנן עד מתי אוכל ושותה עד שיעלה עמוד השחר דברי רבי *רבי אליעזר בר שמעון אומר עד קרות הגבר אמר *אביי לא שנו אלא שלא גמר סעודתו אבל גמר סעודתו אינו אוכל איתיביה *רבא גמר ועמד הרי זה אוכל התם בשלא סילק איכא דאמרי אמר רבא לא שנו אלא כשלא ישן אבל ישן אינו אוכל איתיביה אביי (ג) ישן ועמד הרי זה אוכל התם במתנמנם *היכי דמי מתנמנם אמר רב אשי נים

רש"י

הא דאמרת מתענין לשעות והוא שלא טעם כלום אותו היום. כלומר לא אמרו במתענה שאכל בו ביום כגון שהתחיל להתענות עד חצי היום וא"ת אכל דאין זה עינוי ואם אכל קודם חצות אין בכך כלום דאינו תענית של כלום אלא כשהשלים כל היום אע"פ שלא קיבלו עליו מאתמול וצריך אני דקבל עליו להתענות עד חצי יום והדר מתענה כל היום האי תעניתא מעלי' הוא ופשיטא דתענית גמור הוא ואפילו תפלת תענית נמי מתפלל עליו ולא איצטריך לאוקומי הלכה בהכי דזהו תענית גמור והאי מקשה סבר דהאי הלכה מתענין לשעות כמשמעו דיכול להתענות עד חצי היום מתענה קרינא ביה: לא צריכא דממליך אימלוכי. כלומר לא היה בדעתו כלל להתענות אלא אתא ליה טרדא ולא אכל עד חצי היום וכי מטא חצי יום ממליך אמר הואיל והתעניתי עד חצי היום אתענה כל היום: שלא שקעה עליו חמה. שלא התענה עד אותה שעה: אנשי משמר. כהנים ולוים העובדין מתענין כדלקמן בפרק סדר תעניות: ולא משלימין. לפי שהן עסוקין בעבודה ואין יכולים להשלים אלמא אע"ג דאינו משלים מתענה קרי ליה: לצעורי נפשייהו. עם הצבור אבל אינו תענית לא להתפלל תפלת ענינו ולא לקובעו עליו חובה כלל וכל שעה שהוא רוצה לאכול אוכל: מבני (סנאב) בן בנימין. משבט בנימין: שיו"ט שלנו היה. כדלקמן בשלשה פרקים (דף כו.) זמן עצי כהנים והעם כו' עד בחמשה באב בני פרעוש בן יהודה בעשרה בו בני (סנאב) בן בנימין שעל ידי מעשה קבעו להן חכמים להתנדב עצים ולהביא למערכה וכשמגיע זמנו מביאין אותן ומדליקין אותן על גבי המזבח אע"פ שהיו שם שאר עצים הרבה משא"כ בשאר מתנדבי עצים דאין מבערין אותן בזמן שיש עצים אחרים במסכת מנחות (דף קו:) אמרינן המתנדב עצים לא יפחות משני גזירין ועצים טעונין קמיצה טעונים הגשה כו': דאמר רבי יוחנן. פעמים שהיה אומר אהא בתענית עד שאבוא לביתי ולאו מטי לביתיה בשתים או בג' שעות ביום הוה אכיל וקרי ליה מתענה: לשמוטיה נפשיה מבי נשיאה. דלא ליטרחוהו למיכל בהדייהו שהיה מבקש הימנו שיאכל עמו היה אומר כן שלא יטריחנו לאכול עמו ומיהו לא הוי תענית שאם היה רוצה היה אוכל מיד ואין בנדרו כלום: ואי יתיב מאי. מי סליק לתענית אי לא: למפוחא. הוא המפוח שנופחין בו הנפחין את האור המתמלא ברוח אף זה נתמלא רוח שלא אכל בחנם: במנחה. בזמן המנחה ואפילו בשוק אומר הריני מחר בתענית: בתפלת המנחה. בסופה (ג) תוספת רילוי ותחנונים עד שאומר הריני מחר בתענית ודוקא נקט מנחה משום דסמוך להתחלת יום תעניתו לאפוקי תפלת יוצר ודיקא נמי מדפסיק שמואל ופליג אדרב דאמר בזמן המנחה שיעורא יתירה: כדכתיב במגילת תענית. לסוף ימים טובים הכתובים במגילת תענית כתיב בה מקדמת דנא ייסר לעיל מינה תני אילין יומיא די לא להתענאה בהון ולא למספד בהון כל איניש דייתי עלוהי תענית מן קדמת דנא ייסר כגון שקיבל עליו עשרה תעניות או עשרים ונכנסו אלו הימים בהם: ייסר בצלו. בתפלה ואי לא קבליה עליה בתפלה לא דחי להנך ימים טובים אלמא דעיקר תענית בעי לקבולי בתפלת המנחה עילויה ואי לא קבליה בתפלת המנחה לא עשה כלום: ייסר. לשון ואסרה אסר (במדבר ל): בצלו. צלותא איכא דאמרי לשון נדר שקבל עליו להתענות כמו הרימותי ידי אל ה' (בראשית יד) דמתרגמינן ארימית ידי בצלו ואין רבי מודה. האי דקתני דכתיב משום דמגילת תענית היתה נכתבת לבד לזכרון נסים: וחד אמר יאסר. דלא הוה תני ייסר (ד) בצלו דמשמע דוקא כדאמרינן אי מקבל בתפלת המנחה אין ואי לא לא אלא יאסר דמשמע יהא אסור לאכול אי אתי עליה תענית מן קדמת דנא בין בתפלה בין שלא בתפלה: מאי היא. מאי קסבר ומשני כדתניא יחיד שקבל עליו תענית שני וחמישי של כל השנה כולה כלומר כדמפרש בהדיא אם נדרו קודם לגזרתנו כו' ולא שנא בין שלא בתפלה: קודם גזרתנו. קודם שגזרו חכמים ימים טובים הללו אבל משגזרו אע"פ שהתחיל תעניותיו קודם הזמנים הללו לא דחו: עד מתי אוכל ושותה. בלילה כשמתענה למחר בכל תעניות שהוא אוכל משתחשך ואפילו בתענית יחיד קא מיירי: עד קרות הגבר. אפילו פעם ראשונה קאמר מדקאמר גבי יולא יחידי בלילה בסדר יומא (דף כא:) עד שישלש: שלא גמר סעודתו. אבל גמר דברי הכל אינו אוכל: אכל ועמד. אע"פ שבירך ועמד משולחנו חוזר ואוכל ואין בכך כלום: שלא סילק. את הטבלא דלאו עקירה היא ולא אסח דעתיה מאכילה וכסעודה אריכתא דמיא: איכא דאמרי אמר רבא כו'. והלכה כאיכא דאמרי אוכל ושותה עד שיישן קבע ועד שיעלה עמוד השחר כרבי: אבל ישן. הפסקה היא ושוב אינו אוכל: התם. לאו ישן ממש אלא מתנמנם שומליי"ר בלע"ז:

תיר

תוספות

כל תענית שלא שקעה עליו חמה לא שמיה תענית. פי' במסכת ע"ז פרק אין מעמידין (דף לד.) וכן בחלוק שאין לו אימרא פירש התם וכל הפסק דמתענין לשעות דכל תענית צריך לקבלו מבערב בתפלת המנחה בשומע תפלה ואם הוא שבת באלהי נצור וצריך שיאמר למחר אהיה בתענית יחיד כי היכי דליכא למטעי בתענית צבור: התם לצעורי נפשיה בעלמא. ואע"ג דאמרינן (ר"ה דף יח:) משחרב בית המקדש בטלה מגילת תענית והאי עובדא דרבי אליעזר בר צדוק היה לאחר חורבן דאי קודם החורבן אמרינן (שם) (ה) כיון שיש שלום אין שם גזירות המלכות האי תנא סבר דלא בטלה: יאסר. פי' יאסר באל"ף הוי לשון אסור שאסר עצמו וייסר הוי לשון הסרה כלומר יסור מן הנדר (ו) יהיה מותר לאכול למחר שיהיה יום טוב ואין להתענות: ואם גזרתנו קודם לנדרו ידחה נדרו מפני גזרתנו. אומר רש"י ידחה נדרו מכל וכל ולא ישלים אותו תענית והר"י מסופק בדבר ויש להחמיר דדוקא אותו יום לא יתענה אבל ישלים אותו ליום (ז) מחר וכן יש ליזהר שלא להתענות בר"ח חדש ובחנוכה ובפורים דמאלו ודאי לא בטלה מגילת תענית:

ניס

(ה) תוס' ד"ה התם כו' קודם החורבן אמרינן בזמן שיש שלום אין שם צום האי תנא סבר: (ו) ד"ה יאסר כו' ויהיה מותר: (ז) ד"ה ואם כו' אבל ישלים אותו ליום אחר וכן יש ליזהר:

מסורת הש"ס

לקמן טז:
עירובין מא.
[מכות כד.]
[נ"ל סנאה]
[נ"ל סנאה]
[גי' רא"ש ר' אלעזר אומר]
[פסחים קז: מגילה יח: יבמות כד. נדה סג.]

עין משפט נר מצוה

מד א ב מיי' פ"א מהל' תעניות הלכה י סמג עשין ג טוש"ע א"ח סי' תקסב סעיף י:
מה ג שם סעיף א:
מו ד מיי' פ"ו מהלכות כלי מקדש הלכה ט:
[פי' תוס' ע"ז לד. ד"ה מתענין ותוס' מנחות כ: ד"ה נפסל]
[נ"ל ברבי]
[נ"ל סנאה פי' תוס' עירובין מא. ד"ה מבני]
מז ה מיי' פ"א מהלכות תענית הלכה י טור שו"ע שם סעיף ה:
מח ו מיי' שם וטוש"ע שם סעיף ו:
מט ז ח מיי' שם הלכה ח סמג עשין ג טוש"ע שם סי' תקסד סעיף א:
[תוספ' פ"א] פסחים ב ע"ש [עי' תוס' שבת קיח ד"ה לפי שאין]
ס"י רבא וכן הוא בה"ג
ס"י אביי

הגהות הב"ח

(א) גמ' וחד אמר יאסר בצלותא מ"ד ייסר כדאמרינן ולמאן דאמר יאסר מאי היא כדתניא במגילת תענית: (ב) שם איתיביה אביי אכל ועמד הרי זה אוכל: (ג) רש"י ד"ה בתפלת המנחה בסופה אומר תוספת ריצוי: (ד) ד"ה וחד אמר יאסר דלא הוה תני ייסר דמשמע בצלו דוקא:

רבינו חננאל

אמר רב חסדא הא דאמרת מתענין לשעות ומתפלל תפלת תענית והוא שלא טעם כלום עד הערב ואע"ג דאמליך אמלוכי. רב חסדא לטעמיה דאמר כל תענית שלא שקעה עליו חמה לא שמיה תענית. ואותבינן עליה הא דתנן אנשי משמר מתענין ולא משלימין. והא דאמר ר' אליעזר בר צדוק והתענו בו ולא השלמנוהו הנה תעניותם תענית אף על פי שלא שקעה עליו חמה. ומשני התם אינה תענית אלא רצו להצטער גם הם בצער צבור. ולא משום דתורת דין תענית עליהם ור' יוחנן לא הוה מסכים תענית בלבו ולא היה אומר אלא להשתמט מבי נשיאה שלא היה רוצה לסעוד אצלם: אמר שמואל כל תענית שלא קבלה מבע"י אינה תענית אימת מקבל לה רב אמר במנחה משעה *)שיסכן לתפלת המנחה. ואפי' מתעסק במלאכתו אומר מחר אהיה בתענית. יהי רצון שתהא תפלתי ביום תעניתי מקובלת. ושמואל אמר בתפלת המנחה כלומר צריך להיות כולל אלו הדברים בשומע תפלה וגו'. אמר רב יוסף כשמואל מסתברא דכתיב במגלת תענית להן כל איניש דייתי עלייהו מן קדמת דנא יאסר. מאי יאסר עצמו בצלו מקודם שיקבל עליו תענית מקבל עליו בתפלתו תענית שנמצא אוסר עצמו באכילה ובשתיה בקבלתו תענית בתפלתו: פליגו בה ר' חייא ור' שמעון בר' חד תני ייסר וחד תני יאסר. מאן דתני ייסר כלומר ייסר עצמו בצלו בתפלת המנחה ואיסור אוסר על עצמו בתפלתו. ומאן דתני יאסר כדתניא להן כל אינש דייתי עלוהי [מקדמת דנא] יאסר. כיצד יחיד שקיבל עליו תענית ב' וה' (וב') של כל השנה ואירעו בהן י"ט הכתובים במגלת תענית כגון שמונת ימים שמראש חדש ניסן וכיוצא בהן דלא להתענאה בהן. אם נדרו קודם לגזרתנו ידחה נדרו את גזרתנו כו'. פי' כל איניש דייתי עלייהו נדר תענית מקדמת גזרה דנא להיות היום י"ט ושיהיה אסור בתענית יאסר באכילה ובשתייה ומקיים נדרו. הגיע ר"ח כסלו ולא ירדו גשמים ב"ד גוזרין ג' תעניות על הצבור אוכלין ושותין משחשכה ומותרין במלאכה כו': ת"ר עד מתי אוכלין ושותין עד שיעלה עמוד השחר דברי רבי ר"ש בן אלעזר אומר עד קרות הגבר. אמר רבה לא שנו עד שיעלה עמוד השחר אלא אם לא ישן שנת

*) שיתכוין כצ"ל וכ"ה בערוך.

רבינו גרשום

נקיים מה' ומישראל. דקא מימלך מימלוכי]. שקיבל עליו תענית בשחרית עד הצהרים ובצהרים קבל עליו להתענות עד לאורתא. שלא שקעה עליו חמה כלומר שלא התענה כל היום עד לאורתא: לצעורי נפשייהו מיכוונו אבל תענית לא מיקרו אלא א"כ משלים כל היום: שפני שיו"ט שלהם היה. שמביאין בו עצים למערכה: התם לצעורי נפשייהו בעלמא מיכוונו ולא לתענית שהרי יו"ט שלהן היה: עד שאבא לביתי אלמא דאין משלימין: התם לשמוטיה נפשיה מבי נשיאה שהיה מבקש ממני שיאכל עמו היה אומר כן כדי שלא יטריחו לאכול עמו: במנחה. בס' שעות ומחצה: כל איניש דאתי עליהון שקיבל עליו תענית. מקדמת דנא קודם שהגיעו אותן ימים שאמרו חכמים במגילת תענית שלא להתענות בהן ואירע התענית באותן ימים: מאי לאו ייסר עצמו בצלו. כלומר שייסר עצמו בתענית ממה שקבל עליו בתפלת המנחה. מאן דאמר ייסר כדאמרן דאפי' קיבל עליו התענית לאחר שנתקנו אותן ימים טובים שלא להתענות בהן אלא שקיבל עליו קודם שהגיעו שייך נפשיה בתענית ממה שקיבל עליו תענית בתפלת המנחה: אם נדרו קודמת לגזירתנו אם קיבל עליו תענית קודם שתיקנו חכמים אותן ימים טובים: תדחה גזירתנו מפני נדרו דאסור באכילה הואיל שקיבל עליו בתפלת המנחה: אם גזירתנו קודמת לנדרו שתיקנו אותן ימים טובים קודם שקיבל זה עליו אלו תעניות תדחה נדרו מפני גזירתנו שאינו מתענה מפני אילו ימים טובים. ועוד הורה ששמע משום אב ב"ד שבירוני' אם נדרו קודמת לגזירתנו קודם שקבעו ב"ד את החדש שבו אלו ימים טובים היינו גזירתנו קבועה הדש תדחה גזירתנו מפני נדרו דהואיל כשקיבל עליו תענית לא ידע באיזה יום יארע ימים טובים אלו אבל קדם גזירתנו לנדרו שקבעו ב"ד את החדש קודם זה שקיבל עליו תענית וכשקיבל כבר ידע באיזה יום יארע ימים טובים אלו ואעפ"כ קבל לפיכך ידחה נדרו דאינו מתענה באילו ימים טובים

עד

*נים ולא נים תיר ולא תיר דקרו ליה ועני ולא ידע אהדורי סברא וכי מדכרי ליה מדכר אמר רב כהנא אמר רב יחיד שקיבל עליו תענית אסור בנעילת הסנדל חיישינן שמא תענית צבור קיבל עליו היכי ליעבד אמר רבה בר רב שילא לימא הכי למחר אהא לפניך בתענית יחיד אמרו ליה רבנן לרב ששת הא קא חזינן רבנן דמסיימי מסנייד ואתו לבי תעניתא איקפד ואמר להו דלמא מיכל נמי אכול אביי ורבא מעיילי כי מסיימי אפנתא מרימר ומר זוטרא מחלפי דימינא לשמאלא ודשמאלא לימינא רבנן דבי רב אשי נפקי כי אורחיידו סברי כי הא דאמר שמואל *אין תענית צבור בבבל אלא תשעה באב *בלבד אמר רב יהודה אמר רב לוה אדם תעניתו ופורע כי אמריתה קמיה דשמואל אמר לי וכי נדר קבל עליה א) דלא סגי דלא משלם לצעורי נפשיה קביל עליה אי מצי מצער נפשיה אי לא מצי לא מצער נפשיה איכא דאמרי אמר רב יהודה אמר רב לוה אדם תעניתו ופורע כי אמריתה קמיה דשמואל אמר לי פשיטא לא יהא אלא נדר נדר מי לא מצי בעי לשלומי ומיזל למחר וליומא אחרינא *רב יהושע בריה דרב אידי איקלע לבי רב אסי עבדו ליה עגלא תילתא אמרו ליה ליטעום מר מידי א"ל בתעניתא יתיבנא אמרו ליה ולוזיף מר וליפרע לא סבר מר להא דאמר רב יהודה אמר רב לוה אדם תעניתו ופורע אמר להו תענית חלום הוא ואמר רבה בר מחסיא אמר רב חמא בר גוריא אמר רב יפה תענית לחלום כאש לנעורת (*אמר) רב חסדא ובו ביום ואמר רב יוסף ואפילו בשבת *מאי תקנתיה ליתיב תעניתא לתעניתא: **מתני׳** עברו אלו ולא נענו בית דין גוזרין ג׳ תעניות אחרות על הצבור *אוכלין ושותין מבעוד יום ואסורין במלאכה וברחיצה ובסיכה ובנעילת הסנדל ובתשמיש המטה ונועלין את המרחצאות עברו אלו ולא נענו ב"ד גוזרין עליהן עוד שבע שהן י"ג תעניות על הצבור *הרי אלו יתרות על הראשונות שבאלו מתריעין ונועלין את החנויות *)בשני מטין עם חשיכה ובחמישי מותרין מפני כבוד השבת *עברו אלו ולא נענו ממעטין במשא ומתן בבנין ובנטיעה באירוסין ובנישואין *ובשאילת שלום בין אדם לחבירו כבני אדם הנזופין למקום היחידים חוזרין ומתענין עד שיצא ניסן *יצא ניסן וירדו גשמים סימן קללה שנא׳ הלא קציר חטים היום וגו׳: **גמ׳** בשלמא כולהו אית בהו תענוג רחיצה וסיכה ותשמיש המטה אבל מלאכה צער הוא אמר רב חסדא אמר רב ירמיה בר אבא אמר קרא קדשו צום קראו עצרה אספו זקנים כעצרת מה עצרת אסור בעשיית מלאכה אף תענית אסור בעשיית מלאכה אי מה עצרת מאורתא אף תענית נמי מאורתא אמר רבי זירא לדידי מיפרשא לי מיניה דר׳ ירמיה בר אבא אמר קרא אספו זקנים דומיא דאסיפת זקנים מה אסיפת זקנים ביום אף צום נמי ביום ואימא *מטיהרא אמר רב שישא בריה דרב אידי מסייע ליה לרב הונא דאמר **)מצפרא כינופיא היכי עבדי אמר אביי מצפרא עד פלגא דיומא מעיינינן במילי דמתא מכאן ואילך ריבעא דיומא קרינן בספרא ואפטרתא מכאן ואילך בעינן רחמי שנא׳ ויקומו על עמדם ויקראו בספר תורת ה׳ אלהיהם רביעית היום ורביעית מתודים ומשתחוים לה׳ אלהיהם

*) [פרש"י על זה לקמן דף יד:]

איפוך

תיר. ער כדמתרגמינן (בראשית מא) וייקץ ואיתער: אהדורי סברא. אם צריך ממנו דבר שצריך הרהור אינו יודע לומר בעוד שמתנמנם: וכי מדכרו ליה מדכר. כזה שמעת מדבר: יחיד שקבל עליו תענית. סתם ואינו יודע איזה תענית קבל עליו אם של (א) יחיד אם של צבור: ואסור בנעילת כו׳. שמא תענית צבור כו׳ *ראשונות או כו׳ אחרונות קיבל עליו: קאתו רבנן לתעניתא כו׳. בתענית צבור וסברי לה כשמואל דאמר אין תענית צבור בבבל בפרק מקום שנהגו (פסחים דף נד:) (ב) דאסור בנעילת הסנדל ובכל הני: איקפד רב ששת דלמא מיכל נמי אכלי. ופורשים מדרכי צבור לית ליה דשמואל ואנן אהידנא כהגינן כשמואל: אפנתא. אישקריפי"ט: מחלפי. ביומא דתעניתא: לצעורי בעלמא. אי מצי מצער נפשיה ואי לא (ג) לא יהא אלא (*ליומא) אחרינא: ואפילו בשבת. יכול להתענות כדי שיתבטל צער גופו: קדשו צום קראו עצרה אספו זקנים. כל יושבי הארץ בית ה׳ אלהיכם וזעקו אל ה׳: מה עצרת. שבועות ושמיני עצרת: אי מה עצרת. איסור מלאכתו מאורתא: דומיא דאסיפת זקנים ביום. דבלילה כל אחד בביתו ואין נאספין: מסייע ליה לרב הונא. הא דפשיטא לך דאסיפת זקנים ביום: דאמר מצפרא כינופיא. ביום תענית צבור מתקבצין ובאין לבית הכנסת מן הבקר: מעיינין במילי דמתא. דרישה וחקירה. לבדוק במעשיהם בעסקי בני העיר אם גזל וחמס ביניהן ומפייסין אותן: (ד) היכי עבדי. מאי עבדי בכינופיא דמצפרא ובכוליה יומא דתעניתא: ריבעא דיומא. מחצות ואילך עושין ב׳ חלקים: בפלגא. דהיינו ריבעא דיומא קרו ויחל משה ומפטירין דרשו את ה׳ בהמצאו:

איפוך

נים ולא נים תיר ולא תיר. *אומר רבי *נים ולא נים בתוך השינה כשניעור משנתו תיר ולא תיר בתחילת השינה *אך לא נראה (ה) בערבי פסחים (דף קכ:) דקאמר נתנמנמו יאכלו נרדמו לא יאכלו ואמר רב אשי ה"ד נתנמנמו נים ולא נים וכו׳ והתם מיירי בתחילת השינה בין נים ולא נים בין תיר ולא תיר *לכנ"ל כפירוש רש"י דאי הוה אמר נים ולא נים הוה אמינא דתיר הוי טפי מנים ואי הוה אמר תיר ולא תיר ה"א דנים הוי טפי מתיר הלכך איצטריך תרווייהו וכולהו בתחילת השינה כדמפרש התם (ו) ובירושלמי מפורש גבי הך ברייתא עד כמה אוכל ושותה עד קרות הגבר וה"ה עד שיעלה עמוד השחר ובד"א שהתנה אבל לא התנה וישן אינו יכול לאכול:

אביי ורבא סיימי אפנתא פירוש במנעל שאין(ו) שולייס שול"א בלע"ז: **דאי** מצי מצער נפשיה עביד אי לא מצי מצער נפשיה לא עביד. ומשום הכי קאמר שמואל דלוה תעניתו ופורע דוקא היכי דלא מצי מצער נפשיה אבל היכי דמצי מצער נפשיה לא מצי ללוות תעניתו והכי מסקנא אם אמר הריני בתענית למחר צריך לצעורי נפשיה ואינו יכול ללוות ופורע בחנם ואפילו אכל בשוגג ישלים אותו והר"י מסופק בדבר אם יכול ללוותו ולפרוע היכי דקביל עליה כבר להתענות והתענה עד חצי היום או רביע יום ואפילו לא מצי לצעורי נפשיה אבל לא התענה ודאי דיכול ללוות אחר בשבילו או אם טעה ואכל בשוגג יאכל וישלים יום אחר ואם התענה בשבת כגון תענית חלום דצריך לפרוע כדאמר ובלבד דיתיב תעניתא לתעניתא אם אירע שיהיה ר"ח אותו יום אז ידחה לתעניתו עד יום אחר בשבוע וכן נראה למ"ר שי׳:

מה אסיפת זקנים ביום אף צום ביום. אבל בלילה לא תימה דאמאי אוכלים ושותים מבעוד יום כל הלילה כמו היו יכולין לאכול ולשתות מה אסיפת זקנים ביום אף צום ביום אבל בלילה לא ויש לומר דלא יליף צום מאסיפה אלא לענין עשיית מלאכה דדוקא מלאכה גמרינן מאסיפה דהא לא כתיב בקרא אלא אספו זקנים וקדשו צום אבל אכילה לא כתיב בקרא:

איפוך

עין משפט נר מצוה

[עמ"ש הט"ז א"ח סי׳ תרל ס"ק ח הגיה הכא קלת באריכות]

נ א מיי׳ פ"א מהלכות תענית הלכה י טוש"ע א"ח סי׳ תקסה סעיף ו: [ועי׳ תוס׳ נדה סג: ד"ה נים]

נא ב מיי׳ פ"ד מהלכות נדרים הלכה טז סמג עשין רמב טוש"ע שם סעיף ב:

נב ג מיי׳ פ"א מהלכות תענית הלכה יב סמג עשין מד"ס ג טור טוש"ע שם סי׳ רכ סעיף ב:

נג ד מיי׳ שם טוש"ע שם סי׳ תקסח סעיף ב:

נד ה ו מיי׳ וסמג שם טוש"ע שם סי׳ רפח סעיף ד:

נה ז מיי׳ פ"ג מהלכות תענית הלכה ג והלכה ד טוש"ע שם סי׳ תקעה סעיף ג:

נו ח מיי׳ שם הלכה ה טוש"ע שם סעיף ד:

נז ט מיי׳ שם הלכה ח וטוש"ע שם סעיף ז:

נח י מיי׳ פ"א שם הלכה יז טוש"ע א"ח סי׳ תקעו סעיף טז:

מסורת הש"ס

[נ"ל מתעניות] פסחים נד: מגילה יח: יבמות נד. נדה סג.

[נ"ל ביומא אם לא דמלת אלא היא בטעות]

לעיל יא: פסחים נד: ע"ש [גיר׳ הרא"ש בסי׳ יט אלא ט"ב ויוה"כ]

שבת יא. ע"ש

[נ"ל ואמר]

[ברכות לא:]

פסחים נד:

[לקמן יד. ושם איתא מה אלו וכן הוא גירי׳ ירושלמי] מגילה ט

[ועי׳ תוס׳ שם]

[מועד קטן טו.]

[לעיל ב:]

שמואל א יב

יואל א

[תרגום של ממשה בנהרים בטיהרא דכרים כה כן]

**)מגילה ל:

נחמיה ט

רבינו חננאל

שנת תרדמה אלא נים ולא נים כגון זה אע"פ שמתנמנם אוכל. (אלא) [אבל] אם ישן שנת קבע ונרדם (לא היא אלא ישן) לגמרי אינו אוכל: ירושלמי ישן ועמד אסור לא שנו אלא שלא התנה אבל התנה מותר. קי"ל דלגבי תענית דאכיל בלילה ומפסיק. אם גמר וסלק לא יאכל. אבל אם לא סילק ודעתו עוד ליכל אע"פ שישן עומד ואוכל. אבל בתעני׳ שפוסק בו מבע"י אע"פ שפוסק חוזר ואוכל עד שיבא השמש כי הא דאיתא באגדת איכה. ר׳ יהודה בן בתירה אזל לנציבין בערובת צומא רבה אתא ריש כנשתא לזמוניה. א"ל כבר אכלי ופסקי לי. א"ל אשגח עלי דלא לימא ההוא ר׳ לא אשגח עליו אזל עמיה ובסיפא אמרין אכל מן כל עיגול חד פתית ואכל מן כל תבשיל חד פת ושתה מן כל (כום וכום) (חבית וחבית] חד כום. ש"מ דאע"ג דפסק אכיל. ולענין מישתו מיא היכא דאית ליה למיכל. אית ליה למשתי כו׳. וכן כתב ופירש רבינו הגאון זצ"ל *). אמר רב יחיד שקבל עליו תענית אמר רבה בר רב שילא לימא הכי מחר אהא בתענית יחיד דאי לא חיישינן שמא תענית צבור קביל עליה ואסור בנעילת הסנדל כו׳. ואסיקנא רבנן דבי רב אשי באלו התעניות השנויות במשנתנו הוו מסיימי מסאנייהו כי אורחייהו ואתו לבי תענית. סברי לה כשמואל דאמר אין תענית צבור בבבל אלא ט׳ באב בלבד. וכך הלכה: אמר רב יהודה אמר רב לווה אדם תעניתו ופורע. פי׳ היכא דאיכא צערא או אונס וכיוצא בו. לווה תעניתו ופורע דאמרי לא יהא אלא נדר מי לא פרע למחר וליום אחרא כ"ש תענית. ושמעינן הא סברא מדברי שמואל דאמר צערא קבל עליה אי מצי מצער נפשיה כו׳. מכלל דרב במצטער הוא דאמר: יפה תענית לחלום כאש בנעורת ובו ביום אפילו בשבת. וכן הלכתא. ויתיב תעניתא לתעניתא ומפורש בשבת בפ׳ א׳: [מתני׳] עברו אלו ולא נענו ב"ד גוזרין ג׳ תעניות כו׳. ואקשינן בשלמא רחיצה וסיכה ונעילת הסנדל וכיוצא בהן משום תענוג אלא מלאכה אמאי צערא הוא ומשנינן אמר קרא קדשו צום קראו עצרה. פי׳ קראו עצרה לקידוש (היום) [הצום]. מה עצרת אסור במלאכה אף צום אסור במלאכה. ומאימתי איסורו משעת אסיפת זקנים ואימתי אסיפת זקנים ביום. שנאמר תקעו שופר בציון הריעו בהר קדשי ירגזו כל יושבי ארץ כי בא יום ה׳. אמר רב כהנא כינופיא מצפרא. היכי עבדינן. אמר אביי מצפרא עד פלגיה יומא מעיינינן ולפניא ריבעא דיומא. קרינן בספרא ובאפטרתא. ורבעא בתרא

*) עי׳ ברא"ש כאן שהביא כל דברי רבינו בכאן וכתב ראיה לדבריו ע"ש.

רבינו גרשום

עד מתי אוכל והולך. מי שיש לו להתענות למחר: שלא סילק השלחן: היכי עביד כשקיבל עליו שיהא למחר מותר בנעילת הסנדל דאמר למחר הריני בתענית יחיד: דילמא מיכל נמי אכיל כלומר כי היכי דסיימי סנדל ה"נ יכולין לאכול: סיימי אפנתא שנועלין עליונו של סנדל העור שעל הרגל אבל העץ שתחת הרגל לא היו מניחין. סברי לה כשמואל דאמר אין תענית צבור בבבל לפיכך אין אסורין בנעילת הסנדל שהן י"ג

גליון הש"ס

תוס׳ ד"ה נים וכו׳ אומר רבי נים ולא נים בתוך השינה. בתחלת השינה. תיר ולא תיר בסוף השינה כצ"ל: **בא"ד** אך לא נראה בע"פ. כאן וכע"פ כצ"ל ע"ז א"ח סי׳ תרל ס"ק ח:

הגהות הב"ח

(א) רש"י ד"ה יחיד כו׳ אם של צבור אסור כו׳ הס"ד ואח"כ מה"ד שמא ת"צ בשלש אחרונות או בשבע כו׳: (ב) ד"ה קאתו כו׳ בפ׳ מקום שנהגו דליאסר בנעילת הסנדל: (ג) ד"ה לצעורי כו׳ ואי לא מצי לא מצער נפשיה הס"ד ואח"כ מה"ד לא יהא אלא נדר יכי אינו משלם את נדרו ליומא אחרינא: (ד) ד"ה היכי עבדי נ"ל קודם ד"ה מעיינין: (ה) תוס׳ ד"ה נים כו׳. אך לא נראה הכי בערבי פסחים: (ו) בא"ד ובירושלמי מפורש גבי הך ברייתא. נ"ב פי׳ דקתני עד כמה אוכל: (ז) ד"ה אביי כו׳ שאין לו שוליים שול"א:

הגהות מהר"ב רנשבורג א] גמ׳ דלא סגי דלא משלם. עי׳ ר"ן וריטב"א ומשמע דלא גרסי גירסתנו וכן בכתיבות אחי שפיר פרש"י ותוס׳ ולמ"ש בעל הכוכבות ועשו כמלך

[12b] A sleep which is no sleep, a wakefulness which is no wakefulness, he answers when he is called, but cannot recall an argument; when, however, he is reminded of something he remembers it.

R. Kahana said in the name of Rab: An individual who has undertaken a fast is forbidden to wear shoes because we fear
a that perhaps he has undertaken a public fast.[1] How shall he declare his vow [to be able to wear shoes]?—Rabbah b. Shila said: He should make the following declaration, 'To-morrow I shall observe before Thee a *private* fast'. The Rabbis said to R. Shesheth: We have seen Rabbis who come to an Assembly on a fast day wearing their shoes. Thereupon he became angry and asked them, Perhaps they even eat? Abaye and Raba used to come [to the Assembly] wearing shoes[2] without soles. Meremar and Mar Zuṭra used to change the right [shoe] to the left [foot] and the left to the right.[3] The scholars of the school of R. Ashi wore their shoes as usual; they were of the same opinion as Samuel who said: In Babylonia except for the Fast of the Ninth of Ab there are no public fasts.[4]

Rab Judah said in the name of Rab: One may borrow a fast and repay it [on another day]; When I repeated this [statement] before Samuel he said to me, Did he then take a vow upon himself that he must pay it?—He merely undertook to afflict himself, if he is able he afflicts himself, if not he does not do so. Some say, Rab Judah said in the name of Rab: One may borrow his fast and repay it. When I repeated this before Samuel he said to me, This is self-evident; even if it is merely a vow, would he not have to pay a vow on the next day or on a later day?

R. Joshua, the son of R. Idi chanced to be with R. Assi, and after they had prepared in his honour a three-year-old-calf[5] they said to him, 'Will the Master partake of it?' He replied, 'I am fasting'. They said to him, 'Let the Master borrow and repay [the fast later]'. Is the Master not in agreement with the view of Rab Judah, who said in the name of Rab: One may borrow a fast and repay it?—He replied: [Mine] is a fast for a [bad] dream, and Rabbah b. Meḥasiah said in the name of R. Ḥama b. Guriah, in the name of Rab: Fasting is as efficacious for the bad dream as fire is for tow, and upon this R. Ḥisda commented: And [the fast must be] on the same day; and R. Joseph added: Even if [the day] is the Sabbath. What amends shall he make [for having fasted on
b the Sabbath]?—He should observe an additional fast.[1]

MISHNAH. IF THESE FAST DAYS PASSED AND THERE WAS NO ANSWER TO THEIR PRAYERS, THE BETH DIN ORDAIN UPON THE COMMUNITY THREE FURTHER FASTS; [ON DAYS PRECEDING THESE FASTS] THEY MAY EAT AND DRINK [ONLY] WHILST IT IS STILL DAY, AND THEY MAY NOT [ON THESE FAST DAYS] DO WORK, NOR BATHE, NOR ANOINT THEMSELVES WITH OIL, NOR WEAR SHOES, NOR HAVE MARITAL RELATIONS; AND THE BATHS TOO ARE CLOSED. IF THESE [DAYS] PASSED AND THERE WAS [STILL] NO ANSWER TO THEIR PRAYERS THE BETH DIN ORDAIN UPON THE COMMUNITY A FURTHER SEVEN [FASTS], MAKING THIRTEEN IN ALL. [IN THIS RESPECT ARE] THE LATTER MORE STRINGENT THAN THE FORMER[2] IN THAT ON THEM THE ALARM IS SOUNDED AND THE SHOPS ARE CLOSED. ON MONDAYS THE SHUTTERS [OF THE SHOPS] ARE OPENED A LITTLE WHEN IT GETS DARK, BUT ON THURSDAYS THEY ARE PERMITTED[3] [THE WHOLE DAY][4] IN HONOUR OF THE SABBATH. IF THESE PASSED AND THERE WAS [STILL] NO ANSWER TO THEIR PRAYERS THEN BUSINESS IS RESTRICTED AS ALSO IS BUILDING, PLANTING, BETROTHAL AND MARRIAGE; AND MEN GREET ONE ANOTHER AS PEOPLE LABOURING UNDER DIVINE DISPLEASURE. THE YEḤIDIM[5] BEGIN THEIR FASTING ANEW AND CONTINUE UNTIL THE END OF NISAN; IF NISAN PASSES AND RAIN FALLS THIS IS A SIGN OF DIVINE ANGER, AS IT IS WRITTEN, IS IT NOT WHEAT HARVEST TO-
c DAY, etc.[1]

GEMARA. It is reasonable that all the other restrictions [should be forbidden] because they give pleasure, but why work which is a source of pain?—R. Ḥisda replied in the name of R. Jeremiah b. Abba: Scripture says, *Sanctify ye a fast, call a solemn assembly, gather the elders.*[2] This means that [the fast day is to be treated] like a solemn assembly. Just as it is not permissible to do work on a solemn assembly it is likewise not permissible to do work on a fast day. Perhaps just as on the solemn assembly work is forbidden from the preceding evening so too on a fast day work should close on the preceding evening?—R. Zeira replied: R. Jeremiah b. Abba explained the matter to me thus: Scripture says, '*Gather the elders*'; it is to be like a gathering of elders, as the elders foregather by day so too the fast commences on the day. Perhaps [it commences] from noon?—R. Shisha b. Idi replied: This is a support for R. Huna who said: The assembly [of the community on a fast day] takes place in the morning. How do they spend [the day]?—Abaye replied: From morning to midday they look into the affairs of the city;[3] from then onwards they read for a quarter of the day from the Torah and the Prophets and the rest of the day [is spent] in praying for mercy, as it is said, *And they stood up in their place, and read in the book of the Law of the Lord their God a fourth part of the day; and another fourth part they confessed and*

a (1) And therefore he must observe the fast with all the strictness of a public fast. V. *supra* 10a. (2) [MS.M 'Used to wear shoes.' V. Tosaf. s.v. אבי״.] (3) To show that they had not forgotten that it was a fast day. (4) V. *supra* 11b n. a6. (5) Another explanation is: a calf the third born of its mother.
b (1) Lit., 'he should observe a fast for his fast'. (2) [*Var lec.*, In what respect are the latter more stringent than the former? in that on them etc.] (3) V. Gemara. (4) V. Mishnah text in the Gemara. (5) V. *supra* 10a n. b9.
c (1) I Sam. XII, 17. (2) Joel I, 14. (3) To find out if the citizens were guilty of any dishonesty or whether in the city there were men of violence (Maimonides). V. Büchler, *Moses Maimonides, viii Centenary Memorial Volume*, ed. by I. Epstein, pp. 13-55.

prostrated themselves before the Lord their God.[4] [13a] Perhaps the order of the day is to be reversed?—This cannot possibly be so, seeing that it is written, *Then were assembled unto me everyone that trembled at the words of the God of Israel, because of the faithlessness of them of the captivity* etc.;[5] and then follows, *And at the evening offering*
a *I arose from my fasting . . . and spread out my hands unto the Lord.*[1]

Rafram b. Papa said in the name of R. Ḥisda: On any fast ordained on account of mourning, as for example the Ninth of Ab and a mourner, it is forbidden to bathe in warm or in cold water, but on any fast ordained merely to prevent indulgence in pleasure, as for example, a public fast day, bathing in warm water is forbidden but permissible in cold water. R. Idi b. Abin said: We too have learnt: AND THE BATHS TOO ARE CLOSED. Abaye said to him: If it were forbidden to bathe even in cold water, then it should have stated, 'and the rivers are stopped up'!—R. Shisha the son of R. Idi replied: This was the difficulty which my father felt. [He argued], Let us see: the Mishnah already states, IT IS NOT PERMISSIBLE TO BATHE, why does it add AND THE BATHS TOO ARE CLOSED? Evidently from this is to be concluded that [bathing] in warm water is forbidden but permissible in cold water.

Shall we say that the following supports [R. Ḥisda]: 'All those who have to take the ritual bath[2] immerse in the usual way both on the Ninth of Ab and on the Day of Atonement'. In what [water is here meant]? Is it in warm [water]? Is then [ritual] immersion in warm water permissible, seeing that such water must of a necessity be drawn[3] [and is therefore unfit for immersion]? It must therefore be in cold [water]; and yet it is only those who have to take the ritual bath who may [immerse] but others may not?[4]—Said R. Ḥana b. Kaṭṭina [No:] This [passage] has special reference to the hot springs of Tiberias. If this is so how is the concluding statement to be understood? R. Ḥanina, the Deputy High Priest said: Our House of God merits that a man should for its sake forego an immersion once a year.[5] Now should you say that bathing in cold water is permissible, let him then bathe in cold water!—R. Papa replied: [It speaks] of a place where cold water is not available.

Come and hear: When the Rabbis declared that it is not permissible to do work [on a public fast day] this applies only to the day but not to the night [preceding]; and when they declared that it is not permissible to wear shoes, this applies only within the city, but on the road it is permissible. How should a man act? When he sets out on a journey he puts his shoes on, but when he enters the city he removes them. And when they declared that it is not permissible to bathe they meant the whole body but he may wash his face, hands or feet. You will find that the same applies to one placed under the ban and also to the mourner. Now does not [this last statement] imply that they are subject to all [the restrictions mentioned previously]? This being so, of what [water does the Baraitha] speak? Shall we say warm water? Is it then permissible [for a mourner] to wash his face, hands or feet [in warm water]? Did not R. Shesheth say: The mourner may not put even his finger into warm water? Therefore [it must
b speak of] cold water![1]—No; it refers indeed to warm water, and as for your difficulty in interpreting, 'and the same applies to one placed under the ban and also to the mourner', [you must take] this to refer only to the remaining restrictions[2] [and not to bathing].

Come and hear: R. Abba the Priest said in the name of R. Jose the Priest: It happened that the sons of R. Jose b. Ḥanina died and he bathed in cold water throughout the seven days [of mourning]!—In his case one bereavement followed close on the other. For it has been taught: Where a man suffers one bereavement close upon another and his hair weighs heavy upon him he may thin them out with a razor and he may also wash his clothes in water. R. Ḥisda said: With a razor but not with scissors, in water but not in natron nor in sand.

Raba said: A mourner may bathe in cold water all the seven days in the same way as he may partake of meat and wine. An

(4) Neh. IX, 3. (5) Ezra IX, 4.

a (1) Ezra IX, 5. (2) E.g., a woman after menstruation or confinement. (V. Num. XIX, 17.) (3) Ritual immersion takes place only either in running water i.e., in a stream, or in a natural spring or in a ritual bath the waters of which are directly connected with them. To be warmed, waters would have to be 'drawn', and this is not permissible. (4) This supports R. Ḥisda. (5) On the ninth of Ab because of national mourning.

b (1) [This shows that on a public fast day, as in the case of a mourner, bathing in cold water is forbidden in opposition to R. Ḥisda.] (2) I.e., working and wearing shoes.

איפוך אנא לא סלקא דעתך דכתיב ואלי יאספו כל חרד בדברי אלהי ישראל על מעל הגולה וגו' וכתיב ובמנחת הערב קמתי מתעניתי ואפרשה כפי אל ה' אמר רפרם בר פפא אמר רב חסדא כל שהוא משום אבל (א) כגון תשעה באב ואבל אסור בין בחמין בין בצונן כל שהוא משום תענוג כגון תענית צבור בחמין אסור בצונן מותר אמר רב אידי בר אבין אף אנן נמי תנינא ונועלין את המרחצאות א"ל אביי ואי בצונן אסור סוכרין את הנהרות מבעי ליה למיתני אמר רב ששא בריה דרב אידי אבא הכי קשיא ליה מכדי תנן אסור ברחיצה נועלין את המרחצאות למה לי אלא לאו ש"מ בחמין אסור בצונן מותר לימא מסייע ליה כל חייבי טבילות טובלין כדרכן בין בט' באב בין ביוה"כ במאי אילימא בחמין טבילה בחמין מי איכא [א] שאובין נינהו אלא לאו בצונן וחייבי טבילות אין איניש אחרינא לא אמר רב חנא בר קטינא לא נצרכה אלא לחמי טבריא אי הכי אימא סיפא א"ר חנינא סגן הכהנים כדי הוא בית אלהינו לאבד עליו טבילה פעם אחת בשנה ואי אמרת בצונן מותר ירחץ בצונן אמר רב פפא באתרא דלא שכיח צונן תא שמע כשאמרו אסור במלאכה לא אמרו אלא ביום אבל בלילה מותר וכשאמרו אסור בנעילת הסנדל לא אמרו אלא בעיר אבל בדרך מותר הא כיצד יוצא לדרך נועל נכנס לעיר חולץ וכשאמרו אסור ברחיצה לא אמרו אלא כל גופו אבל פניו ידיו ורגליו מותר וכן אתה מוצא במנודה ובאבל מאי לאו אכולהו ובמאי (ג) עסקינן אילימא בחמין פניו ידיו ורגליו מי שרו והאמר רב ששת אבל אסור להושיט אצבעו בחמין אלא לאו בצונן לא לעולם בחמין ודקא קשיא לך וכן אתה מוצא במנודה ובאבל אשארא קאי תא שמע דאמר ר' אבא הכהן משום ר' יוסי הכהן מעשה ומתו בניו של ר' יוסי בן רבי חנינא ורחץ בצונן כל שבעה התם כשתכפוהו אבליו הוה דתניא תכפוהו אבליו זה אחר זה הכביד שערו מיקל בתער ומכבס כסותו במים אמר רב חסדא בתער אבל לא במספרים במים ולא בנתר ולא בחול אמר רבא אבל מותר לרחוץ בצונן כל שבעה מידי דהוה אבשרא וחמרא מיתיבי

תורה אור: עזרא ט

רש"י

איפוך אנא. דפלגא דיומא קמא הוו קרו ומפטרי ובעו רחמי ובאידך פלגא מעייני: על מעל הגולה. ואני יושב משומם עד מנחת הערב ובמנחת הערב קמתי מתעניתי ובקרעי בגדי ומעילי ואכרעה על ברכי ואפרשה כפי אל ה' אלהי: ובמנחת הערב קמתי. אלמא באידך פלגא בעו רחמי עד פניא מכלל דפלגא קמא מעייני במילי דמתא: בנחמיה בן חכליה כתיב בעזרא ואלי יאספו. לי היו מתאספין ובאין מודים שכבר להגיד לפני על מעל ותקנת הגולה להפרישם: משומם. אישטורדי"ן בלע"ז על מעלם שמתוודין עד מנחת הערב מחצות ואילך שהלל טעה כדאמרינן במס' יומא (דף כח:) לצותיה דאברהם מכי משחרי כותלי: קמתי מתעניתי. לא שמתענה עד המנחה והא"ר אוכל אלא כלומר מצער נפשיה ובקרעי ואם שאני קורע בגדי ומעילי הייתי מתפלל כדי שאתרצה: כל שהוא משום אבל. כל תענית שאסרו חכמים רחיצה משום אבל כגון ט' באב שהוא משום אבילות חורבן וכל שכן אבל ממש שמתו לפניו דאית ליה צערא טובא אסור בין בחמין וכו': משום תענוג. שמצטערין ואוסרין עצמן בתענוג: הכי גרסינן אמר רב אידי בר אבין אף אנן נמי תנינא ונועלין את המרחצאות וא"ל אביי ואי בצונן אסור סוכרין את הנהרות מיבעי ליה למיתני בתמיה אף אנן נמי תנינא במתניתין דקתני גבי תענית צבור ונועלין את המרחצאות דהיינו חמין אבל צונן מותר א"ל אביי כלומר ואי הוה סבירא ליה לתנא דידן דבצונן אסור היכי הוה בעי למיתני סוכרין את הנהרות היכי הוה מצי למיסכרינהו: אלא. רב אידי הכי קא קשיא ליה במתניתין דקאמר שמע מינה דלא אסר אלא חמין מכדי קתני מתני' אסורין ברחיצה וסתם רחיצה בין חמין בין צונן למה לי תו למיהדר ומיתנא ונועלין אלא למימרא דדוקא חמין וכו': לימא מסייע ליה. לרב חסדא דאמר כל שהוא משום אבל אסור אפילו בצונן: כל חייבי טבילות. נדה ויולדת טובלים כדרכן: טבילה בחמין מי איכא. חמי האור הא שאובין נינהו: אלא לאו בצונן. וחייבי טבילות אין משום דטבילה בזמנה מצוה שממהר לטהר עצמו: ה"ג כולי עלמא לא (ג) בחמין ולא בצונן: לא נצרכה אלא לחמי טבריא. והלכך חייבי טבילות אין כולי עלמא לא אבל בצונן שרו: כדי. ראוי הוא בית אלהינו כו': ואם איתא. כדמוקמת לה דבצונן שרי מאי קא מהדר ליה רבי חנינא לתנא קמא מאיבוד טבילה כהי דלא טבלי בחמין משום כבוד בית אלהינו הא מצו טבלי בצונן אלא לאו בצונן נמי אסירי והיינו דאמר לאבד: אמר רב פפא. לעולם בחמי טבריא והיינו דקאמרי' חייבי טבילות אין כולי עלמא לא ובצונן כ"ע שרי ומאי לאבד דקאמר ר' חנינא כגון באתרא דלא שכיח צונן: כשאמרו אסור (ד) [במלאכה]. גבי תענית צבור לא אמרו אלא ביום אבל בלילה מותר מהכא *משמע דבלילי תשעה באב מותר במלאכה ואין ביטול אלא ביום אבל אין מפרסמין הדבר: יצא לדרך. חוץ לעיר: וכן אתה מוצא במנודה ואבל. הכי גרסינן במאי אילימא בחמין מי שרי והאמר רב ששת אבל אסור להושיט אצבעו בחמין אלא לאו בצונן מאי לאו אכולהו כו' הא דקתני וכן אתה מוצא במנודה ואבל אכל הני קאי ואפילו ארחיצה ושמע מינה דבתענית צבור אסור לרחוץ כל גופו ואפילו בצונן ותיובתא לרפרם בר פפא: לא אשארא קאי. אנעילה (ה) וסיכה ולעולם הך רחיצה בחמין היא אבל בצונן שרי לרחוץ כל גופו והשתא דאמרת במנודה ואבל לאו ארחיצה קיימי ליכא לאקשויי כדפרכת לעיל אילימא בחמין מי שרי: ורחץ בצונן בתוך שבעה. גרסינן אלמא בצונן שרי: שתכפוהו אבליו. בזה אחר זה כדקתני שמתו בניו שניהם ולפיכך התירו לו כדאשכחן גבי שיער: מיקל בתער. דשקיל פורתא מינייהו: ובתער. דרך שיטוי: נתר. קרקע הוא או אבן כעין שקורין קריי"א בלע"ז: בנתר וחול. דרך לכבס שיתלבן: מידי דהוה אבשרא וחמרא. דתענוג הן כצונן: אין

תוספות

איפוך אנא. פי' דנימא פלגא קמייתא דיומא מצלו ובעו רחמי ואידך פלגא מעייני במילי דמתא ומשני לא ס"ד: אמר רב חסדא כל שהוא משום אבל כגון תשעה באב (ו) אסור אפילו בצונן ואבל אסור בין בחמין בין בצונן וכו'. ירושלמי יוסף בריה דרבי יהושע בן לוי בתשעה באב וביוה"כ מרחיץ ידיו ומקנח במפה ומעבירה על גבי עיניו רבי יונה הוה מרמוטי סמרטוטי ויהיב תותי כרעיה פי' היה מניח סמרטוט תחת הכר כדי ללחלחו ומעבירו על גבי עיניו: וכל שהוא משום תענוג וכו'. ומכאן שאין תענית צבור בבבל אלא תשעה באב שמותרין אפילו בחמין אפילו י"ז בתמוז וצום גדליה כך פסק ראבי"ה ור' יואל אביו אסר לרחוץ בחמין:

ונועלין המרחצאות. פי' שהן חמין: אתמר סוכרין נהרות כו'. כלומר אי הוה אסור בצונן מי איכא למיתני סוכרים נהרות בפשיטות דלא מצי למסכר כלומר כמו כן לא תידוק מהא דקתני וטעלין המרחצאות בחמין: טבילה בחמין מי איכא. הא שאובים נינהו מדלא קאמר משכחת לה טבילה (בחמין) דכשירה בחמין כגון שהוחמו והומשכו לבריכה אלא שאמר בחמי טבריא יש להוכיח דכולו שאוב אפילו ע"י המשכה לא מהניא טבילה והא דאמר* המשכה כולה כשירה ר"ל לענין שאינה פוסלת את המקוה בשאר מים שאובים אבל טבילה ודאי אינו עולה בהם:

וכן אתה מוצא במנודה ובאבל מאי לאו אכולהו. פי' (ז) אהא דקאמרינן ובצונן מותר דאבל נמי *מותר בצונן וקשיא לרב חסדא דאמר אבל אסור בין בחמין בין בצונן ומשני אשארא כלומר אשאר דינין (ח) אנעילה וסיכה אבל לא קאי אהא דבצונן:

הכביד שערו מיקל בתער. פי' דרך חתיכה אבל לא כדרכו דרך גילוח מדקאמר מיקל ולא קאמר מגלח:

עין משפט נר מצוה

נט א מיי' פ"ה מהלכות תעניות הלכה י סמג עשין מד"ס ג טוש"ע א"ח סי' תקס סעיף ו:
ס ב מיי' פ"ה מהלכות אבל הלכה ד סמג שם טוש"ע י"ד סי' שפא סעיף א:
סא ג מיי' פ"ג מהלכות תענית הלכה ד טוש"ע א"ח סי' תקעה סעיף ג:
סב ד מיי' פ"ג מהלכות שביתת עשור הלכה ג טוש"ע שם סי' תקיג סעיף ח:
סג ה ו ז מיי' פ"ג מהלכות תענית הלכה ד טור ש"ע שם סימן תקעה סעיף ג:
סד ח מיי' פ"ה מהלכות אבל הלכה ד סמג עשין ב טוש"ע י"ד סי' שפא סעיף א:
סה ט מיי' שם פ"ז הלכה יג טוש"ע י"ד סי' שצ סעיף ג:
סו י מיי' שם טוש"ע שם סי' שפט סעיף א:
סז כ מיי' שם טוש"ע שם סי' שצ סעיף ג:
סח ל מיי' שם טוש"ע שם סי' שפא סעיף א:

מסורת הש"ס

שבת קיח. ביצה יח: יומא עח. | [ברכות כב.] | מו"ק טו: | [תוספ' פ"א] | [מו"ק טו פסחים מד:] | מו"ק יז: | [פי' רש"י פסחים נה: ד"ה בין השמשות וכו' ועי' תוס' פ"ק כב כלימו בנ"ע]

רבינו חננאל

בתרא מצלינן ומתודינן [אבל] תפלת התענית בשחרית לא יכלינן למיסר דכתיב ואלי יאספו כל חרד בדברי אלהי ישראל על מעל הגולה ואני יושב משומם עד למנחת הערב ובמנחת הערב קמתי מתעניתי ובקרעי בגדי ומעילי [ואכרעה על] ברכי ואפרשה כפי אל ה' אלהי. ש"מ דתפלת התענית באחרית היום הוא ברביעית האחרון אמר רב חסדא כל שהוא משום אבל כגון ט' באב ואבל אסור ברחיצה בין בחמין בין בצונן. אבל כל שהוא משום תענוג כגון תענית צבור בחמין אסור ובצונן מותר. ודייק רב אידי ממתני' מאחר דקתני אסורים ברחיצה למה לי למתנא (כתב) ונועלין את המרחצאות אלא [ה"ק] רחיצה דאסרנא רחיצה במרחץ בחמין הוא דאסור אבל בצונן שרי ואתינן לסייעה לר' חסדא מהא דתניא כל חייבי טבילות טובלין כדרכן בין בט' באב בין ביוה"כ ואמרי' [בחמין] ליכא לאוקמה דשאובין נינהו אלא בצונן ואי אמרינן לכ"ע רחיצה בט' באב בצונן שרי אצטריך לאשמעינן טבילה בצונן שהיא מצוה בזמנה דשרי אלא ש"מ רחיצה אפי' בצונן אסור ובטבילה דמצוה שרי ולכ"ע אסור ואוקי' לעולם בצונן לכ"ע שרי והא ברייתא בחמין היא. וא"ת מים שאובין הן כגון חמי טבריא דמים חמין הן. ואקשינן אי הכי סיפא דקתני ר' חנניא סגן הכהנים אומר כדי הוא בית אלהינו לאבד עליו טבילה אחת בשנה. לטבול בצונן דשרי וליכא עבירה. ודחי באתרא דליכא צונן. ורחיצה בחמין אסור משום כבוד בית אלהינו שחרב כדי הוא בית אלהינו לאבד מצות טבילה אחת בזמנה פעם אחת: ת"ש כשאמרו בתענית אסור ברחיצה לא אמרו אלא כל גופו אבל פניו ידיו ורגליו מותר. וכשאמרו אסור במלאכה לא אמרו אלא ביום אבל בלילה מותר. וכשאמרו אסור בנעילת הסנדל לא אמרו אלא בעיר אבל בדרך מותר הא כיצד יצא לדרך נועל. הגיע לעיר חולץ הסנדל מרגלו ומהלך יחף. וכן אתה אומר במנודה ובאבל.

רבינו גרשום

יי"נ ו' ראשונים ז' אחרונים. בשלמא רחיצה וסיכה ונעילת הסנדל ותשמיש המטה. מה אסיפת זקנים ביום. כנופיא מצפרא ולא מאורתא. איפוך אנא דמצפרא מצלי ולאורתא קרו ומפטרו. במנחת הערב ואכרעה על ברכי אלמא דרביעית בתרא הוו מצלי: אף אנן נמי תנינא דבתענית צבור אינו אסור אלא בחמין דקתני נועלין את המרחצאות *) אבל היכי איבעי ליה למיתני מי מצי למיתני סוכרין את הנהרות א"ר ששא בר אבא רב אידי בר אבין הכי קשיא ליה מכדי קתני אסורין ברחיצה דרחיצה משמע בחמין למה לי למתני נועלין את המרחצאות דמשמע נמי חמין לאו למימר דבחמין אסור ובצונן מותר והיינו דקאמר אף אנן נמי תנינא כרב חסדא דבתענית צבור בצונן מותר. נימא מסייע ליה לאביי דשמעינן ליה דאמר תענית צבור אסור בין בחמין בין בצונן:לכולי עלמא לא הרי לך תשעה באב **) שהוא תענית צבור ודייקינן דאפי' בצונן אסור אמר רב חנא מהכא לא תסייעי' לאביי דלא נצרכא הא דקתני טובלין כדרכן אלא לחמי טבריא דמצי למיטבל בהו והכי קאמר טובלין כדרכן בחמין אבל כ"ע לא אבל בצונן אפי' לכ"ע שרי: כדיי הוא בית אלהינו לאבד עליו טבילה אחת שלא יהיה טובל עליו בת"ב כלל. א"א בשלמא דת"ק אמר כל חייבי טבילות טובלין כדרכן בצונן בת"ב אבל כ"ע לא היינו דקא פליג רב חנינא עליה דת"ק דחייבי טבילות אין טובלין בצונן דכדיי הוא בית אלהינו לאבד עליו טבילה אחת אלא אי אמרת בצונן שרי לת"ק והכי קתני חייבי טבילות טובלין כדרכן בחמין אבל כ"ע לא אבל בצונן מותר לכ"ע וקפליג רב חנינא עליה דת"ק דלא מצי למיטבל בחמין א"כ ליכא איבוד טבילה דהא טביל בצונן אע"פ שאינו טובל בחמין דהא שרי בצונן לכ"ע אלא לאו לעולם אמר ת"ק בצונן טובלין אבל כ"ע לא וסייעא לאביי א"ר פפא לעולם אמר ת"ק טובלין כדרכן בחמין אבל לכ"ע אסור וצונן שרי לכ"ע ודאמר א"כ טבילה בצונן איכא וליכא איבוד טבילה ר' חנינא הוה קאי בדוכתא דלא שכיחא צונן ולעולם מהכא לא תסייעיה לאביי. (כל) אמרו אסור ברחיצה כו' באלו תעניות. מאי לאו הא דקתני וכן אתה מוצא באבל אכולהו אהאי נמי דקתני בסיפא דמילתא בהאי מסכתא באידך פירקא כשאמרו אסור ברחיצה וכו' ורחיצה לא משמע אלא בחמין וקשיא למאן דאמר כל שהוא משום אבל אסור בין בחמין ובין בצונן. לא אשארא לבד מרחיצה קאמר וכן אתה מוצא באבל אבל

*) אולי צ"ל א"ל אביי אלא היכי וכו'. **) לכאורה תמוה דהא גם לר"ח בת"ב אסור בצונן ומאי מייתי מינה ראיה לאביי ואולי דרבינו לא היה גורס בדברי ר"ח כגון ת"ב ועדיין צ"ע.

הגהות הב"ח

(א) גמ' כל שהוא משום אבל כגון תשעה באב. נ"ב פי' בדרבנן אית לפלוגי בין שהוא משום אבל ובין שהוא משום תענוג אבל ביוה"כ שהוא דאורייתא אע"פ שהוא משום תענוג אסור בין בחמין בין בצונן: (ב) שם מאי לאו אכולהו ובמאי אילימא בחמין כו' כצ"ל ותיבת עסקינן נמחק: (ג) רש"י ד"ה כ"ע לא לא בחמין: (ד) ד"ה כשאמרו אסור ברחיצה גבי תענית: (ה) ד"ה לא אשארא קאי אנעילה ומלאכה ולעולם כך: (ו) תוס' ד"ה אמר ר"ח כו' כגון תשעה באב ואבל אסור בין כו' כצ"ל ותיבות אסור אפילו בצונן נמחק: (ז) ד"ה וכן כו' פירוש דקאי אהא דקאמרינן דבצונן מותר: (ח) בא"ד כלומר אשאר דינין קאי אנעילה ומלאכה אבל לא:

הגהות הגר"א

[א] גמ' (שאובין נינהו) תא"מ (ועמ"ש רבינו ביו"ד סי' רא ס"ק קכה וצ"ע):

גליון הש"ס

תוס' ד"ה וכן. מותר בצונן וקשי' לר"ח. ק' לי הא אדרבה כיון דמיירי בצונן ואפ"ה תני כל גופו אסור א"ו דקשיא בהיפוך דמוכח דבתענית ג"כ אסור בצונן כל גופו וקשיא לר"ח וכמ"ש רש"י:

אין הבוגרת רשאה לנוול עצמה. אומר ר"י דהא רשאה לאו דוקא *אלא ה"ק אין הבוגרת חייבת הא נערה חייבת:

אלא (ז) בצונן. וקאמר נערה רשאה כלומר דאסורה ואת אמרת דבצונן מותר וקשה לרבה דאמר דבצונן מותר ומשני כי קתני אכיחול ופירכוס:

אלא אמר רב יצחק בשומע תפלה. והכי פסק בשמעתא דתפלת תענית בשומע תפלה ואין יחיד קובע ברכה לעצמו לכך צריך כשאומר עננו בש"ת (דצריך)לאומרו קודם שאומר הברכה כשמגיע לעננו קודם שיתחיל לומר כי אתה ש"ת עמך ישראל ברחמים יאמר עננו ולא יחתום אלא יאמר כי אתה ה' עונה בעת צרה ומושיע ואח"כ כי אתה ש"ת עמך ישראל ברחמים בא"י שומע תפלה אבל שליח צבור אומר גואל ישראל וקובע ברכה וחותם:

תנא ושייר. פי' תנא עשיית מלאכה ושייר כ"ד ברכות פי' כ"ד ברכות שבתעניתא היו מוסיפין ו' ברכות כדמפרש לקמן בפ"ב (דף טו.):

מאי שייר דהאי שייר כו'. פי' דמשום חדא מילתא לא הוי (ח) לתנא לשייר וא"ת הכא קאמר דלא תנא ושייר דהא אין בין קאמר דמשמע דאין בין זה לזה אלא אלו בלבד וקשה דהא במגילה (דף ח:) קתני אין בין נדרים לנדבות אלא שהנדרים חייב באחריותן ונדבות אינו חייב באחריותן ואנו יודעין דיש (ט) חילוק אחר דנדרים אינן באים אלא מן החולין לכל דבר שבחובה אינו בא אלא מן החולין ונדבות באות מן המעשר כדאמר (דברים יב) וזבחת שלמים ואכלת דכתיב גבי מעשר וי"ל דהתם נמי דזה וזה שוה והכי מילי גבי שלמים יש חילוק והא דקתני אין בין מיירי בעולות דאין בין עולות דנדרים לעולות דנדבה אלא שהנדרים חייב באחריותן ומה שאין כן בנדבה דהא אין בין עולות דנדרים לעולות דנדבות אלא חילוק זה דהא כל עולות אינן באין אלא מן החולין*):

ותסברא (י) מפרש לקמן (דף טו:) שמוליאין התיבה ברחוב העיר (באמלעיות) באחרונות ותסברא דהא שייר תיבה פי' וליכא למימר דבאיסורא קמיירי דהא דמתריעין ונועלין מאי איסור איכא: לאו

אין הבוגרת. שהגיעה שתי שערות רשאה לנוול את עצמה אלא מתקשטת כדי שיקפצו עליה (ג) הא נערה שאינה ראויה להינשא עדיין עד שתתבגר רשאה דבת חיוב אבילות היא וקטנה אינה חייבת ולא כלום: בימי אבל אביה. אפילו אירע אבילות לאביה שמת בנו אי נמי שמת אביה ממש אע"פ שהיא בת חיוב אבילות אינה רשאה לנוול: אלא לאו בצונן. ואפ"ה נערה אינה רוחצת בצונן אלמא דאבל אף בצונן אסור: אכיחול ואפירכוס. ולא קא מיירי ברחילה כלל פירכוס בשיער כבוס בבגדים רחילה בגוף: זאת אומרת. *מדמוקמינן לה בכיחול ופירכוס הוא הדין לתכבוסת: תפלת תענית. עננו: בין גואל לרופא. ברכה בפני עצמה: וכי יחיד. חשוב כל כך שיהו מתקנין לו ברכה בפ"ע להוסיף בתפלתו: בשומע תפלה. שכוללה בתוך הברכה וחותם בשומע תפלה דאותה ברכה והתימתה משמע בין אתענית בין אכל מילי: אין בין יחיד לצבור. גבי תענית: שזה. יחיד מתפלל ביום תעניתו שמונה עשרה וכולל תפלת תענית בשומע תפלה: תשע עשרה. דקבע ליה בין גואל לרופא סתם תפלה קרי שמונה עשרה דברכת ולמלשינים ביבנה תקנוה כדאמרינן בברכות (דף כח:): כ"ד הוין. (ד) בפירקין דלקמן (דף טו.) דכ"ד ברכות הוו ביומא דתעניתא והכא קתני י"ט ותו לא: ולבור. יחיד שקיבל עליו תענית לבור אלמא יחיד קובע ברכה לעצמו כשקיבל תענית לבור: בקמייתא. בג' תעניות ראשונות (ה) דליכא כ"ד כדאמרינן בפרק סדר תעניות כילד בגמ' (שם): דאלו מותרין בעשיית מלאכה וכו'. ראשונות דלא חמירי כולי האי (ו) הא לכ"ד ברכות זה וזה שוין וקס"ד דאיתנהו לכ"ד באמלעיות מדקמתרץ קמייתא דליכא כ"ד מכלל דבאמלעיתא איתנהו ולא היא דליתנהו אלא באחרונות כדקתני התם ומשום דהא מילתא קמייתא מש"ה פריך ליה מכ"ד דליתנהו באמלעיות: תנא ושייר. תנא מילי דאיתנהו בין אמלעיות לראשונות ושייר אין בין לאו דוקא הוא כדמוכח לקמן גבי אידך: ה"ג מאי שייר דהאי שייר אלא באיסורי קא מיירי בתפלות לא קא מיירי ומאן דגרים שייר תיבה מוליאין את התיבה כו' שיבוש הוא דאינה אלא באחרונות כדבסמוך ומיפשט פשיטא ליה דאינה אלא באחרונות: מאי שייר דהאי שייר. דלא אורחא דתנא למתני כל מילי ולשיורי חדא אלא לעולם כ"ד בקמייתא ליתנהו ולהכי לא חשיב להו באין בין דבתפלה לא קמיירי: באמלעיות נמי ליכא כ"ד. אלא באחרונות כדאמרינן התם: שבאלו. האחרונות מתריעים ונועלין כדתנן נמי במתני'* הא לכ"ד זה וזה שוין דבתרווייהו איתנהו: והא

איןהבוגרת רשאה לנוול את עצמה בימי אבל אביה הא נערה רשאה מאי לאו ברחיצה ובמאי אילימא בחמין אין הבוגרת רשאה והאמר רב חסדא אבל אסור להושיט אצבעו בחמין אלא לאו בצונן לא אכיחול ופירכוס לימא מסייע ליה דא"ר אבא הכהן משום רבי יוסי הכהן מעשה ומתו בניו של ר' יוסי בר חנינא ורחץ בצונן כל שבעה אמרי התם בשתכפוהו אבליו זה אחר זה דתניא תכפוהו אבליו זה אחר זה הכביד שערו מיקל בתער ומכבס כסותו במים אמר רב חסדא בתער אבל לא במספרים במים ולא בנתר ולא בחול ולא באהל איכא דאמרי אמר רבא אבל אסור בצונן כל שבעה מאי שנא מבשר ויין התם *לפכוחי פחדיה הוא דעביד לימא מסייע ליה אין הבוגרת רשאה לנוול עצמה הא נערה רשאה במאי אילימא בחמין אין הבוגרת רשאה והאמר רב חסדא אבל אסור להושיט אצבעו בחמין אלא לאו בצונן לא אכיחול ופירכוס אמר רב חסדא זאת אומרת *אבל אסור בתכבוסת כל שבעה [ו]והלכתא אבל אסור לרחוץ כל גופו בין בחמין בין בצונן כל שבעה אבל פניו ידיו ורגליו בחמין אסור בצונן מותר [ז]אבל לסוך אפילו כל שהוא אסור ואם לעבר את הזוהמא מותר צלותא דתעניתא היכי מדכרינן אדבריה רב יהודה לרב יצחק בריה ודרש יחיד שקיבל עליו תענית מתפלל של תענית והיכן אומרה בין גואל לרופא מתקיף לה רב *יצחק וכי יחיד קובע ברכה לעצמו אלא אמר רב יצחק [ח]בשומע תפלה וכן אמר רב ששת בשומע תפלה מיתיבי אין בין יחיד לצבור אלא שזה מתפלל שמונה עשרה וזה מתפלל תשע עשרה מאי יחיד ומאי צבור אילימא יחיד ממש וצבור ש"צ הני תשע עשרין וארבע הוו אלא לאו ה"ק אין בין יחיד דקבל עליו תענית יחיד ליחיד שקבל עליו תענית צבור אלא שזה מתפלל שמונה עשרה וזה מתפלל תשע עשרה ש"מ יחיד קובע ברכה לעצמו לא לעולם אימא לך שליח צבור ודקא קשיא לך שליח צבור עשרין וארבע מצלי (א) בג' תעניות ראשונות [ט]דליכא עשרים וארבע ולא והא אין בין קתני אין בין ג' ראשונות לג' אמצעיות אלא שבאלו מותרין בעשיית מלאכה ובאלו אסורין בעשיית מלאכה הא לכ"ד זה וזה שוין *תנא ושייר מאי שייר דהאי שייר (ב) ותו והא אין בין קתני אלא תנא באיסורי קא מיירי בתפלות לא מיירי ואי בעית אימא [י]באמצעייתא נמי לא מצלי כ"ד ולא והתניא *אין בין ג' שניות לשבע אחרונות אלא שבאלו מתריעין ונועלין את החנויות הא לכל דבריהן זה וזה שוין וכי תימא הכא נמי תנא ושייר והא אין בין קתני ותסברא אין בין דוקא והא

*) [וע"ע תוספות מגילה ח. ד"ה אין ותוס' ב"ק סב: ד"ה מי קתני ותוס' חגיגה ה. ד"ה ממאי ותוספות שבת סג. ד"ה אין]

[ועי' תוס' קידושין לג. ותוס' חולין כד: ד"ה אין ותוס' ערכין כח: ד"ה אומרין]

סט א מיי' פ"ה מהלכות אבל הלכה ג סמג עשין מ"ב ג טוש"ע י"ד סי' ש"פ סעיף א וסי' שפט סעיף א:

ע ב מיי' שם הלכה ד טוש"ע שם סי' שפא סעיף א:

עא ג מיי' שם טוש"ע שם סעיף ב:

עב ד מיי' פ"ב מהלכות תפלה הלכה יד סמג עשין יט טוש"ע א"ח סי' תקסה סעיף א:

עג ה מיי' פ"ג מהלכות תענית הלכה ב טוש"ע א"ח סי' תקעה סעיף ב:

עד ו מיי' שם הלכה ג טוש"ע שם סעיף ג:

רבינו חננאל

ודחינן לא כי קא קתני וכן בבבל אנעילת סנדל ואמלאכה קאי אבל (רחיצה לא) [לא ארחיצה] ולעולם בחמין. אמר רבא אבל אסור כל ז' אפי' בצונן ומ"ש מבשר ויין דשרי ליה. ודחי בשר ויין שרינן ליה כדי לפכוחי פחדיה אבל רחיצה דמשום תענוג היא לא התירו. לימא מסייעא ליה אין הבוגרת רשאה לנוול עצמה בימי אבל בית אביה. אבל הנערה שרי לנוול עצמה ושלא לרחוץ אפילו בצונן. וש"מ אבל אפי' בצונן אסור. ודחי לא הבוגרת התירו לכחול ולפרכס. תניא תכפוהו אבליו זה אחר זה שערו מיקל בתער ומכבס כסותו במים. אמר רב חסדא בתער ולא במספרים. במים ולא בנתר. ולא בחול. אמר רב חסדא זאת אומרת אבל אסור בתכבוסת. והלכתא אסור לרחוץ כל גופו כל ז' בין בחמין בין בצונן אבל פניו ידיו ורגליו בחמין אסור ובצונן מותר. ולסוך אפי' כל שהוא אסור. ואם לעבר הזוהמא מות' לסוך שמן טוב. דרש רב יצחק יחיד שקבל עליו תענית מתפלל עננו בין גואל לרופא ואקשינן עליה וכי יחיד קובע ברכה לעצמו אלא מתפלל עננו בשומע תפלה בכלל הברכה ואינו מתפלל אותה ברכה בפ"ע. ומותבינן עליה מהא דתניא מה בין יחיד לצבור אלא שזה מתפלל שמ"ע ואלו מתפללין י"ט היכי דמי אילימא יחיד המתפלל בינו לבין עצמו עם הצבור וצבור דקתני ש"ץ היורד לפני התיבה האי י"ט ברכות מתפלל בתענית כ"ד מתפלל כדתנן עמדו בתפלה מורידין לפני התיבה זקן ורגיל כו' ואומר לפניהם כ"ד ברכות. ושנינן הכי קתני אין בין יחיד דקאי בצבור כראמרן ליחיד המתפלל חוץ לביהכ"נ אלא שזה היחיד העומד בחוץ מתפלל י"ח ויחיד המתפלל בכנסת מתפלל י"ט ברכות. אלמא יחיד קובע ברכה לעצמו. ושנינן לעולם יחיד. יחיד דקאי בצבור וצבור ש"ץ ממש. וזה ש"ץ המתפלל י"ט ברכות בתעניות ראשונות הוא שאין בה כ"ד ברכות וזה שמתפלל י"ח זה מתפלל י"ח. ואקשינן והא תעניות אמצעיות דקתני בהו ואסור במלאכה וברחיצה כו' ולא קתני כ"ד. ושנינן האי תנא באיסורא קמיירי. כלומר אסור במלאכה וברחיצה כו' הוא דמיירי בתפלות לא קמיירי. אי בעי תימא כ"ד ברכות באמצעייתא נמי ליכא. ואקשינן והא תניא אין בין ג' אמצעיות לז' אחרונות. אלא שבאלו מתריעין ונועלין את החנויות הא לכל דבריהן זה וזה שוין. לעולם אימא לך באמצעיות נמי אין כ"ד זה וזה שוה בכ"ד ברכות הן. ואינם בג' אמצעיות ושייר

[ז"ל רש"י כ"מ סו: ד"ה לפכוחי פחדיה להפיג דאגתו וכו']

גליון הש"ס

רש"י ד"ה זאת אומרת. מדמוקמינן לה בכיחול כו'. תמיהני הא מלה דמשמעה הוא ריש דף זה לעיל דמשום דאבל אבור בלונן וא"כ כלל לאוקמא בפירכוס וכיחול. גם למאי לריך להוכחה מהוקימתא זו הא במעט מכריעה דלעיל דתכפוהו אביליו מכבס כסותו במים ומוכח מזה דאבל אסור בכיבוס ועכ"ע:

[עי' רא"ש יומא]

[סוכה מ. וש"נ]

[תוספתא מגילה פ"א]

[לעיל יב:]

רבינו גרשום

ברחיצה מוחלקין דאילו בתענית קתני ברחיצה דמשמע בחמין אבל לא בצונן ואילו באבל אסור בין בחמין בין בצונן. אין הבוגרת רשאי לנוול עצמה לפי שעומדת על פרקה וראויה לינשא. אילימא בחמין אין הבוגרת רשאה. כלומר דיכולה לרחוץ בחמין. אלא לאו בצונן עצמה דאפי' אין הבוגרת רשאה לנוול עצמה אלא רוחצת בצונן הא נערה רשאה לנוול עצמה דאפי' בצונן אינה רוחצת וקשיא לרבא דאמר אבל בצונן מותר. לא כי קתני אין הבוגרת רשאי לנוול הא נערה רשאי אכיחול אבל בצונן אסור ואינו נמי דלא... בשבעה באבל...

בדקמייתא בשלש תעניות ראשונות קא מיירי דליכא בהו כ"ד ולא הוי אלא י"ט ולעולם אין היחיד קובע ברכה לעצמו: אלא שבאלו אמצעיות אסורין במלאכה וראשונות מותרין במלאכה הא לעשרים וארבעה זה וזה שוין...

*) אולי צ"ל וכי יכול לנכך וכו'. **) נראה דצ"ל וכ"ת תנא ושייר ולא גרסינן נמי כלומר וכו'.

הגהות הב"ח

(א) גמ' ודקא קשיא לך ש"צ כ"ד מצלי בקמייתא דליכא כ"ד כצ"ל: (ב) שם מאי שייר דהאי שייר (ותו והא אין בין קתני) תא"מ ונ"ב מפרש"י משמע דלא גרסינן ליה הכא... (ג) רש"י ד"ה אין הבוגרת וכו' שיקפצו עליה הס"ד ואח"כ מה"ד בימי אבל ואח"כ מה"ד הא נערה: (ד) ד"ה כ"ד הוין כדתנן בפירקין דלקמן: (ה) ד"ה בקמייתא בג' תעניות ראשונות הס"ד ומה"ד דליכא כו': (ו) ד"ה דאלו כו' כולי האי הס"ד ואח"כ מה"ד הא לכ"ד... (ז) תוס' ד"ה אלא בצונן וכו' כלומר דאסורה... (ח) ד"ה מאי כו' לא הוי ליה לתנא לשייר... (ט) ד"ה לאו יודעין דיש ביניהם חילוק אחר... (י) ד"ה ותסברא כו' פי' כדמפרש לקמן כו' ברחוב העיר באחרונות אבל לא באמצעיות הס"ד ואח"כ מה"ד והא שייר:

objection was raised against this: [13*b*] A girl who has reached
a adolescence[1] may not make herself unsightly during the days of mourning for her father.[2] This implies that a girl who has not reached adolescence may [make herself unsightly]. And in which respect [may she neglect herself]? By not bathing. [This being so], in what water? Shall I say in warm? [Then how can you say that] a girl who has not reached adolescence may not neglect herself [in this respect]? Did not R. Ḥisda say: A mourner may not put even his finger in warm water? Therefore [it must speak of] cold water![3]—No; [it speaks of] painting the eyelids and dyeing the hair.

Shall we say that the following supports Raba: R. Abba the Priest said in the name of R. Jose the Priest: It happened that the sons of R. Jose b. Ḥanina died and he bathed in cold water throughout the seven days [of mourning]. The answer is, in his case one bereavement followed close on the other. For it has been taught: Where a man suffers one bereavement close upon another and his hair weighs heavy upon him he may thin them out with a razor and he may also wash his clothes in water. R. Ḥisda said: With a razor, but not with scissors, in water, but not in natron, nor in sand nor in aloe.

Some say, Raba said: The mourner may not [bathe] in cold water all the seven days. Why this differentiation [between bathing in cold water] and partaking of meat and wine?[4]—Of these [the mourner] may partake in order to counteract his fear.[5] Shall we say that support may be adduced from the following passage: A girl who has reached adolescence may not make herself unsightly [during the days of mourning for her father]. This implies that one who has not reached adolescence may? And in what respect may she neglect herself? [By not bathing]. [This being so], in what water? Is it in warm water? Then how can you say that a girl who has reached adolescence may not neglect herself in this respect? Did not R. Ḥisda say: A mourner may not put even his finger in warm water? Therefore [it must speak of] cold water!—No; it speaks of painting the eyelids and dyeing the hair.
b R. Ḥisda said this proves[1] that a mourner is forbidden to wash his clothes throughout the seven days of mourning.[2] The law is, a mourner is forbidden to bathe his whole body either in warm or in cold water all the seven days; his face, hands and feet he may not [wash] in warm water but in cold water he may; anointing is not permitted at all; if, however, it is to remove the dirt it is permissible.

Where is the prayer for the fast day[3] inserted?[4] Rab Judah brought his son R. Isaac [to the school][5] and he expounded as follows: An individual who has taken upon himself a fast should recite the prayer for the fast day. And where does he insert it? Between the benediction for 'Redemption' and the benediction for 'Healing'.[6] R. Isaac demurred to this [saying]: Is it proper that an individual should insert [in his prayers] a special benediction for himself? Therefore said R. Isaac: [He includes it] in the benediction 'Thou hearkenest to the prayer'.[7] And so, too, said R. Shesheth: [In the benediction] 'Thou hearkenest to the prayer'. An objection was raised [against this]: The only difference between [the Order of Prayer] of an individual on a fast day and a community is that the former recites eighteen benedictions and the latter recite nineteen. Now what is [meant by] an 'individual' and what by a 'community'? Shall we say that [by] an 'individual' [is meant] literally and [by] 'community' the Representative
c of the community [leading in prayer]?[1] If so, are the benedictions [recited by the latter] nineteen? Are they not rather twenty-four?[2] Therefore the [Baraitha quoted] should read thus: The only difference between an individual who has undertaken a private fast and an individual who has undertaken a public fast is that the former recites eighteen [benedictions] and the latter nineteen.[3] From which one may infer that an individual may insert a special benediction for himself.[4] No; [by 'community' is definitely meant], the Representative of the Community and as to your difficulty, that the Representative recites twenty-four benedictions [and not nineteen], [this refers] to the first three fasts when the twenty-four are not [recited]. But is this so? Is it not stated that the only difference between the first three [fasts] and the middle three [fasts] is that work is permissible on the former and forbidden on the latter? Does this not imply that with regard to the recital of the twenty-four [benedictions] both are alike?—The Tanna [of the Baraitha] has stated only one [difference] and has left out [others]. What other differences has he left out besides this one?[5] And further, does he not explicitly state: The *only* difference etc.?—The Tanna speaks only of differences with regard to things forbidden on the fast days and not [of differences with regard to] prayers. And if you like, I can say that even on the middle three fasts the twenty-four benedictions are also not recited. But is this so? Has it not been taught: 'The only difference between the second three [fasts] and the last seven is that on the latter the alarm is sounded and the shops are closed.' Does this not imply that in all other respects they are alike? And should you reply that here too [the Tanna] stated one difference only and left out [others], I would object on the ground that it explicitly states, 'The *only* difference'!—Do *you* assume the expression, 'The

a (1) בוגרת Twelve and a half years of age plus one day, opposed to a נערה twelve years plus one day old. (2) In order not to prejudice her chances of marriage because of her unsightliness. (3) [And yet it is forbidden to a girl who has not reached adolescence to bathe in it during her mourning, which contradicts Raba.] (4) Which is permissible for the mourner. (5) I.e., to counteract his grief.

b (1) Which is in support of Raba. Cf. *supra* n. 3 *mutatis mutandis*. (2) [Washing clothes is placed on a par with painting eyelids and dyeing hair (Rashi). This passage is omitted in one MS. v. D.S. a.l.] (3) תפלת עננו* v. *P.B.* p. 50. (4) [This sentence is omitted in MS.B. v. D.S.] (5) [אדבריה Lit., 'to lead'. Various meanings have been given to the phrase: (*a*) Took him for a walk (Rashi, Beẓah 29*a*); (*b*) Put the words in his mouth (R. Ḥananel, ibid.) i.e., prepared for him the exposition; (*c*) Gave him permission (Epstein J.N. *MGWJ*, LXIII, p. 258, adopted by Malter a.l.) (6) I.e., between the seventh and the eighth benedictions. (7) I.e., in the sixteenth benediction.

c (1) The Reader. (2) V. *infra* 15*a*. (3) V. *supra* 12*b*. (4) In opposition to R. Isaac. (5) Surely he would not stop short of just one item.

*See Corrigenda.

only difference etc.' [14*a*] [to denote the absolute exclusion of any other differences?] Has he not left out [mention of the taking out a of] the Ark?[1]—[As for the taking out of the] Ark this cannot be considered an omission because [the Baraitha] enumerates only things done in private but not things done in public. R. Ashi said: This[2] may also be deduced from our Mishnah where it is learnt: IN WHAT RESPECT ARE THE LATTER MORE STRINGENT THAN THE FORMER?[3] IN THAT ON THEM THE ALARM IS SOUNDED AND THE SHOPS ARE CLOSED. This would imply that in all other respects they are alike. And should you reply that here too [the Mishnah] has stated only one [difference] and left out [others], I would object, the Mishnah explicitly states, 'IN WHAT RESPECT ARE THE LATTER etc.'![4]—Do *you* assume the expression, 'IN WHAT RESPECT ARE THE LATTER etc.' literally? Has he not also left out [mention of the taking out of] the Ark?—[As for the taking out of] the Ark this cannot be considered an omission because he mentions it in the next chapter. If now that you have arrived at this conclusion [the difference in respect of the recital of] the twenty-four benedictions is also no omission since he mentions it [also] in the next chapter. What is the final decision [with regard to the insertion of the special benediction for fast days]?[5] R. Samuel b. Sasarṭai said, and so too R. Ḥiyya b. Ashi in the name of Rab: [He inserts it] between 'Redemption' and 'Healing'. R. Ashi said in the name of R. Jannai, the son of R. Ishmael: In [the benediction] 'Who hearkenest unto prayer'.

One Baraitha teaches: Pregnant women and nursing mothers fast on the first fasts but not on the last; another teaches: They fast on the last but not on the first; and yet another teaches: They fast neither on the first nor on the last!—R. Ashi said: Take it that they fast on the middle set of fasts and in this way all [three b Baraithas] will be reconciled.[1]

IN WHAT RESPECT ARE THE LATTER MORE STRINGENT THAN THE FORMER?—IN THAT ON THEM THE ALARM IS SOUNDED AND THE SHOPS ARE CLOSED. How do we sound the alarm?—Rab Judah said: By the *shofar*.[2] Rab Judah the son of R. Samuel b. Shilath in the name of Rab said: By [the recital of the] *'anenu*.[3] The scholars assumed that the authority who said by the *'anenu* was opposed to the sounding of the alarm by the *shofar* and that the one who said by the *shofar* was opposed to the recital of the *'anenu*. But has it not been taught: No less than seven fasts are ordained upon the community upon each of which the alarm is sounded eighteen times; [as] a sign to remember this take Jericho. Now at Jericho the *shofar* [was used to give the alarm]. This would be a refutation of him who said: By *'anenu* [only]! Hence [we must conclude] that all are agreed that the sounding of the *shofar* constitutes the sounding of an alarm, and that they differ only with regard to [the recital of] the *'anenu;* one takes the view that it constitutes the sounding of an alarm, and the other that it does not. The authority who says that the recital of the *'anenu* constitutes the sounding of an alarm [will hold] how much more so does the sounding of the *shofar*, but the authority who says, 'by the *shofar*', would exclude the recital of the *'anenu*. But has it not been taught: In the case of all other visitations that break out [in the world], as for example, Itch, Locusts, Flies, Hornets, Gnats and the invasion by Snakes and Scorpions they did not sound the alarm, but they cried aloud? And as crying can only be by mouth, the sounding of the alarm must consequently be by the *shofar!*—This forms a subject of dispute amongst the Tannaim, for it has been learnt: In the case of these [calamities] they sound the alarm even on the Sabbath; when a city is surrounded by a ravaging troop, or is in danger of inundation by a river or when a ship is foundering on the sea, R. Jose said: [We may sound the alarm to summon] help but not for intercession! Now with what [is the alarm sounded]? Shall we say by the *shofar?* Is then the sounding of the *shofar* on the Sabbath permissible? It must therefore be by the recital of the *'anenu*, and this is termed: 'Sounding the alarm'. This proves it.

c In the time of R. Judah the Prince[1] there was distress[2] [14*b*];

a (1) Which was taken out during the last seven fasts but not during the intermediary, v. *infra* 15*a*. (2) That the twenty-four benedictions are recited also during the middle three fasts. (3) ['THE FORMER' means those immediately preceding the middle three fasts which, taken together with what follows, seems to imply that the difference is limited to the points enumerated. (4) [Where as explained in the Gemara *infra* 15*b* it applies only to the last fast days (Rashi). R. Ḥananel explains differently.] (5) I.e., by an individual (Rashi).

b (1) The reconciliation of the conflicting Baraithas is arrived at in the following manner. Call the three groups of fasts A (the first three), B (the middle three) and C (the last seven). In the first Baraitha B is first with regard to C; in the second B is last with regard to A; and in the third B is the middle one. (2) V. Glos. (3) The fast prayer,*v. *P.B.* p. 50.

c (1) Text reads, Judah *Nesi'ah*. *Nesi'ah* is the title by which the Patriarch Judah III (end of third century) was known. (2) Not a drought, but some other kind of visitation.

*See Corrigenda.

והא שייר תיבה דבאחרונות איתא והכא ליתא כדקתני לקמן (דף טו.) סדר תעניות כיצד מוציאין את התיבה כו' ומותבינן בגמרא בהדיא מתיבה דליתא אלא באחרונות ומשני כי קתני נמי מתניתין בקמייתא: מילי לציבור · מתריעין בבית הכנסת וכו"ד נמי בבית הכנסת: בפרהסיא · תיבה ברחובה של עיר: דיקא נמי · דלכ"ד זה וזה שוין דקתני מתניתין מה אלו יתירות על הראשונות כו' ואלו כ"ד לא קא חשיב גבי אחרונות: והא מה אלו קתני · דמשמע דווקא: דהא קתני לה באידך פירקין דמי שעשה מתניתין דהכא תנא נמי דהתם והאי דלא תנא בהאי סמיך אהתם דקתני באחרונות מוציאין התיבה מה שאין כן באמצעיות: השתא דאתית להכי · דמשום דקתני לה באידך פירקין לאמרת דלא הוי שיור כ"ד נמי לאמרת דשוין נינהו איכא למימר דלא הוי שוין דהא אפי' שיורא נמי לא הוי דבהדיא קתני לה באידך פירקין דבאחרונות איתנהו באמצעיות לא ואיכא לתרוצי כתירוצא קמא בקמייתא דליכא כ"ד: מאי הוי עלה · היכן אומרה יחיד: נקוט אמצעייתא בידך · כלומר תריץ דבשלש אמצעיות היו מתענין ומתרצת לכולהו הנך מתנייתא הא דקתני בראשונות ולא באחרונות הנך ראשונות לאו ראשונות ממש נינהו אלא אמצעיות דאינהו הוו ראשונות לאחרונות אבל בשבע אחרונות לא מיתענו דכיון דשבע נינהו לא מצו עוברות ומיניקות למיקם בהו והא דקתני באחרונות ולא בראשונות הנך אחרונות אמצעיות נינהו והראשונות ראשונות ממש ואין מתענין בהן דלא תקיף רוגזא כולי האי ולאו לשון הוא לתנא למיקרי לאמצעיות ראשונות לאחרונות' ואחרונות' לראשונות: בשופרות · היו עושין ההתרעות ולשון התרעה כמו תרועה ושם תרועה פשוטה לפניה ולאחריה במסכת ראש השנה (דף לג:) והכי מתריעין בשופרות כדכתיב (במדבר י) ותקעתם בחצוצרות וגו' תוקעין בשופרות כדי שיכניעו לבם לקול השופר ויהיו כרתעים מחטאתם ולשם ברכות שהיו מוסיפין ביום התענית היו תוקעין על כל ברכה יבבא אחת שהן י"ח התרעות: רב יהודה אמר · מתריעין עננו בקול רם היו צועקים עננו אבינו עננו עננו אלהי אברהם עננו עננו אלהי יצחק עננו עננו אלהי יעקב עננו הכל כפי שאומרים בסוף הסליחות אבל עננו דתפלת תענית אומר אפי' בראשונות ואפי' יחיד אוקימנא דאומרה בשומע תפלה ותפלה קרי ליה התרעה דאי בשופרות מריעין מיבעי ליה ומאן דמפרש עננו של תפלת תענית משתבש דהא קתני בסמוך שהן י"ח התרעות וקא פריך מן וסימן לדבר יריחו ואם איתא ליפריך בהדיא י"ח תפלות של שמונה עשרה ברכות מי איכא בשבע תעניות: אין פותחין מז' תעניות · באחרונות: שמונה עשרה התרעות · שהן מוסיפין ו' ברכות מי"ח עד כ"ד ולכל אחת שלש תרועות: וסימן לדבר · שלא תטעה אם התרעה הזו תרועה או תפלה: יריחו · דכתיב בה שופרות לישנא אחרינא סימן לדבר כלומר לכך מתריעין כדי שיפלו כדרך שנפלו ביריחו על ידי שופרות דכתיב (יהושע ו) ויתקעו בשופרות וגו' וכתיב (שם) ותפול החומה תחתיה: אלא בשופרות כולי עלמא וכו' · דהא מתריעין דקתני הכא במתניתין דעבדינן בתעניות בשופרות: כי פליגי בעננו · כי פליגי במתריעין דאמרינן בעלמא על שאר פורעניות מ"ס עננו נמי התרעה והאי דקתני בעלמא מתריעין בעננו ומאן דאמר בשופרות אבל בעננו לא: חגב · ארבה כתרגומו: צירעה · עוקצת את האדם: יתושין · נכנסין בעיניו ובחוטמו: חיכוך · כמו נתחכך בכותל: הא צעקה בפה היא · אלמא דצעקת פה לא קרי ליה התרעה: תנאי היא · האי תנא דשאר מיני פורעניות סבר צעקת פה לאו שמה התרעה ואידך סבר כו': גיים · ולרין עליה: נהר · המתפשט ויוצא לחוץ לשטוף את השדה ואת הבתים: המטורפת · כמו בילים טרופות (חולין דף סד.) שהולכת ונדה ועתידה להיטבע במים: לעזרה · צועקין לבני אדם שיבואו לעזרם: ולא לצעקה · תפלה שאין אנו בטוחין כל כך שתועיל תפלתו לצעוק עליהן בשבת אלמא צעקת פה קרי התרעה מפי מורי ל"א לעזרה דקאמר תנא קמא מתריעין דמשמע בקול רם ואמר ליה רבי יוסי לעזרה שיהו מתפללין כל אחד בביתו לעזרה בעלמא:

והא שייר תיבה אי משום תיבה לאו שיורא הוא מילי דצינעא קתני מילי דבפרהסיא לא קתני אמר רב אשי מתני' נמי דיקא דקתני *מה אלו יתירות על הראשונות אלא שבאלו מתריעין ונועלין את החנויות אבל בכל דבריהן זה וזה שוין וכ"ת הכא נמי *תנא ושייר והא מה אלו קתני ותסברא מה אלו דווקא הוא והא שייר לה תיבה אי משום תיבה לאו שיורא הוא משום דקא חשיב לה באידך פרקא השתא דאתית להכי עשרים וארבעה נמי לאו שיורא הוא דקתני לה באידך פירקא מאי הוי עלה אמר רב שמואל בר ססרטאי וכן אמר רב חייא בר אשי אמר רב בין גואל[ה] לרופא ורב אשי אמר משמיה דרבי ינאי בריה דרבי ישמעאל בשומע תפלה והלכתא בשומע תפלה: תני חדא עוברות ומיניקות מתענות בראשונות ואין מתענות באחרונות ותניא אידך מתענות באחרונות ואין מתענות בראשונות ותניא אידך אין מתענות לא בראשונות ולא באחרונות [ב]אמר רב אשי [נ]נקוט אמצעייתא בידך דמיתרצין כולהו: מה אלו יתירות על הראשונות אלא שבאלו מתריעין ונועלין את החנויות: במאי מתריעין רב יהודה בריה דרב שמואל בר שילת משמיה דרב אמר [ב]בשופרות ורב יהודה אמר בעננו קס"ד מאן דאמר בשופרות לא אמר בעננו ומאן דאמר בעננו לא אמר בשופרות והתניא אין פותחין משבע [א] תעניות על הצבור שבהן י"ח התרעות וסימן לדבר יריחו ויריחו שופרות הוה ותיובתא למאן דאמר בעננו אלא בשופרות דכולי עלמא לא פליגי דקרי לה התרעה כי פליגי בעננו מר סבר קרי לה התרעה ומר סבר לא קרי לה התרעה למ"ד בעננו כל שכן בשופרות ולמ"ד בשופרות אבל בעננו לא והתניא *ושאר כל מיני פורעניות המתרגשות כגון [ג]חיכוך [ד]חגב [ה]זבוב וצירעה ויתושין ושילוח נחשים ועקרבים לא היו מתריעין אלא צועקין (א) מרצעקה בפה התרעה בשופרות תנאי היא *דתניא *[ו]על אלו מתריעין בשבת על עיר שהקיפוה גיים או נהר ועל ספינה המטורפת בים ר' יוסי אמר לעזרה אבל לא לצעקה במאי אילימא בשופרות שופרות בשבת מי שרי אלא לאו בעננו וקרי לה התרעה ש"מ: בשני דר' יהודה נשיאה הוה צערא
גזר

לאו שיורא הוא דהא קתני לה באידך פירקא · והוא הדין דהוה מצי לתרוצי כדלעיל מילי דבפרהסיא לא קתני:

תני חדא מתענות בראשונות ולא באחרונות ותנא אידך מתענין באחרונות ולא בראשונות ותני אידך לא מתענין לא בראשונות ולא באחרונות (ג) נקוט אמצעיתא בידך · פירש הקונטרס השלש תעניות אמצעיות בידך דבאותן תעניות עוברות ומיניקות מתענות וה"ק מתענות בראשונות פי' בראשונו' ר"ל אמצעיות דהם ראשונות לאחרונו' שהיו חמורות אבל לא באחרונות דנפישי ולא מצו עבדי להו והא דקתני באחרונות ולא בראשונות האי אחרונו' היינו אמצעיות וקרי להו אחרונות שהם אחרונות מן הראשונות בתחלה גוזרין שלש תעניות וכן בשניה שלש אבל אין מתענות בראשונות שהם קלות והא דקתני לא בראשונות ולא באחרונות כלומר לא בשלש הראשונות ממש ולא בשבע האחרונות האחרונות ממש אלא דווקא באמצעיות:

ורב יהודה בריה דרב שמואל בר שילת משמיה דרב אמר עננו · אומר הר"י (ג) והאי עננו לא ר"ל עננו שבתפלה תענית אלא עננו שאומרים בסליחות וביום הכפורים עננו אבינו עננו אבל עננו דתפלה לא קאמר דהא בשלש ראשונות נמי אמר לה:

ובהן י"ח תרועות וסימן לדבר יריחו · פירוש שבירחו עשו כן שהקיפוה ז' ימים והיו תוקעין בכל יום כמו כן תקנו בתעניות ובכל תענית מוסיפין שש ברכות ועל כל ברכה תוקעין מריעין ותוקעין א"כ היינו י"ח תרועות:

מתריעין לעזרה · פי' שיבואו לעזור העיר וכו' ומתריעין בפה פירוש והאי ר"ל מתריעין בפה דאין להתיר תרועה בשופר בשבת:

רבי

עה א מיי' פ"ג מהל' תעניות הלכה ה טוש"ע א"ח סימן תקעה סעיף ה:
עו ב מיי' שם הלכה ו טוש"ע שם סעיף ד:
עז ג מיי' שם פ"א הל' יג טוש"ע שם סי' תקעו סעיף ה:
עח ד מיי' שם הלכה ט טוש"ע שם סעיף ט:
עט ה מיי' שם הלכה ט טוש"ע שם סעיף ז:
פ ו מיי' פ"א שם הל' ו טוש"ע שם סימן תקעו סעיף יג:

כ"ל שבע באחרונות
[לעיל יג: פ"ש]
[סוכה נד. וש"נ]

הגהות הב"ח

(א) גמ' לא היו מתריעין אלא צועקין הא צעקה בפה ומדצעקה בפה התרעה: (ב) תוס' ד"ה תני כו' לא בראשונות ולא באחרונות אמר רב אשי נקוט אמצעיתא בידך פירש הקונטרס' נקוט בשלשה תעניות: (ג) ד"ה ורב יהודה כו' אומר הר"י דהאי עננו:

הגהות הגר"א

[א] גמ' אין פותחין משבע שבהן כ"א התרעות כצ"ל (ועי' לחם משנה פ"ד מהלכות תענית הלכה יז):

נ"ק ס:

[צ"ל דתנן] לקמן יט.

גליון הש"ם

גמרא אמר רב אשי נקוט אמצעייתא · כעין זה נדה דף כ ע"א:

רבינו חננאל

אחרונות כגון הני כ"ד וכיוצא בהן אמר רב אשי הא דדייקת מתנייתא דייק מתני' דקתני מה אלו יתירות על הראשונות אלא שבאלו מתריעין ונועלין החנויות הא לכל דבריהן זה וזה שוין · תנא מקצת ושייר מקצת ומאי שייר דהאי שייר [שייר] תיבה דלא קתני ומוציאין התיבה אלא אמרינן תנא ושייר כשם ששייר התיבה שייר כ"ד ברכות ולעולם [אין] מתפללין באמצעיות כ"ד ברכות ודחינן תיבה לאו שיור הוא דקתני באידך פרקין · סדר תעניות כיצד מוציאין התיבה הנה מפרש אבולהו תעניות מוציאין את התיבה · ואמרינן השתא דאתית להכי נס זה השינוי תשני בהא נמי ואימא מדקתני סדר תעניות כיצד וקא מפרש כ"ד ברכות ש"מ אכולהו תעניות קמיירי וזו שנויה היא ולא סמכינן עליה דהא באידך פרקין *) דאין מוציאין התיבה אלא בז' אחרונות: מאי הוה עלה ואסיקנא הלכתא יחיד מתפלל עננו ול"ש יחיד קאי בצבור ול"ש יחיד דקאי בעלמא וקיי"ל דכל יחיד מזכיר עננו בשומע תפלה · תני חדא עוברות ומיניקות מתענות בראשונות ואין מתענות באחרונות ותניא אידך מתענות באחרונות ואין מתענות בראשונות · ותניא אידך אין מתענות לא בראשונות ולא באחרונות · אמר רב ששת נקוט אמצעייתא בידך כי מתענין בהן דמתרצין כולהו פי' הא דקתני מתענות בראשונות בשלש אמצעיות [שייר] ולגבי שבע אחרונות (הני אחרונות) הני שלש אמצעיות ראשונות להני ז' נינהו ואמצעיות דקתני מתענות באחרונות הן ג' אמצעיות דלגבי שלש הראשונות האמצעיות אחרונות מקרו · וברייתא דקתני אין מתענות לא בראשונות [בראשונות] ממש שהן שלש ראשונות ולא באחרונות [באחרונות ממש] שהן ז' האחרונות מכלל דג' הראשונות מתענות לדברי שלשתן ויש לומר דכלהו מודו באמצעיות

דמתענות: ירושלמי עוברות ומיניקות מתענות בס' באב ובג' שניות ולא בז' אחרונות: מתני' אין גוזרין תענית בתחלה בחמישי כו' עד ר' יוסי אומר כשם שאין הראשונות בחמישי כך לא השניות ולא האחרונות: מתני' עברו אלו ולא נענו ב"ד גוזרין עוד כו': מתריעין דתני במתני' כיצד הוא רב יהודה אמר התרעה בשופר משמיה דרב אמר התרעה בעננו ומותבינן [עלה] דרב אין פותחין מז' תעניות על הצבור ובהן י"ח התרעות וסימן לדבר יריחו והתרעות דיריחו בשופר הוו · ושנינן בשופר דברי הכל התרעה היא כי פליגי בעננו רב סבר עננו נמי התרעה היא ורב יהודה סבר עננו לאו התרעה היא · ותוב מותבינן עליה מהא דתניא ושאר כל מיני פורעניות המתרגשות על העולם כגון חיכוך חגב זבוב צרעה ויתושין ושילוח נחשים ועקרבים לא היו מתריעין אלא צועקין · והנה עננו צעקה היא ואם תאמר שגם עננו התרעה היא נמצא עננו התרעה והיא הצעקה היכי קתני לא היו מתריעין ולא צועקין ושנינן תנאי היא יש תנא שקורא לעננו התרעה דתנן בפירקין [דהסידא] (קרא) על אלו מתריעין בשבת על עיר שהקיפוה גיים או נהר
*) אולי צ"ל דהא באידך פרקין קתני דאין מוציאין וכו'.

רבינו גרשום

הא שייר תיבה דבאחרונות איכא ובאמצעיות ליכא אי משום תיבה לאו שיורא הוא דמילי דצינעא קתני כגון מתריעין ונועלין מילי דפרהסיא כגון תיבה שמוציאין לרחוב לא קתני · ולעולם איכא תיבה באחרונות ולא באמצעיות אבל כ"ד דהוי בצנעא אם איתא דליכא באמצעיות הוה קתני שבאלו מתפללין כ"ד ובאלו אין מתפללין כ"ד אלא ש"מ דאיכא בין ג' ראשונות לג' אמצעיות כו' הא לכ"ד שוין דהוכי אמצעיות ליכא כ"ד ולעולם אמרינן הא דקתני אין בין ג' אמצעיות דמתפללין כ"ד כ"ד ובאלו אין מתפללין ליכא ולא מצית לתרוצי הא דתני הכא אפי' ביחיד שבכל יום לא אמרה · וקשיא לן רבי קובע ברכה לעצמו דאיכא בשמונה עשרה פירקא דבאמצעיות איכא כ"ד ולא באמצעיות איכא כ"ד והוי שמונה עשרה ראשונות ולא מצית לתרוצי הא דתני הכא אפי' ביחיד שבכל יום לא אמרה · מוקמינן ליה ביחיד שקיבל עליו תענית צבור ותשעה דחיים מתפללין נמי דקיקה דבאמצעיות איכא כ"ד מה אלו יתירות על הראשונות דהיינו אמצעיות שבאלו אחרונות מתריעין ונועלין אבל לכל דבריהם זה וזה שוין דלא אלמא דכי היכי דאיכא כ"ד באחרונות איכא נמי באמצעיות וכי תימא הכ"ד תנא ושייר כלומר דה"נ איבעי ליה למיתני שבאלו יש כ"ד ובאלו אין כ"ד אלא שששייר הא מה אלו קתני דמשמע דהוי דוקא דליכא ביניהו אלא להני דתני בהדיא אבל לכ"ד זה וזה שוין דכי היכי דאיכא כ"ד באחרונות איכא נמי באמצעיות · אי משום תיבה לאו שיורא הוא אלא כיון רשייר כ"ד אלמא ש"מ דכי היכא דבאחרונות איכא כ"ד באמצעיות אית נמי · השתא דאתית להכי דקתני לה באידך פרקין דכ"ד לא הוי שיור דהכי קתני לה באידך פירקא השתא לה דהאי אין כ"ד באמצעיות ואמרינן אית להו להני ולא אחרינא ואין כ"ד באמצעיות והא דקתני אין בין שלש ראשונות לשלש אמצעיות וכו' אמר הא לכל דברים הוי כ"ד · וקיי"ל דבאמצעיות ליכא כ"ד ומאי לא באמצעיות והא דקתני אין בין שלש ראשונות לשלש אמצעיות ולא באחרונות לאו דוקא · מקמי לאוקמי אכולהו לאוקמי באמצעיות שצבור מתפללין י"ח בש"צ קבעה בפני עצמה לפיכך כ"ד בלא ברכה בפני עצמו · והני מהמצעיות ולא באחרונות ולא בראשונות מתענות בהן דקשיא עלה להתענות שבעה ימים ומתרצן כולהו הא דקתני אמצעייתא בידך לכולהו אמרו דכלהו מודו דבאמצעייתא מתענות ולא בראשונות ולא באחרונות בראשונות לא דאכתי לא תקיף רוגזא ובאחרונות

עין משפט נר מצוה

פא א מיי' פ"ב מהל' תענית הלכה ב טור ש"ע א"ח סימן תקעו סעיף א:

פב ב מיי' פ"ב מהלכות תפלה הלכה יז טוש"ע א"ח סימן קיז סעיף ב:

פג ג מיי' פ"ג מהל' תענית הלכה י טור ש"ע א"ח סימן תקעה סעיף ט:

פד ד מיי' שם הלכה ז טוש"ע שם סעיף ד:

פה ה ו מיי' שם הל' ח טוש"ע שם סעיף ז:

פו ז מיי' פ"ה מהלכות תפלה הלכה יז טוש"ע א"ח סימן קלא סעיף ח:

רבי יהודה נשיאה גזר תליסר תעניות · על שאר פורעניות (ג) ומיהו קאמר ליה רבי אמי דאין מטריחין דהכי נמי משמע דהוה אשאר מיני פורעניות מדמייתי עלה הא דקאמר רבי יוחנן ל"ש אלא לגשמים אבל לשאר מינים וכו':

שיצאה זמנה של רביעה · דזמן רביעה דיורה הוי במרחשון ויצא מרחשון:

שלח להו כיחידים דמיתו · פירוש ובשומע תפלה תאמרו תפלת (ד) תענית והא דיחיד אומר ותן טל ומטר בברכת השנים אע"ג שמתפלל בעצמו הואיל וזמן צבור הוא אבל בני ניניה הוו יחידים אפי' בתקופת תמוז צריכין למטרא:

הכל לפי השנים · אם צריכים אותה שנה גשמים שהיא שחונה ואם צריכים גשמים כבני ניניה שואלין ותן טל ומטר בברכת השנים:

גזר תליסר תעניתא · כדאמרינן במתניתין (דף טו:) שלש ראשונות ושלש אמצעיות ושבע אחרונות ולשאר פורעניות עביד להו ולא לגשמים: לגרמיה · לעצמו דרש שלא אמר אלא לפי שהוא לא היה רוצה להתענות: לא שנו · דאין גוזרים יותר משלש עשרה: כשאמרו · תורה אור שלש ראשונות ושבע אחרונות: לא מן השם הוא זה · שאין זה (א) טעם שאין מניחין בשביל טורח אלא שכבר יצא זמנה של רביעה של יורה שהרי מרחשון עבר על כולן לסוף התעניות שמקצתן היו בכסליו כדקתני מתניתין ואילך למשמע מדברי שמעון דבשאר מיני פורעניות דכל שעתא הוי זמנייהו למיבעי אפילו טפי גזרינן ורבי דקאמר אין מטריחין סתמא אכולהו קאמר ולאו דאמרי כרבי: ובשומע תפלה · אמרינן לשאילת מטר כיחיד השואל צרכיו בשומע תפלה דהא דאמרינן שאלה בברכת השנים אפי' ביחיד משום דזמן צבור הוא אבל במילתא אחריתי הוי כיחיד ולא לצבור כהכלל דבתקופת תמוז לאו זמן שאילה לצבור הוא בשומע תפלה הוא דמדכר ליה ולא בברכת השנים דאמרינן במסכת ע"ז (דף ח.) ובברכות (דף לא.) אם היה לו חולה בתוך ביתו מזכיר עליו בברכת החולים ולבסוף מוקמינן והלכתא בשומע תפלה כך שמעתי: אימתי · הוא סדר תעניות: בזמן שהשנים כתיקנן · שהוא קציר בניסן וזריעה במרחשון ואין סדר השנים משתנה · וישראל שרוין על אדמתן · שמנהג ארץ ישראל בכך: הכל לפי השנים · אם צריכה אותה שנה למטר כגון שנה שחונה שצריכה לגשמים הרבה: לפי המקומות · כגון נינוה דאפי' בתקופת תמוז בעו מטרא: אי גרסינן לפי הזמן שלא ירדו עדיין גשמים: *בשני מטין עם חשיכה · ולא נועלין ולא פותחין הואיל ולאו *)לכבוד שבת הוה ובחמישי מותרין לפתוח לגמרי: מטין · שלא ירגישו בני אדם וילמטרו אלא לעת ערב פותחין מקצתן כדי שיהא להם מה לאכול בלילה: או דילמא · פותחין כל היום והכי משמע מתניתין בשני מטין ובה' היה פותח כדרכו כל היום לגמרי מפני כבוד השבת: אצטבא · כסא דהשתא אין כתיב חנות פתוחה לרשות הרבים ואם הוא אין פתוח אינו נראה כל כך: פותח כדרכו · אפי' בשני (ג): ה"ג תנא בבנין בנין של שמחה נטיעה נטיעה של שמחה · בנין דקתני מתניתין לא בנין הצריך לו אלא בנין הצריך לשמחה דבדבר שמחה ממעטין: בית חתנות · לעשות תופתו: אבוורנקי ·

גזר תלת עשרה תעניות ולא איעני סבר למיגזר טפי אמר ליה ר' אמי הרי אמרו אין מטריחין את הצבור יותר מדאי אמר ר' אבא בריה דרבי חייא בר אבא רבי אמי *דעבד לגרמיה הוא דעבד אלא הכי אמר ר' חייא בר אבא אמר ר' יוחנן לא שנו אלא לגשמים אבל לשאר מיני פורעניות מתענין והולכין עד שיענו מן השמים תניא נמי הכי כשאמרו שלש וכשאמרו שבע לא אמרו אלא לגשמים *אבל לשאר מיני פורעניות מתענין והולכין עד שיענו לימא תיהוי תיובתיה דר' אמי אמר לך רבי אמי תנאי היא דתניא אין גוזרין יותר משלש עשרה תעניות על הצבור לפי שאין מטריחין את הצבור יותר מדאי דברי רבי רשב"ג אומר לא מן השם הוא זה אלא מפני שיצא זמנה של רביעה שלחו ליה בני נינוה לרבי כגון אנן דאפילו בתקופת תמוז בעינן מיטרא היכי נעביד כיחידים דמינן או כרבים דמינן כיחידים דמינן ובשומע תפלה או כרבים דמינן ובברכת השנים ¹שלח להו כיחידים דמיתו ובשומע תפלה מיתיבי אמר רבי יהודה *אימתי בזמן שהשנים כתיקנן וישראל שרוין על אדמתן אבל בזמן הזה הכל לפי השנים הכל לפי המקומות הכל לפי הזמן אמר ליה מתניתא רמית עליה דרבי רבי תנא הוא ופליג מאי הוי עלה רב נחמן אמר בברכת השנים רב ששת אמר בשומע תפלה והלכתא בשומע תפלה: בשני מטין עם חשיכה ובחמישי כל היום מפני כבוד השבת: איבעיא להו היכי קתני בב' מטין עם חשיכה ובה' כל היום מפני כבוד השבת או דילמא בשני מטין ובחמישי פותחין כל היום כולו תא שמע דתניא *בשני מטין עד הערב ובחמישי פותחין כל היום כולו מפני כבוד השבת היו לו שני פתחים פותח אחד ונועל אחד היה לו אצטבא כנגד פתחו פותח כדרכו ואינו חושש: עברו אלו ולא נענו ממעטין במשא ומתן ובבנין ובנטיעה: תנא *בבנין בנין של שמחה נטיעה נטיעה של שמחה אי זהו בנין של שמחה זה הבונה בית חתנות לבנו אי זו היא נטיעה של שמחה זה הנוטע *אבוורנקי של מלכים: ובשאילת שלום: תנו רבנן חברים אין שאילת שלום ביניהן עמי הארץ ששואלין מחזירין להם בשפה רפה ובכובד ראש *והן מתעטפין ויושבין כאבלים וכמנודין כבני אדם הנזופין למקום עד שירחמו עליהם מן השמים *אמר ר' אלעזר אין אדם חשוב רשאי ליפול על פניו אלא אם כן נענה כיהושע בן נון שנאמר ויאמר ה' אל יהושע קום לך למה זה אתה נופל על פניך ואמר ר' אלעזר אין אדם חשוב רשאי לחגור שק אלא אם כן נענה כיהורם בן אחאב שנאמר ויהי כשמוע המלך את דברי האשה ויקרע את בגדיו והוא עובר על החומה וירא העם והנה השק על בשרו וגו' ואמר ר' אלעזר לא הכל בקריעה ולא הכל בנפילה משה ואהרן בנפילה יהושע וכלב בקריעה משה ואהרן בנפילה דכתיב ויפל משה ואהרן על פניהם יהושע וכלב בקריעה דכתיב ויהושע בן נון וכלב בן יפנה קרעו בגדיהם מתקיף לה ר' זירא ואיתימא ר' שמואל בר נחמני אי הוה כתיב יהושע בקדמייתא השתא דכתיב ויהושע הא והא עביד ואמר ר' אלעזר לא הכל בקימה ולא הכל בהשתחויה מלכים בקימה ושרים בהשתחויה דכתיב כה אמר ה' גואל ישראל קדושו לבזה

[מגילה כב:] [ג"י סמוך אבורנקי] [יהושע ז] [מלכים ב ו] [במדבר יד] [שם] [ישעיה מט]

של מלכים · שכך היו נוהגין כשנולד בן למלך נוטעין ארז ... ולשאר פורעניות ... לא חשיבי ... אבל נועלין ... אין עושין ... דלא לעת ערב ...

*) ולאו לכבוד שבת הוא לא מטין כל היום שיראו בני אדם וילמטרו אלא לעת ערב כנ"ל וכל זה עד לאכול בלילה הוא דיבור אחד:

מסורת הש"ס: [ברכות מח. וש"נ] · מגילה כב: · [דיבור זה שייך לעיל במשנה יב:] · מו"ק טו. · מגילה כב: · [ג"ל בנפילה]

הגהות הב"ח: (א) רש"י ד"ה לא מן השם וכו' שאין זה טעמא: (ב) ד"ה אפילו בשני מ"ט שלא קציר תעניות וכו' ודעו ולא כי ... (ג) תוס' ד"ה רבי יהודה כו' פורענות קאמר ליה רבי אמי כו': (ד) ד"ה שלח תפלת מטר והא דיחיד אומר כו' יחידים דאפילו בתקופת תמוז:

גליון הש"ס: רש"י ד"ה ...

רבינו חננאל

נהר ועל הספינה המטרפת בים ר' יוסי אומר לעזרה אבל לא לצעקה והא הכא התרעה בשופר ליכא למימר דהא שבת היא ושופר בשבת אסור אלא לאו בעננו וקתני מתריעין בשבת ש"מ דקרי לעננו התרעה ש"מ הא דא"ר אמי אין מטריחין על הצבור יותר מדאי ואמרינן לגרמיה הוא דעבד כלומר לא היה יכול להתענות ובשביל עצמו אמר אין מטריחין דתניא כשאמרו י"ג תעניות לפי שאין מטריחין את הצבור לא אמרו אלא לגשמים בלבד אבל לשאר מיני פורעניות מתענין והולכין עד שיענו · ומשני ר' אמי תנאי היא דתניא אין גוזרין על הצבור יותר מי"ג תעניות לפי שאין מטריחין על הצבור יותר מדאי דברי רבי רשב"ג אומר לא מן השם הוא זה אלא מפני שיצא זמנה של רביעה · בני נינוה בעו מר' אנן דאפילו בתקופת תמוז בעי' מטרא אנה נזכיר ותן טל ומטר בברכת השנים או בשומע תפלה כיחיד ששואל צרכיו בשומע תפלה אמר להו בשומע תפלה כיחידים ואותבינן עליה א"ר יהודה אימתי שואלין הגשמים בפרקים הללו בזמן שהשנים כתיקנן וישראל שרוין על אדמתם אבל בזמן הזה הכל לפי השנים הכל לפי המקומות הכל לפי הזמן קשיא לרבי ודחי רבי תנא הוא ופליג על התנאים · מאי הוה עלה ואסיקנא רב ששת אמר בשומע תפלה וקיי"ל טותיה · ותיוב לגבי איסורא הלכתא כרב ששת ווו איסורא היא: פיסקא בשני מטין עם חשכה ומיבעיא לן ופשטנא ממתני' דתניא בשני מטין לעת ערב ובחמישי פותחין כל היום מפני כבוד השבת היו לו ב' פתחים פותח אחד ונועל א' היתה לו איצטבא כנגד פתחו פותח ונועל כדרכו ואינו הושש עברו אלו [י"ג תעניות] ולא נענו ממעטין במשא ומתן כו' בנין זה בנין של שמחה: ירושלמי אריב"ל ל"ש אלא בנין של שמחה ממעטין אבל אם היה גוהה סותרו ובונה: ת"ר חבירין אין שאילת שלום ביניהן עמי הארץ ששאלו מחזירין להן בשפה רפה ובכובד ראש · והן מתעטפין ויושבין כמנודין וכאבלים כבני ניזופין עד שירחמו

רבינו גרשום

מתענות בראשונות ולא באחרונות היינו אמצעיתא שהן ראשונות לאחרונות ולא באחרונות ממש והאי דקתני מתענות באחרונות היינו אמצעות שהן אחרונות לראשונות ולא בראשונות ממש והאי דקתני אין מתענות לא בראשונות ולא באחרונות היינו ראשונות ממש היינו אחרונות ממש שהן שלש עשרה דהאי שלש שהיחידים מתענין לא חשיב כלום: בעננו והיינו התרעה דהוו בכינופיא ובהן י"ג תרועות כדאמרן בפירקין דלקמן דבברכה ראשונה אמר להם קודם הברכה תקעו ולאחר הברכה תקעו ותוקעין ומריעין ותוקעין וקודם ברכה שניה אומר להם הריעו ומריעין ולאחר ברכות אומר להם הריעו ומריעין ותוקעין ומריעין נמצא בברכה ראשונה מריע אחת ובשניה ג' וכן בכל אלו ז' ברכות בראשונה תרועה אחת ובשניה ג' תרועות נמצא לו' ברכות י"ג תקיעות וסימן לדבר דעבדינן תרועה יריחו הא יריחו בשופרות הוות ומדנקט סימן יריחו ש"מ דתרועה בשופר: החיכוך שחין היה צעקה בפה ומדקתני לא דוו מתריעין אלא צועקין אלמא דצעקה בפה ותרועה בשופר: לעזרה ולא לצעקה כל אחד מתפלל בפני עצמו אבל אין עושין כנופיא · ר' יהודה גזר תליסר תעניתא הני דקתני במתניתין רב אמי דאמר אין מתענין יותר מי"ג לגרמיה עבד לא הורה כהלכה: לא שנו שאין מטריחין יותר מדאי אלא לגשמים אבל לשאר פורעניות מתענין והולכין עד שיענו והאי דר' יהודה נשיאה שאר מיני פורעניות הוה: שאין מטריחין את הצבור יותר מדאי דברי רבי אפילו בשאר מיני פורעניות ור' אמי דאמר כר' לא מן השם הוא זה כלומר לאו להכי הוא דבשאר מיני פורעניות אין מטריחין יותר מי"ג אלא לגשמים אין מתענין יותר מי"ג כבר יצאה זמנה של רביעה דבר"ח כסלו הוה ביום ראשון וגזרו תענית בשני ובחמישי ושני דהיינו ט"ו יום בכסליו ומתחיל השניות בשני וחמישי ושני הרי כבר יצא כל כסליו ועכשיו בר"ח טבת מתחילין הז' תעניות חמישי ושני בכל שבוע הרי יצאו בו' תעניות ג' שבועות וגוזרין בשביעי ביום שני בשבוע רביעי הרי יצא כל טבת וי"ג תעניות ואם היו גוזרין עוד תעניות לא היו יכולין לגזור בטבת דאין גוזרין בתחלה אלא ביום שני ושני דטבת כבר עבר אלא היה להם לגזור ביום שני שבשבט וכבר עבר מקצת שבט ובר"ח כבר יצא זמן רביעה וכבר יצאו רוב גשמי שנה דלהכי הוי *) אמר בשבט ר"ה לאילן דכבר יצאו רוב גשמי שנה: כיחידים דמין ובשומע תפלה ושאלים מטר כיחיד ששואל צרכיו בשומע תפלה א"ר יהודה אימתי סדר כל אילו התעניות הכל לפי השנים דשנה שחונה צריכה לרוב גשמים ושאינה שחונה אינה צריכה גשמים מרובים הכל לפי המקומות כגון נינוה שואלין הגשמים [בתקופת תמוז] ומדכולל הכי ש"מ דשואלין בצבור: מטין עם חשכה לא נועלין ולא פותחין לא נועלין משום בני כפרים שבאין להספיק מים ומזון לאחיהם שבכרכין ולא פותחין הואיל דלאו לכבוד שבת הוא: ובחמישי מותרין לפתוח לגמרי: יש לו שני פתחים בשני פותח אחד לגמרי הואיל ונועל אחר ואם אין לו אלא פתח אחד ולפניו אצטבה פותח [ונועל] כדרכו לגמרי אפילו בשני הואיל ויש לפניו איצטבא דיש היכר · ה"ה תנא

*) אולי צ"ל אחד בשבט אבל ל"ע דא"כ שנה משנתו כב"ש ואפשר דצ"ל ט"ו בם בם וצ"ע ·

he ordained thirteen fast days and their prayer was not answered. He thought of ordaining additional fasts but R. Ammi said to him, 'Did not [the Sages] declare we should not trouble the community unduly'. Said R. Abba the son of R. Ḥiyya b. Abba, 'R. Ammi [in saying this] was studying his own interests',[3] for thus did R. Ḥiyya b. Abba say in the name of R. Joḥanan: The statement [cited by R. Ammi] holds good only so far [as fasts for] rain are concerned, but in the case of other forms of visitation the fasts are continued until their prayers are answered from heaven. It has been taught to the same effect: When they [the Sages] instituted the order of fasts for [twice] three days, and then a further seven days, they intended these to be applicable only in the case of fasts for rain, but in all other forms of visitation the fasts are to be continued until their prayers are answered from heaven. Shall we say that this will be a refutation of R. Ammi? —R. Ammi can answer you: The Tannaim are divided on this question. For it has been taught: Not more than thirteen fasts are ordained upon the community because we should not trouble the community unduly; this is the opinion of Rabbi. R. Simeon b. Gamaliel says: This is not the real reason[4] [why no additional fasts are ordained] but it is because after these thirteen fasts the time of rainfall has gone.

The inhabitants of Nineveh[5] sent to enquire of Rabbi: How
a should we who need rain even in the Tammuz cycle act?[1] Are we to consider ourselves individuals and [insert the special prayer for rain] in 'Who hearkenest unto prayer', or shall we consider ourselves a community and [insert it] in the 'Blessing of the Years'?[2] He sent [word] back to them: Consider yourselves individuals and [insert the prayer] in, 'Who hearkenest unto prayer'. An objection was raised [against this]: R. Judah said: When did this order of fasts apply? Only at such times when the seasons of the year were normal[3] and Israel dwelt in their own land, but to-day all depends upon the years, the countries and the season! He replied:[4] You cite a Baraitha in refutation of Rabbi; Rabbi is a Tanna and has the right to differ [from a Baraitha]. What is the final decision [with regard to this matter]?—R. Naḥman said: [The blessing is inserted] in the Blessing of the Years. R. Shesheth said: In 'Who hearkenest unto prayer'. The Law is [it is inserted in], 'Who hearkenest unto prayer'.

ON MONDAYS THE SHUTTERS [OF THE SHOPS] ARE OPENED A LITTLE WHEN IT GETS DARK; BUT ON THURSDAYS THEY ARE PERMITTED[5] THE WHOLE DAY IN HONOUR OF THE SABBATH. The question was raised: How did [the Mishnah] teach? Was it that on Mondays the shutters are opened a little when it gets dark and on Thursdays they are open [a little] during the whole day in honour of the Sabbath, or perhaps, that on Mondays they are open a little and on Thursdays they are open wide for the whole day?—Come and hear: It has been taught: On Mondays they are opened slightly till the evening and on Thursdays they remain wide open the whole day in honour of the Sabbath; should there be two doors then one is kept open and the other remains closed; should there be a stand[6] in front of the door he may open [the door] in the usual way without any compunction.

IF THESE PASSED WITHOUT THEIR PRAYER BEING ANSWERED THEN BUSINESS DEALINGS ARE RESTRICTED AS WELL AS BUILDING AND PLANTING. It has been taught: By BUILDING [is to be understood] building for joyous purposes, and by PLANTING planting for joyous purposes. What is 'building' for joyous purposes?—Building a house for the marriage-feast of one's own son. What is 'planting' for joyous purposes?—When
b one erects a royal banqueting tent.[1]

AND GREETING. Our Rabbis taught: Scholars do not greet one another at all; the greetings of the ignorant are reciprocated in an undertone in a solemn manner; people are seated covered in mourner's fashion and like those placed under the ban, and like men labouring under Divine displeasure, until mercy is shown to them from heaven.

R. Eleazar said: A prominent man should not fall upon his face[2] unless he is confident that he will be answered like Joshua, as it is said, *And the Lord said unto Joshua, 'Get thee up; wherefore now art thou fallen upon thy face?'*[3] R. Eleazar further said: A prominent man should not put on sackcloth unless he is confident that he will be answered like Jehoram, the son of Ahab, as it is said, *And it came to pass, when the king heard the words of the woman, that he rent his clothes—now he was passing by upon the wall—and the people looked, and, behold, he had sackcloth within upon his flesh*, etc.[4]

R. Eleazar further said: Not everyone [is answered] through rending his garments nor is everyone [answered] through falling [on his face]. Moses and Aaron [were answered] through falling [on the face], Joshua and Caleb through rending [their] garments. Moses and Aaron through falling [on the face]; for it is written, *Then Moses and Aaron fell on their faces.*[5] Joshua and Caleb through rending [their] garments, for it is written, *And Joshua the son of Nun and Caleb . . . rent their clothes.*[6] R. Ze'ira, and some say, R. Samuel b. Naḥmani demurred to this. Had it been written [in the verse] 'Joshua', it would be as you say, but seeing that the
c verse reads *'And Joshua'*, they may have done both.[1]

R. Eleazar further said: Not all [will in the Messianic era] rise [before Israel], nor will all prostrate themselves; kings will rise and princes prostrate themselves; 'Kings will rise', for it is written,

(3) Because he did not wish to fast. (4) Lit., 'not of the same denomination'. Cf. Shebu. 3*b*. (5) [Identified by Klein, S. (*JQR. N.S.* II, p. 551) with Nawa north of the Gaulan in Transjordania. The climatic conditions of the country and the stony nature of the territory rendered it necessary for them to have rain even in the summer season.]

a (1) Heb. *Teḳufah*, v. Glos. (2)*V. *P.B.* p. 47. (3) I.e., divided according to the work regularly done in the fields—sowing in Marcheshvan and reaping in Nisan. (4) [To be omitted with MS.M.] (5) V. *supra* 12*b* n. b3.

(6) The stand obscures the door and it is not easily visible whether it is open or closed.

b (1) For his son's wedding. (2) Recite the *Taḥanun*,*v. *P.B.* p. 57. (3) Josh. VII, 10; v. Meg. (Sonc. ed.) 22*b* and notes. (4) II Kings VI, 30. (5) Num. XIV, 5. (6) Ibid. v. 6.

c (1) The '*waw*' ('*and*') connects it with the previous verse and conveys the meaning that Joshua and Caleb both rent their garments in the same way as they both fell on their faces.

*See Corrigenda.

Thus saith the Lord, the Redeemer of Israel, his Holy One [15a] *to him who is despised of men, to him who is abhorred of nations, to a servant of rulers; kings shall see and arise;*[2] 'and princes will prostrate themselves,' for it is written, *Princes and they shall prostrate themselves.* R. Ze'ira and some say R. Samuel b. Naḥmani demurred to this. Had it been written in the verse, 'And princes shall prostrate themselves', it would be as you say, but seeing that the verse reads, '*Princes and* they *shall prostrate themselves,*' they will perhaps do both.

R. Naḥman b. Isaac declared: I say furthermore, Not all are destined to share in the light nor all in the gladness. Light shall be for the righteous and gladness for the upright. 'Light for the righteous', for it is written, *Light is sown for the righteous;*[3] And gladness for the upright', for it is written, *And gladness for the upright in heart.*[3]

CHAPTER II

MISHNAH. WHAT IS THE ORDER [OF SERVICE] FOR FAST
a DAYS?[1] THE ARK IS TAKEN OUT TO THE OPEN SPACE[2] OF THE CITY, WOOD ASHES ARE PLACED ON THE ARK, ON THE HEAD OF THE NASI[3] AND ON THE HEAD OF THE AB-BETH-DIN.[4] EVERYONE ELSE PUTS ASHES ON HIS OWN HEAD; THE ELDER AMONG THEM ADDRESSES THEM WITH WORDS OF ADMONITION [TO REPENTANCE] THUS, OUR BRETHREN, SCRIPTURE DOES NOT SAY OF THE PEOPLE OF NINEVEH, AND GOD SAW THEIR SACKCLOTH AND THEIR FASTING, BUT, AND GOD SAW THEIR WORKS, THAT THEY TURNED FROM THEIR EVIL WAY;[5] AND IN THE PROPHETS IT IS SAID, AND REND YOUR HEART AND NOT YOUR GARMENTS.[6] WHEN THEY STAND UP TO PRAY THEY PLACE [AS READER] BEFORE THE ARK AN OLD MAN CONVERSANT [WITH THE PRAYERS], WHO HAS CHILDREN AND WHOSE HOUSE IS EMPTY [OF FOOD], SO THAT HIS HEART IS CONCENTRATED ON HIS PRAYER; HE RECITES BEFORE THEM TWENTY-FOUR BENEDICTIONS, THE EIGHTEEN RECITED DAILY, TO WHICH HE ADDS SIX AS FOLLOWS, ZIKRONOTH,[7] SHOFAROTH,[8] AND [THESE PSALMS]: IN MY DISTRESS I CALLED
b UNTO THE LORD;[1] I WILL LIFT UP MINE EYES UNTO THE MOUNTAINS ETC.;[2] OUT OF THE DEPTHS HAVE I CALLED THEE, O LORD;[3] A PRAYER OF THE AFFLICTED WHEN HE FAINTETH.[4] R. JUDAH SAYS: HE NEED NOT RECITE THE ZIKRONOTH AND SHOFAROTH, BUT INSTEAD HE SHOULD RECITE THE FOLLOWING SCRIPTURAL PASSAGES, IF THERE BE IN THE LAND FAMINE, IF THERE BE PESTILENCE;[5] THE WORD OF THE LORD THAT CAME TO JEREMIAH CONCERNING THE DROUGHTS;[6] AND HE ENDS EACH [OF THE ADDITIONAL SIX] SECTIONS WITH ITS APPROPRIATE CONCLUDING BENEDICTION. THE FIRST HE CONCLUDES WITH, 'HE WHO ANSWERED ABRAHAM ON MT. MORIAH, HE SHALL ANSWER YOU AND HEARKEN THIS DAY TO THE VOICE OF YOUR CRY. BLESSED ART THOU O LORD WHO REDEEMEST ISRAEL.' THE SECOND HE CONCLUDES WITH, 'HE WHO ANSWERED OUR FATHERS AT THE RED SEA, HE SHALL ANSWER YOU AND HEARKEN THIS DAY TO THE VOICE OF YOUR CRY. BLESSED ART THOU O LORD WHO REMEMBEREST ALL FORGOTTEN THINGS.' THE THIRD HE CONCLUDES WITH, 'HE WHO ANSWERED JOSHUA IN GILGAL, HE SHALL ANSWER YOU AND HEARKEN THIS DAY TO THE VOICE OF YOUR CRY. BLESSED ART THOU O LORD WHO HEAREST THE TRUMPET BLAST.' THE FOURTH HE CONCLUDES WITH, 'HE WHO ANSWERED SAMUEL IN MIZPAH, HE SHALL ANSWER YOU AND HEARKEN THIS DAY TO THE VOICE OF YOUR CRY. BLESSED ART THOU O LORD WHO HEARKENEST TO CRIES.' THE FIFTH HE CONCLUDES WITH, 'HE WHO ANSWERED ELIJAH ON MT. CARMEL, HE SHALL ANSWER YOU AND HEARKEN THIS DAY TO THE VOICE OF YOUR CRY. BLESSED ART THOU O LORD WHO HEARKENEST UNTO PRAYER.' THE SIXTH HE CONCLUDES WITH, 'HE WHO ANSWERED JONAH IN THE BELLY OF THE FISH, HE SHALL ANSWER YOU AND HEARKEN THIS DAY TO THE VOICE OF YOUR CRY. BLESSED ART THOU O LORD WHO ANSWEREST IN TIME OF TROUBLE.'
c THE SEVENTH[1] HE CONCLUDES WITH, 'HE WHO ANSWERED DAVID AND SOLOMON HIS SON IN JERUSALEM, HE SHALL ANSWER YOU AND HEARKEN THIS DAY TO THE VOICE OF YOUR CRY. BLESSED ART THOU O LORD WHO HAST MERCY

(2) Isa. XLIX, 7. (3) Ps. XCVII, 11.

a (1) For rain. (2) According to Krauss (*Syn. Alt.* pp. 140-1) it was an open space in front of the synagogue. (3) Head of the Great Sanhedrin in Jerusalem. (4) Lit., 'Father of the Beth din', generally taken to denote the Vice-President of the Great Sanhedrin and next in dignity to the Nasi. V. Hor. (Sonc. ed.) 13*b* n. a6. (5) Jonah III, 10. (6) Joel II, 13. (7) Lit., 'remembrances'. The term is applied to the second section of the *Musaf* for the New Year which consists of scriptural verses describing the mindfulness of God for man. The section ends with the prayer that God may show his mindfulness of Israel in their present calamity. Cf. R.H. 32*a*. (8) Lit., 'trumpets'. The term applied to the third section of the *Musaf* of Rosh Hashanah consisting of scriptural verses which speak of God proclaiming in thunder-notes a message to the world and especially to Israel. The section concludes with the prayer for the great trumpet to be sounded heralding the redemption of Israel. Cf. R.H. 32*a*.

b (1) Ps. CXX. (2) Ps. CXXI. (3) Ps. CXXX. (4) Ps. CII. (5) I Kings VIII, 37-41. (6) Jer. XIV, 1-10.

c (1) V. Gemara.

לבזה נפש למתעב גוי לעבד מושלים · לישראל הבזוים ומתועבים ועבדים מושלין בהן : ולא הכל בקימה · לקראת ישראל לעתיד לבא מלכים יראו וקמו שרים וישתחוו : ה"נ לא הכל לאורה ולא הכל לשמחה דכתיב אור זרוע לצדיק ולישרי לב שמחה · ישרים לשמחה דישרים עדיפי מצדיקים : תורה אור

לבזה נפש למתעב גוי לעבד מושלים מלכים יראו וקמו ושרים בהשתחויה דכתיב שרים וישתחוו מתקיף לה רבי זירא ואיתימא רבי שמואל בר נחמני אי הוה כתיב ושרים ישתחוו כדקאמרת השתא דכתיב שרים וישתחוו הא והא עבוד אמר רב נחמן בר יצחק אף אני אומר לא הכל לאורה ולא הכל לשמחה צדיקים לאורה וישרים לשמחה צדיקים לאורה דכתיב °אור זרוע לצדיק ולישרים שמחה דכתיב ולישרי לב שמחה :

תהלים צז

אור זרוע לצדיק ולישרי לב שמחה · פירוש ואין לומר כדלעיל ולישרים האי והאי שמחה ואורה (ה) א"כ דאמרינן לישרי לב קאי אהא דלעיל כמו כן אמרינן לצדיקים קאי אהא דלאבתריה כיון דסמוך לצדיק לישרי לב ובודאי יש הפרש בין זה לזה דאם לא כן לערבינהו ולכתוב לצדיקים ולישרי לב אורה ושמחה אבל ההיא דלעיל לא הוו מלכים ושרים כי הדדי אלא יראו וקמו ביניהו וכמו יראו וקמו דהוי קודם שרים קאי על מלכים דלעיל קאי נמי אשרים דכתיב אבתריה אבל הכא אין לפרש אלא אור זרוע לצדיקים ולישרי לב שמחה* :

[ועי' תוספו' מנחות יט. ד"ה במקרא]

א א מיי' פ"ד מהלכות תענית הלכה א ב ג סוש"ע א"ח סימן תקעט סעיף א :

ב ב מיי' שם ה"ז טור א"ח סימן תקעט :

הדרן עלך מאימתי

הדרן עלך מאימתי

סדר תעניות כיצד מוציאין את התיבה לרחובה של עיר *ונותנין אפר מקלה על גבי התיבה ובראש הנשיא ובראש אב בית דין וכל אחד ואחד נותן בראשו הזקן שבהן אומר לפניהן דברי כבושין אחינו לא נאמר באנשי נינוה וירא אלהים את שקם ואת תעניתם אלא °וירא האלהים את מעשיהם כי שבו מדרכם הרעה ובקבלה הוא אומר °וקרעו לבבכם ואל בגדיכם עמדו בתפלה מורידין לפני התיבה זקן ורגיל ויש לו בנים וביתו ריקם כדי שיהא לבו שלם בתפלה ג)ואומר לפניהן עשרים וארבעה ברכות י"ח שבכל יום ומוסיף עליהן עוד שש ואלו הן זכרונות ושופרות °אל ה' בצרתה לי קראתי ויענני °אשא עיני אל ההרים וגו' °)ממעמקים קראתיך ה' °°)תפלה לעני כי יעטוף ר' יהודה אומר לא היה צריך לומר זכרונות ושופרות אלא אומר תחתיהן °°°)רעב כי יהיה בארץ דבר כי יהיה °אשר היה דבר ה' אל ירמיהו על דברי הבצרות ואומר חותמיהן על הראשונה הוא אומר מי שענה את אברהם בהר המוריה הוא יענה אתכם וישמע בקול צעקתכם היום הזה ברוך אתה ה' גואל ישראל על השניה הוא אומר מי שענה את אבותינו על ים סוף הוא יענה אתכם וישמע קול צעקתכם היום הזה ברוך אתה ה' זוכר הנשכחות על השלישית הוא אומר מי שענה את יהושע בגלגל הוא יענה אתכם וישמע בקול צעקתכם היום הזה ברוך אתה ה' שומע תרועה על הרביעית הוא אומר מי שענה את שמואל במצפה הוא יענה אתכם וישמע בקול צעקתכם היום הזה ברוך אתה ה' שומע צעקה על החמישית הוא אומר מי שענה את אליהו בהר הכרמל הוא יענה אתכם וישמע בקול צעקתכם היום הזה ברוך אתה ה' שומע תפלה על הששית הוא אומר מי שענה את יונה ממעי הדגה הוא יענה אתכם וישמע בקול צעקתכם היום הזה ברוך אתה ה' העונה בעת צרה על השביעית הוא אומר מי שענה את דוד ואת שלמה בנו בירושלים הוא יענה אתכם וישמע בקול צעקתכם היום הזה ברוך אתה ה' המרחם על הארץ : מעשה בימי

יונה ג · יואל ב · תהלים קכ · קכא · קל · קב · מ"א ח · ירמיה יד

°)תהלים קל °°)שם קב °°°)מ"א ח

הדרן עלך מאימתי

סדר תעניות כיצד כו' : אפר מקלה · אפר ממש ולא עפר אפר סתם הוא עפר דכסם שאפר קרוי עפר דכתיב (במדבר יט) מעפר שרפת החטאת כך עפר קרוי אפר סתם והיינו דקתני אפר מקלה אפר שריפה אי הוה תני אפר סתם הוה משמע עפר ואפר מקלה גנאי יותר מעפר סתם ובגמרא מפרש מאי טעמא נותנין אותו : כבושין · לשון עלירה כמו מכבש בלע"ז פריס"א (א) שכובשין את הלבבות להחזירם למוטב ואלו הן דברי כבושין אחינו כו' : ובקבלה · שהגביא מוה לישראל (עמדו בתפלה) והקשה תוספות מאן הוא מאי שנא בהאי קרא דכתיב ביונה וירא האלהים את מעשיהם וגו' ולא קרי ליה דברי קבלה ובהאי קרא דוקרעו לבבכם קרי ליה קבלה ופריק איהו כל מקום שהנביא מוה ומודיע ומזהיר את ישראל קרי ליה קבלה ובכל דוכתא דלא איתפקד נביא כי האי וירא האלהים שהוא כמספר והולך דיליף מיניה אגב אורחיה מילתא לא קרינן ליה קבלה : (ג) ברחובה של עיר · בגלוי וכי הך דאמרינן במסכת מגילה (דף כה:) בני העיר שמכרו רחובה של עיר והתם מפרש בהדיא *אמר ר' זירא הואיל והעם מתפללים בו בתעניות ובמעמדות : ורגיל · רגיל להתפלל ותפלתו סגורה בפיו ולא יטעה שכל (ג) חזן שטועה סימן רע לשולחיו* : וביתו ריקם · משמע דהוא עני ואין לו מחיה בביתו ובגמרא מפרש טעמא אחרינא וגופו נקי מעבירות שלא חטא ולא יצא עליו שום שם רע בשום עבירה כו' : זכרונות ושופרות · כל הפסוקים שאומרים בראש השנה : אל ה' בצרתה לי כו' · כולן הן מזמורים ואומר חותמיהן · על כל פרשה ופרשה אחר זכרונות חתימת זכרונות ואחר שופרות חתימת שופרות וכן אחר כולם מעין הפרשה כדמפרש ואזיל : על הראשונה · בפעם ראשונה הוא אומר מי שענה לאברהם כו' בגואל ישראל היה מתחיל להאריך והולך ואומר לכולן שש ברכות : על השניה · זו היא ברכה ראשונה של שש ברכות כדאמרינן בגמ' והיאך דגואל ישראל זו היא ברכה עצמה של שמונה עשרה ואינה מאותן שש אלא שבה היה מתחיל להוסיף ולהאריך על הזכרונות הוא אומר זוכר הנשכחות ועל השופרות שומע תרועה והיא שניה למנינה ועל אל ה' בצרתה לי והיא שלישית למנין שש שומע צעקה(ד) שלישית וכן כולן: ומי שענה את אבותינו על ים סוף · לפיכך אומרה בזכרונות לפי שהיו ישראל נשכחים במצרים כמה שנים ונתייאשו מן הגאולה וזכרם המקום וגאלם דכתיב (שמות ו) ואזכור את בריתי : ובשופרות היה אומר מי שענה את יהושע בגלגל · לפי שנענה בשופרות ביריחו וזהו בעוד שהיו ישראל בגלגל : ואליהו בהר הכרמל · כנגד אשא עיני אל ההרים וכן כולן לפי ענין המזמורים אליהו נענה בהר הכרמל מעין אשא עיני אל ההרים ושמואל במצפה דכתיבי קראי ומעין אל ה' בצרתה לי : ממעי הדגה · מעין ממעמקים קראתיך ה' · וטובה בעת צרה שכן כתיב ביונה קראתי מצרה לי (יונה ב) ובשמואל כתיב ויזעק אל ה' (שמואל א ז) ובאליהו כתיב (מלכים א יח) ענני ה' עננו זו תפלה · ועל השביעית · מפרש בגמרא מאי שביעיות מי שענה דוד ויהי רעב בימי דוד שלש שנים שנה אחר שנה (שמואל ב כא) : ושלמה · כשהכניס הארון לבית קדש הקדשים אי נמי רעב כי יהיה בארץ וגו' (מלכים א ח) ולפיכך חותם מרחם על הארץ שכן התפללו על ארץ ישראל ותפלה לעני כי יעטוף על דוחק גשמים טפל וכתיב ביה (שם) בהעצר שמים : *בימי רבי חלפתא בצפורי · אביו של רבי יוסי דאמרינן בסנהדרין (דף לב:) אחר רבי יוסי בצפורי [אחר ר' חנניא בן תרדיון] בסיכני :

[עי' תוספות לקמן ע"ב ד"ה ונותנין]

[לפנינו שם סתמא בגמרא הוא ולא ר' זירא אמרה]

[ברכות לד.]

שייך לע"ב

רבינו חננאל

שירחמו עליהם מן השמים · א"ר אלעזר אין אדם חשוב רשאי ליפול על פניו א) [יחיד בצבור וכן מפורש בתלמוד ירושלמי] [בפ"ב ה"ז] אא"כ נענה כיהושע בן נון שנאמר ויאמר ה' אל יהושע קום לך למה זה אתה נופל על פניך וכן אין אדם חשוב רשאי לחגור שק על בשרו אא"כ נענה כיהורם שנאמר ויהי כשמוע המלך את דברי האשה ויקרע את בגדיו וירא העם והנה השק על בשרו. וא"ר אלעזר משה ואהרן בנפילה · יהושע וכלב בקריעה · ומסקנא יהושע הא והא קא עבד ועוד אמר מלכים בקימה שרים בהשתחויה ואני ב) אומר צדיקים וישרים בשמחה שנא' אור זרוע לצדיק ולישרי לבשמחה:

הדרן עלך מאימתי מזכירין

סדר תעניות כיצד מוציאין את

רבינו גרשום

תנא בנין בנין של שמחה כלומר הא דקתני ממעטין בבנין היינו בבנין של שמחה ג) אבוורנקי של מלכים שכשנולד בן נוטעין אילן אחד לשמו וכשמשיאין אותו למלך עושין ממנו כסא מלכות · ומנא לן דיהושע נענה דכתיב ויאמר ה' אל יהושע וגו' ויהושע ו' מוסיף על ענין ראשון דהוא והא עבד בנפילה כמשה ובקריעה · לא הכל בקימה כלומר לעתיד לבוא שעומדין כנגד ישראל והא והא עביד קימה והשתחויה. ה"נ הכל לאורה ולא לשמחה צדיקים לאורה ולוו לשמחה ישרים אף לשמחה דישרים עדיפי מצדיקים:

הדרן עלך מאימתי

סדר תעניות כו' ואפי' בקטייתא כלומר וגומר

הגהות הב"ח

(א) רש"י ד"ה כבושין כו' (שכובשין את הלבבות להחזירם למוטב) תא"מ ונ"ב ס"א שכובשין ודוחקין את הלב לעשות תשובה · תו' ענין אחר שמגלה להם סתרי מעשיהם כמו בהדי כבשי דרחמנא כו' פר"ח : (ב) ד"ה ובקבלה כו' לישראל והקשה כצ"ל ותיבות עמדו בתפלה נמחק : (ג) ד"ה ורגיל כו' שכל ש"צ שטועה : (ד) ד"ה על השניה כו' שומע צעקה וכן כולם כצ"ל ותיבת שלישית נמחק והד"א עם ד"ה מי שענה וד"ה ובשופרות וד"ה ואליהו וכו' ושמואל במצפה כדכתיבי קראי וכו' והד"א עד בימי רבי חלפתא : (ה) תוספות ד"ה אור כו' שמחה ואורה דאם כן אמרינן דלישרי לב כו' כמו כן אמרינן דלדיק קאי אהא דלאבתריה כו' ולכתוב לצדיק ולישרי לב אורה ושמחה אבל בהסיא דלעיל לא הוו מלכים ושרים כתובים אהדדי אלא כו' אור זרוע לצדיק ולישרי לב שמחה :

גליון הש"ס

רש"י ד"ה ובקבלה וכו' ולא קרי ליה דברי קבלה · עיין חולין דף קלז ע"א רש"י ד"ה תורת משה :

א) נראה דצ"ל פי' יחיד בציבור וכו'. ב) נראה דחסר כאן וצ"ל אמר רנב"י אף אני אומר צדיקים לאורה וישרים לשמחה שנאמר וכו'. ג) אולי צ"ל ובנטיעה היינו נטיעה של שמחה כגון אבורנקי וכו'.

עין משפט נר מצוה

ג א מיי' פ"ד מהלכות תענית הלכה יז טור א"ח סימן תקעט:
ד ב מיי' שם פ"ג ה"ב:
ה ג מיי' שם הלכה ג:
ו ד מיי' שם הלכה ו:
ז ה ו מיי' פ"א מהלכות ביאת מקדש הלכה ו:
ח ז מיי' שם הלכה יב:
ט ח מיי' פ"ו מהלכות כלי המקדש הל' יא:
י ט מיי' פ"א מהלכות תענית הלכה ה טוש"ע א"ח סי' תקעב סעי' א:
יא י מיי' שם פ"ג הל' ג והל' ה טוש"ע שם סי' תקעה סעיף ג ד:
יב כ מיי' שם פ"א הל' ז טוש"ע שם סימן תקעב סעיף ב:
יג ל מיי' פ"ד שם הלכה א טוש"ע שם סימן תקעט סעיף א:

[שייך לע"א במשנה]

תורה אור

בימי רבי חלפתא ור' חנניא בן תרדיון שעבר אחד לפני התיבה וגמר את הברכה כולה ולא ענו אחריו אמן תקעו הכהנים [א] ותקעו מי שענה את אברהם אבינו בהר המוריה הוא יענה אתכם וישמע בקול צעקתכם היום הזה הריעו בני אהרן הריעו מי שענה את אבותינו על ים סוף הוא יענה אתכם וישמע בקול צעקתכם היום הזה (א) *וכשבא דבר אצל חכמים אמרו לא היינו נוהגין כן אלא בשער מזרח ובהר הבית שלש תעניות הראשונות *אנשי משמר מתענין ולא משלימין ואנשי בית אב לא היו מתענין כלל שלש שניות אנשי משמר מתענין ומשלימין ואנשי בית אב מתענין ולא משלימין שבע אחרונות אלו ואלו מתענין ומשלימין דברי רבי יהושע וחכמים אומרים ג'שלש תעניות הראשונות אלו ואלו לא היו מתענין כלל ג'שלש שניות אנשי משמר מתענין ולא משלימין ואנשי בית אב לא היו מתענין כלל ד'שבע אחרונות אנשי משמר מתענין ומשלימין ואנשי בית אב מתענין ולא משלימין ה'אנשי משמר מותרין לשתות יין בלילות אבל לא בימים ו'ואנשי בית אב לא ביום ולא בלילה *אנשי משמר ח'ואנשי מעמד אסורין מלספר ומלכבס *ובחמישי מותרין מפני כבוד השבת כל הכתוב במגילת תענית דלא למספד לפניו אסור לאחריו מותר רבי יוסי אומר לפניו ולאחריו אסור דלא להתענאה לפניו ולאחריו מותר ר' יוסי אומר לפניו אסור לאחריו מותר *ט'אין גוזרין תענית (לעיל י.) על הצבור בתחילה בחמישי שלא להפקיע השערים אלא שלש תעניות הראשונות שני וחמישי ושני ושלש שניות חמישי שני וחמישי ר' יוסי אומר כ'כשם שאין הראשונות בחמישי כך לא שניות ולא אחרונות *כ'אין גוזרין תענית על הצבור בראשי חדשים בחנוכה ובפורים ואם התחילו אין מפסיקין דברי רבן גמליאל אמר רבי מאיר אף על פי שאמר רבן גמליאל אין מפסיקין מודה היה שאין משלימין וכן תשעה באב שחל להיות בערב שבת: **גמ'** סדר תעניות כיצד מוציאין את התיבה כו' ואפילו בקמייתא ורמינהו שלש תעניות ראשונות ושניות נכנסים לבית הכנסת ומתפללין כדרך שמתפללין כל השנה כולה ובשבע אחרונות מוציאין את התיבה לרחובה של עיר ונותנין אפר על גבי התיבה ובראש הנשיא ובראש אב בית דין וכל אחד ואחד [ב] נוטל ונותן בראשו רבי נתן אומר אפר מקלה הן מביאין אמר רב פפא ל'כי תנן נמי מתניתין אשבע אחרונות תנן: ובראש הנשיא: והדר תני כל אחד ואחד [ג] (*נוטל ונותן) בראשו איני (*והתנן) *רבי אומר בגדולה מתחילין מן הגדול *ובקללה מתחילין מן הקטן בגדולה מתחילין מן הגדול שנאמר °ויאמר משה אל אהרן ולאלעזר ולאיתמר (ויקרא י) ובקללה מתחילין מן הקטן (*דאמר מר) *בתחלה נתקלל נחש ואחר כך נתקללה חוה ואח"כ נתקלל אדם הא חשיבותא לדידהו דאמרי להו אתון חשיביתו למיבעי עלן רחמי אכ"ע: (*כל אחד ואחד [ד] (*נוטל ונותן) בראשו: אמר רב אדא) וכל אחד ואחד (*נוטל ונותן) בראשו נשיא ואב בית דין נמי נשקלו אינהו ונינחו בראשייהו מאי שנא דשקיל איניש אחרינא ומנח להו אמר רבי *אבא דמן קסרי *אינו דומה מתבייש מעצמו למתבייש

וגומר כל הברכה · כל אותה ברכה עלמה: ה"ג ולא ענו אחריו אמן תקעו בני אהרן תקעו · חזן הכנסת אומר להן על כל ברכה וברכה והוא השמש ולא שליח לבור: לא היינו נוהגין · שלא לענות אמן: אלא בשער מזרח ובהר הבית · כלומר בזמן שבית המקדש קיים כשמתפללין בהר הבית נכנסין בדרך שער המזרח לפי שלא היו עונין אמן במקדש כדאמרינן בגמרא (דף טז:) ואין לומר לא היו נוהגין כן לתקוע אלא במקדש דודאי תוקעין בגבולים כדמוכח בכולה הך מסכת ומסכת ראש השנה (דף טו: כז.): אנשי משמר · של אותה שבת: ולא משלימין · שעדיין אין חמורין כל כך ובגמרא (דף יז:) מפרש שמא תכבד העבודה על אנשי בית אב שהיו עובדין אותו היום ובאים הן לסייעם ואם היו מתענים (ב) לא היה להם כח לעמוד בעבודה: אנשי בית אב · המשמרה מתחלקת לשבעה בתי אבות כנגד שבעת ימי השבוע בית אב ליום: אנשי [מעמד] · אחד כהנים ולוים וישראלים הקבועים ועומדין ומתפללין על קרבן אחיהם שיקבל לרצון ועומדים לשם בשעת עבודה דהיאך קרבנו של אדם קרב והוא אינו עומד על גביו וכולהו מפרש בפרק אחרון (דף כו.): מותרין לשתות יין · לאו גבי תענית איתמר אלא אגב דמיירי בבני משמר מייתי לה: בלילות · אין לחוש שמא תכבד העבודה שהרי רוב מבערב שפסקו הקרבנות ולא כבדה העבודה *שיביאו רוב קרבנות ולא יספיקו בני בית אב של אותו היום וצריכין אלו לסייען והרי אינן ראויין לעבודה משום שכרות: אנשי בית אב אסורין בין ביום בין בלילה · לפי שהיו מעלין כל הלילה אברים ופדרים שפקעו מעל המזבח א"נ לא גמרו ביום גומרים בלילה אבל אנשי משמר אין צריכין לסייע בלילה להפך במזלג דבית אב יכול להספיק לבד היפוך המערכה: אסורים לספר ולכבס · משנכנסו למשמרתם כל אותה שבת אלא מסתפרין קודם לכן וטעמא מפרש בגמרא: ובחמישי · של משמרתן מותרים דלך רוב בני אדם להסתפר בחמישי ולא בערב שבת מפני הטורח: כל הכתוב במגילת תענית דלא למיספד · דאית יומיא דלא להתענאה ומקצתהון דחמירי טפי דלא למיספד ואותן שהן חמורים ואסורים בהספד לפניו אסור בהספד דילמא אתי למיעבד ביו"ט גופיה: ולאחריו מותר · דכיון שעבר יום לא חיישינן ואותן שאינן חמורין ליאסר בהספד אלא דלא להתענאה בין לפניו כו': שלא להפקיע את השערים · כשרואין בעלי חניות שקונין למוצאי יום חמישי שתי סעודות גדולות אחת (ג) לליל חמישי ואחת לשבת סבורים שבא רעב לעולם ומייקרים ומפקיעים השער אבל משהתחילו להתענות יודעין שאינו אלא מפני התענית: בראשי חדשים · דאיקרי מועד: ואם התחילו · שקיבלו תענית מקודם לכן ונכנס בהן ראש חדש אין מפסיקין דאף על גב דאיקרי מועד לא כתיב ביה יום משתה ושמחה*: שאין משלימין · להתענות כל היום אלא אוכלין סמוך לערב: °מגילת תענית נכתבה בימי חכמים אע"פ שלא היו כותבין הלכות והיינו דקתני כל הכתוב במגילת תענית כאילו היה מקרא: **גמ'** אפילו בקמייתא · מוציאין את התיבה בתמיה: כי קתני נמי מתני' · סדר תעניות כיצד בסדר תעניות אחרונות קא מיירי: ה"ג בגמרא ונותנין אפר על גבי התיבה ולא גרסינן אפר מקלה* אפר שריפה עדיף משום אפרו של יצחק כדלקמן: בגדולה · מצוה בעלמא שלא לפורענות וידבר משה אל אהרן ואל אלעזר וגו': הא נמי דיהבינן בראשייהו דנשיא ואב ב"ד ברישא חשיבותא הוא דאמרי להו אתון חשיביתו טפי כו': דשקיל איניש אחרינא כו' · דקתני ונותנין ע"ג התיבה כו' ועל ראש הנשיא כו' דמשמע על ידי אחר וגבי שאר כל אדם לא תני נותנין אלא כל אחד ואחד (*נוטל) כו': למתבייש

ואפילו בקמייתא · כלומר ואפי' בג' תעניות הראשונות ובג' שניות קאמר במתני' דמוציאין את התיבה לרחובה של עיר ואומר כ"ד ברכות כו' ורמינהו והתניא ראשונות ושניות נכנסין כו' פי' ומתפללין בה כדרך כל השנה כולה כלומר שאומר י"ח ברכות כדרך שמתפללין כל השנה וקשה דהא לעיל (ד) בפ"ק (דף יג:) קאמרינן אין בין ג' תעניות שניות לשלש ראשונות אלא שבאלו (ה) מתפללין ומותרין בעשיית מלאכה ובאלו אסורין בעשיית מלאכה הא לענין עשרים וארבעה זה וזה שוין דבין בראשונות בין באמצעיות היו אומרים כ"ד ועוד קשה דאמרינן לעיל ואיבעית אימא באמצעיות נמי לא מצלו כ"ד ואמאי לא מייתי לה סיועה מהא דהכא וי"ל דהא דקאמר הכא ומתפללין כדרך כל השנה לאו בעשרים וארבע ברכות קאמר אלא קאמר שמתפללין כדרך כל השנה שלא היו מוציאין את התיבה לרחובה של עיר:

ונותנין אפר על גבי כו' · ואותו אפר הוי מעלם אדם שהרי (ו) הוא האפר הוי לזכרון העקידה ובעקידה היה עלמות במקום

רבינו חננאל

התיבה כו' · ואקשינן סדר תעניות מכלל דבכולהו מוציאין את התיבה והתניא שלשה תעניות הראשונות נכנסין לבתי כנסיות ומדרשות ומתפללין כדרך שמתפללין כל השנה שבע אחרונות מוציאין את התיבה לרחובה של עיר כו'. ושני רב פפא כי תנן מוציאין את התיבה בז' אחרונות תנן · ואקשינן אמאי אין מתחילין מן הקטן דתניא ר' אומר בגדולה מתחילין מן הגדול שנאמר ויאמר משה אל אהרן *) ואל אלעזר ואל איתמר בניו ובקללה מתחילין מן הקטן דאמר מר בתחלה נתקלל הנחש ואחריו חוה ואחריה אדם ושנינן נתינת אפר על ראש הנשיא חשיבות היא לו דאמרינן ליה חשיבת קמיה דקב"ה למבעי

*) נ"ל ולאלעזר ולאיתמר או נ"ל וידבר משה וכו'.

רבינו גרשום

דתני בסתם מוציאין את התיבה דמשמע אפילו בראשונות · פאר זו תפילין דכתיב פארך חבוש עליך

[לעיל יב.] [מו"ק יד.] [לקמן כט:] [בימים·ביומו· רוב כצ"ל והוא דיבור בפ"ע] עירובין מא. ברכות סא. [נסי' ובקללה וכן בסמוך] [שם] עירובין יח. [נ"ל נותן] [נ"ל נותן] [סנהדרין מב.] [ע' טוי"ש] הס"ד ואח"כ מד"ה אפר מקלה אפר כו'. כצ"ל [נ"ל נותן]

[נ"ל והתניא] [נ"ל נותן] [ליתא בברכות וכס מכוללי סכנה] רש"א מוחק זה והפיסקא מתחיל מן אידך וכל אחד ואחד וכו' [גי' רי"ף אדא וגי' רא"ש זירא]

הגהות הגר"א

[א] במשנה ותקעו · נ"ל תקעו (וכ"ה במשניות): [ב] גמ' וכל אחד ואחד נותן כצ"ל ושבנתיים מוקף: [ג] שם כל או"א נותן כצ"ל: [ד] שם כל או"א נותן בראשו אמר כו' כצ"ל ושבנתיים מוקף:

הגהות הב"ח

(א) גמ' את אבותינו על ים סוף כו' היום הזה וכן בכל ברכה וברכה וכשבא הדבר אצל חכמים: (ב) רש"י ד"ה ולא משלימין כו' ואם היו מתענים ומשלימין לא היה להם: (ג) ד"ה שלא להפקיע כו' סעודות גדולות אחת ליום התענית לליל חמישי: (ד) תוספות ד"ה ואפילו כו' וקשה דהא לעיל · נ"ב פירוש המקשה קאמר הכי לעיל ואם כן סתרי דברי המקשה אהדדי דהכא קס"ד דאין מתפללין אלא י"ח: (ה) בא"ד אלא שבאלו מותרין בעשיית מלאכה כו' כצ"ל ותיבת מתפללין נמחק: (ו) ד"ה ונותנין כו' שהרי האפר כו' כצ"ל ותיבת הוא נמחק:

גליון הש"ס רש"י ד"ה מגילת תענית נכתבה · עיין לעיל דף יב ע"א רש"י ד"ה בכלו ·

UPON THE LAND.' IT HAPPENED [15b] IN THE DAYS OF R. ḤALAFTA AND R. ḤANINA B. TRADYON THAT A MAN STEPPED BEFORE THE ARK AND COMPLETED THE ENTIRE BENEDICTION AND THEY DID NOT RESPOND, 'AMEN'.[2] [THE SYNAGOGUE ATTENDANT CALLED OUT], SOUND A TEḲI'AH, PRIESTS, SOUND A TEḲI'AH.[3] [THEN THE READER EXCLAIMED], HE WHO ANSWERED ABRAHAM OUR FATHER ON MT. MORIAH, HE SHALL ANSWER YOU, AND HEARKEN THIS DAY TO THE VOICE OF YOUR CRY. [THE SYNAGOGUE ATTENDANT CONTINUED], SOUND A TERU'AH,[4] CHILDREN OF AARON, SOUND A TERU'AH. [THEN THE READER EXCLAIMED], HE WHO ANSWERED OUR FATHERS AT THE RED SEA, HE SHALL ANSWER YOU AND HEARKEN THIS DAY TO THE VOICE OF YOUR CRY. AND WHEN THE MATTER CAME UP BEFORE THE WISE, THEY DECLARED, THIS[5] WAS OUR ORDER OF PROCEDURE ONLY AT THE EASTERN GATES AND ON THE TEMPLE MOUNT.[6]

ON THE FIRST THREE [RAIN][7] FASTS THE MEN OF THE MISHMAR[8] FAST BUT DO NOT COMPLETE THEIR FAST, AND THE MEN OF THE BETH-AB[9] DO NOT FAST AT ALL. ON THE SECOND THREE [RAIN FASTS][1] THE MEN OF THE MISHMAR FAST AND COMPLETE THEIR FAST AND THE MEN OF THE BETH-AB FAST BUT DO NOT COMPLETE THEIR FAST; ON THE
a LAST SEVEN[1] BOTH FAST AND COMPLETE THEIR FAST; THIS IS THE OPINION OF R. JOSHUA. THE SAGES, HOWEVER, SAY: ON THE FIRST THREE FASTS NEITHER FAST AT ALL, ON THE SECOND THREE, THE MEN OF THE MISHMAR FAST AND DO NOT COMPLETE THEIR FAST; BUT THE MEN OF THE BETH-AB DO NOT FAST AT ALL; ON THE LAST SEVEN, THE MEN OF THE MISHMAR FAST AND COMPLETE THEIR FAST, AND THE MEN OF THE BETH-AB FAST BUT DO NOT COMPLETE THEIR FAST.

THE MEN OF THE MISHMAR ARE PERMITTED TO DRINK WINE IN THE EVENINGS BUT NOT DURING THE DAY,[2] BUT THE MEN OF THE BETH-AB MAY NOT [DRINK WINE] EITHER ON THE DAY OR ON THE PRECEDING EVENING. BOTH THE MEN OF THE MISHMAR AND THE MEN OF THE MA'AMAD[3] MAY NOT CUT THEIR HAIR NOR WASH THEIR CLOTHES, BUT ON A THURSDAY THEY MAY IN HONOUR OF THE SABBATH.

THE RESTRICTION AGAINST MOURNING ON THE DAYS ENUMERATED IN THE SCROLL OF FASTS[4] APPLIES EQUALLY TO THE PRECEDING DAY BUT NOT TO THE DAY FOLLOWING. R. JOSE SAYS: IT IS FORBIDDEN [TO MOURN] BOTH ON THE PRECEDING DAY AND THE DAY FOLLOWING. AS FOR FASTING IT IS PERMITTED ON THE PRECEDING DAY AND ON THE DAY FOLLOWING. R. JOSE SAYS: IT IS FORBIDDEN ON THE PRECEDING DAY BUT PERMITTED ON THE DAY FOLLOWING.

WE DO NOT ORDAIN UPON THE COMMUNITY A FAST TO COMMENCE ON A THURSDAY IN ORDER NOT TO CAUSE A RISE IN THE MARKET PRICES. HENCE THE FIRST THREE FASTS ARE HELD [IN THIS ORDER], MONDAY, THURSDAY, AND MONDAY; THE SECOND THREE, THURSDAY, MONDAY, AND THURSDAY; R. JOSE SAYS: JUST AS THE FIRST THREE [FASTS] SHOULD NOT COMMENCE ON A THURSDAY SO TOO NEITHER THE SECOND [THREE] NOR THE LAST [SEVEN].

WE DO NOT ORDAIN UPON THE COMMUNITY A FAST ON NEW MOON, ON ḤANUKKAH, OR ON PURIM, BUT IF THEY HAD ALREADY BEGUN—[A SERIES OF FASTS AND ONE OF THESE FESTIVE DAYS INTERVENED] THEY DO NOT INTERRUPT [THEIR FASTS]; THIS IS THE OPINION OF RABBAN GAMALIEL. R. MEIR SAID: EVEN THOUGH R. GAMALIEL IS OF THE OPINION THAT THE [FASTS] SHOULD NOT BE INTERRUPTED HE YET AGREES THAT THEY SHOULD NOT COMPLETE THEIR FASTS. AND THE SAME APPLIES TO THE NINTH OF AB SHOULD IT FALL ON A FRIDAY.

GEMARA. WHAT IS THE ORDER [OF SERVICES] FOR FAST DAYS? THE ARK IS TAKEN OUT etc. Does all this apply to the first six fasts? If so, is there not a contradiction raised against this? [For it has been taught]: On the first three and also on the second three [fasts] they enter the synagogue and pray there in the same way as they pray all the year round, but on the last seven the Ark is taken to the open space of the city and ashes are placed on the Ark and also upon the head of the Ab-Beth-din, and everyone else puts ashes upon his own head. R. Nathan says:
b They take wood-ashes![1]—R. Papa replied: Our Mishnah also refers to the last seven fasts.

AND ON THE HEAD OF THE NASI: And afterwards [the Mishnah] states, EVERYONE ELSE PUTS ASHES UPON HIS OWN HEAD. But is it so? Has it not been taught: Rabbi says: Where it is a case of doing honour we begin at the most distinguished, but where it is a case of censuring we begin at the least important; as it is said, *And Moses said unto Aaron, and unto Eleazar and unto Ithamar;*[2] but where it is a case of censuring we begin at the least important, (for a Master said:)[3] First the serpent was cursed, and afterwards Eve and [only] then Adam?—Here [in our Mishnah] it is also a case of doing honour, because [by this act] the people
c convey to them[1] [the thought] you are worthy to entreat for mercy on behalf of us all.

EVERYONE ELSE PUTS ASHES ON HIS OWN HEAD: R. Adda said: Seeing that everyone else puts the ashes on his own head let also the Nasi and the Ab-Beth-din themselves take ashes and place them on their own heads! Why should someone else take ashes and put them on their head?—R. Aba of Caesarea replied: To humiliate oneself is not the same as being humiliated by others.

(2) [But the response, Blessed be the Name of the Glorious Kingdom for ever, (Me'iri) v. *infra* 16b. For other interpretations v. D.S. a.l. *Var. lec.* 'and they answered, Amen'; v. note 5]. (3) A single long blast, v. Glos. (4) A series of brief blasts in quick succession as for alarm. V. Glos. (5) [The response, 'Blessed be the Name etc.', v. preceding note. On the reading 'they answered, Amen', the reference is to the custom of the synagogue attendant to call upon the priests to blow and the reader to recite the formula 'He who answered' *after* the conclusion of the Benediction. V. Me'iri. For other interpretations v. D.S. loc. cit.] (6) [*Var. lec.* At the Eastern Gate. Others again omit: 'and on the Temple Mount' which in the context is difficult to explain. The Eastern Gate was 'the brass gate situated in the inner space of the Temple towards the East'. V. Büchler, *Types* p. 207.] (7) V. *supra* 10a. (8) Term applied to each of the twenty-four divisions of priests (and Levites) who did one week's duty in the Temple every half year. V. *infra*. (9) Each *Mishmar* was subdivided into seven sections (בתי אבות) each detailed for duty on one day of the week, v. loc. cit.

a (1) V. *supra* 12b. (2) This is a general law without any reference to the rain fasts. (3) A division of lay Israelites in attendance on the regular daily offerings v. Glos. and *infra* 20a. (4) V. *supra* p. 45.

b (1) [MS.M. omits: 'and also upon the head... wood ashes', these words being unnecessary in this connection.] (2) Lev. X, 6. (3) [The brackets appear also in the original; these words being apparently superfluous, they are omitted in MS.M.]

c (1) To the Nasi and Ab-Beth-din.

[16a] And where [on the head] does he put [the ashes]?—R. Isaac said: On the place of the phylacteries, as it is said, *To appoint unto them that mourn in Zion, to give unto them a garland for ashes.*[2]

(Mnemonic: *open space, Ark, sackcloth, wood-ashes, dust, cemetery, Moriah.*)

Why do they go out to the open space [of the city]?—R. Ḥiyya b. Abba said: In order to express thereby [the idea], We have prayed in private but we have not been answered; we will [therefore] humiliate ourselves in public. Resh Laḳish said: We have exiled ourselves [from the House of God] may our exile atone for us. What is the difference between the two explanations?—The difference is when they move from one synagogue to another.[3]

And why do they take out the Ark to the open space of the city?—R. Joshua b. Levi said: In order to express thereby [the idea], We had a vessel which we kept hidden and now because of our sins it has been rendered common.

And why do they clothe themselves in sackcloth?—R. Ḥiyya b. Abba said: In order to express thereby [the idea], We consider ourselves animals[4] [before God].

And why do they place wood-ashes upon the Ark?—R. Judah b. Pazzi said: As if to say, *I will be with him in trouble.*[5] Resh Laḳish
a said: [As if to say] *In all their afflictions He was afflicted.*[1] R. Zera said: When I first saw the rabbis placing wood-ashes on the Ark my whole body shook.

And why does everyone else put ashes on his head?—With regard to this there is a difference of opinion between R. Levi b. Ḥama and R. Ḥanina. One says: [To signify thereby], We are merely like ashes before Thee; and the other says: That [God] may remember for our sake the ashes of Isaac.[2] What is the difference between them?—The difference is with regard to [the use of] ordinary dust.[3]

Why do they go to the cemetery?—With regard to this there is a difference of opinion between R. Levi b. Ḥama and R. Ḥanina. One says: [To signify thereby], We are as the dead before Thee; and the other says: In order that the dead should intercede for mercy on our behalf. What is the difference between them?—The difference is with regard to going to the cemetery of Gentiles.[4] What is [the meaning of] 'Mount Moriah'?[5]—With regard to this there is a difference of opinion between R. Levi b. Ḥama and R. Ḥanina.[6] [One says] because from this mountain instruction went forth unto Israel;[7] and the other says: Because it is the mountain whence fear[8] came upon the heathens.

THE ELDER AMONG THEM ADDRESSES THEM WITH WORDS OF ADMONITION. Our Rabbis have taught: If there is an elder present he addresses them; if not, then a scholar addresses them; and if there is no scholar present then a distinguished looking man addresses them. Does the term 'elder' here used denote one who is not a scholar?—Abaye replied: This is what is meant: If there is present an elder who is also a scholar then he addresses them, and if not, then a [younger] scholar addresses them, and if not, a distinguished looking man addresses them. [And this is what he says], 'Our brethren, neither sackcloth nor fastings are effective but only penitence and good deeds, for we find that of the men of Nineveh Scripture does not say, And God saw their sackcloth and their fasting, but, *God saw their works that they turned from their evil way.*'

b *But let them be covered with sackcloth, both man and beast.*[1] How did they act?—They separated the animals from their young and they said, Master of the Universe, if Thou wilt not have mercy upon us we will not show mercy to these.

And let them cry mightily unto God.[2] What did they say?—They said, Master of the Universe, If one is submissive and the other is not, if one is righteous and the other is not, who of them should yield?[3]

Let them turn everyone from his evil way and from the violence that is in their hands.[4] What is the meaning of, '*From the violence that is in their hands*'?—Samuel said: Even if one had stolen a beam and built it into his castle he should raze the entire castle to the ground and return the beam to its owner.

R. Adda b. Ahaba said: One who has sinned and confesses his sin but does not repent may be compared to a man holding a dead reptile in his hand, for although he may immerse himself in all the waters of the world his immersion is of no avail unto him; but if he throws it away from his hand then as soon as he immerses himself in forty *se'ahs* of water,[5] immediately his immersion becomes effective, as it is said, *But whoso confesseth and forsaketh them shall obtain mercy.*[6] And it is further said, *Let us lift up our heart with our hands unto God in the heavens.*[7]

WHEN THEY STAND UP TO PRAY THEY PLACE BEFORE THE ARK [AS READER] AN OLD MAN etc. Our Rabbis have taught: When they stand up to pray, although there may be present an elder and a scholar, they place before the Ark [as Reader] only a man conversant with the prayers. (Who is considered
c conversant with prayers)?[1]—R. Judah says: One having a large family[2] and has no means of support, and who draws his subsistence from [the produce of] the field,[3] and whose house is empty, whose youth was unblemished, who is meek and is acceptable to the people; who is skilled in chanting, who has a pleasant voice, and possesses a thorough knowledge of the Torah, the Prophets and the Hagiographa, of the Midrash, *Halachoth* and *Aggadoth* and of all the Benedictions. Thereupon the Rabbis

(2) Isa. LXI, 3. The Gemara takes the word פאר, garland, to refer to the phylacteries. So Ber. 11a in interpreting Ezek. XXIV, 17. (3) This would constitute an 'exile' but not a humiliation. (4) Because sackcloth is woven of the hair of animals (Rashi). (5) Ps. XCI, 15

a (1) Isa. LXIII, 9. The thought implied is that though God punishes people He yet does not fail to have sympathy with them. (2) This refers to the sacrifice of Isaac. Cf. Gen. XXII. (3) For humiliation ordinary dust or earth could be used, but for recalling the sacrifice of Isaac only ashes would do. (4) In the former case any cemetery would be used but in the latter case only a Jewish cemetery. (5) The mount on which the Temple was built. (6) The difference of opinion between R. Levi and R. Ḥama b. Ḥanina also in the matter accounts for the inclusion here of this passage. (7) Taking מוריה from ירה, 'to teach'. [The Sanhedrin from which proceeded all legislation governing the life of the people had its seat in the Temple Mount.] (8) II Chron. III, 1. Taking מוריה from ירא, 'to fear'. [Either (*a*) fear for Israel (Rashi); or (*b*) reverence for God.]

b (1) Jonah III, 8. (2) Ibid. (3) Man cannot force God to yield to him. God should, however, in His great loving-kindness yield to the prayer of a man who humiliates himself before him. (4) Jonah III, 8. (5) The minimum requirement for ritual immersion. (6) Prov. XXVIII, 13. (7) Lam. III, 41.

c (1) [The bracketed words appear in brackets also in the original. The statement of R. Judah that follows is hardly relevant as a definition of 'one conversant with prayers'. The words are omitted in MS.M.] (2) [מטופל, lit., 'burdened'; *var. lec.* מטפל 'engages himself in work', 'labours away'.] (3) [And thus depends for his livelihood on rain. This will make him pray with more devotion for the acceptance of his prayers].

למתבייש מאחרים והיכא מנח להו אמר רבי יצחק ישעיה סא במקום תפילין שנאמר לשום לאבילי ציון לתת להם פאר תחת אפר: רחוב תיבה ושקים אפר אפר קבורה ומוריה סימן: למה יוצאין לרחוב ר' חייא בר אבא אמר לומר זעקנו בצנעא ולא נענינו נבזה עצמנו בפרהסיא ריש לקיש אמר גלינו גלותינו מכפרת עלינו מאי בינייהו איכא בינייהו דגלי מבי כנישתא לבי כנישתא ולמה מוציאין את התיבה לרחובה של עיר אמר ר' יהושע בן לוי לומר כלי צנוע היה לנו ונתבזה בעוונינו ולמה מתכסין בשקים אמר ר' חייא בר אבא לומר הרי אנו חשובין כבהמה ולמה נותנין אפר מקלה על גבי תיבה אמר רבי יהודה בן פזי כלומר תהלים צא עמו אנכי בצרה ריש לקיש אמר ישעיה סג בכל צרתם לו צר אמר ר' זירא מריש כי הוה חזינא להו לרבנן דיהבי אפר מקלה על גבי תיבה מזדעזע לי כוליה גופאי ולמה נותנין אפר בראש כל אחד ואחד פליגי בה ר' לוי בר חמא ור' חנינא חד אמר הרי אנו חשובין לפניך כאפר וחד אמר כדי שיזכור לנו אפרו של יצחק מאי בינייהו איכא בינייהו עפר סתם למה יוצאין לבית הקברות פליגי בה ר' לוי בר חמא ור' חנינא חד אמר הרי אנו חשובין לפניך כמתים וחד אמר כדי שיבקשו עלינו מתים רחמים מאי בינייהו איכא בינייהו קברי עכו"ם מאי הר המוריה דה"ב ג פליגי בה ר' לוי בר חמא ור' חנינא חד אמר הר שיצא ממנו הוראה לישראל וחד אמר הר שיצא ממנו מורא לעובדי כוכבים: הזקן שבהן אומר לפניהן דברי כבושין: ת"ר אם יש זקן אומר זקן ואם לאו אומר חכם ואם לאו אומר אדם של צורה אטו זקן דקאמרי אף על גב דלאו חכם הוא אמר אביי הכי קאמר אם יש זקן והוא חכם אומר זקן והוא חכם ואם לאו אומר חכם ואם לאו אומר אדם של צורה אחינו לא שק ותענית גורמים אלא תשובה ומעשים טובים גורמים שכן מצינו באנשי נינוה שלא נאמר בהם יונה ג וירא האלהים את שקם ואת תעניתם אלא וירא האלהים את מעשיהם כי שבו מדרכם הרעה שם ויתכסו שקים האדם והבהמה מאי הוו עבדי אסרא הבהמות לחוד ואת הוולדות לחוד אמרו רבונו של עולם אם אין אתה מרחם עלינו אין אנו מרחמים על אלו שם ויקראו אל אלהים בחזקה מאי אמור אמרו לפניו רבונו של עולם עלוב ושאינו עלוב (א) צדיק ורשע מי נדחה מפני מי שם וישובו איש מדרכו הרעה ומן החמס אשר בכפיהם מאי ומן החמס אשר בכפיהם אמר שמואל אפילו גזל מריש ובנאו בבירה מקעקע כל הבירה כולה ומחזיר מריש לבעליו אמר רב אדא בר אהבה אדם שיש בידו עבירה ומתודה ואינו חוזר בה למה הוא דומה לאדם שתופס שרץ בידו שאפי' טובל בכל מימות שבעולם לא עלתה לו טבילה זרקו מידו כיון שטבל בארבעים סאה מיד עלתה לו טבילה שנאמר משלי כח ומודה ועוזב ירוחם ואומר איכה ג נשא לבבנו אל כפים אל אל בשמים: עמדו בתפלה מורידין לפני התיבה זקן כו': תנו רבנן עמדו בתפלה אע"פ שיש שם זקן וחכם אין מורידין לפני התיבה אלא אדם הרגיל (*איזהו רגיל) ר' יהודה אומר מטופל ואין לו ויש לו יגיעה בשדה וביתו ריקם ופרקו נאה ושפל ברך ומרוצה לעם ויש לו נעימה וקולו ערב ובקי לקרות בתורה ובנביאים ובכתובים ולשנות במדרש בהלכות ובאגדות ובקי בכל הברכות כולן ויהבו ביה רבנן עינייהו בר' יצחק בר אמי

היינו

רש"י

למתבייש מאחרים · דאיכא עגמת נפש טפי ומשום תשובותא הם מתביישים מאחרים אבל שאר בני אדם דלא חשיבי לא מתביישי בנתינת אחרים וסגי להו בנתינת עצמן: פאר תחת אפר · במקום תפילין דכתיב בהו (יחזקאל כד) פארך חבוש עליך ואמרינן (ברכות דף יא.) אלו תפילין ומתרגמינן תורה אור כמי טוטפתך הויין עלך והיכא מניחין תפילין במקום שמוחו של תינוק רופף: בצינעא · בבית הכנסת: גלינו · שיצאנו מכניסתנו: (ב) גלותינו תהא מכפרת עלינו: דגלו מבי כנישתא לבי כנישתא אחריתא · גלות איכא פרהסיא ליכא: נתבזה בעוונינו · וידוי: [ולמה מתכסין]. חוגרות שקין תנינן בירושלמי שהיו חוגרות שקין ויוצאין לבית הקברות ותוקעין בקרנות ובעי ליה מיבעיא שקין למה ובית הקברות למה ותקיעת שופר למה: כבהמה · דמשער בהמה כיהו מטולה של עזים: עפר סתם · שאינו אפר מקלה זכירת אפרו של יצחק ליכא סתם לא גרסינן אלא איכא בינייהו עפר: קברי עכו"ם · במקום שאין קברי ישראל לבקש רחמים אפי' על עצמן ליכא כל שכן עלינו: מאי הר המוריה וכו' · איידי דאיירי בפלוגתא דרבי לוי ור"ח תנא כמי הא פלוגתא מאי הר מוריה דאברהם קרא למקום העקידה הר יראה וכתיב (בראשית כב) *אל ארץ המוריה: חד אמר הר שילא (ג) הוראה · תורה לישראל כי מציון תצא תורה (ישעיה ב) יורו משפטיך ליעקב (דברים לג) ולשכת הגזית שבה עמדו הנביאים המוכיחים לישראל: מורא לעובדי כוכבים. ששומעין גדולות ישראל וירושלים ומתפחדים עליהם שמעתי לישנא אחרינא הר המוריה הר סיני מורא לעובדי כוכבים במתן תורה דכתיב (תהלים עו) ארץ יראה ושקטה: אע"ג דלאו חכם. אלא עם הארץ בתמיהה הא ודאי חכם עדיף: אם יש זקן והוא חכם · אומר זקן והוא חכם: אדם של צורה · בעל קומה שישמעו ויקבלו דבריו להמריך את הלב: מאי אמור · אנשי נינוה דכתיב בחזקה דמשמע בכח וניצוח דין: מי נדחה מפני מי · הוי אומר לדיק מפני רשע: אם אין אתה מרחם כו' · כלומר כשם שאתה אומר לרחם על אלו דכתיב (תהלים קמה) ורחמיו על כל מעשיו כן תרחם עלינו: מריש · קורה: בירה · מגדל: שיש בידו עבירה · גזל: ואינו חוזר בו · לשלם את הגזל למה הוא דומה וכו': נשא לבבנו אל כפים · עם הכפים לריך לישא הלב לשמים כלומר שיחזור מקלקולו: מטופל ואין לו · יש לו טפלים ואין לו במה להתפרנס שלבו דואג עליו [והוא לריך לקרות מקירות לבו עליהן]: ויש לו יגיעה · שמתכוין יותר בתפלת הגשמים: ופרקו נאה · מפרש לקמן: ושפל ברך · עניו: ומרוצה לעם · נוח לבריות ומסכימין לתפלתו: נעימה · בסומי קלא שמושך הלב: ורגיל לקרות כו' · שיהו הפסוקים של תפלה סדורין בפיו:

תוספות

במקום תפילין · פירוש לתת האפר במקום הפאר דאילו התפילין נקראו פאר כדכתיב לשום לאבילי ציון לתת להם פאר וגו': איכא בינייהו דגלו מבי כנישתא לבי כנישתא · פירוש למ"ד משום גלות איכא ולמ"ד משום פרהסיא ליכא דהא בי כנישתא הוי כמו בצנעא:

אפר מקלה · פירוש אותו אפר הוה מדבר הנשרף מעצמות אדם כדי לזכור עקידת יצחק דאלמלא שלא היה בא אלא כדי לומר שהרי אנו לפניך כאפר כמו כן מהני עפר סתם והיינו פירוש איכא בינייהו עפר סתם:

יוצאין לבית הקברות · מכאן נוהגין בכל מקום לילך לבית הקברות בט' באב שהרי ט"ב הוי תענית לצבור כמו שהיו עושין מפני הגשמים:

הר שילאה ממנו הוראה לישראל · י"מ *דזה ירושלם שנקרא על שם אברהם שקראוהו הר ה' יראה (בראשית כב) (ד) והעיר היה נקרא כבר שלם כדכתיב (שם יד) ומלכי לדק מלך שלם ונקרא ירושלם על שם יראה ועל שם שלם לכך אין אנו נותנין יו"ד בירושלם בין למ"ד למ"ם על שם שלם וההר נקרא מוריה על שם תורה כדכתיב (ישעיה ב) כי מציון תצא תורה וכתיב (דברים לג) יורו משפטיך ליעקב והוא לשכת הגזית · המוריה זה סיני ונקרא מוריה על שם שממנו יצא מורא לעובדי כוכבים במתן תורה כדכתיב (תהלים עו) ארץ יראה ושקטה אי נמי רלה לומר דירושלם נקרא מוריה על שם שיש מורא לעובדי כוכבים על גדולתה ומתפחדים:

אדם שיש לו צורה · פירוש בעל קומה כדי שישמעו דבריו ויקבלו ממנו להמריך הלב ופרקו נאה פירוש כשעמד על פרקו אפילו כשהיה בחור היה בלא שם רע:

מאי

רבינו חננאל

רחמי אכולי עלמא · ולמה אינו נותן הנשיא ואב ב"ד הן בעצמן על ראשיהם שהמתבייש מן אחרים גדול הוא מהמתבייש עצמו · כלומר בושה גדולה היא כדי שיכוון כל לבו והיכן מחית ליה לאפר זה בראשו במקום תפילין שנאמר לתת להם פאר תחת אפר: יוצאין לרחובה כדי לשבר הצבור לבם · כלומר צעקנו בצנעא ולא נענינו נבזה עצמנו בפרהסיא ור"ל אמר שתחשב לנו גלות כי הגלות מכפרת עון · ולמה מוציאין את התיבה לרחובה אריב"ל כלי צנוע היה לנו ונתבזה. נתינת אפר על גבי התיבה משום שנאמר בכל צרתם לו צר ולמה מתכסים בשקים לומר כי נחשבנו כבהמה וכל אחד נותן אפר בראשו לומר הנה אנו כאפר (אולי יזכור) [וי"א להזכר] זכות אפרו של יצחק (ופעמים) [ופעם] שיוצאין לבית הקברות כלומר הרי אנו כמתים וי"א שיבקשו מתים עלינו רחמים מאי הר המוריה הר שיצא ממנו הוראה לישראל · וי"א שיצא ממנו מורא לאומות: ירושלמי ונותנין אפר בראש נשיא · ר' אבהו ורבנן חד אמר חטא הנשיא הגדולה במקומה (כל ישראל נשאים) חטא הצבור נדחית הגדולה וחד אמר לפי שחטא הלמד והמלמד לפיכך יצאו ויתפרסמו על שם והוציא את הפר מחוץ למחנה שידעו הכל חטאתו של כ"ג: נשא לבבנו אל כפים אל אל בשמים נשוה לבבנו לכף ידינו כשם שכף ידינו נקיה כך נקיה לבנו ואח"כ אל אל בשמים · ג' דברים מבטלין רוע גזרה תפלה תשובה צדקה. ושלשתן בפסוק אחד נאמרו [דה"ב ז'] ויכנעו עמי אשר נקרא שמי עליהם ויתפללו ויבקשו פני. ויתפללו זו תפלה. ויבקשו פני זו צדקה שנא' אני בצדק אחזה פניך. וישובו מדרכיהם הרעים זו תשובה · מה כתוב תמן ואני אשמע (מן) השמים ולמה יוצאין בין הקברות אם נתחייבנו רעב הרי אנו רעבים ומתענים · ואם נתחייבנו גלות הרי גלינו ממקום למקום · ואם נתחייבנו מיתה הרי אנו בבית הקברות כמתים וקרעו לבבכם ואל בגדיכם אם קרעתם לבבכם בתשובה אינכם קורעין בגדיכם על בניכם כי חנון ורחום הוא מאריך *) חמיה: ת"ר אם יש שם זקן הכם אומר זקן חכם ואם לאו אומר אדם של צורה אחינו לא שק ותענית גורמין אלא תשובה ומע"ט גורמין שלא נאמר באנשי נינוה וירא אלהים את שקם ואת תעניתם אלא וירא אלהים את מעשיהם כי שבו מדרכם הרעה אפילו מי שגזל מריש ובנאו בבירה היה מקעקע הבירה כולה ומחזיר המריש לבעליו: ת"ר אדם שיש בו עבירה ומתודה ואינו חוזר בו דומה למי שיש בידו שרץ שאפילו הוא טובל בכל מימות שבעולם אין טהרה שנאמר מכסה פשעיו לא יצליח זרקו כיון שטובל במ' סאה כו' שנאמר ומודה ועוזב ירוחם: מתני' עמדו בתפלה מורידין לפני התיבה זקן ורגיל: ת"ר אע"פ שאמרו אם יש שם זקן חכם אין מורידין לפני התיבה אלא רגיל רבי יהודה אומר דל שיש לו טף ויש לו יגיעה בשדה

*) ע"ס כאן עיין בירושלמי

[גי' רא"ש אמר רבי לוי כו']
[גי' רי"ף ורא"ש ר' לוי בר חמא ור' חמא בר חנינא]
[פי' חדושי אגדות]
[ילקוט שמ"ש ר' אלך לי אל הר המור כו' הר המור פליגי בה כו']
[מגילה כט.]
[תוספתא פ"א]
[ליתא ברב אלפסי וגם בהרא"ש ע"ש]

יד א מיי' פ"ד מהלכות תענית הלכה א טוש"ע א"ח סימן תקעט סעיף א:
טו ב מיי' שם הלכה ז טוש"ע שם ס"ב:
טז ג מיי' שם הלכה ד טוש"ע שם ס"א:
יז ד מיי' פ"ב מהל' תשובה הלכה ג:
יח ה מיי' פ"ד מהל' תענית הלכה ג טוש"ע א"ח סימן תקעט סעיף א [וסימן נג סעיף ד]:

[כל זה נתבאר במדרש רבה בראשית פ' נ"ו וכביל סטרון ערך ירושלם]

רבינו גרשום

דגלו מבי כנישתא [לבי כנישתא] למ"ד גלות הא איכא למ"ד פרהסיא ליכא: הרי אנו חשובין לפניו כבהמה שהרי לובשין שק שהן של שיער בהמה: א"ב עפר סתם למ"ד הרי אנו חשובין לפניו כעפר בעפר סתם סגי למ"ד כדי שיזכור אפרו של יצחק מיבעי ליה אפר מקלה: קברי כותים למ"ד הרי אנו חשובין כמתים ה"נ מצי למיפק לך לקברי אבות של גוים ומ"ד כדי שיבקשו עלינו רחמים איבעי להו למיפק לקברי ישראל: מאי הר המוריה למה נקרא שמה הר המוריה*) דאברהם קראו יראה ומלכי צדק קראו שלם ועשה הקב"ה פשרה ביניהם יקראו ירושלם: הר המוריה שיצאה ממנו הוראה לישראל שכן יושבין סנהדרין בלשכת הגזית ומורין הוראות. דברי כיבושין דברים שאדם מכבש ללבו: מי נדחה מפני מי כלומר דהה גזירתם מלפנינו: מריש. קורה: ועוזב שחוזר בו: ורגיל להתפלל שצ"ל זכרונות ושופרות לפי שאין זכרונות ושופרות אלא בר"ה:

*) נראה דחסר כאן איזה תיבות ואולי צ"ל דירושלים נקראת ע"ש שאברהם וכו' ועי' בתוס' כאן ד"ה הר.

הגהות הב"ח

(א) גמ' עלוב ושאינו עלוב ושאינו יכול לדיק ורשע כו' ומחזיר מריש לבעליו כ"ב תמסן יהיב דמי ולא רלו ליפסד במעות (ב) רש"י ד"ה גלינו כו' וד"ה גלותינו כו' הד"א: (ג) ד"ה חד אמר הר שילא ממנו הוראה לישראל תורה שנאמר כי מציון: (ד) תוס' ד"ה הר כו' הר ה' יראה וה"פ מתחלה היה נקרא כך שלם כדכתיב ומלכי צדק מלך שלם ואח"כ נקרא ירושלים:

גליון הש"ס

גמרא כדי שיבקשו עלינו רחמים · עיין סוטה דף לד ע"ב תוס' ד"ה אבותי:

עין משפט
נר מצוה

יט א ב מיי' פ"ד מהל' תענית הלכה ג טוש"ע א"ח סימן תקעט סעיף א [וסימן נג סעיף ד]:

כ ג מיי' שם הלכה ו טור א"ח סי' תקעט:

כא ד ה מיי' שם הלכה טו:

מאי

שביעית שביעית לארוכה · פירוש שמתחילין להאריך ואומר בקשות ותחינות בתוך ברכה של גואל ישראל אבל מ"מ אינה בכלל התוספות בימי תענית דלא היו מוסיפין רק ששה ועל כל הברכות יש טעם על מה הם חותמות בכך הראשונה של גואל אינה מן המנין וכה אומרים מי שענה לאברהם לפי שהיה ראשון לנגאלין שניצול מנמרוד ובשניה שהיא ראשונה מן הששה התוספות אמר מי שענה לאבותינו על ים סוף וחותם ברוך זוכר הנשכחות לפי שהיו במצרים ונתייאשו מן הגאולה ועליו נאמר (שמות ו) ואזכור את בריתי וכן בשלישית שהיא שניה מן המנין שומע תרועה ביהושע שנענה בירידו דהיינו בעוד ישראל בגלגל בשופרות היה אומר מי שענה ליהושע בגלגל לפי שנענה בשופרות על הרביעית והיא שלישית מן המנין מי שענה לשמואל וכו' ובשמואל כתיב צעקה ותפלה וגבי אליהו כתיב תפלה ענני ה' ענני ואמרינן בגמרא דצעקה גבי שמואל ותפלה גבי אליהו וי"א תפלה גבי שמואל וצעקה גבי אליהו דהא דכתיב ענני גבי אליהו הוא צעקה שמואל במצפה מענין אל ה' בצרתה לי ולאליהו בהר הכרמל כנגד אשה עיני אל ההרים וכן כולם:

ברוך מרחם על הארץ · דגבי דוד ושלמה שייך לומר על הארץ דדוד ושלמה התפללו על הארץ דוד גבי מלאך המות בגורן ארונה ושלמה בתפלה דקאמר רעב כי יהיה בארץ ועוד יש לומר משום דלתקן בהמ"ק בארץ ולא קשיא הא דחשיב יונה מקמי דוד לענ"ג שהיה קודם משום דבעי למיחתם על הארץ כדמפרש בגמרא:

היינו מטופל ואין לו היינו ביתו ריקם אמר רב חסדא זהו שביתו ריקם מן העבירה: ופרקו נאה: אמר אביי זה שלא יצא (*לו) שם רע בילדותו °היתה לי נחלתי כאריה ביער נתנה עלי בקולה על כן שנאתיה מאי נתנה עלי בקולה אמר מר זוטרא בר טוביה אמר רב ואמרי לה אמר רבי חמא אמר רבי אלעזר זה שליח צבור (*היורד לפני התיבה שאינו הגון): ואומר לפניהם עשרים וארבע ברכות שמונה עשרה שבכל יום ומוסיף עליהן עוד שש: הני שש שבע הוויין כדתנן על השביעית הוא אומר ברוך מרחם על הארץ אמר רב נחמן בר יצחק מאי שביעית שביעית לארוכה כדתניא בגואל ישראל מאריך ובחותמה הוא אומר מי שענה את אברהם בהר המוריה הוא יענה אתכם וישמע בקול צעקתכם היום הזה ברוך גואל ישראל והן עונין אחריו אמן וחזן הכנסת אומר להם תקעו בני אהרן תקעו [א] וחוזר ואומר מי שענה את אבותינו על ים סוף הוא יענה אתכם וישמע בקול צעקתכם היום הזה ברוך זוכר הנשכחות והן עונין אחריו אמן וחזן הכנסת אומר להם הריעו בני אהרן הריעו וכן בכל ברכה וברכה באחת אומר תקעו ובאחת אומר הריעו: במה דברים אמורים בגבולין אבל במקדש אינו כן לפי *שאין עונין אמן במקדש ומנין שאין עונין אמן במקדש שנאמר °קומו ברכו את ה' אלהיכם מן העולם עד העולם ויברכו שם כבודך ומרומם על כל ברכה ותהלה יכול על כל ברכות כולן לא תהא אלא תהלה אחת ת"ל ומרומם על כל ברכה ותהלה על כל ברכה תן לו תהלה ואלא במקדש מהו אומר ברוך ה' [ב] אלהים אלהי ישראל מן העולם ועד העולם ברוך גואל ישראל והן עונין אחריו ברוך שם כבוד מלכותו לעולם ועד וחזן הכנסת אומר להם תקעו הכהנים בני אהרן תקעו וחוזר ואומר מי שענה את אברהם בהר המוריה הוא יענה אתכם וישמע בקול צעקתכם היום הזה ברוך ה' אלהי ישראל [ג] זוכר הנשכחות והם עונים אחריו בשכמל"ו וחזן הכנסת אומר להם הריעו הכהנים בני אהרן הריעו וכו' וכן בכל ברכה וברכה באחת אומר תקעו ובאחת אומר הריעו עד שגומר את כולן וכך הנהיג ר' חלפתא בצפורי ור' חנניה בן תרדיון בסיכני וכשבא דבר לפני חכמים אמרו לא היו נוהגין כן אלא בשערי מזרח ובהר הבית ואית דאמרי כדתניא אומר לפניהן עשרים וארבע ברכות שמונה עשרה שבכל יום ומוסיף עליהן עוד שש ואותן שש היכן אומרן בין גואל לרופא חולי ומאריך בגאולה והן עונין אחריו אמן על כל ברכה וברכה וכך היו נוהגין בגבולין אבל במקדש היו אומרים ברוך ה' אלהי ישראל מן העולם ועד העולם ברוך גואל ישראל ולא היו עונין אחריו אמן וכל כך למה לפי שאין עונין אמן במקדש ומנין שאין עונין אמן במקדש שנאמר קומו ברכו את ה' אלהיכם מן העולם ועד העולם ויברכו (את) שם כבודך ומרומם על כל ברכה ותהלה על כל ברכה וברכה תן לו תהלה: תנו רבנן על הראשונות הוא אומר ברוך ה' אלהי ישראל מן העולם ועד העולם ברוך גואל ישראל והן עונין אחריו ברוך שם כבוד מלכותו לעולם ועד וחזן הכנסת אומר תקעו כהנים תקעו וחוזר ואומר מי שענה את אברהם בהר המוריה הוא יענה אתכם וישמע בקול צעקתכם היום הזה (והן תוקעין ומריעין ותוקעין) ועל השניה הוא אומר ברוך ה' אלהי ישראל מן העולם ועד העולם ברוך זוכר הנשכחות והן עונין אחריו ברוך שם כבוד מלכותו לעולם ועד וחזן הכנסת אומר הריעו בני אהרן הריעו ואומר מי שענה את אבותינו על ים סוף הוא יענה אתכם וישמע בקול צעקתכם היום הזה והם מריעין ותוקעין ומריעין וכן בכל ברכה וברכה באחת אומר תקעו ובאחת אומר הריעו עד שיגמור את הברכות כולן וכך הנהיג ר' חלפתא בצפורי ור' חנניה בן תרדיון בסיכני וכשבא דבר אצל חכמים אמרו לא היו נוהגין כן אלא בשערי מזרח ובהר הבית: ר' יהודה אומר לא היה צריך לומר זכרונות כו': א"ר אדא דמן יפו מאי טעמא דר' יהודה לפי שאין אומרים זכרונות ושופרות אלא

ירמיה יב

נחמיה ט

היינו מטופל ואין לו היינו ביתו ריקן · היינו כמו (*איזהו): ביתו ריקם מן העבירה · שאין חמס וגזל בביתו: ופרקו נאה · אפילו כשעמד על בחרותו היה נאה בלי שם רע: זה המעמיד חזן שאינו הגון לפני התיבה · רשע שהקב"ה שונא אותו יותר מכולן והוא נותן בקולו לפניו: שביעית לארוכה · שביעית לאותה ברכה שהתחיל להאריך בה ואותה אינה מן התוספת אלא מי"ח ברכות היא כדתניא בגואל ישראל הוא מאריך: הוא אומר לפניהן · אותו הזקן הרגיל ומאריך בגאולה כדקתני מתני': בד"א · דהן עונין אחריו אמן בגבולין: אבל במקדש · אומר אותו הזקן לאחר הפרשיות מי שענה את אברהם הוא יענה אתכם וישמע קול צעקתכם ביום הזה בא"י אלהי ישראל מן העולם ועד העולם ברוך גואל ישראל והן עונים אחריו בשכמל"ו וכן בכל ברכות שבמקדש: לפי שאין עונין אמן במקדש · כדיליף לקמן מקרא: מניין שאין עונין אמן במקדש · דכתיב בתפלת עזרא בבית שני קומו וברכו את ה' אלהיכם והיינו ברוך ה' אלהי ישראל כו': ויברכו שם כבודך · היינו שעונין אחריו בשכמל"ו כך הוא הפסוק ויברכו שם כבודך ומרומם על כל ברכה ותהלה: ה"ג יכול על כל הברכות כולן תהלה אחת ת"ל על כל ברכה על כל ברכה תן לו תהלה: חזן הכנסת · לא אותו זקן ניהו וחוזר חזן הכנסת ואומר להן מי שענה כו' אע"פ שאמרו אותו זקן: כשמריעין · תחלה הוא אומר להן הריעו בני אהרן וכשתוקעין תחלה הוא אומר להן תקעו בני אהרן כו': וכך הנהיג · כל מנהג זה רבי חלפתא בצפורי: לא היו נוהגין כן · שיהו עונין אחריו ברוך שם כבוד מלכותו לעולם ועד אלא עונין אמן בגבולין: ואית דאמרי כדתני' כו' · כלומר ואיכא דמתני הכי: וכן הנהיג · מנהג זה למקדש קאי: אלא

מסורת הש"ס

[נ"ל זהו וכ"א ברש"י שבע"י וכ"א בר"ח]

[נ"ל עליו קך ג"י סנהדרין ערך פרק]

[נ"ל שאינו הגון היורד לפני התיבה וכ"א ברש"י ד"ה זה]

נ"ל ברכו

ברכות סג. סוטה מ:

הגהות הגר"א

[א] גמרא (וחוזר ואומר) תא"מ: [ב] שם (אלהים) תו"מ: [ג] שם ברוך ה' אלהי ישראל' נ"ב מן העולם ועד העולם

רש"ל מוחק זו

רבינו חננאל

בשדה וביתו ריקם מעבירה ופרקו נאה שלא יצא עליו שם רע בילדותו שפל ברך ומרוצה לעם ויש לו נעימה וקולו ערב ובקי לקרות בתורה ובנביאים ובכתובים ולשנות במדרש בתלמוד בהלכות ובאגדות ובקי בכל הברכות כולן יהבו בית רבנן עינייהו בר' יצחק בר אמי: היתה לי נחלתי כאריה ביער א"ר אלעזר זה ש"ץ היורד לפני התיבה שאינו הגון: ירושלמי ר' אחא בשם רב אמי אין תענית עכשיו א"ר יוסי הרא אמרה אלין תעניתא דאנן עבדין לית קריין תעניתא · א"ל כן אמור רבנן כל תענית שאינה נעשית (כמצותה) [כתיקונה] עליו הכתוב אומר נתנה עלי בקולה על כן שנאתיה: אומר לפניהם כ"ד ברכות י"ח שבכל יום מוסיף עוד שש. ואלו הן זכרונות ושופרות כו' · ואקשינן והתנן על השביעית הוא אומר כו' · הנה ז' ברכות מוסיף · ואמאי תנינן ומוסיף עוד שש ושנינן שביעית לארוכות כלומר מוסיף ומאריך בגואל ישראל · נמצאת ברכת גואל ישראל ארוכה שהיא מכלל י"ח ברכות ושש מוסיפין היינו ז' ארוכות ועלה תנן על השביעית הוא אומר וכדתניא בגואל ישראל הוא מאריך ובחותמה אומר מי שענה את אברהם אבינו בהר המוריה ה' ע' א' ו' ק' צ' ה' ה' ב' (פי' הוא יענה אתכם וישמע קול צעקתכם ביום הזה ברוך) גואל ישראל · והן עונין אחריו אמן · וחזן הכנסת אומר תקעו בני אהרן תקעו ותוקעין ומריעין ותוקעין וכן בכל ברכה וברכה באחת אומר תקעו בני אהרן תקעו ובא' אומר הריעו בנ' אהרן הריעו במה דברים אמורים בגבולים אבל במקדש אינו אומר אלא ברוך ה' אלהי ישראל מן העולם ועד העולם ברוך גואל ישראל והן עונין אחריו בשכמל"ו לפי שאין עונין אמן במקדש שנא' קומו ברכו את ה' אלהיכם · ואומר ויברכו שם כבודך ומרומם וגו' על כל ברכה תן לו תהלה וכן הנהיג רבי חלפתא בצפורי וכשבא דבר אצל חכמים אמרו לא היו עושין כן אלא בשערי מזרח ובהר הבית בלבד · תניא אומרים לפניהם כ"ד ברכות י"ח שבכל יום ומוסיף עליהן עוד שש והיכן אמרו הני שש ברכות בין גואל לרופא ועונין אמן אחר כל ברכה ותוקעין על כל אחת ואחת כו' על הראשונה הוא אומר מי שענה את אברהם אבינו בהר המו' כו' · בשניה מי שענה את משה ואבותינו על ים סוף כו' בשלישית מי שענה את יהושע בגלגל ברביעית מי שענה את שמואל במצפה · בחמישית מי שענה את אליהו בהר הכרמל כו'

רבינו גרשום

ואומר והותמיק שחותם בברכה לכל פסוק: מטופל (ובנין) [ואין] לו כלומר שיש לו טיפול בנים ואין לו עושר: ויש לו יגיעה בשדה שזרותיו ורועות שצריכין לגשמים: וביתו ריקם שאין לו עושר: שפל ברך ענוו: ויש לו נעימה שיודע לבסם קולו: שבע לארוכות כלומר ודאי אין מוסיפין על שש אלא הא דקתני שבע דארוכות הן שבע דגואל ישראל שבתפלה הוא מאריך ומכאן ואילך אמר אילו שש שהן כמו ארוכות: בר"א שעונין אמן: *) קומו וברכו את ה' מן העולם ועד העולם כלומר במקום אמן יש לענות אחר (ברכו) [הברכה] (אמרו) [ולומר] ברוך ה' מן העולם ועד העולם יכול על כל הברכות אין עונה אמן אלא פעם אחת [ת"ל וכו']: וכן הנהיג ר' חלפתא בצפורי. לומר שלאחר ברכה זו מי שענה כו': לא היו נוהגין כן אלא בשערי מזרח. במקדש אבל בגבולין אומר העניות קודם ברכות כדאמרן לעיל: משום דבעי למיחתם במרחם על הארץ ועיקר א"י בימי דוד ושלמה: ואמר כל הברכות כולן על הסדר ועונו אחריו אמן אחר כל ברכה וברכה: וכשבא דבר לפני חכמים שאמרו הענייה אחר הברכה אמרו לא היו נוהגין כן אלא בשערי מזרח במקדש אבל בגבולין

*) נראה דחסר כאן וצ"ל כד"א שעונין אמן בגבולין אבל במקדש אינו כן שנאמר קומו כו'.

gazed on R. Isaac b. Ammi.[4] [16*b*] Is not one having a large family with no means of support the same as one whose house is empty?—R. Ḥisda replied: The latter refers to a man whose house is free from sin.[5]

Whose youth was unblemished. Abaye said: This is one against whom no evil reputation had gone forth in his youth.

My heritage is become unto Me as a lion in the forest; she hath uttered her voice against Me; therefore have I hated her.[6] What is the meaning of, *'She hath uttered her voice against Me'?*—Mar Zuṭra b. Tobiah said in the name of Rab, some say R. Ḥama said in the name of R. Eleazar: This refers to an unfit person who steps down before the Ark [to act] as Reader.

AND HE RECITES BEFORE THEM TWENTY-FOUR BENEDICTIONS, THE EIGHTEEN RECITED DAILY TO WHICH HE ADDS SIX MORE. Are there only six? Are they not actually seven, as we have learnt: THE SEVENTH [BENEDICTION] HE CONCLUDES WITH BLESSED BE HE WHO HAS MERCY UPON THE EARTH!—R. Naḥman b. Isaac replied: [Do you know] which is
a THE SEVENTH? it is the seventh of the longer benedictions.[1] As it has been taught: [The benediction], 'Who redeemest Israel,' is prolonged and at its conclusion [the Reader] adds, He who answered Abraham on Mt. Moriah, He shall answer you and hearken this day unto the voice of your cry. Blessed art Thou who redeemest Israel, and the congregation respond, Amen. The synagogue attendant[2] calls out unto them, 'Blow a *Teru'ah*, ye children of Aaron, blow a *Teru'ah*, and [the Reader] resumes with, 'He who answered our fathers at the Red Sea, He shall answer you and hearken this day to the cry of your voice. Blessed art Thou O Lord who rememberest forgotten things'; and the congregation responds, Amen. The synagogue attendant calls out, Sound a *Teru'ah*, O ye children of Aaron, sound a *Teru'ah*. And likewise [he does] with the other benedictions, at one he calls out, sound a *Teḳi'ah*, and another, sound a *Teru'ah*. The order of service[3] [in which the congregation responds, Amen] holds good for the country generally but not for the Temple, because the response, 'Amen' is not made use of in the Temple.[4] And whence can it be adduced that the response, Amen, was not made use of in the Temple?—For it is said, *Stand up and bless the Lord your God from everlasting to everlasting; and and let them say: Blessed be Thy*
b *glorious Name, that is exalted above all blessing and praise.*[1] You might have thought that there shall be only *one* form of praise after all Benedictions, therefore the text adds, *'Exalted above all blessing and praise'*; that is to say, Give him *'praise'* after every blessing. What then was said in the Temple? Blessed be the Lord God, the God of Israel, from everlasting to everlasting. Blessed art Thou who redeemest Israel; and the congregation respond, Blessed be the name of His glorious kingdom for ever and ever.[2] The synagogue attendant calls out unto them, Blow a *Teḳi'ah*, O Priests, sons of Aaron, blow a *Teḳi'ah*, and [the Reader] resumes with, He who answered Abraham on Mt. Moriah, He will answer you and hearken to the voice of your cry. Blessed art Thou, [O Lord] God of Israel, who rememberest forgotten things; and the congregation respond, Blessed be the name of His glorious kingdom for ever and ever. The synagogue attendant calls out, Sound a *Teru'ah*, O Priests, children of Aaron, sound a *Teru'ah* etc. And likewise [he does] with the other benedictions; at one he calls out, Blow a *Teḳi'ah*, and at another, Sound a *Teru'ah*, until he completes them all. R. Ḥalafta made this order of procedure the custom of Sepphoris and R. Ḥananya b. Tradyon made it the custom of Siknin. When however the matter came to the notice of the Sages they declared that this custom was observed only at the eastern gates and on the Temple mount.

Some report [the passage just cited] in the form taught in the following Baraitha: [The Reader] recites before them twenty-four benedictions; the eighteen recited daily, to which he adds six more. Where are those six included? Between the benedictions for Redemption and Healing the Sick,[3] the latter benediction being prolonged and the congregation respond, 'Amen', after every benediction. This was the custom in the country generally, but in the Temple they said, Blessed be the Lord, God of Israel from everlasting to everlasting. Blessed art Thou O Lord who redeemest Israel and there was no response, 'Amen', after it. And why all this [long response]? Because it was not customary to respond 'Amen', in the Temple. And whence can it be adduced that they did not respond, 'Amen', in the Temple? For it is said, *'Stand up and bless the Lord your God from everlasting to everlasting, and let them say: Blessed be Thy glorious name that is exalted above all blessing and praise'*; that is to say, Give Him praise after every benediction.

Our Rabbis have taught: When concluding the first benediction he says: Blessed be the Lord, God of Israel from everlasting to everlasting. Blessed art Thou who redeemest Israel. And the congregation respond, Blessed be the name of His glorious kingdom for ever and ever. The synagogue attendant calls out, Sound a *Teḳi'ah*, Priests, sound a *Teḳi'ah*, and [the Reader] then resumes, He who answered Abraham on Mt. Moriah, He will answer you and hearken this day to the voice of your cry. And they blow a *Teḳi'ah* and sound a *Teru'ah*, and blow a *Teḳi'ah* [again]. When concluding the second benediction he says: Blessed be the Lord God, the God of Israel from everlasting to everlasting. Blessed art Thou who rememberest forgotten things; and the congregation respond, Blessed be the name of His glorious kingdom for ever and ever. The synagogue attendant then calls out, Sound a *Teru'ah*, children of Aaron, sound a *Teru'ah*, and the Reader resumes, He who answered our fathers at the Red Sea, He will answer you and hearken this day to the voice of your cry. They then sound a *Teru'ah* and blow a *Teḳi'ah* and sound a *Teru'ah* [again]; and likewise he [does] after every benediction, at one he calls out, Blow a *Teḳi'ah*, and at another, Sound a *Teru'ah*, until all the benedictions are concluded. R. Ḥalafta made this order of procedure the custom of Sepphoris and R. Ḥananya b. Tradyon made it the custom of Siknin. When, however, the matter was brought to the notice of the Sages, they declared that this custom was observed only at the eastern gate and on the Temple mount.

R. JUDAH SAYS: HE NEED NOT RECITE THE ZIKRONOTH AND SHOFAROTH etc.: Said R. Adda of Joppa; what may be R. Judah's reason? Because Zikronoth and Shofaroth are recited

(4) As one whom the description befits. (5) He has no stolen goods or any property acquired by dishonest means (Rashi). (6) Jer. XII, 8.

a (1) [לארוכות (so R. Ḥananel, R. Gershom and MS.M.). The seventh benediction of the daily *Tefillah* ending in, 'Who redeemest Israel' (גואל ישראל) was on rain fasts increased by the addition of the formula, 'He who answered etc.' inserted before its conclusion. After this followed the six additional special benedictions as described in the Mishnah thus making a total of seven long benedictions. On the reading לארוכה of cur. edd. render the seventh from the seventh lengthened benediction (of the daily *Tefillah*)]. (2) [*Ḥazzan*. There is no certainty either in regard to the original function or rank of the *Ḥazzan;* v. Soṭ. (Sonc. ed.) 41*a* n. c4.] (3) Lit., 'in what are these said'. (4) [No satisfactory reason has so far been given for this regulation. Graetz, *MGWJ* 1872 pp. 492ff suggests that this does not mean that the response, Amen, was not allowed in the Temple, but that the solemnity of the service, heightened by the pronunciation of the Tetragrammaton as written, demanded a more extensive and impressive formula. V. also Blau, *REJ*. XXXIX, p. 188.]

b (1) Neh. IX, 5. (2) Cf. *'and let them say, Blessed be Thy Glorious Name* etc.' cited from Neh. IX, 5. (3) I.e., between the seventh and the eighth benedictions of the daily *Tefillah*.

only on New Year [17a] and on the [Day of Atonement of] the Jubilee year and in the time of war.

THE FIRST HE CONCLUDES WITH, HE WHO ANSWERED ABRAHAM etc.: A Tanna taught: Some reverse the order of the words and attribute 'crying' to Elijah and 'praying' to Samuel.
a True, of Samuel Scripture uses the words 'praying' and 'crying',[1] but of Elijah Scripture uses only [the word] 'praying' but never 'crying'. [When Elijah says], *Hear me, O Lord, hear me;*[2] that is an expression of 'crying'.

THE SIXTH HE CONCLUDES WITH, HE WHO ANSWERED JONAH etc.; THE SEVENTH HE CONCLUDES WITH, HE WHO ANSWERED DAVID etc. Let us see, Did not Jonah live after David and Solomon, why then is he placed first?—Because it was desired to conclude [the prayers] with, Blessed art Thou, O Lord who hast mercy upon the earth.[3] A Tanna taught: It was reported in the name of Symmachos, [that the prayers were concluded] with, Blessed art Thou who humblest the proud.

ON THE FIRST THREE [RAIN] FASTS THE MEN OF THE MISHMAR FAST BUT DO NOT COMPLETE THEIR FAST etc. Our Rabbis have taught: Why have the Sages ruled that the Men of the *Mishmar* are permitted to drink wine by night and not by day, lest the work weigh too heavily on the men of the Beth-ab and then they will be called upon to help them; why have the Sages ruled that the men of the Beth-ab are forbidden [to drink] both by day and by night because they are continuously at work [in the Temple]. Hence the Sages have declared that any priest who can identify his *Mishmar* and his particular Beth-ab and who also knows definitely that the members of his Beth-ab were participating in the service of the Temple[4] is forbidden to drink wine on the whole of that day.[5] If, however, he can identify only his *Mishmar* but not his particular Beth-ab and yet he knows definitely that the members of his Beth-ab were participating in the service of
b the Temple, he is forbidden to drink wine the whole of that week.[1] If he cannot identify his *Mishmar* nor his particular Beth-ab, but he knows definitely that the members of his Beth-ab were participating in the service of the Temple, he is forbidden to drink wine all the year round. Rabbi says: I declare [priests] should not at any time drink wine, but what can I do seeing that his misfortune turned out to be an advantage to him.[2] Abaye said: According to whose opinion do priests drink wine? According to that of Rabbi.

BOTH THE MEN OF THE MISHMAR AND THE MEN OF THE MA'AMAD MAY NOT CUT THEIR HAIR NOR WASH THEIR CLOTHES, BUT ON A THURSDAY THEY MAY OUT OF RESPECT FOR THE SABBATH. What is the reason?—Rabbah b. Bar Ḥana said in the name of R. Joḥanan: In order that they should not enter on their week of duty in an unkempt state.

Our Rabbis have taught: A king cuts his hair every day, a high priest on the eve of every Sabbath, an ordinary priest once in thirty days. Why has a king to cut his hair every day?—R. Abba b. Zabda said: Scripture says, *Thine eyes shall see the king in his beauty.*[3] Why has a high priest [to cut his hair] on the eve of every Sabbath?—R. Samuel b. Isaac said: Because the *Mishmar* changes every week. Whence can it be adduced that an ordinary priest [must cut his hair] once in thirty days?—It is to be adduced from the analogous use of the word *pera'* in connection with the Nazirite [and the priests]. Of the priests [it is written], *Neither shall they shave their heads, nor suffer their locks* [pera'] *to grow long;*[4] and of the Nazirite it is written, *He shall be holy, he shall let the locks of the hair of his head grow long* [pera'];[5] as in the case of the Nazirite the period of growing his hair is thirty days so too must it be in the case of the ordinary priest. But whence do we know this to be the requirement of the Nazirite himself? R. Mattena said: A Nazirite's unspecified [term of] vow is thirty days. Whence is this to be adduced?— Scripture uses the word *yihyeh* the nu-
c merical value of which is thirty.[1] R. Papa said to Abaye: Perhaps Scripture means [that the priests] should not let their hair grow at all?—The latter replied: Had Scripture written, 'nor suffer to grow long their locks', it might be as you suggest, but since Scripture has written, '*Nor suffer their locks to grow long,*' this implies, they may grow their hair but they may not suffer their locks to grow long. If that is so, this restriction should be valid even at the present time!—[This restriction is] on the same lines as that of the drinking of wine; just as the restriction of drinking wine applied only to the time when they might enter [the Temple][2] to do service, so too with regard to the restriction of letting the locks grow long. But has it not been taught: Rabbi says, I declare that [a priest] should not at any time drink wine, but what can I do, seeing that his misfortune turned out to be an advantage to him. And on this Abaye commented: At the present time according to whom do priests drink wine? According to

a (1) I Sam. VII, 5; VIII, 6: XV, 11. (2) I Kings XVIII, 37. (3) Earth, in the first instance refers to the land of Israel. David and Solomon were the founders of the Jewish kingdom and prayed for its welfare. (4) [There were many of the priestly families who had been disqualified from the priesthood.] (5) [On the particular day on which his Beth Ab was in service, as the Temple might be rebuilt and they might be called upon to serve.]

b (1) [The particular week on which the *Mishmar* to which he belonged was in service.] (2) The destruction of the Temple with the consequent cessation of priestly duties enables the priests to drink wine at any time. (3) Isa. XXXIII, 17. (4) Ezek. XLIV, 20. (5) Num. VI, 5.

c (1) יהיה taken numerically, $10 + 5 + 10 + 5 = 30$. (2) I.e., so long as the Temple was in being.

אלא בראש השנה וביובלות ובשעת מלחמה: על הראשונה הוא אומר מי שענה את אברהם כו': תנא יש מחליפין צעקה לאליהו ותפלה לשמואל בשלמא גבי שמואל כתיב ביה תפלה וכתיב ביה צעקה אלא גבי אליהו תפלה כתיב צעקה לא כתיב °עננו ה' עננו לשון צעקה היא: על הששית הוא אומר מי שענה את יונה כו' על השביעית הוא אומר מי שענה את דוד כו': מכדי יונה בתר דוד ושלמה הוה מאי טעמא מקדים ליה ברישא משום דבעי למיחתם מרחם על הארץ תנא משום סומכוס אמרו ברוך משפיל הרמים: שלש תעניות הראשונות אנשי משמר מתענין ולא משלימין כו': תנו רבנן *מפני מה אמרו אנשי משמר מותרין לשתות יין בלילות אבל לא בימים שמא תכבד העבודה על אנשי בית אב ויבואו ויסייעו להם מפני מה אמרו אנשי בית אב לא ביום ולא בלילה מפני שהן עסוקין תמיד בעבודה מכאן אמרו כל כהן שמכיר משמרתו ומשמרת בית אב שלו ויודע שבתי אבותיו קבועין שם אסור לשתות יין כל אותו היום במכיר משמרתו ואין מכיר משמרת בית אב שלו ויודע שבתי אבותיו קבועין שם אסור לשתות יין כל אותה שבת אינו מכיר משמרתו ומשמרת בית אב שלו ויודע שבתי אבותיו קבועין שם אסור לשתות יין כל השנה רבי אומר אומר אני אסור לשתות יין לעולם אבל מה אעשה שתקנתו קלקלתו אמר אביי כמאן שתו האידנא כהני חמרא כרבי: אנשי משמר ואנשי מעמד אסורים לספר ולכבס ובחמישי מותרין מפני כבוד השבת: מאי טעמא *אמר רבה בר בר חנה אמר ר' יוחנן כדי שלא יכנסו למשמרתם כשהן מנוולין ת"ר *מלך מסתפר בכל יום כהן גדול מערב שבת לערב שבת כהן הדיוט אחת לשלשים יום מלך בכל יום מ"ט אמר רבי אבא בר זבדא אמר קרא °מלך ביפיו תחזינה עיניך כהן גדול מע"ש לערב שבת מ"ט אמר רב שמואל בר יצחק הואיל ומשמרות מתחדשות כהן הדיוט אחת לשלשים יום מנלן אתיא פרע פרע מנזיר כתיב הכא °וראשם לא יגלחו ופרע לא ישלחו וכתיב התם °קדוש יהיה גדל פרע שער ראשו מה להלן שלשים אף כאן שלשים ונזיר גופיה מנלן אמר רב מתנה *°סתם נזירות שלשים יום מנלן אמר קרא יהיה בגימטריא תלתין הוי א"ל רב פפא לאביי ודילמא ה"ק רחמנא לא לירבו כלל אמר ליה אי הוה כתב לא ישלחו פרע כדקאמרת השתא דכתיב ופרע לא ישלחו פרע ליהוי שלוחי הוא דלא לישלחו אי הכי אפילו האידנא נמי דומיא דשתויי יין מה שתויי יין בזמן ביאה הוא דאסור שלא בזמן ביאה שרי אף הכא נמי והתניא *רבי אומר אומר אני כהנים אסורין לשתות יין לעולם אבל מה אעשה שתקנתו קלקלתו ואמר אביי כמאן שתו האידנא כהני חמרא כרבי

מ"א יח · ישעיה לג · יחזקאל מד · במדבר ו

רש"י

אלא בראש השנה · כדאמרינן בר"ה (דף לב.) אמרו לפני מלכיות וזכרונות וכו' · וביובל · ביום הכפורים של יובל כדתנן התם (דף כו:) שוה היובל לר"ה לתקיעה ולברכות כו': ובשעת מלחמה · דכתיב (במדבר י) וכי תבאו מלחמה בארצכם על הצר הצורר אתכם וגו' ולא ידעינן מנא איתפרש דאומר ברכות ופסוקי מלכיות זכרונות ושופרות בשעת מלחמה: לצעקה לאליהו · על מי שענה את אליהו חותם שומע צעקה ובשמואל שומע תפלה דכתיב ביה תפלה (שמואל א ז) קבצו את כל ישראל המצפתה ואתפלל בעדכם: לצעקה · דכתיב (שם טו) ויחר לשמואל ויזעק אל ה' כל הלילה ואיכא למימר במצפה הוה ההיא צעקה דבתר פרשת קבצו כל ישראל המצפתה כתיב בפרשת *נחמתי כי המלכתי את שאול וגו' כך שמעתי: גבי אליהו · במעשה הר הכרמל כתיב תפלה דכתיב עננו ה' עננו דמשמע לשון בקשה ותפלה ולא לשון צעקה ומשני עננו ה' עננו לשון צעקה הוא כך שמעתי: יונה בתר דוד ושלמה · דהוה בימי אמציהו בסדר עולם: דבעי למחתם · בסוף כל ברכות ברוך מרחם על הארץ ולהכי בעי באותה חתימה דוד ושלמה שהן התפללו על ארץ ישראל (א) כך שמעתי אי נמי משום דאינהו תקון בית המקדש דהוא עיקר הארץ כך שמעתי: ברוך משפיל הרמים · היו אומרים במקום ברוך מרחם שהכניעם במטר שבשו בתשובה: מכאן אמרו · מדקתני הכא דאפילו אנשי משמר שלא היו עובדין באותו היום כלל אפילו הכי אסורין לשתות יין: כהן · בזמן הזה: המכיר משמרתו · היודע מאיזו משמרת הוא מיהויריב או מידעיה או אחת מכ"ד משמרות שיודע שמות אבותיו ואבות אבותיו עד יהויריב ויודע איזה יום ואיזה שבת היו עובדים: קבועין · שיודע ודאי שבית אב שלו עובד במקדש לפי שהרבה היו מבתי אבות הכהנים שלא הוקבעו שוב אמר לי רבי קבועין שלא נתחלל בית אב שלו להיות מגואל מן הכהונה ויודע שראוי בית אב שלו לעבוד: אסור לשתות יין כל אותו היום · [א] ותו לא שמא יבנה בית המקדש ותכבד העבודה ויהיה זה צריך לעבוד: מכיר משמרתו · שיודע איזה שבת בשנה עובדין: ואינו יודע מאיזה בית אב · דעכשיו אינו מכיר באיזה יום בשבת עובדין ויודע שבתי אבותיו קבועין אסור כל אותה שבת מספיקא בכולהו גרסינן ויודע שבתי אבותיו קבועין הן דאם אינו יודע שבתי אבותיו קבועין לעבוד מותר הוא לשתות יין כל השנה ולא חיישינן שמא יבנה ושמא בית אב שלו יעבדו היום: רבי אומר אומר אני כהן אסור כו' · כלומר אי חיישינן לשמא יבנה יהא אסור לעולם אפי' המכיר משמרתו ומשמרת בית אבותיו דחיישינן שמא ישתנה סדר משמרות ושמא יעבדו כולם לחנוכת הבית בבת אחת ונמצא זה צריך לעבוד אבל מה אעשה (ב) שתקנתו קלקלתו דהוי כמה שנים שלא חזרה בירה וקלקלה זו תקנתו לשתות יין בהדיא ולשמא יבנה לא חיישינן: כשהן מנוולין · שלא יהו סומכין על יום אחד מימי שבת ולא מסתפרין בשבת שעברה: מסתפר בכל יום · מלוה: מערב שבת לערב שבת · ולא ישהה מלגלח יותר: ומשמרות מתחדשות · בכל שבת ושבת ומשמרה שלא ראתהו עד עכשיו ובאה לראותו הדבר נאה שתראהו ביופיו: לא לירבו כלל · [ג] אלא יסתפרו בכל יום דהכי משמע ופרע דהיינו שלשים לא ישלחו אלא יגלחו: שלוחי לא משלחי · הכי משמע פרע שגדלו אינן רשאין לגדל עוד: אי הכי · כיון דמקרא מפקת לה האידנא נמי לא לישלחו ומשני כיין דומיא דיין דכתיב בסמוך להאי ופרע לא ישלחו ויין לא ישתו כל כהן: מה יין בזמן ביאה הוא דאסור · דכתיב (יחזקאל מד) בבואם אל החצר וגו' בזמן שבית המקדש קיים שבאין שם לעבוד: שלא בזמן ביאה · כגון האידנא שהבית חרב ולא זמן ביאה היא: והתניא רבי אומר אומר אני כו' ואמר אביי כו'. מכלל דרבנן אסרי דחיישינן לשמא יבנה ומלי נמי מייתי רישא דברייתא מפני מה אמרו אנשי משמר כו' ואייתי סיפא בלשון קצרה ודייק מינה מכלל דרבנן אסרי:

תוספות

ויודע שבתי אבותיו קבועין לשם אסור לשתות יין וכו' · פירוש אסור לשתות יין חוץ לסעודתו אבל בסעודתו מותר דיין שבתוך הסעודה אינו משכר:

ובחמישי מותרין מפני כבוד השבת מאי טעמא · פי' מאי טעמא אין הכהנים מותרין להסתפר אלא דווקא בחמישי בשבת כדי שלא יכנסו למשמר כשהן מנוולין פי' ולא ימתינו עד יום אחד מימי השבוע הבא ויסתפרו קודם שיכנסו למשמרת דאם לא יסתפרו קודם יהיו אסורין כל השבוע הבא עד יום החמישי ומתוך זה שאסרו לספר כל השבוע הבא יסתפרו קודם שיכנסו למשמרתם ולא יהיו מנוולים:

כהן גדול מסתפר מע"ש לערב שבת וכהן הדיוט אחד לשלשים יום · פירוש שאינו יכול להשהות יותר והאי דקאמר בסמוך השתא דכתיב פרע לא ישלחו פרע ליהוי פי' פרע ליהוי עד שלשים יום אם ירצה:

לא לירבו כלל · פירוש ואפילו עד ל' יום וקשה דאם כן ג"ש דפרע למה לי (ג) וי"ל דשמא ר"ל לא לירבו עד ל' יום אלא יגלח בכ"ט:

שלוחי לא משלחו · יותר משלשים יום:

מכלל

רבינו חננאל

כו' · על הששית מי שענה את יונה במעי הדגה על השביעית מי שענה את דוד ושלמה בנו בירושלים תנא יש שמחליפין צעקה לאליהו וחותמין בברכה החמישית ברוך שומע צעקה ובברכה רביעית שהיא מי שענה את שמואל חותמים ברוך שומע תפלה · ואסיקנא עננו ה' עננו דכתיב ביה באליהו לשון צעקה הוא · ואמאי חתים לדוד ושלמה בנו בסוף והלא אינהו קדימי ליונה משום דבעי למחתם ברוך מרחם על הארץ תנא סומכוס אומר בשביעית הוא אומר ברוך משפיל רמים: מתני' שלש תעניות הראשונות אנשי משמר כו' פי' הכהנים היו חלוקים כ"ד חלקים משמש שבוע ומתחלף יוצא זה נכנס אחר ואותו החלק המשמש שבוע נקרא משמר וכל המשמר היו חולקין ז' חלקים כל אחד משמש יומו ויצא ונכנס אחר משמש למחר ונקרא חלק שהוא אחד משבעה במשמר בית אב · וכן היא מפורש בתוספתא (דמכילתין) משמר שיש בו ד' בתי אבות או ז' בתי אבות או ח' או ט' משמר שיש בו ו' בתי אבות ג' מהן מקריבין כל אחד ב' ימים והרביעי מקריב יום אחד ומשמר שיש בו ח' בתי אבות כו' · משמר שיש בו ז' בתי אבות כל אחד משמר יומו והן כל אחד ואחד ועל זה הסדר שנו בחיצונה אנשי משמר מותרין לשתות יין בלילות אבל לא בימים שמא יזדמנו אותו היום זבחים הרבה ותכבד העבודה על אנשי (בתי דין) בית אב ויסייעו אותן אבל אנשי בית אב אסורין לשתות יין בין ביום בין בלילה מפני שהן תדירין בעבודה ויש באלו כ"ד משמרות שהפילו גורלות מי שעלה גורלו ביום ראשון *) נקבע במשמרתו להיות הוא משמש ביום ראשון לעולם ומי שנקבע ביום שני כמוהו כגון שהיא משמרת יהויריב בתחלת ניסן בית אב פלוני באחד בשבת. בית אב פלוני בשני בשבת. וכן כולן לפיכך אמרו [המכיר] משמרתו באיזה הדש ובאיזה שבוע זמנו ובית אב שלו באיזה היום מן השבוע זמנו והוא מן הקבועים לעולם אסורין לשתות יין בו ביום מ"ט אמרינן שמא יבנה הבית ויהיה שתוי ואינו יכול לשמש בו ביום ומי שאינו מכיר בית אב שלו אבל מכיר באיזה שבוע זמן משמרתו אסור לשתות יין כל אותו שבוע ומי שאינו מכיר [לא] זה ולא זה אבל יודע שבתי אבותיו קבועין בעבודה אסור לשתות יין לעולם דבכל יום חיישינן שמא יומו הוא ר' אומר אומר אני כגון זה אסור לשתות יין לעולם **) אסור דרבנן וכדאמרין (אצל) [אבל] תקנתו קלקלתו זה השמועה כולה בסנהדרין בסוף פ' כ"ג פי' כיון שנתקלקלה בבית אב שלו הותר שאפילו אם יבנה הבית אינו משמש עד שישב ב"ד של כהונה ויקבעוהו באיזה יום ישמש לפיכך עכשיו מותר וכן כל כהן שאינו בר עבודה ביום ידוע מותר ועל זה אמר אביי כמאן שתי האידנא כהני חמרא כרבי מכלל רבנן סברי

*) נ"אה דל"ל ונקבע במשמרתו לסיום כן הוא משמש וכו'. **) נראה דל"ל וכדאמרו רבנן אבל תקנתו כו'.

רבינו גרשום

בבולין אומר העניה ואח"כ אומר הברכה כדאמר' לעיל: אנשי משמר מתענין ולא משלימין מתענין הואיל ואין עצמן עוסקין בקרבנות ולא משלימין דכיון דמשמר שלהן עוסקין בקרבן היום יו"ט הוא להם לפיכך אין משלימין: אנשי בית אב שמקריבין קרבן היום לא היו מתענין כלל הואיל ועוסקין בקרבן: שלש שניות. שכבר תקפה הגזירה: אנשי משמר מותרין לשתות יין בלילות הואיל ואין עוסקין בקרבן היום: אנשי בית אב שעובדין היום לא ביום ולא בלילה הואיל דבלילות מקריבין נמי אברים ופדרים שלא נתעכלו מבערב: כל כהן שמכיר משמרתו ויודע מאיזה משמרה הוא ומשמרת בית אב שלו שיודע באיזה בית אב הוא ויודע שבתי אבותיו קבועין שיודעין באיזה יום עובדין בית אב שלו: אסור לשתות יין כל אותו היום אע"פ שאינו בירושלים אלא הואיל ויודע שהיום עובדין בית אב שלו ואסורין ביין הוא נמי אסור: מכיר משמרתו שיודע מאיזה משמרה הוא ואינו מכיר משמרת בית אב שלו שאינו יודע מאיזה בית אב הוא: ויודע שבתי אבותיו קבועין שיודע שמשמרה שלו קבועין ועובדין בשבת [זו] אבל אינו יודע באיזה יום עובד בית אב שלו אסור לשתות יין כל השבת דשמא היום עובד בית אב שלו: ויודע שבתי אבותיו קבועין שיודע שבית אב שלו עובדין יום אחד בשנה שהרי כהנים הן *) ובית המקדש קיים רבי אומר אומר אני אם היה כהן בזמן ביהמ"ק קיים שאין מכיר משמרתו ומשמרת בית אב שלו היה אסור לשתות יין לעולם אבל מה אעשה שתקנתו קלקלתו כלומר חרבן ביהמ"ק שהיא קלקלתם תקנתם לשתות יין כרבי דאמר שתקנתו קלקלתו אבל חכמים אומרים אין מותרין לעולם כדי שלא יכנסו למשמרתם כשהן מנוולין שכשיודעין שאין יכולין לספר ולכבס במשמרתן מספרין ומכבסין קודם שיכנסו למשמרתם

*) וכשו עובדין עבודה בזמן שבהמ"ק היה קיים כצ"ל.

עין משפט נר מצוה

כב א מיי' פ"א מהל' ביאת מקדש הלכה ו סמג עשין קנו:
כג ב ג ד מיי' שם הלכה ז:
כד ה מיי' שם הלכה יב ופ"ו מהלכות כלי המקדש הלכה יא:
כה ו מיי' פ"ב מהלכות מלכים הלכה ה:
כו ז מיי' פ"ו מהלכות כלי המקדש הל' ו:
כז ח מיי' פ"א מהלכות ביאת מקדש הלכה יא סמג עשין קנו:
כח ט מיי' פ"ג מהל' נזירות הלכה א ופ"א מהלכות ביאת מקדש הלכה יא סמג עשין רכ:
כט י מיי' פ"א מהלכות ביאת מקדש הל' י:

מסורת הש"ס

[נ"ל ויזעק שמואל אל ה' בעד ישראל]

סנהדרין כב:

[מו"ק יד.]

סנהדרין כב: [כל הסוגיא עד סופו ע"ש כמה וכמה שינויים]

נזיר ה. נט. סנהדרין שם ע"ש מו"ק יט:

סנהדרין שם

הגהות הב"ח

(א) רש"י ד"ה דבעי למחתם כו' על א"י (כך שמעתי) תא"מ ונ"ב נ"ל דזה טעות: (ב) ד"ה רבי אומר כו' אבל מה אעשה שתקנתן קלקלתן דהוי כמה שנים שלא חזרה עבודה וקלקלה זו תקנתן: (ג) תוס' ד"ה לא לירבו וכו' נ"ב לפי זה לא גרס עלה כלל:

הגהות מהר"ב רנשבורג

[א] רש"י ד"ה אסור לשתות יין וכו' ותו לא שמא וכו' · נ"ב פי' תו לא אסור משום שמא יבנה וכו' ותכבד עבודה דכולי האי לא גזרינן כמ"ש רש"י בד"ה ואינו יודע וכו' ולא חיישינן וכו' עכ"ל ולפיכך אסור רק אותו יום לחוד ולק"מ קושית מהרש"א ודו"ק · שוב ראיתי כן בש"י: [ג] שם ד"ה לא לירבו כלל אלא יסתפרו בכל יום · כ"ב נ"ע דלפ"ז מה יענה לקושי' התוס' ד"ה לא לירבו וביותר יפלא דסוף לשון רש"י הוא כמעט כתירוץ התוספות ונמצאו דברי רש"י סותרים תוך כדי דיבור:

ל א ב מיי' פ"א מהל' ביאת מקדש הלכה ס ופ"ד מהלכות תפלה הל' יז סמג עשין ט ולאוין פ טוש"ע א"ח סימן קנ סעיף כ:
לא ג מיי' פ"א מהל' ביאת מקדש הלכה א סמג לאוין סט:
לב ד מיי' שם ס"ד:
לג ה מיי' שם הל' א:
לד ו מיי' שם הלכה יד

כרבי מכלל דרבנן אסרי מ"ט מהרה יבנה בית המקדש ובעינן כהן הראוי לעבודה וליכא הכא אפשר דמספר ועייל אי הכי שתוי יין נמי אפשר דגני פורתא ועייל *כדרמי בר אבא דאמר רמי בר אבא *דרך מיל ושינה כל שהוא מפיגין את היין לאו מי איתמר עלה אמר רב נחמן אמר רבה בר אבוה *לא שנו אלא כששתה שיעור רביעית אבל שתה יותר מרביעית כל שכן שדרך מטרידתו ושינה משכרתו רב אשי אמר שתויי יין דמחלי עבודה גזרו בהו רבנן פרועי ראש דלא מחלי עבודה לא גזרו בהו רבנן מיתיבי *ואלו שהן במיתה שתויי יין ופרועי ראש בשלמא שתויי יין בהדיא כתיב בהו °יין ושכר אל *תשת אלא פרועי ראש מנלן דכתיב *°וראשם לא יגלחו ופרע לא ישלחו וכתיב בתריה ויין לא ישתו כל כהן בבאם אל החצר הפנימית ואיתקוש פרועי ראש לשתויי יין מה שתויי יין במיתה אף פרועי ראש במיתה ומינה אי מה שתויי יין דמחלי עבודה אף פרועי ראש דמחלי עבודה (*לא כי איתקוש למיתה הוא דאיתקוש אבל לאחולי עבודה לא איתקוש) א"ל רבינא לרב אשי הא מקמי דאתא יחזקאל מאן אמרה א"ל וליטעמיך הא דאמר רב חסדא *) דבר זה מתורת משה לא למדנו ומדברי קבלה למדנו °כל בן נכר ערל לב וערל בשר לא יבוא אל מקדשי (לשרתני) הא מקמי דאתא יחזקאל מאן אמרה אלא גמרא גמיר לה °ואתא יחזקאל ואסמכה אקרא הכא נמי גמרא גמיר לה ואתא יחזקאל ואסמכה אקרא (*כי גמירי הלכה למיתה לאחולי עבודה לא גמירי): כל הכתוב במגלת תענית דלא למיספד לפניו אסור לאחריו מותר: תנו רבנן *אלין יומיא דלא להתענאה בהון ומקצתהון דלא למיספד בהון מריש ירחא דניסן ועד תמניא ביה איתוקם תמידא דלא למיספד בהון מתמניא ביה עד סוף מועדא איתותב *חגא דשבועיא דלא למיספד בהון אמר מר מריש ירחא דניסן עד תמניא ביה איתוקם תמידא דלא למיספד למה לי מריש ירחא לימא מתרי בניסן ור"ח גופיה יו"ט הוא ואסור אמר רב לא נצרכה אלא לאסור יום שלפניו ושלפניו נמי תיפוק ליה דהוה ליה יום שלפני ראש חדש ר"ח דאורייתא הוא ודאורייתא לא בעי חיזוק דתניא *הימים האלה הכתובין במגילת תענית לפניהם ולאחריהם אסורין שבתות וימים טובים הן אסורין לפניהן ולאחריהן מותרין ומה הפרש בין זה לזה הללו דברי תורה *ודברי תורה אין צריכין חיזוק הללו דברי סופרים *ודברי סופרים צריכין חיזוק אמר מר מתמניא ביה עד סוף מועדא איתותב חגא דשבועיא דלא למיספד למה לי עד סוף מועד לימא עד המועד ומועד גופיה יום טוב הוא ואסור אמר רב פפא כדאמר רב לא נצרכה אלא

*) [במסקנא דגמ' זבחים יח. אצטריך ולהבדיל בין הקודש לדרשה אחרינא ושתויי יין דמחלי עבודה ילוף התם מג"ש דחוקה חוקה ממחוסר בגדים וקל"ע] **) [וכ"ה בגמרא מנחות סה. להדיא]

תורה אור: ויקרא י | יחזקאל מד | שם

כרבי הא רבנן מיסר אסרי. אפילו שלא בזמן ביאה: ומשני מאי ס' והכא כו'. מאי טעמא תירוצא הוא כלומר דטעמא מאי גזור רבנן ביין שמא יבנה כו' אבל גבי פרועי ראש לא גזרו דאפשר דמספספר מיד והדר עייל לבית המקדש לעבודה: דרך מיל ושינה כל שהוא כו': ושינה משכרתו. והאי שיטי איכא בהך מיהא: שתוי יין דמחלי עבודה. דכתיב יין ושכר אל תשת וסמיך ליה ולהבדיל בין הקדש ובין החול בין עבודה קדושה למחוללת דאי עביד עבודה שתוי יין חילל: פרועי ראש. דלא כתיב ביה חלל דלא נראה חילול: ואילו שבמיתה. בידי שמים במסכת סנהדרין באלו הן הנשרפין (דף פג.): שתויי יין. במיתה דכתיב יין ושכר אל תשת בבואכם אל אהל מועד ולא תמותו דהיינו מיתה בידי שמים מדלא כתיב יומת ואמר בשלמא כו': ה"ג ומינה מה שתויי יין מחלי עבודה אף פרועי ראש מחלי עבודה. קשיא לא גרס: כי גמירי הלכה למיתה. לאחולי עבודה לא גמירי: מחלי עבודה. חולין היא כל עבודתו שעבד: אף פרועי ראש. עבודתם מחוללת דלכל מילי איתקוש ותיובתא דרב אשי דאמר פרועי ראש לא מחלי עבודה: דרב חסדא. (א) בפרק שני דזבחים וקא בעי התם כהן ערל שמתו אחיו מחמת מילה מהו ואמר רב חסדא ס' ערל לב וערל בשר: הלכתא גמירי לה. מסיני: (ב) מריש ירחא דניסן עד תמניא ביה. דכל שמונה ימים נשאו ונתנו בדבר עד שנצחו את הצדוקין ועשו אותם יום טוב ודבר זה מפורש במנחות בפרק רבי ישמעאל ובמגילת תענית המצויה אצלנו: דלא להתענאה בהון. שכולן אסורין בתענית ומקצתהון שיש בהן קצת חמורין כ"כ שבהספד נמי אסורין: (ג) איתוקם תמידא ואיתותב חגא דשבועיא. בענינים רבים חלקו בייתוסין עם חכמים ומפורשין במנחות ובמגילת תענית [פ"א] וה"ג התם בפ' ר' ישמעאל [ס"ה.] ת"ר אלין יומיא דלא להתענאה בהון ומקצתהון דלא למיספד בהון מריש ירחא דניסן עד תמניא ביה איתוקם תמידא דלא למיספד ומתמניא ביה עד סוף מועדא איתותב חגא דשבועיא דלא *) למיספד: מריש ירחא דניסן ועד תמניא ביה איתוקם תמידא דלא למיספד. שהיו הצדוקים אומרים יחיד מתנדב ומביא תמיד מאי דרוש את הכבש אחד תעשה בבקר ואת הכבש השני תעשה בין הערבים מאי אהדרו להו את קרבני לחמי לאשי תשמרו להקריב לשון רבים הוא שיהו כולן באין מתרומת הלשכה: מתמניא ביה כו' עד דלא למיספד. שהיו בייתוסים אומרים עצרת אחר השבת הוא שהעומר מתחיל אחד בשבת שנאמר וספרתם לכם ממחרת השבת ניטפל להן רבן יוחנן בן זכאי וא"ל שוטים מניין לכם ולא היה אדם שהחזירו דבר חוץ מזקן אחד שהיה מפטפט כנגדו ואמר משה רבינו אוהב ישראל היה ויודע שעצרת יום אחד הוא עמד ותיקנה אחר שבת כדי שיהיו מתענגים שני ימים וכו' ודחו אותן והלכו להן בייתוסים מכח הפסוקין על כרחן וחזרו בהן (ע"כ הג') איתוקם תמידא דלא למיספד גרסינן ולא גרסינן להתענאה כדמוכח בסמוך דקתני לא נצרכה אלא לאסור את שלפניו ואי גרסינן להתענאה א"כ היינו רבי יוסי דאמר לפניו אסור והא ליכא למימר דרבי יוסי היא דקא פריך כמאן כרבי יוסי בתמיהה מכלל דכרבנן פסיקא ליה: עד סוף מועדא. פסח: חגא דשבועיא דלא למיספד. במגילת תענית [פ"א] מפרש מאי איתוקם: ור"ח יו"ט הוא. דכתיב קרא עלי מועד והאי ראש חודש אב (ד) בהאי מסכתא לקמן (דף כט.): לאסור

*) ג"י רש"י במנחות להתענאה.

מכלל דרבנן אסרי. פי' מכלל דרבנן אסרי לשתות יין משום דשמא יבנה ביהמ"ק ובעינן כהן הראוי לעבוד וליכא ומשני אפשר דמספר ועייל: בעינן כהנים הראויים לעבודה וליכא. וא"ת והלא בלא יין נמי אסורין בעבודה דטמאי מתים נינהו וצריכין הזאה ג'[וז'] ואמאי אסרי להו יין וי"ל דמ"מ מותרין בעבודת צבור דטומאה הותרה בצבור: פרועי ראש דלא מחלי עבודה. פי' (ה) דלא כתיב בסמוך ולהבדיל וגו': (דבר תורה): דבר זה מתורת משה לא למדנו. וא"ת נילף מק"ו ומה בעל מום שמותר באכילת קדשים כדדרשינן במסכת קדושין פרק האיש מקדש (דף נג.) וכל מנחת מחבת וכל מרחשת לכהנים יהיה איש כאחיו ואפ"ה בעל מום אסור לעבוד עבודה ערל שאסור באכילת קדשים דדרשינן פרק הערל (יבמות דף ע.) בג"ש תושב ושכיר מפסח דערל אסור בו אינו דין שאסור לעבודה וי"ל דחלל יוכיח שאינו אוכל בקדשים ואפ"ה כשר לעבודה וכדאמר פרק האומר (קדושין דף סו:) מדכתיב ברך ה' חילו ופועל ידיו תרצה דמשמע אפילו [חולין שבו] הוא רוצה בעבודתו אי נמי מבעל מום לא מצי יליף דאיכא למיפרך מה לבעל מום שכן עשו בו קריבין כמקריבים שכל הקריבין פסולים (ו) שהם בעלי מומים כמו המקריב תאמר בערל שלא עשה בו קריבין כמקריבין דמה ערלות שייך בבהמה: שתויי יין דמחללי עבודה. פי' דכתיב יין ושכר אל תשת וגו' ולהבדיל בין הקודש ובין *) החול: מריש ירחא דניסן ועד תמניא (דהא) [ביה] איתוקם תמידא. פי' כדמפרש במגילת תענית [פ"א] **) שהיו הבייתוסים אומרים שיחיד מתנדב תמיד משום דכתיב תעשה את הכבש אחד תעשה בבקר תעשה משמע יחיד והדרי להו את קרבני לחמי לאשי תשמרו להקריב לשון רבים: הלכו

[עירובין סד. סנהדרין כב. ע"ש]
עירובין סד: סנהדרין כב:
סנהדרין פג. [פג: שבועות לו:]
[נ"ל אל תשת אתה ובניך ולא תמותו]
[כל זה ליתא בסנהדרין אלא מסיק שם קשיא ע"ש ותוספות שם] [וגם בר"ח מוחק כל זה וגרס דמחלי עבודה קשיא]
*) יומא עא: מו"ק ה. סנהדרין כב. פג: זבחים יח: כב:
[כל אלו מוחק הרש"ל בסנהדרין כב:]
[מנחות סה. ע"ש גירסת הספרים בתוס' ד"ה מריש]
[נתיסב על דינו שבתוספ ימים נלהו חכמים את הבייתוסים רש"י שם במנחות] ר"ה יט.
[יבמות פה: [שם]]

רבינו חננאל

כשמעתיהו ואביי דהוא כהן מבני עלי לא הוה שתי חמרא דהא אמר רבא לדביתהו דאביי ידענא ביה בנחמני דלא הוה שתי חמרא (כתובות סה ע"א) ונהגו הכהנים לשתות יין עכשיו כרבי. הכהנים והלוים אנשי משמר וישראל אנשי מעמד בשבוע המשמשין בעבודה אסורין לספר ולכבס כדי שלא יכנסו במשמרתם מנוולים כיון שיודעין שאסורים (אף) [או] מקדימין ומתקנים את עצמן ובחמישי מותרין לכבס ולספר מפני כבוד השבת: ת"ר מלך מסתפר בכל יום כ"ג מע"ש לע"ש הואיל ומשמרות מתחדשים כהן הדיוט אחד לשלשים יום. שנאמר וראשם לא יגלחו יכול לא יגלחו לעולם אלא יגדלו שערם ת"ל ופרע לא ישלחו לא יתנו שלוח לשער כלו' לא יאריכו שער להיות משלח לפניהם ולאחריהם כסוס יכסמו את ראשיהם אין להם לגדל אלא כשיעור כסוי הראש והוא שלשים יום כנזירות דכתיב ביה יהיה יהיה בגימטריא ל' וגמרינן פרע פרע מנזיר ואמאי לא גזרו בפרע כמו שגזרו ביין אמר רב אשי שתויי יין דמחלל עבודה גזרו בהו רבנן פרע ראש דלא מחללי עבודה לא גזרו בהו רבנן מיתיבי אלו שבמיתה שתויי יין ופרועי ראש כו' ואסיקנא דאתקש פרועי ראש לשתויי יין במיתה ומינה מה שתויי יין מחלי עבודה אף פרועי ראש מחלי עבודה ושקלו וטרו ואמרינן האי עד דלא אתא יחזקאל וכתב ופרע לא ישלחו וכתיב בתריה ויין לא ישתו כל כהן וגו' דגמרינן מינייהו דאתקוש לשתויי יין [אלא גמרא גמירי להו] ואתא יחזקאל ואסמכא אקראי וכי גמרא גמירי לה דפרועי ראש במיתה אבל לאחולי עבודה לא גמירי גמרא: מתני' כל הכתוב במגלת תענית די לא למספד כו'. ת"ר אלין יומא דלא להתענאה בהון ומקצתהון כו'. אמר מר ריש ירחא דניסן עד תמניא ביה איתוקם תמידא די לא להתענאה *) ואקשינן אמאי לא תני מתרי בניסן דהא ר"ח נופא לא אצטריך ושני רב לאסור באדר ביום שלפניו ותניא ימים הכתובים במגלת תענית לפניהם ולאחריהם אסור. ואי משום ר"ח דאורייתא איסוריה ואין דברי תורה צריכין חיזוק וכן אקשי אסיפא דקתני מתמניא ביה ועד סוף מועדא איתותב חגא דשבועיא דלא למספד

*) נ"י רבינו כמו שהיתה הג' לפני התוס' במנחות סה ע"ש

הגהות הב"ח

(א) רש"י ד"ה דרב חסדא בזבחים פרק שני דקא בעי התם: (ב) ד"ה מריש ירחא כו' נ"ב אחר ד"ה דלא להתענאה כו': (ג) ד"ה איתוקם תמידא כו' וד"ה מריש ירחא כו' וד"ה מתמניא כו' עד על כרחן וחזרו בהן סד"א ואח"כ מה"ד ה"ג איתוקם תמידא וכו' אלא לאסור את יום שלפניו: (ד) ד"ה ור"ח חדש ר"ח אב כדאיתא בהאי מסכת: (ה) תוספות ד"ה פרועי כו' פי' דבר תורה דלא כתיב: (ו) ד"ה דבר כו' כשהן בעלי מומין:

רבינו גרשום

למשמרתם כשהן מנוולין הואיל ומשמרות מתחדשות שיראו אותו ביפיותו: ראשם לא יגלחו פרע לא ישלחו ראשם לא יגלחו משמע לא יגלחו כל שעריהם לגמרי ופרע לא ישלחו משמע שלא יגדלו שעריהם: הדילמא הכי אמרה רחמנא ופרע לא ישלחו דלא לי בו כלל אלא מסתפרין בכל יום: פרע להביא שיגדילו שערם כל שהוא דהיינו לל' יום שלוחי לא ישלחו יותר מדאי: אי הכי הואיל וילפת פרע פרע מנזיר אפילו האידנא נמי יהו אסורין בפרוע ראש נמי שהרי נזירות נוהג בזמן הזה: דומיא דיין דהא איתקש פרוע ראש ליין דכתיב ויין לא ישתו כל כהן וגו' בזמן ביאה למקדש אסור דכתיב יין ושכר אל תשת אתה ובניך אתך בבואכם אל אהל מועד: מכלל דרבנן אסרי בזמן הזה ביין וניחא דפרוע ראש בזמן הזה נמי אסור. תריץ מ"ט אסרי רבנן בזמה"ז מהרה יבנה ביהמ"ק וכו' אבל פרוע ראש לא אסרי כש"כ ששינה משכרתו ולהכי אסרי בשתויי יין דאי אפשר בתקנה אבל פרוע ראש דאפשר בתקנה לא אסרי: רב אשי אמר להכי אסרי רבנן שתויי יין בזמה"ז הואיל דחמור דהרי מחלל עבודה דאמרינן התם בס[נהדרין] כתיב בשתויי יין חוקה דכתיב יין ושכר אל תשת וגו' וכתיב בבגדי כהונה חוקה דכתיב (וחבשת) [וחגרת אתם] אבנט אהרן ובניו וגו' מה בגדי כהונה שאינו לובשן ועובד מחל עבודה כדאמרינן בגר"ה כהונתם

גליון הש"ס גמרא ואתא יחזקאל ואסמכה אקרא. עיין יומא דף לה ע"ב וברש"י שם ד"ה מיתיבי:

Rabbi. [17b] From this may be inferred that the Rabbis forbid [priests to drink wine], why? Perhaps the Temple may speedily be rebuilt and the need will arise for priests to do service therein and there will be none available; and so here too [in the case of letting the hair grow long] the Temple may speedily be rebuilt and the need will arise for priests fit for service and there will be none available]?—[This difficulty cannot arise] here [in this latter case] since it is always possible for a priest to cut his hair and then enter [the Temple]. If that is so, then priests who are intoxicated could first sleep a little and then enter [the Temple], in accordance with the statement of Rami b. Abba who said: A mile walk or a little sleep drives away the effects of drink?—has it not been stated in connection with this [statement]: This only holds good where a man has drunk a quarter of a *log*, but where he has drunk more than a quarter of a *log* walking renders him all the more tired, and sleep all the more drunk. R. Ashi replied: The Rabbis have decreed against those who are drunk because they profane [thereby] the service, but against those who perform the service with their hair long they did not decree because they do not [thereby] profane the service.

An objection was raised against this: The following [priests] incur the penalty of death, those who are intoxicated with wine and those whose hair has grown long. With regard to those who are intoxicated with wine, it is expressly stated, *Drink no*
a *wine nor strong drink*,[1] but whence do we adduce that this also applies to those who grow their hair long? For it is written, *Neither shall they shave their heads, nor suffer their locks to grow long*,[2] and the next verse states, *Neither shall any priest drink wine when they enter into the inner court;* thus, those who grow their hair long are likened to those who are drunk with wine, just as those who are drunk with wine incur the penalty of death so too those who grow their locks long. Now can we not carry the comparison even further [and say] that just as those who are drunk with wine profane the service, so too should those who grow their hair long profane the service?[3]—(No; [the two] are likened only with regard to the penalty of death but not with regard to the rendering of the service profane).[4]

Rabina asked R. Ashi:[5] Who taught it[6] before Ezekiel's time?—He replied: And according to your reasoning how will you explain the statement of R. Ḥisda, who said: The rule forbidding an uncircumcised priest[7] to do service we have learnt not from the Law of Moses but from the prophets [where it is written], *No alien uncircumcised in heart and uncircumcised in flesh, shall enter My sanctuary*.[8] But who stated it? It must therefore [be assumed] that it was a tradition and then Ezekiel came and gave it a Scriptural basis. Here too [of long hair profaning the service] there was a tradition and then Ezekiel came and gave it a Scriptural basis. (The tradition was with regard to the death penalty only
b but not with regard to the profaning of the service).[1]

THE RESTRICTION AGAINST MOURNING ON THE DAYS ENUMERATED IN THE SCROLL OF FASTS APPLIES TO THE PRECEDING DAY BUT NOT TO THE DAY FOLLOWING. Our Rabbis have taught:[2] These are the days on which fasting is not permissible, and on some of them mourning also is forbidden. From the New Moon of Nisan until the eighth of the month mourning is not permissible because the Daily offering was established;[3] from the eighth day of the same month until the end of the festival [of Passover] mourning is not permissible since the date of the observance of the Feast of Weeks was then definitely fixed.[4]

The Master said: From the New Moon of Nisan until the eighth of the month mourning is not permissible because the Daily offering was established. Why does it state, 'from the New Moon'? Let it state from the second of Nisan and as New Moon itself is a festive day mourning is in any case forbidden thereon!—Rab replied: This is necessary in order to extend the restriction to the preceding day. But should not the restriction in any case apply to it seeing that it is the day before New Moon?—New Moon is a biblical ordinance, and a biblical ordinance needs no [additional] strengthening. For it has been taught: Mourning is forbidden before and after the days enumerated in the Megillath Ta'anith; as for Sabbaths and Festivals mourning is forbidden on the day before their incidence but not after their incidence. Why this differentiation between the two? The latter are biblical ordinances and need no [additional] strengthening, but the former are ordinances of the *Soferim* and ordinances of the *Soferim* need [additional] strengthening.

The Master said: 'From the eighth of the same month until the end of the festival [Passover] mourning is not permissible since the date of the observance of the Feast of Weeks was then definitely fixed.' Why does it state, 'until the end of the festival'? Let it state 'until the festival' and the festival itself being a holiday will *ipso facto* be a forbidden period for mourning?—R. Papa replied: [The answer is] as Rab who said: This was necessary [18a]

a (1) Lev. X, 9. (2) Ezek. XLIV, 20. (3) This is in opposition to R. Ashi who holds that priests with long hair do not profane the service. (4) [The bracketed words, which appear in brackets also in the original, stand in contradiction to the parallel passage in Sanh. 22b are and omitted in MS.M.; v. Sanh., Sonc., ed., pp. 127-8 and notes.] (5) [MS.M.: 'said R. Ashi to Rabina' on which reading what follows is R. Ashi's reply to the objection cited against him; v. *infra* n. b1.] (6) That those who perform service with long hair are punishable by death. (7) Cf. Zeb. 18b. (8) Ezek. XLIV, 9.

b (1) [These bracketed words, bracketed also in the original, are omitted in MS.M. and are difficult to explain in this context. Accepting, however, the reading of MS.M. cited *supra* n. a 5, these words conclude R. Ashi's argument which runs thus: Since Ezekiel merely provides here a basis for laws that are essentially based on tradition, there is no warrant for the suggested analogy between intoxicated priests and those with long hair. While the former do profane the service, there is no tradition for this to apply to the latter.] (2) V. Megillath Ta'anith. (3) A dispute lasting from the first to the eighth day of Nisan took place between the Pharisees and the Sadducees with regard to the Daily offering (Num. XXVIII, 3). The Pharisees were of the opinion that it could be brought only out of public funds (i.e., from the Temple treasury) and the Sadducees maintained it might also be defrayed by private funds. The Pharisees gained the day. V. Megillath Ta'anith, ch. 1; Men. 65a. (4) There was also a dispute between the Pharisees and Sadducees with regard to the fixing of the date of Pentecost. The dispute turned on the interpretation of the words ממחרת השבת (Lev. XXIII, 15). The Pharisees took the view that the *'Omer* had to be brought on the second day of Passover, while the Sadducees maintained that these words meant the morrow of the first Sabbath of the Passover week and from that day forty-nine days had to be counted to Pentecost. V. Megillath Ta'anith, ch. 1; Men. 65a.

in order to extend the restriction to the preceding day, so here also it was necessary in order to extend the restriction to the following day. With whose view will this agree? Is it with that a of R. Jose,[1] who declared that the restriction applies equally to the day before and the day after it? If so, with regard to the twenty-ninth Adar, why need you base your restriction on the ground that it is the day before the Daily offering was established;[2] deduce it rather from the fact that it is the day after the twenty-eighth concerning which it has been taught: On the twenty-eighth of the month [Adar] the good news reached the Jews that they were no longer to be kept back from the study of the Torah.[3] For once it was decreed that the Jews should not occupy themselves with the study of the Torah nor circumcise their children and that they should desecrate the Sabbath. What did Judah b. Shammua' and his colleagues do? They went and took counsel with a Roman Matron with whom all the prominent Romans were wont to associate. She advised them, 'Arise and raise an alarm by night'. They went and raised the alarm by night thus, 'O ye heavens, are we not your brethren? Are we not the children of one Father? Are we not the children of one mother? Wherein are we different from every other nation and tongue that ye make harsh decrees against us?' Thereupon the decrees were b annulled and that day was declared a festive day![1]—Abaye replied: It was necessary to state the restriction in this way in order to cover the case of a full month [where Adar has thirty days].[2] R. Ashi said: The same would be the case even when the month [of Adar] is deficient,[3] because on a day following on a festive day fasting alone is forbidden but mourning is permissible; but as for this day [the twenty-ninth Adar] seeing that it is placed between two festive days it was considered as if it were a festive day itself, and therefore mourning too was forbidden thereon.

The Master said: 'From the eighth day of the month until the end of the festival mourning is forbidden since then the date of the observance of the Feast of Weeks was definitely fixed.' Why does he say, 'from the eighth of the same month'? Let him say, 'from the ninth of the same month' and the eighth day would *ipso facto* be forbidden because it is the day on which the Daily offering was established?[4]—The reason why it is stated 'the eighth day' is this, should it ever come to pass that the seven festive days be abolished,[5] even then on the eighth day it would still be forbidden to mourn, because it is the first day on which the date of the Feast of Weeks was definitely fixed. Now that you have arrived at this conclusion the same will apply also to the twenty-ninth Adar because should it ever come to pass that the twenty-eighth Adar be abolished as a festive day, even then the twenty-ninth would be forbidden seeing that it is the day before the Daily offering was established.

It has been taught: R. Ḥiyya b. Asi said in the name of Rab, the c *halachah* is in accordance with the view of R. Jose.[1] Samuel said, The *halachah* is in accordance with the view of R. Meir.[2] But did Samuel actually say so? Has it not been taught: R. Simeon b. Gamaliel said: Why does the text [in the Scroll of Fasts] repeat the word *'behon'* [on them] twice?[3] This is to teach you that the restriction applies to these days but not to the days immediately preceding or following the days enumerated in the Scroll of Fasts. On which Samuel's comment was that the *halachah* is in accordance with the view of R. Simeon b. Gamaliel!—At first he thought that as there was no other authority who took a lenient view as R. Meir did he decided that the *halachah* was according to R. Meir, but when he heard that Rabba Simeon took an even more lenient view he decided that the *halachah* was according to R. Simeon b. Gamaliel. And so too said Bali in the name of R. Ḥiyya b. Abba, in the name of R. Joḥanan: The *halachah* is according to R. Jose. Thereupon R. Ḥiyya said to Bali: I will explain to you that when R. Joḥanan said that the *halachah* was in accordance with R. Jose, he meant only with regard to the prohibition of fasting.[4] But did R. Joḥanan actually say so? Did not R. Joḥanan say that the *halachah* is in accordance with the anonymous opinion of a Mishnah,[5] and it has been learnt: Although the Rabbis said d that [the Megillah of Esther] could be read earlier[1] but not later,

a (1) In our Mishnah. (2) I.e., the first of Nisan, v. *supra*. (3) R.H. 19*a*; cf. Megillath Ta'anith, ch. 12.

b (1) For notes v. R.H. (Sonc. ed.) 19*a*. Why then state that the restriction on the twenty-ninth Adar was due to the matter of the *Tamid*. (2) In that case the thirtieth Adar would be the last day of the month and it could only be included in the restriction on the ground that it precedes the first Nisan and not that it follows the twenty-ninth Adar, seeing that a day (the twenty-eighth) intervenes. (3) I.e., it has twenty-nine days. (4) I.e., one of the eight festive days. (5) Because of some misfortune that befalls Israel and it would be necessary to fast on these days.

c (1) Who holds that the restriction applies both to the day before and the day after the festive days. (2) Who holds that the restriction applies only to the day following the festive day but not to the day before it. This view is anonymously stated in the Mishnah and in accordance with the accepted tradition that every anonymous statement in the Mishnah goes back to R. Meir. Hence the statement in our Mishnah is taken to be the view of R. Meir. (3) In the introductory sentence cited *supra* 17*b*. (4) But not mourning. (5) I.e., R. Meir.

d (1) Than the fourteenth and fifteenth days of Adar.

אלא לאסור יום שלפניו ה"נ לא נצרכה אלא לאסור יום שלאחריו כמאן כרבי יוסי דאמר בין לפניו בין לאחריו אסור אי הכי בעשרים ותשעה נמי מאי אוריא דהוי יומא דמקמי יומא דמיתוקם תמידא תיפוק ליה דה"ל יומא דבתר עשרין ותמניא ביה דתניא *בעשרים ותמני' ביה אתת בשורתא טבתא ליהודאי דלא יעידון מן אורייתא (א) שפעם אחת נגזרה גזירה על ישראל שלא יעסקו בתורה ושלא ימולו את בניהם ושיחללו שבתות מה עשה יהודה בן שמוע וחביריו הלכו ונטלו עצה ממטרוניתא אחת שכל גדולי רומי מצויין אצלה אמרה להם עמדו והפגינו בלילה הלכו והפגינו בלילה אמרו אי שמים לא אחים אנחנו לא בני אב אחד אנחנו לא בני אם אחת אנחנו מה נשתנינו מכל אומה ולשון שאתם גוזרין עלינו גזירות רעות ובטלום ואותו היום עשאוהו יו"ט אמר אביי לא נצרכה אלא לחדש מעובר רב אשי אמר אפילו תימא לחדש חסר א) כל שלאחריו בתענית אסור בהספד מותר וזה הואיל ומוטל בין שני ימים טובים עשאוהו כיו"ט עצמו ואפילו בהספד נמי אסור אמר מר מתמניא ביה ועד סוף מועדא איתותב חגא דשבועיא דלא למיספד למה לי למימר מתמניא ביה לימא מתשעה ביה ותמניא גופיה אסור דה"ל יומא דאיתוקם ביה תמידא כיון דאילו מקלע (ליה) מילתא ובטליניה לשבעה תמניא גופיה אסור דה"ל יומא קמא דאיתותב ביה חגא דשבועיא השתא דאתית להכי עשרים ותשעה נמי כיון דאילו מיקלע מילתא ובטליניה לעשרים ותמניא עשרין ותשעה גופיה אסור דה"ל יומא דמקמי יומא דאיתוקם תמידא איתמר ר' חייא בר אסי אמר רב הלכה כר' יוסי ושמואל אמר הלכה כר' מאיר ומי אמר שמואל הכי והתניא רשב"ג אומר ומה תלמוד לומר בהון בהון שתי פעמים לומר לך שהן אסורין לפניהן ולאחריהן מותרין ואמר שמואל הלכה כרבן שמעון בן גמליאל מעיקרא סבר כיון דליכא תנא דמיקל כרבי מאיר אמר הלכה כרבי מאיר כיון דשמעיה לרבן שמעון (ב) דמיקל טפי אמר הלכה כרבן שמעון בן גמליאל וכן אמר באלי אמר רבי חייא בר אבא א"ר יוחנן הלכה כרבי יוסי א"ל רבי חייא לבאלי אסברא לך *כי אמר ר' יוחנן הלכה כרבי יוסי אדלא להתענאה ומי אמר רבי יוחנן הכי והאמר ב) ר' יוחנן הלכה כסתם משנה ותנן ג) *אע"פ שאמרו מקדימין [א] ולא מאחרין מותרין

א) עי' תוס' מנחות סה. ד"ה אלין יומא ב) [שבת מו. וש"נ] ג) מגילה ה.

רש"י

לאסור את שלפניו. להכי נקט מריש ירחא דניסן לאסור את יום שלפני ר"ח בתענית כדתניא בסמוך לפניהן אסורין דאי משום כ"ח לא היה נאסר כדמפרש לדברי תורה אין צריכין חיזוק: כמאן כר' יוסי. דמתני' דאמר אף לאחריו במתניה ושבקת רבנן אי הכי דאליבא דר' יוסי מוקמת לה למגילת תענית כ"ט באדר נמי דקתני לעיל דלהכי נקט ריש ירחא דניסן דהייתו יום שלשים דאדר הסמוך לניסן לעולם חסר מכ"ט יום הוא משום דקא בעי למיסר יום כ"ט תיפוק ליה דבלאו הכי הוי אסור יום כ"ט דה"ל יום דבתר כ"ח שהוא יו"ט כו' ולאסור יום שלאחריו כר' יוסי ולמאי נקט ריש ירחא לאסור את שלפניו: דלא יעידון. שלא יהו צריכין ליבטל מתלמוד תורה שגזור עליהן שלא יעסקו בתורה: הפגינו. לעקו כך מתרגמינן בתהלים כל לשון צעקה וזעקה לשון פגינה: אי שמים גרסינן אהה ה' להקב"ה היו צועקים על אותם שגזרו עליהם גזרות קשות והיו אומרים להם לפני הקב"ה וכי לא אחיכם וכו': לא נצרכה אלא לחדש מעובר. בשנה מעוברת שיש בה שני (ג) אדר והאחד חסר *דהשתא כי הוה אדר שני מלא הוה יום שלשים לפני ר"ח ניסן א"נ לעבורה לאדר כגון שלא נראה החדש יום ל' משום יו"ט דכ"ח לא מיתסר אלא כ"ט: (ד) רבא אמר אפילו תימא חדש חסר. והכי נקט מריש ירחא דאי הוה אסר ליה ליום כ"ט משום בתר כ"ח לא הוה אסר ליה אלא בתענית לחודיה: דכל שלאחריו כו'. כלומר כל שאסור משום אחר יו"ט בתענית הוא דאסור הא בהספד מותר והכי נקט מריש ירחא דלהוי האי כ"ט דנקט מוטל בין שני ימים משום דאי מיתסר משום דלפני יו"ט אימור לא איתסר בהספד דהאי דנקט כל שלאחריו כו' לאו משום דלפניו נמי אסור בהספד אלא אליבי דפריך דליתסר יום כ"ט משום בתר כ"ח הוא דמיהדר ליה כל שלאחריו כו': לימא מתשעה (ה) ותמניא גופיה. י"ט הוא דהא הוה ליה מהנך ימים טובים דאיתוקם בהו תמידא דכתיב ביה מריש ירחא עד תמניא כ"ג דאי איקלע מילתא ובטילוי לשבעה תמניא גופיה אסור דהוה ליה יומא (ו) דאיתותב חגי דשבועיא. דאי איקלע מילתא שאם נגזר גזירה וצריכין להתענות תוך אלו ימים טובים דתמיד ובטלו אותן להתענות בכולן שאין לבטלה לאלאין: אכתי יומא תמניא אסור משום חגא דשבועיא. ואי קשיא אכתי לימא תשעה ואפילו אם אירע מילתא דבטלי אכתי הוא אסור תמניא גופיה משום קמא יומא דחג שבועיא דהוה יום שלפניו לאו פירכא הוא דהא יו"ט גופיה בטיל ואנא ליקום וליגזור קמיה יומא דאיתותב חגא דשבועיא וכה"ג מתרץ לקמן ביום טורייינוס: כ"ט נמי. דתרצת לה לעיל לא נצרכה כו' להכי נקט בריש ירחא דאי מיקלע כו': כרבי יוסי. דאמר בין לפניו בין לאחריו אסור: כר"מ. סתם מתניתין דקתני לאחריו מותר: מה ת"ל בהון בהון. דלא להתענאה בהון ומקצתהון דלא למספד בהון וקא דריש לה כדדייק לקמן בהון משמע מיעוט: ואמר שמואל גרס: הלכה כרבי שמעון (ז) דמדרבנן ניהו ולא מחמרינן כולי האי: באלי. שם חכם: ה"ג כי אמר רבי יוחנן הלכה אדלא להתענאה. דימים הכתובים במגילת תענית דלא להתענאה לפניהן אסורים ולאחריו מותרין כר' יוסי ולא כר"מ דאמר אף לפניהם מותר אבל אדלא למספד דאין הלכה כרבי יוסי [דאמר] לפניו ולאחריו אסור אלא כר"מ דאמר לפניו אסור לאחריו מותר: ומי א"ר יוחנן הכי. דלפניו מיהא אסור כרבי יוסי: מקדימין. שקראו קודם זמנה: מותרין

תוספות

והפגינו. הפגינו לשון נהי וצעקה. אי שמים גרסינן פירוש שמים להקב"ה היו צועקין למה יאמרו הגוים איה אלהיכם ולהם אמרו וכי לא אחיכם אנחנו וכו': לא נצרכה אלא לחדש מעובר. פירוש דעבורה לאדר שלא נראה הלבנה עד יום ל' והוי ר"ח ניסן יום ל"א פירוש וא"כ האי כ"ט לא מלינו לאוסרו *משום יום שלפני ר"ח ניסן דיום ל' מפסיק בינתים משום הכי איצטריך לאוסרו משום יום שלאחר עשרים ותמניא: דאילו אי איקלע וכו'. שום גזרה מריש ירחא וכו' תמניא גופיה אסור דה"ל וכו' והקשה הקונטרס אכתי לימא תשעה ואפילו אי מיקלע שום גזרה ובטלינא לז' ימים וכו' אכתי אסור תמניא גופיה משום דהוי יומא דמקמי יומא דאיתותב חגא דשבועיא ותירץ הקונטרס הא לאו פירכא דהא מיו"ט גופיה דתמיד מבטלינן ליה ואנא ניקום ונגזור משום קמי יומא דאיתותב חגא דשבועיא (ח) וכי האי מתרלינן לקמן ביום טורייינוס: רב אמר הלכה כר' יוסי דאמר לפניו אסור אבל לאחריו מותר. וא"ת כיון דאמר הלכה כר' יוסי היאך אנו מתענין לפני הפורים דאי משום דבטלה מגילת תענית מ"מ אחנוכה ואפורים לא בטלו וי"ל דהא דאמר חנוכה ופורים לא בטלו ר"ל הדינין שלהם לעשותן י"ט ודלא להתענאה בהון אבל בדינים דלפניהם בטלו עוד י"ל (ט) דכיון דיום שלפני הפורים שנתבטל מיו"ט דידהו שהיו רגילין לעשות בהן ונתבטלו יו"ט שלהם ה"נ יש לנו לומר שיבטלו משום טעם לפני הפורים דה"נ אמרינן בסמוך גבי יום שלפני נקנור וכו' וכן גבי יו"ט טורייינוס דכיון דבטלו מיום (י) שלהם לא יאסרו משום יו"ט הבא אחריהם דאסורים משום יום שלפניהם כמו כן ה"נ דכיון דיום שלפני הפורים נתבטל משום עצמו ומותר להתענות לא יאסר משום יום שלפני הפורים:
הלכה

עין משפט נר מצוה

לה א מיי' פ"ב מהלכות מגילה הלכה יג:

רבינו חננאל

לימא עד המועד. ומועד גופיה יום טוב הוא ולא צריך. ושנינן לאסור שלאחריו כר' יוסי דאמר ימים הללו בין לפניהם בין לאחריהם אסורין. אי הכי רישא דתני מריש ירחא דניסן. ואוקימנא דלא תנא ר"ח אלא לאסור יום כ"ט באדר. למה לי תיפוק דהוה לי' יום שלאחר כ"ח באדר ועשאוהו יו"ט. משום דבו בטל שמדא ואתא בשרתא טבא ליהודאי דלא יעידון מן אורייתא. ושני אביי לא נצרכה זו וזו אלא אם יזדמן להתעבר יהיה יום כ"ט אסור בו משום שהוא יום אחר כ"ח בו ויום ל' נמי יהיה אסור משום שהוא יום דקמי יומא דאיתוקם ביה תמידא. ואקשינן נמי למה לי למיתני מתמניא בניסן מימים טובים משום דקבעי דאיתותב חגא דשבועיא. תיפוק ליה דהוה ליה מן הימים טובים דאיתוקם בהו תמידא ושנינן לא נצרכא אלא דאי הדרי ביה רבנן ובטלי להני יומי דקבעו משום דאיתוקם תמידא דלא בטלי מנייהו אלא ז' יומי ויום ח' אסור מכלל יומא דאיתותב בהו חגא דשבועיא. השתא דאתית להכי כ"ט נמי דאי מקלעא כו' איתוקם תמידא ואיתותב חגא דשבועיא. מפורש במנחות בפרק רבי ישמעאל אומר עומר היה כו' איתוקם תמידא שהיו הצדוקים אומרים יחיד מתנדב ומביא תמיד דהוו דרשי את הכבש תעשה לשון יחיד ואהדרו להו רבנן את קרבני לחמי [תשמרו] שיהיו באין מתרומת הלשכה. ודחו דבריהם. ונתקיימו דברי רבותינו שלא יהיה תמיד בא אלא משל צבור. וכן הוו חולקים ואמרין אין עצרת חלה אלא לאחר שבת. ואהדרו להו רבנן ונדחו החזירו הדבר ליושנו שיהיו סופרים נ' יום ממחרת יו"ט של פסח. ולפי שנדחו דברי צדוקים ונתקיימו דברי חכמים עשאום אותם הימים טובים כימי גאולה מידי צירידהם. רב אמר הלכה כר' יוסי דאמר כל הכתוב במגלת תענית די לא למספד בין לפניו בין לאחריו אסור. [די לא להתענאה לפניו אסור] לאחריו מותר. ושמואל אמר הלכה כת"ק והוא ר"מ. וסתמא דמתני' דיליה היא דא' בד' לא למספד לפניו אסו' לאחריו מותר ובדלא לאתענאה בין לפניו ובין לאחריו מותר איני והא' שמואל הלכה כרשב"ג דאמר לפניהם ולאחריהם מותרים. ומשנינן שמואל הלכה לקולא גמירי. מעיקרא סבר ליכא תנא דמיקל טפי מת"ק דמתני' דהוא ר' מאיר. ואמר הלכתא כת"ק. כיון דחזא רשב"ג דמיקל טפי אמר הלכתא כרשב"ג. אמר באלי א"ר יוחנן

הגהות הב"ח

(א) גמ' דלא יעידון מן אורייתא דלא למספד שפעם אחת כו' ואמרו אי שמים לא אחיכם אנחנו: (ב) שם כיון דשמעיה לרבן שמעון בן גמליאל דמיקל: (ג) רש"י ד"ה לא נצרכה כו' שני אדרים והראשון חסר והשני מלא דהשתא כי הוה: (ד) ד"ה רבא אמר כו' ד"ה דכל עם ד"ה דכל מוטל בין שני ימים וכה דלא קאמר לאסור בהספד משום דסוי יום שלפני מיתסר כו' ואלי דנקט כו' שלאחריו: (ה) ד"ה לימא מתשעה ביה ותמניא: (ו) ד"ה כ"ג דאי כו' דהוה ליה יומא קמא דאיתותב ביה חגא כו' והד"א עם ד"ה אכתי וכו' אסור תמניא גופיה ולגזור משום קמיה יומא דמ: (ז) ד"ה הלכה כר"ש ב"ג דמדרבנן: (ח) תוס' ד"ה דאלו כו' וכה"ג נמי מתרלינן: (ט) ד"ה רב כו' ועוד י"ל דכיון דימים שלפני הפורים נתבטלו: (י) בא"ד דכיון דבטלו מיו"ט שלהם כו' הבא אחריהם לאוסרם משום:

הגהות הגר"א

[א] גמ' (ולא מאחרין) תא"מ:

רבינו גרשום

כהונתם עליהם אין בגדיהם עליהם אין כהונתם עליהם אף פרועי ראש מחלי עבודה וכי היכי דאסרי רבנן שתויי יין בומה"ז הכי ליסרו פרועי ראש. ותריצן הא דדייקת מינה לא כלום הוא דא"כ הוא עד דלא אתי יחזקאל מאן אמרה. בן נכר ערל לב זה כהן משומד בן שנתנכרו מעשיו לאביו שבשמים ערל בשר כהן שמתו אחיו מחמת מילה הכא נמי פרועי ראש מחלי עבודה גמרא גמירי לה ואמאי לא אסרי רבנן פרועי ראש כבשתויי יין תריצן כי גמירי מה שתויי יין במיתה וכו' לאחלי עבודה לא גמירי כלומר לא דייקינן האי ומינה אלא לעולם פרועי ראש לא מחלי עבודה להכי לא אסרי רבנן בומה"ז אע"ג דאסרי בשתויי יין: ה"ג מריש ירחא דניסן עד תמניא ביה איתוקם תמידא דלא למיספד שהיו אומרים מינין מתנדב יחיד תמיד שהיו דורשין את הכבש אחד תעשה שהוא לשון יחיד וחכמים היו אומרים אינו אלא מתרומת הלשכה שהרי כתיב ביה לאשי דמשמע שבא ממקום ששאר קרבנות באין דהיינו מתרומת הלשכה. ומריש ירחא דניסן עד תמניא ביה נשאו ונתנו בדבר והודו מינין לחכמים: איתותב חגא דשבועייא דלא למספד שהיו מינין אומרין אין עצרת בא אלא [באחד] בשבת שהיו דורשין ממחרת השבת תספרו חמשים כלומר לאחר שבת בראשית הוי עצרת וחכ"א כתיב חמשים יום דמשמע בכל יום שבא חמשים יום קובע עצרת וכתיב שבע שבתות תמימות תהיינה דמשמע תמימות ממש מאחד בשבת לאחד בשבת כאן שחל עצרת באמצע שבת הויין חמשים יום בלא שבע שבתות תמימות מאחד בשבת לאחד בשבת [כאן שחל עצרת באחד בשבת] : לא נצרכא לאסור שלפניו להכי קאמר דריש ירחא הוי יו"ט לאסור כ"ט דאדר בתענית ובהספד דאי משום מועד לא הוי אסור דדברי תורה אין צריכין חיזוק. כמאן כר' יוסי דאמר די לא למספד בין לפניו בין לאחריו אסור בהספד דאי דרבנן הא אמרו לאחריו מותר. אי הכי כיון דמוקמת ליה כר' יוסי עשרין ותשעה באדר נמי מאי איריא דהוה יומא מקמי דאיתוקם תמידא דקאמר להכי אמר מריש ירחא דניסן לאסור כ"ט באדר שלפניו תיפוק ליה דלהכי הוה אסור דהוה ליה יומא דבתר כ"ח דהוי יו"ט דאסור למספד והוי כ"ט אסור דהא אמר ר' יוסי בין לאחריו אסור. עדיין פריכנא למה לי למימר מריש ירחא דניסן לימא מתרי דניסן: והפגינו בלילה כדי שישמע קולם: אמר אביי להכי קאמר מריש ירחא לאסור שלפניו לחדש מעובר דהוי *) ל"א כ"ח קאסר ל' שלפניו דאילו משום כ"ח לא הוי אסור אלא כ"ט: ה"ג רב אשי אמר אפי' תימא בחדש חסר ודפרכת כיון דמוקים לה כר' יוסי למה לי למימר מריש ירחא דניסן משום כ"ט כדי לאסור [לכ"ט] לאדר שלפניו תיפוק ליה דהוי יומא דבתר כ"ח תריצכל שלאחריו בתענית אסור בהספד מותר כלומר האי דאמר ר' יוסי בין לפניו בין לאחריו אסור לא אמר לאחריו אסור אלא להתענאה אבל בהספד מותר ולהכי איצטריך מריש ירחא דניסן כדי שיהא כ"ט מוטל בין שני ימים טובים **) בין כ"ח לכ"ח דליהוי כיו"ט עצמו דאסור אפי' בהספד וכ"ש בתענית. נפרש מתניתין שלא פי' לעיל כך הורה המורה כל הכתוב במגילת תענית דלא למספד כלומר אותם ימים טובים הכתובים במג"ת שמותרין כל כך דאסור להו למספד וכ"ש להתענאה לפניו אסור ***) בהספד ובתענית הואיל וחמור הרבה שביו"ט עצמו אסור אפי' בהספד לאחריו מותר בהספד ובתענית ר' יוסי אומר הואיל וחמור כך שאסור אפי' בהספד נחמיר נמי שבין לפניו ובין לאחריו אסור בין בהספד בין בתענית ודלא להתענאה כלומר ואותן ימים טובים דמג"ת שאינו חמור כל כך שאינן אסורין אלא בתענית אבל בהספד מותרין בין לפניו בין לאחריו הואיל וקל כ"כ [מותרין] ר' יוסי מחמיר מכ"מ אע"פ שקל כ"כ לפניו אסור: ת"ר אלין יומיא דלא להתענאה כלומר כל ימים טובים הכתובים במג"ת אסורין בתענית אבל יש בהן שאין אסורין בהספד ומקצתהון די לא למספד בהון יש מהן שחמורין הרבה שאפי' בהספד אסורין עכשיו נחזור ונפרש ההלכה כסדרה. מתמניא ביה עד סוף מועדיא איתוקם ביה דנא דשבועיא למה לי למימר מתמניא ביה לימא מט' ביה ותמניא גופיה אסור דהא אמרינן לעיל מריש ירחא עד תמניא ביה איתוקם תמידא תריץ להכי אצטריך למימר מתמניא דאי מקלע מילתא להוא יו"ט דתמידא

*) נראה דצ"ל דהוי ל' יום דנאסר ל' שלפניו וכו'. **) נ"ל בין כ"ח לריש ירחא דניסן. ***) סדבר צ"ע דהרי בהדיא אמר הש"ס לעיל דכל שלפניו או לאחריו אינו אסור רק בתענית.

גליון הש"ס

גמ' כי אמר רבי יוחנן הלכה כר' יוסי אדלא להתענאה. ועיין זה פסחים יג ע"א מנחות לג ע"ב: רש"י ד"ה לא נצרכה וכו' דהשתא כי הוה אדר שני. עי' מג"א סי' תקלא ס"ק כ: תום' ד"ה לא נצרכה. משום יום שלפני ר"ח ניסן. הלשון מגומגם דהא עיקר מה שאנו דנין דהוצרכו משום יום ל' דאינו שלאחריו דיום כ"ח:

ר"ה יט.

עין משפט נר מצוה

לו א מיי' פ"ב מהלכות מגילה הלכה יג טוש"ע א"ח סי' תרצו סעיף ג:

לז ב ג מיי' פ"א מהל' תענית הלכה ז סמג עשין ג טוש"ע א"ח סי' תקעב סעיף ב:

א ד מיי' פ"ב מהלכות תענית הלכה טז יז יח טוש"ע א"ח סי' תקעה סעיף ח:

מותרין בהספד ותענית אימת אילימא בני חמיסר וקא קרו ליה בארביסר ומי שרי והכתיב במגילת תענית *יום ארבעה עשר בו ויום חמשה עשר בו יומי פוריא אינון דלא למיספד בהון ואמר רבא **לא נצרכא אלא לאסור את של זה בזה ואת של זה בזה ואלא בני ארביסר וקא קרי ליה בתליסר יום ניקנור הוא ואלא בני ארביסר וקא קרי ליה בתריסר יום טוריינוס הוא אלא לאו דקא קרו ליה בחדיסר וקתני מותר בהספד ובתענית לא בני ארבעה עשר וקא קרו ליה בתריסר ודקאמרת יום טריינוס הוא יום טריינוס גופיה בטולי בטלוהו הואיל ונהרגו בו *שמעיה ואחיה אחיו כי הא דרב נחמן גזר תעניתא בתריסר אמרו ליה רבנן יום טוריינוס הוא אמר להו יום טוריינוס [א] גופיה בטולי בטלוהו הואיל ונהרגו בו שמעיה ואחיה אחיו ותיפוק ליה דהוה ליה יום שלפני ניקנור אמר רב אשי השתא איהו גופיה בטלוהו משום יום ניקנור וניגזר ומאי ניקנור ומאי טוריינוס דתניא ניקנור אחד מאפרכי יוונים היה ובכל יום ויום היה מניף ידו על יהודה וירושלים ואומר אימתי תפול בידי וארמסנה וכשגברה מלכות בית חשמונאי ונצחום קצצו בהונות ידיו ורגליו ותלאום בשערי ירושלים ואמרו פה שהיה מדבר בגאוה וידים שהיו מניפות על ירושלים תעשה בהם נקמה מאי *טוריינוס אמרו כשבקש טוריינוס להרוג את לולינוס ופפוס אחיו בלודקיא אמר להם אם מעמו של חנניה מישאל ועזריה אתם יבא אלהיכם ויציל אתכם מידי כדרך שהציל את חנניה מישאל ועזריה מיד נבוכד נצר אמרו לו חנניה מישאל ועזריה צדיקים גמורין היו וראויין היו ליעשות להם נס ונבוכד נצר מלך הגון היה וראוי ליעשות נס על ידו ואותו רשע הדיוט הוא ואינו ראוי ליעשות נס על ידו ואנו נתחייבנו (א) כליה למקום ואם אין אתה הורגנו הרבה הורגים יש לו למקום והרבה דובין ואריות יש לו למקום בעולמו שפוגעין בנו והורגין אותנו אלא לא מסרנו הקדוש ברוך הוא בידך אלא שעתיד ליפרע דמינו מידך אעפ"כ הרגן מיד אמרו לא זזו משם עד שבאו דיופלי מרומי ופצעו את מוחו בגיזרין: אין גוזרין תענית על הצבור בתחלה בחמישי כו' אין גוזרין תענית בראשי חדשים כו': וכמה הויא התחלה א) רב אחא אמר שלש רבי אסי אמר באחת אמר ב) רב יהודה אמר רב זו דברי רבי מאיר שאמר משום רבן (שמעון בן) גמליאל אבל חכמים אומרים ימתענה ומשלים ג) דרש מר זוטרא משמיה דרב הונא הלכה מתענה ומשלים:

הדרן עלך סדר תעניות כיצד

סדר יתעניות אלו ד) האמור ברביעה ראשונה אבל צמחים ששנו מתריעין עליהן מיד וכן שפסקו גשמים בין גשם לגשם ארבעים יום מתריעין עליהן ה) מפני שהיא מכת בצורת ירדו לצמחין אבל לא ירדו לאילן לאילן ולא לצמחין לזה ולזה אבל לא לבורות לשיחין ולמערות מתריעין עליהן מיד וכן עיר שלא ירדו עליה גשמים דכתיב °והמטרתי על עיר אחת ועל עיר אחת לא אמטיר חלקה אחת תמטר וגו' (עמוס) אותה

א) ג"י רי"ף רש"י ורא"ש ר' אחא כו' ר' יוסי כו' ועי' מ"מ מהל' תענית פ"א הלכה ז ב) [עירובין מא.]
ג) [שם מא:] ד) ג"י הרא"ש האמורים וכ"ה ברש"י בכרי"ף וכר"ן ה) מיד כ"ה במשנה שבמשניות וברי"ף ורא"ש

תוספות

הלכה מתענה ומשלים. פי' הא דקפסק הלכה מתענה ומשלים אר"ח קאי דאי אחנוכה ואפורים אינו יכול להתענות דיום משתה ושמחה כתיב:

הדרן עלך סדר תעניות קמא

מתריעין עליהם מיד ומתענין כמו כן. ואפילו בראשונות שחומר האחרונות נוהגין בו ואם תאמר (ז) הא דמתריעין משמע דמתריעין ומתענין אמאי צריך לפרש במתני' בסמוך אותה העיר מתענה ומתרעת כיון דהתם מתריעות משמע תרוייהו ויש לומר משום דבעי לאפלוגי ר' עקיבא בסיפא דקאמר מתריעות ולא מתענות: לא

רש"י

מותרין בהספד ובתענית. בני ט"ו (נ) קריאת מגילה דכרכין קודם זמנה כדמפרש התם בי"א בי"ב בי"ג בי"ד בט"ו שהכפרים מקדימין ליום הכניסה מותרין אותן ימים שקראוה קודם זמנה בהספד ותענית: בני חמיסר. דהיינו כרכים המוקפין חומה מימות יהושע בן נון וקא קרי בארביסר כגון שהלך לכפר וקרא עמהן דפרוז בן יומו נקרא פרוז כדאמרינן במגילה (דף יט.): מי שרי. י"ד אפילו לבני ט"ו בהספד ותענית: ואמר רבא לא נצרכה. לכתוב במגילת תענית לגזור ההספד ותענית לבני י"ד בי"ד ולבני ט"ו בט"ו דהא קרא כתיב בהדיא להיות עושים את ימי הפורים האלה וגו': אלא לאסור את של זה בזה. כגון בני ט"ו (דקרו) בי"ד ובני י"ד בט"ו: בני ארביסר. ניכהו כפרים ועיירות: וקא קרי בי"ג. כגון שחל י"ד בג' בשבת ומקדימין ליום הכניסה: יום ניקנור הוא. לקמן מפרש ואסור בהספד ותענית: אלא בני י"ד וקרו בי"ב. שחל י"ד ברביעי בשבת והקדימו ליום הכניסה דהיינו י"ב: טורייטס. בסמוך מפרשה: בחדיסר. שחל להיות י"ד באחד בשבת וכפרים מקדימין ליום הכניסה דהוו י"א ושמע מינה דאע"ג שהוא יום שלפני טורייטס שרי בהספד ותענית: שמעיה ואחיה. חסידים היו ולא פירש מי הם דאותו שאכלו האריה עידו *היה ולא שמעיה: איפרכי. דוכס: לולייטס ופפוס אחיו. צדיקים גמורים היו: בלודקי'. היא לוד והיינו דאמרינן בכל דוכתא (ב"ב דף י:) הרוגי לוד אין כל בריה יכולה לעמוד במחיצתן בגן עדן ויש אומרין שנהרגו על בתו של מלך שנמצאת הרוגה ואמרו היהודים הרגוה וגזרו גזרה על שונאיהן של ישראל ועמדו אלו ופדו את ישראל ואמרו אנו הרגנוה והרג המלך לאלו בלבד: אם מעמו כו': נתחייבנו הריגה. על חטא חייבי מיתות בית דין: דיופלין. שני שרים וכן מטרופולין של מלכים לשון שרים: בגזירין. מקלות כמו גזירי עצים: (ג) שלש. תעניות שני וחמישי ושני: וכמה הויא התחלה. שאינו מפסיק לאחר מכאן: רבי אחא ורבי יוסי. (ד) אמוראי ניכהו דלאו אורחא דתנאי לאשתעויי בגמרא כי האי גוונא: זו דברי ר"מ. ואדברי ר"מ דמתני' קאי דקתני אין משלימין: מתענה ומשלים. עד חשיכה:

הדרן עלך סדר תעניות קמא

סדר תעניות אלו. האמור בפ' ראשון (דף י.) שבתחילה יחידים מתענין (ה) סדר תעניות ואחר כך צבור הולכין ומתענין עד י"ג אם לא נענו: ברביעה ראשונה. אם עבר זמן רביעה ראשונה של יורה ולא ירדו גשמים מתענין והולכין כסדר הזה: אבל צמחים ששנו. שנשתנו ממנהגן תחת חטה יצא חוח תחת שעורה באשה (ו) שלא היו חטים בשבולים או שינוי אחר מתריעין עליהן מיד אפילו בראשונות שכל חומר האחרונות נוהג בהן: בין גשם לגשם. בין רביעה ראשונה לשניה סימן בצורת היא: ירדו לצמחים אבל לא לאילן. מפרש בגמ': לבורות שיחין ומערות. *בבבא בתרא מפרש מאי בור ומאי שיח ומאי מערה וכולן בית כניסות מי גשמים לשתיה: שלא ירדו עליה גשמים דכתיב והמטרתי על עיר אחת ועל עיר אחת לא אמטיר וגו'. כגון שהמטיר בעיר זו ובחבירתה לא המטיר דקללה היא: [צ"ל בב"ק נ:]

ה"ג

מסורת הש"ס

מגילה ה:

[שם]

[בערוך ערך טרג מפרש דשמעיה ואחיו הן המה הרוגי לוד הנזכרים בפסחים נ. וב"ב י: ע"ש]

הגהות הב"ח

(א) גמ' ואנו נתחייבנו הריגה למקום אם אין אתה הורגנו כו' יש לו למקום הרבה דובין ואריות: (ב) רש"י ד"ה מותרין וכו' בני ט"ו דכרכין ובני י"ד דכפרים ועיירות שקראו מגילה קודם זמנם כדמפרש התם מגילה נקראת בי"א בי"ב בי"ג בי"ד בט"ו לא פחות ולא יותר כרכין המוקפין חומה מימות יהושע בן נון קורין בט"ו כפרים ועיירות גדולות קורין בי"ד אלא שהכפרים מקדימין ליום הכניסה: (ג) ד"ה שלש כו' נ"ל אחר ד"ה וכמה כו': (ד) ד"ה רבי אחא ורבי יוסי אמוראי ניכהו. נ"ב לפי הגירסא שלפנינו דגרס רבי אסי לא היה צריך לפרש דפשיטא דאמוראי ניכהו: (ה) רש"י ד"ה סדר תעניות כו' שבתחלה יחידים מתענין ואחר כך צבור הולכין ומתענין עד י"ג תעניות אם לא נענו כצ"ל ותיבות סדר תעניות נמחק: (ו) ד"ה אבל כו' שתחת שעורה באשה או שינוי אחר כו' כצ"ל ותיבות שלא היו חטים בשבולים נמחק: (ז) תוס' ד"ה מתריעין כו' וא"ת כיון דהא דמתריעין משמע:

רבינו חננאל

הלכה כר' יוסי אדילא להתענאה דלפניו אסור איני והאמר ר' יוחנן הלכה כסתם משנה. ותנן בפס' מגילה אע"פ שאמרו מקדימין כפרים ליום הכניסה ולא מאחרין. מותרין בהספד ובתענית בו ביום שקורין בו. וליכא לאוקומא להא מתני' בי"ד ובט"ו דקי"ל אע"פ שאין קורין בהן אסורין דתניא בהדיא ארביסר וחמיסר פוריא אינון די לא למספד בהון. ואמר רבא לא נצרכא אלא לאסור את זה בזה ואת של זה בזה. ואפילו מי שאינו יומו ואינו קורא בו אסור בתליסר ובתריסר נמי ליכא לאוקומא דהא יום נקנור ויום טוריינוס אינון וימים טובים נינהו. ליכא לאוקומא אלא כגון שהיה יום הכניסה בי"א וקורין בו ביום. ואע"פ שהוא יום לפני טוריינוס מותר בהספד ובתענית קשיא לר' יוחנן דאמר הלכתא כר' יוסי דאוסר לפניהם ושנינן יום טוריינוס בטולי בטלוה כו'. ושאר השמועה פשוטה היא: מתני' אין גוזרין תענית על הצבור בתחלה בחמישי כו'. אין גוזרין תענית בראשי חדשים בחנוכה ובפורים ואם התחילו כו'. כמה הוא התחלה. ר' אחא אמר ג' ר' יוסי אומר אחת וקיי"ל כר' יוסי. ואסיקנא אם התחילו כו'. ט' באב שחל להיות ע"ש. פי' הא [illegible]

[illegible] אב בחמישי. וחל ט' באב ואלול חל להיות ע"ש ור"ה בשבת. דבר ברור הוא שיש לסנהדרין לקבוע חסרין זה אחר זה כפי המסורת שבידם. ובפירוש [illegible] שניהן מלאין ה' חסרין ו' והם ניסן ואייר *) ור' עקיבא שנמצא ביצה מגולגלת מסוכן חיה משום שהיה חולה ואמרו לו הרופאים כי נמיעת ביצה מיד בלא מלח באחרית היום היא [illegible] נדמה לו דבר המתענה בע"ש אינו משלים **) ט' באב שחל להיות בע"ש. כגון דאקלע פסח דההיא שתא בחמישי בשבת וחל ט' באב בע"ש לפי שהיה תמוז מלא וחיסרו (עוד [illegible] להיות בשבת: ירושלמי אפי' יחיד שקבל על עצמו תענית מתענה ומשלים. ירושלמי (ברכות פ"ד) י"ח ברכות שבכל יום כנגד י"ח מזמורים שמראש תהלים עד יענך ולמה רגשו גוים [illegible] מינים ביבנה תקנוה. וכנגד י"ח פעמים שכתוב בתורה אברהם יצחק ויעקב. גם ויקרא בהם שמי ושם אבותי בכלל. וכנגד י"ח צוויים שכתוב בתורה בפרשת המשכן שני מן [illegible] ז' ברכות של שבת כנגד ז' קולות שכתוב בהבו לה' בני אלים וכנגד ז' אזכרות שכתוב במזמור שיר ליום השבת. ט' ברכות של ר"ה כנגד ט' אזכרות הכתובים בפרש' חנה [illegible]

[illegible] וחנוכה ופורים. והלכתא אפילו יחיד שקבל עליו תענית בע"ש מתענה ומשלים (עירובין מא:): הדרן עלך סדר תעניות כיצד

סדר

*) מכאן ועד אלו ר"ס להיות בשבת הובא בתוס' עירובין דף מ"א ד"ה ביום בשם רבינו ע"ש היטב. **) זה נכלל במ"ש למעלה ואולי ט"ס כאן. ***) בירושלמי לפנינו הגי' אין את איתא מישאל נכון אמרון לה וכו' וע"ש במפרש.

רבינו גרשום

דתמידא דלא ניבטיל אלא שבעה אבל תמניא אסור משום דאיתותב ביה חנא דשבועיא. השתא דאתת להכי דתרצת משום דאי איקלע מילתא ובטיל ליה עשרין ותשעה נמי דפרכת למה לי' למיסר מריש ירחא דניסן משום לאסור כ"ט באדר תיפוק ליה דהוה יומא דבתר כ"ח לעולם להכי אמר מריש ירחי' דניסן כדי לאסור כ"ט באדר שלפניו דאי איקלע מילתא ובטליניה לכ"ח כו': אמר רב הלכה כר' יוסי דאמר דאי לא למספד בין לפניו ובין לאחריו אסור: ושמואל אמר הלכה כר"מ ת"ק דר' יוסי דסתם מתני' ר"מ וקאמר לפניו אסור לאחריו מותר: מי אמר שמואל הכי דאמר לפניו אסור מעיקרא דשמעיה לר"מ דמיקל יותר מר' יוסי דר"מ אינו אוסר אלא לפניו ור' יוסי אוסר בין לפניו בין לאחריו. אדלא להתענאה דקאמר ר' יוסי לפניו אסור לאחריו מותר ולא אדי לא למספד דקאמר אסור בין מלפניו בין לאחריו: מותרין בהספד ובתענית באותן שמקדימין לאסור את של זה בזה וקורין בט"ו אסור בי"ד בהספד ובתענית. יום ניקנור הוא ואין מותרין בהספד ובתענית אלא לאו בחדיסר וקתני מותרין אע"ג דהוי יומא דסקסי יום טוריינוס ומי אמר ר' יוחנן הלכה כר' יוסי דלפניו אסור לעולם בני ארביסר דקרו בתריסר ולהכי מותרין דלא הוי יומא טבא: תיפוק ליה דתריסר הוי יומא דסמיכה יום ניקנור ולא ליהוי מותר בהספד ובתענית: דיופלי' שלוחים: בגיזירין. קופיץ: וכן בת"ב שחל להיות בע"ש אין משלימין: וכמה הויא התחלה דקאמר אם התחילו אין מפסיקין רב אחא אמר שלש שאם היו ג' תעניות קודם ר"ח ורביעי בר"ח אין מפסיקין זו דברי ר"ג דאמר אם התחילו אין מפסיקין אבל אין משלימין:

הדרן עלך סדר תעניות כיצד

סדר תעניות האמור כל אילו תעניות דאמרן לעיל דאין גוזרין לאלתר ברביעה ראשונה ולא ירדו גשמים אבל צמחים ששנו שנשתנה מראה שלהן מתריעין עליהן מיד קודם הרביעה שלישית להתענות ומי אסרת לאלתר ברביעה ראשונה מתענין. אבל יבשו לא דכיון שיבשו לית להו תקנתא כלל ואי מתריעין עליהן

הגהות הגר"א [א] גמ' אמר להו יום טוריינוס (גופיה) תז"מ:

yet [18b] mourning and fasting are permitted.[2] Now to what does this apply? Shall we say that it applies to those [who should read the Megillah] on the fifteenth [Adar] and they read it on the fourteenth? Is then mourning permissible [for them on that day]?[3] Is it not written in the Scroll of Fasts, 'The fourteenth day and the fifteenth day [of Adar] are the days of Purim and no mourning is permissible thereon,' and Raba's comment on this was: It was necessary [to mention both these dates] in order to make it clear that what was forbidden on the one day was equally forbidden on the other! Again, should it refer to [those who should read the Megillah] on the fourteenth and they read it on the thirteenth [Adar];[4] [the question arises] that is Nicanor's Day.[5] Or again, if it refers to those [who should read it] on the fourteenth and read it on the twelfth? But then that is Trajan's Day![6] Hence it can only have reference [to those who should read it on] the fourteenth and they read it on the eleventh, and yet it is stated that mourning and fasting are permitted thereon![7]—No; it has reference to those who should read it on the fourteenth and they read it on the twelfth, and as to your objection that it is Trajan's Day, this [festive] day was subsequently abolished because Shemaiah and his brother Ahijah[8] were killed thereon. Thus R. Naḥman once ordained a public fast for the twelfth of Adar and the Rabbis objected to this because it was Trajan's Day. Thereupon R. Naḥman replied: This [festive] day has been abolished because Shemaiah and his brother Ahijah were killed thereon. Let, however, the restrictions [aforementioned] remain valid for the day seeing that it is the day before Nicanor's Day? —R. Ashi replied: If the festive character of the day had been once abolished [is it then feasible] that fasting should be forbidden thereon because it is the day before Nicanor's Day?

What is Nicanor's Day? And what is Trajan's Day? It has been taught: Nicanor was one of the Greek generals; every day he waved his hand against Judah and Jerusalem and exclaimed, 'When shall it fall into my hands that I may trample upon it?' But when the Hasmonean Rulers proved victorious and triumphed over him they cut off his thumbs and his great toes and suspended them from the gates of Jerusalem, as if to say of the mouth that spake arrogantly, of the hands that were waved against Jerusalem, May vengeance be exacted.

a What is Trajan's [Day]?[1]—It was said: When Trajan[2] was about to execute Lulianus and his brother Pappus in Laodicea [Lydia] he said to them, 'If you are of the people of Hananiah, Mishael and Azariah, let your God come and deliver you from my hands, in the same way as he delivered Hananiah, Mishael and Azariah from the hands of Nebuchadnezzar'; and to this they replied: 'Hananiah, Mishael and Azariah were perfectly righteous men and they merited that a miracle should be wrought for them, and Nebuchadnezzar also was a king worthy for a miracle to be wrought through him, but as for you, you are a common and wicked man and are not worthy that a miracle be wrought through you; and as for us, we have deserved of the Omnipresent that we should die, and if you will not kill us, the Omnipresent has many other agents of death. The Omnipresent has in His world many bears and lions who can attack us and kill us; the only reason why the Holy One, blessed be He, has handed us over into your hand is that at some future time He may exact punishment of you for our blood'. Despite this he killed them. It is reported that
b hardly had they moved from there when two officials[1] arrived from Rome and split his skull with clubs.

WE DO NOT ORDAIN UPON THE COMMUNITY FASTS TO COMMENCE ON A THURSDAY etc.; WE DO NOT ORDAIN UPON THE COMMUNITY A FAST ON NEW MOON etc. What constitutes a beginning?[2]—R. Aḥa said: Three fasts. R. Assi said: One. Rab Judah said in the name of Rab: The view [that one should not complete the fast] is in accordance with R. Meir who reported it in the name of R. Simeon b. Gamaliel, but the Sages say: He should complete the fast. Mar Zuṭra expounded in the name of R. Huna: The *halachah* is, one should complete the fast.

CHAPTER III

MISHNAH. THE ORDER OF PUBLIC FASTS AFOREMENTIONED IS OBSERVED ONLY IN CONNECTION WITH [THE
c WITHHOLDING OF] THE FIRST RAIN,[1] BUT IF THE CROPS HAVE UNDERGONE [AN UNUSUAL] CHANGE THE ALARM IS SOUNDED AT ONCE. THE SAME TOO IS DONE IF FORTY DAYS ELAPSED BETWEEN THE FIRST AND THE SECOND RAINFALL[2] BECAUSE IT IS THEN A PLAGUE DUE TO DROUGHT. IF [RAIN] FALLS FOR CROPS BUT NOT FOR THE TREES, FOR THE TREES BUT NOT FOR CROPS, FOR BOTH OF THESE BUT NOT FOR CISTERNS, DITCHES AND CAVES THE ALARM IS SOUNDED AT ONCE. AND SO TOO IF NO RAIN FALLS UPON A PARTICULAR CITY, AS IT IS WRITTEN, AND I CAUSED IT TO RAIN UPON ONE CITY, AND CAUSED IT NOT TO RAIN UPON ANOTHER

(2) On the days on which the Megillah is read earlier, v. Meg. 5*a*. (3) On the fourteenth. (4) Cf. Megillah I, 2. (5) V. *infra*, that on which fasting is in any case forbidden. (6) V. *infra*. (7) But it is the day before Trajan's Day and according to R. Jose the restriction is extended to it. How can then mourning and fasting be permissible thereon? How could then R. Joḥanan declare that the *halachah* is according to R. Jose? (8) [Identified with Julianus and Pappus, the martyrs of Lydia mentioned *infra* v. Aruch s.v. הרג].

a (1) [The victory of Judas Maccabeus over Nicanor is mentioned in I Maccabees as the occasion for making the thirteenth of Adar a holiday. This was in 161 B.C.E. V. Zeitlin, *Megillat Ta'anit*, p. 82.] (2) [טוריינוס The identification of this name with Trajan is disputed, particularly as Trajan is known to have died a natural death. It is suggested that this reference here is to Trajan's General, Lusius Quietus, who was executed by Trajan (Schürer I, 660 n. 62). Nothing can however as yet be said with certainty. V. *HUCA*, Lichtenstein *Die Fastenrolle*, p. 273.]

b (1) דייפלי So Rashi. [*Aliter:* δίπλη = δίπλωμα 'dispatch']. (2) So that the fasts that have been begun should not be interrupted.

c (1) רביעה ראשונה The first of the fructification (רביעה) rain that is expected to begin in the month of Marcheshvan, v. *supra* 6*a* n. a 7 and Gemara. (2) V. *supra* 6*a*.

CITY; ONE PIECE WAS RAINED UPON ETC.[3] [19a] IN SUCH A CASE THAT CITY FASTS AND SOUNDS THE ALARM, BUT THOSE [IN THE PLACES] AROUND IT FAST BUT DO NOT SOUND THE ALARM. R. AKIBA SAYS: THEY SOUND THE ALARM BUT DO NOT FAST. AND SO TOO IF A PLAGUE RAGES IN A CITY OR [ITS BUILDINGS] COLLAPSE[4] THEN THAT CITY FASTS AND SOUNDS THE ALARM, BUT THE PEOPLE [IN THE PLACES] AROUND IT FAST BUT DO NOT SOUND THE ALARM. R. AKIBA SAYS: THEY SOUND THE ALARM BUT DO NOT FAST. WHAT CONSTITUTES A PLAGUE? IF IN A CITY THAT CAN SUPPLY FIVE HUNDRED FOOT-SOLDIERS THREE DEATHS TAKE PLACE ON THREE CONSECUTIVE DAYS, THIS CONSTITUTES A PLAGUE;

THE ALARM IS SOUNDED EVERYWHERE ON ACCOUNT OF THE FOLLOWING [VISITATIONS]: BLAST, MILDEW, LOCUST, CRICKET, WILD BEASTS AND THE SWORD, AS THEY ARE ALL PLAGUES LIKELY TO SPREAD. IT HAPPENED THAT ELDERS WENT DOWN FROM JERUSALEM TO THEIR OWN CITIES AND ORDERED A FAST BECAUSE THERE WAS OBSERVED IN ASKELON BLAST WHICH AFFECTED AS MUCH GRAIN AS WOULD FILL AN OVEN [WITH LOAVES MADE THEREOF]. THEY ALSO ORDAINED A FAST BECAUSE WOLVES DEVOURED TWO CHILDREN ON THE OTHER SIDE OF THE JORDAN; R. JOSE SAID: NOT BECAUSE THEY DEVOURED [THE CHILDREN] BUT [MERELY] BECAUSE THEY WERE SEEN.

THE ALARM IS SOUNDED ON THE SABBATH ON ACCOUNT OF THE FOLLOWING MISHAPS: IF A CITY IS BESIEGED BY HOSTILE TROOPS OR [INUNDATED BY] THE RIVER, OR IF A SHIP IS FOUNDERING ON THE SEA, R. JOSE SAYS: [THE ALARM IS SOUNDED] FOR HELP BUT NOT FOR A CALL TO PRAYERS. SIMEON THE TEMANITE SAYS: [THE ALARM IS SOUNDED] ON ACCOUNT OF PLAGUE, BUT THE SAGES DID NOT AGREE WITH HIM.

THE ALARM IS SOUNDED ON ACCOUNT OF ANY VISITATION,
a THAT COMES UPON THE COMMUNITY[1] EXCEPT ON ACCOUNT OF AN OVER-ABUNDANCE OF RAIN. IT HAPPENED THAT THE PEOPLE SAID TO HONI THE CIRCLE DRAWER, PRAY FOR RAIN TO FALL. HE REPLIED: GO AND BRING IN THE OVENS [ON WHICH YOU HAVE ROASTED] THE PASCHAL OFFERINGS SO THAT THEY DO NOT DISSOLVE.[2] HE PRAYED AND NO RAIN FELL. WHAT DID HE DO? HE DREW A CIRCLE AND STOOD WITHIN IT AND EXCLAIMED, MASTER OF THE UNIVERSE, THY CHILDREN HAVE TURNED TO ME BECAUSE THEY BELIEVE ME TO BE AS A MEMBER OF THY HOUSEHOLD; I SWEAR BY THY GREAT NAME THAT I WILL NOT MOVE FROM HERE UNTIL THOU HAST MERCY UPON THY CHILDREN. RAIN THEN BEGAN TO DRIP, AND THEREUPON HE EXCLAIMED: IT IS NOT FOR THIS THAT I HAVE PRAYED BUT FOR RAIN [TO FILL] CISTERNS, DITCHES AND CAVES. THE RAIN THEN BEGAN TO COME DOWN WITH GREAT FORCE, AND THEREUPON HE EXCLAIMED; IT IS NOT FOR THIS THAT I HAVE PRAYED BUT FOR RAIN OF BENEVOLENCE, BLESSING AND BOUNTY. RAIN THEN FELL IN THE NORMAL WAY UNTIL THE ISRAELITES IN JERUSALEM WERE COMPELLED TO GO UP [FOR SHELTER] TO THE TEMPLE MOUNT BECAUSE OF THE RAIN. THEY CAME AND SAID TO HIM: IN THE SAME WAY AS YOU HAVE PRAYED FOR [THE RAIN] TO FALL PRAY [NOW] FOR THE RAIN TO CEASE. HE REPLIED:
b GO AND SEE IF THE STONE OF CLAIMANTS[1] HAS BEEN WASHED AWAY. THEREUPON SIMEON B. SHEṬAḤ SENT TO HIM [THIS MESSAGE]: WERE IT NOT THAT YOU ARE ḤONI I WOULD HAVE PLACED YOU UNDER THE BAN, BUT WHAT CAN I DO UNTO YOU WHO IMPORTUNE GOD AND HE ACCEDES TO YOUR REQUEST AS A SON THAT IMPORTUNES HIS FATHER AND HE ACCEDES TO HIS REQUEST; OF YOU SCRIPTURE SAYS, LET THY FATHER AND THY MOTHER BE GLAD, AND LET HER THAT BORE THEE REJOICE.[2]

IF WHILST THEY ARE FASTING RAIN FALLS, IF IT IS BEFORE SUNRISE THEY DO NOT COMPLETE THE FAST,[3] IF AFTER SUNRISE, THEY DO COMPLETE THE FAST. R. ELIEZER SAYS: IF BEFORE NOON THEY DO NOT COMPLETE THE FAST, AFTER NOON THEY DO COMPLETE IT. IT HAPPENED THAT THE RABBIS ORDAINED A FAST IN LYDIA AND RAIN FELL BEFORE NOON. THEREUPON R. TARFON SAID TO THEM: GO, EAT AND DRINK AND OBSERVE THE DAY AS A HOLIDAY. THEY WENT AND ATE AND DRANK AND OBSERVED THE DAY AS A HOLIDAY AND AT
c EVENING TIME THEY CAME AND RECITED THE GREAT HALLEL.[1]

GEMARA. THE ORDER OF PUBLIC FASTS AFOREMENTIONED IS OBSERVED ONLY IN CONNECTION WITH [THE WITHHOLDING] OF THE FIRST RAIN. A contradiction was raised against this Mishnah: [If rain is withheld at the time of] the first and second rainfalls prayers are offered; if at the third rainfall, fasts are observed![2] Rab Judah replied: The Mishnah means thus: The order of fasts aforementioned is observed only when the time for the first, second and third fructification rainfalls has passed and no rain fell, but if rain fell at the time for the first fructification rainfall and they sowed but nothing sprouted forth, or if the [plants] did sprout forth but they had undergone an unusual change the alarm is sounded at once.[3]

R. Naḥman said: Only when they had undergone an unusual change, but not if they merely withered away. Is not this self-evident? We clearly learned, HAVE UNDERGONE A CHANGE—[R. Naḥman's statement] is needed to cover the case of seeds that have already shot up into stalks. You might have thought that this is a sign of recovery, he therefore informs us [that it is not].

THE SAME TOO IS DONE IF FORTY DAYS ELAPSED BETWEEN THE FIRST AND THE SECOND RAINFALLS AND NO RAIN FELL etc. What is the nature of the plague of drought?—Rab Judah said in the name of Rab: A plague which leads to scarcity. R. Naḥman said: When [grain] has to be transported by river [19b]

(3) Amos IV, 7. (4) If the collapse is caused by an earthquake or by some other extraordinary natural phenomena.

a (1) [*Aliter:* 'that may not come etc.' a euphemism for 'that may come etc.'] (2) These ovens were usually made of clay and were portable.

b (1) Lit., 'a stone of the losers'. A stone in Jerusalem from which announcements of property lost and found were made. (Cf. B.M. 28*b* where the reading is אבן הטוען 'stone of claims or claimants'). [The meaning of Ḥoni's statement becomes clear from the parallel passage in Tosef. Ta'an. III, We are confident that God will not bring a flood upon the world according to Gen. IX, 15. It was this assurance which made it impossible for the rain to be so strong as to dissolve the stones and which should allay the fear of the anxious people.] (2) Prov. XXIII, 25. [With this story cf. Josephus, *Ant.* XVI, 2, 1 and v. Büchler, *Types*, 198ff, for a fine analysis of Ḥoni's prayer.] (3) Because strictly speaking the fast had not yet begun.

c (1) Ps. CXXXVI. Cf. Ber. 4*b*. (2) Here it is stated that fasts are ordained after these three rainfalls had failed, whereas the Mishnah says that the fasts are observed immediately after the first expected rainfalls had failed. (3) The phrase רביעה ראשונה does not denote, as it was assumed, the first fructification rain but the whole of the former rain season (יורה) which comprises three fructification rains as stated *supra* 6*a*.

אותה העיר מתענה ומתרעת וכל סביבותיה מתענות ולא מתריעות רבי עקיבא אומר מתריעות ולא מתענות וכן עיר שיש בה דבר או מפולת אותה העיר מתענה ומתרעת וכל סביבותיה מתענות ולא מתריעות רבי עקיבא אומר מתריעות ולא מתענות איזהו דבר עיר המוציאה חמש מאות רגלי ויצאו ממנה ג' מתים בג' ימים זה אחר זה (א) הרי זה דבר פחות מכאן אין זה דבר על אלו מתריעין בכל מקום על השדפון ועל הירקון ועל הארבה ועל החסיל ועל החיה רעה ועל החרב מתריעין עליה מפני שהיא מכה מהלכת מעשה שירדו זקנים מירושלים לעריהם וגזרו תענית על שנראה כמלא פי תנור שדפון באשקלון ועוד גזרו תענית על שאכלו זאבים שני תינוקות בעבר הירדן רבי יוסי אומר לא על שאכלו אלא על שנראו: על אלו מתריעין בשבת על עיר שהקיפוה נכרים או נהר ועל הספינה המיטרפת בים ר' יוסי אומר (ב) לעזרה ולא לצעקה שמעון התימני אומר אף על הדבר ולא הודו לו חכמים: על כל צרה שלא תבא על הצבור מתריעין עליהן חוץ מרוב גשמים מעשה שאמרו לו לחוני המעגל התפלל שירדו גשמים אמר להם צאו והכניסו תנורי פסחים בשביל שלא ימוקו התפלל ולא ירדו גשמים מה עשה עג עוגה ועמד בתוכה ואמר לפניו רבש"ע בניך שמו פניהם עלי שאני כבן בית לפניך נשבע אני בשמך הגדול שאיני זז מכאן עד שתרחם על בניך התחילו גשמים מנטפין אמר לא כך שאלתי אלא גשמי בורות שיחין ומערות התחילו לירד בזעף אמר לא כך שאלתי אלא גשמי רצון ברכה ונדבה ירדו כתיקנן עד שיצאו ישראל מירושלים להר הבית מפני הגשמים באו ואמרו לו כשם שהתפללת עליהם שירדו כך התפלל שילכו להן אמר להם צאו וראו אם נמחית אבן הטועין שלח לו שמעון בן שטח אלמלא חוני אתה גוזרני עליך (ג) נידוי אבל מה אעשה לך שאתה מתחטא לפני המקום ועושה לך רצונך כבן שהוא מתחטא על אביו ועושה לו רצונו ועליך הכתוב אומר ישמח אביך ואמך ותגל יולדתך: (מתני') היו מתענין וירדו להם גשמים קודם הנץ החמה לא ישלימו לאחר הנץ החמה ישלימו ר"א אומר קודם חצות לא ישלימו לאחר חצות ישלימו מעשה שגזרו תענית בלוד וירדו להם גשמים קודם חצות אמר להם ר' טרפון צאו ואכלו ושתו ועשו יום טוב ויצאו ואכלו ושתו ועשו יום טוב ובאו בין הערבים וקראו הלל הגדול: **גמ'** סדר תעניות האלו האמור ברביעה ראשונה ורמינהי רביעה ראשונה ושניה לשאול שלישית להתענות אמר רב יהודה ה"ק סדר תעניות האמור אימתי בזמן שיצאה רביעה ראשונה ושניה ושלישית ולא ירדו גשמים אבל ירדו גשמים ברביעה ראשונה וזרעו ולא צמחו אי נמי צמחו וחזרו ונשתנו מתריעין עליהן מיד אמר רב נחמן דוקא נשתנו אבל יבשו לא פשיטא נשתנו תנן לא צריכא (ד) דאקון מהו דתימא אקנתא מילתא היא קמשמע לן: וכן שפסקו גשמים בין גשם לגשם כו': מאי מכת בצורת אמר רב יהודה אמר רב מכה המביאה לידי בצורת אמר רב נחמן נהרא אנהרא בצורתא

מסורת הש"ס: נגעים יד. | פסח | נ"ל רש"י מנחות לד: ד"ה דעגיל וכו' כדקרינן חוני המעגל על שם עוגה | [פי' פירש"י לקמן כג. ד"ה עוגה] | ב"מ כח: | [שם איתא הטוען וע"ש תוס' מ"ש בשם הירושלמי] | [ברכות יט.] | משלי כג | [רש"י ע"י לקמן כב:] | [גירי' רש"י תנא] | [גיטין ל. ע"ש ...]

רש"י

ה"ג אותה העיר מתענה ומתרעת וכל סביבותיה מתענות ולא מתריעות. ולפיכך מתענות (ס) שאותה העיר שלא ירדו עליה גשמים תלך לקנות תבואה באותה העיר ויהיה בה רעב: או מפולת. שחומותיה והבתים נופלין ברוח: מתריעים בכ"מ. אם (ו) נראו באספמיא מתריעין בבבל בבבל מתריעין באספמיא דקתני טעמא בסיפא מפני שהיא מכה מהלכת אם במקום אחד היא מתריעין עליה כל השומעין כדי שלא תבא עליהן: שדפון. בתבואות: ירקון: חולי: חיה רעה. משכלת בני אדם: חרב. חיילות ההולכין להרוג ולהשחית בכל מקום: מלא תנור. מפרש בגמ': לעריהם. בא"י: באשקלון. בארץ פלשתים: ועל שאכלו זאבים. שהיא חיה רעה ומכה מהלכת היא: שנראו. ובאו בעיר: מתריעין. בשבת: המטורפת. מלשון טרף אבנא (ברכות דף כח.) ומלשון גילה טרופה (עדיות פ"ג מ"ד) כו' כדמפרש בפרק שלמעלה (דף יד:): שמעון התימני. מתמנה היה: שלא תבא. לישנא מעליא נקט: מרוב גשמים. לא כגון שירדה על עיר אחת ועל עיר אחת לא ירדה דהוי סימן לקללה כדאמר רב יהודה (לעיל ו:) תמטר מקום מטר שמקלקל תבואה אלא כבר ירדו וטורח הם לבני אדם אבל אינן מקלקלין תבואות וטעמא מפרש בגמרא למה אין מתריעין: תנורי פסחים. שהם בחצרות ושל חרס הן ומטלטלין אותן שלא ימוקו בגשמים: גשמי בורות. שיפוע גשמים למלאות בורות: ונדבות. רצון ועין יפה: אבן הטועין. אבן טועין היתה בירושלים וכל מי שאבדה לו אבידה כו' בבבא מציעא (דף כח:): לנדות. (ז) על כבוד הרב: מתחטא. פורפי"ש בלע"ז ישמח אביך ואמך ותגל יולדתך:

גמ' רביעה ראשונה ושניה לשאול. שאף על פי שלא ירדו גשמים לא בראשונה ולא בשניה לא היו מתענין אלא שואלין וקשיין מתני' דקתני סדר תעניות אלו האמור ברביעה ראשונה וברייתא אהדדי: הכי קאמר כו'. (ח) וכגון רביעה ראשונה שניה ושלישית דטלי יורה קרי ליה רביעה [א] כך שמעתי: דוקא נשתנו. דכי נשתנו ודאי הוא דמתריעין מיד דצריך להתפלל עליה (ט) שיחזיר ביופי כתיקנן: אבל יבשו. לא צריך דמכאן ואילך לא יועיל והוא תפלת שוא אפילו יבשו כשהן חטין עדיין דקין אפילו הכי לא מתריעין: הכי גרסינן פשיטא (י) שנו תנן לא צריכא דאקון מהו דתימא כו'. דאקון. שעלו בקנה שנתקשו מעט לאחר שנתייבשו: מהו דתימא אקנתא מילתא היא. דהואיל ונתקנו מעט אם יתפלל מועיל להם קא משמע לן רב נחמן דאקנה לאו מילתא ל"א אבל יבשו לא דממילא חוזרין: לא צריכא דאקון. שעלו בקנה מהו דתימא אקנתא מילתא היא דכיון שעלו בקנה ועדיין לא בשלו כל צרכן ודאי אי לא מתריעין הו לא גדלי קמשמע לן דלאו מילתא היא דאף על גב דאקון אכתי גדלי טפי: נהרא אנהרא בצורתא. כשאין תבואה בעיר אחת ויש בעיירות אחרות ואפשר להביא מזו לזו דרך נהר בספינה: בצורתא

תוספות

לא צריכא דאקון. פי' לאחר שעלו בקנה נתייבשו מהו דתימא אקנתא מילתא היא פי' דהואיל ועלו בקנה ולא נתבשלו כל צורכם ליבעי התרעה קמ"ל דלאו מילתא היא: נהרא אנהרא בצורתא. פי' (כ) (הכי) כשאין תבואה בעיר ויש הרבה בשאר עיירות ויכולין להביא מזו לזו הייט מקרי בצורת ולא מקרי רעב (ל) ומאחר שיכולין להביא ע"י הנהר דליכא אלא טרחא זעירא ומהאי כלומר מדבר מועט כזה אין מתריעין מדינתא אמדינתא פירוש שצריך להוליך ממדינה למדינה אחרת ע"י חמורים וסוסים ולא מתריעין דאי אפשר להביא בשפע כ"כ כמו בספינות ל"א נהרא אנהרא כלומר אם יבש הנהר זה וצריך להסב נהר אחר לכאן אי נמי צריך להמתין עד שיגדל הנהר האחר ויבא בכאן זה בצורת ולא מתריעין מדינתא המדינתא אם יבשו כל הנהרות שבזו העיר וצריכין להביא מים מעיר אחרת כפנא וקשה דבמתני' משמע דאבצורת (מ) מתענין דקתני מתריעין עליהן מפני שהיא מכת בצורת ויש לומר דמכת בצורת דמתני' הוי כמו דכפנא כאשר פירשתי שתחת חטה יצא חוח ומשום הכי מתריעין אע"ג דעדיין איט רק בצורת הואיל וסופו רעב מתריעין אע"ג דהשתא לא הוו כפנא אבל לעולם אין מתריעין על מכת בצורת אי לא מלי לבא לידי רעב ולהכי קאמר הכא דנהרא אנהרא דלא הוי אלא כי בצורתא ולא מתריעין:

נהירנא

עין משפט נר מצוה

ב א מיי' פ"ג מהלכות תעניות הל' יג טוש"ע א"ח סי' תקעה סעיף יב: קונטרס כל"ל

ג ב ג מיי' שם הל' ה וסל' ה טוש"ע שם סעיף ב:

ד ד מיי' שם הל' י יא טוש"ע שם סעיף ח ט:

ה ה מיי' שם הלכה ז טוש"ע שם סעיף ו:

ו ו מיי' שם הלכה יא טוש"ע שם סעיף ח:

ז ז ח מיי' שם פ"א הל' ו ופ"ב מהלכות שבת הלכה כד סמג עשין ג טוש"ע שם סעיף ד וסי' רפח סעיף ט:

ח ט מיי' שם פ"ב הלכה טז טוש"ע א"ח סי' תקעו סעיף יא:

ט י מיי' שם פ"א הלכה טו טוש"ע א"ח סימן תקעה סעיף יא וסי' תקעו סעיף יא:

י כ מיי' שם טוש"ע א"ח סי' תקעו סעיף יא:

יא ל מיי' שם פ"ה הלכה טז טוש"ע א"ח סי' תקעה סעיף ח:

רבינו חננאל

סדר תעניות האלו האמור ברביעה ראשונה כו'. תרצה רב יהודה הכי סדר תעניות האלו בזמן שיצתה רביעה ראשונה ושניה ולא ירדו גשמים. אבל אם ירדו גשמים וצמחו זרעים וחזרו ושנו. כלומר כמשו מתריעין עליהן מיד ודוקא שנו כעין כמוש אבל יבשו לגמרי אע"ג דחוזר אקון אין מתריעין עליהן פי' אקון שחזרו לירוקון כלומר חזרו לחיותן. ורבותינו הגאונים ז"ל אמרו האי אקון אקנתא לשון חזקה בלשון ארמית ובלשון הזה הוא בגטין (בפרק מי שאחזו קורדייקוס) [כל הגט דף ל ע"א] *) (פי' פרצידא דתותי קלא. זרע תבואה שהיא תחת אבן צומחת. פי' קלא מלשון (פסחים סב: וש"מ) שקל' קלא פתק ביה). מכת בצורת. פי' רב יהודה מכה הבאה לידי בצורת. [אר"נ נהרא אנהרא] הוצרכו האנשים המסתפקין מים מזה הנהר לילך לנהר אחר בצורת

*) כל הסגור שייך לעיל בגמרא ריש דף ד'.

רבינו גרשום

עליהן והוי תפלת שוא: דאקון שנראה להן קצת תקנה: נהרא אנהרא בצורתא כשצריכין להביא מים מנהר זה להשקות שדות שעל נהר אחר לפי שאין באותו נהר אחר מים כדי סיפוק להשקות שדותיו זהו סימן בצורת:

הגהות הב"ח

(א) גמ' ג' מתים בג' ימים זה אחר זה (הרי זה דבר פחות מכאן אין זה דבר) תא"מ ונ"ב ס"א אין זה: (ב) שם ר' יוסי אומר לעזרה ולא לצעקה. נ"ב עי' פירושו בדף יד ע"א: (ג) שם אלמלא חוני אתה גוזרני עליך נדוי אבל מה אעשה: (ד) שם לא צריכא דהדר אקון מהו דתימא: (ה) רש"י ד"ה ה"ג ולפיכך מתענות מפני שאותה העיר וכו' התבואה באותה שבסביבותיה ויהיו בה רעב: (ו) ד"ה בכ"מ אם נראו באספמיא כו' שהיא מכה מהלכת ולפיכך אף אם במקום אחד: (ז) ד"ה לנדות על כבוד הרב שבטיא דברים לאמר לא כך שאלתי הס"ד: (ח) ד"ה הכי קאמר כו' כלומר סדר תעניות אלו אמור בשביל רביעה ראשונה כשעברה מכל וכל כגון רביעה ראשונה: (ט) ד"ה דוקא כו' להתפלל עליהן שיחזרו ביופי כתקנן אבל יבשו לא צריך כו' והוא תפלת שוא הד"א ומה"ד אבל יבשו. כשהן חטין עדיין כו': (י) ד"ה ה"ג פשיטא נשתנו תנן לא צריכא דהדר אקון מהו דתימא כו' דאקון שעלו כו' שנתייבשו מהו דתימא כו' דאקנתא לאו מילתא הד"א וכס"ד: (כ) תוס' ד"ה נהרא כו' כשאין כל"ל ותיבת הכי נמחק: (ל) בא"ד ולא מיקרי רעב דמאחר שיכולין כו' זעירא ומהאי מילתא כלומר כו' ע"י חמורים וסוסים כפנא פי' ולא מתריעין: (מ) בא"ד דבמתני' משמע דאבצורת מתריעין דקתני מתריעין כו' כאשר פירש"י שתחת חטה:

הגהות הגר"א

[א] רש"י ד"ה הכי קאמר כו' ליה רביעה. ל"ב ראשונה:

גליון הש"ס

גמ' כבן שהוא מתחטא. עי' מנחות דף סו ע"ב תד"ה כפף רגליו:

יב א מיי' פ"ב מהלכות תעניות הלכה טז טוש"ע א"ח סי' תקעה סעיף ח:

יג ב מיי' שם הלכה יג טוש"ע א"ח סי' תקעו סעיף ט:

[נ"ל זוכר]

יד ג מיי' שם הלכה י טוש"ע שם סעיף ח:

בצורתא מדינתא אמדינתא כפנא וא"ר חנינא סאה בסלע ושכיחא בצורתא ארבעה (א) ולא שכיחא כפנא א"ר יוחנן לא שנו אלא בזמן שהמעות בזול ופירות ביוקר אבל מעות ביוקר ופירות בזול מתריעין עליה מיד דא"ר יוחנן *נהירנא כד הוו קיימי ד' סאין בסלע והוו נפישי נפיחי כפן בטבריא מדלית איסר: ירדו לצמחין אבל לא לאילן: בשלמא לצמחים ולא לאילן משכחת לה דאתא ניחא ולא אתיא רזיא לאילן ולא לצמחין דאתיא רזיא ולא אתיא ניחא לזה ולזה אבל לא לבורות ולא לשיחין ומערות משכחת לה דאתיא רזיא וניחא *מיהו טובא לא אתיא אלא הא דתניא ירדו לבורות לשיחין ולמערות אבל לא לזה ולזה היכי משכחת לה דאתיא בשפיכותא ת"ר *מתריעין על האילנות בפרוס הפסח על הבורות ושיחין [א] ומערות (ב) אפילו בפרוס החג ועל כולן אם אין להן מים לשתות מתריעין עליהן מיד ואיזהו מיד שלהן שני וחמישי ושני (ג) ועל כולן אין מתריעין עליהן אלא באפרכיא שלהן ואסכרא בזמן שיש בה מיתה מתריעין עליה בזמן שאין בה מיתה אין מתריעין עליה ומתריעין על הגובאי בכל שהוא רבי שמעון בן אלעזר אומר אף על החגב ת"ר מתריעין על האילנות בשאר שני שבוע על הבורות ועל השיחין ועל המערות אפילו בשביעית רשב"ג אומר אף על האילנות בשביעית מפני שיש בהן פרנסה לעניים תניא אידך מתריעין על האילנות בשאר שני שבוע על הבורות על השיחין ועל המערות אפילו בשביעית רבן שמעון בן גמליאל אומר אף על האילנות מתריעין על הספיחין בשביעית מפני שיש בהן פרנסה לעניים תניא א"ר אלעזר בן פרטא מיום שחרב בית המקדש נעשו גשמים *צימוקין לעולם יש שנה שגשמיה מרובין ויש שנה שגשמיה מועטין יש שנה שגשמיה יורדין בזמנן ויש שנה שאין גשמיה יורדין בזמנן שנה שגשמיה יורדין בזמנן למה הוא דומה לעבד שנתן לו רבו פרנסתו בא' בשבת נמצאת עיסה נאפית כתיקנה ונאכלת כתיקנה שנה שאין גשמיה יורדין בזמנן למה הוא דומה לעבד שנתן לו רבו פרנסתו בע"ש נמצאת עיסה נאפית שלא כתיקנה ונאכלת שלא כתיקנה שנה שגשמיה מרובין למה הוא דומה לעבד שנתן לו רבו פרנסתו בבת אחת נמצאו ריחים טוחנות מן הכור (ד) מה שטוחנות מן הקב ונמצאת עיסה אוכלת מן הכור כמו אוכלת מן הקב שנה שגשמיה מועטין למה הוא דומה לעבד שנתן לו רבו פרנסתו מעט מעט נמצאו ריחים מה שטוחנות מן הכור טוחנות מן הקב נמצאת עיסה כמה שנאכלת מן הכור אוכלת מן הקב ד"א בזמן שגשמיה מרובין למה הוא דומה לאדם שמגבל את הטיט אם יש לו מים רבים מים אינן כלין והטיט מגובל יפה אם יש לו מים מועטין מים כלים והטיט אינו מתגבל יפה ת"ר פעם אחת עלו כל ישראל לרגל לירושלים ולא היה להם מים לשתות הלך נקדימון בן גוריון אצל אדון אחד אמר לו הלויני שתים עשרה *מעיינות מים לעולי רגלים ואני אתן לך שתים עשרה עינות מים ואם איני נותן לך הריני נותן לך שתים עשרה ככר כסף וקבע לו זמן כיון שהגיע הזמן ולא ירדו גשמים בשחרית שלח לו שגר לי או מים או מעות שיש לי בידך שלח לו עדיין יש לי זמן כל היום כולו שלי הוא בצהרים שלח לו שגר לי או מים או מעות שיש לי בידך שלח לו עדיין יש לי שהות ביום במנחה שלח לו שגר לי או מים או מעות שיש לי בידך שלח לו עדיין יש לי שהות ביום לגלג עליו אותו אדון אמר כל השנה כולה לא ירדו גשמים ועכשיו

[מ"ל מעלות]

תוספות: נהירנא. פירוש (*זכור) אני. בהפרכיא שלהן. פי' באותו מלכות: רבן שמעון בן גמליאל אומר אף על האילנות בשביעית מפני שיש בהם פרנסה לעניים. פי' הם הספיחים היוצאין מהן וצ"ל דסבר כמ"ד (פסחים דף נא:) ספיחי זרעים אסור דהיינו ר' עקיבא דמקמאר על האילנות ולא קאמר על הספיחים: נקדרה

רש"י: בצורתא. בצורת היא זו ולא רעב הואיל ויכולין ליקח בספינות: מדינתא אמדינתא. (ה) וצריכין להוליך ממדינה למדינה על ידי חמרים: כפנא. רעב ורעב קשה מבוצרת לפי שאי אפשר להביא בשופי מ"ר (ו) לשון אחר נהרא אנהרא אם יבש מעיין זה וצריך להסב מעיין אחר בכאן אי נמי להמתין עד שיגדל נהר אחרת ויבא כאן בצורת הוא זה: מדינתא אמדינתא. אם יבשו כל הנהרות שבתוך העיר וצריכין להביא מים מעיר אחרת כפנא רעב הוא זה תקיפא מבצורתא: סאה בסלע ושכיחא. כי זבני סאה של חיטין בסלע דהיינו יוקר ומצויה לקנות בכל עת בצורתא: מעות ביוקר. אין מעות מצויות להן: נהירנא. אני זוכר: מדלית איסר. מאין מעות: דאתיא ניחא. ואמרינן בפירקא דלעיל (דף ג:) מיטרא ניחא לפירי ולתבואה ומיטרא רזיא לאילני (ז) דאתיא ניחא לפירי ואתיא רזא לאילנות: בשפיכתא. בכח גדול יותר מדאי דאינה טובה לא לזה ולא לזה שוב אמר רבי שפיכותא מטר דק ועבה יותר מדאי לאילני לא מהניא דלאו רזיא היא לצמחים נמי לא שהגשמים מרובין בהן ושוטפין אותן: (ח) בפרוס הפסח. בימי הפסח [א] על בורות שיחין ומערות אם לא ירדו להן גשמים: [ב] אפילו בפרוס החג. להשקות זרעים ואף בהמתם: אם אין להם (ט) לשתות מתריעין וכו'. אפילו [ג] בפרוס החג דימות החמה נינהו אפילו הכי מתריעין משום דכולן צריכות לשתות: וכולן של אלו: באפרכיא שלהן. באותו מלכות שכלו שם מי בורות שיחין ומערות: ואסכרא. בולמ"ט בלע"ז פעמים שנקבע בתוך פיו של אדם ומת בה לשון כי יסכר פי דוברי שקר (תהלים סג) והיא ברוכה מיתה משונה: בזמן שיש בה מיתה. שהיא (י) משולחת מהלכת ומתים בה: על הגובאי. שמכלה את התבואה כל שהוא אפילו לא נראה אלא קלה בידוע שעתידין לבוא לרוב אבל חגב כל שהוא מצוי הוא ואינו מכלה כל כך כארבה: בשאר שני שבוע. דשמיטה אבל בשמיטה לא דהפקר נינהו: אפילו בשביעית. כל שעה צריכין לשתיה ואע"פ שהגשמים מועילין לקרקע בשביעית: רבן שמעון בן גמליאל אומר. מתריעין על האילנות ואף על הספיחין של שביעית שאינן חשובין כל כך: צמוקין. שיורדין בקושי מלשון ושדיים צומקים (הושע ט): למה הוא דומה. פרנסתו של כל (כ) השנה כולה: נאפת כתקנה. שיש לו פנאי לאפותה: פרנסתו בבת אחת. פרנסת כל השנה וטוחן אותה ביחד: נמצאת רחיים במה שאוכלת מן הכור ס'. שכן דרך שמשתייר מן הקמח ברחיים וכן כשהגשמים יורדין מרובים ומרביעין את הארץ ומה שהיו טרשים בולעים מן (ל) הרוב בולעין מן המיעוט ומה שהרוח מנשבת ובולעת מן הרוב בולעת מן המיעוט: נמצאת עיסה. עריבה שלשין בה את הבצק שמשתייר בשוליה מן העיסה (מ) אף גשמים כשיורדין מעט מעט נבלעין בטרשי' ואין מרביעין את הארץ: ה"ג מימיו מרובין (נ) אינו כלין וטיט מתגבל יפה מימיו מועטין הטיט אינו מתגבל יפה. מים אינן כלין ויוכלו לגבל טיט הרבה כמה שירצה: נקדימון בן גוריון. עשיר גדול היה: ואני אתן לך י"ב מעיינות מים. כלומר שירדו גשמים ויתמלאו כל המעיינות מים אותן מעיינות לא היו טבעין מים כל כך ואינן מתמלאין מאיליהן כשאר מעיינות: ועכשיו

ב"ב נא.

[רי"ף ורא"ש ל"ג סני ד' תיבות]

[פי' בערוך ערך סקמיון]

רבינו חננאל

בצורת כלומר עצירת מטר מדינה להביא ממדינה אחרת רעב. א"ר יוחנן ל"ש אלא שהמעות בזול ופירות ביוקר כלומר המשא ומתן מצוי ומרויחין בני אדם. אבל מעות ביוקר מתריעין מיד. וא"ר יוחנן נהירנא דהוו ד' סאין בסלע בטבריא והוו נפישי נפיחי כפן מדלית איסר. גשמי צמחים הבאים בניחותא. גשמי אילן היורדין ברזיא. לא לאילן ולא לזרעים אלא לבורות. כגון דנחתי בשפיכותא שוטפים ויורדין בבורות: ת"ר מתריעין על האילנות בפרוס הפסח ועל מי בורות שיחין ומערות בפרוס החג ועל כולן אינן מתריעין עליהן אלא באיפרכיא שלהן כלומר אנשי מקום בלבד. ואם אין להם מים לשתות מתריעין עליהן מיד ב' וה' וב'. ועל האסכרה כל זמן שהיא ממיתה. ומתריעין על הגובאי ועל החגב [ועל האילנות ועל הספיחין] ובאילנות ובספיחי' בשביעית מפני שיש בהן פרנסה לעניים. ר' אלעזר בן פרטא אומר מיום שחרב ביהמ"ק לא ירדו גשמי ברכה ונעשו צמוקים לעולם. שנה שגשמיה ירדו בזמנן דומה לעבד שנתן לו רבו פרנסתו באחד בשבת כו'. נמצאו טוחנין מן הכור כו'. מדה אחת נשארת בפי הריחיים בכור כמה שנשארת מן הקב. וכן נדבקת מן העיסה בסדקי העריבה ובסביבותיה מן המעט כמו מן הרב. וכן בהגבלת הטיט. אם יש לו מים בבת אחת כדי ניבול שופך ומגבל ואם אין לו אלא מעט שופך מה שבידו ועד שיבואו אחרים יבשו הללו וכאלו לא שפך בהן כלום. *) כך סוגיא כו': ת"ר פעם אחת עלו ישראל לחג ולא היה [להם] מים לשתות הלך נקדימון כו'

*) אולי צ"ל כולה סוגיא פשוטה.

רבינו גרשום

מדינתא אמדינתא כפנא בשצריכין להביא מים ממדינה למדינה זו הוא סימן רעב: סאה בסלע ושכיחא בצורתא ד' סאין בסלע ולא שכיחא אע"ג דלא הוה יוקר הואיל ולא שכיחא הוי כפנא דאתיא הכי והכי ניחא ורזיא מיהו טובא לא אתא דליהוי לבורות לשיחין ולמערות היכי משכחת לה כיון דאתא לבורות היינו רזיא ניחא. בשפיכותא דאתיא בשפיכותא דהוי טפי מרזיא דלא ניחא לאילן אלא לבורות. באיפרכיא שלהן באותן שכונות שצריכין להן בשאר שני שבוע אבל לא בשביעית הואיל ואין אוכלין פירות הגדילין בשביעית: מפני שיש בהן צדקה לעניים דעניים אוכלין פירות הגדילין בשביעית. נעשו מי גשמים מצומקין שאין באין בשפע: נמצא ריחים שאוכלות מן הקב אוכלות מן הכור כלומר שאין קולטין הריחים מן הכור קמח יותר מן הקב דהיינו תקנתו: נמצאת עיסה שאין העריבה אוכלת מן העיסה מן הכור יותר מן הקב: וכן עיר שלא ירדו עליה גשמים ועל האחרת ירדה ואותה העיר שלא ירדה

הגהות הב"ח

חסס כו' אע"ג דעדיין לא רעב רק בצורת הואיל: (א) גמ' ושכיחא בצורתא ארבעה סאין בסלע ולא שכיחא כפנא: (ב) שם ת"ר כו' ושיחין ומערות בפרוס החג ואם אין לכם מים ותיבות אפילו ותיבת על כלן נמחק: (ג) שם שני וחמישי ושני ועל כלן אין מתריעין עליהן ותיבת ועל נמחק: (ד) שם רחיים טוחנות מן הכור כמה שטוחנות מן כו' אוכלת מן הכור כמה שאוכלת מן הקב: (ה) ד"ה מדינתא אמדינתא דצריכין להוליך: (ו) ד"ה כפנא כו' מ"ר הס"ד: (ז) ד"ה דאתיא כו' לאילנות: (ח) ד"ה בפרוס הפסח בימי הפסח הס"ד ואח"כ מה"ד על בורות וכו' גשמים הס"ד ואח"כ מה"ד בפרוס החג ותיבת אפילו נמחק: (ט) ד"ה אם אין להם מים לשתות מתריעין אפי' קודם פרוס החג: (י) ד"ה בזמן כו' שהיא מכה משולחת דמתים בה: (כ) ד"ה למה הוא דומה פרנסתו של כל השנה כולה: (ל) ד"ה נמצאת כו' שהיו טרשים בולעין מן המיעוט בולעין מן הרוב ומה שהרוח מנשבת ובולעת מן המיעוט בולעת מן הרוב: (מ) ד"ה נמצאת עיסה כו' מן העיסה הס"ד ומה"ד טוחנת מן הקב אף גשמים כו': (נ) ד"ה ה"ג מימיו מרובין מים אינן כלין כו' מימיו מועטין מימיו כלין והטיט אינו מתגבל:

הגהות מהר"ב רנשבורג

[א] רש"י ד"ה בפרוס הפסח. בימי הפסח הוא הס"ד

הגהות הגר"א

[א] גמ' ומערות בפרוס החג ואם אין כו' כצ"ל (וכ"ה ברי"ף ורא"ש ובתוספתא ומלת אפי' ליתא גם בגמ' דפוס ישן): [ב] רש"י ד"ה אפילו. רשום קו על מלה זו למחקה: [ג] שם ד"ה אם אין כו' אפי' קודם לפרוס החג. כצ"ל:

[from one city to another] it is drought, but when it has to be brought [overland] from one province to another it is famine. R. Ḥanina said: If a *se'ah* of grain costs one *sela'* and is obtainable it is drought; but if four *se'ahs* cost a *sela'* but are not easily obtainable, then it is a famine. R. Joḥanan added: This holds good only when money is cheap and food dear, but if money is dear and food cheap then the alarm is sounded at once. For R. Joḥanan said: I remember well [the time] when four *se'ahs* cost one *sela'* and yet there were many in Tiberias swollen from hunger because there was not a coin to be had.

IF RAIN FALLS FOR CROPS BUT NOT FOR THE TREES. It is of course possible [for rainfall to be beneficial] for crops and not for the trees when [the rain] falls gently and not heavily; similarly, it can be beneficial for trees and not for crops when it falls heavily and not gently; similarly, it can be beneficial for both of them and yet not for cisterns, ditches and caves if it falls heavily and gently but yet not in great enough volume. But is it possible for rain to fall for cisterns, ditches and caves and yet not be beneficial for both of these [crops and trees] as has been taught in the Baraitha?—When the rain is torrential.

Our Rabbis have taught: The alarm [for rain] for the trees is
a sounded during the middle of the Passover [season],[1] and for the cisterns, ditches and caves even during[2] the middle of the Tabernacles [season]; and at any time should there be no water to drink the alarm is sounded at once. What is meant by 'at once'?—On the [following] Monday, Thursday and Monday. The alarm is sounded for all the aforementioned only in the particular province affected. In the case of croup the alarm is sounded only when deaths result from it, but if no deaths result the alarm is not sounded. In the case of locust the alarm is sounded no matter how small in number. R. Simeon b. Eleazar says: [The alarm is sounded] also in the case of grasshoppers.

Our Rabbis have taught: The alarm is sounded for the trees during the working years of the Sabbatical Cycle,[3] but for the cisterns, ditches and caves even on the Sabbatical year. R. Simeon b. Gamaliel says: [The alarm is sounded] also for the trees during the Sabbatical year because the poor derive their livelihood
b from them.[1]

Another Baraitha taught: The alarm is sounded for trees during the six working years of the Sabbatical Cycle, but for the cisterns, ditches and caves even on the Sabbatical year. R. Simeon b. Gamaliel says: [The alarm is sounded] also for the trees. For what grows of itself the alarm is sounded even on the Sabbatical year because the poor derive their livelihood from them.

It has been taught: R. Eleazar b. Peraṭa said: Ever since the day the Temple was destroyed the rains have become irregular;[2] there are years in which rains are abundant, and there are other years when they are scanty; there are some years when the rains come in season, and there are other years when they do not. To what may be compared the years when the rains come in season? To a servant to whom his master gave his week's food allowance [in advance] on the first day of the week, with the result that the dough is baked well and eatable.[3] To what may be compared the years when the rains do not come in season? To a servant to whom his master gave his week's food allowance on the eve of the Sabbath with the result that his dough is not well baked[4] and uneatable. To what may be compared the years when the rains are abundant? To a servant to whom his master gave his [year's] food allowance in one lot so that the [waste of] the mill in grinding a *kor*[5] is no more than [the waste] in grinding a *ḳab*[6] and likewise the waste in kneading a *kor* is no more than in kneading a *ḳab*. To what may be compared the years when the rains are scanty? To a servant to whom his master gave his [year's] food allowance little by little, so that the waste in grinding a *ḳab* is no less than in grinding a *kor*, and likewise the waste in kneading a *ḳab* is no less than in kneading a *kor*. Another explanation: When the rains are plentiful they may be compared to a man kneading clay; if he has a plentiful supply of water then the clay is well kneaded without all the water being used up, but if the supply is scanty the water will give out and the clay is not well kneaded.

Our Rabbis have taught: Once it happened when all Israel came up on pilgrimage to Jerusalem that there was no water available for drinking. Thereupon Naḳdimon b. Gurion approached a certain [heathen] lord and said to him: Loan me twelve wells of water for the Pilgrims and I will repay you twelve wells of water; and if I do not, I will give you instead twelve talents of silver, and he fixed a time limit [for repayment]. When the time came [for repayment] and no rain had yet fallen the lord sent a message to him in the morning: Return to me either the water or the money that you owe me. Naḳdimon replied: I have still time, the whole day is mine. At midday he [again] sent to him a message, Return to me either the water or the money that you owe me. Naḳdimon replied: I still have time to-day. In the afternoon he [again] sent to him a message, Return to me either the water or the money that you owe me. Naḳdimon replied, I still have time to-day. Thereupon the lord sneeringly said to him, Seeing that no rain has fallen throughout the whole year [20a]

a (1) פרוס 'half'. This is explained by J. T. (Shek. III, 47b) to mean half of the thirty days before the feast, i.e., within fifteen days before the feast. (2) Though it is still summer season (Rashi). MS.M. omits 'even'. (3) At any time within the six years of the seven years' cycle (*Shemiṭṭah*).
b (1) The poor had equal rights with the owners to the produce of the seventh year. Cf. Ex. XXIII, 11 and Lev. XXV, 6. (2) צימוקין Rashi explains the word to mean 'with difficulty'. Jastrow thinks the word to be a corruption of *xenium*, 'a host or king's gift, donation indefinite as to time and amount', hence, irregular. (3) He has plenty of time to devote to its baking. (4) It is baked hurriedly. (5) Thirty *se'ahs*. (6) One sixth of a *se'ah*.

will it then rain now? Thereupon he repaired in a happy mood to the baths. Meanwhile, whilst the lord had gone gleefully to the baths, Naḳdimon entered the Temple depressed. He wrapped himself in his cloak and stood up to pray. He said, 'Master of the Universe! It is revealed and known before Thee that I have not done this for my honour nor for the honour of my father's house, but for Thine honour have I done this in order that water be available for the Pilgrims'. Immediately the sky became covered with clouds and rain fell until the twelve wells were filled with water and there was much over. As the lord came out of the baths Naḳdimon b. Gurion came out from the Temple and the two met, and Naḳdimon said to the lord, Give me the money for the extra water that you have received. The latter replied, I know that the Holy One, blessed be He, disturbed the world but for your sake, yet my claim against you for the money still holds good, for the sun had already set and consequently the rain fell in my possession. Naḳdimon thereupon again entered the Temple and wrapped himself in his cloak and stood up to pray and said, 'Master of the Universe! Make it known that Thou hast beloved ones in Thy world'. Immediately the clouds dispersed and the sun broke through. Thereupon the lord said to him, Had not the sun broken through I would still have had a claim against you entitling me to exact my money from you. It has been taught: His name was not Naḳdimon but Boni and he was called Naḳdimon because the sun had broken through [*niḳdera*] on his behalf.

The Rabbis have taught: For the sake of three the sun broke through, Moses, Joshua and Naḳdimon b. Gurion. Now of Naḳdimon we know from the above tradition; of Joshua too we know from Scripture, where it is written, *And the sun stood still,*
a *and the moon stayed,*[1] etc.; but of Moses whence do we know this? —R. Eleazar said: We deduce it from an inference from the analagous use of the word *aḥel.*[2] Here it is written, *I will begin* [aḥel] *to put the dread of thee,*[3] and elsewhere it is written, *I will begin* [aḥel] *to magnify thee.*[4] R. Samuel b. Naḥmani said: From an analogous use of the word *teth.*[5] Here it is written, *I will begin to put* [teth] *the dread of thee,* and elsewhere it is written, *In the day when the Lord delivered* [teth] *up the Amorites* etc.[6] R. Joḥanan said: It can be derived from the verse itself, *Who, when they hear the report of thee, shall tremble and be in anguish because of thee.*[7] When did they tremble and were in anguish before Moses? When the sun broke[8] through for Moses.

AND SO TOO IF NO RAIN FALLS UPON A PARTICULAR CITY etc. Rab Judah said in the name of Rab: Both [cities cited in the verse are under] divine displeasure.[9]

b *Jerusalem is among them as one unclean.*[1] Rab Judah said in the name of Rab: [The verse implies] blessing; as an unclean [menstruous] woman becomes permissible [to her husband],[2] so too will Jerusalem be reinstated.

She is become as a widow;[3] Rab Judah said: [The verse implies] blessing; *'as a widow'*; not a real widow, but a woman whose husband has gone to a country beyond the sea [fully] intending to return to her.

Therefore have I also made you contemptible and base before all the people:[4] Rab Judah said: [The verse implies] blessing; of you no overseers of rivers[5] nor officers[6] shall be appointed.

For the Lord will smite Israel as a reed is shaken in the water:[7] Rab Judah said in the name of Rab: [The verse implies] blessing. For R. Samuel b. Naḥmani said in the name of R. Joḥanan: What is the meaning of the verse, *Faithful are the wounds of a friend; but the kisses of an enemy are importunate?*[8] Better is the curse which Ahijah the Shilonite pronounced on Israel than the blessings with which Balaam the wicked blessed them. Ahijah the Shilonite cursed them by comparing them with the *'reed'*; he said to Israel, *For the Lord will smite Israel as a reed is shaken in water.* [Israel are as the reed], as the reed grows by the water and its stock grows new shoots[9] and its roots are many, and even though all the winds of the universe come and blow at it they cannot move it from its place for it sways with the winds and as soon as they have dropped the reed resumes its upright position. But Balaam the wicked blessed them by comparing them with the *'cedar'*, as it is said, *As cedars beside the waters;*[10] the cedar does not grow by the waterside and its stock does not grow new shoots and its roots are not many, and even though all the winds of the universe blow at it they cannot move it from its place;[11] if however the south wind blows at it, it uproots it and turns it upside down. Moreover, [because of its yielding nature] the reed merited that of it should be made a pen for the writing of the Law, the Prophets and Hagiographa.

Our Rabbis have taught: A man should always be gentle as the reed and never unyielding as the cedar. Once R. Eleazar son
c of R. Simeon was coming from Migdal Gedor,[1] from the house of his teacher, and he was riding leisurely on his ass by the riverside and was feeling happy and elated because he had studied much

a (1) Josh. X, 13. (2) אחל. (3) Deut. II, 25. (4) Josh. III, 7. (5) תת. (6) Josh. X, 12. (7) Deut. II, 25. (8) There is in this passage a confusion of the root קדם with the root קדר to break through. Jast. reads שֶׁנִּקְּדָה V. Jast. s.v. נקד. (9) The one suffers from a want of rain and the other from an excess.

b (1) Lam. I, 17. (2) After her period of separation. (3) Ibid. I. (4) Mal. II, 9. (5) I.e., toll collectors. (6) גזיריפטי Jastrow derives the word from the Persian meaning, a class of oppressive Persian officers. (7) I Kings XIV, 15. (8) Prov. XXVII, 6. (9) If the stock is cut it grows again. (10) Num. XXIV, 6. (11) [Read with MS.M.: 'it does not sway with them'. I.e., it offers resistance to the wind.]

c (1) Probably in Judah. V. Josh. XV, 36.

ועכשיו ירדו גשמים (א) נכנס לבית המרחץ
בשמחה עד שהאדון נכנס בשמחתו לבית
המרחץ נקדימון נכנס לבית המקדש כשהוא
עצב נתעטף ועמד בתפלה אמר לפניו רבונו
של עולם גלוי וידוע לפניך שלא לכבודי
עשיתי ולא לכבוד בית אבא עשיתי אלא
לכבודך עשיתי שיהו מים מצויין לעולי רגלים
מיד נתקשרו שמים בעבים וירדו גשמים עד
שנתמלאו שתים עשרה מעינות מים והותירו
עד שיצא אדון מבית המרחץ נקדימון בן
גוריון יצא מבית המקדש כשפגעו זה בזה
אמר לו תן לי דמי מים יותר שיש לי בידך
אמר לו יודע אני שלא הרעיש הקב"ה את
עולמו אלא בשבילך אלא עדיין יש לי פתחון
פה עליך שאוציא ממך את מעותי שכבר
שקעה חמה וגשמים ברשותי ירדו חזר ונכנס
לבית המקדש נתעטף ועמד בתפלה
ואמר לפניו רבונו של עולם הודע שיש לך
אהובים בעולמך מיד נתפזרו העבים וזרחה
החמה באותה שעה אמר לו האדון אילו לא
נקדרה החמה היה לי פתחון פה עליך
שאוציא ממך מעותי תנא לא נקדימון שמו אלא בוני שמו ולמה נקרא שמו
נקדימון (ב) שנקדרה חמה בעבורו תנו רבנן *שלשה נקדמה להם חמה
בעבורן משה ויהושע ונקדימון בן גוריון בשלמא נקדימון בן גוריון גמרא
יהושע נמי קרא דכתיב °וידם השמש וירח עמד וגו' אלא משה מגלן אמר
רבי אלעזר אתיא אחל אחל כתיב הכא °אחל תת פחדך וכתיב התם
°אחל גדלך רבי שמואל בר נחמני אמר אתיא תת תת כתיב הכא אחל תת
פחדך וכתיב התם °ביום תת ה' את האמרי רבי יוחנן אמר אתיא מגופיה
דקרא °אשר ישמעון שמעך ורגזו וחלו מפניך אימתי רגזו וחלו מפניך בשעה
שנקדמה לו חמה למשה: וכן עיר שלא ירדו עליה גשמים כו': *אמר רב
יהודה אמר רב ושתיהן לקללה °היתה ירושלם לנדה ביניהם אמר רב
יהודה אמר רב לברכה כנדה מה נדה יש לה היתר אף ירושלים יש לה
תקנה °היתה כאלמנה אמר רב יהודה לברכה *כאלמנה ולא אלמנה ממש
אלא כאשה שהלך בעלה למדינת הים ודעתו לחזור עליה °וגם אני נתתי
אתכם נבזים ושפלים אמר רב יהודה לברכה דלא מוקמי מינן לא ריישי נהרי
ולא °גזיריפטי °והכה ה' את ישראל כאשר ינוד הקנה במים אמר רב יהודה
אמר רב לברכה דאמר רבי שמואל בר נחמני אמר רבי יונתן *) מאי דכתיב
°נאמנים פצעי אוהב ונעתרות נשיקות שונא טובה קללה שקילל אחיה
השילוני את ישראל יותר מברכה שבירכן בלעם הרשע אחיה השילוני קללן
בקנה אמר להם לישראל והכה ה' את ישראל כאשר ינוד *הקנה מה קנה זה עומד במקום מים וגזעו
מחליף ושרשיו מרובין ואפילו כל הרוחות שבעולם באות ונושבות בו (ג) אין מזיזות אותו ממקומו אלא
הולך ובא עמהן דממו הרוחות עמד הקנה במקומו אבל בלעם הרשע בירכן בארז שנאמר °כארזים *(עלי
מים) מה ארז זה אינו עומד במקום מים ואין גזעו מחליף ואין שרשיו מרובין אפילו כל הרוחות שבעולם
נושבות בו אין מזיזות אותו ממקומו כיון שנשבה בו רוח דרומית עוקרתו והופכתו על פניו ולא עוד
אלא שזכה קנה ליטול הימנו קולמוס לכתוב בו ספר תורה נביאים וכתובים תנו רבנן לעולם יהא אדם
רך כקנה ואל יהא קשה כארז *מעשה שבא רבי אלעזר **) (בן ר') שמעון ממגדל גדור מבית רבו והיה
רכוב על החמור ומטייל על שפת נהר ושמח שמחה גדולה והיתה דעתו גסה עליו מפני שלמד תורה הרבה

*) סנהדרין קה: **) [נ"ל ברבי]

נזדמן

רש"י

ועכשיו ירדו גשמים. בתמיה: בוני שמו: נקדרה. זרחה לשון מקדיר שהיתה חמה קודרת ברקיע וזורחת פירטול"ר בלע"ז: הכי גרסי' נקדימון בן גוריון הא דאמרן: אתיא אחל אחל. כתיב במלחמת יהושע (יהושע ג) אחל גדלך ובמלחמת משה כתיב (דברים ב) אחל תת פחדך מה יהושע (ד) נקדמה לו חמה במלחמתו כדכתיב בהדיא אף משה כן שכן דרך הכתובין למד סתום מן המפורש ברמז בדיבור דומה לחבירו וגזירה שוה אחת מן י"ג מדות שניתנו לו למשה מסיני ובתחילת סיפרא מפורש: שתיהן לקללה. אקרא קאי האי דכתיב על עיר אחת אמטיר ועל עיר אחת לא אמטיר שניהם לקללה אותה שימטיר עליה רוב גשמים שמקלקלין את התבואה ואת שלא ימטיר אין גשמים ואין תבואה גדילה אשר לא המטיר עליה מוסב הדבר על העב שהעב בלשון נקיבה דכתיב (מלכים א יח) הנה עב קטנה ככף איש עולה מים: ולא אלמנה גמורה. דהא לא כתיב אלמנה אלא היתה כאלמנה כאשה העומדת באלמנות חיות על בעלה שהלך ועתיד לחזור: דלא מוקמי מינן רישי נהרי. מוכסין: גזיריפטי. סרדיוטין מרוב בזיון: ונעתרות נשיקות שונא. נעתרות לשון הפך כדאמרינן במסכת סוכה (דף יד.) ויעתר לו מה עתר זה מהפך את התבואה פורקא בלע"ז אי נמי נעתרות לשון רבוי וייתור אינקרי"ש בלע"ז כמו העתרתם עלי דבריכם (יחזקאל לה): בירכן בארז. כארזים עלי מים (במדבר כד): ארז זה אינו עומד במקום מים כו'. ואע"ג דכתיב בקרא כארזים עלי מים ההוא לאו בלעם קאמר ליה דבלעם אמר כארזים והמלאך השיבו עלי מים וכן כולהו דבלעם אמר כנחלים דזמנין מתייבשין וקאמר ליה המלאך כגנים דאין יבשין לעולם והיינו דכתיב ויהפוך ה' אלהיך לך את הקללה לברכה על ידי מלאך שהושיבו על ידי מלאך: ואפילו כל הרוחות. שאינן קשות: רוח דרומית. היא קשה כדאמרינן (ב"ב ד' כה:) אילמלא בן נץ שמעמידה אין כל בריה יכולה לעמוד מפניה שנאמר המבינתך יאבר נץ יפרש כנפיו לתימן: ומטייל. לשמוח:

נזדמן

תוספות

נקדרה. כמו מקדר בהרים (עירובין נח:) כלומר שמנקב הרקיע: גזיריפטי. פירוש סרדיוטין ושוטרי הטעם במקל: ונעתרות נשיקות שונא. פירוש (ה) כלומר נאמנים פצעי אוהב וחילופיהן בשונא ונעתרות לשון *הפוך בעתר פורק"א בלע"ז שמהפכין בה את התבואה והכי פשטיה דקרא פצעי אוהב נאמנים שהוא עושה לטובה אפילו כשמכה חבירו מתכוין לטובה ונשיקות שונא הם להיפך שעושה הכל לרעה וי"מ פשטיה דקרא הכי נאמנים פצעי אוהב ונעתרות נשיקות שונא כלומר ונעתרות לשון ריבוי כלומר נשיקות שונא דומים הם למשא כלומר הם מרובות ולמשא לעולם וי"מ הכי כשאוהבים עושים מריבה ושונאים זה את זה השנאה נאמנה והכי פירוש נאמנים פצעי אוהב הפצעים זהו השנאה שבין אוהבים הם נאמנות ונעתרות נשיקות שונא פי' דכששונאים עושים שלום זה לזה השלום והפשרה שביניהן אמנה וקיימת והיינו נעתרות נשיקות שונא כלומר נשיקות שונא נעתרות:

מה ארז זה. פירוש דאע"ג דכתיב ביה בקרא עלי מים ההוא לאו בלעם קאמר ליה אלא מלאך וכן כולהו בלעם אמר כנחלים ומלאך אמר כגנים דאינן מתייבשים וכן עלי נהר:

נזדמן

מסורת הש"ס

[סוכה יד. יבמות ס] · ע"ז כה. · לעיל ה · סנהדרין קה: ע"ש · [ע' ערוך ערך גז ג' גאזי דספאי] · [נ"ל הקנה במים] · במדבר כד [ילקוט ליתא וכן משמע מדברי תוספות ד"ה מה ארז וכו' וכ"מ מרש"א] · [אבות דר"נ פמ"א מס' ד"א פ"ד וכגירסת אי' ר"ש בן אלעזר]

תורה אור

יהושע י · דברים ב · יהושע ג · שם · דברים ב · איכה א · שם · מלאכי ב · מ"א יד · משלי כז · במדבר כד

רבינו חננאל

תנא לא נקדימון שמו אלא בוני שמו. ומפני שנקדמה לו חמה נקרא נקדימון. והמטרתי על עיר אחת ועל עיר אחת לא אמטיר. אמרו שתיהן לקללה. זו שגשמיה מרובין יותר מדאי ממשמשין הארץ ואינה עושה פירות. ומי שגשמיה נעצרים אינה מצמחת. היתה ירושלם לנדה. לברכה שיש לה היתר לבעל כנדה. היתה כאלמנה שנער בה בעלה. לא אלמנה ממש. נבזים ושפלים לברכה שאין מהן שרים למלחמה ולהשתמש אותם לעבודת המלך. קנה במים שרשיו מרובים וגזעו מחליף הולך ובא עם הרוחות כו'. ת"ר מעשה בר' שמעון בן אלעזר

רבינו גרשום

עליו מתענה: שתיהן לקללה. אותה שלא ירדה עליה ואותה שירדה עליה ושתיהן מתענות: דלא מוקמי מינן גזי ריפטי ולא מינרו (פי) [בן]: כארזים עלי מים הוא אמר כארזים *) ורוח הקודש משיבה עלי מים שגזעו מחליף:

*) עי' פוס' ד"ה מה ארז.

הגהות הב"ח

(א) גמ' ועכשיו ירדו גשמים מיד נכנס לבית המרחץ בשמחה ובעוד שהאדון נכנס כו' מעיינות מים והותירו בעוד שיצא האדון כו' חזר ונכנס נקדימון בן גוריון לבית המקדש כו' אהובים בעולמך וכשם שעשית נס כן עשה מיד נשבה הרוח ונתפזרו העבים: (ב) שם ולמה נקרא שמו נקדימון שעמדה [אולי צ"ל שנקדמה] לו חמה: (ג) שם באות ונושבות בו (אין מזיזות אותו ממקומו) תא"מ ונ"ב ס"א אינו הולך ובא עמהן: (ד) רש"י ד"ה אתיא כו' מה יהושע נקדרת לו חמה: (ה) תוס' ד"ה ונעתרות כו' פירוש נאמנים כו' כצ"ל ותיבת כלומר נמחק:

נזדמן לו אדם אחד שהיה מכוער ביותר אמר לו שלום עליך רבי ולא החזיר לו אמר לו ריקה כמה מכוער אותו האיש שמא כל בני עירך מכוערין כמותך אמר לו איני יודע אלא לך ואמור לאומן שעשאני כמה מכוער כלי זה שעשית כיון שידע בעצמו שחטא ירד מן החמור ונשתטח לפניו ואמר לו *נעניתי לך מחול לי אמר לו איני מוחל לך עד שתלך לאומן שעשאני ואמור לו כמה מכוער כלי זה שעשית היה מטייל אחריו עד שהגיע לעירו יצאו בני עירו לקראתו והיו אומרים לו שלום עליך רבי רבי מורי מורי אמר להם למי אתם קורין רבי רבי אמרו לו לזה שמטייל אחריך אמר להם אם זה רבי אל ירבו כמותו בישראל אמרו לו מפני מה אמר להם כך וכך עשה לי אמרו לו אעפ"כ מחול לו שאדם גדול בתורה הוא אמר להם בשבילכם הריני מוחל לו ובלבד שלא יהא רגיל לעשות כן מיד נכנס רבי אלעזר (א) בן רבי שמעון ודרש לעולם יהא אדם רך כקנה ואל יהא קשה כארז ולפיכך זכה קנה ליטול הימנה קולמוס לכתוב בו ספר תורה תפילין ומזוזות: וכן עיר שיש בה דבר או מפולת כו': תנו רבנן מפולת שאמרו בריאות ולא רעועות שאינן ראויות ליפול ולא הראויות ליפול הי ניהו בריאות הי ניהו שאינן ראויות ליפול הי ניהו רעועות הי ניהו ראויות ליפול לא צריכא דנפלו מחמת גובהייהו *אי נמי דקיימן אגודא דנהרא כי ההיא אשיתא רעועה דהואי בנהרדעא דלא הוה חליף רב ושמואל תותה אע"ג דקיימא באתרה תליסר שנין (ב) יומא חד איקלע רב אדא בר אהבה להתם אמר ליה שמואל לרב ניתי מר נקיף אמר ליה לא צריכנא האידנא דאיכא רב אדא בר אהבה בהדן דנפיש זכותיה ולא מסתפינא רב הונא הוה ליה ההוא חמרא בההוא ביתא רעיעא ובעי לפנוייה עייליה לרב אדא בר אהבה להתם משכי' בשמעתא עד דפנייה בתר דנפק נפל ביתא ארגיש רב אדא בר אהבה איקפד סבר לה כי הא *דאמר רבי ינאי לעולם אל יעמוד אדם במקום סכנה ויאמר עושין לי נס שמא אין עושין לו נס ואם תימצי לומר עושין לו נס מנכין לו מזכיותיו אמר רב חנן מאי קרא דכתיב °קטנתי מכל החסדים ומכל האמת מאי הוה עובדיה דרב אדא בר אהבה כי הא דאתמר *שאלו תלמידיו (*את רבי זירא ואמרי לה) לרב אדא בר אהבה במה הארכת ימים אמר להם מימי לא הקפדתי בתוך ביתי ולא צעדתי בפני מי שגדול ממני (ג) ולא הרהרתי במבואות המטונפות ולא הלכתי ד' אמות בלא תורה ובלא תפילין ולא ישנתי בבית המדרש לא שינת קבע ולא שינת עראי ולא ששתי בתקלת חברי ולא קראתי לחבירי *בהכינתו ואמרי לה *)בחניכתו אמר ליה רבא לרפרם בר פפא לימא לן מר מהני מילי מעלייתא דהוה עביד רב הונא אמר ליה בינקותיה לא דכירנא בסיבותיה דכירנא דכל יומא דעיבא הוו מפקין ליה בגוהרקא דדהבא וסייר לה לכולה מתא וכל אשיתא דהוות רעיעתא הוה סתר לה *אי אפשר למרה בני לה ואי לא אפשר בני לה איהו מדידיה וכל פניא דמעלי שבתא הוה משדר שלוחא לשוקא וכל ירקא דהוה פייש להו לגינאי זבין ליה ושדי ליה לנהרא וליתביה לעניים זמנין דסמכא דעתיהו ולא אתו למיזבן ולשדייה לבהמה °קסבר מאכל אדם אין מאכילין לבהמה ולא ליזבניה כלל נמצאת מכשילן לעתיד לבא כי הוה [א] ליה מילתא דאסותא הוי מלי כוזא (ד) דמיא ותלי ליה בסיפא דביתא ואמר כל דבעי ליתי ולישקול ואיכא דאמרי מילתא דשיבתא הוה גמיר והוה מנח כוזא דמיא ודלי ליה ואמר כל דצריך ליתי ולישקול ולעול דלא לסתכן כי הוה כרך ריפתא הוה פתח לבביה ואמר כל מאן דצריך ליתי וליכול אמר רבא כולהו מצינא מקיימנא לבר מהא דלא מצינא למיעבד משום

[בראשית לב] [מגילה כח.]

רש"י

נזדמן לו אדם. יש ספרים שכתוב בהן אליהו זכור לטוב והוא נתכוון להוכיחו שלא ירגיל בדבר: ה"ג מפולת שאמרו בריאות ולא רעועות שאינן ראויות ליפול ולא שראויות ליפול הי ניהו בריאות והי ניהו שאינן ראויות ליפול הי ניהו רעועות והי ניהו ראויות ליפול תורה אור לא צריכא דקיימן אגודא דנהרא. מפולת שיש שם רוח חזק שמפיל החומות (ה) מפולת שאמרו מתריעין עליהן בבריאות קאמרינן שיהו החומות בריאות ואף על פי כן נופלות מכח נשיבת הרוח אבל אם היו החומות הנופלות רעועות אין מתריעין עליהן ושאינן ראויות ליפול מתריעין עליהן ולא בראויות ליפול: לא צריכא. הא דקתני שאינן רעועות וראויות ליפול אלא כגון דקאי אגודא דנהרא על שפת הנהר שאע"פ שהיא בריאה ראויה היא ליפול שהמים מפילין אותה שמקלקלין את הקרקע ושוחקין את היסוד: כי ההיא אשיתא רעועה כו': באתרה. במקומה אף על גב דאינה ראויה ליפול דהא קמה באתרה כולי האי אפילו הכי כיון דרעועה היא לא הוו חלפי תותה אלא היה מקיף סביבותיה: מנכין. ממעטין: ה"ג לא הקפדתי בתוך ביתי (ו) ולא הלכתי בלא תורה. דכל שעתא הוה גריס: בהכינתו. שמכנים לו בני אדם (ז) כגון שם לווי: חניכתו. כמו חניכת אבות בגיטין עד י' דורות (גיטין דף פח.): ביומא דעיבא. יום המעונן דהוי רוח מנשבת ומסתפי דלא תפיל חומות: בגוהרקא. תיבה תלויה בעגלה ושרות יושבות בהן: וסייר. בודק תרגום פוקד (שמות לד) מסער כמו האי טבחא דלא סר סכינא קמיה חכם*: כי הוה ליה מילתא דאסותא רמי ליה אכוזא דמיא כו' לא גרסינן: זבין ליה ושדי ליה בנהרא. להכי זבין להו דאי הוה משתייר מידי לגננין אזלא לאיבוד דמכמשא בשבת ונמלא מכשילן לעתיד לבא דלא מייתי ירקי לסעודת שבת: דסמכא דעתייהו. שנסמכין עניים לאותו ירק ואומרים אין אנו צריכין לקנות ושמא לא ישתייר שם כלום ואין להן מה לאכול בשבת: אין מאכילין אותן לבהמה. משום ביזוי אוכלין (ח) ומחזי כבועט בטובה שהשפיע הקב"ה בעולם אי נמי משום דחסה תורה על ממונן של ישראל וזרק לנהר והולכין למקום אחר ומוצאין אותם בני אדם ואוכלין אותן כך שמעתי: מילתא דשיבתא. מנהג שדים שמזיקין למי שיאכל ואינו נוטל ידיו דשיבתא כהך דגרסינן במסכת יומא (דף עז:) אמר אביי משום שיבתא והוה תלי ליה להאי כוזא דמיא כי היכי דלימשו ידייהו מינה: בר מהא. חוץ מזו דכל מאן דבעי הוה עייל ואכל: משום

תוספות

נזדמן לו אדם אחד שהוא מכוער ביותר. במסכת דרך ארץ *מפרש דאותו אדם היינו אליהו ולטוב נתכוון כדי שלא ירגיל בדבר: לא צריכא דנפלי מחמת גובהייהו. פי' דהוו בריאות ולא היו ראויות ליפול אלא מחמת גובהן: אמר ליה דאיכא רב אדא בהדן דנפיש זכותיה. וצ"ל דתרי רב אדא הוו דהא רב אדא בר אהבה הוה בימי רבא דמליט בכמה מקומות אמר רב אדא בר אהבה אמר רבא (ט) והא רב אדא בר אהבה דהכא משמע דהוה חבר לרב ולשמואל מדקאמר ליה שמואל לרב וקאמר ליה הא איכא רב אדא בהדן ואכן ידענא דרב יהודה היה תלמיד דרב ושמואל ורבא *הוה נולד ביום שמת רב יהודה ורב אדא היה תלמיד דרבא א"כ ע"כ צ"ל דתרי רב אדא הוו*: בהכינתו. פירוש בכינוי שמכנין אותו (י) בן אדם לגנאי בחניכתו פי' כינוי שם משפחתו שם לווי כמו שם חניכת אבות בגיטין עד עשרה דורות (גיטין דף פח.) כגון רבי אברהם אבן עזרא שכל בני משפחתו היו נקראים כך ודוקא לגנאי אבל לשבח מותר: אמרו

עין משפט נר מצוה

[אפשר דכנוסחאות שהיה לפני תוס' היה כך אבל לפנינו ליתא]

טו א מיי' פ"ב מהלכות תענית הלכה יב טוש"ע א"ח סי' תקעו סעיף ד:

[קידושין עב:]

[וע"ע תוספות קידושין עב: ד"ה היום ותוס' ב"ב כב. ד"ה אמר]

רבינו חננאל

שפגע באחד ואמר כמה מכוער כלי זה שמא כל בני עירך מכוערים כמותך. כיון שידע שחטא התחיל לבקש מחילה. נפק ודרש לעולם יהא אדם רך כקנה ואל יהא קשה כארז: מלתא דשיבתא פי' משקה של רפואה:

רבינו גרשום

בריאות נופלות. מתענין: דקמו אגודא דנהרא וה"ק(רעועות)[בריאות] דלא ראויות ליפול לאפוקי דקאי אגודא דנהרא דאע"ג דאין רעועות הואיל וראויות ליפול דאכלה להו מיא אין מתענין עליהן והויא לה *) נמי בריאות ראויות ליפול דקאי באתרא לאחר שהיתה רעועה דהא כיון דקם באתרא הויא כבריאהוכיון דהויא רעועה הויא ראויה ליפול. קטנתי מכל החסדים כלומר נתמעטו הזכיות בשביל נסים כי במקלי וגו'. בהכינתו שכבר קוראין לו ולא **)בחכינתי שאני קריתי לו שם. ביומא דעיבא ודזיקא ***) זבין להו דאי יתרי ומפסדי לא הוו מייתי בערב שבת אחר: ולא אתו למיזבן ומימנין דלא יתרי להו כלום וסמכו עליה ולא הוה להן מאכל. לשיבתא מילתא דשיבתא הוה גמיר שהיה יודע שרוח רעה שורה (על המים) [על הידים]. ותלי כווא דמיא (נמי) [כלי] שנוטלין בה את ידיהן ונכנסין. בר מהא דהוה פתח לבבא:

*) נראה מזה דרבינו היה גורס אי נמי כההיא אשיתא וכו' והוא נמי פירוש על בריאות וראויות ליפול ולא כפרש"י.

**) גי' רבינו בחניכתי ביו"ד לבסוף וכ"ה בערוך ערך חנך ולפיכך פי' רבינו שאני קריתי וכו' ובערוך כתוב שלא כניתי לו שם ואולי דגם בדברי רבינו צריך להגיה כן וצ"ע.

***) נראה דחסר כאן וצ"ל ודזיקא הוה סייר לכלהו מתא וכו' וכל ירקא דהוו פייש להו לגינאי זבין להו וכו'.

מסורת הש"ס

[ברכות כח. וע"ש פרש"י כתובות סו:]

חולין יח.

שבת נב.

[בע"י ליתא]

[גירס' הערוך בחניכתו פי' שלא כיניתי לו שם]

*) [פי' הערוך ערך חנך אפי' שם שכינו לו אחרים לא קראתיו]

הגהות הב"ח

(א) גמ' ברבי שמעון: (ב) דקיימא באתרה תליסר שנין ולא נפלה יומא חד כו' ניתי מר ונקיף א"ל: (ג) שם בפני מי שגדול ממני בחכמה ולא הרהרתי: (ד) שם הוי מלי כוזא מיניה ותלי ליה: (ה) רש"י ד"ה ה"ג מפולת כו' דנהרא הס"ד ואח"כ מה"ד מפולת וכו' החומות הס"ד ומה"ד מפולת שאמרו כו' עליהן הס"ד ומה"ד בבריאות כו' ושאינן ראויות ליפול: (ו) ד"ה ה"ג לא כו' ביתי הס"ד ומה"ד ולא הלכתי כו': (ז) ד"ה בהכינתו כו' בני אדם לגנאי כגון: (ח) ד"ה אין מאכילין כו' ביזוי אוכלין דמיחזי כבועט: (ט) תוס' ד"ה א"ל כו' אמר רבה והאי רב אדא: (י) ד"ה בהכינתו כו' שמכנין אותו בני אדם לגנאי כגון שם לווי בחניכתו פי' כינוי בשם משפחתו דיש משפחה שמכנין בני משפחה וקוראין בחניכתן שם לווי כמו שם חניכת:

גליון הש"ס

גמ' קסבר מאכל אדם אין מאכילים לבהמה. מג"א סימן קעא ס"ק א

הגהות הגר"א

[א] גמ' כי הוה ליה. רשום קו על מלת ליה:

Torah [20*b*]. There chanced to meet him an exceedingly ugly man who greeted him, 'Peace be upon you, Sir'. He, however, did not return his salutation but instead said to him, '*Raca*,[2] how ugly you are. Are all your fellow citizens as ugly as you are?' The man replied: 'I do not know, but go and tell the craftsman who made me, "How ugly is the vessel which you have made".' When R. Eleazar realized that he had done wrong he dismounted from the ass and prostrated himself before the man and said to him, 'I submit myself to you, forgive me'. The man replied: 'I will not forgive you until you go to the craftsman who made me and say to him, "How ugly is the vessel which you have made".' He [R. Eleazar] walked behind him until he reached his native city. When his fellow citizens came out to meet him greeting him with the words, 'Peace be upon you O Teacher, O Master,' the man asked them, 'Whom are you addressing thus'? They replied, 'The man who is walking behind you.' Thereupon he exclaimed: 'If this man is a teacher, may there not be any more like him in Israel'! The people then asked him: 'Why'? He replied: 'Such and such a thing has he done to me.' They said to him: 'Nevertheless, forgive him, for he is a man greatly learned in the Torah.' The man replied: 'For your sakes I will forgive him, but only on the condition that he does not act in the same manner in the future.' Soon after this R. Eleazar son of R. Simeon entered [the Beth Hamidrash] and expounded thus, A man should always be gentle as the reed and let him never be unyielding as the cedar. And for this reason the reed merited that of it should be made a pen
a for the writing of the Law, Phylacteries and *Mezuzoth*.[1]

AND SO TOO, IF A PLAGUE RAGES IN A CITY OR [ITS BUILDINGS] COLLAPSE etc. Our Rabbis have taught: The 'COLLAPSE' spoken of refers only to sound buildings but not to those already dilapidated; only to those which are not likely to fall in but not to those that are likely to fall in. Are not 'sound buildings' the same as 'those that are not likely to fall in'? And are not 'those already dilapidated' the same as 'those likely to fall in'?—It is necessary [to distinguish between them] when for instance they collapsed because of their excessive height, or, when they stood on the bank of a river.[2] In Nehardea there was a dilapidated wall and neither Rab nor Samuel would go past it although it had remained standing in the same position for thirteen years. One day R. Adda b. Ahaba happened to come there and Samuel said to Rab: 'Come, Sir, let us walk around it', and the latter replied, 'This precaution is not necessary now because R. Adda b. Ahaba is with us; his merit is great and therefore I do not fear'.

R. Huna had wine [stored] in a certain dilapidated house and he desired to remove it. He took R. Adda b. Ahaba into that house and kept him occupied with traditional teaching until he had removed it. As soon as he had left the house it fell in. R. Adda b. Ahaba noticed this and was offended, because he agreed with the statement of R. Jannai who said: A man should never stand in a place of danger and declare, 'A miracle will befall me'; perhaps a miracle will not befall him. And if a miracle does befall him he suffers thereby a reduction from his merits. R. Ḥanan said: This can be inferred from the verse where it is written, *I am not worthy of all the mercies, and of all the truth*.[3] What were the merits of R. Adda b. Ahaba?—Thus it has been stated: The disciples of[4] R. Adda b. Ahaba asked him: To what do you attribute your longevity?—He replied: I have never displayed any impatience in my house, and I have never walked in front of any man greater than myself, nor have I ever meditated [over the words of the Torah] in any dirty alleys, nor have I ever walked four cubits without [musing over] the Torah or without [wearing] phylacteries, nor have I ever fallen asleep in the Beth Hamidrash for any length of time or even momentarily, nor have I rejoiced at the disgrace of my friends, nor have I ever called my neighbour by a nickname given to him by myself, or, some say by the nickname given to
b him by others.[1]

Raba said to Rafram b. Papa: Tell me some of the good deeds which R. Huna had done. He replied: Of his childhood I do not recollect anything, but of his old age I do. On cloudy [stormy] days they used to drive him about in a golden carriage and he would survey every part of the city and he would order the demolition of any wall that was unsafe; if the owner was in a position to do so he had to rebuild it himself, but if not, then [R. Huna] would have it rebuilt at his own expense. On the eve of every Sabbath [Friday] he would send a messenger to the market and any vegetables that the [market] gardeners had left over he bought up and had them thrown into the river. Should he not rather have had these distributed among the poor?—[He was afraid] lest they would then at times be led to rely upon him and would not trouble to buy any for themselves. Why did he not give the vegetables to the domestic animals?—He was of the opinion that food fit for human consumption may not be given to animals.[2] Then why did he purchase them at all?—This would lead [the gardeners] to do wrong in the future [by not providing an adequate supply].[3] Whenever he discovered some [new] medicine he would fill a water jug with it and suspend it above the doorstep and proclaim, Whosoever desires it let him come and take of it. Some say, he knew from tradition a medicine for that disease, *Sibetha*[4] and he would suspend a jugful of water and proclaim, Whosoever needs it let him come [and wash his hands]
c so that he may save his life from danger. When he had a meal[1] he would open the door wide and declare, Whosoever is in need let him come and eat. Raba said: All these things I could myself

(2) 'Empty one', 'Good for nothing'.

a (1) V. Glos. s.v. *mezuzah*. (2) Though they were sound they were liable to fall, because of their height or because of the water washing away the foundations. (3) Gen. XXXII, 11. R. Ḥanan renders the verse thus: I have become smaller on account of all the mercies, etc. (4) Cur. edd. insert in brackets, 'R. Zera and according to some, the disciple of'.

b (1) V. Meg. (Sonc. ed.) 28*a* n. c 11. (2) That would be treating God's food disrespectfully. (3) It would cause a rise in prices and the poor would suffer thereby. (4) שיבתא the name of an evil spirit that attacks those who eat food with unwashed hands. Cf. Yoma 77*b*. Hence R. Huna suspended a jug filled with water in order to warn those whose hands were unwashed to wash them and so save themselves from the power of the evil spirit, v. Rashi ad loc. [R. Ḥananel takes *Sibetha* to be the name of a liquid medicine.]

c (1) Lit., 'wrapped bread'. It was the custom to begin a meal with herbs and salt placed between two pieces of bread, hence the phrase.

carry out except the last one [21a] because there are so many in Maḥuza.[2]

Ilfa and R. Joḥanan studied together the Torah and they found themselves in great want and they said one to another, Let us go and engage in commerce so that of us may be fulfilled the verse, *Howbeit there shall be no needy among you.*[3] They went and sat down under a ruinous wall and while they were having their meal two ministering angels came and R. Joḥanan overheard one saying to the other, Let us throw this wall upon these [people] and kill them, because they forsake life eternal and occupy themselves with life temporal. The other [angel] replied: Leave them alone because one of them has still much to achieve.[4] R. Joḥanan heard this but Ilfa did not. Whereupon R. Joḥanan said to Ilfa, Master, have you heard anything? He replied: No. Thereupon R. Joḥanan said to himself: Seeing that I heard this and Ilfa has not, it is evident that I am the one who still has much to achieve. R. Joḥanan then said to Ilfa: I will go back, that of me may be fulfilled, *For the poor shall never cease out of the land.*[5] Thereupon R. Joḥanan went back but Ilfa did not. When [at last] Ilfa returned, R. Joḥanan was already presiding over the school, and the scholars said to him: Had you remained here and studied the Torah you might have been presiding.[6] Ilfa then suspended himself from the mast of a ship and exclaimed, If there is any one who will ask me a question from the Baraithas of R. Ḥiyya and R. Hoshaiah and I fail to elucidate it from the Mishnah then I will throw myself down and be drowned [in the sea]. And an old man came forward and cited the following Baraitha: If a man [in his last will and testament] declares, Give a *sheḳel* weekly to my sons, but actually they needed
a a *sela'*[1] then they should be given a *sela'*; but if he declared, Give them a *sheḳel* only, then they should be given a *sheḳel*. If, however, he declared, On their death others should inherit [their allowance] in their stead, then whether he has declared 'give' or 'give only' they are given a *sheḳel* only.[2] He replied: This is in accordance with the view of R. Meir who said: It is a duty to carry out the will of a dying man.[3]

It is related of Nahum of Gamzu[4] that he was blind in both his eyes, his two hands and legs were amputated, and his whole body was covered with boils and he was lying in a dilapidated house on a bed the feet of which were standing in bowls of water in order to prevent the ants from crawling on to him. On one occasion his disciples desired to remove the bed and then clear the things out of the house, but he said to them, My children, first clear out the things [from the house] and then remove my bed for I am confident that so long as I am in the house it will not collapse. They first cleared out the things and then they removed his bed and the house [immediately] collapsed. Thereupon his disciples said to him, Master, since you are wholly righteous, why has all this befallen you? and he replied, I have brought it all upon myself. Once I was journeying on the road and was making for the house of my father-in-law and I had with me three asses, one laden with food, one with drink and one with all kinds of dainties, when a poor man met me and stopped me on the road and said to me, Master, give me something to eat. I replied to him, Wait until I have unloaded something from the ass; I had hardly managed to unload something from the ass when the man died [from hunger]. I then went and laid myself on him and exclaimed, May my eyes which had no pity upon your eyes become blind, may my hands which had no pity upon your hands be cut off, may my legs which had no pity upon your legs be amputated, and my mind was not at rest until I added, may my whole body be covered with boils. Thereupon his pupils exclaimed, 'Alas! that we see you in such a sore plight'. To this he replied, 'Woe would it be to me did you not see me in such a sore plight'. Why was he called Nahum of Gamzu?—Because whatever befell him he would declare, This also is for the best. Once the Jews desired to send to the Emperor a gift and after discussing who should go they decided that Nahum of Gamzu should go because he had experienced many miracles. They sent with him a bag full of precious stones and pearls. He went and spent the night in a certain inn and during the night the people in the inn arose and emptied the bag and filled it up with earth. When he discovered this next morning he exclaimed, This also is for the best. When he arrived at his destination and they undid his bag they found that it was
b full of earth. The king thereupon desired to put them[1] all to death saying, The Jews are mocking me. Nahum then exclaimed, This also is for the best. Whereupon Elijah appeared in the guise of one of them[2] and remarked, Perhaps this is some of the earth of their father Abraham,[3] for when he threw earth [against the enemy] it turned into swords and when [he threw] stubble it changed into arrows, for it is written, *His sword maketh them as dust, his bow as the driven stubble.*[4] Now there was one province which [the emperor had hitherto] not been able to conquer but when they tried some of this earth [against it] they were able to conquer it. Then they took him [Nahum] to the royal treasury and filled his bag with precious stones and pearls and sent him back with great honour. When on his return journey he again spent the night in the same inn he was asked, What did you take [to the king] that they showed you such great honour? He replied, I brought thither what I had taken from here. [The innkeepers] thereupon razed the inn to the ground and took of the earth to the king and they said to him, The earth that was brought to you belonged to us. They tested it and it was not found to be [effective] and the innkeepers were thereupon put to death.

WHAT CONSTITUTES PLAGUE? IF IN A CITY THAT CAN SUPPLY FIVE HUNDRED FOOT-SOLDIERS etc. Our Rabbis have taught: If in a city that can supply fifteen hundred foot-soldiers,
c as for example Kefar Acco,[1] nine deaths take place in three consecutive days, this constitutes plague; if, however, these deaths take place in one day or in four days it is not plague. And if in a city that can supply five hundred foot-soldiers, as for example, Kefar-Amiko,[2] three deaths take place in three consecutive days this constitutes plague; if, however, they take place in one day or in four days it is not plague. [21b].

(2) A city in Mesopotamia on the river Tigris where Raba lived. [Soldiers would frequently be billeted in Maḥuza on account of its proximity to the capital Ktesifon, v. Obermeyer, p. 174.] (3) Deut. XV, 4. (4) Lit., 'time stands for him' (in his favour). (5) Ibid. 11. (6) [Tosaf.: 'Had you returned . . . he (R. Joḥanan) would not have been presiding.]

a (1) Two common *sheḳalim* make a *sela'*. (2) V. B.B. 129a, Keth. 69a. (3) And thus make it possible for others to inherit the residue of the estate on the death of the sons, v. Keth. 69b. (4) גמזו is mentioned in II Chron. XXVIII, 18 as the name of a place. Here it is not a name of a place but a cognomen and the Gemara explains it to be the combination of גם 'also', and זו 'this'.

b (1) The Jews. (2) Romans. (3) Cf. Midrash Tanḥuma on Genesis XIX (ed. Buber); Gen. Rab. XLIII. (4) Isa. XLI, 2.

c (1) V. *supra* 7b n. a 4. (2) [North of Acco, Klein, *NB*, p. 9].

מז א מיי' פ"ו מהלכות זכיה ומתנה הלכה יד סמג עשין פב טוש"ע ח"מ סי' רנג סעיף יז:

יז ב מיי' פ"ב מהלכות אישות הלכה יד סמג עשין מח טוש"ע אה"ע סי' כד ופוש"ע ח"מ סי' רנג סעיף ג:

יח ג מיי' פ"ב מהלכות תעניות הלכה ס טוש"ע א"ח סי' תקעו סעיף ב:

משום דנפישי בני חילא דמחוזא אילפא ורבי יוחנן הוו גרסי באורייתא דחיקא להו מילתא טובא אמרי ניקום וניזיל ונעביד עיסקא ונקיים בנפשין °אפס כי לא יהיה בך אביון אזלו (א) אותבי תותי גודא רעיעא הוו קא כרכי ריפתא אתו תרי מלאכי השרת שמעיה רבי יוחנן דאמר חד לחבריה נישדי עלייהו האי גודא ונקטלינהו *שמניחין חיי עולם הבא ועוסקין בחיי שעה אמר ליה אידך שבקינהו דאיכא בהו חד דקיימא ליה שעתא רבי יוחנן שמע אילפא לא שמע אמר ליה ר' יוחנן לאילפא שמע מר מידי אמר ליה לא אמר מדשמעי אנא ואילפא לא שמע ש"מ לדידי קיימא לי שעתא אמר ליה רבי יוחנן איהדר ואוקי בנפשאי °כי לא יחדל אביון מקרב הארץ ר' יוחנן הדר אילפא לא הדר עד דאתא אילפא מלך רבי יוחנן אמרו לו אי אתיב מר וגריס לא הוה מליך מר *אזל *תלא נפשיה באסקריא דספינתא אמר אי איכא דשאיל לי במתניתא דר' חייא ורבי אושעיא ולא פשטינא ליה ממתני' נפילנא מאסקריא דספינתא וטבענא אתא ההוא סבא תנא ליה *האומר תנו שקל לבניי בשבת והן ראויין לתת להם סלע נותנין להם סלע ואם אמר אל תתנו להם אלא שקל אין נותנין להם אלא שקל *אם אמר *מתו ירשו אחרים תחתיהם בין שאמר תנו בין שאמר אל תתנו אין נותנין להם אלא שקל א"ל הא מני ר"מ היא דאמר ג'מצוה לקיים דברי המת אמרו עליו על נחום איש גם זו שהיה סומא משתי עיניו גידם משתי ידיו קיטע משתי רגליו וכל גופו מלא שחין והיה מוטל בבית רעוע ורגלי מטתו מונחין בספלין של מים כדי שלא יעלו עליו נמלים פעם אחת [היתה מטתו מונחת בבית רעוע] בקשו תלמידיו לפנות מטתו ואח"כ לפנות את הכלים אמר להם בניי פנו את הכלים ואח"כ פנו את מטתי שמובטח לכם כל זמן שאני בבית אין הבית נופל פינו את הכלים ואחר כך פינו את מטתו ונפל הבית אמרו לו תלמידיו רבי וכי מאחר שצדיק גמור אתה למה עלתה לך כך אמר להם בניי אני גרמתי לעצמי שפעם אחת הייתי מהלך בדרך לבית חמי והיה עמי משוי ג' חמורים אחד של מאכל ואחד של משתה ואחד של מיני מגדים בא עני אחד ועמד לי בדרך ואמר לי רבי פרנסני אמרתי לו המתן עד שאפרוק מן החמור לא הספקתי לפרוק מן החמור עד שיצתה נשמתו הלכתי ונפלתי על פניו ואמרתי עיני שלא חסו על עיניך יסומו ידיי שלא חסו על ידיך יתגדמו רגליי שלא חסו על רגליך יתקטעו ולא נתקררה דעתי עד שאמרתי כל גופי יהא מלא שחין אמרו לו אוי לנו שראינוך בכך אמר להם אוי לי אם לא ראיתוני בכך *ואמאי קרו ליה נחום איש גם זו דכל מילתא דהוה סלקא ליה אמר גם זו לטובה *זימנא חדא בעו לשדורי ישראל דורון לבי קיסר אמרו מאן ייזיל ייזיל נחום איש גם זו דמלומד בניסין הוא שדרו בידיה מלא סיפטא דאבנים טובות ומרגליות אזל בת בההוא דירה בליליא קמו הנך דיוראי ושקלינהו לסיפטיה ומלונהו עפרא (למחר כי חזנהו אמר גם זו לטובה) כי מטא התם [שרינהו לסיפטא חזנהו דמלו עפרא] בעא מלכא למקטלינהו לכולהו אמר קא מחייכו בי יהודאי [אמר גם זו לטובה] אתא אליהו אדמי ליה כחד מינייהו א"ל דלמא הא עפרא מעפרא דאברהם אבוהון הוא דכי הוה שדי עפרא הוו סייפיה גילי הוו גירי דכתיב °יתן כעפר חרבו כקש נדף קשתו הויא חדא מדינתא דלא מצו למיכבשה בדקו מיניה וכבשוה עיילו לבי גנזיה ומלוהו לסיפטיה אבנים טובות ומרגליות ושדרוהו ביקרא רבה כי אתו ביתו בההוא דיורא אמרו ליה מאי אייתית בהדך דעבדי לך יקרא כולי האי אמר להו מאי דשקלי מהכא אמטי להתם סתרו לדירייהו ואמטינהו לבי מלכא אמרו ליה האי עפרא דאייתי הכא מדידן הוא בדקוה ולא אשכחוה וקטלינהו להנך דיוראי: אי זו היא דבר עיר המוציאה חמש מאות רגלי כו': ת"ר ד'עיר (ג)המוציאה חמש מאות ואלף רגלי כגון כפר עכו ויצאו הימנה תשעה מתים בשלשה ימים זה אחר זה הרי זה דבר ביום אחד או בד' ימים אין זה דבר *ועיר המוציאה חמש מאות רגלי כגון כפר עמיקו ויצאו ממנה שלשה מתים בג' ימים זה אחר זה הרי זה דבר ביום

[שבת י. גב: כילה סו:]

[כתובות סט:]

[פי' רש"י גיטין לג: ד"ה דתני פי' נשמן וכן בפסחים סח: פרש"י ד"ה ותני נשמן וכפרש"י תגיגה טו: פלי נשמן]

ג"ע קכט. כתובות סט: [תוספתא כתובות פ"ו]

[ג"ל אם מתו]

סנהדרין קת:

פי' ברכות ס:

ישעיה מא

[גרי"ף וברא"ש גרס בריישא עיר המוציאה ת"ק וכו' וכסיפא אלף ות"ק וכו']

רש"י

משום דנפישי בני מחוזא. דאיכא טפי ויקא מיכלי קרנא: דחיקא להו. עניות: כי לא יהיה בך אביון. בך בעצמך: חיי העולם הבא. תורה: חיי שעה. עולם הזה זה סחורה: קיימא ליה שעתא. עתיד להתגדל ואין זמנו למות: שמע מינה. מדאתא שמעתיה איהדר איזיל לתורתי: עד דאתא רבי אילפא. ממקום שהלך שם לסחורה: מלך רבי יוחנן. מינוהו ראש ישיבה עליהן מנהג הוא מי שהוא ראש ישיבה היו מגדלין אותו משלהן ומעשירין אותו כדאמרינן לגבי כהן גדול בסיפרא וביומא (דף יח.) והכהן הגדול מאחיו גדלוהו משל אחיו: אמרו לו. אנשי המקום לאילפא: אי (ג) אתיב מר וגריס. אם היית יושב ועוסק בתורה היינו ממליכין אותך כמו שעשינו לר' יוחנן דאילפא הוי גמיר טפי מר' יוחנן: תלא נפשיה באסקריא. כלונס עץ ארוך תקוע בלב הספינה שמניחין עליה מכסה וילו"ן בלע"ז: דשאיל לי כו'. כלומר אף על גב דעבדי עיסקא גריסנא אנא טפי מיניה: דבי ר' חייא ודבי ר' אושעיא. דהוו מסדרי מתניתא על פי רבינו הקדוש שהיה רבם: ולא פשיטנא ליה ממתני'. דאשכחנא משנה כוותיה דההיא ברייתא: תנא ליה. שנה לפניו כלומר בעא מיניה: האומר תנו שקל לבניי. מי שמת והניח ממון ביד איש נאמן ואמר תנו שקל חצי סלע לבניי להוצאה בשבוע: והן ראויין לתת להן סלע. שיש לו בנים הרבה ואין מספקין לשבת בפחות מסלע: נותנין להן סלע. דאי הוה בדעתיה דלא למיתן להו אלא שקל היה מצוה אל תתנו להן אלא שקל והאי דקאמר תנו להן שקל ולא אמר תנו סלע משום דבעי לזרוזינהו כדאמרינן בכתובות (דף ע:) כדי לזרזן במשה ובממון כדי שיסרחו וילמדו דרך ארץ ויוריש: אם מתו ירשו אחרים תחתיהן. אע"ג דקאמר תנו שקל ולא אמר אל תתנו אלא שקל גלי בדעתיה דלא בעי למיתב להו אלא שקל בשבת כי היכי דאי מתו ירשו אחרים תחתיהן: אמר ליה. אילפא: הא מני. דקתני אע"ג דלא ספקין בבציר מסלע לא יהבינן להו אלא שקל (ד) ר"מ היא דאמר במסכת כתובות במתני' (דף סט:) מצוה לקיים דברי המת דאי לאו מצוה מן הדין נותנין להן כל הראוי להן שהרי כל הממון שלהן הוא ואין בו לאותן אחרים כלום אלא לאחר מיתתן אם יש מותר יש להן ואם לאו לא יטלו ומתוך שרוצין אנו לקיים דבריו שירשו אחרים תחתיהם אנו מקמצין את הממון כדי שיהא שם מותר: והיה מטתו מונחת כו'. רגלי המטה מונחין בספלים מלאים מים שלא יעלו אליו נמלים דרך רגלי המטה מפני שהיה גידם ואם היו עולים אליו אינו יכול ליטלם בידיו ולזורקן: דסלקי ליה. כל המאורע לו אפילו רעה: בת בההיא דיורא. לן לילה אחת באותו המלון: לסיפטיה. ארגז שלו: לכולהו. שולחין של ישראל: כחד מינייהו. כאחד משרי קיסר: מעפרא דאברהם הוא. כשנלחם עם המלכים: גילי. קשין ביותו. לנו במלון: (ס) כפר עמיקו שלשה מתים בשלשה ימים. מת אחד בכל יום: ביום

רבינו חננאל

אילפא ור' יוחנן דחיק להו עלמא אמרי ניקום ונעביד עסקא עד דהדר אילפא מלך ר"י. אתא אילפא תלא נפשיה. אמר אי איכא דשאיל לי מתנייתא מדבי ר' חייא ודבי ר' אושעיא ולא פשטנא ליה ממתני'. כלומר כל מה שיש במשניות החיצונות עיקר שלהן במשנתנו ואין כל חכם יודעו לפיכך אני גדול מר"י. ולמ"ח. זכה לישב בראש ולא זכיתי אני ושאליה התוא סבא הא דתניא. האומר תנו לבניי שקל בשבת וצוה ומת וראויין לתת להן סלע. כי השקל הוא חצי סלע. אם אינו מספיק להן נותן להן סלע. אם אמר בלשון הזה אל תתנו להן אלא שקל אע"פ שאינו מספיק להן אינו נותן להן אלא שקל ואם אמר אם מתו יירשו אחרים תחתיהן כו'. שמעינן מינה דאין אדם רשאי לשנות מדברי המת. ופשט אילפא הא מתניתא אליבא דר' מאיר היא ששנינו במשנתנו בכתובות בפרק מציאת האשה המשליש מעות לבתו והיא אומרת נאמן עלי בעלי יעשה שליש מה שהושלש בידו דברי ר' מאיר. ואוקימנא התם טעמא דר' מאיר משום דמצוה לקיים דברי המת ואין לשנות מדבריו: אמרו עליו על נחום איש גם זו. שם מקום הוא ראיה על אמתת הדבר בדברי הימים (ב' כ"ח) הוא שנקרא לשם שם אחת העיירות גמזו והוא האמת א) ירושלמי א"ר יוסי בר אבין ג' דברים גשמים יורדים. בזכות הארץ. ובזכות החסד ובזכות יסורין וכולן בפסוק אחד נאמרו. אם לשבט אם לארצו אם לחסד. מצאנו שבט אלו יסורין. מפני (ג') ד' דברים גשמים נעצרים בעון ע"ז שנאמר ועבדתם שם אלהים אחרים וכתיב בתריה ועצר את השמים. בעון (ג') ד' דברים גשמים נעצרים בעון ע"ז... [remaining fine print partly illegible] ... ויצאו הימנה פ' מתים בג' ימים (בג' ימים אנשים ממש) [וא"ו] הרי דבר בד'

א) עי' בערוך הכלם ערך גם זו. ב) בירושלמי לפנינו ליתא זה אף רבינו היה גורס כן בירושלמי ומביא ראיה מהך קרא דהך אף דאידך קרא היינו שיהיה עצירת גשמים. ג) אלא על שום אומר לפניך לא תעלתי סגני נשפט אותך על אמרך לא חטאתי (ירמיה ב').

רבינו גרשום

באסקריא דספינתא: משם: נותנין להם סלע דאזלינן בתר אומדין דעתי' דלהכי אמר שקל אם אשר להם לצמצם אבל אם אי אפשר להם נותנין להם סלע *) כיון שאמר תנו אין נותנים להם אלא שקל דאזלינן בתר אומדין דעתיה דכיון דבעי דלירשו אחרים ודאי הוה ליה צר עין על בניו א"ל הא מני ר"מ דמתניתין: מונחת על ארבעה ספלים שלא יעלו עליו הרחש: ביום אחד

*) נ"ל ואם אמר אם מתו ירשו אחרים תחתיהם בין שאמר תנו ובין שאמר אל תתנו אין נותנין להם וכו' וכו'.

הגהות הב"ח

(א) גמ' אזלו אותיבו תותי גודא וכו' אי יתיב מר וגריס: (ב) שם ת"ר עיר גדולה כמוציאה חמש מאות כו' כמוציאה כו': (ג) רש"י ד"ה אי יתיב מר וגריס: (ד) ד"ה הא מני כו' אלא שקל בס"ד ומה"ד ר"מ היא וכו' שיהא שם מותר בס"ד ומה"ד ורגלי מטתו מונחין כו': (ה) ד"ה ביתו לא במלון בס"ד ואח"כ מה"ד כגון כפר עמיקו ויצאו ממנה שלשה מתים: (ו) תוס' ד"ה אמרו כו'. פי' בתמיה כלומר וכי לא היית:

יט א טוש"ע א"ח סי' תקעו סעיף ג:

כ ב ג מיי' פ"ב מהלכות תענית הלכה ו טוש"ע שם סעיף ג:

[נ"ל אמר להו]

תורה אור

ביום אחד או בארבעה ימים אין זה דבר דרוקרת עיר המוציאה חמש מאות רגלי הוה ויצאו ממנה שלשה מתים ביום אחד גזר רב נחמן בר רב חסדא תעניתא אמר רב נחמן בר יצחק כמאן כר"מ דאמר *ריחק נגיחותיו חייב קירב נגיחותיו לא כ"ש א"ל רב נחמן בר רב חסדא לרב נחמן בר יצחק ליקום מר ליתי לגבן א"ל תנינא רבי יוסי אומר לא מקומו של אדם מכבדו אלא אדם מכבד את מקומו שכן מצינו בהר סיני שכל זמן שהשכינה שרויה עליו אמרה תורה °גם הצאן והבקר אל ירעו אל מול ההר ההוא (שמות לד) נסתלקה שכינה ממנו אמרה תורה °במשך היובל המה יעלו בהר (שם יט) וכן מצינו באהל מועד שבמדבר שכל זמן שהוא נטוי אמרה תורה °וישלחו מן המחנה כל צרוע (במדבר ה) *הוגללו הפרוכת הותרו זבין והמצורעים ליכנס שם אמר ליה אי הכי (א) ניקום אנא לגבי מר אמר ליה מוטב יבא מנה בן פרס אצל מנה בן מנה ואל יבא מנה בן מנה אצל מנה בן פרס בסורא הוות דברתא בשיבבותיה דרב לא הוות דברתא סברו מיניה משום זכותיה דרב דנפיש איתחזי להו בחילמא רב דנפישא זכותיה טובא הא מילתא זוטרא ליה לרב אלא משום ההוא גברא דשייל מרא וזבילא לקבורה בדרוקרת הוות דליקתא ובשיבבותיה דרב הונא לא הוות דליקתא סבור מינה בזכותא דרב הונא דנפיש איתחזי להו בחילמא האי זוטרא ליה לרב הונא אלא משום ההיא איתתא דמחממת תנורא (ב) ומשיילי לשיבבותיה אמרו ליה לרב יהודה אתו קמצי גזר תעניתא אמרו ליה לא קא מפסדן אמר להו זוודא אייתו בהדייהו אמרו ליה לרב יהודה איכא מותנא בחזירי גזר תעניתא נימא קסבר רב יהודה מכה משולחת (ג) ממין אחד משולחת מכל המינין לא *שאני חזירי דדמיין מעייהו לבני אינשי אמרו ליה לשמואל איכא מותנא בי חוזאי גזר תעניתא א"ל והא מרחק אמר ליכא מעברא הכא דפסיק ליה אמרו ליה לרב נחמן *איכא מותנא בארעא דישראל גזר תעניתא אמר אם גבירה לוקה שפחה לא כל שכן טעמא דגבירה ושפחה הא שפחה ושפחה לא והא אמרו ליה לשמואל איכא מותנא בי חוזאי גזר תעניתא *שאני התם כיון דאיכא שיירתא דלווי ואתיא בהדיה אבא אומנא הוה אתי ליה שלמא ממתיבתא דרקיעא כל יומא ולאביי כל מעלי יומא דשבתא לרבא כל מעלי יומא דכיפורי הוה קא חלשא דעתיה דאביי משום דאבא אומנא אמרו ליה לא מצית למיעבד כעובדיה (ד) ומאי הוו עובדיה דאבא אומנא דכי הוה עביד מילתא הוה מחית גברי לחוד ונשי לחוד ואית ליה לבושא דאית ביה קרנא דהוות בזיעא כי כוסילתא כי הוות אתיא ליה איתתא הוה מלביש לה כי היכי דלא ניסתכל בה ואית ליה דוכתא *דצניעא דשדי ביה פשיטי דשקיל דאית ליה שדי ביה דלית ליה *) לא מיכסיף כי הוה אתרמי ליה צורבא מרבנן אגרא מיניה לא שקיל *ובתר דקאי יהיב ליה פשיטי ואמר ליה זיל בריא נפשך יומא חד שדר אביי זוגא דרבנן למיבדקיה אותבינהו ואכלינהו ואשקינהו ומך להו ביסתרקי בליליא לצפרא

*) ס"א הוה אתי ויתיב ולא

רש"י

ביום אחד אין זה דבר. דאקראי בעלמא הוא: ה"ג עיר גדולה המוציאה אלף וחמש מאות רגלי יצאו הימנה תשעה מתים וכו' אלף וחמש מאות אינן דהיינו פי שלשה בעיר קטנה (ה): כפר עכו דרוקרת כ"א דיוקרת עיר שממה יו"ד והיא קטנה על שם שיו"ד קטנה באותיות: ה"ג יצאו הימנה ג' מתים *בג' ימים: ריחק נגיחותיו. בשור מועד קאי בבבא קמא בפרק כיצד הרגל מועדת אי זהו תם ואי זהו מועד כל שהעידו בו ג' ימים דברי ר' יהודה ר' מאיר אומר כל שהעידו בו ג' פעמים ביום אחד ר' יהודה סבר כתיב או נודע כי שור נגח הוא מתמול שלשום מתמול תרי שלשום תלת הרי ג' ימים ור"מ סבר ריחק נגיחותיו כשנגח בג' ימים זה אחר זה חייב קירב נגיחותיו שנגח ג' פעמים ביום אחד לא כל שכן: ליקום מר להכא. דרב נחמן בר יצחק הוה יתיב בין גברי דלא חשיבי כולי האי וקאמר ליה רב נחמן בר רב חסדא ליקום מר מהתם וליתי ליתיב גבאי: תנינא. תני אנא שונה אני ברייתא זו רבי יוסי אומר כו': לא מקומו של אדם מכבדו. ואם אלך ואשב שם אין המקום מכבדני: גם הצאן והבקר אל ירעו. דמשום שכינה היה הר סיני מכובד ומקודש: אל מול ההר ההוא. מדכתיב ההוא משמע כל זמן שהוא בגדולתו שהשכינה עליו (ו) נסתלקה השכינה במשוך היובל וגו' ואע"ג דהאי קרא בלוחות הראשונות כתיב לא נסתלקה שכינה עד לוחות האחרונות שניתנו ביום הכפורים וגם כל ימות החורף שעסקו במלאכת המשכן שהתה שכינה בהר ומשם ניתנו כל המצות בקולי קולות ולפידים ביום קבלת עשרת הדברות עד אחד בניסן שהוקם המשכן ונסעה וזזה שכינה מן ההר וישבה לה על *הכפורת ושם באהל מועד נשנית התורה כללותיה ופרטותיה ועל אותה שעה היה מתיר להם בלוחות הראשונות לעלות כדאמרינן במסכת ביצה (דף ה:) כל דבר שבמנין צריך מנין אחר להתירו ובראש קונטרס רומי אתה מוצא תשובת *רבים בכך: במשוך היובל. בסיום השופר כשתסתלק השכינה דרך הוא להאריך ולמשוך התקיעה בשעת סיום: הוגללו הפרוכת. שהיו נגללין בשעת נסיעתן (ז) היו נוסעין כולן ובאין זבים ומצורעים ונכנסין במחנה: פרס. חצי מנה ולשון פרוסה כמו פרס פריסת מלכותך (דניאל ה) שאביו של רב נחמן בר רב חסדא גדול מיצחק אביו של רב נחמן מדמיתקרי בר רב חסדא ואידך רב נחמן בר יצחק מכלל שלא נסמך: דברתא. דבר: בשיבבותיה. בשכונתו: איתחזי להו בחילמא. להנך אינשי דסברי (ח) משום זכותיה דרב הוא: הא זוטר ליה לרב. נס זה קטן הוא לפי גדולת רב: מרא. פוסוי"ר בלע"ז: זבילי. פלי"א בלע"ז: לקבורה. ומשום זכותיה דקבורה מדדו בו מדה כנגד מדה: ומשיילא לשיבבותה. ומשאילתו לשכנותיה לאחר שהסיקתו מסלה לפיך נמדדת השכר בה במדה: קמצא. ארבה שמכלה את התבואה: לא קא מפסדא. לא בעינן למיגזר תעניתא: זוודא אייתו בהדייהו. בתמיה וכי לידה הביאו עמם שלא יפסידו את התבואה: מעייהו. בני מעיין שלהן שאין להן כרס הפנימי כשאר בהמה וסימן רע הוא: בי חוזאי. מקום במלכות בבל: גזר תעניתא. בעירו: הא מרחק. ואין לחוש שמא יבא עד כאן: אמר להו וכי מעברא פסיק להו. וכי מעברות ושאר מחילות מפסיקין לפני הדבר שלא יבא: שפחה לא כל שכן ויש לחוש שמא ישתלח עד כאן: הא שפחה ושפחה. שתי עיירות של חוצה לארץ כגון בי חוזאי ונהרדעא דאתריה דשמואל: שיירתא. דאזלי מבי חוזאי לנהרדעא: דלווי. מתלוה ובא עמהן: שלמא מרקיעא. בת קול אומרת לו שלום עליך: אבא אומנא. מקיז דם: כי הוה עביד מילתא. כשהיה מקיז דם לבני אדם: ודנשים לחודייהו. לצניעותא: דאית ביה קרנא. ויכטוס"א שהיה תקוע בו הקרן שהוא מקיז בו ולנשים הוי מלביש לה: ולא מכסיף. דלאחר *שהכה לא הוה ידע מאן רמי (בכסילתיה) פשיטי להתם ומאן דלא רמי: בריא נפשך. הבריא עצמך: למיבדקיה. לבדקו במעשיו: ומך להו בסתרקי. קיפל תחתיהן תכשיטי צמר שפיד"ו בלע"ז לישן בהן: לצפרא

תוספות

יבא מנה בן פרס. כלומר מוטב שיבא גדול בן הדיוט דפרס לא הוה אלא חצי מנה ולא יבא מנה בן מנה דהיינו רב חסדא דהיה מנה כלומר שהיה חשוב ופרס היינו יצחק אבוה דרב נחמן דלא מיקרי רב יצחק: *אמר ליה זוודא לייתי בהדייהו. פירוש וכי לידה הביאו עמהם שיהו אוכלות כלומר אי אפשר שלא יאכלו התבואה והזרעים: אמרו ליה לרב יהודה איכא מותנא בחזירי גזר תעניתא וכו' עד שאני חזירי דדמו מעייהו לבני אינשי. פירוש שבני מעיו של חזיר דומין למעים של בני אדם ויש לחוש שיהא (ט) על בני אדם מכאן נראה שאם יהיה דבר על עובדי כוכבים שיש לחוש ויש להתענות דהא הכא חזינן דגזר תעניתא (י) מדבר שהיה בחזירין משום דדמו מעייהו לבני אדם וכל שכן דנכרים דדמו לישראל: גבירה לוקה. פי' זו ארץ ישראל:

מסורת הש"ס

נ"ל ביום אחד. רש"ל

ב"ק כד. ב"ב כח.

[מנחות לט.]

הכפורת באהל מועד ושם נשנית התורה כצ"ל. רש"ל

[רבינו ברוך ס"א]

ס"א מאבראי

ס"א וכי הוי חזו אינש דלא אפשר ליה הוה יהיב ליה כו'

נ"ל שגי' שסקו

רבינו חננאל

בד' ימים או ביום אחד אינו דבר. א"ל רב נחמן בר רב חסדא לרב נחמן בר יצחק ליתי מר יקום הכא. א"ל תנינא לא המקום מכבד את האדם אלא אדם מכבד את מקומו. שכן מצינו בסיני כ"ז שהשכינה עליו כתיב גם הצאן והבקר אל ירעו. נסתלקה שכינה כתיב במשוך היובל המה יעלו בהר. וכן באהל מועד כ"ז שהיה נטוי כתיב וישלחו מן המחנה כל צרוע וגו' הוגללו הפרוכת הותרו הזבים והמצורעים להכנס. א"ל אבוא אני אצלך. א"ל מוטב יבא מנה בן פרס. פי' חכם בן מי שלא היה אביו חכם אצל חכם בן חכם. בסורא הוה מותנא בשיבבותיה דרב לא הות זכוות דלקת בדיוקרתא ובשיבבותיה דרב הונא לא הות. ואסיקנא דלאו בזכותיהו דהני אלא בשביל ההוא גברא דמושיל מרא לאינשי לקבורה. ובדיל ההיא אתתא דמחממא תנורא ומושלא לשביבתא. אמרו לר"י איכא מותנא בחזירי אמר כיון דדמיין מעייהו לבני אדם גזרינן תעניתא

רבינו גרשום

אחד אין זה דבר דאקראי בעלמא הוא: או בארבעה מרוחקין: ש' מתים דהיינו נמי ג' מתים לג' ימים: ריחק נגיחותיו שנגח בג' ימים הוי מועד. קירב נגיחותיו שנגח ג' ביום אחד לא כ"ש. מעברי מפסקי כלומר שיירות מצויין שעוברין במעברות מבי חוזאי להכא כיון דשכיחי שיירתא מבי חוזאי להכא גזר אבל מא"י לבבל דלא שכיחי שיירתא אי לאו משום גבירתה לא הוה גזר. אתי ליה שלמא מכרוז עליה שלמא מרקיעא: דאית ביה קרני כלומר אתרא לקרני.

הגהות הב"ח

(א) גמ' א"ל אי הכי איקום אנא ואיזול לגבי מר: (ב) שם ההיא איתתא דמחממת תנורא מע"ש לע"ש ומשיילא לשיבבותה: (ג) שם מכה משולחת במין אחד משולחת בכל המינין: (ד) שם למיעבד כעובדיה דאבא אומנא ומאי הוו כו' כי כוסילתא דכי הוות כו' דלא ליסתכל בה והוה ליה דוכתא דצניעא: (ה) רש"י ד"ה ה"ג עיר כו' ויצאו הימנה ט' מתים וכו' כגון כפר עכו אלף וחמש מאות וכו' בעיר קטנה הס"ד ואח"כ מה"ד דרוקרת כ"א יו"ד קרת עיר שממה יו"ד והיא עיר קטנה על שם כו' כנ"ל ותיבות כפר עכו נמחק: (ו) ד"ה אל מול כו' שהשכינה עליו הס"ד ומה"ד נסתלקה וכו' וברא"ש קונטרס הזכות רומי: (ז) ד"ה הוגללו וכו' והיו נוסעין כו' במחנה שכינה הס"ד: (ח) ד"ה איתחזי וכו' דמשום זכותיה: (ט) תוס' ד"ה אמרו כו' ויש לחוש שיהא דבר על בני אדם: (י) בא"ד הדבר שהיה בחזירין. נ"ב וקשה דאמרינן דבטלה בתרי אומי לא שלטא:

In Derokereth,[3] a city that supplied five hundred foot-soldiers three deaths took place in one day, whereupon R. Naḥman b. Ḥisda ordained a [public] fast. R. Naḥman b. Isaac said, This must be in accordance with the authority of R. Meir who declared, If for goring at long intervals [during three days] there is [full] liability, how much more so for goring at short intervals [in one day].[4] Said R. Naḥman b. Ḥisda to R. Naḥman b. Isaac: Pray, take a seat nearer us.[5] The latter replied: We have taught, R. Jose says: It is not the place that honours the man but it is the man who honours the place. We find it thus in connection with Mt. Sinai, as long as the *Shechinah* dwelt thereon the Torah declared, *Neither let the flocks nor herds feed before that mount;*[6] but once the *Shechinah* had departed thence the Torah said, *When the ram's*
a *horn soundeth long, they shall come up to the mount.*[1] The same too we find in connection with the Tent of Meeting in the wilderness; so long as it remained pitched the Torah commanded, *That they put out of the camp every leper;*[2] but once the curtains were rolled up[3] both those with a running issue and the lepers were permitted to enter therein. Thereupon R. Ḥisda retorted: If so, I will come nearer to you; whereupon the latter replied: It is more fitting that a scholar, the son of an ordinary man, should go to one who is a scholar and is the son of a scholar, than the latter should go towards the former.[4]

Once a plague broke out in Sura but it did not affect the locality in which Rab resided. People thought that this was on account of Rab's great merit but in a dream it was made clear to them that this was far too small a matter to need Rab's great merit, but that it was on account of the merit of a certain man who made it a practice to lend shovel and spade for burials.

Once a fire broke out in Derokereth but it did not spread to the locality where R. Huna resided. People thought that it was on account of the great merit of R. Huna, but in a dream it was made clear to them that this was far too small a matter to need R. Huna's great merit, but that it was on account of a certain woman who [on the eve of Sabbaths] would heat her oven and permit her neighbours to make use of it.

Once Rab Judah was informed that locusts had come and he ordained a fast. He was then told that no damage had been done, whereupon he exclaimed: Have they then brought provision with them?[5]

Once Rab Judah was informed that pestilence was raging among the swine and he ordained a fast. Can it then be concluded from this that Rab Judah is of the opinion that a plague scourging one species of animals is likely to attack also other species? No, the case of the swine is exceptional, because their intestines are like unto those of human beings.

Once Samuel was informed that pestilence was raging amongst
b the inhabitants of Be Ḥozae,[1] and he ordained a fast. The people said to him: Surely [Be Ḥozae] is a long distance away from here.[2] He replied: Would then a crossing prevent it from spreading?[3]

Once R. Naḥman was informed that there was pestilence in Palestine and he ordained a fast, for he said, If the 'Mistress' is stricken how much more so the 'Maidservant'.[4] [Are we then to assume] that the reason for his ordaining the fast was because it was a case of 'mistress' and 'maidservant', but if both were 'maidservants', he would not have ordained the fast? But did not Samuel ordain a fast [in Nehardea] when he was informed that there was pestilence amongst the inhabitants of Be Ḥozae?[5] The case there was exceptional since there are caravans which it accompanies and with which it comes along.

Abba was a cupper and daily he would receive greetings from the Heavenly Academy. Abaye received greetings on every Sabbath eve, Raba on the eve of every Day of Atonement. Abaye felt dejected because of [the signal honour shown to] Abba the Cupper. People said to him: This distinction is made because you cannot do what Abba does. What was the special merit of Abba the Cupper? When he performed his operations he would separate men from women, and in addition he had a cloak which held a cup [for receiving the blood][6] and which was slit at the shoulder[7] and whenever a woman patient came to him he would
c put the garment on her shoulder[1] in order not to see her [exposed body].[2] He also had a place[3] out of public gaze[4] where the patients deposited their fees which he would charge; those that could afford it put their fees there, and thus those who could not pay were not put to shame.[5] Whenever a young scholar happened to consult him not only would he accept no fee from him but on taking leave of him he also would give him some money at the same time adding, Go and regain strength therewith. One day Abaye sent to him two scholars in order to test him. He received them and gave them food and drink and in the evening he prepared woollen

(3) Identified with Daraukat on the Tigris, v. Obermeyer p. 197. (4) Cf. B.Ḳ. 24*a*. An ox is considered a goring ox (*mu'ad*) if he gored three times in three days. R. Meir takes the view that he is considered a goring ox if he gored three times in one day (cf. ibid. 23*b*). (5) Take a more prominent place worthy of your great learning of which you have just given us proof. (6) Ex. XXXIV, 3.
a (1) Ex. XIX, 13. (2) Num. V, 2. (3) For the continuation of their journeyings. (4) R. Ḥisda, the father of R. Naḥman, was a more eminent scholar than Isaac, the father of R. Ḥisda, as can be seen from the fact that the former was an ordained rabbi and is referred to as R. Ḥisda, whereas the latter is termed Isaac without the title 'Rabbi'. To show his less distinguished ancestry R. Naḥman refers to himself as מנה בן פרס (מנה = μνᾶ, *mina* and פרס, half of a *mina*). Lit., 'a *mina* the son of half a *mina*', while R. Naḥman is designated by him as '*mina* the son of a *mina*'. (5) That they did not damage the crops.
b (1) [The modern Khurzistan, v. Obermeyer p. 204.] (2) Nehardea, the place of Samuel. (3) So MS.M. and Rashi. Nothing can prevent disease from spreading. Cur. edd. 'There is here no crossing to prevent them'. (4) Palestine is the Mistress and Babylon the Maidservant. (5) And there the Maidservant alone was concerned. (6) The caravans carry with them the pestilence to Nehardea. (7) Lit., 'between the shoulders, shoulder blade'.
c (1) [*Var. lec.*: a garment which had many slits at the shoulder blade.] (2) He would insert the cup through the slit on the shoulder to bleed the patient without having to expose her body. (3) Lit., 'hidden'. (4) [*Var. lec.*: 'outside (his surgery)']. (5) [*Var. lec.*: and those who could not pay could come in and sit down, and were not etc.]

mattresses for them [to sleep on]. [22a] In the morning the scholars rolled these together and took them to the market [for sale]. There they met Abba and they said to him, Sir, value these, how much they are worth, and he replied, So-and-so much. They said to him, Perhaps they are worth more? He replied, This is what I paid for them. They then said to him, They are yours, we took them away from you; tell us, pray, of what did you suspect us. He replied: I said to myself, perhaps the Rabbis needed money to redeem captives and they were ashamed to tell me. They replied, Sir, take them back. He answered: From the moment I missed them I dismissed them from my mind and [I devoted them] to charity.

Raba was dejected because of the special honour shown to Abaye and he was therefore told, Be content that [through your merit] the whole city is protected.

R. Beroka Hoza'ah[6] used to frequent the market at Be Lapat[7] where Elijah often appeared to him. Once he asked [the prophet], Is there any one in this market who has a share in the world to come? He replied, No. Meanwhile he caught sight of a man wearing black shoes and who had no thread of blue on the corners of his
a garment[1] and he exclaimed, This man has a share in the world to come. He [R. Beroka] ran after him and asked him, What is your occupation? And the man replied: Go away and come back to-morrow. Next day he asked him again, What is your occupation? And he replied: I am a jailer and I keep the men and women separate and I place my bed between them so that they may not come to sin; when I see a Jewish girl upon whom the Gentiles cast their eyes I risk my life and save her. Once there was amongst us a betrothed girl upon whom the Gentiles cast their eyes. I therefore took lees of [red] wine and put them in her skirt and I told them that she was unclean.[2] [R. Beroka further] asked the man, Why have you no fringes and why do you wear black shoes?[3] He replied: That the Gentiles amongst whom I constantly move may not know that I am a Jew, so that when a harsh decree is made [against Jews] I inform the rabbis and they pray [to God] and the decree is annulled. He further asked him, When I asked you, What is your occupation, why did you say to me, Go away now and come back to-morrow? He answered, They had just issued a harsh decree and I said I would first go and acquaint the rabbis of it so that they might pray to God.

Whilst [they were thus conversing] two [men][4] passed by and [Elijah] remarked, These two have a share in the world to come. R. Beroka then approached and asked them, What is your occupation? They replied, We are jesters, when we see men depressed we cheer them up; furthermore when we see two people quarrelling we strive hard to make peace between them.

THE ALARM IS SOUNDED EVERYWHERE ON ACCOUNT OF THE FOLLOWING [VISITATIONS] etc. Our Rabbis have taught: The alarm is sounded everywhere on account of the following visitations, blast, mildew, locust, crickets and wild beasts. R. Akiba says: For the slightest attack of blast and mildew; and in the case of locust and crickets even if only one winged creature is seen the alarm is sounded [immediately].

FOR WILD BEASTS etc. Our Rabbis have taught: The Alarm is sounded for wild beasts only when they are a [divine] visitation but not otherwise. What constitutes a [divine] visitation and what does not? When they make their appearance in the city that is a [divine] visitation, in the field it is not; by day it is a [divine] visitation, by night it is not; if a beast sees two persons and pursues them it is a [divine] visitation, but if it hides itself on seeing them it is not; if it killed two persons and devoured only one of them that is a [divine] visitation, but if it devoured both of them
b it is not;[1] if it mounted the roof and carried off an infant out of the cradle that is a divine visitation. Is not this [Baraitha] self-contradictory? [First] you say, 'If it makes its appearance in the city it is a visitation' and no distinction is made whether this happens by day or by night, and then you add 'it is a visitation', but by night it is not!—There is no contradiction. This is what is meant. If it makes its appearance in the city by day it is a visitation, but in the city by night it is not. Or, in the field even by day it is not a visitation.[2]

[First you say,] 'If the beast sees two persons and pursues them it is a visitation' which implies that if it remains still it is no visitation and then you add 'if it hides itself on seeing them it is not a visitation'; this would imply that if it remains still it is a visitation!—This is no contradiction. In the one case it speaks of [a beast] in a field near reedland,[3] in the other in a field not near reedland.

[You say,] 'If it kills two men and devours one of them, that is a visitation but if it devours both of them it is not.' But did you not say that even if it only pursues [two people] that is a visitation?—R. Papa replied: That speaks of a case [where the beast is standing] in reedland.

The [above] text [states] 'If it mounted the roof and carried off an infant out of the cradle it is a visitation'. Is not this self-evident? R. Papa replied: This statement is meant to refer to [the case of a beast carrying off an infant out of a cradle in] a
c hunter's cave.[1]

AND THE SWORD etc. Our Rabbis have taught: By 'SWORD' is meant not only a hostile attack by an invading army but also the passing en route of a friendly army.[2] For there could be no more friendly army than that of Pharaoh-Necho, and yet through

(6) Of Be Hozae (Khuzistan). (7) [The capital of the province of Khuzistan during the Sasanian period, v. Obermeyer p. 209.]

a (1) Cf. Num. XV, 38. (2) She was menstruating. [As protection of the woman this was singularly effective, as among the Persians the laws of menstruation were of extreme rigour, v. Obermeyer p. 210, n. 1.] (3) [It was the black latchets which were the distinguishing marks between Jews and Gentiles, v. Sanh. 74b and Krauss *TA*. I, 628.] (4) [*Var. lec.*: 'two brothers'.]

b (1) The animal had already satisfied its hunger by devouring the first person whom it killed; when therefore it kills another person then it can only be a divine visitation. (2) [The text is doubtful and in disorder. MS.M. omits, 'or in the field ... visitation'. The words 'in the fields by night it is not a visitation', which appear in the cur. ed. in brackets are best left out.] (3) When the animal stands near reedland and it feels itself secure because it has a place of escape and it therefore is not likely to attack a person

c (1) Although it is a low building and the animal need not climb up high for its prey, the attack is yet taken as a divine visitation. (2) Lit., 'there is no need to speak of a sword that is not of peace but even a sword of peace'.

כא א מיי' פ"ב מהלכות תעניות הל' י טוש"ע א"ח סי' תקעו סעיף ט:

כב ב ג ד ה ו מיי' שם הלכה ז ח טוש"ע שם סעיף ו ז:

כג ז מיי' שם הלכה ד טוש"ע שם סעיף ה:

לצפרא כרכינהו ושקלינהו וקמו ונפקו להו לשוקא ואשכחינהו א"ל לשיימיה מר היכי שוו א"ל הכי והכי א"ל ודלמא שוו טפי א"ל בהכי שקלינהו אמרו ליה דידך ניהו ושקלינהו מינך אמרו ליה במטותא מינך במאי חשדתינן א"ל אמינא פדיון שבויים איקלע להו לרבנן ואכספו למימר לי אמרו ליה השתא נשקלינהו מר אמר להו מההוא שעתא אסחתינהו מדעתאי לצדקה הוה קא חלשא דעתיה דרבא משום דאביי (א) אמרו ליה מסתייך דקא מגנית אכולה כרכא ר' ברוקא חוזאה הוה שכיח בשוקא דבי לפט הוה שכיח אליהו גביה א"ל *איכא בהאי שוקא בר עלמא דאתי א"ל לא אדהכי והכי חזא להההוא גברא דהוה סיים מסאני אוכמי ולא רמי חוטא דתכלתא בגלימיה א"ל האי בר עלמא דאתי הוא (ב) רהט בתריה א"ל מאי עובדך א"ל זיל האידנא ותא למחר למחר א"ל מאי עובדך א"ל *זנדוקנא אנא ואסרנא גברי לחוד ונשי לחוד ורמינא פורייאי בין הני להני כי היכי דלא ליתו לידי איסורא כי חזינא בת ישראל דיהבי נכרים עלה עינייהו מסרנא נפשאי ומצילנא לה יומא חד הוות נערה מאורסה גבן דיהבו בה נכרים עינייהו שקלי דורדייא דחמרא ושדאי לה בשיפולה ואמרי *דיסתנא היא א"ל מאי טעמא לית לך חוטי (ג) ורמית מסאני אוכמי א"ל עיילנא ונפיקנא ביני נכרים כי היכי דלא לידעו דיהודאה אנא כי הוו גזרי גזירתא מודענא להו לרבנן ובעו רחמי ומבטלי לגזירתייהו ומאי טעמא כי אמינא לך אנא מאי עובדך ואמרת לי זיל האידנא ותא למחר א"ל בההיא שעתא גזרי גזירתא ואמינא ברישא איזיל ואשמע להו לרבנן דלבעי רחמי עלה דמילתא אדהכי והכי אתו הנך תרי *אתי א"ל הנך נמי בני עלמא דאתי נינהו אזל לגבייהו אמר להו מאי עובדייכו אמרו ליה אינשי בדוחי אנן מבדחינן עציבי אי נמי כי חזינן בי תרי דאית להו תיגרא בהדייהו טרחינן ועבדינן להו שלמא: על אלו מתריעין בכל מקום כו': ת"ר על אלו מתריעין בכל מקום על השדפון ועל הירקון ועל ארבה וחסיל ועל חיה רעה *ר' עקיבא אומר על השדפון ועל הירקון בכל שהוא *ארבה וחסיל אפילו לא נראה בא"י אלא כנף אחד מתריעין עליהן: ועל חיה וכו': ת"ר חיה רעה שאמרו בזמן שהיא משולחת מתריעין עליה אינה משולחת אין מתריעין עליה *אי זו היא משולחת ואי זו היא שאינה משולחת נראית בעיר משולחת בשדה אינה משולחת ביום משולחת בלילה אינה משולחת ראתה שני בני אדם ורצתה אחריהן משולחת *נחבאת מפניהן אינה משולחת טרפה שני בני אדם ואכלה אחד מהן משולחת אכלה שניהן אינה משולחת עלתה לגג ונטלה תינוק מעריסה משולחת הא גופה קשיא אמרת נראתה בעיר משולחת לא שנא ביום ולא שנא בלילה והדר אמרת ביום משולחת בלילה אינה משולחת לא קשיא *הכי קאמר נראתה בעיר ביום משולחת בעיר בלילה אינה משולחת אי נמי בשדה [אפילו] ביום [אינה] משולחת (בשדה בלילה אינה משולחת) ראתה שני בני אדם ורצתה אחריהן משולחת הא עומדת אינה משולחת והדר אמרת נחבאת מפניהן אינה משולחת הא עומדת משולחת לא קשיא *כאן בשדה הסמוכה לאגם כאן בשדה שאינה סמוכה לאגם טרפה שני בני אדם כאחד ואכלה אחד מהן משולחת שניהם אינה משולחת והא אמרת אפילו רצתה אמר רב פפא *כי תני ההיא באגמא: גופא עלתה לגג ונטלה תינוק מעריסה משולחת פשיטא אמר רב פפא *בכוכי דציידי: על החרב וכו': ת"ר *חרב שאמרו אינו צריך לומר חרב שאינו של שלום אלא אפילו חרב של שלום שאין לך חרב של שלום יותר מפרעה נכה ואעפ"כ נכשל בה המלך יאשיהו שנאמר וישלח

[גי' ערוך זנדוקא] [עי' ע"ז כד:]

[ע"ל דישתנא עי' ע"ז כד: וכן גי' ערוך]

ס"ל אחד

[גי' רי"ף ורא"ש ת"ר על השדפון וכו']

[גי' רי"ף ורא"ש ברחה]

לנפיה כרכינהו · רבנן לביסתרקי דאבא אומנא ואייתינהו לשוקא לזבינינהו : אמרו ליה · לאבא אומנא לשיימינהו מר והב לן דמייהו והיו בודקין אותו אם יחשדם כגזלנין או אם יהא שם אותם פחות מכדי דמיהם : במאי חשדתינן · כשלקחתם : וכסיפא . לכו מילתא למימר לי לאלתר ליתן אותם ולהכי אתו למיגבי גבאי למיעבד טובי האי : לשקלינהו מר · שלא הייתי רוצין אלא לנסותך : חלשא דעתיה דרבא אדאביי · דלרבא לא אתי שלמא אלא ממעלי יומא דכיפורי למעלי יומא דכיפורי ולאביי כל מעלי שבתא : אכולה כרכא · על כל בני עירך : רב ברוקא חוזאה · שהיה מבי חוזאי : דבי לפט · מקום : א"ל · רב ברוקא לאליהו מי איכא בהאי שוקא כו' : מסאני אוכמי · מנעלים שחורים (ד) שלא כמנהג היהודים : ולא רמי חוטא · לא הטיל ציצית בטליתו : אמר ליה · אליהו לרב ברוקא האי בר עלמא דאתי הוא : קרא ליה · רב ברוקא לההוא גברא: זנדוקנא · שומר בית האסורין (ה) : רמינא פורייאי כו' · מטיל אני מטתי בין אנשים לנשים : דיהבי נכרים עינייהו עלה · בעלי בית האסורים : איתרמי נערה כו' · דהויא בבית הסוהר: דורדיא דחמרא· שמרים של יין האדומים כדם : בשיפולה · בשולי בגדיה : דיסתנא · דרך נשים לה ומאוסה היא והוא לשון פרסי* . אמר ליה · אליהו לרב ברוקא הני נמי בני עלמא דאתי ניהו: בדוחי · שמחים ומשמחים בני אדם : טרחינן . במילי דבדיחותא בינייהו : עד דעבדי שלמא · (ו) שהן דברים שאדם אוכל פירותיהן בעולם הזה והקרן קיימת וכו' הבאת שלום בין אדם לחבירו : שדפון וירקון · כיון שנראה כל שהוא מתריעין ומלא תנור דמתניתין להתענות אי נמי מעשה (ז) היה כך : כנף אחד · עוף אחד של אותו מין כעין לפור כל כנף (בראשית ז) : משולחת · מן השמים : בשדה אינה משולחת · דהייט אורחה : טרפה שני בני אדם · ולא אכלה אלא אחד מהם ודאי משולחת דכיון דלא היתה רעבה אלא לאחד מאי טעמא קטלה ליה לאידך : שניהן אינה משולחת · שמפני הרעב אכלתם : עלתה לגג · רגילין היו להשתמש כל תשמישיהן בגגות שלא היו משופעים אלא חלקים ושוין והוא הדין לבית שתחתיו : עריסה · ברצו"ל בלע"ז : הכי קאמר · האי דקתני נראתה בעיר כו' הכי קאמר נראתה בעיר כגון שנראתה ביום דהתם נראתה ביום משמע אבל בלילה אינה משולחת והאי דקתני נראתה ביום (ח) א] אשדה קאי דאם נראתה בשדה ביום אינה משולחת : הא עמדה · בשדה דלא רצתה ולא נחבאת : בשדה הסמוכה לאגם · עמדה אינה משולחת דכיון דסמוכה לאגם הייט רביתה ולא ברחה סברה אי אתי בתראי עריקנא לאגם מיד : בשדה שאינה סמוכה לאגם · עמדה משולחת דכיון דלאו מקום רביתה הוא וקיימא ודאי משולחת גזירה היא : אגם · מרש"ק בלע"ז הסמוך לעיר והוא מלא קוצים : כי תניא ההיא · דאכלה אין רצתה לא באגם (ס) דכיון דהייט דוכתה סמכה אדעתה והדמא אבתרייהו : ככוכא דציידי · כוך קטן של ציידין שיחפרו למארב העופות ואף על גב דלאו בנין קבוע הוא ולא הוה כיישוב היא משולחת : אין צריך לומר חרב שאינו של שלום · שמתריעין עליה (י) אלא אפילו חרב של שלום · העוברת דרך אותו מלכות לילך להלחם במקום אחרת : וישלח

טרפה שני בני אדם אכלה אחד מהן משולחת· והוא הדין לא אכלה אחד מהם משולחת שהרי אם אכלה שניהם אינה משולחת דהא דאכלה שניהם לא הוי מטעם משולחת אלא מטעם דהיא רעיבה והא דנקט אכלה אחד מהם רבותא הוי דאע"ג דאכלה אחד מהן הוי משולחת :

רבינו חננאל

רבא מגנא זכותיה אכולא כרכא : א"ל ר' ברוקה לאליהו הראיני אדם שהוא מבני העוה"ב א"ל זה הלך אחריו שאלו אמר לו שומר האסורים אני ואסרנא גברי לחוד ונשי לחוד ולא רמינא ציצית כי היכי דלא לתשדאנא יהודאי . וכי שמענא דגזרה על ישראל מהודענא להון ובעו רחמי ומבטלי . דורדיא שמרים של יין . דישתנא נדה . וזה הנראה בבגדיה ככתם דמיה הן . תוב א"ל אליהו הני נמי בני עלמא דאתי נינהו ושאלינהו ואמרו ליה משמחי לב עציבי אנן כלומר יש לנו חן שפה ודברים המסירים עצב מן הלב וכי חזינן נמי צערא בין גברא לחבריה אי בין גברא לאתתיה טרחינן ועבדינן שלמא בינייהו : על אלו מתריעין בכל מקום על השדפון ועל הירקון כו' וקי"ל כר' עקיבא דברייתא דתני על השדפון ועל [הירקון] (הארבה) בכל שהוא ואוקימנא למתני' לקמן דנראה באשקלון שדפון כמלא פי תנור תבואה כלומר כשיעור פי תנור נשדפה תבואת בשדה וגזרו תענית ואיבעיא לן האי שדפון דמשערינן ליה בשדה שיעור ככיסוי פי התנור הוא. אי כשיעור דרא רפתא דהדר לפומא דתנורא ועלתה בתיקו . וכן נמי א"ר עקיבא וכן בארבה ובחסיל אפילו לא נראה אלא כנף אחד בא"י מתריעין עליהן מיד : פיסקא ועל חיה רעה ת"ר חיה רעה בזמן שהיא משולחת כו' ואוקימנא איזו היא משולחת שנראתה בעיר בלילה אי נמי נראתה בשדה ביום אינה משולחת . ראתה שנים ורצתה אחריהן משולחת אבל ראתה אותם ונחבאת מפניהם אי נמי לא נחבאת אלא עמדה בשדה הסמוכה לאגם אינה משולחת טרפה שנים באגם ואכלה אחד מהם משולחת ואם לא אכלה ולא אחד מהם אינה משולחת והני מילי באגם אבל שלא במקום אגם אע"פ שלא אכלה אלא רצתה אליהם משולחת : **פיסקא** ועל החרב מתריעין . ת"ר אין צ"ל חרב שאינה של שלום שודאי מתריעין אלא אפי' חרב של שלום מתריעין שאין לך חרב של שלום יותר מפרעה נכה ואעפ"כ נכשל בה

רבינו גרשום

כרכינהו לתרי ביסתרקי למזבן ואמרי ליה כ"ע לשיימינהו מר . אמר להו הכי והכי שוו דבעי למיהב שווי' אילו בסתרקי להנהו זוגא דרבנן א"ל ההוא זוגא דרבנן חשדתינן דאתינן לותך לישקלינהו מר לבסתרקי דלא בעינא להו . מסאני אוכמי' כנכרים ולא רמו חוטי. ציצית: מפני שהיא מכה מהלכת. שלאחר שנראה כל שהוא אינו מפסיק : שניהם אינה משולחת דאקראי היא מחמת רעבתינתא . א"נ בשדה ביום מסיים הברייתא בשדה הסמוכה לאגם . עמדה אינה משולחת לפי שלבה גסה באגם שהיא מצויה שם . בשדה שאינה סמוכה לאגם עמדה משולחת . באגם גופיה לא הוה משולחת עד דאכלה מהן . כוכי דאגמא דציידי . צריפין דיורין קטנים שדרין בהן ציידים ועל אותו גג עלתה דס"ד לא חשיב גג קמ"ל :

הגהות הב"ח

(א) גמ' חלשא דעתיה דרבא משום דאביי איתחזי ליה בחלמא אמרו ליה מסתייך : (ב) שם האי בר עלמא דאתי הוא קרא ליה ולא אתא לגביה רהט בתריה א"ל : (ג) שם מ"ט לית לך חוטי וסיימת מסאני אוכמי כו' דיהודאה אנא דכי הוו גזרי : (ד) רש"י ד"ה מסאני אוכמי כו' שלא כמנהג היהודים . נ"ב עי' בתוס' פרק בן סורר ומורה דף ע"ד ובפ' הכונס דף נ"ט : (ה) ד"ה זנדוקנא כו' האסורין של מלך הס"ד : (ו) ד"ה עד דעבדי שלמא . דהבאת שלום בין אדם לחבירו היא אחד מן הדברים שאדם אוכל פירותיהן בעוה"ז והקרן קיימת לעוה"ב הס"ד : (ז) ד"ה שדפון כו' אי נמי מעשה שהיה כך היה הס"ד: (ח) ד"ה הכי קאמר כו' והאי דקתני נראתה ביום אעיר קאי דאם נראתה בשדה אפילו ביום אינה: (ט) ד"ה כי תניא כו' רצתה לא באגם גופא דכיון דהייט : (י) ד"ה אין צריך לומר כו' שמתריעין עליה הס"ד ומה"ד אלא כו'

גליון הש"ס

גמ' איכא בהאי שוקא . עיין בתורת חיים סנהדרין דף פח ע"ב ד"ה שלחו מתם :

הגהות מהר"ב רנשבורג א] רש"י ד"ה הכי קאמר וכו' והאי דקתני נראתה ביום אשדה וכו' נמחק מלת אשדה וצ"ל אעיר :

עין משפט
נר מצוה

כד א מיי' פ"ב מהל' תענית הלכה יא טוש"ע א"ח סימן תקעו סעיף ח:
כה ב מיי' פ"ב מהלכות טומאת מת הל' ד:
כו ג מיי' פ"א מהל' תענית הלכה ט טוש"ע א"ח סימן תקעח סעיף א':
כז ד מיי' פ"ב מהל' תענית הלכה ה טוש"ע א"ח סימן תקעו סעיף כ:
כח ה ו מיי' שם הל' טו טוש"ע שם סעיף יא:

°וישלח אליו מלאכים לאמר מה לי ולך מלך יהודה לא עליך אתה היום כי אל בית מלחמתי ואלהים אמר לבהלני חדל לך מאלהים אשר עמי ואל ישחיתך (א) מאי אלהים אשר עמי אמר רב יהודה אמר רב זו ע"ז אמר הואיל וקא בטח בע"ז יכילנא ליה (ב) °ויורו היורים למלך יאשיהו ויאמר המלך לעבדיו העבירוני כי החליתי מאד מאי כי החליתי מאד *אמר רב יהודה אמר רב מלמד שעשו כל גופו ככברה אמר ר' שמואל בר נחמני אמר רבי *(יוחנן) מפני מה נענש יאשיהו מפני שהיה לו לימלך בירמיהו ולא נמלך מאי דרש °וחרב לא תעבור בארצכם מאי חרב אילימא חרב שאינה של שלום והכתיב ונתתי שלום בארץ אלא אפילו (ג) של שלום והוא אינו יודע שאין דורו דומה יפה כי הוה ניחא נפשיה חזא ירמיהו שפוותיה דקא מרחשן אמר שמא ח"ו מילתא דלא מהגנא אמר אגב צעריה גחין ושמעיה דקא מצדיק עליה דינא אנפשיה אמר *צדיק הוא ה' כי פיהו מריתי° פתח עליה ההיא שעתא °רוח אפינו משיח ה': מעשה וירדו זקנים מירושלים לעריהם כו': איבעיא להו כמלא תנור תבואה או דלמא כמלא תנור פת תא שמע *כמלא פי תנור ועדיין תיבעי להו ככיסויא דתנורא או דלמא כי דרא דריפתא דהדר ליה לפומא דתנורא תיקו: ועוד גזרו תענית על שאכלו זאבים כו': אמר עולא משום ר' שמעון בן יהוצדק *מעשה ובלעו זאבים שני תינוקות והקיאום דרך בית הרעי ובא מעשה לפני חכמים וטיהרו את הבשר וטמאו את העצמות: על אלו מתריעין בשבת כו': תנו רבנן (ד) *עיר שהקיפוה נכרים או נהר ואחד ספינה המיטרפת בים ואחד יחיד שנרדף מפני נכרים או מפני לסטין *ומפני רוח רעה *על כולן יחיד רשאי לסגף את עצמו בתענית רבי יוסי אומר אין היחיד רשאי לסגף את עצמו בתענית שמא יצטרך לבריות ואין הבריות מרחמות עליו אמר רב יהודה אמר רב מ"ט דרבי יוסי דכתיב °ויהי האדם לנפש חיה נשמה שנתתי בך החייה: שמעון התימני אומר אף על הדבר כו': איבעיא להו לא הודו לו חכמים בשבת °אבל בחול הודו לו או דלמא לא הודו לו כלל ת"ש דתניא מתריעין על הדבר בשבת ואצ"ל בחול ר' חנן בן פיטום תלמידו של ר' עקיבא משום רבי עקיבא אומר אין מתריעין על הדבר כל עיקר: על כל צרה שלא תבא על הצבור כו': ת"ר על כל צרה שלא תבא על הצבור מתריעין עליה חוץ מרוב גשמים מ"ט אמר ר' (ה) יוחנן °לפי שאין מתפללין על רוב הטובה ואמר רבי יוחנן מניין שאין מתפללין על רוב הטובה שנאמר °הביאו את כל המעשר אל בית האוצר וגו' *מאי עד בלי די אמר רמי בר *רב(יוד) עד שיבלו שפתותיכם מלומר די אמר ג) רמי בר רב יוד ובגולה מתריעין עליה תניא נמי הכי שנה שגשמיה מרובין לאנשי משמר שולחין לאנשי מעמד תנו עיניכם באחיכם שבגולה שלא יהא בתיהם קבריהם שאלו את ר' אליעזר עד היכן גשמים יורדין ויתפללו שלא ירדו אמר להם כדי שיעמוד אדם בקרן אפל וישכשך רגליו במים והתניא ידיו רגליו בידיו קאמינא אמר רבה בר בר חנה לדידי חזיא לי קרן אפל דקם ההוא טייעא כי רכיב גמלא ונקיט רומחא בידיה מתחזי ג) איניבא ת"ר° ונתתי גשמיכם בעתם לא שבורה ולא צמאה אלא בינונית שכל זמן שהגשמים מרובין משטשטין את הארץ ואינה מוציאה פירות דבר אחר בעתם

א) [גי' ר"ף וכה"ש אמר ר' אבא אמר שמואל לפי] ב) [גי' ר"ף ורא"ש ר"י אמר רב וכן גי' רש"א] °) ויקרא כו
ג) [צ"ל יניבא פי' תולעת כדאיתא בחולין סה: ר' חייא נפל ליה יניבא ערוך ערך אנבא]

רש"י

ויסלח אליו מלאכים לאמר מה לי ולך מלך יהודה לא עליך אתה היום כי אל בית מלחמתי ואלהים אמר לבהלני חדל לך מאלהים אשר עמי וגו' לא עליך אני הולך היום. יאשיה יצא לקראתו למלחמה ולא נתנו לעבור בארצו ושלח לו פרעה נכה מלאכים לאמר כו': מאן אלהים. דקאמר ליה פרעה נכה חדל לך מאלהים אשר עמי (ה): מלמד. מדכתיב ויורו המורים דמשמע יריות רבות יורו המורים: *אמר רב יהודה אמר רב מלמד שעשו כל גופו ככברה: הא כתיב ונתתי שלום בארץ. ולמאי הלכתא כתביה רחמנא לאידך קרא וחרב לא תעבור בארצכם אלא אפי' חרב של שלום: שאין דורו דומה יפה. בעיני המקום: איבעיא להו כמלא תנור תבואה. דהיינו שיעור גדול יותר ממלא תנור פת דשיעור קטן הוא שאין דרך למלאות כל חלל התנור פת אלא בדפנות מדביקין אותו: ת"ש. דקתני חדא כי האי לישנא כמלא פי התנור דהיינו פת דאילו תבואה לא מצי קיימא על פי התנור: או דלמא כי דרא דריפתא. שורה של לחם הדבוקין זה אצל זה בפי התנור אי נמי שמדביקין זה למעלה מזה עד פי התנור: ובלען. כשהן שלימין: וטהרו את הבשר. שאינו מטמא טומאת מת דנתעכל ונתבטל תוך מעיו וכגון ששהו ימי עיכול ופירשא בעלמא הוא: וטימאו את העצמות. דלא מתעכלו: מפני רוח רעה. שנכנס בו רוח שידה ורץ והולך ושמא יטבע בנהר או יפול וימות: לסגף. לענות נפש מתרגמינן לסגפא נפש (במדבר ל): יצטרך לבריות. כי אין בו כח להרויח ולהתפרנס מיגיעו: דכתיב לנפש חיה. החייה: (ו) חנן בן פטום אומר אין מתריעין על הדבר. אפי' בחול דגזירה היא: רמי בר רב יוד. חכם ששמו יוד: ובגולה. בבל שהיא במצולה: מתריעין על רוב גשמים. שלא ירדו: שלא יהו בתיהם קבריהן. שעמוקה היא ונטבעים בתיהם במים: אנשי משמר ואנשי מעמד. מפרש בשלשה פרקים לקמן (דף טו:): תנו עיניכם. התבוננו בתפלתכם בתעניות עליהם שלא ירדו רוב גשמים: קרן אפל. שן סלע גבוה וכך שמו: וישכשך רגליו במים. כלומר לעולם אין מתפללין והתניא ידיו. עד שישכשך ידיו: (ז) רגלו כידו. וכיון דיכול לשכשך ברגלו אי שוחה יכול לשכשך בידו נמי: טייעא. סוחר ישמעאל: ומיתחזי. האי טייעא וגמליה ורומחא לרבה בר בר חנה על קרן אפל: איניבא. תולעת ל"א כי אנבא לינדי"א בלע"ז: לא שכורה. לא שתויה יותר מדאי שמטשטשין את הארץ: דכתיב

תוספות

כמלא תנור תבואה או דלמא כמלא תנור פת. כמלא תנור תבואה הוי פי' כמלא חלל התנור תבואה דהיינו יותר ממלא תנור פת תא שמע כמלא פי תנור פת ואם כן מיירי בפת: ועדיין תבעי לך כמלא פי התנור כמלא עגול פי תנור. דהיינו שורה של לחם סביבות פי התנור או דלמא כי דרא דריפתא ואהדר ליה לפומיה דתנורא שורות שורות של לחם זו למעלה מזו עד פי התנור: וטהרו את הבשר. פירוש לפי שנתעכלו במעי הזאבים וטמאו את העצמות דלא מיעכלו: ועל כולן רשאי לסגף עצמו בתענית. פי' לענות נפש מתרגמינן לסגפא נפש: ר' יוסי אומר אין היחיד רשאי לסגף. וכ"ל דהני תנאי ל"פ בהא דמיירי הני אמוראי בפרקין דלעיל (דף יא:) אם נקרא חוטא או נקרא קדוש וכו' דהאמוראי פליגי במאי לנטורי נפשיה והני תנאי פליגי בדלא מצי לנטורי נפשיה: לאנשי (ח) משמר. פי' דהיינו אנשי מעמד דיש בישראל שהיו נחלקים למעמדות להתפלל שיתפללו על אחיהם שבגולה פי' לפי שגגותיהם שוים ונימוקים מחמת גשמים: קרן אפל. פי' שם מקום: אינבא. פירוש לנד"א בלע"ז מחמת גובהו של הר: *בלילי רביעיות ובלילי שבתות. פי' שלא היו בני אדם הולכין בדרכים באותן לילות מפני אגרת בת מחלת כדמפרש במסכת פסחים (דף קיב:): השולה

רבינו חננאל

יאשיהו ונהרג דכתיב ויורו המורים למלך יאשיהו ואמר עשאוה ככברה ולמה נענש מפני שלא נמלך בירמיהו כד הוה ניח נפשיה שמעיה ירמיהו דהוה קאמר צדיק הוא ה' כי פיהו מריתי פתח עליה ירמיהו רוח אפינו משיח ה': ועוד גזרו תענית על שבלעו זאבים ב' תינוקות בעבר הירדן והקיאום דרך בית רעי וטיהרו הבשר וטמאו העצמות מ"ט כיון דבשר עביד להתעכולי כמעוכל הוא וכפרש הוא חשוב וכגללים שאין להם טומאה אבל העצמות דאקשי טפי לא עבידי לאיתעכלי ובחזקתייהו קיימי לפיכך מטמאים ומפורש זה כאשר אמרנו במנחות בפ' ר' ישמעאל אומר בבעיא דרמי בר חמא בפיל שבלע כפיפה מצרית והקיאה דרך בית הרעי כו' ואמרינן תפשוט ליה מהא דאמר עולא מעשה שבלעו ב' זאבים ב' תינוקות והקיאום דרך הרעי כו': על אלו מתריעין בשבת על עיר שהקיפוה נכרים כו' ואוקימנא בפרק הראשון דהתרעה זו בעננו. ר' יוסי אומר לעזרה ולא לצעקה: ת"ר עיר שהקיפוה נכרים נהר וספינה המטורפת בים. ויחיד הנרדף לפני נכרים או מפני רוח רעה או מפני לסטים מתריעין עליהן בשבת. ועל כולן יחיד רשאי לסגף עצמו בתענית ר' יוסי אומר אין היחיד רשאי לסגף עצמו בתענית שמא יצטרך לבריות ואין מרחמין עליו. ואמרי' מ"ט דר' יוסי כתיב ויהי האדם לנפש חיה. נשמה שנתתי בך החייה. שמעון התימני אומר מתריעין אף על הדבר. [משום ר"ע אמרו אין מתריעין על הדבר] כל עיקר. על כל צרה הבאה על הצבור מתריעין עליהן חוץ מרוב גשמים. מעשה שאמרו בחוני המעגל התפלל אולי ירדו גשמים. עוד אמר להם צאו וראו אם נמחית אבן הטועין פי' כדאמרן בפרק אלו מציאות ת"ר אבן הטועין היתה בירושלים כל מי שאבדה לו אבדה נפנה לשם וכל המוצא אבדה נפנה לשם המוצא היה עולה על אותה האבן והיה מכריז מי שאבדה לו אבדה יבא ויתן סימניה ויקח. ומי שאבדה לו אבדה היה נותן סימניה ונוטלה וזו ששנינו צאו וראו אם נמחית אבן הטועין. והוו רבותי מפרשין אם נמחית אבן הטועין מלשון וימחה את כל היקום כלומר אם כיסוה המים כאלו נמחית מן העולם עד שראינו בירושלמי פירוש אחרת כשם שאי אפשר לאבן הזה להמחות כך אי אפשר להתפלל על הגשמים שילכו שלח לו שמעון בן שטח צריך אתה להתנדות אלו נגזרה גזרה בימי אליהו שנשבע שלא יבא מטר אלא לפי דברו ונשבעת אתה שעתה מיד יבא מטר לא נמצאת מביא רבים לידי חלול השם וכל המביא הרבים לידי חטא וחלול השם צריך נדוי וכל המעכב את הרבים מלעשות מצוה צריך נידוי־מניין שאין מתפללין על רוב גשמים שנאמר והריקותי לכם ברכה עד בלי די ואמר רב עד שיבלו שפתותיכם מלומר די. ובגולה מתריעין על רוב גשמים. תניא נמי הכי שנה שגשמיה מרובים אנשי משמר שולחין לאנשי מעמד תנו עיניכם לאחיכם שבגולה שלא יפלו עליהן בתיהן. יניבא תולעת דגרסינן בכיסוי הדם נפל ליה לר' חייא יאניבא בכיתניה. פי' גאון גירסא כך הוא כינבא ונבא וזהו מן כנים. כנין הא דגרס בפרק (ר' אליעזר אומר תולין) [שמונה שרצים קז:] הפסיין וביצי כנים. ועוד בפרק (ב"ש אומר) [שלשה מינים אסורין בנזיר (לט:)] ת"ש מאנבא חיה דמשתכחא בעיקבא ואנבא מיתה משתכחא ברישא דמויא ובלשון ישמעאל קורין אותן ציבאן והדעת נוטה על הפירוש שפירשנו אנו. שאלו לר' אליעזר עד מתי יהו הגשמים יורדין ולא יתפללו עליהן שלא ירדו גשמים אמר להן עד כדי שישב אדם (במקום אפל) בקרן אפל וישכשך רגלו כידו במים: ת"ר ונתתי גשמיכם בעתם לא שכורה ולא צמאה אלא בינונית שבזמן שהגשמים רבים מטשטשין את הארץ ואינה עושה פירות.

רבינו גרשום

והכתיב ונתתי שלום ואין צריך לומר חרב שאינה של שלום שאינה עוברת: שאין דורו דומה יפה שאין מעשה ידי הדור יפה שלפיכך הוא בא: כמלא תנור תבואה כמו שהיה קרקע התנור מכוסה מתבואה. כמלא תנור פת היינו מעט. כמלא פי תנור משמע פת שהוא סביב הפה. כי כיסא דתנורא ככיסוי פי התנור דהיינו פת אחד: ויהרו את הבשר שהרי נתעכל וטמאו את העצמות. שלא נתעכל: לסגף לענית כדמתרגמינן לעינוי לסגפא: או לא הודו לו כלל. דאין מתריעין על הדבר כלל אפי' בחול בזמן שישנו במקום אחד. מאי טעמא אין מתריעין על רוב גשמים: ובגולה מתריעין על רוב גשמים לפי שהן יושבין באגם ורוב גשמים קשה להם. תנו עיניכם שתתפללו. אופל הר גבוה: לשכשך במים. מילתא דלא אפשר רגלו כידו (למ"ה) רגלו או ידו. אינבא. לנשרא: בלילי רביעיות שאין בני אדם מצויים להוץ מפני אגרת בת מחלת. אם נמחית נתכסה. צריך אתה להתנדות שמטיח דברים כלפי מעלה:

הגהות הב"ח

(א) גמ' ואל ישחיתך מאן אלהים אמר רב כו' כצ"ל ותיבות אשר עמי נמחק: (ב) שם יכילנא ליה וכתיב ויורו היורים וכו' כי החליתי מאד אמר רב יהודה אמר רב עשו כל גופו וכו' כצ"ל ותיבות מאי כי החליתי מאד ותיבת מלמד נמחק: (ג) שם שלום בארץ אלא אפילו חרב של שלום כו' כי הוה קא ניחא נפשיה: (ד) שם ת"ר אחד עיר שהקיפוה נכרים: (ה) רש"י ד"ה מאן אלהים כו' אשר עמי הס"ד ואח"כ מה"ד אמר יאשיהו הואיל וקא בטח פרעה בע"ז יכילנא ליה והיינו דכתיב ולא הסיב יאשיהו לא הסיבו כלום הס"ד ואח"כ מה"ד כל גופו מדכתיב ויורו כו' המורים הס"ד ואח"כ מה"ד ה"ג אמר רב יהודה אמר רב עשו כל גופו ככברה הס"ד ותיבת מלמד נמחק: (ו) ד"ה דכתיב כו' החייה הס"ד ואח"כ מה"ד רבי חנן בן כו': (ז) ד"ה והגיא וכו' ידו במים הס"ד: (ח) תוס' ד"ה לאנשי מעמד פי' היינו אנשי מעמד כו'. נ"ב עי' לקמן דף כ"ז:

מסורת הש"ס

[פי' רש"י שבעי' דיק ס"ג וכו']
מו"ק כח: [סנהדרין מ:]
[צ"ל יוחנן]
מנחות סט:
[לעיל יד. ובספרי רוח רעה מתריעין בשבת ועל כולן כצ"ל רש"ל]
*) לעיל ט. שבת לב: מכות כג.
[לעיל ט. ובשבת ומכות איתא חמא וכן אמר רב וברש"י כאן דגרס יוד הוא שם חכם צ"ל דכוונתו על זה דלקמן בסמוך דאמר ובגולה מתריעין וכו']

it king Josiah met his fate, as it is said [22*b*] *But he sent ambassadors to him, saying: What have I to do with thee, thou king of Judah? I come not against thee this day, but against the house wherewith I have war: and God hath given command to speed me; forbear thee from meddling with God, who is with me, that He destroyeth thee not.*[3]

What is meant by *'God who is with me'?*—Rab Judah said in the name of Rab: Idols. Josiah said [to himself], Since he [Pharaoh-Necho] puts his trust in his idols I will prevail over him.

And the archers shot at king Josiah; and the king said to his servants: Have me away, for I am sore wounded.[4] What is meant by, *'For I am sore wounded'?* Rab Judah said in the name of Rab: This teaches that his whole body was perforated like a sieve.[5] R. Samuel b. Naḥmani said in the name of R. Jonathan: Josiah was punished because he should have consulted Jeremiah and he did not. On what did Josiah rely?—On the divine promise contained in the words, *Neither shall the sword go through your land.*[6] What sword? Is it the warring sword? It is already stated [in the same verse], *And I will give peace in the land.*[6] It must surely refer to the peaceful sword. Josiah, however, did not know that his generation found but little favour [in the eyes of God]. When he was dying Jeremiah observed that his lips were moving and he feared that perhaps, Heaven forfend, [Josiah] was saying something improper because of his great pain; he thereupon bent down and he overheard him justifying [God's] decree against himself saying, *The Lord is right-*
a *eous; for I have rebelled against His word.*[1] He [Jeremiah] then cited of him, *The breath of our nostrils, the anointed of the Lord.*[2]

IT HAPPENED THAT THE ELDERS RETURNED FROM JERUSALEM TO THEIR OWN CITIES etc. The question was asked, [Does the Mishnah mean] as an oven full of grain, or as an oven full of bread?[3]—Come and hear: As much as would fill the opening of an oven. The following question however still remains, Does it mean [as much bread] as would close the opening of an oven, or a row of loaves extending to the opening of the oven? This is left undecided.

THEY ALSO ORDAINED A FAST BECAUSE WOLVES DEVOURED etc. 'Ulla said in the name of R. Simeon b. Jehozadak: It happened that wolves devoured two children and they passed them out through their secretory canal and the question came up before the Sages and they declared that the flesh [of the children] was clean but that their bones were unclean.[4]

THE ALARM IS SOUNDED ON THE SABBATH etc. Our Rabbis have taught: When a city is surrounded by hostile Gentiles, or threatened with inundation by the river, or when a ship is foundering in the sea, or when an individual is being pursued by Gentiles or robbers or by an evil spirit,[5] the alarm is sounded [even] on the Sabbath; and on account of all these an individual may afflict himself by fasting. R. Jose says: An individual may not afflict himself by fasting lest thereby he come to need the help of his fellow men and it may be that they will not have mercy upon him. Rab Judah said in the name of Rab: R. Jose's reason is because
b it is written, *And became a living soul;*[1] Scripture thereby implies, [God says], Keep alive the soul which I gave you.

SIMEON THE TEMANITE SAYS [THE ALARM IS SOUNDED] ALSO EVEN ON ACCOUNT OF PLAGUE etc. The question was asked: Did the Rabbis disagree with him only when it was a question of sounding the alarm on the Sabbath, but on weekdays they agreed with him; or, perhaps they did not agree with him in any circumstances?—Come and hear: The alarm is sounded on account of plague on the Sabbath, and, it goes without saying, on weekdays. R. Ḥanan b. Piṭom,[2] a disciple of R. Akiba, said in the name of R. Akiba: We may not under any circumstances sound the alarm on account of plague.

THE ALARM IS SOUNDED ON ACCOUNT OF ANY VISITATION, THAT COMES UPON THE COMMUNITY! Our Rabbis have taught: The alarm is sounded on account of any visitation that comes upon the community! except on account of an overabundance of rain. Why?—R. Joḥanan said: Because we may not pray on account of an excess of good. R. Joḥanan further said: Whence do we derive that we may not pray on account of an excess of good? For it is said, *Bring ye the whole tithe into the storehouse . . . that there shall be more than sufficiency.*[3] What is the meaning of, *'More than sufficiency'?*—Rami son of R. Yud interpreted: Until your lips grow weary with saying, Sufficient. Rami son of R. Yud said: In the Diaspora the alarm is sounded on account of this.[4] It has been taught likewise: In a year of excessive rain the Men of the *Mishmar* send [a message] to the Men of the *Ma'amad:*[5] Think of your brethren in the Diaspora that their houses may not become their graves.[6]

R. Eliezer was asked, How excessive must the rainfall be to warrant prayer for it to cease? He replied: When a man standing
c on Keren Ofel[1] is able to dabble his feet in water. But has it not been taught 'his hands'?—I mean, his feet [at the same time] as his hands.[2] Rabah bar b. Hana related: Once as I was standing on Keren Ofel I saw [below] an Arab with a spear in his hand riding on a camel and to me he looked as small as a flax-worm.

The Rabbis have taught: *And I will give you rains in their season.*[3] [This means that the soil shall be] neither soaked nor parched, but moderately rained upon. For whenever the rain is excessive it

(3) II Chron. XXXV, 21. (4) Ibid. 23. (5) Rab Judah infers this from the words ויורו היורים which he renders, 'And the archers continued shooting'. [Or, החליתי is connected with חלל to pierce through.] (6) Lev. XXVI, 6.
a (1) Lam. I, 18. (2) Ibid. IV, 20. (3) The former is the larger quantity. (4) Their flesh as mere secretion does not render anyone coming into contact with them unclean, but their bones, still retaining their solid nature, do; cf. Lev. V, 2-3. (5) [*Var. lec.*: 'an evil beast'.]
b (1) Gen. II, 7. (2) [*Var. lec.*: b. Phinehas.] (3) Mal. III, 10. (4) Because of an excess of rain. (5) The phrase, 'Men of the *Mishmar*' here does not refer to priests but to a division of lay Israelites whose representatives in Jerusalem known as the Men of the *Ma'amad* (v. Glos.) stood by during the sacrificial ceremonies reciting prayers (v. Malter, a.l. and *infra* 27*a* notes). (6) Diaspora in the first instance denotes Babylon. Babylon being a low lying country would be swamped by an excess of rain.
c (1) The name of a high rock on the brook of Kidron E. of Jerusalem. Cf. Tosef. Ta'an. III, 1. [The water to reach the Ofel would have to rise five hundred feet. V. Büchler, op. cit. p. 197.] (2) [MS.M. omits, 'I mean', the reference being to the Baraitha. I.e., the Baraitha, in stating 'hands' means that the water had risen so high that one can sit on the Keren Ofel and wash his hands whilst his feet dabble in the water.] (3) Lev. XXVI, 4.

scours away the soil so that it yields no fruit. [23*a*] Another explanation. *'In their season'*: [This means that rain would fall only] on the eve of Wednesdays[4] and Sabbaths. For so it happened in the days of Simeon b. Sheṭaḥ. [At that time] rain fell on the eve of Wednesdays and Sabbaths so that the grains of wheat came up as large as kidneys and the grains of barley like the stones of olives, and of the lentils like the golden *denarii* and they stored specimens of them for future generations in order to make known unto them the ill effects of sin, as it is said. *Your iniquities have turned away these things and your sins have withholden good from you.*[5] Likewise we find happened in the days of Herod when the people were occupied with the rebuilding of the Temple. [At that time] rain fell during the night but in the morning the wind blew and the clouds dispersed and the sun shone so that the people were able to go out to their work, and then they knew that they were engaged in sacred work.

IT HAPPENED THAT THE PEOPLE SAID TO ḤONI, THE CIRCLE DRAWER etc. Once it happened that the greater part of the month of Adar had gone and yet no rain had fallen. The people sent a message to Ḥoni the Circle Drawer, Pray that rain may fall. He prayed and no rain fell. He thereupon drew a circle and stood within it in the same way as the prophet Habakuk had done, as
a it is said, *I will stand upon my watch, and set me upon the tower* etc.[1]
He exclaimed [before God], Master of the Universe, Thy children have turned to me because [they believe] me to be a member of Thy house. I swear by Thy great name that I will not move from here until Thou hast mercy upon Thy children! Rain began to drip and his disciples said to him, We look to you to save us from death;[2] we believe that this rain came down merely to release you from your oath. Thereupon he exclaimed: It is not for this that I have prayed, but for rain [to fill] cisterns, ditches and caves. The rain then began to come down with great force, every drop being as big as the opening of a barrel and the Sages estimated that no one drop was less than a *log*. His disciples then said to him: Master, we look to you to save us from death; we believe that the rain came down to destroy the world. Thereupon he exclaimed before [God], It is not for this that I have prayed, but for rain of benevolence, blessing and bounty. Then rain fell normally until the Israelites [in Jerusalem] were compelled to go up [for shelter] to the Temple Mount because of the rain. [His disciples] then said to him, Master, in the same way as you have prayed for the rain to fall pray for the rain to cease. He replied: I have it as a tradition that we may not pray on account of an excess of good. Despite this bring unto me a bullock for a thanksgiving-offering.[3] They brought unto him a bullock for a thanksgiving-offering and he laid his two hands upon it and said, Master of the Universe, Thy people Israel whom Thou hast brought out from Egypt cannot endure an excess of good nor an excess of punishment; when Thou wast angry with them, they could not endure it; when Thou didst shower upon them an excess of good they could not endure it; may it be Thy will that the rain may cease and that there be relief for the world. Immediately the wind began to blow and the clouds were dispersed and the sun shone and the people went out into the fields and gathered for themselves mushrooms and truffles. Thereupon Simeon b. Sheṭaḥ sent this message to him, Were it not that you are Ḥoni I would have placed you under the ban; for were the years like the years
b [of famine in the time] of Elijah[1] (in whose hands were the keys of
Rain) would not the name of Heaven be profaned through you?[2] But what shall I do unto you who actest petulantly before the Omnipresent and He grants your desire, as a son who acts petulantly before his father and he grants his desires; thus he says to him, Father, take me to bathe in warm water, wash me in cold water, give me nuts, almonds, peaches, and pomegranates and he gives them unto him. Of you Scripture says, *Let thy father and thy mother be glad, and let her that bore thee rejoice.*[3]

Our Rabbis have taught: What was the message that the Sanhedrin[4] sent to Ḥoni the Circle-Drawer? [It was an interpretation of the verse], *Thou shalt also decree a thing, and it shall be established unto thee, and light shall shine upon thy ways* etc.[5] *'Thou shalt also decree a thing:'* You have decreed [on earth] below and the Holy One, Blessed be He, fulfils your word [in heaven] above. *'And light shall shine upon thy ways:'* You have illumined with your prayer a generation in darkness. *'When they cast thee down, thou shalt say: There is lifting up:'* You have raised with your prayer a generation that has sunk low. *'For the humble person He saveth:'* You have saved by your prayer a generation that is humiliated with sin. *'He delivereth him that is not innocent:'* You have delivered by your prayer a generation that is not innocent. *'Yea, He shall be delivered through the cleanness of thy hands:'* You have delivered it[6] through the work of your clean hands.

R. Joḥanan said: This righteous man [Ḥoni] was throughout the whole of his life troubled about the meaning of the verse, *A Song of Ascents, When the Lord brought back those that returned to*
c *Zion, we were like unto them that dream.*[1] Is it possible for a man to
dream continuously for seventy years?[2] One day he was journeying on the road and he saw a man planting a carob tree; he asked him, How long does it take [for this tree] to bear fruit? The man replied: Seventy years. He then further asked him: Are you certain that you will live another seventy years? The man replied: I found [ready grown] carob trees in the world; as my forefathers planted these for me so I too plant these for my children.

Ḥoni sat down to have a meal and sleep overcame him. As he slept a rocky formation enclosed upon him which hid him from sight and he continued to sleep for seventy years. When he awoke he saw a man gathering the fruit of the carob tree and he asked him, Are you the man who planted the tree? The man replied: I am his grandson. Thereupon he exclaimed: It is clear that I slept for seventy years. He then caught sight of his ass who had given birth to several generations of mules;[3] and he returned home. He there enquired, Is the son of Ḥoni the Circle-Drawer still alive? The people answered him, His son is no more, but his grandson is still living. Thereupon he said to them: I am Ḥoni the Circle-Drawer, but no one would believe him. He then repaired to the Beth Hamidrash and there he overheard the scholars say, The law is as clear to us as in the days of Ḥoni the Circle-Drawer, for whenever he came to the Beth Hamidrash he would settle for the scholars any difficulty that they had. Whereupon he called out, I am he; but the scholars would not believe him nor did they give him the honour due to him. This hurt him greatly and he prayed [for death] and he died. Raba said: Hence the saying, Either companionship or death.

Abba Ḥilkiah was a grandson of Ḥoni the Circle-Drawer, and whenever the world was in need of rain the Rabbis sent a message to him and he prayed and rain fell. Once there was an urgent need for rain and the Rabbis sent to him a couple of scholars [to ask him] to pray for rain. They came to his house but they did not find him there. They then proceeded to the fields and they

(4) People did not venture out on Wednesday evenings as there was a belief that demons were about. Cf. Pes. 112*b*. (5) Jer. V, 25.

a (1) Hab. II, 1. (2) The meaning of the Hebrew phrase is doubtful. (3) [Rashi: 'for confession of sins'.]

b (1) Cf. I Kings XVII, 1ff. (2) [Ḥoni would not have hesitated to force, so to speak, the hand of Heaven even in the face of an oath such as Elijah had made in the name of God that there would be no rain for years (I Kings XVII, 1ff).] (3) Prov. XXIII, 25. (4) Lit., 'the Men of the Hall of Hewn Stone'. The Sanhedrin met in the Hall of Hewn Stone. (5) Job XXII, 28ff. (6) The nation.

c (1) Ps. CXXVI, 1. (2) Cf. Jer. XXV, 11; XXIX, 10. (3) [MS.M. omits the last sentence.]

בעתם בלילי רביעיות ובלילי שבתות שכן מצינו *בימי שמעון בן שטח *שירדו להם גשמים בלילי רביעיות ובלילי שבתות עד שנעשו חטים ככליות ושעורים כגרעיני זיתים ועדשים כדינרי זהב וצררו מהם דוגמא לדורות להודיע כמה החטא גורם שנאמר °עונותיכם הטו אלה וחטאתיכם מנעו הטוב מכם וכן מצינו בימי הורדוס שהיו עוסקין בבנין בהמ"ק והיו יורדין גשמים בלילה למחר נשבה הרוח ונתפזרו העבים וזרחה החמה ויצאו העם למלאכתן וידעו שמלאכת שמים בידיהם: מעשה ששלחו לחוני המעגל וכו': ת"ר פעם אחת יצא רוב אדר ולא ירדו גשמים שלחו לחוני המעגל התפלל וירדו גשמים התפלל ולא ירדו גשמים עג עוגה ועמד בתוכה כדרך שעשה חבקוק הנביא שנאמר °על משמרתי אעמדה ואתיצבה על מצור וגו' אמר לפניו רבונו של עולם בניך שמו פניהם עלי שאני כבן בית לפניך נשבע אני בשמך הגדול שאיני זז מכאן עד שתרחם על בניך התחילו גשמים מנטפין אמרו לו תלמידיו רבי ראינוך ולא נמות כמדומין אנו שאין גשמים יורדין אלא להתיר שבועתך אמר (א) לא כך שאלתי אלא גשמי בורות שיחין ומערות ירדו בזעף עד שכל טפה וטפה כמלא פי חבית ושיערו חכמים שאין טפה פחותה מלוג אמרו לו תלמידיו רבי ראינוך ולא נמות כמדומין אנו שאין גשמים יורדין אלא לאבד העולם אמר לפניו לא כך שאלתי אלא גשמי רצון ברכה ונדבה ירדו כתיקנן עד שעלו כל העם להר הבית מפני הגשמים אמרו לו רבי כשם שהתפללת שירדו כך התפלל וילכו להם אמר להם כך מקובלני שאין מתפללין על רוב הטובה אעפ"כ הביאו לי פר הודאה הביאו לו פר הודאה סמך שתי ידיו עליו ואמר לפניו רבש"ע עמך ישראל שהוצאת ממצרים אינן יכולין (ב) לא ברוב טובה ולא ברוב פורענות כעסת עליהם אינן יכולין לעמוד השפעת עליהם טובה אינן יכולין לעמוד יהי רצון מלפניך שיפסקו הגשמים ויהא ריוח בעולם מיד נשבה הרוח ונתפזרו העבים וזרחה החמה ויצאו העם לשדה והביאו להם כמהין ופטריות *שלח לו שמעון בן שטח אלמלא חוני אתה גוזרני עליך נידוי [א] שאילו שנים כשני אליהו שמפתחות גשמים בידו של אליהו לא נמצא שם שמים מתחלל על ידך אבל מה אעשה לך שאתה מתחטא לפני המקום ועושה לך רצונך כבן שמתחטא על אביו ועושה לו רצונו ואומר לו אבא הוליכני לרחצני בחמין שטפני בצונן תן לי אגוזים שקדים אפרסקים ורמונים ונותן לו ועליך הכתוב אומר °ישמח אביך ואמך ותגל יולדתך תנו רבנן מה שלחו בני לשכת הגזית לחוני המעגל °ותגזר אומר ויקם לך ועל דרכיך נגה אור ותגזור אומר אתה גזרת מלמטה והקדוש ברוך הוא מקיים מאמרך מלמעלה ועל דרכיך נגה אור דור שהיה אפל הארת בתפלתך כי השפילו ותאמר גוה דור שהיה שפל הגבהתו בתפלתך ושח עינים יושיע דור ששח בעונו הושעתו בתפלתך ימלט אי נקי דור שלא היה נקי מלטתו בתפלתך ונמלט בבור כפיך מלטתו במעשה ידיך הברורין אמר ר' יוחנן כל ימיו של אותו צדיק היה מצטער על מקרא זה °שיר המעלות בשוב ה' את שיבת ציון היינו כחולמים אמר מי איכא דניים שבעין שנין בחלמא יומא חד הוה אזל באורחא חזייה להוא גברא דהוה נטע חרובא אמר ליה האי עד כמה שנין טעין אמר ליה עד שבעין שנין אמר ליה פשיטא לך דחיית שבעין שנין אמר ליה (ג) האי [גברא] עלמא בחרובא אשכחתיה כי היכי דשתלי לי אבהתי שתלי נמי לבראי יתיב קא כריך ריפתא אתא ליה שינתא נים אהדרא ליה משוניתא איכסי מעינא ונים שבעין שנין כי קם חזייה להוא גברא דהוה קא מלקט מינייהו אמר ליה את הוא דשתלתיה א"ל בר בריה אנא אמר ליה שמע מינה דניימי שבעין שנין חזא לחמריה דאתילידא ליה רמכי רמכי אזל לביתיה אמר להו בריה דחוני המעגל מי קיים אמרו ליה בריה ליתא בר בריה איתא אמר להו אנא חוני המעגל לא הימנוהו אזל לבית המדרש שמעינהו לרבנן דקאמרי נהירן שמעתתין כבשני חוני המעגל דכי הוי עייל לבית מדרשא כל קושיא דהוו להו לרבנן הוה מפרק להו אמר להו אנא ניהו לא הימנוהו ולא עבדי ליה יקרא כדמבעי ליה חלש דעתיה בעי רחמי ומית אמר רבא היינו דאמרי אינשי או חברותא *או מיתותא אבא חלקיה בר בריה דחוני המעגל הוה וכי מצטריך עלמא למיטרא הוו משדרי רבנן לגביה ובעי רחמי ואתי מיטרא זימנא חדא איצטריך עלמא למיטרא שדור רבנן זוגא דרבנן לגביה למבעי רחמי דניתי מיטרא אזול לביתיה ולא אשכחוהו אזול בדברא ואשכחוהו דהוה קא רפיק (ד) יהבו ליה שלמא ולא

(ה) דכתיב בעתם · זהו בלילי שבתות דאין טורח לבני אדם דאינם הולכין לדרכים בלילי רביעיות מפני אגרת בת מחלת כפסחים (דף קיב:) : שכן מצינו · כלומר ושמא תאמר אין ספק בגשמים של ג' לילות בשבת מצינו בימי שמעון בן שטח כו' : וצררו קשרו ואלרו : הורדוס · סתר בנין תורה אור דעזרא ובנה בנין יפה ממנו כב"ב (דף ד') : עוגה · שורה עגולה כמו עוגה שהיא עגולה : כדרך שעשה חבקוק · כדמפרש בתרגום של תפלת חבקוק (ו) על משמרתי אעמדה כמין בית האסורים עשה וישב: ראינוך ולא נמות · נראה אותך ולא נמות כביאתה שבשביל שלא נמות ברעב מפני עצירת גשמים: פר הודאה · להודות עליו ועשה (ז) לו סמיכה וכשלמים שלמים חוני בזמן הבית היה : כמהין ופטריות · בולי"ן בלע"ז שגדלו מלחלות הגשמים וידעו כי של ברכה היו : אלמלא חוני אתה · ואדם גדול (ח) : לנדות · שמנדין על כבוד הרב שהטיח דברים ואמר לא כך שאלתי : שאלמלא היו שנים כשני אליהו · גזירת עצירת גשמים ומפתח של גשמים בידו של אליהו גרסינן : לא נמצא שם שמים מתחלל · בתמיה (ט) שאליהו נשבע חי ה' אם יהיה השנים האלה טל ומטר כי אם לפי דברי (מלכים א יז) ואתה נשבעת שאין אתה זז עד שירדו גשמים : נמצא שם שמים מתחלל על ידך · דזה או זה בא לידי שבועת שוא : מתחטא · לשון חטא כלומר (י) אי הלך וחוטא : לשכת הגזית · סנהדרין : דור שהיה אפל · מרוב צער שלא ירדו גשמים : הושעת בתפלתך · מן המיתה שהבאת עליהם שובע : של אותו צדיק · חוני המעגל היה מצטער על המקרא הזה : שיר המעלות · לשון עילוי : היינו כחולמים · כחלום נדמה גלות בבל שהיה שבעים שנה : שבעין שני בחלמא · בתמיה מי איתא דניים שבעין שנין בחלמיה (כ) ויש אדם ישן שבעים שנה בשינה אחת : עד שבעין שנין · לא טעין פירא בטעינא קמייתא : יתיב · חוני המעגל וקא כריך רפתא : הכי גרסי' אנא עלמא בחרובא אשכחתיה כי היכי דשתלי לי אבהתי אנא נמי אישתיל לבראי: אהדרא ליה משוניתא · עלתה סביבותיו שן סלע : ואיכסי מעינא דאינשי · ולא אשכחוהו התם : רמכי רמכי · וולדי וולדות באלו השנים דניים מעוברת זכר היתה וחזר ובא עליה והולידו : אמר להו · שאל להון בנו של חוני המעגל קיים הוא : נהירנא לן הנך שמעתתא · מוגהת לנו שמועה זו כאילו למדנוה בחיים של חוני המעגל שהיה מפרקה לנו ומניח לנו יפה יפה : או חברותא או מיתותא · ולא גרסינן הכא כחברי דאיוב אלא בבבא בתרא (דף טז:) גבי מעשה דאיוב אם אין חביריו של אדם נוהגין בו כבוד כבתחילה נוח לו שימות אי *נמי משום (ג) הנך בריוני לא כתוב בספריה : רפיק בדברא · עודר בשדה : לא

[ע' תוספות שבת פו: ד"ה דאמר וכו']

רבינו חננאל

בעתם בלילי ד' ובלילי ז'. וכן היו בימי שמעון בן שטח עד שנעשו חטים ככליות שעורים כזיתים ועדשים כדינרין וצררו מהם דוגמא לדורות להודיע כמה החטא גורם שנאמר וחטאתיכם מנעו הטוב מכם. וכן מצינו בבנין בהמ"ק ירדו גשמים בלילות ולמחר נשבה הרוח ונתפזרו העבים וזרחה השמש והשכימו כל אחד ואחד למלאכתן להודיע שמלאכת שמים בידיהם: ת"ר פעם אחת יצא רוב אדר ולא ירדו גשמים שלחו לחוני המעגל להתפלל התפלל ולא ירדו גשמים כו'. מעשה בחוני המעגל דנים ע' שנה כו' ומעשה דאבא חלקיהו בר בריה דחוני המעגל דאצטריך עלמא למיטרא ושדרו רבנן לוותיה ואשכחוה רבנן דקא רפיק בדברא יהבו ליה שלמא כו'

רבינו גרשום

ת"ר פעם אחת וכו' היינו (פ"ע) [פ"א] עצמו דמתניתין: עג עוגה וצר צורה· ראינוך ולא נמות בתימא. בשביל שראינוך לא נמות · שאלו היו שנים כשני אליהו שאין מפתחות של מטר ביד הקב"ה לא נמצא שם שמים מתחלל שנמצאת מחלל את שבועתו : משוניתא סלע : רמכי ולדות· אי חברא שיתא לו חבר טוב שנותנ לו כבוד :

הגהות הב"ח

(א) גמ' אלא לסתיר שבועתך אמר לפניו לא כך שאלתי כו' אלא לאבד העולם אמר להם לא תמותו אמר לפניו : (ב) שם אינן יכולין לעמוד לא : (ג) דחיית שבעין שנין א"ל אנא עלמא בחרובא אשכחתיה : (ד) שם נסס"ע דהוה קא רפיק בדברא יהבו ליה שלמא : (ה) רש"י בריש העמוד נ"ל ד"ה בעתם ותיבת דכתיב נמחק · זהו כו' דאין טורח על בני אדם דאינם: (ו) ד"ה כדרך כו' תפלת חבקוק הס"ד : (ז) ד"ה פר כו' ועשה עליו

הגהות הגר"א

[א] גמרא גוזרני עליך נדוי: ל"ב ולא עוד אלא.

חולין קיט: · ירמיה ה · חבקוק ב · ברכות יט. לעיל יט: · משלי כג · איוב כב · תהלים קכו · [ב"ק סה:]

מסורת וכו' : (ח) ד"ה אלמלא כו' ואדם גדול אתה הס"ד : (ט) ד"ה לא נמצא כו' בתמיה שלא אליהו כו' · סוף ד"ה ... ולא ... שאין אתה זז ... עד שירדו גשמים נמצא כו' וכן ... : (י) ד"ה מתחטא כו' כלומר חוטא והולך וחוטא ... וחוטא ... : (כ) ד"ה שבעין כו' שבעין שנין בחלמיה כלומר ויש אדם ישן : (ל) ד"ה או חברותא כו' אי נמי ... משום ... בריוני לא כתוב

ולא אסבר להו אפיה בפניא כי הוה מנקט ציבי דרא ציבי ומרא בחד כתפא וגלימא בחד כתפא כולה אורחא לא סיים מסאני כי מטי למיא סיים מסאניה כי מטא להיזמי והיגי דלינהו למניה (א) כי מטא למתא נפקא דביתהו לאפיה כי מיקשטא כי מטא לביתיה עלת דביתהו ברישא והדר עייל איהו והדר עיילי רבנן יתיב וכריך ריפתא ולא אמר להו לרבנן (ב) תו כרוכו פלג ריפתא לינוקי לקשישא הדא ולזוטרא תרי אמר לה לדביתהו ידענא דרבנן (ג) משום מיטרא קא אתו ניסק לאיגרא וניבעי רחמי אפשר דמרצי הקדוש ברוך הוא וייתי מיטרא ולא נחזיק טיבותא לנפשין סקו לאיגרא קם איהו בחדא זויתא ואיהי בחדא זויתא קדים סלוק ענני מהך זויתא דדביתהו כי נחית אמר להו אמאי אתו רבנן אמרו ליה שדרי לן רבנן לגבי דמר למיבעי רחמי אמיטרא אמר להו ברוך המקום שלא הצריך אתכם לאבא חלקיה אמרו ליה ידעינן דמיטרא מחמת מר הוא דאתא אלא לימא לן מר הני מילי דתמיהא לן מאי טעמא כי יהיבנא למר שלמא לא אסבר לן מר אפיה אמר להו שכיר יום הואי ואמינא לא איפגר ומאי טעמא דרא מר ציבי אחד כתפיה וגלימא אחד כתפיה אמר להו טלית שאולה היתה להכי שאלי ולהכי לא שאלי מאי טעמא כולה אורחא לא סיים מר מסאניה וכי מטי למיא סיים מסאניה אמר להו כולה אורחא חזינא במיא לא קא חזינא מ"ט כי מטא מר להיזמי והיגי דלינהו למניה אמר להו
[כ"ק נח:] *זה מעלה ארוכה וזו אינה מעלה ארוכה מאי טעמא כי מטא מר למתא נפקא דביתהו דמר כי מיקשטא אמר להו כדי שלא אתן עיני באשה אחרת מאי טעמא עיילא היא ברישא והדר עייל מר אבתרה והדר עיילינן אנן אמר להו משום דלא בדקיתו לי מאי טעמא כי כריך מר ריפתא לא אמר לן איתו כרוכו משום דלא נפישא ריפתא ואמינא לא אחזיק בהו ברבנן טיבותא בחנם מאי טעמא יהיב מר לינוקא קשישא חדא ריפתא ולזוטרא תרי אמר להו האי קאי בביתא והאי יתיב בבי כנישתא ומאי טעמא קדים סלוק ענני מהך זויתא דהוות קיימא דביתהו דמר לעננא דידיה משום דאיתתא שכיחא בביתא ויהבא ריפתא לענייא
[כתובות סז:] *ומקרבא הנייתה [ואנא יהיבנא] זוזא ולא מקרבא הנייתיה אי נמי (ד) הנהו בירוני דהוו בשיבבותן [אנא] בעי רחמי דלימותו והיא *בעיא רחמי דליהדרו בתיובתא [ואהדרו] חנן הנחבא בר ברתיה דחוני המעגל הוה כי (ה) מצטריך עלמא למיטרא הוו משדרי רבנן ינוקי דבי רב לגביה ונקטי ליה בשיפולי גלימיה ואמרו ליה אבא אבא הב לן מיטרא אמר לפני הקב"ה רבש"ע עשה בשביל אלו שאין מכירין בין אבא דיהיב מיטרא לאבא דלא יהיב מיטרא ואמאי קרי ליה חנן הנחבא
[חולין קכב: מגילה כח:] מפני שהיה מחביא עצמו בבית הכסא אמר ליה רבי זריקא לרב ספרא *תא חזי [מה] בין תקיפי דארעא דישראל לחסידי דבבל חסידי דבבל רב הונא ורב חסדא כי הוה מצטריך עלמא למיטרא אמרי ניכניף (ו) הדדי וניבעי רחמי אפשר דמרצי הקדוש ברוך הוא דייתי מיטרא תקיפי דארעא דישראל כגון ר' יונה אבוה דרבי מני כי הוה מצטריך עלמא למיטרא הוה עייל לביתיה ואמר להו הבו לי גואלקי ואיזיל ואייתי לי בזוזא עיבורא כי הוה נפיק לברא אזיל וקאי בדוכתא עמיקתא דכתיב
תהלים קל *ממעמקים קראתיך ה' וקאי בדוכתא צניעא (ז) ומכסי בשקא ובעי רחמי ואתי מיטרא כי הוה אתי לביתיה אמרי ליה אייתי (ח) מר עיבורא אמר להו אמינא הואיל ואתא מיטרא השתא רווח עלמא ותו רבי מני בריה הוו קא מצערי ליה דבי נשיאה אישתטח על קברא דאבוה אמר ליה אבא אבא הני מצערו לי יומא חד הוו קא חלפי התם אינקוט כרעא דסוסותיהו עד דקבילו עלייהו דלא קא מצערו ליה ותו רבי מני הוה שכיח קמיה דרבי יצחק בן אלישיב אמר ליה עתירי דבי חמי קא מצערו לי אמר ליענו ואיענו אמר קא דחקו לי אמר ליעתרו ואיעתרו אמר לא מיקבלי עלי אינשי ביתי א"ל מה שמה חנה תתייפי חנה ונתייפת אמר ליה קא מגנדרא עלי א"ל אי הכי תחזור חנה לשחרוריתה וחזרה חנה לשחרוריתה הנהו תרי תלמידי דהוו קמיה דרבי יצחק בן אלישיב אמרו ליה ניבעי מר רחמי עלן דניחכים טובא אמר להו עמי היתה ושלחתיה רבי יוסי בר אבין שכיח קמיה דר' יוסי דמן יוקרת שבקיה ואתא לקמיה דרב אשי
יומא

לא אסבר להו אפיה · לא החזיר להם פניו : בפניא · לפנות ערב כשהלך לביתו : דלינהו למניה · הגביה בגדיו אחר כתיפיו כדי שלא יקרעו : כי מיקשטא · בתכשיטין : לאיגרא · עלייה : זויתא · זוית : מזויתא דדביתהו · מאותו הרוח שאשתו שם עלו העבים תחלה שהיא נענית תחלה : לא אפגר · לא אתבטל ממלאכתי כמו יומא דמיפגרי רבנן (שבת דף קכט:) : מ"ט דרא · מדוע נשאת הטלית על כתף אחת ולא נתת בכתף תחת המשאוי : להכי שאלה לי · להתעטף בה : ולהכי לא שאלה לי · להטיל עליה קוצין לקרעה : במיא לא חזינן · מה דאית בה ושמא ישכט דג או נחש : דלא בדקיתו לי · אם כשרים אם פריצים דאמר מר (במס' דרך ארץ רבה פ"ה) כל אדם יהי בעיניך כלסטים : (ט) טובת הנאה חנם · דאינהו לא הוו קא אכלי דליכא ריפתא וקא מחזקינן בהו טובה חנם : ינוקא קאי בבי כנישתא · קמי רביה ולא אתי כולי יומא : דאיתתא שכיחא בביתא · כל יומא וכי מיצטריך ענייא מידי אזלה ויהבה (י) : ועוד דמקרבא הנייתה · שדבר אכילה היא נותנת לעני והוא בלא טורח ממה שהיתה נותנת מעות ויטריח העני עד שיקנה : אי נמי · אהכי קדים עננא דידה : משום בירוני · בורים עמי הארץ : ינוקי דבי רב · להמריך לבו ויתכוין בתפלתו : בשיפולי · בשולי בגדיו : אבא אבא · כך רגילים לקרותו כינוס שאמר אבי אבי : שאין מכירין · בין (כ) *חוני לאבא כסבורין עלי שאני אביהן : ה"ג שהיה מחבא ולא גרסי' שהיה מחבא בבית הכסא · (ל) כי הוה בעי רחמי אמיא היה מחבא עצמו מרוב ענוה ומאן דגרס בית הכסא כלומר מתחבא בבגדיו כשהוא נכנס להסך את רגליו מרוב צניעות : רב הונא ורב חסדא · חסידי דבבל מפרסמין את הדבר ושל ארץ ישראל נעינן ולא מודיעין שבא המטר בשבילם : אתו ליכניף אהדדי · (מ) אלמא משום חד מינייהו לא אתי מיטרא : תקיפי דארץ ישראל רבי יונה · וקא חזינן (נ) דמחמתיה אתי מיטרא : גואלקא · שק"א בלע"ז : ואייתי בזוזא עיבורא · דגן משום כפנא (ס) שאפילו לבני ביתו לא היה מודיע : אייתי לן מר מעיבורא · דבעית למיזבן : רווחא עלמא · דליהוי שובע ואהכי לא זבני ביוקרא דהשתא : הוו קא חלפי · דבי נשיאה : התם · עלויה מערתא דרבי יונה : אינקוט · נדבקו בקרקע שעל גבי מערה ולא היו יכולין לזוז ממקומן (ע) : עתירי דבי חמי · עשירים של בית חמי : ליענו · יהיו עניים : קא דחקו לי · ליתן להן פרנסה : לא מקבלי עלי אינשי ביתי · אין אשתי מקובלת עלי שאינה יפה : מגנדרא · מתגדלת עלי מתוך גבהות יופיה · מגנדרא מלשון מקום הניחו לי אבותי להתגדר בו (חולין דף ז') : עמי היתה ושלחתיה . (פ) דבר זה היה בידי שכל מה שאני מבקש היו נותנין לי ועכשיו אין תפלתי מקובלת כל כך (צ) : דמן דיוקרת · מקום : יומא

תורה אור

[נ"ל קוני הגנס יעב"ץ]

רבינו חננאל

מעשה בחנין הנחבא בר ברתיה דחוני המעגל (פי' קבלה בידינו הוא שהיו חכמים מתעסקין למנותו פרנס על הצבור ולא קביל והלך ונחבא לפיכך היו קורין אותו חנין הנחבא) דכי הוה אצטריך עלמא מיטרא שדרו רבנן ינוקי דבי רב ומנקטי ליה לגלימיה ואמרי ליה אבא אבא הב לן מיטרא אמר רבון העולמים עשה בשביל אלו שאין יודעין איזה אב נותן מטר · תא חזי חסידי דבבל מיכנפי ובעו רחמי אולי מירצי קב"ה אבל חסידי ארץ ישראל כגון חנין זה וכגון ר' יונה [אבוה דר' מני] כד הוה אצטריך עלמא למיטרא שקיל (אבוה דר' מני) ואלקי . פי' שקים אמר איזיל איזבין חטי אזל קאי בדוכתיה עמיקתא מיכסי שקא בצנעא בעי רחמי ואתי מיטרא כו' . ר' מני בריה הוו מצערי ליה דבי נשיאה אזל אישתטח אמערתא דאבוה הוו מחלפי התם אנקוט כרעיה דסוסוותיהו כו' . הוה שכיח קמיה דר' יצחק בן אלישיב . א"ל עתירי דבי חמוה קא מצערו לי א"ל ליענו ואיענו כו' עד חזרה חנה לשחרוריתה· תרי תלמידי הוו שכיחי קמיה אמרו ליה ליבעי עלן מר רחמי דניחכם . אמר להו עמי היתה אותה תפלה ושלחתיה. ר' יוסי ב"ר אבין

רבינו גרשום

איפגר . איבטל : להכי שאלה להתעטף ולהכי לא שיילה למידר משאוי עליה : מחביא עצמו מתפלל בחשאי : מחביא בבית הכסא צנוע : לחסידי דבבל . שהיו מתפללין בפרהסיא : תקיפי דארעא דישראל מתפללין בצינעא*) וקול התור מכאן שהשלך דומה לתור דהיינו עגל' : קואלקא . גולקא : דבי חמי . חמיו : לא מקבלי אינשי ביתי עלי דהויא מכוערת מפני : עמי היתה ושלחתיה . כלומר בתחלה היה לבי לכך אבל כבר קבלתי עלי שלא להטריח את קוני :

*) מתיבות וקול התור עד דהיינו עגל לא שייך כאן ומקומו נעלם כה ע"כ:

הגהות הב"ח

(א) גמ' להיזמי והיגי דלינהו וסיים מסאניה כי מטא למתא: (ב) שם איתו כרוכו: (ג) שם ידענא דרבנן אמטול מיטרא קא אתו: (ד) שם אי נמי משום הנהו בריוני כו' . נ"ב עי' פרש"י בסוף עמוד זה: (ה) שם הוה מצטריך [illegible]

גליון הש"ס

גמ' בעיא רחמי דליהדרו בתיובתא . עיין ברכות דף י ע"א :

(ו) שם הוה מצטריך [illegible] (ז) שם וקאי בדוכתא צניעא ומיכסי בשקא כו': (ח) שם אמרי ליה אייתי לן מר עיבורא: (ט) רש"י ד"ה דלא כו' כלסטים מכ"ד טיבותא חנם [illegible] (י) ד"ה דאיתתא [illegible] (כ) ד"ה שאין מכירין בין [illegible] (ל) ד"ה [illegible] (מ) ד"ה אתו ליכניף אהדדי אלמא כנ"ל [illegible] (נ) ד"ה תקיפי כו' וקא חזינן כו' דמחמתיה [illegible] (ס) ד"ה [illegible] (ע) ד"ה אינקוט כו' לזוז ממקומן [illegible] (פ) ד"ה עמי היתה ושלחתיה [illegible] (צ) [illegible]

found him there hoeing. They greeted him [23*b*] but he took no notice of them. Towards evening he gathered some wood and placed the wood and the rake on one shoulder and his cloak on the other shoulder. Throughout the journey he walked barefoot but when he reached a stream he put his shoes on; when he lighted upon thorns and thistles he lifted up his garments; when he reached the city his wife well bedecked came out to meet him; when he arrived home his wife entered first [the house] and then he and then the scholars. He sat down to eat but he did not say to the scholars, 'Join me'. He then shared the meal among his children, giving the older son one portion and the younger two. He said to his wife, I know the scholars have come on account of rain, let us go up to the roof and pray, perhaps the Holy One, Blessed be He, will have mercy and rain will fall, without having credit given to us. They went up to the roof; he stood in one corner and she in another; at first the clouds appeared over the corner where his wife stood. When he came down he said to the scholars, Why have you scholars come here? They replied: The Rabbis have sent us to you, Sir, [to ask you] to pray for rain. Thereupon he exclaimed, Blessed be God, who has made you no longer dependent on Abba Ḥilḳiah. They replied: We know that the rain has come on your account, but tell us, Sir, the meaning of these mysterious acts of yours, which are bewildering to us? Why did you not take notice of us when we greeted you? He answered: I was a labourer hired by the day and I said I must not relax [from my work]. And why did you, Sir, carry the wood on one shoulder and the cloak on the other shoulder? He replied: It was a borrowed cloak; I borrowed it for one purpose [to wear] and not for any other purpose. Why did you, Sir, go barefoot throughout the whole journey but when you came to a stream you put your shoes on? He replied: What was on the road I could see but not what was in the water. Why did you, Sir, lift up your garments whenever you lighted upon thorns and thistles? He replied: This [the body] heals itself, but the other [the clothes] does not. Why did your wife come out well bedecked to meet you, Sir, when you entered the city? He replied: In order that I might not set my eyes on any other woman. Why, Sir, did she enter [the house] first and you after her and then we? He replied: Because I did not
a know your character.[1] Why, Sir, did you not ask us to join you in the meal? [He replied]: Because there was not sufficient food [for all]. Why did you give, Sir, one portion to the older son and two portions to the younger? He replied: Because the one stays at home and the other is away in the Synagogue[2] [the whole day]. Why, Sir, did the clouds appear first in the corner where your wife stood and then in your corner? [He replied]: Because a wife stays at home and gives bread to the poor which they can at once enjoy whilst I give them money which they cannot at once enjoy.[3] Or perhaps it may have to do with certain robbers in our neighbourhood; I prayed that they might die, but she prayed that they might repent [and they did repent].

Ḥanan ha-Neḥba was the son of the daughter of Ḥoni the Circle-Drawer. When the world was in need of rain the Rabbis would send to him school children and they would take hold of the hem of his garment and say to him, Father, Father, give us rain. Thereupon he would plead with the Holy One, Blessed be He, [thus], Master of the Universe, do it for the sake of these who are unable to distinguish between the Father who gives rain and the father who does not. And why was he called, Ḥanan *ha-Neḥba?*—Because he was wont to lock [*miḥabbeh*] himself in the privy[4] [out of modesty].

R. Zeriḳa said to R. Safra: Come and see the difference between the [so called] hard men of Palestine and the pious men of Babylonia. When the world was in need of rain the pious men of Babylonia, R. Huna and R. Ḥisda said: Let us assemble and pray, perhaps the Holy One, Blessed be He, may be reconciled and send rain. But the great men of Palestine, as for example, R. Jonah the father of R. Mani, would go into his house when the world was in need of rain and say to his [family]: Get my haversack and I shall go and buy grain for a *zuz*. When he left his house he would go and stand in some low-lying spot, and then standing in this hidden spot, as it is written, *Out of the depths have I called thee O*
b *Lord,*[1] dressed in sackcloth he prayed and rain came. When he returned home [his family] asked him, Have you brought the grain? He replied: Now that rain has come the world will feel relieved.

Again his son, R. Mani, was annoyed by the members of the household of the Patriarch, he went and prostrated himself on the grave of his father and exclaimed: Father, father, these people persecute me. Once as they were passing [the grave] the knees of their horses became stiff [and remained so] until they undertook not to persecute him any longer.

Again, R. Mani used often to attend [the discourses] of R. Isaac b. Eliashab and he complained: The rich members of the family of my father-in-law are annoying me. The latter exclaimed: May they become poor! And they became poor. Later on he [R. Mani] complained: They press me [for support] and R. Isaac exclaimed: Let them become rich! And they became rich. [On another occasion] he complained: My wife is no longer acceptable to me. R. Isaac thereupon asked: What is her name? He replied: Hannah. Whereupon R. Isaac exclaimed: May Hannah become beautiful! And she became beautiful. He then complained: She is too domineering over me. Whereupon R. Isaac exclaimed: If that is so, let Hannah revert to her [former] ugliness! And she became once again ugly.

Two disciples used to attend [the discourses of] R. Isaac b. Eliashab and they said to him, Master, pray that we may become very wise. He replied: Once I had the power to do this, but now I no longer possess this power.[2]

R. Jose b. Abin used to attend [the discourses of] R. Jose of Yoḳereth.[3] Later he left him and went to those of R. Ashi. [24*a*]

a (1) Therefore he would not leave his wife unprotected. (2) [For instruction. The School, in Talmudic days, was attached to the synagogue.] (3) Immediate relief is best. (4) [*Var. lec.* omit: 'in the privy'. V. Rashi.]

b (1) Ps. CXXX, 1. (2) Lit., 'it was with me and I dismissed her'. (3) Probably to be identified with דרוקרת V. *supra* 21*b*.

One day he heard him reciting a tradition that Samuel had said: He that takes out of the sea a fish on the Sabbath, as soon as there is on it a dry spot as large as a *sela'*, he has committed a
a breach of the Sabbath laws.[1] Thereupon R. Jose b. Abin asked him: Why does not the Master add, 'and between the fins'? He replied: Are you not aware that R. Jose b. Abin had [already] stated this? [The former] retorted: I am R. Jose b. Abin. Thereupon R. Ashi enquired: Did you not frequent the discourses of R. Jose of Yoḳereth? He replied: Yes. R. Ashi then asked him: Why did you leave him, Sir, and come here? He replied: How could the man who showed no mercy to his son and daughter show mercy to me?

What happened to his son? Once R. Jose had day-labourers [working] in the field; night set in and no food was brought to them and they said to his son, 'We are hungry'. Now they were resting under a fig tree and he exclaimed: Fig tree, fig tree, bring forth thy fruit that my father's labourers may eat. It brought forth fruit and they ate. Meanwhile the father came and said to them, Do not bear a grievance against me; the reason for my delay is because I have been occupied up till now on an errand of charity. The labourers replied, May God satisfy you even as your son has satisfied us. Whereupon he asked: Whence? And they told him what had happened. Thereupon he said to his son: My son, you have troubled your Creator to cause the fig tree to bring forth its fruits before its time, may you too be taken hence before your time!

What happened to his daughter? He had a beautiful daughter. One day he saw a man boring a hole in the fence so that he might catch a glimpse of her. He said to the man, What is [the meaning of] this? And the man answered: Master, if I am not worthy enough to marry her, may I not at least be worthy to catch a glimpse of her? Thereupon he exclaimed: My daughter, you are a source of trouble to mankind; return to the dust so that men may not sin because of you.

He also had an ass. When it was hired out for the day [the people who hired it] would place, in the evening, the hire on its back and the ass would make its way home to its master. If, however, the money was too much or too little, it would not go. One day a pair of sandals were left on its back and the ass would not move until they were removed and only then did it proceed.

Whenever the collectors of charity caught sight of R. Eleazar
b b. Birtah[1] they would hide themselves from him, because he was in the habit of giving away to them all that he had. One day he was going to the market to buy a trousseau for his daughter. When the collectors of charity caught sight of him they hid themselves from him. He ran after them and said to them: I adjure you, [tell me] on what mission are you engaged? And they replied: [The marriage of] an orphaned pair. He said to them: I swear, they must take precedence over my daughter. And he took all that he had and gave to them. He was left with one *zuz* and with this he bought wheat which he deposited in the granary. When his wife returned home she asked her daughter, What did your father bring home? She replied, He has put in the granary all that he had bought. She thereupon went to open the door of the granary and she found that it was so full of wheat that the wheat protruded through the hinges of the door-socket and the door would not open on account of this. The daughter then went to the Beth-Hamidrash and said to him [her father], Come and see what your Friend has done for you. Whereupon he said to her, I swear,[2] they shall be to you as devoted property, and you shall have no more right to share in them than any poor person in Israel.[3]

R. Judah the Prince[4] ordained a fast and he prayed but no rain fell. He thereupon exclaimed: What a great difference there is between Samuel the Ramathite[5] and Judah the son of Gamaliel! Woe to the generation that finds itself in such plight! Woe to him in whose days this has happened. He felt very grieved and rain fell.

Once the House of the Patriarch ordained a fast and did not inform either R. Joḥanan or Resh Laḳish. In the morning, however, they did notify them. Resh Laḳish then said to R. Joḥanan,
c But we have not undertaken the fast on the previous evening.[1] The latter replied: We are subject to their ordinances.

Once the House of the Patriarch ordained a fast and no rain fell. Thereupon Oshaiah, the youngest of the college scholars,[2] expounded the verse, *Then it shall be, if it be done in error by the congregation.*[3] This can be compared to a bride who lives in the house of her father. So long as her eyes[4] are beautiful her body needs no examination; should, however, her eyes be bleared then her body needs examination. Thereupon the servants of the Patriarch came and put a scarf around his neck and tortured him. Whereupon the people of the city cried out, Leave him alone; us also he insults but since we see that whatever he does is for the sake of Heaven, we say nothing to him and we leave him alone, so you too leave him alone.

Once Rabbi ordained a fast and no rain fell. Thereupon 'Ilfa (some say, R. Ilfi), [stepped down before the ark and] recited [the prayer], 'He causeth the wind to blow', and the wind blew. [He continued], 'He causeth the rain to fall', and rain fell. Rabbi then asked him, What is your special merit? He replied: I live in a poverty-stricken remote place where wine for *Kiddush* and *Habdalah*[5] is unobtainable but I take the trouble to procure for myself wine for *Kiddush* and *Habdalah* and thus help also others to fulfil their duty.

Once Rab came to a certain place and decreed a fast but no rain fell. The Reader then stepped down at his request before the ark and recited, 'He causeth the wind to blow', and the wind blew; [he continued], 'He causeth the rain to fall', and rain fell. Rab thereupon asked him, What is your special merit? The latter replied: I am a teacher of young children and I teach the children of the poor as well as those of the rich; I take no fees from any who cannot afford to pay; further, I have a fishpond and any boy who is reluctant [to learn] I bribe with some of the fishes from
d it[1] and thereby appease him so that he becomes eager to learn.

Once R. Naḥman ordained a fast and he prayed but no rain fell. He thereupon said, 'Take Naḥman and throw him down from the wall to the ground'.[2] He felt greatly dejected and then rain came. Rabbah once decreed a fast. He prayed but no rain came. Thereupon the people remarked to him: When Rab Judah ordained a fast rain *did* fall. He replied: What can I do? Is it because of studies? We are superior to him, because in the time of R. Judah

a (1) Cf. Shab. 107*b*. He desecrates the Sabbath by killing which is one of the thirty-nine primary types of work forbidden on the Sabbath (cf. Shab. 73*a*).
b (1) [Identified by Horowitz (*Palestine* p. 115) with Beiruth.] (2) Lit., 'By the Service of the Temple', one of the formulas of oaths. (3) R. Eleazar b. Birtah did not wish his daughter to derive any benefit from the results of a miracle. (4) V. *supra* 14*b* n. a1. (5) Cf. I Sam. XII, 17.
c (1) V. *supra* 11*b*. (2) [זעירא דמן הברייא, *Aliter:* (Oshaia) Ze'ira of Ḥaberya, a village in the Hawran district. V. Horowitz, p. 263.] (3) Num. XV, 24. (4) The meaning is that the leaders of the community ('the eyes') because of their sins are the cause of the sufferings that have befallen the community. (5) V. Glos.
d (1) [Cur. edd. insert 'and we arrange them for him,' 'clean them for him'.] (2) Figuratively he is not worthy of his high office.]

כט א ב מיי' פי"א מהל' שבת הל' א סמג לאוין סה :

יומא חד שמעיה דקא גריס אמר שמואל
*השולה דג מן הים בשבת כיון שיבש
בו כסלע חייב א"ל ולימא מר ובין סנפיריו
אמר ליה ולא סבר לה מר דההיא רבי
יוסי בן רבי אבין אמרה אמר ליה אנא ניהו
א"ל ולאו קמיה דר' יוסי דמן יוקרת הוה
שביח מר א"ל (*הין) א"ל ומ"ט שבקיה
מר ואתא הכא אמר ליה גברא דעל בריה
ועל ברתיה לא חס עלי דידי היכי חייס בריה מאי היא יומא חד הוו
אגרי ליה אגירי בדברא נגה להו ולא אייתי להו ריפתא אמרו ליה
לבריה (א) כפינן הוו יתבי תותי תאינתא אמר תאנה תאנה הוציאי
פירותיך ויאכלו פועלי אבא אפיקו ואכלו אדהכי והכי אתא אבוה אמר
להו לא תינקטו בדעתייכו דהאי דנגהנא אמצוה טרחנא ועד השתא הוא
דסגאי אמרו ליה רחמנא לישבעך כי היכי דאשבען ברך אמר להו מהיכא
אמרו הכי והכי הוה מעשה אמר לו בני אתה הטרחת את קונך להוציא
תאנה פירותיה שלא בזמנה יאסף שלא בזמנו ברתיה מאי היא הויא
ליה ברתא בעלת יופי יומא חד חזיא לההוא גברא דהוה כריא בהוצא
וקא חזי לה אמר לו מאי האי אמר ליה רבי אם ללוקחה לא זכיתי לראותה
לא אזכה אמר לה בתי קא מצערת להו לברייתא שובי לעפריך ואל יכשלו
ביך בני אדם (ב) הויא ליה ההוא חמרא כדהוו אגרי לה כל יומא לאורתא
הוו משדרי לה אגרה אגבה ואתיא לבי מרה ואי טפו לה או בצרי לה
לא אתיא יומא חד אינשו זוגא דסנדלי עלה ולא אזלה עד דשקלונהו
מינה והדר אזלה אלעזר איש בירתא כד הוו חזו ליה גבאי צדקה הוו
טשו מיניה דכל מאי דהוה גביה יהיב להו יומא חד הוה סליק לשוקא
למיזבן נדוניא לברתיה חזיוהו גבאי צדקה טשו מיניה אזל ורהט בתרייהו
אמר להו אשבעתיכו במאי עסקיתו אמרו ליה ביתום ויתומה אמר להן
העבודה שהן קודמין לבתי שקל כל דהוה בהדיה ויהב להו פש ליה חד
זוזא זבן (ג) ליה חיטי ואסיק שדייה באכלבא אתאי דביתהו אמרה לה
לברתיה מאי אייתי אבוך אמרה לה כל מה דאייתי באכלבא שדיתיה אתיא
למיפתח בבא דאכלבא חזת אכלבא דמליא חיטי וקא נפקא בצינורא דדשא
ולא מיפתח בבא מחיטי אזלא ברתיה לבי מדרשא אמרה ליה בא וראה
מה עשה לך אוהבך אמר לה העבודה הרי הן הקדש עליך ואין לך בהן
אלא כאחד מעניי ישראל ר' יהודה נשיאה גזר תעניתא בעי רחמי ולא אתא
מיטרא אמר כמה איכא משמואל הרמתי ליהודה בן גמליאל אוי לו לדור
שבן נתקע אוי לו למי שעלתה בימיו כך חלש דעתיה ואתא מיטרא דבי
נשיאה גזר תעניתא ולא אודעינהו לרבי יוחנן ולריש לקיש לצפרא אודעינהו
אמר ליה ריש לקיש לרבי יוחנן הא לא קבילנא עלן מאורתא אמר ליה אנן
בתרייהו גררינן דבי נשיאה גזר תעניתא ולא אתא מיטרא תנא להו אושעיא
זעירא *דמן חברייא °והיה אם מעיני העדה נעשתה לשגגה משל לכלה (במדבר טו)
שהיא בבית אביה כל זמן שעיניה יפות אין כל גופה צריכה בדיקה עיניה
*) טרוטות כל גופה צריכה בדיקה אתו עבדיה ורמו ליה סודרא בצואריה
וקא מצערו ליה אמרו (*ליה) בני מאתיה שבקיה דהא נמי מצער לן
כיון דחזינן דכל מיליה לשום שמים לא אמרי ליה (ד) מידי ושבקינן ליה אתון נמי שבקוהו רבי גזר
תעניתא ולא אתא מיטרא נחית קמיה אילפא ואמרי לה רבי אילפי *אמר משיב הרוח *ונשב זיקא
מוריד הגשם ואתא מיטרא אמר ליה מאי עובדך אמר ליה דיירנא בקוסטא דחיקא דלית ביה חמרא
לקידושא ואבדלתא טרחנא ואתינא חמרא לקידושא ואבדלתא ומפיקנא להו ידי חובתייהו רב איקלע
לההוא אתרא גזר תעניתא ולא אתא מיטרא נחית קמיה שליחא דצבורא אמר משיב הרוח ונשב
זיקא אמר מוריד הגשם ואתא מיטרא אמר ליה מאי עובדך אמר ליה מיקרי דרדקי אנא ומקרינא
לבני עניי כבני עתירי וכל דלא אפשר ליה לא שקלינא מיניה מידי ואית לי פירא דכוורי וכל מאן
דפשע משחדינא ליה מינייהו ומסדרינן ליה ומפייסינן ליה עד דאתי וקרי רב נחמן גזר תעניתא
בעא רחמי ולא אתא מיטרא אמר שקלוה לנחמן חבוטו מן גודא לארעא חלש דעתיה ואתא מיטרא
רבה גזר תעניתא בעי רחמי ולא אתא מיטרא אמרו ליה והא רב יהודה כי הוה גזר תעניתא
אתא מיטרא אמר להו מאי אעביד אי משום תנויי אנן עדיפינן מינייהו דבשני דרב יהודה *כל תנויי
בנזיקין

*) [עי' רש"י שבת לה.]

רש"י

יומא חד שמעיה · רב אשי לרבי יוסי בר אבין ל"א יומא חד שמעיה רבי יוסי בר אבין לרב אשי דקא גריס אמר שמואל השולה דג מן הים בשבת כיון דיבש בו כסלע אע"פ שהוא מפרכס לאחר כן ובעוד שהוא מפרכס השליכו במים חייב משום נטילת נשמה שהיא אב מלאכה דתנן (שבת דף עג·) השוחטו כו' אמר ליה רבי יוסי ובין סנפיריו דודאי לא חי וכשאין מחוסר לידה עסקינן כגון שלדו בתוך הסל והניחו במים לחיות כדרך שעושין הדייגין: א"ל · רב אשי ולא סבר לה מר דהאי ובין סנפיריו רבי יוסי בר אבין אמרה כלומר מ"ט לא אמרת ליה משמיה שכל האומר דבר בשם אומרו מביא גאולה לעולם: סנפיריו · שפורח בהן: לא תנקטו לי בדעתייכו · אל תחשדוני שלא הבאתי לכם מזונות עד עכשיו: דסגאי · שטרחתי ואיחרתי: דהוה כריא בהוצא · סותר גדר העלים כדי להסתכל דרך הנקב: אמר ליה רבי יוסי מאי האי · מה אתה מעיין כאן: אינשו · שכחו: טשו מפניו · היו מתחבאים: העבודה · שבועה: ביתום ויתומה · לזווג זה לזו: אכלבא · אוצר של חטים: אוהבך · הקב"ה: אלא כאחד מעניי ישראל · משום דמעשה נסים הוא ואסור לאדם להנות ממעשה נסים כדאמר לעיל (דף כ:) ואם עושין לו נס מנכין לו מזכיותיו: רבי יהודה נשיאה · היה בנו של רבן גמליאל בר רבי: לשמואל הרמתי · שיורדין גשמים בשבילו דכתיב *הלא קציר חטים היום ועכשיו באין כל ישראל והטילו על ר' יהודה בן גמליאל דלווח וליכא דמשגח ביה: שנתקע · תקוע: והא לא קבלינן מאתמול · בהדייהו (ה): גרירין · (גרירינן) גרורין ומשוכין אנו אחריהן וכמי שקבלנו עלינו: זעירא דמן חבריא · לעיר שבישיבה והאי דקרי ליה הכי משום דאושעיא אחרינא הוה התם: מעיני העדה · זקנים מאירי עיני העם: בזמן שעיניה יפות אין כל גופה וכו' · דודאי כל גופה יפה: אין עיניה יפות כו' · הואיל והנהו דבי נשיאה דהוו עיני העדה רשעים דלת העם אין צריכין לבדוק מה מעשיהם לכך לא משגחו בהו מן שמים: אתו עבדי דריש גלותא וקא מצערו ליה · לאושעיא: אמרו ליה בני מתא · לעבדי דבי נשיאה: מצער לן · מחרף ומגדף אותנו: נחית קמיה · לפני התיבה: ונשא · כמו ונשב: בקוסטא דחיקא · בכפר רחוק שיש בו עניות ביותר: פירא דכוורי · מחילות של דגים: כל מאן דפשע · דלא בעי (ו) מיקרי משחדינא ליה כו': ומסדרינא ליה ומפייסינא ליה · מתקן כסדר:
ה"ג

תוספות

השולה דג מן הים · שולה כמו מגביה כיון שיבש בו כסלע (ז) שעדיין הוא מפרכס ובשעה שמפרכס חזר והשליכו לים חייב משום נטילת נשמה שהיא אב מלאכה דתנן (שבת דף עג·) השוחטו והמפשיטו גבי אבות מלאכות:
הא

שבת קז: | נ"ל הן | שמואל א יב | [עי' פרש"י והרש"ש חולין יב: ד"ה דמן וברש"י שם לה. ד"ה זעירא] | [נ"ל להו] | [לקמן כה:] | ב"מ פה: | ברכות כ. סנהדרין קו: פ"ש

רבינו חננאל

שמע לרב אשי דתני אמר שמואל השולה דג מן הים כיון שיבש בו כסלע חייב . א"ל איהו ובין סנפירין . א"ל רב אשי הני דבי ר' יוסי אינון א"ל אנא הוא א"ל רב אשי ואמאי שבקת לר' יוסי דמן יוקרת רבך א"ל גברא דלא חס אבריה ואברתיה עלי דידי חיים · בריה וברתיה מאי היא כו' . כלבא אוצר . ר' יהודה נשיאה גזר תעניתא ולא אתא מיטרא . אמר משמואל הרמתי שאמר הלא קציר חטים היום כו' וכיון שקרא בא המסר הגיע שפלות הדור ליהודה בן גמליאל שהוא פרנס הדור וצועק ואינו נענה . אוי לו לדור הנתקע לכך אוי מי שעלתה בימיו צרה ואין מי שראוי להתפלל ולהשיב חימה · חלש דעתיה [דר"י נשיאה] ואתא מיטרא. דבי נשיאה גזר תענית ולא אודועינהו לר' יוחנן ולר"ש בן לקיש לצפרא אודיעינהו אמר ר"ל לא קבלנו עלינו מאתמול . א"ר יוחנן ניתיב בתעניתא דאנו בתרייהו גרירינן . דבי נשיאה גזור תעניתא בעו רחמי ולא אתא מיטרא . תנא להו והיה אם מעיני העדה נעשתה לשגגה . משל לכלה בזמן שעיניה יפין אין הגוף צריך בדיקה כו' כלומר פרנסי הדור הוא דלא מעלי . רבי אילפי ירד לפני התיבה לפני ר' אמי אמר משיב הרוח אתא זיקא אמר מוריד הגשם אתא מטרא אמרי ליה מאי עובדך אמר להו בקיפא פי' בכפר רחוק דאירנא ומטרחנא ומייתינא קדושא ואבדלתא ומפקנא להו ידי חובתייהו . וכן ההוא שליחא דצבורא דנחית קמי דרבא ושאלוהו ואמר מקרי ינוקי אנא ומקרינא לבני עניי כבני עתירי ואית לי פירא (דסורי) דכוורי דמפרנסנא מיניה כל

[נ"ל ונשב וכן לקמן בסמוך וכן לקמן כה: וב"מ פה: איתא ונשב אמנם לפני רש"י היה הגירסא ונשא הלכך פי' רש"י הכא ונשא כמו ונשב]

רבינו גרשום

שיבש בו כסלע חייב משום צידה ומשום נטילת נשמה: אמר ליה ר' יוסי בר ר' אבין ובין סנפיריו א"ל רב יוסף הא בין סנפיריו ר' יוסי היא . כלבא גורן . כשמואל הרמתי שהיה מבקש ומביא מטר אפי' בימי קציר דכתיב הלא קציר חטים וגו': בתרייהו דבי נשיאה אזלינן וכי קבילו אינהו הוי כמו קבילו אנו . מעיני העדה עיקר העדה היינו דבי נשיאה . קוסא אתרא. דחיקא . בני אדם דחוקים:

הגהות הב"ח

(א) גמ' ליה לבריה כפינן הוו יתבי: (ב) שם ואל יכשלו ביך בני אדם וכן הוה הויא ליה ססוא חמרא: (ג) שם חד זוזא זבן ביה חיטי ואסיק כו' מאי אייתי לך אבוך אמרה: (ד) שם לא אמרי ליה ולא מידי ושבקינן ליה: (ה) רש"י ד"ה והא לא כו' בהדייהו כדאמרינן לעיל מאימתי מקבל רב אמר במנחה ושמואל אמר בתפלת המנחה הס"ד: (ו) ד"ה כל מאן דפשע דלא בעי מיקרי הס"ד ואח"כ מה"ד משחדינא ליה כוורי כי היכי דגמיר הס"ד: (ז) תוס' ד"ה השולה כו' שיבש בו כסלע אע"פ שעדיין הוא מפרכס ובשעה:

[ועיין בסנהדרין קו: בפרש"י ועי"ע בפי' רש"י ברכות כ.]

לא א ב מיי' פ"ד מהל' עבודת יוה"כ הלכה א:

ה"ג בנזיקין הוה · למודם לא היה גדול אלא בסדר נזיקין : שכובשת ירק בקדירה. במסכת [*טהרות] היא בפ' שני (מ"א) גבי ידות מירי דקיי"ל (עוקצין פ"א משנה א) כל ידות האוכלין אם נגעה טומאה בהן נטמא גם האוכל הצריך לידות דיד מכניס ומוציא כדאמרינן בהעור והרוטב (חולין דף קיח:) מכל האוכל לרבות הידות וקתני התם אשה שהיא כובשת ירק לידות שלהן טהורין דכשהיא עולרת אותם הידות משתברות וה"ל ליטול הירקות בידות שלהן שכשמש ונפסק האוכל מן היד מחמת כבישה : כובשת · שולק"ן בלע"ז עולרת שלא המשקה שלהן ויכשו דכך אשה בכך כובשת ירק ממים שישתמרו לזמן מרובה: טהורין· העלין והקלחין : ואמרי לה · כי מטא לאידך בפרק שני (דעוקצין משנה א) זיתים שכבשן בטרפיהן כתרגומו עלה טרפא (בראשית ח) עלין שלהן דהיינו ידות : טהורין · הידות להביא טומאה לאוכל דמו לא חזו למאי ביה יד : הוויות דרב ושמואל · עומק גדול ולא היה נהירא ליה: תליסר מתיבתא· שלש עשרה ישיבות איכא בהך מתח דגמרי מסכת עוקצין : כי הוה שליף חד מסאנא · משום עינוי : דחזא מידי · חס ושלום בעובדי בישי : פרצי בריפתא · זורקים אותם זה לזה (ג) · נימטייה · יעשנו שלא לחוץ : אכוספא דתמרי · על כלי מלא תמרים או פסולת של תמרים · קאימנא אגודא דנהר פפא · ההוא יומא דעבד רב יהודה הכי : חלא · חול : דסמידא · סולת והכן עלמן מוכרין אותו : אמר להו מעשה נסים כו' · ובמה דאפשר להתרחק ממעשה נסים יותר טוב ונכון : דפרזינא · מקום : אקרון · הקרוני הייתי קורא בחלומי : נגדא · מלקות : איפרא הורמיז · כך שמה איפרא מן יופי שדים היה *לה: מאי היא · מאי עביד להו : אמרה ליה · דכל אימת דבעי מיטרא: זימנא דמיטרא הוא · ואפילו לא בעו נמי אתי מיטרא : שלחה ליה לרבא · דרחמנא ליה לרבא: אבותינו ספרו לנו פועל פעלת בימיהם בימי קדם · שהיה מפליא להם נסים (ד): עד דשפיך מרזבי דציפורי · שקלתו מים מן המרזבות עד ששוטפין בחוצות ויורדין ושופכין לדיגלת · לנהר חדקל : אשני מסתך · אל תשכב במשכבך הלילה : בסכיני · שרעו שדים להורגו וחתכו את מטתו והיינו דאמרי' בשחיטת חולין בפרק הזרוע (דף קלג·) וליקריוה לרבא רבא נווך היה לא מליט לו מזיקה בכל הש"ס אלא בזה המעשה כשביקש הגשמים בתמוז שלא לצורך : הכי גרסינן ר"פ גזר תעניתא חלש לביה טעים מידי בעא רחמי ולא אתא מיטרא: אי שריף מר חדא פינכא דדייסא · מלשון שורפה היא (פ"ז דף כט:) (ס) פינכא מלא כף כמו מלחך פינכי (פסחים דף מט·) דייסא טרי"ס בלע"ז ולהוכח קאמר ליה הכי משום דטעים בריפתא והדר בעא רחמי : רבי חנינא בן דוסא · חנה הוא : כל העולם טוב בלער · שמבקשין מים לשדותיהן : בנחת · שאני יושב בביתי ואיני לריך לגשמים לפי שאין לי שדות : מאי אהניא ליה ללותיה דכהן גדול · כשהיה מתפלל תפלה קלרה ביום הכפורים שהיה אומר אל יכנס לפניך תפלת עוברי דרכים דר' חנינא מבטל ליה ללותיה דכהן גדול שאעפ"כ שמע הקב"ה תפלתו ופסיק מיטרא : שחונה · חמה כמו חמותי ראיתי אור (ישעיה מד) תירגם יונתן בן עוזיאל שחינת : אם שחונה תהא גשומה · כשיהא חמה לריכה הארץ לגשמים מאד והדיר : בת קול יולאת · ואומרת כל העולם טוב · ולא גרסי' מהר חורב : קב חרובים מערב שבת לערב שבת · כל השבת היה ניזון בכך חסר לחם היה ומתגלגל היה בחרובין : אקטרתא · דבר שמעלה עשן כקיטור הכבשן (ו) :
משום

תורה אור

בנזיקין הוה ואנן קא מתנינן בשיתא סדרין וכי הוה מטי רב יהודה בעוקצין *האשה שכובשת ירק בקדירה ואמרי לה *זיתים שכבשן בטרפיהן טהורין אמר הוויי דרב ושמואל קא חזינא הכא ואנן קא מתנינן בעוקצין תליסר מתיבתא ואילו רב יהודה כי הוה שליף חד מסאנא אתי מיטרא ואנן קא צווחינן כולי יומא וליכא דאשגח בן אי משום עובדא אי איכא דחזא מידי לימא אבל מה יעשו גדולי הדור שאין דורן דומה יפה רב יהודה חזא הנהו בי תרי דהוו קא פרצי בריפתא אמר שמע מינה איכא שבעא בעלמא יהיב עיניה הוה כפנא אמרו ליה רבנן לרב כהנא בריה דרב נחוניא שמעיה (א) מר דשכיח קמיה ניעשייה דליפוק בפתחא דסמוך לשוקא עשייה ונפק לשוקא חזא כנופיא אמר להו מאי האי אמרו ליה אכוספא דתמרי קיימי דקא מזדבן אמר שמע מינה כפנא בעלמא אמר ליה לשמעיה שלוף לי מסאניי שלף ליה חד מסאנא ואתא מיטרא כי מטא למישלף אחרינא אתא אליהו ואמר ליה אמר הקדוש ברוך הוא אי שלפת אחרינא מחריבנא לעלמא אמר רב מרי ברה דבת שמואל אנא הוה קאימנא אגודא דנהר פפא חזאי למלאכי דאידמו למלחי דקא מייתי חלא ומלונהו לארבי והוה קמחא דסמידא (ב) אתו כולי עלמא למיזבן אמר להו מהא לא תיזבנון דמעשה נסים הוא למחר אתיין ארבי דחיטי *דפרזינא רבא איקלע להגרוניא גזר תעניתא ולא אתא מיטרא אמר להו ביתו כולי עלמא בתעניתייכו למחר אמר להו מי איכא דחזא חילמא לימא אמר להו ר' אלעזר מהגרוניא לדידי אקריון בחלמי שלם טב לרב טב מריבון טב דמטוביה מטיב לעמיה אמר שמע מינה *עת רצון היא מבעי רחמי בעי רחמי ואתי מיטרא ההוא גברא דאיחייב נגדא בבי דינא דרבא משום דבעל כותית נגדיה רבא ומית אשתמע מילתא בי שבור מלכא בעא לצעורי לרבא אמרה ליה איפרא הורמיז אימיה דשבור מלכא לברה לא ליהוי לך עסק דברים בהדי יהודאי דכל מאן דבעיין ממרייהו יהיב להו אמר לה מאי היא בעין רחמי ואתי מיטרא אמר לה ההוא משום דזימנא דמיטרא הוא אלא לבעו רחמי האידנא בתקופת תמוז וליתי מיטרא שלחה ליה לרבא כוין דעתך ובעי רחמי דליתי מיטרא בעי רחמי ולא אתי מיטרא אמר לפניו רבונו של עולם °אלהים באזנינו שמענו אבותינו ספרו לנו פועל פעלת בימיהם בימי קדם ואנו בעינינו לא ראינו אתא מיטרא עד דשפוך מרזבי *דצפורי לדיגלת אתא אבוה איתחזי ליה בחלמיה ואמר ליה מי איכא דמיטרח קמי שמיא כולי האי *אמר ליה שני דוכתיה למחר אשכחיה דמרשם פוריה בסכיני רב פפא גזר תעניתא ולא אתא מיטרא חלש ליביה שרף פינכא דדייסא ובעי רחמי ולא אתא מיטרא אמר ליה רב נחמן בר *אושפזתי אי שריף מר פינכא אחריתי דדייסא אתי מיטרא איכסיף וחלש דעתיה ואתא מיטרא *)ר' חנינא בן דוסא הוה קא אזיל באורחא אתא מיטרא אמר לפניו רבונו של עולם כל העולם כולו בנחת וחנינא בצער פסק מיטרא כי מטא לביתיה אמר לפניו רבונו של עולם כל העולם כולו בצער וחנינא בנחת אתא מיטרא אמר רב יוסף מאי אהניא ליה צלותא דכהן גדול לגבי רבי חנינא בן דוסא דתנן **היה מתפלל תפלה קצרה בבית החיצון *מאי מצלי רבין בר אדא ורבא בר אדא דאמרי תרוייהו משמיה דרב יהודה יהי רצון מלפניך ה' אלהינו שתהא השנה הזו גשומה ושחונה מעלייתא היא אדרבה גריעותא היא אלא °אם שחונה תהא גשומה ומטולה ואל יכנס לפניך תפלת עוברי דרכים רב אחא בריה דרבא מסיים משמיה דרב יהודה °לא יעדי עביד שולטן מדבית יהודה ואל יהו עמך ישראל צריכין להתפרנס זה מזה ולא לעם אחר אמר רב יהודה אמר רב *בכל יום ויום בת קול יוצאת ואומרת כל העולם כולו ניזון בשביל חנינא בני וחנינא בני דיו בקב חרובים מע"ש לע"ש הוה רגילא דביתהו למיחמא תנורא כל מעלי דשבתא ושדייא אקטרתא
משום

*) יומא נג:

מסורת הש"ס: סוכה פ"ב מ"א · עוקצין פ"ב מ"א · [ג"י סעודך עוקר אלון פי' דאורנאי פי' סעודת מלכים פי' אלון] · [ועי' רש"י מס כו: ד"ה איפרא ועי' תוס' גיטין יח. ד"ה סודמן וכו' סקשו על פרש"י] · [ברכות ח. יומא סט. יבמות עב. סנהדרין סו.] · תהלים מד · [נ"ל דמחוזא וכ"ה בע"י] · [ג"י סמוך אושפזתי פי' הוא שם אמו של רב פפא] · יומא נב: ע"ש שם נג: · ברכות יז: חולין פו.

רבינו חננאל

מאן דפשע משחדינא ליה בהו עד דקרי*) בימי רב יהודה מצלו ואתי מטרא . אמרי אי משום תורה כלהו תנויי בנזיקין הוה ואנן מתנינן טובא . וכי הוה רב יהודה מטי להאשה שכובשת ירק בקדרה. ואמרי לה זיתים שכבשן בטרפיהן זו היא משנה בעוקצין פ"ב . הוה א' היה דרב ושמואל קא חזינא הכא כלומר זו קושיא גדולה היא ואנן האידנא מתנינן י"ג מתיבתא בעוקצין אלא מה יעשו פרנסי גדולי הדור שאין דורן יפה : רב יהודה שלף מסניה למבעי רחמי אמטרא אתחזי ליה חלמא אי שלפת אחרינא מחריב עלמא . ההוא דבעל כותית נגדיה רב יהודה ומית אכלו ביה קורצי. הלשינו עליו שהמית אדם . פי' אכלו קראו עליו מלשינות כדמתרגם קרא בגרון אל תחשוך אכלי · בעא שבור מלכא לצעורי כו' . ר' חנינא בן דוסא הוה אזיל באורחא אתא מיטרא אמר רבון העולמים כל העולם בנחת וחנינא בצער פסק מיטרא כי אתא לביתיה אמר כל העולם בצער בנחת אתא מיטרא אמר רב יוסף מאי אהני צלותא דכ"ג דהוה מצלי ביוה"כ יר"מ שאם תהיה השנה הזאת שחונה תהיה גשומה ואל תכנס לפניך תפלת עוברי דרכים שמתפללין לפסוק המטר והנה ר' חנינא הפסק המטר. ועוד היה מתפלל ואל יעדי עביד שלטון מדבית יהודה. ואל יהיו עמך בית ישראל צריכין זה לזה לפרנסה: בכל יום ב"ק יוצאת כל העולם כולו ניזון בשביל חנינא בני וחנינא בני דיו קב חרובין מע"ש לע"ש:

*) נראה דצ"ל אמרו ליה וכא כימי רב יהודה מצלו ואתי מטרא אמר לנו מאי אעביד אי משום תורה וכו' כצ"ל.

רבינו גרשום

האשה שכובשת ירק בקדירה ונגע טומאה לקלח אין מביאין טומאה לירק כיון דנכבשו בטיל ליה בתורת יד : זיתים בטרפיהן טרפא נמי הם ידות : אנא קיימנא בההיא שעתא: דפרזנאי מקום : שחונה חמימה :

הגהות הב"ח

(א) גמ' שמעיה דמר דשכיח : (ב) שם ואתו כולי עלמא למיזבן מיניה ואמילא להו מהא כו' להגרוניא גזר תעניתא בעא רחמי ולא אתא כו' בתעניתייכו ביתו למחר אמר להו כו' עת רצון היא למבעי רחמי בעי רחמי :
(ג) רש"י ד"ה פרלי כו' זה לזה כמשחקין זה עם זה הס"ד : (ד) ד"ה אבותינו כו' מפליא להם נסים אבל בעינינו לא ראינו כלומר עכשיו סראה לנו נפלאותיך הס"ד : (ס) ד"ה אי שריף כו' מל' שורפה היא אי אכיל מר חדא פינכא מלא כף : (ו) ד"ה אקטרתא כו' כקיטור הכבשן כדי שיהיו סבורין שבכלים שלופים בתנור הס"ד :

גליון הש"ס

גמ' א"ל שני דוכתיך. עיין חולין דף קלג ע"א רש"י ד"ה מוף :

all studies were concentrated on [24b] Neziḳin,[3] whereas we study all the six sections. When R. Judah reached the passage in [the Mishnah],[4] 'If a woman was preserving vegetables in a pot etc.', or as some say the passage, 'If olives are preserved together with their leaves then the leaves are not susceptible to uncleanness',[5] he exclaimed: I see here disputations of Rab and Samuel,[6] and yet we to-day teach 'Uḳḳaẓin in thirteen different sessions.[7] And yet when Rab Judah removed one shoe [as a sign of humiliation][8] rain fell but when we cry out the whole day no one pays heed to us. Is it because of some failing? If so, let any one who knows of it declare it. What, however, can the great men[9] of a generation do when their generation does not [appear good enough to favour in the eyes of God].

Once Rab Judah saw two men using bread wastefully and he exclaimed: It seems that there is plenty in the world. He gave an angry look and a famine arose. Thereupon the Rabbis said to R. Kahana the son of R. Neḥunia, his attendant, You who are so constantly with him, endeavour to persuade him to go out by the
a door near the market place.[1] He prevailed upon him and he went out to the market place and seeing there a large crowd he asked, What is the matter? He was told, They stand around a mass of ground dates which is on sale. Whereupon he exclaimed: It seems that there is famine in the world. He then said to his disciple: Take off my shoes. As soon as he had taken off one shoe rain fell. As he was about to take off the other Elijah appeared and said to him: The Holy One, Blessed be He, said, if you will take off the other shoe I will lay waste the world.[2]

R. Mari the son of the daughter of Samuel related: Once I was standing on the bank of the river Papa[3] and I saw angels in the guise of sailors who brought sand and loaded ships with it and it turned into fine floor. When the people came to purchase [it] I called out to them: Do not buy this because it resulted from a miracle. Next day boatloads of wheat came from Perezina.[4]

Once Raba came to Hagrunia[5] and ordained a fast but no rain fell. Thereupon he said to the people: Continue with your fasting overnight. Next morning he said to them: If there is any one of you who had a dream let him tell it. Thereupon R. Eleazar from Hagrunia replied: To me in my dream the following was said: Good greetings to the good teacher from the good Lord who from His bounty dispenseth good to His people. Raba then exclaimed: It seems that this is a favourable time to pray. He prayed and rain fell.

Once a certain man was sentenced by the Court of Raba to receive corporal punishment because he had intercourse with a Gentile woman. Raba had the man punished and he died. The matter reached the ears of King Shapur and he sought to punish
b Raba. Whereupon Ifra Hormuz, the mother of King Shapur,[1] said to her son, Do not interfere with the Jews because whatever they ask of their God He grants them. The king asked her, For example?—They pray and rain falls [she replied]. He retorted: This must have been because it is the season for rain; let them pray now, in the Tammuz cycle[2] for rain. She sent a message to Raba: Concentrate now your mind and pray for rain. He prayed but no rain fell. He then exclaimed: Master of the Universe, '*O God, we have heard with our ears, our fathers have told us; a work Thou didst in their days, in the days of old.*'[3] But as for us we have not seen [it] with our eyes. Whereupon there followed such a heavy fall of rain that the gutters of Maḥuza[4] emptied their waters into the Tigris. Raba's father then appeared unto him in a dream and said to him: Is there anyone who troubles Heaven so much? Change thy [sleeping] place.[5] He changed his place and next morning he discovered that his bed had been cut with knives.

R. Papa ordained a fast and no rain fell. As he felt faint he sipped a plateful of grits and he again prayed, but still no rain fell. Thereupon R. Naḥman b. Ushpazarti[6] said to him: If you, Sir, will sip another plateful of grits rain would fall. Raba felt humiliated and faint, and rain fell.

R. Ḥanina b. Dosa was journeying on the road when it began to rain. He exclaimed: Master of the Universe, the whole world is at ease, but Ḥanina is in distress; the rain then ceased. When he reached home he exclaimed: Master of the Universe, the whole world is in distress and Ḥanina is at ease; whereupon rain fell. [With reference to this incident] R. Joseph remarked: Of what avail was the prayer of the High Priest [on the Day of Atonement] against that of R. Ḥanina b. Dosa? For we have learnt:[7] [The High Priest on the Day of Atonement] prayed a short prayer in the outer room [of the Temple]. What did he pray? Raba son of R. Adda and Rabin son of R. Adda both said in the name of Rab Judah: 'May it be Thy will, O Lord our God, that this year may be one of rain and of heat'. Is then heat beneficial? Is it not rather something harmful?—Rather [the prayer reads thus], 'If the year is to be a year of heat, let it also be a year of rain and of dew, and let the prayer of those journeying on the roads gain admission before Thee.'

R. Aḥa the son of Raba in the name of Rab Judah completed the prayer as follows: 'May a ruler never cease from the house of Judah and may Israel never be in need of sustenance one from another, nor from another people'. Rab Judah said in the name of Rab: Every day a Heavenly Voice is heard declaring, The whole world draws its sustenance because [of the merit] of Ḥanina my son, and Ḥanina my son suffices himself with a *kab* of carobs from one Sabbath eve to another. Every Friday his wife would

(3) The fourth order of the Mishnah. (4) Ṭoh. II, 1. The word עוקצין is here out of place and refers to the passage which follows. (5) M. Uḳ. II, 1. (6) The disputations of Rab and Samuel are proverbial for their complexity. For fuller notes V. (Sanh. Sonc. ed.) 106*b* (7) Cf. Ber. 20*a* and Rashi there a.l.; Ned. 41*a*. Rashi, on our passage; in the thirteen colleges that were to be found in the place where Rabbah resided. (8) Cf. 12*b*; Ta'an. I, 6. (9) [MS.M.: 'leaders'.]

a (1) That he might see for himself how the people suffer because of the famine. (2) He should not weary God with any further prayers as He had already answered his prayer. (3) A tributary of the Euphrates. V. Obermeyer, p. 227. (4) Obermeyer (p. 227, n. 2) identifies with Paraziḳa, Farausag near Bagdad. (5) A city near Nehardea in Babylonia. V. Obermeyer, p. 265-7.

b (1) [Shapur II, King of Persia (310-379 C.E.), son of King Hormuzd.] (2) Heb. *Teḳufah*, v. Glos. (3) Ps. XLIV, 2. (4) [For this reading v. D.S. Maḥuza was the place of Raba. Cur. edd. 'of Sepphoris'.] (5) Underlying this is the popular belief that a change of place brings with it a change of fortune. (6) [*Aruch* reading Ushparti takes it as the name of R. Papa's mother. The phrase is thus to be rendered: 'O son of Ushparti'.] (7) Yoma 53*b*.

a light the oven and throw twigs[1] into it [25a] so as not to be put to shame. She had a bad neighbour who said, I know that these people have nothing, what then is the meaning of all this [smoke]? She went and knocked at the door. [The wife of R. Ḥanina] feeling humiliated [at this] retired into a room. A miracle happened and [her neighbour] saw the oven filled with loaves of bread and the kneading trough full of dough; she called out to her: You, you, bring your shovel, for your bread is getting charred; and she replied, I just went to fetch it. A Tanna taught: She actually had gone to fetch the shovel because she was accustomed to miracles.

Once his wife said to him: How long shall we go on suffering so much: He replied: What shall we do?—Pray that something may be given to you, [she replied]. He prayed, and there emerged the figure of a hand reaching out to him a leg of a golden table. Thereupon he saw in a dream that the pious would one day eat at a three-legged golden table but he would eat at a two-legged table. Her husband said to her:[2] Are you content that everybody shall eat at a perfect table and we at an imperfect table? She replied: What then shall we do?—Pray that the leg should be taken away from you, [she replied]. He prayed and it was taken away. A Tanna taught: The latter miracle was greater than the former; for there is a tradition that a thing may be given but once; it is never taken away again.

Once on a Friday eve he noticed that his daughter was sad and he said to her, My daughter, why are you sad? She replied: My oilcan got mixed up with my vinegar can and I kindled of it the Sabbath light. He said to her: My daughter, Why should this trouble you? He who had commanded the oil to burn will also command the vinegar to burn. A Tanna taught: The light continued to burn the whole day until they took of it light for the
b *Habdalah.*[1]

R. Ḥanina b. Dosa had goats. On being told that they were doing damage he exclaimed, If they indeed do damage may bears devour them, but if not may they each of them at evening time bring home a bear on their horns. In the evening each of them brought home a bear on their horns.

Once a woman neighbour of R. Ḥanina was building a house but the beams would not reach the walls. She thereupon came to him and said: I have built a house but the beams will not reach the walls. He asked her: What is your name? She replied: Aiku. He thereupon exclaimed: Aiku,[2] may your beams reach [the walls]. A Tanna taught: They projected one cubit on either side. Some say, New pieces joined themselves [miraculously] to the beams.[3] It has been taught: Polemo says: I saw that house and its beams projected one cubit on either side, and people told me: This is the house which R. Ḥanina b. Dosa covered with beams, through his prayer.

Whence did R. Ḥanina b. Dosa have goats seeing that he was poor? And furthermore, did not the Sages say: We may not rear
c small cattle in Palestine?[1]—R. Phinehas said: Once it happened that a man passed by his house and left there hens and the wife of R. Ḥanina b. Dosa found them. Her husband, however, forbade her to eat of their eggs. As the eggs and the chickens increased in number he was very troubled by them and he therefore sold them and with the proceeds he purchased goats. One day the man who lost the hens passed by [the house] again and said to his companions, Here I left my hens. R. Ḥanina overhearing this asked him: Have you any sign [by which to identify them]? He replied: Yes. He gave him the sign and took away the goats. These were the goats that brought bears on their horns.

R. Eleazar b. Pedath found himself in very great want. Once after being bled he had nothing to eat. He took the skin of garlic and put it into his mouth; he became faint and he fell asleep. The Rabbis coming to see him noticed that he was crying and laughing, and that a ray of light was radiating from his forehead. When he awoke they asked him: Why did you cry and laugh? He replied: Because the Holy One, Blessed be He, was sitting by my side and I asked Him, How long will I suffer in this world? And He replied: Eleazar, my son, would you rather that I should turn back the world to its very beginnings? Perhaps you might then be born at a happier hour?[2] I replied: All this, and then only *perhaps?*[3] I then asked Him, Which is the greater life, the one that I had already lived, or the one I am still to live. He replied: The one that I have*already lived. I then said to Him: If so, I do not want it. He replied: As a reward for refusing it I will grant you in the next world thirteen rivers of balsam oil as clear as the Euphrates and the Tigris, which you will be able to enjoy. I asked, And nothing more? He replied: And what shall I then give to your fellow men? I said: Do I then ask the share of one who has nothing? He thereupon snapped at my forehead and exclaimed: Eleazar, my son, I have shot you with my arrows.[4]

R. Ḥama b. Ḥanina ordained a fast but no rain fell. People said to him: When R. Joshua b. Levi ordained a fast rain *did* fall. He
d replied: I am I, and he is the son of Levi.[1] Go and ask him that he may come [and pray for us] and let us concentrate on our prayer, perhaps the whole community will be contrite in heart and rain will fall.[2] They prayed and no rain fell. He[3] then asked them: Are you content that rain should fall on our account? They replied: Yes. He then exclaimed: heaven, heaven, cover thy face.[4] But it did not cover [its face]. He then added: How brazen is the face of heaven! It then became covered and rain fell.

Levi ordained a fast but no rain fell. He thereupon exclaimed: Master of the Universe, Thou didst go up and take Thy seat on high and hast no mercy upon Thy children. Rain fell but he became lame. R. Eleazar said: Let a man never address himself in a reproachful manner towards God, seeing that one great man did so and he became lame, and he is Levi. But was this actually the cause [of his lameness]? Was it not rather because he demonstrated to Rabbi a particular form of prostration?[5]—Both were the cause of his lameness.

R. Ḥiyya b. Luliani overhearing the clouds saying to one another, Come, let us take water to Ammon and Moab, exclaimed: Master of the Universe! When Thou wast about to give the Law to Thy people Israel Thou didst offer it around amongst all the nations of the world but they would not accept it, and now Thou wouldst give them rain; let them [the clouds] empty their waters here; and they emptied their waters on the spot.

R. Ḥiyya b. Luliani expounded: What is the meaning of the verse, *The righteous shall flourish like the palm tree; he shall grow like a cedar in Lebanon?*[6] If it is said, *'Palm-tree'* why is also said *'Cedar'?* And if *'Cedar'* why also *'Palm-tree'*? Had it been said, *'Palm-tree'* and not *'Cedar'* I might have argued that just in the same way

a (1) Lit., 'something that produces smoke'. (2) [The text is in disorder. The rendering adopted is based on the reading of MS.M.].

b (1) V. Glos. (2) The name Aiku suggests to him the Greek εἴκε = Would that sc. the joists may reach the walls (Malter, Ta'an. p. 188). (3) [*Aliter:* (*a*) They (the angels) made (added) new joints to them (R. Gershom). (*b*) They made of them (the lengthened beams) new joints (*Aruch*).]

c (1) As these usually destroy the crops of the field. Cf. B.Ḳ. 79*b*. (2) Lit., 'In an hour of sustenance'. (3) He would not give God all this trouble for a mere probability. (4) The text is in disorder and its meaning is doubtful. According to Rashi it is a gesture of God's love for Eleazar.

d (1) I.e., I am not as great a man as he is. (2) [This appears to be the meaning of text of cur. edd. from which MSS.vary.] (3) [On our text, either R. Ḥama b. Ḥanina, or R. Joshua b. Levi, who had come at their request to pray. V. J. Ta'an III, 4.] (4) With clouds that bring rain. (5) And so injured himself. V. Suk. 53*b*. (6) Ps. XCII, 13.

*See Corrigenda.

לא א מיי' פ"ט מהל' נזקי ממון הל' ג סמג עשין סו טוש"ע ח"מ סימן תט סעיף א:

משום כיסופא · שהיו שכינותיה רואות עיסה לכבוד שבת והיא אינה עושה כלום : אגנא · עריבה : מסא · עתר שמוליאין בו הלחם מרדה פלפ"א בלע"ז ומרדה ומסא חדא מילתא היא (ד) : תנא אף היא להביא מרדה נכנסה · פל"א בלע"ז על שם שרודין בה פת מן התנור שלא היתה בושה מפני שרגילה בניסין : חזיא · דביתהו בחלמא : מישקל לא שקלי · בתר דיהבי : כל היכא דתני בי שמשי הייט ערב שבת *לא שמעתי טעם : במגת דחלא · בכלי שיש בו החומץ ושמתי החומץ בנר ויכבה הנר : עד שנטלו ממנו אור להבדלה · הדליק ממנו נר אחר ליהנות בו ונר של מעשה נסים כיבה כי היכי דעבד רב יהודה (לעיל דף כד:) בחלא דהוה סמידא : קא מפסדי לן · שדות : דובים · והדובים בשדות · ולא מטו כשורי · אין הקורות מגיעות מכותל לכותל : איכו נימטו כשוריך · יאריכו הקורות : סניפין היו · הקורות של חליות היו במעשה נס נדבקו להן חתיכות קטנות לאורכן : ר"א בן פדת · אמורא היה והוא הנקרא מרא דארעא דא"י במסכת נדה (דף כ:) בעל הוראות היה והוא שימש ר' יוחנן *)אחרי מות ריש לקיש והיה דחוק ועני : עבד מילתא · הקיז דם : ברא דתומא · בן השום ללע של שום : חלש ליביה · נתעלפה : זוליתא · עינו : מאפותיה · ממצחו : כולי האי ואפשר · בתמיה כולי האי עבדת ולכתי הך ספיקא דלמא לא מיתרמינא בשעתא דמזוני : דחיי נפישא או דחיינא · ימי חיי שחייתי כבר הם רבים ממה שאני עתיד לחיות : אמר דחיית · מה שכבר חיית מרובים ממה שאתה עתיד לחיות והיינו דקא בכי כי אמר שכינה הכי והאי דחייך משום י"ג נהרוותא לרחוץ בהן ולטייל בהן מזה להם : אי הכי לא בעינא · דתיחרביה לעלמא : ותו לא · וכי אין אתה נותן לי דברים אחרים : א"ל ולחברך מאי קא יהיבנא · אנא מגברא דלית ליה בעינא לא גרים בספר רבי ובספר שלי כתוב : באסקוטלא אפותיה · היינו זוליתא דנפק מיניה שמדביק אצבע לגדל עם הגודל ומכה בצפורן האצבע : גירנו בך גירי · כלומר הכיתי בחיצי לחדווה בעלמא אמר כן : הא אנא והא בר ליואי · הוא איש אחד ואני איש אחד הוא עדיף מינאי : דתברי · שוברים : שיבא מטר בשבילנו · מקבלים אתם עליכם ומסכימין לדעת אחד : כמה עזין · דלא כסין מלגבורא : לוי אחוי קידה · טען שני גודליו בארץ ושוחה ונושק את הרצפה : הא והא גרמא ליה · החטא גרם לו שנצלע בקידה : ואין

הא והא גרמו ליה · *פי' הר"ח הא כדעבד דאחוי הקידה קמי רבי איטלע והא דהטיח דברים כלפי מעלה גרמא ליה דאיטלע שאני

משום כיסופא הוה לה הך שיבבתא בישתא אמרה מכדי ידענא דלית להו ולא מידי מאי כולי האי אזלא וטרפא אבבא איכספא ועיילא לאינדרונא איתעביד לה ניסא דחזיא לתנורא מלא לחמא ואגנא מלא לישא אמרה לה פלניתא פלניתא אייתי מסא דקא חריך לחמיך אמרה לה אף אנא להכי עיילי תנא אף היא להביא מרדה נכנסה מפני שמלומדת בנסים (א) אמרה ליה דביתהו עד אימת ניזיל ונצטער כולי האי אמר לה מאי נעביד בעי רחמי דניתבו לך מידי *בעא רחמי יצתה כמין פיסת יד ויהבו ליה חד כרעא דפתורא דדהבא (*חזאי) בחלמא עתידי צדיקי דאכלי אפתורא דדהבא דאית ליה תלת כרעי (*ואת) אוכלת אפתורא דתרי כרעי (*אמרה ליה) ניחא לך דמיכל אכלי כולי עלמא אפתורא דמשלם ואנן אפתורא דמחסר אמרה ליה ומאי נעביד בעי רחמי דנשקלינהו מינך בעי רחמי ושקלוהו תנא גדול היה נס אחרון יותר מן הראשון דגמירי דמיהב יהבי מישקל לא שקלי חד בי שמשי חזייה לברתיה דהוות עציבא אמר לה בתי *למאי עציבת אמרה ליה כלי של חומץ נתחלף לי בכלי של שמן והדלקתי ממנו אור לשבת אמר לה בתי מאי איכפת לך מי שאמר לשמן וידלוק הוא יאמר לחומץ וידלוק תנא היה דולק והולך כל היום כולו עד שהביאו ממנו אור להבדלה ר' חנינא בן דוסא הוו ליה הנך עיזי אמרו ליה קא מפסדן (ב) אמר אי קא מפסדן ניכלינהו דובי ואי לא כל חדא וחדא תיתי לאורתא דובא בקרנייהו לאורתא אייתי כל חדא וחדא דובא בקרנייהו הוה ליה ההיא שיבבתא דקא בניא ביתא ולא מטו כשורי אתיא לקמיה אמרה ליה בניתי ביתי ולא קמטו כשוראי אמר לה מה שמך אמרה ליה איכו אמר איכו נימטו כשוריך תנא הגיעו עד שיצאו אמה לכאן ואמה לכאן ויש אומרין *סניפין עשאום תניא פלימו אומר אני ראיתי אותו הבית והיו קורותיו יוצאות אמה לכאן ואמה לכאן ואמרו לי בית זה שקירה ר' חנינא בן דוסא בתפלתו *ור' חנינא בן דוסא מהיכן הוו ליה עזים [א] והא עני הוי ועוד אמרו חכמים **אין מגדלין בהמה דקה בא"י אמר רב פנחס מעשה ועבר אדם אחד על פתח ביתו והניח שם תרנגולין ומצאתן אשתו של ר' חנינא בן דוסא ואמר לה אל תאכלי מביציהן והרבו ביצים ותרנגולין והיו מצערין אותם ומכרן וקנה בדמיהן עזים פעם אחת עבר אותו אדם שאבדו ממנו התרנגולין ואמר לחבירו בכאן הנחתי התרנגולין שלי שמע ר' חנינא אמר לו יש לך בהן סימן אמר לו הן נתן לו סימן ונטל את העזין והן הן *עיזי דאייתו דובי בקרנייהו רבי אלעזר בן פדת דחיקא ליה מילתא טובא עבד מלתא ולא הוה ליה מידי למטעם שקל ברא דתומא ושדייה בפומיה חלש לביה ונים אזול רבנן לשולי ביה חזיוהו דקא בכי וחייך ונפק צוציתא דנורא מאפותיה כי אתער אמרו ליה מ"ט קבכית וחייכת אמר להו דהוה יתיב עמי הקב"ה ואמרי ליה עד מתי אצטער בהאי עלמא ואמר לי אלעזר בני ניחא לך דאפכיה לעלמא מרישא אפשר דמתילדת בשעתא דמזוני אמרי לקמיה כולי האי ואפשר אמרי ליה דחיי טפי או דחיינא א"ל דחיית אמרי לקמיה א"כ לא בעינא אמר לי בהאי אגרא דאמרת לא בעינא יהיבנא לך לעלמא דאתי תליסרי נהרוותא דמשחא אפרסמון דכיין *כפרת ודיגלת דמענגת בהו אמרי לקמיה האי ותו לא אמר לי ולחברך מאי יהיבנא אמרי ליה ואנא מגברא דלית ליה בעינא מחיין באסקוטלא *אפותאי ואמר לי אלעזר ברי *גירי בך גירי ר' חמא בר חנינא גזר תעניתא ולא אתא מיטרא אמרו ליה והא רבי יהושע בן לוי גזר תעניתא ואתי מיטרא אמר להו הא אנא הא בר ליואי אמרו ליה דניתי וניכוין דעתין איפשר דתברי ציבורא לבייהו דאתי מיטרא בעון רחמי ולא אתי מיטרא אמר להו ניחא לכו שיבא מטר בשבילנו אמרו ליה הן אמר רקיע רקיע כסי פניך לא איכסי אמר כמה עזין פני רקיע איכסי (ג) ואתא מיטרא לוי גזר תעניתא ולא אתא מיטרא אמר לפניו רבונו של עולם עלית וישבת במרום ואין אתה מרחם על בניך אתא מיטרא ואיטלע אמר רבי אלעזר *לעולם אל יטיח אדם דברים כלפי מעלה שהרי אדם גדול הטיח דברים כלפי מעלה ואיטלע ומנו לוי והא גרמא ליה והא לוי אחוי קידה קמיה דרבי ואיטלע הא והא גרמא ליה רבי חייא בר לוליני שמעינהו להנך ענני דקאמרי ניתו וניתבי מיא בעמון ומואב אמר לפניו רבונו של עולם כשנתת תורה לעמך ישראל חזרת על כל אומות העולם ולא קיבלוה ועכשיו אתה נותן להם מטר שדו הכא שדיוה אדוכתיהו *דרש רבי חייא בר לוליני מאי דכתיב °צדיק כתמר יפרח כארז בלבנון ישגה אם נאמר תמר למה נאמר ארז ואם נאמר ארז למה נאמר תמר אילו נאמר תמר ולא נאמר ארז הייתי אומר מה תמר אין

פי' שבת קיז: רש"י ד"ה מרדה [וכתובות קג. מפרש רש"י טעם ועיין רש"י שבת פו: ד"ה ולישנן וכו']

[נ"ל חזיא עי' רש"י] [נ"ל ואיהו אפתורא גירס ע"י] *)כדאיתא ב"מ פה.

ב"ק נה:

ב"מ פ.

[ג' הערוך אאורתא פי' מלה]

סוכה נג: מגילה כב.

כ"ב פ: תהלים צב

ר"ל מסיבותא דגניזא לצדיקי לעלמא דאתי

[נ"ל אמר לה וכן איתא בע"י]

[נ"ל אמאוליס כדפוס]

[עי' ערוך ערך ספן]

[עי' בע"י ובה"ג שם דכל זה איתו מן הגמרא מכאן עד דאייתו דובי בקרנייהו]

סיבות כפרת ודיגלת ליתא בע"י

ס"א אגרי [עי' פי' הערוך ערך גר]

רבינו חננאל

חד [בי] שימשא איחלף לברתיה ורמייא חלא לשרגא דשבתא והוות עציבא א"ל אבוה אל תעצבי מי שאמר לשמן וידלוק [יאמר לחומץ וידלוק] תנא [היה דולק] כל השבת עד דשקיל מיניה אור להבדלה: ר' אלעזר בן פדת הוה דחיק ליה עלמא הקיז ולא הוה ליה מידי למיכל אשכח בר תומא שדא לפומא חלש לביה עיילו רבנן לשיוליה ביה ומצאוהו ישן חזייה דבכא ואחיך ונפק ציציתא דנורא מאפותיה כשהקיץ משנתו אמרו ליה מאי היא · אמר להו חזאי שכינה בחלמא ואמרי קמיה עד מתי אהא בהאי דוחקא אתאמר לי מקמיה ניחא לך דליחרב עלמא ואבריה מרישא אפשר דמתיילדת בשעתא דמזוני אמרי קמיה כולי האי ואולי לא בעינא [א"ל בהאי] אגרא [דאמרת] לא בעינא יהיבנא לך לעלמא דאתי י"ג מעיינתא דמשכי אפרסמון דכייא כו' עד מחיין באסקוטלא אפותאי כלומר הכהו מלאך באצבעו על מצחו ונראת להן ההכאה כניצוצת של אש כשכופף אדם אצבעו על בוהנו ושומט אותה ומכה את חבירו נקראת המכה ההיא אסקוטלא . אפותא פרחת · לוי גזר תעניתא ולא אתי מיטרא אמר רבון העולמים אינך משגיח בצער בניך ומרחם עליהם כלומר ראוים הם להתרחם ולפי

רבינו גרשום

מרדה לרדות הפת : סניפין שמלאכים האריכום בחתיכי קורה : מגביהו מן הקרקע שלא יקוץ סמוך לקרקע שיחליק גופו :

הגהות הב"ח

(א) גמ' מפני שמלומדת בניסין סיומא אמרה ליה דביתהו כו' אמר לה מאי נעביד אמרה ליה בעי רחמי דניתבו כו' ומאי נעביד אמרה ליה בעי רחמי כו' דגמירי מן שמיא מיהב יהבי : (ב) שם אמרי ליה קא מפסדן אמר אי קא : (ג) שם ואתא מיטרא לוי אחוי קידה : (ד) רש"י ד"ה מסא כו' חדא מילתא היא הס"ד ואח"כ מה"ד מרדה פלא בלע"ז על שם שרודין בה פת מן התנור :

הגהות הגר"א

[א] גמ' והוא עני הוי ועוד א"ח אין מגדלין בהמה דקה בא"י תא"מ :

גליון הש"ס גמרא בעי רחמי יצתה כמין פיסת יד · עי' שמות רבה פ' נ"ב : רש"י ד"ה כל היכא כו' לא שמעתי טעם · עיין ברכות דף נ"ב ע"ב ד"ה מאן : תוספות ד"ה הא והא כו' פי' הר"ח · עי' תוספות יומא דף יח ע"א :

לב א מיי' פ"ג מהל' מגילה הלכה טו סמג עשין מג טוש"ע א"ח סימן רלו סעיף יד:
לג ב מיי' פ"ה מהלכות תעניות הלכה יא טוש"ע א"ח סימן תקעה סעיף יא:

אין גזעו מחליף אף צדיק ח"ו אין גזעו מחליף לכך נאמר ארז ואילו נאמר ארז ולא נאמר תמר הייתי אומר מה ארז אין עושה פירות אף צדיק ח"ו אין עושה פירות לכך נאמר תמר ונאמר ארז וארז גזעו מחליף והתניא **הלוקח אילן מחבירו לקוץ מגביהו מן הקרקע טפח וקוצץ בסדן השקמה שני טפחים בבתולת השקמה שלשה טפחים בקנים ובגפנים מן הפקק ולמעלה בדקלים ובארזים חופר למטה ומשריש לפי שאין גזעו מחליף הכא במאי עסקינן בשאר מיני ארזים כדרבה בר הונא דאמר רבה בר הונא *עשרה מיני ארזים הן שנאמר °אתן במדבר ארז שיטה והדס וגו' (ישעיה מא) ת"ר מעשה ברבי אליעזר שגזר שלש עשרה תעניות על הצבור ולא ירדו גשמים באחרונה התחילו הצבור לצאת אמר להם תקנתם קברים לעצמכם געו כל העם בבכיה וירדו גשמים שוב מעשה בר' אליעזר שירד לפני התיבה ואמר עשרים וארבע ברכות ולא נענה ירד רבי עקיבא אחריו ואמר אבינו מלכנו אין לנו מלך אלא אתה אבינו מלכנו למענך רחם עלינו וירדו גשמים הוו מרנני רבנן יצתה בת קול ואמרה לא מפני שזה גדול מזה אלא שזה מעביר על מדותיו וזה אינו מעביר על מדותיו ת"ר עד מתי יהו הגשמים יורדין והצבור פוסקין מתעניתם כמלא ברך המחרישה דברי רבי מאיר *וחכמים אומרים ²בחרבה טפח בבינונית טפחיים בעבודה שלשה טפחים תניא *רבי שמעון בן אלעזר אומר אין לך טפח מלמעלה שאין תהום יוצא לקראתו שלשה טפחים והא תניא טפחיים לא קשיא כאן בעבודה כאן בשאינה עבודה א"ר אלעזר כשמנסכין את המים בחג תהום אומר לחבירו אבע מימיך קול שני ריעים אני שומע שנאמר °תהום אל תהום קורא לקול צנוריך וגו' (תהלים מב) אמר רבה לדידי חזי לי האי רידיא דמי לעיגלא (תלתא)ופירסא* שפוותיה וקיימא בין תהומא תתאה לתהומא עילאה לתהומא עילאה א"ל אבע מימיך לתהומא תתאה א"ל אבע מימיך שנא' °הנצנים נראו בארץ וגו' (שה"ש ב): היו מתענין וירדו גשמים קודם הנץ החמה כו': ת"ר היו מתענין וירדו להם גשמים קודם הנץ החמה לא ישלימו לאחר הנץ החמה ישלימו דברי ר' מאיר ר' יהודה אומר קודם חצות לא ישלימו לאחר חצות ישלימו רבי יוסי אומר קודם ט' שעות לא ישלימו לאחר ט' שעות ישלימו שכן מצינו באחאב מלך ישראל שהתענה מתשע שעות ולמעלה שנאמר °הראית כי נכנע אחאב וגו' (מלכים א כא) ר' יהודה נשיאה גזר תעניתא וירדו להם גשמים לאחר הנץ החמה סבר לאשלומינהו א"ל רבי אמי קודם חצות ואחר חצות שנינו שמואל הקטן גזר תעניתא וירדו להם גשמים קודם הנץ החמה כסבורין העם לומר שבחו של צבור הוא אמר להם אמשול לכם [משל] למה הדבר דומה לעבד שמבקש פרס מרבו אמר להם תנו לו ואל אשמע קולו שוב שמואל הקטן גזר תעניתא וירדו להם גשמים לאחר שקיעת החמה כסבורים העם לומר שבחו של צבור הוא אמר להם שמואל לא שבח של צבור הוא אלא אמשול לכם משל למה הדבר דומה לעבד שמבקש פרס מרבו ואמר להם המתינו לו עד שיתמקמק ויצטער ואחר כך תנו לו ולשמואל הקטן שבחו של צבור היכי דמי אמר *משיב הרוח ונשב זיקא אמר מוריד הגשם ואתא מיטרא: [לעיל כ. ב"מ פה:] מעשה וגזרו תענית בלוד כו': ונימא הלל מעיקרא *)אביי ורבא דאמרי תרווייהו לפי שאין אומרים הלל אלא

*) גי' רח"ש רב ושמואל

*ואין גזעו מחליף · אם נפסק: אף לדיק · אין לו זכר לדיק אין גזעו מחליף אינו בתחיית המתים: לדיק אינו עושה פירות · אין לו שכר לעתיד: בתולת השקמה · כשהיא שלא נקללה מעולם: סדן · שכבר הזקין טרונ"ק בלע"ז שנקלץ וחוזר ומתעבה והוא מלשון סדנא בסדניה יתיב (פסחים דף כח.): שני טפחים · שכבר גזעו מחליף: מן הפקק · קשר התחתון: מיני ארזים · שנאמר אתן במדבר ארז שטה והדס וגו' ובגיר להו תלת וברלא השנה (דף כג.) מפרש תוספו עליהם אלונים אלמוגים אלמונים: מעשה ברבי אליעזר בן הורקנוס · י"ג תעניות שהתענו והלכו עד שגמרו י"ג כדתנן (לעיל דף יב:) עברו אלו ולא נענו כו': התחילו הצבור ללאת · מבית הכנסת: קברים תקנתם · בתמיה אין לכם אלא לכו קברו עצמכם מפני הרעב: געו · לעקו כמו אם יגעה שור על בלילו (איוב ו) הלוך וגעו (שמואל א ו): ויהיו הצבור פוסקין מתעניתם · דתנן (שם) עברו אלו ולא נענו ב"ד גוזרין עוד כו' אבל נענו שוב אין צריכין להתענות והני מילי לצבור אבל יחיד שהיה מתענה על החולה ונתרפא או על צרה ועברה הרי מתענה ומשלים כדאמרינן לעיל (דף י:) כך שמעתי: כמלא ברך המחרישה · אם נשקעו הגשמים בעומק הקרקע כשיעור שורת מענית המחרישה: ברך · הוא הכלי שחורשין בו ומבריכין אותו סמוך לקרקע כשחורשין בו כלומר (א) מילא התלם שירדו המים בתלם מחרישתו שקורין קולטר"א בלע"ז: בחרבה · קרקע יבישה טפח כיון דחריבה היא ונכנסו בה הגשמים טפח ודאי רוב גשמים ירדו: בעבודה · חרושה כגון שדה ניר הנכנסים בה גשמים הרבה ג' טפחים דלפי' בגשמים מועטין נכנסין בה בטפח לא בטפחיים: אין לך כל טפח · כשנכנסו הגשמים בעומק הקרקע טפח התהום עולה ומתגבר ג' טפחים ולא"ג דמוכלה דלרעא אלפא גרמידי בפרק החליל (סוכה דף נג:) אפ"ה רטיבותא מהניא: והתניא · התהום יולא לקראתו ב' טפחים: הא דקתני טפחיים ותו לא בעבודה: דלא"ג דנכנסו טפח בקרקע פורתא הוא דנחית והכי לא נפיק בהו לקבליה שלשה טפחים אלא פורתא טפחיים: בשאינה עבודה · דכי נכנסו בה טפח מפני הוא דנחית ונפיק תהום לקבליה ג' טפחים: אבע · לשון נחל נובע: קול שני ריעים · ניסוך המים וניסוך היין: תהום אל תהום קורא · מים עליונים ומים התחתונים: לטריך · אותן שני ספלים: האי רידיא · מלאך הממונה על הגשמים כך שמו: דמי לעיגלא · ול"ג תלתא: בין תהומא עילאה לתתאה · בין הרקיע לאוקיינוס היכא דנשקי ארעא ורקיעא: תהומא עלאה · מים העליונים: חשור מימיך · ברקיע: אבע מימיך · למטה בקרקע: הנצנים נראו בארץ · כלומר כשמנסכין מים בחג שהניסוכין נראו בארץ שאין באין אלא משנה לחבירתה כנץ זה שאינו יוצא אלא משנה לשנה ועת הזמיר הגיע זמירות החג אז קול התור מלאך דומה לשור תרגום שור תור שבשעה שמנסכין מים בחג הוא אומר כן לשון אחר כמשמעו הנצנים נראו והזמיר הגיע בשעה שקול התור נשמע: *קודם הנץ החמה לא ישלימו · דאכתי לא חל עלייהו תענית כי נחתי גשמים: קודם חצות · דחצות זמן אכילה היא מחצות ואילך חל התענית כיון שלא סעדו בשעת סעודה: ועשו יו"ט · מתוך שמחה: הלל הגדול · הודו לאלהי האלהים כי לעולם חסדו ומפני שנאמר בו נותן לחם לכל בשר כדאמרינן בשילהי פסחים (דף קיח.): שכן מצינו כו' · כלומר שאין לך אדם בעולם שאין תענית חל עליו מט' שעות ואילך אפי' בני מלכים שדרכן לאכול בט' שעות שעד ג' שעות הן ישנים במטותיהן ושוהין ששה שעות ואוכלין וכדאמרינן בפסחים (דף קז:) אפי' אגריפס המלך שרגיל לאכול בט' שעות ביום לא יאכל עד שתחשך שנאמר הראית כי נכנע אחאב מפני ואחאב לא חלה תעניתו עליו אלא מט' שעות ואילך ועד ט' שעות היה יכול לאכול שלא גמר בדעתו להתענות אלא שבא אליהו אותו היום שנכנס בכרם נבות היזרעאלי ואמר ליה הרצחת וגם ירשת וגו' (מלכים א כא) ילקו הכלבים וגו' (שם) וכתיב ויצום שהתענה אותו היום: הכי גרסינן שמואל הקטן גזר תעניתא וירדו גשמים קודם הנץ החמה: שבח לבור הוא · שעדיין לא קראו ונענו: למה הדבר דומה וכו': אלא

ב"ב פ: · ר"ס כג. סוכה נג. ב"ב פ: · גי' רי"ף והרא"ש ר' יהודה אומר [תוספתא פ"ג]

הגהות הב"ח
(א) רש"י ד"ה כמלא ברך כו' כלומר מלוא התלם שירדו: [ס"א וחרישא]

רבינו חננאל
שהטיח דברים הללו אישלע ונעשה פיסח · והיינו דאמרינן בכל מקום לעולם לא יטיח אדם דברים כלפי למעלה שהרי אדם גדול הטיח דברים כלפי למעלה ואישלע ומטו לי. זה שדרשו [צדיק כתמר יפרח] כארז בלבנון ישגה · תמר עושה פירות ואין גזעו מחליף ארז גזעו מחליף ואין עושה פירות לפיכך נמשלו הצדיקים כתמר לעשות פירות וכארז להחליף גזעו ואקשינן וכי ארז גזעו מחליף והתני' הלוקח (ללב) אילן מחבירו לקוץ מגביהו מן הקרקע טפח בדקלים ובארזים חופר ומשרש לפי שאין גזעם מחליף ושנינן האי ארז שנמשלו בו הצדיקים כגון שטה והדס ועץ שמן וכדרבא דאמר עשרה מיני ארזים הן והללו כולן גזעם מחליף זולתי הארז לבדו. והא דר' אליעזר דירד לפני התיבה ואמר כ"ד ברכות ולא ירדו גשמים וירד אחריו ר' עקיבא ואמר אבינו מלכנו אבינו אתה ואין לנו מלך אלא אתה אבינו מלכנו רחם עלינו ומיד ירדו גשמים הוו מרנני (כ"ע) רבנן יצתה ב"ק ואמרה לא מפני שרבי עקיבא גדול מר' אליעזר אלא ר' עקיבא מעביר על מדותיו ור' אליעזר אינו מעביר: ת"ר עד היכן גשמים יורדין וצבור פוסקין מתעניתן כמלא ברך המחרישה · פי' כשיעור חפירת האת בחרישה אם ירדו הגשמים כשיעור הזה ר' יהודה אומר בחרבה טפח בבינונית טפחיים בעבודה שלשה טפחים וקי"ל כר' יהודה: תניא אין לך טפח מים שיורד מלמעלה שאין תהום עולה לקראתו טפחיים ואם היא עבודה עולה שלשה טפחים · א"ר אליעזר בשעה שמנסכין מים בחג תהום אומר לחבירו אבע מימך קול ב' רעים אני שומע פי' קול ב' צנורים ניסוך המים וניסוך היין המנסכין מנקבי הספלים של המזבח כדכתיב תהום אל תהום קורא לקול צנוריך · אמר רבה בר חנה לדידי חזי לי הא רידיא דמיא לעגלא תלתא פי' בת ג' שנים וקיימי בין תהומא עלאה לתהומא תתאה כדכתיב הנצנים נראו בארץ עת הזמיר הגיע וקול התור נשמע בארצנו פי' קול עגלא הוא קול התור הכתוב כפסיק כי העגל הוא

השוה: מתני' היו מתענין וירדו גשמים כו' יהודן דסגיא (דשמעתין) דירושלמי הכי סלקן קודם חצות לא ישלימו (והא תנן) [והא אמרינן] נמי בגמרא ר' אמי ור' יהודה נשיאה בתר דאהדריה ר' אשי דאמר אחר חצות שנינו ולכ"ע אין אומרים הלל הגדול אלא על נפש שבעה ואי איכא אתרא דחיישי משום שכרות נטורין הלל הגדול ואח"כ אכלין · הלל הגדול *) דכתיב ביה מעלה נשיאים מקצה הארץ ברקים למטר עשה דאמר ר' יוחנן הלל הגדול משעומדין בבית ה' עד סוף הלל הגדול · ואסיקנא שאין שבח לצבור אם ירדו גשמים קודם הנץ החמה אלא אם אמרו משיב הרוח אתא זיקא מוריד הגשם ואתא מטרא והוי שבח צבור והכל פשוטה היא: ירושלמי ר' ארא ור' אבהו בשם ר' יוסי בר' חנינא אסור להתענות עד שש שעות בשבת · א"ר יוסי ב"ר אבין מתניתין היא קודם חצות לא ישלימו עד כדון צפרא הוא לאחר חצות ישלימו כבר עבר רובו של יום בקדושה · ריב"ז כד הוה בעי דייתות מיטרא הוה אמר לספריה אזל קים קמיה היכלא ואמרו בגין דר' בעי ספרא ולית בחיילי' מצטער ומיד מיטרא נחית · רב ארא בר אהבה כד הוה שליף מסאניה הוה מיטרא נחית וכד הוה שליף תרווייהו הוה עלמא טייף מפולת בתים הוה תמן והוה רב מייתי חד מן תלמידוי בביתא עד דהוו מפנין ביתא וכיון דהיה נפיק ביתא מיד הוה נפיל ואית דאמרי (א') רב ארא בר אהבה הות. שלחו לו חכמים מה מעשים טובים יש בידך שלח להם מימי לא קדמני אדם בבית הכנסת ולא הנחתי אדם בבית הכנסת ויצאתי ולא הלכתי ד"א בלא תורה ובלא תפילין ולא הזכרתי דברי תורה במקום מטונף ולא הצעתי וישנתי שינת קבע אלא שינת עראי · ולא כיניתי שם לחבירי · ולא צעדתי בין החברים ולא שמחתי בתקלת חבירי · ולא עלתה קללת חבירי על מטתי · ולא עברתי בשוק אצל מי שהוא חייב לי · ולא הקפדתי בתוך ביתי לקיים מה שנאמר אתהלך בתם לבבי בקרב ביתי: **) קבלה ביד חכמים כי ביום שנהרג נבות בו ביום הגיע השמועה לאיזבל ובו ביום ירד אחאב אל כרמו לרשתו ובו ביום אמר לו אליהו הרצחת וגם ירשת ומיד נכנע שנאמר ויהי כשמוע אחאב את הדברים האלה ויקרע את בגדיו וישם שק על בשרו ויצום וישכב בשק ויהלך אט · ותמידי ההיא שעתא שעה תשיעית הואי ותם שלש שעות האחרונות מן היום ונחשב צום דכתיב הראית כי נכנע אחאב אבל ראיה ברורה ע"ז תענה אחאב מתשע שעות ולמעלה ליכא:

הדרן עלך סדר תעניות האלו האמור

*) כאלו חסר וצ"ל הלל הגדול צריך להתחיל ממזמור הללו את שם ה' שעומדים בבית ה' וגו' דכתיב ביה מעלה נשיאים וכו'. **) קאי אמ"ש בגמרא שכן מלינו באחאב כו'.

רבינו גרשום

ארז עצמו אין גזעו מחליף שאר מיני ארזים גזען מחליף: כמלא ברך המחרישה · גומות של מחרישה: כאן בעבודה שהיא מפורדת רכה ונכנסת בה מים טפח מהרה (אין שוה) מלמטה טפחים ובשאינה עבודה שהיא קשה עד שנכנס טפח מלמעלה עולה ג' טפחים מלמטה: שני ריעים ניסוך המים וניסוך היין קול צינוריך היינו שני ניסוכין: שנענה מט' שעות ולמעלה שהיה רגיל לאכול בט' שכן דרך אדם לאכול בשש והלך פישן עד שלש שעות אוכל [בט'] ולפי שלא אכל בט' אלא חשיב תענית: קודם חצות שנינו דאין משלימין ואין צריך לו להשלים: דשכיחא ביה שכרות ולא מצי מכווני לאחר אכילה:

הדרן עלך סדר תעניות

a [25b] as the stem of the Palm-tree does not renew itself[1] so too the stem of the righteous, Heaven forfend, does not renew itself; therefore it is said *'Cedar'*. Had it been said *'Cedar'* and not *'Palm-tree'*, I might have argued that just in the same way as the Cedar does not yield fruit, so too the righteous do not yield fruit; therefore it is said, *'Palm-tree'* and *'Cedar'*. But does the stem of the cedar renew itself. Surely it has been taught: If one buys a tree from his neighbour for felling he must leave of the trunk one handbreadth from the ground;[2] of the trunk of the sycamore tree two handbreadths; of the virgin sycamore tree three handbreadths; of reeds and of vines from the knot above it;[3] in the case, however, of date palms and cedars he may dig into the ground and uproot them because their stock does not renew itself.[4] Here it speaks of other types of cedar trees in accordance with a statement of Rabbah b. Huna, who said:[5] There are ten types of cedar trees, as it is said, *I will plant in the wilderness the cedar, the acacia tree and the myrtle tree* etc.[6]

Our Rabbis have taught: It is related of R. Eliezer that he ordained thirteen fasts upon the community and no rain fell. In the end, as the people began to depart [from the synagogue], he exclaimed: Have you prepared graves for yourselves? Thereupon the people sobbed loudly and rain fell.

It is further related of R. Eliezer that once he stepped down before the Ark and recited the twenty-four benedictions[7] [for fast days] and his prayer was not answered. R. Akiba stepped down after him and exclaimed: Our Father, our King, we have no King but Thee; our Father, our King, for Thy sake have mercy upon us; and rain fell. The Rabbis present suspected [R. Eliezer], whereupon a Heavenly Voice was heard proclaiming, [The prayer of] this man [R. Akiba] was answered not because he is greater than the other man, but because he is ever forbearing and the other is not.

Our Rabbis have taught: How long should it continue to rain to warrant the community breaking their fast? [Until the rain has penetrated] as far as the knee of the plough enters the soil; this is the opinion of R. Meir. The Sages, however, say: In the case of arid soil one handbreadth, in the case of moderately soft soil two handbreadths, and in the case of cultivated soil three handbreadths.

It has been taught: R. Simeon b. Eliezer says: Not a handbreadth of rain coming down from above but that the deep with three
b handbreadths comes up from below to meet it.[1] But has it not been taught: Two handbreadths?—There is no contradiction. In the one case it is cultivated soil, and in the other it is not.[2]

R. Eliezer said: When on the Feast of Tabernacles the water libations are carried out, Deep says to Deep, 'Let thy waters spring forth, I hear the voice of two friends',[3] as it is said, *Deep calleth unto Deep at the voice of Thy cataracts* etc.[4] Rabbah said: I myself have seen Ridya,[5] who resembles a three years' old heifer, with its lips parted; he stands between the lower deep and the upper deep; to the upper deep he says, 'Distil thy waters', and to the lower deep he says, 'Let thy waters spring forth', as it is said, *The flowers appear on the earth* etc.[6]

IF WHILST THEY ARE FASTING RAIN FALLS, IF IT IS BEFORE SUNRISE etc. Our Rabbis have taught: If whilst they are fasting rain falls, if it is before sunrise they need not complete the fast; if it is after sunrise they must complete it; this is the opinion of R. Meir. R. Judah says: If before midday they need not complete the fast, if after midday they must complete it. R. Jose says: If before the ninth hour they need not complete the fast, if after the ninth hour they must complete it. For thus we find it in the case of Ahab, King of Israel, that he fasted from the ninth hour onwards,
c as it is said, *Seest thou how Ahab humbleth himself before Me* etc.[1]

R. Judah the Prince[2] ordained a fast and rain fell after sunrise. He was of the opinion that the people should complete the fast. Said R. Ammi to him: We have learnt: [There is a difference] between before midday and after midday.

Samuel the Little ordained a fast and rain fell before sunrise. The people thought that it was due to the merit of the community, whereupon he said to them: I will quote you a parable. This can be compared to a servant who asked his master for a gratuity and the master exclaimed, Give it to him, and let me not hear his voice.

Another time Samuel the Little ordained a fast and rain fell after sunset. The people thought that it was due to the merit of the community, whereupon Samuel exclaimed: I will quote you a parable. This can be compared to a servant who asked his master for a gratuity and the master exclaimed, Keep him waiting until he is made submissive and is distressed, and then give him his gratuity. According to Samuel the Little, what would be an instance of rain falling on account of the merit of the community?—If they recited [the prayer], 'He causeth the wind to blow', and the wind blew, and if they recited, 'He causeth the rain to fall', and rain fell.

IT HAPPENED THAT THE RABBIS ORDAINED A FAST IN LYDIA etc. Should they not have recited the *Hallel* first?—Abaye and Raba explained this to be because the *Hallel* is recited [26a]

a (1) I.e., it does not produce new shoots once it is cut down. (2) So that the trunk above the ground may send forth fresh shoots. (3) From the point where the plant begins to branch out. (4) V. B.B. 80a. (5) R.H. 23a. (6) Isa. XLI, 19. (7) V. *supra* 15a.

b (1) The waters below the earth rise to meet the water of the rain. Cf. *supra* 6b, the statement of R. Abbahu. (2) [In cultivated soil a small quantity ofwater sufficient to water only one handbreadth penetrates still lower and so attracts the deep with a response of three handbreadths (Rashi). Strashun explains differently.] (3) The two friends are the two vessels used for the libation of water and wine respectively. V. Suk. 48a. (4) Ps. XLII, 8. (5) In Persian mythology the angel who has charge over rain. V. Kohut, *Aruch* s.v. רידיא and Yoma (Sonc. ed.) 21a n. b9. (6) Cant. II, 12. The verse is taken to point to the resurrection of nature as the result of the rain. [The verse continues, *'and the voice of the turtle* (תור) *is heard in our land'*. תור is taken in its Aramaic sense of 'ox', thus alluding to Ridya's resemblance to a three years' old heifer.]

c (1) I Kings XXI, 29. According to Pes. 107b kings dine at the ninth hour (i.e., three o'clock) of the day. Scripture tells us that Ahab fasted and humbled himself on the day that Elijah informed him of his doom. The Gemara construes Ahab's fasting to be that he went without his meal that day. This would prove that the last moment resolution to fast, provided a man had not partaken of any food before that time, is counted as a valid fast. V. 12a, the statement of R. Ḥisda. (2) V. *supra* 14b n. a1.

only when the appetite is satisfied and the stomach is full. Is that so? Did not R. Papa on one occasion when coming to the syna-
a gogue at Abi-Cobar[1] ordain a fast and rain fell before midday and yet he first recited the *Hallel* and only after that the people ate and drank!—It is different with the people of Maḥuza, because drunkenness is frequent amongst them.[2]

CHAPTER IV

MISHNAH. ON THREE OCCASIONS OF THE YEAR, ON
b FAST-DAYS, ON MA'AMADOTH,[1] AND ON THE DAY OF ATONEMENT DO THE PRIESTS LIFT UP THEIR HANDS TO BLESS [THE PEOPLE] FOUR TIMES DURING THE DAY, NAMELY AT THE SHAḤARITH[2] [SERVICE], AT MUSAF,[3] AT MINḤAH[4] AND AT THE CLOSING OF THE GATES [NE'ILAH].[5]

THE FOLLOWING ARE [THE DETAILS CONCERNING] THE MA'AMADOTH. BECAUSE[6] IT IS SAID, COMMAND THE CHILDREN OF ISRAEL [AND SAY UNTO THEM]: MY FOOD WHICH IS PRESENTED UNTO ME.[7] NOW HOW CAN A MAN'S OFFERING BE BROUGHT [ON THE ALTAR] AND HE IS NOT PRESENT? [THEREFORE] THE EARLIER PROPHETS[8] INSTITUTED TWENTY-FOUR MISHMAROTH,[9] AND EACH MISHMAR WAS REPRESENTED [AT THE TEMPLE] IN JERUSALEM BY ITS OWN MA'AMAD OF PRIESTS, LEVITES AND ISRAELITES. WHEN THE TIME CAME FOR THE MISHMAR TO GO UP [TO JERUSALEM] THE PRIESTS AND LEVITES WENT UP TO JERUSALEM AND THE ISRAELITES OF THAT MISHMAR ASSEMBLED IN THEIR CITIES AND READ [FROM THE LAW] THE STORY OF CREATION.[10] THE MEN OF THE [ISRAELITE] MA'AMAD FASTED ON FOUR DAYS OF THAT WEEK, FROM MONDAY TO THURSDAY; THEY DID NOT FAST ON FRIDAY OUT OF RESPECT FOR THE SABBATH NOR ON SUNDAY IN ORDER NOT TO CHANGE OVER [WITHOUT A BREAK] FROM THE REST AND DELIGHT [OF THE SABBATH] TO WEARINESS AND FASTING AND SO [PERHAPS] DIE.

c ON SUNDAY [THEY READ],[1] IN THE BEGINNING, AND, LET THERE BE A FIRMAMENT; ON MONDAY,[2] LET THERE BE A FIRMAMENT, AND, LET THE WATERS BE GATHERED TOGETHER; ON TUESDAY,[3] LET THE WATERS BE GATHERED TOGETHER, AND, LET THERE BE LIGHTS; ON WEDNESDAY,[4] LET THERE BE LIGHTS, AND, LET THE WATERS SWARM; ON THURSDAY,[5] LET THE WATERS SWARM, AND, LET THE EARTH BRING FORTH; ON FRIDAY,[6] LET THE EARTH BRING FORTH, AND, AND THE HEAVENS [AND THE EARTH] WERE FINISHED.

TWO PERSONS READ BETWEEN THEM A LONG SECTION[7] AND ONE A SHORT SECTION. AT SHAḤARITH, MUSAF, AND MINḤAH THEY ASSEMBLED AND READ [THE REQUISITE] SECTION BY HEART, IN THE SAME WAY AS PEOPLE RECITE THE SHEMA'. THEY DID NOT ASSEMBLE AT MINḤAH ON FRIDAY OUT OF RESPECT FOR THE SABBATH.

ON ANY DAY WHEN HALLEL[8] WAS RECITED THERE WAS NO MA'AMAD [SERVICE][9] AT SHAḤARITH;[10] [ON THE DAY WHEN] A MUSAF-OFFERING [WAS BROUGHT] THERE WAS NONE. AT NE'ILAH, [ON THE DAY OBSERVED AS] THE WOOD-FESTIVAL[11] THERE WAS NONE AT MINḤAH;[12] THIS IS THE OPINION OF R. AKIBA. BEN 'AZZAI SAID TO HIM: THUS DID R. JOSHUA LEARN: [ON THE DAY WHEN] A MUSAF-OFFERING [WAS BROUGHT] THERE WAS NONE AT MINḤAH; [ON THE DAY OBSERVED AS] THE WOOD-FESTIVAL THERE WAS NONE AT THE CLOSING OF THE GATES. THEREUPON R. AKIBA RETRACTED AND LEARNT LIKE BEN 'AZZAI.

NINE TIMES IN THE YEAR [WAS OBSERVED] THE WOOD-FESTIVAL OF THE PRIESTS AND THE PEOPLE; ON THE FIRST
d OF NISAN THE FAMILY OF ARAH[1] OF THE TRIBE OF JUDAH BROUGHT THE OFFERING OF WOOD; ON THE TWENTIETH OF TAMMUZ THE FAMILY OF DAVID OF THE TRIBE OF JUDAH;[2] ON THE FIFTH OF AB THE FAMILY OF PAROSH[3] OF THE TRIBE OF JUDAH; ON THE SEVENTH OF THE SAME MONTH, THE FAMILY OF JONADAB OF THE RECHABITES;[4] ON THE TENTH OF THE SAME MONTH THE FAMILY OF SENAAH OF THE TRIBE OF BENJAMIN;[5] ON THE FIFTEENTH OF THE SAME MONTH THE FAMILY OF ZATTU[6] OF THE TRIBE OF JUDAH, AND WITH THEM WERE THE PRIESTS AND LEVITES AND ALL THOSE WHO WERE NOT CERTAIN OF THEIR TRIBE AND THE BENE GONBE 'ALI AND THE BENE ḲOẒE ḲEẒI'OTH;[7] ON THE TWENTIETH OF THE SAME MONTH THE FAMILY OF PAHATH MOAB[8] OF THE TRIBE OF JUDAH; ON THE TWENTIETH OF ELUL THE FAMILY OF ADIN[9] OF THE TRIBE OF JUDAH; ON THE FIRST OF TEBETH THE FAMILY OF PAROSH A SECOND TIME; ON THE FIRST OF TEBETH THERE WAS NO MA'AMAD FOR THEREON THERE WAS HALLEL, MUSAF-OFFERING[10] AND THE WOOD-FESTIVAL.

FIVE MISFORTUNES BEFELL OUR FATHERS ON THE SEVENTEENTH OF TAMMUZ AND FIVE ON THE NINTH OF AB. ON THE

a (1) A place in the vicinity of the city of Maḥuza. v. Obermeyer, pp. 177-8. (2) Hence they cannot be trusted to leave over the *Hallel* until they had eaten and drunk.

b (1) Cf. *infra* 27a. (2) Morning Service. (3) Additional Service. (4) Afternoon Service. (5) V. Glos. [I.e. at the service held at the end of the day about the time of the closing of the gates of the Temple. This service is now represented by the *Ne'ilah* service on the Day of Atonement.] (6) V. Gemara. (7) Num. XXVIII, 2. (8) Samuel and David. Cf. *supra* 27a. (9) Twenty-four divisions of lay people as well as of priests and levites, v. *infra* 27b. (10) Gen. I.

c (1) Gen. I, 1-8. Three were the minimum number of verses each person was permitted to read. As three persons (Priest, Levite and Israelite) read from the Law, there were not sufficient verses in any one section for the reading, and therefore two sections had to be coupled. Even then on some days (e.g., Sunday and Monday) a verse had to be repeated because the two sections did not have the minimum number of nine verses. (2) Ibid. 6-13. (3) Ibid. 9-19. (4) Ibid. 14-23. (5) Ibid. 20-31. (6) Ibid. 24-31 and II, 1-3. (7) Containing at least six verses. (8) The name for the collection of Psalms, CXIII-CXVIII recited on festivals or semi-festivals like Ḥanukkah. [Here the reference is to Ḥanukkah, when *Hallel* is read but not *Musaf*.] (9) I.e., the reading of the section from Genesis. (10) So as not to take up too much time. The same reason applies for the absence of a *Ma'amad* on days when there is *Musaf* and wood-offering. (11) V. *infra* 28a and cf. Neh. X, 35; XIII, 31. V. also Rabbinowitz, Mishnah Megillah pp. 44-45. (12) [Provided the celebrants of the wood-festival were the members of the particular division on service, *Me'iri*.]

d (1) Neh. VII, 10. (2) [There is no record of this family in Neh. VII]. (3) Neh. VII, 8. (4) II Kings X, 15. (5) Neh. VII, 38. (6) Neh. VII, 13. (7) V. Gemara. (8) Neh. VII, 11. (9) Neh. VII, 20. (10) Since it was New Moon and Ḥanukah.

אלא על נפש שבעה וכרס מלאה איני והא רב פפא איקלע לבי כנישתא דאבי גובר וגזר תענית וירדו להם גשמים עד חצות ואמר הלל ואחר כך אכלו ושתו שאני בני מחוזא דשכיחי בהו שכרות:

הדרן עלך סדר תעניות אלו

בשלשה *פרקים בשנה כהנים נושאין את כפיהן ארבע פעמים ביום בשחרית במוסף במנחה ובנעילת שערים בתעניות ובמעמדות וביום הכפורים אלו הן מעמדות לפי שנאמר °צו את בני ישראל את קרבני לחמי וכי היאך *קרבנו של אדם קרב והוא אינו עומד על גביו התקינו נביאים הראשונים עשרים וארבעה משמרות על כל משמר ומשמר היה מעמד בירושלים של כהנים של לוים ושל ישראלים הגיע זמן המשמר לעלות כהנים ולוים עולים לירושלים וישראל שבאותו משמר מתכנסין לעריהן וקוראין במעשה בראשית (ואנשי המעמד היו מתענין ארבעה ימים בשבוע מיום ב' ועד יום חמישי ולא היו מתענין ערב שבת מפני כבוד השבת ולא באחד בשבת כדי שלא יצאו ממנוחה ועונג ליגיעה ותענית וימותו) *ביום הראשון בראשית ויהי רקיע בשני יהי רקיע ויקוו המים בשלישי יקוו המים ויהי מאורות ברביעי יהי מאורות וישרצו המים בחמישי ישרצו המים ותוצא הארץ בששי ותוצא הארץ ויכלו השמים פרשה גדולה קורין אותה בשנים והקטנה ביחיד בשחרית במוסף ובמנחה נכנסין וקורין על פיהן כקורין את שמע ערב שבת במנחה לא היו נכנסין מפני כבוד השבת כל יום שיש בו הלל אין (א) מעמד בשחרית קרבן מוסף אין בנעילה קרבן עצים אין במנחה דברי ר' עקיבא אמר לו בן עזאי כך היה רבי יהושע שונה קרבן מוסף אין במנחה קרבן עצים אין בנעילה חזר רבי עקיבא להיות שונה כבן עזאי זמן עצי כהנים והעם תשעה באחד בניסן בני ארח בן יהודה בעשרים בתמוז בני דוד בן יהודה בחמשה באב בני פרעוש בן יהודה בשבעה בו בני יונדב בן רכב בעשרה בו בני סנאה בן בנימן בחמשה עשר בו בני (ב) זתוא בן יהודה ועמהם כהנים ולוים וכל מי שטעה בשבטו ובני גונבי עלי ובני קוצעי קציעות בעשרים בו בני פחת מואב בן יהודה בעשרים באלול בני עדין בן יהודה באחד בטבת שבו בני פרעוש שניה באחד בטבת לא היה בו מעמד שהיה בו הלל וקרבן מוסף וקרבן עצים °חמשה דברים אירעו את אבותינו בשבעה עשר בתמוז וחמשה בתשעה באב *בשבעה עשר בתמוז נשתברו

רש"י

אלא בנפש שבעה · מתוך שכתוב בו נותן לחם לכל בשר (תהלים קלו) נאה להאמר על השבע: דאבי גובר · שם אדם או מקום: דשכיח בהו · יין ושכרות ופשעי ולא יאמרו הלל:

הדרן עלך סדר תעניות אלו

בשלשה פרקים במוסף · מפרש בגמרא: נעילת שערים · מפורש בברכות ירושלמי בפרק תפלת השחר אימתי נעילה יש אומרים נעילת שערי מקדש וי"א נעילת שערי שמים שנועלים אותן לעת ערב בגמר תפלה ונוהגין היו להתפלל תפלת נעילה בכל תעניתם כדרך שמתפללין ביוהכ"פ: אלו הן מעמדות · המתענין מתפללין בעריהם שיתקבל ברצון קרבן אחיהם כדלקמן: לפי שנאמר צו את בני ישראל וגו' · שהתמיד בא מן השקלים של כל ישראל ואי אפשר שיהו כל ישראל עומדין על גבי קרבנם ומינו מעמדות להיות במקומם: נביאים הראשונים · שמואל ודוד בגמרא מפרש: על כל משמר · ארבעה ועשרים משמרות של כהנים היו ושמואל ודוד תיקנום ועל כל משמר היה מעמד בירושלים שקבועין ועומדין בעיר ועומדין על קרבן אחיהם ולבד אלו הדרים בירושלים היו מעמדות בכל עיר שישראל נחלקו לכ"ד מעמדות כנגד ארבעה ועשרים משמרות כדתניא בברייתא של מ"ט מדות והיינו דתנן היה מעמד בירושלים כהנים לוים וישראלים: כהנים ולוים · של משמר היו עולים (א) בירושלים כהנים לעבודה ולוים לשיר ומכל המעמדות היו קבועין בירושלים לעמוד על קרבן אחיהם: והשאר היו מתכנסין לעריהם · ומתפללין על קרבן אחיהם שיתקבל ברצון ומתענין ומוציאין ספר תורה ביום תעניתם: וקורין במעשה בראשית · ובגמרא מפרש טעמא: ביום הראשון · של שבוע: קורין בראשית ט' · פרשה ראשונה ופרשת יהי רקיע לפי שאין בפרשת בראשית לבדה ט' פסוקים כדי קריאת כהן לוי ישראל וכן כולן: בששי ותוצא הארץ עד ויכלו · לפי שבפרשת תוצא הארץ אין בה אלא שמונה פסוקים לפיכך אומר ויכלו: פרשה גדולה · שבפרשיות הללו קורין אותה בשנים כגון פרשה ראשונה של בראשית יש בה חמשה פסוקים היו קורין אותה בשנים כדאמרינן בגמרא יהי רקיע באחד וביום השני יהי רקיע באחד יקוו בשנים שיש בה ה' פסוקים ביום השלישי יקוו באחד שאין בה אלא ה' פסוקים ויהי מאורות בשנים שיש בה ו' פסוקים: וקורין אותה על פיהן · כל אחד בפני עצמו ובעי בגמרא מאי קאמר מעיקרא קתני פרשה קטנה כו' דמשמע דבספר תורה קורין והדר תנא על פיהם · פרשה בנעילה ליכא: כל יום שיש בו הלל אין בו מעמד (ד) שחרית · אותן שהיו בירושלים לא היו מתפללין על קרבן אחיהם שיש בו הלל לפי שאין להן פנאי לעשות מעמדם שקורין את הלל ומפני ההלל היו דוחין את המעמד: קרבן מוסף · יום שיש בו קרבן מוסף בירושלים אין (ה) מעמד בנעילה בירושלים וכל שכן במנחה הסמוכה למוסף לפי שהיו טרודין במוסף שיש בו להקריב בהמות יותר מתמיד שהוא אחד אין לך מוסף בלא שתי בהמות ולא היה להם פנאי כלל שהכהנים של מעמד טרודים במוסף וישראל שבהן היו טרודים לחטוב עצים ולשאוב מים ודוחה אפי' מעמד דנעילה: קרבן עצים · בגמרא מפרש כגון אחד מט' זמנים ואותו יום שהיה בו קרבן עצים אפילו לא היה בו מוסף היה נדחה מעמד של מנחה מפני שקרבן עצים קודם למנחה ודוחה מעמד הסמוך לו [ולא] של נעילה: כך היה רבי יהושע דורש קרבן מוסף אין (ו) במנחה · וטעמא מפרש בגמרא: זמן עצי כהנים והעם · שמתנדבים עצים: תשעה · באלו הט' זמנים היו הכהנים והעם מתנדבים להביא עצים והיו מקריבים קרבן אותו היום ואפילו היו עצים הרבה למערכה היו אלו מתנדבין ומקריבין באלו תשעה זמנים: בני ארח בן יהודה · שכשעלו בני הגולה הם התנדבו תחילה באחד בניסן (ז) וספק להם עצים עד כ' בתמוז שהתנדבו בני דוד ארח שמואל ומשבט יהודה היה: בני דוד · ממשפחת דוד המלך: סנאה בן בנימן זתוא בן יהודה בני גונבי עלי ובני קולעי קליעות משפחה אחת הן ובגמ' מפרש אמאי מיקרו הכי: בני עדין באחד בטבת שבו בני פרעוש שניה · ובגמרא מפרש אמאי קבעו לכן אלו הזמנים: באחד בטבת · שהיה ר"ח [וחנוכה] לא היה בו מעמד כו': נשתברו

תוספות

שאני בני מחוזא דשכיחי בהו שכרות · ולהכי היו אומרים הלל הגדול קודם שיאכלו וישתו ובפסוקי דזמרה נוהגין לומר שחרית ודווקא בפסוקי דזמרה קודם התפלה אבל בשעת תפלה אין אומרים אותו אלא בנפש שבעה וככרס מלאה:

בכל יום שיש בו הלל אין בו מעמד שחרית · פי' דהי"ט חנוכה דבשאר יום טוב לא משכחת לה בלא קרבן מוסף:

קרבן מוסף אין בו נעילה · פירוש יום שקרבין בו מוסף אין בו נעילה לפי שטרודין הם במוסף ואין להם פנאי לומר נעילה:

קרבן עצים אין בו מנחה · משום דעד המנחה היו טרודים בקרבן העצים אבל יש בו נעילה דכל כך לא היו מאחרים עד שעת נעילה דאמר בן עזאי כך היה וכו':

מנחה

נשתברו

עין משפט נר מצוה

לד א מיי' פ"א מהל' תענית הלכה טז [וטוש"ע א"ח סימן תקעה סעיף יא]:

א ב מיי' פ"ו מהלכות כלי מקדש הלכה א סמג עשין קעג:

ב ג מיי' שם הלכה ב:

ד מיי' שם הלכה ג

ד ה מיי' שם הלכה ו:

ה ו מיי' שם הלכה ז:

ו ז ח מיי' שם הלכה ח:

ז ט מיי' פ"ה מהלכות תענית הלכה ב סמג עשין מד"ס ג טור א"ח סימן תקמט:

רבינו חננאל

בשלשה פעמים בשנה הכהנים נושאין את כפיהם כו':

רבינו גרשום

בשלשה פרקים כו' בתעניות ובמעמדות ודאי מעמדות הן בכל יום אלא לכך חשיב פרק בפני עצמו דלא כל ישראל הן אלא של אותו משמר ובתעניות יש כל ישראל ויש מהן ד' פרקים ביום:

הגהות הב"ח

(א) מתני' כל יום שיש בו הלל אין בו מעמד בשחרית כו' אין בו בנעילה כו' אין בו במנחה כו' כצ"ל וכן בסמוך: (ב) שם בט"ז בו בני זתוא · נ"ב ס"א זתא: (ג) רש"י ד"ה כהנים כו' היו עולים לירושלים כהנים כו' על קרבן אחיהם והשאר היו כו' כצ"ל והד"א: (ד) ד"ה כל יום כו' אין בו מעמד בשחרית אותן וכו' אחיהם ביום שיש בו הלל: (ה) ד"ה קרבן כו' אין בו מעמד בנעילה כו' שהוא אחד דאין לך מוסף: (ו) ד"ה כך היה כו' אין בו במנחה: (ז) ד"ה בני ארח כו' באחד בניסן וספקו להם עצים כו' בני דוד ארח כך שמו ומשבט יהודה היה כצ"ל ותיבת שמואל נמחק:

מסורת הש"ס

יומא סז: | במדבר כח | [סוטה ח. צ"ע פרש"י] | ירושלמי ל"ג | מגילה כב. | [יומא ד:] | תורה אור

ח א מיי' פ"ה מהלכות תענית הלכה ו סמג עשין מד"ס ג טוש"ע א"ח סי' תקנא סעיף א:

רש"א מ"ז

ט ב מיי' וסמג שם טוש"ע א"ח שם סעיף ג:

י ג מיי' שם הלכה ז סמג שם טוש"ע א"ח סימן תקנב סעיף א:

יא ד ה מיי' פי"ד מהל' תפלה הלכה א ב סמג עשין כ טוש"ע א"ח סימן קכט סעיף א:

סנהדרין ע:

יב ו מיי' שם פט"ו הלכה ד סמג שם טוש"ע א"ח סימן קכח סעיף לח:

מנחה ונעילה דכל יומא שכיחי בהו שכרות גזרו רבנן · אפילו ביומא דתענית דלית בהו שכרות וקשיא דהכא משמע דבמנחה שייכא שכרות ובפ"ק דשבת (דף י. ושם) קאמר בהדיא דבמנחה לא שייכא שכרות וי"ל דהא דקאמר התם דבמנחה לא שייכא שכרות ר"ל לגבי ערבית שכרות דמנחה לאו כלום (לגבי שבת) דיותר שכיח שכרות בערבית (יותר) מבמנחה אבל לעולם במנחה שייך שכרות לגבי שחרית ומוסף:

ומאן דאמר נהגו אורויי נמי לא מורינן · פירשנו בפ"ק דר"ה השנה (דף טו: ד"ה וכי):

והאידנא נהגו עלמא דפרסי כהני ידייהו במנחה (ז) סמוך לשקיעת החמה · ולכך לא נהגו העם לומר נשיאת כפים במנחה ביום הכפורים לפי שמתפללין מנחה בעוד היום גדול אבל במנחה בשאר תעניות יש נשיאת כפים אבל מכל מקום בנעילה ביום הכפורים יש נשיאת כפים:

תורה אור

נשתברו הלוחות (א) ובטל התמיד והובקעה העיר ושרף אפוסטמוס את התורה (ב) והעמיד צלם בהיכל בתשעה באב נגזר על אבותינו שלא יכנסו לארץ *וחרב הבית בראשונה ובשניה ונלכדה ביתר ונחרשה העיר *משנכנס אב ממעטין בשמחה *שבת שחל תשעה באב להיות בתוכה אסור מלספר ומלכבס ובחמישי מותרין מפני כבוד השבת *ערב תשעה באב לא יאכל אדם שני תבשילין לא יאכל בשר ולא ישתה יין רבן שמעון בן גמליאל אומר ישנה רבי יהודה מחייב בכפיית המטה ולא הודו לו חכמים *אמר רבן שמעון בן גמליאל לא היו ימים טובים לישראל כחמשה עשר באב וכיוה"כ שבהן בנות ירושלים יוצאות בכלי לבן שאולין *שלא לבייש את מי שאין לו (ג) כל הכלים טעונין טבילה ובנות ירושלים יוצאות וחולות בכרמים ומה היו אומרות בחור שא נא עיניך וראה מה אתה בורר לך אל תתן עיניך בנוי תן עיניך במשפחה °שקר החן והבל היופי אשה יראת ה' היא תתהלל ואומר °תנו לה מפרי ידיה ויהללוה בשערים וכן הוא אומר °צאינה וראינה בנות ציון במלך שלמה בעטרה שעטרה לו אמו ביום חתונתו וביום שמחת לבו ביום חתונתו זה מתן תורה וביום שמחת לבו זה בנין בית המקדש שיבנה במהרה בימינו: **גמ'** בשלשה פרקים בשנה כהנים נושאין את כפיהם כו': תעניות ומעמדות מי איכא מוסף חסורי מיחסרא והכי קתני בשלשה פרקים כהנים נושאין את כפיהן כל זמן שמתפללין ויש מהן ארבעה פעמים ביום שחרית ומוסף מנחה ונעילת שערים ואלו הן שלשה פרקים תעניות ומעמדות ויום הכפורים א"ר נחמן אמר רבה בר אבוה זו דברי רבי מאיר אבל חכמים אומרים שחרית ומוסף יש בהן נשיאת כפים מנחה ונעילה אין בהן נשיאת כפים *מאן חכמים ר' יהודה היא דתניא שחרית ומוסף מנחה ונעילה כולן יש בהן נשיאת כפים דברי ר"מ ר"י אומר שחרית ומוסף יש בהן נשיאת כפים מנחה ונעילה אין בהן נשיאת כפים רבי יוסי אומר נעילה יש בה נשיאת כפים מנחה אין בה נשיאת כפים במאי קמיפלגי רבי מאיר סבר כל יומא טעמא מאי לא פרשי כהני ידייהו במנחתא משום שכרות האידנא ליכא שכרות רבי יהודה סבר שחרית ומוסף דכל יומא לא שכיח שכרות לא גזרו בהו רבנן מנחה ונעילה דכל יומא שכיחא שכרות גזרו בהו רבנן רבי יוסי סבר מנחה דאיתה בכל יומא גזרו בה רבנן נעילה דליתה בכל יומא לא גזרו בה רבנן אמר רב יהודה אמר רב הלכה כרבי מאיר ורבי יוחנן אמר נהגו העם כרבי מאיר ורבא אמר מנהג כרבי מאיר מאן דאמר הלכה כרבי מאיר דרשינן לה בפירקא מאן דאמר מנהג מידרש לא דרשינן אורויי מורינן ומאן דאמר נהגו אורויי לא מורינן ואי עביד עביד ולא מהדרינן ליה ורב נחמן אמר הלכה כרבי יוסי °והלכה כרבי יוסי (ד) והאידנא מ"ט פרשי כהני ידייהו במנחתא דתעניתא °כיון דבסמוך לשקיעת החמה קא פרשי כתפלת נעילה דמיא דכולי עלמא מיהת °שכור אסור בנשיאת כפים מנהני מילי אמר רבי יהושע בן לוי משום בר קפרא למה נסמכה פרשת כהן מברך לפרשת נזיר לומר מה נזיר אסור ביין אף כהן מברך אסור ביין מתקיף לה אבוה דרבי זירא ואמרי לה אושעיא בר זבדא אי מה נזיר אסור בחרצן אף כהן מברך אסור בחרצן א"ר יצחק אמר קרא לשרתו ולברך בשמו מה משרת מותר בחרצן אף כהן מברך מותר בחרצן
אי

משלי לא
שם
שה"ש ג

נשתברו הלוחות · בגמ' מפרש: ובטל התמיד · לפי שגזרה המלכות גזרה מלהקריב עוד: והועמד צלם בהיכל · שהעמידו מנשה כדמתרגם בתרגום ירושלמי בפרשת השמים כסאי וגו' (ישעיה סו): על אבותינו · דור המדבר אם יראה איש באנשים האלה הדור הרע הזה את הארץ וגו' (דברים א): ביתר · עיר גדולה והיו ישראל דרין בה במסכת גיטין פרק הניזקין (דף נז.) אשקא דריספק חרב ביתר: שבת שחל תשעה באב להיות בתוכה · שבוע: בחמישי מותרין · אם חל תשעה באב בערב שבת מותרין לכבס בחמישי ובשחל ט' באב בד' בשבת לא איצטריך למיתני דמותרין כדאמרינן בגמרא לא שנו אלא לפניו כו': שני תבשילין · *בשר ודגים או בשר וביצים שעליו או דג וביצה שעליו כדאמר בפרק ערבי פסחים (דף קיד:): ישנה · בגמרא מפרש: כפיית המטה · על פניה ולא יישן עליה: שאולין · שכולן שואלות זו מזו אפילו עשירות כדי שלא לבייש כו': טעונין טבילה · קודם שילבשום לפי שאין כל אחת בקיאה בחברתה שמא נדה היתה: וחולות · כמו לחול במחולות (שופטים כא): במלך שלמה · במלך שהשלום שלו: אמו · כנסת ישראל: זה מתן תורה · יום הכפורים שניתנו בו לוחות האחרונות: **גמ'** כל זמן שמתפללין · דהיינו שחרית ומנחה ונעילה: (ה) יש מהן ארבעה פעמים ביום · יום הכפורים שיש בו מוסף: כל יומא מאי טעמא לא פרשי כהני ידייהו במנחה · דכל יומא שכיחא ביה שכרות שכבר סעד וזימנין דמשכא סעודתיה ומשתכר ופריש ידיה בהדי חמריה וכהן שתוי יין אסור לישא את כפיו שנאמר יין ושכר אל תשת בבואכם וגו' (ויקרא י) ונשיאת כפים מעין עבודה כדלקמן: האידנא · בתעניות ובמעמדות לא שכיחא שכרות ובמעמדות נמי מתענין כדלקמן (דף כז:): גזרינן · תענית אטו שאר ימים: נעילה דליתה בכל יומא · אלא ביום התענית: דדרשינן בפירקא · הלכה כרבי מאיר דבעינן דליקום כוותיה עלמא: אורויי אורינן · כרבי מאיר אי אתי לקמן אבל בפירקא לא דרשינן דלא פשיטא ליה כולי האי דתיהוי הלכה כר"מ ומ"ד נהגו משמע הן נהגו מאיליהן אבל אינו עיקר ומנהג משמע תורת מנהג יש בדבר ומנהג כשר הוא: ורב נחמן אמר הלכה כרבי יוסי והלכה כרבי יוסי · גמרא קא פסיק ומהדר סתמא ומוקי לה הלכה כרבי יוסי ואהכי קא פריך ואלא האידנא כו': כיון דסמוך לשקיעת החמה וכו' · שמאחרין (ו) עד שקיעת החמה ומתפללין כל שעה ואינן הולכין לבית הכנסת משש שעות ומחלה ולמעלה כמו שהיו עושין לאותן הימים: כתפלת נעילה דמיא · דהשתא ליכא למיגזר משום מנחה דכל יומא דמנחתא כי הא ליכא בכל יומא: שכור מיהא אסור בנשיאת כפים · דאפילו ר"מ לא קאמר אלא משום דהאידנא לאו שכרות הוא: פרשת כהן מברך · כה תברכו את בני ישראל אמור להם (במדבר ו): מה משרת כו' · עובד עבודה דלא מיתסר אלא שתויי יין ממש דכתיב יין ושכר אל תשת וגו' הא בחרצן מותר:
מאי

[ר"ס יח:]

יבמות מג.

[כוונת רש"י בשר מליח דשרי כדאיתא לקמן ל. בברייתא תנא אבל אוכל הוא בשר מליה כו']

[פסחים פב. וש"נ]

הגהות הב"ח

(א) במשנה ובוטל התמיד: (ב) והעמידו צלם בהיכל · נ"ב גי' רש"י והועמד: (ג) שם את מי שאין לו וכל הכלים טעונין: (ד) גמ' והלכה כר' יוסי ואלא האידנא מ"ט פרסי כו' כיון דסמוך לשקיעת החמה: (ה) רש"י ד"ה ויש מהן: (ו) ד"ה כיון דסמוך כו' שמאחרים עד שקיעת החמה · נ"ב נראה שרש"י דקדק לבאר שלא יסמכו על זה האי להתחיל מנחה סמוך לשקיעת החמה דזה אסור אלא ר"ל כשכבר התחילו בזמנו קאמר דמתפללין כל שעה ומאחרין עד שקיעת החמה: (ז) תוס' ד"ה והאידנא כו' ידייהו במנחה כיון דסמוך לשקיעת החמה כו' בשאר תעניות יש לומר נשיאת כפים כו' ביוה"כ יש לומר נשיאת כפים:

רבינו חננאל

ואקשינן וכי תעניות איכא בהו מוסף ותרצינן לה הכי בג' פרקים כהנים נושאין את כפיהם כ"ז שמתפללין ויש מהן ד' פעמים ביום בשחרית במוסף ובמנחה ובנעילה · ואלו הן ג' פרקים תעניות ומעמדות ויוה"כ · וסתם מתני' ר' מאיר היא דלא משכחת לה דנושאין כפיהם כל זמן שמתפללין אלא לרבי מאיר דתני שחרית ומוסף מנחה ונעילה יש בהן נשיאות כפים דברי ר' מאיר וטעמא דר' מאיר מפורש הוא כיון דביום הכפורים ובמעמדות ליכא שכרות במנחה נושאין כפיהם ולא גזרינן · ור' יהודה תני שחרית ומוסף בלבד יש בהן נשיאות כפים דבכל יומא לית בהו שכרות לפיכך לא גזרינן בהו · שמעינן מינה דר' יהודה אין אדם רשאי ליכול אלא אחר תפלת מוסף· אבל במנחה דבשאר יומי אית בהו שכרות גזרינן בהו ביוה"כ ובמעמדות ר' יוסי אומר מנחה אין בה נשיאות כפים משום דאיתא כל יומא ואתי לאחלופי גזרינן אבל נעילה דליתא אלא ביוה"כ ובמעמדות יש בה נשיאות כפים דכיון דליתא כל יומא לא גזרינן · ואסיקנא דהלכתא כר' יוסי דאמר שחרית ומוסף ונעילה יש בהן נשיאות כפים מנחה אין בה נשיאות כפים · והאידנא דלא מצלו מנחה דתעניתא אלא סמוך לשקיעת החמה כדאוקימנא (לעיל יב:) דרביעית היום האחרון הוא דמתפללין בו תפלת תענית כדכתיב ובמנחת הערב קמתי מתעניתי וגו' כנעילה דמיא ויש בה נשיאות כפים· ואע"ג דאמר רב הלכתא כרבי מאיר ודרשינן לה בפירקא ורב הונא אמר מנהג כר"מ אירי מורינן הכי בפירקא לא דרשי לה (ואף ר') [ור' יוחנן אמר] נהגו כר"מ לא דרשי ולא מורינן כוותיה ואי עביד לא מהדרינן ליה: ודייקי כו' אלמא שכור אסור בנשיאת כפים מנא לן ופשיט דכתיב לשרתו ולברך בשמו אתקש (משרת ולו למברך) [מברך למשרת] ולנזיר מה משרת אסור ביין שנאמר יין ושכר אל תשת אף מברך אסור ביין ושכר דקיימא לן כל המשכר [אסור] ומותר בחרצן אי הכי למאי אתקש לנזיר להכשיר

רבינו גרשום

במוסף דהיינו יוה"כ שיש בו מוסף: אמר רב נחמן זו דקתני נושאין כפיהן בשחרית במוסף במנחה בנעילה ר"מ היא: כל יומא טעמא מאי אין נושאין כפיהן *) האידנא בתענית ובמעמדות וביוה"כ (ובמעמדות) דאית בהו תענית נמי שכיחא שכרות להכי נושאין כפיהן בכל ד' תפלות שבהן: מנחה ונעילה דבשאר יומי שכיחא שכרות גזרו בהו רבנן בהני דלמא אתי למיעבד בשאר יומי נמי: אבל אורויי מורינן כרבי מאיר למאן דבעי כמאן הלכה: והואיל והלכה כרבי יוסי האידנא מאי טעמא פרסי כהני ידייהו ביום הכפורים במנחה כיון דבשקיעת החמה פרסי שהיו מאחרין לתפלת המנחה: שכור אסור בנשיאת כפים דקתני מאי טעמא לא דשכיחא ביה שכרות: **) מהו משרת מותר דכתיב יין ושכר אל תשת אבל אוכל הוא חרצן: אף כהן מברך לא יהא בעל מום והא קיימא לן דבעל מום מברך אלא אם כן יהו מומין שבגלוי · הא איתקש לנזיר מה נזיר בעל מום אף מברך בעל מום: מאי חזית דאקשית לקולא דאקשת ליה לנזיר דבעל מום מותר ואקשת ליה למשרת דבחרצן מותר אקיש לחומרא ונימא מה נזיר אסור בחרצן אף מברך אסור בחרצן ומה משרת בעל מום לא אף מברך בעל מום לא:

אסמכתא

*) אולי צ"ל במנחה משום שכרות האידנא וכו' דלית בהו תענית ליכא שכרות ולהכי וכו'. **) צ"ל מה משרת מותר בחרץ וכו' אף כהן מברך מותר בחרצן: אף כהן וכו' ·

SEVENTEENTH OF TAMMUZ [26b] THE TABLES [OF THE LAW] WERE SHATTERED, THE DAILY OFFERING WAS DISCONTINUED, A BREACH WAS MADE IN THE CITY AND APOSTOMOS[11] BURNED THE SCROLL OF THE LAW AND PLACED AN IDOL IN THE TEMPLE. ON THE NINTH OF AB IT WAS DECREED THAT OUR FATHERS SHOULD NOT ENTER THE [PROMISED] LAND, THE TEMPLE WAS DESTROYED THE FIRST AND SECOND TIME, BETHAR WAS CAPTURED AND THE CITY [JERUSALEM] WAS PLOUGHED UP.

WITH THE BEGINNING OF AB REJOICINGS ARE CURTAILED. DURING THE WEEK IN WHICH THE NINTH OF AB FALLS IT IS FORBIDDEN TO CUT THE HAIR AND TO WASH CLOTHES BUT ON THE THURSDAY IT IS PERMISSIBLE IN HONOUR OF THE SABBATH. ON THE EVE OF THE NINTH OF AB ONE MAY NOT PARTAKE OF A MEAL OF TWO COURSES NOR EAT MEAT NOR DRINK WINE. RABBAN SIMEON B. GAMALIEL SAID: ONE SHOULD MAKE A DIFFERENCE* IN HIS DIET. R. JUDAH MAKES IT OBLI-
a GATORY TO TURN THE BED OVER;[1] THE SAGES, HOWEVER, DID NOT AGREE WITH HIM IN THIS.

R. SIMEON B. GAMALIEL SAID: THERE NEVER WERE IN ISRAEL GREATER DAYS OF JOY THAN THE FIFTEENTH OF AB AND THE DAY OF ATONEMENT. ON THESE DAYS THE DAUGHTERS OF JERUSALEM[2] USED TO WALK OUT IN WHITE GARMENTS WHICH THEY BORROWED IN ORDER NOT TO PUT TO SHAME ANY ONE WHO HAD NONE. ALL THESE GARMENTS REQUIRED RITUAL DIPPING.[3] THE DAUGHTERS OF JERUSALEM CAME OUT AND DANCED IN THE VINEYARDS EXCLAIMING AT THE SAME TIME, YOUNG MAN, LIFT UP THINE EYES AND SEE WHAT THOU CHOOSEST FOR THYSELF. DO NOT SET THINE EYES ON BEAUTY BUT SET THINE EYES ON [GOOD] FAMILY. GRACE IS DECEITFUL, AND BEAUTY IS VAIN; BUT A WOMAN THAT FEARETH THE LORD, SHE SHALL BE PRAISED.[4] AND IT FURTHER SAYS,[5] GIVE HER OF THE FRUIT OF HER HANDS; AND LET HER WORKS PRAISE HER IN THE GATES.

LIKEWISE IT SAYS, GO FORTH, O YE DAUGHTERS OF ZION, AND GAZE UPON KING SOLOMON, EVEN UPON THE CROWN WHEREWITH HIS MOTHER HATH CROWNED HIM IN THE DAY OF HIS ESPOUSALS, AND IN THE DAY OF THE GLADNESS OF
b HIS HEART.[1] 'ON THE DAY OF HIS ESPOUSALS:' THIS REFERS TO THE DAY OF THE GIVING OF THE LAW. 'AND IN THE DAY OF THE GLADNESS OF HIS HEART:' THIS REFERS TO THE BUILDING OF THE TEMPLE; MAY IT BE REBUILT SPEEDILY IN OUR DAYS.

GEMARA. ON THREE OCCASIONS OF THE YEAR DO THE PRIESTS LIFT UP THEIR HANDS [TO BLESS THE PEOPLE]. Is there then MUSAF ON FAST-DAYS and ON MA'AMADOTH?—There is a clause wanting [in our Mishnah]. It should read thus: 'on three occasions do the priests lift up their hands [to bless the people] at all services, and on one of these[2] occasions four times during the day, at the *Shaharith* [service], at *Musaf*, at *Minhah* and at the closing of the Gates. The following are the three occasions, Fast-days, *Ma'amadoth* and the Day of Atonement'. R. Nahman said in the name of Rabbah b. Abbuha: This is the opinion of R. Meir. The Sages, however, say: At *Shaharith* and at *Musaf* there is 'lifting up of hands' but at *Minhah* or at *Ne'ilah* there is no 'lifting up of hands'. Who are meant by 'the Sages'?—It is R. Judah. For it has been taught: At all [services, namely] at *Shaharith*, at *Musaf*, at *Minhah* and at *Ne'ilah* there is 'lifting up of hands'; this is the opinion of R. Meir. R. Judah says: At *Shaharith* and at *Musaf* there is 'lifting up of hands' but at *Minhah* or *Ne'ilah* there is no 'lifting up of hands'. R. Jose says: At *Ne'ilah* there is 'lifting up of hands' but at *Minhah* there is no 'lifting up of hands'. Wherein do they differ? R. Meir holds the view that the reason why on ordinary days the priests do not 'lift up their hands' at *Minhah* is because of the likelihood of intoxication,[3] but on the days [cited above] the question of intoxication does
c not arise.[1] R. Judah takes the view that as drunkenness during [the time of] *Shaharith* and *Musaf* on ordinary days is not usual the Rabbis did not prohibit the lifting up of hands [at these services on fast-days also], whereas at [the time of] *Minhah* and *Ne'ilah* since on ordinary days drunkenness is quite a likely occurrence the Rabbis prohibited the 'lifting up of hands' [at these services even on fast-days]. R. Jose holds the view that the Rabbis confined their restriction to the *Minhah* only seeing that it is read every day, but they did not to the *Ne'ilah* which is not read every day.[2]

R. Judah said in the name of Rab: The *halachah* is in accordance with the view of R. Meir. R. Johanan said: The people followed the view of R. Meir. And Raba said: The established custom is in accordance with the view of R. Meir. On the view that the *halachah* is according to R. Meir we teach it [explicitly] in the school sessions; but if we say that the established custom is according to R. Meir, then we should not teach it explicitly in the school sessions but we may give our decisions in accordance with it; if, however, we say that the people followed the view of R. Meir then we do not definitely give a decision in accordance with it, but should one have acted on it we do not declare his action null. But R. Nahman said: The *halachah* is according to R. Jose. And the *halachah* is [indeed] according to R. Jose. But nowadays why do the priests 'lift up their hands' [to bless the people] on fast-days at *Minhah?*—As they lift up their hands [in blessing] very near sunset[3] it is as if this was the *Ne'ilah* [service].

It is, however, generally agreed that an intoxicated [priest] may not lift up his hands [in benediction]. Whence is this view adduced?—R. Joshua b. Levi said in the name of Bar Kappara: Why does the section dealing with [the blessing by] the priest follow
d immediately after the portion of the Nazirite?[1] In order to teach you that, just as the Nazirite is forbidden to drink wine, so too is the priest about to recite the priestly benediction. The father of R. Zera, and some say Oshaiah b. Zabbda, demurred to this: [If that is so], then just as the Nazirite is forbidden to eat the shells[2] [of grapes], so too should the priest about to recite the priestly benediction be forbidden [to eat] the 'shells of grapes'.—R. Isaac replied: Scripture says, *To minister unto Him and to bless in His name;*[3] [from this is to be inferred] that just as the officiating priest may eat the shells [of grapes][4] so too may the priest about

(11) V. *J.E.* s.v.

a (1) And thus sleep and sit on the ground as a sign of mourning, v. *infra.* (2) [*Var. lec.*: 'the sons of Israel'. That the same, however, applies to the daughters is clear from the Baraitha cited in the Gemara *infra* 31a.] (3) In case they had been worn by a woman in a state of uncleanness and so became unclean. Cf. Lev. XV, 19ff. (4) Prov. XXXI, 30. (5) [Mishnah ed. Lowe reads: 'וכך הוא אומר', and thus he said', the quotation which follows being the answer of the young man, v. Malter.]

b (1) Cant. III, 11. The Song of Songs has ever been regarded by the Rabbis as an allegory depicting the love of Israel for God. (2) On the Day of Atonement. (3) The priest may likely be intoxicated. A priest in a state of intoxication may not officiate in the Temple. Cf. Lev. X, 9.

c (1) I.e., on fast days. On *Ma'amadoth* and the Day of Atonement. The men of the *Ma'amad* fasted four fasts. Cf. *infra* 27b. (2) It is read only on all fast-days (Rashi). [Others: only on the Day of Atonement, v. R. Hananel and Me'iri.] (3) [On fast-days *Minhah* was recited close to sunset; v. *supra* 12b. R. Gershom refers this only to the Day of Atonement.]

d (1) Num. VI, 1-21; the priestly section ibid. 22-27. (2) Or 'kernels'. (3) Deut. X, 8. (4) Scripture forbids expressly the drinking of wine only. Cf. Lev. X, 9.

*See Corrigenda.

to recite the priestly benediction. [27a] [If so, why not also argue]: Just as an officiating priest may not be blemished so too may a priest reciting the benediction not be blemished.—Surely he is compared to the Nazirite.[5] Why do you choose to make your analogies more lenient [for the priest]? Why not make your analogies more strict [for him]![6]—These analogies are but supports for a Rabbinical law and they must therefore incline towards the side of leniency.

THE FOLLOWING ARE [THE DETAILS CONCERNING] THE MA'AMADOTH. BECAUSE IT IS SAID, COMMAND THE CHILDREN OF ISRAEL etc. What does [this Mishnah] mean to say?—This is what it means to say: THE FOLLOWING ARE [THE DETAILS CONCERNING] THE MA'AMADOTH. AND WHY WERE THE MA'AMADOTH INSTITUTED? BECAUSE IT IS SAID, COMMAND THE CHILDREN OF ISRAEL AND SAY UNTO THEM: MY FOOD WHICH IS PRESENTED UNTO ME. HOW CAN A MAN'S OFFERING BE BROUGHT [ON THE ALTAR] AND HE IS NOT PRESENT? [THEREFORE] THE EARLIER PROPHETS INSTITUTED TWENTY-FOUR MISHMAROTH; EACH MISHMAR WAS REPRESENTED [AT THE TEMPLE] IN JERUSALEM BY ITS OWN MA'AMAD OF PRIESTS, LEVITES AND ISRAELITES. WHEN THE TIME CAME FOR THE MISHMAR TO GO UP, THE PRIESTS AND LEVITES WENT UP TO JERUSALEM.

Our Rabbis have taught: 'There were twenty-four *Mishmaroth* in Palestine and twelve in Jericho'. [You say] there were [also] twelve in Jericho, then there were actually far more [than twenty-four]!—It must therefore be understood to mean that twelve of them [of the twenty-four] were in Jericho. When the time came for the *Mishmar* to go up [to Jerusalem] one half of the *Mishmar* went up from [their homes] in Palestine to Jerusalem and the other half went up to Jericho in order to provide their brethren in Jerusalem with water and food.

Rab Judah said in the name of Samuel: The absence of the Priests, Levites and Israelites is a bar to [the offering of] the sacrifices. A Tanna taught: R. Simeon b. Eleazar said: The absence of Priests, Levites and musical instruments is a bar to [the offering of] the sacrifices. On what question does their dispute turn?—The one [Rab Judah] holds the view that the principal music of the Temple was vocal,[1] and the other that it was with an instrument.

R. Hama b. Guria said in the name of Rab: Moses instituted for Israel eight *Mishmaroth*, four from [the family of] Eleazar and four from [the family of] Ithamar; Samuel came and increased them to sixteen; David came and increased them to twenty-four, as it is said, *In the fortieth year of the reign of David they were sought for, and there were found among them mighty men of valour at Jazer of Gilead.*[2]

An objection was raised against this: Moses instituted for Israel eight *Mishmaroth*, four from [the family of] Eleazar and four [from the family of] Ithamar; David and Samuel came and increased them to twenty-four, as it is said, *Whom David and Samuel the seer did ordain in their set office!*[3]—This is what the passage means: From their institution by David and Samuel the Ramathite they were increased to twenty-four. Another [Baraitha] taught: Moses instituted for Israel sixteen *Mishmaroth*, eight from [the family of] Eleazar and eight from [the family of] Ithamar; but when the descendants of Eleazar increased in number above those of Ithamar, [the *Mishmaroth*] were again divided and they were increased to twenty-four, as it is said, *And there were more chief men found of the sons of Eleazar than of the sons of Ithamar; and thus were they divided: of the sons of Eleazar there were sixteen, heads of fathers' houses, and of the sons of Ithamar, according to their fathers' houses, eight.*[1] And it says further, *One father's house being taken for Eleazar, and proportionately for Ithamar.*[2] What is the force of the additional verse cited? Should you say, that just as the descendants of Eleazar increased in number, so also those of Ithamar increased from their original four into eight. Then come and hear: '*One father's house being taken for Eleazar, and proportionately* [we-aḥuz aḥuz] *for Ithamar.*' This [Baraitha] will then refute the opinion of R. Hama b. Guria[3]—R. Hama b. Guria will answer by saying: Tannaim are divided on the question and I accept the opinion of the Tanna [who says that Moses instituted only] eight *Mishmaroth*.

Our Rabbis have taught: Four *Mishmaroth* returned from the [Babylonian] exile, and they were: Jedaiah, Harim, Pashhur and

(5) And a blemished person may be a Nazirite. (6) [By comparing the priest reciting the blessing to a Nazirite in respect of the eating of the shells and to an officiating priest in respect of a blemish.]

a (1) Hence so long as there were Levites present to sing, the absence of musical instruments does not invalidate the sacrifices. (2) I Chron. XXVI, 31. (3) Ibid. IX, 22.

b (1) I Chron. XXIV, 4. (2) Ibid. XXIV, 6. (3) Who said that Moses instituted only eight *Mishmaroth*, four each.

אי מה משרת בעל מום לא אף כהן מברך בעל מום לא הא איתקש לנזיר ומאי חזית דמקשת לקולא אקיש לחומרא אסמכתא נינהו מדרבנן ולקולא: אלו הן מעמדות לפי שנאמר צו את בני ישראל כו': מאי קאמר ה"ק אלו הן מעמדות ומה טעם תיקנו מעמדות לפי שנאמר צו את בני ישראל ואמרת אליהם את קרבני לחמי לאשי והיאך קרבנו של אדם קרב והוא אינו עומד על גביו התקינו נביאים הראשונים עשרים וארבעה משמרות על כל משמר ומשמר היה מעמד בירושלים של כהנים ושל לוים ושל ישראלים הגיע זמן משמר לעלות כהנים ולוים עולין לירושלים ת"ר עשרים וארבעה משמרות [א] (א) בארץ ישראל ושתים עשרה בירחו שתים עשרה בירחו נפישן להו טובא אלא שתים עשרה מהן בירחו הגיע זמן המשמר לעלות חצי המשמר היה עולה מארץ ישראל לירושלים וחצי המשמר היה עולה *מירחו כדי שיספקו מים ומזון לאחיהם שבירושלים אמר רב יהודה אמר שמואל כהנים ולוים וישראלים מעכבין את הקרבן במתניתא תנא ר"ש בן אלעזר (ג) כהנים ולוים וכלי שיר מעכבין את הקרבן במאי קמיפלגי מר סבר עיקר שירה בפה ומר סבר עיקר שירה בכלי אמר רב (ה) חמא בר גוריא אמר רב משה תיקן להם לישראל שמונה משמרות ארבעה מאלעזר וד' מאיתמר בא שמואל והעמידן על שש עשרה בא דוד והעמידן על עשרים וארבעה שנאמר בשנת הארבעים למלכות דוד נדרשו וימצא בהם גבורי חיל ביעזר גלעד מיתיבי משה תיקן להם לישראל שמונה משמרות ארבעה מאלעזר וארבעה מאיתמר בא דוד ושמואל והעמידן על עשרים וארבע שנאמר המה יסד דוד ושמואל הרואה באמונתם הכי קאמר מיסודו של דוד ושמואל הרמתי העמידום על עשרים וארבע תניא אידך משה תיקן להם לישראל שש עשרה משמרות שמונה מאלעזר ושמונה מאיתמר וכשרבו בני אלעזר על בני איתמר חלקום והעמידום על עשרים וארבע שנאמר וימצאו בני אלעזר רבים לראשי הגברים מן בני איתמר ויחלקום לבני אלעזר ראשים לבית אבות ששה עשר ולבני איתמר לבית אבותם שמונה ואומר בית אב אחד אחוז לאלעזר ואחוז אחוז לאיתמר מאי ואומר וכי תימא כי היכי דנפישי בני אלעזר הכא נמי דנפישי בני איתמר שמנה מעיקרא ארבעה הוו ת"ש בית אב אחד אחוז לאלעזר ואחוז אחוז לאיתמר תיובתא דרב (ג) חמא בר גוריא אמר לך רב (ג) חמא בר גוריא תנאי היא ואנא דאמרי כי האי תנא דאמר שמונה ת"ר (ד) ארבעה משמרות עלו מן הגולה ואלו הן ידעיה [חרים] פשחור ואימר עמדו נביאים שביניהם וחלקום

(א) ס"א חסרא ג ב (ב) ס"א חסרא ד) ערכין יב

רש"י

מאי קאמר · דקא בעי מאי ניהו מעמדות ומייתי קרא את קרבני לחמי לאשי וגו': הכי קאמר אלו הן מעמדות · דלקמן וטעמא מאי תקון מעמדות לפי שנאמר צו את בני ישראל ואמרת אליהם את קרבני לחמי לאשי וגו': ה"ג תנו רבנן כ"ד משמרות היו בא"י וי"ב בירחו י"ב בירחו בתמיה נפישי להו טובא אלא אימא וי"ב מהן בירחו · ברישא משמע לבד הכ"ד שבעיירות א"י היו י"ב בירחו דהוו להו ל"ו וי"ב מהן משמע שמאותן הכ"ד היו י"ב בירחו: ה"ג הגיע זמן המשמר חצי המשמר עולה לירושלים וחצי המשמר עולה לירחו כדי שיספקו מים ומזון לאחיהם שבירושלים כלומר כילד היו י"ב בירחו כשהגיע זמן המשמר לעלות לירושלים בשבת מתחלקים אנשי המשמר חציין הולכין לירושלים לעבודה וחציין הולכין לירחו הסמוכה לירושלים ומתקנין שם מים ומזון לאחיהם וכך עושין כל הכ"ד משמרות כמלא י"ב בירחו א] לשון אחר נהירא לי: מעכבין את הקרבן · אם אין מעמד מכולן בירושלים כדתנן (לעיל דף כו·) על כל משמר היה מעמד בירושלים של כהנים לוים וישראלים כיון דכולהו בעלים בעינן דליהוי (ג) כמוהו על גבי עבודה: וכלי שיר מעכבין את הקרבן · פלוגתא בשילהי מסכת סוכה (דף נ:) ובערכין (דף יא·) מפורשת: עיקר שירה בפה · וכלי לבסומי קלא בעלמא וכיון דאיכא לוים לא מעכב משום כלי שיר: עיקר שירה בכלי · אטוב וכן בפרק החליל (שם): ארבעה מאלעזר · מבניו של אלעזר שעשה מהן ד' משמרות וגמרא גמר לה: המה יסד דוד ושמואל הרואה באמונתם · ותיובתא דרב חמא דלאמר שמואל העמידם על י"ו ודוד העמידן על כ"ד דהא שמעי' מינה דתרוייהו בהדי הדדי תקנינהו: מיסודו של שמואל הרמתי · שהעמידן על י"ו בא דוד והעמידן על כ"ד את ספרים שכתוב בהן מיסודו של שמואל ודוד העמידום על כ"ד כלומר שניהם הועילו בדבר ושמואל העמידם על י"ו ודוד על כ"ד: וימצאו בני אלעזר רבים לראשי הגברים מבני איתמר ויחלקו בני אלעזר ראשים לבית אבות ששה עשר ולבני איתמר ראשים לבית אבותם שמונה ואומר בית אב אחד אחוז לאלעזר ואחוז אחוז לאיתמר · וימצאו בני אלעזר רבים לראשי הגברים כלומר ראשי הגברים של בני אלעזר היו רבים מאיתמר והאי וימצאו משמע דקודם לכן היו קטנים ועכשיו הוסיפו עליהן ויחלקום לי"ו בית אב אחד אחוז שהיה מתחילה לאלעזר דהייתו ח' אחוז אחד בגורל דהייתו נמי ח' והוו להו י"ו: ואחוז אחוז לאיתמר · מה שהיה מתחילה אחוז לאיתמר אחוזים עתה כבתחילה שלא הרבו עליהם שום בית אב: מאי ואומר · וכי תימא מעיקרא הוו ד' לאלעזר וד' לאיתמר: וכי היכי דנפישי בני אלעזר הכי נמי נפישי בני איתמר · ומיהו בני אלעזר נפישי טפי דהא לאיתמר לא אוקמינהו אלא על ח' ולאלעזר על י"ו: תא שמע ואחוז אחוז לאיתמר · אלמא כדקיימי קיימי ושמע מינה דמשה תיקן להם י"ו ח' מזה וח' מזה וקשיא לרב חמא דלאמר ד' וד' והא דכתב לעיל ובשנת הארבעים וגו' המה יסד במה שהוסיפו עליהן עד כ"ד משמעי' [אבל] משה תיקן להם י"ו משמרות: תנאי היא · והא תנא דלעיל דקתני משה תיקן להן ח' משמרות מסייען ולהא קאמינא כוותיה: עלו מן הגולה · בבית שני והשאר לא עלו שהרבה מישראל נשתיירו (ד) לא כתיב גבי כ"ד משמרות (דה"א כד): פשחור ואימר · ומבעיא לי דפשחור ולא רק לעלות:

תוספות

אי מה משרת בעל מום לא אף מברך בעל מום לא · פי' כיון דילפינן ג"ש ממשרת נימא כמו משרת בעל מום לא אף מברך וכו' ומשני הא איתקש לנזיר וכו' מכאן נראה דבעל מום מברך ברכת כהנים *מדקא חזינן דהש"ס רוצה ללמוד מברך ממשרת ולבעל מום ודחינן ליה אם כן נראה לענין נשיאת כפים כהן בעל מום נושא כפיו ומכאן יש להוכיח דכהן שהמיר דתו נושא כפיו וכשר לישא כפיו ולקרות בתורה כמו שלא המיר ורלא"ה *מהא דכהנים ששימשו בבית חוניו לא ישמשו במקדש אבל נוטלים חלק עם אחיהם כמו בעלי מומין משמע מדקאמר שהם כבעלי מומין משמע דלכל עבודה שבעל מום ראוי לעשות יעשו וכהן בעל מום נושא כפיו*:

ומאי חזית דמקשת לקולא אקיש לחומרא · פי' מאי חזית דמקשת כהן לנזיר הקל ולומר כמו שנזיר הוי בעל מום כמו כן כהן בעל מום כשר ואקשת למשרת מה משרת מותר בחרצן אף כהן מברך מותר בחרצן אקשה לחומרא פירוש ונימא דכמו שנזיר אסור בחרצן אף כהן אסור בחרצן וכמו כהן משרת אסור בעל מום אף כהן מברך בעל מום אסור ומשני אסמכתא וכו':

מר סבר עיקר שירה בפה · ולכך הכל כשרים אפילו פסולים אפילו ממזרים לומר שירה דלא הוי אלא בפה ולמאן דאמר עיקר שירה בכלי אם כן צריך שיהו כהנים או לוים דהא הכלי זמר היה קדוש: רב

רבינו חננאל

להכשיר בו בעל מום להיות כשר לברכה · ואמרינן מה ראית להקשות לקולא אקשתו למשרת להיות מותר בחרצן · ואקשתו לנזיר להיות בעל מום כשר לברכה · אדרבה הקשהו לתומרא · הקשהו למשרת להיות כהן בעל מום פסול בנשיאות כפים והקשהו לנזיר להיות אסור בחרצן · ושנינן אסמכתא בעלמא היא. פי' דרשת סמוכין מדרבנן היא הלכך לקולא דרשינן · וכתיב נמי לעמוד לשרת *) מה משרת עומד אף נשיאות כפים מעומד: פיסקא אלו הן המעמדות · מה טעם תקינו מעמדות לפי שנאמר צו את בני ישראל: ירושלמי א"ר יונה תמידין קרבנן דכל ישראל אינון וא"ת יהיו כל ישראל כל השנה כולה בירושלים עומדים על קרבנן · לא חייבתם התורה אלא ג' רגלים בשנה · ואם יש לומר יהיו יושבין במילין בעריהם הא כתיב ואספת דגנך הנם מוזהרין לאסוף דגנם ותירושם של כל השנה כולה · התקינו הנביאים הראשונים כ"ד משמרות ועל כל משמר ומשמר היה מעמד בירושלים של כהנים ושל לוים ושל ישראל : ת"ר כ"ד משמרות היו בא"י מהן י"ב בירחו · הגיע זמן המשמר לעלות חצי המשמר עולה מא"י וחצי משמר מירחו כדי שיספקו מים ומזון לאחיהם · כלומר חצי המשמר הנותר מספיקין צורכי העולים · ובפעם אחרת מתחלפים · מי שלא עלה יעלה עכשיו · מי שעלה כבר ישב עתה בביתו ויספק צרכי העולים: ירושלמי תני ר' שמעון בן אלעזר ישראל והכהנים והלוים וכלי שיר מעכבין את הקרבן שנאמר כל הקהל משתחוים אלו ישראל · והשיר משורר אלו הלוים והצוצרות מחצצרים אלו הכהנים הכל עד לעלות העולה · הכל מעכבין את הקרבן · אמר רב חסדא אמר רב משה תקן לישראל שמונה משמרות · ד' מאלעזר וד' מאיתמר · בא שמואל והעמידן עד שש עשרה · בא דוד והעמידן על כ"ד · שנאמר בשנת הארבעים למלכות דוד נדרשו · ואותבינן עליה מהא דתניא משה תיקן להם לישראל ט"ו משמרות · ח' מאלעזר וח' מאיתמר · ולבני איתמר לבית אבותם שמונה · היו ח' לאלעזר וח' מאיתמר כגון שהיו ח' אלפים מזה וח' אלפים [מזה] כל משמר אלף רבו בני אלעזר וכאשר דרשום נמצאו י"ו אלף ובני איתמר ח' אלפים כמו שהיו חלקו בני אלעזר לי"ו משמר אלף כל משמר ובני איתמר נשארו ח' משמרות כמו שהוא וזהו שכתב ויחלקום לבני אלעזר ראשים לבית אבות ששה עשר ולבני איתמר לבית אבותם שמונה · וכתיב בית אב אחד אחוז לאלעזר ואחוז אחוז לאיתמר כל האחוז שהיה לאיתמר מקודם הוא האחוז עתה · אבל לבני אלעזר הוסיפו ח' אחרים · תיובתא דרב חסדא דאמר משה תיקן להם לישראל ח' משמרות כו' הנה זה הברייתא תנא י"ו משמרות תיקן להם משה לישראל · ושנינן תנאי היא ואנא דאמרי כי האי תנא דתניא משה תיקן לישראל ח' משמרות ד' מאלעזר וד' מאיתמר אכתי סיפא דקתני באו שמואל

*) דברי רבינו אין לו ביאור לכאורה ואולי דחסר איזה תיבות וצ"ל ועיקר הקושיא דלשרתו ולברך בשמו לענין עמידה אתי דכתיב התם לעמוד לשרת והמריך מה משרת עומד וכו' כצ"ל וכ"ה בתוס' ד' לח ע"ש ועיי' תוס' מנחות קט· סד"ה לא וברא"ש פ"ג דמגילה סי' יט

רבינו גרשום

אסמכתא דרבנן הוא הא דמקשינן מברך לנזיר ולמשרת מדרבנן היא: ה"ק ואלו הן מעמדות דקתני לקמיה התקינו נביאים הראשונים כ"ד משמרות (כל) [של] כהנים על כל משמר היה מעמד בירושלים כהנים ולוים שבמשמר עולין בירושלים וישראל שבאותו משמר מתענין וכו' ומקצתן עולין לירושלים כדי שיעמדו על הקרבנות: אי הכי נפישי להו דמשמע דהוי ל"ו משמרות אלא אימא שתים עשרה כלומר מאותן עשרים וארבעה הוי מהן שתים עשרה מירחו ושתים עשרה מכל שאר ישראל: כיצד הגיע זמן משמרות לעלות חצי משמר עולה מא"י והצי משמר מירחו וכן כל משמר ומשמר עולה חצי מא"י וחצי מירחו דהיינו שתים עשרה מא"י ושתים עשרה מירחו ולמה כל משמר חציו מירחו לפי שהן קרובין לירושלים שמספקין מזון לאחיהן שאר חצי משמר הבאין מא"י שמקום רחוק ואין יכולין להביא מזון עמהן: עיקר שירה בפה ואין צריך כלי שיר: בא דוד ושמואל והעמידום בין שניהם כ"ד קשיא לרב חסדא דאמר שמואל תיקן י"ו ודוד כ"ד תריץ הכי קאמר מיסודו של שמואל הרמתי שהוא העמידן על י"ו חזר דוד והעמידן על כ"ד. מיתיבי משה תקן י"ו משמרות וקשיא לרב חסדא דאמר ח' משמרות וכשרבו בני אלעזר חילקום לי"ו משמרות היינו כ"ד משמרות וכי תימא כי היכי דנפישי בני אלעזר כן רבו בני איתמר ולעולם בימי משה הוא ארבע מאלעזר וארבע מאיתמר כדאמר רב חסדא ונתרבו בני אלעזר והעמידום על י"ו נתרבו בני איתמר והעמידום על ח' והיינו דכתיב וימצאו בני אלעזר וגו'. ת"ש בית אב אחד אחוז לאלעזר ואחוז אחוז לאיתמר כלומר כל בית אב אחד של אלעזר חילקו לשנים אבל בני איתמר כדקיימי בימי משה קיימי עכשיו ומדכתיב ולבני איתמר לבית אבותם שמונה אלמא דבימי משה הא שמנה מאלעזר ושמנה

גליון הש"ס

גמ' מדרבנן ולקולא · כעין זה שבת דף פג ע"ב:

הגהות הגר"א

[א] גמ' ת"ר כ"ד משמרות · נ"ב של לוים:

הגהות מהר"ב רנשבורג

א] רש"י ד"ה ה"ג הגיע זמן וכו' לשון אחר נהירא לי · נ"ל ולא נהירא לי:

עין משפט נר מצוה

יג א מיי' פט"ו מהל' תפלה הל' ג סמג עשין כ טוש"ע א"ח סימן קכח סעיף ג:
כ"מ במגילה כד: ע"ש
יד ב מיי' פ"ג מהל' כלי המקדש הל' ג סמג עשין קסט:
טו ג ד מיי' שם פ"ד הלכה ג סמג עשין קעה:
[מנחות דף קט: וע"ש בתוס' ד"ה לא]
[וע"ע תוס' סוטה לט: ד"ה כי מהדר ותוס' מנחות קט: ד"ה לא]

מסורת הש"ס

במדבר כח · ס"א לירחו · סוכה נ: ערכין יא· [ע"ז מז:] · דה"א כז · ש"א ט · דה"א כד

הגהות הב"ח

(א) גמ' ת"ר כ"ד משמרות היו בא"י כו' אלא אימא ושתים עשרה: (ב) שם ר"ש בן אלעזר אומר כהנים: (ג) רש"י ד"ה מעכבין כו' בעינן דליהוי כולהו על גבי עבודה: (ד) ד"ה פשחור כו' לא כתיב גבי כ"ד פי' המעיין בדברי הימים דקחשיב כ"ד משמרות ויגלו בגורל כהלכתן ליהויריב לידעיה השני חשיב פשחור ולפע"ד יש לתקן דכיון דבעזרא א' ב' כתוב מעולים מן הכהנים היו ארבע משמרות וקא חשיב פשחור שמעינן דחד מכ"ד משמרות היה לנו עוד אחר מי נמי נקראת שמה לאם כמשפט כדפרשי במכות כסדר פנחס אלא משפחות הכהנים:

מז א מיי' פ"ג מהל' תפלה הלכה ג סמג עשין יט טוש"ע א"ח סימן קלז סעיף ג:

ב מיי' פי"ג שם ה"ד סמג שם טוש"ע א"ח סי' תכג סעיף ג:

רבינו חננאל

שמואל ודוד והעמידום על (י"ו) [כ"ד] קשיא לרב חסדא ושנינן הכי מיסוד של שמואל שהוסיף על שתיקן משה· בא דוד והוסיף על מה שתיקן שמואל [והעמידום על כ"ד] שנא' המה יסד דוד ושמואל הרואה באמונתם: ת"ר ד' משמרות עלו מן הגולה · ידעיה חרים פשחור אימר · עמדו הנביאים שביניהם וחלקום לכ"ד משמרות בללום ונתנום בקלפי בא ידעיה ונטל חלקו וחלק חבירו שש וכן חרים וכן פשחור וכן אימר וכן התנו נביאים שביניהם שאע"פ שיהויריב ראש משמרה עולה לא ידחה ידעיה ממקומו אלא ידעיה עיקר ויהויריב טפל לו עמדו ראשי א) משמרות וקבעו עצמן בתי אבות· משמר שהיה בו ה' בתי אבות ג' מקריבין ב) ג' ימים וב' מקריבין ד' ימים · ומי שהיה בו ג)ו' בית אבות כל אחד מקריב יומי' וכן כולן · יש מי שקבעו עצמן לעולם · בית אב שהיה בשבת לעולם אינו מקריב אלא בשבת · ומי שהוא ביום ראשון לעולם ביום ראשון · ויש שמגדילין ד) על כל משמר · ויש שהוא מגדילין בכל שבוע ושבוע : ירושלמי ר' הוה סמני(מוציאין) [תרין מטיין] אי הוין כדי הוין מתקיימין ואין לא הוו מסתלקין מדדמך · תרגום ויישן ויחלום ודמוך וחלם · (ר') פקיד לבריה לא תעביד כן אלא מני כולהו כחדא ומני ר' חמא בר' חנינא בראש' ולמה לא מנייה ר' בנין שהשיבו ברבים · ומה השיבו ר' הוה יתיב מתני [יחזקאל ז] ופלטו פליטיהם והיו אל ההרים כיוני הגאיות כולם (הומות) [הומיות אמר] ליה רבי חנינא (כלם) הומות א"ל הן קריתיה א"ל קומי רב המנונא דבבל · א"ל כד תיחות תמן אמור ליה דמנייתך חכים וידע דלא מיתמני ביומוי · מן דמך ר' א' איני מקבל עד דתמני ר' אפס דדרומא והוה תמן חד סב ה) א"ר חנינא קדמאי אנא תניין וקביל עליה ר' חנינא מתמנן תליתאי שמואל ודבית שילה הוי עיילין שאלין בשלמא דנשיאה כל יומא והוו דבית שילה עלין ויתבין קדמאי פלגו יקר לשמואל ואותיביה קדמאי על רב לחמן פלג ליה שמואל יקר ואותיביה קדמאי אמרו דבית שילה אנן תניין וקביל שמואל עלויה מיתב תליתאי · המה יסד דוד ושמואל הרואה באמונתם אומנות גדולה היתה שאין משמר נוטל ושונה בשדה אחוזה עד שיטול חבירו·תנא בתוספתא· אלו משמרות כהנים לוים וישראלים עמדו נביאים שביניהם וקבעום כ"ד משמרות שנאמר צו את בני ישראל אי אפשר לומר כל ישראל אלא מלמד ששלוחו של אדם כמותו הגיע זמן המשמר כהנים ולוים עולין בירושלים וישראל שבאותו משמר שאין יכולין לעלות לירושלים מתקבצין בעריהם וקורין בענין קרבנות ובענין מעשה בראשית ובטלין מן המלאכה (של) [כל] אותה שבת ולמה קורין בקרבנות ובמעשה בראשית ללמדך שאלמלא המעמדות שמתקבצין לא נתקיימו מעשה בראשית שנא' אם לא בריתי יומם ולילה חקות שמים וארץ לא שמתי · וכתיב ויאמר ה' במה אדע כי אירשנה. אמר אברהם לפני הקב"ה רבש"ע מתירא אני שמא ישראל יחטאו כו':

תוספות

רב אמר דולג · פי' הראשון קורא מראש הפרשה ג' פסוקים והשני שאין לו כי אם שני פסוקים מדלג פסוק אחד וקורא ממה שקרא הראשון וכן נמי בראשי חדשים מדלגין והקשה ה"ר יהודה בר נתן ולמאי מדלגין אמאי אינו קורא למעלה בפרשה דהא בשבת בחוה"מ קורא הוא מראה אתה אומר אלי (שמות לג) אע"פ שעיקר הפרשה אינה מתחלת כי אם פסל לך (שם לד) וי"ל דמ"מ הוא קורא ראה בפרשה של מעלה לפי שכל אותה הפרשה משתעי בחד ענינא אבל פרשה דר"ח לעיל מינה לא משתעי כלל מחד ענינא ולכך אינו קורא בפרשה של מעלה אלא דולג ומזה ראיה למנהגנו דהא דלא קרינן בכל שבת ושבת פרשה של שבת כמו שאנו עושין בי"ט שאנו קורין פרשיות לפי המאורע לפי שאין בפרשה של שבת שלשה פסוקים דאין לומר שנדלג לעיל דלא הוי מחד ענינא:

גזרה משום הנכנסין והיוצאין · פי' שהנכנסים שלא ראו (ה) הראשונים שקרא ג' פסוקים ויראו השני שקורא פסוק אחד מלמעלה יאמרו שהראשון לא קרא אלא שני פסוקים והיוצאין כשהראשון קורא שלשה פסוקים ואינו משייר אלא שני פסוקים איכא גזירת יוצאין דסברי האי שני סגיא ליה בשני פסוקים:

מה

גמרא

וחלקום והעמידום על עשרים וארבעה בללום ונתנום בקלפי בא ידעיה ונטל חלקו וחלק חבריו שש בא [חרים] ונטל חלקו וחלק חבריו שש וכן פשחור וכן אמר וכן התנו נביאים שביניהם שאפי' (*יהוידיב) ראש משמרת עולה לא ידחה ידעיה ממקומו אלא ידעיה עיקר (*ויהוידיב) טפל לו : וישראל שבאותו משמר מתכנסין בעריהן וקורין במעשה בראשית : מנהני מילי א"ר יעקב בר אחא *אמר רב אסי *אלמלא מעמדות לא נתקיימו שמים וארץ שנאמר °ויאמר ה' אלהים במה אדע כי אירשנה (בראשית טו) אמר אברהם רבש"ע שמא ישראל חוטאין לפניך אתה עושה להם כדור המבול וכדור הפלגה א"ל לאו אמר לפניו רבש"ע הודיעני במה אירשנה א"ל °קחה לי עגלה משולשת ועז משולשת וגו' (שם) אמר לפניו רבש"ע תינח בזמן שבית המקדש קיים בזמן שאין בית המקדש קיים מה תהא עליהם אמר לו כבר תקנתי להם סדר קרבנות בזמן שקוראין בהן לפני מעלה אני עליהם כאילו הקריבום לפני ואני מוחל להם על כל עונותיהם ת"ר *אנשי

א] [א] משמר היו מתפללין על קרבן אחיהם שיתקבל ברצון ואנשי מעמד מתכנסין לבית הכנסת ויושבין ד' תעניות בשני בשבת בשלישי ברביעי ובחמישי בשני על יורדי הים בשלישי על הולכי מדברות ברביעי על אסכרא שלא תיפול על התינוקות בחמישי על עוברות ומיניקות עוברות שלא יפילו מיניקות שיניקו את בניהם ובערב שבת לא היו מתענין מפני כבוד השבת ק"ו בשבת עצמה באחד בשבת מ"ט לא אמר ר' יוחנן מפני הנוצרים ר' שמואל בר נחמני אמר מפני שהוא שלישי ליצירה ריש לקיש אמר מפני נשמה יתירה דאמר ריש לקיש *נשמה יתירה ניתנה בו באדם בע"ש במוצאי שבת נוטלין אותה ממנו שנאמר °שבת וינפש (שמות לא) כיון ששבת ווי אבדה נפש : ביום הראשון בראשית ויהי רקיע : *תנא בראשית בשנים יהי רקיע באחד בשלמא יהי רקיע באחד תלתא פסוקי הוו אלא בראשית בשנים *(מ"מ) ה' פסוקי הויין (*ותנן) **הקורא בתורה אל יפחות מג' פסוקים רב אמר *דולג ושמואל אמר פוסק ורב דאמר דולג מ"ט לא אמר פוסק קסבר כל פסוקא *דלא פסקיה משה אנן לא פסקינן ליה ושמואל אמר פוסק ומי פסקינן והאמר רבי חנינא קרא צער גדול היה לי אצל ר' חנינא הגדול ולא התיר לי לפסוק אלא לתינוקות של בית רבן הואיל ולהתלמד עשוין ושמואל התם טעמא מאי משום דלא אפשר הכא נמי לא אפשר ושמואל אמר פוסק מ"ט לא אמר דולג גזירה משום הנכנסין וגזירה משום היוצאין מיתיבי *פרשה של ששה פסוקים קורין אותה בשנים ושל חמשה (א) [ביחיד ואם] הראשון קורא ג' השני קורא שנים מפרשה זו ואחד מפרשה אחרת וי"א ג' לפי שאין מתחילין בפרשה פחות משלשה פסוקין למ"ד דולג לידלוג ולמאן דאמר פוסק ליפסוק שאני התם

דאית

*) [ליתא במגילה]

רש"י

וחלקום · לכ"ד וכתבו כל אחד ואחד בחלק : בללום ונתנום בקלפי · כתבו על כ"ד חתיכות קלף ראשי משמרות שחלקו מאותן ד': בא ידעיה · משמרה של ידעיה בא אחד מהן ונטל חלקו וחלק ה' חתיכות קלף דהוו להו שש ומי שהיה עולה בידו ראשון היה לשבת ראשונה ·שבסדר שהיו עולין בידו זו אחר זו כך היו עובדין בשבתותיהן זו אחר זו: וכך הסט · שאפי' יהויריב שהיה במקדש ראשון ראשון למשמרות עולה מן הגולה : לא ידחה ידעיה · אותו ומתחלה לא עלה יהויריב אלא כל משמרות הנעשות מידעיה קודמות לעבודה ליהויריב ויהויריב בא ועובד אחריהן במקום משמר אחר ושפה דידעיה עושין אותן ה' שלא להרבות במשמרות : א"ר אסי לפי שאלמלא מעמדות · עיסקי קרבנות שישראל עושין הן היו כלים בחטאן ומשהן כלין שמים וארץ העומדים בזכותן אין מתקיימין כו': כאנשי דור המבול · שמאחר שהן כלין אין העולם מתקיים והואיל שעל עיסקי קרבן העולם עומד לכך קורין אנשי מעמד בעריהן במעשה בראשית: כבר תקנתי להם כו' · כל זמן שקורין בהן כו' מהיכא יליף לה להאי גמגום : ת"ר אנשי משמר מתפללין על קרבן אחיהן · תמידים שבכל יום: אנשי משמר·(ב) אותן כ"ד שהיו בעריהן : בשני על יורדי הים · דכתיב בשני (בראשית א) יהי רקיע בתוך המים וצריך להזכיר ולרצות על הדבר : בשלישי על הולכי מדברות דכתיב ותראה היבשה תהי ראויה יבשה להולכיה שלא יוזקו מפני חיות רעות : ברביעי על אסכרא · שבו נתלו המאורות וכתיב ביה (שם) יהי מארות מארה כתיב : ועל עוברות כו' · דכתיב ביה (שם) ישרצו המים שרץ נפש חיה: מפני הנוצרים · שמשימים אותו יום טוב שלהם: שלישי ליצירה · לאדם שנברא ביום ששי וכל יום שלישי הוי חלוש דכתיב (שם לד) ויהי ביום השלישי בהיותם כואבים: נשמה יתירה · שנוטלה ממנו והוי חלש: נשמה יתירה · שמרחיבים דעתו לאכילה ושתיה: כיון ששבת · שבת ושמר את השבת ווי אבדה נפש · וינפש דורש בנוטריקון ווי נפש : בראשית בשנים · כהן ולוי קורין ביום תענית בראשית : תלתא פסוקי הוי · וסגיא בהו לחד גברא : רב אמר דולג · הראשון קורא שלשה פסוקים והשני מתחיל בפסוק שסיים בו הראשון והשני קורא עמו הרי שלשה ומשום דאין משיירין בפרשה פחות משלשה פסוקים ליכא משום דלא אפשר : פוסק · מפסיק הפסוק לשנים ראשון קורא שני פסוקים וחצי ולוי משלים חצי אותו הפסוק שקרא הכהן עם שנים הנותרים : ר' חנינא קרא · שהיה בעל מקרא ויודעה בגירסא ובקי בטעמיה : הרבה טרחתי וחזרתי עליו שיתיר לי לפסוק הפסוק לשנים לצורך תינוקות שלומדים לפני שאין יכולין לקרות פסוק כולו : הכא נמי לא אפשר · גבי ס"ת (ג) ובדילוג אי אפשר משום הנכנסין והיוצאין אם שני דולג ומתחיל בפסוק שסיים בו הראשון בני אדם הנכנסין סבורין לומר שלא קרא הראשון אלא שני פסוקים ונפיק מיניה חורבא וכשהראשון קורא ג' פסוקים ואינו משייר אלא שנים איכא גזרת יוצאין דסברי האי שני דסגיא ליה בשני פסוקים: מיתיבי פרשה של ששה פסוקים · לשאר ימות השנה קאי: ויש אומרים שלשה · מפרשה אחריתי : הכי גרסינן למאן דאמר *)דולג לידלוג למ"ד פוסק ליפסוק. כלומר פרשה של חמשה פסוקין(ד) אמאי קורא שני שלשה פסוקין בפרשה אחרת לידלוג או ליפסוק :

דלית

*) [ע' רש"י במגילה כב: ד"ה למאן וקצ"ע]

מסורת הש"ס

נ"ע יהויריב

נ"ע ויהויריב

[ע' תוספות מגילה כח:]

[מס' סופרים פי"ז ה"ה]

[ביצה טז.]

מגילה כב.

[נ"ע ותניא] נ"ז שם

[מגילה שם ברכות יב:]

[במגילה שם ליתא]

מגילה שם ע"ש

הגהות הב"ח

(א) גמ' קורין אותה בשנים ושל חמשה פסוקים ביחיד הראשון קורא: (ב) רש"י ד"ה אנשי משמר שהיו בירושלים · אנשי מעמד אותן כ"ד שהיו: (ג) ד"ה הכא לא אפשר גבי ס"ת דבדילוג א"א משום: (ד) ד"ה ה"ג כו' אמאי קורא שני ג' · נ"ב עי' פ"ג דמגילה דף כב ע"א משום דברייתא דמייתי התם מיירי בקרא ככר ע"ש אבל ברייתא דהכא תנא קורא לכתחילה קשיא לידלג או ליפסק: (ה) תוס' ד"ה גזירה כו' שלא ראו את הראשון שקרא כו' ויראו את השני

א) מכאן עד ויש מהם שמגדילין הוא לשון התוספתא דמכילתין פ"ב ובירושלמי כאן ה"ב. ב) בתוספתא הגי' שלשה מקריבין שני ימים [ור"ל דכל אחד מהבתי אבות מקריבין שני ימים] ושנים מקריבין משמר שיש בו ששה חמשה מקריבין חמשה ימים ואחד מקריב שני ימים עכ"ל התוספתא אכן בירושלמי הגי' כמש"כ רבינו וכן נ"ל גם בתוספתא ודו"ק. ג) נראה דצ"ל ומי שהי' בו ז' בתי אבות וכ"ה בתוספתא ו ד) בירושלמי הגי' שמגרילין וע"ש במפרש. ה) אמר לי חנינא קדמאי אנא תניין אין ר' אפס -ומא קדמאי אנא תניין כ"ה בירושלמי.

רבינו גרשום

ושמנה מאיתמר וקשיא לרב חסדא אמר לך רב חסדא תנאי הוא דאשכחן תנא דלעיל דתניא משה תיקן ד' מאלעזר וד' מאיתמר ואנא דאמרי כוותיה: בללום ונתנום בקלפי שכשחלקו כל משמר לו' משמרות היה מחלוקת ביניהם שזו אומר אני עולה תחלה וזו אומר אני עולה תחלה מה עשו כתבו שמות ראשי של אותן ה' משמרות שהוסיפו ממשמר ידעיה ובא ידעיה ונטל חלקו וחלק חבריו שהניח ידיו בקלפי ואומר שם אותה משמורה שעולה בידי תחלה היא עולה תחלה אחרי וכן בשניה וכן בשלישית וכן ברביעית וכן חמישית וכן עשה חרים וכו' שאפי' יהויריב עולה שהוא לא רצה לעלות עם עזרא : מנה"מ דקורין במעמדות מעשה בראשית אמר רב אסי אילמלא מעמדות כלומר קרבנות לא נתקיימו שמים וארץ שנא' ויאמר ה' אלהים במה אדע וגו' קחה לי עגלה משולשת וגו' דהיינו קרבנות לפיכך קוראין במעשה בראשית כשעוסקין בקרבנות לפי שכל מעשה בראשית אינו מתקיים אלא בשביל הקרבנות : אנשי משמר היו מתפללין על קרבן אחיהם שיתקבל ברצון שבו כהנים של משמר נחלק לו' בתי אבות וכל בית אב עובד יום אחד וביום שבית אב עובד שאר כל כהנים אנשי משמר ז' בתי אבות מתפללין על קרבן אחיהם בית אב שביעי שיתקבל ברצון : אנשי מעמד היו יושבין ד' תעניות כלו' אותן ישראל של מעמד כדאמרנו לעיל במשנתנו שמתכנסין בעריהן יושבין ד' תעניות על יורדי הים לפי שנאמר בו והיה רקיע בתוך המים על הולכי מדברות לפי שנאמר בו ותראה היבשה על אסכרא לפי שנאמר בו יהי מאורות מארה כתיב דמשמע מארה על עוברות ומיניקות לפי שנאמר בו ישרצו המים נפש חיה דהיינו דמעוברות.מפני הנוצרים לפי שיום חג שלהם באחד בשבת ואם היו ישראל מתענין היו כועסים. שלישי דיצירה שאדם נברא בערב שבת

גליון הש"ס

גמ' אמר רב אסי אלמלא מעמדות · ע' תוי"ט פ"א מ"ב דאבות :

הגהות הגר"א

[א] גמ' ת"ר אנשי משמר (רשום עליו אות ב') היו כו' ואנשי מעמד (רשום עליו אות א' · כלומר דצ"ל להיפך):

הגהות מהר"ב רנשבורג

א] גמ' ת"ר אנשי משמר · כ"ב נלע"ד שצ"ל איפכא דאנשי מעמד היו מתפללין ואנשי משמר מתכנסין לבהכ"נ וכן מוכח במתני' וברמב"ם פ"ו מהלכות כלי מקדש הלכה א' ב' ודו"ק

Immer.[4] The prophets amongst them [27b] arose and divided them and increased them to twenty-four. [Lots were prepared] and mixed and placed in an urn. First came Jedaiah and took his portion and the portions of his colleagues,[5] six [in all]; then came Harim and took his portion and the portions of his colleagues six [in all]; and likewise Pashhur; and likewise Immer. And the prophets amongst them stipulated that even if Jehoiarib, who was the chief of the *Mishmaroth* should go up to [Jerusalem][6] Jedaiah should not be ousted from his place, but Jedaiah[7] should have precedence and Jehoiarib should be subordinate [to him].[8]

AND THE ISRAELITES OF THE MISHMAR ASSEMBLED IN THEIR CITIES AND READ [FROM THE LAW] THE STORY OF CREATION. On what is this based?—R. Jacob b. Aḥa said in the name of R. Assi: Were it not for the *Ma'amadoth* heaven and earth could not endure, as it is said, *And he said: O Lord God, whereby shall I know*
a *that I shall inherit it?*[1] Abraham said: Master of the Universe, should Israel sin before Thee wilt Thou do unto them [as Thou hast done] to the generation of the Flood[2] and to the generation of the Dispersion?[3] [God] replied to him: No. He then said to him: Master of the Universe, *'Let me know whereby I shall inherit it'*. [God] answered: *Take Me a heifer of three years old, and a she-goat of three years old* etc.[4] Abraham then continued: Master of the Universe! This holds good whilst the Temple remains in being, but when the Temple will no longer be what will become of them? [God] replied: I have already long ago provided for them in the Torah the order of sacrifices and whenever they read it I will deem it as if they had offered them before me and I will grant them pardon for all their iniquities.

Our Rabbis have taught: The men of the *Mishmar*[5] prayed over the sacrifice of their brethren that it may be favourably accepted, whilst the men of the *Ma'amad* assembled in their synagogues and observed four fasts, on Monday, Tuesday, Wednesday and Thursday of that week. On Monday [they fasted] for those that go down to the sea; on Tuesday for those who travel in the deserts; on Wednesday that croup may not attack children; on Thursday for pregnant women and nursing mothers, that pregnant women should not suffer a miscarriage, and that nursing mothers may be able to nurse their infants; on Friday they did not fast out of respect for the Sabbath; and certainly not on the Sabbath. Why did they not fast on Sunday?—R. Joḥanan said: Because of the Nazareans.[6] R. Samuel b. Naḥmani said: Because it is the third day after the creation of Man.[7] Resh Laḳish said: Because of the additional soul. For Resh Laḳish said: Man is given an additional soul on Friday, but at the termination of the Sabbath it is taken away from him, as it is said, *He ceased*
b *from work and rested*[1] [shabat wa-yinafash] that is to say, Once the rest had ceased, woe! that soul is gone.

ON SUNDAY [THEY READ], 'IN THE BEGINNING', AND, 'LET THERE BE A FIRMAMENT'. It has been taught: Two persons read [the section] *'In the beginning'*, and one *'Let there be a firmament'*. I can understand one person reading, *'Let there be a firmament'*, as it contains three verses, but how can two persons read, *'In the beginning'*, seeing that it contains only five verses? Has it not been taught: He who reads the Law should not read less than three verses?—Rab answered: [The third verse] is repeated. Samuel said: It is divided into two. Rab who says that the third verse is repeated why does he not agree that it is divided?—He is of the opinion that any verse which Moses did not divide, we may not divide. And as for Samuel who says that it is divided, may it then be divided? Did not R. Ḥanina, the Bible teacher, declare, I endeavoured hard to get permission from R. Ḥanina the elder to divide a verse into two and he would permit me only in the case of teaching children, because it is merely for teaching practice!—To this Samuel can reply: There [in the case of school children] the reason why [R. Ḥanina permitted the verse to be divided] was because it is not possible [for them to read the whole verse at one stretch], here too it is not possible. And as for Samuel who said, 'It is divided', why should he not agree that it be repeated?—In order to prevent any misunderstanding on the part of those who may enter or leave [the synagogue].[2]

An objection was raised: [A section of] six verses is read by two, but [a section of] five verses by one; should, however, the first person have read three verses then the second person reads the [remaining] two and one verse from the following section; some say, he reads three verses [from the following section] because we do not read from a [new] section less than three verses. Now in accordance with the view of him who says that it should be repeated, let then [the third verse of the first section] be repeated; and in accordance with the view of him who says that it should be divided, let the verse be divided?—There the position is

(4) V. Ezra II, 36-39. (5) I.e., those of his sub-divisions. (6) In the First Temple, I Chron. XXIV, 7. (7) [Who in the First Temple was second, v. I Chron. ibid.] (8) [Because he refused to return at the time with Ezra, v. n. 4.]

a (1) Gen. XV, 8. (2) Cf. Gen. VI, 9ff. (3) Gen. XI, 1-9. (4) Gen. XV, 9. (5) The lay representatives at the Temple sacrifices (Rashi). [They are loosely designated the Men of the *Mishmar* because they were attached to a priestly division (v. Me'iri and Malter, a.l.).] (6) I.e., Christians, who may take umbrage at the Jews turning their Sabbath into a fast-day. V. Herford, *Christianity in Talmud and Midrash*, pp. 171-3. (7) Man was created on the sixth day (Friday). Cf. Gen. I, 27. The third day after birth, like the third day after circumcision, was considered a critical period; cf. Gen. XXXIV, 25.

b (1) Ex. XXXI, 17. The word שבת R. Laḳish renders as 'ceasing' to observe the Sabbath and the word וינפש he divides into two, וי 'woe' and נפש 'soul'. (2) Those coming in when the second person reads verse three might conclude that the first person read two verses only; similarly those leaving the synagogue when the first person reads verse three might conclude that the second person will read two verses only.

a different [28*a*] because he has plenty of verses at his disposal.[1]

TWO PERSONS READ A LONG SECTION ... AT SHAHARITH, MUSAF AND MINHAH THEY READ [THE REQUISITE] SECTION BY HEART etc. The question was raised: How is this Mishnah to be understood? [Does it mean] that at *Shaharith* and *Musaf* [the section] is read from a Scroll of the Law and at *Minhah* by heart in the same manner as people recite the *Shema'*? Or, it means this: At *Shaharith* it is read from a Scroll of the Law and at *Musaf* and *Minhah* by heart in the same manner as people recite the *Shema'*? —Come and hear: At *Shaharith* and *Musaf* they assemble in the synagogue and read [from the Scroll of the Law] in the same way as all the year round, but at *Minhah* an individual reads it by heart.—R. Jose asked: May then an individual read by heart in public words of the Law? It must surely be that all assemble [in the synagogue] and read it by heart in the same way as the *Shema'* is recited.

ON ANY DAY WHEN HALLEL WAS RECITED THERE WAS NO MA'AMAD etc. What is the difference between the one and the other?[2]—The one [*Minhah*] is a Biblical injunction and the other [*Ne'ilah*] is a rabbinic institution.[3]

THE WOOD-FESTIVAL OF THE PRIESTS AND OF THE PEOPLE etc. Our Rabbis have taught: Why was it necessary [to fix special days for] the Wood-Festival of the Priests and of the People? It is reported that when the exiles returned [to Palestine] they found no wood in the [Temple wood] chamber and the families here mentioned came forward and offered wood of their own. The prophets amongst them thereupon made it a condition that even should at any time the chamber be full of wood they should still continue their offerings, as it is said, *And we cast lots the priests, the Levites and the people, for the wood-offering, to bring it into the house of our God, according to our fathers' houses at times appointed, year by year, to burn upon the altar of the Lord our God, as it is written*
b *in the Law.*[1]

AND WITH THEM WERE THE PRIESTS AND THE LEVITES AND ALL THOSE WHO etc. Our Rabbis have taught: What is the incident connected with the Bene Gonbe 'Ali and the Bene Koze Kezi'oth? It is reported that once the ruling power made a decree that Israel should not bring wood to the altar, nor bring their first-fruit to Jerusalem, and placed guards on the roads as Jeroboam the son of Nebat had done to prevent Israel from going on pilgrimage. What did the pious and sin-fearing men of that generation do? They took the baskets of the first-fruit and covered them with dried figs and carried them with a pestle on their shoulders, and when they reached the guards they were asked: Whither are you going? They replied: With the pestle on our shoulders we are going to make two cakes of pressed figs in the mortar we have yonder. When they had gone away from the guard they decorated the baskets and brought them to Jerusalem.[2] It has been taught: The family of Salami Netofah acted in a similar way.

Our Rabbis have taught: What is the incident connected with the family of Salami Netofah? It is reported that once the ruling power decreed that Israel should not bring wood to the altar and they placed guards on the roads as Jeroboam the son of Nebat had done to prevent Israel from going on pilgrimage. What did the God-fearing men of that generation do? They took the logs of wood and made them into ladders which they carried on their shoulders and proceeded on their journey; when they reached the guards they were asked: Whither are you going? They replied: [We are going] with the ladders on our shoulders to take down young pigeons from the dovecot at a place further on. When they had gone away from the guards they dismantled [the ladders]
c and brought them to Jerusalem.[1] And it is of them and of men like them that Scripture says, *The memory of the righteous shall be for a blessing;*[2] and of Jeroboam and his companions the verse adds, *But the name of the wicked shall rot.*

ON THE TWENTIETH OF THE SAME MONTH THE FAMILY OF PAHATH MOAB: A Tanna taught: The sons of Pahath Moab b. Judah are identical with the sons of David the son of Judah; this is the opinion of R. Meir. R. Judah says: They are identical with the sons of Joab b. Zeraiah.

ON THE TWENTIETH OF ELUL THE FAMILY OF ADIN THE SON OF JUDAH: Our Rabbis have taught: The sons of Adin the son of Judah are the same as the sons of David the son of Judah; this is the opinion of R. Judah. R. Jose says: They are the same as the sons of Joab the son of Zeraiah.

ON THE FIRST OF TEBETH THE FAMILY OF PAROSH A SECOND TIME etc. With whose view does the Mishnah agree? It is neither with the view of R. Meir nor with that of R. Judah, nor with that of R. Jose. If it were in agreement with the view of R. Meir then [the Mishnah] would read, 'the sons of David b. Judah a second time'; should it be with that of R. Judah then it should read 'the sons of David b. Judah a second time'; if with that of R. Jose then it should read 'the sons of Joab b. Zeraiah a second time'!—[The Mishnah actually] agrees with the view of R. Jose, but there are two Tannaim in dispute as to what R. Jose's view was.[3]

ON THE FIRST OF TEBETH THERE WAS NO MA'AMAD etc.

a (1) But here in the case of the *Ma'amadoth* the Scriptural verses are limited in number. For further notes on this passage v. Meg. (Sonc. ed.) 22*a*. (2) Why on the day of the Wood-Festival is no *Ma'amad* held at *Ne'ilah* but takes place as usual at *Minhah*? (3) *Minhah* is of Biblical origin its institution being attributed to the Patriarch Isaac (cf. Ber. 26*b*), hence the Wood-Festival cannot supersede the *Ma'amad* in connection with it, whereas *Ne'ilah* is a rabbinic institution and therefore the festive day can supersede it. (So Rashi). V. however, Tosaf. ad loc. for an alternative interpretation of the passage.

b (1) Neh. X, 35. (2) Cf. Bik. III, 3.

c (1) To be used as fuel for the altar. (2) Prov. X, 7. (3) On one view (represented under Mishnah) R. Jose identifies the family of Adin with that of David; on the other (in the Baraitha) with that of Joab.

דאית ליה רווחא: פרשה גדולה קורין אותה בשנים בשחרית ובמוסף ובמנחה קורין על פיהן כו': איבעיא להו היכי קאמר בשחרית ובמוסף קורין אותה בספר ובמנחה קורין אותה על פה כקורין את שמע או דלמא הכי קתני בשחרית קורין אותה בספר ובמוסף ובמנחה קורין אותה על פה כקורין את שמע תא שמע דתניא בשחרית ובמוסף נכנסין לבית הכנסת וקורין כדרך שקורין כל השנה ובמנחה יחיד קורא אותה על פה אמר ר' יוסי וכי יחיד יכול לקרות דברי תורה על פה בצבור אלא *כולן נכנסין וקורין אותה על פה כקורין את שמע: כל יום שיש בו הלל אין בו מעמד כו': מה הפרש בין זה לזה הללו דברי תורה והללו דברי סופרים: זמן עצי כהנים והעם כו': ת"ר למה הוצרכו לומר זמן עצי כהנים והעם אמרו כשעלו בני הגולה לא מצאו עצים בלשכה ועמדו אלו והתנדבו משלהם וכך התנו נביאים שביניהן שאפי' לשכה מלאה עצים יהיו אלו מתנדבין משלהן שנאמר °והגורלות הפלנו על קרבן העצים הכהנים הלוים והעם להביא לבית אלהינו לבית אבותינו לעתים מזומנים שנה בשנה לבער על מזבח ה' אלהינו ככתוב בתורה: ועמהם כהנים ולוים וכל מי כו': תנו רבנן מה היו בני גונבי עלי ובני קוצעי קציעות אמרו פעם אחת גזרה המלכות גזירה על ישראל שלא יביאו עצים למערכה ושלא יביאו בכורים לירושלים והושיבו פרוזדאות על הדרכים כדרך שהושיב ירבעם בן נבט שלא יעלו ישראל לרגל מה עשו כשרין *שבאותו הדור ויראי חטא הביאו סלי בכורים וחיפום בקציעות ונטלום ועלי על כתפיהן וכיון שהגיעו אצל פרוזדאות אמרו להם להיכן אתם הולכין אומרין להם לעשות שני עיגולי דבילה במכתשת שלפנינו ובעלי שעל כתפינו כיון שעברו מהן עיטרום בסלים והביאום לירושלים תנא הן הן בני סלמאי הנתופתי ת"ר מה הן בני סלמאי הנתופתי אמרו פעם אחת גזרה המלכות גזירה על ישראל שלא יביאו עצים למערכה והושיבו פרוזדאות על הדרכים כדרך שהושיב ירבעם בן נבט על הדרכים שלא יעלו ישראל לרגל מה עשו יראי חטא שבאותו הדור הביאו גזיריהן ועשו סולמות והניחו על כתפיהם והלכו להם כיון שהגיעו אצלן אמרו להם להיכן אתם הולכין אמרו להם להביא גוזלות משובך שלפנינו ובסולמות שעל כתפינו כיון שעברו מהן פירקום והביאום והעלום לירושלים ועליהם ועל כיוצא בהם הוא אומר °זכר צדיק לברכה ועל ירבעם בן נבט וחבריו נאמר ושם רשעים ירקב: בעשרים בו בני פחת מואב בן יהודה: תנא בני פחת מואב בן יהודה הן הן בני דוד בן יהודה דברי ר' מאיר רבי יוסי אומר הן הן בני יואב בן צרויה: בעשרים באלול בני עדין בן יהודה וכו': תנו רבנן בני עדין בן יהודה הן הן בני דוד בן יהודה דברי רבי יהודה רבי יוסי אומר הן הן בני יואב בן צרויה: באחד בטבת שבו בני פרעוש שניה כו': מני מתני' לא ר' מאיר ולא רבי יהודה ולא רבי יוסי אי ר"מ ליתני שבו בני דוד בן יהודה שניה אי רבי יהודה ליתני שבו בני דוד בן יהודה שניה אי רבי יוסי ליתני שבו בני יואב בן צרויה שניה לעולם ר' יוסי ותרי תנאי אליבא דר' יוסי: באחד בטבת לא היה בו מעמד כו': אמר ליה מר קשישא בריה דרב חסדא לרב אשי מאי

*) [נ"ל ויראי חטא שבאותו הדור]

רש"י

דאית ליה רווחא · שיכול לקרות מפרשה אחרת אבל הכא לית ליה רווחא דהא לא מצי למיקרי אלא בראשית ויהי רקיע: מה הפרש בין זה לזה · מאי שנא דקרבן עצים דחי מעמד דנעילה ומעמד דמנחה לא דחי · שהללו דברי תורה · מנחה כדאמרי' בברכות (דף כו:) יצחק אבינו תיקן תפלת מנחה שנאמר ויצא יצחק לשוח בשדה לפנות ערב ודנעילה מדברי סופרים · וצריכין חיזוק לא גרסינן [א] הכא: עמדו אלו· זמן דקתני במתני' אהכי הוצרכו למנות משום שהיא תקנה דעבוד להו הקרבנות כי היכי דלא לידחינהו מאחרייהו: פרוזדאות · שומרים · בכורים · אדם נכנס לתוך שדהו ורואה אשכול שביכר תאנה שביכרה קושר עליה גמי ועושה אותה בכורים: בקליעות · תאנים יבשים כותשין אותן ועושין מהן עגולין: ה"ג והעלי על כתפיהן: (*בוכיא): במכתשת שלפנינו · שהוא במקום אחר (א) לפני בסמוך וזהו גונבי עלי על שם שמתגנבין מן הפרוזדאות על עסקי עלי: הן הן בני סלמאי הנתופתי · כעין מעשה זה עשו(ב): הן הן בני דוד בן יהודה · דוד מלך ישראל ולהכי קרו ליה פחת מואב שבא מרות המואביה: יואב בן צרויה · שבא מרות המואביה כי צרויה אם יואב אחות דוד היתה שנאמר (דה"א ב) ואחותיהם צרויה ואביגיל: בני עדין הן בני דוד · להכי קרי ליה בספר שמואל (ב כג) עדינו העצני *שבשעה שעוסק בתורה מעדן עצמו כתולעת וכשיוצא למלחמה מתקשה כעץ: הן הן בני יואב בן צרויה · פלוגתא היא (*כמס' חגיגה) חד אמר עדינו העצני זה דוד *וחד אמר זה יואב: ליתני שבו בני דוד שניה · דהא קאמר ר' מאיר פחת מואב הייתו דוד · ולר' יהודה · בני עדין הייתו דוד ובמתניתין קתני בהדיא בני דוד והדר קתני בני פחת מואב לר"מ ולר' יהודה בני עדין הייתו דוד שבו שניה מיבעי ליה: ולר' יוסי · דאמר פחת מואב ועדין הייתו יואב שבו שניה מיבעי ליה: לעולם ר' יוסי ותרי תנאי אליבא דר' יוסי · דמאן דאמר בני עדין בן יהודה הייתו בני יואב לא סבר לה דבני פחת מואב הייתו יואב והכי לא קתני שבו בני יואב שניה ולא סבירא ליה נמי דהן בני דוד דלא כן שבו בני דוד שניה מיבעי ליה למיתני אלא משפחה אחרת הן ומאן דאמר בני פחת מואב הייתו בני יואב לא סבירא ליה דבני עדין הייתו יואב אלא משפחה אחרת הן:

תוספות

מה הפרש בין זה לזה · כלומר מה הפרש בין קרבן מוסף לקרבן עצים דקרבן מוסף דוחה מנחה וקרבן עצים לא דחי מנחה: הללו דברי תורה · מוסף ולהכי קדמי מנחה דהוי מדברי תורה אבל קרבן עצים דהוי מדברי סופרים והלכך לא דחיא אלא נעילה דהויא מדברי סופרים אבל לא דחיא מנחה דהויא מדברי תורה: בני פחת מואב וכו' · הן הן בני דוד · ולכך נקראו בני פחת (ג) שבאו מרות המואביה: הן הן בני יואב בן צרויה · פירוש דצרויה היתה *אחות דוד דכתיב (דה"א ב) ואחותיהם צרויה והם באים מזרע רות המואביה: אי ר"מ · דקאמר בני פחת מואב בן יהודה הן הן בני דוד בן יהודה ליתני במתניתין כי קאמר בעשרים כו' בני פחת מואב בן יהודה היה ה"ל למיתני בני דוד בן יהודה שבו שניה כמו שאומר שבו בני פרעוש שניה אי ר' יהודה דקאמר בני עדין הן הן בני דוד בן יהודה ליתני שבו בני דוד שניה אי ר' יוסי ליתני שבו בני יואב שניה ומשני תרי תנאי ואליבא דר' יוסי וקשיא אמאי לא מוקי אליבא דר"מ ותרי תנאי אליבא דר"מ שהרי טפי יש לן לאוקמא כר"מ דסתמא דמתני' כר' מאיר ונראה לי דלהכי מוקי לה כרבי יוסי משום דרבי יוסי נימוקו עמו ומסתברא כוותיה בכל מקום ואפילו מחבריו:

ויוס

עין משפט נר מצוה

יח א מיי' פ"ו מהל' כלי המקדש הל' ז:

רבינו חננאל

משמר · מתפללין על קרבן אחיהם שיתקבל ברצון · ואנשי מעמד מתענין ד' תעניות בשבוע · בשני על יורדי הים · שנאמר ויאמר אלהים יהי רקיע בתוך המים וגו' · בשלישי על הולכי מדברות שנאמר יקוו המים ותראה היבשה · בד' על האסכרה שלא תעל בתינוקות שנאמר יהי מאורות · מארת כתיב חסר ו' · בה' על עוברות שלא יפילו ועל המניקות שיגדלו בניהם שנאמר ישרצו המים שרץ [נפש חיה]. בע"ש לא היו מתענין מפני כבוד בשבת וכ"ש בשבת עצמה·א)וסנהדרין לבתי אבות מתענין עמהם באחד בשבת מ"ט לא · ר' יוחנן אומר מפני הנוצרים · פי' שיו"ם שלהם הוא · ר' שמואל ב"נ אומר מפני שהוא שלישי ליצירה · וכתיב ויהי ביום השלישי בהיותם כאבים · כלומר נברא האדם בששי הנה ששי ושבת ויום ראשון הרי שלש ליצירה והוא עדיין חלש · ר' שמעון בן לקיש אמר מפני נשמה יתירה שנתנת לאדם בשבת כדי לאכול ולשתות ולשמוח ולהתענג כנבור בשתיית היין ואם אין בו כח גדול אין בו יכולת לשתות ובמו"ש ניטלת מן האדם · ונשתייר תשוי כח לפיכך אין בו יכולת · כדכתיב שבת וינפש · כיון ששבת ווי אבדה נפש · כלומר אבדה הנפש היתירה: מתני' וישראל שבאותו משמר מתכנסין בעריהם · פי' קבלנו מרבותינו שהיו בכל יום קורין פרשת קרבנות · ואח"כ היו קורין סדר בראשית · ביום הראשון בראשית ויהי רקיע · תנא בראשית בשנים אמאי בשנים והא ה' פסוקי נינהו · ותנא הקורא בתורה לא יפחות מג' פסוקים · רב אמר דולג · פי' הראשון קורא שלשה · השני חוזר וקורא אחד מאלו השלשה שקראם הראשון והשני פסוקים הנותרים מן הפרשה · ושמואל אמר פוסק הפסוק אחד לשנים כל אחד קורא שלשה · רב אמר דולג · כל פסוקא דלא פסקיה משה אנן לא פסקינן ליה · וקיי"ל כרב וכבר פירשנוהו במגילה · פי' בשחרית במוסף כו' · תנא בשחרית במוסף נכנסין בכנסת וקורא בתורה בצבור · ע"ש לא היו נכנסין מפני כבוד השבת: מתני' כל יום שיש בו הלל ואין בו מוסף כגון חנוכה וכיוצא בו לא היה בו בשחרית כלומר לא היה בו מעמד בשחרית לא היו אנשי מעמד נכנסין בכנסת וקורין פרשיותיהן בשחרית וכל יום שיש בו קרבן מוסף כגון ר"ח וחש"מ אין בו לאנשי מעמד קריאה במנחה · כל יום שיש בו קרבן עצים כגון אלו ט' ימים שאנו עתידין לפרשן דתנא זמן עצי הכהנים והעם ט' אין לאנשי המעמד תפלה בנעילה · אמר בן עזאי משום ר' יהושע כל יום שיש בו קרבן מוסף אין מעמד ג) בנעילה · קרבן עצים אין במנחה · ואמרינן מה הפרש בין זה לזה · פרקינן הללו דברי תורה כלומר הימים שיש בהן קרבן מוסף כגון ר"ח וחולו של מועד מן התורה אסורים בתענית ואין צריכין [חיזוק] אלא דוחין המעמד שבנעילה · ואע"פ שאינה תדירה · ואינו דבר ידוע · אבל זמן הכהנים שהוא אסור בתענית מדרבנן צריך חיזוק. לפי' אין בו מעמד במנחה שהוא תדיר והוא ידוע. וכיון שרואין כי דוחה את המנחה נוהגין בו יו"ט. כדתניא [במגלת תענית] ואלו ימים זמן עצי הכהנים והעם אסורין בהספד ותענית: ת"ר למה הוזכרו זמן עצי הכהנים והעם להמנות כשעלו ישראל מן הגולה לא מצאו עצים למערכה ועמדו אלו והתנדבו משלהם · פי' גונבין עלי וקוצעי קציעות גונבין דעת יושבי פרדסאות באמרם להם כי התאנים הבכורות הללו אנו הולכים בהן לכתוש במכתש שלפנינו ובעלי שעל כתפינו לעשותן קציעה של דבילה · פי' עלי יד המכתש כדכתיב אם תכתוש את האויל במכתש בתוך הריפות בעלי · דברים פשוטים הן

א) נ"; הוא בירושלמי ב) כן היתה גרסת רבינו להיפך מגרסא שלנו במתני' בדברי ר"ע וב"ע.

הגהות הב"ח

(א) רש"י ד"ה במכתשת כו' במקום אחר לפנינו בסמוך: (ב) ד"ה הן הן כו' ד"א עשו בסמוך: הס"ד: (ג) תוס' ד"ה בני כו' נקראו בני פחת מואב שבאו מרות:

הגהות הגר"א

[א] רש"י ד"ה שהללו · וצריכין חיזוק לא"ג אבל נ"ב אבל במנחה גרסי' ועי' ע"ב:

[נ"ל בוכנא] · [מו"ק טז:] · כמו"ק טז: כצ"ל · [לא נמצא שם דחד אמר זה יואב ונתיקוני כלי שרת תקנתי על נכון] · נחמיה י · משלי י · נ"ל בת ישי

רבינו גרשום

שבת והוי אחד בשבת שלישי ויש בו הולשא · במוצאי שבת ניטלת ממנו ויש בו חולשא: במוסף במנחה כו' ופי' בגמ' רב אמר דולג שראשון קורא ג' פסוקים ושמואל אמר פוסק שאינו דולג משום גזרה משום הנכנסין ומשום היוצאין שאם קורא ראשון ג' פסוקים שלמין א' היוצא לאחר כשסיים הראשון שלא נשתייר לשני לקרות אלא ב' פסוקין וכן אם מתחיל השני בפסוק הג' הנכנס לאחר שסיים הראשון כששומע ששני קורא הג' אומר לא קרא הראשון אלא ב' פסוקים: דאית ביה רווחא שיכול לקרות פסוק אחד מפרשה אחרת אבל דלא מצי למקרי מפרשה אחרת דאית לה למיקרא למחר או דולג או פוסק ובמנחה קורין על פיהן מה שקורין שחרית בספר כדרך שקורין כל השנה: ערב שבת במנחה לא היו נכנסין לקרות בפה לפי שהן עוסקין לכבוד שבת לטרוח בסעודת שבת והאי דקתני בששי ותצא וגו' היינו בשחרית בספר: אין בו מעמד שחרית כלומר אין קורין מה שקורין במעמדות לפי שעוסקין בהלל · קרבן מוסף אין בו נעילה כלומר שיש בו קרבן מוסף אין בו תפלת נעילה ואין קורין במעמדות לפי שעוסקין בקרבן וקסבר תפלת נעילה קודם לתפלת מנחה ולפי שתפלת מוסף עד ערב עוסקין במוסף בשעת נעילה · קרבן עצים אין במנחה כלומר ביום שמביאין קרבן עצים אין קוראין במעמדות במנחה · לפי שעוסקין בקרבן עצים: קרבן מוסף אין במנחה כלומר מנחה קודם לנעילה ובשעת מנחה עוסקין במוסף ואין פנאי לקרות במעמדות: מה הפרש בין זה לזה כלומר מ"ש דמוסף דוחה מנחה ואין דוחה נעילה וקרבן עצים דוחה אפי' נעילה: הללו קרבן מוסף דברי תורה ואין צריכין חיזוק ואין צריך שיהא דוחה אלא מנחה שסמוך לו אבל קרבן עצים שהן מדברי סופרים וצריכין חיזוק לפיכך עשו בו חיזוק שדוחה אפי' נעילה שאינו סמוך לו: ועמהן עם זתוא שהוא אחרון כהנים ולוים וכל מי שטעה שבטו שאינו יודע מאיזה שבט הוא: שבו בני פרעוש שניה · הן הולכין פעם שניה להביא עצים · באחד בטבת לא היה בו מעמד כל היום שהיה בו הלל בשחרית וקרבן מוסף במנחה וקרבן עצים בנעילה: למה הוצרכו לקבוע הני זמנים להביא עצים למערכה: פרדסאות · ממונים: בקציעות · של דבילה: עיטרום בסלים כמצוה דכתיב ונתת בטנא · פרקום והביאום · עצים של סולמות לירושלים לקרבן עצים · בני פחת מואב הן בני דוד ולהכי קרי ליה מואב משום דאתי מרות המואביה · הן בני יואב דאתי נמי ממואב מאמו: הן בני דוד ועל שם עדינו העצני קרי ליה בני עדין · הן בני יואב ועל שם דוד שהיה ראש משפחותם קרי להו בני עדין על שם דוד · אי ר"מ ליתני נמי שבו בני דוד שניה דר"מ קאמר הני פחת מואב הן בני דוד כיון דתרווייהו קתני להו במתניתין כדתני בני דוד איבעי להו למיתני שבו שניה דכבר קתני דבאו פעם ראשונה דקתני באו בני פחת מואב · אי ר' יהודה ליתני שבו בני דוד שניה נמי דהא תני במתניתין שתי פעמים בני דוד דר' יהודה אמר דבני עדין הן בני דוד אי ר' יוסי ליתני שבו בני יואב שניה · תרי תנאי אליבא דר' יוסי דהאי תנא דאמר אליבא דר' יוסי בני פחת מואב הני בני יואב לא אמר דר' יוסי אמר בני עדין הן בני יואב ומאן דאמר אליבא דר' יוסי בני עדין הן בני יואב לא אמר דר' יוסי אמר בני פחת מואב הן בני יואב ולא תני במתניתין בני יואב אלא פעם אחת להכי לא קתני שבו בני

מאי שנא הלל דדחי דידיה ומאי שנא מוסף דלא דחי דידיה א"ל רב אשי השתא דלאו דידיה דחי דידיה לא כל שכן אמר ליה הכי קאמינא לך לא לידחי אלא דידיה אמר ליה איכא ר' יוסי דקאי כוותך דתניא ר' יוסי אומר כל יום שיש בו מוסף יש בו מעמד מעמד דמאי אילימא מעמד דשחרית הא תנא קמא נמי הכי קאמר אלא מעמד דמוסף דידיה נמי לא דחי אלא דמנחה [א] קרבן עצים דחי אלא לאו דנעילה שמע מינה וליתני נמי באחד בניסן לא היה בו מעמד מפני שיש בו הלל וקרבן מוסף וקרבן עצים אמר רבא זאת אומרת הלילא דבריש ירחא לאו דאורייתא דאמר רבי יוחנן משום רבי שמעון בן יהוצדק **שמונה עשר יום בשנה יחיד גומר בהן את הלל ואלו הן שמונת ימי החג ושמונת ימי חנוכה ויום טוב הראשון של פסח ויום טוב (ראשון) של עצרת ובגולה עשרים ואחד יום ואלו הן תשעת ימי החג ושמונת ימי חנוכה ושני ימים הראשונים של פסח וב' ימים טובים של עצרת רב איקלע לבבל חזינהו דקא קרו הלילא בריש ירחא סבר לאפסוקינהו כיון דחזא דקא מדלגי דלוגי אמר שמע מינה מנהג אבותיהם בידיהם תנא יחיד לא יתחיל ואם התחיל גומר: ה' דברים אירעו את אבותינו בשבעה עשר בתמוז כו': נשתברו הלוחות מנלן דתניא *בששה לחדש ניתנו עשרת הדברות לישראל רבי יוסי אומר בשבעה בו מאן דאמר בששה ניתנו בששה ניתנו ובשבעה עלה משה מ"ד בשבעה בשבעה ניתנו ובשבעה עלה משה דכתיב °ויקרא אל (שמות כד) משה ביום השביעי וכתיב °ויבא משה בתוך (שם) הענן ויעל אל ההר ויהי משה בהר ארבעים יום וארבעים לילה עשרים וארבעה דסיון ושיתסר דתמוז מלו להו ארבעין בשיבסר בתמוז נחית אתא ותברינהו ללוחות וכתיב °ויהי כאשר קרב אל המחנה וירא את (שם לב) העגל וישלך מידיו את הלוחות וישבר אותם תחת ההר: בטל התמיד גמרא: הובקעה העיר בי"ז הוה והכתיב °בחדש הרביעי (ירמיה נב) בתשעה לחדש ויחזק הרעב בעיר וכתיב בתריה °ותבקע העיר וגו' אמר רבא לא (שם) קשיא כאן בראשונה כאן בשניה דתניא בראשונה הובקעה העיר בתשעה בתמוז בשניה בשבעה עשר בו: שרף אפוסטמוס את התורה גמרא: העמיד צלם בהיכל מנלן דכתיב °ומעת הוסר התמיד (דניאל יב) ולתת שקוץ שומם וחד הוה והכתיב °ועל כנף שקוצים משומם אמר רבא (שם ט) תרי הוו ונפל חד על חבריה ותבריה ליה לידיה ואשתכח דהוה כתיב (א) אנת

רש"י

מאי שנא הלל דדחי דידיה · מעמד דשחרית · ומאי שנא מוסף דלא דחי דידיה · דקתני יום שיש בו מוסף אין בו (ב) מנחה ולא קתני אין בו מוסף דלא דחי דידיה אלא דמנחה : הכי קאמינא · הכי קא בעינא למימר : אלא דידיה · דמוסף : ה"ג רבי יוסי אומר כל יום שיש בו מוסף יש בו מעמד · ולתנא קמא פליג דאמר יום שיש בו מוסף אין בו (ג) נעילה ואתא ר' יוסי למימר דיש בו מעמד אע"פ שיש בו מוסף : אלא לאו דנעילה · דאמר ר' יוסי דיש בו מעמד ואין מוסף דוחה אותו : באחד בניסן · דאית ביה הלל דראש חדש : (ד) קרבן עצים · (קרבן מוסף) דבני ארח בן יהודה : זאת אומרת · מדלא קתני נמי באחד בניסן אלמא הלל דראש חדש לא דחי ליה למעמד שמע מינה דלאו דאורייתא הוא א) אלא מנהגא כדלקמן : מנהג אבותיהם בידיהם · אבל הלל דחנוכה כגון באחד בטבת ודאי דחי דכיון דנביאים תיקנוהו שיהו אומרים אותו על כל פרק ופרק ועל כל צרה שלא תבא עליהן כשנגאלין יהו אומרין אותו על גאולתן כדאורייתא דמי : יחיד · כלומר אפי' יחיד גומר בהן את ההלל שכל אחד ואחד חייב לגמור בו את ההלל במסכת ערכין מפורש מאי שנא דגומר כל ימי החג ובפסח לא גומר אלא יום ראשון משום דחג הסוכות חלוק בקרבנותיו וכל אחד ואחד כתב בפני עצמו דמי : ובגולה · שעושין ימים טובים משום ספיקא: מדלגי דלוגי · כגון הכן דמדלגין לא לנו ה' לא לנו ונתחיל מן ה' זכרנו יברך : לא יתחיל · אינו צריך להתחיל בראש חדש : ר' יוסי אומר בשבעה · וטעמייהו מקרא במסכת שבת בפרק ר"ע : בשבעה עלה משה · לקבל הלוחות כלומר ודאי ליכא מאן דפליג עלה דמתני' דקתני דבי"ז בתמוז נשתברו הלוחות מכלל דכולהו סבירא להו דבשבעה עלה (ה) ולאו מקרא נפקא לן דבשבעה עלה דהאי דכתיב וישכן כבוד ה' על הר סיני ויכסהו הענן ששת ימים ויקרא אל משה ביום השביעי איכא מאן דדריש ליה במסכת יומא כי אחר מתן תורה הוה : משבעה בסיון עד י"ז בתמוז איכא מ' יום כ"ד דסיון שהוא מלא וי"ז דתמוז הרי מ' יום שעמד משה בהר : גמרא · כך קיבלנו מאבותינו : ומעת הוסר התמיד לתת שקוץ שומם וגו' · דבעת שהוסר ונתבטל התמיד באותו היום נתן שקוץ שומם דהיינו העמיד צלם בהיכל : ה"ג והא כתיב על כנף שקוצים · כלומר הא כתיב קרא אחרינא דכתיב ביה שקוצים דמשמע תרי : תרי הוו · שהעמידן מנשה בהיכל : ונפל חד על חבריה וקטעיה לידיה · והנקטע לא קא חשיב והיינו דכתיב שקוץ אחד: אשתכח דכתיב · על ההוא צלם הכי : אנת

תוספות

ויום טוב הראשון של פסח · הוא גומר הלל אבל שמונה ימי פסח לא משום דלא דמי לחנוכה וסוכות דחנוכה דיכא הוא לגמור הלל דכל הח' ימים היה הנס מתגדל והיה כל חד וחד יום טוב וכן בסוכות *כל יומא ויומא הוי י"ט לעצמו לפי שפרי החג מתמעטין והולכין אבל פסח אינו משתנה לא מקרבנות ולא מיום טוב ולכך אין גומרים בו ההלל אלא יום הראשון והאידנא דגומרין תרי יומי משום דעבדינן אותו מספק הוי חד יומא לענין קריאת הלל וכן יום · שני של עצרת וכן יום של שמחת תורה ומש"ה יש לנו כ"א יום לגמור הלל : אמר שמע מינה מנהג אבותיהם בידיהם · י"מ דלמנהג לא מברכינן (ו) מהכא וכן משמע בסוכה בפרק לולב וערבה (דף מד:) דקאמר *אמר אביי הוה קאימנא קמיה דר' יצחק ולייתי ההוא ערבה לקמיה שקל חביט חביט ולא בריך קסבר ערבה מנהג נביאים היא אלמא למנהג לא מברכינן אבל רבינו תם פסק דמברכינן להו איתא דלא מברכינן אם כן מאי קאמר בגמרא כיון דשמעינהו דמדלגי ואולי שמע מינה מנהג אבותיהם בידיהם וכי לא היה לו להכיר אי משום מנהג קרו ליה לא מברכי אי איתא דלמנהג לא מברכינן ואי מברכי לא מנהג הוא וכי תימא דלא בא בתחלת קריאת הלל הא לא מני אמרת דהא רב איקלע לבבל קאמר דאי איתא דבאמצע תפלה בא הוה ליה למימר איקלע לבי כנישתא ומדלא אמר מדלא ברכי מנהג הוא שמע מינה דלמנהגא נמי מברכינן והיא ערבה דסוכה דמשמע דלמנהגא לא מברכינן היינו דווקא למנהג דערבה דלא הוי אלא מנהג טלטול בעלמא ולמנהג דטלטול לא מברכינן אבל בשאר מנהג כמו קריאת הלל ואחריני כמו אותו מנהג ודאי מברכינן וכן הלכה למעשה ולפי זה יש ליזהר שלא לדבר באמצע ההלל כיון שבירך דאם כן הוי מפסיק ונראה דאין יחיד מחויב לקרות ההלל אכן אם רוצה לחייב עצמו הרשות בידו : ואשתכחה דכתיב עליה · על אותו יד פירוש מלאו כתוב על היד שנחתכה מן הצלם אנת לבי לאחרובי ביתיה כלומר ביתו של הקב"ה (ז) אשלמת ליה כלומר וכחך נתתי לו ויש מפרשים דהכתיבה הוה על הצלם השלם אנת לבי אשכחי עליה על הצלם השלם אנת לבי לאחרובי ביתיה כלומר אתה רצית להחריב ביתו של הקדוש ברוך הוא וידך אשלמת ליה לכך שלמתי את ידך להקדוש ברוך הוא שחתכתי : דכתיב

עין משפט נר מצוה

יט א מיי' פ"ג מהל' מגילה וחנוכה הל' ו:
[בספרים מבואר לסדיא בגמרא ערכין י:]
כ ב מיי' שם הלכה ז:
[רב אלפס שבת פ"ב דף יא:]
כא ג מיי' שם טוש"ע א"ח סימן תרמח סעיף א:
כב ד מיי' שם טוש"ע א"ח סימן תרפח סעיף א:
כג ה מיי' שם טוש"ע שם סימן תכב סעיף א:
כד ו מיי' שם טוש"ע א"ח סימן תכב סעיף א:
כה ז מיי' שם טוש"ע א"ח סימן תכג סעיף ב:
[צ"ל אמר אביי כו' קמיה דרבי אלעזר בר צדוק]

שבת פו: יומא ד:

[וע"ע תוס' ברכות יד: ד"ה ימים ותוס' ערכין י: ד"ה י"ח ותוס' סוכה מד: ד"ה כהן]

מסורת הש"ס

ערכין י: [תוספ' סוטה פ"ג ע"ש מס' סופרים פ"כ הל' ט ע"ש]

הגהות הב"ח

(א) גמ' כתיב ואשתכח דהוה כתיב עליה אנת לבית לאחרובי ביתיה וידך אשלימת ליה: (ב) רש"י ד"ה ומ"ש מוסף כו' אין בו במנחה ולא קתני אין בו במוסף דלא · (ג) ד"ה ה"ג ר' יוסי כו' אין בו בנעילה ואתא : (ד) ד"ה באחד כו' דר"ח חדש וקרבן מוסף וקרבן עצים דבני ארח : (ה) ד"ה בשבעה כו' ס"ל דבשבעה עלה ולא בששה דמקרא נפקא לן כו' מתן תורה הוה וסד"א : (ו) תוס' ד"ה אמר כו' לא מברכינן כדמוכח הכא וכן משמע כו' דקאמר אמר אביי הוה קאימנא קמיה דר' אלעזר בר צדוק ולייתי ההוא גברא ערבה קמיה : (ז) שם ד"ה ואשתכח כו' הקב"ה וידך אשלמת וכו' להקב"ה שחתכתי ידך הס"ד :

רבינו חננאל

הן · תנא לפי שמסרו עצמן על המצות ונזכרו לברכה · כדכתיב זכר צדיק לברכה · וזמן עצי הכהנים והעם תשעה באחד בניסן בני ארח בן יהודה כו' מני מתני' אינה לר' מאיר דאמר בני פחת מואב הן הן בני דוד בן יהודה דאי ר' מאיר היא כיון שהקריבו בני דוד בן יהודה (כ"נ)[כ'] בתמוז ובאו בני פחת מואב להקריב בכ' באב היה לו לומר אם בני פחת מואב הן בני דוד בן יהודה שבו בני פחת מואב שנה כמו שאמר בני פרעוש שניה · אי מתני' ר' יהודה היא כיון דאמר בני עדין בן יהודה הן בני דוד בן יהודה היה לו לומר שבו בני עדין בן יהודה שניה אי ר' יוסי כיון דאמר בני פחת מואב הן בני יואב בן צרויה הן ובני יואב בן צרויה היה לו לומר שבו בני יואב שניה · ואוקמה לר' יוסי ותרי תנאי אליבא דר' יוסי : באחד בטבת לא היה בו מעמד מפני שיש בו הלל שהוא חנוכה והלל דוחה מעמד של שחרית ויש בו קרבן מוסף של ר"ח שדוחה מעמד של נעילה וכ"ש מוסף דבהדיא תנינן באחד בטבת לא הוה בו מעמד כלל והוא זמן קרבן עצים דתנן באחד בטבת שבו בני פרעוש שניה והקרבן עצים דוחה מעמד דמנחה ואוקימנא למתני' דתנא דיוקא דוחה מעמד דנעילה ומעמד דמוסף · ור' יוסי פליג עליה · דתניא ר' יוסי אומר כל יום שיש בו מוסף יש בו מעמד ואוקימנא במעמד דנעילה · דמאי דידיה והוא מעמד דמוסף דחי דלאו דידיה והוא מעמד דנעילה לא דחי · דייק רבא מדלא קתני באחד בניסן לא היה בו מעמד והנה יש בו קרבן עצים וקרבן מוסף (כגון) [הלל כמו] [ש"ס] הלל דחנוכה הוא כמו הלל של תורה · אבל הלל דר"ח לאו דאורייתא הוא · דא"ר יוחנן משום רבי שמעון בן יהוצדק י"ח ימים בשנה יחיד גומר בהן את ההלל ואלו הן ח' ימי החג וח' ימי חנוכה וכו' ובגולה כ"א יום ט' ימי החג וח' ימי חנוכה וב' ימים של פסח וב' ימים של עצרת · רב איקלע לבבל ושמע דקרו הלל בר"ח בעא לאפסוקינהו כיון דשמע דמדלגי שבק להו · אמר מנהג אבותיהם בידיהם · תנא יחיד לא יתחיל בברכה בזמן שקורין בהן כגון ר"ח וחוה"מ פסח ואם טעה ובירך בא"י אמ"ה אקב"ו לקרוא (והתחיל לגמור) [את הלל גומר] וזהו אם התחיל גומר וקי"ל הכי דאין חובה : ה' דברים אירעו את אבותינו וכו' נשתברו הלוחות מנלן לפי שעלה משה למרום בז' בסיון דכתיב ויקרא אל משה ביום השביעי מתוך הענן נמצא שעמד משה במרום כ"ד ימים תשלום סיון וי"ז מתמוז הרי מ' יום · כדכתיב ויהי משה בהר ארבעים יום · למחר ירד ושבר לוחות נמצאת שבירת הלוחות בי"ז בתמוז · בטל תמיד גמרא · *) כו' לוי דאמר אף בימי מלכות הרשעה היו משלשלין להן קופות של זהב · והן היו מעלין להן שני כבשים · ובסוף העלו להן ב' חזירים כו' · אותה שעה גרמו העונות ובטל התמיד ונחרב הבית · והובקעה העיר בחרבן השני י"ז כדתנא בס' לחדש הרביעי הובקעה העיר בראשונה ובשניה בי"ז שרף אפוסטמוס בי"ז בתמוז את התורה גמרא : ירושלמי היכן שרפה **) העמיד צלם בהיכל מנלן דכתיב ומעת הוסר התמיד · הנה בפירוש כי מעת שהוסר ובטל התמיד ניתן השקוץ בהיכל · וכבר אמרנו בי"ז בטל התמיד

*) חסר כאן וצ"ל וכירושלמי ר' סימון בשם ר"י בן לוי בימי מלכות וכו' ואמר ר' לוי אף בימי כו'. **) נראה שחסר כאן ועי' בירושלמי.

רבינו גרשום

בני יואב שניה : מ"ש הלל דדחי דידיה ומ"ש מוסף דלא דחה דידיה התם קאי דקתני במתניתין יש בו הלל אין בו מעמד דשחרית קרבן מוסף אין בו במנחה ופריך מר קשישא מ"ש הלל דדחי מעמד בתפלה דידיה דהיינו שחרית ומוסף לא דחי מעמד בתפלה דידיה דקתני מוסף אין במנחה דמשמע אבל במוסף עצמו איכא מעמד . א"ל ומי בעיא לך דמוסף דחי דידיה השתא מנחה דלא הוה דידיה דחי ליה מוסף ממעמד דידיה דמוסף מיבעיא אמא*) דחי נמי במנחה הא הלל לא דחי אלא דידיה דשחרית לדידיה : ר' יוסי קאי כוותך · דמוסף לא דחי אלא מעמד דמוסף ולא דמנחה : דידיה נמי לא דחי · תמי' יכי מוסף לא דחי כעמד שבמוסף: י"ח יום גומרין את ההלל ולא קתני ר"ח · לא יתחיל הלל בר"ח:

ובשבעה(עשר)[עלה]ואותו יום לא חשבינן אלא מכן ואילך חשיב מ' יום כ"ג דסיון שהוא מלא וי"ז בתמוז הרי מ' נמצא שבמ' ירד ושבר את הלוחות: מעת הוסר התמיד לתת שקוץ כלומר ביום שהוסר התמיד הקים צלם וכבר אמר בי"ז בטל התמיד (דכתיבעלה לליצנותא)כמ' באב נגזרה גזרה על אבותינו שלא יכנסו לארץ ובערב ט"ב חזרו מרגלים ולמחר קבעו ט"ב:דרך שלשת ימים הרי כ"ב דיום עשרים עצמו דאייר הוא מחשבון הג' ימים וכתיב עד חדש ימים דהיינו כ"ט ימים וחשוב ז' דאייר לפי שהוא חסר וכ"ב דסיון הרי החדש ימים ועדין נשתיירו ח' דסיון לפי שהוא מלא וכתיב ותסגר מרים שבעת ימים הרי כ"ט דסיון ובאותו יום עצמו שלח מרגלים וכתיב וישובו מקץ ארבעים יום חשוב ב' דסיון וכ"ט דתמוז הרי ל"א וח' דאב דאמרת דבערב

*) חסר כאן וצ"ל א"ל הכי קאמינא לך לא לדחי אלא דידיה ומאי דמי וכו'.

הגהות הגר"א

[א] גמ' אלא דמנחה ודנעילה ש"מ כו' · כצ"ל :

הגהות מהר"ב רנשבורג

א] רש"י ד"ה זאת אומרת וכו' אלא מנהגא כדלקמן מנהג וכו' · נ"ב סכל דנור אחד וזו"ק

Mar Kashisha the son of R. Hisda asked R. Ashi [28b]: Why is
a *Hallel* different that it suspends its own *Ma'amad*[1] while *Musaf* does not supersede its own *Ma'amad?*[2]—R. Ashi replied: If [*Musaf*] suspends the *Ma'amad* of a service of which it is not part, [i.e., *Minhah*] all the more should it suspend its own *Ma'amad?*—R. Kashisha then said: This is what I mean to say: Let it [*Musaf*] suspend its own *Ma'amad* only![3]—R. Ashi replied: There is R. Jose who holds the same view as you. For it has been taught: R. Jose says: Any day on which there is *Musaf* there is also a *Ma'amad*. Now which *Ma'amad* [is here referred to]? Shall I say the *Ma'amad* of the *Shaharith?* [Surely] the first Tanna [of our Mishnah] also says likewise! Is it the *Ma'amad* of the *Musaf?* Does not *Musaf* suspend even its own *Ma'amad!* Is it the *Ma'amad* of *Minhah?* But this is already suspended because of the Wood-Festival![4] It must then surely be the *Ma'amad* of *Ne'ilah*. Hence the conclusion therefrom that *Musaf* suspends its own *Ma'amad* but it does not suspend the *Ma'amad* of any other service. Hence it is proved.

Let [the Mishnah] also state that there was no *Ma'amad* on the first of Nisan, because there was *Hallel*,[5] and *Musaf* offering and the wood-offering?—Raba replied: This proves that the recital of *Hallel* on New Moon is not a Biblical injunction.[6] For R. Johanan said in the name of R. Simeon b. Jehozadak, On eighteen days in the year the individual [worshipper] completes the *Hallel*[7] and they are, the eight days of the Feast of Tabernacles, the eight
b days of Hanukkah, the first day of Passover,[1] and the Festival of Pentecost; but in the Diaspora[2] [the *Hallel* is completed] on twenty-one days, and they are, the nine days of the Feast of Tabernacles, the eight days of Hanukkah, the first two days of Passover and the two days of Pentecost.

Rab once came to Babylonia[3] and he noticed that they recited the *Hallel*[4] on New Moon; at first he thought of stopping them but when he saw that they omitted parts of it he remarked: It is clearly evident that it is an old ancestral custom with them. A Tanna taught: The individual should not deliberately begin to recite [the *Hallel*][5] but once he has begun he should complete it.

FIVE MISFORTUNES BEFELL OUR FATHERS ON THE SEVENTEENTH OF TAMMUZ etc. Whence is it known that the Tables [of the Law] were shattered [on the seventeenth of Tammuz]? For it has been taught:[6] On the sixth of the month [of Sivan] the Ten Commandments were given to Israel; R. Jose says: On the seventh of the month. He who says that they were given on the sixth takes the view that on the sixth they were given and on the seventh Moses ascended the mount. And he who says that they were given on the seventh holds that they were given on the seventh and on the seventh Moses ascended the mount. For it is written, *And the seventh day he called unto Moses*,[7] and it is further written, *And Moses entered into the midst of the cloud, and went up into the mount; and Moses was in the mount forty days and forty nights.*[8] The [remaining] twenty-four days of Sivan and the sixteen days of Tammuz make altogether forty. On the seventeenth of Tammuz he came down [from the mountain] and shattered the Tables, as it is written, *And it came to pass as soon as he came nigh unto the camp, that he saw the calf ... and he cast the tables out of his hands, and*
c *broke them beneath the mount.*[1]

[THE DAILY OFFERING] WAS DISCONTINUED. This is a tradition.

A BREACH WAS MADE IN THE CITY. Did this then happen on the seventeenth? Is it not written, *In the fourth month, in the ninth day of the month, the famine was sore in the city* etc.,[2] and in the following verse it is written, *Then a breach was made in the city* etc.!—Raba said: This is no contradiction. The one refers to the First Temple and the other to the Second Temple. For it has been taught: In the First Temple the breach was made in the city on the ninth of Tammuz, but in the Second Temple on the seventeenth of Tammuz.

APOSTOMOS BURNED THE SCROLL OF THE LAW. This is a tradition.

AND PLACED AN IDOL IN THE TEMPLE. Whence do we know this?—For it is written, *And from the time that the continual burnt-offering shall be taken away and the detestable thing that causeth appalment set up.*[3] Was there then only one detestable thing? Is it not written, *And upon the wing of detestable things shall be that which causeth appalment?*[4]—Raba replied: There were two [idols] and one fell upon the other and broke its hand and upon it was found inscribed

a (1) On the day when *Hallel* is recited is the corresponding *Ma'amad* prayer of the *Shaharith* eliminated. (2) On the day when there is *Musaf* the *Ma'amad* of the *Minhah* is eliminated and not the one attached to the *Musaf*. (3) And not also that of *Minhah*, having a similar effect as *Hallel*. (4) [This is difficult to explain. Wilna Gaon omits the last two sentences and reads: Hence it must then surely be the *Ma'amad* of *Minhah* and *Ne'ilah*.] (5) Being New Moon. (6) As the Mishnah does not state this, it is to be inferred that in spite of the fact that the *Hallel* was recited on the first of Nisan the *Ma'amad* prayers were read as usual at the *Shaharith*. This proves that the recital of the *Hallel* on New Moon is but a custom that had sprung up and is not a Biblical institution, otherwise the *Hallel* would eliminate the *Ma'amad*. (7) The complete *Hallel* consisted of Psalms CXIII-CXVIII; on the days when *Hallel* was not to be completed verses I-XI of Psalms CXV and CXVI were omitted.

b (1) The *Hallel* was also completed on the Eve of Passover at the Passover sacrifices. Cf. Pes. V, 7. (2) The next day was also observed as a festival. (3) [Stands here for Sura, v. Meg. (Sonc. ed.) 22a n. c5.] (4) The recitation of the *Hallel* on New Moon was one of the points of difference between the ritual of the Jews in Babylonia and Palestine. (5) On the New Moon. (6) Cf. Shab. 86b. (7) Ex. XXIV, 16. (8) Ibid. 18.

c (1) Ex. XXXII, 19. Thus it is proved that Moses broke the Tables on the seventeenth of Tammuz. (2) Jer. LII, 6-7. (3) Dan. XII, 11. (4) Ibid. IX, 27.

[29a]: You desired to destroy the Temple, but I have handed over your hand to Him.[5]

ON THE NINTH OF AB IT WAS DECREED THAT OUR FATHERS SHOULD NOT ENTER THE [PROMISED] LAND. Whence do we know this? For it is written, *And it came to pass in the first month in the second year, on the first day of the month, that the tabernacle was reared up.*[6] And [regarding this verse] a Master said: In the first year Moses built the Tabernacle, in the second year Moses erected the Tabernacle and sent out spies. Further it is written. *And it came to pass in the second year, in the second month, on the twentieth day of the month, that the cloud was taken up from over the tabernacle of testi-*
a *mony.*[1] And it is further written, *And they set forward from the mount of the Lord three days' journey,*[2] and R. Ḥama b. Ḥanina explained this means that on that day they turned aside from after the Lord. And it is further written, *And the mixed multitude that was among them fell a-lusting; and the children of Israel also wept on their part* etc.[3] And it is further written, *But a whole month* etc.[4] That brings us up to the twenty-second of Sivan. And it is further written, *And Miriam was shut up [without the camp] seven days.*[5] That brings us up to the twenty-ninth of Sivan. And it is further written, *Send thou men.*[6] And it has been taught: Moses sent out spies on the twenty-ninth of Sivan. And it is further written, *And they returned from spying out the land at the end of forty days.*[7] But is not this forty days less one?[8]—Abaye replied: Tammuz of that year was a full month [of thirty days],[9] for it is written, *He hath called a solemn assembly against me to crush my young men.*[10] And it is further written, *And all the congregation lifted up their voice, and cried; and the people wept that night.*[11] Rabbah said in the name of R. Joḥanan: That night was the night of the ninth of Ab. The Holy One, blessed be He, said to them: You have wept without cause, therefore I will set [this day] aside for a weeping throughout the generations to come.

[ON THE NINTH OF AB] THE TEMPLE WAS DESTROYED THE FIRST TIME. For it is written, *Now in the fifth month, on the seventh day of the month, which was the nineteenth year of King Nebuchadnezzar, king of Babylon, came Nebuzaradan the captain of the guard, a servant of the King of Babylon, unto Jerusalem. And he burnt the house of the Lord* etc.[12] And it is further written, *Now in the fifth month, in the tenth day of the month, which was the nineteenth year of King Nebuchadnezzar, king of Babylon, came Nebuzaradan the captain of the guard, who stood before the king of Babylon into Jerusalem* etc.[13] With reference to this it has been taught: We cannot say that this happened on the seventh, for it has already been stated that it was *'in the tenth'*; and we cannot say that this happened on the tenth, for it has already been stated that it was *'on the seventh'*. How then are these dates to be reconciled? On the seventh the heathens entered the Temple and ate therein and desecrated it throughout the seventh and eighth [of Ab] and towards dusk of the ninth they set fire to it and it continued to burn the whole of that day, as it is said, *Woe unto us! for the day declineth, for the shadows of the evening are*
b *stretched out.*[1] And this is what R. Joḥanan meant when he said: Had I been alive in that generation I should have fixed [the mourning] for the tenth, because the greater part of the Temple was burnt thereon. How will the Rabbis then [explain the contradiction]?—The beginning of any misfortune is of greater moment.

AND [THE TEMPLE WAS DESTROYED] THE SECOND TIME. Whence do we know this? For it has been taught: Good things come to pass on an auspicious day, and bad things on an unlucky day. It is reported that the day on which the First Temple was destroyed was the eve of the ninth of Ab, a Sunday, and in a year following the Sabbatical year, and the *Mishmar* of the family of Jehoiarib[2] were on duty and the Levites were chanting the Psalms standing on the *Duchan*.[3] And what Psalm did they recite?—[The Psalm] containing the verse, *And He hath brought upon them their own iniquity; and will cut them off in their own evil.*[4] And hardly had they time to say, *'The Lord our God will cut them off'*,[4] when the heathens came and captured them. The same thing too happened in the Second Temple.

BETHAR WAS CAPTURED. This is a tradition.

AND THE CITY WAS PLOUGHED UP. It has been taught: When Turnus Rufus the wicked destroyed[5] the Temple, R. Gamaliel was condemned to death. A high officer came and stood up in the Beth-Hamidrash and called out, 'The Nose-man[6] is wanted, the Nose-man is wanted'. When R. Gamaliel heard this he hid himself. Thereupon the officer went up secretly to him and said, 'If I save you will you bring me into the world to come?' He replied: Yes. He then asked him, 'Will you swear it unto me?' And the latter took an oath. The officer then mounted the roof and threw himself down and died. Now there was a tradition [amongst the Romans] that when a decree is made and one of their own [leaders]
c dies, then that decree is annulled.[1] Thereupon a Voice from Heaven was heard declaring, This high officer is destined to enter into the world to come.

Our Rabbis have taught: When the First Temple was about to be destroyed bands upon bands of young priests with the keys of the Temple in their hands assembled and mounted the roof of the Temple and exclaimed, 'Master of the Universe, as we did not have the merit to be faithful treasurers these keys are handed back into Thy keeping'. They then threw the keys up towards heaven. And there emerged the figure of a hand and received the keys from them. Whereupon they jumped and fell into the fire. It is in allusion to them that the prophet Isaiah laments: *The burden concerning the Valley of Vision. What aileth thee now, that thou art wholly gone up to the house tops, thou that art full of uproar, a tumultuous city, a joyous town? Thy slain are not slain with the sword, nor dead in battle.*[2] Of the Holy One, blessed be He, also it is said, *Kir shouting, and crying at the mount.*[3]

WITH THE BEGINNING OF AB REJOICINGS ARE CURTAILED. Rab Judah the son of R. Samuel b. Shilath said in the name of Rab: Just as with the beginning of Ab rejoicings are curtailed, so with the beginning of Adar rejoicings are increased. [29b]

(5) V. Tosaf. ad loc. [*Aliter:* based on MS.M., I desired to destroy Thy Temple but Thy hand cut it (my hand) off.] (6) Ex. XL, 17.

a (1) Num. X, 11. (2) Ibid. 33. (3) Ibid. XI, 4. (4) Ibid. 20. (5) Ibid. XII, 15. (6) Ibid. XIII, 2. (7) Ibid. 25. (8) 29-30 Sivan; 1-29 Tammuz; 1-8 Ab (2 + 29 + 8 = 39). (9) The additional day brings the figure up to forty. (10) Lam. I, 15. The word מועד 'an appointed season', festival, is interpreted homiletically as a season appointed for mourning, as the Talmud goes on explaining. (11) Num. XIV, 1. (12) II Kings XXV, 8-9. (13) Jer. LII, 12.

b (1) Jer. VI, 4. (2) V. *supra* p. 27b. (3) The platform in the Temple on which the Levites stood when chanting the Psalms. (4) Ps. XCIV, 23. (5) *Var lec.*: 'ploughed'. (6) Goldschmidt (a.l.) suggests that the Roman officer confused the Hebrew title Nasi with the Latin word, *nasus*, nose. Hence he called out, בעל חוטם = *vir nasi*.

c (1) They regard the death as a punishment for the evil decree (Rashi). (2) Isa. XXII, 1-2. (3) Ibid. 5. קיר is interpreted as Κύριος, God (Malter)

כו א טוש"ע א"ח סימן תקנא:

אנת צבית לחרובי ביתא ידך אשלימת ליה בתשעה באב נגזר על אבותינו שלא יכנסו לארץ מנלן דכתיב ויהי בחדש הראשון בשנה השנית באחד לחדש הוקם המשכן ואמר מר *שנה ראשונה עשה משה את המשכן שניה הקים משה את המשכן ושלח מרגלים וכתיב ויהי בשנה השנית בחדש השני בעשרים בחדש נעלה הענן מעל משכן העדות וכתיב ויסעו מהר ה' דרך שלשת ימים אמר רבי חמא בר חנינא *אותו היום סרו מאחרי ה' וכתיב והאספסוף אשר בקרבו התאוו תאוה וישובו ויבכו גם בני ישראל וגו' וכתיב עד חדש ימים וגו' דהוו להו עשרין ותרתין בסיון וכתיב ותסגר מרים שבעת ימים דהוו להו עשרין ותשעה בסיון וכתיב שלח לך אנשים ותניא בעשרים ותשעה בסיון שלח משה מרגלים וכתיב וישובו מתור הארץ מקץ ארבעים יום הני ארבעים יום נכי חד הוו אמר אביי *תמוז דההיא שתא מלויי מליוה דכתיב קרא עלי מועד לשבור בחורי וכתיב ותשא כל העדה ויתנו את קולם ויבכו העם בלילה ההוא *אמר רבה אמר ר' יוחנן (א) (*אותו היום ערב) תשעה באב היה אמר להם הקב"ה אתם בכיתם בכיה של חנם ואני קובע לכם בכיה לדורות חרב הבית בראשונה (ב) דכתיב ובחדש החמישי בשבעה לחדש היא שנת תשע עשרה [שנה] למלך נבוכדנצר מלך בבל בא נבוזראדן רב טבחים עבד מלך בבל ירושלם וישרוף את בית ה' וגו' וכתיב ובחדש החמישי בעשור לחדש היא שנת תשע עשרה [שנה] למלך *נבוכדנצר מלך בבל בא נבוזראדן רב טבחים עמד לפני מלך בבל בירושלם וגו' ותניא אי אפשר לומר בשבעה שהרי כבר נאמר בעשור ואי אפשר לומר בעשור שהרי כבר נאמר בשבעה הא כיצד בשבעה נכנסו נכרים להיכל ואכלו וקלקלו בו שביעי שמיני *ותשיעי סמוך לחשכה הציתו בו את האור והיה דולק והולך כל היום כולו *שנאמר אוי לנו כי פנה היום כי ינטו צללי ערב והיינו דאמר רבי יוחנן (ג) אלמלי הייתי באותו הדור לא קבעתיו אלא בעשירי מפני שרובו של היכל בו נשרף ורבנן אתחלתא דפורענותא עדיפא ובשניה מנלן דתניא *מגלגלין זכות ליום זכאי וחובה ליום חייב אמרו (א) כשחרב בית המקדש בראשונה (ד) אותו היום ערב תשעה באב היה ומוצאי שבת היה ומוצאי שביעית היתה ומשמרתה של יהויריב היתה והלוים היו אומרי' שירה ועומדין על דוכנם ומה שירה היו אומרים וישב עליהם את אונם וברעתם יצמיתם ולא הספיקו לומר יצמיתם ה' אלהינו עד שבאו נכרים וכבשום *וכן בשניה נלכדה ביתר גמרא *נחרשה העיר תניא *כשחרב טורנוסרופוס הרשע את ההיכל נגזרה גזרה על רבן גמליאל להריגה בא אדון אחד ועמד בבית המדרש ואמר בעל החוטם מתבקש בעל החוטם מתבקש שמע רבן גמליאל אזל טשא מינייהו אזל לגביה בצנעא א"ל אי מצילנא לך מייתית לי לעלמא דאתי א"ל הן א"ל אשתבע לי אשתבע ליה סליק לאיגרא נפיל ומית וגמירי דכי גזרי גזירתא ומית חד מינייהו מבטלי לגזירתייהו יצתה בת קול ואמרה אדון זה מזומן לחיי העולם הבא תנו רבנן משחרב הבית בראשונה נתקבצו כיתות כיתות של פרחי כהונה ומפתחות ההיכל בידן ועלו לגג ההיכל ואמרו לפניו רבונו של עולם הואיל ולא זכינו להיות גזברין נאמנים יהיו מפתחות מסורות לך וזרקום כלפי מעלה ויצתה כעין פיסת יד וקיבלתן מהם והם קפצו ונפלו לתוך האור ועליהן קונן ישעיהו הנביא משא גיא חזיון מה לך איפוא כי עלית כולך לגגות תשאות מלאה עיר הומיה קריה עליזה חלליך לא חללי חרב ולא מתי מלחמה אף בהקב"ה נאמר מקרקר קיר ושוע אל ההר: **משנכנס אב ממעטין בשמחה כו':** אמר רב יהודה בריה דרב שמואל בר שילת משמיה דרב כשם שמשנכנס אב ממעטין בשמחה כך משנכנס אדר מרבין בשמחה

אמר

רש"י

אנת צבית לאחרובי ביתיה וידך אשלימת ליה אתה רצית להחריב ביתו של מקום שהם עשיתי בך נקמה ושילמתי לך ידי ל"א אנת צבית לאחרובי ביתא וידך [אושלית] לי לשון שאילת [כליס] כלומר ועלה בידי: ואמר רבי חמא בר חנינא אותו היום וכו' · מהר לשון מהר עכשיו כשנטול י"ט ימים מחדש אייר קודם עליית הענן פשו להו י' והנהו י' היו בין דרך שלשת ימים וז' דהסגרת מרים וחדש (ה) של כ"ט ימים שאכלו בשר הוה ל"ט והשתא אשתכח דמשה שלח מרגלים בכ"ט דסיון: הני ארבעים נכי חד · ב' מסיון וכ"ט מתמוז הוה ל"א וח' מאב הוה ל"ט: וחובה על ידי חייב · היינו תשעה באב דרגילין להיות בו רעות: ה"ג מגלגלין זכות ע"י זכאי: מוצאי שבת · יום ראשון מוצאי שביעית · שמינית: דוכן · מקום עשוי כעין אצטבא ועליו לוים עומדין לשורר: וישב עליהם את אונם וברעתם יצמיתם ה' אלהינו · במזמור אל נקמות ה' והוא שיר של יום רביעי והאי דאמרי ליה ביום ראשון איליא בעלמא (ו) הוה דנפל בפומייהו כדאמרינן בערכין (דף יא:) פי' אילייא קינה שכן תרגום יונתן בן עוזיאל שא קינה (יחזקאל כח) טול איליא וכמו אלי כבתולה חגורת שק על בעל נעוריה (יואל א) שפירושו קונני ובכי: נחרשה העיר · כדכתיב (מיכה ג) ציון שדה תחרש שנחרשה כולה ונעשית כשדה חרושה: בעל החוטם · בעל קומה וצורה ל"א גדול הדור: מתבקש · ליהרג ברמז אמר ליה שלא יכירו בו אנשי המלך: טשא · נחבא כמו טשו במערתא (שבת דף לג:): אזל · האדון אצל רבן גמליאל בצנעא: ומית חד מינייהו · מן היועצין וכסבורין שאירע להן על שהרעו לגזור: גיא חזיון · ירושלים שהכל מסתכלין שם: מקרקר · לשון יללה: קיר ושוע · מקונן וזועק לשון הגה קול שועת בת עמי (ירמיה ח) קיר כמו קירי דבשחיטת חולין (דף *קלח.): אל ההר · בשביל הר ציון ששמם: משנכנס אדר · ימי נסים היו לישראל פורים ופסח:

תוספות

(ז) **דכתיב** עד חדש ימים הוו להו כ"ב בסיון · פי' חשוב מעשרים ימים של ר"ח אייר עד סופו תמצא ט' ימים נמצא בכ' בסיון כ"ט ועד חדש ימים הוי שלשים ימים אם כן לפי זה תמצא מעשרים ושנים לחדש השני דזה אייר חדש שלם עד כ"ב דסיון וג' ימים שנסעו מהר ה' הרי ל"ג דל מינייהו ב' ימים דבעשרים בחדש נעלה הענן ואייתר להו שני ימים פשו כ"ג דל יומא מן שלשה שהאחד מן הג' ימים היה בכלל החדש (ח) שאייר חסר פש להו כ"ב*:

אמר אביי תמוז דההיא שתא מלויי מליוה · ועשו אותו משלשים ימים כדי שיכלו המ' ימים בתשעה באב שלשים יום דתמוז ואחד דסיון דבכ"ט שלח המרגלים ותשעה באב הרי ארבעים ימים וביום תשעה באב שבו המרגלים מתור הארץ: **וישב** עליהם את אונם וברעתם יצמיתם ולא הספיקו לומר יצמיתם ה' אלהינו עד שבאו האויבים וכו' · פי' באותו פסוק יש ב' פעמים יצמיתם ולא הספיקו לומר השני עד שבאו וכבשום ואומר ר"י *אע"ג דאין אותו פסוק כלל במזמור שיר של מוצ"ש אירע להם כך שאמרו אותו פסוק ובירושל' מפרש איליא נקט פירוש איליא הוי כמו אלי כבתולה דהוי לשון קינה כמו שקורין העולם ריאוני"א בלע"ז:

רבינו חננאל

וה' דברים אירעו את אבותינו בט' באב נגזר על אבותינו שלא יכנסו לארץ מנא לן · דתניא בכ"ט בסיון שלח המרגלים הנה שני ימים הנותרים מסיון ול' יום של תמוז שאותה שנה תמוז מלא היה · כדכתיב קרא עלי מועד לשבור בחורי הרי ל"ב וח' ימים באב הרי מ' יום שלמים · נמצאו שהגיעו ט' באב . אמר רבא אותו היום ט' באב היה והיו ישראל יושבים ובוכים · אמר הקב"ה אתם בכיתם בכיה של חנם אני אקבע לכם בכיה לדורות · חרב הבית בראשונה שנאמר בחדש החמישי בעשור לחדש בא נבוזראדן וגו' וכתיב קרא אחרי' וישרוף את בית ה' ואת בית המלך וכתיב קרא אחרינא בחדש החמישי בשבעה לחדש היא שנת תשע עשרה בא נבוזראדן רב טבחים עבד מלך בבל וישרוף את בית ה' ואת בית המלך · אי אפשר לומר בשבעה שכבר נאמר בעשרה ואי אפשר לומר בעשרה שכבר נאמר וכו' ואכלו ושתו וקרקרו עד ט' בו בערב (באב) הציתו סמוך לחשכה והיה דולק והולך כל היום שנא' אוי לנו כי פנה היום כי ינטו צללי ערב· א"ר יוחנן אלמלא הייתי באותו הדור לא קבעתיו אלא בעשירי מפני שרובו של היכל בעשירי נשרף · ותנא דידן תחלת פורענותא עדיפא · ובשניה דתניא ר' יוסי אומר מגלגלין זכות ליום זכאי וחובה ליום חייב . כשחרב הבית בראשונה ט' באב היה ומ"ש ומוצאי שביעית היתה ומשמרת יהויריב היתה כו' · נלכדה ביתר ונחרשה העיר נמרא · פי' שאמר הנביא לתת

רבינו גרשום

דבערב ט"ב חזרו א"כ לא הוו בדרך אלא מ' נכי חדא וקרא אמר ארבעים : תמוז מליוה ואיכא ל' דתמ:ו נמצא בערב ט"ב מ' מלאים ולמחר קבעי לט"ב. קרא עלי מועד שקבעו תמוז של שלשים . וחובה ע"י חייב לפי שבט"ב היה כבר חייב ששרף בו בראשונה. כשהרס משמע נחרש : בעל החוטם כלומר עין שבהם חשוב שבהם . דבטלי קצרי · לכבס וללבוש מאי כבוד שבת איכא במאי דלבוש בחמישי אלא לאו להניח וללבוש בשבת דהיינו כבוד שבת טעמא דבחמישי לפי שהוא קרוב לשבת אבל שאר יומי אפילו להניח וקשיא לרב הונא :

הגהות הב"ח

(א) שם אותו היום ערב · תא"מ ונ"ב ס"א אותו היום תשעה באב היה: (ב) שם חרב הבית בראשונה מנלן דכתיב ובחדש:(ג) שם דאמר ר' יוחנן אלמלי· נ"ב ע' ר"פ הקורא עומד בתוס' ד"ה אלמלא: (ד) שם כשחרב בהמ"ק בראשונה (אותו היום ערב ת"ב היה) תא"מ ונ"ב ס"א אותו היום תשעה באב היה: (ה) רש"י ד"ה אמר רבי חמא כו' וחדש של כ"ט ימים · נ"ב מפרש"י מבואר דמפרש עד חדש ימים וגו חדש של לבנה דהיינו כ"ט י"ב תשל"ג ונמצא שלשה ימים שסרו הוו כ' וכ"א וכ"ב מאייר נשארו שבעה מאייר וכ"ב מסיון שבו כלה חדש ימים שאכלו בשר דהיינו כ"ט יום עוד ס"ל לרש"י דהמרגלים באו בסוף שמיני לאב שהרי ליל ט' בכו בכיה של חנם והוקבע לדורות אבל התוס' נחלקו עליו וס"ל דעד חדש ימים וגו' הוה חדש שלם של שלשים יום שלמים ונדחקו לפרש דיום ג' שסרו דהיינו כ"ב מאייר נחשב לכאן ולכאן דיום הג' שסרו הוא עצמו היום הראשון מהחדש שאכלו בשר ועוד נחלקו וס"ל דכ"ט דסיון שבו שלח מרגלים אינו נחשב בחשבון מ' יום דמרגלים אלא הוא נחשב מז' ימים דהסגרת מרים ולא באו המרגלים רגליהם אלא ביום ל' דסיון ולפי זה צריך לפרש דלא שבו המרגלים אלא בט' באב בסוף היום שאז בכו בכיה של חנם ונקבע עליהם בכיה לדורות כי לעת הערב סמוך לחשיכה הציתו בו האש ולפי זה לא גרסינן אותו היום ערב תשעה באב היה כו' אלא ה"ג אותו היום ט' באב היה: (ו) ד"ה וישב כו' איליא בעלמא הוא דנפל:(ז) תוס' ד"ה וכתיב כו' מעשרים ימים של חדש אייר וכו' הוי שלשים יום א"כ:(ח) בא"ד היה בכלל החדש פש להו כ"ב כצ"ל ותיבות שאייר חסר נמחק:

הגהות מהר"י לנדא א] נמ' כשחרב בהמ"ק בראשונה אותו היום תשעה באב היה כצ"ל:

[סנהדרין סט: זבחים קיח: ערכין יג:] [שבת קטז:] פסחים עז: שבועות י: סוטה לה: [סנהדרין קד:] [ע"ש ברש"י ז"ע ולענ"ד נ"ל כמו מקרקרן דבשחיטת חולין נג:] [ר"ה יח:] [כשחרש כצ"ל ועיין תי"ט] [כל זה איתא בערכין יא: ומשני רבה ואימתא רב אבי איליא בעלמא כו'] [נ"ל אותה לילה ליל וכן איתא בע"ש] [לפנינו בקרא נבוכדראצר] נ"ל של עשירי · ערכין יא: · תהלים צד · גי' עין יעקב נחרשה העיר גמי גמרא · תניא · כשחרש כו' ובטוד סי' יקמטו ממתיק נחרשה העיר שחרש טורנוסרופוס כו'

עין משפט נר מצוה

כז א טוש"ע א"ח סימן תקנא סעיף א:

[עי' תוס' שבת פח. ד"ה פריו קודם]

כח ב מיי' פ"ז מהל' י"ט הלכה כא סמג לאוין עה טוש"ע שם סימן תקלד סעיף א:

[נ"ע וכחולין דף קז:]

כט ג ד מיי' פ"ה מהל' תענית הלכה ו סמג עשין מ"ד ג טוש"ע שם סימן תקנא סעיף ג:

ל ה ו שם טוש"ע שם סעיף ד:

לא ו מיי' פי"ב מהל' תפלה הלכה טז טוש"ע א"ח סימן תקנט:

לב ז מיי' פ"ה מהל' תענית הלכה ח טוש"ע א"ח סימן תקנב סעיף י:

אמר רב פפא *הלכך בר ישראל דאית ליה דינא בהדי נכרי לישתמיט מיניה באב דריע מזליה ולימצי נפשיה באדר *דבריא מזליה °לתת לכם אחרית ותקוה אמר רב יהודה בריה דרב שמואל בר שילת משמיה דרב אלו דקלים וכלי פשתן °ויאמר ראה ריח בני כריח שדה אשר ברכו ה' אמר רב יהודה בריה דרב שמואל בר שילת משמיה דרב כריח שדה של תפוחים: שבת שחל תשעה באב להיות בתוכה אסורין לספר ולכבס: אמר רב נחמן לא שנו אלא לכבס וללבוש אבל לכבס ולהניח מותר ורב ששת אמר אפילו לכבס ולהניח אסור אמר רב ששת תדע דבטלי קצרי דבי רב מתיב רב המנונא (א) *בחמישי מותרים מפני כבוד השבת למאי אילימא לכבס וללבוש מאי כבוד שבת איכא אלא להניח ובחמישי הוא דשרי אבל השבת כולה אסור לעולם לכבס וללבוש ובשאין לו אלא חלוק אחד *דאמר רב אסי א"ר יוחנן °מי שאין לו אלא חלוק אחד מותר לכבסו בחולו של מועד איתמר נמי אמר רבי בנימין אמר ר' אלעזר לא שנו אלא לכבס וללבוש אבל להניח מותר מיתיבי °אסור לכבס לפני תשעה באב אפילו להניח לאחר תשעה באב וגיהוץ שלנו ככיבוס שלהן וכלי פשתן אין בהם משום גיהוץ תיובתא °שלח רב יצחק בר גיורי משמיה דרבי יוחנן אע"פ שאמרו כלי פשתן אין בהן משום גיהוץ אבל אסור ללובשן בשבת שחל תשעה באב להיות בתוכה אמר רב לא שנו אלא לפניו °אבל לאחריו מותר ושמואל אמר אפילו לאחריו נמי אסור מיתיבי שבת שחל תשעה באב להיות בתוכה אסור לספר ולכבס ובחמישי מותרין מפני כבוד השבת כיצד חל להיות באחד בשבת מותר לכבס כל השבת כולה בשני בשלישי ברביעי ובחמישי לפניו אסור לאחריו מותר חל להיות בערב שבת מותר לכבס בחמישי מפני כבוד השבת ואם לא כבס בחמישי בשבת מותר לכבס בערב שבת מן המנחה ולמעלה *לייט עלה אביי ואיתימא רב אחא בר יעקב אהא *חל להיות בשני ובחמישי קורין שלשה ומפטיר אחד בשלישי וברביעי קורא אחד ומפטיר אחד רבי יוסי אומר °לעולם קורין שלשה ומפטיר אחד תיובתא דשמואל אמר לך שמואל תנאי היא דתניא *°תשעה באב שחל להיות בשבת וכן ערב תשעה באב שחל להיות בשבת אוכל ושותה כל צרכו ומעלה על שולחנו אפילו כסעודת שלמה בשעתו ואסור לספר ולכבס מר"ח ועד התענית דברי רבי מאיר רבי יהודה אומר כל החדש כולו אסור רשב"ג אומר אינו אסור אלא אותה שבת בלבד ותניא אידך ונוהג אבל מראש חדש ועד התענית דברי ר' מאיר רבי יהודה אומר כל החדש כולו אסור רשב"ג אומר אינו אסור אלא אותה שבת בלבד אמר ר' יוחנן ושלשתן מקרא אחד דרשו דכתיב °והשבתי כל משושה חגה חדשה ושבתה מאן דאמר מר"ח ועד התענית מחגה

תוספות

אמר רב פפא הלכך האי בר ישראל דאית ליה דינא בהדי נכרי לישתמיט וכו' · פירוש משום דאמר לעיל מגלגלין חובה ליום החייב: של תפוחים · י"מ תפוחים *כריח אתרוגים: קצרי דבי רב · פירוש כובסין הבגדים ולכך קרי להו קצרי על שם שמקצרין הבגדים ע"י רחיצת המים: מי שאין לו אלא חלוק אחד מותר לכבס במועד · (*ובמבול יוסף וכפ' אלו מגלחין (מו"ק דף יד:) דקאמר וליטעמיך הא דאמר רבי אסי אמר רבי יוחנן מי שאין לו אלא חלוק אחד וכו' דפריך יאמרו כל החלוקים אסורים לכבס בחול המועד וחלוק זה מותר ומתרץ זה אזורו מוכיח עליו שאין לו אלא חלוק אחד וא"כ דוקא להם אבל לנו ודאי אסור אפי' אין לנו אלא חלוק אחד שאין אנו אוגדין אזור על חלוקות שלנו ולא הוי אזורו מוכיח עליו וכן צריך ליזהר שלא לכבס המלכפת בחול המועד אע"ג שאין לנו אלא אחת אבל מ"מ יש נשים לכבס בגדי התינוקות כדי לשכב דהוי כמי שאין לו אלא חלוק אחד שיש רגילות להחליף בגדיהם וכל שעה צריך לו כל בגדיו ועל זה נהגו העולם לכבסם בחול המועד:

בשני ובחמישי קורין שלשה ומפטיר אחד · מכאן מוכיח רבינו תם דמפטיר עולה למנין שבעה מדקאמר קורין שלשה ומפטיר אחד שמפטיר אחד מן הג' דקא מיבעיא ליה במגילה (דף כג. וכס) מפטיר עולה למנין שבעה או לא משמע מהכא דעולה: ותרוייהו

רש"י

נזיל בהדיה · בערכאות שלהן: °ונתתי לכם אחרית ותקוה · אוידי דאיירי רב יהודה לעיל נקיט ואזיל: דקלים · להתפרנס מהן שיש מהן בבבל הרבה כדאמרינן בפ"ק (דף ט:) עולא איקלע לבבל חזא מלא צנא דתמרי בזוזא: כלי פשתן · ללבוש: לא שנו · במתני' שכל השבוע אסור לכבס: אפילו לכבס ולהניח · כדי שילבוש לאחר זמן לאחר ט' באב אסור דנראה כמסיח דעתו שעוסק בכיבוס בגדים: אמר רב ששת תדע · דאפי' לכבס ולהניח אסור: קצרי · כך שמם *בלשון ישמעאל והם כובסין שמעתי אומרים על שם שמקצרין בגדי צמר כשדורסין אותן ברגליהן במים שקורין פורלו"ר והיינו דמתרגמינן עין רוגל (שמואל ב יז) עינא דקצרא: אילימא לכבס וללבוש · מיד בחמישי מאי כבוד שבת איכא: אלא · לאו לכבס ולהניח עד השבת: לעולם לכבס וללבוש · מיד בחמישי (ב): ובמי שאין לו אלא חלוק אחד · דאין לו להחליף ומאי מפני כבוד השבת דאי לא מכבס השתא בחמישי תו לא מצי לכבס ליה: (ג) חולו של מועד · שאין לו אלא חלוק אחד דלא סגיא דלא מכבס מפני הכנימה ואפי' כיבס לפני המועד מותר לכבסה במועד: וגיהוץ שלנו · אינו יפה אלא ככיבוס שלהן ואסור לגהץ לפני תשעה באב אפילו להניח לאחר תשעה באב אבל כיבוס שלנו מותר: כלי פשתן אין בהן · ליאסר משום גיהוץ אלא בכלי מילת לוסקי"ו בלע"ז: לא שנו · שאסור ללובשו בשבוע שחל תשעה באב להיות בתוכה אלא בימים שלפני תשעה באב שאם חל ביום רביעי אסור ללובשו ראשון ושני ושלישי: אבל לאחריו · חמישי וששי[א] א] ושביעי מותר: חל להיות באחד בשבת מותר לכבס כל השבת כולה · דהיינו לאחריו: חל להיות בשני או בשלישי ברביעי ובחמישי כו': לייט עלה אביי ואיתימא רב אחא בר יעקב אהא · המכבס בתשעה באב אפילו מן המנחה ולמעלה ואדקאי בברייתא מפסיק לה למילתא וקאמר לייט עלה אביי כו': חל להיות בשני כו' · סיפא דההיא ברייתא גופה היא: ומפטיר · (ה) מאותן שלשה אחרון מפטיר מתוך שאין מוסיפין בחול יותר מג' אנשים ולא בר"ח על ד' שאין לנו להוסיף אלא בשבת וביו"ט כדמפרש במגילה (דף כא.) ולפיכך קורין ג' דזמן ספר תורה הוא ובלאו הכי הוו קרו שלשה שהוא מתקנת עזרא לקרות בשני ובחמישי כהן ולוי וישראל: קורא אחד ומפטיר אחד · אחד קורא והוא עצמו המפטיר קתני מיהת לאחריו מותר תיובתא דשמואל: וכן ערב תשעה באב שחל להיות בשבת · *אינו מפסיק סעודתו ואינו ממעט בתבשילין אלא אוכל כל צרכו ומעלה על שולחנו אפי' כסעודת שלמה בשעתו דפלוגתא היא במסכת גיטין בפרק [מי שאחזו] (דף סח:) דאיכא למאן דאמר מלך והדיוט ומלך ואיכא למ"ד מלך והדיוט כלומר כשנטרד שוב לא חזר למלכותו לפיכך הוצרך לומר בשעתו בעת מלכו ותקפו שהיה אוכל הוא ושריו ס' כור סולת כו': ועד התענית · אלמא דסבירא ליה לרבי מאיר לפניו אסור לאחריו מותר ורבי יהודה ורבנן (*גמליאל) סבירא להו דאפילו לאחריו נמי אסור:

[נ"ל שמעון בן גמליאל]

רבינו חננאל

לתת לכם אחרית ותקוה · אמרינן משמיה דרב אלו דקלין וכלי פשתן · ראה ריח בני כריח שדה · כריח שדה של תפוחין: בגדים מנוהצין אסור ללובשן בשבת שחל ט' באב להיות בתוכה עד יום תענית ואפילו הן בגדים של פשתן . פי' ניהוץ בלשון ישמעאל צקל והוא מעברי ליה הומרתא (כתובות י:) שבת שחל להיות ט' באב בתוכה אסור לספר ולכבס · ובחמישי מותר מפני כבוד השבת · אוקימנא בזמן שחל ט' באב בע"ש בה' שמקודם יום ט' באב התירו לו לכבס וללבוש כשאין לו אלא חלוק אחד ומותר לכבסו אפילו בחוש"מ . כבוס*) חלוקת רב נחמן ורב ששת היא וקיי"ל בהא כרב ששת דא' אפילו לכבס ולהניח אחר ט' באב אסור תדע דקא בטלי קצרי דבי רב ומותבינן מהא דתניא אסור לכבס לפני ט' באב ואפילו להניח לאחר ט' באב וניהוץ של בני ארץ בבל כבוס של בני א"י · וכלי פשתן אין בהן משום ניהוץ · אבל אסור ללובשן בשבת שחל ט' באב להיות בתוכה: [שבת שחל ט"ב להיות בתוכה] אסורין לספר ולכבס ובחמישי מותרין מפני כבוד השבת כיצד חל להיות באחד בשבת מותרין לכבס כל השבת כולה חל להיות ט' באב בב' או בג' או בד' או בה' לפניו אסור לאחריו מותר · חל ט' באב להיות בע"ש מותרין לכבס בחמישי · פי' מי שאין לו אלא חלוק אחד ואם לא כיבס בה' יכבס בע"ש בט' באב עצמו מן המנחה ולמעלה · לייט אביי מי שהצריך ודחק עצמו לכך · ובקריאת הספר קיי"ל כר' יוסי דאמר לעולם קורין ג' בט' באב ומפטיר

*) נראה דצ"ע וכבוס להניח לאחר ת"ב.

מסורת הש"ס

[נ"ע נתם]

תורה אור: ירמיה כט · בראשית כז

[גירסת רא"ש דתקיף מזלי']

[ע' ב"ק קיט: וכרש"י שם]

[לעיל כו:]

מ"ק יד: יח: חולין קז:

[קדושין לג: וש"נ]

[מגילה כב:]

עירובין מ:

[עי' בהא"ש בא"ח סי' תקנב ס"ק יב כוונת רש"י במ"ש אינו מפסיק סעודתו]

הגהות הב"ח

(א) גמ' ובחמישי מותרין מפני כבוד השבת מאי מותרין אילימא לכבס כו' אלא דשרי אבל כל השבת כולה: (ב) רש"י ד"ה לעולם כו' מיד בחמישי ובמי שאין לו כו' סד"א: (ג) ד"ה בחולו של מועד דכיון שאין לו אלא חלוק אחד לא סגי דלא מכבס ליה מפני סכימה: (ד) ד"ה ומפטיר אחד מאותן שלש:

הגהות הגר"א

[א] רש"י ד"ה אבל ושביעי · רשום קו עליו למחקו:

רבינו גרשום

לעולם לכבס וללבוש בחמישי ודאמרת מאי כבוד שבת איכא דלית ליה אלא אותו חלוק ולא מצי להמתין עד שבת והיינו כבוד שבת דמכבס ליה ולהכי שאר יומי אסור אבל להניח לא הוי אסור וגיהוץ שלנו אסור · לייט עלה אביי במאן דכבים בע"ש בט' באב מן המנחה ולמעלה קורין ג' הואיל וכל חמישי ושני קורין ג'· מפטיר אסוף אסיפם· תיובתא דשמואל הא דקתני מותר לכבס כל השבוע ושמואל אמר

הגהות מהר"ב רנשבורג

א] רש"י ד"ה אבל לאחריו וכו' ושביעי · נמחק מלת ושביעי:

R. Papa said: Therefore a Jew who has any litigation with Gentiles should avoid him in Ab because his luck is bad and should make himself available in Adar when his luck is good.

To give you a future and a hope:[4] Rab Judah the son of R. Samuel b. Shilath said in the name of Rab: By this is meant [an abundance
a of] palm trees and flaxen garments.[1]

And he said: See, the smell of my son is as the smell of a field which the Lord hath blessed:[2] Rab Judah the son of R. Samuel b. Shilath said in the name of Rab: As the smell of-an apple orchard.

DURING THE WEEK IN WHICH THE NINTH OF AB FALLS IT IS FORBIDDEN TO CUT THE HAIR AND TO WASH CLOTHES. R. Naḥman said: This restriction only applies to the washing of clothes for immediate wear but the washing of clothes for storing is permissible. R. Shesheth said: It is forbidden to wash clothes even for storing. R. Shesheth said: A proof for this is that the fullers in the house of Rab[3] are then idle.

R. Hamnuna raised an objection: ON THURSDAY IT IS PERMISSIBLE IN HONOUR OF THE SABBATH.[4] What is permissible? Shall I say it is to wash clothes for immediate wear?[5] Where does the honour of the Sabbath enter into it? It must surely mean, washing clothes for storing [till Sabbath], and this is permissible only on Thursday but not during other days of the week!—In reality [the Mishnah refers] to the washing of clothes for immediate wear and it speaks of a case where a man has only one shirt. For R. Assi said in the name of R. Johanan: When a man has one shirt only he may wash it in the middle days of the Festival.[6] So too it has been stated: R. Benjamin said in the name of R. Eleazar: The restriction applies only to washing clothes for immediate wear but washing clothes for storing is permissible. An objection was raised against this: It is forbidden to wash clothes before the ninth of Ab even for storing them until after the ninth of Ab. And our [Babylonian] laundry work is like their [Palestinian] plain washing, [in respect of this prohibition],[7] but flaxen garments are not included in this prohibition against laundry work. This is indeed a refutation.

R. Isaac b. Giyuri sent a message in the name of R. Joḥanan: Although the Rabbis declared that flaxen garments are not included in the prohibition against laundry work, yet it is forbidden to wear them [newly laundered] in the week in which the Ninth of Ab falls. Rab said: This applies to the days before the Ninth of Ab but on the days after it it is permissible to wear them. Samuel said: Even on the days after the Ninth of Ab it is forbidden to wear them. An objection was raised against this: The week in which the Ninth of Ab falls it is not permissible to cut the hair or to wash clothes, but on Thursday it is permissible in honour of the Sabbath. How is this to be understood? Should it fall on Sunday it is permissible to wash clothes the whole of the week, [but should it fall] on Monday or Tuesday or Wednesday or Thursday, before it it is not permissible, but after it, it is permissible; [should it fall] on Friday it is permissible to wash clothes on Thursday in honour of the Sabbath; if however he has not washed them on the Thursday it is permissible to wash them on the Friday from the hour of *Minḥah* onwards. (Abaye, and some
b say, R. Aha b. Jacob expressed his strongest disapproval[1] of any one who acted so.) Should [the Ninth of Ab] fall on Monday or on Thursday three people read the Law, and [of these the last] one also reads the prophetical lesson; but [should it fall] on Tuesday or Wednesday one reads the Law and he also reads the prophetical lesson. R. Jose says: Invariably three persons read the Law and the last one of these also reads the prophetical lesson. [Will not this Baraitha be] a refutation of Samuel [who holds that it is not permissible to wash clothes, even on the days after the Ninth of Ab]?—Samuel will reply: Tannaim are divided on this point. For it has been taught: Should the Ninth of Ab fall on the Sabbath, and likewise if the eve of the Ninth of Ab falls on the Sabbath, one may eat and drink as much as he needs and he may load his table with as many viands as Solomon in his time did, but it is forbidden to cut the hair and to wash clothes, from the beginning of the month until after the fast; this is the opinion of R. Meir. R. Judah says: It is forbidden the whole month. R. Simeon b. Gamaliel says: It is forbidden only on that particular week. And elsewhere it has been taught: And mourning is observed from the beginning of the month until the fast; this is the opinion of R. Meir. R. Judah says: It is forbidden the whole month. R. Simeon b. Gamaliel says: It is forbidden only on that particular
c week.[1]

Said R. Joḥanan: All three authorities adduced their ruling from the same scriptural verse. For it is written, *I will also cause all her mirth to cease, her feasts, her new moons, and her sabbaths.*[2] The one who says, from the beginning of the month until the fast

(4) Jer. XXIX 11.
a (1) Rab Judah points out that the blessings for the future promised by the prophet Jeremiah to the exiles in Babylonia are of a material kind. (2) Gen. XXVII, 27. (3) [בי רב *Aliter:* of the school house.] (4) Cf. *supra* 26*b*. (5) On the same day—Thursday. (6) Although washing is forbidden on these days. Cf. M.K. 14*a*, 18*b*. (7) So that plain washing of clothes is permissible in Babylon for storing after the Ninth of Ab.
b (1) Lit., 'cursed'.
c (1) Samuel has thus the authority of R. Judah and R. Simeon b. Gamaliel in forbidding the washing of clothes on the days following the Ninth of Ab. (2) Hosea II, 13.

[30a] adduces his opinion from *'her feasts'*;[3] the one who says, it is forbidden the whole month, from *'her new moons'*;[4] and the one who says, it is forbidden the whole week, from *'her sabbaths'*.[5] Raba said: The *halachah* is according to R. Simeon b. Gamaliel. And Raba further said: The *halachah* is according to R. Meir. And both decisions are in favour of the more lenient practice, and both are needed [to be stated]. For had it only been stated that the *halachah* is according to R. Meir, I might have said that the restriction is in force from the beginning of the month, therefore it is also clearly stated that the *halachah* is according to R. Simeon b. Gamaliel; and had it only been stated that the *halachah* is according to R. Simeon b. Gamaliel, I would have said that the restriction continues even on the days after [the Ninth of Ab], therefore it is clearly stated that the *halachah* is according to R. Meir.[6]

ON THE EVE OF THE NINTH OF AB ONE MAY NOT PARTAKE OF A MEAL OF TWO COURSES etc. Rab Judah said: This restriction applies to any time after midday[7] but not to any time before midday. Rab Judah further said: It applies only to the concluding meal [before the fast] but not to any other meal. And both decisions are in favour of the more lenient practice, and both are needed to be stated. For had it [only] mentioned the concluding meal, I would have said that the restriction held good of a meal partaken even at any time before midday, therefore it is clearly stated, from midday onwards. And had it only mentioned from midday onwards I would have said, that the restriction held good of a meal even though it be not the concluding meal, therefore it is clearly stated that it must be the concluding meal. It has been taught according to the first statement and it has also been taught according to the second statement. It has been taught according to the second statement: One who has a meal on the eve of the Ninth of Ab if it is his intention to have another meal [later] he may eat meat and drink wine; but if not, he may not eat meat nor drink wine. It has also been taught according to the first statement: On the eve of the Ninth of Ab one may not partake of a meal of two courses, nor may he eat meat nor drink wine. R. Simeon b. Gamaliel says: He should make a difference [in his diet]. What constitutes a difference in diet? If one is in the habit of having two courses he should have one only; and if he usually dines in the company of ten persons, he should dine with five; if it is his usual
a practice to drink ten cups [of wine] he should drink five only.[1] These restrictions apply only to meals partaken from midday onwards, but not to meals partaken at any time before midday.

Another [Baraitha] taught: On the eve of the Ninth of Ab a man may not partake of a meal of two courses, he should not eat meat, nor drink wine; this is the opinion of R. Meir. But the Sages say: He should make a difference [in his diet] and restrict his consumption of meat and wine. How should one restrict? If he was in the habit of eating one pound of meat he should eat one half only, if it is his usual practice to drink one *log* of wine he should drink one half *log* only; but if he is not in the habit of partaking any of these things he may not have these at all. R. Simeon b. Gamaliel said: If it was his habit to eat radish or savoury after his meal he may do so if he wishes. Another [Baraitha] taught: At the meal intended to be the concluding one [prior to the fast of] the Ninth of Ab it is forbidden to eat meat or to drink wine or to bathe after the meal; at the meal which is not intended to be a
b concluding meal prior to the Ninth of Ab[1] it is permissible to eat meat and to drink wine but not to bathe. R. Ishmael b. Jose said in the name of his father: So long as it is permissible to eat[2] meat it is also permissible to bathe.

Our Rabbis have taught: All the restrictions that apply to the mourner hold equally good of the Ninth of Ab. Eating, drinking, bathing, anointing, the wearing of shoes and marital relations are forbidden thereon. It is also forbidden [thereon] to read the Law, the Prophets, and the Hagiographa or to study Mishnah, Talmud, Midrash, *Halachoth*, or *Aggadoth*;[3] he may, however, read such parts of Scripture which he does not usually read and study such parts of Mishnah which he usually does not study;[4] and he may also read Lamentations, Job and the sad parts of Jeremiah; and the school children are free from school for it is said, *The precepts of the Lord are right, rejoicing the heart.*[5] R. Judah said: Even such parts of Scripture which he does not usually read he may not read, nor study parts of the Mishnah which he does not usually study, but he may read Job, Lamentations and the sad parts of Jeremiah; and the school children are free [from school] for it is said, *'The precepts of the Lord are right, rejoicing the heart'*.

NOR EAT MEAT NOR DRINK WINE. A Tanna taught: But he may eat salted meat[6] and he may drink [new] wine from his vat.[7] For how long must meat remain in salt so as to render it permissible? For the length of time that peace-offering may be eaten.[8] How long is wine considered new? As long as it remains in its first stage of fermentation. A Tanna taught: The law forbidding the use of liquids left uncovered does not apply to new wine in
c the first stage of fermentation.[1] And how long does it take to ferment?—Three days.

Rab Judah said in the name of Rab: The following was the practice of R. Judah b. Il'ai. On the eve of the Ninth of Ab there was brought to him dry bread with salt and he would take his seat

(3) New Moon is also a festive day. (4) חודש 'New Moon' can also mean, month. (5) שבת 'Sabbath' has also the meaning, a whole week. (6) Who is opposed to the view. (7) Lit., 'from the sixth hour onward'.
a (1) [MS.M.: '. . . out of ten (successive) cups . . . out of five'].
b (1) Any other meal during the day or the concluding meal prior to any other fast, e.g., the Day of Atonement. (2) [*Var lec.* omit: 'meat'.] (3) The study of all these brings delight to the genuine student. (4) The study of new subjects needs great application and the pleasure derived from the study is eclipsed by the efforts expended. (5) Ps. XIX, 9. This last passage occurs again in the statement of R. Judah that follows and is thus rightly omitted in MS.M. (6) I.e., pickled meat. (7) As these have not a good taste. (8) Two days and one night, i.e., sixty hours. Cf. Zeb. V, 7.
c (1) There is no danger of contamination by the poison of a snake as the snake would not drink such liquid. Cf. Ter. VIII, 4.

מחגה ומ"ד כל החדש כולו אסור מחדשה ומ"ד כל השבת כולה אסור משבתה אמר רבא הלכה כרשב"ג ואמר רבא הלכה כרבי מאיר ותרוייהו לקולא וצריכא דאי אשמועינן הלכה כר' מאיר הוה אמינא אפי' מר"ח קמ"ל הלכה כרשב"ג ואי אשמועינן הלכה כרשב"ג הוה אמינא אפילו לאחריו קמ"ל הלכה כרבי מאיר: ערב תשעה באב לא יאכל אדם ב' תבשילין כו': אמר רב יהודה לא שנו אלא משש שעות ולמעלה אבל משש שעות ולמטה מותר ואמר רב יהודה לא שנו אלא בסעודה המפסיק בה אבל בסעודה שאינו מפסיק בה מותר "ותרוייהו לקולא וצריכא דאי אשמועינן בסעודה המפסיק בה הוה אמינא אפי' משש שעות ולמטה קמ"ל משש שעות ולמעלה ואי אשמועינן משש שעות ולמעלה הוה אמינא אפי' בסעודה שאינו מפסיק בה קמ"ל בסעודה המפסיק בה תניא כלישנא קמא תניא כלישנא בתרא תניא כלישנא בתרא הסועד ערב תשעה באב אם עתיד לסעוד סעודה אחרת מותר לאכול בשר ולשתות יין ואם לאו אסור לאכול בשר ולשתות יין תניא כלישנא קמא ערב תשעה באב לא יאכל אדם שני תבשילין לא יאכל בשר ולא ישתה יין רבן שמעון בן גמליאל אומר ישנה אמר רבי יהודה כיצד משנה אם היה רגיל לאכול שני תבשילין יאכל מין אחד ואם היה רגיל לסעוד בעשרה בני אדם סועד בחמשה היה רגיל לשתות עשרה כוסות שותה חמשה כוסות במה דברים אמורים משש שעות ולמעלה אבל משש שעות ולמטה מותר תניא אידך ערב תשעה באב לא יאכל אדם שני תבשילין לא יאכל בשר ולא ישתה יין דברי ר"מ וחכ"א ישנה וממעט בבשר וביין כיצד ממעט אם היה רגיל לאכול ליטרא בשר יאכל חצי ליטרא היה רגיל לשתות לוג יין ישתה חצי לוג יין ואם אינו רגיל כל עיקר אסור רשב"ג אומר אם היה רגיל לאכול צנון או מליח אחר סעודתו הרשות בידו תניא אידך כל שהוא משום תשעה באב אסור לאכול בשר ואסור לשתות יין ואסור לרחוץ כל שאינו משום ט"ב מותר לאכול בשר ולשתות יין ואסור לרחוץ ר' ישמעאל בר' יוסי אומר משום אביו כל שעה שמותר לאכול [א] בשר מותר לרחוץ ת"ד כל מצות הנוהגות באבל נוהגות בט' באב "אסור באכילה ובשתיה *ובסיכה ובנעילת הסנדל ובתשמיש המטה ואסור לקרות בתורה בנביאים ובכתובים ולשנות במשנה בתלמוד ובמדרש ובהלכות ובאגדות אבל קורא הוא במקום שאינו רגיל לקרות ושונה במקום שאינו רגיל לשנות וקורא בקינות באיוב ובדברים הרעים שבירמיה ותינוקות של בית רבן *)[ג]בטלין משום שנאמר °פקודי ה' ישרים משמחי לב ר' יהודה אומר אף אינו קורא במקום שאינו רגיל לקרות ואינו שונה במקום שאינו רגיל לשנות אבל קורא הוא באיוב ובקינות ובדברים הרעים שבירמיהו ותינוקות של בית רבן בטלים בו משום שנאמר פקודי ה' ישרים משמחי לב: לא יאכל בשר ולא ישתה יין: תנא *"אבל אוכל הוא בשר מליח ושותה יין מגתו בשר מליח עד כמה אמר רב חיננא בר כהנא משמיה דשמואל "כל זמן (*שאינו) כשלמים ויין מגתו עד כמה כל זמן שהוא תוסס תנא **)"יין תוסס אין בו משום גילוי "וכמה תסיסתו ג' ימים אמר רב יהודה אמר רב "כך היה מנהגו של רבי יהודה ברבי אילעאי ערב תשעה באב מביאין לו פת חריבה במלח ויושב

בין

*) [גירס' הרי"ף והרא"ש אינן בטילין בו דברי ר"מ ר' יהודה אומר אף אינו קורא במקום וכו' ותינוקות של בית רבן בטילין בו משום שנאמר פקודי ה' ישרים משמחי לב וע"ע טור א"ח ר"ס תקנד] **) [סנהדרין ע. ע"ז ל: תוספתא תרומות פ"ז]

[נ"ל ולא יאכל מבשר]

[נ"ל וברחיצה ובסיכה וע' כרי"ף וכרא"ש דלא גרסי בנעילת הסנדל]

תהלים יט

[סנהדרין ע:]

[נ"ל שהוא וכ"א בסנהדרין ע' וכן בפרש"י דסכא ודסתם]

רש"י

מחגה · כלומר יליף טעמא מן חגה דהיינו ר"ח שנקרא חג כדאמרי' לעיל (דף כט·) קרא עלי מועד: הלכה כר"מ · דלפניו אסור ולאחריו מותר: הלכה כרבן שמעון בן גמליאל · דאין איסור נוהג אלא באותה שבת: תרוייהו לקולא · כדמפרש ואזיל דלפניו מוקי הלכה כר"מ דלפניו ולא לאחריו ובאותה שבת אבל קודם אותה שבת אפילו לפניו מותר: משש שעות ולמטה · כלפי השחר: המפסיק בה · דשוב אינו אוכל עוד מאותה סעודה ואילך: ה"ג כיצד ישנה א"ר יהודה אם הוא רגיל כו': בעשרה · שהיו סועדין עמו לכבודו: וחכ"א ישנה · אשני תבשילין קיימי (א) בשר ויין ימעט: מליח · דג או בשר מליח דאין בו טעם כל כך אחר ששהה שלשה ימים במלח כדלקמן (ב) כשלמים והנותר מבשר זבח השלמים וגו' טפי לא אשכחן דמקרי בשר: כל שהוא משום ט' באב · כגון סעודה המפסיק בה: כל שאינו משום ט"ב · כגון סעודה המפסיק בה בתענית צבור אי נמי סעודה שאינו מפסיק בה: ה"ג ר' ישמעאל בר' יוסי אומר משום אביו כל שעה שמותר לאכול מותר לרחוץ ולא גרסינן בשר כלומר אפי' בשעת סעודה המפסיק מותר לרחוץ הואיל ומותר לאכול: אסור באכילה ובשתיה · הני אין נוהגין באבל דקא חשיב נמי איסורים שנוהגין בו לבד מהני דנהיגי באבל רחילה סיכה ונעילה כו': ואסור לקרות בתורה כו' · דכתיב בהו משמחי לב (ג): במקום שאינו רגיל לקרות · דכיון דלא ידע אית ליה צערא: עד כמה · הוי בשר גמור דלא הוי בשר מליח כל זמן שהוא כשלמים שלא שהה במלחו אלא שני ימים ולילה אחד כזמן אכילת שלמים ולהכי נקט כשלמים דבזמן אכילת שלמים אשכחן דאקרי בשר דכתיב (ויקרא ז) *והנותר מבשר זבח השלמים וגו' טפי לא אשכחן דמקרי בשר שהטעם נפסל אחרי ב' וג' ימים: יין מגתו · חדש ומתוק ואינו טוב כיין ישן ומשלשל ומזיק: תוסס · רותח: אין בו משום גילוי · שאין נחש שותהו כי יברח מרתיחתו:

בין

תוספות

ותרוייהו לקולא · כלומר תרוייהו כדר"מ דאמר מר"ח ועד התענית וכרשב"ג דאמר אינו אסור אלא אותה שבת בלבד הלכה כתרוייהו לקולא כלומר דאינו אסור אלא אותה שבת בלבד כרשב"ג ודוקא [עד] התענית אבל לאחר התענית מותר דהלכה כר"מ דאמר דאינו אסור אלא עד התענית ואע"ג דשלחו משמיה דר' יוחנן דכלי פשתן מותר לכבס במועד מ"מ החמיר לנו מוריט רש"י לתת סדינין שלנו לכובס אותה שבוע שהיה בה ט"ב קודם התענית [ג] אבל היכא דחל ט"ב בה' בשבת מותר לכבס ולספר מחמת ואילך מפני כבוד השבת דאין להמתין עד ערב שבת מפני טורח השבת*:

ערב ט"ב לא יאכל אדם ב' תבשילין · פירוש ב' תבשילין ר"ל בשתי קדירות כגון שקורין העולם אכלנו ב' מינים שקורין מיישו"ן אבל אין לאסור לאכול תבשיל שעושין מבללים ומגבינה ומבילים דאע"ג דאין רגילין העולם לאכול בללים חיין כדאמר בעירובין (ד' כט·) אכל בצל והשכים ומת וכו' שקשין לכל גופו של אדם כחרבות אעפ"כ מאחר שאין עושין מהם תבשיל בעצמו אם לא ישימו (ד) או שומן או שום דבר שנותן בהם טעם אינו קרוי תבשיל כדי לאסור הבילים שמשימין עמהם אבל מן גבינה המבושל בקדירה אין חששא לאכול דכל דבר שהוא נאכל כמו שהוא חי כמו חלב כמו גבינה כמו תפוחים אין בהם תורת בשול כלל וכלל: **ואם** היה רגיל לסעוד בעשרה יסעוד בחמשה · לריך למעט בכבודו: **ואע"ג** דקאמר הש"ס דבשר מליח מותר כל זמן שאינו כשלמים כלומר שעבר יותר מב' ימים משחיטתו אפ"ה לדידן אסור לאכול בשר אפי' מלוח מזמן מרובה כיון דאנו רגילים לאכול בשר מליח וכן לריך למעט בשתייתו שאם היה רגיל לשתות עשרה כוסות משכר או ממשקה אחר לא ישתה כי אם חמשה ולריך לשנות מקומו שהוא רגיל לאכול בו כמו שהיה מנהגו של רבי יהודה בר' אילעאי שישב ואכל ערב ט"ב בין תנור לכיריים מקום שהיה מנול:

כל

רבינו חננאל

ומפטיר אחד · ואסיקנא הלכתא (כר' יוחנן) כרשב"ג דאמר אינו נוהג אלא אותה שבת בלבד שחל ט' באב להיות בתוכה · והלכתא כר' מאיר דאמר עד התענית · אבל לאחר התענית שאר א) שבוע מותר · וזהו פי' הלכתא כתרווייהו לקולא: ערב ט' באב לא יאכל ב' תבשילין כו' ואפילו אורז ועדשים · אבל אוכל תבשיל אחד בלבד שלא יהיה אותו תבשיל בשר ואם הוא בשר בן ג' ימים מותר · דא"כ בשר שאינו כשלמים בן ב' ימים ולילה אחד כדכתיב ביום ובהכם יאכל וממחרת וגו' אינו קרוי בשר אלא מליח ויין תוסס נמי כגון שנסחט בתוך ג' ימים מותר שאינו עדיין יין · אמר רב יהודה אמר רב ל"ש לא יאכל ב' תבשילין ולא יאכל בשר ולא ישתה יין בערב ט' באב משעה שיעברו שש שעות מן היום כגון שקבע סעודתו משעה שביעית ולמעלה · והני מילי בסעודה שהוא מפסיק בה כלומר בתענית · אבל אם בדעתו לאכול עדיין פעם אחרת או קודם שעה ששית מותר ב) (מתשתא מיברי) · הני מילי פשוטות הן · רשבג"א אם היה רגיל לאכול אחר סעודתו צנון או מלח הרשות בידו: ת"ר כל שהוא משום ט' באב אסור לאכול בשר ולשתות יין ואסור לרחוץ ג) משעה שאסור לאכול אסור לרחוץ · ואע"ג דתנינן נוהג אבל עד התענית ואמרינן הלכתא אבל אסור לרחוץ כל גופו בין בחמין בין בצונן כל ז' אבל פניו ידיו ורגליו בחמין אסור בצונן מותר הא גרסינן בפסחים פרק מקום שנהגו (דף נד:) אין בין ט' באב ליוה"כ כו' מסייע ליה לר' אלעזר דאמר אסור לאדם שיושיט אצבעו במים בט' באב כדרך שאסור ביוה"כ. אע"ג דמותבינן עליה הא משני רב פפא חסורי לא קתני · וגרסינן בפ' יוה"כ (יומא עח·) מטפחת היה לו לריב"ל (ביוה"כ) [עיוה"כ] מקנח פניו ידיו ורגליו למחר מעבירה ע"ג עיניו ואינו חושש. ערב ט' באב שורה במים ועושה כמין כלים נגובים למחר מעביר ע"ג עיניו ואינו חושש ש"מ מהני כלהו דרחיצת פניו ידיו ורגליו בט' באב אפילו בצונן אסור אלא אם היו מטונפות: ת"ר כל מצות הנהוגות באבל נוהגות בט' באב · אסור ברחיצה ובסיכה ובנעילת הסנדל ובתשמיש המטה · שלח רב ד) הגאון בלשון הזה יהא בנדוי כל מי שעושה אחת מכל אלו בט' באב כל היום · וא' לקרות בתורה בנביאים ובכתובים ולשנות במשנה בתלמוד כו' · ר' יהודה ה) אומר אינו קורא אלא במקום שאינו רגיל לקרות מפני שצער הוא לו וקורא באיוב ובקינות פי' איכה ובדברים הרעים שבירמיה ותינוקות של בית רבן בטלים משום פקודי ה' ישרים משמחי לב · תנא יין תוסס אין בו משום גילוי · וכמה תסיסתו ג' ימים · לפיכך בערב ט' באב מותר:

א) אולי צ"ל כל שאר ימי השבוע מותר. ב) אולי צ"ל מחלוקת ר"מ וחכמים פשוטות הן. ג) אולי צ"ל ר' ישמעאל בר"י אמר משעה שמותר לאכול מותר לרחוץ. ד) אולי צ"ל רב האי גאון. ה) נראה דצ"ל ר"י אומר אף אינו קורא במקום שאינו רגיל וכו'

רבינו גרשום

אמר לאחריו נמי אסור: מחגה מה חגה ח' ימים אף מיעוט שמחה ח' ימים: ותרווייהו לקולא הלכה כר"מ דאמר אין אסור אלא עד התענית והלכה כרשב"ג דאין איסור אלא אותה שבת והוא שלפני ט' באב: בסעודה המפסיק סעודה אחרונה שמקבל עליו תענית · אבל בסעודה שאין מפסיק כגון סעודה שאוכל קודם לכן שעדיין יאכל אחריה. כל שהוא משום ת"ב היינו ט' באב עצמו כל שאינו משום ת"ב שאר תעניות. קורא הוא במקום שאינו רגיל לקרות לפי שמצטער: כל זמן שהוא כשלמים שני ימים ולילה אחד אינו אוכל בערב ת"ב אבל אחר כן אוכל שבטל מתורת בשר.

הגהות הב"ח

(א) רש"י ד"ה וחכ"א ישנה אשני תבשילין קיימי אבל בשר ויין: (ב) ד"ה מליח כו' כדלקמן הס"ד והשאר נמחק: (ג) ד"ה ואסור לקרות כו' משמחי לב במקום שהוא רגיל הס"ד: (ד) תוס' ד"ה ערב כו' אם לא ישימו בו שומן או:

הגהות הגר"א

[א] גמרא כל שעה שמותר לאכול (בשר) תז"מ (וכן מחקו רש"י וכן בתוספתא ליתא): [ב] שם ותינוקות של ב"ר אינן בטלין ר' יהודה כו' · כצ"ל (וכ"ה ברי"ף ורא"ש וכא"ז וגירסתם בת"ק דברי ר"מ וכ"ד הפוסקים שפסקו כר' יהודה): [ג] תוס' סד"ה ותרוייהו · (אבל היכא כו' עד טורח השבת) תא"מ (וכבר תמה הב"י ע"ז):

עין משפט נר מצוה

לג א מיי' פ"ה מהל' תענית הלכה ז סמג עשין ג טוש"ע א"ח סימן תקנב סעיף א וסעיף ח:

לד ב מיי' שם הלכה י סמג שם טוש"ע שם סי' תקנב סעיף ה:

לה ג ד מיי' שם הלכה ז סמג שם טוש"ע שם סי' תקנד סעיף ב:

לו ה ו מיי' פי"א מהל' רוצח ושמירת נפש הלכה ח סמג עשין עט וטור י"ד סימן קטז:

[עי' ב"י בא"ח סי' תקנא מה שתמה על דברי תוס' אלו]

לז ז מיי' פ"ה מהל' תענית הלכה ט טוש"ע א"ח סימן תקנב סעיף ו:

בין תנור לכיריים ואוכל ושותה עליה קיתון של מים ודומה כמי שמתו מוטל לפניו תנן התם *מקום שנהגו לעשות מלאכה בט' באב עושין מקום שנהגו שלא לעשות אין עושין ובכל מקום ת"ח בטלים רשב"ג אומר לעולם יעשה כל אדם עצמו כתלמיד חכם תניא נמי הכי רשב"ג אומר לעולם יעשה אדם עצמו כתלמיד חכם כדי שיתענה תניא אידך *רשב"ג אומר כל האוכל ושותה בט' באב כאילו אוכל ושותה ביוה"כ ר"ע אומר *כל העושה מלאכה בתשעה באב אינו רואה סימן ברכה לעולם וחכ"א כל העושה מלאכה בט' באב ואינו מתאבל על ירושלים אינו רואה בשמחתה שנא' °שמחו את ירושלם וגילו בה (ישעי' סו) כל אוהביה שישו אתה משוש כל המתאבלים עליה מכאן אמרו *כל המתאבל על ירושלים זוכה ורואה בשמחתה ושאינו מתאבל על ירושלים אינו רואה בשמחתה *תניא נמי הכי כל האוכל בשר ושותה יין בט' באב עליו הכתוב אומר °ותהי עונותם (יחזקאל לב) על עצמותם: רבי יהודה מחייב בכפיית המטה ולא הודו לו חכמים: תניא אמרו לו לרבי יהודה לדבריך עוברות ומניקות מה תהא עליהן אמר להם אף אני לא אמרתי אלא ביכול תניא נמי הכי מודה ר' יהודה לחכמים בשאינו יכול ומודים חכמים לרבי יהודה ביכול מאי בינייהו איכא בינייהו שאר מטות כדתניא *כשאמרו לכפות המטה לא מטתו בלבד הוא כופה אלא כל המטות כולן הוא כופה אמר רבא הלכתא כתנא דידן *ולא הודו לו חכמים כל עיקר: א"ר שמעון בן גמליאל לא היו ימים טובים לישראל כחמשה עשר באב וכיוה"כ: *בשלמא יום הכפורים משום דאית ביה סליחה ומחילה יום שניתנו בו לוחות האחרונות אלא ט"ו באב מאי היא אמר רב יהודה אמר שמואל יום שהותרו שבטים לבוא זה בזה מאי דרוש °זה הדבר אשר צוה ה' לבנות צלפחד וגו' (במדבר לו) דבר זה לא יהא נוהג אלא בדור זה אמר רב יוסף אמר רב נחמן יום שהותר שבט בנימן לבוא בקהל שנאמר °ואיש ישראל (שופטים כא) נשבע במצפה לאמר איש ממנו לא יתן בתו לבנימן לאשה מאי דרוש אמר רב ממנו ולא מבנינו (*אמר) רבה בר בר חנה א"ר יוחנן יום שכלו בו מתי מדבר דאמר מר עד שלא כלו מתי מדבר לא היה דבור עם משה שנאמר °ויהי כאשר תמו כל אנשי המלחמה למות וידבר ה' (דברים ב) אלי אלי היה הדבור עולא אמר יום שביטל הושע בן אלה *פרוסדיות שהושיב ירבעם בן נבט על הדרכים שלא יעלו ישראל לרגל ואמר לאיזה

רש"י

בין תנור לכיריים · מקום מטול שבבית : אינו רואה סימן ברכה · מאותה מלאכה : כל האוכל בשר ושותה יין בתשעה באב עליו הכתוב אומר ותהי עונותם על עצמותם · בתשעה באב כלומר בסעודה המפסיק בה : עוברות ומניקות · שאינן יכולות לישן על גבי קרקע : ביכול · שאפשר לו : מאי בינייהו · כיון דזה מודה לו ביכול וזה מודה לו בשאינו יכול : שאר מטות · שבבית שאינו שוכב בהן ר' יהודה דמחייב במתני' בכפיית המטה קמחייב נמי ביכול בשאר מטות ורבנן סברי מטתו כופה ולא שאר מטות וכדתניא גבי אבל : שניתנו בו לוחות אחרונות · שבי"ז בתמוז ירד משה מן ההר תחלה ושיבר את הלוחות ובי"ח טחן את העגל ודן את הפושעים ועלה למרום כשתהה שם שמונים יום ארבעים יום עמד בתפלה דכתיב (דברים ט) ואתנפל לפני ה' ארבעים יום וארבעים לילה וארבעים יום עמד כבראשונה חשוב מי"ז בתמוז עד יום הכפורים והוו להו שמונים יום שנים עשרה שנשתיירו מתמוז דהוא חסר ושלשים דאב ותשעה ועשרים דאלול הרי אחד ושבעים ותשעה דתשרי הרי שמונים יום וליל גוס (א)השלים כנגד לילו של י"ז תמוז דלא הוה בחושבניה דהא נפק ליה כבר בשעה שעלה השתא הוי להו פ' שלמין לילה ויום ובוקר יום כפור ירד שהוא עשרה בתשרי ואותו היום נקבע ליום כפור להודיע שמחל וניחם על הרעה אשר דבר לעשות לעמו ועל כן נקבע יום כפור בעשרה בתשרי כך שמעתי : שהותרו שבטים לבא זה בזה · דרחמנא אמר וכל בת יורשת נחלה וגו' (במדבר לו) וכתיב (שם) ולא תסוב נחלה ממטה למטה אחר כי איש בנחלתו ידבקו בני ישראל ועמדו והתירו דבר זה בחמשה עשר באב : זה הדבר אשר צוה ה' לבנות צלפחד וגו' · זה מיעוט הוא כלו' לא יהיה דבר זה נוהג אלא בדור זה בדור של בנות צלפחד : לבא בקהל · לישא נשים לפי שנשבעו ישראל מלהינשא להם כדכתיב בשופטים (כא) : ממנו · מיעוט הוא דכתיב איש ממנו לא יתן בתו לבנימין לא גזרו אלא מהם (ממנו) אבל מבניהם לא גזרו : שכלו מתי מדבר · דתניא כל ארבעים שנה שהיו במדבר בכל ערב תשעה באב היה הכרוז יוצא ואומר צאו לחפור והיה כל אחד ואחד יוצא וחופר לו קבר וישן בו שמא ימות קודם שיחפור ולמחר הכרוז יוצא וקורא יבדלו חיים מן המתים וכל שהיה בו נפש חיים היה עומד ויוצא וכל שנה היו עושין כן ובשנת ארבעים שנה עשו ולמחר עמדו כולן חיים וכיון שראו כך תמהו ואמרו שמא טעינו בחשבון החדש חזרו ושכבו בקבריהן בלילות עד ליל חמשה עשר וכיון שראו שנתמלאה הלבנה בט"ו ולא מת אחד מהם ידעו שחשבון חדש מכוון וכבר מ' שנה של גזרה נשלמו קבעו אותו הדור לאותו היום יו"ט : דאמר מר כו' · לפיכך יו"ט הוא: לא היה הדבור עם משה · ביחוד וחיבה דכתיב וידבר ה' אלי לאמר אלי נתייחד הדיבור ואע"ג דמקמי הכי כתיבי קראי בהו וידבר איכא דאמרי לא היה פה אל פה אלא בחזיון לילה גמגום : לאיזה

תוספות

כל העושה מלאכה בתשעה באב אינו רואה סימן ברכה לעולם · כלומר באותה מלאכה שרגיל לעשות בתשעה באב אינו רואה סימן ברכה לעולם וחייב אדם לצער ולמעט בכבודו ובהנאותיו שאם היה רגיל לשכב על שני כרים לא ישכב כי אם על אחד · אבל עוברות ומניקות אינן חייבות כולי האי שאינם יכולות להצטער בעצמן ואוכלין סעודה המפסקת מבעוד יום וכן נמי ביום הכפורים (נמי) צריך לסעוד מבע"י דתוספת יום הכפורים מן התורה כדכתיב (ויקרא כג) מערב ועד ערב וכתיב בעצם היום הזה (שם) אבל מכל מקום אין לאסור לשתות משאכל סעודה מפסקת ועדיין הוי היום גדול °כדמשמע בירושלמי דר' יוסי איקלע לבצרה אכל סעודה מפסקת אתא לגבי דריש כנישתא והוה סעיד אמר ליה ההוא ריש כנישתא סעוד אלי אמר ליה אכלית ואפסקית אמר לו אסמך עלי דלא לימרון הדין גברא לא אסמך עליה אכל מכל עיגול פתית ואכל מכל תבשיל ותבשיל חד פת ושתה מכל חבית חד כסא והכי הלכתא אם עדיין היום גדול לאחר שאכל סעודה המפסקת מותר לשתות אפילו ערב יוה"כ וכל שכן ערב תשעה באב :

אמר רבא הלכה כתנא דידן ולא הודו לו חכמים · פירוש שאין צריך לכפות המטה והאידנא דחיישינן לכשפים לא עבדינן כפיית המטה ואפילו באבל :

יום שהותרו השבטים לבא זה בזה · פירוש דהיינו י"ט :

יום שבו כלו מתי מדבר · כדאמרי' (במדרש איכה) כל ט' באב היו עושין קבריהן ושוכבין בתוכן ולמחר הכרוז יוצא הבדלו החיים ואותה השנה שכלתה הגזרה קמו כולם והיו סבורים שמא טעו בחודש עד שראו הלבנה מלאה ואז ידעו שכלתה הגזרה ועשו יו"ט ופרשב"ם (בב"ב דף קכא.*) כל המ' שנים לא היו מתים אלא בט' באב °ובכל ט' באב היו מתים *כ"א אלף ופרוטרוט ומפרש התם דאותו פרוטרוט עולה למ' שנים ט"ו אלף וי"מ שהיו מתים בכל יום אך רוב המתים היו לעולם בתשעה באב ובחמשה עשר באב פסקה הגזרה ולא מתו כלל ועשו י"ט:

תיקט

רבינו חננאל

ר' אומר כל האוכל ושותה בט' באב כאלו אוכל ושותה ביוה"כ · ר' עקיבא אומר העושה מלאכה בט' באב אינו רואה סימן ברכה לעולם · וחכ"א העושה מלאכה בט' באב אינו רואה בשמחת ירושלים שנאמר שמחו את וגו' שישו אתה משוש כל המתאבלים עליה · כל שאינו מתאבל על ירושלים אינו רואה בשמחתה · וכל האוכל בט' באב עליו הכתוב אומר ותהי עונותם על עצמותם · עונותיו חקוקים על עצמותיו · ר' יהודה מחייב בכפיית המטה ולא הודו לו חכמים · תנא מודה ר' יהודה לחכמים בשאינו יכול כגון עוברות ומניקות וכיוצא בהן שאין כופין מטותיהן · ומודים חכמים לר' יהודה שכופה כל אדם מטתו מי שהוא יכול לישן על הקרקע ואמר רבא הלכתא כתנא דידן דקתני לא הודו לו חכמים · מנהגו של ר' יהודה ברבי אלעאי בערב ט' באב היה יושב בין תנור לכיריים ואוכל פת חריבה במלח · ושותה קיתון של מים ודומה כמי שמתו מוטל לפניו : ארשב"ג לא היו ימים טובים לישראל כט"ו באב וכיוה"כ · בשלמא יוה"כ משום שהוא יום שנתנו לוחות האחרונות לפי שכשתחשב מז' בסיון שעלה משה לקבל לוחות הראשונות מ' יום עד י"ז בתמוז שנא' ואתנפל לפני ה' וגו' עד כ"ט באב ומיד א"ל הקב"ה למשה עלה אלי ההרה · ועלה ביום ל' של אב (עשה ג') [עמד מ'] יום וירד בלוחות האחרונות והוא יוה"כ לפיכך ראוי להיות יו"ט · אלא ט"ו באב מפני מה הוא יו"ט ואמרי' יום שהותרו שבטים לבוא זה בזה · דדרוש זה הדבר שכתוב בענין ולא תסוב נחלה ממטה למטה אחר · לא יהא נוהג אלא באותו דור שנכנסו לארץ · ולהם נחלקה הארץ בלבד · ור' יוחנן אמר שהותר שבט בנימין דדרוש איש ממנו לא יתן בתו לבנימין ממנו ולא מבנינו · רב נחמן אמר יום שכלו בו מתי מדבר · ומצינו בפירוש בירושלמי ר' אבון אמר שבטל בו החפירה דא"ר לא בכל ערב ט' באב היה משה רבינו מוציא כרוז במחנה ישראל צאו לחפור היו יוצאין (עצמן) וחופרין קברות וכל אחד ישן בקברו · ובשחר מי שנמצא חי חוזר למחנה והמתים נשארו בקבריהן ומוצאין עצמן בכל שנה חסרים ט"ו אלף ופרוטרוט בשנת ל"ח שנה עשו כמנהג כל השנים עמדו כולן לא מת אחד מהן · אמרו טעינו בחשבון אני היום ט' באב וכן אמרו בי"א בי"ב ובי"ג ובי"ד כיון שהגיע ט"ו באב וראו הלבנה מלאה

רבינו גרשום

מחייב בכפיית המטה לכוף מטתו כאבל : עוברות ומניקות שאי אפשר להם בלא כפיית מה תהא עליהם: מפתי בלבד: כל הכלים המשאילות זו לזו מעונית טבילה שמא דנדה היו · יום שכלו מתי מדבר וקבעו יום שאר מטות שאינו שוכב עליה דר' יהודה מחייב לכוף כל המטות שבבית והכ"א אינו חייב לכוף אלא טוב לפי שחזר הדיבור למשה. יום שפוסקין מלכרות עצים למערכה ומיכן ואילך מוסיפין לעסוק בתורה :

גליון הש"ס תוס' ד"ה כל העושה וכו' כדמשמע בירושלמי בעירובין דף מא ע"א בתוס' ד"ה אי אתם כתבו כן בשם מדרש איכה רבתי : שם ד"ה יום שבו וכו' ובכל ט"ב היו מתים · עיין תשובת חות יאיר בסוף ספר תשוב' של הגאון מוהר"ד זצ"ל בסופו :

לח א מיי' פ"ה מהל' תענית הל' י סמג עשין ג טוש"ע א"ח סי' תקנד סעיף כב :
לט ב מיי' שם טוש"ע שם סעיף כד :
מ ג ד טוש"ע שם סעיף כה :
מא ה מיי' פ"ה מהל' אבל הלכה יח טור י"ד סימן שפז :

גיטין נז:
ברי"ף וברא"ש ליתא תנ"ס
[פ"ע ברשב"ס וע' מהרש"א]
מתים מת"ר אלף כפרוטרוט כצ"ל
[גיטין פח:]
[ושם הגי' פרדסיות וכן הגי' בב"ב קכא:]

[ברכות יז:] פסחים נד:
[ברי' ופרא"ש מהופכים דברי ר"ע לרשב"ג ודברי רשב"ג לר"ע]
[ב"ב ס:]
מו"ק כו: נדרים טו: סנהדרין כ:
בס"א דקאמר ולא הודו
ב"ב קכא. ע"ש
[ב"ב קכא: איתא רב דימי בר יוסף אמר רב נחמן יום וכו']
[גי' הערוך פרוזדאות פי' שומרים וע' לעיל כח. והושיבו פרוזדאות כו']

הגהות הב"ח

(א) רש"י ד"ה שניתנו כו' הרי שמונים יום וליל גוס כפור השלים כנגד:

[30b] between the [baking] oven and the [cooking] stove[2] and eat and he would drink with it a pitcher full of water and he would appear as if a near relation were lying dead before him.

Elsewhere we have learnt: Where it is the custom to do work on the Ninth of Ab we may do work, but where it is not the custom we may not; and everywhere the Scholars refrain from work. R. Simeon b. Gamaliel says: [In this respect] a man should always consider himself a scholar. It has been taught likewise: R. Simeon b. Gamaliel says: [In this respect] let a man always consider himself a scholar that he may feel more strongly the fast.

A [Baraitha] taught: R. Simeon b. Gamaliel says: Any one who eats or drinks on the Ninth of Ab is as if he ate and drank on the Day of Atonement. R. Akiba says: Any one who does work on the Ninth of Ab will never see in his work any sign of blessing. And the Sages say: Any one who does work on the Ninth of Ab and does not mourn for Jerusalem will not share in her joy, as it is said, *Rejoice ye with Jerusalem, and be glad with her, all ye that love her; rejoice for joy with her, all ye that mourn for her.*[3] From this originates what they [the Rabbis] have said: Everyone who mourns for Jerusalem merits to share in her joy, and any one who does not mourn for her will not share in her joy. It has also been taught likewise: Of him who eats meat and drinks wine on the Ninth of Ab Scripture says: *And their iniquities are upon their bones.*[4]

R. JUDAH MAKES IT OBLIGATORY TO TURN THE BED OVER, BUT THE WISE DID NOT AGREE WITH HIM IN THIS. It has been taught: [The Sages] said to R. Judah: If your view is followed
a what will happen to pregnant women and nursing mothers?[1]—He replied to them: I too meant my statement to apply only where it is possible. It has also been taught likewise: R. Judah agrees with the Sages where it is not possible [to overturn the beds]; and the Sages agree with R. Judah where it is possible. What is the real difference between them? The difference between them arises in the case of other beds [not used for sleeping]. As it has been taught: When the Rabbis said that a man should turn over the bed, they meant not only his own bed but also all the beds [in the house]. Raba said: The *halachah* is according to our Tanna, but the Sages would not accept his [R. Judah's] view at all.

R. SIMEON B. GAMALIEL SAID: THERE NEVER WERE IN ISRAEL GREATER DAYS OF JOY THAN THE FIFTEENTH OF AB AND THE DAY OF ATONEMENT. I can understand the Day of Atonement, because it is a day of forgiveness and pardon and on it the second Tables of the Law were given,[2] but what happened on the fifteenth of Ab?—Rab Judah said in the name of Samuel: It is the day on which permission was granted to the tribes to inter-marry.[3] Whence may this be adduced?—Scripture says, *This is the thing which the Lord hath commanded concerning the daughters of Zelophehad* etc.,[4] [meaning] *'this thing'* shall hold good for this generation only. R. Joseph said in the name of R. Naḥman: It is the day on which the tribe of Benjamin was permitted to re-enter the congregation [of Israel], as it is said, *Now the men of Israel had sworn in Mizpah, saying: There shall not any of us give his daughter unto Benjamin to wife.*[5] From what was their exposition?[6]—Rab said: From the phrase *'any of us'* which was interpreted to mean, 'but not from any of our children'.

Rabbah b. Bar Ḥanah said in the name of R. Joḥanan: It is the day on which the generation of the wilderness ceased to die out.
b For a Master said: So long as the generation of the wilderness[1] continued to die out there was no divine communication to Moses,[2] as it is said, *So it came to pass, when all the men of war were consumed and dead ... that the Lord spake unto me.*[3] [Only then] came the divine communication *'unto me'*.

'Ulla said: It is the day on which Hosea the son of Elah removed the guards which Jeroboam the son of Nebat had placed on the roads to prevent Israel from going [up to Jerusalem] on pilgrim-

(2) He took up a humble position. (3) Isa. LXVI, 10. (4) Ezek. XXXII, 27.

a (1) Who cannot sleep on the ground. (2) [According to a tradition in Seder Olam 6, Moses spent three periods of forty days and forty nights in the Mount beginning with the seventh of Sivan and ending on the tenth of Tishri when he came down on earth with the Second Tables.] (3) V. next note. (4) Cf. Num. XXXVI, 6-7. The Law was later annulled. (5) Judg. XXI, 1. (6) I.e., on what did they base their permission.

b (1) Those who came out of Egypt. (2) [In a direct manner as described in Num. XII, 8, '*With him I speak mouth to mouth*, etc. (Rashbam, B.B. 121b).] (3) Deut. II, 16-17.

age,[4] and he proclaimed [31a], Let them go up to whichever shrine they desire. R. Mattenah said: It is the day when permission was granted for those killed at Bethar to be buried. R. Mattenah further said: On the day when permission was granted for those killed at Bethar[5] to be buried [the Rabbis] at Jabneh instituted [the recitation of] the benediction,[6] 'Who art kind and dealest kindly etc.'; 'Who art kind': Because their dead bodies did not become putrid;[7] 'And dealest kindly': Because permission was granted for their burial. Rabbah and R. Joseph both said: It is the day on which [every year] they discontinued to fell trees for the altar.[8] It has been taught: R. Eliezer the elder says: From the fifteenth of Ab onwards the strength of the sun grows less and they no longer felled trees for the altar, because they would not dry [sufficiently]. R. Menashya said: And they called it the Day
a of the Breaking of the Axe.[1] From this day onwards,[2] he who increases [his knowledge through study] will have his life prolonged, but he who does not increase [his knowledge] will have his life taken away.[3] What is meant by 'taken away'?—R. Joseph learnt: Him his mother will bury.[4]

ON THESE DAYS THE DAUGHTERS OF JERUSALEM etc. Our Rabbis have taught: The daughter of the king borrows [the garments] from the daughter of the High Priest, the daughter of the High Priest from the daughter of the deputy High Priest,[5] and the daughter of the deputy High Priest from the daughter of the Anointed for Battle,[6] and the daughter of the Anointed for Battle from the daughter of an ordinary priest, and all Israel borrow from one another, so as not to put to shame any one who may not possess [white garments].

ALL THE GARMENTS REQUIRE RITUAL DIPPING: R. Eleazar said: Even though they lay folded in a box.[7]

THE DAUGHTERS OF ISRAEL CAME OUT AND DANCED IN THE VINEYARDS. A Tanna taught: Whoever was unmarried repaired thither.

THOSE OF THEM WHO CAME OF NOBLE FAMILIES EXCLAIMED, 'YOUNG MAN etc.' Our Rabbis have taught: The beautiful amongst them called out, Set your eyes on beauty for the quality most to be prized in woman is beauty; those of them who came of noble families called out, Look for [a good] family for woman has been created to bring up a family; the ugly ones amongst them called out, Carry off your purchase in the name of Heaven, only on one condition that you adorn us with jewels of gold.

Ulla Bira'ah said in the name of R. Eleazar: In the days to come the Holy One, blessed be He, will hold a chorus for the righteous and He will sit in their midst in the Garden of Eden and every one of them will point with his finger towards Him, as it is said, *And it shall be said in that day: Lo, this is our God, for whom we waited, that He might save us; this is the Lord for whom we waited,*
b *we will be glad and rejoice in His salvation.*[1]

(4) Cf. Giṭ. 88*a*. (5) During the Bar Kochba War. Cf. Giṭ. 57*a*. (6) The fourth benediction of the Grace after Meals. (7) [During the long period in which the slain were left lying in the open field owing to Hadrian's decree forbidding their interment.] (8) Undried wood harbours woodworms and this makes the wood unfit for the altar. After the fifteenth of Ab the rays of the sun are not sufficiently strong to dry the fresh-cut logs and therefore the felling of trees for the altar was discontinued as from this date. Cf. Mid. II, 5.

a (1) The name signified that there was no longer any need for the woodcutter's axe. (2) The nights grow longer and people have more time for study. (3) Cf. Aboth. I, 13. (4) He will die prematurely. (5) *Segan*, v. Sanh. (Sonc. ed.) 19*a* n. b1. (6) Priest anointed as Chaplain of the Army in time of war, and part of whose duty it was to make the necessary proclamations for the exemptions from military service. Cf. Deut. XX, 2ff. (7) Which would show that they were new and had never been worn.
b (1) Isa. XXV, 9.

לאיזה שירצו יעלו *רב מתנה אמר יום שנתנו הרוגי ביתר לקבורה ואמר רב מתנה *אותו יום שנתנו הרוגי ביתר לקבורה *תקנו ביבנה הטוב והמטיב הטוב שלא הסריחו והמטיב שנתנו לקבורה רבה ורב יוסף דאמרי תרוייהו יום שפסקו מלכרות עצים למערכה (*תניא) רבי אליעזר הגדול אומר מחמשה עשר באב ואילך תשש כחה של חמה ולא היו כורתין עצים למערכה לפי שאינן יבשין אמר רב מנשיא וקרו ליה יום תבר מגל מכאן ואילך דמוסיף יוסיף ודלא מוסיף (*יאסף) (*תני רב יוסף) מאי יאסף אמר רב יוסף תקבריה אימיה: שבהן בנות ירושלים כו': ת"ר בת מלך שואלת מבת כהן גדול בת כהן גדול מבת סגן ובת סגן מבת משוח מלחמה ובת משוח מלחמה מבת כהן הדיוט וכל ישראל שואלין זה מזה כדי *שלא יתבייש את מי שאין לו: כל הכלים טעונין טבילה: אמר רבי אלעזר אפילו מקופלין ומונחין בקופסא: בנות ישראל יוצאות וחולות בכרמים: תנא מי שאין לו אשה נפנה לשם: *מיוחסות שבהן היו אומרות בחור וכו': תנו רבנן יפיפיות שבהן מה היו אומרות תנו עיניכם ליופי שאין האשה אלא ליופי מיוחסות שבהן מה היו אומרות תנו עיניכם למשפחה לפי *שאין האשה אלא לבנים מכוערות שבהם מה היו אומרות קחו מקחכם לשום שמים ובלבד שתעטרונו בזהובים אמר עולא ביראה אמר רבי אלעזר עתיד הקדוש ברוך הוא לעשות מחול לצדיקים והוא יושב ביניהם בגן עדן וכל אחד ואחד מראה באצבעו שנאמ' °ואמר ביום ההוא הנה אלהינו זה קוינו לו ויושיענו זה ה' קוינו לו נגילה ונשמחה בישועתו:

הדרן עלך בשלשה פרקים וסליקא לה מסכת תענית

רש"י

לאיזה שירצה יעלו · הושע בן אלה רשע היה דכתיב (מלכים ב יז) ויעש הרע בעיני ה' רק לא כמלכי ישראל והיינו דקאמר רק שבטל את הפרוסדאות ואמר לאיזה שירצו יעלו: הרוגי ביתר · בפרק הניזקין (גיטין דף נז:): מלכרות · לפי שהן לחין ומאותו הזמן אין כח בחמה לייבשן וחיישינן מפני התולעת לפי שעץ שיש בו תולעת פסול למערכה כדאמרינן (מדות פ"ב מ"ה): יום תבר מגל · שבירת הגרזן שפסק החוטב מלחטוב עצים: מכאן ואילך · מחמשה עשר באב ואילך דמוסיף לילות על הימים לעסוק בתורה יוסיף חיים על חייו: דלא יוסיף · לעסוק בתורה בלילות: תקבריה אימיה · כלומר ימות בלא עתו: בת מלך · אף על פי שהיה לה שואלת מבת כהן גדול כו' שלא לבייש את השואלת מתוך שאין לה: מבת כהן גדול · שהוא קרוב וסמוך למלכות: סגן · כהן חשוב ממונה תחת כהן גדול להיות תחתיו ביום הכפורים אם יארע פסול בכהן גדול ביום הכפורים ישמש זה הסגן תחתיו: משוח מלחמה · הוא הכהן המכריז במלחמה *מי האיש הירא ורך הלבב וגו' (דברים כ): אפילו מקופלין ומונחין בקופסא · אשקריי"ן: צריכין טבילה · כולן שלא לבייש את שצריכה טבילה: שאין אשה אלא לבנים · אם בניך יהיו מיוחסין הכל קופצין עליהם בין זכרים בין נקבות: על מנת שתעטרונו בזהובים · שאחרי הנישואין תתנו לנו תכשיטין ומילתא בעלמא הוא דאמרי כלומר ובלבד שתתנו לנו מלבושים נאים: מחול · סביב לשון מחול הכרם (כלאים פ"ד מ"א): מראה באצבעו · ואומר זה ה' קוינו לו ויושיענו זה ה' קוינו לו נגילה ונשמחה בישועתו:

הדרן עלך בשלשה פרקים וסליקא לה מסכת תענית

תוספות

תיקנו ביבנה הטוב והמטיב · פירוש בברכת המזון ומש"ה תקנו יותר על היין הטוב והמטיב שפי מבשאר דברים לפי שהיו [כמו] גדר בכרם ולא נסרחו: יום תבר מגל · פירוש שמונעין מלכרות עצים למערכה פירוש משום שחלש כחה של חמה ומגדלין התולעים באילנות ועצים מתולעים פסולים למערכה כדאמר [במדות] (פ"ב מ"ה) שהכהנים בעלי מומין הם מנקרים העצים ומסירין העצים מתולעים שפסולות למערכה: דלא מוסיף יאסף · פי' אותו שאינו מוסיף מן הלילות על הימים יאסף: מאי יאסף תקבריה אימיה · תימה וכי היה מסופק מאי יאסף אלא נראה לומר דלא מוסיף יסיף(א) ומיהא קבעי גמרא מאי יסיף אבל לעולם הוה ידע דיאסף הוא לשון מיתה כדכתיב (בראשית מט) ויגוע ויאסף אל עמיו: כל אחד ואחד מראה הקדוש ברוך הוא באצבעו שנאמר הנה אלהינו זה קוינו לו וגו' נגילה ונשמחה בישועתו:

הדרן עלך בשלשה פרקים וסליקא לה מסכת תענית

רבינו חננאל

מלאה אמרו ודאי בטל הקב"ה אותה גזרה לפיכך עשאוהו יו"ט · רב מתנה אמר יום שנתנו הרוגי ביתר לקבורה בו ביום תקנו הטוב והמטיב הטוב שלא הסריחו והמטיב שנתנו לקבורה · יום שפוסקין בו לכרות עצים למערכה כדתניא ר"א הגדול אומר מט"ו באב תשש כחה של חמה ולא היו כורתים עצים למערכה מפני שאין יבשים וכיון שאין יבשים מתליעין וקרו ליה יום תבר מגל · כלומר מעתה אין אנו צריכין מגל לחתוך בו עצים · [מכאן ואילך] פי' מט"ו באב מי שמוסיף מן הלילה ליום כלומר עומד בלילה ושונה שכבר האריך הלילה · ומי שלא יוסיף תקבריה אימיה שאינו מן החכמים שמנדדין שינה מעיניהם בעולם הזה וחיים לעוה"ב: הדרן עלך בשלשה פרקים

רבינו גרשום

תשש כחה של חמה · ואינה מייבשת העצים · יום תבר מגל · כלומר מכאן ואילך אין צריכין המגל לכרות עצים: ודלא מוסיף מלילות על הימים לעסוק בתורה (יסיף) [פי' שכבר גדולין הלילות: אפי'] מקופלין חיישינן שמה ישבה עליהן נדה · לעשות מחול להצדיקים שהצדיקים עושין מחול והקב"ה יושב באמצע ומראין זה לזה ואומרים הנה אלהינו זה קוינו לו ויושיענו זה ה' קוינו לו נגילה ונשמחה בישועתו:

הדרן עלך בשלשה פרקים וכולה מסכתא ופרקיהון ארבעה וסימניהן הזכרת סדר תעניות שלשה:

מסורת הש"ס: ב"ב קכא: · ברכות מח: · [גיר' ע"י דתניא] · [בכ"כ ליתא אלא כך איתא מאי יסיף תני רב יוסף תקבריה אימיה] · [נראה שצ"ל אל ירך לבבכם וגו' עי' פרש"י בתורה ובמכות יא. ובסוטה מג.] · כתובות נט: · ישעי' כה · [צ"ל יסיף כך אי' בב"ב וע"ש ברשב"ם] · [פסחים סב. וש"נ] · [פי' סגיר' כע"ין]

עין משפט נר מצוה: מב א מיי' פ"ב מהל' ברכות הל' א:

הגהות הב"ח: (א) תוס' ד"ה מאי כו' דלא מוסיף יסיף ומשום הכי קבעי גמרא מאי:

פסקי תוספות ממסכת תענית

מאימתי

[illegible]

סדר תענית כיצד

[illegible]

סדר תענית אלו

[illegible]

בשלשה פרקים

[illegible]

סליקא לה פסקי תוספות ממסכת תענית

הגהות ב"ח [illegible]

CORRIGENDA

On page 5a line a22 for 'eleven days.[6] To that' read 'eleven days.[6] [Moreover] the 'Omer that should be offered from the grain, which should take six months to grow was offered from an eleven days' growth. To that'.

On page 7a line a25 for 'then [the curse' read 'then [the curse contained]'.

On page 9a line b3 for 'may fall' read '[may fall]'.

On page 9b note 5 for 'V. *P.B.* p. 62' read 'V. *P.B.* (new ed.) p. 65.'.

On page 11b note b1 for '(v. *P.B.* p. 50)' read '(v. *P.B.* [new ed.] p. 106)'.

On page 13b note b3 for 'v. *P.B.* p. 50.' read 'v. *P.B.* (new ed.) p. 106.'.

On page 14a note b3 for 'v. *P.B.* p. 50.' read 'v. *P.B.* (new ed.) p. 106.'.

On page 14b note a2 for 'V. *P.B.* p. 47.' read 'V. *P.B.* (new ed.) p. 50.'.

On page 14b note b2 for 'v. *P.B.* p. 57.' read 'v. *P.B.* (new ed.) p. 60.'.

On page 25a note c25 for 'I have' read 'you have'.

On page 26b line a13 for 'IN HIS DIET.' read '[IN HIS DIET.]'.

ABBREVIATIONS

Ab. — Aboth.
Alfasi — R. Isaac b. Jacob Alfasi (1013-1103).
Aruk — Talmudic Dictionary by R. Nathan b. Jeḥiel of Rome (d. 1106).
Asheri — R. Asher b. Jeḥiel (1250-1327).
A.Z. — 'Abodah Zarah.
b. — ben, bar: son of.
B.B. — Baba Bathra.
BaḤ. — Bayith Ḥadash, Glosses by R. Joel b. Samuel Sirkes (1561-1640).
Bek. — Bekoroth.
Ber. — Berakoth.
Bez. — Bezah.
Bik. — Bikkurim.
B.Ḳ. — Baba Ḳamma.
B.M. — Baba Mezi'a.
Cur. ed(d). — Current edition(s).
D.S. — *Dikduke Soferim*, by R. Rabbinowicz.
'Ed. — 'Eduyyoth.
E.J. — *Encyclopaedia Judaica.*
E.V. — English Version.
Giṭ. — Giṭṭin.
G.K. — Gesenius-Kautzsch, Hebrew Grammar.
Glos — Glossary.
Golds. — Translation of the Babylonian Talmud in German by L. Goldschmidt.
Graetz — Graetz, H., *Geschichte der Juden* (4th ed.).
Ḥag. — Ḥagigah.
Ḥananel — R. Ḥananel b. Ḥushiel of Kairwan (about 990-1050).
Hor. — Horayoth.
HUCA. — *Hebrew Union College Annual.*
Jast. — M. Jastrow's Dictionary of the Targumim, the Talmud Bible and Yerushalmi, and the Midrashic Literature.
J.E. — *Jewish Encyclopedia.*
JQR. — *Jewish Quarterly Review.*
J.T. — Jerusalem Talmud.
Keth. — Kethuboth.
Ḳid. — Ḳiddushin.
Maharsha — R. Samuel Eliezer Halevi Edels (1555-1631).
Maim. — Moses Maimonides (1135-1204).
Mak. — Makkoth.
Meg. — Megillah.
Men. — Menaḥoth.
MGWJ. — *Monatsschrift für Geschichte und Wissenschaft des Judentums.*
Mid. — Middoth.
M.Ḳ. — Mo'ed Ḳaṭan.
MS.M. — Munich Codex of the Talmud.
Ned. — Nedarim.
Nid. — Niddah.
Obermeyer — Obermeyer J., *Die Landschaft Babylonien.*
P.B. — *The Authorised Daily Prayer Book*, S. Singer.
Pes. — Pesaḥim.
R. — Rab, Rabban, Rabbenu, Rabbi.
Rashi — Commentary of R. Isaac Yizḥaḳi (d. 1105).
REJ. — *Revue des Etudes Juives.*
R.H. — Rosh Hashanah.
R.V. — Revised version of the Bible.
Sanh. — Sanhedrin.
Shab. — Shabbath.
Sheb. — Shebi'ith.
Shebu. — Shebu'oth.
Sheḳ. — Sheḳalim.
Sof. — Soferim.
Sonc. ed. — English Translation of the Babylonian Talmud. Soncino Press, London.
Soṭ. — Soṭah.
Suk. — Sukkah.
Ta'an. — Ta'anith.
T.A. — *Talmudische Archäologie*, by S. Krauss.
Ter. — Terumoth.
T.J. — Talmud Jerusalemi.
Tosaf. — Tosafoth.
Tosef. — Tosefta.
Wilna Gaon — Notes by Elijah of Wilna (1720-1797) in the Wilna editions of the Talmud.
Yeb. — Yebamoth.
Zeb. — Zebaḥim.

TRANSLITERATION OF HEBREW LETTERS

א (in middle of word) = '
ב = b
ו = w
ח = ḥ
ט = ṭ
כ = k
ע = '
פ = f
צ = z
ק = ḳ
ת = th

Full particulars regarding the method and scope of the translation are given in the Editor's Introduction in the first Shabbath volume (Mo'ed, Vol. I).

GLOSSARY

AB. The fifth month of the Jewish calendar, corresponding approximately to July or August.

ABBA. Father. A title given to many Rabbis of the Talmud as a mark of affection or honour.

AGGADAH (Lit., 'tale', 'lesson'); the name given to those sections of Rabbinic literature which contain homiletic expositions of the Bible, stories, legends, folk-lore, anecdotes or maxims. Opposed to *halachah*, q.v.

'AM HA-AREẒ pl. *'amme ha-areẓ*, (lit., 'people of the land', 'country people'); the name given in Rabbinic literature to (*a*) a person who through ignorance was careless in the observance of the laws of Levitical purity and of those relating to the priestly and Levitical gifts. In this sense opposed to *ḥaber*, q.v.; (*b*) an illiterate or uncultured man, as opposed to *talmid ḥakam*, q.v.

'AMIDAH (Lit., 'standing'); the Eighteen Benedictions (seven on Sabbaths and Festivals) which the worshipper always recites in a standing position.

AMORA. 'Speaker', 'interpreter'; originally denoted the interpreter who attended upon the public preacher or lecturer for the purpose of expounding at length and in popular style the heads of the discourse given to him by the latter. Subsequently (pl. Amoraim) the name given to the Rabbinic authorities responsible for the Gemara, as opposed to the Mishnah or Baraitha (v. Tanna).

ASHERAH. The biblical name given to a tree or pole which was the object of idolatrous worship.

BARAITHA (Lit., 'outside'); a teaching or a tradition of the Tannaim that has been excluded from the Mishnah and incorporated in a later collection compiled by R. Ḥiyya and R. Oshaiah, generally introduced by 'Our Rabbis taught', or, 'It has been taught'.

BATH ḲOL (Lit., 'daughter of a voice'); (*a*) a reverberating sound; (*b*) a voice descending from heaven (cf. Dan. IV, 28) to offer guidance in human affairs, and regarded as a lower grade of prophecy.

BETH AB (*Beth* 'house' and *Ab* 'father') 'family', one of the six family divisions into which each of the eight major divisions of the priests and Levites (*mishmar*, q.v.) was subdivided for the purpose of the Temple service.

BETH DIN (Lit., 'house of law or judgment'); a gathering of three or more learned men acting as a Jewish court of law.

BETH HAMIDRASH. House of study; the college or academy where the study of the Torah was carried on under the guidance of a Rabbinical authority.

BIKKURIM. The first ripe fruits which had to be brought to the Temple in Jerusalem, Deut. XXV, 1ff.

DEMAI (Lit., 'dubious', 'suspicious'); produce concerning which there is a doubt as to whether the rules relating to the priestly and Levitical dues and ritual cleanness and uncleanness were strictly observed. Any produce bought from *'am ha-areẓ* (q.v.), unless the contrary is known, is treated as *demai*; and *terumah gedolah* and *terumah* (q.v.) of the tithe must be separated from it.

DENAR. *Denarius*, a silver or gold coin, the former being worth one twenty-fourth (according to others one twenty-fifth) of the latter.

DUPONDIUM. A Roman coin of the value of two *issars*.

'ERUB (Lit., 'mixture'); a quantity of food, enough for two meals, placed (*a*) 2000 cubits from the town boundary, so as to extend the Sabbath limit by that distance; (*b*) in a room or in a court-yard to enable all the residents to carry to and fro in the court-yard on Sabbath.

GEZERAH SHAWAH (Lit., 'equal cut'); the application to one subject of a rule already known to apply to another, on the strength of a common expression used in connection with both in the Scriptures.

GRIVA. A dry measure equal to one *se'ah*. (q.v.)

HABDALAH (Lit., 'separation'); the blessing (usually made over wine) by which the Sabbath or any other holy day is ushered out.

ḤABER. 'Fellow', 'associate', opp. to *'am ha-areẓ* (q.v.); one scrupulous in the observance of the law, particularly in relation to ritual cleanness and the separation of the priestly and Levitical dues.

HALACHAH (Lit., 'step', 'guidance'), (*a*) the final decision of the Rabbis, whether based on tradition or argument, on disputed rules of conduct; (*b*) those sections of Rabbinic literature which deal with legal questions, as opposed to the *Aggadah*.

HALLEL (Lit., 'Praise'); Psalms CXIII-CXVIII, recited in the morning service on New Moons and Festivals.

ḤANUKKAH. The Festival of Dedication (frequently designated the Feast of Lights); a minor eight days' festival, from the 25th of Kislev to the 2nd or 3rd of Tebeth, in commemoration of the rededication of the Temple in 165 B.C.E. after its desecration by Antiochus Epiphanes.

ISSAR. A small Roman coin.

ḲAB. Measure of capacity equal to four *logs* or one sixth of a *se'ah*.

ḲIDDUSH (Lit., 'sanctification'); the blessing (usually made over wine) by which the Sabbath or any other holy day is ushered in.

KOR. A measure of capacity = thirty *se'ahs* (q.v.).

MA'AH. The smallest current silver coin, weighing sixteen barleycorns, equal in value to two *dupondia*, a sixth of the silver *denar* or *zuz*.

MA'AMAD pl. *Ma'amadoth* (lit., 'station'); a group of lay Israelites who participated in the Temple service as representatives of the public.

MANEH. One hundred *zuz*. The *maneh* was a weight in gold or silver equal to fifty holy, or a hundred common *shekels*.

MEGILLATH TA'ANITH (Lit., 'Scroll of Fasting'); a list compiled some time before the destruction of the Temple, of days on which it was forbidden to fast, with the reasons in each case.

MEZUZAH (Lit., 'doorpost'); a small case containing certain passages from the Scripture affixed to the post of a door (v. Deut. VI, 9).

MIL (= *mille*); a Roman mile, 2000 cubits.

MIN pl. *minim*, (lit., 'kind', 'species'); (*a*) a heretic, esp. (*b*) member of the sect of the early Jewish Christians.

MINḤAH (lit., 'meal-offering'); the afternoon service.

MISHMAR (rt. SHaMaR, 'to keep'), a guard of priests and Levites representing one of the eight divisions which carried on the Temple services in rotation. The *mishmar* again was subdivided into smaller groups each being designated *beth ab*, q.v.

MISHNAH (rt. SHaNaH, 'to learn', 'to repeat'), (*a*) the collection of the statements, discussions and Biblical interpretations of the Tannaim in the form edited by R. Judah the Patriarch c. 200; (*b*) similar minor collections by previous editors; (*c*) a single clause or paragraph the author of which was a Tanna.

MUSAF (Lit., 'addition'); the additional *'Amidah* recited during the morning service on Sabbaths and Holy-days.

NASI. Chief, Patriarch; the chief of the Great Sanhedrin in Jerusalem; after its abolition, the head of Palestinian Jewry.

NAZIR. One who has taken a nazirite vow (to obstain from wine and let the hair grow long; v. Num. VI).

NE'ILAH. The concluding service of the Day of Atonement.

NISAN. The first month of the year in the Jewish calendar, corresponding to March or April.

'OMER (Lit., 'sheaf'); the sheaf of barley offered on the sixteenth of Nisan, before which the new cereals of that year were forbidden for use (v. Lev. XXIII, 10).

PARASANG. A Persian mile, about 4000 yards.

SANHEDRIN (συνέδριον); the council of state and supreme tribunal of the Jewish people during the century or more preceding the fall of the Second Temple. It consisted of seventy-one members, and was presided over by the High Priest. A minor court (for judicial purposes only) consisting of twenty-three members was known as the 'Small Sanhedrin'.

SE'AH. Measure of capacity, equal to six *kabs*.

SELA'. Coin, equal to four *denarii* (one sacred, or two common, *shekels*).

SHAHARITH (Lit., 'morning time'); the morning service.

SHEBUTH (Lit., 'cessation'); an act forbidden by the Rabbis to be performed on the Sabbath.

SHECHINAH (Lit., 'abiding [of God]', 'Divine presence'); the spirit of the Omnipresent as manifested on earth.

SHECHITAH. Ritual slaughter, without which an animal is not fit for food.

SHEKEL. Coin or weight, equal to two *denarii* or ten *ma'ah* (q.v.). The sacred *shekel* was worth twenty *ma'ah* or *gerah* (cf. Ex. XXX, 13), twice the value of the common *shekel*.

SHEMA' (Lit., 'hear'); the biblical verse, '*Hear, O Israel*' etc. (Deut. VI, 4); also the three sections (Deut. VI, 5-9; Deut. XI, 13-20; and Num. XV, 37-41) which are recited after this verse in the morning and evening prayers.

SHEMIṬṬAH, pl. SHEMIṬṬIN. Every seventh year, which is the Sabbatical year or the year of release.

SHOFAR (Lit., 'ram's horn'); a horn used as a trumpet for military and religious purposes, particularly in the service of the New Year and at the conclusion of the Day of Atonement.

SIVAN. The third month of the Jewish Calendar corresponding to May or June.

SUKKAH. 'Booth'; esp. the festive booth for Tabernacles (Lev. XXIII, 34ff), the roof of which must be made of something that grows from the ground such as reeds, branches or leaves of a prescribed size, quantity and quality.

SUKKOTH. The Festival of Tabernacles during the eight days of which (seven in Palestine) all Israel must dwell in booths. (V. Lev. XXIII, 34, 42f).

TALMID HAKAM (Lit., 'disciple of the wise'); scholar, student of the Torah.

TAMMUZ. The fourth month of the Jewish Calendar corresponding to June or July.

TANNA (Lit., 'one who repeats' or 'teaches'); (*a*) a Rabbi quoted in the Mishnah or Baraitha (q.v.); (*b*) in the Amoraic period, a scholar whose special task was to memorize and recite Baraithas in the presence of expounding teachers.

TARḲAB. A measure containing two *ḳabs* (q.v.).

ṬEBEL. Produce, already at the stage of liability to the levitical and priestly dues (v. *Terumah*), before these have been separated.

TEFILLIN. Phylacteries; small cases containing passages from the Scripture and affixed to the forehead and arm during the recital of morning prayers, in accordance with Deut. VI, 8.

TEHUM. The boundary beyond which one must not walk on the Sabbath, which is 2.000 cubits without the town limits; this can be extended by another 2.000 cubits by means of an *'erub*, q.v.

TEḲI'AH (Lit., 'blowing'); the plain blast made with the *shofar*.

TEḲO or TEḲU (imperf. of 'to stand'), 'let it stand'; an expression occurring at the end of an enquiry when no definite answer is obtainable. Others consider it to be a combination of the initials of תשבי יתרץ קושיות ואיבעיות (Elijah the Tishbite will solve all difficulties and enquiries).

TEḲUFAH (Lit., 'circuit', 'cycle'). The year is divided into four cycles each called *teḳufah*; Nisan (Vernal Equinox); Tammuz (Summer Solstice); Tishri (Autumn Equinox); Tebeth (Winter Solstice). The term *teḳufah* is also applied to the season itself.

TERU'AH (Lit., 'shout'); the tremolo blast made with the *shofar*.

TERUMAH. 'That which is lifted or separated'; the heave-offering given from the yields of the yearly harvests, from certain sacrifices, and from the *shekels* collected in a special chamber in the Temple (*terumath ha-lishkah*). *Terumah gedolah* (great offering): the first levy on the produce of the year given to the priest (v. Num. XVIII, 8ff). Its quantity varied according to the generosity of the owner, who could give one-fortieth, one-fiftieth, or one-sixtieth of his harvest. *Terumath ma'aser* (heave-offering of the tithe): the heave-offering given to the priest by the Levite from the tithes he receives (v. Num. XVIII, 25ff).

TISHRI. The seventh month of the Jewish calendar, corresponding to September or October.

TORAH (Lit., 'teaching', 'learning', 'instruction'); (*a*) the Pentateuch (Written Law); (*b*) the Mishnah (Oral Law); (*c*) the whole body of Jewish religious literature.

ṬREFA of ṬEREFA (Lit., 'torn'); (*a*) an animal torn by a wild beast; (*b*) any animal suffering from a serious organic disease, whose meat is forbidden even if it has been ritually slaughtered.

ZUZ. A coin of the value of a *denarius*, six *ma'ah*, or twelve *dupondia*.

תלמוד בבלי

מסכת

מגילה

תלמוד בבלי

מסכת

מגילה

עם פירוש רש״י ותוספות
ובצירוף תרגום ופירוש והערות באנגלית

על ידי

משה סימון ז״ל

בעריכת

יחזקאל (איזידור) אפשטיין ז״ל

דפוס שונצין
שנת להחזיר העטרה ליושנה לפ״ק
לונדון

HEBREW-ENGLISH EDITION OF
THE BABYLONIAN TALMUD

MEGILLAH

TRANSLATED INTO ENGLISH
WITH NOTES, GLOSSARY AND INDICES BY

MAURICE SIMON, M.A.

UNDER THE EDITORSHIP OF

RABBI DR I. EPSTEIN, B.A., PH.D., D.LITT.

LONDON
THE SONCINO PRESS
1990

PUBLISHERS' NOTE

This HEBREW-ENGLISH EDITION of THE SONCINO TALMUD is being published to facilitate the easier reference to the original text by scholars and students.

The Publishers wish to express their sincere thanks to Rabbi Dr. A. Melinek, B.A., Ph. D., for his painstaking care in examining the texts and making the necessary corrections for the preparation of these Tractates.

It has been necessary to duplicate some of the original Hebrew-Aramaic pages in this Tractate where the text has been of such length as to require more than one page of English translation.

INTRODUCTION

The Tractate Megillah,[1] as its name indicates, is concerned primarily with the Book of Esther—its place in the liturgy and its interpretation. It begins by fixing the various days on which the Megillah is to be read in order to commemorate the miracle of Purim [2*a*-5*a*] with some *obiter dicta* on the subject of the Targumim [3*a*] and of the *hagigah* (v. Glos.) [5*a*], from which it goes on to discuss the general observance of Purim as a day of feasting [5*b*-7*b*] interspersing some notes on the geography of Palestine [6*a*] and a discussion whether the Book of Esther was composed under the inspiration of the holy spirit [7*a*]. From 7*b* to 10*b* we have a series of Mishnahs, with short discussions in the Gemara, commencing with the formula, 'There is no difference between . . . except', applied to a variety of subjects. From 10*b* to the end of Chapter I [17*a*] is taken up with an Haggadic exposition of the Book of Esther, similar to that found in Midrash Rabbah.

CHAPTER II (along with the first half of Chapter III) is taken up with the rules to be observed in reading the Megillah, with a digression on the arrangement of the Eighteen Blessings [17*a*, 18*b*].

CHAPTER III gives the regulations to be observed in the public readings from the Torah and the Prophets, with digressions on ceremonies that require the presence of ten [23*b*] and the signs of *minuth* [23*b* and 24*a*].

The greater part of Chapter IV[2] [25*b* to 29*a*] is taken up with the regulations for maintaining the sanctity of the synagogue and its appurtenances, with a digression on the recipes of various scholars for reaching old age [27*b* and 28*a*]. The latter part of the chapter [29*a* to end] resumes the subject of Chapter III, giving a number of further regulations regarding the public reading of the Torah.

M. SIMON

The Indices of this Tractate have been compiled by Judah J. Slotki, M. A.

(1) Lit., 'scroll', specifically the Scroll of Esther read on Purim. (2) In the Palestinian Talmud and in many editions of the Mishnah this chapter is placed third.

PREFATORY NOTE BY THE EDITOR

The Editor desires to state that the translation of the several Tractates, and the notes thereon, are the work of the individual contributors and that he has not attempted to secure general uniformity in style or mode of rendering. He has, nevertheless, revised and supplemented, at his own discretion, their interpretation and elucidation of the original text, and has himself added the footnotes in square brackets containing alternative explanations and matter of historical and geographical interest.

ISIDORE EPSTEIN

CHAPTER I

a *MISHNAH.* THE MEGILLAH[1] IS READ ON THE ELEVENTH, THE TWELFTH, THE THIRTEENTH, THE FOURTEENTH, AND THE FIFTEENTH [OF ADAR], NEVER EARLIER AND NEVER LATER.[2] CITIES[3] WHICH HAVE BEEN WALLED SINCE THE DAYS OF JOSHUA SON OF NUN[4] READ ON THE FIFTEENTH; VILLAGES AND LARGE TOWNS[5] READ ON THE FOURTEENTH. THE VILLAGES, HOWEVER, MAY [SOMETIMES] PUSH THE READING FORWARD TO THE COURT DAY.[6] HOW DOES THIS WORK OUT? IF [THE FOURTEENTH OF ADAR] FALLS ON MONDAY,[7] THE VILLAGES AND LARGE TOWNS READ ON THAT DAY AND THE WALLED PLACES ON THE NEXT DAY: IF IT FALLS ON TUESDAY OR ON WEDNESDAY, THE VILLAGES PUSH THE READING FORWARD TO THE COURT DAY,[8] THE LARGE TOWNS READ ON THE DAY ITSELF, AND THE WALLED PLACES ON THE NEXT DAY. IF [THE FOURTEENTH FALLS] ON THURSDAY, THE VILLAGES AND LARGE TOWNS READ ON THAT DAY AND THE WALLED PLACES ON THE NEXT DAY: IF IT FALLS ON FRIDAY, THE VILLAGES PUSH THE READING
b FORWARD TO THE COURT DAY[1] AND THE LARGE TOWNS AND WALLED PLACES READ ON THE DAY ITSELF.[2] IF IT FALLS ON SABBATH, THE VILLAGES AND LARGE TOWNS PUSH THE READING FORWARD TO THE COURT DAY[1] AND THE WALLED PLACES READ ON THE NEXT DAY.[3] IF IT FALLS ON SUNDAY, THE VILLAGES PUSH THE READING FORWARD TO THE COURT DAY,[1] THE LARGE TOWNS READ ON THE SAME DAY, AND THE WALLED CITIES ON THE DAY FOLLOWING.

GEMARA. THE MEGILLAH IS READ ON THE ELEVENTH. Whence is this derived?—[How can you ask,] 'Whence is this derived'? Surely it is as we state further on,[4] 'The Sages made a concession to the villages, allowing them to push the reading forward to the Court day, so that [they should have leisure to] supply food and water for their brethren in the large towns'?—What we mean [by our question] is this: Let us see now. All these dates were laid down by the Men of the Great Assembly.[5] For if you should [deny this and affirm] that the Men of the Great Assembly laid down only the fourteenth and fifteenth, [is it possible that] the [later] Rabbis should have come and annulled a regulation made by the Men of the Great Assembly, seeing that we have learnt, 'One Beth din cannot annul the ordinances of another unless it is superior to it in number[6] and in wisdom'?[7] Obviously, therefore, all these days must have been laid down by the Men of the Great Assembly, [and we ask therefore], where are they hinted [in the Scripture]?—R. Shaman b. Abba replied in the name of R. Johanan: Scripture says, *To confirm these days of Purim in their* ◁

a (1) Lit., 'scroll'. The scroll of the Book of Esther is meant (v. Introduction). (2) Lit., 'neither less nor more'. (3) כרכין (Sing. כרך). This word is generally applied to large centres of population with a more or less metropolitan character. In Mishnah Megillah, (cf. 19a), however, it seems to be used exclusively of walled towns, whatever their size. (4) The Gemara *infra* discusses what is meant by this. (5) כפרים ועיירות גדולות. The expression 'villages and large towns' in the Mishnah here seems to be merely a periphrasis for 'other places', since, as appears from the Gemara, the distinction here is between places which were walled in the days of Joshua and places which were not. The epithet 'large' is added because the word עיר (or עירה) is also often used of a small place, hardly distinguishable from a village. (6) Lit., 'the day of assembly', i.e., Monday or Thursday, when the Beth din sat in the towns, and the people came in from the villages. They were allowed to read the Megillah then because they were more likely to find someone who could read to them in the town than in their own village (Rashi). Another reason is also given in the Gemara *infra*. (7) Lit., 'the second (day of the week)'. In the Talmud the days of the week are distinguished by the ordinal numbers. (8) I.e., the previous Monday.

b (1) I.e., the preceding Thursday. (2) Reading on the Sabbath was prohibited, for fear the scroll might be carried from place to place. V. *infra*. (3) On the Sunday. (4) V. *infra* 19a. (5) Or 'synagogue'. A name given to Ezra and his Beth din and their successors, up to the time of Simon the Just. *V. Aboth, Sonc. ed. p. 1, n. 5. According to the Talmud, the Book of Esther was composed by or under the direction of the Men of the Great Assembly. (6) Of the members of the Beth din. (7) Cf. M.K. 3b; Git. 36a.

*See Corrigenda.

◁ *For the continuation of the English translation of this page see overleaf.*

מגילה

מגילה נקראת *בי"א בי"ב בי"ג בי"ד בט"ו לא פחות ולא יותר *כרכין המוקפין חומה מימות יהושע בן נון קורין בט"ו כפרים ועיירות גדולות קורין בי"ד *אלא שהכפרים מקדימין ליום הכניסה כיצד חל להיות י"ד בשני כפרים ועיירות גדולות קורין בו ביום ומוקפות חומה למחר חל להיות בשלישי או ברביעי כפרים מקדימין ליום הכניסה ועיירות גדולות קורין בו ביום ומוקפות חומה למחר חל להיות בחמישי כפרים ועיירות גדולות קורין בו ביום ומוקפות חומה למחר חל להיות ע"ש כפרים מקדימין ליום הכניסה ועיירות גדולות ומוקפות חומה קורין בו ביום חל להיות בשבת כפרים ועיירות גדולות מקדימין וקורין ליום הכניסה ומוקפות חומה למחר חל להיות אחר השבת כפרים מקדימין ליום הכניסה ועיירות גדולות קורין בו ביום ומוקפות חומה למחר: **גמ׳** מגילה נקראת בי"א מנלן *מנלן כדבעינן למימר לקמן *חכמים הקילו על הכפרים להיות מקדימין ליום הכניסה כדי שיספקו מים ומזון לאחיהם שבכרכים אנן הכי קאמרינן מכדי כולהו אנשי כנה"ג תקנינהו דאי ס"ד אנשי כנה"ג י"ד וט"ו תקון אתו רבנן ועקרי תקנתא דתקינו אנשי כנה"ג והתנן *אין ב"ד יכול לבטל דברי ב"ד חבירו אא"כ גדול ממנו בחכמה ובמנין אלא פשיטא כולהו אנשי כנה"ג תקינו היכא רמיזא *אמר רב שמן בר אבא א"ר יוחנן אמר קרא °לקיים את ימי הפורים האלה בזמניהם זמנים הרבה תקנו להם האי מיבעיא ליה לגופיה א"כ לימא קרא זמן מאי זמניהם זמנים טובא ואכתי מיבעי ליה *זמנו של זה לא כזמנו של זה א"כ לימא קרא זמנם מאי זמניהם שמעת מינה כולהו אימא זמנים טובא זמניהם דומיא דזמנם מה זמנם תרי אף זמניהם תרי ואימא תריסר ותליסר *כדאמר רב שמואל בר יצחק י"ג זמן קהילה לכל היא ולא צריך לרבויי הכא נמי י"ג זמן קהילה לכל היא ולא צריך לרבויי ואימא שיתסר ושיבסר °°ולא יעבור כתיב ור׳ שמואל בר נחמני אמר אמר קרא °כימים אשר נחו בהם היהודים ימים כימים לרבות י"א וי"ב ואימא תריסר ותליסר אר"ש בר יצחק י"ג זמן קהילה לכל היא ולא צריך לרבויי ואימא שיתסר ושיבסר ולא יעבור כתיב ר"ש בר נחמני מ"ט לא אמר מבזמניהם זמן זמנם זמניהם לא משמע ליה ורב שמן בר אבא מ"ט לא אמר מכימים אמר לך ההוא לדורות הוא דכתיב אמר רבה בר בר חנה א"ר יוחנן זו דברי ר"ע סתימתאה דדריש זמן זמנם זמניהם אבל חכ"א אין קורין אותה אלא בזמנה מיתיבי א"ר יהודה *אימתי בזמן שהשנים כתיקנן וישראל שרויין על אדמתן אבל בזמן הזה הואיל ומסתכלין בה אין קורין אותה אלא בזמנה רבי יהודה אליבא דמאן אילימא אליבא דר"ע אפילו בזמן הזה איתא להאי תקנתא אלא לאו אליבא דרבנן ובזמן שהשנים כתיקנן וישראל שרויין על אדמתן מיהא קרינן תיובתא דרבי יוחנן תיובתא א"ד אמר רבה בר בר חנה אמר ר׳ יוחנן זו דברי ר"ע סתימתאה אבל חכמים אמרו בזמן הזה הואיל ומסתכלין בה אין קורין אותה אלא בזמנה תניא נמי הכי אמר רבי יהודה אימתי בזמן שהשנים כתיקנן וישראל שרויין על אדמתן אבל בזמן הזה הואיל ומסתכלין בה אין קורין אותה אלא בזמנה רב אשי קשיא ליה דר׳ יהודה אדר׳ יהודה ומוקים

מגילה נקראת בי"א וכו׳. פעמים בזה ופעמים בזה ולקמן מפרש ואזיל: לא פחות ולא יותר: לא פחות מי"א ולא יותר מט"ו: מימות יהושע. בגמ׳ מפרש לה: אלא שהכפרים מקדימין ליום הכניסה. כלומר מאחר שהמוקפין קורין בט"ו ושאין מוקפין קורין בי"ד הרי הכל בכלל תו היכי משכחת י"א י"ב י"ג אלא שהכפרים נתנו להן חכמים רשות להקדים קריאתה ליום הכניסה יום שני בשבת שלפני י"ד או חמישי בשבת שהוא יום כניסה שהכפרים מתכנסין לעיירות למשפט לפי שבתי דינין יושבין בעיירות בשני ובחמישי כתקנת עזרא (ב"ק דף פב.) והכפרים אינן בקיאין לקרות וצריכין שיקראנה להם אחד מבני העיר ולא הטריחום חכמים להתאחר ולבא ביום י"ד ופעמים שיום הכניסה בי"ג ופעמים שהוא בי"א: חל ארבעה עשר להיות בערב שבת עיירות ומוקפין חומה קורין בו ביום. שאין קריאת המגילה בשבת גזירה שמא יטלנה בידו וה"ה יאחרו המוקפין עד אחר שבת הוה ליה ט"ו ואמר קרא ולא יעבור: חל להיות אחר שבת כפרים מקדימין ליום הכניסה. דהוה ליה י"א ומפי לא משכחת לה יום הכניסה שלפני פורים מוקדם לו מדיום הכניסה ליום הכניסה לא מקדמינן: **גמ׳** ה"ג מנלן כדבעינן למימר לקמן וכו׳. והכי פירושה מנלן די"א וי"ב וי"ג חזו לקרייה די"ד וט"ו הוא דכתיב בקרא וקא מהדר גמרא מנלן בתמיה האי לאו חובה היא אלא חכמים הקילו עליהן כדבעינן למימר לקמן: כדי שיספקו. שיהו פנויין ביום פורים להספיק צורכי סעודת פורים לבני העיירות: אנן הכי קאמרינן. אנן למיבעיא לן מנלן הכי קאמרינן מכדי. מדהקילו חכמים על הכפרים להקדים על כרחך אנשי כנסת הגדולה שתיקנו בימי מרדכי ואסתר את שמחת הפורים וקריאת המגילה כולהו הני זימני תיקון ונתנו רשות לקרות דאי סלקא דעתך י"ד וט"ו תקון הכתובין במגילה ותו לא: היכי אתו רבנן דבתרייהו ועקרו תקנתא והתירו להקדים בתמיה: אלא פשיטא איהו תקון. וכיון דאינהו תקון ודאי רמזוהו במגילה דהכתב הייע דמיבעיא לן היכא רמיזא ומנלן: לגופיה. לי"ד וט"ו המפורשין בספר: לימא קרא. את ימי הפורים האלה בזמן דמשמע בזמן המפורש להם: ואכתי מיבעי ליה. האי דנקט זמנים לשון רבים: זמנו. של מוקפין לאו כזמנו של פרזים דאי כתוב בזמן הוה משמע זמן אחד לכולן אי בעו ליקרו בארביסר ואי בעו ליקרו בחמיסר: זמניהם דומיא דזמנם. רבויא דדרשינן לקרא לייתורא די"ד וה"א דומיא דעיקר הזמן דנפקא לן מזמנם הוא דקא מרבה דומיא דידיה: זמן קהלה לכל היא. הכל נקהלו להנקם מאויביהם בין בשושן בין בשאר מקומות כמו שכתוב בספר הלכך לא צריך קרא לרבויי שיהא ראוי לקרייה דעיקר הנס בו היה: ימים כימים. לעיל מיניה כתיב י"ד וט"ו ישמחו וכתיב כימים אשר נחו בהם היהודים וגו׳ והוה ליה למיכתב ימים אשר נחו מאי דמשמע הם הם ימים אשר נחו מאי כימים לרבות שנים אחרות כדוגמתן: לדורות הוא דכתיב. להכי שייך לישנא דקרא כימים כלומר יעשו לדורות י"ד וט"ו כאשר היה בימי הנס ימים אשר נחו בהם הלכך לא אתא לרבויי מהכא שנים אחרים: זו דברי ר׳ עקיבא. הכי גמיר רבי יוחנן מרביה דמסתמי ר"ע אמרה: סתימתאה. הרבה סתם משנה כתם ר׳ שהן דברי ר׳ עקיבא וי"מ סתימתאה כל הסתומין ת"מ גידוי היו כדאמר בסנהדרין (דף פו.) סתם משנה ר"מ סתם תוספתא ר׳ נחמיה סתם ספרא רבי יהודה וכולהו סתימתאי אליבא דר׳ עקיבא אך קשה בעיני לפרש כן שמליט בכמה מקומות בשם ר"א בר׳ יוסי סתימתאי רבי מנחם בר רבי יוסי סתימתאי לקמן בפרק בני העיר (דף כו.*): אימתי. הקילו חכמים על הכפרים: בזמן שהשנים כתיקנן. שהשנים מתעברות על פי בית דין והחדשים המקדשין בבית דין שולחין שלוחין להודיע אימתי הוקדש ניסן ועושין מועדים ע"פ שלוחין: כשהשרויין על אדמתם. והשלוחין מגיעין עד הפסח לקצה ארץ ישראל: אבל בזמן הזה. שפסקו כל אלה וישראל נפזרו ולא יגיעו שלוחי ב"ד אלא הכל צופין למקרא מגילה ואומרים יום י"ד באדר קרינן המגילה נשארו לאחר ט"ו יום וט"ו של ניסן עושין פסח ואם תקדים קריאתה יעשו פסח לסוף שלשים יום של קריאה ונמלאו אוכלין חמץ בימים אחרונים (ביום) של פסח: בזמן הזה נמי איתא להא תקנתא. דהא רבי עקיבא בזמן הזה [הוה] ואמר במתני׳ דמקדימין: אלא לאו אליבא דרבנן דהוו מקמי ר"ע אמרה: מיהא קרינן. אלמא רבנן נמי דרשי זמן זמנם זמניהם: איכא דאמרי אמר רבה זו דברי ר׳ עקיבא סתימתאה. ולא גרסינן להאי לישנא דדריש זמן זמנם זמניהם דהא רבנן דפליגי עליה נמי דרשי ליה אלא שהחמירו לאחר חורבן משום דמסתכלין בה: קשיא דר"י. דהא ברייתא דלעיל אדר׳ יהודה דמתני׳ דמפרש ואזיל: ואוקי

רבינו חננאל

מגילה נקראת בי"א בי"ב בי"ג בי"ד בט"ו לא פחות ולא יותר. והא לא כתב קרא אלא בי"ד ובט"ו והני כולהו מנא לן. ואמרינן כדבעינן למימר לקמן חכמים הקילו על הכפרים שיהיו מקדימין ליום הכניסה וקורין בי"א ובי"ב ובי"ג פי׳ יום הכניסה יום ב׳ ויום ה׳ נקרא יום הכניסה. מפני שנכנסין בני הכפרים לכרכים כדי שיתפללו בצבור ויקראו בס"ת. וביום שנכנסין מספקים מים ומזון לאחיהם שבכרכים ואם חל יום י"ד ביום ג׳ התירו לכפרים לקרות המגילה ביום ב׳ שהוא י"ג לחדש. ואם חל להיות י"ד ברביעי קורין הכפרים ביום ב׳ שהוא י"ב לחדש. ואם חל י"ד להיות באחד בשבת מקדימין וקורין ביום ה׳ שהוא י"א לחדש. הקילו עליהן מפני שמספקים מים ומזון לאחיהם שבכרכים. ביום ג׳ או ביום ד׳ מפני קריאת המגילה אינן יכולין לבוא ביום ה׳ שהוא יום הכניסה וכן דרך זו השמועה. ואקשינן ואיך הקילו חכמים ועקרו י"ד ויום ט"ו שהן תקנת אנשי כנסת הגדולה ותקנו הם י"א וי"ב לבני הכפרים. והא אין ב"ד יכול לבטל דברי ב"ד חבירו וכו׳. ופרקינן הני נמי מסורות היו בידם על פה כי אנשי כנסת [הגדולה] תקנום. מדכתיב לקיים את [דברי] [ימי] הפורים האלה בזמניהם. ולא כתיב זמן או זמנם. דמשמע זמנם של פרזים לא הוא זמן של בן כרך. אלא כתיב זמניהם. דייקינן מינה כי זמנים הרבה תיקנו להן חכמים. והן י"א וי"ב ב׳ ימים כנגד י"ד וט"ו. אבל י"ג לא צריך קרא לרבויי דהוא זמן קהלה לכל. ולא יתכן לומר ט"ו וי"ז דכתיב ולא יעבור. כלומר אין לו לעבור לעשות ימי הפורים אחר יום ט"ו ושמואל בר נחמני אמר כימים לרבות י"א וי"ב כו׳. ואידך כימים לדורות הוא דכתיב כלומר כמו הימים אשר נחו בהם עשו אותם נמי פורים. א"ר יוחנן משנה זו מגילה נקראת בי"א בי"ב כו׳ שנעשית סתומה דברי ר׳ עקיבא הן. אבל חכמים אוסרים אין קורין אותה אלא בזמנה והן י"ד וט"ו בלבד. ואותבינן עלה מהא דתניא א"ר יהודה אימתי בי"א בי"ב ובי"ג בזמן שהשנים כתיקנן. כלומר בזמן שאין שם שמד. להתבלבל חשבון השנים. וישראל שרוין על אדמתם. אבל עתה אע"פ שבזמן הזה השנים כתיקנן. הואיל ומסתכלין בה אין קורין

עין משפט נר מצוה

א א מיי׳ פ"א מהלכות מגילה הלכה ד סמג עשין ד טור ש"ע א"ח סי׳ תרפח סעיף ו:

ב ב מיי׳ שם הלכה ט טוש"ע שם סעיף ג:

ג ג מיי׳ שם הלכה ו ז סמג שם:

ד ד מיי׳ פ"ב מהלכות ממרים הלכה ב:

ה ה מיי׳ פ"א מהל׳ מגי׳ הלכה ט:

[ועי׳ רש"י בכורות ל. ד"ה סתימתאי]

מסורת הש"ס

יבמות יג:

[פי׳ תוס׳ זבחים סב. ד"ה מגלן וכו׳]

מו"ק ג: גיטין לו. עדיות פ"א מ"ה ע"ז לו.

[יבמות יג:]

[לקמן ד:]

[גי׳ ר"ח ואימא תריסר ותליסר אר"ש בר יצחק י"ג זמן כו׳]

תענית יח: ע"ש

גליון הש"ס גמ׳ מתני׳ אלא שהכפרים כו׳. עיין ... שם ולא יעבור כתיב. לקמן דף ה ע"א

Continuation of translation from previous page as indicated by ◁

c *times*,[1] [which indicates that] they laid down many *'times'* for them. But this text is required for its literal meaning?[2]—If that were all, Scripture could say simply 'at the [appointed] time'. What then is implied by 'their *times*'? A large number of *'times'*! But still I may say that [the expression *'their times'*] is required to indicate that the time of one is not the same as the time of the other?[3]—In that case, Scripture should say [simply], 'their time'. Why does it say *'their times'*? So that you may infer from this all of them. But cannot I say that *'their times'* means 'numerous times'?[4]—The expression *'their times'* is to be interpreted in the same way as we should interpret 'their time': just as 'their time' would indicate two [days], so *'their times'* indicates two [in addition].[5] But why not make these the twelfth and thirteenth?—For the reason given [elsewhere] by R. Samuel b. Isaac, that the thirteenth is a time of assembly for all,[6] and no special indication is required for it in the text; so we may say here that the thirteenth day is a time of assembly and no special indication is required for it in the text. But why not say that the sixteenth and seventeenth are meant?—It is written, *and it shall not pass*.[7]

R. Samuel b. Naḥmani, however, explained thus. Scripture says, *As the days wherein the Jews had rest from their enemies*.[8] [The expression] 'the days' [would have sufficed] and we have 'as *the days*', to include the eleventh and the twelfth. But cannot I say rather the twelfth and thirteenth?—R. Samuel b. Isaac said: The thirteenth is a time of assembly for all, and does not require special indication. But cannot I say the sixteenth and the seventeenth?—It is written, *'and it shall not pass'*.

Why did R. Samuel b. Naḥmani not derive the rule from the expression *'in their times'*?—He does not accept the distinction [made above between] 'time', 'their time' and *'their times'*. And why did R. Shaman b. Abba not derive the rule from the expression *'as the days'*?—He can say to you: This is meant to make the rule apply to future generations.

Rabbah b. Bar Ḥanah said in the name of R. Joḥanan: This [rule stated in the Mishnah] is the ruling of R. Akiba the anony- d mous authority,[1] who draws the distinction between 'time', 'their time' and *'their times'*, but according to the Sages the Megillah is to be read only on the proper day.[2] The following was adduced in refutation of this: 'R. Judah said, When does this rule hold good? When the years are properly fixed[3] and Israel reside upon their own soil. But in these days, since people reckon from it,[4] the Megillah is to be read only on the proper day'. Now which authority is R. Judah here following? Shall I say, R. Akiba? This cannot be, because [according to him] the regulation[5] is in force in these days also. It must be then that he follows the Rabbis, and [even according to them] we read [on the other days] at any rate when the years are properly fixed and Israel reside on their own soil! Is not this a refutation of R. Joḥanan?—It is.

Some report as follows. Rabbah b. Bar Ḥanah said in the name of R. Joḥanan: This rule follows the ruling of R. Akiba the anonymous authority, but the Sages held that in these days, since people reckon from it, we read it only on the proper day. It has been taught to the same effect: 'R. Judah said: When does this rule hold good? When the years are properly fixed and Israel reside upon their own soil, but in these days, since people reckon from e it, it is read only on the proper day.'[1]

R. Ashi noted a contradiction between two statements of

c (1) Esth. IX, 31. E.V. *'their appointed times'*. The plural form *'times'* is stressed. (2) Lit., 'for itself'; viz., the 14th and 15th mentioned in the text. (3) Viz., the time for the villages is not the same as that for the walled towns. (4) E.g., five or six. (5) To the fourteenth and fifteenth, viz., the eleventh and twelfth. (6) Rashi explains this to refer to the statement in the Scripture that on the thirteenth the Jews assembled and defended themselves. Asheri, however, points out that this has nothing to do with the reading of the Megillah, which was instituted to commemorate the resting, and he therefore prefers the explanation of R. Tam, that on the thirteenth the Jews assemble to observe the fast of Esther. (7) Ibid. 27. These words are interpreted to mean, 'the observance shall not pass beyond the fifteenth day'. E.V., ***and it shall not fail***. (8) Ibid. 22.

d (1) So called because Rabbi in compiling the Mishnah usually followed R Akiba when he mentioned no authority. (2) Viz., the fourteenth and fifteenth of Adar. (3) I.e., when there is a Beth din which fixes new moons and leap years as occasion arises. (4) I.e., count thirty days from Purim to Passover, since the new moon of Nisan will not be promulgated by the Beth din (5) That the Megillah may be read on the eleventh, twelfth, or thirteenth.

e (1) And there is now no contradiction between R. Joḥanan and Rabbi Judah.

מגילה

מגילה נקראת *בי"א בי"ב בי"ג בי"ד בט"ו לא פחות ולא יותר *כרכין המוקפין חומה מימות יהושע בן נון קורין בט"ו כפרים ועיירות גדולות קורין בי"ד אלא שהכפרים מקדימין ליום הכניסה כיצד חל להיות י"ד בשני כפרים ועיירות גדולות קורין בו ביום ומוקפות חומה למחר חל להיות בשלישי או ברביעי כפרים מקדימין ליום הכניסה ועיירות גדולות קורין בו ביום ומוקפות חומה למחר חל להיות בחמישי כפרים ועיירות גדולות קורין בו ביום ומוקפות חומה למחר חל להיות ע"ש כפרים מקדימין ליום הכניסה ועיירות גדולות ומוקפות חומה קורין בו ביום חל להיות בשבת כפרים ועיירות גדולות מקדימין וקורין ליום הכניסה ומוקפות חומה למחר חל להיות אחר השבת כפרים מקדימין ליום הכניסה ועיירות גדולות קורין בו ביום ומוקפות חומה למחר:

גמ' מגילה נקראת בי"א מנלן *מנלן כדבעינן למימר לקמן *חכמים הקילו על הכפרים להיות מקדימין ליום הכניסה כדי שיספקו מים ומזון לאחיהם שבכרכים אנן הכי קאמרינן מכדי כולהו אנשי כנה"ג תקנינהו דאי ס"ד אנשי כנה"ג י"ד וט"ו תקון אתו רבנן ועקרי תקנתא דתקינו אנשי כנה"ג והתנן *אין ב"ד יכול לבטל דברי ב"ד חבירו אא"כ גדול ממנו בחכמה ובמנין אלא פשיטא כולהו אנשי כנה"ג תקינו היכא רמיזא *אמר רב שמן בר אבא א"ר יוחנן אמר קרא °לקיים את ימי הפורים האלה בזמניהם זמנים הרבה תקנו להם האי מיבעי ליה לגופיה א"כ לימא קרא זמן מאי זמניהם זמנים טובא ואכתי מיבעי ליה *זמנו של זה לא כזמנו של זה א"כ לימא קרא זמנם מאי זמניהם שמעת מינה כולהו אימא זמנים טובא זמניהם דומיא דזמנם מה זמנם תרי אף זמניהם תרי ואימא תריסר ותליסר *כדאמר רב שמואל בר יצחק י"ג זמן קהילה לכל היא ולא צריך לרבויי הכא נמי י"ג זמן קהילה לכל היא ולא צריך לרבויי ואימא שיתסר ושיבסר °°ולא יעבור כתיב ור' שמואל בר נחמני אמר אמר קרא °כימים אשר נחו בהם היהודים ימים כימים לרבות י"א וי"ב ואימא תריסר ותליסר אר"ש בר יצחק י"ג זמן קהילה לכל היא ולא צריך לרבויי ואימא שיתסר ושיבסר ולא יעבור כתיב ר"ש בר נחמני מ"ט לא אמר מבזמניהם זמן זמנם זמניהם לא משמע ליה ורב שמן בר אבא מ"ט לא אמר מכימים אמר לך ההוא לדורות הוא דכתיב אמר רבה בר בר חנה א"ר יוחנן זו דברי ר"ע סתימתאה דדריש זמן זמנם זמניהם אבל חכ"א אין קורין אותה אלא בזמנה מיתיבי א"ר יהודה *אימתי בזמן שהשנים כתיקנן וישראל שרויין על אדמתן אבל בזמן הזה הואיל ומסתכלין בה אין קורין אותה אלא בזמנה רבי יהודה אליבא דמאן אילימא אליבא דר"ע אפילו בזמן הזה איתא להאי תקנתא אלא לאו אליבא דרבנן ובזמן שהשנים כתיקנן וישראל שרויין על אדמתן מיהא קרינן תיובתא דרבי יוחנן תיובתא א"ד אמר רבה בר בר חנה אמר ר' יוחנן זו דברי ר"ע סתימתאה אבל חכמים אמרו בזמן הזה הואיל ומסתכלין בה אין קורין אותה אלא בזמנה תניא נמי הכי אמר רבי יהודה אימתי בזמן שהשנים כתיקנן וישראל שרויין על אדמתן אבל בזמן הזה הואיל ומסתכלין בה אין קורין אותה אלא בזמנה רב אשי קשיא ליה דר' יהודה אדר' יהודה ומוקים

מגילה נקראת בי"א וכו'. פעמים בזה ופעמים בזה ולקמן מפרש ואזיל: לא פחות ולא יותר. לא פחות מי"א ולא יותר מט"ו: מימות יהושע. בגמ' מפרש לה: אלא שהכפרים מקדימין ליום הכניסה. כלומר מאחר שהמוקפין קורין בט"ו ושאין מוקפין קורין בי"ד הרי הכל בכלל תו היכי משכחת י"א י"ב י"ג אלא שהכפרים נתנו להן חכמים רשות להקדים קריאתה ליום הכניסה יום שני בשבת שלפני י"ד או חמישי בשבת שהוא יום כניסה שהכפרים מתכנסין לעיירות למשפט לפי שבתי דינין יושבין בעיירות בשני ובחמישי כתקנת עזרא (ב"ק דף פב.) והכפרים אינן בקיאין לקרות וצריכין שיקראנה להם אחד מבני העיר ולא הטריחום חכמים להתאחר ולבא ביום י"ד ופעמים שיום הכניסה בי"ג ופעמים שהוא בי"א: חל ארבעה עשר להיות בערב שבת עיירות ומוקפין חומה קורין בו ביום. שאין קריאת המגילה בשבת גזירה שמא יטלנה בידו וא"ת יאחרו המוקפין עד אחר שבת הוה ליה ט"ז ואמר קרא ולא יעבור: חל להיות אחר שבת כפרים מקדימין ליום הכניסה. דהוה ליה י"א וטפי לא משכחת לה יום הכניסה שלפני פורים מוקדם לו דמיום הכניסה ליום הכניסה לא מקדמינן: **גמ'** ה"ג מנלן מנלן כדבעינן למימר לקמן וכו'. והכי פירושא מנלן די"א וי"ב וי"ג חזו לקרייה די"ד וט"ו הוא דכתיב בקרא וקא מהדר גמרא מנלן בתמיה האי לאו חובה היא אלא חכמים הקילו עליהן כדבעינן למימר לקמן: כדי שיספקו. שיהו פנויין ביום פורים להספיק צורכי סעודת פורים לבני העיירות: אנן הכי קאמרינן. אנן דמיבעיא לן מנלן הכי קאמרינן: מכדי. מדהקילו חכמים על הכפרים להקדים על כרחך אנשי כנסת הגדולה שתיקנו בימי מרדכי ואסתר את שמחת הפורים וקריאת המגילה כולהו הני זימני תיקון ונתנו רשות לקרות: דאי סלקא דעתך. י"ד וט"ו תקון הכתובין במגילה ותו לא: היכי אתו רבנן. דבתרייהו ועקרו תקנתא והתירו להקדים בתמיה: אלא פשיטא אינהו תקון. וכיון דאינהו תקון ודאי רמזינהו במגילת אסתר הייט דמיבעיא לן היכא רמיזא ומגלן: לגופיה. לי"ד וט"ו המפורשין בספר: לימא קרא. את ימי הפורים האלה בזמן דמשמע בזמן המפורש להם: ואכתי מיבעי ליה. האי דנקט זמנים לשון רבים: זמנו. של מוקפין לאו כזמנו של פרזים דאי כתוב בזמן הוה משמע זמן אחד לשניהן אי בעו ליקרו בארביסר ואי בעו ליקרו בחמיסר: זמניהם דומיא דזמנם. רבויא דדרשינן לקרא לייתורא דיו"ד וה"א דומיא דעיקר המן דנפקא לן מזמנם הוא דקא מרבה דומיא דידהו: זמן קהלה לכל היא. הכל נקהלו להנקם מאויביהם בין בשושן בין בשאר מקומות כמו שכתוב בספר הלכך לא צריך קרא לרבויי שיהא ראוי לקרייה דעיקר הנס בו היה: ימים כימים. לעיל מיניה כתיב י"ד וט"ו ישמחו וכתיב כימים אשר נחו בהם היהודים וגו' והוה ליה למיכתב ימים אשר נחו דמשמע הם הם ימים אשר נחו מאי כימים לרבות שנים אחרות כדוגמתן: לדורות הוא דכתיב. להכי שייך לישנא דקרא כימים כלומר יעשו לדורות י"ד וט"ו כאשר היה בימי הנס ימים אשר נחו בהם הלכך לא איכא לרבויי מהכא שנים אחרים: זו דברי ר' עקיבא. הכי גמיר רבי יוחנן מרביה דמתני' ר"ע אמרה: סתימתאה. הרבה סתם משנה כתם ר' שהן דברי ר' עקיבא וי"מ סתימתאה כל הסתומין תלמידיו היו כדאמר בסנהדרין (דף פו.) סתם משנה ר"מ סתם תוספתא ר' נחמיה סתם ספרא רבי יהודה וכולהו כתימתאי אליבא דר' עקיבא אך קשה בעיני לפרש כן שמליט בכמה מקומות בשם ר"א בר' יוסי סתימתאי רבי מנחם בר רבי יוסי סתימתאי לקמן בפרק בני העיר (דף כו.*): אימתי. הקילו חכמים על הכפרים: בזמן שהשנים כתיקנן. שהשנים מתעברות על פי בית דין והחדשים המקדשין בבית דין שולחין שלוחיהן להודיע אימתי הוקדש ניסן ועושין מועדים ע"פ שלוחין: כששרויין על אדמתם. והשלוחין מגיעין עד הפסח לכלה ארץ ישראל: אבל בזמן הזה. שפסקו כל אלה וישראל נפרדו ולא יגיעו שלוחי ב"ד אנלם הכל צופין למקרא מגילה ואומרים יום י"ד באדר קרינן המגילה נשארו לאדר ט"ז יום וט"ו של ניסן עושין פסח ואם תקדים קריאתה יעשו פסח לסוף שלשים יום של קריאה ונמצאו אוכלין חמץ בימים אחרונים (ביום) של פסח: בזמן הזה נמי איתא להא תקנתא. דהא רבי עקיבא בזמן הזה [הוה] ואמר במתני' דמקדימין: אלא לאו אליבא דרבנן. דהוו מקמי ר"ע אמרה: מיהא קרינן. אלמא רבנן נמי דרשי זמן זמנם זמניהם: איכא דאמרי אמר רבה זו דברי ר' עקיבא סתימתאה. ולא גרסינן להאי לישנא דדריש זמן זמנם זמניהם דהא רבנן דפליגי עליה נמי דרשי ליה אלא שאחמירו לאחר חורבן משום דמסתכלין בה: קשיא דר"י. דהא ברייתא דלעיל אדר' יהודה דמתני' כדמפרש ואזיל: ואוקי

רבינו חננאל

מגילה נקראת בי"א בי"ב בי"ג בי"ד בט"ו לא פחות ולא יותר. והא לא כתב קרא אלא בי"ד ובט"ו והני כולהו מנא לן. ואמרינן כדבעינן למימר לקמן חכמים הקילו על הכפרים שיהיו מקדימין ליום הכניסה וקורין בי"א ובי"ב ובי"ג פי' יום הכניסה יום ב' ויום ה' נקרא יום הכניסה. מפני שנכנסין בני הכפרים בכרכים כדי שיתפללו בצבור ויקראו בס"ת. וביום שנכנסין מספקים מים ומזון לאחיהם שבכרכים ואם חל יום י"ד ביום ג' התירו לכפרים לקרוא המגילה ביום ב' שהוא י"ג לחדש. ואם חל להיות י"ד ברביעי קורין הכפרים ביום ב' שהוא י"ב לחדש. ואם חל י"ד להיות באחד בשבת מקדימין וקורין ביום ה' שהוא י"א לחדש. הקילו עליהן מפני שמספיקים מים ומזון לאחיהם שבכרכים. ואם יכנסו ביום ג' או ביום ד' מפני קריאת המגילה אינן יכולין לבוא ביום ה' שהוא יום הכניסה וכן דרך זו השמועה. ואקשינן ואיך הקילו חכמים ועקרו י"ד ויום ט"ו שהן תקנת אנשי כנסת הגדולה ותקנו הם י"א וי"ב וי"ג לבני הכפרים. והא אין ב"ד יכול לבטל דברי ב"ד חבירו וכו'. ופרקינן הני נמי מסורת היה בידם על פה כי אנשי כנסת [הגדולה] תקנום. מדכתיב לקיים את (דברי) [ימי] הפורים האלה בזמניהם. ולא כתיב זמן או זמנם. דמשמע זמנם של פרזים לא הוא זמן של בן כרך. אלא כתיב דכתיב ולא יעבור. כלומר ... נמי פורים. א"ר יוחנן ... א"ר יהודה אימתי קורין ... הואיל ומסתכלין בה אין קורין

עין משפט נר מצוה
א א מיי' פ"א מהלכות מגילה הלכה ד סמג עשין ד טוש"ע א"ח סי' תרפח סעיף א:
ב ב מיי' שם הלכה ט טוש"ע שם סעיף ג:
ג ג מיי' שם הלכה ו סמג שם:
ד ד מיי' פ"ב מהלכות ממרים הלכה ב:
ה ה מיי' פ"א מהל' מגילה הלכה ט:

מסורת הש"ס: יבמות יג: | [עי' תוס' זבחים פט. ד"ה מנלן וכו' מה שהקשו כסוגיא דהכא וכו' בקושיא] | מו"ק ג: גיטין לו. עדיות פ"א מ"ה ע"ש לו. | [יבמות יג:] | [לקמן ד:] | [גי' רי"ף ואימא תריסר ותליסר י"ג זמן וכו' א"ר שמואל בר יצחק י"ג זמן וכו'] | תענית יח: ע"ש | [ועי' רש"י בכורות נ. ד"ה תימי]

גליון הש"ס גמ' מתני' אלא שהכפרים כו'. עיין מדרש תנחומא פרשת בראשית ... שם ולא יעבור כתיב. לקמן דף ה ע"א:

עין משפט נר מצוה

ז א מיי' פ"א מהלכות מגילה הלכה ו:

ז ב ג ד ה מיי' שם הלכה ד ס ו סמג עשין ד טוש"ע א"ח סי' תרפח סעיף ג:

ס"א נמי

[לקמן יד.]

[נ"ל צופים]

[גי' רי"ף רב]

[ועי' תוספת שבת קד. ד"ה גרועי]

ועוד האמר רב חסדא מ"ס וסמ"ך כו'. השתא סלקא דעתך דמנצפך איירי בסתומות ותימה דבמסכת שבת פרק הבונה (דף קד. ושם) משמע איפכא מדקאמר התם בשלמא פתוח ועשאו סתום עילויי עליוה דאמר רב חסדא כו' אלא סתום ועשאו פתוח גרועי גרעיה דא"ר ירמיה מנצפ"ך [צופים אמרום] אלמא מנצפ"ך איירי בפתוחות ואור"י דגמ' [דשבת] מסיק ליה וקתני דידע מתחילה מילתיה דרב חסדא וגם איירי ליה מעיקרא בפתוחות הולרך להעמיד מנצפ"ך בפתוחות ולא תקשה דרב חסדא והכא ה"ק ותסברא והכתיב אלה המצות והך קושיא איתותב בין בפתוחות בין בסתומות ועוד את"ל דבסתומות איירי *אכתי תקשה והאמר רב חסדא מ"ס וסמ"ך וכו' וכן פיר"ת וז"ל שהגיה בספר הישר מנצפ"ך צופים אמרום כמו קול צופיך (ישעיה נב) נביאים. צופים מהר אפרים (שמואל א א) *ממאתים נביאים (*מצופים) שעמדו להם לישראל והיו צופים הללו לאחר שכרך אמון את התורה ומשום לשון נופל על הלשון נקרא מנצפ"ך בלשון צופיך ותסברא והכתיב אלה המצות ועוד והאמר רב חסדא מ"ס וסמ"ך שבלוחות וכו' ומשני אין מהוי הוי ולא קשיא מידי דרבי ירמיה מוקי לה בסתומות וכי מטי במגילה פריך מהא דרב חסדא דהכי אורחיה ז"ל הכא קא מדחי ליה מאלה המצות נמי פריך ומשני שפיר ומתוך הסוגיא דמגילה ושבת מוכח תרוייהו ורבי ירמיה קאמר מנצפ"ך צופים אמרום אפתוחות ואסתומות וכדמסיק הש"ס*:

מבטלין

ומוקים לה לברייתא כר' יוסי בר יהודה ומי אמר ר"י בזמן הזה הואיל ומסתכלין בה אין קורין אותה אלא בזמנה ורמינהי *א"ר יהודה *אימתי מקום שנכנסין בשני ובחמישי אבל מקום שאין נכנסין בשני ובחמישי אין קורין אותה אלא בזמנה מקום שנכנסין בשני ובחמישי מיהא קרינן ואפילו בזמן הזה ומוקים לה לברייתא כרבי יוסי בר יהודה ומשום דקשיא ליה דרבי יהודה אדר' יהודה מוקים לה לברייתא כרבי יוסי בר יהודה רב אשי שמיע ליה דאיכא דתני לה כרבי יהודה ואיכא דתני לה כרבי יוסי בר יהודה ומדקשיא ליה דרבי יהודה אדרבי יהודה אמר מאן דתני לה כרבי יהודה לאו דווקא מאן דתני לה כרבי יוסי בר יהודה דווקא: כרכים המוקפים חומה מימות יהושע בן נון קורין בחמשה עשר וכו': מנהני מילי אמר *רבא דאמר קרא °על כן היהודים הפרזים היושבים בערי הפרזות וגו' מדפרזים בארבעה עשר מוקפין בחמשה עשר ואימא פרזים בארבעה עשר מוקפין כלל כלל לא ולאו ישראל נינהו ועוד מהודו ועד כוש כתיב ואימא פרזים בארביסר מוקפין בארביסר ובחמיסר כדכתיב °להיות עושים את יום ארבעה עשר לחדש אדר ואת יום חמשה עשר [בו] בכל שנה אי הוה כתב את יום ארבעה עשר וחמשה עשר כדקאמרת השתא דכתיב את יום ארבעה עשר ואת יום חמשה עשר אתא *את ופסיק הני בארבעה עשר והני בחמשה עשר ואימא פרזים בארביסר מוקפין אי בעו בארביסר אי בעו בחמיסר אמר קרא בזמניהם זמנו של זה לא זמנו של זה ואימא בתליסר כשושן אשכחן עשיה זכירה מנלן אמר קרא °והימים האלה נזכרים ונעשים איתקש זכירה לעשיה מתני' דלא כי האי תנא דתניא *רבי יהושע בן קרחה אומר כרכין המוקפין חומה מימות אחשורוש קורין בחמשה עשר מ"ט דרבי יהושע בן קרחה כי שושן [ב]מה שושן מוקפת חומה מימות אחשורוש וקורין בחמשה עשר אף כל שמוקפת חומה מימות אחשורוש קורין בחמשה עשר ותנא דידן מ"ט יליף פרזי פרזי כתיב הכא °על כן היהודים הפרזים וכתיב התם °לבד מערי הפרזי הרבה מאד מה להלן [א] מוקפת חומה מימות יהושע בן נון אף כאן [ב] מוקפת חומה מימות יהושע בן נון בשלמא רבי יהושע בן קרחה לא אמר כתנא דידן דלית ליה פרזי פרזי אלא תנא דידן מ"ט לא אמר כר' יהושע בן קרחה מ"ט דהא אית ליה פרזי פרזי הכי קאמר אלא שושן [ג] דעבד' כמאן לא כפרזים ולא כמוקפין אמר רבא ואמרי לה כדי *שאני שושן הואיל ונעשה בה נס בשלמא לתנא דידן היינו דכתיב °מדינה ומדינה ועיר ועיר מדינה ומדינה לחלק בין מוקפין חומה מימות יהושע בן נון למוקפת חומה מימות אחשורוש עיר ועיר נמי לחלק בין שושן לשאר עיירות אלא לרבי יהושע בן קרחה בשלמא מדינה ומדינה לחלק בין שושן לשאר עיירות אלא עיר ועיר למאי אתא אמר לך רבי יהושע בן קרחה ולתנא דידן מי ניחא כיון דאית ליה פרזי פרזי מדינה ומדינה למה לי אלא קרא לדרשה הוא דאתא וכדרבי יהושע בן לוי הוא דאתא דאמר רבי יהושע בן לוי *כרך וכל הסמוך לו וכל הנראה עמו נידון ככרך עד כמה אמר רבי ירמיה ואיתימא רבי חייא בר אבא °כמחמתן לטבריא מיל *ולימא מיל הא קא משמע לן דשיעורא דמיל כמה הוי כמחמתן לטבריא *ואמר רבי ירמיה ואיתימא רבי חייא בר אבא מנצפ"ך צופים אמרום ותסברא והכתיב °אלה המצות *שאין נביא רשאי לחדש דבר מעתה ועוד האמר רב חסדא מ"ם וסמ"ך שבלוחות בנס

תורה אור: אסתר ט; שם; שם; דברים ג; אסתר ט; ויקרא כז

ואוקי לה להך ברייתא. דלעיל כרבי יוסי בר יהודה: אימתי. מקדימים: מקום שנכנסים כו'. במקום שבית דין קבוע והכפרים נכנסים שם ליום הדין כשיש להם הריב: אבל מקום שאין נכנסין. דהך הקדמה לאו קולא היא לכפרים אין קורין אותה אלא בזמנה: משום דקשיא ליה כו'. בתמיה: הפרזים. עיר שאין לה חומה ומתוך כך ישיבתה נפוץ ופרוז ומרוחקין משכונה לשכונה: מוקפין בט"ו. שהרי שני ימים כתובין שם ומדקבע י"ד לפרזים שדייה ט"ו למוקפין: כלל כלל לא. וחמשה עשר דכתיב במגילה שדייה לשושן כדרך שנחו בו בשעת הנס: מהודו ועד כוש כתיב. שקיבלו עליהם פורים דכתיב וישלח ספרים בכל מדינות המלך אחשורוש וגו' לקיים עליהם ואע"ג דלא כתב הודו וכוש בהאי קרא כיון דכתיב בכל מדינות המלך אחשורוש הרי מהודו ועד כוש: כדכתיב להיות עושים. מסקנא דקושיא היא ולא תירוצא הוא: ואימא פרזים בי"ד. דהא קבעינהו קרא אבל מוקפין דלא קבעינהו קרא אי בעו בארביסר ליקרו אי בעו בחמיסר ליקרו: ואימא מוקפין בי"ג. וקרא דכתיב בחמשה עשר לשושן הוא דקבע כדרך שעשו בט"ו בשנה ראשונה: ומשני כשושן. כיון דלא רמז לך הכתוב זמן המוקפין אימת הוא ואשכחן שושן שעשו בט"ו מסתברא שאותו היום שייר למוקפין: אשכחן עשייה. דמשתה ויום טוב שתהא לפרזים בי"ד ומוקפין בט"ו: זכירה. קריאת המגילה: מנלן. שנקבע להם זמן לפרזים בארבעה עשר הא בהאי קרא דעל כן היהודים הפרזים היושבים בערי הפרזות עושים את יום ארבעה עשר וגו' עשייה הוא דכתיבא: איתקש זכירה לעשייה. הלכך זמן אחד להם: וכתיב התם. בביאת הארץ בימי משה ויהושע לבד מערי הפרזי הרבה מאד: מה להלן מימות יהושע. ולא גרסינן מה להלן מוקפין חומה מימות יהושע דהא פרזים לאו מוקפין חומה נינהו: אף כאן מימות יהושע. אף פרזים האמור כאן במעשה המן בפרזי דיהושע קאמר ואע"ג דלאחר כן נעשה מוקף הוי פרזים לענין מגילה: פרזי פרזי. לא גמיר גזירה שוה מרביה ואין אדם דן גזירה שוה מעצמו אלא אם כן קיבלה מרבו: הכי קאמר אלא שושן דעבדה כמאן. אי ילפינן הך גזירה שוה היאך עשו אותן שבשושן בט"ו הא פרזי הוא ולא ידעינן בה שהוקפה מימות יהושע: הואיל ונעשה בה נס. שניתן להם גם מחר לעשות כדת היום להרוג בשונאיהם שני ימים על כרחן לא נחו עד ט"ו וכן קבעוה לדורות: מדינה ומדינה עיר ועיר. גבי זכירה ועשייה כתיב והימים האלה נזכרים ונעשים וגו' משמע מדינה ומדינה כמנהגה ועיר ועיר כמנהגה למדנו שיש מנהג חלוק במדינות ומנהג חלוק בעיירות לחלק בין שושן לשאר עיירות ואע"פ שאף היא בכלל פרזים הוקבעה בט"ו: הכי גרסינן אלא לר' יהושע בן קרחה בשלמא מדינה ומדינה לחלק בין מוקפין חומה מימות אחשורוש לשאין מוקפין מימות אחשורוש: עיר ועיר למאי. הרי כל הפרזים שוין וכל המוקפין שוים ואין חילוק בין עיר ועיר: וכר' יהושע בן לוי. ובחלוק לא איירי כלל אלא ה"ק כל עיר ועיר הסמוך למדינה שתהא כמותה: נידון ככרך. וקורין בט"ו הסמוך אע"ג שאינו נראה: עד כמה. חשיב לה סמוך הכי מפרש לקמן: מנצפ"ך. כפל אותיות: צופים אמרום. נביאי הדורות:

בנס

מסורת הש"ס

[לקמן ד: ה.]

[ב"ק פב: ע"ש נב:]

[תוספתא פ"א ושם א' רבי יהודה ב"ק]

[לקמן ג:]

[פסחים מו.]

[שבת קד.]

[יומא פ.]

[תמורה טז.]

הגהות הגר"א

[א] [ב] גמ' (מוקפת חומה) תא"מ (וכן מחקו רש"י): [ג] שם דעבדא רשום קו עליו למחקו:

רבינו חננאל

קורין אותה אלא בזמנה. ר' יהודה אליבא דמאן אי נימא אליבא דר' עקיבא אפי' בזמן הזה קורין אותה בי"א ובי"ב ובי"ג. והא תקנת אנשי כנה"ג הן. אלא ודאי ר' יהודה אליבא דרבנן ובזמן שהשנים כתיקנן וישראל שרויין על אדמתם מיהא קורין בי"א ובי"ב. תיובתא דר' יוחנן. איכא דאמרי א"ר [יוחנן] זו המשנה דברי ר' עקיבא הן. אבל חכ"א בזמן הזה הואיל ומסתכלין א) בה. האביונים מסתכלין בקריאת המגילה כי בעת קריאת המגילה מחלקין מעות פורים לעניים ומשלחין להן מתנות אין קורין אותה אלא בזמנה בי"ד תניא נמי הכי רב אשי קשיא ליה ומי א"ר יהודה הכי אבל בזמן הזה הואיל ומסתכלין בה אין קורין אותה אלא בזמנה. והאי ב) שאמר גאון ז"ל כך אנו שונין ומסתכנין. ופירש אם השנים כתיקנם שיכולין ישראל להעמיד דתותיהן ואין עליהן סכנה*) אין קורין אותה אלא בזמנה. אבל אנו כך שנינו. א"ר יהודה אימתי מקום שנכנסים בב' ובה' אבל מקום שאין נכנסים אין קורין אותה אלא בזמנה. מקום שנכנסים בב' ובה' מיהא קרינן בי"א ובי"ב ואפי' בזמן הזה. ושמיע ליה לרב אשי דאיכא מאן דתני לה לברייתא כר' יוסי ב"ר יהודה **) דוקא הוא דלא תקשי לך דר' יהודה אדר' יהודה: **כרכין** המוקפין חומה מימות יהושע בן נון קורין בט"ו. ואקימנא בגמ' פרזים. כתיב הכא על כן היהודים הפרזים היושבים בערי הפרזות עושים את יום ארבעה עשר. וכתיב התם לבד מערי הפרזי. מה להלן דכתיב הפרזי וקרי להני פרזי ומוקפות חומות דבהדיהן מימות יהושע בן נון כמו הנך קורין בט"ו ואימא מוקפין חומה קורין בי"ד וט"ו. ופרקינן אי הוה כתיב את יום י"ד וט"ו כדקא אמרת השתא כתיב את יום ארבעה עשר ואת יום חמשה עשר. שמעינן הני בי"ד והני בט"ו לית מאן דעביד ב' ימים לכל מקום ומקום יומו יום אחד. תוב ליכא למימר דמוקפין אי בעו בי"ד אי בעו בט"ו דהא פרשינן לעיל מדכתיב זמניהן דייקינן דכל חד בזמנו. וזמנו של זה לא זמנו של זה. כלומר אין הפרזים קורין בט"ו ולא המוקפין בי"ד. ואומר בי"ג כלומר מוקפין אי בעו בט"ו. אי בעו בי"ג. ופרקינן כשושן מה שושן אע"ג דלא מוקפת חומה מימות יהושע בן נון היא. מיהא כיון דהיא מוקפת חומה קרו בט"ו. אף כל שהיא מוקפת חומה קרו בט"ו. ואיתקש זכירה לעשייה דכתיב והימים האלה נזכרים ונעשים. מתני' דלא כר' יהושע בן קרחה דתני מוקפין חומה מימות אחשורוש קורין בט"ו כשושן ותנא דידן אמר שאני שושן דאע"ג דלאו מוקפת חומה מימות יהושע בן נון היא הואיל ונעשה בה נס לפיכך קראו בט"ו. ואקשינן בשלמא לתנא דידן כתיב מדינה ומדינה עיר ועיר. מדינה ומדינה לחלק דאע"ג דתרווייהו מוקפות חומה אינון. המוקפות חומה מימות יהושע בן נון קרו בט"ו. והמוקפות אחרי כן קרו בי"ד. עיר ועיר נמי לחלק בין שושן לשאר עיירות. בשושן בט"ו בשאר עיירות בי"ד. אלא לר' יהושע בן קרחה עיר ועיר למה לי. ואמרינן ולתנא דידן כיון דגמר פרזים פרזים כדאמרינן מדינה ומדינה למה לו. אלא לכו"ע קרא יתירא הוא שנא' מדינה ***). וכל הסמוך למדינה כמדינה היא. וכן עיר ועיר וכריב"ל דאמר ריב"ל כרך וכל הסמוך לו וכל הנראה עמו נידון ככרך. וכמה יהיה מחוץ לכרך הסמוך לו שיחשב כמו כרך. ואוקימנא מיל כמחמתן לטבריא וזה שיעור המיל: א"ר ירמיה ואיתימא ר' חייא בר אבא מנצפ"ך צופים אמרום

א) עיין בערוך ערך סכל א'. ב) הרמב"ן במלחמות כתב בזה הלשון וזו היא גירסתו של רבינו האי גאון ז"ל. *) חסר אבל בזמן שהיו מסתכנין ישראל כדתיקן אין קורין כו'. וכ"ה ברי"ף ז"ל. **) נראה דחסר וצ"ל ומדקשיא ליה דר"י אדר"י אמר מאן דתני לה כר"י כר"י דוקא וכו'. ***) נראה דצ"ל אלא נאמר מדינה ומדינה ולאשמעינן דכל הסמוך וכו'.

R. Judah [2b], and therefore attributed the statement in the Baraitha to R. Jose son of R. Judah. [He said]: Can R. Judah really have said that in these days, since people reckon from it, it is read only on the proper day? To this may be opposed the following:[2] R. Judah said, When [do they push forward the reading]? In places where the villagers go to town[3] on Monday and Thursday; but in places where they do not go to town on Monday and Thursday, it is read only on the proper day. But at any rate in places where they do go to town on Monday and Thursday it is read [on the earlier dates] even in these times'? He accordingly ascribed the statement in the Baraitha[4] to R. Jose son of R. Judah. And because he finds a contradiction between two statements of R. Judah, is he entitled to ascribe the one in the Baraitha to R. Jose son of R. Judah?—R. Ashi had heard some report the statement in the name of R. Judah and some report it in the name of R. Jose son of R. Judah, and to avoid making R. Judah contradict himself he said that the one who ascribed the statement to R. Judah was not [reporting] accurately, while the one who ascribed it to R. Jose son of Judah was [reporting] accurately.

CITIES WHICH HAVE BEEN WALLED SINCE THE DAYS OF JOSHUA SON OF NUN READ ON THE FIFTEENTH. Whence is this ruling derived?—Raba replied: Because Scripture says, *Therefore do the Jews of the villages that dwell in the unwalled towns,*[5] etc. Since the villages [are to read] on the fourteenth, the walled towns [must read] on the fifteenth. But why not say that the villages [should read] on the fourteenth, and those in walled towns not at all?[6]—But are they not also Israelites? And moreover is it not written, *From India unto Ethiopia?*[7] But why not say that the villages [should read] on the fourteenth and those in walled towns on both the fourteenth and fifteenth, as it is written, *that they should keep the fourteenth day of the month of Adar and the fifteenth day of*
a *the same yearly?*[1]—If the text had said, 'the fourteenth day and [*we*] the fifteenth', you would have been right. Now, however, that it is written *'the fourteenth day and* [we-eth] *the fifteenth*—the *eth*[2] comes and makes a distinction, so that the one set is on the fourteenth and the other set on the fifteenth. But why not say that the villages are on the fourteenth, and those surrounded [by a wall] can [celebrate] if they like on the fourteenth or if they like on the fifteenth?—The text says, *in their seasons;*[3] the season of one is not the same as the season of the other. But why not say that they[4] should celebrate on the thirteenth?—[They must do] as Susa [did].

We have accounted for the celebration [of Purim]; how do we know that the recital[5] [of the Megillah must be on these days]?—The text says, *that these days should be remembered and kept;*[6] 'remembering' is put on the same footing as 'keeping'.

Our Mishnah does not take the same view as the following Tanna, as it has been taught: 'R. Joshua b. Korḥa says: Cities which have been walled since the days of Ahasuerus read on the fifteenth'. What is the reason of R. Joshua b. Korḥa?—[They must be] like Susa: just as Susa has been walled since the days of Ahasuerus and reads on the fifteenth, so every city that has been walled since the days of Ahasuerus reads on the fifteenth. What then is the reason of our Tanna?—He draws an analogy between the two occurrences of the word *perazi* [villagers]. It is written here, *Therefore the Jews of the villages* [ha-perazim],[7] and it is written in another place, *beside the unwalled* [ha-perazi] *towns, a great many;*[8] just as there the reference is to towns which were [not] walled in the days of Joshua son of Nun, so here the reference is to towns
b which were [not] walled in the days of Joshua son of Nun.[1]

I can understand why R. Joshua b. Korḥa did not adopt the view of our Tanna; he does not accept the analogy of *perazi* and *perazi.*[2] But why does not our Tanna accept the view of R. Joshua b. Korḥa?—[You ask] why does he not? Why, because he draws the analogy of *perazi* with *perazi,* of course! What the questioner meant was this: [On the view of our Tanna], whom did Susa follow?[3] It followed neither the villages nor the walled towns![4]—Raba, or, as some say, Kadi,[5] replied: Susa was an exception, because a miracle was performed in it.[6]

We can understand according to the view of our Tanna why the text should say, *city and city, town and town;*[7] *'city and city'*[8] to make a distinction between those which were walled in the days of Joshua son of Nun and those which were walled in the days of Ahasuerus; 'town and town' likewise to distinguish between Susa and other towns.[9] But according to R. Joshua b. Korḥa, it is true we can account for *'city and city'*, as being intended to distinguish between Susa and other cities,[10] but what is the purpose of 'town and town'?—R. Joshua b. Korḥa can answer: And can our Tanna explain the words satisfactorily? Since he draws the
c analogy between *perazi* and *perazi,*[1] why do we require the words *'city and city'?* The truth is that the text is inserted for a homiletical purpose, and to teach the rule laid down by R. Joshua b. Levi. For R. Joshua b. Levi said: 'A city[2] and all that adjoins it and all that is taken in by the eye with it is reckoned as city'.[3] Up to what distance?—R. Jeremiah, or you may also say R. Ḥiyya b. Abba, said: As far as from Hamthan[4] to Tiberias, which is a *mil.* Why not say [simply] a *mil?*—We learn from this what is the extent of a *mil,* namely, as far as from Hamthan to Tiberias.

R. Jeremiah—or you may also say R. Ḥiyya b. Abba—also said: The [alternative forms of the] letters *M'N'Ẓ'P'K*[5] were prescribed[6] by the Watchmen.[7] Do you really think so? Is it not written, *These are the commandments,*[8] which implies that no prophet is at liberty to introduce anything new[9] henceforward? And further, R. Ḥisda has said: The *Mem* and the *Samek* in the tablets

(2) *Infra* n. 4. (3) Lit., 'assemble'. (4) The former of the statements quoted. (5) Esth. IX, 19. (6) Since no mention is made of walled towns in the context. (7) These words occur in Esth. I, 1, and are used here loosely instead of the words in Esth. IX, 30, *and he* (*Mordecai*) *sent letters to . . . the hundred and twenty-seven provinces of the kingdom of Ahasuerus.*

a (1) Ibid. 21. (2) *Eth* is a sign of the accusative, and as its use is optional, it is usually interpreted as indicating something not specified in the text. The interpretation placed upon it here is rather unusual. (3) Ibid. 31. (4) Those in the walled towns. (5) Lit., 'remembrance'. (6) Ibid. 28. (7) Ibid. 19. (8) Deut. III, 5, referring to the territory of Sihon conquered by the Israelites in the time of Moses.

b (1) The word 'not' is not in the text of the original here, but is necessary for the sense. Rashi greatly simplifies the text by reading: 'Just as there (the villages were such) from the days of Joshua, so here, (the villages must have been such) from the days of Joshua'. (2) I.e., he had not learnt this particular *gezerah shawah* from his teacher, and therefore could not reply upon it. (3) Since there is no evidence that it was walled in the days of Joshua. (4) These last words make no satisfactory sense, and seem to be interpolated. [They do not occur in MS.M.] (5) [*Aliter:* 'an unknown authority', v. B.M. (Sonc. ed.) 2a n. c 1.] (6) Since they were allowed to continue slaying their enemies on the fourteenth and did not rest till the fifteenth, they were allowed to celebrate that day (Rashi). (7) Esth. IX, 28. The word *medinah* which the Talmud here takes as equivalent to כרך is translated in E.V. by *'province'*. (8) As much as to say, 'Some cities one way and some another'. (9) Susa also having been an unwalled town till the time of Ahasuerus. (10) Rashi here reads, 'to distinguish between those which were walled from the days of Ahasuerus and those which were not yet walled in the days of Ahasuerus', and this seems to be required by the sense.

c (1) That the wall must have been in existence since the days of Joshua. (2) כרך v. *supra* 2a n. a 3. (3) For purposes of reading the Megillah on the fifteenth. (4) [The Hammath mentioned in Josh. XIX, 35.] (5) The five letters of the Hebrew alphabet, *mem, nun, ẓadi, pé,* and *kaf,* which have two forms—a middle and final form, the latter being more closed than the former. In the case of *mem* the final is completely closed ם, with the other the final form is distinguished by the shaft being drawn straight down as distinct from the middle form where it is bent round towards the left ך (כ), ף (פ), ץ (צ), ן (נ). (6) Lit., 'said'. (7) A name applied to the prophets who flourished towards the end of the period of the first Temple. There is a play on the words *ẓophim* (watchmen) and *MaNẒePaK.* [Perhaps to be read *MiN ẒoFeKa* 'from thy watcher' v. G.K. (1910) p. 27, n. 1.] (8) Lev. XXVII, 34. (9) I.e., to make any alteration in the written Torah, whether in the wording or the writing.

[3a] remained in place by a miracle.[10]—That is so; they were in use, but people did not know which form came in the middle of a word and which one at the end, and the Watchmen came and ordained that the open forms should be in the middle of a word and the closed forms at the end. But when all is said and done, [we have the text] *'these are the commandments'*, which implies that no prophet was destined ever to introduce an innovation here-
a after?[1]—What we must say therefore is that they were forgotten[2] and the Watchmen established them again.

R. Jeremiah—or some say R. Ḥiyya b. Abba— also said: The *Targum*[3] of the Pentateuch was composed by Onkelos the proselyte under the guidance[4] of R. Eliezer and R. Joshua.[5] The *Targum* of the Prophets was composed by Jonathan ben Uzziel under the guidance of Haggai, Zechariah and Malachi,[6] and the land of Israel [thereupon] quaked over an area of four hundred *parasangs* by four hundred *parasangs*, and a *Bath Kol*[7] came forth and exclaimed, Who is this that has revealed My secrets to mankind?[8] Jonathan b. Uzziel thereupon arose and said, It is I who have revealed Thy secrets to mankind. It is fully known to Thee that I have not done this for my own honour or for the honour of my father's house, but for Thy honour I have done it, that dissension may not increase in Israel.[9] He further sought to reveal [by] a *targum* [the inner meaning] of the Hagiographa, but a *Bath Kol* went forth and said, Enough! What was the reason?—Because
b the date[1] of the Messiah is foretold in it.[2]

But did Onkelos the proselyte compose the *targum* to the Pentateuch? Has not R. Iḳa said in the name of R. Ḥananel who had it from Rab: What is meant by the text, *And they read in the book, in the law of God, with an interpretation, and they gave the sense, and caused them to understand the reading?*[3] *'And they read in the book, in the law of God'*: this indicates the [Hebrew] text; *'with an interpretation'*: this indicates the *targum*;[4] *'and they gave the sense'*: this indicates the verse stops; *'and caused them to understand the reading'*: this indicates the accentuation,[5] or, according to another version, the massoretic notes?[6]—These had been forgotten, and were now established again.

How was it that the land did not quake because of the [translation of the] Pentateuch, while it did quake because of that of the prophets?—The meaning of the Pentateuch is expressed clearly, but the meaning of the prophets is in some things expressed clearly and in others enigmatically. [For instance,] it is written, *In that day shall there be a great mourning in Jerusalem, as the mourning of Hadadrimmon in the valley of Megiddon,*[7] and R. Joseph [commenting on this] said: Were it not for the *targum* of this verse, we should not know what it means.[8] [It runs as follows]: 'On that day shall there be great mourning in Jerusalem like the mourning of Ahab son of Omri who was killed by Hadadrimmon ◁

(10) According to tradition, the letters on the tablets of Moses were cut completely through the stone, and therefore a letter which was wholly closed could keep in place only by a miracle. Hence the *mem* to which R. Ḥisda refers must have been wholly enclosed; which shows that such a *mem* must have been used already by Moses. This objection against R. Jeremiah is valid only if we suppose him to have been speaking of the closed forms of the letters, which is not necessarily the case. Cf. Shab. 104*a*.

a (1) And the determining which letters should go in which place (in the Sefer Torah) was an innovation. (2) Viz., the correct place of each. (3) Apparently what is meant is the official Aramaic version of the Pentateuch used in the synagogue. (4) Lit., 'from the mouth of'. (5) We know on good authority that a Greek translation of the Bible was composed under the guidance of R. Eliezer and R. Joshua by a proselyte named Aquilas. The Aramaic Targum probably took shape about the same time, but there is no authority except this passage for connecting it with anyone of the name of Onkelos. We may surmise therefore that we have here some confusion between the two translations. For the discussion and literature on the subject v. *J.E.* s.v. Targum, and Silverstone, E.A. *Aquila and Onkelos*. (6) Jonathan b. Uzziel was a disciple of Hillel, so he can hardly have had any direct contact with the prophets mentioned. He may, however, have had traditions handed down from them (Maharsha). (7) V. Glos. (8) The Targum of Jonathan b. Uzziel is very paraphrastic, and applies many of the prophetic verses to the Messianic age. (9) Through different interpretations being placed on the prophetic allusions.

b (1) Lit., 'end'. (2) The reference is probably to the Book of Daniel. (3) Neh. VIII, 8. (4) Which shows that the *targum* dates back to the time of Ezra. (5) פיסוק טעמים. V. Ned. (Sonc. ed.) 37*a* n. b5. (6) For notes v. Ned. (Sonc. ed.) 37*b*. (7) Zech. XII, 11. (8) Because there is no mourning for Hadadrimmon mentioned in the Scripture.

◁ *For the continuation of the English translation of this page see overleaf.*

בנם היו עומדין. שהיתה חקיקתן משני עבריהן הלכך אלו אותיות יש להן מקום דבק אלא מ"ם וסמ"ך היתה באויר (ודוקא בסתומים) ואפשר היה לו לתרץ הך (ברייתא) דרב חסדא בסתומין וכי תימא הך דרבי ירמיה בפתוחין והאי מוכח בפרק הבונה במסכת שבת אלא הא *פריך לה מילתא דשויא לתרוייהו:

מבטלין כהנים מעבודתן לשמוע מקרא מגילה. וקשה אמאי מבטלין *והלא אחר הקריאה יש הרבה שהות לעבודה ויש לומר דכיון דמשהאיר היום הוי זמן עבודה והם מניחין אותה בשביל הקריאה משום הכי קרי ליה ביטול וא"ת ויעשו עבודתן מיד ואחר כך יקראו המגילה לבדם וי"ל דטוב לקרות עם הצבור משום דהוי טפי פרסומי ניסא:

ח א מיי' פ"א מהלכות מגילה הלכה א סמג עשין ד טור ש"ע א"ח סי' תרפז סעיף ב:

בנם היו עומדין אין מהוה הוו ולא הוו ידעי הי באמצע תיבה והי בסוף תיבה ואתו צופים ותקינו פתוחין באמצע תיבה וסתומין בסוף תיבה סוף סוף אלה המצות שאין נביא עתיד לחדש דבר מעתה אלא *שכחום וחזרו ויסדום ואמר רבי ירמיה ואיתימא רבי חייא בר אבא תרגום של תורה *אונקלוס הגר אמרו מפי ר' אליעזר ור' יהושע תרגום של נביאים יונתן בן עוזיאל אמרו מפי חגי זכריה ומלאכי ונזדעזעה ארץ ישראל ארבע מאות פרסה על ארבע מאות פרסה יצתה בת קול ואמרה מי הוא זה שגילה סתריי לבני אדם עמד יונתן בן עוזיאל על רגליו ואמר אני הוא שגליתי סתריך לבני אדם גלוי וידוע לפניך שלא לכבודי עשיתי ולא לכבוד בית אבא אלא לכבודך עשיתי שלא ירבו מחלוקת בישראל ועוד ביקש לגלות תרגום של כתובים יצתה בת קול ואמרה לו דייך מ"ט משום דאית ביה קץ משיח ותרגום של תורה אונקלוס הגר אמרו והא *אמר רב איקא בר אבין אמר רב חננאל אמר רב מאי דכתיב °ויקראו בספר תורת האלהים מפורש ושום שכל ויבינו במקרא ויקראו בספר תורת האלהים זה מקרא מפורש זה תרגום ושום שכל אלו הפסוקין ויבינו במקרא אלו פיסקי טעמים ואמרי לה אלו המסורת שכחום וחזרו ויסדום מאי שנא דאורייתא דלא אזדעזעה ואדנביאי אזדעזעה דאורייתא מיפרשא מילתא דנביאי איכא מילי דמיפרשן ואיכא מילי דמסתמן דכתיב °ביום ההוא יגדל המספד בירושלם כמספד הדדרימון בבקעת מגידון *ואמר רב יוסף *אלמלא תרגומא דהאי קרא לא ידענא מאי קאמר ביומא ההוא יסגי מספדא בירושלים *כמספדא דאחאב בר עמרי דקטל יתיה הדדרימון בן טברימון ברמות גלעד וכמספדא דיאשיה בר אמון דקטל יתיה פרעה חגירא בבקעת מגידו *°וראיתי אני דניאל לבדי את המראה והאנשים אשר היו עמי לא ראו את המראה אבל חרדה גדולה נפלה עליהם ויברחו בהחבא א) מאן נינהו אנשים אמר ר' ירמיה ואיתימא רבי חייא בר אבא זה חגי זכריה ומלאכי *אינהו עדיפי מיניה ואיהו עדיף מינייהו אינהו עדיפי מיניה דאינהו נביאי ואיהו לאו נביא איהו עדיף מינייהו דאיהו חזא ואינהו לא חזו וכי מאחר דלא חזו מ"ט איבעיתו אע"ג דאינהו לא חזו מזלייהו חזו אמר רבינא שמע מינה האי מאן דמבעית אע"ג דאיהו לא חזי מזליה חזי מאי תקנתיה *ליקרי ק"ש ואי קאים במקום הטנופת לינשוף מדוכתיה ארבע גרמידי ואי לא לימא הכי עיזא דבי טבחי שמינא מינאי: והשתא דאמרת מדינה ומדינה ועיר ועיר לדרשה משפחה ומשפחה למאי אתא אמר רבי יוסי בר חנינא להביא משפחות כהונה ולויה שמבטלין עבודתן ובאין לשמוע מקרא מגילה דאמר רב יהודה אמר רב *כהנים בעבודתן ולוים בדוכנן וישראל במעמדן כולן מבטלין עבודתן ובאין לשמוע מקרא מגילה תניא נמי הכי כהנים בעבודתן ולוים בדוכנן וישראל במעמדן כולן מבטלין עבודתן ובאין לשמוע מקרא מגילה מכאן סמכו של בית רבי שמבטלין תלמוד תורה ובאין לשמוע מקרא מגילה קל וחומר מעבודה ומה עבודה שהיא חמורה מבטלינן תלמוד תורה לא כל שכן ועבודה חמורה מתלמוד תורה והכתיב °ויהי בהיות יהושע ביריחו וישא עיניו וירא והנה איש עומד לנגדו [וגו'] וישתחו (לאפיו) *והיכי עביד הכי והאמר רבי יהושע בן לוי אסור לאדם שיתן שלום לחבירו בלילה חיישינן שמא שד הוא שאני התם דאמר ליה כי אני שר צבא ה' ודלמא משקרי גמירי דלא מפקי שם שמים לבטלה *אמר לו אמש בטלתם תמיד של בין הערבים ועכשיו בטלתם תלמוד תורה אמר לו על איזה מהן באת אמר לו עתה באתי מיד ב)°וילן יהושע בלילה ההוא בתוך העמק אמר רבי יוחנן מלמד

א) שהיה דניאל מתמה עליהם שהוא ראה והמה לא ראו ומשני שהיו להם מעלה גדולה ממנו שהיו נביאים והם לא ראו זה היתה מתמיה עלו
ב) [וכן איתא בסנהדרין מד: ועי' בתוס' דהכא ד"ה וילן וכו' אבל בעירובין סג: איתא וילן וכו' אמר רבי יוחנן מלמד שהלך בעומקה וכו' וע"ש בתוס' ד"ה מיד וילן וכו']

*מהוה הוו כו'. ולרווחא דשמעתא דנקט *(להקשות) דבר שאינו עד דמרת ומעמידה על בורייה מפי רבי ע"כ: שלא ירבו מחלוקת. לפרש מקראות הסתומים: קץ משיח. בספר דניאל: ויקראו בספר תורת האלהים וגו'. *בספר עזרא כתיב: זה מקרא. לשון עברי של חומש: הפסוקים. היאך נפסקין: פיסקי הטעמים. הנגינות קריין טעמים: אלמלא תרגומא דהאי קרא כו'. שלא מצינו בכל המקרא הספד להדדרימון בבקעת מגידו ויונתן תרגמו לשני הספידות הדדרימון ברמות גלעד (מלכים א כב) ויאשיהו בבקעת מגידו כדמפרש בספר מלכים (ב כג): דאינהו נביאי. שנתנבאו לישראל בשליחותו של מקום והוא לא נשתלח לישראל בשום נבואה: מאי טעמא איבעיתו. דכתיב בקרא אבל חרדה גדולה נפלה עליהם ויברחו בהחבא: מזלייהו. שר של כל אדם למעלה: לינשוף. ידלג: וישראל במעמדן. עומדין על תמידי צבור בשעת הקרבן כדתנן במסכת תענית (דף כו.) תשמרו להקריב לי במועדו היאך שומר אם אינו עומד על גביו תיקנו נביאים הראשונים כ"ד משמרות על כל משמר ומשמר היה מעמד כו': והיכי עביד הכי. שהשתחוה לו דכתיב ויפול על פניו וישתחו: אמש ביטלתם כו'. כתובה שהשיבו עתה באתי אנו למדין מתלת דברי המלאך שהאשימן בשני דברים אמש כלומר כשהעריב היום היה לכם להקריב תמיד הערב ובטלתם אותו ונתעסקתם במחרב העיר הגם שאין זמן מלחמה בלילה [משתחשך]: ועכשיו. שהוא לילה היה לכם לעסוק בתורה שהרי אינכם נלחמים בלילה: עתה באתי. על של עכשיו: מיד וילן יהושע בלילה ההוא בתוך העמק. לא בהותו הלילה כתיב אלא בלילה אחר על העי והכי קאמר מיד חזר יהושע מדבריו וכשבא לילה אחר במטור עסק בתורה: הא

חיישינן שמא שד הוא. פירש ריב"א דדוקא חוץ לעיר [היכא דשכיחי מזיקין] כגון בשדה ובלילה וכן היה יהושע צר על יריחו בשדה רחוק ממחנה ישראל אבל במקום שבני אדם מצויין אין לחוש דאל"כ אדם שאמר לנו [בלילה בעיר] כתבו גט לאשתי היכי כתבינן ניחוש שמא שד הוא [ולא נכתוב] עד דנחזי ליה בבואה דבבואה ולא אשכחן דפריך ליה גמרא אלא גבי מי שהושלך בבור פרק התקבל (גיטין דף סו. ושם):

אמש בטלתם תמיד של בין הערבים. קשה אמאי בטלוהו בשלמא תלמוד תורה בטלו לפי שהיו צרים על העיר כל ישראל אבל הכהנים אמאי לא היו מקריבים התמיד וי"ל לפי שהארון לא היה במקומו כדאמר פרק הדר (עירובין דף סג:) והכהנים נושאין את הארון וא"ת והיכי משמע לישנא דקרא דבטלו התמיד ותלמוד תורה ויש לומר דה"פ מדקאמר הלנו אתה הכי קאמר בשביל תלמוד תורה באת דכתיב תורה צוה לנו אם לצרינו או בשביל הקרבנות שמגינים עלינו מצרינו:

עתה באתי. פי' ריב"ן על תלמוד תורה באתי דכתיב ביה ועתה כתבו לכם [את] השירה הזאת (דברים לא): *וילן יהושע בלילה ההוא בתוך העמק. לא כתיב בהאי קרא כן אלא כשצר על יריחו כתיב וילן בלילה ההוא בתוך העם וכשצר על העי כתיב וילך *בלילה ההוא בתוך העמק ודרך הש"ס הוא לקצר הפסוקים ולערבם יחד כמו ונתן הכסף וקם לו (ערכין דף לג.)* מלמד

נ"א פריך
נ"א לשמעתא מסוה
[צ"ל נתכן]

גליון הש"ס
גמ' שכחום וחזרו ויסדום. לקמן יח ע"א סוכה מד ע"א: שם אונקלוס הגר אמרו. עי' ירושלמי דמסכתין פ"א הלכה ט: שם כמספדא דאחאב. עי' ב"ק יז ע"א תוד"ה והלא. רש"י ד"ה ויקראו כו' בספר עזרא כתיב. עי' סוכה יב ע"א ברש"י ד"ה לא הסכך ומ"ש. תוס' ד"ה מבטלין כו' והלא אחר כו'. עי' פסקי תוס' ערכין אות ג:

נחמיה ח
זכריה יב
מו"ק כח:
[עי' תוס' ב"ק ג: ד"ה כדמתרגם]
[סנהדרין צג:]
[שם לד:]
[שם ע"ש]
[ערכין ד. ושם איתא ר"י אמר שמואל]
יהושע ה
סנהדרין מד.
עירובין סג: [סנהדרין שם]
יהושע ח

[ועי' תוס' עירובין סג: דגרסי וילך ע"ש]
[יהושע]
[ועי' תוס' שבת קכח. ועירובין סו: ד"ה בכתיבם וכמו"ק ח. ד"ה נפקא ולקמן כ. ד"ה דכתיב ומנחות מד: ד"ה מנחתם]

רבינו חננאל

אמרום. כלומר האותיות הללו חכמים תקנום. ואקשינן ואלה המצות שאין נביא רשאי לחדש דבר מעתה ופרקינן לעולם מתוקנים היו. וכן היה מסורת בידם מהנביאים להיות הפתוחים באמצע תיבה. והסתומים בסוף תיבה ושכחום וחזרו הצופים ויסדום. והוא עוד אמר תרגום של תורה אונקלוס הגר אמרו מפי ר' אליעזר ור' יהושע כאשר למדו אותו כך לימדוהו לאחרים. ושל נביאים יונתן בן עוזיאל אמרו כמו שהיה מסורת בידם של חכמים מפי חגי זכריה ומלאכי. ותרגום של כתובים נמנע מן השמים לגלותו משום דאית ביה קץ משיח. ואקשינן והא תרגום של תורה בימי עזרא הוה דכתיב (ויכתבו) [ויקראו] בספר תורת האלהים מפורש. ואמרינן מפורש זה תרגום ושום שכל אלו פסוקים. ויבינו במקרא זה פיסוק טעמים ואמרי לה אלו המסורת. ופרקינן אין תרגום מיוחד היה בידיהו מקמי עזרא ושכחוהו רובא דאינשי ואתא אונקלוס ויסדיה למיקרי ביה בצבור. מיהו מילי דאורייתא מיגליין. כלומר רובן מפורשין הן. אבל של נביאים סתומין הן. דהא לולי התרגום של זה הפסוק ביום ההוא יגדל המספד בירושלם כמספד הדרימון וגו'. לא הוינן ידעינן פירושא דהאי פסוקא ולפיכך נזדעזע העולם שגילה הטעמים שהיו נעלמים. וראיתי אני דניאל לבדי המראה וגו'. מאן נינהו אנשים שהיו עמו זה חגי זכריה ומלאכי. ולמה נפלה חרדה גדולה עליהם. דאע"ג דאינהו לא חזו מזלייהו חזו: וכיון דמדינה ומדינה (הוא) לדרשה הוא דאתיין כדאמרן משפחה [ומשפחה] מאי דרשת בה ואסיקנא משפחות כהנים ולוים. וכדתניא כהנים המתעסקין בעבודתן ולוים בדוכנם וישראל במעמדן כולן מבטלין עבודתן ובאין לשמוע מקרא מגילה מיכן סמכו של בית ר' שמבטלין תלמוד תורה ובאין לשמוע מקרא מגילה. אם הכהנים מבטלין עבודתן ת"ת לא כל שכן. ואקשינן וכי עבודה חמורה מדברי תורה והכתיב ויהי בהיות יהושע ביריחו וישא עיניו וירא והנה וגו' ויאמר לא כי אני שר צבא ה' עתה באתי. א"ל אמש בטלתם תמיד של

Continuation of translation from previous page as indicated by ◁

son of Rimmon in Ramoth Gilead[9] and like the mourning of Josiah son of Ammon who was killed by Pharaoh the Lame in the plain of Megiddo'.[10]

And I, Daniel, alone saw the vision; for the men that were with me saw not the vision; but a great quaking fell upon them, and they fled to
c *hide themselves.*[1] Who were these 'men' —R. Jeremiah—or some say, R. Ḥiyya b. Abba—said: These were Haggai, Zechariah, and Malachi. They were superior to him [in one way], and he was superior to them [in another]. They were superior to him, because they were prophets and he was not a prophet.[2] He was superior to them, because he saw [on this occasion] and they did not see. But if they did not see, why were they frightened?—Although they themselves did not see, their star saw.[3] Rabina said: We learn from this that if a man is seized with fright though he sees nothing, [the reason is that] his star sees. What is his remedy? He should recite the *shema'*.[4] If he is in a place which is foul,[5] he should move away from it four cubits. If he cannot do this, he should say this formula: 'The goat at the butcher's is fatter than I am'.[6]

Now that you have decided that the words *'city and city'* have a homiletical purpose, what is the purpose of the words *'family and family'* [in the same verse]?—R. Jose b. Ḥanina replied: This contains a reference to the families of the Priests and Levites, [and indicates] that they should desist from their [Temple] service in order to come and hear the reading of the Megillah. For so said Rab Judah in the name of Rab: The Priests at their [Temple] service, the Levites on their platform,[7] the lay Israelites at their station[8]—all desist from their service in order to hear the reading of the Megillah. It has been taught to the same effect: Priests at their [Temple] service, Levites on their platform, lay Israelites at their station— all desist from their service in order to come and hear the reading of the Megillah. It was in reliance on this dictum that the members of the house of Rabbi[9] were wont to desist from the study of the Torah in order to come and hear the reading of the Megillah. They argued *a fortiori* from the case of the [Temple] service. If the service, which is so important, may be abandoned, how much more the study of the Torah?

But is the [Temple] service more important than the study of the Torah? Surely it is written, *And it came to pass when Joshua was by Jericho, that he lifted up his eyes and looked, and behold there stood*
d *a man over against him, . . . (and he fell on his face.*[1] Now how could he do such a thing, seeing that R. Joshua b. Levi has said that it is forbidden to a man to greet another by night, for fear that he is a demon?—It was different there, because he said to him, *'I am captain of the host of the Lord'*. But perhaps he was lying?—We take it for granted[2] that they do not utter the name of heaven vainly).[3] He said to him: This evening you neglected the regular afternoon sacrifice, and now you have neglected the study of the Torah.[4] Joshua replied: In regard to which of them have you come? He answered, *'I have come* now'.[5] Straightway, *Joshua tarried that night in the midst of the valley* [ha-emek],[6] and R. Joḥanan said:

(9) V. I Kings XXII. (10) V. II Kings XXIII. It is difficult to see what 'mystery' is here revealed that should have caused the land to quake.
c (1) Dan. X, 7. (2) Although he had visions, he did not admonish or exhort the people. (3) Or 'guardian angel' or 'spirit'. The Hebrew *mazzal* here seems to mean something corresponding to the Roman *genius*. (4) V. Glos. (5) And where the *shema'* may not be recited. (6) Go to them for a victim. (7) On which they stood to chant the daily psalm. (8) A number of lay Israelites were always appointed to be present at the offering of the daily sacrifices, which they accompanied with certain prayers. V. Ta'an. 26*a*; and Glos. s.v. *ma'amad*. (9) R. Judah I, the Prince.
d (1) Josh. V, 13f. (2) Lit., 'we have learnt by tradition'. (3) The passage in brackets (from 'and he fell') is parenthetical, and has nothing to do with the argument. (4) It is not clear what indication there is of this in the text. V. Tosaf., s.v. אמש. (5) I.e., on account of the study of the Torah which you are neglecting now. (6) This seems to be an alternative reading of Joshua VIII, 13, which in our text reads, *And Joshua went that night in the midst of the valley*. Cf. Tosaf., s.v.

עין משפט נר מצוה

ח א מיי' פ"א מהלכות מגילה הלכה א סמג עשין ד טור ש"ע א"ח סי' תרפז סעיף ב:

מסורת הש"ס

אינו בפי' אחרים
נ"א פריך
נ"א דסומכי מהוה
[צ"ל לתרץ]

גליון הש"ס

גמ' שכחום וחזרו ויסדום. לקמן יח ע"א סוכה מד ע"א: שם אונקלוס הגר אמרו. עי' ירושלמי דמסכתין פ"א הלכה ט: שם כמספדא דאחאב. עי' ב"ק יז ע"א תוד"ה והלא: רש"י ד"ה ויקראו כו' בספר עזרא כתיב. עי' סוכה יב ע"א ברש"י ד"ה לאו הכר ומ"ש שם: תוס' ד"ה מבטלין כו' והלא אחר כו'. עי' פסקי תוס' ערכין אות כ:

בנם היו עומדין אין מהוה הוו ולא הוו ידעי הי באמצע תיבה והי בסוף תיבה ואתו צופים ותקנום פתוחין באמצע תיבה וסתומין בסוף תיבה סוף סוף אלה המצות שאין נביא עתיד לחדש דבר מעתה אלא שכחום וחזרו ויסדום ואמר רבי ירמיה ואיתימא רבי חייא בר אבא תרגום של תורה אונקלוס הגר אמרו מפי ר' אליעזר ור' יהושע תרגום של נביאים יונתן בן עוזיאל אמרו מפי חגי זכריה ומלאכי ונזדעזעה ארץ ישראל ארבע מאות פרסה על ארבע מאות פרסה יצתה בת קול ואמרה מי הוא זה שגילה סתריי לבני אדם עמד יונתן בן עוזיאל על רגליו ואמר אני הוא שגליתי סתריך לבני אדם גלוי וידוע לפניך שלא לכבודי עשיתי ולא לכבוד בית אבא אלא לכבודך עשיתי שלא ירבו מחלוקת בישראל ועוד ביקש לגלות תרגום של כתובים יצתה בת קול ואמרה לו דייך מ"ט משום דאית ביה קץ משיח ותרגום של תורה אונקלוס הגר אמרו והא אמר רב איקא בר אבין אמר רב חננאל אמר רב מאי דכתיב (נחמיה ח) ויקראו בספר תורת האלהים מפורש ושום שכל ויבינו במקרא ויקראו בספר תורת האלהים זה מקרא מפורש זה תרגום ושום שכל אלו הפסוקין ויבינו במקרא אלו פיסקי טעמים ואמרי לה אלו המסורת שכחום וחזרו ויסדום מאי שנא דאורייתא דלא אזדעזעה ואדנביאי אזדעזעה דאורייתא מיפרשא מילתא דנביאי איכא מילי דמיפרשן ואיכא מילי דמסתמן (זכריה יב) דכתיב ביום ההוא יגדל המספד בירושלם כמספד הדדרימון בבקעת מגידון ואמר רב יוסף אלמלא תרגומא דהאי קרא לא ידענא מאי קאמר ביומא ההוא יסגי מספדא בירושלים כמספדא דאחאב בר עמרי דקטל יתיה הדדרימון בן טברימון ברמות גלעד וכמספדא דיאשיה בר אמון דקטל יתיה פרעה חגירא בבקעת מגידו (דניאל י) וראיתי אני דניאל לבדי את המראה והאנשים אשר היו עמי לא ראו את המראה אבל חרדה גדולה נפלה עליהם ויברחו בהחבא א) מאן נינהו אנשים אמר ר' ירמיה ואיתימא רבי חייא בר אבא זה חגי זכריה ומלאכי אינהו עדיפי מיניה ואיהו עדיף מינייהו אינהו עדיפי מיניה דאינהו נביאי ואיהו לאו נביא איהו עדיף מינייהו דאיהו חזא ואינהו לא חזו וכי מאחר דלא חזו מ"ט איבעיתו אע"ג דאינהו לא חזו מזלייהו חזו אמר רבינא שמע מינה האי מאן דמיבעית אע"ג דאיהו לא חזי מזליה חזי מאי תקנתיה ליקרי ק"ש ואי קאים במקום הטנופת לינשוף מדוכתיה ארבע גרמידי ואי לא לימא הכי עיזא דבי טבחי שמינא מינאי: והשתא דאמרת מדינה ומדינה ועיר ועיר לדרשה משפחה ומשפחה למאי אתא אמר רבי יוסי בר חנינא להביא משפחות כהונה ולויה שמבטלין עבודתן ובאין לשמוע מקרא מגילה דאמר רב יהודה אמר רב כהנים בעבודתן ולוים בדוכנן וישראל במעמדן כולן מבטלין עבודתן ובאין לשמוע מקרא מגילה תניא נמי הכי כהנים בעבודתן ולוים בדוכנן וישראל במעמדן כולן מבטלין עבודתן ובאין לשמוע מקרא מגילה מכאן סמכו של בית רבי שמבטלין תלמוד תורה ובאין לשמוע מקרא מגילה קל וחומר מעבודה ומה עבודה שהיא חמורה מבטלינן תלמוד תורה לא כל שכן ועבודה חמורה מתלמוד תורה והכתיב (יהושע ה) ויהי בהיות יהושע בירידו וישא עיניו וירא והנה איש עומד לנגדו [וגו'] וישתחו (לאפיו) והיכי עביד הכי והאמר רבי יהושע בן לוי אסור לאדם שיתן שלום לחבירו בלילה חיישינן שמא שד הוא שאני התם דאמר ליה כי אני שר צבא ה' ודלמא משקרי גמירי דלא מפקי שם שמים לבטלה אמר לו אמש בטלתם תמיד של בין הערבים ועכשיו בטלתם תלמוד תורה אמר לו על איזה מהן באת אמר לו עתה באתי מיד ב) (יהושע ח) וילן יהושע בלילה ההוא בתוך העמק אמר רבי יוחנן מלמד

[מסורת הש"ס: תו"ק כח: / [עי' תוס' ב"ק ג: ד"ה כדמתרגם] / [סנהדרין לג:] / [שם לד.] / [שם ע"ש] / [ערכין ד. ושם איתא ר"א אמר שמואל] / יהושע ה / סנהדרין מד. / עירובין סג: [סנהדרין שם] / יהושע ח]

א) שהיה דניאל מתמה עליהם שהוא ראה והמה לא ראו ומשני שהיו חזו"מ שהיו להם מעלה גדולה ממנו שהיו נביאים והם לא ראו זו היתה התמיה שלו
ב) [וכן איתא בסנהדרין מד: ועי' בתוס' דהכא ד"ה וילן וכו' אבל בעירובין סג: איתא וילך וכו' אמר רבי יוחנן מלמד שהלך בעומקה וכו' וע"ש בתוס' ד"ה מיד וילן וכו']

רש"י

בנם היו עומדין. שהיתה חקיקתן משני עבריהן הלכך שאר אותיות יש להן מקום דבק אלא מ"ם וסמ"ך היתה באויר (ודוקא בסתומים) ואפשר היה לו לתרץ הך (ברייתא) דרב חסדא בסתומין וכי אתמר הך דרבי ירמיה בפתוחין והכי מוכח בפרק הבונה במסכת שבת אלא הא פריך לה מילתא דשויא לתרוייהו: תורה אור

מהוה הוו כו'. והורחא דסוגיא דגמ' (להקשות) דבר שאינו עד דפרח ומעמידה על בורייה מפי רבי ע"כ: שלא ירבו מחלוקת. לפרש מקראות הסתומים: קץ משיח. בספר דניאל: ויקראו בספר תורת האלהים וגו'. בספר עזרא כתיב: זה מקרא. לשון עברי של חומש: הפסוקים. היאך נפסקין: פיסקי הטעמים. הנגינות קרויין טעמים: אלמלא תרגומא דהאי קרא כו'. שלא מצינו בכל המקרא הספד להדדרימון בבקעת מגידו ויונתן תרגמו לשני הספידות הדדרימון ברמות גלעד (מלכים א כב) ויאשיהו בבקעת מגידו כדמפרש בספר מלכים (ב כג): דאינהו נביאי. שנתנבאו לישראל בשליחותו של מקום והוא לא נשתלח לישראל בשום נבואה: מאי טעמא איבעיתו. דכתיב בקרא אבל חרדה גדולה נפלה עליהם ויברחו בהחבא: מזלייהו. שר של כל אדם למעלה: לינשוף. ידלג: וישראל במעמדן. עומדין על תמידי צבור בשעת הקרבן כדתנן במסכת תענית (דף כו.) תשמרו להקריב לי במועדו היאך שומר אם אינו עומד על גביו תיקנו נביאים הראשונים כ"ד משמרות על כל משמר ומשמר היה מעמד כו': והיכי עביד הכי. שהשתחוה לו דכתיב ויפול על פניו וישתחו: אמש ביטלתם כו'. בתשובה שהשיבו עתה באתי אנו למדין תחלת דברי המלאך האשימן בשני דברים אמש כלומר כשהעריב היום היה לכם להקריב תמיד הערב ובטלתם אותו ובשהייתם במארב העיר חנם שאין זמן מלחמה בלילה [משתחשך]: ועכשיו. שהוא לילה היה לכם לעסוק בתורה שהרי אינכם נלחמים בלילה: עתה באתי. על של עכשיו: מיד וילן יהושע בלילה ההוא בתוך העמק. לא באותו הלילה כתיב אלא בלילה שלאחר על העי והכי קאמר מיד חזר יהושע מדבריו וכשבא לילה אחר במטור עסק בתורה:

הא

תוספות

מבטלין כהנים עבודתן לשמוע מקרא מגילה. וקשה אמאי מבטלין והלא אחר הקריאה יש הרבה שהות לעבודה ויש לומר דכיון דמשהאיר היום הוי זמן עבודה והם מניחין אותה בשביל הקריאה משום הכי קרי ליה ביטול וא"ת ויעשו עבודתן מיד ואחר כך יקראו המגילה לבדם וי"ל דטוב לקרות עם הצבור משום דהוי טפי פרסומי ניסא:

חיישינן שמא שד הוא. פירש ריב"א דדוקא חוץ לעיר [היכא דשכיחי מזיקין] כגון בשדה ובלילה וכן היה יהושע צר על יריחו בשדה רחוק ממחנה ישראל אבל במקום שבני אדם מצויין אין לחוש דא"כ אדם שאמר לנו [בלילה בעיר] כתבו גט לאשתי היכי כתבינן ניחוש שמא שד הוא [ולא נכתוב] עד דנחזי ליה בבואה דבבואה ולא אשכחן דפריך ליה גמרא אלא גבי מי שהושלך בבור פרק התקבל (גיטין דף סו. ושם):

אמש בטלתם תמיד של בין הערבים. קשה אמאי בטלוהו בשלמא תלמוד תורה בטלו לפי שהיו צרים על העיר כל ישראל אבל הכהנים אמאי לא היו מקריבים התמיד וי"ל לפי שהארון לא היה במקומו כדאמר פרק הדר (עירובין דף סג:) והכהנים נושאין את הארון וא"ת והיכי משמע לישנא דקרא דבטלו התמיד ותלמוד תורה ויש לומר דה"פ מדקאמר הלנו אתה הכי קאמר בשביל תלמוד תורה באת דכתיב תורה טה לנו אם לצרינו או בשביל הקרבנות שמגינים עלינו מצרינו:

עתה באתי. פי' ריב"ן על תלמוד תורה באתי דכתיב ביה ועתה כתבו לכם [את] השירה הזאת (דברים לא):

וילן יהושע בלילה ההוא בתוך העמק. לא כתיב בהאי קרא כן אלא כשצר על יריחו כתיב וילן בלילה ההוא בתוך העם וכשצר על העי כתיב וילך בלילה ההוא בתוך העמק ודרך הש"ס הוא לקצר הפסוקים ולערבם יחד כמו ונתן הכסף וקם לו (ערכין דף לג.): מלמד

[מרים לג:] [ועי' תוס' עירובין סג: דגרסי וילך ע"ש] [ויסופא] [ועי' תוס' שבת קכת. ועירובין סו: ד"ה בכתיבה וכמו"ק ח. ד"ה נפקא ולקמן כ. ד"ה דכתיב ומנחות מד: ד"ה מנחתם]

רבינו חננאל

אמורים. כלומר האותיות הללו הכמים תקנום. ואקשינן ואלה המצות שאין נביא רשאי לחדש דבר מעתה ופרקינן לעולם מתוקנים היו. וכן היה מסורת בידם מהנביאים להיות הפתוחים באמצע תיבה. והסתומים בסוף תיבה ושכחום וחזרו הצופים ויסדום. והא עוד אמר תרגום של תורה אונקלוס הגר אמרו מפי ר' אליעזר ור' יהושע כאשר למדו אותו כך לימדוהו לאחרים. ושל נביאים יונתן בן עוזיאל אמרו כמו שהיתה מסורת בידם של חכמים מפי חגי זכריה ומלאכי. ותרגום של כתובים נמנע מן השמים לגלותו משום דאית ביה קץ משיח. ואקשינן והא תרגום של תורה בימי עזרא הוה דכתיב (ויכתבו) [ויקראו] בספר תורת האלהים מפורש. ואמרינן מפורש זה תרגום ושום שכל אלו פסוקים. ויבינו במקרא זה פיסוק טעמים ואמרי לה אלו המסורת. ופרקינן אין תרגום מיהוה הוה בידייהו מקמי עזרא ושכחוהו רובא דאינשי ואתא אונקלוס ויסדיה למיקרי ביה בצבור. מיהו מילי דאורייתא מיגליין. כלומר רובן מפורשין הן. אבל של נביאים מסותמין הן. דהא לולי התרגום של זה הפסוק ביום ההוא יגדל המספד בירושלם כמספד הדדרימון וגו'. לא הוינן ידעינן פירושא דהאי פסוקא ולפיכך נזדעזע העולם שגילה הטעמים שהיו נעלמים. וראיתי אני דניאל לבדי המראה וגו'. מאן נינהו אנשים שהיו עמו זה חגי זכריה ומלאכי. ולמה נפלה חרדה גדולה עליהם. דאע"ג דאינהו לא חזו מזלייהו חזו: וכיון דמדינה ומדינה (הוא) לדרשה הוא דאתיין כדאמרן משפחה [ומשפחה] מאי דרשת בה ואסיקנא משפחות כהנים ולוים. וכדתניא כהנים המתעסקין בעבודתן ולוים בדוכנם וישראל במעמדן כולן מבטלין עבודתן ובאין לשמוע מקרא מגילה מיכן סמכו של בית ר' שמבטלין תלמוד תורה ובאין לשמוע מקרא מגילה. אם הכהנים מבטלין ת"ת לא כל שכן. ואקשינן וכי עבודה חמורה מדברי תורה והכתיב ויהי בהיות יהושע בירידו וישא עיניו וירא והנה וגו' ויאמר לא כי אני שר צבא ה' עתה באתי. א"ל אמש בטלתם תמיד של

מלמד שלן בעומקה של הלכה *אמר רב שמואל בר אוניא גדול תלמוד תורה יותר מהקרבת תמידין שנאמר עתה באתי לא קשיא הא דרבים והא דיחיד ודיחיד קל והתנן *נשים במועד מענות אבל לא מטפחות ר' ישמעאל אומר אם הוו סמוכות למטה מטפחות בראשי חדשים בחנוכה ובפורים מענות ומטפחות בזה ובזה (א) אבל לא מקוננות ואמר רבה בר הונא *אין מועד בפני תלמיד חכם כל שכן חנוכה ופורים כבוד תורה קאמרת כבוד תורה דיחיד חמור תלמוד תורה דיחיד קל אמר רבא פשיטא לי עבודה ומקרא מגילה מקרא מגילה עדיף מדר' יוסי בר חנינא תלמוד תורה ומקרא מגילה מקרא מגילה עדיף מדסמכו של בית רבי תלמוד תורה ומת מצוה מת מצוה עדיף מדתניא *מבטלין תלמוד תורה להוצאת מת ולהכנסת כלה עבודה ומת מצוה מת מצוה עדיף מולאחותו דתניא *ולאחותו מה ת"ל הרי שהיה הולך לשחוט את פסחו ולמול את בנו ושמע שמת לו מת יכול יטמא אמרת לא יטמא יכול כשם שאינו מיטמא לאחותו כך אינו מיטמא למת מצוה ת"ל ולאחותו לאחותו הוא דאינו מיטמא *אבל מיטמא למת מצוה בעי רבא מקרא מגילה ומת מצוה הי מינייהו עדיף מקרא מגילה עדיף משום פרסומי ניסא או דלמא מת מצוה עדיף משום כבוד הבריות בתר דבעיא הדר פשטה מת מצוה עדיף *דאמר מר גדול כבוד הבריות שדוחה את לא תעשה שבתורה גופא *א"ר יהושע בן לוי כרך וכל הסמוך לו וכל הנראה עמו נדון ככרך תנא סמוך אע"פ שאינו נראה נראה אע"פ שאינו סמוך בשלמא נראה אע"פ שאינו סמוך משכחת לה כגון דיתבה בראש ההר אלא סמוך אע"פ שאינו נראה היכי משכחת לה א"ר ירמיה שיושבת בנחל וא"ר יהושע בן לוי כרך שישב ולבסוף הוקף נדון ככפר מ"ט דכתיב ואיש כי ימכור בית מושב עיר חומה *שהוקף ולבסוף ישב ולא שישב ולבסוף הוקף ואמר ריב"ל כרך שאין בו עשרה בטלנין נדון ככפר מאי קמ"ל תנינא *איזו היא עיר גדולה כל שיש בה עשרה בטלנין פחות מכאן הרי זה כפר כרך איצטריך ליה אע"ג דמיקלעי ליה מעלמא ואמר ריב"ל כרך שחרב ולבסוף ישב נדון ככרך מאי חרב אילימא חרבו חומותיו ישב אין לא ישב לא והא תניא *רבי אליעזר בר יוסי אומר אשר לוא חומה אף על פי שאין לו עכשיו והיה לו קודם לכן אלא מאי חרב שחרב מעשרה בטלנין ואמר ריב"ל

לוד

תורה אור: במדבר ו | ויקרא כה | ויקרא כה

רש"י

הא דרבים. דהתם כל ישראל הוו: מענות. הספד על המת: ולא מטפחות. על לבן: אבל לא מקוננות. והתם מפרש איזהו עינוי ואיזהו קינה עינוי שכולן עונות כאחת קינה אחת אומרת וכולן עונות אחריה: ת"ת דיחיד. ביטול תלמודו קל מעבודה ופורים: מדרבי יוסי בר חנינא: ולאחותו מה ת"ל. גבי נזיר כתיב על נפש מת לא יבא (במדבר ו) הרי הכל במשמע הדר כתיב בתריה קרא יתירא לאביו ולאמו לאחיו ולאחותו כו' דריש לה בספרי לאביו לא יטמא אבל מיטמא הוא למת מצוה לאמו מה ת"ל שאם היה כהן ונזיר אע"פ שקדוש ב' קדושות לאמו לא יטמא אבל מיטמא הוא למת מצוה לאחיו שאם היה כהן גדול ונזיר לאחיו לא יטמא אבל מיטמא הוא למת מצוה ולאחותו מה ת"ל כרוך כולהו למשוי מת מצוה אתו הלכך אם אינו ענין לו תנהו ענין לחבירו ולאחותו מה ת"ל כו' ואם אינו ענין לאלו תנהו ענין לביטול עבודה ומילה מפני מת מצוה: שמת לו מת. אם לא אחות: אמרת לא יטמא. כשם שאין נזיר מבטל נזירותו ליטמא לקרוביו כך הוא זה לא יבטל פסחו: את לא תעשה. דכתיב לא תוכל להתעלם (דברים כב) וכתיב והתעלמת פעמים שאתה מתעלם כגון זקן ואינו לפי כבודו: בנחל. מקום נמוך: שישב. שנתיישב תחלה בבתים ולבסוף הוקף חומה נידון ככפר לענין בתי ערי חומה: בית מושב של עיר חומה: עשרה בטלנין. שבטלין ממלאכתן שיהו מצויין תמיד בבית הכנסת שחרית וערבית כדאמרינן במסכת ברכות (דף ו:) כיון שבא הקב"ה בבית הכנסת ולא מצא שם עשרה וכו': תנינא. בפירקין במתני' (ד' ה.): כרך איצטריכא ליה. דכל כרך אינו אלא מקום שווקין שנכנסים שם מכל צד וגדול הוא יותר מעיר גדולה: דמיקלעי ליה מעלמא. אנשים הרבה ויש הרבה מהן בטלנין ממלאכה שאינן עושין מלאכה אלא במקומן אפילו הכי בעינן קבועין דזמנין דלא משתכחין: ישב אין. שחזר והוקף:

תוספות

מלמד שהלך ולן בעומקה של הלכה. כל זמן ששכינה וארון שרויין שלא במקומן אסורים בתשמיש המטה לא גרס ליה הכא דמה שייך כאן ובפרק הדר (עירובין סג:) גרס ליה דקאמר שנענש יהושע על שבטל ישראל מפריה ורביה* י"ל דמה שנענש שלא היה לו בן זכר היה על שבטל ישראל מתשמיש מדה כנגד מדה אבל שאר עונש בא לו על בטול תורה:

מענות. כולן עונות כאחת מקוננות אחת אומרת והשאר עונות מטפחות יד על יד או על ירך או על פנים: אין מועד בפני תלמיד חכם. ויום שמועה כבפניו דמי: כל שכן חנוכה ופורים. שמותר להספידם אע"ג דמבטל ממקרא מגילה אלמא ת"ת חמור ממקרא מגילה: מת מצוה עדיף. לאו דווקא מת מצוה והוא הדין לכל מתים שבעולם מבטלים תלמוד תורה להוציאם אלא איידי דנקט בסמוך גבי ולאחותו מת מצוה ה"נ נקט תלמוד תורה ומת מצוה*:

מת מצוה עדיף. הקשה הר"ר אלחנן למה לי קרא תיפוק ליה מק"ו ומה ת"ת דחמירא מבטלין מפני כבוד המת עבודה דקילא לא כל שכן דהא אפילו תלמוד תורה דרבים מבטלין מפני כבוד המת כדאמר פ"ב דכתובות (דף יז. ושם) וי"ל דה"מ למאן דקרי ותני ומתני דצריך כולי האי אבל למאן דלא קרי ותני לא צריך כולי האי והכא מיירי במת מצוה דלא קרי ותני ומשום הכי צריך קרא דולאחותו: כרך שאין בו י' בטלנים נדון ככפר. וצ"ל דמיירי בסתם כרכים האמורים בתלמוד *אבל המוקף חומה מימות יהושע בן נון אפילו אין בו י' בטלנים קורין בט"ו וה"נ משמע דפריך בסמוך מאי קמ"ל תנינא איזו היא עיר גדולה כו' ומשני כרך איצטריך ליה אע"ג דמקלעי ליה מעלמא ואי איתא דאפילו במוקף חומה מימות יהושע בן נון צריך י' בטלנין הוה ליה למימר מוקף מימות יהושע אצטריכא ליה אע"ג דחשיב חומה דידהו שהגינו מן האויבים וגם מקלעי ליה מעלמא דהוי רבותא טפי אלא ש"מ דבמוקף מימות יהושע לא צריך י':

כרך שישב ולבסוף הוקף נדון ככפר. פירש הקונטרס לענין בתי ערי חומה איירי וה"נ משמע מדאייתי קרא דכי ימכור וקשה דאם כן בערכין (דף לג:) הו"ל להש"ס למתני גבי הא דתני שאר דיני דבתי ערי חומה ועוד קשה דאם כן הל"ל נדון כבתי החצרים דשייך גבייהו לכ"נ דלענין מגילה מיירי מכל מקום מייתי קרא דכי ימכור לאשמועינן דחומה דמתכינן גבי מגילה בכה"ג דמהני גבי ערי חומה דהיינו הוקף ולבסוף ישב כדכתיב בית מושב עיר חומה דמשמע שנתיישב בתוך החומה ואם תאמר לקמן (דף ה:) אמרינן דטבריא שימה חומתה אע"ג דאין לה דין ערי חומה מ"מ קורין את המגילה בט"ו (ב) דהא מוקפין חומה כיון דמגניא מאויבים וה"נ היה לנו לומר כשישב ולבסוף הוקף כיון דמכסיא ומגניא וי"ל דשאני טבריא דכיון דחזינן דהיקף ים מהני כהיקף חומה לגבי מגילה גם כן דין הוא שיקראו המגילה בט"ו שהרי היקף שלה קודם לישובה והוי כשאר היקף דמהני בבתי ערי חומה אבל ישב ולבסוף הוקף לא מצינו בשום מקום דחשיב חומה שלה וא"ת לקמן בפרקין (שם) דקאמר אשר לו חומה פרט לשור אגר פי' שאגרות חומות שלה כגון שהבתים מדובקים יחד בעגול והוי כמו חומה סביב לעיר ולמה לי קרא תיפוק ליה דה"ל ישב ולבסוף הוקף שהרי לא נגמרה חומת העיר עד שנגמרו כל הבתים ויש לומר דקרא אתא לאשמועינן דאפילו היכא דקים לן שלא דר אדם שם עד שנגמרו כל הבתים אפילו הכי לא חשיב היקף וצריך לומר דהא דקאמר נדון ככפר מיירי דליכא י' בטלנים דאי יש שם עשרה בטלנין אמאי גרע מעיירות גדולות דהוו בי"ד: והתניא רבי אליעזר ברבי יוסי אומר וכו'. וא"ת אדמותבת ליה מרבי אליעזר לסייעיה מרבנן דפליגי עליה וסברי דקדושה ראשונה קדשה לשעתה ולא קדשה לעתיד לבא ויש לומר דע"כ לא סבר רבי יהושע כרבנן דאי סבר כוותייהו מאי מהני (*ישב ולבסוף הוקף) אם לא קדשה קדושה שנייה: אלא שחרב מעשרה בטלנים. וכשלא הוקף מימות יהושע איירי דביה לא צריך עשרה ואם תאמר מאי מהני מה שהיה כרך מתחילה הוה ליה כפר שנעשה כרך שנתישבו שם עשרה ויש לומר דלרבותא נקט הכי ולא מבעיא כפר שנעשה כרך דבכתחלה ליכא למיחש שמא יחסרו דיורים אלא אפילו זה שפסקו דיורים כבר פעם אחת וסלקא דעתך אמינא דהיכא למיחש שמא יפסקו עוד פעם אחרת אפילו הכי קא משמע לן דלא חיישינן:

לוד

עין משפט נר מצוה

ולא סתרי אהדדי דהתם קאמר שנענש על שביטל ישראל מפו"ר והכא קאמר שנענש על שביטל מעבודה די"ל דמה שנענש כו'

ט א ב מיי' פ"ו מהלכות י"ט הלכה כד ופי"א מהל' אבל הלכה ד סמג עשין ב טוש"ע א"ח סימן תקמז סעיף ג וטוש"ע י"ד סימן תא סעיף ה:

י ג מיי' שם פי"ב הלכה ט טוש"ע י"ד סימן שמד סעיף א:

יא ד מיי' שם פי"ד הלכה ח טוש"ע י"ד סי' שעד סעיף א:

[ועי' תוס' כתובות יז. ד"ה להוצאת]

יב ה מיי' פ"א מהלכות מגילה הלכה א טור ש"ע א"ח סי' תרפז סעיף ב:

יג ו ז מיי' שם פ"א הלכה ... טור ש"ע א"ח סי' תרפז סעיף ג:

יד ח שם סעיף א:

טו ט מיי' פ"ג מהל' שמטה ויובל הלכה יד סמג עשין קנד:

טז י מיי' פ"א מהלכות מגילה הלכה ח:

דהיינו עיירות גדולות אבל כרך הנזכר במקרא מגילה היינו מוקף חומה

יז כ מיי' פי"ב מהלכות שמטה ויובל הלכה טו [ופ"א מהלכות מגילה ה"ד] טוש"ע א"ח סי' תרפח סעיף א:

רבינו חננאל

של בין הערבים ועכשיו בטלתם ת"ת. ועל איזה מהן באת. א"ל עתה באתי. כלומר על ת"ת שבטלתם אותו עתה. הנה ת"ת חמור מעבודה ופרקינן התם גבי יהושע ת"ת דכל ישראל ולפיכך חמור מעבודה. אבל דיחידים כגון ת"ת דרבי עבודה חמורה ממנו. וכן פורים: אריב"ל אסור לאדם לתת שלום לחבירו בלילה חיישינן שמא שד הוא ואי מזכיר לו שם שמים שרי. ות"ת דיחיד קיל והתנן נשים במועד מענות אבל לא מטפחות כו'. ואמר רבה בר רב הונא אין מועד בפני ת"ח. כ"ש חנוכה ופורים. ופרקינן כבוד תורה כגון הספד ת"ח וכיוצא בו. אפי' דיחיד חמור מפורים. אבל ת"ת דיחיד קל מעבודה ופורים. אמר רבא פשיטא לי עבודה ומקרא מגילה. מקרא מגילה עדיף. כדר' יוסי ב"ר חנינא. וכן מקרא מגילה עדיף מת"ת מדמבטלין ד"ת ובאין לשמוע מקרא מגילה. וכן קבורת מת מצוה עדיף מת"ת מדמבטלין ת"ת להוצאת המת ולהכנסת כלה. *) ואשכחן

דקבורת מת מצוה עדיף ממקרא מגילה. דגדול כבוד הבריות שדוחה את לא תעשה שבתורה. פי' כגון זקן שראה בהמת חבירו והיא נדחת ואין כבודו להנהיג בהמה אינו חייב להשיבה. שנאמר והתעלמת ואמרינן פעמים שאתה מתעלם. באיזה צד כגון זקן שאין כבודו להנהיג לפניו בהמות שהוא פטור מלהשיב. נמצא כבוד הזקן דוחה את הכתוב לא תוכל להתעלם. וכן אם יש לפניו ב' מצות עבודה ומת מצוה. מת מצוה עדיף ויבטל עבודה. מדתניא ולאחותו דכתיבה בנזיר מה ת"ל כלומר לאחיו אינו מטמא לאחותו לא כ"ש. א"כ מה ת"ל ולאחותו. הרי שהיה הולך לשחוט את פסחו ולמול את בנו [illegible] ושמע שמת לו מת יכול יטמא **. [illegible] כלומר אינו רשאי להיטמא למתו ולבטל המצוה. יכול גם למת מצוה לא יטמא שאם יטמא נמצא בטל מן המצוה. ת"ל ולאחותו. הנה הנזיר מצוה שלא להיטמאות וכתיב ולאחותו מופנה ללמד לאחותו אינו מיטמא אבל מיטמא למת מצוה [illegible]: אריב"ל כרך וכל הסמוך לו [illegible] לוד

*) נראה דחסר כאן וצ"ל מקרא מגילה ומת מצוה מאי ואסיקנא וכו'. **) צ"ל יכול יטמא אמרת לא יטמא ודייקינן לה מדכתיב וכו'.

מסורת הש"ס

עירובין סג: ע"ש סנהדרין מד. ע"ש

מו"ק כח:

לקמן כט. [ע"ש בתוס'] כתובות יז. [ע"ש בתוס']

ברכות יט: נזיר מח: סנהדרין לה. זבחים ק.

שבת פא: לד: [ברכות יט: עירובין מא. מנחות לז:]

ויקרא כה

[ערכין לג: ע"ש דהיא ברייתא]

[לקמן י: שבועות טז. ערכין לב. [עי' רש"י ותוס' ערכין שם ועי' פי' תוס' על זה בחולין סח. ד"ה אע"פ]]

ר"א אם לבסוף ישב

הגהות הב"ח

(א) גמ' ומטפחות בזה ובזה אבל לא מקוננות: (ב) תוס' ד"ה כרך שישב וכו' בט"ו דהכא מוקפת חומה:

גליון הש"ס

גמ' ולהכנסת כלה. בהגהות ש"ע אה"ע סי' סה סעיף א:

[3b] This shows that he tarried in the depths ['umkah] of the *halachah*.[7] And R. Samuel b. Unia also said: The study of the Torah is greater than the offering of the daily sacrifices, as it says, '*I have come now*'—There is no contradiction; in the one case[8] [the study] of an individual is meant, in the other[9] that of the whole people.[10] But is that of an individual unimportant? Have we not learnt: Women [when mourning] on a festival make a dirge[11] but do not beat the breast. R. Ishmael says: If they are near the bier,[12] they can beat the breast. On New Moon, Ḥanukkah and Purim they may make a dirge and beat the breast, but on neither
a the one nor the other do they wail;[1] and in reference to this, Rabbah b. Huna said: The festival involves no restrictions in the case of a scholar, still less Ḥanukkah and Purim?—You are speaking of the honour to be paid to the Torah. The honour to be paid to the learning of an individual is important, the study of an individual is [comparatively] unimportant.

Raba said: There is no question in my mind that, as between the Temple service and the reading of the Megillah, the reading of the Megillah takes priority, for the reason given by R. Jose b. Ḥanina.[2] As between the study of the Torah and the reading of the Megillah, the reading of the Megillah takes priority, since the members of the house of Rabbi based themselves [on the dictum of R. Jose].[2] As between the study of the Torah and attending to a *meth mizwah*,[3] attending to a *meth mizwah* takes precedence, since it has been taught: The study of the Torah may be neglected in order to perform the last rites or to bring a bride to the canopy. As between the Temple service and attending to a *meth mizwah*, attending to a *meth mizwah* takes precedence, as we learn from the text *or for his sister*,[4] as it has been taught: '*Or for his sister*'. What is the point of these words? Suppose he was on his way to kill his Paschal lamb or to circumcise his son, and he heard that a near relative had died,[5] shall I assume that he should defile himself? You must say, he should not defile himself. Shall I assume then that, just as he does not defile himself for his sister, so he should not defile himself for a *meth mizwah*?[6] It says significantly, '*or for his sister*'; it is for his sister that he may not defile himself, but he may defile himself for a *meth mizwah*.[7] Raba propounded the question: As between the reading of the Megillah and [attending to] a *meth mizwah*, which takes precedence? Shall I say that the reading of the Megillah takes precedence in order to proclaim the miracle, or does perhaps [the burying of] the *meth mizwah* take precedence because of the respect due to human beings?—After propounding the question, he himself answered it saying, [Burying] the *meth mizwah* takes precedence, since a Master has said: Great is the [obligation to pay due] respect to
b human beings, since it overrides a negative precept of the Torah.[1]

The text [above states]: 'R. Joshua b. Levi said: A city[2] and all that adjoins it and all that is taken in by the eye with it is reckoned as city'. A Tanna commented: Adjoining, even if it is not visible, and visible even if it is not adjoining. Now we understand what is meant by 'visible even though not adjoining': this can occur for instance with a city situated on the top of a hill. But how can there be 'adjoining but not visible'?—R. Jeremiah replied: If it is situated in a valley.

R. Joshua b. Levi further said: A city which was first settled and then walled is reckoned as a village.[3] What is the reason? Because it is written, *And if a man sell a dwelling house of a walled city*,[4] one, [that is,] which was first walled and then settled, but not first settled and then walled.

R. Joshua b. Levi also said: A city in which there are not ten men of leisure[5] is reckoned as a village. What does he tell us? We have already learnt this: 'What is a large town? One in which there are ten men of leisure. If there are less than this, it is reckoned as a village'.—He had to point out that the rule applies to a city,[6] even though [leisured] people come there from outside.[7] R. Joshua b. Levi also said: A city which has been laid waste and afterwards settled is reckoned as a city. What is meant by 'laid waste'? Shall I say, that its walls have been destroyed, in which case if it became
c settled[1] it is reckoned as a city but otherwise not? [How can this be], seeing that it has been taught: R. Eleazar son of R. Jose says: [The text says], *which has a wall*;[2] [which implies that it is to be reckoned as a city] even though it has not a wall now, provided it had one previously?[3] What then is meant by 'laid waste'? Laid waste of its ten men of leisure.

(7) This shows that the study of the Torah is superior to the Temple service. (8) That of the household of Rabbi. (9) That of Joshua. (10) Lit., 'many'. (11) Heb. מענות, all raising their voices in unison. (12) Lit., 'bed'.

a (1) Heb. מקוננות one chanting and the others responding. (2) V. *supra* 3a. (3) Heb. מת מצוה strictly speaking, a body which there is no-one else to bury and the burial of which is a religious duty. V. Glos. *Meth Mizwah*. (4) Num. VI, 7, in reference to the Nazirite. (5) Lit., 'that a dead one had died for him'. (6) Nazir 48b. (7) Although Scripture says '*If thou seest the ox of thy neighbour falling by the way, thou shalt not hide thyself*' (Deut. XXII, 4), the Rabbis said that a man of eminence for whom it would be undignified to help may hide himself (Rashi).

b (1) V. *supra* n. a 7. (2) כרך. V. *supra* 2a n. a 3. (3) It is not clear whether this means for purposes of reading the Megillah on the fourteenth or the fifteenth, or for purposes of restoring a house to its original owner at the Jubilee. Rashi takes the latter view, Tosaf. the former. V. Tosaf. s.v. כרך. (4) V. Rashi. E.V. '*in a walled city*'. Lev. XXV, 29. (5) Who always have time to attend synagogue. V. *infra* 5a. (6) [A כרך which is distinguished from a עיר גדולה in that it is a marketing centre to which are drawn people from all parts.] (7) Lit., 'from the world'. These are only a floating population, and we require ten men who are always available.

c (1) I.e., its walls were raised anew. (2) Lev. XXV, 30. (3) The lesson is derived from the curious spelling of the word in the Hebrew text, which may imply either that it has or has not a wall.

R. Joshua b. Levi further said: [4a] Lod and Ono and Ge Haharashim[4] were walled in the days of Joshua son of Nun. But did Joshua build these? Was it not Elpaal who built them, as it is written, *And the sons of Elpaal, Eber and Misham and Shemed, who built Ono and Lod, with the towns thereof?*[5]—But on your showing[6] Asa built them, as it is written, *And he built fenced cities in Judah?*[7]—R Eleazar replied: These places were walled in the days of Joshua son of Nun. They were laid waste in the days of the concubine of Gibea,[8] and Elpaal came and rebuilt them. They again fell, and Asa came and repaired them. There is an indication of this in the text also, as it is written, *For he said unto Judah, Let us build these cities.*[9] From this we can infer that they had already been towns beforehand; and this may be taken as proved.[10]

R. Joshua b. Levi also said: Women are under obligation to read the Megillah, since they also profited by the miracle then wrought.[11]

R. Joshua b. Levi further said: If Purim falls on a Sabbath, discussions and discourses are held on the subject of the day.
a Why mention Purim? The same rule applies to festivals also,[1] as it has been taught: Moses laid down a rule for the Israelites that they should discuss and discourse on the subject of the day—the laws of Passover on Passover, the laws of Pentecost on Pentecost, and the laws of Tabernacles on Tabernacles!—It was necessary to state the rule [separately] in the case of Purim. For you might suggest that we should forbid this for fear of breaking the rule of Rabbah.[2] We are therefore told that this is not so.

R. Joshua b. Levi further said: It is the duty of a man to read the Megillah in the evening and to repeat it in the day, as it is written, *O my God, I cry in the daytime, but thou answerest not, and in the night season and am not silent.*[3] The students took this to mean that the [Megillah] should be read at night, and the Mishnah relating to it should be learnt in the morning.[4] R. Jeremiah, however, said to them: It has been explained to me by R. Ḥiyya b. Abba [that the word 'repeat' here has the same meaning] as when, for instance, men say, I will go through this section and repeat it. It has also been stated: R. Ḥelbo said in the name of 'Ulla of Biri:[5] It is a man's duty to recite the Megillah at night and to repeat it the next day, as it says, *To the end that my glory may sing praise to thee* [by day], *and not be silent* [by night], *O Lord, my God, I will give thanks to thee for ever.*[6]

THE VILLAGES, HOWEVER, MAY PUSH THE READING FORWARD TO THE COURT DAY. R. Ḥanina said: The Sages made a concession to the villages by allowing them to push the reading forward to the Court day, in order that they might furnish food

(4) Three towns in the territory of Benjamin. (5) I Chron. VIII, 12. (6) I.e., if you appeal to the Book of Chronicles. (7) II Chron. XIV, 6. 'Judah' is here apparently taken by the Talmud to include Benjamin, which was ruled by the kings of Judah. (8) When the territory of Benjamin was laid waste. Jud. XX. (9) II Chron. XIV, 6. (10) [The text of this paragraph is in disorder. According to a Gaonic responsum (v. B.M.) Lewin אוצר הגאונים a.l. the passages, 'But on your showing . . . *in Judah*' and 'There is an indication . . . taken as proved' are later interpolations. For other readings v. Aruch s.v. שפין.] (11) Lit., 'for also these were (included) in that miracle'. Since Haman plotted to destroy the women also. Esth. III, 13.

a (1) Although they are discussed for thirty days beforehand, so that the rule should apply all the more to Purim. V. Tosaf. s.v. מאי. (2) Not to read the Megillah on Sabbath, since this might lead to its being carried from place to place, v. *infra* 4b. (3) Ps. XXII, 3. This Psalm is supposed by the Talmud to refer to Esther. V. Yoma 29a. (4) They took the word לשנותה ('to repeat it') used by R. Joshua b. Levi in the sense of 'learning the Mishnah'. (5) [Either Bira, S.E. or Kefar Birim, N.W. of Gush Ḥalab, v. Klein *N.B.* p. 39.] (6) Ps. XXX, 13. This Psalm was also applied by the Rabbis to Mordecai and Esther.

לוד ואונו וגיא החרשים מוקפות חומה מימות יהושע בן נון הוו והני יהושע בננהי והא אלפעל בננהי דכתיב °[ו]בני אלפעל עבר ומשעם ושמר הוא בנה את אונו ואת לוד ובנותיה (א) ולטעמיך אסא בננהי דכתיב °ויבן (*אסא את ערי הבצורות אשר ליהודה) אמר ר' אלעזר הני מוקפות חומה מימות יהושע בן נון הוו חרוב בימי פילגש בגבעה ואתא אלפעל בננהי הדור אינפול אתא אסא שפצינהו דיקא נמי דכתיב °ויאמר ליהודה נבנה את הערים האלה מכלל דערים הוו מעיקרא ש"מ *ואריב"ל נשים חייבות במקרא מגילה *שאף הן היו באותו הנס ואמר רבי יהושע בן לוי פורים שחל להיות בשבת שואלין ודורשין בענינו של יום מאי אריא פורים אפילו י"ט נמי דתניא *משה תיקן להם לישראל שיהו שואלין ודורשין בענינו של יום הלכות פסח בפסח הלכות עצרת בעצרת והלכות חג בחג פורים איצטריכא ליה מהו דתימא נגזור משום דרבה קמ"ל *ואריב"ל חייב אדם לקרות את המגילה בלילה ולשנותה ביום שנאמר °אלהי אקרא יומם ולא תענה ולילה ולא דומיה לי סבור מינה למקרייה בליליא ולמיתנא מתניתין דידה ביממא אמר להו רבי ירמיה לדידי מיפרשא לי מיניה דרבי חייא בר אבא כגון דאמרי אינשי אעבור פרשתא דא ואתנייה איתמר נמי אמר רבי חלבו אמר עולא ביראה *חייב אדם לקרות את המגילה בלילה ולשנותה ביום שנאמר °למען יזמרך כבוד ולא ידום ה' אלהי לעולם אודך: אלא שהכפרים מקדימין ליום הכניסה: א"ר חנינא חכמים הקילו על הכפרים להיות מקדימין ליום הכניסה *כדי שיספקו מים ומזון לאחיהם שבכרכין

למימרא

לוד ואונו וגיא החרשים. מערי בנימין היו כדכתיב ובני אלפעל עבר ומשעם ושמר הוא בנה את לוד ואת אונו וגו' ובספר דברי הימים מיחסו על שבט בנימין וגמרא גמיר לה רבי יהושע בן לוי מרביה דמוקפות חומה מימות יהושע בן נון הן ובמתני' דערכין תנן תרתי מינייהו דקא מני לוד ואונו אצל ערי חומה שאינן טהגות אלא מימות יהושע בן נון ולפי שחומותיהן נראות חדשות כדאמרינן לקמן שנפלו והחזיקן הוזקק ר' יהושע בן לוי להעיד שבכלל מוקפות חומה הן לקרות מגילה בט"ו: ויחזק אסא. ליתא בכל המקרא אבל מקרא אחר כתיב ויבן ערים ביהודה ואע"ג דהני לאו מיהודה נינהו ומבנימין היו מלכי יהודה מושלים על בנימין ומליט באסא שאף ערי בנימין חיזק דכתיב (ד"ה ב טז) וישאו את אבני הרמה ואת עציה אשר בנה בעשא ויבן בהם את גבע ואת המצפה והן ערי בנימין כדכתיב בספר יהושע: בימי פילגש בגבעה. שהחריבו ישראל את בנימין ואת עריו כדכתיב גם כל הערים הנמצאות שלחו באש (שופטים כ): שפצינהו. החזיק את בדקיהן ודומה לו ביבמות (דף סג.) טוש ולא תשפן שפין ולא תבנה: דיקא נמי גרס: שאף הן היו באותו הנס. שאף על הנשים גזר המן להשמיד להרוג ולאבד מנער ועד זקן טף ונשים וגו': שואלין ודורשין. מעמידין תורגמן לפני החכם לדרוש אגרת פורים ברבים: משום דרבה. דגזר לקמן בקריאת מגילה שמא יעבירנה ארבע אמות ברשות הרבים אף כאן גזרו דרשה אטו קרייה: ולשנותה ביום. זכר לנס שהיו זועקין בימי צרתן יום ולילה: אקרא. במזמור למנצח על אילת השחר הוא שנאמר על אסתר כדאמרינן במסכת יומא (דף כט.) למה נמשלה אסתר כאילת כו': סבור מינה. בני הישיבה ששמעו שמועה זו בלה"ק ולשנותה ביום היו סבורין דהאי ולשנותה לשון שונה משנה הוא: למיתני מתני' דידה. משניות של מסכת מגילה: אעבור פרשתא דא ואתניה. אסיים פרשה זו ואשנה אותה פעם שניה: ביראה. דמן בירי: יזמרך כבוד. ביום ולא ידום בלילה והאי קרא במזמור ארוממך ה' כי דליתני דרשינן בפסיקתא *) במרדכי ואסתר והמן ואחשורוש וקריאת מגילה שבת הוא שמפרסמין את הנס והכל מקלסין להקדוש ברוך הוא:

*) [ד"כ סוף פיסקא דהעומר]

לוד ואונו וגיא החרשים. הקשה ה"ר אלחנן אמאי אצטריך ליה לרבי יהושע לאשמועינן דאונו מוקפת מימות יהושע והא משנה שלימה היא בפרק בתרא דערכין (דף לב.) ויש לומר דאגב דאצטריך לאשמועינן לוד וגיא החרשים תנא נמי אונו בהדייהו:

הא אלפעל בננהו. קשה אמאי לא פריך בפרק בתרא דערכין כי האי גוונא וי"ל דהתם לא תנן אלא אונו והיה יודע דמצי לשנויי תרי אונו הוו אבל הכא דהוו ג' בשלשתן לא שייך למימר שהן כפולות:

נשים חייבות במקרא מגילה. מכאן משמע שהנשים מוציאות את האחרים ידי חובתן מדלא קאמר לשמוע מקרא מגילה והכי נמי משמע בערכין (דף ג. ושם) דקאמר הכל כשרים לקרא את המגילה ומסיק הכל כשרים לאתויי מאי ומשני לאתויי נשים משמע להוציא אפילו אנשים וקשה דהא בתוספתא *תני בהדיא דטומטום אין מוציא לא את מינו ולא שאין מינו ואנדרוגינוס מוציא את מינו ואין מוציא את שאין מינו ופשיטא דלא עדיפא אשה מאנדרוגינוס וכן °פסקו בה"ג דאשה מוציאה מינה אבל לא אנשים וי"ל דסלקא דעתך דלא יועיל קריאתן אפילו להוציא הנשים קמ"ל דחייבין *דהכל חייבין בשמיעה עבדים נשים וקטנים:

שאף הן היו באותו הנס. פירש רשב"ם שעיקר הנס היה על ידן בפורים על ידי אסתר בחנוכה על ידי יהודית בפסח שבזכות צדקניות שבאותו הדור נגאלו *וקשה דלשון שאף הן משמע שהן טפלות ולפירושו היה לו לומר שהן לכך נראה לי שאף הן היו בספק דלהשמיד ולהרוג וכן בפסח שהיו משועבדות לפרעה במצרים וכן בחנוכה הגזירה היתה מאד עליהן. גבי מצה יש מקשה למה לי היקשא *דכל שישנו בבל תאכל חמץ ישנו בקום אכול מצה תיפוק ליה מטעם שהן היו באותו הנס וי"ל דמשום האי טעמא לא מחייבא אלא מדרבנן אי לאו מהיקשא ורבינו יוסף איש ירושלים תירץ דסלקא דעתך למיפטרה מגזירה שוה דט"ו ט"ו דחג הסוכות כדפי' פרק אלו עוברין (פסחים מג: ד"ה סלקא*):

פסק ואומר על הנסים בתפלה ובהודאה ויש שאין אומרים כשם לפי שאמרו חכמים (ברכות לד.) לעולם לא ישאל אדם צרכיו לא בג' ראשונות ולא בג' ברכות אחרונות ושמות הוא שהרי האי טעמא לא הוי אלא למתפלל בלשון יחיד אבל בשביל הציבור שרי אבל נראה שאין לאומרו מטעם אחר משום דאמרו חכמים (פסחים קיז:) דכל דבר דהוי בלהבא תקנו בלהבא ובדבר דהודאה הוי לשעבר ומשום הכי תקנו בה על הנסים דהוי לשעבר ובליל י"ד לאחר תפלת מעריב אומר קדיש שלם ואחר כך קורא את המגילה ומברך לפניה ג' ברכות ואחריה ברכה אחת עד האל המושיע השלים עומד לפני התיבה ואומר ואתה קדוש ואין מתחילין ובא לציון לפי שאין גאולה בלילה ואם מוצאי שבת הוא יאמר ויהי נועם קודם וכשרוצה לקרות פושט את כולה קודם כאגרת אבל לא גולל וקורא כמו ס"ת ובשחר מתפלל שמונה עשרה ברכות ואומר על הנסים בהודאה ואין אומר כשם לפי שכל הברכה אינה אלא לשעבר וא"כ אין לומר בה דבר שלהבא ואחר כך אומר קדיש עד דאמירן ואוחז ס"ת וקורא שלשה גברי פרשת ויבא עמלק אע"פ שאין בה אלא ט' פסוקים ואין מחזיר הספר תורה למקומו אלא יושב ואוחז בידיו עד שקראו את המגילה ומברך עליה כאשר עשה בלילה כדפירש בפנים ואחר כך אומר תהלה ובא לציון ואין אומרים למנצח משום דכתיב ביה צרה וצרה בפורים לא מזכרינן וכן אין נופלים על פניהם בי"ד ובט"ו משום דכתיב ימי משתה ושמחה ואומר [(תהלים כב) למנצח על אילת השחר] °*משום דכתיב ביה מפלה לעובדי כוכבים וכן בליל ארבעה עשר ואומר פטום הקטורת וכל הסדר כמו בחול:

פורים שחל להיות בשבת. דווקא בשבת לפי שאין קורין המגילה משום גזירה דרבה אבל בחול א"צ שהרי קורין המגילה וטפי איכא פרסומי ניסא:

מאי איריא פורים אפילו י"ט נמי. נראה לי דה"פ מאי איריא פורים דאין דורשין בו מקודם לכן שלשים יום דמשום הכי לידרוש בו ביום אפילו בי"ט דדרשינן שלשים יום לפניו ואפילו הכי דורשין בו ביום כדתניא (לקמן לב.) וידבר משה את מועדי ה' וכו':

חייב אדם לקרות את המגילה בלילה ולשנותה ביום. אומר ר"י דאף על גב דמברך זמן בלילה חוזר ומברך אותו ביום דעיקר פרסומי ניסא הוי בקריאה דיממא וקרא נמי משמע כן דכתיב ולילה ולא דומיה לי כלומר אף על גב שקורא ביום חייב לקרות בלילה והעיקר הוי ביממא כיון שהזכירו הכתוב תחילה וגם עיקר הסעודה ביממא הוא כדאמר לקמן (דף ז:) דאם אכלה בלילה לא יצא י"ח והכי נמי משמע מדכתיב נזכרים ונעשים ואיתקש זכירה לעשייה מה עיקר עשייה ביממא אף זכירה כן:

[סיים לפניו סנוסחא כאוס']

עין משפט נר מצוה

יח א מיי' פ"א מהלכות מגילה הלכה ה סמג עשין ד טוש"ע א"ח סי' תרפח סעיף א:

יט ב מיי' שם הלכה יג:

כ ג מיי' פי"ג מהלכות תפלה הלכה ח:

כא ד מיי' פ"א מהלכות מגילה הלכה ג סמג שם טוש"ע א"ח סי' תרפז סעיף א:

[דמגילה פ"ב]

דומיא דהכל כו"ע

[סוטה יא:]

[פסחים מג:]

[ועי' תוס' פסחים קח: ד"ה היו]

רבינו חננאל

לוד ואונו גיא החרשים מוקפות חומה וכו'. כלומר דייקינן מדכתיב ויבן אסא את [כל הערים הבצורות אשר] [ערי מצורה] ביהודה וכי כל הערים אסא בנאם והלא [בנויים] היו. אלא כך יש לומר אלפעל שפצינהו. ברכין המוקפין חומה מימות יהושע בן נון מקודשות ומשלחין מצורעין מתוכן וא"ר יהושע נשים חייבות לשמוע מקרא מגילה שאף הן היו באותו הנס. כלומר אף הן היו בכלל להשמיד להרוג ולאבד. פורים שחל להיות בשבת. פי' אם חל פ"ו להיות בשבת שהוא פורים לבני כרכין שואלין ודורשין בענינו של יום: מהו דתימא נגזור משום דרבה. דאמר הכל חייבין במקרא מגילה ואין הכל בקיאין בה גזירה שמא ישלנה מי שאינו בקי וילך אצל מי שבקי ויעבירנה ד' אמות ברה"ר קמ"ל. וחייב אדם לקרות את המגילה

מסורת הש"ס

[צ"ל ערי מצורה ביהודה]

[ערכין ג.]

[שבת כג.]

[פסחים קח:]

לקמן כג.

[לקמן כ.]

לקמן כ.

[לעיל ג. לקמן יט.]

הגהות הב"ח

(א) גמ' ולטעמיך הא אסא וכו' אשר ליהודה אלא אמר ר' אלעזר:

גליון הש"ס

תוס' ד"ה נשים וכו'. וכן פסקו הה"ג. עי' סוכה דף לח ע"א תוס' ד"ה באמת: שם ד"ה פסק כו' משום דכתיב בי' מפלה לעובדי כוכבי' עי' לקמן דף טו ע"ב ברש"י ד"ה כל זה:

בב א ב ג מיי' פ"א מהלכות מגילה הלכה יד:

[עי' תוס' ר"ה כט: ד"ה שמא ותוס' סוכה מג. ד"ה ויעבירנו ותוס' ביצה יז.]

בג ג מיי' שם הלכה יג טוש"ע א"ח סימן תרפח סעיף ו:

בד ד ה מיי' פ"ב שם הלכה יד טוש"ע שם:

[יבמות ה:]

למימרא דתקנתא דכרכין הוי והתנן חל להיות בשני כפרים ועיירות גדולות קורין בו ביום ואם איתא ליקדמו ליום הכניסה הוו להו עשרה ועשרה לא תקינו רבנן ת"ש חל להיות בחמישי כפרים ועיירות גדולות קורין בו ביום ואם איתא ליקדמו ליום הכניסה דאחד עשר הוא מיום הכניסה ליום הכניסה לא דחינן תא שמע א"ר יהודה *אימתי במקום שנכנסים בשני ובחמישי אבל מקום שאין נכנסים בשני ובחמישי אין קורין אותה אלא בזמנה ואי סלקא דעתך תקנתא דכרכין היא משום דאין נכנסים בשני ובחמישי מפסדי להו לכרכין לא תימא כדי שיספקו מים ומזון אלא אימא מפני *שמספקים מים ומזון לאחיהם שבכרכין: כיצד חל להיות בשני בשבת כפרים ועיירות גדולות קורין בו ביום וכו': מאי שנא רישא דנקט סידורא דירחא ומאי שנא סיפא דנקט סידורא דיומי איידי דמתהפכי ליה נקט סידורא דיומי: חל להיות בע"ש וכו': מתני' מני אי רבי אי רבי יוסי מאי רבי דתניא חל להיות בע"ש כפרים ועיירות גדולות מקדימין ליום הכניסה ומוקפין חומה קורין בו ביום ר' אומר אומר אני לא ידחו עיירות ממקומן *אלא אלו ואלו קורין בו ביום מאי טעמא דת"ק דכתיב בכל שנה ושנה מה כל שנה ושנה עיירות קודמות למוקפין אף כאן עיירות קודמות למוקפין ואימא בכל שנה ושנה מה כל שנה ושנה אין נדחין עיירות ממקומן אף כאן לא ידחו עיירות ממקומן שאני הכא דלא אפשר ורבי מ"ט בכל שנה ושנה מה כל שנה ושנה אין עיירות נדחין ממקומן אף כאן לא ידחו עיירות ממקומן ואימא בכל שנה ושנה מה כל שנה ושנה עיירות קודמות למוקפין אף כאן נמי עיירות קודמות למוקפין שאני הכא דלא אפשר מאי ר' יוסי דתניא *חל להיות בערב שבת מוקפין וכפרים מקדימין ליום הכניסה ועיירות גדולות קורין בו ביום רבי יוסי אומר אין מוקפין קודמין לעיירות אלא אלו ואלו קורין בו ביום מ"ט דתנא קמא דכתיב בכל שנה ושנה מה כל שנה ושנה עיירות בארבעה עשר וזמנו של זה לא זמנו של זה אף כאן עיירות בארבעה עשר וזמנו של זה לא זמנו של זה ואימא בכל שנה ושנה מה כל שנה ושנה אין מוקפין קודמין לעיירות אף כאן אין מוקפין קודמין לעיירות שאני הכא דלא אפשר מ"ט דר' יוסי בכל שנה ושנה מה כל שנה ושנה אין מוקפין קודמין לעיירות אף כאן אין מוקפין קודמין לעיירות ואימא בכל שנה ושנה מה כל שנה ושנה *זמנו של זה לא זמנו של זה אף כאן זמנו של זה לא זמנו של זה שאני הכא דלא אפשר וסבר רבי עיירות לא דחינן ליום הכניסה והתניא *חל להיות בשבת כפרים מקדימין ליום הכניסה ועיירות גדולות קורין בע"ש ומוקפות חומה למחר *ר' אומר אני הואיל ונדחו עיירות ממקומן ידחו ליום הכניסה הכי השתא התם זמנם שבת היא והואיל דנדחו ידחו והכא זמנם ערב שבת כמאן אזלא הא דאמר רבי חלבו א"ר הונא פורים שחל להיות בשבת הכל נדחין ליום הכניסה הכל נדחין סלקא דעתך והא איכא מוקפין דעבדי למחר אלא כל הנדחה ידחה ליום הכניסה כמאן כרבי דכולי עלמא מיהא מגילה בשבת לא קרינן מאי טעמא *אמר רבה הכל חייבין בקריאת מגילה *)(ובתקיעת שופר) ואין הכל בקיאין במקרא מגילה גזירה שמא יטלנה בידו וילך אצל בקי ללמוד ויעבירנה ארבע אמות ברשות הרבים והיינו טעמא דשופר והיינו טעמא דלולב רב יוסף אמר מפני שעיניהן של עניים נשואות במקרא מגילה תניא נמי הכי אע"פ שאמרו כפרים מקדימין ליום הכניסה גובין בו ביום ומחלקין בו ביום אע"פ שאמרו אדרבה משום דאמרו הוא אלא הואיל ואמרו שכפרים מקדימין ליום הכניסה גובין בו ביום ומחלקין בו ביום מפני שעיניהם של עניים נשואות במקרא מגילה *אבל שמחה

*) [ליתא [illegible]]

רש"י

למימרא דתקנתא דכרכין היא. כדי שיספקו משמע כדי שיהו פנויין ליום השמחה: אלא אימא מפני שמספקין. שכר הוא להם בשביל שהן מספקין הלכך היכא דאין נכנסין לא קולא הוא לגבייהו ואין כאן שכר: סידרא דירחא. דקתני בי"א בי"ב בי"ג בי"ד בט"ו כסדר מנין החודש וכשבא לפרשה נקט סדר ימי השבת ושמעינן ימי החודש לאחריה חל להיות ערב שבת כפרים מקדימין ליום הכניסה הרי י"ג חל להיות בשבת (א) הרי י"ב חל להיות אחר השבת כפרים מקדימין ליום הכניסה הרי י"א ומשני איידי דמיתהפכי ליה נקט סידורא דיומי כלומר ע"י שאם היה אוחז ימי השבת לפי סדר ימי החדש יהו נהפכין לו וטועה בגירסתו השונה את המשנה לפי שהיה צריך להזכירן לאחוריו אחר השבת דהיינו י"א בשבת י"ב ערב שבת י"ג מתוך כך הוא בא לדלג ולטעות להכי נקט סידורא דיומא וסדר החודש הבא לו לאחוריים אינו מזכירו בפיו דהרי מאליו הוא נשמע ואין כאן עוד טעות: מני מתני'. דקתני חל להיות ע"ש עיירות ומוקפות חומה קורין בו ביום אי רבי אי רבי יוסי: בכל שנה ושנה. להיות עושים את שני הימים האלה ככתבם וכזמנם בכל שנה ושנה כל השנים יהו שוות: דלא אפשר. דאם כן לא יקדמו עיירות למוקפין שאינן יכולין לקרות בשבת: מה כל שנה ושנה עיירות בי"ד. לכך אין נדחות ממקומן ודלא כתנא קמא דרבי: זמנו של זה לא הוא זמנו של זה. הלכך לא עבד כתנא דמתני' כו': דלא אפשר. דאי לא מקדמת להו למוקפין צריך אתה לעקור עיירות מפני מוקפין או יקראו ביום אחד: הכא ערב שבת זמנם. ואין לך צורך לדחותן: הכל חייבין. ומתוך שהוא מחוייב בדבר הוא בהול לצאת ידי חובה: ויעבירנה ארבע אמות. ואפילו לן בשדה ומגילה בידו יש לגזור על הדבר: נשואות למקרא מגילה. לקבל מתנת האביונים ואי אפשר בשבת: גובין בו ביום. שמקדימין בו לקרות גובין הגבאים מתנות האביונים ומחלקין לעניים: אדרבה. משום דאמרו להקדים את הקריאה הוא דאמרו להקדים את המתנות כדמפרש תנא טעמא ואזיל מפני שעיניהן של עניים כו': שמחה

תוספות

ויעבירנה ארבע אמות ברשות הרבים. קשה אמאי לא קאמר ויוליכנה מרשות היחיד לרשות הרבים דאורחא דמילתא הוי טפי ויש לומר דמרה"י לרה"ר לא טעו אינשי אבל זמנין שהמגילה קיימא כבר ברשות הרבים ויעבירנה ארבע אמות בגווה ועי"ל *דלהכי לא נקט מרשות היחיד לרשות הרבים לפי [שלפעמים] שאין שם חיוב חטאת (*כיון) שלא היתה עקירה ראשונה לשם כך כגון המפנה חפצים מזוית לזוית ונמלך עליהן להוציאן דפטור מהאי טעמא (שבת דף ה:): ויעבירנה ארבע אמות ברשות הרבים. אבל מילה בשבת אין לדחות דהא אמירא *שכן נכרתו עליה י"ג בריתות וגם אין אדם מל אלא אם כן הוי בקי דסכנה יש בדבר אך נשאל לר"י הלוי איך תוקעין במוצאי יום הכפורים והלא אסור לעשות מלאכה °עד שיבדיל ותו שמא ילך אצל בקי כדחיישינן בר"ה שחל בשבת ואם כן היה לנו למיחש להאי גזירה ותירץ דמשום דתקיעת שופר חכמה ואין מלאכה וגם לא חיישינן שמא ילך אצל בקי דמשום תקיעה אחת °שאינה אלא משום זכר ליובל לא אצטריך כולי האי כראש השנה דאורייתא היא וצריך שלשים קולות ורבינו שמואל אומר דדוקא בשבת ובר"ה דאם מעבירו ארבע אמות ברשות הרבים איכא איסורא דאורייתא בהא ודאי יש לחוש אבל במוצאי יוה"כ דאפילו אם מעבירו ד' אמות ברשות הרבים לא הוי אלא איסור דרבנן בהא ודאי לא גזר דהוי גזירה לגזירה: ורב יוסף אמר מפני שעיניהם של עניים נשואות למקרא מגילה. ע"כ נ"ל דרב יוסף לא פליג אטעמיה דרבה דהא גבי שופר ולולב ליכא טעמא אחרינא מכל מקום קאמר הכא טעמא אחרינא משום דאיכא נפקותא מיהא במקדש דליכא שבות ואפ"ה אסור משום האי סברא דקאמר רב יוסף: הוה

רבינו חננאל

כו'. הכפרים מקדימין ליום הכניסה מפני שמספקין מים ומזון לאחיהם שבכרכים. וכן תנא דבי שמואל ואקשינן הלא עזרא אחר שבאו לא"י ובנו הבית תיקן קריאת התורה בב' ובה' ובמנחה בשבת. ובימי מרדכי ואסתר שהיו בימי כנסת הגדולה לא היתה תקנה זו ואין שם עדיין יום הכניסה. ואיך אמר משנתינו אלא שהכפרים מקדימין ליום הכניסה ומצאנו בתלמוד א"י כך. וכי מרדכי ואסתר מתקינין סמניהן כדאמרן להיותם מקדימין ליום הכניסה על מה שעזרא עתיד לתקן יום הכניסה להיות קורין בס"ת בב' ובה'. וא"ר מנא נמי מי שסידר את המשנה סמכה למקרא משפחה ומשפחה מדינה ומדינה ועיר ועיר. כיצד חל להיות בשני כפרים ועיירות גדולות קורין בו ביום. ומוקפין חומה למחר: ירושלמי כל הני דתנינן חל להיות בארביסר אנן קיימין. א"ר יוסי מתניתא אומרת כן. ומוקפת חומה למחר. א"ר יוסי לית כאן חל להיות בשני דאם מקלע צומא רבה (ע"ש) חד בשבא ואף על גב דאם חל י"ד באדר להיות בשני או בשבת יבא פסח בב' או בד' לא תביאה המשנה להוסיף שחלו ממש אלא סדור דיומי נקט. והכי קאמר אילו חל להיות בב' אין מקדימין וקורין בה'. (קורין בה') דמיום הכניסה ליום הכניסה לא דחינן חל להיות בע"ש כפרים קורין בי"ג. חל להיות בשבת כפרים ועיירות גדולות קורין בי"ב. חל להיות באחד בשבת כפרים קורין בי"א. ואקשינן ומ"ש מעיקרא נקיט סידורא דירחא כו' כדתנן מגילה נקראת בי"א כו'. פי' נקיט תנא בי"א לחדש בי"ב לחדש בי"ג לחדש. כסדר החודש. ואח"כ שנה חל להיות בשני בב' בד' ובה' בשבת באחד בשבת. ופרקינן איידי דמיתהפכין ליה נקיט סידורא דיומי. פי' אלו שנה התנא סדר ימי החדש ושנה חל להיות י"ד באדר באחד בשבת כפרים מקדימין בה' ליום הכניסה שהוא י"א לחדש. חל להיות יום י"ד בב' קורין בב' בי"ב. ואם חל להיות בב' קורין הכפרים ליום הכניסה שהוא י"ג לחדש. הנה נמצאו הימים מתהפכים מאחד בשבת ליום רביעי. ומיום ה' יחזור ליום ה'. וכן בשבת ובע"ש כסדר הוה לפיכך אחז סדר הימים של שבוע. מני מתני' דקתני שאם חל י"ד להיות בע"ש כפרים מקדימין ליום הכניסה ועיירות גדולות ומוקפות חומה קורין בע"ש או ר' או ר' יוסי. ר' דתניא ר' אומר אומר אני לא ידחו עיירות ממקומן אלא אלו ואלו קורין בו ביום. ר' יוסי מאי היא דתניא חל להיות בע"ש כו'. ר' יוסי אומר אומר אני לא שיקדמו מוקפות חומה לעיירות אלא מוקפות ועיירות קורין בו ביום ודחינן פשוטין הן. ואקשינן וסבר ר' לא ידחו עיירות ממקומן והתניא חל להיות בשבת כפרים מקדימין ליום הכניסה ועיירות גדולות קורין בע"ש. ר' אומר אני הואיל ונדחו עיירות ממקומן ידחו ליום הכניסה. ופרקינן הכי השתא התם שבת זמנם ולהדחות עומדים ידחו ליום הכניסה הכא ע"ש זמנם לאו לדחויי עומדים. הלכך יקראו בזמנם. *)ור' היא דאמר כל הני דחיין ידחו ליום הכניסה כו'. דכ"ע מיהת בין לר' בין לר' יוסי בין רבנן דפליגי עליהו לא קרינן לה. מ"ט אמר רבה הכל חייבין במקרא מגילה ואין הכל בקיאין בה כו'. כדאמרן היינו טעמא דשופר והיינו טעמא דלולב. מגילה בשבת בר"ה. ואסיקנא בסמ' סוכה מפני מה אין לולב דוחה שבת ביום טוב ראשון שבגבולין. והלא מצותו מן התורה אפי' בגבולין. ואוקמנא משום דלא ידעינן בקביעא דירחא ומספק לא דחינן שבת. כולהו חדא גזירה היא שמא יעבירם ד' אמות והיינו טעמא דמגילה והיינו טעמא דשופר. רב יוסף אומר מפני שעיניהן של עניים נשואות למקרא מגילה. וכיון שקורין ליום הכניסה כך גובין ומחלקין מעות של פורים ביום הכניסה. אבל שמחה

*) מלה דחסר וצ"ל א"ר חלבו א"ר הונא פורים שחל בשבת כל הנדחה ידחה ליום הכניסה ור' היא וכו'.

[לעיל ב:] [לקמן ה.]

[לקמן יט.]

הגהות הב"ח

(א) רש"י ד"ה סידרא וכו' חל להיות בשבת כפרים מקדימין ליום הכניסה הרי י"ב:

גליון הש"ס

תוס' ד"ה ויעבירנה כו' עד שיבדיל. עי' שבת דף קנ ע"ב: בא"ד שאינה אלא כו'. עי' שבת דף קיד ע"ב תוס' ד"ה ולמאי ליתקע:

[תוספתא פ"א]

[לעיל ב.]

[תוספתא פ"א]

[לקמן ה.]

פסחים סט. סוכה מב: ר"ה כט: [ביצה יז:]

and water to their brethren in the cities. [4b] This would show [would it not] that the regulation is for the benefit of the cities; but we have learnt: 'If Purim falls on Monday, the villages and large towns read on that day'. Now if it is as you say, they should push the reading forward to the [previous] Court day?—This would bring it to the tenth, and the Sages did not fix the tenth [as a possible day].

Come and hear: 'If it falls on Thursday, the villages and large towns read on that same day'. Now if it is as you say, they should push the reading forward to the [previous] Court day which is the eleventh?—We do not shift it from one Court day to another. Come and hear [again]: 'R. Judah says: When [is the reading pushed forward]? In places where the villagers come into town on Mondays and Thursdays; but in places where they do not come into town on Mondays and Thursdays it is read only on the proper day'. Now if you assume that the regulation is for the benefit of the cities, because they do not come into town on Mondays and Thursdays, are the cities to be deprived of the benefit?—Do not read [in the dictum of R. Ḥanina] '*in order that* they may furnish food and water', but read, '*because* they furnish
a food and water to their brethren in the cities'.[1]

HOW [DOES THIS WORK OUT]? IF IT FALLS ON MONDAY, VILLAGES AND LARGER TOWNS READ ON THAT SAME DAY etc. How is it that in the first clause of the Mishnah[2] the dates of the month are mentioned and in the second[3] the days of the week?[4]—Since [in the second clause] the dates of the month would have to go backwards,[5] the Mishnah prefers to mention the days.[6]

IF IT FALLS ON FRIDAY etc. Which authority does our Mishnah follow?—[You may say], either Rabbi or R. Jose. How Rabbi?—As it has been taught: 'If it falls on Friday, villages and large towns push the reading forward to the Court day, and walled cities read on the day itself. Rabbi said: I maintain that towns
b should not have to shift their date,[1] but both one and the other read on the day itself'. What is the reason of the First Tanna?—Because it is written, *every year*:[2] just as every year towns read before cities, so in this case towns should read before cities. But why not argue thus: '*Every year*': just as every year towns have not to shift their date, so here towns should not have to shift their date?—There is a special reason [for not reasoning thus here] since this is impracticable.[3] What is Rabbi's reason?—[It is written], '*every year*': just as in most years the towns have not to shift their date, so here they should not have to shift their date. But why not reason thus: '*every year*': just as in most years towns read before walled cities, so here towns should read before walled cities?—There is a special reason [for not arguing thus here], because this is impracticable.[4]

How R. Jose?—As it has been taught: 'If it falls on Friday, walled cities and villages push the reading forward to the Court day, and large towns read on the day itself. R. Jose said: Walled cities do not read before towns, but both read on the day itself'. What is the reason of the First Tanna?—Because it is written, '*every year*': just as in most years towns read on the fourteenth and their time is not the same as the time of the walled cities, so here towns should read on the fourteenth and their time should not be the same as the time of the walled cities. But why not reason thus: '*Every year*': just as in most years walled cities do not read before towns, so here walled cities should not read before towns?—Here the case is different, because it cannot be avoided. What is R. Jose's reason?—[It says], '*every year*': just as in most years walled cities do not read before towns, so here walled cities should not read before towns. But why not reason thus: '*Every year*': just as in most years the time of one is not the same as the time of the other, so here the time of one should not be the same as the time of the other?—Here the case is different, because it cannot be avoided.

But did Rabbi really hold that towns should not shift their time to the Court day? Has it not been taught: 'If it falls on Sabbath, villages push the reading forward to the Court day, and large towns read on Friday and walled cities on Sunday. Rabbi said: My view is that, since the towns have to shift their time, they
c may as well shift it to the Court day'?[1]—Are the two cases parallel? In this last case, the proper time is Sabbath, and since they must shift they can shift [further]; but in our case the proper time is Friday.

Whose authority is followed in this dictum enunciated by R. Ḥelbo in the name of R. Huna: 'If Purim falls on Sabbath, all shift the reading to the Court day'? 'All shift their reading', do you say? [How can this be] seeing that we have the walled cities which read on the Sunday?—What we should say is, 'All who are shifted are shifted to the Court day'. Which authority, [you ask]?—Rabbi.

But at any rate all agree that the Megillah is not to be read on Sabbath. What is the reason?—Rabbah replied: All are under obligation to read the Megillah, but not all are competent to read it, and there is therefore a danger that one may take the scroll in his hand and go to an expert to be instructed and [in doing so] convey it four cubits in a public domain. This is also the reason for [not blowing] the *shofar* on Sabbath and [for not carrying] the *lulab*.[2] R. Joseph said: It is because the poor are anxiously awaiting the reading of the Megillah.[3] It has been taught to the same effect: 'Although it has been laid down that villages push the reading forward to the Court day, contributions are collected and distributed on the same day'. '*Although* it has been laid down'!
d On the contrary, it is *because* it has been laid down![1]—Read therefore: Since it has been laid down that villages push the reading forward to the Court day, contributions are collected and distributed on the same day, because the poor are waiting anxiously

a (1) The concession was therefore made to them as a reward, but if they do not come into town there would be no concession in allowing them to read earlier. (2) THE MEGILLAH IS READ ON THE ELEVENTH, THE TWELFTH etc. (3) IF IT FALLS ON MONDAY etc. (4) Lit., 'in the first clause he (the Tanna) takes the order of the months and in the second the order of the days'. (5) If he specified the dates of the month instead of the days of the week, he would have to begin with the reading on the fourteenth, and then take the thirteenth and so on. (6) Because as these go in regular order, it is easier to remember, and there is less danger of the Tanna making a mistake.

b (1) Lit., 'towns should not be shifted from their place'. (2) Esth. IX, 27. (3) It is impracticable for towns to retain this date and also to read before the walled cities. (4) It is impracticable for the towns to read before the walled cities and yet not shift their date.

c (1) Lit., 'since they are shifted, let them be shifted to etc.' (2) V. Glos. (3) Because they expect to receive gifts immediately afterwards, and on Sabbath these could not be given.

d (1) As otherwise they would receive them on the actual day of Purim.

for the reading of the Megillah, but [5*a*] rejoicing[2] is kept only at the proper season.

Rab said: On the actual day of Purim the Megillah can be read even by an individual, but on the alternative days[3] it should be read only in a company of ten. R. Assi, however, said: Whether on the actual day or on the alternative days, it should be read only in a company of ten. In a case which actually occurred, Rab gave weight to the opinion of R. Assi.[4] But could Rab actually have said this?[5]— Did not Rab Judah the son of R. Samuel b. Shilath say in the name of Rab: 'If Purim falls on Sabbath, Friday is the proper time'?—Friday the proper time! Surely Sabbath is the proper time! What Rab must have meant therefore is this: The alternative time is like the proper time.[6] Just as at the proper time [the Megillah may be read] by an individual, so at the alternative time [it may be read] by an individual.—No. For the reading of the Megillah[7] Rab requires ten. What then did he mean by saying 'Friday is the proper time'? His intention was to reject the opinion of Rabbi, who said that since the towns had to shift their time they might as well shift to the Court day. Here, therefore, Rab informs us that Friday is the proper day [to which they should shift].

MISHNAH. WHAT IS RECKONED A LARGE TOWN? ONE WHICH HAS IN IT TEN MEN OF LEISURE.[8] ONE THAT HAS
a FEWER IS RECKONED A VILLAGE. IN RESPECT OF THESE[1] IT WAS LAID DOWN THAT THEY SHOULD BE PUSHED FORWARD BUT NOT POSTPONED. THE TIME, HOWEVER, OF BRINGING THE WOOD FOR THE PRIESTS,[2] OF KEEPING THE [FAST OF] THE NINTH OF AB,[3] OF OFFERING THE FESTIVAL SACRIFICE,[4] AND OF ASSEMBLING THE PEOPLE[5] IS TO BE POSTPONED[6] [TILL AFTER SABBATH] BUT NOT PUSHED FORWARD. ALTHOUGH IT WAS LAID DOWN THAT THE TIMES [OF READING THE MEGILLAH] ARE TO BE PUSHED FORWARD BUT NOT POSTPONED, IT IS PERMISSIBLE ON THESE [ALTERNATIVE] DAYS[7] TO MOURN, TO FAST, AND TO DISTRIBUTE GIFTS TO THE POOR. R. JUDAH SAID: WHEN IS THIS?[8] IN PLACES WHERE PEOPLE COME TO TOWN ON MONDAYS AND THURSDAYS. IN PLACES, HOWEVER, WHERE THEY DO NOT COME TO TOWN EITHER ON MONDAYS OR THURSDAYS, THE MEGILLAH IS READ ONLY ON ITS PROPER DAY.

GEMARA. [TEN MEN OF LEISURE]: A Tanna taught: The ten unoccupied men who attend synagogue.[9]

IN RESPECT OF THESE IT WAS LAID DOWN THAT THEY SHOULD BE PUSHED FORWARD BUT NOT POSTPONED. What is the reason?—R. Abba said in the name of Samuel: The text says, *and he shall not go further.*[10]

R. Abba further said in the name of Samuel: Whence do we
b know that years are not to be counted by days?[1] Because it says, [*It is the first to you*] *of the months of the year,*[2] [which implies] that you reckon a year by months but not by days. The Rabbis of Caesarea said in the name of R. Abba: How do we know that a month is not reckoned by its hours?[3] Because it says, *until a month of days:*[4] you reckon a month by days, but you do not reckon a month by hours.[5]

THE TIME, HOWEVER, OF BRINGING THE WOOD FOR THE PRIESTS, OF KEEPING [THE FAST OF] THE NINTH OF AB, OF OFFERING THE FESTIVAL SACRIFICE AND OF ASSEMBLING THE PEOPLE IS POSTPONED BUT NOT PUSHED FORWARD. [The reason for the Fast of] the ninth of Ab is that we do not hasten the approach of trouble. [The reason for] the festival sacrifice and the assembling of the people is that the time for their performance has not yet arrived.[6]

A Tanna taught: 'The festival sacrifice and all the period of the festival sacrifice is to be postponed'. We understand what is meant by the festival sacrifice, namely, that if its day happens to be Sabbath we postpone it till after the Sabbath. But what is meant by the 'period of the festival sacrifice'?—R. Oshaia replied: What is meant is this: The festival sacrifice [is postponed if its time] occurs on Sabbath, and the 'burnt-offering of appearance'[7] is postponed even till after the festival day which is the proper time for a festival sacrifice.[8] Which authority does this follow? Beth Shammai, as we have learnt: 'Beth Shammai say, Peace-offerings may be brought on the festival, but without laying on of hands; not, however, burnt-offerings; while Beth Hillel say, Both burnt-offerings and peace-offerings may be brought, and
c hands may be laid on'.[1] Raba said: [The meaning is]: The festival sacrifice may be postponed for the whole period of the festival sacrifice,[2] but not more, as we have learnt: 'If one did not bring a festival sacrifice on the first day of the festival, he may go on to do so throughout the festival, including the last day. If the festival terminated without his having brought the festival sacrifice, he need not bring another in compensation'.[3] R. Ashi said: [It means that] the festival sacrifice may be postponed for the whole period of the festival sacrifice,[4] and even on Pentecost which is only one day it may be postponed [for seven days], as we have learnt: '[Beth Hillel] agree that if Pentecost falls on Sabbath, the day for killing [the sacrifice] is after the Sabbath'.[5]

R. Eleazar said in the name of R. Ḥanina: Rabbi planted a

(2) I.e., feasting. (3) Lit., 'not in its proper time'. (4) And put himself out to assemble ten persons. (5) That on the alternative days it can only be read before ten. (6) 'Friday is the proper time' means, 'Friday is regarded as the proper time'. (7) On the alternative days. (8) Heb. *baṭlanim* (idle men), v. *supra* p. 14, n. 5.

a (1) The times when the Megillah is to be read. (2) It was usual for certain families to undertake to bring to Jerusalem on a certain day of the year a certain quantity of wood for the fire on the altar. V. Ta'an. 28*a*. (3) In commemoration of the destruction of the first and second Temples, v. Glos. (4) The *ḥagigah*, an optional peace-offering brought by individuals in honour of the festival, usually on the first day of the festival. (5) On the Feast of Tabernacles in the first year of the Septennate, to hear the Law read. V. Deut. XXXI, 10-13. (6) If it happens to fall on Sabbath. (7) On which the Megillah is actually read. (8) That a concession is made to villagers to read on the alternate days. (9) Lit., 'Who are in the synagogue'. I.e., who are always available to attend synagogue if required. Cf. *supra*. [According to Rashi: These were men specially maintained for the purpose from the communal fund. *Aliter:* men of ample means who freely devoted their time to the service of the community. V. Aruch s.v. בטל.] (10) Esth. IX, 27. V. *supra* 2*a*.

b (1) Lit., 'that we do not count days (to make up) years. I.e., 'a year' without further specification does not mean three hundred and sixty-five days but twelve (lunar) months. (2) Ex. XII, 2. (3) I.e., if the month is defective, we reckon it as twenty-nine days, and 'a month' without further specification means (if it is defective) twenty-nine days and not twenty-nine and a half, which is the real interval between one new moon and the next. (4) Num. XI, 20. E.V. '*a full month*'. (5) V. Nazir (Sonc. ed.) 7*a* notes. (6) And so with the wood for the priests, since none of these things can be done on Sabbath. The same, however, cannot be said of the Megillah, the purpose of which is to serve as a reminder. (7) עולת ראייה A burnt-offering which was brought to fulfil the injunction of '*they shall not appear before the Lord empty*, (Deut. XVI, 16). This was regarded as obligatory. (8) I.e., even if the first day is not a Sabbath, and a festival peace-sacrifice (*ḥagigah*) may be brought, this offering is not brought till the intermediate days.

c (1) V. Bez. 19*a*. (2) I.e., the whole seven days of Passover or Tabernacles. (3) Lit., 'he is not responsible for it'. (4) [So MS.M.; cur. ed. 'The festival sacrifice and all the period of the festival sacrifice'.] (5) Beth Hillel differed from Beth Shammai in the case where Pentecost fell on Friday, but in this case they also agreed that both the festival sacrifice (*ḥagigah*) and the 'burnt-offering of appearance' could be killed after the festival, since they could not be offered on Sabbath. V. Ḥag. 17*a*.

שמחה אינה נוהגת אלא בזמנה אמר רב *מגילה בזמנה קורין אותה אפי' ביחיד שלא בזמנה בעשרה רב אסי אמר בין בזמנה בין שלא בזמנה בעשרה *הוה עובדא וחש ליה רב להא דרב אסי ומי אמר רב הכי והאמר רב יהודה בריה דרב שמואל בר שילת משמיה דרב פורים שחל להיות בשבת ערב שבת זמנם ערב שבת זמנם והא שבת זמנם הוא אלא לאו הכי קאמר שלא בזמנה כזמנה מה זמנה אפי' ביחיד אף שלא בזמנה אפילו ביחיד לא לענין מקרא מגילה בעשרה אלא מאי ערב שבת זמנם לאפוקי מדרבי דאמר *הואיל ונדחו עיירות ממקומן ידחו ליום הכניסה (א) הא קמ"ל דערב שבת זמנם הוא:

מתני' *אי זו היא עיר גדולה כל שיש בה עשרה בטלנין פחות מכאן הרי זה כפר באלו אמרו מקדימין ולא מאחרין אבל זמן עצי כהנים (ב) ותשעה באב חגיגה והקהל מאחרין ולא מקדימין אע"פ שאמרו מקדימין [א] ולא מאחרין מותרין בהספד ובתענית ומתנות לאביונים א"ר יהודה אימתי מקום שנכנסין בשני ובחמישי אבל מקום שאין נכנסין לא בשני ולא בחמישי אין קורין אותה אלא בזמנה:

גמ' תנא עשרה בטלנין שבבית הכנסת: באלו אמרו מקדימין ולא מאחרין: מ"ט אמר רבי אבא אמר שמואל אמר קרא ולא יעבור ואמר רבי אבא אמר שמואל מנין שאין מונין ימים לשנים שנא' לחדשי השנה חדשים אתה מונה לשנים ואי אתה מונה ימים לשנים ורבנן דקיסרי משום ר' אבא אמרו מנין שאין מחשבין שעות לחדשים שנא' עד חדש ימים ימים אתה מחשב לחדשים ואי אתה מחשב שעות לחדשים: אבל זמן עצי כהנים ותשעה באב וחגיגה והקהל מאחרין ולא מקדימין: תשעה באב אקדומי פורענות לא מקדמי חגיגה והקהל משום דאכתי לא מטא זמן חיובייהו תנא חגיגה וכל זמן חגיגה מאחרין בשלמא חגיגה דאי מיקלע בשבתא מאחרינן לה לבתר שבתא אלא זמן חגיגה מאי היא אמר רב אושעיא הכי קאמר חגיגה בשבת ועולת ראייה אפילו ביו"ט דזמן חגיגה מאחרין מני ב"ש היא דתנן [*ב"ש אומרים] מביאין שלמים ביו"ט ואין סומכין עליהן אבל לא עולות וב"ה אומרים מביאין שלמים ועולות וסומכין עליהן רבא אמר חגיגה כל זמן חגיגה מאחרין טפי לא דתנן *מי שלא חג ביו"ט הראשון של חג חוגג והולך את כל הרגל כולו ויום טוב האחרון של חג עבר הרגל ולא חג אינו חייב באחריותו רב אשי אמר חגיגה וכל זמן חגיגה מאחרין ואפי' עצרת דחד יומא מאחרין דתנן מודים שאם חל *עצרת להיות בשבת שיום טבוח אחר השבת אמר רבי אלעזר אמר רבי חנינא רבי נטע נטיעה בפורים ורחץ בקרונה

א) תענית יח: ב) [לעיל ב: ד:] ג) [נזיר ז: ע"ש] ד) [שם]

רש"י

שמחה · של מאכל ומשתה : בזמנה · בי"ד מתוך שהיא חובה בו ביום על כל יחיד ויחיד קורין אותה אפילו ביחיד דהכל קורין בו ואיכא פרסום נס : שלא בזמנה · כגון כפרים המקדימין ליום הכניסה אין קורין אותה אלא בעשרה דבעינן פרסום ניסא : ורב אסי אמר בין בזמנה בין שלא בזמנה בעשרה · הוה עובדא וחש ליה רב להא דרב אסי · וחזר על עשרה וקיבצן : ערב שבת זמנם הוא · משמע שהוא זמן הקבוע להו מימי אנשי כנסת הגדולה מדלא קאמר מקדימין לערב שבת להכי קשה ליה והא שבת זמנם הוא שהרי י"ד הוקבע לפרזים אלא להכי נקט האי לישנא דהשמע מינה הואיל ותיקנו להן חכמי ישראל שאחר כנסת הגדולה להקדים משום דרבה הרי הוא להו כיום זמן הקבוע מתחלה לכל דבריו ואף על פי שהוא שלא בזמנו הוי כזמנו :

מתני' בזמנים של מגילה אמרו מקדימין אם חל י"ד בשבת : אבל זמן עצי כהנים והעם האמור במס' תענית (דף כח.) שהיו משפחות של ישראל שקבוע להם ימים בכל שנה להביא עצים למקדש לצורך המערכה ומביאין קרבן עצים עמהן אם חל להיות בשבת מאחרין ליום מחר וכן תשעה באב שחל להיות בשבת והוא הדין בי"ז בתמוז ולעשרה בטבת והאי דנקט תשעה באב משום דהוכפלו בו צרות והכל מתענין בו אבל שאר צומות אמרינן במסכת ראש השנה (דף יח:) רצו מתענין רצו אין מתענין : וחגיגה · אם חל יום טוב בשבת דוחין שלמי חגיגה למחר שהרי יש לה תשלומין כל שבעה וכן הקהל את העם שהיה בשנה ראשונה של שמטה במוצאי יום טוב האחרון של חג כדכתיב מקץ שבע שנים במועד שנת השמטה (דברים לא) כדאמרינן במסכת סוטה (דף מא.) שהיה המלך קורא בתורה ספר משנה תורה וכל העם חייבין לבוא ולהביא את טפם כדכתיב הקהל את העם האנשים והנשים והטף ובשבת אי אפשר ומעבירין אותו למחר ובגמרא ירושלמי מפרש דהא דלא עבדינן ליה בשבת מפני הבימה כדתנן בימה של עץ היו עושין למלך בעזרה ויושב עליה ופרכינן התם וליעבדה מאתמול ומשני דחיקא ליה עזרה : ולא מקדימין · טעמא מפרש בגמרא : גמ' עשרה בטלנין · שבבית הכנסת שהן בטלים ממלאכתן וניזונים משל צבור כדי להיות מצויין בתפלה בבית הכנסת דאמר מר במסכת ברכות (דף ו:) כיון שבא הקב"ה בבית הכנסת ולא מצא שם עשרה וכו' : מנין שאין · מונין ימים לשנים · כגון דאמר קונם יין שאני טועם לשנה מונה י"ב חדש מיום ליום ואם נדר באחד בניסן אסור עד אחד בניסן הבא אע"פ שעדיין יש י"א יום שימות החמה יתירין על ימות הלבנה או פעמים שהיו עושין חדשים חסרין : שעות לחדשים · כגון האומר זה גיטך אם לא באתי מכאן עד חדש זה והיה חדש חסר ובא משחשיכה ליום כ"ט אין אומרים עדיין הוא בתוך החדש שהרי חדשה של לבנה כ"ט יום ומחצה : אכתי לא מטא זמן חיובייהו · ואם יקדימוה לא יצאו ידי חובתן וכן עצי כהנים שקבוע להן זמן קבוע בנדרים : בשלמא חגיגה · דקתני מאחרים אי איקלע בשבת : אפילו ביום טוב דזמן חגיגה הוא · שמותר להקריב שלמי חגיגה ואפילו הכי מאחרין עולת ראייה עד חולו של מועד והכי משמע לישנא דברייתא חגיגה מאחרין ועוד יש דבר אחר שהגיע זמנו מאחרין אותו יום אף שהוא זמן חגיגה ואיזו זו עולת ראייה שהיא חובת רגל כדכתיב לא יראו פני ריקם (שמות כג) ואמרינן במסכת חגיגה (דף ז.) לא יראו פני ריקם בעולות וזבחים ואפ"ה בי"ט לא קרבה וב"ש היא דאמרי אין מקריבין בי"ט עולה היכולה לבא למחר ואפילו היא חובת הרגל : מביאין שלמים בי"ט · שהן מאכל אדם בי"ט וכתיב אך אשר יאכל לכל נפש (שמות יב) : ואין סומכין עליהן · שהסמיכה שבות היא דתנן (ביצה דף לו:) אלו הן משום שבות לא רוכבין על גבי בהמה ועל אלו שיקריבו בי"ט יסמכו מאתמול דלית להו לבית שמאי תכף לסמיכה שחיטה : אבל לא עולות · אין מביאין דסברי לכם ולא לגבוה : ובית הלל אומרים מביאין שלמים ועולות · ומה אני מקיים לכם לכם ולא לנכרים : כל זמן חגיגה · כל הרגל עד י"ט האחרון ראשי לשהותה : רב אשי אמר חגיגה כל זמן שנאמרה בו חגיגה מאחרין · אם באה בשבת ואפילו עצרת שאינה אלא יום אחד תשלומין יש לה כל שבעה ועדיין יש לה זמן ליקרב : ומודין בעצרת שחל להיות בשבת · במסכת חגיגה (דף יז.) נחלקו בעצרת שחל להיות בערב שבת בית שמאי אומרים יום טבוח של עצרת אחר השבת ובית שמאי לטעמייהו דאמרי עולות אין מקריבין ביום טוב הלכך לא יקריבו עד לאחר שבת ובית הלל אומרים אין לה יום טבוח אין צריך להמתין ליום טבוח שהשלמים [ועולות] קריבין בי"ט ומודין בעצרת שחל להיות בשבת שאין עולת ראייה ושלמי חגיגה קריבין בשבת וממתין ליום טבוח של קרבנות היום לאחר השבת אלמא יש תשלומין לעצרת :

תוספות

הוה עובדא וחש ליה רב להא דרב אסי · מכל מקום הלכתא כרב דהא רב אסי תלמיד דרב הוה *ורביט יוסף איש ירושלים פסק דאף ביחיד צריך לברך וכן נמצא בתשובת רש"י שהשיב כרבה דבעינן דלא שנא יחיד ולא שנא צבור אחד מברך ואחרים שומעין וכן נראה לומר מאחר שהוכחנו דקריאתה ביחיד *אי איתא שאין בה ברכה [ביחיד] הוה ליה לפרושי (לקמן כא:) מאי (ד) מברך דאמר בצבור :

עולת ראייה אפי' בי"ט מאחרין · הקשה הר"ר אלחנן מהא דאמרינן פרק קמא דביצה (דף יט: ושם) השוחט עולת נדבה בי"ט לוקה ומסיק דאמר לך מני בית שמאי היא וכו' וקשה אמאי לא תני עולת ראייה דהוי דבוחה טפי דאף על גב דהוי צורך י"ט לוקה אליבא דב"ש ואין לומר דלהכי נקט עולת נדבה לאשמועינן דאפילו הכי סרו בית הלל (ביצה דף יט: ושם) מוכח בהדיא דלא נחלקו ב"ש על (ה) עולה [שאינה] של י"ט דודאי אינה קריבה בי"ט ואם כן קשה אמאי נקט עולת נדבה וי"ל דלהכי נקט עולת נדבה למידק הא שלמי נדבה אינו לוקה כיון דאיכא בהו צורך אוכל נפש אבל איסורא מיהא איכא משום דכתיב לכם :

עין משפט נר מצוה

לד י מיי' שם הלכה ד :
לה כ מיי' שם הל' ו :
לו ל מיי' שם הל' ז :

רבינו חננאל

שמחה שהיא סעודת פורים לא תהא אלא בזמנה שהוא יום י"ד באדר : אמר רב מגילה בזמנה כלומר בי"ד קורין אותה אפי' ביחיד שלא בזמנה כגון י"א י"ב י"ג שמקדימין ליום הכניסה אין קורין אותה אלא בעשרה וקי"ל כרב . דהא ר' יוחנן אמר בפירוש בפירקין דלקמן (דף יט.) הקורא במגילה הכתובה בין הכתובים לא יצא . ולא אמרו אלא בצבור . לאו מכלל דסבירא ליה שקורין אותה ביחיד . רב אסי אמר אפילו בזמנה בעשרה . הוה עובדא וחש לה רב ולא קראה בזמנה אלא בעשרה כרב אסי . ואקשינן ומי אמר רב שלא בזמנה קורין אותה בעשרה כלומר הקורין אותה ביום הכניסה כגון הכפרים וכיוצא בהן אין קורין אותה אלא בעשרה והאמר [רב יהודה בריה דרב שמואל בר שילת] משמיה דרב פורים שחל להיות בשבת ע"ש זמנם. ע"ש זמנם והא שבת זמנם ופרקינן הכי קאמר ע"ש שהוא שלא בזמנו של קריאת המגילה קורין אותה כבזמנו מה זמנו אפי' ביחיד כך שלא בזמנו אפי' ביחיד. ודחינן לא לענין מקרא

... אפי' ביחיד. הלכך קורין השתא אפי' ביחידי. ועוד הא"ר בא אנן חמון רבנן קורין אפי' ביחיד וקי"ל מעשה רב. מר רב צמח זצ"ל כתב בש"צ הקורא את המגילה שקורא וכורך

רבינו האי זצוק"ל אמר מנהגא דחזינן קורא ופושט כאגרת אבל קורא וכורך כס"ת לא חזו לנא לתלמודינו הכי. כפר שאין בו י' תקנתו קלקלתו ונעשה כעיר. באלו אמרו מקדימין קריאת מגילה ותרומת שקלים דכתיב ולא יעבור אבל סעודת פורים וסעודת ר"ח וספק מילה וזמן עצי כהנים חגיגה וט' באב והקהל מאחרין ולא מקדימין' מנין שאין מונין ימים לשנים שנאמר לחדשי השנה חדשים אתה מונה לשנה ולא ימים וכן אין מונין שעות לחדש אלא ימים שנאמר עד חדש ימים. אבל זמן עצי הכהנים ט' באב חגיגה והקהל [מאחרין] אותם אחר שבת מ"ט פ' באב לא מקדימין פורענותא הוא חגיגה והקהל אכתי לא מטא זמן חיובייהו. תנא חגיגה כל זמן חגיגה מאחרין ואוקמה רב הושעי' הכי אי איקלע יו"ט בשבת דוחין את החגיגה שהיא שלמים באחד בשבת אבל אי איקלע בחול אע"ג דמביאין חגיגה שהוא זמן חגיגה כלומר לשחוט חגיגה בלבד וכל כיוצא בה שנאכלים הוא מותר אבל עולת ראיה דוחין אותה למחר וזו ששנינו בתוספתא ב"ש היא דתנן ב"ש אומרים מביאין שלמים וסומכין עליהן אבל לא עולות כו'. רבא אמר כך פירושה

*) בירושלמי לפנינו איתא כגון אנו שאין אנו צריכין לתלמודינו וע"ש במפרש ואולי דגי' רבינו שאנו צריכין נוהה יותר והו"ק .

מסורת הש"ס

קדושין מג: סנהדרין כג:
[לעיל ד:]
[לעיל ג:]
ביצה יט. חגיגה ז: יז: ר"ה ד:
חגיגה ט. יז. ביצה כ. ר"ה ד: [יומא ג:]
חגיגה יז:

הגהות הב"ח

(א) גמ' ידחו ליום הכניסה קמ"ל
(ב) שם במשנה זמן עצי כהנים ותשעה באב
(ד) תוס' ד"ה הוה וכו' הוה ליה לפרושי מאי מברך

הגהות הגר"א

[א] במשנה (ולא מאחרין) תא"מ :

גליון הש"ס

גמ' הוה עובדא וחש ליה רב. עי' ר"ה דף כ ע"ב תוס' ד"ה ושמע :

לז א ב מיי' פ"ב מהל' מגילה הלכה יג סמג עשין ד טוש"ע א"ח סי' תרצו סעיף ג:
לח ג שם סעיף ב:
לט ד ה ו שם סעיף א:
מ ז ח מיי' פ"ג מהל' תענית הל' ח טוש"ע א"ח סי' תקעה סעיף ז:
מא ט מיי' פ"א מהל' מגילה הלכה יא סמג עשין ד טוש"ע א"ח סי' תרפח סעיף ד:
מב י מיי' פי"ב מהל' שמטה ויובל הל' יג:

ורחץ בקרונה של צפורי· לאו דוקא בקרונה אלא כלומר בפרהסיא ואם תאמר מאי איריא לרחוץ אפי' לאכול נמי מותר כדתניא בר"ה (דף יח:) אין גזרה ואין שלום רצו מתענין לא רצו אין מתענין וי"ל דכיון דקבלוהו כבר אבותינו על עצמם מסתמא גם הם קבלוהו:

ובקש לעקור תשעה באב ולא הודו לו· קשה היכי סלקא דעתך דהאי תנא [דרבי] היה רוצה לעקור ט' באב לגמרי והא אמרינן (תענית דף ל:) כל האוכל ושותה בתשעה באב אינו רואה בנחמה של ירושלים ועוד דהא אין בית דין יכול לבטל דברי בית דין חבירו אא"כ גדול הימנו בחכמה ובמנין ויש לומר דלא רצה לעקרו *אלא מחומרא שיש בו יותר משאר תעניות אי נמי יש לומר דרצה לעקרו מתשיעי ולקבעו בעשירי כדאמר ר' יוחנן (שם כט.) *אילו הואי התם קבעתיה בעשירי:

אלא מחומרא שיש בו יותר משאר תענית ודורות ראשונים לא גזרו אלא רק שיהא יום תענית ולא יותר

אלו הואי התם קבעתיה בעשירי ודאי ר"י לא היה יכול להכריע כל החכמים לדעתו אלא שהרבה חכמים הסכימו לקובעו בעשירי רק הרוב הסכימו לקובעו בתשיעי וכה"ג אינו בכלל אין ב"ד רשאי וכו' דיש רשות ביד ב"ד אחר לקבוע הלכה כדברי יחיד כדאיתא בעדיות פ"א משנה ה

שאסורים בהספד· השיב רש"י וכי מי נתן כח לימי מגילת אסתר להיות אבילות *אי איתא דבהספד נאסר משום דכתיב ימי משתה ושמחה והא חזינן דכולי עלמא נהגו בו היתר אלא ודאי לא הוי אלא לענין שאין טופלין על פניהם דלא הוי יום גזרה אלא יום שמחה: **והא** רבי בטבריא הוה· כדמוכח שהיה (ו) בימי אנטונינוס כשהיו יחד כדאמר במס' ע"ז (דף י') שרצה לשחרר בני טבריא ממס לפי שהיו תלמידי חכמים דקאמר ליעביד טבריא קלניא:

דברים המותרים ואחרים נהגו בהן איסור· קשה דהא רבי התיר בית שאן ע"י ר' מאיר שאכל שם עלה של ירק בחולין (דף ו:) וי"ל דהתם לא נהגו איסור אלא בטעות והכא מיירי בדבר שנהגו בו איסורא מתחלה*:

ממעטין במשא ומתן· פי' של שמחה דומיא דבנין ונטיעה דבסמוך (ז) אבל שאר בניינים שרו ואין לך משא ומתן גדול מזה*)

ממעטין רוצה לומר שלא יהו עסוקים כל כך (ותמיהני) מתשעה באב שממעטין בו אבל אין לפרש ממעטין אבל קצת דאם כן היה לו לפרש השיעור מה הוא קורא ממעט טובה

*) [ועי' תוס' יבמות מג: ד"ה לישא]

ורחץ *בקרונה של צפורי בשבעה עשר בתמוז ובקש לעקור תשעה באב ולא הודו לו אמר לפניו רבי אבא בר זבדא רבי לא כך היה מעשה אלא תשעה באב שחל להיות בשבת הוה ודחינוהו לאחר השבת ואמר רבי הואיל ונדחה ידחה ולא הודו חכמים קרי עליה °טובים השנים מן האחד (קהלת ד) ורבי היכי נטע נטיעה בפורים והתני רב יוסף שמחה ומשתה וי"ט שמחה מלמד שאסורים בהספד משתה מלמד שאסור בתענית ויום טוב מלמד שאסור בעשיית מלאכה אלא רבי בר ארביסר הוה וכי נטע בחמיסר נטע איני והא רבי בטבריא הוה וטבריא מוקפת חומה מימות יהושע בן נון הואי אלא רבי בר חמיסר הוה וכי נטע בארביסר הוה ומי פשיטא ליה דטבריא מוקפת חומה מימות יהושע בן נון והא חזקיה קרי בטבריא בארביסר ובחמיסר מספקא ליה אי מוקפת חומה מימות יהושע בן נון היא אי לא לחזקיה מספקא ליה לרבי פשיטא ליה וכי פשיטא ליה מי שרי והכתיב במגילת תענית* את יום ארבעה עשר ואת יום חמשה עשר יומי פוריא אינון דלא למספד בהון ואמר רבא לא נצרכא אלא לאסור את של זה בזה ואת של זה בזה הני מילי בהספד ובתענית אבל מלאכה יום אחד ותו לא איני והא רב חזייה לההוא גברא דהוה קא שדי כיתנא בפוריא ולטייה ולא צמח כיתניה התם בר יומא הוה רבה בריה דרבא אמר אפי' תימא (א) ביומיה הספד ותענית קבילו עלייהו מלאכה לא קבילו עלייהו דמעיקרא כתיב שמחה ומשתה ויום טוב ולבסוף כתיב לעשות אותם ימי משתה ושמחה ואילו יום טוב לא כתיב ואלא רב מ"ט לטייה להוא גברא *דברים המותרין ואחרים נהגו בהן איסור הוה ובאתריה דרבי לא נהוג ואיבעית אימא לעולם נהוג ורבי נטיעה של שמחה נטע כדתנן *עברו אלו ולא נענו ממעטין במשא ומתן בבנין ובנטיעה באירוסין ובנישואין ותנא עלה בנין *בנין של שמחה נטיעה נטיעה של שמחה איזהו בנין של שמחה זה הבונה בית חתנות לבנו איזו היא נטיעה של שמחה זה הנוטע *אבורנקי של מלכים גופא °חזקיה קרי בטבריא בארביסר ובחמיסר מספקא ליה אי מוקפת חומה מימות יהושע בן נון היא אי לא ומי מספקא ליה מלתא דטבריא והכתיב °וערי מבצר הצדים צר (יהושע יט) וחמת רקת וכנרת וקיימא לן *רקת זו טבריא היינו טעמא דמספקא ליה משום דחד גיסא שורא דימא הות אי הכי אמאי מספקא ליה ודאי לאו חומה היא דתניא *°אשר לו חומה (ויקרא כה) ולא שור איגר סביב פרט לטבריא שימה חומתה לענין בתי ערי חומה לא מספקא ליה כי קא מספקא ליה לענין מקרא מגילה מאי פרזים ומאי מוקפין דכתיבי גבי מקרא מגילה משום דהני מיגלו והני לא מיגלו והא נמי מיגליא או דלמא משום דהני מיגנו והני לא מיגנו והא נמי מיגניא משום הכי מספקא ליה רב אסי קרי מגילה בהוצל בארביסר ובחמיסר מספקא ליה אי מוקפת חומה מימות יהושע בן נון היא אי לא איכא דאמר אמר רב אסי האי הוצל דבית בנימין מוקפת חומה מימות יהושע היא אמר רבי יוחנן כי הוינא טליא אמינא מלתא דשאילנא לסבייא ואשתכחה

בקרונה של צפורי· ביום השוק בפרהסיא בשעת הילוך קרונות: ולא הודו לו· מתשעה באב: אמר לפניו· [לפני] ר' אלעזר: לא כך היה· לא ביקש לעקור לגמרי אלא אותה שנה בלבד: טובים השנים· אילו לא שמעתי (ב) הייתי טועה בדבר עכשיו טוב לי שלימדתני הורה אור האמת: בר ארביסר הוה· לא היתה (ג) מן המוקפין: וטבריא מוקפת חומה מימות יהושע· לקמן ילפינן מקרא: וכי פשיטא ליה· שהיה מבני חמיסר מי שרי בארביסר במלאכה: לא גרסא· במגילת תענית שהרי כבר כתובין במגלת אסתר שאסור בהספד ותענית אלא לאסור כו': שדי כיתנא· זורע פשתן: בר יומיה הוה· שקראו בו בני עירו: אפילו תימא בר יומיה הוה גרסי' רבי שנטע נטיעה ביום שקראו בו נטע ודקא קשיא לך יום טוב שאסור בעשיית מלאכה ההוא קרא דכתיב שמחה ומשתה ויום טוב כתיב מעיקרא קודם קבלה אבל בשעת קבלה לא קיבלו עליהן אלא שמחה ומשתה לאוסרן בהספד ותענית אבל י"ט לא קיבלו עליהן: ובאתריה דרבי לא נהוג גרסינן· במקומו של רבי לא נהגו איסור בדבר: נטיעה של שמחה· דכיון דפורים יום שמחה הוא מותר לנטוע נטיעה של שמחה: כדתנן עברו אלו· י"ג תעניות שב"ד מתענין על הגשמים: ולא נענו· מן השמים: ממעטין· בנטיעה ובבנין: ותנא (ד) נטיעה נטיעה של שמחה· בנין האמור כאן שאסורין בבנין של שמחה שנוהגין עצמן כנזופין וכאבלים: ונטיעה· האמורה כאן נטיעה של שמחה כגון אבורנקי אילן שאילו נאה כגון אילן שכופפין אותו על גבי כלונסות ויתידות והמלכים אוכלין תחתיו בימות החמה ומתעדנין בה במיני שמחות ובנין בית חתנות לבנו כשמשיא אשה לבנו הראשון היה בונה לו בית ועושה לו חופה בתוכו אלמא איכא נטיעה של שמחה: וערי מבצר הצדים וגו'· בספר יהושע (יט) בנחלת נפתלי וקיימא לן לקמן דרקת זו טבריא וקרי ליה ערי מבצר אלמא מוקפת חומה הואי: דחד גיסא שורא דימא הויא· אין לה חומה מצד אחד אלא הים חומתה ומספקא ליה אי חשיב היקף אי לא: חומה ולא שור איגר· בבתי ערי חומה כתיב עיר חומה ולא עיר שאין לה חומה בפני עצמה אלא מוקפת בתים סמוכות זו לזו וחומות חיצונות של בתים נעשות חומה לעיר והיינו שור איגר שגגותיה חומותיה גג מתרגמינן איגר: סביב· לגבי בתי החצרים כתיב אשר אין להם חומה סביב מכלל דבתי ערי חומה מסובבת (ה) סביב קאמר: פרט לטבריא שימה חומתה· שהים שלה היא חומתה מצד האחד: כי מספקא ליה לענין מקרא מגילה· דלא מפורש בה חומה אלא לשון פרזים ושאינן פרזים כתיב בה ומספקא ליה האי לשון פרזים אי לשון גלוי הוא או לשון עיר הנוחה ליכבש: כד הוינא טליא· כשהייתי נער ואשתכח

[פירוש מים טובעין וקרים· ערוך ערך קרונה]
תענית יח:
[פסחים כ: נדרים מו. פא:]
תענית יב·
שם יד:
[גי' הערוך אבורנקי]
[לקמן ו.]
ערכין לג:

רבינו חננאל

פירושה חגינה כ"ז חגינה מאחרין כלומר כל ימי החג מאחרין מיום לחבירו אבל אם שלמו ימי החג לא דתנן מי שלא חגג (גרסינן) ביו"ט הראשון של חג חוגג והולך כל הרגל כולו עד יו"ט אחרון של חג עבר הרגל כו'. רב אשי אמר הכי קאמר אפי' עצרת דחגיגתה חד יומא הוא אי איקלעי בשבת מאחרין חגינה למחר כדתנן ומודין שאם חל להיות בשבת שיום טבוח לאחר השבת וזו המשנה אחרים היא שאומרים אין בין עצרת לעצרת אלא ד' ימים ואין הלכה כמותם: רבי נטע נטיעה בפורים אוקימנא דר' יהודה פשיטא ליה דטבריא מוקפת חומה מימות יהושע היא ורבי בר חמיסר הוא וכי נטע בארביסר נטע כו'. ואסיקנא אפי' תימא ביומיה הספד ותענית קבילו עילויהו וכי אסירי הספד ותעניות כולי עלמא כדכתיב במגילת תענית ארביסר וחמיסר פוריא אינון דלא למיספד ואמר רבא לא נצרכא אלא לאסור את של זה בזה פי' לאסור לבן כרך בי"ד בהספד ותענית ולבן כפר בט"ו אלו ואלו אסורין בהספד ותענית בב' ימים הללו. אבל מלאכה אינו אסור אלא מי שנהגו בני אותו מקום איסור על עצמם כדתניא דברים המותרים ואחרים נהגו בהן איסור למלאכה [אי אתה רשאי להתירן בפניהם] ורב דלטייה להוא גברא ולא צמח כיתניה מקום שלא נהגו לעשות מלאכה בפורים הוה. איבעית אימא רבי נטיעה של שמחה נטע דתנן עברו אלו ולא נענו ממעטין במשא ובמתן כו' ותנא בנין של שמחה נטיעה של שמחה מכלל שאע"פ שאסור לעשות מלאכה נטיעה של שמחה מותרת לו *) דהא מן התעניות הראשונות שניט עברו אלו ולא נענו ב"ד גוזרין ג' תעניות אוכלין ושותין מבע"י ואסורין במלאכה כו' ללמדך שאע"פ שאסורים במלאכה מן התעניות הראשונות בנין של שמחה ונטיעה של שמחה מותרין היו **) לפיכך בא עתה לאסור אפי' אלו שהיו בהן מותרין עד עתה ומפני שהן של שמחה וכן בפורים אע"פ שאסורים במלאכה בנטיעה של שבחה מותרין הן לפיכך אמרנו דר' נטיעה של שמחה שהוא אבורנקי של מלכים נטע. רבי רחץ בקרונה של ציפורי בי"ז בתמוז וביקש לעקור ט' באב שהל להיות בשבת ודחוהו לאחר שבת אמר הואיל ונדחה ידחה ולא הודו לו הכמים: גופא חזקיה קרא מגילה בטבריא בי"ד

הגהות הב"ח
(א) גמ' אפילו תימא ביומיה הוה הספד: (ב) רש"י ד"ה טובים וכו' שמעתי ממך סייעי: (ג) ד"ה בר ארביסר הוה לא היתה עיר מן: (ד) ד"ה ותנא עלה בנין בנין של שמחה נטיעה נטיעה וכו' והד"א עם ד"ה ונטיעה כו' של שמחה הס"ד: (ה) ד"ה סביב וכו' מסוכבת חומה סביב: (ו) תוס' ד"ה והא רבי וכו' שהיה בטבריא בימי: (ז) ד"ה ממעטין וכו' ונטיעה דבסמוך דבעל שמחה דוקא אסור אבל שאר בניים:

*) נראה דצ"ל דהנה בתעניות הראשונות וכו'. **) דברי רבינו אלו צריכין באור לכאורה דהיאך אפשר דבתענית צבור שאסור במלאכה יהי' מותר בנין של שמחה וצ"ע ועי' בחדושי הרמב"ן.

גליון הש"ס תוס' ד"ה ממעטין ר"ל וכו' ותמיהני מש"כ. עיין פסחים דף נה ע"א וצ"ע:

shoot on Purim, [5b] and bathed in the [bathhouse of the] market-place[6] of Sepphoris on the seventeenth of Tammuz[7] and sought to abolish the fast of the ninth of Ab, but his colleagues would not consent. R. Abba b. Zabda ventured to remark:[8] Rabbi, this was not the case. What happened was that the fast of Ab [on that year] fell on Sabbath, and they postponed it till after Sabbath, and he said to them, Since it has been postponed, let it be postponed altogether, but the Sages would not agree. He [R. Eleazar] thereupon applied to himself the verse, *Better are*
a *two than one.*[1]

But how could Rabbi have planted a shoot on Purim, seeing that R. Joseph has learnt: [We read in connection with Purim] *gladness and feasting and a good day;*[2] *'gladness'*: this teaches that it is forbidden on these days to mourn; *'feasting'*: this teaches that it is forbidden on them to fast; *'a good day'*: this teaches that it is forbidden on them to do work?—The fact is that Rabbi belonged to a place which kept Purim on the fourteenth, and when he planted, it was on the fifteenth. Is this so?[3] Was not Rabbi in Tiberias, and Tiberias was walled in the days of Joshua son of Nun?—The fact is that Rabbi was in a place which kept on the fifteenth, and when he planted it was the fourteenth. But was he certain that Tiberias was walled in the days of Joshua son of Nun, seeing that Hezekiah read the Megillah in Tiberias both on the fourteenth and on the fifteenth, being uncertain whether it had been walled in the days of Joshua son of Nun or not?—Hezekiah was in doubt, but Rabbi was certain. But even supposing he was certain, was he permitted to do this, seeing that it is written in *Megillath Ta'anith,*[4] 'The fourteenth day and the fifteenth day are the days of Purim on which there is to be no mourning', and Raba said, The only purpose of mentioning these days [in *Megillath Ta'anith*][5] was to make whatever is forbidden on the one forbidden on the other also?—This applies only to mourning and fasting, but for abstention from work one day and no more is prescribed. Is that so? Did not Rab see a man sowing flax on Purim and curse him, so that the flax did not grow?—There he [the man] was doing it on the day which he ought to have kept. Rabbah the son of Raba said: You may even say [that Rabbi planted] on the day [which he ought to have kept]: [the Jews] bound themselves [in the days of Esther] to abstain from mourning and fasting, but not from work, since first it is written, *'gladness and feasting and a good day'*, but afterwards it is written, *'that they should make them*
b *days of feasting and gladness'*,[1] and 'a good day' is not mentioned. Why then did Rab curse that man?—It was a case of 'things which are permitted but others make a practice of abstaining from them'; but in Rabbi's place this[2] was not the practice. Or if you like I can say that they did in fact make a practice of this, and Rabbi planted a festive shoot, as we have learnt:[3] If these days[4] pass and they are still not answered, they abstain to a certain extent from business, from building and from planting, from betrothing and from marrying,[5] and a Tanna taught: 'Building' here means festive building; 'planting' means festive planting. What is festive building? If one builds a wedding residence for his son [on the occasion of his marriage]. What is a festive planting? If one plants a royal *abarnaki.*[6]

The text [above state]: 'Hezekiah read in Tiberias on the fourteenth and on the fifteenth, being doubtful whether it had been walled in the days of Joshua son of Nun or not'. But could he have been in doubt about Tiberias, seeing that it is written, *And the fortified cities were Ziddim-zer and Hamath and Rakath and Kinnereth,*[7] and it is generally agreed that Rakath is Tiberias?—The reason why he was doubtful was because one side is bounded by the lake.[8] If so, why was he in doubt? It certainly was not walled, as it has been taught: *'Which has a wall,*[9] and not merely a fence of houses.[10] *Round about:*[11] this excludes Tiberias, the lake forming its wall'![12]—In respect of the houses of a walled town he was not in doubt; where he was in doubt was in respect of reading the Megillah. [He asked]: What constitutes the difference between villages and walled towns which are mentioned in connection with the reading of the Megillah? Is it that the former are exposed and the latter are not exposed, [in which case] Tiberias [belongs to the former] being also exposed, or is it that the latter are protected and the former are not protected, [in which case] Tiberias [belongs to the latter], being protected? That was why he was in doubt.

c R. Assi read the Megillah in Huẓal[1] on the fourteenth and on the fifteenth, being in doubt whether it had been walled in the days of Joshua son of Nun or not. According to another report, R. Assi said: Huẓal of the house of Benjamin was walled in the days of Joshua son of Nun.

R. Johanan said: When I was a boy, I made a statement about

(6) Heb. קרונה, a place where wagons were stationed on market-day (Rashi). [*Aliter:* 'spring' from Gk. κρήνη. V. *Aruch* and Krauss *T.A.* I. 212.] (7) One of the four public fasts. V. R.H. 18. (8) Lit., 'said in his (R. Eleazar's) presence'.

a (1) Eccl. IV, 9. He was glad to be corrected. (2) Esth. IX, 19. (3) This is not so. (4) V. Glos. (5) We know already from the Scripture that mourning is forbidden on these days.

b (1) Esth. IX, 22. (2) To abstain from work. (3) That there is a planting of a festive kind. (4) Of fasting for rain. (5) V. Ta'an 12b. (6) The correct form according to Levy and Jast. is *achvarnaki*, a Persian word for a spreading tree in a garden under which banquets could be held. (7) Josh. XIX, 35. (8) Of Galilee. Rakath therefore was not fortified on this side, and the question arises whether it should be accounted a 'walled city' for religious purposes. (9) Lev. XXV, 30. In a town with a wall houses could be sold permanently. (10) Lit., 'wall of roofs', though this is also a barricade. (11) Ibid. 31. (12) I.e., the lake being where the wall ought to be.

c (1) [In Babylonia between Nehardea and Sura. It was called 'of the House of Benjamin' (v. *infra*) probably because its early settlers hailed from Benjamin (v. Obermeyer pp. 299ff). There was also a Huẓal in Palestine. V. Keth. (Sonc. ed.) 111a n. d 7.]

which I afterwards questioned the old men, [6a] and it was found that I was right: [I said:] Hamath is Tiberias. And why was it called Hamath? On account of the hot springs [*ḥamme*] of Tiberias. Rakath is Sepphoris, And why was it called Rakath? Because it slopes down like the bank [*raktha*] of a river. Kinnereth is Gennesaret. And why was it called Kinnereth? Because its fruits are sweet like the music of a harp [*kinnor*].[2] Raba said: Is there anyone who can maintain that Rakath is not Tiberias, seeing that when a man dies here [in Babylonia] they mourn for him there [in Tiberias] as follows: 'Great was he in Sheshach[3] and he has a name in Rakath',[4] and when the coffin is taken there they mourn for him thus: 'Ye lovers of the remnants,[5] dwellers in Rakath, go forth and receive the slaughtered of the depths'.[6] When R. Zera departed, a certain mourner opened his dirge thus: 'The land of Shinar[7] conceived and bore him, the beauteous land[8] brought up her delight. Woe to me, saith Rakath, for her precious instrument
a is lost'![1] No, said Raba. Hamath is the hot springs of Gerar; Rakath is Tiberias; and Kinnereth is Gennesaret. Why is it called Rakath? Because even the least worthy[2] of its inhabitants are full of religious performances like a pomegranate. R. Jeremiah said: Rakath is its proper name. And why is it called Tiberias? Because it is situated in the very centre[3] of the land of Israel. Rabbah said: Rakath is its name. And why is it called Tiberias? Because its aspect is good.[4]

Zeira said: Kitron is Sepphoris. And why is it called Sepphoris? Because it is perched on the top of a mountain like a bird [*zippor*]. But is Kitron Sepphoris? Now Kitron was in the territory of Zebulun, as it is written, *Zebulun drove not out the inhabitants of Kitron nor the inhabitants of Nahalol.*[5] Now Zebulun complained of his portion, as it says, *Zebulun was a people which shamed his soul to death.*[6] Why? Because Naphthali *was on the high places of the field.*[7] Zebulun complained to the Holy One, blessed be He, saying: Sovereign of the Universe, to my brethren Thou hast given fields and vineyards and to me Thou hast given hills and mountains; to my brethren Thou hast given lands, and to me Thou hast given lakes and rivers. [God] replied: They will all require thee for the *ḥilazon,*[8] as it says, *and the hidden treasures of the sand,*[9] and R. Joseph learnt: '*Hidden*' indicates the *ḥilazon;* 'treasures' indicates the tunny fish;[10] '*sand*' indicates white glass.[11] Zebulun then said: Sovereign of the Universe, who will inform me?[12] He replied: *There they shall offer sacrifices of righteousness.*[13] This shall be thy sign: whoever takes of thee without payment will not prosper in his business. Now if you assume that Kitron is Sepphoris, why did Zebulun complain of his portion, seeing that Sepphoris is an excellent spot? Nor can you say that it is not 'flowing with milk and honey'. For Resh Laḳish has said: I have
b myself seen the trail of milk and honey[1] round Sepphoris, and it is sixteen miles by sixteen miles. Nor can you say that [even so] his is not as good as his brothers, since Rabbah b. Bar Ḥanah said in the name of R. Joḥanan: I have myself seen the trail of milk and honey of the whole land of Israel, and it extends [altogether] about as far as from Be Kubi[2] to the Fort of Tulbanḳe, twenty-two *parasangs* in length and six *parasangs* in breadth?[3] Even so, he preferred fields and vineyards. This is also indicated by the language of the text, as it says, '*Naphthali upon the high places of the field*'. This is a proof.

R. Abbahu said: [It is written], *Ekron shall be rooted up;*[4] this is Ḳisri the daughter of Edom,[5] which is situated among the sands, and which was a thorn in the side of Israel[6] in the days of the Greeks. When the House of the Ḥasmoneans grew powerful and conquered them, they called it 'the capture of the tower of Shir'.[7]

R. Jose b. Ḥanina said: What is meant by the text, *And I will take away his blood out of his mouth and his detestable things from between his teeth, and he also shall be a remnant for our God?*[8] 'And I will take away his blood out of his mouth': this refers to their sacrificial shrines.[9] 'And his detestable things from between his teeth':
c this refers to their oracles.[1] 'And he also shall be a remnant for our God': these are the synagogues and houses of learning in Edom.[2] *And he shall be as a chief in Judah, and Ekron as a Jebusite:*[3] these are the theatres and circuses[4] in Edom in which one day the chieftains of Judah shall publicly teach the Torah. R. Isaac said: *Leshem* is Pamias.[5] *Ekron shall be rooted out:* this is Caesarea, the daughter of Edom, which was a metropolis[6] of kings. Some say that this means that kings were brought up there, and others that kings were appointed from there. Caesarea[7] and Jerusalem [are rivals]. If one says to you that both are destroyed, do not believe him; if he says that both are flourishing, do not believe him; if he says that Caesarea is waste and Jerusalem is flourishing, or that Jerusalem is waste and Caesarea is flourishing, you may believe him, as it says, *I shall be filled, she is laid waste;*[8] if this one is filled, that one is laid waste, and if that one is filled, this one is laid waste. R. Naḥman b. Isaac derived the same lesson from here: *and the one people shall be stronger than the other people.*[9]

R. Isaac also said: What is the meaning of the verse, *Let favour be shown to the wicked, yet will he not learn righteousness?*[10] Isaac said in the presence of the Holy One, blessed be He: Sovereign of the Universe, let mercy be shown to Esau. He replied: He is wicked. He said to Him; He has not learnt righteousness.[11] He replied: *In the land of uprightness*[12] *will he deal wrongfully.*[13] He said: If so, *let him not behold the majesty of the Lord.*[13]

R. Isaac also said: What is meant by the verse, *Grant not, O Lord, the desires of the wicked, draw not out his bit,*[14] *so that they exalt*
d *themselves, selah?*[1] Jacob said before the Holy One, blessed be He: Sovereign of the Universe, grant not to Esau the wicked the

(2) A more probable reason is that Kinnereth is shaped like a harp. (3) A name given to Babylon in Jer. XXV, 26; LI, 41. (4) Tiberias was for many centuries a great centre of Jewish learning, especially in the field of Biblical study. (5) שרידים 'left', 'escaped'. A name given to Israel, after Jer. XXXI, 1. (6) Babylon, so called because it was low-lying. (7) Babylonia. (8) The land of Israel, so called after Dan. XI, 16.

a (1) Which shows that all are agreed that Rakath is Tiberias. (2) Heb. *reḳanin*, lit., 'empty ones'. (3) Heb. *tibbur*, lit., 'navel'. (4) Heb. *ToBah Re'IathAH*. (5) Jud. I, 30. (6) Ibid. V, 18. E.V. '*jeopardised their lives to the death*'. (7) Ibid. (8) A small shell-fish from which was extracted the purple colour used for the fringes. (9) Deut. XXXIII, 19. (10) Much used for salting or pickling and an important article of commerce in ancient Palestine. (11) Which was made from the sand of Zebulun. [This was a source of wealth owing to the difficulty of the process for producing colourless glass among the ancients. V. Krauss *T.A.* II, 286.] (12) If they are cheating me. (13) Ibid.

b (1) Left by the goats after eating dates. (2) [Near Pumbeditha. The parallel passage (Keth. 112*a*) has Be Mikse (cf. also בי כסי in MS.M. a.l.). On the geographical names v. Keth. (Sonc. ed.) 112a notes.] (3) As a *parasang* was four miles, this would be about eight times the extent of Zebulun's trail. (4) Zeph. II, 4. (5) [Caesarea by the Sea is designated 'the daughter of Edom' because it was an outpost of the Roman Empire, Edom being in Rabbinic literature the prototype of Imperial Rome.] (6) Lit., 'a peg driven into Israel'. (7) This seems to be a mistake for Zor (Tyre) which is the reading of MS.M. The Aruk reads *Shed*, lit., 'demons'. [The reference is probably to the conquest of Caesarea by Alexander Jannaeus, v. Josephus *Ant.* XIII, 15, n. Cf. also Meg. Ta'an. III. The old name of Caesarea was Strato's Tower, after the Phoenician king Strato, its founder. The reading '*shed*' (demon) contains perhaps an allusion to the worship of Astarte by the original inhabitants. On the other readings v. Hildesheimer, H. *Beiträge z. Geographie Palästinas*, pp. 4ff.] (8) Zech. IX, 7. (9) *Beth Bamya*. Lit., 'house of high places'.

c (1) *Beth Galya*. Lit., 'house of revelation'. [These terms are taken by others as names of idolatrous shrines, the former being identified with Dajr al Banat and the latter with Bait Galla, both in the neighbourhood of Bethlehem. V. Horowitz S. *Palestine*, pp. 126 and 129.] (2) I.e., the Roman Empire. (3) Zech. IX, 7. (4) Where the Roman Games took place. (5) More correctly Panias, Caesarea Philippi, the modern Banias, a place near the source of the Jordan. (6) This may mean either that it was a capital of Palestine or that some of its Roman Governors became Emperors. (7) Probably Rome is meant. (8) Ezek. XXVI, 2, of Tyre and Jerusalem. (9) Gen. XXV, 23. (10) Isa. XXVI, 10. (11) Rashi renders: 'Can not one find a plea on his behalf'. (12) I.e., the land of Israel. (13) Ibid. (14) E.V., '*further not his evil device*'.

d (1) Ps. CXL, 9.

מסורת הש"ס

ואישתכח כותי חמת זו טבריא ולמה נקרא שמה חמת על שום חמי טבריא רקת זו ציפורי ולמה נקרא שמה רקת משום דמידלייא כרקתא דנהרא כינרת זו גינוסר ולמה נקרא שמה כינרת דמתיקי פירא כקלא דכינרי אמר רבא מי איכא למאן דאמר רקת לאו טבריא היא והא כי שכיב איניש הכא התם ספדי ליה הכי גדול הוא בששך ושם לו ברקת וכי מסקי ארונא להתם ספדי ליה הכי אוהבי *שרידים יושבי רקת צאו וקבלו הרוגי עומק *כי נח נפשיה דרבי זירא פתח עליה ההוא ספדנא ארץ שנער הרה וילדה ארץ צבי גידלה שעשועיה אוי נא לה אמרה רקת כי אבדה כלי חמדתה אלא אמר (*רבה) חמת זו חמי גרר רקת זו טבריא כינרת זו גינוסר ולמה נקרא שמה רקת *שאפילו ריקנין שבה מלאין מצות כרמון רבי ירמיה אמר רקת שמה ולמה נקרא שמה טבריא שיושבת בטבורה של ארץ ישראל (*רבא) אמר רקת שמה ולמה נקרא שמה טבריא שטובה ראייתה אמר זעירא קטרון זו ציפורי ולמה נקרא שמה ציפורי שיושבת בראש ההר כצפור קטרון ציפורי היא והא קטרון בחלקו של זבולון הואי דכתיב °זבולון לא הוריש את יושבי קטרון ואת יושבי נהלול וזבולון מתרעם על מדותיו הוה שנאמר °זבולון עם חרף נפשו למות מה טעם משום דנפתלי על מרומי שדה אמר זבולון לפני הקב"ה רבונו של עולם לאחי נתת להם שדות וכרמים ולי נתת הרים וגבעות לאחי נתת להם ארצות ולי נתת ימים ונהרות אמר לו כולן צריכין לך ע"י חלזון שנאמר °[עמים הר יקראו] ושפוני טמוני חול תני רב יוסף שפוני זה חלזון טמוני זו טרית חול זו זכוכית לבנה אמר לפניו רבונו של עולם מי מודיעני (א) אמר לו °שם יזבחו זבחי צדק סימן זה יהא לך כל הנוטל ממך בלא דמים אינו מועיל בפרקמטיא שלו כלום ואי סלקא דעתך קטרון זו ציפורי אמאי מתרעם על מדותיו והא הויא ציפורי מילתא דעדיפא טובא וכי תימא דלית בה זבת חלב ודבש והאמר ריש לקיש *לדידי חזי לי זבת חלב ודבש דציפורי והויא ששה עשר מיל על ששה עשר מיל וכ"ת דלא נפישא דידיה כדאחוה *והאמר רבה בר בר חנה אמר רבי יוחנן לדידי חזי לי זבת חלב ודבש דכל ארעא דישראל והויא כמבי כובי עד אקרא דתולבקני עשרין ותרתין פרסי אורכא ופותיא שיתא פרסי אפ"ה שדות וכרמים עדיפא ליה דיקא נמי דכתיב °ונפתלי על מרומי שדה ש"מ אמר רבי אבהו °ועקרון תעקר זו קסרי בת אדום שהיא יושבת בין החולות והיא היתה יתד תקועה לישראל בימי יוונים וכשגברה מלכות בית חשמונאי ונצחום היו קורין אותה אחידת מגדל *שיר אמר רבי יוסי בר חנינא מאי דכתיב °והסירותי דמיו מפיו ושקוציו מבין שניו ונשאר גם הוא לאלהינו והסירותי דמיו מפיו זה בית (ב) במיא שלהן ושקוציו מבין שניו זה בית גליא שלהן ונשאר גם הוא לאלהינו אלו בתי כנסיות ובתי מדרשות שבאדום °והיה כאלוף ביהודה ועקרון כיבוסי אלו *תראטריות וקרקסיות שבאדום שעתידין שרי יהודה ללמד בהן תורה ברבים *אמר רבי יצחק לשם זו פמיים עקרון תעקר זו קסרי בת אדום שהיא היתה מטרופולין של מלכים איכא דאמרי דמרבי בה מלכי ואיכא דאמרי דמוקמי מינה מלכי קסרי וירושלים אם יאמר לך אדם חרבו שתיהן אל תאמן ישבו שתיהן אל תאמן חרבה קסרי וישבה ירושלים חרבה ירושלים וישבה קסרי תאמן שנאמר °אמלאה החרבה *אם מליאה זו חרבה זו אם מליאה זו חרבה זו רב נחמן בר יצחק אמר מהכא °ולאום מלאום יאמץ ואמר רבי יצחק מאי דכתיב °יוחן רשע בל למד צדק אמר יצחק לפני הקב"ה רבש"ע יוחן עשו אמר לו רשע הוא אמר לו בל למד צדק אמר לו °בארץ נכוחות יעול אמר לו אם כן בל יראה גאות ה' ואמר רבי יצחק מאי דכתיב °אל תתן ה' מאויי רשע זממו אל תפק ירומו סלה אמר יעקב לפני הקב"ה רבונו של עולם אל תתן לעשו הרשע תאות לבו זממו אל תפק זו גרממיא

רש"י

ואישתכח כותי גרסי': רקתא דנהרא · שפת הנהר גבוה מן הנהר אף ציפורי יושבת בראש ההר: כי שכיב איניש הכא · כשמת אדם גדול בבבל: ספדי ליה התם · בטבריא: ששך · בבל בחילוף א"ת ב"ש: ושם לו ברקת · יצא לו שם בטבריא: וכי מסקי ארון · של מת מבבל לקוברו בטבריא: אמרו הכי · הספדנין קורין בשווקים בלשון הזה שיצאו לקראת המת: אוהבי שרידים · אוהבי ישראל: יושבי רקת צאו וקבלו הרוגי עמק · מתי בבל העמוקה: ר' זירא עלה מבבל לארץ ישראל ומת שם בטבריא: [ארץ צבי · ארץ] ישראל: גידלה שעשועיה · של שנער: בטיבורה · באמצעיתה: לא הוריש את יושבי קטרון · שבאה לחלקו ועבר על מה שאמר הקב"ה לא תחיה כל נשמה (דברים כ) והניחן גגור שם ביניהם ולהעלות להם מס: על מדותיו · על מזלו שנמדד לו מן השמים מדה שאינו חפץ בה: כולן צריכין לך · כל אחיך יהו צריכין לך: על ידי חלזון · חלזון עולה מן הים להרים וצובעין בדמו תכלת ונמכר בדמים יקרים: עמים הר יקראו · מכל השבטים יתקבלו להריך לקנות שפוני טמוני חול: שפוני זה חלזון · שהוא דבר חשוב ספון חשוב בלשון ברייתא: טרית · דג שקורין טוניי"א: זכוכית לבנה · היוצא מן החול כדאמר ביציאות השבת (שבת טו:) וחול של זבולון חשוב מאחר חולות וראוי לזכוכית לבנה: מי מודיעני · על זאת לתת לי דמים: כל המוצא חלזון ונוטלו בלא דמים אינו מצליח: שם יזבחו זבחי צדק · כאשר אסור גזל בעולה כך לא יגזלו ממך כלום שאם יטול שוה פרוטה בלא דמים תתקלקל הצביעה והחול ולא יועיל כלום: זבת חלב ודבש · העזים אוכלין תאנים והדבש נוטף מהן והחלב זב מן העזים ונעשים כמין נחל: ששה עשר מיל · ד' פרסאות: לדידי חזי לי זבת חלב ודבש דכל ארץ ישראל · בכל מקום שהוא שם ואם באת לצרפו יחד הוי כמבי כובי עד אקרא דתולבקני שם מקום: אקרא · מקום מעבר הנהר ובלע"ז פורט"ז: עדיפי ליה · חביבי ליה: יתד תקועה · לרעה: אחידת מגדל שיר · כבושת מגדל שיר: והסירותי דמיו מפיו וגו' · גבי צור כתיב שהוא ראש לאדום: גלייא (ג) במיא · ראשי ע"ז הם לאדום: כיבוסי · היא ירושלים: והיה אדום לאלופי יהודה · ועקרון היה בית תלמוד בירושלים: לשם · עיר שכיבשו בני דן: זו פמיים · שמשם ירדן יוצא כדאמר מר ירדן יוצא ממערת פמיים (בכורות דף נה.): מטרופולין · לשון יון אימא של מלכות מטר"א אם פולין לשון שררה כדאמר מר עד שבאו דיופלי מהעיר שני שרים (תענית דף יח:): דמרבי · שמגדלין שם בני מלכים: אמלאה החרבה · רישא דקרא יען אמרה צור על ירושלים אמלאה החרבה עכשיו אתמלא מחורבתה: (ד) רשע · זה עשו: בארץ נכוחות יעול · את ירושלים יחריב: אמר יצחק להקב"ה יוחן רשע זה עשו אמר לו הקדוש ברוך הוא רשע הוא: אמר · יצחק בל למד צדק כלומר אין אדם יכול ללמד עליו צדק: אמר לו · הקב"ה: בארץ נכוחות יעול · כלומר עתיד להחריב את ארץ ישראל: אמר יצחק · אם כן בל יראה גאות ה': זממו אל תפק · אל תוציאהו מנחיריו זמם כמין טבעת ברזל *שנותנין בחוטמה של אנקה ונמשכת בו ומתוך חוזקה אינה משתמרת כי אם בו: גרממיה

תוספות

שטובה ראייתה · שהיו שם גנות ופרדסים:

דכל הנוטל (פרוטה) ממך בלא דמים אין מועיל · דכתיב שם יזבחו זבחי צדק וגזל לא מהני בזבח:

טראטריות (ס) וקרקסיאות. י"מ בתי עבודת כוכבים ומכנה אותן טרטאל' לשון חרפה וקרקסיאות רוצה לומר בית הכסא בלשון ערב וקשה לומר שאותן מקומות מטונפות יכול ללמוד שם תורה אלא ודאי לשמחה יהא במהרה בימינו ורוצה לומר בתים שמתאספים שם לוועד של עובדי עבודת כוכבים:

רבינו חננאל

בי"ד ובפ"ו משום דמספקא ליה ומקשינן והא טבריא ודאי מערי מבצר הוא דכתיב וערי מבצר הצדים צר וחמת רקת וכנרת וקי"ל דרקת זו טבריא אלא משום שימה הוטחה כו' שלייא פי' נערים. דמדליא כרקתא דנהרא פי' גבוהה כשפת הנהר:

[עיין פרש"י ובערוך ערך שרד פי' אוהבי תלמידי חכמים יושבי בבית המדרש של טבריא ופי' הערוך מבואר על פי מה דאמר הש"ס בחולין קלג: אין שריד אלא ת"ח שנאמר ובשרידים אשר ה' קורא]

הגהות הב"ח

(א) גמ' מי מודיעני על זאת אמר לו וכו' שכל הנוטל: (ב) שם דמיו מפיו זה בית כריא שלהן: (ג) רש"י ד"ה גלייא וכריא ראשי: (ד) ד"ה אמלאה וכו' מחורבתה הס"ד ואח"כ מ"ה יוחן רשע: (ס) תוד"ה טראטריאות י"מ בתי כצ"ל ותי' וקרקסיאות נמחק וכו' מקומות מטונפות יעלו ללמוד וכו' וטראטריות וקרקסיאות הכסא רוצה לומר בתים כ"כ עיין בשבת דף קנ. ופ"ק דע"ז דף יח ע"ב:

כתובות קיא:

גליון הש"ס

רש"י ד"ה זממו כו' · שנותנים בחוטמה של אנקה. שבת דף נא ע"ב:

[נ"ל צור כך הגי' בע"י ובערוך ערך אחד גרים שד פי' מגדל ששורים בו לפנים שדים פי"א מגדל שהוא מוחזק בשד]

[בכורות נה.]

מו"ק כה:

[נ"ל רבא]

[ברכות כז. עירובין יט. חגיגה כז. סנהדרין לז.]

[נ"ל רבה]

[כתובות קיא: ע"ש]

[בערוך ערך האטר כארך כפירושו דהגאו שתי תיבות]

פסחים מב:

גרממיא של אדום שאלמלי הן יוצאין מחריבין כל העולם כולו ואמר רבי חמא בר חנינא תלת מאה קטירי תגא איכא בגרממיא של אדום ותלת מאה ושיתין וחמשה מרזובני איכא ברומי ובכל יומא נפקי הני לאפי הני ומקטיל חד מינייהו ומיטרדי לאוקמי מלכא ואמר ר' יצחק אם יאמר לך אדם יגעתי ולא מצאתי אל תאמן לא יגעתי ומצאתי אל תאמן יגעתי ומצאתי תאמן הני מילי בדברי תורה אבל במשא ומתן סייעתא הוא מן שמיא ולדברי תורה לא אמרן אלא לחדודי אבל לאוקמי גירסא סייעתא מן שמיא היא ואמר רבי יצחק *אם ראית רשע שהשעה משחקת לו אל תתגרה בו שנא' °אל תתחר במרעים ולא עוד אלא שדרכיו מצליחין שנא' °יחילו דרכיו בכל עת ולא עוד אלא שזוכה בדין שנאמר מרום משפטיך מנגדו ולא עוד אלא שרואה בשונאיו שנאמר כל צורריו יפיח בהם איני והאמר ר' יוחנן משום ר"ש בן יוחי מותר להתגרות ברשעים בעולם הזה שנא' °עוזבי תורה יהללו רשע ושומרי תורה יתגרו בם ותניא *ר' דוסתאי בר מתון אמר מותר להתגרות ברשעים בעולם הזה (א)ואם לחשך אדם לומר אל תתחר במרעים ואל תקנא בעושי עולה מי שלבו נוקפו אומר כן אלא אל תתחר במרעים להיות כמרעים ואל תקנא בעושי עולה להיות כעושי עולה ואומר °אל יקנא לבך בחטאים וגו' לא קשיא הא במילי דידיה הא במילי דשמיא ואיבעית אימא הא והא במילי דידיה ולא קשיא הא בצדיק גמור הא בצדיק שאינו גמור דאמר רב הונא *מאי דכתיב °למה תביט בוגדים תחריש בבלע רשע צדיק ממנו צדיק ממנו בולע צדיק גמור אינו בולע ואי בעית אימא שעה משחקת לו שאני: אמר עולא איטליא של יון זה כרך גדול של רומי והויא תלת מאה פרסה על תלת מאה פרסה ויש בה שס"ה שווקים כמנין ימות החמה וקטן שבכולם של מוכרי עופות והויא ששה עשר מיל על ששה עשר מיל ומלך סועד בכל יום באחד מהן והדר בה אע"פ שאינו נולד בה נוטל פרס מבית המלך והנולד בה אע"פ שאינו דר בה נוטל פרס מבית המלך ושלשת אלפים בי בני יש בו *)וחמש מאות חלונות מעלין עשן חוץ לחומה צדו אחד ים וצדו אחד הרים וגבעות צדו אחד מחיצה של ברזל וצדו אחד חולסית ומצולה:

מתני' *קראו את המגילה באדר הראשון ונתעברה השנה קורין אותה באדר שני *אין בין אדר הראשון לאדר השני אלא קריאת המגילה ומתנות לאביונים:

גמ' הא לענין סדר פרשיות זה וזה שוין מני מתני' לא תנא קמא ולא ר' אליעזר ברבי יוסי ולא רשב"ג דתניא *קראו את המגילה באדר הראשון ונתעברה השנה קורין אותה באדר השני *שכל מצות שנוהגות בשני נוהגות בראשון חוץ ממקרא מגילה ר"א ברבי יוסי אומר אין קורין אותה באדר השני שכל מצות שנוהגות בשני נוהגות בראשון רשב"ג אומר משום רבי יוסי אף קורין אותה באדר השני °שכל מצות שנוהגות בשני אין נוהגות בראשון ושוין בהספד ובתענית שאסורין בזה ובזה ר"ש בן גמליאל היינו תנא קמא אמר רב פפא סדר פרשיות איכא בינייהו דתנא קמא סבר לכתחלה בשני ואי עבוד בראשון עבוד בר ממקרא מגילה דאף על גב דקרו בראשון קרו בשני ורבי אליעזר ברבי יוסי סבר אפילו מקרא מגילה לכתחילה בראשון ורבן שמעון בן גמליאל סבר אפילו סדר פרשיות אי קרו בראשון קרו בשני מני אי תנא קמא קשיא מתנות אי רבי אליעזר ברבי יוסי קשיא נמי מקרא מגילה אי רשב"ג קשיא סדר פרשיות לעולם ת"ק ותנא מקרא מגילה והוא הדין מתנות לאביונים *דהא בהא תליא ואב"א לעולם רשב"ג היא ומתני' חסורי מיחסרא והכי קתני *אין בין ארבעה עשר שבאדר הראשון לי"ד שבאדר השני אלא מקרא מגילה ומתנות הא לענין הספד ותענית זה וזה שוין ואילו סדר פרשיות לא מיירי אמר רבי חייא בר אבין אמר רבי יוחנן הלכתא כרבן שמעון בן גמליאל שאמר משום רבי יוסי אמר רבי יוחנן ושניהם מקרא אחד דרשו בכל שנה ושנה רבי אליעזר ברבי יוסי סבר בכל שנה ושנה מה כל שנה ושנה אדר הסמוך לשבט אף כאן אדר הסמוך לשבט ורשב"ג סבר בכל שנה ושנה מה כל שנה ושנה אדר הסמוך לניסן אף כאן אדר הסמוך לניסן בשלמא רבי אליעזר ברבי יוסי מסתבר טעמא *דאין מעבירין על המצות אלא רשב"ג מ"ט אמר רבי טבי טעמא דרבי שמעון בן גמליאל מסמך גאולה לגאולה עדיף רבי אלעזר אמר טעמא דר' שמעון ב"ג מהכא דכתיב לקיים את אגרת הפורים הזאת השנית ואיצטריך למכתב
השנית

*) [ועי' תוס' מנחות סד: ד"ה אב"א והתוס' יומא לג: ד"ה אין ותוס' זבחים נא: ד"ה אשר]

תהלים לז · שם · משלי כח · שם כג · חבקוק א

רש"י

גרממיא · שם מלכות והיא מאדום : מרזבני · דוכסים : יגעתי · בתורה : לאוקמי גירסא · שלא תשתכח ממנו : סייעתא דשמיא · ויש יגע ואינו מוצא : יחילו · יצליחו ודומה לו על כן לא יחיל טובו (איוב כ) : מרום משפטיך מנגדו · מסולקין הם ממנו : יפיח בהם · תהדה אור בנפיחה בעלמא הן נופלים: מי שלבו נוקפו · היראה מן העבירות שבידו אומר כן : אל תתחר · אינו לשון גירוי אלא שלא תאחוז במעשיו כמו ואיך תתחרה את הסוסים (ירמיה יב) כלומר שאינו רץ כמותו : ואומר אל יקנא לבך בחטאים כי אם ביראת ה' כל היום · על כרחך אין קנאה זו לשון גירוי מלחמה אלא אחיזת מעשיו מדכתיב בסיפא כי אם ביראת ה' כל היום : איטליא של יון . כרך גדול שגדל בשביל עון מנשה שבשעה שהכניס צלם בהיכל ירד גבריאל ונעץ קנה בים *וגדל עליו חלקה גדולה ונבנה לשם איטליא של יון מאיי אלישה (יחזקאל כז) מתרגמינן מנגוות איטליא: שווקים . חוצות : פרס . מזון : חלונות שמעלים מהן עשן חוץ לחומה . שהן גבוהים מן החומה ואין מעשנין את החומה וזהו חשיבות : חולסית. מקום אבנים דקות : **מתני'** אלא מקרא מגילה · כלומר שאם עשאו בראשון לא יצא : **גמ'** סדר פרשיות · פרשת שקלים וזכור ופרה והחודש דתנן במתניתין דבני העיר *דנוהגין באדר : זה וזה שוין · שאם קראם בראשון אין צריך לחזור ולקרות בשני : שאסורין בזה ובזה · ביום ארבעה עשר וחמשה עשר שבשניהן : ואמר רב פפא גרסינן : ורבן שמעון בן גמליאל כו' · דהא כל מצות קאמר : מתניתין הכי קתני · ולא איירי בסדר פרשיות כלל : אין מעבירין כו' · משבא לידי אקדים לעשות דהכי תניא במכילתא ושמרתם את המצות אם באת מצוה לידך אל תחמיצנה : גאולה לגאולה · פורים לפסח : השנית · בחודש השני :
לבסוף

תוספות

הא לענין סדר פרשיות זה וזה שוין · שאם קראו הארבע פרשיות באדר הראשון שעדיין לא היו יודעין שצריכין לעבר ובתר הכי עברו השנה אין צריך לקרותם באדר השני : **ורבי** אליעזר ברבי יוסי סבר אף מקרא מגילה [לכתחלה בראשון · וגרסה] דדייק מדקתני משנה יתירה שכל מצות שנוהגות בשני נוהגות בראשון [דמשמע] לכתחילה ויש שנוהגין לעשות ימי משתה ושמחה בארבעה עשר ובחמשה עשר של אדר הראשון וריהטא דמתניתין נמי משמע כן מדקאמר אלא מקרא מגילה (ב) בלבד ומתנות עניים מכלל דלענין משתה ושמחה זה וזה שוין ולא נהירא דהא אמרינן בגמרא הא לענין הספד ותענית זה וזה שוין מכלל דשמחה ומשתה ליכא דע"כ לא תליא הא בהא דאי תליא הא בהא לאשמעינן דמשתה ושמחה נהגו בהו . וממילא נאסר בהספד דהא הימים האמורים במגילת תענית האסורים בהספד אין בהן משתה ושמחה וכן הלכה שאין צריך להחמיר לעשות משתה ושמחה באדר הראשון :

מסתבר טעמיה דאין מעבירין על המצות · מכאן קשה להא דאמרינן בפרק איזהו מקומן (זבחים דף נא· ושם) בגמרא דקאמר שירי הדם היה שופך על יסוד מערבי של המזבח ודייק טעמא דאמר קרא אל יסוד מזבח העולה וקשה התם למה לי קרא תיפוק ליה דאין מעבירין על המצות וכשהוא יוצא מפתח ההיכל שהוא מערב ביסוד מערבי הוא דפגע ברישא ויש מפרשים דלא שייך למימר אין מעבירין על המצות אלא היכא שיש לפניו שתי מצות שיש לו לעשות קודם אותה דפגע ברישא וזה אינו דהכא ליכא אלא מצוה אחת ואפילו הכי מפרש הטעם משום דאין מעבירין ורבינו יהודה תירץ דאי לאו קרא הוה אמינא דאין מעבירין לכתחילה הא דיעבד שרי משום הכי איצטריך לאסור בדיעבד אי נמי נראה התם דמטעם דאין מעבירין לא חזינן אלא דכל מערבי של מזבח כשר אבל יסוד לא חזינן דצריך משום הכי איצטריך קרא לאשמועינן יסוד*):
נאמרה

עין משפט נר מצוה

כג א מיי' פ"א מהל' מגילה הל' יב סמג עשין מד"ס ד טור א"ח סימן תרפח :

כד ב ג מיי' פ"ב מהל' מגילה הל' יג סמג שם טור שו"ע א"ח סי' תרצז :

רבינו חננאל

כתני' קרא את המגילה באדר הראשון ונתעברה השנה כו' הא לענין פרשיות זה וזה שוין פי' פרשיות כדתנן בר"ח אדר קורין בפרשת שקלים. בשניה זכור. בשלישית פרה אדומה. ברביעית החדש הזה. בחמישי חוזרין לכסדרן ואוקימנא דבסדר פרשיות זה וזה שוין. אם קראו אותם באדר הראשון יצאו ואין צריכין לחזור ולקרות אותם באדר השני. מני מתניתין לא ת"ק ולא ר' אליעזר בר' יוסי ולא רשב"ג דתניא קראו את המגילה באדר הראשון ונתעברה כו'. ואמר רב פפא סדר פרשיות איכא בינייהו תנא קמא סבר פרשיות לכתחלה בשני ואי עביד בראשון תוב לא עבדי בשני לבר ממקרא מגילה דאע"ג [דקרו] בראשון קרו נמי בשני. ר' אליעזר בר' יוסי סבר אפי' מקרא מגילה לכתחלה בראשון ור"ש ב"ג סבר סדר פרשיות לכתחלה נמי בשני. ואע"ג דקרו בראשון קרו נמי בשני. מני מתני' אי ת"ק הא קתני חוץ ממקרא מגילה בלבד ומשנתנו שנינו אלא מקרא מגילה ומתנות לאביונים. הלכך קשיא ומתנות לאביונים אי ר' אליעזר בר' יוסי קשיא נמי מקרא מגילה. דהא בהדיא תני דלא מקרא מגילה ולא מתנות לאביונים אין נוהגין בשני ומתני' קתני דזה וזה נוהגים בשני. אי רשב"ג קשיא סדר פרשיות דדייקינן ממתני' הא לענין פרשיות אדר הראשון והשני שוין ורשב"ג סבר אין נוהגין אלא בשני ופרקינן לעולם מתניתין ת"ק היא ותנא בברייתא מקרא מגילה והוא הדין למתנות לאביונים דמתנות אביונים בקריאת המגילה הם תלויים. עת שקורין המגילה נותנין לעניים המתנות מפני שעיני העניים נשואות למקרא מגילה איבעית אימא לעולם מתני' רשב"ג והכי קתני אין בין י"ד דאדר הראשון ויום י"ד דאדר השני אלא מקרא מגילה ומתנות לאביונים. הא לענין הספד ותענית יום י"ד של אדר הראשון ויום י"ד דאדר השני זה וזה שוין. ואילו בסדר פרשיות תנא דידן לא קתני מידי ואסיקנא משום דרבי יוחנן הלכה כרשב"ג דאמר כל מצות הנוהגות בשני אין נוהגות בראשון ובין סדר הפרשיות ובין מקרא מגילה אין נוהגין אלא באדר השני בלבד. וא"ר יוחנן דייק רשב"ג מדכתיב כל שנה ושנה מה כל שנה ושנה אדר הסמוך לניסן אף כאן אפילו במעוברת אדר הסמוך לניסן ואקשינן והא אין מעבירין על המצות ופרקינן מסמך גאולת אסתר לגאולת מצרים עדיפא ר' אלעזר (בר' יוסי) אומר טעמא דרשב"ג לקיים את אגרת הפורים הזאת השנית מדכתיב השנית

מסורת הש"ס

[ס"א ונעשה עליו שרטון גדול]

ברכות ז: ע"ש

[דף כט.]

[ברכות ז: ע"ש מסכת ד"א רבה פ"ב ע"ש]

ברכות ז: ע"ש ב"מ עא.

*) [נ"א וכל אחד ואחד חמש מאות חלונות וכו']

[תוספ' פ"א]

[ר"ה יט:]

[שבת קלג: וש"נ]

[יומא לג. וש"נ]

הגהות הב"ח

(א) גמ' מותר להתגרות ברשעים בעולם הזה שנאמר עוזבי תורה יהללו רשע וגו' ואם לחשך אדם לומר וכתיב אל תתחר וגו' ואין כתוב עוזבי תורה וגו' שאלו מי שלבו : (ב) תוס' ד"ה ור' אליעזר וכו' אלא מקרא מגילה ומתנות עניים כצ"ל ותיבת בלבד נמחק :

desire of his heart, draw not out his bit: [6b] this refers to Germamia of Edom,[2] for should they but go forth they would destroy the whole world. R. Hama b. Ḥanina said: There are three hundred crowned heads in Germamia of Edom and three hundred and sixty-five chieftains in Rome,[3] and every day one set *go forth to meet the other and one of them is killed, and they have all the trouble of appointing a king again.

R. Isaac also said: If a man says to you, I have laboured and not found, do not believe him. If he says, I have not laboured but still have found, do not believe him. If he says, I have laboured and found, you may believe him. This is true in respect of words of Torah,[4] but in respect of business, all depends on the assistance of heaven. And even for words of Torah this is true only of penetrating to the meaning,[5] but for remembering what one has learnt, all depends on the assistance of heaven.

R. Isaac also said: If you see a wicked man being favoured by fortune,[6] do not contend with him, as it says, *Do not contend with evildoers.*[7] Nor is this all, but he may even prosper in his undertakings, as it says, *His ways prosper at all times.*[8] Nor is this all, but he may even be declared right, as it says, *Thy judgments are far above out of his sight.*[9] Nor is this all, but he may even triumph over his enemies, as it says, *As for all his adversaries, he puffeth at them.*[9] Is this so? Has not R. Joḥanan said in the name of R. Simeon b. Yoḥai: It is permitted to contend with the wicked in this world, as it says, *They that forsake the law praise the wicked, but such as keep the law contend with them.*[10] Also it has been taught: R. Dosethai b. Mathon says: It is permitted to contend with the wicked in this world. And if one should whisper to you saying, [As for the text] *Do not contend with evildoers, neither be thou envious against them that work unrighteousness,* one whose conscience smites him speaks thus, and the meaning is, *Do not contend with the evildoer* to be like evildoers, *neither be envious of such as work unrighteousness;*
a and so it says also, *Let not thy heart envy sinners?*[1]—There is no contradiction; the one [piece of advice] refers to one's own affairs the other to religious matters.[2] Or if you like I may say that both refer to one's own affairs, and still there is no contradiction: the one is addressed to a man who is wholly righteous, and the other to one who is not wholly righteous,[3] as R. Huna said: What is the meaning of the verse, *Wherefore lookest thou when they deal treacherously, and holdest thy peace when the wicked swalloweth up the man that is more righteous than he?*[4] He can swallow up one that is more righteous than himself, he cannot swallow up one that is completely righteous. Or if you like I can say that when fortune is smiling on him, the case is different.

'Ulla said: 'Greek Italy'[5] is the great city of Rome,[6] which covers an area of three hundred *parasangs* by three hundred. It has three hundred markets corresponding to the number of days of the solar year. The smallest of them is that of the poultry sellers, which is sixteen *mil* by sixteen. The king dines every day in one of them. Everyone who resides in the city, even if he was not born there, receives a regular portion of food from the king's household,[7] and so does everyone who was born there, even if he does not reside there. There are three thousand baths in it, and five
b hundred windows the smoke from which goes outside the wall.[1] One side of it is bounded by the sea, one side by hills and mountains, one side by a barrier of iron, and one side by pebbly ground and swamp.[2]

MISHNAH. IF THE MEGILLAH HAS BEEN READ IN THE FIRST ADAR AND THE YEAR HAS SUBSEQUENTLY BEEN PROLONGED,[3] IT IS READ AGAIN IN THE SECOND ADAR. THERE IS NO DIFFERENCE BETWEEN THE FIRST ADAR AND THE SECOND ADAR SAVE ONLY IN THE READING OF THE MEGILLAH AND THE DISTRIBUTION OF GIFTS TO THE POOR.[4] ◁

(2) There was another Germamia which was probably the land of the Cimmerians. [Rieger, P. (*MGWJ*. LXXX, p. 455) identifies it with Carminia, the Persian Kerman.] (3) This word seems to be an interpolation. (4) I.e., of the effort to gain enlightenment from the Torah. (5) Lit., 'sharpening' (the understanding). (6) Lit., 'on whom the hour smiles'. (7) Ps. XXXVII, 1. E.V. *'fret not thyself because of evildoers'*. (8) Ps. X, 5. (9) Ibid. (10) Prov. XXVIII, 4.

a (1) Prov. XXIII, 17. R. Joḥanan and R. Dosethai say that it is not permissible to contend with the wicked, which contradicts R. Isaac. (2) In regard to which it is permissible to contend with the wicked. (3) For whom it is not safe to contend with the wicked. (4) Hab. I, 13. (5) 'Ulla probably had in mind the saying quoted in the Midrash of Cant. that when Jeroboam made the golden calf (according to another version, when Mannasseh brought the image into the Temple), the angel Gabriel stuck a pole in the sea, and a dry place was formed on which subsequently Rome was built. (6) [Rome is so designated on account of the great influence of the Greek civilization on the Roman, v. Bacher, *REJ*, XXXIII, p. 190.] (7) [Alluding to the regular distribution of corn and money in Rome.]

b (1) The windows being higher than the wall of the city. Another reading is: 'Each one of them has five hundred windows, the smoke, etc.' [The allusion is to the famous thermal baths constructed by Diocletian (284-304).] (2) [The reference is respectively to the Tiber, the Wall erected by the Emperor Aurelius (271-276) and to the Ostian Marshes (*stagno di ostia*). For the other allusions in this hyperbolic description of Rome, v. Bacher, op. cit. pp. 190ff.] (3) By the intercalation of a second Adar. (4) This statement is immediately discussed in the Gemara.

*See Corrigenda.

◁ *For the continuation of the English translation of this page see overleaf.*

גרממיא של אדום שאלמלי הן יוצאין מחריבין כל העולם כולו ואמר רבי חמא בר חנינא תלת מאה קטירי תגא איכא בגרממיא של אדום ותלת מאה ושיתין וחמשה מרזבני איכא ברומי ובכל יומא נפקי הני לאפי הני ומקטיל חד מינייהו ומיטרדי לאוקמי מלכא ואמר ר' יצחק אם יאמר לך אדם יגעתי ולא מצאתי אל תאמן לא יגעתי ומצאתי אל תאמן יגעתי ומצאתי תאמן הני מילי בדברי תורה אבל במשא ומתן סייעתא הוא מן שמיא ולדברי תורה לא אמרן אלא לחדודי אבל לאוקמי גירסא סייעתא מן שמיא היא ואמר רבי יצחק *אם ראית רשע שהשעה משחקת לו אל תתגרה בו שנא' °אל תתחר במרעים ולא עוד אלא שדרכיו מצליחין שנא' °יחילו דרכיו בכל עת ולא עוד אלא שזוכה בדין שנאמר מרום משפטיך מנגדו ולא עוד אלא שרואה בשונאיו שנאמר כל צורריו יפיח בהם איני והאמר ר' יוחנן משום ר"ש בן יוחי מותר להתגרות ברשעים בעולם הזה שנא' °עוזבי תורה יהללו רשע ושומרי תורה יתגרו בם ותניא *ר' דוסתאי בר מתון אומר מותר להתגרות ברשעים בעולם הזה (א)ואם לחשך אדם לומר אל תתחר במרעים ואל תקנא בעושי עולה מי שלבו נוקפו אומר כן אלא אל תתחר במרעים להיות כמרעים ואל תקנא בעושי עולה להיות כעושי עולה ואומר °אל יקנא לבך בחטאים וגו' לא קשיא הא במילי דידיה הא במילי דשמיא ואיבעית אימא הא והא במילי דידיה ולא קשיא הא בצדיק גמור הא בצדיק שאינו גמור דאמר רב הונא *מאי דכתיב °למה תביט בוגדים תחריש בבלע רשע צדיק ממנו צדיק ממנו בולע צדיק גמור אינו בולע ואי בעית אימא שעה משחקת לו שאני: אמר עולא איטליא של יון זה כרך גדול של רומי והויא תלת מאה פרסה על תלת מאה פרסה ויש בה שס"ה שווקים כמנין ימות החמה וקטן שבכולם של מוכרי עופות והויא ששה עשר מיל על ששה עשר מיל ומלך סועד בכל יום באחד מהן והדר בה אע"פ שאינו נולד בה נוטל פרס מבית המלך והנולד בה אע"פ שאינו דר בה נוטל פרס מבית המלך ושלשת אלפים בי בני יש בו *)וחמש מאות חלונות מעלין עשן חוץ לחומה צדו אחד ים וצדו אחד הרים וגבעות צדו אחד מחיצה של ברזל וצדו אחד חולסית ומצולה: **מתני'** *קראו את המגילה באדר הראשון ונתעברה השנה קורין אותה באדר שני *אין בין אדר הראשון לאדר השני אלא קריאת המגילה ומתנות לאביונים: **גמ'** הא לענין סדר פרשיות זה וזה שוין מני מתני' לא תנא קמא ולא ר' אליעזר ברבי יוסי ולא רשב"ג דתניא *קראו את המגילה באדר הראשון ונתעברה השנה קורין אותה באדר השני *שכל מצות שנוהגות בשני נוהגות בראשון חוץ ממקרא מגילה ר"א ברבי יוסי אומר אין קורין אותה באדר השני שכל מצות שנוהגות בשני נוהגות בראשון רשב"ג אומר משום רבי יוסי אף קורין אותה באדר השני *שכל מצות שנוהגות בשני אין נוהגות בראשון ושוין בהספד ובתענית שאסורין בזה ובזה ר"ש בן גמליאל היינו תנא קמא אמר רב פפא סדר פרשיות איכא בינייהו דתנא קמא סבר לכתחילה בשני ואי עבוד בראשון עבוד בר ממקרא מגילה דאף על גב דקרו בראשון קרו בשני ורבי אליעזר ברבי יוסי סבר אפילו מקרא מגילה לכתחילה בראשון ורבן שמעון בן גמליאל סבר אפילו סדר פרשיות אי קרו בראשון קרו בשני מני אי תנא קמא קשיא מתנות אי רבי אליעזר ברבי יוסי קשיא נמי מקרא מגילה אי רשב"ג קשיא סדר פרשיות לעולם ת"ק ותנא מקרא מגילה והוא הדין מתנות לאביונים *דהא בהא תליא ואב"א לעולם רשב"ג היא ומתני' חסורי מיחסרא והכי קתני *אין בין ארבעה עשר שבאדר הראשון לי"ד שבאדר השני אלא מקרא מגילה ומתנות הא לענין הספד ותענית זה וזה שוין ואילו סדר פרשיות לא מיירי אמר רבי חייא בר אבין אמר רבי יוחנן הלכתא כרבן שמעון בן גמליאל שאמר משום רבי יוסי אמר רבי יוחנן ושניהם מקרא אחד דרשו בכל שנה ושנה רבי אליעזר ברבי יוסי סבר בכל שנה ושנה מה כל שנה ושנה אדר הסמוך לשבט אף כאן אדר הסמוך לשבט ורשב"ג סבר בכל שנה ושנה מה כל שנה ושנה אדר הסמוך לניסן אף כאן אדר הסמוך לניסן בשלמא רבי אליעזר ברבי יוסי מסתבר טעמא *דאין מעבירין על המצות אלא רשב"ג מ"ט אמר רבי טבי טעמא דרבי שמעון בן גמליאל מסמך גאולה לגאולה עדיף רבי אלעזר אמר טעמא דר' שמעון ב"ג מהכא דכתיב לקיים את אגרת הפורים הזאת השנית ואיצטריך למכתב השנית

*) [ועי' תוס' מנחות סד: ד"ה אבל והוס' יומא לג. ד"ה אין ותוס' זבחים נא: ד"ה אשר]

רש"י

גרממיא · שם מלכות והיא מאדום : מרזבני · דוכסים : יגעתי · בתורה : לאוקמי גירסא · שלא תשתכח ממנו : סייעתא דשמיא · ויש יגעו ולא מצאו : יחילו · יצליחו ודומה לו על כן לא יחיל טובו (איוב כ) : מרום משפטיך מנגדו · מסולקין הם ממנו : יפיח בהם · תודה אור בנפיחה בעלמא הן נופלים : מי שלבו נוקפו · הירא מן העבירות שבידו אומר כן : אל תתחר · אינו לשון גירוי אלא שלא תאחוז במעשיו כמו ואיך תתחרה את הסוסים (ירמיה יב) כלומר שאינו רץ כמותו : ואומר אל יקנא לבך בחטאים כי אם ביראת ה' כל היום · על כרחך אין קנאה זו לשון גירוי מלחמה אלא אחיזת מעשיו מדכתיב בסיפא כי אם ביראת ה' כל היום : איטליא של יון · כרך גדול שנבנה בשביל עון מנשה שבשעה שהכניס צלם בהיכל ירד גבריאל ונעץ קנה בים *וגדל עליו חלקה גדולה ונבנה לשם איטליא של יון מאיי אלישה (יחזקאל כז) מתרגמינן מנגוות איטליא : שווקים · חוצות : פרס · מזון : חלונות שמעלים מהן עשן חוץ לחומה · שכן גבוהים מן החומה ואין מעשנין את החומה והוו חשיבות : חולסית · מקום אבנים דקות : **מתני'** אלא מקרא מגילה · כלומר שאם עשאו בראשון לא יצא : **גמ'** סדר פרשיות · פרשת שקלים זכור ופרה והחודש דתנן במתניתין דבני העיר *דעבדינן באדר : זה וזה שוין · שאם קראם בראשון אין צריך לחזור ולקרות בשני : שאסורין בזה ובזה · ביום ארבעה עשר וחמשה עשר שבשניהן : ואמר רב פפא גרסינן : ורבן שמעון בן גמליאל סו' · והא כל מצות קאמר : מתניתין הכי קתני · ולא איירי בסדר פרשיות כלל : אין מעבירין סו' · משבא לידו אקדים לעשות דהכי תניא במכילתא ושמרתם את המצות אם באת מצוה לידך אל תחמיצנה : גאולה לגאולה · פורים לפסח : השנית · בחודש השני : לבסוף

תוספות

הא לענין סדר פרשיות זה וזה שוין · שאם קראו הארבע פרשיות באדר הראשון שעדיין לא היו יודעין שצריכין לעבר וכתר הכי עברו השנה אין צריך לקרותם באדר השני : **ורבי** אליעזר ברבי יוסי סבר אף מקרא מגילה [לכתחלה בראשון · וכרה] דדייק מדקתני משנה יתירה שכל מצות שנוהגות בשני נוהגות בראשון [דמשמע] לכתחילה ויש שנוהגין לעשות ימי משתה ושמחה בארבעה עשר ובחמשה עשר של אדר הראשון וריהטא דמתניתין נמי משמע כן מדקאמר אלא מקרא מגילה (ב) בלבד ומתנות עניים מכלל דלענין משתה ושמחה זה וזה שוין ולא נהירא דהא אמרינן בגמרא הא לענין הספד ותענית זה וזה שוין מכלל דשמחה ומשתה ליכא דע"כ לא תליא הא בהא דאי תליא הא בהא לאשמעינן דמשתה ושמחה נהגו בהו . וממילא נאסר בהספד דהא הימים האמורים במגילת תענית האסורים בהספד אין בהן משתה ושמחה וכן הלכה שאין צריך להחמיר לעשות משתה ושמחה באדר הראשון :

מסתבר טעמיה דאין מעבירין על המצות · מכאן קשה להא דאמרינן בפרק איזהו מקומן (זבחים דף נא· ושם) בגמרא דקאמר שירי הדם היה שופך על יסוד מערבי של המזבח ודייק טעמא דאמר קרא אל יסוד מזבח העולה וקשה התם למה לי קרא תיפוק ליה דאין מעבירין על המצות וכשהוא יוצא מפתח ההיכל שהוא מערב ביסוד מערבי הוא דפגע ברישא ויש מפרשים דלא שייך למימר אין מעבירין על המצות אלא היכא שיש לפניו שתי מצות שיש לו לעשות קודם אותה דפגע ברישא וזה איתו דהכא ליכא אלא מצוה אחת ואפילו הכי מפרש הטעם משום דאין מעבירין ורבינו יהודה תירץ דאי לאו קרא הוה אמינא דאין מעבירין לכתחילה הא דיעבד שרי משום הכי איצטריך לאסור בדיעבד אי נמי נראה התם דמטעם דאין מעבירין לא חזינן אלא דכל מערבי של מזבח כשר אבל יסוד לא חזינן דצריך משום הכי איצטריך קרא לאשמועינן יסוד*):

נשלמה

עין משפט נר מצוה

כג א מיי' פ"א מהל' מגילה הל' יב סמג עשין מד"ס ד טור א"ח סימן תרפח :

מד ב ג מיי' פ"ב מהל' מגילה הל' יג סמג שם טור שו"ע א"ח סי' תרצז :

רבינו חננאל

כתני' קרא את המגילה באדר הראשון ונתעברה השנה כו' הא לענין פרשיות זה וזה שוין פי' פרשיות כדתנן בר"ח אדר קורין בפרשת שקלים. בשניה זכור. בשלישית פרה אדומה. ברביעית החדש הזה. בחמישי חוזרין לכסדרן ואוקימנא דבסדר פרשיות זה וזה שוין. אם קראו אותם באדר הראשון יצאו ואין צריכין לחזור ולקרות אותם באדר השני. מני מתניתין לא ת"ק ולא ר' אליעזר בר' יוסי ולא רשב"ג דתניא קראו את המגילה באדר הראשון ונתעברה כו'. ואמר רב פפא סדר פרשיות איכא בינייהו תנא קמא סבר פרשיות לכתחלה בשני ואי עביד בראשון תוב לא עבדי בשני לבר ממקרא מגילה דאע"ג [דקרו] בראשון קרו נמי בשני. ר' אליעזר בר' יוסי סבר אפי' מקרא מגילה לכתחלה בראשון ור"ש ב"ג סבר סדר פרשיות לכתחלה נמי בשני. ואע"ג דקרו בראשון קרו נמי בשני. מני מתני' אי ת"ק הא קתני חוץ ממקרא מגילה בלבד ומשנתנו שנינו אלא מקרא מגילה ומתנות לאביונים. הלכך קשיא ומתנות לאביונים אי ר' אליעזר בר' יוסי קשיא נמי מקרא מגילה. דהא בהדיא תני דלא מקרא מגילה ולא מתנות לאביונים אין נוהגין בשני ומתני' קתני דזה וזה נוהגים בשני. אי רשב"ג קשיא סדר פרשיות דדייקינן ממתני' הא לענין פרשיות אדר הראשון והשני שוין ורשב"ג סבר אין נוהגין אלא בשני ופרקינן לעולם מתניתין ת"ק היא ותנא בברייתא מקרא מגילה והוא הדין למתנות לאביונים דמתנות אביונים בקריאת המגילה הם תלויים. עת שקורין המגילה נותנין לעניים המתנות מפני שעיני העניים נשואות למקרא מגילה איבעית אימא לעולם מתני' רשב"ג והכי קתני אין בין י"ד דאדר הראשון ויום י"ד דאדר השני אלא מקרא מגילה ומתנות לאביונים. הא לענין הספד ותענית יום י"ד של אדר הראשון ויום י"ד דאדר השני זה וזה שוין. ואילו בסדר פרשיות תנא דידן לא קתני מידי ואסיקנא משום דרבי יוחנן הלכה כרשב"ג דאמר כל מצות הנוהגות בשני אין נוהגות בראשון ובין סדר הפרשיות ובין מקרא מגילה אין נוהגין אלא באדר השני בלבד. וא"ר יוחנן דייק רשב"ג מדכתיב כל שנה ושנה מה כל שנה ושנה אדר הסמוך לניסן כן אפילו במעוברת אדר הסמוך לניסן ואקשינן והא אין מעבירין על המצות ופרקינן מסמך גאולת אסתר לגאולת מצרים עדיפא ר' אלעזר (בר' יוסי) אומר טעמא דרשב"ג לקיים את אגרת הפורים הזאת השנית מדכתיב השנית

מסורת הש"ס

[פ"א ונלפניו שרשון גדול]
ברכות ז: פ"ש
תהלים לז
שם י
משלי כח
[דף כט.]
[ברכות ז: פ"ש מסכת"ל רבה פ"ב ע"ש]
משלי כג
ברכות ז: פ"ש ב"מ עא.
חבקוק א
*) [נ"א וכל אחד ואחד חמש מאות חלונות וכו'] שקלים ב:
[תוספ' פ"א]
[ר"ה יט:]
[שבת קלג: וש"נ]
[יומא לג. וש"נ]

הגהות הב"ח

(א) גמ' מותר להתגרות ברשעים בעולם הזה שנאמר עוזבי תורה יהללו רשע וגו' ואם לחשך וגו' ומכתיב אל תתחר וגו' בעושי עולה אמור לו מי שלבו: (ב) תוס' ד"ה ור' אליעזר וכו' אלא מקרא מגילה ומתנות עניים כצ"ל ותיבת בלבד נמחק

Continuation of translation from previous page as indicated by ◁

GEMARA. This [last statement] implies that in respect of the series of special portions[5] they are on the same footing.[6] Which authority does the Mishnah follow? [It would seem], neither the First Tanna nor R. Eliezer son of R. Jose nor R. Simon b. Gamaliel [in the following Baraitha], as it has been taught: 'If the Megillah has been read in the first Adar and the year has then been prolonged, it is read in the second Adar, since all the precepts which are to be performed in the second Adar can be performed in the first,[7] except the reading of the Megillah'. R. Eliezer son of R. Jose says that it is not to be read [again] in the second Adar, because all precepts that are to be performed in the second Adar may be performed in the first. R. Simon b. Gamaliel says in the name of R. Jose that it is to be read again in the second, because precepts which are to be performed in the second Adar may not be performed in the first. They all however agree in regard to mourning and fasting, that they are forbidden on [the fourteenth and fifteenth of] both. Does not R. Simon b. Gamaliel here repeat the First Tanna?—R. Papa replied: They differ on the question of the series of special portions, the First Tanna holding that these should in the first instance be read in the second [Adar], but if they have been read in the first, this suffices. [But he also] excludes from this ruling the reading of the Megillah, [holding that], even though it has been read in the first [Adar], it must be read again in the second. R. Eliezer son of R. Jose on the other hand held that even the Megillah may in the first instance be read in the first [Adar], and R. Simon b. Gamaliel held that even the series of special portions, if they have been read in the first [Adar], must be read again in the second. Which authority then [does our Mishnah follow]? If [you say] the First Tanna, there is the c difficulty of gifts.[1] If [you say] R. Eliezer son of R. Jose, there is the difficulty of the reading of the Megillah also. If [you say] R. Simon b. Gamaliel, there is the difficulty of the series of special portions!—In fact it is the First Tanna, and when he mentioned the reading of the Megillah, we suppose the same to apply to the gifts of the poor, since one depends on the other. Or if you like, I can say that in fact it is R. Simon b. Gamaliel, and there is an omission[2] in our Mishnah and what it means is this: 'There is no difference between the fourteenth of the first Adar and the fourteenth of the second Adar save in the matter of reading the Megillah and gifts to the poor', from which we infer that in regard to mourning and fasting they are on the same footing, d while in regard to the special portions no ruling is given.[1]

R. Ḥiyya b. Abin said in the name of R. Joḥanan: The *halachah*[2] is as laid down by R. Simon b. Gamaliel, who gave it in the name of R. Jose. R. Joḥanan said: Both of them [R. Simon and R. Eliezer son of R. Jose] based their opinions on the same text, *in every year*.[3] R. Eliezer son of Jose reasoned: '*In every year*'; just as in most years [we think of] Adar as the month which adjoins Shebat, so here [we keep the precepts] in the Adar which adjoins Shebat. R. Simon b. Gamaliel again reasoned: Just as in most years [we think of] Adar as adjoining Nisan, so here [we keep the precepts] in the Adar which adjoins Nisan. Now we understand R. Eliezer son of R. Jose taking the view he did, because it is inherently probable, it being a rule that we do not postpone the performance of religious precepts.[4] But what is the reason of R. Simon b. Gamaliel?—R. Ṭabi said: The reason of R. Simon b. Gamaliel is that more weight is to be attached to bringing one period of redemption close to another.[5] R. Eleazar said: The reason of R. Simon b. Gamaliel is derived from this verse: *to confirm this second letter of Purim*.[6] And it was necessary for the

(5) The special portions of *Shekalim* (Ex. XXX, 11-16), *Zakor* (Deut. XXV, 17-19), *Parah* (Num. XIX, 1-22) and *ha-Ḥodesh* (Ex. XII, 1-20) read in the synagogue between the Sabbath preceding the first of Adar and the first of Nisan. V. *infra* 29a. (6) I.e., if they had been read in the first of Adar and the year is then proclaimed a leap year, they need not be read again in the second. (7) I.e., if they have been performed in the first and the year is then prolonged, they need not be performed again.

c (1) Since, as he does not mention gifts, we presume that he allows these to be made in the first Adar. (2) These words are out of place here and seem not to have been read by Rashi. If we omit them we translate: 'and the meaning of the Mishnah is as follows'. The omission in fact, as will be seen, is not in the Mishnah but in the Gemara which immediately follows it.

d (1) It is this last clause which was omitted from the Gemara above. (2) [הלכה So MSS.; cur. edd. הלכתא.] (3) Esth. IX, 27. (4) I.e., we perform them at the first opportunity, even though it is also permissible to perform them later. (5) Viz., Purim to Passover. (6) Ibid. 29.

text to write [7a] *'the second'* and also to write *'in every year'*. For if I had to base the rule on *'every year'*, I could raise the difficulty stated above: therefore it is written *'second'*.[7] And if I had been told only *'second'*, I might say that the Megillah is properly to be read both in the first and in the second. Therefore it says, *in every year.*[8] And what does R. Eliezer son of R. Jose make of this *'second'*?—He requires it for the statement enunciated by R. Samuel b. Judah. For R. Samuel b. Judah said: At first they [Mordecai and Esther] decreed the observance of Purim only in Susa, but afterwards[9] throughout the world.

R. Samuel b. Judah said: Esther sent to the Wise Men saying, a Commemorate me[1] for future generations. They replied, You will incite the ill will of the nations against us.[2] She sent back reply: I am already recorded in the chronicles of the kings of Media and Persia. Rab and R. Ḥanina and R. Joḥanan and R. Ḥabiba record [the above statement in this form]: (in the whole of the Order Mo'ed, wherever this set of Rabbis is mentioned, R. Joḥanan is replaced by R. Jonathan):[3] Esther sent to the Wise Men saying, Write an account of me for posterity. They sent back answer, *Have I not written for thee three times*[4]—three times and not four?[5] [And they refused] until they found a verse written in the Torah, *Write this a memorial in a book,*[6] [which they expounded as follows]: *'Write this'*, namely, what is written here and in Deuteronomy;[7] *'for a memorial'*, namely, what is written in the Prophets;[8] *'in a book'*, namely, what is written in the Megillah. The difference [between the first and second of these opinions] is also found between two Tannaim. *'Write this'*, what is written here.[9] *'For a memorial'*, namely, what is written in Deuteronomy. *'In a book'*, namely, what is written in the Prophets. So R. Joshua.[10] R. Eliezer of Modi'im says: *'Write this'*, namely, what is written here and in Deuteronomy; *'for a memorial'*, namely, what is written in the Prophets; *'in a book'*, namely, what is written in the Megillah.

Rab Judah said in the name of Samuel; [The scroll] of Esther does not make the hands unclean.[11] Are we to infer from this that Samuel was of opinion that Esther was not composed[12] under the inspiration of the holy spirit? How can this be, seeing that Samuel has said that Esther was composed under the inspiration of the holy spirit?—It was composed to be recited [by heart], but not to be written. The following objection was raised: 'R. b Meir says that [the scroll of] Koheleth[1] does not render the hands unclean, and that about the Song of Songs there is a difference of opinion. R. Jose says that the Song of Songs renders the hands unclean, and about Koheleth there is a difference of opinion. R. Simeon says that Koheleth is one of those matters in regard to which Beth Shammai were more lenient and Beth Hillel more stringent, but Ruth and the Song of Songs and Esther [certainly] make the hands unclean'!—Samuel concurred with R. Joshua.[2]

It has been taught: R. Simeon b. Menasia said: Koheleth does not render the hands unclean because it contains only the wisdom of Solomon.[3] They said to him, Was this then all that he composed? Is it not stated elsewhere, *And he spoke three thousand proverbs,*[4] and it further says, *Add thou not unto his words?*[5] Why this further quotation?—In case you might object that he composed very much, and what it pleased him to write he wrote and what it did not please him he did not write. Therefore it says,[6] *Add thou not to his words.*[7]

It has been taught: R. Eliezer said: Esther was composed under the inspiration of the holy spirit, as it says, *And Haman said in his heart.*[8] R. Akiba says: Esther was composed under the inspiration of the holy spirit, as it says, *And Esther obtained favour in the eyes of all that looked upon her.*[9] R. Meir says: Esther was composed under the inspiration of the holy spirit, as it says, *And the thing became known to Mordecai.*[10] R. Jose b. Durmaskith said: Esther was composed under the inspiration of the holy spirit, as it says, *But on the spoil they laid not their hands.*[11] Said Samuel: Had I been there,[12] I would have given a proof superior to all, namely, that it says, *They confirmed and took upon them,*[13] [which c means], they confirmed above[1] what they took upon themselves below. Raba said: All the proofs can be confuted except that of Samuel, which cannot be confuted. [Thus,] against that of R. Eliezer it may be objected that it is reasonable to suppose that Haman would think so, because there was no one who was so high in the esteem of the king as he was, and that when he spoke at length,[2] he was only expressing the thought concerning himself. Against the proof of R. Akiba it may be objected that perhaps the fact is as stated by R. Eleazar, who said that these words show that to every man she appeared to belong to his own nation.[3] Against R. Meir it may be objected that perhaps the fact is as stated by R. Ḥiyya b. Abba who said that Bigthan and Teresh were two men from Tarsis.[4] Against the proof of R. Jose b. Durmaskith it may be objected that perhaps they[5] sent messengers. Against the proof of Samuel certainly no decisive objection can be brought. Said Rabina: This bears out the popular saying, Better is one grain of sharp pepper than a basket full of pumpkins. R. Joseph said: It[6] can be proved from here: *And these days of Purim shall not fail from among the Jews.*[7] R. Nahman b. Isaac said, From here: *Nor the memorial of them perish from their seed.*[8]

AND GIFTS TO THE POOR. R. Joseph learnt: *And sending portions one to another:*[9] that means two portions[10] for one man. *And gifts to the poor:*[11] that means two gifts to two men.[12] R. Judah Nesi'ah[13] sent to R. Oshaia the leg of a third-born calf[14] and a barrel of

(7) To show that it must be the Adar adjoining Nisan. (8) To show that it is to be read only once even in leap years. (9) By means of this second letter.

a (1) Lit., 'fix me', by means of a book and a festival. (2) Who will accuse the Jews of rejoicing at their downfall and celebrating it. (3) This is evidently a gloss made by a later commentator. (4) Prov. XXII, 20. (E.V. *'have I not written unto thee excellent things'*.) The meaning is, Is not the war of Israel against Amalek mentioned three times in Scripture. (5) The three times are (i) Ex. XVII, 8-16; (ii) Deut. XXV, 17-19; (iii) I Sam. XV. (6) Ex. XVII, 14, referring to the war against Amalek. (7) Which, being both in the Pentateuch, are counted as one. (8) Viz., the Book of Samuel. (9) In Ex. XVII. (10) Who thus holds that the Megillah was not meant to be written. (11) Like the scrolls of other books of the Scripture. V. Shab. 14. (12) Lit., 'said'.

b (1) Ecclesiastes. (2) That the Megillah was not meant to be written. (3) And not inspired wisdom. (4) I Kings, V, 12. Since these were not written and Ecclesiastes was, we may conclude that the latter was inspired. (5) Prov. XXX, 6. (6) Lit., 'come and hear'. (7) Which shows that whatever he wrote down was inspired. (8) Esth. VI, 6. How could the author know this if he was not inspired? (9) Ibid. II, 15. Cf. previous note. (10) Ibid. 22. Who revealed it to him if not the holy spirit? (11) Ibid. IX, 10. Cf. note 8. (12) Among the Tannaim who discussed this matter. (13) Ibid. 27.

c (1) In heaven. (2) *'As for the man whom the king delighteth to honour'* etc. (3) V. *infra* 13a. (4) V. *infra* 13b. (5) Those in the more distant parts. (6) That Esther was written under the inspiration of the holy spirit. (7) Esth. IX, 28. (8) Ibid. R. Naḥman prefers the second half of the verse, because the first half might refer only to that generation. (9) Ibid. 22. (10) The minimum number of *'portions'* being two. (11) Ibid. (12) The minimum number of the plural אביונים *'poor'* being two. Or it may mean that a gift is twice as big as a portion (Maharsha). (13) R. Judah, the Prince II. (14) So Rashi. *Aliter:* 'a third grown'; 'in the third year'—which was supposed to be specially good.

השנית ואיצטריך למיכתב בכל שנה ושנה דאי מבכל שנה ושנה הוה אמינא כי קושין קא משמע לן השנית ואי אשמועינן השנית הוה אמינא בתחילה בראשון ובשני קמ״ל בכל שנה ושנה ורבי אליעזר בר׳ יוסי האי השנית מאי עביד ליה מיבעי ליה לכדרב שמואל בר יהודה דאמר רב שמואל בר יהודה בתחילה קבעוה בשושן ולבסוף בכל העולם כולו אמר רב שמואל בר יהודה שלחה להם אסתר לחכמים קבעוני לדורות שלחו לה קנאה את מעוררת עלינו לבין האומות שלחה להם כבר כתובה אני על דברי הימים למלכי מדי ופרס *רב ורב חנינא ורבי יוחנן ורב חביבא מתנו בכוליה סדר מועד כל כי האי זוגא חלופי רבי יוחנן ומעייל רבי יונתן שלחה להם אסתר לחכמים כתבוני לדורות שלחו לה °הלא כתבתי לך שלישים שלישים ולא רבעים עד שמצאו לו מקרא כתוב בתורה °כתב זאת זכרון בספר כתב זאת מה שכתוב כאן ובמשנה תורה זכרון מה שכתוב בנביאים בספר מה שכתוב במגלה כתנאי כתב זאת מה שכתוב כאן ובמשנה תורה זכרון מה שכתוב בנביאים בספר מה שכתוב במגילה דברי רבי יהושע ר׳ אלעזר המודעי אומר כתב זאת מה שכתוב כאן ובמשנה תורה זכרון מה שכתוב בנביאים בספר מה שכתוב במגילה אמר רב יהודה אמר שמואל אסתר אינה מטמאה את הידים למימרא דסבר שמואל אסתר לאו ברוח הקודש נאמרה והאמר שמואל אסתר ברוח הקודש נאמרה נאמרה לקרות *ולא נאמרה ליכתוב מיתיבי *רבי מאיר אומר קהלת אינו מטמא את הידים ומחלוקת בשיר השירים ר׳ יוסי אומר שיר השירים מטמא את הידים ומחלוקת בקהלת ר׳ שמעון אומר קהלת מקולי ב״ש ומחומרי ב״ה אבל רות ושיר השירים ואסתר מטמאין את הידים הוא דאמר כר׳ יהושע תניא ר׳ שמעון בן מנסיא אומר [ב]קהלת אינו מטמא את הידים מפני שחכמתו של שלמה היא אמרו לו וכי זו בלבד אמר והלא כבר נאמר °וידבר שלשת אלפים משל ואומר °אל תוסף על דבריו מאי ואומר וכי תימא מימר טובא אמר דאי בעי איכתיב ודאי בעי לא איכתיב תא שמע אל תוסף על דבריו תניא ר׳ אליעזר אומר אסתר ברוח הקודש נאמרה שנאמר °ויאמר המן בלבו ר׳ עקיבא אומר אסתר ברוח הקודש נאמרה שנאמר °ותהי אסתר נשאת חן בעיני כל רואיה ר״מ אומר אסתר ברוח הקודש נאמרה שנאמר °ויודע הדבר למרדכי רבי יוסי בן דורמסקית אומר אסתר ברוח הקודש נאמרה שנאמר °ובבזה לא שלחו את ידם אמר שמואל אי הואי התם הוה אמינא מלתא דעדיפא מכולהו שנאמר קימו וקבלו *קימו למעלה מה שקיבלו למטה אמר רבא *לכולהו אית להו פירכא לבר מדשמואל דלית ליה פירכא דרבי אליעזר סברא הוא דלא הוה איניש דחשיב למלכא כוותיה והאי כי קא מפיש טובא ואמר אדעתיה דנפשיה קאמר דר״ע דלמא *כר׳ אלעזר דאמר מלמד שכל אחד ואחד נדמתה לו כאומתו והא דרבי מאיר דלמא כרבי חייא בר אבא דאמר *בגתן ותרש שני טרשיים היו והא דרבי יוסי בן דורמסקית דלמא פריסתקי שדור דשמואל ודאי לית ליה פירכא אמר (א) רבינא *היינו דאמרי אינשי טבא חדא פלפלתא חריפתא ממלי צני קרי רב יוסף אמר מהכא °וימי הפורים האלה לא יעברו מתוך היהודים רב נחמן בר יצחק אומר מהכא וזכרם לא יסוף מזרעם: ומתנות לאביונים: תני רב יוסף ומשלוח מנות איש לרעהו שתי מנות לאיש אחד ומתנות לאביונים שתי מתנות לשני בני אדם רבי יהודה נשיאה שדר ליה לרבי אושעיא אטמא דעיגלא תלתא וגרבא דחמרא שלח ליה קיימת

רש״י

לבסוף קבעוה כו׳ · וזהו השנית: שלחה להם · בשנה שנייה לקובעה עליהם חובה: קבעוני · ליום טוב ולקרייה להיות לי לשם: קנאה את מעוררת עלינו · שיאמרו האומות שאנו שמחים להזכיר מפלתן: כבר אני כתובה · ושם יהו רואין מה שאירע להם על ידי ישראל: רב ורב חנינא ורבי יוחנן ורב חביבא מתנו · הא דאמרינן לקמן: בכוליה סדר מועד · שהוזכרה שם זוג זה של ארבע חכמים הללו חלופי רבי יוחנן ומכניסין רבי יונתן: שלישים · בשלשה מקומות יש לנו להזכיר מלחמת עמלק בספר ואלה שמות (יז) ובמשנה תורה (כה) ובספר שמואל (א טו) וזהו שאמר שלמה בדבר ששילשתו אי אתה רשאי לרבעו: זאת מה שכתוב כאן ובמשנה תורה · דכל מה שכתוב בתורה קורא כתב אחד: אינה מטמאה את הידים · כשאר ספרים דאמר ביציאות השבת (דף יד.) שגזרו עליהן לטמא את הידים לתרומה * ומחלוקת בית שמאי וב״ה היא: הוא דאמר כרבי יהושע · דאמר לעיל זאת מה שכתוב בתורה זכרון מה שכתוב במשנה תורה בספר מה שכתוב בנביאים אבל במגילה לא ניתנה ליכתב אלא לגורסה על פה ולקרותה: והלא כבר נאמר · וידבר כו׳ · וקהלת כבר נאמרה וכיון דלא כתב את כולן למדת שמה שכתב כתב רוח הקודש היה: אל תוסף על דבריו · מקרא הוא בספר משלי: דאי בעי כתב ואי בעי לא כתב · ולעולם מה שכתב משלות בעלמא ניהו ולא מפי הקב״ה: תא שמע אל תוסף על דבריו · מדקאסר להוסיף עליהן שמע מינה ברוח הקודש נאמרו: ויאמר המן בלבו · מנא ידעו כותבי המגילה שכך אמר בלבו אלא רוח הקודש גלה עליהם: ויודע הדבר למרדכי · מי גלה לו רוח הקדש שרה עליו: ובבזה לא שלחו את ידם · היאך ידעו מה עשו הרחוקים: מפיש ואמר טובא · יביאו לבוש מלכות אדעתא דנפשיה קאמר שמע מינה זאת היתה בלבו: נדמתה לו כאומתו · והיו אומרים בפיהם זו משלנו היא: דרבי חייא בר אבא · לקמן בפירקין: פריסתקי שדור · שלוחים שלחו להם למרדכי ואסתר שלא נגעו בביזה שלא ירע למלך: לא יעברו · מנא ידע את העתיד: מנות · מיני מעדנים: שתי מנות לאדם אחד · דכתיב ומשלוח מנות איש לרעהו שתי מנות לאדם אחד ומתנות לאביונים שתי מתנות לשני בני אדם די לכל אחד ואחד מתנה אחת דהא אביונים כמי תרתי משמע: עגלא תלתא · שלישי לבטן:

ה״ג

תוספות

נאמרה לקרות ולא לכתוב · משמע דסבר דמותר לקרותה ע״פ וקשה דהיכי פליג על סתם משנה דלקמן דפ״ב (דף יז.) (ב) דתני קראה על פה לא יצא ורב נמי הוא דאמר לקמן (דף יט.) שצריך לשרטט ולתפור בגידין ור׳ יוחנן נמי [אמר] (שם:) דאם קראה (ג)בין הכתובים לא יצא לכך נר׳ לפר׳ דהא דקאמר לא ניתנה ליכתב ברוח הקודש הכל מודים ניתנה ליכתב ולקרות ואכתי קשיא דהא אמרינן בפ׳ (ד) המגונה במסכת יומא (דף כט.) נמשלה אסתר לאילת השחר מה שחר סוף הלילה אף אסתר סוף הנסים ופריך והא איכא חנוכה ומשני ניתן ליכתב קאמר ופריך הניחא למאן דאמר ניתן ליכתב אלא למאן דאמר לא ניתן ליכתב מאי איכא למימר (ה)ואין לומר דהא דניתן ליכתב מדרבנן קרי כתיבה דאם כן הדרא קושיין לדוכתא דהא איכא חנוכה שניתנה לכתוב מדרבנן במגילת תענית ותירץ הר״ר אלחנן דכתיבה דמגילה מהניא טפי דהא צריכה גידין ושרטוט וכמה דברים דלא צריכי במגילת תענית:

לכולהו (ו) איכא פירכא בר מדשמואל · וקשה דשמואל מי ליכא פירכא דהא רבא גופיה הוא דאמר פרק רבי עקיבא (שבת דף פח. ושם) · (מכאן מודעא רבה לאורייתא) שקבלו שנית בימי אחשורוש אלמא דאיצטריך קרא לדרשא אחרינא ויש לומר דלא חשיב האי פירכא דהא שפיר שמעינן מינה תרתי ולא דמי האי פירכא לשאר פירכות דהתם דסתר סברתם לגמרי:

ורב נחמן אמר מהכא וזכרם לא יסוף מזרעם · דבשלמא דקרא לא חזינן אלא היהודים שבאותו הדור:

דלא

עין משפט נר מצוה

מה א ב מיי׳ פ״ט מהל׳ שאר אבות הטומאות הלכה ו:

מו ג מיי׳ פ״ב מהלכות מגילה הלכה טו סמג עשין ד טוש״ע א״ח סימן תרצה סעיף ד:

מז ד מיי׳ שם הלכה טז סמג שם טוש״ע א״ח סי׳ תרצד סעיף א:

רבינו חננאל

השנית ש״מ דבאדר השני: קנאה את מעוררת עלינו כלומר כיון שתיכתב ותיקבע לדורות יהיו האומות שומעין הדבר הזה ומתקנאין ואומרים נשלם גמולכם: שלישים ולא רבעים פי׳ לא נתן להיכתב *) וזכרון עמלק פעמים אמור בתורה ויבא עמלק. וקי״ל כר׳ אלעזר המודעי דאמר כתוב זאת מה שכתוב כאן ובמשנה תורה · זכרון מה שכתוב בנביאים · בספר [מה] שכתוב במגילה: אסתר מטמא את הידים דברי רשב״י פי׳ כל כתבי הקו״ש מטמאין את הנוגע בהן כדתנן בסוף מסכת ידים תרגום שבעזרא ושבדניאל מטמאין את הידים תרגום שכתבו עברית ועברית שכתבו תרגום [וכתב עברי] אין מטמאין את הידים (וכתב עברי) לעולם אין מטמא עד שיכתבנו אשורית על העור בדיו אומרים צדוקים קובלים אנחנו עליכם פרושים שאתם אומרים כתבי הקדש מטמאין את הידים וכתבי המירם אינן מטמאין את הידים אמר להם ריב״ז וכי אין לנו על הפרושים אלא זו בלבד הרי הן אומרים עצמות חמור טהורין ועצמות יוחנן כה״ג טמאין · א״ל לפי חיבתן הן טומאתן שלא יעשה אדם עצמות אביו ואמו תרוודות · אמר להן אף כתבי הקדש לפי חיבתן הן טומאתן כו׳ כלומר גזרו עליהן טומאה שלא יהיו מצויין לנגיעה בכל עת ומפורש במס׳ שבת פ״א [ד׳ י״ד] ובספר מ״ט גזרו ביה [טומאה] דאמר רב משרשיא בתחלה היו מצניעין אוכלין דתרומה אצל ס״ת אמרי האי קדש והאי קדש כיון דחזו דאתו לידי פסידא שהיו העכברים אוכלים הספרים גזרו ביה רבנן [טומאה] ואף אסתר מטמאה את הידים: ברוח״ק נאמרה שנא׳ קיימו וקבלו היהודים (מכלל שיש בה קדושה) קיימו למעלה מה שקבלו עליהם למטה וכל אלו הפסוקים כגון ויאמר המן בלבו וכיוצא בו מי מודע מה היה בלבו אלא הקב״ה: תני רב יוסף ומשלוח מנות איש לרעהו · ב׳ מנות לאדם אחד דכתיב מנות איש לרעהו ומתנות לאביונים · ב׳ מנות לב׳ בני אדם · ר׳ יהודה נשיאה שלח לר׳ הרשעיא ירך של עגל שלישי לבטן וקנקן יין

מסורת הש״ס

סוכה ד: שבת נד:

ידים פ״ג מ״ה עדיות פ״ה מ״ג [ע״ש שינוי נוסחאות ועיין בתוי״ט]

מכות כג: [חגיגה י. וש״נ]

לקמן יג.

[עס׳ וסם איתי׳ רבי יוחנן] יומא סה: חגיגה י. אסתר ט

הגהות הב״ח

(א) גמ׳ אמר רבא היינו דאמרי אינשי: (ב) תוס׳ ד״ה נאמרה וכו׳ דפ״ב דתנן קראה וכו׳: (ג) בא״ד דאם קראה במגילה הכתובה בין הכתובים וכו׳: (ד) שם פרק א״ל הממונה: (ה) שם מאי איכא למ״ד מוקים לה כרבי בנימין בר יפת ואין לומר: (ו) ד״ה לכולהו כ״כ עיין פ״ק דחגיגה בתוס׳ ד״ה דלמא כר׳ יהודה בדף י׳ ע״א:

*) נראה דחסר כאן וצ״ל זכרון עמלק פעם רביעי כי פעמים אמור בתורה ויבא עמלק וזכור את וגו ופעם שלישי בנביאים זכרתי את אשר וגו׳ וקיי״ל וכו׳.

קיימת בנו רבינו ומשלוח מנות איש לרעהו (א) [א] ומתנות לאביונים רבה שדר ליה למרי בר מר בידי אביי מלא *טסקא דקשבא ומלי כסא קמחא דאבשונא אמר ליה אביי השתא אמר מרי אי חקלאה מלכא ליהוי דיקולא מצואריה לא נחית הדר שדר ליה איהו מלא טסקא דזנגבילא ומלא כסא דפלפלתא אריכא אמר אביי השתא אמר מר אנא שדרי ליה חוליא ואיהו שדר לי חורפא אמר אביי כי נפקי מבי מר הוה שבענא כי מטאי להתם קריבו לי שיתין צעי דשיתין מיני קדירה ואכלי בהו שיתין פלוגי ובישולא בתרייתא הוו קרו ליה צלי קדר ובעאי למיכס צעא אבתרה אמר אביי היינו דאמרי אינשי כפין עניא ולא ידע אי נמי *רווחא לבסימא שכיח אביי בר אבין ור' חנינא בר אבין *מחלפי סעודתייהו להדדי אמר רבא *מיחייב איניש לבסומי בפוריא עד דלא ידע בין ארור המן לברוך מרדכי רבה ורבי זירא עבדו סעודת פורים בהדי הדדי איבסום קם רבה שחטיה לרבי זירא למחר בעי רחמי ואחייה לשנה אמר ליה ניתי מר ונעביד סעודת פורים בהדי הדדי אמר ליה *לא בכל שעתא ושעתא מתרחיש ניסא אמר רבא *סעודת פורים שאכלה בלילה לא יצא ידי חובתו מאי טעמא ימי משתה ושמחה כתיב רב אשי הוה יתיב קמיה (*דרב כהנא) נגה ולא אתו רבנן אמר ליה מאי טעמא לא אתו רבנן (ג) דלמא טרידי בסעודת פורים אמר ליה ולא הוה אפשר למיכלה באורתא אמר ליה לא שמיע ליה למר הא דאמר רבא סעודת פורים שאכלה בלילה לא יצא ידי חובתו אמר ליה *(אמר רבא הכי) [אמר ליה אין] (ה) תנא מיניה ארבעין זמנין ודמי ליה כמאן דמנח בכיסיה: **מתני'** *ג) אין בין יום טוב לשבת אלא אוכל נפש בלבד: **גמ'** הא לענין מכשירי אוכל נפש זה וזה שוין מתניתין דלא כרבי יהודה דתניא ג) אין בין יום טוב לשבת אלא אוכל נפש רבי יהודה מתיר אף מכשירי אוכל נפש *מ"ט דת"ק אמר קרא °הוא ולא מכשיריו ור' יהודה (*אמר) לכם ד) לכם לכל צורכיכם ואידך נמי הכתיב לכם *לכם ולא לעובדי כוכבים לכם ולא לכלבים ואידך נמי הא כתיב הוא כתיב הוא וכתיב לכם ה) כאן במכשירין שאפשר לעשותן מערב יום טוב כאן במכשירין שאי אפשר לעשותן מערב יום טוב: **מתני'** *אין בין שבת ליום הכפורים אלא שזה זדונו בידי אדם וזה זדונו בכרת: **גמ'** הא לענין תשלומין זה וזה שוין מני מתניתין רבי נחוניא בן הקנה היא דתניא ר' נחוניא בן הקנה היה עושה *את יום הכפורים כשבת לתשלומין מה שבת מתחייב בנפשו ופטור מן התשלומין אף יום הכפורים מתחייב בנפשו ופטור מן התשלומין *תנן התם כל חייבי כריתות שלקו נפטרו מידי כריתתן שנאמר °ונקלה אחיך לעיניך כיון שלקה הרי הוא כאחיך דברי רבי חנניה בן גמליאל *אמר ר' יוחנן חלוקין עליו חביריו על ר' חנניה בן גמליאל אמר רבא אמרי בי רב תנינא אין בין יוה"כ לשבת אלא שזה זדונו בידי אדם וזה זדונו בהיכרת ואם איתא אידי ואידי בידי אדם היא אמר רב *נחמן הא מני רבי יצחק היא דאמר מלקות בחייבי כריתות ליכא דתניא *רבי יצחק אומר חייבי כריתות בכלל היו ולמה יצאת כרת באחותו לדונה בכרת ולא במלקות רב אשי אמר אפי' תימא רבנן זה עיקר זדונו בידי אדם וזה עיקר זדונו בהיכרת:

א) [כתובות כה. וש"נ] ב) [ביצה לו:] ג) ביצה כח. וש"נ ד) [תוספתא פ"א] ה) [ביצה כח:]

תורה אור: שמות יב · דברים כה

דלא ידע בין ארור המן לברוך מרדכי · [בירושלמי] ארורה זרש ברוכה אסתר ארורים כל הרשעים ברוכים כל היהודים :

אין בין יו"ט לשבת · צריך לומר דה"פ אין שום מלאכה אסורה לשבת שלא תהא אסורה ליום טוב אלא אוכל נפש בלבד אבל שאר חלוקים יש ביניהן שזה בסקילה וזה בלאו :

כאן במכשירין שאי אפשר לעשות מערב יו"ט · משמע מדלא (ד) פליגי אלא במכשירין מכלל דגוף המאכל שרי לעשות ביום טוב אע"ג דאפשר לעשות מערב יו"ט ומדרבי יהודה נשמע לרבנן דהא לא פליגי עליה אלא במכשירין וא"כ קשיא דאמר בפרק המצניע (שבת דף צה. ושם) החולב והמגבן והמחבץ והרודה חלות דבש בשבת חייב חטאת הזיד ביו"ט לוקה את הארבעים אע"ג דהוי אוכל נפש ואפי' לרבנן דאמרי התם אחד זה ואחד זה אין בו אלא משום שבות מ"מ מודו היכא דאיכא לא מלאכה דלוקה ויש לומר דודאי אוכל נפש המתקלקל אם עושהו מאתמול מותר לעשות ביו"ט אבל אוכל נפש דעדיף טפי כשהוא עשוי מאתמול כגון הוצאה המצניע אסור לעשותו ביו"ט אבל מכשירין דלא מתקלקל כשנעשו מאתמול בהא ודאי יש לחלק [בין] היכא דאפשר ללא אפשר :

חייבי כריתות בכלל היו · פ"ה בכלל ונכרתו הנפשות העושות וקשה דאם כן הוי ליה למימר אחותו בכלל היתה כלומר בכלל ונכרתו הנפשות ולא היה לו לכתוב כרת בה ויש לומר דה"פ חייבי כריתות בכלל היו פי' בכלל המלקיות דבכלל אחת ואחת יש לאו ולמה יצאת כרת באחותו בלא לאו שהרי הכרת לא איצטריך שהרי היתה בכלל ונכרתו אלא ודאי יצאת לדונה בכרת (ה) ומינה נגמר לכל האחרים כדין דבר שהיה בכלל : אלא

ה"ג קיימת בנו רבינו ומשלוח מנות · דהא תרי מנות איכא : הדר שלח ליה איהו לא גרסינן ליה הכא : טסקא דקשבא · שק מלא תמרים : דאבשונא · שנתייבשו החטים בתנור בעודן כרמל וקמח שלהן מתוק לעולם : א"ל אביי · לרבה : השתא אמר מרי · עכשיו יאמר מרי עליך : אי חקלאה מלכא ליהוי דיקולא מצואריה לא נחית · הסל שהיה רגיל להוליך בעודו בן כפר ומאכיל לבהמתו לא יוריד מעל צוארו כך אתה נעשית מלך ולא בא מפומבדיתא ואינך שולח לו אלא דברים המצויין לכל : חוליא · מתיקה : כי נפקי מבי מר · כשילאתי מבית אדוני רבה לילך לבית (ג) אבא מרי בר מר הייתי שבע : צעי · קערות של מיני מאכל : דאכיכסיא לגלגא בתראי · הייתי חפץ לכוס הקערה אחריו כל אכילה שלא כדרכה נקרא כוסס : רווחא לבסימא שכיח · ריוח מצוי לדבר המתוק בתוך המעיים : מחלפי סעודתייהו · זה אוכל עם זה בפורים של שנה זו ובשניה סועד חברו עמו : לאבסומי · להשתכר ביין : ואיבסום · נשתכרו : נגה ולא אתו רבנן · איחר היום ולא באו התלמידים לבית המדרש : מתני' אין בין יום טוב לשבת · להיות מותר לבתחלה ביום טוב מה שאסור בשבת אבל לענין עונשין יש הרבה שזה בסקילה ובכרת וזה בלאו גרידא : גמ' זה וזה שוין · אסורין ביום טוב : שאפשר · כגון סכין שנפגם מערב יום טוב : שאי אפשר · כגון סכין שנפגמה ביום טוב : מתני' בידי אדם · יש בה מיתת ב"ד : גמ' אף יום הכפורים מתחייב בנפשו · לאיסור כרת כמיתת בית דין דמי · ופטורים מלשלם · אם הדליק גדישו של חבירו ביום הכפורים שאין תשלומין אלא חיוב מיתה שנאמר ולא יהיה אסון ענש יענש (שמות כא) הא אם יהיה אסון לא יענש : כל חייבי כריתות שלקו · שהתרו בהן עדים על לאו שעמו כרת ולקו בבית דין : נפטרו מידי כריתתן · שוב אין בית דין של מעלה נפרעין : תנינא · דתקון · ואם איתא · דנפטרו אידי ואידי בידי אדם הוא אף ביום הכפורים יש מלקות על לאו שבו ובית דין פוטרין אותו מכרת : אמר רב נחמן · לעולם אימא לך חלוקין עליו חביריו והא דקתני דאין זדונו בידי אדם : הא מני ר' יצחק היא · דאמר במסכת מכות דאין מלקות בלאו הניתק לאזהרת כרת אפילו התרו בו למלקות וילף טעמיה מהאי קרא : כל חייבי כריתות · של עריות היו בכלל ונכרתו הנפשות העושות וגו' שכתוב בפרשת עריות (ויקרא יח) : למה יצאת כרת באחותו · דכתיב בקדושים תהיו ואיש כי יקח את אחותו וגו' : לדונה בכרת ולא במלקות · אם התרו בהן ואף על גב דנדה נמי נשנית באותה פרשה לדבר שנתחדש בה נשנית להדרגא : אפילו תימא רבנן היא · דאמרי מלקות אבל כרת ואפילו *הכא ליכא למילף מינה שחלוקין על רבי חנניה והכי קאמר מתניתין שבת עיקר תומר זדונו בידי אדם וזה עיקר תומר זדונו בהכרת ומיהו אם התרו בו ולקה מיפטר : מתני'

מסורת הש"ס

[עי' תוספות ע"ז יט: ד"ה תלו פירושו של מלה תמרים]

[ערכין סב:]

[פסחים כ]

[בשאלתות לפורים איתא דאמימר]

[בשאלתות איתא לא שמיע לך תנא מיניה וכו']

[ביצה כח: ע"ש]

[נ"ל אמר קרא]

[עי' תוספות מנחות לג. ד"ה תפילין]

שבועות לג. פסחים סג. לב. כתובות ל. [תוס' פ"א ותוס' כ"ק פ"ו]

[מכות ג. ע"ש]

[במכות איתא ר"נ בר יצחק] [מכות יג: כג:]

[נ"ל הכי]

עין משפט נר מצוה

מח א מיי' פ"ב מהל' מגילה הלכה טו סמג עשין ד טוש"ע א"ח סימן תרצה סעיף ד :

מט ב מיי' שם טוש"ע שם סעיף ב :

נ ג מיי' שם הלכה יד טוש"ע שם סעיף א :

נא ד ה ו מיי' פ"א מהלכות יו"ט הלכה ד ח סמג לאוין ע"ה טוש"ע א"ח סימן תצה סעיף א :

נב ז מיי' פ"א מהלכות שביתת עשור הלכה ב סמג לאוין סח טוש"ע א"ח סי' תריא סעיף ב :

נג ח מיי' פי"ז מהלכות סנהדרין הלכה ז סמג לאוין קנט :

רבינו חננאל

שלח ליה קיימת בנו רבינו *) ומתנות לאביונים כלומר נתינת אביונים נתת לי מנה אחת והיא הירך חזר שלח לו עגל וג' קנקני יין כו'. בסימא פי' שיכור: **אמר** רבא סעודת פורים שאכלה בלילה לא יצא מ"ט ימי משתה ושמחה כתיב · שיתין צעי פי' קערות במיני מטעמים : מתני' אין בין יו"ט לשבת אלא אוכל נפש בלבד פי' בשבת אסור ביום טוב מותר · שנאמר אך אשר יאכל לכל נפש הוא לבדו יעשה לכם כגון אפייה ובישול וכיוצא בהן אבל מכשירי אוכל נפש כגון להוציא אש מן האבנים לבשל וכגון תקון סכין לשחוט בה וכיוצא בהן זה וזה שוין . כשם שאסור בשבת כך אסור ביו"ט: גמ' מתניתין דלא כר' יהודה · דתניא אין בין יו"ט לשבת אלא אוכל נפש בלבד שנא' אך אשר יאכל לכל נפש כו' והאי דכתיב לכם · לכם ולא לכלבים לכם ולא לעובדי כוכבים ר' יהודה מתיר אף במכשירי אוכל נפש שאי אפשר לעשותן מעיו"ט שנא' לכם לכל צרכיכם · ונרסי' בפרק משילין פירות דאוקמה רב פפא להא דתנן אין בין יו"ט לשבת אלא אוכל נפש בלבד ב"ש היא : ירושלמי אין בין יו"ט לשבת אלא אוכל נפש והא איכא חייבין סקילה וכרת בשבת ואין סקילה ולא כרת ביו"ט · מכות ביום טוב ואין מכות בשבת · ואין תימא באוכל נפש מתני' היא · והא תנינן משילין פירות דרך ארובה ביו"ט אבל לא בשבת · **) א"ר יוסי והוא שטל להדליק נר של בטלה ביו"ט אמר משמיה דר' יוחנן לא תתיר ולא תאסור : [מתני'] אין בין יוה"כ לשבת אלא ששבת זדונו סקילה בידי אדם · ויוה"כ המחללו בזדון חייב כרת בידי שמים : [גמ'] הא לעניןתשלומין זה וזה שוין שאין חייב בתשלומין דקם ליה בדרבה מיניה · מני מתני' רבי נחוניא בן הקנה שפוטר מן התשלומין בזה ובזה · דתניא ר' (יהודה) [נחוניא] בן הקנה היה עושה את יוה"כ כשבת לתשלומין כו' · תנן התם כל חייבי כריתות שלקו נפטרו מידי כריתתן · דברי רבי חנניא בן גמליאל · א"ר יוחנן חלוקין עליו חביריו על רבי חנניא בן גמליאל ואומרים אע"פ שלקו לא נפטרו אמרי בי רב תנינא שחולקין עליו חביריו דתנן אין בין שבת ליוה"כ אלא ששבת זדונו בידי אדם ויוה"כ זדונו בכרת ואם המלקות פוטרתו נמצא גם זה זדונו בידי אדם · ואוקמה רב נחמן בר יצחק כרבי יצחק דתני ונכרתו הנפשות וגו' גם אחותו בכלל כל חייבי כריתות היא ולמה יצאת כרת באחותו לדונה בכרת ולא במלקות : מתני'

*) גי' רביט כאן סיה כמו דאיתא בירושלמי בפירקין בסוף הלכה ד' ובשאילתות פ' ויקהל וכן הי' גירסת בעל מנורת המאור כאן בגמ' בנר ג' כלל ד' ח"ג פ"ב . **) חסר כאן וכ"ה בלשון בירושלמי עוד מן הדא שוהקין עלי בשמים למילה ביו"ט אבל לא בשבת א"ר יוסי והוא שמל וכו'

הגהות הב"ח

(א) גמ' ומשלוח מנות איש לרעהו רבה שדר כצ"ל ותיבות ומתנות לאביונים נמחק : (ב) שם מ"ט לא אתו רבנן א"ל דלמא : (ג) רש"י ד"ה כי נפקי וכו' לבית מרי כצ"ל ותיבת אבא נמחק : (ד) תוספות ד"ה כאן וכו' מדלא מפליג אלא במכשירין : (ה) ד"ה חייבי וכו' לדונה בכרת ולא במלקות ומינה :

הגהות הגר"א

[א] גמ' (ומתנות לאביונים) תא"מ (וכ"מ מרש"י דל"ג לה) :

wine. He sent him back word saying, [7b] You have fulfilled in our person, O our teacher, the words, *and sending portions one to another.*[15]

Rabbah sent to Mari b. Mar by Abaye a sackful of dates and a cupful of roasted ears of corn. Said Abaye to him: Mari will now say, 'If a countryman becomes a king, he does not take his
a basket off his neck'.[1] The other [Mari] sent him [Rabbah] back a sackful of ginger and a cup full of longstalked pepper. Said Abaye: Now the Master [Rabbah] will say, I sent him sweet and he sends me bitter. Abaye said: When I went out of the Master's [Rabbah's] house, I was already full, but when I reached the other place[2] they set before me sixty dishes of sixty different preparations, and I had sixty pieces from them. The last preparation was called pot-roast, and [I liked it so much that] I wanted to lick the dish after it. Said Abaye: This bears out the popular saying, The poor man is hungry and does not know it,[3] or the other saying, There is always room for sweet things. Abaye b. Abin and R. Ḥananiah b. Abin used to exchange their meals with one another.[4]

Raba said: It is the duty of a man to mellow himself [with wine] on Purim until he cannot tell the difference between 'cursed be Haman' and 'blessed be Mordecai'.[5]

Rabbah and R. Zera joined together in a Purim feast. They became mellow, and Rabbah arose and cut R. Zera's throat.[6] On the next day he prayed on his behalf and revived him. Next year he said, Will your honour come and we will have the Purim feast together. He replied: A miracle does not take place on every occasion.

Raba said: If one eats his Purim feast on the night [of the fourteenth], he does not thereby fulfil his obligation. What is the reason? It is written, *days of feasting and gladness.*[7] R. Ashi was sitting before R. Kahana. It grew late, and still the Rabbis did not arrive. He said to him, Why have not the Rabbis come? Perhaps they are busy with the Purim feast. He said to him: Could they not have had it last night? He replied: Is your honour not acquainted with the dictum of Raba, 'If one eats his Purim feast on the night [of the fourteenth], he does not thereby fulfil his obligation'? He said to him; Did Raba really say so? (He replied,
b Yes).[1] He then repeated it after him forty times, until he had safely stored it in his mind.[2]

MISHNAH. THERE IS NO DIFFERENCE BETWEEN FESTIVALS AND SABBATH SAVE ONLY IN THE MATTER OF [PREPARING] FOOD.[3]

GEMARA. We can infer from this that in the matter of preliminaries for preparing food[4] they are on the same footing. The Mishnah then does not agree with R. Judah, as it has been taught: 'There is no difference between festivals and Sabbath save in the matter of [preparing] food'. R. Judah, however, permits [on the festivals] the preliminaries for preparing food.[4] What is the reason of the First Tanna? The Scripture says: [*Save that which every man must eat*], that only [*shall be prepared*]:[5] that and not its preliminaries R. Judah, on the other hand, stresses the word *for you:*[6] for you, which means, for all your requirements. Why then does not the other also admit this, seeing that it is written, '*for you*'?—[This, he says, means], 'for *you*' and not for non-Jews; 'for *you*' and not for dogs. And [why does not] the other [adopt this view], seeing that it is written, '*that only*'?—[He replies]: It is written, '*that only*', and it is written, '*for you*'; we apply the one to preliminaries which can be attended to on the day before the festival, and the other to preliminaries which cannot be attended to on the day before the festival.

MISHNAH. THERE IS NO DIFFERENCE BETWEEN SABBATH AND THE DAY OF ATONEMENT SAVE ONLY THAT THE DELIBERATE VIOLATION OF THE ONE IS PUNISHED BY A HUMAN COURT AND THE DELIBERATE VIOLATION OF THE OTHER
c BY KARETH.[1]

GEMARA. It is to be inferred from this that in respect of compensation[2] they are on the same footing. Whose view does the Mishnah follow?—That of R. Neḥunia b. ha-Ḳaneh, as it has been taught: R. Neḥunia b. ha-Ḳaneh used to put the Day of Atonement on the same footing as Sabbath in respect of compensation: just as [one who deliberately breaks] Sabbath forfeits his life but is released from the obligation to make compensation,[3] so [one who deliberately breaks] the Day of Atonement forfeits his life but is released from the obligation to make compensation.

We have learnt elsewhere: If any who have incurred the penalty of *kareth* are flogged, they become quit of their *kareth*, as it says, *Then thy brother should be dishonoured in thine eyes;*[4] once he has been flogged, he is like thy brother.[5] So R. Ḥananiah b. Gamaliel. Said R. Joḥanan: The colleagues of R. Ḥananiah b. Gamaliel joined issue with him on this point. Raba said, They said in the school of Rab: We have [also] learnt [this]:[6] There is no difference between the Day of Atonement and Sabbath save that he who breaks the one is punished by a human court, while he who breaks the other is punished with *kareth*. Now if [R. Ḥananiah's opinion] is correct, then both are punished by the human court?[7]—R. Naḥman replied: Whose view is this?[8] That of R. Isaac,[9] who said that lashes are never inflicted on those who have incurred *kareth*, as it has been taught: Those who have incurred *kareth*
d are included in the general statement.[1] Why then is *kareth* specially mentioned in the case of [one who lies with] his sister?[2] To show that she is punished with *kareth* and not with lashes.[3] R. Ashi said: You may even say that it[4] is the view of the Rabbis:[5] in the case of the one [the breaker of Sabbath], the essential [punishment for] his presumption is inflicted by the human court, but in the case of the other, the essential punishment for his presumption consists in '*being cut off*'.[6]

(15) [Cur. ed. add: and '*gifts to the poor*'].

a (1) As much as to say, Although you have become head of the Academy (in Pumbeditha), you send very ordinary gifts. (2) The house of Mari. (3) Till the food is actually set before him. (4) According to Rashi, this means that one provided the feast one year and the other the next. More naturally it would mean that they sent their meals to one another and thereby fulfilled the obligation of '*sending portions to one another*' (Maharsha). (5) [The two phrases have the same numerical value, 502.] (6) Apparently without actually killing him. But cf. Maharsha. (7) Esth. IX, 22.

b (1) These words are bracketed in the text. (2) Lit., 'and he was (then) like one who had put it in his purse'. (3) Lit., 'food of the person'. I.e., that food for the day may be cooked on festivals but not on Sabbath. (4) E.g., the sharpening of a knife. (5) Ex. XII, 16; relating to the Passover. (6) Ibid.

c (1) I.e., by the hand of heaven. V. Lev. XXIII, 30 and Glos. (2) For damage done by the act of transgression. (3) The lesser penalty being merged in the larger penalty. (4) Deut. XXV, 3. (5) Which shows that he is not 'cut off'. (6) That there is a difference of opinion. (7) And the one who is flogged for breaking Yom Kippur becomes quit of *kareth*. (8) That of our Mishnah. (9) And not of the colleagues of R. Ḥananiah.

d (1) Of the punishment for incest. Lev. XVIII, 29. (2) In Lev. XX, 17. (3) And the same applies to all other cases punishable by *kareth*. V. Mak. 13b. (4) Our Mishnah. (5) And still there is no difference between them and R. Ḥananiah. (6) הִכָּרֵת, cf. Num. XV, 31; though lashes may also be inflicted.

MISHNAH. [8*a*] THERE IS NO DIFFERENCE BETWEEN ONE WHO IS INTERDICTED BY VOW TO HAVE NO BENEFIT FROM HIS NEIGHBOUR AND ONE WHO IS INTERDICTED BY VOW FROM HIS FOOD, SAVE IN THE MATTER OF SETTING FOOT [ON HIS PROPERTY] AND OF UTENSILS WHICH ARE NOT USED FOR [PREPARING] FOOD.[7]

GEMARA. It is to be inferred from this that in the matter of utensils which are used for preparing food they are on the same footing.

SETTING FOOT. But people are not particular about this?[8] —Raba said: Whose view is this? R. Eleazar's, who said that [even] a thing which is usually excused[9] is forbidden to one who vows to have no benefit.

MISHNAH. THERE IS NO DIFFERENCE BETWEEN VOWS AND FREEWILL-OFFERINGS SAVE THAT VOWED OFFERINGS
a HAVE TO BE REPLACED[1] BUT FREEWILL-OFFERINGS NEED NOT BE REPLACED.

GEMARA. It is to be inferred from this that in respect of 'not delaying'[2] they are on the same footing.

We have learnt in another place: What is a vow? Where a man says, I take *upon me* the obligation to bring a burnt-offering. What is a freewill-offering? Where a man says, *Behold this* is [to be] a burnt-offering. What then is the [practical] difference between vows and freewill-offerings?—If vowed animals die or are stolen or lost, the one who offered is under obligation to replace them;[3] if freewill-offerings die or are stolen or lost, he is not under obligation to replace them.[4] Whence is this rule derived?—As our Rabbis have taught: *And it shall be accepted for him to make atonement upon him:*[5] R. Simeon says: That which is 'upon him'[6] he is under obligation to replace.[7] How is it implied [that this substitute is 'upon him']?—R. Isaac b. Abdimi replied: Since he has said '[I take] upon me', it is as if he had taken it upon his shoulder.

MISHNAH. THERE IS NO DIFFERENCE BETWEEN ONE SUFFERING FROM AN ISSUE WHO MAKES TWO OBSERVATIONS[8] AND ONE WHO MAKES THREE,[9] SAVE IN THE MATTER OF BRINGING A SACRIFICE.[10]

GEMARA. From this it is to be inferred that in the matter of [defiling] a bed or a seat[11] and counting seven days[12] they are on the same footing. Whence is this rule derived?—As our Rabbis
b have taught: 'R. Simai says: The text specified two [observations][1] and designated the man as unclean, and also specified three[2] and designated him as unclean'. How do we explain this? Two bring uncleanness but do not entail a sacrifice, three entail a sacrifice. But cannot I say that two bring uncleanness but do not entail a sacrifice, while three entail a sacrifice but no uncleanness?[3]—To this you may answer that before he has three observations he must have two.[4] Let me say then that two observations entail a sacrifice but not uncleanness,[3] whereas three bring uncleanness also?—Do not imagine such a thing, since it has been taught: *And the priest shall make atonement for him before the Lord from his issue;*[5] this implies that some persons with an issue bring a sacrifice and some do not.[6] How is this? If he has three observations, he brings a sacrifice, if only two, he does not bring. Or shall we expound differently and say that if he has two he brings the sacrifice, but if three he does not?—You can reply to this that before he has three he must have had two.[7] And both the exposition of R. Simai and the text *'from his issue'* are necessary [to prove this point]. For if I had only the dictum of R. Simai, I could raise against it the objection mentioned, and therefore I have recourse to *'from his issue'*. And if I had only *'from his issue'*, I should not know how many observations [are necessary for a sacrifice]; therefore I have the dictum of R. Simai.[8]

Now, however, that you have assumed that the words *'from his issue'* are to be used for a special exposition,[9] [I may ask], what lesson do you derive from the words *and when he that hath an issue is cleansed* from his issue?[10]—That is required for the following lesson, as it has been taught: *'And when he that hath an issue is*
c *cleansed'*: that is to say, when the issue ceases.[1] *'From his issue'*: that is to say, from his issue [only], and not from both his issue and his leprosy.[2] *'Then he shall number'*: this teaches us that one with an issue who has had two observations must count seven days [without issue]. But cannot this be deduced logically [as follows]?[3] If he defiles bed and seat, shall he not [all the more] be required

(7) The latter may take these liberties, the former may not. (8) And therefore if one takes this liberty, he cannot be said to be deriving any benefit. (9) ויתור *Aliter:* 'The (retailer's customary) addition (to exact measure)', and the accepting of which is not counted as receiving a benefit.
a (1) Lit., 'one is responsible for them'. V. *infra.* (2) To fulfil the undertaking, in accordance with Deut. XXIII, 22. (3) Because the vow still stands. (4) Because the undertaking applied only to that particular animal. (5) So lit. E.V. *'for him'*. Lev. I, 4. (6) I.e., the vow. (7) Apparently R. Simeon renders: 'Any animal will be accepted so long as it is "upon him"'. (8) On a single day or two successive days. (9) On one day or three successive days or two on one day and one on the next. (10) V. Lev. XV, 13-15. (11) Ibid. 4-6. (12) For his cleansing, after the cessation of the issue. Ibid. 13.

b (1) Lev. XV, 2: *When a man hath* an issue *out of his flesh,* his issue *is unclean.* (2) Ibid. 3: *And this shall be his uncleanness* in his issue: *whether his flesh run* with his issue, *or his flesh be stopped* from his issue, it *is his uncleanness,* (3) Viz., the stringent uncleanness of one with an issue (cf. nn. 3-4), but only the lighter uncleanness resulting from a discharge of semen. V. Deut. XXIII, 11-12. (4) And is already unclean as a *zab.* (5) Ibid. 15. (6) The proposition *'from'* is stressed, as implying only part of these who have an issue. (7) And so already become liable for the sacrifice. (8) To show that it is three. (9) I.e., for some lesson not contained in the literal meaning of the words. (10) Ibid. 13.
c (1) V. next note. (2) If the one with an issue was also a leper, he need not wait for his counting till he is healed of his leprosy. (3) And why therefore is a text required?

מתני׳ *אין בין המודר הנאה מחבירו למודר ממנו מאכל אלא דריסת הרגל וכלים שאין עושין בהן אוכל נפש: גמ׳ הא לענין כלים שעושין בהן אוכל נפש זה וזה שוין: דריסת הרגל: הא לא קפדי אינשי אמר רבא הא מני רבי אליעזר היא דאמר *ויתור אסור במודר הנאה: מתני׳ *אין בין נדרים לנדבות אלא שהנדרים חייב באחריותן ונדבות אינו חייב באחריותן: גמ׳ הא לענין בל תאחר זה וזה שוין תנן התם *אי זהו נדר האומר הרי עלי עולה איזו היא נדבה האומר הרי זו עולה ומה בין נדרים לנדבות נדרים מתו או נגנבו או אבדו חייב באחריותן נדבות מתו או נגנבו או אבדו אינו חייב באחריותן מנהני מילי דתנו רבנן *ונרצה לו לכפר עליו (ויקרא א) ר׳ שמעון אומר את שעליו חייב באחריותו ואת שאינו עליו אינו חייב באחריותו מאי משמע א״ר יצחק בר אבדימי כיון דאמר עלי כמאן דטעין אכתפיה דמי: מתני׳ *אין בין זב הרואה שתי ראיות לרואה שלש אלא קרבן: גמ׳ הא לענין משכב ומושב וספירת שבעה זה וזה שוין מנהני מילי דתנו רבנן רבי סימאי אומר *מנה הכתוב שתים וקראו טמא שלש וקראו טמא הא כיצד שתים לטומאה ושלש לקרבן ואימא שתים לטומאה ולא לקרבן שלש לקרבן ולא לטומאה אמרת עד שלא ראה שלש ראה שתים ואימא שתים לקרבן ולא לטומאה שלש אף לטומאה לא ס״ד דתניא °וכפר עליו הכהן לפני ה׳ מזובו (שם) מקצת זבין מביאין קרבן ומקצת זבין אין מביאין קרבן הא כיצד ראה שלש מביא שתים אינו מביא או אינו אלא ראה ב׳ מביא ראה שלש אינו מביא אמרת עד שלא ראה שלש ראה שתים ואיצטריך דרבי סימאי ואיצטריך מזובו דאי מדרבי סימאי הוה אמינא כי קושין קמשמע לן מזובו ואי מזובו לא ידענא כמה ראיות קמשמע לן דרבי סימאי והשתא דאמרת מזובו לדרשא °וכי יטהר הזב מזובו (שם) מאי דרשת ביה ההוא מיבעי ליה לכדתניא וכי יטהר הזב לכשיפסוק מזובו [מזובו] ולא *מזובו ונגעו מזובו וספר ילימד על זב בעל שתי ראיות שטעון ספירת שבעה והלא דין הוא אם מטמא משכב ומושב לא יהא טעון ספירת שבעה

שומרת

רש״י

מתני׳ אין בין המודר הנאה · מודר הנאה חמור ממודר מאכל: דריסת הרגל · שהמודר הנאה אסור ליכנס לביתו והמודר מאכל מותר: וכלים שאין עושין בהן אוכל נפש · מותר להשאיל למודר מאכל ודוקא במקום שאין משכירין כיוצא בהן אבל במקום שמשכירין כיוצא בהן תנן בהדיא* דאסור דכל הנאה שאם לא השאילו זה היה מחסר בה פרוטה הנאת מאכל היא שהרי ראויה אותה פרוטה לקנות בה מאכל: גמ׳ הא לענין כלים שעושין בהן אוכל נפש · אסור אף במודר מאכל ואפי׳ במקום שאין משכירים: הא לא קפדי אינשי · ואמאי אסור במודר הנאה: ויתור · דבר שהיה מוותר לכל אדם ואינו מקפיד עליו: מתני׳ נדר ונדבה · מפרש בגמרא נדר האומר הרי עלי עולה ולאחר זמן הפרישה חייב באחריותה נדבה האומר הרי זו ולא קבלה עליו: גמ׳ הא לענין בל תאחר · ואף על גב דנדבה בקרא דבל תאחר לא כתיבה הא מרבינן ליה במסכת ראש השנה מגזרה שוה: את שעליו חייב באחריותו · הכי דרש ליה לקרא ונרצה לו כנדרו לכשיתכפר בהן הויא כנרצה אבל מקמי כפרה לא נרצה ובאיזה קרבן אמרתי לך באותו שעליו והיינו עליו דקרא: מאי משמע · דעליו קבלת אחריות עליו: מתני׳ שתי ראיות · ביום אחד או בשני ימים רצופים וכן שלש ביום אחד או בשלשה ימים רצופין או שתים ביום אחד ואחת למחר: גמ׳ משכב ומושב · שכב או ישב על גבי עשרה בגדים זה על זה כולן אבות הטומאה ואפילו לא נגע בהן ואלו נגע בדבר שאינו משכב ומושב אינו [אלא] ראשון לטומאה ואינו מטמא אדם וכלים אלא אוכלין ומשקין: וספירת שבעה · משיפסוק צריך למנות ז׳ נקיים קודם שיטבול ואם ראה זוב באחד מהן סתר כל המנויין: מנה הני מילי · דשוין לטומאה ואין שוין לקרבן: מנה הכתוב שתים · ואיש כי יהיה זב מבשרו זובו טמא הוא (ויקרא טו) הרי שתי זיבות מנויות כאן וקראו טמא: שלש וקראו טמא · דכתיב וזאת תהיה טומאתו בזובו רר בשרו את זובו או החתים בשרו מזובו (שם) הרי לך שלש וקראו טמא טומאתו היא: הא כיצד · אם משתים טמא למה פרט לך הכתוב שלש: שתים לטומאה · לכל חומר טומאת זב: ולא לטומאה · חמורה אלא כבעל קרי בעלמא: ראה שתים · והרי כבר ירד לכל חומר טומאה ומי הוליאו: מזובו · משמע מקצת זובו: לא ידענא כמה ראיות · האי מקצת דמשמע מהאי קרא לא ידעינן מאי היא או שלש וארבע או שתים ושלש: לכשיפסוק מזובו · אין צריך לטבול קודם ספירה אלא משיפסוק ימנה הכי גרסינן בתורת כהנים מזובו ולא מזובו ומנגעו שאם היה זב ומצורע ופסק מזובו ולא נתרפא עדיין מנגעו וספר אין אומרים לו אין ספירה זו נקיות עד שיטהר אף מנגעו אלא מונה והולך מיד ועולה לו לספירת זוב ולכשיתרפא מצרעתו יטבול מיד טבילה ראשונה של מצורע והיא עולה לו לטבילת נגעו וזובו וטהר מלטמא משכב ומושב ולטמא כלי חרס בהיסט כדין זב ואף על פי שצריך לספירת שבעה לצרעתו לענין אכילת קדשים וטבילה שניה כדכתיב במצורע (ויקרא יד) ורחץ במים וטהר ואחר יבא אל המחנה וישב מחוץ לאהלו שבעת ימים והיה ביום השביעי יגלח את כל שערו וגו׳ ורחץ [את] בשרו במים וגו׳ אהני טבילה קמייתא לטהרו מלטמא משכב ומושב וכלי חרס בהיסט: מזובו וספר · להכי סמך ספירה אצל זובו ללמדך שאף בשביל מקצת זב טעון ספירה לימד על זב בעל שתי ראיות: לא יהא טעון ספירת שבעה · בתמיה אחר שאמרת שתים כו׳ וה״ג הלא דין הוא אם מטמא משכב ומושב בשתי ראיות לכל חומר טומאת זב מהיכן יתמעט מספירה:

שומרת

תוספות

אלא דריסת הרגל וכלים שאין עושין בהן אוכל נפש · דמודר הנאה אסור בהן ומודר מאכל מותר במקום שאין משכירין אבל במקום שמשכירין בפרוטה אסור אפי׳ במודר מאכל דהוה פרוטה ראויה לקנות ממנה מאכל אבל כלים שעושין בהן אוכל נפש אסור אפילו בפחות משוה פרוטה כיון דהוי אוכל נפש:

דריסת הרגל הא לא קפדי אינשי · קשה דהא בחזקת הבתים (ב״ב דף מו:) קאמר בגמרא אלו דברים שאין להם חזקה ואלו דברים שיש להם חזקה וכו׳ מעמיד בהמה בחצר אין להם חזקה ומוקי לה התם בשותפין דבהעמדה כדי לא קפדי ופריך והתנן השותפין שנדרו הנאה זה מזה אסורין ליכנס בחצר ומשני לה התם מיהו שמעינן לה מינה דלדריסת הרגל קפדי ולא קשה *מההיא דהתם פרק בתרא דכלה (דף נט.) דמשני התם דלעולם לא קפדי ומני ר׳ אליעזר היא דלמא התם מיירי בשותפין אבל שאר אינשי ודאי קפדי אבל הכא קשיא דמיירי בסתם בני אדם ואפי׳ הכי קאמר דלא קפדי ותירץ ר״ת דהכא מיירי בבקעה דלא קפדי בה שום אדם וסברא הוא לומר כן (א) דומיא (*דריסה) דכלים שאין עושין בהן אוכל נפש דמיירי שאין משכירין כיוצא בהן דמוקמינן לה בנדרים (דף לג:) כרבי אליעזר:

אין בין נדר לנדבה · קשה אמאי לא תני שנדבה באה מן המעשר דכתיב (דברים כו) וזבחת שלמים גבי מעשר ונדר אינו בא אלא מן החולין וכיון דאמר הרי עלי הוי (ב) כנדר *וי״ל דמן הדין לא תנא ליה משום דאיירי בקרבן שהופרש כבר ואשמעינן דאין חילוק בעבודתן אבל בקרבן שלא הופרש פשיטא ליה שיש הרבה חילוקים אי נמי דתנא ושייר והכי דאין בין קאמר דמשמע דהאי דוקא כדאמר במרובה (ב״ק דף סב: ושם) מ״מ לא קשיא דבמסכת תענית (דף יג: ושם) אשכחן אין בין דשייר דקאמר אין בין שלש אמצעיות וכו׳ תימה תנא ושייר והא אין בין קתני ופריך ותסברא אין בין דווקא והא שייר תיבה ומשני אי משום תיבה לאו שיורא הוא מכל מקום משמע דאי הוה משייר ליה לא הוה קשיא ליה הכל אף על גב דקתני אין בין*: יש ספרים דגרסי

ומה מצורע שאין מטמא משכב ומושב · ובתורת כהנים תני שמטמא משכב ומושב ותירץ רש״י בפסחים (דף סז: ד״ה זב) דהיינו

עד

עין משפט נר מצוה

נד א מיי׳ פ״ו מהלכות נדרים הלכה ג סמג לאוין רמב טוש״ע יו״ד סימן רכא סעיף א:

נה ב מיי׳ פי״ד מהל׳ מעשה הקרבנות הל׳ ה סמג עשין קפה:

נו ג מיי׳ שם הלכה ד:

נז ד ה מיי׳ פ״ב מהל׳ מחוסרי כפרה הלכה ו ופ״ו מהלכות איסורי ביאה הלכה ו ח סמג עשין רכח:

גי׳ רש״א מההיא דהתם מפרק כו׳ ע״ש

[צ״ל דכיפה]

[ועי׳ תוספות ב״ק נח. ד״ה זה ותוספות ב״ב נז: ד״ה רבינא]

[ועי׳ תוספות חגיגה ח. ד״ה אמאי ותוספות ב״ק סב: ד״ה מי קתני]

[ובב״ק ובתענית כתבו תוספות תירוץ אחר ועי׳ תוס׳ שבת סו: ד״ה אין]

ס״א כמו

מסורת הש״ס

[נדרים לג.]

שם לג:

ב״ב נז: נדרים לב: מח:

ר״ה ו. קינין פ״א מ״א [חולין קלט. ערכין כא.]

[זבחים ד:]

[נדה לה: ושם איתא ולא מנגעו אבל בת״כ איתא ולא מזובו ונגעו ועיין בקרבן אהרן]

הגהות הב״ח

(א) תוס׳ ד״ה דריסת וכו׳ וסברא הוא לומר כן · נ״ב צריך לומר לפי זה דה״מ למיפרך מכלים שאין עושין בהם אוכל נפש דלא קפדי וכ״כ התוס׳ בפרק חזקת הבתים: (ב) ד״ה אין בין וכו׳ דכיון דאמר הרי עלי הוי הוא כנדר וכו׳ נ״ב חובה ר״ל:

רבינו חננאל

[מתני׳] אין בין המודר הנאה מחבירו למודר הימנו מאכל אלא דריסת הרגל וכלים שאין עושין בהן אוכל נפש כגון בגדים וכיוצא בהן דלמודר הנאה אסור · ואוקימנא לר׳ אליעזר דתני אפילו ויתור אסור במודר הנאה · פי׳ אפילו דברים שדרך בנ״א לוותר עליהן כגון דריסת הרגלים (וכלים שאין עושין) בחצרים שאם יכנס אדם ויהלך בה אין מקפידין עליו וכיוצא בזה אפי׳ כגון זה אסור · אבל למודר ממנו מאכל דריסת הרגל וכלים שאין עושין בהן אוכל נפש כגון קערה ותמחוי וכן כיוצא בהן מותר הא כלים שעושין בהן אוכל נפש כגון נפה וכברה ריחים ותנור וכיוצא בהן זה וזה שוין שניהם אסורין : מתני׳ אין בין נדרים לנדבות כו׳ · הא לבל תאחר כדכתיב כי תדור נדר לה׳ וגו׳ זה וזה שוין כלומר אם יאחר בין הנדר ובין הנדבה עובר משום בל תאחר : תנן התם איזהו נדר האומר עלי עולה איזו היא נדבה האומר הרי זו נדבה ומה ביניהם נדרים מתו או נגנבו חייבין באחריותן שנאמר ונרצה לו לכפר עליו דייקינן מעליו את שעליו · כלומר אם אמר עלי חייב באחריותו דכיון דאמר עלי כמאן דרמי אכתפיה דמי שחייב למוסרו למי שחייב לו אבל הנדבה אין חייב באחריותה : מתני׳ אין בין זב הרואה ב׳ ראיות לרואה ג׳ וכו׳ · הא לענין משכב ומושב וספירת ז׳ שהורין זה וזה שוין דתניא או החתים בשרו מזובו דייקינן מדכתיב מזובו שמעינן מינה אף מקצת זובו מטמא משכב ומושב להביא את שראה ב׳ ראיות שיטמא משכב ומושב כל הטעון משכב ומושב טעון ספירת ז׳ · כדתניא מזובו וספר מקצת זובו נמי טעון ספירת ז׳ להביא את שראה ב׳ ראיות שטעון ספירת ז׳ · מתני׳ מני ר׳ סימאי היא · דתני ר׳ סימאי מנה הכתוב שתים וקרא טמא שלש וקרא טמא · הא כיצד ב׳ לטומאה ג׳ אף לקרבן פי׳ מנה הכתוב ב׳ פעמים זיבות זוב וזובו וקרא טמא · שנאמר איש איש כי יהיה זב מבשרו זובו טמא הוא · עוד חזר הכתוב אחר ומנה שלש בזובו אחת זובו שתים מזובו הרי ג׳ שנאמר וזאת תהיה טומאתו בזובו וגו׳ אמר אם בשתים טמא בשלש לא כ״ש למה כתב עוד שלש ללמד כי בב׳ ראיות טמא הוא ופטור מן הקרבן בג׳ ראיות חייב אף בקרבן · ואקשינן ואימא שתים לקרבן ולא לטומאה · כלומר בב׳ ראיות חייב קרבן אע״פ שאינו טמא ראה שלישית חייב בטומאה ובקרבן · ופרקינן לא דתניא וכפר עליו הכהן לפני ה׳ מזובו · מקצת זבים מביאין קרבן ומקצת אין מביאין קרבן · וא״ת כי בעל ב׳ ראיות מביא קרבן . אין לך זב שאינו מביא קרבן שאינו רואה אלא ג׳ · אלא שכבר הקדים וראה ב׳ וכבר נתחייב בב׳ . ומכאן ולהבא אפילו ראה כמה אין חייב אלא קרבן אחד כו׳ ואיצטריך לדרבי סימאי לברר כי בשתי ראיות נקרא טמא · ואיצטריך מזובו לדחות הקושיא שהקשו על רבי סימאי דאי לאו מזובו הוה אמינא שתים לקרבן שלש לקרבן ולטומאה כו׳ · ופשוטה היא :

אמר

נח א מיי' פ"ו מהלכות מטמאי משכב ומושב הלכה א ב:

נט ב מיי' פ"י מהלכות טומאת צרעת הלכה י:

ס ג מיי' פ"ה מהלכות מטמאי משכב ומושב הלכה ט:

סא ד מיי' פ"י מהל' טומאת צרעת הל' ח:

סב ה ו מיי' פ"א מהל' תפלין הלכה יט:

סג ז מיי' פ"ט מהל' אבות הטומאות הלכה ז:

עד שיכתוב אשורית ועל הספר ובדיו · לקמן מוקי לה במגילה וקשיא דהא אמרינן בפרק שני (דף יח.) גיפטית לגיפטים עילמית לעילמים יצא ומיירי ודאי שכתוב בלשונו לשון שקורא דאם לא כן הוי קורא על פה ולא יצא ואם כן קשיא אמאי לא מטמאה את הידים כיון שנתנה לקרות וליכתב בכל לשון שמכירין בה ויש לומר דכיון שאינה כשרה לקרות אלא למכירים בה דין הוא שלא תטמא את הידים אבל היכא דכתיבה אשורית (ח) כשירה אף לשאינן מכירין ומשום הכי דין הוא שתטמא את הידים:

בשלמא

שומרת יום כנגד יום · הרואה יום אחד או שנים בתוך אחד עשר יום שבין נדה לנדה מונה יום אחד וטובלת בו ביום תוכיה: שמטמאה משכב ומושב · במשנה בתרייתא דמסכת נדה (דף עב:) מרבינן לה: מאי שנא האי מזובו · וספר (לה) [לו] דרשת ליה (ג) למקלט זוב ולאשמועינן דמקלט זבין טעונין ספירת שבעה ובהא עניינא שמעינן מיניה זב בעל שתי ראיות לספירה ומאי שנא האי מזובו דלעיל דכתיב גבי קרבן ולא דרשת ליה מקלט זוב לאתויי זב בעל שתי ראיות לקרבן אלא מקלט זבין דרשת ליה ומוקמת ליה לבעל שלש ראיות וממעטת מיניה בעל שתי ראיות: לישתוק קרא מיניה · ומהיכא תיתי לן ספירה · וכי תימא אתיא מדינא · דלעיל כדאמרת אם מטמא משכב ומושב לא יהא טעון ספירת שבעה לא אתיא דהא אמרת שומרת יום כנגד יום תוכיח: אם כן ליכתוב קרא וכי יטהר הזב ולא בעי מזובו ומדכתיב וכי יטהר הזב ולא כתיב וכי יטהר סתמא הוה דרשינן ליה וכי יטהר מן הזב מאי מזובו שמע מינה למדרש מקלט זבין טעון ספירה: **מתני'** פריעה ופרימה · בגדיו יהיו פרומים וראשו יהיה פרוע: מוחלט · לאחר שכלו ימי ההסגר ונראה בו סימני טומאה החלטוהו בו: **גמ'** שילוח · חוץ לחומת העיר: וטומאה · כל חומר טומאה האמורה במצורע: מנא הני מילי · דלאו רחמנא פריעה ופרימה במוסגר דלמא גלי לן רחמנא במוחלט והוא הדין למוסגר כדאמרת לענין טומאה: וטהרו הכהן מספחת היא · במצורע שבא לכלל טהרה מתוך הסגירו ולא נחלט כתיב וסיפיה דקרא כתיב וכבס בגדיו וטהר מדלא כתב ויטהר ליטמא למעיקרא הוא והכי קאמר וכבר קודם טבילה היה טהור ממקלת טומאה של חומר מצורע · גבי זב דכתיב · בסוף טהרתו וטהר מה טהור מעיקרא אמרת ביה: אלא · על כרחך טהור יהיה מכאן ולהבא מלטמאה כלי חרס בהיסט ואע"ג שטבלתו ביום ואם ראה אחר טבילה בו ביום סתר את הכל ומטמא למפרע משכב ומושב כדאמרינן בכיצד צולין (פסחים דף פא.) וכל שכן אדם ואפילו הכי מהניא ליה טבילה מלטמא כלי חרס שהסיט בין טבילה לראיה והכי דריש לה בתורת כהנים וגרסה בעיני דהא דדרשינן ליה וטהר מלטמא כלי חרס מדכתיבינהו להאי קרא בתר קרא אשר יגע בו הזב דנפקא לן מיניה היסט כלי חרס לזב ואין לך עוד טומאה שמטמאה כלי חרס בהיסט אלא זב הוא: הכא נמי וטהר · למצורע טהור השתא מלטמא בביאה (ד) מחומרי מצורע שמטמא אדם וכלים הנכנסין עמו לבית שאפילו חורה המספחת ופשתה ונטמאת טהור כדכתיב ואם פשה תפשה המספחת בעור וגו' אהני ליה טבילה לטהר את הכלים הבאין עמו לבית לפי שמצורע מטמא בביאה דתניא בתורת כהנים זאת התורה לכל נגע הצרעת ולנתק ולצרעת הבגד ולבית מה בית מטמא בביאה אף כולן מטמאין בביאה: אשר בו · משמע (ה) מי שצרעתו תלויה בגופו שטומאתו תלויה בגופו הוא דמוחלט בגופו טהרה דיליה כתיב והכא כתיב נגע הצרעת מן הצרוע · יצא · מוסגר שטומאתו תלויה בימי הסגר שאם לא יראה ביום (ו) שבעה סימני טומאה פוטר לבן או פשיון יפטרוהו ואע"פ שנגעו עומד עליו: כל ימי אשר הנגע בו וגו' · שילוח כתיב בהאי קרא מחוץ למחנה מושבו: ימי כל ימי · מהדר ליה למיכתב ימי וכתיב כל ימי: אין בין טהור מתוך הסגר · בימי רפואתו: לטהור מתוך החלט אלא תגלחת וצפרים · דאף על גב דלהכא קרבנות אשם ולוג שמן מיהו הכא ביום טהרתו ורפואתו הוא דקתני ולא איירי בקרבנות שכן בשמיני: והנה נרפא וגו' · וכתיב בתריה שתי צפרים חיות טהורות וגלח את כל שערו: **מתני'** ספרים · תורה נביאים וכתובים: אשורית · לשון הקודש: אף בספרים לא התירו · להם לשון אחר חוץ מלשון הקודש: אלא יוונית · ובגמרא מפרש טעמא: **גמ'** לתופרן בגידין · כל ספריהן עשויין בגליון והלכה למשה מסיני הוא *בתפלין ומזוזות שיהו תפורין בגידין ובספר תורה נחלקו במסכת מכות (דף יא.) בספר תורה שנקרע בפשתן השתא אשמעינן מתניתין כמאן דפסל: מקרא שכתבו תרגום · ספר שכתוב בלשון הקודש הראוי לכתוב בו מקרא כתבו לשון ארמי: ותרגום · שהיה ראוי ליכתוב בו תרגום כגון יגר שהדותא (בראשית לא): כתבו מקרא · גלעד וכגון תרגום (ז) כתב של דניאל ועזרא: וכתב עברי · או שלא שינה את הלשון אבל שינה את הכתב שכתבו בכתב של עבר הנהר ובמסכת סנהדרין (דף כא:) קרי ליה כתבא ליבונאה: עד שיכתבנו אשורית · כתב אשורית הוא כתב שלנו:

גופן

תורה אור

שומרת יום כנגד יום תוכיח שמטמאה משכב ומושב ואינה טעונה ספירת שבעה ואף אתה אל תתמה על זה שאע"פ שמטמא משכב ומושב לא יהא טעון ספירת שבעה תלמוד לומר מזובו וספר מקצת זובו וספר לימד על זב בעל שתי ראיות שטעון ספירת שבעה

אמר ליה רב פפא לאביי מאי שנא האי מזובו דמרבי ביה זב בעל שתי ראיות ומאי שנא האי מזובו דממעט ביה זב בעל שתי ראיות אמר ליה אי סלקא דעתך האי למעוטי הוא דאתא לישתוק קרא מיניה וכי תימא אתיא מדינא שומרת יום כנגד יום תוכיח וכי תימא האי מיבעי ליה מזובו ולא (א) מנגעו א"כ ליכתוב קרא וכי יטהר הזב ולישתוק מזובו למה לי לימד על זב בעל שתי ראיות שטעון ספירת שבעה: **מתני'** אין בין מצורע מוסגר למצורע מוחלט אלא פריעה ופרימה אין בין טהור מתוך הסגר לטהור מתוך החלט אלא תגלחת וצפרים: **גמ'** הא לענין שילוח [וטומאה] זה וזה שוין מנהני מילי דתני רב שמואל בר יצחק קמיה דרב הונא וטהרו הכהן מספחת היא וכבס בגדיו וטהר טהור מפריעה ופרימה דמעיקרא א"ל רבא אלא מעתה גבי זב דכתיב וכבס בגדיו וטהר התם מאי וטהר מעיקרא איכא אלא טהור השתא מלטמא כלי חרס בהיסט אע"ג דהדר חזי לא מטמא למפרע ה"נ טהור [*השתא מלטמא בביאה למפרע] אלא אמר רבא מהכא והצרוע אשר בו הנגע מי שצרעתו תלויה בגופו יצא זה שאין צרעתו תלויה בגופו אלא בימים אמר ליה אביי אלא מעתה כל ימי אשר הנגע בו יטמא מי שצרעתו תלויה בגופו הוא דטעון שילוח ושאין צרעתו תלויה בגופו אין טעון שילוח וכי תימא הכי נמי והא קתני אין בין מצורע מוסגר למצורע מוחלט אלא פריעה ופרימה הא לענין שילוח ולטמויי בביאה זה וזה שוין א"ל ימי כל ימי לרבות מצורע מוסגר לשילוח (ב) אי הכי תגלחת וצפרים מ"ט לא דקתני אין בין טהור מתוך הסגר לטהור מתוך החלט אלא תגלחת וצפרים אמר אביי אמר קרא ויצא הכהן אל מחוץ למחנה *והנה נרפא נגע הצרעת מי שצרעתו תלויה ברפואות יצא זה שאין צרעתו תלויה ברפואות אלא בימים: **מתני'** [א] *אין בין ספרים לתפלין ומזוזות *אלא שהספרים נכתבין בכל לשון ותפלין ומזוזות אינן נכתבות אלא אשורית רשב"ג אומר *אף בספרים לא התירו שיכתבו אלא יוונית: **גמ'** הא לתופרן בגידין ולטמא את הידים זה וזה שוין: וספרים נכתבין בכל לשון וכו': ורמינהו *מקרא שכתבו תרגום ותרגום שכתבו מקרא וכתב עברי אינו מטמא את הידים עד שיכתבנו בכתב אשורית על הספר ובדיו אמר רבא לא קשיא כאן

ג"א

סנהדרין קו: ערכין טו.

ג"ל וראה הכהן והנה כו'

[עי' תוספות שבת עט: ד"ה תפלין וכו' מה שהניחו בקושי]

לקמן יח. ידים פ"ד מ"ה ע"ש

רבינו חננאל

אמר ליה רב פפא לאביי מ"ש האי מזובו דממעיט ליה לזב בעל ב' ראיות מקרבן כדאמרן והאי מזובו מרבי ליה לזב בעל ב' ראיות לספירת ז' א"ל אביי אי לאו לרבויי אתא לשתוק קרא מיניה ולא יכתוב מזובו כלל · וכי תימא הוה אתי מן הדין כדאמרינן והלא דין הוא כו' פרכינן עלה שומרת יום כנגד יום תוכיח ונדחה הדין וא"ת האי מזובו לגופו בא · ללמד מזובו ולא מנגעו א"כ היה לו לכתוב וכי יטהר הזב וספר לו מזובו למה לי אלא לא בא מופנה אלא לרבות זב בעל ב' ראיות שטעון ספירת ז' · תנא בתוספתא אין בין זב לזבה אלא [שהזב] טעון מים חיים וזבה אינה טעונה ביאת מים חיים אין בין זבה לנדה אלא *) קרבן אין בין נדה ליולדת אלא הבאת קרבן אין בין נדה לשומרת יום כנגד יום אלא ספירת ז': [מתני'] אין בין מצורע מוסגר למצורע מוחלט אלא פריעה ופרימה **) ותגלחת וצפורין · פי' מצורע הנטהר מתוך הסגר כגון שנראתה בהרת באדם והסגירה הכהן פעם ראשונה ושניה וראה והנה כהה הנגע ולא פשה הנגע וטהר ונקרא מצורע מוסגר אין עליו אלא טבילה והערב שמש אבל אם פשתה וטמאו הכהן נעשה מצורע צמות והוא הנקרא מצורע מוחלט כדמתרגמינן לצמיתות לחלוטין ועליו כתיב והצרוע אשר בו הנגע בגדיו יהיו פרומים וראשו יהיה פרוע · וזו היא פריעה ופרימה פריעה לגדל פרע שער ראשו ולכשיטהר טעון גלוח כל שערו פי' פרימה קריעת הבגדים ושלוח צפור ושחיטת האחרת הא לענין שלוח מן המחנה כדכתיב וישלחו מן המחנה כל צרוע זה וזה שוין וכן לטמויי בביאה כדתנן בנגעים פרק ז' הטהור מתוך הסגר פטור מן הפריעה ומן הפרימה ומן התגלחת ומן הצפרים מתוך החלט חייב בכולם וזה וזה מטמאין בביאה ותנן נמי בפרק י"ג (משנה י"ב) מצורע שנכנס לבית הכלים שיש שם מטמאין [אפי'] עד הקורות: מנא לן ופשים לה רבה מהכא. והצרוע אשר בו הנגע דייקינן קרא דכתיב בו · מי שצרעתו תלויה בגופו טעון פריעה ופרימה יצא מצורע מוסגר שאין צרעתו תלויה בגופו אלא בימים כלומר במלאות ז' ימים ולא פשה הנגע נטהר · אי הכי לענין שלוח נמי דהא כתיב כל ימי אשר הנגע בו יטמא וגו' · נידוק נמי בו דכתיב בהאי קרא · וניטא מי שצרעתו תלויה בגופו טעון שילוח מתוך למחנה יצא מצורע מוסגר שאין טעון שילוח · וא"ת אין הכי נמי והא דייקינן ממתני' דקתני אין בין מצורע מוסגר כו' · הא לענין שילוח זה וזה שוין · ופרקינן אי הוה כתיב ימי אשר הנגע בו כדקאמרת השתא דכתיב כל לרבויי מצורע [מוסגר] לשילוח אי הכי דהאי כל לרבויי אתא אפי' תגלחת וצפרין ניבעי · ופרקינן כתיב והנה נרפא נגע הצרעת מן הצרוע וצוה הכהן ולקח למטהר שתי צפרים חיות וגו' · הצרוע שצרעתו בגופו ונתרפא טעון צפרים ותגלחת יצא מצורע מוסגר שאין צרעתו תלויה ברפואות אלא בימים: [מתני'] אין [בין] ספרים לתפלין ומזוזות אלא שהספרים כו' · דייקינן מינה הא לתופרן בגידין ולטמויי את הידים ככתבי הקדש אלו ואלו שוין · ואקשינן וספרים הנכתבין בכל לשון מטמאין את הידים · והתנן בסוף מסכת ידים תרגום שבעזרא ושבדניאל מטמא את הידים תרגום שכתבו עברית

*) כ"ה גם בתוספתא דמגילתין אבל נראה דל"ל ספירת ז' וקרבן וכן לקמן אין בין נדה לשומרת יום וכו' אלא ספירת ז' נמי לריך לסגיה בזה וצ"ע. **) חסר כאן וצ"ל אין בין טהור מתוך הסגר לטהור מתוך החלט אלא תגלחת וכו'.

גליון הש"ס

מתני' אין בין מצורע · עי' מ"ק ז. תד"ה אמר רבי: **עין משפט** אות ד' מיי' פ"י · לא נזכר כלל ברמב"ם מזה ובשמות דברי רמב"ם מיירי דליכא טומאה כלל למפרע אף לא טומאה קלה · ועיין בספר ראשון לציון לבעל פרי תואר: **רש"י** ד"ה לתופרן בגידין וכו' בתפילין ומזוזות · עיין תשובת חות יאיר סימן קלב אות יג:

הגהות הב"ח

(א) גמ' האי מיבעי ליה מזובו ולא מזובו ומנגעו א"כ: (ב) שם כל ימי לרבות מצורע מוסגר לשילוח (אי הכי תגלחת וצפרים וכו' ברפואות אלא בימים) תא"מ ונ"ב ס"א אין בין טהור מתוך הסגר וכו' מאי טעמא אמר אביי אמר קרא ויצא: (ג) רש"י ד"ה מאי שנא וכו' דרשת ליה למקלת וכו' לגבי קרבן דלא דרשת: (ד) ד"ה הכא נמי וכו' בביאה למפרע מחומרי: (ה) ד"ה אשר בו משמע בגופו סס"ד: ומס"ד מי שצרעתו תלויה בגופו טומאתו: (ו) ד"ה יצא מוסגר וכו' ביום שביעי סימני: (ז) ד"ה כתבו מקרא וכו' תרגום של דניאל כצ"ל ותיבת כתב נמחק: (ח) תוספות ד"ה עד וכו' דכתיבה אשורית דכשרה אף לשאינן מכירין משום הכי:

הגהות מהר"ב רנשבורג [א] מתני' אין בין ספרים כו'. נ"ב עיין מנחות דף ל"ב ע"א תוס' ד"ה תפלין וכו' הו"ק:

to count seven days? [8b]—This argument can be confuted by the case of the woman who is keeping day for day,[4] for such a one defiles bed and seat[5] but does not count seven days. And thus do not be surprised that this one also, although he defiles bed and seat, should not be obliged to count seven days. Therefore it says, *'from his issue, and he shall number'*, which implies that after part of his issue[6] he shall number; this teaches with regard to one with an issue who has had two observations that he is required to count seven days.

R. Papa said to Abaye: Why do we use the one text *'from his issue'* to *include*[7] one with an issue who has had two observations, and the other text *'from his issue'* to *exclude*[8] one with an issue who has had two observations?—He replied: If you should assume that the former text[9] is for the purpose of *excluding*, then the text could simply omit the word. And should you say, we could then derive the rule [that he is to count seven days] by a logical deduction, such a deduction could be confuted by the case of the woman who counts day for day. And should you say that this word is required to show that the text refers to one who is cleansed of his issue [only] and not [of his issue and] his leprosy,—in that case the text should say, *'and when he that hath an issue is cleansed'*, and no more. Why do I require, *'from his issue'?* This teaches that one with an issue who has two observations is required to count seven days.

MISHNAH. THERE IS NO DIFFERENCE BETWEEN A LEPER
a WHO IS UNDER OBSERVATION[1] AND ONE DEFINITELY DECLARED SUCH[2] SAVE IN THE MATTER OF LEAVING THE HAIR LOOSE[3] AND RENDING THE GARMENTS.[4] THERE IS NO DIFFERENCE BETWEEN A LEPER WHO HAS BEEN DECLARED CLEAN[2] AFTER BEING UNDER OBSERVATION[5] AND ONE WHO HAS BEEN DECLARED CLEAN[2] AFTER HAVING BEEN DEFINITELY DECLARED A LEPER SAVE IN THE MATTER OF SHAVING AND [OFFERING] THE BIRDS.[6]

GEMARA. From this it is to be inferred that in the matter of being sent outside [the camp][7] and uncleanness[8] they are on the same footing. Whence is this rule[9] derived?—As R. Samuel b. Isaac taught before R. Huna: *Then the priest shall pronounce him clean; it is a scab; and he shall wash his clothes and be clean;*[10] which implies that he shall already have been [in a sense] clean[11] from the first, not having been liable to rending the garments and loosening the hair. Said Raba to him: If that is so, then in regard to one with an issue, of whom it is written, and he *shall wash his garments and be clean,*[12] how is it possible to say that he shall have been clean from the start? What it means then is, 'clean *now* so
b far as not to defile earthenware vessels by moving them',[1] so that, even if he observes an issue again, he does not defile them retrospectively. So here, [the meaning is that] the leper is clean *now* to the extent of not defiling retrospectively by his entrance![2] The fact is, said Raba, that we learn it from here: *And the leper in whom the plague is;*[3] [that means] one whose leprosy is due to the state of his body, excluding this one[4] whose leprosy is due to days.[5] Said Abaye to him: If that is so, then when it says, *All the days wherein the plague is in him he shall be unclean,*[6] are we to say that one whose leprosy is due to his state of body is required to be sent out of the camp, but one whose leprosy is not due to his state of body is not to be sent out of the camp? And should you reply that that is so, [how can this be] seeing that it states, THERE IS NO DIFFERENCE BETWEEN A LEPER UNDER OBSERVATION AND ONE DEFINITELY DECLARED SUCH SAVE IN THE MATTER OF LOOSENING THE HAIR AND RENDING THE GARMENTS, from which it may be inferred that in the matter of being sent out [of the camp] and defiling by entrance they are on the same footing?—[The text might have said simply] 'the days', and it says, *'all the days'*, to bring a leper under observation within the rule of sending out [of the camp]. If that is the case, what is the reason that he is not required to shave and offer birds [which is not the case], as it states: THERE IS NO DIFFERENCE BETWEEN A LEPER UNDER OBSERVATION AND ONE DEFINITELY DECLARED SUCH SAVE IN THE MATTER OF SHAVING AND OFFERING BIRDS?—Abaye replied: Scripture says: *And the priest shall go forth out of the camp, and behold the plague of leprosy is healed in the leper;*[7] this means, one whose leprosy is such because it requires healing,[8] and excludes one whose leprosy is such in virtue not of [requiring] healing but of days [of isolation].

MISHNAH. THERE IS NO DIFFERENCE BETWEEN BOOKS
c [OF THE SCRIPTURE][1] AND TEFILLIN AND MEZUZAHS[2] SAVE THAT THE BOOKS MAY BE WRITTEN IN ANY LANGUAGE[3] WHEREAS TEFILLIN AND MEZUZAHS MAY BE WRITTEN ONLY IN ASSYRIAN.[4] R. SIMEON B. GAMALIEL SAYS THAT BOOKS [OF THE SCRIPTURE] ALSO WERE PERMITTED [BY THE SAGES] TO BE WRITTEN ONLY IN GREEK.

GEMARA. [From this we infer] that for requiring [the sheets] to be stitched with sinews[5] and for defiling the hands[6] both are on the same footing.

BOOKS MAY BE WRITTEN IN ANY LANGUAGE. The following seems to conflict with this: '[A Scriptural scroll containing] a Hebrew text written[7] in Aramaic or an Aramaic text written in Hebrew,[8] or [either] in Hebraic script,[9] does not defile the hands;[10] [it does not do so] until it is written in Assyrian script upon a scroll and in ink'!—Raba replied: There is no contra-

(4) If a *niddah* (v. Glos.) who is counting her eleven days between the menses sees blood on one or two of the days, she need not count seven clean days but becomes clean after ablution on the evening of the following day. V. Sanh. (Sonc. ed.) 87a n. a2. (5) V. Nid. 72b. (6) Cf. *supra* n. b10. (7) Under the obligation to count seven days. (8) From the obligation to bring a sacrifice. (9) Lev. XV, 13.

a (1) מוסגר Lit., 'shut up'. V. Lev. XIII, 4. (2) מוחלט Lit., 'confirmed'; by the priest. Ibid. v. 11. (3) Or 'let his hair grow wild', v. M.Ḳ. 15a. (4) Which is incumbent on the latter but not on the former. Ibid. 45. (5) I.e., one in whom the suspicious signs did not develop into actual leprosy. (6) Which was incumbent on the latter. Lev. XIV, 2-7. (7) V. Num. V, 2. (8) The stringent laws of uncleanness to which lepers are subjected. (9) That the leper under observation need not loosen his hair and rend his garments. (10) Lev. XIII, 6, of the suspect in whom the signs do not develop. (11) The Hebrew word being וְטָהֵר in the present tense (as if to say: 'and he was already clean'), where the future יִטְהָר might have been used. (12) Lev. XV, 13. Here again the present tense וְטָהֵר is used.

b (1) Without touching them. Such a defilement is termed היסט. (2) The rule was that a leper by entering a room defiled persons and things within it. The question thus remains, Whence is this rule (v. n. a9) derived? (3) Lev. XIII, 45. (4) The leper under observation. (5) It is the seven days of his observation that cause him to be designated a leper, for should there be no change in the leper at the end of the seven days he is pronounced clean. (6) Ibid. 46. (7) Lev. XIV, 3. (8) I.e., who has been declared definitely a leper. Only such a one has to shave and bring birds.

c (1) This means apparently, scrolls of the Scriptural books. (2) V. Glos. (3) Apparently what is meant is that official translations for use in the synagogue may be made in any language. We know actually of two such—the Aramaic translation known as Targum Onkelos, and the Greek translation of Aquilas made under the supervision of R. Eleazar and R. Joshua. (4) 'Assyrian' is used as the equivalent of Hebrew written in the square characters used for religious writings. This script was called 'Assyrian', the reason being that it came into common use after the return of the Jews from the Babylonian exile; v. Sanh. (Sonc. ed.) 21b-22a and notes. (5) And not merely with flax thread. (6) V. *supra* 7a n. a11. (7) I.e., translated into. (8) E.g., the Chaldaic parts of Daniel and Ezra. (9) כתב עברי. The ancient Hebrew script (as found e.g., in the Siloam and Moabite inscriptions and old Jewish coins, and in modified form in Samaritan writing) which was in common use before the Exile. V. Sanh. ibid. (10) Whereas the Mishnah seems to imply that they do.

diction; [9a] the one statement [that of the Mishnah] speaks of [books written in] our script,[11] the other of [books written in] their script.[12] Said Abaye to him: How have you explained the other statement [that of the Baraitha]? As referring to their script. [If so], why should it say, 'A Hebrew text written in Aramaic or an Aramaic text written in Hebrew'? The same would apply even to a Hebrew text which is written in Hebrew or an Aramaic text which is written in Aramaic, since it goes on to
a say, 'till it is written in Assyrian on a scroll in ink'![1] No. [What you must say is], there is no contradiction: the one statement [in the Mishnah] represents the view of the Rabbis, the other that of R. Simeon b. Gamaliel. But if it is the view of R. Simeon b. Gamaliel, what about Greek?[2]—No. What you must say is, there is no contradiction; the one statement [in the Mishnah] refers to scrolls, the other to *tefillin* and *mezuzahs*. What is the reason [why] *tefillin* and *mezuzahs* [must be written in Assyrian]?—Because in reference to them it is written, *and they shall be*,[3] which implies, they shall be as they originally were. What cases are there of Aramaic which can be written in Hebrew? I grant you we find in the Torah *yegar sahadutha*;[4] but here [in the case of *tefillin* and *mezuzoth*] what Aramaic is there?—No. What you must say is, there is no contradiction; the one statement [in the Baraitha] refers to the Megillah, the other to the other books [of the Scripture]. What is the reason in the case of the Megillah?—Because it is written in regard to it, *according to their writing and according to their language*.[5] What case of Aramaic being written in Hebrew is possible here?—R. Papa said: *And the king's* pithgam[6] *shall be published*;[7] R. Naḥman b. Isaac said: *And all the wives shall give* yeḳar[8] *to their husbands*.[9] R. Ashi said: That statement [in the Baraitha] was made in reference to other books [of the Scripture], and it follows the view of R. Judah, as it has been taught: '*Tefillin* and *mezuzahs* are to be written only in Assyrian, but our Rabbis allowed them to be written in Greek also'.[10] But is it not written, *and they shall be?* I must say therefore, 'Scrolls of the Scripture may be written in any language, and our Rabbis
b permitted them to be written in Greek'.[1] They permitted! This would imply that the First Tanna forbade it! What I must say therefore is, 'Our Rabbis permitted them to be written *only* in Greek'. And it goes on to state, 'R. Judah said: When our teachers permitted Greek, they permitted it only for a scroll of the Torah'.[2] This was on account of the incident related in connection with King Ptolemy,[3] as it has been taught: 'It is related of King Ptolemy that he brought together seventy-two elders and placed them in seventy-two [separate] rooms, without telling them why he had brought them together, and he went in to each one of them and said to him, Translate[4] for me the Torah of Moses your master.[5] God then prompted each one of them and they all conceived the same idea and wrote for him, *God created in the beginning*,[6] *I shall make man in image and likeness*,[7] *And he finished on the sixth day, and rested on the seventh day*,[8] *Male and female he created him*[9] [but they did not write 'created them'],[10] *Come let me descend and confound their tongues*,[11] *And Sarah laughed among her relatives*;[12] *For in their anger they slew an ox and in their wrath they digged up a stall*;[13] *And Moses took his wife and his children and made them ride on a carrier*
c *of men*;[1] *And the abode of the children of Israel which they stayed in Egypt and in other lands was four hundred years*;[2] *And he sent the elect of the children of Israel*;[3] *And against the elect of the children of Israel*

(11) Even though in another language. (12) The Scriptural text was transliterated into the characters of a foreign language.

a (1) This shows, according to Abaye, that the Baraitha is speaking of the language, independently of the script. (2) According to Abaye, the Baraitha, in saying, 'till it is written in Assyrian' forbids even Greek, which is allowed by R. Simeon. (3) Deut. VI, 8. (4) Gen. XXXI, 47. (5) Esth. VIII, 9. (6) Aramaic for the Heb. *dabar*, 'decree'. (7) Ibid. I, 20. (8) Aramaic for the Heb. *kabod*, 'honour'. (9) Ibid. (10) The quotation is here interrupted.

b (1) The quotation is again interrupted. (2) Thus R. Judah forbade other books of the Scripture to be written save in the original language. (3) It seems to be an historical fact that a Greek translation of the Pentateuch was made in the time of King Ptolemy Philadelphus of Egypt (285-247), but many regard this as apocryphal; cf, *The Letter of Aristeas*. (4) Lit., 'write'. (5) Here follow a number of cases in which the translation of the Elders did not follow the Massoretic text. We do not find all these variants in our texts of the Septuagint. (6) Instead of 'In the beginning God created'. The purpose of this change was apparently to prevent the idea of Two Powers being read into the text, i.e., 'In the beginning' and 'God'. V. Rashi and Tosaf. a.l. (7) Gen. I, 26, instead of 'Let *us* make', for the same reason. (8) Ibid. II, 2, instead of 'and he finished on the seventh day', which might be taken to imply that some work was done on the seventh day. (9) Ibid. V, 2. (10) Which might be taken to mean that they were separate from the first. (11) Ibid. XI, 7: 'me' instead of 'us'. V. n. 7. (12) Ibid. XVIII, 12: instead of 'in herself', in order to make a distinction between Sarah and Abraham, who also laughed inwardly. (13) Ibid. XLIX, 6: 'ox' instead of 'man', to save the name of Jacob's sons.

c (1) Ex. IV, 20: 'carrier of men' instead of 'ass', to save the dignity of Moses. (2) Ibid. XII, 40. The words 'and in other lands' are inserted because, according to the Biblical record, the Israelites were at the utmost 210 years in Egypt. (3) Ibid. XXIV, 5: 'elect' instead of 'young men', which is regarded as not suitable to the context.

כאן *בגופן שלנו כאן בגופן שלהן אמר ליה אביי במאי אוקימתא להההיא בגופן שלהן מאי איריא מקרא שכתבו תרגום ותרגום שכתבו מקרא אפילו מקרא שכתבו מקרא ותרגום שכתבו תרגום נמי דהא קתני עד שיכתבנו אשורית על הספר בדיו אלא לא קשיא הא רבנן הא רשב"ג אי רשב"ג הא איכא יונית אלא לא קשיא כאן בספרים כאן בתפלין ומזוזות תפלין ומזוזות מ"ט משום דכתיב בהו °והיו בהווייתן יהו מאי תרגום שכתבו מקרא איכא בשלמא תורה איכא °יגר שהדותא אלא הכא מאי תרגום איכא אלא לא קשיא כאן במגילה כאן בספרים מגילה (א) מ"ט דכתיב בה ככתבם וכלשונם מאי תרגום שכתבו מקרא איכא אמר רב פפא °ונשמע פתגם המלך רב נחמן בר יצחק אמר °וכל הנשים יתנו יקר לבעליהן רב אשי אמר כי תניא ההיא בשאר ספרים ורבי יהודה היא דתניא תפלין ומזוזות אין נכתבין אלא אשורית ורבותינו התירו יונית והכתיב והיו אלא אימא ספרים נכתבים בכל לשון ורבותינו התירו יונית התירו מכלל דתנא קמא אסר אלא אימא רבותינו לא התירו שיכתבו אלא יונית ותניא א"ר יהודה אף כשהתירו רבותינו יונית לא התירו אלא בספר תורה ומשום מעשה דתלמי המלך (א) דתניא *מעשה בתלמי המלך שכינס שבעים ושנים זקנים והכניסן בשבעים ושנים בתים ולא גילה להם על מה כינסן ונכנס אצל כל אחד ואחד ואמר להם כתבו לי תורת משה רבכם נתן הקב"ה בלב כל אחד ואחד עצה והסכימו כולן לדעת אחת *°וכתבו לו °אלהים ברא בראשית °אעשה אדם בצלם ובדמות °ויכל ביום הששי וישבות ביום השביעי °זכר ונקבה בראו ולא כתבו בראם °הבה ארדה ואבלה שם שפתם °ותצחק שרה בקרוביה °כי באפם הרגו שור וברצונם עקרו אבוס °ויקח משה את אשתו ואת בניו וירכיבם °על נושא בני אדם °ומושב בני ישראל אשר ישבו במצרים *ובשאר ארצות ארבע מאות שנה °וישלח את זאטוטי בני ישראל °ואל זאטוטי בני ישראל לא שלח ידו

לא

רש"י

גופן · כתיבה: כאן בגופן שלנו . מתניתין דקתני בכל לשון שלא שינה את הכתב אלא ששינה את הלשון וברייתא בגופן שלהן: הא . דאמר עד שיכתבנו בכתב אשורית: רבן שמעון בן גמליאל היא . דפליג אדרבנן במתניתין: אי רבן שמעון בן גמליאל . אמאי קתני בברייתא עד שיכתבנו אשורית: אלא לא קשיא. גרסינן: והיו הדברים האלה. כתיב בתפילין ומזוזות שכתובין בהן פרשיות של שמע: בשאר ספרים. נביאים וכתובים: מכלל דתנא קמא. בתמיהה והא תנא קמא שרי בכל לשון: רבותינו אמרו. רבן שמעון בן גמליאל: תלמי. מלך מצרים היה: אלהים ברא בראשית. את השמים שלא יאמר בראשית שם הוא ושתי רשויות הן וראשון ברא את השני: אעשה אדם. שמכאן פקרו האומרים שתי רשויות הן דכתיב נעשה אדם (בראשית א): ויכל ביום הששי. שלא יאמר אף הוא עשה מלאכה בשבת דהא כתיב ויכל ביום השביעי והוא לא יקבל עליו מדרש חכמים שדרשו בו מה היה העולם חסר מנוחה באתה שבת באתה מנוחה והוא גמרו: זכר ונקבה בראו ולא כתבו בראם. דמשמע שני גופין ברא כל אחד זכר ונקבה שני פרצופין לכך כתבו בראו שכך נברא אדם בשני פרצופים: בקרוביה. שלא יאמר על אברהם לא הקפיד דכתיב ויצחק ועל שרה הקפיד לפיכך כתבו בקרוביה לומר אברהם בלבו והיא אמרה בקרוביה: נושא בני אדם. דמשמע גמל שלא יאמר משה רבכם לא היה לו סוס או גמל: הרגו שור. שלא יאמר רצחנים היו אבותיכם שהרי אביהם מעיד עליהם שהם הרגו איש לכך כתבו שור שלא היו חשובין בעיניו אלא כבהמות ולא הקפיד (ב) על הבהמות: ובשאר ארצות. שלא יאמר שקר כתוב בתורה שהרי קהת מיורדי מצרים היה וכשתחשב מנה שנותיו של קהת ושנותיו של עמרם ושנותיו של משה כולן אין מגיעות לד' מאות שנה כל שכן שהרבה משנות הבנים נבלעין בתוך שנות האבות אלא שמנה הכתוב מיום שנגזרה גזרת גלות מצרים בין הבתרים ומשם עד שנולד יצחק שלשים שנה ומשנולד יצחק עד שיצאו ישראל ממצרים ארבע מאות שנה לא תמצא שישים של יצחק ומאה ול' שחיה יעקב כשבא למצרים נשארו מאתים ועשר וכן היתה הגזרה כי גר יהיה זרעך בארץ לא להם (בראשית טו) ולא נאמר במצרים אלא בארץ לא להם וכשנולד יצחק היה אברהם גר בארץ פלשתים ומאז עד שיצאו ממצרים נמצא יצחק וזרעו שכן זרעו של אברהם גרים ושלשים של קודם לכן לא נמנו בגזרה דהא זרעך כתיב: זאטוטי. לשון חשיבות אבל נערי לשון קטנות ויאמר גרועים שלכם שלחתם לקבל פני שכינה: ואל זאטוטי בני ישראל. באותה פרשה עצמה ולפי שכתבו זאטוטי תחילה חזרו וכתבום כשמם הראשון ולא כתבו ואל אצילי בני ישראל:

לא

תוספות

בשלמא תורה איכא יגר שהדותא. וקשה אמאי מפסלא בהכי והלא אלו היה חסר כל אלו *השלש תיבות לא מפסיל בהכי כדאמרינן בגיטין (דף ס:) ספר תורה שחסר יריעה אחת אין קורין בו משמע דווקא יריעה אחת אבל פסוק אחד לא ודחק הקונטרס לומר דגרע טפי כשהוא כתוב תרגום מכשהוא לא נכתב כלל ויש לומר דהכא לא בא אלא להשמיענו דהוי טעות וצריך להגיהו:

כאן במגילה כאן בשאר ספרים. וקשה דהך ברייתא כמאן מתוקמא לא כרבן שמעון בן גמליאל ולא כרבנן דאי רבנן א"כ הוה ליה למיתני במתני' מגילה גבי תפילין ומזוזות שאין נכתבין אלא אשורית וכרבן שמעון בן גמליאל לא מתוקמא שהרי הוא מתיר אף יונית ואין לומר דהני מילי בשאר ספרים [מתיר רשב"ג יונית] אבל במגילה מודה שצריך אשורית זה אינו דהא בפרק שני (דף יח.) אמרי רב ושמואל דלעז יונית לכל כשר ומסיק דאינהו אמור כרשב"ג ומסיק נמי התם קא משמע לן דאף במגילה נמי אמרי מלתייהו ועל כרחך צריך לומר שזה המתרץ אין סובר דרבן שמעון בן גמליאל קאי כוותיה דרב ושמואל דלקמן אלא סובר ליה דרבן שמעון בן גמליאל לא התיר במגילה אלא אשורית ומשום דכתיב בהו ככתבם וכלשונם ורב ושמואל דלקמן סבירא להו [כשינויא] דרב אשי דבסמוך: ורב אשי אמר ההוא בשאר ספרים ב] ור' יהודה היא. וקשה דהא בפרק כל כתבי (שבת דף קטו: ושם) אמר רב אשי (ג) אין בין ספרים למגילה אלא שהספרים נכתבין בכל לשון ומגילה צריך אשורית בספר ובדיו אלמא דבשאר ספרים לא צריך אשורית וספר ודיו ואם כן מנא ליה לרב אשי לומר דר' יהודה מחמיר ומצריך כולי האי והא לא אשכח התם שום תנא דפליג עליה וי"ל דההיא דכל כתבי (ג"ז שם) מיירי לענין הצלה מפני הדליקה דווקא והכי קאמר בשאר ספרים יש להצילם אע"ג דנכתבין בכל לשון שהרי יש בהן כמה שמות קדושים אבל במגילה שאין בה שום אזכרה אין להצילה אלא אם כן כתובה כהלכתה והכא מיירי להכשיר לקרות בהן:

אלהים ברא בראשית. פ"ה שאם כתבו בראשית ברא היו אומרים בראשית שם הוא ושתי רשויות הן וקשה שהרי בראשית אין שם כלל אלא בתחלה ועוד שכתבו לו בלשון יונית בתחלה וי"ל שהיונים היו יודעים שלעולם יש להזכיר הבורא בתחילה ואם כן אלו כתבו בראשית קודם היה אומר דשתי רשויות הן והתיבה הראשונה הוי בורא אחד ואלהים הוי השני משום הכי הפכו לו: על עשה אדם. פן יאמר להם וכי לא היה לו למשה רבכם סוס או גמל: (*ואל) זאטוטי בני ישראל. וקשה אמאי לא כתבו לו וישלח את אצילי בני ישראל כדכתיב בסמוך והוי לשון גדולה ויש לומר לפי שלא רצו לשקר ולכך כתבו לו זאטוטי במקום נערי ובמקום אצילי דמשמע לשון גדולה כמו זוטו של ים (ב"מ דף כא:) ומשמע נמי לשון השפלה כדאמרינן התם* האומר לצולה חרבי (ישעיה מד) זו בבל שהוא זוטו של עולם פי' עומקו ותחתיתו ושפלה מכל ארצות כדאמרינן נמי התם (שבת דף קיג:) הלכך נקרא שמה בבל שכל מתי מבול ננערו שם (זבחים דף קיג:):

אין

רבינו חננאל

עברית. ועברית שכתבו תרגום וכתב עברי אינו מטמא את הידים עד שיכתבנו אשורית. על עור ובדיו ופריק רבה מסתני' דקתני דכתבינן בכל לשון בגופן שלנו*). כלומר בצורות האותיות שלנו ובלשון אחר וזולתי לשה"ק. לפיכך מטמאין את הידים. שהאותיות בכתב אשורי הן. ומתני' השנויה במסכת ידים בגופן של שאר לשונות שבאומות לפיכך אין מטמאין [את הידים]. והאי פירוקא דרבה איפריכא וסוגיא דשמעתא בפירוקא דרב אשי סלקא: (את הידים) ואקשינן אי הכי מאי איריא עברית שכתבו תרגום אפי' עברית שכתבו עברית בגופן של שאר לשונות לא. דקתני עד שיכתבנו אשורית על העור בדיו ופרקינן לעולם ב' המשניות בגופן שלנו. ומשנה השנויה במס' ידים לרשב"ג היא דמצריך בכל הספרים אשורית. ודחינן והא איכא יוונית לרשב"ג שהוא מתיר למה שנה עד שיכתבנו אשורית בלבד. אלא לא קשיא מתניתין בספרים ומשנה השנויה בידים בתפלין ובמזוזות. ומשנינן ודחינן ואוקמה למתני' דהתם רב אשי בשאר ספרים וזולתי ס"ת. ור' יהודה היא דתניא ספרים נכתבים בכל לשון. ורבותינו [התירו] שיכתבו יוונית כו' אבל תפלין ומזוזות דברי הכל אשורית דכתי' בהו והיו בהווייתן יהו. ותניא א"ר יהודה אף כשהתירו רבותינו יוונית לא התירו אלא בס"ת. משום מעשה דתלמי המלך שכינס ע"ב זקנים בע"ב בתים אמר להם כתבו לי תורתכם. נתן הקב"ה עצה טובה בלבם והסכימה דעתם לדעת אחת. וכתבו לו אלהים ברא בראשית. אעשה אדם בצלם ובדמות כו'

*) עי' ערוך ערך גפן

[עי' מהרש"א]

[נ"ל וישלח את]

[במדבר]

מסורת הש"ס

[ג' ערוך גופן]

[מס' סופרים פ"א הלכה ח]

מכילתא פרשה בא

[נ"ל ובשאר ארצות שלשי' שנה וד' מאות שנה כך הג' בעי' וילקוט בראשית וכן בירושלמי ועי' ת"א וכן איתא במס' סופרים פ"א]

הגהות הב"ח

(א) גמ' דתלמי המלך מאי היא דתניא מעשה: (ב) רש"י ד"ה הרגו וכו' ולא הקפיד אלא על הבהמות: (ג) תוס' ד"ה ורב אשי אמר כי תניא ההיא וכו' אמר רב אשי כדתניא אין בין וכו' ומגילה עד שתהא כתובה אשורית על הספר ובדיו:

גליון הש"ס

גמ' וכתבו לו. עי' יש"ש ב"ק פ"ד סי' מ:

הגהות מהר"ב רנשבורג

א] גמ' מ"מ דכתיב בה ככתבם וכלשונם. נ"ב צ"ל ככתבם וכזמנם וכ"כ ספר"מ סימן

*) צ"ל ובספר טורי אבן יעוי"ש: ב] תוס' ד"ה ורב אשי וכו' ור' יהודה היא. נ"ב עי' מנחות דף לא ע"ב תוס' ד"ה עשאה כו' ודו"ק:

לא חמד אחד מהם נשאתי °אשר חלק ה' אלהיך אתם להאיר לכל העמים °וילך ויעבוד אלהים אחרים אשר לא צויתי לעובדם וכתבו לו (א) את צעירת הרגלים ולא כתבו לו °את הארנבת מפני °שאשתו של תלמי ארנבת שמה שלא יאמר שחקו בי היהודים והטילו שם אשתי בתורה: רשב"ג אומר אף בספרים לא התירו שיכתבו אלא יונית: א"ר אבהו א"ר יוחנן הלכה כרשב"ג וא"ר (ב) יוחנן מ"ט דרשב"ג אמר קרא *°יפת אלהים ליפת וישכן באהלי שם דבריו של יפת יהיו באהלי שם ואימא גומר ומגוג *א"ר חייא בר אבא היינו טעמא דכתיב יפת אלהים ליפת יפיותו של יפת יהא באהלי שם: **מתני'** *אין בין כהן משוח בשמן המשחה למרובה בגדים אלא פר הבא על כל המצות °אין בין כהן משמש לכהן שעבר אלא פר יום הכפורים ועשירית האיפה: **גמ'** הא לענין פר יום כפורים ועשירית האיפה זה וזה שוין מתניתין דלא כר"מ דאי ר"מ [הא תניא] *מרובה בגדים מביא פר הבא על כל המצות דברי ר"מ וחכ"א אינו מביא מ"ט דר"מ דתניא °משיח אין לי אלא משוח בשמן המשחה מרובה בגדים מנין ת"ל המשיח במאי אוקימנא דלא כר"מ אימא סיפא אין בין כהן משמש לכהן שעבר אלא פר יוה"כ ועשירית האיפה הא לכל דבריהן זה וזה שוין אתאן לר"מ דתניא *אירע בו פסול ומינו כהן אחר תחתיו ראשון חוזר לעבודתו שני כל מצות כהונה גדולה עליו דברי ר"מ רבי יוסי אומר ראשון חוזר לעבודתו שני אינו ראוי לא לכהן גדול ולא לכהן הדיוט וא"ר יוסי °מעשה ברבי יוסף בן אולם מציפורי שאירע בו פסול בכהן גדול ומינוהו תחתיו ובא מעשה לפני חכמים ואמרו ראשון חוזר לעבודתו שני אינו ראוי לא לכהן גדול ולא לכהן הדיוט כהן גדול משום איבה כהן הדיוט משום *מעלין בקודש ולא מורידין רישא רבנן וסיפא ר"מ אמר רב חסדא אין רישא רבנן וסיפא ר"מ רב יוסף °אמר *רבי היא ונסיב לה אליבא דתנאי: **מתני'** *אין בין במה גדולה לבמה קטנה אלא פסחים זה הכלל כל שהוא נידר ונידב קרב בבמה וכל שאינו לא נידר ולא נידב אינו קרב בבמה: **גמ'** פסחים ותו לא אימא כעין פסחים מני ר"ש היא דתניא *ר"ש אומר אף צבור לא הקריבו אלא פסחים וחובות שקבוע להם זמן אבל חובות שאין קבוע להם זמן הכא והכא לא קרב: **מתני'** *אין בין שילה לירושלים אלא שבשילה אוכלין קדשים קלים ומעשר שני בכל הרואה °ובירושלים לפנים מן החומה וכאן וכאן °קדשי קדשים נאכלין לפנים מן הקלעים קדושת שילה

יש

לא חמד אחד מהם נשאתי. שלא יאמר חמור לא לקח אבל חפץ אחר לקח: להאיר לכל העמים. שאם לא כן יאמר בן נח מותר בע"ז ומדרשו (ע"ז נה·) להחליקן בדברים כדי לטורדן מן העולם: אשר לא צויתי לעובדם. שאם לא כתבו לעובדם משמע אשר לא צויתי שיהיו ויאמר א"כ אלהות הן שעל כרחו נבראו: וכתבו. במקום ואת הארנבת ואת צעירת הרגלים לפי שידיה קצרות וקטנות מרגליה: יפיותו של יפת. הוא לשון יון לשון יפה משל כל בני יפת: **מתני'** מרובה בגדים. כהנים ששימשו בבית שני ואף בבית ראשון מימות יאשיהו ואילך שנגנז צלוחית של שמן המשחה: פר הבא על כל המצות. כהן משיח שהורה היתר בדבר שזדונו כרת ועשה כהוראתו מביא פר שנאמר אם הכהן המשיח יחטא לאשמת העם וגו' (ויקרא ד): כהן המשמש. כגון שאירע בו פסול ומינו אחר תחתיו ועבר פסולו וחזר לעבודתו והעבירו הבא תחתיו הראשון קרוי משמש והשני עבר: אלא פר יוה"כ. שאי אפשר להביא שנים וכן עשירית האיפה חביתי כהן [גדול] שבכל יום שאי אפשר להביא שנים: **גמ'** הא לכל דבריהן זה וזה שוין. ואם בא להקטיר או לעבוד שום עבודה משמש בשמונה בגדים כהן שעבר ככהן המשמש: כל מצות כהונה גדולה עליו. משמש בח' בגדים לא פורע ולא פורם ומצווה על הבתולה ומוזהר על האלמנה ומקריב אונן: ואינו ראוי. לשמש לא בשמונה בגדים ככהן גדול ולא בארבעה ככהן הדיוט: רבי היא. וסתמה אליבא דנפשיה: ונסיב ליה אליבא דתנאי. במרובה בגדים סבר לה כרבנן ובכהן שעבר סבר לה כר' מאיר: **מתני'** אין בין במה. אין הפרש בשעת היתר הבמות בין במה גדולה זה מזבח של משה בעודו בנוב וגבעון: לבמה קטנה. מזבח של יחיד שכל יחיד ויחיד עושה במה לעצמו: קרב בבמה. קטנה: כל שאינו נידר ונידב כו'. בזבחים יליף לה בפרק בתרא: **גמ'** פסחים ותו לא. והא קתני סיפא כל שאינו נידר ונידב אינו קרב בבמה קטנה ואילו בגדולה היו מקריבין קרבנות צבור תמידין ומוספין וקא ס"ד דאף חובות צבור שאין קבוע להן זמן היו קריבין בה כגון פר העלם דבר של צבור ושעירי ע"ז: כעין פסחים. וכל חובות הקבוע להם זמן כפסחים: מני. מתניתין דקתני דבמה קטנה אין קרב בה שום חובה ואמר דבמה גדולה לא עדיפא מינה אלא בחובות הקבוע להן זמן: ר' שמעון היא. דאמר בפרק בתרא דזבחים אף צבור לא הקריבו בבמה גדולה שום חובה אלא פסחים וחובות הקבוע להן זמן אבל חובות שאין קבוע להן זמן כגון פר העלם דבר ושעירי ע"ז הכא והכא לא קרב אבל כדרבנן דהתם לא מתוקמא מתניתין דהא אמרי כל שהצבור מקריבין באהל מועד שבמדבר מקריבין באהל מועד שבגלגל דהיא במה גדולה ואפילו פר העלם דבר ומתניתין קתני פסח וכיוצא בהן: **מתני'** בכל הרואה. בכל מקום שיוכל לראות משם את שילה ובפרק בתרא דזבחים יליף טעמא:

יש

אין בין כהן משוח למרובה בגדים אלא פר הבא על כל המצות. *פירוש פר כהן משיח שחטא בשוגג דעשה אחת מכל מצות ה' אשר לא תעשינה ואשם בדבר שזדונו כרת אבל לא איירי בפר העלם דבר של צבור דכתיב ביה הכהן המשיח (יחטא) דהא מרבינן בת"כ (ג) ואפילו כהן הדיוט יכול להביאו וכל שכן מרובה בגדים: **אין** בין כהן המשמש לכהן שעבר אלא פר יום הכפורים. קשה אמאי נקט לכהן שעבר דהא אפילו ביום שאירע בו פסול לכהן המשמש ושמש זה תחתיו הוי חילוק זה שהפר בא מן המשמש אע"פ שאין משמש כדאי' בירושלמי ואם כן הוה ליה למימר בין הכהן המשמש לכהן שיעבור וי"ל דאי נקט לאותו שיעבור הוה משמע הא לאותו שעבר כבר דהוי בכל שנה יש הרבה חילוקים ביניהם משום הכי נקט לאותו שעבר לאשמועינן דאף בדידיה ליכא אלא חילוק זה וא"ת למאי דפרישית שהפר הוי מאותו שאירע בו הפסול אע"ג שאין משמש א"כ קשיא מהא דאמר סוף פ"ק דשבועות (דף יד:) אשר לו ולא משל אחיו הכהנים ואדרבה היה לו לומר ולא מאותו המשמש תחתיו דהוי רבותא טפי ושמא משום דהוי מלתא דלא שכיחא שבקיה ונקט מידי דשכיח כל שנה והאיא נמי דהקומץ רבה (מנחות דף יט·) דקאמר דגלי רחמנא שחיטה בבעלים לא קשה לפירושינו (ד) דשרי דכיון דזכי ליה רחמנא הוי כאילו מקדים משלו: **ולא** לכהן הדיוט משום מעלין בקדש וכו'. קשיא למה ליה האי טעמא תיפוק ליה דכיון דראוי לכהן גדול אי לאו משום איבה א"כ אינו יכול לשמש בארבעה בגדים משום דהוה ליה מחוסר בגדים ויש לומר דמשום האי טעמא לא הייט מקפידין כיון דעל פי בית דין *הוא אי לאו טעמא דמעלין: **מני** רבי שמעון היא דאמר אף צבור לא הקריבו. נראה דכיון דמוקמינן למתני' כרבי שמעון א"כ סיפא נמי אתיא כוותיה דקתני זה הכלל כל הנידר ונידב קרב בבמה וקשה דהא נזירות דהוי דבר הנידר ונידב כדאמרינן בפרק שני דתמורה (דף יד: ושם) ואפילו הכי אית ליה לר' שמעון פ' בתרא דזבחים (דף קיז· ושם) דמנחות ונזירות אין קרב אפילו בבמה גדולה וי"ל דהכי מיפרשא מתניתין זה הכלל כל הנידר ונידב שקרב בבמה גדולה כגון עולה ושלמים ליחיד קרב בבמה קטנה וכל שאינו נידר ונידב ואע"פ שקרב בבמה גדולה אין קרב בבמה קטנה אבל מודה הוא דיש נידר ונידב שאין קרב לא בבמה גדולה ולא בבמה קטנה*:

שמעתי

עין משפט נר מצוה

סד א מיי' פ"ד מהל' כלי המקדש הלכה יד:

סה ב מיי' פט"ו מהל' שגגות הלכה ז:

סו ג מיי' פ"א מהלכות עבודת יוה"כ הלכה ג:

סז ד מיי' פ"ז מהלכות בית הבחירה הלכה טו ופ"ו שם הלכה יד ופ"י מהלכות מעשה הקרבנות הלכה ה:

סח ה מיי' פ"א מהלכות בית הבחירה הלכה טו ופ"י מהלכות מעשה הקרבנות הלכה ג ופי"א שם הלכה ה:

מסורת הש"ס

[יומא ע: ע"ש] [נ"ל אלא א"ר וכן גי' ע"ש] הוריות יא: הוריות יב. ג"ז שם: יומא יב: [תוספתא יומא פ"א] [עי' תוס' יומא סירושם] [לקמן כח: יומא יב: וש"נ] [ר"ה ז: וש"נ] זבחים קיז. קיח. ע"ש [זבחים קיז.] [ועי' תוס' פסחים לח: ד"ה זאת אומרת] [תמורה כח:]

הגהות הב"ח

(א) גמ' וכתבו לו במקום את הארנבת את צעירת: (ב) שם הלכה כרשב"ג ואמר ר' אבהו אמר ר' יוחנן מ"ט: (ג) תוס' ד"ה אין בין כהן משוח וכו' דאפילו כהן הדיוט: (ד) ד"ה אין בין כהן המשמש וכו' קשה לפירושינו סיפי דכיון דזכי:

גליון הש"ס

גמ' מפני שאשתו. בירושלמי וכן במ"ר פ' שמיני איתא דאמו של תלמי ארנבתא שמה: שם מעשה בר' יוסף בן אולם. עי' תוס' ישנים יומא דף כח ע"א ד"ה ולא אירע קרי: שם אמר רבי היא ונסיב לה אליבא דתנאי. ר"ה דף ז ע"ב שבועות דף ד ע"א חולין דף פד ע"א ודף קד ע"א הוריות דף יב ע"ב: תוס' ד"ה אין בין כהן משוח וכו' פי' פר כהן משיח. עי' יומא דף נז ע"א תד"ה אני ראיתים וקדושין דף לו ע"ב בפרש"י ד"ה אי דפנים ובתוס' ד"ה אי דפנים:

רבינו חננאל

עד שלא יאמר שחקו בי יהודים והטילו שם אשתי בתורתם. רשבג"א אף בספרים לא התירו שיכתבו אלא יוונית. מנא הני מילי א"ר יוחנן דכתיב יפת אלהים ליפת וישכון באהלי שם מיפיפותו של יפת. כלומר מנבחר בניו של יפת והיא כתיבת יון יהיו באהלי שם שהם בני ישראל. א"ר אבהו א"ר יוחנן הלכה כרשב"ג: [מתני'] אין בין כהן משוח בשמן המשחה למרובה בגדים כו'. מנא לן דכתיב אם הכהן המשיח יחטא לאשמת העם וגו'. פי' מרובה בגדים בבית שני שלא היה להם שמן המשחה היה מתמנה כ"ג בלבישת ח' בגדים. לפי שכל זמן שהיה הדיוט היה משמש בד' בגדים לבש עוד ד' ונתרבה בד' אחרים נעשה כ"ג לפיכך נקרא מרובה בגדים. וזה מפורש בתלמוד בהוריות פ' ב' משוח בשמן המשחה בבית הראשון. מרובה בגדים בבית האחרון. ואמר ה' דברים היו. בית הראשון גדול מן האחרון. ואלו הן. אש וארון. ואורים ותומים. ושמן המשחה. ורוה"ק ושאר כל הענין. הא לענין פר יוה"כ כדכתיב בזאת יבא אהרן אל הקדש בפר בן בקר וגו'. ועשירית האיפה כדכתיב זה קרבן אהרן ובניו אשר יקריבו לה' ביום המשח אותו וגו'. ומפורש בתורת כהנים שכל כהן מביא עשירית האיפה מדכתיב ובניו מרבינן אפי' הדיוטות וכ"ש מרובה בגדים. מתני' דלא כר"מ דתני מרובה בגדים מביא פר הבא על כל המצות ואקשינן אימא סיפא אין בין כהן משמש לכהן שעבר. כלומר שנפסל במום או בזולתו אלא פר יוה"כ ועשירית האיפה שהכהן המשמש הוא המביא משלו. וזה שעבר לא. הא לכל דבריהם זה וזה שוין. אתאן לר' מאיר דתני אירע בו פסול לכהן גדול ומינו אחר תחתיו כו' ופריק רב יוסף מתני' רבי היא. רישא סבר לה כרבנן. סיפא סבר לה כרבי מאיר: [מתני'] אין בין במה גדולה לבמה קטנה וכו'. ואוקימנא כעין פסחים. והן חובות הקבוע להן זמן. ומפורש בסוף פרק פרת חטאת ובסוף שחיטת קדשים בתוספתא אלו דברים שבין במה גדולה לקטנה קרן וכבש ויסוד. וריבוע וכיור וכנו בבמה גדולה ולא קטנה. *) חזה ושוק ועור העולה לבעלים בבמה קטנה. אבל נותר זמן וטמא זה וזה שוין. איזו היא במה גדולה **) בשעת איסור במה [שהי'] אהל מועד נטוי כדרכו. (אין) הארון נתון שם. איזו היא במה קטנה היתר הבמה עושה אדם במה על פתח חצירו ועל פתח גינתו ומקריב עליה הוא ובנו ובתו כו': [מתני'] אין בין שילה לירושלים אלא שבשילה אוכלים קדשים קלים ומעשר שני בכל הרואה. ובירושלים לפנים מן החומה כו'. פי' הרואה העומד בשילה כל מקום שרואה מלא עיניו מותר לו לאכול קדשים קלים ומע"ש ומפורש בפ' פרת חטאת. (דף קיח ע"ב) הכי א"ר אבהו כתיב בן פורת עלי עין וגו'. עין שלא רצתה להנות מדבר שאינו שלה תזבח ות' בקדשים כמלא עיניה. תנא רואה שאמר כולו שלא יהא דבר מפסיק וכן היה עומד בשדה ומביט משם משכן שילה מותר לו לאכול באותו מקום קדשים קלים ומע"ש. ותנן באו לשילה נאסרו הבמות. ולא דיה שם תקרה אלא בית של אבנים מלמטה ויריעות מלמעלה והיא היתה מנוחה כו'. ותניא ימי אהל מועד

שבשילה

*) חסר כאן מלשון התוספתא וצ"ל חזה ושוק ועור העולה לכהנים בבמה גדולה חזה ושוק ועור העולה לבעלים בבמה קטנה כ"ה שם בתוספתא ע"ש. **) לשון התוספתא שם איזו היא במה גדולה בשעת היתר במה אהל מועד נטוי כדרכו אין הארון נתון שם וכו'.

he put not forth his hand;[4] [9b] *I have taken not one valuable of theirs;*[5] *Which the Lord thy God distributed to give light to all the peoples;*[6] *And he went and served other gods which I commanded should not be served.*[7] They also wrote for him *'the beast with small legs'* and they did not write *'the hare'*,[8] because the name of Ptolemy's wife was hare,[9] lest he should say, The Jews have jibed at me and put the name of my wife in the Torah.

R. SIMEON B. GAMALIEL SAYS THAT BOOKS [OF THE SCRIPTURE] ALSO ARE PERMITTED TO BE WRITTEN ONLY IN GREEK. R. Abbahu said in the name of R. Johanan: The *halachah* follows R. Simeon b. Gamaliel. R. Johanan further said: What is the reason of R. Simeon b. Gamaliel? Scripture says, *God enlarge Japheth, and he shall dwell in the tents of Shem;*[10] [this means] that the words of Japheth[11] shall be in the tents of Shem. But why not say [the words of] Gomer and Magog?[12]—R. Hiyya b. Abba replied: The real reason is because it is written, *Let God enlarge* [yaft] *Japheth:* implying, let the chief beauty [*yafyuth*] of Japheth[13] be in the tents of Shem.

MISHNAH. THERE IS NO DIFFERENCE BETWEEN A PRIEST ANOINTED WITH THE OIL OF ANOINTMENT AND ONE WHO
a [ONLY] WEARS THE ADDITIONAL GARMENTS[1] SAVE IN THE MATTER OF THE BULLOCK WHICH IS OFFERED FOR THE [UNWITTING BREAKING OF] ANY OF THE COMMANDMENTS.[2] THERE IS NO DIFFERENCE BETWEEN A REGULAR[3] [HIGH] PRIEST AND ONE WHO HAS PASSED THROUGH [THE OFFICE][4] SAVE IN RESPECT OF THE BULLOCK OF THE DAY OF ATONEMENT AND THE TENTH OF THE EPHAH.[5]

GEMARA. [BETWEEN THE PRIEST ANOINTED etc.]. From this we infer that in the matter of the bullock of the Day of Atonement and the tenth of the *ephah* they are on the same footing. The Mishnah, it appears, does not concur with R. Meir; for with regard to the view of R. Meir, it has been taught: 'One who wears the additional garments [without having been anointed] brings the bullock which is offered [by the High Priest] for the [unwitting breaking of] any of the precepts'. So R. Meir. The Sages, however, say that he does not offer it. What is the reason of R. Meir?—As it has been taught: [*If the*] *anointed* [*priest shall sin*]:[6] this tells me only of one anointed with the oil of anointment. How do I know that it applies also to one who [merely] wears the additional garments?—Because it says, the *'anointed'*.[7]

How have you explained [the Mishnah]? As not concurring with R. Meir. Look now at the next clause: THERE IS NO DIFFERENCE BETWEEN A REGULAR HIGH PRIEST AND ONE WHO HAS PASSED THROUGH THE OFFICE SAVE IN THE MATTER OF THE BULLOCK OF THE DAY OF ATONEMENT AND THE TENTH OF THE EPHAH. We infer from this that in all other matters they are on the same footing; and so we come round to the view of R. Meir, as it has been taught: 'If something happened to disqualify him and another priest was appointed to take his place, when the first returns to his service the second is still
b liable to all the obligations of the high priesthood'.[1] So R. Meir. R. Jose said: The first returns to his service whereas the second is qualified to act neither as a high priest nor as an ordinary priest. R. Jose further said: It happened with R. Jose b. Ulam[2] from Sepphoris that a disqualification occurred to the high priest and they appointed him in his place, and the case eventually came before the Sages and they said: The first returns to his service. The second is qualified to act neither as a high priest nor as an ordinary priest: as a high priest, so as not to create enmity,[3] as an ordinary priest, because we can raise to a higher grade of holiness but we never put down to a lower.[4] Are we then to say that the first clause [of the Mishnah] follows the Sages and the second R. Meir?—Said R. Hisda: Yes; the first clause follows the Sages and the second R. Meir. R. Joseph said: The whole gives the opinion of Rabbi, who combined the views of[5] differing Tannaim.[6]

MISHNAH. THERE IS NO DIFFERENCE[7] BETWEEN A GREAT HIGH PLACE[8] AND A SMALL ONE[9] SAVE IN THE MATTER OF THE PASCHAL LAMB OFFERING.[10] THIS IS THE GENERAL PRINCIPLE: ANY ANIMAL WHICH IS THE OBJECT OF A VOW OR A FREEWILL-OFFERING MAY BE BROUGHT ON A [SMALL] HIGH PLACE, ANY ANIMAL WHICH IS NOT THE OBJECT OF A VOW OR A FREEWILL-OFFERING MAY NOT BE BROUGHT ON A [SMALL] HIGH PLACE.

c *GEMARA.* THE PASCHAL LAMB and nothing else?[1]—We should say, *things like* the paschal lamb.[2] Whose view is this?—R. Simeon's, as it has been taught: 'The congregation also did not offer [on the large high place] anything save paschal lambs and obligatory sacrifices for which there is a fixed time; but obligatory sacrifices for which there is no fixed time[3] were not offered either on the one or the other'.

MISHNAH. THERE IS NO DIFFERENCE BETWEEN SHILOH[4] AND JERUSALEM SAVE THAT IN SHILOH SACRIFICES OF LESSER SANCTITY[5] AND SECOND TITHE[6] COULD BE EATEN ANYWHERE WITHIN SIGHT [OF THE TOWN], WHEREAS IN JERUSALEM THEY HAD TO BE CONSUMED WITHIN THE WALLS. IN BOTH PLACES THE MOST HOLY SACRIFICES[7] WERE EATEN WITHIN THE CURTAINS.[8] AFTER THE SANCTIFICATION OF

(4) Ibid. 11: 'elect' instead of 'nobles'. (5) Num. XVI, 15: 'valuable' for 'ass'. (6) Deut. IV, 19. The words 'to give light' are inserted, to guard against misunderstanding. (7) Ibid. XVII, 3. The words 'should be served' are inserted, to avoid misunderstanding. (8) In Lev. XI, 6. (9) In fact, it was Ptolemy's father who was named 'hare' (Λαγώς). (10) Gen. IX, 27. (11) Javan (Greece) is reckoned among the sons of Japheth in Gen. X, 2. (12) Who are also reckoned among the sons of Japheth, loc. cit. (13) I.e., the Greek language.

a (1) I.e., the robe, the breastplate, the mitre and the plate, which were worn by the high priest but not by ordinary priests. High priests, according to tradition, ceased to be anointed from the days of Josiah. (2) Lev. IV, 3. (3) Lit., 'officiating'. (4) And who retired; i.e., one who was appointed to take the place of a High Priest while the latter is temporarily disqualified. When the disqualification is removed the High Priest returns to his duties while his substitute retires. V. *infra*. (5) The daily offering of the High Priest. Lev. VI, 13-15. Only one person could make these two offerings. (6) Lev. IV, 3. (7) The definite article is regarded as adding something.

b (1) E.g., to minister only in eight garments, not to mourn etc. (2) [Or Ailim; Joseph b. Ellimus mentioned in Josephus. V. Hor., Sonc. ed. p. 89, n. 5.] (3) Between him and the original High Priest. (4) Hence, having served as a High Priest, he can never revert to the status of an ordinary one. (5) Lit., 'who took it according to'. (6) For further notes on the whole passage v. Hor., Sonc. ed. pp. 88ff. (7) In the period when the high places (*Bamoth*, sing. *Bamah*) were permitted, i.e., when there was no sanctuary at Shiloh or Jerusalem. (8) Those at Nob and Gibeon, where the altar made by Moses was used for public services. (9) Erected by any individual for private sacrifices. (10) Which could be offered only on the large one.

c (1) This seems to contradict the next clause, which implies that congregational sacrifices were brought on the large high places. (2) As explained presently. (3) E.g., the bullock offered in atonement for a sin committed unwittingly by the whole congregation. (4) Shiloh was made the religious centre of the people in the time of Joshua (Josh. XVIII, 1), and remained such till the time of Samuel, when it seems to have been laid waste by the Philistines (cf. Jer. XXVI, 6, 9). (5) Viz., peace-offerings, firstlings and tithe of cattle. (6) Set aside on the first, second, fourth and fifth years of the seven-year cycle after the dues to the priests and levites had been paid. Their second tithe or redemption money was taken to Jerusalem and there consumed by the owners. V. Deut. XIV, 22ff. (7) Viz., sin- and guilt-offerings, and congregational peace-offerings. (8) This expression applies strictly only to the Tabernacle at Shiloh. The corresponding place in the Temple at Jerusalem was the space within the walls of the Temple court.

SHILOH [10a] THE HIGH PLACES COULD AGAIN BECOME PERMITTED, BUT AFTER THE SANCTIFICATION OF JERUSALEM THERE CAN BE NO SUCH PERMISSION.

GEMARA. R. Isaac said: I have heard that sacrifices may be a offered in the Temple of Onias[1] at the present day.[2] He was of opinion that the Temple of Onias is not an idolatrous shrine, and that the first holiness [of Jerusalem] was conferred on it for the time being but not for all time,[3] as it is written, *For ye are not as yet come to the rest and to the inheritance.*[4] *'Rest'* here means Shiloh and *'inheritance'* means Jerusalem, and *'inheritance'* is put on the same footing as *'rest'*, [to show that] just as after the [destruction of the] *'rest'* the high places were again permitted, so after the [destruction of the] *'inheritance'* they will be permitted. They said to him: Do you really say so? He replied, No. Said Raba: By God! he did say it and I learnt it from him. Why then did he retract? On account of the difficulty raised by R. Mari. For R. Mari adduced the following in confutation: AFTER THE SANCTIFICATION OF SHILOH HIGH PLACES CAN AGAIN BE PERMITTED, BUT AFTER THE SANCTIFICATION OF JERUSALEM THERE CAN BE NO SUCH PERMISSION. We have also learnt further: After they [the Israelites] occupied Jerusalem, the high places were forbidden, and they were never permitted again, and it was the *'inheritance'*.—There is a difference of Tannaim on this point, as we have learnt. 'R. Eliezer said: I have heard that when they were building the *hekal*[5] [in the second Temple] they made curtains for the *hekal* and for the courtyard,[5] the difference being that in the *hekal* they built [the walls] outside [the curtains][6] and in the courtyard they built [the walls] within [the curtains]. And R. Joshua said: I have heard that sacrifices may be brought even though there is no temple; that the most holy foods may be eaten, even though there are no curtains; and that foods of lesser sanctity and second tithe may be eaten even though there is no wall, because the first holiness was conferred on Jerusalem b both for the time being and for all time.'[1] We infer from this[2] that R. Eliezer was of opinion that it was not [at first] sanctified for all time.[3] Said Rabina to R. Ashi: How can we draw this inference? Perhaps all agree that the first holiness was conferred upon it for the time being and for all time, and one Master reported what he had heard and the other what he had heard. Should you ask, In that case, why were curtains needed according to R. Eliezer, we can answer that they were merely for privacy. Rather it is the following Tannaim who differ on this point, as it has been taught: 'R. Ishmael son of R. Jose said: Why did the Sages enumerate these?[4] Because when the exiles returned they found these cities [still walled] and sanctified them;[5] the others,[6] however, lost their privilege when the land lost its sanctity'. This shows that he was of opinion that the first holiness was conferred for the time being and not for the future. And a contradiction was pointed out with the following: 'R. Ishmael son of R. Jose said: Were these all? Do we not find it said, *Sixty cities, all the region of Argob,*[7] and it is written, *All these were fortified cities with high walls?*[8] Why then did the Sages enumerate these? Because when the exiles returned, they found these [still walled] and sancti-

a (1) A shrine built at Leontopolis in Egypt by Onias IV, a high priest who fled from Jerusalem. c. 154 B.C.E., v. Josephus, *Ant.* XIII, iii, 1ff and Men. 109*b*. (2) This must refer to the period of the originator of the dictum, as the Temple of Onias did not exist any longer in the time of R. Isaac. (3) Lit., 'for the future to come'. Hence after its destruction the high places would again be permitted. (4) Deut. XII, 9. (5) We assume for the present that the reason for the curtains was to invest the place with holiness enabling sacrifices to be offered and eaten pending the construction of the walls. (6) [To prevent the builders from either penetrating into the *hekal* or gazing into it whilst engaged in their work. V. Rashi a.l. and Shebu. 16*a*.]

b (1) V. 'Ed. VIII, 7 and Zeb. 107*b*. (2) From the fact that curtains were required to confer holiness. (3) This shows that Tannaim differ on this point. (4) Nine cities enumerated in Tractate Arakin 32*b* as having been walled in the time of Joshua. (5) I.e., gave them the status of 'walled towns'. (6) Lit., 'the earlier ones', i.e., all the others which had previously been walled. (7) Deut. III, 4. (8) Ibid. 4f.

יש אחריה היתר וקדושת ירושלים אין אחריה היתר: **גמ'** א"ר יצחק שמעתי שמקריבין בבית חוניו בזמן הזה קסבר *בית חוניו לאו בית ע"ז היא וקא סבר קדושה ראשונה קידשה לשעתה ולא קידשה לעתיד לבוא דכתיב °כי לא באתם עד עתה אל המנוחה ואל הנחלה *מנוחה זו שילה נחלה זו ירושלים מקיש נחלה למנוחה מה מנוחה יש אחריה היתר אף נחלה יש אחריה היתר אמרו ליה אמרת אמר להו לא אמר רבא האלהים אמרה וגמירנא לה מיניה ומ"ט קא הדר ביה משום קשיא דרב מרי דמותיב רב מרי קדושת שילה יש אחריה היתר קדושת ירושלים אין אחריה היתר ועוד תנן *משבאו לירושלים נאסרו הבמות ולא היה להם עוד היתר והיא היתה לנחלה תנאי היא (*דתניא) א"ר אליעזר *שמעתי כשהיו בונין בהיכל (א) עושין קלעים להיכל וקלעים לעזרה אלא שבהיכל בונין מבחוץ ובעזרה בונין מבפנים וא"ר יהושע שמעתי *שמקריבין אע"פ שאין בית אוכלין קדשי קדשים אע"פ שאין קלעים קדשים קלים ומעשר שני אע"פ שאין חומה מפני שקדושה ראשונה קידשה *לשעתה °וקידשה לעתיד לבוא (ב) מכלל דר"א סבר לא קידשה לעתיד לבוא א"ל רבינא לרב אשי ממאי דלמא דכולי עלמא קדושה ראשונה קידשה לשעתה וקידשה לעתיד לבוא ומר מאי דשמיע ליה קאמר ומר מאי דשמיע ליה קאמר וכי תימא קלעים לר"א למה לי לצניעותא בעלמא אלא כי הני תנאי דתניא אמר רבי ישמעאל ברבי יוסי למה מנו *חכמים את אלו שכשעלו בני הגולה מצאו את אלו וקידשום אבל הראשונות בטלו משבטלה הארץ אלמא קסבר קדושה ראשונה קידשה לשעתה ולא קידשה לעתיד לבוא ורמינהו *אמר רבי ישמעאל ברבי יוסי וכי אלו בלבד היו והלא כבר נאמר °ששים עיר כל חבל ארגוב וכתיב °כל אלה ערים בצורות חומה גבוהה אלא למה מנו חכמים את אלו שכשעלו בני הגולה מצאו אלו וקידשום קידשום השתא

דברים יב | דברים ג

רש"י

יש אחריה היתר. כשחרבה שילה הותרו הבמות כדאמרינן במס' זבחים (דף קיט:) כי לא באתם עד עתה אל המנוחה זו שילה שנחו מלכבוש ואל הנחלה זו ירושלים למה חלקן הכתוב כדי ליתן היתר בין זו לזו: **גמ'** בית חוניו. מזבח חוניו בנו של שמעון הצדיק בנה במה במצרים לשם שמים כדאמרינן במס' מנחות (דף קט:): קסבר כו'. דאיכא למאן דאמר התם שבנאה לשם ע"ז: וקסבר קדושה. שנתקדשה ירושלים אינה קדושה לעולם ומשחרבה הותרו הבמות: לעתיד לבא. כלומר משתחרב: והיא היתה נחלה. האמור בפסוק אל המנוחה ואל הנחלה: קלעים להיכל. קא סלקא דעתך במקום חומות היכל שיהא מזבח הבנוי בעזרה קרוי אשר פתח אהל מועד שאלמלא כן לא היו מקריבין עד שיגמר הבנין והם התחילו להקריב קרבנות משבאו שם בימי כורש כמו שכתוב בספר עזרא (ג) ועד עשרים ושנים שנה אחרי כן לא נגמר הבית בשנת שלש לדריוש האחרון: בונין מבחוץ. שהיו הקלעים פרושים לפנים מעובי החומה שלא יכנסו הבונין לתוך ההיכל: לאו מכלל דר' אליעזר. דבעי קלעים סבר לא קידשה לאחר חורבן לפיכך פירסו קלעים במקום בנין וחזרו וקידשו בתודות ובשיר כדאמר במס' שבועות (דף טז.): ומר מאי דשמיע ליה קאמר. ולא משום צורך קדושה: וכי תימא כו': את אלו. עיירות נמנו בפ' בתרא דערכין לענין בתי ערי חומה לומר שהיו מוקפות חומה מימות יהושע בן נון ואין שם יותר מתשעה: ולמה מנאום. והלא הרבה היו שם והתם נמי תנן וכל כיוצא בהן: ורמינהו. מסקנא דמילתיה הוא דאמר לעיל הני תנאי פליגי בקידשה ולא קידשה הא:

תוספות

שמעתי שמקריבין בבית חוניו. קשיא היאך מקריבין שם בטומאה דהא גזרו טומאה על ארץ העמים וי"ל דשמא לגבי הא לא גזרו חכמים טומאה כיון שמן התורה יכול להקריב: ומאי טעמא הדר ביה משום קושיא דרב מרי. הקשה הר"ר חיים ומתחילה היכי אמר למילתיה וכי לא היה יודע המשנה והלא הן שגורות בפי כל ועוד קשיא כיון דתנאי היא אמאי הדר ביה לימא אנא דאמרי כמאן דאמר לא קדשה לכך נראה להר"ר חיים דכ"ע מודו דמשבאו לירושלים נאסרו הבמות ושוב לא היה להן היתר והני תנאי בהא פליגי דמאן דאמר לא קדשה סבר דאף במקומו של מזבח אין יכולין להקריב עכשיו* ומאן דאמר קדשה סבר דבמקום מזבח מותר להקריב אבל לא בבמה:

דכולי עלמא קדושה ראשונה קדשה לשעתה וקדשה לעתיד לבוא. הקשה רבינו תם אמאי לא מייתי ראיה דרבי אליעזר אית ליה בפ' קמא דחגיגה (דף ג: ושם) דלא קדשה לעתיד לבוא דקאמר התם מעשה ברבי יוסי בן דורמסקית ומסיק אמר ר' אליעזר כך מקובלני מרבן יוחנן בן זכאי עמון ומואב מעשרין מעשר עני בשביעית מה טעם משום דהרבה כרכים כבשו עולי מצרים ולא כבשום עולי בבל וקדושה ראשונה קדשה לשעתה ולא קדשה לעתיד לבוא ותירץ רבינו תם דמה טעם דהתם גמרא הוא דקאמר לה ולאו מילתא דרבי אליעזר היא ותדע דהא במשנה דמסכת ידים (פ"ד משנה ג) דתניא מילתיה דרבי אליעזר לא תנא לה והכי פירושה מה טעם מעשרין משום דכי האי גוונא אשכחן בערי ישראל שהניחום עולי בבל מלקדש למאן דאמר לא קדשה כדי שיסמכו עליהן עניי ישראל בשביעית וכל שכן עמון ומואב שהן חוצה לארץ שהניחום עולי בבל מלקדש למאן דאמר לא קדשה והניחום לעניים דהא לא מיירי בעמון ומואב שטהרו בסיחון אלא מיירי בארץ שהניחום ישראל באותם ממצרים כבשום והכי נמי משמע במסכת ידים (ג"ז שם) דחשיב להו עם בבל ומצרים שהן חו"ל והיא (ג) חזקת הבתים (ב"ב דף נח:) דקאמר שלש ארצות לחזקה יהודה ועבר הירדן והגליל דמשמע דעמון ומואב שהיו בעבר הירדן היו מא"י מיירי בעמון ומואב שטהרו בסיחון ועוד הקשה ר"ת מהא דאמר במס' בילה (דף ה: ושם) ובר"ה (דף לא:) כרם רבעי היה לו לרבי אליעזר ובקש להפקירו לעניים וא"כ משמע דאית ליה קדשה והיה צריך לפדותו כאותו שבכולה לארץ שצריך לפדותו אמאי לירושלים היה מפקירו לעניים שיוליכו אותו ויאכלוהו שמה דאי סבר לא קדשה היה צריך להוליך לירושלים וגם מה היו העניים מרויחים אחרי שצריך לפדותו וי"ל משום דבראשונה כרם רבעי שבארץ ישראל היה צריך להוליכו (ד) לירושלים גם בקש ר' אליעזר להוליכו משום דכל דבר שנאסר במנין צריך מנין אחר להתירו והאי דמייתי לה בבילה (ג"ז שם) ומכל מקום העניים היו מרויחים במה שהיו יכולים לחללו בשוה פרוטה כדשמואל והני דשמואל לא אמר למלתיה אלא בדיעבד כדמשמע לישנא שחללו היינו דווקא בזמן שבית המקדש קיים אבל בזמן הזה לא *ואפילו לכתחילה והכי נמי איתא בשאלתות דרב אחאי בפרשת קדושים תהיו (סוף סימן ק') ומברך על פדיון עובר לעשייתן וקלי ליה לדמי פדיוניה או ישליכם לנהר: [וע"ע תוס' ר"ה לא: ד"ה בקש]:

למה מנו חכמים את אלו. קשה אמאי מייתי הך ברייתא דלא מוכחא אלא דקדושה ראשונה לא בטלה והאיכא תנא דאית ליה בפ' הערל (יבמות דף פב:) דקדושה ראשונה ושניה יש להן ואין להן דקדושה אחרונה לא בטלה וקדושת חוניו היתה לאחר קדושה *שלישית (ה) ויש לומר דאפילו למאן דאמר קדושה אחרונה לא בטלה היינו דוקא לענין תרומה בזמן הזה אבל לכל מילי אחריני ודאי בטלה: שאר

[כדאיתא בערכין כט.] | [ס"א שניה]

רבינו חננאל

שבשילה ש"ע חסר אחת. ותניא כשמת עלי הכהן חרבה שילה ובאו לנוב וכשמת שמואל חרבה נוב ובאו לגבעון קדושת שילה יש אחריה היתר כלומר שרתה השכינה אחר חרבנה בנוב וגבעון ובירושלים. אבל משנבנה בית עולמים אין אחריו היתר במקום אחר לעולם. א"ר יצחק שמעתי שמקריבין בבית חוניו ולאו בית ע"ז היא. וקדושת ירושלים יש אחריה היתר כו' ונדחו דבריו. ומעשה דחוניו מפורש בסוף מנחות. דבן שמעון הצדיק הוא וחלק על שמעי' אחיו כשעלה לכהונה גדולה נתקנא בו כו'. וברח והלך ובנה מזבח באלכסנדריא של מצרים. והקריב עליו קרבן כו'. ואמרינן תנאי היא. כלומר יש תנא שאומר יש אחריה היתר. דתניא א"ר אליעזר כשהיו בונין בהיכל היו עושין קלעים להיכל וקלעים לעזרה כו'. א"ר יהושע שמעתי שמקריבין אע"פ שאין בית כו' עד מפני שקדושה ראשונה קדשה לשעתה וקדשה לעתיד לבוא לעולם. ודייקינן לאו מכלל דר' אליעזר בר פלוגתי' דר' יהושע סבר דקדושה ראשונה קדשה לשעתה היא ולא לעתיד. ודחי רבינא ואמר כ"ע קדושה לשעתה וקדושה לעתיד. ור' אליעזר אמר מה ששמע. ור' יהושע מה ששמע ואין ביניהם חלוקה. ואמרינן אלא ר' ישמעאל ב"ר יוסי הוא דאמר קדושה ראשונה אינה לעתיד לבוא. והוא חולק על ר' אליעזר ועל ר' יהושע דתניא בתורת כהנים (פרשת בהר פ"ד) ערי חומה המוקפות מימות יהושע בן נון. כגון קצרה הישנה של צפורין. וחקרה של גוש חלב ויודפת הישנה וגמלה הרי בגליל. וגדוד הרי בעבר הירדן וחדיד ואונו וירושלים הרי ביהודה. א"ר ישמעאל ברבי יוסי לא מנו את אלו אלא שקידשום כשעלו מן הגולה. אבל הראשונות

עין משפט נר מצוה

סט א מיי' פ"א מהלכות בית הבחירה הלכה ג:

ע ב ג מיי' שם פ"ו הלכה טו סמג עשין קסג:

להקריב עכשיו וכ"ש בבמה כצ"ל

מסורת הש"ס

[מנחות קט:] | [זבחים קיט.] | שם קיב: | [נ"ל דתנן] | שבועות טז. זבחים קז: עדיות פ"ח מ"ו | [זבחים סב.] | חגיגה ג: [זבחים ס: קז: חולין ז. תמורה כא. ערכין לב: מכות יט. שבועות טז.] | ערכין לג: | [תוספתא דערכין פ"ה שבועות טז.]

הגהות הב"ח

(א) גמ' כשהיו בונין בהיכל עשו קלעים: (ב) שם לעתיד לבוא לאו מכלל דר' אליעזר: (ג) תוס' ד"ה דכולי עלמא וכו' ומצרים שהן חוצה לארץ והיא דפ"ט דשביעית ומייתי לה בפ' מקום שנהגו דקאמר שלש ארצות לבעור יהודה: (ד) בא"ד צריך להוליכו לירושלים גם בקש ר' אליעזר ג"כ להוליכו כצ"ל: (ה) ד"ה למה וכו' ויש לומר. נ"ב משמע מסברת תוס' דמפרשי ראשונה אברהם ויצחק ויעקב שניה ירושת יהושע ואלו שניהם יש להם ביטול אבל שלישית ירושת עזרא אין לה ביטול וזה שלא כדברי התוס' שכתבו בפ' הערל דפי' יש להם היינו לומר דצריך לחזור לירושה כדי לקדשה ואין להם היינו לומר דה"ל דירושה עומדת היא דלא בטלה קדושתה וכמו שפרש"י לשם אלא דלרבינו הגהה ראשונה היא ירושת אברהם ויצחק ויעקב שניה ירושת יהושע ומשם ואילך קדשה לעולם ולר"י ורש"י ראשונה היא ירושת יהושע שניה היא ירושת עזרא ומשם ואילך קדשה לעולם ע"ש:

גליון הש"ס

גמ' וקידשה לעתיד לבוא. עי' ברכות דף סא ע"ב:

מסורת הש"ס

(א) השתא [הא] אמרי לא צריכא לקדושי אלא מצאו את אלו ומנאום ולא אלו בלבד אלא כל שתעלה לך מסורת בידך מאבותיך שמוקפת חומה מימות יהושע בן נון כל המצות הללו נוהגין בה מפני שקדושה ראשונה קידשה לשעתה וקידשה לעתיד לבא קשיא דר' ישמעאל אדר' ישמעאל תרי תנאי אליבא דר' ישמעאל בר' יוסי ואיבעית אימא הא ר' אלעזר בר יוסי אמרה דתניא *ר' אלעזר בר' יוסי אומר °אשר לוא חומה אע"פ שאין לו עכשיו והיה לו קודם לכן: ויהי בימי אחשורוש אמר רבי לוי ואיתימא רבי יונתן דבר זה מסורת בידינו מאנשי כנסת הגדולה כל מקום שנאמר ויהי אינו אלא
לשון צער °ויהי בימי אחשורוש הוה המן °ויהי בימי שפוט השופטים הוה רעב °ויהי כי החל האדם לרוב
וירא ה' כי רבה רעת האדם °ויהי בנסעם מקדם הבה נבנה לנו עיר °ויהי בימי אמרפל עשו מלחמה °ויהי
בהיות יהושע ביריחו ותרבו שלופה בידו °ויהי ה' את יהושע וימעלו בני ישראל °ויהי איש אחד מן הרמתים
כי את חנה אהב וה' סגר רחמה °ויהי (*כי) זקן שמואל ולא הלכו בניו בדרכיו °ויהי דוד לכל דרכיו משכיל
(וה' עמו] ויהי שאול עוין את דוד °ויהי כי ישב המלך בביתו *רק אתה לא תבנה הבית והכתיב
°ויהי ביום השמיני ותניא אותו היום היתה שמחה לפני הקדוש ברוך הוא כיום שנבראו בו שמים וארץ כתיב
הכא ויהי ביום השמיני וכתיב התם °ויהי (*בקר) יום אחד הא שכיב נדב ואביהוא והכתיב °ויהי בשמונים
שנה וארבע מאות שנה והכתיב °ויהי כאשר ראה יעקב את רחל והכתיב ויהי ערב ויהי בקר יום אחד והאיכא
שני והאיכא שלישי והאיכא טובא *אמר רב אשי כל ויהי איכא הכי ואיכא הכי ויהי בימי אינו אלא לשון
צער חמשה ויהי בימי הוו ויהי בימי אחשורוש ויהי בימי שפוט השופטים ויהי בימי אמרפל °ויהי בימי אחז
°ויהי בימי יהויקים (*א"ר) לוי דבר זה מסורת בידינו מאבותינו אמוץ ואמציה אחים הוו מאי קמ"ל כי הא
*דא"ר שמואל בר נחמני אמר רבי יונתן כל כלה שהיא צנועה בבית חמיה זוכה ויוצאין ממנה מלכים
ונביאים מנלן מתמר דכתיב °ויראה יהודה ויחשבה לזונה כי כסתה פניה משום דכסתה פניה ויחשבה לזונה
אלא משום דכסתה פניה בבית חמיה ולא הוה ידע לה זכתה ויצאו ממנה מלכים ונביאים מלכים מדוד
נביאים דא"ר לוי מסורת בידינו מאבותינו אמוץ ואמציה אחים היו וכתיב °חזון ישעיהו בן אמוץ וא"ר לוי
דבר זה *מסורת בידינו מאבותינו מקום ארון אינו מן המדה תניא נמי הכי ארון שעשה משה יש לו עשר
אמות לכל רוח וכתיב °ולפני הדביר עשרים אמה אורך *וכתיב כנף הכרוב האחד עשר אמות וכנף הכרוב
האחד עשר אמות ארון גופיה היכא הוה קאי אלא לאו שמע מינה בנס היה עומד ר' יונתן פתח לה פיתחא
להאי פרשתא מהכא °וקמתי עליהם וגו' והכרתי לבבל שם ושאר ונין ונכד נאם ה' שם זה הכתב שאר
זה לשון נין זה מלכות ונכד זו ושתי רבי שמואל בר נחמני פתח לה פיתחא להאי פרשתא מהכא °תחת הנעצוץ
יעלה ברוש ותחת הסרפד יעלה הדס תחת הנעצוץ תחת המן הרשע *שעשה עצמו ע"ז דכתיב °ובכל
הנעצוצים ובכל הנהלולים יעלה ברוש זה מרדכי שנקרא ראש לכל הבשמים
שנאמר °ואתה קח לך בשמים ראש מר דרור ומתרגמינן *מרי דכי תחת
הסרפד תחת ושתי הרשעה בת בנו של נבוכדנצר הרשע ששרף רפידת
בית ה' דכתיב °רפידתו זהב יעלה הדס זו אסתר הצדקת שנקראת הדסה
שנאמר °ויהי אומן את הדסה והיה לה' לשם זו מקרא מגילה לאות עולם לא
יכרת אלו ימי פורים ר' יהושע בן לוי פתח לה פיתחא להאי פרשתא מהכא
°והיה כאשר שש ה' עליכם להיטיב אתכם כן ישיש להרע אתכם *ומי חדי
הקב"ה במפלתן של רשעים והא כתיב °בצאת לפני החלוץ ואומרים הודו
לה' כי לעולם חסדו וא"ר יוחנן מפני מה לא נאמר כי טוב בהודאה זו לפי
שאין הקב"ה שמח במפלתן של רשעים ואמר רבי יוחנן מאי דכתיב °ולא קרב זה אל זה כל הלילה בקשו
מלאכי השרת לומר שירה אמר הקב"ה מעשה ידי טובעין בים ואתם אומרים שירה אמר רבי אלעזר
הוא אינו שש אבל אחרים משיש ודיקא נמי דכתיב כן ישיש ולא כתיב ישוש ש"מ רבי אבא בר כהנא פתח
לה פיתחא להאי פרשתא מהכא °לאדם שטוב לפניו נתן חכמה ודעת ושמחה זה מרדכי הצדיק ולחוטא נתן
ענין לאסוף ולכנוס זה המן לתת לטוב לפני האלהים זה מרדכי ואסתר דכתיב ותשם אסתר את מרדכי על בית
המן רבה בר עופרן פתח לה פיתחא להאי פרשתא מהכא °ושמתי כסאי בעילם והאבדתי משם מלך ושרים
מלך זו ושתי ושרים זה המן ועשרת בניו רב דימי בר יצחק פתח לה פיתחא להאי פרשתא מהכא
כי

הא אמרי. לקמן בסיפא דהא מתני' גופה דלא צריכי לקדושי דקא מסיים ואזיל בה וכל שתעלה בידך מסורת מאבותיך: כל המצות הללו. הנוהגות בערי חומה שילוח מצורע וקריאת מגילה בחמשה עשר והבית חלוט בה לסוף שנה: אע"פ שאין כו'. אלמא סבירא ליה קדושה קמייתא לא בטלה מחמת חורבן והיינו תנאי: ותרבו שלופה וגו'. וליערו שהוכיחו על ביטול תורה ותמיד של בין הערבים כדאמר לעיל בפירקין (דף ג'): ויהי דוד לכל דרכיו משכיל וה' עמו. וכתיב התם ויהי שאול עוין את דוד בשביל הצלחתו: אמוץ ואמציה. אמוץ אביו של ישעיה ואמציה מלך יהודה: מלמד שכיסתה פניה בבית חמיה. לפיכך לא הכירה עכשיו שאף בביתו לא ראה פניה שיהא מכירה: אינו מן המדה. אינו אוחז למעט מדת קרקע לכל לדדיו כלום כדקתני יש לו עשר אמות לכל רוח באמצע בית קדש הקדשים היה יושב ויש ריוח בינו לבין הכתלים עשר אמות לכל צד וכל הבית אינו אלא כ' על כ' נמצא שאינו ממעט כלום: לפני הדביר. חלל בית קדש הקדשים שהוא לפנים מן הדביר היא המחיצה המבדלת בין הקדש ובין קדש הקדשים: פתח לה פיתחא להאי פרשתא מהכא. כשהיה רוצה לדרוש בענין אגרת פורים היה מתחיל לדרוש מקרא זה: וקמתי עליהם. בפורענות בבל כתיב: זה הכתב. אין להן כתב אלא מאומה אחרת: נין. לשון ממשלה וכן ינון שמו (תהלים עב) ימשול ויגדל: בצאת לפני החלוץ. ביהושפט כתיב בדברי הימים כשילא להלחם על העמונים והגבעונים שבאו עליו: הודו לה' כי טוב משמע טוב שיקלסו לפניו על זאת: אחרים משיש. וכשנתחייבו כלייה בימי המן היו אויביהן שמחין להן: ושמתי כסאי בעילם. שושן הבירה היתה בעילם דכתיב בספר דניאל (ח) בשושן הבירה אשר בעילם המדינה:

שאר זה לשון. קשה שעדיין הם מספרין [בבבל] בלשון ארמית ונראה דרולה לומר [לשון מלכות] שהמלכים משתמשין בו שאין אחר [העם] מכירין בו*: רבה בר עופרן. גרסינן ולא גרסינן עפרן דהם רשעים ירקב ולא מסקו בשמייהו*:
שלשה

[לעיל ג: וש"נ] [בקרא דשמואל ב ז בענין ויהי כי ישב המלך בביתו וגו' כתיב כלאתה תבנה לי בית לשבתי] [צ"ל ערב ויהי בקר] [צ"ל אלא אמר] [צ"ל וא"ר] [לקמן יט.] [ועי' תוס' ע"ז י' ד"ה שאין לשם] [כדאיתא ביומא לח:] [צ"ל ועשרים אמה רוחב וכן גרס בש"י כמס' ב"ב עי' צ"ב לט. וכבין] [חולין קלט:]

רבינו חננאל

הראשונות בטלו משבטלה הארץ. איני והתניא בסוף ערכין א"ר ישמעאל ב"ר יוסי וכי אלו בלבד הי' והלא כתיב ששים עיר כל חבל ארגוב. וכתיב כל אלו ערים בצורות וגו'. אלא מצאו את אלו ומנאום. ולא אלו בלבד אלא כל שתעלה מסורת מאבותיך שמוקפות חומה מימות יהושע בן נון. כל המצות האלו נוהגות בה. מפני שקדושה ראשונה קידשה לשעתה היא וקדשה לעתיד לבוא. קשיא דר' ישמעאל אדר' ישמעאל. ופרקינן תרי תנאי אליבא דר' ישמעאל. איבעי תימא הא בתרייתא ר' אלעזר בר' יוסי אמרה. דתניא ר' אלעזר בר' יוסי אומר אשר לו חומה לצמיתות כו'. אע"פ שאין לו עכשיו והיה לו קודם לכן. כלומר אע"פ שחרבה חומתה בקדושתה קיימא: מסו"ת בידינו מאנשי כנסת הגדולה כל ויהי לשון צעק הוא. ה' ויהי בימי הוו. ועוד מסורת בידינו מאנשי כנסת הגדולה אמוץ ואמציה אחים הוו ואסיקנא כל כלה שצנועה בבית חמיה זוכה לצאת ממנה מלכים ונביאים מנא לן מתמר. ועוד מסורת בידינו מקום ארון [אינו] מן המדה. דתניא ארון שעשה

הגהות הב"ח (א) גמ' השתא הא אמרי לקמן דלא צריכי לקדושי:

fied them'.[9] They sanctified them [10b] now, [say you]! Do we not say that they did not require to be sanctified?[10] What [you should say is], they found these and enumerated them. And not only in these alone, but in every one in regard to which you shall find a tradition from your ancestors that it was walled from the
a days of Joshua son of Nun, all these precepts[1] are to be observed, because the first holiness was conferred for the time being and for all future time. There is thus a contradiction between two statements of R. Ishmael!— Two Tannaim report R. Ishmael son of R. Jose differently. Or if you like, I can say that the latter dictum emanates from R. Eleazar b. Jose, as it has been taught: 'R. Eleazar b. Jose says: *That has* [*no*] *wall;*[2] even though it has not now, but it had in previous times.'

And it came to pass in the days of Ahasuerus.[3] R. Levi, or some say R. Jonathan said: The following remark is a tradition handed down to us from the Men of the Great Assembly:[4] wherever in the Scripture we find the term *wa-yehi* [and it was, and it came to pass], it indicates [the approach of] trouble.[5] Thus, *and it came to pass in the days of Ahasuerus*—there was Haman. *And it came to pass in the days when the Judges judged*[6]—*'there was a famine'*. *And it came to pass when man began to multiply*[7]—then *'God saw that the wickedness of man was great'*. *And it came to pass, as they journeyed east*[8]—then *'they said, come let us build a city'*. *And it came to pass in the days of Amrafel*[9]—then *'they made war'*. *And it came to pass when Joshua was in Jericho*[10]—then *'his* [the angel's] *sword was drawn in his hand'*.[11] *And the Lord was* [wa-yehi] *with Joshua*[12]—then, *'the children of Israel committed a trespass'*. *And there was a certain man of Ramathaim-Zophim*[13]—then, *'for he loved Hannah but the Lord had shut up her womb'*. *And it came to pass when Samuel was old*[14]—then, *'his sons walked not in his ways'*. *And David had* [wa-yehi] *great success in all his ways*[15]—then, *'And Saul eyed David'*.[16] *And it came to pass when the king dwelt in his house*[17]—then, *'Nevertheless thou shalt not build the house'*.[18]

b But is it not written,—*And it came to pass on the eighth day,*[1] and it has been taught, 'On that day there was joy before the Holy One, blessed be He, as on the day when heaven and earth were created. For it is written, *And it came to pass* [wa-yehi] *on the eighth day,* and it is written in the other place, *And there was* [wa-yehi] *one day*'?[2]—Nadab and Abihu died on that day. But is it not written, *And it came to pass in the four hundred and eightieth year,*[3] *And it came to pass when Jacob saw Rachel,*[4] and it is also written, *And there there was evening and there was morning one day,* and there is the second day and the third, and there are many other cases? —R. Ashi replied: The fact is that *'wa-yehi'* sometimes has this signification and sometimes not, but the expression *'and it came to pass in the days of'* always indicated trouble. Five times we find the expression *'and it came to pass in the days of'*; viz., *'And it came to pass in the days when the Judges judged'*, *'and it came to pass in the days of Amrafel'*, *'and it came to pass in the days of Ahaz'*,[5] *'and it came to pass in the days of Jehoiakim'*.[6]

R. Levi further said: The following is a tradition that we have from our ancestors, that Amoz[7] and Amaziah[8] were brothers. What does this tell us?[9]—It confirms what was said by R. Samuel b. Naḥmani in the name of R. Jonathan: Every bride who is modest in the house of her father-in-law is rewarded by having kings and prophets among her descendants. How do we prove this? From Tamar, as it is written, *And Judah saw her and thought her to be a harlot; for she had covered her face.*[10] Now because she had covered her face did he think her to be a harlot? Rather, what it means is that because she had covered her face in the house of her father-in-law and he did not know her, she was rewarded by having among her descendants kings and prophets; kings from David, and prophets, as R. Levi said, 'It is a tradition handed down to ◁

(9) The quotation is here interrupted. (10) As it says presently, that all which are traditionally known to have been walled are sanctified.

a (1) Of sending out a leper and reading the Megillah on the fifteenth and restoring a house to a vendor at the end of a year. (2) Lev. XXV, 31. The *ḳere* means 'which has a wall' and the *kethib* 'which has no wall', and R. Eleazar combines both meanings, he being of the opinion that the first holiness is retained for all times, in contradistinction to R. Ishmael. These then are the two Tannaim who differ on this point. (3) Esth. I, 1. (4) V. *supra 2a* n. b5. (5) *Wa-yehi* being read as *wai, hi* (woe and sorrow). V. *infra.* (6) Ruth I, 1. (7) Gen. VI, 1. (8) Ibid. XI, 2. (9) Ibid. XIV, 1. (10) Josh. V, 13. (11) Ibid. (12) Ibid. VI, 27. (13) I Sam. I, 1. (14) Ibid. VIII, 1. (15) Ibid. XVIII, 14. (16) This is in fact mentioned before the other, in v. 9 of the same chapter. (17) II Sam. VII, 1. (18) This is in fact found in I Kings VIII, 19. In II Sam. VII the expression is, *'Shalt thou build a house'*.

b (1) Lev. IX, 1 of the setting up of the Tabernacle. (2) Gen. I, 5. (3) I Kings VI, 1 of the building of the Temple. (4) Gen. XXIX, 10. (5) Isa. VII, 1. (6) Jer. I, 3. (7) The father of Isaiah. V. *infra.* (8) The king of Judah. (9) I.e., what homiletical lesson does it convey. (10) Gen. XXXVIII, 15.

◁ *For the continuation of the English translation of this page see overleaf.*

הא אמרי. לקמן בסיפא דהא מתני' גופה דלא לריכי לקדושי מסיים ותזיל בה וכל שתעלה בידך מסורת מאבותיך: כל המצות הללו. הטובות בעיר חומה שילוח מצורע וקריאת מגילה בחמשה עשר והבית חלוט בה לסוף שנה: אע"פ שאין כו'. אלמא סבירא ליה קדושה קמייתא לא בטלה מחמת חורבן תורה אור והיינו תנאי: וחרבו שלופה וגו'. וליערו שהוכיחו על ביטול תורה ותמיד של בין הערבים כדאמר לעיל בפירקין (דף ג'): ויהי דוד לכל דרכיו משכיל וה' עמו. וכתיב התם ויהי שאול עוין את דוד בשביל הגלחתו: אמוץ ואמציה. אמוץ אביו של ישעיה ואמציה מלך יהודה: מלמד שכיסתה פניה בבית חמיה. לפיכך לא הכירה עכשיו שאף בביתו לא ראה פניה שיהא מכירה: אינו מן המדה. אינו אותו נמעט כל מדת קרקע לכל לדדיו כלום כדקתני יש לו עשר אמות לכל רוח באמצע בית קדש הקדשים

(א) השתא [הא] אמרי לא צריכא לקדושי אלא מצאו את אלו ומנאום ולא אלו בלבד אלא כל שתעלה לך מסורת בידך מאבותיך שמוקפת חומה מימות יהושע בן נון כל המצות הללו נוהגין בה מפני שקדושה ראשונה קידשה לשעתה וקידשה לעתיד לבא קשיא דר' ישמעאל אדר' ישמעאל תרי תנאי אליבא דר' ישמעאל בר' יוסי ואיבעית אימא הא ר' אלעזר בר יוסי אמרה דתניא *ר' אלעזר בר' יוסי אמר °אשר לוא חומה אע"פ שאין לו עכשיו והיה לו קודם לכן: ויהי בימי אחשורוש אמר רבי לוי ואיתימא רבי יונתן דבר זה מסורת בידינו מאנשי כנסת הגדולה כל מקום שנאמר ויהי אינו אלא

היה יוסף וים ריוח בינו לבין הכתלים עשר אמות לכל לד ולכל הבית אינו אלא כ' על כ' נמלא שאינו ממעט כלום: לפני הדביר. חלל בית קדש הקדשים שהוא לפנים מן הדביר היא המחילה המבדלת בין הקדש ובין קדש הקדשים: פתח לה פיתחא להאי פרשתא מהכא. כשהיה רוצה לדרוש בענין אגרת פורים היה מתחיל לדרוש מקרא זה: וקמתי עליהם. בפורענות בבל כתיב: זה הכתב. אין לכן כתב אלא מאומה אחרת: נין. לשון ממשלה וכן ינון שמו (תהלים עב) ימשול ויגדל: בגלות לפני התלוץ. ביהושפט כתיב בדברי הימים כשילא להלחם על העמונים והגבעונים שבאו עליו: הודו לה' כי טוב משמע טוב שיקלסו לפניו על זאת: אחרים משיש. וכשנתחייבו כלייה בימי המן היו אויביהן שמחין לכן: ושמתי כסאי בעילם. שושן הבירה היתה בעילם דכתיב בספר דניאל (ח) בשושן הבירה אשר בעילם המדינה:

כי

לשון צער °ויהי בימי אחשורוש הוה המן °ויהי בימי שפוט השופטים הוה רעב °ויהי כי החל האדם לרוב
וירא ה' כי רבה רעת האדם °ויהי בנסעם מקדם הבה נבנה לנו עיר °ויהי בימי אמרפל עשו מלחמה °ויהי
בהיות יהושע ביריחו וחרבו שלופה בידו °ויהי ה' את יהושע וימעלו בני ישראל °ויהי איש אחד מן הרמתים
כי את חנה אהב וה' סגר רחמה °ויהי (*כי) זקן שמואל ולא הלכו בניו בדרכיו °ויהי דוד לכל דרכיו משכיל
[וה' עמו] ויהי שאול עוין את דוד °ויהי כי ישב המלך בביתו *רק אתה לא תבנה הבית והכתיב
°ויהי ביום השמיני ותניא אותו היום היתה שמחה לפני הקדוש ברוך הוא כיום שנבראו בו שמים וארץ כתיב
הכא ויהי ביום השמיני וכתיב התם °ויהי (*בקר) יום אחד הא שכיב נדב ואביהוא והכתיב °ויהי בשמונים
שנה וארבע מאות שנה והכתיב °ויהי כאשר ראה יעקב את רחל והכתיב ויהי ערב ויהי בקר יום אחד והאיכא
שני והאיכא שלישי והאיכא טובא *אמר רב אשי כל ויהי איכא הכי ואיכא הכי ויהי בימי אינו אלא לשון
צער חמשה ויהי בימי הוו ויהי בימי אחשורוש ויהי בימי שפוט השופטים ויהי בימי אמרפל °ויהי בימי אחז
°ויהי בימי יהויקים (*א"ר) לוי דבר זה מסורת בידינו מאבותינו אמוץ ואמציה אחים הוו מאי קמ"ל כי הא
*דא"ר שמואל בר נחמני אמר רבי יונתן כל כלה שהיא צנועה בבית חמיה זוכה ויוצאין ממנה מלכים
ונביאים מנלן מתמר דכתיב °ויראה יהודה ויחשבה לזונה כי כסתה פניה משום דכסתה פניה ויחשבה לזונה
אלא משום דכסתה פניה בבית חמיה ולא הוה ידע לה זכתה ויצאו ממנה מלכים ונביאים מלכים מדוד
נביאים דא"ר לוי מסורת בידינו מאבותינו אמוץ ואמציה אחים היו וכתיב °חזון ישעיהו בן אמוץ וא"ר לוי
דבר זה *מסורת בידינו מאבותינו מקום ארון אינו מן המדה תניא נמי הכי ארון שעשה משה יש לו עשר
אמות לכל רוח וכתיב °ולפני הדביר עשרים אמה אורך *וכתיב כנף הכרוב האחד עשר אמות וכנף הכרוב
האחד עשר אמות ארון גופיה היכא הוה קאי אלא לאו שמע מינה בנס היה עומד ר' יונתן פתח לה פיתחא
להאי פרשתא מהכא °וקמתי עליהם וגו' והכרתי לבבל שם ושאר ונין ונכד נאם ה' שם זה הכתב שאר
זה לשון נין זה מלכות ונכד זו ושתי רבי שמואל בר נחמני פתח לה פיתחא להאי פרשתא מהכא °תחת הנעצוץ
יעלה ברוש ותחת הסרפד יעלה הדס תחת הנעצוץ תחת המן הרשע *שעשה עצמו ע"ז דכתיב °ובכל
הנעצוצים ובכל הנהלולים יעלה ברוש זה מרדכי שנקרא ראש לכל הבשמים
שנאמר °ואתה קח לך בשמים ראש מר דרור ומתרגמינן *מרי דכי תחת
הסרפד תחת ושתי הרשעה בת בנו של נבוכדנצר הרשע ששרף רפידת
בית ה' דכתיב °רפידתו זהב יעלה הדס זו אסתר הצדקת שנקראת הדסה
שנאמר °ויהי אומן את הדסה והיה לה' לשם זו מקרא מגילה לאות עולם לא
יכרת אלו ימי פורים ר' יהושע בן לוי פתח לה פיתחא להאי פרשתא מהכא
°והיה כאשר שש ה' עליכם להיטיב אתכם כן ישיש להרע אתכם *ומי חדי
הקב"ה במפלתן של רשעים והא כתיב °בצאת לפני החלוץ ואומרים הודו
לה' כי לעולם חסדו וא"ר יוחנן מפני מה לא נאמר כי טוב בהודאה זו לפי
שאין הקב"ה שמח במפלתן של רשעים ואמר רבי יוחנן מאי דכתיב °ולא קרב זה אל זה כל הלילה בקשו
מלאכי השרת לומר שירה אמר הקב"ה מעשה ידי טובעין בים ואתם אומרים שירה אמר רבי אלעזר
הוא אינו שש אבל אחרים משיש ודיקא נמי דכתיב כן ישיש ולא כתיב ישוש ש"מ רבי אבא בר כהנא פתח
לה פיתחא להאי פרשתא מהכא °לאדם שטוב לפניו נתן חכמה ודעת ושמחה זה מרדכי הצדיק ולחוטא נתן
ענין לאסוף ולכנוס לתת לטוב לפני האלהים זה מרדכי ואסתר דכתיב ותשם אסתר את מרדכי על בית
המן רבה בר עופרן פתח לה פיתחא להאי פרשתא מהכא °ושמתי כסאי בעילם והאבדתי משם מלך ושרים
מלך זו ושתי ושרים זה המן ועשרת בניו רב דימי בר יצחק פתח לה פיתחא להאי פרשתא מהכא
כי

שאר זה לשון. קשה שעדיין הם מספרין [בבבל] בלשון ארמית ונראה דרולה לומר [לשון מלכות] שהמלכים משתמשין בו שאין שאר [העם] מכירין בו*: **רבה** בר עופרן. גרסינן ולא גרסינן עפרון דהם רשעים ירקב ולא מסקו בשמייהו* שלשה

רבינו חננאל
הראשונות בטלו משבטלה הארץ. אני והתניא בסוף ערכין א"ר ישמעאל ב"ר יוסי וכי אלו בלבד היו' והלא כתיב ששים עיר כל חבל ארגוב. וכתיב כל אלו ערים בצורות וגו'.

אלא מצאו את אלו ומנאום. ולא אלו בלבד אלא כל שתעלה מסורת מאבותיך שמוקפת חומה מימות יהושע בן נון. כל המצות האלו נוהגות בה. מפני שקדושה ראשונה קידשה היא וקדושה לעתיד לבוא. קשיא דר' ישמעאל אדר' ישמעאל. ופרקינן תרי תנאי אליבא דר' ישמעאל. איבעית אימא הא בתרייתא ר' אלעזר אמרה. דתניא ר' אלעזר בר' יוסי אומר אשר לו חומה לצמיתות כו'. אע"פ שאין לו עכשיו והיה לו קודם לכן. כלומר אע"פ שחרבה חומתה בקדושתה קיימא. מסו"ת בידינו מאנשי כנסת הגדולה כל ויהי לשון צער הוא. ועוד מסורת בידינו מאנשי כנסת הגדולה אמוץ ואמציה אחים הוו ואסיקנא כל כלה שצנועה בבית חמיה זוכה לצאת ממנה מלכים ונביאים מנא לן מתמר. ועוד מסורת בידינו מקום ארון [אינו] מן המדה. דתניא ארון שעשה

הגהות הב"ח (א) גמ' השתא הא אמרי לקמן דלא צריכי לקדושי:

Continuation of translation from previous page as indicated by ◁

us from our ancestors that Amoz and Amaziah were brothers',
c and it is written, *The vision of Isaiah son of Amoz.*[1]

R. Levi further said: We have a tradition from our ancestors that the ark took up no room.[2] It has been taught to the same effect: 'The ark which Moses made had round it an [empty] space of ten cubits on every side'. Now it is written, *And in front of the Sanctuary was twenty cubits in length [and twenty cubits in breadth]*,[3] and it is also written, *And the wing of the one cherub was ten cubits and the wing of the other cherub was ten cubits.*[4] Where then was the ark itself? We must therefore conclude that it stood by a miracle [without occupying any room].[5]

R. Jonathan prefaced his discourse on this section[6] with the text,[7] *And I will rise up against them, saith the Lord, and cut off from Babylon name and remnant, and offshoot and offspring, saith the Lord,*[8] [which he expounded as follows]: *'Name'* means script; *'remnant'* is language;[9] *'offshoot'* is kingdom, and *'offspring'* is Vashti.

R. Samuel b. Naḥmani introduced his discourse on this section with the following text: *Instead of the thorn shall come up the cypress, and instead of the brier shall come up the myrtle:*[10] *'Instead of the thorn'*: instead of the wicked Haman who put himself up as an object of worship, as it is written, *and upon all thorns and upon all brambles,*[11] *'shall come up the cypress'*: this is Mordecai who was called the chief of all spices, as it is said, *And do thou take to thee the chief spices, flowing myrrh,*[12] which [last words] we translate [in Aramaic], *mar deki.*[13] *'Instead of the brier'*: instead of the wicked Vashti, the daughter of the wicked Nebuchadnezzar who burnt the ceiling of the house of the Lord, as it is written, *its top was gold,*[14] *'the myrtle shall come up'*: this is the virtuous Esther who is called Hadassah,[15] as it is
d said, *And he brought up Hadassah.*[1] *'And it shall be to the Lord for a name'*: this is the reading of the Megillah; *'and for an everlasting sign which shall not be cut off'*: these are the days of Purim.

R. Joshua b. Levi introduced his discourse on this section with the following text: *And it shall come to pass that as the Lord rejoiced over you to do you good, so the Lord will rejoice over you to cause you to perish.*[2] Now does the Holy One, blessed be He, rejoice in the downfall of the wicked? Is it not written, *as they went out before the army, and say, Give thanks unto the Lord, for his mercy endureth for ever,*[3] and R. Joḥanan said, Why are the words 'for he is good' omitted from this thanksgiving? Because the Holy One, blessed be He, does not rejoice in the downfall of the wicked? And R. Joḥanan further said, What is the meaning of the verse, *And one came not near the other all the night?*[4]—The ministering angels wanted to chant their hymns, but the Holy One, blessed be He, said, The work of my hands is being drowned in the sea, and shall you chant hymns?—R. Eleazar replied: He himself does not rejoice, but he makes others rejoice. This is indicated also by the text, which writes *yasis* and not *yasus*;[5] which proves [what we said].

R. Abba b. Kahana introduced his discourse on this section with the following text: *For to the man that is good in his sight he giveth wisdom and knowledge and joy.*[6] This, he said, is the righteous Mordecai. *But to the sinner He giveth the task, to gather and to heap up;*[6] this is Haman. *That he may leave it to him that is good in the sight of God;*[6] this refers to Mordecai and Esther, as it is written, *And Esther set Mordecai over the house of Haman.*[7]

Rabbah b. 'Ofran introduced his discourse on this section with the following text: *And I will set my throne in Elam, and will destroy from thence king and princes.*[8] *'King'* indicates Vashti, and *'princes'* indicates Haman and his ten sons.

R. Dimi b. Isaac introduced his discourse on this section with

c (1) Isa. I, 1. (2) Lit., 'the place of the ark was not included in the measurements'. (3) I Kings VI, 20. (4) This is the sense but not the exact wording of I Kings VI, 24, 25. (5) V. Yoma 21*a* and B.B. 99*a*. (6) The Book of Esther. (7) Lit., 'from here'. (8) Isa. XIV, 22. (9) The connection between *'name'* and *'script'* and between *'remnant'* and *'language'* is not very clear. But v. Maharsha. (10) Isa. LV, 13. (11) Ibid. VII, 19. The proof is not clear. Cf. Maharsha. (12) Ex. XXX, 23. (13) 'Pure myrrh' a popular etymology of Mordecai. (14) Cant. III, 10. There is here a play on the words *sirpad* (brier), and *refidah* (top). (15) The Aramaic for myrtle.

d (1) Esth. II, 7. (2) Deut. XXVIII, 63. (3) II Chron. XX, 21, of the army of Jehoshaphat marching against the Moabites. (4) Ex. XIV, 20, of Pharaoh and the Israelites at the Red Sea. (5) *Yasis* is a *hif'il* form, and should properly mean *'cause to rejoice'*, though it is often used as equivalent to the *kal*, *yasus* 'rejoice'. (6) Eccl. II, 26. (7) Esth. VIII, 2. (8) Jer. XLIX, 38.

the following text: [11a] *For we are bondmen; yet hath God not forsaken us in our bondage, but hath extended mercy unto us in the sight of the*
a *kings of Persia.*[1] When was this? In the time of Haman.

R. Ḥanina b. Papa introduced his discourse on this section with the following text: *Thou hast caused men to ride over our heads, we went through fire and through water:*[2] through fire in the days of the wicked Nebuchadnezzar, and through water in the days of Pharaoh. *But thou didst bring us out into abundance,*[2] in the days of Haman.

R. Joḥanan introduced his discourse on this section with the following text: *He hath remembered his mercy and his faithfulness to the house of Israel, all the ends of the earth have seen the salvation of our Lord.*[3] When did all the ends of the earth see the salvation of our Lord? In the days of Mordecai and Esther.[4]

Resh Laḳish introduced his discourse on this section with the following text: *As a roaring lion and a ravenous bear, so is a wicked ruler over a poor people.*[5] *'A roaring lion'*: this is the wicked Nebuchadnezzar, of whom it is written, *A lion is gone up from his thicket.*[6] *'A ravenous bear'*: this is Ahasuerus, of whom it is written, *And behold another beast, a second, like to a bear,*[7] and R. Joseph learnt: These are the Persians, who eat and drink like bears, and are coated with flesh like bears, and are hairy like bears, and can never keep still like bears.[8] *'A wicked ruler'*: this is Haman. *'Over a poor people'*: this is Israel, who are poor in [the observance of] precepts.

R. Eleazar introduced his discourse on this section with the following text: *By slothfulness he that lays beams*[9] *becomes poor* [yimak], *and through idleness of the hands the house leaketh.*[10] Through the slothfulness in which Israel indulged, not busying themselves with the Torah, the enemy of[11] the Holy One, blessed be He, became poor. The meaning of *'mak'* is poor, as it says, *And if he is too* mak *for thy valuation,*[12] and *mekoreh* means only the Holy One, blessed be He, as it says, *Who layest the beams* [ha-meḳareh] *of thy upper*
b *chambers in the waters.*[1]

R. Naḥman b. Isaac introduced his discourse on this section with the following text: *A Song of Ascents: If it had not been for the Lord who was for us, let Israel now say, If it had not been the Lord who was for us when a man*[2] *rose up against us*[3]—*'a man'* and not a king.[4]

Raba introduced his discourse on this section from here: *When the righteous are increased the people rejoice, but when the wicked beareth rule the people sigh.*[5] *'When the righteous are increased the people rejoice'*—this is illustrated by Mordecai and Esther, as it is written, *and the city of Shushan shouted and was glad.*[6] *'But when the wicked beareth rule the people sigh'*—this is illustrated by Haman, as it is written, *but the city of Shushan was perplexed.*[7] R. Mattenah made his introduction[8] from this verse: *For what great nation is there that hath God so nigh to them.*[9] R. Ashi made it from this verse: *Or hath God assayed* etc.[10]

And it came to pass [wa-yehi] *in the days of Ahasuerus*[11] etc. Rab said, [The word *wa-yehi* is equivalent to] *'wai* and *hi'* [woe and mourning]. With reference to this it is written, *and there ye shall sell yourselves unto your enemies for bondmen and for bondwomen, and no man shall buy you.*[12]

Samuel quoted: *I did not reject them, neither did I abhor them to destroy them utterly.*[13] *'I did not reject them'* in the days of the Greeks; *'neither did I abhor them'*—in the days of Nebuchadnezzar;[14] *'to destroy them utterly'*— in the days of Haman; *'and to break my covenant with them'*—in the days of the Persians;[15] *'for I am the Lord their God'*—in the days of Gog and Magog.[16] In a Baraitha it was taught: *'I have not rejected them'*—in the days of the Chaldeans, when I raised up for them Daniel, Hananiah, Mishael and Azariah; *'neither did I abhor them'*—in the days of the Greeks, when I raised up for them Simeon the Righteous and Hasmonai and his sons,
c and Mattathias the High Priest;[1] *'to destroy them utterly'*—in the days of Haman, when I raised up for them Mordecai and Esther; *'to break my covenant with them'*—in the days of the Persians,[2] when I raised up for them the members of the house of Rabbi and the Sages of the various generations. *'For I am the Lord their God'*—in the time to come, when no nation or people[3] will be able to subject them. ◁

a (1) Ezra IX, 9. (2) Ps. LXVI, 12. (3) Ps. XCVIII, 3. (4) Since letters were sent to all the provinces of the Persian Empire. (5) Prov. XXVIII, 15. (6) Jer. IV, 7. (7) Dan. VII, 5. (8) V. A.Z. 2*b*. (9) Heb. המקרה E.V. *'the rafters sink in'*. (10) Eccl. X, 18. (11) Euphemism. (12) Lev. XXVII, 8.

b (1) Ps. CIV, 3. (2) E.V. *'men'*. (3) Ps. CXXIV, 1, 2. (4) Referring to Haman. (5) Prov. XXIX, 2. (6) Esth. VIII, 15. (7) Ibid. III, 15. (8) Lit., 'said'. (9) Deut. IV, 7. (10) Ibid. 34. (11) Esth. I, 1. (12) Deut. XXVIII, 68. (13) Lev. XXVI, 44. (14) [The order followed here differs from that in the parallel passage in the Yalkut a.l. which is the more chronological. V. Maharsha.] (15) Read with MS.M. 'Romans', v. Wilna Gaon Glosses. (16) I.e., the days of the Messiah. V. Ezek. XXXVIII, XXXIX.

c (1) Mattathias is usually identified with Hasmonai. [MS.M. omits 'Hasmonai and his sons'.] (2) Here also read with MS.M. 'Romans', v. Wilna Gaon Glosses. (3) Lit., 'tongue, language'.

◁ *For the continuation of the English translation of this page see overleaf*

כי עבדים אנחנו ובעבדותנו לא עזבנו אלהינו ויט עלינו חסד לפני מלכי פרס אימתי בזמן *המן רבי חנינא בר פפא פתח לה פתחא להא פרשתא מהכא °הרכבת אנוש לראשנו באנו באש ובמים בימי נבוכדנצר הרשע ובמים בימי פרעה ותוציאנו לרויה בימי המן רבי יוחנן פתח לה פתחא להא פרשתא מהכא °זכר חסדו ואמונתו לבית ישראל ראו כל אפסי ארץ את ישועת אלהינו אימתי ראו כל אפסי ארץ את ישועת אלהינו בימי מרדכי ואסתר ריש לקיש פתח לה פתחא להא פרשתא מהכא °ארי נוהם ודוב שוקק מושל רשע על עם דל ארי נוהם זה נבוכדנצר הרשע דכתיב ביה °עלה אריה מסובכו דוב שוקק זה אחשורוש דכתיב ביה °וארו חיוה אחרי תניינה דמיה לדוב *ותני רב יוסף אלו פרסיים שאוכלין ושותין כדוב ומסורבלין בשר כדוב ומגדלין שער כדוב ואין להם מנוחה כדוב מושל רשע זה המן על עם דל אלו ישראל שהם דלים מן המצות ר' אלעזר פתח לה פתחא להא פרשתא מהכא °בעצלתים ימך המקרה ובשפלות ידים ידלוף הבית *בשביל עצלות שהיה להם לישראל שלא עסקו בתורה נעשה שונאו של הקב"ה מך ואין מך אלא עני שנאמר °ואם מך הוא מערכך ואין מקרה אלא הקב"ה שנאמר °המקרה במים עליותיו רב נחמן בר יצחק פתח לה פתחא להא פרשתא מהכא °שיר המעלות לולי ה' שהיה לנו יאמר נא ישראל לולי ה' שהיה לנו בקום עלינו אדם °אדם ולא מלך רבא פתח לה פתחא להא פרשתא מהכא °ברבות צדיקים ישמח העם ובמשול רשע יאנח עם ברבות צדיקים ישמח העם זה מרדכי ואסתר דכתיב והעיר שושן צהלה ושמחה ובמשול רשע יאנח עם זה המן דכתיב והעיר שושן נבוכה רב מתנה אמר מהכא °כי מי גוי גדול אשר לו אלהים קרובים אליו רב אשי אמר מהכא °או הנסה אלהים וגו' [א] ויהי בימי אחשורוש אמר רב ויי והי (א) הדא דכתיב °והתמכרתם שם לאויביך לעבדים ולשפחות וגו' ושמואל אמר °לא מאסתים ולא געלתים לכלותם לא מאסתים בימי יוונים ולא געלתים בימי נבוכדנצר לכלותם בימי המן להפר בריתי אתם בימי פרסיים כי אני ה' אלהיהם בימי גוג ומגוג במתניתא תנא לא מאסתים בימי כשדים שהעמדתי להם דניאל חנניה מישאל ועזריה ולא געלתים בימי יוונים שהעמדתי להם שמעון הצדיק וחשמונאי ובניו ומתתיה כה"ג לכלותם בימי המן שהעמדתי להם מרדכי ואסתר להפר בריתי אתם בימי פרסיים שהעמדתי להם של בית רבי וחכמי דורות כי אני ה' אלהיהם לעתיד לבוא שאין כל אומה ולשון יכולה לשלוט בהם רבי לוי אמר מהכא °ואם לא תורישו את יושבי הארץ רבי חייא אמר מהכא °והיה כאשר דמיתי לעשות להם אעשה לכם [ב] אחשורוש אמר רב אחיו של ראש ובן גילו של ראש אחיו של נבוכדנצר הרשע שנקרא ראש שנאמר °אנת הוא רישא די דהבא בן גילו של ראש הוא הרג הוא ביקש להרוג הוא החריב הוא ביקש להחריב שנאמר °ובמלכות אחשורוש בתחלת מלכותו כתבו שטנה על יושבי יהודה וירושלם ושמואל אמר שהושחרו פניהם של ישראל בימיו כשולי קדרה ורבי יוחנן אמר כל שזוכרו אמר אח לראשו ורבי חנינא אמר שהכל נעשו רשין בימיו שנאמר °וישם המלך אחשורוש מס הוא אחשורוש הוא ברשעו מתחילתו ועד סופו °הוא עשו הוא ברשעו מתחילתו ועד סופו °הוא דתן ואבירם הן ברשען מתחילתן ועד סופן °הוא המלך אחז הוא ברשעו מתחילתו ועד סופו °אברם הוא אברהם הוא בצדקו מתחילתו ועד סופו °הוא אהרן ומשה הן בצדקן מתחילתן ועד סופן °ודוד הוא הקטן הוא בקטנותו מתחילתו עד סופו כשם שבקטנותו הקטין עצמו אצל מי שגדול ממנו בתורה כך במלכותו הקטין עצמו אצל מי שגדול ממנו בחכמה המולך אמר רב שמלך מעצמו אמרי לה לשבח ואמרי לה לגנאי אמרי לה לשבח דלא הוה איניש דחשיב למלכא כוותיה ואמרי לה לגנאי דלא הוה חזי למלכותא וממונא יתירא הוא דיהב וקם מהודו ועד כוש רב ושמואל חד אמר הודו בסוף העולם וכוש בסוף העולם וחד אמר הודו וכוש גבי הדדי הוו קיימי כשם שמלך על הודו וכוש כך מלך מסוף העולם ועד סופו כיוצא בדבר אתה אומר °כי הוא רודה בכל עבר הנהר מתפסח ועד עזה *רב ושמואל חד אמר תפסח בסוף העולם ועזה בסוף העולם וחד אמר תפסח ועזה בהדי הדדי הוו קיימי כשם שמלך על תפסח ועל עזה כך מלך על כל העולם כולו שבע ועשרים ומאה מדינה אמר רב חסדא בתחילה מלך על שבע ולבסוף מלך על עשרים ולבסוף מלך על מאה אלא מעתה °ושני חיי עמרם שבע ושלשים ומאת שנה מאי דרשת ביה שאני הכא דקרא יתירא הוא מכדי כתיב מהודו ועד כוש שבע ועשרים ומאה מדינה למה לי ש"מ לדרשה: תנו רבנן שלשה מלכו בכיפה ואלו הן אחאב *ואחשורוש ונבוכדנצר אחאב דכתיב °חי ה' אלהיך אם יש גוי וממלכה אשר לא שלח אדוני שם לבקשך *וגו' ואי לא דהוה מליך עלייהו היכי מצי משבע להו נבוכדנצר דכתיב °והיה הגוי והממלכה אשר לא *יתן את צוארו בעול מלך בבל אחשורוש הא דאמר

סימן

רש"י

כי עבדים אנחנו. פסוק הוא בספר עזרא וסיפא ויט עלינו חסד לפני (ב) שרי פרס לתת *עלינו מחיה: באש בימי נבוכדנצר. שהפילנו לתוך הכבשן: אימתי ראו כל אפסי ארץ את ישועת אלהינו בימי מרדכי. שהדבר נגלה לכל האומות שהלכו אגרות בכל העולם: °מסורבלין. מלובשין בבשר: נעשה שונאו של הקדוש ברוך הוא מך. כמי שלא היה יכול להושיע: אדם ולא מלך. זה המן: רב מתנה [אמר] מהכא. פתח פתחא: [הדא דכתיב כו']. מה שכתב בתורה ואין קונה גזר המן שלא יהא אדם רשאי לקנות מהן לעבד: ושמואל אמר (ג) מהכא. פתחא לא מאסתים וגו': ואם לא תורישו וגו'. אף אלו נענשו על שחמל שאול על עמלק: אעשה לכם. אף אלו כמעט כלו: אחיו של ראש. כלומר דומה לו: בן גילו. בן מזלו שניהן דעת אחת היה להן: בקש להחריב. יסוד שיסד זרובבל בבית המקדש בימי כורש לפני אחשורוש כמו שאמור בספר עזרא (סימן ד): שטנה. שנמנה לשטן להם שלא יבנוהו: אח. הוי: אברם הוא אברהם. פסוק הוא בדברי הימים: שמלך מעצמו. שלא היה מזרע המלוכה: כי הוא רודה. כתיב בשלמה: כשם שמלך על הפסח (ד) ועל עזה וכו'. והכי קאמר כי הוא רודה בכל עבר הנהר כמו מתפסח ועד עזה: מלכו בכיפה. תחת כל כיפת הרקיע: הא דאמרן. מהודו ועד כוש:

סימן

תוספות

שלשה מלכו בכל העולם כולו. והא דלא חשיב אלכסנדר מוקדון משום דלא איירי הכא אלא באותם הכתובים להדיא:

אחה

רבינו חננאל

שעשה משה יש לו ' אמות ריוח לכל רוח. וכתיב ולפני הדביר עשרים וגו' *) ליהודים היתה אורה ושמחה וגו'. א"ר יהודה אורה זו תורה שנאמר כי נר מצוה ותורה אור. שמחה זה יו"ט שנאמר ושמחת בחגך. וששון זו מילה שנאמר שש אנכי ע' אמרתך. ויקר אל' תפלין שבראש: אחשורוש אחיו של ראש ובן גילו של ראש. פי' אחשורוש אח שוה לראש. אחיו של נ"נ כו' הוא אחשורוש הוא ברשעו מתחלתו ועד סופו ת"ר ג' מלכו בכיפה. אחאב ונ"נ ואחשורוש

*) לכאורה מאמר זה עד ויקר אלו תפלין שבראש אין כאן מקומו ולכאן דף ט"ז ע"ב ואולי דלפני רבינו הי' כתוב כאן

הגהות הב"ח

(א) גמ' אמר רב ויי וכו' נתקיים מה שכתוב בתורה והתמכרתם שם: (ב) רש"י ד"ה כי עבדים וכו' לפני מלכי פרס: (ג) ד"ה ושמואל אמר פתח פתחא מהכא לא מאסתים: (ד) ד"ה כשם שמלך על תפסח. נ"ב הא דלא פרש"י כלום על כשם שמלך מהודו ועד כוש משום דלשם הוזכר מהודו עד כוש תחילה ולא זו אף קאמר אבל הכא הזכיר תפסח ועזה בסיפא דקרא קשיא וצריך לפרש דה"ק כי הוא רודה כו':

הגהות הגר"א

[א] גמ' או הנסה אלהים וגו' רב אמר מהכא והתמכרתם כו' כצ"ל: [ב] שם אעשה לכם ויהי בימי אחשורוש אמר רב ויי והי אחשורוש אמר רב כו' כצ"ל:

גליון הש"ס

גמ' אדם ולא מלך. עי' ע"ז דף ג ע"א תד"ה כהנים: רש"י ד"ה מסורבלין מלובשין. עי' רש"י שבת דף קלו ע"ב ד"ה קטן המסורבל: ד"ה אח הוי. עי' סנהדרין דף קב ע"א ובכרש"י שם ד"ה אח לאמים. ובכרש"י משלי יג טו:

מסורת הש"ס

[ע"ל נט] ס"ל מרדכי משלי כח ירמיה ד דניאל ז ע"ז ב: קדושין עב. קהלת י [תענית ז:] ויקרא כז תהלים קד שם קכד משלי כט דברים ד שם שם כח ויקרא כו במדבר לג שם דניאל ב עזרא ד אסתר י בראשית לו במדבר כו שמואל א יז דה"א א שמות ו מלכים א ד סנהדרין כ: שמות ו [נ"ל נבוכדנצר ואחשורוש] [נ"ל ואמרו אין והשביע את הגוי ואת הממלכה וגו'] מ"א יח ירמיה כז [נ"ל יעבדו אותו את נבוכדנצר מלך בבל ואת אשר לא יתן וגו']

Continuation of translation from previous page as indicated by ◁

R. Levi introduced [his discourse] from this verse: *But if ye will not drive out the inhabitants of the land before you.*[4] R. Ḥiyya introduced [his discourse] from this verse: *And it shall come to pass that as I thought to do unto them, so will I do unto you.*[5]

Ahasuerus: Rab said: He was [as his name implies], the brother of the head[6] and the counterpart of the head. 'The brother of the head': the brother of Nebuchadnezzar the wicked who was called head, as it is written, *Thou art the head of gold.*[7] 'The counterpart of the head': the one slew, the other sought to slay; the one laid waste, the other sought to lay waste, as it is written, *And in the reign of Ahasuerus, in the beginning of his reign, wrote they an accusation against the inhabitants of Judah and Jerusalem.*[8] Samuel said that [as his name indicates], the face of Israel was blackened[9] in his days like the sides of a pot. R. Joḥanan said that [his name indicates that] everyone who thought of him said 'alas for my head'.[10] R. Ḥanina said, [it indicates that] all became poor[11] in his days, as it says, *And the king Ahasuerus laid a tribute.*[12]

That [hu] *is Ahasuerus:* [this means that] he persisted in his wickedness from beginning to end. [Similarly] *this is* [hu] *Esau:*[13] the same in his wickedness from beginning to end. [Similarly], *These are that* [hu] *Dathan and Abiram:*[14] the same in their wickedness from the beginning to the end. [Similarly], *this same* [hu] *king*
d *Ahaz:*[1] the same in his wickedness from the beginning to the end. [Similarly], *Abram, the same* [hu] *is Abraham:*[2] the same in his righteousness from the beginning to the end. [Similarly], *These are that* [hu] *Aaron and Moses:*[3] the same in their righteousness from the beginning to the end. [Similarly], *And David, he was* [hu] *the smallest;*[4] he persisted in his humility[5] from the beginning to the end; just as in his youth he humbled himself before anyone who was his superior in Torah, so in his kingship he humbled himself before anyone who was his superior in wisdom.

Who reigned: Rab said: this indicates that he raised himself to the throne.[6] Some interpret this to his credit, and some to his discredit. Some interpret it to his credit, holding that there was no other man equally fitted for the throne. Others interpret it to his discredit, holding that he was not fitted for the throne, but that he was very wealthy, and by means of lavish distribution of money rose to the throne.

From Hodu to Cush.[7] Rab and Samuel gave different interpretations of this. One said that Hodu is at one end of the world and Cush at the other, and the other said that Hodu and Cush adjoin one another, and that [the meaning is that] as he ruled over Hodu and Cush, so he ruled from one end of the world to the other. A similar difference occurs with reference to the words, *For he had dominion over all the region on this side of the River, from Tiphsah even unto Gaza.*[8] Here again Rab and Samuel interpreted differently. One said that Tiphsah is at one end of the world and Gaza at the other, and the other said that Tiphsah and Gaza are near one another [and that what is meant is that] as he [Solomon] ruled over Tiphsah and over Gaza, so he ruled over the whole world.[9]

Seven and twenty and a hundred provinces. R. Ḥisda said: At first he ruled over seven, then over twenty [more], and finally over a hundred [more]. But if you interpret thus, what of the verse, *And*
e *the years of the life of Amram were seven and thirty and a hundred years?*[1] What lesson will you derive from that?—There is a difference here, because the whole text is superfluous. See now: it is written, *from Hodu to Cush.* Why then do I require, *seven and twenty and a hundred provinces?* You must conclude that it is for a special lesson.

Our Rabbis taught: Three [potentates] ruled over the whole globe,[2] namely, Ahab, Ahasuerus and Nebuchadnezar.[3] Ahab, as it is written, *As the Lord thy God liveth, there is no nation or kingdom whither my lord hath not sent to seek thee* etc.[4] Now if he was not king over them, how could he make them take an oath? Nebuchadnezar, as it is written: *And it shall come to pass that the nation and the kingdom which will not serve the same Nebuchadnezzar king of Babylon and will not put their neck under the yoke of the king of Babylon.*[5] Ahasuerus, as we have pointed out above [11*b*].

(4) Num. XXXIII, 55. (5) Ibid. 56. (6) Heb. *ahiw shel rosh.* (7) Dan. II, 38. (8) Ezra IV, 6. (9) Heb. *hushharu.* (10) Heb. *aḥ le-rosho.* (11) Heb. *rashin.* (12) Esth. X, 1. (13) Gen. XXXVI, 43. (14) Num. XXVI, 9.
d (1) II Chron. XXVIII, 22. (2) I Chron. I, 27. (3) Ex. VI, 26. (4) I Sam. XVII, 14. E.V. *'youngest'.* (5) The Heb. *kaṭan* means both 'young' and 'humble'. (6) Because it does not say 'who was king'. (7) E.V. *'from India to Ethiopia'.* (8) I Kings V, 4. (9) V. Sanh. (Sonc. ed.) 20*b* nn. c 5-6.
e (1) Ex. VI, 20. (2) Heb. כיפה. Lit., 'arch', the space beneath the vault of the heaven. (3) Only those mentioned in Scripture are reckoned (Tosaf.). (4) I Kings XVIII, 10. The text continues, *and when they said, he is not here, he took an oath,* etc. (5) Jer. XXVII, 8.

כי עבדים אנחנו. פסוק הוא בספר עזרא וסיפא ויט עלינו חסד לפני (ב) שרי פרס לתת *עלינו מחיה: באש בימי נבוכדנצר. שהפילנו לתוך הכבשן: אימתי ראו כל אפסי ארץ את ישועת אלהינו בימי מרדכי. שהדבר נגלה לכל האומות שהלכו אגרות בכל העולם: °מסורבלין. מלובשין בבשר: נעשה שונאו של הקדוש ברוך הוא מך. כמי שלא היה יכול להושיע: אדם ולא מלך. זה המן: רב מתנה [אמר] מהכא. פתח פתחא: [הדא דכתיב כו']. מה שכתב בתורה ואין קונה גזר המן שלא יהא אדם רשאי לקנות מהן לעבד: ושמואל אמר (ג) מהכא. פתחא לא מאסתים וגו': ואם לא תורישו וגו'. אף אלו נענשו על שחמל שאול על עמלק: אעשה לכם. אף אלו כמעט כלו: אחיו של ראש. כלומר דומה לו: בן גילו. בן מזלו שניהן דעת אחת היה להן: בקש להחריב. יסוד שיסד זרובבל בבית המקדש בימי כורש לפני אחשורוש כמו שאמור בספר עזרא (סימן ד): שטנה. שנאה. שנמנה לשטן להם שלא יבנוהו:אח. אוי: אברם הוא אברהם. פסוק הוא בדברי הימים: שמלך מעצמו. שלא היה מזרע המלוכה: כי הוא רודה. כתיב בשלמה: כשם שמלך על תפסח (ד) ועל עזה וכו'. והכי קאמר כי הוא רודה בכל עבר הנהר כמו מתפסח ועד עזה: מלכו בכיפה. תחת כל כיפת הרקיע: הא דאמרן. מהודו ועד כוש:
סימן

עזרא ט °כי עבדים אנחנו ובעבדותנו לא עזבנו אלהינו ויט עלינו חסד לפני מלכי פרס אימתי בזמן *המן רבי חנינא בר פפא פתח לה פתחא להא פרשתא מהכא תהלים סו °הרכבת אנוש לראשנו באנו באש ובמים בימי נבוכדנצר הרשע ובמים בימי פרעה ותוציאנו לרויה בימי המן רבי יוחנן פתח לה פתחא להא פרשתא מהכא שם צח °זכר חסדו ואמונתו לבית ישראל ראו כל אפסי ארץ את ישועת אלהינו אימתי ראו כל אפסי ארץ את ישועת אלהינו בימי מרדכי ואסתר ריש לקיש פתח לה פתחא להא פרשתא מהכא משלי כח °ארי נוהם ודוב שוקק מושל רשע על עם דל ארי נוהם זה נבוכדנצר הרשע דכתיב ביה ירמיה ד °עלה אריה מסובכו דוב שוקק זה אחשורוש דכתיב ביה דניאל ז °וארו חיוה אחרי תניינה דמיה לדוב *ותני רב יוסף אלו פרסיים שאוכלין ושותין כדוב ומסורבלין בשר כדוב ומגדלין שער כדוב ואין להם מנוחה כדוב מושל רשע זה המן על עם דל אלו ישראל שהם דלים מן המצות ר' אלעזר פתח לה פתחא להא פרשתא מהכא קהלת י °בעצלתים ימך המקרה ובשפלות ידים ידלוף הבית *בשביל עצלות שהיה להם לישראל שלא עסקו בתורה נעשה שונאו של הקב"ה מך ואין מך אלא עני שנאמר ויקרא כז °ואם מך הוא מערכך ואין מקרה אלא הקב"ה שנאמר תהלים קד °המקרה במים עליותיו רב נחמן בר יצחק פתח לה פתחא להא פרשתא מהכא שם קכד °שיר המעלות לולי ה' שהיה לנו יאמר נא ישראל לולי ה' שהיה לנו בקום עלינו אדם °אדם ולא מלך רבא פתח לה פתחא להא פרשתא מהכא משלי כט °ברבות צדיקים ישמח העם ובמשול רשע יאנח עם ברבות צדיקים ישמח העם זה מרדכי ואסתר דכתיב והעיר שושן צהלה ושמחה ובמשול רשע יאנח עם זה המן דכתיב והעיר שושן נבוכה רב מתנה אמר מהכא דברים ד °כי מי גוי גדול אשר לו אלהים קרובים אליו רב אשי אמר מהכא שם °או הנסה אלהים וגו' [א] ויהי בימי אחשורוש אמר רב ויי והי (א) הדא דכתיב שם כח °והתמכרתם שם לאויביך לעבדים ולשפחות וגו' ושמואל אמר ויקרא כו °לא מאסתים ולא געלתים לכלותם לא מאסתים בימי יוונים ולא געלתים בימי נבוכדנצר לכלותם בימי המן להפר בריתי אתם בימי פרסיים כי אני ה' אלהיהם בימי גוג ומגוג במתניתא תנא לא מאסתים בימי כשדים שהעמדתי להם דניאל חנניה מישאל ועזריה ולא געלתים בימי יוונים שהעמדתי להם שמעון הצדיק וחשמונאי ובניו ומתתיה כה"ג לכלותם בימי המן שהעמדתי להם מרדכי ואסתר להפר בריתי אתם בימי פרסיים שהעמדתי להם של בית רבי וחכמי דורות כי אני ה' אלהיהם לעתיד לבוא שאין כל אומה ולשון יכולה לשלוט בהם רבי לוי אמר מהכא במדבר לג °ואם לא תורישו את יושבי הארץ רבי חייא אמר מהכא שם °והיה כאשר דמיתי לעשות להם אעשה לכם [ב] אחשורוש אמר רב אחיו של ראש ובן גילו של ראש אחיו של ראש אחיו של נבוכדנצר הרשע שנקרא ראש שנאמר דניאל ב °אנת הוא רישא די דהבא בן גילו של ראש הוא הרג הוא ביקש להרוג הוא החריב הוא ביקש להחריב שנאמר עזרא ד °ובמלכות אחשורוש בתחלת מלכותו כתבו שטנה על יושבי יהודה וירושלם ושמואל אמר שהושחרו פניהם של ישראל בימיו כשולי קדרה ורבי יוחנן אמר כל שזוכרו אמר אח לראשו ורבי חנינא אמר שהכל נעשו רשין בימיו שנאמר אסתר י °וישם המלך אחשורוש מס הוא אחשורוש הוא ברשעו מתחילתו ועד סופו בראשית לו °הוא עשו הוא ברשעו מתחילתו ועד סופו במדבר כו °הוא דתן ואבירם הן ברשען מתחילתן ועד סופן °הוא המלך אחז הוא ברשעו מתחילתו ועד סופו °אברם הוא אברהם הוא בצדקו מתחילתו ועד סופו °הוא אהרן ומשה הן בצדקן מתחילתן ועד סופן שמואל א יז °ודוד הוא הקטן הוא בקטנותו מתחילתו עד סופו כשם שבקטנותו הקטין עצמו אצל מי שגדול ממנו בתורה כך במלכותו הקטין עצמו אצל מי שגדול ממנו בחכמה המולך אמר רב שמלך מעצמו אמרי לה לשבח ואמרי לה לגנאי אמרי לה לשבח דלא הוה איניש דחשיב למלכא כוותיה ואמרי לה לגנאי דלא הוה חזי למלכותא וממונא יתירא הוא דיהב וקם מהודו ועד כוש רב ושמואל חד אמר הודו בסוף העולם וכוש בסוף העולם וחד אמר הודו וכוש גבי הדדי הוו קיימי כשם שמלך על הודו וכוש כך מלך מסוף העולם ועד סופו כיוצא בדבר אתה אומר מלכים א ה °כי הוא רודה בכל עבר הנהר מתפסח ועד עזה *רב ושמואל חד אמר תפסח בסוף העולם ועזה בסוף העולם וחד אמר תפסח ועזה בהדי הדדי הוו קיימי כשם שמלך על תפסח ועל עזה כך מלך על כל העולם כולו שבע ועשרים ומאה מדינה אמר רב חסדא בתחילה מלך על שבע ולבסוף מלך על עשרים ולבסוף מלך על מאה אלא מעתה שמות ו °ושני חיי עמרם שבע ושלשים ומאת שנה הכי נמי מאי דרשת ביה שאני הכא דקרא יתירא הוא מכדי כתיב מהודו ועד כוש שבע ועשרים ומאה מדינה למה לי ש"מ לדרשה: תנו רבנן שלשה מלכו בכיפה ואלו הן אחאב *ואחשורוש ונבוכדנצר אחאב דכתיב מ"א יח °חי ה' אלהיך אם יש גוי וממלכה אשר לא שלח אדוני שם לבקשך *וגו' ואי לא דהוה מלך עלייהו היכי מצי משבע להו נבוכדנצר דכתיב ירמי' כז °והיה הגוי והממלכה אשר לא *יתן את צוארו בעול מלך בבל אחשורוש הא דאמרן
סימן

שלשה מלכו בכל העולם כולו. והא דלא חשיב אלכסנדר' מוקדון משום דלא איירי הכא אלא באלה הכתובים להדיא:

מסורת הש"ס: [ת"ע גנו] · ס"א מרדכי · משלי כח · ירמיה ד · דניאל ז · ע"ז ב: · קדושין עב. · קהלת י · [תענית ז:] · ויקרא כז · תהלים קד · שם קכד · משלי כט · דברים ד · שם · שם כח · ויקרא כו · במדבר לג · שם · דניאל ב · עזרא ד · אסתר י · בראשית לו · במדבר כו · שמואל א יז · מלכים א ה · סנהדרין כ: · שמות ו · [נ"ל נבוכדנצר ואחשורוש] · [נ"ל ואמרו אין השביע את הגוי ואת הממלכה וגו']

רבינו חננאל

שעשה משה יש לו י' אמות ריוח לכל רוח. וכתיב ולפני הדביר עשרים וגו': *) ליהודים היתה אורה ושמחה וגו'. א"ר יהודה אורה זו תורה שנאמר כי נר מצוה ותורה אור. שמחה זה יו"ט שנאמר ושמחת בחגך. וששון זו מילה שנאמר שש אנכי ע' אמרתך. ויקר אלו תפלין שבראש: אחשורוש אחיו של ראש ובן גילו של ראש. פי' אחשורוש אח שוה לראש. אחיו של נ"נ כו' הוא אחשורוש הוא ברשעו מתחלתו ועד סופו ת"ר ג' מלכו בכיפה. אחאב ונ"נ ואחשורוש

*) לכאורה מאמר זה עד ויקר אלו תפלין שבראש אין כאן מקומו רק לכאן דף ט"ז ע"ב ואולי דלפני רבינו פי' כתוב כאן

הגהות הב"ח

(א) גמ' אמר רב ויי וכו' נתקיים מה שכתוב בתורה והתמכרתם שם: (ב) רש"י ד"ה כי עבדים וכו' לפני מלכי פרס: (ג) ד"ה ושמואל אמר פתח פתחא מהכא לא מאסתים: (ד) ד"ה כשם שמלך על תפסח. נ"ב הא דלא פרש"י כלום על כשם שמלך מהודו ועד כוש משום דלשם הוזכר מהודו עד כוש תחילה ולא זו אף זו קאמר אבל הכא הוזכר תפסח ועזה בסופיה דקרא קשיא וצריך לפרש דה"ק כי הוא רודה כו':

הגהות הגר"א

[א] גמ' הנסה אלהים וגו' רב אמר מהכא והתמכרתם כו' כצ"ל: [ב] שם אעשה לכם ויהי בימי אחשורוש אמר רב ויי והי אחשורוש אמר רב כו' כצ"ל:

דה"ב כח
דה"א א שמות ו

גליון הש"ס

גמ' אדם ולא מלך. עי' ע"ז דף ג ע"א תד"ה כהנים: רש"י ד"ה מסורבלין מלובשין. עי' רש"י שבת דף קלז ע"ב ד"ה קטן המסורבל: ד"ה אח אוי. עי' סנהדרין דף קב ע"ב וברש"י שם ד"ה אח לשמים. וברש"י הושע יג טו:

[נ"ל יעבדו אותו את נבוכדנצר מלך בבל ואת אשר לא יתן וגו']

תורה אור

(סימן שסר"ד) ותו ליכא והא איכא שלמה לא סליק מלכותיה הניחא למ"ד *מלך והדיוט אלא למ"ד מלך והדיוט ומלך מאי איכא למימר שלמה מילתא אחריתי הוה ביה שמלך על העליונים ועל התחתונים שנאמר °וישב שלמה על כסא ה' והא הוה סנחריב דכתיב °מי בכל אלהי הארצות האלה אשר הצילו את ארצם מידי הא (א) איכא ירושלים דלא כבשה והא איכא דריוש דכתיב °דריוש מלכא כתב לכל עממיא אומיא ולישניא די דיירין בכל ארעא שלמכון יסגא הא (ב) איכא שבע דלא מלך עלייהו דכתיב °שפר קדם דריוש והקים על מלכותא לאחשדרפניא מאה ועשרין והא איכא כורש דכתיב °כה אמר כורש מלך פרס כל ממלכות הארץ נתן לי ה' התם אשתבוחי הוא דקא משתבח בנפשיה: °בימים ההם כשבת המלך וכתיב בתריה בשנת שלש למלכו אמר רבא מאי כשבת לאחר שנתיישבה דעתו אמר בלשצר חשב וטעה אנא חשיבנא ולא טעינא מאי היא דכתיב °כי לפי מלאת לבבל שבעים שנה אפקוד אתכם וכתיב °למלאות לחרבות ירושלם שבעים שנה חשוב ארבעין וחמש דנבוכדנצר ועשרים ותלת דאויל מרודך ותרתי דידיה הא *שבעים אפיק מאני דבי מקדשא ואשתמש בהו ונבוכדנצר מנלן דארבעין וחמש שנין מלך דאמר מר *גלו בשבע גלו בשמונה גלו בשמונה עשרה גלו בתשע עשרה גלו בשבע לכיבוש יהויקים גלות יהויכין שהיא שמונה לנבוכדנצר גלו בשמונה עשרה לכיבוש יהויקים גלות צדקיהו שהיא תשע עשרה לנבוכדנצר דאמר מר *שנה ראשונה כיבש נינוה שניה כיבש יהויקים וכתיב °ויהי בשלשים ושבע שנה לגלות יהויכין מלך יהודה בשנים עשר חדש בעשרים וחמשה לחדש נשא אויל מרודך מלך בבל [בשנת מלכותו] את ראש יהויכין מלך יהודה ויוצא אותו מבית הכלא תמני ותלתין ושבע הרי ארבעין וחמש דנבוכדנצר ועשרין ותלת דאויל מרודך גמרא ותרתי דידיה הא שבעין אמר השתא ודאי תו לא מיפרקי אפיק מאני דבי מקדשא ואשתמש בהו היינו דקאמר ליה דניאל °ועל מרי שמיא התרוממת ולמאניא די בייתיה היתיו קדמך וכתיב °ביה בליליא קטיל בלשאצר מלכא [כשדאי] וכתיב °ודריוש מדאה קבל מלכותא כבר שנין שתין ותרתין אמר איהו מיטעא טעי אנא חשיבנא ולא טעינא מי כתיב למלכות בבל לבבל כתיב מאי לבבל לגלות בבל כמה בצירן תמני חשיב ועייל חילופייהו חדא דבלשצר וחמש דדריוש וכורש ותרתי דידיה הא שבעין כיון דחזי דמלו שבעין ולא איפרוק אמר השתא ודאי תו לא מיפרקי אפיק מאני דבי מקדשא ואשתמש בהו בא שטן וריקד ביניהן והרג את ושתי והא שפיר חשיב איהו נמי מיטעא טעי דאיבעי ליה למימני מחרבות ירושלים סוף סוף כמה בצירן (*חדיסר) איהו כמה מלך ארביסר בארביסר דידיה איבעי ליה למיבני בית המקדש אלמה כתיב °באדין בטילת עבידת בית אלהא די בירושלם אמר רבא שנים מקוטעות הוו

תניא

דה"א כט · ישעיה לו · דניאל ו · שם · עזרא א · אסתר א · ירמיה כט · דניאל ט · ירמיה נב · דניאל ה · שם · עזרא ד

[סנהדרין כ: גיטין סח:] · [נ"ל חד סרי] · [לקמן יט.] · [ערכין יב.] · [שם] · [נ"ל חד סרי]

סימן שלמה סנחריב דריוש כורש: לא סליק מלכותיה. לא השלים מלכותו שהרי נטרד כדאמרינן במסכת גיטין (דף סח:): הניחא למאן דאמר וכו'. במס' גיטין פ' מי שאחזו: על העליונים. על השדים: כשבת המלך. משמע בתחילת מלכותו והדר כתיב בשנת שלש: כשנתיישבה דעתו. שמתחלה היה דואג שיצאו ישראל מתחת ידו כשיגמרו שבעים שנה לגלות בבל ועכשיו נתיישבה (ג): מאי היא. חושבניה דבלשצר וטעותיה: לפי מלאות לבבל. כסבור הוא למלכות בבל מיום שנטלה בבל מלכות וזה נבוכדנצר נטל מלכות מאשר חדון מלך אשור: חשב. בלשצר מ"ה דנבוכדנצר וכ"ג דאויל מרודך: ותרתי דידיה. דאשכחן דבלשצר מלך תלת שנין דכתיב בספר דניאל (ח) בשנת שלש למלכות בלשצר המלך חזון נראה אלי אני דניאל וגו': גלו בשבע גלו בשמונה. חד גלות הוא וקראי קא דריש כתיב בגלות יהויכין בשנת שמונה (ד) למלכות נבוכדנצר בסוף ספר מלכים וספר ירמיה בסופו אשר הגלה נבוזראדן בשנת שבע אלא שמונה למלכות נבוכדנצר ושבע לכיבוש יהויקים שכבשו תחתיו בשנה שניה למלכותו (ה) ולא הגלהו ויהי לו עבד שלש שנים וי"ח וי"ט כתיב בגלות צדקיהו בסוף ספר ירמיה והיינו חורבות ירושלים שהיא י"א שנה אחר גלות יהויכין דכתיב ויהי בעשתי עשרה שנה למלך צדקיהו וגו' ומאי י"ח וי"ט י"ח לכיבוש יהויקים וי"ט למלכות נבוכדנצר: דאמר מר שנה ראשונה כיבש נינוה. שהיתה ראש מלכות אשור שהיה מלך בנינוה: שניה כיבש יהויקים. קראי קא דריש בסדר עולם כתיב בראש ספר דניאל בשנת שלש למלכות יהויקים בא נבוכדנצר בירושלים ויתן ה' את יהויקים בידו אפשר לומר כן והלא לא מלך אלא בשנת ארבע ליהויקים שנאמר בספר ירמיה (מה) הדבר אשר היה בשנת הרביעית ליהויקים היא שנה הראשונה לנבוכדנצר אלא מה תלמוד לומר בשנת שלש למלכות יהויקים בשנת שלשה למרדו לאחר שכיבשו עבדו שלשה שנים ומרד בו שנאמר ויהי לו [יהויקים] עבד שלש שנים וישב וימרד בו (מלכים ב כד) ולמדך כאן שעמד במרדו שלש שנים הרי ששה שנים לכיבושו ובפעם הזאת נמסר בידו והרגו ונתקיים בו קבורת חמור יקבר (ירמיה כב) והמליך את יהויכין בנו תחתיו ובא לו לבבל (מדרש רבה מצורע פי"ט) אמרו לו יועציו הלא מרד בך והמלכת בנו מתלא אמרין מכלבא בישא גוריא טבא לא נפיק חזר עליו לתשובת השנה והגלהו והמליך צדקיהו וכן כתיב בספר מלכים בסופו גלות יהויכין בשנת שבע לכיבוש יהויקים והרי הכתוב קורא אותה בשנת שמונה למלכות נבוכדנצר בספר מלכים בסופו למדנו שבשנה שניה למלכותו כיבשו: נשא אויל מרודך מלך בבל וגו' (ו). למדנו שמלך אויל מרודך בשנת ל"ז לגלות יהויכין וכבר מלך נבוכדנצר שמונה שנים קודם גלות יהויכין שמונה ול"ז הרי מ"ה וכ"ג דאויל מרודך וב' דבלשצר: אפיק מאני דבית המקדש. בשנת שלישית למלכותו: אמר. אחשורוש איהו ודאי מיטעא טעי: אנא חשיבנא כו' לגלות בבל. תחילת גולה שהגלה את יכניה: כמה בצירן. משבעים משנת שתים לבלשצר תמני אותן שמונה שנים שמלך נבוכדנצר לפני הגלותו את יכניה שלא היה לו לבלשצר למנותן ומנאן: חשב. אחשורוש מב' לבלשצר עד שלש שלו: ועייל. הנך תמני תחותייהו: חדא דבלשצר. דהרי (ז) משנת שתים שלמו שבעים שנה לפי מניינו ושוב מנה שלישית: וחמשה דדריוש המדי וכורש הפרסי. דכתיב ודריוש מדאה קביל מלכותא (דניאל ו) ואחריו מלך כורש הראשון שנתן רשות לבני הגולה לעלות שנאמר כה אמר כורש וגו' (עזרא א) וקסלקא דעתך השתא שמלכו בין שניהן ה' שנים אע"ג דלא כתיב בקרא: ותרתי דאחשורוש. כבר עברו לו שתי שנים: מחרבות ירושלים. גלות צדקיהו שנשרפה העיר ובו בהדיא כתיב דלחרבות ירושלים בעי למימניא דכתיב בספר דניאל (ט) למלאות לחרבות ירושלם שבעים שנה: *חדיסר. שכך עמד הבית אחר גלות יכניה: איהו כמה מלך ארביסר. דכתיב בשנת שתים עשרה הפיל פור הוא הגורל ולשנה אחרת נעשה הנס הרי י"ג (ח) דמלכי אומות העולם מתשרי מנינן ונתחדשה השנה בתשרי וכתיב לשנה אחרת לקיים את אגרת הפורים הזאת השנית הרי י"ד: באדין. בימי כורש בטילת עבידת בית אלהא שטה כורש לבנות וחזר בו על ידי צרי יהודה ובנימין כמו שכתוב בספר עזרא עד שנת תרתין למלכות דריוש השני שמלך אחר אחשורוש ונקרא שלשה שמות דריוש כורש ארתחשסתא: שנים מקוטעות היו. אותן שנים שמנינן למעלה יש בהן שנבלעו משל אחרון (ט) בראשון כגון לדריוש המדי וכורש שמנינן להם ה' שנים לא תמצא אלא ד' דכתיב בשנת אחת לדריוש בן אחשורוש בספר דניאל (ט) בשנת שלש למלכות כורש וגו' ותניא בסדר עולם לא מינו למדי שנה בכתובים אלא זו בלבד ולכורש מינו שלשה שנים בספר דניאל בשנת שלש למלכות כורש וגו' ותניא נמי בסדר עולם כורש מלך ג' שנים מקוטעות הרי שמינית שנה יתירה וגם (י) דשנות נבוכדנצר ואויל מרודך נבלעה שנה וכנגדו נשתהה הבנין שתים שנים לדריוש:

תניא

רבינו חננאל

כו'. כשבת כשנתיישבה דעתו. אמר בלשצר טעה וטעה. אנא מנינא ולא טעינא. כתיב כי לפי מלאות [לבבל] ע' שנה אפקוד אתכם. אמר בלשצר *) מאי להלכות בבל. חשב מ"ה דנ"נ. מ"ה מנא לן. דאמר מר גלו בשבע לכיבוש יהויקים בן יאשיהו מלך יהודה היא השנה השניה לנ"נ מלך בבל. וכיבש יהויקים בשנה החמישית למלכו. נמצא משכיבש ועד שמת ז' שנים. שכל מלכות יהויקים היתה י"א שנה שנאמר אחת עשרה שנה מלך בירושלים. ואמר בנ"נ שנה ראשונה כיבש נינוה. שניה כיבש יהויקים. וכיון שמת יהויקים מלך יכניה ג' חדשים ובא נ"נ והגלהו שנאמר ויקח אותו מלך בבל בשנת שמונה למלכו. נמצא משכיבש יהויקים עד שמת יהויקים ז' שנים ויכניה ג' חדשים והגלהו. וזהו פירושו. גלו בשבע לכיבוש יהויקים שהיא שנת ח' לנ"נ. וזה שכתוב בשנת שלש למלכות יהויקים מלך יהודה בא נ"נ מלך בבל ירושלים ויצר עליה כבר פירשוהו רבותינו. בשנת שלש למרדו דהא בשנה הרביעית ליהויקי' מלך נ"נ. גלו בי"ח לכיבוש יהויקים שהיא שנת י"ט לנ"נ. שנאמר ובעשור לחדש החמישי היא תשע עשרה למלך נ"נ מלך בבל בא נבוזראדן רב טבחים וגו'. נמצא שהגלה יהויכין בשנת שמונה למלכו. ונשאר יהויכין ל"ז שנה חבוש בבית האסורים בגלות עד שמת נ"נ. שנאמר ויהי בשלשים ושבע לגלות יהויכין מלך יהודה וגו'. הנה **) מקים גלות יהויכין ה' שנים ול"ז שנה. הרי מ"ה שנה לנ"נ. הנה נמצאו שנות נ"נ מן הפסוקים. אבל כ"ג שנה למרודך גמרא ותלתא דבלשצר הרי ע' מדלא איפרוק כו'. אמר אחשורוש בלשצר טעה דאיבעי למימנא ע' לגלות. כמה בצרו ח' שנה שמלך נ"נ קודם גלות יכניה עייל תמני שני חילופייהו חדא דבלשצר. וה' שנה דכורש ודריוש וב' שנים דידיה הא שבעים כו'. היינו דכתיב בשנת שלש למלכו. כשבת כשנתיישבה דעתו דאמר תוב לא מפרקי כולה שמעתא ופשוטה היא.

*) נ"ל אמר בלשצר חשב וטעה וכו' מאי היא דכתיב כי לפי מלאת לבבל וחשב דמאי לבבל למלכות בבל חשב וכו'.
**) נראה דצ"ל שנה מלך מקודם גלות יהויכין וכו'.

הגהות הב"ח

(א) גמ' הא הוה ירושלים: (ב) שם הא הויא שבע דלא מלך: (ג) רש"י ד"ה כשנתיישבה וכו' ועכשיו נתיישבה דעתו הס"ד: (ד) ד"ה גלו בשבע וכו' בשנת שמנה למלכו בסוף ספר כל"ל ותיבת נבוכדנצר נמחק: (ה) בא"ד בשנה שניה למלכותו כדאמרינן לקמן ולא הגלהו כו' חורבות ירושלים דהויא י"א שנה וכו' כדכתיב ויהי: (ו) ד"ה נשא אויל מרודך מלך בבל וגו' בשנת מלכותו למדנו: (ז) ד"ה חדא וכו' בשנת שתים וכו' ושוב מלך שנה שלישית: (ח) ד"ה איהו כמה וכו' הרי י"ג דהא למלכי אומות: (ט) ד"ה שנים מקוטעות וכו' משל אחרון בשל ראשון וכו' וכורש הפרסי שמנינן להם ה' שנים ולא וכו' לדריוש בן אחשורוש מזרע מדי ולא זהו אחשורוש המלך שזה קדמו שנים הרבה ותניא בסדר עולם כל"ל ותיבות בספר דניאל בשנת שלש למלכות כורש וגו' נמחק: (י) בא"ד וגם בשנות נבוכדנצר וכו' שתים לדריוש האחרון הס"ד:

(*Mnemonic:* Sh'S'D'K')[6] But are there no more? Is there not Solomon?—He did not retain his kingdom [till his death]. This is a sufficient answer for the one who holds that he was first a king and then a subject.[7] But for the one who holds that he was first a king, then a subject, and then a king again, what can we reply?—Solomon was in a different category, because he ruled over the denizens of the upper world[8] as well as of the lower, as it says, *And Solomon sat upon the throne of the Lord.*[9]

But was there not Sennacherib, as it is written, *Who are they among all the gods of these countries that have delivered their country out of my hand.*[10]—There was Jerusalem which he had not subdued.

But was there not Darius, as it is written, *Then king Darius wrote unto all the peoples, nations and languages that dwell in all the earth, Peace be multiplied unto you?*[11]—There were the seven over which he did not rule, as it is written, *It pleased Darius to set over the kingdom a hundred and twenty satraps.*[12] But there was Cyrus, of whom it is written, *Thus saith Cyrus king of Persia, All the kingdom of the earth*
a *hath the Lord given me?*[1]—There he was merely indulging in a boast.

In those days, when the king sat [*on his throne*].[2] [How can this be] seeing that it says just afterwards, *in the third year of his reign?*—Raba said: What is meant by '*when he sat*'? After he began to feel secure. He reasoned thus: 'Belshazar calculated and made a mistake; I have calculated and made no mistake'. What is the meaning of this?—It is written, *After seventy years are accomplished for Babylon I will remember you,*[3] and it is written, *That He would accomplish for the desolations of Jerusalem seventy years.*[4] He reckoned forty-five years of Nebuchadnezzar and twenty-three of Evil-merodach and two of his own, making seventy in all. He then brought out the vessels of the Temple and used them. And how do we know that Nebuchadnezzar reigned forty-five years?—As a Master has said: 'They went into exile in the seventh year and they went into exile in the eighth year; they went into exile in the eighteenth year and they went into exile in the nineteenth year'. [That is to say], in the seventh year after the subjection of Jehoiakim[5] they underwent the exile of Jeconiah, this being the eighth year of Nebuchadnezzar.[6] In the eighteenth year from the subjection of Jehoiakim[7] they underwent the exile of Zedekiah, this being the nineteenth year of Nebuchadnezzar,[8] as a Master has said, In the first year [of his reign] he [Nebuchadnezzar] overthrew Nineveh; in the second year he conquered Jehoiakim[9] and it is written, *And it came to pass in the seven and thirtieth year of the captivity of Jehoiachin king of Judah, in the twelfth month in the seven and twentieth day of the month, that Evilmerodach king of Babylon, in the year of his reign, lifted up the head of Jehoiachin king of Judah and*
b *brought him forth out of prison.*[1] Eight and thirty-seven make forty-five of Nebuchadnezzar. The twenty-three of Evilmerodach we know from tradition. These with two of his own[2] make seventy. He [Belshazar] said to himself, Now of a surety they will not be redeemed. So he brought out the vessels of the Temple and used them. Hence it was that Daniel said to him, *but thou hast lifted up thyself against the Lord of heaven, and they have brought the vessels of his house before thee.*[3] It is further written, *In that night Belshazar the Chaldean king was slain;*[4] and it is written, *And Darius the Mede received the kingdom, being about threescore and two years old.*[5] He [Ahasuerus] said: He calculated and made a mistake,[6] I will calculate and make no mistake. Is it written, 'seventy years for *the kingdom of* Babylon?'[7] It is written, *seventy years for* Babylon. What is meant by Babylon? The *exile* of Babylon. How many years [is this reckoning] less [than the other]? Eight.[8] So in place of them he inserted one of Belshazar,[9] five of Darius and Cyrus,[10] and two of his own, which made seventy. When he saw that seventy had been completed and they were not redeemed, he brought out the vessels of the Temple and used them. Then the Satan came and danced among them and slew Vashti.

But he reckoned correctly?—He also made a mistake, since he ought to have reckoned from the destruction of Jerusalem.[11] Granted all this, how many years are short? Eleven. How long
c did he reign? Fourteen.[1] Consequently in the fourteenth year of his reign he ought to have rebuilt the Temple. Why then is it written, *Then ceased the work of the house of God which is at Jeru-*

(6) Sh = Solomon (Shelomoh); S = Sennacherib; D = Darius; K = Koresh (Cyrus). (7) Cf. Giṭ. 68*b*. (8) The demons. (9) I Chron. XXIX, 23. (10) Isa. XXXVI, 20. (11) Dan. VI, 26. (12) Ibid. 2.

a (1) Ezra I, 2. (2) Esth. I, 2. Which would naturally mean, immediately after his accession. (3) Jer. XXIX, 10. (4) Dan. IX, 2. (5) By Nebuchadnezzar, as explained *infra*. V. Jer. LII, 28: *This is the people whom Nebuchadnezzar carried away captive: in the seventh year* etc. (6) V. II Kings XXIV, 12: *And Jehoiachin* (Jeconiah) *the king of Judah went out to the king of Babylon . . . and he took him in the eighth year of his reign.* (7) Jer. LII, 29. (8) V. II Kings XXV, 8. (9) Jehoiakim served Nebuchadnezzar three years (II Kings XXIV, 1), and according to the Seder Olam, he was in rebellion for three years. (This is based on Daniel I, 1. *In the third year of the reign of Jehoiakim, Nebuchadnezzar came to Jerusalem,* etc. which is interpreted to mean, the third year of his rebellion. V. Rashi.) In the same year he was deposed and Jeconiah went into exile, and as this was the eighth of Nebuchadnezzar (v. *supra*), his subjection must have commenced in the second or third year of Nebuchadnezzar.

b (1) II Kings XXV, 27. (2) It was in the third year of his reign that he gave his feast. (3) Dan. V, 23. (4) Ibid. 30. (5) Ibid. VI, 1. (6) In thinking that the prophecy had already been falsified. (7) I.e., from the accession of Nebuchadnezzar. (8) Because the exile of Jeconiah took place in the eighth year of Nebuchadnezzar. V. *supra*. (9) I.e., the third year of Belshazar, which he himself did not reckon. (10) According to the Talmudic chronology, the Darius mentioned in Daniel VI was succeeded by the Cyrus who gave permission for the building of the Temple. On what authority they are supposed to have reigned five years is not clear. (11) Which took place eleven years after the exile of Jehoiachin.

c (1) Haman cast lots in the twelfth year (Esth. III, 7). The deliverance took place in the next year, and the second letter of Esther (v. Esth. IX, 29) is supposed to have been sent out in the next.

salem?[2]—Raba replied: The years were not full ones.[3] [12a] It has been taught to the same effect: There was yet another year left to Babylon,[4] and Darius arose and completed it.

Raba said: Daniel also made a mistake in this calculation, as it is written, *In the first year of his reign, I Daniel meditated in the books* [etc.].[5] From his use of the words *'I meditated'* we can infer that he [at first] made a mistake.

All the same, there is a contradiction between the texts [is there not]? It is written [in one], *when there are accomplished for* Babylon,[6] and it is written [in the other], *for the desolations of* Jerusalem?—Raba replied: [The first term] was for visitation [*pekidah*] only, and this was fulfilled, as it is written, *Thus saith Cyrus king of Persia, All the kingdoms of the earth hath the Lord, the God of the heavens, given to me, and he hath charged* [paḳad] *me to build him a house in Jerusalem.*[7]

R. Naḥman son of R. Ḥisda gave the following exposition. What is the meaning of the verse, *Thus saith the Lord to his anointed to Cyrus, whose right hand I have holden.*[8] Now was Cyrus the Messiah? Rather what it means is: The Holy One, blessed be He, said to the Messiah: I have a complaint on thy behalf against Cyrus.[9] I said, *He shall build my house and gather my exiles,*[10] and he [merely] said, *Whosoever there is among you of all his people, let him go up.*

The army of Persia and Media, the nobles. And elsewhere it is
a written, *[The chronicles] of the kings of Media and Persia.*[1] [How is this]?—Raba replied: They [the Medes and Persians] made a stipulation with one another, saying, If we supply the kings, you will supply the Governors, and if you supply the kings we will supply the Governors.

When he showed the riches of his glorious [tif'ereth] *kingdom.* R. Jose b. Ḥanina said: This shows that he arrayed himself in priestly robes. It is written here, *'the riches of his glorious* [tif'ereth] *kingdom'*, and it is written elsewhere [in connection with the priestly garments], *for splendour and for glory,* [tif'ereth].[2]

And when these days were fulfilled.[3] Rab and Samuel interpreted this differently. One said he was a clever king, and the other said that he was a foolish king. The one who held he was a clever king said that he did well in entertaining[4] his distant subjects first, because he could win over the inhabitants of his own city any time he wished. The one who held that he was foolish says that he ought to have entertained the inhabitants of his metropolis first, so that if the others rebelled against him, these would have supported him.

R. Simon b. Yoḥai was asked by his disciples, Why were the enemies of Israel[5] in that generation deserving of extermination? He said to them: Do you answer. They said: Because they partook of the feast of that wicked one.[6] [He said to them]: If so, those in Susa should have been killed, not those in other parts?[7] They then said, Give your answer. He said to them: It was because they bowed down to the image.[8] They said to him, Did God then show them favouritism?[9] He replied: They only pretended to worship,[10] and He also only pretended to exterminate them; and so it is written, *For he afflicted not from his heart.*[11]

b *In the court of the garden of the king's palace.*[1] Rab and Samuel gave different interpretations of this. One said that those who had the entree[2] of the court were [entertained] in the court, and those who had the entree of the garden in the garden, and those who had the entree of the palace in the palace. The other said: He first put them in the court, and it did not hold them. Then he took them into the garden and it did not hold them; and finally he had to take them into the palace, and he found room for them. In a Baraitha it was taught: He took them into the court and opened two doors for them, one into the garden and one into the palace.

White [ḥur], *fine cotton* [karpas] *and blue.*[3] What is *ḥur?*—Rab said, fine lace-work. Samuel said: He spread for them carpets of white silk. *Karpas:* R. Jose b. Ḥaninah said: [this means] cushions of velvet.[4]

Upon silver rods and pillars of marble; the couches were of gold and silver.[3] It has been taught: R. Judah said: Silver for some and gold for others, according to their degree. Said R. Nehemiah to him: If that were so, there would have been[5] jealously at the banquet! No; the couches themselves were of silver and their feet of gold.

Green [bahat] *and white marble.*[3] R. Assi said: [This means] stones that flash back at their owner;[6] and so it says, *as the stones of a crown, glittering over his land.*[7]

And shell [dar] *and onyx marble* [soḥareth].[3] Rab said: This means rows [*dari*] upon rows.[8] Samuel says: There is a precious stone in the seaports called *darah.* He put it in the midst of the guests, and it lit up the place as at midday [*Sahara*].[9] In the school of R. Ishmael it was taught: It means that he gave a remission of taxes [*deror*] to all who dealt in merchandise [*seḥorah*].

And they gave them drink in vessels of gold, the vessels being diverse
c [shonim] *one from another.*[1] It should have said, in different vessels?—Raba said: A *bath kol*[2] went forth and said to them, Your predecessors[3] met their end on account of vessels, and yet you use them again [*shonim*]?[4]

And royal wine in abundance:[1] Rab said: This teaches that each one was given to drink wine older[5] then himself.

And the drinking was according to law.[6] What is meant by *'according to law'?*—R. Ḥanan said in the name of R. Meir: According to the law of the Torah. Just as according to the law of the Torah the [quantity of] food exceeds the drink,[7] so in the feast of that wicked one there was more food than drink.

None did compel.[6] R. Eleazar said: This teaches that each one was given to drink from the wine of his own country.[8]

That they should do according to every man's [ish, ish] *pleasure.*[6] Raba said: This means that they should do according to the will of Mordecai and Haman.[9] Mordecai [is called *'man'*] as it is written, *A Jewish man;*[10] and Haman, [as it is written], *a man, an adversary and an enemy.*[11]

Also Vashti the queen made a feast for the women in the royal house.[12] It should have said, 'the women's house'?—Raba said: Both of them [Ahasuerus and Vashti] had an immoral purpose. This bears out the popular saying, He with large pumpkins and his

(2) Until the second year of Darius who succeeded Ahasuerus. Ezra IV, 24. (3) I.e., the five years of Darius I and Cyrus were really only four, and a year may also have been added to the reigns of Nebuchadnezzar and Evilmerodach, so that the seventy years were really not completed till the second year of Darius II. (4) I.e., when Belshazar was killed, according to Seder Olam, only sixty-nine years had passed since Nebuchadnezzar had subdued Jehoiakim, and not seventy as reckoned above. (5) Dan. IX, 2. Heb. בינותי, which conveys the idea of calculating and revising. (6) Ibid. I.e., from the rise of Nebuchadnezzar. (7) Ezra I, 2. But the actual building was commenced some years later. (8) Isa. XLV, 1. (9) And we translate: 'God said to his anointed regarding Cyrus'. (10) Ibid. 13.

a (1) Esth. X, 2. Here 'kings' is put next to Media, not next to Persia as in the case of the *'nobles'* in the earlier passage. (2) Ex. XXVIII, 2. (3) Esth. I, 5. (4) Lit., 'bringing near'. (5) Euphemism for 'Israel'. (6) Ahasuerus. (7) As only those in Susa were invited. (8) Set up by Nebuchadnezzar. (9) By delivering them, since they really deserved to be exterminated. (10) Lit., 'they did only for appearance'. (11) Lam. III, 33. [מלבו is rendered 'without heart', מ being taken as partitive: God does not afflict him who sins without intent (Maharsha).]

b (1) Esth. I, 5. (2) Lit., 'he who was worthy'. (3) Esth. I, 6. (4) These interpretations are based on similarities in sound to the words *ḥur* and *karpas.* (5) Lit., 'you cast'. (6) מתחוטטות play on בהט ('green marble'). [*Aliter:* much sought after by their owners (v. Rashi).] (7) מתנוססות Zech. IX, 16. [On Rashi's interpretation the verse is to be rendered as 'stones of a crown obtainable only after many trials (נסיונות)'.] (8) Possibly mosaics are meant (Jastrow). (9) V. Rashi.

c (1) Esth. I, 7. (2) V. Glos. (3) Belshazar and his company. (4) Lit., 'repeat'. (5) The word *rab* (in abundance) being taken in its other sense of 'older'. (6) Ibid. 8. (7) E.g., the meal-offering for a bullock was three tenth *deals,* and the wine-offering only half a *hin.* (8) Which did not easily intoxicate him. (9) [Both served as butlers at the banquet (Rashi).] (10) Ibid. II, 5. (11) Ibid. VII, 6. (12) Ibid. I, 9.

תניא נמי הכי ועוד שנה (א) אחרת לבבל ועמד דריוש והשלימה אמר רבא אף דניאל טעה בהאי חושבנא דכתיב °בשנת אחת למלכו אני דניאל בינותי בספרים (דניאל ט) מדקאמר בינותי מכלל דטעה מ"מ קשו קראי אהדדי כתיב °מלאות לבבל (ירמיה כט) וכתיב °לחרבות ירושלם אמר רבא לפקידה בעלמא והיינו דכתיב °כה אמר כורש מלך פרס (עזרא א) כל ממלכות הארץ נתן לי ה' אלהי השמים והוא פקד עלי לבנות לו בית בירושלם (ב) דרש רב נחמן בר רב חסדא מאי דכתיב °כה אמר ה' למשיחו (ישעיה מה) לכורש אשר החזקתי בימינו וכי כורש משיח היה אלא א"ל הקב"ה למשיח קובל אני לך על כורש אני אמרתי הוא יבנה (ג) ביתי ויקבץ גליותי והוא אמר °מי בכם מכל עמו ויעל (עזרא א) *חיל פרס ומדי הפרתמים וכתיב למלכי מדי ופרס אמר רבא אתנויי אתנו בהדדי אי מינן מלכי מינייכו איפרכי ואי מינייכו מלכי מינן איפרכי בהראותו את עושר כבוד מלכותו (ד) א"ר יוסי בר חנינא מלמד שלבש בגדי כהונה כתיב הכא °יקר תפארת גדולתו (אסתר א) וכתיב התם °לכבוד ולתפארת (שמות כח) ובמלאות הימים האלה וגו' רב ושמואל חד אמר מלך פיקח היה וחד אמר מלך טיפש היה מאן דאמר מלך פיקח היה שפיר עבד דקריב רחיקא ברישא דבני מאתיה (ה) כל אימת דבעי מפייס להו ומאן דאמר טיפש היה דאיבעי ליה לקרובי בני מאתיה ברישא דאי מרדו ביה הנך (ו) הני הוו קיימי בהדיה °שאלו תלמידיו את רשב"י מפני מה נתחייבו שונאיהן של ישראל שבאותו הדור כליה אמר להם אמרו אתם אמרו לו מפני שנהנו מסעודתו של אותו רשע (ז) אם כן שבשושן יהרגו שבכל העולם כולו אל יהרגו אמרו לו אמור אתה אמר להם מפני שהשתחוו לצלם (דניאל ג) אמרו לו וכי משוא פנים יש בדבר אמר להם *°הם לא עשו אלא לפנים אף הקב"ה לא עשה עמהן אלא לפנים והיינו דכתיב °כי לא ענה מלבו (איכה ג) : בחצר גנת ביתן המלך רב ושמואל חד אמר הראוי לחצר לחצר הראוי לגינה לגינה הראוי לביתן לביתן וחד אמר הושיבן בחצר ולא החזיקתן בגינה ולא החזיקתן עד שהכניסן לביתן והחזיקתן במתניתא תנא הושיבן בחצר ופתח להם שני פתחים אחד לגינה ואחד לביתן חור כרפס ותכלת מאי חור רב אמר חרי חרי ושמואל אמר מילת לבנה הציע להם כרפס אמר ר' יוסי בר חנינא כרים של פסים על גלילי כסף ועמודי שש מטות זהב וכסף תניא ר' יהודה אומר הראוי לכסף לכסף הראוי לזהב לזהב אמר לו ר' נחמיה א"כ אתה מטיל קנאה בסעודה אלא הם של כסף ורגליהן של זהב בהט ושש א"ר אסי אבנים *שמתחוטטות על בעליהן וכן הוא אומר (ח) °אבני נזר מתנוססות על אדמתו (זכריה ט) ודר וסוחרת רב אמר דרי דרי ושמואל אמר אבן טובה יש בכרכי הים ודרה שמה הושיבה באמצע סעודה ומאירה להם כצהרים דבי רבי ישמעאל תנא שקרא דרור לכל בעלי סחורה והשקות בכלי זהב וכלים מכלים שונים משונים מיבעי ליה אמר רבא יצתה בת קול ואמרה להם ראשונים כלו מפני כלים ואתם שונים (ט) בהם ויין מלכות רב אמר מלמד שכל אחד ואחד השקהו יין שגדול הימנו בשנים והשתיה כדת (*אין אונס) מאי כדת א"ר חנן משום ר"מ כדת של תורה מה דת של תורה אכילה מרובה משתיה אף סעודתו של אותו רשע אכילה מרובה משתיה אין אונס אמר רבי אלעזר מלמד שכל אחד ואחד השקהו מיין מדינתו לעשות כרצון איש ואיש אמר רבא לעשות כרצון מרדכי והמן מרדכי דכתיב איש יהודי המן איש צר ואויב גם ושתי המלכה עשתה משתה נשים בית המלכות בית הנשים מיבעי ליה אמר רבא שניהן לדבר עבירה נתכוונו היינו דאמרי אינשי *איהו *בקרי ואתתיה בבוציני

רש"י

תניא נמי הכי. דשבעת נבוכדנצר ואויל מרודך נבלעה שנה: עוד שנה אחת לבבל. (י) הכי איתא בסדר עולם שניה בליליא קטיל בלשצר מלכא ודריוש מדאה קביל מלכותא הרי שבעים שנה מיום שמלך נבוכדנצר שבעים חסר אחת מיום שכיבש יהויקים ועוד שנה אחת לבבל למלאות שבעים שנה משעלה על ישראל ועמד דריוש והשלימה ולאחריו בשנה אחרת מלך כורש בבבל ונפקדו פקידה במקלת שאמר מי בכם מכל עמו יהי אלהיו עמו ויעל וגו' למדנו מברייתא זו כשמת בלשצר לא היו לכיבוש יהויקים אלא שבעים חסר אחת ולכתנו מניינו למעלה שבעים שנה מ"ה דנבוכדנצר וכ"ג דאויל מרודך ושלשה דבלשצר הרי שנים מקוטעות היו: בינותי בספרים. לשון ספירה וחשבון: כתיב לפי מלאות לבבל. שבעים שנה אפקוד אתכם בספר ירמיה: וכתיב. בספר דניאל למלאות לחרבות ירושלם שבעים שנה מספר השנים אשר היה דבר ה' אל ירמיה הנביא: לפקידה בעלמא. (כ) ולאמר לפי מלאות לבבל שבעים שנה אפקוד אתכם וכך היתה שנפקדו בשנה אחת לכורש מלך פרס שהיא שנת ע"א לכיבוש יהויקים שפשטה בבל על ישראל: משיח. (ל) נמשח כמו שמן המשחה: קובל אני לך כו'. והכי קאמר כה אמר ה' למשיחו (מ) לכורש אשר החזקתי בימינו וגו' הוא יבנה את ביתי תרי קראי כתיבי דסמיכי אהדדי וניקוד טעם מקרא זה מוכיח על דרש שאין לך טעם זרקא במקרא שאין סגול בא אחריו וכאן נקוד למשיחו בזרקא ולכורש נקוד במאריך להפרישו ולנתקו מעם למשיחו: מי בכם מכל עמו וגו'. והוא עצמו לא נשתדל בדבר: כתיב פרס ומדי הפרתמים. סמך הפרתמים אצל מדי וכתיב למלכי מדי ופרס סמך מלכי אצל מדי: בגדי כהונה. שהיו בידו שם בגדי כהן גדול (נ) שהביאן מירושלים: פיקח היה. שהקדים משתה הרחוקים יותר ממשתה בני עירו: שהשתחוו לצלם. בימי נבוכדנצר: וכי משוא פנים יש בדבר. איך זכו לנס: הם עשו לפנים. מיראה: חרי חרי. מעשה מחט מלאכת המלמות היתה עשויה נקבים נקבים: מילת לבנה. חור לשון חיור: הראוי לכסף כו'. מטות זהב וכסף קדרים שר הראוי לזהב לזהב וגרוע לכסף: מתחוטטות על בעליהן. רלפה עשה להם באבנים תנועות כלומר שלא באו לידי אדם אלא בטורח שמחטטים ומחזירים בעניין אחריהן עד שמוצאין אותן בדמים יקרים: וכן הוא אומר. שהמקרא משבח אבני יקרות והאומר (ס) על נסיונות הרבה הן באין כי אבני נזר מתנוססות על אדמתו והכתוב מדבר לישראל לעתיד לבוא שיהיו חשובין ויקרים בין האומות כאבני נזר המתנוססות: דרי דרי. שורות שורות סביב °וסוחרת לשון סחור סחור*: כלהרים. והאי וסוחרת °לשון סהרא הוא: שקרא דרור לכל בעלי סחורה. עשה נחת רוח לבני מלכותו להעביר מהן מכס של סוחרין: הראשונים. כלומר בלשצר וחבורתו: כדת של תורה. אכילת מזבח מרובה משתיה פר ושלשה עשרונים סולת לאכילה ונסך חצי ההין: מיין מדינתו. יין הרגיל בו ולא ישכרהו [ולא ישתהו] אלא לפי רצונו: כרצון מרדכי והמן. הם היו שרי המשקים במשתה: איהו בקרי. דלועין גדולות: בוציני

תורה אור

תוספות

אתה מטיל קנאה. וא"ת למ"ד לעיל הראוי לגינה לגינה הראוי לחצר לחצר א"כ אתה מטיל קנאה בסעודה וי"ל דסבירא ליה דכיון שלא היו רואין זה את זה ליכא קנאה: **כדת** של תורה אכילה מרובה משתיה. והא דאמרינן בנדה (דף כז: ושם) כל שאכילתו מרובה משתייתו עצמותיו סכויין הייתו באוכל יותר מדאי:

שפרחה

מסורת הש"ס

כתיב חיל כו' כצ"ל

[עי' תוס' ע"ז ג. ד"ה שלא וכו']

[בערוך ערך חט א' כתב כמה פירושים ע"ן בשם ר"ג ור"ח ע"ש]

[בע"י ליתא]

[שבת יג.]

סוטה י.

[עי' בערוך ערך קר ד']

רבינו חננאל

והא קשו קראי אהדדי ופריק רבא לפי מלאת לבבל לפקידה בעלמא ולחורבות ירושלים לגאולה. אבנים מתחוטטות על בעליהן. מחטיאות בעליהן. כלומר כל מי שנמצאת בידו מתחייב למלכות *) שאינן ראויות להדיוט אלא למלכות בלבד. וכן בעליהן כיון שנמצאות בידיהם נסים ובורחין שמתיראין מן המלכות. מה דת של תורה אכילה מרובה משתיה. פי' התמיד כבש. שיש בו כמה רביעיות. ונסכו רביעית ההין יין בלבד. איהו

*) וכן העתיק הערוך בערך חט א' בשם רבינו ע"ש.

הגהות הב"ח

(א) גמ' ועוד שנה אחת יש לבבל ועמד וכו' ואף דניאל וכו' בינותי בספרים מספר השנים אשר היה דבר ה' אל ירמיה הנביא למלאות לחרבות ירושלים שבעים שנה מדקאמר אני בינותי בספרים מכלל דאיהו נמי טעה מ"מ קשו: (ב) שם לבנות לו בית בירושלים וכתיב מי בכם מכל עמו יהי אלהיו עמו ויעל דרש רב נחמן: (ג) שם הוא יבנה עירי ויקבץ גליותי: (ד) שם כבוד מלכותו ואת יקר וגו' אמר רבי יוסי וכו' בגדי כהונה ונתעטף ועמד כתיב הכא: (ה) שם דבני מאתיה מיכף כייפי ליה כל אימת דבעי בהו מקרב להו ומאן דאמר טיפש: (ו) שם מרדו ביה הנך קיימי הני והוו בהדיה: (ז) שם של אותו רשע אמר להם אם כן: (ח) שם וכן הוא אומר כי אבני: (ט) שם ואתם שונים ושותים בהן: (י) רש"י ד"ה ועוד שנה אחת לבבל. ריגא דברייתא הכי איתא: (כ) ד"ה לפקידה בעלמא נאמר האי לפי מלאות לבבל שבעים שנה דהא אפקוד אתכם כתיב וכך היה שנפקדו וכו' שפשטה יד בבל: (ל) ד"ה משיח הוא כלום נמשח בשמן כצ"ל ותיבת כמו נמחק: (מ) ד"ה קובל וכו' למשיחו על כורש אני קובל אשר החזקתי וכו' יבנה את עירי תרי קראי: (נ) ד"ה בגדי כהונה וכו' כהן גדול שהביא נבוכדנצר מירושלים: (ס) ד"ה וכן הוא וכו' והומר שעל ידי נסיונות:

גליון הש"ס

גמ' שאלו תלמידיו. עי' מדרש שיר השירים בפסוק זאת קומתך דמתה לתמר: שם הם לא עשו אלא לפנים. עי' סנהדרין דף סא ע"ב. ועי' ע"ז דף ג ע"א תוס' ד"ה שלא השתחוו: רש"י ד"ה דרי דרי וכו' וסוחרת לשון סחור. כי סביב תרגומו סחור סחור (ויקרא א ה) שם ד"ה כלהרים וכו' לשון סהרא הוא. עי' לקמן דף יג ע"א רש"י ד"ה אסתר:

תורה אור

בבוציני ביום השביעי כטוב לב המלך ביין אטו עד השתא לא טב ליביה בחמרא אמר רבא יום השביעי שבת היה שישראל אוכלין ושותין מתחילין בד"ת ובדברי תשבחות אבל עובדי כוכבים שאוכלין ושותין אין מתחילין אלא בדברי תיפלות וכן בסעודתו של אותו רשע הללו אומרים מדיות נאות והללו אומרים פרסיות נאות אמר להם אחשורוש כלי שאני משתמש בו אינו לא מדיי ולא פרסי אלא כשדיי רצונכם לראותה אמרו לו אין ובלבד שתהא ערומה *שבמדה שאדם מודד בה מודדין לו מלמד שהיתה ושתי הרשעה מביאה בנות ישראל ומפשיטן ערומות ועושה בהן מלאכה בשבת (א) היינו דכתיב אחר הדברים האלה כשוך חמת המלך אחשורוש זכר את ושתי ואת אשר עשתה ואת אשר נגזר עליה כשם שעשתה כך נגזר עליה ותמאן המלכה ושתי מכדי פריצתא הואי דאמר מר שניהן לדבר עבירה נתכוונו מ"ט לא אתאי א"ר יוסי בר חנינא מלמד שפרחה בה צרעת במתניתא תנא [בא גבריאל ועשה לה זנב] ויקצף המלך מאד (ב) אמאי דלקה ביה כולי האי אמר רבא שלחה ליה *בר אהורייריה דאבא אבא לקבל אלפא חמרא שתי ולא רוי והוא גברא אשתטי בחמריה מיד וחמתו בערה בו ויאמר המלך לחכמים מאן חכמים רבנן יודעי העתים שיודעין לעבר שנים ולקבוע חדשים אמר להו דיינוה לי אמרו היכי נעביד נימא ליה קטלה למחר פסיק ליה חמריה (ג) ובעי לה מינן נימא ליה שבקה קא מזלזלה במלכותא אמרו לו מיום שחרב בית המקדש וגלינו מארצנו ניטלה עצה ממנו ואין אנו יודעין לדון דיני נפשות זיל לגבי עמון ומואב דיתבי בדוכתיהו כחמרא דיתיב על דורדייה וטעמא אמרו ליה דכתיב °שאנן מואב מנעוריו ושוקט הוא אל שמריו ולא הורק מכלי אל כלי ובגולה לא הלך על כן עמד טעמו בו וריחו לא נמר מיד והקרוב אליו כרשנא שתר אדמתא תרשיש א"ר לוי כל פסוק זה על שום קרבנות נאמר כרשנא אמרו מלאכי השרת לפני הקב"ה רבש"ע כלום הקריבו לפניך כרים בני שנה כדרך שהקריבו ישראל לפניך שתר כלום הקריבו לפניך שתי תורין אדמתא כלום בנו לפניך מזבח אדמה תרשיש כלום שימשו לפניך בבגדי כהונה דכתיב בהו °תרשיש ושהם וישפה מרס כלום מירסו בדם לפניך מרסנא כלום מירסו במנחות לפניך ממוכן כלום הבינו שלחן לפניך ויאמר ממוכן תנא ממוכן זה המן ולמה נקרא שמו ממוכן שמוכן לפורענות אמר רב כהנא °מכאן שההדיוט קופץ בראש להיות כל איש שורר בביתו אמר רבא °אלמלא אגרות הראשונות לא נשתייר משונאיהן של ישראל שריד ופליט אמרי מאי האי דשדיר לן להיות כל איש שורר בביתו פשיטא אפילו קרחה בביתיה פרדשכא ליהוי ויפקד המלך פקידים א"ר מאי דכתיב °כל ערום יעשה בדעת וכסיל יפרוש אולת כל ערום יעשה בדעת זה דוד דכתיב °ויאמרו לו עבדיו יבקשו לאדני המלך נערה בתולה כל מאן דהוה ליה ברתא אייתה ניהליה וכסיל יפרוש אולת זה אחשורוש דכתיב ויפקד המלך פקידים כל מאן דהוה ליה ברתא איטמרה מיניה איש יהודי היה בשושן הבירה וגו' איש ימיני מאי·קאמר אי ליחוסא קאתי ליחסיה (ד) ואזיל עד בנימין אלא מאי שנא הני תנא כולן על שמו נקרא בן יאיר בן שהאיר עיניהם של ישראל בתפלתו בן שמעי בן ששמע אל תפלתו בן קיש שהקיש על שערי רחמים ונפתחו לו קרי ליה יהודי אלמא מיהודה קאתי וקרי ליה ימיני אלמא מבנימין קאתי *אמר רב נחמן מרדכי מוכתר בנימוסו היה *אמר רבה בר בר חנה אמר ר' יהושע בן לוי אביו מבנימין ואמו מיהודה ורבנן אמרי משפחות מתגרות זו בזו משפחת יהודה אומרת אנא גרים דמתיליד מרדכי דלא קטליה דוד לשמעי בן גרא ומשפחת בנימין אמרה מינאי קאתי רבא אמר כנסת ישראל אמרה לאידך גיסא ראו מה עשה לי יהודי ומה שילם לי ימיני מה עשה לי יהודי דלא

ירמיה מח

שמות כח

משלי יג

מלכים א א

תוספות

שפרחה בה צרעת. בירושלמי מפרש דילפינן נגזר דכתיב גבי ושתי מנגזר דכתיב גבי עוזיה כשנצטרע דכתיב כי נגזר מבית ה' (דה"ב כו): זיל לגבי עמון ומואב דיתבי בדוכתייהו כחמרא. וקשה דהא פרק תפלת השחר (ברכות דף כח.) פריך וכי עמון במקומו יושב והלא כבר סנחריב ובלבלו לכך פר"ת דגרסינן הכא מואב לחוד דקרא נמי לא הזכיר אלא מואב דכתיב שאנן מואב ובברכות נמי לא גרסינן אלא עמון ומזה הטעם התירו ליהודה גר העמוני לבא בקהל אבל משמע דגרי היכך לא רצו להתיר לבא בקהל לפי שלא בלבל סנחריב מצרים ולא בלבל מואב ומיהו קשה דבברכות משמע באותה שהבאתי שסנחריב בלבל עמון ובירמיה חשיב להו באותן שהגלה נבוכדנצר וי"ל לפי שסנחריב היה ראשון שבלבל נקרא הכל על שמו ועליו כתיב ואסיר גבולות עמים ועתידותיהם שוסתי אבל ודאי עיקר החורבן היה ע"י נבוכדנצר*:

ממוכן *יש מדרש שהיה דניאל ולפי שהיה נשוי לשרית שהיתה גדולה ממנו שלא היה יכול לכופה לדבר כלשונו יעץ לעשות כן: כל

רש"י

בוציני. לדוגין קטנות כלומר דבאותו מין עצמו זה טופח וזו טופחת הוא אומר להראות את יופיה והיא לכך נתכונה שיסתכלו ביופיה: פריצתא הואי. פרוצה היתה: מלמד שפרחה בה צרעת. ויליף בירושלמי מאשר נגזר עליה וכתיב וישב בית החפשית מצורע כי נגזר מבית ה' (דה"ב כו) מה להלן לצרעת אף כאן לצרעת: אהורייריה. שומרי הסוסים: לקבל אלפא חמרא שתי. כן העיד הכתוב עליו (דניאל ה): פסיק ליה. יפיג יינו מעט מעליו: על דורדייה. על שמריו. וטעמא אמרו ליה. ויפה אמרו לו דודאי כן הוא שמתוך שהאדם שקט דעתו מיושבת עליו שנאמר שאנן מואב מנעוריו ושוקט הוא אל שמריו וסיפיה דקרא על כן עמד טעמו בו וריחו לא נמר: פסוק זה על קרבנות נאמר. והקרוב אליו לשון הקרבת קרבן מלאכי השרת הזכירו לפני הקב"ה את הקרבנות שהקריבו ישראל לפניו לעשות להם נקמה בושתי ותבא אסתר ותמלוך תחתיה: כרשנא. כלום הקריבו לפניך כרים בני שנה: שתר. שתי תורים: מרס. שמירסו את הדם שלא יקרש ושוב לא יהא ראוי לזריקה: מרסנא. מירסו במנחות לבוללן ממרס לשון מגיס: מוכן לפורענות. עומד להיות תלוי: מכאן שההדיוט קופץ בראש. שהרי מנה אותו הכתוב לבסוף אלמא גרוע הוא ממכון והוא קפץ בראש: אלמלא אגרות ראשונות. שהוחזק בהן שוטה בעיני האומות: לא נשתייר משונאי ישראל שריד ופליט. שהיו ממהרין להורגן במצות המלך באגרות האמצעיות ולא היו ממתינים ליום המועד: אמרי מאי האי דשדר לן. אומרים האומות מה זה ששלח לנו להיות כל איש שורר בביתו (ה) שאף הגרדן שורר בביתו: פרדשכא. פקיד ונגיד: נערה. דוד לא ביקש אלא נערה אחת (ו) כל אדם הרשה לשלוחיו את בתו אולי תיטב בעיניו ואחשורוש כסיל זה שרצה לקבץ את כולן הכל יודעין שלא יקח אלא אחת ולא כולן יבעל מאן דהוה ליה ברתא מטמרה: מוכתר בנימוסו. היה בשמות נאה נימוס שם בלשון יון: א) *(נערי) לא גרסינן אלא הכי גרסינן אמר רבה בר בר חנה אמר רבי יהושע בן לוי כו': דלא

[סוטה ח:]

ס"א לא גרים בר

[נ"ל כעדי עי' בפרש"י שם עי' בערוך ערך נמס ובערך עדי]

[נע"י גרים רבה בר רב הונא ורבה בר בר חנה משמיה דרבי יהושע בן לוי אמרו אביו מבנימין וכו']

רבינו חננאל

בקרי ואיתתי' בבוציני. פי' שניהם לזנות. מוכתר בנימוסו. [הי' כעדי] פי' מצויין בדתי כל התורה היה (בצדי) *) שהיה בדורו יודע וזהיר במצות. ורבה בר רב הונא עדיף מיניה בענתנות דהא אמר רבא תלת מילי בעאי משמיא. חכמתיה דרב הונא. ועיתריה דרב חסדא יהבו לי. ענותנותיה דרבה בר רב הונא לא יהבו לי.

*) נ"ל מצויין בדתי כל התורה היה כעדי שהי' ידוע בדורו וזהיר במצות וכ"ה בערוך ערך נמס ג'.

[וע"ע תוס' יבמות עו: ד"ה מנימין ותוס' סוטה ט.]

[עי' פרקי דר"א פמ"ט]

הגהות הב"ח

(א) גמ' מלאכה בשבת לפיכך נגזר עליה בשבת היינו דכתיב: (ב) שם ויקצף המלך מאד וחמתו בערה בו אמאי דלקה: (ג) שם פסיק ליה חמריה ודכיר לה ובעי לה מינן: (ד) שם ליחסיה וליזיל עד בנימין מאי שנא הני אלא תנא כולן כצ"ל ותיבת אלא נמחק: (ה) רש"י ד"ה אמרי מאי וכו' להיות כל איש שורר בביתו פשיטא שאף הגרדן: (ו) ד"ה נערה וכו' נערה אחת לפיכך כל אדם וכו' ואחשורוש היה כסיל וכו' מטמרה מיניה הס"ד:

גליון הש"ס

גמ' אמר ר"כ מכאן שההדיוט כו'. עי' ירושל' פרק ד דסנהדרין ה"ז: שם אמר רבא אלמלא. ע"ל כא ע"א תד"ה אלמלא: רש"י ד"ה נערי לא גרסי'. עי' דבר נחמד בספר מקום שמואל:

הגהות מהר"ב רנשבורג

א] רש"י ד"ה נערי לא גרסינן. כ"ב עיין בזה בספר מקום שמואל בשער התירוצים:

[בע"י איתא תוספת יש ספרים דגרסי איש יהודי היה בשושן הבירה וגו' אמר רב נחמן מוכתר בנימוסו היה פי' שמות נאים והגונים כדדריש שכולם על שמו נקראים וי"ס דגרסי קרי ליה יהודי וקרי ליה ימיני יהודי אלמא מיהודה קאתי ימיני אלמא מבנימין קאתי אמר רב נחמן מרדכי מוכתר בנימוסו היה ולא נסירא דמה ענין זה לזה ומיהו יש לייש בו מוכתר בנימוסו מוכתר בשמות נאים ובמעשים נאים ובמלכים מלכים ולכך קורסו על שם יהודה שהיה חשוב מכל השבטים ויצאו ממנו מלכים]

[וע"ע בפרש"י ובערוך ערך נמס ב כתב בזה"ל מרדכי מוכתר בנמוסו היה כעדי פירוש מצוין בדתי התורה כעדי שהיה ידוע בדורו וזהיר במצות וכו' ע"ש]

wife [12b] with small pumpkins.

On the seventh day, when the king's heart was merry with wine.[13] Was then his heart not merry with wine until then?—Rab said: The seventh day was Sabbath, when Israel eat and drink. They begin with discourse on the Torah and with words of thanksgiving [to God]. But the nations of the world, the idolaters, when they eat and drink only begin with words of frivolity. And so at the feast of that wicked one. Some said, The Median women are the most beautiful, and others said, The Persian women are the most beautiful. Said Ahasuerus to them, The vessel that I use is neither Median nor Persian, but Chaldean. Would you like to see her? They said, Yes, but it must be naked. (For man receives measure
a for measure.[1] This [remark] teaches you that the wicked Vashti used to take the daughters of Israel and strip them naked and make them work on Sabbath.[2] So it is written, *After these things when the wrath of the king Ahasuerus abated, he remembered Vashti and what she had done and what was decreed against her.*[3] As she had done so it was decreed against her.)

And the queen Vashti refused.[4] Let us see. She was immodest, as the Master said above, that both of them had an immoral purpose. Why then would she not come?—R. Jose b. Ḥanina said: This teaches that leprosy broke out on her. In a Baraitha it was taught that Gabriel came and fixed a tail on her.[5]

And the king was very angry,[4] Why was he so enraged?—Raba said: She sent him back answer: Thou son of my father's steward,[6] my father drank wine in the presence of a thousand,[7] and did not get drunk, and that man has become senseless with his wine. Straightway, *his wrath burnt within him.*[4]

And the king said to the wise men.[8] Who are the wise men?—The Rabbis. *Who knew the times:*[8] that is, who knew how to intercalate years and fix new moons. He said to them: Try her for me. They said [to themselves]: What shall we do? If we tell him to put her to death, to-morrow he will become sober[9] again and he will require her from us. Shall we tell him to let her go? She will lose all her respect for royalty. So they said to him: From the day when the Temple was destroyed and we were exiled from our land, counsel has been taken from us and we do not know how to judge capital
b cases. Go to Ammon and Moab[1] who have remained in their places like wine that has settled on its lees. They spoke to him thus with good reason, since it is written, *Moab hath been at ease from his youth, and he hath settled on his lees, and hath not been emptied from vessel to vessel, neither hath he gone into captivity. Therefore his taste remaineth in him, and his scent is not changed.*[2] Straightway [he did so, as we read], *and the next unto him was Carshena, Shethar, Admatha, Tarshish* [etc.].[3] R. Levi said: Every name in this verse contains a reference to the sacrifices. Thus, *Carshena:* the ministering angels said to the Holy One, blessed be He: Sovereign of the Universe, did they ever offer before thee lambs of the first year [*karim bene shanah*] as Israel offered before Thee? *Shethar:* did they ever offer before Thee two pigeons [*shte torim*]? *Admatha:* did they ever build before Thee an altar of earth [*adamah*]? *Tarshish:* did they ever minister before Thee in the priestly garments, of which it is written [that they contained] *a beryl* [tarshish], *an onyx and a jasper?*[4] *Meres:* did they ever stir [*mersu*] the blood [of the sacrifice] before Thee? *Marsena:* did they ever stir [*mersu*] the meal-offerings before Thee? *Memucan:* did they ever prepare [*hekinu*] a table before Thee?

And Memucan said.[5] A Tanna taught: Memucan is the same as Haman, And why was he called Memucan? Because he was destined [*mukan*] for punishment. R. Kahana said: From here we see that an ordinary man always pushes[6] himself in front.[7]

That every man should bear rule in his own house.[8] Raba said: Had it not been for these first letters, there would have been left no shred or remnant of the enemies of Israel.[9] People said: What does he mean by sending us word that every man should bear rule in his own house? Of course he should! Even a weaver in his
c own house must be commander![1]

And let the king appoint officers.[2] Rabbi said: What is the meaning of the verse, *Every prudent man dealeth with forethought, but a fool unfoldeth folly?*[3] *'Every prudent man dealeth with forethought':* this applies to David, of whom it is written, *Wherefore his servants said unto him, Let there be sought for my lord the king a young virgin:*[4] every one who had a daughter brought her.[5] *'But a fool unfoldeth folly':* this applies to Ahasuerus, of whom it is written, *and let the king appoint officers:* whoever had a daughter hid her.[6]

There was a certain Jew in Shushan the castle, etc. *a Benjamite.*[7] What is the point of this verse? If it is to give the pedigree of Mordecai, it should trace it right back to Benjamin![8] [Why then were only these specified?]—A Tanna taught: All of them are designations [of Mordecai]. 'The son of Jair' means, the son who enlightened [*he'ir*] the eyes of Israel by his prayer. 'The son of Shimei' means, the son to whose prayer God hearkened [*shama'*]. 'The son of Kish' indicates that he knocked [*hikkish*] at the gates of mercy and they were opened to him. He is called *'a Jew'* [yehudi] which implies that he came from [the tribe of] Judah, and he is called *'a Benjamite'*, which implies that he came from Benjamin. [How is this]?—R. Naḥman said: He was a man of distinguished character.[9] Rabbah b. Bar Ḥanah said in the name of R. Joshua b. Levi: His father was from Benjamin and his mother from Judah. The Rabbis, however, said: The tribes competed with one another [for him]. The tribe of Judah said: I am responsible for the birth of Mordecai, because David did not kill Shimei the son of Gera, and the tribe of Benjamin said: He is actually descended from me. Raba said: The community of Israel explained [the two
d designations] in the opposite[1] sense: 'See what a Judean did to me and how a Benjamite repaid me!' 'What a Judean did to me'

(13) Ibid. 10.
a (1) Lit., 'for with the measure with which a man measures they measure to him'. (2) [Add with MS.M.: 'Therefore was it decreed that she should be killed naked on Sabbath'.] (3) Esth. II, 1. (4) Ibid. I, 12. (5) [זנב does not necessarily mean a 'tail' but any projection or growth, v. *Aruch* s.v. זנב.] (6) [*Var. lec.*, 'Thou steward of my father'. Ahasuerus was said to have been the steward of Belshazar, the father of Vashti.] (7) V. Dan. V, 1. (8) Esth. I, 13. (9) Lit., 'his wine will pass off'.
b (1) According to Tosaf., 'Ammon' here should be omitted, as the Ammonites were carried into exile by Nebuchadnezzar. (2) Jer. XLVIII, 11. (3) Esth. I, 14. (4) Ex. XXVIII, 20. (5) Esth. I, 16. (6) Lit., 'jumps'. (7) Memucan is mentioned last of the seven princes, and yet it was he who spoke first. (8) Ibid. 22. (9) Euphemism for Israel. Had the people not seen from this letter how foolish the king was, when the next letter was sent out for the destruction of the Jews, they would not have waited till the appointed day.
c (1) *Pardashca:* a Persian word meaning 'policeman' or 'officer'. (2) Esth. II, 3. (3) Prov. XIII, 16. (4) I Kings I, 2. (5) Since only one was to be tried. (6) Because all were to be tried, though only one was to be chosen. (7) Esth. II, 5. (8) And not mention three names only. (9) Lit., 'crowned with his *nimus*'. The word *nimus* means in the Talmud 'manner', or 'way' (νόμος), hence bearing, character. Rashi translates 'with his names' (as just explained) as if '*nimus*' here = Greek ὀνόματι. [*Var. lec.* add 'as an ornament', בעדי. V. Aruch who explains: He was adorned with the precepts of the Law as with an ornament. *Yehudi* as applied to Mordecai then does not denote a tribal name but is an epithet of distinction.]
d (1) I.e., derogatory.

[13a] viz., that David did not kill Shimei from whom was descended Mordecai who provoked Haman. 'And how a Benjamite repaid me', viz., that Saul did not slay Agag from whom was descended Haman who oppressed Israel. R. Johanan said: He did indeed come from Benjamin. Why then was he called *'a Jew'?* Because he repudiated idolatry. For anyone who repudiates idolatry is called 'a Jew', as it is written, *There are certain Jews*[2] etc.

R. Simon b. Pazzi once introduced an exposition of the Book of Chronicles as follows: 'All thy words are one,[3] and we know how to find their inner meaning'. [It is written], *And his wife the Jewess bore Jered the father of Gedor, and Heber the father of Socho, and Jekuthiel the father of Zanoah; and these are the sons of Bithya the daughter of Pharaoh, whom Mered took.*[4] Why was she [the daughter of Pharaoh] called a Jewess? Because she repudiated idolatry, as it is written, *And the daughter of Pharaoh went down to bathe in the river,*[5] and R. Johanan, [commenting on this,] said that she went down to cleanse herself[6] from the idols of her father's house. *'Bore':* But she only brought him [Moses] up?—This tells us that if anyone brings up an orphan boy or girl in his house, the Scripture accounts it as if he had begotten him. *'Jered':* this is Moses. Why was he called Jered? Because manna came down [*yarad*] for Israel in his days.[7] *'Gedor':* [he was so called] because he fenced in [*gadar*] the breaches of Israel. *'Heber'*, because he joined [*hiber*] Israel to their Father in heaven. *'Socho'*, because he was like a sheltering booth [*sukkah*] for Israel. *'Jekuthiel'*, because Israel trusted in God [*kiwu le'el*] in his days. *'Zanoah'*, because he made Israel abandon [*hizniah*] their iniquities. *'Father of'*, *'father of'*, *'father of':* he was a father in Torah, a father in wisdom, a father in prophecy. *'These are the sons of Bithya whom Mered took'*.
a Was Mered his name? Was not Caleb his name?[1]—The Holy One, blessed be He, said: Let Caleb who rebelled [*marad*] against the plan of the spies come and take the daughter of Pharaoh who rebelled against the idols of her father's house.

Who had been carried away from Jerusalem.[2] Raba said: [We understand this to mean] that he went into exile of his own accord.[3]

And he brought up Hadassah.[4] She is called Hadassah[5] and she is called Esther. It has been taught: Esther was her proper name. Why then was she called Hadassah? After the designation of the righteous who are called myrtles,[6] for so it says, *And he stood among the myrtle trees.*[7] R. Judah says: Hadassah was her name. Why then was she called Esther? Because she concealed [*mastereth*] the facts about herself, as it says, *Esther did not make known her people or her kindred.*[8] R. Nehemiah says: Hadassah was her name. Why then was she called Esther? All peoples called her so after Istahar.[9] Ben 'Azzai said: Esther was neither too tall nor too short, but of medium size, like a myrtle. R. Joshua b. Korha said: Esther was sallow,[10] but endowed with great charm.[11]

For she had neither father nor mother. [And it continues] *and when her father and mother died.*[4] Why these last words?[12]—R. Aha said: When her mother became pregnant with her, her father died; when she was born, her mother died.

And when her father and mother died, Mordecai took her for his own
b *daughter.*[1] A Tanna taught in the name of R. Meir: Read not 'for a daughter' [*le-bath*], but 'for a house' [*le-bayith*].[2] Similarly it says: *But the poor man had nothing save one little ewe lamb, which he had brought up and reared; and it grew up together with him, and with his children; it did eat of his own morsel, and drank of his own cup, and lay in his bosom, and was unto him as a daughter.*[3] Because it lay in his bosom, was it like a daughter to him? Rather what it means is like a wife; so here, it means a wife.

And the seven maidens who were meet to be given to her.[4] Raba said: [They were seven so that] she could count the days of the week by them.

And he changed[5] *her and her maidens.*[4] Rab said: [This means that] he gave her Jewish food to eat. Samuel, however, said, it means that he gave her chines of pork[6] while R. Johanan said that he gave her pulse, and so it says, *So the steward took away their food and gave them pulse.*[7]

Six months with the oil of myrrh.[8] What is the oil of myrrh? R. Hiyya b. Abba said, Satchet;[9] R. Huna said, Oil from olives not a third grown. It has been taught: R. Judah says that *anpikinun*[10] is oil of olives not a third grown. Why is it used for smearing? Because it removes hair and makes the skin soft.

In the evening she went and on the morrow she returned.[11] From the discreditable account of that wicked man we can learn something to his credit, namely, that he did not perform his marital office by day.

And Esther obtained favour.[12] R. Eleazar said: This informs us that every man took her for a member of his own people.

So Esther was taken unto king Ahasuerus into his house royal in the tenth month, which is the month Tebeth:[13] the month when body warms up body.[14]

And the king loved Esther above all the women, and she obtained grace
c *and favour in his sight more than all the virgins.*[1] Rab said: If he wanted to find in her the taste of a virgin, he found it; if the taste of a married woman, he found it.

Then the king made a great feast.[2] He made a feast for her, and she did not tell him [who she was]. He remitted taxes,[3] and she did not tell him. He sent gifts,[4] and she [still] did not tell him.

And when the virgins were gathered together the second time, etc.[5] He went and took counsel of Mordecai who said, The way to rouse a woman is to make her jealous;[6] and even so she did not tell.

(2) Dan. III, 12. Though Hananiah, Mishael and Azariah to whom he refers were not of the tribe of Judah. V. Sanh. 93*b* (Tosaf.). (3) I.e., numerous names in the Book of Chronicles refer to the same person. (4) I Chron. IV, 18. (5) Ex. II, 5. (6) By means of the *tebillah* or ceremonial bath taken by a proselyte. (7) According to Wilna Gaon the correct reading is, 'because he brought down the Torah (from Heaven) for Israel'.
a (1) As stated in I Chron. IV, 15. (2) Esth. II, 6. (3) The ground of this inference is not clear. Possibly Raba is stressing the word עִם, as meaning 'in company with', 'on a footing of equality with', instead of אֶת, which would have meant 'taken along with as subsidiary'. (4) Ibid. 7. (5) Lit., 'myrtle'. (6) V. Sanh. 93*a*. (7) Zech. I, 8. (8) Esth. II, 20. (9) The planet Venus (Jast.).

(10) Lit., 'greenish', like a myrtle leaf. (11) Lit., 'a thread of grace was drawn about her'. (12) Which seem superfluous.
b (1) Esth. II, 7. (2) I.e., a wife. (3) II Sam. XII, 3. (4) Esth. II, 9. (5) E.V., *'advanced'*. (6) קתלי דחזירי. Not that she necessarily ate them (Tosaf.). [*Var. lec.* קדלי דחיזרי 'heads of raddish'—a delicatesse, v. Aruch.] (7) Dan. I, 16; of Daniel and his companions. (8) Esth. II, 12. (9) Heb. סטכת = σταϰτή. (10) 'Ομφαϰίνον, a kind of oil that was not allowed to be used for sacrifices. (11) Ibid. 14. (12) Ibid. 15. (13) Ibid. 16. (14) The season being midwinter.
c (1) Esth. II, 17. (2) Ibid. 18. (3) As it says here, *'and he made a release to the provinces'*. (4) As it says, *'and gave gifts, according to the bounty of the king'*. (5) Ibid. 19. (6) Lit., 'a woman is only jealous of the thigh of another'.

מסורת הש"ס

מן תיבת דלא עד תיבת לצער הזה שייך לעמוד הקודם

*דלא קטליה דוד לשמעי · שהיה חייב מיתה: לאידך גיסא · לצעקה ולא לשבח איש יהודי ואיש ימיני גרמו לי הצער הזה: איתי גוברין יהודאין כו' · וסיפיה דקרא לאלהך לא פלחין: כל דבריך אחד הן · כנגד הספר היה אומר כל דבריך דברי הימים אחת הן הרבה שמות אתה מזכיר פלוני ופלוני וכולן אדם אחד הן: ואנו יודעין לדורשן · ואע"פ שסתמת אותן אנו טתנין את לבינו עד שאנו יודעין לדורשן משום דאמרינן לעיל כל הכופר בע"ז נקרא יהודי נקט לה הכא: ואשתו היהודיה וגו' · והלא בתיה שמה דהא כתיב בסופיה ואלה בני בתיה: לרחוץ · לטבול (*לשון) גירות: [צ"ל לשון]

תורה אור

דלא קטליה דוד לשמעי דאתיליד מיניה מרדכי דמיקני ביה המן ומה שילם לי ימיני דלא קטליה שאול לאגג דאתיליד מיניה המן דמצער לישראל רבי יוחנן אמר לעולם מבנימן קאתי ואמאי קרי ליה יהודי על שום שכפר בע"ז שכל הכופר בע"ז נקרא יהודי כדכתיב °איתי גוברין יהודאין וגו' רבי שמעון בן פזי כי הוה פתח בדברי הימים אמר הכי כל דבריך אחד הם ואנו יודעין לדורשן °ואשתו היהודיה ילדה את ירד אבי גדור ואת חבר אבי שוכו ואת יקותיאל אבי זנוח ואלה בני בתיה בת פרעה אשר לקח מרד ואמאי קרי לה יהודיה על שום שכפרה בע"ז דכתיב °ותרד בת פרעה לרחוץ על היאור *ואמר רבי יוחנן שירדה לרחוץ מגילולי בית אביה ילדה והא רבויי רביתיה לומר לך *שכל המגדל יתום ויתומה בתוך ביתו מעלה עליו הכתוב כאילו ילדו ירד זה משה ולמה נקרא שמו ירד [א] שירד להם לישראל מן בימיו *גדור שגדר פרצותיהן של ישראל חבר שחיבר את ישראל לאביהן שבשמים סוכו שנעשה להם לישראל כסוכה יקותיאל שקוו ישראל לאל בימיו זנוח שהזניח עונותיהן של ישראל אבי אבי אבי אב בתורה אב בחכמה אב בנביאות ואלה בני בתיה אשר לקח מרד וכי מרד שמו והלא כלב שמו אמר הקב"ה יבא כלב שמרד בעצת מרגלים וישא את (א) בת פרעה שמרדה בגלולי בית אביה אשר הגלה מירושלם אמר רבא שגלה מעצמו ויהי אומן את הדסה קרי לה הדסה וקרי לה אסתר תניא ר"מ אומר אסתר שמה ולמה נקרא שמה הדסה °על שם הצדיקים *שנקראו הדסים וכן הוא אומר °והוא עומד בין ההדסים רבי יהודה אומר הדסה שמה ולמה נקראת שמה אסתר על שם שהיתה מסתרת דבריה שנאמר אין אסתר מגדת את עמה וגו' ר' נחמיה אומר הדסה שמה ולמה נקראת אסתר שהיו אומות העולם קורין אותה על שום אסתהר בן עזאי אומר אסתר לא ארוכה ולא קצרה היתה אלא בינונית כהדסה ר' יהושע בן קרחה אמר *אסתר ירקרוקת היתה וחוט של חסד משוך עליה כי אין לה אב ואם ובמות אביה ואמה למה לי אמר רב אחא עיברתה מת אביה ילדתה מתה אמה ובמות אביה ואמה לקחה מרדכי לו לבת תנא משום ר"מ אל תקרי לבת אלא לבית וכן הוא אומר °ולרש אין כל כי אם כבשה אחת קטנה אשר קנה ויחיה ותגדל עמו ועם בניו יחדו מפתו תאכל ומכוסו תשתה ובחיקו תשכב ותהי לו כבת משום דבחיקו תשכב הוות ליה (*לבת) אלא (*לבית) הכי נמי לבית ואת שבע הנערות וגו' אמר רבא שהיתה מונה בהן ימי שבת וישנה ואת נערותיה וגו' אמר רב שהאכילה מאכל יהודי ושמואל אמר שהאכילה *קדלי דחזירי ור' יוחנן אמר זרעונים וכן הוא אומר °ויהי המלצר נושא את פת בגם ונותן להם זרעונים ששה חדשים בשמן המור *מאי שמן המור ר' חייא בר אבא אמר סטכת רב הונא אמר שמן זית שלא הביא שליש תניא רבי יהודה אומר אנפקינון שמן זית שלא הביא שליש ולמה סכין אותו שמשיר את השיער ומעדן את הבשר בערב היא באה ובבקר היא שבה אמר רבי יוחנן מגנותו של אותו רשע למדנו שבתו שלא היה משמש מטתו ביום ותהי אסתר נשאת חן אר"א *מלמד שלכל אחד ואחד נדמתה לו כאומתו ותלקח אסתר אל המלך אחשורוש אל בית מלכותו בחדש העשירי הוא חדש טבת ירח שנהנה גוף מן הגוף ויאהב המלך את אסתר מכל הנשים וימצא חן וחסד לפניו מכל הבתולות אמר רב ביקש לטעום טעם בתולה טעם בעולה טעם ויעש המלך משתה גדול עבד משתיא ולא גליא ליה דלי כרגא ולא גליא ליה שדר פרדישני ולא גליא ליה ובהקבץ בתולות שנית וגו' אזיל שקל עצה ממרדכי אמר אין אשה מתקנאה אלא בירך חבירתה ואפי' הכי לא גליא ליה דכתיב אין אסתר מגדת מולדתה וגו' אמר רבי אלעזר מאי דכתיב

לא

כל הכופר בע"ז נקרא יהודי שנאמר איתי גוברין יהודאין* על שם יהודי שהרי אמר בחלק (סנהדרין דף צג:) דלא הוו משבט יהודה: אשר הגלה שגלה מעצמו · ודריש ליה מדלא כתיב הוגלה: קדלי דחזירי · וח"ו היא לא היתה אוכלת וטובלת:

והלא כלב שמו · שבכלב משתעי קרא: הכי גרסינן וישא בתיה שמרדה בגילולי בית אביה · ולכך נשתנה שמה בליקוחין הללו: שגלה מעצמו · מדלא כתיב אשר הגלה מן הגולה אשר הגלתה וכתיב אשר הגלה עם הגולה משמע שלא היה כשאר ישראל שגלו על כרחן והוא גלה מעצמו כמו שעשה ירמיה שגלה מעצמו עד שאמר לו הקב"ה לחזור: בין ההדסים אשר במצולה · בין הצדיקים שגלו לבבל ובשכינה משתעי קרא: אסתר · *ירח יפה כלבנה: ירקרוקת היתה · כהדסה זו: אלא חוט של חסד משוך עליה · מאת הקב"ה לכך נראית יפה לאומות ולאחשורוש: ובמות אביה ואמה תו ל"ל · מאחר דכתיב כי אין לה אב ואם אלא ללמדך שאפי' יום אחד לא היה לה אב ואם: בשעה שנתעברה אמה מת אביה · נמצא שלא היה לה אב משעה שראויה להקרות אב: וכשילדתה אמה מתה · ולא נראית לקרות אם: ולרש אין כל · באוריה משתעי קרא: כבשה אחת · (ג) בת שבע: שהיתה מונה בהן ימי שבת · שהיתה משרתת לה אחת באחד בשבת ואחת בשני בשבת ואחת בשלישי בשבת וכן כולן וכשהגיע יום שפחה של שבת יודעת שהיום שבת: *קדלי דחזירי · בקונ"ש שמינית ומתוך אונסה לא נענשה: וכן הוא אומר · שהזרעונים טובים לצדיקים להבדילן ממאכל טמא: ויהי המלצר נושא את פת בגם ויין משתיהם וגו' · וכתיב בההוא ענינא ולמקצת ימים עשרה נראה מראיהם טוב ובריאי בשר וגו': אנפקינון שמן זית שלא הביא שליש · גבי מנחות תנן *אין מביאין אנפקינון ואם הביא פסול ועלה קאי ר' יהודה ואמר מהו אנפקינון: מעדן (ג)מלהיב: מגנותו של אותו רשע · גנותו הוא זה שהוא בועל נשים ומשלחן: שהגוף נהנה מן הגוף · מפני הצינה והעיד לך הכתוב שהיו מתכונן מן השמים לחבבה על בעלה: ביקש לטעום כו' · לכך נאמר מכל הנשים ומכל הבתולות: עבד משתיא כו' · הוזר לכמה ענינים לפייסה שתגלה לו מולדתה ולא הועיל וסמוך לה להאי קרא ובהקבץ בתולות שנית וגו' אין אסתר מגדת מולדתה ואת עמה וגו' עבד משתיא סעודה לכבודה מה שלא עשה בשאר נשים: דלי כרגא · אמר בשביל אסתר אני מניח לכם מכסי גולגולתכם הייט והנחה למדינות עשה: שדר פרדישני · דורונות לשרים בשמה והייט דכתיב ויתן משאת כיד המלך:

לא

[בע"י איתא בוסי"ל תימה אימא שקראם יהודאין לפי שהיו משבט יהודה כדכתיב (דניאל א) ויהי בהם מבני יהודה דניאל חנניה מישאל ועזריה וי"ל דאתיא כר"ש בר נחמני דאמר בפרק חלק צג: דניאל מבני יהודה חנניה מישאל ועזריה משאר שבטים]

רבינו חננאל

כל המגדל יתום בתוך ביתו מעלה עליו הכתוב כאילו הוא ילדו: נקראת הדסה מפני דהיתה צדקת. שהצדיקים נקראים הדסים: לקחה מרדכי לו לבת: תנא משום רבי מאיר לבית:

הגהות הב"ח

(א) גמ' וישא את בתיה בת פרעה: (ב) רש"י ד"ה כבשה אחת זו בת שבע: (ג) ד"ה מעדן מלהיב ומלהיל הס"ד:

הגהות הגר"א

[א] גמ' (שירד להם לישראל מן בימיו) תא"מ ונ"ב שהוריד תורה לישראל:

[צ"ל כבית וכן איתא בע"י]

[פירוש עורף של חזרת כלומר ראש של חסא ערוך ערך קדל ועיין תוספות ד"ה קדלי]

גליון הש"ס

גמ' ואשתו היהודיה. עי' מ"ר ריש ויקרא: שם על שם הצדיקים. עי' ברכות דף כו ע"ב תוד"ה ואין שיחה: רש"י ד"ה אסתר ירח. כי ירח תרגומו סהרא (בראשית לז ט):

[סוטה יב:] סנהדרין יט: ג"י ע"י ובשבילו [סנהדרין צג. ע"ש ועי' תוס' כתובות כו: ד"ה ואין שיחה:] [לקמן טו.] [מנחות פה:] [צ"ל כבת] פסחים מב. ע"ש מ"ק ט: ע"ש שבת פ. ע"ש מנחות פו. ע"ש [לעיל ז.]

איוב לו °לא יגרע מצדיק עיניו בשכר צניעות שהית' בה ברחל זכתה ויצא ממנה שאול ובשכר צניעות שהיה בו בשאול זכה ויצאת ממנו אסתר *ומאי צניעות היתה בה ברחל דכתיב °ויגד יעקב לרחל כי אחי אביה הוא וכי אחי אביה הוא והלא בן אחות אביה הוא אלא אמר לה מינסבא לי אמרה ליה אין מיהו אבא רמאה הוא ולא יכלת ליה אמר לה(א) אחיו אנא ברמאות אמרה ליה ומי שרי לצדיקי לסגויי ברמיותא אמר לה אין °עם נבר תתבר ועם עקש תתפל אמר לה ומאי רמיותא אמרה ליה אית לי אחתא דקשישא מינאי ולא מנסיב לי מקמה *מסר לה סימנים כי מטא ליליא אמרה השתא מיכספא אחתאי מסרתינהו ניהלה והיינו דכתיב °ויהי בבקר והנה היא לאה מכלל דעד השתא לאו לאה היא אלא מתוך סימנין שמסרה רחל ללאה לא הוה ידע עד השתא לפיכך זכתה ויצא ממנה שאול ומה צניעות היתה בשאול דכתיב °ואת דבר המלוכה לא הגיד לו אשר אמר שמואל(ב) זכה ויצאת ממנו אסתר *ואמר רבי אלעזר כשהקב"ה פוסק גדולה לאדם פוסק לבניו ולבני בניו עד סוף כל הדורות שנאמר °ויושיבם לנצח ויגבהו (וגו') ואם הגיס דעתו הקב"ה משפילו שנאמר °ואם אסורים בזקים וגו' ואת מאמר מרדכי אסתר עושה אמר רבי ירמיה שהיתה מראה דם נדה לחכמים כאשר היתה באמנה אתו אמר רבה בר לימא *(משמיה דרב) שהיתה עומדת מחיקו של אחשורוש וטובלת ויושבת בחיקו של מרדכי בימים ההם ומרדכי יושב בשער המלך קצף בגתן ותרש אמר ר' חייא בר אבא אמר רבי יוחנן הקציף הקב"ה אדון על עבדיו לעשות רצון צדיק ומנו יוסף שנאמר °ושם אתנו נער עברי וגו' עבדים על אדוניהן לעשות נס לצדיק ומנו מרדכי [א]דכתיב ויודע הדבר למרדכי וגו' *אמר רבי יוחנן בגתן ותרש °שני טרסיים הוו והיו מספרין בלשון טורסי ואומרים מיום שבאת זו לא ראינו שינה בעינינו בא ונטיל ארס בספל כדי שימות והן לא היו יודעין כי מרדכי מיושבי לשכת הגזית היה והיה יודע בשבעים לשון אמר לו והלא אין משמרתי ומשמרתך שוה אמר לו אני אשמור משמרתי ומשמרתך והיינו דכתיב ויבקש הדבר וימצא שלא נמצאו במשמרתן אחר הדברים האלה *(אחר מאי) אמר רבא אחר שברא הקב"ה רפואה למכה דאמר ר"ל אין הקב"ה מכה את ישראל אא"כ בורא להם רפואה תחילה שנאמר °כרפאי לישראל ונגלה עון אפרים אבל אומות העולם אינו כן מכה אותן ואח"כ בורא להם רפואה שנאמר °ונגף ה' את מצרים נגוף ורפוא ויבז בעיניו לשלוח יד במרדכי לבדו אמר רבא בתחילה במרדכי לבדו ולבסוף בעם מרדכי ומנו רבנן ולבסוף בכל היהודים הפיל פור הוא הגורל תנא כיון שנפל פור בחודש אדר שמח שמחה גדולה אמר נפל לי פור בירח שמת בו משה ולא היה יודע *שבשבעה באדר מת ובשבעה באדר נולד ישנו עם אחד אמר רבא ליכא דידע לישנא בישא כהמן אמר ליה תא ניכלינהו אמר ליה מסתפינא מאלהיו דלא ליעביד בי כדעבד בקמאי אמר ליה ישנו מן המצות אמר ליה אית בהו רבנן אמר ליה עם אחד הן שמא תאמר קרחה אני עושה במלכותך מפוזרין הם בין העמים שמא תאמר אית הנאה מינייהו מפורד כפרידה זו שאינה עושה פירות ושמא תאמר איכא מדינתא מינייהו ת"ל בכל מדינות מלכותך ודתיהם שונות מכל עם דלא אכלי מינן ולא נסבי מינן ולא מנסבי לן ואת דתי המלך אינם עושים דמפקי לכולא שתא בשה"י פה"י ולמלך אין שוה להניחם דאכלו ושתו ומבזו ליה למלכות ואפילו נופל זבוב בכוסו של אחד מהן זורקו ושותהו ואם אדוני המלך נוגע בכוסו של אחד מהן חובטו בקרקע ואינו שותהו אם על המלך טוב יכתב לאבדם ועשרת אלפים ככר כסף וגו' אמר ריש לקיש גלוי וידוע לפני מי שאמר והיה העולם שעתיד המן לשקול שקלים על ישראל לפיכך הקדים שקליהן לשקליו והיינו דתנן *באחד באדר משמיעין על השקלים ועל הכלאים ויאמר המלך להמן הכסף נתון לך והעם לעשות בו כטוב בעיניך אמר רבי אבא משל

(בראשית כט · שמואל ב כב · בראשית כט · שמואל א י · איוב לו · אסתר ב · הושע ז · ישעיה יט)

רש"י

לא יגרע מלדיק עיניו · נותן עיניו במעשה הלדיקים לשלם להם (ג) אף לימים רבים מדה במדה: זכתה וילא ממנה שאול · שהיה לנוע: זכה וילאת ממנו אסתר · בתרגום של מגילה מייחס מרדכי ועושהו עשירי לשאול ומשאול עד בנימין וכתיב היא אסתר בת דודו ואין לו ראיה אחרת בכתובים שילאה משאול: מסרתן · ללאה והוא לניעות שלא יתפרסם הדבר שמסר לה סימנין: שנאמר לא יגרע מלדיק עיניו · וסיפיה דקרא ויושיבם לנלח ויגבהו והיינו גדולה לדורות: ואם הגים דעתו כו'. הכי סמכי קראי ויושיבם לנלח ויגבהו ואם אסורים בזקים על ידי שמגביהין עלמן באין לידי עניות ויסורים: וטובלת · מחמת נקיות שלא תהא אסורה ללדיק משכיבתו של אחשורוש: אדון על עבדיו · ויקצוף פרעה על שני סריסיו: לשון טורסי · שם מקום: לא ראינו שינה · מתוך שהיתה חביבה עליו היה מרבה בתשמיש ולמא לשתות: משמרתי ומשמרתך · אתה ממונה על עבודה אחת ואני ממונה על עבודה אחרת: ה"ג אחר הדברים האלה גדל המלך* את המן וגו' בתר בגתן ותרש כתיב: וקא בעי הש"ס אחר מאי · מה העיד עליו הכתוב שלא גידלו עד שבא מעשה הזה: אחר שברא הקדוש ב"ה רפואה למכה · העתידה לבא לאחר זמן: כרפאי לישראל · ואחר כך נגלה עון אפרים ע"י מכה שאני מביא עליהן: הפיל פור · ומהו פור הוא הגורל מיום ליום באיזו יום יפול הגורל וכן מחודש לחודש והגורל של כולן הטיל ביום אחד ונפל לו הגורל על (ד)אדר: בשבעה באדר מת משה · שנאמר והעם עלו מן הירדן בעשור לחודש הראשון (יהושע ד) לא מהם למפרע שלשים יום באבלו של משה ושלשה ימים שהכינו להם לידה שנאמר הכינו לכם לידה כי בעוד שלשה ימים אתם עוברים וגו' (שם א) הרי בשבעה באדר מת משה: ובשבעה באדר נולד. דכתיב בן מאה ועשרים שנה אנכי היום (דברים לא) היום מלאו ימי ושנותי כדאי הלידה שתכפר על המיתה: אית בהו רבנן. מתשובתו של המן אנו למדין שכך היה אחשורוש משיבו: קרחה אני עושה במלכותך · שמלכות אחת מליאה מהם: מדינתא · מדינה קטנה: ולא נסבי מינן · נשים: ואת דתי המלך אינם עושים · אונגריות ומסים וגולגליות וארנונות אין נותנין: דמפקי ליה לשתא בשה"י פה"י · שבת היום פסח היום ואנו אסורים במלאכה: אין שוה · אין נאה ואין חשש להניחן: משמיעין · בית דין מכריזין שיביאו שקלים למקדש: ועל הכלאים · שגדלו הזרעים קלת וניכר ניכר ועוקרין אותן משדותיהן בהכרזת בית דין: משל

תוספות

וטובלת ויושבת בחיקו של מרדכי · ואם תאמר והא לא הי' שם הבחנת שלש' חדשים שהרי בכל יום היה אותו רשע מלוי אצלה וי"ל שהיתה משמשת במוך:

הכסף נתון לך · גימטריא' הכסף עולה הע"ן רמז לו שיתלה עליו:

רבינו חננאל

אמר לו והלא אין משמרתי ומשמרתך שוה. א"ל אני אשמור משמרתי ומשמרתך. פי' א"ל אני אשמור משמרתי בתחלת הלילה עד החק שאנו קבועים. ואשמור עוד ממך בחצי הלילה בשמרתך ועשו כך ונתבקש במשמרתו שבתחלת הלילה. שכל השומר בתחלת הלילה כשיעמד אחר לשמור ישן מי שכבר שמר. ונמצא זה שומר שלא במשמרתו לפיכך נתברר עליו העצה: אין הקב"ה מכה את ישראל עד שבורא להם רפואה שנאמר כרפאי לישראל וגו':

הגהות הב"ח

(א) גמ' אמר לה אי רמאי הוא אחיו אנא ברמאות: (ב) שם אמר שמואל לפיכך זכה ויצאת ממנו אסתר אסתר מאי היא דכתיב אין אסתר מגדת ולאמר רבי אלעזר וכו' שנאמר לא יגרע מצדיק עיניו ויושיבם לנצח: (ג) רש"י ד"ה לא יגרע וכו' לשלם להם גמולן אף לימים: (ד) ד"ה הפיל פור וכו' הגורל על אדר הס"ד:

גליון הש"ס

גמ' שני טרסיים. עי' חולין דף מ ע"ב תד"ה משלית:

עיין תוספות לקמן כו. ד"ה ודתי (וכו')

מסורת הש"ס

ב"ב קכג. ע"ש

ס"א וכי מטא ההוא יומא מעייל לה לגבי מה עשה יעקב מסר

[זבחים קב. ע"ש]

שם

[ילקוט וכע"י ליתא]

בראשית מא

[לעיל ז. ע"ש]

[ילקוט ליתא מאי אחר]

[קדושין לח. סוטה יב:]

שקלים ב. לקמן כט. מ"ק ו.

הגהות הגר"א

[א] גמ' (דכתיב) תו"מ

R. Eleazar said: What is the meaning of the verse, [13b] *He withdraweth not his eyes from the righteous?*[7] In reward for the modesty displayed by Rachel, she was granted to number among her descendants Saul; and in reward for the modesty displayed by Saul, he was granted to number among his descendants Esther.[8] What was the modesty displayed by Rachel?—As it is written: *And Jacob told Rachel that he was her father's brother.*[9] Now was he her father's brother? Was he not the son of her father's sister? What it means is this: He said to her, Will you marry me? She replied, Yes, but my father is a trickster, and he will outwit you.[10] He replied, I am his brother in trickery. She said to him, Is it permitted to the righteous to indulge in trickery? He replied, Yes: *with the pure thou dost show thyself pure and with the crooked thou dost show thyself subtle.*[11] He said to her, What is his trickery? She replied: I have a sister older than I am, and he will not let me marry before her. So he gave her certain tokens. When night came, she said to herself, Now my sister will be put to shame. So she handed over the tokens to her. So it is written, *And it came to pass in the morning that, behold, it was Leah.*[12] Are we to infer from this that up to now she was not Leah? What it means is that on account of the tokens which Rachel gave to Leah he did not know till then. Therefore she was rewarded by having Saul among her descendants. What modesty did Saul display?—As it is written, *But concerning the matter of the kingdom whereof Samuel*
a *spoke he told him not.*[1] He was therefore rewarded by having Esther among his descendants.

R. Eleazar further said: When the Holy One, blessed be He, assigns greatness to a man, he assigns it to his sons and his sons' sons for all generations, as it says, [*With kings on the throne;*] *He setteth them for ever and they are exalted.*[2] If, however, he becomes arrogant, God humiliates him, as it says, *And if they be bound in fetters* etc.[3]

For Esther did the commandment of Mordecai.[4] R. Jeremiah said: [This means] that she used the show the blood of her impurity to the Sages.

Like as when she was brought up with him.[4] Rabbah b. Lema said in the name of Rab: [This means] that she used to rise from the lap of Ahasuerus and bathe and sit in the lap of Mordecai.[5]

In those days, while Mordecai sat in the king's gate, Bigthan and Teresh were wroth.[6] R. Ḥiyya b. Abba said in the name of R. Joḥanan: The Holy One, blessed be He, [once] caused a master to be wroth with his servants in order to fulfil the desire of a righteous man, namely Joseph, as it says, *And there was with us there a young man, a Hebrew,* etc.;[7] and servants with their master in order to perform a miracle for a righteous man, namely, Mordecai, as it is written, '*And the thing was known to Mordecai* etc.' R. Joḥanan said: Bigthan and Teresh were two Tarseans[8] and conversed in the Tarsean language. They said: From the day this woman came we have been able to get no sleep.[9] Come, let us put poison in the dish so that he will die. They did not know that Mordecai was one of those who had seats in the Chamber of Hewn Stone,[10] and that
b he understood seventy languages.[1] Said the other to him, But are not my post and your post different?[2] He replied: I will keep guard at my post and at yours. So it is written, *And when inquisition was made, he was found,*[3] that is to say, they were not [both] found at their posts.

After these things.[4] After what?—Raba said: After God had created a healing for the blow [which was about to fall]. For Resh Laḳish has said: The Holy One, blessed be He, does not smite Israel unless He has created for them a healing beforehand, as it says, *When I have healed Israel, then is the iniquity of Ephraim uncovered.*[5] Not so, however, with the other nations: He smites them first, and then creates for them a healing, as it says: *The Lord will smite Egypt, smiting and healing.*[6]

But it seemed contemptible in his eyes to lay hands on Mordecai alone.[7] At first he aimed at '*Mordecai alone*', then at '*the people of Mordecai*'—and who are these? The Rabbis; and finally at '*all the Jews*'.

They cast pur, that is the lot.[8] A Tanna taught: When the lot fell on the month of Adar, he rejoiced greatly, saying, The lot has fallen for me on the month in which Moses died. He did not know, however, that Moses died on the seventh of Adar and was born on the sixth of Adar.

There is one people.[9] Raba said: There never was a traducer so skilful as Haman. He said to Ahasuerus, Come, let us destroy them. He replied: I am afraid of their God, lest He do to me as He did to my predecessors. He replied: They are '*negligent*'[10] of the precepts. He said, There are Rabbis among them.[11] He replied, They are '*one people*'.[12] Should you say that I will make a void[13] in your kingdom, [I reply], they are '*scattered abroad among the peoples*'. Should you say, There is some profit in them, I reply, '*they are dispersed*' [nifredu], like an isolated bough [*peridah*] that does not bear fruit. Should you say that they occupy one province, I reply, '*they are in all the provinces of thy kingdom*'. '*Their laws are diverse from those of every other people*': they do not eat of our food, nor do they marry our women nor give us theirs in marriage, '*Neither keep they the king's laws*', since they evade taxes the whole
c year[1] by their loitering and sauntering.[2] '*Therefore it profiteth not the king to suffer them*', because they eat and drink and despise the throne. For if a fly falls into the cup of one of them, he throws it out and drinks the wine, but if my lord the king were to touch his cup, he would dash it on the ground and not drink from it.

'*If it please the king, let it be written that they be destroyed, and I will pay ten thousand talents of silver*': Resh Laḳish said: It was well known beforehand to Him at whose word the world came into being that Haman would one day pay shekels for the destruction of Israel. Therefore He anticipated his shekels with those of Israel. And so we have learnt: 'On the first of Adar[3] proclamation is made regarding the shekalim[4] and the mixed seeds'.[5]

And the king said to Haman, The silver is given to thee and the people also, to do with them as it seemeth good to thee.[6] R. Abba said: [14a]

(7) Job XXXVI, 7. (8) There seems to be no authority in the Scripture for this statement. V. Rashi. (9) Gen. XXIX, 12. (10) Lit., 'you will not be able to deal with him'. (11) II Sam. XXII, 27. (12) Gen. XXIX, 25.
a (1) I Sam. X, 16. (2) Job XXXVI, 7. (3) Ibid. 8. How the text implies this is not clear. V. Maharsha. (4) Esth. II, 20. (5) As wife. The word באמנה (brought up) means literally 'nursing'. (6) Ibid. 21. (7) Gen. XLI, 12. (8) There was a Tarsus in Cilicia and in Cappodocia and it is not certain which is referred to. (9) Having always to dance attendance on Ahasuerus. (10) לשכת הגזית. The meeting place of the Sanhedrin in the Temple at Jerusalem.
b (1) V. Sanh. 17*a*. (2) So that neither of us can do duty for both. (3) E.V., '*it was found*'. (4) Esth. III, 1. (5) Hos. VII, 1. E.V., '*when I would heal*'. (6) Isa. XIX, 22. (7) Esth. III, 6. (8) Ibid. 7. (9) Ibid. 8. E.V. '*a certain people*'. (10) ישנים, lit., 'asleep' from a play on the word ישנו (there is). (11) Who keep the precepts. (12) And all hang together. (13) Lit., 'baldness'.
c (1) Lit., 'they bring out the whole year with'. (2) Heb. שהי פהי, which may also be an abbreviation for שבת היום פסח היום 'To-day is Sabbath, to-day is Passover'. (3) I.e., fourteen days before the date fixed by Haman. (4) For the repair of the Temple. (5) Which it is now time to uproot. V. Sheḳ. I, 1. (6) Esth. III, 11.

To what can we compare Ahasuerus and Haman at this point? To two men one of whom had a mound in the middle of his field and the other a ditch in the middle of his field. The owner of the ditch said, I wish I could buy that mound, and the owner of the mound said, I wish I could buy that ditch. One day they met, and the owner of the ditch said, Sell me your mound, whereupon the other replied, Take it for nothing, and I shall be only too glad.[7]

And the king removed his ring.[8] R. Abba b. Kahana said: This removal of the ring was more efficacious than forty-eight prophets[9] and seven prophetesses[10] who prophesied to Israel; for all these were not able to turn Israel to better courses, and the removal a of the ring did turn them to better courses.[1]

Our Rabbis taught: 'Forty-eight prophets and seven prophetesses prophesied to Israel, and they neither took away from nor added aught to what is written in the Torah save only the reading of the Megillah'. How did they derive it [from the Torah]?—R. Ḥiyya b. Abin said in the name of R. Joshua b. Korḥa: If for being delivered from slavery to freedom we chant a hymn of praise, should we not do so all the more for being delivered from death to life? If that is the reason we should say Hallel[2] also?—[We do not do so] because Hallel is not said for a miracle which occurred outside of the land of Israel. How then do we come to say it for the Exodus from Egypt which was a miracle which occurred outside the land of Israel?—As it has been taught: 'Until they entered the land of Israel, all lands were counted as proper for chanting a hymn of praise [for miracles done in them]. After they had entered the land, other countries were not counted as proper for chanting a hymn of praise [for miracles done in them]. R. Naḥman said: The reading of the Megillah is equivalent to Hallel. Raba said:[3] There is a good reason in that case [of the Exodus from Egypt] because it says [in the Hallel], *Praise ye O servants of the Lord,* who are no longer servants of Pharaoh. But can we say in this case, Praise ye, servants of the Lord and not servants of Ahasuerus? We are still servants of Ahasuerus! Whether on the view of Raba[4] or on the view of R. Naḥman,[5] there is a difficulty in what has been taught [above], that 'after they had entered the land, other countries were not counted as proper for chanting a hymn of praise [for miracles done in them]'?—When the people went into exile, the other countries became proper as at first.

Were there no more prophets than these [forty-eight]?—Is it not written, *Now there was a man from Ramathaim-zophim,*[6] [which b we interpret], one of two hundred prophets [*ẓophim*][1] who prophesied to Israel?—There were actually very many, as it has been taught, 'Many prophets arose for Israel, double the number of [the Israelites] who came out of Egypt', only the prophecy which contained a lesson for[2] future generations was written down, and that which did not contain such a lesson was not written.

R. Samuel b. Naḥmani said: This [*Ramathaim-zophim*] means, a man who came from two heights which faced one another.[3] R. Ḥanin said: It means, a man who came from ancestors of the most exalted position.[4] And who were they? The sons of Korah, as it says, *And the sons of Korah did not die.*[5] A Tanna taught in the name of our Teacher:[6] A special place was assigned[7] to them in Gehinnom and they stood on it.

'Seven prophetesses'. Who were these?—Sarah, Miriam, Deborah, Hannah, Abigail, Hulda and Esther. 'Sarah', as it is written, *The father of Milkah and the father of Yiscah,*[8] and R. Isaac said [on this], Yiscah is Sarah; and why was she called Yiscah? Because she discerned [*sakethah*] by means of the holy spirit, as it is said, *In all that Sarah saith unto thee, hearken to her voice.*[9] Another explanation is: because all gazed [*sakin*] at her beauty. 'Miriam', as it is written, *And Miriam the prophetess the sister of Aaron.*[10] Was she only the sister of Aaron and not the sister of Moses?—R. Naḥman said in the name of Rab: [She was so called] because she prophesied when she was the sister of Aaron [only][11] and said, My mother is destined to bear a son who will save Israel. When he was born the whole house was filled with light, and her father arose and kissed her on the head, saying, My daughter, thy prophecy has been fulfilled. But when they threw him into the river her father arose and tapped her on the head, saying, Daughter, where is thy prophecy? So it is written, *And his sister stood afar off to know;*[12] to know, [that is,] what would be with the latter part of her prophecy. 'Deborah', as it is written, *Now Deborah* c *a prophetess, the wife of Lapidoth.*[1] What is meant by a 'woman of flames'? [She was so called] because she used to make wicks for the Sanctuary. *And she sat under a palm tree.*[2] Why just a palm tree?—R. Simeon b. Abishalom said: [To avoid] privacy.[3] Another explanation is: Just as a palm tree has only one heart, so Israel in that generation had only one heart devoted to their Father in heaven. 'Hannah', as it is written, *And Hannah prayed and said, My heart exulteth in the Lord, my horn is exalted in the Lord.*[4] [She said], *'my horn is exalted'*, and not, 'my cruse is exalted', thus implying that the royalty of [the house of] David and Solomon, who were anointed from a horn,[5] would be prolonged,[6] but the royalty of [the house of] Saul and Jehu,[7] who were anointed with a cruse, would not be prolonged.

There is none holy as the Lord, for there is none beside thee.[8] R. Judah b. Menashia said: Read not *bilteka,* ['beside thee'], but read *lebalotheka* ['to survive thee']. For the nature of the Holy One, blessed be He, is not like that of flesh and blood. It is the nature of flesh and blood to be survived by its works, but God survives His works. *Neither is there any rock* [*ẓur*] *like our God.*[8] There is no artist [*ẓayyar*] like our God. A man draws a figure on a wall, but is unable to endow it with breath and spirit, inward parts and intestines. But the Holy One, blessed be He, fashions a form within a form and endows it with breath and spirit, inward parts and intestines.

'Abigail', as it is written, *And it was so, as she rode on her ass and came down by the covert of the mountain.*[9] *'By the covert* [sether] *of the mountain'?* It should say *'from* the mountain'!—Rabbah b. Samuel said: It means that she came with reference to blood that came from the hidden parts [*setharim*]. She brought some blood and showed it to him.[10] He said to her: Is blood to be shown by night? d She replied: Are capital cases tried at night?[1] He said to her:

(7) Lit., 'would it were so'. So Ahasuerus was as eager to get rid of the Jews as Haman. (8) Ibid. 10. (9) These are enumerated in Rashi (s.v. נבואה) and Seder Olam XX-XXI. (10) V. *infra.*

a (1) As it says, *fasting and weeping and mourning, many put on sackcloth and ashes.* Esth. IV, 3. (2) V. Glos. (3) The BaḤ. reads: Raba demurred to this, saying. (4) Who holds that Hallel would be said were we not servants of Ahasuerus. (5) Who holds that the Megillah is equivalent to Hallel. (6) I Sam. I, 1.

b (1) Lit., 'watchers'. V. *supra.* (2) Lit., 'was required for'. (3) The literal meaning. (4) Lit., 'height of the world'. (5) Num. XXVI, 11. (6) Rab (?). (7) Lit., 'fenced in'. (8) Gen. XI, 29. (9) Ibid. XXI, 12. (10) Ex. XV, 20. (11) I.e., before the birth of Moses. (12) Ex. II, 4.

c (1) Jud. IV, 4. *'Lapidoth'* means literally 'flames'. (2) Ibid. 5. (3) And the possibility of scandal, a palm tree not being leafy. (4) I Sam. II, 1. (5) V. I Sam. XVI, 13 (David); I Kings I, 39 (Solomon). (6) As symbolized by a horn. (7) V. I Sam. X, 1 (Saul); II Kings IX, 1 (Jehu). (8) I Sam. II, 2. (9) Ibid. XXV, 20. (10) David was supposed to have been an authority on the Torah, v. Ber. 4*a*.

d (1) And yet you are condemning Nabal to death.

משל דאחשורוש והמן למה הדבר דומה לשני בני אדם לאחד היה לו תל בתוך שדהו ולאחד היה לו חריץ בתוך שדהו בעל חריץ אמר מי יתן לי תל זה בדמים בעל התל אמר מי יתן לי חריץ זה בדמים לימים נזדווגו זה אצל זה אמר לו בעל חריץ לבעל התל מכור לי תילך אמר לו טול אותה בחנם והלואי ויסר המלך את טבעתו אמר רבי אבא בר כהנא גדולה הסרת טבעת יותר מארבעים ושמונה נביאים ושבע נביאות שנתנבאו להן לישראל שכולן לא החזירום למוטב ואילו הסרת טבעת החזירתן למוטב ת"ר ארבעים ושמונה נביאים ושבע נביאות נתנבאו להם לישראל ולא פחתו ולא הותירו על מה שכתוב בתורה חוץ ממקרא מגילה מאי דרוש אמר רבי חייא בר אבין אמר רבי יהושע בן קרחה (א) ומה מעבדות לחירות אמרי' שירה ממיתה לחיים לא כל שכן אי הכי הלל נמי נימא (ב) לפי *שאין אומרים הלל על נס שבחוצה לארץ יציאת מצרים דנס שבחוצה לארץ היכי אמרינן שירה כדתניא עד שלא נכנסו ישראל לארץ הוכשרו כל ארצות לומר שירה משנכנסו ישראל לארץ לא הוכשרו כל הארצות לומר שירה רב נחמן אמר *קרייתא זו הלילא (ג) רבא אמר בשלמא התם הללו עבדי ה' ולא עבדי פרעה אלא הכא הללו עבדי ה' ולא עבדי אחשורוש אכתי עבדי אחשורוש אנן *בין לרבא בין לר"נ קשיא והא תניא משנכנסו לארץ לא הוכשרו כל הארצות לומר שירה כיון שגלו חזרו להכשירן הראשון ותו ליכא והכתיב ויהי איש אחד מן הרמתים צופים אחד ממאתים צופים שנתנבאו להם לישראל מיהוה טובא הוו כדתניא הרבה נביאים עמדו להם לישראל כפלים כיוצאי מצרים אלא נבואה שהוצרכה לדורות נכתבה ושלא הוצרכה לא נכתבה רבי שמואל בר נחמני אמר אדם הבא משתי רמות שצופות זו את זו רבי חנין אמר אדם הבא מבני אדם שעומדין ברומו של עולם ומאן נינהו בני קרח דכתיב ובני קרח לא מתו *תנא משום רבינו מקום נתבצר להם בגיהנם ועמדו עליו שבע נביאות מאן נינהו שרה מרים דבורה חנה אביגיל חולדה ואסתר שרה דכתיב אבי מלכה ואבי יסכה *ואמר ר' יצחק יסכה זו שרה ולמה נקרא שמה יסכה שסכתה ברוח הקדש שנאמר כל אשר תאמר אליך שרה שמע בקולה ד"א יסכה שהכל סוכין ביופיה מרים דכתיב ותקח מרים הנביאה אחות *אהרן **ולא אחות משה אמר ר"נ אמר רב שהיתה מתנבאה כשהיא אחות אהרן ואומרת עתידה אמי שתלד בן שיושיע את ישראל ובשעה שנולד נתמלא כל הבית כולו אורה עמד אביה ונשקה על ראשה אמר לה בתי נתקיימה נבואתיך וכיון שהשליכוהו ליאור עמד אביה וטפחה על ראשה ואמר לה בתי היכן נבואתיך היינו דכתיב ותתצב אחותו מרחוק לדעה מה יהא בסוף נבואתה דבורה דכתיב ודבורה אשה נביאה אשת לפידות מאי אשת לפידות שהיתה עושה פתילות *למקדש והיא יושבת תחת תומר מאי שנא תחת תומר אמר ר' שמעון בן *אבשלום משום יחוד דבר אחר *מה תמר זה אין לו אלא לב אחד אף ישראל שבאותו הדור לא היה להם אלא לב אחד לאביהן שבשמים חנה דכתיב ותתפלל חנה ותאמר עלץ לבי בה' רמה קרני בה' *רמה קרני ולא רמה פכי דוד ושלמה שנמשחו בקרן נמשכה מלכותן שאול ויהוא שנמשחו בפך לא נמשכה מלכותן אין קדוש כה' כי אין בלתך *אמר רב יהודה בר מנשיא אל תקרי בלתך אלא לבלותך שלא כמדת הקב"ה מדת בשר ודם מדת בשר ודם מעשה ידיו מבלין אותו אבל הקדוש ברוך הוא מבלה מעשה ידיו ואין צור כאלהינו *אין צייר כאלהינו אדם צר צורה על גבי הכותל ואינו יכול להטיל בה רוח ונשמה קרבים ובני מעים אבל הקב"ה צר צורה בתוך צורה ומטיל בה רוח ונשמה קרבים ובני מעים אביגיל דכתיב והיה היא רוכבת על החמור ויורדת בסתר ההר בסתר ההר מן ההר מיבעי ליה אמר רבה בר שמואל על עסקי דם הבא מן הסתרים נטלה דם והראתה לו אמר לה וכי מראין דם בלילה אמר לה וכי דנין דיני נפשות בלילה אמר לה

מורד

א) גי' רי"ף והרא"ש מתקיף לה רבא מי דמי בשלמא. ב) עד הבקר ודוד אמר אם אשאיר לנבל מכל אשר לו עד אור הבקר.

משל דאחשורוש והמן כו' · כלומר יש ללמוד מאחשורוש שאף בדעתו היה להשמידן: (*להחזירן) למוטב · שגזרו עליהן תעניות לתשובה כדכתיב צום ובכי ומספד שק ואפר יוצע לרבים: חוץ ממקרא מגילה · ואם תאמר נר חנוכה כבר פסקו הנביאים אבל בימי מרדכי היו חגי זכריה ומלאכי: מעבדות לחירות · ביציאת מצרים אמרו שירה על הים: הלל נמי נימא · שהיא שירה: הכי גרסי' אמר רבא בשלמא התם כו' ולא עבדי פרעה שהרי לחירות יצאו: אכתי עבדי אחשורוש אנן · דלא נגאלו אלא מן המיתה: בין לרבא · דאמר הכי לא אמרי הלל דאכתי עבדי אחשורוש הוו הא לאו הכי אמרינן: בין לרב נחמן · דאמר קריאת מגילה במקום הלל: (ד) הוכשרו שאר ארצות לומר שירה · על נס המאורע להם: ותו ליכא · נביאים: נבואה שהוצרכה לדורות · ללמוד תשובה או הוראה וכל הנך מ"ח הוכשרו והלכות גדולות(ה) מטויין מסדר עולם [א] אברהם יצחק יעקב משה ואהרן יהושע פנחס ועלי אלקנה ה' מן הגלגל אל הבוכים (שופטים ב) זה פנחס ויבא איש האלהים אל עלי (שמואל א ב) זה אלקנה עלי שמואל גד נתן דוד שלמה עידו קרא אל המזבח בבית אל מיכיהו בן ימלה בימי אחאב עובדיה אחיה השילוני יהוא בן חנני בימי אסא עזריה בן עודד חזיאל [הלוי] מבני מתניה אליעזר בן דודו ממורישה כהן בימי יהושפט בדברי הימים (ב יט) ובימי ירבעם בן יואש הושע עמוס ובימי יותם מיכה המורשתי ובימי אמציה אמוץ אמוץ אמר לאמציה מדוע דרשת אלהי אדום ואליהו ואלישע ויונה בן אמיתי ישעיה בימי מנשה יואל נחום חבקוק בימי יאשיה צפניה אוריה מקרית יערים ירמיה בגולה יחזקאל דניאל בשנת ב' לדריוש ברוך נריה שריה מחסיה חגי זכריה מלאכי ומרדכי בלשן בסדר עולם ועל דניאל אמרינן לעיל (דף ג.) איהו עדיף מינייהו דאינהו נביאי ואיהו לאו נביא אלא אפיק דניאל ועייל שמעיה שאמר לרחבעם אל תעלו ולא תלחמו עם אחיכם בני ישראל *שנים לא ידעתי [ב]: כתבלר להם · לשון גבוה כמו ובצורות בשמים (דברים ט) כשהיא אחות אהרן · ועדיין לא נולד משה: פתילות למקדש · (ו)משכן שילה: משום יחוד · שהוא גבוה ואין לו צל ואין אדם יכול להתייחד שם עמה כמו בבית: לב אחד · שרף יש לו כמו אילן אבל אין לו בענפיו אלא בגזעו על פני כל גובהו: רמה קרני ולא רמה פכי · זו היא נבואתה שנתנבאת על שאול ויהוא שלא תמשך מלכותן במשיחת דוד ושלמה כתיב קרן השמן ובמשיחת שאול ויהוא כתיב פך: וכי רואין דם בלילה · שנאמר (שמואל א כה) אם אשאיר לנבל עד אור הבקר משתין בקיר שמע מינה דהוה בלילה וכי מראין דם בלילה אם טמא או טהור הלא צריך להבחין מראיתו אם מה' דמים הטמאים בלשה הוא: וכי דנין דיני נפשות בלילה · והא כתיב (ירמיה כא) דינו לבוקר משפט וכתיב והוקע אותם לה' נגד השמש (במדבר כה): כליתי

משום יחוד · כשבאין אליה בני ישראל למשפט: דכתיב ותתפלל חנה ותאמר עלץ לבי בה' · וה"ה הוה מצי לאתויי כל הפרשה שכל הנבואה על סנחריב נבוכדנצר והמן כמו שתרגם יונתן אלא קרא דריש פרשתא נקט:

ת"ר מ"ח נביאים וז' נביאות לא פחתו ולא הותירו על מה שכתוב בתורה אפי' אות אחת חוץ ממקרא מגילה. ואלו הן מ"ח נביאים. משה. ואהרן. ואסיר. ואלקנה. ואביאסף. בני קרח נתנבאו במדבר. יהושע פינחס. אלקנה. גד החוזה. נתן הנביא. אסף.

ושנים לא ידעתי אי עודד הנביא ...

הגהות הב"ח

(א) גמ' אמר ר' יהושע בן קרחה קל וחומר ומה מעבדות לחירות: (ב) שם הלל נמי נימא אמר ר' יצחק לפי שאין וכו' שבחוצה לארץ והרי יציאת מצרים דנס שבחוצה לארץ ואמרי' הלילא התם כדתניא עד כצ"ל: (ג) שם קרייתא זו הלילא מתקיף לה רבא מי דמי בשלמא התם: (ד) רש"י ד"ה בין לר' נחמן וכו' הלל הס"ד ואח"כ מ"ה לא הוכשרו: (ה) ד"ה נבואה וכו' והלכות גדולות הן מטויין ורוכן יש ללמוד מסדר עולם וכו' קרא על המזבח וכו' בימי יאשיה צפניה וירמיה ואוריה מקרית יערים ליהויקים בגולה יחזקאל דניאל: (ו) ד"ה פתילות למקדש. למשכן שילה בשעה שבני אדם באין ליטול עצה ממנה יושבת תחת תומר שלא תשב עמהם בסתר משום יחוד שהוא גבוה ואין לו צל ואין אדם יכול להתייחד שם עמה כמו בבית ותחת שאר אילנות יש צל שיש להם ענפים סמוך לעיקרן הס"ד:

הגהות הגר"א

[א] רש"י ד"ה נבואה כו' אברהם כו'. נ"ב אבל בסדר עולם לא חשיב אברהם יצחק ויעקב משה ואהרן עלי שלמה נריה מחסיה וחשיב במקומם ג' בני קרח אסף והימן ואיתן וידותן וזכריהו הכהן ודניאל כי לא חשיב במ"ח נביאים רק אחר כ"ב והם חנני ועודד [ב] שם בסה"ד שנים לא ידעתי.

[נ"ל החזירתן]

אל המזבח יעדי החוזה בד"ה ב ט ולפסר עידו החוזה הנזכר בד"ה ב יב היינו יעדי

תהלים קיג

[ערכין י: ע"ש היטב]

שמואל א א

במדבר כו

סנהדרין קי.

בראשית יא

סנהדרין סט:

בראשית כא

שמות טו

*) [סוטה יב: ע"ש]

**) [נ"ל וגו' אחות אהרן ולא וכו']

שמות ב

שופטים ד

שם

[סוכה מה:]

[נ"ל משכן וכן איתא בילקוט]

[נ"ל אבי שלום ועי' תוס' יומא לח: ד"ה דלא ותוס' כתובות קד: ד"ה שני]

כריתות ו. הוריות יב.

שמואל א ב

ברכות י

שם

ברכות י.

שמואל א כה

תורה אור

*מורד במלכות הוא ולא צריך למידייניה אמרה לו עדיין שאול קיים ולא יצא טבעך בעולם אמר לה °ברוך טעמך וברוכה את אשר כליתני [היום הזה] מבא בדמים דמים תרתי משמע [א] אלא מלמד שגילתה את שוקה והלך לאורה ג' פרסאות אמר לה השמיעי לי אמרה לו °לא תהיה זאת לך לפוקה זאת מכלל דאיכא אחריתי ומאי ניהו מעשה דבת שבע ומסקנא הכי הואי °והיתה נפש אדוני צרורה בצרור החיים כי הוות מיפטרא מיניה אמרה ליה °והטיב ה' לאדוני וזכרת את אמתך אמר רב נחמן היינו דאמרי אינשי איתתא בהדי שותא פילכא איכא דאמרי *שפיל ואזיל בר אווזא ועינוהי מיטייפי חולדה דכתיב °וילך חלקיהו הכהן ואחיקם ועכבור וגו' ובמקום דקאי ירמיה היכי מתנביא איהי אמרי בי רב משמיה דרב חולדה קרובת ירמיה היתה ולא הוה מקפיד עליה ויאשיה גופיה היכי שביק ירמיה ומשדר לגבה אמרי דבי רבי שילא מפני שהנשים רחמניות הן ר' יוחנן אמר ירמיה לא הוה התם *שהלך להחזיר עשרת השבטים *ומנלן דאהדור דכתיב °כי המוכר אל הממכר לא ישוב אפשר יובל בטל ונביא מתנבא עליו שיבטל אלא מלמד שירמיה החזירן ויאשיהו בן אמון מלך עליהן דכתיב °ויאמר מה הציון הלז אשר אני רואה ויאמרו אליו אנשי העיר הקבר איש האלהים אשר בא מיהודה ויקרא את הדברים האלה אשר עשית על המזבח בבית אל וכי מה טיבו של יאשיהו על המזבח בבית אל אלא מלמד שיאשיהו מלך עליהן רב נחמן אמר מהכא °גם יהודה שת קציר לך בשובי שבות עמי אסתר דכתיב °ויהי ביום השלישי ותלבש אסתר מלכות *בגדי מלכות מיבעי ליה אלא שלבשתה רוח הקדש כתיב הכא ותלבש וכתיב התם °ורוח לבשה את עמשי וגו' אמר רב נחמן לא יאה יהירותא לנשי תרתי נשי (א) יהירן הויין וסניין שמייהו חדא שמה זיבורתא וחדא שמה כרכושתא זיבורתא כתיב בה °ותשלח ותקרא לברק ואילו איהי לא אזלה לגביה כרכושתא כתיב בה °אמרו לאיש ולא אמרה אמרו למלך אמר רב נחמן חולדה (ב) מבני בניו של יהושע היתה כתיב הכא °בן חרחס וכתיב התם *°בתמנת חרס איתיביה רב עינא סבא לרב נחמן שמונה נביאים והם כהנים יצאו מרחב הזונה ואלו הן נריה ברוך ושריה מחסיה ירמיה חלקיה חנמאל ושלום רבי יהודה אומר אף חולדה הנביאה מבני בניה של רחב הזונה היתה כתיב הכא בן תקוה וכתיב התם °את תקות חוט השני אמר ליה *עינא סבא ואמרי לה *פתיא אוכמא מני ומינך תסתיים שמעתא דאיגיירא ונסבה יהושע ומי הוו ליה זרעא ליהושע והכתיב °נון בנו יהושע בנו בני לא הוו ליה בנתן הוו ליה בשלמא

שמואל א כה · שם · שם · שם · מלכים ב כב · יחזקאל ז · מ"ב כג · יהושע ו · אסתר ה · דה"א יב · שופטים ד · מלכים ב כב · יהושע כד · מלכים ב כב · יהושע ב · דה"א ז

רש"י

כליתני · מנעת אותי : בדמים · דם נדה ושפיכות דמים : שגילתה שוקה · ונתאוה לה ותבעה ולא שמעה לו כדמסיים ואזיל : לפוקה · (ג) כמו פיק ברכים (נחום ב): הכי גרסי' זאת מכלל דאיכא אחריתי ומאי ניהו מעשה דבת שבע ומסקנא הכי הוה · והכי פירושה מדקאמרה ליה ולא תהיה זאת לך לפוקה מכלל שהתנבאת' לו שסופו להכשל בביאה אחרת ומאי ניהו בת שבע ומסקנא הכי הוה סוף שעלתה לו כך אלמא נביאה הוות שנתקיימה נבואתה : בהדי שותא פילכא · עם שהאשה מדברת היא טווה כלומר עם שהיא מדברת עמו על בעלה הזכירה לו את עצמה שאם ימות (ד) ישאנה : מיטייפי · צופין למרחוק ודוגמתו במס' כתובות (דף ס·) נטוף עיניך : ובמקום ירמיה היכי מיתנביא היא · הרי ירמיה עמד משנת י"ג ליאשיה שנאמר אשר היה דבר ה' אל ירמיה וגו' (ירמיה א) והספר נמצא בשנת י"ח ליאשיה ועליו שלח אל חולדה : כי המוכר אל הממכר לא ישוב · יחזקאל אמרו והוא נתנבא בתוך (*י"ד) שנה שבין גלות יכניה לחרבות ירושלים ומתנבא שיהא בטל היובל והמוכר שדהו לא ישוב לו : אפשר יובל בטל · משגלו עשרת השבטים בימי חזקיה שנאמר לכל יושביה (ויקרא כה) בזמן שכל יושביה עליה ולא בזמן שגלו מקצתן נמצא משגלו שבט ראובן וגד וחצי שבט מנשה [כבר] בטלו היובלות ויחזקאל היה מתנבא לאחר זמן שיבטל : אלא מלמד שירמיה החזירן · בארתה שנה שנמצא הספר והיא שנת שמונה עשרה ליאשיהו וכששלח על דברי הספר אל חולדה לא היה שם ירמיה (ה) וחזרו למנות את היובל ולא הספיקו למנות אלא שמיטות עד שחרב הבית : ויאמר מה הציון הלז · ביאשיהו כתיב בהיותו בבית אל ושרף עצמות הכומרים בבית אל על המזבח שעשה ירבעם : מה טיבו בבית אל · והלא (*משל) מלכי ישראל *היה שהרי שם העמיד ירבעם את העגל : שת קציר · עשה חיל וגדולה כמו (ו) *ועשה קציר כמו נטע (איוב יד) : לא נאה יוהרא לנשי · לא נאה חשיבות לנשים : וסניין שמייהו · שמותיהן מאוסות : זיבורתא · דבורה : כרכושתא · חולדה : בן חרחס : ואע"ג דקרא על בעלה קא מסהיד מיהו במעשיה כתיב : אמר ליה עינא סבא מיני ומינך תסתיים שמעתא · כלומר על ידי ועל ידך תתפרש אמיתו של דבר הא והא הואי : נון בנו יהושע בנו · את שבט אפרים מייחס הכתוב עד יהושע ומיהושע למטה לא ייחס איש :

תוספות

מורד במלכות הוא ולא צריך למידייניה · קשה א"כ היאך גרס פרק אחד דיני ממונות (סנהדרין דף לו· ושם) דדיני נפשות מתחילין מן הצד מדכתיב גבי נבל ויחגרו איש חרבו ויחגור גם דוד חרבו (ש"א כה) והא מורד במלכות הוה ולא בעי למידייניה ועוד קשה היאך ישב דוד בדין והא אין מושיבין מלך בסנהדרין כדאמרינן במסכת סנהדרין פרק כ"ג (דף יח:) וע"ק מפ' במה בהמה יוצאה (שבת דף נו·) גבי אוריה דקאמר שהיה לו לדונו בסנהדרין ואמאי והא מורד במלכות היה וי"ל דהכא ה"פ מורד במלכות הוא ולא צריך למידייניה כשאר דיני נפשות שדנין בו ביום לזכות וביום שלאחריו לחובה אלא אפילו בו ביום גומרין לחובה והייט הא דקאמרה ליה אביגיל וכי דנין דיני נפשות בלילה היה לך להמתין לגמור עד למחרת והוא השיב לה מורד במלכות הוה ואין צריך להמתין עד למחר אבל לדונו ודאי צריך וגם לא קשה מהא שישב דוד בסנהדרין דהא דאין מושיבין מלך בסנהדרין הייט משום דלא הוי כבודו להיות יושב ושותק אבל גבי מורד כבודו הוא להיות יושב ושותק לפי שהוא נוגע בדבר :

ה"ג מאי מבוא בדמים תרי דמים דם נדה ושפיכות דמים מלמד שגלתה שוקה · ולא גרסינן איכא דאמרי מלמד שגלתה שוקה דהא השתא מפרש מאי תרי דמים ועד השתא לא פריש להו :

שגלתה שוקה והלך דוד לאורה ג' פרסאות · קשה היאך הותרה לדיקת גלתה שוקה לפני דוד ועוד קשה דמחזי כגוזמא לומר שהלך לאור שוקה ג' פרסאות וי"ל דנמצא בספרים מדויקים שנקוד בהן לאורה כלומר לאור שלה פירוש נתאוה לה דוד והלך באור תמימות שלש פרסאות :

דאיגיירה ונסבה יהושע · קשיא היאך נסבה הא אמרי' פ' הערל (יבמות דף עו· ושם) דאפילו בגירותן *לית להו חתנות וצריך לומר שלא היתה משבעה עממין אלא משאר עממין ובאת לגור שם *ויש מפרשים שרצו לומר שלא הוזהרו על לאו דלא תתחתן עד לאחר שנכנסו לארץ וזה אינו דאמרי' במדרש דנקיטים באו להתגייר בימי משה כמו בימי יהושע ואף על פי כן לא הוזהרו לבא בקהל אלא היו חוטבי עלים ושואבי מים אלמא דקודם שעברו את הירדן ונכנסו לארץ הוזהרו עליהם* : ארבע

עא א מיי' פ"ג מהל' מלכים הלכה ח סמג עשין קו :

רבינו חננאל

הימן. ידותון. שמואל. דוד. *) אחיה. שמעיה. עידו. עוריה בן עודד. חנני הרואה. יהוא בן חנני. אליהו. מיכיהו. עובדיהו. אלישע. (יחזקאל). אליעזר בן דודיהו. יונה בן [אמתי] זכריה בן יהוידע. אמוץ. חבקוק. צפניהו בן כושי. ירמיה. ישעיה. יחזקאל. דניאל. ברוך בן נריה. עוריה בן מחסיה. מרדכי בלשן. הושע בן בארי. עמוס. מיכה המורשתי. יואל בן פתואל. נחום. חגי. זכריה. ומלאכי. ז' נביאות שרה. מרים. דבורה. חולדה. חנה. אביגיל. ואסתר :

*) אולי צ"ל כאן שלמה.

הגהות הב"ח

(א) גמ' תרתי נשי איכא יהירין הויין : (ב) שם אמר רב נחמן חולדה הנביאה מבני : (ג) רש"י ד"ה לפוקה לשון כשלון ברכים כמו ופיק ברכים : (ד) ד"ה בהדי שותא וכו' שאם ימות נבל ישאנה : (ה) ד"ה אלא מלמד וכו' לא היה שם ירמיה ויאשיהו המלך מלך עליהם וחזרו למנות וכו' אלא חמש שמיטות : (ו) ד"ה שת קציר וכו' וגדולה כמו תשלח ועשה קציר :

[פי' דאסורין בלאו דלא תתחתן אף לאחר שנתגיירו]

[ועי' תוס' סוטה לה: ד"ה לרבות]

גליון הש"ס

רש"י ד"ה בהדי כו' שהאשה מדברת. עיין כתובות דף נו ע"ב רש"י ד"ה שותא : [ועי' תוס' גיטין מו. ד"ה כיון]

ב"ק לב:

[צ"ל י"א]

[עי' רש"י במשנה סנהדרין קי. ד"ה עשרת וכו']

הגהות הגר"א

[א] גמ' (אלא מלמד שגילתה א"ש והג"ל ג"ש א"ל השמיעי לי אמרה לו) תא"מ.

[צ"ל שם] [צ"ל כיום]

[לקמן טו. ע"ש]

[עי' פרש"י בערכין]

[עי' ג"ר קסב:]

[פסחים פח.]

[ברכות ב. פ"ש פרש"י פסחים פח: פ"ש פרש"י]

[14b] He [Nabal] is a rebel against the king, and no trial is necessary for him.[2] She replied; Saul is still alive, and your fame is not yet spread abroad in the world. Then he said to her: *Blessed be thy discretion and blessed be thou, that hast kept me this day from bloodguiltiness.*[3] The word *damim* [bloodguiltiness] is plural, to indicate two kinds of blood.[4] The passage teaches that she bared her thigh[5] and he went three *parasangs* by the light of it.[6] He said, Listen to me. She replied, *Let not this be a stumbling-block to thee.*[7] The word *'this'* implies that something else would be, and what was that? The incident of Bathsheba; and so it was eventually.[8] *The soul of my lord shall be bound up in the bundle of life.*[9] When she left him she said to him, *and when the Lord shall have done good to my lord . . . then remember thy handmaid.*[10] R. Naḥman said: This bears out the popular saying, While a woman talks she spins.[11] Some adduce the saying: The goose stoops as it goes along, but its eyes peer afar.

'Hulda', as it is written, *So Hilkiah the priest and Ahikam and Achbor* etc.[12] But if Jeremiah was there,[13] how could she prophesy? —It was said in the school of Rab in the name of Rab: Hulda was a near relative of Jeremiah, and he did not object to her doing so. But how could Josiah himself pass over Jeremiah and send to her? —The members of the school of R. Shila replied, Because women are tender-hearted.[14] R. Joḥanan said: Jeremiah was not there, as he had gone to bring back the ten tribes. Whence do we know that they returned?—Because it is written, *For the seller shall not*
a *return to that which is sold.*[1] Now is it possible that after the Jubilee had ceased[2] the prophet should prophesy that it will cease? The fact is that it teaches that Jeremiah brought them back.[3] Josiah the son of Amon ruled over them, as it says, *Then he said, What monument is that which I see? And the men of the city told him, It is the sepulchre of the man of God who came from Judah, and proclaimed these things that thou hast done against the altar of Beth-el.*[4] Now what connection is there between Josiah and the altar in Beth-el?[5] What it teaches therefore is that Josiah reigned over them. R. Naḥman said: We learn it from here: *Also, O Judah, there is a harvest appointed for thee, when I would turn the captivity of my people.*[6]

'Esther,' as it is written, *Now it came to pass on the third day that Esther clothed herself in royalty.*[7] Surely it should say, 'royal apparel'? What it shows is that the holy spirit clothed her. It is written here, *'and she clothed'*, and it is written in another place, *Then the spirit clothed Amasai*, etc.[8]

R. Naḥman said: Haughtiness does not befit women. There were two haughty women, and their names are hateful, one being called a hornet[9] and the other a weasel.[10] Of the hornet it is written, *And she sent and called Barak,*[11] instead of going to him. Of the weasel it is written, *Say to the man,*[12] instead of 'say to the king'.

R. Naḥman said: Hulda was a descendant of Joshua. It is written here [in connection with Hulda], *The son of Harhas,*[13] and it is written in another place [in connection with Joshua], *In Timnath-Heres.*[14] R. 'Ena Saba cited the following in objection to R. Naḥman: 'Eight prophets who were also priests were descended from Rahab the harlot, namely, Neriah, Baruch, Serayah, Mahseyah, Jeremiah, Hilkiah, Hanamel and Shallum.' R. Judah says: Hulda the prophetess was also one of the descendants of Rahab the harlot. [We know this] because it is written here *'the son of Tikvah'* and it is written elsewhere [in connection with Rahab],
b *'the line* [tiḳvath] *of scarlet thread'!*[1]—He replied: ''Ena Saba'[2]—or, according to another report, 'Black bowl',[3]—the truth can be found by combining my statement and yours'.[4] We must suppose that she became a proselyte and Joshua married her. But had Joshua any children? Is it not written, *Nun his son, Joshua his son?*[5]

(2) I.e., he can be condemned at night. V. Tosaf. (3) I Sam. XXV, 33. (4) Of uncleanness and capital punishment. (5) Not necessarily in his presence. V. Maharsha. (6) I.e., through desire for her. V. Tosaf. (7) Ibid. 31. (8) This shows that she was a prophetess. (9) Ibid. 29. This sentence seems to be an interpolation and should be omitted (Maharsha). (10) Ibid. 30, 31. (11) Ibid. So Abigail, while speaking about Nabal, put in a word for herself, proposing that David should marry her should Nabal die (Rashi). (12) II Kings XXII, 14. (13) Jeremiah began to prophesy in the thirteenth year of Josiah (Jer. I, 2) and this happened in the eighteenth year of Josiah. (14) And she would pray for them (Maharsha).

a (1) Ezek. VII, 13. Ezekiel prophesied in the period between the exiles of Jeconiah and Zedekiah (2) The Jubilee was to be kept only when all Israel were in the land, and therefore ceased as soon as the tribes across the Jordan were deported (Rashi). (3) So that in that year they commenced counting again for the Jubilee. (4) II Kings XXIII, 17. (5) Which was in the kingdom of Ephraim. (6) Hos. VI, 11. *'Harvest'* here is supposed to have the sense of 'power' or 'greatness' (Rashi). (7) Esth. V, 1. (8) I Chron. XII, 19. (9) The literal meaning of Deborah. (10) The literal meaning of Hulda. (11) Jud. IV, 6. (12) II Kings XXII, 15. (13) Ibid. 14. (14) Jud. II, 9. This is interpreted as 'Timnath belonging to Heres', who is identified with Harhas.

b (1) Josh. II, 18. (2) Lit., 'old eye'. (3) Alluding perhaps to his ugliness (Maharsha). (4) Lit., 'from me and thee is the matter concluded'. (5) I Chron. VII, 27. The genealogy stops at this point; from which it is inferred that Joshua had no sons.

—He had no sons, but he had daughters. [15a] We admit that [some of] those [eight] mentioned above are expressly described [as prophets],[6] but how do we know that their fathers[7] [were prophets]?—From the dictum of 'Ulla; for 'Ulla said: Wherever a man's name is given along with that of his father as the author of a prophecy,[8] we know that he was a prophet son of a prophet. Where his own name is given but not that of his father, we know that he was a prophet but not the son of a prophet. Where his name and the name of his town are specified, we know that he came from that town. Where his name is given but not that of his town, we know that he was from Jerusalem. In a Baraitha it was stated: If nothing is known about the character of a man or of his ancestors,[9] and the Scripture mentions any one of them in connection with a praiseworthy action, as for instance, *The word of the Lord which came to Zephaniah son of Cushi son of Gedaliah*,[10] we may know that he was a righteous man son of a righteous man; and wherever the Scripture mentions any one of them in connection with a reprehensible action, as for instance, *And it came to pass in the seventh month that Ishmael the son . . . of Elishama*
a *came*,[1] we may know that he was a wicked man son of a wicked man.

R. Naḥman[2] said: Malachi is the same as Mordecai. Why was he called Malachi? Because he was next to the king.[3] The following was cited in objection to this: 'Baruch the son of Neriah and Serayah the son of Mahseyah and Daniel and Mordecai, Bilshan, Haggai, Zechariah and Malachi all prophesied in the second year of Darius'!—This is a refutation.

It has been taught: R. Joshua b. Korḥa said: Malachi is the same as Ezra, and the Sages say that Malachi was his proper name. R. Naḥman said: There is good ground for accepting the view that Malachi was the same as Ezra. For it is written in the prophecy of Malachi, *Judah hath dealt treacherously and an abomination is committed in Israel and in Jerusalem, for Judah hath profaned the holiness of the Lord which he loveth and hath married the daughter of a strange God*.[4] And who was it that put away the strange women? Ezra, as it is written, *And Shechaniah the son of Jehiel, one of the sons of Elam answered and said unto Ezra: We have broken faith with our God and have married foreign women*.[5]

The Rabbis taught: There have been four women of surpassing beauty in the world—Sarah, Rahab, Abigail and Esther. According to the one who says that Esther was sallow,[6] Vashti should be inserted in place of Esther.

Our Rabbis taught: Rahab inspired lust by her name; Jael by her voice; Abigail by her memory; Mical daughter of Saul by her appearance. R. Isaac said: Whoever says, 'Rahab, Rahab', at once has an issue. Said R. Naḥman to him: I say Rahab, Rahab, and nothing happens to me! He replied: I was speaking of one who knows her and is intimate with her.

Now when Mordecai knew all that was done[7] [etc.]. What [was his cry]? —Rab said: He said, 'Haman has raised himself above Ahasuerus';
b Samuel said, 'The upper king has prevailed over the lower king'.[1]

And the queen was exceedingly pained [wa-tithḥalḥal].[2] What is the meaning of *wa-tithḥalḥal*?[3]—Rab said: It means that she became menstruous; R. Jeremiah said that her bowels were loosened.

And Esther called Hatach.[4] Rab said: Hatach is the same as Daniel. Why was he called Hatach? Because he was degraded [*ḥataku-hu*] from his position.[5] Samuel said, Because all affairs of state were decided [*neḥtakim*] by his voice.

To know what this was and why this was.[4] R. Isaac said: She sent to him saying, Perhaps Israel have transgressed the five books of the Torah, in which is written, *On this side and on this they were written*.[6] ◁

(6) Viz., Jeremiah and Hanamel (Jer. XXXII) and also Baruch and Serayah, who were disciples of Jeremiah and therefore presumably prophets also (Rashi). (7) Viz., Hilkiah, Shallum, Neriah and Mahseyah. (8) Lit., 'in prophecy'. (9) Lit., 'where his actions and those of his ancestors are not defined'. (10) Zeph. I, 1.
a (1) Jer. XLI, 1. They came to murder Gedaliah. (2) According to a better reading, Rab. V *infra*. (3) V. Esth. X, 3. 'And he was looked on as an angel (*mal'ak*)'. (Maharsha). (4) Mal. II, 11. (5) Ezra X, 2. (6) V. *supra* 13a. (7) Esth. IV, 1.
b (1) Euphemistically, meaning the opposite. Or it may be taken literally, as a kind of prayer (Maharsha). (2) Esth. IV 4. (3) Lit., 'became full of hollows'. (4) Ibid. 5. (5) Which he held in the reigns of Belshazar, Darius and Cyrus. (6) Ex. XXXII, 15.

◁ *For the continuation of the English translation of this page see overleaf*

מסורת הש"ס

בשלמא אינהו מיפרשי אלא אבהתיידהו מנלן כדעולא דאמר עולא כל מקום °ששמו ושם אביו בנביאות בידוע שהוא נביא בן נביא שמו ולא שם אביו בידוע שהוא נביא ולא בן נביא שמו ושם עירו מפורש בידוע שהוא (א) מאותה העיר שמו ולא שם עירו בידוע שהוא מירושלים במתניתא תנא כל שמעשיו (ב) ומעשה אבותיו סתומין ופרט לך הכתוב באחד מהן לשבח כגון °דבר ה' אשר היה אל צפניה בן כושי בן גדליה בידוע שהוא צדיק בן צדיק וכל שפרט לך הכתוב באחד מהן לגנאי כגון °ויהי בחדש השביעי בא ישמעאל בן נתניה בן אלישמע בידוע שהוא רשע בן רשע *אמר רב נחמן מלאכי זה מרדכי ולמה נקרא שמו מלאכי שהיה משנה למלך מיתיבי ברוך בן נריה ושריה בן [א] מעשיה ודניאל ומרדכי בלשן וחגי זכריה ומלאכי כולן נתנבאו בשנת שתים לדריוש תיובתא תניא אמר רבי יהושע בן קרחה מלאכי זה עזרא וחכ"א מלאכי שמו אמר רב *נחמן מסתברא כמאן דאמר מלאכי זה עזרא דכתיב בנביאות מלאכי °בגדה יהודה ותועבה נעשתה בישראל ובירושלם כי חלל יהודה קדש ה' אשר אהב ובעל בת אל נכר ומאן אפריש נשים נכריות עזרא דכתיב °ויען שכניה בן יחיאל מבני עילם ויאמר לעזרא אנחנו מעלנו באלהינו ונושב נשים נכריות תנו רבנן ארבע נשים יפיפיות היו בעולם שרה (*ואביגיל רחב) ואסתר ולמאן דאמר *אסתר ירקרוקת היתה מפיק אסתר ומעייל ושתי תנו רבנן רחב בשמה זינתה יעל בקולה אביגיל בזכירתה מיכל בת שאול בראייתה *אמר רבי יצחק °כל האומר רחב רחב מיד ניקרי א"ל רב נחמן אנא אמינא רחב רחב ולא איכפת לי אמר ליה כי קאמינא ביודעה ובמכירה ומרדכי ידע את כל אשר נעשה מאי אמר רב אמר גבה (ג) המן מאהשורוש ושמואל אמר גבר מלכא עילאה ממלכא תתאה ותתחלחל המלכה מאי *ותתחלחל אמר רב שפירסה נדה ור' ירמיה אמר שהוצרכה לנקביה ותקרא אסתר להתך *אמר רב התך זה דניאל ולמה נקרא שמו התך שחתכוהו מגדולתו ושמואל אמר שכל דברי מלכות נחתכין על פיו לדעת מה זה ועל מה זה אמר רבי יצחק שלחה לו שמא עברו ישראל על חמשה חומשי תורה דכתיב בהן °מזה ומזה הם כתובים ויגידו למרדכי את דברי אסתר °ואילו איהו לא אזל לגביה מכאן *שאין משיבין על הקלקלה לך כנוס את כל היהודים וגו' עד אשר לא כדת אמר רבי אבא שלא כדת (ד) היה שבכל יום ויום עד עכשיו באונס ועכשיו ברצון וכאשר אבדתי אבדתי כשם שאבדתי מבית אבא כך אובד ממך ויעבור מרדכי אמר רב שהעביר יום ראשון של פסח בתענית ושמואל אמר דעבר *ערקומא דמיא ויהי ביום השלישי ותלבש אסתר מלכות בגדי מלכות מיבעי ליה אמר רבי אלעזר אמר רבי חנינא *מלמד שלבשתה רוח הקדש כתיב הכא ותלבש וכתיב התם °ורוח לבשה את עמשי ואמר רבי אלעזר אמר ר' חנינא לעולם *) אל תהי ברכת הדיוט קלה בעיניך שהרי שני גדולי הדור ברכום שני הדיוטות ונתקיימה בהן ואלו הן דוד ודניאל דוד דברכיה ארונה דכתיב °ויאמר ארונה אל המלך (ה) וגו' דניאל דברכיה דריוש דכתיב °אלהך די אנת פלח ליה בתדירא הוא ישיזבינך ואמר רבי אלעזר אמר ר' חנינא *אל תהי קללת הדיוט קלה בעיניך °שהרי אבימלך קלל את שרה °הנה הוא לך כסות עינים ונתקיים בזרעה °ויהי כי זקן יצחק ותכהין עיניו ואמר רבי אלעזר אמר ר' חנינא בא וראה שלא כמדת הקב"ה מדת בשר ודם מדת בשר ודם אדם שופת קדרה ואח"כ נותן לתוכה מים אבל הקב"ה נותן מים ואחר כך שופת הקדרה לקיים מה שנאמר °לקול תתו המון מים בשמים ואמר ר"א אמר רבי חנינא *כל האומר דבר בשם אומרו מביא גאולה לעולם שנאמר ותאמר אסתר למלך בשם מרדכי ואמר ר"א אמר רבי חנינא צדיק אבד לדורו אבד משל לאדם שאבדה לו מרגלית כל מקום שהיא מרגלית שמה לא אבדה אלא לבעלה וכל זה איננו שוה לי אמר רבי אלעזר אמר רבי חנינא בשעה שראה המן את מרדכי יושב בשער המלך אמר כל זה אינו שוה לי (ו) כדרב חסדא דאמר רב חסדא זה בא בפרוזבולי וזה בא בפרוזבוטי

*) ברכות ז.

תורה אור: צפניה א · ירמיה מא · מלאכי ב · עזרא י · שמות לב · דה"א יב · שמואל ב כד · דניאל ו · בראשית כ · בראשית כז · ירמיה י

רש"י

בשלמא. (ז) ירמיה וחנמאל דכתיב ויבא אלי חנמאל בן דודי כדבר ה' (ירמיה לב) ברוך ושריה מלינו שהיו תלמידי ירמיה ברוך דכתיב מפיו יקרא אלי את הדברים האלה ואני כותב על הספר בדיו (ירמיה לו) ושריה בתוך ספר ירמיה (נא) הדבר אשר צוה ירמיה את שריה בן מחסיה וגו' ומלינו בתלמידי נביאים שהיו נביאים כגון רוח אליהו על אלישע ויהושע תלמיד משה ולקמן תניא בברייתא ברוך בן נריה ושריה בן מחסיה ודניאל ומרדכי וחגי זכריה ומלאכי כולן נתנבאו בשנת שתים לדריוש: ישמעאל בן נתניה · הוא שהרג את גדליהו בן אחיקם הצדיק: בשנת שתים לדריוש · האחרון נתנבאו לבני הגולה שיחזרו לבית המקדש שנתבטלה המלאכה זה שמונה עשרה שנה על ידי שמרונים משהתחילו בה בימי כורש: בגדה יהודה · סיפיה דקרא ובעל בת אל נכר: בשמה זינתה · המזכיר את שמה נגרר אחר תאות זנות: נקרי · רואה קרי: ה"ג מאי אמר · כשלעק לעקה גדולה ומרה מה היה אומר בלעקתו: רב אמר · כך היה לועק גבה המן מאחשורוש · שמלאו לבו לדבר מה שלא עלה על לב אחשורוש: גבר מלכא עילאה · כינוי הוא להיפוך בלשון נקיה: ותתחלחל · נתמסמס חלל גופה: שחתכוהו מגדולתו · בימי אחשורוש שהרי בלשצר השליטו תלתא במלכותו וכן דריוש המדי שנאמר ועלא מנהון סרכין תלתא די דניאל חד מנהון (דניאל ו) וכן כורש שנאמר ודניאל הצלח במלכות דריוש ובמלכות כורש פרסאה (שם) וכשמלך אחשורוש חתכו מגדולתו: ואלו איהו · דניאל לא אזיל להשיב שליחותו: על הקלקלה · שהיתה אסתר מונעת לבא אל המלך לפיכך לא השיב התך את שליחותו ואסתר שלחה דבריה ע"י אחרים: עד עכשיו · נבעלתי באונס: ועכשיו · מכאן ואילך מדעתי: אבדתי ממך · ואסורה אני לך דאשת ישראל שנאנסה מותרת לבעלה וברצון אסורה לבעלה: יו"ט ראשון של פסח · שהרי בי"ג בניסן נכתבו האגרות וניתן הדת בשושן וי"ד וחמשה עשר וששה עשר התענו ובששה עשר *נתלה המן בערב: דעבר ערקומא דמיא · לאסוף היהודים שבעבר השני: שופת את הקדרה · מושיבה על הכירה היא קרויה שפיתה: וזה בא בפרוזבולי · מרדכי בא אליו בטענת עושר המן בא בטענת עוני שמכר המן את עצמו למרדכי קודם לכן ימים רבים בככרי לחם: בולי · לשון עושר כדאמרינן (גיטין דף לז:) ושברתי את גאון עוזכם אלו בולאות שביהודה: בוטי

תוספות

ארבע נשים יפיפיות היו בעולם · קשה אמאי לא חשיב חוה דהא אמרינן בפ' חזקת הבתים (ב"ב דף נח:) שרה לפני חוה כקוף בפני אדם ויש לומר דלא חשיב אלא אותן הנולדות מאשה: כשם שאבדתי מבית אבא כך אבדתי ממך · וא"ת אמאי לא היה מגרשה ותהא מותרת להחזירה וי"ל לפי שכל מעשה הגט הוא ע"פ עדים והיה ירא פן יתפרסם הדבר למלכות*: ביום השלישי · בזכות תורה נביאים וכתובים א"נ כהנים לוים וישראלים אי נמי משה ואהרן ומרים אי נמי שלישי דמתן תורה: זה

[ועי' תוס' סנהדרין עד: סד"ה והא]

רבינו חננאל

כל ששמו ושם אביו בנבואה בידוע שהוא נביא בן נביא. וכן כל ששמו ושם עירו מפורש בידוע שהוא *) מירושלים וכן כל שמעשיו ומעשה אבותיו סתומין ופרט הכתוב באחד מהן אם לשבח כולן צדיקים. ואם לגנאי כולן רשעים: אמר רב מלאכי זה מרדכי. ר' יהושע בן קרחה אומר מלאכי זה עזרא. ומסתברא כמ"ד מלאכי זה עזרא: ויגידו למרדכי ואילו איהו לא אזל. מיכן שאין משיבין על הקלקלה. [ויעבור מרדכי וכו'] ושמואל אמר דעבר עורקמא דמיא. כל האומר דבר בשם אומרו מביא גאולה לעולם שנאמר ותאמר אסתר למלך בשם מרדכי. צדיק אבד לדורו אבד משל כו'.

*) נ"ל שהוא מאותה העיר שמו ולא שם עירו בידוע שהוא מירושלים.

הגהות הב"ח

(א) גמ' בידוע שהוא נביא מאותה העיר: (ב) שם כל שמעשיו סתומין ומעשה אבותיו וכו' בן צדיק וכל שמעשיו ומעשה אבותיו סתומין ופרט לך הכתוב: (ג) שם גבה לבו של המן מאחשורוש: (ד) שם אמר ר' אבא שלא כדת כל יום ויום שבכל יום ויום באונס ועכשיו ברצון כצ"ל: (ה) שם ויאמר ארונה אל המלך ה' אלהיך ירצך וגו': (ו) שם כל זה איננו שוה לי וכו' משום דרואה מרדכי יושב בשער המלך אמר כל זה איננו שוה לי אלא כדרב חסדא דאמר: (ז) רש"י ד"ה בשלמא אינהו ירמיה וחנמאל ברוך ושריה מיפרשי בנבואה חנמאל דכתיב ויבא אלי:

הגהות הגר"א

[א] גמ' מעשיה. נ"ב מחסיה:

גליון הש"ס

גמ' ששמו ושם אביו עי' ב"ב דף טו ע"ב תוס' ד"ה בלעם ובמהרש"א אידלם בח"א שם: שם כל האומר רחב. עיין סנהדרין מה ע"א תד"ה אלא: שם ואילו איהו לא אזיל לגביה. עי' ב"ב דף ד ע"א תוס' ד"ה שכל:

[בע"י איתא אמר רב מלאכי וכו']
[גי' ע"י אמר רב נחמן בר יצחק]
[נ"ל רחב ואביגיל] [לעיל יג.]
תענית ח:
נדה עא. סוטה כ: ב"ב ד.
ע"ז י:
[עי' פרש"י לקמן כח: ד"ה עורקמא] נתלה המן בערב ר"ל בערב אחר יום ששה עשר וע"ל טז. ברש"י ד"ה הלכות קמילה וד"ה להעניתו
לקמן כח. ב"ק נג. ע"ש
אבות פ"ו מ"ו [נדה יט: חולין קד:]

page as indicated by ◁

But Hatach did not go to
hat a recalcitrant answer[9]
ger].[10]
ich is not according to the
ie said] according to the
ve associated with Ahas-
do so of my own will.
my father's house so I
s
d: This indicates that
he ast day. Samuel said:
It day].[15]
c *N* *ut on royalty.*[1] Surely
it sh id in the name of
R. Ḥ clothed her. It is
writt elsewhere, *And a*
spirit c
R. E ssing of an ordi-
nary m two men great
in their lessings which
were fulf el. David was
blessed b *said unto the*
king, The d by Darius,
as it is writ *He will deliver*
thee.[4] R. E na: Let not

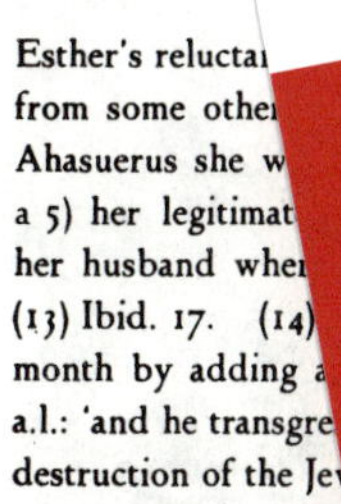

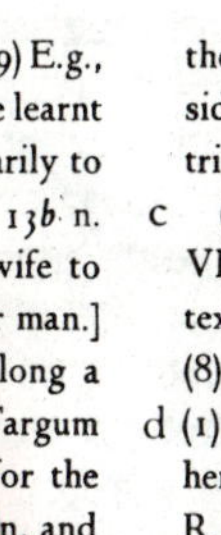

the curse of an ordinary man be lightly esteemed in thine eyes, because Abimelech cursed Sarah, saying, *Behold he is to thee a covering of the eyes,*[5] and this was fulfilled in her seed, [as it says], *And it came to pass that when Isaac was old his eyes were dim.*[6]

R. Eleazar further said in the name of R. Ḥanina: Come and observe that the way of the Holy One, blessed be He, is not like the way of flesh and blood. The way of flesh and blood is that a man places a pot on the fire and then pours water into it, but God first puts in the water and then fixes the pot, to fulfil what is written, *At the sound of his giving a multitude of waters in the heavens.*[7]

R. Eleazar further said in the name of R. Ḥanina: Whoever reports a saying in the name of its originator brings deliverance to the world, as it says, *And Esther told the king in the name of Mordecai.*[8]

R. Eleazar further said in the name of R. Ḥanina: When a righteous man dies, he dies only for his own generation.[9] It is with him as with a man who loses a pearl. Wherever it is, it remains
d a pearl,[1] and is lost only to its owner.

Yet all this availeth me nothing.[2] R. Eleazar said in the name of R. Ḥanina: Because he saw Mordecai sitting in the king's gate, was this any reason why he should say, '*All this availeth me nothing*'? The explanation is in the dictum of R. Ḥisda; for R. Ḥisda said: The one came [to the court] as a counsellor[3] and the other [15*b*]

Esther's reluctan ld. (9) E.g.,
from some other have learnt
Ahasuerus she w untarily to
a 5) her legitimat (v. 13*b* n.
her husband when a wife to
(13) Ibid. 17. (14) her man.]
month by adding rolong a
a.l.: 'and he transgre Targum
destruction of the Je for the n, and

the Jews fasted the next three days. (15) To inform the Jews on the other side. [The Jewish quarter in Susa was separated from the main city by a small tributary of the Tigris. V. Obermeyer, p. 214.]

c (1) Esth. V, 1. (2) I Chron. XII, 19. (3) II Sam. XXIV, 23. (4) Dan. VI, 17. (5) Gen. XX, 16. (6) Ibid. XXVII, 1. V. *supra.* (7) Jer. X, 13. The text continues, *when he causeth the vapours to ascend,* like steam from a boiling pot. (8) Esth. II, 22. (9) And his name, or his soul, survives.

d (1) Lit., 'its name is pearl'. (2) This verse from the Book of Esther (V. 13) is here commented on out of its place, in order to introduce another dictum of R. Eleazar in the name of R. Ḥanina. (3) Heb. פרוזבולי apparently = πρὸς βούλῃ.

בשלמא אינהו מיפרשי אלא אבהתיידהו מנלן כדעולא דאמר עולא כל מקום °ששמו ושם אביו בנביאות בידוע שהוא נביא בן נביא שמו ולא שם אביו בידוע שהוא נביא ולא בן נביא שמו ושם עירו מפורש בידוע שהוא (א) מאותה העיר שמו ולא שם עירו בידוע שהוא מירושלים במתניתא תנא כל שמעשיו (ב) ומעשה אבותיו סתומין ופרט לך הכתוב באחד מהן לשבח כגון °דבר ה' אשר היה אל צפניה בן כושי בן גדליה בידוע שהוא צדיק בן צדיק וכל שפרט לך הכתוב באחד מהן לגנאי כגון °ויהי בחדש השביעי בא ישמעאל בן נתניה בן אלישמע בידוע שהוא רשע בן רשע *אמר רב נחמן מלאכי זה מרדכי ולמה נקרא שמו מלאכי שהיה משנה למלך מיתיבי ברוך בן נריה ושריה בן [א] מעשיה ודניאל ומרדכי בלשן וחגי זכריה ומלאכי כולן נתנבאו בשנת שתים לדריוש תיובתא תניא אמר רבי יהושע בן קרחה מלאכי זה עזרא וחכ"א מלאכי שמו אמר רב *נחמן מסתברא כמאן דאמר מלאכי זה עזרא דכתיב בנביאות מלאכי °בגדה יהודה ותועבה נעשתה בישראל ובירושלם כי חלל יהודה קדש ה' אשר אהב ובעל בת אל נכר ומאן אפריש נשים נכריות עזרא דכתיב °ויען שכניה בן יחיאל מבני עילם ויאמר לעזרא אנחנו מעלנו באלהינו ונושב נשים נכריות תנו רבנן ארבע נשים יפיפיות היו בעולם שרה (*ואביגיל רחב) ואסתר ולמאן דאמר *אסתר ירקרוקת היתה מפיק אסתר ומעייל ושתי תנו רבנן רחב בשמה זינתה יעל בקולה אביגיל בזכירתה מיכל בת שאול בראייתה *אמר רבי יצחק °כל האומר רחב רחב מיד ניקרי א"ל רב נחמן אנא אמינא רחב רחב ולא איכפת לי אמר ליה כי קאמינא ביודעה ובמכירה ומרדכי ידע את כל אשר נעשה מאי אמר רב אמר גבה (ג) המן מאחשורוש ושמואל אמר גבר מלכא עילאה ממלכא תתאה ותתחלחל המלכה מאי °ותתחלחל אמר רב שפירסה נדה ור' ירמיה אמר שהוצרכה לנקביה ותקרא אסתר להתך *אמר רב התך זה דניאל ולמה נקרא שמו התך שחתכוהו מגדולתו ושמואל אמר שכל דברי מלכות נחתכין על פיו לדעת מה זה ועל מה זה אמר רבי יצחק שלחה לו שמא עברו ישראל על חמשה חומשי תורה דכתיב °מזה ומזה הם כתובים ויגידו למרדכי את דברי אסתר °ואילו איהו לא אזל לגביה מכאן *שאין משיבין על הקלקלה לך כנוס את כל היהודים וגו' עד אשר לא כדת אמר רבי אבא שלא כדת (ד) היה שבכל יום ויום עד עכשיו באונס ועכשיו ברצון וכאשר אבדתי אבדתי כשם שאבדתי מבית אבא כך אובד ממך ויעבור מרדכי אמר רב שהעביר יום ראשון של פסח בתענית ושמואל אמר דעבר *ערקומא דמיא ויהי ביום השלישי ותלבש אסתר מלכות בגדי מלכות מיבעי ליה אמר רבי אלעזר אמר רבי חנינא *מלמד שלבשתה רוח הקדש כתיב הכא ותלבש וכתיב התם °ורוח לבשה את עמשי ואמר רבי אלעזר אמר ר' חנינא לעולם *) אל תהי ברכת הדיוט קלה בעיניך שהרי שני גדולי הדור ברכום שני הדיוטות ונתקיימה בהן ואלו הן דוד ודניאל דוד דברכיה ארונה דכתיב °ויאמר ארונה אל המלך (ה) וגו' דניאל דברכיה דריוש דכתיב °אלהך די אנת פלח ליה בתדירא הוא ישיזבינך ואמר רבי אלעזר אמר ר' חנינא *אל תהי קללת הדיוט קלה בעיניך שהרי אבימלך קלל את שרה °הנה הוא לך כסות עינים ונתקיים בזרעה °ויהי כי זקן יצחק ותכהין עיניו ואמר רבי אלעזר אמר ר' חנינא בא וראה שלא כמדת הקב"ה מדת בשר ודם מדת בשר ודם אדם שופת קדרה ואח"כ נותן לתוכה מים אבל הקב"ה נותן מים ואחר כך שופת הקדרה לקיים מה שנאמר °לקול תתו המון מים בשמים ואמר ר"א אמר רבי חנינא *כל האומר דבר בשם אומרו מביא גאולה לעולם שנאמר ותאמר אסתר למלך בשם מרדכי ואמר ר"א אמר רבי חנינא צדיק אבד לדורו אבד משל לאדם שאבדה לו מרגלית כל מקום שהיא מרגלית שמה לא אבדה אלא לבעלה וכל זה איננו שוה לי אמר רבי אלעזר אמר רבי חנינא בשעה שראה המן את מרדכי יושב בשער המלך אמר כל זה איננו שוה לי (ו) כדרב חסדא דאמר רב חסדא זה בא בפרוזבולי וזה בא

בפרוזבוטי

*) כתובות ז.

רש"י

בשלמא. (ז) ירמיה וחנמאל דכתיב ויבא אלי חנמאל בן דודי כדבר ה' (ירמיה לב) ברוך ושריה מצינו שהיו תלמידי ירמיה ברוך דכתיב מפיו יקרא אלי את הדברים האלה ואני כותב על הספר בדיו (ירמיה לו) ושריה בתוך ספר ירמיה (נא) הדבר אשר צוה ירמיה את שריה בן מחסיה וגו' ומצינו בתלמידי נביאים שהיו נביאים כמו שנחה רוח אליהו על אלישע ויהושע תלמיד משה ולקמן תניא בברייתא ברוך בן נריה ושריה בן מחסיה ודניאל ומרדכי וחגי זכריה ומלאכי כולן נתנבאו בשנת שתים לדריוש: ישמעאל בן נתניה · הוא שהרג את גדליהו בן אחיקם הצדיק: בשנת שתים לדריוש · האחרון נתנבאו לבני הגולה שיחזרו לבית המקדש שנתבטלה המלאכה זה שמונה עשרה שנה על ידי שמרונים משהתחילו בה בימי כורש: בגדה יהודה · סיפיה דקרא ובעל בת אל נכר: בשמה זינתה · המזכיר את שמה נעכר אחר תאות זנות: נקרי · רואה קרי: ה"ג מאי אמר · כשנעשה צעקה גדולה ומרה מה היה אומר בצעקתו: רב אמר · כך היה צועק גבה המן מאחשורוש · שמלאו לבו לדבר מה שלא עלה על לב אחשורוש: גבר מלכא עילאה · כינוי הוא להיפך בלשון נקיה: ותתחלחל · נתמסמסו חללי גופה: שחתכוהו מגדולתו · בימי אחשורוש שהרי בלשצר השליטו שלישי במלכותו וכן דריוש המדי שנאמר ועלא מנהון סרכין תלתא די דניאל חד מנהון (דניאל ו) וכן כורש שנאמר ודניאל הצלח במלכות דריוש ובמלכות כורש פרסאה (שם) וכשמלך אחשורוש חתכו מגדולתו: ואלו איהו · דניאל לא אזיל להשיב שליחותו: על הקלקלה · שהיתה אסתר מוכנת לבא אל המלך לפיכך לא השיב התך את שליחותו ואסתר שלחה דבריה ע"י אחרים: עד עכשיו · נבעלתי באונס ועכשיו מכאן ואילך מדעתי: אבדתי ממך · ואסורה אני לך דאשת ישראל שנאנסה מותרת לבעלה וברצון אסורה לבעלה: יו"ט ראשון של פסח · שהרי בי"ג בניסן נכתבו האגרות וניתן הדת בשושן וי"ד וחמשה עשר וששה עשר התענו ובששה עשר *נתלה המן בערב: דעבר ערקומא דמיא · לאסוף היהודים שבעבר השני: שופת את הקדרה · מושיבה על הכירה היא קרויה שפיתה: זה בא בפרוזבולי · מרדכי בא אליו בטענת עושר והמן בא בטענת עוני שמכר המן את עצמו למרדכי קודם לכן ימים רבים בככרי לחם: בולי · לשון עושר כדאמרינן (גיטין דף לז:) ושברתי את גאון עוזכם אלו בולאות שביהודה:

בוטי

תוספות

ארבע נשים יפיפיות היו בעולם · קשה אמאי לא חשיב חוה דהא אמרינן בפ' חזקת הבתים (ב"ב דף נח.) שרה לפני חוה כקוף בפני אדם ויש לומר דלא חשיב אלא אותן הנולדות מאשה: כשם שאבדתי מבית אבא כך אבדתי ממך · וא"ת אמאי לא היה מגרשה ותהא מותרת להחזירה וי"ל לפי שכל מעשה הגט הוא ע"פ עדים והיה ירא פן יתפרסם הדבר למלכות*: ביום השלישי · בזכות תורה נביאים וכתובים א"נ כהנים לוים וישראלים אי נמי משה ואהרן ומרים אי נמי שלישי דמתן תורה:

זה

[ועי' תוס' סנהדרין עד: סד"ה והא]

מסורת הש"ס

[בע"י איתא אמר רב מלאכי וכו']

[גי' ע"י אמר רב נחמן בר יצחק]

[צ"ל רחב ואביגיל] [לעיל יג.]

תענית ה:

נדה עא. סוטה כ: ב"ב ד.

ע"ז י:

[עי' פרש"י לקמן כח: ד"ה עורקמא]

לקמן כח. ב"ק צג. ע"ש

אבות פ"ו מ"ו [נדה יט: חולין קד:]

רבינו חננאל

כל ששמו ושם אביו בנבואה בידוע שהוא נביא בן נביא. וכן כל ששמו ושם עירו מפורש בידוע שהוא *) מירושלים וכן כל שמעשיו ומעשה אבותיו סתומין ופרט הכתוב באחד מהן אם לשבח כולן צדיקים. ואם לגנאי כולן רשעים: אמר רב מלאכי זה מרדכי. ר' יהושע בן קרחה אומר מלאכי זה עזרא. ומסתברא כמ"ד מלאכי זה עזרא: ויגידו למרדכי ואילו איהו לא אזל. מיכן שאין משיבין על הקלקלה. [ויעבור מרדכי וכו'] ושמואל אמר דעבר עורקמא דמיא. כל האומר דבר בשם אומרו מביא גאולה לעולם שנאמר ותאמר אסתר למלך בשם מרדכי. צדיק אבד לדורו אבד משל כו'.

*) נ"ל שהוא מאותה העיר שמו ולא שם עירו בידוע שהוא מירושלים.

הגהות הב"ח

(א) גמ' בידוע שהוא נביא מאותה העיר: (ב) שם כל שמעשיו סתומין ומעשה אבותיו וכו' בן צדיק וכל שמעשיו ומעשה אבותיו סתומין ופרט לך הכתוב: (ג) שם גבה לבו של המן מאחשורוש: (ד) שם אמר ר' אבא שלא כדת כל יום ויום שבכל יום ויום באונס ועכשיו ברצון כצ"ל: (ה) שם ויאמר ארונה אל המלך ה' אלהיך ירצך וגו': (ו) שם כל זה איננו שוה לי וכי משום דרואה מרדכי יושב בשער המלך אמר כל זה איננו שוה לי אלא כדרב חסדא דאמר: (ז) רש"י ד"ה בשלמא אינהו ירמיה וחנמאל ברוך ושריה מיפרשי בנבואת חנמאל דכתיב ויבא אלי:

הגהות הגר"א

[א] גמ' מעשיה. נ"ל מחסיה:

גליון הש"ס

גמ' ששמו ושם אביו עי' ב"ב דף טו ע"ב תוס' ד"ה בלעם ובמהרש"א אידלם בח"א שם: שם כל האומר רחב. עיין סנהדרין מה ע"א תד"ה אלא: שם ואילו איהו לא אזיל לגביה. עי' ב"ב דף ד ע"א תוס' ד"ה שכל:

בפרוזבוטי אמר רב פפא וקרו ליה עברא דמזדבן (א) בטלמי וכל זה איננו שוה לי מלמד שכל גנזיו של אותו רשע חקוקין על לבו ובשעה שרואה את מרדכי יושב בשער המלך אמר כל זה איננו שוה לי ואמר *ר' אלעזר אמר רבי חנינא עתיד הקב"ה להיות עטרה בראש כל צדיק וצדיק שנאמר °ביום ההוא יהיה ה' צבאות לעטרת צבי [וגו'] מאי לעטרת צבי ולצפירת תפארה לעושין צביונו ולמצפין תפארתו יכול לכל ת"ל לשאר עמו *למי שמשים עצמו כשירים ולרוח משפט זה הדן את יצרו וליושב על המשפט זה הדן דין אמת לאמתו ולגבורה זה המתגבר על יצרו משיבי מלחמה (ב) שנושאין ונותנין במלחמתה של תורה שערה [אלו ת"ח] שמשכימין ומעריבין בבתי כנסיות ובבתי מדרשות אמרה מדת הדין לפני הקב"ה רבונו של עולם מה נשתנו אלו מאלו אמר לה הקדוש ברוך הוא ישראל עסקו בתורה אומות העולם לא עסקו בתורה אמר ליה גם אלה ביין שגו ובשכר תעו פקו פליליה אין פקו אלא גיהנם שנאמר °ולא תהיה זאת לך לפוקה ואין פליליה אלא דיינין שנאמר °ונתן בפלילים ותעמד בחצר בית המלך הפנימית א"ר לוי כיון שהגיעה לבית הצלמים נסתלקה הימנה שכינה אמרה °אלי אלי למה עזבתני שמא אתה דן על שוגג כמזיד ועל אונס כרצון או שמא על שקראתיו כלב שנאמר °הצילה מחרב נפשי מיד כלב יחידתי חזרה וקראתו אריה שנאמר °הושיעני מפי אריה ויהי כראות המלך את אסתר המלכה אמר רבי יוחנן ג' מלאכי השרת נזדמנו לה באותה שעה אחד שהגביה את צוארה ואחד שמשך חוט של חסד עליה ואחד שמתח את השרביט וכמה אמר רבי ירמיה שתי אמות היה והעמידו על שתים עשרה ואמרי לה על שש עשרה ואמרי לה על עשרים וארבע במתניתא תנא על ששים וכן אתה מוצא באמתה של בת פרעה וכן אתה מוצא בשיני רשעים דכתיב °שיני רשעים שברת ואמר ריש לקיש *אל תקרי שברת אלא שריבבת °רבה בר עופרן אמר משום ר"א ששמע מרבו ורבו מרבו מאתים ויאמר לה המלך *לאסתר המלכה מה בקשתך עד חצי המלכות ותעש חצי המלכות ולא כל המלכות ולא דבר שחוצץ למלכות ומאי ניהו בנין בית המקדש יבא המלך והמן אל המשתה ת"ר מה ראתה אסתר שזימנה את המן ר"א אומר פחים טמנה לו שנאמר °יהי שלחנם לפניהם לפח ר' יהושע אומר מבית אביה למדה שנאמר °אם רעב שונאך האכילהו לחם וגו' ר"מ אומר כדי שלא יטול עצה וימרוד ר' יהודה אומר כדי שלא יכירו בה שהיא יהודית ר' נחמיה אומר כדי שלא יאמרו ישראל אחות יש לנו בבית המלך ויסיחו דעתן מן הרחמים ר' יוסי אומר כדי שיהא מצוי לה בכל עת ר"ש בן מנסיא אומר אולי ירגיש המקום ויעשה לנו נס רבי יהושע בן קרחה אומר אסביר לו פנים כדי שיהרג הוא והיא רבן גמליאל אומר מלך הפכפכן היה אמר רבי גמליאל עדיין צריכין אנו למודעי דתניא ר' אליעזר המודעי אומר קנאתו במלך קנאתו בשרים רבה אמר °לפני שבר גאון אביי ורבא דאמרי תרוייהו °בחומם אשית את משתיהם וגו' אשכחיה רבה בר אבוה לאליהו א"ל כמאן חזיא אסתר ועבדא הכי א"ל ככולהו תנאי וככולהו אמוראי ויספר להם המן את כבוד עשרו ורוב בניו וכמה רוב בניו אמר רב ל' עשרה מתו ועשרה נתלו ועשרה מחזרין על הפתחים ורבנן אמרי אותן שמחזרין על הפתחים שבעים הוו דכתיב °שבעים בלחם נשכרו אל תקרי שבעים אלא שבעים ורמי בר אבא אמר כולן מאתים ושמונה הוו שנאמר ורוב בניו ורוב בגימטריא מאתן וארבסר הוו *אמר רב נחמן בר יצחק ורב כתיב בלילה ההוא נדדה שנת המלך אמר רבי תנחום נדדה שנת מלכו של עולם ורבנן אמרי נדדו עליונים נדדו תחתונים רבא אמר שנת המלך אחשורוש ממש נפלה ליה מילתא בדעתיה אמר מאי דקמן דזמינתיה אסתר להמן דלמא עצה קא שקלי עילויה דההוא גברא למקטליה הדר אמר אי הכי לא הוה גברא דרחים לי דהוה מודע לי הדר אמר דלמא איכא איניש דעבד בי טיבותא ולא פרעתיה משום הכי מימנעי אינשי ולא מגלו לי מיד ויאמר להביא את ספר הזכרונות דברי הימים ויהיו נקראים מלמד שנקראים מאליהן וימצא כתוב כתב מבעי ליה מלמד

ששמשי

רש"י

בוטי · לשון עניות כמו והעבט תעביטנו (דברים טו) במסכת גיטין (דף לז.): בטולמי · נהמא בככרות לחם עשרים לחם שעורים (מלכים ב ד) מתרגמינן עשרין טולמין דלחמא: לרוח משפט · לשופטים את רוחן יהיה לעטרה: דן את יצרו · כופהו לשוב בתשובה: ומתגבר על יצרו · אינו הולך אחריו לעבור עבירה: שמשכימין כו' · והיינו שערה שעושין [שנעשים שוערים] לפתוח דלתות בהשכמה ולאחר [שם עד] זמן נעילתו: גם אלה · אלו הרשעים הנידונין בגיהנם: ביין שגו · כלומר אף הם עשו כהם לפיכך דנם: פקו פליליה · לגיהנם נשפטו: אלי אלי למה עזבתני · במזמור אילת השחר הוא: על אונס · [אע"פ] שאני באה אליו מאלי אונס הוא: הצילה מחרב נפשי · באותו מזמור הוא: אמתה של בת פרעה · ותשלח את אמתה ותקחה (שמות ב): בשיני רשעים · עוג מלך הבשן במס' ברכות פרק הרואה (דף נד:) *[שעקר הר בת ג' פרסי להשליכו על ישראל ונתנו על ראשו ונתן הקב"ה נמלים ונקבוהו ונכנס בצוארו בקש לשומטו ונשתרבבו שיניו לכאן ולכאן]: אל תקרי שברת אלא שרבבת · גרסינן ומשיני רשעים נפיק להאי דרשה דליכתוב קרא ושן רשע אלא י' דשיני וי"ס דרשעים הרי ששים: ולא דבר שחוצץ במלכות · כגון הבית שהוא באמצע של עולם כדאמרי' בסדר יומא (דף נד:) אבן שתיה שממנה נשתת העולם: מבית אביה למדה · שמעה התינוקות אומרים כן: וימרוד · במלך שהיתה שעתו

זה הדן דין אמת לאמתו · נראה דמשום הכי נקט אמת לאמתו לאשמועינן דדיין מרומה צריך לחקור העדים בטוב עד שיתבאר האמת ואז ידוע אותו לאמתו* : [ה"ג אל תקרי שברת אלא שרבבת. ל' אשתרבובי (סוכה ה.) ול"ג שריבבת] :

מגלחם: שיהא מצוי לה · אולי תוכל להכשילו בשום דבר לפני המלך: ירגיש הקב"ה · שאף אני מקרבת שונאיהן של ישראל אף כמי ירגיש שאני צריכה להחניף רשע זה ולזלזל בכבודי: שיהרג הוא והיא · שיחשדני המלך ממנו ויהרוג את שנינו [כ"א וכי גזרי גזירה ומית חד מינייהו בטלי הגזירה]* : מלך הפכפך היה · וחוזר בדיבורו אמרה שמא אוכל לפתותו ולהורגו ואם לא יהא מזומן תעבור השעה ויחזור בו: בחומם אשית את משתיהם · על בלשצר וסיעתו נאמר בשובם מן המלחמה שדריוש וכורש היו צרין על בבל ונלחם בלשצר אותו היום והיו עייפים וצמאים וישבו לשתות ונשתכרו ובאותו היום נהרג ואף אסתר אמרה מתוך משתיהן של רשעים באה להם פורענות: שבעים בלחם נשכרו · יונתן תרגם על בניו של המן: שנת מלכו של עולם · דוגמא ויקץ כישן ה' (תהלים עח) לנקום נקמתו: נדדו עליונים · שהיו מלאכים מבהילים אותו כל הלילה ואמרו לו כפוי טובה שלם טובה למי שעשאה לשון מורי ויש אומרים [נדדו עליונים] כדי שירבו בתחנונים לבקש על הדבר: מאי דקמן דזמינתיה · כלומר מה זאת הבאה לפני עכשיו דבר חדש כזה: כתוב · משמע שהיה כתוב מחדש כתב משמע מעיקרא וימצא כתוב ספר זכרון לפניו אשר הגיד מרדכי:

שמשי

רבינו חננאל

בולי ובוטי. פי' עשירים ודלים: עתיד הקב"ה להיות עטרה בראש כל צדיק וצדיק שנאמר ביום ההוא יהיה ה' צבאות לעטרת צבי וגו': שערה שמשכימין ומעריבין בבתי כנסיות ובבתי מדרשות. אמרה מדת הדין לפני הקב"ה כו' א"ל רבה בר אבוה לאליהו כמאן חזא אסתר דעבדא הכי. א"ל ככולהו תנאי וככולהו אמוראי.

הגהות הב"ח

(א) גמ' עבדא דמזדבן בטולמי דנהמא ואמר ר' אלעזר אמר ר' חנינא כצ"ל ותיבות וכל זה איננו שוה לי מלמד וכו' אמר כל זה איננו שוה לי נמחק: (ב) שם משיבי מלחמה אלו שנושאין:

גליון הש"ס

גמ' רבה בר עופרן. ע"ל ע"ב תד"ה רבה. שם אמר רנב"י ורב כתיב. כעין זה יומא לח ע"ב ודף עה ע"ב:

מסורת הש"ס: [סוף תענית כט ע"א] · [סנהדרין קיא: ע"ש כמה שינוים] · ישעיה כח · [ובפרש"י שם] · [ר"ה יז:] · [ועי' תוס' ב"ב ת: ד"ה דין] · שמואל א' כה · שמות כא · תהלים כב · שם · שם · שם · ברכות נד: · סוטה יב: · תהלים סט · משלי כה · ירמיה נא · שמואל א' ב

ס"א · [נ"ל מה לך אסתר המלכה ומה] · משלי טז

as an envoy.[4] R. Papa said: They also called him, The slave that was sold for loaves of bread.[5]

Yet all this availeth me nought.[2] This tells us that all the treasures of that wretch were engraved on his heart, and when he saw Mordecai sitting in the king's gate he said, *Yet all this*[6] *availeth me nought.*

R. Eleazar further said in the name of R. Ḥanina: God will in the time to come be a crown on the head of every righteous man, as it is said, *In that day shall the Lord of Hosts be for a crown of glory*[7] etc. What is meant by a *'crown of glory'* [ẓebi] and a *'diadem* [ẓefirath] *of beauty'?* For them that do his will [*ẓibyono*] and who await [*meẓapin*] his glory. Shall He be so to all? [Not so], since it says, *'unto the residue of* [lish'ar] *his people':* that is, to whoever makes of himself a mere residue [*shirayim*]. *'And for a spirit of judgment':* this indicates one who brings his inclination to trial.[8] *'To him that sitteth in judgment':* this indicates one who gives a true verdict on true evidence.[9] *'And for strength':* this indicates one who subdues his evil passions.[10] *'That turn back the battle':* this indicates those who thrust and parry[11] in the war of the Torah. *'At the gate':* these are the disciples of the wise who are early and late in synagogues
a and houses of study. Said the Attribute of Justice[1] before the Holy One, blessed be He: Why this difference between these and the others? The Holy One, blessed be He, said to him: Israel busy themselves with the Torah, the other nations do not busy themselves with the Torah. He replied to Him, *But these also reel through wine, and stagger through strong drink, they totter in judgment*[2] [paḳu peliliyah]; and *'paḳu'* contains a reference to Gehinnom, as it says, *that this shall be no stumbling-block* [puḳah] *to thee;*[3] and *'peliliyah'* contains a reference to the judges, as it says, *and he shall pay as the judges determine* [bi-felilim].[4]

And stood in the inner court of the king's house.[5] R. Levi said: When she reached the chamber of the idols, the Divine Presence left her. She said, *My God, my God, why hast thou forsaken me.*[6] Dost thou perchance punish the inadvertent offence[7] like the presumptuous one, or one done under compulsion like one done willingly? Or is it because I called him 'dog', as it says, *Deliver my soul from the sword, mine only one from the power of the dog?*[8] She straightway retracted and called him lion, as it says, *Save me from the lion's mouth.*[9]

And it was so, when the king saw Esther the queen.[10] R. Joḥanan said: Three ministering angels were appointed to help her at that moment; one to make her head[11] erect, a second to endow her with charm[12] and a third to stretch the golden sceptre. How much [was it stretched]?—R. Jeremiah said: It was two cubits long and he made it twelve cubits. Some say, sixteen, and some again twenty-four. In a Baraitha it was stated, sixty. So too you find with the arm of the daughter of Pharaoh,[13] and so you find with the teeth of the wicked, as it is written, *Thou hast broken* [shibarta]
b *the teeth of the wicked,*[1] and Resh Laḳish said in regard to this, Read not *shibarta* but *shirbabta* [Thou hast prolonged]. Rabbah b. 'Ofran said in the name of R. Eleazar who had it from his teacher, who had it from his teacher, [that the sceptre was stretched] two hundred [cubits].

And the king said to her, What wilt thou, queen Esther? For whatever thy request, even to the half of the kingdom, it shall be given thee.[2] *'Half the kingdom'*, but not the whole kingdom, and not a thing which would divide the kingdom.[3] What could that be? The building of the Temple.

Let the king and Haman come unto the banquet.[4] Our Rabbis taught: What was Esther's reason for inviting Haman?—R. Eleazar said, She set a trap for him, as it says, *Let their table before them become a snare.*[5] R. Joshua said: She learnt to do so from her father's house, as it says, *If thine enemy be hungry give him bread to eat,* etc.[6] R. Meir said, So that he should not form a conspiracy[7] and rebel. R. Judah said: So that they should not discover that she was a Jewess.[8] R. Nehemiah said: So that Israel should not say, We have a sister in the palace, and so should neglect[9] [to pray for] mercy. R. Jose said: So that he should always be at hand for her.[10] R. Simeon b. Menassiah said: [She said], Perhaps the Omnipresent will notice[11] and do a miracle for us. R. Joshua b. Korḥa said: [She said], I will encourage him so that he may be killed, both he and I.[12] Rabban Gamaliel said: [She said], Ahasuerus is a changeable king.[13] Said R. Gamaliel: We still require the Modean,[14] as it has been taught: R. Eliezer of Modi'im says, She made the king jealous of him and she made the princes jealous of him. Rabbah said: [She said], *Pride goeth before destruction.*[15] Abaye and Raba gave the same reason, saying: [She said], *With their poison I will*
c *prepare their feast.*[1] Rabbah b. Abbuha came across Elijah and said to him, Which of these reasons prompted Esther to act as she did? He replied: [All] the reasons given by all the Tannaim and all the Amoraim.

And Haman recounted unto them the glory of his riches and the multitude of his children.[2] How many are indicated by *'the multitude of his children'?*—Rab said: Thirty. Ten died, ten were hung, and ten were reduced to beggary. The Rabbis, however, said: Those who were reduced to beggary numbered seventy, as it says, *They that were full* [sebe'im] *have hired themselves out for bread.*[3] Read not *sebe'im*, but *shib'im* [seventy]. Rami b. Abba said: In all they were two hundred and eight, as it says, *And the multitude* [we-rob] *of his sons.* But *we-rob* in *gematria*[4] is two hundred and fourteen?[5] —R. Naḥman b. Isaac said: The word is written defectively.[6]

On that night the sleep of the king was disturbed.[7] R. Tanḥum said: The sleep of the King of the Universe was disturbed. The Rabbis, however, say: Those above[8] were disturbed and those below[9] were disturbed. Raba said: It means literally 'the sleep of king Ahasuerus'. A thought occurred to him: What is the meaning of Esther inviting Haman? Perhaps they are conspiring[10] against me to kill me? He thought again: If that is so, is there no man who is my friend and who would tell me? Then he thought again: Perhaps there is some man who has done me a good turn and I have not rewarded him; and therefore men refrain from informing me. Straightway, *he commanded to bring the book of records of the chronicles.*[7]

And they were read.[7] This [form of expression][11] indicates that they were read of themselves.

And it was found [being] *written.*[12] It should say, *a writing* [kethab]

(4) Heb. פרוזבוטי apparently = πρεσβευτής There was a tradition that Mordecai once went with a deputation to the king of Persia to ask permission for the Jews to rebuild the Temple, v. Jast. [Rashi: One (Mordecai) came as a rich man, the other (Haman) as a debtor. Haman according to the legend had sold himself during one of the wars as a slave to Mordecai for a loaf of bread.] (5) V. previous note. (6) Pointing to it (Maharsha). (7) Isa. XXVIII, 5f. (8) And forces himself to repent (Rashi). (9) Lit., 'true to its own truth'. (10) Avoids sin. (11) Lit., 'take and give', i.e., 'argue', 'debate'.

a (1) The qualities assigned to God in Ex. XXXIV, 6, 7 are called in the Talmud the divine Attributes (*middoth*, lit., 'measures'), and those of Justice and Mercy are often personified. (2) Isa. XXVIII, 7. (3) I Sam. XXV, 31. (4) Ex. XXI, 22. (5) Esth. V, 2. (6) Ps. XXII, 2. (7) In associating with Ahasuerus. (8) Ibid. 21. (9) Ibid. 22. (10) Esth. V, 2. (11) Lit., 'neck'. (12) Lit., 'to draw a thread of grace over her'. (13) In Ex. II, 5 the words ותשלח את אמתה are translated by the Rabbis 'and she put forth her arm' (E.V., *'she sent her handmaid'*).

b (1) Ps. III, 8. Cf. Ber. (2) Esth. V, 3. (3) By setting up a rival power. (4) Ibid. 4. (5) Ps. LXIX, 23. (6) Prov. XXV, 21. The next verse continues, *'for thou heapest coals of fire upon his head'*. (7) Lit., 'take counsel'. (8) Since she was willing to eat with Haman. (9) Lit., 'discuss their mind'. (10) If she wanted to accuse him. (11) To what straits I am brought. (12) Lit., 'she'. (13) And I may persuade him to alter his mind while Haman is with us, so that he will not have time to change again. (14) To explain why Haman alone was invited (Maharsha). (15) Prov. XVI, 18.

c (1) Jer. LI, 39. (2) Esth. V, 11. (3) I Sam. II, 5. (4) V. Glos. (5) Viz., W = 6; R = 200; W = 6; B = 2. (6) I.e., without the middle *waw*. (7) Esth. VI, 1. (8) The angels. (9) Israel. (10) Lit., 'taking counsel'. (11) Instead of 'and they read them'. (12) Ibid. 2.

was found?—This shows [16a] that Shamshai[13] kept on erasing and Gabriel kept on writing. R. Assi said: R. Shila, a man of a Kefar Temarta,[1] drew a lesson from this, saying: If a writing on earth which is for the benefit of Israel cannot be erased, how much less a writing in heaven![2]

There is nothing done for him.[3] Raba said: [They answered him thus] not because they loved Mordecai but because they hated Haman.

He had prepared for him.[4] A Tanna stated: [This means], he had prepared *for himself.*[5]

And do even so to Mordecai etc.[6] Haman said to him: Who is Mordecai? He said to him: *'The Jew'*. He said: There are many Mordecais among the Jews. He replied: *'The one who sits in the king's gate'*. Said Haman to him: For him [the tribute] of one village or one river is sufficient! Said Ahasuerus: Give him that too; *'let nothing fail of all that thou hast spoken'*.

Then took Haman the apparel and the horse.[7] He went and found [Mordecai with] the Rabbis sitting before him while he showed them the rules of the *'handful'*.[8] When Mordecai saw him approaching and leading the horse, he became frightened and said to the Rabbis, This villain is coming to kill me. Get out of his way so that you should not get into trouble with him.[9] Mordecai thereupon drew his robe round him and stood up to pray. Haman came up and sat down before them and waited till Mordecai had finished his prayer. He said to him: What have you been discussing? He replied: When the Temple stood, if a man brought a meal-offering he used to offer a handful of fine flour and make atonement therewith. Said Haman to them: Your handful of fine flour has come and displaced my ten thousand talents of silver. Said Mordecai to him: Wretch, if a slave acquires property, whose is the slave and whose is the property?[10]

Haman then said to him: Arise and put on this apparel and ride on this horse, for so the king desires you to do. He replied: I cannot do so until I have gone into the bath and trimmed my hair, for it would not be good manners to use the king's apparel in this state. Now Esther had sent and closed all the baths and all the barbers' shops. So Haman himself took him into the bath and washed him, and then went and brought scissors from his house and trimmed his hair. While he was doing so, he sighed and groaned. Said Mordecai to him: Why do you sigh? He replied: The man who was esteemed by the king above all his nobles is now made a bath attendant and a barber. Said Mordecai to him: b Wretch, and were you not once a barber in Kefar Karzum?[1] (For so a Tanna stated: Haman was a barber in Kefar Karzum twenty-two years.) After he had trimmed his hair he put the garments on him, and said to him, Mount and ride. He replied: I am not able, as I am weak from the days of fasting. So Haman stooped down and he mounted [on his back]. When he was up he kicked him. He said to him: Is it not written in your books,[2] *Rejoice not when thine enemy faileth?*[3] He replied: That refers to an Israelite, but in regard to you [folk] it is written, *And thou shalt tread upon their high places.*[4]

And proclaimed before him, Thus shall be done to the man whom the king delighteth to honour.[5] As he was leading him through the street where Haman lived, his daughter who was standing on the roof saw him. She thought that the man on the horse was her father and the man walking before him was Mordecai. So she took a chamber pot and emptied it on the head of her father. He looked up at her and when she saw that it was her father, she threw herself from the roof to the ground and killed herself. Hence it is written . . .[6]

And Mordecai returned to the king's gate. R. Shesheth said: This indicates that he returned to his sackcloth and fasting. ◁

(13) A scribe, mentioned in the book of Ezra (IV, 8) as an enemy of the Jews. According to tradition he was a son of Haman.

a (1) [Tamara, south of Kabul, v. *E.J.* s.v.] (2) Seeing that Gabriel is already there (Maharsha). (3) Esth. VI, 3. (4) Ibid. 4. (5) As otherwise the words *'for him'* are superfluous. (6) Ibid. 10. (7) Ibid. 11. (8) V. Lev. II, 2 and *infra.* (9) Lit., 'that you be not burnt with his coal'. (10) How then can you, being the slave of Ahasuerus, talk of *your* ten talents of silver. [*Aliter:* Haman had sold himself to Mordecai as slave. V. *supra* 15*b* n. 4.]

b (1) [MS.M. קרינוס, Kefar Karnayim in Transjordania, cf. Josephus, *Ant.* XII, 8, 4; v however, Romanoff, P. *Amer. Acad. for Jewish Research*, VII, pp. 58ff.]. (2) Lit., 'for you'. (3) Prov. XXIV, 17. (4) Deut. XXXIII, 29. (5) Esth. VI, 11. (6) These words connect with the sentence after the next, *'but Haman hastened'* etc.

◁ *For the continuation of the English translation of this page see overleaf.*

שמשי · סופר המלך שונא ישראל היה ומימות כורש היה כמו שנאמר בספר עזרא (סימן ד) שכתב שטנה על בנין הבית עד (ג) שבא כורש וביטלו ואף בימי אחשורוש עשה כן שנאמר (שם) ובמלכות אחשורוש בתחלת מלכותו כתבו שטנה : לו הכין · לצורך עצמו : דיסקרתא · כפר : נהרא · ליטול מכס : לרבנן · תלמידיו : הלכות קמיצה · דורש בעניינו של יום וששה עשר בניסן היה הוא יום תנופת העומר : ואשקול למזייא · ואטול שערי : אסרתינהו · צוה עליהן להחביאן : אומני · ספרים : זוזא · זוג של ספרים כעין מספרים : עלין · כלי חרס : ולתעניתו · יום שלישי לתענית היה שהתחילו להתענות בי"ד בניסן ומה שאמר המקרא ליום אתמול שלישי ויהי ביום השלישי ותלבש אסתר מלכות יום שלישי לשילוח הרצים היה : אם מזרע היהודים · יש זרע ביהודים שאם הוא בא מהם לא תוכל לו : מלמד שהביאוהו בבהלה · ולא רחץ יפה מטיטפו : שוה · חושש : מלמד שהיתה מחווה כנגד אחשורוש · מרבוי (ד) אתה לומד איש צר ואויב המן הרע הזה : נופל · לשון עושה והולך נופל ורוצה לזקוף והמלאך מפילו : וישלך עליו · הקב"ה משליך פורענות על הרשע בלי חמלה : מידו ברוח יברח · בני סייעתו וחבריו בורחים מידו : אחת של אסתר · שהיה כעוס אחשורוש על מה בעטה המן לאסתר : דבר שנצטער בו אותו צדיק · לעבד נמכר יוסף על ידי קנאת אחיו : יכשל

תורה אור

ששמשי מוחק וגבריאל כותב אמר רבי אסי דרש ר' שילא איש כפר תמרתא ומה כתב שלמטה שלזכותן של ישראל אינו נמחק כתב שלמעלה לא כל שכן °לא נעשה עמו דבר אמר רבא לא מפני שאוהבין את מרדכי אלא מפני ששונאים את המן °הכין לו תנא לו הכין נעשה כן למרדכי אמר ליה מנו מרדכי אמר ליה °היהודי אמר ליה טובא מרדכי איכא ביהודאי אמר ליה °היושב בשער המלך אמר ליה (א) סגי ליה בחד דיסקרתא אי נמי בחד נהרא אמר ליה הא נמי הב ליה אל תפל דבר מכל אשר דברת ויקח המן את הלבוש ואת הסוס אזל אשכחיה דיתבי רבנן קמיה ומחוי להו הלכות קמיצה לרבנן כיון דחזייה מרדכי דאפיק לקבליה וסוסיה מיחד בידיה מירתת אמר להו לרבנן האי רשיעא למיקטל נפשי קא אתי זילו מקמיה די לא תכוו בגחלתו בההיא שעתא נתעטף מרדכי וקם ליה לצלותא אתא המן ויתיב ליה קמייהו ואוריך עד דסליק מרדכי לצלותיה אמר להו במאי עסקיתו אמרו ליה בזמן שבית המקדש קיים מאן דמנדב מנחה מייתי מלי קומציה דסולתא ומתכפר ליה אמר להו אתא מלי קומצי קמחא דידכו ודחי עשרה אלפי ככרי כספא דידי אמר ליה רשע *°עבד שקנה נכסים עבד למי ונכסים למי אמר ליה קום לבוש הני מאני ורכוב האי סוסיא דבעי לך מלכא אמר ליה לא יכילנא עד דעיילנא לבי בני ואשקול למזייא דלאו אורח ארעא לאשתמושי במאני דמלכא הכי שדרה אסתר ואסרתינהו לכולהו בי בני ולכולהו אומני עייליה איהו לבי בני ואסחיה ואזיל ואייתי זוזא מביתיה וקא שקיל ביה מזייה בהדי דקא שקיל ליה אינגד ואיתנח אמר ליה אמאי קא מיתנחת אמר ליה גברא דהוה חשיב ליה למלכא מכולהו רברבנוהי השתא לישוייה בלאני וספר אמר ליה רשע ולאו ספר של כפר קרצום היית תנא המן ספר של כפר קרצום היה עשרים ושתים שנה בתר דשקלינהו למזייה לבשינהו למאניה אמר ליה סק ורכב אמר ליה לא יכילנא דכחישא חילאי מימי תעניתא גחין וסליק כי סליק בעט ביה אמר ליה לא כתיב לכו °בנפל אויבך אל תשמח אמר ליה הני מילי בישראל אבל בדידכו כתיב °ואתה על במותימו תדרוך °ויקרא לפניו ככה יעשה לאיש אשר המלך חפץ ביקרו כי הוה נקיט ואזיל בשבילא דבי המן חזיתיה ברתיה דקיימא אאיגרא סברה האי דרכיב אבוה והאי דמסגי קמיה מרדכי שקלה עציצא דבית הכסא ושדיתיה ארישא דאבוה דלי עיניה וחזת דאבוה הוא נפלה מאיגרא לארעא ומתה והיינו דכתיב וישב מרדכי אל שער המלך אמר רב ששת ששב לשקו ולתעניתו והמן נדחף אל ביתו אבל וחפוי ראש אבל על בתו וחפוי ראש על שאירע לו ויספר המן לזרש אשתו ולכל אוהביו וגו' קרי להו אוהביו וקרי להו חכמיו אמר רבי יוחנן כל האומר דבר חכמה אפילו באומות העולם נקרא חכם אם מזרע היהודים מרדכי וגו' אמרו ליה אי משאר שבטים קאתי יכלת ליה ואי משבט יהודה ובנימין ואפרים ומנשה לא יכלת ליה יהודה דכתיב °ידך בערף אויביך אינך דכתיב בהו °לפני אפרים ובנימין ומנשה עוררה את גבורתך °כי נפל תפול לפניו דרש ר' יהודה בר אלעאי שתי נפילות הללו למה אמרו לו אומה זו משולה לעפר ומשולה לכוכבים כשהן יורדין יורדין עד עפר וכשהן עולין עולין עד לכוכבים °וסריסי המלך הגיעו ויבהילו מלמד שהביאוהו בבהלה כי נמכרנו אני ועמי וגו' כי אין הצר שוה בנזק המלך אמרה לו צר זה אינו שוה בנזק של מלך איקני בה בושתי וקטלה השתא איקני בדידי ומבעי למקטלי ויאמר המלך אחשורוש ויאמר לאסתר המלכה ויאמר ויאמר למה לי אמר רבי אבהו בתחלה על ידי תורגמן כיון דאמרה ליה (ג) מדבית שאול קאתינא מיד ויאמר לאסתר המלכה : ותאמר אסתר איש צר ואויב המן הרע הזה אמר ר' אלעזר מלמד שהיתה מחווה כלפי אחשורוש ובא מלאך וסטר ידה כלפי המן : והמלך קם בחמתו וגו' והמלך שב מגנת הביתן מקיש שיבה לקימה מה קימה בחימה אף שיבה בחימה דאזל ואשכח למלאכי השרת דאידמו ליה כגברי וקא עקרי לאילני דבוסתני ואמר להו מאי עובדייכו אמרו ליה דפקדינן המן אתא לביתיה והמן נופל על המטה נופל נפל מיבעי ליה אמר רבי אלעזר מלמד שבא מלאך והפילו עליה אמר ויי מביתא ויי מברא ויאמר המלך הגם לכבוש את המלכה עמי בבית ויאמר חרבונה וגו' אמר רבי אלעזר אף חרבונה רשע באותה עצה היה כיון שראה שלא נתקיימה עצתו מיד ברח והיינו דכתיב °וישלך עליו ולא יחמול מידו ברוח יברח וחמת המלך שככה שתי שכיכות הללו למה אחת של מלכו של עולם ואחת של אחשורוש ואמרי לה אחת של אסתר ואחת של ושתי °לכלם נתן לאיש חליפות שמלות ולבנימין נתן חמש חליפות אפשר דבר שנצטער בו אותו צדיק יכשל

ודחי עשרה אלפי ככרי כספא · שמעתי שעשרה אלפי ככר כסף עולין חצי שקל לכל אחד מישראל שהיו שש מאות אלף כשיצאו ממצרים ואמר שיתן לאחשורוש כל פדיונם (ה) ודוק ותשכח : צריך

(א) גמ' אמר ליה ההוא סגי ליה : (ב) שם כיון דאמרה ליה בת מלכים אנא מדבית שאול : (ג) רש"י ד"ה שמשי סופר וכו' עד שבא כורש וכו' כתבו שטנה והובא בסדר עולם שבני המן כתבו שטנה הס"ד : (ד) ד"ה מלמד שהיתה וכו' מריבוי דבר זה אתה לומד שהיה לה לומר המן הרע הזה אלא שהיתה רוצה לומר על אחשורוש איש צר ואויב ועל המן הרע הזה : (ה) תוס' ד"ה ודחי וכו' כל פדיונם. נ"ב פי' הככר הוא ס' מנה [ושל קדש ק"כ מנה] והמנה כ"ה סלעים [והמן נתן עשרת אלפים ככרות של חול שהם ה' אלפים של קדש והמחצית השקל בעד ת"ר אלף מנה אחת עולה מאת ככר של קדש] וימי שנותינו שבעים שנה ומבן כ' ומעלה נתנו כופר נפש והמן נתן בעד חמשים שנה בעד ת"ר אלף :

גליון הש"ס
גמ' עבד שקנה נכסים. ע"ל טו ע"א רש"י ד"ה וזה בא :

מסורת הש"ס: [סנהדרין קה.] · אסתר ו · משלי כד · דברים לג · בראשית מט · תהלים פ · אסתר ו · בראשית מה · איוב כז

Continuation of translation from previous page as indicated by ◁

But Haman hastened to his house, mourning and having his head covered; mourning for his daughter, and with his head covered on account of what had happened to him.

And Haman recounted unto Zeresh his wife and all his friends, etc. They are first called *'his friends'* and then they are called *'his wise men'*. R. Joḥanan said: Whoever says a wise thing even if he is
c a non-Jew[1] is called 'wise'.

If Mordecai be of the seed of the Jews. They said to him: If he comes from the other tribes, you can prevail over him, but if he is from the tribe of Judah or of Benjamin, Ephraim or Manasseh, you will not prevail over him. 'Judah', as it is written, *Thy hand shall be on the neck of thine enemies.*[2] The others, because it is written of them, *Before Ephraim and Benjamin and Manasseh stir up thy might.*[3]

But falling thou shalt fall.[4] R. Judah b. Ila'i drew a lesson from this verse, saying: Why are two fallings mentioned here? Haman's friends said to him: This people is likened to the dust and it is likened to the stars. When they go down, they go down to the dust, and when they rise they rise to the stars.

Came the king's chamberlains and hastened [wa-yabhilu] *to bring Haman.*[5] The use of this word [*wa-yabhilu*][6] tells us that they brought him all in confusion [*behalah*].

For we are sold, I and my people etc. . . . For the adversary cares[7] *not that the king is endamaged.*[8] She said to him: This adversary cares not for the damage of the king. He was angry with Vashti and killed her,[9] and he is angry with me and wants to kill me.

Then said the king Ahasuerus, and he said to Esther the queen.[10] Why *'said'* and again *'said'?* R. Abbahu replied: He first spoke to her through an intermediary.[11] When she told him that she came from the house of Saul,[12] forthwith, *'he said to Esther the queen'*.

And Esther said, An adversary and an enemy, even this wicked Haman.[13] R. Eleazar said: This informs us that she was pointing to Ahasuerus
d and an angel came and pushed her hand so as to point to Haman.[1]

And the king rose in his wrath . . . and the king returned out of the palace garden.[2] His returning is put on the same footing as his arising. Just as the arising was in wrath, so the returning was in wrath. For he went and found ministering angels in the form of men who were uprooting trees from the garden. He said to them, What are you doing? They replied: Haman has ordered us. He came into the house, and there *'Haman was falling*[3] *upon the couch'*. *'Falling'?* It should say, 'had fallen'?—R. Eleazar said: This informs us that an angel came and made him fall on it. Ahasuerus then exclaimed: Trouble[4] inside, trouble outside!

'Then said the king, Will he even force the queen before me in the house? Then said Harbonah, etc.' R. Eleazar said: Harbonah also was a wicked man and implicated in that plot.[5] When he saw that his plan was not succeeding, he at once fled, and so it is written, *And he cast upon him and did not pity, from his hand he surely fleeth.*[6]

Then the king's wrath was assuaged.[7] Why are there two assuagings here?[8]—One of the [wrath of the] King of the Universe,[9] and the other of Ahasuerus. Others say, one [of the wrath] on account of Esther and the other on account of Vashti.

To all of them he gave to each man changes of raiment but to Benjamin he gave five changes of raiment.[10] Is it possible that that righteous man[11] should fall into the very mistake from which he himself

c (1) Lit., 'of the nations of the world'. (2) Gen. XLIX, 8. (3) Ps. LXXX, 3. (4) So lit. E.V. *Shalt surely fall.* (5) Esth. VI, 14. (6) Instead of the more usual וימהרו. (7) E.V., *'is not worthy'*. (8) Esth. VII, 4. (9) V. *supra* 12*b*. (10) Ibid. 5. (11) Heb. *turgeman;* lit., 'interpeter'. (12) I.e., that she was of royal descent. (13) Ibid. 6.

d (1) She meant the words 'adversary and enemy' to apply to Ahasuerus himself. (2) Esth. VII, 7f. (3) Heb. נֹפֵל. (4) Lit., 'woe!'. (5) To hang Mordecai. [Otherwise how would he have known the exact measurements of the gallows.] (6) Job XXVII, 22. (7) Esth. VII, 10. (8) The Hebrew is שככה, where שכה might have been used. (9) Against Israel for bowing down to the image; *supra* 12*a*. (10) Gen. XLV, 22. (11) Joseph.

שמשי · סופר המלך שונא ישראל היה ומימות כורש היה כמו שנאמר בספר עזרא (סימן ד) שכתב שטנה על בנין הבית עד (ג) שבא כורש וביטלו ואף בימי אחשורוש עשה כן שנאמר (שם) ובמלכות אחשורוש בתחלת מלכותו כתבו שטנה: לו הכין · לצורך עצמו: דיסקרתא · כפר: נהרא · ליטול מכס: לרבנן · תלמידיו: הלכות קמיצה · דורש בענינו של יום וששה עשר בניסן היה הוא יום תנופת העומר: ואשקול למזייא · ואטול שערי: אסרתינהו · נותה עליהן להחביאן: אומני · ספרים: זוזא · זוג של ספרים כעין מספרים: עלין · כלי חרס: ולתעניתו · יום שלישי לתענית היה שהתחילו להתענות בי"ד בניסן ומה שאמר המקרא ליום אתמול שלישי ויהי ביום השלישי ותלבש אסתר מלכות יום שלישי לשילוח הרצים היה: אם מזרע היהודים · יש זרע ביהודים שאם הוא בא מהם לא תוכל לו: מלמד שהביאוהו בבהלה · ולא רחץ יפה מטינופו: שוה · חושש: מלמד שהיתה מחווה כנגד אחשורוש · מרדכי (ד) אתה לומד איש צר ואויב המן הרע הזה: נופל · לשון עושה והולך נופל ורוצה לזקוף והמלאך מפילו: וישלך עליו · הקב"ה משליך פורענות על הרשע בלי חמלה: מידו ברוח יברח · בני סייעתו וחבריו בורחים מידו: אחת של אסתר · שהיה כעוס אחשורוש על מה שעשה המן לאסתר: דבר שנצטער בו אותו צדיק · לעבד נמכר יוסף על ידי קנאת אחיו: יכשל

תורה אור

ששמשי מוחק וגבריאל כותב אמר רבי אסי דרש ר' שילא איש כפר תמרתא ומה כתב שלמטה שלזכותן של ישראל אינו נמחק כתב שלמעלה לא כל שכן °לא נעשה עמו דבר אמר רבא לא מפני שאוהבין את מרדכי אלא מפני ששונאים את המן °הכין לו תנא לו הכין נעשה כן למרדכי אמר ליה מנו מרדכי אמר ליה °היהודי אמר ליה טובא מרדכי איכא ביהודאי אמר ליה °היושב בשער המלך אמר ליה (א) סגי ליה בחד דיסקרתא אי נמי בחד נהרא אמר ליה הא נמי הב ליה אל תפל דבר מכל אשר דברת ויקח המן את הלבוש ואת הסוס אזל אשכחיה דיתבי רבנן קמיה ומחוי להו הלכות קמיצה לרבנן כיון דחזייה מרדכי דאפיק לקבליה וסוסיה מיחד בידיה מירתת אמר להו לרבנן האי רשיעא למיקטל נפשי קא אתי זילו מקמיה די לא תכוו בגחלתו בההיא שעתא נתעטף מרדכי וקם ליה לצלותא אתא המן ויתיב ליה קמייהו ואוריך עד דסליק מרדכי לצלותיה אמר להו במאי עסקיתו אמרו ליה בזמן שבית המקדש קיים מאן דמנדב מנחה מייתי מלי קומציה דסולתא ומתכפר ליה אמר להו אתא מלי קומצי קמחא דידכו ודחי עשרה אלפי ככרי כספא דידי אמר ליה רשע *°עבד שקנה נכסים עבד למי ונכסים למי אמר ליה קום לבוש הני מאני ורכוב האי סוסיא דבעי לך מלכא אמר ליה לא יכילנא עד דעיילנא לבי בני ואשקול למזייא דלאו אורח ארעא לאשתמושי במאני דמלכא הכי שדרה אסתר ואסרתינהו לכולהו בי בני ולכולהו אומני עייליה איהו לבי בני ואסחיה ואזיל ואייתי זוזא מביתיה וקא שקיל ביה מזייה בהדי דקא שקיל ליה אינגד ואיתנח אמר ליה אמאי קא מיתנחת אמר ליה גברא דהוה חשיב ליה למלכא מכולהו רברבנוהי השתא לישוייה בלאני וספר אמר ליה רשע ולאו ספר של כפר קרצום היית תנא המן ספר של כפר קרצום היה עשרים ושתים שנה בתר דשקלינהו למזייה לבשינהו למאניה אמר ליה סק ורכב אמר ליה לא יכילנא דכחישא חילאי מימי תעניתא גחין וסליק כי סליק בעט ביה אמר ליה לא כתיב לכו °בנפל אויבך אל תשמח אמר ליה הני מילי בישראל אבל בדידכו כתיב °ואתה על במותימו תדרוך °ויקרא לפניו ככה יעשה לאיש אשר המלך חפץ ביקרו כי הוה נקיט ואזיל בשבילא דבי המן חזיתיה ברתיה דקיימא אאיגרא סברה האי דרכיב אבוה והאי דמסגי קמיה מרדכי שקלה עציצא דבית הכסא ושדיתיה ארישא דאבוה דלי עיניה וחזת דאבוה הוא נפלה מאיגרא לארעא ומתה והיינו דכתיב וישב מרדכי אל שער המלך אמר רב ששת ששב לשקו ולתעניתו והמן נדחף אל ביתו אבל וחפוי ראש אבל על בתו וחפוי ראש על שאירע לו ויספר המן לזרש אשתו ולכל אוהביו וגו' קרי להו אוהביו וקרי להו חכמיו אמר רבי יוחנן כל האומר דבר חכמה אפילו באומות העולם נקרא חכם אם מזרע היהודים מרדכי וגו' אמרו ליה אי משאר שבטים קאתי יכלת ליה ואי משבט יהודה ובנימין ואפרים ומנשה לא יכלת ליה יהודה דכתיב °ידך בערף אויביך אינך דכתיב בהו °לפני אפרים ובנימין ומנשה עוררה את גבורתך °כי נפל תפול לפניו דרש ר' יהודה בר אלעאי שתי נפילות הללו למה אמרו לו אומה זו משולה לעפר ומשולה לכוכבים כשהן יורדין יורדין עד עפר וכשהן עולין עולין עד לכוכבים °וסריסי המלך הגיעו ויבהילו מלמד שהביאוהו בבהלה כי נמכרנו אני ועמי וגו' כי אין הצר שוה בנזק המלך אמרה לו צר זה אינו שוה בנזק של מלך איקני בה בושתי וקטלה השתא איקני בדידי ומבעי למקטלי ויאמר המלך אחשורוש ויאמר לאסתר המלכה ויאמר ויאמר למה לי אמר רבי אבהו בתחלה על ידי תורגמן כיון דאמרה ליה (ב) מדבית שאול קאתינא מיד ויאמר לאסתר המלכה: ותאמר אסתר איש צר ואויב המן הרע הזה אמר ר' אלעזר מלמד שהיתה מחווה כלפי אחשורוש ובא מלאך וסטר ידה כלפי המן: והמלך קם בחמתו וגו' והמלך שב מגנת הביתן מקיש שיבה לקימה מה קימה בחימה אף שיבה בחימה דאזל ואשכח למלאכי השרת דאידמו ליה כגברי וקא עקרי לאילני דבוסתני ואמר להו מאי עובדייכו אמרו ליה דפקדינן המן אתא לביתיה והמן נופל על המטה נופל נפל מיבעי ליה אמר רבי אלעזר מלמד שבא מלאך והפילו עליה אמר ויי מביתא ויי מברא ויאמר המלך הגם לכבוש את המלכה עמי בבית ויאמר חרבונה וגו' אמר רבי אלעזר אף חרבונה רשע באותה עצה היה כיון שראה שלא נתקיימה עצתו מיד ברח והיינו דכתיב °וישלך עליו ולא יחמול מידו ברוח יברח וחמת המלך שככה שתי שכיכות הללו למה אחת של מלכו של עולם ואחת של אהשורוש ואמרי לה אחת של אסתר ואחת של ושתי °לכלם נתן לאיש חליפות שמלות ולבנימין נתן חמש חליפות אפשר דבר שנצטער בו אותו צדיק יכשל

ודחי עשרה אלפי ככרי כספא · שמעתי שעשרה אלפי ככר כסף עולין חצי שקל לכל אחד מישראל שהיו שם מאות אלף כשיצאו ממצרים ואמר שיתן לאחשורוש כל פדיונם (ה) ודוק ותשכח: לריך

אסתר ו | שם | שם | שם | [סנהדרין צא. קח.] | משלי כד | דברים לג | אסתר ו | בראשית מט | תהלים פ | אסתר ו | שם ז | איוב כז | בראשית מה

(א) גמ' אמר ליה סגיא סגי ליה: (ב) שם כיון דאמרה ליה בת מלכים אנא מדבית שאול: (ג) רש"י ד"ה שמשי סופר וכו' עד שלא כורש וכו' כתבו שטנה והובא בסדר עולם שכתבו המן כתבו שטנה בס"ד: (ד) ד"ה מלמד שהיתה וכו' מרדכי דבר זה אתה לומד שהיה לו לומר מרדכי הרע הזה אלא שהיתה רוצה לומר על אחשורוש איש צר ואויב ועל המן הרע הזה: (ה) תוס' ד"ה ודחי וכו' כל פדיונם. נ"ב פי' הככר הוא ס' מנה [ושל קדש ק"כ מנה] והמנה כ"ה סלעים [והמן נתן עשרת אלפים ככרות של חול שהם ס' אלפים של קדש והמחצית השקל בעד ת"ר אלף משנה אחת עולה מאת ככר של קדש] ויוצאי שנותיו שבעים שנה ומבן כ' ומעלה נתנו כופר נפש והמן נתן בעד חמשים שנה בעד ת"ר אלף:

גליון הש"ס

גמ' עבד שקנה נכסים. ע"ל טו ע"א רש"י ד"ה וזה בא:

עין משפט נר מצוה

עב א טור א״ח סי׳ כה:

עג ב מיי׳ פ״ב מהל׳ מגילה הלכה יב סמג עשין ד טוש״ע א״ח סי׳ תרל סעיף טו:

עד ג טוש״ע שם סימן תרלא סעיף ד:

עה ד מיי׳ פ״ז מהל׳ ס״ת הל׳ י ופ״ח שם הלכה ד סמג עשין כה טוש״ע י״ד סי׳ ערה סעיף ג ד:

ה ו טוש״ע א״ח סי׳ תרלא סעיף ג:

[מנחות דף מג:]

[צ״ל שנזכר]

יכשל בו דאמר רבא בר מחסיא אמר רב חמא בר גוריא אמר רב *בשביל משקל שני סלעים מילת שהוסיף יעקב ליוסף משאר אחיו נתגלגל הדבר וירדו אבותינו למצרים אמר רבי בנימן בר יפת רמז רמז לו שעתיד בן לצאת ממנו שיצא מלפני המלך בחמשה לבושי מלכות שנאמר ומרדכי יצא בלבוש מלכות תכלת וגו׳ °ויפול על צוארי בנימין אחיו כמה צוארין הוו ליה לבנימין אמר רבי אלעזר בכה על שני מקדשים שעתידין להיות בחלקו של בנימין ועתידין ליחרב ובנימין בכה על צואריו בכה על משכן שילה שעתיד להיות בחלקו של יוסף ועתיד ליחרב °והנה עיניכם רואות ועיני אחי בנימין אמר רבי אלעזר אמר להם כשם שאין בלבי על בנימין אחי שלא היה במכירתי כך אין בלבי עליכם כי פי המדבר אליכם כפי כן לבי °ולאביו שלח כזאת עשרה חמורים נושאים מטוב מצרים מאי מטוב מצרים אמר ר׳ בנימין בר יפת אמר רבי אלעזר שלח לו יין [ישן] שדעת זקנים נוחה הימנו °וילכו גם אחיו ויפלו לפניו אמר רבי בנימין בר יפת אמר רבי אלעזר היינו דאמרי אינשי תעלא בעידניה סגיד ליה תעלא מאי בצירותיה מאחווה אלא אי איתמר הכי איתמר °וישתחו ישראל על ראש המטה אמר רבי בנימין בר יפת אמר רבי אלעזר תעלא בעידניה סגיד ליה °וינחם אותם וידבר על לבם אמר רבי בנימין בר יפת אמר רבי אלעזר מלמד שאמר להם דברים שמתקבלין על הלב ומה עשרה נרות לא יכלו לכבות נר אחד נר אחד היאך יכול לכבות עשרה נרות °ליהודים היתה אורה ושמחה וששון ויקר אמר רב יהודה אורה זו תורה וכן הוא אומר °כי נר מצוה ותורה אור שמחה זה יום טוב וכן הוא אומר °ושמחת בחגך °ששון זו מילה וכן הוא אומר °שש אנכי על אמרתך ויקר אלו תפלין וכן הוא אומר °וראו כל עמי הארץ כי שם ה׳ נקרא עליך ויראו ממך *ותניא רבי אליעזר הגדול אומר *אלו תפלין שבראש ואת פרשנדתא וגו׳ עשרת בני המן אמר רב אדא דמן יפו °עשרת בני המן ועשרת צריך למימרינהו בנשימה אחת מאי טעמא כולהו בהדי הדדי נפקו נשמתייהו אמר רבי יוחנן °ויו דויזתא צריך למימתחה בזקיפא *)כמורדיא דלברות מאי טעמא כולהו בחד זקיפא אזדקיפו אמר רבי חנינא בר פפא דרש ר׳ שילא איש כפר תמרתא °כל השירות כולן נכתבות אריח על גבי לבינה ולבינה על גבי אריח °חוץ משירה זו ומלכי כנען שאריח על גבי אריח ולבינה על גבי לבינה מ״ט שלא תהא תקומה למפלתן ויאמר המלך לאסתר המלכה בשושן הבירה הרגו היהודים אמר רבי אבהו מלמד שבא מלאך וסטרו על פיו ובבאה לפני המלך אמר עם הספר אמר אמרה מיבעי ליה אמר רבי יוחנן אמרה לו יאמר בפה מה שכתוב בספר דברי שלום ואמת אמר רבי תנחום ואמרי לה אמר רבי אסי מלמד *°שצריכה שרטוט כאמיתה של תורה ומאמר אסתר קיים מאמר אסתר אין דברי הצומות לא אמר רבי יוחנן (א) דברי הצומות ומאמר אסתר קיים (*את ימי) הפורים האלה כי מרדכי היהודי משנה למלך אחשורוש וגדול ליהודים ורצוי לרוב אחיו ולא לכל אחיו מלמד שפירשו ממנו מקצת סנהדרין אמר רב יוסף גדול ת״ת יותר מהצלת נפשות דמעיקרא חשיב ליה למרדכי בתר ד׳ ולבסוף בתר חמשה מעיקרא כתיב °אשר באו עם זרובבל ישוע נחמיה שריה רעליה מרדכי בלשן ולבסוף כתיב °הבאים עם זרובבל ישוע נחמיה עזריה רעמיה נחמני מרדכי בלשן אמר רב ואיתימא רב שמואל בר מרתא גדול תלמוד תורה יותר מבנין בית המקדש שכל זמן שברוך בן נריה קיים לא הניחו עזרא ועלה אמר רבה אמר רב יצחק בר שמואל בר מרתא גדול תלמוד תורה יותר מכבוד אב ואם שכל אותן שנים שהיה יעקב אבינו בבית עבר לא נענש דאמר מר

למה

רש״י

יכשל בו · גרסי׳ ולא גרסי׳ זרעו: כמה צוארין היו לו לבנימין · לא גרסינן שכן דרך המקרא לכתוב צוארי לשון רבים על חלקת צואריו (בראשית כז) בכה על צואריו: שיגר לו יין · לפי שדעת זקנים נוחה הימנו זה הדבר הטוב לו מן הכל: תעלא · שועל: בעידניה · אם תראה שעתו מצלחת: תעלא קרי׳ ליה יוסף לפני אחיו מאי בצירותיה מאחווה: אורה זו תורה · שגזר עליהן המן שלא יעסקו בתורה: זהו יום טוב · קיימו עליהם ימים טובים: זו מילה · ועל כל אלה גזר: אמרתך · זו מילה שניתנה במאמר ולא בדיבור ויאמר ה׳ אל אברהם ואתה את בריתי תשמור (בראשית יז) ומילתו *שדוד שמח עליה שנאמר למנצח על השמינית (תהלים ו) כשהיה בבית המרחץ וראה עצמו בלא תורה ובלא מצות כיון (*שנסתכל) במילה שמח*: עשרת בני המן ועשרת · הזכרת שמותן ותיבה הסמוכה אחריהן כלומר (ג) כשמתן כפלו כאחד: זקיפא · פורק״א בלעז *בלד אחד זה למטה מזה: אריח · הוא הכתב: לבינה · הוא חלק שהוא כפלייס מן הכתב והאריח חצי לבינה: שלא תהא להם תקומה · שלא יהא להם מקום להרחיב לעדיו החתיו: מלמד שבא מלאך כו׳ · שהרי התחיל לדבר בלשון כעס וסופו אמר מה שאלתך: הכי גרסינן אמר רב נחמן יאמר בפה מה שנכתב בספרים · ולא גרסינן אמרה לו והכי פירושה סדר המקראות כך הוא וקיבל היהודים את אשר החלו לעשות כי המן בן המדתא

האגגי וגו׳ ובבואה לפני המלך אמר עם הספר וגו׳ ומרדכי כתב אליהם שיעשו פורים כי המן ביקש לאבדם ומה שבאת אסתר לפני המלך [להתחנן לו] כל זה יאמר שנה בשנה: עם הספר · שתהא מגילה כתובה לפניהם בשעת קריאה: כאמיתה של תורה · *כספר תורה אור תורה עצמו שרטוט הלכה למשה מסיני: דברי הצומות וזעקתם ומאמר אסתר · כך סמוכים המקראות: שפירשו ממנו · לפי שבטל מדברי תורה ונכנס לשררה: מעיקרא · בימי כורש כשעלה (עם) זרובבל מן הגולה ומרדכי עמו °ונמנו בספר עזרא כ״ד שנה היה בין מנין למנין בימי כורש לדריוש האחרון ולפי שנעשה מרדכי שר בינתים ירד מחשיבותו אצל חכמים: שכל זמן שברוך בן נריה קיים לא הניחו עזרא ועלה · שים לך לתמוה למה לא עלה עזרא עם זרובבל בימי כורש עד השנה השביעית לדריוש האחרון לאחר שנבנה הבית כמו שכתוב בעזרא ויבא ירושלם בחדש החמישי היא שנת השביעית למלך וגו׳ (עזרא ז) ובמדרש שהיה לומד תורה מפי ברוך בן נריה בבבל וברוך לא עלה מבבל ומת שם בתוך השנים הללו ולאמרן לעיל ברוך מתנבא בשנת שתים לדריוש בבבל היה מתנבא ושולח ספרים לירושלים: יעקב למד תורה י״ד שנה בבית עבר · כשפירש מאביו ללכת לחרן ולא נענש עליהן על כיבוד אביו ובשאר כל השנים שנשתהה בבית לבן ובדרך נענש כדמפרש ואזיל:

תוספות

צריך לאומרן בנשימה אחת · נראה דהיינו לכתחילה אבל בדיעבד יצא:

אמרה מיבעי ליה · דמשמע דהכי קאמר ובבואה לפני המלך אמרה לו מלבד הספר (ג) שעמו לעשות ולשלוח בכל המדינות אמרה לו עוד ישוב *)מחשבתו הרעה דכיון דקאמר בבואה אמר משמע שיש לנו לומר מה שאמרה:

הדרן עלך מגילה נקראת

*) [ישוב מחשבתו הרעה ומשני יאמר בפה דכיון דקאמר כו׳ כצ״ל וכן הגיה הרמ״א בגמ׳ שלו]

רבינו חננאל

וילכו גם אחיו וגו׳ היינו דאמרי אינשי תעלא בזמנא סגיד ליה אלו כולן פשוטות הן: עשרת בני המן צריך למימרינהו בנשימה אחת הקורא את המגילה מ״ט כולהו כי הדדי נפקו נשמתייהו. ו׳ דויזתא צריך למימתחיה דכולהו בחד זקיפא איזדקיפו: כל השירות נכתבות אריח על גבי לבינה ולבינה ע״ג אריח אבל עשרת בני המן ומלכי כנען נכתבין אריח ע״ג אריח ולבנה ע״ג לבנה. מ״ט אמר ר׳ אבהו כדי שלא תהא תקומה במפלתן של רשעים: דברי הצומות וזעקתם · ומאמר אסתר קיים דברי הפורים. אמר רב יוסף גדול ת״ת יותר מהצלת נפשות. מ״ט מרדכי דמעיקרא קא חשיב ליה בתר ארבעה ובסוף חשיב ליה בתר חמשה שנאמר אשר באו עם זרובבל ישוע נחמיה וגו׳ · ובסוף כתיב הבאים עם זרובבל ישוע נחמיה עזריה רעמיה נחמני מרדכי בלשן. למה נקרא שמו בלשן שיודע ע׳ לשונות. רצוי לרוב אחיו מלמד שפירשו ממנו מקצת סנהדרין: דברי שלום ואמת מלמד שצריכה שרטוט כאמיתה של תורה. *)אמר משמיה דרב גדול ת״ת מבנין בהמ״ק. שכ״ז שהי׳ ברוך בן נריה קיים לא הניחו עזרא ועלה. ועוד אמר משמו גדול ת״ת מכבוד אב ואם. שכל השנים שהיה יעקב בבית עבר ולמד תורה לא נענש עליהן. מנא הני מילי אמר ר׳ יוחנן *)אולי״ל אמר רב שמואל בר מרתא משמיה דרב

הגהות הב״ח

(א) גמ׳ אמר ר׳ יוחנן הכי קאמר דברי הצומות: (ג) רש״י ד״ה עשרת וכו׳ כלומר עם כלם נקובו כאחד: (ג) תוס׳ ד״ה אמרה וכו׳ מלבד ספר שאמר לעשות:

מסורת הש״ס

שבת יו: ע״ש

ומונו בספר עזרא ומנוהו לאחר ד׳ אנשים ולבסוף כשמנמנו מנין שני לאחר שנבנה הבית בספר עזרא כ״ד שנה בין מנין ראשון למנין שני ימי כורש ואחשורוש וו׳ שנים של דריוש האחרון

גליון הש״ס

גמ׳ ששון זו מילה. עיין שבת דף קל ע״א ברש״י ד״ה שם: רש״י ד״ה כאמיתה.כס״ת עצמו. עי׳ מנחות דף לב ע״ב תד״ה הא מורידין:

שם מז

שם נ

אסתר ח
משלי ו
דברים טז
תהלים קיט
דברים כח
ברכות ו. נז.
[סוטה יז.]
חולין פט.]
מנחות לה:
*)[עי׳ ב״מ פו.
בפי׳ רש״י שם]

[עי׳ תוס׳ גיטין ו: ד״ה תרי ותוס׳ סוטה מ: ד״ה כתבה ותוס׳ מנחות לב: ד״ה הא]

עזרא ב
נחמיה ז

had suffered? [16b] For Raba b. Meḥasia said in the name of R. Ḥami b. Guria, who said it in the name of Rab: Through two *sela's* weight of fine silk which Jacob gave to Joseph over what he gave to his brothers, a ball was set rolling and our ancestors eventually went down to Egypt!—R. Benjamin b. Japhet said: He gave him a hint that a descendant would issue from him who would go forth before a king in five royal garments, as it says, *And Mordecai went forth from the presence of the king in royal apparel* a *of blue* etc.[1]

And he fell upon his brother Benjamin's neck.[2] How many necks[3] had Benjamin?—R. Eleazar said: He wept for the two Temples which were destined to be in the territory of Benjamin[4] and to be destroyed. *And Benjamin wept upon his neck:*[2] he wept for the tabernacle of Shiloh which was destined to be in the territory of Joseph and to be destroyed.

And behold your eyes see and the eyes of my brother Benjamin.[5] R. Eleazar said: He said to them: Just as I bear no malice against my brother Benjamin who had no part in my selling, so I have no malice against you.

That it is my mouth that speaketh unto you. As my mouth is, so is my heart.

And to his father he sent in like manner ten asses laden with the good things of Egypt.[6] What are *'the good things of Egypt'?* R. Benjamin b. Japhet said in the name of R. Eleazar: He sent him [old] wine which old men find very comforting.[7]

And his brethren also went and fell down before him.[8] R. Benjamin b. Japhet said in the name of R. Eleazar: This bears out the popular saying, A fox in its hour—bow down to it. [You compare Joseph to] a fox! Where was his inferiority to his brothers? Rather if this was said [by R. Eleazar] it was applied as follows: *And Israel bowed down upon the bed's head.*[9] R. Benjamin b. Japhet said in the name of R. Eleazar; A fox in its hour—bow down to it.[10]

And he comforted them and spoke kindly to them.[11] R. Benjamin b. Japhet said in the name of R. Eleazar: This tells us that he spoke b to them words which greatly reassured them,[1] [saying], If ten lights were not able to put out one, how can one light put out ten?

The Jews had light and gladness and joy and honour.[2] Rab Judah said: *'Light'* means the Torah,[3] and so it says, *For the commandment is a lamp and the Torah is light.*[4] *'Gladness'* means a feast day; and so it says, *And thou shalt be glad in thy feast.*[5] *'Joy'* means circumcision; and so it says, *I rejoice at thy word.*[6] *'Honour'* means the phylacteries, and so it says, *And all the peoples of the earth shall see that the name of the Lord is called upon thee, and they shall be afraid of thee;*[7] and it has been taught: R. Eliezer the Great says that this refers to the phylactery of the head.

And Parshandatha . . . the ten sons of Haman.[8] R. Adda from Joppa said: The ten sons of Haman and the word *'ten'* [which follows] should be said[9] in one breath. What is the reason? Because their souls all departed together. R. Joḥanan said: The *waw* of *waizatha* must be lengthened like a boat-pole of the river Libruth.[10] What is the reason? Because they were all strung on one pole. R. Shila, a man of Kefar Temarta, drew a lesson from this saying, All the songs [in Scripture] are written in the form of a half brick over a whole brick,[11] and a whole brick[11] over a half brick,[12] with the exception of this one and the list of the kings of Canaan[13] which are written in the form of a half brick over a half brick and a whole brick over a whole brick.[14] What is the reason? So that they should never rise again from their downfall.

And the king said to the queen, In Shushan the castle the Jews have c *slain . . .*[1] The mode of expression informs us that an angel came and slapped him on his mouth.[2]

But when she came before the king, he said along with the letter.[3] *'He said'?* It should be, 'she said'!—R. Joḥanan said: She said, Let there be said by word of mouth what is written in the letter.[4]

Words of peace and truth.[5] R. Tanḥum said: [or, according to some, R. Assi]: This shows that the Megillah requires to be written on ruled lines, like the true essence of the Torah.[6]

And the ordinance of Esther confirmed.[7] Only the ordinance of Esther and not the words of the fastings?—R. Joḥanan said: We must read thus: *The words of the fastings [and their cry] and the ordinance of Esther confirmed these matters of Purim.*[8]

For Mordecai the Jew was next unto king Ahasuerus, and great among the Jews and accepted of the majority of his brethren.[9] Of the majority of his brethren but not of all his brethren; this informs us that some members of the Sanhedrin separated from him.[10]

R. Joseph said: The study of the Torah is superior to the saving of life. For at first Mordecai was reckoned next after four, but afterwards next after five. At first it is written, *Who came with Zerubabel,* [namely] *Jeshua, Nehemiah, Seraiah, Reelaiah, Mordecai, Bilshan,*[11] and subsequently it is written, *Who came with Zerubabel, Jeshua, Nehemiah, Azariah, Raamiah, Nahamani, Mordecai, Bilshan.*[12]

Rab—or, some say, R. Samuel b. Martha—said: The study of the Torah is superior to the building of the Temple, for as long as Baruch b. Neriah was alive Ezra would not leave him to go up d to the land of Israel.[1] Rabbah said in the name of R. Isaac b. Samuel b. Martha: The study of the Torah is superior to the honouring of father and mother. For, for the fourteen years that Jacob spent in the house of Eber, he was not punished, since a

a (1) Esth. VIII, 15. (2) Gen. XLV, 14. (3) The Heb. צוארי can also be taken as a plural. [Rashi omits this question. He did not regard the exposition that follows as being based upon the supposed difference in the grammatical form. The neck is simply taken as allusion to the Temple.] (4) On the Temple Mount in Jerusalem. (5) Gen. XLV, 12. (6) Ibid. 23. (7) Lit., 'in which the mind of old will take delight'. (8) Ibid. L, 18. (9) Ibid. XLVII, 31. (10) By comparison with his father there would be no disrespect in referring to Joseph as a fox. (11) Lit., 'upon their heart'.

b (1) Lit., 'which were received upon the heart'. (2) Esth. VIII, 16. (3) I.e., they resumed the study of the Torah without hindrance; and so with circumcision and phylacteries. (4) Prov. VI, 23. (5) Deut. XVI, 14. (6) Ps. CXIX, 162. The word לאמר (saying) here is taken to refer to circumcision because God *said* (אמר) to Abraham that he should circumcise his son, Gen. XVII, 9. (7) Deut. XXVIII, 10. (8) Esth. IX, 7-10. (9) By one reading the Megillah. (10) Not identified, v. B.M. (Sonc. ed.) 87*a* n. c 10. (11) Al. 'blank space'. (12) The words in each line must be spaced in such a way as to present this appearance, the space of the half-brick being occupied in each case by the writing. (13) In Joshua XII. (14) פרשנדתא ואת

c (1) Esth. IX, 12. (2) Because he commenced as if in anger and then proceeded *and what is thy request* etc. (3) Ibid. 25. (4) Rashi omits here the words, 'she said', and explains that R. Joḥanan is here laying down the rule that the Megillah (which is called 'letter') should be read aloud. How he derives this lesson from the text is not clear. (5) Ibid. 30. (6) I.e., the Pentateuch, v. Giṭ. 6b. (7) Ibid. 32. (8) Ibid. 31. (9) Ibid. X, 3. (10) Because when he rose to power he neglected the study of the Torah. (11) Ezra II, 2. (12) Neh. VII, 7. The list in Ezra is given in connection with the first return from Babylon, the list in Nehemiah in connection with the dedication of the Temple which is reckoned by the Talmud to have taken place twenty-four years later (v. Rashi); and the incident of Purim is supposed to have taken place in the interval.

d (1) I.e., but for Baruch, Ezra would have come back with the first of the returning exiles.

Master has said: [17a] Why are the years of Ishmael mentioned? So as to reckon by them the years of Jacob, as it is written, *And these are the years of the life of Ishmael, a hundred and thirty and seven years.*[2] How much older was Ishmael than Isaac? Fourteen years, as it is written, *And Abram was fourscore and six years old when Hagar bore Ishmael to Abram,*[3] and it is also written, *And Abraham was a hundred years old when his son Isaac was born to him,*[4] and it is written, *And Isaac was threescore years old when she bore them.*[5] How old then was Ishmael when Jacob was born? Seventy-four. How many years were left of his life? Sixty-three; and it has been taught: Jacob our father at the time when he was blessed by his father was sixty-three years old. It was just at that time that Ishmael died, as it is written, *Now Esau saw that Isaac had blessed Jacob . . . so Esau went unto Ishmael and took Mahlath the daughter of Ishmael Abraham's son the sister of Nebaioth.*[6] Now once it has been said, *'Ishmael's daughter'* do I not know that she was the sister of Nebaioth? This tells us then that Ishmael affianced her and then died, and Nebaioth her brother gave her in marriage.[7] Sixty-three and fourteen till Joseph was born[8] make seventy-seven, and it is written, *And Joseph was thirty years old when he stood before Pharaoh.*[9] This makes a hundred and seven. Add seven years of plenty and two of famine,[10] and we have a hundred and sixteen, and it is written, *And Pharaoh said unto Jacob, How many are the days of the years of thy life? And Jacob said unto Pharaoh, The days of the years of my sojournings are a hundred and thirty years.*[11] But [we have just seen that] they were only a hundred and sixteen? We must conclude
a therefore that he spent fourteen years in the house of Eber,[1] as it has been taught: 'After Jacob our father had left for Aram Naharaim two years,[2] Eber died'. He then went forth from where he was[3] and came to Aram Naharaim. From this[4] it follows that when he stood by the well he was seventy-seven years old. And how do we know that he was not punished [for these fourteen years]? As it has been taught: 'We find that Joseph was away from his father twenty-two years,[5] just as Jacob our father was absent from his father'. But Jacob's absence was thirty-six years?[6] It must be then that the fourteen years which he was in the house of Eber are not reckoned. But when all is said and done, the time he spent in the house of Laban was only twenty years?[7]—The fact is that [he was also punished] because he spent two years on the way, as it has been taught: He left Aram Naharaim and came to Succoth and spent there eighteen months, as it says, *And Jacob journeyed to Succoth, and built him a house, and made booths for his cattle;*[8] and in Bethel he spent six months and brought there sacrifices.

CHAPTER II

b *MISHNAH.* IF ONE READS THE MEGILLAH BACKWARDS,[1] HE HAS NOT PERFORMED HIS OBLIGATION. IF HE READS IT BY HEART, IF HE READS IT IN A TRANSLATION [TARGUM] IN ANY LANGUAGE,[2] HE HAS NOT PERFORMED HIS OBLIGATION. IT MAY, HOWEVER, BE READ TO THOSE WHO DO NOT UNDERSTAND HEBREW[3] IN A LANGUAGE OTHER THAN HEBREW. IF ONE WHO DOES NOT UNDERSTAND HEBREW HEARS IT READ IN HEBREW, HE HAS PERFORMED HIS OBLIGATION. IF ONE READS IT WITH BREAKS,[4] OR WHILE HALF-ASLEEP, HE HAS PERFORMED HIS OBLIGATION. IF HE WAS COPYING IT, CORRECTING IT OR EXPOUNDING IT, THEN IF [IN DOING SO] HE PUT HIS MIND [ALSO TO THE READING] OF IT HE HAS PERFORMED HIS OBLIGATION, BUT OTHERWISE NOT. IF [THE COPY FROM WHICH HE READS] IS WRITTEN WITH SAM, WITH SIKRA, WITH KUMUS, OR WITH KANKANTUM,[5] OR ON NEYAR OR DIFTERA,[5] HE HAS NOT PERFORMED HIS OBLIGATION; IT MUST BE WRITTEN IN HEBREW[6] ON PARCHMENT[7] AND IN INK.

GEMARA. Whence is this rule [not to read backward] derived?—Raba said: The text says, *according to the writing thereof and according to the appointed time thereof:*[8] just as the appointed time cannot
c be backward,[1] so the [reading from the] writing must not be backward. But does the text speak here of *reading?* It speaks of *keeping,* as it is written, *that they would keep these two days!*—The truth is that we derive the rule from here, as it is written: *And that these days should be remembered and kept.*[2] 'Remembering' is here put on the same footing as 'keeping': just as keeping cannot be in the wrong order, so remembering also.

A Tanna stated: The same rule applies to *Hallel,*[3] to the recital of the *Shema',*[3] and to the *'Amidah*[3] prayer. Whence do we derive the rule as regards *Hallel?*—Rabbah said: Because it is written, *From the rising of the sun unto the going down thereof [the Lord's name is to be praised].*[4] R. Joseph said, [from here]: *This is the day which the Lord hath made.*[5] R. Awia said: *Let the name of the Lord be blessed.*[6] R. Naḥman b. Isaac—or you may also say, R. Aḥa b. Jacob—said, It is from here: *From this time forth and for ever.*[7]

"To the recital of the *Shema*", as it has been taught: The *Shema'* must be recited as it is written.[8] So Rabbi. The Sages, however, say: It may be recited in any language. What is Rabbi's reason?

(2) Gen. XXV, 17. (3) Ibid. XVI, 16. (4) Ibid. XXI, 5. (5) Ibid. XXV, 26. (6) Ibid. XXVIII, 6-9. (7) Which shows that Ishmael died just about the time that Isaac blessed Jacob. (8) It is reckoned by the Talmud that Jacob had been with Laban fourteen years when Joseph was born. V. Gen. XXXI, 41. (9) Ibid. XLI, 46. (10) V. Ibid. XLV, 6. (11) Ibid. XLVII, 8, 9.
a (1) [So Rashi: cur. edd., 'the fourteen years he spent . . . are not reckoned'.] (2) [So Rashi: cur. edd. introduce passage with: 'Jacob lay hidden in the house of Eber for fourteen years'.] (3) This is the reading here of the BaḤ. The reading of the text is unintelligible. (4) [By calculating the years Eber lived, v. Gen. XI, 17.] (5) He left when he was seventeen, he was thirty when he stood before Pharaoh, and seven years of plenty and two of famine passed before he saw his father. (6) He left when he was sixty-three and returned when he was ninety-nine. (7) V. Gen. XXXI, 41. (8) Gen. XXXIII, 17: a 'house' for one summer, and two 'booths' for two winters.
b (1) [Perhaps as a magical incantation for driving away demons. V. Blau *Das altjüdische Zauberwesen* pp. 146ff.] (2) [MS.M. If he read it in Targum (Aramaic); if he read it in any other language. The text of cur. edd. can also bear this interpretation, v. Rashi 18a s.v. קראה]. (3) לעוזות people speaking a foreign (לעז) language. (4) I.e., reads a part and then waits some time before resuming v. Gemara. (5) Because these materials fade. A similar rule was laid down with regard to the *Get*. For the meaning of these terms, v. *infra* in the Gemara. (6) Lit., '"Assyrian" characters'; v. *supra* 8b. (7) Lit., 'on the book'. [*Var lec.* 'on skin'.] (8) Esth. IX, 27.
c (1) I.e., the fifteenth cannot come before the fourteenth. (2) Esth. IX, 28. The Hebrew word זכירה means both 'remembering' and 'mentioning'. (3) V. Glos. (4) Ps. CXIII, 3. Just as the sun never goes backward from West to East, so the praise of the Lord should not be recited backward. (5) Ibid. CXVIII, 24. The day also cannot go backward. (6) Ibid. CXIII, 2. (7) Ibid. (8) I.e., in the original language.

למה נמנו שנותיו של ישמעאל · מה לנו למנות שנות הרשעים : להתייחס בהן שנותיו של יעקב · על ידי מנין שנות ישמעאל אנו למדין [באיזה פרק משנות יעקב עברו עליו כל הקורות והמוצאות אותו מהן אנו למדין] ששימש בבית עבר י"ד שנה כילד אברהם בן פ"ו שנה כשנולד ישמעאל וכשנולד יצחק היה בן מאה שנה הרי היו לישמעאל י"ד שנה ויצחק קדם ליעקב ששים שנה הרי לישמעאל ע"ד כמה פיישן משנותיו של ישמעאל ס"ג נמצא שהיה יעקב כשמת ישמעאל בן ס"ג שנה : ותניא היה יעקב כו' · ותניא נמי הכי שהיה יעקב כשנתברך מאביו בן ס"ג ובו בפרק מת ישמעאל שנאמר וילך עשו אל ישמעאל וגו' : מלמד שקידשה ישמעאל · אביה ומת והשיאה נביות אחיה : וארבע עשרה שנה · היה יעקב בבית לבן עד דאתיליד יוסף דכתיב עבדתיך ארבע עשרה שנה בשתי בנותיך וגו' (בראשית לא) וכשנולד יוסף שלמו שני עבודת הבנות שנאמר ויהי כאשר ילדה רחל את יוסף וגו' (שם ל) ומשם והלאה עבד אותו בשכר הצאן הרי בן ע"ז היה יעקב כשנולד יוסף וכתיב ויוסף בן שלשים שנה בעמדו לפני פרעה נמצא יעקב בן מאה ושבע [שנים כשהיה יוסף בן שלשים שנה] וכשהתחיל יעקב לישב בארץ כנען שלא ירד למצרים: שבעה דשבעא ותרין דכפנא · דכתיב כי זה שנתים הרעב בקרב הארץ וגו' (בראשית מה) הרי בן ק"ו היה יעקב כשירד למצרים וקרא כתיב שלשים ומאת שנה נמצא משנסע מבית אביו עד שבא לבית לבן ארבע עשר ואותן השנים היה בבית עבר ולא חשיב להו לא גרסינן הכא עד לקמן : עבר מת לאחר ירידתו של יעקב לארם נהרים · ובא לבית לבן ועמד שם שתי שנים לא וחשוב שנותיו של עבר ונמצא שמת כשהיה יעקב בן שבעים ותשע שנה והיינו שתי שנים משבא לבית לבן כשתחשוב י"ד שנה שימש בבית עבר: אלא · יעקב מבית עבר שתי שנים לפני מיתתו של עבר : נמצא כשעמד כו' · הכי גרסינן מנלן דלא איענש עלייהו דתניא נמצא יוסף כשפירש מאביו שלא ראהו עשרים ושתים שנה כדרך שפירש יעקב מבית אביו שלא כיבדו נתאבל על יוסף כ"ב שנה כילד יוסף בן שבע עשרה שנה היה כשפירש מאביו וכשמלך על מצרים היה בן שלשים שנה שנאמר ויוסף בן שלשים שנה בעמדו לפני פרעה הרי י"ג ושבעה דשבעא ותרין דכפנא הרי עשרים ושתים שנה שנתכסה יוסף מאביו ויעקב עמד עשרים שנה בבית לבן וי"ד שנה בבית עבר : אלא שמע מינה · י"ד דבית עבר לא חשיב להו דלא איענש עלייהו : אי הכי בצירא להו · ואין כאן אלא עשרים דבית לבן : אישתהי ב' שנים באורחא · דכשובו מארם נהרים לבא ליצחק אביו ויבן לו בית לימות החורף עשה סוכות ב' פעמים שני ימות הקיץ הרי י"ח ובבית אל עשה ששה חדשים כשילא משכם שנאמר קום עלה בית אל וגו' (בראשית לה) :

*למה נמנו שנותיו של ישמעאל כדי ליחס בהן שנותיו של יעקב דכתיב °ואלה שני חיי ישמעאל מאת שנה ושלשים שנה ושבע שנים כמה קשיש ישמעאל מיצחק ארביסר שנין דכתיב °ואברם בן שמונים שנה ושש שנים בלדת הגר את ישמעאל לאברם וכתיב °ואברהם בן מאת שנה בהולד לו את יצחק בנו וכתיב °ויצחק בן ששים שנה בלדת אותם בר כמה הוה ישמעאל כדאתיליד יעקב בר שבעים וארבעה כמה פיישן משניה שתין ותלת ותניא היה יעקב אבינו בשעה שנתברך מאביו בן ששים ושלש שנה ובו בפרק מת ישמעאל דכתיב °וירא עשו כי ברך וגו' וילך עשו אל ישמעאל ויקח את מחלת בת ישמעאל אחות נביות ממשמע שנאמר בת ישמעאל איני יודע שהיא אחות נביות מלמד שקידשה ישמעאל ומת והשיאה נביות אחיה שתין ותלת וארביסר עד דמתיליד יוסף הא שבעין ושבעה וכתיב °ויוסף בן שלשים שנה בעמדו לפני פרעה הא מאה ושבע שב דשבעא ותרתי דכפנא הא מאה ושיתסר וכתיב °ויאמר פרעה אל יעקב כמה ימי שני חייך ויאמר יעקב אל פרעה ימי שני מגורי שלשים ומאת שנה מאה ושיתסר הויין אלא ש"מ ארבע עשרה שנין דהוה בבית עבר לא חשיב להו דתניא (א) היה יעקב בבית עבר מוטמן ארבע עשרה שנה עבר מת לאחר שירד יעקב אבינו לארם נהרים שתי שנים (ב) יצא משם ובא לו לארם נהרים נמצא כשעמד על הבאר בן שבעים ושבע שנה ומנלן דלא מיענש דתניא נמצא יוסף שפירש מאביו עשרים ושתים שנה כשם שפירש יעקב אבינו מאביו דיעקב תלתין ושיתא הויין אלא (ג) ארביסר דהוה בבית עבר לא חשיב להו סוף סוף דבית לבן עשרין שנין הויין אלא משום דאשתהי באורחא תרתין שנין דתניא יצא מארם נהרים ובא לו לסכות ועשה שם שמונה עשר חודש שנאמר °ויעקב נסע סכותה ויבן לו בית ולמקנהו עשה סכות ובבית אל עשה ששה חדשים והקריב זבחים :

הדרן עלך מגילה נקראת

הקורא *את המגילה למפרע לא יצא קראה על פה קראה *תרגום בכל לשון לא יצא אבל קורין אותה ללועזות בלעז והלועז ששמע אשורית יצא קראה סירוגין ומתנמנם יצא היה כותבה דורשה ומגיהה אם כוון לבו יצא ואם לאו לא יצא היתה כתובה בסם ובסיקרא ובקומוס ובקנקנתום על הנייר ועל הדפתרא לא יצא עד שתהא כתובה אשורית *על הספר ובדיו : **גמ'** מה"מ אמר רבא דאמר קרא ככתבם וכזמנם מה זמנם למפרע לא אף כתבם למפרע לא מידי קריאה כתיבה הכא עשייה כתיבה דכתיב להיות עושים את שני הימים אלא מהכא דכתיב והימים האלה נזכרים ונעשים איתקש זכירה לעשייה מה עשייה למפרע לא אף זכירה למפרע לא תנא* וכן בהלל וכן בקריאת שמע ובתפלה הלל מנלן רבה אמר דכתיב °ממזרח שמש עד מבואו רב יוסף אמר °זה היום עשה ה' רב אויא אמר °יהי שם ה' מבורך ורב נחמן בר יצחק ואיתימא ר' אחא בר יעקב אמר מהכא °מעתה ועד עולם ק"ש דתניא *ק"ש ככתבה דברי רבי וחכ"א בכל לשון מ"ט דרבי אמר קרא והיו

הקורא · ללועזות · כל שאינו לשון הקודש נקרא לעז ולקמן פריך והא אמרת קראה בכל לשון לא יצא : סירוגין · בגמרא מפרש קורא מעט ופוסק (*ושוהה) וחוזר ופוסק : היה כותבה · או דורשה · ומתוך כך קוראה אם כוון לבו יצא : דיפתרא ונייר · מפרש בגמ' : על הספר · קלף : **גמ'** מנהני מילי · דלמפרע לא יצא : מה זמנם למפרע לא · דאי אפשר שיהא ט"ו קודם לי"ד : ממזרח שמש עד מבואו · כשם שקיעת וזריחת החמה לא יהפכו כך מהולל שם ה' ולא למפרע : זה היום · כסדר היום שאינו משתנה בשעותיו להיפך כך למפרע לא : יהי שם ה' מבורך · כהוייתו יהא הלול השם וברכתו כסדרו : ככתבה · בלשון הקודש ולא בלשון אחר : והיו

תוספות: **הקורא** את המגילה · *רבנן אמרי אמר קרא שמע נראה דהלכה כחכמים חדא דיחיד ורבים הלכה כרבים ועוד דקאמר ורבנן סברי כמאן דאמר הקורא את שמע ולא השמיע לאזנו יצא ובפרק שני דברכות (דף טו:) מסקינן כתנא קמא דרבי יוסי דאמר כן התם : כל

רבינו חננאל

לא נמנו שנותיו של ישמעאל אלא כדי ליחס שנותיו של יעקב אבינו · מצינו שהיה ישמעאל גדול מיצחק י"ד שנה · ויצחק גדול מיעקב ס' שנה נמצא ישמעאל גדול מיעקב ע"ד שנה ובו בפרק שנתברך יעקב אבינו מת ישמעאל וכל שנותיו היו קל"ז הסר מהן ע"ד שנה נשארו ס"ג שנה נמצא בעת שיצא לארם נהרים בן ס"ג שנה · וי"ד בבית עבר · וכ' שנה בבית לבן שנאמר זה לי עשרים שנה בביתך וגו' הרי צ"ז שנה והיה יוסף בעת צאת יעקב מאצל לבן בן [שש] שנים כי אחר י"ד שנה נולד ונשתהה שנתים בדרך נמצא יעקב כשבא אל יצחק אביו בן צ"ט שנה נתכסה יעקב מיצחק אביו ל"ו שנה כשנגנב [יוסף] היה בן י"ז שנה. וי"ג שנה עשה בבית אדוניו ובבית הסהר [וז' דשבע] ושנתים הרעב הרי י"ג שנה וז' שנה ושתי שנים הרי כ"ב נתכסה יוסף מיעקב אבינו כשיעור השנים שנתכסה יעקב מיצחק אביו זולתי י"ד שנים שהיה יעקב למד תורה בבית עבר. ולא נמנו עליהם. וכל זה החשבון מפורש מן הפסוקים הנזכרים בגמ' ולפי זו השמועה היה יוסף בשנה שהגיע אל יצחק אבי אביו בן ח' שנים ויעקב היה בן צ"ט שנתאחרו שנתים בדרך נמצא יעקב בעת שנגנב יוסף בן ק"ח שנה. וכ"ב נתכסה ממנו הרי שלשים ומאת שנה כדכתיב שלשים ומאת שנה וגו' :

הדרן עלך מגלה נקראת

*) **הקורא** את המגלה לא יצא מנא לן אמר רבא דאמרינן ככתבם וכזמנם מה י"ד שהוא זמנם אם יעבור לא יתכן להחזירו למפרע ולקריאתה ביום י"ד שכבר עבר כך קריאתה למפרע לא אע"ג דהאי קרא ככתבם וכזמנם בעשיה כתיב איתקש זכירה לעשיה שנא' והימים האלה נזכרים ונעשים · תנא וכן בהלל וכן בק"ש וכן בתפלה למפרע לא יצא הלל דכתיב ביה ממזרח שמש עד מבוא מהלל שם ה' כשם שא אפשר

*) לפני רבינו חננאל היה סדר הקורא את המגילה עומד פרק שני ופרק הקורא את המגילה למפרע פרק שלישי ולאחנו סגנו דברי רבינו לפי הסדר אשר לפנינו.

עין משפט נר מצוה

א א מיי' פ"ב מהלכות מגלה הלכה א סמג עשין מד"ס ד טוש"ע א"ח סימן תרצ סעיף ו :
ב ב מיי' שם הלכה ג טוש"ע שם סעיף ג וסעיף ז :
ג ג מיי' שם הלכה ד טוש"ע שם סעיף ט :
ד ד מיי' שם הלכה ג טוש"ע שם סעיף ח :
ה ה מיי' שם הלכה א טוש"ע שם סעיף ס :
ו ו מיי' שם הלכה ה טוש"ע שם סעיף יב :
ז ז מיי' שם טוש"ע שם סעיף יג :
ח ח מיי' שם הלכה ט טור וש"ע א"ח סימן תרצא סעיף א ב וע"ש :
ט ט מיי' פ"ב מהלכות תפלה הלכה ט סמג עשין ה טוש"ע א"ח סי' תכב סעיף ו :
י י מיי' פ"ב מהלכות ק"ש הלכה יא סמג עשין יח טוש"ע א"ח סימן סד סעיף א :
יא כ מיי' שם הלכה י וסמג שם טוש"ע א"ח סימן סב סעיף ב :

מסורת הש"ס

[יבמות סד.] · [עיין כרש"י לקמן יח. ד"ה קראה] · [עיין תוספות לקמן יט. ד"ה על] · [תוספתא פ"ב] · ברכות יג. סוטה לב: · [נ"ל וקורא מעט]

הגהות הב"ח

(א) גמ' ותניא היה יעקב אבינו בבית עבר מוטמן ומשמש ארבע עשרה שנה לאחר שירד כצ"ל ותבת עבר מת נמחק : (ב) שם שתי שנים יצא משם וכו' לו לארם וכו' בן ע"ה שנה היה ומנלן דלא איענש יעקב אבינו עליה דתניא : (ג) שם אלא שמע מינה ארביסר :

עין משפט נר מצוה

יב א מיי' פ"ב מהלכות ק"ש הלכה ה סמג עשין יח טור וש"ע א"ח סימן סב סעיף ג:

יג ב מיי' פ"א מהלכות תפלה הלכה ד סמג עשין יט טור א"ח סימן קיב:

[וע"ע תוספות ברכות יג. ד"ה בלה"ק]

[עיין רש"א]

יד ג טור א"ח סי' קיג:

תורה אור

°והיו בהויתן יהו ורבנן מ"ט אמר קרא דברים ו
°שמע בכל לשון שאתה שומע ורבי נמי הא שם
כתיב שמע ההוא מיבעי ליה השמע לאזניך
מה שאתה מוציא מפיך ורבנן סברי כמאן
דאמר *הקורא את שמע ולא השמיע לאזנו
יצא ורבנן נמי הכתיב והיו ההוא מיבעי ליה
שלא יקרא למפרע ורבי שלא יקרא למפרע
מנא ליה מדברים הדברים ורבנן דברים
הדברים לא משמע להו לימא קסבר רבי
כל התורה כולה בכל לשון נאמרה דאי
סלקא דעתך בלשון הקודש נאמרה למה
לי למכתב והיו אצטריך סלקא דעתך שמע
כרבנן כתב רחמנא והיו לימא קסברי רבנן
כל התורה בלשון הקודש נאמרה דאי סלקא
דעתך בכל לשון נאמרה למה לי למכתב
שמע איצטריך סלקא דעתך אמינא והיו
כרבי כתב רחמנא שמע תפלה מנא לן
דתניא *שמעון הפקולי הסדיר שמונה עשרה
ברכות לפני רבן גמליאל על הסדר ביבנה
אמר רבי א) יוחנן ואמרי לה במתניתא תנא
*מאה ועשרים זקנים ובהם כמה נביאים
תיקנו שמונה עשרה ברכות על הסדר *ת"ר
מנין שאומרים אבות שנאמר °הבו לה' בני תהלים כט
אלים ומנין שאומרים גבורות שנאמר °הבו שם
לה' כבוד ועוז ומנין שאומרים קדושה
שנאמר °הבו לה' כבוד שמו השתחוו לה' שם
בהדרת קדש ומה ראו לומר בינה אחר קדושה
שנאמר °והקדישו את קדוש יעקב ואת אלהי ישעיה כט
ישראל יעריצו וסמיך ליה וידעו תועי רוח
בינה ומה ראו לומר תשובה אחר בינה
דכתיב °ולבבו יבין ושב ורפא לו אי הכי שם ו
לימא רפואה בתרה דתשובה לא ס"ד דכתיב
°וישוב אל ה' וירחמהו ואל אלהינו כי ירבה שם נה
לסלוח ומאי חזית דסמכת אהא סמוך אהא
כתב קרא אחרינא °הסולח לכל עוניבי תהלים קג
הרופא לכל תחלואיכי הגואל משחת חייכי
למימרא דגאולה ורפואה בתר סליחה היא
והכתיב ושב ורפא לו ההוא לאו רפואה
דתחלואים היא אלא רפואה דסליחה היא
ומה ראו לומר גאולה בשביעית אמר רבא
מתוך שעתידין ליגאל בשביעית לפיכך
קבעוה בשביעית והאמר מר *בששית קולות
בשביעית מלחמות במוצאי שביעית בן דוד בא מלחמה נמי אתחלתא דגאולה
היא ומה ראו לומר רפואה בשמינית אמר רבי אחא מתוך שנתנה מילה
בשמינית שצריכה רפואה לפיכך קבעוה בשמינית ומה ראו לומר ברכת
השנים בתשיעית אמר רבי אלכסנדרי כנגד מפקיעי שערים דכתיב °שבור שם
זרוע רשע ודוד כי אמרה בתשיעית אמרה ומה ראו לומר קיבוץ גליות לאחר
ברכת השנים דכתיב °ואתם הרי ישראל ענפכם תתנו ופריכם תשאו לעמי יחזקאל לו
ישראל כי קרבו לבוא וכיון שנתקבצו גליות נעשה דין ברשעים
שנאמר °ואשיבה ידי עליך ואצרוף כבור סיגיך וכתיב °ואשיבה שופטיך כבראשונה וכיון שנעשה ישעיה א
דין מן הרשעים כלו הפושעים וכולל זדים עמהם שנאמר °ושבר פושעים וחטאים יחדיו (א) (יכלו) וכיון שכלו שם
הפושעים מתרוממת קרן צדיקים דכתיב °וכל קרני רשעים אגדע תרוממנה קרנות צדיק וכולל גירי הצדק תהלים עה
עם הצדיקים שנאמר °מפני שיבה תקום והדרת פני זקן וסמיך ליה וכי יגור אתכם גר והיכן ויקרא יט
מתרוממת קרנם בירושלים שנאמר °שאלו שלום ירושלם ישליו אוהביך וכיון שנבנית ירושלים בא דוד שנאמר תהלים קכב
אחר

א) גירסת הרי"ף א"ר יצחק ואיתימא ר' חייא בר אבא ואמרי לה וכו' וגירסת הרא"ש א"ר ירמיה ואיתימא רחב"א ואמרי לה וכו'.

רש"י

והיו הדברים האלה בהויתן · בלשון הקודש: שלא יקרא למפרע · אלמא קריאת שמע למפרע לא ומהכא יליף תנא דלעיל טעמא: בכל לשון נאמרה · לקרותה בכל לשון ולכן אילטריך בקריאת שמע והיו: אילטריך · והיו דלא תימא שמע בכל לשון שאתה שומע כרבנן: על הסדר · כמשפט המקראות וכדיליף לקמן: הפקולי · יש אומרים שמשתכר בלמר גפן שנקרא פקולא: הבו לה' · הזכירו לפניו את אילי הארץ: הבו לה' כבוד שמו · סיפיה דקרא בהדרת קודש: ומה ראו לומר גאולה בשביעית · ולא רפואה אחר סליחה כדכתיב קרא הסולח לכל עוניכי הרופא לכל תחלואיכי: מתוך שעתידין ליגאל בשביעית · שבוע שבן דוד בא בו חלוק מאחר שנים כדאמרינן בפרק חלק (דף צז.) שנה ראשונה רעב ולא רעב כו' עד ובשביעית מלחמות ובמוצאי שביעית בן דוד בא: אתחלתא דגאולה היא · ואע"ג דהאי גאולה לאו גאולה דגלות היא אלא שיגאלנו מן הצרות הבאות עלינו תמיד דהא ברכת קיבוץ ובנין ירושלים ולמח דוד יש לכל אחת ואחת ברכה לעצמה לבד מגאולה זו אפילו הכי כיון דשם גאולה עלה קבעוה בשביעית: שבור זרוע רשע · אלו המייקרין את התבואה ומפקיעין את השער וממאי דבמפקיעי שערים כתיב דכתיב בההיא פרשתא יארב במסתר כאריה בסוכו יארוב לחטוף עני וכי הליסטים אורב את העני והלא את העשיר הוא אורב אלא במפקיעי שערים הכתוב מדבר שרוב דעתם לעניים הוא וקא בעי דוד רחמי עלה דמילתא שבור זרוע רשע ותן שובע בעולם ובכך זרועו שבור ורע תדרוש רשעו בל תמצא וזה שהיה בדעתו להיות רשע כשתדרוש רשעו לא תמצא עולה שלא הספיק לעשותה: בפרשה תשיעית אמרה · *ואם תאמר שמינית היא אשרי ולמה רגשו גוים תרתי פרשתא היא: ופריכם תשאו לעמי ישראל כי קרבו לבא · אלמא קיבוץ גליות בעת ברכת השנים היא: וכיון שנתקבצו גליות נעשה דין ברשעים · קודם שנתיישבו בירושלים שנאמר ואסירה כל בדיליך ועל ידי כן ואשיבה שופטיך כבראשונה ויועציך כבתחלה כמו לשעבר ציון במשפט תפדה ושביה בצדקה לכן סמכו לקבוץ גליות והשיבה שופטינו ולדקינו במשפט: כלו הפושעים · שאינם מאמינין בדת משה שהיתה מן השמים לכך סמכו לה ברכת הפושעים שנאמר עוזבי ה' אלו הפושעים: ושבר פושעים היינו זדים כדאמר פשעים אלו המרדין (יומא דף לו:) אחר

תוספות

כל התורה בכל לשון נאמרה · פירש הקונטרס שנתנה לקרות בכל לשון שרולה לקרות בספר תורה וקשה שהרי קריאת התורה אינה מן התורה אלא מדרבנן לבד מפרשת זכור דהוי דאורייתא ונראה דהכי פירושא כל קריאה שבתורה כגון מצות חליצה ופרשת עגלה ערופה וידוי מעשר ובכורים וכל אלו השנויין פרק אלו נאמרין בסוטה (דף לב. ושם)*: דאי בלשון הקודש נאמרה למה לי למיכתב וכו' · קשיא *דהא בפרק אלו נאמרים בסוטה (דף לג. ושם) מצריך קרא בין למאן דאמר בכל לשון נאמרה בין למאן דאמר בלשון הקודש נאמרה ויש לומר דהתם בעי לאוקמי רבוי אליבא דכולי עלמא למאן דאמר בכל לשון נאמרה צריך קרא לרבויי לשון הקדש ולמאן דאמר בלשון הקודש נאמרה צריך לרבויי בכל לשון: הסדיר שמונה עשרה ברכות על הסדר · מכאן קשיא למה שפרש"י בברכות (דף לד. ושם) גבי אמצעיות אין להן סדר דפירש דאם טעה באחת מן הברכות ושכח אחת מהן שצריך לחזור שאומר אותה ברכה ששכח במקום שנזכר וגומר תפלתו וקשיא דאם כן הוא אומר השמונה עשרה ברכות למפרע והכא חזינא דשמעון הפקולי התקין אותן על הסדר אלא נראה לפרש התם אין להן סדר דלא הוו כשלש ראשונות ושלש אחרונות דחוזר לראש השלשה כשטעה באחת מהן אלא חוזר לאותה ששכח וגומר ממנה ולמטה הכל כסדר אבל בענינו אין חוזר כיון שעבר מקומו והכי נמי אמרינן לקמן (דף יח:) גבי מגילה שאם השמיט פסוק אחד שמתחיל וקורא מאותו פסוק ולמטה*: ודוד כי אמרה בפרשת תשיעית אמרה · פירש הקונטרס ואף על גב דליכא אלא ח' מזמורים עד התם אשרי האיש ולמה רגשו גוים תרתי נינהו וקשיא דהא פרק קמא דברכות (דף י.) אמר דחדא פרשה היא ומסיק התם דכל פרשה שהיתה חביבה לדוד התחיל בה באשרי וסיים בה באשרי כגון זו שמתחלת באשרי האיש ומסיימת באשרי כל חוסי בו והיינו סוף דלמה רגשו אלמא דחדא פרשה היא וצריך לומר דלמנצח על מות ולמה ה' תעמוד ברחוק תרתי נינהו: דה'

[ועי' תוס' ברכות לד. ד"ה אמצעיות]

רבינו חננאל

אפשר לזרוח השמש מן המערב כך הלל למפרע לא ק"ש לרבנן מוהיו שלא יקרא למפרע כלומר יהיו כמות שהן לר' מהדברים כלומר הדברים כסדרן תפלה דתני שמעון הפקולי [הסדיר] י"ח ברכות לפני ר"ג על הסדר · במתניתין תנא ק"כ זקנים ובהם כמה נביאים תקנו י"ח ברכות על הסדר. מנין שאומרים אבות שנאמר הבו לה' בני אלים והן האבות גבורי התורה והמצות כדכתיב ואת אילי הארץ לקח: גבורות גשמים שנאמר הבו לה' כבוד ועוז ונקראו גבורות שיורדין בגבורה כמפורש בתחלת תעניות ועוז היא גבורה ואומר מטרות עוז ומנין שאומרים קדושה שנא' הבו לה' כבוד שמו השתחוו לה' בהדרת קדש בינה אחר קדושה שנאמר והקדישו את קדוש יעקב וכתיב בתריה וידעו תועי רוח בינה תשובה אחר בינה שנאמר ולבבו יבין ושב סליחה אחר תשובה שנאמר וישוב אל ה' וירחמהו וגו' תקנו גאולה בשביעית שעתידין ישראל להיגאל בשביעית ורפואה בשמינית כנגד מילה שהיא בשמיני וצריכה רפואה וברכת השנים בתשיעית כנגד מפקיעי שערים שנאמר שבור זרוע רשע ורע ודוד כי אמרה בפרשת תשיעית אמרה קבוץ גליות אחר ברכת השנים שנאמר ואתם הרי ישראל ענפיכם תתנו ופריכם תשאו לעמי ישראל כי קרבו לבוא· אחר קבוץ גליות ברכת משפט שנאמר ואסירה כל בדיליך ואשיבה שופטיך ואחריה כליית הזידים שנאמר ושבר רשעים וחטאים ואחריה ברכת צדיקים ואחריה ברכת

מסורת הש"ס

ברכות טו. לקמן יט:

[ברכות כח:]

[לקמן יח.]

ר"ה לב.

סנהדרין צז.

הגהות הב"ח

(א) גמ' ד"ס והחטאים יחדו ועוזבי ה' יכלו וכיון שכלו:

ס"א וא"ת עשירית היא אשרי ולמה רגשו חדא היא ולפי גירסא זו צ"ל דס"ל אשרי ולמה רגשו חדא היא ולמנצח על מות ולמה ה' תעמוד גם כן חדא ואם כן ס"ל שמינית

Scripture says [17b], [*And these words*] *shall be*,[9] which implies, they shall be kept as they are. And what is the reason of the Rabbis?—Because Scripture says, *Hear*,[10] which implies, in any language which you understand. How then can Rabbi [hold otherwise], seeing that it is written, *'hear'*?—He requires that word for the injunction, 'Let thine ear hear what thou utterest with thy mouth'. The Rabbis, however, concurred with the authority who said that if one recites the *Shema'* without making it audible, he has performed his obligation. But the Rabbis too—[how can they hold as they do], seeing that it is written, *'And they shall be'*?—They require this for the injunction that it should not be recited backwards. Whence does Rabbi derive the rule that it should not be recited backwards? From [the use of the expression] 'the words', where 'words' [would have been sufficient]. The Rabbis, however, do not accept this distinction between 'the words' and 'words'.

May we say that Rabbi was of opinion that the whole of the
a Torah has been ordained [to be recited] in any language?[1] For should you assume that it has been ordained [to be recited] only in the holy tongue, why should the words *'and they shall be'* be inserted [in reference to the *Shema'*]?—These were necessary. For it might have occurred to me to understand *'hear'* in the same sense as the Rabbis:[2] therefore the All-Merciful wrote *'and they shall be'*. May we then say that the Rabbis were of opinion that the whole of the Torah was ordained [to be recited] only in the holy tongue, since, should you assume that it was ordained to be recited in any language, [I might ask], why should *'hear'* be inserted [in reference to the *Shema'*]?—This word is necessary. For it might occur to me to understand *'and they shall* be' in the same sense as Rabbi. Therefore the All-Merciful wrote, *'hear'*.

'To the *'Amidah* prayer'. Whence is this derived?—As it has been taught: 'Simeon the Pakulite[3] formulated eighteen blessings in the presence of Rabban Gamaliel in the proper[4] order in Jabneh.[5] R. Johanan said (others report, it was stated in a Baraitha): A hundred and twenty elders, among whom were many prophets, drew up eighteen blessings in a fixed order'.

Our Rabbis taught: Whence do we derive that the blessing of the Patriarchs[6] should be said? Because it says, *Ascribe unto the Lord, O ye sons of might*.[7] And whence that we say the blessing
b of mighty deeds?[1] Because it says, *Ascribe unto the Lord glory and strength*.[2] And whence that we say sanctifications?[3] Because it says, *Ascribe unto the Lord the glory due unto His name, worship the Lord in the beauty of holiness*.[4] What reason had they for mentioning understanding[5] after holiness? Because it says, *They shall sanctify the Holy One of Jacob and shall stand in awe of the God of Israel*,[6] and next to this, *They also that err in spirit shall come to understanding*. What reason had they for mentioning repentance[7] after understanding? Because it is written, *Lest they, understanding with their heart, return and be healed*.[8] If that is the reason, healing should be mentioned next to repentance?[9]—Do not imagine such a thing, since it is written, *And let him return unto the Lord and he will have compassion upon him, and to our God, for he will abundantly pardon*.[10] But why should you rely upon this verse? Rely rather on the other!—There is written another verse, *Who forgiveth all thine iniquity, who healeth all thy diseases, who redeemeth thy life from the pit*,[11] which implies that redemption and healing come after forgiveness. But it is written, *'Lest they return and be healed'*? That refers not to the healing of sickness but to the healing [power] of forgiveness. What was their reason for mentioning redemption in the seventh blessing?[12] Raba replied: Because they [Israel] are destined to be redeemed in the seventh year [of the coming of the Messiah],[13] therefore the mention of redemption was placed in the seventh blessing. But a Master has said, 'In the sixth year will be thunderings, in the seventh wars, at the end of the seventh the son of David will come'?—War is also the beginning of redemption. What was their reason for mentioning healing in the eighth blessing?—R. Aha said: Because circumcision which requires healing is appointed for the eighth day, therefore it was placed in the eighth blessing. What was their reason for placing the [prayer for the] blessing of the years ninth? R. Alexandri said: This was directed against those who raise the market price [of foodstuffs], as it is written, *Break thou the arm of the wicked;* and
c when David said this, he said it in the ninth Psalm.[1]

What was their reason for mentioning the gathering of the exiles after the blessing of the years?—Because it is written, *But ye, O mountains of Israel, ye shall shoot forth your branches and yield your fruit to my people Israel, for they are at hand to come*.[2] And when the exiles are assembled, judgment will be visited on the wicked, as it says, *And I will turn my hand upon thee and purge away thy dross as with lye*,[3] and it is written further, *And I will restore thy judges as at the first*.[4] And when judgment is visited on the wicked, transgressors cease,[5] and presumptuous sinners[6] are included with them, as it is written, *But the destruction of the transgressors and of the sinners shall be together, and they that forsake the Lord shall be consumed*.[7] And when the transgressors have disappeared, the horn of the righteous is exalted,[8] as it is written, *All the horns of the wicked also will I cut off, but the horns of the righteous shall be lifted up*.[9] And 'proselytes of righteousness'[10] are included with the righteous, as it says, *thou shalt rise up before the hoary head and honour the face of the old man*,[11] and the text goes on, *And if a stranger sojourn with thee*. And where is the horn of the righteous exalted? In Jerusalem,[12] as it says, *Pray for the peace of Jerusalem, may they prosper that love thee*.[13] And when Jerusalem is built, David[14] will

(9) Deut. VI, 6. (10) Ibid. 4. The word שמע means both 'hear' and 'understand'.
a (1) According to Tosaf., this refers only to those passages of the Scripture which were to be recited on special occasions, e.g., the passage relating to the first-fruit, the declaration of *halizah* etc. (2) Viz., in any language. (3) Possibly this means 'cotton dealer' (Rashi). (4) I.e. one based on Scriptural texts, as explained *infra*. (5) V. Ber. 28b. (6) The first blessing, containing the words, 'the God of Abraham, the God of Isaac, and the God of Jacob'. For the *'Amidah* prayer *v. *P.B.* pp. 44ff. (7) Ps. XXIX, 1. *'Sons of might'* is taken as a description of the Patriarchs. The Talmud renders: 'Mention before the Lord the sons of might', i.e., the Patriarchs.
b (1) The second blessing, mentioning the 'mighty deed' of the resurrection. (2) Ps. XXIX, 1. (3) The third blessing beginning, 'Thou art holy'. (4) Ibid. 2. (5) In the fourth blessing, beginning, 'Thou grantest to man understanding'. (6) Isa. XXIX, 23f. (7) In the fifth blessing, commencing, 'Bring us back, O Father'. (8) Ibid. VI, 10. (9) Whereas in fact it comes in the next blessing but one, 'redemption' being interposed. (10) Ibid. LV, 7. (11) Ps. CIII, 3f. (12) Concluding, 'Blessed art thou, O Lord, who redeemest Israel'. (13) V. Sanh. 97a.
c (1) In our books it is the tenth (v. 15), but the Talmud apparently reckoned the first and second Psalms as one. (2) Ezek. XXXVI, 8. (3) Isa. I, 25. (4) Ibid. 26. The next blessing proceeds, 'Restore our judges', etc. (5) MS.M. *minim* (plur. of *min* v. Glos.). (6) Mentioned in the next blessing. This, however, was not one of the original eighteen, v. Ber. 28b. (7) Ibid. 28. (8) The next blessing concludes, 'the support and trust of the righteous'. (9) Ps. LXXV, 11. (10) Mentioned in the same blessing. *'Proselytes of Righteousness'* are converts who completely accept the Jewish creed and life. (11) Lev. XIX, 32. (12) Mentioned in the next blessing. (13) Ps. CXXII, 6. (14) Mentioned in the next blessing, which commences, 'Cause to sprout quickly the shoot of David'.

*See Corrigenda.

come, as it says, [18a] *Afterwards shall the children of Israel return*
a *and seek the Lord their God, and David their king.*[1] And when David comes, prayer[2] will come, as it says, *Even them will I bring to my holy mountain, and make them joyful in my house of prayer.*[3] And when prayer has come, the Temple service[4] will come, as it says, *Their burnt-offerings and their sacrifices shall be acceptable upon mine altar.*[5] And when the service comes, thanksgiving[6] will come, as it says, *Whoso offereth the sacrifice of thanksgiving honoureth me.*[7] What was their reason for inserting the priestly benediction after thanksgiving? Because it is written, *And Aaron lifted up his hands toward the people and he came down from offering the sin-offering and the burnt-offering and the peace-offerings.*[8] But cannot I say that he did this before the service?—Do not imagine such a thing. For it is written, '*and he came down* from *offering*'. Is it written 'to *offer*'? It is written, 'from *offering*'.[9] Why not then say it [the priestly benediction] after the [blessing of] the Temple service?—Do not imagine such a thing, since it is written, *whoso offereth the sacrifice of thanksgiving.*[10] Why base yourself upon this verse? Why not upon the other?—It is reasonable to regard service and thanksgiving as one. What was their reason for having 'give peace' said after the priestly benediction?—Because it is written, *So they* [the priests] *shall put my name upon the children of Israel, and* [then] *I shall bless them;*[11] and the blessing of the Holy One, blessed be He, is peace, as it says, *The Lord shall bless his people with peace.*[12]

Seeing now that a hundred and twenty elders, among whom were many prophets, drew up the prayers in the proper order, why did Simeon the Pakulite formulate them?—They were forgotten, and he formulated them afresh. Beyond this it is forbidden to declare the praise of the Holy One, blessed be He.[13] For R. Eleazar said: What is the meaning of the verse, *Who can express the mighty*
b *acts of the Lord, or make all his praise to be heard?*[1] For whom is it fitting to express the mighty acts of the Lord? For one who can make all his praise to be heard. Rabbah b. Bar Ḥanah said in the name of R. Joḥanan: One who descants upon the praises of the Holy One, blessed be He, to excess is uprooted from the world, as it says, *Shall it be told to him that I should speak? Should a man* [try to] *say, surely he would be swallowed up.*[2] R. Judah a man of Kefar Gibboraya,[3] or, as some say, of Kefar Gibbor Ḥayil,[4] gave the following homily: What is meant by the verse, *For thee silence is praise?*[5] The best medicine of all is silence. When R. Dimi came, he said: In the West[6] they say: A word is worth a *sela'*, silence two *sela's*.

IF ONE READS IT BY HEART, HE HAS NOT PERFORMED HIS OBLIGATION. Whence this rule?—Raba said: We explain the expression *zekirah*[7] in one passage from its use in another. It is written here, *And these days shall be* nizkarim[8] [*remembered*] and it is written elsewhere, *Write this* le-zikaron [*for a memorial*] in the book.[9] Just as there it was to be in a book, so here it must be in a book. But how do we know that this '*nizkarim*' implies 'uttering'? Perhaps it means mere reading with the eyes?—Do not imagine such a thing, since it has been taught: '*Remember*' [zakor].[10] Am I to say, this means only with the mind? When the text says, *thou shalt not forget*, the injunction against mental forgetfulness is already given. What then am I to make of 'remember'? This must mean, by utterance.[11]

IF ONE READS IT IN A TRANSLATION, HE HAS NOT PERFORMED HIS OBLIGATION. How are we to understand this? Are we to suppose that it is written in Hebrew and he reads it in a translation? This is the same as reading by heart!—It is required for the case where it is written in a translation and he reads it in a translation.

IT MAY, HOWEVER, BE READ TO THOSE WHO DO NOT SPEAK HEBREW IN A LANGUAGE OTHER THAN HEBREW. But you have just said, IF ONE READS IT IN ANY [OTHER] LANGUAGE HE HAS NOT PERFORMED HIS OBLIGATION?—Rab and Samuel both answered that what is referred to here is the Greek vernacular. How are we to understand this? Shall we say that it is written in Hebrew and he reads it in Greek? This is the same as saying by heart?—R. Aḥa said in the name of R. Eleazar: What is referred to is where it is written in the Greek vernacular.

(R. Aḥa also said in the name of R. Eleazar: How do we know ◁

a (1) Hos. III, 5. (2) Mentioned in the next blessing, which commences, 'Hear our voice'. (3) Isa. LVI, 7. (4) The next blessing contains the words, 'Restore the service'. (5) Ibid. (6) The next blessing commences, 'We give thanks to Thee'. (7) Ps. L, 23. (8) Lev. IX, 22. (9) [Omit with MS.M.: 'For it is written ... to offer'?]. (10) Which shows that sacrifice is followed immediately by thanksgiving. (11) Num. VI, 27. (12) Ps. XXIX, 11. (13) I.e., it is forbidden to add any more blessings.

b (1) Ps. CVI, 2. (2) Job XXXVII, 20. E.V., '*Or should a man wish that he were swallowed up*'. (3) Lit., 'village of warriors'. (4) Lit., 'village of a mighty warrior'. [MS.M. has 'Kefar Naburya' and 'Kefar Napor Ḥayil'. The former is identified with en-Nebraten in Upper Galilee, v. Keth. (Sonc. ed.) 65a n. e11]. (5) Ps. LXV, 2. E.V., '*Praise waiteth for thee*'. (6) Palestine. (7) Which means both 'remembering' and 'mentioning'. (8) Esth. IX, 28. (9) Ex. XVII, 14. (10) Deut. XXV, 17. (11) Lit., 'with the mouth'. So here, the days of Purim must be 'remembered' by utterance.

◁ *For the continuation of the English translation of this page see overleaf.*

אחר ישובו בני ישראל · אחר ישובו לבית המקדש ובקשו הקב"ה ואת דוד מלכם: זובח תודה · אחר זביחה תן הודאה: וירד מעשות החטאת והעולה וגו': חדא מילתא היא · אף הודאה עבודה של מקום הוא: אסור לספר · בקביעות ברכה: למי שיכול · ואין מי שיכול לספר את כולו לפיכך אין נראה לספר מדעתו אלא את מה שתקנו חכמים: היסופר לו כי אדבר · הכי דריש ליה היסופר שבחו כולו כי ארבה לו דברי שבח אם אמר לעשות כך כי יבולע: סמא דכולה משתוקא · מבחר כל הסממנין היא השתיקה שלא להרבות דברים והיינו לך דומיה תהלה: מלה בסלע משתוקא בתרין · אם תרצה לקנות הדבור בסלע תקנה השתיקה בשתים: *קראה תרגום בכל לשון · זו ואין צ"ל זו קתני: מיתיבי · לרב ושמואל דקתני הכא יוונית לא יצא: הא לא דמיא · תירוצא הוא: גיפטית לגיפטים יצא · והכי נמי תנן במתני' ללועזות בלעז: עברית · לשון עבר הנהר: עילמית · לשון עילם: (א) מתני' כברייתא · זו מיתוקמא קראה בכל לשון דקתני מתני' לא יצא כגון גיפטית למדיים ומדית לגיפטים אבל קורין אותו ללועזות בלעז איש כלשונו: ופרסומי ניסא · אע"פ שאין יודעין מה ששומעין שואלין את השומעין ואומרין מה היא הקרייה הזו ואיך היה הנס ומודיעין להן: לא הוו ידעי רבנן · תלמידי רבינו הקדוש: חלוגלוגות · מין ירק הוא ושנוי בכמה מקומות במשנה ובברייתא: פרפחיני · פיקקל"י בלעז: מסלסל בשערך · למדנו שהסלסול לשון חיפוש והיפוך: טאטיתא · איסקופ"א בלעז:

סירוסין

תורה אור

אחר ישובו בני ישראל ובקשו את ה' אלהיהם ואת דוד מלכם וכיון שבא דוד באתה תפלה שנאמר והביאותים אל הר קדשי ושמחתים בבית תפלתי וכיון שבאת תפלה באת עבודה שנאמר עולותיהם וזבחיהם לרצון על מזבחי וכיון שבאת עבודה באתה תודה שנאמר זובח תודה יכבדנני ומה ראו לומר ברכת כהנים אחר הודאה דכתיב וישא אהרן את ידיו אל העם ויברכם וירד מעשות החטאת והעולה והשלמים אימא קודם עבודה לא ס"ד דכתיב וירד מעשות החטאת וגו' מי כתיב לעשות מעשות כתיב ולימרה אחר העבודה לא ס"ד דכתיב זובח תודה מאי חזית דסמכת אהאי סמוך אהאי מסתברא עבודה והודאה חדא מילתא היא ומה ראו לומר שים שלום אחר ברכת כהנים דכתיב ושמו את שמי על בני ישראל ואני אברכם ברכה דהקב"ה שלום שנאמר ה' יברך את עמו בשלום וכי מאחר *דמאה ועשרים זקנים ומהם כמה נביאים תקנו תפלה על הסדר שמעון הפקולי מאי הסדיר *שכחום וחזר וסדרום מכאן ואילך אסור לספר בשבחו של הקב"ה *דא"ר אלעזר מאי דכתיב מי ימלל גבורות ה' ישמיע כל תהלתו למי נאה למלל גבורות ה' למי שיכול להשמיע כל תהלתו אמר רבה בר בר חנה א"ר יוחנן המספר בשבחו של הקב"ה יותר מדאי נעקר מן העולם שנאמר היסופר לו כי אדבר אם אמר איש כי יבלע דרש ר' יהודה איש כפר גבוריא ואמרי לה איש כפר גבור חיל מאי דכתיב לך דומיה תהלה סמא דכולה משתוקא כי אתא רב דימי אמר אמרי במערבא *)מלה בסלע משתוקא בתרין: קראה על פה לא יצא וכו': מנלן אמר רבא אתיא זכירה זכירה כתיב הכא והימים האלה נזכרים וכתיב התם כתב זאת זכרון בספר מה להלן בספר אף כאן בספר וממאי דהאי זכירה קריאה היא דלמא עיון בעלמא לא סלקא דעתך (*דכתיב) זכור יכול בלב כשהוא אומר לא תשכח הרי שכחת הלב אמור הא מה אני מקיים זכור בפה: קראה תרגום לא יצא וכו': היכי דמי אילימא דכתיבה מקרא וקרי לה תרגום היינו על פה לא צריכא דכתיבה תרגום וקרי לה תרגום: אבל קורין אותה ללועזות בלעז וכו': והא אמרת קראה בכל לשון לא יצא רב ושמואל דאמרי תרוייהו בלעז יווני היכי דמי אילימא דכתיבה אשורית וקרי לה יוונית היינו על פה א"ר אחא א"ר אלעזר שכתובה בלעז יוונית וא"ר אחא א"ר אלעזר מנין שקראו הקב"ה ליעקב אל שנאמר ויקרא לו אל אלהי ישראל דאי סלקא דעתך למזבח קרא ליה יעקב ויקרא לו יעקב מיבעי ליה אלא ויקרא לו ליעקב אל ומי קראו אל אלהי ישראל: מיתיבי קראה גיפטית עברית עילמית מדית יוונית לא יצא הא לא דמיא אלא להא *גיפטית לגיפטים עברית לעברים עילמית לעילמים יוונית ליוונים יצא אי הכי רב ושמואל אמאי מוקמי לה למתני' בלעז יוונית לוקמה בכל לעז [אלא מתניתין כברייתא] וכי איתמר דרב ושמואל בעלמא איתמר *רב ושמואל דאמרי תרוייהו לעז יווני לכל כשר והא קתני יוונית ליוונים אין לכולי עלמא לא אינהו דאמור כרשב"ג דתנן *רשב"ג אומר אף ספרים לא התירו שיכתבו אלא יוונית וליתני הלכה כרשב"ג אי אמרי הלכה כרשב"ג הוה אמינא הני מילי שאר ספרים אבל מגילה דכתיב בה ככתבם אימא לא קמ"ל: והלועז ששמע אשורית יצא וכו': והא לא ידע מאי קאמרי מידי דהוה אנשים ועמי הארץ מתקיף לה רבינא אטו אנן האחשתרנים בני הרמכים מי ידעינן אלא מצות קריאה ופרסומי ניסא הכא נמי מצות קריאה ופרסומי ניסא: קראה סירוגין יצא וכו': לא הוו ידעי רבנן *מאי סירוגין שמעוה לאמתא דבי רבי דקאמרה להו לרבנן דהוו עיילי פסקי פסקי לבי רבי עד מתי אתם נכנסין סירוגין סירוגין לא הוו ידעי רבנן מאי חלוגלוגות שמעוה לאמתא דבי רבי דאמרה ליה להוא גברא דהוה קא מבדר פרפחיני עד מתי אתה מפזר חלוגלוגך לא הוו ידעי רבנן מאי סלסלה ותרוממך שמעוה *לאמתא דבי רבי דהוות אמרה להוא גברא דהוה מהפך במזייה אמרה ליה עד מתי אתה מסלסל בשערך לא הוו ידעי רבנן מאי השלך על ה' יהבך אמר רבה בר בר חנה זימנא חדא הוה אזילנא בהדי ההוא טייעא וקא דרינא טונא ואמר לי שקול יהביך ושדי אגמלאי לא הוו ידעי רבנן מאי וטאטאתיה במטאטא השמד שמעוה לאמתא דבי רבי דהוות אמרה לחברתה שקולי טאטיתא וטאטי ביתא ת"ר קראה סירוגין יצא

סירוסין

*) בערוך [ערך מל ח] גרס מילא בסלע משתוקא כאבן טבא

(תורה אור: הושע ג · ישעיה נו · תהלים נ · ויקרא ט · במדבר ו · תהלים כט · תהלים קו · איוב לז · תהלים סה · שמות יז · דברים כה · בראשית לג · משלי ד · תהלים נה · ישעיה יד)

(מסורת הש"ס: [שייך במשנה לעיל יז.] · [לעיל יז:] · מכות י. סוכה יג: · [נ"ל דתניא] · [עי' תוספות לעיל ט. ד"ה כאן במגילה] · לעיל ח: · ר"ה כו. · [ר"ה שם ע"ש נזיר ג.])

דאי סלקא דעתך למזבח קרי ליה יעקב אל · (ב) נראה דהכי נמי כתיב (שמות יז) ויקרא שמו ה' נסי ויקרא לו ה' שלום (שופטים ו) ומתרגמי' ופלח ולי' מ"מ יש לומר דהתם על שם הנס ועל שם השלום שאירע להן היו קוראין למזבח כן אבל הכא ליכא שום מעשה שנוכל לומר שע"י כן קראו יעקב אל ואם איתא שיעקב קראו אל הוי ליה לפרושי להדיא:

נקוט

טו א מיי' פ"ב מהל' מגילה הלכה ד סמג עשין ד טוש"ע א"ח סימן תרצ סעיף ט:

רבינו חננאל

דוד שנאמר אחר ישובו בני ישראל ובקשו את ה' ואת דוד מלכם · ואחר תפלה עבודה שנא' ושמחתים בבית תפלתי עולותיהם וזבחיהם לרצון ואחר עבודה הודאה שנאמר זובח תודה יכבדנני · אחריהן ברכת כהנים שנאמר וישא אהרן את ידיו אל העם ויברכם מלמד שעשה החטאת ואח"כ ברך את העם · אחר ברכת [כהנים] שלום שנא' ואני אברכם. וברכת הקב"ה היא שלום שנא' ה' עוז לעמי יתן ה' יברך את עמו בשלום מיכן ואילך אסור לספר בשבחו של הקב"ה שנאמר מי ימלל גבורות ה' וגו' · מי נאה למלל גבורות ה' למי שיכול להשמיע כל תהלתו · א"ר אלעזר כל המספר בשבחו של הקב"ה יותר מדי נעקר מן העולם · שנאמר אם אמר איש כי יבולע וכתיב לך דומיה תהלה אלהים בציון כלומר הדומיה היא תהלתך. סמא דכולא משתוקא מלה בסלע ומשתוקא בתרתי: קראה על פה לא יצא דאתיא זכירה זכירה כתיב הכא נזכרים ונעשים וכתיב התם כתוב זאת זכרון בספר ופרישנא זכור בפה מה שכתוב בספר. קראה תרגום אוקימנה בשכתובה תרגום וקראה תרגום לא יצא וכ"ש אם כתובה אשורית וקראה תרגום דהיינו על פה. בכל לשון לא יצא אבל קורין אותה ללועזות בלעז · ואוקמוה רב ושמואל בשכתובה בלעז יווני וקורין אותה ללועז יווני. ואותבינן עלייהו קראה גיפטית עיברית עילמית מדית יונית בכל לשון לא יצא · ופרקינן לא דמיא מתניתין אלא לסיפא גיפטית לגיפטים עברית לעברים יונית ליונים יצא אי הכי רב ושמואל לוקמה מתניתין בכל לעז אין מתניתין כברייתא ודרב ושמואל בעלמא אתמר ואליבא דרבן שמעון בן גמליאל דאמר אף בספרים לא התירו שיכתבו אלא יונית אמרו בלעז יונית לכל כשר דיונית לרשב"ג כאשורית לת"ק היא וקי"ל כמתניתין וכפירושא דברייתא · והלועז ששמע אשורית אע"ג דלא ידע מאי קאמר יצא מ"ט דהא איכא מצות קריאה ופרסומי ניסא וכגון [נשים] ועמי הארץ דלא ידעין פירוש האחשתרנים בני הרמכים*) אפילו הכי נפקין י"ח: קראה סירוגין יצא פי' פיסקי פיסקי כגון שקורא ומפסיק ביני ביני וחוזר ומתחיל ממקום שפסק · סלסלה פירוש הפוך בה והפוך בה כלומר התעסק בתורתך תמיד · מטאטא שמכבדין

*) נראה מזה קצת דגי' אחרת היה לרבינו בגמ' דדוקא ע"ה הוא דלא ידעי פירוש של האחשתרנים וצ"ע.

הגהות הב"ח

(א) רש"י ד"ה עילמית לשון עילם הס"ד ואח"כ מה"ד לוקמה בכל לעז ומתניתין וכו' וקראה: (ב) תוספות ד"ה דאי ס"ד וכו' יעקב אל ואף על גב דהכי נמי כתיב ויקרא שמו ה' נסי:

גליון הש"ס

גמרא שכחום וחזר וסדרום · לעיל דף ג ע"א סוכה דף מד ע"א: שם מכאן ואילך אסור לספר · עיין לקמן דף כה ע"א:

Continuation of translation from previous page as indicated by ◁

c that the Holy One, blessed be He, called Jacob *El* [God][1] Because it says, *And the God of Israel called him* [Jacob] *El.*[2] For should you suppose that [what the text means is that] Jacob called the altar *El*, then it should be written, 'And *Jacob* called it'. But [as it is not written so], we must translate, 'He called Jacob *El*'. And who called him so? The God of Israel).

An objection was brought [against the dictum of Rab and Samuel] from the following: 'If one reads it in Coptic,[3] in Hebraic,[4] in Elamean, in Median, in Greek, he has not performed his obligation'!—This [statement][5] means only in the same sense as the following: 'If one reads it in Coptic to the Copts,[6] in Hebrew to the Hebrews, in Elamean to the Elameans, in Greek to the Greeks, he has performed his obligation'. If that is the case, why do Rab and Samuel explain the Mishnah to refer to the Greek vernacular? Let them make it refer to any vernacular?—The fact is that the Mishnah agrees with the Baraitha,[7] and the statement of Rab and Samuel was meant to be a general one [thus]: Rab and Samuel both say that the Greek vernacular is good for all peoples. But it is stated, '[He may read] in Greek for the Greeks'—for the Greeks, that is, he may, but for others not?—They [Rab and Samuel] concurred with Rabban Simeon b. Gamaliel, as we have learnt: 'Rabban Simeon b. Gamaliel says: Scrolls of the Scripture also
d were allowed to be written only in Greek'.[1] Let them then say, The *halachah* is as stated by Rabban Simeon b. Gamaliel?—Had they said, The *halachah* is as stated by Rabban Simeon b. Gamaliel, I should have understood them to mean that this is the case with other books of the Scriptures but not with the Megillah, of which it is written, *according to the writing thereof.*[2] Therefore we are told [that this is not so].

IF ONE WHO DOES NOT UNDERSTAND HEBREW HEARD IT READ IN HEBREW, HE HAS PERFORMED HIS OBLIGATION. But he does not know what they are saying?—He is on the same footing as women and ignorant people. Rabina strongly demurred to this saying;[3] And do we know the meaning of *ha-aḥashteranim bene ha-ramakim?*[4] But all the same we perform the precept of reading the Megillah and proclaiming the miracle. So they too perform the precept of reading the Megillah and proclaiming the miracle.[5]

IF ONE READS IT WITH BREAKS [SERUGIN], HE HAS PERFORMED HIS OBLIGATION. The Rabbis did not know what was meant by *serugin*,[6] until one day they heard the maidservant of Rabbi's household, on seeing the Rabbis enter at intervals, say to them, How long are you going to come in by *serugin?*

The Rabbis did not know what was meant by *ḥaluglugoth*, till one day they heard the handmaid of the household of Rabbi, on seeing a man peeling portulaks, say to him, How long will you be peeling your *ḥaluglugoth?*

The Rabbis did not know what was meant by, salseleah *and it shall exalt thee.*[7] One day they heard the handmaid of the house of Rabbi say to a man who was curling his hair, How long will
e you be *mesalsel* with your hair?[1]

The Rabbis did not know what was meant by, *Cast upon the Lord thy* yehab *and he shall sustain thee.*[2] Said Rabbah b. Bar Ḥanah: One day I was travelling with a certain Arab[3] and was carrying a load, and he said to me, Lift up your *yehab* and put it on [one of] the camels.

The Rabbis did not know what was meant by, we-ṭeṭethia be-maṭaṭe *of destruction*,[4] till one day they heard the handmaid of the household of Rabbi say to her companion, Take the *ṭaṭitha* [broom] and *ṭaṭi* [sweep] the house.

Our Rabbis taught: If one reads it with breaks, he has performed

c (1) Generally rendered 'God'; literally, 'Mighty'. (2) Gen. XXXIII, 20. E.V., '*and called it El-Elohe-Israel*'. (3) The language of the Egyptians. (4) Apparently the reference is to a kind of Aramaic spoken by the Bene Eber, or 'on the other side' (*be'eber*) of the Euphrates. (5) The last clause of our Mishnah. (6) I.e., the Coptic-speaking Jews. (7) That it may be read in a vernacular only for those who speak that vernacular.

d (1) *Supra* 8*b*. (2) Esth. IX, 27. (3) [Read with MS.M.: 'For should you not say thus' omitting 'Rabina strongly demurred to this']. (4) Ibid. VIII, 10. E.V., '*that were used in the king's service, bred of the stud*'. The words are obviously Persian. (5) Because they enquire and are told. (6) The whole of this passage, down to 'house' is repeated in R.H. 26*b*. (7) Prov. IV, 8. E.V., '*extol her*'.

e (1) Which shows that *salseleah* means 'turn it about and about'. (2) Ps. LV, 23. E.V., '*thy burden*'. (3) [Taya, name of Arab tribe which was applied to all Arabs as a part to a whole]. (4) Isa. XIV, 23. E.V., '*I will sweep it with the besom of destruction*'.

אחר ישובו בני ישראל· אחר ישובו לבית המקדש ובקשו הקב"ה ואת דוד מלכם: זובח תודה· אחר זביחה תן הודאה: וירד מעשות החטאת והעולה וגו': חדא מילתא היא· אף הודאה עבודה של מקום הוא: אסור לספר· בקביעות ברכה: למי שיכול· ואין מי שיכול לספר את כולו לפיכך אין נראה לספר מדעתו אלא את מה שתקנו חכמים: היסופר לו כי אדבר· הכי דריש ליה היסופר שבחו כולו כי ארבה לו דברי שבח אם אמר לעשות כך כי יבולע: סמא דכולה משתוקא· מבחר כל הסממנין היא השתיקה שלא להרבות דברים והייט לך דומיה תהלה: מלה בסלע משתוקא בתרין· אם תרצה לקנות הדבור בסלע תקנה השתיקה בשתים:

*קראה תרגום בכל לשון· זו ואין צ"ל זו קתני: מיתיבי· לרב ושמואל דקתני הכא יוונית לא יצא: הא לא דמיא· תירוצא הוא: גיפטית לגיפטים יצא· והכי נמי תנן במתני' ללועזות בלעז: עברית· לשון עבר הנהר: עילמית· לשון עילם: (א) מתני' כברייתא· זו מיתוקמא קראה בכל לשון דקתני מתני' לא יצא כגון גיפטית למדיים ומדית לגיפטים אבל קורין אותו ללועזות בלעז איש כלשונו: ופרסומי ניסא· אע"פ שאין יודעין מה ששומעין שואלין את השומעין ואומרין מה היא הקרייה הזו ואיך היה הנס ומודיעין להן: לא הוו ידעי רבנן· תלמידי רבינו הקדוש: חלוגלוגות· מין ירק הוא ושנוי בכמה מקומות במשנה ובברייתא: פרפחיני· פיקקל"י בלעז: מסלסל בשערך· למדנו שהסלסול לשון חיפוש והיפוך: טאטיתא· אישקופ"א בלעז:

אחר ישובו בני ישראל ובקשו את ה' אלהיהם ואת דוד מלכם וכיון שבא דוד באתה תפלה שנאמר והביאותים אל הר קדשי ושמחתים בבית תפלתי וכיון שבאת תפלה באת עבודה שנאמר עולותיהם וזבחיהם לרצון על מזבחי וכיון שבאת עבודה באתה תודה שנאמר זובח תודה יכבדנני ומה ראו לומר ברכת כהנים אחר הודאה דכתיב וישא אהרן את ידיו אל העם ויברכם וירד מעשות החטאת והעולה והשלמים אימא קודם עבודה לא ס"ד דכתיב וירד מעשות החטאת וגו' מי כתיב לעשות מעשות כתיב ולימרה אחר העבודה לא ס"ד דכתיב זובח תודה מאי חזית דסמכת אהאי סמוך אהאי מסתברא עבודה והודאה חדא מילתא היא ומה ראו לומר שים שלום אחר ברכת כהנים דכתיב ושמו את שמי על בני ישראל ואני אברכם ברכה דהקב"ה שלום שנאמר ה' יברך את עמו בשלום וכי מאחר *דמאה ועשרים זקנים ומהם כמה נביאים תקנו תפלה על הסדר שמעון הפקולי מאי הסדיר שכחום וחזר וסדרום מכאן ואילך אסור לספר בשבחו של הקב"ה *דא"ר אלעזר מאי דכתיב מי ימלל גבורות ה' ישמיע כל תהלתו למי נאה למלל גבורות ה' למי שיכול להשמיע כל תהלתו אמר רבה בר בר חנה א"ר יוחנן המספר בשבחו של הקב"ה יותר מדאי נעקר מן העולם שנאמר היסופר לו כי אדבר אם אמר איש כי יבלע דרש ר' יהודה איש כפר גבוריא ואמרי לה איש כפר גבור חיל מאי דכתיב לך דומיה תהלה סמא דכולה משתוקא כי אתא רב דימי אמר אמרי במערבא *)מלה בסלע משתוקא בתרין: קראה על פה לא יצא וכו': מנלן אמר רבא אתיא זכירה זכירה כתיב הכא והימים האלה נזכרים וכתיב התם כתב זאת זכרון בספר מה להלן בספר אף כאן בספר וממאי דהאי זכירה קריאה היא דלמא עיון בעלמא לא סלקא דעתך (*דכתיב) זכור יכול בלבב כשהוא אומר לא תשכח הרי שכחת הלב אמור הא מה אני מקיים זכור בפה: קראה תרגום לא יצא וכו': היכי דמי אילימא דכתיבה מקרא וקרי לה תרגום היינו על פה לא צריכא דכתיבה תרגום וקרי לה תרגום: אבל קורין אותה ללועזות בלעז וכו': והא אמרת קראה בכל לשון לא יצא רב ושמואל דאמרי תרוייהו בלעז יווני היכי דמי אילימא דכתיבה אשורית וקרי לה יוונית היינו על פה א"ר אחא א"ר אלעזר שכתובה בלעז יוונית וא"ר אחא א"ר אלעזר מנין שקראו הקב"ה ליעקב אל שנאמר ויקרא לו אל אלהי ישראל דאי סלקא דעתך למזבח קרא ליה יעקב אל ויקרא לו יעקב מיבעי ליה אלא ויקרא לו ליעקב אל ומי קראו אל אלהי ישראל מיתיבי קראה גיפטית עברית עילמית מדית יוונית לא יצא הא לא דמיא אלא להא *גיפטית לגיפטים עברית לעברים עילמית לעילמים יוונית ליוונים יצא אי הכי רב ושמואל אמאי מוקמי לה למתני' בלעז יוונית לוקמה בכל לעז [אלא מתניתין כברייתא] וכי איתמר דרב ושמואל בעלמא איתמר *רב ושמואל דאמרי תרוייהו לעז יווני לכל כשר והא קתני יוונית ליוונים אין לכולי עלמא לא אינהו דאמור כרשב"ג דתנן *רשב"ג אומר אף ספרים לא התירו שיכתבו אלא יוונית ולימרו הלכה כרשב"ג אי אמרי הלכה כרשב"ג הוה אמינא הני מילי שאר ספרים אבל מגילה דכתיב בה ככתבם אימא לא קמ"ל: והלועז ששמע אשורית יצא וכו': והא לא ידע מאי קאמרי מידי דהוה אנשים ועמי הארץ מתקיף לה רבינא אטו אנן האחשתרנים בני הרמכים מי ידעינן אלא מצות קריאה ופרסומי ניסא הכא נמי מצות קריאה ופרסומי ניסא: קראה סירוגין יצא וכו': לא הוו ידעי רבנן *מאי סירוגין שמעוה לאמתא דבי רבי דקאמרה להו לרבנן דהוו עיילי פסקי פסקי לבי רבי עד מתי אתם נכנסין סירוגין סירוגין לא הוו ידעי רבנן מאי חלוגלוגות שמעוה לאמתא דבי רבי דאמרה ליה לההוא גברא דהוה קא מבדר פרפחיני עד מתי אתה מפזר חלוגלוגך לא הוו ידעי רבנן מאי סלסלה ותרוממך שמעוה *לאמתא דבי רבי דהוות אמרה לההוא גברא דהוה מהפך במזייה אמרה ליה עד מתי אתה מסלסל בשערך לא הוו ידעי רבנן מאי השלך על ה' יהבך אמר רבה בר בר חנה זימנא חדא הוה אזילנא בהדי ההוא טייעא וקא דרינא טונא ואמר לי שקול יהביך ושדי אגמלאי לא הוו ידעי רבנן מאי וטאטאתיה במטאטא השמד שמעוה לאמתא דבי רבי דהוות אמרה לחברתה שקולי טאטיתא וטאטי ביתא ת"ר קראה סירוגין יצא

סירוסין

דאי סלקא דעתך למזבח קרי ליה יעקב אל· (ב) נראה דהכי נמי כתיב (שמות יז) ויקרא שמו ה' נסי ויקרא לו ה' שלום (שופטים ו) ומתרגמי' ופלח וצלי מ"מ יש לומר דהתם על שם הנס ועל שם השלום שאירע להן היו קורין למזבח כן אבל הכא ליכא שום מעשה שנוכל לומר שע"ש כן קראו יעקב אל ואם איתא שיעקב קראו אל הוי ליה לפרושי להדיא:

נקוט

*) בערוך [ערך מל ח] גרס מילא בסלע משתוקא כאבן טבא

מסורת הש"ס: [שייך במשנה דלעיל יז.] · [לעיל יז:] · מכות י. הוריות יג: · [ע"ל דתניא] · [עי' תוספות לעיל ט. ד"ה כאן במגילה] · לעיל ח: · ר"ה כו: · [ר"ה שם ע"ש נזיר ג.]

תורה אור: הושע ג · ישעיה נו · תהלים נ · ויקרא ט · במדבר ו · תהלים כט · תהלים קו · איוב לז · תהלים סה · שמות יז · דברים כה · בראשית לג · משלי ד · תהלים נה · ישעיה יד

עין משפט נר מצוה

טו א מיי' פ"ב מהל' מגילה הלכה ד סמג עשין ד טוש"ע א"ח סימן תרל סעיף ט:

רבינו חננאל

דוד שנאמר אחר ישובו בני ישראל ובקשו את ה' ואת דוד מלכם· ואחר תפלה עבודה שנא' ושמחתים בבית תפלתי עולותיהם וזבחיהם לרצון ואחר עבודה הודאה שנאמר זובח תודה יכבדנני· אחריהן ברכת כהנים שנאמר וישא אהרן את ידיו אל העם ויברכם מלמד שעשה החטאת ואח"כ ברך את העם· אחר ברכת [כהנים] שלום שנא' ואני אברכם. וברכת הקב"ה היא שלום שנא' ה' עוז לעמו יתן ה' יברך את עמו בשלום מיכן ואילך אסור לספר בשבחו של הקב"ה שנאמר מי ימלל גבורות ה' וגו'· מי נאה למלל גבורות ה' למי שיכול להשמיע כל תהלתו· א"ר אלעזר כל המספר בשבחו של הקב"ה יותר מדי נעקר מן העולם· שנאמר אם אמר איש כי יבולע וכתיב לך דומיה תהלה אלהים בציון כלומר הדומיה היא תהלתך. סמא דכולא משתוקא סלה בסלע ומשתוקא בתרתי: קראה על פה לא יצא דאתיא זכירה זכירה כתיב הכא נזכרים ונעשים וכתיב התם כתוב זאת זכרון בספר ופרישנא זכור בפה מה שכתוב בספר. קראה תרגום אוקימנה בשכתובה תרגום וקראה תרגום לא יצא וכ"ש אם כתובה אשורית וקראה תרגום דהיינו על פה. בכל לשון לא יצא אבל קורין אותה ללועזות בלעז· ואוקמוה רב ושמואל בשכתובה בלעז יווני וקורין אותה ללועז יווני. ואותבינן עלייהו קראה גיפטית עיברית עילמית מדית יונית בכל לשון לא יצא· ופרקינן לא דמיא מתניתין אלא לסיפא גיפטית לגיפטים עברית לעברים יונית ליונים יצא אי הכי רב ושמואל לוקמה מתניתין בכל לעז אין מתניתין כברייתא ודרב ושמואל בעלמא אתמר ואליבא דרבן שמעון בן גמליאל דאמר אף בספרים לא התירו שיכתבו אלא יונית אמרו בלעז יונית לכל כשר דיונית לרשב"ג כאשורית לת"ק היא וקי"ל כמתניתין וכפירושא דברייתא· והלועז ששמע אשורית אע"ג דלא ידע מאי קאמר יצא מ"מ דהא איכא מצות קריאה ופרסומי ניסא וכגון [נשים] ועמי הארץ דלא ידעין פירוש האחשתרנים בני הרמכים *) אפילו הכי נפקין י"ח: קראה סירוגין יצא פי' פיסקי פיסקי כגון שקורא ומפסיק ביני ביני וחוזר ומתחיל ממקום שפסק· סלסלה פירוש הפוך בה והפוך בה כלומר התעסק בתורתך תמיד· ממאמא שמכבדין

הגהות הב"ח

(א) רש"י ד"ה עילמית לשון עילם הס"ד ואח"כ מה"ד לוקמה בכל לע"ז ומתניתין וכו' וקראה: (ב) תוספות ד"ה דאי ס"ד וכו' יעקב אל ואף על גב דהכי נמי כתיב ויקרא שמו ה' נסי:

גליון הש"ס

גמרא שכחום וחזר וסדרום· לעיל דף ג ע"א סוכה דף מד ע"א: שם מכאן ואילך אסור לספר· עיין לקמן דף כה ע"א:

*) נראה מזה קצת דגי' אחרת היה לרבינו בגמ' דדוקא ע"ה הוא דלא ידעי פירוש של האחשתרנים וצ"ע.

תורה אור

סירוסין לא יצא ר' מונא אומר משום רבי יהודה אף בסירוגין אם שהה כדי לגמור את כולה חוזר לראש אמר רב יוסף הלכה כר' מונא שאמר משום ר' יהודה א"ל אביי לרב יוסף כדי לגמור את כולה מהיכא דקאי לסיפא או דלמא מרישא לסיפא א"ל מרישא לסיפא דא"כ *נתת דבריך לשיעורין אמר ר' אבא א"ר ירמיה בר אבא אמר רב הלכה כרבי מונא ושמואל אמר *אין הלכה כרבי מונא בסורא מתנו הכי בפומבדיתא מתנו הכי אמר רב כהנא אמר רב הלכה כרבי מונא ושמואל אמר אין הלכה כר' מונא רב ביבי מתני איפכא רב אמר אין הלכה כר' מונא ושמואל אמר הלכה כר' מונא אמר רב יוסף נקוט דרב ביבי בידך *דשמואל הוא דחייש ליחידאה דתנן *שומרת יבם שקידש אחיו את אחותה משום ר' יהודה בן בתירה אמרו אומרים לו המתן *עד שיעשה אחיך הגדול מעשה אמר שמואל הלכה כר' יהודה בן בתירה ת"ר השמיט בה סופר אותיות או פסוקין וקראן הקורא [א] כמתורגמן המתרגם יצא מיתיבי היו בה אותיות מטושטשות או מקורעות אם רשומן ניכר כשרה ואם לאו פסולה לא קשיא הא בכולה הא במקצתה ת"ר *השמיט בה הקורא פסוק אחד לא יאמר אקרא את כולה ואח"כ אקרא אותו פסוק אלא קורא מאותו פסוק ואילך נכנס לבית הכנסת ומצא צבור שקראו חציה לא יאמר אקרא חציה עם הצבור ואח"כ אקרא חציה אלא קורא אותה מתחילתה ועד סופה: מתנמנם יצא וכו': היכי דמי *מתנמנם אמר רב אשי נים ולא נים *)תיר ולא תיר דקרו ליה ועני ולא ידע לאהדורי סברא וכי מדכרו ליה מידכר: היתה כתובה דורשה ומגיהה אם כוון לבו יצא וכו': היכי דמי אי דקא מסדר פסוקא פסוקא וכתב לה כי כוון לבו מאי הוי על פה הוא אלא דכתב פסוקא פסוקא וקרי ליה ומי יצא והאמר *רבי חלבו אמר רב חמא בר גוריא אמר רב הלכה כדברי האומר כולה ואפי' למ"ד *מאיש יהודי צריכה שתהא כתובה כולה אלא דמנחא מגילה קמיה וקרי לה מינה פסוקא פסוקא וכתב לה לימא מסייע ליה לרבה בר בר חנה דאמר רבה בר בר חנה א"ר יוחנן אסור לכתוב אות אחת *שלא מן הכתב דלמא דאתרמי ליה אתרמויי גופא אמר רבה בר בר חנה א"ר יוחנן אסור לכתוב אות אחת שלא מן הכתב מיתיבי *אמר רשב"א מעשה בר' מאיר *שהלך לעבר שנה **)בעסיא ולא היה שם מגילה וכתבה מלבו וקראה א"ר אבהו שאני רבי מאיר דמקיים ביה ועפעפיך יישרו נגדך אמר ליה רמי בר חמא לרבי ירמיה מרפתי מאי ועפעפיך יישרו נגדך אמר לו אלו דברי תורה דכתיב בהו התעיף עיניך בו ואיננו ואפילו הכי מושרין הן אצל ר' מאיר רב חסדא אשכחיה לרב חננאל דהוה כתב ספרים שלא מן הכתב אמר ליה ראויה כל התורה כולה ליכתב על פיך אלא כך אמרו חכמים אסור לכתוב אות אחת שלא מן הכתב מדקאמר כל התורה כולה ראויה שתיכתב על פיך מכלל דמושרין הן אצלו והא רבי מאיר כתב שעת הדחק שאני אביי שרא לדבי בר *חבו למיכתב תפלין ומזוזות שלא מן הכתב כמאן כי האי תנא דתניא ר' ירמיה אומר משום רבינו *תפלין ומזוזות נכתבות שלא מן הכתב ואין צריכות שרטוט והלכתא תפלין אין צריכין שרטוט מזוזות צריכין שרטוט אידי ואידי נכתבות שלא מן הכתב מ"ט מיגרס גריסין: היתה כתובה בסם כו': *סם סמא סקרא אמר רבה בר בר חנה סקרתא שמה קומוס קומא קנקנתום

*) [עי' תוספות תענית יב: וע"ש סיעה תוספות נדה סג.] **) [עי' תוספת יבמות קטו. ד"ה א"ר עקיבא]

רש"י

סירוסין · למפרע כמו סרס את המקרא ודרשהו וכן יצא מחותך או מסורס (נדה דף כח.): דחייש ליחידאה · במקום שהיחיד מחמיר ורבים מקילין: שומרת יבם · מצפה ליבמה ומלוה בגדול ליבם בא אחד מן האחין וקידש את אחותה של יבמה אחר שנפלה היבמה לפניהן: אומרים לו המתן · מלכונסה: עד שיעשה אחיך הגדול מעשה · ביבמתו או לחלוץ או ליבם אבל בעוד היבמה לפני כולן לחלוץ או לייבם הרי היא לכל אחד כאשתו על ידי זיקת יבום ואסור באחותה משום אחות אשה דקסבר יש זיקה אפי' בתרי וכל שכן בחד ופליגי רבנן עליה ואמרי הואיל ושני אחים הן אין זיקתו מיוחדת להיות מוטלת על אחד מהן להיות כאשתו ומותר באחותה: השמיט · דילג בה הסופר פסוק אחד וקראן הקורא: כמתורגמן המתרגם · על פה: תיר · ער: אהדורי סברא · דבר הבא מבינת הלב: דקא מסדר פסוקא · על פה וכתב ליה וקתני יצא ע"י קריאת אותו סידור: הלכה כדברי האומר כולה · צריך לקרות ופליגי בה תנאי במתני' מהיכן קורא אדם את המגילה ויוצא בה ידי חובתו רבי מאיר אומר כולה ר' יהודה אומר מאיש יהודי: דמנחא מגילה קמיה · ומעתיק ממנה: מסייע ליה לרבה · מתני' דקתני יצא וליכא לאוקמה אלא במעתיק מן הכתב מסייע ליה לרבה: דלמא דאיתרמי ליה · לעולם מותר לכתוב בלא העתק ומתני' דאתרמי ליה מגילה ומעתיק ממנה ואיצטריך לאשמעינן דהיכא דמעתיק ממנה אם כוון לבו יצא: התעיף עיניך בו ואיננו · אם תכפול עיניך ממנה הרי היא משתכחת ממך כהרף עין: דבי בר חבו · מוכר תפילין הוה כדאמרינן בבבא מציעא (דף כט:) תפילין דבי בר חבו שכיחי: והלכתא כו' · כך הלכה למשה מסיני: מיגרס גריסין · שגורות בפי הכל: סמא · *זרניך בלשון קודש אורפומינט"ו בלעז: סקרתא · צבע אדום שצובעין בו תריסין: קומא · שרף אילן: תרתא

תוספות

נקוט דרב ביבי בידך · דאמר רב אין הלכה כרבי מונא שאמר שחוזר לראש וכן הלכה דאין צריך לחזור לראש דהלכה כרב באיסורי דאמר כן ורבי יוחנן קאי כוותיה בפרק בתרא דר"ה (דף לד: ושם) דאמר שאם שמע תשע תקיעות בתשע שעות ביום יצא ומסיים התם תניא נמי הכי ומייתי הא ופריך והא אמר רבי יוחנן משום ר"ש בן יהוצדק שאם שהה כדי לגמור את כולה חוזר לראש ומשני הא דידיה הא דרביה ומדתניא כוותיה שמע מינה הלכתא כוותיה ומכאן סומך ר"י כשעומד באמת ויציב שממתין עד שיאמר עם הצבור קדושה וברכו ואמן יהא שמיה רבא:

שקידש אחיו את אחותה · דווקא קידש אומרים לו המתן מלישא דכיון דאיכה עדיין אלא ארוסה נראה שנושא אחות זקוקתו אבל אם נשאה אשתו גמורה היא ואין צריך להמתין דהא פקע זיקה לגמרי ודוקא קידש אחר נפילה אבל קודם נפילה שלא היתה אחות זקוקתו בשעת הקדושין אין אומרים לו המתן שהרי לא היתה שום זיקה מעולם וטעמא דר' יהודה משום דסבר יש זיקה:

תפלין אין צריכין שרטוט · פירש ר"ת דכן הלכה:

קנקנתום חרתא דאושכפי · פירש הקונטרס ארמינט"א וקשיא דא"כ יהא אסור להטיל ארמינ"ט לתוך הדיו אלא ש"מ דקנקנתום לא הוי ארמינ"ט דהכי נמי משמע התם דמפרש טעמא דקנקנתום אסור משום דכתיב (במדבר ה) וכתב ומחה גבי סוטה כתב שיכול למחות ודיו שיש בו קנקנתום אינו יכול למחות וא"כ ש"מ דקנקנתום לאו היינו ארמינ"ט שהרי בכל יום אנו מטילין ארמינ"ט לתוך הדיו שלנו ואפ"ה מחקינן ליה שפיר ונראה כדפי' רשב"ם בעירובין (דף יג. ושם) דקנקנתום היינו ויטריול"ו וההי דאמרינן התם שהיא ירוקה מ"מ י"ל שמשחרת כששוחקים אותה הדק הדק: דיפתרא

עין משפט נר מצוה

טז א מיי' פ"ב מהלכות מגילה הלכה א טוש"ע א"ח סימן תרצ סעיף ה:

יז ב מיי' פ"ו מהל' יבום וחליצה הלכה ח סמג עשין נא טוש"ע אה"ע סימן קנט סעיף ה:

יח ג ד ה מיי' פ"ב מהל' מגילה הלכה י סמג עשין מד"ס ד טוש"ע א"ח סימן תרצ סעיף ג:

יט ו מיי' שם הלכה א טוש"ע שם סעיף ו:

כ ז מיי' פ"ב שם הלכה ג:

כא ח מיי' שם פ"ב הלכה ו טוש"ע שם סעיף יג:

כב ט מיי' פ"א מהל' תפילין הלכה יב טוש"ע י"ד סימן רעד סעיף ג:

כג י מיי' שם טוש"ע א"ח סי' לב סעי' ו

כד כ מיי' שם טוש"ע י"ד סימן רפח סעיף ח:

כה ל מיי' שם טוש"ע א"ח סימן לב סעיף כט וסעיף לא:

שייך לדף יט.

[עירובין יג.]

מסורת הש"ס

[שבת לה: גטין יד. ב"ב כט. חולין ס. נג.]

[יבמות פב.]

שם יח: מא.

[תוספתא פ"ב]

תענית יב. פסחים קב. יבמות נד. נדה סג.

[לקמן יט.] [שם]

מנחות לב.

[תוספתא פ"ב]

משלי ד

שם כג

[גי' הערוך הבו]

מנחות לב:

גיטין יט. שבת קד.

רבינו חננאל

שמכבדין בו הבית · יהבך המשארי שלך · ת"ר קראה סירוגין יצא כדאמרי' סירוסין*) חדא חדא אחד זולתי אחד · כגון שקורא פסוק ומניח פסוק וקורא פסוק שלישי וחוזר וקורא הפסוק השני שהניח כי האי גוונא לא יצא ר' מונא אמר משום ר' יהודה אף בסירוגין אם שהה כדי לגמור את כולה אע"ג שחוזר וקרא הנשאר והשלימה לא יצא · ואוקימנא בששהה לגמור את כולה מרישא לסיפא מויהי בימי אחשורוש עד כי מרדכי היהודי · ואסיקנא אמר רב יוסף נקוט דרב ביבי בידך דאמר רב אין הלכה כר' מונא ושמואל אמר הלכה כר' מונא דשמעינן לשמואל דחייש ליחידאה דתנן שומרת יבם שקידש אחיו את אחותה כו' · ופשוטה היא וקי"ל כרב דאיסורא היא ולא חיישינן לשמואל אלא אם קראה סירוגין אפילו שהה כמה יצא ואע"ג דא"ר יוחנן משום רבי שמעון בן יהוצדק באחרית ראש השנה בהלל ובמגילה אם שהה כדי לגמור את כולה חוזר לראש הא אמר ר' יוחנן לר' אבהו לדידי לא כסבירא לי · ואמר שמע ט' תקיעות בט' שעות ביום יצא ותניא כוותיה ובתלמוד ארץ ישראל אמרו משמשה הלכתא כר' מונא שאמר משום ר' יהודה משום ר' יוסי הגלילי · ת"ר השמיט בה סופר פסוק ואותיות וקראן הקורא כמתורגמן המתרגם כלומר דרך המתרגם שמוסיף דברים מלבו לבאר הטעם ונמצא קורא אותן הדברים על פה כך גם הקורא את פסוק או אותיות על פה איפ"כ יצא דרמינן עלה מהא דתניא היו בה אותיות מטושטשות או מקורעות אם רשומן ניכר יצא ואם לאו לא יצא ומתניתין נמי דקתני קראה על פה לא יצא ופרקינן הני מילי בכולה אבל פסוק או אותיות אם **) עשה וקראן על פה יצא: ת"ר השמיט בה הקורא פסוק לא יאמר הקורא אקרא את כולה ואחזור ואקרא אותו פסוק אלא קורא אותה מאותו פסוק וכן מי שנכנס לבית הכנסת ומצא צבור שקראו חציה לא יאמר אקרא חציה עם הצבור ואחזור ואקרא חציה הראשון אלא קורא אותה מתחלתה ועד סוף · קראה מתנמנם יצא ומתנמנם כגון דקרו ליה ועני ולא ידע לאהדורי סברא וכי מדכרו ליה מדכר · היתה כתובה דורשה ומגיהה אם כוון לבו יצא ואם לאו לא יצא · כולה ומנחא קמיה אלא כותבה היכי דמי דמנחא קמיה פסוקא פסוקא וכתיב לה וקרי לה · הא אמרינן שעת הדחק היתה שלא היתה שם אחרת ומפני שעת הדחק התירו לו אבל זולתי שעת הדחק לא ואפילו למי שהוא [בקי] כר"מ וקי"ל שכתב אחת מלבו והניחה לפניו וכתב אחרת ממנה שנמצא כותב מן הכתובה דמנחא קמיה · אביי שרא לדבי בר חבו למכתב תפלין ומזוזות שלא מן הכתב כי האי תנא ואסיקנא והלכתא מזוזה צריכה שרטוט תפילין אין צריכין שרטוט ואלו ואלו נכתבים שלא מן הכתב מ"ש מגרס

*) אולי דצ"ל סירוסין בירושלמי הדא סרא חדא אחד זולתו אחד כגון וכו' וכ"ה בירושלמי שם כהך לשנא ורבינו מפרש דפרא חדא סיינו זולתי אחד. **) אולי צ"ל אם השמיט וקרא וכו'

גליון הש"ס

גמרא עד שיעשה אחיך הגדול · במהגיהין יבמות דף מא אינו וצ"ל במתניתין במשנה איתא כן ועיין בתוי"ט שם: שם שהלך לעבר שנה · עיין יבמות קטו ע"א תוד"ה אמר ר"ע: שם שאני ר"מ · עיין מ"ר בראשית פ"ט ל"ו שתיכן שתי מגילות כתב גנז הראשונה וקיים השניה:

הגהות הגר"א

[א] גמ' כמתורגמן המתרגם · נ"ב לפרש"י כל זה שפת יתר הוא אבל כפירוש הוא שקראן בלשון תרגום לפי שהיו רגילין בתרגום בעל פה וקמ"ל דאף למכיר אשורית יוצא בלעז וקמ"ל אף שקרא בב' לשונות יוצא דהא צריך לקרות כולה ואף המיעוט מעכב מדקאמר (לעיל ע"א) אנו אנן כו' וכ"ה להדיא הפירוש בה"ל בירושלמי ומ"ש בירושלמי מי שיודע גם אשורית אין יוצא בלעז היינו אם כהונה אשורית דלא כגמ' דילן וקי"ל כגמ' דילן דבזה אף לועז לא יצא מ"מ פשטא דמתני' דקאמר והלועז כו' וגמ' דפריך והא לא ידע כו' ופשטא דירושלמי משמע כדברי הרמב"ן דלא יצא אלא בלועז דוקא וכאן דוקא במקצתה כי היכי דיצא בעל פה אלא שי"ל דגמ' דידן ס"ל כשואל בירושלמי דלא כר' אבהו מדפריך גמ' מעל פה ולא פריך מתרגום (ועמ"ש רבינו בא"ח סימן תר"ן):

his obligation; [18b] if with omissions,[5] he has not performed it. R. Muna said in the name of R. Judah: Even with breaks, if he stops long enough to finish the whole of it, he must go back to the beginning. R. Joseph said: The *halachah* is as stated by R. Muna in the name of R. Judah. Abaye inquired of R. Joseph: [When it says] 'long enough to finish the whole of it', does it mean from where he is to the end, or from the beginning to the end? He replied: It means from the beginning to the end, as otherwise there would be no fixed standard.[6] R. Abba said in the name of R. Jeremiah b. Abba who said it in the name of Rab: The *halachah* is as stated by R. Muna. Samuel, however, said: The *halachah* is not as stated by R. Muna. This is the version given in Sura. In Pumbeditha the following version is given: R. Kahana said in the name of Rab: The *halachah* is as stated by R. Muna, but Samuel said that the *halachah* does not follow R. Muna. R. Bibi reverses the statement, [making] Rab say that the *halachah* does not follow R. Muna and Samuel that it does follow R. Muna. R. Joseph said: Adopt[7] the version of R. Bibi, since it is Samuel who takes note of
a the view of an individual authority,[1] as we have learnt: 'If a woman was waiting for the levir [to make his decision], and a [younger] brother of his became affianced to her sister, the rule was laid down in the name of R. Judah b. Bathyra that the Beth din say to him, Wait till your elder brother acts [one way or the other];[2] and Samuel said, The *halachah* is as stated by R. Judah b. Bathyra'.[3]

Our Rabbis taught: If the scribe had omitted letters or verses and the reader read them like the translator when he is translating,[4] he has performed his obligation. The following was cited in objection to this: 'If letters in it [the scroll] are partially effaced or torn, if they are still legible, it may be used, but otherwise it may not be used'!—There is no contradiction: the one statement[5] refers to the whole of it, the other[6] to part of it.

Our Rabbis taught: If the reader omitted one verse, he must not say, I will finish reading it [the Megillah] and I will then read that verse, but he must read [again] from that verse. If a man enters the synagogue and finds that the congregation has read half, he must not say, I will read half with the congregation and then I will read the other half, but he must read it from the beginning to the end.

IF HE WAS HALF-ASLEEP, HE HAS PERFORMED HIS OBLIGATION. What is meant by 'half-asleep'?[7]—R. Ashi said: He is asleep and not asleep, awake and not awake; if he is called he responds, but he cannot give a rational answer, though if he is reminded [of what has been said] he remembers.

IF ONE WAS WRITING IT, EXPOUNDING IT, OR CORRECTING IT, IF HE PUT HIS MIND TO IT etc. How are we to understand this? If he was conning each verse and then writing it, what does it matter if he did put his mind to it? He is writing by heart! We must suppose therefore that he writes each verse and then recites it. But does he thereby perform his obligation? Has not R. Ḥelbo said in the name of R. Ḥama b. Guria who said it in the name of Rab, The *halachah* follows the view of him who says that all of it
b [must be recited],[1] and even according to the one who says that it is sufficient [to recite] from '*A Jew was*', it is necessary that the whole should be [already] written? We must suppose therefore that a Megillah lies before him and he reads from it, verse by verse, and then writes. Shall we then[2] say that this supports Rabbah b. Bar Ḥanah, for Rabbah b. Bar Ḥanah said in the name of R. Joḥanan, It is forbidden to write one letter [of the Megillah], save from a copy?—Perhaps [the Mishnah speaks only of a case] where he just happened [to have a copy before him].[3]

The text [above states]: 'Rabbah b. Bar Ḥanah said in the name of R. Joḥanan, It is forbidden to write one letter save from a copy'. The following was cited in opposition to this: 'It happened once that R. Meir went to prolong the year[4] in Assia,[5] and there was no Megillah there and he wrote one out by heart'!—R. Abbahu said: R. Meir is different, because to him could be applied the verse, *Thine eyelids shall look straight before thee.*[6] Rami b. Ḥama asked R. Jeremiah from Difti:[7] What is the meaning of '*thine eyelids* ['af'apeka] *shall look straight before thee*'?—He replied: This refers to the words of the Torah, of which it is written, *Wilt thou direct* [ta'if] *thine eyes from it? it is gone.*[8] And even so, R. Meir could produce them correctly. R. Ḥisda found R. Ḥananel writing scrolls without a copy. He said to him: You are quite qualified to write the whole Torah by heart,[9] but thus have the Sages ruled: It is forbidden to write one letter save from a copy. Seeing that he said, 'You are qualified to write the whole Torah by heart', we may conclude that he could produce them correctly, and we see that
c R. Meir actually did write?[1]—In case of emergency it is different. Abaye allowed the members of the household of Bar Ḥabu[2] to write *tefillin* and *mezuzoth*[3] without a copy. What authority did he follow?—The following Tanna, as it has been taught: R. Jeremiah says in the name of our Teacher:[4] *Tefillin* and *mezuzoth* may be written out without a copy, and do not require to be written upon ruled lines. The law, however, is that *tefillin* do not require lines,[5] but *mezuzoth* do require lines, and both may be written without a copy. What is the reason?—They are well known by heart.

IF IT WAS WRITTEN WITH SAM[6] etc. SAM: this is paint. SIKRA: this is vermilion. Rabbah b. Bar Ḥanah said: It is what we call

(5) So Asheri. Rashi: 'Backwards'. (6) Lit., 'you place your rule at the mercy of different measurements', according to the amount that still remains to be read. (7) Lit., 'take hold of in your hand'.

a (1) When he differs from the majority. (2) I.e., decides either to marry the sister-in-law or to take *halizah* from her. Otherwise, since the levirate obligation also devolves on the younger brother, he must not marry the sister. (3) Although the majority of the Rabbis did not agree with him. V. Yeb. 18b. (4) The Pentateuch into Aramaic in the synagogue, which is done by heart (Rashi). [R. Hananel: Like the translator who paraphrases and adds matter which is not in the text]. (5) That it may not be used. (6) That it may be read if letters are omitted. (7) Lit., 'nodding'.

b (1) *Infra* 19a. (2) Since the Mishnah cannot be explained in any other way. (3) And would not insist on the rule laid down by Rabbah b. Bar Ḥanah. (4) By intercalating a second Adar. (5) Probably one of the cities of Asia Minor is meant, v. Sanh. (Sonc. ed.) 26a n. b1. (6) Prov. IV, 25. (7) Dibtha below the Tigris S.E. of Babylonia. (8) I.e if one turns his eyes a moment away from the Torah, he forgets it. Prov. XXIII, 5 E.V., '*wilt thou set thine eyes upon it*'. (9) Lit., 'the whole Torah is fitted to be written at thy mouth'.

c (1) Then why could not he also? (2) A vendor of *tefillin*, v. B.M. 29b. (3) V. Glos. (4) Rabbi(?) (5) V. *supra* p. 16b. (6) For this passage, cf. Giṭ., Sonc. ed. p. 70 notes.

sekarta [vermilion]. KUMUS: this is gum [19*a*]. KANKANTUM: this is bootmakers' blacking. DIFTERA: this is a skin which has been salted and put in flour but not treated with gall nuts. NEYAR: this is paper.[7]

IT MUST BE WRITTEN IN HEBREW. As it is written, *according to the writing thereof, and according to the appointed time thereof*.[8]

ON PARCHMENT AND IN INK. Whence this rule?—We explain 'writing' in one place by the use of the term in another. It is written here, *And Esther the queen wrote*,[9] and it is written in another place, *Then Baruch answered them, He pronounced all these words unto me with his mouth, and I wrote them with ink in the book*.[10]

MISHNAH. A RESIDENT OF A TOWN WHO HAS GONE TO A WALLED CITY[11] OR OF A WALLED CITY WHO HAS GONE TO A TOWN, IF HE IS LIKELY TO RETURN TO HIS OWN PLACE[12] READS ACCORDING TO THE RULE OF HIS OWN PLACE,[13] AND OTHERWISE READS WITH THE REST: FROM WHERE MUST A MAN READ THE MEGILLAH SO AS TO FULFIL HIS OBLIGATION? R. MEIR SAYS, [HE MUST READ] THE WHOLE OF IT; RABBI JUDAH SAYS,
a [HE MUST READ] FROM 'THERE WAS A JEW';[1] R. JOSE SAYS, FROM 'AFTER THESE THINGS'.[2]

GEMARA. Raba said: This rule applies only if he[3] intends to return on the night of the fourteenth; but if he does not mean to return on the night of the fourteenth, he reads with the rest. Said Raba: Whence do I derive this ruling? Because it is written, *Therefore do the Jews of the villages that dwell in the unwalled towns*.[4] See now. It is written, '*the Jews of the villages*'. Why then should it be further written, '*that dwell in the unwalled towns*'? This teaches us that one who is a villager for one day is called[5] a villager. We have proved this for a villager. How do we know that it applies also to inhabitants of walled towns?—It is reasonable to suppose that since a villager of one day is called a villager, a walled-city-dweller of one day is called a walled-city-dweller.

Raba also said: A villager who has gone to a town reads with the rest in any case. What is the reason? By rights he ought to read at the same time as the townspeople, and it is the Rabbis who made a concession to the villagers so that they might supply food and drink to their brethren in the large cities.[6] Now this applies only so long as they are in their own place, but when they are in the town, they must read like the townspeople. Abaye raised an objection to this from the following: 'If a resident of a walled city has gone to a town, in any case he reads according to the custom of his own place'. 'A resident of a walled city', do you say? His rule depends on whether he means to return![7] What you must
b read, then, is 'a villager'.[1]—But must you not [in any case] explain [the passage]?[2] Read, [then] 'reads with the rest'.

FROM WHERE MUST A MAN READ THE MEGILLAH etc. It has been taught: R. Simeon b. Yoḥai says, from *On that night*'.[3] R. Joḥanan said: All these authorities derived their lesson from the same verse, viz., *Then Esther the queen and Mordecai the Jew wrote all the acts of power*.[4] He who says that the whole Megillah must be read refers this to the power of Ahasuerus;[5] he who says it must be read from '*there was a Jew*', to the power of Mordecai; he who says from '*after these things*', to the power of Haman; and he who says, from '*on that night*', to the power of the miracle. R. Huna said: They derived it from here: *And what did they see? For this reason. And what came upon them?*[6] He who says that the whole of it must be read [interprets thus]: What had Ahasuerus seen to make him use the vessels of the Temple? It was for this reason, that he reckoned seventy years and they had not yet been redeemed;[7] *And what came upon them?* that he put Vashti to death. He who says that it should be read from '*there was a Jew*' [interprets thus]: What had Mordecai seen that he picked a quarrel with Haman? It was for this reason, that he made himself an object of worship. '*And what came upon them*'? that a miracle was performed [for him]. He who says that it is to be read from '*after these things*', [interprets thus]: What did Haman see to make him pick a quarrel with all the Jews? It was for this reason, that Mordecai did not bow down or prostrate himself; '*and what came upon him*'? They hung him and his sons on the tree. He who says that it is to be read from '*on that night*' interprets thus: What did Ahasuerus see to make him order the book of chronicles to be brought? It was for this reason that Esther invited Haman with him. '*And what came upon them*'? A miracle was performed for them.

R. Ḥelbo said in the name of R. Ḥama b. Guria, who said it in the name of Rab: The *halachah* follows the view of him who says that the whole of it must be read; and even according to him who says that it need be read only from '*There was a Jew*', it must all be
c written before him.[1]

R. Ḥama b. Guria said in the name of Rab: The Megillah is called '*book*'[2] and it is also called '*letter*'.[3] It is called '*book*' to show that if it is stitched with threads of flax,[4] it is not fit for use; and it is called '*letter*' to show that if it is stitched with three threads of sinew, it may be used. R. Naḥman said: This is only on condition that they are evenly spaced.[5]

Rab Judah said in the name of Samuel: If one reads the Megillah from a volume containing the rest of the Scriptures,[6] he has not performed his obligation.[7] Raba said: This is the case only if it is not a little shorter or longer than the rest, but if it is a little shorter or longer than the rest,[8] there is no objection to it. Levi b. Samuel

(7) Made from papyrus stalk. (8) Esth. IX, 27. (9) Ibid. 29. (10) Jer. XXXVI, 18. (11) כרך. V. *supra* 2*a* n. a 3. (12) This is explained in the Gemara. (13) I.e., on the fourteenth if he belongs to a town, on the fifteenth if to a city.

a (1) Esth. II, 5. (2) Ibid. III, 1. (3) According to Rashi, this applies only to the man from the walled city who went to a town; but according to Asheri, even if a man from a town went to a walled city and stayed there over the night of the fourteenth, even if he returns to his own place on the fourteenth, he reads on the fifteenth and not on the fourteenth. (4) Ibid. IX, 19. (5) I.e., comes under the rule of. (6) V. *supra*, 2*a*. (7) As laid down explicitly in the Mishnah.

b (1) And this would contradict the statement of Raba. (2) By showing that the reading should be changed. (3) Esth. VI, 1. (4) Ibid. IX, 29. (5) Who is mentioned at the very beginning. (6) Ibid. 26. I.e., this is the subject-matter of the Megillah, as explained presently. E.V., '*And of that which they had seen concerning the matter*'. (7) V. *supra* 11*b*.

c (1) I.e., he must have a complete copy, even if he does not read the whole of it. (2) Esth. IX, 32. (3) Ibid. 26. (4) According to one authority in Mak. 11*a* a *sefer torah* must be stitched with sinews. (5) Lit., 'trebled', i.e., placed at equal distances from one another and from the top and bottom. (6) Lit., 'written among the writings'. (7) Because he does not thereby sufficiently proclaim the miracle. (8) So that it is recognizable as a separate book.

קנקנתום חרתא דאושכפי דיפתרא דמליח וקמיח ולא עפיץ נייר מחקא: עד שתהא כתובה אשורית: דכתיב ככתבם וכזמנם: על הספר ובדיו וכו': מנלן אתיא כתיבה כתיבה כתיב הכא °ותכתב אסתר המלכה וכתיב התם °ויאמר להם ברוך מפיו יקרא אלי את כל הדברים האלה ואני כותב על הספר בדיו:

מתני' ᵃבן עיר שהלך לכרך ובן כרך שהלך לעיר אם עתיד לחזור למקומו קורא כמקומו ואם לאו קורא עמהן ומהיכן קורא אדם את המגילה ויוצא בה י"ח ר"מ אומר ᵇכולה ר' יהודה אומר מאיש יהודי רבי יוסי אומר מאחר הדברים האלה:

גמ' אמר רבא ᶜלא שנו אלא שעתיד לחזור בלילי י"ד אבל אין עתיד לחזור בלילי ארבעה עשר קורא עמהן אמר רבא מנא אמינא לה דכתיב °על כן היהודים הפרזים היושבים בערי הפרזות מכדי כתיב היהודים הפרזים למה לי למיכתב היושבים בערי הפרזות הא קמ"ל דפרוז בן יומו נקרא פרוז אשכחן פרוז מוקף מנא לן סברא הוא מדפרוז בן יומו קרוי פרוז מוקף בן יומו קרוי מוקף ואמר רבא בן כפר שהלך לעיר בין כך ובין כך קורא עמהן מאי טעמא האי כבני העיר בעי למקרי *ורבנן הוא דאקילו על הכפרים *כדי שיספקו מים ומזון לאחיהם שבכרכין הני מילי כי איתיה בדוכתיה אבל כי איתיה בעיר כבני עיר בעי למקרי איתיביה אביי בן כרך שהלך לעיר בין כך ובין כך קורא כמקומו בן כרך ס"ד באם עתיד לחזור תליא מילתא אלא לאו בן כפר ולאו תרוצי מתרצת תני קורא עמהן: מהיכן קורא אדם את המגילה וכו': תניא *רשב"י אומר מבלילה ההוא א"ר יוחנן וכולן מקרא אחד דרשו ותכתב אסתר המלכה ומרדכי היהודי את כל תוקף מאן דאמר כולה תוקפו של אחשורוש ומאן דאמר מאיש יהודי תוקפו של מרדכי ומ"ד מאחר הדברים האלה תוקפו של המן ומ"ד מבלילה ההוא תוקפו של נס רב הונא אמר מהכא ומה ראו על ככה ומה הגיע אליהם מ"ד כולה מה ראה אחשורוש שנשתמש בכלים של בית המקדש על ככה משום דחשיב *שבעים שנין ולא איפרוק ומה הגיע אליהם דקטל ושתי ומ"ד מאיש יהודי מה ראה מרדכי דאיקני בהמן על ככה *דשוי *נפשיה ע"ז ומה הגיע אליהם דאתרחיש ניסא ומ"ד מאחר הדברים האלה מה ראה המן שנתקנא בכל היהודים על ככה משום דמרדכי לא יכרע ולא ישתחוה ומה הגיע אליהם ותלו אותו ואת בניו על העץ ומ"ד מבלילה ההוא מה ראה אחשורוש להביא את ספר הזכרונות על ככה דזמינתיה אסתר להמן בהדיה ומה הגיע אליהם דאתרחיש ניסא *א"ר חלבו אמר רב חמא בר גוריא אמר רב הלכה כדברי האומר כולה ואפי' למאן דאמר *מאיש יהודי ᵈצריכה שתהא כתובה כולה וא"ר חלבו אמר רב חמא בר גוריא אמר רב מגילה נקראת ספר ונקראת אגרת נקראת ספר ᵉשאם תפרה בחוטי פשתן פסולה ונקראת אגרת ᶠשאם הטיל בה שלשה חוטי גידין כשרה אמר רב נחמן ובלבד שיהו משולשין אמר רב יהודה אמר שמואל ᵍהקורא במגילה הכתובה בין הכתובים לא יצא אמר רבא ʰלא אמרן אלא דלא מחסרא ומייתרא פורתא אבל מחסרא ומייתרא פורתא לית לן בה לוי בר שמואל הוה קא קרי קמיה דרב יהודה במגילה הכתובה

רש"י

חרתא דאושכפי · סם שצובעין בו מנעלים שחורין: קמיח · כמים: ולא עפיץ · מעובד בעפצים שקורין גל"ש: מחקא · מין עשבים עשוי על ידי דבק: **מתני'** בן עיר · שזמנו בארבעה עשר: שהלך לכרך · שזמנו בחמשה עשר: אם עתיד לחזור · מפרש בגמ': קורא כמקומו · כחובת מקומו בן עיר בארבעה עשר בן כרך בחמשה עשר: **גמ'** לא שנו · דבן כרך שהלך לעיר ועתיד לחזור למקומו קורא בחמשה עשר ולא בארבעה עשר: אלא שעתיד לחזור בליל ארבעה עשר · אם קודם עמוד השחר יצא מן העיר הוא דקתני שאינו צריך לקרות עמהן בלילי י"ד אע"פ שעודנו שם הואיל וביום לא יהיה שם אין זה אפילו פרוז בן יומו: אבל אין עתיד · לצאת משם בלילה הבאה הוי פרוז ולמחר ליום (*אחר) [צ"ל אחד] נקרא פרוז וקורא עמהן בין בלילי י"ד בין בי"ד וה"ה לבן עיר שהלך לכרך אם עתיד לחזור בלילי ט"ו שלא יהא שם ביום ט"ו לא הוי מוקף ליומו וקורא בי"ד כחובת מקומו ואע"פ שהוא בכרך אבל אין עתיד לחזור בלילי ט"ו אין צריך לקרותה בי"ד וממתין וקורא עמהן אע"פ שסופו לחזור לאחר זמן: מנא (א) ליה · דמשום ההוא יומא חשיב כוותייהו: בן כפר · שהקדים וקרא ליום הכניסה ואח"כ הלך לעיר והיה שם לילי י"ד: בין כך ובין כך · אפילו עתיד לחזור ולצאת משם קודם היום קורא עמהן בלילה: כבני העיר בעי מקרי · כל הפרזים זמנם בארבעה עשר בין כפרים בין עיירות ורבנן הוא דאקילו עלייהו להקדים ליום הכניסה: והני מילי · דאקילו עלייהו דאין צריך לחזור ולקרות בארבעה עשר כי איתיה בכפר: *מאחר הדברים האלה · גידל המלך וכו': כל תוקף · לקיים אגרת הפורים על תוקף הקפיד להזכיר: תוקפו של אחשורוש · ומתחילתה היא מדברת בתוקפו עד סופה: ומה ראו על ככה · המגילה נכתבת ונקראת להודיע לדורות מה ראו באותו הזמן שעשו מה שעשו ומפרש על ככה עשו ולפרש מה הגיע על העושים: נקראת ספר · ונכתב בספר: שאם תפרה בחוטי פשתן פסולה · דאיכא למאן דאמר במסכת מכות (דף יא.) ספר תורה שתפרו בפשתן פסולה: ונקראת אגרת · לומר שאינה חמורה כספר: שיהו משולשין · שיהא מרחק התפר א) עד מקום תפירת הגיד כממנו ועד הגיד השני ומן השני לשלישי כמשלישי לסוף התפר: הכתובה בין הכתובים · ספרים שהיו בימי החכמים כולן בגליון כספר תורה שלנו: לא יצא · דבעינן אגרת לעצמה דמיפרסם ניסא טפי דכי קורא בין הכתובים נראה כקורא במקרא: אלא מחסרא ומייתרא · אלא משאר הקלפים למעלה או למטה או קצרה מהן ויש לה היכר לעצמה: ומחו

תוספות

דיפתרא דמליח וקמיח ולא עפיץ · קשיא א"כ היאך כותבין על קלפים שלנו דלא עפיצי ספר תורה ותפלין ומגילה ותירץ רבינו תם שהסיד שאנו טוחנין בקלפים שלנו מהני כעפצים ותדע דבפרק שני דגיטין (דף יט.) אמר דבלא עפיץ יכול להזדייף ושלנו אין יכול להזדייף על הלבן*:

על הספר ובדיו · פירש ר"ת שהדיו שלנו הוא דיו גמור אבל של עפצים לא הוי דיו והכי משמע פ"ב דגיטין (גז"ש) (נ) דתניא בכל כותבין בדיו ובסם ומסיק בכל דבר של קיימא ומסיק לאתויי מאי ומשני לאתויי הא דתנא רבי חייא כתבו במי טריא ועפצא כשר ומדאצטריך לאתויי עפצא מרבוייא בתר דתני דיו שמע מינה דעיקר דיו לא הוי מעפצא ומטעם זה רצה לפסול ספר תורה הכתובה מדיו של עפצים והאשכנזים השיבו לו דהתם מיירי במים ששרו בהן עפצים אבל אותו שעשו מגוף העפצים ודאי הוא טוב ומ"מ נראה דאותו שלנו הוי עיקר דיו כדמשמע פרק כל היד (נדה דף כ.) דרבי אמי פלי קורטא דדיותא ובדיק פירוש משבר חתיכה של דיו ובדיק ביה דם שחור ובאותו שלנו שייך שבירה ולא באותו של עפצים:

בן כפר שהלך לעיר בין כך ובין כך קורא עמהם · פירש רש"י ואע"פ שקרא כבר ליום הכניסה וקשיא למה יחזור ויקרא שני פעמים ומ"מ נראה דשפיר פי' רש"י דכיון שהיה בעיר בלילה נעשה כבני העיר ואע"פ שעתיד לחזור (ג) (בו) בי"ד ואע"פ שקרא ביום הכניסה דהא דאמרי' כפרים מקדימים ליום הכניסה כדי שיספיקו מים ומזון לאחיהם שבכרכים ופטורים ממגילה היינו דווקא כשאינם שוהים שם בליל י"ד אלא ביום י"ד באים שם אבל כששוהים שם בליל ארבעה עשר ודאי דינם כבני העיר אע"פ שקראו כבר:

ובלבד שיהו משולשין · נראה כמו שפרש"י שיהיה *מראש התפר עד הגיד כמגיד לגיד חבירו בין מלמעלה בין מלמטה והכי נמי משמע במכות (דף ט: ושם) גבי ערי מקלט דקאמר ושלשת שיהו משולשין מדרום לחברון כמחברון לשכם ומשכם לקדש כמקדש לצפון שמע מינה דמשולשין משמע הכי ולא כמו שמפרשים שיהיו הגיד בראש הדף ובאמצעיתו ובסופו*: [מגילה יט: ד"ה ובלבד, ועיין שם]

סיור

[לעיל ג. ד.] [לעיל ד: מסיק הגמרא משני משספקין] [עיין לעיל במשנה] [תוס' פ"ב ושם איתא רשב"א] [לעיל יח:] [לעיל י': ועיין תוספות שבת עב: ותוס' סנהדרין סא: ד"ה רבה אמר] [לעיל יח:] [שם]

עין משפט נר מצוה

כו א מיי' פ"א מהלכות מגילה הלכה ט סמג עשין ד טוש"ע א"ח סי' תרצא סעי' ה:

[וע"ע תוספות שבת עט: ד"ה קלף ותוס' מנחות לא: ד"ה סח]

כז ב מיי' שם הלכה י טוש"ע א"ח סי' תרצ סעיף ג:

כח ג מיי' שם הלכה י טוש"ע א"ח סי' תרפח סעיף ה:

כט ד מיי' פ"ב שם הל' ו טוש"ע א"ח סי' תרצ סעיף ג:

ל ה ו מיי' פ"ב מהלכות מגילה הלכה יא סמג עשין ד טוש"ע א"ח סי' תרצא סעיף ו:

לא ז ח מיי' שם הלכה ח טוש"ע שם סעיף ח:

רבינו חננאל

מגרס גרסי להו. היתה כתובה בסם בסיקרא בקומוס כו' סם · סמא. סקרא · סיקרתא שמה · קומוס · קומא · קנקנתום חרתא דאושכפי דיפתרא דמליח וקמיח ולא עפיץ נייר מחקא באלו כולו [לא] יצא עד שתהא כתובה על העור ובדיו דנגמר כתיבה כתיבה *) ויאמר להם ברוך מפיו יקרא אלי את כל הדברים האלה ואני כותב על הספר בדיו: מתני' בן עיר שהלך לכרך ובן כרך שהלך לעיר אם עתיד לחזור קורא כמקומו אמר רבא ל"ש בן כרך שהלך לעיר קורא כמקומו אלא שעתיד לחזור בליל י"ד ונזדמן לו ונתעכב לו ולא חזר קורא במ"ט כבני מקומו · אבל אינו עתיד לחזור בלילי י"ד קורא עמהם דכתיב על כן היהודים הפרזים למה לי עוד היושבים בערי הפרזות לא בא אלא ללמד דפרוז בן יומו קרוי פרוז · וכן מוקף בן יומו קרוי מוקף: ירושלמי ניחא בן כרך שהלך לעיר שזמנו מאוחר בן עיר שהלך לכרך ואין זמנו מוקדם **) לפיכך שנינו אם עתיד לחזור יום חזר הרי חוזר ואם לא נעשה מוקף · א"ר יודן לית כן בן עיר שהלך לכרך א"ר יוסי אית כאן בעתיד להשתקע כו' נתברר הפירוש שפירשנו · אמר רבה בן כפר שהלך לעיר בין עתיד לחזור בכפר בין אינו עתיד לחזור קורא עמהם ב"ד דלא תקינו ליה רבנן לאקדומי ליום הכניסה אלא כי איתיה בכפר אבל כי איתיה בעיר כבני העיר בעי למיקרא · ומותיב אביי עליה ומתרץ הכי בן כפר שהלך לעיר בין כך ובין כך קורא עמהם: מהיכן קורא את המגילה ויוצא בה רבי מאיר אומר כו'. ואסיקנא כדברי האומר את כולה אמר [רבי חלבו] אמר רב חמא בר גוריא] משמיה דרב מגילה נקראת ספר ללמד שאם תפרה בפשתן פסולה כספר הכתובים פירוש אם הן בהן מגילת אסתר רחבן ג'

תורה נקראת אגרת שאם הטיל בה ג' חוטי גידין כשרה · ובלבד שיהו משולשין כלומר החוט כרוך זה אחר זה ג' פעמים ג' ג' בב' קצוות וג' באמצע · הקורא במגילה הכתובה בין כולן כתובים שנכתבו מגילה ומגילת אסתר בכללן · והיו רוחב היריעות הכתובות כולן מדה אחת פסולה ואם מיחסרא או מייתרא כגון שכל יריעה רחבה ג' זרתות והיריעות שכתובה

*) כתיב הכא ותכתב אסתר המלכה וכתיב התם ויאמר כו'. **) נראה דצ"ל כלומר ואין שניט אם עתיד לחזור אם חזר הרי חזר ואם לא כו'.

הגהות הב"ח

(א) רש"י ד"ה מנא אמינא לה דמשום ההוא: (ב) תוס' ד"ה על הספר וכו' דתנן בכל כותבין בדיו ובסם ובסיקרא ובכל דבר: (ג) ד"ה בן כפר וכו' שעתיד לחזור בליל י"ד ואע"פ:

גליון הש"ס

תוספות ד"ה ובלבד שיהו כו' מראש התפר · עיין בכורות דף לט ע"א תוספות ד"ה שיהיו משולשים ושם איתא מראש הדף וכו' וכן נכון:

הגהות מהר"ב רנשבורג א] רש"י ד"ה שיהו משולשין שיהא מראש התפר וכו' · נ"ב עיין מהרש"א שי"ף שהאריך והגיה בלשון רש"י פעמים הספר תחת הספר · ועיין בכורות דף לט ע"א תוספות ד"ה שיהיו וכו' משמע כדבריו ודבריהם סותרים לכאורה יעוש"ה ודו"ק:

תורה אור

הכתובה בין הכתובים אמר ליה הרי אמרו הקורא במגילה הכתובה בין הכתובים לא יצא א"ר חייא בר אבא א"ר יוחנן הקורא במגילה הכתובה בין הכתובים לא יצא ומחו לה אמוחא *[א]בצבור שנו ואמר רבי חייא בר אבא א"ר יוחנן שיור התפר הלכה למשה מסיני ומחו לה אמוחא ולא אמרו [ב]אלא כדי שלא יקרע ואמר רבי חייא בר אבא א"ר יוחנן אלמלי נשתייר במערה שעמד בה משה ואליהו כמלא נקב מחט סדקית לא היו יכולין לעמוד מפני האורה שנאמר °כי לא יראני האדם וחי (שמות לג) ואמר ר' חייא בר אבא א"ר יוחנן מאי דכתיב °ועליהם ככל הדברים אשר דבר ה' עמכם בהר (דברים ט) *מלמד שהראהו הקב"ה למשה דקדוקי תורה ודקדוקי סופרים ומה שהסופרים עתידין לחדש ומאי ניהו מקרא מגילה: **מתני'** *[ג]הכל כשרין לקרות את המגילה חוץ מחרש שוטה וקטן ר' יהודה מכשיר בקטן: **גמ'** מאן תנא חרש דיעבד נמי לא אמר רב מתנה ר' יוסי היא דתנן *הקורא את שמע ולא השמיע לאזנו יצא רבי יוסי אומר לא יצא וממאי דרבי יוסי היא ודיעבד נמי לא דלמא רבי יהודה היא ולכתחלה הוא דלא הא דיעבד שפיר דמי לא סלקא דעתך דקתני חרש דומיא דשוטה וקטן מה שוטה וקטן דיעבד נמי לא אף חרש דיעבד נמי לא ודלמא הא כדאיתא והא כדאיתא מדקתני סיפא רבי יהודה מכשיר בקטן מכלל דרישא לאו ר' יהודה היא (א) ודלמא כולה ר' יהודה היא מי דמי רישא לפסולה וסיפא לכשירה ודלמא כולה ר' יהודה היא ותרי גווני קטן קתני לה וחסורי מחסרא והכי קתני הכל כשרין לקרות את המגילה חוץ מחרש שוטה וקטן בד"א בקטן שלא הגיע לחינוך אבל בקטן שהגיע לחינוך אפילו לכתחלה שר' יהודה מכשיר בקטן במאי אוקימתא כר' יהודה ודיעבד אלא הא דתני (ר') יהודה בריה דרבי שמעון בן פזי חרש המדבר ואינו שומע תורם לכתחלה מני אי רבי יהודה דיעבד אין לכתחלה לא אי רבי יוסי דיעבד נמי לא ואלא מאי ר' יהודה ואפי' לכתחלה אלא הא *דתניא [ד]לא יברך אדם ברכת המזון בלבו ואם בירך יצא מני לא רבי יהודה ולא רבי יוסי אי ר' יהודה אפי' לכתחלה אי ר' יוסי אפי' דיעבד נמי לא לעולם

רש"י

ומחו לה אמוחא · לאחר שאמר שמועה זו הכה על קדקדה כלומר סתר מקצתה ואמר לא אמרו אלא בצבור: שיור התפר · כשתופרין יריעות של ספר תורה לחברן יחד משיירין בתפר למעלה ולמטה: ומחו לה אמוחא · לאחר שאמרה הכה על מוחה כלומר חזר וסתר ואמר לאו הלכה למשה מסיני הוא אלא חכמים אמרו: כדי שלא יקרע · שאם אינו משייר מהדק בחוזקה כשהוא מהדקו לספר תורה והוא נקרע אבל עכשיו כשהוא מהדקו בכח ומתחיל להרחיב ורוצה להיקרע מונע מלהדקו יותר: מערה שעמד בה משה · כשעבר הקב"ה לפניו שנאמר ושמתיך בנקרת הצור (שמות לג) ואליהו אף הוא עמד באותה מערה ועבר הקב"ה לפניו שנאמר ויבא שם אל המערה וגו' ויאמר לא ועמדת בהר וגו' והנה ה' עובר וגו' (מלכים א יט): מחט סידקית · שלנו שהיא דקה ותופרין בה סדקי בגדים °ויש מחט אחרת גסה שנקראת מחט של שקאין: אלמלי נשתייר בה נקב · כפי מחט כשעבר עליהן הקב"ה כמו שנאמר ושכותי כפי עליך עד עברי (שמות לג): דקדוקי תורה · ריבויין אתין וגמין מיעוטין אכין ורקין: דקדוקי סופרים · שדקדקו האחרונים מלשון משנת הראשונים: לא יצא · דיעבד הוא: וממאי · דחוץ מחרש דקאמר מתני' אפי' בדיעבד קאמר ור' יוסי היא דפסל בדיעבד: ולכתחלה הוא דלא · ובהא איכא למימר דאפי' ר' יהודה מודה דהא לא שמעינן ליה דפליג אלא בדיעבד: מדסיפא רבי יהודה · דקתני ור' יהודה מכשיר בקטן: לא דמי רישא לפסולה וסיפא להכשירה לא גרסינן ליה דלישנא יתירא הוא אלא הכי גרסינן ודלמא רבי יהודה היא ותרי גווני קטן וחסורי מיחסרא כו' הכל כשירין לקרות את המגילה חוץ מחרש שוטה וקטן: הא כדאיתא והא כדאיתא · חרש לכתחילה ושוטה אפילו בדיעבד: בד"א בקטן שלא הגיע לחינוך · לחינוך מצות כגון בן תשע ובן עשר כדאמרינן ביומא בפרק בתרא (דף פב.): במאי אוקימתא כר' יהודה · ואשמעת לן דכי אמר רבי יהודה בלא השמיע לאזנו יצא בדיעבד קאמר ולא לכתחילה: אלא הא דתניא כו' תורם · ואע"פ שהוא צריך לברך ואין אזניו שומעות הברכה שהוא מוציא מפיו: אלא מאי · בעית למימר דרבי יהודה דאמר בלא השמיע לאזנו יצא אפילו לכתחילה כי היכי דתיקום הא דר"י בריה דר"ש בן פזי אליביה והאי דקא מיפלגי בדיעבד להודיעך כחו דר' יוסי: אלא הא דתניא כו' מני: לעולם

תוספות

שיור התפר הלכה למשה מסיני · נראה דאף במגילה ובשאר ספרים בעינן שיור התפר כיון דטעמא הוי כדי שלא יקרע:

חוץ מחרש · סתם חרש *הוי אינו שומע ואינו מדבר אבל חרש דהכא מדבר הוא מדקרי המגילה ופקח הוא לכל דבריו חוץ מדבר זה שצריך שישמיע לאזנו:

ורבי יהודה מכשיר · קשה באיזה קטן מיירי אי בלא הגיע לחינוך מאי טעמא דרבי יהודה דמכשיר והא אמרינן בסוף פ' בתרא דראש השנה (דף כט.) כל שאינו מחויב בדבר אין מוציא אחרים ידי חובתן ואי הגיע לחינוך מאי טעמא דרבנן דפסלי והלא כל האחרים נמי אין חייבין אלא מדרבנן וא"כ קשיא אמאי לא אמרינן דאתי דרבנן ומפיק דרבנן דהכי נמי אמרינן פ' מי שמתו (ברכות דף כ: ושם) דבן מברך לאביו אע"פ שהוא קטן ויוצא בברכתו ומוקי לה התם כגון שאכל האב כזית או כביצה דהוי שיעורא דרבנן ואתי קטן שחיובו דרבנן ומפיק האב שלא אכל אלא שיעורא דרבנן ואמאי לא אמרינן כן במגילה וכן בפ' לולב הגזול (סוכה דף לח: ושם) דאמר אין קטן מוציא [בקריאת הלל] ועונין אחריו מה (ב) שהן אומרים מאי שנא מברכת המזון וי"ל דלעולם מיירי בקטן שהגיע לחינוך ואפ"ה פסלו רבנן משום דמגילה ליכא חיובא אפילו בגדולים אלא מדרבנן וקטן אין מחויב אלא מדרבנן אפילו בשאר מצות ובגדול ליכא אלא חד דרבנן במגילה שהרי בשאר מצות הוא חייב דאוריי' °ולא אתי תרי דרבנן ומפיק חד דרבנן אבל ההיא דבהמ"ז מיירי שהקטן אכל כדי שביעה דהוי חיובא דאורייתא וליכא אלא חד דרבנן ומפיק האב שלא אכל אלא שיעורא דרבנן ומ"מ קשיא דקאמרינן *דרב ששת ורב יוסף אמרי אגדתא בלילי פסחים [פסחים קטז:] ומוציאין האחרים משום דסברי מצה בזמן הזה דרבנן ולפי מה שפירש' קשה היכי אתו איכהו דהוו תרי דרבנן דהא סומא פטור מלומר האגדה ומפקי האחרים דחייבים מיהא דרבנן וליכא בהו אלא חד דרבנן °וי"ל דסומא עדיף מקטן שהרי נתחייב כבר מדאורייתא משא"כ בקטן*):

ודלמא ר' יהודה היא · °משום דפסיק התם כרבי יהודה דחיק לאוקומי מתני' כוותיה:

אלא הא דתניא לא יברך אדם ברכת המזון בלבו · קשיא היכי מדמינן ברכת המזון לקריאת שמע בשלמא מגילה איכא למימר דסבר כמאן דאמר דצריך בקריאת שמע השמעת אוזן וסבר דתקינו רבנן מגילה כעין דאורייתא אבל ברכת המזון דהוי דאורייתא ולא כתיב ביה שמע מנלן לתקן ביה דצריך שישמיע לאזנו ויש לומר דקים ליה דגמרינן ברכת המזון מקריאת שמע:

*) [וע"ע תוס' לקמן כד. ד"ה אבל וד"ה מי ותוס' עירובין צו. ד"ה דלמא]

עין משפט נר מצוה

[תרומות פ"א מ"ב]

לב א מיי' פ"ב מהל' מגילה הלכה ח סמג עשין ד טוש"ע א"ח סי' תרצא סעיף ח:

לג ב מיי' פ"ט מהל' ס"ת הלכה יד סמג עשין כה טוש"ע י"ד סי' רעח סעיף א [וטוש"ע א"ח סי' תרצא סעיף ז]:

לד ג מיי' פ"א מהלכות מגילה הלכה ב סמג עשין ד טוש"ע א"ח סי' תרפט סעיף ב:

לה ד מיי' פ"א מהלכות ברכות הלכה ז:

רבינו חננאל

ג' זרתות וחצי זרת או ב' זרתות וחצי שנראית מגילה בפני עצמה כשרה · אמר ר' יוחנן הקורא במגילה הכתובה בין הכתובים לא יצא ומחו לה אמוחא לא אמרן לא יצא אלא בצבור ש"מ קורין אותה ביחיד כרב. ושיור התפר פי' שיניח כמו אצבע ועוד בתחלה ואחר כך יתפור בגידין הל"מ היא ואוקימנא כדי שלא יקרע · וא"ר יוחנן אלמלא נשתייר במערה שעמד בה משה ואליהו כמלוא נקב מחט סידקית לא יכלו לעמוד מפני האורה דכתיב כי לא יראני האדם וחי · ומאי דכתיב ועליהם ככל הדברים דייקינן מן עליהם מלמד שהראהו הקב"ה למשה בסיני דקדוקי תורה ודקדוקי סופרים ומה שעתידין לחדש ומאי ניהו מקרא מגילה: ירושלמי וזכרם לא יסוף מזרעם מיכן שקבעו להם חכמים מסכת: מתני' הכל כשרים לקרוא את המגילה חוץ מחרש שוטה וקטן ר' יהודה מכשיר בקטן מאן תנא חרש אפילו דיעבד לא ואוקמה רב מתנה לר' יוסי דתנן הקורא את שמע ולא השמיע לאזנו יצא ר' יוסי אומר לא יצא פירוש כיון שלא שמע הרי הוא כחרש לפיכך [לא יצא] ואמרי' ודילמא מתניתין ר"י היא ולכתחלה הוא דלא הא דיעבד שפיר דמי ודחינן מדקתני חרש בהדי שוטה דומיא דשוטה מה שוטה דיעבד פסול אף חרש נמי כן · ואמרינן ודילמא הא כדאיתיה והא כדאיתיה כלומר אע"פ ששנאה כאחד כל אחד יש לו דרך [אחר] ודחינן מדסיפא רבי יהודה מכשיר בקטן רישא דפסיל בקטן לאו ר' יהודה היא דאם כן קשיא דר' יהודה אדר' יהודה ופריק כולה ר' יהודה היא ותרי גווני קטן רישא בקטן שלא הגיע לחינוך והוא כדתנן בפרק יוה"כ תינוקות אין מענין אותן (לשעות) ביוה"כ אבל מחנכין אותן קודם שנה או שנתים כדי להרגילן למצות וא"ר יוחנן בן עשר בן י"א מחנכין אותן לשעות כו' ולפיכך פסול אבל סיפא דקתני ר' יהודה מכשיר בקטן הוא קטן שהגיע לחינוך מבן י"א שנה ולמעלה ולפיכך אמר כשר ואפילו לכתחלה כשר ודחינן במאי אוקימתא למתניתין כר' יהודה ורישא כולה דיעבד אין לכתחלה לא (ר' אומר) הא דתני חרש המדבר ואינו שומע תורם לכתחלה מני אי רבי יהודה דאי עבד מכשיר אבל לכתחלה לא ורבי יוסי לא לכתחלה ולא דיעבד מכשיר הא דקתני תורם לכתחלה מני היא · ומתמהינן ואלא כאי הא דתני חרש תורם לכתחלה ר' יהודה היא וקשיא לן אי הכי היה לו להקשות אי הכי ליתני ר' יהודה מכשיר בקטן

מסורת הש"ס

[עי' ברכות ה. ועי' פירוש על זה בהקדמת התוי"ט]

ברכות טו. [ערכין ג:]

ג"ז שם. לעיל יז:

ברכות טו.

הגהות הב"ח

(א) גמ' ודלמא כולה ר' יהודה היא (ודלמא כולה וכו' לכשירה) תא"מ ונ"ב רש"י לא גרס ליה: (ב) תוס' ד"ה ור' יהודה וכו' אחריו מה שהוא אומר:

גליון הש"ס

גמרא בצבור שנו · עי' לעיל דף ד ע"א תו' ד"ה סוס עובדא: **רש"י** ד"ה מחט סדקית וכו' ויש מחט אחרת · במתני' דשבת דף קכב ע"ב: **תוס'** ד"ה ור"י מכשיר וכו' ולא אתי תרי דרבנן · עיין לקמן דף כד ע"א תוס' ד"ה אבל: **בא"ד** וי"ל דסומא עדיף · עיין לקמן דף כד ע"א תוס' ד"ה מי שלא ראה: **תוס'** ד"ה ודלמא ר"י היא משום דפסיק · כעין זה שבת דף נז ע"א תוס' ד"ה לעולם:

was reading before Rab Judah in a Megillah [19b] which was included in a volume of the Scriptures. He said to him: [I must tell you that] they have said: 'If one reads the Megillah from a volume containing the rest of the Scriptures, he has not fulfilled his obligation'.

R. Ḥiyya b. Abba said in the name of R. Joḥanan: 'If one reads the Megillah in a volume containing the rest of the Scriptures, he has not fulfilled his obligation'; and he at once qualified this remark[9] by adding, 'in a congregation'.

R. Ḥiyya b. Abba also said in the name of R. Joḥanan: It is a rule deriving from Moses at Sinai that a space should be left unstitched [in the *sefer torah*];[10] and he at once qualified the remark by saying,
a 'this rule was laid down[1] only so that it should not be torn'.[2]

R. Ḥiyya b. Abba also said in the name of R. Joḥanan: Had there been in the cave in which Moses and Elijah stood[3] a chink no bigger than the eye of a fine needle, they would not have been able to endure the light, as it says, *for man shall not see me and live.*[4]

R. Ḥiyya b. Abba also said in the name of R. Joḥanan: What is the meaning of the verse, *And on them was written according to all the words which the Lord spoke with you in the mount?*[5] It teaches us that the Holy One, blessed be He, showed Moses the minutiae of the Torah,[6] and the minutiae of the Scribes,[7] and the innovations which would be introduced by the Scribes; and what are these? The reading of the Megillah.[8]

MISHNAH. ALL ARE QUALIFIED TO READ THE MEGILLAH EXCEPT A DEAF PERSON,[9] AN IMBECILE AND A MINOR.[10] R. JUDAH DECLARES A MINOR QUALIFIED.

GEMARA. Who is the Tanna that maintains that [even if] the deaf person has read, it does not count?[11]—R. Mattenah said: It is R. Jose, as we have learnt: 'If one reads the *Shema'* inaudibly, he has performed his obligation. R. Jose, however, says that he has not performed his obligation'. But why should we say that [our Mishnah] follows R. Jose and [lays down that] even if the deaf man has read, it does not count? Perhaps it follows R. Judah, and [what it means is that] the deaf man may not read in the first instance, but if he has read, his reading is accepted?—Do not imagine such a thing. For a deaf man is mentioned in the same category as an imbecile and a minor; just as the reading of an imbecile and a minor is not accepted, so the reading of a deaf man is not accepted. But perhaps there is one rule for the one and another rule for the other?—Since it states in the final clause that R. Judah declares a minor qualified, we may conclude that the first clause does not state the opinion of R. Judah. (But perhaps the whole of the Mishnah states the opinions of R. Judah?—Is it possible that he should
b disqualify in the first and permit in the second?)[1] But perhaps the whole [of the Mishnah] gives the views of R. Judah, and he speaks of two kinds of minor, and there is an omission in the Mishnah, and it should run this: 'All are qualified to read the Megillah, except a deaf man, an imbecile and a minor'. Of what kind of minor are we speaking? Of one who is not old enough to be trained in the performance of religious duties. But a minor who is old enough to be trained in religious duties[2] may read even in the first instance, since R. Judah declares a minor qualified!—How then have you explained [the first clause of the Mishnah]? As following R. Judah and applying to an action already performed. What then of this statement made by Judah the son of R. Simeon b. Pazzi: 'One who can speak but not hear may set aside *terumah* in the first instance.'[3] Whose view is this? If you say R. Judah's, [this cannot be, because] he would say, his blessing [once made] is a blessing, but he may not say it in the first instance. If you say R. Jose, this also cannot be, since he disallows the action even if already performed! What then will you say? That it follows R. Judah, and that he allows it even in the first instance?[4] What then of this which has been taught: 'A man should not say the grace after food in his heart,[5] but if he does do so, he has performed his obligation'. Whose opinion is this? It is neither that of
c R. Judah[1] nor that of R. Jose. For if it were to follow R. Judah, it would allow this even in the first instance, and if R. Jose, it would

(9) Lit., 'he struck it on the head'. (10) I.e., the parchment sheets of which the scroll is composed should not be stitched together right to the top and right to the bottom.

a (1) Lit., 'they said', i.e., the Sages. It was not derived from Moses at Sinai. (2) Since if it is pulled violently it will give a little and the sheets will not come asunder. (3) According to tradition, the cave in which Elijah stood when the Lord passed before him was the same as that in which Moses had stood on a similar occasion. (4) Ex. XXXIII, 20. (5) Deut. IX, 10. (6) Minute indications upon which homiletical lessons are based, e.g., the words אך and רק. (7) Inferences drawn by the Scribes from minute indications in the earlier Mishnahs. (8) The 'men of the Great Synagogue' who are supposed to have written the Megillah are also numbered among the 'Scribes' (Soferim) by the Talmud. (9) Because it is necessary for one who reads the Megillah to hear what he is saying. (10) One under thirteen years of age. (11) Lit., 'not even if (the thing) is done'.

b (1) The passage in brackets is omitted by Rashi as breaking the connection. (2) I.e., nine or ten years old, v. Yoma 82a. (3) Although he has to say a blessing which he cannot hear. (4) And the Mishnah does not follow R. Judah. (5) I.e., inaudibly.

c (1) According to the latest version of his opinion.

disallow it even when performed!—[20a] In fact it follows R. Judah,[2] and he holds that the act may be done even in the first instance, and there is no difficulty: in the first quotation[3] he is giving his own opinion, in the second[4] that of his teacher, as it has been taught: 'R. Judah says in the name of R. Eleazar b. Azariah: One who recites the *Shema'* must do so audibly, as it says, *Hear, O Israel, the Lord our God is one*,[5] which implies, 'Let thine ear hear what thy mouth utters'. R. Meir says: [It says], *which I command thee this day upon thy heart*:[6] according to the concentration of the mind, so is the value of the words. Now that you have come so far as this,[7] you may even say that R. Judah was of the same opinion as his teacher, and the statement made by Judah the son of R. Simeon b. Pazzi follows R. Meir.

R. JUDAH DECLARES A MINOR QUALIFIED. It has been taught: 'R. Judah said: When I was a boy, I read it [the Megillah] before R. Tarfon and the elders in Lydda. They said to him: A proof cannot be adduced from a recollection of boyhood'.[8] It has been taught: 'Rabbi said: When a boy, I read it before R. Judah. They said to him: A proof cannot be adduced from the very authority who allows [the act]'.[9] Why did they not say to him, A proof cannot be adduced from recollections of boyhood? They gave him a double answer.[10] For one thing, they said, you were a boy and besides, even had you been grown up, proof cannot be brought from the very authority who allows.

MISHNAH. THE MEGILLAH SHOULD NOT BE READ, NEITHER SHOULD CIRCUMCISION BE PERFORMED, NOR A RITUAL
a BATH BE TAKEN,[1] NOR SPRINKLING[2] BE PERFORMED, AND SIMILARLY A WOMAN KEEPING DAY FOR DAY[3] SHOULD NOT TAKE A RITUAL BATH UNTIL THE SUN HAS RISEN. BUT IF ANY OF THESE THINGS IS DONE AFTER DAWN HAS APPEARED,[4] IT COUNTS AS DONE.

GEMARA. Whence this rule [about the Megillah]?—Because the Scripture says, *and these* days *should be remembered* [mentioned] *and kept*,[5] which implies, that they are to be so by *day*, but not by night. Shall we say that this is a refutation of R. Joshua b. Levi; for R. Joshua b. Levi said: It is a man's duty to read the Megillah by night and a second time by day?—When the Mishnah makes this statement it is referring to the day reading.

NEITHER SHOULD CIRCUMCISION BE PERFORMED. Because it is written, *And on the eighth* day *he shall be circumcised*.[6]

NEITHER SHOULD A RITUAL BATH BE TAKEN NOR SPRINKLING BE PERFORMED. Because it is written, *And the clean person shall sprinkle on the unclean . . . and on the seventh* day:[7] and bathing[8] is put on the same footing as sprinkling.

AND SIMILARLY A WOMAN WHO IS KEEPING DAY FOR DAY SHOULD NOT TAKE A RITUAL BATH TILL THE SUN HAS RISEN. This is obvious! Why should a woman keeping day for day be different from all others who are under obligation to take ritual baths?[9]—Her case had to be mentioned. For you might suppose that she should be on the same footing as the first observation of one with an issue, and the first observation of one with an issue has been put on the same footing as one with a seminal issue, as it is written, *This is the law of him that hath an issue and of him from whom*
b *the flow of seed goeth out*:[1] just as one with a seminal issue takes his bath by day, so this one also should take his bath on the same day. This woman, however, cannot bathe on the day, because it is written, *all the days of the issue of her uncleanness she shall be as in the days of her impurity*;[2] so [you might say], by night at least she might keep watch for a short time[3] and then bathe; therefore we are told that [she must not do this], because

(2) And our Mishnah in the first clause follows R. Jose. (3) Referring to the blessing over *terumah*. (4) Referring to grace after meals (5) Deut. VI, 4. (6) Ibid. 6. (7) To inform us of the difference between R. Judah and R. Meir. (8) Lit., 'from a boy'. (9) Seeing that the majority disagree with him. (10) Lit., 'they answered him (in the form of) one thing and yet another'.

a (1) For defilement through a dead body (Num. XIX, 17ff) or through an issue (Lev. XV, 15). So Rashi. Tosaf., however, points out that, according to other passages in the Talmud, it is very doubtful if this is the rule, and therefore renders, 'the hyssop (for sprinkling) should not be dipped', v. Num. XIX, 11-12. (2) Of the waters of purification on one who has touched a dead body. (3) V. *supra* 8b n. 4. (4) [Lit., 'after the going up of the pillar of the morning'; the first streaks of light visible about $1\frac{1}{5}$ hours before sunrise, v. Maim. Commentary on Ber. I, 1]. (5) Esth. IX, 28. (6) Lev. XII, 3. (7) Num. XIX, 19. (8) V. n. 1. (9) If we accept the explanation of Tosaf. we must suppose this to refer not to the Mishnah but to mean, 'why should this one be specified rather than any others who have to take ritual baths and who must bathe by day'.

b (1) Lev. XV, 32. (2) Ibid. 25. This shows that she must wait till the day is over. The verse refers to a woman who is keeping day for day. (3) To make sure that she has no further issue.

לעולם ר' יהודה ואפי' לכתחלה ולא קשיא הא דידיה הא דרביה דתניא ר' יהודה אומר משום ר"א בן עזריה הקורא את שמע צריך שישמיע לאזנו שנאמר °שמע ישראל ה' אלהינו ה' אחד השמע לאזניך מה שאתה מוציא מפיך ר"מ אומר °אשר אנכי מצוך היום על לבבך אחר כוונת הלב הן הן הדברים השתא דאתית להכי אפילו תימא רבי יהודה כרביה סבירא ליה והא דתני יהודה בריה דר' שמעון בן פזי ר"מ היא: ר' יהודה מכשיר בקטן: (*דתניא) *א"ר יהודה קטן הייתי וקריתיה למעלה מרבי טרפון וזקנים בלוד אמרו לו *אין מביאין ראיה מן הקטן תניא אמר רבי *קטן הייתי וקריתיה למעלה מרבי יהודה אמרו לו אין מביאין ראיה מן המתיר ולימרו ליה אין מביאין ראיה מן הקטן חדא ועוד קאמרו ליה חדא דקטן היית ועוד אפילו גדול היית אין מביאין ראיה מן המתיר: **מתני'** *אין קורין את המגילה °ולא מלין °ולא טובלין °ולא מזין °וכן שומרת יום כנגד יום לא תטבול עד שתנץ החמה *וכולן שעשו משעלה עמוד השחר כשר: **גמ'** מנלן °דאמר קרא °והימים האלה נזכרים ונעשים ביום אין בלילה לא לימא תיהוי תיובתא דר' יהושע בן לוי *דאמר ריב"ל חייב אדם לקרות את המגילה בלילה ולשנותה ביום כי קתני אדיום: ולא מלין וכו': דכתיב °וביום השמיני ימול: ולא טובלין ולא מזין וכו': דכתיב °והזה הטהור על הטמא [וגו'] ביום השביעי ואיתקש טבילה להזיה: וכן שומרת יום כנגד יום לא תטבול עד שתנץ החמה וכו': פשיטא מ"ש שומרת יום כנגד יום מכל חייבי טבילות איצטריך סלקא דעתך אמינא תיהוי כראיה ראשונה של זב וראיה ראשונה של זב איתקש לבעל קרי דכתיב °זאת תורת הזב ואשר תצא ממנו שכבת זרע מה בעל קרי טובל ביום האי נמי ליטבול ביומיה והא ביממא לא מצי טבלה (א) דכתיב °כל ימי זובה כמשכב נדתה יהיה לה בליליא מיהת ליעביד מקצת שימור ותיטבול קמ"ל כיון דבעיא ספירה

ספירה

[ברכות לא.] [דברים ו] [שם יא] [תוספתא פ"ב] [אסתר ט] [ויקרא יב] [במדבר יט] [ויקרא טו] [שם]

רש"י

לעולם ר' יהודה · ואפי' לכתחלה מכשיר ומתני' רבי יוסי היא ואפי' דיעבד לא: והאי · דפוסל לכתחלה ר' יהודה: והאי · דברהמ"ז דרביה · משמו של ר' אלעזר בן עזריה אמרה שצריך להשמיע והאי לישנא משמע לכתחלה אבל דיעבד יצא: השתא דאתית להכי · לאשמועינן הא פלוגתא דר' יהודה ור"מ: אפי' תימא ר' יהודה · דאמר בק"ש יצא דיעבד אין לכתחלה לא ומתני' נמי לכתחלה הוא דפסלה לחרש ור' יהודה היא והך דברכת המזון נמי ר' יהודה היא ודקשיא לך הא דיהודה בריה דר' שמעון בן פזי מני לא ר' יהודה ולא ר' יוסי ר"מ היא דמכשר לכתחלה: מן המתיר · ר' יהודה שקרית לפניו הוא המתיר את הקטן ואין לך להביא ראיה ממנו שהרי רבים חולקין עליו: מתני' ולא טובלין · משיגיע שביעי לזב ולטמא מת אין אומרים משחשיכה בכניסת שביעי ראוי לטבול אע"ג דלילה תחילת יום היא הכא יום בעינן אבל משעבר היום מותר לטבול בלילה ובגמרא יליף לה לכולהו: וכן שומרת יום כנגד יום · בגמרא מפרש מאי שנא דנקט להא תו באנפי נפשה הא תנא ליה אין טובלין: עד הנץ החמה · שילך מספק לילה: וכולן שעשו כו' · דמעלות השחר יממא הוא אבל לפי שאין הכל בקיאין בו צריכין להמתין עד הנץ החמה: גמ' כי קתני · עד שתהא הנץ החמה אדיום אקרייה שניה וקאמר שיהא של יום ביום: ואיתקש טבילה · דכתיב בסיפיה ורחץ במים וה"ה לזב וזבה: ה"ג פשיטא מאי שנא שומרת יום כנגד יום כו': שומרת יום כנגד יום · לאחר שכלה שבעה ימי נדה נכנסין י"א יום הקרויין ימי זיבה שאם תראה בהן ג' ימים רצופין הרי היא זבה וטעונה ספירת שבעה וקרבן ואם תראה יום אחד שומרת יום למחרת וטובלת ומקראי יליף לה בתורת כהנים ומייתי לה בשמעתא בתרייתא דמסכת נדה: תיהוי · הך ראיה של זבה כראיה ראשונה של זב דאיתקש לבעל קרי דכתיב זאת תורת הזב ואשר תצא ממנו שכבת זרע חדא זיבה כתיב הכא והיינו ראיה ראשונה ואשר תצא ממנו שכבת זרע היינו בעל קרי: משום דכתיב יהיה גרסינן · כל ימי זוב טומאתה כמשכב נדתה יהיה לה והך קרא בראיית שומרת יום כנגד יום קאי מרבוי כל ימי דרשינן לה במסכת נדה (דף עג.) ואמרינן התם יהיה לה מלמד שסופרת אחד לאחד קצת מיום המחרת הלכך בלילה מיהת תטבול דעבדה קצת שימור קמ"ל

תוספות

ולא טובלין ולא מזין אלא ביום · קשיא דהתנן במסכת פרה (פי"ב משנה י"א) אין טובלין הלוח בלילה ומזין ביום אבל הוא עצמו טובל בלילה ומזין עליו ביום והכא אמרינן דצריך לטבול ביום ופר"ת דשתי טבילות הן אחת לפני ההזאה כדי לקבל ההזאה ואותה הויא בלילה כדתנן במסכת יבמות (דף מו:) ואחת לאחר ההזאה והיינו ההיא דכתיבה בקרא והאי הויא ביממא והכי נמי משמע פ"ב דכריתות (דף ט.) דאיכא טבילה לפני ההזאה דקאמרינן מה אבותיכם לא נכנסו לברית אלא במילה וטבילה והרצאת דמים והרצאת דמים נפקא לן מויזרוק את הדם וטבילה נפקא לן משום דגמירי דאין הזאה בלא טבילה לפניה כדי לקבל ההזאה והזאת פרה במקום אותה הזאה עומדת ואם כן צריך טבילה לפניה °וגם צריך טבילה לאחריה דהא בספרי קתני שאם הקדים טבילה להזאה לא עשה ולא כלום אלמא שיש טבילה לאחר הזאה כדמשמע התם ואחת קודם ההזאה כדמשמע בכריתות ובכמה מקומות בגמרתנו שמזכיר טבילה לפני הזאה ומ"מ קשה הכא באיזה טבילה מיירי אי בטבילה דלפני ההזאה כדמשמע לישנא דנקט טובלין ברישא אם כן הויא אפילו בלילה כדפרישית ואי מיירי בההיא שלאחר הזאה מאי איריא משום דאיתקש להזאה תיפוק ליה משום דהויא לאחר ההזאה ואינה אלא ביום ולמטמטי לילה שלאחר ההזאה דהיינו ליל שמיני לא אצטריך דכיון דעבר שביעי פשיטא דמותר לטבול בכל עת שירצה וגם רש"י פירש כן דמשעבר היום מותר לטבול בלילה לכך נראה כפירוש ריב"א דהכא מיירי בטבילת הזב דהויא ביממא כדתנן במסכת [פרה שם] ולהכי נקט טובלין ואח"כ מזין וה"נ משמע בירושלמי דמייתי קרא דטובל והזה ור"ל למדרשא דאתקש טבילה להזאה והיינו טבילת הזב *ומיהו קשה לר"י דהא אמר בשלהי מסכת יומא (דף פח.) הזב והזבה וטמא מת (ב) טובלין ביום ר' יוסי אומר מן המנחה ולמעלה לא יטבול פירוש אחר שהתפלל תפלת המנחה דתפלת נעילה יכול הוא לאומרה בלילה ופשיטא דהיינו ביום שלאחר ההזאה °דאי לפני ההזאה היאך מותר לטבול ביום הכפורים אי משום דטבילה בזמנה מצוה מכל מקום ההזאה הויא שבות כדאמר פרק אלו דברים (פסחים דף סה:) והיאך יכול לעשות ואם תפרש שהזה מאתמול ועכשיו הוא טובל בשמיני אין זו טבילה בזמנה ולא דחיא יום הכפורים וי"ל שקיבל ההזאה מקטן או בשוגג או שעבר והזה:

דכתיב וביום השמיני ימול · קשיא דבפרק ר' אליעזר אומר אם לא הביא (שבת דף קלג. ושם) דריש האי קרא לומר אפילו בשבת ומבן שמונת ימים דריש ולא בלילה ותניא התם כוותיה דרבי יוחנן וי"ל דהכא מייתי הדרשה הפשוטה יותר כראיית נגעים* והקשה ה"ר אפרים כיון דמילה אינה בלילה אם כן הויא מצות עשה שהזמן גרמא שהנשים פטורות ממנה וא"כ קשיא למה לי בפ"ק דקדושין (דף כט. ושם) קרא דאותו לומר דאשה אינה חייבת למול תיפוק ליה דמצות עשה שהזמן גרמא היא וי"ל דאי לאו אותו הוה אמינא דהאי דנשים פטורות ממצות עשה שהזמן גרמא הייני היכא דליכא כרת דומיא דמצה ושמחה והקהל דלית בהו כרת ומנייהו ממעטינן נשים אבל מילה שיש בה כרת וכרתו עליה שלש עשרה בריתות הוה אמינא דמחייב בהו נשים למול את בנייהו קמ"ל אותו דלא אי נמי למילה שלא בזמנה וכמאן דאמר *) דנוהגין בין ביום בין בלילה**):

מאי שנא שומרת יום כנגד יום וכו' · אי ולא טובלין דלעיל מיירי בטבילת אדם אתי שפיר דבעי מאי שנא שהזכיר בפני עצמה אבל אי איירי בטבילת הזב צריך לפרש הכי מאי שנא שהזכיר שומרת יום לומר שהיא ביום מכל שאר חייבי טבילות:

*) [יבמות עב:] **) [ועי' תוס' יבמות עב: ד"ה אין ותוס' קדושין כט. ד"ה אותו]

עין משפט נר מצוה

לו א טוש"ע א"ח סימן תרפז סעיף א:

לז ב מיי' פ"א מהלכות מילה הלכה ח סמג עשין כח טוש"ע י"ד סי' רסב סעיף א:

לח ג מיי' פ"א מהלכות מקוואות הלכה ו סמג עשין רמח:

לט ד מיי' פי"א מהל' פרה אדומה הלכה א סמג עשין רלג:

מ ה מיי' פ"ו מהלכות אסורי ביאה הלכה ט סמג לאוין קיא ועשין רמג טור יד סימן קפג:

רבינו חננאל

בקטן ובחרש ופרקינן חדא מתרתי אותיב ליה אלא הא דתניא לא יברך אדם לכתחלה ברכת המזון בלבו ואם בירך יצא כו' ופרקינן לעולם תרוייהו רבי יהודה והא דתני חרש תורם לכתחלה דידיה ומתניתין דאוקימנא דאיעבד והא דתני ואם ברך יצא תני לה רבי יהודה משמיה דרביה דתניא ר' יהודה אומר משום רבי אלעזר בן עזריה הקורא את שמע צריך להשמיע לאזנו שנאמר שמע ישראל השמע לאזניך לכתחלה מה שאתה מוצא מפיך ר' מאיר אומר כשהוא אומר אשר אנכי מצוך היום על לבבך אחר כוונת הלב הן הן הדברים כלומר אין צריך להשמיע ואפילו לא הוציא את הדברים מפיו אלא בירך בלבו יצא והדר אוקימנה למתניתין רבי יהודה לכתחלה לא יקרא החרש ודאיעבד יצא וכן אם בירך בלבו לכתחלה לא אבל בדיעבד יצא · והא דתניא חרש תורם לכתחלה ר' מאיר היא: תניא א"ר קטן הייתי וקראתיה למעלה מרבי יהודה כו' אמרו חדא דקטן היית ואין עדות מקטן · ועוד ר' יהודה שקראת למעלה ממנו (מכשיר) [מתיר] הוא ואין מביאין ראיה מן המתיר וקי"ל כלישנא בתרא דרב יוסף דאמר [בברכות טו] מחלוקת בק"ש אבל בשאר מצות דברי הכל יצא. ואמר רב חסדא א"ר שילא הלכתא כר' יהודה ועוד אמר הלכתא כר' יהודה שאמר משום ר' אליעזר בן עזריה הלכך לכתחלה לא מוקמינן חרש מדבר ואינו שומע למפרס על שמע ולברך ברכת המזון ואי עבד שפיר דמי: ירושלמי ר' יוסי אומר כתיב והאזנת למצותיו השמע לאזניך מה שאתה מוצא מפיך בר קפרא אמר צריך לקרותה בפני הנשים והקטנים שאף הם היו בספק נפשות · אין קורין את המגלה אלא ביום שנאמר והימים האלה נזכרים ונעשים וגו' ביום ולא בלילה והני מילי בקריאה של יום כדקתני ולשנותה ביום

ולא מהלין דכתיב וביום השמיני ימול ולא טובלין ולא מזין דכתיב והזה הטהור על הטמא ביום השלישי ואתקש טבילה להזאה שנאמר והזה ורחץ אלו כולן וכן שומרת יום כנגד יום כגון שראתה בי"א יום שבין נדה לנדה שהן ימי זיבה [יום א'] הדין לישב שלא תגע בדבר ולא תטהר למחרתיום ב' ואם לא ראתה בו דם טובלת ביום ג' *) לראייתה משתנץ החמה וטהורה אבל קודם שתנץ החמה לא: ירושלמי כל חייבי טבילות טבילתן בלילה נדה ויולדת טבילתן ביום נדה שעבר זמנה פירוש אחר ז' ימים לנדה דאורייתא או אחרי ז' נקיים (וספק זובה) [לזבה] טובלת בין ביום בין בלילה · דרש ר' חייה בר בא לצוריא נדה שעבר זמנה טובלת אפילו ביום תמן אמרו אפילו עובר זמנה לא מפני חמותה ומפני כלתה אשה משל בית רבותינו ראוה טובלת כדרכה ביום ואמרו עוברת זמן היתה. נדה שנאנסה

*) עי' דף ע"ב · ובמשנה טבלה ביום שלאחריו כו' וצ"ע ·

מסורת הש"ס

[נ"ל תניא] [סנהדרין נב:] [תוספתא שם] [פרה סוף פי"ב] נ"ל ד.

הגהות הב"ח

(א) גמ' לא מצי טבלה משום דכתיב כל: (ב) תוס' ד"ה ולא וכו' הזב והזבה וטמא מת טובלין כדרכן ביום הכפורים ר' יוסי אומר:

גליון הש"ס

תוס' ד"ה ולא טובלין וכו' וגם לר"י טבילה להזאה עי' חגיגה דף כג ע"א תוס' ד"ה שאוכלו: בא"ד דאי לפני ההזאה היאך מותר לטבול ביוה"כ: עי' שבת דף קיא ע"א תוס' ד"ה דא"ל ס"ד [כסנהדרין נד: ועי' תוס' שם ד"ה דכתיב ובתוס' מו"ק ח. ד"ה נפקא ותוס' זבחים קיז. ד"ה והתורה]

ספירה ביממא היא : וכולן שעשו משעלה עמוד השחר כשר : מנהני מילי אמר רבא דאמר קרא °ויקרא אלהים לאור יום *למאיר (בראשית א) ובא קראו יום אלא מעתה ולחשך קרא לילה [למחשיך ובא קרא לילה] הא קיי"ל דעד צאת הכוכבים לאו לילה הוא אלא אמר רבי זירא מהכא *°ואנחנו עושים במלאכה (נחמיה ד) וחצים מחזיקים ברמחים מעלות השחר עד צאת הכוכבים ואומר °(*והיה) לנו הלילה (שם) (*למשמר) מאי ואומר וכ"ת משעלה עמוד השחר לאו יממא ומכי ערבא שמשא ליליא ואינהו מקדמי ומחשכי ת"ש (*והיה) לנו הלילה משמר והיום מלאכה : **מתני'** *כל היום כשר לקריאת המגילה °ולקריאת ההלל °ולתקיעת שופר *°ולנטילת לולב °ולתפלת המוספין °ולמוספין °ולוידוי הפרים °ולוידוי מעשר °ולוידוי יוהכ"פ °לסמיכה לשחיטה לתנופה להגשה לקמיצה ולהקטרה למליקה ולקבלה ולהזיה °ולהשקיית סוטה °ולעריפת העגלה °ולטהרת המצורע *°כל הלילה כשר °לקצירת העומר °ולהקטר חלבים ואברים *°זה הכלל דבר שמצותו ביום כשר כל היום דבר שמצותו בלילה כשר כל הלילה : **גמ'** מנלן דאמר קרא °והימים האלה נזכרים (אסתר ט) ונעשים לקריאת ההלל דכתיב °ממזרח שמש עד מבואו (תהלים קיג) (*רבי יוסי) אומר °זה היום עשה ה' (שם קיח) ולנטילת לולב דכתיב °ולקחתם לכם ביום (ויקרא כג) הראשון ולתקיעת שופר דכתיב °יום תרועה יהיה לכם (במדבר כט) ולמוספין דכתיב °דבר יום ביומו (ויקרא כג) ולתפלת המוספין כמוספין שויוה רבנן ולוידוי פרים דיליף כפרה כפרה מיום הכפורים דתניא *גבי יוה"כ °וכפר בעדו ובעד ביתו (ויקרא טז) בכפרת דברים הכתוב מדבר וכפרה ביממא הוא דכתיב °ביום הזה יכפר עליכם (שם) : ולוידוי מעשר וכו' : דכתיב °ואמרת לפני ה' אלהיך (דברים כו) בערתי הקדש מן הבית וסמיך ליה היום הזה ה' אלהיך מצוך : לסמיכה ולשחיטה : °דכתיב °וסמך ושחט (ויקרא ג) וכתיב בה בשחיטה °ביום זבחכם (שם יט) ולתנופה דכתיב °ביום הניפכם את (שם כג) העומר ולהגשה דאיתקש לתנופה דכתיב °ולקח הכהן מיד האשה את מנחת הקנאות (במדבר ה) והניף והקריב ולמליקה ולקמיצה ולהקטרה ולהזיה דכתיב °ביום צוותו את בני ישראל (ויקרא ז) ולהשקיית סוטה *אתיא תורה תורה כתיב הבא °ועשה לה הכהן את (במדבר ה) °כל התורה הזאת וכתיב התם °על פי התורה אשר יורוך ועל המשפט (דברים יז)

מה

רש"י

קמ"ל · כיון דהאי אחד לאחד משום ספירה היא מדוגמת ספירת ז' כל ספירה דיממא היא דכתיב וספרה לה שבעת ימים (ויקרא טו) : מקדמי · מקדימין : מחשכי · מעריבין : ת"ש (*והיה) לנו הלילה משמר והיום למלאכה · ש"מ כל זמן שעסוקים במלאכה קרי יום ולא קדמותא והחשכותא : **מתני'** כל היום כשר · ולאע"ג דקיימא לן* זריזין מקדימין למצות דכתיב וישכם אברהם בבקר (בראשית כב) אפילו הכי כשר כל היום : לוידוי פרים · פר העלם דבר של צבור ופר כהן משיח שמתודין עליו חטא שהביאוהו עליו כדאמרינן במסכת יומא (דף לו:) והתודה על חטאתו עון חטאת כתיב הכא וכפר עליו הכהן (ויקרא ד) וכתיב התם ביום הכפורים יעמד חי לפני ה' לכפר עליו וגו' (ויקרא טז) מה להלן כפרת דברים וביום כדיליף לקמן אף כאן כפרת דברים וביום : למליקה · של עוף : לקבלה · לקבלת הדם : להזיה · לזריקת הדם והזיית פרים הנשרפין וחטאות הפנימיות שהיא זריקה שלהן : **גמ'** בכפרת דברים · וידוי במס' יומא (דף לו:) מפיס לה אתה אומר בכפרת דברים או אינו אלא בכפרת דמים הרי הוא אומר ושחט את פר החטאת אשר לו למדנו שעדיין לא נשחט הפר : כי ביום הזה יכפר עליכם · אלמא כפרתו ביום : והניף והקריב · והקרבה היא הגשה דאי אפשר לומר כאן הקרבה היא הקטרת הקומץ דהא כתיב בתריה וקמץ והקטיר ומה היא הגשה מגיש את המנחה ומגיעה בקרן מערבית דרומית של מזבח כנגד חודה של קרן ואח"כ קומץ ומקראי יליף לה במסכת סוטה (דף יד:) ובמנחות (דף יט:) : לקמיצה ולהקטרה · בהקטרת קומץ קאמר שהיא במנחה כנגד זריקת דם בזבחים והיא כשרה אלא ביום אבל הקטר חלבים ואברים תנן במתני' דכשרים כל הלילה : ביום צוותו · להקריב את קרבניהם וכל הני הקרבת הקרבן ניהו דאילו הקטרת קומץ הקרבה (א) היא וקמיצה איתקש להקטרה דכתיב וקמץ והקטיר מליקה עוף מליקתו והייתו כשחיטה והזייתו היא הקרבתו קבלת דם הקרבה יעקרי לה דאמר מר (חגיגה דף יא.) והקריבו זו קבלת הדם אע"ג להקריב כל צורכי הקרבה קמיצה ומליקה וקבלה כולן צרכי הקרבה הן ואי אפשר בלא הן אבל הגשה ותנופה אינן מעכבין :

משפט

תוספות

ספירה ביממא היא · מכאן קשיא לפירוש רש"י דלעיל טלין (פסחים דף פא. ושם) דפריך ולר' יוסי דאמר מקצת היום ככולו וזבה שראתה בשבעה לספירתה אינה סותרת אם כן זבה גדולה לדידיה היכי משכחת לה ומשני [בראתה כל שני] בין השמשות דאז הוי סוף היום ותחלת האחר בטומאה וקשיא אמאי לא אמר בראתה בלילות דהא ספירת לילה לאו ספירה היא ונמצא שכל היום טמא כיון שתחילתו הוי טמא וי"ל דסבר ר' יוסי דסוף היום מהני לשמור כמו תחלת היום וה"נ משמע פרק שני דנזיר (דף טז.) בסופו דקאמר [לר"י זבה גמורה] היכי משכחת לה אי דחזי בפלגא דיומא אידך פלגא ליהוי לה שימור ואם תאמר אם כן רבי יוסי דסבר מקצת היום ככולו א"כ היה לו להקשות ר' יוסי כותאי אמרה לשמעתיה כדקפריך לרב בנדה (דף סט.) וי"ל דכותאי אמרי אפי' מיום ראשון שפסקה בו דסופרתו ליום ראשון ור' יוסי לא אמר אלא מיום שבעה* : **והא** קי"ל דעד צאת הכוכבים ליליא הוא · ואם תאמר כיון דקיי"ל דבצאת הכוכבים הוי ליליא א"כ אמאי פליגי ר' יוסי ור' יהודה בבין השמשות* לימרו בצאת הכוכבים וי"ל דאף בשיעור צאת הכוכבים יש חילוק שיש כוכבים נראין ביום* : **והיה** לנו הלילה למשמר · קשיא דהא אמרינן בברכות (דף ב: ושם) גבי צאת הכוכבים לילה הוא ואע"פ שאין ראיה לדבר זכר לדבר דכתיב והיה לנו הלילה למשמר ואמאי לא הוי ראייה גמורה כדמפקינן הכא מקרא ויש לומר דהתם בעי לאסוקי דזמן שכיבה דגבי ק"ש הוי צאת הכוכבים ומש"ה קאמרינן התם דאין זו ראייה גמורה דנהי דהוי לילה באותה שעה מ"מ לא הוי זמן שכיבה לכל אדם : **ולוידוי** יוה"כ דתניא · קשיא אמאי איצטריך למימר האי כיון דתנא כל היום כשר לסמיכה והלא הוידוי אינו אלא בשעת סמיכה וי"ל דאי לאו האי הוה אמינא דוידוי זה (*כוידוי) דשאר סמיכות דאינו כשר כל היום ויגרום נמי לסמיכה שלא תהא כשרה כל היום כשאר סמיכות משו"ה איצטריך למתני הוידוי : **לקמיצה** ולהקטרה דכתיב ביום צוותו · אבל שחיטה לא מפקינן מהאי קרא דלאו עבודה היא שהרי כשרה בזר וקרא משתעי בעבודה דכתיב להקריב את קרבניהם °וכן תנופה והגשה *אין צריך בהו כהן במנחה לפני הקמילה : ***כל** הלילה כשר לקצירת העומר · אומר ר"ת שאם שכח לברך בלילה לא יברך ביום כדמשמע בהאי סתמא דמתני' דנהי דאיכא סתמא במנחות (דף עא.) דתני נקצר ביום כשר בדיעבד מ"מ סתמא דהכא עדיפא דהא קתני לה גבי הלכתא פסיקתא דדינא ועוד נראה דאפי' למאן דמכשר קצירת העומר ביום דיעבד מודה הוא גבי ספירה דאין לברך ביום משום דשנה עליה הכתוב לעכב דכתיב (ויקרא כג) תמימות ואי אתה מוצא תמימות אלא כשאתה מונה בלילה וכן כתוב בהלכות עצרת ובה"ג כתב דהיכא דאינשי לברך בלילה ימנה למחר בלא ברכה וכן הלכה אבל אם שכח לילה ויום לא ימנה עוד בברכה דבעינן תמימות וליכא *)ואחר שבירך על הספירה אומר יה"ר שיבנה וכו' מה שאין כן בתקיעת שופר ולולב והיינו טעמא לפי שאין (ג) אלא הזכרה עתה לבנין ביהמ"ק אבל לשופר ולולב יש עשיה :

ולהקטר

*) [עי' תוספות מנחות סו. סד"ה זכר למקדש]

עין משפט נר מצוה

מא א מיי' פ"א מהל' מגילה הל' ג סמג עשין מד"ס ד טוש"ע א"ח סימן תרפז סעיף א:

מב ב מיי' פ"ג מהל' חנוכה הלכה ט :

מג ג טוש"ע א"ח סימן תקפח סעיף א :

מד ד מיי' פ"ז מהלכות לולב הלכה י סמג עשין מד טוש"ע א"ח סימן תרנב סעיף א:

מה ה מיי' פ"ג מהל' תפלה הלכה ה סמג עשין יט טוש"ע א"ח סימן רפו סעיף א:

מו ו מיי' פ"ד מהלכות מעשה הקרבנות הל' ו סמג עשין קפג :

מז ז מיי' פ"ב מהלכות עבודת יוה"כ הל' ז:

מח ח מיי' פ"א מהל' מעשר שני הל' ד :

מט ט מיי' פ"ב מהל' עבודת יוה"כ הלכה ז :

[וע"ע תוספות פסחים פא. ד"ה אי נמי וכו']

נ י מיי' פ"ד מהלכות מעשה הקרבנות הלכה ו סמג עשין קפג :

[שבת לד:]

נא כ מיי' פ"ד מהל' סוטה הלכה ב סמג עשין נו :

[וע"ע תוספות פסחים ב. ד"ה והא]

נב ל מיי' פ"י מהלכות רוצח הלכה ח סמג עשין עה :

נג מ מיי' פי"א מהל' טומאת צרעת הלכה ג סמג עשין רלו ורלז :

נד נ מיי' פ"ז מהלכות תמידין ומוספין הל' ז סמג עשין קמט :

נה ס ע מיי' פ"ד מהל' מעשה הקרבנות הל' ו סמג עשין קפג :

נו פ מיי' פ"ב מהלכות עבודת יוה"כ הל' ו :

[צ"ל אינו כוידוי]

[עיין תוספות מנחות ס. ד"ה מקמילה]

שייך למתני'

רבינו חננאל

שנאנסה ושבלה ר' שמי בשם רב טהורה לביתה וטמאה לטהרות רבי אלעזר משום ר' חנינא טמאה בין לביתה בין לטהרות שנאמר וכובס שנית וטהר מה הראשונה לדעת שנאמר וצוה הכהן וכבסו אף שניה לדעת: וכולן שעשו משעלה עמוד השחר כשר שנאמר ואנחנו עושים במלאכה וחצים מחזיקים ברמחים מעלות השחר עד צאת הכוכבים ש"מ מעלות השחר ועד צאת הככבים יום הוא שנאמר והיום למלאכה כלומר לא היו עושים מלאכה אלא ביום : [מתני'] כל היום כשר לקריאת המגילה כו' : ירושלמי לקריאת המגילה [שנאמר] ביום אשר שברו אויבי היהודים וגו' לקריאת ההלל שנאמר זה היום עשה ה' לתקיעת שופר שנאמר יום תרועה יהיה לכם למוספין שנא' ביום צוותו את בני ישראל ואיתקש תפלת המוספין למוספין לנטילת לולב שנאמר ולקחתם לכם ביום הראשון וגו' (פירוש) לוידוי הפרים ולוידוי המעשר ולוידוי יוה"כ לסמיכה לשחיטה ולתנופה ולכפרה ולהגשה לקמיצה ולהקטרה למליקה ולקבלה להזאה להשקאת סוטה לעריפת העגלה לטהר את המצורע כל הלילה כשר לקצירת העומר ולהקטר חלבים ואיברים כשרים כל היום ·

זה

מסורת הש"ס

[צ"ל והיו כו' משמר והיום מלאכה]

[בפסחים ד.]

ברכות כ: פסחים ב.

[ברכות שם]

[צ"ל והיו]

[צ"ל משמר והיום מלאכה]

[צ"ל והיו]

[סוכה לח.]

מנחות עב.

[הא דלא תנא נמי להרמה עי' תוס' יומא כ: תוס' ד"ה אלא ותוספות זבחים סו: ד"ה אלא]

[צ"ל רב יוסף]

יומא לו:

[סוטה יז: ע"ש בתוספות ד"ה מה משפט וכו' שדחו פרש"י ומפרשים באופן אחר]

הגהות הב"ח

(א) רש"י ד"ה ביום צותו וכו' הקרבה מששמע וקמילה : (ג) תוס' ד"ה כל הלילה וכו' לפי שאין עתה אלא הזכרה לבנין :

גליון הש"ס גמרא דכתיב וסמך ושחט · עיין מנחות דף צג ע"ב תוס' ד"ה יכו : תוספות ד"ה לקמילה וכו' וכן תנופה והגשה · עיין קדושין דף לו ע"א תוס' ד"ה הסמיכות ולע"ג :

she requires to count [day for day];[4] [20b] and counting must be by day.[5]

IF ANY OF THESE THINGS IS DONE AFTER DAWN HAS APPEARED, IT COUNTS AS DONE. Whence is this rule derived?—Raba said: Because the Scripture says, *And God called the light day;*[6] that which gradually becomes light He called day.[7] But according to this, [when it says] *and the darkness He called night,*[8] [are we to explain] that which gradually becomes dark He called night? Is it not generally agreed that till the stars come out it is not night? No, said R. Zera; we derive it from here: *So we wrought in the work; and half of them held the spears from the rising of the morning till the stars appeared;*[9] and it says further, *that in the night they may be a guard to us, and may labour in the day.*[10] What is the point of the second quotation?[11]—You might say that from the time of the first rising of the dawn it is not yet day, though from the time the sun begins to set it is already night and they were early and late.[12] Therefore come and hear: *that in the night they may be a guard to us, and may labour in the day.*[13]

MISHNAH. THE WHOLE OF THE DAY IS A PROPER TIME FOR THE READING OF THE MEGILLAH AND FOR THE RECITING OF HALLEL[1] AND FOR THE BLOWING OF THE SHOFAR[1] AND
a FOR TAKING UP THE LULAB[1] AND FOR THE MUSAF[1] PRAYER AND FOR THE ADDITIONAL SACRIFICES[2] AND FOR CONFESSION OVER THE OXEN[3] AND FOR THE ACKNOWLEDGMENT MADE OVER THE TITHE[4] AND FOR THE CONFESSION OF SINS ON THE DAY OF ATONEMENT,[5] FOR LAYING ON OF HANDS,[6] FOR SLAUGHTERING [THE SACRIFICES], FOR WAVING,[7] FOR BRINGING NEAR [THE VESSEL WITH THE MEAL-OFFERING TO THE ALTAR], FOR TAKING A HANDFUL, AND FOR PLACING IT ON THE FIRE,[8] FOR PINCHING OFF [THE HEAD OF A BIRD-OFFERING][9] AND FOR RECEIVING THE BLOOD,[10] AND FOR SPRINKLING,[11] AND FOR MAKING THE UNFAITHFUL WIFE DRINK[12] AND FOR BREAKING THE NECK OF THE HEIFER[13] AND FOR PURIFYING THE LEPER.[14] THE WHOLE OF THE NIGHT IS PROPER TIME FOR REAPING THE 'OMER,[15] AND FOR BURNING FAT AND LIMBS [ON THE ALTAR].[16] THIS IS THE GENERAL PRINCIPLE: ANY COMMANDMENT WHICH IS TO BE PERFORMED BY DAY MAY BE PERFORMED DURING THE WHOLE OF THE DAY, AND ANY COMMANDMENT WHICH IS TO BE PERFORMED BY NIGHT MAY BE PERFORMED DURING THE WHOLE OF THE NIGHT.

GEMARA. Whence this rule [about the Megillah]?—Because the Scripture says, *And these* days *shall be mentioned and kept.*[17]

FOR READING THE HALLEL: as it is written, *From the rising of*
b *the sun to its going down.*[1] R. Joseph says: Because it is written, *this is the* day *on which the Lord hath wrought.*[2]

FOR THE TAKING UP OF THE LULAB: as it is written, *And ye shall take you on the first* day.[3]

FOR THE BLOWING OF THE SHOFAR, as it is written, *it is* a day *of blowing the horn unto you.*[4]

FOR THE ADDITIONAL SACRIFICES, as it is written, *each on its own* day.[5]

AND FOR THE MUSAF PRAYER: because the Rabbis put this on the same footing as the additional sacrifices.

AND FOR THE CONFESSION MADE OVER THE OXEN, an analogy being drawn between the 'atonement' mentioned in this connection and that mentioned in connection with the Day of Atonement, as it has been taught in reference to the Day of Atonement: '*And he shall make atonement for himself and for his house:*[6] the text speaks of atonement made by words. And atonement is by day, as it is written, *For on this* day *shall atonement be made for you.*[7]

AND FOR THE ACKNOWLEDGMENT MADE OVER THE TITHE: as it is written, *And thou shalt say before the Lord thy God, I have put away the hallowed things out of my house,*[8] and in the same context it says, This day *the Lord thy God commandeth thee.*[9]

FOR LAYING ON OF HANDS AND FOR SLAUGHTERING: as it is written, *and he shall lay his hand . . . and he shall kill,*[10] and it is written in connection with killing, *on the same* day *that ye sacrifice.*[11]

AND FOR WAVING: as it is written, *and in* the day *when ye wave the sheaf.*[12]

AND FOR BRINGING NEAR; because this is compared to waving, as it is written, *And the priest shall take the meal-offering of jealousy out of the woman's hand, and shall wave the meal-offering . . . and bring it near*[13] [to the altar].

AND FOR PINCHING AND FOR TAKING A HANDFUL AND FOR BURNING AND FOR SPRINKLING, as it is written, *in the*
c day *that he commanded the children of Israel [to present their offerings].*[1]

AND FOR MAKING THE UNFAITHFUL WIFE DRINK: The word '*law*' which occurs in this connection is explained by its use in another.[2] It is written here, *and the priest shall execute upon her all this* law,[3] and it is written elsewhere, *According to the* law *which*

(4) Cf. notes *supra* 3 and 11. (5) As it says, *And she shall count seven days.* Ibid. 28. (6) Gen. I, 5. (7) Which shows that from dawn may be called day. (8) Ibid. (9) Neh. IV, 15. (10) Ibid. 16. (11) Lit., 'what is "and it says"'. (12) I.e., started before day and finished after nightfall. (13) Which shows that all the time during which they laboured was called day.
a (1) V. Glos. (2) On Sabbath or Festivals. V. Num. XXVIII-IX. (3) Brought as a sin-offering for a sin committed unwittingly by the High Priest or by the congregation. V. Lev. IV. (4) V. Deut. XXVI, 12-15. (5) V. Lev. XVI. (6) V. e.g., Lev. I, 4, III, 2. (7) E.g., the breast of the peace-offering. V. Lev. VII, 30. (8) From the meal-offering. V. Lev. II, 2. (9) V. Lev. I, 15. (10) Of the slaughtered animal in a vessel. (11) The blood on the altar. (12) The bitter waters. V. Num. V, 24. (13) As atonement for an unpunished murder. V. Deut. XXI, 1-9. (14) V. Lev. XIV. (15) Lev. XXIII, 10-11. (16) V. Lev VI, 2. (17) Esth. IX, 28.
b (1) Ps. CXIII, 3. (2) Ibid. CXVIII, 24. (3) Lev. XXIII, 40. (4) Num. XXIX, 1. (5) Lev. XXIII, 37. (6) Ibid. XVI, 6. (7) Ibid. 30. (8) Deut. XXVI, 13. (9) Ibid. 16. (10) Lev. I, 4, 5. (11) Ibid. XIX, 6. (12) Ibid. XXIII, 12. (13) Num. V, 25.
c (1) Lev. VII, 38, and all these ceremonies constitute the presenting of the offering. (2) Lit., 'There comes along "law", "law"'. (3) Num. V, 30.

they shall teach thee and according to the judgment[4] [21a]: just as judgment is by day,[5] so here it must be by day.

AND FOR BREAKING THE NECK OF THE HEIFER. In the school of R. Jannai it was said: [The word] *'atonement'* is applied to it[6] as to holy things.

AND FOR THE PURIFICATION OF THE LEPER: as it is written, *This shall be the law of the leper in the* day *of his cleansing*.[7]

THE WHOLE NIGHT IS A PROPER TIME FOR REAPING THE 'OMER. Since a Master has said that reaping and counting are to be performed by night and the bringing by day.[8]

AND FOR BURNING FAT AND LIMBS: as it is written, *All the* night *till the morning*.[9]

THIS IS THE GENERAL PRINCIPLE: ANY COMMANDMENT THAT IS TO BE PERFORMED BY DAY CAN BE PERFORMED DURING THE WHOLE OF THE DAY. [The words] 'this is the general principle' are inserted to add what?—To add the setting of the cup[10] and the removal of the cups, and in agreement with R. Jose, as it has been taught: 'R. Jose says: If he removed the old [shew-bread] in the morning and set the new one in the evening, there is no harm.[11] What then do I make of the verse, *before me continually?*[12] [This is to show that] the table of the Lord should not be without bread.[13]

A COMMANDMENT WHICH IS TO BE PERFORMED BY NIGHT MAY BE PERFORMED DURING THE WHOLE OF THE NIGHT. What does this add?—It adds the consumption of the paschal lamb, thus differing from R. Eleazar b. Azariah, as it has been
a taught: *And they shall eat the flesh on that night:*[1] R. Eleazar b. Azariah said: It says here, *on that night*, and it says elsewhere, *And I shall pass through the land of Egypt on that night:*[2] just as there up to midnight [is meant], so here up to midnight [is meant].

CHAPTER III

MISHNAH. HE WHO READS THE MEGILLAH MAY DO SO EITHER STANDING OR SITTING. WHETHER ONE READS IT OR TWO READ IT [TOGETHER], THEY [THE CONGREGATION] HAVE PERFORMED THEIR OBLIGATION. IN PLACES WHERE IT
b IS THE CUSTOM TO SAY A BLESSING,[1] IT SHOULD BE SAID, AND WHERE IT IS NOT THE CUSTOM IT NEED NOT BE SAID.

ON MONDAYS AND THURSDAYS AND ON SABBATH AT MINHAH,[2] THREE READ FROM THE TORAH, NEITHER MORE NOR LESS, NOR IS A HAFTARAH[3] READ FROM A PROPHET. THE ONE WHO READS[4] FIRST IN THE TORAH[5] AND THE ONE WHO READS LAST[6] MAKE [RESPECTIVELY] A BLESSING BEFORE READING AND AFTER.[7] ON NEW MOONS AND ON THE INTERMEDIATE DAYS OF FESTIVALS FOUR READ, NEITHER MORE NOR LESS, AND THERE IS NO HAFTARAH FROM A PROPHET. THE ONE WHO READS FIRST AND THE ONE WHO READS LAST IN THE TORAH MAKE A BLESSING BEFORE AND AFTER. THIS IS THE GENERAL RULE: ON ANY DAY WHICH HAS A MUSAF[5] AND IS NOT A FESTIVAL FOUR READ; ON A FESTIVAL FIVE READ; ON THE DAY OF ATONEMENT SIX READ; ON SABBATH SEVEN READ; THIS NUMBER MAY NOT BE DIMINISHED BUT IT MAY BE ADDED TO, AND A HAFTARAH IS READ FROM A PROPHET. THE ONE WHO READS FIRST AND THE ONE WHO READS LAST IN THE TORAH MAKE A BLESSING BEFORE AND AFTER.

GEMARA. A Tanna stated: 'This [that one may read sitting]
c is not the case with the Torah'.[1] Whence this rule?—R. Abbahu said: Because Scripture says, *But as for thee,* stand *thou here by me.*[2] R. Abbahu also said: Were it not written in the Scripture, it would be impossible for us to say it: as it were, the Holy One, blessed be He, also was standing.[3]

R. Abbahu further said: How do we know that the master should not sit on a couch and teach his disciples while they sit on the ground? Because it says, *'But as for thee, do thou stand here by me.'*[4]

Our Rabbis taught: From the days of Moses up to Rabban Gamaliel, the Torah was learnt only standing. When Rabban Gamaliel died, feebleness descended on the world, and they learnt the Torah sitting; and so we have learnt that 'from the time that Rabban Gamaliel died, [full] honour ceased to be paid to the Torah'.

One verse says, *And I sat* [wa-esheb] *in the mount*,[5] and another verse says, *And I stood in the mount.*[6]—Rab says: He [Moses] stood when he learnt and sat while he went over [what he had learnt]. R. Ḥanina said: He was neither sitting nor standing, but stooping. R. Johanan said: 'Sitting' [*yosheb*] here means only 'staying', as it says, *And ye stayed* [teshbu] *in Kadesh many days.*[7] Raba said: The easy things [he learnt] standing and the hard ones sitting.

WHETHER ONE READS IT OR TWO READ IT, THEY HAVE

(4) Deut. XVII, 11. (5) V. Sanh. 34b. (6) *'And the blood shall be atoned unto them'*. Deut. XXI, 8. (7) Lev. XIV, 2. (8) This is deduced from scriptural texts in Men. 66a. (9) Ibid. VI, 2. (10) Containing the frankincense for the shewbread. (11) [Rashi reads. 'also this is (termed) 'continually'']. (12) Lev. XXIV, 3. (13) [*Var lec.* 'Should not be overnight without bread'.]

a (1) Ex. XII, 8. (2) Ibid. 12.

b (1) After the reading. V. *infra*. (2) V. Glos. On these three occasions the first section of the *Sedra* (portion) of the following Sabbath is read. (3) V. Glos. [Lit., 'we do not dismiss (the public) with (a reading from) a prophet', the *haftarah* having originally formed the concluding part of the morning service Saturdays and Festivals when the worshippers were dismissed to their homes. V. Büchler *JQR* VI, p. 7]. (4) Lit., 'he who opens', 'begins'. (5) V. Glos. (6) Lit., 'he who seals', 'closes'. (7) V. *infra* 21b.

c (1) Referring to the public reading of the Law. (2) Deut. V, 28. (3) Because it says, by (lit., 'with') me. (4) And God was to Moses in the relation of master to pupil. (5) Deut. IX, 9; v. Soṭ. 49a. (6) Ibid. X, 10. (7) Ibid. I, 46.

*מה משפט ביום אף כאן ביום: ולעריפת העגלה: אמרי דבי רבי ינאי *כפרה כתיב בה כקדשים: ולטהרת מצורע: דכתיב °זאת תהיה תורת המצורע ביום טהרתו: כל הלילה כשר לקצירת העומר וכו': דאמר מר *קצירה *וספירה בלילה והבאה ביום: ולהקטר חלבים ואברים: דכתיב °כל הלילה עד הבוקר: זה הכלל דבר שמצותו ביום כשר כל היום: זה הכלל לאתויי מאי לאתויי סידור בזיכין וסלוק בזיכין וכר' יוסי דתניא *רבי יוסי אומר סילק את הישנה שחרית וסידר את החדשה ערבית אין בכך כלום ומה אני מקיים (°לפני ה' תמיד) שלא *יהא שולחן בלא לחם: דבר שמצותו בלילה כשר כל הלילה: לאתויי מאי לאתויי אכילת פסחים ודלא כר' אלעזר בן עזריה דתניא *ואכלו את הבשר בלילה הזה א"ר אלעזר בן עזריה נאמר כאן בלילה הזה ונאמר להלן °ועברתי בארץ מצרים בלילה הזה מה להלן עד חצות אף כאן עד חצות:

הדרן עלך הקורא למפרע

הקורא את המגילה עומד ויושב קראה אחד קראוה שנים יצאו מקום שנהגו לברך יברך ושלא לברך לא יברך בשני ובחמישי בשבת במנחה קורין שלשה אין פוחתין מהן ואין מוסיפין עליהן ואין מפטירין בנביא הפותח והחותם בתורה מברך לפניה ולאחריה בראשי חדשים ובחולו של מועד קורין ארבעה אין פוחתין מהן ואין מוסיפין עליהן ואין מפטירין בנביא הפותח והחותם בתורה מברך לפניה ולאחריה זה הכלל כל שיש בו מוסף ואינו יום טוב קורין ארבעה ביום טוב חמשה ביוה"כ ששה בשבת שבעה אין פוחתין מהן אבל מוסיפין עליהן ומפטירין בנביא הפותח והחותם בתורה מברך לפניה ולאחריה: **גמ'** תנא מה שאין כן בתורה מנהני מילי אמר רבי אבהו דאמר קרא °ואתה פה עמד עמדי ואמר רבי אבהו אלמלא מקרא כתוב אי אפשר לאומרו כביכול אף הקב"ה בעמידה וא"ר אבהו מנין לרב שלא ישב על גבי מטה וישנה לתלמידו על גבי קרקע שנאמר ואתה פה עמד עמדי ת"ר מימות משה ועד רבן גמליאל לא היו למדין תורה אלא מעומד משמת רבן גמליאל ירד חולי לעולם והיו למדין תורה מיושב והיינו דתנן *משמת רבן גמליאל (א) בטל כבוד תורה כתוב אחד אומר °ואשב בהר וכתוב אחד אומר °ואנכי עמדתי בהר אמר רב עומד ולומד יושב ושונה ר' חנינא אמר לא עומד ולא יושב אלא שוחה רבי יוחנן אמר אין ישיבה אלא לשון עכבה שנאמר °ותשבו בקדש ימים רבים רבא אמר רכות מעומד וקשות מיושב: קראה אחד קראוה שנים יצאו וכו': תנא

רש"י

משפט ביום. דכתיב והיה ביום הנחילו את בניו (דברים כא) הורעה כל הפרשה כולה להיות דין במס' סנהדרין בפ' אחד דיני ממונות (דף לד:): לטהרת מצורע. בצפרים ועץ ארז ואזוב ושני תולעת: דאמר מר קצירה וספירה בלילה. ויליף לה במס' מנחות מקראי: כל הלילה עד הבוקר. על מוקדה על המזבח כל הלילה עד הבוקר: וכר' יוסי. דאמר במסכת מנחות אפילו סילק את הישנה שחרית וסידר את החדשה ערבית אף זו היתה תמיד והוא תמיד שלא ילין שולחן בלא לחם אבל לרבנן טפחו של זה מסדר בצד טפחו של מסלק:

הדרן עלך הקורא למפרע

הקורא. עומד ויושב. אם רצה יושב עומד אם רצה יושב: קראוה שנים. יחד יצאו ולא אמרינן אין שני קולות נשמעין כאחד: לא יברך. אין צריך לברך: בשני ובחמישי ובשבת במנחה. עזרא תיקן שיהו קורין בשני ובחמישי בבבא קמא בפרק מרובה (דף פב.) והכא אשמעינן דשלשה הן כהן ולוי וישראל: ואין מוסיפין עליהן. שלא יקשה לצבור מפני שהן ימי מלאכה ושבת במנחה סמוך לחשיכה הוא שהרי כל היום היו רגילין לדרוש: ואין מפטירין. משום הכי טעמא גופיה: הפותח והחותם. בגמ' מפרש: ואין מוסיפין עליהן. בראשי חדשים וחול המועד נמי איכא ביטול מלאכה דמלאכת דבר האבד מותרת: **גמ'** מה שאין כן בתורה. שאין קורין בתורה בצבור מיושב: כביכול. כלומר בהקב"ה כבאדם שיכול להאמר בו כן: שלא ישב על גבי המטה. אלא או שניהם על גבי המטה או שניהם על גבי קרקע: ולומד. מפי הגבורה: יושב ושונה. שונה לבדו מה שלמד: רכות. דברים רפים ונוחים שאדם מהיר לשמוען ולבלבד:

תוספות

ולהקטר חלבים (ב) כל הלילה עד הבוקר. והיינו דוקא שנתעכלו האברים קודם חצות ששלטה בהן האור אבל אם לא שלטה בהן אין *מעלין אחר חצות כדאמר ר' יוחנן סוף פ"ק דיומא (דף כ:): **לאתויי** אכילת פסחים ודלא כרבי אלעזר ב"ע. מ"מ נראה דהלכה כר' אלעזר דהא איכא סתמא דשמעתא בערבי פסחים (פסחים קכ: ושם) דקאי כוותיה דתנן הפסח אחר חצות מטמא את הידים וכן משנה באיזהו מקומן (זבחים דף נו:) וסתמא בסוף פ"ק דברכות (דף ט.) גבי מעשה ובאו בניו של רבן גמליאל מבית המשתה וכו' אמר להם כל מה שאמרו חכמים עד חצות מצותן עד שיעלה עמוד השחר ואילו אכילת פסחים לא קתני ומוקי לה כראב"ע דאמר עד חצות וא"כ צריך למהר לאכול מצה בליל פסחים קודם חצות ואפילו מצה של אפיקומן שהרי חיוב מצה בזמן הזה הוי דאורייתא *אבל בהלל של אחר אפיקומן אין להחמיר כל כך שהרי מדרבנן הוא:

הדרן עלך הקורא למפרע

הקורא. ואין מפטירין בנביא. קשיא לר"ת דהא בפרק במה מדליקין (שבת דף כד. ושם) אמר רב אחדבוי (ג) שאלמלא שבת אין נביא במנחה ביום טוב שחל להיות בשבת וצריך לומר דהאי דקאמר התם דמפטיר בנביא במנחה בשבת כשחל ביו"ט לאו דוקא נביא אלא רוצה לומר בכתובים כדאמרינן פרק כל כתבי (שם קטז:) בנהרדעא פסקי סדרא בכתובים במנחה בשבתא ופסקי היינו הפטרה ומקומות יש שנוהגין לעשות כן והטעם שמפטיר במנחה בתענית ולא בשחרית משום דכתיב בה שמרו משפט ועשו צדקה (ישעיה נו) ואגרא דתעניתא צדקתא* לעת ערב ומש"ה נכון לאומרו בערב אחר שעשו צדקה:

הפותח והחותם בתורה מברך לפניה ולאחריה. קשיא אמאי תנא הך מילתא הכא ג' פעמים דהא בחד זימנא סגיא וי"ל דהוה סלקא דעתך דכל דטפי מילתא מחבריה מברך לפניה ולאחריה מש"ה אצטריך למתני בכולהו:

אלמלא מקרא כתוב. קשיא שיש אלמלא שרוצה לומר אילו לא כגון הכא וכגון אלמלא אגרות הראשונות (לעיל דף יב:) וכן הרבה ויש אלמלא שרוצה לומר אילו היה אלמלא נגדוה לחנניה מישאל ועזריה (כתובות דף לג:) וכן אלמלא לוי אתה וכו' (לקמן דף כב:) ומאי שנא ואומר ר"ת דהיכא שיש אל"ף בסוף אלמלא רוצה לומר אילו לא והיכא דכתי' אלמלי ביו"ד רוצה לומר אילו היה: תנא

מסורת הש"ס

[ר"ס כה: סנהדרין לד.] [קידושין כו.] ע"ז כט: זבחים לו: חולין יח.] מנחות כו. שם צט: [תוספ' מנחות פי"א] [הגי' במנחות צט: שלא ילין] ברכות ט. פסחים קכ: זבחים נז: מכילתא דר"י פרשה יב. סוטה מט. דברים ט. שם א

הגהות הב"ח

(א) גמ' משמת רבן גמליאל הזקן בטל: (ב) תוס' ד"ה ולהקטר חלבים דכתיב כל וכו' אבל אם לא שלטה בהן האור אין מעלין: (ג) שם ד"ה הקורא וכו' אמר רב אחדבוי ביו"ט שחל להיות בשבת שאלמלא שבת אין נביא במנחה וצריך לומר כו':

עין משפט נר מצוה

נז א מיי' פ"ז מהלכות תמידין הלכה ו סמג עשין ר טוש"ע א"ח סימן תפט סעיף א:

נח ב מיי' פ"ח מהל' קרבן פסח הלכה יד סמג עשין רכו:

א ג מיי' פ"ב מהלכות מגילה הלכה ז סמג עשין מד"ס ד טוש"ע א"ח סי' תרצ סעיף א:

ב ד מיי' פי"ב מהלכות תפלה הלכה טז טור ש"ע א"ח סי' קלה סעיף א:

ג ה מיי' שם טוש"ע א"ח סימן תכג סעיף א:

ד ו מיי' שם טוש"ע א"ח סי' תרסג סעיף א:

[עי' תוספות זבחים נז: ד"ה ואיבעי' אימא]

[נ"ל לפני תמיד (שמות כה) וכן איתא במנחות במשנה ובברייתא צט: וכן איתא בתוספתא]

ה ז מיי' שם טוש"ע א"ח סי' תפח סעיף ג וסי' תלד סעיף א:

ו ח מיי' שם טוש"ע א"ח סימן תרכא סעיף א:

ז ט י מיי' שם טוש"ע א"ח סי' רפב סעיף א:

ח כ מיי' שם הלכה ג טוש"ע שם סעיף ד וסי' תפח סעיף ג וסימן תלד סעיף א וסי' תרכא סעיף א:

ט ל מיי' שם הלכה יא טוש"ע א"ח סי' קמא סעיף א:

י מ מיי' פ"ד מהלכות ת"ת הלכה ב טוש"ע י"ד סי' רמו סעיף ט:

יא נ מיי' שם:

[ברכות ו: וע"ע סנהדרין לה.]

רבינו חננאל

זה הכלל דבר שמצותו ביום כשר כל היום לאתויי סידור בזיכין וכר' יוסי דתניא ר' יוסי אומר אפילו סילק לחם הפנים הישנה שחרית וסידר החדשה ערבית אין בכך כלום. ומה אני מקיים לחם הפנים לפני תמיד שלא ילין שלחן בלא לחם: כל דבר שמצותו בלילה כשר כל הלילה לאתויי אכילת פסחים ודלא כר' אלעזר בן עזריה דתני עד חצות: ירושלמי דבר שדוחה את השבת ביום מהו שידחו מכשיריו בלילה והתנינן העמידו עושה חביתין לעשות חביתין תיפתר בחול. תני ר' אחא זה סדר התמיד לעבודת בית אלהינו בין בחול בין בשבת: הדרן עלך

הקורא את המגילה עומד ויושב יצא. תנא מה שאין כן בתורה שנאמר ואתה פה עמוד עמדי. אמר רב מנין לרב שלא ישב ע"ג מטה ותלמיד ע"ג קרקע וישנה שנאמר ואתה פה עמוד כלומר התלמיד כמו הרב: ת"ר מימות [משה] ועד ר"ג היו למדין תורה מעומד. משמת ר"ג ירד חולי לעולם והתחילו לישב ולשנות והיינו דתנן במס' סוטה משמת ר"ג בטל כבוד התורה: כתוב אחד אומר ואשב בהר ארבעים יום וכתוב אחד אומר ואנכי עמדתי בהר. ואסיקנא רכות מעומד וקשות מיושב: מתני' קראה אחד את המגילה או קראוה שנים ביחד יצאו. תנא

תנא מה שאין כן בתורה. פירוש שאין קורא אלא אחד מכאן קשיא למה שפירש רבינו משולם בפרק קמא דבבא בתרא (דף טו: ושם) ובהקומץ רבה (מנחות דף ל. ושם) דשמונה פסוקים שבתורה יחיד קורא אותן פירוש יחיד קורא אותן שלא יקרא שליח צבור עמו בפרשת ויעל משה כשחותמין את התורה וקשיא שהרי בימיהם לא היה שליח צבור קורא עמהם כדאמר הכא ועכשיו נמי לא תקינו אלא שלא לבייש מי שאין יודע לקרות לכך נראה כמו שפירש רש"י בהקומץ יחיד קורא אותן לבדו ולא יהיו שנים מפסיקין וקוראין באותן שמונה פסוקים שמתחילין מויעל לפי שהוא תחילת הפרשה*: **ובמגילה** אפילו עשרה קורין (ה) ועשרה מתרגמין. רש"י מוחק מתרגמין לפי שאין מתרגמין תרגום בכתובים ובחנם מחקו דודאי יש תרגום אבל לא עשאו יונתן אלא מימי התנאים נעשה*: **כנגד** תורה נביאים וכתובים. קשה דהא לקמן (דף כג.) אמר כנגד (ו) שומרי הסף וי"ל דהתם לא הוי עיקר התקנה דהא לא תקנו ארבעה כנגד הא שלשה שומרי הסף וסריס אחד ואיתא בירושלמי איכא סריס אחד שיושב *ומתרץ ההלכות ומעמידן על עקרן ואפ"ה לא תקנו כנגדו ש"מ דעיקר התקנה לא היתה אלא כנגד תורה ונביאים וכתובים: **אין** פותחין מעשרה פסוקים בבהכ"נ. וא"ת והרי פרשת עמלק דליכא אלא תשעה פסוקים וי"ל דשאני פרשת עמלק דסידרא דיומא הוא ומפסיק ענינא ביה ומש"ה אין לחוש דהכי נמי אמרינן לקמן (דף כג.) דאין מפטירין פחות מכ"א פסוקים והיכא דסליק ענינא קורין שפיר בפחות:

ובלבד שלא יהא אחד קורא ושנים מתרגמין. וכל שכן שאין שנים קורין וטעמא משום דתרי קלי לא מישתמעי: ובנביא אפילו אחד קורא ושנים מתרגמין. שהתרגום אינו אלא להשמיע לנשים ועמי הארץ שאינן מכירין בלשון הקודש והתרגום הוא לעז הבבליים ובתרגום של תורה צריכין אנו לחזור שיהו מבינין את המצות אבל בשל נביאים לא קפדי עלייהו כולי האי: ועשרה מתרגמין. (ג) לא גרסינן שאין תרגום בכתובים: ויעבר את הכושי. ויקדם את הכושי: מקטרזיא. מקום: מנ"ח. על מקרא מגילה ושעשה נסים ושהחיינו: וידבר עולה מן המנין. וידבר ה' אל משה לאמר אע"פ שאין ללמוד ממנו כלום: בראשית נמי. דמשתעי בשמים ובארץ (ד) דכתיב בדבר ה' שמים נעשו וברוח פיו כל צבאם: מאמר הוא. אף הן במאמר נבראו: נר מערבי. הוא נר אמצעי למאן דאמר צפון ודרום מונחין הוי אמצעי משוך קימעא כלפי מערב חוץ משאר נרות דלמאן דאמר מערב ומזרח מונחין לא משום דהוי מערבי השני כלפי מזרח הכי איתא במנחות: תורמין. כהנים את הלשכה נותנין משקלי שנה זו לתוכה לקנות מהן קרבנות צבור לכל השנה: אל מול פני המנורה יאירו שבעת הנרות. למול פני נר שבגוף המנורה שהוא אמצעי היה מצדד פני ששה הנרות: ראשון. מן שלשה שקרא ארבעה פסוקים משובח וכן שני וכן שלישי אם לא עשה הראשון ועשה השני או אם לא קראו לא הראשון ולא השני ארבעה פסוקים וקרא אותן השלישי משובח ואם יש להן ריוח בפרשה וקראו כל אחד ארבעה פסוקים כולן משובחין: משום הנכנסין. שאם יכנס אדם לבית הכנסת אחר שבירך ראשון ואם לא ישמע את האחרים מברכין יאמר אין ברכה בתורה לפניה: ומשום היוצאין. ולא שמעו את החותם מברך לאחריה והראשונים לא ברכו יאמרו היוצאים אין ברכה בתורה לאחריה: כיצד קורין. בד' בני אדם: אין משיירין בפרשה כו'. לקמן מפרש טעמא ואין מתחילין כמי לקמן אמרינן לה ומפרש טעמא: ליקרי

תנא *מה שאין כן בתורה *תנו רבנן בתורה אחד קורא ואחד מתרגם ובלבד שלא יהא אחד קורא ושנים מתרגמין ובנביא אחד קורא ושנים מתרגמין ובלבד שלא יהו שנים קורין ושנים מתרגמין ובהלל ובמגילה אפילו עשרה קורין (א) ועשרה מתרגמין מאי טעמא כיון דחביבה יהבי דעתייהו ושמעי: מקום שנהגו לברך יברך: אמר אביי לא שנו אלא לאחריה אבל לפניה מצוה לברך דאמר רב יהודה אמר שמואל *כל המצות כולן מברך עליהן עובר לעשייתן מאי משמע דהאי עובר לישנא דאקדומי הוא אמר רב נחמן בר יצחק אמר קרא ויורץ אחימעץ דרך הככר ויעבר את הכושי אביי אמר מהכא והוא עבר לפניהם ואיבעית אימא מהכא ויעבר מלכם לפניהם וה' בראשם: לפניה מאי מברך רב ששת מקטרזיא איקלע לקמיה דרב אשי ובריך מנ"ח לאחריה מאי מברך *ברוך אתה ה' אלהינו מלך העולם (*האל) הרב את ריבנו והדן את דיננו והנוקם את נקמתנו והנפרע לנו מצרינו והמשלם גמול לכל אויבי נפשנו ברוך אתה ה' הנפרע לישראל מכל צריהם רבא אמר האל המושיע אמר רב פפא *הלכך נימרינהו לתרוייהו ברוך אתה ה' הנפרע לישראל מכל צריהם האל המושיע: בשני ובחמישי בשבת במנחה קורין שלשה וכו': הני שלשה כנגד מי *אמר רב אסי כנגד תורה נביאים וכתובים רבא אמר כנגד כהנים לוים וישראלים אלא הא דתני רב שימי אין פוחתין מי' פסוקין בבית הכנסת וידבר עולה מן המנין הני עשרה כנגד מי א"ר יהושע בן לוי *כנגד עשרה בטלנין שבבית הכנסת רב יוסף אמר *כנגד עשרת הדברות שנאמרו למשה בסיני (*רבי לוי אמר כנגד עשרה הילולין שאמר דוד בספר תהלים) *ורבי יוחנן אמר כנגד עשרה מאמרות שבהן נברא העולם הי נינהו ויאמר דבראשית הני תשעה הוו בראשית נמי מאמר הוא דכתיב בדבר ה' שמים נעשו וברוח פיו כל צבאם אמר רבא ראשון שקרא ד' משובח שני שקרא ד' משובח שלישי שקרא ד' משובח ראשון שקרא ד' משובח דתנן *בשלש קופות של שלש (ב) סאין שבהן תורמין את הלשכה והיה כתוב עליהן אב"ג *לידע איזו מהן נתרמה ראשון להקריב ממנה ראשון שמצוה בראשון אמצעי שקרא ארבעה משובח דתניא* אל מול פני המנורה יאירו מלמד שמצדד פניהם כלפי נר מערבי ונר מערבי כלפי שכינה ואמר *רבי יוחנן מכאן שאמצעי משובח ואחרון שקרא ארבעה משובח משום *מעלין בקדש ולא מורידין רב פפא איקלע לבי כנישתא דאבי גובר וקרא ראשון ארבעה ושבחיה רב פפא: אין פוחתין מהן ואין מוסיפין: תנא הפותח מברך לפניה והחותם מברך לאחריה והאידנא דכולהו מברכי לפניה ולאחריה היינו טעמא דתקינו רבנן גזירה משום הנכנסין ומשום היוצאין: בראשי חדשים ובחולו של מועד קורין ארבעה וכו': בעא מיניה עולא בר רב מרבא פרשת ראש חודש כיצד קורין אותה צו את בני ישראל ואמרת אליהם את קרבני לחמי דהויין תמניא פסוקי היכי נעביד ניקרי תרי תלתא תלתא פסוקין פשו להו תרי ואין משיירין בפרשה פחות משלשה פסוקין ניקרי ארבעה ארבעה פשו להו שבעה וביום השבת הויין תרי ובראשי חדשיכם חמשה הויין היכי נעביד ניקרי תרי מהא וחד מהנך

אין

יב א מיי' פי"ב מהל' תפלה הלכה י סמג עשין יט טוש"ע א"ח סי' קמה סעיף ג:
יג ב מיי' שם הלכה יא:
יד ג מיי' שם הלכה יג:
טו ד טוש"ע א"ח סי' תרפח סעיף ב:
טז ה מיי' פי"ב מהלכות מגילה הלכה ב טור ש"ע א"ח סי' תרצ:
יז ו ז מיי' פי"א שם הלכה ג טוש"ע א"ח סי' תרצב סעיף א:
יח ח מיי' פי"א מהלכות ברכות הלכה ג טור ש"ע א"ח סימן כה סעיף ח:
[עי' תוספות ב"ב טו. ד"ה שמונה כו' ביארו יותר]
יט ט י מיי' פ"א מהל' מגילה הלכה ג טור ש"ע א"ח סימן תרצב סעיף א:
[ועי' תוספות שבת קטו. ד"ה ונידו וכו' ולכאורה מסוגיא דהתם תיובתא כלפי שמעתתא דרש"י הכא דמוחק ומנוס לייסב]
כ כ מיי' פי"ב מהלכות תפלה הלכה ג סמג עשין יט טוש"ע א"ח סי' קלה סעיף א:
[כרב אלפס וכרא"ש ליתא ועמ"ש הטור סימן תרצב בשם רב עמרם]
כא ל מיי' שם הלכה ד טוש"ע א"ח שם סעיף ג:
כב מ מיי' פ"ב מהלכות שקלים הלכה ז:
כג נ מיי' פ"ב מהלכות בית הבחירה הלכה ח:
כד ס מיי' פ"ד מהלכות כלי המקדש הלכ' כא:
כה ע מיי' פי"ב מהל' תפלה הלכה ב טור ש"ע א"ח סי' קלט סעיף ד:
[ב"ק פב.]
[מלת דרבי לוי ליתא ברב אלפס וברא"ש וכן מוכרח דלא גרסינן לי' דמי שמתן עין עיונו בר"ה לג. בהלולים טובא הוו וכו']
כו פ מיי' פי"ב מהל' תפלה הלכה ג טוש"ע א"ח סי' קלז סעיף א:
יומא סב. סד. שקלים ס.
מנחות צח.

[ר"ה כז. תוספתא פ"ג] פסחים ז: קיט: סוכה לט. מנחות לה: נדה סג. [גירסת רב אלפס א"ר יוחנן] [ברכות נט. ס: תענית ז.] [לקמן כג.] [ר"ה לב.] [שם] [עי' יומא סב. סד:] במדבר ח [במנחות צח. איתא רבי נתן] [לעיל ט:] במדבר כח

רבינו חננאל

תנא מה שאין כן בתורה: ת"ר [בתורה] אחד קורא ואחד מתרגם ובלבד שלא יהו שנים קורין או שנים מתרגמין. ובנביא אחד קורא ושנים מתרגמין ובלבד שלא יהו שנים קורין. ובהלל ובמגילה אפי' עשרה קורין ועשרה מתרגמין יצאו. ס"ם כאן דחביבא להו מכווני דעתייהו: מקום שנהגו לברך יברך הני מילי לאחריה אבל לפניה מצוה לברך. דקי"ל כל המצות מברך עליהן עובר לעשייתן. ופרשן דהאי עובר לישנא דאקדומי הוא כדכתיב ויורץ ויעבר את הכושי. ומברך לפניה מנ"ח סימן. ולאחריה מברך האל הרב את ריבנו והדן את דיננו וכו' וחותם ברוך הנפרע לישראל מכל צריהם האל המושיע: מתני' בשני ובחמישי ובמנחה בשבת קורין ג' אין פוחתין ואין מוסיפין עליהן ואין מפטירין בנביא. והני ג' כנגד כהנים לוים וישראלים. אין פוחתין מעשרה פסוקים בבהכ"נ וידבר עולה מן המנין והני עשרה כנגד י' הדברות שנאמר למשה בסיני. ר' יוחנן אומר כנגד עשרה מאמרות שבהן נברא העולם. ובראשית נמי מאמר הוא שנאמר בדבר ה' שמים נעשו. אמר רבא ראשון שקרא ארבעה משובח. דתניא אמר ר' יוסי למה היה כתוב בקופות שתורמין בהן את הלשכה א' ב' ג' לידע איזה מהן נתרמה ראשון שמצוה בראשון פי' הקופה שהיה כתוב בה אלף היא היתה ראשונה ומן השקלים שבתוכה הקרבנות ומקריבין עד שישלמו ועוד מן השניה ואחריה עד השלישית. אמצעי משובח מן המנורה: אחרון משובח מעלין בקידש ולא מורידין. שיבח רב פפא לראשון שקרא ד'. הפותח והחותם בתורה מברך לפניה ולאחריה. אוקימנא גזירה משום הנכנסים ומשום היוצאים דאי לא גזירה הפותח מברך לפניה וחותם לאחריה בלבד בר"ח ובחוש"מ קורא ד' ומיבעיא לן פרשת צו שהיא ח' פסוקים האיך

הגהות הב"ח

(א) גמ' עשרה קורין (ועשרה מתרגמין) תא"מ ונ"ב ס"א אין זה: (ב) שם בשלש קופות של שלש שלש סאין תורמין כצ"ל ותיבת שבהן נמחק: (ג) רש"י ד"ה ועשרה מתרגמין. נ"ב עיין לעיל דף ג ע"א: (ד) ד"ה בראשית וכו' ובארץ מאמר הוא אף הן במאמר נבראו דכתיב בדבר וכו' כל צבאם הס"ד ואח"כ מה"ד ראשון מן שלשה וכו' משובחין הס"ד ואח"כ מה"ד תורמין את הלשכה הכהנים נותנין וכו' לכל השנה הס"ד ואח"כ מה"ד אל מול וכו' ששה הנרות הס"ד ואח"כ מה"ד נר מערבי וכו' הס"ד ואח"כ מה"ד משום הנכנסין: (ה) תוס' ד"ה ובמגילה וכו' רש"י מוחק ועשרה מתרגמין: (ו) בא"ד כנגד וכו' כנגד שלשה שומרי הסף וכו' דהא לא תקנו ארבעה כנגד שלשה שומרי הסף ואחד כו' אחד שאין בירושלים שיושב ומתרץ ההלכות ומעמידן על עקרן אלא סריס אחד ואפילו הכי:

PERFORMED THEIR OBLIGATION. [21b] A Tanna stated: This is not the case with [the public reading of] the Torah.

Our Rabbis taught: As regards the Torah, one reads and one translates,[8] and in no case must one read and two translate [together]. As regards the Prophets, one reads and two may translate, but in no case may two read and two translate. As regards Hallel and the Megillah,[9] even ten may read [and ten may trans-
a late].[1] What is the reason? Since the people like it,[2] they pay attention and hear.[3]

WHERE IT IS THE CUSTOM TO SAY A BLESSING, IT SHOULD BE SAID. Abaye said: This rule applies only to the blessing after the reading, but before the reading it is a religious duty to say a blessing, since Rab Judah said in the name of Samuel: 'Over the performance of all religious precepts a blessing is said as one passes on ['*ober*] to perform them'. How can you prove that this 'passing on' means 'just in front of'?—R. Naḥman b. Isaac said: Scripture says, *Then Ahimaaz ran by way of the plain and overran* [wa-ya'abor] *the Cushite.*[4] Abaye said: We prove it from here: *And he himself passed over before them.*[5] Or, if you prefer, I can prove it from here: *And their king is passed on before them and the Lord at the head of them.*[6]

What blessing is said before the reading of the Megillah?—R. Shesheth from Kateriza happened [once to read] in the presence of R. Ashi, and he made the blessings *M'N'Ḥ'*.[7] What blessing is said after it?—'Blessed art thou, O Lord our God, king of the universe, [the God][8] who espoused our quarrel and vindicated our cause and executed our vengeance and punished our adversaries for us and visited retribution on all the enemies of our soul. Blessed art thou, O Lord, who avenges Israel on all their enemies'. Raba says: [The concluding words are], 'The God who saves'. R. Papa said: Therefore we should say both: 'Blessed art thou, O Lord, who avenges Israel on all their enemies, the God who saves'.

ON MONDAYS AND THURSDAYS AND ON SABBATH AT MINḤAH THREE READ. What do these three represent?—R. Assi said: The Pentateuch, the Prophets and the Hagiographa. Raba said: Priests, Levites, and lay Israelites. But now, in the statement of R. Shimi, 'Not less than ten verses [of the Torah] should be read in the synagogue, the verse '*and* [*God*] *spoke to* [*Moses saying*]'
b being counted as one',[1]—what do these ten represent?—R. Joshua b. Levi said: The ten men of leisure in the synagogue.[2] R. Joseph said: The ten commandments which were given to Moses on Sinai. (R. Levi said: The ten times *hallel* [praise] which David uttered in the book of Psalms.)[3] R. Joḥanan said: The ten utterances with which the world was created.[4] What are these? The expressions '*And* [*God*] *said*' in the first chapter of Genesis.[5] But there are only nine?—The words '*In the beginning*' are also a [creative] utterance, since it is written, *By the word of the Lord the heavens were made, and all the host of them by the breath of his mouth.*[6]

Raba said: If the first reads four verses[7] he is to be commended; if the second reads four verses[8] he is to be commended; if the third reads four verses he is to be commended. 'If the first reads four verses he is to be commended', as we have learnt: 'There were three bags holding three *se'ahs*[9] each, in which the priests take up the money-offerings out of the [*sheḳel*] chamber,[10] and they were labelled *Aleph, Beth, Gimel,*[11] so as to show which was taken out first, so that sacrifices could be brought from that one first, since it is a religious duty to offer from the first. 'If the middle one reads four verses, he is to be commended', as it has been taught: '[*The seven lamps*] *shall give light in front of the candlestick;*[12] this teaches that they were made to face the western lamp,[13] and the western lamp faced the *Shechinah;* and R. Joḥanan said: This shows that the middle one is specially prized'. 'If the last reads four verses he is to be commended': because of the principle that
c 'in dealing with holy things we promote but never degrade'.[1] R. Papa was once in the synagogue of Abe Gobar,[2] when the first one [who was called up] read four verses, and R. Papa commended him.

NEITHER LESS NOR MORE [etc.]. A Tanna stated: The one who reads first makes a blessing before the reading, and the one who reads last makes a blessing after it. Nowadays that all make a blessing both before and after the reading, the reason is that the Rabbis ordained this to avoid error on the part of people entering and leaving synagogue.[3]

ON NEW MOONS AND ON THE INTERMEDIATE DAYS OF THE FESTIVAL FOUR READ. 'Ulla b. Rab enquired of Raba: How is the portion of New Moon[4] to be divided? [The paragraph commencing] '*command the children of Israel and say to them*'[5] has eight verses. How are we to deal with them? Shall two persons read three verses each? Then two verses will be left [to the end of the paragraph], and it is not proper to leave over less than three verses to the end of the paragraph.[6] Shall two read four verses each? Then seven verses will be left altogether, [the paragraph beginning] '*and on the sabbath day*'[7] being two, and [the paragraph beginning] '*and on your new moons*'[8] being five. How are we to do? Shall we read [as one portion] two from one paragraph and one from the next? [22a] [This is not right], since we do not read less

(8) I.e., reads the Aramaic Targum. (9) V. Glos.
a (1) Rashi omits these words on the ground that there is no Targum to the Hagiographa. Tosaf., however, points out that there is such a Targum, though it is not attributed to Jonathan b. Uzziel; v. *supra* 3a. (2) Lit., 'it is beloved'. (3) Even though many are speaking together. (4) II Sam. XVIII, 23. (5) Gen. XXXIII, 3, of Jacob and his family before Esau. (6) Micah II, 13. (7) M = *Mikra* (or *Megillah*), over the reading of the Megillah; N = *Nissim*, the blessing for miracles; Ḥ = *she-heḥeyanu* (or *Ḥayyim*, life) 'who has kept us alive to this day'. (8) This word is omitted by Alfasi and Asheri.
b (1) Although it is a recurring introductory formula. (2) Every community was required to have ten men who had leisure always to attend synagogue when required. V. *supra* 5a n. a9. (3) This is bracketed in the text, and is omitted by BaḤ and MS.M. [This number is exceeded many times in the Book of Psalms and applies to Psalm CL by itself (v. R.H. 32a) hence, the omission]. (4) V. Aboth V, 1. (5) Lit., 'in "In the beginning"'. (6) Ps. XXXIII, 6. The creation of 'Heavens' and 'the host of them' (the earth) is mentioned in the first verse of Genesis. (7) Out of the obligatory ten read on weekdays. (8) If the first has read only three, or even if he has read four. (9) V. Glos. (10) Shekels brought by the public for purchasing the congregational sacrifices. (11) V. Sheḳ. 5a. (12) Num. VIII, 2. (13) According to one opinion, this was the middle lamp of the candlestick; according to another, the one second from the western end. R. Joḥanan evidently adopted the first opinion.
c (1) Hence the religious service of the last should be at least equal to that of those who preceded him. (2) [Or, Be Gobar, near Maḥuza, v. Obermeyer p. 178. This synagogue is also mentioned in Ber. 50a and Ta'an. 26a]. (3) People who come in after the reading has commenced, on seeing a fresh person commence to read without saying a blessing, might think that no blessing is necessary before the reading. Similarly, those who leave before the reading is concluded might think that no blessing at all is necessary after the reading. (4) Which consists of three paragraphs of eight, two and five verses. Num. XXVIII, 1-15. (5) Ibid. 1-8. (6) V. *infra.* פרשה A 'paragraph' is a section at the end of which a blank space is left in the Scroll. (7) Ibid. 9, 10. (8) Ibid. 11-15.

a than three verses together at the beginning of a paragraph.[1] Shall the reader read two from one and three from the other? Then only two verses are left [to the end of the second paragraph]!—He replied: On this point I have not heard [any pronouncement], but I have learnt the rule in a somewhat similar case, as we have learnt: 'On Sundays, [the *ma'amad*[2] read the paragraph] "*In the beginning*" and "*let there be a firmament*",[3] and to this a gloss was added, "*In the beginning*" is read by two and "*let there be a firmament*" by one', and we were somewhat perplexed by this. For that [the paragraph] '*let there be a firmament*' can be read by one we understand, since it has three verses, but how can '*In the beginning*' be read by two, seeing that it has only five verses, and it has been taught, 'He who reads in the Torah should not read less than three verses'? And it was stated [in answer] to this [question] that Rab says he should repeat,[4] and Samuel says he should divide a verse. Rab said he should repeat. Why should he not say 'divide'?—He was of opinion that any verse which Moses had not divided, we may not divide, whereas Samuel held that we may divide. But surely, R. Ḥananiah the Bible teacher[5] said, I was in great pain in the house of R. Ḥanina the great, and he would not allow me to make [additional verse] divisions save for the school children, because they are there to be taught?—Now what was the reason there [why he was allowed to make divisions]? Because it could not be avoided; here[6] too it cannot be avoided. Samuel said that he divides. Why did he not say that he repeats? It is a precaution to prevent error on the part of those coming in and going out.[7]

An objection [against both these views][8] was brought from the following: 'A section of six verses may be read by two persons, a section of five verses must be read by one. If the first reads three verses, the second reads the remaining two from this section and one from the next; some, however, say that he reads three from the next, because not less than three verses should be read at the
b beginning of a section'.[1] Now if it is as you said,[2] then according to the one who says he should repeat, let him repeat, and according to the one who says he should divide, let him divide?—It is different here,[3] because this method is open to him.[4]

R. Tanḥum said in the name of R. Joshua b. Levi: The *halachah* follows the alternative opinion[5] mentioned.

R. Tanḥum also said in the name of R. Joshua b. Levi: Just as at the beginning of a section not less than three verses should be read, so at the end of a section not less than three verses should be left. Surely this is obvious! Seeing that in regard to the beginning of a section where the First Tanna is not so strict the alternative opinion is strict, is it not certain that in regard to the verses left [at the end of the section] where the First Tanna is strict the alternative opinion will also be strict?—You might argue that it is usual for people to come in [to synagogue during the reading of the law],[6] but it is not usual for them to go out and leave the scroll of the law while it is being read;[7] therefore we are told [that we do not argue thus]. But now with regard to the First Tanna: Why does he forbid [less than three verses] to be left [at the end of the section]? On account of people going out of synagogue,[8] is it not? Then with regard to the beginning also he should take precautions on account of people coming in?—I can answer that a person coming in enquires [how much has been read].[9]

Rabbah the son of Raba sent to enquire of R. Joseph: What is
c the law?[1] He sent him back word: The law is that the verse is repeated, and it is a middle reader[2] who repeats.

THIS IS THE GENERAL RULE: WHENEVER THERE IS A MUSAF etc. The question was raised: How many read on a public fast day?[3] Shall we say that on New Moon and the intermediate days of the festival when there is an additional sacrifice four read, but here where there is no additional sacrifice this is not the case? Or shall we argue that here also there is an additional prayer?[4]—Come and hear: 'ON NEW MOONS AND ON THE INTERMEDIATE DAYS OF FESTIVALS FOUR READ', from which we conclude that on public fasts only three read. Look now at the preceding clause: 'ON MONDAYS AND THURSDAYS AND ON SABBATH AT MINḤAH THREE READ', from which we may conclude that on a public fast four read! The truth is that we cannot decide from here.

Come then and hear [this]: 'Rab happened to be at Babylon[5] during a public fast. He came forward and read in the scroll of the law. Before commencing he made a blessing but after finishing he made no blessing. The whole congregation [afterwards] fell on their faces,[6] but Rab did not fall on his face'. Let us now see. Rab read as a lay Israelite.[7] Why then did he say no blessing after finishing? Was it not because another was to read after him?—No. Rab read as *kohen*,[8] for R. Huna also read as *kohen*.[9] I can understand R. Huna reading as *kohen*, because even R. Assi and R. Ammi who were distinguished *kohanim* of Eretz Israel showed deference to R. Huna.[10] But as to Rab there was Samuel [his Babylonian contemporary] who was a *kohen* and who took prece-
d dence of him?[1]—Samuel also showed deference to Rab, and it was Rab[2] who of his own accord paid him special honour[3] and this he did only in his presence, but not when he was not present. It is reasonable also to assume that Rab read as *kohen*, because if you presume that he read as a layman, why did he say a blessing before reading?—It was after the regulation[4] had been made. If so, he should have said a blessing after reading also?—Where Rab was present there was a difference, because people came in

a (1) V. *infra*. (2) V. Glos. (3) Gen. I, 1-5, and 6-8; v. Ta'an. 26*a*. (4) The last verse read by the predecessor. Lit., 'skip', 'go back'. (5) Heb. קרא, a Bible teacher who appears to have been also a professional reader of the Scripture, with proper vowels, stops and accents, as the tanna (v. Glos. s.v.) was a professional memorizer of the Mishnah or Baraitha. (6) In the readings of the *ma'amad*. (7) V. *supra* 21*b* n. c3. (8) Of Rab and Samuel.

b (1) V. Ta'an 27*b*. (2) That he either divides or repeats. (3) Which deals with the Biblical reading on Mondays and Thursdays. (4) Whereas on New Moon the next paragraph deals with a different subject and therefore cannot be read. (5) Lit., 'the "some say"'; viz., that three verses are read from the next paragraph. (6) And therefore, if they hear only the first verse of a section read, may not know that at least three verses have been read. (7) And therefore, even if only one verse of a section is left, they will see that three are read. (8) Who might think that if two verses to the end of a section had been left by a reader at the point when he went out, only those two will have been read by the next reader. Cf. n. 7. (9) Supposing he finds when he comes in that someone reads three verses beginning from the third verse of a paragraph, he inquires whether the previous reader read only the preceding two verses or more.

c (1) With respect to the reading by the *ma'amad* and on the New Moon readings. (2) I.e., not the one who reads last. (3) Other than the day of Atonement. (4) Inserted in the *'Amidah*—the prayer עננו, *v. *P.B.* p. 47. (5) [Babylon stands here, as in other places in the Talmud, for Sura which was in the neighbourhood of the old great city of Babylon, and in contradistinction to Nehardea where Samuel had his seat, v. Obermeyer p. 306]. (6) To say propitiatory prayers—*taḥanun*, *v. *P.B.* p. 62. (7) I.e., third, being neither *kohen* nor Levite. (8) I.e., first. (9) Although only a lay Israelite. (10) Cf. Giṭ. 59*b*.

d (1) V. B.Ḳ. 80*a*. (2) In giving him precedence. (3) V. Shab. 108*a*. (4) That a blessing should be said both before and after each reading. V. *supra*, 21*b*.

*See Corrigenda.

*אין מתחילין בפרשה פחות משלשה פסוקים ליקרי תרי מהא ותלתא מהך פשו להו תרי אמר לו זו לא שמעתי כיוצא בה שמעתי דתנן *[ב]ביום הראשון בראשית ויהי רקיע ותני עלה בראשית בשנים יהי רקיע באחד והוינן בה בשלמא יהי רקיע באחד דתלתא פסוקי הוו אלא בראשית בשנים חמשה פסוקי הוו ותניא* [ג]הקורא בתורה לא יפחות משלשה פסוקים ואיתמר עלה רב אמר דולג ושמואל אמר פוסק רב אמר דולג מאי טעמא לא אמר פוסק קסבר *כל פסוקא דלא פסקיה משה אנן לא פסקינן ליה ושמואל אמר פסקינן ליה והא אמר רבי חנניא קרא צער גדול היה לי אצל רבי חנינא הגדול ולא התיר לי לפסוק אלא לתינוקות של בית רבן הואיל ולהתלמד עשויין התם טעמא מאי משום דלא אפשר הכא נמי לא אפשר ושמואל אמר פוסק מאי טעמא לא אמר דולג גזירה משום הנכנסין ומשום היוצאין מיתיבי *פרשה של ששה פסוקים קורין אותה בשנים ושל חמשה פסוקים ביחיד קרא ראשון שלשה השני קורא שנים מפרשה זו ואחד מפרשה אחרת ויש אומרים שלשה לפי שאין מתחילין בפרשה פחות משלשה פסוקים ואם איתא למאן דאמר דולג נדלוג ולמאן דאמר *פוסק נפסוק שאני התם דאפשר בהכי אמר רבי תנחום אמר ריב"ל הלכה כיש אומרים ואמר רבי תנחום אמר ריב"ל כשם שאין מתחילין בפרשה פחות מג' פסוקים כך אין משיירין בפרשה פחות משלשה פסוקים פשיטא השתא ומה אתחלתא דקא מקיל תנא קמא מחמירי יש אומרים שיור דמחמיר ת"ק לא כ"ש דמחמירי יש אומרים מהו דתימא נכנסין שכיחי יוצאין לא שכיחי דמנחי ספר תורה ונפקי קמ"ל ות"ק מ"ש שיורי דלא משום יוצאין אתחולי נמי גזירה משום הנכנסין אמרי מאן דעייל שיולי שייל שלח ליה רבה בריה דרבא לרב יוסף הלכתא מאי שלח ליה הלכתא [ד]דולג ואמצעי דולגן: זה הכלל כל שיש בו מוסף וכו': איבעיא להו תענית צבור בכמה ראש חדש ומועד דאיכא קרבן מוסף ארבעה אבל הכא דליכא קרבן מוסף לא או דלמא הכא נמי איכא מוסף תפלה ת"ש בראשי חדשים ובחולו של מועד קורין ארבעה הא בתענית צבור ג' אימא רישא בשני ובחמישי ובשבת במנחה קורין ג' הא תענית צבור ארבעה *אלא מהא ליכא למישמע מינה ת"ש דרב איקלע לבבל בתענית צבור קם קרא בסיפרא פתח בריך חתים ולא בריך נפול כולי עלמא אאנפייהו ורב לא נפל על אפיה מכדי רב בישראל קרא מאי טעמא חתם ולא בריך לאו משום דבעי למיקרי אחרינא בתריה לא רב בכהני קרא דהא *רב הונא קרי בכהני *בשלמא רב הונא קרי בכהני דהא אפילו רב אמי ורב אסי *דכהני חשיבי דארעא ישראל מיכף כייפו ליה לרב הונא אלא רב הא איכא שמואל דכהנא הוה ודבר עליה שמואל נמי מיכף הוה כייף ליה לרב ורב הוא דעבד ליה כבוד וכי עביד ליה בפניו שלא בפניו לא עביד ליה הכי נמי מסתברא דרב בכהני קרא דאי סלקא דעתך בישראל קרא לפניה מאי טעמא בריך לאחר תקנה אי הכי לאחריה נמי לבריך שאני היכא דיתיב רב דמיעל עיילי
מיפק

ליקרי. שלישי תרי מהא שני מקראות דפרשת וביום השבת ותלתא קראי מבראשי חדשיכם פשו להו תרי וכו': ביום הראשון. גבי מעמדות תנן ליה במסכת תענית ביום הראשון באחד בשבת: דולג. השני חוזר ומתחיל פסוק שגמר בו שלפניו: פוסק. הראשון קורא חצי הפסוק השלישי ופוסקו: גזירה משום הנכנסין. שישמעו השני מתחיל פסוק זה ויאמרו לא קרא ראשון אלא שנים וכן היוצאין שישמעו את הראשון קורא שלשה ויאמרו לא יקרא השני אלא שנים: הכי גרסינן קרא ראשון שלשה השני קורא שנים מפרשה זו כו': למ"ד דולג נדלוג. למאן דאמר *פוסק ליכא למיפרך דהא קרא ראשון שלשה קתני דאי אפשר עוד לחזור: שאני התם דאפשר בהכי. לקרות מפרשה זו לאחריה דכך מתקינה קיימא בשני ובחמישי שהוא יכול לקרות מה שירצה שהכל מעניינו של יום: כשם שאין מתחילין בפרשה בפחות משלשה פסוקים. גזירה משום הנכנסין שיהו סבורים לא קרא זה אלא שני פסוקים של התחלת פרשה זו שהרי לא היו בבית הכנסת ולא שמעו שקרא מפרשה העליונה: כך אין משיירין כו'. גזירה משום היוצאין שסבורין שהקורא אחריו של זה לא יקרא אלא שני פסוקים הנותרים: שיור דקא מחמיר תנא קמא. דתני ושל חמשה ביחיד ולא אמרינן יקרא הראשון שלשה ויפסוק אם ירצה: נכנסין שכיחי. לפיכך החמירו יש אומרים בהתחלה: שיולי משייל. כשישמע שקורא השני שלשה מקראות והראשון לא קרא מפרשה זו אלא שנים ישאל היאך קרא הראשון שני פסוקים ולא יותר ויאמרו לו שקרא מפרשה העליונה: הלכתא מאי. בשל מעמדות: ואמצעי דולג. שאם לא ידלג הוא יצטרך (א) להתחיל בפרשה פחות משלשה פסוקים ואם יקרא שלשה מן השניה נמצא קורא כולה: מוסף. (ב) פסקא תפלת עננו ברכה יתירה: מכדי רב בישראל קרא. שהרי רב לא היה לא כהן ולא לוי: דהא רב הונא קרי בכהני. במסכת גיטין בהניזקין (דף נט:): הא איכא שמואל. בנהרדעא שהוא ממדינת בבל דכהנא הוה: ודבר עילויה. נהוג היה להיות למעלה מרב כדאמרינן בפרק מרובה (ב"ק פ:) רב לא עייל לקמיה דשמואל: ורב הוא דעביד. לאהדוריה עליה כבוד הוה עביד ליה משום דלייטיה רב לשמואל דלא לוקמי בני במס' שבת פ' שמונה שרצים (ד' קח:): שלא בפניו לא עביד ליה. ושמואל לא היה בבבל אלא בנהרדעא:

אין מתחילין בפרשה פחות מג' פסוקים. גזירה משום הנכנסין שלא יטעו לומר שאותו שקרא לפניו לא קרא אלא שני פסוקים וקשה על מנהג שלנו שאנו קורין בפרשת ויחל בתעניות והראשון מתחיל שם והוא לסוף *שני פסוקים מפרשה שלמעלה וכן המפטיר ביו"ט בחול המועד דפסח שמתחיל והקרבתם שהוא לסוף שני פסוקים מראש הפרשה ויש לומר דשאני אלו הפרשיות שהרי ידועות הן לעולם וליכא למטעי וכן פרשה של ראש חדש שהשלישי קורא וביום השבת (ג) אין לחוש שמא יאמרו הנכנסים שהשלישי לא קרא אלא שני פסוקים מוביום השבת שהרי הדבר ידוע לעולם וגם יש להם לחשוב שא"כ לא היה לו להניח כשהגיע לפרשה שהרי גם זו מעין פרשה שהניח בה: ואם איתא למאן דאמר דולג לדלוג. פירש הקונטרס דלמאן דאמר פוסק לא קשיא מידי דכיון שקרא הראשון שלשה פסוקים אין לפסוק עוד וקשה דהא מאן דאמר פוסק אית ליה שפיר נמי דולג אי לאו גזירה משום הנכנסין והיוצאין והכא נהי שאין אנו יכולין לתקן מה (ד) שטעו הראשונים שהטעו את היוצאים שיסברו שהבא אחריו לא יקרא אלא שני פסוקים מכל מקום היה להם לתקן שלא יטעו הנכנסין לפי שמתחיל זה בשני פסוקים סמוך לפרשה לכך נראה לפרש דלמאן דאמר פוסק לא קשיא מידי דלדידיה תרלי שפיר שאני הכא(ה) היכא דלא אפשר אבל היכא דאפשר שלא לפסוק פשיטא שאין להפסיק אבל למ"ד דולג תקשה: שאני התם דאפשר. קשיא היאך נהגו העולם בחולו של מועד של חג שקורא הרביעי כל מה שקראו השנים והא הכא דלא צריך לא דולג ולא פוסק אלא היכא דלא אפשר ואפילו היכא (ו) דקאמר משום הנכנסין והיוצאין מיהו הא פשיטא לן שאם קרא אותו שלפני האחרון עד שני פסוקים מסוף הפרשה שבפסח או בעצרת שהאחרון דולג למעלה ולא יקרא שני פסוקים שהניח האחר וגם מפרשה של אחריה כיון דלא הוי מעניינו של יום:
ושאין

כז א מיי' פי"ב מהלכות תפלה הלכה ג טוש"ע א"ח סי' קלז סעיף א:
[עי' רש"א ותשובת מהרי"ל סי' קס וכמגן אברהם סי' קלח ס"ק ב]
כח ב מיי' פ"ו מהלכות כלי המקדש הלכה ז:
כט ג מיי' פי"ב מהל' תפלה הלכה ג טור ש"ע א"ח סי' קלז סעיף ג:
ל ד מיי' פי"ב שם הלכה ד טוש"ע א"ח סי' תכג סעיף ב:
תענית כז:

תענית כו.
[עי' גרס' תענית כז: ד"ה הכי גרסינן וכו' וצ"ע]
[שם ברכות יב:]
תענית כז: ע"ש
פוסק נפסוק לדעת רש"י נ"ע ליה וצ"ל דקושיא קאי ארישא דתני ושל חמשה ביחיד
[עי' נדרים עב. ברכות כה. וש"נ]
[גיטין נט:]
שם

רבינו חננאל

האיך יקראו אותה ג' בני אדם כו'. רב אמר דולג כלומר כהן קורא ג' ולוי חוזר וקורא פסוק אחד מן הפסוקים שלשה שקרא כהן וב' אחרים נשארו ג' ישראל קורא אותן. ושמואל א' פוסק כלומר פוסק פסוק אחד לשנים. ועושה השמונה תשעה וקורין השלשה משלשה שלשה משום דלא אפשר אלא בהכי. ואותבינן עליה דרב מהא דתניא פרשה של ששה פסוקים קורין אותה שנים של חמשה יחיד קורא אותה קרא אחד ג' והניח ב' השני קורא אותם שנים ופסוק אחד מן הפרשה של אחריה. וי"א ג' קורין מן הפרשה של אחריה שאין מתחילין מן הפרשה פחות מג' פסוקים. ופריק רב שאני התם דאפשר בהכי כלומר אפשר לו לקרות מן הפרשה שאחריה אבל בענין בראשית שהשלישי רוצה לקרות ויהי רקיע. וכענין צו את בני ישראל דסליק עניינא שאי אפשר לשלישי לקרות מן ובראשי חדשיכם דהא רביעי קורא ובראשי חדשיכם. וכיון דלא אפשר להו לקרות מן הפרשה של אחריה שאחר רוצה לקרותה הלכך דולגין. אריב"ל הלכה כיש אומרים. ועוד א' כשם שאין מתחילין בפרשה פחות מג' פסוקים כך אין משיירין פחות מג' פסוקים. ומתמהינן השתא ומה התחלת דמקיל ת"ק ואמר אחד מפרשה אחרת מחמיר י"א ואומר שלשה. שאין מתחילין בפרשה פחות מג' פסוקים *) שיורי דחמיר במשייר ת"ק ואמר פרשה של חמשה יחיד קורא אותה כולה ואם קרא ג' והניח ב' דאיעבר אבל לכתחלה (ג') שלשה צריך להניח לא כ"ש דמחמרי י"א וכיון שאמר הלכה כי"א למה הוצרך לומר כשם שאין מתחילין כך אין משיירין. ופרקינן מהו דתימא נכנסין שכיחי והנכנס ששמע שלא קרא מן הפרשה שהתחיל בה אלא פסוק אחד ולא ידע שכבר קרא מן הפרשה שלפניה ב' פסוקים ילך ויאמר הקורא פסוק אחד יצא לפיכך גזרו שצריך לקרות המתחיל בפרשה ג' פסוקים אבל להניח ב' פסוקים בפרשה לא הוה גזר דהא שומע דהעולה אחריו קורא אותן שני פסוקים ושלשה מפרשה אחרת ולא אתי למיטעא ולמימר דתרי סגיא וא"ת שמא יצא אחר מן הכנסת **) ולא ישמע מה שקרא מן הפרשה האחרת קמ"ל.
ואסיקנא

*) נראה דצ"ל שיורי דמחמיר ת"ק לשייר ואמר כו'. **) נראה דחסר כאן וצ"ל ולא ישמע מה שיקרא מן הפרשה שלאחריה זה לא שכיח דמנחי ס"ת ונפקי קמ"ל.

הגהות הב"ח

(א) רש"י ד"ה ואמצעי דולג וכו' יהא צריך לשייר בפרשה: (ב) ד"ה מוסף. תפלת כצ"ל ותיבת פסקא ימחק: (ג) תוס' ד"ה אין מתחילין וכו' וביום השבת וברביעי ובראשי חדשיכם אין לחוש: (ד) ד"ה ואם איתא כו' לתקן מה שעשה הראשון שהטעה את היוצאים: (ה) בא"ד שאני הכא דלא כצ"ל ותיבת היכא נמחק: (ו) ד"ה שאני וכו' ואפילו היכא דליכא משום:

גליון הש"ס גמ' בשלמא רב הונא קרי בכהני. עי' לקמן דף כח ע"א תוד"ס כי קאמר

עין משפט נר מצוה

לא א מיי׳ פי״ב מהלכות תפלה הלכה טז טור א״ח סי׳ תקנט וסי׳ תקעט:

לב ב מיי׳ שם טור א״ח סימן תקנט:

לג ג מיי׳ פ״ו מהלכות ע״ז הלכה ו ופ״ה מהל׳ תפלה הלכה יד טוש״ע א״ח סי׳ קלא סעיף ח בהג״ה:

לד ד ה מיי׳ פ״ה מהל׳ תפלה הלכה יד ופ״ו מהלכות ע״ז הלכה ז:

לה ו מיי׳ פ״ה מהלכות תפלה הל׳ יד טוש״ע א״ח סימן קלא סעיף ח:

[וע״ע תוס׳ חגיגה יח. ד״ה ר״ח ותוס׳ ר״ה כג. ד״ה משום ותוס׳ שבת כד. ד״ה או דלמא]

רבינו חננאל

ואסיקנא הלכתא דולג והלכתא אמצעי דולג: מתני׳ ביו״ט חמשה וביוה״כ ששה וכו׳ ואסיקנא נקוט האי כללא בידך כל דטפי מלתא מחבריה טפי בה גברא יתירא בר״ח ובמועד דאיכא קרבן מוסף קורין ד׳ ביו״ט דאסור בעשיית מלאכה ה׳ ביוה״כ דענוש כרת ו׳ בשבת דאיסורו בסקילה ז׳: גופא רב איקלע לתענית צבור קם קרא בספרא במקום כהן ואפילו רב אמי ורב אסי כהני חשיבי מיכף הוו כייפי ליה ושמואל דהוא כהן לא הוה התם פתח בריך חתים לא בריך. נפל כ״ע אאפייהו ורב לא נפל משום דרצפה של אבנים הוות קמיה דתניא ואבן משכית לא תתנו בארצכם. פי׳ רצפה כדכתיב על רצפת בהט ושש ודר וסוחרת וכדתנינן עמוד והפג על הרצפה וברצפה של אבני בית המקדש אתה משתחוה ולא ברצפה זולתי המקדש ואקשינן אי הכי לכ״ע אסיר ופרקינן קמיה דרב הואי איבעית אימא פישוט ידים ורגליםהוה עביד רב וכדעולא דאמר לא אסרה תורה אלא פישוט ידים ורגלים. איבעית אימא אמאי לא נפיל רב אאפיה משום דר׳ אלעזר דאמר אין אדם חשוב רשאי ליפול על פניו בצבור אא״כ נענה כיהושע בן נון שנאמר ויאמר ה׳ אל יהושע קום לך וגו׳: ת״ר קידה על אפים כריעה על ברכים השתחויה פישוט ידים ורגלים. וכולהו מקראי. לוי אחוי קידה קמיה דר׳ ונפל ואיטלע והאי גרמא ליה והא״ר אלעזר לעולם אל יטיח אדם דברים כלפי מעלה כו׳ ואסיקנא בתחלת ר׳ *) ישמעאל רבי אמי בשם רבנן דתמן לא התירו השתחויה אלא לתענית צבור ובלבד על הצד. ר׳ יני ועירא בשם אבהתיה כל מי שיפול על פניו ואינו כשר כיהושע [שאם יפול על פניו] יאמר לו מן השמים קום לך אל יפול ובלבד יחיד על הצבור. רב מפקד בבי׳ רב אחא. ורב [אמי] מפקד לאינש ביתיה כד דהוון נפקין לתעניתא לא תהוון רבעין על סטרהון. ר׳ יונה ורב אחא רבעין כאורחכון. אמר ר׳ שמואל חמית ר׳ אבהו רבע כי אורחיה. בי״ם

*) נ״ל ואסיקנא בירושלמי בפ׳ ר׳ ישמעאל הלכה א׳ רב אמי וכו׳.

תוספות

ושאין בהן ביטול מלאכה כגון ראש חדש קורין ארבעה. וקשיא דהא בפרק אין דורשין בחגיגה (דף יח. ושם) אמרינן ראש חדש יוכיח שיש בו קרבן מוסף ומותר בעשיית מלאכה וי״ל דודאי מותר הוא בעשיית מלאכה לאנשים אבל נשים אסורות במלאכה לפי שלא פרקו נזמיהן במעשה העגל*:

ולרב אשי מתני׳ מני לא תנא קמא ולא רבי יוסי דקאי כו׳ רבי יוסי אומר לעולם קורין שלשה ומפטיר אחד. וא״ת דלמא ר׳ יוסי הוא והכי קאמר לעולם קורין שלשה והרביעי דהוי מפטיר אחד ולא בעי למימר אחד מן השלשה וי״ל דכי היכי דלת״ק ליכא למימר מפטיר אחד דהיינו רביעי דהא (ב) הוא ממעט בט׳ באב שהוא בשלישי וברביעי יותר משני וה׳ דעלמא וא״כ מסתמא לא יחמיר בט׳ באב שהוא בב׳ וה׳ לקרות רביעי ואינו מחמיר לקרות אלא להפטיר הכי נמי לר׳ יוסי הוי המפטיר אחד מן השלשה שקראו: **ואיבעית** אימא רב פישוט ידים ורגלים הוא דעבד כדעולא. וקשה וכי לא היה יודע (ג) דמאי לשטויי הכי וכי ס״ד מעיקרא שיהא אסור בלא פישוט ידים ורגלים וי״ל דמעיקרא אסר ליה מדרבנן בלא פישוט ידים ורגלים ובסוף קאמר ואיבעית אימא אין אסור מדרבנן ורב פישוט ידים ורגלים הוא דעביד דאסור מן התורה ומיהו קשה ללישנא קמא דאסור מדרבנן בלא פישוט ידים ורגלים יש לתמוה על בתי כנסיות שלנו שיש בהן רצפה היאך נופל שליח צבור על פניו ונראה לי דמצלי אצלויי ובהכי שרי והכי נמי משמע בסמוך דמייתי ההיא דפרק אין עומדין דברכות (דף לד: ושם) דחזינן להו לאביי ורבא דמצלי אצלויי כן פירש רב האי גאון:

אין אדם חשוב רשאי ליפול על פניו. בירושלמי מפרש היכא שמתפלל בשביל הצבור אבל בינו לבין עצמו שפיר דמי:

קידה על אפים. לא מכח הקרא הוא מפיק לה דהא כתיב נמי (ישעיה מט) אפים ארץ ישתחוו לך אלא הכי גמיר ליה מרביה (ד) דגבי לשון קידה שייך אפים:

הגי

גמרא

מיפק לא נפקי ת״ש זה הכלל כל שיש בו ביטול מלאכה לעם כגון תענית צבור ותשעה באב ״קורין ג׳ ושאין בו ביטול מלאכה לעם כגון ראשי חדשים וחולו של מועד קורין ד׳ שמע מינה אמר רב אשי והא אנן לא תנן הכי זה הכלל כל יום שיש בו מוסף ואינו יום טוב קורין ארבעה לאתויי מאי לאו לאתויי תענית ציבור ותשעה באב ולרב אשי מתניתין מני לא תנא קמא ולא רבי יוסי דתניא *חל להיות בשני ובחמישי קורין ג׳ ומפטיר אחד בשלישי וברביעי קורא אחד ומפטיר אחד רבי יוסי אומר לעולם קורין ג׳ ומפטיר אחד ואלא קשיא זה הכלל לא לאתויי ראש חודש ומועד הא בהדיא קתני לה בראשי חדשים ומועד קורין ארבעה סימנא בעלמא יהיב דלא תימא יו״ט וחולו של מועד כי הדדי נינהו אלא *נקוט האי כללא בידך כל דטפי ליה מילתא מחבריה טפי ליה גברא יתירא הלכך ״בר״ח ומועד דאיכא קרבן מוסף קורין ארבעה ביו״ט דאסור בעשיית מלאכה חמשה ביוה״כ דענוש כרת ששה שבת דאיכא איסור סקילה שבעה גופא רב איקלע לבבל בתענית צבור קם קרא בספרא פתח בריך חתם ולא בריך נפול כולי עלמא אאנפייהו ורב לא נפל על אנפיה מ״ט רב לא נפיל על אפיה ״רצפה של אבנים היתה ותניא °ואבן משכית לא תתנו בארצכם (ויקרא כו) להשתחות עליה עליה אי אתה משתחוה בארצכם ״אבל אתה משתחוה על אבנים של בית המקדש כדעולא דאמר עולא לא אסרה תורה אלא רצפה של אבנים בלבד אי הכי מאי איריא רב אפילו כולהו נמי קמיה דרב הואי וליזיל לגבי ציבורא ולינפול על אפיה לא בעי למיטרח ציבורא ואיבעית אימא רב פישוט ידים ורגלים הוה עביד וכדעולא דאמר עולא ״לא אסרה תורה אלא פישוט ידים ורגלים בלבד וליפול על אפיה ולא ליעביד פישוט ידים ורגלים לא משני ממנהגיה ואיבעית אימא *אדם חשוב שאני *כדרבי אלעזר דאמר רבי אלעזר ״אין אדם חשוב רשאי ליפול על פניו אלא אם כן נענה כיהושע בן נון דכתיב °ויאמר ה׳ אל יהושע קום לך [וגו׳] (יהושע ז) תנו רבנן *קידה על אפים שנאמר °ותקד בת שבע אפים ארץ (מ״א א) כריעה על ברכים שנאמר °מכרוע על ברכיו (מ״א ח) השתחואה זו פישוט ידים ורגלים שנאמר °הבוא נבוא אני ואמך ואחיך להשתחות לך ארצה (בראשית לז) *לוי אחוי קידה קמיה דרבי ואיטלע והא קא גרמא ליה והאמר רבי אלעזר לעולם אל יטיח אדם דברים כלפי מעלה שהרי אדם גדול הטיח דברים כלפי מעלה ואיטלע ומנו לוי הא והא גרמא ליה *אמר רב חייא בר אבין חזינא להו לאביי ורבא

רש״י

מיפק לא נפקי. הלכך לפניה בריך גזירה משום הנכנסין כדאמרינן לעיל לאחריה לא בריך דלא חיים ליוצאין: זה הכלל כל שיש בו ביטול מלאכה לעם. במה שהן מאחרין בבית הכנסת: כגון תענית צבור. שמותר במלאכה רוב תענית צבור מותרין במלאכה חוץ משל גשמים האמצעיים והאחרונים: ותשעה באב. נמי מותר במלאכה אלא במקום שנהגו: ראשי חדשים. אין בו ביטול מלאכה כל כך שאין הנשים עושות מלאכה בהן והכי נמי אמרינן במס׳ ראש השנה (ד׳ כג:) גבי משואות משום ביטול מלאכה לעם שני ימים ושמעתי מפי מורי הזקן ז״ל שניתנה להם מצוה זו בשביל שלא פירקו נזמיהן בעגל (תוספות). ואני מצאתי בפרק מ״ה דברייתא דרבי אליעזר שמעו הנשים ולא רצו ליתן נזמיהן לבעליהן אלא אמרו להן אתם רוצים לעשות פסל ומסכה שאין בו כח להציל ונתן הקב״ה שכרן של נשים בעולם הזה שיהו משמרות ראשי חדשים יותר מן האנשים ולעוה״ב הן עתידות להתחדש כמו ראשי חדשים שנאמר המשביע בטוב עדייך תתחדש כנשר נעורייכי (תהלים קג) ומקרא מסייעו דכתיב אשר נסתרת שם ביום המעשה (שמואל א כ) ותרגם יונתן ביומא דחולא והתם נמי גבי ר״ח קאי דקאמר ליה מחר חודש וקרי ליה לערב ר״ח יום המעשה אלמא ראש חדש לאו יום המעשה הוא ומועד נמי לאו ביטול מלאכה לעם שהרי באין לבית הכנסת יותר מימות החול לפי שאין עושין בו מלאכה אלא בדבר האבד: ולרב אשי. דאמר זה הכלל דמתני׳ לאתויי נמי תשעה באב דהא אית ביה מוסף תפלת ענו: מתני׳ מני כו׳ חל להיות כו׳. גבי תשעה באב תניא לה בשמעתא בתרייתא דמס׳ תענית: קורא אחד ומפטיר אחד. הקורא הוא הוי המפטיר: סימנא בעלמא. הא דהדר נקיט ליה בזה הכלל סימנא יהיב לן כו׳: כל דטפי מילתא מחבריה. כל יום העודף דבר מחבירו: לא אסרה תורה. בפסוק זה אלא שלא יעשו רצפת אבנים בבהכ״נ דוגמת של מקדש: לא בעי מטרח לצבורא. שאם ילך יעמדו מפניו: פישוט ידים ורגלים. כשהיה טופל על פניו ושאר הצבור לא היו עושין כן: לא משני. לא היה רוצה לשנות ממנהגו: ואיבעית אימא. לא היה רגיל ליפול על פניו (א) כלומר שהיה אדם חשוב ואינו טופל על פניו: אא״כ נענה. כלומר אא״כ בטוח במעשיו שהוא נענה בתפלתו: למה זה אתה נופל על פניך. אלמא אין לו לעשות: קידה. האמורה בכל מקום אינה אלא על אפים: ארצה. משמע שהוא שוטח ארצה: אחוי קידה. נועץ גודליו ונשען עליהם ושוחה עד שנושק את הרצפה וזוקף ומתוך שאינו יכול להשען על גודליו ואין ידיו מסייעות אותו בזקיפתו וצריך להתאמץ במתניו ומתוך כך נגלע בבוקא דאטמא: הטיח דברים כלפי מעלה. במסכת תענית עלית למרום ואין אתה משגיח על בניך: הא והא גרמא ליה. לפי שהטיח נתקלקל בשעת הסכנה:

דמצלי

מסורת הש״ס

תענית כט: | [שבת קטז. וש״נ] | [שבת נא. וש״נ] תענית יד. | ברכות לד: שבועות טז: | תענית כה. סוכה נג. | [ברכות לד: ע״ש]

הגהות הב״ח

(א) רש״י ד״ה ואיבעית אימא וכו׳ על פניו כלל שהיה אדם: (ב) תוס׳ ד״ה ולרב אשי וכו׳ דהא הוא ממעט בט׳ באב כשחל בשלישי וברביעי: (ג) ד״ה ואיבעית אימא וכו׳ לא היה יודע דבעי לשנויי: (ד) ד״ה קידה וכו׳ גמיר ליה מרביה ולא מייתי קרא אלא דגבי לשון קידה:

[late] [22*b*] but did not go out [during the reading of the law].[5]

Come and hear: 'The general principle is that wherever the people would be hindered from their work, as on a public fast and on the ninth of Ab, three read, and where the people would not be hindered from their work, as on New Moons and the intermediate days of festivals,[6] four read'. This settles the question. Said R. Ashi: But we have learnt differently, viz., THIS IS THE GENERAL RULE: WHEREVER THERE IS A MUSAF BUT NOT A FESTIVAL FOUR READ: Now what is added [by the words 'THIS IS THE GENERAL RULE']? Is it not a public fast and the ninth of Ab? But according to R. Ashi,[7] whose view then is recorded in the Mishnah? It is neither that of the First Tanna nor of R. Jose, as it has been taught: 'If it [the ninth of Ab] falls on Monday or Thursday, three read and one [of them] says a *haftarah*. If on Tuesday or Wednesday, one reads and [the same] one says the *haftarah*. R. Jose, however, says that in all cases three read and one [of them] says the *haftarah*'. But still[8] the words 'THIS IS THE GENERAL RULE' are difficult!—No. They add New Moon and the intermediate days. But as these are stated explicitly: ON NEW MOONS AND THE INTERMEDIATE DAYS FOUR READ?—
a [The Mishnah][1] is merely giving an indication that you should not say that the festivals and the intermediate days have the same rule, but you should take this as a general principle, that for every additional distinguishing mark an additional person reads. Hence on New Moon and the intermediate days, when there is an additional sacrifice, four read; on festivals, when [in addition] work is prohibited, five read; on the Day of Atonement when [in addition] there is a penalty of *kareth*, six read; on Sabbath when there is a penalty of stoning, seven read.

The text [above stated]: 'Rab happened to be in Babylon on a public fast. He came forward and read in the scroll. He made a blessing before commencing, but made no blessing after finishing. The whole congregation [subsequently] fell on their faces, but Rab did not fall on his face'. Why did not Rab fall on his face?—There was a stone pavement there and it has been taught: '*Neither shall ye place any figured stone in your land to bow down upon it:*[2] upon it ye may not bow down in your land, but you may prostrate yourselves on the stones in the Temple'; this teaching is in accord with the opinion of 'Ulla, who said: The Torah [here] is forbidding only a pavement of stone. If that is the case, why is only Rab mentioned? All the rest should equally have abstained?—It was in front of Rab. But could he not have gone among the congregation and fallen on his face?—He did not want to trouble the congregation.[3] Or if you like I can say that Rab usually spread out his hands and feet [when he fell on his face], and he followed the opinion of 'Ulla, who said, The Torah forbade only the spreading out of the hands and feet. But could he not have fallen on his face without spreading out his hands and feet?—He did not care to change his custom. Or if you like I can say that for a distinguished man the rule is different, as laid down by R. Eleazar; for R. Eleazar said: A man of eminence is not permitted to fall on his face[4] unless he is [sure of being] answered like Joshua son of Nun, as it is written,
b *Wherefore now art thou fallen upon thy face.*[1]

Our Rabbis have taught: *Kidah* means falling upon the face, as it says, *Then Bathsheba bowed* [wa-tikod] *with her face to the earth.*[2] *Keri'ah* means going down upon the knees, and so it says, [*Solomon arose*] *from kneeling* [mi-kroa'] *on his knees.*[3] *Hishtaḥawa'ah* is spreading out of the hands and feet, as it says, *Shall I and thy mother and thy brethren come to prostrate ourselves* [lehishtaḥawoth] *before thee to the earth.*[4]

Levi displayed a *kidah*[5] in the presence of Rabbi and became lame.[6] But was this the cause of his accident? Did not R. Eleazar say: 'A man should never complain against heaven, because a great man complained against heaven and he became lame; and who was he? Levi'?[7]—Both things caused it. R. Ḥiyya b. Abin

(5) Hence the reason for saying a blessing after did not apply. (6) On the intermediate days only work which could not be left over without serious loss was allowed to be done. On New Moon it was the custom for women to abstain from work. V. Rashi and Tosaf. [In ancient times as long as the Temple stood New Moon was marked by a cessation of work; cf. Pseudo-Jonathan on I Sam. XX, 19; v. Halevy, *Doroth*, I, p. 330ff]. (7) That the Mishnah means to include a public fast and the ninth of Ab among the days on which four read. (8) Viz., if we do not accept R. Ashi's explanation.

a (1) In mentioning explicitly new moons and the intermediate days, although these are already implied in THIS IS THE GENERAL RULE. (2) Lev. XXVI, 1. E.V., 'to it'. (3) Who would all have risen. (4) In public.

b (1) Josh. VII, 10. So that Rab never fell on his face for the propitiatory prayer. (2) I Kings I, 31. (3) Ibid. VIII, 54. (4) Gen. XXXVII 10. (5) V. Suk. 53*a*. (6) In getting up. (7) V. Ta'an, 25*a*.

said: I saw Abaye [23a] and Raba bend over to one side.[8]

ON FESTIVALS FIVE READ, ON THE DAY OF ATONEMENT SIX etc. Whose view does the Mishnah embody? It is neither that of R. Ishmael nor of R. Akiba, as it has been taught: 'On festivals five read, on the Day of Atonement six, and on Sabbath seven. This number may neither be increased nor diminished. So R. Ishmael. R. Akiba says: On festivals five read, on the Day of Atonement seven and on Sabbath six. This number may not be diminished but it may be increased'. Whom [does the Mishnah follow]? If R. Ishmael, it conflicts with him over the additional number, if R. Akiba, it conflicts with him over the question of six and seven!—Raba said: The view is that of a Tanna of the school of R. Ishmael, since in the school of R. Ishmael it was stated: 'On festivals five, on the Day of Atonement six, on Sabbath seven; this number may not be diminished but it may be increased. So R. Ishmael.' R. Ishmael is now in conflict with himself!—Two Tannaim report R. Ishmael differently.

Who is responsible for the statement which has been taught: a 'On festivals people come late to synagogue and leave early.[1] On the Day of Atonement they come early and leave late. On Sabbath they come early and leave early'?[2] Shall I say it is R. Akiba who makes an extra man [read on the Day of Atonement]?—You may also say it is R. Ishmael, [his reason being that] the order [of the service] of the day is very long.

What do these three, five and seven represent?—Different answers were given by R. Isaac b. Naḥmani and one who was with him, namely, R. Simeon b. Pazzi, or, according to others, by R. Simeon b. Pazzi and one who was with him, namely, R. Isaac b. Naḥmani, or according to others, R. Samuel b. Naḥmani. One said that [these represent] the [respective number of Hebrew words in the three verses of the] Priestly benedictions,[3] while the other said *'the three keepers of the door'*.[4] [The five represent] *'five of them that saw the king's face'*[5] [and the seven] *'seven men of them that saw the king's face'*.[6] R. Joseph learnt: Three, five and seven: *'three keepers of the door'*, *'five of them that saw the king's face'*, and *'seven that saw the king's face'*. Said Abaye to him: Until to-day your honour never explained the reason to us. He replied: I never knew that you wanted to know. Did you ever ask me anything which I did not tell you?

Jacob the *Min*[7] asked R. Judah: What do the six of the Day of Atonement represent?—He replied: The six who stood at the right of Ezra and the six who stood at his left, as it says, *And Ezra the scribe stood upon a pulpit of wood which they had made for the purpose, and beside him stood Mattithiah, Shema and Anaiah and Uriah and Hilkiah and Maaseiah, on his right hand; and on his left hand, Pedaiah, and Mishael and Malchijah and Hashum and Hashbaddanah, Zechariah, Meshullam.*[8] But these last are seven?—Zechariah is the same as Meshullam. And why is he called Meshullam? Because he was blameless [*mishlam*] in his conduct.

Our Rabbis taught: All are qualified to be among the seven [who read], even a minor and a woman, only the Sages said that a woman should not read in the Torah out of respect for the congregation.

b The question was raised: Should the *Maftir*[1] be counted among the seven?—R. Huna and R. Jeremiah b. Abba answered differently. One said that he does count and the other that he does not count. The one who says he does count points to the fact that he actually reads [from the Torah also], while the one who says he does not count relies on the dictum of 'Ulla, who said: Why is it proper for the one who reads the *haftarah* from the Prophet to read in the Torah first? To show respect for the Torah.[2] Since then he reads [only] out of respect for the Torah,[3] he should not be counted to make up the seven.

The following was cited in objection to this: 'He who says the *haftarah* from the Prophet should read not less than twenty-one verses, corresponding to [those read by] the seven who have read in the Torah'. Now if it is as you say,[4] there are twenty-four?—Since it is only out of respect for the Torah [that he reads],

(8) Because as men of eminence they were not permitted to fall right on their faces.

a (1) They come late because they have been busy preparing the festival meal, and they leave early to enjoy the festival. (2) They come early because their food is already prepared, and they leave early to enjoy Sabbath. (3) Num. VI, 24-26. (4) Mentioned in II Kings XXV, 18, among those taken captive from Jerusalem by Nebuzaradon. (5) Mentioned ibid. 19. (6) Mentioned in the corresponding account in Jer. LII, 25. (7) V. Glos. Probably a Christian. (8) Neh. VIII, 4.

b (1) The one who reads the *haftarah*. (2) I.e., by not putting the Prophet on the same level as the Torah. (3) And not because an extra one is required to read. (4) That the *Maftir* is not one of the seven.

ורבא דמצלי אצלויי: ביו"ט חמשה ביוה"כ ששה כו': מתני' מני לא ר' ישמעאל ולא רבי עקיבא דתניא *ביו"ט חמשה וביוה"כ ששה ובשבת שבעה אין פוחתין מהן ואין מוסיפין עליהן דברי ר' ישמעאל ר"ע אומר ביו"ט חמשה וביום הכפורים שבעה ובשבת ששה אין פוחתין מהן אבל מוסיפין עליהן מני אי ר' ישמעאל קשיא תוספת אי ר"ע קשיא ששה ושבעה אמר רבא תנא דבי רבי ישמעאל היא דתנא דבי ר' ישמעאל ביום טוב חמשה ביוה"כ ששה בשבת שבעה אין פוחתין מהן אבל מוסיפין עליהן דברי ר' ישמעאל קשיא דר' ישמעאל אדר' ישמעאל תרי תנאי אליבא דרבי ישמעאל מאן תנא להא דתניא **ביו"ט מאחרין לבוא וממהרין לצאת ביום הכפורים ממהרין לבוא ומאחרין לצאת 'ובשבת ממהרין לבוא 'וממהרין לצאת לימא ר"ע דאית ליה גברא יתירא אפילו תימא רבי ישמעאל דנפיש סידורא דיומא הני שלשה *חמשה [א] ושבעה כנגד מי פליגי בה רבי יצחק בר נחמני וחד דעמיה ומנו רבי שמעון בן פזי ואמרי לה ר' שמעון בן פזי וחד דעמיה ומנו רבי יצחק בר נחמני ואמרי לה ר' שמואל בר נחמני חד אמר כנגד ברכת כהנים וחד אמר כנגד שלשה שומרי הסף חמשה מרואי פני המלך שבעה רואי פני המלך תני רב יוסף ג' חמשה ושבעה שלשה שומרי הסף חמשה מרואי פני המלך שבעה רואי פני המלך אמר ליה אביי עד האידנא מאי טעמא לא פריש לן מר אמר ליה לא הוה ידענא דצריכתו ליה *ומי בעיתו מינאי מילתא ולא אמרי לכו אמר ליה יעקב מינאה לרב יהודה הני ששה דיוה"כ כנגד מי אמר ליה כנגד ששה שעמדו מימינו של עזרא וששה משמאלו שנאמר °ויעמוד עזרא הסופר על מגדל עץ אשר עשו לדבר ויעמוד אצלו מתתיה ושמע ועניה ואוריה וחלקיה ומעשיה על ימינו ומשמאלו פדיה ומישאל ומלכיה וחשום וחשבדנה זכריה משלם הני שבעה הוו היינו זכריה היינו משלם ואמאי קראו משלם *דמישלם בעובדיה ת"ר *הכל עולין למנין שבעה ואפילו קטן °ואפילו אשה אבל אמרו חכמים אשה לא תקרא בתורה °מפני כבוד צבור איבעיא להו °מפטיר מהו שיעלה למנין שבעה רב הונא ור' ירמיה בר אבא חד אמר עולה °וחד אמר אינו עולה מ"ד עולה דהא קרי ומ"ד אינו עולה כדעולא דאמר עולא מפני מה 'המפטיר בנביא צריך שיקרא בתורה תחלה מפני כבוד תורה וכיון דמשום כבוד תורה הוא למנינא לא סליק מיתיבי 'המפטיר בנביא לא יפחות מעשרים ואחד פסוקין כנגד שבעה שקראו בתורה ואם איתא עשרים וארבעה הויין כיון דמשום כבוד תורה הוא כנגדו

רש"י

דמצלי אצלויי. על צידיהן ולא טופלין על פניהן ממש לפי שאין אדם חשוב רשאי ליפול על פניו: הכי גרסינן תנא דבי ר' ישמעאל היא: ביו"ט מאחרין לבא. לבית הכנסת שצריך לטרוח בסעודת יו"ט כך מפורש במסכת סופרים*: וממהרין לצאת. משום שמחת יום טוב: ובשבת ממהרין לבא. שכבר תיקנו תורה אור הכל מערב שבת ויפה למהר ביאתן לקרות שמע כוותיקין: וממהרין לצאת. משום עונג שבת: ברכת כהנים. שלשה תיבות בפסוק ראשון וחמשה בפסוק שני ושבעה בפסוק שלישי: חמשה מרואי פני המלך ושבעה רואי פני המלך. שבעה הם דכתיב שבעת שרי פרס ומדי ומהם יש חמשה חשובים כדכתיב בסוף מלכים שלשה שומרי הסף בסוף ספר מלכים וכנגדן תיקנו אלו מעין דבר מלכות: דמישלם בעובדיה. תמים במעשיו: מפני כבוד תורה. שלא יהא כבוד תורה וכבוד נביא שוה וכיון דמשום כבוד תורה הוא ולא משום חובה לאו ממנינא הוא: כנגד ז' שקראו בתורה. לא פיחת כל אחד מג' פסוקים: ואם איתא. דאינו עולה מן המנין הוו להו שמונה שקראו בתורה וכ"ד בעינן בנביא: כנגדו

תוספות

הני שלשה וחמשה כנגד מי. אבל משנה של יום הכפורים לא בעי עד לקמן קשיא אמאי לא בעי מד' של ראש חדש כנגד מי וכן של חולו של מועד וי"ל דקים ליה דטעמא דמוסף חשיב לטפויי חד גברא אבל לטפויי כל כך (א) ביו"ט וביוה"כ ובשבת לא ס"ל משום *כרת וסקילה אי לא משכחינן כנגד מי: שבעה רואי פני המלך. פירש הקונטרס דאחשורוש וקשיא לומר שתקנו חכמים כנגד עניט של אותו רשע לכך פירש ר"ת אותן הכתובים בספר ירמיה (נב) ובמלכים (ב כה) כתיב ה' ובירושלמי מפרש שהשנים שלא הוזכרו במלכים הם סופרי הדיינין: אמר יעקב. מלעה גרסינן שאם הוה מין *לא היה מזכירו יעקב דהא כתיב שם רשעים ירקב (משלי י): חד אמר עולה וחד אמר אין עולה. פסק ר"ת דקיימא לן *כמ"ד עולה ולכך אנו נוהגין בתעניות במנחה ובט"ב שהשלישי מפטיר וכן ביום הכפורים במנחה אבל בשבתות ובימים טובים וביוה"כ שחרית המפטיר לא הוי מן המנין דכיון שמותר להוסיף עליהם יכולין אנו לעשות מנהגינו אליבא דכולי עלמא דאי הוי הלכה כמ"ד אין עולה עבדינן שפיר ואפילו הוי נמי הלכה כמאן דאמר עולה מ"מ אין לחוש שהרי מותר להוסיף ואע"ג דאמרינן לקמן (דף כט:) אל להיות בואתה תצוה קורין שיתא בואתה תצוה וחד בכי תשא מכל מקום נהגו עכשיו לקרות המפטיר שהוא שמיני כל זה כדי לנהוג מנהגינו וחזן שטעה וגמר כל הסדר של שבת יחזור ויקרא (ב) השביעי וכן אם הוא יו"ט וקרא כל המנין שהוא צריך ושכח לקרות בחובת היום יחזור ספר תורה ויקרא אחר בחובת היום והאחרון שקרא קודם הוי כמאן דליתיה אבל בשבת של חנוכה או בר"ח של חנוכה (ג)אין צריך כדאיתא בילמדנו דחנוכה* דהלכתא אין מגיחין בחנוכה כל עיקר וימים שיש בהן קרבן מוסף גומר קדיש קודם שיוליך ספר תורה ובימים שאין בהן קרבן מוסף אין גומר קדיש קודם ובשבת לא יקרא פחות מאחד ועשרים פסוקים לשבעה בני אדם כל אחד ואחד שלשה פסוקים ובמנחה ובשני ובחמישי עשרה פסוקים ואם שכח ולא קרא כל כך יחזור ויקרא: כיון דמשום כבוד תורה הוא כנגדו נמי לא בעי. וקשיא לפי מנהגינו שאנו נוהגין בכל שבתות השנה שהמפטיר חוזר וקורא מה שקראו הראשונים ואין קורא כלל אחר כך אם כן מאי קא משני כיון דמשום כבוד התורה הוא כנגדו נמי לא בעינן אדרבה היה לו לומר כיון דאין קורא אלא מה שקראו הראשונים כנגדו לא בעינן אלא שמע מינה דבימי התנאים היה המפטיר קורא מה שלא קראו הראשונים והכי נמי משמע מדתקינו ג' פסוקים כנגדו למפטיר בנביא כנגד מה שקרא בתורה למאן דאמר עולה כדאמרינן בסמוך א"כ שמע מינה שהוא קורא מה שלא קראו הראשונים וא"כ קשה למה אין אנו נוהגין לעשות כן ונראה לפי שבימי החכמים לא היו אומרים קדיש בין אותן שקראו קודם המפטיר והמפטיר ולכך היה המפטיר מסיים אבל אחר שנסדר הש"ס ותקנו לומר קדיש בין אותם שקראו ראשונה והמפטיר כמו שתקנו לומר ברוך ה' לעולם אמן ואמן ויראו עינינו אחר השכיבנו שלא היו אומרים בימי התנאים °והם תקנוהו להודיע שתפלת ערבית רשות והכי נמי תקנו לומר קדיש בין השבעה למפטיר להודיע שאינו ממנין השבעה והר"ר אליהו הנהיג את בני עירו שאפילו כשמוציאין שני ספרי תורות או שלשה נוהג מנהג זה שיקראו הראשונים הכל והמפטיר חוזר וקורא ממה שקראו הראשונים וכן הנהיג רבינו משלם וכן נוהגין עכשיו בכל צרפת ושינו את מנהג רש"י ורבותיו ור"ת והא שאין מוליכין ב' ספרי תורות בכל השבתות לקרות בשניה וביום השבת כמו שעושין ביו"ט נראה לפי שאין בפרשה אלא שני פסוקים ואין קורין בתורה פחות מג' פסוקים ואין להתחיל בפרשה שלמעלה או לסיים בפרשה שלמטה משום דלא הוי מענינו של יום ועוד י"ל לפי שצריך להפטיר בכל שבת מענינו של יום ואי קרינן בשל שבת א"כ יהא צריך להפטיר בדסליק מיניה והיינו בשבת וא"כ יהו כל ההפטרות מענין אחד ועוד י"ל לפי שלעולם אין קורין בספר תורה שני בקרבנות אלא באותן שבאין לכפרה כדפירש לקמן פרק בני העיר (דף לא.) שקורין בהן ביו"ט ומהני לישראל כאילו הקריבום אבל קרבנות שבת אינן באין לכפרה ומש"ה אין קורין בהן: לא

רבינו חננאל

ביו"ט ה'. וביוה"כ ו' בשבת ז' אין פותחין מהן אבל מוסיפין עליהן. וכשמוסיפין ב' קורין בס"ת מאחרין לצאת וכשפותחין ממהרין לצאת. הני ג' שקורין בשני ובחמישי ובשבת במנחה ובתעניות ובט' באב וכיוצא בהן. וה' שקורין ביו"ט וז' שקורין בשבת כנגד [ברכת] כהנים הפסוק הראשון ג' תיבות והשני ה' והשלישי ז' תני רב יוסף ג' כנגד שומרי הסף ה' מרואי פני המלך שנא' וחמשה אנשים מרואי פני המלך. שבעה רואי פני המלך דכתיב ושבעה אנשים מרואי פני המלך ו' דיוה"כ כנגד ששה שעמדו מימינו של עזרא ומשמאלו שנאמר ויעמד אצלו מתתיה ושמע ועניה ואוריה וחלקיה ומעשיה על ימינו ומשמאלו פדיה וגו':

ירושלמי משה התקין לישראל שיהיו קורין בתורה בשבתות ובי"ט ובר"ח ובחוה"מ שנאמר וידבר משה את מועדי ה' אל בני ישראל עזרא תיקן שיהו קורין ג' בתורה בשני ובחמישי ובשבת במנחה אבל הקריאה בתורה מימות משה רבינו היתה שלא ישהו ג' ימים בלא קריאה והוא תיקן טבילה לבעלי קריין ושיהו בתי דינין יושבין בעיירות בב' ובה' ושיהו רוכלין כו'. הלשונות לא נהגו להיות קורין נהו"ז אלא אחד קורא כל הפרשה היה אחד יודע כל הפרשה קורין אותה כולה. ז' יודעין ג' פסוקים כולן קורין אותן אחד יודע ג' פסוקים קורא חוזר וקורא. ר' זעירא בשם ר' ירמיה העבד עולה למנין ז'. והא אסור לאדם ללמד עבדו תורה תיפתר בשלמד מעצמו או שלמדו רבו כבבי. וידבר עולה מג' פסוקים [רבי חלבו רבי מתנה שמואל בר שילת] משמיה דרב ד' הרץ והמפטיר התיב ר' חיננא כו': ת"ר הכל עולין למנין ז' אפילו אשה אפילו קטן אבל אמרו חכמים אשה לא תקרא בתורה מפני כבוד הצבור המפטיר שקורא בתורה חד אמר עולה למנין ז' וחד אמר אינו עולה ואותבינן על מאן דאמר אינו עולה למנין שבעה אלא צריך ז' והוא. מהא דתניא המפטיר בנביא לא יפחות מכ"א פסוקים ג' פסוקים לכל אחד כנגד ז' שקראו בתורה ואם איתא דתמני בעינן בהדי המפטיר כ"ד פסוקי בעינן. ופרקינן המפטיר כיון דמשום כבוד

עין משפט נר מצוה

לו א טוש"ע א"ח סי' תקכט סעיף א בהגה"ה:

לז ב טוש"ע א"ח סי' רסז סעיף ב:

צ"ל מלאכה כרת. מהרש"א

לח ג טוש"ע א"ח סי' רפא בהגה"ה:

לט ד מיי' פי"ב מהל' תפלה הלכה יז סמג עשין יט טוש"ע א"ח סי' רפב סעיף ג:

מ ה ו מיי' שם הלכה יז טוש"ע שם סעיף ד בהגה"ה:

[ועי' תוספות ע"ז יז. ד"ה ויעקב כו' אבל יעקב מינאה דר' אבהו וכו' ומלוה לייש]

[עי' תוספת תענית כט: ד"ה בשני]

מא ז מיי' שם הלכה יג טוש"ע א"ח סי' רפד סעיף א:

[וכן לקמן בסוגין כט:]

מסורת הש"ס

[פי"ז ה"ד] [תוספתא פ"ג] [מס' סופרים פי"א ה"ד ע"ש וצ"ע] סנהדרין י: [עי' תוספות לעיל כח: ד"ה כנגד] [סוכה יד: נזיר יט. סנהדרין יז:] נחמיה ח [הוריות יא: כריתות ה:] [תוספתא פ"ג]

הגהות הב"ח

(א) תוס' ד"ה הני וכו' אבל לטפויי כל כך בשבת וביום טוב משום מלאכה וכרת וסקילה לא ס"ל אי לא משכחינן: (ב) ד"ה חד אמר וכו' יחזור ויקרא מה שקרא השביעי וכן: (ג) בא"ד או בר"ח של חנוכה ושבת אין צריך לקרות דחנוכה כדאי' לקמן דף כט דהלכתא כצ"ל ותיבות בילמדנו דחנוכה נמחק:

הגהות הגר"א

[א] גמרא הני שלשה חמשה שבעה כנגד מי כו' כצ"ל:

גליון הש"ס

גמ' ואפי' אשה. עי' ר"ה דף לג ע"א תוס' ד"ה הא ר' יהודה: שם מפני כבוד צבור. לקמן דף כד ע"ב וש"נ: שם מפטיר מהו שיעלה. עי' תענית ד' כט ע"ב תד"ה בשני ובחמישי: תוס' ד"ה כיון וכו' וס' תקנוהו להודיע שתע"ר רשות. עי' ברכות דף ג ע"א תד"ה מברך ודף ד ע"ב תד"ה אמר ר' יוחנן ודף כז ע"ב תוס' ד"ה והלכתא:

עין משפט נר מצוה

מסורת הש"ס

כנגדו נמי לא בעי מתקיף לה רבא והרי °עולותיכם ספו דלא הויין עשרין ותחד וקרינן *שאני התם דסליק עניינא והיכא דלא סליק עניינא לא והאמר רב שמואל בר אבא זמנין סגיאין הוה קאימנא קמיה דר' יוחנן וכי הוה קרינן עשרה פסוקי אמר לן אפסיקו מקום שיש תורגמן שאני דתני רב תחליפא בר שמואל לא שנו אלא במקום שאין תורגמן אבל מקום שיש תורגמן פוסק: **מתני'** אין פורסין על שמע ואין עוברין לפני התיבה ואין נושאין את כפיהם ואין קורין בתורה ואין מפטירין בנביא ואין עושין מעמד ומושב ואין אומרים ברכת אבלים ותנחומי אבלים וברכת חתנים ואין מזמנין (א) בשם פחות מעשרה* ובקרקעות תשעה וכהן ואדם כיוצא בהן: **גמ'** מה"מ אמר ר' חייא בר אבא א"ר יוחנן דאמר קרא °ונקדשתי בתוך בני ישראל כל דבר שבקדושה לא יהא פחות מעשרה מאי משמע דתני ר' חייא *אתיא תוך תוך כתיב הכא ונקדשתי בתוך בני ישראל וכתיב התם °הבדלו מתוך העדה ואתיא עדה עדה דכתיב התם °עד מתי לעדה הרעה הזאת מה להלן עשרה אף כאן עשרה: ואין עושין מעמד ומושב פחות מעשרה: כיון דבעי למימר *עמדו יקרים עמודו שבו יקרים שבו בציר מעשרה לאו אורח ארעא: ואין אומרים ברכת אבלים וברכת חתנים (וכו'): מאי ברכת אבלים ברכת רחבה דא"ר יצחק א"ר יוחנן *ברכת אבלים בעשרה ואין אבלים מן המנין ברכת חתנים בעשרה וחתנים מן המנין: ואין מזמנין על המזון בשם פחות מעשרה (וכו'): *כיון דבעי למימר נברך לאלהינו בציר מעשרה לאו אורח ארעא: והקרקעות תשעה וכהן ואדם כיוצא בהן (וכו'): מנה"מ אמר שמואל עשרה *כהנים כתובים בפרשה חד לגופיה (*וחד למעוטי) ואידך הוי מיעוט אחר מיעוט *ואין מיעוט אחר מיעוט אלא לרבות תשעה ישראלים וחד כהן ואימא חמשה כהנים וחמשה ישראלים קשיא: ואדם כיוצא בהן: *אדם מי קדוש אמר רבי אבהו באומר דמי עלי דתניא האומר דמי עלי שמין אותו כעבד ועבד איתקש לקרקעות דכתיב °והתנחלתם אותם לבניכם אחריכם לרשת אחוזה: **מתני'** הקורא בתורה לא יפחות משלשה פסוקים ולא יקרא למתורגמן יותר מפסוק אחד ובנביא

ירמי' ז | ויקרא כב | במדבר טז | במדבר יד | ויקרא כה

רש"י

כנגדו נמי לא בעינן. לקבוע ג' פסוקים בנביא כנגד אותן שקרא המפטיר בתורה: מקום שיש תורגמן שאני. שיש טורח לצבור: **מתני'** אין פורסין על שמע. מנין הבא לבית הכנסת לאחר שקראו הצבור את שמע עומד אחד ואומר קדיש וברכו וברכה ראשונה שבקריאת שמע. פורסין לשון חצי הדבר: ואין עוברין לפני התיבה. שליח צבור: ואין נושאין כפיהן. הכהנים: אין קורין בתורה. בצבור: אין עושין מעמד ומושב. למת כשמוליכין את המת לקברו היו יושבין ז' פעמים לבכות את המת והרוצה לספוד יספוד והכי תניא (ב"ב דף ק:) אין פוחתין משבעה מעמדות ומושבות למת כגון עמדו יקרים עמודו שבו יקרים שבו: ותנחומי אבלים. כשחוזרין מן הקברות עומדין ומנחמין את האבל ואין שורה פחותה מעשרה במסכת סנהדרין (דף יט.): ואין מזמנין על המזון בשם. נברך אלהינו: והקרקעות. של הקדש הבא לפדותן צריך עשרה ואחד מהן כהן ואדם כיוצא בהן. אם בא (ב) לפדות מיד הקדש ובגמ' מפרש לה: **גמ'** עדה. אין פחותה מעשרה שנאמר עד מתי לעדה הרעה הזאת יצאו יהושע וכלב: לאו אורח ארעא. להטריח שליח לכך ולקרותן יקרים שלא בפני רבים [illegible] מה הנחת למרובין: אין אבלים מן המנין. שהרי הוא אומר ברכה למנחמים בפני עצמן אחינו בעל הגמול ישלם לכם גמולכם הטוב בא"י משלם הגמול ולאבלים בפני עצמן אחינו בעל נחמות ינחם אתכם בא"י מנחם אבלים ואינו טלון יחד: י' כהנים כתובים. בפרשת הקדשות שלשה בערכין ושלשה בבהמה וארבעה בקרקעות וכיון דמשלמי בהו עשרה בעינן עשרה גברי: חד לגופיה. דכהן בעינן: ואימא חמשה כהנים וחמשה ישראלים. כיון דטעמא משום מיעוט אחר מיעוט הוא השלישי אינו מיעוט אחר מיעוט וכיון דדרשת ליה (ג) שני מיעוט אחר מיעוט איתרבי ישראל כי הדר אתא כהן שלישי אשמועינן דליהוי כהן ולא ישראל וכן ה' וכן ז' וכן ט': עבד איתקש לקרקעות. שנאמר והתנחלתם אותם לבניכם אחריכם לרשת אחוזה לעולם בהם תעבודו: **מתני'** ולא יקרא למתורגמן יותר מפסוק אחד. שלא יטעה מתורגמן (מן) המתרגם על פה: ובנביא

תוספות

לא שנו אלא במקום שאין מתרגמין. ועל זה אנו סומכין שאין אנו מתרגמין הפטרות *שבכל ימות השנה וכן הפרשיות:

אין פורסין על שמע פחות מעשרה. בירושלמי מפרש שאם התחילו בעשרה ויצאו מקצתן אפ"ה גומרין ועל היוצאים הוא אומר ועוזבי ה' יכלו (ישעיה א) וכן הלכה:

ואין פורסין על שמע. הקונטרס פירש בני אדם שבאו בבית הכנסת אחר שהתפללו הצבור ורוצים לומר קדיש וברכו צריך עשרה ור"ת פירש דבשבעה שלא שמעו עם שלש אחרים סגי והי"ג איתא במס' סופרים* רבותינו שבמערב אומרים בשבעה ונותנים טעם לדבריהם דכתיב בפרוע פרעות בישראל בהתנדב עם ברכו ה' (שופטים ה) דהיינו שבע תיבות וי"א אפילו בששה משום דברכו הוי השמש ור"ת כתב בספר הישר בחמשה משום דליכא אלא חמש תיבות עד ברכו וכ"ל אפילו בשלשה שלא שמעו והכי פירושו דקרא בפרוע פרעות בישראל שלא שמעו מה שמוטל עליהם לעשות אז יתנדב העם לברך ה' וליכא אלא שלש תיבות עד בהתנדב ותלמידי רש"י פירשו משמו דאפילו בשביל אחד שלא שמע יכולים הם לפרוס על שמע ואפילו אותו ששמע כבר יכול להוציא אותן שלא שמעו כמו שאנו רואים שליח צבור שאף על פי שהתפלל כבר השמונה עשרה ברכות בלחש חוזר ומתפלל בקול רם ואע"פ שכולנו בקיאין עכשיו מ"מ י"ל דאין זה ראייה כל כך דשאני השמונה עשרה ברכות שהרי אם היה מתפלל מתחילה בקול רם שמא לא יכוונו לבם להגיע עם שליח צבור במקום קדושה ומודים ור"ת לא היה רוצה לעשות אפילו לעצמו:

ואמר ר' יצחק א"ר יוחנן ברכת אבלים בעשרה. פירש ר"י דלא מיירי בברכת המזון שהרי לא היתה ברחוב העיר כדפי' פרק קמא דכתובות (דף ח: ושם) אלא מיירי בברכות שהיו אומרים ברחוב העיר במעמדות שהיו עושין לנחם אבלים אבל בשל ברכת המזון סגי בשלשה והוא עצמו מצטרף כדפירש הטעם שם: עשרה כהנים כו'. קשיא לי אמאי לא בעי אחד עשר דאין ב"ד שקול בכל דבר שהוא תלוי שעומד בשקול הדעת*: ואדם מי קדוש. פירש הקונטרס פ"ק דסנהדרין (דף טו.) והא אין נמכר בשוק כעבד לכן אין קדוש וקשיא אמאי לא קאמר דמיירי בעבד כנעני שיכול אדם להקדישו דהא עבד כנעני שפיר קרוי אדם כדאמרינן פ' השולח (גיטין לח: ושם*) כל חרם אשר יחרם מן האדם לא יפדה לרבות עבדו ושפחתו הכנענים וי"ל דאי איתא דמיירי בעבד כנעני סגי בשלשה אבל בעשרה לא כדאיתא בירושלמי גזרה שמא ישמעו ויברחו וא"ת אימא דההיא ירושלמי איירי בדינא דרבנן אבל בדינא דאורייתא צריך עשרה וא"כ הדר קושיין לדוכתיה דכי פריך אדם מי קדיש ליתני דמיירי בעבד כנעני וי"ל דפשיטא ליה דמתניתין חשיב ותני הדינין שצריך לעשות וא"כ אי איתא דאיירי בעבד הא הוה בשלשה ועוד נראה דסבר ליה למקשן דאי איתא דמיירי בעבד הוה ליה לפרושי בהדיא הקרקעות והעבדים תשעה וכהן כדקתני בכל מקום הקרקעות והעבדים [וע"ע תוספות סנהדרין טו: ד"ה אדם]: שמין אותו כעבד ועבד איתקש לקרקעות דכתיב והתנחלתם אותם וגו'. משמע דעבד עברי איתקש לקרקעות והכי נמי משמע פרק קמא דקדושין (דף ז: ושם) דאשה הוה לה נכסים שיש להן אחריות מטעם דעבד עברי איתקש לקרקע וקשיא דהיינו דווקא עבד כנעני דעליה כתיב קרא דוהתנחלתם אבל עבד עברי לא מליט כלל דאיתקש לקרקע ודאי ההיא דקדושין יש לדחות כדפירש' שם אבל הכא קשיא:

עין משפט נר מצוה

מב א מיי' פי"ב מהל' תפלה הלכה יג טוש"ע א"ח סי' רפד סעיף א:
מג ב מיי' שם הלכה יג טוש"ע א"ח שם סמג עשין יט:
מד ג מיי' פ"ח מהלכות תפלה הלכה ה סמג שם טוש"ע א"ח סי' נה סעיף א וסי' סט סעיף א:
מה ד מיי' שם טוש"ע א"ח סי' סט סעיף א: [פי' כלין]
מו ה מיי' שם טוש"ע א"ח סי' קכח סעיף א:
מז ו מיי' שם הלכה ד ופי"ב הלכה ג טוש"ע א"ח סי' קמג סעיף א:
מח ז מיי' פי"ב מהל' אבל הלכה ד טוש"ע יו"ד סי' שעו:
נ ט מיי' פי"ג מהלכות אבל הלכה א סמג עשין ב טור יו"ד סי' שעו:
נא י מיי' פ"ב מהלכות ברכות הלכה י ומיי' מהלכות אישות הל' ה טוש"ע אה"ע סי' סב סעיף ד:
נב כ מיי' פ"ה מהלכות ברכות הלכה ד סמג עשין כז טוש"ע א"ח סימן קצב סעיף א:
נג ל מיי' פ"ח מהל' ערכין הלכה ב:
נד מ מיי' פ"ח מהלכות תפלה הלכה ה סמג שם ש"ע א"ח סי' סט סעיף א:
נה נ מיי' פי"ב מהל' אבל הלכה א סמג עשין ב טור י"ד סי' שעו:
נו ס מיי' פ"ב מהלכות ברכות הלכה י ופי' מהל' אישות הל' ה טוש"ע אה"ע סי' סב סעיף ד:
נז ע מיי' פ"ה מהלכות ברכות הלכה ב:
נח פ מיי' פ"ח מהלכות ערכין הלכה ב:
נט צ מיי' פי"ב מהלכות תפלה הלכה ג טור ש"ע א"ח סי' קלז סעיף ג:
ס ק מיי' שם הלכה ג טוש"ע א"ח סי' קמה סעיף א:

נפי' תוס' ערכין יט: ד"ה או דלמא

[פ"ח דמייתי קרא אחרינא]

מסורת הש"ס

[סנהדרין ב.] ברכות כא: ע"ש [ברכות כא: ע"ש סנהדרין עד: ע"ש] ב"ב ק: כתובות ח. [ברכות מה:] סנהדרין טו. [סנהדרין ליאו] [יומא מג. וש"נ] [סנהדרין טו.]

הגהות הב"ח

(א) במשנה ואין מזמנין על המזון בשם: (ב) רש"י ד"ה והאדם וכו' אם בא לפסוק עצמו מיד: (ג) ד"ה ואימא חמשה וכו' כיון דדרשת ליה כהן שני מיעוט:

רבינו חננאל

כבוד תורה קרי פי' *) שלא בנביאים עד שיקרא בתורה. כנגדו לא צריך והרדת נחמה שאינו שלה ואי סליק ענין ההפטרה לא חיישינן לכ"א פסוקים וכן אי איכא תורגמן אפי' לא קרא מזה ההפטרה אלא בי' פסוקים פוסק כר' יוחנן ודיו: [מתני'] אין פורסין על שמע ואין עוברין לפני התיבה. ואין נושאין כפיהן ואין קורין בתורה ואין מפטירין בנביא ואין עושין מעמד ומושב. ואין אומרים ברכת אבלים שהיא ברכת רחבה וא"ר יוחנן ברכת אבלים בעשרה ואין אבלים מן המנין ותנחומי אבלים וברכת חתנים. ואין מזמנין על המזון בשם פחות מי' מנא לן. וא' משום דכתיב ונקדשתי בתוך בני ישראל וכתיב התם הבדלו מתוך העדה הזאת וכתיב עד מתי לעדה הרעה הזאת יצאו יהושע וכלב נשארו המרגלים י' והן שנקראו העדה ומפורש בתלמוד א"י מהאי קרא ויבואו בני ישראל לשבור בר בתוך הבאים וכתיב ויבואו אחי יוסף עשרה. ואקשי' בירושלמי מכיון דתנינן אין פורסין את שמע לייתא מילה תנינן אין עוברין לפני התיבה פחות מי' ופרקינן לכן צריכה בהדה דתני אין פורסין את שמע פחות מי' התחילו בי' והלכו מקצתן נוטרים וכן כולן השנין בשעתינו כיוצא בהן ועל כולן הוא אומר ועוזבי ה' יכלו. וכן אדם שאמר דמי עלי שמין אותו כעבד ולא יהיה פחות [illegible] הקורא

*) מלה דנ"ל שלא יתחיל לקרות בנביאים עד שיקרא [illegible] וכו'.

גליון הש"ס גמ' כיון דבעי למימר נברך לאלהינו. עי' ברכות דף מט ע"ב תוס' ד"ה נברך: תוס' ד"ה לא שנו וכו' שבכל ימות השנה. עי' לקמן דף כד ע"א תוס' ד"ה ואם היו:

[23b] no corresponding verses [to those read by him] are required [in the prophetical reading]. Raba strongly demurred to this: There is, he said, [the *haftarah* of] *'Add your burnt-offerings'*[5] in which there are not twenty-one verses, and yet we read it!—The case is different there, because the subject is completed [before twenty-one verses]. But where the subject is not completed, do we then not [read less than twenty-one]? Has not R. Samuel b. Abba said: Many times I stood before R. Joḥanan, and when I had read ten verses he said,[6] 'Stop [both of] you'?—In a place where there is a translator[7] it is different, since R. Taḥlifa b. Samuel has taught: This rule was laid down only for a place where there is no translator, but where there is a translator a stop may be made [earlier].

MISHNAH. THE INTRODUCTION TO THE SHEMA' IS NOT
a REPEATED,[1] NOR DOES ONE PASS BEFORE THE ARK,[2] NOR DO [THE PRIESTS] LIFT THEIR HANDS,[3] NOR IS THE TORAH READ [PUBLICLY] NOR THE HAFTARAH READ FROM THE PROPHET,[4] NOR ARE HALTS MADE [AT FUNERALS],[5] NOR IS THE BLESSING FOR MOURNERS SAID,[6] NOR THE COMFORT OF MOURNERS,[7] NOR THE BLESSING OF THE BRIDEGROOMS,[8] NOR IS THE NAME [OF GOD] MENTIONED IN THE INVITATION TO SAY GRACE,[9] SAVE IN THE PRESENCE OF TEN. FOR REDEEMING SANCTIFIED PROPERTIES[10] NINE AND A PRIEST [ARE SUFFICIENT], AND SIMILARLY WITH HUMAN BEINGS.

GEMARA. Whence these rules?[11]—R. Ḥiyya b. Abba said in the name of R. Joḥanan: Because Scripture says, *But I will be*
b *hallowed among the children of Israel:*[1] every act of sanctification requires not less than ten. How does the verse denote this?—As R. Ḥiyya taught: We explain the word *'among'* here by reference to its use in another place. It is written here, *'But I will be hallowed among the children of Israel'*, and it is written elsewhere, *Separate yourselves from* among *this congregation;*[2] and we further explain the word *'congregation'* here by reference to what is written in another place, *How long shall I bear with this evil congregation.*[3] Just as there ten are indicated,[4] so here.

NOR ARE HALTS MADE [AT FUNERALS]. Since [the conductor of the funeral] requires to say, 'stand, dear friends, stand; sit, dear friends, sit',[5] it is not proper[6] [to have less than ten].

NOR IS THE BLESSING OF MOURNERS NOR THE BLESSING OF BRIDEGROOMS SAID etc. What is the blessing of mourners? The blessing of the public square,[7] since[8] R. Isaac said in the name of R. Joḥanan: The blessing of mourners requires the presence of ten, the mourners not being counted; the blessing of bridegrooms requires the presence of ten, the bridegroom being counted.

THE NAME [OF GOD] IS NOT MENTIONED IN THE INVITATION TO SAY GRACE WITH LESS THAN TEN. Since the one who invites has to say, 'Let us bless our God', it is not seemly to do so with less than ten.

FOR REDEEMING PROPERTIES NINE AND A PRIEST. Whence is this rule derived?—Samuel said: Ten priests are mentioned in the section [dealing with sanctifications],[9] one for the actual priest required (and [the first] one [after] to limit),[10] and the rest constitute a limitation after a limitation, and a limitation after a limitation has the force of an addition, to include, namely, nine Israel-
c ites and one priest.[1] But cannot I [rather] say five priests and five Israelites?[2]—This is indeed a difficulty.

AND SIMILARLY WITH HUMAN BEINGS. But can a human being become sanctified?[3]—R. Abbahu said: It refers to one who says, 'My money [value] be upon me', as it has been taught: 'If a man says, My money [value] be upon me, we estimate his value as we would that of a slave'. And a slave is put on the same footing as landed property, as it is written, *And ye may make them an inheritance for your children after you, to hold for a possession.*[4]

MISHNAH. ONE WHO READS THE TORAH [IN SYNAGOGUE] SHOULD READ NOT LESS THAN THREE VERSES, AND HE SHOULD NOT READ TO THE TRANSLATOR MORE THAN

(5) Jer. VII, 21, the *Maftir* to section *Ẓaw* (Lev. VI, 1 to VIII, 36). (6) To him and to the translator. (7) Who repeats each verse, in the Aramaic Targum.
a (1) פורסין על שמע lit., 'they do not divide over the *Shema*'' (v. Glos.). According to Rashi this means that if a number of persons (not less than ten, or seven, or six, or three, according to various opinions, v. Tosaf. and Asheri) come into synagogue after the *Shema'* has been said, it is allowable for the congregation to repeat the *kaddish* and *bareku* and the first blessing before the *Shema'* for their benefit. From the context one would say that it means here more simply 'say the *Shema'* with its attendant blessings'. V. *P.B.* pp. 37ff. V. Rabbinowitz Mishnah Megillah, ad loc. [Kohler (*The Origin of the Synagogue and the Church* p. 58) explains the phrase: 'The lifting up the hands towards heaven at the recital of the *Shema'*—in continuation of the old practice of the Ḥasidim'. Krauss (*Israel-Theol.* Lehranstalt, Wien, *Bericht*, 1933 p. 53): The stepping forward of the reader to recite the *Shema'*]. (2) To lead the congregation in the *'Amidah*. (3) To say the priestly blessing, Num. VI, 24-26. (4) V. *supra* b. (5) Lit., 'they do not make a halting and sitting'. It was the custom on the return from a funeral to have seven pauses during which lamentation was made in honour of the dead. V. *infra*. (6) V. *infra*. (7) The formal words of consolation addressed to the mourners on passing between the two rows formed by friends after the funeral; v. Keth. 8b and Sanh. 19a. Some texts omit 'NOR COMFORT OF MOURNERS'. (8) V. Keth. 7b and 8a and *P.B.* p. 299. (9) Said by one of those present at table to the rest of the company. (10) V. Lev. XXVII, 16-23. (11) Relating to the synagogue.
b (1) Lev. XXII, 32. (2) Num. XVI, 21. (3) Ibid. XIV, 27. (4) The twelve spies without Joshua and Caleb; v. Sanh. 2a. (5) V. B.B. 100b. (6) Lit., 'the way of the world'. (7) ברכת רחבה. A blessing of consolation pronounced in the open air on the mourners' return from the burial; v. Keth. (Sonc. ed.) 8b n. d5. (8) [To be omitted with MS.M. 'R. Isaac said etc.' beginning a new sentence v. Tosaf. s.v. ואמר]. (9) In Lev. XXVII, three times in connection with personal valuations v. 8, three in connection with the valuation of animals vv. 11-13, four with sanctification of property vv. 14, 18, 23; v. 21 is not included as the word priest is not mentioned there in connection with the act of 'valuation'. (10) These words are bracketed in the text.
c (1) V. Sanh. (Sonc. ed.) 15a notes. (2) The second mention adding an Israelite, the third going back to a priest, the fourth adding an Israelite and so on. (3) Since an Israelite could not be sold in the market like a slave. (V. Tosaf.). (4) Lev. XXV, 46.

ONE VERSE [AT A TIME].[5] [24a] IN A PROPHET, HOWEVER, [HE MAY GIVE HIM] THREE AT A TIME.[6] IF THE THREE VERSES CONSTITUTE THREE SEPARATE PARAGRAPHS,[7] HE MUST READ THEM [TO THE TRANSLATOR] ONE BY ONE. THE READER MAY SKIP [FROM PLACE TO PLACE] IN A PROPHET BUT NOT IN THE TORAH. HOW FAR MAY HE SKIP? [ONLY] SO FAR THAT THE TRANSLATOR WILL NOT HAVE STOPPED[8] [BEFORE HE FINDS HIS PLACE].[9]

GEMARA. What do these three verses represent?—R. Assi said: The Pentateuch, the Prophets, and the Hagiographa.

HE SHOULD NOT READ TO THE TRANSLATOR MORE THAN ONE VERSE. IN A PROPHET, HOWEVER, HE MAY READ THREE. IF THE THREE VERSES CONSTITUTE THREE PARAGRAPHS, HE MUST READ THEM ONE BY ONE. For instance, [the three verses], *For thus saith the Lord, ye were sold for nought; For thus saith the Lord God, my people went down aforetime to Egypt; Now therefore what do*
a *I here, saith the Lord.*[1]

THE READER MAY SKIP IN A PROPHET BUT NOT IN THE TORAH. A contradiction was pointed out [between this and the following]: 'He [the High Priest] reads [on the Day of Atonement] "*after the death*"[2] and "*only on the tenth day*".'[3] But he is skipping?—Abaye replied: There is no contradiction; in the one case the translator will have come to a stop [before the place is found] in the other case he will not have come to a stop.[4] But it states in connection with this. THE READER MAY SKIP IN THE PROPHET BUT HE MAY NOT SKIP IN THE TORAH. AND HOW FAR MAY HE SKIP? SO FAR THAT THE TRANSLATOR WILL NOT HAVE STOPPED. From this we infer that in the Torah he may not skip at all?—The truth is, said Abaye, that there is no contradiction. In the one case [the reader deals] with one subject, in the other case with two; and in fact it has been taught: 'The reader may skip in the Torah [provided he keeps] to one subject, and in a Prophet even if he goes on to another subject'; and in both cases only so far that the translator will not have stopped [before he finds the place]. It has been taught in another place: 'The reader may not skip from one prophet to another. In the Twelve Minor Prophets he may skip,[5] provided only that he does not skip from the end of the book to the beginning.'[6]

MISHNAH. THE ONE WHO SAYS THE HAFTARAH FROM THE PROPHET REPEATS ALSO THE BLESSINGS BEFORE THE SHEMA'[7] AND PASSES BEFORE THE ARK[8] AND LIFTS UP HIS
b HANDS.[1] IF HE IS A CHILD,[2] HIS FATHER OR HIS TEACHER PASSES BEFORE THE ARK IN HIS PLACE. A CHILD MAY READ IN THE TORAH AND TRANSLATE, BUT HE MAY NOT PASS BEFORE THE ARK NOR LIFT UP HIS HANDS. A PERSON IN RAGS[3] MAY REPEAT THE BLESSINGS BEFORE THE SHEMA' AND TRANSLATE, BUT HE MAY NOT READ IN THE TORAH NOR PASS BEFORE THE ARK NOR LIFT UP HIS HANDS. A BLIND MAN MAY REPEAT THE BLESSINGS BEFORE THE SHEMA' AND TRANSLATE. R. JUDAH SAYS: ONE WHO HAS NEVER SEEN THE LIGHT FROM HIS BIRTH MAY NOT RECITE THE BLESSINGS BEFORE THE SHEMA'.[4]

GEMARA. What is the reason [why the one who says the *haftarah* has this privilege]?—R. Papa said: As a mark of honour;[5] R. Shimi said: Because otherwise quarrels might arise.[6] What difference is there in practice between them?—There is a difference, in the case of one who reads gratis.[7]

We learn: IF HE IS A CHILD, HIS FATHER OR HIS TEACHER PASSES BEFORE THE ARK IN HIS PLACE. If now you say it is to avoid quarrels—will a child pick a quarrel? What then? It is a mark of respect? Does a child receive marks of respect? What you must say is, out of respect for his father and his teacher. [24b]

(5) So that the translator (who had no book) should not become confused. (6) Because if he makes a mistake, it does not matter so much. (7) V. *infra.* (8) Lit., 'so that the translator shall not (have to) pause'. (9) I.e., he must not have much to unroll in the scroll.

a (1) Isa. LII, 3, 4 and 5. (2) Lev. XVI, 1ff. (3) Ibid. XXIII, 26ff. (4) Because the passages read by the High Priest are not far apart. (5) As these were all written in one scroll, (6) I.e., go backwards. (7) V. *supra.* Sof. XIV, 8 refers this to the *Shema'* recited at the taking out of the law from the Ark; v. *P.B.* (new ed.) p. 195. (8) To read the *'Amidah*, and especially the *kedushah*.

b (1) To say the priestly blessing. Why the *maftir* should have these privileges is not at all clear, and the 'lifting up of hands' certainly was the privilege of every priest. V. Rabbinowitz, op. cit. MS.M. omits: 'AND LIFTS UP HIS HANDS'. (2) Under thirteen. (3) So that most of his body is exposed. (4) Which include a prayer of thanksgiving for the creation of light. (5) I.e., as a kind of reward for having consented to read the *haftarah*. (6) Between persons eager to act as reader. (7) In which case there will not be such competition for the honour, and so there is no need to give the one who says the *haftarah* priority.

*ובנביא שלשה היו שלשתן שלש פרשיות קורין אחד אחד °מדלגין בנביא ואין מדלגין בתורה ועד כמה הוא מדלג עד כדי שלא יפסוק המתורגמן: **גמ'** הני ג' פסוקין כנגד מי *אמר רב אסי כנגד תורה נביאים וכתובים ולא יקרא למתורגמן יותר מפסוק אחד ובנביא ג' פסוקים ואם היו שלשתן שלש פרשיות קורא אחד אחד כגון °כי כה אמר ה' חנם נמכרתם °כי כה אמר ה' אלהים מצרים ירד עמי בראשונה °ועתה מה לי פה נאם ה': מדלגין בנביא ואין מדלגין בתורה: ורמינהי *קורא °אחרי מות °ואך בעשור והא קא מדלג אמר אביי לא קשיא כאן בכדי שיפסוק התורגמן וכאן בכדי שלא יפסוק התורגמן והא עלה קתני מדלגין בנביא ואין מדלגין בתורה ועד כמה הוא מדלג עד כדי שלא יפסוק התורגמן מכלל דבתורה כלל כלל לא אלא אמר אביי לא קשיא כאן בענין אחד כאן בשתי ענייניות והתניא מדלגין בתורה בענין אחד ובנביא בשני עניינין כאן וכאן בכדי שלא יפסוק התורגמן תניא אידך *אין מדלגין מנביא לנביא ובנביא של שנים עשר מדלג ובלבד שלא ידלג מסוף הספר לתחילתו: **מתני'** המפטיר בנביא הוא פורס על שמע והוא עובר לפני התיבה והוא נושא את כפיו ואם היה קטן אביו או רבו עוברין על ידו קטן קורא בתורה ומתרגם °אבל אינו פורס על שמע ואינו עובר לפני התיבה °ואינו נושא את כפיו °פוחח פורס את שמע ומתרגם אבל אינו קורא בתורה °ואינו עובר לפני התיבה ואינו נושא את כפיו °סומא פורס את שמע ומתרגם רבי יהודה אומר כל שלא ראה מאורות מימיו אינו פורס על שמע: **גמ'** מ"ט רב פפא אמר משום כבוד רבה בר שימי אמר משום דאתי לאינצויי מאי בינייהו איכא בינייהו דעביד בחנם ואם היה קטן אביו או רבו עוברין על ידו אי אמרת משום (א) נצויי קטן בר נצויי הוא אלא מאי משום כבוד קטן בר כבוד הוא אלא איכא כבוד אביו וכבוד רבו הבא

תורה אור: ישעיה נב | ויקרא טז | ויקרא כג

מסורת הש"ס: [לעיל כג:] | יומא סח: סוטה מא. | [תוספ' פ"ג] | [פי"ד הט"ו]

רש"י

ובנביא שלשה. אם ירצה ולא איכפת לן אם יטעה דלא נפקא מיניה הוראה: ואם היו שלשתן כו'. בגמ' מפרש היכא משכחת לה דלופין: מדלגין בנביא. מפרשה לפרשה: ואין מדלגין בתורה. שהשומע את הקופץ ממקום למקום אין לבו מיושב לשמוע: ועד כמה הוא מדלג. בנביא: שלא יפסוק התורגמן. שלא ידלג ממקום שהוא קורא אלא כדי שיוכל לגול את הספר ולקרות במקום הדילוג קודם שיגמור התורגמן תרגום המקרא שידלג זה משום שאין כבוד לצבור לעמוד שם בשתיקה: גמ' קורא. כהן גדול אחרי מות ביום הכפורים משנה היא במסכת יומא ואך בעשור לחודש ויש כאן דילוג דפרשת אך בעשור לחדש השביעי בפרשת אמור אל הכהנים: כאן בכדי שלא יפסוק המתורגמן. והאי בכדי שלא יפסוק הוא שהרי סמוכין הן: והא קתני. גרסינן ולא גרסינן עלה: בענין אחד. שעניינן מדברין בדבר אחד ואין כאן טירוף הדעת הלכך כי לא מפסיק תורגמן מדלג שהרי שניהן בענין יוה"כ מדברים ומתני' דקתני כלל לא בשני עניינים כגון מפרשת נגעים לפרשת זבין: והתניא. בניחותא: אין מדלגין מנביא לנביא. שיש כאן טירוף יותר מדאי: מסוף הספר לתחילתו. למפרע: מתני' המפטיר בנביא. מי שרגיל להפטיר בנביא תקנו חכמים שיהא פורס את שמע: הוא עובר לפני התיבה. להוציא את הצבור בקדושה שבתפלה: על ידו. בשבילו: קטן אינו פורס על שמע. לפי שהוא בא להוציא רבים ידי חובתן וכיון שאינו מחויב בדבר אינו מוציא אחרים ידי חובתן: ואינו נושא את כפיו. אם כהן הוא שאין כבוד של צבור להיות כפופין לברכתו: פוחח. (ב) במס' סופרים *מפרש כל שכרעיו נראין ערום ויחף מתרגם ערטילאי ופחח (ישעיה כ): פורס את שמע. דהא מחייב בברכה: אבל אינו קורא בתורה. משום כבוד תורה וכן לפני התיבה וכן בנשיאות כפים נגלה הוא לצבור: גמ' משום כבוד. להעביר לפני התיבה הואיל וממלא עצמו לדבר שאינו כבודו תיקנו לו זו לכבוד: משום אינצויי. הדבר בא לידי מחלוקת אני מפטיר ואתה תעבור לפני התיבה: דקא עביד בחנם. הכא לעבור לפני התיבה אינו נוטל שכר דהכא

תוספות

ובנביא שלשה. ועכשיו אין אנו מקרין למתורגמן אפילו בנביא אלא פסוק אחד שלא יבא לטעות רק בתחילת ההפטרה אנו מקרין ג' למתורגמן להודיע כי כן הדין אי לא דחיישינן שיטעה: ואם היו שלשתן של שלש פרשיות קורין אחד אחד. קשיא על מה שאנו מתרגמין ויאמר יהושע אל העם התקדשו (יהושע ג) ויש שם ג' פסוקים עד בעת ההיא ומקרין אותן למתרגם שלשתן ביחד ואע"פ שיש פרשה בסוף שני פסוקים והא שאנו מתרגמין הפטרות של פסח ועצרת טפי משאר י"ט לפי שהן מדברות בנס היום כדי לפרסם הנס וכן במתן תורה כדי לפרסם הנס: אבל אינו פורס על שמע. ואפילו לרבי יהודה דמכשיר ליה במגילה לעיל (דף יט:) (ג) הכא מודה שלא יוציא אחרים ידי חובתן בדבר שבקדושה משום דבקטן איכא ב' דרבנן כדפרישית לעיל לרבנן דרבי יהודה אבל במגילה יש להקל לפי שהכל חייבין בה שאף הן היו בספק להרוג ולהשמיד לפיכך עשאו רבי יהודה כגדול: פוחח. (ד) ערום ויחף פי"ה מתרגמינן ערטילאי ופחי וליתא *דפחי הוא תרגום של ערום וכן פירש רב אלפס דפחי זהו אותו שלובש בגדים קרועין והכי נמי משמע פרק קמא דמס' קידושין*: ואינו עובר לפני התיבה. קשה מאי איריא קטן אפילו גדול נמי אינו עובר לפני התיבה אא"כ נתמלא זקנו כדאמרינן סוף פ"ק דחולין (דף כד: ושם) נתמלא זקנו ראוי לעשות שליח צבור ולירד לפני התיבה אבל בענין אחר לא וי"ל דהתם מיירי בתענית צבור כדתנן בתענית (דף טז.) דאין מורידין לפני התיבה אלא זקן ורגיל (*ומי שנתמלא זקנו) ומי שטפולו מרובה והא דקתני התם גבי נתמלא זקנו ראוי לעשות ש"ץ היינו להיות ש"ץ בקביעות אבל באקראי בעלמא יכול להיות משהביא ב' שערות ולא כמו שפירש רש"י שם דפירש דמיירי לתקיעת שופר ולהמנות פרנס על הצבור ולהלקות ולנדות: ואין נושא כפיו. משמע הא אם הביא ב' שערות ישא כפיו וקשה דהא סוף פ"ק דחולין (דף כד: ושם) אמר דאין נושא את כפיו עד שיתמלא זקנו ועוד קשה דמשמע סוף פרק לולב הגזול (סוכה דף מב.) קטן היודע לישא את כפיו חולקין לו תרומה בגורן ואפילו קטן ממש וי"ל דהתם לולב הגזול מיירי עם כהנים גדולים ללמוד ולהתחנך והא דפסלינן הכא קטן מיירי בשאין גדולים עמו והתם דחולין דבעי מלוי זקן מיירי לישא כפיו תדיר בקביעות אבל באקראי בעלמא יכול הוא לישא כפיו אע"פ שלא נתמלא זקנו כדי לאחזוקי נפשיה בכהני: (וע"ע תוס' יבמות לט: ד"ה ואלו): מי שלא ראה מאורות לא יפרוס על שמע. קשה דהא רבי יהודה הוא דאמר פרק החובל (ב"ק דף פז. ושם) סומא פטור מכל המצות וא"כ אי איירי הכא בסומא אפילו ראה מאורות ונסתם נמי ומפרש בירושלמי דלא מיירי בסומא ממש אלא מיירי שהוא בבית אפל ועוד י"ל דמיירי שפיר בסומא והא דפטרינן התם סומא היינו מן התורה °אבל מדרבנן מיהא חייב ואפילו נסתמא משנולד מ"מ חייב הוא מדרבנן שלא יהא כנכרי ולא יהא נוהג בו דת יהודי כלל דלא דמי לנשים דפטורים ממצות עשה שהזמן גרמא אפילו מאותן שאינן אלא מדרבנן שהרי בנר חנוכה ובארבע כוסות ובמקרא מגילה דלא הוו אלא מדרבנן לא מחייבי אלא לפי שאף הן היו באותו הנס התם היינו טעמא שאפילו נפטור אותן מכל מצות עשה שהזמן גרמא מ"מ עדיין יש להן מצות רבות אבל סומא אם נפטור אותו מכל מצות אפי' מאותן שאינן אלא מדרבנן א"כ יהא חשוב כנכרי ואע"ג דפירש' לעיל דקטן דאית (ה) תרי מדרבנן שהוא קטן ופריסת שמע דלא הוי אלא מדרבנן אין יכול להוציא אחרים גדולים דליכא אלא חד דרבנן פריסת שמע °אפ"ה סומא שיש בו תרי מדרבנן יוציא שפיר האחרים דכיון שהוא גדול ובר דעת עדיף טפי מקטן: [וע"ע תוס' עירובין צו. ד"ה דילמא וכו' ותוס' לעיל יט: ד"ה ור"י מכשיר]

[כוונת תוספות דליתא כן בתרגום אלא דמתרגם על ערום ויחף פחח ויחף וכן האמת בתרגום שלפנינו וכן איתא ברש"י ישעיה על פסוק ערום ויחף ע"ש ודו"ק]

עין משפט נר מצוה

ס א מיי' פי"ב מהל' תפלה הלכה יד:

סא ב ג מיי' שם הלכה יג סמג עשין יט טוש"ע א"ח סי' קמד סעיף א:

סב ד מיי' פ"ח מהל' תפלה הלכה יא טוש"ע א"ח סי' נג סעיף ו:

סג ה מיי' פט"ו שם הלכה ד טוש"ע א"ח סי' קכח סעיף לד:

סד ו מיי' פ"ח שם הלכה יב:

סה ז מיי' שם טוש"ע א"ח סי' נג סעיף יג:

סו ח מיי' שם טוש"ע א"ח סי' סט סעיף ב:

רבינו חננאל

הקורא בתורה לא יפחות לו מג' פסוקים כנגד תורה נביאים וכתובים ולא יקרא לתורגמן בתורה יותר מפסוק אחד ובנביא ג' ואם היו שלשתן ג' פרשיות כגון כי כה אמר ה' חנם נמכרתם כי כה אמר ה' מצרים ירד עמי בראשונה ועתה מה לי פה כגון אלו קורין א' א'. מדלגין בתורה בענין אחד כגון אחרי מות ואך בעשור אע"פ שהן מרוחקין זה מזה כיון שהן ענין אחד מדלגין ובנביא מדלגין אפילו בב' עניינות. וכאן וכאן כדי שלא יפסיק המתורגמן. פי' משעה שיפסיק עד שיכרוך הספר ויגיע למקום שרוצה לקרות שיעור שישלים המתרגם הפסוק שמתרגם לא יותר. ואין מדלגין מנביא לנביא כגון מישעיה לירמיה וכיוצא בו ובנביא של י"ב והוא ספר תרי עשר מדלגין מנביא לנביא ובלבד שלא ידלג מסוף הספר לתחלתו

כשאתה

שהוא למפרע. המפטיר בנביא הוא פורס את שמע והוא עובר לפני התיבה ואם הוא כהן הוא נושא את כפיו. מ"ש. רב פפא אמר משום כבוד. רבא בר שימי א' משום אינצויי כלומר חיישינן דלמא אתו למימר אני מפטיר וזה פורס על שמע. וכי זה גדול ממני ליקח שכר. הלכך התקינו להיות המפטיר פורס על שמע עובר לפני התיבה כו'. *)ואין עושין בחנם אלא משום כבוד. אבל לא מינצו אלא במקום שהפורס על שמע העובר לפני התיבה נוטל שכר ואם היה המפטיר קטן שאינו ראוי לעבור לפני התיבה ולא לפרוס על שמע אביו או רבו עוברין על ידו דאי לאו הכי אתי רבו לאינצויי קטן

*) נראה דחסר כאן ואם עושין בחנם אינו אלא משום כבוד כו'.

הגהות הב"ח

(א) גמ' אי אמרת משום אינצויי קטן: (ב) רש"י ד"ה פוחח ערום ויחף מתרגמינן ערטילאי ופחח ובמס' סופרים מפרש כל שכרעיו נראין הס"ד. וכ"כ נראה דרש"י בא ליישב מה שקשה דאי פוחח דהכא היינו יחף ברגליו לחוד קאמר אמאי אינו נושא כפיו הא בעי לחלוץ מנעליו בשעה שנושא כפיו דמהאי טעמא במומין ברגליו אינו נושא כפיו כיון שהוא יחף ומסתכלים בו כדפי' להדיא בדף זה בע"ב על כן הביא מסכת סופרים דפוחח דהכא כל שכרעיו נראין דהיינו דאין לו בתי שוקים דזה נמי נקרא פוחח שהולך יחף לגמרי שאין לו אף בתי שוקים ומש"ה פי' רש"י בסמוך דאית ביה משום ולא יראה בך ערות דבר דכיון דאין לו כלל בתי שוקים אית ביה איסור ראיית ערוה אבל בחולץ מנעליו ואית ליה בתי שוקים אע"ג דיחף הוא לית ביה איסור דראיית ערוה ולא הוה קמיבעי ליה מידי בקטן: (ג) תוס' ד"ה אבל וכו' במגילה לעיל דף יט. נ"ב ע"ש בתוס' בד"ה ור' יהודה: (ד) ד"ה פוחח. פי"ה ערום ויחף מתרגמינן ערטילאי ופחח וליתא דפחח הוא תרגום וכו' רב אלפס דפוחח זהו אותו וכו' פרק י"ד דמסכת סופרים הס"ד. וכ"כ וז"ל שם הלכה טו פוחח הנראים כרעיו או בגדיו פרומים או מי שראשו מגולה פורס את שמע ע"כ וכבר כתבתי ברש"י דפוחח כשאין לו בתי שוקים ולא יחף: (ה) ד"ה מי שלא וכו' לעיל דקטן דאית ביה תרי מדרבנן שהוא קטן ופריסת שמע נמי דלא הוי וכו' סומא שיש בו תרי מדרבנן מוציא שפיר:

גליון הש"ס גמ' א"ר אסי כנגד תורה. עי' מ"ר פ' הנה: תוס' ד"ה מי שלא וכו' אבל מדרבנן מיהא חייב. עי' ר"ה דף לג ע"א תד"ה הא ר' יהודה: בא"ד אפ"ה סומא שיש בו תרי מדרבנן. עי' לעיל דף יט ע"ב תוס' ד"ה ור' יהודה:

הכא נמי איכא נצויי אביו ונצויי רבו: פוחח פורס על שמע וכו': בעא מיניה עולא בר רב מאביי קטן פוחח מהו שיקרא בתורה אמר ליה ותיבעי לך ערום ערום מאי טעמא לא °משום כבוד צבור הכא נמי משום כבוד צבור: סומא פורס על שמע וכו': תניא *אמרו לו לרבי יהודה הרבה צפו לדרוש במרכבה ולא ראו אותה מימיהם ור' יהודה התם *באבנתא דליבא תליא מילתא והא קא מיכוין וידע הכא משום הנאה הוא והא לית ליה הנאה ורבנן אית ליה הנאה כרבי יוסי דתניא א"ר יוסי כל ימי הייתי מצטער על מקרא זה °והיית ממשש בצהרים כאשר ימשש העור באפלה (דברים כח) וכי מה אכפת ליה לעור בין אפילה לאורה עד שבא מעשה לידי פעם אחת הייתי מהלך באישון לילה ואפלה וראיתי סומא שהיה מהלך בדרך ואבוקה בידו אמרתי לו בני אבוקה זו למה לך אמר לי כל זמן שאבוקה בידי בני אדם רואין אותי ומצילין אותי מן הפחתין ומן הקוצין ומן הברקנין: **מתני'** *אכהן שיש בידיו מומין לא ישא את כפיו ר' יהודה אומר באף מי שהיו ידיו צבועות *סטים לא ישא את כפיו מפני שהעם מסתכלין בו: **גמ'** (א) גתנא מומין שאמרו בפניו ידיו ורגליו אמר ר' יהושע בן לוי דידיו בוהקניות לא ישא את כפיו תניא נמי הכי ידיו בוהקניות לא ישא את כפיו עקומות עקושות לא ישא את כפיו אמר רב אסי החיפני (*ובישני) לא ישא את כפיו תניא נמי הכי ואין מורידין לפני התיבה לא אנשי בית שאן ולא אנשי בית חיפה ולא אנשי טבעונין מפני *שקורין לאלפין עיינין ולעיינין אלפין אמר ליה רבי חייא לר' שמעון בר רבי °אלמלי אתה לוי פסול אתה מן הדוכן משום דעבי קלך אתא אמר ליה לאבוה אמר ליה זיל אימא ליה כשאתה מגיע אצל °וחכיתי לה' (ישעיה ח) לא נמצאת מחרף ומגדף אמר רב הונא זבלגן לא ישא את כפיו והא ההוא דהוה בשיבבותיה דרב הונא והוה פריס ידיה ההוא דש בעירו הוה תניא נמי הכי יזבלגן לא ישא את כפיו ואם היה דש בעירו מותר א"ר יוחנן חסומא באחת מעיניו לא ישא את כפיו והא ההוא דהוה בשיבבותיה דרבי יוחנן דהוה פריס ידיה ההוא דש בעירו הוה תניא נמי הכי סומא באחת מעיניו לא ישא את כפיו ואם היה דש בעירו מותר: ר"י אומר מי שהיו ידיו צבועות לא ישא את כפיו: תנא טאם רוב אנשי העיר מלאכתן בכך מותר: **מתני'** יהאומר איני עובר לפני התיבה בצבועין אף בלבנים לא יעבור בסנדל איני עובר אף יחף לא יעבור כהעושה תפלתו עגולה סכנה ואין בה מצוה נתנה על מצחו או על פס ידו הרי זו דרך המינות ל*ציפן זהב ונתנה על בית אונקלי שלו ה"ז דרך החיצונים: **גמ'** מ"ט חיישינן שמא מינות נזרקה בו: העושה תפלתו עגולה סכנה ואין בה מצוה: לימא תנינא להא דתנו רבנן *)°תפלין מרובעות הלכה למשה מסיני ואמר רבא בתפרן ובאלכסונן אמר רב פפא מתניתין דעבידא כי אמגוזא: **מתני'** האומר [צ"ל ציפה]

יברכוך

*) מנחות לה. [ע"ש שבת כח:]

תוספות

כשאתה מגיע אצל וחכיתי לה'. קשה כיון שלא היה יכול לומר חי"ת א"כ היאך הורידו רבי לפני התיבה כשגזר תענית כדאי' בהשוכר את הפועלים (ב"מ דף פה:) והא אין מורידין לא מאנשי חיפה ולא מאנשי בית שאן לפי שקוראין לאלפין עיינין ולעיינין אלפין וי"ל דכשהיה מתכוין לקרות החי"ת קורא אותה שפיר ע"י טורח אבל לא היה בקל ולפי שאמר ליה אליהו שעל ידו תמהר הגאולה לפיכך הורידו*:

אם היה דש בעירו מותר. ואפילו במומין שבידו כדאמר בירושלמי בההוא כהן דהוו ידיה עקישי אתא לקמיה דרבי נפתלי אמר ליה כיון שאתה דש בעירך מותר:

סכנה ואין בה מצוה. פר"ת בשעת הסכנה יכול להסתכן בהן ולא תגין עליו המצוה ולא יעשה לו נס כמו לאלישע בעל הכנפים (שבת דף מט.):

בתפרן. כשהוא תופר בית מושבם צריך ליזהר שלא ימשוך חוט התפירה יותר מדאי ויתקלקל הריבוע ור"ת פירש דצריך שיהא התפר עצמו מרובע:

יברכוך

רש"י

דהכא איגלויי ליכא משום כבוד איכא: קטן פוחח מהו שיקרא בתורה. גדול פוחח הוא דאסור משום ולא יראה בך ערות דבר (דברים כג) אבל קטן ליתו מוזהר או דלמא לא פליג מתני' בין קטן לגדול: לדרוש במרכבה. דיחזקאל: פחתים. גומות:

תורה אור

מתני' כהן שיש בידיו מומין. לפי שהעם מסתכלין בו ואמרינן במסכת חגיגה (דף טז.) המסתכל בכהנים בשעה שנושאין את כפיהן עיניו כהות לפי שהשכינה שורה על ידיהן*: **גמ'** בוהקניות. לנטיי"ש בלע"ז: עקומות. כפופות: עקושות. לצדדין: חיפני ובישני. כהן שהוא מאנשי חיפה ומאנשי בית שאן מגמגמין בלשון הן: מפני שקורין לאלפין עיינין ולעיינין אלפין. ואם היו עושין ברכת כהנים היו אומרים יאר יער ה' פניו ולשון קללה הוא כי יש פנים שיתפרשו לשון כעס כמו פני ילכו (שמות לג) את פני (ויקרא כ) ומתרגמינן ית רוגזי ומתני' עושין אלפין ועיינין ופוגמין תפלתן ודאמרינן (ברכות לב:) דבי ר"א קורין לאלפין עיינין ולעיינין אלפין ההוא בדרשה: *פניו ידיו ורגליו. הנושא את כפיו חולץ מנעליו כדתניא (סוטה דף מ.) ואם יש בו מום יסתכלו בו ומתוך כך רואין את ידיו: דעבי קלך. ותניא בהכל שוחטין (חולין דף כד.) בשילה ובבית עולמים הלוים נפסלין בקול: אצל וחכיתי לה'. מקרא זה בספר ישעיה: לא נמצאת מחרף ומגדף. שהיה קורא לחיתי"ן היהי"ן ונראה כאומר והכיתי: זבלגן. עיניו זולפות דמעה: לא ישא את כפיו. לפי שמסתכלין בו: דש בעירו הוא. כבר היו רגילין אנשי עירו ולא היו מסתכלין בו עוד דש לשון (ב) מרגיל כמו כיון דדש דש (עירובין דף נו:): *סטים. קרו"ג בלע"ז: **מתני'** אף בלבנים לא יעבור. טעמא מפרש בגמ': העושה תפלתו עגולה. תפלין שבראשו עגולה כבילה וכאגוז: סכנה. שלא תכנס בראשו: ואין בה מצוה · דמרובעות בעינן: נתנה על מצחו. של ראש ושל יד על פס ידו: הרי זו דרך המינות. שמבזין מדרש חכמים והולכין אחר המשמע כמשמען בין עיניך ממש ועל ידך ממש ורבותינו דרשו במנחות (דף לז:) בגזירה שוה בין עיניך זה קדקד מקום שמוחו של תינוק רופס ועל ידך גובה היד קיבורת בראש הזרוע שתהא שימה כנגד הלב: על בית אונקלי. על בית יד לבושו מבחוץ: הרי זה דרך חיצונים. בני אדם ההולכים אחרי דעתם חוץ מדעת חכמים דבעינן לך לאות ולא לאחרים לאות (שם): ציפן זהב. נמי כתיב למען תהיה תורת ה' בפיך (שמות יג) שיהא הכל מבהמה טהורה: **גמ'** שמא מינות נזרקה בו. המינין עובדי ע"ז מקפידין בכך: בתפרן ובאלכסונן. כשהוא תופר בית מושבן צריך ליזהר שלא יקלקל ריבוען במשיכת חוט התפירה וצריך שיהא להן אלכסון כהלכתו (ג) במרובע שתהא אצבע ברוחב ובאורך שהיא אצבע ושני חומשין באלכסון: כי אמגוזא. עגולות כאגוז אבל עגולה כבילה וכעדשה שפיר דמי ולא תסייעה לברייתא ממתניתין:

מתני'

עין משפט נר מצוה

סז א מיי' פט"ו מהל' תפלה הלכה ב סמג עשין כ טוש"ע א"ח סי' קכח סעיף ל:

סח ב מיי' שם טוש"ע שם סעיף לג:

סט ג ד מיי' שם טוש"ע שם סעיף ל:

[עי' תוס' ב"מ שתירלו באופן אחר]

ע ה מיי' שם הלכה א טוש"ע שם סעיף לג:

[תוספ' פ"ג]

עא ו מיי' פ"ח שם הלכה יב טוש"ע א"ח סי' נג סעיף יב:

עב ז ח מיי' פט"ו שם הלכה ב טוש"ע א"ח סי' קכח סעיף ל:

עג ט מיי' שם טוש"ע שם סעיף לב:

עד י מיי' פ"י שם הלכה ה טוש"ע א"ח סי' נג סעיף יח:

עה כ מיי' פ"ד מהל' תפלין הלכה ג:

עו ל מיי' פ"ג שם הלכה טו טוש"ע א"ח סי' לב סעיף מח:

עז מ מיי' שם הלכה א טוש"ע שם סעיף לט:

רבינו חננאל

קטן קורא בתורה ומתרגם. פוחח פורס על שמע שיקרא יוצר אור שתים לפני א) התיבה להתפלל י"ח ברכות בצבור ואינו נושא את כפיו משום כבוד צבור פי' פוחח לבוש בגד קרוע ואין בבגדיו בתי ידים אלא ידיו כמו ערומות כמה דמתרגמינן (ישעי' כ') כמה דמהלך עבדי ישעיהו פחח ויחף תלת שנין: ירושלמי סוף משקין מת לו מת קורע. מת לו מת אחר מרחיק ג' אצבעות וקורע שלמו מלפניו מתחיל מלאחריו שלמו מלמעלה מתחיל מלמטה שלמו אלו ואלו ר' חייא בר אדא דמן יפו אמר נעשה כפוחח. סומא פורס על שמע ומתרגם ר' יהודה אומר כל שלא ראה מימיו לא יפרוס את שמע כלומר לא יברך בא"י יוצר המאורות שלא נהנה ונמצא מוציא שם שמים לבטלה. ר' שמעון בר ר' הוה קליה עב ואמר לו ר' חייא שלא היה יכול לקרות חי"ת אלא היה קורא לחיתי"ן ב) היהי"ן לפיכך א"ל כשאתה מגיע לקרוא וחכיתי לה' נמצא שונא ישראל מוציאן בלשון הכאה ונמצא מחרף ומגדף. תניא זבלגן לא ישא את כפיו. ואם היה דש בעירו מותר. פי' דש בעירו ידוע ומפורסם. העושה תפלתו עגולה פי' העושה תפילין עגולין כאגוז אלא תנינן תפילין מרובעות הל"מ. ואמר רבא בתופרן ובאלכסונן. ג) פי' פעמים שנופל על פניו ברחום וחנון ואם הן תפילין על ראשו עגולין ירצצו מוחו. וזו היא סכנה. ואין מצותן אלא מרובעות נתנה על מצחו או על פס ידו הרי זו דרך המינות. ציפה זהב ונתנה על בית יד של אונקלו פי' אצילי ידיו הרי זה דרך החיצונים: א"ר

מסורת הש"ס

[ועמ"ש תוס' בחגיגה טז. ד"ה בכהנים וכו' לדחות פרש"י דהכא ומתלוי הטעם ע"פ הירושלמי משום היסח הדעת ע"ש]

[פירוש בהכנת הלב ועי' תוס' ע"ז כח: ד"ה שורייינא דליבא ולעדת רש"י אבנתא דליבא הן טרפשי הלב]

[דיבור זה שייך קודם ד"ה בוהקניות]

[גי' סמ"ג ורמב"ם ורא"ש אסמים ופוראה ור"ף אסטים וקוצה]

[צ"ל ובישני]

[ברכות לב.]

[שייך לעיל במשנה]

הגהות הב"ח

(א) גמ' תנא מומין שאמרו בפניו ידיו ורגליו א"מ וג"ב פרש"י והטור לא גרסי הך ברייתא וכל אלפס גרס לה ועי' בטור א"ח סי' קכח: (ב) רש"י ד"ה דש בעירו וכו' לשון רגיל כמו: (ג) ד"ה בתפרן וכו' אלכסונן כהלכתו שתהא מרובע אצבע:

א) נ"ל ואינו עובר לפני התיבה וכו'. ב) מלשון רבינו משמע דר"ח אמר כן לר"ש בר ר' דלא כמו דאיתא בגמ' לפנינו ואולי דגי' אחרת היה לו וצ"ע. ג) נראה דצ"ל סכנה ואין בה מצוה·פי' וכו'.

גליון הש"ס גמ' משום כבוד צבור. לעיל דף כג ע"א יומא דף ע ע"א גיטין דף ס ע"א סוטה דף לט ע"ב: שם אלמלי. עי' לעיל דף כח ע"א תוס' ד"ה אלמלא: מתני' ציפן זהב. סנהדרין דף מח ע"ב:

So here too, there is the question of quarrels, involving him or his teacher.

A PERSON IN RAGS MAY REPEAT etc. 'Ulla b. Rab enquired of Abaye: Is a child in rags allowed to read in the Torah?[8] He replied: You might as well ask about a naked one. Why is one without any clothes not allowed? Out of respect for the congregation. So here, [he is not allowed] out of respect for the congregation.

A BLIND MAN MAY REPEAT THE BLESSINGS etc. It has been taught: They said to R. Judah: Many have discerned sufficiently
a [with their mind's eye] to expound the Chariot,[1] and yet they never saw it?—What says R. Judah to this?—There [he can reply], all depends on the discernment of the heart, and the expounder by concentrating his mind can know, but here one reads for the benefit which he derives therefrom,[2] and this one derives no benefit.[3] The Rabbis, however, hold that he does derive a benefit, for the reason given by R. Jose, as it has been taught: R. Jose said: I was long perplexed by this verse, *And thou shalt grope at noonday as the blind gropeth in darkness.*[4] Now what difference [I asked] does it make to a blind man whether it is dark or light? [Nor did I find the answer] until the following incident occurred. I was once walking on a pitch black night when I saw a blind man walking in the road with a torch in his hand. I said to him, My son, why do you carry this torch? He replied: As long as I have this torch in my hand, people see me and save me from the holes and the thorns and briars.[5]

MISHNAH. A PRIEST WHOSE HANDS ARE DEFORMED SHOULD NOT LIFT UP HIS HANDS [TO SAY THE PRIESTLY BLESSING]. R. JUDAH SAYS: ALSO ONE WHOSE HANDS ARE DISCOLOURED WITH WOAD[6] SHOULD NOT LIFT UP HIS HANDS, BECAUSE [THIS MAKES] THE CONGREGATION LOOK AT HIM.[7]

GEMARA. A Tanna stated: The deformities which were laid down [as disqualifying] are on the face, the hands and the feet.[8] R. Joshua b. Levi said: If his hands are spotted[9] he should not lift up his hands. It has been taught similarly: 'If his hands are spotted, he should not lift up his hands. If they are curved inwards or bent sideways, he should not lift up his hands'.

b R. Assi said: A priest from Haifa or Beth Shean[1] should not lift up his hands. It has been taught to the same effect: 'We do not allow to pass before the ark either men from Beth Shean or from Haifa or from Tib'onim,[2] because they pronounce *alif* as *'ayin* and *'ayin* as *alif*'.[3]

Said R. Ḥiyya to R. Simeon b. Rabbi: If you were a Levite, you would not be qualified to chant,[4] because your voice is thick. He went and told his father who said to him: Go and say to him, When you come to the verse, *And I will wait* [we-ḥikethi] *for the Lord,*[5] will you not be a reviler and blasphemer?[6]

R. Huna said: A man whose eyes run should not lift up his hands. But was there not one in the neighbourhood of R. Huna who used to spread forth his hands?—The townspeople had become accustomed to him.[7] It has been taught to the same effect: 'A man whose eyes run should not lift up his hands, but if the townspeople are accustomed to him, he is permitted'. R. Joḥanan said: A man blind in one eye should not lift up his hands. But was not there one in the neighbourhood of R. Joḥanan who used to lift up his hands?—The townspeople were accustomed to him. It has been taught to the same effect: 'A man blind in one eye should not lift up his hands, but if the townspeople are accustomed to him, he is permitted'.

R. JUDAH SAYS: A MAN WHOSE HANDS ARE DISCOLOURED SHOULD NOT LIFT UP HIS HANDS. A Tanna stated: If most of the men of the town follow the same occupation it is permitted.

MISHNAH. IF ONE SAYS, I WILL NOT PASS BEFORE THE ARK [TO ACT AS READER] IN COLOURED ROBES, HE MUST NOT PASS BEFORE IT IN WHITE ROBES EITHER. [IF HE SAYS], I WILL NOT PASS BEFORE IT IN SHOES, HE MUST NOT PASS BEFORE IT BAREFOOT EITHER. A PHYLACTERY [FOR THE
c HEAD] WHICH IS MADE ROUND[1] IS DANGEROUS[2] AND HAS NO RELIGIOUS VALUE. TO PUT THEM ON THE FOREHEAD OR ON THE PALM OF THE HAND[3] IS THE MANNER OF THE HERESY,[4] TO OVERLAY THEM WITH GOLD OR PUT [THE ONE FOR THE HAND] ON ONE'S SLEEVE IS THE MANNER OF THE OUTSIDERS.[5]

GEMARA. [IN COLOURED ROBES]. What is the reason [why he must not act as reader]? We are apprehensive that he has a leaning towards *minuth.*[6]

TO MAKE ONE'S PHYLACTERY ROUND IS DANGEROUS AND HAS NO RELIGIOUS VALUE. May we say that our Mishnah teaches here the same as our Rabbis taught: 'That phylacteries should be square is a law set down by Moses at Sinai', and Raba explained [this to mean] in their seam and in their diagonal?[7]—R. Papa said: The Mishnah is speaking only of those which are made as round as a nut.[8]

MISHNAH. IF ONE SAYS [25*a*] 'MAY THE GOOD BLESS

(8) A child not being forbidden to expose himself.

a (1) The first chapter of Ezekiel. (2) Viz., the light. (3) He does not enjoy the benefit of light. (4) Deut. XXVIII, 29. (5) So although blind, he does benefit by the light. (6) [*Var. lec.* add: 'or madder', a red dye]. (7) And it is forbidden to look at the priests while saying the blessing, v. Ḥag. 16. (8) The priest said the blessing barefoot, v. Soṭ. 40*a*. (9) With white pustules. The deformity apparently is the same as that referred to in Lev. XIII, 39.

b (1) Towns in Palestine. (2) More correctly Tibe'on, perhaps the same as modern Tubun, W. of Sepphoris. (3) V. Glos. (4) Lit., 'for the platform', on which the Levites stood while chanting. (5) Isa. VIII, 17. (6) Because he could not pronounce a *ḥeth* and would say *we-hikethi*, which would mean 'And I shall smite'. (7) Lit. 'he had become familiar to the townspeople'.

c (1) Instead of cube-shaped. (2) [The capsule might penetrate his head during prostration at *taḥanun* (*supra* 22*a* n. c 6). V. Rashi and R. Ḥananel]. R. Tam takes this to mean that it will not avail him in time of danger. V. Shab. 49*a*. (3) According to the literal meaning of the text, *and thou shalt bind them for a sign upon thy hand and they shall be phylacteries between thine eyes.* Deut. VI, 8. (4) *Minuth* (v. Glos. s.v. *Min*) Maim.: Sadducees. The reading 'Karaites' in some texts is a censor's variant. (5) This term apparently designates persons who followed the Rabbis only partially. According to the Rabbis, the phylacteries had to be made wholly of the skin of a clean animal and to be placed directly on the flesh. (6) Probably Judeo-Christianity, the Christians being particular about this. For other suggestions v. Rabbinowitz, op. cit. a.l. (7) Apparently this means 'both in their base and in their height'. (8) But the shape of an egg or of a bean might be permitted (Rashi).

THEE', THIS IS A CUSTOM OF HERESY.[9] [IF HE SAYS], 'MAY THY MERCIES REACH THE NEST OF A BIRD', 'MAY THY NAME BE MENTIONED FOR WELL-DOING', 'WE GIVE THANKS, WE
a GIVE THANKS',[1] HE IS SILENCED. IF HE INTRODUCES EUPHEMISMS INTO THE PORTION DEALING WITH FORBIDDEN MARRIAGES,[2] HE IS SILENCED. IF HE SAYS, [INSTEAD OF] 'AND THOU SHALT NOT GIVE ANY OF THY SEED TO SET THEM APART TO MOLOCH', 'THOU SHALT NOT GIVE TO TRANSFER IT TO A GENTILE WOMAN',[3] HE IS BOTH SILENCED AND REBUKED.[4]

GEMARA. We understand the prohibition of saying 'WE GIVE THANKS, WE GIVE THANKS', because he seems to be addressing two Powers;[5] also of 'THY NAME BE MENTIONED FOR WELL-DOING', because this implies, for good, yes, for evil, no, and we have learnt, 'It is the duty of a man to bless [God] for evil in the same way as he blesses for good'.[6] But what is the reason for prohibiting, 'MAY THY MERCIES REACH THE NEST OF A BIRD'?[7] —Different answers were given by two Amoraim in the West [Palestine], R. Jose b. Abin and R. Jose b. Zebida. One said, it is because he creates jealousy in the work of the creation,[8] and the other says it is because he makes the commands[9] of the Holy One, blessed be He, acts of grace, whereas they are only decrees.[10]

A certain man went down [before the ark] in the presence of Rabbah and said, 'Thou hast shown pity to the nest of a bird, do thou have pity and mercy on us'; (Thou hast shown pity to
b an animal and its young,[1] do thou have pity and mercy on us). Said Rabbah: How well this Rabbi knows how to placate his Master! Said Abaye to him: But we have learnt, HE IS SILENCED? —Rabbah only wanted to sharpen Abaye's wits.

A certain [reader] went down before the ark in the presence of R. Ḥanina and said, 'The great, the mighty, the terrible, the majestic, the strong, the powerful God'. He said to him: Have you finished the praises of your Master? Even the first three, had it not been that Moses wrote them in the Law[2] and the Men of the Great Synagogue came and ordained them,[3] we should not recite; and you say all this! It is as if a man had thousands of thousands of *denarii* of gold and people to praise his wealth would say he had a thousand. Would it not be an insult to him?

R. Ḥanina said: Everything is in the hands of heaven except the fear of heaven[4] as it says, *And now, Israel, what doth the Lord thy God ask of thee but to fear.*[5] Are we to infer from this that fear is a small thing?—Yes; for Moses our teacher it was a small thing. In the same way, if a man is asked for a big article and he has it, it seems to him only small, but if he is asked for a small article and he has it not, it seems big to him.

R. Zera said: For one to say, 'Hear, Hear',[6] is like saying, 'We give thanks, we give thanks'. The following was cited in objection to this: 'He who recites the *Shema'* and repeats is reprehensible'. He is only reprehensible, but we do not silence him?—There is no contradiction. In the one case we suppose he repeats each word as he says it,[7] in the other that he repeats a whole sentence.[8] Said R. Papa to him: But perhaps [the reason why he repeats] is because at first he was not thinking of what he said, and now he does think?—He replied: Is he to treat heaven like an ordinary acquain-
c tance?[1] If he does not think of what he is saying, I will hit him with a hammer till he does think.

IF HE INTRODUCES EUPHEMISMS INTO THE PASSAGE DEALING WITH FORBIDDEN MARRIAGES, HE IS SILENCED. R. Joseph learned: [If, for example, he says] 'the shame of his father, the shame of his mother'.[2]

IF ONE SAYS, AND THOU SHALT NOT GIVE ANY OF THY SEED TO SET THEM APART etc. In the school of R. Ishmael it was stated: The text speaks of an Israelite who has intercourse with a Cuthean woman and begets from her a son for idolatry.[3]

MISHNAH. THE INCIDENT OF REUBEN IS READ IN SYNAGOGUE BUT NOT TRANSLATED.[4] THE STORY OF TAMAR[5] IS READ AND TRANSLATED. THE FIRST ACCOUNT OF THE INCIDENT OF THE GOLDEN CALF[6] IS BOTH READ AND TRANSLATED, THE SECOND[7] IS READ BUT NOT TRANSLATED. THE BLESSING OF THE PRIESTS[8] IS READ BUT NOT TRANSLATED. THE STORIES OF DAVID[9] AND AMNON[10] ARE READ BUT NOT TRANSLATED. THE PORTION OF THE CHARIOT[11] IS NOT READ AS A HAFTARAH, BUT R. JUDAH PERMITS THIS. R. ELEAZAR SAYS: THE PORTION, 'MAKE KNOWN TO JERUSALEM',[12] IS NOT READ AS A HAFTARAH.

GEMARA. Our Rabbis taught: Some portions [of the Scripture] are both read and translated, some are read but not translated, [and some are neither read nor translated].[13] The following are both read
d and translated: (Mnemonic: *B'L'T' 'E'Ḳ'N' N'SH'P'H'*).[1] The account of the creation[2] is both read and translated. Certainly! —You might think that [through hearing it] people are led to

(9) *Minuth* (v. *supra* note 4); implying that only the good are invited to bless God (Rashi).
a (1) In the *'Amidah* prayer. (2) Lev. ch. XVIII. (3) I.e., beget children from a Gentile woman. *Aliter*: 'To render pregnant a Gentile woman'. Either version is a departure from the text which is an injunction against Moloch worship. [Aruch (s.v. ארם): 'Thou shalt not give any of thy seed *to the Arameans* to set them apart to Moloch', implying that the prohibition applies only to the Moloch worship of a particular nation. Albeck Ch., *Bericht Hochschule*, Berlin 1930 p. 55 renders it: thou shalt not give thy seed to pass to heathendom, viz., to introduce them to the knowledge of heathen culture and custom.] (4) All this is explained in the Gemara. (5) V. Ber. 54*a*. (6) [The dualism of the Persians—the god of darkness and of light.] (7) With reference to the prohibition of taking both a bird and its nestlings. Deut. XXII, 6. 7. (8) As though God had mercy on birds and not on beasts. (9) Lit., 'his attributes'. [Herford sees in this a protest against the Pauline antithesis of Law and Grace, v. *Christianity in Talmud and Midrash* pp. 202ff.] (10) Which must be obeyed whether they are merciful or not.
b (1) V. Lev. XXII, 28. This sentence is bracketed in the text. (2) Deut. X, 17. (3) V. Neh. IX, 32. (4) It is left to the free choice of man whether to be God-fearing or not. (5) Deut. X, 12. (6) In reciting the *Shema'*. (7) I.e., he says, 'Hear, hear, Israel, Israel' which is only a stupidity. (8) I.e., he says, 'We give thanks to thee, we give thanks to thee', as if he were addressing two Powers.
c (1) Lit., 'Intimacy towards heaven!' (2) From prudery, instead of '*the nakedness*'; Lev. XVIII, 7. [Maim: instead 'of *thy* father', 'of *thy* mother']. (3) Cf. Pseudo-Jonathan a.l. Apparently this is in flat contradiction with the Mishnah. Possibly R. Ishmael means to explain the words of the Mishnah which are somewhat obscure (Rashi). [According to Aruch's and Albeck's explanations (v. *supra* n. a3) the Mishnah does not denounce R. Ishmael's version.] (4) Gen. XXXV, 22. (5) Ibid. XXXVIII. (6) Ex. XXXII, 1-20. (7) Ibid. 21-25. (So Maim). (8) Num. VI, 24-27. (9) II Sam. XI, 2-17. (10) Ibid. XIII, 1-4. (11) Ezek. I and X. (12) Ibid. XVI. (13) Wilna Gaon omits the words in brackets.
d (1) *B* = *Bereshith* (creation); L = Lot; T = Tamar; 'E = *'Egel* (Calf); Ḳ = *Ḳelaloth* (curses); N = *'Oneshin* (penalties); N = Amnon; Sh = Abshalom, P = *Pilegesh* (concubine); H = *hoda'* (make known). (2) Gen. I.

*יברכוך טובים הרי זו דרך *המינות "על קן צפור יגיעו רחמיך ועל טוב יזכר שמך מודים מודים משתקין אותו המכנה בעריות משתקין אותו האומר °ומזרעך לא תתן להעביר למולך לא תתן לאעברא בארמיותא משתקין אותו בנזיפה: **גמ'** *בשלמא מודים מודים דמיחזי כשתי רשויות ועל טוב יזכר שמך נמי דמשמע על טוב אין ועל רע לא ותנן *חייב אדם לברך על הרעה כשם שהוא מברך על הטובה אלא על קן צפור יגיעו רחמיך מ"ט (א) פליגי בה תרי אמוראי במערבא ר' יוסי בר אבין ור' יוסי בר זבידא חד אמר מפני שמטיל קנאה במעשה בראשית וחד אמר מפני שעושה מדותיו של הקב"ה רחמים ואינן אלא גזירות ההוא דנחית קמיה דרבה אמר אתה חסת על קן צפור אתה חוס ורחם עלינו (*אתה חסת על אותו ואת בנו אתה חוס ורחם עלינו) אמר רבה כמה ידע האי מרבנן לרצויי למריה א"ל אביי והא משתקין אותו תנן *ורבה לחדודי לאביי הוא דבעא ההוא דנחית קמיה דרבי חנינא אמר האל הגדול הגבור והנורא והאדיר והחזק והאמיץ אמר ליה סיימתינהו לשבחיה דמרך השתא הני תלתא אי לאו דכתבינהו משה באורייתא ואתו (ב) כנסת הגדולה ותקנינהו אנן לא אמרינן להו ואת אמרת כולי האי משל לאדם שהיו לו אלף אלפי אלפים דינרי זהב והיו מקלסין אותו (באלף) דינרי כסף לא °גנאי הוא לו אמר רבי חנינא* הכל בידי שמים חוץ מיראת שמים שנאמר °ועתה ישראל מה ה' אלהיך שואל מעמך כי אם ליראה מכלל דיראה מילתא זוטרתי היא אין לגבי משה רבינו מילתא זוטרתי היא משל לאדם שמבקשין הימנו כלי גדול ויש לו דומה עליו ככלי קטן קטן ואין לו דומה עליו ככלי גדול *אמר רבי זירא האומר שמע שמע כאומר מודים מודים דמי מיתיבי הקורא את שמע וכופלה הרי זה מגונה מגונה הוא דהוי שתוקי לא משתקינן ליה לא קשיא הא דאמר מילתא מילתא ותני לה הא דאמר פסוקא פסוקא ותני לה א"ל רב פפא לרבא ודלמא מעיקרא לא כיון דעתיה והשתא כיון דעתיה אמר ליה *חברותא כלפי שמיא אי לא מכוין דעתיה מחינא ליה בארזפתא דנפחא עד דמכוין דעתיה: המכנה בעריות משתקין אותו: תנא רב יוסף קלון אביו וקלון אמו: האומר ומזרעך לא תתן להעביר וכו': תנא דבי רבי ישמעאל בישראל הבא על הכותית והוליד ממנה בן לע"ז הכתוב מדבר: **מתני'** מעשה ראובן נקרא ולא מתרגם מעשה תמר נקרא ומתרגם מעשה עגל הראשון נקרא ומתרגם והשני נקרא ולא מתרגם ברכת כהנים מעשה דוד ואמנון (ג)* נקראין ולא מתרגמין אין מפטירין במרכבה ורבי יהודה מתיר ר' אליעזר אומר אין מפטירין °בהודע את ירושלם: **גמ'** תנו רבנן *יש נקרין ומתרגמין ויש נקרין ולא מתרגמין [א] ויש לא נקרין ולא מתרגמין אלו נקרין ומתרגמין: בל"ת עק"ן נשפ"ה סימן: מעשה בראשית נקרא ומתרגם פשיטא מהו דתימא אתו לשיולי מה למעלה מה למטה ומה

תורה אור: ויקרא יח | דברים י | יחזקאל טז

רש"י

מתני' יברכוך טובים ה"ז דרך מינות · שאינו כולל רשעים בשבחו של מקום וחכמים למדו (כריתות דף ו:) מחלבנה שריחה רע ומנאה הכתוב בין סממני הקטורת שמלריכן הכתוב בהראתן להיותן באגודה אחת: על קן לפור יגיעו רחמיך · (ד) כלשון הזה רחמיך מגיעין על קן לפור כך חוס ורחס עלינו: ועל טוב יזכר שמך · על טובותיך נודה לך או שאמר שני פעמים מודים כשהוא כורע משתקין אותו ובגמרא מפרש לה: המכנה בעריות · בגמרא מפרש שדורש פרשת עריות בכינוי ואומר לא ערוה ממש דיבר הכתוב אלא כינה הכתוב בלשונו וקרא אותה ערוה המגלה קלון אביו וקלון אמו ברבים כינוי הוא לשון היפך שמהפך דיבורו לשבח או לגנאי והרבה יש בלשון חכמים בספרי אספה לי שבעים איש (במדבר יא) ואל אראה ברעתי (שם) ברעתם היה לו לומר אלא שכינה הכתוב כיוצא בדבר וימירו את כבודם בתבנית שור אוכל עשב (תהלים קו) כבודי היה לו לומר אלא שכינה הכתוב: האומר ומזרעך לא תתן להעביר למולך · לא תבא על הכותית ותוליד בן לע"ז: משתקין אותו בנזיפה · שעוקר הכתוב ממשמעו שהוא עבודת חוק לאמוריים להעביר בניהן לאש ונותן כרת לבא על הכותית ומחייב חטאת על השוגג ומיתת ב"ד על המזיד בהתראה: **גמ'** כשתי רשויות · ומקבל ומודה אלוה אחר אלוה: על הרעה · ברוך דיין האמת: על הטובה · ברוך הטוב והמטיב: מטיל קנאה · לומר על העופות חס ועל הבהמות וחיות אינו חס: ואינן אלא גזירת מלך · להטיל עלינו עולו להודיע שאנחנו עבדיו ושומרי מלותיו: דכתבינהו משה בתורה · האל הגדול הגבור והנורא אשר לא ישא פנים (דברים י): אנשי כנסת הגדולה · בספר עזרא (נחמיה ט) ועתה אלהינו האל הגדול הגבור והנורא שומר הברית והחסד: חוץ מיראת שמים · אותה מסורה בידי אדם שיהא הוא עלמו מכין לבו לכך אע"ג שהיכולת בידו להכין לבבו אליו דכתיב הנה כחומר ביד היוצר כן אתם בידי בית ישראל (ירמיה יח) ואומר והסירותי את לב האבן מבשרכם (יחזקאל לו): אמר מילתא מילתא ותני לה · כל תיבה אומר ושונה אין כאן משמעות שתי רשויות אלא מגונה וסכל הוא: חברותא כלפי שמיא · וכי כמנהג חבירו נוהג בהקב"ה לדבר לפניו שלא במתכוין וחוזר ומרצה לו בכופלו שלא כיון בראשונה: מרזפתא · מרטי"ל בלע"ז ותשם את המקבת מתרגמינן מרזפתא (שופטים ד): תני רב יוסף · לפרושי מכנה דמתני' כדמתרגם ערות אביך וערות אמך קלנא דאבוך וקלנא דאמך ולא תגלה שום דבר קלון שבהן: תנא דבי רבי ישמעאל · לפרש מתני' בישראל הבא על הכותית הכתוב מדבר: **מתני'** מעשה ראובן · וישכב את בלהה פילגש אביו (בראשית לה): נקרא · בבית הכנסת: ולא מתרגם · חיישינן לגנותו: מעשה תמר · ויהודה: ומעשה עגל הראשון · כל פרשת העגל עד א] ואשליכהו באש (שמות לב) ומה שחזר אהרן וספר המעשה הוא קרוי מעשה עגל השני הוא שכתוב בו ויצא העגל הזה (ה) ולא יתרגם פן יטעו עמי הארץ ויאמרו ממש היה בו שיצא מאליו אבל המקרא אין מבינין: הודע את ירושלם · את תועבותיה פרשה היא ביחזקאל: **גמ'** ויש לא נקרין ולא מתרגמין · מפרש בסיפא מעשה דוד ואמנון לא נקרין בהפטרה: מעשה בראשית כו' · ואמרינן במסכת חגיגה (דף יא:) המסתכל בארבעה דברים ראוי לו כאילו לא בא לעולם והתם *מפרש טעמא אין רצונו של מלך שיזכירו שמו על אשפה כו': קמ"ל

תוספות

יברכוך טובים · פי' שמוליא את הפושעים מן הכלל אי נמי משום דמחזי כשתי רשויות כלומר אלהים טובים:

מפני שעושה מדותיו של הקב"ה רחמים ואינם אלא גזירות · *ק' להר"ר אלחנן על מה °שיסד הקליר בקדושת' שאנו אומרים ביום ב' של פסח לדקו אותו ואת בנו (ו) לא תשחטו ביום אחד דמשמע שר"ל שהקב"ה חס על אותו ואת בנו והוא אינו אלא גזירה:

הכל בידי שמים חוץ מיראת שמים · קשה דהא בפרק אלו נערות (כתובות דף ל. ושם) אמרינן הכל בידי שמים חוץ מצנים ופחים ונראה דהכא מיירי בתולדות האדם אם יהיה חכם או טפש עני או עשיר גבור או חלש *דהכל נגזר עליו חוץ מן היראה כדכתיב אל יתהלל (ז) עשיר בעשרו והגבור בגבורתו כי אם בזאת יתהלל המתהלל השכל וידוע אותי (ירמיה ט) והתם מיירי במאורעות האדם העתידות לבא אליו אחר שנולד שגם הם בידי שמים חוץ מצנים ופחים פירוש הקור והחום ולא קשה מהא דכתיב לפני קרתו מי יעמוד (תהלים קמז) דה"פ אם ישלחנה בפעם אחת כדכתיב ברא הפסוק משליך קרחו כפתים וגם לא קשה מהא דכתיב ואין נסתר מחמתו (שם יט) דההיא בעוברי דרכים הוא דקאמר אבל כל זמן שהוא בביתו ודאי יכול הוא ליגלל ממנו:

אין מפטירין במרכבה ורבי יהודה מתיר · וקיימא לן כר' יהודה: מה

עין משפט נר מצוה

עח א מיי' פ"ט מהל' תפלה הלכה ז:

[עי' תוי"ט פ"ה דברכות מ"ג]

[גי' רמב"ם דרך הצדוקים]

עט ב מיי' שם הלכה ד טוש"ע א"ח סימן קכח סעיף ג:

פ ג מיי' פ"י מהלכות ברכות הל' ג סמג עשין כז טוש"ע א"ח סימן רכב סעיף ג:

פא ד מיי' פ"ט מהל' תפלה הלכה ז:

פב ה מיי' פ"ה מהל' תשובה הלכה ב:

[נדה טז: ע"ש בתוס']

פג ו מיי' פ"ב מהלכות ק"ש הלכה יא סמג עשין יח טוש"ע א"ח סימן סא סעיף ט:

פד ז מיי' פי"ב מהל' תפלה הלכה יב סמג עשין יט:

רבינו חננאל

א"ר חנינא הכל בידי שמים חוץ מיראת שמים שנאמר מה ה' אלהיך שואל מעמך וגו'. וכי שואל אדם דבר שאינו ברשותו אלא מיכן ראיה שיראת שמים בידו של אדם היא. פי' ארזפתא דנפחי קורנס של נפחים. המכנה בעריות. כלומר הקורא*) הפסוק ערות אביו ואמו לא יגלה ערות אביך וערות אמך כדכתב קרא וכן כל עריות משתקין אותו ואומר לו קרוא הפסוק כמו שכתב וכי אתה מברר מילין מה שלא בירר משה רבינו ברוה"ק. מעשה ראובן נקראולא מיתרגם עד קללות וברכות ניקרין ומתרגמין. ולא יהא אחד מתחיל ואחד

*) כלומר שקורא הפסוק ערות אביך וערות אמך ערות אביו וערות אמו לא יגלה וכן כל עריות וכו' ומפרש כפי' הרמב"ם בפירוש המשניות וכן משמע קצת גם בערוך ערך כן.

הגהות הב"ח

(א) גמ' מאי טעמא לא פליגו בה: (ב) שם. ואתו אנשי כנסת הגדולה ותקינינהו אנן לא הוה אמרינן: (ג) במשנה מעשה דוד ואמנון לא נקראין. (ד) רש"י ד"ה על קן צפור יגיעו רחמיך כלשון הזה רחמיך: (ה) ד"ה מעשה עגל וכו' העגל הזה נקרא ולא מתרגם: (ו) תוס' ד"ה מפני וכו' אותו ואת בנו ביום אחד לא תשחטו דמשמע כו"ל: (ז) ד"ה הכל וכו' בדכתיב אל יתהלל חכם בחכמתו אל יתהלל עשיר בעשרו:

גליון הש"ס

גמ' גנאי הוא לו. עיין לעיל דף יח ע"א: תוס' ד"ה מפני. שיסד הקליר עיין חגיגה דף יג ע"א תוס' ד"ה ורגלי החיות:

מסורת הש"ס

ברכות לג: ע"ש | שם לג: | שם נד. | ברכות לג. [בנע"י ליתא] | ברכות לג: וש"נ | ברכות לג: ע"ש נדה טז: | ברכות לג: [סוכה נג:] | [ברכות לד.] | [עי' תוי"ט] | [תוספתא פ"ג] | [דף טז.]

הגהות הגר"א

[א] גמ' ויש לא נקרין ולא מתרגמין תא"מ:

הגהות מהרש"ב רנשבורג

[א] רש"י ד"ה מעשה תמר וכו' עד ואשליכהו. מלת ואשליכהו נמחק ונ"ב ויצרף:

[עיין תוס' חגיגה יא: ד"ה יכול]

[עייך לעיל במשנה]

פה א מיי' פי"ב מהל' תפלה הל' יב סמג עשין יט:

[צ"ל היא]

פו ב טוש"ע י"ד סימן קמו סעיף ה:
א ג מיי' פי"א מהל' תפלה הל' יד טור ש"ע א"ח סימן קנג סעיף ג

מה לפנים מה לאחור · פי' *מה בסוף גבולי העולם למזרח ולמערב או כמו מה היה קודם ששת ימי בראשית ומה יהיה אחר שיכלה העולם: *מעשה של עגל השני נקרא ולא מתרגם · פירש רש"י שלא יאמרו ממשות היה בו מדקאמר אהרן ויצא העגל הזה וקשה דהא בירושלמי פליגי אמוראי ואיכא מאן דאמר מן ויאמר עד לשמאלה בקמיהם (*היה) מעשה עגל השני והיינו סיפיה דקרא דוירא משה ולפרש"י לא היה לו לומר אלא עד תחלת הפסוק לכן נראה כדמפרש בירושלמי דהטעם הוי לפי שאין דומה גנאי של יחיד ביחיד או של צבור בצבור לגנאי של יחיד בצבור ומשום כבודו של אהרן לא רצו לתרגם:

הדרן עלך הקורא את המגילה עומד

בני העיר *הואיל והעם מתפללין בו בתעניות ובמעמדות · לא גרס ובמעמדות שהרי גבי מעמדות לא מצינו רחוב אלא לבית הכנסת היו הולכין כדתניא בפ' בתרא דתענית (דף כו·):

[מפרש"י נראה דגרים דלמא אתו למעבד מאהבה ומיראה ולקמן גבי אזהרות ועונשין גרס דלמא פייגי דעתייהו וכ"כ מהרש"א וע"ע בע"י]

תורה אור

ומה לפנים ומה לאחור קמ"ל מעשה לוט ושתי בנותיו נקרא ומתרגם פשיטא מהו דתימא ניחוש לכבודו דאברהם קמ"ל מעשה תמר ויהודה נקרא ומתרגם פשיטא מהו דתימא ליחוש לכבודו דיהודה קמ"ל שבחיה הוא דאודי מעשה עגל הראשון נקרא ומתרגם פשיטא מהו דתימא ליחוש לכבודן של ישראל קמ"ל כל שכן דניחא להו דהויא להו כפרה קללות וברכות נקרין ומתרגמין פשיטא מהו דתימא ניחוש °דלמא (א) *פייגא דעתייהו דצבורא קמ"ל אזהרות ועונשין נקרין ומתרגמין פשיטא מהו דתימא ניחוש דלמא אתו למעבד מיראה קמ"ל מעשה אמנון ותמר נקרא ומתרגם [מעשה אבשלום נקרא ומתרגם] פשיטא מהו דתימא ליחוש ליקריה דדוד קמ"ל מעשה פילגש בגבעה נקרא ומתרגם פשיטא מהו דתימא ליחוש לכבודו דבנימין קמ"ל °הודע את ירושלם את תועבותיה נקרא ומתרגם פשיטא לאפוקי מדרבי אליעזר דתניא *מעשה באדם אחד שהיה קורא למעלה מרבי אליעזר הודע את ירושלם את תועבותיה אמר לו עד שאתה בודק בתועבות ירושלים צא ובדוק בתועבות אמך בדקו אחריו ומצאו בו שמץ פסול: ואלו נקרין ולא מתרגמין (רעבד"ן סימן) מעשה ראובן נקרא ולא מתרגם ומעשה ברבי חנינא בן גמליאל שהלך לכבול והיה קורא חזן הכנסת °ויהי בשכון ישראל ואמר לו למתורגמן (*הפסק) אל תתרגם אלא אחרון ושיבחוהו חכמים מעשה עגל השני נקרא ולא מתרגם איזה מעשה עגל השני מן °ויאמר משה עד וירא משה תניא ר"ש בן אלעזר אומר לעולם יהא אדם זהיר בתשובותיו שמתוך תשובה שהשיבו אהרן למשה פקרו המערערים שנאמר °ואשליכהו באש ויצא העגל הזה: ברכת כהנים נקרין ולא מתרגמין מ"ט משום דכתיב °ישא: [א] מעשה דוד ואמנון [א] לא נקרין ולא מתרגמין והא אמרת מעשה אמנון ותמר נקרא ומתרגם לא קשיא *הא דכתיב אמנון בן דוד הא דכתיב אמנון סתמא ת"ר *כל המקראות הכתובין בתורה לגנאי קורין אותן לשבח כגון °ישגלנה ישכבנה °בעפולים בטחורים °חריונים דביונים °לאכול את חוריהם ולשתות את מימי שיניהם לאכול את צואתם ולשתות את מימי רגליהם °למחראות למוצאות ר' יהושע בן קרחה אומר למחראות כשמן מפני שהוא גנאי לעבודת כוכבים *אמר רב נחמן כל ליצנותא אסירא בר מליצנותא דעבודת כוכבים דשריא דכתיב °כרע בל קרס נבו וכתיב °קרסו כרעו יחדיו לא יכלו מלט משא וגו' ר' ינאי אמר מהכא °לעגלות בית און יגורו שכן שומרון כי אבל עליו עמו וכמריו עליו יגילו על כבודו כי גלה ממנו אל תקרי כבודו אלא כבידו אמר רב הונא בר מנוח משמיה דרב אחא בריה דרב איקא שרי ליה לבר ישראל למימר ליה לעובד כוכבים שקליה לעבודת כוכבים ואנחיה בשין תיו שלו אמר רב אשי האי מאן דסנאי שומעניה שרי ליה לבזוייה בגימ"ל ושי"ן האי מאן דשפיר שומעניה שרי לשבוחיה ומאן דשבחיה *ינוחו לו ברכות על ראשו:

הדרן עלך הקורא את המגילה עומד

בני העיר שמכרו רחובה של עיר לוקחין בדמיו בית הכנסת ג'בית הכנסת לוקחין תיבה לוקחין מטפחות מטפחות יקחו

קמ"ל שבחו הוא · שבח הוא ליהודה הקרייה: דאודי · שהודה (ג) מחטאו: מאהבה · של ברכות: ומיראה · של קללות ואין לבן לשמים: פייגי דעתייהו · יחלוש דעתן כשישמעו שיהו נענשין ויאמרו טוב ליהנות מן העולם הזה בכל רצונו הואיל וסופנו ליענש: אל תתרגם אלא אחרון · ויהיו בני יעקב שנים עשר והפסוק הזה נפסק בהפסק פרשה לכך קורהו אחרון כאילו הוא פסוק לעצמו: מן ויאמר משה אל אהרן · מה עשה לך העם הזה (ג): פקרו המומרים · העיזו פניהם לומר יש ממש בע"ז: משום ישא · שלא יאמרו הקב"ה נושא להן פנים ואין יודעין כדאמרינן הן ישראל לשאת להן פנים כדאמרינן בברכות (דף כ:) לא כדאי הם ישראל לשאת להן פנים אני אמרתי ואכלת ושבעת וברכת (דברים ח) והן מחמירין על עצמן עד כזית עד כביצה: ישגלנה · לשון משכב כדכתיב והשגל יושבת אצלו (נחמיה ב) וי"מ *כלבתה: בעפולים · לשון מפורש הוא לגנאי יותר מטחורים ושניהן בנקב בית הריעי: חריונים · חרי לשון ריעי: דביונים · הזב מן היונים שלא לפרש שהיו ישראל אוכלין גלליהן בשומרון: את חוריהם · ריעי היוצא דרך הנקב: מימי שיניהם · שינים יש לנכרכס' וצואה לחה וכרה קרויה מימי שיניהן: למחראות · גבי עבודת כוכבים כתיב בספר מלכים כי חור לשון מגולה ריעי הוא: לעגלות בית און · לקול השמועה *הבאה על עגלי בית און יגורו שכיניהם שבשומרון כי אבל עליו על העגל: וכמריו (ד) (אשר) עליו יגילו · אשר היו רגילין לשמוח עליו עתה יתאבלו על כבודו כי גלה ממנו: אלא כבידו · כוכב משאו של ריעי *היה בו וכוכב עגבותיו ודומה לו בספר ישעיה (*כרעו קרסו) יחדיו לא יכלו מלט משא וגו' הוא משא של ריעי ורבותי מפרשין וכמריו עליו יגילו ממש לשון שמחה שהיה להם לפרש כן שהעגל כולו גלה לאחד שנטלו סנחריב וכשו מלרים (ישעיה כ) דסני שומעניה · שיוצאות עליו שמועות רעות ושמועות שהוא נואף: בג' ושי"ן · (ס) בר גירתא זונה שמה סריי' שם מוסרת כך הוא בתשובות הגאונים מותר לבזות גם את אמו שילדתו ורבותי מפרשים גיופא שייטא שטייא:

הדרן עלך הקורא את המגילה עומד

בני העיר שמכרו רחובה של עיר·יש בו קדושה כדמפרש בגמ' הואיל ומתפללין בו בתעניות ובמעמדות: לוקחין

[מס' סופרים פ"ט ה"א]
[בע"י ליתא]
[נ"ל סטיס]
[נ"ל קרסו כרעו]
[תוספתא פ"ב]
סנהדרין סג: ע"ש
[ברכות נג. שבת לא.]
ע"ש ס:

רבינו חננאל

גומר אלא המתחיל הוא גומר את כולם תניא לעולם יהא אדם זהיר בתשובותיו שמתוך תשובה שמשיב אהרן אל משה פקרו המינין שנאמר ואשליכהו באש ויצא העגל הזה. ברכת כהנים נקרא ולא מיתרגם. מ"ט משום ישא ה' פניו אליך: ירושלמי לא נקראין. ר' בא בעא מר' יוסי מ"ט א"ל כה תברכו לברכה ניתנה ולא לקריאה תוספתא מעשה דוד בבת שבע לא נקראין ולא מתרגמין והסופר מלמד כדרכו. תנו רבנן כל המקראות שכתובים לגניי כגון ישגלנה קורין אותה ישכבנה וכגון בעפולים קורין אותם בטחורים חריונים קורין אותן דביונים וחוריהן קורין אותםצואתם ולמחראות קורין אותן למוצאות אלו בלשון הקודש הן גניי גדול בלשון הזה לפיכך משנים אותם שלא להוציא דבר מגונה מפיו אמר רב נחמן כל ליצנותא אסורה בר ליצנותא דעבודת כוכבים דכתיב כרע בל קרס נבו וכתיב קרסו כרעו יחדו וגו'. ר' ינאי אומר מהכא על כבודו כי גלה ממנו כלומר עמו של עגל מתאבלין והכומרים שהיו עליו מגילין עכשיו מתעצבין על כבודו כי גלה כלומר לקה בכבידו וחלה וגלה הכבד שלו ניטל כולו בדרך ליצנות כיון שאינו יכול להועיל ניטל כבידו. שרי לעובד כוכבים למימר שקליה לעבודת כוכבים ואנחיה בשת שלך דכתיב והשופי שת ערות מצרים ופירושו מקום השתנת מי רגלים ובתחת מקום הצואה. ואמר רב אשי מאן דסני שומעניה כגון השותה בר' מיני זמר וכיוצא בו כמו שמצינו באלישע אחר שהוציאוהו אלו הדברים לתרבות רעה ומפורש בחגיגה וכ"ש בדבר שהוא יותר מזה שרי לבזוייה בשי"ן וגימ"ל כלומר כל מי ששמעו רע מותר לבזותו בן זונה דגיירא ונייריתי ונגלו שוליך ונחמסו עקביך ופי' בן שפחה בן עכו"ם. כדגרסינן כמאן קרינא לרשיעא בר צדיקא רשיעא בר רשיעא כי האי תנא כו' (א) ר' יהודה בן קרחה אומר וישימם למחוראות קורין אותן כתבו מפני שגניי לע"ז הואי הכתוב ליחיד אין מכנין אותו לרבים כתוב לרבים אין מכנים אותו ליחיד ר"י אומר המתרגם פסוק בצורתו הרי זה בדאי והמוסיף הרי זה מגדף פירוש המתרגם (ב) השם בצורתו בדאי והמוסיף עליו זולתי התרגום שלנו הרי זה מגדף. תורגמן העומד לפני חכם אינו (ג) אביו או רבו: ירושלמי תפילין ומזוזה מי קודם שמואל אמר מזוזה קודמת שכן נוהגת בשבתות ובי"ט משא"כ בתפילין רב הונא אמר תפילין קודמין שנוהגין במפרשי ימים והולכי מדברות משא"כ במזוזה. מתניתין מסייעא לשמואל תפלה שבלו עושין אותה מזוזה מזוזה שבלה אין עושין אותה תפלה למה שמעלין בקדש ולא מורידין: הדרן עלך הקורא את המגילה עומד

(א) נ"ל תוספתא ר' יהושע בן קרחה אומר וכו'. ב) עי' תוס' קדושין דף מ"ט ד"ה המתרגם מש"כ בשם רבינו ז"ל וע"ע בערוך ערך תרגם. ג) חסר כאן וכן איתא בתוספתא שם אינו רשאי לא לפחות ולא להוסיף ולא לשנות אא"כ יהיה אביו או רבו.

הגהות הב"ח

(א) גמ' וברכות נקרין ומתרגמין פשיטא מהו דתימא ניחוש דלמא אתו למיעבד מאהבה ומיראה קמ"ל אזהרות ועונשין נקרין ומתרגמין פשיטא מהו דתימא ניחוש דלמא פייגא דעתייהו דצבורא קמ"ל מעשה אמנון כצ"ל: (ב) רש"י ד"ה דאודי שהודה על חטאו: (ג) ד"ה מן ויאמר וכו' העם הזה שחזר אהרן וספר המעשה נקרא מעשה העגל השני סס"ד: (ד) ד"ה וכמריו עליו כצ"ל ותיבת אשר נמחק: (ס) ד"ה בגימ"ל ושי"ן. נ"ב בר גיורתא תרגום ירושלמי הנואף והנואפת גיורה וגיורתא:

גליון הש"ס

גמ' דלמא פייגא עיין ברא"ש ויגש פ' מ"ז פסוק י:

הגהות מהר"ב רנשבורג א] גמ' מעשה דוד ואמנון נקרין ולא מתרגמין כצ"ל:

הגהות הגר"א [א] גמ' מעשה דוד ואמנון (לא) תו"מ (וכגירסא שלנו במתני' וע' תוי"ט):

inquire what is above and what is below, [25b] and what is before and what is after.[3] Therefore we are told [that this is no objection]. The story of Lot and his two daughters[4] is both read and translated. Certainly!—You might think that [we should forbear] out of respect for Abraham. Therefore we are told [that this is no objection]. The story of Tamar and Judah is both read and translated. Certainly!—We might think that [we should forbear] out of respect for Judah. Therefore we are told [that this is no objection]; [the passage] really redounds to his credit, because [it records that] he confessed.[5] The first account of the making of the Calf is both read and translated. Certainly!—You might think that [we should forbear] out of respect for Israel. Therefore we are told [that this is no objection]; on the contrary, it is agreeable to them,[6] because it was followed by atonement.[7] The curses and blessings[8] are both read and translated. Certainly!—You might think [that we should forbear] lest the congregation should become disheartened; therefore we are told [that this is no objection]. Warnings and penalties are both read and translated. Certainly!—You might think that [we should forbear] for fear that they may come to keep the commandments out of fear;[9] therefore we are told [that this is no objection]. The story of Amnon and Tamar is both read and translated. Certainly!—You might think that [we should forbear] out of respect for David. Therefore we are told [that this is no objection]. The story of the concubine in
a Gibea[1] is both read and translated. Certainly!—You might think [that we should forbear] out of respect for Benjamin. Therefore we are told [that this is no objection]. The passage commencing '*Make known to Jerusalem her abominations*' is both read and translated. Certainly!—This is stated to exclude the view of R. Eliezer, as it has been taught: 'On one occasion a man read in the presence[2] of R. Eliezer '*Make known to Jerusalem her abominations*'. He said to him, While you are investigating the abominations of Jerusalem, go and investigate the abominations of your own mother. Inquiries were made into his birth, and he was found to be illegitimate.

(Mnemonic: *R'E'B'D'N'*).[3] The incident of Reuben is read but not translated. On one occasion R. Ḥanina b. Gamaliel went to Kabul,[4] and the reader of the congregation read, '*And it came to pass when Israel abode*',[5] and he said to the translator, Translate only the latter part of the verse, and the Sages commended his action. The second account of the Calf is read but not translated. What is the second account of the Calf?—From '*And Moses said*' up to '*and Moses saw*'.[6] It has been taught: A man should always be careful in wording his answers, because on the ground of the answer which Aaron made to Moses the unbelievers were able to deny [God], as it says, *And I cast it into the fire and this calf came forth*.[7]

The priestly blessing is read but not translated. What is the reason?—Because it contains the words, *May he lift up*.[8]

The accounts of David and Amnon are neither read nor translated.[9] But you just said that the story of Amnon and Tamar is both read and translated?—There is no contradiction; the former
b statement refers to where it says 'Amnon son of David',[1] the latter to where it says 'Amnon' simply.

Our Rabbis taught: Wherever an indelicate expression is written in the text, we substitute a more polite one in reading.[2] [Thus for] *yishgalenah*[3] [we read] *yishkabenah*;[4] [for] *ba'apolim*[5] [we read] *ba-ṭehorim*;[6] [for] *ḥiryonim*[7] [we read] *dibyonim*;[8] [for] *le-ekol eth ḥorehem we-lishtoth eth meme shinehem*[9] [we read] *le-ekol eth ẓo'atham we-lishtoth eth meme raglehem*;[10] [for] *la-maḥara'oth*[11] [we read] *le-moẓa'oth*.[12] R. Joshua b. Korḥa, however, says that the actual word *la-maḥara'oth*[11] [is read] because it is a term of opprobrium for idolatry. R. Naḥman said: All gibing[13] is forbidden save gibing at idolatry, which is permitted, as it is written, *Bel boweth down, Nebo stoopeth*[14] and the text goes on, *They stoop, they bow down together, they cannot deliver the burden*, etc. R. Jannai learns the same lesson from here: *The inhabitants of Samaria shall be in dread for the calves of Beth Aven, for the people thereof shall mourn over it and the priests thereof shall tremble for it, for its glory, because it is departed from it.*[15] Read not 'its glory' [*kebodo*], but 'its burden' [*kebedo*]. R. Huna b. Manoah said in the name of R. Aḥa the son of R. Iḳa: It is permitted to an Israelite to say to a Cuthean, Take your idol and put it in your *shin tof*.[16] R. Ashi said: It is permissible to abuse a person of ill fame[17] with the term *gimel shin*.[18] It is permissible to praise a person of good report and if one does praise him, 'blessings shall rest upon his head'.

CHAPTER IV

c *MISHNAH*. IF THE TOWNSPEOPLE[1] SELL THE TOWN SQUARE,[2] THEY MAY BUY WITH THE PROCEEDS A SYNAGOGUE;[3] [IF THEY SELL] A SYNAGOGUE, THEY MAY BUY WITH THE PROCEEDS AN ARK;[4] [IF THEY SELL] AN ARK THEY MAY BUY WRAPPINGS [FOR SCROLLS], [IF THEY SELL] WRAPPINGS

(3) I.e., before the creation and after the end of the world. Cf. Ḥag. 11b. (4) Gen. XIX, 31-38. (5) Ibid. XXXVIII, 26. (6) To have the story recounted. (7) [MS.M. so that there may be (by the recounting of the lapse) an atonement unto them]. (8) Lev. XXVI; Deut. XXVII. (9) Rashi apparently makes this the reason for reading the curses and blessings, and reads 'out of *love and* fear', i.e., desire for the blessings and fear of the curses, while he transfers to this place the clause in the previous sentence, 'lest the congregation should become disheartened'. But. v. Maharsha.

a (1) Jud. XIX, XX. (2) [Lit., 'above', the reader in public occupying a raised position]. (3) R = Reuben; E = '*Egel* (calf); B = *berakah* (blessing); D = David; N = Amnon. (4) S.E. of Akko. (5) Gen. XXXV, 22. (6) Ex. XXXII, 21-25. (7) Which seems to be an admission that the calf had divine powers. (8) Which seems to imply favouritism for Israel. (9) According to R. Bezalel Ronsburg, the proper reading is 'The accounts of David and Amnon are read but not translated'.

b (1) I.e., the first verse of the chapter. (2) Lit., 'wherever the text is written indelicately, we read it delicately'. (3) ישגלנה 'ravish'. (4) ישכבנה. Deut. XXVIII, 30. E.V. '*shall lie with her*'. (5) בעפולים 'posteriors'. (6) בטחורים. I Sam. V, 5. E.V. '*emerods*'. (7) חריונים 'dove's dungs'. So E.V. (8) דביונים. II Kings VI, 25. E.V. 'decayed leaves'. (9) חוריהם ... מימי שיניהם 'excrement ... urine'. (10) צואתם ... מימי רגליהם. Ibid. XVIII, 27. E.V. 'deposit ... water of his feet' (11) למחראות 'privies'. (12) למוצאות. Ibid. X, 27, 'retreats'. E.V. '*draughthouse*'. (13) The reference apparently is to obscenity. (14) Isa. XLVI, 1. (15) Hos. X, 5. (16) שת. Fundament. (17) I.e., suspected of adultery. (18) According to Rashi, = *gaifa shaita* (adulterer, madman). Another reading is *beth gimel* = *bar girtha* (son of a harlot).

c (1) Lit., 'sons of the town': probably the general assembly of residents of over twelve months' standing. V. Rabbinowitz, op. cit. (2) Lit., 'broad place'. Where at times religious ceremonies were performed. (3) On the principle that 'we may use for a more holy purpose but not for a less holy'; and so with the rest. (4) In which to place the Scrolls of the Law.

[26a] THEY MAY BUY SCROLLS;[5] [IF THEY SELL] SCROLLS THEY MAY BUY A [SEFER] TORAH. BUT IF THEY SELL A [SEFER] TORAH THEY MAY NOT BUY WITH THE PROCEEDS SCROLLS; IF [THEY SELL] SCROLLS THEY MAY NOT BUY WRAPPINGS; IF [THEY SELL] WRAPPINGS THEY MAY NOT BUY AN ARK; IF [THEY SELL] AN ARK THEY MAY NOT BUY A SYNAGOGUE; IF [THEY SELL] A SYNAGOGUE THEY MAY NOT BUY A TOWN SQUARE. THE SAME APPLIES TO ANY MONEY LEFT OVER.[6]

GEMARA. IF THE TOWNSPEOPLE SELL THE TOWN SQUARE. Rabbah b. Bar Ḥanah said in the name of R. Joḥanan: This is the view of R. Menaḥem b. Jose the anonymous author,[7] but the Sages say that no sanctity attaches to the square. What is the reason of R. Menaḥem b. Jose?—Because the people pray in it on fast days[8] and at gatherings of the *ma'amad*.[9] What say the Rabbis to this?—That happens only exceptionally.

IF [THEY SELL] THE SYNAGOGUE THEY MAY BUY AN ARK. R. Samuel b. Naḥmani said in the name of R. Jonathan: This rule applies only to a synagogue in a village, but a synagogue in a
a large town, since people from all parts come to it,[1] may not be sold, it being regarded as belonging to a wider public. Said R. Ashi: As for this synagogue in Matha Meḥasia,[2] although people come to it from all parts, since they come at my discretion,[3] I can if I like sell it. An objection was raised: 'R. Judah says: It is recorded of the synagogue of the coppersmiths[4] in Jerusalem that they sold it to R. Eliezer and he used it for his own purposes'. And yet that was one in a large town?—That was a very small synagogue, and they themselves had made it.

The following was further raised in objection: '*In a house of the land of your possession:*[5] your possession is defiled by leprosy, but Jerusalem is not defiled by leprosy'.[6] R. Judah said: I have not heard this laid down save with respect to the area of the Sanctuary alone. We thus see that [according to R. Judah] synagogues and houses of study are defiled; and yet why [according to you] should this be, seeing that they belong to the town?[7]—I would emend [the above statement to read]: 'R. Judah says: I have not heard this rule laid down save in relation to a *sanctified place* only'.[8]

On what point do these [two authorities] join issue?—The First Tanna is of opinion that Jerusalem was not apportioned to [any of] the tribes,[9] while R. Judah was of opinion that it was apportioned to [certain of] the tribes; and their difference is the same as that of the following Tannaim, as it has been taught:
b 'What [part of Jerusalem] was in the portion of Judah?[1] The Temple mountain,[2] the priestly chambers,[3] and the courts.[4] And what was in the portion of Benjamin? The hall[5] and the sanctuary[6] and the holy of holies.[7] A strip projected from the portion of Judah into the portion of Benjamin, and in it the altar [of sacrifice] was built, and every day the righteous Benjamin fretted over it, desiring to swallow it up, as it says, *Crouching over it all the day*.[8] Therefore Benjamin was privileged to become the host of the *Shechinah*'.[9] The following Tanna, however, held that Jerusalem was not apportioned to any of the tribes, as it has been taught: 'People cannot let out houses[10] in Jerusalem as they do not belong to them. R. Eleazar b. Zadok says: They may not hire out beds either.[11] Therefore householders [who took in guests] would seize the skins of [visitors'] sacrifices forcibly'.[12] Abaye remarked: We may see from this that it is good manners for a man to leave his [empty] wine-flask and his skin-rug at his guest-house.

Raba said: This rule[13] was meant to apply only where the seven 'good men' of the town[14] did not sell in the assembly of the townspeople. But if the seven 'good men' of the town sold in the as-

(5) Of the Scriptural books other than the Pentateuch. (6) From any of these purchases. (7) I.e., whose opinions are usually quoted without mention of his name. Cf. *supra* 2a n. d1. (8) V. Ta'an. 15a. Apparently the square was usually in front of the synagogue. (9) V. Glos. *The ma'amad* did not in fact pray in the square but in the synagogue, and this word is omitted by many authorities, v. Rashi.

a (1) And are regarded as having contributed to it, or may actually have contributed to it. (2) A suburb of Sura. (3) I.e., since they have contributed on condition that I may do as I please with the money (Tosaf.). Cf. B.B. 3*b*. (4) טורסיים (Tarsians), or 'filigree workers'. [We find a synagogue of Tarsians also in Tiberias and Lydda, and in Krauss, *Synagogale Altertümer*, p. 201, they are identical with the synagogue of Alexandrians (cf. the parallel passage in the Jerusalem Talmud Megillah III, 1) who had brought over with them to Palestine the industry in Tarsian carpets—an industry which flourished greatly in Egypt; v. also *T.A.* II, 625]. (5) Lev. XIV, 34; of leprosy of houses. (6) V. *infra*. (7) And so cannot be called '*your possession*'. (V. Tosaf. s.v. ואמאי). (8) Including also synagogues and houses of study. (9) But remained the possession of all of them jointly.

b (1) Jerusalem was on the border between the territories of Judah and Benjamin. (2) On the east of the city. (3) The rooms used by the priests for various purposes. (4) The Court of Women, the Israelites' Court, and the Priests' Court. (5) *Ulam*. Leading to the interior of the Temple. (6) Containing the candlestick and table and altar of incense. (7) Containing the Ark. (8) As if to swallow it. Deut. XXXIII, 12. E.V. '*He covereth him all the day*'. (9) Through the Holy of Holies. V. Yoma 12*a*. (10) To the pilgrims who come to Jerusalem for the three Festivals (Rashi). (11) Because the ground on which they rested did not belong to them (Tosaf). (12) In lieu of payment for lodging. (13) That the proceeds of the sale could not be used for purchasing something less holy, and that the thing sold itself retained its holiness. (14) Seven men who acted as representatives of the town in communal matters —*optimates*.

(א) יקחו ספרים ספרים לוקחין תורה אבל אם מכרו תורה לא יקחו ספרים ספרים לא יקחו מטפחות מטפחות לא יקחו תיבה תיבה לא יקחו בית הכנסת בית הכנסת לא יקחו את הרחוב וכן במותריהן: **גמ'** בני העיר שמכרו רחובה של עיר אמר רבה בר בר חנה אמר רבי יוחנן זו דברי ר' מנחם בר יוסי סתומתאה אבל חכ"א הרחוב אין בו משום קדושה ור' מנחם בר יוסי מאי טעמיה הואיל והעם מתפללין בו בתעניות ובמעמדות ורבנן ההוא אקראי בעלמא: בית הכנסת לוקחין תיבה: אמר רבי שמואל בר נחמני א"ר יונתן לא שנו אלא בית הכנסת של כפרים אבל בית הכנסת של כרכין כיון דמעלמא אתו ליה לא מצו מזבני ליה דהוה ליה דרבים אמר רב אשי האי בי כנישתא דמתא מחסיא אף על גב דמעלמא אתו לה כיון דאדעתא דידי קאתו אי בעינא מזבנינא לה מיתיבי *א"ר יהודה מעשה בבית הכנסת של טורסים שהיה בירושלים שמכרוה לרבי אליעזר ועשה בה כל צרכיו והא התם דכרכים הוה ההיא בי כנישתא זוטי הוה ואינהו עבדוה מיתיבי °בבית ארץ אחוזתכם *אחוזתכם מיטמא בנגעים ואין ירושלים מיטמא בנגעים אמר רבי יהודה אני לא שמעתי אלא מקום מקדש בלבד הא בתי כנסיות ובתי מדרשות מיטמאין אמאי הא דכרכין הוו אימא א"ר יהודה אני לא שמעתי אלא מקום מקודש בלבד במאי קמיפלגי ת"ק סבר *לא נתחלקה ירושלים לשבטים ורבי יהודה סבר נתחלקה ירושלים לשבטים ובפלוגתא דהני תנאי דתניא *מה היה בחלקו של יהודה הר הבית הלשכות והעזרות ומה היה בחלקו של בנימין אולם והיכל ובית קדשי הקדשים ורצועה היתה יוצאה מחלקו של יהודה ונכנסת בחלקו של בנימין ובה מזבח בנוי והיה בנימין הצדיק מצטער עליה בכל יום לבולעה שנאמר °חופף עליו כל היום *לפיכך זכה בנימין ונעשה אושפיזכן לשכינה *והאי תנא סבר לא נתחלקה ירושלים לשבטים דתניא *) אין משכירין בתים בירושלים מפני שאינן שלהן ר"א **) (בר צדוק) אומר אף לא מטות לפיכך עורות קדשים בעלי אושפיזין נוטלין אותן בזרוע אמר אביי ש"מ אורח ארעא למישבק איניש גולפא ומשכא באושפיזיה אמר רבא לא שנו אלא שלא מכרו שבעה טובי העיר במעמד אנשי העיר אבל מכרו שבעה טובי העיר במעמד אנשי העיר אפילו למישתא

*) [תוס' מ"ש פס"ז] **) [בתוספתא איתא בר' שמעון]

ויקרא יד · דברים לג · תורה אור

לוקחין ספרים · נביאים וכתובים : אבל מכרו תורה כו' · שמעלין בקדש ולא מורידין · תוספתא מעלין בקדש דכתיב ויקם משה את המשכן (שמות מ) בגלגל עשה ומשה שהיה גדול ממנו הקימו ולא מורידים דכתיב את מחתות החטאים האלה בנפשותם ועשו אותם רקועי פחים צפוי למזבח כי הקריבום לפני ה' ויקדשו וגו' (במדבר יז) כיון שהוקדשו הוקדשו *עד כאן : וכן במותריהן · מכרו ספרים ולקחו ממקצת הדמים תורה לא יקחו מן המותר דבר שקדושתו פחותה : **גמ'** זו דברי ר' מנחם כו' · בהדיא אמרינן בתוספתא דמגילה (פ"ג) דהוא אמרה : הואיל והעם מתפללים בו בתעניות ובמעמדות · כדתנן במסכת תעניות (דף טו) עברו אלו ולא נענו מוציאין את התיבה לרחובה של עיר · תוספת' ובמעמדות (ג) תנן מתכנסין בעריהן וקורין במעשה בראשית ותניא בגמרא אנשי מעמד נכנסין לבית הכנסת ויושבין ארבע תעניות בשבת אפשר בית הכנסת היה להם קבוע ברחובה של עיר ומתכנסין שם המעמד כולו כדרך ששנינו בביכורים (פ"ג משנה ב) כל העיירות שבמעמד מתכנסין *לעיירות של מעמד ולנין ברחובה של עיר ולא היו נכנסין לבתים ולנין שם והיה הממונה אומר קומו ונעלה ציון אל ה' אלהינו הא למדת כיום עיירות ברחוב היתה ואקראי הוי שמעמד (ג) הזה אינו חוזר חלילה עד חצי שנה ובתלמידי רבינו יצחק הלוי מצאתי *ובמעמדות לא גרסינן ומפרש שלא היתה תפלתן ברחוב עד כאן : אקראי בעלמא · אינו תדיר : לא שנו · דיכולין למכור בית הכנסת אלא של כפרין : אבל של כרכין · הוה להו בתי כנסיות דרבים והכל בעליהן ואין בני העיר לבדם בעלים להם : טורסיים · *טורפי נחושת : ואין ירושלים מטמאה בנגעים · דלאו אחוזה היא כדאמרי' לקמן דסבירא ליה להאי תנא לא נתחלקה ירושלים לשבטים ולא נפלה בגורל לא ליהודה ולא לבנימין : אני לא שמעתי · שלא יהא מיטמא אלא מקום מקדש בלבד משום דבית של קודש הוא וגבי נגעים ובא אשר לו הבית (ויקרא יד) בעינן אבל ירושלים מיטמא בנגעים דסבר נתחלקה לשבטים ואחוזתכם קרינא ליה קתני מיהת לרבי יהודה דאית ליה נתחלקה לא שנו אלא מקום מקדש אבל בתי כנסיות ובתי מדרשות שבה (ד) כשאר בתי העיר ואע"ג דשל כרך הוא : מקודש · אף בתי כנסיות משמע : הר הבית · בכניסתו מצד המזרח כל מה שיש שם פנוי קרוי הר הבית שאין לו שם אחר : והלשכות · שבתוך החיל : והעזרות · שלשתן עזרת נשים ועזרת ישראל הן אחת עשרה אמה שישראל רשאין ליכנס לפנים מן השער ואחריהם לצד מערב לעזרת כהנים י"א אמה שבין דריסת רגלי ישראל למזבח החיצון : ומה היה בחלקו של בנימין אולם והיכל · (ה) מצד מערב עכשיו יותר בנתיים מקום המזבח ל"ב אמה ובין האולם והמזבח כ"ב אמה שלא פירש של מי הוא חזר ופירש רצועה יוצאה כו' לימדך כאן רצועה זו לבדה ליהודה אבל לפוטו של מזבח ודרומו ומערבו של בנימין ובמסכת זבחים אמרינן שאין ליהודה באותה הרצועה אלא למזרחית מקום היסוד ולכך לא היה יסוד למזרחו של מזבח : והיה בנימין הצדיק · צופה ברוח הקדש שכן עתיד להיות ומצטער עליה : חופף עליו · אדם המצטער חופף ומתחכך בבגדיו לשון שפשוף כמו נזיר חופף ומפספס (נזיר דף מב:) : אושפיזכן · שהיה ארון בחלקו : והאי תנא סבר כו' · והיינו תנאי דאמרן לעיל : אין משכירין · בעלי בתים את בתיהם לעולי רגלים אלא בחנם נותנין להן ונכנסין לתוכן : עורות קדשים · תודה ושלמים שהעורות לבעלים : גולפא · קנקן של חרס שנשתמש בו : ומשכא · אם שחט בהמה : לא שנו · דאין מורידין דמים מקדושתן *ובית הכנסת (ו) בחשיבותו עומד אף ביד לוקח דומיא דספרים לוקח בהן ס"ת והלה מנהיג ספרים בהוייתן : אלא שלא מכרו · הטובים ברשות העם [אבל אם מכרו וכו'] פקעה קדושה מן החפץ ומן הדמים ומותר לעשות מהן כל רצונם והיינו דבעא מיניה רבינא מרב אשי על תילא דבי כנישתא מהו למיזרעה אלמא במכר כל דהו הבית והמעות בקדושתייהו קיימי :
למישתא

[וכן איתא בהדיא במנחות לט. ויליף דמעלין מאת מחתות החטאים וכו' ודלא מורידין יליף מויקם משה את המשכן וכו' וע"ש בפרש"י וצ"ע וכן בשבת כא: כתב רש"י ד"ה מעלין בקדש ואין מורידין מקראי ילפינן לה במנחות פרק שתי הלחם] · [לעיר של ראש המעמד] · [תוספתא פ"ב] · יומא יב. ב"ק פב: · [סוטה מה:] · יומא יב. זבחים נג: קיח: · [עי' סוטה לז:] · [שנאמר ובין כתפיו שכן כצ"ל וכן הוא להדיא בגי' ביומא וזבחים]

כיון דמעלמא קאתו לה · נראה לפרש הכי כיון שרוב בני אדם רגילים ללכת שם להתפלל אף על פי שאין נותנים כלום בבנינו מכל מקום כיון דלדעת אותן רבים נעשה חמורה קדושתו ואינן יכולין למוכרו ועוד יש לפרש כיון שרבים נותנים בבנינו ובשאר צרכיו ובסמוך נמי דקאמר רב אשי דלדעתא דידי קאתו הייט ממה שנותנים בו לעשות רצונו : **ואמאי** והא דכרכים נינהו · משמע דסבירא ליה למקשן דכיון דלא מיוחדי דאין להן ליטמא בנגעים משום דלא מיקרי אחוזתכם וגם לא קרינן ביה אשר לו הבית וקשה דהא בפ"ק דיומא (דף יא:) מחייב ר"מ בית הכנסת של כרכים במזוזה וגם מוקי ברייתא דהתם דקאמר דבית הכנסת מיטמא בנגעים כוותיה ועוד קשה אמאי נקט של כרכים דהא (ר"מ) *לא מפליג התם בין של כרכים לשל כפרים לענין נגעים ומזוזה ויש לומר דודאי המקשן טעה בתרתי חדא דאין חילוק בין כרכים לשל כפרים כדמסיק התם לרבנן דר"מ דהייט ר' יהודה וגם טעה בהא דלא"ג דלא מיוחדי יש להן ליטמא בנגעים לרבי מאיר : **ורצועה** יוצאה מחלק יהודה לחלק בנימין ובה היה מזבח בנוי · קשה דהא בפרק איזהו מקומן (זבחים דף נג:) אמר דבקרן דרומית מזרחית לא היה יסוד לפי שלא היה יסוד אלא בחלקו של טורף (ז) בנימין דכתיב בנימין זאב יטרף (בראשית מט) אלמא שכל המזבח בנוי בחלקו של בנימין וי"ל אותו קרן דרומית מזרחית שלא היה בו יסוד שהיה בחלק יהודה על זה היה מצטער בנימין לבולעה כדי שיהא כל המזבח בחלקו : **אף** לא המטות · פירש הר"ר יוסף דסבירא ליה דכיון שהקרקע מקום המטות לא היה מיוחד לבעלים לא היה כח בידם להשכירם שכירות שלם ומכל מקום מחמת מטלטליהם היו נוטלין עורות הקדשים :
אוגורה

ב א מיי' פי"א מהל' תפלה הלכה כא טוש"ע א"ח סי' קנד סעיף א :
ג ב מיי' שם הל' טז טוש"ע שם סי' קנג סעיף ז :
ד ג מיי' פ"ד מהל' טומאת צרעת הלכה יא ופי"ז מהלכות בית הבחירה הלכה יד :
ה ד מיי' שם ופ"ט מהל' רוצח הלכה ד :
ו ה מיי' פ"ז מהלכות בית הבחירה הל' יד :
ז ו מיי' פי"א מהלכות תפלה הלכה יז טוש"ע א"ח סי' קנג סעיף ז :

*לא מפליג התם ור"ל למסקנא דהתם החילוק הוא בין א"י בית דירה או לא ודכפרים ודכרכים שוה לכ"ע ועי' במהרש"א

רבינו חננאל

בני העיר שמכרו רחובה של עיר לוקחין בדמיה בית הכנסת כו' אוקימנא א) פיד"ר מל' סתימתאה זו המשנה אע"פ שהיא סתם משנה אינה לר' מאיר כדקי"ל סתם משנה ר"מ היא ב) אלא ר"ע היא אי לר' מנחם ב"ר יוסי זו המשנה והיא שנויה סתם ולא כל דבריהם של חכמים הללו בכל המשנה סתומין הן אלא המשניות שהזכירום בלבד ג) לר' מנחם בר' יוסי סתימתאה דסבר הואיל והעם מתפללין בה בתעניות ובמעמדות יש בה קדושה אבל חכמים אומרים אקראי בעלמא היא · הלכך הרחוב אין בו משום קדושה . בית הכנסת לוקחין תיבה אוקימנא בבית הכנסת של כפרים אבל כנסת של כרכים לא מזדבנא משום שהיא של רבים. אמר רב אשי כנשתא דמתא מחסיא אע"ג דמעלמא קא אתו לה ושל רבים היא כיון דאדעתא דידי אתו אי בעינא מצינא מזביננא לה ובית הכנסת של טרסים בירושל' שקנאה ר' אלעזר בן עזריה הם עשאוה לעצמן ולא מסרוה לרבים לפיכך מכרוה · ובית הכנסת של כרכין אין מוכרין לפי שאינה שלהן והתניא [אחוזתכם] מטמא בנגעים ואין ירושלים מטמאה בנגעים א"ר יהודה אני לא שמעתי שאין מטמא בנגעים אלא בית המקדש הא בתי כנסיות וירושלים מטמאין אמאי והא דכרכים נינהו ופרקינן איכא לא שמעתי אלא מקום מקודש ואפי' בתי כנסיות במשמע . במאי פליגי ת"ק סבר לא נתחלקה ירושלים לשבטים ואינה אחוזה לפיכך אינה מטמאה ור' יהודה סבר נתחלקה ואחוזתם היא זולתי מקום מקודש וכי הני תנאי מה היה בחלקו של יהודה הר הבית לשכות ועזרות מה היה בחלקו של בנימין כו' האי תנא סבר נתחלקה וחלק יהודה ובנימין היא. והאי תנא סבר לא נתחלקה דתניא אין משכירין בתים בירושלים לפי שאינן שלהן כו' אמר אביי שמע מינה דרך ארץ להניח אכסניא לבעל הבית הקנקן שקנה בו היין ושתאו והעור של כבש שנשחט ואכלו · אמר רבא לא שנו מכרו רחוב לוקחין בדמיו בית הכנסת כך וכך כו' אלא אם לא מכרו ז' טובי העיר במעמד אנשי

א) נ"ל זו דברי ר' מנחם בר"י סתימתאה פי' זו המשנה אע"פ וכו' . ב) נראה דצ"ל ולא ר"ע היא אלא לר' מנחם בר"י היא וכו' . ג) אולי צ"ל וטעמיה דר' מנחם בר"י וכו' .

הגהות הב"ח

(א) במשנה לוקחין ספרים : (ב) רש"י ד"ה תוספתא ובמעמדות והא דתנן וכו' אפשר דבית הכנסת וכו' נכנסין לבתים ולמשכים היה הממונה כו' כצ"ל ותיבות ולנין שם נמחק ונ"ב פי' כל אנשי העיירות של אנשי מעמד מתכנסין לעיר של ראש המעמד : (ג) בא"ד ואקראי הוא במעמד הזה. נ"ב [אחר הסתלקם ונשאר זה בלשון] הכא בביכורים דמתכנסין לעיר של מעמד ולנין ברחובה של עיר קמיירי הכא דהיו מתפללין בלבור ברחובה של עיר באותן הימים שהיו לנין שם ואקראי בעלמא הוא פעם אחת בשנה ואפ"ה לר' מנחם יש בהן משום קדושה ולא דמי להא דקאמר לקמן בסוף דף כ"ז אי הכי קדשתינהו לכולהו שבילי דנהרדעא דהתם בהתפלל ביחיד בדין כ"ע מודו דאין בו משום קדושה : (ד) ד"ה אני לא וכו' וכתי מדרשות שבה מטמאין כשאר בתי : (ה) ד"ה ומה היה וכו' אולם והיכל ובית קדשי הקדשים שהוא לצד מערב עכשיו כשאר בנתיים מקום המזבח וכו' באותה הרצועה אלא קרן מזרחית דרומית מקום היסוד : (ו) ד"ה לא שנו וכו' ובית הכנסת בקדושתו עומד וכו' מנהיג ספרים בקדושתן אלא שלא מכרו שבעה הטובים : (ח) תוס' ד"ה ורצועה וכו' של טורף שהוא בנימין :

גליון הש"ס

רש"י ד"ה תוספתא ובמעמדות וכו' ; ובמעמדות לא גרסינן בתי' הרמב"ן ב"ב דף טו ד"ה אין אותיות כתב דהעגירות ליענה הוא ולאו דוקא מעמדות : שם ד"ה טורסיים טורפי נחושת . עי' חולין דף נז ע"ב תד"ה מטלית . ע"ז דף יז ע"ב תד"ה רבנן : שם ד"ה לא שנו כו' ובסכ"ל בחשיבותו . מבואר דס"ל לרש"י דבלאו מעמד אנשי העיר אין מורידין דמים מקדושתן וגם הבסכ"ל בחשיבותו ובמעמד אנשי העיר בסכ"ל והדמים יוצאים לחולין ותמוה לי מזה דברי רש"י לקמן כז ע"ב ד"ה ורבנן וכו' דכיון דשקיל דמי ומעלה להו בקדושה וכו' וממ"נ אם במכרו במעמד אנשי העיר לא צריך להעלות הדמים בקדושה ואם"כ שלוקח מה דבעי' עביד דהא בהכ"נ יוצא לחולין והמעות מותר אפי' למישתי בי' שכרא ובלא מעמד אנשי העיר אף אם מעלין הדמים בקדושה מ"מ הבהכ"נ בקדושתה קאי וצע"ג :

למישתא ביה שיכרא (א) שפיר דמי רבינא הוה ליה ההוא תילא (ג) דבי כנישתא אתא לקמיה דרב אשי °אמר ליה מהו למיזרעה אמר ליה זיל זבניה משבעה טובי העיר במעמד אנשי העיר וזרעה רמי בר אבא הוה קא בני בי כנישתא הוה ההיא כנישתא עתיקא הוה בעי למיסתריה ולאתויי ליבני וכשורי מינה ועיולי להתם יתיב וקא מיבעיא ליה הא דרב חסדא דאמר רב חסדא *לא ליסתור בי כנישתא עד דבני בי כנישתא אחריתי התם משום פשיעותא כי האי גוונא מאי אתא לקמיה דרב פפא ואסר ליה לקמיה דרב הונא* ואסר ליה אמר רבא האי בי כנישתא חלופה וזבונה שרי אוגורה ומשכונה אסור מאי טעמא בקדושתה קאי ליבני נמי חלופינהו וזבונינהו שרי אוזופינהו אסור הני מילי בעתיקתא אבל בחדתא לית לן בה ואפילו למאן דאמר *הזמנה מילתא היא ה"מ כגון האורג בגד למת אבל הכא *כטווי לאריג דמי וליכא למאן דאמר *מתנה °פליגי בה רב אחא ורבינא חד אסר וחד שרי מאן דאסר בהאי תפקע קדושתה ומאן דשרי אי לאו דהוה ליה הנאה מיניה לא הוה יהיב ליה הדר הוה ליה מתנה כזביני ת"ר תשמישי מצוה נזרקין תשמישי קדושה נגנזין ואלו הן תשמישי מצוה סוכה לולב שופר ציצית ואלו הן תשמישי קדושה דלוסקמי ספרים תפילין ומזוזות ותיק של ס"ת ונרתיק של תפילין ורצועותיהן אמר רבא מריש הוה אמינא האי כורסיא תשמיש דתשמיש הוא ושרי כיון דחזינא דמותבי עלויה ס"ת אמינא תשמיש קדושה הוא ואסור ואמר רבא מריש הוה אמינא האי פריסא תשמיש דתשמיש הוא כיון דחזינא דעייפי ליה ומנחי סיפרא עלויה אמינא תשמיש קדושה הוא ואסור ואמר רבא °האי תיבותא דאירפט מיעבדה תיבה זוטרתי שרי כורסייא אסיר ואמר רבא האי *פריסא דבלה למיעבדיה פריסא לספרי שרי לחומשין אסיר ואמר רבא הני *) זבילי דחומשי וקמטרי דספרי תשמיש קדושה נינהו ונגנזין פשיטא מהו דתימא הני לאו לכבוד עבידן לנטורי בעלמא עבידי קמ"ל ההוא בי כנישתא דיהודאי רומאי דהוה פתיח לההוא *אידרונא דהוה מחית ביה מת והוו בעו כהני למיעל לצלויי התם אתו אמרו ליה לרבא אמר להו דלו תיבותא אותבוה דהוה ליה כלי עץ העשוי לנחת *וכלי עץ העשוי לנחת אינו מקבל טומאה °וחוצץ בפני הטומאה אמרו ליה רבנן לרבא והא זמנין דמטלטלי ליה כי מנח ספר תורה עלויה והוה ליה מיטלטלא מלא וריקם אי הכי לא אפשר אמר מר זוטרא מטפחות ספרים שבלו עושין אותן תכריכין למת מצוה וזו היא גניזתן ואמר רבא °ספר תורה שבלה גונזין אותו אצל תלמיד חכם ואפילו שונה הלכות אמר רב אחא בר יעקב ובכלי חרס שנאמר °ונתתם בכלי חרש למען יעמדו ימים רבים (*ואמר) רב פפי משמיה *דר' מבי כנישתא לבי רבנן שרי מבי רבנן לבי כנישתא אסיר ורב פפא משמיה דרבא מתני איפכא אמר רב אחא כוותיה

*) [פי' עושין סביב הספר מסגרת של עור לשמור הספר וענין מדור הוא כמו יזבלני אישי ערוך]

תוספות

אוגורה ומשכונה אסור · קשה דהא רבי מאיר לא אסר במתניתין אלא ממכר עולם אבל על תנאי שרי ומאי שנא ונראה לי דהאי דר"מ שרי למכור על תנאי הייתי של רבים להתפלל שם דאין במכר זה זלזול והא דאסרי הכא משכנתא הוי דיחיד משום זלזול:

תשמישי קדושה וכו' ונרתיק של תפילין ורצועותיהן · מכאן משמע שהדל"ת והיו"ד שבקשר הרצועה אינן אותיות גמורות ולא הוי הלכה למשה מסיני כי אם השי"ן שבבתים מדלא קרי הכא לרצועות אלא תשמישי קדושה והכי נמי משמע בהקומץ רבה (מנחות דף לה: ושם) דלא קרי להו אלא תשמישי קדושה והכי נמי משמע בפרק שני דשבת (דף כח:) דפריך והאמר אביי שי"ן של תפילין הלכה למשה מסיני ולא פריך נמי מן הדל"ת והיו"ד ולא קשה מההיא דמנחות (דף לה.) גבי וראו כל עמי הארץ כי שם ה' נקרא עליך ויראו ממך ואמרו אלו תפילין שבראש שיש לפרש הטעם לפי שהן לעולם בגובה של ראש ונראים לעולם שפיר את אבל אותן של יד אינן נראין ואין בהן את כדכתיב והיו לך לאות ודרשינן (מנחות דף לז:) ולא לאחרים לאות אבל לא מה שפירש התם הטעמא הוי משום שיש בהן השי"ן והדל"ת דהוי רוב אותיות של שדי לפירוש זה קשה (ו) כדמשמע בכל הני שהבאתי דהיו"ד והדל"ת לא חשיבי אותיות*:

מריש הוה אמינא האי פריסא תשמיש דתשמיש הוא · פי' הקונטרס יריעה שפורסין סביב הארון בתוכו וקשה שהרי הארון עצמו הוי תשמיש קדושה (ז) ואמר (*התם) שאסור לעשות ממנו כורסיא אלמא שהתיבה קדושה יותר מן הפורסין לכך נראה לי שפורסין אותה סביב הארון מבחוץ:

רש"י

למישתא ביה שיכרא · לקנות בדמים ולעשות שכר לשתות: תילא · כל בית הרוס קרוי תל כמו והיתה תל עולם (דברים יג): כשורי · קורות של בית הכנסת ישן היו צריכין לתתן בחדש: הא דאמר רב חסדא · בבבא בתרא בהשותפין: משום פשיעותא · שמא יפשע (אלא) ויתייאש ולא יבנה אחר: כי האי גוונא מאי · שאין סתירתו אלא לבניינו של זה: חלופי וזבוני · חלה קדושתו על החילוף או על הדמים והוא יצא מן הקדושה להשתמש בו: ליבני · לבנים של בית הכנסת: בעתיקי · שנבנו כבר בכותל בית הכנסת (ג) שנפל: אבל בחדתא · שנעשה לשם בית הכנסת לית לן בה: ואפי' למ"ד · במסכת סנהדרין בפרק נגמר הדין (דף מז:) גבי אורג בגד למת דאסור בהזמנה *בתכריכי המת דאסירי בהנאה דגמרינן שם שם מעגלה ערופה כדמפרש התם: הני מילי באורג בגד למת · שאינו חסר אלא אריגה וכיון שנארג מיד הויא ראוי לפורשו על המת (ד) אבל לבינים מחוסרים עשייה לנטותן בכותל והלכך בשל לבינים דבית הכנסת הוה ליה כטווי לאריג וליכא למ"ד בכי האי גוונא דהזמנה מילתא היא: מתנה · נתנו בני העיר בית הכנסת להשמישי חול: ותשמישי מצוה · דברים שמשמשו בהן מצוה: דלוסקמי · כמו אמתחת ושק לשום בו [ספר]: תיק ונרתיק · חדא היא אלא שלשון תיק נופל על דבר ארוך ולשון נרתיק נופל על דבר קצר: כורסיא · בימה של עץ: תשמיש דתשמיש · שפורס מפה עליו ואחר כך נותן ספר תורה עליו: דמותבי ספר תורה עליה · בלא מפה: פריסא · יריעה שפורסין סביבות הארון מבפנים: תשמיש דתשמיש הוא · תשמיש של ארון: דעייפי ליה · פעמים שכופלין אותו תחת ס"ת: דאירפט · ארון שנתקלקל ונפרד מחבורו ויש דוגמתו בברייתא ביבמות (דף קב·) מנעל המרופט: תיבותא זוטרתי · לעשות תיבה קטנה מן הגדולה הראשונה: מיעבדה כורסיא · בימה: אסור · שירדה מקדושתה: פריסא דבלה · יריעות הארון שבלו: לחומשין · יש ספרים שהן עשויין כל חומש לבדו וכולן בגליון: זבילי · כמין דלוסקמי: קמטרא · ארגז שקורין אשקריני"ץ והרבה יש בתרגום של יהונתן בן עוזיאל (ה) חבלים חבושים (יחזקאל כז) ארגזים אמלין דזהוריתא בקמטרין וכן לאשר על המלתחה לדעל קמטרי' (מלכים ב י): בי כנישתא דרומאי · אנשי ישראל באו מרומי למחוזא ונתיישבו שם ועשו להם בית הכנסת: אידרונא · חדר שמשימין בו מת והיה מונח בו מת עד שלא נקבר: מחית · כמו מונח כדמתרגמינן ותנח בגדו אצלה ואחיתתיה (בראשית לט): בעו כהני למיעל ולצלויי · בההוא כנישתא אין יכולין ליכנס מפני הטומאה הנכנסת בבית הכנסת דרך הפתח מבית לבית דהכי תנן במסכת אהלות (פ"ג משנה ז): דלו תיבותא · הגביהו הארון ממקומו: כלי עץ העשוי לנחת · במקום אחד אינו מקבל טומאה דאיתקש כלי עץ לשק לענין טומאה דכתיב וכל כלי עץ או בגד או עור או שק (ויקרא יא) מה שק המיטלטל אף כלי עץ המיטלטל · כל דבר המקבל טומאה אינו חוצץ בפני הטומאה: מטפחות ספרים · אף של ס"ת: ואפילו שונה הלכות · כלומר אפילו לא שימש תלמידי חכמים בהש"ס ובגמרא אלא במשניות ובברייתות: מבי כנישתא לבי רבנן · לעשות

עין משפט נר מצוה

ד א מיי' פי"א מהל' תפלה הל' יב טוש"ע א"ח סי' קנג סעיף ה: ט ב מיי' שם טוש"ע שם בהגה"ה: י ג ד מיי' שם הלכה כ טוש"ע שם סי' קנג סעיף יא: יא ה מיי' פ"י מהלכות ס"ת הלכה ד וסי"ג מהל' ציצית הל' ט סמג עשין כה טור ש"ע א"ח סי' כא סעיף א: יב ו ז ח מיי' פ"י מהל' ס"ת הל' ג סמג שם טוש"ע א"ח סימן קנד סעיף ג וטוש"ע יו"ד סימן רפב סעיף יב: יג ט מיי' שם טוש"ע א"ח שם סעיף ו: יד כ מיי' שם הלכה ב טוש"ע א"ח שם ס"ג וטוש"ע יו"ד שם סעיף יג: טו ל מיי' פי"ג מהל' כלים הלכה א וסי"ט מהל' טומאת מת הלכה כ: טז מ מיי' פי"ב מהל' טומאת מת הלכה ג: יז נ מיי' פ"י מהלכות ס"ת הלכה ג סמג עשין כה טוש"ע א"ח סי' קנד סעיף ה וטוש"ע יו"ד סי' רפב סעיף יא: יח ס מיי' שם סמג שם טוש"ע יו"ד שם סעיף י: יט ע מיי' פי"א מהלכות תפלה הל' יד טוש"ע א"ח סימן קנג סעיף א:

רבינו חננאל

העיר אבל אם מכרו ז' טובי העיר במעמד אנשי העיר אפילו למישתא בה שיכרא כלומר להוציא חרמין לחולין שפיר דמי הרשות בידו׳ רב אשי א"ל לרבינא זיל זבין ההוא תילא דכנשתא מז' טובי העיר במעמד אנשי העיר וזרעיה׳ ר' אבי הוה בי כנשתא ובעא למיסתר כנישתא עתיקתא ולאיתויי כשורי מינה ולעיולינהו בחדתא דבני ואסרו ליה רב פפא ורב הונא בר תחליפא׳ אמר רבא בי כנשתא חלופה וזבונה כדאמרן כזביני דמי ושרי אוגורה ומשכנתא אסור׳ ... בקדושתא קיימא וקא משתמשי בקדש׳ לבינים נמי חלופינהו וזבונינהו שרי אוזופינהו אסור והני מילי בעתיקתא שהרסו בית הכנסת והוציאו אותם מן הבנין אבל לבנים חדשים שעדיין לא בנאום בבית הכנסת שרי ואפילו למ"ד הזמנה מילתא היא הני מילי כגון אורג בגד למת דחזי לאישתמושי ביה ... ליבני ... ותרוגמא ... ת"ר תשמישי מצוה נזרקין ... וציצית ... אין בהו קדושה ...

... ותפילין ורצועותיהן ומזוזות ותיק של ספר ונרתיקן ... וכיוצא בהן תשמישי קדושה הן ונגנזין וכן כסא אע"פ שמניחין בו ס"ת לפרקים וכן פריסא שכופלין אותה ופורשין עליה ספר תורה או פורסין ... דחומשי וקמטרי דסיפרי כל אלו תשמישי קדושה הן ונגנזין. תיבה דאירפט פירוש שנתחלחלה כדגרסינן מנעל מרופט (שבת קמא) וזקנים מרפטו שפתייהו (שם דף קנב) מותר לעשות ממנה תיבה ... דלא מיחדא תשמישיה לס"ת ב) כורסיא נמי שנשברה מותר לעשותו קטן אבל פריסא לחומשין לא. אמר רבא ספר תורה שבלה גונזין אותו בכלי ... ואפילו שונה הלכות · מטפחות ספרים שבלו עושין אותן תכריכין למת מצוה. וזו היא גניזתן. ההיא כנישתא דהוה פתוחה לאידרונא דהוה מחית בה מת ... כנישתא התם. אמר להו רבא דלו תיבה אותבוה אבבא דליהוי כלי עץ העשוי לנחת כלומר מה שאינו מטלטל ואל כלי עץ העשוי לנחת אינו מקבל טומאה וחוצץ בפני הטומאה ... והא זימנא דמטלטלין לה כי מנח סיפרא עילויה והוה ליה מיטלטל מלא וריקן אמר להו המטלטל מלא וריקן אינו עשוי לנחת לעולם וכל דבר שמקבל טומאה אינו חוצץ בפני הטומאה ...

א) אולי צ"ל כמפרים מטווה לארוג בו דמי דליכא למ"ד דלימא דכעי דאתני עלייהו מעיקרא כנ"ל ועי' היטב במנחות דף לד ע"ב. ב) לכאורה נראה דצ"ל פריסא שבלה מותר לחתוך סלוי וכו' כנ"ל ... בכאן וצ"ע.

הגהות הב"ח

(א) גמ' למישתא ביה שיכרא ... שפיר דמי. נ"ב ס"א ועיין כרן: (ב) שם הסוס תילא ... (ג) רש"י ד"ה בעתיקי וכו' ... (ד) ד"ה כגון ... (ה) ד"ה קמטרא וכו' בן עוזיאל במכולים חבושים וארזים במלין ... (ו) תוס' ד"ה תשמישי וכו' קשה מדמשמע בכל הני ... (ז) ד"ה מריש וכו' ... יותר מן הפריסא לכך כו':

גליון הש"ס

גמ' א"ל מהו למיזרעה. עי' לקמן דף כח ע"ב ... עיין ... תוס' ד"ה ... גמ' ... וחוצץ בפני הטומאה. עיין ... דמוא ...

sembly of the townspeople, even [26*b*] if it was for a drinking place,[15] the transaction holds good. Rabina had the ground of a dismantled synagogue. He applied to R. Ashi to know whether he could plant seeds there. He replied: Go and buy it from the seven 'good men' of the town in the assembly of the townspeople, and you may then sow it.

Rami b. Abba was building a synagogue. There was a certain old synagogue which he wanted to pull down, so as to take bricks and beams from it and use them for the other. He was doubtful,
a however, how to interpret the dictum of R. Ḥisda; for R. Ḥisda[1] said: A man should not pull down a synagogue until he has built another [to take its place]. The reason there, [he knew] was so that there should be no negligence.[2] But what was the rule in such a case as this?[3] He applied to R. Papa, who forbade him; to R. Huna, and he also forbade him.

Raba said: A synagogue may be exchanged or sold [for secular purposes], but may not be hired or pledged. What is the reason? —[In the latter case] its holiness is still adhering to it.[4] Its bricks also, may be exchanged or sold [for secular purposes], but not lent. This rule applies only to old ones,[5] but in the case of new ones there is no objection.[6] And even if we adopt the view that the mere intention [to use a thing for a certain purpose] has a certain force, this would be the case, for instance, with one who weaves a shroud for a dead body,[7] but in this case [the objects in question] are like thread which has still to be woven into cloth, and no authority says [that in such a case there is force in mere intention].

[With regard to a synagogue which has been made] a gift, there is a difference of opinion between R. Aḥa and Rabina, one forbidding [it to be used for secular purposes] and one permitting. The one who forbade did so on the ground that there is nothing to which its holiness is transferred,[8] while the one who permitted it argued that if he [the giver] did not derive some benefit from
b the act[1] he would not give it, so that in the end the gift is equivalent to a sale.

Our Rabbis taught: 'Accessories of religious observances [when disused] are to be thrown away; accessories of holiness are to be stored away. The following are accessories of religious observances: a *sukkah*, a *lulab*, a *shofar*,[2] fringes. The following are accessories of holiness: large sacks for keeping scrolls of the Scripture in, *tefillin* and *mezuzoth*,[2] a mantle for a *sefer torah*[2] and a *tefillin* bag and *tefillin* straps'. Raba said: At first I used to think that the stand [on which the *sefer torah* is placed] is an accessory to an accessory and that it is permitted.[3] When, however, I saw that the *sefer torah* is placed actually on it,[4] I came to the conclusion that it is an accessory of holiness and is forbidden. Raba further said: At first I used to think that the curtain[5] is an accessory of an accessory. When, however, I observed that it is folded over and a scroll is placed on it, I came to the conclusion that it is itself an accessory of holiness, and forbidden.

Raba further said: When an ark is falling asunder, to make it into a smaller ark is permitted, but to make it into a stand[6] is forbidden. Raba further said: When a curtain is worn out, to make it into a mantle for a [whole] scroll of the Law is permitted, but for a single *ḥumash*[2] is forbidden. Raba further said: These bags for *ḥumashim* and boxes for scrolls[7] are accessories of holiness and must be stored away [when disused]. Is not this obvious?—You might think that these are used not out of respect [for the scrolls] but merely for protection. Therefore we are told [that this is not so].

There was a synagogue of the Roman Jews[8] which opened out
c into a room where a dead body was deposited.[1] The *kohanim*[2] wanted to go in there to pray, and they came and asked Raba [what they should do]. He said: Take the ark and put it down there,[3] since it is a wooden vessel which is meant to be stationary, and every wooden vessel which is meant to be stationary is immune from defilement and forms a partition to prevent the passage of defilement. Said the Rabbis to Raba: But sometimes it is moved while a scroll of the law is resting on it, and thus it becomes a vessel which is moved both when full and when empty?—If that is so [he said], there is no remedy.

Mar Zuṭra said: Wrappings of scrolls which are worn out may be used for making shrouds for a *meth mizwah*;[4] and this act constitutes their 'storing away'.

Raba also said: A scroll of the law which is worn out may be buried by the side of a *talmid ḥakam*,[2] even though he be one who only repeats *halachoth*.[5] R. Aḥa b. Jacob said: It should be put in an earthenware vessel, as it says, *And put them in an earthen vessel that they may continue many days.*[6]

R. Papi said in the name of Raba: To turn a synagogue into a college[7] is permitted; to turn a college into a synagogue is forbidden. R. Papa, however, also reporting Raba, states the oppo-

(15) BaḤ. adds: 'or for spreading out fruit'.
a (1) B.B. 3*b*. (2) To build the new one after the old one had been pulled down. (3) Where the object of pulling down the old one was to obtain building material for the new one. (4) But if it is sold or exchanged, its holiness is transferred to the money or to its equivalent. (5) I.e., bricks in an old synagogue. (6) Because they have not yet become holy. (7) The shroud being ready for use for the purpose for which it is intended. (8) Lit., '(asked) to what is its holiness transferred', reading במאי with Alfasi; or, 'why should its holiness be lost', reading אמאי with Asheri; cur. edd. בהאי 'with this'.
b (1) I.e., receive some return from the recipient, which acquires the sanctity of the synagogue. (2) V. Glos. (3) 'To use it for secular purposes when it is worn out'. (4) And not on a cloth spread over it. (5) Hung over the Ark in synagogue. (6) On which to place the *sefer torah* when read. (7) Of the Prophets or Hagiographa. (8) יהודאי רומאי. Who had settled in Maḥuza (Rashi). Probably Syrian Jews are meant, not Roman. [Obermeyer (p. 179): Jews of Rumae, the Persian Rumakan, near Maḥuza, the seat of Raba].
c (1) Before being taken to the cemetery, and its uncleanness spread from the room to the synagogue. V. B.B. 20*a*. (2) V. Glos. (3) Just between the room and the synagogue. (4) Lit., 'an obligatory corpse': a dead body found by the wayside which it is obligatory on passers-by to bury if the relatives cannot be found; v. Glos. (5) I.e., he knew only Mishnahs and Baraithas, not the Gemara also (Rashi). (6) Jer. XXXII, 14. (7) Lit., 'House of Rabbis'.

site. R. Aḥa said: [27a] The statement of R. Papi is the more probable, since R. Joshua b. Levi said: It is permissible to make a synagogue into a *beth hamidrash*.[2] This seems conclusive.

Bar Kappara gave the following exposition. 'What is the meaning of the verse, *And he burnt the house of the Lord and the king's house and all the houses of Jerusalem, even every great man's house burnt he with fire?*[8] *'The house of the Lord'*: this is the Temple. *'The king's house'*: this is the royal palace. *'All the houses of Jerusalem'*: literally.
a *'Even every great man's house burnt he with fire'*:[1] R. Joḥanan and R. Joshua b. Levi gave different interpretations of this. One said, it means the place where the Torah is magnified; the other, the place where a prayer is magnified. The one who says Torah bases himself on the verse, *The Lord was pleased, for his righteousness' sake to make the torah great and glorious.*[2] The one who says prayer bases himself on the verse, *Tell me, I pray thee, the great things that Elisha has done;*[3] and what Elisha did, he did by means of prayer. It may be presumed that it was R. Joshua b. Levi who said, 'the place where Torah is magnified', since R. Joshua b. Levi said that a synagogue may be turned into a *beth ha-midrash;* which is a clear indication.

BUT IF THEY SELL A [SEFER] TORAH THEY MAY NOT BUY SCROLLS. The question was raised: What is the rule about selling an old *sefer torah* to buy a new one? Do we say that since we do not thus go to higher grade [in the use of the money] it is forbidden, or are we to say that since there is no higher grade to go to, there is no objection?—Come and hear: BUT IF THEY SELL A [SEFER] TORAH THEY MAY NOT BUY SCROLLS; it is scrolls that they may not buy, but to buy a [*sefer*] *torah* with the money of a [*sefer*] *torah* is unobjectionable!—[No.] But the Mishnah speaks of something already done, we ask whether it may be done in the first instance?—Come and hear: A *sefer torah* may be rolled up in the wrappings of a *ḥumash*, or a *ḥumash* in the wrappings of a scroll of prophets and hagiographa, but prophets and hagiographa may not be rolled up in the wrappings of a *ḥumash*, nor a *ḥumash* in the wrappings of a *sefer torah*.[4] Now it states here at any rate that a *sefer torah* may be rolled up in the wrappings of a *ḥumash;* [as much as to say], in the wrappings of a *ḥumash* it may be, but in those of [another] *sefer torah* it may not be?[5]—Look at the succeeding clause: 'But a *ḥumash* may not be rolled up in the wrappings of a *sefer torah*', which would imply that there is no objection against wrapping a *sefer torah* in those of another *sefer torah?*—The fact is that from this statement no conclusion can be drawn.

Come and hear: 'A [*sefer*] *torah* may be laid on another [*sefer*] *torah*, and a [*sefer*] *torah* on separate *ḥumashim*, and separate *ḥumashim* on scrolls of the prophets and hagiographa, but scrolls of the prophets and hagiographa may not be placed on *ḥumashim*, nor *ḥumashim* on a [*sefer*] *torah*'!—You speak here of laying; laying is different, because it is impossible to avoid it; for if you do not suppose this, [we may ask,] how are we allowed to roll up the scrolls, seeing that in so doing we lay one sheet on another? The fact is that since this cannot be avoided, it is permitted; and so
b here also, since it cannot be avoided,[1] it is permitted.

Come and hear, since Rabbah b. Bar Ḥanah said in the name of R. Joḥanan, who had it from Rabban Simeon b. Gamaliel: A man should not sell an old [*sefer*] *torah* in order to buy a new one with the proceeds!—There the reason is lest he should [afterwards] neglect to do so; here we speak of a case where the new one is written and waiting to be paid for. What is the rule [in such a case]?—Come and hear, since R. Joḥanan said in the name of R. Meir: A man should not sell a *sefer torah* save in order to study the Torah and to marry a wife. From this we may conclude [may we not] that there is no objection against buying one *sefer torah* with the proceeds of another?—Perhaps study comes under a different rule, since study leads on to practice. Marrying also [is permitted because it says], *He created it not a waste, he formed it to be inhabited;*[2] but to buy a *sefer torah* with the proceeds of another is still not permitted.

Come and hear: 'A man should not sell a *sefer torah* even though he does not require it. Rabban Simeon b. Gamaliel went further and said: Even if a man has no food and he sells a *sefer torah* or his daughter, he will never have any luck[3] [from that money]'.

THE SAME APPLIES TO ANY MONEY LEFT OVER. Raba said: This is the rule only if they had money left over from a sale; but if they had money left over from a collection, it is permitted [to use it for any purpose]. Abaye cited the following in objection to this: 'When does this rule apply? If they made no stipulation; but if they made a stipulation, they may even give it to the *duch-*
c *susia*'.[1] Now how are we to understand this? Shall we say that they [the seven good men] sold [a holy article] and had money left over [after purchasing a new one]? Then even if they made a stipulation [that they could do what they liked with it], what does it avail?[2] We must say therefore that they *collected* money and had some left over, and the reason is given that 'they made a stipulation', but if they made no stipulation they cannot?—I still maintain that [what is meant is] that they *sold* and had something left, and the statement should run thus: 'When does this rule apply? When the seven "good men" of the town did not make any stipulation in the assembly of the townspeople; but if the seven good men of the town made a stipulation in the assembly of the townspeople, it may be used even for paying a *duchsusia*'.

Abaye said to a Rabbinical student who used to repeat[3] the Mishnah in the presence of R. Shesheth: Have you ever heard from R. Shesheth what is meant by *duchsusia?*—He replied: This is what R. Shesheth said: The town horseman.[4] Abaye thereupon observed: This shows that a Rabbinical student who has heard something of which he does not know the meaning should ask one who is frequently in the company of the Rabbis, since he is almost certain to have heard the answer from some great man.

R. Joḥanan said in the name of R. Meir: If the representatives of one town[5] go [on a visit] to another town and they are there rated for a charity contribution, they should pay it and on leaving they should bring the money with them[6] to assist with it the poor of their own town. It has been taught to the same effect: 'If the men of one town go to another town and are there rated for a charity contribution, they should pay it, and when they leave they should bring the money back with them. If an individual, however, goes to another town and is there rated for a charity contribution, it is given to the poor of that town'.

R. Huna once proclaimed a fast day. R. Ḥana b. Ḥanilai and all the [leading] men of his place happened to visit him [on that day], and they were called upon for a charity contribution, and they gave it. When they were about to leave, they said to him [R. Huna], Kindly return it to us so that we may go and assist with it the poor of our own town. He replied to them: We have learnt: 'When does this rule apply? When there is no [27b]

(8) II Kings XXV. 9.

a (1) These words are apparently superfluous and therefore lend themselves to a homiletical exposition. (2) Isa. XLII, 21. (3) II Kings VIII, 4. (4) Because this brings the wrappings to a lower stage of holiness. (5) And we infer that similarly one *sefer torah* may not be bought from the proceeds of another.

b (1) In point of fact it is now avoided in the synagogue by the device of letting someone hold one *sefer torah* while another is being read from. (2) Isa. XLV, 18. (3) Lit., 'he will never see a sign of blessing'.

c (1) V. *infra*. (2) Since the Mishnah expressly says that it is on the same footing as purchase money. (3) Lit., 'arrange'. (4) Whose function it was to take urgent messages to the authorities on behalf of the town. (5) Lit., 'Sons of the town', v. *supra* 25b n. c 1. [*Aliter:* 'a group of people of the same town'—not necessarily representatives; v. Maim. *Mat. 'Aniyim* VII, 14]. (6) I.e., secure repayment.

כוותיה דרב פפי מסתברא דא"ר יהושע בן לוי בהכ"נ מותר לעשותו בית המדרש ש"מ דרש בר קפרא מאי דכתיב °וישרף את בית ה' ואת בית המלך ואת כל בתי ירושלם ואת כל בית גדול שרף באש בית ה' זה בהמ"ק בית המלך אלו פלטרין של מלך ואת כל בתי ירושלם כמשמען ואת כל בית גדול שרף באש ר' יוחנן ור' יהושע בן לוי חד אמר מקום שמגדלין בו תורה וחד אמר מקום שמגדלין בו תפלה מ"ד תורה דכתיב °ה' חפץ למען צדקו יגדיל תורה ויאדיר ומ"ד תפלה דכתיב °ספרה נא הגדולות אשר עשה אלישע ואלישע דעבד ברחמי הוא דעבד תסתיים דר' יהושע בן לוי הוא דאמר מקום שמגדלין בו תורה דאמר ר' יהושע בן לוי בית הכנסת מותר לעשותו בית המדרש ש"מ: אבל מכרו תורה לא יקחו ספרים וכו': איבעיא להו מהו למכור ס"ת ישן ליקח בו חדש כיון דלא מעלי ליה אסור או דלמא כיון דליכא לעלויי עילוייא אחרינא שפיר דמי ת"ש אבל מכרו תורה לא יקחו ספרים ספרים הוא דלא הא תורה בתורה שפיר דמי מתני' דיעבד כי קא מיבעיא לן לכתחלה ת"ש גוללין ס"ת במטפחות חומשין וחומשין במטפחות נביאים וכתובים אבל לא נביאים וכתובים במטפחות חומשין ולא חומשין במטפחות ס"ת קתני מיהת גוללים ס"ת במטפחות חומשין מטפחות חומשין אין מטפחות ס"ת לא אימא סיפא ולא חומשין במטפחות ס"ת הא תורה בתורה ש"ד *אלא מהא ליכא למישמע מינה ת"ש **מניחין ס"ת על גבי תורה ותורה ע"ג חומשין וחומשין ע"ג נביאים וכתובים אבל לא נביאים וכתובים ע"ג חומשין ולא חומשין על גבי תורה הנחה קאמרת שאני הנחה דלא אפשר דאי לא תימא הכי מיכרך היכי כרכינן והא קא יתיב דפא אחבריה אלא כיון דלא אפשר שרי הכא נמי כיון דלא אפשר שרי ת"ש דאמר רבה בר בר חנה א"ר יוחנן משום רשב"ג לא ימכור אדם ס"ת ישן ליקח בו חדש התם משום פשיעותא כי קאמרינן כגון דכתיב ומנח לאיפרוקי מאי ת"ש דא"ר יוחנן משום ר"מ *אין מוכרין ס"ת °אלא *ללמוד תורה ולישא אשה ש"מ תורה בתורה שפיר דמי דלמא שאני למוד שהלמוד מביא לידי מעשה °אשה נמי °לא תהו בראה לשבת יצרה °אבל תורה בתורה לא ת"ר לא ימכור אדם ס"ת אע"פ שאינו צריך לו יתר על כן ארשב"ג *אפי' אין לו מה יאכל *ומכר ס"ת או בתו אינו רואה סימן ברכה לעולם: וכן במותריהן: אמר רבא °ל"ש אלא שמכרו והותירו אבל גבו והותירו מותר איתיביה אביי בד"א שלא התנו אבל התנו אפילו לדוכסוסיא מותר ה"ד אילימא שמכרו והותירו כי התנו מאי הוי אלא שגבו והותירו טעמא דהתנו הא לא התנו לא לעולם שמכרו והותירו וה"ק °בד"א שלא התנו שבעה טובי העיר במעמד אנשי העיר אבל התנו שבעה טובי העיר במעמד אנשי העיר אפילו לדוכסוסיא נמי מותר א"ל אביי להההוא מרבנן דהוה מסדר מתניתא קמיה דרב ששת מי שמיע לך מרב ששת מאי דוכסוסיא אמר ליה הכי אמר רב ששת פרשא דמתא אמר אביי הלכך האי צורבא מרבנן דשמע ליה מילתא ולא ידע פירושא לישיילה קמיה דשכיח קמיה רבנן דלא אפשר דלא שמיע ליה מן גברא רבה אמר רבי יוחנן משום ר"מ °בני העיר שהלכו לעיר אחרת ופסקו עליהן צדקה נותנין וכשהן באין מביאין אותה עמהן ומפרנסין בה עניי עירן תניא נמי הכי בני העיר שהלכו לעיר אחרת ופסקו עליהן צדקה נותנין וכשהן באין מביאין אותה עמהן °יחיד שהלך לעיר אחרת ופסקו עליו צדקה תנתן לעניי אותה העיר ר"ה גזר תעניתא על לגביה רב חנה בר חנילאי וכל בני מתיה רמו עלייהו צדקה ויהבו כי בעו למיתי אמרו ליה נותבה לן מר וניזול ונפרנס בה עניי מאתין אמר להו תנינא °בד"א בשאין שם
חבר

מ"ב כה · ישעיה מב · מ"ב ח · ישעיה מה

רש"י

לעשות מבית הכנסת בית המדרש: וישרף את בית ה' ואת כל בית גדול · בנבוכדנאצר כתיב: תסתיים · יש סימן: מותר לעשות בית המדרש · אלמא בית המדרש הוי בית גדול: דיעבד · שמכרוהו כבר דקתני מכרו תורה ומשום הכי מותר ליקח בדמיו ספר תורה אחר שאם לאו מה יקחו מהם כי קא מיבעיא לן למכור לכתחילה לכך: חומשין · ספר תורה שאין בו אלא חומש אחד: אבל לא נביאים וכתובים במטפחות ספר תורה · שמוריד המטפחות מקדושתן: במטפחות של חומשין · דקא מעלי להו למטפחות: אבל במטפחות ספר תורה לא · אלמא אין משנין לכיוצא בה אלא למעלה הימנה: אימא סיפא ולא חומשין במטפחות של ספר תורה · דהא ירידה היא: וקא מותיב דפא אחבריה · דף נגלל על חבירו: משום פשיעותא · שמא משימכור שוב לא יקנה ומתוך כך יפסדו הדמים: כי קאמרינן דמנח לאיפרוקי · שכתוב כבר החדש בבית הסופר ואינו מעכב אלא לתת לו דמים: אלא ללמוד תורה · להתפרנס בו כשלומד תורה וקס"ד דה"ה לקנות ספר תורה: שאינו צריך לו · שיש לו אחר: אינו רואה סימן ברכה לעולם · באותן הדמים: שמכרו והותירו · מכרו אחד מן הקדושות הללו ולקחו ממקצת הדמים קדושה מעולה והותירו מהן: אבל גבו · מעות מן הצבור לצורך ספר תורה וקנאוהו ונותר בידן מן הדמים מותר להוריד שהרי עדיין לא באו לשימוש קדושה חמורה: שלא התנו · על מנת לעשות רצונם מן הדמים: לדוכסוסיא · מפרש לקמן: כי התנו מאי הוי · הא דמי קדושה הן: וטעמא דהתנו · כשגבו לעשות רצונם ותפלתו ממותר הדמים: פרשא דמתא · בני העיר שוכרין אדם רוכב סוס שיהא להן מזומן לשלוחו בשליחות למושל העיר כשיצטרכו: נותנין · אותה לגבאי אותה העיר כדי שלא יחשדום בפוסקים ואינן נותנין: וכשהן באים · וחוזרים למקומן תובעים אותן מן הגבאים ומפרנסין בה עניי עירן:
חבר

תוספות

כוותיה דרב פפי מסתברא · מהכא משמע דהלכה כר' יהושע בן לוי לגבי דר' יוחנן מדמייתי ראיה דהלכה כרב פפי משום דרבי יהושע בן לוי קאי כוותיה אע"ג דרבי יוחנן פליג עליה*:
אבל התנו ז' טובי העיר במעמד כו' · קשה דכיון שהתנו ז' טובי העיר במעמד אנשי העיר למה לי להותירו ואמאי נקטיה והא אפי' בכל הדמים יכולין הן לעשות מה שירצו כדאמר לעיל אפילו למישתי ביה שיכרא ופרש"י לקנות מן הדמים שכר לשתות ויש לומר דנקט והותירו לאשמועינן דאף במותר בעי תנאי דסלקא דעתך דאם קנו מן הדמים דבר קדושה והותירו דמותר לעשות מן המותר כל מה שירצו אפילו בלא תנאי קמ"ל דלא:
רבי

עין משפט נר מצוה

כ א מיי' פ"י מהל' ס"ת הל' ב סמ"ג עשין כד טוש"ע י"ד סי' רע סעיף ג: [ופ"ע תוס' חולין נג: ד"ה אמר רבה וכו' בר"ח עלמו שכתב זה להלכה חזר מזה ע"ש פירושו בסוגיא דהכא ועי' תוס' עירובין סה: ד"ה איקלע]

כא ב ג ד מיי' שם הלכה ב טוש"ע יו"ד סימן ער סעיף א טוש"ע א"ח סימן א סעיף ב:

כב ה מיי' פי"א מהל' תפלה הלכ' יח טור ש"ע א"ח סימן קנג סעיף ה:

כג ו ז ח מיי' פ"ז מהל' מתנות עניים הלכה יד טוש"ע י"ד סימן רנו סעיף ו:

[ברכות כה: וש"נ ועי' נדרים פא:] · [תוספ' פ"ג] · [ב"ב קנא:] · [עי' תוס' ב"ב ח: ד"ה פדיון] · קדושין ד' מ: [ב"ק יז:] · מס' ד"א פ"ה

נ"א והמוכר [נ"ל ומוכר וכ"א בשאלתות פרשה בהר סי' ס]

גליון הש"ס

גמ' אלא ללמוד תורה · ע' ב"ב דף ח ע"ב תד"ה פדיון שבוים: שם דף יג ע"א תד"ה ללמוד תורה: שם אשה נמי · ע' ב"ב ד' יג ע"א תד"ה שנא'. וכתוס' ב"ב ד' ח ע"ב תד"ה לא תהו וגם יבמות ד' מא ע"ב תד"ה לא תהו:

רבינו חננאל

בית הכנסת מותר לעשותו בית המדרש · כתיב ואת בית גדול שרף באש · ריב"ל אמר בית המדרש הוא מקום שמגדלין בו תורה כדכתיב יגדיל תורה ויאדיר · ור' יוחנן אמר בית הכנסת מקום שמגדלין בו תפלה: פיסקא אבל (מקום) אם מכרו תורה לא יקחו ספרים איבעיא להו מהו למכור ס"ת ישן וליקח בדמיו חדש · ודייקינן ממתניתין דקתני אם מכרו תורה לא יקחו ספרים הא תורה *) דיעבד שרי · ומיבעיא לן לכתחילה מאי ואתינן למיפשטה מהא דתניא גוללין ס"ת במטפחות חומשין · וחומשין במטפחות נביאים וכתובים כו' ואסיקנא ליכא למשמע מינה · ת"ש מניחין תורה ע"ג תורה. ותורה ע"ג חומשין כו' ודחינן שאני הנחה דלא אפשר כמה דלא אפשר למכרכיה ולא ליתב דפא אחבריה אלא כשם שכורכין דפא אחבריה כך מניחין תורה ע"ג תורה · ת"ש מהא אין מוכרין ס"ת אפילו ישן ליקח בו חדש · ודחינן התם משום פשיעה שמא ימכר הישן ולא יזדמן לו לקנות חדש · כי קא מיבעיא לן דמנח ס"ת לימכר מהו למכור ישן ולקנות מיד זה החדש. ת"ש אין מוכרין ס"ת אלא ללמוד תורה ולישא אשה ש"מ תורה בתורה שרי. ודחינן שאני תלמוד תורה דאמר מר גדול תלמוד שהתלמוד מביא לידי מעשה ולא איפשיט בהדיא הלכך אין מוכרין ס"ת לכתחלה · ת"ר לא ימכור אדם ס"ת אע"פ שאין צריך לו יתר על כן ארשב"ג אפילו אין לו מה יאכל ומכר ס"ת או בתו אינו רואה סימן ברכה לעולם: פיסקא מכרו בית הכנסת לא יקחו רחוב וכן במותריהן · אמר רבא לא שנו שאם מכרו רחוב יקחו בדמים בית הכנסת וכן במותריהן · כלומר אם מכרו רחוב וקנו כנסת ונשארו מן הדמים לא יקנו אלא כנסת · וכן כל השנים במשנתנו לא שנו אלא אם מכרו והותירו אבל אם גבו מעות לקנות בית הכנסת וקנו בית הכנסת והותירו מן המעות מותר להן לקנות מה שרוצה · קתני מיהא אם מכרו רחוב לא יקחו אלא בית הכנסת כו' ומותבינן עליה מהא בד"א שלא התנו · ואוקימנה הכי בד"א שלא התנו בשעה שמכרו אבל אם התנו מעיקרא · כלומר בשעה שמכרו ז' טובי העיר במעמד אנשי העיר אפילו לדוכסוסיא שהוא פרשא דמתא שרי · א"ר יוחנן בני העיר שהלכו לעיר אחרת ופסקו עליהן צדקה נותנין וכשבאין מביאין אותה עמהן ומפרנסין בה עניי עירם · אבל יחיד שהלך לעיר אחרת ופסקו עליו צדקה תנתן לעניי אותה העיר · רב הונא גזר תעניתא עול לגביה רב הונא בר חנילאי וכל בני מאתיה רמו עליה צדקה ויהבו כדבעו למיהדר אמרו ליה ליהב
לן

*) נ"ל בתורה ש"ד מתני' דיעבד וכו'.

עין משפט נר מצוה

כד א מיי' פי"א מהל' תפלה הל' יז סמג עשין יט טוש"ע א"ח סי' קנג ס"ט:

כה ב מיי' פ"ו מהל' ק"ש הל' ב טוש"ע א"ח סי' עה:

כו ג מיי' פ"ד מהל' תפלה הלכה יד סמג עשין יח טוש"ע א"ח סימן צ סעיף ח:

חבר עיר אבל יש שם חבר עיר תינתן לחבר עיר וכ"ש דעניי דידי ודידכו עלי סמיכי: **מתני'** אין מוכרין את של רבים ליחיד מפני שמורידין אותו מקדושתו דברי רבי *מאיר אמרו לו א"כ אף לא מעיר גדולה לעיר קטנה: **גמ'** שפיר קאמרי ליה רבנן לר"מ ור"מ מעיר גדולה לעיר קטנה מעיקרא קדישא השתא נמי קדישא מרבים ליחיד ליכא קדושה ורבנן אי איכא למיחש כי האי גוונא נמי איכא למיחש משום °ברוב עם הדרת מלך: **מתני'** אין מוכרין בית הכנסת אלא על תנאי שאם ירצו יחזירוהו דברי ר"מ וחכ"א מוכרין אותו ממכר עולם°חוץ מארבעה דברים למרחץ ולבורסקי לטבילה ולבית המים ר' יהודה אומר מוכרין אותה לשם חצר והלוקח מה שירצה יעשה: **גמ'** ולר"מ היכי דיירי בה הא הויא לה רבית א"ר יוחנן ר"מ בשיטת ר"י אמרה דאמר *צד אחד ברבית מותר דתניא *הרי שהיה נושה בחבירו מנה ועשה לו שדהו מכר בזמן שמוכר אוכל פירות מותר לוקח אוכל פירות אסור ר' יהודה אומר אפילו לוקח אוכל פירות מותר וא"ר יהודה מעשה בביתוס בן זונן שעשה שדהו מכר על פי ראב"ע ולוקח אוכל פירות היה אמרו לו *משם ראיה מוכר אוכל פירות היה ולא לוקח מאי בינייהו *צד אחד ברבית איכא בינייהו מר סבר צד אחד ברבית מותר ומר סבר צד אחד ברבית אסור רבא אמר דכ"ע צד אחד ברבית אסור והכא רבית ע"מ להחזיר איכא בינייהו מר סבר רבית ע"מ להחזיר מותר ומר סבר אסור: וחכ"א מוכרין אותו ממכר עולם וכו': אר"י אמר שמואל מותר לאדם להשתין מים בתוך ד' אמות של תפלה אמר רב יוסף מאי קמ"ל תנינא ר' יהודה אומר מוכרין אותה לשום חצר ולוקח מה שירצה יעשה ואפילו רבנן לא קאמרי אלא בית הכנ"ס דקביע קדושתיה אבל ד"א דלא קביע קדושתייהו לא תני תנא קמיה דרב נחמן המתפלל מרחיק ד"א ומשתין והמשתין מרחיק ד"א ומתפלל א"ל בשלמא המשתין מרחיק ד"א ומתפלל תנינא *כמה ירחיק מהן ומן הצואה ד"א אלא המתפלל מרחיק ד"א ומשתין למה לי אי הכי קדשתינהו לכולהו שבילי דנהרדעא תני ישהה בשלמא משתין ישהה כדי הילוך ד"א משום ניצוצות אלא מתפלל ישהה כדי הילוך ד"א ל"ל אמר רב אשי שכל ד"א תפלתו סדורה בפיו ורחושי מרחשן שפוותיה: זלפ"ן סימן: שאלו תלמידיו את רבי זכאי במה הארכת ימים אמר להם מימי לא השתנתי מים בתוך ד"א של תפלה ולא כניתי שם לחבירי ולא ביטלתי קידוש היום אמא זקינה היתה לי פעם אחת מכרה כפה שבראשה והביאה לי קידוש היום תנא כשמתה הניחה לו ג' מאות גרבי יין כשמת הוא הניח לבניו שלשת אלפים גרבי יין רב הונא הוה אסר ריתא וקאי קמיה דרב אמר ליה מאי האי א"ל לא הוה לי (א)קידושא ומשכנתיה להמיינאי ואתאי ביה קידושא א"ל יהא רעוא דתיתום בשיראי כי איכלל רבה בריה רב הונא איניש גוצא הוה גנא אפוריא אתיין בנתיה וכלתיה שלחן ושדיין מנייהו עליה עד דאיטום בשיראי שמע רב ואיקפד אמר מאי טעמא לא אמרת לי כי (ב) ברכתיך וכן למר *שאלו תלמידיו את ר"א בן שמוע במה הארכת ימים אמר להם מימי לא עשיתי קפנדריא לב"ה ולא פסעתי על ראשי עם קדוש ולא נשאתי כפי בלא ברכה שאלו תלמידיו את ר' פרידא במה הארכת ימים אמר להם *מימי לא קדמני אדם לבית המדרש ולא

תורה אור: משלי יד

רש"י

חבר עיר · תלמיד חכם המתעסק בצרכי צבור: ליכא קדושה · שאין אומרים דבר שבקדושה פחות מעשרה: ורבנן · דאמרי אי איכא למיחש בין רב למעט הכא נמי איכא למיחש משום ברוב עם הדרת מלך ולא משכחת מכירה בבית הכנסת אלא לא חיישינן דכיון דשקיל דמי ומעלי להו בקדושה מעולה כל דבעי לוקח עביד חוץ מד' דברים דקתני סיפא: **מתני'** אלא על תנאי · ואפילו מרבים לרבים אסר ר' מאיר מכירת חלוטין דדרך בזיון הוא [כלומר אינן בעיניו לכלום] וחכמים אומרים וכו' ממכר עולם · (ג) ליחיד ולכל תשמיש חוץ מד' דברים: לבית המים · [א] לכביסה אי נמי לבית מי רגלים: **גמ'** בד' אמות של תפלה · לאחר זמן קדשתינהו לכולהו שבילי דנהרדעא · שאין לך ד"א בהן שלא התפללו בהן עוברי דרכים: תני ישהה · כדי הילוך ארבע אמות: משום ניצוצות · שלא יטנפו בגדיו בניצוצות שבאמתו: במה הארכת ימים · באיזה זכות: כפה · לטיף: אסר ריתא · (ד) מין גמי: דתיתום בשיראי · סתום ומכוסה במעילין סתום פלסתים תרגומו טמונין פלסתאי (בראשית ט) איכלל · כשנכנס לחופה: [שלחן] היו פושטות בגדיהן: וכן למר · אף אתה תהא מבורך לכך שמא היה עת רצון ותתקיים אף בי: קפנדריא · מקצר הילוכו דרך בית הכנסת: ולא פסעתי על ראשי עם קודש · כשהיו התלמידין בבית המדרש על גבי קרקע ההולך על גבי מסיבתן לישב למקומו נראה כפוסע על ראשי העם: ולא נשאתי (ה) כפי · לדוכן לברכת כהנים לפני שהכהנים צריכין לברך ברוך אתה ה' אלהינו מלך העולם אשר קדשנו (במצותיו וצונו) בקדושתו של אהרן במסכת סוטה (דף לט·):

מתמיה

תוספות

רבי יהודה סבר צד אחד ברבית מותר · קשה מאי שנא מלוה סאה בסאה דאמר באיזהו נשך (ב"מ דף סג· וסה·) דאסור משום דאיכא צד אחד ברבית דשמא תייקר התבואה וי"ל דשאני הכא דלא הוי דרך הלואה אלא בתורת מכר אתא לידיה והכי קשה מאי שנא ממשכן לו בית משכן לו שדה דאמר התם (דף סה:) דלאפי' אמר ליה לכשתרצה למוכרם לא תמכרם אלא לי בדמים הללו ולכל פירות (יותר ממה שהלוה) אסור ואמר רב הונא בריה דר' יהושע דלא כר' יהודה דאי כר' יהודה האמר צד אחד ברבית מותר והכא ליכא כי אם צד אחד ברבית דשמא לא ימכרם וגם הוי הלואה מדקאמר משכן ואפילו הכי שרי רבי יהודה וי"ל דהכי לא דמי כלל להלואת סאה בסאה דהתם ליכא צד מכר כלל אבל הכא וגבי משכן איכא צד אחד מכר:

רבא אמר רבית על מנת להחזיר איכא בינייהו · ולרבי מאיר דמתני' סבירא ליה שהיו מתכוונין להחזיר שכירות בית הכנסת כשחזרו ובהכי שרו כר' יהודה*:

לא השתנתי בתוך ד' אמות של תפלה · ואפילו היכא שיש היתר גמור כגון ששהה כדי הילוך ד' אמות:

ולא כניתי שם לחבירי · אפילו כינוי דלא הוי גנאי והא דאמרינן (ב"מ דף נח:) דהמכנה שם לחבירו אין לו חלק לעולם הבא היינו בכינוי של פגם משפחה:

הניחה לו ג' (*אלפים) גרבי יין · כדאמרינן הזהיר בקידוש היום זוכה ומתמלאים לו גרבי יין (שבת דף כג:):

שאלו תלמידיו את ר' פרידא במה הארכת ימים כו' · קשה דאדרבה היה בזכות שהיה שונה לתלמיד אחד ארבע מאות זימני ונפק בת קול (ו) ואמר כלה ליך דליזכי כולי דריה לעלמא דאתי או דליתיבי ד' מאה שנין אמר הקב"ה יהבו ליה הא והא (עירובין דף נד:) וי"ל דמעיקרא לא ידע כן עד לבסוף שראה שחיה כל כך:

כי

ע"ש להחזיר רש"י שם

[נ"ל מאות]

[נ"ל דסרי]

[וע"ע תוס' עירובין נד: תרגו עוד באופן אחר]

מסורת הש"ס

[גירסת סה"ע ורא"ש יהודה]

[ב"מ סג· סה:]

ב"מ ד' סג· ערכין דף לא· וע"ש פרש"י ותוס'

[שבת כג: וש"נ]

[ב"מ ליתא אמר אביי צד וכו']

ברכות ד' כב:

סוטה ד' לט·

[סוכה כח·]

רבינו חננאל

לו סך כו' עד בד"א שאין שם חבר עיר אבל יש שם חבר עיר תנתן לחבר עיר · כ"ש דעניי דידי ודידכו עלי סמיכי: **מתני'** אין מוכרין של רבים ליחיד כו' אין מוכרין בית הכנסת אלא על תנאי · פירוש שאם ירצו [שירצה] יחזירוהו דברי ר"מ ואוקשינן עלה ולר"מ היכי דיירי בה והלא רבית הוא ואוקמה ר' יוחנן ר"מ בשיטת רבי יהודה אמרה דתניא הרי שהיה נושה בחבירו מנה ועשה לו שדהו מכר כו' צד אחד ברבית · פירוש אם תהיה הלואה שתים בשלש וכיוצא בה הרי זו רבית גמורה · משני צדדין גבי מלוה וגבי לוה ושניהן עוברין אבל העושה שדהו מכר על תנאי [illegible] · ת"ק סבר רבית אפילו על מנת להחזיר כשיביא לו מעותיו אסור · ור' יהודה סבר כיון דבעידנא דמייתי ליה מעותיו מהדר ליה מאי דאכל מן הפירות שרי דלאו רביה דאורה תורה הוא: **פיסקא** וחכ"א מוכרין אותו ממכר עולם חוץ מד' דברים למרחץ ולבורסקי לבית הטבילה לבית המים · אמר שמואל מותר להשתין בתוך ד' אמות של תפלה והני מילי כגון בית או דרך וכיוצא בהן דלא קביעא קדושתייהו *) כגון בית הכנסת לא · ואסיקנא המתפלל מרחיק ד' אמות מהן דתנן כמה ירחיק מהן ומן הצואה ד' אמות · וכן המשתין צריך לשהות כדי הילוך ד' אמות ואח"כ יתפלל משום ניצוצות · וכן המתפלל צריך לשהות כדי הילוך ד' אמות וישתין · שכל ד' אמות תפלה סדורה בפיו ורחושי מרחשי שפוותיה · שאלו אלו כולן במה שהאריכו ימים כו' עד מתניתין ופשוטות הן ·

*) נראה דצ"ל אבל בהכנ"ס דקביע קדושתי' לא וכו':

מתניתין

הגהות הב"ח

(א) גמ' א"ל לא הוה לי חמרא לקידושא וכו' ואתאי ביה יין קידושא: (ב) שם כי ברכתיו וכן למר · נ"ב [illegible] היה שום ריוח לרב הונא בהא דהוו שדיין מנייהו עליה אפ"ה איקפד רב דשמא היה עת רצון ובדידיה [illegible] תלה ומתקיים דהיה מגיע לעושר גדול: (ג) רש"י ד"ה וחכ"א וכו' ממכר עולם ואפילו ליחיד: (ד) ד"ה אסר ריתא חגור עשב מין גמי: (ה) ד"ה ולא נשאתי את כפי לדוכן לברך ברכת כהנים בלא ברכה לפי שהכהנים: (ו) תוס' ד"ה שאלו וכו' בת קול ואמרה ליה ניחא לך דליזכי את וכוליה דריך לעלמא דאתי או דליתוסי לך חיי ד' מאה שנין אמר דניזכו אנא ודרי לעלמא דאתי אמר הקב"ה יהבו:

הגהות הגר"א

[א] רש"י ד"ה לבית המים (לכביסה אי נמי) תא"מ:

a town scholar[1] in charge there; but if there is a scholar in control there, it should be given to the town scholar, and all the more so in this case, seeing that both my poor and your poor depend upon me'.

MISHNAH. [A SYNAGOGUE][2] BELONGING TO A COMMUNITY[3] SHOULD NOT BE SOLD TO A PRIVATE PERSON BECAUSE ITS SANCTITY IS [THEREBY] LOWERED. SO R. MEIR. THEY SAID TO HIM: IF SO, IT SHOULD NOT BE ALLOWED TO SELL FROM A LARGER TOWN TO A SMALLER ONE.

GEMARA. That was a sound objection raised by the Rabbis against R. Meir, [was it not]? What says R. Meir to this?—[To sell] from a large town to a small one [is unobjectionable], because if it was holy to begin with, it is still holy now. But if it passes from a community to an individual, there is no holiness left.[4] [And what is the reply of] the Rabbis [to this]?—If that raises a scruple [in this case], in the other case also it raised a scruple, because
b *'in the multitude of people is the king's glory'.*[1]

MISHNAH. A SYNAGOGUE MAY NOT BE SOLD SAVE WITH THE STIPULATION THAT IT MAY BE BOUGHT BACK [BY THE SELLERS] WHENEVER THEY DESIRE. SO R. MEIR. THE SAGES, HOWEVER, SAY THAT IT MAY BE SOLD IN PERPETUITY, SAVE FOR FOUR PURPOSES—FOR A BATH, FOR A TANNERY, FOR A RITUAL BATH, OR FOR A LAUNDRY. R. JUDAH SAYS: IT MAY BE SOLD FOR [TURNING INTO] A COURTYARD, AND THE PURCHASER MAY DO WHAT HE LIKES WITH IT.

GEMARA. On R. Meir's ruling, how do people live in it? [The rent they pay] would be interest![2]—R. Johanan replied: R. Meir gave this ruling on the basis of the view of R. Judah, who said that interest which is only contingent[3] is permitted, as it has been taught:[4] 'If a man lent another a *maneh* and the latter made a [conditional] sale to him of his field,[5] if the vendor takes[6] the produce, this is permitted, but if the purchaser takes the produce, it is forbidden.[7] R. Judah said that even if the purchaser takes the produce it is permitted. Said R. Judah further: It happened once that Boethus b. Zunin made a sale of his field with the permission of R. Eleazar b. Azariah, and the purchaser took the produce. They said to him: Do you cite that as a proof? It was in fact the vendor who took the produce and not the purchaser'. On what point of principle did they differ?—On the question of contingent interest; one authority [R. Judah] held that contingent interest is permitted, and the other held that it is forbidden. Raba said: All authorities agree that contingent interest is forbidden, and the point at issue is the taking of interest on condition of returning it. One authority [R. Judah] held that to take interest on con-
c dition of returning it [when the principal is returned] is permitted,[1] while the other held that it is forbidden.

THE SAGES SAY HE MAY SELL IT IN PERPETUITY etc. Rab Judah said in the name of Samuel: It is permitted to a man to make water within four cubits of where prayers have been said. Said R. Joseph: What has he told us? We have already learnt it: R. JUDAH SAYS: IT MAY BE SOLD FOR USE AS A COURTYARD, AND THE PURCHASER MAY DO WHAT HE LIKES IN IT; And even the Rabbis did not forbid save in the synagogue itself, since its sanctity is permanent, but for the four adjoining cubits, the sanctity of which is not permanent,[2] they did not make such a rule.

A tanna recited in the presence of R. Naḥman: One who has just said prayers may go a distance of four cubits and make water, and one who has made water may go a distance of four cubits and pray. He said to him: I grant you that one who has made water may go four cubits and pray; this we have learnt:[3] 'How far should he remove from it and from excrement? Four cubits'. But why should one who has prayed remove four cubits before making water? If that is the rule, you have sanctified all the streets of Nehardea![4] Say, 'should wait' [the time it takes to go four cubits]. [Is that so?] I grant you that one who has made water should wait till he can go four cubits, on account of drippings [on his clothes]. But why should one who has just prayed wait long enough to go four cubits?—R. Ashi replied: Because for the time it takes to go four cubits his mouth is still full of his prayer[5] and his lips are still muttering it.

d (Mnemonic *Z'L'P'N'*).[1] R. Zaccai was asked by his disciples: In virtue of what have you reached such a good old age? He replied: Never in my life have I made water within four cubits of a place where prayers have been said, nor have I given an opprobrious epithet to my fellow, nor have I omitted [to perform] the sanctification of the [Sabbath] day.[2] I had a grandmother who once sold her headdress so as to bring me [wine for] the sanctification of the day. It was taught: When she died she left him three hundred barrels of wine, and when he died he left his sons three thousand barrels.

R. Huna once came before Rab girded with a string. He said to him, What is the meaning of this? He replied: I had no [wine for] sanctification, and I pledged my girdle so as to get some. He said: May it be the will of heaven that you be [one day] smothered in robes of silk. On the day when Rabbah his son was married, R. Huna, who was a short man, was lying on a bed and his daughters and daughters-in-law stripped [clothes] from themselves and threw them on him until he was smothered in silks. When Rab heard he was chagrined and said, Why when I blessed you did you not say, The same to you, Sir?[3]

R. Eleazar b. Shammua' was asked by his disciples: In virtue of what have you reached such a good old age? He replied: Never in my life have I made a short[4] cut through a synagogue, nor have I stepped upon the heads of the holy people,[5] nor have I lifted my hands [to say the priestly blessing] without reciting a blessing.[6]

R. Peridah was asked by his disciples: In virtue of what have you reached such a good old age? He replied: Never in my life have I allowed anyone to be before me at the house of study [28a],

a (1) חָבֵר עִיר. A Rabbi who took a leading part in the town affairs. [Others vocalize חֶבֶר 'a group' denoting either a town council similar to the Roman Collegia (Krauss) or an official communal religious or charity organization, v. Krauss, *Synagogale Altertümer* pp. 20ff and Weinberg, M. *Jeschurun*, 1929 pp. 240ff and 1930, 269ff]. (2) V. Rashi s.v. ורבנן. (3) Lit., 'to many'. (4) Since a quorum of at least ten is required for any act of sanctification (v. *supra* p. 142)—Rashi.

b (1) Prov. XIV, 28. The meaning is that the more worshippers, the greater the glory of God. (2) I.e., it becomes interest when the place is bought back and the first purchaser recovers his capital. (3) Lit., 'one side in interest'. (4) B.M. 63*a*. (5) I.e., saying, 'the field is sold from now if I do not repay'. (6) Lit., 'consumes'. (7) Because if the loan is repaid, this will appear like interest on his *maneh*.

c (1) According to R. Judah, when the loan is repaid, any profit that has been made out of the field in the interval is to be given up. The Rabbis, however, forbid even this since the lender does after all enjoy interest for the time being on the loan. V. B.M. (Sonc. ed.) 63*a* n. b 8. (2) But it lasts only while prayers are actually being said. (3) Ber. 22*b*. (4) For there is no space of four cubits in them in which prayers have not been said by somebody. (5) Lit., 'his prayer is ordered in his mouth'.

d (1) Z = Zaccai; L = Eleazar; P = Peridah; N = Neḥunia. (2) *Ḳiddush*, v. *P.B.* p. 142. (3) Because that might also have been fulfilled. (4) V. *infra* 28*a* n. d 2. (5) I.e., pushed the disciples out of the way in order to get to his place in the *beth ha-midrash*. It was the custom there to sit on the ground. (6) 'Blessed art thou . . who hast sanctified us with the sanctity of Aaron', v. Soṭ. 39*a*.

nor have I said grace before a *kohen*,[7] nor have I eaten of a beast
a from which the priestly dues[1] have not been given,[2] as R. Isaac said in the name of R. Joḥanan: It is forbidden to eat from an animal from which the priestly dues have not been given; and R. Isaac further said: To eat from an animal from which the priestly dues have not been given is like eating *ṭebel*.[3] The law, however, is not as stated by him. 'Nor did I say grace before a *kohen*'. This implies that this is a meritorious action. But has not R. Joḥanan said: 'If a *talmid ḥakam* allows even a high priest who is an ignoramus to say grace before him, that *talmid ḥakam* commits a mortal offence,[4] as it says, *All that hate me* [mesanne'ai] *love death;*[5] read not *mesanne'ai* [that hate me], but *masni'ai* [that make me hated]'?[6] —When R. Joḥanan made this remark, he was thinking of equals.[7]

R. Neḥunia b. ha-Ḳaneh was asked by his disciples: In virtue of what have you reached such a good old age? He replied: Never in my life have I sought respect through the degradation of my fellow, nor has the curse of my fellow gone up with me upon my bed, and I have been generous with my money.[8] 'I have not sought respect through the degradation of my fellow', as illustrated by R. Huna who once was carrying a spade on his shoulder when R. Ḥana b. Hanilai wanted to take it from him, but he said to him, If you are accustomed to carry in your own town, take it, but if not, I do not want to be paid respect through your degradation. 'Nor did the curse of my fellow go up on my bed with me'. This is illustrated by Mar Zuṭra, who, when he climbed into his bed said, I forgive all who have vexed me. 'I have been generous with my money', as a Master has said, 'Job was generous with his money; he used to leave with the shopkeeper a *peruṭah*[9] of his change'.

R. Akiba asked R. Neḥunia the great: In virtue of what have you reached such a good old age? His attendants came and beat
b him,[1] so he went and sat on the top of a date tree, and said to him: Rabbi, seeing that it says *'a lamb'*, why does it also say *'one'*?[2] Thereupon he [R. Neḥunia] said, He is a rabbinical student, leave him alone. He then answered his question, saying, *'One'* means 'unique in its flock'. Then he said to him: Never in my life have I accepted presents, nor have I insisted on retribution [when wronged],[3] and I have been generous with my money. 'I have not accepted presents', as illustrated by R. Eleazar, who, when presents were sent to him from the Prince would not accept them and when he was invited there would not go. He said to them: Do you not want me to live, since it says, *He that hateth gifts shall live?*[4] R. Zera, when presents were sent to him from the Prince, would not accept them, but when he was invited there he used to go, saying, They derive honour from my presence. 'Nor did I insist on retribution', as Raba said: 'He who waives his right to retribution[5] is forgiven all his sins, as it says, *that pardoneth iniquity and passeth by transgression*.[6] Whose iniquity is forgiven? The iniquity of him who passes by transgression.

Rabbi asked R. Joshua b. Korḥa: In virtue of what have you reached such a good old age? He said to him: Do you begrudge me my life?[7] Said Rabbi to him: This is [a point of] Torah, and it is important for me to learn. He replied: Never in my life have I gazed at the countenance[8] of a wicked man; for so R. Joḥanan said: It is forbidden to a man to gaze at the form of the countenance[9] of a wicked man, as it says, *Were it not that I regard the presence of Jehoshaphat the king of Judah, I would not look toward thee nor see thee*.[10] R. Eleazar said: His eyes become dim, as it says, *And it came to pass that when Isaac was old that his eyes were dim, so*
c *that he could not see;*[1] because he used to gaze at the wicked Esau. But was that the cause? Has not R. Isaac said: Let not the curse of an ordinary person ever seem of small account to thee, for Abimelech cursed Sarah, and it was fulfilled in her seed, as it says, *Behold he is for thee a covering* [kesuth] *of the eyes*.[2] Read not *'kesuth'* but *'kesiyath'* [blinding]?—Both caused the affliction. Raba said. We learn it from here, *It is not good to respect the person of the wicked*.[3] When he was about to depart life, Rabbi said to him, Bless me. He said to him: May it be heaven's will that you attain to half my days. Not to their whole length [he exclaimed]? Shall those who succeed you,[4] [he replied] pasture cattle?[5]

Abbuha b. Ihi and Minyamin b. Ihi [both left sayings on this subject]. One said: May I be rewarded[6] because I have never gazed at a Cuthean, and the other said, May I be rewarded because I have never gone into partnership with a Cuthean.

R. Zera was asked by his disciples: In virtue of what have you reached such a good old age? He replied: Never in my life have I been harsh with my household, nor have I stepped in front of one greater than myself, nor have I meditated on the Torah in filthy alleys,[7] nor have I gone four cubits without *Torah*[8] and *tefillin*,[9] nor have I slept in the *beth ha-midrash*,[9] either a long or a short sleep,[10] nor have I rejoiced in the downfall of my fellow, nor have I called my fellow by his nickname, (or, as some report, 'family nickname').[11]

MISHNAH. R. JUDAH SAID FURTHER:[12] IF A SYNAGOGUE HAS FALLEN INTO RUINS, IT IS NOT RIGHT TO DELIVER
d FUNERAL ORATIONS THEREIN NOR TO WIND ROPES[1] NOR TO SPREAD NETS NOR TO LAY OUT PRODUCE ON THE ROOF [TO DRY] NOR TO USE IT AS A SHORT CUT,[2] AS IT SAYS, AND I WILL BRING YOUR SANCTUARIES UNTO DESOLATION,[3] [WHICH IMPLIES THAT] THEIR HOLINESS REMAINS EVEN WHEN THEY ARE DESOLATE. IF GRASS COMES UP IN THEM, IT SHOULD NOT BE PLUCKED, SO AS TO EXCITE COMPASSION.[4]

GEMARA. Our Rabbis taught: 'Synagogues must not be treated disrespectfully. It is not right to eat or to drink in them

(7) But invariably gave him precedence, v. Giṭ. 59b.
a (1) The shoulder, the two cheeks and the maw. Deut. XVIII, 3. (2) BaḤ. reverses the order of the two last clauses. (3) Produce from which the priestly and levitical dues have not been separated. (4) [Lit., 'deserves death', a recurring rabbinic phrase not to be taken literally but merely as expressing strong indignation]. (5) Prov. VIII, 36. Wisdom is speaking. (6) The *talmid ḥakam* makes wisdom hated by allowing the ignoramus to have precedence. (7) I.e., where the priest is also a *talmid ḥakam*, even though not of equal standing (Tosaf.). (8) Lit., 'ready to excuse with my money'. (9) V. Glos.
b (1) For asking such a question, v. *infra*. (2) Num. XXVIII, 4, of the daily sacrifice: *one lamb in the evening* where *'a lamb'* would have been sufficient. (3) Lit., 'insisted on my measures'. (4) Prov. XV, 27. (5) Lit., 'passes by his measures'. (6) Micah VII, 18. (7) That you ask me such a question. (8) Lit., 'likeness', with reference to Gen. I, 26. (9) Lit., 'image of the likeness'. V. ibid. (10) II Kings III, 14. Spoken by Elisha to Jehoram.

c (1) Gen. XXVII, 1. (2) Ibid. XX, 16. (3) Prov. XVIII, 5. (4) Your children (Rashi). (5) They will also be scholars, and if you live too long, they will not enjoy a position of dignity. (6) Lit., 'let it come to me'. (7) V. Ber. 24b. (8) I.e., without conning words of Torah. (9) V. Glos. (10) Lit., 'a fixed or an accidental sleep'. (11) So Rashi. According to Maharsha the reading should be 'my nickname', i.e., a name of reproach which he himself would reject. [According to some edd. there is no difference in the meaning but in the Hebrew word used to express 'nickname', in the former version it is *ḥakinah*, in the latter *ḥanikah*]. (12) The point of the word 'further' is not clear, as R. Judah was the most lenient of the authorities quoted in the last Mishnah, and this Mishnah contains restrictions. V. Tosaf.
d (1) This is taken as typical of any kind of rough work which needs a great deal of room such as a synagogue would provide (Rashi). (2) קפנדריא, *compendiaria, sc. via*. (3) Lev. XXVI, 31. (4) In the beholders, and make them pray for the restoration of the holy place.

מאטטיה · הזרוע והלחיים והקיבה : ולא ברכתי · בסעודה לפני כהן דאמר מר (גיטין דף נט:) וקדשתו (ויקרא כא) לכל דבר שבקדושה לפתוח ראשון ולברך ראשון : משכילי · שגורמין לבני אדם לשנאותו שהרואה תלמיד חכם שפל לפני עם הארץ אומר אין נחת רוח בתורה : לא נתכבדתי כו' · תורה אור מפרש לה ואזיל : מרא · פורי"ש בלעז : וקא שקיל מיניה · לכבדו ושאלה הוא : דרית במאתיך · שאתה נושא כלי כזה בעירך : גוזי · סריסין היו עבדים משרתים אותו וקא מחו ליה לר"ע סבורין היו שהיה קן בחייו : אם נאמר כבש · את הכבש אחד תעשה בבקר : ולא עמדתי על מדותי . לשלם גמול רע למי שציערני : ללמוד אני צריך · אולי אוכל לקיים : לולא פני יהושפט מלך יהודה אני נושא אם אביט אליך ואם אראך · אלישע אמר כן ליהורם : הבאים אחריך בהמה ירעו · בתמיה (ג) אין טוב לך לחיות ימים רבים כמוני שא"כ לא יטלו בניך בגדולתך ואתה נשיא והם כל ימיהם יהיו הדיוטות : הרהרתי · דברי תורה : בלא תורה · גרסתי שגורה בפי תמיד: *(בחניכתו) · אם כינו שם לחבירו לגנאי : ואמרי לה (*בחכינתו) אפילו אותו כינוי שמסודר ובא לו ממשפחתו שם דופי כמו כתב חניכתו וחניכתה דמסכת גיטין (דף פז:) :

מתני' מפשילין חבלים · והוא הדין לכל מלאכות אלא לפי שהפשלת חבלים צריך מקום מרווח פנוי ובית הכנסת גדול הוא וראוי ומספיק לכך : מפני עגמת נפש · מניחין בו עשבים כדי שתהא עגמת נפש לרואיהן ושיזכירו את ימי בניינו ואת שהיו רגילין להתאסף שם יבקשו רחמים שיחזרו לקדמותו :

גמ' אין אוכלין בהן כו' ולא גרסינן ואין אוכלין בהן דכולהו פירושא דקלות ראש הן לשון קלות שמקילין אותה : ואין

(א)ולא ברכתי לפני כהן *ולא אכלתי מבהמה שלא הורמו מתנותיה *דא"ר יצחק א"ר יוחנן אסור לאכול מבהמה שלא הורמו מתנותיה ואמר ר' יצחק *כל האוכל מבהמה שלא הורמו מתנותיה כאילו אוכל טבלים °ולית הלכתא כוותיה ולא ברכתי לפני כהן למימרא דמעליותא היא והא א"ר יוחנן כל תלמיד חכם שמברך לפניו אפילו כ"ג עם הארץ אותו ת"ח חייב מיתה שנאמר °כל משנאי אהבו מות *אל תקרי משנאי אלא משניאי כי קאמר איהו בשוין שאלו תלמידיו את רבי נחוניא בן הקנה במה הארכת ימים אמר להם מימי לא נתכבדתי בקלון חברי ולא עלתה על מטתי קללת חברי וותרן בממוני הייתי לא נתכבדתי בקלון חברי כי האדרב הונא דרי מרא אכתפיה אתא רב חנא בר חנילאי וקא *דרי מיניה א"ל אי רגילת דדרית במאתיך דרי ואי לא אתייקורי אנא בזילותא דידך לא ניחא לי ולא עלתה על מטתי קללת חברי כי הא דמר זוטרא כי הוה סליק לפורייה אמר שרי ליה (ב) לכל מאן דצערן וותרן בממוני הייתי *דאמר מר איוב וותרן בממוניה הוה שהיה מניח פרוטה לחנוני ממمוניה שאל ר"ע את רבי נחוניא הגדול (אמר לו) במה הארכת ימים אתו *גוזי וקא מחו ליה סליק יתיב ארישא *דדיקלא א"ל רבי אם נאמר °כבש למה נאמר אחד אמר להו צורבא מדרבנן הוא שבקוהו א"ל אחד *מיוחד שבעדרו א"ל מימי לא קבלתי מתנות ולא עמדתי על מדותי וותרן בממוני הייתי לא קבלתי מתנות כי הא *דר' אלעזר כי הוו משדרי ליה מתנות מבי נשיאה לא הוה שקיל כי הוה מזמני ליה לא הוה אזיל אמר להו לא ניחא לכו דאחיה דכתיב °שונא מתנות יחיה ר' זירא כי הוו משדרי ליה מבי נשיאה לא הוה שקיל כי הוה מזמני ליה אזיל אמר אתייקורי דמתייקרי בי ולא עמדתי על מדותי *דאמר רבא °כל המעביר על מדותיו מעבירין ממנו כל פשעיו שנאמר[א] °נושא עון ועובר על פשע למי נושא עון למי שעובר על פשע °שאל רבי את ר' יהושע בן קרחה במה הארכת ימים א"ל קצת בחיי אמר לו רבי *תורה היא וללמוד אני צריך א"ל מימי לא נסתכלתי בדמות אדם רשע דאמר ר' יוחנן אסור לאדם °להסתכל בצלם דמות אדם רשע שנאמר °לולא פני יהושפט מלך יהודה אני נושא אם אביט אליך ואם אראך ר"א אמר עיניו כהות שנאמר °ויהי כי זקן יצחק ותכהין עיניו מראות משום דאסתכל בעשו הרשע והא גרמא ליה *והאמר ר' יצחק לעולם אל תהי קללת הדיוט קלה בעיניך שהרי אבימלך קלל את שרה ונתקיים בזרעה שנאמר °הנה הוא לך כסות עינים אל תקרי כסות אלא כסיית עינים הא והא גרמא ליה רבא אמר מהכא°° שאת פני רשע לא טוב בשעת פטירתו א"ל[רבי] ברכני א"ל יהי רצון שתגיע לחצי ימי ולכולהו לא אמרלו הבאים אחריך בהמה ירעו אבוה בר איהי ומנימן בר איהי חד אמר תיתי לי דלא אסתכלי בכותי וחד אמר תיתי לי דלא עבדי שותפות בהדי כותי *שאלו תלמידיו את ר' זירא במה הארכת ימים אמר להם מימי לא הקפדתי בתוך ביתי ולא צעדתי בפני מי שגדול ממני °ולא הרהרתי במבואות המטונפות ולא הלכתי ד"א בלא תורה ובלא תפילין °ולא ישנתי בבית המדרש לא שינת קבע ולא שינת עראי ולא ששתי בתקלת חבירי ולא קראתי לחבירי (*בחניכתו) ואמרי לה *(בחכינתו): **מתני'** ועוד א"ר יהודה בית הכנסת שחרב אין מספידין בתוכו ואין מפשילין בתוכו חבלים ואין פורשין לתוכו מצודות ואין שוטחין על גגו פירות ואין עושין אותו קפנדריא שנאמר °והשמותי את מקדשכם °קדושתן אף כשהן שוממין עלו בו עשבים לא יתלוש מפני עגמת נפש: **גמ'** ת"ר *בתי כנסיות אין נוהגין בהן קלות ראש אין אוכלין בהן ואין שותין בהן ואין

°) מיכה ז °°) משלי יח *) [צ"ל בחניכתו כך הגי' בע"י ומעתה מובן פרש"י על נכון דמייתי ראייה ממשנה גיטין פז:]

כי קאמר איהו בשוין · וקשה מאי רבותא והא כתיב וקדשתו לכל דבר שבקדושה *לברך ראשון וי"ל דשוין לאו דוקא אלא כלומר שהכהן נמי תלמיד חכם אמנם אינו חשוב כמותו ואפי' הכי לא היה רבי פרידא רוצה לקרות לפניו וגם צריך לומר דשאר כהנים היו כפופים לרבי פרידא דאל"כ לא הוי רבותא כדחזינן פרק הניזקין (גיטין דף נט· ושם) דרב הונא לא הוי קרי בכהני אי לאו דרבי אמי ורבי אסי כהני חשיבי דארעא דישראל הוו כייפי ליה ועי"ל דהא דאמר התם דרב הונא לא הוה קרי בכהני אלא משום דשאר כהני כייפו ליה היינו דווקא בשבתות וי"מ דאיכא כינופיא אבל בב' ובה' קורא שפיר בפני כהן אע"ג דלא הוי גדול כ"כ וכדיוקא זה יש בהדיא פרק הניזקין ורבי פרידא לא רצה לקרות בפני כהן אפילו בב' ובה' ורש"י פירש דהכא מיירי בברכת המזון וה"נ משמע לישנא דלא ברכתי מדלא קאמר ולא קריתי וברכת המזון לא נתקן להן משום דרכי שלום ואפי' הכי לא היה רוצה רבי פרידא לברך בפני הכהן : **תיתי** לי דלא עבדי שותפות עם הכותי · אפי' בענין שאינו יכול לבא לידי שבועה ואפילו יחול עליו שבועה יפטרנו דשרי בשאר בני אדם אפ"ה לא היה רוצה לעשות* :

ועוד א"ר יהודה בית הכנסת שחרב · קשה מאי ועוד דהא לעיל הוה מקיל טפי מחכמים והכא הוא מחמיר ואם כן מאי ועוד וי"ל דקאי אהא דאמר ר' יהודה ברישא מוכרין אותו לשם חצר ודוקא לשם חצר קאמר אבל סתם אינה יורדת מקדושתה והיינו ועוד דאמר ר' יהודה כלומר ועוד חומרא אחרת מלבד הראשונה* :

אין אוכלין ואין שותין בהן · והא דאמר בריש ערבי פסחים (פסחים דף קא· ושם) דאורחין אכלו ושתו (ד) בבי כנישתא רוצה לומר בחדר הסמוכה לבית הכנסת : בתי

[מו"ק כח:]

כז א מיי' פ"ט מהל' בכורים הל' יד :

כח ב מיי' פי"א מהל' תשובה הלכה י טוש"ע א"ח סי' קנג סעיף א בהג"ה :

כט ג מיי' פי"א מהל' ק"ש הלכה ד טוש"ע א"ח סי' קנג :

ל ד מיי' פי"ד מהל' תפלה הל' ט טוש"ע יו"ד סי' רמו סעיף טו :

לא ה מיי' פי"א מהל' תפלה הלכה יא סמ"ג עשין יט טוש"ע א"ח סי' קנא סעיף י :

לב ו מיי' שם הלכה ו טוש"ע שם סעיף א:

[עי' תוס' בכורות ב: ד"ה שמא ותוס' סנהדרין סג: ד"ה אסור]

[עי' תוס' עירובין כג· ד"ה אי לימא]

רבינו חננאל

ועוד א"ר יהודה בית הכנסת שחרב אין מספידין בו ואין מפשילין לתוכו חבלים ואין פורשין בתוכו מצודות ואין שוטחין על גגו פירות ואין עושין אותו קפנדריא שנאמר והשמותי את מקדשיכם קדושתן בהן אף כשהן שוממין · עלו בו עשבים לא יתלוש מפני עגמת נפש : ת"ר בתי כנסיות אין נוהגין בהן קלות ראש אין אוכלין ואין שותין

הגהות הב"ח

(א) גמ' ולא אכלתי מבהמה שלא הורמו מתנותיה ולא ברכתי לפני כהן דאמר רבי יצחק : (ב) שם שרי ליה מריה לכל מאן : (ג) רש"י ד"ה הבאים וכו' בתמיה כלומר אין טוב : (ד) תוס' ד"ה אין אוכלין וכו' ושתו וגנו בבי כנישתא :

[חולין לג:מדי'] [חולין קלב: ע"ש] שם וע"ש שאול רבה בר בר חנה [שבת קיח: עירובין נד:] [צ"ל בחניכתו] [צ"ל בחניכתו] ב"ב דף יו: [גי' הערוך גוזאי] [יומא לה: ע:] [חולין מד:] משלי טו ר"ה דף יז· יומא דף כג· ודף פז· ברכות סב· מלכים ב ג בראשית כז לעיל טו· ע"ש ב"ק צג· בראשית כ תענית כ: ע"ש [צ"ל בחניכתו] ויקרא כו תוספ' פ"ב

הגהות הגר"א [א] גמרא נושא עון ועובר על פשע למי עובר. על פשע למי שנושא עון (כך שמע סכותב מסיין) :

גליון הש"ס גמ' שאל רבי את ר' יהושע ב"ק· עי' ב"ב דף קיג ע"א תוד"ה וממו כס : שם להסתכל בצלם· דוקא להסתכל בו ביותר ולהסתכן בו בלעו ובכמותו בו ראיה בעלמא שרי מ"ל ספרי רכו·

לג א ב ג מיי' פי"א מהל' תפלה הלכה ו ז ט סמג עשין יט טוש"ע א"ח סי' קנא ס"א :
לד ד מיי' שם הלכה ז טוש"ע א"ח שם וטוש"ע י"ד סי' שמג סעיף יט :
לה ה סמג עשין יב טוש"ע י"ד סי' רמו סעיף כא בהגה"ה :
לו ו מיי' פי"א מהל' אסורי ביאה הל' ד סמג לאוין קיא טוש"ע י"ד סימן קפג :

בתי כנסיות של בבל על תנאי הן עשויין · רוצה לומר כל זמן שהן בטלין דהא חזינן בברייתא דלעיל וגם (ה) שהאמוראים לא היו רוצים ליכנס בהן בגשמים מפני גשמים אלא משום דשמעתא בעי צילותא והכא מיירי כשחרב דאז מהני התנאי ודווקא לאותן שבבבל מהני התנאי שהרי לעת בא גואל במהרה בימינו תפקע קדושתן אבל לאותן שבארץ ישראל לא מהני תנאי שהרי קדושתן לעולם קיימת וא"ת כיון דמהני תנאי לאותן שבבבל א"כ קשה מההיא דלעיל (דף כו:) דרבינא דהוה ליה (ו) בי כנישתא בארעיה ואמר ליה רב אשי זיל זבנה משבעה טובי העיר ואמאי איצטריך לעשות כן אחר שנחרב וי"ל משום דזרעה דזריעה הוי קלות ראש ביותר ועגמת נפש ומשום הכי אסור אפי' בחורבנה* :

ואעפ"כ אין נוהגין בהן קלות ראש · פירוש בבנינה שהרי בחורבנה שרי בכל הכי ואצטריך לאשמועינן משום דסלקא דעתך אמינא דדווקא אכילה ושתיה דהוי קלות ראש ביותר הוא דאסור אבל חשבונות דלא הוי קלות ראש כל כך סלקא דעתך אמינא דשריא קמ"ל דלא : **שאפילו** רואות טפת דם כחרדל יושבות עליה שבעה נקיים · ולא קשיא מהא דאמר בנדה (דף סו.) ובפרק יוצא דופן (שם ד' מג.) שאפילו כעין חרדל טמא דשמא התם לא מיירי להצריכה שבעה נקיים אלא להיות נדה דאורייתא וקשיא היאך מליט טפה כחרדל הגורמת שבעה נקיים בדאורייתא דודאי לא תקנו חכמים דבר דלית דכוותה דאורייתא ויש לומר דאשכחנא בה שפיר בז' לספירתה שסותרת הכל :

[ועי' תוס' ב"ב ג: ד"ה ועיילים]

[כשמגבשת רוח לפונית שנקרא' אסתנא יום אורה היא ונוחה לכל עי' רש"י בעירובין וכן תוס' בקדושין יב: ד"ה הא דרוח לפוני' מונעת הגשמים]

ואין ניאותין בהם ואין מטיילין בהם ואין נכנסין בהן בחמה מפני החמה ובגשמים מפני הגשמים ואין מספידין בהן הספד של יחיד אבל קורין בהן ושונין בהן ומספידין בהן הספד של רבים א"ר יהודה אימתי בישובן אבל בחורבנן מניחין אותן ועולין בהן עשבים ולא יתלוש מפני עגמת נפש עשבים מאן דכר שמייהו חסורי מיחסרא והכי קתני ומכבדין אותן ומרביצין אותן כדי שלא יעלו בהן עשבים א"ר יהודה אימתי בישובן אבל בחורבנן מניחין אותן לַעֲלוֹת עלו בהם עשבים לא יתלוש מפני עגמת נפש א"ר אסי בתי כנסיות שבבבל על תנאי הן עשויין ואעפ"כ אין נוהגין בהן קלות ראש ומאי ניהו *חשבונות אמר רב אסי בהכ"נ שמחשבין בו חשבונות מלינין בו את המת מלינין סלקא דעתך לא סגי דלאו הכי אלא לסוף שילינו בו מת מצוה : ואין ניאותין בהן : אמר רבא [ז]חכמים ותלמידיהם מותרין דאמר ריב"ל מאי בי רבנן ביתא דרבנן : ואין נכנסין בהן בחמה מפני החמה ובגשמים מפני הגשמים : כי הא דרבינא ורב אדא בר מתנה הוו קיימי ושאלי שאילתא מרבא אתא זילחא דמיטרא עיילי לבי כנישתא אמרי האי דעיילינן לבי כנישתא לאו משום מיטרא אלא משום *דשמעתא בעא צילותא כיומא *דאסתנא א"ל רב אחא בריה דרבא לרב אשי אי אצטריך ליה לאיניש למיקרי גברא מבי כנישתא מאי א"ל [ה]אי צורבא מרבנן הוא לימא הלכתא ואי תנא הוא לימא מתני' ואי קרא הוא לימא פסוקא ואי לא לימא ליה לינוקא אימא לי פסוקך א"נ נישהי פורתא וניקום : ומספידין בהן הספד של רבים : ה"ד הספידא דרבים [ו]מחוי רב חסדא כגון הספידא דקאי ביה רב ששת מחוי רב ששת כגון הספידא דקאי ביה רב חסדא רפרם אספדה לכלתיה בבי כנישתא אמר משום יקרא דידי ודמיתא אתו כוליה עלמא ר' זירא ספדיה להההוא מרבנן בבי כנישתא אמר אי משום יקרא דידי אי משום יקרא (א) דידיה דמיתא אתו כולי עלמא ריש לקיש ספדיה להההוא צורבא מרבנן דשכיח בארעא דישראל דהוי תני הלכתא בכ"ד שורתא אמר ווי חסרא ארעא דישראל גברא רבה ההוא דהוי תני הלכתא סיפרא וסיפרי ותוספתא ושכיב אתו ואמרו ליה לרב נחמן (ב) ליספדיה מר אמר היכי נספדיה הי צנא דמלי סיפרי דחסר *תא חזי מה בין תקיפי דארעא דישראל לחסידי דבבל תנן התם *[ח]ודאשתמש בתגא חלף *תני ריש לקיש זה המשתמש במי ששונה הלכות (ג) כתרה של תורה ואמר עולא לשתמש איניש במאן דתני ארבעה ולא לשתמש במאן דמתני ארבעה כי הא דריש לקיש הוה אזיל באורחא מטא עורקמא דמיא אתא ההוא גברא ארכביה אכתפיה וקא מעבר ליה א"ל קרית אמר ליה קרינא תנית תנינא ארבעה סידרי משנה א"ל פסלת לך ארבעה טורי וטענת בר לקיש אכתפך שדי בר לקישא במיא אמר ליה ניחא לי דאשמעינן למר אי הכי גמור מיני הא מלתא דאמר ר' זירא [ט]בנות ישראל הן *החמירו על עצמן שאפילו רואות טיפת דם כחרדל יושבות עליו שבעה נקיים תנא דבי אליהו כל *השונה הלכות מובטח לו שהוא בן עולם הבא שנאמר °הליכות עולם לו אל תקרי הליכות אלא הלכות ת"ר מבטלין

[חבקוק ג]

[תענית כג: חולין קכב:]

אבות פ"א מי"ג [גי' הערוך ערך תג אמר ריש לקיש כו']

עירובין סה · ע"ש

ברכות ד' לא· נדה דף סו· שם דף מג·

ואין מתקשטין לתוכו ואין מטיילין שם : הספד של רבים · של תלמיד חכם שמת שצריכין להתאסף ולהספידו ובית הכנסת ראוי לכך לפי שהוא בית גדול : מאן דכר שמייהו · היכא שמעינן לתנא קמא לעשות בהן דבר שמונעים מלעלות עשבים : אימתי · מכבדין ומרבצין אותן בייסובן לאחר שמכבדין מזלפין את המים להרביץ את האבק : על תנאי · על מנת שישתמשו בהן : מלינין בו · משמע דחובה היא להלין בה את המת : לסוף שילינו בו מתי מצוה · שימותו בעיר מתים שאין להן קוברין : מאי בי רבנן · למה קורין בתי מדרשות בי רבנן לפי שביתם הוא לכל דבר : זילחא דמטרא · זרם מים שאין בכח : לאו משום מיטרא · שיגן עלינו מפני הגשמים שאם לא היינו עוסקין בשמעתא לא היינו נכנסין : צילותא · דעת צלולה ומיושבת שאינו טרוד בכלום מחשבה : אי צריכא ליה לאיניש למיקרי גברא מבי כנישתא · מאי ניעביד · מאחר שאין נכנסין בהן שלא לצורך : לימא ליינוקא · שהתינוקות היו רגילין לקרות בבית הכנסת : כגון הספידא דקאי בי רב ששת · אם ימות אדם אחד בי רב ששת : אמר אי משום יקרא דידי אי משום יקרא דמיתא · הוה ליה הספד של רבים : אתו כולי עלמא · לספוד : דהוה תני הלכתא · שהיה שונה משניות לתלמידים : בכ"ד שורות · של תלמידים : הכי גרסינן חסרא ליה ארעא דישראל גברא רבה : היכי אספיד · במאי אספדנו : הי צנא מלא סיפרי · אינו אלא כסל שמילאוהו ספרים ואין מבין מה בתוכו אף שונה הלכות ולא שימש ת"ח ללמוד שיביטהו טעמי משנה ופעמים שדברי משנה סותרין זה את זה וצריך לתרצה כגון הכא במאי עסקינן וכגון הא מני רבי פלוני היא וכגון חסורי מיחסרא אינו יודע מה שונה : תקיפי ארעא דישראל · ריש לקיש דאמרינן במסכת יומא (דף ט:) דאפילו בהדי רבה בר בר חנה לא משתעי דמלין דמשתעי בהדי ריש לקיש בשוקא יהבין ליה עיסקא בלא סהדי : רב נחמן בר יצחק מחסידי בבל בשילהי מסכת סוטה (דף מט:) דקאמר ליה לא תיתני יראת חטא דהיכא אנא : בתגא · כתר תורה : חלף · עבר מן העולם : עורקמא דמיא · שלולית של מים מכונסין : דאשמעי' · שאשמש לאדוני : שהחמירו על עצמן · דמדאורייתא אין צריכה שבעה נקיים אלא הרואה שלשה ימים רצופים בתוך י"א יום שבין נדה לנדה אבל בתחלת נדתה אפילו ראתה כל שבעה ופסקה לערב טובלת בלילה והן החמירו על עצמן לפי שאין הכל בקיאים בפתח נדתה אימתי הן עומדות בי"א ימים שבין נדה לנדה ואם תאמר לא יחמירו אלא בג' רצופין דכתיב ימים רבים בלא עת נדתה (ויקרא טו) פעמים שראיית דם נדה (ד) מזקיקתה לשבעה נקיים מן התורה כיצד התחילה לספור שבעה נקיים לאחר שהיתה זבה גמורה וספרה שבעה נקיים ובשביעי ראתה אפי' כחרדל סתרה הכל וצריכה לחזור ולספור שבעה נקיים אי נמי שמא ראתה שני ימים ולא ידעה והיום ראתה וידעה דהוו להו שלשה ימים רצופין וצריכה שבעה נקיים ועל כן החמירו : להכנסת

הגהות הב"ח

(א) גמ' אי משום יקרא דמיתא כצ"ל ותיבת דידיה נמחק: (ב) שם ואמרו ליה לרב נחמן בר יצחק ליספדיה מר : (ג) שם המשתמש במי ששונה הלכות ואמר עולא כצ"ל ותיבות כתרה של תורה נמחק : (ד) רש"י ד"ה שהחמירו וכו' פעמים שראיית דם נדה פעם אחת מזקיקתה: (ה) תוס' ד"ה בתי וכו' וגם האמוראים שלא היו : (ו) בא"ד דהוה ליה הילא בי כנישתא :

רבינו חננאל

ואין ניאותין ואין מטיילין בהן ואין נכנסין בהן מפני החמה ומפני הגשמים ואם צריכי לעיוני בשמעתא דשמעתא צריכא צילותא אע"ג דמיחזי דמפני החמה או מפני הגשמים קא עיילי שרי . וקורין בהן ושונין בהן ומספידין בהן הספד של רבים כגון הספידא דקאי בי רב חסדא או רב ששת וכיוצא בהן · רפרם ספדא לכלתיה בבנישתא כו' ור' זירא ספדיה להההוא מרבנן בבי כנישתא כו' : ומכבדין ומרביצין אותן · א"ר יהודה אימתי בישובן אבל בחורבנן מניחין אותן ועולין בהן עשבים מפני עגמת נפש שנראין כשדה זרע · א"ר אסי בתי כנסיות שבבבל על תנאי הן עשוין · כל שעה שירצה יחזיר לקרמותיה ואף על פי כן אין נוהגין בהן קלות ראש : ומה נינהו חשבונות דאמר רב ששת בתי כנסיות שמחשבין בהן חשבונות של רבים לסוף מלינין בהן מת מצוה · ואין ניאותין בהן אמר רבא חכמים ותלמידיהן מותרין בהן · מאי בי רבנן · ביתא דרבנן · מאן דאיצטריך למיעל

[28b], nor to dress up in them, nor to stroll about in them, nor to go into them in summer to escape the heat and in the rainy season to escape the rain, nor to deliver a private funeral address[5] in them. But it is right to read [the Scriptures] in them and to repeat the Mishnah and to deliver public funeral addresses.[6] R. Judah said: When is this? When they are still in use; but when they are abandoned, grass is allowed to grow in them, and it should not be plucked, so as to excite compassion'. Who was speaking about grass?—There is an omission, and the statement should read thus: 'They should be swept and watered so that grass should not grow in them. R. Judah said: When is this? When they are in use; but when they are abandoned, grass is allowed to grow in them; if grass does grow, it is not plucked, so that it may excite compassion'.

R. Assi said: The synagogues of Babylon have been built with a stipulation,[7] and even so they must not be treated disrespectfully. What [for instance] is this?—Doing calculations [for business purposes] in them. R. Assi said: A synagogue in which people make calculations is used for keeping a dead body in over night. You actually think it is used for keeping a dead body in?—Is there
a no way otherwise? But [say] in the end a *meth mizwah*[1] will be kept there over night.

'Nor to dress up in it'. Raba said: The Sages and their disciples are permitted, since R. Joshua b. Levi has said: What is the meaning of '*Be Rabbanan*'?[2] The Rabbis' house.

'Nor to go into them in summer to escape the heat and in the rainy season to escape the rain'. For instance, Rabina and R. Ada b. Mattenah were once standing and asking questions of Raba when a shower of rain came on. They went into the synagogue, saying, Why we have gone into the synagogue is not because of the rain, but because the discussion of a legal point requires clarity, like a clear day.[3]

R. Aha the son of Raba asked R. Ashi: If a man has occasion to call another out of synagogue, what is he to do? He replied: If he is a rabbinical student, let him say some *halachah*; if he is a tanna,[4] let him repeat a Mishnah; if he is a *Kara*,[5] let him say a verse of Scripture; if none of these, let him say to a child, 'Repeat me the last verse you have learnt'; or else let him stay a little while and then get up.

'To deliver public funeral addresses[6] in them'. What is meant by a public funeral address?—R. Hisda gave as an example, For instance, a funeral address at which R. Shesheth is present.[7] R. Shesheth mentioned as an example: For instance, a funeral address at which R. Hisda is present.[8] Rafram had a funeral address delivered for his daughter-in-law in the synagogue, saying, To
b pay honour to me and to the dead[1] all the people will come.[2]

R. Zera delivered a funeral address for a certain rabbinical student in the synagogue, saying, Whether to pay honour to me or to pay honour to the dead, all the public will come.

Resh Lakish delivered a funeral address for a certain rabbinical student who frequented the Land of Israel and who used to repeat *halachoth*[3] before twenty-four rows [of disciples]. He said: Alas! The Land of Israel has lost a great man. [On the other hand] there was a certain man who used to repeat *halachoth*, *Sifra* and *Sifre* and *Tosefta*,[4] and when he died they came and said to R. Nahman, Sir, will you deliver a funeral oration for him, and he said, How are we to deliver over him an address: Alas! A bag full of books has been lost![5] Observe now the difference between the rigorous scholars of the Land of Israel and the saints of Babylon.[6]

We have learnt in another place:[7] 'Whoever makes use of a crown, passeth away [from the world]' and Resh Lakish commented: This applies to one who accepts service from one who can repeat *halachoth*, and 'Ulla said: A man may accept service from one who can repeat the four [orders of the Mishnah][8] but not from one who can [also] teach[9] them. This is illustrated by the following story of Resh Lakish, He was once travelling along a road when he came to a pool of water, and a man came up and put him on his shoulders and began taking him across. He said to the man: Can you read[9] the Scriptures? He answered, I can. Can you repeat the Mishnah? [He replied], I can repeat four orders of the Mishnah. Resh Lakish thereupon said: You have hewn four rocks, and you carry Resh Lakish on your shoulder? Throw the son of Lakisha into the water! He replied: I would
c sooner that your honour tell me something.[1] If so, he replied, learn from me this dictum which was enunciated by R. Zera: 'The daughters of Israel imposed spontaneously upon themselves the restriction that if they saw [on their garments] a spot of blood no bigger than a mustard seed, they waited for seven days without issue [before taking a ritual bath].[2]

It was taught in the *Tanna debe Eliyyahu*:[3] 'Whoever repeats *halachoth* may rest assured that he is destined for the future world, as it says, *His goings* [halikoth] *are to eternity*.[4] Read not *halikoth* but *halachoth*'.

(5) I.e., one not attended by the general public. (6) V. *infra*. (7) Thus they may be used for various purposes.

a (1) As punishment many will die and there will be no near relatives found to attend to their burial. V. Glos. (2) Lit., 'at the Rabbis', the common name for the College, exactly equivalent to the French *chez les Rabbins*, *be* being a contraction of *beth* (the house of). (3) Lit., 'a day of the north wind'. They could not think clearly in the rain. (4) V. Glos. s.v. (*b*). (5) Lit., 'reader'; one who could recite correctly the Scriptures by heart; v. *supra* 22a n. a 5. (6) Heb. *hesped*. This was an address in honour of the dead designed to evoke lamentation and mourning, and often delivered by a professional orator called a *safdan*. (7) Lit., 'a *hesped* at which R. Shesheth stands'. (V. Maharsha). (8) R. Shesheth and R. Hisda desired to pay compliments to one another.

b (1) Rashi reads: Whether to pay honour to me or to the dead. (2) This makes it a public funeral address. (3) Traditional teachings. (4) Sifra is the *halachic* midrash on Leviticus; Sifre the *halachic* midrash on Num. V to the end of Deuteronomy; Tosefta the Baraitha of R. Hiyya; v. Sanh. Sonc. ed., p. 567, n. 1. (5) As much as to say, that would not redound to his praise: he could only repeat these books parrot-like, but did not know what they meant. (6) Resh Lakish was from Palestine, R. Nahman from Babylon. On the rigour of the former v. Yoma 9b; on the saintliness of the latter v. Sot. 49b. (7) Ab. I. (8) Apparently the Orders of Zera'im and Toharoth were not considered so necessary as no longer having practical application (V. Maharsha). (9) I.e., explain.

c (1) So that he might be indebted to Resh Lakish and be allowed to perform service for him. (2) Whereas the law demanded this only if an issue was observed three days running, during the eleven days between the menses, v. *supra* 8b n. 4. (3) I.e., in a Baraitha attributed to Elijah; v. Keth. (Sonc. ed.) 106a n. a 2. (4) Hab. III, 6. E.V. '*as of old*'.

Our Rabbis taught: [29a] The study of the Torah may be suspended for escorting a dead body to the burying place and a bride to the canopy. It was recorded of R. Judah b. Ila'i that he used to suspend the study of the Torah for escorting a dead body to the burying place and a bride to the canopy. When does this rule [regarding the dead] apply? When there are not present sufficient numbers [to pay him due honour]; but if sufficient numbers are available, [the study of the Torah] is not suspended. What numbers are sufficient?—R. Samuel b. Inia said in the name of Rab: Twelve thousand and [in addition] six thousand trumpets, or, as according to another version, twelve thousand men of whom six thousand have trumpets. 'Ulla said: Enough to make a procession extending from the burying ground to the town gate. R. Shesheth said: The withdrawal of the Torah[5] should correspond to its delivery:[6] as its delivery was in the presence of sixty myriads, so its withdrawal should be accompanied by sixty myriads. This applies to one who knew by heart Scripture and Mishnah; but for one who [also] taught the Mishnah there is no limit.[7]

It has been taught: R. Simon b. Yoḥai said: Come and see how beloved are Israel in the sight of God, in that to every place to which they were exiled the *Shechinah* went with them. They were exiled to Egypt and the *Shechinah* was with them, as it says, *Did*
a *I reveal myself unto the house of thy father when they were in Egypt.*[1] They were exiled to Babylon, and the *Shechinah* was with them, as it says, *For your sake I was sent to Babylon.*[2] And when they will be redeemed in the future, the *Shechinah* will be with them, as it says, *Then the Lord thy God will return* [*with*] *thy captivity.*[3] It does not say here *we-heshib* [and he shall bring back] but *we-shab* [and he shall return]. This teaches us that the Holy One, blessed be He, will return with them from the places of exile.

Where [is the *Shechinah*] in Babylon?—Abaye said: In the synagogue of Huẓal[4] and in the synagogue of Shaf-weyathib[5] in Nehardea. Do not, however, imagine that it is in both places,[6] but it is sometimes in one and sometimes in the other. Said Abaye: May I be rewarded[7] because whenever I am within a *parasang*[8] I go in and pray there.

The father of Samuel and Levi were sitting in the synagogue which 'moved and settled' in Nehardea. The *Shechinah* came and they heard a sound of tumult and rose and went out. R. Shesheth was once sitting in the synagogue which 'moved and settled' in Nehardea, when the *Shechinah* came. He did not go out, and the ministering angels came and threatened him. He turned to Him
b and said: Sovereign of the Universe, if one is afflicted[1] and one is not afflicted, who gives way to whom? God thereupon said to them: Leave him.

Yet have I been to them as a little sanctuary.[2] R. Isaac said: This refers to the synagogue and houses of learning in Babylon. R. Eleazar says: This refers to the house of our teacher[3] in Babylon.

Raba gave the following exposition: What is the meaning of the verse, *Lord, thou hast been our dwelling* [ma'on] *place?*[4] This refers to synagogues and houses of learning. Abaye said: Formerly I used to study at home and pray in the synagogue, but when I noticed[5] the words of David, *O Lord, I love the habitation* [me'on] *of thy house,*[6] I began to study also in the synagogue.

It has been taught: R. Eleazar ha-Ḳappar says: The synagogues and houses of learning in Babylon will in time to come be planted in Eretz Israel, as it says, *For as Tabor among the mountains and as Carmel by the sea came.*[7] Now can we not draw an inference here ◁

(5) I.e., the burial of a learned man. (6) At Mount Sinai. (7) V. Keth. 17a.

a (1) I Sam. II, 27. This is taken to mean that God revealed himself to Aaron in Egypt even before Moses came. (2) Isa. XLIII, 14. E.V. (incorrectly) '*have sent*'. (3) Deut. XXX, 3. (4) [V. *supra* 5b n. c1. Sherira Gaon, in his Epistle (ed. Lewin p. 73) locates it 'near the Beth Hamidrash of Ezra the Scribe, below Nehardea']. (5) שף ויתיב Lit., 'that moved and settled'. The name for a synagogue in Nehardea which according to tradition was built with materials brought by King Jeconiah and his companions from Jerusalem at the time of the first captivity. [For this tradition v. Sherira Gaon op. cit. p. 72-3, where the passage is also found with variants: Rab said in the synagogue of Huẓal, Samuel said in the synagogue of Shaf-weyathib in Nehardea. The name is also spelled שפיתיב and is regarded by some as being a name of a place, v. Krauss, *Synagogale Altertümer* pp. 214ff and Obermeyer pp. 299ff]. (6) Lit., 'here and there'. [Sherira Gaon: 'here and not there']. (7) Lit., 'may it come to me'. (8) Of either of these synagogues.

b (1) R. Shesheth was blind. (2) Ezek. XI, 16. (3) Rab. [The reference is to the venerable old Synagogue founded by Rab in Sura of which there is frequent mention in the Geonic Responsa; v. Krauss, *Synagogale Altertümer*, p. 221 and Ginzberg, *Geonica*, p. 41]. (4) Ps. XC, 1. (5) Lit., 'heard' or 'understood'. This means apparently that his attention was called to them by the exposition of Raba. (6) Ibid. XXVI, 8. (7) Jer. XLVI, 18. E.V. '*As Tabor . . . he shall come*'. According to tradition these two mountains (or their angelic guardians) came to Sinai at the giving of the Law.

◁ *For the continuation of the English translation of this page see overleaf.*

מבטלין ת"ת להוצאת המת ולהכנסת הכלה *אמרו עליו על ר' יהודה בר' אילעאי שהיה מבטל ת"ת להוצאת המת ולהכנסת הכלה בד"א בשאין שם כל צורכו אבל יש שם כל צורכו אין מבטלין וכמה כל צורכו אמר רב שמואל בר איניא משמיה דרב תריסר אלפי גברי ושיתא אלפי שיפורי ואמרי לה תריסר אלפי גברי ומינייהו שיתא אלפי שיפורי עולא אמר כגון דחייצי גברי מאבולא עד סיכרא רב ששת אמר כנתינתה כך נטילתה מה נתינתה בששים ריבוא אף נטילתה בס' ריבוא ה"מ למאן דקרי ותני אבל למאן דמתני לית ליה שיעורא תניא ר"ש בן יוחי אומר בוא וראה כמה חביבין ישראל לפני הקב"ה שבכל מקום שגלו שכינה עמהן גלו למצרים שכינה עמהן שנאמר הנגלה נגליתי לבית אביך בהיותם במצרים וגו' גלו לבבל שכינה עמהן שנאמר למענכם שלחתי בבלה ואף כשהן עתידין ליגאל שכינה עמהן שנאמר ושב ה' אלהיך את שבותך והשיב לא נאמר אלא ושב מלמד שהקב"ה שב עמהן מבין הגליות (א) בבבל היכא אמר אביי בבי כנישתא דהוצל ובבי כנישתא דשף ויתיב בנהרדעא ולא תימא הכא והכא אלא זמנין הכא וזמנין הכא אמר אביי תיתי לי דכי מרחיקנא פרסה עיילנא ומצלינא התם אבוה דשמואל [ולוי] הוו יתבי בכנישתא דשף ויתיב בנהרדעא אתיא שכינה שמעו קול ריגשא [קמו ונפקו רב ששת הוה יתיב בבי כנישתא דשף ויתיב בנהרדעא אתיא שכינה] ולא נפק אתו מלאכי השרת וקא מבעתו ליה אמר לפניו רבש"ע עלוב ושאינו עלוב (ב) מי נדחה מפני מי אמר להו שבקוהו ואהי להם למקדש מעט אמר רבי יצחק אלו בתי כנסיות ובתי מדרשות שבבבל ור"א אמר זה בית רבינו שבבבל דרש רבא מאי דכתיב ה' מעון אתה היית לנו אלו בתי כנסיות ובתי מדרשות *אמר אביי מריש הואי גריסנא בביתא ומצלינא בבי כנישתא כיון דשמעית להא דקאמר דוד ה' אהבתי מעון ביתך (ג) הואי גריסנא בבי כנישתא תניא ר"א הקפר אומר עתידין בתי כנסיות ובתי מדרשות שבבבל שיקבעו בא"י שנאמר כי כתבור בהרים וככרמל בים יבא והלא דברים ק"ו ומה תבור וכרמל שלא באו אלא לפי שעה ללמוד תורה נקבעים בארץ ישראל בתי כנסיות ובתי מדרשות שקורין ומרביצין בהן תורה עאכ"ו דרש בר קפרא מאי דכתיב למה תרצדון הרים גבנונים יצתה בת קול ואמרה להם למה תרצו דין עם סיני כולכם בעלי מומים אתם אצל סיני כתיב הכא גבנונים וכתיב התם או גבן או דק אמר רב אשי ש"מ האי מאן דיהיר בעל מום הוא: אין עושין אותו קפנדריא: מאי *קפנדריא אמר רבא קפנדריא כשמה מאי כשמה כמאן דאמר אדמקיפנא אדרי איעול בהא א"ר אבהו אם היה שביל מעיקרא מותר אר"נ בר יצחק הנכנס ע"מ שלא לעשות קפנדריא מותר לעשותו קפנדריא וא"ר חלבו אמר ר"ה הנכנס לבהכ"נ להתפלל [א] מותר לעשותו קפנדריא שנא' ובבא עם הארץ לפני ה' במועדים הבא דרך שער צפון להשתחוות יצא דרך שער נגב: עלו בו עשבים לא יתלוש מפני עגמת נפש: והתניא אינו תולש ומאכיל אבל תולש ומניח כי תנן נמי מתני' תולש ומאכיל תנן ת"ר *בית הקברות אין נוהגין בהן קלות ראש אין מרעין בהן בהמה ואין מוליכין בהן אמת המים ואין מלקטין בהן עשבים ואם ליקט שורפן במקומן מפני כבוד מתים אהייא אילימא אסיפא כיון ששורפן במקומן מאי כבוד מתים איכא אלא ארישא:

מתני' ר"ח אדר שחל להיות בשבת קורין בפרשת שקלים חל להיות בתוך השבת מקדימין לשעבר ומפסיקין לשבת אחרת בשניה זכור בשלישית פרה אדומה ברביעית החודש הזה לכם בחמישית חוזרין לכסדרן לכל מפסיקין בראשי חדשים בחנוכה ובפורים בתעניות ובמעמדות וביוה"כ: **גמ'** תנן התם *באחד באדר משמיעין על השקלים ועל

רש"י

להכנסת כלה · ללוותה מבית אביה לבית חופתה: כגון דחייצי גברי · מחיצות אנשים משער העיר עד בית הקברות מקום שסופדין אותו שם: כנתינתה · של תורה: דשף ויתיב · ובנאה יכניה וסיעתו מאבנים ועפר שהביאו עמהן בגלותן לקיים מה שנאמר כי רצו עבדיך את אבניה ואת עפרה יחוננו (תהלים קב): דכי מרחקנא פרסה · (ד) אני נכנס להתפלל בתוכו: רב ששת · סגי נהור הוה: בית רבינו · רב: וככרמל בים יבא · למדנו שעבר כרמל את הים ולאימתי היה בשעת מתן תורה: כשמה · כמשמעה: אדמקיפנא אדרי · בעוד שאקיף שורות של בתים הללו אכנס דרך הבית הזה ואקצר את הדרך ממבוי למבוי ובית הכנסת בין שניהן: מעיקרא · קודם שנבנה בית הכנסת שם: ארישא · משום כבודן של מתים אין נוהגין בהן קלות ראש קאי:

מתני' קורין בפרשת שקלים · להודיע שיביאו שקליהן באחד כדי שיקריבו באחד בניסן מתרומה חדשה כדאמרינן בגמרא: ומפסיקין לשבת הבאה · מלומר פרשה שנייה כדי שתקרא פרשת זכור בשבת הסמוכה לפורים לסמוך מחיית עמלק למחיית המן: פרה אדומה · להזהיר את ישראל לטהר שיעשו פסחיהן בטהרה: ברביעית החודש הזה לכם · שהם פרשת הפסח ובס"ש ירושלמי גרסינן אמר ר' חמא בר חנינא דין הוא שיקדים החודש לפרשת פרה שהרי באחד בניסן הוקם המשכן ובשני לו נשרפה הפרה ומפני מה הקדימוה שהיא טהרתן של ישראל: לכל מפסיקין · מלקרות בענין היום וקורין בענין מועד מעין המאורע: למעמדות · וקורין במעשה בראשית כדקתני לקמן במתני': גמ' משמיעין על השקלים · בהכרזת בית דין ועל

תוספות

מבטלין תלמוד תורה להוצאת המת · ולא קשיא מההיא דמס' דרך ארץ (זוטא פ"ח) דאמרי' מעשה ברבי עקיבא שמצא מת מצוה בדרך ונשאו ארבעה מילין עד שהביאו לבית הקברות וכשבא אצל ר' אליעזר ור' יהושע וספר להם אמרו לו על כל פסיעה ופסיעה שפסעת כאילו שפכת דם נקי לא היה מפני שבטל למודו אלא משום שהזיזו ממקומו ומת מצוה קונה מקומו*:

הני מילי למאן דקרי ותני אבל למאן דמתני לית ליה שיעורא · ממילא שמעינן דלמאן דלא קרי ותני אית ליה שיעורא ואין מבטלין תלמוד תורה בשבילו אלא כדי צורכו להתעסק בו ודוקא לענין ביטול תורה אבל לענין ביטול מלאכה אסור לכל בני העיר שהרי בפרק אלו מגלחין (מו"ק דף כז: ושם) לא מחלק בענין איסור מלאכה בין מאן דקרי ותני למאן דלא קרי ותני*:

אין מרעין בהן בהמות · משום כבודן של מתים אבל האילנות שנוטעין בהן מותרין ואין בהם משום כבודן של מתים אחרי שאינן על הקברים עצמן:

לכל מפסיקין וכו' וליום הכפורים · צריך לומר דמיירי במנחת יום הכפורים שחל להיות בשבת והאי קאמר שמפסיקין מן הסדר שחל בלאו הכי שבת וקורין בפרשת עריות וכן בכל הני שאין קורין אלא ג' כגון תעניות ומעמדות וחנוכה ופורים ליכא למימר דמיירי ביום הכפורים שחרית שקורין בפרשת אחרי מות בחול שהרי בשבת ובשבת שבעה דה"ל למתני נקט יום הכפורים אפילו שאר מועדות נמי:

עין משפט נר מצוה

לז א ב מיי' פי"ד מהל' אבל הל' ט סמג עשין ב טוש"ע י"ד סימן שסא סעיף א:

לח ג ד ה ו מיי' פי"א מהל' תפלה הל' ח סמג עשין יח טוש"ע א"ח סימן קנא סעי' ה:

[עי' תוס' כתובות יז: ד"ה מבטלין]

לט ז מיי' שם הלכה יא טור ש"ע שם סעיף ו:

מ ח מיי' פי"ד מהל' אבל הל' יג סמג עשין מד"ס ג טוש"ע י"ד סימן שסח סעיף א:

מא ט מיי' פי"ג מהל' תפלה הלכה כ סמג עשין יט טוש"ע א"ח סימן תרפה סעיף א:

[וע"ע תוס' כתובות יז: ד"ה אבל]

מב י מיי' שם טוש"ע שם סעיף ח:

מג כ מיי' שם טוש"ע שם סעיף ג:

מד ל מיי' שם טוש"ע שם ס"ג:

מה מ מיי' שם טוש"ע שם סעיף ד:

מו נ מיי' פ"א מהל' שקלים הלכה ט סמג עשין מח:

תהלים צ

[ג' הילקוט בתהלים רמז תת"ד רבא וכן גרס עין יעקב]

מסורת הש"ס

כתובות דף יז. לעיל ד' ג: [אבות דר"נ פ"ד] · [תענית טז:] · [ברכו' ה' ע"ב] · תהלים כו · ירמיה מו · תהלים סח · ויקרא כא · ברכות סב: · יחזקאל מו · [שמחות פי"ד ע"ש] · לעיל דף יג: מו"ק דף ו: שקלים דף ב:

הגהות הב"ח

(א) גמ' מבין הגליות בבבל היכא אמר אביי: (ב) שם ושאינו עלוב יכול ושאינו יכול מי נדחה: (ג) שם מעון ביתך לא הוה גריסנא אלא בבי כנישתא היכא דמצלינא: (ד) רש"י ד"ה דכי מרחקנא פרסה (אני וכו' בתוכו) תא"מ ונ"ב ס"א כשאני מסלק בדרך בתוכו מקום אפילו אני מרבה עלי את הדרך אני נכנס שם ומתפלל בתוכו:

רבינו חננאל

למיעל בי כנישתא אי צורבא מרבנן הוא לימא שמעתא. אי תנא הוא לימא הלכתא · אי קרא הוא לימא פסוקא · ואי לא לימא ליה לינוקא מאי פסקין · ונשתמש בתגא חלף פירוש המשתמש במאן דמתני שמעתא ראוי להרינה · כל השונה הלכות מובטח לו שהוא בן עוה"ב שנאמר הליכות עולם לו: ת"ר מבטלין תלמוד תורה להוצאת המת ולהכנסת כלה · בד"א בשאין שם כל צרכו · וכמה כל צרכו י"ב אלפי גברי ושיתא אלפי שיפורי כו' · והני מילי למאן דתני וקרי פירוש קרא או תנא אבל דמתני שמעתא לית ליה שיעורא · תניא רשב"י

חביבין ישראל שבכ"מ שגלו גלה שכינה עמהם כו' ופשוטה היא. עד דרש רבא ה' מעון אתה היית לנו אלו בתי כנסיות ומדרשות · אמר רבא כיון דשמעית להא לא יתיבנא וגריסנא אלא בבי כנישתא שנאמר ה' אהבתי מעון ביתך וגו' · אין עושין בית הכנסת קפנדריא · מאי קפנדריא אמר רבא קפנדריא כשמה · פירוש קפנדריא לשון יון כשהתחיה חצר שיש לה ב' פתחים ונכנס מזה ויוצא מזה · ואם היה שביל מעיקרא מותר · פירוש קפנדריא שיכנס בבית הכנסת מפתח זה ויצא בפתח שכנגדו להקצר הדרך נקרא קפנדריא · אמר רב נחמן הנכנס בבית הכנסת על מנת כו' · אמר רב חנא הנכנס לבית הכנסת להתפלל מותר לעשותו קפנדריא שנאמר ובבא עם הארץ לפני ה' במועדים וגו' ואוקמנא למתניתין נמי הכי · עלו בו עשבים לא יתלוש מפני עגמת נפש · ת"ר בבית הקברות אין נוהגין בהן קלות ראש ואין מרעין בהן בהמה כו' · מתני' ר"ח אדר שחל להיות בשבת קורין בפרשת שקלים

הגהות הגר"א

[א] גמ' מותר · ל"ג מלות כן גירסת הרא"ש (כמן אלא כל"ש (ליכא מותר) · וכרי"ף בכרסת

גליון הש"ס

גמ' בבי כנישתא דשף · עיין רמב"ן במלחמות פ"ב דכתובות: שם מריש הואי גריסנא · עיין ברכות ד' ח ע"א:

Continuation of translation from previous page as indicated by ◁

a fortiori: Seeing that Carmel and Tabor which came only on a single occasion to learn the Torah are implanted in Eretz Israel, how much more must this be the case with the synagogues and houses of learning where the Torah is read and expounded![8]

Bar Kappara gave the following exposition: What is the meaning of the verse, *Why look ye askance* [terazedun], *ye mountains of peaks.*[9] A *bath kol*[10] went forth and said to them: Why do ye desire litigation [*tirzu din*] with Sinai? Ye are all full of blemishes as compared with Sinai. It is written here *gabnunim* [with peaks], and it is written elsewhere *or crookbacked* [gibben] *or a dwarf.*[11] R. Ashi observed: You can learn from this that if a man is arrogant, this is a blemish in him.

IT SHOULD NOT BE USED AS A SHORT CUT [KAPANDRIA].
c What is *kapandria?*[1] Raba said: *Kapandria* is as its name implies. What does its name imply?—As if one were to say, Instead of going round the block [*makifna adare*], I will go through here. R. Abbahu said: If a road passed through there originally,[2] it is permitted. R. Nahman b. Isaac said: If one goes in without any intention of using it as a short cut, he may afterwards use it as a short cut. And R. Helbo said in the name of R. Huna: If one enters a synagogue to pray, he may[3] afterwards use it as a short cut, as it says, *But when the people of the land shall come before the Lord at the appointed seasons, he that entereth by way of the north gate to worship shall go forth by way of the south gate.*[4]

IF GRASS HAS GROWN IN IT, IT SHOULD NOT BE PLUCKED, SO AS TO EXCITE COMPASSION. But it has been taught: 'It should not be plucked and given as food [to cattle], but it may be plucked and left there'?—The statement in our Mishnah also refers to plucking and giving for food.

Our Rabbis taught: 'Burying grounds must not be treated disrespectfully. Cattle should not be fed in them, nor should a watercourse be turned through them, nor should grass be plucked in them, and if it is plucked, it should be burnt on the spot, out of respect for the dead'. To what do these last words apply? Shall I say, to the last clause? If it is burnt on the spot, what respect does this show for the dead? It must be then to the preceding clauses.

MISHNAH. IF THE NEW MOON OF ADAR FALLS ON SABBATH, THE PORTION OF SHEKALIM[5] IS READ [ON THAT DAY]. IF IT FALLS IN THE MIDDLE OF THE WEEK, IT IS READ ON THE SABBATH BEFORE, AND ON THE NEXT SABBATH THERE
d IS A BREAK.[1] ON THE SECOND [OF THE SPECIAL SABBATHS] ZAKOR[2] IS READ, ON THE THIRD THE PORTION OF THE RED HEIFER,[3] ON THE FOURTH 'THIS MONTH SHALL BE TO YOU.'[4] ON THE FIFTH THE REGULAR ORDER[5] IS RESUMED. [THE REGULAR READING][6] IS INTERRUPTED FOR ANY SPECIAL OCCASION: FOR NEW MOONS, FOR HANUKKAH, FOR PURIM, FOR FASTS, FOR MA'AMADOTH,[7] AND FOR THE DAY OF ATONEMENT.[8]

GEMARA. We have learnt in another place: 'On the first of

(8) Lit., 'spread (learning among many)'. (9) Ps. LXVIII, 17. According to tradition, all the mountains were jealous of Sinai. (10) V. Glos. (11) Lev. XXI, 20.

c (1) V. supra 28*a* n. d 2. (2) I.e., before the synagogue was built. (3) According to Asheri, this is not only permitted but is a duty. (4) Ezek. XLVI, 9. (5) The Gemara discusses what this is.

d (1) In the series of four special Sabbaths; v. supra 6*b* n. b 5. (2) Deut. XXV, 17-19; on account of Purim. (3) Num. XIX, calling the people's attention to the need of ritual cleanness for participating in the Paschal lamb soon to be offered. (4) Ex. XII; on account of the proximity of Passover. (5) V. Gemara *infra*. (6) The Pentateuch is divided into a number of portions (*sidra*), one to be read on each Sabbath of the year, commencing with the Sabbath after Tabernacles. The opening verses of each weekly portion are also read on Sabbath afternoon, and in the morning service on the Monday and Thursday of that week. It is the weekday reading that is here primarily referred to. (7) V. Glos. (8) In the *Minhah* service, even when it falls on Sabbath (v. Tosaf.).

מבטלין ת"ת להוצאת המת ולהכנסת הכלה *אמרו עליו על ר' יהודה בר' אילעאי שהיה מבטל ת"ת להוצאת המת ולהכנסת הכלה בד"א בשאין שם כל צורכו אבל יש שם כל צורכו אין מבטלין וכמה כל צורכו אמר רב שמואל בר איניא משמיה דרב תריסר אלפי גברי ושיתא אלפי שיפורי ואמרי לה תריסר אלפי גברי ומינייהו שיתא אלפי שיפורי עולא אמר כגון דחייצי גברי מאבולא עד סיכרא רב ששת אמר כנתינתה כך נטילתה מה נתינתה בששים ריבוא אף נטילתה בס' ריבוא ה"מ למאן דקרי ותני אבל למאן דמתני לית ליה שיעורא תניא ר"ש בן יוחי אומר בוא וראה כמה חביבין ישראל לפני הקב"ה שבכל מקום שגלו שכינה עמהן גלו למצרים שכינה עמהן שנאמר הנגלה נגליתי לבית אביך בהיותם במצרים וגו' גלו לבבל שכינה עמהן שנאמר למענכם שלחתי בבלה ואף כשהן עתידין ליגאל שכינה עמהן שנאמר ושב ה' אלהיך את שבותך והשיב לא נאמר אלא ושב מלמד שהקב"ה שב עמהן מבין הגליות (א) בבבל היכא אמר אביי בבי כנישתא דהוצל ובבי כנישתא דשף ויתיב בנהרדעא ולא תימא הכא והכא אלא זמנין הכא וזמנין הכא אמר אביי תיתי לי דכי מרחיקנא פרסה עיילנא ומצלינא התם אבוה דשמואל [ולוי] הוו יתבי בכנישתא דשף ויתיב בנהרדעא אתיא שכינה שמעו קול ריגשא [קמו ונפקו רב ששת הוה יתיב בבי כנישתא דשף ויתיב בנהרדעא אתיא שכינה] ולא נפק אתו מלאכי השרת וקא מבעתו ליה אמר לפניו רבש"ע עלוב ושאינו עלוב (ב) מי נדחה מפני מי אמר להו שבקוהו ואהי להם למקדש מעט אמר רבי יצחק אלו בתי כנסיות ובתי מדרשות שבבבל ור"א אמר זה בית רבינו שבבבל דרש רבא מאי דכתיב ה' מעון אתה היית לנו אלו בתי כנסיות ובתי מדרשות *אמר *אביי *מריש הואי גריסנא בביתא ומצלינא בבי כנשתא כיון דשמעית להא דקאמר דוד ה' אהבתי מעון ביתך (ג) הואי גריסנא בבי כנישתא תניא ר"א הקפר אומר עתידין בתי כנסיות ובתי מדרשות שבבבל שיקבעו בא"י שנאמר כי כתבור בהרים וככרמל בים יבא והלא דברים ק"ו ומה תבור וכרמל שלא באו אלא לפי שעה ללמוד תורה נקבעים בארץ ישראל בתי כנסיות ובתי מדרשות שקורין ומרביצין בהן תורה עאכ"ו דרש בר קפרא מאי דכתיב למה תרצדון הרים גבנונים יצתה בת קול ואמרה להם למה תרצו דין עם סיני כולכם בעלי מומים אתם אצל סיני כתיב הכא גבנונים וכתיב התם או גבן או דק אמר רב אשי ש"מ האי מאן דיהיר בעל מום הוא: אין עושין אותו קפנדריא: מאי *קפנדריא אמר רבא קפנדריא כשמה מאי כשמה כמאן דאמר אדמקפנא אדרי איעול בהא א"ר אבהו אם היה שביל מעיקרא מותר אר"נ בר יצחק הנכנס ע"מ שלא לעשות קפנדריא מותר לעשותו קפנדריא וא"ר חלבו אמר רב הונא הנכנס לבהכ"נ להתפלל [א] מותר לעשותו קפנדריא שנא' ובבא עם הארץ לפני ה' במועדים הבא דרך שער צפון להשתחוות יצא דרך שער נגב: עלו בו עשבים לא יתלוש מפני עגמת נפש: והתניא אינו תולש ומאכיל אבל תולש ומניח תנן נמי מתני' תולש ומאכיל תנן ת"ר *בית הקברות אין נוהגין בהן קלות ראש אין מרעין בהן בהמה ואין מוליכין בהן אמת המים ואין מלקטין בהן עשבים ואם ליקט שורפן במקומן מפני כבוד מתים אהייא אילימא אסיפא כיון ששורפן במקומן מאי כבוד מתים איכא אלא ארישא: **מתני'** ר"ח אדר שחל להיות בשבת קורין בפרשת שקלים חל להיות בתוך השבת מקדימין לשעבר ומפסיקין לשבת אחרת בשניה זכור בשלישית פרה אדומה ברביעית החודש הזה לכם בחמישית חוזרין לכסדרן לכל מפסיקין בראשי חדשים בחנוכה ובפורים בתעניות ובמעמדות וביוה"כ: **גמ'** תנן התם* באחד באדר משמיעין על השקלים ועל

רש"י

להכנסת כלה · ללוותה מבית אביה לבית חופתה: כגון דחייצי גברי · מחילת אנשים משער העיר עד בית הקברות מקום שסופדין אותו שם: כנתינתה · של תורה: דשף ויתיב · ובנאה יכניה וסיעתו מאבנים ועפר שהביאו עמהן בגלותן לקיים מה שנאמר כי רצו עבדיך את אבניה ואת עפרה יחוננו (תהלים קב): דכי מרחיקנא פרסה · (ד) אני נכנס להתפלל בתוכו: רב ששת · סגי נהור הוה: בית רבינו · רב: וככרמל בים יבא · למדנו שעבר כרמל את הים ולאימתי היה בשעת מתן תורה: כשמה · כמשמעה: אדמקיפנא אדרי איעול בהא · בעוד שאקיף שורות של בתים הללו אכנס דרך הבית הזה ואקצר את הדרך ממבוי למבוי ובית הכנסת בין שניהן: מעיקרא · קודם שנבנה בית הכנסת שם: ארישא · משום כבודן של מתים אין נוהגין בהן קלות ראש קאי:

מתני' קורין בפרשת שקלים · להודיע שיביאו שקליהן באדר כדי שיקריבו באחד בניסן מתרומה חדשה כדאמרינן בגמרא: ומפסיקין לשבת הבאה · מלומר פרשה שנייה כדי שתקרא פרשת זכור בשבת הסמוכה לפורים לסמוך מחיית עמלק למחיית המן: פרה אדומה · להזהיר את ישראל לטהר שיעשו פסחיהן בטהרה: ברביעית החודש הזה לכם · שהם פרשת הפסח ובש"ס ירושלמי גרסינן אמר ר' חמא בדין הוא שיקדום החודש לפרשת פרה שהרי באחד בניסן הוקם המשכן ושני לו נשרפה הפרה ומפני מה הקדימוה שהיא טהרתן של ישראל: לכל מפסיקין · מלקרות בענין היום וקורין בענין מועד מענין המאורע: למעמדות · וקורין במעשה בראשית כדקתני לקמן במתני': **גמ'** משמיעין על השקלים · בהכרזת בית דין: ועל

תוספות

מבטלין תלמוד תורה להוצאת המת · ולא קשיא מההיא דמס' דרך ארץ (זוטא פ"ח) דאמרי' מעשה ברבי עקיבא שמצא מת מצוה בדרך ונשאו ארבעה מילין עד שהביאו לבית הקברות וכשבא אצל ר' יהושע ור' אליעזר וספר להם אמרו לו על כל פסיעה ופסיעה שפסעת כאילו שפכת דם נקי לא היה מפני שבטל למודו אלא משום שהזיזו ממקומו ומת מצוה קונה מקומו*:

הני מילי למאן דקרי ותני אבל למאן דמתני לית ליה שיעורא · ממילא שמעינן דלמאן דלא קרי ותני אית ליה שיעורא ואין מבטלין תלמוד תורה בשבילו אלא כדי צורכו להתעסק בו ודוקא לענין ביטול תורה אבל לענין ביטול מלאכה אסור לכל בני העיר שהרי בפרק אלו מגלחין (מו"ק דף כז: ושם) לא מחלק בענין איסור מלאכה בין מאן דקרי ותני למאן דלא קרי ותני*:

אין מרעין בהן בהמות · משום כבודן של מתים אבל האילנות שנוטעין בהן מותרין ואין בהם משום כבודן של מתים אחרי שאינן על הקברים עצמן:

לכל מפסיקין וכו' וליום הכפורים · צריך לומר דמיירי במנחת יום הכפורים שחל להיות בשבת והא קאמר שמפסיקין מן הסדר שחל באותו שבת וקורין בפרשת עריות וכן בכל הני שאין קורין אלא ג' כגון תעניות ומעמדות וחנוכה ופורים דליכא למימר דמיירי ביום הכפורים שחרית שקורין בפרשת אחרי מות בחול שהוא ובשבת שבעה דא"כ אמאי נקט יום הכפורים אפילו שאר מועדות נמי: ועל

עין משפט נר מצוה

לז א ב מיי' פי"ד מהל' אבל הל' ט סמג עשין ב טוש"ע י"ד סימן שסא סעיף א:
לח ג ד ה ו מיי' פי"א מהל' תפלה הל' ט סמג עשין יח טוש"ע א"ח סימן קנא סעי' ה:
[עי' תוס' כתובות יז: ד"ה מבטלין]
לט ז מיי' שם הלכה יא טור ש"ע שם סעיף י:
מ ח מיי' פי"ד מהל' אבל הל' יג סמג עשין מד"ס ג טוש"ע י"ד סימן שסח סעיף א:
מא ט מיי' פי"ג מהל' תפלה הלכה ב סמג עשין יט טוש"ע א"ח סימן תרפה סעיף א:
[ועי' תוס' כתובות יז: ד"ה אבל]
מב י מיי' שם טוש"ע שם סעיף ח:
מג כ מיי' שם טוש"ע שם סעיף ג:
מד ל מיי' שם ס"ג:
מה מ מיי' שם טוש"ע שם סעיף ד:
מו נ מיי' פ"א מהל' שקלים הלכה ט סמג עשין מח:

תהלים צ
[גי' הילקוט בתהלים רמז תש"ד רבא וכן גרס עין יעקב]

מסורת הש"ס

כתובות דף יז. לעיל ד' ג: [אבות דר"נ פ"ד]
ש"א ב · ישעיה מג · דברים ל · יחזקאל יא
[תענית סו:]
[ברכו' ה' ע"ש]
תהלים כו
ירמיה מו
תהלים סח
ויקרא כא
ברכות סב: ע"ש
יחזקאל מו
[שמחות פי"ד ע"ש]
לעיל דף יג: מו"ק דף ו: שקלים דף ב:

הגהות הב"ח

(א) גמ' מבין הגליות שכינה בבבל היכא שריא אמר אביי: (ב) שם ושאינו עלוב יכול ושאינו יכול מי נדחה. (ג) שם מעון ביתך לא הואי גריסנא אלא בבי כנישתא היכא דמצלינא: (ד) רש"י ד"ה דכי מרחיקנא פרסה (אני וכו' בתוכו) תא"מ ונ"ב ס"א כשאני מהלך בדרך בתוכו מקום אפילו אני מרבה עלי את הדרך אני נכנס שם ומתפלל בתוכו:

רבינו חננאל

למיעל בי כנישתא אי צורבא מרבנן הוא לימא שמעתא. אי תנא הוא לימא הלכתא · אי קרא הוא לימא פסוקא · ואי לא לימא ליה לינוקא מאי פסוקך. ומשתמש בתגא חלף · פירוש המשתמש במאן דמתני שמעתא ראוי להריגה · כל השונה הלכות מובטח לו שהוא בן עוה"ב שנאמר הליכות עולם לו: ת"ר מבטלין תלמוד תורה להוצאת המת ולהכנסת כלה · בד"א כשאין שם כל צרכו · וכמה כל צרכו י"ב אלפי גברי ושיתא אלפי שיפורי כו' · והני מילי למאן דתני וקרי פירוש קרא או תנא אבל דמתני שמעתא לית ליה שיעורא · תניא רשב"י חביבין ישראל שבכ"מ שגלו גלה שכינה עמהם כו' ופשוטה היא. עד דרש רבא ה' מעון אתה היית לנו אלו בתי כנסיות ומדרשות · אמר רבא כיון דשמעית להא לא יתיבנא וגריסנא אלא בבי כנישתא שנאמר ה' אהבתי מעון ביתך וגו' · אין עושין בית הכנסת קפנדריא · פירוש קפנדריא מותר · פירוש קפנדריא לשון יון כשתהיה חצר שיש לה ב' פתחים אחד במזרח ואחד במערב הנכנס בזה ויוצא כנגדו מפסיק החצר נקרא קפנדריא · אמר רב נחמן הנכנס בבית הכנסת על מנת כו' · אמר רב הונא הנכנס לבית הכנסת להתפלל מותר לעשותו קפנדריא שנאמר ובבוא עם הארץ לפני ה' במועדים וגו' אוקימנא למתניתין נמי הכי · עלו בו עשבים לא יתלוש להאכיל אבל תולש ומניח מפני עגמת נפש: ת"ר בבית הקברות אין נוהגין בהן קלות ראש וכו' עד אם ליקט שורפן במקומן: מתני' ר"ח שחל להיות בשבת קורין בפרשת שקלים

הגהות הגר"א · **גליון הש"ס**

[א] גמ' מותר · ל"ב מלוה כן גירסת הרא"ש (כתן אבל הרא"ש ליתא מותר) · וכרי"ף בכרכום: גמ' בבי כנישתא דשף · עיין ברכות ל: בתוספות: שם מריש הואי גריסנא · עיין ברכות ד' ח ע"א:

עין משפט נר מצוה

מז א מיי' פ"ב מהל' כלאים הלכה טו:
מח ב מיי' פ"ב מהל' שקלים הלכה ה ופ"ד הל' יא סמג עשין מה:
מט ג טוש"ע א"ח סי' תכט סעיף א:
נ ד מיי' פ"א מהל' שקלים הלכה ט:
נא ה ו מיי' פי"ג מהל' תפלה הלכה כ כב סמג עשין יט טוש"ע א"ח סימן תרפה סעיף א:
נב ז מיי' שם הלכה א:
נג ח מיי' שם הלכה כג סמג שם טוש"ע שם:
נד ט י מיי' שם הל' כד סמג שם טוש"ע א"ח סי' תרפד סעיף ג·

[ע' תוס' ב"ב קיד: ד"ה והילכתא ותוס' גיטין עד: ד"ה הא ותוס' מנחות לב: ד"ה תנעל ותוס' ב"ק נו: ד"ה בהסיא ותוס' ב"מ כט: ד"ה והוי שואל]

על הכלאים דזמן זריעה היא · לאו דוקא זמן זריעה שהרי לא הוי הזמן שמפרש בהמקבל (ב"מ דף קו:) אלא רוצה לומר סוף זריעה וכבר גדלו התבואות והזרעים ואז הכלאים ניכרין אבל קודם לכן אינן ניכרין: **חדא** מכלל חבירתה איתמר . וא"ת ומאן דאמר מכללא אמאי אמרה והא כיון דידעינן אידך כל שכן הא ויש לומר דמאן דאמרה באתריה דרב הוה דסבר דראש חודש אדר שחל להיות בשבת שאין מוציאין כי אם שתי תורות ולא הוו ידעי כלל אידך דרבי יצחק ומזה הטעם איצטריך לאשמועינן היא דראש חודש טבת שחל להיות בשבת דמוציאין שלשה ספרי תורה:

והלכתא אין משגיחין בחנוכה. פירוש לעשותו עיקר ואע"ג דהלכתא כרבה לגבי רב יוסף* מ"מ הוצרך לפסוק הלכה כוותיה משום דפליגי עליה שאר אמוראי*): עדיין

*) [דומה לזה כתבו תוס' יבמות לט: סד"ה אע"ג]

ועל הכלאים בשלמא על הכלאים דזמן זריעה היא אלא על השקלים מנלן אמר ר' טבי אמר רבי יאשיה דאמר קרא °זאת עולת חודש בחדשו *אמרה תורה חדש והבא קרבן מתרומה חדשה וכיון דבניסן בעי אקרובי מתרומה חדשה °קדמינן וקרינן באחד באדר כי היכי דליתו שקלים למקדש כמאן דלא כרבן שמעון בן גמליאל דאי רבן שמעון בן גמליאל האמר שתי שבתות דתניא *שואלין בהלכות הפסח קודם לפסח שלשים יום רבן שמעון בן גמליאל אומר שתי שבתות אפילו תימא רבן שמעון בן גמליאל כיון דאמר מר *בחמשה עשר בו שולחנות יושבין במדינה ובכ"ה יושבין במקדש משום שולחנות *) קדמינן וקרינן מאי פרשת שקלים רב אמר °צו את בני ישראל ואמרת אליהם את קרבני לחמי ושמואל אמר °כי תשא בשלמא למאן דאמר כי תשא היינו דקרי לה פרשת שקלים דכתיב בה שקלים אלא למאן דאמר את קרבני לחמי (א) הכא מידי שקלים כתיבי התם אין טעמא מאי כדר' טבי בשלמא למ"ד צו את בני ישראל משום דכתיבי קרבנות התם כדר' טבי אלא למ"ד כי תשא קרבנות מי כתיבי שקלים לאדנים כתיבי כדתני רב יוסף שלש תרומות הן של מזבח למזבח ושל אדנים לאדנים ושל בדק הבית לבדק הבית בשלמא למאן דאמר כי תשא היינו דשני האי ראש חדש משאר ראשי חדשים אלא למ"ד צו את קרבני מאי שני שני דאילו ראשי חדשים קרו שיתא בעניינא דיומא וחד בדראש חודש ואילו האידנא כולהו בדראש חודש הניחא למאן דאמר *לסדר פרשיות הוא חוזר אלא למאן דאמר לסדר הפטרות הוא חוזר ופרשתא דיומא קרינן מאי שני שני דאילו ראשי חדשים קרו שיתא בעניינא דיומא וחד קרי בדראש חודש ואילו האידנא קרו תלתא בעניינא דיומא וארבעה קרו בדראש חודש מיתיבי *ר"ח אדר שחל להיות בשבת קורין בפרשת שקלים ומפטירין ביהוידע הכהן בשלמא למ"ד כי תשא היינו דמפטירין ביהוידע הכהן דדמי ליה דכתיב °כסף נפשות ערכו אלא למ"ד את קרבני לחמי מי דמי כדר' טבי מיתיבי *חל להיות בפרשה הסמוכה לה בין מלפניה ובין מלאחריה קורין אותה וכופלין אותה בשלמא למ"ד כי תשא היינו דמתרמי בההוא זימנא אלא למ"ד צו את קרבני מי מתרמי בההוא זימנא אין לבני מערבא *דמסקי לדאורייתא בתלת שנין תניא כוותיה דשמואל ר"ח אדר שחל להיות בשבת קורין כי תשא ומפטירין ביהוידע הכהן א"ר יצחק נפחא *ר"ח אדר שחל להיות בשבת מוציאין שלש תורות וקורין בהן אחד בעניינו של יום ואחד בשל ר"ח ואחד בכי תשא וא"ר יצחק נפחא *ר"ח טבת שחל להיות בשבת מביאין שלש תורות וקורין בהן אחד בעניינו של יום ואחד בדראש חודש ואחד בחנוכה וצריכא דאי איתמר בהא בהא קאמר ר' יצחק אבל בהך כרב ס"ל דאמר פרשת שקלים את קרבני לחמי ובשתי תורות סגי קמ"ל ולימא הא ולא בעיא הך *חדא מכלל חבירתה איתמר איתמר ר"ח טבת שחל להיות בחול א"ר *) יצחק *קרו תלתא בר"ח וחד בחנוכה ורב דימי דמן חיפא אמר קרו תלתא בחנוכה וחד בר"ח אמר ר' מני כוותיה דרבי יצחק נפחא מסתברא דתדיר ושאינו תדיר תדיר קודם א"ר אבין כוותיה דרב דימי מסתברא מי גרם לרביעי שיבא ר"ח הלכך רביעי בר"ח בעי מיקרי מאי הוי עלה רב יוסף אמר אין משגיחין בראש חודש ורבה אמר אין משגיחין בחנוכה והלכתא אין משגיחין בחנוכה (ג) ור"ח עיקר איתמר חל להיות בואתה תצוה אמר רבי יצחק נפחא קרו שיתא מואתה תצוה עד כי תשא וחד מכי תשא עד ועשית אמר אביי
אמרי

*) [נ"ל ר' יצחק נפחא]

תורה אור: במדבר כח · שמות יב · במדבר כח · שמות ל · מלכים ב יב

ועל הכלאים. לעקור כלאי הזרעים הניכרין בין התבואה: (ג) חודש בחדשו לחדשי השנה. כל בני חדשים למה לי: אלא אמרה תורה יש לך חודש שאתה צריך לחדשו בהבאת עולות תמידין ומוספין מתרומה חדשה וזהו ניסן כדאמרינן בראש השנה דגמרינן שנה שנה מניסן דכתיב ראשון הוא לכם לחדשי השנה (שמות יב): כמאן. מקדמינן כולי האי דלא כרבן שמעון בן גמליאל: בט"ו באדר שולחנות. בעלי מטבעות המחלפין שקלי כסף בפרוטות: יושבין במקדש. הוא סימן שכבר קרב זמן לתרום את הלשכה בשלש קופות וימהרו ויביאו דמאותו היום מתחילין למשכן את המעכבים: משום שולחנות קדמינן. לאחד באדר הדיינו שתי שבתות וטעמא דרבן שמעון בן גמליאל ורבנן בפ"ק דפסחים (דף ו.): טעמא כדרבי טבי. טעמא מאי מייתינן שקלים באדר כדרבי טבי שיקריבו קרבנות באחד בניסן מתרומה חדשה והך מלוה התם כתיבה: שקלים לאדנים כתיבי. התם כדכתיב ולקחת את כסף הכפורים ונתת אותו על עבודת אהל מועד והן השקלים שנעשו מהן אדני המשכן דכתיב וכסף פקודי העדה וגו' ויהי מאת ככר הכסף לצקת את אדני הקודש וגו': שלש תרומות. נאמרו שם מחצית השקל תרומה לה' יתן תרומת ה' לתת את תרומת ה' תרומת אדנים היתה לאדנים ותרומת מזבח למזבח לקנות מהן קרבנות צבור לכל השנה דכתיב בה לכפר על נפשותיכם: לבדק הבית. היא לא היתה שוה בכולן אלא איש כפי נדבתו שנאמר ויבאו האנשים על הנשים כל נדיב לב וגו' (שמות לה): הניחא למאן דאמר. בפרקין הכי דקתני מתני' בחמישית חוזרין לכסדרן: לסדר פרשיות הוא חוזר. שקראו את אלו והפסיקו מלקרות את פרשת השבת איכא למימר דאמר האידנא קרו כולהו בדראש חודש אלא למאן דאמר כו' דמפרש חוזרין לכסדרן לסדר ההפטרות אלמא ההפטרות הופסקו עד הנה אבל לא הפרשיות דעד השתא הוו קרו כמי מעניינא דיומא מאי שני: כדרבי טבי. זאת עולת חודש בשקלים אמר: חל להיות. ר"ח אדר בפרשה הסמוכה לפרשת שקלים: וכופלין אותה. בשבת שניה אע"פ שקראוה בראשונה: בההוא זימנא. באותו פרק של אדר: מי מתרמי. והלא בפרשת פינחס היא שהיא סמוכה לחודש אב: דמסקי אורייתא. מסיימין חמשה חומשין פעם אחת לשלש שנים ולא בכל שנה כמו שאנו עושין: אין משגיחין. (ד) לעשות עיקר:

מסורת הש"ס

ר"ה דף ז' יומא דף סה:

פסחים ד' ו' סנהדרין יב: ע"ז ד' ה: [תוספתא פ"ב ר"ה ז' בכורות נח:] שקלים פ"ק דף ב' פ"א מ"ג

*) [ע' תוספ' בכורות נז: ד"ה כפרוס]

[לקמן ל:]

[תוספ' פ"ג]

[נ"ל כסף עובר איש כסף כו' וכן איתא בהרא"ש]

יומא ד' ע' [סוטה מא:]

[עירובין כ: יבמות פח: נזיר מנחות מא: בכורות לו: נדה יח:]

[תוספ' פ"ג לקמן ל:]

רבינו חננאל

שקלים . תנן התם במסכת שקלים באחד באדר משמיעין על השקלים כו' מכריזין שיכין כל אדם שקלו ויביאהו למקדש · ולמה באחד באדר דקי"ל כר' טבי דמצריך לאיתויי הקרבנות שמקריבין בר"ח ניסן מן השקלים של שנה זו מן התרומה שנתרמה כדתנן בשלש קופות של שלש סאין כו' · והא שמועה דר' טבי בר"ה פרק א' וכיון דבעינן לאקרובי מן השקלים החדשים באחד בניסן מקדמינן להשמיע באחד באדר כדתניא שואלין בהלכות הפסח קודם לפסח ל' יום · אמרינן מתניתין נמי כרשב"ג דאמר שואלין בהלכות הפסח קודם לפסח ב' שבתות · כיון ששנינו בט"ו באדר שולחנות יושבים במדינה כדי לקבל השקלים מכל אדם · מקדמינן ומכרזינן קודם ט"ו · מאי פרשת שקלים . רב אמר צו את בני ישראל את קרבני לחמי וגו' ושמואל אמר כי תשא · בשלמא לשמואל היינו דקרינן מכי תשא תרומה לה' · יתן תרומת ה' · לתת את תרומת ה' לכפר חדא לאדנים וחדא למזבח וחדא לבדק הבית אלא לרב בצו את קרבני מי כתיב שקלים התם · איכא דאמרי בשלמא לשמואל דאמר בכי תשא היינו דשאני ר"ח [אדר] דבכל ראשי חדשים קורין בצו · ובר"ח אדר בכי תשא אלא לרב מאי שאני . ואמרינן דבכל ר"ח שחל להיות בשבת קרו שיתא בעניינא דיומא בפרשה של אותה שבת וחד קרי בדר"ח · ובר"ח אדר מניחין פרשת היום וקורין כולן בצו את בני ישראל · הניחא לר' אמי דאמר הא דתנינן בחמישית חוזרין לסידרן לסדר פרשיות חוזרין מכלל שאלו ד' שבתות לא קרינן ענין היום והאידנא חוזרין לענין היום אלא לר' ירמיה דאמר לסדר הפטרות הן חוזרין אבל סדר פרשיות לעולם קורין אותן כל פרשה בזמנה מאי איכא למימר · ומותבינן לרב מאי דמי הפטרה דיהוידע לצו את בני ישראל ופרקינן כר' טבי דמצריך קרבן ראש חודש ניסן מתרומה חדשה · ותוב מותבינן לרב מחל להיות ראש חודש אדר בפרשה הסמוכה לה כו' איך יתכן לחול פרשת פינחס באחד באדר ופרקינן תמצא בענין הזה לבני מערבא שמסיימין התורה לשלש שנים ופוסקין כל פרשה ג' פרשיות אפשר דמיתרמי להו כי האי גוונא ועליהן תניא זו הברייתא · תניא כשמואל ראש חודש אדר שחל להיות בשבת קורין בכי תשא ומפטירין ביהוידע הכהן · ר' יצחק נפחא אמר ר"ח אדר שחל להיות בשבת מוציאין ג' תורות וקורין א' בענין היום ואחד בר"ח וא' בחנוכה · ר"ח טבת שחל להיות בחול · אמר ר' יצחק נפחא ג' קורין בר"ח ואסיקנא כוותיה · אין משגיחין בחנוכה ור"ח עיקר · אתמר חל ר"ח אדר להיות בואתה תצוה ·

גליון הש"ס גמ' קדמינן וקרינן · עי' בכורות דף נז ע"ב תד"ה כפרוס:

הגהות הב"ח (א) גמ' את קרבני לחמי מידי שקלים כתיבי התם אין טעמא כדר' טבי כצ"ל ותיבת הכא ותיבת מאי נמחק: (ב) שם והלכתא אין משגיחין בחנוכה כל עיקר כצ"ל ותיבות ולאו חודש נמחק: (ג) רש"י ד"ה חודש כו' עם ד"ה אלא: (ד) ד"ה אין משגיחין · בחנוכה לעשותו עיקר:

Adar proclamation is made with regard to the shekels[9] [29b] and with regard to diverse seeds'.[10] I can understand it being made for diverse seeds, because it is the time for sowing.[11] But what is the ground for making it for the shekels?—R. Ṭabi said in the name of R. Josiah: Because Scripture says, *This is the burnt-offering of each new moon in its renewal.*[12] The Torah herein says to us: As you renew the month, bring an offering from the new contributions. And since it is in Nisan that we have to bring from the new contributions,[13] we read beforehand on the first of Adar so that shekels should be brought [in time] to the Sanctuary. With whose view does this accord? Not with that of R. Simeon b. Gamaliel. For if you take the view of R. Simeon b. Gamaliel, he requires [only] two weeks' [notice], as it has been taught: 'Moot points in the
a law of Passover are considered[1] from thirty days before Passover; R. Simeon b. Gamaliel, however, says, from two weeks before'. You may even say it accords with the view of R. Simeon b. Gamaliel. For since a Master has said that 'on the fifteenth of this month [Adar] tables[2] are set up in the provinces and on the twenty-fifth in the Sanctuary',[3] on account of the tables we read beforehand [on the first of Adar].[4]

What is the portion of *Shekalim?*—Rab said, *Command the children of Israel and say unto them, My food which is presented unto me;*[5] Samuel said, *When thou takest.*[6] We can well see how, according to the one who says the portion is '*When thou takest*', it is called the portion of *Shekalim*, because *shekalim* are mentioned in it. But according to the one who says it is '*My food which is presented to me*',—are shekels mentioned there?—Yes; the reason is based on the dictum of R. Tabi.[7] I can well understand [the reason of] the one who says that '*Command the children of Israel*' [should be read], because sacrifices are mentioned in it. But according to the one who says that '*When thou takest*' should be read, are sacrifices mentioned there? It is the shekels for the sockets that are mentioned there![8]—[The reason is] as R. Joseph learnt: 'There were three contributions;[9] of the altar for the altar,[10] of the sockets for the sockets, and of the repair of the House for the repair of the House'.[11] There is a justification for the one who says that '*When thou takest*' should be read, because he thus makes a difference between this New Moon and other New Moons. But the one who says that '*Command the children of Israel*' should be read—what difference does he make?[12]—He does make a difference,
b because on other New Moons[1] six read in the portion of the day[2] and one that of New Moon, whereas on this occasion all read in that of New Moon. This is a good answer for one who says that [when the Mishnah says that the 'REGULAR ORDER' IS RESUMED it means] 'the regular order of portions'; but according to the one who says that [what it means is that] the order of *haftarahs*[3] is resumed [and the order of Pentateuch portions has not been interrupted], what difference is there [between this New Moon and others]?—There is a difference, because on other New Moons six read in the portion of the day[2] and one the special portion for New Moon, whereas on this occasion three read in the portion of the day and four in that of New Moon.

An objection was raised:[4] 'When the New Moon of Adar falls on Sabbath, the portion of *Shekalim* is read, and the chapter of Jehoiada the Priest[5] is said as *haftarah*'. Now according to the one who says that '*When thou takest*' should be said, there is a good reason for reading Jehoiada the Priest as *haftarah*, because it is similar in subject,[6] as it is written [there], *the money of the persons for whom each man is rated.*[7] But according to the one who says that '*My food which is presented to me*' is read, is there any ◁

(9) The so-called *terumath halishkah*, contributions to the shekel chamber to provide the daily sacrifices for the coming year. (10) That it is time to pluck them up, if any have appeared, v. Shek. I, 1. (11) More precisely, sprouting (v. Tosaf.). (12) Num. XXVIII, 14. (13) This is derived in R.H. 7a from the words '*for the months of the year*' in this text.

a (1) Lit., 'one asks concerning the laws of Passover'. (2) For changing smaller coins into shekels. (3) Shek. I, 3. (4) The two weeks before the tables are set up. (5) Num. XXVIII, 2. This is the portion always read on New Moon. (6) Ex. XXX, 12ff. (7) Who said that shekels are to be brought in Adar for the congregational sacrifices. (8) As we learn from Ex. XXXVIII, 26-28. (9) The word *terumah* occurs three times in Ex. XXX, 12ff. (10) For the purchase of congregational sacrifices for the altar. (11) So that congregational sacrifices are also referred to in Ex. XXX, 12ff. (12) Since this is the portion actually read on every other new moon.

b (1) That fall on Sabbath. (2) The Pentateuchal portion of the particular week cf. 29a n. d6. (3) V. Glos. The special feature of the reading is that the one who is called up *maftir* reads a special portion appropriate for the day instead of the one in the sequence of the weeks. (4) Against the view that the portion of *Shekalim* is from Num. XXVIII. (5) II Kings XII. (6) The prophetical reading (*haftarah*) must always have some resemblance in subject matter to the Pentateuchal lesson of the day. (7) Ibid. 5. (8) V. *supra* n. a7.

◁ For the continuation of the English translation of this page see overleaf.

עין משפט נר מצוה

מז א מיי' פ"ב מהל' כלאים הלכה טו:

מח ב מיי' פ"ב מהל' שקלים הלכה ה ופ"ד הל' יא סמג עשין מה:

מט ג טוש"ע א"ח סי' תכט סעיף א:

נ ד מיי' פ"א מהל' שקלים הלכה ט:

נא ה ו מיי' פי"ג מהל' תפלה הלכה כ כג סמג עשין יט טוש"ע א"ח סימן תרפה סעיף א:

נב ז מיי' שם הלכה א:

נג ח מיי' שם הלכה כג סמג שם טוש"ע שם:

[ע' תוס' ב"ב קיד: ד"ה והילכתא ותוס' גיטין עד: ד"ה הא ותוס' מנחות לב: ד"ה מנעל ותוס' ב"ק נו: ד"ה בהדיא ותוס' ב"מ כט: ד"ה והוי שואל]

נד ט י מיי' שם הל' כד סמג שם טוש"ע א"ח סי' תרפד סעיף ג:

תוספות

על הכלאים דזמן זריעה היא · לאו דוקא זמן זריעה שהרי לא הוי הזמן שמפרש בהמקבל (ב"מ דף קו:) אלא רוצה לומר סוף זריעה וכבר גדלו התבואות והזרעים ואז הכלאים ניכרין אבל קודם לכן אינן ניכרין: **חדא** מכלל חבירתה איתמר . וא"ת ומאן דאמר מכללא אמאי אמרה והא כיון דידעינן אידך כל שכן הא ויש לומר דמאן דאמרה באתריה דרב הוה דסבר דראש חודש אדר שחל להיות בשבת שאין מוציאין כי אם שתי תורות ולא הוו ידעי כלל אידך דרבי יצחק ומזה הטעם אילטריך לאשמועינן ההיא דראש חודש טבת שחל להיות בשבת דמוציאין שלשה ספרי תורה:

והלכתא אין משגיחין בחנוכה. פירוש לעשותו עיקר ואע"ג דהלכתא כרבה לגבי רב יוסף* מ"מ הוצרך לפסוק הלכה כוותיה משום דפליגי עליה שאר אמוראי*):

*) [דומה לזה כתבו תוס' יבמות לט: סד"ה אע"ג]

גמרא

ועל הכלאים בשלמא על הכלאים דזמן זריעה היא אלא על השקלים מנלן אמר ר' טבי אמר רבי יאשיה דאמר קרא זאת עולת חודש בחדשו *אמרה תורה חדש והבא קרבן מתרומה חדשה וכיון דבניסן בעי אקרובי מתרומה חדשה קדמינן וקרינן באחד באדר כי היכי דליתו שקלים למקדש כמאן דלא כרבן שמעון בן גמליאל דאי רבן שמעון בן גמליאל האמר שתי שבתות דתניא *שואלין בהלכות הפסח קודם לפסח שלשים יום רבן שמעון בן גמליאל אומר שתי שבתות אפילו תימא רבן שמעון בן גמליאל כיון דאמר מר *בחמשה עשר בו שולחנות יושבין במדינה ובכ"ה יושבין במקדש משום שולחנות *) קדמינן וקרינן מאי פרשת שקלים רב אמר צו את בני ישראל ואמרת אליהם את קרבני לחמי ושמואל אמר כי תשא בשלמא למאן דאמר כי תשא היינו דקרי לה פרשת שקלים דכתיב בה שקלים אלא למאן דאמר את קרבני לחמי (א) הכא מידי שקלים כתיבי התם אין טעמא מאי כדר' טבי בשלמא למ"ד צו את בני ישראל משום דכתיבי קרבנות התם כדר' טבי אלא למ"ד כי תשא קרבנות מי כתיבי שקלים לאדנים כתיבי כדתני רב יוסף שלש תרומות הן של מזבח למזבח ושל אדנים לאדנים ושל בדק הבית לבדק הבית בשלמא למאן דאמר כי תשא היינו דשני האי ראש חדש משאר ראשי חדשים אלא למ"ד צו את קרבני מאי שני שני דאילו ראשי חדשים קרו שיתא בעניינא דיומא וחד בדראש חודש ואילו האידנא כולהו בדראש חודש הניחא למאן דאמר *לסדר פרשיות הוא חוזר אלא למאן דאמר לסדר הפטרות הוא חוזר מאי שני שני דאילו ראשי חדשים קרו שיתא בעניינא דיומא וחד קרי בדראש חודש ואילו האידנא קרו תלתא בעניינא דיומא וארבעה קרו בדראש חודש מיתיבי *ר"ח אדר שחל להיות בשבת קורין בפרשת שקלים ומפטירין ביהוידע הכהן בשלמא למ"ד כי תשא היינו דמפטירין ביהוידע הכהן דדמי ליה דכתיב כסף נפשות ערכו אלא למ"ד את קרבני לחמי מי דמי כדר' טבי מיתיבי *חל להיות בפרשה הסמוכה לה בין מלפניה ובין מלאחריה קורין אותה וכופלין אותה בשלמא למ"ד כי תשא היינו דמתרמי בההוא זימנא אלא למ"ד צו את קרבני מי מתרמי בההוא זימנא אין לבני מערבא דמסקי לדאורייתא בתלת שנין תניא כוותיה דשמואל ר"ח אדר שחל להיות בשבת קורין כי תשא ומפטירין ביהוידע הכהן א"ר יצחק נפחא ר"ח אדר שחל להיות בשבת מוציאין שלש תורות וקורין בהן אחד בעניינו של יום ואחד בשל ר"ח ואחד בכי תשא וא"ר יצחק נפחא *ר"ח טבת שחל להיות בשבת מביאין שלש תורות וקורין בהן אחד בעניינו של יום ואחד בדראש חודש ואחד בחנוכה וצריכא דאי איתמר בהא בהא קאמר ר' יצחק אבל בהך כרב ס"ל דאמר פרשת שקלים את קרבני לחמי ובשתי תורות סגי קמ"ל ולימא הא ולא בעיא הך *חדא מכלל חבירתה איתמר ר"ח טבת שחל להיות בחול א"ר *) יצחק קרו תלתא בר"ח וחד בחנוכה ורב דימי דמן חיפא אמר קרו תלתא בחנוכה וחד בר"ח אמר ר' מני כוותיה דרבי יצחק נפחא מסתברא דתדיר ושאינו תדיר תדיר קודם א"ר אבין כוותיה דרב דימי מסתברא מי גרם לרביעי שיבא ר"ח הלכך רביעי בר"ח בעי מיקרי מאי הוי עלה רב יוסף אמר אין משגיחין בראש חודש ורבה אמר אין משגיחין בחנוכה והלכתא אין משגיחין בחנוכה (ב) ור"ח עיקר איתמר חל להיות בואתה תצוה אמר רבי יצחק נפחא קרו שיתא מואתה תצוה עד כי תשא וחד מכי תשא עד ועשית אמר אביי
אמרי

*) [נ"ל ר' יצחק נפחא]

תורה אור: במדבר כח · שמות ל · מלכים ב יב

רש"י

ועל הכלאים. לעקור כלאי הזרעים הניכרין בין התבואה: (ג) חודש בחדשו לחדשי השנה. כל הני חדשים למה לי: אלא אמרה תורה. יש לך חודש שאתה צריך לחדשו בהבאת עולות תמידין ומוספין מתרומה חדשה וזהו ניסן כדאמרינן בראש השנה דגמרינן שנה שנה מניסן דכתיב ראשון הוא לכם לחדשי השנה (שמות יב): כמאן. מקדמינן כולי האי דלא כרבן שמעון בן גמליאל: בט"ו באדר שולחנות. בעלי מטבעות המחלפין שקלי כסף בפרוטות: יושבין במקדש. הוא סימן שכבר קרב זמן לתרום את הלשכה בשלש קופות וימהרו ויביאו דמאותו היום מתחילין למשכן את המעכבים: משום שולחנות קדמינן. לאחד באדר דהיינו שתי שבתות וטעמא דרבן שמעון בן גמליאל ורבנן בפ"ק דפסחים (דף ו.): טעמא כדרבי טבי. טעמא מאי מייתינן שקלים באדר כדרבי טבי שיקריבו קרבנות באחד בניסן מתרומה חדשה והך מצוה התם כתיבה: שקלים לאדנים כתיבי. התם כדכתיב ולקחת את כסף הכפורים ונתת אותו על עבודת אהל מועד והן השקלים שנעשו מהן אדני המשכן כדכתיב וכסף פקודי העדה וגו' ויהי מאת ככר הכסף לצקת את אדני הקודש וגו': שלש תרומות. כאמרו שם מחצית השקל תרומה לה' יתן תרומת ה' לתת את תרומת ה' תרומת אדנים היתה לאדנים ותרומת מזבח למזבח לקנות מהן קרבנות צבור לכל השנה דכתיב בה לכפר על נפשותיכם: לבדק הבית. היא לא היתה שוה בכולן אלא איש כפי נדבתו שנאמר ויבאו האנשים על הנשים כל נדיב לב וגו' (שמות לה): הניחא למאן דאמר. בפרקין הא דקתני מתני' בחמישית חוזרין לכסדרן: לסדר פרשיות הוא חוזר. שקראו את אלו והפסיקו מלקרות את פרשת השבת היכא למימר כדאמר האידנא קרו כולהו בדראש חודש אלא למאן דאמר כו' דמפרש חוזרין לכסדרן לסדר ההפטרות אלמא ההפטרות הופסקו עד הנה אבל לא הפרשיות דעד השתא הוו קרו נמי מעניינא דיומא מאי שני: כדרבי טבי. זאת עולת חודש בשקלים אמר: חל להיות. ר"ח אדר בפרשה הסמוכה לפרשת שקלים: וכופלין אותה. בשבת שניה אע"פ שקראוה בראשונה: בההוא זימנא. באותו פרק של אדר: מי מתרמי. והלא בפרשת פינחס היא שהיא סמוכה לחודש אב: דמסקי אורייתא. מסיימין חמשה חומשין פעם אחת לשלש שנים ולא בכל שנה כמו שאנו עושין: אין משגיחין.(ד) לעשות עיקר:
אמרי

מסורת הש"ס

ר"ה דף ז' יומא דף סה:

פסחים ד' ו' סנהדרין יב: ע"ז ד' ה: [תוספתא פ"ב]

ר"ה ז' בכורות נח:

שקלים פ"ק דף ב' פ"א מ"ג

*) [ע' תוספ' בכורות נג: ד"ה בפרוס]

[לקמן ל:]

[תוספ' פ"ג]

[נ"ל כסף עובר איש כסף כו' וכן הגיה בהרא"ש]

[תוספ' פ"ג, לקמן ל:]

יומא ד' ע: [סוטה מא:]

[עירובין כ: יבמות פח: לו: מנחות מא: בכורות לז: נדה יח:]

רבינו חננאל

שקלים . תנן התם במסכת שקלים באחד באדר משמיעין על השקלים כו' מכריזין שיכין כל אדם שקלו ויביאהו למקדש · ולמה באחד באדר דקי"ל כר' טבי דמצריך לאיתויי הקרבנות שמקריבין בר"ח ניסן מן השקלים של שנה זו מן התרומה שנתרמה כדתנן בשלש קופות של שלש סאין כו' · והא שמועה דר' טבי בר"ה פרק א' וכיון דבעינן לאקרובי מן השקלים החדשים באחד בניסן מקדמינן להשמיע באחד באדר כדתניא שואלין בהלכות הפסח קודם לפסח ל' יום · אמרינן מתניתין נמי כרשב"ג דאמר שואלין בהלכות הפסח קודם לפסח ב' שבתות · כיון ששנינו בט"ו באדר שולחנות ישבו במדינה כדי לקבל השקלים מכל אדם · מקדמינן ומכרזינן קודם ט"ו . מאי פרשת שקלים . רב אמר צו את בני ישראל את קרבני לחמי וגו' ושמואל אמר כי תשא · בשלמא לשמואל היינו דקרינן מכי תשא התרומה לה' · יתן תרומת ה' · לתת את תרומת ה' לכפר חדא לאדנים וחדא למזבח וחדא לבדק הבית אלא לרב בצו את קרבני מי כתיב שקלים התם · איכא דאמרי בשלמא לשמואל דאמר בכי תשא היינו דשאני ר"ח [אדר] דבכל ראשי חדשים קורין בצו · ובר"ח אדר בכי תשא אלא לרב מאי שאני . ואמרינן דבכל ר"ח שחל להיות בשבת קרו שיתא בעניינא דיומא בפרשה של אותה שבת וחד קרי בדר"ח · ובר"ח אדר מניחין פרשת היום וקורין כולן בצו את בני ישראל · הניחא לר' אמי דאמר הא דתנינן בחמישית חוזרין לסידרן לסדר פרשיות חוזרין מכלל שאלו ד' שבתות לא קרינן ענין היום והאידנא חוזרין לענין היום אלא לר' ירמיה דאמר לסדר הפטרות הן חוזרין אבל סדר פרשיות לעולם קורין אותן כל פרשה בזמנה מאי איכא למימר · ומותבינן לרב מאי דמי הפטרה דיהוידע לצו את בני ישראל ופרקינן כר' טבי דמצריך קרבן ראש חודש ניסן מתרומה חדשה · ותוב מותבינן לרב מחל להיות ראש חודש אדר בפרשה הסמוכה לה כו' איך יתכן לחול פרשת פינחס באחד באדר ופרקינן תמצא בענין הזה לבני מערבא שמסיימין התורה לשלש שנים ופוסקין כל פרשה ג' פרשיות אפשר דמיתרמי להו כי האי גוונא ועליהן תניא זו הברייתא · תניא כשמואל ראש חודש אדר שחל להיות בשבת קורין בכי תשא ומפטירין ביהוידע הכהן · ר' יצחק נפחא אמר ר"ח אדר שחל להיות בשבת מוציאין ג' תורות וקורין א' בענין היום ואחד בר"ח וא' בחנוכה · ר"ח טבת שחל להיות בחול · אמר ר' יצחק נפחא ג' קורין בר"ח ואסיקנא כוותיה · אין משגיחין בחנוכה ור"ח עיקר · אתמר חל ר"ח אדר להיות בואתה תצוה ·

גליון הש"ס גמ' קדמינן וקרינן · עי' בכורות דף נז ע"ב תד"ה בפרוס:

הגהות הב"ח (א) גמ' את קרבני לחמי מידי שקלים כתיבי התם אין טעמא כדר' טבי כצ"ל ותיבת הכא ותיבת מאי נמחק: (ב) שם והלכתא אין משגיחין בחנוכה כל עיקר כצ"ל ותיבות ולא חודש נמחק: (ג) רש"י ד"ה חודש וכו' הד"א עם ד"ה אלא: (ד) ד"ה אין משגיחין · בחנוכה לעשותו עיקר:

Continuation of translation from previous page as indicated by ◁

similarity?—There is, on the basis of R. Tabi's dictum.[8]

The following was then cited in objection: 'If it [the New Moon of Adar] falls on the portion next to it [the portion of *Shekalim*], whether before or after, they read it and repeat it'. Now this creates no difficulty for one who holds that '*When thou takest*' is read because [the regular portion containing this passage] falls about that time.[9] But according to the one who says that '*My food which is presented to me*' is read—does [the portion containing
c that passage] fall about that time?[1]—Yes, for the people of Palestine, who complete the reading of the Pentateuch in three years.[2]

It has been taught in agreement with Samuel: 'When the New Moon of Adar falls on Sabbath, the portion '*When thou takest*' is read, and the *haftarah* is about 'Jehoiada the Priest'.

R. Isaac Nappaḥa said: When the New Moon of Adar falls on Sabbath, three scrolls of the Law are taken out [of the Ark], and read out of—from one the portion of the day, from one the portion of New Moon,[3] and from one '*When thou takest*'. R. Isaac b. Nappaḥa also said: When the New Moon of Tebeth falls on Sabbath, three scrolls of the Law are brought and read out of; from one the regular portion, from a second the portion of New Moon, and from the third that of Ḥanukkah.[4] Both statements are required. For if only the latter had been given, [I might think that] in this case R. Isaac required [three scrolls], but in the other case he followed the view of Rab who said that the portion of *Shekalim* is '*My food which is presented to me*', and therefore two would be enough. Therefore we are told that this is not so. But why not state the former [only] and the other would not need to be stated?—One was inferred from the other.[5]

It was stated: If the New Moon of Tebeth falls on a weekday, R. Isaac [Nappaḥa] says that three read the portion of New Moon and one the portion of Ḥanukkah. R. Dimi from Haifa, however, says that three read the portion of Ḥanukkah and one that of New Moon. Said R. Mani: The opinion of R. Isaac Nappaḥa is the more probable, because when it is a question between the regular and the intermittent, the regular takes precedence.[6] R. Abin, however, said: The opinion of R. Dimi is the more probable. For what is it that causes a fourth man to read?[7] The New Moon. Therefore the fourth ought to read the portion of the New Moon. What do we decide?—R. Joseph said: We take
d no notice of New Moon,[1] while Rabbah said, We take no notice of Ḥanukkah. The law, however, is that we take no notice of Ḥanukkah,[1] and New Moon is the main consideration.

It was stated: 'If it [the Sabbath of *Shekalim*] falls when the portion '*And thou shalt command*'[2] is read, then six persons read from '*And thou shalt command*' to '*When thou takest*', and one from '*When thou takest*' to '*Thou shalt also make*'.[3] Abaye remarked: [30*a*]

(9) The portion *Ki Thisa* in which this passage occurs usually falls on a Sabbath about the beginning of Adar.

c (1) This passage is in the portion *Pinḥas*, which usually falls about the middle of Tammuz. (2) This is known as the Triennial Cycle. (3) Num. XXVIII, 1-15. (4) In Num. VII. Ḥanukkah lasts from Kislev 25 to Tebeth 2 or 3. (5) I.e., the statement about Ḥanukkah was given not as a tradition but as an inference. (6) New Moon comes every month, *Ḥanukkah* only every twelve months. (7) On the other days of Ḥanukkah only three read.

d (1) I.e., we do not make it the first consideration. (2) The portion *Teẓaweh*, from Ex. XXVII, 20 to XXX, 10, which is followed by the portion *Ki Thissa*. (3) Ibid. XXX, 11-16. I.e., six read the portion of *Teẓaweh* and one the portion of *Shekalim* which immediately follows.

If that is done, people will say that that is where they stop.[4] No, said Abaye; six read from *'And thou shalt command'* to *'Thou shalt also make'*, and one repeats and reads from *'When thou takest'* to *'Thou shalt also make'*.

The following was cited in objection to this: 'If it [the Sabbath of *Shekalim*] falls on the Sabbath of the portion adjoining it, whether just before or just after,[5] it is read and repeated'. Now if we accept the view of Abaye, this is quite in harmony with it; but on the view of R. Isaac Nappaha, it does conflict with it,[6] [does it not]?—R. Isaac Nappaha can answer you: And on the view of Abaye does it create no difficulty? We may allow the Sabbath before it, but if it falls on the Sabbath after, where do you find a repetition? What you have to say in fact is that [according to Abaye] this portion [of *Shekalim*] is read on two successive Sabbaths;[7] so I too can answer that it is read on two successive Sabbaths.

If it falls on the portion of *'When thou takest'* itself, R. Isaac Nappaha says that six read from *'Thou shalt also make'* to *'And Moses assembled'*,[8] and one from *'When thou takest'* to *'Thou shalt also make'*. Abaye strongly demurred to this, saying, Now people will say
a that we are reading backwards![1] No, said Abaye; Six read to *'And Moses assembled'*, and one repeats from *'When thou takest'* to *'Thou shalt also make'*. It has been taught in agreement with Abaye: 'If it falls on [the Sabbath of] *'When thou takest'* itself, it is read and repeated. If it falls within the week, the portion of *Shekalim* is read on the Sabbath before'.

It was stated: 'If the new moon of Adar falls on Friday, Rab says that [the portion of *Shekalim*] is read on the Sabbath before, while Samuel says that it is read on the Sabbath after'. Rab says it is read before, because otherwise there will be a shortage in the days of the tables.[2] Samuel says it is read after, because after all the fifteenth day [from the new moon] falls on a Friday, and the tables will not be taken out till the Sunday; therefore we delay the reading [of the portion of *Shekalim*].

We have learnt: IF IT FALLS IN THE MIDDLE OF THE WEEK, IT IS READ ON THE SABBATH BEFORE, AND ON THE NEXT SABBATH THERE IS A BREAK. Does not this rule apply even where it falls on Friday?—No; only if it falls actually in the middle part of the week.

Come and hear: 'Which is the first Sabbath [of the series]? That in the week succeeding which the new moon of Adar falls, even if it is on the Friday'. Now do not the words 'even on Friday' here [put Friday] on the same footing as the middle of the week, so that just as when it falls in the middle of the week we read before, so when it falls on Friday we read before?—Said Samuel: [The words 'in the middle' here mean], 'on it'.[3] So too a Tanna of the school of Samuel taught: 'On it'. The same difference of opinion is found between Tannaim: 'An interruption can be made [in the series] of Sabbaths. This is the ruling of R. Judah the Prince.[4] R. Simeon b. Eleazar says: No interruption is made. Said R. Simeon b. Eleazar: When do I rule that no interruption may be
b made? When it [new moon] falls on Friday;[1] but if it falls in the middle of the week, it [the portion of *Shekalim*] is read on the Sabbath before, even though that is still in Shebat'.[2]

ON THE SECOND ZAKOR etc. It was stated: If Purim falls on Friday, Rab says that the portion of *Zakor* is read on the Sabbath before, while Samuel says it is read on the Sabbath after. Rab says it is read on the Sabbath before, so that the celebration [of Purim] should not precede the commemoration [of the miracle]. Samuel says on the Sabbath after; he can argue that since there are the walled cities which celebrate on the fifteenth, celebration and commemoration come together.

We learnt: ON THE SECOND ZAKOR. Now when the new moon [of Adar] is on Sabbath, Purim falls on Friday, and he states ON THE SECOND ZAKOR?[3]—R. Papa replied: What is meant by 'second' here? The second to the break.[4]

Come and hear: 'Which is the second Sabbath? That in the week following which Purim falls, even if on Friday'. Now is not the Friday here mentioned meant to be on the same footing as the middle of the week, so that just as when it falls in the middle of the week we read before, so when it falls on Friday we read before?—Said Samuel: [The proper reading is] 'on it';[5] and so a Tanna of the school of Samuel taught, 'On it'.

If it falls on Sabbath itself. R. Huna said, All authorities concur that the portion of *Zakor* is not read on the Sabbath before, whereas R. Nahman said, There is a difference of opinion on this point also. It was also stated: 'R. Hiyya b. Abba said in the name of R. Abba, who had it from Rab: If Purim falls on Sabbath, *Zakor* is read on the Sabbath before'.

ON THE THIRD THE PORTION OF THE RED HEIFER etc. Our Rabbis taught: Which is the third Sabbath? The one which follows Purim. It was stated: R. Hama b. Hanina said: The Sabbath next to the new moon of Nisan. There is no conflict [between these two statements]; the one refers to where the new moon of Nisan
c falls on Sabbath,[1] and the other to where it falls in the middle of the week.[2]

ON THE FOURTH, THIS MONTH SHALL BE TO YOU. Our Rabbis taught: If the new moon of Adar falls on Sabbath, we read *Ki Thissa*[3] and [the account of] Jehoiada as *haftarah*. Which is the first Sabbath? The one in the week following which the new moon of Adar falls, even if on Friday. On the second Sabbath *Zakor* is read, and for *haftarah, I have visited.*[4] Which is the second Sabbath? The one in the week following which Purim falls, even if on Friday. On the third Sabbath the portion of the Red Heifer is read, and for *haftarah, And I shall sprinkle on you.*[5] Which is the third Sabbath? The one which follows Purim. On the fourth *'This month'*[6] is read, and for *haftarah, Thus saith the Lord God, in the first*

(4) I.e., that the portion of *Tezaweh* extends to XXX, 16. (5) I.e., the portion of *Tezaweh* or that of *Wa-yakhel.* (6) Because there is no doubling according to R. Isaac Nappaha. (7) Lit., 'he doubles it on Sabbaths'. Once *qua Shekalim,* and once as part of *Ki Thissa;* and this is the meaning of the word 'repeated' in the Baraitha quoted. (8) The beginning of the portion next to *Ki Thissa*—the portion *Wa-yakhel.* I.e., the whole portion *Ki Thissa,* commencing from Ex. XXX, 17 up to XXXIV, 35.

a (1) Because the first verses of the portion (11-16) are read last. (2) I.e., two full weeks will not elapse between the proclamation of the *Shekalim* and the setting of the tables on Adar 15. (3) Viz., on the Sabbath itself. (4) I.e., his version of the statement in the Mishnah was, 'Which is the first Sabbath? That on which etc.'.

b (1) In which case even if it is read on the Sabbath after it would not affect the 'tables' as stated *supra.* (2) The month preceding Adar. (3) 'Second' being taken to mean the second Sabbath of the month. (4) I.e., the Sabbath after the one on which there is no special portion. (5) V. *supra.*

c (1) In which case the 'portion of the red heifer' is read on the Sabbath preceding it. (2) In which case the 'portion of the month' is read on the Sabbath preceding it. (3) I.e., the portion of *shekalim.* (4) I Sam. XV. (5) Ezek. XXXVI, 22ff. (6) Ex. XII, 1-20.

אמרי אוקומי הוא דקא מוקמי התם אלא אמר אביי *קרו שיתא מואתה תצוה עד ועשית וחד תני וקרי מכי תשא עד ועשית מיתיבי *חל להיות בפרשה הסמוכה לה בין מלפניה בין מלאחריה קורין אותה וכופלין אותה בשלמא לאביי ניחא אלא לר' יצחק נפחא קשיא אמר לך ר' יצחק נפחא ולאביי מי ניחא תינח לפניה לאחריה היכי משכחת לה אלא מאי אית לך למימר כופלה בשבתות הכא נמי כופלה בשבתות חל להיות בכי תשא עצמה א"ר יצחק נפחא קרו שיתא מן ועשית עד ויקהל וחד קרי מכי תשא עד ועשית מתקיף לה אביי השתא אמרי למפרע הוא דקרי אלא אמר אביי קרו שיתא עד ויקהל וחד תני וקרי מכי תשא עד ועשית תניא כוותיה דאביי חל להיות בכי תשא עצמה קורין אותה וכופלין אותה: חל להיות בתוך השבת מקדימין לשבת שעברה: איתמר ר"ח אדר שחל להיות בערב שבת רב אמר מקדימין ושמואל אמר מאחרין רב אמר מקדימין דאם כן בצרי להו יומי שולחנות ושמואל אמר מאחרין אמר לך סוף סוף חמיסר במעלי שבתא מיקלע ושולחנות לא נפקי עד חד בשבא הלכך מאחרין תנן חל להיות בתוך השבת מקדימין לשעבר ומפסיקין לשבת אחרת מאי לאו אפילו בע"ש לא בתוך השבת דוקא ת"ש איזו היא שבת ראשונה כל שחל ר"ח אדר להיות בתוכה ואפילו בערב שבת מאי לאו אפילו בע"ש דומיא דתוכה מה תוכה מקדימין אף ע"ש מקדימין אמר שמואל בה וכן תנא דבי שמואל בה כתנאי מסרגין לשבתות דברי ר' יהודה הנשיא ר"ש בן אלעזר אומר אין מסרגין אמר ר"ש בן אלעזר אימתי אני אומר אין מסרגין בזמן שחל להיות בע"ש אבל בזמן שחל להיות בתוך השבת מקדים וקורא משבת שעברה אע"פ שהוא שבט: בשנייה זכור וכו': איתמר פורים שחל להיות בע"ש רב אמר מקדימין פרשת זכור ושמואל אמר מאחרין רב אמר מקדימין כי היכי דלא תיקדום עשיה לזכירה ושמואל אמר מאחרין אמר לך כיון דאיכא מוקפין דעבדי בחמיסר עשיה וזכירה בהדי הדדי קא אתיין תנן בשניה זכור והא כי מיקלע ריש ירחא בשבת מיקלע פורים בערב שבת וקתני בשניה זכור אמר רב פפא מאי שניה שניה להפסקה תא שמע איזו שבת שניה כל שחל פורים להיות בתוכה ואפילו בערב שבת מאי לאו ערב שבת דומיא דתוכה מה תוכה מקדימין אף ערב שבת מקדימין אמר שמואל בה וכן תנא דבי שמואל בה חל להיות בשבת עצמה אמר ר"ה לדברי הכל אין מקדימין ורב נחמן אמר עדיין היא מחלוקת איתמר נמי א"ר חייא בר אבא אמר רבי אבא אמר רב פורים שחל להיות בשבת מקדים וקורא בשבת שעברה זכור: בשלישית פרה אדומה וכו': תנו רבנן איזו היא שבת שלישית כל שסמוכה לפורים מאחריה איתמר ר' חמא בר' חנינא אמר שבת הסמוכה לר"ח ניסן ולא פליגי הא דאיקלע ר"ח ניסן בשבת הא דאיקלע באמצע שבת: ברביעית החדש הזה לכם: תנו רבנן ר"ח אדר שחל להיות בשבת קורין בכי תשא ומפטירין ביהוידע ואי זו היא שבת ראשונה כל שחל ר"ח אדר להיות בתוכה ואפילו בערב שבת בשניה זכור ומפטירין פקדתי ואי זו היא שבת שניה כל שחל פורים להיות בתוכה ואפילו בערב שבת בשלישית פרה אדומה ומפטירין וזרקתי עליכם ואי זו היא שבת שלישית כל שסמוכה לפורים מאחריה ברביעית החדש הזה ומפטירין כה אמר ה' [אלהים] בראשון באחד לחדש ואיזו

תורה אור: שמואל א טו. יחזקאל לו. שם מה.

[לעיל כט:]

רש"י

אמרי אוקומי הוא דמוקמי התם. כלומר אין הדבר ניכר לשם פרשת שקלים אלא סברי שלא נסתיימה פרשה ואתה תצוה עד כאן: וחד תני וקרי. חוזר ושונה לקרות מכי תשא עד ועשית כיור נחושת וגו': כופלה בשבתות. שקורין אותה שני שבתות זו אחר זו: רב אמר מקדימין. וקורין בכי תשא לשבת שעבר כדתנן במתני': דאם כן. דמאחרין בצרי להו לשולחנות משני שבתות דאמרינן לעיל משום שהשולחנות הוצרכו לישב במדינה בט"ו מקדימין וקורין מראש חודש שיהו דורשין שתי שבתות לפניהן כרבן שמעון בן גמליאל ואם תאחר עד למחרת ראש חדש אין כאן הקדמה שתי שבתות: חמיסר במעלי שבתא מיקלע. ואותו היום לא יתחילו לצאת ולישב במדינה מפני כבוד השבת: לא נפקי עד חד בשבת. וכי מאחרת נמי איכא שתי שבתות הלכך מאחרין כדי שלא תצטרך להפסיק בין ב' פרשיות: בתוך שבת דוקא. דאי מאחרת ודאי בצרי להו יומי לשולחנות: אמר שמואל. האי בתוכה דקתני לאו תוך שבוע אלא תוך שבת עצמו: וכן תנא דבי שמואל. בתוספתא (א) דהך ברייתא אי זו היא שבת ראשונה כל שחל ר"ח אדר להיות בה ביום שבת עצמו ואפילו חל בערב שבת של אתמול כאילו חל בה אלמא מאחרין אשמועינן: מסרגין. לשון סירוגין כלומר מפסיקין לשבתות בין פרשה ראשונה לשניה כשחל ר"ח בחול שמקדימין לשעבר דא"כ בצרי להו יומי לשולחנות ומפסיקין לשבת הבאה ולשבת שלישית קורין זכור כדי שתהא סמוכה זכור לפורים: אין מסרגין. כדמפרש ואזיל: אימתי אני אומר אין מסרגין בזמן שחל להיות בערב שבת. דכי נמי מאחרין לא בצרי יומי לשולחנות כדאמר שמואל לעיל סוף סוף שולחנות לא יתבי עד חד בשבת הלכך מאחרין ואין כאן סירוג: אבל בזמן שחל להיות בתוך השבת. דאי מאחרת לה בצרי להו יומא לשולחנות על כרחך נקדים ויש כאן סירוג: הכי גרסינן כי היכי דלא ליקדום עשייה לזכירה: תנן בשניה זכור. קא סלקא דעתך אראש חדש אדר שחל להיות בשבת קאי דמיירי ביה רישא דמתניתין: שניה להפסקה. כלומר לאו ארישא קאי אלא אסיפא קאי דקתני חל להיות בתוך השבת מקדימין לשעבר ומפסיקין לשבת הבאה ועלה קאי ואמר בשבת של אחר הפסקה קורין זכור ובתוך שבוע שלאחריה יהא פורים: איזו היא שבת שניה. כלומר שבת של פרשה שניה פרשת זכור: בתוכה. לאחריה ואפילו חל פורים בערב שבת: בה. ביום שבת עצמו קורין הפרשה בו ביום ואפילו חל בערב שבת אתמול כאילו חל לשבת שלמחר והיינו כשמואל: חל להיות פורים בשבת. דברי הכל אין קורין זכור לשעבר דהא השתא לא קדמה עשייה לזכירה וגבי מוקפין קדמה זכירה לעשייה: עדיין היא מחלוקת. אף בזו אמר רב מקדימין כדי שתקדם זכירה לעשייה דעיירות: איזו היא שבת שלישית. שקורין בו פרשה שלישית: הא דאיקלע ראש חדש ניסן ביום השבת: שלא הוצרך להקדים פרשת החודש לשבת שעברה קרינן לשבת שעברה פרה אדומה כרבי (ב) אחא בר' חנינא ולא בסמוכה לפורים לסמוך אזהרת טמאים לפסח והיכא דחל ראש חדש ניסן באמצע שבת שהוצרכנו לקרות פרשת החדש בשבת שלפניה הוזקקנו להקדים פרשת פרה לשבת שלפני שבת [זו] שהיא סמוכה לפורים מאחריה: תנו רבנן כו'. ברייתא זו מפורשת למעלה בסירוגין לרב כדאית ליה ולשמואל כדאית ליה: ואי

תוספות

עדיין היא מחלוקת איתמר נמי וכו'. קשיא אמאי לא פריך מברייתא דקתני איזוהי שבת שניה כל שחל פורים להיות בתוכה ואפילו בערב שבת ולרב הוי מצי למימר ואפי' בשבת שלאחר כך וכל שכן בערב שבת שלפניה שמקדימין לשבת שעברה וי"ל דהך ברייתא היינו ברייתא דבסמוך אחר מתני' דברביעית החדש הזה ואגב דהני ואפילו בערב שבת גבי שבת ראשונה וגבי שבת רביעית דהוי דוקא תנא נמי בהא בערב שבת ולא בשבת אף על גב דלא הוי דוקא: ושאר

עין משפט נר מצוה

נה א מיי' פי"ג מהל' תפלה הלכה כב:
נו ב ג מיי' שם הלכה כ טוש"ע א"ח סימן תרפה סעיף ה:
נז ד ה מיי' שם הלכה כ:
נח ו מיי' שם טוש"ע שם סעיף א:
נט ז מיי' שם טוש"ע שם סעיף ב:
ס ח מיי' שם טוש"ע שם סעיף ג:
סא ט מיי' שם טוש"ע שם סעיף ד:

הגהות הב"ח

(א) רש"י ד"ה וכן תנא דבי שמואל בתוספתא דהך ברייתא אי זו: (ב) ד"ה הא דאיקלע וכו' כרבי חמא בר' חנינא:

רבינו חננאל

אמר אביי קרו שיתא מואתה תצוה עד ועשית כיור נחשת וחד חוזר וקורא מכי תשא עד ועשית כיור נחשת. וקי"ל כוותיה. חל להיות ר"ח אדר בכי תשא עצמה. אמר אביי קרו ו' מכי תשא עד ויקהל. וחד חוזר וקורא מכי תשא ועד ועשית כיור נחשת וקי"ל כוותיה דתניא כוותיה: אתמר ר"ח אדר שחל להיות בע"ש רב אמר מקדימין וקורין פרשת שקלים בשבת שהיא כ"ו יום בשבט. שאם לא תקרא כך אלא בשבת שהיא ב' ימים באדר בצרי יומי דשלחנות דבעינן משעה ששמיעין בשקלים עד ט"ו ואח"כ יוצאין השלחנות והנה אם תשמע בב' ימים לאדר נמצאו השלחנות יוצאין בי"ד יום. ופריק שמואל דאמר מאחרין וקורין בשבת שהיא שני ימים באדר כיון דשלחנות כל אימת דחל ר"ח אדר בע"ש לא נפקי עד חד בשבת לא בצרי ואקשינן לשמואל דתניא איזו היא שבת ראשונה כל שחל ר"ח אדר להיות בתוכה ודייקינן מאי לאו ע"ש דומיא דתוכה מה כשחל להיות בתוכה מקדמינן וקרינן פרשת שקלים אף כשחל ר"ח אדר בע"ש מקדמינן וקרינן משבת שעברה. ופריק שמואל לא תימא בתוכה אלא בה. וכך היא סוגיא דמתניתין. איזו היא שבת ראשונה כל שחל ר"ח אדר להיות בתוכה. ואפי' בע"ש פירוש בה בשב' עצמה. כשם כשחל ר"ח אדר בשבת עצמה קורין בה פרשת שקלים כך אפילו אם חל להיות בע"ש קורין בשבת עצמה. והא פלונתא דרב ושמואל כתנאי היא דתניא מסרגין לשבתות דברי ר' יהודה כו'. פירוש מסרגין מפסיקין כדתנן קראה סירוגין ומפרשינן פיסקי פיסקי. ואמר ר' שמעון אימתי אני אומר אין מסרגין. כלומר שאין מפסיקין אלא שקורין שבת אחר שבת בזמן שחל ר"ח אדר להיות ע"ש מכלל דסבר שקורין פרשת שקלים למחר כשמואל ולפיכך אין מפסיקין. ות"ק סבר מקדימין וקורין משעה שעברה אע"פ שהוא שבט כרב ומפסיקין בשבת שהיא שני ימים באדר. וקי"ל כרב. ואע"ג דפריק שמואל לטעמיה לית הלכתא כוותיה: ת"ר ר"ח אדר שחל להיות בשבת קורין בכי תשא ומפטירין ביהוידע. ואיזו היא שבת ראשונה כל שחל ר"ח אדר להיות בתוכה ואפילו בע"ש. בשניה זכור ומפטירין כה אמר ה' צבאות פקדתי. איזו היא שבת שניה כל שחל פורים להיות בתוכה ואפי' בע"ש. בשלישית פרה אדומה ומפטירין וזרקתי עליכם. ואיזו היא שבת שלישית כל שסמוכה לפורים מאחריה. וזה כשחל ר"ח ניסן באמצע שבת אבל אם חל ר"ח ניסן להיות בשבת נמצאת שבת שלישית הסמוכה לר"ח ניסן. ברביעית החדש הזה. ומפטירין כה אמר ה' בראשון באחד לחדש כו'

עין משפט
נר מצוה

סב א מיי' פי"ג מהל' תפלה הלכה כ:
סג ב מיי' שם טוש"ע א"ח סימן תרפה:
סד ג מיי' פ"א מהל' תענית הלכה יז טוש"ע א"ח סימן תקעט סעיף טו:
סה ד מיי' פי"ג מהל' תפלה הל' ח' טוש"ע א"ח סימן תצ סעיף ה:

מסורת הש"ס

ולי זו היא שבת רביעית כו' ואפילו בערב שבת. בהא מודה שמואל דערב שבת דומיא דחנוכה ומקדימין דא"א מאחרין קדמה עשייה לשמיעה ולכן נוהגין בכולהו כרב חוץ מפורים שחל להיות בשבת עצמה דההיא לא איקלע כלל דא"כ הוי ר"ח אדר באחד בשבת ור"ח חדש ניסן בשני בשבת שהרי אדר לעולם חסר וא"כ הוה ליה פסח בשני בשבת וקיימא לן דלא בד"ו פסח לעולם וימים הראויין לקביעת ר"ח חודש אדר זבד"ו וסימן מסורת הפסקת פרשיות כך זט"ו ב"ו ד"ד וכי"ו זהו פירוש זט"ו אם בא ר"ח חדש אדר בשבת יהא לך הפסקה פרשה ביום חמשה עשר

תורה אור

ושאר ימות החג קורין בקרבנות החג. והא שלא מעמידין ספר תורה שניה במועדות וקורין בקרבנות היום לא מצינו סמך בתלמוד אך בסדר רב עמרם ישנו וקצת יש סמך לדבר מהא דאמר לקמן (דף לא:) אמר אברהם לפני הקב"ה רבש"ע וכו' אמר לו הקב"ה כבר תקנתי להם סדר קרבנות כל זמן שקורין בהן וכו' והאידנא

*ואיזו היא שבת רביעית כל שחל ר"ח ניסן להיות בתוכה ואפילו בע"ש: בחמישית חוזרין לכסדרן וכו': לסדר מאי ר' אמי אמר לסדר פרשיות הוא חוזר ר' ירמיה אמר *לסדר הפטרות הוא חוזר אמר אביי כוותי' דר' אמי מסתברא דתנן לכל מפסיקין לראשי חדשים לחנוכה ולפורים לתעניות ולמעמדות וליוה"כ בשלמא למ"ד לסדר פרשיות הוא חוזר היינו דאיכא פרשה בחול אלא למ"ד לסדר הפטרות הוא חוזר הפטרה בחול מי איכא ואידך הא כדאיתא והא כדאיתא ובתעניות למה לי הפסקה ליקרי מצפרא בעניינא דיומא ובמנחה בתעניתא מסייע ליה לר"ה דאמר ר"ה *מצפרא כינופיא *היכי עבדינן אמר אביי מצפרא לפלגיה דיומא מעיינינן במילי דמתא מפלגיה דיומא לפניא ריבעא דיומא (א) קרו ומפטרי וריבעא דיומא בעו רחמי שנאמר °ויקראו בספר תורת ה' אלהיהם רביעית היום ורביעית (היום) מתודים ומשתחוים ואיפוך אנא לא ס"ד דכתיב °ואלי יאספו כל חרד בדברי אלהי ישראל על מעל הגולה ואני יושב משומם עד למנחת הערב וכתיב ובמנחת הערב קמתי מתעניתי: **מתני'** בפסח קורין בפרשת מועדות של תורת כהנים בעצרת °שבעה שבועות בראש השנה °בחדש השביעי באחד לחדש ביוה"כ °אחרי מות ביו"ט הראשון של חג קורין בפרשת מועדות שבתורת כהנים ובשאר כל ימות החג בקרבנות החג בחנוכה °בנשיאים בפורים °ויבא עמלק בראשי חדשים °ובראשי חדשיכם במעמדות במעשה בראשית בתעניות ברכות

ולא יותר שהרי ביום ר"ח חודש קורין פרשת שקלים ולשבת הבאה פרשת זכור כדתניא בברייתא אי זו היא שבת שניה כל שחל פורים להיות בתוכה ואפילו בערב שבת ומתני' נמי תנן בשניה זכור והיינו כרב דאמר פורים שחל להיות בע"ש מקדימין ועכשיו יחול פורים בערב שבת ולא מקדימין כרב אבל לשבת שלישית של אדר שהוא יום ט"ו לחודש מפסיקין ובשבת רביעית (ב) (לחודש) שהיא סמוכה לפורים של מוקפין מאחריהן קורין פרה אדומה דתניא בברייתא אי זו היא שבת של פרשת פרה כל שסמוכה לפורים מאחריה ואוקימנא היכא דחל ר"ח ניסן בחול וזה יחול באחד בשבת שהוא חול ופרשת החודש קורין בשבת שלאחרי' שהרי היא סמוכה לר"ח ניסן הרי לך פי' זט"ו פירוש ב"ו אם בא ר"ח אדר בשני בשבת תהא הפסקה בשבת שלאחר ר"ח שהוא יום ששה לאדר שהרי הקדמת פרשת שקלים בשבת שעברה כדתנן חל להיות בתוך השבת מקדימין לשעבר ומפסיקין לשבת הבאה ושוב אין לך הפסקה בהן שהרי שבת שלאחריה נקראת פרשת זכור

[לעיל כט:]
תענית יב: ע"ש:

והוא יום י"ג לחודש ופורים ליום מחר ושבת של אחריה פרשת פרה אדומה שהיא סמוכה מאחריה ושבת של אחריה יום כ"ז לחודש קורין פרשת החודש שהיא סמוכה לר"ח ניסן והרי לך פירוש ב"ו פי' ד"ד אם בא ר"ח אדר בד' בשבת תהא לך הפסקה בד' לחדש שבת של אחר ר"ח שהרי הקדמת פרשת שקלים בשבת שלפני ר"ח כל הטעם כטעם פירושו של ב"ו ואין לך עוד הפסקה בהן והרי לך פירוש ד"ד פי' וכי"ו אם בא ר"ח בששי בשבת יהא לך הפסקה אחת ליום מחר שהוא שני לחודש והשניה ביום ששה עשר הראשונה ביום מחר כדתניא חל להיות בתוך השבת מקדימין לשעבר ומפסיקין לשבת שניה דסבירא לן כרב דאמר ע"ש כאמצע שבת ומקדימין לשעבר ומפסיקין לשבת הבאה ופרשת זכור בשבת של אחריה שהוא יום תשעה לחודש והיא סמוכה לפורים ובשבת שלאחר פורים שהוא ששה עשר לחודש יפסיק פעם שניה ואף על פי שסמוכה מאחריה לא תקרא פרה אדומה כדאמר רב חמא בר חנינא לעיל דהיכא דחל ר"ח חדש ניסן בשבת קורין פרשה שלישית בשבת הסמוכה לר"ח ניסן כדי שתקרא פרשת החודש בשבת של ר"ח חודש ופרשת פרה בשבת שלפניה והוא יום כ"ג לחדש · דרך קצרה סימן ימי קביעת ר"ח אדר זבד"ו וסימן ההפסקות זט"ו ב"ו ד"ד וכי"ו אל ר"ח אדר בשבת ביום ז' ההפסקה בט"ו לחודש ולא יותר אל ר"ח אדר ביום ב' הפסקה בו' לחודש ולא יותר אל ר"ח חדש אדר ביום ד' הפסקה ביום ד' ולא יותר אל ר"ח חודש אדר ביום ששי הפסקה ביום ב' לחדש וביום י"ו לחדש: לסדר פרשיות · שבשבתות הללו הפסיקו סדר פרשיות דלא קראו אלא ארבע פרשיות הללו: לסדר הפטרות הוא חוזר · שעד הנה מפטירין מעין ארבע פרשיות הללו השנויות לעיל בברייתא: לתעניות ולמעמדות · על כרחך הני בשבת לא הוו וקתני מפסיקין ובחול ליכא הפטרה: הא כדאיתא כו' · ודאי מפסיקין בחול פרשת היום אבל בשבת שיש הפטרה מפסיקין בהפטרות וקורין בהפטרה מעין המאורע: ובתעניות למה לי הפסקה · פרשיות לרבי ירמיה פריך דאמר היכא דאפשר לא מפסיקין תעניות כיון דאיכא קריאה במנחה למה יפסקו שחרית: מצפרא כינופיא · מאספין בני אדם ובודקין ומזהירין אם יש בידם עבירה ויחדלו כדי שיתקבל התענית לפיכך אין פנאי בשחרית לקרות בתורה: במילי דמתא · בודקים אם תהיה עבירה בידם: ואיפוך אנא · לומר דהני ב' רביעיות דקרא (ג) שחרית פלגינהו: ובמנחת הערב וגו' · וסיפא דקרא ואפרשה כפי אל ה' אלמא לפניא בעו רחמי והני קראי תרוייהו בספר עזרא: **מתני'** פרשת מועדות שבתורת כהנים · שור או כשב (ויקרא כב) וביומא קמא מיירי ובברייתא אמרינן בה ושאר כל ימות הפסח מלקט וקורא מעניינו של פסח ומאי דשייר במתני' תנא בברייתא: שבעה שבועות · דכל הבכור: בחדש השביעי · דשור או כשב: קורין בקרבנות החג · בפרשת פינחס כיצד יום ראשון ויום שני קורא המפטיר בחמשה עשר ואע"פ שיום שני הוא אין קורין בו וביום השני להראות שהוא ספק יום שני דגלאי הוא לקרות יו"ט בספק חול יום ראשון של חול המועד שהוא ספק שני ספק שלישי קורא ראשון ביום השני ותניינא ביום השלישי תליתאה ביום הרביעי הרביעי שהוא טוסף בשביל חש"מ הוא קורא את ספיקי היום ומה הן ספיקי היום ביום השני וביום השלישי וכן למחר קורא ראשון ביום השלישי שני קורא ביום הרביעי שלישי קורא ביום החמישי והרביעי ביום השלישי וביום הרביעי שהן ספיקי היום וכן תמיד הרביעי קורא מה שקרא ראשון ושני חוץ מיום אחרון של חש"מ שא"א לקרות ביום השמיני לפי שאינו מימי החג אלא רגל לעצמו לפיכך יום ז' של חש"מ ראשון קורין ביום החמישי שני קורא ביום הששי שלישי קורא ביום השביעי והרביעי קורא ביום הששי וביום הז' שהן ספיקי היום: בחנוכה בנשיאים · דהוי נמי חנוכת המזבח: במעשה בראשית · במסכת תענית בפ"ק בתרא (דף כו ·) שנויה סדר קריאתן ביום הראשון בראשית ויהי רקיע בשני יהי רקיע ויקוו המים בג' יקוו המים ויהי מאורות ברביעי יהי מאורות וישרצו המים בחמישי ישרצו המים ותוצא הארץ בששי תוצא הארץ ויכלו השמים והתם (דף כז:) *מפרש טעמא מאי קורין במעשה בראשית במעמדות שבשביל הקרבנות מתקיימים שמים וארץ: [וכן לקמן לא.]

ברכות

רבינו חננאל

בחמישי' חוזרין לכסדרן. לסדרן מאי ר' ירמיה אמר לסדר הפטרות וקי"ל כוותיה. ואקשינן לר' ירמיה ממשנתנו דתני לכל מפסיקין לתעניות ולמעמדות כלומר מניחין ענינו של יום וקורין [כענין] תעניות ובענין המעמדו' ענין מעמדות כדתנן במעמדו' במעשה בראשית. ומפורש בפ' בשלשה פרקים הכהנים כו' תעניות כדתנן ברכות וקללות ואי' אמרת לסדר ההפטרות הפטרה בחול מי איכא דפסיק לה ואמר הפטרה דתעניות והפטרה דמעמדות. ופריק במקום שיש הפטרה כגון אלו השבתות שפירשנו מפסיקין להפטרה וקורין בהפטרה של זה הענין ובמקום שאין הפטרה בחול כגון שני וחמישי מפסיקין לסדר פרשיות ולא קשיא הא כדאיתא והא כדאיתא: ירושלמי ר' בא בשם ר' חייא בר אשי אין מפסיקין בין פורים לפרה. ר' לוי אמר אין מפסיקין בין פרה להחודש. וסימניהן של פרשיות הללו בין הכוסות הללו אם רצה לשתות ישתה בין שלישי לרביעי לא ישתה. ובדין הוא שיקדום החדש לפרה שבאחד בניסן הוקם המשכן ובשני ימים בניסן נשרפה הפרה. ולמה הקדימוה. מפני שהיא טהרתו של כל ישראל. ואקשינן בתעניות למה לי הפסקה ליקרו בצפרא בענינא דיומא כו'. ואוקימנא מצפרא כנופיא ועד פלגיה דיומא מעייני במילי דמתא. ומפלגיה דיומא רבעא דיומ' קרו ומפטרי ורבעא דיומא בעו רחמי שנאמר ויקראו בספר תורת האלהים רביעית היום [ורביעית] מתודים ומשתחוים לה' אלהיהם. וכתיב ובמנחת הערב קמתי מתעניתי. ש"מ דתפלה דתענית' במנחת הערב: בפסח קורין בפרשת מועדו' שבתורת כהנים:

הגהות הב"ח

(א) גמ' ריבעא דיומא · קרין בספרא ומפטרי:
(ב) רש"י ד"ה ואיזו היא וכו' ובשבת רביעית שהוא יום כ"ב לחודש שהיא סמוכה:
(ג) ד"ה ואיפוך אנא וכו' בשחרית פלגינהו:

month on the first of the month.[7] [30b] Which is the fourth Sabbath?—The one immediately preceding the week in which the new moon of Nisan falls, even if on Friday.

ON THE FIFTH THE REGULAR ORDER IS RESUMED. What order?—R. Ammi said: The order of weekly portions: R. Jeremiah said, The order of *haftarahs* is resumed. Said Abaye: The opinion of R. Ammi is the more probable, since we learnt: THE REGULAR READING IS INTERRUPTED FOR ANY SPECIAL OCCASION—FOR NEW MOONS, FOR ḤANUKKAH, FOR PURIM, FOR FASTS, FOR MA'AMADOTH AND FOR THE DAY OF ATONEMENT. This accords well with the opinion of the one who says that the order of weekly portions is resumed,[8] seeing that a portion [of the Law] is read on weekdays.[9] But on the view of him who says that the order of *haftarahs* is resumed—is there any *haftarah* on [ordinary]
a weekdays?[1] [What says] the other to this?—The one rule holds where it applies, and the other where it applies.[2] But on fast days [according to R. Jeremiah], why should there be an interruption [of the regular portion]? Let us read in the morning from the portion of the week and at *Minḥah* on the subject of the fast?—[R. Jeremiah's ruling] supports R. Huna; for R. Huna said: 'In the morning of fast days there is a public assembly'.[3] How do we act? Abaye said: From the morning to midday we examine the affairs of the town;[4] from midday to evening, for a quarter of the day we read the portion of the Law and the *haftarah*, and for a quarter we offer up supplications, as it says, *And they read in the book of the law of their Lord a fourth part of the day, and another part they confessed and prostrated themselves before the Lord their God.*[5] But cannot I interpret this in the reverse way?[6]—Do not imagine such a thing, since it is written, *Then were assembled unto me every one that trembled at the words of the God of Israel because of the faithlessness of them of the captivity, and I sat appalled unto the evening offering;*[7] and it goes on, *And at the evening offering I arose up from my fasting.*[8]

MISHNAH. ON PASSOVER WE READ FROM THE SECTION OF THE FESTIVALS IN LEVITICUS.[9] ON PENTECOST, 'SEVEN WEEKS';[10] ON NEW YEAR, 'ON THE SEVENTH DAY ON THE FIRST OF THE MONTH';[11] ON THE DAY OF ATONEMENT, 'AFTER THE DEATH';[12] ON THE FIRST DAY OF TABERNACLES WE READ FROM THE SECTION OF THE FESTIVALS IN LEVITICUS, AND ON THE OTHER DAYS OF TABERNACLES THE SECTION OF THE OFFERINGS OF THE FESTIVAL.[13] ON ḤANUKKAH WE READ THE SECTION OF [THE DEDICATION OF THE ALTAR
b BY] THE PRINCES;[1] ON PURIM, 'AND AMALEK CAME';[2] ON NEW MOONS, 'AND ON YOUR NEW MOONS';[3] ON MA'AMADOTH,[4] THE ACCOUNT OF THE CREATION;[5] ON FAST DAYS,[6]

(7) Ezek. XLV, 18. (8) R. Ammi held that on Sabbaths a special portion was substituted for the regular one on special occasions, cf. *supra* 29b. (9) On which the *ma'amadoth* met for prayer and a fast could be held.

a (1) Though there is on fast days. V. *infra*. (2) I.e., the order of *haftarahs* is resumed on Sabbaths and of portions on other days. (3) And so there is no time to read the Law; v. Ta'an 12b. (4) I.e., the conduct of the inhabitants. (5) Neh. IX, 3. (6) That the reading of the Law was in the morning. (7) Ezra IX, 4. (8) Ibid. 5. (9) I.e., Lev. XXIII. Heb. *Torath Kohanim*, (lit., 'law of the priests'), the name given by the Rabbis to Leviticus. (10) Deut. XVI, 9ff. (11) Lev. XXIII, 23ff. (12) Lev. XVI. (13) Num. XXIX, 12ff.

b (1) Num. VII. (2) Ex. XVII, 8ff. (3) Num. XXVIII, 11ff. (4) V. Glos. (5) Because the heaven and earth are preserved on account of the sacrifices. V. Ta'an 26a. (6) [According to Geonic authorities the reference here is to fasts for rain. v. Lewin, *Oẓar ha-Geonim Megillah* p. 60].

[31a] THE SECTION OF BLESSINGS AND CURSES.[7] THE SECTION OF CURSES MUST NOT BE BROKEN UP, BUT MUST ALL BE READ BY ONE PERSON. ON MONDAY AND THURSDAY AND ON SABBATH AT MINḤAH[4] THE REGULAR PORTION OF THE WEEK IS READ, AND THIS IS NOT RECKONED AS PART OF THE READING [FOR THE SUCCEEDING SABBATH],[8] AS IT SAYS,[9] AND MOSES DECLARED UNTO THE CHILDREN OF ISRAEL THE APPOINTED SEASONS OF THE LORD;[10] WHICH IMPLIES THAT IT IS PART OF THEIR ORDINANCE THAT EACH SHOULD BE READ IN ITS SEASON.

GEMARA. Our Rabbis taught: 'On Passover we read from the section of the festivals[11] and for *haftarah* the account of the Passover of Gilgal'.[12] Now[13] that we keep two days Passover, the *haftarah* of the first day is the account of the Passover in Gilgal and of the second day that of the Passover of Josiah.[14] 'On the other days of the Passover the various passages in the Torah relating to Passover are read'.[15] What are these?—R. Papa said: The mnemonic is M'A'P'U'.[16] 'On the last day of Passover we read, *And it came to pass when God sent,*[17] and as *haftarah, And David spoke*'.[18] On the
a next day we read, *All the firstborn,*[1] and for *haftarah, This very day.*[2] Abaye said: Nowadays the communities are accustomed to read '*Draw the ox*', '*Sanctify with money*', '*Hew in the wilderness*', and '*Send the firstborn*'.[3] 'On Pentecost, we read *Seven weeks,*[4] and for *haftarah* a chapter from Habakuk.[5] According to others, we read *In the third month,*[6] and for *haftarah* the account of the Divine Chariot'.[7] Nowadays that we keep two days, we follow both courses, but in the reverse order.[8] On New Year we read *On the seventh month,*[9] and for *haftarah, Is Ephraim a darling son unto me.*[10] According to others, we read *And the Lord remembered Sarah*[11] and for *haftarah* the story of Hannah.[12] Nowadays that we keep two days, on the first day we follow the ruling of the other authority, and on the next day we say, *And God tried Abraham,*[13] with '*Is Ephraim a darling son to me*' for *haftarah*. On the Day of Atonement we read *After the death*[14] and for *haftarah, For thus saith the high and lofty one.*[15] At *minḥah* we read the section of forbidden marriages[16] and for *haftarah* the book of Jonah.[17]

R. Joḥanan said:[18] Wherever you find [mentioned in the Scriptures] the power of the Holy One, blessed be He, you also find his gentleness mentioned. This fact is stated in the Torah, repeated in the Prophets, and stated a third time in the [Sacred] Writings. It is written in the Torah, *For the Lord your God, he is the God of*
b *gods and Lord of lords,*[1] and it says immediately afterwards, *He doth execute justice for the fatherless and widow.* It is repeated in the Prophets: *For thus saith the High and Lofty One, that inhabiteth eternity, whose name is holy,*[2] and it says immediately afterwards, [*I dwell*] *with him that is of a contrite and humble spirit.* It is stated a third time in the [Sacred] Writings, as it is written: *Extol him that rideth upon the skies, whose name is the Lord,*[3] and immediately afterwards it is written, *A father of the fatherless and a judge of the widows.*

'On[4] the first day of Tabernacles we read the section of the festivals in Leviticus, and for *haftarah, Behold a day cometh for the Lord*'.[5] Nowadays that we keep two days, on the next day we read the same section from the Torah, but what do we read for *haftarah?—And all the men of Israel assembled unto King Solomon.*[6] On the other days of the festival we read the section of the offerings of the festival.[7] On the last festival day we read, '*All the firstlings*', with the commandments and statutes [which precede it],[8] and for *haftarah*, '*And it was so that when Solomon had made an end*'.[9] On the next day we read, '*And this is the blessing*',[10] and for *haftarah*, '*And Solomon stood*'.[11]

R. Huna said in the name of R. Shesheth: On the Sabbath which falls in the intermediate days of the festival, whether Passover or Tabernacles, the passage we read from the Torah is '*See, Thou* [*sayest unto me*]',[12] and for *haftarah* on Passover the passage of the '*dry bones*',[13] and on Tabernacles, '*In that day when Gog shall come*'.[14]
c On Ḥanukkah we read the section of the Princes[1] and for *haftarah* [on Sabbath] that of the lights in Zechariah.[2] Should there fall two Sabbaths in Ḥanukkah, on the first we read [for *haftarah*] the passage of the lights in Zechariah and on the second that of the lights of Solomon.[3] On Purim we read '*And Amalek came*'.[4] On New Moon, '*On your new moons*'.[5] If New Moon falls on a Sabbath, the *haftarah* is [the passage concluding], '*And it shall come to pass that from one new moon to another*'.[6] If it falls on a Sunday, on the day before the *haftarah* is, '*And Jonathan said to him, Tomorrow is him*', which is suitable to the day of memorial.

(7) Lev. XXVI.
(8) And must be repeated on the Sabbath. (9) This refers to all the previous part of the Mishnah. (10) Lev. XXIII, 44. (11) Lev. XXIII. (12) Josh. V. (13) This is an interpolation in the Baraitha inserted by an Amora who lived in Babylon and gives the practice of the Galuth. (14) II Kings XXIII. (15) Lit., 'he collects and reads of the subject of the day'. (16) *M* = *mishku* (*Draw and take you lambs*, Ex. XII, 21); *A* = *im* (*If thou lend money to any of my people*, Ibid. XXII, 24); *P* = *pesol* (*Hew thee two tables of stone*, Ex. XXXIV, 1); *U* = *wayedaber* (*And God spoke*, Num. IX, 1). All these passages go on to speak of Passover. (17) Ex. XII, 17 relating to the passage of the Red Sea which is supposed to have taken place on the seventh day. (18) David's song of deliverance in II Sam. XXII.
a (1) Deut. XV, 19. (2) Isa. X, 32 referring to the overthrow of Sennacherib which is supposed to have taken place on Passover. (3) A mnemonic of the key words in the passages following the order: Ex. XII, 21; Lev. XXII, 27; Ex. XIII; Ex. XXII, 24; Ex. XXXIV, 1; Num. IX, 1; Ex. XIII, 17; Deut. XV, 19. Cf. Tosaf. (4) Deut. XVI, 9. (5) Hab. III, which describes the giving of the Law, commemorated (according to the Rabbis) by Pentecost. (6) Ex. XIX. (7) Ezek. I, describing the heavenly hosts who also are supposed to have appeared on Mount Sinai. (8) I.e., Ex. XIX on the first day. (9) Num. XXIX, 1. (10) Jer. XXXI, 20. The text proceeds, '*For I shall surely remember him*'. (11) Gen. XXI, in order that the merit of Isaac may be remembered. (12) I Sam. I, because Hannah was supposed to have been visited on New Year. (13) Gen. XXII. (14) Lev. XVI. (15) Isa. LVII, 15, which goes on to speak of repentance. (16) Lev. XVIII. Apparently this section is chosen because the temptation to sexual offences is particularly strong (Rashi). Cf. Tosaf. (17) Which speaks of repentance. (18) The reference to Isa. LVII leads to the introduction of the passage which follows.
b (1) Deut. X, 17. (2) Isa. LVII, 15. (3) Ps. LXVIII, 5. (4) The Baraitha is here resumed. (5) Zech. XIV, in which the festival of Tabernacles is mentioned. (6) I Kings VIII, 2. The verse continues, '*on the festival in the seventh month*'. (7) Num. XXIX, 12-34. (8) The 'commandments and statutes' are those contained in Deut. XIV, 22-XV, 18, after which follows '*all the firstling*'. A better reading is: 'We read commandments and statutes and *all the firstling*'. (9) I Kings, VIII, 54. (10) Deut. XXXIII; the conclusion of the Torah. (11) I Kings VIII, 22. (12) Ex. XXXIII, 12. The festivals are mentioned in the sequel. (13) Ezek. XXXVII. The 'dry bones' are supposed to have been those of the Israelites who tried to break out of Egypt before the time (Rashi). (14) Ezek. XXXVIII, 18. The subject of this chapter is supposed to be the same as that of the chapter of Zechariah read on the first day of Tabernacles (Rashi).
c (1) The dedication of the altar in Num. VII. (2) Zech. IV. (3) I Kings VII, 40-50. (4) Ex. XVII, 8ff. (5) Num. XXVIII, 11. (6) Isa. LXVI, 23.

מסורת הש"ס

עין משפט נר מצוה

ברכות וקללות אין מפסיקין בקללות אלא אחד קורא את כולן בשני ובחמישי בשבת במנחה קורין כסדרן ואין עולים להם מן החשבון שנאמר וידבר משה את מועדי ה' אל בני ישראל מצותן שיהו קורין כל אחד ואחד בזמנו: **גמ'** ת"ר בפסח קורין בפרשת מועדות ומפטירין בפסח גלגל והאידנא דאיכא תרי יומי יומא קמא בפסח גלגל ולמחר בפסח יאשיהו ושאר ימות הפסח מלקט וקורא מענינו של פסח מאי היא אמר רב פפא מאפ"ו סימן יום טוב האחרון של פסח קורין ויהי בשלח ומפטירין וידבר דוד ולמחר כל הבכור ומפטירין עוד היום אמר אביי והאידנא נהוג עלמא למיקרי משך תורא קדש בכספא פסל במדברא שלח בוכרא בעצרת שבעה שבועות ומפטירין בחבקוק אחרים אומרים בחדש השלישי ומפטירין במרכבה והאידנא דאיכא תרי יומי עבדינן כתרוייהו ואיפכא בראש השנה בחדש השביעי ומפטירין הבן יקיר לי אפרים ויש אומרים וה' פקד את שרה ומפטירין בחנה והאידנא דאיכא תרי יומי יומא קמא כיש אומרים למחר והאלהים נסה את אברהם ומפטירין הבן יקיר ביוה"כ קורין אחרי מות ומפטירין כי כה אמר רם ונשא ובמנחה קורין בעריות ומפטירין ביונה אמר ר' יוחנן כל מקום שאתה מוצא גבורתו של הקב"ה אתה מוצא ענוותנותו דבר זה כתוב בתורה *ושנוי בנביאים ומשולש בכתובים כתוב בתורה כי ה' אלהיכם הוא אלהי האלהים ואדוני האדונים וכתיב בתריה עושה משפט יתום ואלמנה שנוי בנביאים כה אמר רם ונשא שוכן עד וקדוש וגו' וכתיב בתריה ואת דכא ושפל רוח משולש בכתובים דכתיב סולו לרוכב בערבות ביה שמו וכתיב בתריה אבי יתומים ודיין אלמנות יו"ט הראשון של חג קורין בפרשת מועדות שבתורת כהנים ומפטירין הנה יום בא לה' והאידנא דאיכא תרי יומי למחר מיקרא ה"נ קרינן אפטורי מאי מפטירין ויקהלו אל המלך שלמה ושאר כל ימות החג קורין בקרבנות החג יו"ט האחרון קורין כל הבכור *מצות וחוקים ובכור ומפטירין ויהי ככלות שלמה למחר קורין וזאת הברכה ומפטירין ויעמד שלמה אמר רב הונא אמר רב שבת שחל להיות בחולו של מועד בין בפסח בין בסוכות מקרא קרינן ראה אתה אפטורי בפסח העצמות היבשות ובסוכות ביום בא גוג בחנוכה בנשיאים ומפטירין בנרות דזכריה ואי מיקלעי שתי שבתות קמייתא בנרות דזכריה בתרייתא בנרות שלמה בפורים ויבא עמלק בראשי חדשים ובראשי חדשיכם ראש חדש שחל להיות בשבת מפטירין והיה מדי חדש בחדשו חל להיות באחד בשבת מאתמול מפטירין ויאמר לו יהונתן מחר חדש אמר רב הונא(א) ראש

רש"י

ברכות וקללות· דאס בחקותי להודיע שעל עסקי החטא באה פורענות לעולם ויחזרו בתשובה ויגללו מגרה שכן מתענין עליה: אין מפסיקין בקללות· כדמפרש מילתא שאין שנים קורין בהן אלא אחד קורא את כולן ושנים הראשונים קורין כסדרן· בענין סדר הפרשיות(ג) ותנאי פליגי בה בברייתא בגמרא היכן מתחיל בשני ובחמישי: ואין עולה להן מן החשבון· כשיגיע יום שבת יחזרו מה שקראו בשבת במנחה ובשני ובחמישי: שנאמר וידבר משה את מועדי ה' אל בני ישראל· אכולה מתני' קאי ללמוד מכאן שמצוה לקרות ביום המועד מעניני המועדות: **גמ'** הכי גרסינן ת"ר בפסח קורין בפרשת מועדות כו'· ברייתא שלימה היא עד ושאר כל ימות החג קורין בקרבנות החג אלא שבעלי הגמרא אפסיקוה לפרש בכל מועד יום ביום מה תיקנו האחרונים שנהגו לעשות ב' ימים לקרות ביום שני לפי שהברייתא נשנית בארץ ישראל שאין עושין י"ט אלא יום אחד: בפסח גלגל· ביהושע (ג): ושאר כל ימות הפסח סימן מאפ"ו· "משכו וקחו לכם לאן "אם כסף תלוה את עמי "פסל לך "וידב' שבבהעלותך (ד) ויום טוב שני קורין ביום ראשון שור או כשב: ויהי בשלח פרעה· לפי שביום ז' של פסח אמרו שירה על הים: ומפטירין וידבר דוד· שהיא שירה כמותה ומדבר בה מיציאת מצרים עלה עשן באפו וגו' וישלח חציו ויפיצם וגו': עוד היום· לפי שמפלתו של סנחריב בליל פסח היה: ומפטירין בחבקוק· שמדבר במתן תורה אלוה מתימן יבוא במתן תורה (ה): במרכבה· דיחזקאל על שם שנגלה בסיני (ו) ברבוא רבבות אלפי שנאן: והאידנא דאיכא תרי' יומי עבדינן כתרוייהו ואיפכא· דקאמרי אחרים דאיכהו בתראי לתנא קמא בחדש השלישי ומפטיר במרכבה ביום הראשון קרינן להו ודקאמר תנא קמא בעצרת שבעה שבועות ומפטירין בחבקוק קרינן ביום השני ואיפכא דמתן תורה בששי בסיון: הבן יקיר לי אפרים· משום (ז) זכור אזכרנו רחם ארחמנו: מפטירין בחנה· לפי שפקידתה היתה בראש השנה ועקידת יצחק מזכירין כדי שתזכר לנו היום במשפט: כי כה אמר רם ונשא· ואמר סולו סולו שמדבר במדת התשובה הלא זה צום אבחרהו (ישעיה נח): קורין בעריות· שמי שיש עבירות בידו יפרוש מהן לפי שהעריות עבירה מלויה שנפשו של אדם מחמדתן וילרו תוקפו: הנה יום בא לה'· דכתיב ביה לחוג את חג הסוכות: ויקהלו· על שם שחנוכת הבית היתה באותה אסיפה ובחג הסוכות: קורין כל הבכור· אלא שמתחילין עשר תעשר לפי שיש באותה פרשה מצות וחוקים הרבה הנהוגות בחג באותו זמן שהוא זמן אסיף ועת שהעניים צריכין לאסוף מאכל לביתם ועוד יש באותה פרשה מצות מעשר עני ומצות נתון תתן ופתוח תפתח והענק תעניק לעבד עברי ושילוח חפשי והעבט תעביטנו: ויהי ככלות שלמה· על שם ביום השמיני שלח את העם: מקרא קרינן ראה אתה· שיש שם מצות שבת ורגלים וחולו של מועד דכתיב את חג המצות תשמור ומכאן למדו איסור מלאכה חולו של מועד במסכת חגיגה (דף יח׳): בעצמות היבשות· שילאו ממצרים לפני הקץ: ביום בא גוג· והיא המלחמה האמורה בזכריה בהנה יום בא לה': נרות דזכריה· רני ושמחי על שם ראיתי והנה מנורת זהב כולה וגו': נרות דשלמה· ויעש חירום [וגו'] ואת המנורות חמש מימין וגו': עד

תוספות

והאידנא נהוג עלמא למקרי משך תורא וכו'· אומר ר"י דזה הסדר לא ישתנה רק כשחל פסח ביום חמישי שא' ב' קורין משך תורא וביום שלישי שהוא שבת של חול המועד קורין ראה אתה אומר אלי ובכלל הוי פסל לך כדאמרינן לקמן דשבת של חול המועד בין בניסן בין בתשרי קורין ראה אתה אומר אלי וביום ד' וחמישי וששי של פסח שהוא אב"ג דשבת לא יקראו פסל לך בחמישי של פסח כמו שרגילין בשאר שנים אלא ביום (ח) ארבע וחמישי וששי יקראו קדש בכספא במדברא:

במנחה קורין בעריות· לפי שהנשים מקושטות בשביל כבוד היום לפיכך צריך להזכירם שלא יכשלו בהן ובמדרש יש שלכך קורין בעריות לפי שישראל עושין רמז להקב"ה שכשם שהזהיר אותם שלא לגלות ערוה כך לא תגלה ערותם בעונותם:

למחר קרינן וזאת הברכה ומפטירין ויעמוד שלמה· ויש מקומות שנהגו להפטיר בויהי אחרי מות משה ושיבוש הוא שהרי הש"ס אין אומר כן ויש אומרים שרב האי גאון תקן לומר ויהי אחרי מות משה אבל אינן יודעין הסברא אמאי שנה סדר הש"ס:

מפטיר ויאמר לו יהונתן מחר חדש· קשיא אמאי אין עושין כן כשחל ר"ח אדר וראש חדש ניסן באחד בשבת ואמאי מפטירין ביהוידע ובראשון באחד לחדש וי"ל משום דהפטרה דיהוידע מדברת בשקלים ומזכרת שראש חדש אדר יהיה באותו שבוע*: ראש

עין משפט נר מצוה

סו א מיי' פי"ג מהל' תפלה הלכה ח טוש"ע א"ח סי' תפח ס"ג:
סז ב מיי' שם טוש"ע א"ח סי' תצ סעיף א:
סח ג מיי' שם טוש"ע שם סעיף ה:
סט ד מיי' שם הל' ט טוש"ע א"ח סי' תצד סעיף א ב:
ע ה מיי' שם הל' י טוש"ע א"ח סי' תקפד סעי' א וסי' תרא סעי' א:
עא ו מיי' שם הל' יא טוש"ע א"ח סי' תרכא סעיף א:
עב ז מיי' שם טוש"ע א"ח סי' תרכב סעיף ב:
עג ח מיי' שם הלכה יב טוש"ע א"ח סי' תרנט:
עד ט מיי' שם טוש"ע א"ח סי' תרסב סעיף ג:
עה כ מיי' שם טוש"ע א"ח סי' תרסח סעיף א:
עו ל מיי' שם טוש"ע א"ח סי' תרסט סעיף א:
עז מ מיי' שם טוש"ע א"ח סי' תרסג סעיף א:
עח נ מיי' שם הלכה יג טוש"ע א"ח סי' תל סעי' א וסי' תרצ סעיף ג:
עט ס ע מיי' שם הל' יד טוש"ע א"ח סי' תרפד:
פ פ מיי' שם טוש"ע א"ח סי' תרצג סעי' ד:
[ע' רש"א]
פא צ מיי' שם הל' ד טוש"ע א"ח סי' תכה סעי' א:
פב ק מיי' שם טוש"ע א"ח סי' תכה סעיף א:
פג ר מיי' שם טוש"ע שם סעיף ג:

רבינו חננאל

אסיקנא והאידנא נהוג עלמא משך. תורא. קדש. בכספא. פסל. מדברא. שלח. בוכרא. וקורין ומפטירין כאשר כתוב בגמרא· ופשוטה היא:

[ע' תוס' ר"ה לב: ד"ה מתחיל]

[ע' בכר"ן דף רשאי שהעתיק קורין כצות וחוקים וכל הבכור ומפטירין וכו' והיא גרסא נכונה]

הגהות הב"ח

(א) גמ' אמר רב הונא אמר רב ראש חדש: (ב) רש"י ד"ה קורין כסדרן· בענין סדר הפרשיות ואין עולה להן מן החשבון וכו' בשני ובחמישי ותנאי פליגי בה וכו' ובחמישי הס"ד ואח"כ מה"ד שנאמר: (ג) ד"ה בפסח גלגל ביהושע בעת ההיא הס"ד: (ד) ד"ה ושאר כל ימות הפסח וכו' שבבהעלותך וביום שני קורין משכו וביום ראשון שור או כשב ותיבת טוב נמחק: (ה) ד"ה ומפטירין בחבקוק וכו' במתן תורה מתחלי הס"ד: (ו) ד"ה במרכבה וכו' שנגלה בסיני ברכב רבותים אלפי שנאן: (ז) ד"ה הבן יקיר לי אפרים משום דכתיב ביה זכור וכו' ארחמנו דקמיירי בזכרונות הס"ד ואח"כ מה"ד ומפטירין וכו' בראש השנה הס"ד ואח"כ מה"ד והאלהים נסה את אברהם ועקידת יצחק מזכירין כדי שיזכור לנו עקידתו היום במשפט: (ח) תוס' ד"ה והאידנא וכו' אלא ביום רביעי חמישי וששי יקראו קדש:

ראש חדש אב שחל להיות בשבת מפטירין חדשיכם ומועדיכם שנאה נפשי וגו' · ואין אנו עושין כן אלא מפטיר בירמיה (ב) שמעו *דבר ה' ובשבת שלפני ט"ב חזון ישעיהו והטעם לפי שאנו נוהגין על פי הפסיקתא לומר ג' דפורענותא קודם תשעה באב ואלו הן דברי ירמיה שמעו דבר ה' חזון ישעיהו ובתר תשעה באב שב דנחמתא ותרתי דתיובתא ואלו הן נחמו נחמו ותאמר ציון עניה סוערה לבדה אנכי אנכי רני עקרה קומי אורי שוש אשיש דרשו שובה ולפיכך מקדימין עניה סוערה קודם רני עקרה דדרך הנחמות להיות הולכות ומשובחות יותר וסדר זה מתחיל בפנחס וסימניך דש"ח נו"ע אר"ק שד"ש ולעולם שוש אשיש באתם נצבים דהיינו שבת שלפני ר"ה לפי שהוא סוף הנחמות ודרשו בצום גדליה ושובה בשבת שלפני יום הכפורים וכשיש שבת בין יום הכפורים לסוכות אז הוי דרשו בשבת שלפני יום הכפורים משום דכתיב ביה דרשו ה' בהמצאו והיינו בימי תשובה ושובה בין כפור לסוכות *דכתיב בה ונתתי לך יורה ומלקוש וכן וה' נתן קולו לפני חילו דמישתעי במים ושייך שפיר לפני סוכות וזה המנהג לא ישתנה לעולם ע"פ הפסיקתא וכן פירש ר"ת ולא כדברי רב החובל ההופך ומבלבל לומר שובה קודם כפור ושוש אשיש בין כפור לסוכות דאין להפסיק בין השש נחמות לשביעית אלא כדברי רבינו תם עם ישרים נחתם שוש אשיש בראשיתו ושובה באחריתו *והא שאין אנו מפטירין חזון בשבת שחל בו ר"ח אב משום דקיימא לן* דאין אבילות חל אלא בשבוע שחל ט"ב להיות בתוכה ורב דאמר דמפטיר חזון סבר דהאבלות חל מיד שנכנס ר"ח ואין הלכה כן וכן פירש הר"ר אליעזר ממיץ ולכך אנו מפטירין שמעו וכן אנו נוהגין ע"פ מסכת סופרים* שאנו קורין ויחל בתעניות ובמתניתין אמרינן שקורין ברכות וקללות*:

אין מפסיקין בקללות · וקורין אחד משום דכתיב מוסר ה' בני אל תמאס ואל תקוץ בתוכחתו א"ר אחא אל תעשה התוכחה קוצים קוצים וא"ר יהושע דסכנין אני אמרתי עמו אנכי בצרה ואם כן אין דין שיברכוני בני על הצרות שלהם אלא יקרא אחד הכל ויתחיל (א) בדבר אחר ויסיים בדבר אחר ואז יוכל לברך תחילה וסוף:

מתחיל בפסוק שלפניהם · לאו דוקא פסוק דהא יש פרשה ואין מתחילין ומשיירין בפחות משלשה פסוקים:

משה מעצמו אמרם · וברוח הקדש:

קללות שבת"כ קודם עצרת ושבמשנה תורה קודם ראש השנה שאנו בבית המדרש של רבינו נסים למה מחלקים פרשת נצבים וילך לשנים כשיש ב' שבתות בין ר"ה לסוכות בלא יוה"כ ואין מחלקין מטות ומסעי שארוכות יותר והשיב לפי שבאתם נצבים יש קללות שקלל ישראל ורוצה לסיימם קודם ר"ה וקשה שאנו לא מחשבינן הקללות שקלל משה ישראל כדמשמע בפרק המוכר את הספינה (ב"ב דף פח: ושם) א"ר לוי בא וראה שלא כמדת הקב"ה מדת ב"ו הקב"ה בירך ישראל בכ"ב וקללן בשמנה ומשה ברכם בשמנה וקללם בעשרים ושתים וחשיב מואס לא תשמעו עד ואין קונה משמע בהדיא שעד אין קונה הוי מן הקללות ולא יותר ועוד קשיא לפי סברתו אמאי אין קורין האזינו קודם ר"ה שהרי גם שם יש קללות מזי רעב ולחומי רשף לכך נראה לי הטעם שאנו מחלקים אותן לפי שאנו רוצים להפסיק ולקרות שבת אחת קודם ר"ה בפרשה שלא תהא מדברת בקללות כלל שלא להסמיך הקללות לר"ה ומטעם זה אנו קורין במדבר סיני קודם עצרת כדי שלא להסמיך הקללות שבבחוקותי לעצרת: ילמדנו של פרשת יתרו אין אדם רשאי לקרות בתורה עד שיסדיר הפרשה ג' פעמים שנאמר (איוב כח) אז ראה ויספרה (ב) הכינה וגם חקרה ואחרי כן ויאמר לאדם ולאסור לסמוך על הבימה דמה נתינתה מעומד אף קריאתה מעומד: הלוחות

תורה אור

ראש חדש אב שחל להיות בשבת מפטירין
°חדשיכם ומועדיכם שנאה נפשי היו עלי ישעיה א
לטורח *מאי היו עלי לטורח אמר הקב"ה לא
דיין להם לישראל שחוטאין לפני אלא
שמטריחין אותי לידע איזו גזירה קשה אביא
עליהם בתשעה באב גופיה מאי מפטרינן אמר
רב °איכה היתה לזונה מקרא מאי תניא שם
אחרים אומרים °ואם לא תשמעו לי ר' ויקרא כו
נתן בר יוסף אומר °עד אנה ינאצוני העם במדבר יד
הזה ויש אומרים °עד מתי לעדה הרעה שם
הזאת אמר אביי [ב]האידנא נהוג עלמא
למיקרי °כי תוליד בנים ומפטירין דברים ד
°אסוף אסיפם: [במעמדות] [ג]במעשה ירמיה ח
בראשית וכו': מנהני מילי א"ר אמי אלמלא
מעמדות *לא נתקיימו שמים וארץ שנאמר
°אם לא בריתי יומם ולילה חוקות שמים וארץ שם לג
לא שמתי וכתיב °ויאמר ה' אלהים במה אדע בראשית טו
כי אירשנה אמר אברהם לפני הקב"ה רבש"ע שמא ח"ו ישראל חוטאים לפניך ואתה עושה להם כדור המבול וכדור הפלגה אמר לו לאו אמר לפניו רבש"ע במה אדע אמר לו קחה לי עגלה משולשת וגו' אמר לפניו רבש"ע תינח בזמן שבית המקדש קיים בזמן שאין בית המקדש קיים מה תהא עליהם אמר לו כבר תקנתי להם סדר קרבנות כל זמן שקוראין בהן מעלה אני עליהן כאילו מקריבין לפני קרבן ומוחל אני על כל עונותיהם: [ד]בתעניות ברכות וקללות [ה]ואין מפסיקין בקללות: מה"מ אמר ר' חייא בר גמדא אמר רבי אסי דאמר קרא °מוסר ה' בני אל תמאס ריש לקיש אמר *לפי שאין אומרים ברכה על הפורענות אלא היכי עביד תנא כשהוא מתחיל מתחיל בפסוק שלפניהם וכשהוא מסיים מסיים בפסוק שלאחריהן אמר אביי [ו]לא שנו אלא בקללות שבתורת כהנים אבל קללות שבמשנה תורה פוסק מאי טעמא הללו בלשון רבים אמורות ומשה מפי הגבורה אמרן והללו בלשון יחיד אמורות ומשה מפי עצמו אמרן לוי בר בוטי הוה קרי וקא מגמגם קמיה דרב הונא בארורי אמר לו אכנפשך לא שנו אלא קללות שבתורת כהנים אבל שבמשנה תורה פוסק תניא ר' שמעון בן אלעזר אומר [ז]עזרא תיקן להן לישראל שיהו קורין קללות שבתורת כהנים קודם עצרת ושבמשנה תורה קודם ר"ה מאי טעמא אמר אביי ואיתימא ריש לקיש כדי שתכלה השנה וקללותיה בשלמא שבמשנה תורה איכא כדי שתכלה שנה וקללותיה אלא שבתורת כהנים אטו עצרת ראש השנה היא אין עצרת נמי ראש השנה היא דתנן *ובעצרת על פירות האילן תניא *רבי שמעון בן אלעזר אומר אם יאמרו לך זקנים סתור וילדים בנה סתור *ואל תבנה מפני שסתירת זקנים בנין ובנין נערים סתירה וסימן לדבר °רחבעם בן שלמה ת"ר *מקום שמפסיקין בשבת שחרית שם קורין במנחה במנחה שם קורין בשני בשני שם קורין בחמישי בחמישי שם קורין לשבת הבאה דברי ר' מאיר ר' יהודה אומר מקום שמפסיקין בשבת שחרית שם קורין במנחה ובשני ובחמישי ולשבת הבאה אמר רבי זירא הלכה [ח]מקום שמפסיקין בשבת שחרית שם קורין במנחה ובשני ובחמישי ולשבת הבאה *ולימא הלכה כרבי יהודה
משום

עד אנה ינאצוני ועד מתי לעדה הרעה · תרוייהו במרגלים ובט' באב חזרו בט"ב כדאמרינן במסכת תענית (דף כט·): מנהני מילי · מה ענין בראשית אצל מעמדות: במה אדע · מה תאמר לי ללמדן דבר שיתכפרו בו עונותיהן: קחה לי עגלה משולשת · כלומר הקרבנות יכפרו עליהן: מנהני מילי · דאין מפסיקים בקללות: אל תמאס · והמפסיק בהן מראה עצמו שקשה לו לקרות ובמסכת סופרים (פי"ב) יליף לה מסיפיה דקרא ואל תקוץ בתוכחתו אל תעשו קוצין קוצין פסוקים פסוקים לשון קציצה: משה מפי הגבורה אמרן · ונעשה שליח לומר כך אמר לי הקב"ה שהרי אומרין בלשון ונתתי והפקדתי ושלחתי מי שהיכולת בידו לעשות אבל במשנה תורה כתיב יככה השם ידבק ה' בך משה אמרן מאליו אם תעברו על מצותיו הוא יפקיד עליכם: מגמגם · קורא אותן במרוצה ובקושי: בארורי · במשנה תורה: אכנפשך · אם רצונך להפסיק פסוק הואיל ואתה קץ בקריאתן: קודם עצרת · שהוא זמן קציר וזמן פירות האילן כדמפרש ואזיל:
משום

[עי' תוס' פסחים מ: ד"ה אבל וכו' וקו"ע וע' תרומת הדשן סי' יט]

פד א מיי' פי"ג מהל' תפלה הלכה יח טוש"ע א"ח סימן תכה סעיף א בהג"ה:

פה ב מיי' שם הלכה יט טוש"ע א"ח סימן תקנט סעיף ד בהג"ה:

פו ג מיי' פ"ו מהלכות כלי המקדש הלכ' ו:

פז ד מיי' פי"ג מהל' תפלה הלכה ז טוש"ע א"ח סימן תכח סעיף ו:

פח ה ו מיי' שם הל' ז טוש"ע א"ח סימן תכח סעיף ו:

פט ז מיי' שם הלכה ב טוש"ע שם סעי' ד:

צ ח מיי' שם הלכה ג סמג עשין יט טוש"ע א"ח סימן קלב:

נ"ל וכן וכו' נתן כו' למשתעי במים דכתיב בה יורה ומלקוש ושייך כו'

מהרש"א

[תענית כט:]

[פי"ז ס"ז]

[וע"ע תוס' ברכות יח: ד"ה למחר ותוס' פסחים מ: ד"ה אבל]

ר"ה דף טז:

[תוספתא ע"ז פ"א]

רבינו חננאל

היא · אין מפסיקין בקללות אלא אחד קורא את כולן שנאמר אל תקוץ בתוכחתו *) מ"ט שאין מפסיקין · שאין אומרים ברכה על הפורענות' היכי עבדינן תנא כשמתחיל מתחיל בפסוק שלפניהם וכשמסיים מסיים בפסוק שלאחריהם ואמר אביי לא שנו אלא בקללות שבתורת כהנים והן אם בחקותי תלכו שנא' בלשון רבים ומשה רבינו מפני הגבורה אמרן אבל שבמשנה תורה פוסק מ"ט דבלשון יחיד אמורות ומשה מפי עצמו אמרן להיכתב · וכן אמר רב הונא ללוי בר בוטא דהוה מגמגם וקורא בארורי דמשנה תורה · א"ל אכנפשך קללות שבמשנה תורה פוסק · ר' שמעון בן אלעזר אומר עזרא תיקן להן לישראל להיות קורין קללות שבתורת כהנים קודם עצרת שהיא ר"ה לדין האילנות דתנן בד' פרקים העולם נידון · ובעצרת על פירות האילן · וקללות שבמשנה תורה קודם ר"ה כדי שתכלה שנה וקללותיה · תניא אם יאמרו לך זקנים סתור וילדים בנה כו' · בשני ובחמישי ובשבת במנחה קורין כסדרן כו' · אמר שמואל מקום שמפסיקין בשבת שחרית

*) נראה דצ"ל ר"ל אומר אין מפסיקין מפני שאין אומרים וכו'.

[שבת קטו:]

תענית ד' כב ע"ש

[מס' סופרים פי"א הל' ב כלשון אחר ר' לוי אמר הקב"ה אינו דין שיהיו בני מתקללין ואני מתברך]

נדרים מ:

מלכים א יב

[תוס' פ"ג מס' סופרים פי"א הלכה ד]

[עי' תוספות מנחות ל: ד"ה ולימא]

הגהות הב"ח

(א) תוס' ד"ה אין מפסיקין וכו' ויתחיל בברכה ויסיים בברכה ואז יוכל: (ב) ד"ה משה וכו' ראה ויספרה הכינה וגם חקרה ויאמר לאדם:

the new moon'.7 R. Huna said: [31*b*] If the new moon of Ab falls on a Sabbath the *haftarah* is [the passage with the verse] *'Your new moons and your appointed seasons my soul hateth, they are a burden unto me'*.8 What is the meaning of *'they are a burden unto me'?* God said: 'It is not enough for Israel that they sin before Me, but they impose on Me the burden of considering what punishment9 I shall bring upon them'. On the Ninth of Ab itself what is the *haftarah?*—Rab said: '[The passage containing], *How is she become a harlot'*.10 What is the section from the Torah?—It has been taught: Others say, *'But if ye will not hearken unto me'*;11 R. Nathan b. Joseph says, *'How long will this people despise me'*;12 and some say, *'How long shall I bear with this evil congregation'*.13 Abaye said: Nowadays the custom has been adopted of reading [from the Torah] *'When thou shalt beget children'*,14 and for *haftarah*, *'I will utterly consume them'*.15

ON MA'AMADOTH THE ACCOUNT OF THE CREATION. Whence is this rule derived?—Said R. Ammi: But for the *ma'amadoth*, the heaven and earth would not be firmly established, as it says, *But for My covenant [which continues] day and night, I had not set the statutes of heaven and earth*,16 and it is written, *And he said, O Lord God, whereby shall I know that I shall inherit it.*17 Said Abraham before the Holy One, blessed be He: Sovereign of the Universe, perhaps, God forbid, Israel will sin before Thee and Thou wilt do to them as Thou didst to the generation of the Flood and the generation
a of the Division?1 He answered, Not so. He then said before Him: Sovereign of the Universe, *by what shall I know this?* He said: *Take me a heifer of three years old*2 etc. He then said before Him: Sovereign of the Universe, This is very well for the time when the Temple will be standing, but in the time when there will be no Temple what will befall them? He replied to him: I have already fixed for them the order of the sacrifices. Whenever they will read the section dealing with them, I will reckon it as if they were bringing Me an offering, and forgive all their iniquities.

ON FAST DAYS [THE PORTION OF] BLESSINGS AND CURSES IS READ, AND THERE MUST BE NO BREAK IN [THE READING OF] THE CURSES. Whence is this rule derived?—R. Ḥiyya b. Gamda replied in the name of R. Assi: Because Scripture says, *My son, despise not the chastening of the Lord.*3 Resh Lakish said: It is because a blessing4 should not be said for chastisement. How then is the reader to do? A Tanna taught: He commences his reading with a verse5 before them and concludes it with a verse after them. Said Abaye: This rule was laid down only for the curses in Leviticus, but in the curses in Deuteronomy a break may be made. What is the reason?—In the former Israel are addressed in the plural number and Moses uttered them on behalf of the Almighty;6 in the latter Israel are addressed in the singular, and Moses uttered them in his own name.7 Levi b. Buti was once reading the curses [in Deuteronomy] in the presence of R. Huna hesitatingly. Said R. Huna to him: Do just as you please, the rule [against making a break] applies only to the curses in Leviticus, but in those in Deuteronomy a break may be made.

It has been taught: R. Simeon b. Eleazar says: Ezra made a regulation for Israel that they should read the curses in Leviticus before Pentecost and those in Deuteronomy before New Year. What is the reason?—Abaye—or you may also say Resh Lakish—said: So that the year may end along with its curses. I grant you that in regard to the curses in Deuteronomy you can say, 'so that the year should end along with its curses'. But as regards those in Leviticus—is Pentecost a New Year?—Yes; Pentecost is also a New Year, as we have learnt: 'On Pentecost is the new year for
b [fruit of] the tree'.1

It has been taught: R. Simeon b. Eleazar says: If old men say to you, 'throw down', and young men say to you, 'build up', throw down and do not build up, because destruction by old men is construction, and construction by boys is destruction; and the example is Rehoboam son of Solomon.2

Our Rabbis taught: The place [in the Torah] where they leave off in the morning service on Sabbath is the place where they begin at *Minḥah;* the place where they leave off at *Minḥah* [on Sabbath] is the place where they begin on Monday; the place where they leave off on Monday is the place where they begin on Thursday; the place where they leave off on Thursday is the place where they begin on the next Sabbath. This is the ruling of R. Meir. R. Judah, however, says that the place where they leave off in the morning service on Sabbath is the place where they begin on [Sabbath] *Minḥah*, on Monday, on Thursday, and on the next Sabbath. R. Zera said: The *halachah* is that the place where they leave off in the morning service on Sabbath is the place where they begin at *Minḥah*, on Monday, on Thursday and on the next Sabbath. Why does he not say, 'the *halachah* follows Rabbi

(7) I Sam. XX, 18. (8) Isa. I, 14. (9) Lit. 'harsh decree'. (10) Ibid. 21. (11) Lev. XXVI, 14ff. (12) Num. XIV, 11. (13) Ibid. 27. (14) Deut. IV, 25. (15) Jer. VIII, 13. (16) Jer. XXXIII, 25. (17) Gen. XV, 8.

a (1) The division of tongues at the Tower of Babel. (2) Indicating that Israel would obtain forgiveness through the sacrifices. (3) Prov. III, 11. As much as to say, Do not treat the portion of the curses disrespectfully by giving the impression that you do not wish to continue with the reading of it. (4) The blessing said over the reading of the Torah. (5) More strictly, a few verses, because the curses commence a new paragraph. (6) *'If ye shall not hearken unto* me etc.'. (7) *'If* thou *shalt not hearken unto* the voice of the Lord thy God etc.

b (1) R.H. 16*a*. (2) Who destroyed his power by following the advice of the young men which was intended to strengthen it; v. Ned. 50*a*.

Judah'?—[32a] Because [the names] might be reversed.[3]

Our Rabbis taught: [The one who reads] opens the scroll and sees [the place], then rolls it together and says the blessing, then opens it again and reads. So R. Meir. R. Judah says: He opens and looks and says the blessing, and reads. What is R. Meir's reason?—It is similar to that of 'Ulla [in a parallel case]; for 'Ulla said: Why did they lay down that he who reads from the Torah should not prompt the translator? So that people should not say that the translation is written in the Torah. So here [R. Meir's reason is], so that they should not say that the blessings are written in the Torah. And [what says] R. Judah [to this]?—With regard to translation a mistake might be made, but no mistake
a will be made with regard to the blessings.[1] R. Zera said in the name of R. Mattenah: The *halachah* is that he opens and looks, then says the blessing and reads. Why not say, 'The *halachah* follows R. Judah'? Because the names might be reversed.[2]

R. Zera said in the name of R. Mattenah. No sanctity attaches to the boards and to the platforms.[3]

R. Shefatiah said in the name of R. Johanan: When one rolls up a scroll of the Torah, he should make it close at a seam.[4]

R. Shefatiah further said in the name of R. Johanan: One who rolls together a *sefer torah* should roll it from without and should not roll it from within,[5] and when he fastens it he should fasten it from within and should not fasten it from without.[6]

R. Shefatiah further said in the name of R. Johanan: If ten have had a reading of the Torah, the senior among them rolls up the *sefer torah*. He who rolls it up receives the reward of all of them, since R. Joshua b. Levi said: If ten have had a reading of the Torah, the one who rolls it up receives the reward of all of them. The reward of all of them, think you? No; say rather, he receives a reward equal to that of all of them.

R. Shefatiah further said in the name of R. Johanan: Whence
b do we know that we may avail ourselves of a chance utterance[1] [as an omen]?[2] Because it says, *And thine ears shall hear a word behind thee saying.*[3] This applies, however, only if one hears the voice of a man in town and of a woman in the country,[4] and only if it says, yes, yes, or no, no.[5]

R. Shefatiah further said in the name of R. Johanan: If one reads the Scripture without a melody[6] or repeats the Mishnah without a tune,[7] of him the Scripture says, *Wherefore I gave them also statutes that were not good* etc.[8] Abaye strongly demurred to this, saying, Because he cannot sing agreeably, are you to apply to him the verse, '*ordinances whereby they shall not live*'? No; this verse is to be applied as by R. Mesharshia, who said: If two scholars live in the same town and do not treat one another's halachic pronouncements respectfully, of them the verse says, *I gave them also statutes that were not good and ordinances whereby they should not live.*

R. Parnak said in the name of R. Johanan: Whoever takes hold of a scroll of the Torah without a covering[9] is buried without a covering. Without a covering, think you?—Say rather, without the covering protection of religious performances. Without religious performances, think you?—No, said Abaye; he is buried without the covering protection of that religious performance.[10]

R. Jannai the son of the old R. Jannai said in the name of the great R. Jannai: It is better that the covering [of the scroll] should be rolled up [with the scroll] and not that the scroll of the Torah
c should be rolled up [inside the covering].[1]

And Moses declared unto the children of Israel the appointed seasons of the Lord.[2] It is part of their observance that [the section relating to] each one of them should be read in its season.

Our Rabbis taught: Moses laid down a rule for the Israelites that they should enquire and give expositions concerning the subject of the day—the laws of Passover on Passover, the laws of Pentecost on Pentecost, and the laws of Tabernacles on Tabernacles.

(3) I.e., the opinion of R. Judah might be assigned to R. Meir and *vice versa*.

a (1) For everyone knows that they are not written in the Torah. (2) V. *supra* n. b3. (3) הלוחות והבימות. Opinions are divided as to what is meant by these two terms. We should naturally suppose 'boards' to mean a kind of notice-board in the synagogue and 'platforms' the stand from which the Torah is read. But there is good authority for supposing that both words are technical terms for parts of the scroll of the Torah, 'boards' being the side margins and 'platforms' the upper margins, and the meaning will be that no sanctity attaches to these if they have been cut away from the scroll (v. Tosaf.) [J. Meg. III, 1 reads בימה ולווחין; this leads Krauss (*Synagogale Altertümer*, p. 388) to render, 'the reading desk (made of boards, on which the Torah was read) and the platform (on which it stood)'. In a word, the *almemor*]. (4) So that if it is accidentally pulled, it should come asunder easily without being torn. (5) I.e., he should have the written side of the scroll facing him (Asheri). (6) I.e., the wrapping should be fastened in such a way that he will not need to turn the scroll over when he comes to open it again (Asheri). Rashi explains this passage differently.

b (1) בת קול 'a reverberating sound', 'echoing',—as it were—a thought in one's mind (Rashi). (2) In spite of the prohibition of divination (Deut. XVIII, 11). (3) Isa. XXX, 21. (4) I.e., in an unusual place. (5) I.e., says the word twice. (6) As indicated by the singing accents. (7) To aid the memory (Tosaf.). (8) Ezek. XX, 25. (9) Lit., 'naked'. (10) I.e., the precept of reading or rolling up the scroll which he performed at that time is not accounted to him as a merit (Tosaf.).

c (1) [*Aliter:* It is better that the covering (of the scroll) should be rolled up (*round* the scroll) than that the scroll of the Torah (itself) should be rolled up. MS.M. reads, The covering should be rolled (round the scroll) but not the scroll itself (without a covering); v. R. Hananel and *D.S.* It may however mean: It is better that the covering should be rolled round the scroll than that the scroll should be wrapped up by being rolled along the scroll]. (2) Lev. XXIII, 44.

מסכת מגילה

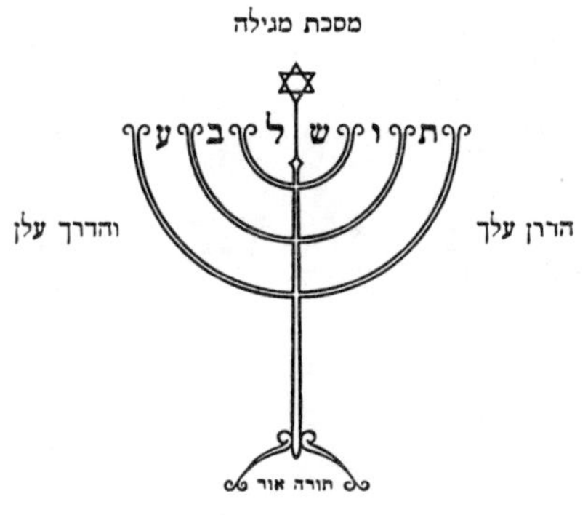

משום דאפכי להו · דרבי מאיר לדרבי יהודה ודרבי יהודה לדרבי מאיר: היכא למיטעי · ולומר תרגום כתוב בתורה ואתו למיכתב תרגום בתורה: אבל ברכות · הכל יודעין שאין ברכות כתובין בתורה: הלוחות · לא ידעתי מה הן ויש מפרשין הן העשוין לספרים שלנו שאינן עשוין בגליון: בימה · שהיו עושין תורה אור למלך בפרשת המלך כדאמרינן במסכת סוטה (דף מא:) ועומדין על התיבה · כנגד הספר ששם ראוי להדקו יפה: הגולל ספר תורה · מעמידו לעמוד והוא יחיד וספר תורה מונח לו על ברכיו גוללו מבחוץ העמוד שהוא תולה לו גוללו ויגול מצד חוץ לצד פנים שאם יאחוז עמוד הפנימי ויגול לצד החוץ יתפשט החיצון ויפול לארץ: וכשהוא מהדקו · כשגמר מלגלול ובא להדקו יאחוז בפנימי ויהדק על החיצון כדי שלא יכסה הכתב בזרועותיו שמוטה להראות את [הכתב אל] העם כשמהדקו במסכת סופרים*: עשרה שקראו · שנאספו וקראו הג' או הז' כחוק היום ולפי שאין קורין בתורה פחות מעשרה נקט י' שקראו בתורה: משתמשין בבת קול · אם בלבו להתחיל דבר ושמע קול או הין או לאו הולך אחריו ואין כאן משום ניחוש: קל גברא במתא · קול שאינו מצוי הוא ובת קול בהא אליו: והוא דאמר הין הין או לאו לאו · שנכפל ב' פעמים: נעימה · כגון טעמי המקראות: ערום · בלא מטפחת סביב ספר תורה: ואל יגלול ספר תורה · בתוך המטפחת: וידבר משה את מועדי ה' אל בני ישראל משה תיקן להם לישראל שיהו שואלין ודורשין בענינו של יום הלכות פסח בפסח הלכות עצרת בעצרת · למה הוצרך לכתוב כאן וידבר משה וכי כל המצות כולן לא אמרן משה לישראל מהו וידבר משה את מועדי ה' אל בני ישראל מלמד שהיה מדבר עמהן הלכות כל מועד ומועד בזמנו להודיע חוקי האלהים ותורותיו וקבלו וקיימו שכר המצות עליהם ועל בניהם בזה ובבא:

הדרן עלך בני העיר
וסליקא לה מסכת מגילה

[גיטין כח: מנחות לג: ועי' קדושין נט:]

*משום דאפכי להו ת"ר פותח ורואה גולל ומברך וחוזר ופותח וקורא דברי רבי מאיר רבי יהודה אומר *פותח ורואה ומברך וקורא מאי טעמא דרבי מאיר כדעולא דאמר עולא מפני מה אמרו הקורא בתורה לא יסייע למתורגמן כדי שלא יאמרו תרגום כתוב בתורה הכא נמי כדי שלא יאמרו ברכות כתובין בתורה ורבי יהודה תרגום איכא למיטעי ברכות ליכא למיטעי אמר רבי זירא אמר רב מתנה הלכה פותח ורואה ומברך וקורא *ולימא הלכה כר' יהודה *משום דאפכי להו אמר ר' זירא אמר רב מתנה הלוחות והבימות אין בהן משום *קדושה *אמר ר' שפטיה אמר ר' יוחנן הגולל ספר תורה צריך שיעמידנו על התפר ואמר ר' שפטיה א"ר יוחנן הגולל ספר תורה גוללו מבחוץ ואין גוללו מבפנים וכשהוא מהדקו מהדקו מבפנים ואינו מהדקו מבחוץ ואמר ר' שפטיה א"ר יוחנן עשרה שקראו בתורה הגדול שבהם גולל ספר תורה הגוללו נוטל שכר כולן דאמר ר' יהושע בן לוי עשרה שקראו בתורה הגולל ספר תורה קיבל שכר כולן *שכר כולן סלקא דעתך אלא אימא קיבל שכר כנגד כולן ואמר ר' שפטיה אמר ר' יוחנן *מנין שמשתמשין *בבת קול שנאמר ואזניך תשמענה דבר מאחריך לאמר (ישעיה ל) והני מילי דשמע קל גברא במתא וקל איתתא בדברא והוא דאמר הין הין והוא דאמר לאו לאו ואמר ר' שפטיה אמר ר' יוחנן כל הקורא בלא נעימה ושונה בלא זמרה עליו הכתוב אומר (יחזקאל כ) וגם אני נתתי להם חוקים לא טובים וגו' מתקיף לה אביי משום דלא ידע לבסומי קלא (שם) משפטים לא יחיו בהם קרית ביה אלא כדרב משרשיא דאמר שני תלמידי חכמים היושבים בעיר אחת ואין נוחין זה את זה בהלכה עליהם הכתוב אומר וגם אני נתתי להם חוקים לא טובים ומשפטים לא יחיו בהם *אמר רבי פרנך אמר רבי יוחנן כל האוחז ספר תורה ערום נקבר ערום ערום סלקא דעתך אלא אימא נקבר ערום בלא מצות בלא מצות סלקא דעתך אלא אמר אביי נקבר ערום בלא אותה מצוה אמר רבי ינאי בריה דרבי ינאי סבא משמיה דרבי ינאי רבה מוטב תיגלל המטפחת ואל יגלל ספר תורה: וידבר משה (ויקרא כג) את מועדי ה' אל בני ישראל מצותן שיהו קורין אותן כל אחד ואחד בזמנו: ת"ר *משה תיקן להם לישראל שיהו שואלין ודורשין בענינו של יום הלכות פסח בפסח הלכות עצרת בעצרת הלכות חג בחג:

[פי' תוס' מנחות לג: ד"ה ולימא] [פ"ג ה"ט ופי"ד הי"ד] [מ"ס פ"ג ה"י] [ברכות מז:] [פירושו עי' תוספות סנהדרין יא. ד"ה בת קול] שבת יד: ע"ש [מסכת סופרים פ"ג הל' טז] לעיל ד.

הדרן עלך בני העיר וסליקא לה מסכת מגילה

הלוחות והבימות אין בהן משום קדושה · פירש בערוך* גליוני ספר תורה שלמעלה ושלמטה ושל בין דף לדף וקשיא דהא פרק כל כתבי (שבת דף קטז.) תנן בהדיא דמטמאין את הידים ויש לומר דהתם ר"ל כל זמן שהן מחוברין בספר תורה והכא מיירי היכא דגייז ולכתוי קשה שהרי התם מיבעיא לן היכא דגייז אי יש בהן קדושה אי לאו ולמאי לא פשיט ליה מהכא:

גוללו מבחוץ וכשהוא מהדקו מהדקו מבפנים · פר"ח דקאי אקשר מטפחת כשקושר מטפחת סביב הס"ת יהא הקשר מבפנים כלפי הכתב שלא יהיה מאחריו כשיפתח הספר תורה יהיה צריך להופכו על הכתב להתיר הקשר ואין זה דרך כבוד · נהגו לומר כשמוציאין ספר תורה הני פסוקי דרחמי תורת ה' תמימה עדות ה' נאמנה פקודי ה' ישרים מצות ה' ברה לפי שמתן שכרם בצדם ואחר כך אומר גדלו שיש בו שש תיבות כנגד ששה צעדים של נושאי הארון (שמואל ב ו) (א) ומ' תיבות יש בתורת ה' תמימה כנגד המ' יום שבהם ניתנה התורה ואח"כ פותחו למקום שירצה לקרות בו וקורא כהן (ב) ולכתחילה הוא גוללו וסותמו קודם שיברך כדי שלא יאמרו ההמון שהברכות כתובות בו אבל בדיעבד אין לחוש שהרי לא שכיחי עמי הארץ כל כך עתה אבל לאחר שקרא בו ודאי צריך לגוללו *קודם שיברך *כר' יהודה:

גדול שבכולן גולל · לפי שהוא כבודו וגם לפי שהוא גדול שבכולן כדיי הוא ליטול שכר כנגד כולם כדאמר רבי יהושע:

מנין שמשתמשין בבת קול · בירושלמי (שבת פרק במה אשה) תני כתיב לא תנחשו ולא תעוננו ואף ע"פ שאין ניחוש יש סימן:

והשונה בלא זמרה · שהיו רגילין לשנות המשניות בזמרה לפי שהיו שונין אותן על פה וע"י כך היו נזכרים יותר:

בלא אותה מצוה · י"מ מצות אחיזה וקשה מאי רבותא פשיטא שאין לו שכר כיון שלא עשה המצוה כהוגן לכך פירש ריב"א בלא אותה מצוה שעשה באותה שעה שאם אחז ספר תורה ערום וקרא בו אין לו שכר מן הקריאה וכן אחזו לגוללו או להגיהו אבל אחזו במטפחת אורך ימים בימינה בשמאלה עושר וכבוד:

הדרן עלך בני העיר
וסליקא לה מסכת מגילה

[ערך במות]

צא א מיי' פי"ב מהל' תפלה הלכה ה סמג עשין יט טוש"ע א"ח סימן קלט סעיף ד:

צב ב מיי' שם הלכה יא טוש"ע א"ח סימן קמה סעיף א:

צג ג מיי' פ"י מהלכות ס"ת הל' ד טוש"ע א"ח סי' קנד סעי' ז וטוש"ע י"ד סי' רפב סעיף יד:

צד ד מיי' פי"ב מהל' תפלה הל' כד סמג עשין יט טוש"ע א"ח סי' קמז סעיף ג:

צה ה ו מיי' שם טוש"ע שם סעי' ד:

צו ז טוש"ע שם סעיף א:

צז ח מיי' שם הל' יח:

[ג"י' הרא"ש קדושת ארון ויש בהן קדושת בהכ"נ]

צח ט מיי' פ"י מהל' ס"ת הל' ו טוש"ע שם סעיף א וטוש"ע י"ד סי' רפב סעיף ד:

צט י טוש"ע א"ח סימן קמז סעיף ה:

ק כ מיי' פי"ג מהל' תפלה הלכה ח:

[כ"ה במס' סופרים פי"ג ה"ח] [יש מגיהין שצ"ל אפילו לר' יהודה· עיין בקיקיון דיונה]

רבינו חננאל

שחרית שם קורין במנחה בשבת ובשני ובחמישי ובשבת הבאה: ת"ר פותח ורואה מברך וקורא דברי ר' יהודה והלכה כמותו· מפני מה אמרו הקורא בתורה לא יסייע למתורגמן · כדי שלא יאמרו תרגום כתוב בתורה · אמר שמואל הלוחות והבימות · פירוש החלק של מעלה ושל מטה ושל בין הדפין של ס"ת אין בהן משום קדושה א) כלומר אם יכלה ויגנז ויחתך החלק שם אין בו משום קדושה · א"ר יוחנן הגולל ספר כו' פירוש שאם יקרע יקרע בתפר· ועוד אמר הגולל ספר כו' פירוש מבחוץ כלומר כשהוא מונח הספר בחיקו הכרך ב) החיצון שם גולל מן הכרך הפנימי· שאם יגלול על הפנימי מן החיצון יפול החיצון לארץ וכשהוא מהדק מחזיק החיצון ומהדק הפנימי · ואריב"ל י' שקראו בתורה הגולל ס"ת · כלומר המשלים נותנין לו שכר כנגד כולן · וא"ר יוחנן מנין שמשתמשין בבת קול שנאמר ואזניך תשמענה דבר מאחריך וגו' והוא דשמע קל גברא במתא וקל איתתא בדברא והוא דאמר הן הן או לאו לאו · ועוד אמר הקורא בלא נעימה והשונה בלא זמרה · ג) ומתמהינן משום דלא ידע לבסומי קלא אינון חוקים לא טובים ומשפטים לא יחיו בהם · אלא הכי קאמר ב' תלמידי חכמים היושבים בעיר אחת ואינן נוחין זה לזה בהלכה עליהם הכתוב אומר וגם אני נתתי להם חוקים והם לא טובים זה לזה ומשפטים לא יחיו בהם · א"ר יוחנן האוחז ס"ת ערום נקבר ערום · בלא אותה מצוה · א"ר ינאי תיגלל המטפחת ואל יגלל ס"ת כלומר בלא מטפחת · מצוותן שיהיו קורין כל אחד ואחד בזמנו: ת"ר משה תיקן לישראל שיהו שואלין ודורשין הלכות פסח בפסח ועצרת בעצרת והחג בחג: הדרן עלך בני העיר:

א) עי' בתוס' כאן ד"ה הלוחות מה שהקשו על פירוש הערוך שהוא כפירוש רבינו ואמנם לפי מש"כ רבינו דמיירי אם כלה הכתב ונגנז א"ש ועיין זה תירץ הש"ס בשבת קטז בלה שאני ע"ש היטב. ב) אולי צ"ל הכרך החיצון יגלול על הכרך הפנימי שאם יגלול מן הפנימי על החיצון יפול החיצון וכו' וצ"ע בזה. ג) צ"ל עליו הכתוב אומר וגם אני נתתי להם חוקים לא טובים.

סליקא מסכת מגילה, שבח לרב עלילה, ברכה ותהלה, תפארת וצהלה, ירום קרנו למעלה:

הגהות הב"ח

(א) תוס' ד"ה גוללו וכו' ולרבעים תיבות יש בתורת · נ"ב פי' בתורת ה' תמימה עד מצות ה' ברה יש כ' תיבות ובפסוק האל תמים דרכו עד זולתי אלהינו יש ג"כ כ' תיבות: (ב) בא"ד ולכתחלה הוא גוללו · נ"ב הא"ג הלכה כר' יהודה שאינו מחוייב לגוללו [קודם הברכה הייט] דלא עביד איסור להכיח [את הספר] פתוח ולברך אבל אם סותמו ומברך עדיף טפי הלכך לכתחלה כו':

גליון הש"ס

גמ' משום דאפכי להו · גיטין כח ע"א מנחות לג ע"ב: שם מנין שמשתמשין בבת קול · ע' תוי"ט פט"ו מ"ז דיבמות:

GLOSSARY

AB. The fifth month of the Jewish calendar, corresponding approximately to July or August.

AGGADAH (Lit., 'tale', 'lesson'); the name given to those sections of Rabbinic literature which contain homiletic expositions of the Bible, stories, legends, folk-lore, anecdotes or maxims. Opposed to *halachah*, q.v.

ALIF. The first letter of the Hebrew alphabet, with numerical value 1.

AMORA. 'Speaker', 'interpreter'; originally denoted the interpreter who attended upon the public preacher or lecturer for the purpose of expounding at length and in popular style the heads of the discourse given to him by the latter. Subsequently (pl. Amoraim) the name given to the Rabbinic authorities responsible for the Gemara, as opposed to the Mishnah or Baraitha (v. Tanna).

'AYIN. The sixteenth letter of the Hebrew alphabet, with numerical value 70.

BARAITHA (Lit., 'outside'); a teaching or a tradition of the Tannaim that has been excluded from the Mishnah and incorporated in a later collection compiled by R. Ḥiyya and R. Oshaiah, generally introduced by 'Our Rabbis taught', or, 'It has been taught'.

BATH ḲOL (Lit., 'daughter of a voice'); (*a*) a reverberating sound; (*b*) a voice descending from heaven (cf. Dan. IV, 28) to offer guidance in human affairs, and regarded as a lower grade of prophecy.

BETH DIN (Lit., 'house of law or judgment'); a gathering of three or more learned men acting as a Jewish court of law.

BETH HAMIDRASH. House of study; the college or academy where the study of the Torah was carried on under the guidance of a Rabbinical authority.

DENAR. *Denarius*, a silver or gold coin, the former being worth one twenty-fourth (according to others one twenty-fifth) of the latter.

DUPONDIUM. A Roman coin of the value of two *issars*.

GADOL. An adult male, over thirteen years of age.

GEMATRIA. The numerical value of letters used as a basis of homiletical interpretation.

GEZERAH SHAWAH (Lit., 'equal cut'); the application to one subject of a rule already known to apply to another, on the strength of a common expression used in connection with both in the Scriptures.

HAFTARAH (Lit., 'leave-taking'); a section from the Prophetical books recited after the reading from the Pentateuch on Sabbaths and Holy-days.

HALACHAH (Lit., 'step', 'guidance'), (*a*) the final decision of the Rabbis, whether based on tradition or argument, on disputed rules of conduct; (*b*) those sections of Rabbinic literature which deal with legal questions, as opposed to the *Aggadah*.

HALLEL (Lit., 'Praise'): Psalms CXIII-CXVIII, recited in the morning service on New Moons and Festivals.

ḲAB. Measure of capacity equal to four *logs* or one sixth of a *se'ah*.

KARETH. 'Cutting off'; divine punishment for a number of sins for which no human penalty is specified. Sudden death is described as '*kareth* of days', premature death at sixty as '*kareth* of years'.

KOHANIM. Plural of *Kohen*, Priest, Aaronide.

LITRA. (*a*) A measure of capacity equal to half a *log*, q.v.; (*b*) the weight of one pound, the Roman *libra*.

LOG. A liquid measure equal to a quarter of a *ḳab* (q.v.), or the space occupied by six eggs, c. 549 cubic centimetres.

LULAB. The palm-branch used in the ceremony of the Feast of Tabernacles (v. Lev. XXIII, 40).

MA'AMAD pl. *Ma'amadoth* (Lit., 'station'); a group of lay Israelites who participated in the Temple service as representatives of the public.

MEGILLAH (Lit., 'Scroll'); a term commonly applied to the Book of Esther.

MEGILLATH TA'ANITH (Lit., 'Scroll of Fasting'); a list compiled some time before the destruction of the Temple, of days on which it was *forbidden* to fast, with the reasons in each case.

METH MIẒWAH (Lit., 'a dead [body] which is a commandment'); a corpse lying unattended with nobody to arrange for its burial. The duty of burying it devolves upon whomsoever discovers it, even if he be a Nazirite or a High Priest.

MEZUZAH (Lit., 'doorpost'); a small case containing certain passages from the Scripture affixed to the post of a door (v. Deut. VI, 9).

MIL (= *mille*); a Roman mile, 2.000 cubits.

MIN pl. *minim*, (Lit., 'kind', 'species'); (*a*) a heretic, esp. (*b*) a member of the sect of the early Jewish Christians.

MINḤAH (Lit., 'meal-offering'); the afternoon service.

MINUTH. Heresy, the belief in more than one Power, especially Judeo-Christianity.

MISHNAH (rt. SHaNaH, 'to learn', 'to repeat'), (*a*) the collection of the statements, discussions and Biblical interpretations of the Tannaim in the form edited by R. Judah the Patriarch c. 200; (*b*) similar minor collections by previous editors; (*c*) a single clause or paragraph the author of which was a Tanna.

MUSAF (Lit., 'addition'); the additional *'Amidah* recited during the morning service on Sabbaths and Holy-days.

NASI. Chief, Patriarch; the chief of the Great Sanhedrin in Jerusalem; after its abolition, the head of Palestinian Jewry.

NIDDAH. A woman in the period of her menstruation.

NISAN. The first month of the year in the Jewish calendar, corresponding to March or April.

PARASANG. A Persian mile, about 4000 yards.

PERUṬAH. The smallest copper coin, equal to one-eighth of an *issar* or one-sixteenth of a *dupondium*.

SANHEDRIN (συνέδριον); the council of state and supreme tribunal of the Jewish people during the century or more preceding the fall of the Second Temple. It consisted of seventy-one members, and was presided over by the High Priest. A minor court (for judicial purposes only) consisting of twenty-three members was known as the 'Small Sanhedrin'.

SE'AH. Measure of capacity, equal to six *ḳabs*.

SELA'. Coin, equal to four *denarii* (one sacred, or two common, *shekels*).

SHECHINAH (Lit., 'abiding [of God]', 'Divine presence'); the spirit of the Omnipresent as manifested on earth.

SHEMA' (Lit., 'hear'); the biblical verse, '*Hear, o Israel*' etc. (Deut. VI, 4); also the three sections (Deut. VI, 5-9; Deut. XI, 13-20; and Num. XV, 37-41) which are recited after this verse in the morning and evening prayers.

SHOFAR (Lit., 'ram's horn'); a horn used as a trumpet for military and religious purposes, particularly in the service of the New Year and at the conclusion of the Day of Atonement.

TANNA (Lit., 'one who repeats' or 'teaches'); (*a*) a Rabbi quoted in the Mishnah or Baraitha (q.v.); (*b*) in the Amoraic period, a scholar whose special task was to memorize and recite Baraithas in the presence of expounding teachers.

TEFILLIN. Phylacteries; small cases containing passages from the Scripture and affixed to the forehead and arm during the recital of morning prayers, in accordance with Deut. VI, 8.

TISHRI. The seventh month of the Jewish calendar, corresponding to September or October.

TORAH (Lit., 'teaching', 'learning', 'instruction'); (*a*) the Pentateuch (Written Law); (*b*) the Mishnah (Oral Law); (*c*) the whole body of Jewish religious literature.

ZUZ. A coin of the value of a *denarius*, six *ma'ah*, or twelve *dupondia*.

ABBREVIATIONS

Ab.	Aboth.
Alfasi	R. Isaac b. Jacob Alfasi (1013-1103).
Aruk	Talmudic Dictionary by R. Nathan b. Jeḥiel of Rome (d. 1106).
Asheri	R. Asher b. Jeḥiel (1250-1327).
A.Z.	'Abodah Zarah.
b.	ben, bar: son of.
B.B.	Baba Bathra.
BaḤ.	Bayith Ḥadash, Glosses by R. Joel b. Samuel Sirkes (1561-1640).
Bek.	Bekoroth.
Ber.	Berakoth.
Beẓ.	Beẓah.
B.Ḳ.	Baba Ḳamma.
B.M.	Baba Meẓi'a.
Cur. ed(d).	Current edition(s).
D.S.	*Diḳduḳe Soferim*, by R. Rabbinowicz.
'Ed.	'Eduyyoth.
E.J.	*Encyclopaedia Judaica.*
E.V.	English Version.
Giṭ.	Giṭṭin.
G.K.	Gesenius-Kautzsch, Hebrew Grammar.
Glos.	Glossary.
Golds	Translation of the Babylonian Talmud in German by L. Goldschmidt.
Graetz	Graetz, H., *Geschichte der Juden* (4th ed.).
Ḥag.	Ḥagigah.
Ḥananel	R. Ḥananel b. Ḥushiel of Kairwan (about 990-1050).
Hor.	Horayoth.
J.E.	*Jewish Encyclopedia.*
JQR.	*Jewish Quarterly Review.*
J.T.	Jerusalem Talmud.
Jast.	M. Jastrow's Dictionary of the Targumim, the Talmud Bible and Yerushalmi, and the Midrashic Literature.
Keth.	Kethuboth.
Maharsha	R. Samuel Eliezer Halevi Edels (1555-1631).
Maim.	Moses Maimonides (1135-1204).
Mak.	Makkoth.
Meg.	Megillah.
Men.	Menaḥoth.
MGWJ.	*Monatsschrift für Geschichte und Wissenschaft des Judentums.*
M.Ḳ.	Mo'ed Ḳatan.
MS.M.	Munich Codex of the Talmud.
Ned.	Nedarim.
Nid.	Niddah.
Obermeyer	Obermeyer J., *Die Landschaft Babylonien.*
P.B.	*The authorized Daily Prayer Book*, S. Singer.
R.	Rab, Rabban, Rabbenu, Rabbi.
Rashi	Commentary of R. Isaac Yiẓḥaḳi (d. 1105).
REJ.	*Revue des Etudes Juives.*
R.H.	Rosh Hashannah.
R.V.	Revised version of the Bible.
Sanh.	Sanhedrin.
Shab.	Shabbath.
Shebu.	Shebu'oth.
Sheḳ.	Sheḳalim.
Sof.	Soferim.
Sonc. ed.	English Translation of the Babylonian Talmud. Soncino Press, London.
Soṭ.	Soṭah.
Suk.	Sukkah.
Ta'an.	Ta'anith.
T.A.	*Talmudische Archäologie*, by S. Krauss.
T.J.	Talmud Jerusalemi.
Tosaf.	Tosafoth.
Tosef.	Tosefta.
Wilna Gaon	Notes by Elijah of Wilna (1720-1797) in the Wilna editions of the Talmud.
Yeb.	Yebamoth.
Zeb.	Zebaḥim.

TRANSLITERATION OF HEBREW LETTERS

א (in middle of word)	= '
ב	= b
ו	= w
ח	= ḥ
ט	= ṭ
כ	= k
ע	= '
פ	= f
צ	= ẓ
ק	= ḳ
ת	= th

Full particulars regarding the method and scope of the translation are given in the Editor's Introduction in the first Shabbath volume (Mo'ed, Vol. I).

CORRIGENDA

On page 2a note b5 for 'V. Aboth, Sonc. ed. p. 1, n. 5.' read 'V. Aboth (Sonc. ed.) Ch. I, 1, n. a5.'.

On page 6b line 5 for 'go' read 'goes'.

On page 17b note a6 for 'v. *P.B.* pp. 44ff.' read 'v. *P.B.* (new ed.) pp. 46ff.'.

On page 22a note c4 for 'v. *P.B.* p. 47.' read 'v. *P.B.* (new ed.) p. 49.'.

On page 22a note c6 for 'v. *P.B.* p. 62.' read 'v. *P.B.* (new ed.) p. 65.'.

On page 23b note a1 for 'V. *P.B.* pp. 37ff.' read 'V. *P.B.* (new ed.) p. 38ff.'.

On page 23b note a8 for '*P.B.* p. 299.' read '*P.B.* (new ed.) p. 397.'.

On page 27b note d2 for 'v. *P.B.* p. 142.' read 'v. *P.B.* (new ed.) p. 169.'.

תלמוד בבלי

מסכת

חגיגה

תלמוד בבלי

מסכת
חגיגה

עם פירוש רש״י ותוספות
ובצירוף תרגום ופירוש והערות באנגלית

על ידי
ישראל אברהמס ז״ל

בעריכת
יחזקאל (איזידור) אפשטיין ז״ל

דפוס שונצין
שנת להחזיר העטרה ליושנה לפ״ק
לונדון

HEBREW-ENGLISH EDITION OF
THE BABYLONIAN TALMUD

ḤAGIGAH

TRANSLATED INTO ENGLISH
WITH NOTES, GLOSSARY AND INDICES BY

RABBI I. ABRAHAMS, M.A.

UNDER THE EDITORSHIP OF

RABBI DR I. EPSTEIN, B.A., PH.D., D.LITT.

LONDON
THE SONCINO PRESS
1990

PUBLISHERS' NOTE

This HEBREW-ENGLISH EDITION of THE SONCINO TALMUD is being published to facilitate the easier reference to the original text by scholars and students.

The Publishers wish to express their sincere thanks to Rabbi Dr. A. Melinek, B.A., Ph. D., for his painstaking care in examining the texts and making the necessary corrections for the preparation of these Tractates.

It has been necessary to duplicate some of the original Hebrew-Aramaic pages in this Tractate where the text has been of such length as to require more than one page of English translation.

Ḥagigah, the name of the tractate, signifies 'festal offering'. More specifically, it refers to the peace-offering (v. Lev. III) brought on the Festival, as distinguished from *Re'iyyah*, the obligatory burnt-offering (v. Lev. I and the Mishnah, Ḥag. 2*a*); and in this technical sense the word is used throughout the tractate. The noun *Ḥagigah* does not occur in the Bible, although the verb *Ḥagag* ('make pilgrimage, keep a pilgrim-feast') and the noun *Ḥag* ('festival gathering, pilgrimage') are frequently found in Scripture. This biblical, and more original, signification of the root is preserved in the expression *Ḥagigath ha-Regel* (Ber. 33*b*), which means 'celebration of the Festival', either in the sense of 'pilgrimage of the festive season' (Jastrow), or 'joy of the Festival' (Levy).

The place of the tractate Ḥagigah in the order Mo'ed ('Festivals'), to which it belongs, varies considerably. Thus, it comes fourth in the Munich Codex 95 and in the Mishnah since 1606; fifth in the Bab. Talm. 1697f; tenth in the Mishnah ed. of 1559; eleventh in Mishnah Codices C and K, and the Jerusalmi; twelfth and last in the Tosefta and Maimonides' arrangement of the tractates. The latter offers the following explanation of the position of the tractate: 'After speaking of the Seasons and their obligations and all that attaches to them, (the Mishnah) concludes the subject with Tractate Ḥagigah, which deals with the obligation of the Three Pilgrimage Festivals; and it is placed last because its subject is not general, since it is obligatory only on the males, as it is written (Ex. XXIII, 17): "*All thy males shall appear*".'

The basic theme of the tractate, which is divided into three chapters, is the proper observance of Deut. XVI, 16; cf. also Ex. XXIII, 14f. In accordance with the familiar Talmudic practice, the principal subject is by no means rigidly adhered to throughout the tractate; indeed, completely extraneous or only slightly connected matters occupy a very large portion even of the Mishnah. The digressions are of a *Halachic* as well as *Aggadic* character. Of the latter, the most important examples are Ch. I, fols. 3*a*-*b*, 4*b*-5*b*; Ch. II, fols. 12*a*-16*b* (mystical); Ch. III, 27*a*. Following is a brief summary of the contents of our tractate:—

CHAPTER I. Who are bound to appear in the Temple during the Three Pilgrimage Festivals. From which sources the offerings are to be taken, and of what they are to consist. Regulations regarding postponed offerings. Discussion of the biblical basis of the dissolution of vows, Sabbath laws, festal offerings, trespass offerings, (civil and criminal) laws, sacrificial worship, purity and impurity, and incest.

CHAPTER II. This chapter, like the latter part of the first chapter, has very little bearing on the main theme. The subjects discussed are: The matters on which only some may be instructed; those which may not be investigated at all. Stories of Aḥer. The first Rabbinic controversy viz., between Jose b. Jo'ezer and Jose b. Joḥanan, and the five 'Pairs' generally, concerning the 'laying on of the hands'. Further rules governing the offering of sacrifices on Festivals. Ritual ablutions and the necessity of intention. Degrees of levitical purity.

CHAPTER III. In what respects the rules concerning hallowed things are stricter than those concerning *terumah* (v. Glos.) and *vice versa*. The central theme of the tractate is resumed on fol. 26*a* (Mishnah 7) with the teaching that during the Festival wine and bread of an Associate (strictly observant Jew) are not defiled by the contact of an *'am ha-areẓ* (v. Glos.); the cleansing of the Temple vessels after the Festival.

Despite the apparently chaotic heterogeneity of the subject matter and complete lack of system in arrangement, the student who seeks to understand the tractate with heart as well as mind will sense beneath the surface of the variegated discussion a current of thought and feeling that binds the three chapters into a unity. Throughout Ḥagigah the answer to one question is being sought: How must the pilgrim approach the presence of his God? Whether he is fulfilling his sacrificial obligations at the Temple, or he is fitting himself for hallowed things by ritual purification, or yet again is soaring through mystical worlds to the highest of the seven heavens, to the very Chariot of God, the pilgrim's goal remains the same, his purpose unchanged. The diverse topics, both *Halachic* and *Aggadic*, ritual as well as mystical, that form the contents of the tractate, are only varied aspects of one great quest—the eternal quest of Israel for the *Shechinah*, the Presence Divine.

ISRAEL ABRAHAMS

The Indices of this Tractate have been compiled by Judah J. Slotki, M.A.

PREFATORY NOTE BY THE EDITOR

The Editor desires to state that the translation of the several Tractates, and the notes thereon, are the work of the individual contributors and that he has not attempted to secure general uniformity in style or mode of rendering. He has, nevertheless, revised and supplemented, at his own discretion, their interpretation and elucidation of the original text, and has himself added the footnotes in square brackets containing alternative explanations and matter of historical and geographical interest.

ISIDORE EPSTEIN

CHAPTER I

MISHNAH. [2*a*] ALL ARE BOUND TO APPEAR [AT THE
a TEMPLE],[1] EXCEPT A DEAF MAN [ḤERESH],[2] AN IMBECILE AND A MINOR,[3] A PERSON OF UNKNOWN SEX [ṬUMṬUM],[4] A HERMAPHRODITE,[5] WOMEN, UNFREED SLAVES,[6] THE LAME, THE BLIND, THE SICK, THE AGED, AND ONE WHO IS UNABLE TO GO UP ON FOOT.[7] WHO IS [IN THIS RESPECT DEEMED] A MINOR?[8] WHOEVER IS UNABLE[9] TO RIDE ON HIS FATHER'S SHOULDERS AND GO UP FROM JERUSALEM TO THE TEMPLE MOUNT. [THIS IS] THE VIEW OF BETH SHAMMAI.

BUT BETH HILLEL SAY: WHOEVER IS UNABLE TO HOLD HIS FATHER'S HAND AND GO UP FROM JERUSALEM TO THE TEMPLE MOUNT, FOR IT IS SAID:[10] THREE REGALIM.[11]

b BETH SHAMMAI SAY: THE PILGRIMAGE-OFFERING[1] MUST BE WORTH [AT LEAST] TWO PIECES OF SILVER[2] AND THE FESTAL OFFERING[3] ONE MA'AH OF SILVER.[4] BUT BETH HILLEL SAY: THE PILGRIMAGE-OFFERING MUST BE WORTH [AT LEAST] ONE MA'AH OF SILVER AND THE FESTAL SACRIFICE TWO PIECES OF SILVER.

GEMARA. What does [the word] ALL come to include?[5]—It comes to include one who is half a slave and half a freedman.[6] But according to Rabina, who says: One who is half a slave and half a freedman is exempt from appearing [at the Temple], what does [the word] ALL come to include?—It comes to include one who was lame on the first day [of the festival] and became well[7] on the second.

This will be right according to the one who says: All of them[8] can make good [the sacrifices] for one another;[9] but according to the one who says: All of them can make good [the sacrifices] of the first day [only],[10] what does ALL come to include?—It comes to include a man who is blind in one eye; and it is contrary to the opinion of the following Tanna. For it is taught: Joḥanan b. Dahabai[11] said in the name of R. Judah: A man who is blind in
c one eye is exempt from appearing [at the Temple][1] as it is said:[2] *Yir'eh* [He will see], *Yera'eh* [He will be seen].[3]

As He comes to see, so He comes to be seen: just as [He comes] to see with both eyes, so also to be seen with both eyes. Alternatively, I could answer: Actually, it is as I said at first;[4] and as for your objection [arising] from the statement of Rabina, it is not a [valid] objection: the one [teaching][5] is according to the earlier Mishnah,[6] and the other[7] is according to the later Mishnah.[8] For we have learnt: One who is half a slave and half a freedman serves his master one day and himself the other day: this is the

a (1) I.e., at the Temple Court (עזרה), on the three Pilgrim Festivals of Passover, Pentecost and Tabernacles; cf. Ex. XXIII, 14, 17; Deut. XVI, 16. The word רְאִיָּה (rendered in our text, 'to appear') is understood by Rashi, Maimonides, Jastrow, Danby etc. in the sense of ראיית פנים, the personal appearance of the pilgrim in the Temple. But R. Tam (in Tosaf. a.l.) regards it as referring to the burnt-offering (v. Lev. I, 3f) brought by the pilgrim on his visit to the Temple i.e., it stands for עולת ראייה; cf. end of Mishnah, 4*b*, 6*b et seq.* (2) Explained *infra* 2*b* as a 'deaf-mute'. (3) The deaf man, imbecile and minor are exempted from the observance of this and other positive precepts on account of lack of intelligence. The reason for the exemption of others is explained in the Gemara. (4) טומטום from טמם 'to fill up, stop': one whose genitals are concealed or undeveloped. (5) אנדרוגינוס Grk. *ἀνδρόγυνος*. (6) Explained *infra* 4*a* as 'half free'; v. *infra* n. b6. (7) I.e., from Jerusalem to the Temple Mount. (8) Ordinarily, a boy up to the age of thirteen years and a day is considered a minor. (9) I.e., is too young; but as soon as he is old enough he must visit the Temple, because, although exempt by the Law of the Torah till he reaches his majority (v. n. 8), the Rabbis imposed on the father the duty of training him in the observance of the precepts. (10) Ex. XXIII, 14. (11) רְגָלִים (pl. of רֶגֶל), rendered in E.V. by '*times*', occurs in this sense again only in Num. XXII, 28, 32, 33. On the basis of Ex. XXIII, 14, the Mishnah often uses רגלים of the three Pilgrim Festivals. But the usual meaning of רגל is 'foot', hence the quotation is understood in our Mishnah as 'three times on *foot*' i.e., the precept to appear at the Temple applies only to those who can walk.

b (1) ראייה, the word translated above 'to appear' *(v. p. 1, n. 1). Here it stands for עולת ראייה, the burnt-offering, which, it was inferred from Ex. XXIII, 15 (end), the pilgrim had to bring on visiting the Temple. (2) I.e., two *ma'ahs*, v. n. 4. (3) חגיגה, whence our tractate derives its name. It was a peace-offering (cf. Lev. III, 15) and was inferred from Lev. XXIII, 41; v. *infra* 9*a*. (4) A sixth of a *denar*, v. Glos. (5) The word 'ALL' is emphatic; it implies that persons who might be thought exempt are subject to the commandment; hence the question. (6) E.g., he belonged to two masters, and was freed by one of them. (7) Lit., 'became straight' (in limb). (8) I.e., the seven individual days of the festival. (9) I.e., if a man was unfit to bring his sacrifices on the first day of the festival (e.g., if he was exempt on account of lameness) and during the festival he became fit (i.e., regained the use of his leg), it is his duty to make good his sacrificial dues on the day of the festival that he becomes fit. (10) I.e., if he was unfit on the first day, he is completely exempt, though he becomes fit in the course of the festival. (11) Probably the name means, 'Goldsmith'.

c (1) Or, according to Tosaf. *(v. p. 1, n. 1), 'exempt from bringing the pilgrimage-offering'; and so wherever the translation has 'appearing'. (2) Ex. XXIII, 17. (3) יראה may be vocalized יִרְאֶה (*Kal*, 'He will see') or following the Massorah, יֵרָאֶה (*Nif'al*, 'He will be seen, appear'); cf. Gen. XXII, 14. By combining both readings, it is deduced that the 'seeing' and 'being seen' must be alike in regard to fulness of vision i.e., in regard to the use of both eyes: just as God comes to see the pilgrim with both eyes (an anthropomorphism for full vision necessitated by the desired parallel in respect to man), so when the pilgrim comes to appear before God, he must be able to see with both eyes. So Rashi: but R. Tam (in Tosaf. a.l.) prefers to make man the subject, and construes thus; יֵרָאֶה, יִרְאֶה just as the pilgrim is seen by God, Who has two eyes (i.e., full vision), so he must see Him (i.e., appear in the Divine Presence) with both eyes. (4) I.e., that the word *all* comes to include a half-slave. (5) I.e., the statement that unfreed slaves are exempt from visiting the Temple, which Rabina interprets as inferring such as are half free. (6) I.e., the Mishnah as it was formulated before the School of Hillel (whose ruling was authoritative against that of the Shammaite School cf. Ber. 36*b* and Grätz, vol. IV, p. 424, n. 4; Heb. edn. vol. II, p. 172, n. 1) came over to the view of the School of Shammai. משנה ראשונה (rendered, 'the earlier Mishnah') may refer either (*a*) to a single previous ruling later revised, or (*b*) to an entire compilation of the Mishnah, in which case it may be rendered, 'the first Mishnah'; cf. *J.E.* vol. VIII, p. 610f, and refs. (7) V. note 4. (8) I.e., representing the later opinion of the School of Hillel. Though this second opinion contradicts the first, the earlier ruling was not erased from the Mishnah, on the principle that a Mishnah (ruling) which had once been taught was not to be removed from its place; cf. Yeb. 30*a et passim.*

*See Corrigenda.

מתני׳ *א הכל חייבין בראייה חוץ מחרש שוטה וקטן וטומטום ואנדרוגינוס ונשים ועבדים שאינם משוחררים החיגר והסומא והחולה והזקן ומי שאינו יכול לעלות ברגליו איזהו קטן כל שאינו יכול לרכוב על כתפיו של אביו ולעלות מירושלים להר הבית דברי בית שמאי ובית הלל אומרים ב כל שאינו יכול לאחוז בידו של אביו ולעלות מירושלים להר הבית שנאמר °שלש רגלים (שמות כג) בית שמאי אומרים הראייה שתי כסף והחגיגה מעה כסף ובית הלל אומרים ג הראייה מעה כסף והחגיגה שתי כסף: גמ׳ *הכל לאתויי מאי לאתויי *מי שחציו עבד וחציו בן חורין ולרבינא דאמר *מי שחציו עבד וחציו בן חורין ד פטור מן הראייה הכל לאתויי מאי לאתויי חיגר ביום ראשון ונתפשט ביום שני הניחא למ״ד *כולן תשלומין זה לזה אלא למאן דאמר ה כולן תשלומין דראשון הכל לאתויי מאי לאתויי סומא באחת מעיניו ודלא כי האי תנא דתניא *יוחנן בן דהבאי אומר משום ר׳ יהודה* ו סומא באחת מעיניו פטור מן הראייה שנאמר °יראה יראה כדרך שבא לראות כך בא ליראות מה לראות בשתי עיניו אף ליראות בשתי עיניו ואיבעית אימא לעולם כדאמרי מעיקרא ודקא קשיא לך הא דרבינא לא קשיא כאן במשנה ראשונה כאן במשנה אחרונה דתנן *מי שחציו עבד וחציו בן חורין עובד את רבו יום אחד ואת עצמו יום אחד דברי בית הלל אמרו להם בית שמאי תקנתם

רש"י

הכל חייבין בראייה · במצות ראיית כל זכורך (שמות כג) שמחויבים להתראות בעזרה ברגל : חוץ מחרש שוטה וקטן · דלאו בני דעה נינהו ופטורין ממצות : החיגר והסומא · כולה יליף מקראי בגמרא : ומי שאינו יכול לעלות ברגליו · מירושלים לעזרה ובגמרא מפרש להו : אי זהו קטן כו׳ · אבל מכאן ואילך אף על פי שאינו חייב מן התורה הטילו חכמים על אביו ועל אמו לחנכו במצות : שלש רגלים · הראוי לעלות ברגליו חייב הכתוב וכיון דגדול פטור מן התורה קטן לאו בר חינוך הוא : ב"ש אומרים הראייה שתי כסף · גדול הבא להיראות צריך להביא עולה ואינה פחותה משתי כסף שתי מעות כסף שהן שליש דינר שנאמר ולא יראו פני ריקם (שם) ויליף בגמרא שצריך להביא עולה אע"פ שלא נתנה בו תורה שיעור חכמים נתנו שיעור : והחגיגה · שלמי חגיגה חייבין היחידים להביא ברגל דילפינן לה בשלהי פירקין (דף ט.) מוחגותם אותו חג לה׳: **גמ׳** ולרבינא דאמר כו׳ · לקמן אמרינן בפירקין (דף ד.) : הניחא למאן דאמר כו׳ · לקמן אמרינן בפירקין (דף ט.) שיש לקרבנות החג תשלומין כל ז׳ ואיפליגו בה אמוראי איכא למאן דאמר תשלומין זה לזה ואיכא למאן דאמר (א) תשלומין דראשון הן ואמרינן מאי בינייהו חיגר ביום ראשון ונתפשט ביום שני איכא בינייהו מאן דאמר כולן תשלומין לראשון מי שמחויב בראשון ולא הביא יביא באחד משאר הימים ומי שאינו מחויב אינו צריך תשלומין ומאן דאמר תשלומין זה לזה קסבר החובה מוטלת על כל אחד מן שאר הימים ולא על הראשון לבדו הלכך אף מי שפטור בראשון ונראה בשני חייב להביא ואם לא יביא בו ביום יביא למחר : (ב) יראה יראה · [יראה] כתיב וקרינן יראה יראה כל זכורך את פני האדון דמשמע שהאדם רואה את השכינה יראה כל זכורך את פני האדון משמע שהאדון בא לראותך הקיש הכתוב ראייתך לראייתו: כדרך שבא (ג) לראותך · כך הוא בא ליראות ממך : מה לראותך · בשתי עיניו : אף · כאן ליראות מן האדם בשתי עיניו של אדם : משנה ראשונה · קודם שחזרו ב"ה להורות כדברי ב"ש סיפא דמתני׳ דקתני חוץ מן העבדים שאינן משוחררים דאוקמא רבינא במי שחציו עבד וחציו בן חורין דפטור משנה ראשונה קודם שחזרו ב"ה אבל לאחר שהודו לב"ש שיש על ב"ד לכוף את רבו לשחררו והוה ליה כאלו משוחרר כבר וחייב ומשנה שנשנית לא זזה ממקומה :

תוספות

הכל חייבין בראייה · פירש רש"י במצות יראה כל זכורך והקשה הר"ר אלחנן דהא תני בסמוך ב"ש אומרים הראייה שתי כסף משמע דבקרבן מיירי ותו תניא בגמרא* הערל וטמא פטורין מן הראייה בשלמא טמא דכתיב (דברים יב) ובאת שמה (ד) כל שישנו בביאה ישנו בהבאה ועוד אמרינן בירושלמי ריש מכילתין בד"א בראיית קרבן אבל בראיית פנים בעזרה הכל חייבין כמו בהקהל האנשים והנשים והטף ותו תניא בגמרא* רבי יוסי אומר שלש מצות נצטוו ישראל בעלייתן לרגל ראייה ושמחה וחגיגה יש בראייה שאין בשתיהן שהראייה עולה כליל משמע דסתם ראייה בקרבן מיירי ע"כ נראה לר"ת דמתני׳ מיירי בקרבן ובעזרה ורש"י דנקט בראיית פנים בעזרה נקט חדא דמשמע תרי ולפטורא דכולהו אתא דאף בראיית פנים בעזרה פטורי וכל שכן בראיית פנים בקרבן וגם יש ליישב דמתני׳ משמע ליה דבראיית פנים (ה) נמי איירי דקתני בסמוך איזהו קטן כל שאין יכול לילך כו׳ (ו) משמע דבקטן דאיירי ביה קאמר אלמא בראיית פנים בעזרה איירי שאינו יכול לילך לשם ומיהו שיטת הירושלמי לא יתכן לפי שיטת שמעתתא שלנו מפני דברים הרבה דהתם יליף מהקהל לחיוב ואנן לא ילפינן מיניה רק לפטור דחרש ואע"ג דאמרינן לקמן* ס"ד אמינא נילף ראיה ראיה מהקהל מה להלן נשים חייבות כו׳ מ"מ מהתם שמעינן דלפי האמת דלא ילפינן מהקהל לחיוב ועוד היכי מחייבינן נשים בראיית פנים בעזרה מראייה דהקהל דהא ולא יראו הוא דמוקמינן לקמן בראיית פנים לקרבן וממעטינן נשים מזכורך ועוד קשיא ליה דאמרינן לקמן (דף ו.) (ז) מאן לייתי׳ אמו דמחייב׳ בשמחה אייתוה ולא קאמר דמחייבא בראיית עזרה משמע דפטורה ועוד בגמרא דקאמר שפטורה מראייה וחייבת בשמחה לפי שיטת הירושלמי הוה מצי למימר שחייבת בראיית עזרה אלא ודאי כולי שמעתין מוכח דפטירי בכולי ראייה כדפרישית : **חוץ** מחרש שוטה וקטן · אין למדין מן הכללות אפילו במקום שנאמר בו חוץ כדאמרינן בריש בכל מערבין (עירובין דף כז.) דהא תנא ושייר מקמץ (ח) וכורסי ומי שאין לו קרקע* ומיהו אי משום הני לאו שיורא הוא דפסול דגופא קחשיב לאפוקי הני דפסולן מחמת דבר אחר הוא משום אומנותו וכי תימא הא איכא חרש באזנו אחת וחיגר ברגלו אחת ובעלי קבין כל הני מכללא אתיין וטמא פשיטא ליה לפי שאינו בביאה אינו בהבאה וערל מרבינן בגמרא* כי טמא ואליבא דרבי עקיבא אבל כל הני דמתני׳ רבותא דאשמעינן דבעינן מעוטא מקרא : **איזהו** קטן כל שאינו יכול לרכוב · משם והלאה הוה ליה הגיע לחינוך ומדרבנן הוא דמחוייב וצריך להביא קרבנותיו נדבה ולמ"ד (ביצה יט.) אין קריבין ביו"ט אין קריבין עד למחר בחול המועד אך קשה למ"ד תשלומין דראשון נינהו כיון דלא מצי קריב בראשון לא קרבי תו כדאמרינן לקמן (דף ט.) גבי חיגר שנתפשט בשני וי"ל דהתם שאני דלא חזי בראשון לא בני אבל הכא כל חוב שיש בשני ישנו בראשונה אלא משום שהוא היום ראוי עכשיו ודומה לו מצינו בפסחים בפרק אלו דברים (דף ע: ושם) גבי חגיגה פעמים ו׳ פעמים ז׳ חל יו"ט הראשון להיות בשבת קרב בששה אלמא אע"ג דלא קרב בראשון קרב בשני כיון דמחמת יום הוא דלאו כדפרישית וליכא למימר דלמ"ד דנדרים ונדבות אין קריבין ביו"ט דרבנן הוא והכא דרבנן קתני לה שיוכל להביא אף ביו"ט דהא בפ"ק דביצה (דף יב. ושם) משמע דמדאורייתא הוא דהא שתי הלחם (*ולחם הפנים) לא דחו יו"ט וכי תימא מ"מ כי מייתי להם נדבה היכי סמיך עלה דקטן אינו סומך כדאיתא במנחות בפרק שתי מדות (דף צג.) וי"ל אע"ג דלא סמיך עליה מ"מ דמיא לחינוך בנו ורש"י פירש דאיזהו קטן לא קאי (י) לראייה בראיית קרבן רק לראיית פנים בעזרה :

הכל לאתויי מאי שחציו עבד וכו׳ ואליבא דמשנה אחרונה אע"ג (כ) דמתניתין קאמר איפכא כדדייק בגמרא (דף ד׳) מלשון שאינן משוחררים דחצי עבד פטור מ"מ מתרץ רישא לחיוב לפי מה דסבירא ליה השתא ודיוקא לא חש לאוקמא לעבדים שאינן משוחררים :

תשלומין דראשון · ואע"ג דגבי חגיגה הוא דכתיב תשלומין מ"מ ילפינן ראייה מיניה כולן תשלומין דראשון והכא נמי לא חזי הוא וכיון דלא חזי בראשון לא חזי בשני ולא הוה מצי למימר חיגר בשני ונתפשט בשלישי דהוא בכלל הפשוטה הוא :

יראה כדרך שבא לראות · פרש"י כדרך שבא הקב"ה לראותך דהיינו בשתי עיניו אף אתה בא (ל) לראותו בשתי עיניך ולא יתכן לר"ת דהא לא שייך ביאה גבי שכינה שבכל מקום הוא ועוד דדריש מסורת קודם מקרא דהרבה היו לנו לדרוש המקרא קודם ע"כ גרים ר"ת יראה מה לראות בשתי עיניו שהאדם בא להתראות לפני המקום בשתי עיניו של מקום אף האדם בא לראות המקום בשתי עיניו ולא דמי לנעבד ועבד (פסחים דף כו:) דדרשינהו תרוייהו מקרא ומסורת דהכא כי הדדי נינהו אבל התם כל חדא חלוק מחברייה :

רבינו חננאל

הכל חייבין בראייה חוץ מחרש שוטה וקטן כו׳ · אתינן לאוקומה למתני׳ הכל חייבין הכל לאתויי מאי מי שחציו עבד וחציו בן חורין שחייב בראייה · ודחינן ולרבינא דפוטר בהאי מאי ומוקים לה הכל לאתויי מי שהיה חיגר ביום ראשון ולא היה יכול לעלות בהר הבית שפטור ואם נתפשט כלומר נתרפא ביום שני חייב · ואמרינן הניחא לר׳ ארשעי׳ דאמר כולן תשלומין זה לזה וכיון שהוא יכול לעלות ביום ב׳ של חג [חייב] בשאר הימים אלא לר׳ יוחנן דאמר כולן תשלומין דראשון הן כדבעינן למימר לקמן האי הכל דקתני במתניתין לאתויי מאי

עין משפט נר מצוה

א א מיי׳ פ״ב מהלכות חגיגה הלכה א סמג עשין רכו רכז רכח :

ב ב מיי׳ שם הל׳ ג :

ג ג מיי׳ פ״א שם הל׳ ב סמג שם :

ד ד מיי׳ שם פ״ב הלכה א סמג שם :

ה ה מיי׳ שם פ״א הלכה ז סמג שם :

ו ו מיי׳ שם פ״ב הלכה א סמג שם :

מסורת הש"ס

ערכין ב: | [שם] | [כגון שהיו שני אחין או שני שותפין ושחרר אחד את חלקו רש"י גיטין מא.] | סנהדרין ד: אי בן תימא | פסחים פח. גיטין מא. ב"ב יג. ערכין ב: עדיות פ"א מי"ג | [לקמן דף ד:] | [ליתא בכי"ע ב: ולא במנחות קי:]

[לקמן ד.] | [לקמן ו.] | [לקמן ד.] | [דף ד.] | [לקמן ט.] | לקמן ה: סנהדרין ד: ערכין ב: | [תוספתא פ"א ע"ש] | [פסחים ח:]

הגהות הב"ח

(א) רש"י ד"ה איכא וכו׳ ואיכא למאן דאמר כולם תשלומין דראשון הן ואמרינן : (ב) ד"ה יראה יראה כתיב וקרינן יֵרָאֶה יִרְאֶה כל זכורך וכו׳ השכינה יֵרָאֶה כל : (ג) ד"ה כדרך שבא לְרָאוֹתְךָ כך הוא בא לֵרָאוֹת מִמְּךָ מה לְרָאוֹתְךָ בשתי עיניו אף בא לֵרָאוֹת מן האדם : (ד) תוס׳ ד"ה הכל חייבין וכו׳ ובאת שמה והבאתם שמה כל שישנו וכו׳ רבי יוסי הגלילי אומר : (ה) בא"ד וגם יש ליישב דמהמתניתין משמע ליה דבראיית פנים בעזרה איירי כצ"ל ותיבת נמי נמחק : (ו) בא"ד כל שאין יכול לילך כו׳ אלמא משמע דבקטן דאיירי ביה בראיית פנים בעזרה איירי מדקאמר שאינו יכול לילך כצ"ל ותיבות קאמר אלמא נמחק : (ז) בא"ד דאמרינן לקמן עד הכא מאן לייתיה אמו וכו׳ דמחייבא בראיית פנים בעזרה וכו׳ שחייבת בראיית פנים בעזרה אלא : (ח) ד"ה חוץ וכו׳ ושייר מקמץ ומגרף נחשת וכורסי : (ט) ד"ה איזהו וכו׳ כיון דלא חזי בראשון לא חזי וכו׳ ישנו בראשון אלא משום שאין היום ראוי : (י) בא"ד לא קאי לראיית פנים בקרבן רק לראיית פנים בעזרה : (כ) ד"ה הכל לאתויי וכו׳ אע"ג דסיפא דמתניתין קאמר : (ל) ד"ה יראה וכו׳ אף אתה בא ליראות לו מה הוא רואה אותך בשתי עיניו אף אתה רואה אותו בשתי עיניך ולא יתכן וכו׳ ע"כ גרים ר"ת יִרְאֶה יֵרָאֶה מה לִרְאוֹת :

הגהות מהר"ב רנשבורג

א] תוס׳ ד"ה איזהו קטן וכו׳ · דהא בפ"ק דביצה דף יב ע"א · נמחק תיבות בפ"ק דביצה וצ"ל בפ"ב דביצה דף כ ע"ב כצ"ל וכן הגיה בשער המלך פ"א מהלכות חגיגה הלכה ח ד"ה ס"ג ע"א יעו"ש :

תורה אור

תקנתם את רבו ואת עצמו לא תקנתם
לישא שפחה אינו יכול בת חורין אינו יכול
ליבטיל והלא לא נברא העולם אלא לפריה
ורביה שנאמר °לא תהו בראה לשבת יצרה
*אלא מפני תיקון העולם כופין את רבו
ועושה אותו בן חורין וכותב לו שטר על חצי
דמיו וחזרו בית הלל להורות כדברי בית
שמאי: חוץ מחרש שוטה וקטן כו': קתני
חרש דומיא דשוטה וקטן מה שוטה וקטן
*דלאו בני דעה אף חרש דלאו בר דעה
הוא וקא משמע לן כדתנן *חרש שדיברו
חכמים בכל מקום שאינו שומע ואינו מדבר
הא מדבר ואינו שומע שומע ואינו מדבר
חייב תנינא להא דתנו רבנן *המדבר ואינו
שומע זהו חרש שומע ואינו מדבר זהו אלם
זה וזה הרי הן כפקחין לכל דבריהם וממאי
דמדבר ואינו שומע זהו חרש שומע ואינו
מדבר זהו אלם דכתיב °ואני כחרש לא
אשמע וכאלם לא יפתח פיו ואיבעית אימא
כדאמרי אינשי אישתקיל מילוליה: מדבר
ואינו שומע שומע ואינו מדבר חייב:
והתניא מדבר ואינו שומע שומע ואינו
מדבר פטור אמר רבינא ואיתימא רבא חסורי
מיחסרא והכי קתני הכל חייבין בראיה
ובשמחה חוץ מחרש המדבר ואינו שומע
שומע ואינו מדבר שפטור מן הראייה ואע"פ
שפטור מן הראייה חייב בשמחה ואת שאינו לא שומע ולא מדבר ושוטה
וקטן פטור אף מן השמחה הואיל ופטורים מכל מצות האמורות בתורה
תניא נמי הכי הכל חייבין בראייה ובשמחה חוץ מחרש המדבר ואינו
שומע שומע ואינו מדבר שפטורין מן הראייה ואף על פי שפטור מן הראייה
חייב

(ישעיה מה) (תהלים לח)

רש"י

תקנתם את רבו ואת עצמו לא תקנתם · כל תקנת רבו כאן היא אבל תקנת העבד אין כאן הא נתקן במשפט הממון לא נתקן בפריה ורביה: לישא שפחה אינו יכול · מפני צד החרות שבו וכתיב לא יהיה קדש וגו' (דברים כג): בת חורין אינו יכול · מפני צד עבדות שבו: לא תהו בראה · לא ברא הקב"ה את הארץ להיות בלא ישוב אלא לשבת יצרה: כדתנן · בריש מסכת תרומות (מ"ב): חרש שדברו בו חכמים בכל מקום · שהשוו אותו לשוטה לפוטרו לא דברו אלא במי שאינו שומע ואינו מדבר הכי קים להו לרבנן דמי שאינו שומע ואינו מדבר דלאו בני דעה נינהו: מדבר ואינו שומע · תחילתו היה פקח עד שלמד לדבר ואח"כ נתחרש: תנינא · במתניתין: להא דתנו רבנן · בברייתא ולמדנו שהברייתא הזאת עיקר וסומכין עליה: זה וזה כפקחים · היינו כמתניתין דלא פטר אלא חרש הדומה לשוטה: ואי בעית אימא · אלם כמשמעו שנעקרין איתקיל מלוליה ניטל דבורו: פטור · מן הראייה קשיין אהדדי מתניתין וברייתא: אמר רבא · מתניתין דתני אלא ראייה חרש דומיא דשוטה: חסורי מיחסרא והכי קתני · (א) דאע"פ דלא דומה לשוטה פטור וכי תנייה מתניתין דומיא דשוטה גבי שמחה הוא דתני ותרי מיני חרש תנא מתניתין וחסורי מיחסרא מתניתין והכי קתני הכל חייבין בראייה חוץ מחרש כל דהו או שומע ואינו מדבר או מדבר ואינו שומע: ואף על פי שהוא פטור · בעולת ראייה לראות: חייב

תוספות

תקנתם את רבו · במה שהיה לו מעיקרא יש לו עכשיו שזהו העבדות ואת עצמו לא תקנתם שאינו יכול לישא אשה ולאו משום עבדות הא לא איכפת ליה כלל כיון דמעיקרא היה כולו לרב ועכשיו ביומו לעצמו והר"ר משולם גריס תקנתם את עצמו ואת רבו לא תקנתם לכל שכן הרב מפסיד וולדות:

לישא שפחה אינו יכול · ולמכור עצמו לא מצי כדי לישא שפחה דהא גר אינו נמכר בעבד עברי דבעינן ושב אל משפחתו (ויקרא כה) וליכא כדאיתא בהזהב נשך (ב"מ דף עא.) ועוד מאחר דלא קיים פריה ורביה ביהודית לא נכבינן ליה כנענית לצד חירות שבו ודכוותיה מצינו בפ"ק דקדושין (דף כ.) אין לו אשה ובנים אין רבו מוסר לו שפחה כנענית ואע"ג דישא בת מינו ליתי צד חירות ולישתמש בצד חירות וצד עבדות בצד עבדות דומיא דפרידה שתבעה אין מרביעין עליה לא סוס ולא חמור אלא מינה בפרק אותו ואת בנו (חולין דף עט.) וי"ל דהתם לא קפיד קרא אלא בכלאים דתרי מינים והא ליכא אבל הכא למאן דקפיד קרא אצד חירות דלא לישתמש צד חירות בעבדות והא איתא ומטעם דשרי הרכבה שרי גם לרכוב על הפרידה ובתוספתא דמסכת כלאים (פ"ה ובירושלמי פ"ח) תניא אמר רבי יוסי בן יהודה אסור לרכוב על הפרידה מק"ו ומה במקום שמותר ללבוש שתי חלוקין אסור בתערובתו מקום שאסור לנהוג שני מינים אינו דין שאסור בתערובתו אמרו ליה והא כתיב(ב) והרכבתם את שלמה בני על הפרדה (מלכים א א) אמר להם אין למדים תורה מן *התקועה א"ל והא כתיב (א)ויעש הישר בעיני ה' (ג):

לישא שפחה אינו יכול · וממזרת לא ישא אע"ג דעבד מותר בממזרת לפי שקדש ועומד כדתנן פרק האומר (קדושין דף סט.) יכולין ממזרים ליטהר כיצד ממזר נשא שפחה וולד תירות שרי בה כדתנן פרק עשרה יוחסין (שם) שחרורי וממזרי שרו לבא זה בזה דהא י"ל דאין לנו לתקן כדי להרבות ממזרים בעולם ועוד כיון דתפסי בה קדושין אתי לד עבדות ומשתמש באשת איש ונתינה נמי לא ישא דאע"ג דממזרת ונתינה ושחרורי מותרין לבא זה בזה דהא הוה התפסת קדושין ואתי לד עבדות ומשתמש באשת איש אי נמי נתינה אסור בצד עבדות דלאו קדש ועומד הוא אע"ג דמותר בממזרת משום דלא מקרי קהל מוזהר בלאו דלא יהיה קדש (דברים כג) וא"ת וליתי עשה [דלשבת יצרה] ולידחי לאו דלא יהיה קדש וי"ל דהכא אפשר לקיים שניהם על ידי כפייה אי נמי דלא אתי עשה ודחי לא תעשה אלא כגון מילה בצרעת דבעידנא דמעקר לאו מקיים עשה אבל הכא משעת הערארה עובר ליה בלאו ועשה ליכא עד גמר ביאה:

לא תהו בראה · האי עשה אלים טפי מפרו ורבו כדאמר במגילה בפרק בתרא (דף כז.) מוכר אדם ס"ת לישא אשה וללמוד תורה ומייתי לא תהו בראה אבל י"מ משום דעבד לא מיפקיד אפריה ורביה דאמר *היו לו בנים בעבדותו ונשתחרר לא קיים פריה ורביה ולאו מילתא היא דאמר בירושלמי דמו"ק (פ"א) עבד מהו שישא אשה במועד אמר להון נשמעינן מן הדין מתניתין יבטל והלא לא נברא העולם אלא בשביל פריה ורביה ואמר שמעון בר אבא משום רבי יוחנן כל שהוא מצווה על פריה ורביה לא ישא אשה במועד *ועוד לישנא דנקט הכא והלא לא נברא העולם אלא בשביל פריה ורביה משמע דאתרוייהו קאי והא דאמרינן לא קיים פריה ורביה היינו מטעם דבעינן זרעו מיוחס אחריו ואפילו ישראל שיש לו בן מן השפחה אינו קרוי (ג) אחריו ועוד פרו ורבו אכולהו בני נח כתיב אף לכנען:

כופין את רבו · אפילו לשמואל דאמר (גיטין דף לח.) המפקיר עבדו יוצא לחירות וא"ל גט שחרור הכא דטבא ליה עבדו ליה לעשות שחרור גמור ואע"ג דאמרינן (ברכות דף מז:) המשחרר עבדו עובר בעשה ניחא לן דליעבד הרב איסורא זוטא ולא ליעבד העבד איסורא רבה כדאמר בעירובין בפ' בכל מערבין (דף לב: ושם) ולא דמי להא דריש שבת (דף ד. ושם) וכי אמרינן לו לאדם עמוד וחטא בשביל שיזכה חבירך דהתם פושע בדבר הוי שלא היה לו לאפות הפת תדע דשרינן ריש תמיד נשחט (פסחים דף נט. ושם) להקריב לכהן אחר תמיד של בין הערבים כפרת חבירו כדי שיאכל קרבן פסח לערב אע"ג דאיכא עשה דהשלמה*:

*נשים ועבדים · לא שייך לאקשויי אמאי תני נשים לשון רבים ותנא קטן (ד) חרש לשון יחיד כדדייק בפרק קמא דנדה (דף ח.) גבי קטנות והכא תנא אשה דהכא תרי ענייני ולא דמי חד לאידך דחרש ושוטה פטור מכל המצות כדאמר לקמן וקטן לא ידעינן דפטור מקרא רק מק"ו דנשים פטורות דכתיב זכורך טפלים לא כל שכן דהכי דייקינן בפרק קמא דקדושין (דף לד: ושם) טפלים חייבין נשים לא כל שכן:

*ומי שאינו יכול לעלות ברגליו · פרש"י מירושלים לעזרה ורבותא נקט דלא מיבעיא מעירו דלא מצי סליק לעזרה וה"ה נמי אם הוא אינו יכול לעלות מעירו לירושלים דפטור כדמשמע בגמרא עד הכא מאן אייתי: חרש דומיא דשוטה וקטן · במגילה פ"ב (דף יט:) הכל כשרין לקרוא את המגילה חוץ מחרש שוטה וקטן כו' לא דייק הכי דהתם ע"כ במדבר קיימינן מדקרא את המגילה וברמיזה לא הוה מפיק אחרים וכן בחולין (דף ב.) חוץ מחרש שוטה וקטן שמא יקלקלו את שחיטתן לא דייק הכי דהתם הטעם תלוי בכיון שיוכל לאמן את ידו לשחוט: המדבר ואינו שומע זהו חרש · בב"ר מפיק ליה אינו מדבר ואינו שומע דכתיב מי שם פה לאדם או מי ישום אלם או חרש (שמות ד) מי [שם] פה קאי לתרוייהו:

שומע ואינו מדבר פטור מן הראייה וחייב בשמחה · והא דלא קתני נשים דמחייבי בשמחה בתר הכי לא חש להכי למיתני סורסא וכיוצא בזה מצינו בכמה מקומות והיא דלקמן (דף ו:) דאמר יש בשמחה שאין בשתיהן שטהגת באנשים ובנשים מה שאין כן בשתיהן ולא קחשיב חרש מדבר ואינו שומע דהתם בחגיגה נמי מיחייב ולא בעי למיתני יש בשתיהן שאין באחת כגון חרש מדבר ואינו שומע דלא נחית למיתני הך כללא רק מה שבאחת שאין בשתים והכא כי קאמר דמיחייב בשמחה הוא הדין בחגיגה כדפירשתי אלא שמחה נקט דנשים חייבות וחרש שוטה וקטן פטירי וכי תנינן לעיל זה וזה כפיקחין לכל דבריהן להתחייב בשמחה ובחגיגה קאמר: גמר

(א) [צ"ל הישר בעיני ה' ולא סר מכל אשר צוהו כל ימי חייו רק בדבר אוריה החתי הס"ד וכ"ב עיין בר"ש פ' ח' דכלאים פי' תקוע תוקע עצמו לדבר הלכה ולי נראה שדוד [עשה אלא ע"פ] עירא היאירי שהיה מעיר תקוע: (ג) ד"ה לא תוהו וכו' בן מן השפחה אינו קרוי מיוחס אחריו: (ד) ד"ה נשים וכו' ותנא קטן שוטה חרש לשון יחיד:

רבינו חננאל

ואמרינן (לאתויי מאי) לאתויי סומא באחת מעיניו שחייבין בראייה ודלא כיוחנן בן דהבאי שהיה פוטרו ואסיקנא לעולם לאתויי חציו עבד וחציו בן חורין שחייב ומתני' כמשנה אחרונה דתנן כופין את רבו ועושהו בן חורין וחזרו ב"ה להודות לדברי בית שמאי דכיון דודאי לשחרור קאי אע"פ שעדיין לא נשתחרר חייב בראייה: ירושלמי מתניתין בראיית קרבן אבל בראיית פנים אפילו קטן אביו חייב להעלותו שנאמר הקהל את העם האנשים והנשים והטף · וסיפא דקתני עבדים שאינן משוחררין לגמרי פטורין כמשנה ראשונה היא שנויה · דרש ר' אלעזר בן עזריה אנשים באין ללמד ונשים באות לשמוע וטף ליתן שכר למביאיהן · חוץ מחרש אתינן לאוקימא בחרש שאינו לא שומע ולא מדבר הא החרש המדבר ואינו שומע או שומע ואינו מדבר חייב · וא' תנינא להא דתנו רבנן חרש מדבר ואינו שומע זהו חרש שומע ואינו מדבר זהו אלם זה וזה הרי הן כפקחין לכל דבריהם · ואקשינן איני והתניא מדבר ואינו שומע שומע ואינו מדבר פטור מן הראייה ואתא רבינא ותרצה ואמר חסורי מחסרא והכי קתני הכל חייבין בראייה ובשמחה חוץ מחרש

עין משפט נר מצוה

ז א מיי' פ"ז מהלכות עבדים הלכה ז סמג עשין פו טוש"ע י"ד סימן רסז סעיף סג:

ח ב מיי' פ"ב מהלכות אישות הלכה כו ופ"ב מהלכות גירושין הלכה טו ופ"ב מהלכות מכירה הלכה ב ג טוש"ע א"ה סימן קכא סעיף ו ובח"מ סימן רלה סעיף יח:

ט ג מיי' פ"ב מהלכות חגיגה הלכה א סמג עשין רכו:

י ד מיי' שם הלכה ד סמג שם:

[נדה יג: תרומות פ"א מ"ב]

פי' שקוע עצמו לדבר הלכה

א) [צ"ל אשר עשה דוד את הישר וכו' מלכים א טו ה] ב) [ומשני בירושלמי כו' מסכת ימי בראשית היתה ובתוספתא לא משני כלום ע"ג]

[עיין תוספות גטין מג: ד"ה לא תהו]

[שייך לעיל במשנה ועיין תוי"ט]

[שייך למתני']

מסורת הש"ס

[יבמות סב: גטין מא. מנחות מג. ערכין ב:]

גטין עא. [תוספתא תרומות פ"א]

[יבמות סב. וע"ש בתוס' ד"ה כל מודין בעבד שאין לו חיים]

[ועי' תוספות פסחים פח. ד"ה כופין]

הגהות הב"ח

(א) רש"י ד"ה חסורי מחסרא והכי קתני דגבי ראייה אע"פ דלא: (ב) תוס' ד"ה לישא שפחה אינו יכול ולמכור וכו' אמר ליה והא כתיב אשר עשה דוד את הישר אלא על פי רבו

view of Beth Hillel. Said Beth Shammai to them: [2b] You have made it right for his master,[9] but you have not made it right for himself.[10] He may not marry a bondwoman, nor may he marry
a a freewoman.[1] Should he abstain [from marriage]? But then was not the world created only for propagation?[2] as it is said:[3] *'He created it not a waste, He formed it to be inhabited'*. For the sake of the social order,[4] therefore, his master must be compelled to set him free, and the latter must give him a bond for the half of his value. Thereupon Beth Hillel retracted and gave their ruling in accordance with the view of Beth Shammai.

EXCEPT A DEAF MAN [ḤERESH], AN IMBECILE AND A MINOR etc. [Our Mishnah] speaks of ḤERESH similarly as of the IMBECILE and MINOR: just as the IMBECILE and MINOR lack understanding, so ḤERESH [means] one that lacks understanding. This teaches us in accordance with that which we have learnt:[5] 'Wherever the Sages speak of ḤERESH,[6] [it means] one who can neither hear nor speak.[7] This [would imply] that he who can speak but not hear,[8] hear but not speak is obligated.[9] We have [thus] learnt that which our Rabbis taught.[10] One who can speak but not hear is termed ḤERESH: one who can hear but not speak is termed *Illem* [dumb]; both of these are deemed sensible in all that relates to them.[11] And whence [is it deduced] that one who can speak but not hear is termed *Ḥeresh*, and one who can hear but not speak is termed *'Illem?*—For it is written: *But I am as* Ḥeresh [*a deaf man*], *I hear not; and I am as* Illem [*a dumb man*] *that openeth*
b *not his mouth*.[1] Alternatively, I could explain: As people say,[2] His words have been taken away.[3]

'One that can speak but not hear, hear but not speak is obligated'. But surely it is taught: One that can speak but not hear, hear but not speak is exempt![4]—Said Rabina, and according to others, Raba: [Our Mishnah] is defective and should read thus: All are bound to appear [at the Temple] and to rejoice,[5] except a *Ḥeresh* that can speak but not hear, [or] hear but not speak, who is exempt from appearing [at the Temple];[6] but though he is exempt from appearing, he is bound to rejoice. One, however, that can neither hear nor speak,[7] an imbecile and a minor are exempt even from rejoicing, since they are exempt from all the precepts stated in the Torah.[8] Likewise it is also taught: All are bound to appear [at the Temple] and to rejoice, except a *Ḥeresh* that can speak but not hear, [or] hear but not speak, who is exempt from appearing; but though he is exempt from appearing [3a]

(9) I.e., he gets the full benefit of his half-ownership. (10) R. Meshullam (in Tosaf.) prefers the opposite reading. 'You have made it right for himself, but you have not made it right at all for his master'; because the latter loses any possible share of the offspring.

a (1) Being partly a freedman he may not marry a slave; being partly a slave he may not marry a freewoman; v. Deut. XXIII, 18 and Targum Onklos a.l. (2) Lit., 'for fruitfulness and multiplication', cf. Gen. I, 28. (3) Isa. XLV, 18. (4) Lit., 'for the sake of the establishment (or improvement) of the world'; cf. Giṭ. IV, 2, 3, where Danby renders; 'as a precaution for the general good'. (5) Ter. I, 2. (6) I.e., together with the Imbecile and Minor. (7) Tosaf. quotes and explains exceptions to this rule: cf. Meg. 19*b* and Ḥul. 2*a*. (8) E.g., he was able to hear when born and learnt to speak, but later became deaf. (9) I.e., to fulfil the precept of appearing at the Temple. (10) I.e., our Mishnah supports and thus gives validity to the following Baraitha. (11) This statement agrees, by implication, with our Mishnah, which puts only a deaf-mute in the same category as an imbecile.

b (1) Ps. XXXVIII, 14. (2) I.e., a popular proverb; v. *J.E.* vol X, p. 226f. (3) I.e., אלם ('dumb') is an abbreviation of אשתקיל מלוליה ('his words have been taken away'). (4) I.e., from visiting the Temple; thus the Baraitha contradicts our Mishnah. (5) V. Deut. XVI, 14. Ritually the *rejoicing* took the form of a sacrificial meal of peace-offerings; cf. *infra* 8*b* and Pes. 109*a*. (6) And from bringing the accompanying burnt-offering. (7) I.e., the *Ḥeresh* of our Mishnah. Thus the fully worded Mishnah would refer to two kinds of *Ḥeresh:* (*a*) the partial *Ḥeresh* that can either speak or hear, who must 'rejoice', though he is exempt from visiting the Temple; (*b*) the complete *Ḥeresh*, who is exempt from both. (8) Torah primarily refers to the Pentateuch, but also has a wider meaning, which includes the whole Bible and even the entire range of Jewish teaching, both study and practice.

he is bound to rejoice. One, however, that can neither hear nor speak, an imbecile and a minor are exempt even from rejoicing, since they are exempt from all the precepts stated in the Torah. Why is it that in regard to appearing they are exempt, and in regard to rejoicing they are obligated?—With regard to appearing, it is deduced by forming an analogy between the expressions for *appearing*[9] from [the section] '*Assemble*',[10] for it is written: *Assemble*
a *the people, the men and the women and the little ones;*[1] and it is [further] written: *When all Israel is come to appear.*[2] But whence is it deduced for the latter?[3]—For it is written: *That they may hear and that they may learn.*[1] And it is taught: '*That they may hear*', [this] excludes one that can speak but not hear; '*and that they may learn*', [this] excludes one that can hear but not speak. Does this then mean to say that one that cannot talk cannot learn? But behold there were two dumb men in the neighbourhood of Rabbi, sons of the daughter of R. Joḥanan b. Gudgada, and according to others, sons of the sister of R. Joḥanan, who, whenever Rabbi entered the College, went in and sat down [before him], and nodded their heads and moved their lips. And Rabbi prayed for them[4] and they were cured,[5] and it was found that they were versed in *Halachah*,[6] *Sifra*,[7] Sifre[8] and the whole Talmud![9] Said Mar Zutra, Read, *That they may teach.*[10] R. Ashi said: Assuredly it is [to be read]: *That they may* teach.[11] For if you suppose [that it should be read]: *That they may learn,* and [argue that] if one cannot talk one cannot learn (and [obviously] if one cannot hear one cannot learn),[12] that follows from [the expression]: *That they may*
b *hear.*[1] Therefore, it must certainly be [read]: *That they may teach.*[2]

R. Tanḥum said: One that is deaf in one ear is exempt from appearing [at the Temple], for it is said: *In their ears.*[3] But [this expression], 'in their ears', is required [to teach that it[4] must be] in the ears of all Israel![5]—That can be deduced from [the expression],[6] '*before all Israel*'. But if [it were deduced] from [the expression] '*before all Israel*', I might say: Even though they did not hear;[7] therefore it is written in the Divine Law:[8] *in their ears;* they must be able to hear![9]—That can be deduced from [the expression], *in order that they may hear.*[10]

R. Tanḥum said: One that is lame in one foot is exempt from appearing [at the Temple], as it is said: *Regalim* [on foot].[11] But this [word] *Regalim* is required to exclude people with wooden ◁

(9) I.e., יֵרָאֶה ('shall appear') in Ex. XXIII, 17 and לֵרָאוֹת ('to appear') in Deut. XXXI, 11. (10) Deut. XXXI, 10-13. The name is derived from the introductory word in the verse that follows.

a (1) Deut. XXXI, v. 12. (2) Ibid. v. 11. (3) I.e., how do we know that a *Ḥeresh* that can hear or speak is exempt from the precept referred to in Deut. XXXI, 10-13. (4) Lit., 'he besought (God's) mercy on this behalf'. (5) On the efficacy of prayer, v. *J.E.* vol. X, pp. 168-169. (6) הֲלָכָה from הלך 'to go, follow', means literally 'going', 'walking', then figuratively: 'the teaching which one follows, the rule or state by which one is guided, the categorical religious law', (H. L. Strack, *Intro. to the Talmud*, p. 6 § 7: v. whole section and refs.). The last meaning applies here. Cf. also the refs. to *Halachah* in R. T. Herford's *The Pharisees*, esp. Ch. III. V. Glos. (7) 'The Book', also called *Torath Kohanim* ('Law of the Priests') is a *halachic* Midrash on Leviticus. (8) סִפְרֵי or more fully, סִפְרֵי דְבֵי רַב ('the Books of the School of Rab') is a *halachic* Midrash on Numbers (commencing with Ch. 5) and on Deut. V. Glos. (9) ש״ס Lit., 'six orders' into which the Mishnah, and consequently the Talmud, which is the commentary on it, is divided. [MS.M. reads, 'Talmud']. (10) I.e., יְלַמְּדוּ (*Pi'el*) for יִלְמְדוּ (*Kal*). Such textual changes are not to be regarded as serious Biblical emendations, but as part of the exegetical method of the Rabbis for the purpose of halachic and Haggadic deduction. (11) I.e., quite apart from the instance of the two dumb scholars, it can be proved that *teach* is the right reading. (12) [MS.M. omits bracketed words which, in fact, are superfluous].

b (1) The underlying reason for excluding the *deaf* is their inability to learn. If now you suppose that the *dumb* cannot learn, their exclusion can be inferred from the expression, '*that they may hear*', which excludes the deaf, and similarly the dumb, and the words 'that they may learn' are superfluous. (2) And the inference that a dumb person cannot learn falls away. (3) Deut. XXXI, 11. The plural indicates that those present must be able to hear with *both* ears; and by analogy (v. *supra* n. b9) we apply this rule also to the law of Ex. XXIII, 17. (4) The public reading referred to in the section '*Assemble*' *(v. p. 5, n. 10); cf. Soṭ. 41*a*. (5) I.e., in their hearing. (6) Deut. ibid. (7) I.e., were too far away; not that they were deaf. (8) Lit., 'The Merciful One wrote', i.e., God revealed through Scripture. V. Bacher, *Exeg. Term.* II, 207f. (9) This expression therefore, cannot be used for the inference that a person deaf in one ear is exempt. (10) Ibid. v. 12. Thus '*in their ears*' is available for R. Tanḥum's teaching. (11) Ex. XXIII, 14. V. *supra* n. b10. The word is probably read here רַגְלַיִם (dual): the pilgrim must have use of both feet.

*See Corrigenda.

◁ *For the continuation of the English translation of this page see overleaf.*

גמרא

חייב בשמחה ואת שאינו לא שומע ולא מדבר ושוטה וקטן פטורין אף מן השמחה הואיל ופטורין מכל מצות האמורות בתורה: **גמ'** מאי שנא לענין ראיה דפטורי ומאי שנא לענין שמחה דמחייבי לענין ראיה גמר ראיה ראיה °מהקהל דכתיב °הקהל את העם האנשים והנשים והטף וכתיב °בבא כל ישראל לראות והתם מנלן דכתיב °למען ישמעו ולמען ילמדו ותניא למען ישמעו פרט למדבר ואינו שומע למען ילמדו פרט לשומע ואינו מדבר למימרא דכי לא משתעי לא גמר והא הנהו תרי אילמי דהוו בשבבותיה דרבי בני ברתיה דרבי יוחנן בן גודגדא ואמרי לה בני אחתיה דרבי יוחנן דכל אימת דהוה עייל רבי לבי מדרשא הוו עיילי ויתבי *קמייהו ומניידי ברישייהו *ומרחשן שפוותייהו ובעי רבי רחמי עלייהו ואיתסו ואשתכח דהוו גמירי הלכתא וספרא וספרי וכולה הש"ס אמר מר זוטרא קרי ביה למען(א) ילמדו רב אשי אמר ודאי למען ילמדו הוא דאי סלקא דעתך למען ילמדו וכיון דלא משתעי לא גמר וכיון דלא שמע לא גמר האי מלמען ישמעו נפקא אלא ודאי למען ילמדו הוא אמר ר' תנחום °חרש באזנו אחת פטור מן הראיה שנאמר °באזניהם והאי באזניהם מבעי ליה באזניהם דכולהו ישראל ההוא מנגד כל ישראל נפקא אי מנגד כל ישראל הוה אמינא אע"ג דלא שמעי כתב רחמנא באזניהם והוא דשמעי ההוא מלמען ישמעו נפקא אמר רבי תנחום °חיגר ברגלו אחת פטור מן הראיה שנאמר רגלים והא רגלים מבעי ליה *פרט לבעלי קבין ההוא מפעמים נפקא דתניא פעמים אין פעמים אלא רגלים וכן הוא אומר °תרמסנה רגל רגלי עני פעמי דלים ואומר °מה יפו פעמיך בנעלים בת נדיב *דרש רבא מאי דכתיב מה יפו פעמיך בנעלים בת נדיב כמה נאין רגליהן של ישראל בשעה שעולין לרגל בת נדיב בתו של אברהם אבינו שנקרא נדיב שנאמר °נדיבי עמים נאספו עם אלהי אברהם אלהי אברהם ולא אלהי יצחק ויעקב אלא אלהי אברהם שהיה תחילה לגרים אמר רב כהנא דרש *רב נתן בר מניומי משום ר' תנחום מאי דכתיב °והבור רק אין בו מים ממשמע שנאמר והבור רק איני יודע שאין בו מים אלא מים אין בו אבל נחשים ועקרבים יש בו ת"ר °מעשה ברבי יוחנן בן ברוקה ורבי אלעזר (*בן) חסמא שהלכו להקביל פני ר' יהושע בפקיעין אמר להם מה חידוש היה בבית המדרש היום אמרו לו תלמידיך אנו ומימיך אנו שותין אמר להם אף על פי כן אי אפשר לבית המדרש בלא חידוש *שבת של מי היתה שבת של ר' אלעזר בן עזריה היתה ובמה היתה הגדה היום אמרו לו בפרשת הקהל ומה דרש בה °הקהל את העם האנשים והנשים והטף אם אנשים באים ללמוד נשים באות לשמוע טף למה באין כדי ליתן שכר ל°מביאיהן אמר להם מרגלית טובה היתה בידכם ובקשתם לאבדה ממני ועוד דרש °את ה' האמרת היום וה' האמירך היום *אמר להם הקב"ה לישראל אתם עשיתוני חטיבה*) אחת בעולם ואני אעשה אתכם חטיבה אחת בעולם אתם עשיתוני חטיבה אחת בעולם דכתיב °שמע ישראל ה' אלהינו ה' אחד ואני אעשה אתכם חטיבה אחת בעולם שנאמר ומי

*) [פי' ציור אחד בעולם כלומר דבר הניכר שאין כמותו · ערוך בשם רב האי בערך אמר]

רש"י

חייב בשמחה · לשמוח בחג דכתיב ושמחת בחגך (דברים טז) ואמרינן לקמן (דף ח.) דשמחה בשלמים לאכול את הבשר וילפינן לה (פסחים דף קט.) מזובחת שלמים ואכלת שם ושמחת ולקמן פריך מ"ש לענין ראייה דפטור ולענין שמחה דמחייב: ואינו לא שומע ולא מדבר · הייט חרש דמתניתין שסמכו לשוטה וקטן: ראייה מהקהל · דכתיב בפרשת הקהל בבוא כל ישראל לראות וגו' ופרשת הקהל המלך היה קורא משנה תורה בעזרה בכל מוצאי שמטה דכתיב מקץ שבע שנים במועד שנת השמטה וגו' (דברים לא): פרט לשומע ואינו מדבר · השתא משמע שאין זה ראוי ללמוד: הלכתא · משניות: למען ילמדו · ואין זה ראוי ללמד אחרים: רב אשי אמר ודאי למען ילמדו · כלומר בלאו קושיא דהנך תרי אילמי ליכא לאוקמי לדרשה דתנא דממעיט מהכא שומע ואינו מדבר אלא מלמען ילמדו: דאי סלקא דעתך מלמען ילמדו · הוא דמשמע ליה אלמא סבירא ליה לתנא דכיון דלא מישתעי לא גמיר לנפשיה: וכיון דלא שמע · אנן סהדי דלא גמיר וכיון דתנן למען ישמעו פרט למדבר ואינו שומע ואנן סהדי דטעמא משום דלא גמיר הוא שלא יבין כל מה שאומרים לפניו למה לי למהדר תו למען ילמדו פרט לשומע ואינו מדבר כיון דסבירא ליה דמאן דלא משתעי נמי לא גמיר מלמען ישמעו ממעט ליה אלא ודאי סבירא ליה דמאן דלא משתעי נמי גמיר ולא מלמען ישמעו ממעט הלכך הדר ומעטיה מלמען ילמדו הלכך ודאי למען ילמדו הוא דדריש: פרט לבעלי קבין · כשחתכו רגליהם נותנו קב קטן בסוף שוקו ונותנים בו מוכין וסומך סוף שוקו עליו: אלא רגלים · אדם שיש לו רגלים: פעמיך בנעלים · אלמא בבעלי מנעלים שייכי פעמים ובראייה כתיב שלש פעמים בשנה יראה כל זכורך וגו': שנקרא נדיב · על שם שנדבו לבו להכיר בוראו: נדיבי עמים · הם הגרים המתנדבין מבין העמים לקבל עליהן עול מצות: והבור רק · משום דרבי תנחום אמרה נקט לה הכא גבי שמעתתא דרבי תנחום: אבל נחשים ועקרבים יש בו · לא היה רק אלא ממים: להקביל פניו · יום טוב היה שחייב אדם לכבד את רבו בהקבלת פנים כדאמרינן במסכת ראש השנה (דף טז:) מדוע את הולכת אליו היום לא חדש ולא שבת (מלכים ב ד): תלמידיך אנו · ואין לנו לדבר בפניך: האמרת · שבחת כמו יתאמרו כל פועלי און (תהלים צד) ישתבחו שדרכן לנצח: חטיבה אחת · שבח אחד שבח מיוחד לומר אין כמוך לכך בחרנוך לאלוה:

תוספות

ואף

גמ' ראיה ראיה מהקהל · ונשים ליכא לחיובי דקא ממעטו ליה לקמן מזכורך וכן אמרינן לקמן הא למה לי קרא תיפוק לי דמצות עשה שהזמן גרמא מהו דתימא נילף ראיה מהקהל מה להלן נשים חייבות וטפלים לא מחייבינן כמו בהקהל וליתן שכר למביאיהם כי התם דמקל וחומר פרכינן ליה כדפרישית לעיל דנשים פטורות טפלים לא כל שכן (ב) ולקמן דמרבינן קטן שהגיע לחינוך מדכתיב כל ולא גמרינן מהקהל התם אסמכתא בעלמא הוא כדמסיק ומהאי ק"ו נמי פטור וכי פריך דרבנן הוא מאי לאקשויי למה לי קרא ליגמר מהקהל אלא עדיפא מינה פריך:

מלמען ישמעו נפקא · דפשטיה דקרא משמע האזנה והבין שיבין מה שילמדהו הלכך מה לנו שישמע כיון דלא גמיר ממעטינן ליה שפיר:

אלא קרי ביה למען ילמדו · ואף על גב דלא משתעי גמיר ולהכי לא נפקא להו מלמען ישמעו וכן מדבר ואינו שומע אפילו שמע עד השתא דמאי גמיר לאחריני כיון דלא מצי גמיר בהאי הליכה מה לו ללכת וכיון דלא שמע לא גמיר מכאן ולהבא אע"ג דגמיר לאחריני עד האידנא לא יזיל השתא כיון דלא יועיל לו הליכה זו דהא לא קאמר קרא הקהל אלא שישמעו בקריאת המלך ויבינו מהשתא ויבאו לידי יראת הבור דכתיב בסיפיה דקרא ויראו את ה' והש"ס לא חש להביאו דפשיטא ליה דמשתעי בהכי אבל מלמען ילמדו לא מצי מפיק (ג) בלא ישמעו דלא הוינא מפיק מדבר ואינו שומע כיון דשמע מקמי הכי ושפיר גמיר אף לאחריני וגם יבין למה נקהלו עכשיו וגם (ד) יצטרך ישמעו כדאמרינן לקמן:

חרש באזנו אחת · בירושלמי אמר ר' יוחנן בעי חרש באזנו אחת מהו א"ר יוסי בר בון פלוגתא דרבי יוסי ורבנן דתני רבי יוסי ולבני אהרן תעשה כתנות (שמות כח) רבנן אמרי שתי כתונות לכל אחד רבי יוסי אמר אפילו כתונת(ה) לכל אחד ואחד הכי נמי רבנן אמרי באזניהם שתי אזנים לכל אחד ורבי יוסי אמר °אזן לכל אחד ואחד:

אף על גב דלא שמעי · מחמת שהן רחוקים אבל אם היו חרשין ממעטינן מבאזניהם:

מפעמים נפקא · וכי אמרינן לקמן רגלים פרט לבעלי קבין אסמכתא בעלמא הוא °דמפעמים נפקא וכי פריך במצות חליצה (יבמות דף קג. ושם) ובערכין פרק האומר משקלי (דף יט: ושם) ורמינהי רגלים פרט לבעלי קבין היא (ו) מדסמכיה רגלים קאמר ולא משום שהוא עיקר דרשה*:

תחילה לגרים · שנצטווה על המילה טפי מכל אותם שלפניו:

נשים לשמוע · אמר בירושלמי דלא כבן עזאי *דאמר חייב אדם ללמד בתו תורה:

כדי ליתן שכר למביאיהן · ועל זה סמכו *להביא קטנים בבית הכנסת:

ומי

רבינו חננאל

מחרש המדבר ואינו שומע או שומע ואינו מדבר שפטור ואף על פי שפטור מן הראיה חייב בשמחה וחרש שאינו שומע ולא מדבר ושוטה וקטן פטורין אף מן השמחה הואיל ופטורין מכל מצות האמורות בתורה' וסנא לן דהני פטורין מן הראיה דגמר ראיה ראיה מהקהל וכתיב ביה בהקהל למען ישמעו ולמען ילמדו ותניא למען ישמעו פרט למדבר ואינו שומע שפטור למען ילמדו פרט לשומע ואינו מדבר' וסקשינן איני דכל מאן דלא ממלל לא גמר והא הנהו תרי אילמי דבעא רבי רחמי עלייהו ואתפתחו ואשתכחו דהוו גמירי הלכתא וסיפרי וסיפרא ותוספתא וכולה תלמודא ופריק מר זוטרא קרי ביה למען יְלַמְּדוּ הן לאחרים ורב אשי קאי כוותיה דודאי ילמדו פשטיה וכיון דאילמא הוא אע"ג דגמירי לא מצי לאגמורי הוא לאחריני' הא דא"ר תנחום חיגר ברגלו אחת וחרש באזנו אחת פטורין מן הראיה פשוטות הן' בת נדיב בת אברהם שנקרא נדיב כו'' והבור רק אין בו מים מים אין בו אבל נחשים ועקרבים יש בו: ת"ר מעשה בר' יוחנן בן ברוקה ור' אלעזר חסמא שהלכו להקביל פני ר' יהושע בפקיעין ואמרו כי ר' אלעזר בן עזריה דרש הקהל את העם האנשים והנשים והטף הא תינח אנשים ונשים וטף למה לי כו'' ועוד דרש את ה' האמרת היום וכו'' אתם עשיתוני חטיבה אחת

עין משפט נר מצוה

יא א מיי' פ"ג מהלכות חגיגה הלכה ב:

יב ב ג מיי' שם פ"ב הלכה א סמג עשין רכו:

[ועי' תוי"ט סוף פ"ב דלכות] [וע"ע תוספות בכורים ו: ד"ה לובן] [סוטה כ.] [כ"ה במסכת סופרים פי"ח הלכה ו]

מסורת הש"ס

[נע"ז כג: קמיה] [מנחות סג.] · [לקמן ד. יבמות קג. ערכין יט:] · סוכה מט: · שבת כב. · מכילתא פ' בא פר' טז ולהד"צ פרק יח [תוספתא סוטה פ"ז] · ברכות כח. · דברים לא · שם כו · ברכות ו. · דברים ו

הגהות הב"ח

(א) גמ' אמר מר זוטרא קרי ביה למען יְלַמְּדוּ וכו' למען יְלַמְּדוּ הוא דאי ס"ד למען יִלְמְדוּ: (ב) תוס' ד"ה גמר ראיה וכו' ולקמן דמרבינן · נ"ב וק"ק דהא אצטריך כל דלא תימא נשים פטורין טפלים לכ"ש וי"ל דה"פ הא אי לאו [ק"ו מהקהל שפיר משמע אף קטן שלא] הגיע לחינוך כדקאמר ליתן שכר למביאיהם וכיון דאית לן ריבויא דכל איתרע ק"ו ושפיר נילף מהקהל אף בלא הגיע לחינוך וזה שכתבו התוספות ולקמן דמרבינן ק"ו והא תירנו התם אסמכתא בעלמא הוא כדמסיק ומהאי ק"ו נמי פטור בלא הגיע לחינוך ומסיים התוס' וכי פריך לקמן דף ד קודם דידע מתירוץ אסמכתא דרבנן הוא הוה מצי לאקשויי ליגמר מהקהל אף בלא הגיע לחינוך: (ג) ד"ה אלא וכו' לא מצי מפיק בלאו למען ישמעו דלא: (ד) בא"ד וגם איצטריך למען ישמעו כדאמרינן לקמן: (ה) ד"ה חרש וכו' ואפי' כתונת אחד לכל אחד וכו' ור' יוסי אומר אפי' אזן אחת לכל אחד: (ו) ד"ה מפעמים וכו' הכי"א

גליון הש"ס

תוספות ד"ה חרש וכו' אזן לכל אחד ואחד · עיין יומא דף לז ע"א וביבמות דף קא ע"ב תוספות ד"ה ש"מ: ד"ה מפעמים נפקא וכו' דמפעמים נפקא · עיין תוס' ר"ה דף ה ע"א ד"ה שלמי פסח:

Continuation of translation from previous page as indicated by ◁

legs!—That follows from [the word] *Pe'amim* [steps].[12] For it is taught: '*Pe'amim*': '*Pe'amim*' means only feet;[13] and thus it is said: *The foot shall tread it down, even the feet of the poor, and the steps of* [pa'ame][14] *the needy.*[15] And it further says: *How beautiful are thy steps* [pe'amayik] *in sandals, O prince's daughter.*[16]

Raba expounded: What is the meaning of the verse: '*How beautiful are thy steps in sandals, O prince's daughter*'. [It means:] How comely are the feet of Israel when they go up on the festival pilgrimage. '*Prince's daughter*': [means] daughter of Abraham our father, who is called prince, as it is said: *The princes of the peoples are gathered together, the people of the God of Abraham.*[1] 'The God
c of Abraham', and not the God of Isaac and Jacob? [It must mean], therefore, the God of Abraham, who was the first of the proselytes.[2]

R. Kahana said: R. Nathan b. Minyomi expounded in the name of R. Tanḥum:[3] What is the meaning of the verse: *And the pit was empty, there was no water in it?*[4] Since it says that the pit was empty, would I not know that there was no water in it? [It must mean] therefore, there was no water in it, but there were in it snakes and scorpions.

Our Rabbis taught: Once R. Joḥanan b. Beroḳa and R. Eleazar Ḥisma[5] went to pay their respects to R. Joshua at Peki'in.[6] Said he to them: What new teaching was there at the College to-day? They replied: We are thy disciples and thy waters do we drink.[7] Said he to them: Even so, it is impossible for a college session to pass without some novel teaching. Whose Sabbath[8] was it?—It was the Sabbath of R. Eleazar b. 'Azariah, [they replied].—And what was the theme of his Haggadic[9] discourse to-day?
d They answered: The section '*Assemble*'.[1] And what exposition did he give thereon? '*Assemble the people, the men and the women and the little ones*'. If the men came to learn, the women came to hear,[2] but wherefore have the little ones to come? In order to grant reward[3] to those that bring them. Said he to them: There was a fair Jewel in your hand, and you sought to deprive me of it.

He further expounded: *Thou hast avouched the Lord this day . . . and the Lord has avouched thee this day.*[4] The Holy One, blessed be He, said to Israel: You have made me a unique object of your love[5] in the world, and I shall make you a unique object of My love in the world.[6] You have made me a unique object of your love, as it is written: *Hear, O Israel, the Lord our God, the Lord is One.*[7] And I shall make you a unique object of My love, as it is

(12) Ex. XXIII, 17. פְּעָמִים E.V. '*times*' (cf. *supra* 2*a* n. a 11) is here understood in its root meaning of '*steps*', i.e., only those having their own legs must visit the Temple. (13) I.e., natural as opposed to artificial feet. (14) פַּעֲמֵי (steps) being parallel to רַגְלֵי (feet) must mean the same as the latter. (15) Isa. XXVI, 6. (16) Cant. VII, 2. The word sandals is additional evidence that פְּעָמִים refers to natural feet.

c (1) Ps. XLVII, 10. (2) 'Prince' (נדיב) means lit., 'one who offers himself willingly' i.e., for God's service. Abraham was the first to confess and worship the Lord, and the reference to the 'princes, the peoples' is to the proselytes who, like Abraham, offer themselves to the service of God. (3) The name of R. Tanḥum is the link between the preceding and the following exposition. (4) Gen. XXXVII, 24. (5) In Tr. Soferim the reading is Eleazar b. Ḥisma. For the cognomen which is not adjectival (i.e., 'muzzled') but locative (prob. 'a native of Ḥismeh') v. *J.E.* Vol. V, p. 99. (6) Also Beki'in, modern Fukin, in S. Palestine between Lydda and Jabneh (Jast.). It was customary for pupils to visit their teacher on holy days; cf. R.H. 16*b*. (7) I.e., disciples may not speak before their teacher (Rashi); or we cannot possibly have anything to teach you. (8) R. Gamaliel used to lecture on two (or three) Sabbaths and R. Eleazar b. 'Azariah on the third (or fourth) v. Ber. 28*a*. (9) Haggadah (הַגָּדָה), a *nomen actionis* of הִגִּיד (to tell), denotes all scriptural interpretation which is non-halachic (i.e., non-legal) in character (H. L. Strack). V. Glos.

d (1) V. *supra* n. b 10. (2) But not to study it fully; cf. *J.T.*, Soṭ. III, 4. For the status of the woman in Judaism v. *J.E.* vol. XII, p. 556. (3) For the Rabbinic conception of reward v. R. T. Herford, op. cit. pp. 123-24, 127-120. (4) Deut. XXVI, 17-18. (5) חטיבה אחת; Jast. 'the only object of your love' (from root meaning 'to fall in love, woo'); Levy, '*Herrscher*' (ruler) comparing it, according to Bacher, with Pers. 'Khedive'; Goldschmidt, '*Verherrlichung*' (glorification); Rashi, 'sole or unique object of praise'; Aruch, in the name of R. Hai Gaon, 'Unique concept' (ציור אחת); Maharsha (quoting Rashi to Deut. XXVI, 17) '*separation*. (from root meaning 'to hew'). (6) *Aruch* reads: 'in this world . . . in the world to come'. (7) Deut. VI, 4. For different renderings of this verse v. I. Abrahams, *A companion to the Auth. Daily Prayer Book*, p. LI.

חייב בשמחה ואת שאינו לא שומע ולא מדבר ושוטה וקטן פטורין אף מן השמחה הואיל ופטורין מכל מצות האמורות בתורה מאי שנא לענין ראיה דפטירי ומאי שנא לענין שמחה דמחייבי לענין ראיה גמר ראיה ראיה °מהקהל דכתיב °הקהל את העם האנשים והנשים והטף וכתיב °בבא כל ישראל לראות והתם מנלן דכתיב °למען ישמעו ולמען ילמדו ותניא למען ישמעו פרט למדבר ואינו שומע ולמען ילמדו פרט לשומע ואינו מדבר למימרא דכי לא משתעי לא גמר והא הנהו תרי אילמי דהוו בשבבותיה דרבי בני ברתיה דרבי יוחנן בן גודגדא ואמרי לה בני אחתיה דרבי יוחנן דכל אימת דהוה עייל רבי לבי מדרשא הוו עיילי ויתבי *קמייהו ומניידי ברישייהו *ומרחשין שפוותייהו ובעי רבי רחמי עלייהו ואיתסו ואשתכח דהוו גמירי הלכתא וספרא וספרי וכולה הש"ס אמר מר זוטרא קרי ביה למען(א) ילמדו רב אשי אמר ודאי למען ילמדו הוא דאי סלקא דעתך למען ילמדו וכיון דלא משתעי לא גמר וכיון דלא שמע לא גמר האי מלמען ישמעו נפקא אלא ודאי למען ילמדו הוא אמר ר' תנחום °חרש באזנו אחת פטור מן הראיה שנאמר °באזניהם והאי באזניהם מבעי ליה באזניהם דכולהו ישראל ההוא מנגד כל ישראל נפקא אי מנגד כל ישראל הוה אמינא אע"ג דלא שמעי כתב רחמנא באזניהם והוא דשמעי ההוא מלמען ישמעו נפקא אמר רבי תנחום °חיגר ברגלו אחת פטור מן הראיה שנאמר רגלים והא רגלים מבעי ליה *פרט לבעלי קבין ההוא מפעמים נפקא דתניא פעמים אין פעמים אלא רגלים וכן הוא אומר °תרמסנה רגל רגלי עני פעמי דלים ואומר °מה יפו פעמיך בנעלים בת נדיב *דרש רבא מאי דכתיב מה יפו פעמיך בנעלים בת נדיב כמה נאין רגליהן של ישראל בשעה שעולין לרגל בת נדיב בתו של אברהם אבינו שנקרא נדיב שנאמר °נדיבי עמים נאספו עם אלהי אברהם אלהי אברהם ולא אלהי יצחק ויעקב אלא אלהי אברהם שהיה תחילה לגרים אמר רב כהנא דרש *רב נתן בר מניומי משום ר' תנחום מאי דכתיב °והבור רק אין בו מים ממשמע שנאמר והבור רק איני יודע שאין בו מים אלא מים אין בו אבל נחשים ועקרבים יש בו ת"ר *מעשה ברבי יוחנן בן ברוקה ורבי אלעזר (*בן) חסמא שהלכו להקביל פני ר' יהושע בפקיעין אמר להם מה חידוש היה בבית המדרש היום אמרו לו תלמידיך אנו ומימיך אנו שותין אמר להם אף על פי כן אי אפשר לבית המדרש בלא חידוש *שבת של מי היתה שבת של ר' אלעזר בן עזריה היתה ובמה היתה הגדה היום אמרו לו בפרשת הקהל ומה דרש בה °הקהל את העם האנשים והנשים והטף אם אנשים באים ללמוד נשים באות לשמוע טף למה באין כדי ליתן שכר למביאיהן אמר להם מרגלית טובה היתה בידכם ובקשתם לאבדה ממני ועוד דרש °את ה' האמרת היום וה' האמירך היום *אמר להם הקב"ה לישראל אתם עשיתוני חטיבה*) אחת בעולם ואני אעשה אתכם חטיבה אחת בעולם אתם עשיתוני חטיבה אחת בעולם דכתיב °שמע ישראל ה' אלהינו ה' אחד ואני אעשה אתכם חטיבה אחת בעולם שנאמר ומי

*) [פי' ציור אחד בעולם כלומר דבר הניכר שאין כמותו · ערוך בשם רב האי בערך אמר]

רש"י

חייב בשמחה · לשמוח בחג דכתיב ושמחת בחגך (דברים טז) ואמרינן לקמן (דף ח.) דשמחה בשלמים לאכול את הבשר וילפינן לה (פסחים דף קט.) מוזבחת שלמים ואכלת שם ושמחת ולקמן פריך מ"ש לענין ראייה דפטור ולענין שמחה דמחייב: ושאינו לא שומע ולא מדבר · היינו חרש דמתניתין הורה אור שסמכו לשוטה וקטן: ראייה מהקהל · דכתיב בפרשת הקהל בבוא כל ישראל לראות וגו' ופרשת הקהל המלך היה קורא משנה תורה בעזרה בכל מוצאי שמטה דכתיב מקץ שבע שנים במועד שנת השמטה וגו' (דברים לא): פרט לשומע ואינו מדבר · השתא משמע שאין זה ראוי ללמוד: הלכתא · משניות: למען ילמדו · ואין זה ראוי ללמד אחרים: רב אשי אמר ודאי למען ילמדו · כלומר בלאו קושיא דהנך תרי אילמי ליכא לאוקמי לדרשה דתנא דמעיט מהכא שומע ואינו מדבר אלא מלמען ילמדו: דאי סלקא דעתך מלמען ילמדו · הוא דמשמע ליה אלמא סבירא ליה לתנא דכיון דלא מישתעי לא גמיר לנפשיה: וכיון דלא שמע · אנן סהדי דלא גמיר וכיון דתנן למען ישמעו פרט למדבר ואינו שומע ואנן סהדי דטעמא משום דלא גמיר הוא שלא יבין כל מה שאומרים לפניו למה לי למהדר תו למען ילמדו פרט לשומע ואינו מדבר כיון דסבירא ליה דמאן דלא משתעי נמי לא גמיר מלמען ישמעו ממעט ליה אלא ודאי סבירא ליה דמאן דלא משתעי נמי גמיר ולא מלמען ישמעו ממעט הלכך הדר ומעטיה מלמען ילמדו הלכך ודאי למען ילמדו הוא דדריש: פרט לבעלי קבין · כשחתכו רגליהם נתנו קב קטן בסוף שוקו ונותנים בו מוכין וסומך סוף שוקו עליו: אלא רגלים · אדם שיש לו רגלים: פעמיך בנעלים · אלמא בבעלי מנעלים שייכי פעמים ובראייה כתיב שלש פעמים בשנה יראה כל זכורך וגו': שנקרא נדיב · על שם שנדבו לבו להכיר בוראו: נדיבי עמים · הם הגרים המתנדבין מבין העמים לקבל עליהן עול מלות: והבור רק · משום דרבי תנחום אמרה נקט לה הכא גבי שמעתתא דרבי תנחום: אבל נחשים ועקרבים יש בו · לא היה רק אלא ממים: להקביל פניו · יום טוב היה שחייב אדם לכבד את רבו בהקבלת פנים כדאמרינן במסכת ראש השנה (דף טז:) מדוע את הולכת אליו היום לא חדש ולא שבת (מלכים ב ד): תלמידיך אנו · ואין לנו לדבר בפניך האמרת · שבחת כמו יתאמרו כל פועלי און (תהלים צד) ישתבחו שדרכן לחטוא: חטיבה אחת · שבח אחד שבח מיוחד לומר אין כמוך לכך בחרנוך לאלוה: ואף

תוספות

גמר ראיה ראיה מהקהל · ונשים ליכא לחיובי דקא ממעטו ליה לקמן מזכורך וכן אמרינן לקמן הא למה לי קרא תיפוק לי דמצות עשה שהזמן גרמא מהו דתימא נילף ראיה מהקהל מה להלן נשים חייבות וטפלים לא מחייבינן כמו בהקהל וליתן שכר למביאיהם כי התם דמקל וחומר פטרינן ליה כדפרישית לעיל דנשים פטורות טפלים לא כל שכן (ב) ולקמן דמרבינן קטן שהגיע לחינוך מדכתיב כל ולא גמרינן מהקהל התם אסמכתא בעלמא הוא כדמסיק ומהאי ק"ו נמי פטור וכי פריך דרבנן הוא מאי לאקשויי למה לי קרא ליגמר מהקהל אלא עדיפא מינה פריך:

מלמען ישמעו נפקא · דפשטיה דקרא משמע האזנה והבין שיבין מה שילמדהו הלכך מה לנו שישמע כיון דלא גמיר ממעטינן ליה שפיר:

אלא קרי ביה למען ילמדו · ואף על גב דלא משתעי גמיר ולהכי לא נפקא להו מלמען ישמעו וכן מדבר ואינו שומע אפילו שמע עד השתא דמלי גמיר לאחריני כיון דלא מלי גמיר בהאי הליכה מה לו ללכת וכיון דלא שמע לא גמיר מכאן ולהבא אע"ג דגמיר לאחריני עד האידנא לא יזיל השתא כיון דלא יועיל לו הליכה זו דהא לא קאמר קרא הקהל אלא שישמעו בקריאת המלך ויבינו מהשתא ויבאו לידי יראת הגור דכתיב בסיפיה דקרא ויראו את ה' והש"ס לא חש להביאו דפשיטא ליה דמשתעי בהכי אבל מלמען ילמדו לא מלי מפיק (ג) בלא ישמעו דלא הוינא מפיק מדבר ואינו שומע כיון דשמע מקמי הכי ושפיר גמיר אף לאחריני וגם יבין למה נקהלו עכשיו וגם (ד) יצטרך ישמעו כדאמרינן לקמן:

חרש באזנו אחת · בירושלמי אמר ר' יוחנן בעי חרש באזנו אחת מהו א"ר יוסי בר בון פלוגתא דרבי יוסי ורבנן דתני רבי יוסי ולבני אהרן תעשה כתנות (שמות כח) רבנן אמרי שתי כתונות לכל אחד רבי יוסי אמר אפילו כתונת(ה) לכל אחד ואחד הכי נמי רבנן אמרי באזניהם שתי אזנים לכל אחד ורבי יוסי אמר *אזן לכל אחד ואחד:

אף על גב דלא שמעי · מחמת שהן רחוקים אבל אם היו חרשין ממעטינן מבאזניהם:

מפעמים נפקא · וכי אמרינן לקמן רגלים פרט לבעלי קבין אסמכתא בעלמא הוא *דמפעמים נפקא וכי פריך במצות חליצה (יבמות דף קג. ושם) ובערכין פרק האומר משקלי (דף יט: ושם) ורמינהי רגלים פרט לבעלי קבין ההיא (ו) מדסמכיה רגלים קאמר ולא משום שהוא עיקר דרשה*:

תחילה לגרים · שנתגייר על המילה טפי מכל אותם שלפניו:

נשים לשמוע · אמר בירושלמי דלא כבן עזאי *דאמר חייב אדם ללמד לבתו תורה:

כדי ליתן שכר למביאיהן · ועל זה סמכו *להביא קטנים בבית הכנסת:

רבינו חננאל

מחרש המדבר ואינו שומע או שומע ואינו מדבר שפטור ואף על פי שפטור מן הראיה חייב בשמחה וחרש שאינו שומע ולא מדבר ושוטה וקטן פטורין אף מן השמחה הואיל ופטורין מכל מצות האמורות בתורה' וסנא לן דהני פטורין מן הראיה דגמר ראיה ראיה מהקהל וכתיב ביה בהקהל למען ישמעו ולמען ילמדו ותניא למען ישמעו פרט למדבר ואינו שומע שפטור למען ילמדו פרט לשומע ואינו מדבר' וסקשינן איני דכל מאן דלא ממלל לא גמר והא הנהו תרי אילמי דבעא רבי רחמי עלייהו ואתפתחו ואשתכחו דהוו גמירי הלכתא וסיפרי וסיפרא ותוספתא וכולה תלמודא ופריק מר זוטרא קרי ביה למען יְלַמְּדוּ הן לאחרים ורב אשי קאי כוותיה דודאי ילמדו פשטיה וכיון דאילמא הוא אע"ג דגמירי לא מצי לאגמורי הוא לאחריני' הא דא"ר תנחום חיגר ברגלו אחת וחרש באזנו אחת פטורין מן הראיה פשוטות הן' בת נדיב בת אברהם שנקרא נדיב כו'' והבור רק אין בו מים מים אין בו אבל נחשים ועקרבים יש בו: ת"ר מעשה בר' יוחנן בן ברוקה ור' אלעזר חסמא שהלכו להקביל פני ר' יהושע בפקיעין ואמרו כי ר' אלעזר בן עזריה דרש הקהל את העם האנשים והנשים והטף הא תינח אנשים ונשים וטף למה לי כו'' ועוד דרש את ה' האמרת היום וכו'' אתם עשיתוני חטיבה אחת

עין משפט נר מצוה

יא א מיי' פ"ג מהלכות חגיגה הלכה ב:

יב ב ג מיי' שם פ"ב הלכה א סמג עשין רכו:

מסורת הש"ס

[בע"י הגי' קמיה] [מנחות סג.] · [לקמן ד. יבמות קג. ערכין יט:] · סוכה מט: · שבת כב. · מכילתא פ' בא פי' יז ואדר"נ פרק יח [תוספתא סוטה פ"ז] · ברכות כח. · ברכות ו. · [ועי' תוי"ט סוף פ"ב דחלות] · [וע"ע תוספות בכורות ו: ד"ה רוכב] · [סוטה כ.] · [כ"ה במסכת סופרים פי"ח הלכה ו]

הגהות הב"ח

(א) גמ' אמר מר זוטרא קרי ביה למען יְלַמְּדוּ וכו' למען יְלַמְּדוּ סוא דאי ס"ד למען יִלְמְדוּ: (ב) תוס' ד"ה גמר ראיה וכו' ולקמן דמרבינן · נ"ב וק"ק דהא אצטריך כל דלא תימא נשים פטירין טפלים לכ"ש וי"ל דה"ס הא לאו [ק"ו מהקהל שפיר משמע אף קטן שלא] הגיע לחינוך כדקאמר ליתן שכר למביאיהם וכיון דאית לן ריבויא דכל איתרע ק"ו ושפיר נילף מהקהל אף בלא הגיע לחינוך וזה שכתבו התוספות ולקמן דמרבינן קטן שהגיע לחינוך מדכתיב כל ולא גמרינן מהקהל אף בלא הגיע לחינוך כיון דאיתרע ליה ק"ו והא תירצו התם אסמכתא בעלמא הוא כדמסיק ומהאי ק"ו נמי פטור בלא הגיע לחינוך ומסיים התוס' וכי פריך לקמן דף ד קודם דידע מתירוץ אסמכתא דרבנן הוא הוה מצי לאקשויי ליגמר מהקהל אף בלא הגיע לחינוך: (ג) ד"ה אלא וכו' לא מצי מפיק בלאו למען ישמעו דלא: (ד) בא"ד וגם אצטריך למען ישמעו כדאמרינן לקמן: (ה) ד"ה חרש וכו' ואפי' כתונת אחד לכל אחד וכו' ור' יוסי אומר אפי' אזן אחת לכל אחד: (ו) ד"ה מפעמים וכו' ההיא

גליון הש"ס

תוספות ד"ה חרש וכו' אזן לכל אחד ואחד · עיין יומא דף לז ע"א וביבמות דף קא ע"ב תוספות ד"ה ש"מ: ד"ה מפעמים נפקא וכו' דמפעמים נפקא · עיין תוס' ר"ה דף ה ע"א ד"ה שלמי פסח:

°ומי כעמך ישראל גוי אחד בארץ ואף הוא פתח ודרש *°דברי חכמים כדרבונות וכמסמרות נטועים בעלי אסופות נתנו מרועה אחד למה נמשלו דברי תורה לדרבן לומר לך מה דרבן זה מכוון את הפרה לתלמיה להוציא חיים לעולם אף דברי תורה מכוונין את לומדיהן מדרכי מיתה לדרכי חיים [א] אי מה דרבן זה מטלטל אף דברי תורה מטלטלין ת"ל מסמרות [ב] אי מה מסמר זה חסר ולא יתר אף דברי תורה חסירין ולא יתירין ת"ל נטועים מה נטיעה זו פרה ורבה אף דברי תורה פרין ורבין בעלי אסופות אלו תלמידי חכמים שיושבין אסופות אסופות ועוסקין בתורה הללו מטמאין והללו מטהרין הללו אוסרין והללו מתירין הללו פוסלין והללו מכשירין שמא יאמר אדם היאך אני למד תורה מעתה תלמוד לומר (א)כולם נתנו מרועה אחד אל אחד נתנן פרנס אחד אמרן מפי אדון כל המעשים ברוך הוא דכתיב °וידבר אלהים את כל הדברים האלה אף אתה עשה אזניך *כאפרכסת וקנה לך *לב מבין לשמוע את דברי מטמאים ואת דברי מטהרים את דברי אוסרין ואת דברי מתירין את דברי פוסלין ואת דברי מכשירין בלשון הזה אמר להם *אין דור יתום שר' אלעזר בן עזריה שרוי בתוכו ולימרו ליה בהדיא משום מעשה שהיה דתניא *מעשה בר' יוסי בן דורמסקית שהלך להקביל פני ר' אלעזר בלוד אמר לו מה חידוש היה בבהמ"ד היום א"ל נמנו וגמרו *עמון ומואב מעשרין מעשר עני בשביעית אמר לו יוסי פשוט ידיך וקבל עיניך פשט ידיו וקבל עיניו בכה ר' אלעזר ואמר °סוד ה' ליראיו ובריתו להודיעם אמר לו לך אמור להם אל תחושו למנינכם כך מקובלני מרבן יוחנן בן זכאי ששמע מרבו ורבו מרבו **הלכתא למשה מסיני עמון ומואב מעשרין מעשר עני בשביעית מה טעם *הרבה כרכים כבשו עולי מצרים ולא כבשום עולי בבל מפני *שקדושה ראשונה קדשה לשעתה ולא קדשה לעתיד לבא והניחום כדי שיסמכו עליהן עניים בשביעית תנא לאחר שנתיישבה דעתו אמר יהי רצון שיחזרו עיני יוסי למקומן וחזרו ת"ר *איזהו שוטה היוצא יחידי בלילה והלן בבית הקברות והמקרע את כסותו איתמר רב הונא אמר עד שיהו כולן בבת אחת ר' יוחנן אמר "אפי' באחת מהן היכי דמי אי דעביד להו דרך שטות אפי' בחדא נמי אי דלא עביד להו דרך שטות אפילו כולהו נמי לא לעולם דקא עביד להו דרך שטות והלן בבית הקברות אימור כדי שתשרה עליו רוח טומאה הוא דקא עביד והיוצא יחידי בלילה אימור גנדריפס אחדיה והמקרע את כסותו אימור בעל מחשבות הוא כיון דעבדינהו לכולהו הוה להו כמי

קהלת יב | שמות כ | תהלים כה | חולין ז:

רש"י

ואף הוא · נ"א רבי אלעזר בן עזריה: לתלמיה · שורות המענה: פוסלין ומכשירין · שייך לומר לענין פסול עדות ופסול כהונה: (ב) כולן אל אחד אמרן · אין לך מבני המחלוקת מביא ראיה מתורת אלוה אחר אלא מתורת אלהינו: פרנס אחד אמרן · אין לך מביא ראייה מדברי נביא הבא לחלוק על משה רבינו: עשה אזניך כאפרכסת · מאחר שכולן לבן לשמים עשה אזנך שומעת ולמוד ודע דברי כולן וכשתדע להבחין אי זה יכשר קבע הלכה כמותו אפרכסת טירמוי"א שעל הריחים: מה מסמר זה · כשנועצין אותו בכותל הוא מחסרו יכול אף זה כן תלמוד לומר נטועים כנטיעה שדרכה לפרות ולרבות: ולימרו ליה בהדיא · מיד למה הוזקקו לומר תלמידיך אנו: נמנו וגמרו · והתקינו שיהו ישראל הדרין בעבר הירדן במה שכבשו מסיחון ועוג ארץ עמון ומואב: מעשרין · עכשיו מעשר עני בשביעית שהן היו זורעין בשביעית כדאמרינן לקמן שלא קידשוה עולי גולה כקדושת הארץ: פשוט ידיך וקבל עיניך · הוקשה בעיניו שנתן עטרה לאותו דורש והלא מימות אנשי כנסת הגדולה היתה תקנה זו: אל תחושו למנייכם · אל יהי לכם שום חשש וגמגום במה שמניתם ותיקנתם שהרי הסכמתם להלכה: כך מקובלני · שקדושה ראשונה שקידשה יהושע לשעתה לא קידשה לעתיד לבא אבל קדושה שניה נתקדשה לעולם כדתניא ביבמות (דף פב:) קדושה ראשונה ושניה יש להן שלישית אין להן לפיכך בשאר ארץ ישראל אין זריעה בשביעית אבל עמון ומואב הניחו מלקדשן כדי שיסמכו עליהן עניים בשביעית בלקט שכחה ופאה ובמעשר עני לכך תקנו להן שיהו מעשרין מעשר עני וברשות החכמים היה להטיל עליהן איזה מעשר שירצו לפי שאינן חייבין מן התורה: איזהו שוטה · האמור בכל מקום שפטור מן המצות ומן העונש ואין קנינו קנין ואין ממכרו ממכר: והלן בבית הקברות · בלילה: לעולם דקא עביד להו דרך שטות · ואפילו הכי לא מחזקינן ליה בחדא דהיוצא יחידי בלילה אימור גנדריפס אחדיה אני שמעתי חולי האוחז מתוך דאגה ולי נראה שנתחמם גופו ויוצא למקום האויר: שתשרה עליו רוח טומאה · רוח שדים שיסייעוהו להיות מכשף: כמי

תוספות

ומי כעמך ישראל גוי אחד בארץ · אמרינן במדרש שלשה מעידין זה על זה ישראל ושבת והקדוש ברוך הוא ישראל והקב"ה מעידים על השבת שהוא יום מנוחה ישראל ושבת על הקדוש ב"ה שהוא אחד הקב"ה ושבת על ישראל שהם יחידים באומות ועל זה סמכינן לומר אתה אחד במנחה בשבת לע"פ שאינו מדבר מענייניה דיומא דשבת *כמו תפלת ערבית ושחרית:

עמון ומואב מעשרין מעשר עני בשביעית · לפי סדר השנים היה להם להפריש מעשר שני שהוא שנה ראשונה ומעשר עני נוהג בששית ולא מצינו מעשר עני שתי שנים רצופים אלא תקנה תקנו בה כדי שיסמכו עליהם עניים בשביעית ובדין הוא דאפי' תרומה גדולה לא ניתקן אלא יהא הכל מעשר עני אלא שלא רצו לחלק כל כך משאר שנים פרש"י דהיינו ארץ סיחון ועוג כדאמרינן בחולין (דף ס:) עמון ומואב טהרו בסיחון כלומר על ידי כבוש סיחון ועוג הותר לישראל ליכבש והקשה ר"ת דאמרינן בפרק מקום שנהגו (פסחים דף נג: ושם) שלש ארצות לביעור יהודה ועבר הירדן והגליל ועבר הירדן היינו ארץ סיחון ועוג (ג) וכ"ת דקדושה ראשונה לא קידשה לעתיד לבא אם כן תיפשוט מיניה דלרבי אליעזר לא קידשה אלמה מיבעי' לן בפ"ק דמגילה (דף י. ושם) ובשבועות (דף טז. ושם) מאי סבירא ליה אי קידשה אי לא קידשה(ד) ותירץ ר"ת דיש לחלק דהכא בעמון ומואב דלא כבשו סיחון ועוג ולא נתקדשו כלל בקדושת הארץ ועוד מתרץ דלא קידשה עבר הירדן רק לארץ סיחון ממש אבל מה שכבשו מעמון לא נתקדשה:

דרך שטות אפילו בחד נמי · וכי תימא דלא היה מועד לשטות רק לאותו דבר ובעינן תלתא כדי להחזיקו כשוטה לכל מילי כמו נגח שור וחמור וגמל נעשה מועד לכל (ה) דהכא לא דמי דהכא כיון שהוא שוטה באחת ודאי יש להחזיקו בחזקת שוטה לכל דבר בירושלמי בפ"ק דתרומות אומר סימני שוטה היוצא בלילה והלן בבית הקברות והמקרע כסותו (ו) והוא מאבד מה שנותנים לו א"ר הונא והוא שיהו כולן בו דלא כן אומר אני היוצא בלילה יחידי אימור גנדריפס אחדיה והלן בבית הקברות *לשדים והמקרע כסותו אומר בעל מחשבות אלא מאבד מה שנותנים לו *קוניקוס רבי יוחנן אמר אפילו אחת מהן אמר ר' אבין מסתברא כר' יוחנן בלבד ממאבד מה שנותנין לו דאפילו שוטה שבשוטים אינו מאבד מה שנותנין לו קוניקוס אין בו אחת מכל אלו:

כיון דעבדינהו לכולהו נעשה כמי שנגח כו' ומחד בשלשה זימנא לא איתחזק דתלינן בכך דקאמר הש"ס אימא בעל מחשבות או איך:

*) [מקטיר לשדים כצ"ל]

או

עין משפט נר מצוה

יג א מיי' פ"ו מהלכות מתנות עניים הלכה ה סמג עשין קסב:

יד ב ג מיי' פ"א מהל' תרומות הלכה ה ופ"ו מהלכות בית הבחירה הלכה טז:

בע"י הגרסא כולי האי

טו ד ה מיי' פ"ט מהל' עדות הלכה ט טוש"ע יו"ד סימן א סעיף ה וטוש"ע ח"מ סימן לה סעיף ח:

הערוך גרס כארפכסת

רבינו חננאל

כו': אף ר' יהושע פתח ודרש דברי חכמים כדרבונות וכמסמרות נטועים בעלי אסופות · אלו ת"ח שיושבין אסופות אסופות ועוסקין בתורה הללו מטהרין והללו מטמאין הללו אוסרין והללו מתירין כו' · וא"ת הואיל וכן היאך אני למד תורה מעתה ת"ל נתנו מרועה אחד כולן מפי אל אחד אמורין שנאמר וידבר אלהים את כל הדברים האלה אלא עשה אזנך כארפכסת וקנה לב לשמוע אלו ואלו שכולן מתבררין לך באיזה מהן הלכה ברורה שאע"פ שנראין כמו חולקין דורזין ונסנין וגומרין ומסכימין בסוף כדכתיב את והב בסופה בלשון הזה אמר אין דור יתום שר' אלעזר בן עזריה שרוי בתוכו · ומעשה בר' יוסי בן דורמסקית שהלך להקביל פני ר' אלעזר וא"ל בבהמ"ד נמנו וגמרו עמון ומואב מעשרין מעשר שני בשביעית · א"ל ר' אלעזר יוסי פשוט ידיך וקבל עיניך פשט ידיו וקבל עיניו · בכה ר' אלעזר בשביל שא"ל נמנו וגמרו כלומר למה נמנו והלא הלכה למשה מסיני הוא ובכה ואמר סוד ה' ליראיו ובריתו להודיעם ואין בריתו אלא תורה · תנא אחר שנתיישבה דעתו בקש רחמים ואמר יהי רצון שיחזרו עיני יוסי למקומן וחזרו · אמר צא ואמור אל תחושו למניינכם כך מקובלני מריב"ז שקיבל מרבו ורבו מרבו הלכה למשה מסיני עמון ומואב מעשרין מעשר שני בשביעית · מה טעם הרבה כרכים כבשום עולי מצרים ולא כבשו עולי בבל מפני שקדושה ראשונה קדשה לשעתה ולא קדשה לעתיד לבוא

מסורת הש"ס

[אבות דר"נ פי"ח תוספתא סוטה פ"ז]

[ברכות כח.]

מכילתא פ' כי פי"ז

[תוספ' ידים פ"ב ע"ש ידים פ"ד מ"ג]

מכילתא פ' בא פי"ז יבמות פז.

כלומר דבר ברור כהלכה למשה מסיני עי' רא"ש בהל' מקואות (סוף נדה) סימן א

מגילה י. [מכות יט. שבועות טז. זבחים ס: קז: חולין ז. תמורה כח. ערכין לב:] [תוספתא תרומות פ"א]

הגהות הב"ח

(א) גמרא תלמוד לומר נתנו מרועה אחד כולם אל אחד: (ב) רש"י ד"ה פוסלין וכו' כהונה כס"ד ואח"כ מה"ד מה מסמר וכו' ולרבות הס"ד ואח"כ מה"ד כולן אל אחד וכו' בעל הריחיים הס"ד ואחר כך מה"ד ולימרו: (ג) תוס' ד"ה עמון וכו' ארץ סיחון ועוג וכן תימה דקאמר הכא דקדושה ראשונה: (ד) בא"ד ותירץ ר"ת · נ"ב ועל קושיא שהקשו אם כן תפשוט אין התירוץ מפורש אבל בפרק קמא דמגילה מפורש בתוס' ע"ש דף י: (ה) ד"ה דרך וכו' נעשה מועד לכל דלא דמי כצ"ל ותיבת דהכא נמחק: (ו) בא"ד והמקרע כסותו והמאבד: הכיא מדאסמכיה רגלים:

הגהות מהר"ב רנשבורג

א] אי מה דרבן זה מטלטל · נ"ב ר"ל שאינו מתקיים במקומו מהרש"א ח"א: ב] שם אי מה מסמר זה חסר · נ"ב ר"ל מחסר ומנקב בכותל מהרש"א שם וכן הוא בלשון רש"י ד"ה מה מסמר וכו': ג] רש"י ד"ה ואף הוא ר' אלעזר בן עזריה · נ"ב ומהרש"א בח"א פי' שר' יהושע פתח ודרש ויעו"ש:

said: [3b] *And who is like unto Thy people Israel, a nation one in the earth.*[8] And he[9] also took up the text and expounded: *The words of the wise are as goads, and as nails well planted are the words of masters of Assemblies, which are given from one Shepherd.*[10]

Why are the words of the Torah[11] likened to a goad? To teach you that just as the goad directs the heifer along its furrow in order to bring forth life to the world, so the words of the Torah direct those who study them from the paths of death to the paths of life. But [should you think] that just as the goad is movable
a so the words of the Torah are movable;[1] therefore the text says: *'nails'*.

But [should you think] that just as the nail diminishes[2] and does not increase, so too the words of the Torah diminish and do not increase; therefore the text says: *'well planted'*; just as a plant grows and increases, so the words of the Torah grow and increase.

'The masters of assemblies': these are the disciples of the wise, who sit in manifold assemblies and occupy themselves with the Torah, some pronouncing unclean and others pronouncing clean, some prohibiting and others permitting, some disqualifying[3] and others declaring fit.

Should a man say: How in these circumstances shall I learn Torah?[4] Therefore the text says: *'All of them are given from one Shepherd'*. One God gave them;[5] one leader[6] uttered them from the mouth of the Lord of all creation, blessed be He; for it is written: *'And God spoke all these words'*.[7] Also do thou make thine ear like the hopper[8] and get thee a perceptive heart to understand the words of those who pronounce unclean and the words of those who pronounce clean, the words of those who prohibit and the words of those who permit, the words of those who disqualify and the words of those who declare fit. He [then] spoke to them[9] in the following words: It is not an orphan generation in which R. Eleazar b. 'Azariah lives. But
b they could have told him directly![1]—It was on account of a certain occurrence. For it is taught: Once R. Jose b. Durmaskith[2] went to pay his respects to R. Eliezer at Lod.[3] Said the latter to him: What new thing was taught in College today? He replied: They decided by vote that in Ammon and Moab[4] the tithe of the poor should be given in the seventh year.[5] Said [R. Eliezer] to him: Jose, stretch forth thine hands and lose thy sight.[6] He stretched forth his hands and lost his sight. R. Eliezer [then] wept and said: *The counsel of the Lord is with them that fear Him; and His covenant, to make them know it.*[7] He [then] said to him: Go, say to them: Be not concerned about your voting,[8] thus have I received a tradition from Rabban[9] Johanan b. Zakkai, who heard [it] from his teacher, and his teacher from his teacher, that it is a *halachah* of Moses from Sinai[10] that in Ammon and Moab the tithe of the poor is to be given in the seventh year. What is the reason?—Many cities were conquered by those who came up from Egypt, which were not conquered by those who came up from Babylon; since the first consecration[11] held [only] for the time,[12] but did not hold for the future [per-
c manently],[1] therefore they were left[2] in order that the poor might be sustained upon them in the seventh year. It is taught: When his mind was calmed, he said: May it be granted that Jose's sight be restored.[3] And it was restored.

Our Rabbis taught: Who is [deemed] an imbecile? He that goes out alone at night,[4] and he that spends the night in a cemetery, and he that tears his garments. It was taught: R. Huna said: They must all be [done] together.[5] R. Johanan said: Even if [he does only] one of them. What is the case? If he does them in an insane manner, even one is also [proof]. If he does not do them in an insane manner, even all of them [prove] nothing?—Actually [it is a case where] he does them in an insane manner. But if he spent the night in a cemetery, I might say: He did [it] in order that the spirit of impurity might rest upon him.[6] If he went out alone at night, I might say: He was seized by lycanthropy.[7] If he tore his garment, I might say: He was lost in thought. But as soon

(8) I Chron. XVII, 21; for thought, cf. Midrash quoted in Tosaf. a.l. (9) I.e., according to Rashi, R. Eleazar b. 'Azariah; but according to Maharsha and Goldschmidt, R. Joshua. (10) Eccl. XII, 11. (11) The 'words of the wise' are identified with 'the words of the Torah'.

a (1) I.e., unstable and of impermanent authority. (2) The nail driven into the wall makes a hole. (3) To act as witness, or as priest. (4) I.e., in view of the contradictory opinions held by the scholars. (5) I.e., the various opinions do not emanate from different 'Revelations', but have their origin in the One Torah, given by the One God. Cf. Tanhuma to Num. XIX, 2, section 8; and ref. to Moses and Akiba Men. 29b. (6) I.e., Moses. The term *'Shepherd'* (רעה) is applied in the Bible both to God (e.g., Gen. XLVIII, 15; Ps. LXXX, 2) and to Moses (e.g., Isa. LXIII, 11), Maharsha. (7) Ex. XX, 1. (8) אִפַּרְכֶּסֶת. According to Jast. from root פרכס (to rub, grind), itself an extension of root פרך (to break). According to Levy, from the Greek. The hopper, being funnel-shaped, more enters it than issues from it, i.e., hear all views, and then sift them and accept the true. (9) I.e., R. Joshua to his two disciples.

b (1) I.e., why did they at first evade R. Joshua's request by saying: We are thy disciples etc.? (2) I.e., woman of Damascus. (3) Cf. I Chron. VIII, 12; afterwards Lydda and later Diospolis, near Joppa. (4) According to Rashi, that part of Ammon and Moab which was subjugated by Sihon and Og, and later was captured from them by the Israelites (v. Num. XXI, 21-35, and Hul. 60b). But according to R. Tam (in Tosaf.), it refers to the rest of Ammon and Moab, not conquered by Sihon and Og. (5) In Transjordania, which did not possess the sanctity of Palestine proper, the land did not have to lie fallow in the seventh year (cf. Lev. XXV, 2f). Accordingly, the Rabbis ordained that the tithe of the poor, although given the preceding year, should again be given in the seventh year. V. Deut. XIV, 28-29 and Sifre a.l.; cf. also Lev. XXIII, 22 and Deut. XXIV, 19. (6) Lit., 'receive thine eyes', a euphemism. He was vexed because R. Jose ascribed an old traditional law to the particular session in his college. (7) Ps. XXV, 14. (8) I.e., have no scruples concerning it. (9) Lit., 'our teacher', the honorific title of several descendants of Hillel, and of R. Johanan b. Zakkai. (10) A statute in immemorial usage. V. Strack, op. cit., p. 9 and nn. 17-21. (11) I.e., under Joshua: the territory conquered by Israel became holy. (12) I.e., till the first exile.

c (1) But the territory occupied by those who returned from Babylon was consecrated for ever. (2) I.e., Ammon and Moab were left unconsecrated after the Babylonian captivity. (3) Lit., 'that Jose's eyes may return to their place'. (4) Cf. Aboth III, 4. (5) I.e., a person is not considered legally an imbecile till he performs all the above mentioned acts together. [Var. lec. rightly omit 'together']. (6) I.e., he did it with full understanding for the purpose of conjuring up evil spirits for magical purposes (Rashi); or to receive communications from them, cf. LXX in Isa. LXV, 4 (A. W. Streane). (7) גנדריפוס, corruption of the Grk. Κυνανθρωπος or λυκανθρωπος sub νοσος: German, *Wolfsmuth*.

as he does them all, [4a] he becomes like [an ox] who gored an ox, an ass and a camel, and becomes [thereby] a *mu'ad* [forewarned gorer][8] in regard to all [animals]. R. Papa said: If R. Huna had heard of that which is taught: Who is [deemed] an imbecile? 'One that destroys all that is given to him'; he would have retracted.[9] The question was raised: When he would have retracted, would he have retracted only with regard to the [case of the] man who tore his garment, because it resembles this [case];[10] or
a would he have retracted with regard to all of them?[1]—It remains [undecided].

A PERSON OF UNKNOWN SEX [ṬUMṬUM], A HERMAPHRODITE etc.: Our Rabbis taught: [The word] 'males'[2] [by itself] comes to exclude women;[3] [the expression], *'thy males'*, comes to exclude the *ṭumṭum* and hermaphrodite; 'all *thy males*' comes to include minors.

The Master said: [The word] *'males'* comes to exclude women. But why do I need a verse for this? Consider: it is a positive precept dependent on a fixed time, and women are exempt from every positive precept dependent on a fixed time![4]—It is needed. You might say: We can make a deduction by forming an analogy between the expressions for *appearing*, from [the section] *'Assemble'*:[5] just as there women are obligated, so here women are obligated; it therefore teaches us [that it is not so].

The Master said: [The expression], *'thy males'*, comes to exclude a *ṭumṭum* and a hermaphrodite. Granted that with regard to the hermaphrodite it is necessary [for Scripture to exclude him]. You might say that since he has a male aspect, he is obligated; it therefore teaches us that he is *sui generis*.[6] But the *ṭumṭum* is a dubious case;[7] is a Biblical text required to exclude a dubious case?[8]—Said Abaye: [It is required for the case] where his testicles are outside.[9]

The Master said: [The expression], 'all *thy males*', comes to include minors. But we have learnt: EXCEPT AN IMBECILE AND A MINOR!—Said Abaye: There is no contradiction. The one
b case [speaks] of a minor who is old enough to be initiated,[1] the other of a minor who is not old enough to be initiated. But a minor who is old enough to be initiated is obligated only by Rabbinic enactment![2]—Yes, it is so; and the Biblical text is merely a support.[3] What then is the purpose of the Biblical text?[4]—To intimate the teaching of *'Others'*.[5] For it is taught: *Others* say: The scraper,[6] the copper-smith[7] and the tanner are exempt from appearing [at the Temple], for it is said: 'All *thy males*': he that is able to go up [on the pilgrimage] with all thy males. These, therefore, are excluded, because they are not fit[8] to go up with all thy males.

WOMEN AND UNFREED SLAVES etc.: Granted as regards women, as we have said;[9] but as regards slaves, whence do we deduce [their exemption]?—Said R. Huna: Scripture says: *before the Lord, God:*[10] [this means] one that has *one* Lord; this one,[11] therefore, is excluded because he has another lord.[12] But why do I need a Biblical intimation for this? Consider: every precept which is obligatory on a woman is obligatory on a slave; every precept which is not obligatory on a woman is not obligatory on a slave; for this is deduced by analogy from [the case of] the woman, through the double occurrence of [the expression] *unto her*.[13]—Said Rabina: It[14] is needed only for [the exemption of]
c one that is half a slave and half a freedman![1] This can also be proven; for [the Mishnah] speaks of WOMEN AND UNFREED SLAVES. What is meant by unfreed? Should I say that it means entirely unfreed, then it should simply say, 'Slaves'! Surely, therefore [it must mean] slaves that have not been completely freed. And who are such? Those that are half slaves and half freedmen. Proven.

THE LAME, THE BLIND, THE SICK, THE AGED: Our Rabbis taught: *'Regalim'* [on foot]:[2] this excludes people with wooden legs. Another interpretation:[3] *Regalim:* this excludes the lame, the sick, the blind, the aged, and one that cannot go up on foot. 'And one that cannot go up on foot': What does this come to

(8) Lit., 'forewarned'; an animal whose owner stands forewarned and consequently liable to full indemnity on account of three successive injuries (V. Ex. XXI, 36). (9) I.e., he would have considered this action by itself as proof of imbecility. (10) I.e., the case of the man who destroys whatever is given to him.
a (1) I.e., he would have agreed entirely with R. Joḥanan's view. (2) In the phrase *'all thy males'*. Ex. XXIII, 17. (3) I.e., from obligation to visit the Temple; v. Mishnah, *p. 1. (4) The exemption of women from the performance of these precepts is not due to any inferiority of status, but to delicate consideration for their physical nature; cf. also Ḳid. 29a and 34af. (5) V. *supra* 3a n. b10. This law likewise is dependent on a fixed time. (6) And to be excluded. (7) Even more dubious than that of the hermaphrodite, because the sexual organs of the former are concealed. Thus the *ṭumṭum* may be a female and quite exempt from appearing at the Temple. (8) It would in any case be exempt because obligation could not be proven. For another explanation and reading v. Tosaf. a.l., and Maharsha. (9) And only the membrum is hidden: being certain of the sex, we might think that he is bound to appear; Scripture therefore prevents this conclusion.
b (1) V. Mishnah *p. 1, n. 9. (2) And not by Biblical injunction; therefore the verse cannot refer to this case. (3) I.e., a confirmation; or perhaps a mnemotechnical aid. (4) I.e., the word *'all'*; for there are no superfluous expressions in the Bible. (5) I.e., R. Meir, who is quoted under this term subsequent to the unsuccessful conspiracy by R. Nathan and himself against Rabban Simon b. Gamaliel; v. Hor. 13b. (6) V. Keth. 77a, where this word (מקמץ) is explained as (*a*) one that collects dog's excrements (used, according to Rashi ibid., for steeping clothes prior to laundering, and according to Rashi here, for preparing cordwain); (*b*) a tanner on a small scale, in contr. to בורסי a tanner on a large scale. (7) Explained ibid. as (*a*) a kettle-smith; (*b*) one that digs copper in the shaft. (8) On account of the malodour resulting from these occupations. (9) V. *supra* a. (10) Ex. XXIII, 17. (11) I.e., the slave. (12) I.e., a human master in addition to his Divine Master. (13) V. Deut. XXIV, 3 (of the woman), and Lev. XIX, 20 (of the bondwoman). (14) I.e., the Biblical intimation.
c (1) This is in accordance with 'the earlier Mishnah' (v. *supra* 2a nn. c 6, 8), but according to 'the later Mishnah', the master is compelled to free the half slave, who is then bound to appear at the Temple. (2) *V. p. 7, n. 11. (3) The first interpretation is not quite satisfactory, because the exclusion of people with wooden legs can be deduced from פעמים in Ex. XXIII, 17; cf. p. 7, n. 12.

*See Corrigenda.

כמו שנגח שור חמור וגמל · דבבא קמא (דף לז.) דנעשה מועד לכל ולא אמרינן עד שיהא מועד בשלשה בכל מין ומין דהואיל והועד שלשה נגיחותיו בשלשה מינין אין זה מקפיד על מין אחר אף כאן לא באו שלשה דברים לידו בבת אחת אלא כולן משום שטות : אי שמיע ליה · הא דתניא דמשמע בדבר

תורה אור

אחד מחזיקין אותו בשוטה הוה הדר ביה : זכור · אם נאמר זכור אין לך להוציא אלא את הנשים עכשיו שנאמר זכורך בא להוציא אף טומטום ואנדרוגינוס עם הנשים : נשים פטורות · בפ"ק דקדושין (דף לד:) ילפינן לה: מהקהל · דהוי כמי מצות עשה שהזמן גרמא ונשים חייבות : אתא קרא למעוטי ספיקא · בתמיה למה לי קרא מהיכא תיתי לן לחיוביה: כשביציו מבחוץ · אלא שהגיד טמון דהא ודאי זכר הוא הלכך איצטריך קרא למעוטי : המקמץ · מפרש במסכת כתובות (דף עז.) המקמץ בידו צואת כלבים ואומר אני כי לתקן בהן עורות שקורין קורדוו"ן שמעבדין אותן בצואת כלבים : והמצרף נחשת · שמצרפו במקום שחופרין אותו מן הקרקע כדמפרש במסכת כתובות (שם) וכל אלו ריחן רע ואין יכולין לעלות עם חביריהם : כדאמרן · זכור להוציא את הנשים : לה לה מאשה · כתיב הכא לא תפשה לא נתן לה (ויקרא יט) וכתיב התם או חפשה לא נתן לה (דברים כד) : לא נצרכה כו' · מיהו למשנה אחרונה הואיל וכידיע לכוף את רבו חייב דאין לו אלא אדון אחד: דבר אחר כו' · פרט לבעלי קבין מפעמים נפקא כדאמרינן לעיל הלכך רגלים למעוטי מי שצריך משענת אחרת לבד מרגליו : מפנקי

[תוספ' תרומו' פ"א] [קדושין לד:] [ברכות כ: ערובין כז. קדושין כט.] [ועי' ברכות כה. וברש"י שם ד"ה בזמן וברש"י כתובות עז. ד"ה פמקמץ כו' וצ"ע] [בכורות מב: חולין כב:] [סוכה כח:] [נ"ל דתניא] לקמן ז: שמות כג שם [נזיר סא. כריתות ז:] [קדושין כג. גיטין לט: מא:] שמות כג [לעיל ג. יבמות קג. ערכין יט:] [נ"ל נ"ע] [פ"ש דלא מכר ר' עקיבא] [פ"ש דמיבעי ליה במעוכב גט שחרור ופליג הש"ס מאי עבד ודע דתוס' ערכין ב: ד"ה במשנה ראשונה וכו' העתיקו על נכון]

כמי שנגח שור חמור וגמל ונעשה מועד לכל אמר רב פפא אי שמיע ליה לרב הונא הא דתניא *אי זהו שוטה זה המאבד כל מה שנותנים לו הוה הדר ביה איבעיא להו כי הוה הדר ביה ממקרע כסותו הוא דהוה הדר ביה דדמיא להא או דלמא מכולהו הוה הדר תיקו: וטומטום ואנדרוגינוס כו': תנו רבנן *זכור להוציא את הנשים זכורך להוציא טומטום ואנדרוגינוס כל זכורך לרבות את הקטנים אמר מר זכור להוציא את הנשים *הא למה לי קרא מכדי מצות עשה שהזמן גרמא הוא **וכל מצות עשה שהזמן גרמא נשים פטורות אצטריך סלקא דעתך אמינא נילף ראייה ראייה מהקהל °מה להלן נשים חייבות אף כאן נשים חייבות קמ"ל אמר מר זכורך להוציא טומטום ואנדרוגינוס בשלמא אנדרוגינוס אצטריך סלקא דעתך אמינא הואיל ואית ליה צד זכרות ליחייב קמ"ל דבריה בפני עצמו הוא אלא טומטום ספיקא הוא מי אצטריך *קרא למעוטי ספיקא אמר אביי כשביציו מבחוץ אמר מר כל זכורך לרבות את הקטנים והתנן חוץ מחרש שוטה וקטן אמר אביי לא קשיא °כאן בקטן שהגיע לחינוך כאן בקטן שלא הגיע לחינוך קטן שהגיע לחינוך *דרבנן היא אין ה"נ וקרא אסמכתא בעלמא ואלא קרא למאי אתא לכדאחרים (*דתנן) *אחרים אומרים °המקמץ והמצרף נחשת והבורסי פטורין מן הראייה משום שנאמר °כל זכורך מי שיכול לעלות עם כל זכורך יצאו אלו שאינן ראוין לעלות עם כל זכורך: נשים ועבדים שאינן משוחררים וכו': בשלמא נשים כדאמרן אלא עבדים מנלן אמר רב הונא אמר קרא °אל פני האדון ה' מי שאין לו אלא אדון אחד יצא זה שיש לו אדון אחר הא למה לי קרא מכדי °כל *מצוה שהאשה חייבת בה עבד חייב בה כל מצוה שאין האשה חייבת בה אין העבד חייב בה *דגמר לה לה מאשה אמר רבינא *לא נצרכה אלא °למי שחציו עבד וחציו בן חורין דיקא נמי דקתני נשים ועבדים שאינן משוחררין מאי שאינן משוחררין אילימא שאינן משוחררין כלל ליתני עבדים סתמא אלא לאו שאינן משוחררין לגמרי ומאי נינהו מי שחציו עבד וחציו בן חורין ש"מ: והחיגר והסומא והחולה והזקן: תנו רבנן *רגלים *פרט לבעלי קבין דבר אחר רגלים °פרט לחיגר ולחולה ולסומא ולזקן ולשאינו יכול לעלות ברגליו ושאינו יכול לעלות ברגליו לאתויי מאי אמר רבא לאתויי מפנקי

[לעיל ג. ערכין ב:]

או דלמא מכולהו · מי אמרינן דכיון (א) דמקרע דדמי להאי הדר ביה גם לאידך חשיב בהדי מקרע הדר ביה או דלמא מהאי לחודיה: זכורך להוציא טומטום ואנדרוגינוס · בירושלמי בעי מה אמר רבי יהודה באנדרוגינוס דשמעינן ליה *דמתיר דמחללין עליו שבת כשמעתא מן הדא רבי יוחנן בן דהבאי בשם רבי יהודה אומר אף הסומא* ולית בר נש אמר אף אלא דהוא מודה על קדמייתא כו' ומוקי טעמא דהתם גבי שבת* דריש זכר מה תלמוד לומר ערל אפילו מקצת ערל והכא כל זכורך פרט לטומטום ואנדרוגינוס : אלא טומטום ספיקא הוא · ואע"ג דלאנדרוגינוס נמי ספיקא הוא [לפ"ה מחייבי] מטעם מקצת זכורך כדאמר הש"ס *אלא טומטום הואיל ונשים פטורות והאי לימא אשה הוא ממילא הוה פטרינן ליה כי היכי דלא לייתי חולין לעזרה ול"ת בנדה פרק המפלת (דף כח: ושם) מפקינן מזכר [עד נקבה תשלחו] (במדבר ה) [זכר] ודאי נקבה ודאית ולא טומטום ואנדרוגינוס ולא פריך מידי אומר הר"י דהתם היכא תרי קראי ומפיק ליה מייתורא דקרא אבל הכא ליכא אלא חד קרא הלכך יש לאוקומא באנדרוגינוס מטעם דקאמר ולהכי פריך ליה בבכורות בפ' על אלו מומין (דף מב: ושם) בגמרא (ב) דרבי ישמעאל אין לך מום גדול מזה אנדרוגינוס ספיקא הוא ואיצטריך קרא למעוטי ספיקא וכן בפרק דם שחיטה (זבחים דף כא.) גבי כוי וכריש פרק בתרא דיומא (דף עד:) דבכל הני ליכא רק מחדא קרא ובהכי יתכן ההיא דשילהי הערל (יבמות דף פא.) קאמר רבי שמעון אנדרוגינוס זכר מאכיל בתרומה ואלו בפרק על אלו מומין (בכורות דף מב.) אמר רבי שמעון בן יהודה בשם רבי שמעון הרי הוא אומר הזכר להוציא טומטום ואנדרוגינוס אלא ודאי התם קרא יתירא הזכר (ג) ובפרק קמא דב"מ (דף ז.) העשירי ודאי אמר רחמנא ולא ספק ולא פריך לאצטריך קרא למעוטי ספק דלולא קרא יתירא להכי ובשילהי פ"ק דחולין (דף כג: ושם) גבי תחלת הציפור שבזה ושבזה שפסול פריך ליה לאצטריך קרא למעוטי ספיקא מתורים ובני יונה ממה נפשך או קטן או גדול הוי וכשר לחדא מינייהו וקמי שמיא גליא היא ולא למעוטי רק אחד וליתכשר גבי אידך בשם רבי יצחק בן ברוך *נ"ע ויש להקשות לייתי על תנאי ואם הוא אשה ליהוי נדבה ואפילו למ"ד נדרים ונדבות אין קריבין ביו"ט ליקרבו למחר דספיר (ד) עדיף אפילו למאן דאמר תשלומין דראשון כדפי' לעיל (דף ב.) וי"ל דמבטל ליה מסמיכה ואע"ג דסמיכה לא מיעכבא כדאיתא ביומא (דף ה.) מכל מקום לכתחילה אין לנו לתקן קרבן כדי לבטלו מסמיכה והכי קאמר הש"ס בפרק האשה בפסחים (דף פט.) גבי ה' שנתערבו פסחיהן ונמצא יבלת באחד מהן ולא דמי לערל וטמא משלחין קרבנותיהן וגם לקמן ממעטינן ליה משום דכל שישנו בביאה ישנו בהבאה ולא משום סמיכה דהתם גברא בר חיובא הוא ואריא הוא דרביעא עליה שאינו יכול לסמוך אבל האי לאו בר חיובא הוי דלאו איתחזי היא הוא אבל הא ק"ל דתיפשוט מהכא דסמיכה בכל כחו בעינן דאי בתקפיי ידיו לייתי וליתני ולסמוך דהכי פריך לקמן פרק שני (דף טז:) והיכא למימר דבכל ענין ממעט ליה קרא :

לא נצרכה אלא לחציו עבד וחציו בן חורין · ולא תימא דקאי עליה ג"ש דלה לה מאשה וקשה דעליה כתיב או חופשה לא ניתן לה (ה) ומוקי לה רבי עקיבא בהשולח (גיטין דף מג: ושם) ובכריתות (דף יא.) בחציה שפחה וחציה בת חורין וי"ל מכל מקום לא עבדות כתיב כדמוכח קרא או חופשה לא ניתן לה אך קשה הכא משמע בחציו עבד לפי משנה אחרונה חייב דלפי משנה ראשונה קיימא הכא כדאיתא לעיל ריש מכלתין ואלו בגיטין ריש השולח (דף מג:) מיבעי ליה מי שחציו עבד אם יש לו קנס או לא שלשים שקלים יתן לאדוניו אמר רחמנא והאי אדון הוא ולפי משנה אחרונה קאי דקאמר התם מאי לאו לפי משנה אחרונה ואילו הכא פשיטא בן דאין לו אלא אדון אחד ויש לחלק דעד כאן לא מחייבי ליה הכא אלא משום דעומד לכוף את רבו כמאן דשיחרר דמי אבל התם כיון דמית אגליא מילתא דלא הוה עומד לשחרר והתם בכריתות (דף יא.) מתרץ הר"י בענין אחר :

כי

טז א מיי' פ"ב מהל' עדות הלכה ג :

[שבת קלד:]

[פסור מן הראיה]

[שבת קלו:]

יז ב מיי' שם ופ"ב מהל' חגיגה הל' ג :

יח ג מיי' פ"ב מהלכות חגיגה הלכה ג :

יט ד מיי' שם הל' ג ·

[א"נ כצ"ל מהרש"א]

כ ה ו ז מיי' שם הלכה א :

רבינו חננאל

לבוא והניחם כדי לסמוךעניים בשביעית · שוטה פטור מן הראייה: ת"ר איזהו שוטה זה היוצא יחידי בלילה והלן בבית הקברות והמקרע את כסותו רב הונא אמר עד דעבדינהו כולהו ר' יוחנן אמר ואפילו אחד מהן והוא דעבדינהו דרך שטות וקיי"ל כר' יוחנן דתניא איזהו שוטה זה המאבד כל מה שנותנין לו · טומטום ואנדרוגינוס פטורין : ת"ר זכור להוציא הנשים שהן פטורות · זכורך להוציא טומטום ואנדרוגינוס כל לרבות הקטנים אתינן לאוקומה בקטן שהגיע לחינוך ונדחה דקטנים שהגיעו לחינוך מדרבנן נינהו וקרא לא אתא [אלא] לכדתניא דתניא אחרים אומרים המקמץ והמצרף נחשת והבורסקי פטורין מן הראייה שנא' כל זכורך כל מי שיכול לעלות עם כל זכורך יצאו אלו שאינן יכולין לעלות עם כל זכורך · נשים ועבדים אוקימנה מי שחציו עבד וחציו בן חורין פטורין במשנה ראשונה היא שנויה סיפא במשנה ראשונה ורישא דקתני לאיתויי מי שחציו עבד וחציו בן חורין חייב [כמשנה אחרונה]ומשנה לא זזה ממקומה כל מצוה שהאשה חייבת עבד חייב בה דגמר לה לה כתיב בשפחה או חופשה לא ניתן לה וכתיב באשה וכתב לה ספר כריתות ונתן · ושאינו יכול לעלות

הגהות הב"ח

(א) תוס' ד"ה או דלמא וכו' דכיון דממקרע : (ב) ד"ה אלא וכו' בגמרא אדרבי ישמעאל דאמר אין לך וכו' הכי ליכא רק חדא קרא וכו' דקאמר רבי שמעון : (ג) בא"ד קרא יתירא הזכר קדריש ובפרק קמא דב"מ וכו' שבזה ושבזה שפסול פריך ליה שפיר איצטריך קרא למעוטי ספיקא שאם הביא מתורים ובני יונה נפיק ממה נפשך וכו' גליא היא ולא אתא למעוטי : (ד) בא"ד ליקרבו למחר דספיר עדיף אפילו : (ה) ד"ה לא נצרכה וכו' ומוקי לה רבי עקיבא וכו' אלא משום דכיון דעומד לכוף :

גליון הש"ס גמרא הא למה לי קרא · עיין שיטה מקובצת רפ"ב דב"מ ד"ה מאי פירוש בשם הרמב"ן :

עין משפט נר מצוה

כא א ב מיי' פ"ב מהלכות חגיגה הלכה א סמג עשין רכו:

כב ג מיי' פ"ו מהל' תרומות הלכה י:

*מפנקי דכתיב °כי תבאו לראות פני מי בקש זאת מידכם רמוס חצרי תנא *הערל והטמא פטורין מן הראייה בשלמא טמא דכתיב °ובאת שמה והבאתם שמה כל שישנו בביאה ישנו בהבאה וכל שאינו בביאה אינו בהבאה אלא ערל מנלן הא מני רבי עקיבא היא דמרבי (א) לערל כטמא *דתניא ר' עקיבא אומר °איש איש לרבות את הערל ת"ר *טמא פטור מן הראייה דכתיב ובאת שמה והבאתם שמה כל שישנו בביאה ישנו בהבאה וכל שאינו בביאה אינו בהבאה *רבי יוחנן בן דהבאי אומר משום ר' יהודה סומא באחת מעיניו פטור מן הראייה שנאמר יראה יראה כדרך שבא (ב) לראות כך בא ליראות מה בא לראות בשתי עיניו אף ליראות בשתי עיניו: רב הונא כי מטי להאי קרא יראה יראה בכי אמר עבד שרבו מצפה לו לראותו יתרחק ממנו דכתיב כי תבואו לראות פני מי בקש זאת מידכם רמוס חצרי רב הונא כי מטי להאי קרא בכי °וזבחת שלמים ואכלת שם עבד שרבו מצפה לאכול על שלחנו יתרחק ממנו דכתיב °למה לי רוב זבחיכם יאמר ה' ר' אלעזר כי מטי להאי קרא בכי °ולא יכלו אחיו לענות אתו כי נבהלו מפניו ומה תוכחה של בשר ודם כך תוכחה של הקדוש ברוך הוא על אחת כמה וכמה רבי אלעזר כי מטי להאי קרא בכי °ויאמר שמואל אל שאול למה הרגזתני להעלות אותי ומה שמואל הצדיק היה מתיירא מן הדין אנו על אחת כמה וכמה שמואל מאי היא דכתיב °ותאמר האשה אל שאול אלהים ראיתי עולים תרי משמע חד שמואל ואידך דאזל שמואל ואתייה למשה בהדיה אמר ליה דלמא חס ושלום לדינא מתבעינא קום בהדאי דליכא מילתא דכתבת באורייתא דלא קיימתיה רבי אמי כי מטי להאי קרא בכי °יתן בעפר פיהו אולי יש תקוה אמר כולי האי ואולי רבי אמי כי מטי להאי קרא בכי °בקשו צדק בקשו ענוה אולי תסתרו ביום אף ה' אמר כולי האי ואולי רבי אסי כי מטי להאי קרא בכי °שנאו רע ואהבו טוב והציגו בשער משפט אולי יחנן ה' [אלהי] צבאות כולי האי ואולי רב יוסף כי מטי להאי קרא בכי °ויש נספה בלא משפט (ג) אמר מי איכא דאזיל בלא זמניה אין כי הא דרב ביבי בר אביי הוה שכיח גביה מלאך המות אמר ליה לשלוחיה זיל אייתי לי מרים מגדלא שיער נשייא אזל אייתי ליה מרים מגדלא דרדקי אמר ליה אנא מרים מגדלא שיער נשייא אמרי לך אמר ליה אי הכי אהדרה אמר ליה הואיל ואייתיתה ליהוי למניינא אלא היכי יכלת לה הות נקיטא *מתארא בידה והות קא שגרא ומחריא

רש"י

מפנקי · שאין הולכין בלא מנעל דאין אדם נכנס להר הבית במנעלו דכתיב מי בקש זאת מידכם רמוס חצרי: פטורים מן הראייה · אין חייבין לשלוח עולות ראייתן על ידי שליח: טמא אינו (חייב) בביאה שאינו יכול ליכנס למקדש דכתיב (*כי מקדש) ה' טמא [את משכן] ונכרתה (במדבר יט): ערל · ישראל שמתו אחיו מחמת מילה: הכי גרסינן דמרבי ליה ערל כטמא: איש איש · מזרע אהרן והוא צרוע או זב · לרבות את הערל · שהוא כטמא שלא יאכל תרומה אם כהן הוא: עבד · שהוא חביב לרבו עד שרבו מצפה ושואל מתי יראהו יתרחק מעליו: יתרחק מעליו · איך הגיע שלא יראהו כמו שנהפך לו לשונא ורחקו וזהו שנאמר כי תבאו וגו': תוכחה · שמוכיח פשעו בפניו: מאי היא · מנא לן דמתיירא: כולי האי ואולי · כל היסורין הללו יקבל ועודו בספק אם תהיה לו תקוה: ויש נספה בלא משפט · יש כלה ואין עון בידו ולא היה משפט לספות: ומי איכא דאזיל כו' · הש"ס קא בעי לה: אמר ליה · מלאך לשלוחו: אייתי לי מרים מגדלא נשייא · הרוג את מרים המקלעת שיער הנשים: היכי יכלת לה · מאחר שלא הגיע זמנה: הות נקיטא מתארא בידה · היתה אוחזת בידה האוד של תנור שקורין פרגו"ן: וקא

תוספות

כי תבואו לראות פני · פירש רש"י דנפקא ליה מדכתיב רמוס חצרי דמשמע דהולך במנעליו ותימה הוא דבפרק הרואה (ברכות דף סב:) מפיק ליה מדכתיב של נעלך ויש לומר דהתם עיקר אבל הכא ניחא ליה לאתויי ראייה כדכתיב כי תבאו לראות וכו':

דכתיב ובאת שמה והבאתם שמה · והא דאמרינן (פסחים דף סו.) ערל וטמא משלחין קרבנותיהן (ד) דאע"ג דליתנהו בביאה התם מיירי בנדרים ונדבות שאין קבועין זמן בהבאת רגלים והאי קרא לא משתעי אלא בעולת ראייה דבעינן ביאה אך קשה לרבי שמעון דאמר פרק בתרא דמו"ק (דף טו. ושם) וביום באו יקריב (יחזקאל מד) בזמן שהוא ראוי לביאה יקריב בזמן שאינו ראוי לביאה לא יקריב ופשיט מהתם דמצורע לא ישלח קרבנותיו וכי לית ליה הואיל דלעיל דערל (ה) וטמא דמשמע דליכא מאן דפליג ולא מסתבר לחלק דהתם במצורע לחוד והיא בשאר טמאים דהאי קרא בטמאת כתיב משמע דלכל טמאים קאי וכי טומאה משום דכתיב לעיל מיניה שבעת ימים יספרו לו (שם) דמשמע בימי ספורו דקאי דוקא אמצורע הא אפסקיה למילתיה וביום באו אל הקודש אל החצר הפנימית דדרשינן מיניה זו עשירית האיפה ועוד (ו) דהתם הוה ליה לאתויי להוות ערל וטמא ולמיפשט מיניה דמשלח שפיר ונראה דבעי דהתם בקרבנות מצורע מלרעתו מיירי ובשמיני לרפואה כי בעי לאתויי קרבנותיו חזר ונטהר הלכך האי קרבן דמחוייב לא מצי מייתי כיון דלאו בר ביאה הוא אבל בנדרים ונדבות מביא שפיר אף מצורע כמו שאר טמאים והתם הארכתי בדבר לפרש מהאי דערל וטמא משלחין קרבנותיהן ולא בעינן סמיכה כמו בהאי דהשולח חטאתו ממדינת הים דכל הגט (גיטין דף כח: ושם) דפריך לה והא בעי סמיכה ומוקי לה בקרבן נשים או בחטאת העוף דהתם בערל שמתו אחיו מחמת מילה וטמא כמו מצורע או זב דאין טהרתו תלויה רק ברפואה ואפשר שלא יתרפא לעולם והוה ליה מחוייב קרבן הלכך טוב לנו שיביא בלא סמיכה אבל התם בגיטין יש לנו להמתין עד שיביא עוד הארכתי התם בפרק ג' דגיטין (שם):

דמרבה ערל כי טמא · אמר הרב ר' אלחנן דהא דאיצטריך קרא לעיל למעוטי ליה טומטום ואנדרוגינוס ולא למעוטי מספק ערל התם אליבא דרבנן הוא דלרבי עקיבא לא צריך ומיהו אך קשה אמאי איצטריך מיעוט לערל גבי פסח תיפוק ליה מטמא וי"ל (ז) דהתם ממעטינן ערל שמתו אחיו מחמת מילה דלאו כטמא ומיהו זהו דוקא לפרש"י דמפרש התם *ערל שמתו אחיו מחמת מילה יש להעמיד הכי אבל לפר"ת *דמפרש שדולג מחמת הצער אבל מתו אחיו מחמת מילה הוי אנוס יש להקשות לרבי עקיבא דמרבה ערל כי טמא אמאי איצטריך קרא לערל דפסח תיפוק ליה מטמא ויש לומר דמהתם ידעינן ליה בעלמא כיון דמדמה ערל לטמא בפסח דרשינן נמי מאיש איש לרבות ערל כטמא אבל ליכא למימר דאי ליכא קרא אלא דערל כטמא הייתי אומר דפסח בא בערלות דאי הוה רובן ערלים כמו בטומאה דהא מנא ידעינן לרבות ערל כי טמא מאיש איש כי יהיה צרוע או זב והתם לא כתיב רק טומאת צרעת וזיבות ולכן אמרינן בריש אלו דברים (פסחים דף סו.) דלא דחי רק טומאת מת בלבד והשתא סוגיא דהכא פליגא אהבא דריש הערל (יבמות דף עב:) דקאמר דלא לישתמיט תנא דמרבה ערל כי טמא וטמא כרבי עקיבא ופריך ליה מהא דערל וטמא פטורין מן הראייה ומשני שאני התם משום דמאיס ומשמע דאפילו רבנן מודו כלומר לאו משום דמרבה ליה כי טמא אלא משום דמאיס ומיהו י"ל דה"פ שאני התם משום דמאיס להכי מרבה ערל כי טמא אליבא דרבי עקיבא אבל לא שיהא ערל מטמא בנגיעה כטמא להכי לא תניהו גבי הדדי:

של הקדוש ברוך הוא על אחת כמה וכמה · שלא יוכל להשיב תשובה מעלייתא להיפטר לגמרי דמכמה דברים מצי לפטור עצמו קצת כדאיתא בפרק הדר (עירובין דף סה.) יכולני לפטור כל העולם מדין של תפלה: דליכא מילתא דכתיב באורייתא דלא קיימתיה · לא בעי למימר שיעיד לו שקיים הכל דמנא ידע והא לא היה בדורו אלא היה אומר כך וכך דרשתי ועשיתי מעשה בוא והעידני שכן למדת גם אתה: אמר מי איכא איניש דאזיל בלא זימניה · ל"ג אמר שהרי רב יוסף לא היה שואל כך שעל זה לא מתרץ לו הש"ס כלום אלא הש"ס קא פריך ליה: הוה שכיח גביה מלאך המות · דמספר מה שאירע לו כבר דהאי עובדא דמרים מגדלא נשייא בבית שני היה דהיתה אמו של פלוני כדאיתא בשבת (דף קד: ושם):

מוסיפנא

רבינו חננאל

ברגליו לאתויי מפנקי שנאמר כי תבאו לראות פני · תנא הערל והטמא פטורין מן הראיה אוקימנא לרבי עקיבא דמרבי ליה לערל מן הטמא שנאמר איש איש מזרע אהרן והוא צרוע ורחי ליה לערל מן התרומה כטמא ומפורש ביבמות פרק הערל בתחלתו · טמא פטור [מן הראיה] שנאמר ובאת שמה והבאתם שמה כל שישנו בביאה ישנו בהבאה כו' ר' אלעזר כי מטי להאי קרא בכי לכו נא ונוכחה אמר ומה אחי יוסף לא יכלו לענות אותו בתוכחה כי נבהלו מפניו תוכחה של הקב"ה על אחת כמה וכמה · ועוד היה בוכה ואומר ומה שמואל הצדיק היה מתיירא מן הדין שנאמר ויאמר שמואל אל שאול למה הרגזתני להעלות אותי ולא עוד אלא שביקש מרבינו משה לבא עמו שנאמר ותאמר האשה אל שמואל אלהים ראיתי עולים מן הארץ' עולים תרי משמע וכו' · אנו על אחת כמה וכמה · ר' אמי הוה בכי אמר כתיב יתן בעפר פיהו אולי יש תקוה וכתיב בקשו צדק בקשו ענוה אולי תסתרו ביום אף ה' וכתיב שנאו רע ואהבו טוב והציגו בשער משפט אולי יחנן וגו' כולי האי ואולי

מסורת הש"ס

[את משכן]

[יבמות עב:]

שם ע.

[תוספתא פ"א]

לעיל ב. סנהדרין ד: ע"ש ערכין ב: [תוספתא שם ע"ש]

[עיין תוספות בכורות כז. ד"ה כרים]

[פסחים נז.]

[יבמות ע.]

[עיין תוספות זבחים כב: ושייך למשנה דף סו: ערל]

הגהות הב"ח

(א) גמ' ר' עקיבא היא דמרבי ליה לערל: (ב) שם כדרך שבא לִרְאוֹת כך בא לֵרָאוֹת מה בא לִרְאוֹת בשתי עיניו אף לֵרָאוֹת: (ג) שם בלא משפט ומי איכא כצ"ל ותיבת אמר נמחק: (ד) תוס' ד"ה דכתיב וכו' ואע"ג וכו' קבועים להם זמן: (ה) בא"ד דלעיל דערל וטמא משלחין קרבנותיהן דמשמע דליכא: (ו) בא"ד ועוד דהתם הוה ליה לאתויי הכוא דערל וטמא וכו' דמשלחין קרבנותיהן שפיר ונראה: (ז) ד"ה דמרבה וכו' וי"ל דמהתם ידעינן ליה בעלמא דכיון דמדמה ערל לטמא דרשינן נמי מאיש איש לרבות ערל כטמא אבל ליכא למימר דאי ליכא קרא דערל גבי פסח הייתי אומר דפסח בא בערלות אי הוה:

include?—Said Raba: It comes to include [4b] a delicate person.[4] For it is written: *When ye come to appear before Me, who hath required this at your hand, to trample*[5] *My courts?*[6]

A Tanna taught: The uncircumcised[7] and the unclean[8] are exempt from [bringing] the pilgrimage-offering.[9] Granted as regards the unclean, for it is written: *And thither thou shalt come; and thither ye shall bring.*[10] To whomever 'coming' applies, 'bringing' applies; to whomever 'coming' does not apply, 'bringing' does not apply. But whence do we derive [the exemption of] the uncircumcised?—This will be according to R. Akiba, who includes the uncircumcised like the unclean. For it is taught: R. Akiba said: [the expression], *what man soever,*[11] comes to include un-

Our Rabbis taught: An unclean person is exempt from [bringing] the pilgrimage-offering, for it is written: '*And thither thou shalt come; and thither ye shall bring*'. To whomever 'coming' applies 'bringing' applies; to whomever 'coming' does not apply 'bringing' does not apply. R. Johanan b. Dahabai said in the name of R. Judah: A person who is blind in one eye is exempt from appearing
a [at the Temple], for it is said: *Yir'eh*[1] [He shall see], *Yera'eh* [He shall be seen]; just as He comes to see, so He comes to be seen; as He comes to see with both eyes, so also to be seen with both eyes.

R. Huna, when he came to this verse, *Yir'eh, Yera'eh,*[2] wept. He said: The slave whom his Master longs to see should become estranged from him! For it is written: *When ye come to appear*[3] *before Me, who hath required this at your hand, to trample My courts?*[4]

R. Huna, when he came to the [following] verse, wept: *And thou shalt sacrifice peace-offerings, and shalt eat there.*[5] The slave at whose table his Master longs to eat should become estranged from him! For it is written: *To what purpose is the abundance of your sacrifices unto Me? saith the Lord.*[6]

R. Eleazar, when he came to the [following] verse, wept: *And his brethren could not answer him, for they were affrighted at his presence.*[7] Now if the rebuke of flesh and blood be such, how much more so the rebuke of the Holy One, blessed be He!

R. Eleazar, when he came to the [following] verse, wept: *And Samuel said to Saul: Why hast thou disquieted me, to bring me up?*[8] Now if Samuel, the righteous, was afraid of the Judgment, how much more so should we be! How do we know this about Samuel?[9]—For it is written: *And the woman said unto Saul: I see godlike beings coming up out of the earth.*[10] '*Coming up*'[11] implies two: one was Samuel, but [who was] the other? Samuel went and brought Moses with
b him, saying to him: Perhaps, Heaven forfend,[1] I am summoned to Judgment: arise with me,[2] for there is nothing that thou hast written in the Torah, which I did not fulfil.

R. Ami, when he came to the [following] verse, wept: *Let him put his mouth in the dust, perhaps there may be hope.*[3] He said: All this, and [only] perhaps![4]

R. Ami, when he came to the [following] verse, wept: *Seek righteousness, seek humility, perhaps ye shall be hid in the day of the Lord's anger.*[5] He said: All this, and [only] perhaps!

R. Assi, when he came to the [following] verse, wept: *Hate the evil, and love the good, and establish justice in the gate, perhaps the Lord, the God of hosts, will be gracious.*[6] All this, and [only] perhaps!

R. Joseph, when he came to the [following] verse, wept: *But there is that is swept away without judgment.*[7] [He said]:[8] Is there anyone who passes away before one's [allotted] time?[9]—Yes, as in the story [heard] by R. Bibi b. Abaye,[10] who was frequently visited by the Angel of death. [Once] the latter said to his messenger: Go, bring me Miriam, the women's hairdresser![11] He went and brought him Miriam, the children's nurse. Said he to him:[12] I told thee Miriam, the women's hairdresser. He answered: If so, I will take her back. Said he to him: Since thou hast brought her, let her be added.[13] But how were you able to get her?[14]—She

(4) I.e., one that cannot walk barefoot; and it is forbidden to walk on the sacred Temple Mount with covered feet. (5) I.e., with shod feet. (6) Isa. I, 12. (7) I.e., a Jew that was not circumcised because two of his brothers had died as a result of their circumcision; cf. Yeb. 72b. (8) Cf. Num. XIX, 20.
(9) They are exempt even from sending the offering by a messenger; cf. also p. 1, n. 1.* (10) Deut. XII, 5, 6. The verse continues: *Your burnt-offerings* etc. (11) Lev. XXII, 4. (12) I.e., if he is a priest, he is prohibited from eating *Terumah* (i.e., the priest's share of crop or dough) like a priest who has become unclean.
a (1) Ex. XXIII, 17; *v. p. 3, n. 3. (2) Which implies (v. n. 1) that the Divine Master reciprocally comes to meet the human pilgrim. (3) Lit., 'to be seen', as above. (4) Isa. I, 12. (5) Deut. XXVII, 7. (6) Isa. I, 11. (7) Gen. XLV, 3. (8) I Sam. XXVIII, 15. (9) I.e., that it was the Divine Judgment that he feared. (10) Ibid. v. 13. (11) Heb. עֹלִים, which is plural. The deduction cannot be made from אלהים (godlike beings) which is also plural in form, because its meaning is generally singular, viz. God.
b (1) Lit., 'forbearance and peace.' (2) I.e., to testify on my behalf. (3) Lam. III, 29. (4) I.e., after so much suffering, hope of salvation is only problematical. (5) Zeph. II, 3. (6) Amos V, 15. (7) Prov. XIII, 23. (8) Rashi and Tosaf. delete the words: the question is then asked by the Gemara. (9) I.e., although the person has committed no sin to merit shortening of life. (10) An occultist; cf. Ber. 6a where he performed an experiment with the object of seeing demons. (11) Supposed by Tosaf. to be the Mother of Jesus; cf. Shab. 104b in the earlier uncensored editions. [Her description *megaddela* (hairdresser) is connected by some with the name of Mary Magdalene whose name was confused with that of Mary, the mother of Jesus, v. Herford R.T. *Christianity in Talmud and Midrash*, pp. 40f]. (12) I.e., the Angel of death to his messenger. (13) I.e., to the dead. (14) Since it was not yet her time to die.

*See Corrigenda.

was holding a shovel in her hand and was heating [5a] and raking[15] the oven. She took it and put it on her foot and burnt herself; thus her luck was impaired and I brought her. Said R. Bibi b. a Abaye to him:[1] Have ye[2] permission to act thus? He answered him: Is it not written: '*There is that is swept away without judgment'?* He countered: But behold it is written: *One generation passeth away, and another generation cometh!*[3] He replied: I have charge of them[4] till they have completed the generation,[5] and then I hand them over to Dumah![6] He [then] asked him: But after all, what do you do with her years?[7] He replied: If there be a Rabbinic scholar who overlooks his hurt, I shall give them to him in her stead.[8]

R. Joḥanan, when he came to the [following] verse, wept: *And thou didst incite Me against him, to destroy him without cause.*[9] A slave whose Master, when they incite him yields,[10] is there any help for him?

R. Joḥanan, when he came to the [following] verse, wept: *Behold, He putteth no trust in His holy ones.*[11] If He does not put His trust in His holy ones, in whom will He put his trust? One day he was going on a journey and saw a man gathering figs; he was leaving those that were ripe and was taking those that were unripe. So he said to him: Are not those[12] better? He replied: I need those for a journey: these will keep, but the others will not keep. Said [R. Joḥanan] this is the meaning of the verse: *Behold He putteth no trust in His holy ones.*[13] But is it so? For behold there was a disciple in the neighbourhood of R. Alexandri, who died in his youth, and [R. Alexandri] said: Had this scholar wished, he could have lived![14] If now it be [as R. Joḥanan said] perhaps he was one of those of whom it is said: '*Behold He putteth no trust in His holy ones*'!—That [scholar] was one who had rebelled against his teachers![15]

R. Joḥanan, when he came to the [following] verse, wept: *And I will come near to you to judgment and I will be a swift witness against the sorcerers, and against the adulterers, and against false swearers; and* b *against those that oppress the hireling in his wages.*[1] A slave whose Master brings him near to judge him, and hastens to testify against him, is there any remedy for him?

Rabban Joḥanan b. Zakkai said: Woe unto us that Scripture weighs against us light like grave offences.[2]

Resh Lakish[3] said: Whoever wrests the judgment of the proselyte is as if he wrests the judgment of the All-High, for it is said:[4] *And that turn aside the proselyte*[5] *from his right:* the consonants [can be read]: *And that turn Me aside.*[6]

R. Ḥanina b. Papa said: Whoever does something [wrong] and repents of it, is forgiven at once,[7] for it is said: *And [that] fear not Me.*[8] But if they do fear Me, they are forgiven at once.

R. Joḥanan, when he came to the [following] verse, wept: *For God shall bring every work into the judgment concerning every hidden*[9] *thing.*[10] A slave to whom his Master accounts errors[11] as wilful offences, is there any remedy for him? What is the meaning of, *concerning* every *hidden thing?*—Rab said: This refers to one who kills a louse in the presence of his neighbour, so that he feels disgust thereat. And Samuel said: This refers to one who spits in the presence of his neighbour so that he feels disgust thereat. What is the meaning of, *whether it be good or whether it be evil?*[12]—The School of R. Jannai said: This refers to one who gives alms to a poor person publicly,[13] like the story of R. Jannai. He [once] saw a man give a *zuz*[14] to a poor person publicly, so he said to him: It had been better that you had not given him, than now that you have given him publicly and put him to shame. The School of R. Shila said: This refers to one who gives alms to a woman secretly, for he brings her into suspicion. Raba said: This refers to one who is in the habit of sending his wife on the eve of the c Sabbath meat that has not been cut up.[1] But Raba [himself] used to send!—The daughter of R. Ḥisda[2] is different, for he was sure of her that she was an expert![3]

R. Joḥanan, when he came to the [following] verse, wept: *And it shall come to pass, when many evils and troubles are come upon them.*[4] A slave whose Master brings many evils and troubles upon him, is there any remedy for him? What is the meaning of '*evils and troubles*'?[5]—Rab said: Evils which become antagonists[6] to each other, as for instance the [bites of] a wasp and a scorpion.[7] And Samuel said: This refers to one who furnishes money to the poor person [only] in the hour of his extreme distress.[8] Raba said: This is the meaning of the proverb, For [purchasing] provision a *zuz* is not to be found, for hanging up [in the basket][9] it can be found.

Then My anger shall be kindled against them in that day, and I will d *forsake them, and I will hide My face from them.*[1] R. Bardela b. Tabyumi said that Rab said: To whomever 'hiding of the face' does not apply is not one of them;[2] to whomever [the words] *and they*

(15) I.e., raked the fire in (Jast.); Rashi: raked it out.

a (1) I.e., the Angel of death. (2) I.e., the Angel of death and his messenger. (3) Eccl. I, 4; implying that every generation is complete. (4) Lit., 'shepherd them'. (5) I.e., the years allotted to them. (6) Lit., 'Silence', the Angel in charge of the dead. (7) I.e., the remaining years which she should have continued to live. (8) Cf. the ref. to Hezekiah in Yeb. 49*a*-50*a*. (9) Job II, 3. (10) Lit., 'allows himself to be incited'. (11) Job XV, 15. (12) I.e., the ripe ones. (13) I.e., God fears that the righteous, like the ripe figs, may later lose their excellence; hence they die young. Cf. Aboth II, 4. (14) I.e., if he had lived uprightly. (15) Hence he could not have been one of the 'holy ones', and it was his sin that shortened his life. Cf. Ḳid. 33*b* on Eccl. XIII, 13.

b (1) Mal. III, 5. (2) In the verse quoted, the grave crimes of sorcery and adultery, for which the penalty is death, are mentioned side by side with the lighter offences of perjury and financial oppression. (3) Abbrev. for R. Simon b. Lakish. (4) Ibid. (5) E.V. '*stranger*'. (6) 'ומטי' for 'ומטי'. (7) Cf. Yoma 85*b*-86*a*; also Shebu. 12*b*. (8) Ibid. (9) I.e., unwitting errors. (10) Eccl. XII, 14. (11) I.e., even the slightest offence. (12) Ibid. I.e., one is punished for the good as well as for the bad one does. (13) An apparently good deed which is really bad. (14) A silver coin, one fourth of a *sheḳel*, and equal to a *denar* (*denarius*). V. Glos.

c (1) I.e., unporged meat, the forbidden fat, blood vessels etc. not having been removed. The nearness of the Sabbath makes it a busy time for the housewife, who in her hurry may forget to porge the meat. (2) I.e., Raba's wife, always referred to as R. Ḥisda's daughter. (3) And would see that it was properly porged before the Sabbath. (4) Deut. XXXI, 21. (5) I.e., are they not synonymous? (6) The Heb., צרות, is the same as for 'troubles' above, and is used of the rival wives of one husband; cf. I Sam. I, 6. (7) In A.Z. 28*b* we are told that hot water must be used for a wasp's bite and cold for a scorpion's; the reverse is dangerous. When, therefore, both occur together there is no remedy. (8) According to Rashi, this refers to Eccl. XII, 14 and is an example of an apparently good deed which is really bad; for at an earlier stage the help rendered would have been of far greater and more enduring benefit. But according to Tosaf. this is an explanation of Deut. XXXI, 21 and is an instance of added trouble, illustrated in the following proverb. V. n. 9. (9) תליתא. Rashi renders: 'food which one brings in a basket', that is in time of distress; cf. Pes. 111*b*. Tosaf. tranlates: 'when one is about to be hanged', and explains thus: A man is threatened with execution unless he offers a ransom; being poor, a small ransom would be accepted. But now the arrangement of a mortgage is offered him; this serves only to aggravate his misfortune, for the ransom price is raised. A third explanation is given by Maharsha a.l.

d (1) Deut. XXXI, 17. (2) I.e., the Children of Israel.

ומדריא תנורא שקלתא ואנחתא אגבה דכרעה *קדחא ואיתרע מזלה ואייתיתה א"ל רב ביבי בר אביי אית לכו רשותא למיעבד הכי אמר ליה ולא כתיב ויש נספה בלא משפט א"ל והכתיב דור הולך ודור בא אמר דרעינא להו אנא עד דמלו להו לדרא והדר משלימנא ליה לדומה א"ל סוף סוף שניה מאי עבדת אמר אי איכא צורבא מרבנן דמעביר במיליה מוסיפנא להו ליה והויא חלופיה רבי יוחנן כי מטי להאי קרא בכי ותסיתני בו לבלעו חנם עבד שרבו מסיתין לו וניסת תקנה יש לו רבי יוחנן כי מטי להאי קרא בכי הן בקדושיו לא יאמין אי בקדושיו לא יאמין במאן יאמין יומא חד הוה קא אזיל באורחא חזייה להההוא גברא דהוה מנקיט תאני שביק הנך דמטו ושקיל הנך דלא מטו א"ל לאו הני מעלן טפי א"ל הני לאורחא בעינן להו הני נטרן והני לא נטרן אמר היינו דכתיב הן בקדושיו לא יאמין איני והא ההוא תלמידא דהוה בשיבבותיה דרבי אלכסנדרי ושכיב אדזוטר ואמר *אי בעי האי מרבנן הוה חיי ואם איתא דלמא מהן בקדושיו לא יאמין הוה ההוא מבעט ברבותיו הוה רבי יוחנן כי מטי להאי קרא בכי וקרבתי אליכם למשפט והייתי עד ממהר במכשפים ובמנאפים ובנשבעים לשקר ובעושקי שכר שכיר עבד שרבו מקרבו לדונו וממהר להעידו תקנה יש לו אמר רבי יוחנן בן זכאי אוי לנו ששקל עלינו הכתוב קלות כחמורות אמר ריש לקיש כל המטה דינו של גר כאילו מטה דינו של מעלה שנאמר ומטי גר ומטי כתיב א"ר חנינא בר פפא כל העושה דבר ומתחרט בו מוחלין לו מיד שנאמר ולא יראוני הא יראוני מוחלין *להם מיד רבי יוחנן כי מטי להאי קרא בכי כי את כל מעשה האלהים יביא במשפט על כל נעלם עבד שרבו שוקל לו שגגות כזדונות תקנה יש לו מאי על כל נעלם אמר רב זה ההורג כינה בפני חבירו ונמאס בה ושמואל אמר זה הרק *בפני חבירו ונמאס מאי אם טוב ואם רע אמרי דבי ר' ינאי זה הנותן צדקה לעני בפרהסיא כי הא דרבי ינאי חזייה לההוא גברא דקא יהיב זוזא לעני בפרהסיא אמר ליה מוטב דלא יהבת ליה מהשתא דיהבת ליה וכספתיה דבי ר' שילא אמרי זה הנותן צדקה לאשה בסתר דקא מייתי לה לידי חשדא רבא אמר זה המשגר לאשתו בשר שאינו מחותך בערבי שבתות *והא רבא *משגר שאני בת רב חסדא דקים ליה בגווה דבקיאה רבי יוחנן כי מטי להאי קרא בכי והיה כי תמצאן אותו רעות רבות וצרות עבד שרבו ממציא לו רעות וצרות תקנה יש לו מאי רעות וצרות אמר רב רעות שנעשות צרות זו לזו כגון זיבורא ועקרבא ושמואל אמר זה הממציא לו מעות לעני בשעת דוחקו אמר רבא היינו דאמרי אינשי זוזא לעללא לא שכיחא לתליתא שכיח וחרה אפי בו ביום ההוא ועזבתים והסתרתי פני מהם אמר רב ברדלא בר טביומי אמר רב כל שאינו בהסתר פנים אינו מהם וכל שאינו בוהיה לאכול אינו

רש"י

וקא מחריא תנורא · מכבדת את התנור : ואותביתיה אגבה דכרעה · הושיבתו על גב רגלה וכוות והורע מזלה : דרעינא להו אנא · איני מוסרן לשומר המתים ששמו דומה אלא מתגלגלין עמי ושוהין בעולם עד שיתמלאו שנותיו והוא קרוי דור : דמעביר במיליה · מעביר על מדותיו : דמטו · נתבשלו : הני מיטנקין · אותן שלא בישלו כל צרכן אין ממהרות לירקב : היינו דכתיב כו' · (א) הטובות ירא ירקבו אף הבחורים הצדיקים מאחזין למיתה פן יחטאו : אדזוטר · בעודו בחור : אי בעי האי מרבנן · להיות הולך בדרך טובים הוי חיי : מבעט ברבותיו הוה · רבי אלכסנדרי היה מכיר בו שלא היה מן הקדושים וכתיב וטוב לא יהיה לרשע ולא יאריך ימים כצל אשר איננו ירא מלפני האלהים (קהלת ח) ותניא במסכת קדושין (דף לג:) מורא זו איני יודע מהו כשהוא אומר והדרת פני זקן ויראת מאלהיך (ויקרא יט) הוי אומר מורא זו כבוד חכמים : קלות כחמורות · עושקי שכר שכיר כמנאפים ומכשפים : ומטי גר · בהאי קרא כתיב · ולא יראוני · ובהאי קרא כתיב : כי את כל מעשה האלהים יביא במשפט על כל נעלם · ואף על העלמות ממנו שעשה שוגג הוא מביאו במשפט : על כל · אפי' דבר מועט במשמע · ונמאס · קלה דעת חבירו בדבר : מאי אם טוב · דמשמע אף על הטובה מביאו במשפט : שאינו מחותך · שאינו מנוקר מן החלב ומן הגידין האסורים : בערבי שבתות · שמתוך שממהרין לעשות צורכי שבת אין נותנין לב אם מנוקר הוא : צרות סמוכות זו לזו לשון וכעסתה צרתה (שמואל א א) שתי נשים יחד : זיבורא ועקרבא · *נקיט הכי משום דאמרינן במסכת ע"ז בפרק אין מעמידין (דף כח:) חמימי לעקרבא וקרירי לזיבורא וחילופה סכנתא הלכך היכא דנכתיה זיבורא ועקרבא נעשות צרות זו לזו דלית ליה תקנתא לא בקרירי דקשה לעקרב ולא בחמימי דקשה לזיבורא : זה הממציא מעות לעני בשעת דוחקו · לעיל קאי אם טוב ואם רע הרגיל להמציא לדקתו לעני בשעת דוחקו ולא קודם שעת הדחק שיכול לבקש מזונותיו ולקנותן בשעת הזול : לעללא · לקנות התבואה *דמתרגם ועללת ארעא (ויקרא כה) : לתליתא · להפסד ולאיבוד כך שמעתי ולי נראה לקנות בשעת הדחק מזון שהוא תולה בסלו כדאמר מר (פסחים דף קיא:) תלא סילתא תלא מזוני תלאי בביתא קשה לעניותא : איני

[פי' נפרפה רגלה · ערוך] [כתובות קיא.] [כל זה הדיבור אינו מפרש"י ושייך לתוספות וכ"ה בע"י] נ"ל וכ"ה בילקוט ובע"י [ד"א רבה פ"י] נ"ל תבואת הארץ · ת"א עללת דארעא (ויקרא כה) [איני] דברים לא

תוספות

מוסיפנא לו והוה חלופיה · יש להקשות לרבי עקיבא דאית ליה בשילהי החולץ (יבמות דף נ. ושם) משלו הוסיפו לו לחזקיהו ולית ליה זכה מוסיפין לו הא משמע הכא דמוסיפין לו נ"ע : מבעט ברבותיו הוה · וכן איכא למימר בההיא דפ"ק דשבת (דף יג.) באחד שמת והיתה אשתו מולכת תפילין בבית המדרש אמרה כתיב כי היא חייך ואורך ימיך בעלי שקרא הרבה ושנה הרבה היכי מת בחצי ימיו ולא השיבו לה דבר ולא היו אומרים מהני הוה דבקדושיו לא יאמין *אי נמי לא היה תשובה נאמר : הא יראוני מוחלין · גבי עושק שכר שכיר כתיב דהוה *ליה לא תעשה ופליגא א] דרבי ישמעאל בפרק בתרא דיומא (דף פו.) דאמר תשובה תולה ויוה"כ מכפר ואיכא ברייתא אחרת דאמר על עשה ולא תעשה תשובה מכפרת (ב) ועוד יש לחלק בין עניני תשובה יש שב ומוחלין לו מיד ויש שב דמוחלין לו אבל לא מחילה גמורה ועדיין יש עונש ואותו עונש תולין והא דאמרינן בשבועות (דף יב: ושם) העובר על מצות עשה ונתחרט לא זז משם עד שמוחלין לו היינו מחילה גמורה ואם שב בכל לבו ע"י יסורין יתכפרו לו עונותיו : שנעשות צרות זו לזו כגון זיבורא ועקרבא · פר"ת רפואה לנשיכה זו קשה לנשיכה זו וכן אמרינן ריש פרק ב' דע"ז (דף כח: ושם) חמימי לעקרבא קרירי לזיבורא : זה הממציא מעות לעני בשעת דוחקו · פרש"י דקאי אדלעיל אם טוב ואם רע שממתין לו עד שעת היוקר ונמצא קונה ביוקר לתליתא לקנות פת לפי שעה כמו שקונהו בסלו כדאמרינן תלא לסילתי תלא למזוניה וקשיא לר"ת חדא למה *נקט כולי האי ואפסקיה באידך קרא והיה כי תמצאן אותו רעות רבות וצרות ועוד דאמרינן המלוה לעני בשעת דוחקו עליו נאמר אז תקרא וה' יענה (ישעיה נח) בפרק הבא על יבמתו (יבמות דף סג. ושם) מיהו התם מחלק הריב"ן בין מלוה לממציא ועוד דנקט הש"ס מילתא דלא שכיח לתלות הלחם דאמר בערבי פסחים (דף קיא: ושם) תלאי בביתא קשי לעניותא ומפרש ר"ת צרות רבות ורעות זהו הממציא מעות לעני בשעת דוחקו כגון שתפסו המושל ובא זה ואמר לו שילוה לו מעות על קרקעותיו ואם לא היה זה בא המושל היה מיקל בפדיונו לפי שהוא דחוק ועני זוזי לעללתא לא שכיח אם היה רוצה לקנות תבואה להאכילו לביתו אין (ג) מוציאין לו מעות לתליתא כמו תלא וזבין (ב"ב דף מז:) כשדוחקין אותו למסור משלו לתלותו כדי שיפדה עצמו [וע"ע תוס' סנהדרין דף עו: ד"ה והמלוה] : שדור

רבינו חננאל

יש נספה בלא משפט מעשה דמרים מגדלא נשיא ומרים [מגדלא] דרדקי דאתחלף ליה לשליחא ואייתי מרים מגדלא שער נשיא ויש מי שאומר כענין חלום ראה דברים הללו · ולא עוד אלא רב ביבי בן אביי היה מתעסק בראיית השדים לפיכך יש לומר כדרך הזה ראה ואין סומכין עליו ופתרון יש נספה בלא וגו' כגון אדם שהרג חבירו . ותסיתני בו · אתה מעלה בדעתך כיון שאתה בא בדבריך הללו בעקיפין אתה סדמה להסית ואינך יכול להסית אלא (ברבי מור) מיכן שהשטן של איוב אדם היה . הן בקדושיו לא יאמין כלומר אינו מאמין להם לחיות הרבה שמא בזקנותם יטו מן הדרך הטובה [וקשיא לי דהא אמרינן ביומא כיון שאדם עבר שלשים וששה שנה ולא חטא שוב אינו חוטא] וההוא תלמיד דהוה בשיבבותיה דר' יוחנן ושכיב זוטר · ואמר ר' יוחנן אי בעי להוטבי ארחתיה דלא לבעוט ברבותיו היה חיי · ר' יוחנן הוה בכי אמר כתיב וקרבתי אתכם למשפט והייתי עד ממהר וגו' עבד שרבו מקרבו לדין וממהר להעידו כלום יש בו תקנה · אריב"ז אוי לנו ששקל הקלות עושק שכר שכיר וכיוצא בו הקישו למנאף ולמכשף ר"ל אמר ומטה גר ומטי גר כתיב כלומר כאלו מטה דין של מעלה וכל העושה דבר ומתחרט בו . מוחלין לו שנאמר ולא יראוני הא יראוני אני מוחל להם . כי את כל מעשה האלהים יביא במשפט על כל נעלם · היה ר' יוחנן אומר עבד שרבו שוקל שגגות כזדונות תקנה יש לו . על כל נעלם זה שהורג כינה לפני חבירו ונמאס אם טוב ואם רע כלומר אפילו רצה לעשות טוב ועלה בידו רע כגון שנתן צדקה לעני בפרהסיא שנמצא מביישו ר' שילא אמר הנותן צדקה לאשה בסתר ומייתי לה חשדא שמשיאה שם רע רבא אמר זה המשגר לאשתו בשר בע"ש שאינו מחותך אלא אי קים ליה בגווא ובהימנותא *) כרבא בר רב חסדא : והיה כי תמצאן אותו רעות רבות וצרות · אמר רב רעות שנעשות צרות זו לזו כגון זיבורא ועקרבא כגון שעקצו זיבורא ועקרב ביחד לאדם מי שעקצו עקרב [אינו] רוצה דברים קרים נמצא המועיל לאחד מזיק לאחר · שמואל אמר זה הממציא מעות לעני בשעה שהנוגשים עליו ומלוה אותו והנוגשים באין ולוקחין אותו הממון שהלוהו וכי מסתלקי והוא בא ונושה בו בכל יום היינו דאמרי אינשי זוזא לעללא לא שכיח לתוליתא שכיח · פי' זוזא לקנות בו תבואה כלומר שמענישין אותו העובדי אינו מצוי ולמי שתולין אותו הנענשים מצוי · כתיב והסתרתי פני מהם והיה לאכול · אמר רב כל שאין בו והסתרתי פני מהם כלומר שהתפלל**) ואין נענה אין בו והיה לאכול וכו'

*) נראה דצ"ל כמו בת רב חסדא אשתו של רבא. **) נראה שצ"ל ולאינו נענה אינו מישראל כל שאין בו והיה לאכול וכו'

הגהות הב"ח

(א) רש"י ד"ה היינו דכתיב כו' כי סיכי דבתאנים הטובות ירא: (ב) תוס' ד"ה הא יראוני וכו' ועוד יש לחלק · נ"ב כלומר דהשתא לא קאמר הכא הא יראוני מוחלין מחילה גמורה לכשנתחרט ועדיין יש עונש · נ"ב כלו' תולין והיינו דקאמר תשובה תולה ולא דקאמר בשבועות דף י"ב דעובר ונתחרט לא זז משם עד שמוחלין לו ומשמע דהיינו דוקא במצות עשה והשוה כריתות דלאמר על עשה ול"ת תשובה מכפרת מיירי בשב בכל לבו ע"י יסורין שסובל בגופו לא יתכפרו לו לגמרי [מחילה גמורה] [והשלמ חסר]: (ג) ד"ה זה הממציא וכו' לביתו אין ממציאין לו וכו' כמו תלא וזבין וכו' כדי שיפדה עצמו ממציאין לו מעות כצ"ל:

גליון הש"ס

תוס' ד"ה הא יראוני וכו' דהוה ליה ל"ת · עיין תשובת פנים מאירות ח"א סימן כ"ו ובספר מים חיים לספר"ח בתשובה האחרונה:

הגהות מהר"ב רנשבורג

א] תוס' ד"ה הא יראוני כו' ופליגא דר' ישמעאל · נ"ב עי' בסוף ספר מים חיים לספר"ח דף מ"ד ע"ב ד"ה נתקשיתי וכו' וד"ה אמר וכו':

כב א מיי' פ"ה מהל' דעות הלכה ד סמג לאוין סה טוש"ע א"ח סימן רמ סעיף ט [ובאה"ע סימן כה סעיף ב]:

אינו מהם אמרו ליה רבנן לרבא מר לא בהסתר פנים איתיה ולא בוזיה לאבול איתיה אמר להו מי ידעיתו כמה משדרנא בצנעא בי שבור מלכא אפי' הכי יהבו ביה רבנן עינייהו אדהכי שדור דבי שבור מלכא וגרבוהו אמר היינו דתניא אמר רבן שמעון בן גמליאל *כל מקום שנתנו חכמים עיניהם או מיתה או עוני °ואנכי הסתר אסתיר פני ביום ההוא אמר *רבא אמר הקב"ה אף על פי שהסתרתי פני מהם בחלום אדבר בו רב יוסף אמר ידו נטויה עלינו שנאמר °ובצל ידי כסיתיך ר' יהושע בן חנניה הוה קאי בי קיסר אחוי ליה ההוא אפיקורוסא עמא דאהדרינהו מריה לאפיה מיניה אחוי ליה ידו נטויה עלינו אמר ליה קיסר לר' יהושע מאי אחוי לך עמא דאהדרינהו מריה לאפיה מיניה ואנא מחוינא ליה ידו נטויה עלינו אמרו ליה להההוא מינא מאי אחוית ליה עמא דאהדרינהו מריה (א) מיניה ומאי אחוי לך לא ידענא אמרו גברא דלא ידע מאי *מחוו ליה במחוג יחוי קמי מלכא אפקוהו וקטלוהו כי קא ניחא נפשיה דרבי יהושע בן חנניה אמרו ליה רבנן מאי תיהוי עלן מאפיקורוסין אמר להם °אבדה עצה מבנים נסרחה חכמתם כיון שאבדה עצה מבנים נסרחה חכמתן של אומות העולם ואי בעית אימא מהכא °ויאמר נסעה ונלכה ואלכה לנגדך רבי אילא הוה סליק בדרגא דבי רבה בר שילא שמעיה לינוקא דהוה קא קרי °כי הנה יוצר הרים ובורא רוח ומגיד לאדם מה שיחו אמר עבד שרבו מגיד לו מה שיחו תקנה יש לו מאי מה שיחו אמר רב אפילו *שיחה יתירה שבין איש לאשתו מגידים לו לאדם בשעת מיתה איני והא *רב כהנא הוה גני תותי פורייה דרב ושמעיה דסח וצחק ועשה צרכיו אמר דמי פומיה דרב כמאן דלא טעים ליה תבשילא אמר ליה כהנא פוק לאו אורח ארעא לא קשיא כאן דצריך לרצויה הא דלא צריך לרצויה °ואם לא תשמעוה במסתרים תבכה נפשי מפני גוה אמר רב שמואל בר איניא משמיה דרב מקום יש לו להקב"ה ומסתרים שמו מאי מפני גוה אמר רב שמואל בר יצחק מפני גאוותן של ישראל שניטלה מהם ונתנה לעובדי כוכבים ר' שמואל בר נחמני אמר מפני גאוותה של מלכות שמים (ב) ומי איכא בכיה קמיה הקב"ה והאמר רב פפא אין עציבות לפני הקב"ה שנאמר °הוד והדר לפניו עוז וחדוה במקומו לא קשיא (א) הא בבתי גואי הא בבתי בראי ובבתי בראי לא והא כתיב °ויקרא אדני ה' צבאות ביום ההוא לבכי ולמספד ולקרחה ולחגור שק שאני חרבן בית המקדש דאפילו מלאכי שלום בכו שנאמר °הן אראלם צעקו חוצה מלאכי שלום מר יבכיון: °ודמע תדמע ותרד עיני דמעה כי נשבה עדר ה' אמר ר' אלעזר שלש דמעות הללו למה אחת על מקדש ראשון ואחת על מקדש שני ואחת על ישראל שגלו ממקומן ואיכא דאמרי אחת על ביטול תורה בשלמא למאן דאמר על ישראל שגלו היינו דכתיב כי נשבה עדר ה' אלא למאן דאמר על ביטול תורה מאי כי נשבה עדר ה' כיון שגלו ישראל ממקומן אין לך ביטול תורה גדול מזה תנו רבנן שלשה הקב"ה בוכה עליהן בכל יום על שאפשר לעסוק בתורה ואינו עוסק ועל שאי אפשר לעסוק בתורה ועוסק ועל פרנס המתגאה על הצבור רבי הוה נקיט ספר קינות וקא קרי בגויה כי מטא להאי פסוקא °השליך משמים ארץ נפל מן ידיה אמר מאיגרא רם לבירא עמיקתא רבי ורבי חייא הוו שקלי ואזלי באורחא כי מטו להההוא מתא אמרי איכא צורבא מרבנן הכא נזיל וניקביל אפיה אמרי איכא צורבא מרבנן הכא ומאור עינים הוא אמר ליה ר' חייא לרבי תיב את לא תזלזל בנשיאותך איזיל אנא ואקביל אפיה תקפיה ואזל בהדיה כי הוו מיפטרי מיניה אמר להו אתם הקבלתם פנים הנראים ואינן רואין תזכו להקביל פנים הרואים ואינן נראין אמר ליה איכו השתא מנעתן מהאי בירכתא אמרו ליה ממאן שמיעא לך מפרקיה דרבי יעקב שמיע לי דרבי יעקב איש כפר חיטייא הוה מקביל אפיה דרביה כל יומא כי קש א"ל לא נצטער מר דלא יכיל מר אמר ליה מי זוטר מאי דכתיב בהו ברבנן °ויחי עוד לנצח לא יראה השחת כי יראה חכמים ימותו ומה הרואה חכמים במיתתן יחיה בחייהן על אחת כמה וכמה רב אידי אבוה דרבי יעקב (ג) בר אידי הוה רגיל דהוה אזיל תלתא ירחי באורחא וחד יומא בבי רב והוו קרו ליה רבנן בר בי רב דחד יומא חלש דעתיה קרי אנפשיה °שחוק לרעהו אהיה וגו' א"ל ר' יוחנן במטותא מינך לא תעניש להו רבנן נפק ר' יוחנן לבי מדרשא ודרש °ואותי יום יום ידרשון ודעת דרכי יחפצון וכי ביום דורשין אותו ובלילה אין דורשין אותו אלא לומר לך כל העוסק בתורה אפי' יום אחד בשנה מעלה עליו הכתוב (ג) כאילו עסק כל השנה כולה וכן במדת פורענות דכתיב °במספר הימים אשר תרתם את הארץ וכי ארבעים שנה חטאו והלא ארבעים יום חטאו אלא לומר לך כל העובר עבירה אפי' יום אחד בשנה מעלה עליו הכתוב כאילו עבר כל השנה כולה: אי זהו קטן כל שאינו יכול לרכוב על כתפו של אביו: מתקיף לה רבי זירא

עד

א) [לקמן יג.] ב) [עיין מ"ש בס"ד פסחים מג: על לידו בשם רש"ק בכריתות כה:] ג) [ע' תוספות סוטה יא. ד"ה מרים]

רש"י

אינו מהן · מזרע ישראל דכתיב והסתרתי פני מהם (דברים לא) שטעק מלרות הבאות עליו ואינו נענה שלא יבואו: והיה לאכול · שהעובדי כוכבים שוללין ממונו: וגרבוהו · שללוהו: בחלום אדבר בו · *ביום ההוא קא דייק ביום ולא בלילה שמראין לו חלום כדי שיתפלל על הדבר: ידו נטויה · להגן עליו: אפיקורסים · שאינם מאמינים לדברי רז"ל כגון לדוקים: אחוי ליה · על ידי סימן רמז לו החזיר פניו: במחוג · ברמז: נסרחה חכמתם · בפסוק כתיב האין עוד חכמה בתימן אבדה עצה מבנים מישראל: לנגדך · בשוה: שיחה יתירה · תורה אור דברי שחוק שלפני תשמיש: כדלא טעים תבשילא · שרעב לאכול כלומר מתאוה לתשמיש: בבתי גואי · היכא דכתיב במסתרים: הכי גרסינן ובבתי בראי ליכא והכתיב ויקרא · וכל קריאה השמעת קול היא: מאיגרא רם לבירא עמיקתא · כמה גדולה נפילה זו אין לך גבוה כגג ובור עמוק כמשמים לארץ: תקפיה · רבי לר' חייא ואזיל רבי בהדיה: כי הוו מיפטרי מקמיה · שנטלו ממנו רשות: איכו השתא · אם לא באתי עמך והאמנתי לך מנעתני מברכה זו: מנא לך · שכל כך גדולה הקבלת פנים: כדקש · כשהזקין (ג) רבי יעקב: היה רגיל כו' · מהלך שלשה חדשים היה מביתו לבית המדרש וטסע מביתו אחר הפסח ולומד יום אחד וחוזר לביתו לשמח את אשתו בחג הסוכות:

תוספות

שדור בי שבור מלכא וגרבוהו · אומר הר"י דהיינו ההוא דבפרק בתרא דברכות (דף נו.) גבי פשריה דבר הדיא שפתר לו שתמות אשתו ויאבד כל אשר לו מאת המלך:

הן אראלם צעקו חוצה · פשטיה דקרא בישעיה כתיב על המזבח וכתיב הוי אריאל (ישעיה כט):

ויחי עוד לנצח לא יראה השחת · פשטיה דקרא בתמיה הוא וכי הרשע לא ימות כמו שהחכמים ימותו: דמתייבא

רבינו חננאל

העובדי כוכבים ואוכלין ממנו אינו מישראל אמרו ליה לרבא ואת מר ליתא בזויה לאכול ומתפלל ונענה. אמר להן לא ידעיתו כמה משדרנא בצנעא לבי שבור מלכא ואפ"ה לא איפרק דאמר רבן כ"מ שנתנו חכמים עיניהם או מיתה או עוני · שהודה ליה שבור מלכא וגרבוה לרבא אמר רבה אע"ג דכתיב והסתרתי פני מהם רחמנא בחלום אדבר בו · רב יוסף אמר ידו נטויה עלינו ובצל ידו כסיתנו כי עננא כי נח נפשיה דר' יהושע בן חנניא אמרו ליה מה תהא עלינו מאפיקורסין כלומר אין אדם בינינו שיש בו כח להשיבם כמותו אמר להם אבדה עצה מבנים נסרחה חכמת האומות: כי הנה יוצר הרים ובורא רוח ומגיד לאדם מה שיחו · אמר רב אפילו שיחה קלה שבין איש לאשתו מגידין לאדם בשעת מיתתו כלומר אין לאדם להרבות שיחה אפילו עם אשתו אלא אם צריך לארצויה כגון שהיא כעוסה ובא לרצותה · ואם לא תשמעוה במסתרים תבכה נפשי מקום יש למעלה ומסתרים שמו שבוכים שם המלאכים כדכתיב מלאכי שלום מר יבכיון ואע"ש שיש מפרשי מלאכי שלום השלוחים שלשה המלך לעשות שלום לא קבלו מהם וחזרו בוכים בפחי נפש · מפני גוה מפני גאותן של ישראל שניטלה מהן ונתנה לעובדי כוכבים · ומקשה ומי איכא בכיה קמיה דקב"ה והא כתיב עוז וחדוה במקומו ופרקינן כי ליכא בכיה בבתי גואי ומקום הנקרא מסתרים בבתי בראי הוא · אני ויקרא ה' אלהים צבאות ביום ההוא לבכי ולמספד וגו' הנה הקב"ה קרא לבכי ופרקינן שאני חורבן ביהמ"ק שאפילו מלאכי שלום בכו שנאמר הן אראלם צעקו חוצה מלאכי שלום מר יבכיון פי' ויקרא ה' אלהים צבאות וגו' קרא אותו היום כלומר קבעו יום בכיה ומספד לדורות · כתיב ודמע תדמע ותרד עיני דמעה · ג' דמעות הללו אחת למקדש ראשון ואחת למקדש שני ואחת כי נשבה עדר ה' דכיון שגלו אין לך ביטול תורה מזה: תנו רבנן שלשה הקב"ה בוכה עליהן בכל יום · פי' אומר הקב"ה ראוי לבכות על אלו בכל יום על מי שאפשר לו לעסוק בתורה [ואינו עוסק ועל שאי אפשר לעסוק בתורה ועוסק] ועל פרנס המתגאה על הצבור בחנם · ר' ור' חייא אקבילו אפיה חד סגי נהורא · אמר להו אתם הקבלתם פנים הנראים ואינם רואים תזכו להקביל פני שכינה שרואין ואינן נראין · הרואה חכמים במיתתם כתיב ויחי עוד לנצח לא יראה השחת כי יראה חכמים ימותו השתא ומה הרואה חכמים במיתתן יחיה בחייהם על אחת כמה וכמה · דרש ר' יוחנן כתיב ואותי יום יום ידרשון וכי ביום דורשין אותו ובלילה אין דורשין אלא לומר לך כל העוסק בתורה אפילו יום אחד בשנה מעלה עליו הכתוב כאילו עסק כל השנה · וכן במדת פורענות כתיב במספר הימים אשר תרתם את הארץ ארבעים יום יום לשנה יום לשנה וכי ארבעים שנה חטאו והלא לא חטאו אלא ארבעים יום אלא לומר לך כל העובר עבירה אפילו יום אחד בשנה מעלה עליו כאילו עבר כל השנה כולה · איזהו (חייב) [קטן] שאינו חייב בראיה בה"א

מסורת הש"ס

ס"עיקר חסר מן הספר ובע"י מפני קא דייק וכ"ה שם אע"פ שהסתרתי פני מהם כדכתיב ודבר ה' אל משה פנים וגו' אותן הפנים אסתיר אבל בחלום אדבר בו ע"כ מחילופי גרס'

מו"ק יז: סוטה מו: נדרים ז: ע"ש

[יתכן לסיום רבה]

[ברכות טו:]

דברים לא · ישעיה נא · ירמיה מט · בראשית לג · עמוס ד · [ברכות סב.] · ירמיה יג · דה"א טז · ישעיה כב · שם לג · ירמיה יג · איכה ב · תהלים מט · איוב יב · ישעיה נח · במדבר יד

הגהות הב"ח

(א) גמרא מריה לאפיה מיניה ומאי אחוי לך: (ב) שם של מלכות שמים שנטלה ומי איכא: (ג) רש"י ד"ה כדקש כשהזקין הס"ד ואח"כ מה"ד כל אידי אבוה דרבי יעקב הוה רגיל:

shall be devoured[3] does not apply [5*b*] is not one of them. Said the Rabbis to Raba: To [our] master 'the hiding of the face' does not apply, and [the words] '*And they shall be devoured*' do not apply! Said he to them: Do ye know then how much I send secretly to the Court of King Shapur?[4] Even so the Rabbis directed their eyes upon him.[5] Meanwhile the Court of King Shapur sent [men], who plundered him.[6] He [then] said: This is it that is taught: Rabban Simeon b. Gamaliel said: Wherever the Rabbis direct their eyes there is either death or poverty.

And I will hide My face in that day.[7] Raba said: Although I hide My face from them, I shall speak to them[8] in a dream.[9] R. Joseph: said: His hand is stretched over us, as it is said: *And I have covered thee in the shadow of My hand.*[10]

R. Joshua b. Ḥanania was [once] at the court of Caesar.[11] A certain unbeliever[12] showed him [by gestures]: A people whose Lord has turned His face from them. He showed him [in reply]: His hand is stretched over us. Said Caesar to R. Joshua: What did he show thee?—A people whose Lord has turned His face from them. And I showed him: His hand is stretched over us.

a They [then] said to the heretic:[1] What didst thou show him?—A people whose Lord has turned His face from them. And what did he show thee?— I do not know. Said they: A man who does not understand what he is being shown by gesture should hold converse in signs before the king! They led him forth and slew him.

When the soul of R. Joshua b. Ḥanania was about to go to its rest, the Rabbis said to him: What will become of us at the hands of the unbelievers? He answered them: *Counsel is perished from the children,*[2] *their wisdom is vanished.*[3] So soon as counsel is perished from the children,[4] the wisdom of the peoples of the world is vanished.[5] Or I may derive it from here: *And he said: Let us take our journey, and let us go, and I will go over against thee.*[6]

R. Ila was once walking up the stairs of the house of Rabbi b. Shila, when he heard a child reading the verse: *For, lo, He that formeth the mountains, and createth the wind, and declareth unto man what his conversation was.*[7] He said: A slave Master declares to him his conversation, is there any remedy for him?—What is the meaning of [the expression] '*What his conversation was*'?—Rab said: Even the superfluous conversation[8] between a man and his wife is declared to a person in the hour of his death. But is it so? Now behold R. Kahana once lay down beneath the bed of Rab,[9] and he heard him converse and jest and perform his needs. [Thereupon] he said: The mouth of Rab is like that of one who has not tasted any food.[10] Said [Rab] to him: Kahana, get out, this is unseemly!—There is no contradiction: In the one case [it is] where he has to procure her favour, in the other, where he has no need to procure her favour.

b *But if ye will not hear it, My soul shall weep in secret for the pride.*[1] R. Samuel b. Inia said in the name of Rab: The Holy One, blessed be He, has a place and its name is 'Secret'. What is the meaning of [the expression] '*for the pride*'?—R. Samuel b. Isaac said: For the glory[2] that has been taken from them and given to the nations of the world. R. Samuel b. Naḥmani said: For the glory of the Kingdom of Heaven.[3] But is there any weeping in the presence of the Holy One, blessed be He? For behold R. Papa said: There is no grief in the presence[4] of the Holy One blessed be He; for it is said: *Honour and majesty are before Him; strength and beauty are in His sanctuary!*[5]—There is no contradiction; the one case [refers to] the inner chambers,[6] the other case [refers to] the outer chambers. But behold it is written: *And in that day did the Lord, the God of Hosts, call to weeping and to lamentation, and to baldness,* ◁

(3) Ibid. (4) Also Sapor or Shapur II, son of Hormuzd, King of Persia C.E. 310-379. His accession preceded his birth; he warred against Rome. V. Gibbon, CC. 18, 24, 25; cf. also Ber. 56*a*, B.B. 115*b* and Pes. 54*a*. (5) I.e., in suspicion; elsewhere in anger, cf. Ber. 38*a*, Shab. 34*b*. (6) I.e., seized his property. (7) Deut. XXXI, 18. (8) Lit., 'to him' as in Num. XII, 6. (9) According to Rashi, the inference is drawn from '*in that day*'; but at night, in dreams, God would speak to them; cf. ibid. Maharsha prefers this explanation: God would deny them His 'face', i.e., the direct communion of Moses which was 'mouth to mouth', but He would still speak to them in dreams; cf. ibid. 6-7. (10) Isa. LI, 16. (11) I.e., Hadrian, v. *J.E.* vol. VII, pp. 290-292. (12) אפיקורוס. Levy and others derive it from 'Επικούρος Epicurus, an Epicurean; Maimonides and Jast. connect with Heb. הפקר from rt. פקר. A term applied to unbelievers generally, Jew or Gentile. MS.M.: '*Min*' (v. next note), a Jewish sectary, probably a Judeo-Christian. V. *J.E.* vol. I, pp. 665-666 and Vol. VIII, pp. 594-595.

a (1) מין, probably from meaning 'species', hence sectarian. V. preceding note (2) Or '*prudent*' (E.V.). (3) Jer. XLIX, 7, where it is a question. (4) I.e. Children of Israel. (5) I.e., the polemics of the unbelievers will cease. ['A somewhat roundabout way of saying that the Jewish religion would never want a defender so long as it was attacked'] Herford op. cit, p. 266. (6) Gen. XXXIII, 12. I.e., Esau (Gentiles and unbelievers generally) will keep abreast of Jacob (Israelites), but not gain advantage over him. (7) Amos IV, 13. E.V. '*thought*'. (8) The 'jesting' referred to in the following story. (9) Not to spy, but to learn from the Master's conduct; v. Ber. 62*a*. (10) I.e., he was ravenous in his desires like a newly-wed.

b (1) Jer. XIII, 17. (2) Lit., 'pride'. (3) Which suffers through Israel's downfall. Cf. Meg. 29 on Isa. II, 27, and Mekilta to Ex. XV, 2. (4) Lit., 'before', a euphemism for 'on the part of'. (5) Ps. XCVI, 6. (6) I.e., in the innermost recesses called 'Secret' there *is* weeping, though outwardly ('before him' v. n. 4) there is no sign of grief, only 'Honour etc.'

◁ *For the continuation of the English translation of this page see overleaf.*

כב א מיי' פ"ה מהל' דעות הלכה ד סמג לאוין פא טוש"ע א"ח סימן רמ סעיף ט [ובהס"ע סימן כה סעיף ב] :

אינו מהן · מזרע ישראל דכתיב והסתרתי פני מהם (דברים לא) שהוא עושה מלרות הבאות עליו ואינו נענה שלא יבואו : והיה לאכול · שהעובדי כוכבים שוללין ממנו : וגרבוהו · שללוהו : בחלום אדבר בו · *ביום ההוא קא דייק ביום ולא בלילה שמראין לו חלום כדי שיתפלל על הדבר : ידו נטויה · להגן עליו : אפיקורסים · שאינם מאמינים לדברי רז"ל כגון לדוקים : אחוי ליה · על ידי סימן רמז לו החזיר פניו : במחוג · ברמז : נסרחה חכמתם · בפסוק כתיב האין עוד חכמה בתימן אבדה עצה מבנים מישראל : לנגדך · בשוה : שיחה יתירה · דברי שחוק שלפני תשמיש : כדלא טעים תבשילא · שרעב לאכול כלומר מתאוה לתשמיש : בבתי גואי · היכא דכתיב במסתרים : הכי גרסינן ובבתי בראי ליכא והכתיב ויקרא · וכל קריאה השמעת קול היא : מאיגרא רם לבירא עמיקתא · כמה גדולה נפילה זו אין לך גבוה ובור עמוק כשמים לארץ : תקפיה · דבריה לר' חייא ואזיל רבי בהדיה : כי הוו מיפטרי מקמיה · שנטלו ממנו רשות : איכו השתא · אם לא באתי עמך והאמנתי לך מנעתני מברכה זו : מנא לך · שכל כך גדולה הקבלת פנים : כדקש · כשהזקין (ג) רבי יעקב : היה רגיל כו' · מהלך שלשה חדשים היה מביתו לבית המדרש ונוסע מביתו אחר הפסח ולומד יום אחד וחוזר לביתו לשמח את אשתו בחג הסוכות :

שבור כי שבור מלכא וגרבוהו · אומר הר"י דהיינו ההוא דבפרק בתרא דברכות (דף נו.) גבי פשריה דבר הדיא שפתר לו שתמות אשתו ויאבד כל אשר לו מאת המלך : הן אראלם צעקו חוצה · פשטיה דקרא בישעיה כתיב על המזבח וכתיב הוי אריאל (ישעיה כט) : ויחי עוד לנצח לא יראה השחת · פשטיה דקרא בתמיה הוא וכי הרשע לא ימות כמו שהחכמים ימותו : דמחייבא

אינו מהם אמרו ליה רבנן לרבא מר לא בהסתר פנים איתיה ולא בוהיה לאכול איתיה אמר להו מי ידעיתו כמה משדרנא בצנעא בי שבור מלכא אפי' הכי יהבו ביה רבנן עינייהו אדהכי שדור דבי שבור מלכא וגרבוהו אמר היינו דתניא אמר רבן שמעון בן גמליאל *כל מקום שנתנו חכמים עיניהם או מיתה או עוני °ואנכי הסתר אסתיר פני ביום ההוא אמר *רבא אמר הקב"ה אף על פי שהסתרתי פני מהם בחלום אדבר בו רב יוסף אמר ידו נטויה עלינו שנאמר °ובצל ידי כסיתיך ר' יהושע בן חנניה הוה קאי בי קיסר אחוי ליה ההוא אפיקורוסא עמא דאהדרינהו מריה לאפיה מיניה אחוי ליה ידו נטויה עלינו אמר ליה קיסר לר' יהושע מאי אחוי לך עמא דאהדרינהו מריה לאפיה מיניה ואנא מחוינא ליה ידו נטויה עלינו אמרו ליה לההוא מינא מאי אחויית ליה עמא דאהדרינהו מריה (א) מיניה ומאי אחוי לך לא ידענא אמרו גברא דלא ידע מאי *מחוו ליה במחוג יחוי קמי מלכא אפקוהו וקטלוהו כי קא ניחא נפשיה דרבי יהושע בן חנניה אמרו ליה רבנן מאי תיהוי עלן מאפיקורוסין אמר להם °אבדה עצה מבנים נסרחה חכמתם כיון שאבדה עצה מבנים נסרחה חכמתן של אומות העולם ואי בעית אימא מהכא °ויאמר נסעה ונלכה ואלכה לנגדך רבי אילא הוה סליק בדרגא דבי רבה בר שילא שמעיה לינוקא דהוה קא קרי °כי הנה יוצר הרים ובורא רוח ומגיד לאדם מה שיחו אמר עבד שרבו מגיד לו מה שיחו תקנה יש לו מאי מה שיחו אמר רב אפילו *שיחה יתירה שבין איש לאשתו מגידים לו לאדם בשעת מיתה איני והא *רב כהנא הוה גני תותי פורייה דרב ושמעיה דסח וצחק ועשה צרכיו אמר דמי פומיה דרב כמאן דלא טעים ליה תבשילא אמר ליה כהנא פוק לאו אורח ארעא לא קשיא כאן דצריך לרצויה הא דלא צריך לרצויה °ואם לא תשמעוה במסתרים תבכה נפשי מפני גוה אמר רב שמואל בר איניא משמיה דרב מקום יש לו להקב"ה ומסתרים שמו מאי מפני גוה אמר רב שמואל בר יצחק מפני גאוותן של ישראל שניטלה מהם ונתנה לעובדי כוכבים ר' שמואל בר נחמני אמר מפני גאוותה של מלכות שמים (ב) ומי איכא בכיה קמיה הקב"ה והאמר רב פפא אין עציבות לפני הקב"ה שנאמר °הוד והדר לפניו עוז וחדוה במקומו לא קשיא (א) הא בבתי גואי הא בבתי בראי לא והא כתיב °ויקרא אדני ה' צבאות ביום ההוא לבכי ולמספד ולקרחה ולחגור שק שאני חרבן בית המקדש דאפילו מלאכי שלום בכו שנאמר °הן אראלם צעקו חוצה מלאכי שלום מר יבכיון: °ודמע תדמע ותרד עיני דמעה כי נשבה עדר ה' אמר ר' אלעזר שלש דמעות הללו למה אחת על מקדש ראשון ואחת על מקדש שני ואחת על ישראל שגלו ממקומן ואיכא דאמרי אחת על ביטול תורה בשלמא למאן דאמר על ישראל שגלו היינו דכתיב כי נשבה עדר ה' אלא למאן דאמר על ביטול תורה מאי כי נשבה עדר ה' כיון שגלו ישראל ממקומן אין לך ביטול תורה גדול מזה תנו רבנן שלשה הקב"ה בוכה עליהן בכל יום על שאפשר לעסוק בתורה ואינו עוסק ועל שאי אפשר לעסוק בתורה ועוסק ועל פרנס המתגאה על הצבור רבי הוה נקיט ספר קינות וקא קרי בגויה כי מטא להאי פסוקא °השליך משמים ארץ נפל מן ידיה אמר מאיגרא רם לבירא עמיקתא רבי ורבי חייא הוו שקלי ואזלי באורחא כי מטו לההוא מתא אמרי איכא צורבא מרבנן הכא נזיל וניקביל אפיה אמרי איכא צורבא מרבנן הכא ומאור עינים הוא אמר ליה ר' חייא לרבי תיב את לא תזלזל בנשיאותך איזיל אנא ואקביל אפיה תקפיה ואזל בהדיה כי הוו מיפטרי מיניה אמר להו אתם הקבלתם פנים הנראים ואינן רואין תזכו להקביל פנים הרואים ואינן נראין אמר ליה איכו השתא מנעתן מהאי בירכתא אמרו ליה ממאן שמיעא לך מפרקיה דרבי יעקב דרבי יעקב איש כפר חיטייא הוה מקביל אפיה דרביה כל יומא כי קשש א"ל לא נצטער מר דלא יכיל מר אמר ליה מי זוטר מאי דכתיב בהו ברבנן °ויחי עוד לנצח לא יראה השחת כי יראה חכמים ימותו ומה הרואה חכמים במיתתן יחיה בחייהן על אחת כמה וכמה רב אידי אבוה דרבי יעקב (ג) בר אידי הוה רגיל דהוה אזיל תלתא ירחי באורחא וחד יומא בבי רב והוו קרו ליה רבנן בר בי רב דחד יומא חלש דעתיה קרי אנפשיה °שחוק לרעהו אהיה וגו' א"ל ר' יוחנן במטותא מינך לא תעניש להו רבנן נפק ר' יוחנן לבי מדרשא ודרש °ואותי יום יום ידרשון ודעת דרכי יחפצון וכי ביום אותו דורשין ובלילה אין דורשין אותו אלא לומר לך כל העוסק בתורה אפי' יום אחד בשנה מעלה עליו הכתוב (ג)כאילו עסק כל השנה כולה וכן במדת פורענות דכתיב °במספר הימים אשר תרתם את הארץ וכי ארבעים שנה חטאו והלא ארבעים יום חטאו אלא לומר לך כל העובר עבירה אפי' יום אחד בשנה מעלה עליו הכתוב כאילו עבר כל השנה כולה: אי זהו קטן כל שאינו יכול לרכוב על כתפו של אביו: מתקיף לה רבי זירא עד

א) [לקמן יג.] ב) [עיין מ"ש בס"ד פסחים מג: על לידו בשם רש"ק בכריתות כה:] ג) [עי' תוספות סוטה יא. ד"ה מרים]

מסורת הש"ס: [כתובות סו:] · ירמיה מט · בראשית לג · עמוס ד · [כתובות סב.] · ירמיה יג · דה"א טז · ישעיה כב · שם לג · ירמיה יג · איכה ב · תהלים מט · איוב יב · ישעיה נח · במדבר יד

רבינו חננאל

העובדי כוכבים ואוכלין ממנו אינו מישראל אמרו ליה לרבא והא מר ליתא בוהיה לאכול ומתפלל ונענה . אמר להן לא ידעיתון כמה משדרנא בצנעא לבי שבור מלכא ואפ"ה לא איפרק דאמור רבנן כ"מ שנתנו חכמים עיניהם או מיתה או עוני · שדרוה ליה שבור מלכא וגרבוה לרבא אמר רבה אע"ג דכתיב והסתרתי פני מהם אמר רחמנא בחלום אדבר בו · רב יוסף אמר ידו נטויה עלינו ובצל ידו אנו סכוכים כו' ענינא כי נח נפשיה דר' יהושע בן חנניא אמרו ליה מה תהא עלן ממינאי כלומר אין אדם בינינו שיש בו כח להשיבם כמותו אמר להם אבדה עצה מבנים נסרחה חכמת האומות : כי הנה יוצר הרים ובורא רוח ומגיד לאדם מה שיחו · אמר רב אפילו שיחה קלה שבין איש לאשתו מגידין לאדם בשעת מיתתו כלומר אין לאדם להרבות שיחה אפילו עם אשתו אלא אם צריך לארצויה כגון שהיא כעוסה ובא לרצותה : ואם לא תשמעוה במסתרים תבכה נפשי מקום שיש למעלה ומסתרים שמו שבוכים שם המלאכים כדכתיב מלאכי שלום מר יבכיון ואע"פ שיש מפורש מלאכי שלום · השלוחים ששלח המלך לעשות שלום לא קבלו מהם וחזרו בוכים במרי נפש : מפני גוה מפני גאותן של ישראל שניטלה מהן ונתנה לעובדי כוכבים. ומקשה ומי איכא בכיה קמיה דקב"ה והא כתיב עוז וחדוה במקומו ופרקינן כי ליכא בכיה בבתי גואי ומקום הנקרא מסתרים בבתי בראי הוא · איני ויקרא ה' אלהים צבאות ביום ההוא לבכי ולמספד וגו' הנה הקב"ה קראו לבכי' ופרקינן שאני חורבן ביהמ"ק שאפילו מלאכי שלום בכו שנאמר הן אראלם צעקו חוצה מלאכי שלום מר יבכיון פי' ויקרא ה' אלהים צבאות וגו' קרא אותו היום כלומר קבעו יום בכיה ומספד לדורות · כתיב ודמע תדמע ותרד עיני דמעה · ג' דמעות הללו אחת למקדש ראשון ואחת למקדש שני ואחת כי נשבה עדר ה' דכיון שגלו אין לך ביטול תורה מזה : תנו רבנן שלשה הקב"ה בוכה עליהן בכל יום · פי' אומר הקב"ה ראוי לבכות על אלו בכל יום על מי שאפשר לו לעסוק בתורה [ואינו עוסק ועל שאי אפשר לעסוק בתורה ועוסק] ועל פרנס המתגאה על הצבור בחנם · ר' ור' חייא אקבילו אפיה חד סגי נהורא · אמר להו אתם הקבלתם פנים הנראים ואינם רואים תזכו להקביל פני שכינה שרואין ואינן נראין · הרואה חכמים במיתתם כתיב ויחי עוד לנצח לא יראה השחת כי יראה חכמים ימותו השתא ומה הרואה חכמים במיתתן יחיה בחייהם על אחת כמה וכמה · דרש ר' יוחנן כתיב ואותי יום יום ידרשון וכי ביום דורשין ובלילה אין דורשין אלא לומר לך כל העוסק בתורה אפילו יום אחד בשנה מעלה עליו הכתוב כאילו עסק כל השנה וכן במדת פורענות כתיב במספר הימים אשר תרתם את הארץ ארבעים יום יום לשנה וכי שנה חטאו והלא לא חטאו אלא ארבעים יום אלא לומר לך כל העובר עבירה אפילו יום אחד בשנה מעלה עליו כאילו עבר כל השנה כולה · איזהו (חייב) [קטן] שאינו חייב בראיה בה"א

הגה"ה הב"ח (א) גמרא מריה לאפיה מיניה ומאי אחוי לך : (ב) שם של מלכות שמים שנטלה ומי איכא : (ג) רש"י ד"ה כדקש כשהזקין הס"ד ואח"כ מה"ד רב אידי אבוה דרבי יעקב היה רגיל :

Continuation of translation from previous page as indicated by <

and to girding with sackcloth![7]—The destruction of the Temple is different, for even the angels of peace wept [over it]; for it is said: *Behold for their altar*[8] *they cried without; the angels of peace wept bitterly.*[9]

And mine eye shall drop tears and tears, and run down with tears, because the Lord's flock is carried away captive.[10] R. Eleazar said: Wherefore these three [expressions of] *'tears'?* One for the first Temple, and one for the second Temple, and one for Israel, who have become exiled from their place. But there are some who say: One for the neglect of [the study of] the Torah. This is all right according to the view that [one] is for Israel, who have become exiled from their place: this agrees with that which is written: *'Because the Lord's flock is carried away captive'.* But according to the view that it was for the neglect of [the study of] the Torah, how do you explain [the text], *'Because the Lord's flock is carried away'?*—Since Israel have become exiled from their place, you can have no greater neglect of [the study of] the Torah than this.

Our Rabbis taught: Over three the Holy One, blessed be He, weeps every day: over him who is able to occupy himself with [the study of] the Torah and does not; and over him who is unable to occupy himself with [the study of] the Torah and does; and over a leader who domineers over the community.

Rabbi was once holding the Book of Lamentations and reading therein: when he came to the verse, *He hath cast down from heaven*
c *unto the earth,*[1] it fell from his hands. He said: From a roof so high to a pit as deep![2]

Rabbi and R. Ḥiyya were once going on a journey. When they came to a certain town, they said: If there is a rabbinical scholar here, we shall go and pay him our respect. They were told: There is a rabbinical scholar here[3] and he is blind.[4] Said R. Ḥiyya to Rabbi: Stay [here]; thou must not lower thy princely dignity;[5] I shall go and visit him. But [Rabbi] took hold of him and went with him. When they were taking leave from him,[6] he said to them: Ye have visited one who is seen but does not see; may ye be granted to visit Him who sees but is not seen. Said [Rabbi to R. Ḥiyya]: If now [I had hearkened to you] you would have deprived me of this blessing. They [then] said to him: From whom didst thou hear this?[7]—I heard it at a discourse of R. Jacob's. For R. Jacob of Kefar Ḥitya,[8] used to visit his teacher every day. When he became old, the latter said to him: Let the master not trouble himself since he is unable. He replied: Is it a small thing that is written concerning the Rabbis? *And he shall still live alway, he shall not see the pit; when he seeth that wise man die.*[9] Now if he who sees wise men at their death shall live, how much more so [he who sees them] in their life.

R. Idi, the father of R. Jacob b. Idi, used to spend three months
d on his journey and one day at the school;[1] and the Rabbis called him 'One day scholar'. So he became dispirited, and applied to himself the verse: *I am as one that is a laughing-stock to his neighbour* etc.[2] Said to him R. Joḥanan: I beg of you, do not bring down punishment upon the Rabbis. R. Joḥanan then went forth to the College and delivered the [following] exposition: *Yet they seek Me day by day, and delight to know My ways.*[3] Do they then seek Him by day, and do not seek Him by night? It comes to tell you, therefore, that whoever studies the Torah even one day in the year, Scripture accounts it to him as though he had studied the whole year through. And similarly in the case of punishment, for it is written: *After the number of the days in which you spied out the land.*[4] Did they then sin forty years? Was it not forty days that they sinned? It must come to teach you, therefore, that whoever commits transgression even one day in the year, Scripture accounts it to him as though he had transgressed the whole year through.

WHO IS [IN THIS RESPECT DEEMED] A MINOR? WHOEVER IS UNABLE TO RIDE ON HIS FATHER'S SHOULDERS etc. R. Zera

(7) Isa. XXII, 12. *'Call'* denotes publicly; grief, therefore, is to be found in 'the outer chambers'! (8) אראלם (E.V. *'their valiant ones cried without'*) is here connected with אריאל (Isa. XXIX, 1), *'the altar hearth'*. Cf. Rashi to verse. (9) Isa. XXXIII, 7. (10) Jer. XIII, 17. E.V. *'And mine eye shall weep sore and run down down* etc.'

c (1) Lam. II, 1. (2) I.e., how great was Israel's downfall, for what could be higher than heaven and lower than earth! (3) From root meaning 'to learn': lit., 'one that has caught fire by associating with Rabbis'; cf. Aboth, II, 10 (Jastrow). Or from root meaning 'to gather, establish' *sc. halachoth* (Levy). (4) Lit., 'Light of the eyes', a euphemism. (5) Rabbi was the *Nasi* ('Prince') i.e., the president of the Sanhedrin. (6) I.e., the blind scholar. (7) I.e., that to visit a scholar is so meritorious. (8) Perhaps Hattin (Robinson, *Bibl. Researches*, iii, 34,) N.W. of Tiberias. V. also Neubauer, *Géog. du Talmud*, p. 207. (9) Ps. XLIX, 10, 11.

d (1) It took him six months to travel to the school and back; in order to be with his family for the festivals of Passover (essentially a home festival) and Tabernacles (cf. Deut. XVI, 14) he was able to remain at the school only one day. (2) Job XII, 4. (3) Isa. LVIII, 2. (4) Num. XIV, 34, v. whole verse.

demurred thereto: [6a] Who brought him thus far?[5]—Said Abaye to him: Thus far his mother brought him,[6] since she is bound to rejoice[7] [on the festival]; from here onward, if he is able to go up from Jerusalem to the Temple Mount holding his father's hand, he is obligated, and if not, he is exempt.

Rabbi objected on behalf of Beth Hillel to the view of Beth Shammai: *But Hannah went not up; for she said unto her husband:*
a *Until the child be weaned, when I will bring him up.*[1] Now Samuel was [already] able to ride on his father's shoulders![2]—Said his father[3] to him: But according to thy own reasoning there is a difficulty: was not Hannah herself bound to rejoice [on the festival]?[4] The explanation, therefore, must be that Hannah saw that Samuel was exceptionally delicate, and she feared that the journey might unduly fatigue Samuel.[5] R. Simeon[6] asked: What [is the law], according to the view of Beth Shammai, respecting a minor who is lame,[7] and according to both views, respecting one who is blind?[8]—What is the case? Shall one say that it is a case of a lame child who will never be able to walk,[9] and of a blind child who will never be able to see? Now [in such cases] a major is exempt, can there be any question about a minor?[10]—No, [the question] is necessary with respect to a lame child who may [eventually] be able to walk[11] and with respect to a blind child who may [eventually] be able to see. What [is the law then]?—Abaye said: Wherever a major is obligated according to the law of the Torah, we also initiate a minor according to Rabbinic law; wherever a major is exempt according to the law of the Torah, a minor is also exempt according to Rabbinic law.

BETH SHAMMAI SAY: THE PILGRIMAGE-OFFERING MUST BE WORTH [AT LEAST] TWO PIECES OF SILVER etc. Our Rabbis taught: Beth Shammai say: The pilgrimage-offering [must be worth at least] two pieces of silver and the festal-offering one *ma'ah* of silver, because the pilgrimage-offering is offered up entirely
b to God,[1] which is not the case with regard to the festal-offering;[2] furthermore, we find that for the Festival of Weeks[3] Scripture has enjoined more burnt-offerings than peace-offerings.[4] But Beth Hillel say: The pilgrimage-offerings [must be at least] one *ma'ah* of silver and the festal-offering two pieces of silver, because the festal-offering obtained prior to the Revelation,[5] which is not the case with regard to the pilgrimage-offering. Furthermore, we find that in the case of 'the princes',[6] Scripture enjoined more peace-offerings than burnt-offerings.

Now why do not Beth Hillel agree with Beth Shammai?—As for your saying that the pilgrimage-offering is more important because it is entirely offered up to God, on the contrary, the festal-offering is more important, because in it there are two meals.[7] And as for your saying that we should learn by analogy from the Feast of Weeks, [I contend that] we should form an analogy between the offering of an individual and the offering of an in-
c dividual,[1] but we should not form an analogy between the offering of an individual and an offering of the community.[2] And why do not Beth Shammai agree with Beth Hillel?—As for your saying that the festal-offering is more important because it obtained prior to the Revelation, [I contend] that the pilgrimage-offering also obtained prior to the Revelation.[3] And as for your saying that we should learn by analogy from 'the princes', [I contend that] we have to form an analogy between something that applies to [future] generations[4] and something [else] that applies to [future] generations;[5] but we should not form an analogy between something that applies to [future] generations and something that does not apply to [future] generations.[6] Now according to Beth Hillel, why is the festal-offering singled out as obtaining prior to the Revelation? Because it is written: *And they sacrificed sacrifices of peace-offerings.*[7] Surely the pilgrimage-offerings must also [have been offered up then]; [for] behold, it is written: *And they offered burnt-offerings!*[8]—Beth Hillel are of the opinion that the burnt-offering which the Israelites offered in the wilderness was the 'continual burnt-offering'.[9] And Beth Shammai?—They are of the opinion that the burnt-offering that the Israelites offered in the wilderness was a pilgrimage-offering.[10]

Abaye said: Beth Shammai and R. Eleazar and R. Ishmael are all of the opinion that the burnt-offering which the Israelites offered in the wilderness was a pilgrimage-offering. And Beth Hillel and R. Akiba and R. Jose the Galilean are all of the opinion that the burnt-offering which the Israelites offered in the wilderness was the 'continual burnt-offering'. 'Beth Shammai', as we have said [above]. 'R. Ishmael', for it is taught: R. Ishmael said: The

(5) I.e., from his house to Jerusalem. The fact that he could travel to Jerusalem shows that he is old enough to do without his mother; at that age he is also old enough to be able to go up from Jerusalem to the Temple Mount by holding his father's hand. What point, therefore, is there in defining a minor as one that is unable even with the aid of his father to go up from Jerusalem to the Temple Mount, when the prior journey to Jerusalem shows that he is old enough to do this and therefore no longer a minor? (6) Thus the assumption that he was old enough to do without his mother is wrong. (7) I.e., in order to fulfil the commandment to rejoice she must go to Jerusalem (cf. Deut. XIV, 26); but she is not subject to the commandment to appear before the Lord on the Temple Mount.

a (1) I Sam. I, 22. According to the Talmud a child is weaned at the end of 24 months. (2) According to Rashi a child can do that at the end of a year. The Shammaite view, therefore, must be wrong. (3) The other reading, Abaye, is an anachronism; [unless we read 'Said Abaye' omitting 'to him'.] (4) She ought therefore to have gone up to the Sanctuary (then at Shiloh) and taken Samuel with her even before he was weaned. (5) Thus the case of Samuel cannot be regarded as a support for the Hillelite view. (6) I.e., R. Simeon b. Lakish, v. Pes. 119a. (7) Beth Shammai require a child to go up to the Temple (as part of his initiation or religious training) as soon as he can do so by riding on his father's shoulders. Since the lame child could go up to the Temple Mount in this manner, is he bound to do this? But the question is not applicable to Beth Hillel, because they require the child to be able to walk. (8) This question is applicable to Beth Hillel, too, because the blind child could go up the Temple Mount by holding his father's hand. (9) Lit., 'become straight'. (10) His initiation would serve no purpose, for even on becoming of age he will be exempt. (11) I.e., before he becomes of age. The question is: must we train him now because when he grows up he will be fit and therefore bound to 'appear', or shall we exempt him on account of his present defects?

b (1) Lit., 'the Most-High'. (2) Which is partly burnt, and partly eaten by pilgrims and priests. (3) This is the Talmudic sense of עצרת; but in the Bible it means (a) a general assemblage (e.g. Jer. IX, 1) (b) a sacred assembly (e.g. Isa. I, 13), but especially the last day of Passover (Deut. XVI, 8) or of Tabernacles (Lev. XXIII, 36, Num. XXIX, 35). (4) V. Lev. XXIII, 18, 19: the festal offering (חגיגה) belonged to the class of peace-offerings (שלמים); v. *supra* n. 2. (5) V. Ex. XXIV, 5, which is taken to refer to a time prior to the Revelation though it occurs after the Decalogue; cf. Shab. 88a, where the building of the altar and the offering of sacrifices thereon by *'the young men of the children of Israel'*, (taken by the Rabbis to be the firstborn) is said to have taken place on the fifth Sivan, a day before the Revelation. (6) I.e., the heads of the tribes mentioned at the dedication of the altar in Tabernacles; v. Num. VII, 87, 88. (7) For the altar and for man.

c (1) I.e., the pilgrimage and festal-offerings which were private offerings should be compared with the offerings of 'the princes', which were also private offerings. (2) I.e., the offerings prescribed for the Feast of Weeks, which were provided from the Temple treasury. (3) V. Ex. XXIV, 5. (4) I.e., the pilgrimage and festal-offerings. (5) I.e., the public offerings of the Feast of Weeks. (6) I.e., the prince's offerings. (7) Ibid. (8) Ibid. The pilgrimage-offering was a burnt-offering. (9) V. Num. XXVIII, 2-6: this was a daily public offering from which no inference could be drawn regarding the pilgrimage-offerings. (10) Because the expression 'they saw God' (Ex. XXIV, 11) which, being similar to the expression 'shall appear' (Ex. XXIII, 17), is taken to imply that it was offered as a pilgrimage celebration.

עין משפט נר מצוה

כד א מיי' פ"ב מהל' חגיגה הלכה א סמג עשין רכו:

כה ב מיי' שם פ"ב הלכה ג:

גמרא

עד הכא מאן אתייה אמר ליה אביי עד הכא (א)דמחייבא אימה בשמחה אייתיתיה אימיה מכאן ואילך אם יכול לעלות ולאחוז בידו של אביו מירושלים להר הבית חייב ואי לא פטור השיב רבי תחת בית הלל לדברי בית שמאי °וחנה לא עלתה כי אמרה לאישה עד יגמל הנער והביאותיו והא שמואל דיכול לרכוב על כתיפו של אביו הוה א"ל *אבוה ולטעמיך תיקשי לך חנה גופה מי לא מיחייבא בשמחה אלא חנה מפנקותא יתירתא חזייא ביה בשמואל וחששא ביה לחולשא דאורחא בעי רבי שמעון* קטן חיגר לדברי בית שמאי וסומא לדברי שניהם מהו היכי דמי אילימא בחיגר שאינו יכול להתפשט וסומא שאינו יכול להתפתח השתא גדול פטור קטן מיבעיא לא צריכא בחיגר שיכול להתפשט וסומא שיכול להתפתח מאי אמר אביי בכל היכא דגדול מיחייב מדאורייתא קטן נמי מתנבינן ליה מדרבנן כל היכא דגדול פטור מדאורייתא מדרבנן (ב) קטן נמי פטור: ב"ש אומרים הראייה שתי כסף כו': ת"ר בית שמאי אומרים הראייה שתי כסף והחגיגה מעה כסף שהראייה עולה כולה לגבוה מה שאין כן בחגיגה ועוד מצינו בעצרת שריבה בהן הכתוב בעולות יותר מבשלמים ובית הלל אומרים הראייה מעה כסף וחגיגה שתי כסף שחגיגה ישנה לפני הדיבור מה שאין כן בראייה ועוד מצינו בנשיאים שריבה בהן הכתוב בשלמים יותר מבעולות ובית הלל מאי טעמא לא אמרי כבית שמאי דקא אמרת ראייה עדיפא דעולה כולה לגבוה ארבה חגיגה עדיפא דאית בה שתי אכילות ודקא אמרת ניליף מעצרת דנין קרבן יחיד מקרבן יחיד ואין דנין קרבן יחיד מקרבן צבור ובית שמאי מ"ט לא אמרי כבית הלל דקאמרת חגיגה עדיפא דישנה לפני הדיבור ראייה נמי ישנה לפני הדיבור ודקאמרת ניליף מנשיאים דנין דבר הנוהג לדורות מדבר הנוהג לדורות ואין דנין דבר הנוהג לדורות מדבר שאינו נוהג לדורות ובית הלל מאי שנא חגיגה דישנה לפני הדיבור דכתיב °ויזבחו זבחים שלמים ראייה נמי הכתיב °ויעלו עולות קסברי בית הלל *עולה שהקריבו ישראל במדבר עולת תמיד הואי ובית שמאי סברי עולה שהקריבו ישראל במדבר עולת ראייה הואי אמר אביי בית שמאי (ג) ורבי אליעזר ור' ישמעאל כולהו סבירא להו עולה שהקריבו ישראל במדבר עולת ראייה הואי ובית הלל ורבי עקיבא ור' יוסי הגלילי כולהו סבירא להו עולה שהקריבו ישראל במדבר עולת תמיד הואי בית שמאי הא דאמרן ר' ישמעאל *דתניא ר' ישמעאל אומר כללות נאמרו בסיני ופרטות

(שמואל א א) (שמות כד) (שם)

רש"י

עד הכא מאן אתייה · עד ירושלים מי הביאו (ד) והלא משהוא יכול להיות חוץ מאמו יכול לאחוז ביד אביו דכדי עלייה מירושלים להר הבית אתה אומר שיתכנהו ועד ירושלים מי הביאו: מחייבא בשמחה · לעלות לרגל ולשמוח בחג עם בעלה דעל השמחה נלטוו נשים דכתיב ושמחת אתה וביתך (דברים יד): מכאן ואילך · דאימיה לא מחייבא להתראות בהר הבית: עד יגמל · לסוף כ"ד חודש שכן תינוק יונק ומשנה ראשונה הוא יכול לרכוב על כתיפו של אביו כדי לעלות מירושלים להר הבית וכל שכן משילה למשכן: הכי גרס קטן חיגר לדברי בית שמאי וסומא לדברי שניהם · דאילו חיגר לדברי בית הלל לא מיבעיא לן דלא מחנכינן ליה דהא אמרינן אין מחנכין אלא לקטן שיכול לאחוז ולעלות ברגליו בירושלים וזה אינו יכול אבל לבית שמאי דמחייבי לחנכו משיכול לרכוב קטן חיגר יכול לרכוב על כתיפו של אביו והסומא יכול לאחוז לב"ה מהו צריך חינוך או לא: שאינו יכול להתפשט · שאין סופו להתפשט עולמית: קטן מיבעיא · הלא אין חינוך קטן אלא כדי להרגילו שיהא סרוך אחר מנהגו לכשיגדיל וכיון שזה פטור לכשיגדיל למה לי חינוך: שיכול להתפתח · קודם שיגדיל: מצינו בעצרת · בפ' שור או כשב והקרבתם על הלחם שבעת כבשים תמימים ופר בן בקר אחד ואילים שנים יהיו עולה לה' וכתיב ושני כבשים בני שנה לזבח שלמים (ויקרא כג): ישנה לפני הדיבור · קודם מתן תורה הקריבו שלמים בסיני דכתיב וישלח את נערי בני ישראל (שמות כד) ואע"ג דהאי קרא כתיב בואלה המשפטים לאחר עשרת הדברות קודם עשרת הדברות הוה ואין מוקדם ומאוחר בתורה והכי תניא במסכת שבת בפרק ר' עקיבא (דף פח.) רבי יוסי אומר בשני עלה וירד בשלישי עלה וירד ברביעי ירד ושוב לא עלה בחמישי בנה מזבח והקריב עליו קרבן בששי ניתנה תורה ואין אתה מוצא בנתינת התורה בנין מזבח אלא באותו שנאמר וישלח את נערי בני ישראל וגו' ולקמן פריך התם נמי עולה הואי: נשיאים · בחנוכת המזבח הקריבו שלמים יותר מעולות דכתיב כל הבקר לעולה וגו' וכל בקר זבח השלמים וגו' (במדבר ז): שתי אכילות · מזבח ואדם: נשיאים · קרבן יחיד ראייה וחגיגה קרבן יחיד אבל כבשי עצרת קרבן צבור ומתרומת הלשכה: ראייה נמי ישנה לפני הדיבור · דעולה נמי הוה התם: מדבר הנוהג לדורות · כבשי עצרת · עולת תמיד הואי · חובת כל יום ויום ולא גמרינן מינה: עולת ראייה הואי · על שם ויחזו את האלהים: כללות נאמרו בסיני · הרבה דברים נאמרו סתומים בסיני שלא נתפרשו כל צרכן ופירשו לו לאחר שהוקם המשכן באהל מועד שהרי לא נתפרשו שם הלכות עבודה ככל הצריך אלא מזבח אדמה תעשה לי וזבחת עליו את עולותיך ואת שלמיך (שמות כ) ולא פי' מתן דמיהן הפשטן וניתוחן של עולות והקרבת אימורין של שלמים:

ופרטות

תוספות

(ה) דמחייבא אימה בשמחה · פירש רש"י בפרק קמא דקדושין (דף לד: ושם) גבי אשה בעלה משמחה בבבל בבגדי צבעונין בא"י בבגדי פשתן והכא משמע דבשלמי שמחה מיירי והתם (בד"ה אשה) פי' וכן בפ"ק דר"ה (דף ו: ושם):

דיכול לרכוב על כתיפו של אביו · שהיה גדול קצת אבל לא מצי לאחוז בידו ולעלות ברגליו:

בחיגר שיכול להתפשט · מקמי גדלו מאי מי אמרינן דכיון דגדול המחייב מדאורייתא גבי קטן נמי מחייב בחינוך דמידי הוא טעמא בקטן אלא משום לחנכו דידע כשהוא גדול או דלמא כיון דגדול בהכי לא מיחייב גם קטן לא:

הראייה שתי כסף · °ומדרבנן הוא דמדאורייתא אין לו שיעור לקרבן רק לאשם מעילות (שבועות העדות) דכתיב ביה כסף שקלים (ויקרא ה) ותנן בכריתות (דף כו:) המפריש שתי סלעים לאשם והא דאמרינן בזבחים (דף מח.) [לא יהא ספיקו חמור מודאו מה ודאו חטאת בת דנקא אף ספיקו אשם בר דנקא] ובמנחות (דף קז:) יביא *אשם הוא ונסכיו בסלע לאו דוקא קאמר דאמרינן בפרק ב' דכריתות (דף י:) יביא *אשם בסלע וכן הא דאמרינן בפ' הוציאו לו ביומא (דף נה:) נישקול ארבעה זוזי ונשדי בנהרא לאו דוקא דלא בעי כולי האי ובפ"ב דמנחות (דף קז: ושם בד"ה כבש) פירשתי*:

ישנה לפני הדבור · וס"ל עולת (ו) ראייה הואי כדקאמר בסמוך:

*קרבן יחיד · כגון חגיגה ובפ"ה דיומא (דף נא. ושם) דקרי ליה קרבן צבור היינו גבי פסח שני כדקאמר התם חגיגה מ"ט מקריא קרבן צבור דאתיא בכנופיא פסח נמי אתיא בכנופיא איכא פסח שני דלא אתיא בכנופיא:

דנין דבר הנוהג לדורות · ולא בעי למימר דנין יו"ט מיו"ט לאפוקי נשיאים דחול הוי דלא מליכו ליה האי חילוקא בשום מקום (ז) אע"ג דלקמן פרק חומר בקודש (דף כג: ושם) ילפינן לירוף כף אחת הכתוב עשה כל מה שבכף אחת ולא פרכינן דורות משעה לא ילפינן דהתם כיון דליכא למלפי מדורות ילפינן ליה שפיר משעה אי נמי שאני התם דתני ביה קרא תריסר זימני כדאמרינן בפ"ק דמנחות (דף ח:) ובפרק הקומץ רבה (שם דף יט:) גבי כלי הלא מקדש הלא ויליף שמואל דורות משעה דתני ביה קרא תריסר זימני:

ורבי ישמעאל ורבי אלעזר וכו' · ואין להקשות ושבקי ב"ה ועבדי כב"ש הלא ב"ש במקום בית הלל אינו משנה וי"ל דסבירא להו לא נחלקו בית שמאי וב"ה בדבר זה:

בית שמאי הא דאמרן · וליכא לאקשויי מנא ליה דאית להו עולת ראייה הואי דלמא לעולם סבירא להו עולת תמיד וטעמא דידהו עדיף להו דהכי משמע מדבעי מאי טעמא לא אמר בית הלל כוותייהו האי לאו מילתא היא דמיבעיא ליה אמאי לא קאמרי בית הלל עולת ראייה כבית שמאי:

מי

מסורת הש"ס

ס"א אביי

[לא היה לו פנאי ואח"כ בשבת כ"ל לסא' וע"ש]

[יבמות כ:]

סוטה לז: זבחים קטו:

[בן לקיש וכן איתא בפסחים קיט.]

ז"ל כבש

ז"ל כבש

[וע"ע תוספות ב"ב קטו: ד"ה רבעתים]

[דיבור זה שייך קודם ד"ה ישנה]

רבינו חננאל

בה"א כל שאינו יכול לאחוז בידו של אביו ולעלות מירושלים להר הבית שנאמר שלש רגלים · ממקום מושבותיהם מי הביא הקטנים ופרקינן ממקומם שהיתה אמן חייבת לעלות ולשמוח הביאתו אמו מיכן ואילך שאינה חייבת בראייה משלימתו לאביו ומקשה לב"ש דאמרינן אם יכול לרכוב על כתיפיו של אביו ולעלות חייב · והא שמואל דיכול לרכוב הוה וכתיב וחנה לא עלתה כי אמרה לאישה עד יגמל הנער והביאותיו ונראה את פני ה' וישב שם עד עולם · ודחי ב"ש ולטעמיך חנה גופה אמאי לא עלתה מי לא מיחייבא בשמחה אלא חנה מפנקותא יתירתא חזת בשמואל (והשתא) [וחששה] משום חולשא דאורחא משום הכי חנה נמי פטורה דאמר *) חולין ומשמשיהן פטורין מן הראייה · בעי ר"ש בר אבא קטן חגר שיכול להתפשט לדברי (ב"ה) [ב"ש] וקטן סומא שיכול להתפתח לדברי שניהם מאי ופשטה אביי כל היכא דגדול חייב מן התורה קטן נמי מדרבנן פטור: מתני' ב"ש אומרים הראייה שתי כסף כו' · ת"ר הראייה שתי כסף שהיא כולה לגבוה מה שאין כן בחגיגה שהחגיגה החלב והדם לגבוה והבשר לבעלים ועוד מצינו בעצרת שהזהיר הקב"ה לישראל בעולות ושלמים וריבה בעולות · ובה"א החגיגה גדולה מן הראייה שהחגיגה ישנה לפני מתן תורה שנאמר ויזבחו זבחים שלמים לה' פרים וכי תימא והא התם נמי כתיב ויעלו עולות והנה הקריבו נמי קודם מתן תורה עולת ראיה ההיא עולה שהקריבו ישראל קודם מתן תורה עולת תמיד הואי · ועוד מצינו בנשיאים שהקריבו פר ואיל וכבש לעולה והקריבו לזבח שלמים פרים שנים וגו' · ודחינן ב"ה עצרת קרבן צבור ואין דנין קרבן יחיד מקרבן צבור · ודחינן ב"ש עולה שהקריבו ישראל במדבר עולת ראיה הואי . קרבן נשיאים אינו נוהג לדורות · אמר אביי ב"ש ור' ישמעאל ור' אליעזר כולהו סבירא להו עולה שהקריבו ישראל

*) בגמ' לא מצינו זה רק גבי סוכה בסוכה ד' כ"ה ואולי דנ"ל דאמרה ור"ל דחנה סברה כן בדעתה דחולין ומשמשיהן פטורין מן הראיה.

הגהות הב"ח

(א) גמרא עד הכא מאן אייתיה אמר ליה אביי עד הכא אימיה דמחייבא בשמחה אייתיתיה מכאן ואילך כצ"ל: (ב) שם דגדול פטור מדאורייתא קטן נמי [פטור] מדרבנן ב"ש אומר: (ג) שם בית שמאי ור' ישמעאל ור' אליעזר כולהו: (ד) רש"י ד"ה עד הכא מאן אייתיה עד ירושלים מי הביאו דכדי עלייה מירושלים וכו' מי הביאו והלא משהוא יכול וכו' לאחוז ביד אביו הס"ד ואח"כ מה"ד דמחייבא: (ה) תוס' ד"ה אימיה דמחייבא בשמחה: (ו) ד"ה ישנה וכו' עולת תמיד הואי: (ז) ד"ה דנין וכו' ואף על גב ומי' מכף אחת וכו' משעה משום דתני:

גליון הש"ס

גמרא עולה שהקריבו ישראל במדבר עולת תמיד הואי · עיין יומא דף לד ע"א תוספות ד"ה שעולה: תד"ה הראיה כו' ומדרבנן היא . עי' קדושין יז ע"א תד"ה ונילף:

כו א מיי' פ"א מהל' חגיגה הלכה א:

ופרטות באהל מועד ור' עקיבא אומר כללות ופרטות נאמרו בסיני ונשנו באהל מועד ונשתלשו בערבות מואב ואי סלקא דעתך עולה שהקריבו ישראל במדבר עולת תמיד הואי מי איכא מידי דמעיקרא לא בעי הפשט וניתוח ולבסוף בעי הפשט וניתוח הא ר' אלעזר היא דתניא °עולת תמיד העשויה בהר סיני ר' אלעזר אומר מעשיה נאמרו בסיני והיא עצמה לא קרבה רבי עקיבא אומר קרבה ושוב לא פסקה אלא מה אני מקיים °הזבחים ומנחה הגשתם לי במדבר ארבעים שנה בית ישראל שבטו של לוי שלא עבדו ע"ז הן הקריבו אותה בית הלל הא דאמרן ר' עקיבא הא נמי דאמרן ר' יוסי הגלילי דתניא ר' יוסי הגלילי אומר *שלש מצות נצטוו ישראל בעלותם לרגל ראיה וחגיגה ושמחה יש בראיה שאין בשתיהן ויש בחגיגה שאין בשתיהן יש בשמחה שאין בשתיהן יש בראיה שאין בשתיהן שהראייה עולה כולה לגבוה מה שאין כן בשתיהן יש בחגיגה מה שאין בשתיהן שהחגיגה ישנה לפני הדיבור מה שאין בשתיהן יש בשמחה מה שאין בשתיהן שהשמחה נוהגת באנשים ובנשים מה שאין בשתיהן ור' ישמעאל מאי טעמא קא מוקמת ליה כבית שמאי אי סלקא דעתך עולה שהקריבו ישראל במדבר עולת תמיד הואי מי איכא מידי דמעיקרא לא בעי הפשט וניתוח ולבסוף בעי הפשט וניתוח והא רבי יוסי הגלילי דאמר עולה שהקריבו ישראל במדבר עולת תמיד הואי מעיקרא לא בעי הפשט וניתוח ולבסוף בעי הפשט וניתוח *דתניא רבי יוסי הגלילי אומר עולה שהקריבו ישראל במדבר אינה טעונה הפשט וניתוח לפי שאין הפשט וניתוח אלא מאהל מועד ואילך סמי מכאן ר' ישמעאל *בעי רב חסדא האי קרא היכי כתיב °וישלח את נערי בני ישראל ויעלו עולות כבשים ויזבחו זבחים שלמים לה' פרים או דלמא אידי ואידי פרים הוו למאי נפקא מינה מר זוטרא אמר לפיסוק טעמים רב אחא בריה דרבא אמר לאומר הרי עלי עולה כעולה שהקריבו ישראל במדבר מאי פרים הוו או כבשים הוו תיקו *תנן התם אלו דברים שאין להם שיעור הפאה והבכורים

(במדבר כח) (עמוס ה) (שמות כד)

מי איכא מידי דמעיקרא לא בעי הפשט · דוקא (ג) קא מבעיא ליה משום דעיקר הפשט כתיב בגופיה אבל מעולת ראייה לא"ע דאמת הוא דטעונה הפשט לא קשה ליה מידי כיון דלאו בגופיה כתיב:

רבי עקיבא וכו' · לא"ע דבחמישי בנה מזבח ולא ניתנה תורה עד סיני דריש מאותה שעה דנאמר מעשיה בסיני דכתיב עולת תמיד העשויה בהר סיני ומאן דלא דריש האי מוקי לה דעולה טעונה כלי וכן פירש רש"י בגימוקי חומש העשויה בהר סיני ובסיפרי דריש לה שנעשית בהר סיני קודם לתורה והיינו בחמישי שבנה מזבח:

יש בשמחה שאין בשתיהן · ובתוספ' גרסינן שהשמחה יש לה תשלומין כל שבעה *ולא בשתיהן ושמעתתא שלנו דלא גרים ליה סבירא ליה דנס באיך יש להן תשלומין ולא קאמר יש בשתיהן שצריכין שיעור מה שאין כן בשמחה דאימא אף שמחה יש לה שיעור ומיהו בלאו הכי ניחא דלא נחית למיתני הא כללא כדפרים לעיל (דף ג:) רק חומרא באחת שאין בשתים ולהכי לא חשיב שיתין אין באין מכל דבר מה שאין כן בשמחה שבאה מכל דבר דהא חומרי דשתים לא קא חשיב:

אידי ואידי פרים הוו · אליבא דמ"ד עולת ראייה הואי ואפי' למ"ד עולת תמיד קודם מתן תורה היתה של פרים והדר אישתנו כמו שנשתנה מן הפשט וניתוח לרבי יוסי הגלילי:

מאי נפקא מינה · כלומר מאי דהוה הוה וכן פריך בפ"ק דיומא (דף ה: ושם) גבי כיצד מלבישן ובפסחים (ע.) גבי אימורי פסחים(ד) ובסנהדרין (דף טו: ושם) גבי שור סיני בכמה לא בעי משום דסבירא לאלופי דורות משעה ובע"ז פרק שני (דף לד.) ובתענית (דף יא:) גבי במה שמש משה כל ימי המלואים דלא פריך ליה התם נמי למיסבר קרא לפי שלא מלינו בגדי כהונה רק לאהרן ובניו ועוד דאכתי לא נתחנכו הבגדים דבעינן עלייהו הואה ונפקא מינה לעבוד במלואים בלא הואת בגדים:

לפסוקי טעמא · ולא דמי לה' מקראות שאין להן הכרע (יומא דף נב.) ולא אזלינן בתר פסוקי טעמא התם לא מצי קאי רק לחד מינייהו דאין משמעות שתיהן שוה אבל הכא מצי קאי לתרווייהו:

שאין להן שיעור הפאה · דכתיב לא תכלה פאת שדך (ויקרא יט) ומדאורייתא היא דאילו מדרבנן (ה) אמר בפרק ראשית הגז (חולין דף קלז: ושם) אין פוחתין (*לעני בגורן פחות) מששים ופליגי אמוראי בירושלמי חד אמר אין להם שיעור למעלה ולא למטה כלומר יוכל לפחות עד חטה ולמעלה כל שדהו וחד אמר למעלה אין לה שיעור אבל למטה יש לה ובעי מאי בינייהו כלומר ודאי לכולי עלמא איכא ומשני אם פיחת מששים למאן דאמר אין לו שיעור כלל מה שנתן נתן ופטור מפאה ואם הוסיף חייב במעשר ולמאן דאמר יש לו שיעור למטה מה שנתן נתן ואינו פטור מפאה וזכה העני ומחויב במעשר עד שישלם שיעור ששים בבת אחת דלא הוי פאה אם לא שילם לו בבת אחת כו' ופריך אמאי לא חשיב תרומה ומשני תפתר מפני המחלוקת לשון פלוגתא דומיא דמחלוקת בששניהן אדוקין בתורף (ב"מ דף ז:) כלומר שיש בה חילוק דאמר רבי יוחנן עושה אדם כל שדהו בכורים ולא אמר עושה כל שדהו תרומה דהא בעינן ראשית ששיריה ניכרים בפרק בכל מערבין התיבון הרי פאה דאין אדם עושה כל שדהו פאה ומשני עד שלא קצר שבולת לא נתחייב שדהו פאה כלומר דכתיב פאת שדך בקוצרך תלה רחמנא פאה בקציר והכי קאמר דמשנתחייב בפאה אין לה שיעור וכי תימא בכורים נמי הכתיב ראשית וליבעי שירים ניכרים כמו בתרומה דמרבינן ליה התם ראשית כל בכורי כל ואני הייתי מפרש מפני המחלוקת עין יפה עין רעה ובינונית לאפוקי הך דעייניס שוה ועוד דפליגי במסכת תרומה (פרק ד מ"ה) המרבה בתרומה רבי אליעזר אומר אחד מעשרה יתר מכאן יעשה תרומת מעשר למקום אחר רבי ישמעאל אומר מחצה חולין ומחצה תרומה ר' עקיבא אומר עד שישייר שם חולין ומפרש בירושלמי טעמא דרבי ישמעאל דראשית דגנך דיו לראשית שיהו כדגן:

ופרטות באהל מועד · שהוקם המשכן ודיבר עמו מעל (א) הכפורת שם פירש לו הכתוב כדכתיב ויקרא אל משה וידבר ה' אליו מאהל מועד לאמר ובספר תורת כהנים דהיינו ויקרא נתפרשו כל הלכות קרבן וכן דברים הרבה: ונשנו · פעם שנית וכל מה שנאמר כאן נאמר כאן ולא"ע שלא נכתב: ונשתלשו בערבות מואב · מפי משה לישראל שנאמר בעבר הירדן בארץ מואב הואיל משה באר את התורה וגו' (דברים א): ואי סלקא דעתך עולת סיני עולת תמיד הואי · והובא לדורות מפני הגבורה: מי איכא מידי כו' · אלא ודאי עולת ראייה הואי ומאליהם הקריבוה: והיא עצמה לא קרבה · והעולה שהקריבו הבכורות עולת ראייה הוה: ומה אני מקיים הזבחים ומנחה הגשתם לי במדבר · לשון תימה ומשמע שלא הקריבו לפי שנאופין היו: שבטו של לוי · הקריבוה משלהם: שמחה · אף הם שלמי שמחה אם אין לו בשר שלמים של נדר ונדבה שהתנדב כל השנה שמביאין ברגל ולא מעשר בהמה מביא שלמים משלו או ממעות מעשר שני שלו להיות לו בשר לשובע שאין שמחת החג אלא בבשר: שחגיגה ישנה לפני הדיבור · אותן שלמים שהקריבו הבכורות אף על פי שלא ברגל הקריבום חגיגה נקראו שבהן נתקיים ויחוגו לי במדבר (שמות ה) שנאמר להם במצרים: השמחה נוהגת בנשים · דכתיב ושמחת אתה וביתך (דברים יד): מה שאין כן בשתיהן · דמלות עשה שהזמן גרמא הן והכתוב לא ריבה אותן: הכי גרסינן ורבי ישמעאל מאי טעמא קא מוקמת ליה כבית שמאי אי סלקא דעתך וכו' · ולא גרסינן אמר לך והכי פירושא לאביי פריך דאמר לעיל בית שמאי ורבי ישמעאל כו' מאי טעמא מוקמת לה לרבי ישמעאל דלא כהלכתא דבית שמאי במקום בית הלל אינו משנה משום דשמעת ליה דאמר פרטות לא נאמרו בסיני וקשיא לך אי סלקא דעתך עולת תמיד הואי ומי איכא מידי כו' משום הכי לא הוה לך לאוקמה כבית שמאי(ג): הא ר' יוסי הגלילי · דשמעת ליה בהדיא דאמר לעיל עולת תמיד הואי ואפילו הכי שמעינן בעולת תמיד דלית ביה הפשט וניתוח: לפסוקי טעמים · בנגינות אם תאמר שני מינין צריך אתה לפסוק הטעם של ויעלו עולות באתנחתא כמו שאנו קורין אותו או בזקף קטן טעם שמפסיק הדבור ממה שלאחריו ואם מין אחד היה צריך אתה לקרותו באחד משאר טעמים שאין מפסיקין כגון פשטא או רביע: לאומר הרי עלי עולה כו'גר' ולא גרסי' כאומר: נפקא מינה לאומר הרי עלי עולה כאותה עולה · מה יביא פרים או כבשים תיקו: תנן התם · במסכת פאה:

זבחים קטו: ע"ש דף קכ.
[תוספתא פ"א]
[תוספתא דפרה פ"ג]
יומא נב:
פאה פ"א מ"א
חולין קלז.
[יומא דף ה: פסחים דף ע. סנהדרין דף טו:]

רבינו חננאל

ישראל במדבר עולת ראיה הואי וב"ה ורבי עקיבא ור' יוסי הגלילי סברי עולת תמיד הואי ב"ש הא דאמרן ר' ישמעאל דתניא כללות נאמרו בסיני ופרטות באהל מועד וליכא מידי דבסיני לא בעי הפשט ונתוח דהא אמרת כללות נאמרו בסיני ובסוף בעי הפשט ונתוח שנאמר והפשיט את העולה ונתח אותה לנתחיה · אלא לאו ש"מ לאו עולת תמיד הואי · אלא עולת ראיה הואי · ר' אליעזר נמי דתניא עולת תמיד העשויה בהר סיני ר' אליעזר אומר מעשיה נאמרו בסיני והיא עצמה לא קרבה ר' עקיבא אומר היא עצמה קרבה בסיני ושוב לא פסקה · וכי תימא איני והכתיב הזבחים ומנחה הגשתם לי במדבר ארבעים שנה בית ישראל *) שעבדו ע"ז הקריבו עולת תמיד בכל ארבעים שנה שהיו ישראל במדבר ותוב א"ר עקיבא כללות ופרטות נאמרו בסיני ונשנו באהל מועד ונשתלשו בערבות מואב ב"ה ור"ע הני דאמרן ר' יוסי הגלילי דתניא ר' יוסי הגלילי אומר ג' מצות נצטוו ישראל בעלייתן לרגל ראיה חגיגה ושמחה יש בראיה משא"כ בשתיהן שהראיה כולה לגבוה משא"כ בשתיהן · ויש בחגיגה משא"כ בשתיהן שהחגיגה ישנה לפני הדבור מה שאין כן בשתיהן ויש בשמחה שהשמחה נוהגת בנשים כבאנשים מה שאין כן בשתיהן · קתני מיהא שהחגיגה ישנה לפני הדבור מה שאין כן בעולת ראיה ובשמחה ש"מ דסבר ר' יוסי הגלילי עולה שהקריבו בני ישראל במדבר עולת תמיד הואי · ואמרינן אמאי מוקמת ליה לר' ישמעאל כב"ש משום דליכא מידי דמעיקרא לא בעי הפשט ונתוח ובסוף בעי הא ר' יוסי הגלילי דאוקימתא כב"ה תני בהדיא רבי יוסי הגלילי אומר עולה שהקריבו בני ישראל במדבר לא בעי הפשט ונתוח אלא מאהל מועד ואילך· ואסיקנא סמי ר' ישמעאל מב"ש**): בעי רב חסדא האי קרא היכי פירושיה וישלח את נערי בני ישראל ויעלו עולות כבשים ויזבחו זבחים שלמים לה' פרים או דלמא אידי ואידי כלומר העולות והשלמים כולן פרים היו ואמרינן מאי נפקא לן מינה [מאי] דהוה הוה · ואמר מר זוטרא לפיסוק טעמי' כלומר אם אלו כבשים ואלו פרים קרא צריך לאפסוקינהו ואי לא [לא] צריך רב אחא אמר לנדר . באומר הרי עלי עולה כעולה שהקריבו ישראל במדבר מאי פר מחייבת ליה או כבש תיקו · תנן התם אלו

*) נראה דצ"ל שבטו של לוי שלא עבדו ע"ז וכו' . **) לכאורה צ"ל דלא סבר לה כב"ש או דצ"ל דסמי ר' ישמעאל מדברי אביי .

הגהות הב"ח

(א) רש"י ד"ה ופרטות וכו' מעל הכפורת שם : (ב) ד"ה הכי גרסינן וכו' לאוקמה כב"ה דהא רבי יוסי : (ג) תוס' ד"ה מי איכא וכו' דוקא מעולת תמיד קא מיבעיא ליה : (ד) ד"ה למאי נפקא מינה וכו' גבי אימורי פסחים דאמרינן מאי דהוה הוה ובסנהדרין : (ה) ד"ה שאין וכו' דאילו מדרבנן הא אמר וכו' אין פוחתין לפאה אפילו בחוצה לארץ פחות מששים וכו' אין להם שיעור לא למעלה ולא למטה כלומר למפחות וכו' לכולי עלמא איכא שיעור למטה מדרבנן ומשני וכו' ופריך אמאי לא חשיב תרומה ומשני מפני המחלוקת ואין מחלוקת זה לשון פלוגתא וכו' ששיריה ניכרים כדאמר בפרק בכל וכו' שלא קצר שבולת ראשונה לא נתחייב וכו' ועוד דפליגי כ"ב לפי פירוש זה דקאמר ועוד כו' יהיה מחלוקת זה לשון פלוגתא וק"ל :

גליון הש"ס

תוספות ד"ה יש בשמחה וכו' ולא בשתיהן · עיין פסחים דף ע ע"ב תוספות ד"ה מ"ש

a general directions were given at Sinai,[1] [6b] and the details in the Tent of Meeting.[2] But R. Akiba said: The general directions and the details were given at Sinai[3] and repeated in the Tent of Meeting and enjoined a third time in the Plains of Moab.[4] Now if you suppose that the burnt-offering which the Israelites offered in the wilderness was the [statutory] continual burnt-offering[5], is it possible for a sacrifice not to require flaying and dissection at first[6] and later to require flaying and dissection?[7]

'R. Eleazar', for it was taught: *It is a continual burnt-offering, which was offered in Mount Sinai.*[8] R. Eleazar said: The manner of its offering was enjoined at Sinai, but it was not actually offered up.[9] R. Akiba said: It was offered up and was never discontinued. But how am I to explain [the verse]: *Did you bring unto Me sacrifices and offerings in the wilderness forty years, O house of Israel?*[10]—The tribe of Levi, who were not guilty of idol worship,[11] offered them up.[12]

'Beth Hillel', as we have said [above]. 'R. Akiba', also, as we have said [above]. 'R. Jose the Galilean', for it is taught: R. Jose the Galilean said: Three precepts are enjoined upon Israel when they make their pilgrimage at a festival: the pilgrimage-offering
b and the festal-offering and the rejoicing.[1] The pilgrimage-offering has something that the other two have not;[2] and the festal-offering has something that the other two have not; and the rejoicing has something that the other two have not. The pilgrimage-offering has something that the other two have not, for the pilgrimage-offering is offered entirely to God, which is not the case with the other two. The festal-offering has something that the other two have not, for the festal-offering obtained prior to the Revelation,[3] which was not the case with the other two. The rejoicing has something which the other two have not, for the rejoicing applies to both men and women,[4] which is not the case with the other two.[5]

With reference to R. Ishmael, why do you represent him as agreeing with Beth Shammai?[6] [Because you argue]: If it were supposed that the burnt-offering which the Israelites offered in the wilderness was the continual burnt-offering, is it possible for a sacrifice not to require flaying and dissection at first and later to require flaying and dissection? But behold R. Jose the Galilean said [distinctly][7] that the burnt-offering which the Israelites offered in the wilderness was the continual burnt-offering; [and yet he held that] at first it did not require flaying and dissection, and later it did require flaying and dissection. For it is taught: R. Jose the Galilean said: The burnt-offering which the Israelites offered in the wilderness did not require flaying and dissection, because flaying and dissection came into force only from [the
c erection of] the Tent of Meeting onward![1]—Strike out R. Ishmael from here.[2]

R. Hisda asked: How is this verse to be understood: *And he sent the young men of the children of Israel, who offered burnt-offerings* [namely] *lambs, and sacrificed peace-offerings of oxen unto the Lord?*[3] Or perhaps both were oxen?[4] What difference does it make? Mar Zutra said: In regard to the punctuation.[5] R. Abba, the son of Raba, said: In regard to one who says: I vow [to offer] a burnt-offering like the burnt-offering which Israel offered in the wilderness. What [must he offer]? Were they oxen or lambs?—It remains [undecided].

a (1) I.e., many precepts were left vague at Sinai, which were explained in full detail after the erection of the Tabernacle; cf., for example, Ex. XX, 24 with the detailed instructions concerning the sacrifices in Lev. I-VII. (2) Cf. Lev. I, 1. (3) Though not mentioned in connection with the Revelation but in other parts of the Torah e.g., Leviticus. (4) Cf. Deut. I, 5f. (5) Enjoined by God for all time, and not offered by individuals at their own discretion as pilgrimage-offerings. (6) Since, according to R. Ishmael, the laws of flaying and dissection as details were laid down only at the Tent of Meeting. (7) The burnt-offerings mentioned in Ex. XXIV, 5, before the Revelation at the Tent of Meeting, were offered up whole, whilst the continual burnt-offering, like all burnt-offerings, required flaying and dissection, v. Lev. I, 6; therefore it must be pilgrimage-offerings that are referred to in Ex. XXIV, which they offered on their own accord and which were consequently not subject to any of the detailed laws governing burnt-offerings (Rashi). (8) Num. XXVIII, 6. (9) Thus the burnt-offerings brought by the '*young men*' (Ex. XXIV, 5) must have been pilgrimage-offerings. (10) Amos V, 25. This implies, contrary to R. Akiba's view, that in the wilderness the regular *public* sacrifices were not offered, because Israel was under divine censure. (11) Cf. Ex. XXXII, 26. (12) I.e., they offered the continual burnt-offerings at their own expense (Rashi).

b (1) The spirit of festive joy was expressed by a sacrificial feast; if the offerings brought in fulfilment of vows, as free-will gifts or as tithe, did not suffice for all, additional peace-offerings had to be brought as offerings of rejoicing. (2) I.e., is superior in a certain respect to the other two. (3) The peace-offerings which the '*young men*' also offered at Sinai (Ex. XXIV 5) though not offered on a festival, are called festal-offerings (חגיגה) because they were the fulfilment of Ex. V, 1. As R. Jose holds that the pilgrimage-offerings were not prior to the Revelation, he is in agreement with Beth Hillel. (4) V. Deut. XIV, 26. The Tosefta reading is: 'For the offerings of rejoicing can be offered during any of the seven days' שהשמחה יש לה תשלומין כל שבעה. (5) Which, being precepts not expressly enjoined upon women, and being dependent on a fixed time *(v. p. 13, n. 4) are incumbent on men only. (6) The question is against Abaye's statement above (*6a*): since the Hillelite view is the more authoritative, Abaye should avoid representing R. Ishmael as agreeing with Beth Shammai. (7) I.e., it is clearly inferred from the Baraitha just quoted.

c (1) Thus the reasoning which sought to make R. Ishmael agree with Beth Shammai is wrong. (2) I.e., from the list of those who hold the Shammaite view. (3) Ex. XXIV, 5. (4) I.e., the burnt-offerings as well as the peace-offering. (5) פיסוק טעמים. According to Rashi, the Neginoth or cantillation signs are referred to: the first interpretation would require the word עלות to have a disjunctive accent (e.g., *ethnahta*, as in our texts), and the second would require a conjunctive accent (e.g., *Pashta* or *Rebia'*). But actually the Neginoth are of post-Talmudic origin; v. *J.E.* Vol. I p. 157, 6, prg. 7. For doubtful verse-division cf. also Yoma *52a-b*. V. also Ned. (Sonc. ed.) *37a* n. b5.

*See Corrigenda.

We have learnt elsewhere:[6] The following things [7a] have no prescribed limit:[7] the [crop of the] corner of a field [to be left for the poor],[8] the first fruits,[9] the visiting of the Temple [*Re'ayon*],[10] deeds of lovingkindness,[11] and the study of the Torah. R. Joḥanan said: We were of the opinion that the visiting of the Temple [with an offering] had no maximum limit, but that it had
a a minimum limit,[1] till R. Oshaya Berabbi[2] came and taught that the visiting of the Temple [with an offering] has no maximum nor minimum limit.[3] But the Sages said: The pilgrimage-offering[4] must be worth [at least] one *ma'ah* of silver and the festal-offering two pieces of silver.

What is meant by *Re'ayon?*—R. Joḥanan says: [It means] appearing[5] in the Temple Court.[6] Resk Laḳish says: [It means] appearing with a sacrifice.[7] Concerning the first day[8] of the Festival, all are agreed that the visit must be accompanied by an offering; they differ only with regard to the other days of the festival. [Further] if a man brings [an offering] every time that he comes, all are agreed that we are to accept it from him; they differ only with regard to a man who comes and does not bring [an offering]. R. Joḥanan is of the opinion that [*Re'ayon* means] appearing at the Temple Court; he need not therefore bring [an offering] whenever he comes. Resh Laḳish says: [*Re'ayon* means] appearing with an offering; thus he must bring [an offering] whenever he comes.

Resh Laḳish put an objection to R. Joḥanan, [It is written]: *None shall appear before Me empty!*[9]—He replied to him: [This refers] to the first day of the Festival.[10]

He [again] put an objection to him: '*None shall appear before Me empty*': [this means one must bring] animal sacrifices.[11] You say, animal sacrifices, but perhaps [it means] birds or meal-offerings? [Nay], you may deduce it by analogy. A festal-offering is prescribed
b for man[1] and a pilgrimage-offering is prescribed for God:[2] just as the festal-offering prescribed for man is an animal sacrifice,[3] so the pilgrimage-offering prescribed for God is an animal sacrifice. And what is meant by animal sacrifices? Burnt-offerings. You say burnt-offerings, but perhaps [it means] peace-offerings? [Nay], you may deduce it by analogy: a festal-offering is prescribed for man and a pilgrimage-offering is prescribed for God: just as the festal-offering which is prescribed for man is one that is fitting[4] for him, so the pilgrimage-offering which is prescribed for God must be one that is fitting[5] for Him. And so it is right, that your table should not be full and the table of the Master empty![6]—He replied: [This refers] to the first day of the festival.

[Again] he put an objection to him: R. Jose son of R. Judah said: Three times in the year were the Israelites commanded to go on pilgrimage: on the Feast of Unleavened Bread, on the Feast of Weeks and on the Feast of Booths; and they must not appear in divisions,[7] for it is said: *All thy males;*[8] and they must not appear empty-handed for it is said: *None shall appear before Me empty!*[9]—He replied: [This refers] to the first day of the festival.

R. Joḥanan put an objection to Resh Laḳish: [It is written]: *Yir'eh* [He will see], *Yera'eh* [He will be seen];[10] just as I [come]
c free,[1] so you [come] free!—All, therefore, must agree that if a person comes and does not bring [an offering] that he may enter [the Temple Court] and present himself and go out.[2] They differ only with regard to a person who comes and brings [an offering]. R. Joḥanan, who says [*Re'ayon* means] appearing in the Temple Court, [holds] that there is no limit to 'appearing', but that there is a limit to the offerings. And Resh Laḳish says: [*Re'ayon* means] appearing with an offering; thus there is no limit to the offerings either. R. Joḥanan put an objection to him: [It is written]: *Let thy foot be seldom in thy Friend's house!*[3]—There it refers to sin-offerings,[4] as R. Levi [taught]. For R. Levi pointed to a contradiction; it is written: '*Let thy foot be seldom in thy Friend's house*', and it is written: *I will come into Thy house with burnt-offerings!*[5] There is no contradiction: the one case refers to sin-offerings and trespass-offerings; the other case refers to burnt-offerings and peace-offerings. It has also been taught thus: '*Let thy foot be seldom in thy Friend's house*': the verse speaks of sin-offerings and trespass-offerings. You say of sin-offerings and trespass-offerings, but perhaps it is of nought but burnt-offerings and peace-offerings? When it says: '*I will come to Thy house with burnt-offerings, I will perform unto Thee my vows*', behold burnt-offerings and peace-offerings are mentioned; how now shall I explain [the verse]: '*Let thy foot be seldom in thy Friend's house*'? The verse speaks of sin-offerings and trespass-offerings.

'And they must not appear in divisions etc.' R. Joseph thought to explain it [thus]: If a man has ten sons, they should not make

(6) Pe'ah. I, 1. (7) I.e., fixed by Scripture. (8) V. Lev. XIX, 9 and XXIII, 22; the Rabbis fixed the minimum at a sixtieth of the field. (9) Deut. XXVI, 1-11. (10) רְאָיוֹן, רֵאָיוֹן or רַאֲיוֹן lit., 'appearing' *sc.* at the Temple Court; secondarily, it means the sacrifice brought on the occasion of the Temple visit; cf. end of page, and *p. 1, n. 1. (11) It includes all deeds of kindness; but for almsgiving the Rabbis prescribed a limit, v. Keth. 50*a*.

a (1) Prescribed by Scripture i.e., the *ma'ah* or two *ma'ahs* mentioned in the Mishnah. (2) בְּרַבִּי: According to Rashi, 'great in his generation', i.e., eminent; according to Levy and Jastrow, 'belonging to a school of an eminent teacher' (contra. of בי רבי); a title of scholars, most frequently applied to disciples of R. Judah ha-Nasi and his contemporaries, but also to some of his predecessors and sometimes to the first Amoraim; v. Naz. (Sonc. ed.) 19*a* n. a1. (3) V. *supra* n. c7. (4) Heb. ראייה, v. n. 5, and *supra* n. c10. (5) The different form of the word implies a different meaning from ראייה; the latter in this context would mean 'the (cost of the) pilgrimage burnt-offering'; the former signifies 'appearing' in the Temple. (6) I.e., there is no limit to the number of visits, but only one sacrifice need be brought. (7) I.e., however many visits are made to the Temple Court a sacrifice must be brought every time. (8) Lit., 'the essential part'. (9) Ex. XXIII, 15. Thus the visitor to the Temple must always bring an offering. (10) But on all subsequent visits no offering need be brought. (11) זבחים signifies sacrifices slaughtered with a knife, i.e., בהמות ('beasts') in contradistinction to עופות ('birds'), for which מליקה ('pinching the neck with finger nail') is prescribed.

b (1) הדיוט, Grk. ἰδιώτης, a private man (as opposed to a priest, officer etc.), a commoner; ignoble, ignorant (Jast.). Here it means the pilgrim (as opposed to God), for whom the festal-offering was intended to provide the festive meal. (2) Lit., 'the Most High'. The words 'before Me' (in Ex. XXIII, 15) imply that the pilgrimage-offering was prescribed primarily as a sacrifice to God in contradistinction to the festal-offering which was to provide food for the worshipper. (3) Cf. Ex. XXIII, 18 where חלב חגי ('the fat of any festal-offering') implies that it was an animal, for birds have no חלב i.e., fat to be burnt on the altar. (4) I.e., it provides him with meat for his feast. (5) I.e., a burnt-offering. (6) Thus an offering should be brought on each visit to the Temple, which refutes R. Joḥanan. (7) Lit., 'by halves'. Explained *infra* c. (8) Ex. XXIII, 17. (9) This apparently supports Resh Laḳish. (10) V. *supra* 2*a* n. c 3.

c (1) I.e., without sacrifices. (2) This new view of the controversy shows that the previous arguments between R. Joḥanan and Resh Laḳish were not actually advanced by the Rabbis named but by later scholars, v. Tosaf. Bek. 4*b*, s.v. אלא, (3) Prov. XXV, 17. I.e., one should not bring too many sacrifices to the House of God There is possibly a play here on the word רגל, which means 'foot' and also 'pilgrimage-festival'. For the term 'Friend' understood of God, cf. the terms of endearment in Cant. which the Rabbis interpreted as expressing the loving relationship between Israel and God. (4) I.e., the verse means: Avoid the necessity of bringing sin-offerings. (5) Ps. LXVI, 13. Thus it is good to bring sacrifices.

*See Corrigenda.

הפאה [ב]**והבכורים** [ג]**והראיון** [ד]**וגמילות חסדים** [ה]**ותלמוד תורה** א"ר יוחנן כסבורין אנו לומר הראיון אין לו שיעור למעלה אבל יש לו שיעור למטה עד שבא ר' אושעיא ברבי ולימד הראיון [ו]אין לו שיעור לא למעלה ולא למטה [ז]אבל (א) חכמים אומרים הראייה מעה כסף והחגיגה שתי כסף מאי הראיון רבי יוחנן אמר ראיית פנים בעזרה וריש לקיש אמר ראיית פנים בקרבן [ח]בעיקר הרגל כולי עלמא לא פליגי דראיית פנים בקרבן כי פליגי בשאר ימות הרגל כל היכא דאתא ואייתי כולי עלמא לא פליגי דמקבלינן מיניה כי פליגי דאתא ולא אייתי דר' יוחנן סבר ראיית פנים בעזרה דכל אימת דאתי לא צריך לאתויי ריש לקיש אמר ראיית פנים בקרבן דכל אימת דאתי צריך לאתויי איתיביה ריש לקיש לרבי יוחנן ולא יראו פני ריקם (שמות כג) אמר ליה בעיקר הרגל איתיביה ולא יראו פני ריקם בזבחים אתה אומר בזבחים או אינו אלא בעופות ומנחות ודין הוא נאמרה חגיגה להדיוט ונאמרה ראייה לגבוה מה חגיגה האמורה להדיוט זבחים אף ראייה האמורה לגבוה זבחים ומה הן זבחים [ט]עולות אתה אומר עולות או אינו אלא שלמים ודין הוא נאמרה חגיגה להדיוט ונאמרה ראייה לגבוה מה חגיגה האמורה להדיוט בראוי לו אף ראייה האמורה לגבוה בראוי לו *וכן בדין שלא יהא שולחנך מלא ושולחן רבך ריקם א"ל בעיקר הרגל איתיביה (ב) ר' יוסי בר' יהודה אומר שלש רגלים בשנה נצטוו ישראל לעלות ברגל בחג המצות ובחג השבועות ובחג הסוכות ואין נראין חצאין משום שנאמר כל זכורך ואין נראין ריקנים משום שנאמר ולא יראו פני ריקם א"ל בעיקר הרגל איתיביה ר' יוחנן לריש לקיש (ג) יראה יראה מה אני בחנם א) אף אתם בחנם *אלא כל היכא דאתא ולא אייתי דכולי עלמא לא פליגי דעייל ומתחזי ונפיק כי פליגי דאתא ואייתי רבי יוחנן דאמר ראיית פנים בעזרה הוא דאין לה שיעור הא לקרבן יש לה שיעור וריש לקיש אמר ראיית פנים בקרבן דאפילו קרבן נמי אין לו שיעור איתיביה הוקר רגלך מבית רעך (משלי כה) התם בחטאות ואשמות כדרבי לוי דרבי לוי רמי כתיב הוקר רגלך מבית רעך וכתיב אבא ביתך בעולות (תהלים סו) לא קשיא כאן בחטאות ואשמות כאן בעולות ושלמים תניא נמי הכי הוקר רגלך מבית רעך בחטאות ואשמות הכתוב מדבר אתה אומר בחטאות ואשמות או אינו אלא בעולות ושלמים כשהוא אומר אבוא ביתך בעולות אשלם לך נדרי הרי עולות ושלמים אמור הא מה אני מקיים הוקר רגלך מבית רעך בחטאות ואשמות הכתוב מדבר: ואין נראין חצאין כו': סבר רב יוסף למימר מאן דאית ליה עשרה בנים לא ליסקו האידנא חמשה ולמחר חמשה א"ל

[כילה כ:] [עי' תוספות ב"ב קנד: ד"ה כרס ותוספות כתובות ד: ד"ה אלאן]

רש"י

הפאה · לא נתנה בו תורה שיעור (ד) ואע"פ שאין לפאה שיעור נתנו בו חכמים שיעור אחד מששים: **וכן הבכורים** · ולקחת מראשית כל פרי האדמה (דברים כו) ולא נאמר כמה: **והראיון** · לקמן מפרש: **אמר רבי יוחנן כסבורין היינו לפרש** · האי אין לו שיעור דקתני הכא: **אין להן שיעור למעלה** · שיכול להביא כמה שירצה: **אבל למטה יש לו שיעור** · שלא לפחות ממעה כסף כמו ששנינו במשנתינו והיינו סבורין דשיעור דאורייתא הוא: **עד שבא ר' אושעיא ברבי ולימד** · ברבי גדול בדורו: **ולימד שאין לו שיעור לא למטה ולא למעלה** · מן התורה: **אבל חכמים כו'** · כלומר שיעור מעה כסף ושתי כסף האמור במשנתינו בראייה ובחגיגה מדברי חכמים הוא אבל אמרו חכמים גרסינן: **מאי הראיון** · ולא תנא הראייה דליהוי משמע דמי עולה דלאו השתא לאו בדמים משמע אלא במאות ראיית פנים: **רבי יוחנן אמר ראיית פנים בעזרה** · כמה פעמים שהוא חפץ בא ומראה עצמו בעזרה ואין צריך להביא קרבן בכל ראייה וראייה: **ראיית פנים בקרבן** · וצריך להביא קרבן על כל פעם ופעם: **בעיקר רגל** · ביו"ט ראשון: **בזבחים** · צריך להביא קרבן בהמה הזבוחים בסכין ולא עולת העוף שהיא נמלקת: **נאמרה חגיגה ברגל** · למאכל הדיוט: **ונאמרה ראייה לגבוה** · דהא לא יראו פני דכתיב משמע לצורכי אני שואל: **מה חגיגה האמורה להדיוט זבחים** · של בהמה דכתיב לא ילין חלב חגי עד בקר (שמות כג) במידי דאית ליה חלב הקרב לגבוה קאמר: **ואין נראין חצאין** · מפרש לקמן: (ה) **בחטאות ואשמות** · שלא תחטא ותזקק להביא חטאת ואשם: **מבית רעך** · מבית אוהבך הקב"ה שקרא ישראל רעים שנאמר למען אחי ורעי (תהלים קכב): **סבר רב יוסף למימר כו'** · דאי לאו הכי מאי אין נראין חצאין דקאמר דיליף מבכלל זכורך אי שלא יהיו חציין עולין מזכורך נפקא שהרי כל הזכרים בכלל זכורך א"ל

תוספות

והבכורים אין לו שיעור לא למעלה ולא למטה · הדר פריך בירושלמי רבי ברכיה בעי למה לא תנינן עפר לסוטה אפר פרה רוק יבמה דם צפור של מצורע א"ר יוסי לא אייתינן במתני' אלא דברים שהוא מוסיף עליהן ויש בעשייתן מצוה ואלו אע"פ שמוסיף עליהן אין בעשייתן מצוה: **גמילות חסדים** · בירושלמי הדא דתימא בגופו אבל בממונו יש לו שיעור וביקור חולים דאין לו שיעור כדאיתא בנדרים (דף לט:) הוי בכלל גמילות חסדים: **כסבורין אנו לומר דיש לו שיעור למטה** · וסבירא ליה כאידך תנא בירושלמי דחשיב פאה דיש לה שיעור למטה: **רבי יוחנן אמר ראיית פנים בעזרה** · דכיון דאייתי(ו) בראייה חדא זימנא מיפטר בכך אם ירצה או יביא כמו שירצה אבל ראיית פנים בקרבן יש לו שיעור דסבירא ליה לרבי יוחנן מעה כסף ושתי כסף דאורייתא והכי איתא בירושלמי דמסכת פאה מתני' בראייה (ז) אבל בקרבן יש לו שיעור דא"ר יוחנן מעה כסף שתי כסף דאורייתא ועוד אמר במכילתין רבי יוחנן כדעתיה דאמר כל השיעורים הלכה למשה מסיני ואמר מעה כסף ושתי כסף דאורייתא וריש לקיש דמוקי לה בראיית פנים בקרבן סבירא ליה כר' (*יהושע) דאמר מעה כסף שתי כסף דרבנן וכן אמר התם לא יראו פני(ח) כל שהוא אבל חכמים נתנו להם שיעור מעה כסף שתי כסף ומיהו הש"ס שלנו לא נחית להכי אלא להך לישנא קמא משמע דבעי למימר דמתניתין מיירי אף במועד הלכך לא מצי לאוקמי בראיית קרבן דהא לא מיחייב כלל להביא אבל בראיית פנים מיחייב לבוא חדא זימנא ומשם (זה) והלאה אין לו שיעור וריש לקיש אמר דמתני' נמי בראיית פנים בקרבן דמיחייב להביא ומ"מ צריך לומר דסבירא ליה כרבי יהושע כדפירשתי כדי שלא יהא שיעור כלל ולאידך לישנא דאתא ואייתי בו ביום קאמר דלא מקבלינן(ט) משום בל תוסיף כיון דכבר נפיק אבל למחר וליומא אוחרא מצי להביא אם ירצה והא לא פטר ליה קרא מה אני בחנם רק בחובה אבל אי מייתי שפיר מקבלינן וכן משמע לישנא דלעיל דאתא ולא אייתי בשאר יומי ולא פליג רבי יוחנן רק דלא מיחייב לאתויי אבל אי מייתי מקבלינן שפיר וריש לקיש לא איתותב אלא משום דמיחייב ולא מחייב ליה קרא ולא דמי האי יש לו שיעור להאיך דירושלמי דהתם מלמטה מיירי (*ודחי) הקרבן אבל הכא קיימינן שיעור בהבאתו ואם נבוא להשוותם יחד הא לקרבן יש לו שיעור למטה כדאיתא בירושלמי וה"נ דין הוא שיש לו שיעור בהבאתו אי בעי מייתי אי מקבלינן מיניה או לא ומיהו לפי לשון הירושלמי לא ידענא היכי מוקי לה מתני' בראיית פנים בעזרה ולא בקרבן משום שיש לה שיעור כרבי יוחנן והא חשיב פאה שיש לה שיעור למטה ושמא דאיבעי לייתבו למתני' כדברי הכל אף כתנא דאמר פאה אין לה שיעור לא למעלה ולא למטה ומתוקמא בראיית פנים לחוד לרבי יוחנן כן נראה לי הפירוש דהך שמעתתא: מביאין

עין משפט נר מצוה

כז א מיי' פ"א מהל' מתנות עניים הלכה טו סמג לאוין רפד:
כח ב מיי' פ"ב מהל' בכורים הלכה יז סמג עשין קלח:
כט ג מיי' פ"א מהלכות חגיגה הלכה ב סמג עשין רכה:
ל ד מיי' פי"ד מהלכות אבל הלכה א:
לא ה מיי' פ"א מהל' ת"ת הלכה י טוש"ע י"ד סי' רמו סעיף ג:
לב ו ז מיי' פ"א מהל' חגיגה הלכה ב:
לג ח ט מיי' שם הל' א:
לד י כ מיי' שם הל' ב ופ"ב שם הלכה ו:

רבינו חננאל

דברים שאין להם שיעור הפאה והבכורים והראיון כו'. א"ר יוחנן בא ר' אושעיה ברבי ולימד הראיון אין לו שיעור לא למעלה ולא למטה · אבל חכמים אומרים הראיה מעה כסף וחגיגה שתי כסף · מאי הראיון ר' יוחנן אמר ראיית פנים בעזרה כלומר ביאתו ויציאתו בעזרה כמה פעמים אין לה שיעור · ר"ל אמר ראיית פנים בקרבן · ואמרינן בעיקר הרגל כלומר בתחלת הרגל בעת בואו להקביל פנים בעזרה דברי הכל ראיית [פנים] בקרבן כי פליגי בשאר ימות הרגל וכל עידן דמייתי ועייל כ"ע לא פליגי דמקבלין מיניה כי פליגי היכא דאתא בשאר ימות הרגל ולא אייתי ר' יוחנן אומר עייל דלא צריך לאתויי כל זמן דעייל ור' שמעון בן לקיש[אומר]לא עייל אלא אי מייתי קרבן בהדיה· ומותיב ר"ל והכתיב ולא יראו פני ריקם · ופריק ר' יוחנן ההוא בעיקר הרגל כי קאמרינן דלא צריך היכא דאייתי בעיקר הרגל ולא אייתי בשאר ימות הרגל · איתיביה לא יראו פני ריקם בזבחים אתה אומר בזבחים או אינו אלא בעופות ובמנחות ודין הוא נאמרה חגיגה להדיוט ונאמרה ראייה לגבוה כו' ופריק רבי יוחנן ההיא בעיקר הרגל וכן בהא דר' יוסי ב"ר יהודה והדר ר' יוחנן ומותיב ליה לר"ל כתיב יראה וקרינן יראה מה אני בחנם אף אתם בחנם · ופרקינן אלא לעולם בעו לאתויי דהא כתיב ולא יראו פני ריקם *) וכל היכא דאתא ולא אייתי אע"ג דעבר כ"ע לא פליגי דעייל בעזרה ומתחזי ונפיק כי פליגי דאתא ואייתי בעיקר הרגל · ר' יוחנן אומר תוב לא מייתי דראיית פנים בעזרה הוא דאין לו שיעור וכל אימת דאתי עייל אבל ראיית קרבן יש לה שיעור וכיון דאייתי אי מייתי אחריתי לא מקבלינן מיניה ומותיב ר' יוחנן והכתיב הוקר רגלך מבית רעך כלומר אל תרבה להראות לו פניך ופריק ר"ל התם בחטאות ואשמות כלומר הזהר בעצמך ואל תחטא בכל יום ולהביא חטאת ואשם וכדר' לוי דאמר כתוב אחד אומר הוקר רגלך מבית רעך וכתוב אחר אומר אבוא ביתך בעולות ומשני לא קשיא הא בעולות ושלמים אבוא ביתך והא דכתב הוקר רגלך בחטאות ואשמות · תניא נמי

*) דברי רבינו אלו אינם עולים לפי סוגיית הגמ' ואולי דגירסא אחרת היה לו וצ"ע.

הגהות הב"ח

(א) גמ' אבל אמרו חכמים הראייה: (ב) שם בעיקר הרגל איתיביה ר"ל לר"י ר' יוסי בר' יהודה: (ג) שם איתיביה ר' יוחנן לריש לקיש יֵרָאֶה יֵרָאֶה מה אני: (ד) רש"י ד"ה הפאה וכו' אע"פ שיש לפאה שיעור חכמים נתנו בו שיעור: (ה) רש"י ד"ה ואין נראין וכו' לקמן הס"ד ואח"כ מה"ד מבית רעך וכו' אחי וריעי הס"ד ואח"כ מה"ד בחטאות וכו' ואשם הס"ד ואח"כ מה"ד סבר רב: (ו) תוס' ד"ה ר' יוחנן וכו' דכיון דלאייתי קרבן בראייה: (ז) בא"ד מתני' בראיית פנים אבל בראיית קרבן יש לו: (ח) בא"ד לא יראו פני ריקם אפילו כל שהוא: (ט) בא"ד דלא מקבלינן מיניה עפי משום בל תוסיף וכו' אם ירצה דהא לא פטר וכו'

גליון הש"ס

גמרא כל היכא דאתא · כעין זה שבת דף כ ע"א ועיין בתוספות שם ד"ה אלא אי אתמר:

הגהות מהר"ב רנשבורג

א] גמרא אף אתם בחנם · נ"ב עי' טורי אבן:

עין משפט נר מצוה

לה א מיי' פ"ב מהל' חגיגה הלכה י':
לו ב מיי' שם הלכה ח סמג עשין רכט:
לז ג ד מיי' שם פ"א הלכה ח ט:
לח ה מיי' שם הלכה י:
לט ו ז מיי' שם הלכה ח:
מ ח מיי' שם פ"ב הלכה ח סמג עשין רכט:
מא ט מיי' שם הלכה י:
מב י מיי' שם הל' ח:

מביאין שלמים ואין סומכין עליהם. דסבירא להו כשמאי רבם דאמר לקמן (דף יז.) שלא לסמוך ביום טוב והלל אומר לסמוך אבל מעוטות לא מיגו פלוגתא דפליגו בה הלל ושמאי ואמרינן בפרק קמא דשבת (דף טו. ושם) דלא נחלקו רק בשלשה דברים ומהא"ה דסמיכה פריך ומשני לה שפיר אלא התלמידים קבלו מרבם אף עולות (ג) ולא נחלקו בהא ובההיא דפרק שני דביצה (דף כ:) מעשה באחד מתלמידי הלל שהביא עולתו בעזרה כו' ואמר לו אחד מתלמידי שמאי מה זו סמיכה הוא הדין דמצי למימר מה זו עולה שהם אומרים שלא להביא אלא לא הבין שהיה עולה אבל (ג) הסמיכה שראה לפניו הקפיד והא דלא הקפיד כמו כן בהלל עצמו בעובדא דמייתי לעיל מינה דשמא לא ראו הסמיכה ועוד שמא לא היו מוחין אלא לתלמידיו שהיו חולקין אבל הלל חלק עם רבם ואין בידם למחות:

עולות ונדרים ונדבות במועד באות ולא ביו"ט · דהא בית הלל מודו דאין קריבין ביו"ט והא דקאמר' בפ"ק דביצה (דף יב. ושם) השוחט עולת נדבה ביו"ט לוקה דאמר לך מני ב"ש היא ולא מוקי לה כב"ה דנהי דאיסורא איכא לאו ליכא כיון דאיה ליה מתוך כדקאמרינן התם וכאמרינן התם פ' שני דביצה (דף יט.) בגמרא דהאי משנה אמר רשב"א לא נחלקו ב"ש וב"ה על עולות שאינם של יו"ט שאין קריבין [והא] דהתם כי פריך על עולה דאמר מחלוקת ב"ש וב"ה בשלמי חגיגה לסמוך וכו' מברייתא דתני בה פלוגתא על שלמים שאינן של יו"ט כו' ולא אקשי ליה ממתניתין דהכא (ד) כי היכי דמקשי לה עולות נדרים ונדבות במועד באות ביו"ט לא היינו טעמא דעדיפא ליה לאקשויי מברייתא דמתני בהדיא ולא ע"י דיוקא וחסורי מיחסרא והכי קתניוהא דלא מייתי להו נדרים ונדבות לעולה דאמר לב"ה אין קריבין נדרים ונדבות משום דנפיק בהו משום שלמי שמחה כדאמרינן בסמוך דאיכא לאוקמי שכבר קרב שמחה כדינו והרב רבי אלחנן והר"י מתרץ דלא אמר בסמוך דנפיק בשלמי שמחה בנדרים אלא היינו היכא שהקריבום משום שמחה אבל הביאום לשם נדרים לא נפיק רק משום הקדישם:

אלמא

[עי' תוספות לקמן ח. ד"ה אמאי]

רבינו חננאל

נמי הכי כשנויא דריש לקיש · ואין נראין חצאין פי' כל מי שאינו יכול לעלות בכלל ישראל כולו · כגון המקמץ והמצרף נחשת והבורסקי מפני שריחו רע ומואסין אותו פטורין מן הראייה שנאמר כל זכורך מי שיכול לעלות עם כל זכורך : **מתני'** עולות במועד באות מן החולין כו' ושלמים מן המעשר מעשר שני שאע"פ שהוכנו מעות מעשר שני לשמחת הרגל · שלמים לשמחת הרגל הן באין ומותר תריצנה למתניתין הכי חסורי מחסרא והכי קתני עולות ונדרים ונדבות במועד הן באות אבל לא ביו"ט ועולת ראייה באה אפי' ביו"ט וכשהיא באה אינה באה אלא מן החולין ושלמי שמחה באין אף מן המעשר ממעות מעשר שני וחגיגת יו"ט הראשון של פסח בש"א מן החולין ובה"א מן המעשר · תניא נמי הכי עולות נדרים ונדבות במועד באות ביו"ט אינן באות כו' אסיקנא קסבר ב"ש חגיגת יו"ט הראשון היא מן התורה ·

א"ל אביי פשיטא הי מינייהו משוית להו פושעים והי מינייהו משוית להו זרידין אלא קרא למאי אתא לכדאחרים דתניא *אחרים אומרים המקמץ והמצרף נחשת והבורסי פטורין מן הראייה שנאמר °כל זכורך מי שיכול לעלות עם כל זכורך יצאו אלו שאין יכולין לעלות עם כל זכורך : **מתני'** עולות במועד באות מן החולין והשלמים מן המעשר יום טוב הראשון של פסח ב"ש אומרים מן החולין ובית הלל אומרים מן המעשר *ישראל יוצאין ידי חובתן בנדרים ונדבות ובמעשר בהמה והכהנים בחטאות ואשמות ובבכור ובחזה ושוק אבל לא בעופות ולא במנחות : **גמ'** אלא עולות במועד הוא דבאות מן החולין הא ביום טוב מן המעשר אמאי *דבר שבחובה הוא *וכל דבר שבחובה אינו בא אלא מן החולין וכי תימא הא קא משמע לן דעולות במועד באות ביום טוב אינן באות כמאן כבית שמאי דתנן *בית שמאי אומרים מביאין שלמים ואין סומכין עליהן אבל לא עולות ובית הלל אומרים מביאין שלמים ועולות וסומכין עליהן חסורי מיחסרא והכי קתני עולות נדרים ונדבות במועד באות ביום טוב אינן באות ועולת ראייה באה אפילו ביו"ט [א] וכשהיא באה אינה באה אלא מן החולין ושלמי שמחה באין אף מן המעשר וחגיגת יום טוב הראשון של פסח בית שמאי אומרים מן החולין ובית הלל אומרים מן המעשר תניא נמי הכי עולות נדרים ונדבות במועד באות ביום טוב אינן באות ועולת ראייה באה אפי' ביום טוב [ב] וכשהיא באה אינה באה אלא מן החולין ושלמי שמחה באין אף מן המעשר וחגיגת יום טוב הראשון של פסח בית שמאי אומרים מן החולין ובית הלל אומרים מן המעשר מאי שנא חגיגת יום טוב הראשון של פסח אמר רב אשי הא קא משמע לן חגיגת חמשה עשר אין חגיגת ארבעה עשר לא אלמא

א"ל אביי האי כמי לא תיבעי לך קרא דבלאו קרא נמי פשיטא מאחר שחייב את כולן אלא דיקלנה לכל אחד לריך לגרז את עלמו דהכיך יאמר הכא לאלו הוו זריזין ולאלו הוו עצלין : אלא קרא לכדאחרים · והייט כמי אין נראין לאלאין דמי שאינו ראוי לעלות אלא בחבורה מועטת תורה אור כגון אלו שיעשו חבורה לעלמן כך נראה בעיני וחביריי מפרשין דלאו אין נראין לאלאין אתא אביי לפרושי אלא למימרא דקרא לאו להכי אתא וקשיא לי סוף סוף הא דאין נראין אלאין מאי קאמר תנא ועוד ששינה הש"ס כל היכא דאיכא סבר פלוני למימר הכי ואמר ליה פלוני הכי ההיא מילתא גופא דהוה מלי למימר קמא מתרץ בתרא ואמר ליה דלא תפרשיה הכי אלא הכי : **מתני'** עולות במועד באות מן החולין · משמע השתא עולות ראייה הבאות בחולו של מועד באות מן החולין ולא ממעות מעשר שני דקיי"ל כל דבר שבחובה אינו בא אלא מן החולין במסכת מנחות (דף פב.) ולקמן נמי בגמרא (דף ח.) תניא מסת מלמד שאדם מביא חובתו מן החולין ובגמ' פריך אמאי נקט חולו של מועד כי מייתי לה ביום טוב נמי מן החולין בעי לאתויי : ושלמים מן המעשר · בגמרא מפרש שלמי שמחה דרבינהו קרא בכל מילי : יו"ט הראשון של פסח · בגמרא מפרש מאי היא ומאי שנא פסח דנקט : ישראל יוצאין ידי חובתן משום שמחה בכל ענין שיש להן בשר לשובע ואין זקוקין לזבוח שלמים לשם כך : בנדרים ונדבות · שהתנדבו כל השנה וכשעולין לירושלים ברגל מביאין אותן ומקריבין אימוריהן והבשר נאכל לבעלים יוצאין בהן משום שמחה משום דבעי למיתני סיפא והכהנים בחטאות וכו' נקט ברישא ישראל : והכהנים · שבאו להן חטאות ברגל חטאות ואשמות שהיו עולי רגלים מחוייבין ויש להן בשר לשובע יוצאין בהן משום שמחה ואין לריכין להביא שלמים לשם שמחה אלא בזמן שאין להן בשר לשובע : יוצאין בחזה ושוק · המורמים להן משלמי עולי רגלים : אבל לא בעופות · בחטאת העוף שאין שובע אלא בבשר בהמה ובגמ' יליף לה : **גמ'** הא · אם הביאן ביום טוב יביאם מן המעשר אם ירלה בתמיה : וכי תימא · האי דנקט במועד משום דאגב אורחיה קא משמע לן

מילתא אחריתי דאין עולת ראייה קריבה ביום טוב ואף על פי שהיא חובת הרגל הואיל ויש לה תשלומין למחר : מביאין שלמים · ביום טוב לפי שיש בהם לורך מאכל הדיוט : ואין סומכין עליהן · שהסמיכה שבות היא שמשתמש בבעלי חיים ותנן אלו הן משום שבות לא עולין באילן ולא רוכבין על גבי בהמה (ביצה דף לו:) : אבל לא עולות · אין מביאין כלל דסבירא להו לב"ש לכם (שמות יב) ולא לגבוה חוץ מתמידין ומוספין שזמנן קבוע וכל שזמנן קבוע כתיב בהו במועדו ואפילו בשבת וכל שכן ביו"ט : וסומכין עליהן · כיון דמותר להביאן לא גזרו שבות לבטל סמיכתן : ביו"ט אינן באות · ואפי' לב"ה סבירא ליה לתנא דמתני' דנדרים ונדבות אין קריבין ביו"ט וכי שרו ב"ה בעולת ראייה ושלמי חגיגה אע"פ שיש להן תשלומין עיקר מלותן ביום ראשון דכתיב ותגותם אותו (ויקרא כג) ביום ראשון משמע : וכשהיא באה אינה באה אלא מן החולין · והכא לא מלו לאיפלוגי ולמימר טופל מעות מעשר עמהן דכי איפשרי טפילה בחגיגה הוא דאיפשרי (א) לקמן מניין שאם רלה לערב כו' גבי שלמים יש אדם שיש לו אוכלין מרובין ונכסין מועטים ואי אפשר להביא אכילות כולן מן החולין אבל עולה למה טופלה יביא במעה כסף : אף מן המעשר · דלאו דבר שבחובה הוא במקום שיש בשר והרי יש לו מעות מעשר שני שיש לו להוליא בירושלים ויקנה בהם שלמים ורבי קרא לקמן כל מיני שמחות לשמחה : וחגיגת יום טוב הראשון · שהוא ודאי דבר שבחובה אפי' יש לו בשר הרבה דילפינן לקמן מוחגותם אותו וגו' ולקמיה פריך מאי שנא פסח דנקט : וב"ה אומרים כו' · לקמן פריך הא ודאי דבר שבחובה היא ומוקי לה בטופל : חגיגת י"ד לא · כלומר להכי נקט פסח לפי שיש ערב פסח חגיגה אחרת כשהיתה חבורת פסח מרובה היו מביאין עמו חגיגה כדי שיהא פסח נאכל על השובע ואשמעינן מתניתין דחגיגת יו"ט עלמו הוא דאינה באה אלא מן החולין אבל חגיגת ארבעה עשר באה אף מן המעשר :

אמר

מסורת הש"ס

נזיר ד.

[לקמן ח. פסחים עא. ביצה יט: מנחות פב.]

ביצה יט. ולקמן יז. מגילה ה.

הגהות הב"ח

(א) רש"י ד"ה דלא פליגי ר' יוחנן וכו' יש לו שיעור סיינו יש לו שיעור למטה כדאיתא בירושלמי וכו' שיעור להבאתו: (א) רש"י ד"ה וכשהיא באה וכו' דאישתרי כדתניא לקמן: (ב) תום' ד"ה מביאין וכו' קבלו מרבם אף עולות ונחלקו בה בההוא דפ' שני כצ"ל ותיבת ולא נמחק: (ג) בא"ד אבל על סמיכה: (ד) ד"ה עולות וכו' ולא אקשי ליה ממתניתין דהכא לבתר דמתרצים לה וכו' ולא ממתניתין ע"י דיוקא וכו' וכר"י מתרץ וכו' שמחה בנדרים [אלא] היכא שהקריבום:

הגהות הגר"א

[א ב] גמרא אפילו ביו"ט וכשהן באין אינן באין כו' כצ"ל:

the pilgrimage five one day and five the next day.[6] [7b] Said Abaye to him: This is obvious; which of them would you make trans-
a gressors and which of them would you make zealous?[1] What then is the purpose of the verse?[2] To intimate the teaching of 'Others'.[3] For it is taught: 'Others' say: The scraper, the copper-smith and the tanner are exempt from appearing [at the Temple]; for it is said, '*All thy males*': he who is able to go on the pilgrimage with '*all* thy males'; these [then] are excluded, because they are unable to go up with all thy males.[4]

MISHNAH. BURNT-OFFERINGS DURING THE MID-FESTIVAL[5] ARE TO BE BROUGHT FROM [ANIMALS BOUGHT WITH] UNCONSECRATED MONEY,[6] AND PEACE-OFFERINGS,[7] [ALSO] FROM [ANIMALS BOUGHT WITH SECOND] TITHE MONEY.[8] ON THE FIRST FESTIVAL DAY OF PASSOVER, BETH SHAMMAI SAY: [THEY MUST BE BROUGHT] FROM [ANIMALS BOUGHT WITH] UNCONSECRATED MONEY; AND BETH HILLEL SAY: [THEY CAN BE BROUGHT ALSO] FROM [ANIMALS BOUGHT WITH SECOND] TITHE MONEY. ISRAELITES[9] MAY FULFIL
b THEIR OBLIGATION[1] WITH VOW-OFFERINGS, FREEWILL-OFFERINGS[2] AND TITHE OF CATTLE;[3] AND THE PRIESTS WITH SIN-OFFERINGS AND TRESPASS-OFFERINGS,[4] FIRSTLINGS,[5] THE BREAST AND THE SHOULDER,[6] BUT NOT WITH BIRD-OFFERINGS,[7] NOR MEAL-OFFERINGS.[8]

GEMARA. Accordingly, it is during the mid-festival only that burnt-offerings are brought from [animals bought with] unconsecrated money, but on the festival [they may be brought] also from [animals bought with Second] Tithe money. [But] why? It is obligatory, and everything that is obligatory must be brought from [animals bought with] unconsecrated money! And if you say: It comes to teach us this, [to wit,] that burnt-offerings can be brought during the mid-festival but not on the festival;[9] then this will be according to Beth Shammai![10] For we have learnt: Beth Shammai say, One may bring peace-offerings [on the festival][11] without laying the hands[12] upon them; but not burnt-offerings.[13] But Beth Hillel say, One may bring peace-offerings and burnt-
c offerings [on the festival] and lay the hands upon them![1] — [Our Mishnah] is defective, and it should read thus: Burnt-offerings, vow-offerings and freewill-offerings are brought during the mid-festival, but they may not be brought on the festival.[2] But the pilgrimage burnt-offering is brought even on the festival;[3] and when it is brought,[4] it must be brought only from [animals bought with] unconsecrated money; but the peace-offerings of rejoicing can be brought also from [animals bought with Second] Tithe money.[5] And regarding the festal-offering of the first festival day of Passover, Beth Shammai say: [It must be brought from animals bought with] unconsecrated money; and Beth Hillel say: [It can be brought] also from [animals bought with Second] Tithe money.[6] It has also been taught thus: Burnt-offerings, vow-offerings and freewill-offerings are brought during the mid-festival but not on the festival. But the pilgrimage burnt-offering is brought even on the festival; and when it is brought, it is brought only from [animals bought with] unconsecrated money; but the peace-offerings of rejoicing can be brought also from [animals bought with Second] Tithe money. And regarding the festal-offering of the first festival day of Passover,[7] Beth Shammai say: [It must be brought] from [animals bought with] unconsecrated money; but Beth Hillel say: [It can be brought] also from [animals bought with Second] Tithe money. Why is the festal-offering of the first festival day of Passover *different?[8] — It comes to teach us this: Only the festival-offering of the fifteenth [of Nisan must be brought from animals bought with unconsecrated money] but

(6) Taking לחצאין literally, i.e., 'by halves'.
a (1) All the ten are bound to visit the Temple on the first day; if, now, five at a time went up, the first group would be doing their duty scrupulously and the second five would be remiss. (2) '*All thy males*,' teaching that they must not appear in divisions. (3) *V. p. 14, n. 5. (4) 'They must not appear in divisions' means, therefore, that all the Israelites must form one group; if the scraper etc. were to go on the pilgrimage they would have to form, because of their malodour, a separate group, which is forbidden. (5) מועד lit., 'appointed time,' i.e., the intermediate days of Passover and Sukkoth as opposed to יום טוב, festival days (called in the Bible מקרא קדש, 'holy convocation'). In the Bible מועד includes both festival and intermediate days, cf. e.g. Lev. XXIII, 4. (6) As opposed to animals bought with Second Tithe money (v. *infra*, n. 8). All obligatory offerings had to be brought from unconsecrated animals (cf. Men. 82*a* and *infra* b). (7) Brought to provide sufficient meat for the pilgrim and his family so that they might keep the festival with rejoicing (cf. Deut. XIV, 26). (8) Cf. Deut. XIV, 22f. The tithe was separated in the first, second, fourth and fifth year of the seven year cycle, after *terumah* ('heave-offering') had been given to the Priest and First Tithe to the Levite. It was to be consumed in Jerusalem or the money with which it was redeemed spent there (v. Danby, p. 73, n. 6). (9) As opposed to priests.
b (1) I.e., of 'rejoicing' on the festival by offering peace-offerings wherewith to provide themselves with meat for the feast. Thus it is unnecessary to bring special sacrifices for this purpose, if the vow-offerings etc. provide sufficient for the family's needs. (2) Cf. Mishnah Meg. I, 6. (3) V. Lev. VII, 31-39. (4) Brought by pilgrims and of which only the priests may eat; v. Num. XVIII, 9f. (5) V. ibid. 17-19. (6) V. Lev. VII, 29f. (7) They were sin-offerings. (8) V. Lev. II, 1. The bird and meal-offerings would not provide a feast suited to the occasion of rejoicing. (9) I.e., it is forbidden to offer the pilgrimage burnt-offerings on the festival (when all manner of work is prohibited), even though it is an obligatory offering of the festival, because there is time to bring the offering the next day. (10) Whose opinion is invalid against that of Beth Hillel. (11) Because they supply the pilgrim with his feast. (12) Cf. Lev. III, 2 and *infra* 16*a*. The act of laying on of the hands, which causes the pilgrim to support himself on the animal, is forbidden by the Rabbis on Festival and Sabbath on account of *shebuth* ('abstention, rest', v. Glos.) i.e., it is an action out of keeping with the restful character of the holy day, though it is not actually included in one of the thirty-nine categories of labour (v. Mishnah Shab. VII, 2) and cf. Mishnah Beẓ. V, 2. (13) Exceptions were the continual burnt-offerings and the additional offerings, which were permitted to be offered because they had an appointed time (cf. Num. XXVIII, 2 במועדו); otherwise, Beth Shammai explained '*unto you*' in Ex. XII, 16 to mean: for yourselves offer sacrifices but not entirely for God.
c (1) Since it is permitted to bring them, the laying on of the hands is also permitted. V. Beẓ. 19*b*. (2) Even according to Beth Hillel. (3) Though it could be brought during the mid-festival, Lev. XXIII, 4 ('*and ye shall keep* it *a feast*') is taken by Beth Hillel to imply that it should be offered on the first day of the festival. (4) [Wilna Gaon emends 'when they are brought' referring to all the mentioned offerings]. (5) V. *supra* n. b1, and *infra* 8*a*. (6) Explained *infra*. (7) As distinct from the festal-offering of the fourteenth of Nisan; v. next note. (8) I.e., why is it specifically mentioned?

*See Corrigenda.

not the festal-offering of the fourteenth [of Nisan].[9] [8a] Thus he holds that the festal-offering of the fourteenth [of Nisan] is not enjoined by the Torah.

The Master said [above]: 'Beth Hillel say: [The festal-offering of the first day of the festival can be brought also] from [animals bought with Second] Tithe money'. Why? It is obligatory, and everything that is obligatory must be brought only from [animals
a bought with] unconsecrated money![1]—'Ulla said: When he supplements [the unconsecrated by that of the Second Tithe].[2] Hezekiah said: One animal may be supplemented by another animal, but money may not be supplemented by money. And R. Johanan said: Money may be supplemented by money, but one animal may not be supplemented by another animal. There is a teaching agreeing with Hezekiah and there is a teaching agreeing with R. Johanan. There is a teaching agreeing with R. Johanan: [It is written]: *After the tribute;*[3] this teaches that a man must bring his obligatory offering from [animals bought with] unconsecrated money. And whence [do we know] that if he desires to mix he may mix?[4] The text teaches: *According as the Lord, thy God, shall bless thee.*[5] There is a teaching agreeing with Hezekiah: [The expression] *'after the tribute'* teaches that a man may bring his obligatory offering from [animals bought with] unconsecrated money. Beth Shammai say: The first [festival] day from [animals
b bought with] unconsecrated money,[1] thenceforward[2] [also] from [animals bought with Second] Tithe money. Beth Hillel say: The first meal[3] from [animals bought with] unconsecrated money, thenceforward[4] from [animals bought with Second] Tithe money. And the remaining days of Passover, a man may fulfil his obligation[5] [also] with the tithe of cattle.[6] Why may he not [do so] on the festival?[7]—R. Ashi said: Lest he come to separate tithe on the festival; and it is impossible to separate tithe on the festival on account of the [marking with] red paint.[8] What evidence is there that the [word] *'tribute'* indicates that which is unconsecrated?—Because it is written: *And the King Ahasuerus laid tribute upon the land.*[9]

ISRAELITES MAY FULFIL THEIR OBLIGATION WITH VOW-OFFERINGS AND FREEWILL-OFFERINGS. Our Rabbis taught: [It is written], *And thou shalt rejoice in thy feast.*[10] This includes all kinds of rejoicings as [festival] rejoicing.[11] Hence the Sages said: Israelites may fulfil their obligation with vow-offerings, freewill-offerings and tithe of cattle; and the priests with sin-offering and guilt-offering, and with firstlings, and with the breast and the shoulder; one might [think] also with bird-offerings and meal-offerings, [therefore] Scripture teaches: *'And thou shalt rejoice*

(9) If the paschal lamb did not suffice for the company a festal-offering could be sacrificed in addition (cf. Sifre to Deut. XVI, 2 and Pes. 69*b*). This festival-offering was not obligatory, hence even Beth Shammai would agree that it could be brought from the Second Tithe.
a (1) Cf. 7*b*. (2) If he has a large company and the festival-offering from his unconsecrated means (חולין) will not suffice, he is permitted to add thereto from the Second Tithe: according to Hezekiah, it means that he may purchase other festival-offerings with Second Tithe money; according to R. Johanan, he may add Second Tithe money in order to purchase a larger animal. The former deems it better that one should satisfy one's obligation to bring the festival-offering from unconsecrated means by bringing therefrom a complete offering i.e., the first, though by itself inadequate for the company; the latter prefers that every morsel of the festival-offering should contain a percentage purchased with unconsecrated money (Rashi). Tosaf. explains that R. Johanan objects to 'dividing one's obligation' by spreading it over two animals. (3) Deut. XVI, 10. (4) The expression 'mix' supports R. Johanan, because it is applicable to money and not to animals. (5) Ibid. I.e., with both unconsecrated and consecrated means.
b (1) Because it is obligatory then. (2) Though still termed festival-offerings, they are really peace-offerings of rejoicing. (3) I.e., the first festal-offering. (4) Even on the same day. (5) 'To rejoice'. (6) And also of course with offerings bought with Second Tithe money. (7) I.e., satisfy his obligation after the first meal with tithe cattle, just as he may buy an offering with Second Tithe money. (8) Every tenth animal was designated as tithe by being marked with red paint (Bek. IX, 7); on a holy day painting, being regarded as work, is prohibited. (9) Esth. X, 1. The word used here מס, and מסת in Deut. XVI, 10 are from the same root. (10) Deut. XVI, 14, which refers to Sukkoth, but by analogy is applicable to each of the three pilgrim festivals. (11) I.e., the precept to rejoice can be fulfilled only by having meat at the feast (cf. Pes. 119*a*), but the flesh of any kind of sacrifice will do.

אלמא קסבר *חגיגת ארבעה עשר לאו דאורייתא אמר מר בית הלל אומרים מן המעשר אמאי דבר שבחובה הוא *וכל דבר שבחובה אינו בא אלא מן החולין אמר עולא בטופל חזקיה אמר טופלין בהמה לבהמה ואין טופלין מעות למעות ורבי יוחנן אמר טופלין מעות למעות ואין טופלין בהמה לבהמה תניא כוותיה דחזקיה תניא כוותיה דרבי יוחנן תניא כוותיה דרבי יוחנן (דברים טז) *מסת מלמד שאדם מביא חובתו מן החולין ומנין שאם רצה לערב מערב ת"ל (שם) כאשר יברכך ה' אלהיך תניא כוותיה דחזקיה מסת מלמד שאדם מביא חובתו מן החולין בית שמאי אומרים יום ראשון מן החולין מכאן ואילך מן המעשר ובית הלל אומרים אכילה ראשונה מן החולין מכאן ואילך מן המעשר ושאר כל ימות הפסח אדם יוצא ידי חובתו בהמה במעשר ביום טוב מ"ט לא אמר רב אשי דלמא אתי לעשורי ביו"ט ואי אפשר לעשר ביום טוב משום סקרתא מאי משמע דהאי מסת לישנא דחולין הוא דכתיב (אסתר י) וישם המלך אחשורוש מס על הארץ: ישראל יוצאין ידי חובתן בנדרים ונדבות: ת"ר (דברים טז) ושמחת בחגך לרבות כל מיני שמחות לשמחה מכאן אמרו חכמים ישראל יוצאין ידי חובתן בנדרים ונדבות ובמעשר בהמה והכהנים בחטאת ואשם ובבכור ובחזה ושוק יכול אף בעופות ובמנחות ת"ל ושמחת בחגך מי

רש"י

אמר מר ובית הלל אומרים אף מן המעשר · והלא דבר שבחובה הוא: בטופל · מחבר מעשר עם החולין ומביא ופליגי אמוראי כיצד טופלין: חזקיה אמר בהמה לבהמה · אם יש לו אוכלין הרבה ואין לו ספוק בבהמה אחת יביא אחת לחגיגה מן החולין והשאר מן המעשר ואע"פ שכולן הבאות ביום ראשון שם חגיגה עליהן כבר יצא ידי חובה בראשונה מן החולין: ואין טופלין מעות למעות · לקנות בהמה גדולה ורבי יוחנן אמר איפכא למר אתחזי ליה שפיר טפי שיצא ידי חובתו מן החולין כשמביא בהמה שלמה מן החולין ולמר אתחזי ליה שפיר טפי כשחולין מעורבין עם כל אכילותיו ולקמן יליף לה מקראי דמותר להיות טופל: מסת · בשבועות כתיב ועשית חג שבועות לה' אלהיך מסת נדבת ידך ולקמן מפרש מסת לשון חולין: מערב · אין לשון טופל אלא במעות שקנה בהן בהמה דשתי בהמות זו ניכרת לעצמה וזו ניכרת לעצמה: אשר יברכך · מכל אשר יברכך: יום ראשון · שהוא לשם חגיגה יהו מן החולין ולית להו לב"ש טפילה בדבר שבחובה: מכאן ואילך · שאינו אלא שמחה דאילו בחגיגה כתיב ותחוגג אותו יום אחד ותו לא אף מן המעשר: אכילה ראשונה · השתא סלקא דעתך בהמה לעצמה ויאכלנה על שלחן ראשון: מכאן ואילך · אפילו בו ביום: ושאר כל ימות הפסח · שאינן אלא לשמחה אדם יוצא במעשר בהמה אם יש לו וכל שכן שקונה שלמים במעות מעשר שני: ביו"ט מאי טעמא לא · נפיק במעשר בהמה בשאר אכילות חוץ מן הראשונה כי היכי דשרו במעשר שני: משום סקרתא · שצובעו דתנן בבכורות (דף נח:) היוצא בעשירי סוקרו בסיקרא ואומר הרי זה מעשר והוא צבע אדום שצובעין בו תריסין: ושמחת · כל השמחות במשמע דלא בעי מיניה אלא שמחה ואמר מר *אין שמחה אלא בבשר והאי בשר הוא:

תוספות

אלמא קסבר חגיגת ארבעה עשר לאו דאורייתא · ואין להקשות דתניא בפ' אלו דברים בפסחים (דף ע. ושם) לא ילין מן הבשר לימד על חגיגת י"ד שנאכלת לשני ימים ולילה אחד כו' אלמא סבירא ליה דהוי דאורייתא ועוד דשכחן תנא התם דאינה נאכלת אלא ליום ולילה אחד משמע דאית ליה דאורייתא אבל פליג אאידך תנא [דאמר שני ימים ולילה] ויש לומר דסבר כתנא דמתני' פרק אלו דברים (שם דף סט:) דתנן אימתי מביאין עמו חגיגה בזמן שבא בחול בטהרה ובמועט בזמן שבא בשבת במרובה או בטומאה אין מביאין א"כ משמע דלאו חובה דפעמים לא אתיא כדקאמר רב אשי התם בגמרא:

אמאי דבר שבחובה הוא · אומר הר"ר אלחנן הוא הדין דהוה מצי להקשות עולה היא ואינה נאכלת ואין טוענין דמי מעשר רק בדבר הנאכל והכי מצינו בספרי פרשת עשר תעשר בכל אשר תאוה נפשך יכול יעבדים כו' יכול ליקח בהמה למשתה בנו וכו' הרי אתה דן כו' אי מה להלן עולה ושלמים אף כאן תלמוד לומר ואכלת ושמחת שמחה שיש בה אכילה יצאו עולות שאינן נאכלות ויש להקשות דאמר בפ"ק דחולין (דף כג. ושם) במשמעתא דמכשירין אילטריך כמשפטו בעולת העוף לומר שאינה באה אלא מן החולין תיפוק ליה דעולה היא ומיהו הא לא קושיא הוא דהתם* נמי פריך (א) ביום מביום ווהו נפקא ומשני כדי נסבה והוא הדין דמצי למיפרך עולה היא ולישני הכי אבל הר"ר אלחנן מפרש דכתיב והקריבו דהוי חלוק שמע מינה דמוציא מכלל שאר עולות ולייתי ממעשר אע"ג דאינה נאכלת ומיהו תימה ההיא דמגילה (דף ח.) דאמר אין בין נדרים ונדבות כו' שהקשה הר"ר יעקב מאורליינ"ש ליתני נמי שהנדרים אינם באים אלא מן החולין דהוה ליה חובה ונדבות אף ממעשר *והיה מתרץ הר"ר אלחנן דמיירי בעולה דבלאו הכי אינה באה *(ב) מן החולין שאינה נאכלת כדפרישית:

טופלין בהמה לבהמה · בהמה ראשונה מן החולין ואינך למעשר אבל מעות למעות להצטרף מעות חולין ומעות מעשר לקנות בהמה (ג) דמשמע ליה דהוי דבר שבחובה ממעשר לא וכל אחד ואחד לפי סברתו מיהו יש ליתן טעם במילתא דתרוייהו דחזקיה אמר אין טופלין מעות סברתו ניכר כיון שאפשר לו ליטפל בשתי בהמות הכי עדיף דסבירא ליה לחזקיה התם חולק לחובתו לשתי בהמות הלכך במעות לא איטפל ור' יוחנן אומר טופלין למעות כיון דרבייה קרא טפילה דשרי על כרחו הכי הוא דבשתי בהמות לא הוי דסבירא ליה לר' יוחנן אין אדם חולק חובתו לשתי בהמות וכן מצינו בירושלמי אמר רבי אילא בשם רבי אמי איפלגון חזקיה ורבי יוחנן חזקיה אמר אדם חולק חובתו לשתי בהמות וכו':

מלמד שאדם מביא חובתו מן החולין · ובשילהי פרק התודה (מנחות דף פב.) מפקינן ליה מקרא אחרינא וגם בפרק דם החטאת (זבחים דף נח.) וי"ל דהכא אילטריך דסלקא דעתך אמינא כיון דכתיב אשר יברכך לטפלה דמעשר אימא כולי נמי לייתי מן המעשר:

ת"ל אשר יברכך · מיהו בירושלמי מפקינן ליה דכתיב מסת וכתיב לא תוכל שאתו (דברים יד) מה להלן מן המעשר כו' ר' אליעזר אמר נאמר כאן שמחה ונאמר להלן שמחה מה להלן מעשר אף כאן מעשר רבי עולא בר ישמעאל נאמר כאן מסת ונאמר להלן ותרב משאת מה להלן אחת עיקר והשאר טפל אף כאן:

ושאר כל ימות הפסח אדם יוצא ידי חובתו במעשר בהמה · ה"ג · אבל יש ספרים שכתוב בהן גירסא אחרת ואין ליטבה:

משום סקרתא · הקשה הר"ר אלחנן תיפוק ליה דאין מקדישין ביו"ט (ד) וכדקאמר בפרק בתרא דביצה (דף לו:) וי"ל דשאני הכא דקדושה ועומדת כיון דחייב מן התורה לקדשו כדאמרינן בפרק בתרא דבכורות (דף נח.) הלכך לא שייך ביה שום איסור והר"י תירץ דלביעה דנקט לפי שהוא איסור דאורייתא הלכך גזרו בה אבל מקדיש דלא הוי רק דרבנן לא גזור וכן משמע התם (ביצה דף לו:) גבי אין רוכבין על גבי בהמה ומוקי לה משום תחומין לימא קסבר תחומין דאורייתא אלא גזרה שמא יחתוך זמורה משמע דמשום איסור דרבנן לא גזרו ורבי אלחנן היה רוצה לתרץ דלהקדיש לא קאמר דהא אמרינן בפרק שואל (שבת דף קמח:) מקדיש אדם חגיגתו ביו"ט ופסחו בשבת א"כ הכא נמי כיון דנפיק בה ידי שלמי שמחה מצי להקדיש אך אין הר"י מודה לו כיון דלא אתי עיקר משום שלמי שמחה דאם לא כן בדין דנדרים ונדבות נמי ליקדשן כיון דנפיק משום שמחה ומכל הני שינויי לא יתכן בבכורות פרק בתרא (דף נח.) אמאי נקט סקרתא ולא נקט מקדישין דהתם לא שייך גזרה אלא (ה) שינוי ראשון דקדושים ועומדין יתכן התם והכא ולא דמי להגבהת תרומות ומעשרות דאסור משום מתקן דהכא לא מתקן הוא דבלאו הכי שרי למיכל קודם שיעשר בהמותיו:

וישם המלך אחשורוש מס · אבל יהיו לך למס ועבדוך (דברים כ) וכן ויהי למס עובד (בראשית מט) לא מייתי דהני לאו מעות משתמעינן (ו) אלא לשון עבודות בעלמא:

ושמחת בחגך לרבות מיני שמחות לשמחה · גבי חג הסוכות כתיב ודרשינן ליה מהדר כתביה הכא כיון דכתבי' גבי עצרת ופסח ילפינן מיניה בהיקש וכן מלא רבי אלחנן בסיפרי דמעצרת הוא דרשינן לה דכתיב וזכרת כי עבד היית בארץ מצרים לימד כל שנוהג בעצרת נוהג בפסח וחג או אינו כל שנוהג בפסח וחג נוהג בעצרת תלמוד לומר אלה אלה נוהגין בעצרת כו':

מי

מסורת הש"ס

[פסחים סט.]
[לעיל ז: וש"נ]
[עי' תוספות זבחים נ. ד"ה אם עלו]
[בכורות נח.]
[פסחים קט.]
[שייך לעיל ז:]
[דף כג.]
[עי' תוספות מגילה ח. ד"ה אין בין ותוספות ב"ק סב: ד"ה מי קתני ותוספות תענית יג: ד"ה מאן]

עין משפט נר מצוה

מג א מיי' פ"י מהלכות קרבן פסח הלכה יג ופ"ב מהלכות חגיגה הלכה י:
מד ב ג ד ה מיי' פ"ב מהל' חגיגה הל' ח:
מה ו ז מיי' שם הל' ט:
מו ח מיי' שם הלכה י:

הגהות הב"ח

(א) תוס' ד"ה אמאי וכו' הא לאו קושיא הוא דהתם נמי פריך ידו סימנית מדרבה בר בר חנה נפקא ומשני כדי נסבה והוא הדין דמצי למימר מן החולין עולה היא ולשני הכי אבל הר"ר אלחנן מפרש דכתיב והקריבו דהוי: (ב) בא"ד אינה באה אלא מן החולין כיון שאינה נאכלת כדפרי': (ג) ד"ה טופלין וכו' משמע ליה לחזקיה דהוי דבר שבחובה ממעשר וכו' ור' יוחנן משמע ליה שיהא חולין מעורב עם כל אכילותיו וכל אחד ואחד לפי סברתו וכו' דחזקיה דאמר אין טופלין מעות למעות סברתו ניכר דכיון וכו' דסבירא ליה לחזקיה אדם חולק חובתו וכו' ור' יוחנן אומר טופלין מעות למעות דכיון דרבייה: (ד) ד"ה משום וכו' דאין מקדישין ביום טוב כדתנן בפ' בתרא: (ה) בא"ד ולא נקט מקדישין דהתם לא שייך גזירה אלא שינוייא קמא דקדושה ועומדת יתכן התם: (ו) ד"ה וישם וכו' משתמעינן מיניה אלא:

רבינו חננאל

אבל חגיגת ארבעה עשר אינה מן התורה · ובה"א מן המעשר ומקשינן אמאי והא חגיגת ט"ו וודאי היא מן התורה וכל דבר שבא מן החובה אינו בא אלא מן החולין · ופריק עולא בטופל מעשר שני לחולין *) · ובאו חזקי' ור' יוחנן לפרש דבריו חזקיה אמר טופלין בהמה לבהמה פי' טופלין בהמה של חגיגה עם בהמות אחרות של מעות מעשר שני או של נדרים ונדבות ומפורש בתלמוד ארץ ישראל שזה שטופל הוא ממעשר שני אבל ביו"ט לא פי' חיישינן משום סקרתא מפני שבשעה שמונה ומעשר סוקר העשירי בסיקרא ואין סוקרין ביו"ט · ואין טופלין מעות למעות פי' אין מוסיפין על מעות של חגיגה מעות של נדרים שעליו או מעות מעשר שני ומביא בהמה שמינה או פר גדול · ור' יוחנן אמר טופלין מעות למעות ואין טופלין בהמה לבהמה · תניא כותיה דר' יוחנן מסת מלמד שאדם מביא חובתו מן החולין ומנא לן שאם רצה לערב מערב ת"ל כאשר יברכך ה' אלהיך אפילו שורים כלומר מוסיף מעות על מעות החגיגה · תניא כותיה דחזקיה מסת מלמד שאדם מביא מן החולין בש"א יום ראשון מן החולין מיכן ואילך מן המעשר ובה"א אכילה ראשונה מן החולין מיכן ואילך מן המעשר · פי' אכילה ראשונה שאתה אוכל בחג לא תהא אלא מן החולין ושאר כל ימות הפסח אדם יוצא י"ח במעשר בהמה · אבל ביו"ט לא דלמא אתי לעשורי ואי אפשר לעשר ביו"ט משום סיקרא שסוקר על הבהמה שנמצא כצובע ביו"ט · ומסת מנא לן דלישנא דחולין הוא ואמרינן מסת מלשון מס כדכתיב וישם המלך אחשורוש מס על הארץ : מתני' ישראל יוצאין י"ח בנדרים ונדבות כו' · ת"ר ושמחת בחגך לרבות כל מיני שמחות לשמחה מיכן אמרו ישראל יוצאין י"ח בנדרים ונדבות ובמעשר בהמה · והכהנים בחטאת ואשם ובבכור ובחזה ובשוק יכול אף במנחות ובעופות תלמוד לומר ושמחת בחגך · מי

*) בגמ' ליתא זה וכן משמע מדברי רבינו בסמוך דהולך לשיטה זו מבירושלמי דהטפלה הוא ממע"ש ודו"ק.

עין משפט נר מצוה

מז א מיי׳ פ"א מהל׳ חגיגה הלכה א :

מח ב מיי׳ שם פ"ב הלכה י :

מט ג מיי׳ פ"ו מהל׳ יו"ט הלכה טז ופ"י מהל׳ אישות הלכה יד סמג לאוין עה טוש"ע א"ח סימן תקמו סעיף א ב וטור ש"ע א"ה סי׳ סד סעיף ו :

נ ד מיי׳ פ"א מהלכות חגיגה הלכה יא :

נא ה מיי׳ פ"ב שם הלכה ח :

נב ו מיי׳ שם הל׳ ז :

מסורת הש"ס

מו"ק ח:

תורה אור

מי שחגיגה באה מהם *יצאו אלו שאין חגיגה באה מהם רב אשי אמר מושמחת נפקא *יצאו אלו שאין בהן שמחה ורב אשי האי בחגך מאי עביד ליה ההוא לכדרב דניאל בר קטינא דאמר רב דניאל בר קטינא אמר רב *מניין שאין נושאין נשים במועד שנאמר °ושמחת בחגך ולא באשתך:

מתני׳ מי שיש לו אוכלים מרובים ונכסים מועטים מביא שלמים מרובים ועולות מועטות נכסים מרובים ואוכלין מועטין מביא עולות מרובות ושלמים מועטין זה וזה מועט על זה נאמר מעה כסף שתי כסף זה וזה מרובים על זה נאמר °איש כמתנת ידו כברכת ה' אלהיך אשר נתן לך:

גמ׳ שלמים מרובים מהיכא מייתי הא לית ליה אמר רב חסדא טופל ומביא פר גדול א"ל רב ששת הרי אמרו טופלין בהמה לבהמה מאי קאמר ליה אילימא הכי קאמר ליה הרי אמרו טופלין בהמה לבהמה אבל לא מעות למעות ולימא ליה אין טופלין מעות למעות אלא הכי אמר ליה הרי אמרו אף טופלין בהמה לבהמה כמאן דלא כחזקיה ודלא כרבי יוחנן וכי תימא אמוראי הוא דפליגי מתנייתא לא פליגי והא קתני אכילה ראשונה מן החולין מאי אכילה ראשונה מן החולין אמר שיעור דמי אכילה ראשונה מן החולין אמר עולא אמר ריש לקיש הפריש עשר בהמות לחגיגתו הקריב חמש ביום טוב ראשון חוזר ומקריב חמש ביום טוב שני רבי יוחנן אמר כיון שפסק שוב אינו מקריב אמר ר' אבא ולא פליגי כאן בסתם כאן במפרש האי סתם היכי דמי אילימא דליכא שהות ביום לקרב האי דלא אקרבינהו (א)דליכא שהות ביום ואלא דלית ליה אוכלין האי דלא אקרבינהו דלית ליה אוכלין לא צריכא דאיכא שהות ביום ואית ליה אוכלין (*מבדקמא) לא אקרבינהו שמע מינה שיורי שיירינהו והכי נמי מסתברא דכי אתא רבין אמר ר' יוחנן הפריש עשר בהמות לחגיגתו הקריב חמש ביום טוב ראשון חוזר ומקריב חמש ביום טוב שני קשיין אהדדי אלא לאו שמע מינה כאן בסתם כאן במפרש ש"מ איתמר נמי אמר רב שמן בר אבא אמר רבי יוחנן לא

יצאו אלו שאין חגיגה באה מהן · דחגיגה חלב כתיב בה לא ילין חלב חגי וגו' (שמות כג): מתני׳ אוכלין מרובין · בני בית רבים מביא שלמים רבים שלמי חגיגה רבים לפי האוכלים ועולת ראייה מועטת: עולות מרובות · דכתיב איש כמתנת ידו: גמ׳ טופל · מעות חולין ומעשר יחד: אילימא הכי קאמר ליה הרי אמרו בהמה לבהמה(ב) מעות למעות לא כחזקיה: לימא ליה הרי אמרו אין טופלין מעות למעות · כיון דלמיסר טפילת מעות אתא ושמעינן לחזקיה בהדיא דאין טופלין היכי שביק מילתא בהדיא ומותיב מדיוקא: אלא אף טופלין קאמר ליה · דשמעינן לרב חסדא דקאמר בטופל ומביא פר גדול דוקא מעות למעות אבל בהמה לבהמה לא ואמר ליה איהו הרי אמרו אף טופלין בהמה לבהמה כמאן וכו׳ : וכי תימא אמוראי הוא דפליגי · חזקיה ורבי יוחנן הוא דפליגי בבהמה ובמעות : אבל מתנייתא · דאייתינן לעיל תניא כוותיה דמר ודמר: לא פליגי במעות אלא בבהמה הכך דקתני אם רצה לערב הוא דקאמר מעות דוקא אבל אידך מתניתא ס"ל בין מעות בין בהמה ורב ששת כברייתא בתרייתא סבירא ליה: והא קתני אכילה ראשונה מן החולין בעי כולה מחולין : דמי אכילה ראשונה · כלומר אכילה ראשונה סתמא קתני דאית ליה בין בהמה עלמה בין מעות שיעור אכילה ראשונה: חוזר ומקריב חמש ביום טוב שני · ולא אמרינן עובר הוא בבל תוסיף (ג) ורחמנא אמר ותגותם אותו חד יומא הוא ותו לא דהכך נמי לחד יומא הוא ושני תשלומין דראשון : בסתם · אם הפרישן סתם אינו חוזר ומקריבן כדמפרש ואזיל : כאן במפרש · דאמר בהדיא ליום ראשון אני מפריש את כולן חוזר ומקריבן שאינו אלא תשלומי ראשון : האי סתם · דאמרת אסור להקריבן היכי דמי : משום דלא הוה ליה שהות הוא · ומסתמא ליום ראשון הפרישן : שיורי שייר · שהיה בדעתו לחוג שני ימים : ה"ג מסתברא · דמודה ר' יוחנן בדמפרש: איתמר נמי · דהיכא דמוכח מילתא דלא היה בדעתו לחוג שני ימים מודה ר"י: לא

מי שחגיגה באה מהם · פרש"י דכתיב לא ילין חלב חגי ומיהו לקמן (דף י:) לא מפקינן ליה לפי המסקנא אלא מגזירה שוה דמדבר מדבר ושמא מכל מקום משמעות המקרא משמע חגיגה ולקמן מפקינן ליה ממדבר מדבר שמא אלשון דויחוגו קא סמיך דמשמע חגיגה דאי ממדבר הוה אמינא עולה ושלמים באה מהם וליכא למימר אם כן לא יהו באים שלמי שמחה ממעשר רק על ידי טפילה כמו חגיגה דהא בסיפרי ילפינן ליה מגזירה שוה דכתיב בו שם במעשר וגם בהתודה (מנחות פב.) מדכר גזרה שוה שם שם לשלמים הקשה ה"ר אלחנן ליגף שמחה מהר עיבל דכתיב (דברים כז) וזבחת שלמים ומינה ממעטינן עופות ומנחות וכן דריש רבי יהודה בן בתירא בפסחים (דף קט.) ועוד אמאי לא מוקמינן קרא בבשר חולין דמיקרי שפיר שמחה ותירץ דודאי ילפינן מהר עיבל מה שמחה דלהלן שלמים אף כאן שלמים ובירושלמי איכא אבל לא בעופות ומנחות דכתיב זבח בהר עיבל:

בחגך ולא באשתך · ות"ק דמפיק לה מדרשה ושמחת בחגך מי שחגיגה וכו׳ י"ל דתרוייהו שמעינן מינה דליכתוב נ"ז ג׳ ומיהו מלינו למימר דפליג עליה ולא משמע ליה (ד) והא דאין נושאים נשים במועד מוקי טעמא כאידך דהתם:

מי שיש לו אוכלין מרובין · בירושלמי אמרינן עני וידו רחבה קורא אני עליו איש כמתנת ידו עשיר וידו מעוטה על זה נאמר כברכת ה׳ אלהיך עני וידו מעוטה על זה נאמר מעה כסף שתי כסף אין פחות ממעה כסף ואין פחות משתי כסף:

חוזר ומקריב (*הוא) ביו"ט שני · פרש"י ואינו עובר משום בל תוסיף דרחמנא אמר ותגותם אותו חג חד יומא והוא חוגג שני ימים דהוה ליה תשלומין דראשון אבל בסתם אסור כדמפרש ואזיל ולא שייך לאקשויי כיון דלא הוי חזי בראשון איך הוה חזי בשני הואיל ושמעינן ליה לר׳ יוחנן בסמוך תשלומין דראשון דהוה חזי בראשון קרינן ביה הואיל ואיכא שם הרבה כהנים שיקריבו אותן בבת אחת ומיהו ר"ח פירש בענין אחר וזהו לשונו אמר ריש לקיש הפריש עשרה בהמות לחגיגתו הקריב חמשה ביו"ט ראשון מקריב חמשה ביו"ט אחרון ואע"ג דאין מקריבין נדרים ונדבות ביו"ט הואיל והללו תחילת הפרשתן לחגיגה היתה מותר להקריבן ביום טוב ורבי יוחנן אמר כיון שפסק שוב אינו חוזר ומקריב ומביא א"ר אבא ולא פליגי כאן בסתם כאן במפרש הא דר׳ יוחנן כגון שהפרישן סתם והקריב ויש לו שהות ביום לשחוט השאר וגם יש לו אוכלים ולא שחטן שיורי שיירינהו ונעשו כנדרים ונדבות שלא מחמת יום טוב שאין קריבין ודריש לקיש כגון שפירש שאלו הנשארים יקריבם ביום טוב אחרון כגון זה מותר הכי נמי מסתברא דכי אתא רבין אמר רבי יוחנן הפריש עשרה בהמות לחגיגתו הקריב חמשה וכו׳ חוזר ומקריב וכו׳ קשיא אהדדי כו׳ אלא לאו כו׳ איתמר נמי אמר רב שמן בר אבא אמר רבי יוחנן לא שנו אלא שפסק [שוב אינו מקריב] אלא שלא גמר היום דאמרינן שיורי שיירינהו ונעשו נדרים ונדבות אבל גמר היום חוזר ומקריב כך פירש רבינו חננאל ולדבריו משמע בירושלמי דמכילתין היו לפניו (ה) עשרה בהמות הקריב חמשה ביום טוב ראשון והמותר מהו שידחה יום טוב האחרון רבי קריספא אומר איתפלגון ר׳ יוחנן וריש לקיש חד אומר דוחה וחד אומר אינו דוחה ולא ידעינן מאן אמר [דא ומאן אמר דא] אמר רבי זירא נפרש מליהון דרבנן מן מליהון דרבי יוחנן דו אמר אדם טופל מעות למעות דו אמר דוחה ריש לקיש דו אמר אדם טופל בהמה לבהמה ואין אדם טופל מעות למעות דו אמר אינו דוחה ואמר רב שמן בר אבא בשם ר׳ יוחנן לעולם הוא מוסיף והולך ודוחה יום טוב עד שיאמר אין עוד בדעתו להוסיף משמע דלענין לדחות יום טוב מיירי:

זה

[נ"ל חמש]

הגהות הב"ח

(א) גמ׳ האי דלא אקרבינהו משום דליכא שהות ביום ואלא דלית ליה אוכלין לימא האי דלא אקרבינהו משום דלית ליה: (ב) רש"י ד"ה אילימא וכו׳ לבהמה אבל מעות: (ג) ד"ה חוזר וכו׳ דרחמנא אמר וכו׳ דהני תשלומין: (ד) תוס׳ ד"ה בחגך וכו׳ ולא משמע ליה בחגך והא דאין: (ה) ד"ה חוזר וכו׳ היו לפניו עשר בהמות הקריב חמש ביום טוב הראשון המותר מהו שידחה לי"ט וכו׳ דר׳ יוחנן דאמר אדם טופל מעות ואין אדם טופל בהמה לבהמה דוחה וריש לקיש דאומר אדם טופל בהמה ואין אדם טופל מעות למעות הוא דהוא אומר אינו דוחה:

[נ"ל מדבקמא]

רבינו חננאל

מי שחגיגה באה מהן יצאו אלו שאין חגיגה באה מהן רב אשי אמר מושמחת מי שיש בהן שמחה יצאו עופות ומנחות שאין בהם שמחה · והאי בחגך מיבעי ליה לכדרב דאמר ושמחת בחגך ולא באשתך: [מתני׳] מי שיש לו אוכלין מרובין ונכסים מועטין מביא שלמים מרובין ועולות מועטין כו׳ פי׳ מי שיש לו בני אדם מרובין וכולן רוצים לאכול בשר במועד ואין לו בהמות אלא מעט אמר רב חסדא טופל ומביא פר גדול · א"ל רב ששת הרי אמרו טופלין בהמה לבהמה ואתינן לדיוק מאי אמר רב ששת וכי תימא הכי קאמר ליה לרב חסדא אמאי אמרת טופלין מעות חגיגה וקונה פר גדול מכלל שאין טופל בהמה לבהמה הרי אמרו אף טופלין בהמה לבהמה ומקשינן כמאן אמר רב ששת ההיא סברא לא כחזקיה ולא כרבי יוחנן דהא אין אחד מהן אומר טופלין בהמה לבהמה ומעות למעות וכי תימא דחזקיה ור׳ יוחנן הוא דפליגי אבל מתניתא לא פליגי והוא דאמר כהני מתניתא והקתני אכילה ראשונה מן החולין כלומר הבהמה הראשונה שיאכל תחלה תהיה מן החולין · לאו מכלל שטופלין בהמה לבהמה ואין טופלין מעות וקונה בהמה אחת׳ מאי אכילה ראשונה דקתני בענין ממעות חגיגה כדי אכילה ראשונה ממעות חולין א"ר שמעון בן לקיש הפריש עשר בהמות לחגיגתו הקריב חמש ליו"ם ראשון חוזר ומקריב חמש ליו"ם האחרון של חג ואע"ג שאין מקריבין נדרים ונדבות במועד הואיל והללו תחלת הפרשתן לחגיגה היתה מותר להקריבם ביו"ם ור׳ יוחנן אמר כיון שפסק שוב אינו מקריב א"ר אבא ולא פליגי כאן בסתם כאן במפרש הא דר׳ יוחנן כגון שהפרישן בסתם והקריב מהן חמש · ואיכא שהות ביום לשחוט השאר וגם יש לו בני אדם שצריכין לאכלם וכיון שלא שחטם שירי שיירינהו ונעשו כנדרים ונדבות שלא מחמת יו"ם שאינן קרבין ביו"ם · וריש לקיש כגון שפירש ואמר שאלו הנשארים אקריבם ביו"ם האחרון כגון זה מותר הכי נמי מסתברא דכי אתא רבין

in thy feast', [8b] only with those [offerings] from which the festal-offering can be brought;[12] these, then, are excluded since the festal-offering cannot be brought from them. R. Ashi said: It is to be deduced from [the expression], *'And thou shalt rejoice'*; these, then, are excluded because there is no [festive] joy in them.
a But what does R. Ashi do with [the expression], *'in thy feast'*.[1] —To intimate what R. Daniel b. Ḳaṭṭina learnt. For R. Daniel b. Ḳaṭṭina said that Rab said: Whence [is it derived] that marriages[2] may not take place during the mid-festival? Because it is said: *'And thou shalt rejoice in thy feast'*, but not in thy wife.[3]

MISHNAH. HE THAT HAS MANY TO EAT [WITH HIM] AND FEW POSSESSIONS,[4] OFFERS MANY PEACE-OFFERINGS AND FEW BURNT-OFFERINGS,[5] [HE THAT HAS] MANY POSSESSIONS AND FEW TO EAT [WITH HIM] BRINGS MANY BURNT-OFFERINGS[6] AND FEW PEACE-OFFERINGS. [HE THAT HAS] FEW OF EITHER, FOR HIM IS PRESCRIBED:[7] 'ONE MA'AH OF SILVER', 'TWO PIECES OF SILVER'.[8] HE THAT HAS MANY OF BOTH, OF HIM IT IS SAID: EVERY MAN SHALL GIVE AS HE IS ABLE, ACCORDING TO THE BLESSING OF THE LORD THY GOD, WHICH HE HATH GIVEN THEE.[9]

GEMARA. Whence shall he bring many peace-offerings? Behold he has not!—Said R. Ḥisda: He may supplement [unconsecrated money with Second Tithe money] and bring a large bull.[10] Said R. Shesheth to him: Behold they said: One may supplement beast with beast! What did he mean? Should one say he meant this: Behold they said: One may supplement beast with beast, but not money with money; then he should say to him: One may not supplement money with money![11]—He must, therefore, have meant this: Behold they said: One may *also* supplement beast with
b beast![1] According to whom will this be? It will be neither according to Hezekiah nor according to R. Joḥanan.[2] And should you say: It is only the Amoraim[3] who differ [about it],[4] but the Baraithas[5] do not differ;[6] but behold it says: The first meal must come from unconsecrated money![7]—The first meal means that the amount of the value of a first meal[8] must be from unconsecrated money.[9]

'Ulla said that Resh Laḳish said: If a man set aside ten beasts for his festal-offering [and] he offered up five on the first day of the festival, he may offer up the other five on the second day of the festival;[10] R. Joḥanan said: Since he has interrupted [the offerings], he cannot offer any more. R. Abba said: But they do not differ: the one speaks of an instance where he did not declare his intention, and the other speaks of an instance where he did
c declare his intention.[1] What is the case of the one who had not declared his intention?[2]—Should one say that there is no time left in the day to offer them, then the reason for his not offering them was because there is no time left in the day![3] [Should one say], therefore, that he had no [more] people to *eat with him![3]—No, it refers to a case where there was time left in the day [to offer] and he had people to eat with him; seeing that he did not offer them on the first day [of the festival] it proves that he left them over [intentionally].[4] And so it stands to reason;[5] for when Rabin came [from Palestine] he said that R. Joḥanan said: If a man set aside ten beasts for his festal-offering, [and] he offered five the first day of the festival, he may offer the other five on the second day of the festival. [Now the two statements of R. Joḥanan] contradict one another! Surely, therefore, you must learn from this that in the one case he does not declare his intention and in the other he does declare his intention. Proven.

It is also reported:[6] R. Shaman b. Abba said that R. Joḥanan

(12) V. *supra* 7a n. b 3. Cf. also *infra* 10b.
a (1) I.e., since Scripture has no redundant expressions, what teaching does he derive from it. (2) Lit., 'they may not take wives'. (3) V. M.Ḳ. 8b. (4) I.e., cattle (cf. Aramaic נכסין, cattle, herd), which, in contradistinction to land (immovable property), originally constituted essential (movable) wealth. The root נכס means to slaughter; cf. Latin *pecunia* from *pecus* (Goldschmidt). Cf. also chattels from cattle. Jastrow offers a different explanation. (5) Respectively for festal and pilgrimage sacrifices. (6) In accordance with Deut. XVI, 17. (7) By the Rabbis. (8) *V. p. 2, nn. 2, 4. (9) Deut. XVI, 17. (10) *V. p. 38, the views of Hezekiah and R. Joḥanan. (11) I.e., let R. Shesheth, who follows Hezekiah's view, say distinctly what is prohibited (exactly as Hezekiah does above) and not leave R. Ḥisda to infer what is prohibited from a statement of what is permitted.
b (1) I.e., and not merely money with money. (2) As neither of them permits the supplementing of *both* money with money and beast with beast. (3) Lit., 'speakers': the Talmudic scholars who were active from the time of the conclusion of the Mishnah (C. 220 C.E.) to the end of the fifth century, and compiled almost the whole of the Gemara; v. Glos. s.v. Amora. Here Hezekiah and R. Joḥanan are referred to. (4) I.e., regarding the permissibility of supplementing money with money and adding beast to beast. (5) Lit., 'extraneous (teachings)': the generic term for Tannaitic teachings not included in the Mishnah, v. Glos. (6) The Baraithas quoted above (8a) in support of Hezekiah and R. Joḥanan respectively do not contradict each other regarding the permissibility of adding money to money, only regarding the adding of beast to beast, which the first Baraitha prohibits and the second permits. Thus R. Shesheth will agree with the second Baraitha which permits the adding of beast to beast as well as money to money. (7) This presumably means that the *whole* of the flesh of the first meal must come from unconsecrated money, which in turn shows that the Baraitha refers to the supplementing of beast with beast and not of money with money. (8) [I.e., the amount required to constitute generally a first festal meal and not, as assumed, the *whole* of the first meal. The text is in slight disorder]. (9) Thus the Baraitha may refer both to animals and money. (10) Rashi explains: One must not suppose that by offering the remaining beasts on the second day (i.e., the first day of the mid-festival) he is transgressing the commandment to keep one day as a feast i.e., to offer his festal offerings on the first day (deduced *infra* 9a from Lev. XXIII, 41, *'and ye shall keep it (only) a feast'*), for the second day he is merely 'compensating' for the dues of the first. But according to R. Ḥananel (quoted in Tosaf. (ר״ה הוזר) יום טוב שני ('the second day') means, or should read, יום טוב אחרון ('the last day of the festival'); and he explains that one should not think that since vow-offerings and freewill-offerings cannot be brought on a festival day, therefore the remaining beasts may not be offered then; for these sacrifices are to be regarded as festal-offerings not as vow- or freewill-offerings, since in the first place they were set aside for that purpose. This interpretation is supported by the J.T.
c (1) I.e., he said explicitly I set all of them aside for the first day; if then he offers some on the second day, they are merely 'compensation' for the first day. (2) That you rule that he cannot offer them any more. (3) But his intention was to offer them on the first day. (4) In order to provide a feast for the second day. (5) I.e., that R. Joḥanan would grant that if he declared his intention to offer them all on the first day, he may offer the remaining beasts on the second. (6) This is an Amoraic *(v. p. 41, n. 3) corroboration to the effect that where it is evident that the pilgrim did not intend in the first instance to hold over some of the offerings for the second day, R. Joḥanan would agree with Resh Laḳish.

*See Corrigenda.

said: [9a] They taught this[7] only [of a case] when it had not ended, but if it had ended, he may offer the rest [on the second day].
a What does 'ended' mean? Shall one say [it means]: he had ended[1] his sacrifices? What [in that case] should he offer? It must mean, therefore, that the *day* had not ended,[2] but if the day had ended,[3] he may offer the rest [on the second day].

MISHNAH. HE WHO DID NOT BRING HIS FESTAL-OFFERING ON THE FIRST FESTIVAL DAY OF THE FEAST [OF TABERNACLES], MAY BRING IT DURING THE WHOLE OF THE FESTIVAL, EVEN ON THE LAST FESTIVAL DAY[4] OF THE FEAST [OF TABERNACLES]. IF THE FESTIVAL PASSED AND HE DID NOT BRING THE FESTIVAL OFFERING, HE IS NOT BOUND TO MAKE IT GOOD. OF SUCH A PERSON IT IS SAID: HE THAT IS CROOKED CANNOT BE MADE STRAIGHT AND THAT WHICH IS WANTING CANNOT BE RECKONED.[5] R. SIMEON B. MENASYA SAID: WHO IS IT 'THAT IS CROOKED' WHO 'CANNOT BE MADE STRAIGHT'? HE THAT HAS CONNECTION WITH A FORBIDDEN RELATION[6] AND BEGETS BY HER BASTARD ISSUE. SHOULD YOU SAY THAT IT APPLIES TO A THIEF OR ROBBER, BUT THEN HE IS ABLE TO MAKE RESTITUTION AND BE MADE STRAIGHT. R. SIMEON B. YOHAI SAID: ONLY HE CAN BE CALLED 'CROOKED' WHO WAS STRAIGHT AT FIRST AND BECAME CROOKED. AND WHO IS THIS?—A DISCIPLE OF THE SAGES WHO FORSAKES THE TORAH.

GEMARA. Whence do we know this?[7]—R. Johanan in the name of R. Ishmael said: [The expression] *'Azereth* ['solemn assembly'] is used of the seventh day of Passover,[8] and [the expression] *'Azereth* is used of the eighth day of the Feast [of Taber-
b nacles].[1] Just as there it[2] intimates that one can make good [thereon the festal-offering due on the first day] so here[3] it intimates that one can make good [thereon the festal-offering of the first day]. And it is free [for interpretation];[4] for were it not free one might object: whereas [this[5] applies] to the seventh day of Passover which is not differentiated from the preceding [days], can you say this of the eighth day of the Feast [of Tabernacles] which is differentiated from the preceding [days].[6] But it is not so;[7] it is quite free [for interpretation]. Consider, what does *'Azereth* mean? [Evidently it means], restrained [*'Azur*][8] in respect of doing work. But behold it is written: *Thou shalt do no work;*[9] wherefore, then, has the Divine Law written *'Azereth?*[10] You must infer therefrom [that it is] in order to leave it free [for interpretation]. But the Tanna[11] [of the following Baraitha] deduces it from here. For it is taught: *And ye shall keep it a feast unto the Lord seven days.*[12] One might think that he must go on bringing festal-offerings the whole of the seven days. Scripture, therefore, says, *'it'*: on it [only] are you to offer festal-offerings, but you are not to offer festal-offerings on all the seven days. If so, why does it say, *'seven'?* To intimate that one may make good [the festal-offering during the seven days of the festival]. And whence [do we learn] that if he did not bring the festal-offering on the first festival day of the Feast [of Tabernacles] that he can go on bringing it during the course of the whole Festival, even on the last festival day? Scripture says: *Ye shall keep it in the seventh month.*[13] If, now, [it is to be kept] in the seventh month, one might think that one can go on bringing the festal-offering throughout the whole month, therefore Scripture says, *'it'*:[1] on *'it'* [only] are you to offer festal-
c offerings, but you are not to offer festal-offerings outside it.

And what is the nature of this 'making good'?—R. Johanan says: They[2] make up for the first day;[3] and R. Oshaiah says: They make up for one another.[4] What is the [practical] point at issue between them?—R. Zera said: [The case of] a man who was lame[5] on the first day [of the festival] and became well on the second day is the point of issue between them. R. Johanan says: They make up for the first day; since on the first day he was not qualified [to bring the festal-offering], he is not qualified on the second. And R. Oshaiah says: They make up for one another; although he was not qualified on the first day he is qualified on the second. But could R. Johanan have said this? For behold Hezekiah said: If [a Nazirite] became defiled during the day [of the eighth] he has to bring [a sacrifice], but during the night [preceding the eighth] he does not have to bring [a sacrifice].[6] But R. Johanan said: Also [if he was defiled] during the night, he must bring [a
d sacrifice]![1]—Said R. Jeremiah: The case of uncleanness is different,[2] because it can be made good [as is the case with the sacrifice] on the Second Passover.[3] R. Papa demurred to this: It is right

(7) I.e., the Baraitha quoted *infra* which deduces from Lev. XXIII, 41 that the festal-offering is to be offered on the first day only.
a (1) גמר ('he ended') is both transitive and intransitive. (2) And he refrained from offering the remaining beasts. (3) And he had no opportunity of offering all his sacrifices. (4) Which is regarded as a separate festival, nevertheless one can make good thereon the festal-offering due on the first day of Tabernacles. (5) Eccl. I, 15. (6) V. Lev. XVIII, 6-18. (7) I.e., that if the festal-offering was not brought earlier, it can still be offered up on the last day of Tabernacles. (8) Deut. XVI, 8.
b (1) Lev. XXIII, 36; Num. XXIX, 35. (2) I.e., in the case of the seventh day of Passover which is essentially part of the Passover Festival. (3) I.e., in the case of the eighth day of Tabernacles, even though it has the status of a separate festival; v. *infra* 17a. (4) I.e., the word עצרת is redundant; this makes the inference by analogy irrefutable. (5) That one can make good on the last day the festal-offering of the first. (6) Cf. Yoma 3a. (7) לאוי = לא הוי = לאו, 'No', 'it is not so'. (8) Cf. A.V. Marg. 'restraint' in Deut. XVI, 8; Lev. XXIII, 36. (9) Deut. XVI, 8. (10) *V. p. 7, n. 8. (11) An authority quoted in Mishnah and Baraitha in contradistinction to Amora such as R. Johanan above. V. Glos. (12) Lev. XXIII, 41. (13) Ibid. I.e., you can bring the festal-offering on every festival day in the month.
c (1) The second *'it'* of the verse. (2) I.e., the days of the festival following the first. (3) I.e., the first day of the festival is the specific day for the festival-offering. If a man was liable to bring it on the first day but did not, he may make it good on a subsequent day of the festival; but if he was exempt on the first day, he is no longer bound to bring the offering. (4) I.e., each day makes up for the preceding in the sense that it puts a new liability on the pilgrim; thus on whichever day of the festival he becomes qualified, he is bound to bring his offerings. (5) And therefore exempt; *v. p. 1. (6) If a Nazirite (v. Num. VI, 2f) becomes defiled, he must wait seven days, and bring a sacrifice on the eighth, before he again begins to observe the days of his Naziritehood. One sacrifice will suffice for several defilements if the lapse between any two is less than eight days. But if he became defiled on the eighth day, he must bring a sacrifice for the previous defilement, since it was already due, and also for the subsequent defilement, since it occurred in a new period of eight days. If, however, the second defilement occurred on the night preceding the eighth, a second sacrifice has not to be brought, since the first cannot be offered till the morning, (for sacrifices are offered only during the day), the obligation to bring a sacrifice cannot be said to have yet fallen due and consequently the question of making good does not in his view arise. Cf. Ker. II, 3.
d (1) Because he has already been purified by ritual immersion (טבילה) on the seventh day, and the sun of that day has set (הערב שמש). Now this statement seems to show that R. Johanan holds that though one is not qualified to bring a sacrifice (e.g., the Nazirite on the night preceding the eighth day), one may make up for it later. (2) I.e., a sacrifice which cannot be offered on account of uncleanness is exceptional. (3) Which is offered to make good the non-observance of the First Passover sacrifice owing to a disqualification of uncleanness. V. Num. 10f. Thus those who are unfit to bring the paschal lamb on the First Passover may bring it on the Second, and similarly in other cases of uncleanness; but in all other cases of disqualification, R. Johanan would hold that an offering which could not be brought on one day cannot be made good.

*See Corrigenda.

תורה אור

לא שנו אלא שלא גמר אבל גמר חוזר ומקריב מאי גמר אילימא גמר קרבנותיו מאי מקריב אלא שלא גמר היום אבל גמר היום חוזר ומקריב: **מתני׳** °מי *שלא חג ביו״ט הראשון של חג חוגג את כל הרגל ויו״ט האחרון של חג °עבר הרגל ולא חג אינו חייב באחריותו על זה נאמר °מעוות לא יוכל לתקן וחסרון לא יוכל להמנות ר׳ שמעון בן מנסיא אומר *איזהו מעוות שאינו יכול להתקן זה הבא על הערוה והוליד ממנה ממזר א״ת בגונב וגוזל יכול הוא להחזירו ויתקן ר״ש בן יוחי אומר אין קורין מעוות אלא למי שהיה מתוקן בתחילה ונתעוות ואי זה זה תלמיד חכם הפורש מן התורה: **גמ׳** מנהני מילי אמר רבי יוחנן משום רבי ישמעאל נאמר עצרת בשביעי של פסח ונאמר עצרת בשמיני של חג מה להלן לתשלומין אף כאן לתשלומין מופנה דאי לאו מופנה איכא למיפרך מה לשביעי של פסח שכן אינו חלוק משלפניו תאמר בשמיני של חג שחלוק משלפניו לאיי אפנויי מופנה מכדי מאי עצרת עצור בעשיית מלאכה הכתיב °לא תעשה מלאכה עצרת דכתב רחמנא למה לי אלא שמע מינה לאפנויי ותנא מייתי לה מהכא דתניא °וחגותם אותו חג לה׳ שבעת ימים יכול יהא חוגג והולך כל שבעה ת״ל אותו אותו אתה חוגג ואי אתה חוגג כל שבעה אם כן למה נאמר שבעה לתשלומין ומנין שאם לא חג יו״ט הראשון של חג שחוגג והולך את כל הרגל ויום טוב האחרון ת״ל °בחדש השביעי תחגו אותו אי בחדש השביעי יכול יהא חוגג והולך החדש כולו ת״ל אותו אותו אתה חוגג ואי אתה חוגג חוצה לו ומאי תשלומין ר׳ יוחנן אמר *תשלומין לראשון ור׳ אושעיא אמר תשלומין זה לזה מאי בינייהו א״ר זירא חיגר ביום ראשון ונתפשט ביום שני איכא בינייהו רבי יוחנן אמר תשלומין לראשון *כיון דלא חזי בראשון לא חזי בשני ור׳ אושעיא אמר תשלומין זה לזה אע״ג דלא חזי בראשון חזי בשני ומי א״ר יוחנן הכי והאמר חזקיה *נטמא ביום מביא בלילה אינו מביא ורבי יוחנן אמר אף בלילה נמי מביא א״ר ירמיה שאני טומאה דיש לה תשלומין בפסח שני מתקיף לה רב פפא הניחא למאן דאמר *פסח שני

[קהלת א] [דברים טז] [ויקרא כג] [שם]

רש״י

לא שנו. הא דתניא לקמן אותו אתה חוגג ולא יותר אלא שלא גמר היום: אבל גמר היום. ולא היה לו שהות להקריב כל חגיגות שהפריש: **מתני׳** מי שלא חג. שלא הביא חגיגתו ביום הראשון של חג: ויו״ט האחרון של חג. חוגג שמיני עצרת ואע״ג דרגל בפני עצמו הוא הוי תשלומין לראשון: והוליד ממזר. שהבא פסולין בישראל ויהא זכרון (א) לפיכך אין עונותיו נמחקין בתשובה: יכול להחזיר. דמי גניבתו וגזלו לבעלים: ויתקן. ויהא מתוקן מן החטא: מעוות. מקולקל: **גמ׳** מנהני מילי. דיו״ט האחרון של חג הסוכות תשלומין לקרבנות החג ליחידים: עצרת בשביעי של פסח. בפרשת כל הבכור ששת ימים תאכל מצות וביום השביעי עצרת (דברים טז): מה לשביעי של פסח. תשלומין לראשון שהרי אינו חלוק משלפניו שמיני עצרת חלוק משלפניו לענין פז״ר קש״ב: מופנה. וצריכה גזירה שוה זו שתהא מופנה דאי לא פרכינן עליה מידי דכל גזירה שוה מופנה למדין ואין משיבין: לאיי. באמת: הא כתיב לא תעשה מלאכה. בההוא קרא גופיה וביום השביעי עצרת לה׳ אלהיך לא תעשה מלאכה: ותנא מייתי לה מהכא. משום דר׳ יוחנן דגמר לה כדאמרינן לעיל אמורא הוא נקט הכא האי לישנא: כל שבעה. כל יום ויום: בחדש השביעי. כל ימי החג האמור בחדש השביעי: יכול יהא חוגג והולך כל החדש. איזה יום שירצה לתשלומי החג אם לא הקריב בחג: ת״ל אותו. בסיפיה דקרא הדר אותו כתיב ביה: מאי תשלומין. כילד הן תשלומין: (ב) כולן תשלומין לראשון. שהרי יום אחד עשה הכתוב עיקר בכולן דכתיב אותו ושלאחריו עשה תשלומין לו: כולן תשלומין זה לזה. אין לך יום בהם שאין חובתו תלויה בו בעצמו למי שלא נראה לימים שלפניו (ג) יום ראשון שהוא נראה להביא עיקר לדידיה וימיו שלאחריו תשלומיו לו: חיגר. אינו ראוי לראות כדאמרינן במתני׳: נטמא ביום. בכריתות (דף ט.) תנן נזיר מביא קרבן אחד על טומאות הרבה ואמר חזקיה נטמא ביום ח׳ שהוא ראוי להביא קרבנות והתחיל מנין נזירותו וימים שמנה קודם טומאה בטלין כמו שנא׳ וביום השמיני יביא שתי תורים או שני בני יונה וגו׳ והזיר לה׳ כל ימי נזרו וגו׳ והימים הראשונים יפלו כי טמא נזרו (במדבר ו): מביא. קרבן על הטומאה השנית שכבר נתחייב בקרבן הטומאה והתחילה שניה והרי זו טומאה אחרת אבל נטמא בליל שמיני אינו מביא אלא קרבן אחד דכיון דלא יצא מטומאה הראשונה לשעה שהיא ראויה להביא עליה קרבן לא נתחייב בקרבן הראשון ואין לו תשלומין: ורבי יוחנן אמר. הואיל וטבל לטומאתו ראשונה והעריב שמשו נתחייב בקרבן ואף על פי שאין לילה ראוי לקרבן אלמא אף על גב דלא ראוי לקרבן יש לו תשלומין: שאני טומאה. קרבן הנדחה מפני הטומאה ולפיכך יש לו תשלומין ואף על גב דלא נראה להביא: הואיל ויש לה תשלומין. (ד) כגון אלו בפסח שני שהרי מי שלא נראה בראשון יש לו תשלומין אבל הנדחה מפני דבר אחר לא מצינו לו תשלומין אלא אם כן נראה להביא: הניחא למאן דאמר כו׳. פלוגתא היא במסכת פסחים בפרק מי שהיה טמא (דף צג:) אלא

תוספות

זה הבא על הערוה. דמפי בושתו יכול שהממזר נראה לעולם אבל שאר עבירות רואה *וגזלן אין מדיו לפניו:

נאמר עצרת בפסח. ובירושלמי יליף לה ר׳ יוחנן בשם ר׳ ישמעאל נאמר חמשה עשר בפסח ונאמר חמשה עשר בחג מה להלן [יו״ט אחרון תשלומין לראשון] אף כאן יו״ט אחרון תשלומין לראשון ותו ליכא למיפרך כדפריך בהש״ס שלנו דהא גזרה שוה גמורה (ה) כדילפינן מינה בסוכה בפ׳ הישן (דף כז:) ועוד יהודה בר ספרא בשם רבי אושעיא דריש התם וחגותם אותו חג לה׳ שבעת ימים וכי שבעה הם והלא שמנה הם אלא לא יצא שבת [מהם] הרי ז׳ ר׳ יוסי בעי וכי מכאן למדו שאין חגיגה דוחה שבת והלא ממקום אחר היתיב רבי יוחנן אחוי דרב ספרא והגיה אף בפסח כן מעתה לא מהן שבת הרי [ששה] הגע עצמך שחל י״ט ראשון ואחרון בשבת [לא מהם שני ימים] הרי כאן ששה אלא יהודה בר ספרא בשם ר׳ אושעיא וחגותם אותו חג לה׳ שבעת ימים (ו) לא מהן שבת שבעה למדו שאין חגיגה דוחה שבת ומה ת״ל תחגוהו לרבות יו״ט האחרון לתשלומין לראשון וכל אותן דרשות אינן בכלן אך בפרק אלו דברים (פסחים דף ע.) מייתי להגיה דיהודה בר ספרא ופריך עלה ההיא לחול יו״ט ראשון והאחרון בשבת הרי כאן ששה ולא מייתי תחגוהו:

תשלומין זה לזה. והתניא דלקמן (דף יז.) דילפינן תשלומין לחג השבועות מחג המצות כל ז׳ לא מסתבר למימר תשלומין זה לזה כיון דחול גמור הוא:

כיון דלא חזי בראשון תו לא חזי בשני. וצ״ע אם היה פשוט בראשון והגר בשני מי אמרינן כיון דחובה עליה רמיא בראשון תו לא פקע מיניה אע״ג דהשתא לא חזי או דלמא כיון (ז) דתשלומין זה לזה לר׳ אושעיא לאו מחייב ומיהו כיון דהשתא לאו בר חובה הוא לא מצי מייתי ליה הואיל ולאו בביאה לא הוי בהבאה:

נטמא ביום מביא. גבי נזיר שנטמא קאי דע״כ פליגי רבי ור׳ יוסי בר יהודה (נזיר דף יח.) (ח) בנטמא בשמיני שכן יצא לשעה הראויה להביא קרבן אבל בליל שמיני דלא חזי לקרבן לא ורבי יוסי בר יהודה דנקט נטמא בשביעי לאו משום הבאת קרבן הוא אלא דחשיב ליה כמה טומאות בשביעי:

שאני טומאה הואיל ויש לה תשלומין בפסח שני. היה קשה למורי א״כ סבירא ליה לר׳ יוחנן נטמא ביום ראשון וחזי בשני מייתי חגיגה אם כן לימא לעיל ריש מכילתין לאתויי טמא בראשון וטהר בשני ויש לומר דאין הכי נמי אלא משום דלרב פפא דבסמוך לא מצי למימר הכי נקט מילתא דשוי לתרוייהו: שני

עין משפט נר מצוה

[עי׳ מהרש״א ותוס׳ יו״ט ועי׳ תוס׳ ב״ק סז: ד״ה אפשר תמלא ספר גדול למהרש״א ז״ל דבגזל של רבים איירי]

נג א מיי׳ פ״א מהלכות חגיגה הלכה ד:

נד ב מיי׳ שם הלכה ו:

נה ג מיי׳ שם הלכה ז:

נו ד מיי׳ שם הלכה ד ופ״ב הלכה ה:

נז ה מיי׳ שם פ״ב הלכה ה:

מסורת הש״ס

[לקמן יז. ביצה כ. ר״ה ה. מגילה ה.] [יומא ג.]

יבמות כב:

[לעיל ב. ערכין כ:]

[פסחים ס.]

[כריתות ח.]

[פסחים צג.]

רבינו חננאל

רבין א״ר יוחנן הפריש עשר בהמות לחגיגתו הקריב חמש ביום טוב ראשון חוזר ומקריב חמש ביו״ט האחרון. קשיין אהדדי אלא לאו ש״מ כאן בסתם כאן במפרש ש״מ אתמר נמי משמיה דר׳ יוחנן לא שנו כיון שפסק שוב אינו מקריב אלא שלא גמר היום דאמרינן מדלא אקריב שיורי שיירינהו לזמן אחר ונעשו כדין נדרים ונדבות. אבל גמר היום חוזר ומקריב: **מתני׳** מי שלא חגג ביו״ט הראשון חוגג והולך את כל הרגל כולו ויו״ט האחרון וגמרינן להו לתשלומין מדכתיב בחג וחגותם אותו חג לה׳ שבעת ימים בשנה חקת עולם וכתיב בחג המצות ובחג השבועות ובחג הסוכ׳ אשתכח דאתקיש להו כולהו להדדי. התינח הני יום שמיני של חג מנא ליה. א״ר יוחנן גמרינן ליה בג״ש נאמרה עצרת בשביעי של פסח. ונאמרה עצרת בשמיני של חג. מה שביעי של פסח יש לו תשלומין אף עצרת דחג יש לו תשלומין ואמרינן האי עצרת צריך להיות מופנה ומפורש במס׳ נדה פרק המפלת שצריך להיות מופנה כדי שתדין ממנו זה הדין שכל ג״ש שהיא מופנה בשני צדדין למידין ואין משיבין. ואע״פ שיש לה פרכא אין משיבין. ואם אינה זו העצרת כתובה בה מופנה. איכא למפרך מה לשביעי של פסח שכן אין חלוק מלפניו פי׳ כולן שבעת ימי הפסח קרבן אחד לכולן. קרבן של יום ראשון הוא קרבן לכל הימים. אבל שמונת ימי החג. יום הראשון י״ג פרים. ויום השני י״ב פרים הולכין ומתמעטין וביום השמיני פר אחד הנה חלוקים הן זה מזה. ואמרינן לאיי אפנויי מופנה כו׳. ותנא מייתי ליה מהכא וחגותם אותו חג לה׳ שבעת ימים וגו׳ יכול יהא חוגג והולך כל שבעה ת״ל אותו. אותו כלומר יום ראשון אתה חוגג ואי אתה חוגג כל ז׳. א״כ למה נאמר שבעה *) תשלומין זה לזה. פירוש ר׳ יוחנן סבר מי שנתחייב לחגיגה ביום הראשון ולא חג משלם כל שאר ימות החג ואם לא נתחייב בראשון כגון שהיה חולה וכיוצא בו שאינו מתחייב בחגיגה אע״ג דאתפח בשני פטור הוא. ור׳ אושעיא סבר כיון דאתפח בשני חייב לשלם בשאר הימים וכן כל ימות החג תשלומין הן זה לזה. א״ר זירא חיגר ביום ראשון ונתפשט בשני איכא בינייהו. ר׳ יוחנן סבר פטור כיון דלא חזי בראשון לא חזי בשני. ור׳ אושעיא סבר **) ולא יתכן זה שחלקו לו חזקי׳ ור׳ יוחנן כשנטמא בלילה להעמידה בזב ונכוחים הן למבין. ומקשינן מי א״ר יוחנן הכי והאמר חזקיה נטמא ביום מביא. פי׳ נזיר שנטמא טומאת מת ועוד נטמא ביום שמיני לטומאתו הראשונה טומאת מת אחרת מביא ב׳ קרבנות נטמא בלילה אינו מביא. ר׳ יוחנן אמר אף בלילה נמי מביא והאי נזיר בליל שמיני שלו לא חזי לאתויי קרבן וקא״ר יוחנן חייב להביא קרבן אחר בתשלום ח׳ ימים לטהרתו. ואע״פ שלא נתחייב בעת טומאתו. ופירק ר׳ ירמיה שאני טומאה הואיל ואית לה תשלומין בפסח שני פירוש הלא מי שנטמא לילי י״ד בניסן או מקודם לכן לא נתחייב עדיין להקריב בפסח בעת טומאתו ואעפ״כ נתחייב באותו פסח להשלימה בי״ד באייר בפסח שני כך זה הנזיר וזה שאמרנו דמיירי בנזיר מפורש בכריתות פ׳ ארבעה מחוסרי כפרה בגמרא ונזיר שנטמא טומאות הרבה. ואוקימנא התם לר׳ יוסי ב״ר יהודה. ודלא כר׳ דתניא וקדש את ראשו ביום ההוא ביום הבאת קרבנותיו דברי רבי ר׳ יוסי בר״י אומר ביום תגלחתו. דאי ר׳ לא משתכחת לה נזיר שנטמא טומאות הרבה להיפטר בקרבן אחד ופריש הכי התם כיון דא׳ ר׳ נזירות דטהרה עד שמיני לא חיילא עליה אי דנטמא בשביעי וחזור ונטמא בשביעי אחר כולה טומאה אריכתא היא ולית הכא טומאות הרבה. ואי דנטמא בשמיני שלו וחזור ונטמא בשמיני אחר וחזור ונטמא בשמיני אחר

הגהות הב״ח

(א) רש״י ד״ה והוליד ממזר וכו׳ זכרון למוט לפיכך: (ב) ד״ה מאי תשלומין כילד הן תשלומין סה״ד ואח״כ מה״ד כא״ס ומאן דאמר תשלומין לראשון דריש מאותו דראשון וחגותם אותו ומ״ד תשלומין זה לזה דריש מאותו דסיפיה שבעת ימים תחוגו אותו כלומר האי אותו נופל בשבעה דכולן ראויין לו ע״כ סה״ד: (ג) ד״ה כולן תשלומין זה וכו׳ בימים שלפניו דיום ראשון וכו׳ תשלומין זה לזה כס״ד: (ד) ד״ה שאני טומאה עם ד״ה הואיל ויש לה תשלומין כגון אילו נטמא בפסח ראשון מביא בפסח שני: (ה) תוס׳ ד״ה נאמר וכו׳ גמורה היא כדילפינן וכו׳ אלא לא שבת מהם הרי ז׳: (ו) בא״ד חג לה׳ שבעת ימים וכי ז׳ והלא ח׳ הם אלא לא מהן שבת: (ז) ד״ה כיון וכו׳ דהשתא לא חזי או דלמא כיון דהשתא לאו בר חיובא הוא לא מצי מייתי ליה הואיל ואינו בהלכה לא הוי בהבאה ומיהו לרבי אושעיא כיון דתשלומין זה לזה לא מחייב כס״ד וכנ״ל: (ח) ד״ה נטמא וכו׳ דבנטמא בשמיני מביא שכן יצא בשעה הראויה וכו׳ כמה טומאות בשביעי:

*) נראה דחסר כאן וצ״ל שבעה לתשלומין מאי תשלומין ר״י אמר תשלומין לראשון ור״א אומר תשלומין זה לזה וכו׳. **) אינו מובן ואולי צ״ל סבר דחייב בשני ומקשינן מי אמר ר״י הכי והאמר חזקיה נטמא ביום מביא. לא יתכן וכו׳ ונכוחים הם למבין אלא הכי פירושו נזיר שנטמא וכו׳.

שני תשלומין דראשון הוא אלא למ"ד *שני רגל בפני עצמו הוא מאי איכא למימר אלא אמר רב פפא קסבר רבי יוחנן *לילה אינו מחוסר זמן ומי א"ר יוחנן הכי *והאמר רבי יוחנן ראה אחת בלילה ושתים ביום מביא שתים בלילה ואחת ביום אינו מביא ואי ס"ד קסבר רבי יוחנן לילה אינו מחוסר זמן אפילו שתים בלילה ואחת ביום מביא כי קא"ר יוחנן לדברי האומר לילה מחוסר זמן לדברי האומר פשיטא שתים ביום ואחת בלילה אצטריכא ליה סלקא דעתך אמינא באתקפתא דרב ששא בריה דרב אידי קמ"ל כדרב יוסף: עבר הרגל ולא חג אינו חייב באחריותו ועל זה נאמר מעוות לא יוכל לתקון וחסרון לא יוכל להימנות: א"ל בר הי הי להלל האי להימנות להמלאות מיבעי ליה אלא זה שמנוהו חביריו לדבר מצוה והוא לא נמנה עמהן *תניא נמי הכי מעוות לא יוכל לתקון זה שביטל ק"ש של שחרית או קריאת שמע של ערבית או שביטל תפלה של שחרית או תפלה של ערבית וחסרון לא יוכל להימנות זה שנמנו חביריו לדבר מצוה והוא לא נמנה עמהן א"ל בר הי הי להלל מאי דכתיב ושבתם וראיתם בין צדיק לרשע בין עובד אלהים לאשר לא עבדו היינו צדיק היינו עובד אלהים היינו רשע היינו אשר לא עבדו א"ל עבדו ולא עבדו תרוייהו צדיקי גמורי נינהו ואינו דומה שונה פרקו *מאה פעמים לשונה פרקו מאה ואחד א"ל ומשום חד זימנא קרי ליה לא עבדו א"ל אין צא ולמד משוק של חמרין עשרה פרסי בזוזא חד עשר פרסי בתרי זוזי א"ל אליהו לבר הי הי וא"ל לר' אלעזר מאי דכתיב הנה צרפתיך ולא בכסף בחרתיך בכור עוני מלמד שחזר הקב"ה על כל מדות טובות ליתן לישראל ולא מצא אלא עניות אמר שמואל ואיתימא רב יוסף היינו דאמרי אינשי יאה עניותא ליהודאי כי ברזא סומקא לסוסיא חיורא: ר' שמעון בן מנסיא אומר אי זה הוא מעוות לא יוכל לתקן זה הבא על הערוה והוליד ממנה ממזר וכו': הוליד אין לא הוליד לא והא תניא *רבי שמעון בן מנסיא אומר גונב אדם אפשר שיחזיר גנבו ויתקן גוזל אדם אפשר שיחזיר גזלו ויתקן אבל הבא על אשת איש ואסרה לבעלה נטרד מן העולם והלך לו רבי שמעון בן יוחי אומר אין אומר בקרו גמל בקרו חזיר אלא בקרו טלה ואי זה זה תלמיד חכם שפירש מן התורה רבי יהודה בן לקיש אמר כל תלמיד חכם שפירש מן התורה עליו הכתוב אומר כצפור נודדת מן קנה כן איש נודד ממקומו ואומר מה מצאו אבותיכם בי עול כי רחקו מעלי לא קשיא כאן באחותו פנויה כאן באשת איש ואי בעית אימא הא והא באשת איש ולא קשיא כאן באונס כאן ברצון

תורה אור: מלאכי ג | ישעיה מח | משלי כז | ירמיה ב

שני תשלומין דראשון הוא. הייט ר' נתן אלא למ"ד שני רגל בפני עצמו הוא הייט רבי ואע"ג דאית ליה תנא דמסייע ליה פריך שפיר דמסתמא לא פליג ארבי דהתם דקי"ל *הלכה כרבי מחבירו אבל לא מסתברא למימר דבעי לישבה כבולי עלמא: **אף** תפלה של ערבית. אתיא כמ"ד תפלת ערבית חובה ואפילו למ"ד רשות בחנס אין לנו לבטלה אם לא ע"י אונס קצת וכן משמע ההיא דתפלת השחר (ברכות דף כו.) שכח ולא התפלל ערבית מתפלל שחרית שתים וכן (שם דף ל:) אם שכח ולא הזכיר של ר"ח בלילה אין מחזירין אותו לפי שאין מקדשין החדש בלילה הא מקדשין מחזירין ולא מחלק כלל בין למ"ד רשות או בין למ"ד חובה דמשמע דליכא מאן דפליג וההיא דשבת (דף ט: ושם) אי שרא ליה הימייניה לא מטרחינן ליה וכן בירושלמי אי עלה למטתו לא ירד הייט אונס קצת ולא כפי' ה"ג שפירש' דאף למ"ד רשות אי שויה עליה חובה הויא כחובה והא ליתא דמי לא עסקינן בהכי שכבר התפלל בשאר לילות ואם הייט מפרשים שויה עליה חובה באותה לילה יתכן ההיא דטעה ולא התפלל ר"ח בלילה ובברכות הארכתי *והבאתי ההיא דאמרו (יומא דף פז: ושם) דתפלת נעילה פוטרת של ערבית: **בר** הי הי להלל. יש מפרשים שגר היה והייט בן אברהם ושרה שנתוסף ה"א בשמן וכן בג *בג דכולה הגמרא עולה ה': **כברזא** סומקא. רצועה ודומה לו מעיקרא משכא והשתא אברזא (ב"ק דף סו:) ובב"ר *יש יאי עניותא לברתיה דיעקב כערקתא סומקתא לסוסיא חיורא: **כאן** באחותו פנויה. משמע לישנא דפסיקא ליה דיש ממזר מחייבי כריתות מדנקט *אחותו טפי מכל שאר עריות והייט כשמעון התימני (*בקדושין בפרק האומר) (דף סח) [עי' קדושין עד:] אפילו

אלא למ"ד רגל בפני עצמו. ועכשיו אין לך לתלות טעמו של רבי יוחנן בהואיל ויש לטומאה תשלומין לשני: קסבר ר' יוחנן. אין חסרון זמן במי שהגיע לילו להקריב קרבנותיו מחר הלכך מחוייב הוא בקרבן אלא שהלילה מעכבו מלהביא אבל חגר ביום ראשון אין עליו שום חובת ראייה לפיכך אין לו עליו תשלומין: ומי א"ר יוחנן. אין לילה מחוסר זמן והא"ר יוחנן ראה אחת בלילה זב שספר שבעה נקיים כמשפטו וטבל והעריב שמשו וחזר וראה אחת בלילה ושתים למחר: מביא. קרבן על טומאה שניה זו לבד מן הקרבן שיביא על הראשונה ויביא שני קרבנות כשיטהר הואיל ולא ראה השניה עד שילא לשעה שהיא ראויה להביא קרבן יש לו תשלומין ואף על השניה יביא אע"פ שתחילתה בתוך זמן קרבן הראשונה לא אמרינן חדא טומאה היא ופי' רב יוסף את הטעם במס' כריתות לפי שהראייה ראשונה של זב אינה אלא כקרי בעלמא וכי חזי אינך למחר מצטרפת בהדייהו ה"נ אע"פ שהיתה ראייה ראשונה בתוך קרבן ראשון כי הדר חזי אינך למחר מצטרפין בהדייהו: ואי סלקא דעתך לילה אין מחוסר זמן. אפילו ראה שלשתן בלילה זה כבר יצא מזמן ראשון ושתי זיבות הן אי לאו דסבירא ליה לילה מחוסר זמן הלכך אם ראה שתים בלילה הויא לה זיבה אריכתא: כי א"ר יוחנן. ההיא לדברי האומר לילה מחוסר זמן אמרה אבל לדידיה סבירא ליה אפילו ראה כולן בלילה מביא: לדברי האומר פשיטא. אי אמרת בשלמא טעמא דנפשיה קאמר אשמעינן ביה דסבירא ליה לילה מחוסר זמן אלא אי לדברי האומר כו' קאמר מאי אשמעינן בה: מהו דתימא כאתקפתא דרב ששא. דאתקיף בכריתות על הטעם שנתן רב יוסף על הדבר כמו שפירשתי למעלה תדע דהא ראייה ראשונה של כל הזבים קרי בעלמא הוא וכי הדר חזי תרתי מצטרפין בהדייהו ה"נ לא שנא ומתקיף לה רב ששא מי דמי התם כולהו בזמן חיובא חזינהו הכא לאו בזמן חיובא דהאי קרבן חזייה: להמלאות מיבעי ליה. אבל חסרון נופל לשון מילוי שחסר מצוה אחת לא יתמלא עוד חסרון זה משחסר: שמנוהו חביריו לדבר מצוה. שאמרו לו בא עמנו ולא הלך נמצא שחסר עצמו מאותו מנין לא יוכל למנות עוד באותו מנין שכבר עשו את המצוה: היינו צדיק היינו עובד אלהים. מי הוא צדיק ומי הוא עובד אלהים הלא אחד הוא: אינו דומה שונה פרקו כו'. אע"פ ששניהן צדיקים לא עבדוהו בשוה שזה עבדו יותר: עשרה פרסי. ישכיר לך אדם חמורו בזוז אחד שכבר נהגו כן ואם תאמר לו לילך פרסה יותר ישאלך שני זוזים: צרפתיך ולא בכסף. ולא באש כמו שצורפים הכסף באש אלא בחרתיך בכור עוני לצורפו בו כור הוא החרס שצורפין בו: גנב אדם. גניבה אפשר שיחזירנה ויתקן: נטרד מן העולם. אין לו עוד תשובה לפי שעשה דבר שאין לו רפואה: אין אומר בקרו גמל. זה לקרבן כלומר מי שהוא מצוות מתחילתו אין זה מעוות: אלא בקרו טלה. זה לקרבן שמא נפל בו מום ונתקלקל כך לשון קלקול נופל באדם שהיה טוב מתחילה: אחותו פנויה. הוליד אין לא הוליד לא: באשת איש. בלא הוליד נמי יש זכרון לעונו שאסרה על בעלה לא שנא אחותו ולא שנא נכרית: באונס. לא אסרה על בעלה לפיכך הוליד אין לא הוליד לא:

רבינו חננאל

אהר. כיון דנטמא בשעה שהוא ראוי להביא בה קרבן חייב על כל אחת ואחת אלא ש"מ דלא כר' (אליעזר) ומקשה רב פפא אפירוקא דר' ירמיה הניחא לר' נתן דסבר פסח שני תשלומי דראשון הוא איכא לשנויי כדשנינן. אלא לר' דסבר פסח שני רגל בפני עצמו הוא. מאי אית לך למימר דברי ר' ור' נתן מפורשין בפסחים פרק מי שהיה טמא או בדרך רחוקה בתחלתו. (ופריק שאני טומאה דאית לה תשלומין בפסח שני). ונדחה דברי ר' ירמיה ומשני לילי שמיני [שאני דהוי] כאלו נטמא יום שמיני שלו ואמרינן עליה כי כבר נטמא בעת שנתחייב בה קרבן לפיכך משלימין בעת טהרתן. ומקשינן עליה דרב פפא ומי סבר ר' יוחנן לילה אין מחוסר זמן. והא"ר יוחנן בכריתות סוף פרק ראשון זב אם ראה ראייה אחת בלילה ושתים ביום שמיני שלו מביא קרבן אחר. שתים בלילה ואחת ביום שמיני שלו אינו מביא קרבן אחר. ואי ס"ד דר' יוחנן אמר לילה אינו מחוסר זמן אפילו שתים בלילה לילי שמיני ואחת ביום יביא דהא אמרת לר' יוחנן לילי שמיני כיום שמיני הוא ופריק רב פפא כי אמר ר' יוחנן שתים בלילה ואחת ביום אינו מביא לדברי האומר לילה מחוסר זמן ואמרינן הא פשוטה היא מאי אתא ר' יוחנן לאשמעינן. ופריק איצטריך למימר לן ראה ראייה אחת בלילה ושתים ביום מביא. מהו כיון דלילה מחוסר זמן הוא לא תצטרף הראשונה שראה בלילה בהדיה שתים שראה ביום כאתקפתא דרב ששא בריה דרב אידי התם כיון דלאו בזמן חיובא הוא לא תצטרף. אתא לאשמעינן כרב יוסף דאמר תדע דאע"ג דלאו בזמן חיובא חזייה לראשונה מצטרפא דהא ראייה ראשונה של זב שכבת זרע בעלמא הוא וכדחזי אחרנייתא מצטרפא בהדייהו. והא דרב ששא ודרב יוסף מיפרשא בכריתות סוף פרק ראשון ואיפכא התם: עבר הרגל ולא חגג אינו חייב באחריותו על זה נאמר מעוות לא יוכל לתקן וגו' זה שנמנו חביריו לדבר מצוה ולא נמנה עמהם. תניא נמי הכי מעוות לא יוכל לתקן זה שביטל ק"ש של שחרית או של ערבית. וחסרון לא יוכל להמנות זה שנמנו חביריו לדבר מצוה ולא נמנה הוא עמהם. א"ל בר הי הי להלל כתיב ושבתם וראיתם בין צדיק לרשע בין עובד אלהים לאשר לא עבדו היינו צדיק היינו עובד אלהים. א"ל הין. (א"ל) תרווייהו צדיקי נינהו. מיהו צדיק השונה פרקו ק' פעמים ועובד אלהים להשונה פרקו ק"א פעמים. ומשום [...] יתירה היינו נקרא צדיק עובד אלהים. א"ל הין. ואתה למד דבר זה משכירות בהמות י' פרסי משכיר בזוזא. ואם הן י"א פרסי בתרתי זוזי. א' אליהו לבר הי הי מאי דכתיב הנה צרפתיך ולא בכסף בחרתיך בכור עוני. חיזר הקב"ה על כל המדות ולא מצא נאה לישראל כעניות כדי שיהא לבם שבור וכוונתם לשמים ועיניהם תלויות לרחמיו וחסדיו. והיינו דאמרי אינשי יאי מסכנותא לישראל כברזא סומקא לסוסיא חוורא שגלוי וידוע לפני הקב"ה כשמרבין עושר בועטין בו שנאמר וישמן ישורון ויבעט וגו'. כרבם כן חטאו לי כבודם בקלון אמיר. הנני מחליף כבודם שהוא [...] אחליף אותו בעניות שהוא קלון. ר' שמעון בן מנסיא אומר מעוות לא יוכל לתקן זה הבא על הערוה והוליד בן וכו' איני והא איהו דתני כיון שבא על אשת חבירו ואסרה על בעלה אין לו תקנה ואע"פ שלא הוליד. ופרקי' לא קשיא מתני' באחותו פנויה וכיוצא בה שאין ביאתו אוסרה על אחרים ויש לו תקנה בתשובה. אלא אם הוליד ממנה בן כי הוא ממזר לשלם אין לו תקנה ועוד

נח א מיי' פ"ה מהל' קרבן פסח הלכה א סמג עשין רכג:
[עירובין מו:]
נט ב מיי' פ"ג מהלכות מחוסרי כפרה הלכה ה:
ס ג מיי' שם הלכה ד:
סא ד מיי' פ"ג מהלכות תפלה הלכה ח טור ש"ע א"ח סי' קח סעיף ז:
[כריתות ח:]
עיין בהרא"ש ברכות פ"ד סי' ב' ובתוס' ד"ה טעה ולא התפלל ודברי תוספות בברכות כו. ד"ה טעה ועירובין ביומא שם ד"ה והאמר רב
נראה שצ"ל דשולה הגימטריא שלו ס'
[ריש פ' כתובות וכמ"ר שמיני פ' ג ...]
נ"ע דכתיב בס ברית בכדיל
[צ"ל ביבמות מט.]

[פסחים צג.]
[יומא כט: נזיר יח: זבחים יב. מנחות ק. כריתות ח.]
ברכות כו.
נראה דצ"ל דר"ת מן עובד אלהים לאשר גימטריא ק"א ור"ת מן לא עבדו גימטריא' מאה השתק מחילופי גרסאות
[תוספ' פ"א]

according to the view that the Second Passover [9*b*] makes up for the First;[4] but what is to be said according to the view that the Second [Passover] is a separate festival?[5]—Therefore, said R. Papa, R. Joḥanan must be of the opinion that the night [before the day on which the sacrifice is due] is not regarded as belonging to the preceding period.[6] But how could R. Joḥanan have said this?[7] For behold R. Joḥanan said: If [a *zab*][8] had one emission in the night and two in the [following] day, he must bring [a second
a offering];[1] but [if he had] two in the night and one in the day, he has not to bring [a second offering].[2] Now if you imagine that R. Joḥanan is of the opinion that the night [before the day on which the sacrifice is due] is not regarded as belonging to the preceding period, then even [if he had] two [emissions] at night and one in the day he must bring [a second offering]!—R. Joḥanan said this only according to the view that the night [before] is regarded as belonging to the preceding period.[3] But according to this view it is surely obvious![4]—It is required for the case where there are two [emissions] in the day and one the [preceding] night. You might have thought [the decision] to be according to the objection of R. Shisha son of R. Idi, it therefore teaches us that it is according to R. Joseph.[5]

IF THE FESTIVAL PASSED AND HE DID NOT BRING THE FESTIVAL OFFERING, HE IS NOT BOUND TO MAKE IT GOOD. OF SUCH A PERSON IT IS SAID: HE THAT IS CROOKED CANNOT BE MADE STRAIGHT AND THAT WHICH IS WANTING CANNOT BE RESTORED. Bar Hé-Hé[6] said to Hillel: [Instead of] the [expression] *'to be reckoned'* it ought to be 'to be filled'![7] It must refer, therefore, to one whose fellows reckoned him[8] for [the performance of] a religious act, but he would not be reckoned with them. It has also been taught thus: *'He that is crooked cannot be made straight'*: this refers to one who neglected
b to read the morning *Shema'* or the evening *Shema'*,[1] or he neglected the morning prayer[2] or the evening prayer. *'And that which is wanting cannot be reckoned'*; this refers to one whose fellows resolved[3] on [the performance of] a religious act and he would not be reckoned with them.

Bar Hé-Hé said to Hillel: *Then shall ye again discern between the righteous and the wicked, between him that serveth God and him that serveth Him not.*[4] *'The righteous'* is the same as *'he that serveth God'*; *'the wicked'* is the same as *'he that serveth Him not'*!—He answered him: He that serveth Him and he that serveth Him not both refer to such as are perfectly righteous; but he that repeated his chapter a hundred times is not to be compared with him who repeated it a hundred and one times.[5] Said [Bar Hé-Hé] to him: And because of once he is called *'he that serveth Him not'?*—He answered: Yes, go and learn from the mule-drivers' market; ten *parasangs* for one *zuz*,[6] eleven *parasangs* for two *zuz*.

Elijah[7] said to Bar Hé-Hé, and others say, to R. Eleazar: What is the meaning of the verse: *Behold I have refined thee but not as silver; I have tried thee in the furnace of affliction?*[8] It teaches that the Holy One, blessed be He, went through all the good qualities in order to give [them] to Israel, and He found only poverty.[9] Samuel said, and others say, R. Joseph: This accords with the popular saying: Poverty befits Israel like a red trapping a white horse.[10]

R. SIMEON B. MENASYA SAID: WHO IS IT 'THAT IS CROOKED' WHO 'CANNOT BE MADE STRAIGHT'? HE THAT HAS CONNECTION WITH A FORBIDDEN RELATION AND BEGETS BY HER BASTARD ISSUE etc. Only if he begets, but not if he does not beget. But behold it is taught: R. Simeon b. Menasya said: If a man steal, he can return the theft and [so] become straight; but he that has connection with a married woman and makes her prohibited unto her husband is banished from the world and passes
c away.[1] (R. Simeon b. Yoḥai said: One does not say: Examine the camel, examine the pig,[2] only examine the lamb.[3] And who is this? A disciple of the wise who has forsaken the Torah. R. Judah b. Laḳish said: Any disciple of the wise who has forsaken the Torah, of him Scripture says: *As a bird that wandereth from her nest, so is a man that wandereth from his place.*[4] And it further says: *What unrighteousness have your fathers found in me, that they are gone far from me?*)[5]—There is no contradiction: the one case refers to his unmarried sister,[6] the other refers to a married woman.[7] Or I might say: Both are cases of married women; but there is no

(4) V. Pes. 93*a*. (5) This excludes the explanation that a sacrifice, not offered in time owing to uncleanness, can be made good later. (6) [Lit., 'is not (deemed as) wanting time'. I.e., the fact that one cannot bring an offering on the night preceding the day on which it is due, is not regarded as a disqualifying factor, and consequently in the case of a Nazirite the night preceding the eighth day completes the eight days' period, so that the sacrifice may be said to fall due thereon, though he is actually prevented from offering it because it is still night. For this reason the sacrifice which was not offered at night can be made good on the following morning, and should he in the meantime suffer a second defilement, he has to bring a second sacrifice, whereas in the case of the festival-offering where he was lame on the first day, there was no obligation whatsoever resting on him to bring a sacrifice and consequently this cannot be made good]. (7) I.e., that the night preceding the day on which a sacrifice is due is not regarded as belonging to the preceding period. (8) זב, one who suffers from gonorrhoea (v. Lev. XV). After the first emission he is considered a בעל קרי and is unclean for the day; after the second, he is טמא, (unclean in the degree of *zab*), and has to count seven clean days, wash his garments, have ritual immersion and wait for sunset; after the third, he has, in addition, to bring sacrifices on the eighth day (cf. Ned. 43*b*). This *zab* had counted seven days and was to bring his offerings on the morrow, and in the meantime he saw further discharges.

a (1) Because the first emission is counted with the two of the morning. (2) Because the two nocturnal emissions make him unclean within the period of the first defilement, i.e., before the eighth day. (3) But his own view is the reverse. (4) As his own opinion the statement would have point in as much as it tells us his personal view; otherwise the teaching is an obvious corollary of the principle that the night before belongs to the preceding period. (5) V. Ker. 8*a*, where R. Joseph seeks to prove R. Joḥanan's view that the first emission in the evening is counted with the two of the morning (cf. n. 1), and R. Shisha argues against the former's proof. (6) V. Aboth (Sonc. ed.) Ch. V, 23 n. 6. (7) I.e., the expression 'that which is wanting' (חסרון) requires as its antonym 'to be filled' (להמלאות) not 'to be reckoned' להמנות, lit., 'to be numbered'. (8) I.e., asked him to join them.

b (1) A biblical reading consisting of Deut. VI, 4-9 and an additional sentence; ibid. XI, 13-21; Num. XV, 37-41; the name is derived from its first word—שמע. *V. *P.B.* pp. 40-42. (2) The prayer par excellence, called also *'Amidah* ('standing prayer') and the 'eighteen (really nineteen) blessings'. *V. *P.B.* pp. 44f. (3) Lit., 'reckoned themselves'. (4) Mal. III, 18. (5) Possibly a pun is intended here: the initial letters of עֹבֵד אֱלֹהִים לַאֲשֶׁר ('he that serveth God and he') = 101; and of לֹא עֲבָדוֹ ('serveth Him not') = 100. V. Marginal Gloss. in cur. edd. (6) A silver coin, quarter of a shekel, and equal to a *denar*, v. Glos. (7) For Elijah in Rabbinic literature v. *J.E.* vol. V, pp. 122f, espec. p. 124f. Cf. also *supra* 4*b*-5*a* regarding the Angel of death. (8) Isa. XLVIII, 10. (9) The word for 'affliction' (עני) also means poverty. (10) V. Lev. Rab. ss. 13 and 35 for parallel readings.

c (1) I.e., the wrong they have done is irreparable. This statement of R. Simeon b. Menasya, which declares that connection with a prohibited relation, even if there be no issue, is irreparable, contradicts his statement in the Mishnah. The other dicta are quoted merely because they form part of the Baraitha (Tosef.). (2) I.e., to see if they are without blemish and so fit for sacrifice, for they are unfit to start with. Likewise 'made crooked' can only refer to one who was originally worthy and later degenerated. V. R. Simeon b. Yoḥai's statement in Mishnah. (3) Which is fit for sacrifice unless it becomes blemished. (4) Prov. XXVII, 8. (5) Jer. II, 5. (6) The wrong then becomes irreparable only when there is issue. (7) A stranger's connection with her, even if no issue results, makes her prohibited to her husband.

*See Corrigenda.

contradiction: in the one case [10a] it was against her will,[8] in the other it was with her consent. Or you may say: In both cases it was against her will but there is no contradiction: the one case concerns a priest's wife[9] and the other an Israelite's wife.

Neither was there any peace to him that went out or came in,[10] Rab said: As soon as man goes forth from Halachic[11] to Scripture
a study he no longer has peace.[1] And Samuel said: It means one who leaves Talmud for Mishnah.[2] And R. Joḥanan said: Even [if he goes] from Talmud to Talmud.[3]

MISHNAH. [THE LAWS CONCERNING] THE DISSOLUTION OF VOWS[4] HOVER IN THE AIR AND HAVE NOUGHT TO REST ON.[5] THE LAWS CONCERNING THE SABBATH, FESTAL-OFFERINGS, ACTS OF TRESPASS[6] ARE AS MOUNTAINS HANGING BY A HAIR, FOR THEY HAVE SCANT SCRIPTURAL BASIS BUT MANY LAWS. [THE LAWS CONCERNING] CIVIL CASES AND [TEMPLE] SERVICES,[7] LEVITICAL CLEANNESS AND UNCLEANNESS, AND THE FORBIDDEN RELATIONS[8] HAVE WHAT TO REST ON,[9] AND IT IS THEY THAT ARE THE ESSENTIALS OF THE TORAH.

GEMARA. It is taught: R. Eliezer said: They[10] have something to rest on, for it is said: *When one shall clearly utter*[11] [a vow], *when one shall clearly utter* [a vow]:[11] one [intimates] an utterance to bind, and the other an utterance to dissolve. R. Joshua said: They have something to rest on, for it is said: *Wherefore I swore in My*
b *wrath.*[1] [It means,] I swore in My wrath,[2] but I retracted.[3] R. Isaac said: They have something to rest on, for it is said: *Whosoever is of a* willing *heart.*[4] Ḥanania, son of the brother of R. Joshua, said: They have something to rest on, for it is said: *I have sworn, and I have confirmed it, to observe Thy righteous ordinances.*[5] Rab Judah said that Samuel said: Had I been there I should have said to them: My [Scriptural proof] is better than yours, for it is said: He *shall not break his word.*[6] *'He'* may not break it, but others may dissolve it for him. Raba said: To all these [proofs] objection can be made except to that of Samuel, against which no objection can be raised. For against R. Eliezer [it may be objected]: Perhaps [the verse is to be explained] according to R. Judah, who said it in the name of R. Ṭarfon. For it is taught: R. Judah said in the name of R. Ṭarfon: Indeed, neither of them becomes a Nazirite, because Naziriteship can be assumed only by clear utterance.[7] Against R. Joshua [it may be objected]: Perhaps this is the meaning of the verse: 'I swore in My wrath and did *not* retract'. Against R. Isaac [it may be objected]: Perhaps [the verse comes to] exclude the view of Samuel. For Samuel said: Though he determined in his heart,[8] he must still utter it with his lips.[9] And [the verse][10] teaches us that even though he did not utter it with his lips [it is binding]. Against Ḥanania, the son of the brother of R. Joshua [it may be objected]: Perhaps [the verse is to be explained] according to R. Giddal who said it in the name of Rab. For R. Giddal said that Rab said: Whence [is it to be deduced] that
c one may take an oath to fulfil a precept?[1] For it is said: *'I have sworn, and I have confirmed it, to observe Thy righteous ordinances'.*[2] But against Samuel's proof no objection can be raised. Raba, and some say, R. Naḥman b. Isaac, said: This is the meaning of the popular saying: Better one grain of pungent pepper than a basketful of pumpkins.[3]

THE LAWS CONCERNING THE SABBATH. But they *are* written [in Scripture]![4]—No, it is necessary [to state this] for the teaching of R. Abba. For R. Abba said: He who digs a hole on the Sabbath and requires it only for the sake of its earth is not liable for it.[5] According to which authority [will this be]? According to R. Simeon, who said: One is not liable for work [performed on the Sabbath] which is not required for itself.[6]—You may even say that it is according to R. Judah:[7] there[8] one is improving,[9] here[10] one is spoiling.[11] But why does it say: AS MOUNTAINS HANGING

(8) In this case she may continue to live with her husband. (9) In this case even if it was against her will she may no longer live with her husband (cf. Keth. 51*b*). (10) Zech. VIII, 10. (11) V. Glos. s.v. *Halachah*.

a (1) Because the *Halachah* provides the ultimate ruling for conduct; cf. Hershon, *Talmudic Miscellany*, Ch. XI, No. 33, and the lines in Longfellow's *'Golden Legend'* beginning: The Kabbala and Talmud lore, etc. (quoted in Streane's *Chagigah*). (2) Without the Talmudic explanation and discussion the Mishnah may be misleading. (3) According to Rashi, from the Palestinian Talmud (or Jerusalmi) to the Babylonian Talmud which was more difficult; cf. Sanh. 24*a* and B.M. 85*b*. But according to Tosaf., from either to the other before the first is properly understood. (4) By a Sage, to whom the person who makes the vow explains his original intention which did not include the special circumstances that now cause him to regret the vow; thus a פתח חרטה ('a way of retraction') is found whereby the vow can be annulled. V. Ned. 9*a*, 10*b*. (5) I.e., in Biblical teaching, and depend only on oral tradition; but cf. Num. XXX, 8-9. (6) The misappropriation of holy things to secular use. V. Lev. V, 14-16. (7) I.e., the offering of sacrifices. (8) V. Lev. XVIII, 6f. (9) [MS.M.: 'have on whom to rest', i.e., have good authority. V. Zeitlin, *JQR*. (N.S.) VII, p. 500]. (10) I.e., the laws concerning the dissolution of vows. (11) Twice: in Lev. XXVII, 2 and Num. VI, 2.

b (1) Ps. XCV, 11. (2) I.e., hastily, but in calmer mood I regretted the oath and retracted. The verse refers to God, of course; but the inference is drawn from the anthropomorphism for ill-considered human vows. (3) The 'change of mind' attributed here to God with regard to the generation of the wilderness must be explained by reference to Sanh. 110*b* where the view is expressed that they have a share in the world to come, i.e., they were not permitted to enter Canaan, their earthly possession, but it was granted them to enter their Heavenly heritage. (4) Ex. XXXV, 5. But if the heart be no longer willing it is possible for the vow to be dissolved (cf. discussion in Shab. 26*b*). (5) Ps. CXIX, 106. But where instead of confirmation there is retraction, the person may be released from his vow. (6) Num. XXX, 3. (7) If the assumption of the state of Nazir (v. Num. VI) was made the forfeit of a wager between two, R. Ṭarfon holds that neither loser nor winner is a Nazir, because Naziriteship must be explicitly vowed and cannot be assumed conditionally. This he deduces from one of the two verses cited by R. Eliezer (cf. Nazir 32*b* Mishnah and 34*a* top). (8) To swear a certain oath. (9) Otherwise it is no oath and he is not liable. (10) Cited by R. Isaac.

c (1) I.e., it is meritorious to do this that he may fulfil the precept with greater zeal. (2) V. Ned. 7*b*. (3) I.e., a sharp mind is better than mere learning. (4) Why then does the Mishnah say that there is little Scriptural basis for them? (5) But if he required the hole itself, he would be guilty of *building* on the Sabbath, v. Shab. 73*b*. (6) E.g., a hole dug for the sake of its earth. R. Simeon stated this principle in connection with carrying out the dead on the Sabbath (v. Shab. 93*a*). (7) Who holds that one may not carry a corpse out on the Sabbath for burial (v. ibid.). (8) I.e., in the case of the corpse. (9) I.e., burying the corpse and achieving something desired. (10) I.e., in the case of the digging of a hole. (11) The hole does not improve the ground nor is it desired for itself.

ברצון. אסרה על בעלה: אשת כהן. אפילו באונס אסורה לבעלה בכתובות (דף נא:) והיא לא נתפסה אסורה הא נתפסה מותרת ואי זו זו אשת ישראל ומדכתיב היא מיעוטא הוי לומר יש לך אחרת שאע"פ שנתפסה אסורה ואי זו זו אשת כהן: וליוצא ולבא אין שלום. מקרא הוא בזכריה ודרשוהו כאן ליוצא מן התורה ובא לו לדברים אחרים: שיוצא אדם מדבר הלכה לדבר מקרא שוב אין לו שלום. שאין הוראה יוצאה מדבר מקרא שהמשנה מפרשה סתימות התורה: מתלמוד למשנה. אם שמש את החכמים שהן מדקדקין ליתן טעם משניות ולהבין המשניות הסותרות זו את זו ולמצוא טעם לפטור ולחובה לאיסור ולהיתר שהמשנה זו קרוי תלמוד ואם יצא מהן ונתן עסקו לגירסת המשניות שוב אין לו שלום בדבר הוראה שאין הוראה נכונה בדבר משנה שהמשניות יש שאין דבריהן מכוונין ותירוצם בני הש"ס הכא במאי עסקינן חסורי מחסרא הא מני רבי פלוני היא ואין הלכה כמותו: אפילו מש"ס לש"ס. מש"ס ירושלמי לש"ס בבלי שהוא עמוק כדאמרינן בסנהדרין (דף כד.) במחשכים הושיבני כמתי עולם זו הש"ס של בבל: מתני' היתר נדרים פורחים באויר. התרת נדרים שאמרו חכמים שהחכם מתיר את הנדר מעט רמז יש במקרא ואין על מה לסמוך אלא שכן מסור לחכמים בתורה שבעל פה: הלכות שבת והלכות חגיגה הלכות מעילות יש בהן הלכות שהן תלויות ברמז מקרא מועט: כהררין התלוים. בשערות ראש: והעבודות. הלכות עבודת קרבן: והעריות. ערוה: הן הן גופי תורה. בגמרא פריך אטו הנך לאו גופי תורה נינהו: גמ' כי יפליא שתי פעמים. אחד בערכין ואחד בנזיר כי יפליא נדר בערכך כי יפליא לנדור נדר נזיר. אחת הפלאה לאיסור. כולה הפלאה לשון פירוש כתרגומו (א) ארי יפריש ולמה כתב הפלאה בשניהן אחת כשפירש ונדר ואסר עצמו בנדר ואחת שחוזר ומפרש לפני החכם ואומר כן נדרתי ולדעת כן נדרתי אבל לדעת כן לא נדרתי והרי הוא בא לידי חרטה ומתוך כך בא לידי היתר: נשבעתי באפי. מדקאמר באפי משמע יכול אני לישאל עליו לפי שמחמת אפי ולא מדעת מיושבת נשבעתי יש ללמוד מכאן שהמולא פתח לנדרו לאמר לא לדעת כן נדרתי שיקרני דבר זה שאני רואה הבא לי ע"י נדרי מתירין לו: כל נדיב לבו הביאו. אם עודנו לבו נודבו עליו יביאו ואם מתחרט יתירו לו: נשבעתי ואקיימה לשמור משפטי לדקך. מדקאמר ואקיימה מכלל דאם רלה שלא לקיים מתירין לו: אי מדרבי אליעזר. דדריש הפלאה יתירתא: דלמא. לכדרבי טרפון אתא: אין אחד מהן נזיר. ב' שהיו יושבין ובא אחד לפניהם ואמר אחד הריני נזיר שזה הבא אללנו נזיר הוא וחברו אומר הריני נזיר שאינו נזיר ולבסוף נמלא כאחד מהן אין אחד מהן נזיר לפי שלא ניתנה נזירות להיות נזיר בתלייה ובספק אלא בהפלאה ודאית מפורשת: גמר בלבו. שבועה או נדר או הקדש: שנשבעין לקיים המצוה. כלומר מצוה שיהא אדם נשבע לקיים מצוה כדי שימהר ויזדרז לקיימה: פלפלתא. גרעין אחד של פלפל: מיכתב כתיבן. טובא אזהרות כתיבי בשבת מאי מקרא מועט דקאמר מתניתין: לא נצרכה כו'. דבר זה וכיוצא בו רמז מועט יש לו ללמוד מן התורה: חופר גומא. בונה בנין הוא ואם אינו צריך לה אלא ליטול את העפר אף על פי שהבנין בנוי אינו חייב משום בונה: שאינה צריכה לגופה. כגון (ב) זה שאינו צריך לבנין זה ורבי שמעון אמר מילתיה גבי מוציא את המת במטה לקוברו בשבת (שבת דף עג:) וקאמר רבי שמעון פטור על הוצאה זו שברצונו לא היתה באה אליו ולא היה צריך לה: אפילו תימא לר' יהודה. דפליג עליה מודה בהך גומא דאלו התם הקובר את המת מתקן הוא והאי חופר גומא מקלקל הוא את חצרו: ומאי כהררין. דקאמר במתניתין דמשמע שיש קצת רמז מן התורה ללמד זה ומהו הרמז:

באונס כאן ברצון ואיבעית אימא הא והא באונס ול"ק כאן באשת כהן כאן באשת ישראל (זכריה ח) וליוצא ולבא אין שלום אמר רב כיון שיוצא אדם מדבר הלכה לדבר מקרא שוב אין לו שלום ושמואל אמר זה הפורש מתלמוד למשנה ור' יוחנן אמר אפילו מש"ס לש"ס:

מתני' היתר נדרים פורחין באויר ואין להם על מה שיסמכו הלכות שבת חגיגות והמעילות הרי הם כהררים התלוין בשערה שהן מקרא מועט והלכות מרובות הדינין והעבודות הטהרות והטמאות ועריות יש להן על מה שיסמכו והן הן גופי תורה:

גמ' תניא רבי אליעזר אומר יש להם על מה שיסמכו שנאמר (ויקרא כז) כי יפליא (במדבר ו) כי יפליא שתי פעמים אחת הפלאה לאיסור ואחת הפלאה להיתר רבי יהושע אומר יש להם על מה שיסמכו שנאמר (תהלים צה) אשר נשבעתי באפי נשבעתי וחזרתי בי ר' יצחק אומר יש להם על מה שיסמכו שנאמר (שמות לה) כל נדיב לבו חנניה בן אחי רבי יהושע אומר יש להם על מה שיסמכו שנאמר (תהלים קיט) נשבעתי ואקיימה לשמור משפטי צדקך אמר רב יהודה אמר שמואל אי הואי התם אמרי להו דידי עדיפא מדידכו שנאמר (במדבר ל) לא יחל דברו הוא אינו מוחל אבל אחרים מוחלין לו אמר רבא לכולהו אית להו פירכא לבר מדשמואל דלית ליה פירכא דאי מדר' אליעזר דלמא כדרבי יהודה שאמר משום ר' טרפון דתניא רבי יהודה אומר משום רבי טרפון לעולם אין אחד מהם נזיר שלא ניתנה נזירות אלא להפלאה אי מדר' יהושע דלמא הכי קאמר באפי נשבעתי ולא הדרנא בי אי מדרבי יצחק דלמא לאפוקי מדשמואל דאמר שמואל גמר בלבו צריך שיוציא בשפתיו והא קמ"ל דאע"ג דלא הוציא בשפתיו אי מדחנניה בן אחי רבי יהושע דלמא כרב גידל אמר רב דאמר רב גידל אמר רב מנין שנשבעין לקיים את המצוה שנאמר נשבעתי ואקיימה לשמור משפטי צדקך אלא דשמואל לית ליה פירכא אמר רבא ואיתימא רב נחמן בר יצחק היינו דאמרי אינשי טבא חדא פלפלתא חריפתא ממלי צנא דקרי: הלכות שבת: מיכתב כתיבן לא צריכא לכדר' אבא דאמר רבי אבא החופר גומא בשבת ואין צריך אלא לעפרה פטור עליה כמאן כרבי שמעון דאמר מלאכה שאינה צריכה לגופה פטור עליה אפילו תימא לרבי יהודה התם מתקן הבא מקלקל הוא מאי כהררין התלויין בשערה מלאכת

*) [כתובות דף ג' פ' לו אמר ר' יהושע בעצמו כן ע"ש]

אפילו מש"ס לש"ס. מש"ס ירושלמי לש"ס בבלי כדפירש רש"י וכן אמר בירושלמי במחשכים הושיבני כמתי עולם אלו ש"ס הבבלי וכן (*רב כהנא) דהוה לייט דלישתכח מיניה ש"ס הבבלי ומיהו אפילו איפכא י"ל והכי פירושו שפירש מזה ועדיין לא הבין בזה שמתוך כך לא יעלה בידו הלכה ברורה: **דלמא** כרבי יהודה. משמע דחשיב ליה פירכא מה שמצריך הכתוב לדרשה אחריתי ואילו בפ"ק דמגילה (דף ז.) גבי אסתר ברוח הקדש נאמרה קאמר שמואל משום דכתיב קיימו וקבלו קיימו למעלה מה שקבלו למטה וקאמר הש"ס דלית ליה פירכא ואילו בשבת בפ' ר' עקיבא (דף פח. ושם) דרשינן מיניה קיימו מה שקבלו כבר דקבלו התורה ברצון בימי אחשורוש ואמר הר"י דלאו קושיא היא דהתם מפיק לה מדשני לה בדבוריה דליכתוב קיימו וקיימו או קבלו וקבלו אלא ודאי תרתי שמע מינה: **באפי** נשבעתי ולא הדרנא בי. והקשה הר"ר אלחנן דעל כרחך קרא בהכי מידריש מדכתיב נשבעתי באפי אם יבואון אל מנוחתי ודרשינן מינה (ג) גבי דור המדבר שלא באו לארץ ותירץ לו הר"י דהאי קרא לאו בביאת ארץ משתעי אלא בחלק לעולם הבא (ד) ומלינו תנא *) דאמר בחלק (סנהדרין דף קי:) דור המדבר יש להם חלק לעוה"ב א"כ איכא למידרש והדרנא בי: **לאפוקי** מדשמואל דאמר שמואל גמר בלבו צריך שיוציא בשפתיו. לאו משום דלית ליה לשמואל גמר בלבו דהא קרא כתיב אלא מוקי לקדשים (ה) (שהביאו) בעזרה הוא דכתיב האי קרא וגבי קדשים כתיב וכל נדיב לב עולות (דה"ב כט) ושמואל מודה לה שפיר ומקשי מינה לשמואל מהאי קרא ומשני לה פרק ג' דשבועות (דף כו: ושם) וכי תימא ניליף מינה משום דהוה ליה תרומה ר"ל תרומת מלאכת המשכן כתיב ביה כל נדיב לבו וקדשים שני כתובים הבאין כאחד ואין מלמדים: **לקיים** מצות. דצריך להזכיר שם שמים כדי לזרוזי נפשיה: **לשמואל** לית ליה פירכא. והא דדרשינן פ"ב דנדרים (דף טז:) אבל מיחל הוא חפצי שמים התם מדברו נפקי ליה: **לכדרבי** אבא. ה"ה לשאר מקלקלים דפטורין הוה מצי למימר אלא רבותא קמ"ל דאע"ג דצריך לעפר מיפטר כיון דלא צריך לגומא:

*) [עי' תוס' ב"ב עד. ד"ה ועכשיו]

[וכן בסנהדרין כד.]

[נ"ל רבי זירא ב"מ פה.]

סב א מיי' פ"ב מהל' שבועות הלכה י ופ"ג מהלכות נדרים הלכה ב טוש"ע י"ד סי' רי סעיף א וסי' רלט סעיף א:

סג ב מיי' פ"א מהלכות שבועות הלכה ג:

סד ג מיי' פ"א מהל' שבת הלכה יז:

רבינו חננאל

ועוד אם אנס אשת איש ישראל לא אסרה על בעלה ואם הוליד בן אין לו תקנה אבל אשת כהן אפילו אנסה אסרה על בעלה. רשב"א אין נקרא מעוות אלא מי שהיה מתוקן ונתעוות ואיזה זה ת"ח שפירש מן התורה. אין אומרים בקרו גמל בקרו חזיר אלא בקרו טלה שעיקרו כשר וטהור. כך ת"ח שפירש. וליוצא ולבא אין שלום מן הצר. אמר רב כיון שאדם יוצא מדבר הלכה אין לו שלום. ושמואל אמר זה היוצא מן התלמוד למשנה. ור' יוחנן אמר אפילו יוצא מתלמוד בבלי לתלמוד א"י אין שלום שאין דרכיהו אחת: ירושלמי ר' הונא ור' ירמיה בשם שמואל מצאנו שויתר הקב"ה על ע"ז וג"ע וש"ד ועל עזיבת התורה לא ויתר. שנא' על מה אבדה הארץ וגו' ויאמר ה' על עזבם את תורתי וגו'. נמנו וגמרו התלמוד קודם למעשה הדא דאת אמר בשיש מי שיעשה אבל אין שם מי שיעשה המעשה קודם. כי הא דאמר לון ר' אלעזר לר' חייא ולר' יוסי ולר' אמי אין הויתון יומא דין אמרין ליה אולינן לגמול חסד ולא הוה אחרינין למגמל הדא חסד אמרו ליה מנור הוה: כלומר אכסנאי הוה: [מתני'] התרת נדרים פורחים באויר ואין להם על מה שיסמכו. תניא ר' אליעזר אומר יש להן. כלומר יש לו ראיה מן התורה שיש לו רשות להתיר נדרים ואינם כעופות הפורחות באויר כאשר שנינו במשנתנו. מנא לן שנא' כי יפליא ב' פעמים אחת הפלאה לאיסור ואחת הפלאה להיתר ר' יהושע אומר מהכא אשר נשבעתי באפי וחזרתי ש"מ שיש היתר לשבועות כו' ודחינן להני כולהו דלמא הפלאה היתירה לרבוי הא אתאי דתניא ר' יהודה אומר משום ר"ט אין אחד מהן נזיר. לפי שלא נתנה נזירות אלא להפלאה כדכתיב (שמות ח) והפליתי ביום ההוא. כלומר דבר הידוע בודאי ובבירור כך תהיה ההפלאה שמתחייב בה הוא ור' יהושע נמי דלמא לחזוקה לשבועה קאמר אשר נשבעתי באפי מרוב הכעס שהכעיסוני יחרה אפי בהן ואינו להקל כדרך חרטה. והא דר' יצחק נמי אפקוה מכל נדיב לב דאלמא הדבר תלוי בלב וכל דבר שאינו בכוון לב כמי שאינו הוא. דלמא האי קרא לכדשמואל הוא דאתא דאמר גמר בלבו צריך להוציא בשפתיו שאע"פ שכל המצות תלויות בהסכמת לב כדכתיב למען תפוש את ישראל בלבם. שבועה ואיסור אינו תלויה אלא במבטא שפתים. והא דחנניה בן אחי ר' יהושע דדייק מנשבעתי ואקיימה. מכלל שיש דרך שלא לקיים דלמא כדרב גידל אמר רב ולהודיע כי הנשבע לקיים מצוה שבועה חלה עליו שנאמר נשבעתי ואקיימה לשמור משפטי צדקך. מכלל שיש שבועה אחרת שאינו חייב לקיימה כגון הנשבע לבטל את המצוה. אבל הא דאמר שמואל לא יחל דברו. ודייק מכדי כתיב ככל היוצא מפיו יעשה הוה ליה למכתב ולא יעבור דברו. לא יחל דברו: למה לי אלא ללמד שכגון זה יש לו חילול והוא לא יחל לעצמו. אבל אחרים מחילין לו. האי מלתא דשמואל לית בה פרכא. ורבינא דהוא בתרא הודה להא דשמואל: ירושלמי רבי מניתיה לרב להתיר נדרים ולראות כתמים ולדון יחידי מן דדמך ר' בעא מר"ג בריה למנוייה נמי בראיית מומי בכורות. א"ל איני מוסיף לך על מה שנתן לך אבא ואע"ג דממנין זקנים לדברים יחידים והוא שיהא ראוי לכל הדברים כהדא ריב"ל מני לתלמידוי. והוה מצטער על חד דהוה ולא הוה יכול ממנותיה וימניניה לדברים יחידים. כלומר לשאר דברים דנמיר להו הדא אמרה הראוי לכל הדברים ממנין אותו לדברים יחידים ושאינו בקי בכל הדברים אין ממנין אותו אפילו לדברים יחידים. ר' יהודה נשיאה כתב איגרתה דייקר בהוצה לארץ לר' חייא בר אבא וכתב להו הרי שלחנו אליכם אדם גדול. ומה היא גדולתו שאינו בוש לומר לא שמעתי מהו להתעטף בפילונס ולהתיר נדרים ופשוטה מותר במקום שאין פלית: הלכות שבת. ומקשינו הלכות שבת והלא כתוב בתורה שאסור במלאכה. ופרקינן צריכא להלכות להא דאשכחן דאתעבידנא מלאכה דהוא פטור עליה. כדר' אבא. דאמר ר' אבא החופר

[יבמות נו:] [סנהדרין לח. ע"ש] [נזיר סב.] [שם] סנהדרין קי: כריתות ה. [יומא פה: מגילה ז.] נזיר לד. סב. סנהדרין כה. ערכין יט: [נדרים יט: כא.] שבועות כו: [נדרים ז: תמורה ג:] יומא פה: מגילה ז. [צ"ל אלא לכדרבי אבא] שבת עג: ביצה ח. [שבת עג: וש"נ]

הגהות הב"ח

(א) רש"י ד"ה אחת הפלאה וכו' כתרגומו ארי יפריש: (ב) ד"ה שאינה צריכה לגופה כגון מלאכה זאת שאינו:

(ג) תוס' ד"ה באפי וכו' ודרשינן מיניה לדור המדבר כצ"ל ותיבת גבי נמחק: (ד) בא"ד לעולם הבא ותדע דהא מלינו תנא וכו' א"כ צריך למידרש והדרנא בי. נ"ב והכי איתא התם להדיא דר"א דאמר יש להם חלק לעוה"ב דריש נשבעתי וחוזרני בי: (ה) ד"ה לאפוקי וכו' אלא מוקי לה לקדשים דבעזרה הוא דכתיב האי קרא גבי קדשים וכל נדיב לב עולות וכו' ומשני לה הכי פ' ג' דשבועות וקאמר התם ונילף מינה וכו' דכתיב ביה כל נדיב לב הביאו וקדשים. נ"ב וצריך לפרש הא דקאמר הכא לאפוקי מדשמואל משמע דקרא דכל נדיב לב יליף אף בחולין ולאפוקי מדשמואל דאמר [דלא משמע מיניה אלא קדשים]:

מלאכת מחשבת אסרה תורה ומלאכת מחשבת לא כתיבא: חגיגות: מיכתב כתיבן לא צריכא לכדאמר ליה רב פפא לאביי ממאי דהאי וחגותם אותו חג לה' זביחה דלמא חוגו חגא קאמר רחמנא אלא מעתה דכתיב ויחוגו לי במדבר (שמות ה) הכי נמי דחוגו חגא הוא וכי תימא הכי נמי והכתיב ויאמר משה (שם י) גם אתה תתן בידינו זבחים ועולות דלמא הכי קאמר רחמנא אכלו ושתו וחוגו חגא קמאי לא סלקא דעתך דכתיב ולא ילין (שם כג) חלב חגי עד בקר ואי סלקא דעתך דחוגא (א) הוא תרבא לחגא אית ליה ודלמא הכי קאמר רחמנא חלב הבא בזמן חג לא ילין אלא מעתה הבא בזמן חג הוא דלא ילין הא כל השנה כולה ילין כל הלילה (ויקרא ו) עד הבקר כתיב דלמא אי מההוא הוה אמינא ההוא לעשה כתב רחמנא האי ללאו ללאו כתב קרא אחרינא ולא ילין (דברים טז) מן הבשר אשר תזבח בערב ביום הראשון לבקר ודלמא לעבור עליו בשני לאוין ועשה אלא אתיא מדבר מדבר כתיב הכא ויחוגו לי במדבר וכתיב התם הזבחים ומנחה (עמוס ה) הגשתם לי במדבר מה להלן זבחים אף כאן זבחים ומאי כהררין התלויין בשערה *דברי תורה מדברי קבלה לא ילפינן: מעילות: מיכתב כתיבן אמר רמי בר חמא לא נצרכא אלא לכדתנן *השליח שעשה שליחותו בעל הבית מעל לא עשה שליחותו שליח מעל וכי עשה שליחותו אמאי מעל וכי זה חוטא וזה מתחייב היינו כהררין התלויין בשערה אמר רבא ומאי קושיא דלמא שאני מעילה דילפא חטא חטא מתרומה מה התם *שלוחו של אדם כמותו אף כאן שלוחו של אדם כמותו אלא אמר רבא לא נצרכא אלא לכדתניא* נזכר בעל הבית ולא נזכר שליח שליח מעל שליח עניא מאי קא עביד היינו כהררין התלויין בשערה אמר רב אשי מאי קושיא דלמא מידי דהוה אמוציא מעות הקדש לחולין אלא אמר רב אשי לא נצרכא אלא לכדתנן *נטל אבן או קורה של הקדש הרי זה לא מעל נתנה לחבירו הוא מעל וחבירו לא מעל מכדי מישקל שקלה מה לי הוא *ומה לי חבירו היינו כהררין התלויין בשערה ומאי קושיא דלמא כדשמואל דאמר שמואל *ההבא בגזבר

רש"י

מלאכת מחשבת. שהמחשבה חשבה בדעתו ונתכוון לה וזה לא נתכוון לה לבנין זה לפיכך פטור וזהו רמז מועט דהיינו מלאכת מחשבת בשבת לא כתיבא אלא במשכן הוא דכתיב ולפי שסמך בפרשת ויקהל פרשת שבת לפרשת משכן אנו למדין מלאכת מחשבת לשבת: מיכתב כתיבן. כדאמרינן לעיל מוחגותם אותו: חוגו חגא. לחגיגות שמחה: דלמא הכי קאמר רחמנא אכלו ושתו וחוגו חגא קמאי. והאי זבחים דקרא לאו שלמים ניהו אלא זבחת בשר לאכול: חלב הבא בזמן החג. אם באת להקריב קרבנות מדריך ברגל לא יליני חוץ למזבח בעלות השחר: הא כל השנה ילין. בתמיה: עד הבקר כתיב. היא העולה על מוקדה על המזבח כל הלילה עד הבקר מכאן אנו למדין שמעלה כל הלילה אברים ופדרים של קרבנות שנשחטו היום אבל לא מעלות השחר ולמעלה דנפסלו בלינה: ומאי כהררין התלויין. גזרה שוה ראייה גדולה היא: דברי תורה מקבלה לא ילפינן. הלכך רמז בעלמא (ב): השליח שעשה שליחותו. בעל הבית שהיו בידו מעות הקדש ונתחלפו במעותיו ונתנן בשוגג לשליח ואמר לו קח לי מהם חלוק או טלית אם עשה שליחותו בעל הבית מעל וזהו כהררין שיש לתמוה ולומר וכי שליח זה חטא שהוציא מעות הקדש ובעל הבית מתחייב קרבן וחומש ולהביא אשם מעילות והרי ידוע לנו בכל הש"ס שאין שליח לדבר עבירה שיהא שולח מתחייב על ידי שלוחו: מעילה ילפינן חטא חטא מתרומה: לכמה דברים נאמר בתורת כהנים נאמר במעילה וחטאה בשגגה מקדשי ה' (ויקרא ה) ונאמר בתרומה ולא תשאו עליו חטא (במדבר יח) מה התם שלוחו כמותו דכתיב כן תרימו גם אתם (שם) ואמר מר גם אתם לרבות שלוחכם: נזכר בעל הבית כו'. ברייתא היא בפ' בתרא דמעילה והכי גרסינן לכדתניא נזכר בעל הבית שהן של הקדש עד שלא יגיע שליח אצל חנוני ולא נזכר שליח והוציאן השליח חייב: שליח עניא מאי עבד. נהי דבעל הבית פטור דכיון דנזכר אנן סהדי דלא ניחא ליה בשליחותיה דהאיך ומהשתא לאו שלוחו הוא ומיהו שליח מאי עביד: מידי דהוה. אשאר כל מוציאין מעות הקדש לחולין בשוגג שימעלו אף זה בשוגג הוציאן דכיון שביטל המשלח שליחותו הוה ליה איהו מוציא: הוא מעל. דכיון שנתנם לו הוציאן מיד הקדש לחולין: וחבירו לא מעל. בכל שיעשה הוא בה דהא דידיה היא ועליה דהאיך לשלומי להקדש כדכתיב ואשר חטא מן הקדש ישלם (ויקרא ה): דכל

תוספות

מלאכת מחשבת אסרה תורה. פרש"י שאינה צריכה לגופה במין מלאכה זאת שברצונו לא היה בנין זה בעולם ולא יתכן דאם כן בכל מלאכות נמי כגון סותר ע"מ לבנות במקומו למה מיחייב (ג) דהא לא ניחא ליה שהיה הבנין בעולם וכן בקורע ע"מ לתפור ג"כ לא ניחא ליה בקרע זה מעולם וקורע הבא באבלו או מחמת טרדא וקורע בחמתו למרמי אימתיה (ד) לכן נראה להר"י לפרש שאינו צריך לעיקר שורש האיסור כגון הכא שאינו צריך לגומא שהיא המלאכה וכן מוציא מת במטה והרבה דחשיב פ' המצניע (שבת דף צג:) ולא דמו למלאכת המשכן שהיו צריכים לעיקר המלאכה מכבה משום צורך הפחמין וצידת תחשים וחלזון וכן כולם כיוצא בהן*: **חוגו** חגא. י"מ לשון מחולות כמו יחוגו וינועו כשכור (תהלים קז): **בזמן** חג הוא דלא ילין (והתניא) וכו'. כי מוקמינן קרא בחגיגה לא שייך לאקשויי בחגיגה הוא דלא ילין הא כל שאר קרבנות ילין הא כתיב כל הלילה עד הבקר ומוקמינן לה לכל העולין על המזבח דהא איכא למימר דלא הוה מוקמינן קרא רק לעולה שהיא כולה כליל כמו עולה אבל שאר קרבנות כגון שלמים וחגיגות שאינם כליל לא: **ולא** ילין מן הבשר. ואף על גב דמוקמינן לקרא בפרק אלו דברים (פסחים דף עא· ושם) בחגיגה שנאכלת לשני ימים ולילה אחד ועוד דבשר כתיב דמשמע אכילת אדם מ"מ מפקינן מיניה תרתי מדכתיב ביום הראשון לבקר ולא כתיב ביום השלישי: **לעבור** עליו בשני לאוין. ואע"ג דאמרינן בעלמא *כל היכא דאיכא למידרש דרשינן ולא מוקמינן בלאוי יתירי הכא שאני שאין להעמידו בקרבן אחר שלא מצינו כיוצא בו בתורה ודומה לו כמו שמצינו בריש יבמות (דף ד·) דמוקמינן לא יגלה בשומרת יבם של אביו בלאו יתירא ולא מוקמינן ליה באנוסת אביו: **ויחוגו** לי במדבר. ולא ילין חלב חגי אתא ללמד על ג"ש דמיירי בחגיגה ולא בשאר קרבנות: **מעילות** מכתב כתיבי וכו' (ה) *מקרא מועט והלכות מרובות. מתוך פרש"י משמע שהוא פירוש התלויין בשערה שיש בו הלכות מרובות תלויין ברמז מקרא מועט כהר התלוי בשיער הראש וקשה למורי מאי פריך בגמרא מעילות מכתב כתיבי ודאי כתיבי אבל יש בהן הלכות הרבה והיינו מקרא מועט והלכות מרובות ומיהו לפי מה שפירש רש"י תלויות ברמז משמע דסבירא ליה דבהדיא לא כתיבי אך גבי שבת כתיבי בשבת מאי מקרא מועט פירש מיכתב כתיבי פי' טובא אזהרות כתיבי דקאמר מתני' והכי לא אפשר לי לפרש גבי מעילות וגם משמע דבהדיא קאמר דכתיבי ונראה להר"ר אלחנן לפרש דמילתא באפי נפשיה היא מקרא מועט וקאי לאהלות ויש בהן מקרא מועט אבל ההלכות מרובות ובכמה ספרים יש ריוח בין מקרא מועט להלכות מרובות ואדלעיל א"כ משמע דמילתא באפי נפשיה הוא אך בתוספתא (פ"א) תנא מקרא מועט והלכות מרובות כהררין התלויין בשערה ואין להם על מה שיסמכו מכאן היה אומר רבי יהושע לבחר בלבחר ר"ל מקרא מועט ותולה ברמז מועט דמשמע כדפירש רש"י ופירש כדפרש"י על הא דקאמר מקרא מועט שברמז נתנו: **נתנה** לחברו מעל. ולא דמי להיא דנתנה לחטוני דלא מעל דהתם מיירי במזיד ואין מתחלל וחגוני דלא מעל עד שיוציא התם משום דלא עבד מעשה:

משקל שקלה מה לי הוא מה לי חברו. יש תימה דודאי שינה הרבה כיון שנתנה לחברו יש לו למעול משום טובת הנאה של שאלה כדאמרינן פרק השואל (ב"מ דף נט·) המשאיל קורדום של הקדש מעל לפי טובת הנאה של חברו וחברו מותר לבקע בו לכתחלה אבל כי לא נתנה אלא נהנה ממנה כלום וי"ל דהכא מיירי שמתכוין להוציא מרשות הקדש ובמנחות (דף קא.*) פירשתי: [כד"ה אע"ג]

בגזבר

עין משפט נר מצוה

סה א מיי' פ"א מהל' שבת הלכה ט:

סו ב מיי' פ"ז מהלכות מעילה הלכה א:

סז ג מיי' פ"ד מהלכות תרומות הלכה א טוש"ע י"ד סי' שלא סעיף כט:

סח ד מיי' פ"ז מהלכות מעילה הלכה ה:

סט ה מיי' שם פ"ו הלכה ז:

[וע"ע תוס' שבת לד. ד"ה ר' שמעון]

[פסחים כד:]

[בייך לעיל ע"א במשנה]

[מעילה כ.]

מסורת הש"ס

[כילה יג: וש"נ]

[ב"ק נ: חס כב.]

קדושין מב: נדרים לב. מעילה כ. כתובות לה:

[ברכות לד: וש"נ]

מעילה כא. קדושין נ.

מעילה יט: ב"ק כ: ב"מ לט:

מ"ש דכי נטל הוא דלא מעל ומ"ש כי נתנה לחבירו דמעל רש"י במעילה שם

רבינו חננאל

התופר גומא ואין כוונתו לגומא אלא ליטול העפר לכסות לו צואה. וכיוצא בה פטור עליה שנמצא מקלקל לגבי הגומא. דתנן כל המקלקלין פטורין. והן כמו הרים תלויין כחוט השערה. שאין כח בשערה להחזיק ההר אלא נראה כתלוי ועומד באויר. כן הלכות הללו דאי מדאורייתא כל מלאכה אסורה ובבאה ההלכה פירשא מלאכת מחשבת כלומר אינו חייב במלאכה עד שיתכוין לעשות אותה מלאכה: ירושלמי כתיב ועליהן ככל הדברים מקרא ומשנה ותלמוד הכל נאמרו לו למשה מסיני. אין מורין לא מן ההלכות ולא מן התוספתות ולא מן האגדות אלא מן התלמוד. ר' חנניא בשם שמואל אמר אין למידין מן ההוראה ולא מן המעשה בההוא דאיכא כאן דפליג אבל בהאי דלא פליג עביד. תעינות מנא לן דהקרבת זבח היא. דלמא הקפה דרך סיבוב הוא כדכתיב יחוגו וינועו כשכור. ודחינן טובא ודברים פשוטין הן. ואסיקנא אלא בג"ש גמיר לה אתיא מדבר מדבר כתיב הכא ויחוגו לי במדבר. וכתיב הזבחים ומנחה הגשתם לי במדבר. אי הכי אמאי תנינן כהררים תלויין בשערה הן. ופרקינן דדברי תורה מדברי קבלה לא ילפינן. מעילות נמי אוקימנא בהא נזכר בעל הבית ולא ניכר השליח. השליח מעל. שליח מי הוות ליה ידיעא דאינון מעות של הקדש. בשלמא מוציא מעות הקדש לחולין אמרינן הות ליה למידק וכיון דלא דק מעל. אבל שליח מי איכא למימר הכי. היינו

הגהות הב"ח

(א) גמ' ואי סלקא דעתך דחוגא הוא תרבא: (ב) רש"י ד"ה דברי תורה וכו' בעלמא הוא הס"ד: (ג) תוס' ד"ה מלאכת וכו' פרש"י כגון מלאכה זאת וכו' ע"מ לבנות במקומו למה מחייב והלא ניחא ליה שלא היה הבנין בעולם וכן בקורע יריעה שנפל בה דרנא ע"מ לתפור ברצונו לא היה נופל בה וכן תופר כו' קרוע גם כן לא ניחא ליה בקרע זה מעולם וקורע באבלו כצ"ל ותיבת הבא נמחק: (ד) בא"ד למרמי אימתיה דחייב התם צריך למלאכה שיהא בעולם ואין לומר דלא ניחא ליה שיצטרך למרמי אימתיה דאם כן מפיס מורסא לעשות לה פה יהא פטור דודאי טוב היה דלא היתה מורסא לכן נראה להר"י: (ה) ד"ה [מעילות] מכתב וכו' ומאי מקרא מועט:

BY A HAIR?[12] [10b]—Because the Torah prohibited [on the Sabbath] purposed work,[13] yet purposed work is not mentioned in Scripture.[14]

[LAWS CONCERNING] FESTAL-OFFERINGS. But they *are* a written [in Scripture]![1]—No, it is necessary in the light of what R. Papa said to Abaye: Whence [do we know] that [the verse]: *And ye shall keep it a feast to the Lord*[2] signifies sacrifice? Perhaps the Divine Law means: Celebrate a Festival![3]—If so, when it is written, *That they may hold a feast unto Me in the wilderness,*[4] would that also mean: Celebrate a festival! And should you say that it indeed means that, surely it is written: *And Moses said: 'Thou must also give into our hand beasts of killing and burnt-offerings'!*[5]—Perhaps the Divine Law means this: Eat ye and drink and celebrate a festival before Me![6]—Do not think of this; for it is written: *Neither shall the fat of My feast remain all night until the morning.*[7] If now you suppose that it means a festival[8] [only], has a festival fat?—But perhaps the Divine Law means this: the fat that is offered during the course of the festival should not remain overnight![9]—If so, then [it would imply] that only during the festival the fat may not remain overnight, but throughout the year[10] it may remain overnight; [but behold] it is written: *All night unto the morning!*[11]—[But] perhaps from this [verse alone] one would know it merely as a positive precept, therefore Scripture wrote the other [verse to enjoin it] as a prohibition![12]—[To enjoin it] as a prohibition there is another verse: *Neither shall any of the flesh, which thou sacrificest the first day at even, remain all night until* b *the morning*[1]—[But] perhaps [this was required] in order to impose upon him two prohibitions and one positive precept!—Rather, it can be deduced from [the word] *'wilderness'* which occurs in two passages. Here it is written: *That they may hold a feast unto Me in the wilderness.*[2] And elsewhere it is written: *Did ye bring unto Me sacrifices and offerings in the wilderness?*[3] Just as in the latter verse [it means] sacrifices, so in the former [it means] sacrifices. Why then does it say: AS MOUNTAINS HANGING BY A HAIR?[4]—[Because] no inference may be drawn concerning statements of the Torah from statements of the Prophets.[5]

ACTS OF SACRILEGE. But they *are* written [in Scripture]!—Rami b. Hama said: It is required only for that which we have learnt. If the agent did his errand [committing thereby an act of sacrilege],[6] the householder[7] is guilty of sacrilege;[8] if he did not do his errand, the agent is guilty of sacrilege. But why should he[9] be guilty if he did his errand? Shall one man sin and another become liable![10] That is why [the Mishnah says]: AS MOUNTAINS HANGING BY A HAIR. Raba said: But what is the objection? Perhaps sacrilege is different, since we compare it with *terumah*[11] through the analogous expressions for *'sin'* [which occur in connection with c both laws]:[1] just as there[2] the agent of a person is like himself,[3] so here the agent of a person is like himself!—Rather, said Raba, it must be required for the [following] teaching; If the householder remembered,[4] but the agent did not remember, the agent is guilty of sacrilege. What has the poor agent done![5] That is why [the Mishnah says]: AS MOUNTAINS HANGING BY A HAIR. R. Ashi said: What is the objection? Perhaps it is like [every other] case where one spent [in error] sacred money for secular purposes![6] Rather, said R. Ashi, it must be required for that which we have learnt. If a man took away a stone or a beam from Temple property, he is not guilty of sacrilege; but if he gave it to his fellow,[7] he himself is guilty, but his fellow is not guilty.[8] See now, he has taken it, what difference does it make whether he or his fellow [keeps it]! Therefore it says: LIKE MOUNTAINS HANGING BY A HAIR. But what is the objection? Perhaps it is [to be explained]

(12) Implying that some kind of support is afforded by the Torah. (13) Lit., 'work of thought' (cf. Ex. XXXV, 35 where it is rendered in E.V. 'skilful workmanship') i.e., work that achieves the purpose primarily intended; v. *supra* n. 9. The various kinds of work prohibited on the Sabbath are deduced from the different kinds of work involved in the Tabernacle; cf. Shab. 73*a* (Mishnah) Rashi a.l. (14) It is only deduced from the juxtaposition of the section concerning the Sabbath and the section concerning the construction of the Tabernacle in Ex. XXXV.

a (1) Ex. XII, 14; Lev. XXIII, 41. (2) Ibid. (3) I.e., without sacrifices. Tosaf. a.l. suggests: Celebrate it with dances, taking the rt. חוג to mean 'to dance'; cf. Ps. CVII, 27. (4) Ex. V, 1. (5) Ibid. X, 25. (6) The 'beasts for killing' (Heb. זבחים, E.V. *'sacrifices'*) would thus not refer to sacrifices (i.e., 'peace-offerings) but to animals killed for meat only. (7) But should be burnt on the altar before dawn. Ibid. XXIII, 18. (8) Heb. חג, which can mean both festival and festal-offering; cf. חגיגה, the Rabbinic word for festal-offering, which is derived from the same root. (9) But it does not follow that there is an obligation to bring a festal-offering. (10) I.e., in the case of other sacrifices offered at non-festival times. (11) Lev. VI, 2, which refers to all occasions, not just to festivals: it teaches us that the limbs and fat of sacrifices slaughtered during the day may be burnt on the altar all night but not thereafter. (12) The neglect of an ordinary positive precept is not indictable; but the transgression of a prohibition entails the bringing of a sin-offering, if the offence was committed unwittingly, or the punishment of stripes (maximum thirty-nine), if the transgression was wittingly committed, unless a severer penalty is ordained by Scripture. Exceptions not involving stripes are (*a*) 'a prohibitive precept transformed into a mandatory law' i.e., when the transgression must be repaired by a succeeding act; (*b*) a prohibition the transgression of which involves no action. Hence, the prohibition here referred to does not involve stripes.

b (1) Deut. XVI, 4. (2) Ex. V, 1. (3) Amos V, 25. (4) For deduction by analogy is considered support for a law. (5) Heb. קבלה. Lit., 'tradition', a designation for post-Pentateuchal books of the Bible, which are deemed of lesser authority than the Pentateuch or Torah. V. Bacher, *Exeg. Term.* I, 166, II, 185. (6) E.g., sacred money was mixed with secular money, and not knowing of this, he asked the agent to buy a garment for him with the money. (7) I.e., the one who instructed the agent. (8) I.e., he has to refund the value of the sacred property plus a fifth and bring a trespass-offering. (9) I.e., the householder. (10) It is a Talmudic principle that no one is considered an agent or messenger for the committal of sin, i.e., the transgressor is liable whether he commits the sin on his own behalf or for another. (11) A portion of the produce, between a fortieth and a sixtieth, given to the priest. V. Glos.

c (1) Lev. V, 15 (trespass), and Num. XVIII, 32 (*terumah*). (2) I.e., in the case of *terumah*. (3) Deduced from the words, *'Ye also'*, in Num. XVIII, 28. (4) Before the agent committed sacrilege by spending the money for secular use. (5) He did not know that he was misappropriating sacred money; why then should he be held responsible? (6) Though a person committed sacrilege in error he is held responsible; so too here in the case of the agent. (7) By this act he takes it out of the possession of the Temple. (8) Derived from Lev. V, 16.

according to Samuel. For Samuel said: Here [11a] it refers to the treasurer [of the Sanctuary] to whom the building stones had been entrusted, so that wherever it is, it is in his possession![9] Rather [it can be explained] from the latter part [of the Mishnah]. If he built it into his house, he is not guilty of sacrilege until he dwells under it to the value of a *peruṭah*.[10] See now, he has effected a change therein,[11] what difference does it make whether he dwells [under it] or does not dwell [under it]![12] Therefore it says: LIKE MOUNTAINS HANGING BY A HAIR. But what is the objection? Perhaps it is [to be explained] according to Rab. For Rab said:
a It refers to a case where he placed it over a roof-aperture,[1] [in which case] if he dwells in [the house] he is [guilty of sacrilege], if he does not dwell in [the house] he is not [guilty]!—Therefore, it must be after all as Raba said: and as for your objection that the same applies to any person who spent [in error] sacred money for secular purposes, [one may answer]: There[2] he knew full well that he had sacred money, he should therefore have taken care; but here,[3] how could he know? Therefore [the Mishnah says]: AS MOUNTAINS HANGING BY A HAIR.[4]

SCANT SCRIPTURAL BASIS BUT MANY LAWS. A Tanna taught: [The laws concerning defilement through] leprosy-signs[5] and tent-covering[6] have scant Scriptural basis and many laws. [You say] leprosy-signs have scant Scriptural basis? [On the contrary] leprosy-signs have considerable Scriptural basis!—R. Papa said: It means as follows: Leprosy-signs have considerable Scriptural basis and few laws, [defilement through] tent-covering has scant Scriptural basis and many laws. But what practical difference does it make?—If you are in doubt about anything concerning leprosy-signs search the Bible, but if you are in doubt about anything concerning [defilement through] tent-covering search the Mishnah.[7]

CIVIL CASES. But they *are* written [in Scripture]![8]—It is necessary only for the teaching of Rabbi. For it is taught: Rabbi said: *Life for life*[9] [means] monetary compensation. You say [it means] monetary compensation; but perhaps [it means] actual life?—
b 'Giving' is mentioned below,[1] and 'giving' is mentioned above:[2] just as in the latter case [it means] monetary compensation, so in the former case [it means] monetary compensation.

TEMPLE SERVICES. But they *are* written [in Scripture]!—It refers only to the carrying of the blood [to the altar]. For it is taught: *And they shall present;*[3] this [means] the receiving of the blood.[4] Now the Divine Law used for it an expression of 'carrying', as it is written: *And the priest shall present*[5] *the whole and make it smoke upon the altar,*[6] and the Master said: This [means] the carrying[7] of the pieces [of the offering] to the altar ramp.[8] This is to tell us that the 'carrying' [of the blood] is not to be excluded from the category of 'receiving' [the blood].[9]

[LAWS OF] LEVITICAL CLEANNESS. But they are written [in Scripture]!—It refers only to the measure of a ritual bath, which is not stated in Scripture. For it is taught: *And he shall bathe in water,*[10] [this means] in water of a ritual bath;[11] *all his flesh:* [this means in] water which covers all his body. And how much is this? A cubit[12] by a cubit to the height of three cubits; and the Sages fixed the measure of the ritual bath water at forty *se'ahs.*[13]

[LAWS CONCERNING LEVITICAL] UNCLEANNESS. But they *are* written [in Scripture]!—It refers only to [defilement caused by touching a part of a dead] creeping creature, which is the size of a lentil; this is not stated in Scripture. For it is taught: *In them:*[1]
c I might think [it means] all of them,[2] therefore Scripture teaches: '*Of them*'.[3] I might then think [it means] even a part of them;[4] therefore Scripture says: '*in them*'. How is this to be explained? [It means that he is not defiled] till he touches a part of one which is as the whole of one. The Sages fixed the measure at the size of a lentil, for a snail[5] is at first the size of a lentil. R. Jose b. R. Judah said: [It must be] the size of the tail of a lizard.[6]

FORBIDDEN RELATIONS. But they *are* written [in Scripture]!

(9) Thus he does not commit sacrilege till he gives it (i.e., the stone or beam) into the possession of his fellow. (10) A small coin. V. Glos. (11) E.g., by chiselling the beam or stone and fixing it into the house: through this alteration it becomes his own property. (12) He has already misappropriated sacred property.

a (1) ארובה (cf. Hos. XIII, 3; II Kings VII, 2), an aperture in the roof leading to the ground floor (answering to the Greek *hypaithron*, Roman *compluvium*), contrad. from חלון a garret-window in the wall projecting above the flat roof (Jast.); cf. also Levy s.v. By placing the beam over the aperture he in no way alters it and can always restore it, and is thus not guilty of sacrilege till he dwells in the house and enjoys the use of it. (2) I.e., in the case quoted in the objection. (3) I.e., in the case of the agent. (4) For though the agent could hardly avoid the sacrilege, he is deemed to have committed sacrilege in error and is held responsible. (5) V. Lev. XIII-XIV. (6) V. Num. XIX, 14, from which it is inferred that men and utensils under the same 'tent' (i.e., overshadowed by the same covering) as a corpse suffer corpse-defilement. (7) I.e., oral tradition. (8) I.e., why then does the Mishnah say that they merely have something to rest on? (9) Ex. XXI, 23.

b (1) I.e., in our own case. (2) Ex. XXI, 22 (the preceding verse). (3) Lev. I, 5. (4) It is inferred from the fact that this clause comes immediately after the injunction to slaughter the animal; therefore it is taken to refer to the 'receiving' of the blood, for the blood cannot be 'carried' till it is 'received'. (5) E.V. '*offer*', though it is the same verb as in verse 5. (6) Lev. I, 13. (7) It cannot mean the burning of the pieces, for that is distinctly mentioned afterwards. (8) I.e., the inclined plane leading to the altar. Cf. Mid. III, 3. (9) I.e., though it is a part of the offering-service that can be omitted (e.g., if the animal is slaughtered close to the altar, so that the blood can be sprinkled forthwith), nevertheless if it is not omitted, it is an essential part of the service and is subject to all its conditions. (10) Lev. XV, 16. This is evidently the verse intended. The words את בשרו ('his flesh'), which really belong to Lev. XIV, 9 must be deleted. (11) Lit., 'gathering' of water, which must contain water directly from a river or a spring, or rain water led directly to it; but מים שאובין (lit., 'drawn water' i.e., water from a receptacle) if added to the ritual bath above a certain measure, invalidates it. (12) A measure equal to the distance from the elbow to the tip of the middle finger (cf. Kel. XVII, 9. 10). (13) Measure of capacity, equal to six *kabs;* v. Pes. 109*a*.

c (1) Lev. XI, 31. בהם; E.V. '(*whosoever doth touch*) *them*'. (2) I.e., he becomes unclean when he touches the whole of the unclean animal. (3) Ibid. v. 32. (4) I.e., however small. (5) חמט (cf. ibid. 30). Rashi renders, 'snail'; Jast., 'lizard (chameleon)'; Levy, '*Blindschleiche*' (slowworm, blindworm), or '*Eidechse*' (lizard); Goldschmidt, '*Schnecke*' (snail), 'skink' or '*Blindschleiche*'; *B.D.B.*, a kind of lizard. From Ḥul. 122*a* it seems to be a vertebrate. Danby translates it there 'land crocodile'. (6) הלטאה (cf. ibid.) Jast. regards the first ה as part of the word, except in Mishnah, Tosefta and Sifra, where it is the definite article attached to לטאה,. The tail of the הלטאה writhes after being cut off, thus showing independent life; hence it meets the requirements of the verse by being a part of an unclean animal and yet an entire life by itself, and is suitable as a measure for defilement. It is bigger than a lentil.

דכל היכא דמנחה. אפילו מקמי הכי ברשותיה מנחה הלכך כל כמה שנטלה לא שנייה מידי דתיפוק מידא דהקדש: שנויי שנייה. כשקבעה בבנין וקנייה בשנוי שמסתתה וקובעה: שהניחה ע"פ ארובה. לפקוק הארובה וכל שעה שירצה נוטלה ולא שנייה מידי: כדרבא. נזכר בעל הבית כו': היינו כהררין התלויין בשערה. בסמיכה מועטת מדמינן לה למוציא מעות הקדש לחולין שהרי קרוב הוא לאונס יותר מן השוגג: דינין מיכתב כתיבן. מפורשין יפה ומתניתין קתני יש להן סמיכה משמע שאינן מפורשין: לא נצרכא כו'. כלומר יש בהן דברים שאינן מפורשין בפירוש כגון זה וכיוצא בה: דכתיב נפש תחת נפש. אם אסון יהיה שמתה האשה יתן ממון דמי האשה ליורשיה שאין עליה חיוב מיתה שלא נתכוון לה אלא לחבירו נתכוון דכתיב וכי ינצו אנשים יחדיו קסבר רבי נתכוון להרוג את זה והרג את זה פטור ממיתה ומשלם ממון: נתינה למעלה. לענין דמי וולדות כתיב ונתן בפלילים (שמות כא): נתינה למטה. ונתתה נפש תחת נפש ממון ומאי נפש דמי הנפש: והקריבו זו קבלת הדם. אע"פ שהוא לשון הולכה אינה אלא קבלה שהרי לאחר שחיטה נכתבה ואין הולכה אלא אם כן קיבל הדם: והקריב הכהן את הכל. גבי אברים כתיב והקרב והכרעים ירחץ במים והקריב הכהן את הכל והקטיר המזבחה: זו הולכת אברים לכבש. דאילו הקטרה בהדיא כתיב בקרא והקטיר המזבחה: לא תפקיה מכלל קבלה. לכל דבריה ואע"ג שהיא עבודה שאפשר לבטלה שאם רצה שוחט בצד המזבח וזורק היכא דלא בטלה עבודה היא ומפגלין את הקרבן במחשבתה וצריכה כהן ובגדי כהונה ופוסל בה אונן ויושב וערל: במים. נקודתו בפתח משמע מים המיוחדים לאפוקי שאובין ומיהו מים חיים לא צריך מדכתיב בזב מים חיים (ויקרא טו) מכלל דשאר טמאין לאו מים חיים בעו (א) ומיהו במים במים המיוחדין במקוה אע"פ שהן גשמים: בהם. כל הנוגע בהם: מהם. כל אשר יפול עליו מהם במותם יטמא: חומט. אומר אני שהוא מין שרץ שקורין לימג"א הגדל בקליפה ההולכת ומעגלת תמיד כל כמה שגדל ותחילת הנילר כקליפה של עדשה היא: כזנב הלטאה. לפי שמפרכסת לאחר שנחתכה והיינו מקצתו שהוא ככולו שיש בו חיות:

תורה אור

בגזבר המסורות לו אבני בנין עסקינן דכל היכא דמנחה ברשותא דידיה מנחה אלא מסיפא *בנאה בתוך ביתו הרי זה לא מעל עד שידור תחתיה בשוה פרוטה מכדי שנויי שנייה מה לי דר ומה לי לא דר היינו כהררין התלויין בשערה ומאי קושיא דלמא לכדרב דאמר רב *כגון שהניחה על פי ארובה אי דר ביה אין לא דר ביה לא אלא לעולם כדרבא ודקא קשיא לך מידי דהוה אמוציא מעות הקדש לחולין התם מידע ידע דאיכא זוזי דהקדש איבעי ליה לעיוני הכא מי ידע היינו כהררין התלויין בשערה: מקרא מועט והלכות מרובות: תנא נגעים ואהלות מקרא מועט והלכות מרובות נגעים מקרא מועט נגעים מקרא מרובה הוא אמר רב פפא הכי קאמר נגעים מקרא מרובה והלכות מועטות אהלות מקרא מועט והלכות מרובות ומאי נפקא מינה אי מסתפקא לך מילתא בנגעים עיין בקראי ואי מסתפקא לך מילתא באהלות עיין במתניתין: דינין: מיכתב כתיבן לא נצרכא אלא לכדרבי דתניא *רבי אומר °נפש תחת נפש ממון אתה אומר ממון או אינו אלא נפש ממש נאמרה נתינה למטה ונאמרה נתינה למעלה מה להלן ממון אף כאן ממון: עבודות: מיכתב כתיבן לא נצרכא אלא להולכת הדם דתניא *°והקריבו זו קבלת הדם ואפקה רחמנא בלשון הולכה דכתיב °והקריב הכהן את הכל והקטיר המזבחה ואמר מר *זו הולכת אברים לכבש למימרא דהולכה לא תפקה מכלל קבלה: טהרות: מיכתב כתיבן לא נצרכא אלא לשיעור מקוה דלא כתיבא דתניא *°ורחץ (את *בשרו) במים *במי מקוה את כל בשרו מים שכל גופו עולה בהן וכמה הן אמה על אמה ברום שלש אמות ושיערו חכמים מי מקוה ארבעים סאה: טמאות: מיכתב כתיבן לא נצרכא אלא לכעדשה מן השרץ דלא כתיבא דתניא *°בהם יכול בכולן תלמוד לומר מהם יכול במקצתן ת"ל בהם הא כיצד עד שיגע במקצתו שהוא ככולו ושיערו חכמים בכעדשה שכן חומט תחלתו בכעדשה רבי יוסי בר' יהודה אומר כזנב הלטאה: עריות: מיכתב כתיבן לא נצרכא* לבתו

(שמות כא) (ויקרא א) (שם) (שם טו) (שם יא)

בגזבר המסורות לו. ואפילו למ"ד שליחות יד אין צריכה חסרון הכא שאני דכל היכא דאיתא בי גזא דמלכא קאי: עד שידור תחתיה בשוה פרוטה. ולא נפקא לחולין רק אותה פרוטה וכן גרסינן בערכין (דף כא. ושם) וכיון *דדר ביה נפיק (ביה) שכר לחולין וגם רש"י פירש כן דדוקא שכר ולא טולא ביתא וכן פי' הר"י הביא דהמשאיל קרדום של הקדש לחבירו בקע בו וחזר חבירו ובקע בו כולן מעלו והיכי דמי הא תנן *אין מועל אחר מועל אלא בהמה וכלי שרת אלא ודאי בגזבר המסורות לו קרדומות של הקדש ולא מכוון להוציאן לחולין רק כנגד בקיעה לפיכך כולן מעלו ובקדושין פ"ב (דף נב: ד"ה אין) ובמנחות פרק המנחות והנסכים (דף קא: ד"ה אע"ג) פירשתי: לא נצרכא אלא לכדרבי דתניא ונתתה נפש תחת נפש ממון. ורבי יוחנן דאמר *חייבי מיתות שוגגין פטורין מן התשלומין מוקי לה לאידך דרבי דתניא ונתת עין תחת עין דלא פליג אסתם משנה דהכא: והקריבו זו קבלת הדם. והולכה לא מוקמינן ליה כפשטא דקרא דהא בתר שחיטה כתיב וקבלה היא מיד והיינו עבודה ראשונה כך פרש"י אך לא משמע לי דהכי נמי וזרקו כתיב בתריה והולכה מקמי זריקה הוי מיד לאפוקי קבלה דהולכה בינתיים ועוד קשה לר"י דאמרי' שילהי פ"ק דזבחים (דף יג.) והקריבו זו קבלה אתה אומר זו קבלה או אינו אלא זריקה כשהוא אומר וזרקו הרי זריקה אמור משמע דהוה מוקמינן לה בזריקה אי לאו דכתיב קרא ואע"ג דלא בתר שחיטה היא ומיהו י"ל דלא ניחא ליה לאוקמי קרא בהולכה לפי שאינה עבודה חשובה שאפשר לבטלה ויכול לשחוט בראשו של מזבח: לא נצרכא אלא לשיעור מקוה. לא הוה מצי למימר [לבעלה] דלא כתיב כדפירש בה"ג דלא נפקא לן אלא בק"ו דהשתא לטהרות כתיב ורחץ ולבעלה לא כ"ש דהא לאו מילתא היא דמהאי ק"ו לא מצי נפיק דק"ו פריכא הוא דהא כמה חליצות ודוונה דבפרק ב' דחולין (דף לא.) מליצו לטהרות ולא לבעלה אלא מהאי קרא נפקא דכתיב (ויקרא טו) (*ותהי נדתה עליו ואחר תטהר) בנדתה תהא עד שתבא במים כדדריש ר"ע בפ"ו דשבת (דף סד:) וכן *פר"ת דמהתם נפקא לן טבילת נדה הלכך הוה ליה כמו כתובה: במי מקוה. פרש"י נקודתו בפתח לאשמועינן מים המיוחדים לאפוקי מים שאובין ולא יתכן דהא מים שאובין לאו מהכא נפקא אלא מאך מעין ובור מקוה מים וגו' (ויקרא יא) ודרשינן בת"כ מה מעין בידי שמים אף מקוה בידי שמים ועוד היכי משמע מקוה לאפוקי שאובין הא עיקר קרא משמע שאובין אי לאו דסמכיה למעין כדפי' ונראה לפרש מי מקוה היינו אשבורן כדאמרינן *מעין מטהר בזוחלין מקוה באשבורן (שבת דף סה:*): אמה על אמה. שאדם מחזיק אמה בעובי עם מלבושים וכן מוכח בשמעתין דכוכין בפ' הפירות (ב"ב דף קא.) שאינו מחזיק עם עובי הארון כ"א אמה והשתא יתכן דלא תקשה היכי טבל אמתא באמתא: ברום ג' אמות. ואע"ג שאדם מחזיק ד' אמות קומה כדמוכח בשמעתין דכוכין *דאורך הכוך ד' אמות קומת האדם אינו אלא ג' אמות לבד הראש ומאי להרכין את ראשו מן הגד והא דנקט ד' אמות משום עובי לידי הארון ואע"ג דמלינו בפ"ק דב"ב (דף ג:) גבי היזק ראייה שיעור ראייה ד' אמות היינו שיכול להגביה עצמו על ראשי אצבעותיו עד שילין ד' אמות וכן מוכח בעובדא דבני המן בתרגום של מגילת אסתר שנסדר על פי המדרש שגובה קומתן ג' אמות לבד הראש דקחשיב ואזיל על רום חמשים אמות לפי תליית כל העשרה והיו נהרגים כבר קודם התלייה וכן משתעי קרא בשושן הבירה הרגו היהודים ואבד חמש מאות איש ואת עשרת בני המן משמע שבכלל הריגה היו וגם הפייט יסד בסליחה* אדם בקום איש בשלש אמות והרביעית (*וחמישית) אויר מגולה*): הא כיצד. פי' איזה מהם שהוא כהם הקשה הר"ר אליעזר ממיץ דהכא מוקמינן כוליה קרא בחד ענינא ואילו בפ' דם הנדה (נדה נו.) אמר כתיב בהם בכולן וכתיב מהם במקצתן לא קשיא כאן בלח כאן ביבש אלמא בתרי ענייני מיירי קרא ושמא תרתי שמעינן מינה ולמורי נראה תרי קראי כתיבי כל הנוגע בהם במותם מהם במותם אשר יפול מהם אל תוכו ואל תטמאו בהם*:

לבתו

רבינו חננאל

היינו דתנן מעילות כהררין תלויין בשערה. הדינין דכתב רחמנא ונתת נפש תחת נפש ואמור רבנן ממון. עבודות זו הולכת הדם. טהרות שיעור מי מקוה דלא כתב שיעורו בתורה. ושיערו חכמים אמה על אמה ברום שלש הן מ' סאה. טמאות טומאת שרץ שיעורו חכמים בכעדשה. ר' יוסי אומר כזנב הלטאה. עריות בתו מאנוסתו דלא

עין משפט נר מצוה

ע א מיי' פ"ו מהלכות מעילה הלכה ח:

עא ב מיי' פ"א מהלכות מקוואות הלכה ב סמג עשין רמח טוש"ע י"ד סי' רא סעיף א:

עב ג מיי' שם פ"ד הלכה א סמג שם טוש"ע י"ד סי' קלח סעיף א וסי' רא סעיף א:

עג ד מיי' פ"ד מהלכות שאר אבות הטומאות הלכה ב סמג עשין רמו:

[מעילה יט:] [כתובות לה: ע"ש] [עי' פסחים קט.] [נ"ל והדוה בנדתה] [עי' תוס' יומא עח: ד"ה מכאן וכו' ד"ה במקום] [בסליחות שלמים לית' *) ועי' תוס' פסחים קט: ד"ה ברום]

מסורת הש"ס

[ב"ק כ: ע"ש מעילה כ.] [סנהדרין עט. פד:] [קידושין לו: זבחים יג.] זבחים [ד.] יד: כד: ערכין קד. פסחים סה: יומא כז. מנחות י. ערכין ד: יד: פסחים קט. יומא לא. [נזיר נב.] [נ"ל אלא לבתו] [תענית אסתר]

הגהות הב"ח

(א) רש"י ד"ה במים וכו' לאו מים חיים בעו ומאי במים:

לבתו מאנוסתו דלא כתיבא. דאילו בתו מאשתו כתיבא ערות אשה ובתה וגו' (ויקרא יח) משמע בין שהבת ממנו בין מאיש אחר וכתיב קרא אחרינא ערות בת בנך או בת בתך וגו' ומוקמינן לה ביבמות (דף כז:) בבתו מאנוסתו מדלא אסר הכתוב בת בתה של אשה זו אלא בבת הבת שנולדה הימנו והאי קרא דאנוסה בת בתו ובת בנו כתיב בתו לא כתיב וא"ת ק"ו הוא אין מזהירין מן הדין °ואין עונשין מדין ק"ו דיני ממונות ומצות עשה והלכות עבודה ופסולי קדשים אתא למד בק"ו אבל לא אזהרות ועונשין ומקראי נפקא לן במס' מכות (דף ה:) תורה אור ומהיכן נפקא לן לבתו מאנוסתו :

לבתו מאנוסתו דלא כתיבא *דאמר רבא אמר לי ר' יצחק בר אבדימי אתיא הנה הנה אתיא זימה זימה: הן הן גופי תורה: הני אין הנך לא אלא אימא הן והן גופי תורה:

הדרן עלך הכל חייבין

אין דורשין בעריות בשלשה ולא במעשה בראשית בשנים ולא במרכבה ביחיד אלא אם כן היה חכם ומבין מדעתו כל המסתכל בארבעה דברים רתוי לו כאילו לא בא לעולם *מה למעלה מה למטה מה לפנים ומה לאחור *וכל שלא חס על כבוד קונו רתוי לו שלא בא לעולם: **גמ'** אמרת ברישא ולא במרכבה ביחיד והדר אמרת אלא אם כן היה חכם ומבין מדעתו הכי קאמר אין דורשין בעריות לשלשה ולא במעשה בראשית לשנים ולא במרכבה ליחיד אלא אם כן היה חכם ומבין מדעתו: אין דורשין בעריות בשלשה: מ"ט אילימא משום דכתיב °איש איש אל כל שאר בשרו איש איש תרי שאר בשרו חד ואמר רחמנא לא תקרבו לגלות ערוה אלא מעתה דכתיב °איש איש כי יקלל אלהיו °איש איש אשר יתן מזרעו למולך הכי נמי אלא הנהו מיבעי ליה לרבות את הנכרים שמוזהרין על ברכת השם ועל ע"ז כישראל האי נמי מיבעי ליה *לרבות את הנכרים שמוזהרין על העריות כישראל אלא מדכתיב °ושמרתם את משמרתי ושמרתם תרי משמרתי חד ואמר רחמנא לבלתי עשות מחקות התועבות אלא מעתה דכתיב °ושמרתם את השבת °ושמרתם את המצות °ושמרתם את משמרת הקדש הכי נמי אלא אמר רב אשי מאי אין דורשין בעריות בשלשה אין דורשין בסתרי עריות (*בשלשה) מ"ט סברא הוא בי תרי כי יתבי קמי רבייהו חד שקיל וטרי בהדי רביה ואידך מצלי אודניה לגמרא תלתא חד שקיל וטרי בהדי רביה והנך תרי שקלו וטרו בהדי הדדי ולא ידעי מאי קאמר רבייהו ואתו למישרי איסורא בעריות אי הכי כל התורה נמי עריות שאני *דאמר מר גזל ועריות נפשו של אדם מחמדתן ומתאוה להם אי הכי גזל נמי עריות בין בפניו בין שלא בפניו נפיש יצריה גזל בפניו נפיש יצריה שלא בפניו לא נפיש יצריה: ולא במעשה בראשית בשנים: מנא הני מילי דתנו רבנן °כי שאל נא לימים ראשונים יחיד שואל ואין שנים שואלין יכול ישאל אדם קודם שנברא העולם ת"ל °למן היום אשר ברא אלהים אדם על הארץ יכול לא ישאל אדם מששת ימי בראשית ת"ל לימים ראשונים אשר היו לפניך יכול ישאל אדם מה למעלה ומה למטה מה לפנים ומה לאחור ת"ל °ולמקצה השמים ועד קצה השמים מלמקצה השמים ועד קצה השמים אתה שואל ואין אתה שואל מה למעלה מה למטה מה לפנים מה לאחור השתא

ויקרא יח / שם כד / שם כ / שם יח / שמות לא / שם / שם / דברים ד / שם / שם

°) במדבר יח

תוספות

לבתו מאנוסתו. ההיא דערות בת בנך מוקמינן לה בריש יבמות שהלין על האנוסה (יבמות כז:) דמשמע לא בת בנה דידה גלי באנוסתו ולידך דאשה ובתה לא תגלה בנישואין דכתיב בה שאר: **דאמר** רבא אמר לי רב יצחק בר אבדימי. תרי הוו פי' בפ"ק דיבמות (דף ג: ושם) ובפרק כל הבשר (חולין דף קי"* ושם):

הדרן עלך הכל חייבין

אין דורשין. במעשה בראשית. פי' ר"ת הוא שם מ"ב אותיות היוצא מבראשית ומפסוק של אחריו: **יכול** ישאל מה למעלה מה למטה. *משמע הכל דלפנים ולאחור הוי מה שיש אחורי הכיפה מזרח ומערב והוא הדין לפון ודרום ואיתו לקמן (דף טז:) בפירוש משמע מה שהיה קודם שנברא העולם ומה שיהיה לאחר כך דקאמר בשלמא מה למעלה מה למטה ומה לאחור שפיר אלא לפנים אמאי מה דהוה הוה רבי יוחנן ורבי אלעזר אמרי משל למלך שבנה פלטרין על גבי אשפה כו' והכי תניא בתוספתא (פ"ב) מה שהיה ומה שעתיד להיות וי"ל דאיכא למימר הכי ואיכא למימר הכי:

רש"י

אמר רבא אמר לי ר' יצחק בר אבדימי אתיא הנה הנה. לאיסורא אתיא זימה זימה. לשריפה כתיב בנישואין שארה הנה זימה היא וכתיב באונסין כי ערותך הנה מה (א) האמור בנישואין עשה הכתוב בתה כבת בתה וכבת בנה אף באונסין עשה הכתוב בתו כבת בתו וכבת בנו אתיא זימה זימה לשריפה מאחר שלמדת אנוסה מנשואה ובנשואה כתיב זימה היא כמה דכתיב באנוסה דמי וחזור ולמוד בה שריפה מאיש אשר יקח את אשה ואת אמה זימה היא באש ישרפו אותו ואתהן (ויקרא כ): הני אין הנך לא. הני דמיפרשי הוו גופי תורה הנך דלא מיפרשי כולי האי לאו גופי תורה בתמיה: הן והן. אלו ואלו:

הדרן עלך הכל חייבין

אין דורשין. בשלשה. שנים והוא: בשנים. אחד והוא: ביחיד. אין שם אלא הוא לבדו ובגמ' מפרש לה: ארבעה דברים. הני דמפרש ואזיל: מה למעלה. מרקיע שעל ראשי החיות: ומה למטה. מכן: ומה לפנים. חוץ למחיצת הרקיע למזרח: ומה לאחור. למערב: תוספות. אינו יכול להיות מה שפירש המורה מה לפנים חוץ למחיצת הרקיע ומה לאחור למערב מדפריך בגמ' בשלמא מה למעלה ומה למטה ומה לאחור לחיי אלא לפנים מה דהוה הוה ועוד בתוספתא (ב) מה לפנים ומה לאחור מה היה ומה עתיד להיות ע"כ תוס': כל שלא חס על כבוד קונו. בגמ' מפרש מאי היא: רתוי הוא לו. טוב ויפה היה לו אם לא בא לעולם ולומר אני שהוא לשון רחמנות כלומר מרוחם (ג) הוא אם לא בא לעולם ודוגמתו בתורת כהנים אל אלעזר ואל איתמר בניו הנותרים (ויקרא י) ראויין היו לישרף אלא שריפה הכתוב לאהרן: **גמ'** אמרת ולא במרכבה ביחיד. וכיון דיחידי הוא ואינו שומע מפי הרב על כרחך מדעתו הוא מבין וקאסרת ליה והדר אמרת אלא אם כן היה חכם ומבין מדעתו: לשלשה. לבד מן הדורש: לא במעשה בראשית לשנים. וכ"ש לשלשה: ולא במרכבה ליחיד. לתלמיד יחיד: אלא אם כן היה חכם ומבין מדעתו. שלא יצטרך לשאול לרב כשיסתפק לו דלאו אורח ארעא לפרושא בהדיא: ואמר רחמנא לא תקרבו לגלות ערוה. לא תקרבו שלשתכם זה אצל זה לגלות טעמי פרשת עריות: בסתרי עריות. שאינן מפורשות כגון בתו מאנוסתו ואם חמיו ואם חמותו דנפקי במס' סנהדרין (דף עה.) מדרשא: שקיל וטרי. נושא ונותן בהלכה עם רבו: מצלי אודניה. מטה אזנו ושומע דבריהן והן שומעין את דברי הרב אבל כשהן שלשה שקלי וטרו הנך תרי זה עם זה ולא שמעו מאי דאמר רבן ואתו למישרי איסורא בעריות על ידי שלא שמעו מפי הרב כשדרש בו איסור: דאמר מר גזל ועריות כו'. במתניתין בתרייתא דמסכת מכות (דף כג:): בפניו. כשהוא רואה לפניו שיכול לגזול: מנא הני מילי. דאין שנים שואלין במעשה בראשית: יכול ישאל אדם. מה היה קודם שנברא העולם: יכול לא ידרוש ולא ישאל בששת ימי בראשית. דהא למן בריית אדם הוא דיהיב רשותא והוא בערב שבת נברא: תלמוד לומר לימים ראשונים. מיום ראשון: והשתא

יבמות ג. סנהדרין נא. עס: פו. כריתות ה. [תמיד לב.] [קדושין מ.] [סנהדרין טז:] [נ"ל לשלשה] מכות כג:

הגהות הב"ח

(א) רש"י ד"ה אמר רבא וכו' מה האמור בנשואין: (ב) רש"י ד"ה תוספות וכו' ובתוספתא תני מה לפנים: (ג) ד"ה רתוי וכו' מרוחם הוא אם לא:

עין משפט נר מצוה

א א מיי' פ"ד מהלכות יסודי התורה הלכה י:

ב ב מיי' שם הלכה יא:

ג ג מיי' פ"ט מהלכות מלכים הלכה ב ג:

ד ד מיי' שם הלכה ה:

ה ה מיי' פכ"ב מהלכות איסורי ביאה הלכה יז:

[וע"ע תוס' מנחות לב. ד"ה רב חסדא ותוס' ב"ב פו. ד"ה מי כאן ותוס' כתובות נו. ד"ה אמר ותוס' יבמות כ. ד"ה דאמר ובחולין קי. ד"ה איכא]

[ועי' תוס' מגילה כה: ד"ה מה לפנים]

רבינו חננאל

כתיבא. ורבנן אסקוה מדרשא זמה זמה. וכולהון יש להן אסמכתא' מן התורה בין היתר נדרים בין הלכות שבת בין חגיגות ומעילות כולן הן גופי תורה:

הדרן עלך הכל חייבין

פ"ב אין דורשין בעריות בשלשה כו'. ש"מ כי הרב וב' תלמידים אין דורשין בעריות. מנא לן אי נימא מדכתיב איש איש אל כל שאר בשרו ודרשינן איש איש הרי תרי שאר בשרו חד הרי ג' ואמרה רחמנא לא תקרבו לגלות ערוה. אלא מעתה איש איש כי יקלל אלהיו הכי נמי דלא דרשינן ביה בתרי ודחינן תוב תנינן ולא במרכבה ביחיד דמשמע דאפילו הרב לבדו אסור וקתני סיפא אלא אם היה חכם מבין מדעתו ופירשה רב אשי הכי אין דורשין בעריות בשלשה ומאי ניהו סתרי עריות כגון הערוה ונשיקה ואזהרה ועונש*) לדבר הנשכבוכן כמה שנים יהיה ויתחייב השוכב עמו וכיוצא בהן האחד נושא ונותן בהדי רביה והשנים נושאין ונותנין זה עם זה. ואין מקשיבין לדברי הרב. וכיון שהנפש מתאוה להן אין מדקדקין היטב ובאין להתיר האיסור. לפיכך לא התירו לדרוש בסתרי עריות כגון אלו אלא לשנים לבד. שאפילו אחד מהן נושא ונותן עם הרב השני מטה אוזן ומקשיב ומשמר בלב שניהן. אבל הא דתנן ולא במעשה בראשית בשנים ממדרש זה והפסוק נשנית: דת"ר כי שאל נא לימים ראשונים מדלא אמר שאלו אלא שאל בלשון יחיד. ש"מ שהיחיד שואל ולא יתר מכן שאין שואלין יכול ישאל אדם מה היה קודם שנברא העולם. ת"ל לימים ראשונים מששת ימי בראשית ולמטה. יכול לא ישאל מה היה באלו ששת ימי בראשית. ת"ל למן היום אשר ברא אלהים אדם על הארץ. מיום שנברא אדם יש רשות לישאל אבל מקודם לכן אסור לישאל בהן. יכול ישאל אדם מה למעלה מן הרקיע ומה למטה מן הארץ ומה לפנים ומה לאחור ת"ל

*) אולי צ"ל לזכר הנשכב או צ"ל להנשכב:

גליון הש"ס רש"י ד"ה לבתו מאנוסתו וכו' ואין עונשין מדין ק"ו ד"מ. עיין ב"ק דף ב ע"א תוס' ד"ה ולא זה ושם ד ע"ב תוס' ד"ה ועדים:

with the master. (11) Mak. 23b.

(1) Heb. lit., 'the first days', i.e., the days of creation; Deut. IV, 32. (2) I.e., one pupil may study with the master. (3) Ibid. (4) I.e., up to the creation of man; for the verse quoted above permits inquiry only from the time of the creation of Adam, which occurred at the end of the sixth day. (5) Heb. lit., 'the first days', i.e., even from the first day onward. (6) Ibid. (7) Ibid.

[11b]—This refers only to his daughter by a woman whom he had forced; this case is not written [in Scripture]. For Raba said: R. Isaac b. Abdimi told me, It is to be deduced by analogy from [the words] *'they'*, *'they'*,[7] and from [the words] *'lewdness'*, *'lewdness'*.[8]

IT IS THEY THAT ARE THE ESSENTIALS OF THE TORAH. These are and those are not![9]—Say, therefore, these and *those* are essentials of the Torah.

CHAPTER II

a *MISHNAH* THE [SUBJECT OF] FORBIDDEN RELATIONS[1] MAY NOT BE EXPOUNDED IN THE PRESENCE OF THREE,[2] NOR THE WORK OF CREATION[3] IN THE PRESENCE OF TWO, NOR [THE WORK OF] THE CHARIOT[4] IN THE PRESENCE OF ONE, UNLESS HE IS A SAGE AND UNDERSTANDS OF HIS OWN KNOWLEDGE. WHOSOEVER SPECULATES UPON FOUR THINGS, A PITY[5] FOR HIM! HE IS AS THOUGH HE HAD NOT COME INTO THE WORLD, [TO WIT], WHAT IS ABOVE,[6] WHAT IS BENEATH,[7] WHAT BEFORE, WHAT AFTER.[8] AND WHOSOEVER TAKES NO
b THOUGHT FOR THE HONOUR OF HIS MAKER,[1] IT WERE A MERCY[2] IF HE HAD NOT COME INTO THE WORLD.

GEMARA. You say at first: NOR [THE WORK OF] THE CHARIOT IN THE PRESENCE OF ONE;[3] and then you say: UNLESS HE IS A SAGE AND UNDERSTANDS OF HIS OWN KNOWLEDGE!—This is the meaning: the forbidden relations may not be expounded to three,[4] nor the work of creation to two, nor [the work of] the chariot to one, unless he is a Sage and understands of his own knowledge.[5]

THE FORBIDDEN RELATIONS MAY NOT BE EXPOUNDED IN THE PRESENCE OF THREE. What is the reason? Shall one say, because it is written: *Whosoever to any that is near of kin to him?*[6] *'Whosoever'*[7] [implies] two, *'near of kin to him'* [implies] one; and the Divine Law said: *Ye shall not approach to uncover their nakedness*.[8] But then since it is written: *Whosoever curseth his God*,[9] *Whosoever giveth of his seed unto Molech*,[10] are these [passages] also [to be interpreted] thus!—These, therefore, must be required to make Gentiles subject to the prohibition concerning blasphemy[11] and idolatry like the Israelites; then this [verse][12] is also required to make Gentiles subject to the prohibition concerning the forbidden relations like the Israelites![13]—It must be inferred, therefore, from the verse:
c *Therefore shall ye keep My charge*.[1] *'Ye shall keep'* [implies] two,[2] *'My charge'* [implies] one; and the Divine Law said: *That ye do not any of these abominable customs*.[3] But then since it is written: *Ye shall keep the Sabbath therefore*,[4] *And ye shall observe the feast of unleavened bread*,[5] *And ye shall keep the charge of the holy things*,[6] are these [passages] also [to be interpreted] thus!— Therefore, said R. Ashi, THE FORBIDDEN RELATIONS MAY NOT BE EXPOUNDED IN THE PRESENCE OF THREE must mean: the secrets[7] of the forbidden relations may not be expounded *to* three.[8] What is the reason? It is a logical conclusion:[9] when two sit before their master, one engages in discussion with his master and the other inclines his ear to the instruction; but [when there are] three, one engages in discussion with his master, and the other two engage in discussion with one another and do not know what their master is saying, and may come to permit that which is prohibited in the matter of the forbidden relations. If so, [the rule should apply to] the whole Torah also![10]—The [subject of] forbidden relations is different, for the master said:[11] Robbery and the forbidden relations, a man's soul covets and lusts for them. If so, [the rule should apply to] robbery also!—[In the case of] the forbidden relations, whether [the opportunity] be before him or not before him, a man's inclination is strong; [in the case of] robbery, if [the opportunity] is before him, his inclination is strong, but if it is not before him, his inclination is not strong.

NOR THE WORK OF CREATION IN THE PRESENCE OF TWO. Whence [do we infer] this?—For the Rabbis taught: *For ask thou*
d *now of the days past*;[1] *one* may inquire,[2] but *two* may not inquire. One might have thought that one may inquire concerning the pre-creation period, therefore Scripture teaches: *Since the day that God created man upon the earth*.[3] One might have thought that one may [also] not inquire concerning the six days of creation,[4] therefore Scripture teaches: *The days past*[5] *which were before thee*.[6] One might have thought one may [also] inquire concerning what is above and what is below, what before and what after, therefore the text teaches: *And from one end of heaven unto the other*.[7] [Concerning the things that are] from one end of heaven unto the other thou mayest inquire, but thou mayest not inquire what is above,

(7) The word הֵנָּה ('they') occurs in Lev. XVIII, 17 in connection with a legitimate daughter, and ibid. v. 10 in connection with the grand-daughter of an illegitimate wife (v. Yeb. 97a). By analogy, we infer that an illegitimate daughter is also a forbidden relation. (8) Having established an analogy between the legitimate and illegitimate daughter (v. n. 7), we go farther and say the word זמה ('lewdness'), which implies the penalty of burning (v. ibid. XX, 14) for connection with one's legitimate daughter, applies also to connection with one's illegitimate daughter; v. Yeb. (Sonc. ed.) 3a nn. 8-12. (9) I.e., the laws explicitly stated in Scripture are essentials of the Torah, and those not so explicitly stated are not!

a (1) *V. p. 50, n. 8. (2) I.e., it is forbidden to expound this subject in the presence of more than two. (3) V. Gen. I, 1-3; *J.E.* vol. IV, pp. 280f, s. 'Cosmogony', and vol. VIII, p. 235. The term מעשה בראשית (Work of Creation) does not include the whole Talmudic cosmogony, only its esoteric aspects. The cosmogonic details mentioned *infra* in the Gemara (12a), such as the ten elements, the ten agencies etc., do not form part of the secret doctrine of *Ma'aseh Bere'shith*, for the Mishnah expressly forbids the teaching of the creation mysteries in public. The views recorded in the Talmud regarding the work of creation seem to belong chiefly to the realm of *Aggadah*. As regards their origin, they cannot with certainty be connected with the theosophic and cosmogonic doctrines of the Apocrypha and Pseudepigrapha, nor with Gnosticism; nor on the other hand can the mysticism of the Geonic period (e.g., as preserved in *Sefer Yezirah* with reference to the heavenly halls, angelology etc.) be regarded as a direct continuation of the Talmudic doctrines. (4) V. Ezek. I, 4f, X, and Isa. VI; cf. Meg. IV, 10; and v. *J.E.* vol. VIII, p. 498. The mysteries of Creation and the Chariot were favourite themes with the mystics; for further information v. *J.E.* vol. III, p. 456f, s. 'Cabala'. (5) Heb. רָתוּי or רַתּוּי; but Mishnah ed., MS.M. and var. lec. in Aruch have ראוי ('he is looked upon as though'). Jastrow, who takes רתוי to mean 'relief, mercy, pity', renders as in text; Rashi translates: 'it were better for him', taking the root meaning to be 'mercy'; Levy translates: 'it were more advantageous for him'; Goldschmidt and Danby: 'it were better'. (6) *Sc.*, the sky stretching over the heads of the *'living creatures'* of the Chariot (Rashi). (7) *Sc.*, the *'living creatures'*. (8) I.e., beyond the sky eastward and westward (Rashi). This makes the reference spatial, and this explanation is supported by the use of the terms *infra* (p. 62); but from the Gemara 16a and the Tosef. it is clear that the terms have also a temporal significance, i.e., what happened before Creation and what will happen hereafter (Tosaf. a.l.).

*See Corrigenda.

b (1) Explained *infra* 16a. (2) V. *supra* n. a5. (3) This means, apparently, that a person is not permitted to study the mysteries of the Chariot even by himself, although the fact that he can study without the aid of a teacher shows that he is a Sage and understands of his own knowledge. (4) I.e., the number refers to the pupils and does not include the teacher. (5) I.e., is able to speculate by himself. Such a disciple will not require to ask his teacher questions, for these mysteries may not be explained explicitly. *D.S.* omits the 'and'; cf. p. 77. (6) Lev. XVIII, 6. (7) Heb. איש איש lit., 'man man', i.e., two men, as a minimum. (8) Ibid. I.e., to reveal the reasons underlying the laws of the forbidden relations. (9) Ibid. XXIV, 15. (10) Ibid. XX, 2. (11) Lit., 'blessing of God', a euphemism. (12) Ibid. XVIII, 6. (13) For the seven 'Noachian Precepts' which all humanity, Gentiles as well as Jews, must observe v. Sanh. (Sonc. ed.) 56a-b, and nn. a.l.

c (1) Lev. XVIII v. 30. (2) The plural (*'Ye'*) implies at least two. (3) Ibid. V. *supra* n. b8. (4) Ex. XXXI, 14. (5) Ibid. XII, 17. (6) Num. XVIII, 5. (7) I.e., according to Rashi, such forbidden relations as are not explicitly mentioned in Scripture, but are inferred, e.g., a man's daughter by a woman he violated, the mother of his father-in-law, or the mother of his mother-in-law (v. Sanh. 75a); according to Maharsha, the secrets of the reasons for the prohibitions; according to Goldschmidt, the details and subtleties of the subject. (8) לשלשה: this marginal correction is indubitably correct as against בשלשה ('in the presence of three'), of cur. edd. (9) I.e., it is founded on reason and not deduced from Scripture. (10) I.e., that not more than two pupils may study

what is below, what before, what after. [12a] But now that this[8] is inferred from [the expression] *'From one end of heaven unto the other'*,[9] wherefore do I need [the expression], *'Since the day that God created man upon the earth'?*—To intimate that which R. Eleazar taught. For R. Eleazar said: The first man [extended][10] from the earth to the firmament, as it is said: *Since the day that God created man upon the earth;*[11] but as soon as he sinned,[12] the Holy One, blessed be He, placed His hand upon him and diminished him,[13] for it is said: *Thou hast fashioned me*[14] *after and before,*[15] *and laid Thine hand upon me.*[16]

a Rab Judah said that Rab said: The first man [extended][1] from one end of the world to the other,[2] for it is said: *'Since the day that God created man upon the earth, and from one end of heaven to the other'*; as soon as he sinned, the Holy One, blessed be He, placed His hand upon him and diminished him, for it is said: *'And laid Thine hand upon me'*. If so, the verses[3] contradict one another!—They both [have] the same dimensions.[4]

Rab Judah further said that Rab said: Ten[5] things were created the first day, and they are as follows: heaven and earth, *Tohu* [chaos], *Bohu* [desolation],[6] light and darkness, wind and water, the measure of day and the measure of night.[7] Heaven and earth, for it is written: *In the beginning God created heaven and earth.*[8] *Tohu* and *Bohu*, for it is written: *And the earth was* Tohu *and* Bohu.[9] Light and darkness: darkness, for it is written: *And darkness was upon the face of the deep;*[9] light, for it is written: *And God said, Let there be light.*[10] Wind and water, for it is written: *And the wind*[11] *of God hovered over the face of the waters.*[12] The measure of day and the measure of night, for it is written: *And there was evening and there was morning, one day.*[13] It is taught: *Tohu* is a green line that encompasses the whole world, out of which darkness proceeds,
b for it is said: *He made darkness His hiding-place round about Him.*[1] *Bohu,* this means the slimy[2] stones that are sunk in the deep, out of which the waters proceed, for it is said: *And he shall stretch over it the line of confusion* [Tohu] *and the plummet of emptiness* [Bohu].[3]

But was the light created on the first day? For, behold, it is written: *And God set them in the firmament of the heaven,*[4] and it is [further] written: *And there was evening and there was morning a fourth day!*[5]—This is [to be explained] according to R. Eleazar. For R. Eleazar said: The light which the Holy One, blessed be He, created on the first day, one could see thereby from one end of the world to the other; but as soon as the Holy One, blessed be He, beheld the generation of the Flood and the generation of the Dispersion,[6] and saw that their actions were corrupt, He arose and hid it from them, for it is said: *But from the wicked their light is withholden.*[7] And for whom did he reserve it? For the righteous in the time to come,[8] for it is said: *And God saw the light, that it was good;*[9] and *'good'* means only the righteous, for it is said: *Say ye of the righteous that he is good.*[10] As soon as He saw the light that He had reserved for the righteous, He rejoiced, for it is said: *He rejoiceth at the light of the righteous.*[11] Now Tannaim [differ on the point]: The light which the Holy One, blessed be He, created on the first day one could see and look thereby from one end of the world to the other; this is the view of R. Jacob. But the Sages say: It[12] is identical with the luminaries;[13] for they were created on the first day, but they were not hung up [in the firmament] till the fourth day.[14]

c R. Zuṭra b. Tobiah said that Rab said: By ten things[1] was the world created: By wisdom[2] and by understanding,[3] and by reason,[4] and by strength,[5] and by rebuke,[6] and by might,[7] by righteousness and by judgment,[8] by lovingkindness and by compassion.[9] By wisdom and understanding, for it is written: *The Lord by wisdom founded the earth; and by understanding established the heavens.*[10] By reason, for it is written: *By His reason*[11] *the depths were broken up.*[12] By strength and might, for it is written: *Who* ◁

(8) I.e., that inquiry may not go beyond the first day of creation. (9) I.e., since one may not inquire beyond the extent of heaven, it follows that one may not inquire beyond the time of its existence, i.e., concerning what happened prior to the creation. (10) I.e., in height: this is the usual explanation. But Goldschmidt suggests that the meaning might also be: his vision extended from earth to heaven. Cf. R. Eleazar's statement infra and n. a2 a.l. (11) The verse continues, (lit.,) *'and unto the end of heaven'*. (12) Lit., 'became of bad odour'. (13) The *Yalḳut Shim'oni* (S. 827, Deut. IV, 32) adds 'and brought him down to one hundred cubits'. This is probably derived from the word כַּפֶּכָה *'Thine hand'* in the verse that follows, the numerical value of כף ('hand') being a hundred. Cf. also B.B. 75*a* (and Rashbam a.l.) and Sanh. 100*a* (and Rashi a.l.). (14) Heb., צַרְתַּנִי, lit., (as E.V.) *'Thou hast hemmed me in'*. Here, however, it is taken to mean the same as יְצַרְתַּנִי 'fashioned, created'. (15) I.e., there were, so to speak, two creations of man: the first when he extended to heaven, the second when his stature was reduced. (16) Ps. CXXXIX, 5.

a (1) V. *supra* n. 10. (2) I.e., lying down, he stretched from east to west, which is calculated to be a journey of five hundred years; v. Tosaf. (3) I.e., the parts of Deut. IV, 32 quoted by R. Eleazar and Rab Judah respectively. (4) The distance from east to west is the same as from the earth to heaven, v. *infra* 13*a*. But in Tam. 31*b*-32*a* (the Scholars of the South, i.e., of Alexandria) are reported to have said, in reply to a question put to them by Alexander the Great, that the distance from east to west is greater than that from earth to heaven. (5) The older schools refer to a lesser number of elements viz., eight, six, four, three, or even two. Cf. Gen. Rab. X, 1; Pirḳe R. Eliezer III; Ex. Rab. XIII; Jellinek, B.H. ii, 23-29, Intro. XIII; also *infra*, where *Tohu* and *Bohu* are the two primal elements whence the other two, darkness and water, emanate. V. further, Slavonic Book of Enoch (24-30). (6) A.V. *'without form, and void'*; R.V., *'waste and void'*; American Jewish Version, *'unformed and void'* (Gen. I, 2). (7) I.e., night and day comprising together twenty-four hours. (Rashi, Jast.). Goldschmidt trans. 'the nature of day etc.'; cf. Ber. 11*b*. (8) Gen. I, 1. (9) Ibid., v. 2. (10) Ibid:, v. 3. (11) E.V. *'spirit'*. (12) Ibid., v. 2. (13) Ibid., v. 5.

b (1) Ps. XVIII, 12. (2) Heb., מפולמות, which Jastrow renders, 'smooth (chaotic) stones'. Levy: 'stones sunken in the primal mire, chaos'; cf. also Targ. to Job XXVIII, 3; Zeb. 54*a*, Beẓ. 24*a*. (3) Isa. XXXIV, 11. (4) Gen. I, 17. (5) Ibid., v. 19. (6) I.e., the generation which built the Tower of Babel, and in consequence God confounded their language and scattered them over the earth. V. Gen. XI, 9. (7) Job. XXXVIII, 15. (8) I.e., the Messianic era; cf. Aboth II, 16. (9) Gen. I, 4. (10) Isa. III, 10. E.V. *'that it shall be well with him'*. (11) Prov. XIII, 9. E.V. *'the light of the righteous rejoiceth.'* (12) I.e., the light created on the first day. (13) V. Gen. I, 14f (E.V. 'lights'). (14) Cf. Gen. Rab. I, 14, and Rashi to Gen. I, 14.

c (1) I.e., potencies or agencies. A lesser number is mentioned by the older school (cf. *supra* n. a5). Cf. Ab. V, 1; also the *'Ten Sefirot'* in *J.E.* vol. XI, p. 154f. (2) I.e., the ability to understand what one learns. (3) I.e., deductive power. (4) I.e., deliberative contemplation. (5) I.e., physical strength. (6) I.e., the application of restraint or limitation. (7) I.e., moral power. (8) I.e., the enforcement of justice. (9) I.e., the feeling which prompts the action of *lovingkindness*. (10) Prov. III, 19. (11) E.V. *'knowledge'*. (12) Ibid. v. 20.

◁ *For the continuation of the English translation of this page see overleaf.*

מסורת הש"ס

השתא דנפקא ליה מלמקצה השמים ועד קצה השמים למן היום אשר ברא אלהים אדם על הארץ למה לי (א) כדר' אלעזר דאמר רבי אלעזר אדם הראשון מן הארץ עד לרקיע שנאמר למן היום אשר ברא אלהים אדם על הארץ וכיון שסרח הניח הקב"ה ידיו עליו ומיעטו שנאמר °אחור וקדם צרתני ותשת עלי כפך אמר רב יהודה אמר רב *אדם הראשון מסוף העולם ועד סופו היה שנאמר למן היום אשר ברא אלהים אדם על הארץ ולמקצה השמים ועד קצה השמים כיון שסרח הניח הקב"ה ידו עליו *ומיעטו שנאמר ותשת עלי כפך אי הכי קשו קראי אהדדי אידי ואידי חד שיעורא הוא ואמר רב יהודה אמר רב עשרה דברים נבראו ביום ראשון ואלו הן שמים וארץ תהו ובהו אור וחשך רוח ומים מדת יום ומדת לילה שמים וארץ דכתיב °בראשית ברא אלהים את השמים ואת הארץ תהו ובהו דכתיב °והארץ היתה תהו ובהו אור וחשך חשך דכתיב °וחשך על פני תהום אור דכתיב °ויאמר אלהים יהי אור רוח ומים דכתיב °ורוח אלהים מרחפת על פני המים מדת יום ומדת לילה דכתיב °ויהי ערב ויהי בקר יום אחד תנא תהו קו ירוק שמקיף את כל העולם כולו שממנו יצא חשך (ב) שנאמר °ישת חשך סתרו סביבותיו בהו אלו אבנים המפולמות המשוקעות בתהום שמהן יוצאין מים שנאמר °ונטה עליה קו תהו ואבני בהו ואור ביום ראשון איברי והכתיב ויתן אותם אלהים ברקיע השמים וכתיב ויהי ערב ויהי בקר יום רביעי (ג) כדר' אלעזר דא"ר אלעזר אור שברא הקב"ה ביום ראשון אדם צופה בו מסוף העולם ועד סופו כיון שנסתכל הקב"ה בדור המבול ובדור הפלגה וראה שמעשיהם מקולקלים עמד וגנזו מהן שנאמר °וימנע מרשעים אורם ולמי גנזו לצדיקים לעתיד לבא שנאמר °וירא אלהים את האור כי טוב *ואין טוב אלא צדיק שנאמר °אמרו צדיק כי טוב כיון שראה אור שגנזו לצדיקים (ד) שמח שנאמר °אור צדיקים ישמח כתנאי אור שברא הקב"ה ביום ראשון אדם צופה ומביט בו מסוף העולם ועד סופו דברי רבי יעקב וחכ"א הן הן מאורות שנבראו ביום ראשון ולא נתלו עד יום רביעי אמר רב זוטרא בר טוביא אמר רב בעשרה דברים נברא העולם בחכמה ובתבונה ובדעת ובכח ובגערה ובגבורה בצדק ובמשפט בחסד וברחמים בחכמה ובתבונה דכתיב °ה' בחכמה יסד ארץ כונן שמים בתבונה בדעת דכתיב °בדעתו תהומות נבקעו בכח וגבורה דכתיב °מכין הרים בכחו נאזר בגבורה בגערה דכתיב °עמודי שמים ירופפו ויתמהו מגערתו בצדק ומשפט דכתיב °צדק ומשפט מכון כסאך בחסד ורחמים דכתיב °זכר רחמיך ה' וחסדיך כי מעולם המה ואמר רב יהודה אמר רב בשעה שברא הקב"ה את העולם היה מרחיב והולך כשתי פקעיות של שתי עד שגער בו הקב"ה והעמידו שנאמר עמודי שמים ירופפו ויתמהו מגערתו והיינו דאמר ר"ל מאי דכתיב °אני אל שדי אני הוא שאמרתי לעולם די (ה) אמר ר"ל בשעה שברא הקב"ה את הים היה מרחיב והולך עד שגער בו הקב"ה ויבשו שנאמר °גוער בים ויבשהו וכל הנהרות החריב ת"ר *ב"ש אומרים שמים נבראו תחלה ואח"כ נבראת הארץ שנאמר בראשית ברא אלהים את השמים ואת הארץ וב"ה אומרים ארץ נבראת תחלה ואח"כ שמים שנאמר °ביום עשות ה' אלהים ארץ ושמים אמר להם ב"ה לב"ש לדבריכם אדם בונה עלייה ואח"כ בונה בית שנאמר °הבונה בשמים מעלותיו ואגודתו על ארץ יסדה אמר להם ב"ש לב"ה לדבריכם אדם עושה שרפרף ואח"כ עושה כסא שנאמר °כה אמר ה' השמים כסאי והארץ הדום רגלי וחכ"א זה וזה כאחת נבראו שנאמר °אף ידי יסדה ארץ וימיני טפחה שמים קורא אני אליהם יעמדו יחדו ואידך מאי יחדו דלא משתלפי מהדדי (ו) קשו קראי אהדדי אמר ר"ל כשנבראו ברא שמים ואח"כ ברא הארץ וכשנטה נטה הארץ ואחר כך נטה שמים מאי שמים א"ר יוסי בר חנינא ששם מים במתניתא תנא אש ומים מלמד שהביאן הקב"ה וטרפן זה בזה ועשה מהן רקיע שאל רבי ישמעאל את ר"ע כשהיו מהלכין בדרך א"ל אתה ששימשת את נחום איש גם זו כ"ב שנה *שהיה דורש כל אתין שבתורה את השמים ואת הארץ מה היה דורש בהן א"ל אילו נאמר שמים וארץ הייתי אומר שמים (ז) שמו של הקב"ה עכשיו שנאמר את השמים ואת הארץ שמים שמים ממש ארץ ארץ ממש את

תהלים קלט · בראשית א · שם · שם · שם · שם · שם · תהלים יח · ישעיה לד · איוב לח · [יומא לח:] · ישעיה ג · משלי יג · שם ג · תהלים סה · איוב כו · תהלים פט · שם כה · בראשית לה · נחום א · [תמיד לב.] · בראשית ב · עמוס ט · ישעיה סו · שם מח · [פסחים כב:]

סנהדרין לח:

[ילקוט איתא והעמידו על מאה אמה וכוס תבין מ"ש מהרש"א ב"ב עה. ד"ה כשתי קומות וכו' ויותר מבואר ברש"י סנהדרין ק. ד"ה קוממיות ע"ש]

והשתא דנפקא לן מן ולמקצה השמים. דאסור לשאול מה שיש חוץ למחיצות ממילא נפקא לן דאסור לשאול בקודם שנברא דהוא היה מה שהיה קודם לברייתו הוא עכשיו חוץ למחיצותיו הלכך למן היום אשר ברא אדם למה לי למעוטי מיניה קודם שנברא העולם: על הארץ ולמקצה השמים. על הארץ היה ומגיע לשמים: אחור וקדם צרתני. שתי פעמים יצרתני תחלה גבוה ולבסוף שפל: מסוף העולם ועד סופו. כשהיה שוכב היה ראשו למזרח ורגליו למערב: תהו ובהו. לקמן מפרש להו: מדת יום ומדת לילה. כ"ד שעות בין שניהם: ישת חשך סביבותיו. למדת שקו החשך מקיף את השמים: מפולמות. לשון ליחלוח: קו תהו ואבני בהו. למדת שהתהו קו והבהו אבנים: חכמה. יודע מה שלמד: תבונה. שהוא מבין דבר חדש מפלפול חכמתו: דעת. ישוב: כח. הוא כח הזרוע: גבורה. גבורת הלב: גערה. נזיפה כדאמרינן לקמן שגער בו ועמד: פקעיות. לומישי"ל בלע"ז: שנאמר הבונה בשמים מעלותיו. אלמא עלייה מיקרו: שרפרף. לרגליו וכסא לישב על כרחך הכסא עשוי תחלה ולפי גובה הכסא הוא מתקן השרפרף: אף ידי יסדה ארץ וגו'. מסיפיה דקרא יליף דכתיב יעמדו יחדו כשבראן ועשאן פקעיות כמו שאמרנו למעלה: וטרפן. עירבן:

להקדים

מסוף העולם ועד סופו. מהלך ת"ק שנה (לקמן יג.) שנאמר שדי שאמר די שלא להרחיב יותר שנאמר אני אל שדי פרה ורבה אני שאמרתי די לעולם ותימה מנא לך הא שיש ת"ק שנה ולא יותר ולא פחות וי"ל דנפקא לן מן שדי בשדי יש ג' אותיות שי"ן דל"ת יו"ד קח י"ן ל"ת ו"ד הנעלם מן שדי ויעלה ת"ק. כך שמעתי מר' מנחם ברבי עזריאל ול"ע למ"ד פרק מי שהיה טמא (פסחים צד. ושם) כל העולם כולו תחת כוכב אחד עומד היכי קיימי כל הני כוכבים הנראין ברקיע וי"מ שעל ים אוקייטס הן עומדין כדאמרינן בפרקי דר"א כל השיעורים לא נאמרו רק על שאר ימים אבל ים אוקייטס בוראו יודע מדתו אך במדרש אחר מליט שליש (ח) ימים שאמר הוי בים אוקייטס וכן יסד ה"ר בנימין ביוצר שלו זה הים שליש עולמו *במאה וששים ושש ועוד סיימו וצריך למימר שאותו מדרש פליג אההיא דפסחים ומיהו יש להעמיד ההיא דהתם במזלות של גלגל אבל שאר כוכבים קטנים הם ולי נראה דיש ליישב כל אותן מדרשים שהם תלוין בכיפת הרקיע והוא גדול הרבה מן הארץ אם היה נמתח עליה זו כזו לפי גבול הארץ בא וראה אהל מתוח על הארץ כמין כיפה גבוה באמצע שתופס כפלי כפלים אם היה נמתח בקו הארץ אך היה קשה מדכתיב גבי סיסרא (שופטים ה) מן שמים נלחמו הכוכבים ממסלותם ומוכח מינה בנימוקי רש"י וכן איתא במדרש שאורך הכוכב מהלך ת"ק שנה כמן השמים ועד הארץ שהיה ראש אחד תחוב ברקיע והשני היה בארץ והיכי היה יצא באויר העולם כיון דכולו תחת כוכב אחד הוא עומד ונ"ל שהם חולקין יחד אם לא נחלוק בין מזלות הגלגל לשאר מזלות* :

אידי ואידי חד שיעורא הוא. ופליג אמאן דדריש בתמיד (דף לב:) דמזרח ומערב רחוק טפי דהא לא תימא הכי *אדם היכי הוה קם כיון דכתיב מקצה השמים ועד קצה השמים וי"ל דסובר שהיה בגן עדן עד שנתמעט: **ישת** חשך סתרו. מדכתיב סביבותיו סוכתו קודים ולא

כלומר שליש מת"ק שנה הכי הוי וכך ועוד הוא שליש משתי שנים סיפרים

[ועי' תוס' פסחים לד. קיח: ד"ה מן]

רבינו חננאל

ת"ל ולמקצה השמים ועד קצה השמים. שיעור מן קצה השמים ועד קצה שמים כשיעור מן הארץ עד לשמים והרווייהו חדא שיעורא הוא. אמר רב יהודה (ג) [י'] דברים נבראו ביום ראשון. תוהו ובוהו. שמים וארץ. אור וחשך רוח ומים. מדת יום ומדת לילה כו'. תנא תוהו זה קו ירוק שמקיף כל העולם שממנו חושך יוצא. בהו אלו אבנים מפולמות המשוקעות בתהום שמהם מים יוצא שנאמר ונטה עליה קו תוהו ואבני בוהו. וזה האור שנברא ביום ראשון היה בו זיהור שצופין בו ומביטין באורו מסוף העולם ועד סופו. וכיון שנסתכל ברשעים גנזו לצדיקים לעתיד לבא שנא' וימנע מרשעים אורם וכיון שנגנז שמח שנאמר אור צדיקים ישמח. ויש תנא חולק על זה ואומר זה האור נתלה ביום רביעי שנאמר יהי מאורות ברקיע השמים. ופי' יהי אותו האור שנברא ביום ראשון למאורות והן ב' המאורות. אמר רב בעשרה דברים נברא העולם. בחכמה בתבונה. בדעת. בכח. בגבורה. בגערה. בצדק. במשפט. בחסד. ברחמים. וכולהו מקראי. בחכמה ובתבונה שנאמר ה' בחכמה יסד ארץ כונן שמים בתבונה. בדעת כו'. זה שאמר [ר"י אמר רב דבשעה שברא הקב"ה את] העולם. עת שנברא היה מרחיב והולך כשתי פקעיות של שתי כו' עד שנער בו הקב"ה והעמידו שנאמר עמודי שמים ירופפו ויתמהו מגערתו. ר"ל אמר אני אל שדי אני שאמרתי לעולם די. כיוצא בו בים גוער בים ויבשהו אלו כולן מדרשות הן ואין מדקדקין עליהן להשוותן למה שהדעת מתקבלת מהן וכן חלוקת ב"ש וב"ה אלו אומרים שמים נבראו תחלה. ואלו אומרים ארץ נבראת תחלה. וכל אחד מביא ראיה לדבריו. וחכמים אומרים שניהם נבראו כאחד אף ידי יסדה ארץ וימיני טפחה שמים קורא אני עליהם יעמדו יחדו. קשו קראי אהדדי. ופריק ר"ל כשבראן ברא שמים ואח"כ הארץ כב"ש [וקשיא דהא דכתיב נוטה שמים על תוהו ותולה ארץ על בלימה הרי תחלה נטה שמים ואח"כ ארץ] כשנטה אותן נטה ארץ ואח"כ שמים כב"ה. והוו שאמרו חכמים שניהן כאחת עמדו. (טרף) [מאי שמים שטרף] הקב"ה אש ומים ועשה מהן רקיע לפיכך נקראו שמים. אבל דברי נחום איש גם זו פירוש הוא שפירש. אמר אלו נאמר בראשית ברא אלהים שמים *) ואנן שמים דבר ידוע הייתי אומר שמים שם הן וכיון שנאמר את השמים נתברר לנו כי על השמים הידועים לנו הכתוב מדבר. וכיון שכתב את בשמים כתב נמי את בארץ. כי האת שכתב בארץ אינו

*) אולי דצ"ל שמים הייתי אומר שמים שם הן ואינן שמים דבר הידוע לנו וכיון שנאמר וכו'.

הגהות הב"ח

(א) גמ' על הארץ למה לי מיבעי ליה לכדרבי אלעזר וכו' מן הארץ ועד לרקיע היה שנאמר וכו' על הארץ ולמקצה השמים וכיון שסרח וכו' ומיעטו. כ"ב ס"א והעמידו על מאה אמה: (ב) שם יצא חשך לעולם שנאמר ישת: (ג) שם ויהי בקר יום רביעי אלא כדרבי אלע' (ד) שם שגנזו לצדיקים מיד שמח וכו' אדם צופה וראה ומביט: (ה) שם שאמרתי לעולם די איכא דאמרי אמר ר"ל בשעה שברא הקב"ה את הים הגדול היה מרחיב: (ו) שם דלא משתלפי מהדדי מכל מקום קשו קראי: (ז) שם הייתי אומר שמים וארץ שמותן של הקב"ה: (ח) תוס' ד"ה מסוף וכו' מליט ששליש עולם הוי ים אוקינוס:

Continuation of translation from previous page as indicated by ◁

by His strength setteth fast the mountains, Who is girded about with might.[13] By rebuke, for it is written: *The pillars of heaven were trembling, but they became astonished at His rebuke.*[14] By righteousness and judgment, for it is written: *Righteousness and judgment are the foundation of Thy throne.*[15] By lovingkindness and compassion, for it is written: *Remember, O Lord, Thy compassions and Thy mercies; for they have been from of old.*[16] Rab Judah further said: At the time that the Holy One, blessed be He, created the world, it went on expanding like two clues[17] of warp, until the Holy One, blessed be He, rebuked it and brought it to a standstill, for it is said: '*The pillars of heaven were trembling, but they became astonished at His rebuke*'. And that, too, is what Resh Laḳish said: What is the meaning of the verse, *I am God Almighty?*[18] [It means], I am He that said to the world: Enough![19] Resh Laḳish said: When the Holy One, blessed be He, created the sea, it went on expanding, until the Holy One, blessed be He, rebuked it and caused it to dry up, for it is said: *He rebuketh the sea and maketh it dry, and drieth up all*
d *the rivers.*[1]

Our Rabbis taught: Beth Shammai say: Heaven was created first and afterwards the earth was created, for it is said: *In the beginning God created the heaven and the earth.*[2] Beth Hillel say: Earth was created first and afterwards heaven, for it is said: *In the day that the Lord God made earth and heaven.*[3] Beth Hillel said to Beth Shammai: According to your view, a man builds the upper storey [first] and afterwards builds the house! For it is said: *It is he that buildeth His upper chambers in the heaven,*[4] *and hath founded His vault upon the earth.*[5] Said Beth Shammai to Beth Hillel: According to your view, a man makes the footstool [first], and afterwards he makes the throne![6] For it is said: Thus saith the Lord, *The Heaven is My throne and the earth is My footstool.*[7] But the Sages say: Both were created at the same time.[8] For it is said: *Yea, Mine hand hath laid the foundation of the earth, and My right hand hath spread out the heavens: When I call unto them they stand up together.*[9] And the others?[10] What is the meaning of '*together*'?—[It means] that they cannot be loosened from one another.[11] However, the verses contradict one another!—Resh Laḳish answered: When they were created, He created heaven [first], and afterwards He created the earth; but when He stretched them forth He stretched forth the earth [first], and afterwards He stretched forth heaven.

What does 'heaven' [*Shamayim*] mean? R. Jose b. Ḥanina said: It means, 'There is water'.[12] In a Baraitha it is taught: [It means],
e 'fire and water';[1] this teaches that the Holy One, blessed be He, brought them and mixed[2] them one with the other and made from them the firmament.

R. Ishmael questioned R. Akiba when they were going on a journey together, saying to him: Thou who hast waited[3] twenty-two years upon Nahum of Gimzo,[4] who used to explain the [particle] *Eth*[5] throughout the Torah, [tell me] what exposition did he give of [Eth] *the heaven and* [Eth] *the earth?*[6] Said [R. Akiba] to him: If it had said, 'heaven and earth', I could have said that Heaven and Earth[7] were names of the Holy One, blessed be He.[8] But now that it says: '[Eth] *the heaven and* [Eth] *the earth*', heaven [means] the actual heaven, and earth [means] the

(13) Ps. LXV, 7. (14) Job XXVI, 11. I.e., at first the pillars of heaven were weak and shaky, till God rebuked them, when, like a person taken aback by astonishment, they stiffened and hardened (V. Rashi on verse). E.V. renders '*tremble and are astonished* etc.' (15) Ps. LXXXIX, 15. (16) Ibid, XXV, 6. (17) A clue of thread, of rope, etc. (Jast.). (18) Gen. XVII, 1; XXXV, 11. (19) שַׁדַּי 'Almighty', is explained as a compound of שֶׁ 'who (said)', דַּי, 'Enough'.

d (1) Nah. I, 4. (2) Gen. I, 1. (3) Ibid. II, 4. (4) Thus heaven was the upper storey. (5) Amos IX, 6. (6) The size of the footstool cannot be determined till the throne has been made. (7) Isa. LXVI, 1. (8) C. Taylor in '*Sayings of the Jewish Fathers*', p. 107, n. 40, points out that 'the three views' (of the Schools of Shammai and Hillel, and of the Sages) may be taken as texts for three philosophies, viz., *idealism*, *evolutionism* and *dualism* (quoted by Streane). (9) Ibid. XLVIII, 13. From the word '*together*' the inference is drawn that heaven and earth are coeval. (10) I.e., what reply have the Schools of Shammai and Hillel to the argument of the Sages? (11) Thus '*together*' refers to their physical structure and not to their time of origin. (12) I.e., שמים is explained as a compound of שָׁם ('there') and מַיִם ('water').

e (1) I.e., שמים is explained as a compound of אֵשׁ ('fire') and מַיִם ('water'), the א of אש being omitted. (2) Lit., 'mixed by beating'. (3) I.e., hast been his disciple. Cf. Ber. 47*b*: 'Even if one has studied the Bible, and the Mishnah, but has failed to wait upon scholars, he is considered an *'Am ha-areẓ* (ignoramus); The ministration (of the disciples to the doctors) of the Law is greater than the direct teaching thereof'. (4) In Judea (v. G. A. Smith's '*The historical Geography of the Holy Land*', p. 202, n. 1). Heb. גם זו, always in two words, and explained (Ta'an. 21*a*, J. Sheḳ. V, 15) as a sobriquet given to the scholar on account of his motto גם זו לטובה ('This, too, will be for the best'), with which he explained his trust in the goodness of Providence even in the most trying circumstances (v. Ta'an 21*a*). He interpreted the whole Torah according to the rule of רבוי ומיעוט ('amplification and limitation', v. Shebu. 26*a*). (5) Heb. את, which is either (*a*) the sign of the defined object as in Gen. I, 1, or (*b*) the preposition meaning *with*. Nahum of Gimzo explained every instance of the accusative particle as indicating the inclusion in the object of something besides that which is explicitly mentioned. For the sole exception (Deut. X, 20), v. Pes. 22*b*, where 'Nehemiah the Imsoni' is an error for 'Nahum the Gimsoni' or man of Gimzo (v. Graetz in *MGWJ*., 1870, p. 527). The interpretation of את given here is grammatical rather than Midrashic or homiletical. For the רבוי explanation of את in this verse, which includes the sun and moon etc., v. Gen. Rab. I, 14. (6) Gen. I, 1. (7) This is the reading of BaḤ and Maharsha: cur. edd. omit the words, 'and the earth'. (8) And the subject of ברא ('He created').

השתא דנפקא ליה מלמקצה השמים ועד קצה השמים למן היום אשר ברא אלהים אדם על הארץ למה לי (א) כדר' אלעזר דאמר רבי אלעזר אדם הראשון מן הארץ עד לרקיע שנאמר למן היום אשר ברא אלהים אדם על הארץ וכיון שסרח הניח הקב"ה ידיו עליו ומיעטו שנאמר °אחור וקדם צרתני ותשת עלי כפך אמר רב יהודה אמר רב *אדם הראשון מסוף העולם ועד סופו היה שנאמר למן היום אשר ברא אלהים אדם על הארץ ולמקצה השמים ועד קצה השמים כיון שסרח הניח הקב"ה ידו עליו *ומיעטו שנאמר ותשת עלי כפך אי הכי קשו קראי אהדדי אידי ואידי חד שיעורא הוא ואמר רב יהודה אמר רב עשרה דברים נבראו ביום ראשון ואלו הן שמים וארץ תהו ובהו אור וחשך רוח ומים מדת יום ומדת לילה שמים וארץ דכתיב °בראשית ברא אלהים את השמים ואת הארץ תהו ובהו דכתיב °והארץ היתה תהו ובהו אור וחשך חשך דכתיב °וחשך על פני תהום אור דכתיב °ויאמר אלהים יהי אור רוח ומים דכתיב °ורוח אלהים מרחפת על פני המים מדת יום ומדת לילה דכתיב °ויהי ערב ויהי בקר יום אחד תנא תהו קו ירוק שמקיף את העולם כולו שממנו יצא חשך (ב) שנאמר °ישת חשך סתרו סביבותיו בהו אלו אבנים המפולמות המשוקעות בתהום שמהן יוצאין מים שנאמר °ונטה עליה קו תהו ואבני בהו איני והכתיב ויתן אותם אלהים ברקיע השמים וכתיב ויהי ערב ויהי בקר יום רביעי (ג) כדר' אלעזר דא"ר אלעזר אור שברא הקב"ה ביום ראשון אדם צופה בו מסוף העולם ועד סופו כיון שנסתכל הקב"ה בדור המבול ובדור הפלגה וראה שמעשיהם מקולקלים עמד וגנזו מהן שנאמר °וימנע מרשעים אורם ולמי גנזו לצדיקים לעתיד לבא שנאמר וירא אלהים את האור כי טוב *ואין טוב אלא צדיק שנאמר °אמרו צדיק כי טוב כיון שראה אור שגנזו לצדיקים (ד) שמח שנאמר °אור צדיקים ישמח כתנאי אור שברא הקב"ה ביום ראשון אדם צופה ומביט בו מסוף העולם ועד סופו דברי רבי יעקב וחכ"א הן הן מאורות שנבראו ביום ראשון ולא נתלו עד יום רביעי אמר רב זוטרא בר טוביא אמר רב בעשרה דברים נברא העולם בחכמה ובתבונה ובדעת ובכח ובגערה ובגבורה בצדק ובמשפט בחסד וברחמים בחכמה ובתבונה דכתיב °ה' בחכמה יסד ארץ כונן שמים בתבונה בדעת דכתיב °בדעתו תהומות נבקעו בכח וגבורה דכתיב °מכין הרים בכחו נאזר בגבורה בגערה דכתיב °עמודי שמים ירופפו ויתמהו מגערתו צדק ומשפט דכתיב °צדק ומשפט מכון כסאך חסד ורחמים דכתיב °זכר רחמיך ה' וחסדיך כי מעולם המה ואמר רב יהודה אמר רב בשעה שברא הקב"ה את העולם היה מרחיב והולך כשתי פקעיות של שתי עד שגער בו הקב"ה והעמידו שנאמר עמודי שמים ירופפו ויתמהו מגערתו והיינו דאמר ר"ל מאי דכתיב °אני אל שדי אני הוא שאמרתי לעולם די (ה) אמר ר"ל בשעה שברא הקב"ה את הים היה מרחיב והולך עד שגער בו הקב"ה ויבשו שנאמר °גוער בים ויבשהו וכל הנהרות החריב ת"ר *ב"ש אומרים שמים נבראו תחלה ואח"כ נבראת הארץ שנאמר בראשית ברא אלהים את השמים ואת הארץ וב"ה אומרים ארץ נבראת תחלה ואח"כ שמים שנאמר °ביום עשות ה' אלהים ארץ ושמים אמר להם ב"ה לב"ש לדבריכם אדם בונה עלייה ואח"כ בונה בית שנאמר °הבונה בשמים מעלותיו ואגודתו על ארץ יסדה אמר להם ב"ש לב"ה לדבריכם אדם עושה שרפרף ואח"כ עושה כסא שנאמר °כה אמר ה' השמים כסאי והארץ הדום רגלי וחכ"א זה וזה כאחת נבראו שנאמר °אף ידי יסדה ארץ וימיני טפחה שמים קורא אני אליהם יעמדו יחדו ואידך מאי יחדו דלא משתלפי מהדדי (ו) קשו קראי אהדדי אמר ר"ל כשנבראו ברא שמים ואח"כ ברא הארץ וכשנטה נטה הארץ ואחר כך נטה שמים מאי שמים א"ר יוסי בר חנינא ששם מים במתניתא תנא אש ומים מלמד שהביאן הקב"ה וטרפן זה בזה ועשה מהן רקיע שאל רבי ישמעאל את ר"ע כשהיו מהלכין בדרך א"ל אתה ששימשת את נחום איש גם זו כ"ב שנה *שהיה דורש כל אתין שבתורה את השמים ואת הארץ מה היה דורש בהן א"ל אילו נאמר שמים וארץ הייתי אומר שמים (ז) שמו של הקב"ה עכשיו שנאמר את השמים ואת הארץ שמים שמים ממש ארץ ארץ ממש את

רש"י

והשתא דנפקא לן מן ולמקצה השמים. דאסור לשאול מה שיש חוץ למחיצות ממילא נפקא לן דאסור לשאול בקודם שנברא דהיא היא מה שהיה קודם לברייתו הוא עכשיו חוץ למחיצתו הלכך למן היום אשר ברא אדם למה לי למעוטי מיניה קודם שנברא העולם: על הארץ ולמקצה השמים. על הארץ היה ומגיע לשמים: אחור וקדם צרתני. שתי פעמים יצרתני תחלה גבוה ולבסוף שפל: מסוף העולם ועד סופו. כשהיה שוכב היה ראשו למזרח ורגליו למערב: תהו ובהו. לקמן מפרש להו: מדת יום ומדת לילה. כ"ד שעות בין שניהם: ישת חשך סביבותיו. למדת שקו החשך מקיף את השמים: מפולמות. לשון ליחלוח: קו תהו ואבני בהו. למדת שהתהו קו והבהו אבנים: חכמה. יודע מה שלמד: תבונה. שהוא מבין דבר חדש מפלפול חכמתו: דעת. ישוב: כח. הוא כח הזרוע: גבורה. גבורת הלב: גערה. נזיפה כדאמרינן לקמן שנגער בו ועמד: פקעיות. לומישי"ל בלע"ז: שנאמר הבונה בשמים מעלותיו. אלמא עלייה מיקרו: שרפרף. לרגליו וכסא לישב על כרחך הכסא עשוי תחלה ולפי גובה הכסא הוא מתקן השרפרף: אף ידי יסדה ארץ וגו'. מסיפיה דקרא יליף דכתיב יעמדו יחדו כשבראן ועשאן: פקעיות כמו שאמרנו למעלה: וטרפן. עירבן להקדים

תוספות

מסוף העולם ועד סופו. מהלך ת"ק שנה (לקמן יג.) שנאמר שדי שאמר די שלא להרחיב יותר שנאמר אני אל שדי פרה ורבה אני שאמרתי די לעולם ותימה מנא לך הא שיש ת"ק שנה ולא יותר ולא פחות וי"ל דנפקא לן מן שדי בשדי יש ג' אותיות שי"ן דל"ת יו"ד קח י"ן ל"ת ו"ד הנעלם מן שדי ויעלה ת"ק כך שמעתי מר' מנחם ברבי עזריאל ול"ע למ"ד פרק מי שהיה טמא (פסחים צד: ושם) כל העולם כולו תחת כוכב אחד עומד היכי קיימי כל הני כוכבים הנראין ברקיע וי"מ שעל ים אוקיינוס הן עומדין כדאמרינן בפרקי דר"א כל השיעורים לא נאמרו רק על שאר ימים אבל ים אוקיינוס בוראו יודע מדתו אך במדרש אחר מלינו ששליש (ח) ימים שאמר הוי ים אוקיינוס וכן יסד ה"ר בנימין ביוצר שלו זה הים שליש עולמו *במאה וששים וששה ועוד סיימו וצריך למימר שאותו מדרש פליג אההיא דפסחים ומיהו יש להעמיד ההיא דהתם במזלות של גלגל אבל שאר כוכבים קטנים הם ולי נראה דיש ליישב כל אותן מדרשים שהם תלוין בכיפת הרקיע והוא גדול הרבה מן הארץ אם היה נמתח עליה זו כזו לפי גדול הארץ בא ורואה אהל מתוח על הארץ כמין כיפה גבוה באמצע שתופס כפלי כפלים אם היה נמתח נקו הארץ אך היה קשה מדכתיב גבי סיסרא (שופטים ה) מן שמים נלחמו הכוכבים ממסלותם ומוכח מינה בנימוקי רש"י וכן איתא במדרש שאורך הכוכב מהלך ת"ק שנה כמן השמים ועד הארץ שהיה ראש אחד תחוב ברקיע והשני היה בארץ והיכי היה יצא באויר העולם כיון דכולו תחת כוכב אחד הוא עומד וצ"ל שהם חולקין יחד אם לא נחלוק בין מזלות הגלגל לשאר מזלות*:

אידי ואידי חד שיעורא הוא. ופליג אמאן דדריש בתמיד (דף לב.) דמזרח ומערב רחוק טפי דאי לא תימא הכי *אדם היכי הוה קם כיון דכתיב מקצה השמים ועד קצה השמים וי"ל שסובר שהיה בגן עדן עד שנתמעט: ישת חשך סתרו. מדכתיב סביבותיו סוכתו קדריש: ואת

כלומר שליש מת"ק שנה הכי הוי וכך ועוד הוא שליש משתי שנים סיפרים

[ועי' תוס' פסחים לד. קיח: ד"ה מן]

רבינו חננאל

ת"ל ולמקצה השמים ועד קצה השמים. שיעור מן קצה השמים ועד קצה שמים כשיעור מן הארץ עד לשמים ותרווייהו חדא שיעורא הוא. אמר רב יהודה (ג) [י'] דברים נבראו ביום ראשון. תוהו ובוהו. שמים וארץ. אור וחשך רוח ומים. מדת יום ומדת לילה כו'. תנא תוהו זה קו ירוק שמקיף כל העולם שממנו חושך יוצא. בהו אלו אבנים מפולמות המשוקעות בתהום שמהם מים יוצא שנאמר ונטה עליה קו תוהו ואבני בוהו. וזה האור שנברא ביום ראשון היה בו זיהור שצופין בו ומביטין באורו מסוף העולם ועד סופו. וכיון שנסתכל ברשעים גנזו לצדיקים לעתיד לבא שנא' וימנע מרשעים אורם וכיון שנגנז שמח שנאמר אור צדיקים ישמח. ויש תנא חולק על זה ואומר זה האור נתלה ביום רביעי שנאמר יהי מאורות ברקיע השמים. ופי' יהי אותו האור שנברא ביום ראשון למאורות והן ב' המאורות. אמר רב בעשרה דברים נברא העולם. בחכמה בתבונה. בדעת. בכח. בגבורה. בגערה. בצדק. במשפט. בחסד. ברחמים. וכולהו מקראי. בחכמה ובתבונה שנאמר ה' בחכמה יסד ארץ כונן שמים בתבונה. בדעת כו'. זה שאמר [ר"י אמר רב דבשעה שברא הקב"ה את] העולם. עת שנברא היה מרחיב והולך כשתי פקעיות של שתי כו' עד שנער בו הקב"ה והעמידו שנאמר עמודי שמים ירופפו ויתמהו מגערתו. ר"ל אמר אני אל שדי אני שאמרתי לעולם דיי. כיוצא בו בים נוער בים ויבשהו אלו כולן מדרשות הן ואין מדקדקין עליהן להשוותן למה שהדעת מתקבלת מהן וכן חלוקת ב"ש וב"ה אלו אומרים שמים נבראו תחלה. ואלו אומרים ארץ נבראת תחלה. וכל אחד מביא ראיה לדבריו. וחכמים אומרים שניהם נבראו כאחד אף ידי יסדה ארץ וימיני טפחה שמים קורא אני עליהם יעמדו יחדו. קשו קראי אהדדי. ופריק ר"ל כשבראן ברא שמים ואח"כ הארץ כב"ש [וקשיא דהא דכתיב נוטה שמים על תוהו ותולה ארץ על בלימה הרי תחלה נטה שמים ואח"כ ארץ] כשנטה אותן נטה ארץ ואח"כ שמים כב"ה. וזהו שאמרו חכמים שניהן כאחת עמדו. (טרף) [מאי שמים שטרף] הקב"ה אש ומים ועשה מהן רקיע לפיכך נקראו שמים. אבל דברי נחום איש גם זו פירוש הוא שפירש. אמר אלו נאמר בראשית ברא אלהים שמים *) ואינן שמים דבר ידוע הייתי אומר שמים שם הן וכיון שנאמר את השמים נתברר לנו כי על השמים הידועים לנו הכתוב מדבר. וכיון שכתב את בשמים כתב נמי את בארץ. כי האת שכתב בארץ אינו

*) אולי דצ"ל שמים הייתי אומר שמים שם כן ואינן שמים דבר הידוע לנו וכיון שנאמר וכו'.

מסורת הש"ס / תורה אור

תהלים קלט; סנהדרין לח:; [בילקוט איתא והעמידו על מאה אמה וכוס תכין מ"ש תרגב"ס ב"ב עה. ד"ה כשתי קומות וכו' ויותר מבואר ברש"י סנהדרין ק. ד"ה דקוממיות ע"ש]; בראשית א; שם; שם; שם; שם; שם; תהלים יח; ישעיה לד; איוב לח; [יומא לח.]; ישעיה ג; משלי יג; שם ג; שם; תהלים סה; איוב כו; תהלים פט; שם כה; בראשית לה; נחום א; [תמיד לב.]; בראשית ב; עמוס ט; ישעיה סו; שם מח; [פסחים כב:]

הגהות הב"ח

(א) גמ' על הארץ למה לי מיבעי ליה לכדרבי אלעזר וכו' מן הארץ ועד לרקיע היה שנאמר וכו' על הארץ ולמקצה השמים וכיון שסרח וכו' ומיעטו. נ"ב ס"א והעמידו על מאה אמה: (ב) שם יצא חשך לעולם שנאמר ישת: (ג) שם ויהי בקר יום רביעי אלא כדרבי אלעז' (ד) שם שגנזו לצדיקים מיד שמח וכו' אדם צופה ורואה ומביט: (ה) שם שאמרתי לעולם די איכא דאמרי אמר ר"ל בשעה שברא הקב"ה את הים הגדול היה מרחיב: (ו) שם דלא משתלפי מהדדי מכל מקום קשו קראי: (ז) שם הייתי אומר שמים וארץ שמותן של הקב"ה: (ח) תוס' ד"ה מסוף וכו' מלינו ששליש עולם הוי ים אוקיינוס:

ר א מיי' פ"ג מהלכות יסודי התורה הלכה ח:

רבינו חננאל

אינו צריך לגופו. משל דר' ישמעאל הודיע שהקדים שבחה של ארץ לשבח השמים אבל לא בבריאה. תניא ר' יוסי אומר אוי לבריות שרואות ואינן יודעות כלומר הארץ עומדת על העמודים ועמודי הארץ הן על המים. והמים הן על ההרים. וההרים ברוח. והרוח בסערה וכולה מדרש פסוקים וסערה תלויה בזרועו של הקב"ה שנא' ומתחת זרועות עולם. פי' הדבר שהוא בעולם מתחת הכל תלוי בזרוע בגבורתו של הקב"ה. כי הגבורה היא הזרוע כדכתיב לך זרוע עם גבורה. ר' אלעזר אומר על עמוד אחד עומד העולם וצדיק שמו שנאמר וצדיק יסוד עולם זה שאמר ר"ל ז' רקיעין הן. וילון. רקיע. שחקים. זבול. מעון. מכון. ערבות. וכל אחד ואחד פירש מה הן משמשין. אלו כולן קבלה הן הל"מ. וקראי אסמכתא בעלמא הן. ואינם מדרשות. שאינם דברים הנאמרים מן הדעת כלל. אלא דברי קבלה הן. והערבות שהוא רקיע שביעי יש בו צדקה ומשפט. גנזי חיים גנזי שלום גנזי ברכה ונשמת הצדיקי' ונשמות העתידות להבראות. וטל שעתיד הקב"ה להחיות בו את המתים. וכולהו קראי צדק ומשפט שנאמר צדק ומשפט מכון כסאך. גנזי חיים שנאמר כי עמך מקור חיים. גנזי שלום שנאמר ויקרא לו ה' שלום. גנזי ברכה שנא' ישא ברכה מאת ה'. נשמתן של צדיקים שנא' והיתה נפש אדוני צרורה בצרור החיים את ה' אלהיך. רוחות ונשמות העתידו' להבראו' שנא' כי רוח מלפני יעטוף ונשמות אני עשיתי. וטל שעתיד להחיות בו מתים שנאמר גשם נדבות תניף אלהים וגו'. ולמעלה אופנים ושרפים וחיות הקודש ומלאכי השרת וכסא הכבוד ומלך רם ונשא שוכן עליהם. שנאמר סולו לרוכב בערבות ביה שמו. וחושך וערפל מקיפין אותו מבחוץ שנאמר ישת חשך סתרו וגו' ומבפנים אור שנאמר ונהורא עמיה שריה.

תוספות

ואת הארץ להקדים שמים לארץ. דאי לאו ואת הייתי אומר שנבראו יחד והכתוב כתבם זה אחר זה שאי אפשר לכתוב שני שמות כאחד כדפירש רש"י והא דאמרי ב"ה לעיל ארץ נבראת תחלה דכתיב ביום עשות ה' וגו' ולא כתיב ואת הכא הוה דריש ליה מדשני קרא בסידריה להסמיך ארץ לעשיה ומיהו בנימוקי חומש פי' רש"י את השמים לרבות תולדותיהן ומדרש אחר הוא ופליג אהא דהכא:

נכנס שחרית. פרש"י נכנס בתיקו וממלא האור יוצא ונראה ויוצא ערבית ומכסה האורה ומחשיך העולם והיה קשה למורי א"כ היאך נראים כוכבים בשמים (ס)מינה בלילה כיון שהם קבועים בשני כדמסיק ומיהו שמא נראים מתוכו כמו ע"י העננים אך רוב פעמים שהעננים מחשיכים אותו ומכסין אותו ונראה למורי לפרש איפכא נכנס שחרית בעולם ומתוכו אורה יוצא ויוצאת ערבית מן העולם [ומסתלק אורה] ולכך הכוכבים נראין:

כל העוסק בתורה. אלמא לא סיים למילתיה דז' רקיעים שהתחיל לפרש:

אוצרות שלג. יש ממנו שמוכן לפורענות(ע) ויש לטובה כדאמרינן בתענית (דף ג:) שלגא מעלי לטורי כחמשה מטרי לארעא וכן כתיב כי כאשר ירד הגשם והשלג וכו' כי אם הרוה את הארץ וגו' (ישעיה נה):

דוד ביקש והורידן לארץ. הקשה הרב ר' אלחנן הא כתיב (ישעיה נה) כי כאשר ירד הגשם והשלג מן השמים ותירץ דכיון שמן העננים יורד נראה כיורד מן השמים ועוד י"ל דלא הוריד רק המוכנים לפורענות אבל האמורים את הארץ נשארו למעלה:

לא יגורך רע. אין זה מקרא אלא לא יגורך וגו' והכי דריש ליה: (בגמ' שבת קמט: ובסנהדרין קג: איתא ספיר ע"ש)

גמרא

את הארץ למה לי להקדים שמים לארץ והארץ היתה תהו ובהו מכדי בשמים אתחיל ברישא מאי שנא דקא חשיב מעשה ארץ תנא דבי ר' ישמעאל משל למלך בשר ודם שאמר לעבדיו השכימו לפתחי (א) השכים ומצא נשים ואנשים למי משבח למי שאין דרכו להשכים והשכים תניא ר' יוסי אומר אוי להם לבריות שרואות ואינן יודעות (ב) מה רואות עומדות ואין יודעות על מה הן עומדות הארץ על מה עומדת על העמודים שנאמר °המרגיז ארץ ממקומה ועמודיה יתפלצון עמודים על המים שנאמר °לרוקע הארץ על המים מים על ההרים שנאמר °על הרים יעמדו מים הרים ברוח שנאמר °כי הנה יוצר הרים ובורא רוח רוח בסערה שנאמר °רוח סערה עושה דברו סערה תלויה *בזרועו של הקב"ה שנאמר °ומתחת זרועות עולם וחכ"א על י"ב עמודים עומדת שנאמר °יצב גבולות עמים למספר בני ישראל וי"א (ג) ז' עמודים שנאמר °חצבה עמודיה שבעה ר"א בן שמוע אומר על עמוד אחד וצדיק שמו שנאמר °וצדיק יסוד עולם א"ר יהודה שני רקיעים הן שנאמר °הן לה' אלהיך השמים ושמי השמים ר"ל אמר *שבעה ואלו הן וילון רקיע שחקים זבול מעון מכון ערבות וילון אינו משמש כלום אלא נכנס שחרית ויוצא ערבית ומחדש בכל יום מעשה בראשית שנאמר °הנוטה כדוק שמים וימתחם כאהל לשבת רקיע שבו חמה ולבנה כוכבים ומזלות קבועין שנאמר °ויתן אותם אלהים ברקיע השמים שחקים שבו רחיים עומדות וטוחנות מן לצדיקים (ד) שנאמר °ויצו שחקים ממעל ודלתי שמים פתח וימטר עליהם מן לאכול וגו' זבול שבו ירושלים ובית המקדש *ומזבח בנוי ומיכאל השר הגדול עומד ומקריב עליו קרבן (ה) שנאמר °בנה בניתי בית זבול לך מכון לשבתך עולמים ומנלן דאיקרי שמים דכתיב °הבט משמים וראה מזבול קדשך ותפארתך מעון שבו כיתות של מלאכי השרת שאומרות שירה בלילה וחשות ביום מפני כבודן של ישראל שנאמר °יומם יצוה ה' חסדו ובלילה שירה עמי *אמר ר"ל כל העוסק בתורה בלילה הקב"ה מושך עליו חוט של חסד ביום שנאמר יומם יצוה ה' חסדו ומה טעם יומם יצוה ה' חסדו משום ובלילה שירה עמי ואיכא דאמרי אמר ר"ל כל העוסק בתורה *בעוה"ז שהוא דומה ללילה הקב"ה מושך עליו חוט של חסד לעוה"ב שהוא דומה ליום שנאמר יומם יצוה ה' חסדו ובלילה שירה עמי א"ר לוי *) כל הפוסק מדברי תורה ועוסק בדברי שיחה מאכילין אותו גחלי רתמים שנאמר °הקוטפים מלוח **) עלי שיח ושרש רתמים לחמם ומנלן דאיקרי שמים שנאמר °השקיפה ממעון קדשך מן השמים מכון שבו אוצרות שלג ואוצרות ברד ועליית טללים רעים ועליית אגלים [א] וחדרה של סופה [וסערה] ומערה של קיטור (ו) ודלתותיהן אש שנאמר °יפתח ה' לך את אוצרו הטוב הני ברקיע איתנהו הני בארעא איתנהו דכתיב °הללו את ה' מן הארץ תנינים וכל תהומות אש וברד שלג וקיטור רוח סערה עושה דברו אמר רב יהודה אמר רב דוד ביקש עליהם רחמים והורידן לארץ אמר לפניו רבש"ע °לא אל חפץ רשע אתה לא יגורך (במגורך) רע °צדיק אתה ה' לא יגור במגורך רע ומנלן דאיקרי שמים דכתיב °ואתה תשמע השמים מכון שבתך ערבות שבו צדק משפט וצדקה גנזי חיים וגנזי שלום וגנזי ברכה ונשמתן של צדיקים ורוחות ונשמות שעתיד להיבראות וטל שעתיד הקב"ה להחיות בו מתים צדק ומשפט דכתיב °צדק ומשפט מכון כסאך צדקה דכתיב °וילבש צדקה כשרין גנזי חיים דכתיב °כי עמך מקור חיים וגנזי שלום דכתיב °ויקרא לו ה' שלום וגנזי ברכה דכתיב °ישא ברכה מאת ה' נשמתן של צדיקים דכתיב °והיתה נפש אדוני צרורה בצרור החיים את ה' אלהיך רוחות ונשמות שעתיד להיבראות דכתיב °כי רוח מלפני יעטוף ונשמות אני עשיתי °וטל שעתיד הקב"ה להחיות בו מתים דכתיב °גשם נדבות תניף אלהים נחלתך ונלאה אתה כוננתה שם אופנים ושרפים וחיות הקדש ומלאכי השרת וכסא הכבוד מלך אל חי רם ונשא שוכן עליהם (ז) בערבות שנאמר °סולו לרוכב בערבות ביה שמו ומנלן דאיקרי שמים (ח) אתיא רכיבה רכיבה כתיב הכא סולו לרוכב בערבות וכתיב התם °רוכב שמים בעזרך וחשך וענן וערפל מקיפין אותו שנאמר °ישת חשך סתרו סביבותיו סוכתו חשכת מים עבי שחקים ומי איכא חשוכא קמי שמיא והכתיב °הוא (*גלי) עמיקתא ומסתרתא ידע מה בחשוכא ונהורא עמיה שרי לא קשיא הא בבתי

*) ע"ז ג: **) [עי' פרש"י כע"ז]

רש"י

להקדים שמים לארץ. דאי לא כתיב את הוה אמינא כאחת נבראו אלא שאי אפשר לקרות שני שמות כאחת לפיכך כתב את להקדים: למי שאין דרכו להשכים והשכים. הכא נמי (פ) קרא לשמים תחלה הו"ל ארץ אין דרכו להשכים ועוד שכל מעשה ארץ מתונים ומעשה שמים במהירות וזו השכימה עמה שנבראו כאחת לכך התחיל לספר מעשיה תחלה: יוצר הרים ובורא רוח. מה ענין זה אצל זה אלא ללמדך שההרים עומדין על הרוח: רוח סערה עושה דברו. דבר הרוח סערה עשאתו: ומתחת. כל הזירה זרועות עולם. הסובלות אותו: נכנס שחרית. לתוך תיקו והאור נראה: ויוצא ערבית. מתיקו ומתפשט למטה מן האור והרי העולם חשוך וזהו חידושו (י) למעשה בראשית בכל יום: כדוק. יריעה טייל"א בלע"ז הלכך יש שמים שאין משמשין אלא כשמים יריעה פרוסה: מעון. לשון מדור מקום שמלאכים שרוים. וחשות. (כ) מפני כבודן של ישראל שמקלסין ביום: יומם יצוה ה' חסדו. יצוה למלאכים לשתוק כדי לעשות חסד לבריות חסד והם המתחתונים: ובלילה שירה עמי. (ל) ברקיע עם שיר שלי שקלסתי ביום: ומנלן. דמעון איקרי שמים: מכון. לשון אוצר של פורענויות כמה דאת אמר נכונו ללצים שפטים (משלי יט): שבו אוצרות שלג כו'. כל אלה לפורעניות: עליית אגלים. לשון (*עוגל) של מים (חולין דף מא) ולשון אגלי טל (איוב לח) ולשון אגן הסהר (שיר השירים ז) שמתחלפת ל' בנו"ן והם מים העומדים להלקות: (מ) יפתח ה' לך את אוצרו הטוב. למדת שיש לו אוצר לפורענות: לא יגורך רע. לא יגור אצלך: ורוחות ונשמות. חדא היא ויש מפרשין רוח היא הנשמה העשויה בדמות הגוף נשמה נשימה אליינ"א בלע"ז: מכון כסאך. והכסא בערבות הוא כדמסיק לקמן: וילבש צדקה. למדת שעמו צדקה שרויה: ויקרא לו. קראה שלום: (נ) והאי קרא במתן תורה כתיב שלהם נכתבו ה' בהר ובקבלת התורה בא להם גשם נדבות תניף (שיר השירים ה) והניף עליהן טל תחייתו שנאמר גשם נדבות תניף אלהים והאי קרא במתן תורה כתיב במזמור יקום אלהים יפוצו אויביו:

[פי' סכל תלוי בגבורתו של הקב"ה והגבור' היא זרועו כדכתיב לך זרוע עם גבור' ערוך ע' זרוע]

[עוגה איתא לפנינו וע"ש בהג"ה]

הגהות הגר"א

[א] גמ' וחדרה של סופה ומערה של קיטור. כצ"ל:

[מנחות קי. וע' תוס' שם ד"ה ומיכאל]

ע"ז ג:

[פסחים נ: ב"מ פה:]

תהלים קמח

שם ה

[שבת קמט: ע"ש סוטה מב. סנהדרין קג. ע"ש]

ישעיה נז

תהלים כד

ישעיה נז

איוב ל

דברים כו

שם כח

מלכים א ח

תהלים פט

שם לו

שופטים ו

שמואל א כה

[שבת קנב:]

תהלים סח

שם

דברים לג

תהלים יח

דניאל ב

[צ"ל גלא]

הגהות

(א) גמ' השכימו לפתחי למחר השכים: (ב) שם ואינן יודעות מה הן רואות ומים על ההרים וכו' וההרים על רוח וכו' ורוח בסערה: (ג) שם וי"א אומרים על ז': (ד) שם וטוחנות מן לצדיקים לעתיד לבא שנאמר ויצו: (ה) שם ומקריב עליו קרבן בכל יום שנאמר בנה וכו' לשבתך עולמים מאי מקריב וכי תעלה על דעתך שיש לשם כבשים אלא מקריב נשמתן של צדיקים ומנלן דאיקרי שמים: (ו) שם ודלתותיהן אש (שנאמר יפתח וכו' הטוב) תא"מ ונ"ב ס"א פתח ה' אוצרו ויוציא כלי זעמו: (ז) שם רם ונשא שוכן עליהם שנאמר כצ"ל ותיבת בערבות נמחק: (ח) שם ומנלן דאיקרי שמים אמר ר' אבהו אתיא רכיבה:

הב"ח

(פ) רש"י ד"ה למי שאין וכו' מדקרא לשמים: (י) ד"ה ויוצא ערבית וכו' חידושו של מעשה בראשית: (כ) ד"ה וחשות ביום מפני: (ל) ד"ה ובלילה שירו עמו שירו ברקיע: (מ) ד"ה (יפתח וכו' הטוב) תא"מ ונ"ב ס"א פתח ה' את אוצרו וגו': (נ) ד"ה גשם נדבות תניף אלהים וגו' במתן תורה כצ"ל ותיבות והאי קרא נמחק: (ס) תוס' ד"ה נכנס וכו' כוכבים בשמים בלילה כיון שהם קבועים ברקיע השני כצ"ל ותיבת מינה נמחק: (ע) ד"ה אוצרות וכו' לפורענות (ויש לטובה כדאמרינן) תא"מ ונ"ב ס"א היינו שלג מרובה היוצא בשטף מוכן לפורענות אבל שלג היורד בנחת לטובה כדאמרינן:

actual earth. [12b] But why do we have '[Eth] *the earth*'?[9]—To put heaven before earth.[10]

a *'And the earth was unformed and void'.*[1] Consider: [Scripture] began at first with heaven, why then does it proceed to relate [first] the work of the earth?[2]—The School of R. Ishmael taught: It is like a human king[3] who said to his servants: Come early to my door. He rose early and found women and men. Whom does he praise? The ones who are not accustomed to rise early but yet did rise early.[4]

It is taught: R. Jose says: Alas for people that they see but know not what they see, they stand but know not on what they stand. What does the earth rest on? On the pillars, for it is said: *Who shaketh the earth out of her place, and the pillars thereof tremble.*[5] The pillars upon the waters, for it is said: *To Him that spread forth the earth above the waters.*[6] The waters upon the mountains, for it is said: *The waters stood above the mountains.*[7] The mountains on the wind, for it is said: *For, lo, He that formeth the mountains, and createth the wind.*[8] The wind upon the storm, for it is said: *The wind, the storm maketh its substance.*[9] Storm is suspended on the arm of the Holy One, blessed be He, for it is said: *And underneath*[10] *are the everlasting arms.*[11] But the Sages say: [The world] rests on twelve pillars,[12] for it is said: *He set the borders to the peoples according*
b *to the number [of the tribes] of the children of Israel.*[1] And some say seven pillars, for it is said: *She hath hewn out her seven pillars.*[2] R. Eleazar b. Shammua' says: [It rests] on one pillar, and its name is 'Righteous', for it is said: *But 'Righteous' is the foundation of the world.*[3]

R. Judah said: There are two firmaments, for it is said: *Behold, unto the Lord thy God belongeth heaven, and the heaven of heavens.*[4] Resh Lakish said: [There are] seven, namely, *Wilon,*[5] *Rakia',*[6] *Shehakim,*[7] *Zebul,*[8] *Ma'on,*[9] *Makon,*[10] *'Araboth.*[11] *Wilon* serves no purpose except that it enters in the morning and goes forth in the evening,[12] and renews every day the work of creation, for it is said: *That stretcheth out the heavens as a curtain,*[13] *and spreadeth them out as a tent to dwell in.*[14] *Rakia'* is that in which sun and moon, stars and constellations are set, for it is said: *And God set them*[15] *in the firmament* [Rakia'] *of the heaven.*[16] *Shehakim* is that in which millstones stand and grind[17] manna for the righteous for it is said: *And He commanded the skies* [Shehakim] *above, and opened the doors of heaven; and He caused manna to rain upon them for food* etc.[18] *Zebul* is that in which [the heavenly] Jerusalem[19] and the
c Temple and the Altar are built, and Michael, the great Prince,[1] stands and offers up thereon an offering, for it is said: *I have surely built Thee a house of habitation* [Zebul], *a place for Thee to dwell in for ever.*[2] And whence do we derive that it is called heaven? For it is written: *Look down from heaven, and see, even from Thy holy and glorious habitation.*[3] *Ma'on* is that in which there are companies of Ministering Angels, who utter [divine] song by night, and are silent by day for the sake of Israel's glory,[4] for it is said: *By day the Lord doth command His lovingkindness,*[5] *and in the night His song is with me.*[6]

Resh Lakish said: Whoever occupies himself with [the study of] the Torah by night, the Holy One, blessed be He, draws over him a chord of lovingkindness[7] by day, for it is said: *'By day the* ◁

(9) I.e., the first *Eth* in the verse has been explained; but what is the purpose of the second? (10) I.e., to show that the creation of the heaven preceded that of the earth. Had this second *Eth* been omitted, I might have thought that heaven and earth were created at the same time.

a (1) Gen. I, 2. (2) I.e., its development from a state of dark chaos to light and ordered life. (3) Lit., 'a king of flesh and blood'. (4) Rashi explains the application of the parable thus: Since heaven was summoned to appear first, the earth was in the position of one not accustomed to rise early; furthermore, all the work of the earth is slow, whilst the work of heaven is swift. Nevertheless, the earth appeared equally early with heaven, for they were created at the same time (according to the view of the Sages, *v. p. 66), therefore Scripture begins to relate the work of the earth first. But Maharsha explains that the earth obeyed God's will first and came into being before heaven (according to the view of Beth Hillel, ibid.) just as the women in the parable actually came before the men. (5) Job IX, 6. (6) Ps. CXXXVI, 6. (7) Ibid. CIV, 6. (8) Amos IV, 13. The mention of the mountains and the wind in the same verse shows that the former were dependent or suspended upon the latter. (9) So Rashi. E.V., *'Stormy wind, fulfilling His word.* Ps. CXLVIII, 8. (10) *Sc.* all creation. (11) Deut. XXXIII, 27. (12) The pillars here refer to those mentioned by R. Jose (v. *supra*), who, however, did not give their number.

b (1) Deut. XXXII, 8. (2) Prov. IX, 1. (3) Ibid. X, 25. E.V., *'But the righteous is an everlasting foundation'*. Maharsha compares this discussion of the number of the pillars with the discussion of the number of the precepts in Mak. (Sonc. ed.) 23*b*-24*a*. (4) Deut. X, 14. (5) I.e., 'Curtain', from Lat. *Velum.* (6) I.e., 'Expanse, firmament'. (7) Lit., 'Clouds', from שַׁחַק, 'dust' (cf. Isa. XL, 15). (8) *B.D.B.*: 'Elevation, height, *lofty abode*'; N.H., 'Temple'. Jastrow: '(place of offering or entertainment) residence, especially Temple'. (9) I.e., 'Dwelling, habitation'. (10) I.e., 'Fixed or established place, foundation, residence'. (11) V. Ps. LXVIII, 5. Levy: Perhaps from ערב, 'to be dark' (cf. עֶרֶב evening) and syn. with עֲרָפֶל (thick darkness, heavy cloud, in which God dwells; cf. Ex. XX, 18). (12) According to Rashi, *Wilon* ('Curtain') draws in every morning, and thus causes the light of day to become visible; in the evening it draws out and hides the daylight. This process constitutes the renewal of the work of creation. But Tosaf. explains that *Wilon* produces the light of day, and when it withdraws at night darkness prevails. (13) Thus there is a curtain-like heaven. (14) Isa. XL, 22. (15) I.e., the heavenly luminaries. (16) Gen. I, 17. (17) There is probably a play here on the meaning of שחק (the root of *shehakim*), which means 'to rub away, pulverize, grind' (cf. Ex. XXX, 36 and Job, XIV, 19). (18) Ps. LXXVIII, 23, 24. (19) Cf. Ta'an. 5*a*: 'The Holy One blessed be He, said: I shall not enter the Jerusalem which is above, until I enter the Jerusalem which is below'.

c (1) Michael is Israel's Guardian Angel; cf. Dan. XII, 1 and Yoma 77*a*, Num. Rab. s. 2, Hul. 40*a*. (2) I Kings VIII, 13; the earthly Temple corresponds to the heavenly Sanctuary. (3) Isa. LXIII, 15. (4) Because Israel utters God's praise by day. (5) By silencing the angels by day, God shows lovingkindness to the children of Israel, who are thus permitted to win divine grace by their prayer. Cf. also A.Z. 3*b* on the same verse. (6) Ps. XLII, 9. I.e., by night the song of the angels joins mine (says Israel), which I uttered by day (Rashi). (7) I.e., of His protection.

*See Corrigenda.

◁ *For the continuation of the English translation of this page see overleaf.*

עין משפט נר מצוה

ד א מיי' פ"ג מהלכות יסודי התורה הלכה א:

מסורת הש"ס

את הארץ למה לי להקדים שמים לארץ
והארץ היתה תהו ובהו מכדי בשמים
אתחיל ברישא מאי שנא דקא חשיב מעשה
ארץ תנא דבי ר' ישמעאל משל למלך בשר
ודם שאמר לעבדיו השכימו לפתחי (א) השכים
ומצא נשים ואנשים למי משבח למי שאין
דרכו להשכים והשכים תניא ר' יוסי אומר אוי
להם לבריות שרואות ואינן יודעות (ב) מה רואות
עומדות ואין יודעות על מה הן עומדות הארץ
על מה עומדת על העמודים שנאמר °המרגיז איוב ט
ארץ ממקומה ועמודיה יתפלצון עמודים על
המים שנאמר °לרוקע הארץ על המים מים תהלים קלו
על ההרים שנאמר °על הרים יעמדו מים שם קד
הרים ברוח שנאמר °כי הנה יוצר הרים ובורא עמוס ד
רוח רוח בסערה שנאמר °רוח סערה עושה תהלים קמח
דברו סערה תלויה *בזרועו של הקב"ה
שנאמר °ומתחת זרועות עולם וחכ"א על י"ב דברים לג
עמודים עומדת שנאמר °יצב גבולות עמים שם לב
למספר בני ישראל וי"א (ג) ז' עמודים שנאמר
°חצבה עמודיה שבעה ר"א בן שמוע אומר משלי ט
על עמוד אחד וצדיק שמו שנאמר °וצדיק שם י
יסוד עולם א"ר יהודה שני רקיעים הן שנאמר
°הן לה' אלהיך השמים ושמי השמים ר"ל דברים י
אמר *שבעה ואלו הן וילון רקיע שחקים זבול
מעון מכון ערבות וילון אינו משמש כלום
אלא נכנס שחרית ויוצא ערבית ומחדש בכל
יום מעשה בראשית שנאמר °הנוטה כדוק ישעיה מ
שמים וימתחם כאהל לשבת רקיע שבו חמה
ולבנה כוכבים ומזלות קבועין שנאמר °ויתן בראשית א
אותם אלהים ברקיע השמים שחקים שבו
רחיים עומדות וטוחנות מן לצדיקים (ד) שנאמר
°ויצו שחקים ממעל ודלתי שמים פתח וימטר תהלים עח
עליהם מן לאכול וגו' זבול שבו ירושלים ובית
המקדש *ומזבח בנוי ומיכאל השר הגדול עומד ומקריב עליו קרבן (ה) שנאמר
°בנה בניתי בית זבול לך מכון לשבתך עולמים ומנלן דאיקרי שמים דכתיב
°הבט משמים וראה מזבול קדשך ותפארתך מעון שבו כיתות של מלאכי
השרת שאומרות שירה בלילה וחשות ביום מפני כבודן של ישראל שנאמר
°יומם יצוה ה' חסדו ובלילה שירה עמי אמר ר"ל *כל העוסק בתורה בלילה
הקב"ה מושך עליו חוט של חסד ביום שנאמר יומם יצוה ה' חסדו ומה טעם
יומם יצוה ה' חסדו משום ובלילה שירה עמי ואיכא דאמרי אמר ר"ל כל
העוסק בתורה *בעוה"ז שהוא דומה ללילה הקב"ה מושך עליו חוט של חסד
לעוה"ב שהוא דומה ליום שנאמר יומם יצוה ה' חסדו ובלילה שירה עמי
א"ר לוי *) כל הפוסק מדברי תורה ועוסק בדברי שיחה מאכילין אותו גחלי רתמים שנאמר °הקוטפים מלוח איוב ל
**) עלי שיח ושרש רתמים לחמם ומנלן דאיקרי שמים שנאמר °השקיפה ממעון קדשך מן השמים מכון שבו דברים כו
אוצרות שלג ואוצרות ברד ועליית טללים רעים ועליית אגלים [א] והדרה של סופה (וסערה) ומערה של קיטור
(ו) ודלתותיהן אש שנאמר °יפתח ה' לך את אוצרו הטוב הני ברקיע איתנהו הני בארעא איתנהו דכתיב שם כח
°הללו את ה' מן הארץ תנינים וכל תהומות אש וברד שלג וקיטור רוח סערה עושה דברו אמר רב יהודה תהלים קמח
אמר רב דוד ביקש עליהם רחמים והורידן לארץ אמר לפניו רבש"ע °לא אל חפץ רשע אתה לא יגורך שם ה
(במגורך) רע *צדיק אתה ה' לא יגור במגורך רע ומנלן דאיקרי שמים דכתיב °ואתה תשמע השמים מכון מלכים א ח
שבתך ערבות שבו צדק משפט וצדקה גנזי חיים וגנזי שלום וגנזי ברכה ונשמתן של צדיקים ורוחות ונשמות
שעתיד להיבראות וטל שעתיד הקב"ה להחיות בו מתים צדק ומשפט דכתיב °צדק ומשפט מכון כסאך צדקה תהלים פט
דכתיב °וילבש צדקה כשרין גנזי חיים דכתיב °כי עמך מקור חיים וגנזי שלום דכתיב °ויקרא לו ה' שלום וגנזי ישעיה נט / שם לו / שופטים ו
ברכה דכתיב °ישא ברכה מאת ה' נשמתן של צדיקים דכתיב °והיתה נפש אדוני צרורה בצרור החיים את ה' תהלים כד / שמואל א כה
אלהיך רוחות ונשמות שעתיד להיבראות דכתיב °כי רוח מלפני יעטוף ונשמות אני עשיתי *וטל שעתיד הקב"ה ישעיה נז
להחיות בו מתים דכתיב °גשם נדבות תניף אלהים נחלתך ונלאה אתה כוננתה שם אופנים ושרפים וחיות הקדש תהלים סח
ומלאכי השרת וכסא הכבוד מלך אל חי רם ונשא שוכן עליהם (ז) בערבות שנאמר °סולו לרוכב בערבות ביה שמו שם
ומנלן דאיקרי שמים (ח) אתיא רכיבה רכיבה כתיב הכא סולו לרוכב בערבות וכתיב התם °רוכב שמים בעזרך דברים לג
וחשך וענן וערפל מקיפין אותו שנאמר °ישת חשך סתרו סביבותיו סוכתו חשכת מים עבי שחקים ומי איכא תהלים יח
חשוכא קמי שמיא והכתיב °הוא (*גלי) עמיקתא ומסתרתא ידע מה בחשוכא ונהורא עמיה שרי לא קשיא הא דניאל ב
בבתי

*) ע"ז ג: **) [עי' פרש"י כת"י]

[חגיגה יד:] [שבת קמט: ע"ש סוטה מב. סנהדרין קג. ע"ש] [מנחות קי. ועי' תוס' שם ד"ה ומיכאל] [ע"ז ג:] [פסחים נ: ב"מ פג:] [שבת קנב:] [ר"ל גלא]

תוספות

ואת הארץ להקדים שמים לארץ. דאי לאו ואת הייתי אומר שניהם נבראו יחד והכתוב כתבם זה אחר זה שאי אפשר לכתוב שני שמות כאחד כדפירש רש"י והא דאמרי ב"ה לעיל ארץ נבראת תחלה דכתיב ביום עשות ה' וגו' ולא כתיב ואת התם דריש ליה מדשני קרא בסידריה להסמיך ארץ לעשיה ותהו ובהו בגימטריא תומם פי' רש"י את השמים לרבות תולדותיהן ומדרש אחר הוא ופליג אהא דהכא: **נכנס** שחרית. פרש"י נכנס בתיקו וממלא האור יוצא ויוצא ערבית ומכסה האורה ומחשיך העולם והיא קשה למורי א"כ היאך נראים כוכבים בשמים (ס) מינה בלילה כיון שהם קבועים בשני כדמסיק ומיהו שמא נראים מתוכו כמו ע"י העננים אך רוב פעמים שהעננים מחשיכים אותו ומכסין אותו ונראה למורי לפרש איפכא נכנס שחרית ומתנה אורה יוצא ויוצאת ערבית מן העולם [ומסתלק אורה] ולכך הכוכבים נראין: **כל** העוסק בתורה. אכתי לא סיים למילתיה דז' רקיעים שהתחיל לפרש: **אוצרות** שלג. יש ממעט מכון לפורענות (ע) ויש לטובה כדאמרינן בתענית (דף ג:) טבא תלגא לטורי כחמשה מטרי לארעא וכן כתיב כי כאשר ירד הגשם והשלג וכו' כי אם הרוה את הארץ וגו' (ישעיה נה): **דוד** ביקש והורידן לארץ. הקשה הרב ר' אלחנן הא כתיב (ישעיה נה) כי כאשר ירד הגשם והשלג מן השמים ותירץ דכיון שמן העננים יורד נראות כיורד מן השמים ועוד י"ל דלא הוריד רק המוכנים לפורענות אבל המרוים את הארץ נשארו למעלה: **לא** יגורך במגורך רע. אין זה מקרא אלא לא יגורך וכפי דרשו ליה: (בגמ' שבת קמט: ובסנהדרין קג' איתא ספיר ע"ש) בן

רש"י

להקדים שמים לארץ. דאי לא כתיב את הוה אמינא כאחת נבראו אלא שאי אפשר לקרות שני שמות כאחת להכי כתב את להקדים: למי שאין דרכו להשכים והשכים. הכא נמי (ט) דקרא לשמים תחלה הא' ארץ אין דרכו להשכים ועוד שכל מעשה ארץ מתונים ומעשה שמים במהירות וזו השכימה עמה שנבראו כאחת לכך התחיל לספר מעשיה תחלה: יוצר הרים ובורא רוח. מה ענין זה אצל זה אלא ללמדך שההרים עומדין על הרוח: רוח סערה עושה דברו. דבר הרוח סערה עשאתו: ומתחת. כל היצירה: זרועות עולם. הסובלות אותו: נכנס שחרית. לתוך תיקו והאור נראה: ויוצא ערבית. מתיקו ומתפשט למטה מן האור והרי העולם חשוך וזהו חידושו (י) למעשה בראשית בכל יום: כדוק. יריעה טייל"א בלע"ז אלמא יש שמים שאין משמשין אלא תשמיש יריעה פרוסה: מעון. לשון מדור מקום שמלאכים דרין בו: וחשות. (כ) מפני כבודן של ישראל שמקלסין ביום: יומם יצוה ה' חסדו. יצוה למלאכים לשתוק כדי לעשות חסד לצריכים חסד והם התחתונים: ובלילה שירה עמי. (ל) ברקיע עם שיר שלי שקילסתי ביום: ומנלן. דמעון איקרי שמים: מכון. לשון אוצר של פורעניות כמה דאת אמר נכונו ללצים שפטים (משלי יט): שבו אוצרות שלג כו'. כל אלה לפורעניות: עליית אגלים. לשון (*עוגל) של מים (חולין דף מא·) ולשון אגלי טל (איוב לח) ולשון אגן הסהר (שיר השירים ז) שמתחלפת ל' בנו"ן והם מים העומדים ללקות פירות: (מ) יפתח ה' לך את אוצרו הטוב. למדת שיש לו אוצר לפורענות: לא יגורך רע. לא יגור אצלך: ורוחות ונשמות. חדא היא ויש מפרשין רוח היא הנשמה העשויה בדמות הגוף נשמה נשימה אליינ"א בלע"ז: מכון כסאך. והכסא בערבות הוא כדמסיק לקמן: וילבש צדקה. למדת שעמו צדקה שרויה: ויקרא לו. קראה שלום: רוח מלפני. אלמא לפניו הם: גשם נדבות תניף אלהים וגו'. (נ) והאי קרא במתן תורה כתיב שנאמר נפשי יצאה בדברו (שיר השירים ה) והניף עליהן טל תחייתו והאי קרא משתעי במתן תורה במזמור יקום אלהים יפוצו אויביו:

[פי' הכל תלוי בגבורות של הקב"ה והגבור' היא זרועו כדכתיב לך זרוע עם גבור' ערוך ע' זרוע]

[עוגה איתא לפנינו וע"ש ברש"י]

הגהות הגר"א

[א] גמ' והדרה של סופה ומערה של קיטור. כצ"ל:

רבינו חננאל

אינו צריך לגופו. משל דר' ישמעאל הודיע שהקדים שבחה של ארץ לשבח השמים אבל לא בבריאה. תניא ר' יוסי אומר אוי לבריות שרואות ואינן יודעות כלומר הארץ עומדת על העמודים ועמודי הארץ הן על המים. והמים הן על ההרים. וההרים ברוח. והרוח בסערה וכולה מדרש פסוקים וסערה תלויה בזרועו של הקב"ה שנא' ומתחת זרועות עולם. פי' הדבר שהוא בעולם מתחת הכל תלוי בזרוע בגבורתו של הקב"ה. כי הגבורה היא הזרוע כדכתיב לך זרוע עם גבורה. ר' אלעזר אומר על עמוד אחד עומד העולם וצדיק שמו שנאמר וצדיק יסוד עולם זה שאמר ר"ל ז' רקיעין הן. וילון. רקיע. שחקים. זבול. מעון. מכון. ערבות. וכל אחד ואחד פירש מה הן משמשין. אלו כולן קבלה הן הל"מ. וקראי אסמכתא בעלמא הן. ואינם מדרשות. שאינם דברים הנאמרים מן הדעת כלל. אלא דברי קבלה הן. והערבות שהוא רקיע שביעי יש בו צדקה ומשפט. גנזי חיים גנזי שלום גנזי ברכה ונשמת הצדיקי' ונשמות העתידות להבראות. וטל שעתיד הקב"ה להחיות בו את המתים. וכולהו קראי צדק ומשפט שנאמר צדק ומשפט מכון כסאך. גנזי חיים שנאמר כי עמך מקור חיים. גנזי שלום שנאמר ויקרא לו ה' שלום. גנזי ברכה שנא' ישא ברכה מאת ה'. נשמתן של צדיקים שנא' והיתה נפש אדוני צרורה בצרור החיים את ה' אלהיך. רוחות ונשמות העתידי' להבראו' שנא' כי רוח מלפני יעטוף ונשמות אני עשיתי. וטל שעתיד להחיות בו מתים שנאמר גשם נדבות תניף אלהים וגו'. ולמעלה אופנים ושרפים וחיות הקודש ומלאכי השרת וכסא הכבוד ומלך רם ונשא שוכן עליהם. שנאמר סולו לרוכב בערבות ביה שמו. וחושך וערפל מקיפין אותו מבחוץ שנאמר ישת חשך סתרו וגו' ומבפנים אור שנאמר ונהורא עמיה שריה.

הגהות

(א) גמ' השכימו לפתחי השכים למחר השכים: (ב) שם ואינן יודעות מה הן רואות ומה על מה עומדות וכו' וכרים כל רוח ורוח בסערה: (ג) שם ויש אומרים על ז': (ד) שם וטוחנות מן לצדיקים לעתיד לבא שנאמר ויצו: (ה) שם ומקריב עליו קרבן שנאמר בנה וכו' לשבתך עולמים ומנלן דאיקרי שמים: (ו) שם ודלתותיהן אש שנאמר יפתח וכו' הטוב הני וכו': (ז) שם רם ונשא שוכן עליהם בערבות: (ח) שם ומנלן דאיקרי שמים אמר ר' אבהו אתיא רכיבה:

הב"ח

(ט) רש"י ד"ה למי שאין וכו' מדקרא לשמים: (י) ד"ה ויוצא ערבית וכו' חידושו של מעשה בראשית: (כ) ד"ה וחשות ביום מפני: (ל) ד"ה ובלילה שירה שמו שירו ברקיע: (מ) ד"ה יפתח וכו' הטוב: (נ) ד"ה גשם נדבות וכו' תניף אלהים וגו' במתן תורה כצ"ל: (ס) תוס' ד"ה נכנס וכו' כוכבים בשמים בלילה כיון שהם קבועים ברקיע השני כצ"ל ותיבת מינה נמחק: (ע) ד"ה אוצרות וכו' לפורענות ויש לטובה כדאמרינן:

Continuation of translation from previous page as indicated by ◁

Lord doth command His lovingkindness'? Because *'by night His song*[8] *is with me'*. And there are some who say: Resh Lakish said: Whoever occupies himself with the study of the Torah in this world, which is like the night, the Holy One, blessed be He, draws over him a chord of lovingkindness in the world to come, which is like the day,[9] for it is said: *'By day the Lord doth command His lovingkindness, for by night His song is with me'*.

R. Levi said: Whoever leaves off the study of the Torah and occupies himself with idle talk, he is made to eat coals of broom,[10] for it is said: *They pluck salt-wort through idle talk,*[11] *and the roots of the broom are their food.*[12]

d And whence do we derive that it[1] is called heaven?—For it is said: *Look forth from Thy holy habitation* [ma'on], *from heaven.*[2] *Makon*[3] is that in which there are the stores of snow[4] and stores of hail, and the loft of harmful dews and the loft of raindrops,[5] the chamber of the whirlwind and storm,[6] and the cave of vapour, and their doors are of fire, for it is said: *The Lord will open unto thee His good treasure.*[7] But are these to be found in the firmament? Surely, they are to be found on the earth, for it is written: *Praise the Lord from the earth, ye sea-monsters, and all deeps; fire and hail, snow and vapour, stormy wind, fulfilling his word!*[8]—Rab Judah said in the name of Rab: David entreated concerning them, and caused them to come down to the earth. He said before Him: Lord of the universe, *Thou art not a God that hath pleasure in wickedness; let not evil sojourn with Thee;*[9] righteous art Thou, O Lord, let not evil sojourn in Thy abode.[10] And whence do we derive that it[11] is called heaven? For it is written: *Then hear Thou in heaven, Thy dwelling place* [Makon].[12]

'Araboth is that in which there are Right and Judgment and Righteousness,[13] the treasures of life and the treasures of peace and the treasures of blessing, the souls of the righteous and the spirits and the souls[14] which are yet to be born, and dew wherewith the Holy One, blessed be He, will hereafter revive the dead.
e Right and Judgment, for it is written: *Right*[1] *and judgment are the foundations of Thy throne.*[2] Righteousness, for it is written: *And He put on righteousness as a coat of mail.*[3] The treasures of life, for it is written: *For with Thee is the fountain of life.*[4] And the treasures of peace, for it is written: *And called it, 'The Lord is peace'.*[5] And the treasures of blessing, for it is written: *He shall receive a blessing from the Lord.*[6] The souls of the righteous, for it is written: *Yet the soul of my lord shall be bound up in the bundle of life with the Lord thy God.*[7] The spirits and the souls which are yet to be born, for it is written: *For the spirit that enwrappeth itself is from Me, and the souls which I have made.*[8] And the dew wherewith the Holy One, blessed be He, will hereafter revive the dead, for it is written: *A bounteous rain didst Thou pour down, O God; when Thine inheritance was weary, Thou didst confirm it.*[9] There [too] are the Ofanim[10] and the Seraphim,[11] and the Holy Living Creatures,[12] and the Ministering Angels,[13] and the Throne of God; and the King, the Living God, high and exalted, dwells over them in *'Araboth*, for it is said: *Extol Him that rideth upon Araboth*[14] *whose name is the Lord.*[15] And whence do we derive that it[16] is called heaven? From the word 'riding', which occurs in two Biblical passages. Here it is written: *'Extol Him that rideth upon Araboth'*. And elsewhere it is written: *Who rideth upon the heaven as thy help.*[17] And darkness and cloud and thick darkness surround Him, for it is said: *He made darkness His hiding-place, His pavilion round about Him, darkness of waters,*
f *thick clouds of skies.*[1] But is there any darkness before Heaven?[2] For behold it is written: *He revealeth the deep and secret things; He knoweth what is in the darkness, and the light dwelleth with Him.*[3]

(8) I.e., the Torah. (9) Cf. Aboth IV, 16, 17. (10) This is the punishment for slander and a figurative expression for Gehinnom; cf. Yal. Shim. s. 120, Midr. Till. to Ps. CXX, and Gen. Rab. 98. (11) Heb. שִׂיחַ, which may represent two totally different words of identical spelling: one means 'shrub' (or, according to some, 'wormwood') which is the natural meaning here, the other means 'complaint, musing, talk', which is the sense in which it is homiletically understood by R. Levi. (12) Job. XXX, 4.

d (1) I.e., *Ma'on:* the explanation of the seven heavens is here resumed. (2) Deut. XXVI, 15. (3) According to Rashi, this heaven contains stores of punishments, the snow etc. being employed not for the world's benefit, but for retribution. Tosaf., however, holds that the contents of *Ma'on* are used for good as well as evil, and compares Ta'an. 3*b* and Isa. LV, 10. (4) For these stores cf. Job XXXVIII, 22f also Isa. XXIX, 6. (5) Rashi: to smite down the produce. (6) Omitted by R. Elijah of Wilna. (7) Deut. XXVIII, 12; implying also the existence of a bad store, i.e., of punishments; but the "Ein Jacob' reads here Jer. L, 25. (8) Ps. CXLVIII, 7, 8. (9) Ibid. V, 5. (10) Note how the Talmudic explanation of the verse transforms the negative description of God into a positive one, and changes (*'with Thee'* into *'in Thy abode'* to prevent any misconception about God's perfection. (11) I.e., *Makon.* (12) I Kings VIII, 39. (13) Heb. צדקה, which implies righteous actions and is often used in the sense of charity. (14) Rashi explains that either 'spirits' and 'souls' are synonymous, or else 'spirit' means the soul that has bodily form (ectoplasm?).

e (1) E.V. *'Righteousness'*. (2) Ps. LXXXIX, 15. (3) Isa LIX, 17. (4) Ps. XXXVI, 10. (5) Judg. VI, 24. Rashi renders: He (the Lord) called it (peace) unto Him. (6) Ps. XXIV, 5. (7) I Sam. XXV, 29. (8) Isa. LVII, 1. (9) Ps. LXVIII, 10. The verse refers to the Revelation at Sinai, when, according to the Midrash, the souls of the children of Israel momentarily left their bodies, but God with His bounteous rain or dew of resurrection revived them. Cf. Cant. Rab. to Cant. V, 6. (10) Lit., 'Wheels', i.e., wheel-like angels; v. Ezek. I, 15f. (11) V. Isa. VI, 2; in Rabbinic literature they are understood to be angels of fire, cf. Deut. Rab. s. 11. But v. *B.D.B.* s.v. (12) V. Ezek. I, 5f. (13) Apparently distinct from those dwelling in *Ma'on* (v. *supra*). (14) A.V. *'upon the heavens'*; R.V. *'through the deserts'*. (15) Ps. LXVIII, 5. (16) I.e., *'Araboth.* (17) Deut. XXXIII, 26.

f (1) Ps. XVIII, 12. (2) I.e., God (3) Dan. II, 22.

—There is no contradiction: the one [verse][4] [13a] refers to the inner chambers,[5] the other to the outer chambers. And R. Aha b. Jacob said: There is still another Heaven above the heads of the living creatures, for it is written: *And over the heads of the living creatures there was a likeness of a firmament, like the colour of the terrible ice, stretched forth over their heads above.*[6] Thus far you have permission to speak, thenceforward you have not permission to speak, for so it is written in the Book of Ben Sira:[7] *Seek not things that are too hard for thee,*[8] *and search not out things that are hidden from thee. The things that have been permitted*[9] *thee, think thereupon; thou hast no business with*[10] *the things that are secret.*[11]

It is taught: R. Johanan b. Zakkai said: What answer did the *Bath Kol*[12] give to that wicked one,[13] when he said: *I will ascend above*
a *the heights of the clouds; I will be like the Most High?*[1] A *Bath Kol* went forth and said to him: O wicked man, son of a wicked man, grandson[2] of Nimrod, the wicked, who stirred the whole world to rebellion against Me[3] by his rule. How many are the years of man? Seventy, for it is said: *The days of our years are threescore years and ten, or even by reason of strength fourscore years.*[4] But the distance from the earth to the firmament is a journey of five hundred years, and the thickness of the firmament is a journey of five hundred years, and likewise [the distance] between one firmament and the other.[5] Above them[6] are the holy living creatures: the feet[7] of the living creatures are equal to all of them [together];[8] the ankles of the living creatures are equal to all of them; the legs of the living creatures are equal to all of them; the knees[9] of the living creatures are equal to all of them; the thighs of the living creatures are equal to all of them; the bodies of the living creatures are equal to all of them; the necks of the living creatures are equal to all of them; the heads of the living creatures are equal to all of them; the horns of the living creatures are equal to all of them. Above them is the throne of glory; the feet of the throne of glory are equal to all of them; the throne of glory is equal to all of them. The King, the Living and Eternal God, High and Exalted, dwelleth above them. Yet thou didst say, *I will ascend above the heights of*
b *the clouds, I will be like the Most High! Nay*[1], *thou shalt be brought down to the nether-world, to the uttermost parts of the pit.*[2]

NOR [THE WORK OF] THE CHARIOT IN THE PRESENCE OF ONE. R. Ḥiyya taught: But the headings of chapters[3] may be transmitted to him. R. Zera said: The headings of chapters may be transmitted only to the head of a court[4] and to one whose heart is anxious within him.[5] Others say: *Only* if his heart is anxious within him.[6] R. Ammi said: The mysteries of the Torah may be transmitted only to one who possesses five attributes, [namely], *The captain of fifty, and the man of rank, and the counsellor, and the cunning charmer, and the skilful enchanter.*[7] R. Ammi further said: The teachings of the Torah are not to be transmitted to an idolater,[8] for it is said: *He hath not dealt so with any nation; and as for His ordinances, they have not known them.*[9]

R. Johanan said to R. Eleazar: Come, I will instruct you in the ◁

(4) I.e., the latter. (5) Cf. *supra* p. 23, n. 5. (6) Ezek. I, 22. (7) Cf. Ecclesiasticus III, 21, 22. The author, whose full name seems to have been Jesus b. Simeon b. Eleazar b. Sira, is the only writer of the Old Testament or Apocrypha who signed his work (v. ibid. L, 27). His date falls in the first third of the second century B.C.E. He wrote in Hebrew, the Greek translation being made by his grandson, of whom it is known that he went to Egypt in 132; the greater part of the Hebrew original has been recovered from the Cairo Genizah. According to Tosef. Yad. II, 13, the writings of Ben Sira do not defile the hands, i.e., are uncanonical, and so rank the works of '*Minim*' or heretics. Eccl. Rab. XII, 11 forbids one to have Ben Sira's book in the house. R. Akiba (J. Sanh. 28a) includes the readers of uncanonical writings such as those of Ben Sira among those who have no share in the world to come; v. further the discussion in Sanh. (Sonc. ed.) 100b and nn. a.l. on R. Akiba's prohibition. The exclusion of Ecclesiasticus from the canon and the prohibitions with which it was surrounded were probably due to its epicurean and Sadducean tendencies. Notwithstanding, the book remained popular with Jews, and is frequently quoted in early Jewish literature as well as in the Talmud and Midrash. V. *J.E.* vol. XI, pp. 388f. (8) E.V. '*that are above thy strength*'. (9) E.V. '*commanded*'. (10) E.V. '*no need of*'. (11) For a variant version of this quotation v. Gen. Rab. VIII, which contains two additional clauses. (12) Lit., '*daughter of a voice*'. According to Lampronti, Levy, Kohut (*Aruch Completum*) and Jast., it means 'an echo'; but L. Blau holds (*J.E.* vol. II, pp. 588f) that it means 'sound', 'resonance'. For its secular use, v. Ex. Rab. XXIX, end; but in our passage and Rabbinic literature *passim*, it refers to a heavenly or divine voice. (13) I.e., Nebuchadnezzar, who, in R. Johanan b. Zakkai's time, possibly suggested Titus.

a (1) Isa. XIV, 14. (2) As Tosaf. a.l. points out, this statement is not to be taken literally; Nebuchadnezzar is to be regarded as a spiritual descendant of Nimrod because of the similarity of their deeds (the latter persecuted Abraham —cf. Targ. pseudo-Jonathan to Gen. XIV, 1; Gen. R. XLII, 5; Cant. R. VIII, 8—and the former led into captivity Abraham's descendants) and of their place of origin (Babylon). (3) Lit., 'against himself', an obvious emendation, dictated by a pious desire to avoid blasphemy, of 'against Me' i.e., God. In 'Er. 53a the text has been 'corrected' as here; but in Pes. 94b, Gen. R. s. 26 etc., the original reading is preserved. (4) Ps. XC, 10. (5) *V. p. 69. (6) I.e., the seven heavens; v. n. 5. (7) I.e., the thickness of the hooves. (8) I.e., 15 (7 heavens and 8 interspaces) × 500 years. But in J. Ber. 13a the figure is given as 515, the numerical sum of ישרה, 'upright'; cf. Ezek. I, 7 (Tosaf.). (9) Properly, the knee and its surrounding parts; cf. Ḥul. 76a.

b (1) E.V. '*Yet*' etc. (2) Isa. XIV, 14f. (3) Probably, the leading words of each section or subject (cf. Rashi a.l. and Jast. s. פרק). Levy explains it as 'the interpretations of single verses'. V. *infra*. (4) Ab Beth din, lit., 'Father of a Beth din' (house of judgment). The Beth din consisted of three (according to another view, five) members for monetary cases, and of twenty-three for capital cases; whilst the Beth din ha-Gadol ('High Court'), or Great Sanhedrin, was comprised of seventy elders and the *Nasi*, who acted as president. The Ab Beth din of the Sanhedrin was the vice-president and most important of the seventy members (cf. Sanh. [Sonc. ed.] 2a-2b; and *J.E.* vol. III, pp. 114f). (5) I.e., he is reverential and not given to levity. (6) I.e., one must have both qualifications viz., be the head of a court and reverential. (7) Isa. III, 3. For the explanation of these qualifications *v. p. 85. (8) This, and not Cuthean (substituted on account of the censorship), is undoubtedly the correct reading. Dicta of this kind were directed against heathens, and were inspired by the fear lest the knowledge of the Torah be unscrupulously used against Jews. Cf. the story of the Roman commissioners referred to in B.K. (Sonc. ed.) 38a; also R. Johanan's statement in Sanh. (Sonc. ed.) 59a and Num. Rab. s. 13. (9) Ps. CXLVII, 20.

*See Corrigenda.

◁ *For the continuation of the English translation of this page see overleaf.*

*בבתי גואי הא בבתי בראי ואמר רב אחא בר יעקב עוד רקיע אחד יש למעלה מראשי החיות דכתיב °ודמות על ראשי החיה רקיע כעין הקרח הנורא עד כאן יש לך רשות לדבר מכאן ואילך אין לך רשות לדבר שכן כתוב בספר בן סירא במופלא ממך אל תדרוש ובמכוסה ממך אל תחקור במה שהורשית התבונן אין לך עסק בנסתרות *תניא אמר רבן יוחנן בן זכאי מה תשובה השיבתו בת קול לאותו רשע בשעה שאמר °אעלה על במתי עב אדמה לעליון יצתה בת קול ואמרה לו רשע בן רשע בן בנו של נמרוד הרשע *שהמריד (א) כל העולם כולו עליו במלכותו כמה שנותיו של אדם שבעים שנה שנאמר °ימי שנותינו בהם שבעים שנה ואם בגבורות שמונים שנה והלא מן הארץ עד לרקיע מהלך חמש מאות שנה ועוביו של רקיע מהלך חמש מאות שנה וכן בין כל רקיע ורקיע למעלה מהן חיות הקדש (ב) רגלי החיות כנגד כולם קרסולי החיות כנגד כולן שוקי החיות כנגד כולן ארכובי החיות כנגד כולן ירכי החיות כנגד כולן גופי החיות כנגד כולן צוארי החיות כנגד כולן ראשי החיות כנגד כולן קרני החיות כנגד כולן למעלה מהן כסא כבוד רגלי כסא הכבוד כנגד כולן כסא הכבוד כנגד כולן מלך אל חי וקים רם ונשא שוכן עליהם ואתה אמרת אעלה על במתי עב אדמה לעליון אך אל שאול תורד אל ירכתי בור: ולא במרכבה ביחיד: תני רבי חייא *אבל מוסרין לו ראשי פרקים אמר רבי זירא אין מוסרין ראשי פרקים אלא לאב ב"ד ולכל מי שלבו דואג בקרבו איכא דאמרי והוא שלבו דואג בקרבו אמר רבי אמי אין מוסרין סתרי תורה אלא למי שיש בו חמשה דברים °שר חמשים ונשוא פנים ויועץ וחכם חרשים ונבון לחש א] ואמר רבי אמי אין מוסרין דברי תורה לעובד כוכבים שנאמר °לא עשה כן לכל גוי ומשפטים בל ידעום א"ל רבי יוחנן לרבי אלעזר תא אגמרך במעשה המרכבה א"ל לא קשאי כי קש נח נפשיה דרבי יוחנן א"ל ר' אסי תא ואגמרך במעשה מרכבה א"ל אי זכאי גמירתא מר' יוחנן רבך רב יוסף הוה גמיר מעשה המרכבה סבי דפומבדיתא הוו תנו במעשה בראשית אמרו ליה ליגמור לן מר מעשה מרכבה אמר להו אגמרון לי מעשה בראשית (ג) בתר דאגמרון אמרו ליה ליגמרן מר במעשה מרכבה אמר להו תנינא בהו °דבש וחלב תחת לשונך דברים המתוקין מדבש וחלב יהו תחת לשונך ר' אבהו אמר מהכא °כבשים ללבושך (ד) דברים שהן כבשונו של עולם יהיו תחת לבושך אמרו ליה תנינן בהו עד °ויאמר אלי בן אדם אמר להו הן הן מעשה המרכבה מיתיבי עד היכן מעשה המרכבה רבי אומר עד °וארא (ה) בתרא ר' יצחק אומר עד החשמל עד וארא מגמרינן מכאן ואילך מסרינן ראשי פרקים איכא דאמרי עד וארא מסרינן ראשי פרקים מכאן ואילך אם הוא חכם מבין מדעתו אין אי לא לא ומי דרשינן בחשמל והא ההוא ינוקא דדריש בחשמל (ו) ונפקא נורא ואכלתיה שאני ינוקא דלאו מטי זמניה אמר רב יהודה ברם *זכור אותו האיש לטוב וחנניה בן חזקיה שמו אלמלא הוא נגנז ספר יחזקאל שהיו דבריו סותרין דברי תורה מה עשה העלו לו ג' מאות גרבי שמן וישב בעלייה ודרשו ת"ר מעשה בתינוק אחד שהיה קורא בבית רבו בספר יחזקאל והיה מבין בחשמל ויצאה אש מחשמל ושרפתו וביקשו לגנוז ספר יחזקאל (ז) ב] אמר להם חנניה בן חזקיה אם זה חכם (ח) הכל חכמים הן מאי חשמל אמר רב יהודה חיות

(מסורת הש"ס: [לעיל ט:] · יחזקאל א · [פסחים נד.] · ישעיה יד · [עירובין נג.] · תהלים צ · ישעיה ג · תהלים קמז · שיר ד · משלי כז · יחזקאל ב · שם א · שבת יג. ע"ש מנחות מה.)

רש"י

בבתי גואי · והגורה עמיה שרא: במופלא ממך · במובדל ומופרש ממך שלא רצה הקב"ה לגלות לך: לאותו רשע · נבוכדנצר: עליו · לשון נקיה היא כלומר על עצמו ולא עלי: רגלי החיות · עובי פרסותיהן: קרסולי · אסתוירא שקורין קביליי"א בלעז: שוק · הוא עצם האמצע עם (מ) הרגל: ארכובי · הוא עצם הירך הסמוך לשוק ירך הוא עצם הקולית התקוע במתנים: ראשי פרקים · ראשי פרשיות שבה: שלבו דואג · ואינו מיקל את ראשו: איכא דאמרי והוא שלבו דואג בקרבו · תרתי בעינן: סתרי תורה · כגון מעשה המרכבה וספר יצירה ומעשה בראשית והיא ברייתא: יועץ וחכם חרשים ונבון לחש · לקמן מפרש להו: לא קשאי · לא זקנתי ובעינן לבו דואג: מעשה המרכבה ומעשה בראשית · ברייתות הן: כבשונו של עולם · סתרו של עולם כמו רישא בכבשא (חולין דף נג:) בהדי כבשי דרחמנא למה לך (ברכות דף י·) ממני יאהו כבושין (מכות דף כג:): תנינא עד ויאמר אלי בן אדם · כבר שנינו עד ויאמר אלי בן אדם עמוד על רגליך: הן הן מעשה המרכבה · אם עד כאן שניתם הרבה שניתם ששני מקראות הללו שהן וארא כעין החשמל וגו' כמראה הקשת וגו' (י) הם שהקפידו עליהם חכמים מלדורשם שהן מדברין בגורת שכינה ומראהו: מיתיבי · גרסינן ולא גרסינן ומי הוי מעשה המרכבה עד הכא: עד וארא · כעין החשמל ולא הוא בכלל: עד החשמל · עד התיבה הזו והיא בכלל לידרש: עד וארא מגמר גמרינן · כלומר הכי קאמר עד היכן מעשה מרכבה שנתנו לדרוש עד וארא או עד החשמל ומשם עד ויאמר הן הן מעשה מרכבה שהקפידו עליהן חכמים: נגנז ספר יחזקאל · שיש בסופו דברים בקרבנות שסותרין דברי תורה: גרבי שמן · להדליק: והיה מבין בחשמל · לדרוש מהו: חיות

תוספות

בן בנו של נמרוד הרשע · לאו דוקא שהרי כוש ילד את נמרוד ולא מצינו אותו רשע מזרע כוש אלא על שם מעשיו שמלך גם הוא בשנער* שבעים שנה · לאו משום שלא היה קשיש יותר שהרי לא וחשוב מימות סנחריב שסמוך למפלתו גבי שליחות שלח בלאדן לחזקיהו מליט שהיה סופר בביתו ומשם זכה למלכות כדאשכחן באגדות חלק (סנהדרין דף צו·) אלא אורחא דמילתא קא חשיב: ורגלי החיות כנגד כולם · יש מגיהין בקדושתא שיסד הקליר ותיות אשר הנה מרובעות לכסא כף רגל חמש מאות וחמש עשרה ומוחקים הוי"ו ואומרים כי כן עולה לפי חשבון שבכאן למנין ז' רקיעים *וא' אוירים הוא ט"ו פעמים ת"ק והיינו מנין ישרה ש"ר ת"ק וי"ה לסימנא (כ) שכן עולה ט"ו פעמים כך ומיהו בחנם מחקוהו שיסד דבריו ע"פ הירושלמי דהרואה א"ר לוי מארץ ועד לרקיע מהלך ת"ק שנה אמר ר' ברכיה ור' חלבו בש"ר (בא) סמוקה גדול מזה רגל אחד *כמנין ישר"ה ראה כמה (ל) גבוה מעולמו כו' משמע כמנין שיסד ת"ק ט"ו וכן היה דרכו שבכמה מקומות היה מניח שיטת הש"ס שלנו כדי לאחוז °שיטת הש"ס ירושלמי שהוא היה תנא והוא היה ר"א ברבי שמעון דקרי עליה *מכל אבקת רוכל תנא קרא קרובן ופייטן (ויקרא רבה פ"ל) ובימיו מקדשים ע"פ הראייה שמעולם לא יסד רק קרובן מיוס (*אחד): אין מוסרין דברי תורה לעובד כוכבים · היה קשה להר"ר אלחנן תיפוק ליה דעובד כוכבים העוסק בתורה חייב מיתה כדאמר בפ' ד' מיתות (סנהדרין דף נט· ושם) עובד כוכבים העוסק בתורה חייב מיתה והמלמדו עובר אלפני עור לא תתן מכשול וכי תימא (מ) בז' מצות דידהו דאינו חייב מיתה כדאמר הש"ס התם והא *מצוה איכא למוסרם להם ונפקא לן מהאי קרא אשר יעשה אותם האדם וחי בהם (ויקרא יח) כהן ולוי לא נאמר אלא אדם שאפילו עובד כוכבים ועוסק בתורה וכו' וי"ל דהכא מיירי אפילו היכא דאיכא עובד כוכבים אחר שרוצה ללמדו דליכא לפני עור כדאמרינן בע"ז (דף ו:) המושיט כוס יין לנזיר עובר אלפני עור והני מילי דקאי תרי עברי דנהרא שבלאו נתינתו אי אפשר להביאו אליו אבל אי לאו הכי אינו עובר אלפני עור הכא נמי אפילו במקום שעובד כוכבים אחר רוצה ללמדו דליכא לפני עור מכל מקום אסור משום מגיד דבריו ליעקב וכו' (תהלים קמז):* והחיות

(גליון: [עי' מהרש"א בח"א] · [נ"ל אבא] · [שם איתא אף עלפי החיות מהלך ת"ק שנה וחמש עשרה מנין ישרה ע"ש] · [בפסיקתא ועי' בהרא"ש ברכות פ"ה סי' כ"א] · [נ"ל ראשון] · נ"א אמרינן התם דמצוה ללמדם ונפקא · ועי' שמות רבה פרשה ל במעשה דעקילס ולדריוס)

עין משפט נר מצוה

ז א מיי' פ"ב מהלכות יסודי התורה הל' יב וס"ד שם הלכה יא:

ח ב ג מיי' פ"ב שם הלכה יב:

רבינו חננאל

עד כאן יש לך רשות לדבר מיכן ואילך אסור. כתוב בספר בן סירא במופלא ממך אל תדרוש ובמכוסה ממך אל תחקור במה שהורשיתה התבונן אין לך עסק בנסתרות והדברים שנאמר מהלך ת"ק שנה דברי קבלה הן · הלא תראה שהן מועתקין מפי ריב"ז שהיה בימי הבית ולא נשאר לו דבר קטן ולא דבר גדול. אלא הכל קיבל בקבלה מרבו ומפורש בו דבר גדול מעשה מרכבה דבר קטן הוויות דאביי ורבא. ואין הדברים הללו באין משיקול הדעת ואין צריך להסתכל בהן שהמסתכל בהן בא בטירוף דעת שאי אפשר לומר יש שם מקום חלל מופנה ואף לא מלא שהכל מתחתיו הן שכשם שאין כח לומר כי קודם יצירת העולם היה חלל או מקום מלא או ריקם אלא אחר שנברא העולם נבראו שמים וארץ ואין ידוע מה למעלה ומה למטה ולפיכך מנעו רבותינו להסתכל מה למעלה ומה למטה מה לפנים ומה לאחור. ויש בגבורתו של הקב"ה לעשות כמה: ולא במרכבה ביחיד תני ר' חייא מוסרין ליחיד ראשי פרקים פי' פותחין לו ראשי דבריו והוא מבין מדעתו *) וזה לבו גם בו כר' אלעזר דאמר ליה ר' יוחנן רביה תא אגמרך מעשה מרכבה א"ל לא קשאי כלומר איני בן חמשים שנה כד נח נפשיה דרבי יוחנן אמר ליה רבי אסי תא אגמרך מעשה מרכבה א"ל אין מוסרין דברי תורה אלא ליועץ חכם חרשים ונבון לחש ואין מוסרין ד"ת לעובד כוכבים שנאמר מגיד דבריו ליעקב חקיו ומשפטיו לישראל. אלא הא דתניא עד היכן מעשה מרכבה כו' וקיי"ל כלישנא בתרא עד וארא ועד חשמל מסרינן ראשי פרקין כדאמרן מיכן ואילך לא מסרינן אלא אם היה חכם מבין מדעתו מאי חשמל אמר רב יהודה חיות אש ממללות במתניתא תנא חש מל כלומר ב' מלות

*) אולי צ"ל וזהו שלא תאה לבו גם בו:

הגהות הב"ח

(א) גמ' שהמריד את כל העולם: (ב) שם ורגלי החיות וכו' וקרסולי וכו' ושוקי וכו' וארכובי וכו' וירכי וכו' וגופי וכו' וצוארי וכו' וראשי וכו' וקרני וכו' ולמעלה מהן כסא כבוד ורגלי וכו' וכסא הכבוד כנגד כולן ולמעלה מהן מלך: (ג) שם מעשה בראשית אגמרוה בתר דאגמרו' אמרו: (ד) שם כבשים ללבושך אל תקרי כבשים אלא כבושים דברים שהן כבשונו: (ה) שם רבי אומר עד וארא כעין חשמל בתרא: (ו) שם ונפיק נורא מחשמל ואכלתיה שאני ינוקא דלא מטי זימנא דלאו אורח ארעא דדריש אמר רב יהודה אמר רב ברם זכור וכו' שאלמלא זכו' מה עשה עלה לעלייה והעלו לו לשם שלש מאות: (ז) שם אמר להם (חנניה בן חזקיה) תא"מ וכ"ב ס"א רשב"ג: (ח) שם אם זה חכם כולם חכמים: (ט) רש"י ד"ה שוק הוא עצם האמצע עם הרגל הס"ד: (י) ד"ה הן הן וכו' הם הם שהקפידו: (כ) תוס' ד"ה ורגלי וכו' לסימנא שיש בו ט"ו פעמים ת"ק ומיהו בחנם מחקוהו: (ל) בא"ד ראה כמה הוא גבוה למעלה מעולמו וכו' כמנין שיסד ת"ק וט"ו וכן וכו' ופייטן ודרשן ובימיו היו מקדשין. נ"ב בויקרא רבה פרשה ל' כד דמך ר"א בר שמעון היה דורו קורא עליו מי זאת עולה כו' מהו מכל אבקת רוכל אלא דהוה קריי ותניי ופייטן ודרשן ובמדרש חזית בפסוק מי זאת עולה גרס קרובן: (מ) ד"ה אין מוסרין וכו' וכי תימא הכא בז' מצות וכו' וי"ל. נ"ב בספר עין יעקב תירצו תירוץ אחר וז"ל וי"ל דהיינו קודם שניתנה תורה אבל לאחר שניתנה תורה והתירום להם ילפינן מהאי קרא דאף ז' מצות אסור ללמדם:

גליון הש"ס תוס' ד"ה ורגלי וכו' שיטת הירושלמי שהוא היה תנא. נ"ל וי"א שהוא היה תנא כן הוא ברא"ש בפ"ה דברכות:

הגהות מהר"ב רנשבורג

א] גמ' ואמר רבי אמי אין מוסרין דברי תורה לעובד כוכבים. נ"ב עיין שו"ת באר שבע בסופו וחלק באר מים חיים סימן י"ד טעם למה השמיטו הפוסק ס זה: ב] שם א"ל חנני' אם זה חכם הכל חכמים הן. נ"ב ר"ל אם זה הקטן חכם כל הקטנים חכמים דלגדולים אין לחוש כדאמרינן לעיל שאני ינוקא דלא מטא זימנא עכ"ל מהרש"א בח"א:

Continuation of translation from previous page as indicated by ◁

'Work of the Chariot'.[10] He replied: I am not old enough.[11] When
c he was old enough, R. Joḥanan died.[1] R. Assi [then] said to him: Come, I will instruct you in the 'Work of the Chariot'. He replied: Had I been worthy, I should have been instructed by R. Joḥanan, your master.

R. Joseph was studying the 'Work of the Chariot'; the elders of Pumbeditha[2] were studying the 'Work of Creation'. The latter said to the former: Let the master teach us the 'Work of the Chariot'. He replied: Teach me the 'Work of Creation'. After they had taught him, they said to him: Let the master instruct us in the 'Work of the Chariot'. He replied: We have learnt concerning it: *Honey and milk are under thy tongue.*[3] The things that are sweeter than honey and milk should be *under* thy tongue.[4] R. Abbahu said: [It[5] is inferred] from this verse: *The lambs* [Kebasim] *will be for thy clothing.*[6] The things which are the mystery [*Kibshono*] of the world should be under thy clothing.[7] They[8] [then] said to him: We have already studied therein as far as, *And He said unto me: 'Son of man'.*[9] He replied: This is the very [portion of the] 'Work of the Chariot'.[10]

An objection was raised: How far does [the portion of] the 'Work of the Chariot' extend? Rabbi said: As far as the second *And I saw.*[11] R. Isaac said: As far as *Ḥashmal!*[12]—As far as '*I*
d *saw*'[1] may be taught;[2] thenceforward, [only] the heads of chapters[3] may be transmitted. Some, however, say: As far as '*I saw*', the heads of chapters may be transmitted; thenceforward, if he is a Sage able to speculate by himself, Yes; if not, No. But may one expound [the mysteries of] *Ḥashmal?* For behold there was once a child[4] who expounded [the mysteries of] *Ḥashmal*, and a fire went forth and consumed him!—[The case of] the child is different, for he had not reached the [fitting] age. Rab Judah said: That man be remembered for blessing,[5] namely, Ḥananiah b. Hezekiah: but for him, the Book of Ezekiel would have been withdrawn,[6] for its words contradict the words of the Torah.[7] What did he do? Three hundred *garab*[8] of oil were brought up to him, and he sat in an upper chamber and expounded it.

The Rabbis taught: There was once a child who was reading at his teacher's house the Book of Ezekiel, and he apprehended what *Ḥashmal* was,[9] whereupon a fire went forth from *Ḥashmal* and consumed him. So they[10] sought to suppress the Book of Ezekiel, but Ḥananiah b. Hezekiah said to them: If he was a Sage,
e all are Sages![1] What does [the word] *Ḥashmal* mean?—Rab Judah

(10) The 'Work of the Chariot' and the 'Work of Creation' mentioned in the next passage, were Baraithas (Rashi), which apparently, took the relevant passages of Genesis and Ezekiel as the basis of their expositions. (11) *Cf. p. 85, where the 'captain of fifty', mentioned *supra* as one of the qualifications of the man to whom the mysteries of the Torah may be transmitted, is explained as one who is fifty years of age.

c (1) Lit., 'R. Joḥanan's soul was at rest' (cf. Isa. LVII, 2). (2) Lit., 'mouth of Beditha' (a canal of the Euphrates). It was the seat of a great Jewish academy. (3) Cant. IV, 11. (4) I.e., the mysteries of the Chariot may not be taught, cf. our Mishnah *(p. 59). The Rabbis considered the whole of Canticles as a figurative expression of the mystical relationship between God and Israel; thus the verse quoted, which the Bridegroom says to the Bride, is really the injunction of God to Israel. (5) I.e., the prohibition to teach the 'Chariot' mysteries. (6) Prov. XXVII, 26. (7) I.e., in thy bosom, a secret. The reading in MS.M. brings the Midrashic deduction out more clearly: 'Read not *kebasim* ("lambs") but *kebushim* ("hidden things"); things which are the mystery (*kibshono*) of the world must be kept under one's clothing'. (8) I.e., the elders of Pumbeditha. (9) Ezek. II, 1. (10) I.e., if you have learnt thus far, you have learnt much, for this passage included the very verses (Ezek. I, 27, 28) the teaching of which the Rabbis prohibited. (11) Ezek. I, 27, excluding *Ḥashmal;* v. n. 12. (12) Ibid., including *Ḥashmal* (E.V. '*electrum*'). By *Ḥashmal*, the whole subject thereof, which is described in this verse, is meant, not merely the word itself, which already occurs in v. 4. The objection here raised is that the statements of Rabbi and R. Isaac apparently contradict the statement of R. Joseph above, which seemed to imply that the passage dealing with the 'Work of the Chariot' extended to Ezek. II, 1.

d (1) I.e., '*I saw*' according to Rabbi, or '*Ḥashmal*' according to R. Isaac, (2) I.e., Rabbi and R. Isaac indicated not how far the 'Work of the Chariot' extended, but how far therein it was permissible to teach. (3) V. *supra* n. a3. (4) Aram. ינוקא, a term applicable to a boy from infancy to school age. Hottinger's view (*De Incestu* etc., p. 54, quoted by A. W. Streane) that not a child in years but in knowledge of Talmud is meant is unlikely. Cf. the frequent use of the term in the Zohar. (5) Cf. Neh. V, 19. (6) Heb. גנוז, lit., 'hidden, stored away', i.e., declared un-canonical. The idea and name of the Greek 'Apocrypha' have often been traced to this technical significance of the verb גנז in the Talmud; but this is denied by G. F. Moore, v. *J.E.*, vol. II, pp. 1-2 and 6. (7) Cf. Ezek. XVIII, 4, 20 with Ex. XX, 5, XXIV, 7; Ezek. XLIV, 31 with Lev. XXII, 8; Ezek. XLIV, 22 with Lev. XXI, 14; also Ezek. XLV, 20, which mentions a sacrifice for the seventh day of the first month, entirely unknown from the Torah. V. Rashi to the above verses of Ezek., and Men. 45*a*, and Kid. 78*a*. (8) 'A bottle, keg', as a measure (Jast.); 'an earthen jar', (Levy). The oil was to provide light for study. (9) Jast. translates: 'speculated over the *Ḥashmal*'. Had the child drawn a picture of it? (V. *J.E.* vol. III, p. 148, s. 11). (10) I.e., the Rabbis.

e (1) I.e., the case of the child is exceptional: having a Sage's understanding of the mysteries of *Ḥashmal*, he endangered his life by his speculation; but ordinary readers of Ezekiel would not run any risk.

*See Corrigenda.

*בבתי גואי הא בבתי בראי ואמר רב אחא בר יעקב עוד רקיע אחד יש למעלה מראשי החיות דכתיב °ודמות על ראשי החיה רקיע כעין הקרח הנורא עד כאן יש לך רשות לדבר מכאן ואילך אין לך רשות לדבר שכן כתוב בספר בן סירא במופלא ממך אל תדרוש ובמכוסה ממך אל תחקור במה שהורשית התבונן אין לך עסק בנסתרות *תניא אמר רבן יוחנן בן זכאי מה תשובה השיבתו בת קול לאותו רשע בשעה שאמר °אעלה על במתי עב אדמה לעליון יצתה בת קול ואמרה לו רשע בן רשע בן בנו של נמרוד הרשע *שהמריד (א) כל העולם כולו עליו במלכותו כמה שנותיו של אדם שבעים שנה שנאמר °ימי שנותינו בהם שבעים שנה ואם בגבורות שמונים שנה והלא מן הארץ עד לרקיע מהלך חמש מאות שנה ועוביו של רקיע מהלך חמש מאות שנה וכן בין כל רקיע ורקיע למעלה מהן חיות הקדש (ב) רגלי החיות כנגד כולם קרסולי החיות כנגד כולן שוקי החיות כנגד כולן רכובי החיות כנגד כולן ירכי החיות כנגד כולן גופי החיות כנגד כולן צוארי החיות כנגד כולן ראשי החיות כנגד כולן קרני החיות כנגד כולן למעלה מהן כסא כבוד רגלי כסא הכבוד כנגד כולן כסא הכבוד כנגד כולן מלך אל חי וקים רם ונשא שוכן עליהם ואתה אמרת אעלה על במתי עב אדמה לעליון אך אל שאול תורד אל ירכתי בור: ולא במרכבה ביחיד: תני רבי חייא *אבל מוסרין לו ראשי פרקים אמר רבי זירא אין מוסרין ראשי פרקים אלא לאב ב"ד ולכל מי שלבו דואג בקרבו איכא דאמרי והוא שלבו דואג בקרבו אמר רבי אמי אין מוסרין סתרי תורה אלא למי שיש בו חמשה דברים °שר חמשים ונשוא פנים ויועץ וחכם חרשים ונבון לחש א) ואמר רבי אמי אין מוסרין דברי תורה לעובד כוכבים שנאמר °לא עשה כן לכל גוי ומשפטים בל ידעום א"ל רבי יוחנן לרבי אלעזר תא אגמרך במעשה המרכבה א"ל לא קשאי כי קש נח נפשיה דרבי יוחנן א"ל ר' אסי תא ואגמרך במעשה מרכבה א"ל אי זכאי גמירתא מר' יוחנן רבך רב יוסף הוה גמיר מעשה המרכבה סבי דפומבדיתא הוו תנו במעשה בראשית אמרו ליה ליגמור לן מר מעשה מרכבה אמר להו אגמרון לי מעשה בראשית (ג) בתר דאגמרון אמרו ליה ליגמרן מר במעשה מרכבה אמר להו תנינא בהו °דבש וחלב תחת לשונך °דברים המתוקין מדבש וחלב יהו תחת לשונך ר' אבהו אמר מהכא °כבשים ללבושך (ד) דברים שהן כבשונו של עולם יהיו תחת לבושך אמרו ליה תנינן בהו עד °ויאמר אלי בן אדם אמר להו הן הן מעשה המרכבה מיתיבי עד היכן מעשה המרכבה רבי אומר עד °וארא (ה) בתרא ר' יצחק אומר עד החשמל עד וארא מגמרינן מכאן ואילך מסרינן ראשי פרקים איכא דאמרי עד וארא מסרינן ראשי פרקים מכאן ואילך אם הוא חכם מבין מדעתו אין אי לא לא ומי דרשינן בחשמל והא ההוא ינוקא דדרש בחשמל (ו) ונפקא נורא ואכלתיה שאני ינוקא דלאו מטי זימניה אמר רב יהודה ברם *זכור אותו האיש לטוב וחנניה בן חזקיה שמו אלמלא הוא נגנז ספר יחזקאל שהיו דבריו סותרין דברי תורה מה עשה העלו לו ג' מאות גרבי שמן וישב בעלייה ודרשו ת"ר מעשה בתינוק אחד שהיה קורא בבית רבו בספר יחזקאל והיה מבין בחשמל ויצאה אש מחשמל ושרפתו וביקשו לגנוז ספר יחזקאל (ז) ג] אמר להם חנניה בן חזקיה אם זה חכם (ח) הכל חכמים הן מאי חשמל אמר רב יהודה
חיות

[ישעיה יד; תהלים צ; יחזקאל א; ישעיה ג; תהלים קמז; שיר ד; משלי כז; יחזקאל ב; שם א]

רש"י

בבתי גואי · ובהורא עמיה שרא : במופלא ממך · במובדל ומופרש ממך שלא רלה הקב"ה לגלות לך : לאותו רשע · נבוכדנצר : עליו · לשון נקיה היא כלומר על עצמו ולא עלי : רגלי החיות · טובי פרסותיהן : קרסולי · אסתוירא שקורין קביליי"א בלעז : שוק · הוא עלם האמכר עם (ס) הרגל : רכובי · הוא עלם הירך הסמוך לשוק ירך הוא עלם הקולית התקוע במתנים : ראשי פרקים · ראשי פרשיות שבה : שלבו דואג · ואינו מיקל את ראשו : איכא דאמרי והוא שלבו דואג בקרבו · תרתי בעינן : סתרי תורה · כגון מעשה המרכבה וספר יצירה ומעשה בראשית והיא ברייתא : יועץ וחכם חרשים ונבון לחש · לקמן מפרש להו : לא קשאי · לא זקנתי ובעינן לבו דואג : מעשה המרכבה ומעשה בראשית · ברייתות הן : כבשונו של עולם · סתרו של עולם כמו ריש בכבשא (חולין דף נג:) בהדי כבשי דרחמנא למה לך (ברכות דף י·) ממני יצאו כבושין (מכות דף כג:) : תנינא עד ויאמר אלי בן אדם · כבר שנינו עד ויאמר אלי בן אדם עמוד על רגליך : הן הן מעשה המרכבה · אם עד כאן שניתם הרבה שניתם שאני מקראות הללו שהן וארא כעין החשמל וגו' כמראה הקשת וגו' (י) הם שהקפידו עליהם חכמים מלדורשם שהן מדברין בגורת שכינה ומראהו : מיתיבי · גרסינן ולא גרסינן ומי הוי מעשה המרכבה עד הכא : עד וארא · כעין החשמל ולא הוא בכלל : עד החשמל · עד התיבה הזו והיא בכלל לידרש : עד וארא מגמר גמרינן · כלומר הכי קאמר עד היכן מעשה מרכבה שנתנו לדרוש עד וארא או עד החשמל ומשם עד ויאמר הן הן מעשה מרכבה שהקפידו עליהן חכמים : נגנז ספר יחזקאל · שיש בסופו דברים בקרבנות שסותרין דברי תורה : גרבי שמן · להדליק : והיה מבין בחשמל · לדרוש מהו :
חיות

[לעיל ס:] [פסחים נד.] [עירובין נג.]

תוספות

בן בנו של נמרוד הרשע · לאו דוקא שהרי כוש ילד את נמרוד ולא מלינו אותו רשע מזרע כוש אלא על שם מעשיו שמלך גם הוא כנבוכדנצר*: שבעים שנה · לאו משום שלא היה קשיש יותר שהרי לא וחשוב מימות סנחריב שסמוך למפלתו גבי שליחות ששלח בלאדן לחזקיהו מלינו שהיה סופר בביתו ומשם זכה למלכות כדאשכחן באגדות חלק (סנהדרין דף צו.) אלא אורחא דמילתא קא חשיב : ורגלי החיות כנגד כולם · יש מגיהין בקדושתא שיסד הקליר וחיות אשר הנה מרובעות לכסא כף רגל חמש מאות וחמש עשרה ומותקים הוי"ה ואומרים כי כן עולה לפי חשבון שבכאן למנין ז' רקיעים *ות' אוריים הוא ט"ו פעמים ת"ק והיינו מנין ישרה ש"ר ת"ק וי"ה לסימנא (כ) שכן עולה ט"ו פעמים כך ומיהו בתוס מחקוהו שיסד דבריו ע"פ הירושלמי דהראוה א"ר לוי מארץ ועד לרקיע מהלך ת"ק שנה אמר ר' ברכיה ור' חלבו בש"ר (בא) סמוקה גדול מזה רגל אחד *כמנין ישר"ה רלה כמה (ל) גבוה מעולמו כו' משמע כמנין שיסד ת"ק ט"ו וכן היה דרכו שבכמה מקומות היה מניח שיטת הש"ס שלנו כדי לאחוז *שיטת הש"ס ירושלמי שהוא היה תנא והוא היה ר"א ברבי שמעון דקרי עליה *מכל אבקת רוכל תנא קרא קרובן ופייטן (ויקרא רבה פ"ל) ובימיו מקדשים ע"פ הראייה שמעולם לא יסד רק קרובן מיום (*אחד) : אין מוסרין דברי תורה לעובד כוכבים · היה קשה להר"ר אלחנן תיפוק ליה דעובד כוכבים העוסק בתורה חייב מיתה כדאמר בפ' ד' מיתות (סנהדרין דף נט· ושם) עובד כוכבים העוסק בתורה חייב מיתה והמלמדו עובר אלפני עור לא תתן מכשול וכי תימא (מ) בז' מלות דידיהו דאינו חייב מיתה כדאמר הש"ס התם והא *מלוה איכא למוסרם להם ונפקא לן מהאי קרא אשר יעשה אותם האדם וחי בהם (ויקרא יח) כהן ולוי לא נאמר אלא אדם שאפילו עובד כוכבים ועוסק בתורה וכו' וי"ל דהכא מיירי אפילו היכא דאיכא עובד כוכבים אחר שרולה ללמדו דליכא לפני עור כדאמרינן בע"ז (דף ו:) המושיט כוס יין לנזיר עובר אלפני עור והני מילי דקאי אתרי עברא דנהרא שבלאו נתינתו אי אפשר להביאו אליו אבל אי לאו הכי אינו עובר אלפני עור הכא נמי אפילו במקום שעובד כוכבים אחר רולה ללמדו דליכא לפני עור מכל מקום אסור משום מגיד דבריו ליעקב וכו' (תהלים קמז)*:
והחיות

ז א מיי' פ"ב מהלכות יסודי התורה הל' יב ופ"ד שם הלכה יא :

ושלא את ידו בישראל כמו שנמרוד שלח את ידו באברהם

ח ב ג מיי' פ"ב שם הלכה יב :

[עי' מהרש"א בח"א]

[ג"ל אבא]

[שם איתא אף טלפי החיות מהלך ת"ק שנה וחמש עשרה מנין ישרה ע"ש]

[בפסיקתא ועי' בהרא"ש ברכות פ"ה סי' כ"א]

[ג"ל ראשון]

נ"א אמרינן התם למצוה ללמדם ונפקא

ועי' שמות רבה פרשה ל במעשה דעקילס ואדריטס

רבינו חננאל

עד כאן יש לך רשות לדבר מיכן ואילך אסור. כתוב בספר בן סירא במופלא ממך אל תדרוש ובמכוסה ממך אל תחקור במה שהורשיתה התבונן אין לך עסק בנסתרות והדברים שנאמר מהלך ת"ק שנה דברי קבלה הן · הלא תראה שהן מועתקין מפי ריב"ז שהיה בימי הבית ולא נשאר לו דבר קטן ולא דבר גדול . אלא הכל קיבל בקבלה מרבו ומפורש בו דבר גדול מעשה מרכבה דבר קטן הוויות דאביי ורבא . ואין הדברים הללו באין משיקול הדעת ואין צריך להסתכל בהן שהמסתכל בהן בא בטירוף דעת שאי אפשר לומר יש שם מקום חלל מופנה ואף לא מלא שהכל מתחתיו הן שכשם שאין כח לומר כי קודם יצירת העולם היה חלל או מקום מלא או ריקם אלא אחר שנברא העולם נבראו שמים וארץ ואין ידוע מה למעלה ומה למטה ולפיכך מנעו רבותינו להסתכל מה למעלה ומה למטה מה לפנים ומה לאחור . ויש בגבורתו של הקב"ה לעשות כמה : ולא במרכבה ביחיד תני ר' חייא מוסרין ליחיד ראשי פרקים פי' פותחין לו ראשי דבריו והוא מבין מדעתו *) וזה לבו גס בו כו' אלעזר דאמר ליה ר' יוחנן רביה תא אגמרך מעשה מרכבה א"ל לא קשאי כלומר איני בן חמשים שנה כד נח נפשיה דרבי יוחנן אמר ליה רבי אסי תא אגמרך מעשה מרכבה א"ל אין מוסרין דברי תורה אלא ליועץ חכם חרשים ונבון לחש ואין מוסרין ד"ת לעובד כוכבים שנאמר מגיד דבריו ליעקב חקיו ומשפטיו לישראל . אלא הא דתניא עד היכן מעשה מרכבה כו' וקיי"ל כלישנא בתרא עד וארא ועד חשמל מסרינן ראשי פרקין כדאמרן מיכן ואילך לא מסרינן אלא אם היה חכם מבין מדעתו מאי חשמל אמר רב יהודה חיות אש ממללות במתניתא תנא חש מל כלומר ב' מלות

*) אולי צ"ל והוא שלא תהא לבו גס בו :

הגהות הב"ח

(א) גמ' שהמריד את כל העולם : (ב) שם ורגלי החיות וכו' וקרסולי וכו' ושוקי וכו' ורכובי וכו' וירכי וכו' וגופי וכו' וצוארי וכו' וראשי וכו' וקרני וכו' ולמעלה מהן כסא כבוד ורגלי וכו' וכסא הכבוד כנגד כולן ולמעלה מהן מלך : (ג) שם מעשה בראשית אגמרוה בתר דאגמרו' אמרו : (ד) שם כבשים ללבושך אל תקרי כבשים אלא כבושים דברים שהן כבשונו : (ה) שם רבי אומר עד וארא כעין חשמל בתרא : (ו) שם ונפיק נורא מחשמל ואכלתיה שאני ינוקא דלא מטי זימנא דלאו אורח ארעא דדריש אמר רב יהודה אמר רב ברם זכור וכו' שאלמלא וכו' מה עשה עלה לעלייה והעלו לו לשם שלש מאות : (ז) שם אמר להם (חנניה בן חזקיה) תא"מ ונ"ב ס"א רשב"ג : (ח) שם אם זה חכם כולם חכמים : (ט) רש"י ד"ה שוק הוא עלם הנמכר עם הכרא הס"ד : (י) ד"ה הן הן וכו' הם הם שהקפידו : (כ) תוס' ד"ה ורגלי וכו' לסימנא שיש בו ט"ו פעמים ת"ק ומיהו בהגס מחקוהו : (ל) בא"ד רלה כמה הוא גבוה למעלה מעולמו וכו' כמנין שיסד ת"ק וט"ו וכן וכו' ופייטן ודרשן ובימיו היו מקדשין . נ"ב בויקרא רבה פרשה ל' כד דמך ר"א בר שמעון היה דורו קורא עליו מי זאת עולה כו' מהו מכל אבקת רוכל אלא דהוה קריי ותניי ופייטן ודרשן ובמדרש חזית בפסוק מי זאת עולה גרס קרובן : (מ) ד"ה אין מוסרין וכו' וכי תימא הכא בז' מלות וכו' וי"ל . נ"ב בספר עין יעקב תירלו תירון אחר וז"ל וי"ל דהייטו קודם שניתנה תורה אבל לאחר שניתנה תורה והתירם להם ילפינן מהאי קרא דלאו ז' מלות אסור ללמדם :

גליון הש"ס תוס' ד"ה ורגלי וכו' שיטת הירושלמי שהוא היה תנא . ג"ל וי"א שהוא היה תנא כן הוא ברא"ש בפ"ה דברכות :

הגהות מהר"ב רנשבורג

א] גמ' ואמר רבי אמי אין מוסרין דברי תורה לעובד כוכבים . נ"ב עיין שו"ת באר שבע בסופו וחלק באר מים חיים סימן י"ד טעם למה השמיטו הפוסק ס זס : ב] שם א"ל חנני' אם זה חכם הכל חכמים הן. נ"ב ר"ל אם זה הקטן חכם כל הקטנים חכמים דלגדולים אין לחוש כדאמרינן לעיל שאני ינוקא דלא מטא זימנא עכ"ל מהרש"א בח"א :

מסורת הש"ס

חיות אש ממללות במתניתא תנא *עתים חשות עתים ממללות בשעה שהדיבור יוצא מפי הקב"ה חשות ובשעה שאין הדיבור יוצא מפי הקב"ה ממללות °והחיות רצוא ושוב כמראה הבזק מאי רצוא ושוב אמר רב יהודה כאור היוצא מפי הכבשן מאי כמראה הבזק אמר רבי יוסי בר חנינא כאור היוצא מבין החרסים °וארא והנה רוח סערה באה מן הצפון ענן גדול ואש מתלקחת ונוגה לו סביב ומתוכה כעין החשמל מתוך האש (א) להיכן אזל אמר רב יהודה אמר רב שהלך לכבוש את כל העולם כולו תחת נבוכדנצר הרשע וכל כך למה שלא יאמרו אומות העולם ביד אומה שפלה מסר הקב"ה את בניו אמר הקב"ה מי גרם לי שאהיה שמש לעובדי פסילים עונותיהן של ישראל הן גרמו לי °וארא החיות והנה אופן אחד בארץ אצל החיות אמר ר' אלעזר מלאך אחד שהוא עומד בארץ וראשו מגיע אצל החיות במתניתא תנא סנדלפון שמו (ב)הגבוה מחברו מהלך חמש מאות שנה ועומד אחורי המרכבה וקושר כתרים לקונו איני והכתיב °ברוך כבוד ה' ממקומו מכלל דמקומו ליכא דידע ליה (ג) דאמר שם אתנא ואזל ויתיב ברישיה אמר רבא כל שראה יחזקאל ראה ישעיה למה יחזקאל דומה לבן כפר שראה את המלך ולמה ישעיה דומה לבן כרך שראה את המלך אמר ריש לקיש מאי דכתיב °(ד) אשירה לה' כי גאה גאה שירה למי שמתגאה על הגאים דאמר מר מלך שבחיות ארי מלך שבבהמות שור מלך שבעופות נשר ואדם מתגאה עליהן והקב"ה מתגאה על כולן ועל כל העולם כולו כתוב אחד אומר °ודמות פניהם פני אדם ופני אריה אל הימין לארבעתם ופני שור מהשמאל לארבעתן וגו' וכתיב °וארבעה פנים לאחד פני האחד פני הכרוב ופני השני פני אדם והשלישי פני אריה והרביעי פני נשר ואילו שור לא קא חשיב (ה) אמר ר"ל יחזקאל ביקש עליו רחמים והפכו לכרוב אמר לפניו רבש"ע *קטיגור יעשה סניגור מאי כרוב אמר רבי אבהו *כרביא שכן בבבל קורין לינוקא רביא א"ל רב פפא לאביי אלא מעתה דכתיב פני האחד פני הכרוב ופני השני פני אדם והשלישי פני אריה והרביעי פני נשר היינו פני כרוב היינו פני אדם (ו) אפי רברבי ואפי זוטרי כתוב אחד אומר °שש כנפים שש כנפים לאחד וכתוב אחד אומר °וארבעה פנים לאחת וארבע כנפים לאחת להם לא קשיא כאן בזמן שבהמ"ק קיים כאן בזמן שאין בית המקדש קיים כביכול שנתמעטו כנפי החיות הי מיניהו אימעוט אמר רב חננאל אמר רב אותן שאומרות שירה בהן (ז) כתיב הכא °ובשתים יעופף וקרא זה אל זה ואמר וכתיב °התעיף עיניך בו ואיננו ורבנן אמרי אותן שמכסות בהן רגליהם שנאמר °ורגליהם רגל ישרה ואי לאו דאימעוט מנא (ח) הוה ידע דלמא דאיגלאי וחזיא ליה דאי לא תימא הכי ודמות פניהם פני אדם הכי נמי דאימעוט אלא דאיגלאי וחזיא ליה הכא נמי דאיגלאי וחזיא ליה הכי השתא (ט) בשלמא אפיה אורח ארעא לגלויי קמיה רביה כרעיה לאו אורח ארעא לגלויי קמיה רביה כתוב אחד אומר °אלף אלפין ישמשוניה ורבו רבבן קדמוהי יקומון וכתוב אחד אומר °היש מספר לגדודיו לא קשיא כאן בזמן שבית המקדש קיים כאן בזמן שאין בהמ"ק קיים *כביכול שנתמעטה פמליא של מעלה תניא רבי אומר משום אבא יוסי בן דוסאי אלף אלפין ישמשוניה מספר גדוד אחד ולגדודיו אין מספר ור' ירמיה בר אבא אמר אלף אלפין ישמשוניה לנהר דינור שנאמר °נהר דינור נגד ונפק מן קדמוהי אלף אלפין ישמשוניה ורבו רבבן קדמוהי יקומון (י) מהיכן נפיק מזיעתן של חיות ולהיכן שפיך אמר רב זוטרא בר טוביה אמר רב על ראש רשעים בגיהנם שנאמר °הנה סערת ה' חמה יצאה וסער מתחולל על ראש רשעים יחול ורב אחא בר יעקב אמר על אשר קומטו שנאמר °אשר קומטו ולא עת נהר יוצק יסודם תניא אמר רבי שמעון החסיד אלו תשע מאות ושבעים וארבע דורות שקומטו להיבראות קודם

רש"י

חיות אש ממללות · אש יוצא מדיבורן: רצוא ושוב · מוציאות ראשן מתחת הרקיע הנטוי למעלה מראשיהן וחוזרות ומכניסות אותן ממורא השכינה במהירות כרילה ושיבה של להב היוצא מפי הבזק: הכבשן · שסורפין בו אבנים לסיד ובזק לשון שברי *שברים הוא שהאור יוצא בין אבן לאבן כדתנן בעירובין (דף קד') בוזקין מלח על גבי הכבש שלא יחליקו הכהנים: מבין החרסים · דרך מזקקי זהב לנקוב כלי חרס נקבים נקבים וכופין אותו על גבי גחלים שהזהב נתון בהן בתוך כתישת החרסים של לבנים על גבי חרס ולהב יוצא למעלה דרך נקבי הכלי והוא עשוי גוונים גוונים ותמיד יוצא ונכנס: מן הצפון · מבבל שהוא בצפון שנאמר מצפון תפתח הרעה (ירמיה א): מאי בעיא התם · למה הלכה לבבל: ראה ישעיה · כששרתה עליו רוח הקדש כמה שנאמר ואראה את ה' יושב על כסא רם ונשא וגו' (ישעיה ו) אלא שלא חש לפרש את הכל שהיה בן מלכים וגדל בפלטין ובן כרך הרואה את המלך אינו נבהל ואינו תמה ואינו חש לספר: מלך שבחיות ארי כו' · ואלו ארבעתן בכסא והוא למעלה מהן: קטיגור נעשה סניגור. אנו צריכין שיבקשו מרכבותך עלינו רחמים והשור קטיגור הוא: קטיגור שונא סניגור אוהב מליץ יושר: כרביא · פני תינוק: היינו פני כרוב היינו פני אדם · מה הן פני כרוב מה הן פני אדם וכי לא אחד הן: אפי רברבי ואפי זוטרי · האחד פני גדול והאחד פני קטן: כאן בזמן שבית המקדש קיים · בימי ישעיה היה המקדש קיים במכונו ובימי יחזקאל כבר הגיע זמן שיחרב ונתמעטה פמליא של מעלה: ובשתים יעופף · וסמיך ליה וקרא זה אל זה אלמא הנך ניהו דאמרי בהו שירה שמקשקשות בקול כנפיהם ובהנך כתיב ואיננו גבי התעיף: [כאן בזמן שאין וכו'] · בימי דניאל כבר חרב הבית: כביכול · אף כלפי מעלה שכינה הוזקקנו לומר כך כמו בבשר ודם שיכול לומר בו מיעוט: אלף אלפין · הוא מספר של כל גדוד וגדוד אבל אין מספר כמה גדודין יש: לנהר דינור · דהאי קרא נמי גבי נהר דינור כתיב: על אשר קומטו · על תתקע"ד דורות שהעביר מן העולם קודם מתן תורה ולא בראן כדקתני לקמן ונתנן בגיהנם ועליהם נופל שנאמר בקונהר יוצק יסודם והיינו נהר דינור שמולך ועליהם: קומטו להיבראות · נגזרו להיבראות לשון ותקמטני לעד היה*: קודם

תוספות

והחיות רצוא ושוב · פר"ח לפי שהן מנהלים עוממות ודלקן לדמות לשאר שרפים ולהוציא להבה והגיצון חוזר והיינו רצוא ושוב: שלא יאמרו ביד אומה שפלה מסר את בניו · והיינו כפי' דההיא דאמר בגיטין (דף נו:) כל המיצר לישראל נעשה ראש כלומר כבר נעשה ראש קודם שמיצר להם:

וקושר כתרים לקונו · מתפלתן של צדיקים הוא עושה עטרות: לבן כפר שראה(כ) המלך · שצריך לו להביא סימנים לאחרים קודם שיאמינוהו לפי שראהו שלא במקומו ואין דרכו להתראות שם וה"נ אמר יחזקאל שראהו על נהר כבר לפיכך נתמהו שומעיו:

כתוב אחד אומר שש כנפים וכתוב אחד אומר ארבע כנפים · ואע"ג שזה בחיות כתיב וזה בשרפים מ"מ מסתבר שגם החיות (ל)°בשש כנפים כמו השרפים*:

מזיעתן של חיות · ויוצאים ממנו מלאכים ואומרים שירה ומיד נטרדים(מ) והכי מצינו במדרש (איכה ג) חדשים לבקרים שבורא מלאכים בכל יום ואומרים שירה ונטרדין להן כדאמר בסמוך משום שיש אות במלאכים הקבועים *שממתינים זה לזה לומר שירה ואלו החדשים שאינם יודעים הדת ממהרין לשורר ונתחייבו כליה והייתו אשר תקנו ויסדו אנשי כנסת הגדולה ביוצר ונותנין רשות זה לזה קדושה כולם כאחד עונין ואומרים וגם למעלה יוצר משרתים ואשר משרתיו כולם עומדים ברום עולם כלומר בכל יום בורא חדשים ונטרדין אבל משרתיו קבועים ועומדין לעד: ונטרדין

רבינו חננאל

הן עתים חשות עתים ממללות שיר בעוז שנאמר עוז וחדוה במקומו ועתים חשות כשהדבור יוצא מלפני הקב"ה והחיות רצוא ושוב כמראה הבזק. אינה הליכה וחזירה ממש אלא נראות הולכות וחוזרות כמראה הבזק כדכתיב מראיהן כלפידים כברקים ירוצצו כענין האש בעת שמתגברת השלהבת בכבשן נראת כיוצא וחוזרת בפי הכבשן. א"ר יוסי בר' חנינא כאור היוצא מבין החרסין. פי' שסותמין פי הכבשן בחרסין ויש ביניהם נקבים לשון האש יוצא משם וזהו מראה הבזק. וארא והנה רוח סערה באה מן הצפון וגו' להיכא אזלא אמר רב לכבש העולם תחת נבוכד נצר כו' וארא החיות והנה אופן אחד בארץ. ותני במתניתא סנדלפון שמו וקושר כתרים לקונו. כבר פירשוהו בפירוש משביעו ואזיל ויתיב במקום שחלק לו הקב"ה להושיבו שם וחלילה שיש שם פדחת כל עיקר וראש וגוף כדרך הבראים אלא לקבל מלכותו כדרך שמזכירין בכל יום ישראל בתפלתם כתר יתנו לך המוני כו'. אמר רבה כל שראה יחזקאל ראה כמותו ישעיה. למה יחזקאל תמה מן המראה כי יחזקאל דומה לבן כפר שראה מכסיסי המלך וראה מרכבות וחיילות והתחיל תמה. אבל ישעיה לבן מדינה שרואה המכסיסין הללו בכל יום לפיכך אינו תמה מהן. אשירה לה' כי גאה גאה שירו למי שמתגאה על הגאים כלומר מלך ע"ג המלכים שד' מלכים בעולם אדם בבני אדם אריה בחיות שור בבהמות נשר בעופות והקב"ה ישתבח שמו וכבודו למעלה מכולם. וארבעה פנים לאחד. פני האחד פני הכרוב וגו' הא *)תרגמא דשיתת עשר אנפין לכל ברייתא חדא. שיתין וארבעה אפין לארבעה ברייתא [וארבעה] נפין לכל אנפין שיתין וארבע נפין לברייתא חדא רנ"ו נפין לארבע ברייתא. וקיי"ל דכרוב פניו פני אדם ויש לו כנפים כשאר עופות. פני אדם הם גדולים ופני כרוב הם פחותים וכו' אבהו דאמר בבבל קורין לינוקא רביא פי' כגון רבה קשת. וזה שפירש יחזקאל במראה ראשונה שראה המרכבה פני שור מהשמאל לארבעתן ובמראה השניה אמר פני הכרוב לארבעתן ולא הזכיר פני שור כלל. א"ר שמעון בן לקיש יחזקאל בקש רחמים ונהפכו פני השור לפני כרוב ומקשינן וכי בקש יחזקאל להיות שני פני אדם ופרקינן פני אדם פנים גדולים ופני כרוב פנים פחותים ומקשינן ישעיה ראה שש כנפים לאחד ויחזקאל ראה

*) עי' בתי"ו וברש"י שם

מסורת הש"ס ותורה אור

ס"א חרסים

[פי' חש מל שתי מילין בן ערוך]

[עי' תוס' חולין לג. ד"ה כרוב]

עי' אבות דרבי נתן פי"ב ד"ה ומניין שיראים זה את זה

[קידושין ס. וש"נ] סוכה כ:

(איוב טז)

דניאל ז · איוב כה · [עי' נר"כ יומא נ:] · דניאל ז · ירמיה כג · איוב כב

הגהות הב"ח

(א) גמ' כחשמל מתוך האש (לסיכן אזל) תא"מ ונ"ב מפרש"י נראה שגורס מאי בעיא התם: (ב) שם שמו וגבוה מחברו מהלך: (ג:) שם ליכא דידע ליה (דאמר שם וכו' כרישיה) תא"מ ונ"ב ס"א אלא דקשר ליה לכתר ומשביע בשם המפורש ואזל תגא ויתיב בדוכתיה: (ד) שם מאי דכתיב שירו לה' כי גאה גאה שירו למי: (ה) שם לא קחשיב ליה אמר ר"ל וכו' רבש"ע אין קטיגור נעשה סניגור: (ו) שם היינו פני אדם אדם וכרוב חד הוא אפי רברבי: (ז) שם דכתיב הכא ובשתי' וכו' וכתיב התם התעיף: (ח) שם מנא הוא ידע דלמא (דאיגלאי וחזיא ליה) תא"מ ונ"ב ס"א דגלאי ואחוי ליה: (ט) שם הכי השתא התם בשלמא וכו' קמי רביה אלא כרעיה: (י) שם מהיכא נפיק אמר ר' ירמיה בר אבא אמר רב מזיעתן של חיות: (כ) תוס' ד"ה לבן כפר שראה את המלך בכפר שצריך לו וכו' להתראות שם צריך הוא לומר ראיתי פ' ופ' השרים עמו ופ' ופ' משרתיו כדי שיאמינו לו וה"נ יחזקאל שראה על נהר כבר לפיכך נתמהו שומעיו הוצרך לפרש כל סדר המרכבה אבל ישעיהו ראהו יושב על כסא רם ונשא לא הוצרך לפרש והס"ד: (ל) ד"ה כתוב וכו' שגם החיות יש להם שש כנפים: (מ) ד"ה מזיעתן וכו' ומיד נטרדין כדאמרינן בסמוך והכי מצינו וכו' ונטרדין להן ומשום שיש וכו' לומר שירה כאחד כדכתיב וקרא זה אל זה ואמר גו' ואלו החדשים וכו' עונים ואומרים אבל אלו חדשים שנבראין בכל יום אין אומרים קדושה על הסדר נטרדין מיד ועליהם תקנו יוצר משרתים

גליון הש"ס תוס' ד"ה כתוב אחד אומר וכו'. בשש כנפים. עי' חולין לג ע"א תד"ה כרוב ·

said: [13b] Living creatures speaking fire.[2] In a Baraitha it is taught: [*Hashmal* means], At times they are silent, at times they speak.[3] When the utterance goes forth from the mouth of the Holy One, blessed be He, they are silent, and when the utterance goes not forth from the mouth of the Holy One, blessed be He, they speak.

And the living creatures ran and returned as the appearance of a flash of lightning.[4] What is the meaning of *'ran and returned'*?—Rab Judah said: Like the flame that goes forth from the mouth of a furnace.[5] What is the meaning of *'as the appearance of a flash of lightning'*?—R. Jose b. Ḥanina said: Like the flame that goes forth from between the potsherds.[6]

And I looked, and, behold a stormy wind came out of the north, a great cloud with a fire flashing up, so that a brightness was round about it; and out of the midst thereof as the colour of electrum [Ḥashmal], *out of the midst of the fire.*[7] Whither did it[8] go? Rab Judah said that Rab said: It went to subdue the whole world under the wicked Nebuchadnezzar. And wherefore all this?—That the peoples of the world might not say: Into the hand of a low people the Holy One, blessed be He, delivered His children.[9] The Holy One, blessed be He, said: Who caused Me to be a servant to idolworshippers? The iniquities of Israel, they caused Me.

Now as I beheld the living creatures, behold one wheel at the bottom hard by the living creatures.[10] R. Eleazar said: [It means] a certain angel, who stands on the earth and his head reaches unto the living creatures. In a Baraitha it is taught: His name is Sandalfon;[11] he is higher than his fellows by a [distance of] five hundred years'
a journey, and he stands behind the Chariot and wreathes crowns[1] for his Maker. But is it so? Behold it is written: *Blessed be the glory of the Lord from His place;*[2] accordingly, no one knows His place![3]—He[4] pronounces the [Divine] Name over the crown, and it goes and rests on His head.[5]

Raba said: All that Ezekiel saw Isaiah saw.[6] What does Ezekiel resemble? A villager who saw the king.[7] And what does Isaiah resemble? A townsman who saw the king.[8]

Resh Lakish said: What is the meaning of the verse: *I will sing unto the Lord, for He is highly exalted?*[9] [It means] a song to him who is exalted over the exalted ones.[10] For a Master said: The king of the wild animals is the lion; the king of the cattle is the ox; the king of the birds is the eagle; and man is exalted over them; and the Holy One, blessed be He, is exalted over all of them and over the whole world.

One verse says: *As for the likeness of their faces, they had the face of a man; and they four had the face of a lion on the right side; and they four had the face of an ox on the left side* etc.[11] And [elsewhere] it is written: *And everyone had four faces; the first face was the face of the cherub, and the second face was the face of a man, and the third the face*
b *of a lion, and the fourth the face of an eagle;*[1] but the ox is not mentioned!—Resh Lakish said: Ezekiel entreated concerning it and changed it into a cherub. He said before Him:[2] Lord of the universe, shall an accuser[3] become an advocate![4] What is the meaning of cherub?—R. Abbahu said: Like a child [*Rabia*];[5] for so in Babylonia a child is called *Rabia*. R. Papa said to Abaye: But according to this, [what is the meaning of] the verse, *'The first face was the face of the cherub, and the second face was the face of a man, and the third the face of a lion, and the fourth the face of an eagle'*: are not the face of the cherub and the face of a man the same!—[The one is] a big face, and [the other is] a small face.[6]

One verse says: *Each one had six wings;*[7] and another verse says: *And every one had four faces, and every one of them had four wings!*[8]—There is no contradiction: the one[9] refers to the time when the ◁

(2) I.e., חַשְׁמַל is explained as an abbreviation of חיות אש ממללות. (3) I.e., *Hashmal* is an abbreviation of חשות ממללות, 'silent, speaking'. (4) Ezek. I, 14. (5) I.e., a brick-kiln. (6) I.e., perforated earthen pieces used in smelting gold. בזק (E.V. *'flash of lightning'*) is here explained in its Aramaic sense of 'a fragment, piece of pottery'. (7) Ibid. v. 4. (8) I.e., the stormy wind coming out of the north. (9) Cf. for the thought Git. 56*b*=Sanh. (Sonc. ed.) 104*b*, 'Whoever distresses Israel becomes a chief'. (10) Ezek. I, 15. (11) Perhaps from Grk. συναδελφος = co-brother. Sandalfon is described as brother of Metatron; v. *J.E.* vol. XI, pp. 39-40; cf. also Longfellow's poem 'Sandalphon'.

a (1) I.e., offers up the prayers of the righteous. (2) Ezek. III, 12. (3) I.e., the vagueness of the expression 'from His place' indicates that God's place is unknown even to His angels. (4) I.e., Sandalfon. (5) [MS.M. 'in its place': i.e., the prayer is effective.] (6) V. Isa. VI, 1ff. Despite the differences between the descriptions given by Isaiah and Ezekiel, they both saw identical visions of God's glory. (7) According to Rashi, the point is that the rustic—to whom the sight of the king is a novelty—is naturally inclined to give his impressions at length. But Tosaf. explains that the villager has to give a detailed description of the royal splendour in order to convince his hearers that he actually saw the king. Likewise Ezekiel, to whom was granted the rare distinction of prophecy outside Palestine, had to prove by a detailed account that he actually beheld the Divine Glory though he dwelt by the river Chebar. (8) The townsman—to whom the king is a familiar sight—is not inclined to indulge in any lengthy description (Rashi); nor does he have to go into details in order to convince his hearers of the truth of his statement (Tosaf.). (9) Ex. XV, 1. (10) This is an explanation of the words of the text, גָאֹה גָּאָה (E.V. *'highly exalted'*), which mean lit., 'to be exalted he is exalted'. (11) Ezek. I, 10.

b (1) Ezek. X, 14. (2) I.e., Ezekiel before God. (3) The ox would be a reminder of Israel's sin in connection with the golden calf. (4) Israel required the Divine Chariot to intercede for them. Cf. R.H. 26*a*. (5) The word כְּרוּב ('Cherub') is explained as composed of כְּ ('like') and רוב = רְבְיָא ('a growing boy'). For modern suggestions regarding the root-meaning of the word v. *B.D.B.* s.v. (6) I.e., the face of a man and the face of a boy. (7) Isa. VI, 2. (8) Ezek. I, 6. It is assumed that the 'Seraphim' of Isaiah and the 'living creatures' of Ezekiel had originally the same number of wings. (9) I.e., Isa. VI, 2.

◁ *For the continuation of the English translation of this page see overleaf.*

מסורת הש"ס

חיות אש ממללות במתניתא תנא *עתים חשות עתים ממללות בשעה שהדיבור יוצא מפי הקב"ה חשות ובשעה שאין הדיבור יוצא מפי הקב"ה ממללות °והחיות רצוא ושוב כמראה הבזק מאי רצוא ושוב אמר רב יהודה כאור היוצא מפי הכבשן מאי כמראה הבזק אמר רבי יוסי בר חנינא כאור היוצא מבין החרסים °וארא והנה רוח סערה באה מן הצפון ענן גדול ואש מתלקחת ונוגה לו סביב ומתוכה כעין החשמל מתוך האש (א) להיכן אזל אמר רב יהודה אמר רב שהלך לכבוש את כל העולם כולו תחת נבוכדנצר הרשע וכל כך למה שלא יאמרו אומות העולם ביד אומה שפלה מסר הקב"ה את בניו אמר הקב"ה מי גרם לי שאהיה שמש לעובדי פסילים עונותיהן של ישראל הן גרמו לי °וארא החיות והנה אופן אחד בארץ אצל החיות אמר ר' אלעזר מלאך אחד שהוא עומד בארץ וראשו מגיע אצל החיות במתניתא תנא סנדלפון שמו (ב) הגבוה מחברו מהלך חמש מאות שנה ועומד אחורי המרכבה וקושר כתרים לקונו איני והכתיב °ברוך כבוד ה' ממקומו מכלל דמקומו ליכא דידע ליה (ג) דאמר שם אתגא ואזל ויתיב ברישיה אמר רבא כל שראה יחזקאל ראה ישעיה למה יחזקאל דומה לבן כפר שראה את המלך ולמה ישעיה דומה לבן כרך שראה את המלך אמר ריש לקיש מאי דכתיב °(ד) אשירה לה' כי גאה גאה שירה למי שמתגאה על הגאים דאמר מר מלך שבחיות ארי מלך שבבהמות שור מלך שבעופות נשר ואדם מתגאה עליהן והקב"ה מתגאה על כולן ועל כל העולם כולו כתוב אחד אומר °ודמות פניהם פני אדם ופני אריה אל הימין לארבעתם ופני שור מהשמאל לארבעתן וגו' וכתיב °וארבעה פנים לאחד פני האחד פני הכרוב ופני השני פני אדם והשלישי פני אריה והרביעי פני נשר ואילו שור לא קא חשיב (ה) אמר ר"ל יחזקאל ביקש עליו רחמים והפכו לכרוב אמר לפניו רבש"ע קטיגור יעשה סניגור *מאי כרוב אמר רבי אבהו *כרביא שכן בבבל קורין לינוקא רביא א"ל רב פפא לאביי אלא מעתה דכתיב פני האחד פני הכרוב ופני השני פני אדם והשלישי פני אריה והרביעי פני נשר היינו פני כרוב היינו פני אדם (ו) אפי רברבי ואפי זוטרי כתוב אחד אומר °שש כנפים שש כנפים לאחד וכתוב אחד אומר °וארבעה פנים לאחת וארבע כנפים לאחת להם לא קשיא כאן בזמן שבהמ"ק קיים כאן בזמן שאין בית המקדש קיים כביכול שנתמעטו כנפי החיות הי מינייהו אימעוט אמר רב חננאל אמר רב אותן שאומרות שירה בהן (ז) כתיב הכא °ובשתים יעופף וקרא זה אל זה ואמר וכתיב °התעיף עיניך בו ואיננו ורבנן אמרי אותן שמכסות בהן רגליהם שנאמר °ורגליהם רגל ישרה ואי לאו דאימעוט מנא (ח) הוה ידע דלמא דאינגלאי וחזיא ליה דאי לא תימא הכי ודמות פניהם פני אדם הכי נמי דאימעוט אלא דאינגלאי וחזיא ליה הכא נמי דאינגלאי וחזיא ליה הכי השתא (ט) בשלמא אפיה אורח ארעא לגלויי קמיה רביה כרעיה לאו אורח ארעא לגלויי קמיה רביה כתוב אחד אומר °אלף אלפין ישמשוניה ורבו רבבן קדמוהי יקומון וכתוב אחד אומר °היש מספר לגדודיו לא קשיא כאן בזמן שבית המקדש קיים כאן בזמן שאין בחמ"ק קיים *כביכול שנתמעטה פמליא של מעלה תניא רבי אומר משום אבא יוסי בן דוסאי אלף אלפין ישמשוניה מספר גדוד אחד ולגדודיו אין מספר ור' ירמיה בר אבא אמר אלף אלפין ישמשוניה לנהר דינור שנאמר °נהר דינור נגד ונפק מן קדמוהי אלף אלפין ישמשוניה ורבו רבבן קדמוהי יקומון (י) מהיכן נפיק מזיעתן של חיות ולהיכן שפיך אמר רב זוטרא בר טוביה אמר רב על ראש רשעים בגיהנם שנאמר °הנה סערת ה' חמה יצאה וסער מתחולל על ראש רשעים יחול ורב אחא בר יעקב אמר על אשר קומטו שנאמר °אשר קומטו ולא עת נהר יוצק יסודם תניא אמר רבי שמעון החסיד אלו תשע מאות ושבעים וארבע דורות שקומטו להיבראות

קודם

רש"י

חיות אש ממללות · אש יוצא מדיבורן : רצוא ושוב · מוציאות ראשן מתחת הרקיע הנטוי למעלה מראשיהן וחוזרות ומכניסות אותן ממוראת השכינה במהירות כריצה ושיבה של להב היוצא מפי הבזק : הכבשן · ששורפין בו אבנים לסיד ובזק לשון שברי *שברים הוא שהאור יוצא בין אבן לאבן כדתנן בעירובין (דף קד) בוזקין מלח על גבי הכבש שלא יחליקו הכהנים : מבין החרסים · דרך מזקקי זהב לנקוב כלי חרס נקבים נקבים וכופין אותו על גבי גחלים שהזהב נתון בהן בתוך כתישת החרסים של לבנים על גבי חרס ולהב יוצא למעלה דרך נקבי הכלי והוא עשוי גוונים גוונים ותמיד יוצא ונכנס : מן הצפון · מבבל שהוא בצפון שנאמר מצפון תפתח הרעה (ירמיה א) : מאי בעיא התם · למה הלכה לבבל : ראה ישעיה · כששרתה עליו רוח הקדש כמה שנאמר ואראה את ה' יושב על כסא רם ונשא וגו' (ישעיה ו) אלא שלא חש לפרש את הכל שהיה בן מלכים וגדל בפלטין ובן כרך הרואה את המלך אינו נבהל ואינו תמה ואינו חש לספר : מלך שבחיות ארי כו' · ואלו ארבעתן בכסא והוא למעלה מהן : קטיגור נעשה סניגור · אנו צריכין שיבקשו מרכבותך עלינו רחמים והשור קטיגור הוא : קטיגור שונא סניגור אוהב מליץ יושר : כרביא · פני תינוק : היינו פני כרוב היינו פני אדם · מה הן פני כרוב מה הן פני אדם וכי לא אחד הן : אפי רברבי ואפי זוטרי · האחד פני גדול והאחד פני קטן : כאן בזמן שבית המקדש קיים · בימי ישעיה היה המקדש קיים במכונו ובימי יחזקאל כבר הגיע זמן שיחרב ונתמעטה פמליא של מעלה : ובשתים יעופף · וסמיך ליה וקרא זה אל זה דאלמא הנך ניהו דאמרי בהו שירה שמקשקשות בקול כנפיהם והנך כתיב ואיננו גבי התעיף : [כאן בזמן שאין וכו'] : בימי דניאל כבר חרב הבית : כביכול · אף כלפי מעלה שכינה הוזקקו לומר כך כמו בבשר ודם שיכול לומר בו מיעוט : אלף אלפין · הוא מספר של כל גדוד וגדוד אבל אין מספר כמה גדודין יש : לנהר דינור · דהאי קרא נמי גבי נהר דינור כתיב : על אשר קומטו · על תתקע"ד דורות שהעביר מן העולם קודם מתן תורה ולא בראן כדקתני לקמן ונתנן בגיהנם ועליהם נופל שנאמר בהו נהר יוצק יסודם והיינו נהר דינור שמוצק עליהם : קומטו להיבראות · נגזרו להיבראות לשון ותקמטני לעד היה* (איוב טז)

קודם

תוספות

והחיות רצוא ושוב · פר"ח לפי שהן מגהלים עוממות ודרכן לדמות לשאר שרפים ולהוציא להבה והניצוץ חוזר והיינו רצוא ושוב : שלא יאמרו ביד אומה שפלה מסר את בניו · והיינו כפי' דההיא דאמר בגיטין (דף נו:) כל המיצר לישראל נעשה ראש כלומר כבר נעשה ראש קודם שמיצר להם : וקושר כתרים לקונו · מתפלתן של צדיקים הוא עושה עטרות : לבן כפר שראה(כ) המלך · שצריך לו להביא סימנים לאחרים קודם שיאמינוהו לפי שראהו שלא במקומו ואין דרכו להתראות שם וה"נ אמר יחזקאל שראהו על נהר כבר לפיכך נתמהו שומעיו : כתוב אחד אומר שש כנפים וכתוב אחד אומר ארבע כנפים · ואע"ג שזה בחיות כתיב וזה בשרפים מ"מ מסתבר שגם החיות (ל)°בשש כנפים כמו השרפים* : מזיעתן של חיות · ויוצאים ממנו מלאכים ואומרים שירה ומיד נטרדים (מ) והכי מצינו במדרש (איכה ג) חדשים לבקרים שבורא מלאכים בכל יום ואומרים שירה ונטרדין להן כדאמר בסמוך משום שיש אות במלאכים הקבועים *שממתינים זה לזה לומר שירה ואלו החדשים שאינם יודעים הדת ממהרין לשורר ונתחייבו כליה והיינו אשר תקנו ויסדו אנשי כנסת הגדולה ביוצר ונותנין רשות זה לזה קדושה כולם כאחד עונין ואומרים וגם למעלה יוצר משרתים ואשר משרתיו כולם עומדים ברום עולם כלומר בכל יום בורא חדשים ונטרדין אבל משרתיו קבועים ועומדין לעד : וטרדן

רבינו חננאל

הן עתים חשות עתים ממללות שיר בעוז שנאמר עוז וחדוה במקומו ועתים חשות כשהדבור יוצא מלפני הקב"ה והחיות רצוא ושוב כמראה הבזק . אינה הליכה וחזרה ממש אלא נראות הולכות וחוזרות כמראה הבזק כדכתיב מראיהן כלפידים כברקים ירוצצו כענין האש בעת שמתנברת השלהבת בכבשן נראת כיוצא וחוזרת בפי הכבשן . א"ר יוסי בר' חנינא כאור היוצא מבין החרסין . פי' כשסותמין פי הכבשן בחרסין ויש ביניהם נקבים לשון האש יוצא משם וזהו מראה הבזק . וארא והנה רוח סערה באה מן הצפון וגו' להיכא אזלא אמר רב לכבש העולם תחת נבוכד נצר כו' . וארא החיות והנה אופן אחד בארץ . ותני במתניתא סנדלפון שמו וקושר כתרים לקונו . כבר פירשוהו בפירוש משביעו ואזיל ויתיב במקום שהלך לו הקב"ה להושיבו שם וחלילה שיש שם פרחת כל עיקר וראש וגוף כדרך הברואים אלא לקבל מלכותו כדרך שמזכירין בכל יום ישראל בתפלתם כתר יתנו לך המוני כו' . אמר רבה כל שראה יחזקאל ראה כמותו ישעיה . למה יחזקאל תמה מן המראה כי יחזקאל דומה לבן כפר שראה פכסיסי המלך וראה מרכבות וחיילות והתחיל תמה . אבל ישעיה לבן מדינה שרואה הפכסיסין הללו בכל יום לפיכך אינו תמה מהן . אשירה לה' כי גאה גאה שירו למי שמתגאה על הגאים כלומר מלך ע"ג המלכים שד' מלכים שבעולם אדם בבני אדם אריה בחיות שור בבהמות נשר בעופות והקב"ה ישתבח שמו וכבודו למעלה מכולם . וארבעה פנים לאחד . פני האחד פני הכרוב ופני השני הוא *)תרגמא דשיתא עשר אנפין לכל ברייתא . חדא . שיתין וארבעה אפין לארבעה בירייתא [וארבעה] גפין לכל אפין שיתין וארבע גפין לארבע בירייתא חדא רנ"ו גפין לארבעה בירייתא . וקי"ל דכרוב הוא בפני שור ... אבהו דאמר בבבל קורין לינוקא רביא פי' כגון רבה קשת . וזה שפירש יחזקאל במראה ראשונה שראה המרכבה פני שור מהשמאל לארבעתן ובמראה השניה אמר פני הכרוב ולא הזכיר פני שור כלל . א"ר שמעון בן לקיש יחזקאל בקש רחמים ונהפכו פני השור לפני כרוב ומקשינן וכי בקש יחזקאל להיות שני פני אדם ופרקינן פני אדם פנים גדולים ופני כרוב פנים פחותים ומקשינן ישעיה ראה שש כנפים שש כנפים לאחד ויחזקאל ראה

*) עי' בת"י וברש"י שם

ס"א חרסים · [פי' אש של שתי מילין בן ערוך] · [פי' תוס' חולין נב. ד"ה כרוך] · [קידושין ע: וש"נ סוכה ה:] · (איוב טו) · דניאל ז · איוב כה · [עי' ברש"י יומא ג:] · דניאל ז · ירמיה כג · איוב כב

הגהות הב"ח

(א) גמ' החשמל מתוך האש (להיכן אזל) תא"מ ונ"ב מפרש"י נראה שגורס מאי בעיא התם : (ב) שם שמו וגבוה מחברו מהלך : (ג) שם ליכא דידע ליה (דאמר שם וכו' ברישיה) תא"מ ונ"ב ס"א אלא דקשר ליה לכתר ומשביע בשם המפורש ואזיל תגא ויתיב בדוכתיה : (ד) שם מאי דכתיב שירו לה' כי גאה גאה שירו למי : (ה) שם לא קחשיב ליה אמר ר"ל וכו' רבש"ע אין קטיגור נעשה סניגור : (ו) שם היינו פני אדם אדם וכרוב חד הוא אפי רברבי : (ז) שם דכתיב הכא ובשתים וכו' וכתיב התם התעיף : (ח) שם מנא הוה ידע דלמא (דאיגלאי וחזיא ליה) תא"מ ונ"ב ס"א דגלאי ואחוי ליה : (ט) שם הכי השתא התם בשלמא וכו' קמי רביה אלא כרעיה : (י) שם מהיכא נפיק אמר ר' ירמיה בר אבא אמר רב מזיעתן של חיות : (כ) תוס' ד"ה לבן כפר שראה את המלך בכפר שצריך לו וכו' להתראות שם צריך הוא לומר פ' ופי' השרים עמו ופי' משרתיו כדי שיאמינו לו וה"נ יחזקאל שראה על נהר כבר לפיכך נתמהו שומעיו הוצרך לפרש כל סדר המרכבה אבל ישעיהו ראהו יושב על כסא רם ונשא ולא הוצרך לפרש והס"ד : (ל) ד"ה כתוב וכו' שגם החיות יש להם שש כנפים : (מ) ד"ה מזיעתן וכו' ומיד נטרדין כדאמרינן בסמוך והכי מצינו וכו' ונטרדין להן ומשום שיש וכו' לומר שירה כאחד כדכתיב וקרא זה אל זה ואמר וגו' ואלו החדשים וכו' עונים ואומרים אבל אלו חדשים שנבראין בכל יום אין אומרים קדושה על הסדר נטרדין מיד ועליהם תקנו יוצר משרתים

גליון הש"ס תוס' ד"ה כתוב אחד אומר וכו' . בשש כנפים . עי' חולין נב ע"א תד"ה כרוך ·

Continuation of translation from previous page as indicated by ◁

Temple was no longer standing,[10] [when] as it were,[11] the wings of the living creatures were diminished. Which of them were taken away?—R. Ḥananel said that Rab said: Those with which they utter song. [For] here[12] it is written: *And with twain he did fly. And one called unto another and said;*[13] and [elsewhere] it is written: *Wilt thou set thine eyes upon it? It is gone.*[14] But our Rabbis said: Those with which they cover their feet, for it is said: *And their*
c *feet were straight feet;*[1] and if [these wings] had not been taken away, whence could he have known!?[2]—Perhaps, [the feet] were exposed and he saw them. For if you do not say so, [then from the words], *As for the likeness of their faces, they had the face of a man,*[3] [one might infer] likewise that [the wings covering them] were taken away! They[4] must therefore have been exposed, and he saw them; similarly here, they[5] were exposed, and he saw them. But how can they be compared? Granted that it is customary to expose one's face before one's master, but it is not customary to expose one's feet before one's master!

One verse says: *Thousand thousands ministered unto Him, and ten thousand times ten thousand stood before Him;*[6] and another verse says: *Is there any number of His armies?*[7]—There is no contradiction: the one[8] refers to a time when the Temple was standing, and the other refers to a time when the Temple was no longer standing; [when] as it were, the heavenly household[9] was diminished.

It is taught: Rabbi said in the name of Abba Jose b. Dosai: '*Thousand thousands ministered unto Him*',—this is the number of one troop; but of His troops there is no number. But Jeremiah b. Aba said: '*Thousand thousands ministered unto Him*'—at the fiery stream,[10] for it is said: *A fiery stream issued and came forth from before Him; thousand thousands ministered unto Him and ten thousand times ten thousand stood before Him.*[6] Whence does it come forth?—From the sweat of the 'living creatures'. And whither does it pour forth? R. Zuṭra b. Tobiah said that Rab said: Upon the head of
d the wicked in Gehinnom,[1] for it is said: *Behold, a storm of the Lord is gone forth in fury,*[2] *yea, a whirling storm; it shall whirl upon the head of the wicked.*[3] But R. Aḥa b. Jacob said: Upon those who pressed forward,[4] for it is said: *Who pressed forward*[5] *before their time, whose foundation was poured out as a stream.*[6] It is taught: R. Simeon the Pious said: These are the nine hundred and seventy four generations who pressed themselves forward to be created[7] [14a]

(10) I.e., the time for the destruction of the Temple had come. Ezekiel prophesied the event, and lived to learn of the fulfilment of his prophecy, as well as to foretell the rebuilding of the Sanctuary. (11) Lit., 'as though it were possible', refers to an allegorical or anthropomorphous expression with reference to the Lord (Jast.), or, as here, to the celestial creatures. (12) Ibid. vv. 2, 3. (13) The juxtaposition of the two verses shows that with the wings with which they flew they also uttered God's praise. (14) Lit., 'cause to fly'; cf. also rest of verse, Prov. XXIII, 5. The occurrence of the word 'fly' in the two passages shows that it is the wings with which the heavenly beings fly (i.e., utter their song to God) that are gone. This verse in Proverbs is understood by the Rabbis to refer to the neglect of the study of the Torah (cf. Rashi a.l., and Ber. 5*a*, Meg. 18*a*): the meaning would seem to be that when the Torah is neglected the divine song of the angels is silenced.

c (1) Ezek. I, 7. (2) I.e., that their feet were straight. (3) Ibid. I, 10. (4) I.e., their faces. (5) I.e., their feet. (6) Dan. VII, 10. (7) Job. XXV, 3. (8) I.e., the verse in Job. (9) Heb. פמליא from Lat. *Familia*. (10) I.e, the verse gives the number only of those attending God at the fiery stream, but not of all His angels, which are innumerable.

d (1) I.e., 'place of punishment of the wicked in the hereafter, hell' (Jast.). Cf. II Kings XXIII, 10; Jer. VII, 31, 32, etc.; II Chron. XXVIII, 3. (2) Heb. חֵמָה, understood in the sense of חַמָּה, 'hot', is taken as a reference to the fiery stream. (3) Jer. XXIII, 19. (4) So Jast. and Levy; v. *infra* n. 7. Goldschmidt trans., '*die verdrängt worden sind*' (who were suppressed or displaced); Rashi trans., 'who were decreed (to be created)', MS.M. adds here, 'before their time'. (5) E.V. '*who were snatched away*'. (6) Job XXII, 16. The word '*stream*' is the link between this verse and Dan. VII, 10. (7) According to the Rabbinic interpretation of Ps. CV, 8, the Divine Plan originally envisaged the creation of a thousand generations prior to the giving of the Torah, but foreseeing their wickedness, God held back nine hundred and seventy-four generations, and gave the Torah at the end of twenty-six generations from Adam (cf. Gen. V, XI, Ex. VI, 16-20, and Seder 'Olam Ch. I). The translation here follows the text of MS.M. 2 (v. *D.S.* a.l. n. 20) viz. שקימטו (*pi'el*) עצמן להיבראות; cur. edd.: שקומטו (*pu'al*) להיבראות.

before the world was created, but were not created: the Holy One, blessed be He, arose and planted them[8] in every generation, and it is they who are the insolent[9] of each generation. But R. Naḥman b. Isaac said: The words, *Asher Ḳummeṭu,*[10] indicate blessing: these are the scholars who wrinkle themselves[11] over the words of the Torah in this world, [wherefore] the Holy One, blessed be He, shall reveal a secret to them in the world to come, for it is said: *'To whom a secret[12] is poured out as a stream'.*

a Samuel said to R. Ḥiyya b. Rab: O son of a great man,[1] come, I will tell thee something from those excellent things which thy father has said. Every day ministering angels are created from the fiery stream, and utter song, and cease to be,[2] for it is said: *They are new every morning: great is Thy faithfulness.*[3] Now he differs from R. Samuel b. Naḥmani, for R. Samuel b. Naḥmani said that R. Jonathan said: From every utterance that goes forth from the mouth of the Holy One, blessed be He, an angel is created,[4] for it is said: *By the word of the Lord were the heavens made; and all the host of them by the breath of His mouth.*[5]

One verse says: *His raiment was as white as snow, and the hair of his head like pure wool;*[6] and [elsewhere] it is written: *His locks are curled and black as a raven!*[7]—There is no contradiction: one verse[8] [refers to God] in session,[9] and the other in war.[10] For a Master said: In session none is more fitting than an old man, and in war none is more fitting than a young man.

One passage says: *His* throne *was fiery flames;*[11] and another passage says: *Till* thrones *were places, and One that was ancient of days did sit!*[12]—There is no contradiction: one [throne] for Him, and one for David; this is the view of R. Akiba. Said R. Jose the Galilean to him: Akiba, how long wilt thou treat the Divine Presence as profane![13] Rather, [it must mean], one for justice and one for grace.[14] Did he accept [this explanation] from him, or did he not accept it?—Come and hear: One for justice and one for grace; this is the view of R. Akiba. Said R. Eleazar b. 'Azariah b to him: Akiba, what hast thou to do with *Aggadah?*[1] Cease thy talk, and turn[2] to [the laws concerning defilement through] leprosy-signs and tent-covering![3] Rather, [it must mean] one for a throne and one for a stool; the throne to sit upon, the stool for a footrest, for it is said: *The heaven is My throne, and the earth is My foot-rest.*[4]

When R. Dimi came,[5] he said: Eighteen curses did Isaiah pronounce upon Israel, yet he was not pacified[6] until he pronounced upon them this verse: *The child shall behave insolently against the aged, and the base against the honourable.*[7] Which are the eighteen curses?—It is written: *For, behold, the Lord, the Lord of hosts, doth take away from Jerusalem and from Judah stay and staff, every stay of bread, and every stay of water; the mighty man, and the man of war; the judge, and the prophet, and the diviner, and the elder; the captain of fifty; and the man of rank, and the counsellor, and the wise charmer, and the skilful enchanter. And I will give children to be their princes, and babes shall rule over them.*[8] *'Stay'*—this means the masters of the Bible.[9] *'Staff'*—this means the masters of the Mishnah, like R. Judah b. Tema and his colleagues. R. Papa and our Rabbis dispute therein: one says that there were[10] six hundred orders of the Mishnah, and the other that there were seven hundred orders of the Mishnah.[11] *'Every stay of bread'*—this means the masters of c Talmud,[1] for it is said: *Come, eat of My bread, and drink of the wine which I have mingled.*[2] *'And every stay of water'*—this means the masters of *Aggadah,* who draw the heart of man like water by means of the *Aggadah. 'The mighty man'*—this means the masters of traditions.[3] *'And the man of war'*—this means one who knows how to dispute[4] in the warfare of the Torah. *'The judge*—this means a judge who passes judgment in strictest accord with truth. *'The prophet'*—according to the literal meaning of the word. *'The diviner'*—this means the King, for it is said: *A divine sentence is in the lips* ◁

(8) I.e., distributed them over the later generations; cf. Yoma 38*b*, 'The Holy One, blessed be He, saw that the righteous were few, so He arose and planted them in every generation'. Another reading has 'banished them', but the meaning remains unchanged (v. Tosaf. a.l.). (9) Cf. Aboth (Sonc. ed.) V. 20. (10) Rendered above, 'who pressed forward'. (11) So Jast.: from the root meaning 'to compress, curl'; hence it can be understood in the sense of 'to wrinkle (the brow)' as well as 'to press forward' (as above). Levy and Goldschmidt render by *'sich zusammendrängen'* (press themselves together, limit themselves). (12) יסודם, 'their foundation' is here taken to mean the same as סודם, 'their secret'.

a (1) Lit., 'son of a lion'. (2) Cf. the lines in Longfellow's *Sandalphon* (quoted by Streane): 'The Angels of Wind and of Fire
Chant only one hymn, and expire
With the song's irresistible stress'.
(3) Lam. III, 23. I.e., great is Thy praise on account of them (Rashi). (4) But not from the fiery stream, as Rab holds. (5) Ps. XXXIII, 6. (6) Dan. VII, 9. (7) Cant. V, 11. (8) I.e., Dan. VII, 9. (9) I.e., sitting in judgment; cf. ibid. v. 10. (10) Canticles is interpreted by the Rabbis as referring in greater part to the Exodus (note that the book is read in the Synagogue during Passover), when God appeared as a warrior (cf. Ex. XV, 3). (11) Dan. VII, 9. (12) Ibid., beginning of the verse. The plural implies two thrones, whereas the first passage speaks of only one. (13) By asserting that David occupies a place next to God. (14) Lit., 'righteousness', but used here, apparently, in the sense of 'lovingkindness, grace'.

b (1) For *Haggadah* v. Glos. s. *Aggadah*. R. Eleazar b. 'Azariah regards even this explanation as dangerous, because it implies a duality of character on the part of God, and militates against the fundamental Jewish concept of God's perfect unity. (2) The two verbs in the English are represented by one in the Hebrew viz. כַּלֵּךְ, which is really a combination of כַּלֵּה יֵלֵךְ, 'cease and go (elsewhere'). (3) *V. p. 56, nn. 5 and 6. R. Akiba's intellectual gifts were best suited to *Halachah*, not *Haggadah*. The laws relating to defilement by leprosy and tent-covering form two of the most difficult tractates of the *Halachah*. (4) E.V. *'footstool'*. Isa. LXVI, 1. (5) I.e., from Palestine to Babylonia. (6) Lit., 'his mind was not cooled'. (7) Ibid. III, 5. (8) Ibid. vv. 1-4. (9) The Bible being Israel's *'stay'*. In this vein the Gemara explains the rest of the quotation. (10) I.e., in the days of R. Judah b. Tema and his colleagues. (11) The Mishnah is now divided into six orders. V. *J.E.* vol. VIII, p. 615.

c (1) This included the discussions of the Amoraim added to the Mishnah. The decisions of the experts in Talmud could be relied upon, but those who gave decisions on the basis of the Mishnah only were called 'destroyers of the world' (Soṭ. 22*a*); cf. *supra* 10*a*. Thus, the masters of the Talmud were, so to speak, as essential to Israel as bread itself. (2) Prov. IX, 5. (3) Lit., 'things heard' i.e., oral reports of a halachic character—legal decisions—which were carefully handed down by teacher to disciple. These tradents of legal traditions were veritable living 'books of reference'. (4) Lit., 'to take up and give'. The expression is primarily a commercial term, denoting 'buying and selling' or any financial transaction. Here it is used in the transferred sense of being able to *deal* with the argumentation essential to the study of the Torah. A distinction is here drawn between the keen-minded debater ('the man of war') and the expert in traditions ('the mighty man'): the latter is remarkable chiefly for his learning, the former is distinguished for his reasoning power and mental acumen.

*See Corrigenda.

◁ *For the continuation of the English translation of this page see overleaf.*

קודם שנבראו העולם · נגזר עליהם להבראות להיות קודם מתן תורה לקיים מה שנאמר דבר צוה לאלף דור (תהלים קה) דראויה היתה תורה להינתן לסוף אלף דור וכשראה שאין העולם מתקיים בלא תורה עמד וטרדן ונתנה לסוף כ"ו דורות מאדם הראשון עד משה רבינו: רבה אמונתך · רבה תהלתך עליהן: (ח) כרסיה · משמע כסא אחד: כרסון רמיו · שני כסאות הוטלו נתקנו לישב עליהן: שכינה חול · להושיב אדם בצידו: כלך מדברותיך · חדל מדבריך עד שתגיע אצל נגעים ואהלות שהן הלכות עמוקות: קילל ישעיה את ישראל · כלומר נתנבא עליהן י"ח פורעניות: ירהבו · יתגאו: תורה אור

שש מאות סדרי משנה · היו בימיהן: לחם אלו בעלי הש"ס · שיש לסמוך על הוראתן כסמיכת לחם: בעל שמועות · ששמע הלכות פסוקות מרבותיו וסגורות בפיו: ראוי לישב בישיבה · וליטול ממנו עצה בכל דבר חכמה: כדרבי אבהו · להעמיד לפניו מתורגמן לדרוש ברבים: למעלה נושאין פנים בעבורו לדורו · שהכל ניזונין בזכותו כגון רבי חנינא בן דוסא כדאמרינן בעלמא (*תענית דף כד:) כל העולם איט ניזון אלא בשביל חנינא בני: למטה · מלכי האומות מכבדין אותן בשבילו כגון ר' אבהו שהיה חשוב בבית המלך כדאמרינן במסכת סנהדרין (דף יד·*) דהוו נפקי אמהתא דבי קיסר לאפיה כו': שראוי למסור לו כו' · כגון אב"ד ולבו דואג בקרבו: תעלי · שועלים: כי יתפש איש באחיו · הכתוב הזה מגנה לומר שלא היו יודעין להשיב לשואלים הלכה: שבני אדם מתכסין בהן · נחבאין שלא ישאלו להן לפי שאין בקיאין בהן: ישנן תחת ידך · כלומר אתה בקי בהן: אא"כ נכשל בהם · כשהתלמיד נכשל בשמועתו פעם ראשונה ושניה הוא נותן לב לעמוד על שמועתו: לא אהיה · איני רגיל להיות: דלמא · האי נמי לאו משום דאנשי אמנה היו אלא דאי הוה אמר גמירנא הוו אמרי ליה אימא לן והוא לא הוה ידע: תקופת

קודם שנברא העולם ולא נבראו עמד הקב"ה ושתלן בכל דור ודור והן הן עזי פנים שבדור ורב נחמן בר יצחק אמר אשר קומטו לברכה הוא דכתיב אלו תלמידי חכמים שמקמטין (א) עצמן על דברי תורה בעולם הזה הקב"ה מגלה להם סוד לעולם הבא שנאמר °נהר יוצק יסודם אמר ליה שמואל *לחייא בר רב בר אריא תא אימא לך מילתא מהני מילי מעליותא דהוה אמר אבוך כל יומא ויומא נבראין מלאכי השרת מנהר דינור ואמרי שירה ובטלי שנאמר °חדשים לבקרים רבה אמונתך ופליגא דר' שמואל בר נחמני דאמר ר' שמואל בר נחמני אמר ר' יונתן כל דיבור ודיבור שיוצא מפי הקב"ה נברא ממנו מלאך אחד שנאמר °בדבר ה' שמים נעשו וברוח פיו כל צבאם כתוב אחד אומר °לבושיה כתלג חיור ושער (*רישיה) כעמר נקא וכתיב °קווצותיו תלתלים שחורות כעורב לא קשיא כאן בישיבה כאן במלחמה דאמר מר אין לך נאה בישיבה אלא זקן ואין לך נאה במלחמה אלא בחור כתוב אחד אומר °כרסיה שביבין דינור וכתוב אחד אומר °עד די כרסון רמיו ועתיק יומין יתיב לא קשיא אחד לו ואחד לדוד כדתניא *אחד לו ואחד לדוד דברי ר' עקיבא אמר לו ר' יוסי הגלילי עקיבא עד מתי אתה עושה שכינה חול אלא אחד לדין ואחד לצדקה קיבלה מיניה או לא קיבלה מיניה ת"ש אחד לדין ואחד לצדקה דברי רבי עקיבא אמר לו ר"א בן עזריה *עקיבא מה לך אצל הגדה כלך *מדברותיך (ג) אצל נגעים ואהלות אלא אחד לכסא ואחד לשרפרף כסא לישב עליו שרפרף להדום רגליו שנאמר °השמים כסאי והארץ הדום רגלי כי אתא רב דימי אמר שמונה עשרה קללות קילל ישעיה את ישראל ולא נתקררה דעתו עד שאמר להם המקרא הזה °ירהבו הנער בזקן והנקלה בנכבד שמונה עשרה קללות מאי נינהו דכתיב °כי הנה האדון ה' צבאות מסיר מירושלם ומיהודה משען ומשענה כל משען לחם וכל משען מים גבור ואיש מלחמה שופט ונביא וקוסם וזקן שר חמשים ונשוא פנים ויועץ וחכם חרשים ונבון לחש ונתתי נערים שריהם ותעלולים ימשלו בם [א] וגו' משען אלו בעלי מקרא משענה אלו בעלי משנה כגון ר"י בן תימא וחביריו פליגו בה רב פפא ורבנן חד אמר שש מאות סדרי משנה וחד אמר שבע מאות סדרי משנה כל משען לחם אלו בעלי תלמוד שנאמר °לכו לחמו בלחמי ושתו ביין מסכתי וכל משען מים אלו בעלי אגדה *שמושכין לבו של אדם כמים באגדה (ג) גבור זה בעל שמועות ואיש מלחמה זה שיודע לישא וליתן במלחמתה של תורה שופט זה דיין שדן דין אמת לאמיתו נביא כמשמעו קוסם זה מלך שנאמר °קסם על שפתי מלך (ד) זקן זה שראוי לישיבה שר חמשים אל תקרי שר חמשים אלא שר חומשין זה שיודע לישא וליתן בחמשה חומשי תורה דבר אחר שר חמשים כדרבי אבהו דאמר רבי אבהו מכאן שאין מעמידין מתורגמן על הצבור פחות מחמשים שנה ונשוא פנים זה שנושאין פנים לדורו בעבורו למעלה כגון רבי חנינא בן דוסא למטה כגון רבי אבהו בי קיסר יועץ *שיודע לעבר שנים ולקבוע חדשים וחכם זה תלמיד המחכים את רבותיו חרשים *בשעה שפותח בדברי תורה הכל נעשין כחרשין ונבון זה המבין דבר מתוך דבר לחש זה שראוי למסור לו דברי תורה שניתנה *בלחש ונתתי נערים שריהם מאי ונתתי נערים שריהם א"ר אלעזר אלו בני אדם שמנוערין מן המצות ותעלולים ימשלו בם אמר רב (א) (פפא) בר יעקב (ה) תעלי בני תעלי ולא נתקררה דעתו עד שאמר להם ירהבו הנער בזקן (ו) והנקלה בנכבד אלו בני אדם שמנוערין מן המצות ירהבו במי שממולא במצות כרמון והנקלה בנכבד יבא מי שחמורות דומות עליו כקלות וירהבו במי שקלות דומות עליו כחמורות אמר רב קטינא *אפי' בשעת כשלונה של ירושלים לא פסקו מהם בעלי אמנה שנא' °כי יתפש איש באחיו בית אביו (לאמר) שמלה לך קצין תהיה לנו דברים שבני אדם מתכסין (ו) בשמלה ישנן תחת ידך °והמכשלה הזאת ג) מאי והמכשלה הזאת דברים שאין בני אדם עומדין עליהן אא"כ נכשל בהן ישנן תחת ידך °ישא ביום ההוא לאמר לא אהיה חובש ובביתי אין לחם ואין שמלה לא תשימוני קצין עם ישא אין ישא אלא לשון שבועה שנאמר °לא תשא את שם ה' אלהיך (ז) לא אהיה חובש לא הייתי מחובשי בית המדרש ובביתי אין לחם ואין שמלה שאין בידי לא מקרא ולא משנה ולא גמרא ודלמא שאני התם דאי אמר להו גמירנא אמרי ליה אימא לן והוה ליה למימר גמר ושכח מאי לא אהיה חובש לא אהיה חובש כלל איני והאמר רבא *לא חרבה ירושלים עד שפסקו ממנה בעלי אמנה שנאמר °שוטטו בחוצות ירושלם וראו נא ודעו ובקשו ברחובותיה אם תמצאו איש אם יש עושה משפט מבקש אמונה ואסלח לה לא קשיא הא

א) [נ"ל אחא וכ"ה בילקוט ובע"י] ב) [מיותר וכ"ה בילקוט] ג) [שבת קיט: גיטין מג.]

וטרדן · ואיכא למ"ד ושתלן פרש"י לפי לשון ראשון נתן נשמתן בגיהנם ולא נבראו ותימה הוא וכי עביד דינא בלא דינא כי מה פשעו להיות בגיהנם ונראה לפרש וטרדן שלא נבראו ביחד כי אם מעט לכל דור ודור כדי שלא יחריבו העולם ושני הלשונות בירושלמי שוה אך הלשון משונה ולכך לא חש למתני איכא דאמרי לה בהאי לישנא (ס) כיון שאיט משנה לה רק חדא תיבה: **ופליג** אר' שמואל בר נחמני · שהוא אומר שמלאכים נבראים בדבור המקום ולא מנהר דינור: **רבי** חנינא בן דוסא למעלה · שהיה בעל מעשים יותר מכל בני דורו: **ולמטה** (י) בבית קיסר · ולאו משום שלא היה חשוב למעלה אלא משום שגם בדורו היו אנשי מעשה כמותו: נענה

ארבע כנפים ופרקי' ישעיה שראה בזמן שהיה בהמ"ק קיים ראה שש כנפים אבל יחזקאל שראה אחר חרבן ארבע כנפים כביכול שנראה ליחזקאל כאלו נתמעטו מכנפי החיות שתים שתים ואמרינן הי מינייהו איםעום אמר רב חננאל אמר רב אותן שנאמר בהם ובשתים יעופף וקרא כלומר שמשוררות בהן כדכתיב התעיף עיניך בו ואיננו ורב פי' שאין כתוב בזה הענין בס' שלנו ורבנן באו לגלות דבר זה מדרך אחרת כי ישעיה ראה רגלים מכוסין ויחזקאל ראה רגלים מגולות עד שידע כי הן רגל ישרה ואמר אותן שהיו מכוסין רגליהן בהן הן שנתמעטו ודחינן ודלמא דגלו ואחזו ליה דאי לא תימא הכי אפייהו היכי חזא להו אלא דגלו ואחזו ליה רגליהן נמי דגלו ואחזו ליה ודחינן בשלמא אפיה אורח ארעא לגלויי קמיה רביה אלא כרעא מי אורח ארעא לגלויי קמיה רביה. *) ותוב פרכינ ודלמא במסנא אחוון ליה **) והאי דקאמר ורגליהם רגל ישרה לא אתחזי במסנא מקום גבוה ונמיך ברגל אדם ואף אין בראשה אלכסון כראשי אצבעות רגלי אדם. וכי הכי מתחזי במסנא. ועוד סייענן לרבנן דאמרי כנפים שהיו מכסות בה רגליהן איםעטו וראו מגולות דאי ס"ד מיכסיין הוו רגליהון ואפיהון בשלמא גליין אפיהון כי היכי דלחזינהו יחזקאל דאיכא תמן פני שור וליבעי עלייהו רחמי כריש לקיש אלא רגליהון למה להון לגלינהו אלא איםעיטו גפייהו ואתגליין רגליהון ופרכינן לעולם מיכסיין הוו ולא אינליין אלא לאחוויי יחזקאל דקיימי רגל ישרה לכדריב"ח (ברכות י) ללמד שחייב אדם לכוון את רגליו בתפלתו שנאמר ורגליהן רגל ישרה. נהר. דינור נגד ונפק מזיעת החיות ושפיך על ראש רשעים בגיהנם. אשר קומטו בלא עת אלו הרשעים שקומטו קודם שנברא העולם ושתלן הקב"ה בכל דור ודור. והן הן עזי פנים. רב נחמן בר יצחק אמר ברכה היא. אלו ת"ח שמקמטין עצמם משינה בעוה"ז על דברי תורה הקב"ה מגלה להן סוד לעוה"ב. כתוב אחד אומר ושער רישיה כעמר נקי וכתוב אחר אומר קוצותיו תלתלים שחורות כעורב. ל"ק כאן בישיבה פי' במושב הדין כזקן. שאין נאה בישיבה אלא זקן. וכן במלחמה אין נאה אלא בחור פי' יש מי שאומר מראות הללו כדרך חלום נראים כדכתיב אם יהיה נביאכם ה' במראה אליו אתודע בחלום אדבר בו וכתוב ביד הנביאים אדמה. להודיע שמראה לנביאים כעין דמות באובנתא דליבא. אבל הקב"ה ישתבח שמו אין לו דמות. וזה הדבר מוכיח שאין שם דמות שאילו היה תמיד אחד או דמות בחור לעולם או דמות זקן לעולם אלא ללמדך שאין שם דמות כלל. אלא מה שמראה לנביאים כעין דמות מה שיישר לפניו. ויש מי שאמר מלאך הוא וזה שנאמר בו ושער רישיה ושחורות כעורב: עד כרסון רמיו חשמה אחד לכסא ואחד לשרפרף׳ י"ח קללות קילל ישעיה את ישראל ולא נתקררה דעתו עד שאמר להן ירהבו הנער בזקן והנקלה בנכבד. וחשבן י"ח קללות הא דכתיב כי הנה האדון ה' צבאות מסיר מירושלם ומיהודה משען ומשענה וגו' אלו ת"ר סדרי משנה: לא אהיה חובש כלומר לא הייתי מחובשי ביהמ"ד ובביתי אין לחם ואין שמלה. אין בידי לא מקרא ולא משנה ולא תלמוד. איני והא אמר רבה לא חרבה ירושלים עד שפסקו ממנה ראשי אמנה שנאמר אם יש איש עושה משפט מבקש אמנה. ומפרקינן

ברכות יב. | ברכות יז: | וכתובות יז. | נ"ל ראשה | סנהדרין לח: | שם ע"ש סז: | עי' פרש"י דסנהדרין סז: ד"ה מדברותיך | איוב כב | תהלים לג | איכה ג | דניאל ז | שיר ה | דניאל ז | שם | ישעיה סו | שם ג | שם | משלי ט | שבת סז. | משלי טז | סנהדרין סז. | גיטין פח. סוטה מז: סנהדרין לח. | *פי' בתחלה מפני הפסק עמוד ערך לחש | שבת קיט: | ישעיה ג | שם | שם | שמות כ | שבת קיט: ירמיה ה

*) מדברי רבינו אלו נראה שנחסר לפנינו איזה קושיות ופירוקי בסוגיין ולפני רבינו היה בשלימות. **) אולי צ"ל והייט דקאמר ורגליהם רגל ישרה דלא אתחזי במסאנא.

הגהות הב"ח

(א) גמ' שמקמטין את עצמן משינה על דברי תורה כו' מגלה להם סוד הנסתר לעולם הבא: (ב) שם כלך מדברותיך ולך אצל נגעים: (ג) שם גבור זה בעל שמועות· נ"ב ס"א ד"א זה המתגבר ביצרו: (ד) שם קסם על שפתי מלך במשפט לא ימעל פיו זקן זה: (ה) שם אמר רב פפא בר יעקב אלו תעלי וכו' והנקלה בנכבד יבואו בני אדם וכו' במצות כרמון מאי והנקלה: (ו) שם מתכסין בהם כשמלה: (ז) שם ה' אלהיך מאי לא אהיה חובש לא אהיה מתובשי בית המדרש: (ח) רש"י ד"ה כורסיה: (ט) תוס' ד"ה וטרדן וכו' בהאי לישנא ואיכא דאמרי לה בהאי לישנא כיון שאיט משנה רק חדא כצ"ל: (י) ד"ה ולמטה כגון רבי אבהו בבית קיסר:

הגהות הגר"א

[א] גמ' ותעלולים ימשלו בם. נ"ב ונגש העם איש באיש ואיש ברעהו (והוא הי"ח כי וחכם חרשים נחשב לחד וכן ונבון לחש ומ"ש שמהרש"א ז"ל דהוא לענין דרשה ולא לענין מנינא דא"כ י"ט הוין אף זולת קרא ונגש כו'):

Continuation of translation from previous page as indicated by ◁

of the King.[5] *'The elder'*—this means one who is worthy to sit in session.[6] *'The captain of fifty'*: do not read *'the captain of fifty'* but 'the captain of the Pentateuch';[7] it means one who knows how to argue in the five books of the Torah. Another explanation: *'the captain of fifty'*—as R. Abbahu [taught]. For R. Abbahu said. From here [we learn] that a *Methurgeman*[8] may not be appointed over a congregation, who is less than fifty years of age. *'And a man of rank'*—this means one for whose sake favour is shown to his [entire] generation, like R. Ḥanina b. Dosa,[9] for instance,
d on high;[1] [or] below,[2] like R. Abbahu at the court of Caesar.[3] *'The counsellor'*—[this means] one who knows how to determine the intercalation of years[4] and the fixation of months.[5] *'And the wise [man]'*[6]—this means a disciple who makes his teachers wise. *'Charmer'*—at the moment that he begins a Torah[7]-discourse, all become dumb. *'And the skilful [man]'*[8]—this means one who understands one thing from another.[9] *'Enchanter'*—this means one who is worthy to have imparted to him the words of the Torah, which was given in a whisper.[10] *'And I will give children to be their princes'*: what is the meaning of [the words], *'I will give children to be their princes'*? R. Eleazar said: It means persons who are empty[11] of good deeds.[12] *'And babes shall rule over them'*. R. Aha[13] b. Jacob said: [It means] foxes sons of foxes.[14] 'But he was
e not pacified[1] until he said to them: *The child shall behave insolently against the aged'*:—those persons who are empty of good deeds shall behave insolently against such as are filled with good deeds[2] as a pomegranate [with seeds]. *'And the base against the honourable'*: those to whom weighty [precepts] appear as light ones[3] will come and behave insolently against those to whom light [precepts] appear as weighty ones.[4]

R. Kaṭṭina said: Even at the time of Jerusalem's downfall honest men did not cease from among them, for it is said: *For a man shall take hold of his brother of the house of his father: 'Thou hast a mantle, be thou our ruler'!*[5] Matters on account of which men hide themselves as in a garment[6] thou hast *'under thy hand'*.[7] *And this ruin:*[8] what is the meaning of [the expression] *'and this ruin'*?—Matters which people do not grasp unless they stumble over them[9] are *'under thy hand'*. *In that day shall he take*[10] *[an oath], saying: I am not*[11] *a healer, for in my house is neither bread nor a mantle; ye shall not make me ruler of a people.*[12]—*Shall he take*, 'Take' expresses an oath, for it is said: *Thou shalt not take the name of the Lord thy God [in vain]*.[13] *I am not a healer:* I was[14] not of those who are bound to the Schoolhouse.[15] *For in my house is neither bread not a mantle,*—for I possess no knowledge of Bible or Mishnah or Gemara. But perhaps that
f case[1] is different; for had he said to them, I have knowledge, they would have said to him, Tell us then!—He could have answered that he had learnt but had forgotten; why then does it say: *'I am not a healer'?* [It must mean], I am not a healer at all.[2] But is it so? Behold Raba said: Jerusalem was not destroyed until honest men ceased therefrom, for it is said: *Run ye to and fro through the streets of Jerusalem, and see now, and know, and seek in the broad places thereof, if ye can find a man, if there be any that doeth justly, that seeketh truth;*[3] *and I will pardon him.*[4]—There is no contradiction: [14b]

(5) Ibid. XVI, 10. (6) I.e., as counsellor. (7) חֲמִשִּׁים, 'fifty', is explained as חוּמָשִׁים, lit., 'fifths', i.e., the five books of the Pentateuch. V. Kid. 33*a*. (8) Lit., 'interpreter', i.e., the translator into Aramaic (or Greek) of the Biblical portion read at services. V. *J.E.* VIII, p. 521. (9) Cf. Ta'an. 24*b*-25*a*: 'Every day a *Bath Kol* goes forth and says: The whole world is fed for the sake of Ḥanina, my son; Yet is Ḥanina, my son, satisfied with a *kab* of carobs from Sabbath eve to Sabbath eve'. Cf. also Ber. V, 5.

d (1) I.e., in heaven. (2) I.e., on earth. (3) I.e., the proconsular government. V. Sanh. 14*a* and Keth. 17*a*. (4) The Jewish year consists ordinarily of twelve lunar months (v. n. 5). In order to prevent the festivals from falling in the wrong seasons, it was necessary periodically to adjust the lunar calendar to the solar year: this was achieved by introducing an intercalary month (Adar II) between Adar and Nisan. V., further, Sanh. (Sonc. ed.) 2*a* and 10*a* f; also *J.E.* vol. III, p. 498f. (5) I.e., determination of the beginning of a month by the first appearance of the new moon. As the moon revolves round the earth in approx. twenty-nine and a half days, the Jewish months consists, alternately, of twenty-nine or thirty days. (6) The expression *'wise* (E.V. *"cunning"*) *charmer'* is clearly intended in the verse to refer to one person; but the Gemara interprets *'wise'* and *'charmer'* as a composite phrase referring to two distinct types. (7) Used here not in its restricted meaning of the Pentateuch, but in its wider connotation of Jewish teaching based on Scripture; cf. Aboth (Sonc. ed.) I, 1 n. 1). (8) Here, as above (v. n. 6), Isaiah's description of one type of person is made to refer to two types. (9) I.e., is able himself to draw conclusions on the basis of the knowledge imparted to him. (10) On account of Satan (Aruch). But Jast. prefers the reading of MS.M.(cf. Rashi l.c.) which he renders: 'that is he to whom are handed over the secrets of the Law which are communicated in a low voice'. *Cf. p. 75 and nn. 4 and 5. (11) The word נערים ('children') in the verse is explained as meaning מנוערים ('empty'); literally, the latter means, 'shaken out, emptied'. (12) Lit., 'commandments', 'precepts (of the Torah)', hence religious or meritorious deeds. (13) Var. lec.: but BaḤ reads R. Papa b. J. (14) The word תעלולים ('babes') in the verse is explained as a derivative of תעלא ('fox'), with the meaning, 'double foxes' i.e., second generation of foxes.

e (1) V. *supra* n. b6. (2) This is an explanation of the word זקן (*aged*) in the verse, which must necessarily have the opposite meaning of נער ('child' i.e., one empty of good deeds). Note also that *zaken* is explained elsewhere as one who is both learned (v. Sifra *Kedoshim* Par. 3, Ch. VII, and Kid. 32*b*) and practised in the Torah and its precepts (v. Ber. 39*a*). Cf. also *supra* (*The Elder*). (3) The word נקלה ('base') in the verse is here explained as a derivative of קל ('light'). (4) There is a play here on the word נכבד ('honourable'), the root of which also means, 'heavy, weighty'. (5) Isa. III, 6. (6) I.e., feel ashamed if their ignorance of them—namely the teachings of the Torah—should be detected. (7) I.e., knowest well; the expression is quoted from the end of v. 6 (ibid.). (8) Lit., *'and this stumbling'*; ibid. (9) I.e., which they learn only through their mistakes. (10) E.V. *'swear'*. (11) E.V. *'will not be'*. (12) Ibid. 7. (13) Ex. XX, 7. The bracketed words are omitted in cur. edd. but not in the "*Ein Jacob*'. (14) The Heb. verb in the verse, which, being in the imperfect form should ordinarily denote the future or at least the present tense, is here understood as having a past meaning, viz., 'I used not to be'. (15) Lit., 'of those who bind (themselves) in the Schoolhouse'.

f (1) I.e., the case referred to in Isaiah is no proof of real honesty, because (according to the argument which follows) falsehood could easily have been detected. (2) I.e., I have never studied. This voluntary admission proves his honesty. (3) Heb. אֱמוּנָה, which is only a slight variant of אֲמָנָה, 'honesty'. (4) Jer. V, 1.

*See Corrigenda.

קודם שנברא העולם · נגזר עליהם להבראות להיות קודם מתן תורה לקיים מה שנאמר דבר צוה לאלף דור (תהלים קה) דראויה היתה תורה להינתן לסוף אלף דור ונראה שאין העולם מתקיים בלא תורה עמד וקמטן ונתנה לסוף כ"ו דורות מאדם הראשון עד משה רבינו : רבה אמונתך · רבה תהלתך עליהן: (ח) כרסיה · משמע כסא אחד : כרסון רמיו · שני כסאות הוטלו נתקעו לישב עליהן : שכינה חול · להושיב אדם בצידו : כלך מדברותיך · חדל מדבריך עד שתגיע אצל נגעים ואהלות שהן הלכות עמוקות : קילל ישעיה את ישראל · כלומר נתנבא עליהן י"ח פורענויות: ירהבו · יתגאו: תורה אור

קודם שנברא העולם ולא נבראו עמד הקב"ה ושתלן בכל דור ודור והן הן עזי פנים שבדור ורב נחמן בר יצחק אמר קומטו לברכה הוא דכתיב אלו תלמידי חכמים שמקמטין (א) עצמן על דברי תורה בעולם הזה הקב"ה מגלה להם סוד לעולם הבא שנאמר נהר יוצק יסודם אמר ליה שמואל לחייא בר רב בר אריא תא אימא לך מילתא מהני מילי מעליותא דהוה אמר אבוך כל יומא ויומא נבראין מלאכי השרת מנהר דינור ואומרי שירה ובטלי שנאמר חדשים לבקרים רבה אמונתך ופליגא דר' שמואל בר נחמני דאמר ר' שמואל בר נחמני אמר ר' יונתן כל דיבור ודיבור שיוצא מפי הקב"ה נברא ממנו מלאך אחד שנאמר בדבר ה' שמים נעשו וברוח פיו כל צבאם כתוב אחד אומר לבושיה כתלג חיור ושער (רישיה) כעמר נקא וכתיב קוצותיו תלתלים שחורות כעורב לא קשיא כאן בישיבה כאן במלחמה דאמר מר אין לך נאה בישיבה אלא זקן ואין לך נאה במלחמה אלא בחור כתוב אחד אומר כרסיה שביבין דינור וכתוב אחד אומר עד די כרסון רמיו ועתיק יומין יתיב לא קשיא אחד לו ואחד לדוד כדתניא אחד לו ואחד לדוד דברי ר' עקיבא אמר לו ר' יוסי הגלילי עקיבא עד מתי אתה עושה שכינה חול אלא אחד לדין ואחד לצדקה קיבלה מיניה או לא קיבלה מיניה ת"ש אחד לדין ואחד לצדקה דברי רבי עקיבא אמר לו ר"א בן עזריה עקיבא מה לך אצל הגדה כלך מדברותיך (ג) אצל נגעים ואהלות אלא אחד לכסא ואחד לשרפרף כסא לישב עליו שרפרף להדום רגליו שנאמר השמים כסאי והארץ הדום רגלי כי אתא רב דימי אמר שמונה עשרה קללות קילל ישעיה את ישראל ולא נתקררה דעתו עד שאמר להם המקרא הזה ירהבו הנער בזקן והנקלה בנכבד שמונה עשרה קללות מאי נינהו דכתיב כי הנה האדון ה' צבאות מסיר מירושלם ומיהודה משען ומשענה כל משען לחם וכל משען מים גבור ואיש מלחמה שופט ונביא וקוסם וזקן שר חמשים ונשוא פנים ויועץ וחכם חרשים ונבון לחש ונתתי נערים שריהם ותעלולים ימשלו בם [א] וגו' משען אלו בעלי מקרא משענה אלו בעלי משנה כגון ר' יהודה בן תימא וחביריו פליגו בה רב פפא ורבנן חד אמר שש מאות סדרי משנה וחד אמר שבע מאות סדרי משנה כל משען לחם אלו בעלי תלמוד שנאמר לכו לחמו בלחמי ושתו ביין מסכתי וכל משען מים אלו בעלי אגדה שמושכין לבו של אדם כמים באגדה (ג) גבור זה בעל שמועות ואיש מלחמה זה שיודע לישא וליתן במלחמתה של תורה שופט זה דיין שדן דין אמת לאמיתו נביא כמשמעו קוסם זה מלך שנאמר קסם על שפתי מלך (ד) זקן זה שראוי לישיבה שר חמשים אל תקרי שר חמשים אלא שר חומשין זה שיודע לישא וליתן בחמשה חומשי תורה דבר אחר שר חמשים כדרבי אבהו דאמר רבי אבהו מכאן שאין מעמידין מתורגמן על הצבור פחות מחמשים שנה ונשוא פנים זה שנושאין פנים לדורו בעבורו למעלה כגון רבי חנינא בן דוסא למטה כגון רבי אבהו בי קיסר יועץ שיודע לעבר שנים ולקבוע חדשים וחכם זה תלמיד המחכים את רבותיו חרשים בשעה שפותח בדברי תורה הכל נעשין כחרשין ונבון זה המבין דבר מתוך דבר לחש זה שראוי למסור לו דברי תורה שניתנה בלחש ונתתי נערים שריהם א"ר אלעזר אלו בני אדם שמנוערין מן המצות ותעלולים ימשלו בם אמר רב (ה) (פפא) בר יעקב (ס) תעלי בני תעלי ולא נתקררה דעתו עד שאמר להם ירהבו הנער בזקן (ו) והנקלה בנכבד אלו בני אדם שמנוערין מן המצות ירהבו במי שממולא במצות כרמון והנקלה בנכבד יבא מי שחמורות דומות עליו כקלות וירהבו במי שקלות דומות עליו כחמורות אמר רב קטינא אפי' בשעת כשלונה של ירושלים לא פסקו מהם בעלי אמנה שנא' כי יתפש איש באחיו בית אביו (לאמר) שמלה לך קצין תהיה לנו דברים שבני אדם מתכסין בהן כשמלה ישנן תחת ידך (ו) והמכשלה הזאת (ז) מאי והמכשלה הזאת דברים שאין בני אדם עומדין עליהן אא"כ נכשל בהן ישנן תחת ידך ישא ביום ההוא לאמר לא אהיה חובש ובביתי אין לחם ואין שמלה לא תשימוני קצין עם ישא אין ישא אלא לשון שבועה שנאמר לא תשא את שם ה' אלהיך (ז) לא אהיה חובש לא הייתי מחובשי בית המדרש ובביתי אין לחם ואין שמלה שאין בידי לא מקרא ולא משנה ולא גמרא ודלמא שאני התם דאי אמר להו גמירנא אמרי ליה אימא לן הוה ליה למימר גמר ושכח מאי לא אהיה חובש כלל איני והאמר רבא לא חרבה ירושלים עד שפסקו ממנה בעלי אמנה שנאמר שוטטו בחוצות ירושלם וראו נא ודעו ובקשו ברחובותיה אם תמצאו איש אם יש עושה משפט מבקש אמונה ואסלח לה לא קשיא הא

א) [נ"ל אחא וכ"ה בילקוט] ב) [מיותר וכ"ה בילקוט ובע"י] ג) [שבת קיט: גיטין מג.]

שש מאות סדרי משנה · היו בימיהן : לחם אלו בעלי הש"ס · שיש לסמוך על הוראתן כסמיכה לחם: בעל שמועות · ששמע הלכות פסוקות מרבותיו וסגורות בפיו : ראוי לישב בישיבה · וליטול ממנו עצה בכל דבר חכמה : כדרבי אבהו · להעמיד לפניו מתורגמן לדרוש ברבים : למעלה · שנושאין פנים בעבורו לדורו · שהכל ניזונין בזכותו כגון רבי חנינא בן דוסא כדאמרינן בעלמא (תענית דף כד:) כל העולם כולו ניזון בשביל חנינא בני : למטה · מלכי האומות מכבדין אותו בשבילו כגון ר' אבהו שהיה חשוב בבית המלך כדאמרינן במסכת סנהדרין (דף יד.) דהוו נפקי אמהתא דבי קיסר לאפיה כו' : שראוי למסור לו כו' · כגון אב"ד ולבו דואג בקרבו : תעלי · שועלים : כי יתפש איש באחיו · הכתוב היה מגנן לומר שלא היו יודעין להשיב לשואלים הלכה : שבני אדם מתכסין בהן · נחבאין שלא ישאלו להן לפי שאין בקיאין בהן : ישנן תחת ידך · כלומר אתה בקי בהן : אא"כ נכשל בהם · כשהתלמיד נכשל בשמועתו פעם ראשונה ושניה הוא עומד על שמועתו : לא אהיה · איני רגיל להיות : דלמא · האי נמי לאו משום דלאנשי אמנה היו אלא דאי הוה אמר גמירנא הוו אמרי ליה אימא לן והוא לא הוה ידע :

ומרדן · ואיכא למ"ד ושתלן פרש"י לפי לשון ראשון כתן נשמתן בגיהנם ולא נבראו ותימה הוא וכי עביד דינא בלא דינא כי מה פשעו להיות בגיהנם ונראה לפרש ומרדן שלא נבראו ביחד כי אם מעט לכל דור ודור כדי שלא יחריבו העולם ושני הלשונות בירושלמי שוה אך הלשון משונה ולכך לא חש למתני איכא דאמרי לה בהאי לישנא (ס) כיון שאינו משנה לה רק חדא תיבה : ופליגא אד' שמואל בר נחמני · שהוא אומר שמלאכים נבראים בדבור המקום ולא מנהר דינור : רבי חנינא בן דוסא למעלה · שהיה בעל מעשים יותר מכל בני דורו : ולמטה (י) בבית קיסר · ולאו משום שלא היה חשוב למעלה אלא משום שגם בדורו היו אנשי מעשה כמותו : נענה

ארבע כנפים ופרקי' ישעיה שראה בזמן שהיה בהמ"ק קיים ראה שש כנפים אבל יחזקאל שראה אחר חרבן ארבע כנפים כביכול שנראה ליחזקאל כאלו נתמעטו מכנפי החיות שתים שתים ואמרינן הי מינייהו אימעוט אמר רב חננאל אמר רב אותן שנאמר בהם ובשתים יעופף וקרא כלומר שמשוררות בהן כדכתיב התעיף עיניך בו ואיננו ורב פי' שאין כתוב בזה הענין בס' שלנו ורבנן באו לגלות דבר זה מדרך אחרת כי ישעיה ראה רגלים מכוסין ויחזקאל ראה רגלים מגולות עד שידע כי הן רגל ישרה ואמר אותן שהיו מכוסין רגליהן בהן הן שנתמעטו ודחינן ודלמא דגלו ואחזו ליה דאילא תימא הכי אפייהו היכי חזא להו אלא דגלו ואחזו ליה רגליהן נמי דגלו ואחזו ליה ודחינן בשלמא אפיה אורח ארעא לגלויי קמיה רביה אלא כרעא מי אורח ארעא לגלויי קמיה רביה . *) ותוב פרכינ ודלמא במסנא אחוון ליה **) והאי דקאמר ורגליהם רגל ישרה לא אתחזי במסנא מקום גבוה ונמוך ברגל אדם ואף אין בראשה אלכסון כראשי אצבעות רגלי אדם . וכי הכי מתחזי במסנא . ועוד סייענן לרבנן דאמרי כנפים שהיו מכסות בה רגליהן אימעטו וראן מגולות דאי ס"ד מיכסיין הוו רגליהון ואפיהון בשלמא גליין אפיהון כי היכי דלחזינהו יחזקאל דאיכא תמן פני שור וליבעי עליהו רחמי כריש לקיש אלא רגליהון למה להון לגלינהו אלא אימעיטו גפייהו ואתגליין רגליהון ופרכינן לעולם מיכסיין הוו ולא איגליין אלא לאחוויי יחזקאל דקיימי רגל ישרה לכדריב"ח (ברכות י) ללמד שחייב אדם לכוון את רגליו בתפלתו שנאמר ורגליהן רגל ישרה . נהר דינור נגד ונפק מזיעת החיות ושפיך על ראש רשעים בגיהנם . אשר קומטו בלא עת אלו הרשעים שקומטו קודם שנברא העולם ושתלן הקב"ה בכל דור ודור . והן הן עזי פנים . רב נחמן בר יצחק אמר ברכה היא . אלו ת"ח שמקמטין עצמם משינה בעוה"ז על דברי תורה הקב"ה מגלה להן סוד לעוה"ב . כתוב אחד אומר ושער רישיה כעמר נקי וכתוב אחר אומר קווצותיו תלתלים שחורות כעורב . ל"ק כאן בישיבה פי' במושב הדין כזקן . שאין נאה בישיבה אלא זקן . וכן במלחמה אין נאה אלא בחור פי' יש מי שאומר מראות הללו כדרך חלום נראים כדכתיב אם יהיה נביאכם ה' במראה אליו אתודע בחלום אדבר בו וכתוב ביד הנביאים אדמה . להודיע שמראה לנביאים כעין דמות באובנתא דליבא . אבל הקב"ה ישתבח שמו אין לו דמות . וזה הדבר מוכיח שאין שם דמות שאילו היה תמיד אחד או דמות בחור לעולם או דמות זקן לעולם אלא ללמדך שאין שם דמות כלל . אלא מה שמראה לנביאים כעין דמות מה שיישר לפניו . ויש מי שאמר מלאך הוא וזה שנאמר בו ושער רישיה ושחורות כעורב : עד כרסוון רמיו אחד לכסא ואחד לשרפרף : י"ח קללות קילל ישעיה את ישראל ולא נתקררה דעתו עד שאמר להן ירהבו הנער בזקן והנקלה בנכבד . וחשבנן י"ח קללות הא דכתיב כי הנה האדון ה' צבאות מסיר מירושלם ומיהודה משען ומשענה וגו' אלו ת"ר סדרי משנה: לא אהיה חובש כלומר לא הייתי מחובשי ביהמ"ד ובביתי אין לחם ואין שמלה . אין בידי לא מקרא ולא משנה ולא תלמוד . איני והא אמר רבה לא חרבה ירושלים עד שפסקו ממנה ראשי אמנה שנאמר אם יש איש עושה משפט מבקש אמנה . ומפרקינן

*) מדברי רבינו אלו נראה שנחסר לפנינו איזה קושיות ופירוקי בסוגיין ולפני רבינו היה בשלימות. **) אולי צ"ל וסייע דקאמר ורגליהם רגל ישרה דלא אתחזי במסאנא.

הגהות הב"ח

(א) גמ' שמקמטין את עצמן משינה על דברי תורה כו' מגלה להם סוד הגנוז לעולם הבא : (ב) שם כלך מדברותיך ולך אצל נגעים : (ג) שם גבור זה בעל שמועות· נ"ב ס"א ד"א זה המתגבר ביצרו : (ד) שם קסם על שפתי מלך במשפט לא ימעל פיו זקן זה : (ה) שם אמר רב פפא בר יעקב אלו תעלי וכו' והנקלה בנכבד יבואו בני אדם וכו' במצות כרמון מאי והנקלה : (ו) שם מתכסין בהם כשמלה : (ז) שם ה' אלהיך מאי לא אהיה חובש לא אהיה מחובשי בית המדרש: (ח) רש"י ד"ה כורסיה: (ט) תוס' ד"ה ומרדן וכו' בהאי לישנא ואיכא דאמרי לה בהאי לישנא כיון שאינו משנה רק חדא כצ"ל: (י) ד"ה ולמטה כגון רבי אבהו בבית קיסר:

הגהות הגר"א

[א] גמ' ותעלולים ימשלו בם. נ"ב ונגש העם איש באיש ואיש ברעהו (והוא סי"ח כי וחכם חרשים נחשב לאחד וכן ונבון לחש ומ"ש שמהרש"א צ"ל דהוא לענין דרשה ולא לענין מנינא דא"כ י"ט הוין אף זולת קרא ונגש כו') :

ט א מיי' פט"ז מהל' איסורי ביאה הל' ט סמג לאוין קכ טוש"ע אה"ע סי' ה סעיף יא:

הא בדברי תורה הא במשא ומתן בדברי תורה הוו במשא ומתן לא הוו ת"ר *מעשה ברבן יוחנן בן זכאי שהיה רוכב על החמור (א) והיה מהלך בדרך ור' אלעזר בן ערך מחמר אחריו אמר לו רבי שנה לי פרק אחד במעשה מרכבה אמר לו לא כך שניתי לכם ולא במרכבה ביחיד אלא א"כ היה חכם מבין מדעתו אמר לו רבי תרשיני לומר לפניך דבר אחד שלמדתני אמר לו אמור מיד ירד רבן יוחנן בן זכאי מעל החמור ונתעטף וישב על האבן תחת הזית אמר לו רבי מפני מה ירדת מעל החמור אמר אפשר אתה דורש במעשה מרכבה ושכינה עמנו ומלאכי השרת מלוין אותנו ואני ארכב על החמור מיד פתח ר"א בן ערך במעשה המרכבה ודרש וירדה אש מן השמים *וסיבבה כל האילנות שבשדה פתחו (ב) כולן ואמרו שירה מה שירה אמרו °הללו את ה' מן הארץ תנינים וכל תהומות עץ פרי וכל ארזים הללויה נענה מלאך מן האש ואמר הן הן מעשה המרכבה עמד רבן יוחנן ב"ז ונשקו על ראשו ואמר ברוך ה' אלהי ישראל שנתן בן לאברהם אבינו שיודע להבין ולחקור ולדרוש במעשה מרכבה (ג) *יש נאה דורש ואין נאה מקיים נאה מקיים ואין נאה דורש אתה נאה דורש ונאה מקיים אשריך אברהם אבינו שאלעזר בן ערך יצא מחלציך וכשנאמרו הדברים לפני ר' יהושע היה הוא ורבי יוסי הכהן מהלכים בדרך אמרו אף אנו נדרוש במעשה מרכבה פתח רבי יהושע ודרש (ד) ואותו היום תקופת תמוז היה נתקשרו שמים בעבים ונראה כמין קשת בענן והיו מלאכי השרת מתקבצין ובאין לשמוע כבני אדם שמתקבצין ובאין לראות במזמוטי חתן וכלה הלך רבי יוסי הכהן וסיפר דברים לפני רבן יוחנן בן זכאי ואמר אשריכם ואשרי יולדתכם אשרי עיני שכך ראו ואף אני ואתם בחלומי מסובין היינו על הר סיני ונתנה עלינו בת קול מן השמים (ה) עלו לכאן עלו לכאן טרקלין גדולים ומצעות נאות מוצעות לכם אתם ותלמידיכם ותלמידי תלמידיכם מזומנין לכת שלישית איני והתניא *ר' יוסי בר' יהודה אומר שלשה הרצאות הן ר' יהושע הרצה דברים לפני רבן יוחנן בן זכאי ר"ע הרצה לפני ר' יהושע חנניא בן חכינאי הרצה לפני ר"ע ואילו ר"א בן ערך לא קא חשיב דארצי וארצו קמיה קחשיב דארצי ולא ארצו קמיה לא קא חשיב (ו) והא חנניא בן חכינאי דלא ארצו קמיה וקא חשיב דארצי מיהא קמיה מאן דארצי ת"ר ארבעה נכנסו בפרדס ואלו הן בן עזאי ובן זומא אחר ורבי עקיבא אמר להם ר"ע כשאתם מגיעין אצל אבני שיש טהור (ז) אל תאמרו מים מים משום שנאמר °דובר שקרים לא יכון לנגד עיני בן עזאי הציץ ומת עליו הכתוב אומר °יקר בעיני ה' המותה לחסידיו בן זומא הציץ ונפגע ועליו הכתוב אומר °דבש מצאת אכול דייך פן תשבענו והקאתו *אחר קיצץ בנטיעות רבי עקיבא יצא בשלום שאלו את בן זומא מהו לסרוסי כלבא אמר להם °ובארצכם לא תעשו **כל שבארצכם לא תעשו *לא שאלו את בן זומא בתולה שעיברה מהו לכ"ג מי חיישינן לדשמואל *) דאמר שמואל יכול

*) נדה סד.

רש"י

תקופת תמוז הוה · דאין דרך להתקשר שמים בעבים: במזמוטי חתן · מיני שחוק שמשחקין לפניהן: סיפר · דברים הללו: לכת שלישית · של כיתות היושבות לפני השכינה: הרצה דברים · דרש במעשה המרכבה: דארצי וארצו קמיה · שהרצה לפני אחרים ואחרים הרצו לפניו: דארצי מיהא קמיה מאן דארצי · אם לא הרצו אחרים לפניו הוא הרצה לפני מי שחזר והרצה לפני אחרים לכך הוזקק להימנות כאן משום דרבי עקיבא להודיע שהוא הרצה ואחרים הרצו לפניו אבל ר"א לא אחרים הרצו לפניו ולא הוא הרצה לפני מי שהרצה לפני אחרים: נכנסו לפרדס · עלו לרקיע על ידי שם: שיש טהור · מבהיק כמים צלולין: אל תאמרו מים מים · יש כאן איך נלך: הציץ · לצד השכינה: ונפגע · נטרפה דעתו: יקר בעיני ה' המותה לחסידיו · הוקשה מיתתו לפניו לפי שמת בחור ואעפ"כ אי אפשר שלא ימות משום שנאמר כי לא יראני האדם וחי (שמות לג): שאלו את בן זומא מהו לסרוסי כלבא · הואיל וסירוס כתיב אצל מומי קרבן וכלב אפילו חליפיו אסור למזבח משום מחיר כלב אסור לסרסו או לא: בתולה שעיברה מהו לכהן גדול · והיא אומרת שימצאו לה בתולים אי כמי כהן גדול נשאה ולא ידע שהיא מעוברת ומצא לה בתולים ואחר כך נמצאת מעוברת מהו לקיימה משום בתולה מעמיו יקח (ויקרא כא):

תוספות

נענה מלאך מתוך האש גרסינן ולא גרסינן מלאך המות ובירושלמי מייתי קרא אז ירננו עצי היער:

במזמוטי חתן וכלה · ובירושלמי גרס בשמחת חתן וכלה היא:

והתניא שלשה הרצאות יש · פרש"י דארצי מיהא קמיה מאן דארצי כלומר כיון שחנניא בן חכינאי הרצה לפני רבי עקיבא דארצי לפני ר' יהושע מיחשב כמו דארצי קמיה לאפוקי דר"א בן ערך שהרצה לפני רבן יוחנן בן זכאי שלא הרצה בפני שום אדם ולא משמע לי כלל דמנא ליה לחשיב כיון דארצי קמיה מאן דארצי כמאן דארצי קמיה דמי ועוד דלא הוי שיטתו לפי תירוצו דלעיל דארצי וארצו קמיה דחשיב והשתא אי הדר ביה הוה ליה למימר אלא כיון דארצי כו' וגם מה שפי' רש"י בשם רבינו הלוי דמשמע ליה לישנא שאדם אחר הרצה לפני חנניא לא יתכן דא"כ כן ד' הרצאות (ח) בהון ועוד מנא ליה הא דהרצה אחר בפני חנניא ואינו מפורש בשום ברייתא על כן נראה להר"י כמו שפירש בספר הישר דארצי וארצו קמיה קחשיב אותן שהלליחו כל כך להרצות בפני רבם הכי ר' יהושע בפני רבו רבן יוחנן בן זכאי ור"ע בפניו שהיה רבו ורבי חנניא בפני רבי עקיבא רבו וחשיב שלשה הרצאות שהלכו בענין זה לאפוקי ר"א בן ערך שלא הרצו בפניו ואפי' הרצה לא הרצה מקמי מאן דארצי ומעיקרא שני ליה כולו אלא שלא הבין המקשה כל דבריו דפריך ליה כיון שלא הרצו מקמי חנניא היה לו למנות ר"א בן ערך כמו חנניא ומשני ליה דארצי מקמיה מאן דארצו שהוא הרצה בפני ר"ע רבו שהלליח בפני ר' יהושע וארצי וארצו קמיה קרינא ליה בר' עקיבא לאפוקי ר"א בן ערך שלא הרצו לפניו (ט) ואפי' הרצו לפניו רבן יוחנן רבו לא מלינו שהרצה הלכך לא דמי להאי סידרא ומיהו כשנדקדק פרש"י יש לישבו דה"כ קאמר דארצי מיהא קמיה מאן דארצי אם לא הרצו אחרים לפניו הוא הרצה מיהא מקמי מאן דארצי ומשום ר"ע הוזקק למנותו דארצי וארצו קמיה אבל ר"א למה נחשביה לא הורצו לפניו ולא הורצו מקמיה מאן דארצי:

נכנסו לפרדס · כגון על ידי שם ולא עלו למעלה ממש אלא היה נראה להם כמו שעלו וכן פי' בערוך*:

לסרוסי כלבא · משום שאף מחירו אסור לקרבן שאלו לו (י) טפי מאחריני וכן פרש"י:

בתולה שעיברה מהו לכהן גדול · ופרש"י (כ) שהיא אומרת בתולה אני ואני שכיבה דשמואל מהימנא וקשה להר"י דהא פרק קמא דכתובות (דף יג.) תנן היתה מעוברת מה טיבו של עובר זה מאיש פלוני וכהן הוא וכו' רבי יהושע אמר לא מפיה אנו חיין כו' והכא משמע דקבעיא ליה לב"ז *ושמא כאן שאף היא בכלל האיסור כדכתיב *[והוא אשה בבתוליה יקח] קרי ביה יקיח נאמנת ולהר"י נראה (ל) דטרחינן לבודקה ע"פ חבית כדאיתא בריש כתובות (דף י: ושם) ואי דשמואל לא שכיח לא טרחינן ומוקמה בחזקת בעולה אי נמי קמיבעיא ליה בהך דבדקינן ע"פ החבית אי חיישינן שמא לא נבדקה יפה (נדה דף סד: ושם) שאני שמואל דרב גובריה אך קשה להר"י דהא מסקינן בכתובות (דף ו: ושם) בשמעתין דדם מיפקד פקיד דרוב בקיאין בהטייה וי"ל דודאי תחלת ביאה רוב בקיאין בשעת מעשה (מ) אבל גמר כדי שתתעבר אי אפשר כי אם לשמואל:

רבינו חננאל

ל"ק במשא ומתן לא היו אנשי אמנה אבל בדברי תורה לא היו משקרין אלא היו בעלי אמונה. ג' הרצאות הרצו במעשה מרכבה. ר' יהושע הרצה לפני ריב"ז [חנניא בן חכינאי הרצה] לפני ר' עקיבא הני כולהו ארצו וארצו אהריני קמייהו. אבל ר' אלעזר בן ערך ארצי ולא ארצי אחריני גביה. ת"ר ד' נכנסו לפרדס. אלו הן בן עזאי ובן זומא אחר ור' עקיבא· אמר להם ר' עקיבא כשאתם מגיעים אל אבני שיש טהור אל תאמרו מים מים משום שנאמר דובר שקרים לא יכון לנגד עיני. פי' כינוהו פרדס מעין *) ג"ע שהיא גנוזה לצדיקים כך אותו מקום הוא מקום בערבות שהנשמות של צדיקים צרורות בו ומפורש בהיכלות שהיו החכמים הראוין למדה הזו מתפללין ומנקין עצמן מכל דבר טומאה וצמין וטובלין ומטהרין והיו משתמשין בשמות וצופין בהיכלות ורואין [היאך] משמרות המלאכים במעמדם והיאך היכל אחרי היכל ולפני' כהיכל וצוה אותם ר"ע כשאתם מגיעין להבים באובנתא דליבא אצל אבני שיש טהור אל תאמרו מים מים שאין שם מים כל עיקר אלא דמות בעולם נראית והאומר מים נהדף שנמצא משקר ובלשון הזה מפורש בהיכלות רבתי מפני ששומרי · היכל פתח שיש מטילין ומשליכין אלף אלפי גלי מים ואין שם אפי' טפה אחת. א"ר עקיבא נראה כמי שיש בו גלי מים ואין בו אפילו טפה אחת אלא אויר זיו אבני שיש טהור שהן כלולות בהיכל שהיה זיו פניהם דומים למים והאומר מים הללו מה טיבן נהדף כו' ואינם עולים בשמים אלא צופים ורואים באובנתא דליבא כאדם הרואה ומבים מתוך אספקלריא שאינה מאירה **) ובן עזאי הציץ כלומר הוסיף להזכיר בשמות כדי להביט באספקלריא מאירה ומת בן זומא הציץ ונפגע כלומר נטרפה דעתו אחר קיצץ בנטיעות כיון שכינו המקום ההוא פרדס א' קיצץ בנטיעות. כלומר דיבר כלפי למעלה ומחיזו

*) עי' בערוך ערך אבני שיש טהור ובכתובת בע"י ד"ה לר' האי. **) בערוך מסיים בזה"ל ושומעין ואומרין ומדברין כעין מסוכה ברוה"ק זה פירוש רב האי גאון ז"ל.

[תוספתא פ"ב] | ג"א וסיכסכה | תהלים קמח | [יבמות סג:] | [תוספתא פ"ב] | תהלים קא | שם קטז | [פרש"י פ"ז תמלא לקמן טו. ד"ה אחר] | [ב"מ קיז:] | [פי' תוס' שבת קי: ד"ה פ"ב] | משלי כה | ויקרא כב | עי' יבמות סד. | נ"ל אלמנה וגרוש לא יקחו כי אם וגו'

הגהות הב"ח

(א) גמ' שהיה רוכב על החמור ויוצא מירושלים והיה מהלך בדרך וכו' מחמר אחריו ללמוד תורה מפיו אמר לו רבי וכו' אמר לו בני לא כך: (ב) שם פתחו כל האילנות כולן ואמרו שירה וכו' הללויה ויש אומרים שירה זאת אמרו אז ירננו עצי היער (נענה מלאך וכו' המרכבה) תא"מ ונ"ב ס"א ואף מלאך נענה מתוך האש ואמר והאי הן הן מעשה מרכבה: (ג) שם במעשה מרכבה כר"א בן ערך יש נאה דורש וכו' ואין נאה דורש אבל אתה א"ע נאה דורש: (ד) שם ר' יהושע ודרש במעשה מרכבה ואותו היום וכו' ונתקשרו שמים וכו' לשמוע מעשה מרכבה כבני אדם: (ה) שם מן השמים ואמר עלו לכאן וכו' טרקלין גדולים מוכנים לכם ומצעות נאות: (ו) שם לא קחשיב איני והא חנניה: (ז) שם אבני שיש טהור הזהרו שלא תאמרו: (ח) תוס' ד"ה והתניא וכו' ד' הרצאות הן ועוד וכו' בפני חנניא דאינו מפורש וכו' בפני רבן כגון הכא ר' יהושע וכו' ור' עקיבא בפני רבי יהושע שהיה רבו ורבי חנניא בפני ר"ע וכו' ופריך ליה כיון: (ט) בא"ד ואפי' הרצו לפניו לא הרצה תלמיד לפני רבו הלכך לא דמי להאי סידרא וכו' ולא הרצה מקמי מאן דארצי רבן יוחנן רבו לא מלינו שהרצה הס"ד: (י) ד"ה לסרוסי וכו' שאלו לו עליו טפי: (כ) ד"ה בתולה וכו' ופרש"י כשהיא אומרת בתולה אני ואי לא שכיחא דשמואל: (ל) בא"ד ולהר"י נראה דקא מיבעי ליה מי קטרחינן לבודקה על פי חבית כדאיתא בריש כתובות דאי דשמואל לא שכיח טרחינן לבודקה ואי דשמואל שכיח לא טרחינן ומוקמה בחזקת בעולה אי נמי קמבעיא ליה בתר דבדקינה על פי החבית מי חיישינן לדשמואל או דלמא דשמואל לא שכיח והא לא קא מיבעי ליה אי חיישינן שמא לא נבדקה יפה את"ל דשמואל לא שכיח הס"ד ואח"כ מה"ד דשמואל לא שכיח וכן מסקינן וכו' דרב גובריה וקשה לר"י כצ"ל ותיבת אך נמחק: (מ) בא"ד אבל גמר ביאה כדי:

גליון הש"ס

תוס' ד"ה נכנסו וכו' ולא עלו למעלה ממש. עי' גיטין דף פד ע"א תוס' ד"ה ע"מ שתעלי לרקיע: ד"ה בתולה וכו' ושמא כאן שאף היא בכלל האיסור. עיין נדרים דף ל ע"ב תו"ה חזרו לומר:

the one [verse] refers to religious matters,[5] the other to business. In regard to religious matters, there were [honest men left]; in regard to business, there were no [honest men left].

Our Rabbis taught: Once R. Johanan b. Zakkai was riding on an ass when going on a journey, and R. Eleazar b. 'Arak was driving the ass from behind. [R. Eleazar] said to him: Master, teach me a chapter of the 'Work of the Chariot'.[6] He answered: Have I not taught you[7] thus: 'Nor [the work of] the chariot in the presence of one, unless he is a Sage and understands of his own knowledge'? [R. Eleazar] then said to him: Master, permit me to say before thee something which thou hast taught me.[8] He answered, Say on! Forthwith R. Johanan b. Zakkai dismounted from the ass, and wrapped himself up,[9] and sat upon a stone beneath an olive tree. Said [R. Eleazar] to him: Master, wherefore didst thou dismount from the ass? He answered: Is it proper that whilst thou art expounding the 'Work of the Chariot', and the Divine Presence is with us, and the ministering angels accompany us, I should ride on the ass! Forthwith, R. Eleazar b. 'Arak

a began his exposition of the 'Work of the Chariot', and fire[1] came down from heaven and encompassed[2] all the trees in the field; [thereupon] they all began to utter [divine] song. What was the song they uttered?—*Praise the Lord from the earth, ye sea-monsters, and all deeps ... fruitful trees and all cedars ... Hallelujah.*[3] An angel[4] [then] answered[5] from the fire and said: This is the very 'Work of the Chariot'. [Thereupon] R. Johanan b. Zakkai rose and kissed him on his head and said: Blessed be the Lord God of Israel, Who hath given a son to Abraham our father, who knoweth to speculate upon, and to investigate, and to expound the 'Work of the Chariot'. There are some who preach well but do not act well, others act well but do not preach well, but thou dost preach well and act well. Happy art thou, O Abraham our father, that R. Eleazar b. 'Arak hath come forth from thy loins. Now when these things were told R. Joshua, he and R. Jose the priest[6] were going on a journey. They said: Let us also[7] expound the 'Work of the Chariot'; so R. Joshua began an exposition. Now that day was the summer solstice;[8] [nevertheless] the heavens became overcast with clouds and a kind of rainbow[9] appeared in the cloud, and the ministering angels assembled and came to listen

b like people who assemble and come to watch the entertainments[1] of a bridegroom and bride. [Thereupon] R. Jose the priest went and related what happened before R. Johanan b. Zakkai; and [the latter] said: Happy are ye, and happy is she that bore you;[2] happy are my eyes that have seen thus. Moreover, in my dream, I and ye were reclining[3] on Mount Sinai, when a *Bath Kol*[4] was sent to us,[5] [saying]: Ascend hither, ascend hither! [Here are] great banqueting chambers, and fine dining couches prepared for you; you and your disciples and your disciples' disciples are designated for the third class.[6] But is this so?[7] For behold it is taught: R. Jose b. R. Judah said: There were three discourses:[8] R. Joshua discoursed before R. Johanan b. Zakkai, R. Akiba ◁

(5) Lit., 'words of the Torah'. (6) *V. p. 59, n. 4. (7) Plural, i.e., R. Eleazar and his fellow-students. (8) The fact that R. Johanan b. Zakkai had in the past taught the 'Chariot' mysteries to R. Eleazar is difficult to reconcile with the former's present refusal to teach his disciple. It seems best to omit, with the J.T., the word rendered 'which thou hast taught me'. For two suggested explanations, if this word is retained, v. Maharsha a.l. (9) I.e., put round him his *tallith*. The latter was a four-cornered garment (similar to the Roman '*pallium*') adorned with fringes (in accordance with Num. XV, 38f), which was worn in Talmudic times by scholars, distinguished persons, and those who led in prayers. Its use at prayers is still preserved, and has given rise to its popular designation of 'prayer-shawl'. By wrapping himself in his *tallith*, R. Johanan b. Zakkai showed his sense of the holiness of the occasion. V. further *J.E.*, vol. XI, pp. 67f and Elbogen, *Der Jüd. Gottesdienst* pp. 499f.

a (1) *Cf. p. 77, n. 9. (2) Var. lec.: covered; intertwined; hedged in. (3) Ps. CXLVIII, 7, 9, 14. This reference to trees is the clue which points to these verses as the trees' psalm. The Jerusalem Talmud reads instead I Chron. XVI, 33. (4) Another reading has 'angel of death', which Tosaf. rejects. (5) I.e., spoke with reference to R. Eleazar's exposition of the 'Chariot' mysteries. (6) For R. Johanan b. Zakkai's opinion of these two disciples and R. Eleazar v. Aboth, II, 8, 9. (7) Being only two, they would not be infringing the Mishnah law concerning the study of the 'chariot' mysteries. (8) Lit., 'the cycle of Tammuz' (fourth month). On such a day the sky in Palestine should be cloudless. (9) Cf. Ezek. I, 28.

b (1) Heb. מזמוטי. Levy deriving the word from the Greek 'smiling', especially 'friendly smiling', translates it, '*Belustigungen*' (entertainments, merrymakings), which agrees with Rashi's explanation and the variant reading of the Jerusalem Talmud viz., 'rejoicing'. Jast. gives the word a Hebrew origin (v.s.v.) and explains it to mean, 'music, sweet melodies'; he renders our passage—'the musical entertainments at a wedding. (2) I.e., your respective mothers; they were not brothers. (3) I.e., as at a banquet, when the guests used to recline on couches (cf. Ex. Rab 25). (4) *V. p. 73, n. 12. (5) Lit., 'given upon us'. (6) Of the seven classes (v. Midr. Till. to Ps. XI, 7) admitted (after death) into God's presence. (7) I.e., that R. Eleazar b. 'Arak discoursed on the 'Chariot' mysteries before his master. (8) I.e., only in three instances did disciples discourse on the 'Work of the Chariot' before their teachers.

*See Corrigenda.

◁ *For the continuation of the English translation of this page see overleaf.*

א מיי' פט"ז מהל' איסורי ביאה הל' ט סמג לאוין קכ טוש"ע אה"ע סי' כ סעיף יא :

הא בדברי תורה הא במשא ומתן בדברי תורה הוו במשא ומתן לא הוו ת"ר *מעשה ברבן יוחנן בן זכאי שהיה רוכב על החמור (א) והיה מהלך בדרך ור' אלעזר בן ערך מחמר אחריו אמר לו רבי שנה לי פרק אחד במעשה מרכבה אמר לו לא כך שניתי לכם ולא במרכבה ביחיד אלא א"כ היה חכם מבין מדעתו אמר לו רבי תרשיני לומר לפניך דבר אחד שלמדתני אמר לו אמור מיד ירד רבן יוחנן בן זכאי מעל החמור ונתעטף וישב על האבן תחת הזית אמר לו רבי מפני מה ירדת מעל החמור אמר אפשר אתה דורש במעשה מרכבה ושכינה עמנו ומלאכי השרת מלוין אותנו ואני ארכב על החמור מיד פתח ר"א בן ערך במעשה המרכבה ודרש וירדה אש מן השמים *וסיבבה כל האילנות שבשדה פתחו (ב) כולן ואמרו שירה מה שירה אמרו °הללו את ה' מן הארץ תנינים וכל תהומות עץ פרי וכל ארזים הללויה נענה מלאך מן האש ואמר הן הן מעשה המרכבה עמד רבן יוחנן בן זכאי ונשקו על ראשו ואמר ברוך ה' אלהי ישראל שנתן בן לאברהם אבינו שיודע להבין ולחקור ולדרוש במעשה מרכבה (ג) *יש נאה דורש ואין נאה מקיים נאה מקיים ואין נאה דורש אתה נאה דורש ונאה מקיים אשריך אברהם אבינו שאלעזר בן ערך יצא מחלציך וכשנאמרו הדברים לפני ר' יהושע היה הוא ורבי יוסי הכהן מהלכים בדרך אמרו אף אנו נדרוש במעשה מרכבה פתח רבי יהושע ודרש (ד) ואותו היום תקופת תמוז היה נתקשרו שמים בעבים ונראה כמין קשת בענן והיו מלאכי השרת מתקבצין ובאין לשמוע כבני אדם שמתקבצין ובאין לראות במזומני חתן וכלה הלך רבי יוסי הכהן וסיפר דברים לפני רבן יוחנן בן זכאי ואמר אשריכם ואשרי יולדתכם אשרי עיני שכך ראו ואף אני ואתם בחלומי מסובין היינו על הר סיני ונתנה עלינו בת קול מן השמים (ה) עלו לכאן עלו לכאן טרקלין גדולים ומצעות נאות מוצעות לכם אתם ותלמידיכם ותלמידי תלמידיכם מזומנין לכת שלישית איני והתניא *ר' יוסי בר' יהודה אומר שלשה הרצאות הן ר' יהושע הרצה דברים לפני רבן יוחנן בן זכאי ר"ע הרצה לפני ר' יהושע חנניא בן חכינאי הרצה לפני ר"ע ואילו ר"א בן ערך לא קא חשיב דארצי וארצו קמיה קחשיב דארצי ולא ארצו קמיה לא קא חשיב (ו) והא חנניא בן חכינאי דלא ארצו קמיה וקא חשיב דארצי מיהא קמיה מאן דארצי ת"ר ארבעה נכנסו בפרדס ואלו הן בן עזאי ובן זומא אחר ורבי עקיבא אמר להם ר"ע כשאתם מגיעין אצל אבני שיש טהור (ז) אל תאמרו מים מים משום שנאמר °דובר שקרים לא יכון לנגד עיני בן עזאי הציץ ומת ועליו הכתוב אומר °יקר בעיני ה' המותה לחסידיו בן זומא הציץ ונפגע ועליו הכתוב אומר °דבש מצאת אכול דייך פן תשבענו והקאתו *אחר קיצץ בנטיעות רבי עקיבא יצא בשלום שאלו את בן זומא מהו לסרוסי כלבא אמר להם °ובארצכם לא תעשו *כל שבארצכם לא תעשו שאלו את בן זומא בתולה שעיברה מהו לכ"ג מי חיישינן לדשמואל *) דאמר שמואל יכול

*) נדה סד:

[תוספתא פ"ב] · תהלים קמח · ר"ה וסוכה · [יבמות סג:] · [תוספתא פ"ב] · תהלים קא · שם קטז · משלי כה · [פרש"י פ"ב תמלא לקמן טו. ד"ה אחר] · [ב"מ קיז.] · ויקרא כב · [פי' תוס' שבת קי: ד"ה ס"נ] · עי' יבמות סד. · נ"ל אלמנה וגרוש' לא יקחו כי אם וגו'

רש"י

תקופת תמוז הוה · דאין דרך להתקשר שמים בעבים: במזומני חתן · מיני שחוק שמשחקין לפניהן : סיפר · דברים הללו: לכת שלישית · של כיתות היושבות לפני השכינה: הרצה דברים · דרש במעשה המרכבה: דארצי וארצו קמיה · שהרצה לפני אחרים ואחרים הרצו לפניו : דארצי מיהא קמיה מאן דארצי · אם לא הרצו אחרים לפניו הוא הרצה לפני מי שחזר והרצה לפני אחרים לכך הוזקק להימנות כאן משום דרבי עקיבא להודיע שהוא הרצה ואחרים הרצו לפניו אבל ר"א לא אחרים הרצו לפניו ולא הוא הרצה לפני מי שהרצה לפני אחרים: נכנסו לפרדס · עלו לרקיע על ידי שם: שיש טהור · מבהיק כמים צלולין : אל תאמרו מים מים · יש כאן איך נלך : הציץ · לצד השכינה: ונפגע · נטרפה דעתו : יקר בעיני ה' המותה לחסידיו · הוקשה מיתתו לפניו לפי שמת בחור והוצרך לו להודיע לפי שאי אפשר שלא ימות משום שנאמר כי לא יראני האדם וחי : שאלו את בן זומא מהו לסרוסי כלבא · הואיל וסירוס כתיב אצל מומי קרבן וכלב אפילו חליפיו אסור למזבח משום מחיר כלב אסור לסרסו או לא : בתולה שעיברה · מהו לכהן גדול · והיא אומרת שנמצאת לה בתולים אי נמי כהן גדול נשאה ולא ידע שהיא מעוברת ומצא לה בתולים ואחר כך נמצאת מעוברת מהו לקיימה משום בתולה מעמיו יקח (ויקרא כא) :

תוספות

נענה מלאך מתוך האש · ולא גרסינן מלאך המות ובירושלמי מייתי קרא לא ירננו עלי סיער :

במזומני חתן וכלה · ובירושלמי גרס בשמחת חתן והיה היה :

והתניא שלשה הרצאות הן · פרש"י דארצי מיהא קמיה מאן דארצי כלומר כיון שחנניא בן חכינאי הרצה לפני רבי עקיבא דארצי לפני ר' יהושע מיחשב כמו דארצי קמיה ולאפוקי דר"א בן ערך שהרצה לפני רבן יוחנן בן זכאי שלא הרצה בפני שום אדם ולא משמע לי כלל דמנא ליה דחשיב כיון דארצי קמיה מאן דארצי כמאן דארצי קמיה דמי ועוד דלא הוי שיטתו לפי פירושו דלעיל דארצי וארצו קמיה חשיב והשתא אי הדר ביה הוה ליה למימר אלא כיון דארצי כו' וגם מה שפי' רש"י בשם רבינו הלוי דמשמע ליה ליכא שאדם אחר הרצה לפני חנניא לא יתכן דאם כן ד' הרצאות (ח) בהון ועוד מנא ליה הא דהרצה אחר בפני חנניא ולהכי מפורש בשום ברייתא על כן נראה להר"י כמו שפירש בספר הישר דארצי וארצו קמיה קחשיב אותן שהגליהו כל כך להרצות בפני רבם הכי ר' יהושע בפני רבן יוחנן בן זכאי ור"ע בפניו שהיה רבו ורבי חנניא בפני רבי עקיבא רבו וחשיב שלשה הרצאות שהלכו בענין זה לאפוקי ר"א בן ערך שלא הרצו בפניו ואפי' הרצה לא הרצה מקמי מאן דארצי ומעיקרא שני ליה כולו אלא שלא הבין המקשה כל דבריו דפריך ליה כיון שלא הרצו מקמי חנניא היה לו למנות ר"א בן ערך כמו חנניא ומשני ליה דארצי מקמיה מאן דארצו שהוא הרצה בפני ר"ע וארצו קמיה קרינא ליה בר' עקיבא לאפוקי ר"א בן ערך שלא הרצו לפניו (ט) ואפי' הרצו לפניו רבן יוחנן רבו לא מלינו שהרצה הלכך לא דמי להאי סידרא ומיהו כשנדקדק פרש"י יש ליישב ד"ה קאמר דארצי מיהא קמיה מאן דארצי אם לא הרצו אחרים לפניו הוא הרצה מיהא מקמי מאן דארצי ומשום ר"ע הוזקק למנותו דארצי וארצו קמיה אבל ר"א למה נחשביה לא הורצו לפניו ולא הורצו מקמיה מאן דארצי :

נכנסו לפרדס · עלו לרקיע ע"י שם ולא עלו למעלה ממש אלא היה נראה להם כמו שעלו וכן פי' בערוך* :

לסרוסי · לכלבא · משום שאף מחירו אסור לקרבן שאלו לו (י) טפי מאחריני וכן פרש"י :

בתולה שעיברה מהו לכהן גדול · ופרש"י (כ) שהיא אומרת בתולה אני ואי שכיחא דשמואל מהימנא וקשה להר"י דהא פרק קמא דכתובות (דף יג·) תנן היתה מעוברת מה טיבו של עובר זה מאיש פלוני וכהן הוא וכו' רבי יהושע אמר לא מפיה אנו חיין כו' והכא משמע דקבעיא אליבא דכ"ע *ושמא כאן שאף היא בכלל האיסור כדכתיב *[והוא אשה בבתוליה יקח] קרי ביה יקיח נאמנת ולהר"י נראה (ל) דטרחינן לבודקה ע"פ חבית כדאיתא בריש כתובות (דף י: ושם) ואי דשמואל לא שכיח לא טרחינן ומוקמה בחזקת בעולה אי נמי קמיבעיא ליה בהך דבדקוה ע"פ החבית אי חיישינן שמא לא נבדקה יפה דשמואל לא שכיח וכן מסקינן בריש תינוקת (נדה דף סד: ושם) שאני שמואל דרב גובריה אך קשה להר"י דהא מסקינן בכתובות (דף ו: ושם) בשמעתין דדם מיפקד פקיד דרוב בקיאין בהטייה וי"ל דודאי תחילת ביאה רוב בקיאין בשעת מעשה (מ) אבל גמר כדי שתתעבר אי אפשר כי אם לשמואל :

רבינו חננאל

ל"ק במשא ומתן לא היו אנשי אמנה אבל בדברי תורה לא היו משקרין אלא היו בעלי אמונה . ג' הרצאות הרצו במעשה מרכבה . ר' יהושע הרצה לפני ריב"ז [חנניא בן חכינאי הרצה] לפני ר' עקיבא הני כולהו ארצו וארצו אחריני קמייהו . אבל ר' אלעזר בן ערך ארצי ולא ארצי אחריני גביה. ת"ר ד' נכנסו לפרדס . אלו הן בן עזאי ובן זומא אחר ור' עקיבא· אמר להם ר' עקיבא כשאתם מגיעים אל אבני שיש טהור אל תאמרו מים מים משום שנאמר דובר שקרים לא יכון לנגד עיני . פי' כינוהו פרדס מעין *)ג"ע שהוא נגנזה לצדיקים כך אותו מקום הוא מקום בערבות שהנשמות של צדיקים צרורות בו ומפורש בהיכלות שהיו החכמים הראוין למדה הזו מתפללין ומנקין עצמן מכל דבר טומאה וצמין וטובלין ומטהרין והיו משתמשין בשמות וצופין בהיכלות ורואין [היאך] משמרות המלאכים במעמדם והיאך היכל אחרי היכל ולפני בהיכל וצוה אותם ר"ע כשאתם מגיעין להבים באובנתא דליבא אצל אבני שיש טהור אל תאמרו מים מים שאין שם מים כל עיקר ולא דמות בעולם נראות והאומר מים נהדף שנמצא משקר ובלשון הזה מפורש בהיכלות רבתי מפני ששומרי היכל פתח שיש מטילין ומשליכין אלף אלפי גלי מים ואין שם אפי' טפה אחת . א"ר עקיבא נראה כמי שיש בו גלי מים ואין בו אפילו טפה אחת אלא אויר זיו אבני שיש טהור שהן כלולות בהיכל שהיה זיו פניהם דומים למים והאומר מים הללו מה טיבן נהדף כו' ואינם עולים בשמים אלא צופים ורואים באובנתא דליבא כאדם הרואה ומבים מתוך אספקלריא שאינה מאירה **) ובן עזאי הציץ כלומר הוסיף להזכיר בשמות כדי להבים באספקלריא מאירה ומת בן זומא הציץ ונפגע כלומר נטרפה דעתו אחר קיצץ בנטיעות כיון שכינו המקום ההוא פרדס א' קיצץ בנטיעות. כלומר דיבר כלפי למעלה ומחיוהו

*) עי' בערוך ערך אבני שיש טהור ובהכותב בע"י ד"ה לרב' האי . **) בערוך מסיים בזה"ל וצופין ואומרין ומדברין כעין ססוכה ברוה"ק זה פירוש רב האי גאון ז"ל .

הגהות הב"ח

(א) גמ' שהיה רוכב על החמור ויוצא מירושלים והיה מהלך בדרך וכו' מחמר אחריו ללמוד תורה מפיו אמר לו רבי וכו' אמר לו בני לא כך : (ב) שם פתחו כל האילנות כולן ואמרו שירה וכו' הללויה ויש אומרים שירה זאת אמרו אז ירננו עלי סיער (נענה מלאך וכו' המרכבה) תא"מ ונ"ב ס"א ואף מלאך נענה מתוך האש ואמר והלא הן הן מעשה מרכבה :_(ג) שם במעשה מרכבה כר"א בן ערך יש נאה דורש וכו' ואין נאה דורש אבל אתה אב"ע נאה דורש : (ד) שם ר' יהושע ודרש במעשה מרכבה ואותו היום וכו' ונתקשרו שמים וכו' לשמוע מעשה מרכבה כבני אדם : (ה) שם מן השמים ואמר עלו לכאן וכו' טרקלין גדולים מוכנים לכם ומלעות נאות : (ו) שם לא קחשיב אימי והא חנניא : (ז) שם אבני שיש טהור הזהרו שלא תאמרו : (ח) תוס' ד"ה והתניא וכו' ד' הרצאות הן ועוד וכו' בפני חנניא דהיינו מפורש וכו' בפני רבן כגון הכא ר' יהושע וכו' ור' עקיבא בפני רבי יהושע שהיה רבו ורבי חנניא בפני ר"ע וכו' וסריך ליה כיון : (ט) בא"ד ואפי' הרצו לפניו לא הרצה תלמיד לפני רבו הלכך לא דמי להאי סידרא וכו' ולא הרצה מקמי מאן דארצי רבן יוחנן רבו לא מלינו שהרצה הס"ד : (י) ד"ה לסרוסי וכו' שאלו לו עליו טפי : (כ) ד"ה בתולה וכו' ופרש"י בשהיא אומרת בתולה אני ואי לא שכיחא דשמואל : (ל) בא"ד ולהר"י נראה דקא מיבעי ליה מי קטרחינן לבודקה על פי חבית כדאיתא בריש כתובות דאי דשמואל לא שכיח טרחינן לבודקה ואי דשמואל שכיח לא טרחינן ומוקמה בחזקת בעולה אי נמי קמבעיא ליה בתר דבדקוה על פי החבית מי חיישינן לדשמואל או דלמא דשמואל לא שכיח והא לא קא מיבעי ליה אי חיישינן שמא לא נבדקה יפה אלא"ל דשמואל לא שכיח הס"ד ואח"כ מה"ד דשמואל לא שכיח וכן מסקינן וכו' דרב גובריה וקשה לפר"י כצ"ל ותיבת אך נמחק : (מ) בא"ד אבל גמר ביאה כדי :

גליון הש"ס

תוס' ד"ה נכנסו וכו' ולא עלו למעלה ממש. עי' גיטין דף סד ע"א תוס' ד"ה ע"מ שתעלי לרקיע : ד"ה בתולה וכו' ושמא כאן שאף היא בכלל האיסור· עיין נדרים דף ל ע"ב תוי"ט ד"ה חזרו לומר :

Continuation of translation from previous page as indicated by ◁

discoursed before R. Joshua, Ḥanania b. Ḥakinai discoursed before R. Akiba;—whereas R. Eleazar b. 'Arak he does not count!—One who discoursed [himself], and others discoursed before him, he counts; one who discoursed [himself], but others did not discourse before him, he does not count. But behold there is Ḥanania b. Ḥakinai before whom others did not discourse, yet he counts him!—He at least discoursed before one who discoursed [before others].[9]

Our Rabbis taught: Four men entered the 'Garden',[10] namely,
c Ben 'Azzai[1] and Ben Zoma,[2] Aḥer,[3] and R. Akiba. R. Akiba said to them: When ye arrive at the stones of pure marble,[4] say not, Water, water![5] For it is said: *He that speaketh falsehood shall not be established before mine eyes.*[6] Ben 'Azzai cast a look and died. Of him Scripture says: *Precious in the sight of the Lord is the death of His saints.*[7] Ben Zoma looked and became demented.[8] Of him Scripture says: *Hast thou found honey? Eat so much as is sufficient for thee, lest thou be filled therewith, and vomit it.*[9] Aḥer mutilated the shoots.[10] R. Akiba departed unhurt.

Ben Zoma was asked: Is it permitted to castrate a dog?[11] He replied: *Neither shall ye do this in your land,*[12]—[this means], to none
d that is in your land shall ye do thus.[1] Ben Zoma was [further] asked: May a high priest marry a maiden who has become pregnant?[2] Do we [in such a case] take into consideration Samuel's

(9) Ḥanina b. Ḥakinai has to be mentioned on account of R. Akiba, to show that the latter not only discoursed himself but that also another discoursed before him; but R. Eleazar b. 'Arak did not discourse before a teacher who in his turn discoursed before others, nor did any one discourse before him, hence he is not counted. (10) Paradise, Heb. פרדס (cf. Cant. IV, 13, Eccl. II, 5, Neh. II, 8), 'enclosure, preserve, garden, park' (v. '*B.D.B.*' s.v.). L. Blau (*Altjüdisches Zauberwesen*, pp. 115f) seeks to prove that this account of the entry of the four Rabbis into Paradise is to be understood literally (v. also *J.E.* vol. V, p. 683). This view is shared, among others, by J. Levy and L. Ginzberg (v. *J.E.* vol. V, pp. 138f). On the other hand, M. Jast. (Dictionary) and Goldschmidt consider 'Pardes' a figurative expression for the mystical realm of theosophy. Rashi explains that the four scholars ascended to *heaven*, and Tosaf. adds that it only appeared to them that they did so. Similarly, R. Hai Gaon, who discusses the whole Baraitha in a responsum (quoted by *Ha-Kotheb* in '*Ein Jacob*), and R. Ḥananel explain that the entry of the Rabbis into the 'Garden' was only a vision. Both these authorities refer to the comment on the passage contained in the mystical works '*Hekaloth Rabbathi*' and '*Hekaloth Zuṭarthi*' (v. *J.E.* vol. VI, pp. 332-3). V. further *J.E.* vol. IX, pp. 515f.

c (1) V. Aboth (Sonc. ed.) IV, 2 n. 1. (2) V. ibid. (Sonc. ed.) Mishnah I, n. 1. (3) Lit., 'another', by which term Elisha b. Abuyah is referred to after his apostasy. V. *J.E.* vol. V, pp. 138f, and Ab. (Sonc. ed.) IV, 20 n. 1, where instead of 'disciple of R. Meir', read '*teacher* of R. Meir'. Cf. also the term 'Others' *supra* p. 14. (4) Giving the illusion of water. (5) I.e., how can we proceed! (6) Ps. CI, 7. (7) Ibid. CXVI, 15. (8) Lit., 'stricken'. (9) Prov. XXV, 16. (10) I.e., apostatized. Scholars differ greatly regarding the nature of Aḥer's defection: he has been variously described as a Persian, Gnostic or Philonian dualist; as a Christian; as a Sadducee; and as a 'victim of the inquisitor Akiba', in *J.E.*, V. 183 and bibliography. (11) Castrated animals may not be offered as sacrifices (v. n. 12,); therefore castration is forbidden in the case of animals of the type that can be offered up. But a dog may not only not be offered itself, but even its price or equivalent may not be used for offerings (v. Tem. 30*a-b*). Hence the question whether the prohibition of castration applies even to a dog. Cf. also Shab. 111*a*. (12) Lev. XXII, 24. The beginning of the verse reads: '*That which hath its stones bruised... or* cut, *ye shall not offer unto the Lord*'.

d (1) I.e., even an animal like the dog, which cannot be offered as a sacrifice, may not be mutilated. (2) The high priest may marry a virgin only (v. Lev. XXI, 13). The question here is: If the girl claims that despite her pregnant condition she is still a virgin, may the high priest marry her? Or if he married her without knowing of her pregnancy and actually found her to have the signs of virginity, but subsequently learnt that she was pregnant before marriage, may she remain his wife?

statement, for Samuel said, [15a] I can have repeated sexual connections without [causing] bleeding;[3] or is perhaps the case of Samuel rare?[4] He replied: the case of Samuel is rare, but we do consider [the possibility] that she may have conceived in a bath.[5] But behold Samuel said: A spermatic emission that does not shoot forth like an arrow cannot fructify!—In the first instance, it had also shot forth like an arrow.

Our Rabbis taught: Once R. Joshua b. Ḥanania was standing on a step on the Temple Mount, and Ben Zoma saw him and did not stand up before him.[6] So [R. Joshua] said to him: Whence and whither, Ben Zoma?[7] He replied: I was gazing between the upper and the lower waters,[8] and there is only a bare three fingers' [breadth] between them, for it is said: *And the spirit of God hovered over the face of the waters*[9]—like a dove which hovers over her young without touching [them].[10] Thereupon R. Joshua said to his disciples: Ben Zoma is still outside.[11] See now, when was it that *'the spirit of God hovered over the face of the waters'?* On the first day [of Creation]; but the division took place on the second day, for it is written: *And let it divide the waters from the waters!*[12] And how big [is the interval]? R. Aḥa b. Jacob said, As a hair's breadth; and the Rabbis said: As [between] the boards of a landing bridge. Mar Zuṭra, or according to others R. Assi, said: As [between] two cloaks spread one over the other; and others say, as [between]
a two cups tilted one over the other.[1]

Aḥer mutilated the shoots.[2] Of him Scripture says: *Suffer not thy mouth to bring thy flesh into guilt.*[3] What does it refer to?—He saw that permission was granted to Metatron[4] to sit and write down[5] the merits of Israel. Said he: It is taught as a tradition that on high[6] there is no sitting[7] and no emulation, and no back,[8] and no weariness.[9] Perhaps,—God forfend!—there are two divinities! [Thereupon] they led Metatron forth, and punished him with sixty fiery lashes,[10] saying to him: Why didst thou not rise before him when thou didst see him? Permission was [then] given to him to strike out the merits of Aḥer. A *Bath Ḳol*[11] went forth and said: *Return, ye backsliding children*[12]—except Aḥer.[13]
b [Thereupon] he said: Since I[1] have been driven forth from yonder world,[2] let me go forth and enjoy this world. So Aḥer went forth into evil courses.[3] He went forth, found a harlot and demanded her. She said to him: Art thou not Elisha b. Abuyah? [But] when he tore a radish[4] out of its bed on the Sabbath and gave it to her, ◁

(3) I.e., without the woman losing her virginity. (4) Exceptional cases are not taken into account; the marriage, therefore, would be illegal. (5) Into which a male had discharged semen. (6) He was so lost in thought that he failed to show the respect of disciple to master. Cf. the parallel passage, Gen. Rab. II, 4, which contains interesting variants. (7) I.e., what is the trend of your thoughts? The parallel passage (in Gen. Rab.) has מאין הרגלים, 'whence the feet'? (8) V. Gen. I, 6-7. (9) Ibid. v. 2. (10) Cf. the parallel passage in J. Ḥag. II, 1, where B. Zoma quotes Deut. XXXII, 11; and v. Rashi to this verse. (11) I.e., out of his mind (R. Hai Gaon). The reading in Gen. Rab. is 'is gone'. (12) Gen. I, 6.

a (1) [For an attempt to explain the passage v. Weinstein *Zur Genesis der Agada*, p. 199. Ben Zoma in his view was an adherent of the view that water was the primordial matter out of which the world was created. V. also Graetz, *Gnosticismus*, pp. 57, 97. We have, however, lost the key to enable us to explain with certainty the thought-forms underlying this and similar Talmudic passages.] (2) V. *supra* 14*b* n. c10. (3) Eccl. V, 5 (A.V. 6); v. rest of verse. (4) The name of one of the highest angels. Various derivations of the word have been suggested. Cf. Levy and Jast. s.v. For an illuminating article on the character, activities and identity of Metatron, v. *J.E.* vol. VIII, p. 519. (5) The sentence may also be rendered thus: 'He saw M. to whom permission was given to be seated while writing down etc.' (Jast.). (6) I.e., in heaven. (7) MS.M. (v. Rabb. *D.S.* a.l.) reads: 'no standing and no sitting' i.e., no effort and no rest. This reading, in reverse order, was known to Maim. (Comm. on Mishnah Sanhedrin, ch. 10); but Rashi deletes the words 'no standing'. (8) I.e., the angels have faces in all directions (Rashi), Jast. explains—i.e., everything is in sight. Maim. (loc. cit.) renders: 'no division'. (9) Maim. 'no junction'. (10) I.e., he was beaten with 'heated disks or rings strung on a lash' (Jast.). The purpose of the punishment was to show that M. had no more power than others (Tosaf.). (11) *V. p. 73, n. 12. (12) Jer. III, 22. (13) According to our passage, Aḥer was guilty of the heresy of dualism. L. Ginzberg (*J.E.* vol. V, pp. 138-139) denies all historic worth to the story given here, which, on account of its reference to Metatron—which he declares to be a specifically Babylonian idea—and its lack of connection with the introductory words, he declares to be of late origin. Ginzberg prefers the parallel account in J. Ḥag. II, 1, where it is related that when Elisha saw a scholar he slew him, that he enticed the young from studying the Torah, and that he informed against the Jews when they sought to perform the work they were ordered to do on the Sabbath in a manner not to break the Law. These events undoubtedly refer to the period of the Hadrianic persecutions. In the J.T. two reasons are mentioned for his apostasy: according to some, he saw one man break the precept of Deut. XXII, 7, without coming to harm, and another observe it and get killed; according to others, he saw the tongue of the great scholar R. Judah Naḥtum in the mouth of a dog. The J.T. also gives a different version of the verses discussed by Elisha with R. Meir, and of what R. Meir said on his master's death (v. *J.E.* vol. VIII, p. 434).

b (1) Lit., 'that man', a frequent euphemism for *I* or *thou* (to avoid ominous speech or curse). (2) I.e., he would have no share in the world to come cf. Sanh. (Sonc. ed.) 90*a*. (3) Lit., 'evil growth', hence, 'evil rearing, manners, ways'. The stories that follow show the expression to mean here moral depravity and apostasy. (4) Strictly, the soft tuber of the radish; cf. 'Er. 28*b*.

*See Corrigenda.

◁ *For the continuation of the English translation of this page see overleaf.*

יכול אני לבעול כמה בעילות בלא דם או דלמא דשמואל לא שכיחא אמר להו דשמואל לא שכיח *וחיישינן שמא באמבטי עיברה והאמר שמואל *כל שכבת זרע שאינו יורה כחץ אינו מזרעת (א) מעיקרא נמי יורה כחץ הוה ת"ר *מעשה ברבי יהושע בן חנניה שהיה עומד על גב מעלה בהר הבית וראהו בן זומא ולא עמד מלפניו אמר לו מאין ולאין בן זומא אמר לו צופה הייתי בין מים העליונים למים התחתונים ואין בין זה לזה אלא שלש אצבעות בלבד שנאמר °ורוח אלהים מרחפת על פני המים כיונה שמרחפת על בניה ואינה נוגעת אמר להן רבי יהושע לתלמידיו עדיין בן זומא מבחוץ מכדי ורוח אלהים מרחפת על פני המים אימת הוי ביום הראשון הבדלה ביום שני הוא דהואי דכתיב °ויהי מבדיל בין מים למים וכמה אמר רב אחא בר יעקב כמלא נימא ורבנן אמרי כי גודא דגמלא מר זוטרא ואיתימא רב אסי אמר כתרי גלימי דפריסי אהדדי ואמרי לה כתרי כסי דסחיפי אהדדי אחר קיצץ בנטיעות עליו הכתוב אומר °אל תתן את פיך לחטיא את בשרך מאי היא חזא מיטטרון דאתיהבא ליה רשותא (ב) למיתב למיכתב זכוותא דישראל אמר גמירא דלמעלה לא הוי *לא ישיבה ולא תחרות ולא עורף ולא עיפוי שמא חס ושלום ב' רשויות (ג) הן אפקוהו למיטטרון ומחיוהו שיתין פולסי דנורא א"ל מ"ט כי חזיתיה לא קמת מקמיה איתיהבא ליה רשותא למימחק זכוותא דאחר יצתה בת קול ואמרה °שובו בנים שובבים חוץ מאחר (ד) אמר הואיל ואיטריד ההוא גברא מההוא עלמא ליפוק ליתהני בהאי עלמא נפק אחר לתרבות רעה נפק אשכח זונה תבעה אמרה ליה ולאו אלישע בן אבויה את (ה) עקר פוגלא ממישרא בשבת ויהב לה אמרה אחר הוא שאל אחר את ר"מ לאחר שיצא לתרבות רעה א"ל מאי דכתיב °גם את זה לעומת זה עשה האלהים אמר לו כל מה שברא הקב"ה (ו) ברא כנגדו ברא הרים ברא גבעות ברא ימים ברא נהרות אמר לו ר"ע רבך לא אמר כך אלא ברא צדיקים ברא רשעים ברא גן עדן ברא גיהנם כל אחד ואחד יש לו ב' חלקים אחד בגן עדן ואחד בגיהנם זכה צדיק נטל חלקו וחלק חברו בגן עדן נתחייב רשע נטל חלקו וחלק חברו בגיהנם אמר רב משרשיא מאי קראה גבי צדיקים כתיב °לכן בארצם משנה יירשו גבי רשעים כתיב °ומשנה שברון שברם שאל אחר את ר"מ לאחר שיצא לתרבות רעה מאי דכתיב °לא יערכנה זהב וזכוכית ותמורתה כלי פז אמר לו *אלו דברי תורה שקשין לקנותן ככלי זהב וכלי פז *ונוחין לאבדן ככלי זכוכית (ז) אמר לו ר"ע רבך לא אמר כך אלא מה כלי זהב וכלי זכוכית (ח) אע"פ שנשברו יש להם תקנה אף ת"ח אע"פ שסרח יש לו תקנה אמר לו אף אתה חזור בך אמר לו (ט) כבר שמעתי מאחורי הפרגוד שובו בנים שובבים חוץ מאחר ת"ר מעשה באחר שהיה רוכב על הסוס בשבת והיה רבי מאיר מהלך אחריו ללמוד תורה מפיו (י) אמר לו מאיר חזור לאחריך שכבר שיערתי בעקבי סוסי עד כאן תחום שבת א"ל אף אתה חזור בך א"ל ולא כבר אמרתי לך כבר שמעתי מאחורי הפרגוד שובו בנים שובבים חוץ מאחר תקפיה עייליה לבי מדרשא א"ל לינוקא פסוק לי פסוקך אמר לו °אין שלום אמר ה' לרשעים עייליה לבי כנישתא אחריתי א"ל לינוקא פסוק לי פסוקך אמר לו °כי אם תכבסי בנתר ותרבי לך בורית נכתם עונך לפני עייליה לבי כנישתא אחריתי א"ל לינוקא

תורה אור: בראשית א · שם · קהלת ה · ירמיה ג · קהלת ז · ישעיה סא · איוב כח · ישעיה מח · ירמיה ד

מסורת הש"ס: [וחיישינן נמי אמרינן לקולא רש"י בבבא קמא. ד"ה ושמואל אמר] [תוספתא פ"ב] · עי' בפי' המשניות להרמב"ם בפי' דסנהדרין בהיסוד העשירי · אדר"נ פכ"ד ועי"ש דאיתא בשם אלישע בן אבויה · [שבת קטז:]

רש"י

יכול אני לבעול. שהיה בקי בהטייה וזו כמי נבעלת כן: באמבטי · כלי שרוחצין בו כל הגוף וי"ל שהטיח שם אדם שכבת זרע ונכנס במטיה: מעיקרא · כשיצאת מן האדם: מאין ולאין · מאין תבא ולאין לבך טרוד: צופה הייתי · מתבונן הייתי במעשה בראשית: ואין ביניהן · במקום חיבורן מקום קשרי ספת הרקיע בקרקע: גודא דגמלא · כשמסדרין לווחין של גשר זו אצל זו אי אפשר שלא תהא ריוח ביניהם וכן גלימי וכן כסי: שחופין · כפופין · אחר קיצץ בנטיעות · קלקל ועוות כשנכנס לפרדס ומקלץ הנטיעות ולפי שדימה אותן בתחלת הדברים לנכנס לפרדס נקט לישנא דקיצץ בנטיעות: לא עמידה · לא גרסינן: לא עורף · דבכל לדיהן יש להם פנים: עיפוי · עיפות: פולסי · מכת מקל בשטוכ"ד · פוגלא · לנון: ממישרא · ערוגה: ונוחין לאבדן · על ידי שבירה:

תוספות

ומחיוהו שיתין פולסין · להודיע (כ) לו שאין יכולת למטטרון יותר מאחרינ': שובו בנים שובבים · בירושלמי מפרש למה אירע לו כך ואיכא טפי מקראות שדורש והיה הורג (ל) דוברי דברי תורה ואמר כל תלמיד דהוה חמי ליה הוה קטיל ולא עוד דהוה על לבית ועדא הוה חמי טליא קמיה סופרא ואמר מאן אלו עבדין הכא כו' כיון דהוו שמעין ליה שבקין ואזלין וקאמר ליה ר"מ מאי דכתיב (איוב מב) וה' בירך את אחרית איוב למשנהו ואמר לו שכפל לו ממונו והוא השיב שר"ע דריש ליה בזכות מצות ומעשים טובים שהיו בידך מראשיתו ומייתי ליה טוב אחרית דבר מראשיתו ודריש ליה ר"מ לאדם שהוליד בנים בילדותו ומתו ובזקנותו הוליד ונתקיימו ואמר לו ר"ע רבך לא כך דרש אלא טוב אחרית דבר שהוא טוב מראשיתו [וכי] הוה המעשה אבויה אבי הוה מגדולי ירושלים וביום שבא למהולי קרא לכל גדולי ירושלים והושיבן בבית אחד ולר"א ולר' יהושע במקום אחר מן דאלכלין ושתין שרין מטפחין ומרקדין אמרי עד דאלין עסקין בדידהו נעסוק בדידן ישבו ונתעסקו בדברי תורה ירדה אש מן השמים והקיפה אותן אמר לון אבויה אבא גברין מה באתם לשרוף ביתי אמרו לו ח"ו אלא יושבין היינו וחוזרין דברי תורה מתורה לנביאים ומנביאים לכתובים והיו הדברים שמחים כנתינתן מסיני ולא באש נתנו אמר הואיל וכך כחה של תורה אם יתקיים הבן הזה לתורה אני מפרישו ולפי שלא היתה כוונתו לשמים לפיכך לא נתקיימו בו ובמקום שיש בגמרא שלנו אחורי הפרגוד יש לשם מאחורי בית קדשי הקדשים עוד איתא התם שהיה רוכב ביוה"כ שחל להיות בשבת ושמע כו' ומייתי ההיא דפרק קמא דקדושין (דף לט:) שראה (מ) אחד שנטל הבנים ושילח את האם וכי אייתי נפל ומת ולא היה דורש כר' יעקב כדמייתי התם ועוד איתא שראה לשון רבי יהודה הנחתום נתון בפי כלב והייתה גברא רבה דקדושין ורבי נתן אומר כשהיתה אמו מעוברת ממנו עברה לפני ע"ז והריחה מאותו המין ואכלה והיה אותו המנין (נ) *מזדעזע בגופה *כעכנא ולבסוף חלה מתנוכא ואמרו לו לר"מ רבך אבאיש אזל גביה לבקריה' וא"ל חזור בך אמר אי הדרנא מתקבלין אמר ליה והכתיב (תהלים צ) תשב אנוש עד דכא ותאמר שובו בני אדם בכה אלישע ונפטר א"ר מאיר דומה שמתוך תשובה נפטר (ס) וכי מן [דקברוניה] ירדה אש מן השמים ושרפה אותו וא"ל לר"מ הא קבר דרבך [אוקיד אתא] וקא פריס גלימיה עליה ואמר ליני (פה) הלילה וגו' (רות ג) ליני פה בעולם הזה שדומה ללילה והיה בבוקר לעולם הבא אם יגאלך טוב יגאל זה הקדוש ברוך הוא שנאמר טוב ה' לכל (תהלים קמה) (ע) יגאל ואם לא יחפוץ לגאלך וגאלתיך אנכי אמרו ליה (פ) אין [אמרין] לך בההיא עלמא למאן את בעי למקרבה קדמייתא לאבוך או לרבך אמר לון מיקרב לרבי קדמוי ובתר כן לאבא א"ל ושמעינן לך א"ל ולא כן תנינן *מצילין תיק הספר עם הספר מצילין אלישע בזכות תורתו:

הא

[עיי' רש"י דסנהדרין לח. ד"ה יש להם כו']

כארס של תכינה

רבינו חננאל

דכיון דחזא למטטרון דאתייהבא ליה רשותא הדא שעתא למיתב למכתב זכותא דישראל אמר גמירי דלמעלה באותו מקום אין שם ישיבה שמא שתי רשויות הן. יצתה בת קול ואמרה שובו בנים שובבים חוץ מאלישע אחר שגלוי וידוע לפניו שאינו חוזר בתשובה שלמה לעולם. שאילו היה חוזר לא היה נטרד שאין הפרגוד ננעלת בפני בעלי תשובה מיד מחיוה למטטרון שתין פולסי דנורא· ח"ו שיש עליו דין אלא להראות לאלישע שיש לו אדון שהוא עליו וזה שאמר אחר משום ר' עקיבא כי רשע מתייסד בגיהנם חלקו וחלק הצדיק והצדיק זוכה בג"ע חלקו וחלק הרשע ואסמכוה אקרא זה לכן בארצם משנה יירשו ומשנה שברון שברם. ד"א לאו דסמכא הן וקרא מדרש הוא ולא עיקר. מיהו אית לן למימר שהמחטיא את הרבים אין מספיקין בידו לעשות תשובה ועונו גדול מאד הוא ועליו ועל כיוצא בו נאמר ומשנה שברון

הגהות הב"ח

(א) גמ' אינו מזרעת דלמא מעיקרא נמי יורה: (ב) שם דאתיהבא ליה רשותא חדא שעתא ביומא למיתב ולמיכתב זכוותא: (ג) שם שמא חס ושלום שתי רשויות יש בשמים מיד אפקוהו: (ד) שם חוץ מאחר שידע כבודי ומרד בי אמר הואיל ואיטריד כו' להרבות רעה אשכח כצ"ל ותיבת נפק נמחק: (ה) שם בן אבויה את שמך יצא בכל הארץ עקר פוגלא: (ו) שם כל מה שברא הקב"ה בעולמו ברא כנגדו: (ז) שם לאבדן ככלי זכוכית כ"ב ס"א א"ל האלהים אפילו ככלי חרס אבל ר"ע כו': (ח) שם וכלי זכוכית כלנו אע"פ שנשתברו יש: (ט) שם אמר לו והלא כבר שמעתי: (י) שם ללמוד תורה מפיו כיון שהגיע לתחום שבת אמר לו מאיר: (כ) תוס' ד"ה ומחיוהו וכו' להודיע שאין לו יכולת יותר מאחריני כצ"ל: (ל) ד"ה שובו וכו' והיה הורג רבי תורה ואמרינן כל תלמיד דהוה חמי ליה משבח באורייתא הוה קטיל ולא עוד אלא דהוה על וכו' קמי ספרא והוה אמר מאן אלין יתבין עבדין הכא כו' וכיון דהוו שמעין כן הוון שבקין ליה ואזלין לון וקאמר ליה לרבי מאיר וכו' שר' עקיבא דריש ליה וה' ברך את איוב מראשיתו בזכות מצות ומעשים טובים שהיו בידו מראשיתו ומייתי ליה טוב אחרית דבר וכו' אלא טוב אחרית דבר כשהוא טוב מראשיתו וכו הוה המעשה אבויה אבי מגדולי ירושלים היה וביום שבא למהול אותו קרא וכו' אמר ר"א לרבי יהושע עד דאלין עסקין בדידהו נעסוק אנן בדידן וכו' ועסוק וכו' רבותי מה באתם לשרוף את ביתי אמרו לו ח"ו אלא יושבין היינו וחוזרין בדברי תורה וכו' הדברים שמחים כנתינתן מסיני והיתה האש מלהטת סביבותיו כלהיכתן מסיני נתינתן מסיני לא באש נתנו אמר להן אבויה הואיל וכך: (מ) בא"ד שראה אדם אחד שנטל הבנים: (נ) בא"ד והיה אותו המין מפעפע בגופה כעכנא. נ"ב פירוש כארס של עכנא: (ס) בא"ד דומה שמתוך תשובה נפטר רבי מן דקברוניה ירדה אש מן השמים ושרפה את קברו ואמרו ליה לרבי מאיר הא קיברא דרבך אייקד מה עבד אתא וקא פריס: (ע) בא"ד טוב ה' לכל ואם לא כצ"ל ותיבת יגאל נמחק: (פ) בא"ד אמרו ליה לר"מ אין אמרין וכו' אמר לון אנא מיקרב לרבי קדמי:

גליון הש"ס גמ' וחיישינן שמא באמבטי עיברה. עיין משנה למלך פט"ו מהל' אישות הלכה ד ופי"ז מהל' א"ב הל' יג:

Continuation of translation from previous page as indicated by ◁

she said: It is another [Aḥer].[5] After his apostasy, Aḥer asked R. Meir [a question], saying to him: What is the meaning of the verse: *God hath made even the one as*[6] *well as the other?*[7] He replied: It means that for everything that God created He created [also] its counterpart. He created mountains, and created hills; He created seas, and created rivers. Said [Aḥer] to him: R. Akiba, thy master, did not explain it thus, but [as follows]: He created righteous, and created wicked; He created the Garden of Eden,[8] and created Gehinnom.[9] Everyone has two portions, one in the Garden of Eden and one in Gehinnom. The righteous man, being c meritorious,[1] takes his own portions and his fellow's portion in the Garden of Eden. The wicked man, being guilty,[2] takes his own portion and his fellow's portion in Gehinnom. R. Mesharsheya said: What is the Biblical proof for this? In the case of the righteous, it is written: *Therefore in their land*[3] *they shall possess double.*[4] In the case of the wicked it is written: *And destroy them with double destruction.*[5]

After his apostasy, Aḥer asked R. Meir: What is the meaning of the verse: *Gold and glass cannot equal it; neither shall the exchange thereof be vessels of fine gold?*[6] He answered: These are the words of the Torah, which are hard to acquire like vessels of fine gold, but are easily destroyed[7] like vessels of glass. Said [Aḥer] to him: R. Akiba, thy master, did not explain thus, but [as follows]: Just as vessels of gold and vessels of glass, though they be broken, have a remedy,[8] even so a scholar, though he has sinned, has a remedy.[9] [Thereupon, R. Meir] said to him: Then, thou, too, repent! He replied: I have already heard from behind the Veil:[10] *Return ye backsliding children*—except Aḥer.

Our Rabbis taught: Once Aḥer was riding on a horse on the Sabbath,[11] and R. Meir was walking behind him to learn Torah[12] at his mouth. Said [Aḥer] to him: Meir, turn back, for I have already measured by the paces of my horse that thus far extends the Sabbath limit.[13] He replied: Thou, too, go back! [Aḥer] answered: Have I not already told thee that I have already heard from behind the Veil: '*Return ye backsliding children*'—except Aḥer. [R. Meir] prevailed upon him and took him to a schoolhouse. [Aḥer] said to a child: Recite for me thy verse![14] [The child] answer- d ed: *There is no peace, saith the Lord, unto the wicked.*[1] He then took him to another schoolhouse.[2] [Aḥer] said to a child: Recite for me thy verse! He answered: *For though thou wash thee with nitre, and take thee much soap, yet thine iniquity is marked before Me, saith the Lord God.*[3] He took him to yet another schoolhouse, and

(5) 'Aḥer' is thus explained to mean 'another person'. Ginzberg (op. cit.) takes the view that it is a euphemism for a vile thing (cf. דבר אחר).*V. p. 91, n. 3. (6) Lit., 'corresponding to', or 'over against'. (7) Eccl. VII, 14. (8) I.e., Paradise, for the righteous in the life hereafter. (9) *V. p. 82, n. 1; cf. *J.E.* vol. V, pp. 582f. Whereas R. Meir explains the verse as referring to *physical counterparts of nature* R. Akiba understands it to speak of *moral contrasts* with their consequent reward and punishment. Cf. n. 6.

c (1) Lit., 'having been declared innocent', i.e., in the Heavenly Court. (2) Lit., 'having been declared guilty'. (3) I.e., Paradise. (4) Isa. LXI, 7. (5) Jer. XVII, 18. (6) Job. XXVIII, 17. (7) I.e., forgotten. (8) I.e., can be repaired. (9) I.e., can repent. (10) Heb. פרגוד, from Latin *paraganda* = a garment ornamented with a border (so called because of its phrygian origin). For other derivations v. Levy s.v. Here *pargod* denotes the 'curtain of heaven' and corresponds to *Wilon* *(v. p. 69, n. 5). V. also p. 101. (11) V. Beẓ. V, 2. (12) V. Glos. (13) I.e., two thousand cubits (in all directions) from the place where a person makes his abode for the Sabbath, beyond which it is forbidden to go on the day of rest; cf. Shab. XXIV, 5; 'Er. IV, 3; V, 7. (14) I.e., the verse which thou hast studied today. The answer thus obtained was considered to have the authority of an oracle.

d (1) Isa. XLVIII, 22. (2) The expression used here and in the rest of this passage is בי כנישתא, lit., 'House of Assembly, Synagogue'. But above, 'schoolhouse' translated בי מדרשא, lit., 'House of study'. For the use of the Synagogue as a school and for the exact signification of the Aramaic terms v. S. Krauss, *T.A.* III, p. 204f. (3) Jer. II, 22.

*See Corrigenda.

יכול אני לבעול כמה בעילות בלא דם או
דלמא דשמואל לא שכיחא אמר להו
דשמואל לא שכיח *וחיישינן שמא באמבטי
עיברה והאמר שמואל *כל שכבת זרע
שאינו יורה כחץ אינו מזרעת (א) מעיקרא נמי
יורה כחץ הוה ת"ר *מעשה ברבי יהושע
בן חנניה שהיה עומד על גב מעלה בהר
הבית וראהו בן זומא ולא עמד מלפניו אמר
לו מאין ולאין בן זומא אמר לו צופה הייתי
בין מים העליונים למים התחתונים ואין בין
זה לזה אלא שלש אצבעות בלבד שנאמר
°ורוח אלהים מרחפת על פני המים כיונה
שמרחפת על בניה ואינה נוגעת אמר להן
רבי יהושע לתלמידיו עדיין בן זומא מבחוץ מכדי ורוח אלהים מרחפת על
פני המים אימת הוי ביום הראשון הבדלה ביום שני הוא דהואי דכתיב
°ויהי מבדיל בין מים למים וכמה אמר רב אחא בר יעקב כמלא נימא ורבנן
אמרי כי גודא דגמלא מר זוטרא ואיתימא רב אסי אמר כתרי גלימי דפריסי
אהדדי ואמרי לה כתרי כסי דסחיפי אהדדי אחר קיצץ בנטיעות עליו הכתוב
אומר °אל תתן את פיך לחטיא את בשרך מאי היא חזא מיטטרון דאתיהבא
ליה רשותא (ב) למיתב למיכתב זכוותא דישראל אמר גמירא דלמעלה לא הוי
*לא ישיבה ולא תחרות ולא עורף ולא עיפוי שמא חס ושלום ב' רשויות
(ג) הן אפקוהו למיטטרון ומחיוהו שיתין פולסי דנורא א"ל מ"ט כי חזיתיה
לא קמת מקמיה איתיהיבא ליה רשותא למימחק זכוותא דאחר יצתה
בת קול ואמרה °שובו בנים שובבים חוץ מאחר (ד) אמר הואיל ואיטריד
ההוא גברא מההוא עלמא ליפוק ליתהני בהאי עלמא נפק אחר לתרבות
רעה נפק אשכח זונה תבעה אמרה ליה ולאו אלישע בן אבויה את (ה) עקר
פוגלא ממישרא בשבת ויהב לה אמרה אחר הוא שאל אחר את ר"מ לאחר
שיצא לתרבות רעה א"ל מאי דכתיב °גם את זה לעומת זה עשה האלהים
אמר לו כל מה שברא הקב"ה (ו) ברא כנגדו ברא הרים ברא גבעות ברא ימים
ברא נהרות אמר לו ר"ע רבך לא אמר כך אלא ברא צדיקים ברא רשעים
ברא גן עדן ברא גיהנם כל אחד ואחד יש לו ב' חלקים אחד בגן עדן
ואחד בגיהנם זכה צדיק נטל חלקו וחלק חברו בגן עדן נתחייב רשע נטל
חלקו וחלק חברו בגיהנם אמר רב משרשיא מאי קראה גבי צדיקים
כתיב °לכן בארצם משנה יירשו גבי רשעים כתיב °ומשנה שברון שברם
שאל אחר את ר"מ לאחר שיצא לתרבות רעה מאי דכתיב °לא יערכנה
זהב וזכוכית ותמורתה כלי פז אמר לו *אלו דברי תורה שקשין לקנותן
ככלי זהב וכלי פז *ונוחין לאבדן ככלי זכוכית (ז) אמר לו ר"ע רבך לא אמר
כך אלא מה כלי זהב וכלי זכוכית (ח) אע"פ שנשברו יש להם תקנה אף
ת"ח אע"פ שסרח יש לו תקנה אמר לו אף אתה חזור בך אמר לו (ט) כבר
שמעתי מאחורי הפרגוד שובו בנים שובבים חוץ מאחר ת"ר מעשה באחר
שהיה רוכב על הסוס בשבת והיה רבי מאיר מהלך אחריו ללמוד תורה
מפיו (י) אמר לו מאיר חזור לאחריך שכבר שיערתי בעקבי סוסי עד כאן תחום
שבת א"ל אף אתה חזור בך א"ל ולא כבר אמרתי לך כבר שמעתי מאחורי
הפרגוד שובו בנים שובבים חוץ מאחר תקפיה עייליה לבי מדרשא א"ל
לינוקא פסוק לי פסוקך אמר לו °אין שלום אמר ה' לרשעים עייליה לבי
כנישתא אחריתי א"ל לינוקא פסוק לי פסוקך אמר לו °כי אם תכבסי בנתר
ותרבי לך בורית נכתם עונך לפני עייליה לבי כנישתא אחריתי א"ל
לינוקא

רש"י

יכול אני לבעול. שהיה בקי בהטייה וזו כמי נבעלת כן: באמבטי. כלי שרוחצין בו כל הגוף וי"ל שהטיל שם אדם שכבת זרע ונכנס במעיה: מעיקרא. כשיצאת מן האדם: מאין ולאין. מאין תבא ולאין לבך טרוד: צופה הייתי. מתבונן הייתי במעשה בראשית: ואין בינייהו. במקום חיבורן מקום קשרי כיפת הרקיע בקרקע: גודא דגמלא. כשמסדרין לווחין של גשר זו אצל זו אי אפשר שלא תהא ריוח בינתים וכן גלימי וכן כסי: סחופין. כפופין: אחר קיצץ בנטיעות. קלקל ועיוות כשנכנס לפרדס ומקצץ הנטיעות ולפי שדימה אותן בתחלת הדברים לנכנס לפרדס נקט לישנא דקיצץ בנטיעות: לא עמידה. לא גרסינן: לא עורף. דכלל לדידהו יש להם פנים: עיפוי. עיפות: פולסי. מכת מקל בשמוגלא: פוגלא. לפת: ממישרא. ערוגה: ונוחין לאבדן. על ידי שכחה:

תוספות

ומחיוהו שיתין פולסי. להודיע (כ) לו שאין יכולת למטטרון יותר מאחריני: שובו בנים שובבים. בירושלמי מפרש למה אירע לו כך ואיכא טפי מקראות שדורש והיה הורג (ל) דובר דברי תורה ואמר כל תלמיד דהוה חמי ליה הוה קטיל ולא עוד אלא דהוה על לבית ועדא והוה חמי טליא קמיה ספרא ואמר מאן אלו עבדין הכא כו' כיון דהוו שמעין ליה שבקין והולכין וקאמר ליה ר"מ מאי דכתיב (איוב מב) וה' בירך את כל אשר לאיוב למשנה ואמר לו שכפל לו ממונו והוא השיב שר"ע דריש ליה בזכות מצות ומעשים טובים שהיו בידך מראשיתו ומייתי ליה טוב אחרית דבר מראשיתו ודריש ליה ר"מ לאדם שהוליד בנים בילדותו ומתו ובזקנותו הוליד ונתקיימו ואמר לו ר"ע רבך לא כך דרש אלא טוב אחרית דבר שהוא טוב מראשיתו [ובי] הוה המעשה אבויה אבי היה מגדולי ירושלים וביום שבא למהול קרא לכל גדולי ירושלים והושיבן בבית אחד ולר"א ולר' יהושע במקום אחר מן דאכלין ושתין שרין מטפחין ומרקדים אמרי עד דאלין עסקין בדידהו נעסוק בדידן יתבו ונתעסקו בדברי תורה ירדה אש מן השמים והקיפה אותן אמר לון אבויה אבא גבריי מה באתם לשרוף ביתי אמרו לו ח"ו אלא יושבין היינו וחוזרין דברי תורה מתורה לנביאים ומנביאים לכתובים והיו הדברים שמחים כנתינתן מסיני לא באש נתנו אמר הואיל וכך כחה של תורה אם יתקיים הבן הזה לתורה אני מפרישו ולפי שלא היתה כונתו לשמים לפיכך לא נתקיימו בו ובמקום שיש בגמרא שלנו אחורי הפרגוד יש לשם מאחורי בית קדשי הקדשים עוד איתא התם שהיה רוכב בסוס ביוה"כ שחל להיות בשבת ושמע כו' ומייתי ההוא דפרק קמא דקדושין (דף לט:) שראה (מ) אחד שנטל הבנים ושילח את האם וכי אייתי נפל ומת ולא היה דורש כר' יעקב כדמייתי התם ועוד איתא שראה לשון רבי יהודה הנחתום נתון בפי כלב והיינו גברא רבה דקדושין ורבי נתן אומר כשהיתה אמו מעוברת ממנו עברה לפני ע"ז והריחה מאותו המין (נ) ואכלה והיה אותו המין *מפעפע בגופה *כעכנא ולבסוף חלה מתנוגה ואמרו לו לר"מ רבך באיש אזל גביה לבקריה וא"ל חזור בך אמר אי הדרנא מתקבלין אמר ליה והכתיב (תהלים צ) תשב אנוש עד דכא ותאמר שובו בני אדם בכה אלישע ונפטר הא"ר מאיר דומה שמתוך תשובה נפטר (ס) וכי מן [דקברוניה] ירדה אש מן השמים ושרפה אותו וא"ל לר"מ הא קבר דרבך [אוקיד אתא] וקא פרים גלימיה עליה ואמר ליני (פה) הלילה וגו' (רות ג) ליני פה בעולם הזה שדומה ללילה והיה בבוקר לעולם הבא אם יגאלך טוב יגאל זה הקדוש ברוך הוא שנאמר טוב ה' לכל (תהלים קמה) (ע) יגאל ואם לא יחפוץ לגאלך וגאלתיך אנכי אמרו ליה (פ) אין [אמרין] לך בההיא עלמא למאן את בעי למקרבה קדמייתא לאבוך או לרבך אמר לון מיקרב לרבי קדמוי ובתר כן לאבא א"ל ושמעינן לך א"ל ולא כן תנינן *מצילין תיק הספר עם הספר מצילין אלישע בזכות תורתו: הא

רבינו חננאל

דכיון דחזא למטטרון דאתיהבא ליה רשותא הדא שעתא למיתב למכתב זכותא דישראל אמר גמירי דלמעלה באותו מקום אין שם ישיבה שמא שתי רשויות הן. יצתה בת קול ואמרה שובו בנים שובבים חוץ מאלישע אחר שגלוי וידוע לפניו שאינו חוזר בתשובה שלמה לעולם. שאילו היה חוזר לא היה נטרד שאין הפרגוד ננעלת בפני בעלי תשובה מיד מחיוה למטטרון שתין פולסי דנורא· ח"ו שיש עליו דין אלא להראות לאלישע שיש לו אדון שהוא עליו וזה שאמר אחר משום ר' עקיבא כי רשע מתייסד בגיהנם חלקו וחלק הצדיק והצדיק זוכה בג"ע חלקו וחלק הרשע ואסמכוה אקרא זה לכן בארצם משנה יירשו ומשנה שברון שברם. ד"א לאו דסמכא הן וקרא מדרש הוא ולא עיקר. מיהו אית לן למימר שהמחטיא את הרבים אין מספיקין בידו לעשות תשובה ועונו גדול מאד הוא ועליו ועל כיוצא בו נאמר ומשנה שברון

מסורת הש"ס

[וחיישינן נמי אמרינן לקולא רש"י בשבת קנג. ד"ה ושמואל אמר] [תוספתא פ"ב]
בראשית א
שם
קהלת ה
ע' בפי' המשניות להרמב"ם בפ"י דסנהדרין
ירמיה ג
קהלת ז
ישעיה סא
ירמיה יז
איוב כח
אדר"נ פכ"ד ועי"ש דאיתא גבי אלישע בן אבויה
ישעיה מח
ירמיה ב
[שבת קטז:]
[עיי' רש"י דסנהדרין לח. ד"ה יש להם כו']
כאדם של חכינה

הגהות הב"ח

(א) גמ' אינו מזרעת דלמא מעיקרא נמי יורה: (ב) שם דאתיהבא ליה רשותא חדא שעתא ביומא למיתב ולמיכתב זכוותא: (ג) שם שמא חס ושלום שתי רשויות יש בשמים מיד אפקוהו: (ד) שם חוץ מאחר שידע כבודי ומרד בי אמר הואיל ואיטריד כו' לתרבות רעה אשכח כצ"ל ותיבת נפק נמחק: (ה) שם בן אבויה את שמך יצא בכל הארץ עקר פוגלא: (ו) שם כל מה שברא הקב"ה בעולמו ברא כנגדו: (ז) שם לאבדן ככלי זכוכית נ"ב ס"א א"ל האלהים אפילו ככלי חרס אבל ר"ע כו': (ח) שם וכלי זכוכית הללו אע"פ שנשברו יש: (ט) שם אמר לו והלא כבר שמעתי: (י) שם ללמוד תורה מפיו כיון שהגיע לתחום שבת אמר לו מאיר: (כ) תוס' ד"ה ומחיוהו וכו' להודיע שאין לו יכולת יותר מאחריני כצ"ל: (ל) ד"ה שובו וכו' והיה הורג רבי תורה ואמרינן כל תלמיד דהוה חמי ליה משבח באורייתא הוה קטיל ולא עוד אלא דהוה על וכו' קמי ספרא והוה אמר מאן אלין יתבין עבדין הכא כו' וכיון דהוו שמעין כן הוון שבקין ליה ואזלון לון וקאמר ליה לרבי מאיר וכו' שר' עקיבא דריש ליה וה' ברך את איוב מראשיתו בזכות מצות ומעשים טובים שהיו ביה מראשיתו ומייתי ליה טוב אחרית דבר וכו' אלא טוב אחרית דבר כשהוא טוב מראשיתו וכו הוה המעשה אבויה אביו מגדולי ירושלים היה וביום שבא למהול אותו קרא וכו' אמר ר"א לרבי יהושע עד דאלין עסקין וכו' נעסוק אנן בדידן וכו' אמר לון אבויה רבותי מה באתם לשרוף את ביתי עלי אמרו לו ח"ו אלא יושבין היינו וחוזרין בדברי תורה וכו' הדברים שמחים כנתינתן מסיני והיתה האש מלחך סביבותיו כלהיכתן מסיני לא באש נתנו אמר להן אבויה הואיל וכך: (מ) בא"ד שראה אדם אחד שנטל הבנים: (נ) בא"ד והיה אותו המין מפעפע בגופה כעכנא. נ"ב פירוש כארס של עכנא: (ס) בא"ד דומה שמתוך תשובה נפטר רבי מן דקברוניה ירדה אש מן השמים ושרפה את קברו ואמרו ליה לרבי מאיר הא קיברא דרבך אייקד מה עבד אתא וקא פרים: (ע) בא"ד טוב ה' לכל ואם לא כצ"ל והיבת יגאל נמחק: (פ) בא"ד אמרו ליה לר"מ אין אמרין וכו' אמר לון אנא מיקרב לרבי קדמי:

גליון הש"ס גמ' וחיישינן שמא באמבטי עיברה. עיין משנה למלך פט"ו מהל' אישות הלכה ד ופרי"ז מהל' א"ב הל' יג:

כי שכיב · אחר · אמרי : ברקיע לא מידן לידייניה כו' : חדא הוה בינגא · תלמיד אחד היה ביניהם ונכשל ויצא לתרבות רעה ואין כח בין כולנו להביאו לעולם הבא : אי נקטי ליה ביד מאן מרמי ליה (ז) · אם אוחז אני בידו להביאו לעולם הבא מי יקחנו מידי מרמי לשון נוטל מידי ויש לו דוגמא בפסחים (דף י:) ארמויי ארמייה מיניה גבי ככר בפי עכבר : מאן · כמו מנאי לשון קצר הוא : שומר הפתח · של גיהנם לא עמד לפניך רבינו בבואך להוציא אחר משם : לדעתם לא נאמר · אלמא ברשעי' עסיקינן וקאמר הט אזנך : הטי אזנך · לשמוע ואת מעשיהם שכחי ואל תלמדי אותן : גדול · היודע ליזהר [שלא ילמוד] מעשיו יכול ללמוד תורה מפיו : תחלא · פרי החיצון הנאכל בתמרה : שיחלא · גרעינה הנזרקת: [השתא קאמר] · עכשיו שמע לקולך ואמר שמועה מפיו : קלני מראשי · רבי מאיר אמרה במסכת סנהדרין (דף מו:) במדרש כי קללת אלהים תלוי (דברים כא) קל לית אינו קל ולישנא מעליא נקט הדבר כלפי מעלה קלני מזרועי כבד אני מזרועי שילרתי זה שמת בעונו : ותלי בעיברא דדשא · נשען על הבריח : ברבנן · בתלמידים היוצאין לתרבות רעה : שוקלין · לדרוש קל מחמור וחמור מקל לפי המשקולת של ק"ו : במגדל הפורח באויר · י"מ שדורשין גובהו של למ"ד ודורשין בו כל זאת וי"א מגדל דור הפלגה ולי נראה מגדל הפתוח לאויר גרסינן והן מהלכות אהלות מגדל של עץ שקורין משטיי"ר ועומד בפתח ופתחו פתוח לבקעה או לחצר שהוא אויר במסכת אהלות (פ"ד מ"א) ישנה משנה מגדל העומד באויר : ד' הדיוטות · בלעם ודואג ואחיתופל וגחזי בפ' חלק : טינא היתה בלבם · רשעים היו מימיהם : אחר מאי · מפני מה בא לידי כך ולא הגינה תורתו עליו : זמר יווני לא פסק מביתו · והיה לו להניח בשביל חורבן הבית °דכתיב בשיר לא ישתו יין (ישעיה כד) : נושרין מחיקו · קודם שהפקיר עלמו לתרבות רעה אלמא טינא הוות בלבו : כל עמר דנחית ליורה סליק · כל למר שניתן ליורה של סממנין לצבוע עולה לו לצבעו או אינו עולה כלומר כל הלומדים לפני חכמים עולה להן תורתן להגין עליהן מן החטא (ח): כל דנקי אגב אימיה (ט) · שלא נתלכלך בגיזה עולה לו לצבעו כלומר כל שיראת חטאו קודמת לחכמתו עולה לו כן נראה בעיני ורבותי מפרשין כל עמר דנחית ליורה סליק כל שירד לידון בגיהנם עולה אגב אמו למר בן יומו שלא נרמס בטיט עולה לו הצבע כלומר שיש זכיות בידו עולה : מאי

הא בגדול הא בקטן · והא דריש פ' בתרא דמו"ק (י) (דף יז:) דהוו סנו שומעניה דשמתיה רב יהודה היכא למימר דקטנים הוו דגרסי קמיה וחיישי' דלמא מימשכי אי נמי אפילו הוו גדולים נידהו רב יהודה כיון שמצא מקום לנדותו ובדין היה כיון דסנו שומעניה · הר"ר אלחנן :

כל עמר דנקי (כ) אגב אימיה · כלומר מי שיראתו קודמת לחכמתו חכמתו מתקיימת ודואג ואחיתופל דלא אגני להו תורתן לפי שלא היה להם יראה כלל כדאיתא בסוטה פרק נוטל (דף כא.) : כבני

לינוקא פסוק לי פסוקך א"ל °ואת שדוד מה תעשי כי תלבשי שני כי תעדי עדי זהב כי תקרעי בפוך עיניך לשוא תתיפי וגו' עייליה לבי כנישתא אחריתי עד דעייליה לתליסר בי כנישתא כולהו פסקו ליה כי האי גוונא (א) לבתרא א"ל פסוק לי פסוקך א"ל °ולרשע אמר אלהים מה לך לספר חקי וגו' ההוא ינוקא הוה מגמגם בלישניה אשתמע כמה דאמר ליה ולאלישע אמר אלהים איכא דאמרי סכינא הוה בהדיה וקרעיה ושדריה לתליסר בי כנישתי ואיכא דאמרי אמר אי הואי בידי סכינא הוה קרענא ליה כי נח נפשיה דאחר אמרי לא מידן לידייניה ולא לעלמא דאתי ליתי לא מידן לידייניה משום דעסק באורייתא ולא לעלמא דאתי ליתי משום דחטא אמר ר"מ מוטב דלידייניה וליתי לעלמא דאתי מתי אמות ואעלה עשן מקברו כי נח נפשיה דר' מאיר סליק קוטרא מקבריה דאחר אמר ר' יוחנן גבורתא למיקלא רביה (ב) חד הוה בינגא ולא מצינן לאצוליה אי נקטיה ביד מאן מרמי ליה מאן אמר מתי אמות ואכבה עשן מקברו כי נח נפשיה דר' יוחנן פסק קוטרא מקבריה דאחר פתח עליה ההוא ספדנא אפילו שומר הפתח לא עמד לפניך רבינו בתו של אחר אתיא לקמיה דרבי אמרה ליה רבי פרנסני אמר לה בת מי את אמרה לו בתו של אחר אני אמר לה עדיין יש מזרעו בעולם והא כתיב °לא נין לו ולא נכד בעמו ואין שריד במגוריו אמרה לו (ג) זכור לתורתו ואל תזכור מעשיו מיד ירדה אש וסכסכה ספסלו של רבי בכה ואמר רבי ומה למתגנין בה כך למשתבחין בה על אחת כמה וכמה ור"מ היכי גמר תורה מפומיה דאחר והאמר רבה בר בר חנה אמר רבי יוחנן *מאי דכתיב °כי שפתי כהן ישמרו דעת ותורה יבקשו מפיהו כי מלאך ה' צבאות הוא *אם דומה הרב למלאך ה' צבאות יבקשו תורה מפיהו ואם לאו אל יבקשו תורה מפיהו אמר ר"ל ר"מ קרא אשכח ודרש °הט אזנך ושמע דברי חכמים ולבך תשית לדעתי לדעתם לא נאמר אלא לדעתי רב חנינא אמר מהכא °שמעי בת וראי והטי אזנך ושכחי עמך ובית אביך וגו' קשו קראי אהדדי לא קשיא הא בגדול הא בקטן כי אתא רב דימי אמר אמרי במערבא ר"מ (ד) אכל תחלא ושדא שיחלא לברא דרש רבא מאי דכתיב °אל גנת אגוז ירדתי לראות באבי הנחל וגו' למה נמשלו ת"ח לאגוז לומר לך מה אגוז זה אע"פ שמלוכלך בטיט ובצואה אין מה שבתוכו נמאס אף ת"ח אע"פ שסרח אין תורתו נמאסת אשכחיה רבה בר שילא לאליהו א"ל מאי קא עביד הקב"ה א"ל קאמר שמעתא מפומייהו דכולהו רבנן ומפומיה דר"מ לא קאמר א"ל אמאי משום דקא גמר שמעתא מפומיה דאחר א"ל אמאי ר"מ רמון מצא תוכו אכל קליפתו זרק א"ל השתא קאמר מאיר בני (ה) אומר *בזמן שאדם מצטער שכינה מה לשון אומרת קלני מראשי קלני מזרועי אם כך הקב"ה מצטער על דמן של רשעים (ו) ק"ו על דמן של צדיקים שנשפך אשכחיה שמואל לרב יהודה דתלי בעיברא דדשא וקא בכי א"ל *) *שיננא מאי קא בכית א"ל מי זוטרא מאי דכתיב בהו ברבנן *°איה סופר איה שוקל איה סופר את המגדלים איה סופר שהיו סופרים כל אותיות שבתורה איה שוקל שהיו שוקלים קלין וחמורין שבתורה איה סופר את המגדלים שהיו שונין ג' מאות הלכות במגדל הפורח באויר ואמר רבי אמי תלת מאה בעיי בעו דואג ואחיתופל במגדל הפורח באויר ותנן *ג' מלכים וארבעה הדיוטות אין להם חלק לעולם הבא אנן מה תהוי עלן א"ל שיננא טינא היתה בלבם אחר מאי זמר יווני לא פסק מפומיה אמרו עליו על אחר בשעה שהיה עומד מבית המדרש הרבה ספרי מינין נושרין מחיקו שאל נימוס הגרדי את ר"מ כל עמר דנחית ליורה סליק א"ל כל מאן דהוה נקי אגב אימיה סליק כל דלא הוה נקי אגב אימיה לא סליק ר"ע עלה בשלום וירד בשלום ועליו הכתוב אומר °משכני אחריך נרוצה ואף רבי עקיבא בקשו מלאכי השרת לדוחפו אמר להם הקב"ה הניחו לזקן זה שראוי להשתמש בכבודי מאי

*) [בערוך ערך שן פירש שיננא מחודד בתלמוד מלשון חן שנון וי"א גדול השינים ובשיטה מקובצת כתובות יד: פירש לפי ששיניו גדולות קרי ליה שיננא ע"ש]

ירמיה ד · תהלים נ · איוב יח · מלאכי ב · משלי כב · תהלים מה · שיר ו · ישעיה לג · שיר א

[מו"ק יז. ע"ש] · [סנהדרין מז.] · [ברכות ו. וש"נ] · ישעיה לג · סנהדרין קו: · שם ב.

י א מיי' פ"ד מהלכות ת"ת הלכה א טוש"ע י"ד סי' רמו סעיף ח :

רבינו חננאל

שברם. והאי דבדק אחר בינוקי משום דהוה ר' מאיר מפצר ליה לחזור בתשובה ולא היה לבו חפץ וא"ל שמעתי מאחורי הפרגוד והוא מעיקרא מינא היתה דלא פסק זמר יוני מביתו ובשעה שהיה עומד מבהמ"ד הרבה ספרי מינין היו נושרין מחיקו ויצא לתרבות רעה. זה שאמר ר' מאיר מתי אמות ואעלה עשן מקברו כלומר ידין אותו הקב"ה באש יוקדת מעלה עשן כדי שיתכפרו לו עונותיו ויזכה לעוה"ב וכיון שהגיע ר' מאיר למות ביקש רחמים על זה וקבל תפלתו וכיון שמת עלה עשן מקברו של אחר. ור' יוחנן אמר חד הוה כאן . כלומר אחד מן חכמי[בית]מדרשינו חטא אין בנו זכות לפני הקב"ה להצילו מדינה של גיהנם . מתי אמות ואפסיק עשן מקברו . ור' מאיר היכי הוה גמיר מאחר והכתיב כי שפתי כהן ישמרו דעת ותורה יבקשו מפיהו כי מלאך ה' צבאות הוא וא"ר יוחנן אם דומה הרב למלאך ה' צבאות יבקשו תורה מפיהו ואם לאו אל יבקשו תורה מפיהו . ואע"ג דאמרינן ר' מאיר קרא אחרינא אשכח וסמך עליה דכתיב הט אזנך ושמע דברי חכמים ולבך תשית לדעתי לדעתם לא נאמר אלא לדעתי מכלל שיש לך לקבל תורתו ולא דעתו . ואמרינן קשו קראי אהדדי ושנינן הא דאמרינן אם דומה הרב למלאך ה' צבאות בקשו תורה מפיהו בקטן דעביד כדעתיה דרביה דחיישינן דלמא מפיק ליה לתרבות רעה אבל גדול דכדעתא דנפשיה קא עביד הט אזנך ושמע דברי חכמים וגו' האמר אליהו דאמרי במתיבתא דרקיעא שמעתא מכלהו רבנן . ושמעתתיה דר' מאיר משום דגמר מאחר לא אמרי הלכתא אפילו גדול ללמוד תורה מחבירו ירא שמים ספי עדיף ליה . פי' שיחלא קליפתה שהיא כסותה ותיקה . פי' כמגדל הפורח . משנה ידועה היא . קלני מראשי קלני מזרועי כבר פירשנוה בסנהדרין . פי' בעברא דדשא בבריח הדלת. אף ר' עקיבא ביקשו המלאכים לדחפו אמר הקב"ה הניחו לזקן זה ראוי הוא להסתכל

הגהות הב"ח

(א) גמ' כי האי גוונא לבישותא לבתרא : (ב) שם גבורתא למיקלא רביה בנורא חד הוה וכו' אי נקטי ליה ביד : (ג) שם אמרה לו רבי זכור לתורתו וכו' ירדה אש מן השמים וסכסכה וכו' ומה למתגנין בתורה כך : (ד) שם ר' מאיר אשכח תמרי אכל תחלא : (ה) שם מאיר בני כך הוא אומר : (ו) שם של רשעים שנשפך ק"ו על דמן : (ז) רש"י ד"ה אי נקטיה וכו' מאן מרמי ליה מאן אם אוחז : (ח) ד"ה כל עמר וכו' מן החטא או לא וסה"ד : (ט) ד"ה כל דנקי אגב אימיה למר בן יומו שלא נתלכלך כשהוא בגיזה וכו' כלומר מי שיש זכיות : (י) תוס' ד"ה הא בגדול וכו' והא דריש פ' בתרא דמו"ק בההוא צורבא מרבנן דהוו סנו : (כ) ד"ה כל עמר דנקי אגב כצ"ל ותיבת נחית נמחק :

גליון הש"ס

רש"י ד"ה זמר יווני וכו' דכתיב בשיר . עיין גיטין ד, ז ע"א :

[Aḥer] said [15*b*] to a child: Recite for me thy verse! He answered: *And thou, that art spoiled, what doest thou, that thou clothest thyself with scarlet, that thou deckest thee with ornaments of gold, that thou enlargest thine eyes with paint? In vain dost thou make thyself fair* etc.[4] He took him to yet another schoolhouse until he took him to thirteen schools: all of them quoted in similar vein. When he said to the last one, Recite for my thy verse, he answered: *But unto the wicked God saith: 'What hast thou to do to declare My statutes'* etc.?[5] That child was a stutterer, so it sounded as though he answered: 'But to Elisha[6] God saith'. Some say that [Aḥer] had a knife with him, and he cut him up and sent him to the thirteen schools: and some say that he said: Had I a knife in my hand I would have cut him up.

When Aḥer died,[7] they said:[8] Let him not be judged, nor let him enter the world to come. Let him not be judged, because he engaged in the study of the Torah; nor let him enter the world to come, because he sinned. R. Meir said: It were better that he should be judged and that he should enter the world to come. When I die I shall cause[9] smoke to rise from his grave.[10] When R. Meir died, smoke rose up from Aḥer's grave. R. Joḥanan said: [What] a mighty deed to burn his master! There was one amongst
a us, and we cannot save him;[1] if I were to take him by the hand, who would snatch him from me! [But] said he:[2] When I die, I shall extinguish the smoke from his grave.[3] When R. Joḥanan died, the smoke ceased from Aḥer's grave. The public mourner[4] began [his oration] concerning him[5] thus: Even the janitor[6] could not stand before thee, O master!

Aḥer's daughter [once] came before Rabbi and said to him: O master, support me! He asked her: 'Whose daughter art thou?' She replied: I am Aḥer's daughter. Said he: Are any of his children left in the world? Behold it is written: *He shall have neither son nor son's son among his people, nor any remaining in his dwellings!*[7] She answered: Remember his Torah[8] and not his deeds. Forthwith, a fire came down and enveloped Rabbi's bench.[9] [Thereupon] Rabbi wept and said: If it be so on account of those who dishonour her,[10] how much more so on account of those who honour her!

But how did R. Meir learn Torah at the mouth of Aḥer? Behold Rabbah b. Bar Ḥana said that R. Joḥanan said: What is the meaning of the verse, *For the priest's lips should keep knowledge, and they should seek the Law at his mouth; for he is the messenger of the Lord of hosts?*[11] [This means that] if the teacher is like an angel of the Lord of hosts, they should seek the Law at his mouth, but if not, they should not seek the Law at his mouth!—Resh Laḳish answered: R. Meir found a verse and expounded it [as follows]: *Incline thine ear, and hear the words of the wise, and apply thy heart unto my knowledge.*[12] It does not say, 'unto their knowledge', but *'unto my knowledge'*.[13] R. Ḥanina said, [he deduced it] from here: *Hearken, O daughter, and consider, and incline thine ear; forget also thine own people, and thy*
b *father's house* etc.[1] The verses contradict one another![2]—There is no contradiction: in the one case Scripture refers to an adult,[3] in the other to a child. When R. Dimi came [to Babylon] he said: In the West,[4] they say: R. Meir ate the date and threw the kernel[5] away.

Raba expounded: What is the meaning of the verse: *I went down to the garden of nuts, to look at the green plants of the valley* etc.?[6] Why are the scholars likened to the nut? To tell you that just as [in the case of] the nut, though it be spoiled with mud and filth, yet are its contents not contemned, so [in the case of] a scholar, although he may have sinned, yet is his Torah not contemned.

Rabbah b. Shila [once] met Elijah.[7] He said to him: What is the Holy One, blessed be He, doing? He answered: He utters ◁

(4) Ibid. IV, 30. (5) Ps. L, 16. (6) The child pronounced ולרשע ('and unto the wicked') like ולאלישע ('and unto Elisha'). Note that א and ר are both gutturals. (7) Lit., 'his soul rested'. (8) I.e., in heaven. (9) By my prayer. (10) I.e., as a sign that he was judged and punished for his sins.
a (1) I.e., one scholar among us went astray, yet all of us together have not the power to save him! (2) Var. lec. omit 'said he'. (3) I.e., as a sign that he was forgiven. (4) V. S. Krauss, *T.A.* II, p. 68. (5) I.e., R. Joḥanan. (6) I.e., of hell. (7) Job. XVIII, 19. The verse forms part of a description of the fate of the wicked; cf. v. 5. In the eyes of Bildad (v. 1), Job was an infidel. (8) I.e., his vast knowledge of the Torah. Though theory should not be divorced from practice, the study of the Torah is in itself a merit: cf. Ab. IV, 5. (9) *Cf. p. 89. (10) I.e., the Torah. (11) Mal. II, 7. (12) Prov. XXII, 17. (13) Since the heart may not be applied to their knowledge, it shows that the acts of the wise men referred to must be wicked. Nevertheless, their words may be listened to. Thus R. Meir could learn from Aḥer, provided he did not imitate the latter's deeds.
b (1) Ps. XLV, 11. I.e., hearken to the words of the wise, but forget their actions, if they are wicked. (2) I.e., the two verses contradict Mal. II, 7 quoted above. (3) An adult, unlike a child, can use discrimination, and avoid the teacher's wrongdoing; hence the last two verses permit him to learn even from a heretic. (4) I.e., Palestine, which is west of Babylonia. (5) So Rashi and Levy; Jast. trans., 'peel'. V. *D.S.* a.l. n. 30. (6) Cant. VI, 11. (7) For Elijah in Rabbinic literature v. *J.E.* vol. V, pp. 122ff (especially p. 124).

*See Corrigenda.

◁ *For the continuation of the English translation of this page see overleaf.*

י א מיי' פ"ד מהלכות ת"ת הלכה א טוש"ע י"ד סי' רמו סעיף ח:

כי שכיב · אחר: אמרי · ברקיע לא מידן נידייניה כו': חדא הוה בינגא · תלמיד אחד הי' בינינו ונכשל ויצא לתרבות רעה ואין כח בין כולנו להביאו לעולם הבא: אי נקטי ליה ביד מאן מרמי ליה (ז) · אם אוחז אני בידו להביאו לעולם הבא מי יקחנו מידי מרמי לשון נוטל מידי ויש לו דוגמא בפסחים (דף י:) לרמויי ארמייה מיניה גבי ככר בפי עכבר: מאן · כמו מנאי לשון קצר הוא: שומר הפתח של גיהנם לא עמד לפניך רבינו בבואך להוציא אחר משם: לדעתם לא נאמר · אלמא ברשעי עסקינן וקאמר הט אזנך: הטי אזנך לשמוע ואת מעשיהם שכחי ואל תלמדי אותן: גדול · היודע ליזהר [שלא ילמוד] מעשיו יכול ללמוד תורה מפיו: תחלא · פרי החיצון הגדל בתמרה: שיחלא · גרעינה הנזרקת: [השתא קאמר] עכשיו שמע לקולך ואמר שמועה מפיו: קלני מראשי · רבי מאיר אמרה במסכת סנהדרין (דף מו·) במדרש כי קללת אלהים תלוי (דברים כא) קל לית איני קל ולישנא מעליא נקט כינה הדבר כלפי מעלה קלני מזרועי כבד אני מזרועי שילרתי זה שמת בעונו: ותלי בעיברא דדשא · נשען על הבריח: ברבנן · בתלמידים היוצאין לתרבות רעה: שוקלין · לדרוש קל וחומר מקל לפי המשקולת של ק"ו: במגדל הפורח באויר · י"מ שדורשין גובהו של למ"ד ודורשין בו כל זאת וי"א מגדל דור הפלגה ולי נראה מגדל הפתוח לאויר גרסינן והן מהלכות אהלות מגדל של עץ שקורין משטי"ר ועומד בפתח ופתחו פתוח לבקעה או לחצר שהוא אויר במסכת אהלות (פ"ד מ"א) ישנה משנה מגדל העומד באויר: ד' הדיוטות · בלעם ודואג ואחיתופל וגחזי בפ' חלק: טינא היתה בלבם · רשעים היו מימיהם: אחר מאי · מפני מה בא לידי כך ולא הגינה תורתו עליו: זמר יווני לא פסק מביתו · והיה לו להניח בשביל חורבן הבית °דכתיב בשיר לא ישתו יין (ישעיה כד): נושרין מחיקו · קודם שהפקיר עצמו לתרבות רעה אלמא טינא הוות בלבו: כל עמר דנהית ליורה סליק · כל צמר שניתן ליורה של סממנין לצבוע עולה לו לצבעו או אינו עולה כלומר כל הלומדים לפני חכמים עולה להן תורתן להגין עליהן מן החטא (ח): כל דנקי אגב אימיה (ט) · שלא נתלכלך בגיזה עולה לו לצבעו כלומר כל שיראת חטאו קודמת לחכמתו עולה לו כן נראה בעיני ורבותי מפרשין כל עמר דנחית ליורה סליק כל שירד לידון בגיהנם עולה אגב אמו צמר בן יומו שלא נרמס בטיט עולה לו הצבע כלומר שיש זכיות בידו עולה: מאי

[מו"ק יז. ע"ש]
[סנהדרין מו.]

הא בגדול הא בקטן · והא דריש פ' בתרא דמו"ק (י) (דף יז·) דהוו סנו שומעניה דשמתיה רב יהודה איכא למימר דקטנים הוו דגרסי קמיה וחיישי' דלמא מימשכי אי נמי אפילו הוו גדולים כידהו רב יהודה כיון שמלא מקום לנדותו ובדין היה כיון דסנו שומעניה · הר"ר אלחנן:

כל עמר דנקי נחית (כ) אגב אימיה· כלומר מי שיראתו קודמת לחכמתו חכמתו מתקיימת ודואג ואחיתופל דלא מגני להו תורתן לפי שלא היה להם יראה כלל כדאיתא בסוטה פרק נוטל (דף כא·): כבני

תורה אור

ירמיה ד לינוקא פסוק לי פסוקך א"ל °ואת שדוד מה
תעשי כי תלבשי שני כי תעדי עדי זהב
כי תקרעי בפוך עיניך לשוא תתיפי וגו'
עייליה לבי כנישתא אחריתי עד דעייליה
לתליסר בי כנישתא כולהו פסקו ליה כי
האי גוונא (א)לבתרא א"ל פסוק לי פסוקך א"ל
תהלים נ °ולרשע אמר אלהים מה לך לספר חקי
וגו' ההוא ינוקא הוה מגמגם בלישניה
אשתמע כמה דאמר ליה ולאלישע אמר
אלהים איכא דאמרי סכינא הוה בהדיה
וקרעיה ושדריה לתליסר בי כנישתי ואיכא
דאמרי אמר אי הואי בידי סכינא הוה קרענא
ליה כי נח נפשיה דאחר אמרי לא מידן
לידייניה ולא לעלמא דאתי ליתי לא מידן
לידייניה משום דעסק באורייתא ולא לעלמא דאתי ליתי משום דחטא אמר
ר"מ מוטב דלידייניה וליתי לעלמא דאתי מתי אמות ואעלה עשן מקברו כי
נח נפשיה דר' מאיר סליק קוטרא מקבריה דאחר אמר ר' יוחנן גבורתא
למיקלא רביה (ב) חד הוה בינגא ולא מצינן לאצוליה אי נקטיה ביד מאן מרמי
ליה מאן אמר מתי אמות ואכבה עשן מקברו כי נח נפשיה דר' יוחנן פסק
קוטרא מקבריה דאחר פתח עליה ההוא ספדנא אפילו שומר הפתח לא
עמד לפניך רבינו בתו של אחר אתיא לקמיה דרבי אמרה ליה רבי פרנסני
אמר לה בת מי את אמרה לו בתו של אחר אני אמר לה עדיין יש מזרעו
איוב יח בעולם והא כתיב °לא נין לו ולא נכד בעמו ואין שריד במגוריו אמרה לו (ג)
זכור לתורתו ואל תזכור מעשיו מיד ירדה אש וסכסכה ספסלו של רבי בכה
ואמר רבי ומה למתגנין בה כך למשתבחין בה על אחת כמה וכמה ור"מ
היכי גמר תורה מפומיה דאחר והאמר רבה בר בר חנה אמר רבי
מלאכי ב יוחנן *מאי דכתיב °כי שפתי כהן ישמרו דעת ותורה יבקשו מפיהו כי
מלאך ה' צבאות הוא °אם דומה הרב למלאך ה' צבאות יבקשו תורה
מפיהו ואם לאו אל יבקשו תורה מפיהו אמר ר"ל ר"מ קרא אשכח ודרש
משלי כב °הט אזנך ושמע דברי חכמים ולבך תשית לדעתי לדעתם לא נאמר אלא
תהלים מה לדעתי רב חנינא אמר מהכא °שמעי בת וראי והטי אזנך ושכחי עמך
ובית אביך וגו' קשו קראי אהדדי לא קשיא הא בגדול הא בקטן כי אתא
רב דימי אמר אמרי במערבא ר"מ (ד) אכל תחלא ושדא שיחלא לברא דרש
שיר ו רבא מאי דכתיב °אל גנת אגוז ירדתי לראות באבי הנחל וגו' למה
נמשלו ת"ח לאגוז לומר לך מה אגוז זה אע"פ שמלוכלך בטיט ובצואה
אין מה שבתוכו נמאס אף ת"ח אע"פ שסרח אין תורתו נמאסת אשכחיה
רבה בר שילא לאליהו א"ל מאי קא עביד הקב"ה א"ל קאמר שמעתא
מפומייהו דכולהו רבנן ומפומיה דר"מ לא קאמר א"ל אמאי משום דקא
גמר שמעתא מפומיה דאחר א"ל אמאי ר"מ רמון מצא תוכו אכל קליפתו
זרק א"ל השתא קאמר מאיר בני (ה) אומר *בזמן שאדם מצטער שכינה מה
לשון אומרת קלני מראשי קלני מזרועי אם כך הקב"ה מצטער על דמן של
רשעים (ו) ק"ו על דמן של צדיקים שנשפך אשכחיה שמואל לרב יהודה דתלי
בעיברא דדשא וקא בכי א"ל *) *שיננא מאי קא בכית א"ל מי זוטרא מאי
ישעיה לג דכתיב בהו ברבנן *°איה סופר איה שוקל איה סופר את המגדלים איה סופר שהיו סופרים כל אותיות
שבתורה איה שוקל שהיו שוקלים קלין וחמורין שבתורה איה סופר את המגדלים שהיו שונין ג' מאות
הלכות במגדל הפורח באויר ואמר רבי אמי תלת מאה בעיי בעו דואג ואחיתופל במגדל הפורח באויר ותנן
*ג' מלכים וארבעה הדיוטות אין להם חלק לעולם הבא אנן מה תהוי עלן א"ל שיננא טינא היתה בלבם אחר
מאי זמר יווני לא פסק מפומיה אמרו עליו על אחר בשעה שהיה עומד מבית המדרש הרבה ספרי מינין נושרין
מחיקו שאל נימוס הגרדי את ר"מ כל עמר דנחית ליורה סליק א"ל כל מאן דהוה נקי אגב אימיה סליק כל דלא
שיר א הוה נקי אגב אימיה לא סליק ר"ע עלה בשלום וירד בשלום ועליו הכתוב אומר °משכני אחריך נרוצה ואף
רבי עקיבא בקשו מלאכי השרת לדוחפו אמר להם הקב"ה הניחו לזקן זה שראוי להשתמש בכבודי
מאי

[ברכות נו. וש"נ]
סנהדרין קו:
שם צ.

*) [בערוך ערך שן פירש שיננא מחודד בתלמוד מלשון ושננתם וי"א גדול השינים ובשיטה מקובלת כתובות יד: פירש לפי ששיניו גדולות קרי ליה שיננא ע"ש]

רבינו חננאל

שברם. והאי דבדק אחר בינוקי משום דהוה ר' מאיר מפצר ליה לחזור בתשובה ולא היה לבו חפץ וא"ל שמעתי מאחורי הפרגוד והוא מעיקרא מינא היתה דלא פסק זמר יווני מביתו ובשעה שהיה עומד מבהמ"ד הרבה ספרי מינין היו נושרין מחיקו ויצא לתרבות רעה. זה שאמר ר' מאיר מתי אמות ואעלה עשן מקברו כלומר ידין אותו הקב"ה באש יוקדת מעלה עשן כדי שיתכפרו לו עונותיו ויזכה לעוה"ב וכיון שהגיע ר' מאיר למות ביקש רחמים על זה וקבל תפלתו וכיון שמת עלה עשן מקברו של אחר. ור' יוחנן אמר חד הוה כאן. כלומר אחד מן חכמי[בית]מדרשינו חטא אין בנו זכות לפני הקב"ה להצילו מדינה של גיהנם. מתי אמות ואפסיק עשן מקברו. ור' מאיר היכי הוה גמיר מאחר והכתיב כי שפתי כהן ישמרו דעת ותורה יבקשו מפיהו כי מלאך ה' צבאות הוא וא"ר יוחנן אם דומה הרב למלאך ה' צבאות יבקשו תורה מפיהו ואם לאו אל יבקשו תורה מפיהו. ואע"ג דאמרינן ר' מאיר קרא אחרינא אשכח וסמך עליה דכתיב הט אזנך ושמע דברי חכמים ולבך תשית לדעתי לדעתם לא נאמר אלא לדעתי מכלל שיש לך לקבל תורתו ולא דעתו. ואמרינן קשו קראי אהדדי ושנינן הא דאמרינן אם דומה הרב למלאך ה' צבאות בקשו תורה מפיהו בקטן דעביד כדעתיה דרביה דחיישינן דלמא מפיק ליה לתרבות רעה אבל גדול דכדעתא דנפשיה קא עביד הט אזנך ושמע דברי חכמים וגו' האמר אליהו דאמרי במתיבתא דרקיעא שמעתא מכלהו רבנן. ושמעתתיה דר' מאיר משום דגמר מאחר לא אמרי הלכתא אפילו גדול ללמוד תורה מחבירו ירא שמים מפי עדיף ליה. פי' שיחלא קליפתה שהיא כסותה ותיקה. פי' כמגדל הפורח. משנה ידועה היא. קלני מראשי קלני מזרועי כבר פירשנוה בסנהדרין. פי' בעברא דדשא בבריח הדלת. אף ר' עקיבא ביקשו המלאכים לדחפו אמר הקב"ה הניחו לזקן זה ראוי הוא להסתכל

הגהות הב"ח

(א) גמ' כי האי גוונא לבתרא: (ב) שם גבורתא למיקלא רביה חד הוה וכו' ואי נקטי ליה ביד: (ג) שם אמרה לו רבי זכור לתורתו וכו' ירדה אש משמים וסכסכה וכו' ומה למתגנין בתורה כך: (ד) שם ר' מאיר אשכח תמרי אכל תחלא: (ה) שם מאיר בני כך הוא אומר: (ו) שם על דמן של רשעים שנשפך ק"ו על דמן: (ז) רש"י ד"ה אי נקטיה וכו' מאן מרמי ליה אם אוחז: (ח) ד"ה כל עמר וכו' מן החטא או לא והס"ד: (ט) ד"ה כל דנקי וכו' כלומר מי שיש זכיות: (י) תוס' ד"ה הא וכו' דריש פ' בתרא דמו"ק דההיא צורבא מרבנן דהוו סנו: (כ) ד"ה כל עמר דנקי אגב כצ"ל ותיבת נחית נמחק:

גליון הש"ס

רש"י ד"ה זמר יווני וכו' דכתיב בשיר. עיין גיטין ד, ז ע"ש.

Continuation of translation from previous page as indicated by ◁

traditions in the name[8] of all the Rabbis, but in the name of R. Meir he does not utter. Rabbah asked him, Why?—Because he learnt traditions at the mouth of Aḥer. Said [Rabbah] to him: But why? R. Meir found a pomegranate; he ate [the fruit] within it, and the peel he threw away! He answered: Now[9] He says: Meir my son says: When a man suffers,[10] to what expression does the *Shechinah* give utterance? 'My head is heavy, my arm is heavy'.[11] If the Holy One, blessed be He, is thus grieved over the blood of the wicked, how much more so over the blood of the righteous that is shed.

Samuel found Rab Judah leaning on the door-bolt weeping.
c So he said to him: O, keen scholar,[1] wherefore dost thou weep? He replied: Is it a small thing that is written concerning the Rabbis?[2] *Where is he that counted, where is he that weighed? Where is he that counted the towers?*[3] *'Where is he that counted?'*—for they counted all the letters in the Torah. *'Where is he that weighed?'*—for they weighed the light and the heavy[4] in the Torah. *'Where is he that counted the towers?'*—for they taught three hundred *halachoth*[5] concerning a 'tower which flies in the air'.[6] And R. Ammi said: Three hundred questions[7] did Doeg[8] and Ahitophel[9] raise concerning a 'tower which flies in the air'. Yet we have learnt: Three kings and four commoners[10] have no share in the world to come. What then shall become of us? Said [Samuel] to him. O, keen scholar, there was impurity[11] in their hearts.—But what
d of Aḥer?[1]—Greek song did not cease from his mouth.[2] It is told of Aḥer that when he used to rise [to go] from the schoolhouse,[3] many heretical books[4] used to fall from his lap.

Nimos the weaver[5] asked R. Meir: Does all wool that goes down into the [dyeing] kettle come up [properly dyed]?[6] He replied: All that was clean on its mother[7] comes up [properly dyed], all that was not clean on its mother does not come up [properly dyed].

R. Akiba went up unhurt and went down[8] unhurt; and of him Scripture says: *Draw me, we will run after thee.*[9] And R. Akiba too the ministering angels sought to thrust away; [but] the Holy One, blessed be He, said to them: Let this elder be, for he is

(8) Lit., 'from the mouth'. (9) I.e., since you have pleaded for him. (10) The passage refers to capital punishment, v. Sanh. 46*a*. (11) Lit., 'I am lighter than my head etc.', a euphemistic expression for feeling heavy, giddy, weak; v. Sanh., Sonc. ed., pp. 304, 306. The anthropomorphism is intended to show how near God is to man and how real is His sorrow for him in the time of his trouble, even though he be a delinquent and fully deserve his punishment.

c (1) *Shinena*, lit., 'sharp one'; *aliter* 'man with long (sharp) tooth'. (2) I.e., about those who went astray into evil courses. (3) Isa. XXXIII, 18. (4) I.e., expounded the Torah according to the hermeneutical rule of קַל, (light, unimportant) וחומר (heavy, important) i.e., by arguing from minor to major and vice versa. (5) I.e., fixed traditional laws. V. Glos. (6) An obscure expression for which Rashi both here and Sanh. (Sonc. ed.) 106*b* offers several interpretations. The most likely explanations relate the 'flying tower' to the laws of defilement. It could then mean: (*a*) A portable turret-shaped conveyance, in which an Israelite entered heathen land, which is regarded as levitically unclean; v. Tosef. Oh. and Rashi to Sanh. l.c. 'Flying' will thus mean 'moving' i.e., being carried. (*b*) An open chest or cupboard containing a levitically unclean object, which stands in an open space; v. Oh. IV, 1f. In this case, it is best to read 'open', or, as in the Mishnah 'standing'. The following are less plausible explanations:—(*a*) The upper stroke of the letter *lamed*, i.e., they taught three hundred traditions concerning so insignificant a matter. (*b*) The tower of Babel. (*c*) A tower suspended in mid-air by magic. Cf. Sanh. (Sonc. ed.) 68*a*, concerning the planting of cucumbers by magic. (7) An indication of their profound learning. V. the variant reading in Sanh. l.c. (8) Cf. I Sam. XXI, 8 where 'the chiefest of the herdmen' is explained by Rashi as 'the head of the Beth din'. (9) Cf. II Sam. XVI, 23. (10) The three kings are, Jeroboam, Ahab and Manasseh; the four commoners, Balaam, Doeg, Ahitophel and Gehazi. Thus their profound learning did not save Doeg and Ahitophel. V. Sanh. (Sonc. ed.) 90*a*. (11) Lit., 'clay', i.e., heathen sensuality (Jast.). *Aliter:* 'gnawing worm'; 'jealousy', i.e., evil thoughts (Levy). Whatever the exact rendering, the meaning is: They were wickedly inclined from the beginning, hence their knowledge of the Torah could not protect them.

d (1) I.e., why did not his study of the Torah save him? (2) Rashi reads: 'from his house'. Why Greek song should have been the cause of Aḥer's corruption is not clear. Rashi says that he transgressed the prohibition against music after the destruction of the Temple (v. Giṭ. 7*a*; cf. Isa. XXIV, 9). Maharsha rightly objects that this does not explain the word *Greek*: the Gemara could have simply stated that *song* did not cease from his mouth. He suggests, therefore, that the Greek songs were tainted by heresy. Perhaps the simplest explanation is that Aḥer's devotion to Greek literature eventually led him to accept ideas which were contrary to Jewish teaching. (3) I.e., before his apostasy. (4) Lit., 'books of *Minim*' (v. Glos. s.v. *Min*). (5) גַּרְדִּי, Lat. *gerdino*. Cf. R. Isaac the Smith, R. Joḥanan the Sandalmaker etc. Being a weaver, the allegory employed by Nimos is appropriate. But Jast. holds that גרדי equals (by transposition) גַּדְרִי and means 'of Gadara'. He also regards נימוס as a shortened form of אבנימוס (cf. Gen. Rab. s. 65), who, he thinks, is to be identified with the cynic philosopher Oenomaus. (6) Rashi explains: does the study of the Torah serve to protect all students from sin? Jast.: i.e., does every student of mystic philosophy escape death or scepticism? (So too *Aruch*). Note Oenomaus was a cynic. (7) I.e., when the sheep was sheared, i.e., all who begin the study of the Torah when they are free from sin; or (following Jast. and *Aruch*), all who engage in mystic speculation in perfect purity, like R. Akiba. Cf. Ab. (Sonc. ed.) III, 9. (8) Cf. 'entered . . . departed' *supra* 14*b*. (9) Cant. I, 4. I.e., R. Akiba was able to follow God right into Paradise, or (according to the other opinions) into the deepest mysteries of theosophy.

worthy to avail himself of My glory. [16a]—By what Biblical exposition was he able to learn this?[10] Rabbah b. Bar Ḥanah said
a that R. Joḥanan said: *And He came from the myriads holy*[1]—He is the Sign[2] among His myriad. And R. Abbahu said: *He is pre-eminent above ten thousand*[3]—He is the Example[4] among His myriad. And Resh Laḳish said: *The Lord of hosts is His name*[5]—He is the Lord among His host.—And R. Ḥiyya b. Abba said that R. Joḥanan said: *But the Lord was not in the wind; and after the wind an earthquake; but the Lord was not in the earthquake; and after the earthquake a fire; but the Lord was not in the fire; and after the fire a still small voice.*[6] *And behold, the Lord passed by.*[7]

Our Rabbis taught: Six things are said concerning demons:[8] in regard to three, they are like the ministering angels; and in regard to three, like human beings. 'In regard to three they are like the ministering angels': they have wings like the ministering angels; and they fly from one end of the world to the other like the ministering angels; and they know what will happen like the ministering angels. [You say], 'They know'—you cannot mean that![9]—Rather, they hear from behind the Veil[10] like the ministering angels. 'And in regard to three, they are like human beings': they eat and drink like human beings; they propagate like human beings; and they die like human beings. Six things are said of human beings: in regard to three, they are like the ministering angels, and in regard to three, they are like beasts. 'In regard to three, they are like the ministering angels': they have understanding like the ministering angels; and they walk erect like the ministering
b angels; and they can talk in the holy tongue[1] like the ministering angels. 'In regard to three, they are like beasts': they eat and drink like beasts; and they propagate like beasts, and they relieve themselves like beasts.

WHOSOEVER SPECULATES UPON FOUR THINGS, IT WERE A MERCY IF[2] HE HAD NOT COME INTO THE WORLD etc. Granted as regards what is above, what is beneath,[3] what [will be] after,[4] that is well. But as regards what was before—what happened, happened![5]—Both R. Joḥanan and Resh Laḳish say: It is like a human king who said to his servants: Build for me a great palace upon the dunghill.[6] They went and built it for him. It is not the king's wish [thenceforth] to have the name of the dunghill mentioned.

WHOSOEVER TAKES NO THOUGHT FOR THE HONOUR OF HIS MAKER, IT WERE A MERCY IF HE HAD NOT COME INTO THE WORLD. What does this mean? R. Abba said: It refers to one who looks at the rainbow. R. Joseph said: It refers to one who commits transgression in secret. 'One who looks at a rainbow', for it is written: *As the appearance of the bow that is in the cloud in the day, so was the appearance of the brightness round about. This was the appearance of the likeness of the glory of the Lord.*[7] R. Joseph said: 'It refers to one who commits a transgression in secret', in accordance with R. Isaac's teaching. For R. Isaac said: When anyone commits a transgression in secret, it is as though he thrust aside the feet of the Divine Presence, for it is said: *Thus saith the Lord:*
c *The heaven is My throne, and the earth is My footstool.*[1] But is this so? For behold R. Elai the elder said: If a man sees that his [evil] inclination is prevailing upon him, let him go to a place where he is not known, and put on black garments,[2] and wrap himself up[3] in black garments, and let him do what his heart desires;[4] but let him not profane the Name of Heaven publicly!—There is no contradiction. The one case speaks of one who is able to overcome[5] his [evil] inclination; the other case of one who is not able to overcome his [evil] inclination. ◁

(10) Lit., 'what did he expound'? i.e., from which verse did R. Akiba learn to distinguish God's Presence so as to avoid Aḥer's error of dualism, or (according to another interpretation of Rashi) so as not to look in the direction of the *Shechinah* (Divine Presence)?

a (1) Deut. XXXIII, 2. (2) וְאָתָה ('and He came') is explained as וְאֹתֹה ('and His sign'). Jast. translates: 'He is the ensign among his myriad'. Goldschmidt: 'He is distinguished among his myriads'. (3) Cant. V, 10. (4) Heb. דוגמא. There is a play here on the text דָּגוּל מֵרְבָבָה ('pre-eminent among the thousand') from which דּוּגְמָא is derived. The expositions of the different Rabbis have the common object of showing that God's Presence could be distinguished from his myriad attendants; fine shades of difference are not necessarily to be sought. But for the thought underlying this particular homiletical play, cf. Lev. XIX, 2. Jast. translates: 'He is exemplified by His myriad (of angels)', i.e., the Divine nature is recognized indirectly from the nature of His ministering angels, v. Cant. Rab. to V, 9. But this seems hardly in keeping with the line of thought demanded by the context. Goldschmidt: 'He is marked out among his myriads'. (5) Isa. XLVIII, 2. (6) I Kings XIX, 11, 12. Thus the Divine Presence could be distinguished from the rest of the theophany. (7) Ibid. v. 11; in the Bible this clause precedes the previous quotation. (8) V. *J.E.* vol. IV, pp. 514f, and Nachmanides on Lev. XVII, 7. (9) Prescience is a divine attribute. (10) *V. p. 95, n. 10.

b (1) The power of learning to speak the Hebrew language is common to all men. (2) The wording here is slightly different from the Mishnah text (s.v.), but does not alter the meaning. (3) *Cf. p. 59, n. 7 and Deut. XXXIII, 27. (4) I.e., in the hereafter. (5) I.e., it is no longer a secret. (6) The dunghill here represents the primordial chaos; the palace, ordered creation. (7) Ezek. I, 28. Since the rainbow was symbolic of the Divine Glory, it was irreverent to gaze at it.

c (1) Isa. LXVI, 1. But he that sins in secret denies this, for he implies that God has no access to his hiding-place. (2) In the hope that exile and mourning clothes (cf. Shab. 114*a*, Jannai's request) would cool his passion and cause him to abandon his wicked intention. (3) To produce a serious frame of mind; cf. *p. 88, n. 9. (4) I.e., should his passion remain unmastered, let him at least commit the sin in secret. But R. Ḥananel deprecates the thought that the Talmud permits sin even in such circumstances and interprets our passage thus: certainly the effect of exile and dark garments will be to conquer the man's evil inclination, so that he will then be able to do what his heart truly desires, i.e., serve God. (5) Lit., 'bend'.

*See Corrigenda.

◁ *For the continuation of the English translation of this page see overleaf.*

מאי דרש אמר רבה בר בר חנה אמר רבי יוחנן (*ואתא) מרבבות קדש אות הוא ברבבה שלו ורבי אבהו אמר דגול מרבבה דוגמא הוא ברבבה שלו וריש לקיש אמר ה' צבאות שמו אדון הוא בצבא שלו ורבי חייא בר אבא א"ר יוחנן לא ברוח ה' ואחר הרוח רעש לא ברעש ה' ואחר הרעש אש לא באש ה' ואחר האש קול דממה דקה והנה ה' עובר *ת"ר ששה דברים נאמרו בשדים שלשה כמלאכי השרת ושלשה כבני אדם שלשה כמלאכי השרת יש להם כנפים כמלאכי השרת וטסין מסוף העולם ועד סופו כמלאכי השרת ויודעין מה שעתיד להיות כמלאכי השרת יודעין ס"ד אלא שומעין מאחורי הפרגוד כמלאכי השרת ושלשה כבני אדם אוכלין ושותין כבני אדם פרין ורבין כבני אדם ומתים כבני אדם ששה דברים נאמרו בבני אדם שלשה כמלאכי השרת ושלשה כבהמה שלשה כמלאכי השרת יש להם דעת כמלאכי השרת ומהלכין בקומה זקופה כמלאכי השרת ומספרים בלשון הקדש כמלאכי השרת שלשה כבהמה אוכלין ושותין כבהמה ופרין ורבין כבהמה ומוציאין רעי כבהמה: כל המסתכל בד' דברים רתוי לו שלא בא לעולם כו': בשלמא מה למעלה מה למטה מה לאחור לחיי אלא לפנים מה דהוה הוה ר' יוחנן ור"א דאמרי תרוייהו (א) משל למלך ב"ו שאמר לעבדיו בנו לי פלטירין גדולין על האשפה הלכו ובנו לו אין רצונו של מלך להזכיר שם אשפה: כל שלא חס על כבוד קונו רתוי לו שלא בא לעולם: מאי היא *ר' אבא אמר זה המסתכל בקשת רב יוסף אמר זה העובר עבירה בסתר (ב) מסתכל בקשת דכתיב כמראה הקשת אשר יהיה בענן ביום הגשם כן מראה הנגה סביב הוא מראה דמות כבוד ה' רב יוסף אמר זה העובר עבירה בסתר כדר' יצחק *דאמר רבי יצחק כל העובר עבירה בסתר כאילו דוחק רגלי שכינה שנא' כה אמר ה' השמים כסאי והארץ הדום רגלי איני (ג) והאמר ר' אלעא הזקן אם רואה אדם שיצרו מתגבר עליו ילך למקום שאין מכירין אותו וילבש שחורין ויתעטף שחורין ויעשה מה שלבו חפץ ואל יחלל שם שמים בפרהסיא לא קשיא הא דמצי כייף ליה ליצריה הא דלא מצי כייף ליצריה דרש ר' יהודה ברבי נחמני מתורגמניה דריש לקיש כל המסתכל בג' דברים עיניו כהות בקשת ובנשיא ובכהנים בקשת דכתיב כמראה הקשת אשר יהיה בענן ביום הגשם הוא מראה דמות כבוד ה' בנשיא דכתיב ונתת מהודך עליו (ד) המסתכל בכהנים בזמן שבהמ"ק קיים שהיו עומדין על דוכנן ומברכין את ישראל בשם המפורש דרש ר' יהודה ברבי נחמני מתורגמניה דריש לקיש מאי דכתיב אל תאמינו ברע אל תבטחו באלוף אם יאמר לך יצר הרע חטוא והקב"ה מוחל (ה) אל תאמן (שנא') אל תאמן ברע ואין רע אלא יצר הרע שנאמר כי יצר לב האדם רע ואין אלוף אלא הקב"ה שנאמר אלוף נעורי אתה *) שמא תאמר מי מעיד בי אבני ביתו וקורות ביתו של אדם הם מעידין בו שנאמר כי אבן מקיר תזעק וכפיס מעץ יעננה (ו) וחכ"א נשמתו של אדם מעידה בו שנאמר משכבת חיקך שמור פתחי פיך אי זו היא דבר ששוכבת בחיקו של אדם הוי אומר זו נשמה ר' זריקא אמר שני מלאכי השרת המלוין אותו הן מעידין בו שנאמר כי מלאכיו יצוה לך לשמרך בכל דרכיך (*וחכ"א) אבריו של אדם מעידין בו שנאמר ואתם עדי נאם ה' ואני אל:

מתני' (*יוסי) בן יועזר אומר שלא לסמוך יוסף בן יוחנן אומר לסמוך יהושע בן פרחיה אומר שלא לסמוך ניתאי הארבלי אומר לסמוך יהודה בן טבאי אומר שלא לסמוך שמעון בן שטח אומר לסמוך שמעיה אומר לסמוך אבטליון אומר שלא לסמוך הלל ומנחם לא נחלקו יצא מנחם נכנס שמאי *שמאי אומר שלא לסמוך הלל אומר לסמוך הראשונים

*) תענית יא.

[נ"א ואתה] · דברים לג · שיר ה · ישעיה נד · מלכים א יט · [אדר"נ פל"ז והרמב"ן כתב בפי' החומש פרשת אחרי פסוק ולא יזבחו לשעירים הביאו בגירסא זו] · קדושין מ. ע"ש · יחזקאל א · קדושין לא. · ישעיה סו · מו"ק יז. קדושין מ. · במדבר כז · מיכה ז · בראשית ח · ירמיה ג · חבקוק ב · מיכה ז · תהלים צא · [נ"ל ר"א וכ"א בתענית] · ישעיה מג · [נ"ל יוסף וכ"א תמורה טז:] · שבת טו.

רש"י

מאי דרש · מהיכן הבין מקום השכינה שנזהר שלא הציץ שם אע"ג שלא טעה כמו שטעה אחר : דוגמא · דבר היכר העומד לדוגמא להראותו לומר כזה עשה לי ואין זה אלא דבר הניכר אף כאן מקומו ניכר : ומה למטה · והכי אמר ומתחת זרועות עולם (דברים לג) ואם שאל מי סבלן לא חס על כבוד קונו לייטי עליה במערבא לא גרסינן לה : כאלו דוחק רגלי השכינה · כלומר בלבו אין השכינה כאן וכתיב והארץ הדום רגלי : למקום שאין מכירין אותו · אין דעתו גסה עליו ושמא יקל כח יצרו וגם אם יחטא אין אדם טוען (ז) לב לפי שאינו חשוב בעיניהם וכן בלבוש שחורים : דמצי כייף ליה ליצריה · ובוטח על שהוא נחבא בסתר כאלו דוחק הרגלים · היכא דלא מצי כייף ליה ליצריה · טוב לו בלינעא מפרהסיא : ומברכין את העם בשם המפורש · שהשכינה שורה על קשרי אצבעותיהם : אל תאמינו ברע · האומר לך חטא ואל תבטחו באלוף · לומר ימחול · וכפיס · חתיכת עץ כמו כפיסין בבבא בתרא (דף ג:) : ואתם עדי · הוא מעיד בעצמו בכל עוונות שאוכיח בפניו: מתני' יוסי בן יועזר אומר שלא לסמוך · בי"ט וזו היא מחלוקת ראשונה שהיתה בחכמי ישראל: יהושע בן פרחיה · כולן דור אחר דור : יצא מנחם · בגמרא מפרש להיכן יצא : נכנס שמאי · להיות אב ב"ד תחתיו: הראשונים

תוספות

כבני אדם · הוה מצי למיחשב ישנים ומוציאין ריעי כבני אדם כדלקמן גבי דדמי לבהמה ואיכא למימר דהוי בכלל הני ואף לקמן לא הוה חשיב ליה אלא משום דבעי (ח) אשכחי' שלשה דומין לבהמה. הר"ר אלחנן: ויעשה מה שלבו חפץ · (ט) לגמרי משמע דמוטב לו לאדם שיעשה חפצו בסתר ולא בפרהסיא ולא כפר"ח דשילהי פ"ק דקדושין (דף מ. ושם) דפירש דח"ו שהיה מתיר לעשות עבירה אלא קאמר ילבש שחורים וילך למקום אחר דלבישת שחורים והגלות משברין לבו ולא יבא לידי עבירה ויוכל לעשות מעכשיו מה שלבו חפץ דודאי אין יצרו מתגבר עליו וסוגיא דשמעתא אינו משמע כדבריו הכא וכריש פרק בתרא דמועד קטן (דף יז. ושם): בכהנים בזמן שבית המקדש קיים · מכאן קשה על פרש"י דפ"ג דמגילה (דף כד:) גבי ההיא דתנן ידיו בוהקניות לא ישא כפיו ופי' משום שהעם מסתכלין בו ואמרינן בחגיגה המסתכל בכהנים בשעה שנושאין כפיהן עיניו כהות והא ליתא דמסקינן דוקא בזמן שבית המקדש קיים ואילו התם בגבולים מדמקשי מיניה בגמרא מההיא דהוה בשיבבותיה דרב הונא דש (י) יהוה פרים ידיה ומשני דלמא דש בעירו הוה ונראה לפרש דאף בגבולין מיתסר משום היסח הדעת והכי איתא בירושלמי דהתם א"ר יוסי הדא אמרה שאסור להסתכל בכהנים בשעה שהם מברכין את העם א"ר חגי כלום אמר אלא משום היסח אנא מסתכל ולא מסחנא דעתאי: יוסי בן יועזר כו' · בירושלמי אמר בראשונה לא היה מחלוקת אלא על הסמיכה בלבד ועמדו שמאי והלל ועשו ד' משרבו תלמידי שמאי והלל שלא שמשו כל צורכן רבו מחלוקות בישראל ונחלקו לב' כיתות ויש לתמוה הרי נחלקו כבר בימי שאול על מלוה ופרוטה (סנהדרין יט.) ושמא כיון דשאול ובית דינו הוו סברי דעתו אמלוה ולא היה אדם חולק עליו רק לפי סברת דוד לא מתקרי מחלוקת ומה שאמר בירושלמי ועמדו שמאי והלל ועשו ד' לא מלינו בפ"ק דשבת (דף יד:) רק שלשה דברים שנחלקו בהן: *שנים מזוגות האחרונים שאמרו לסמוך (כ) נשיאים הוו. ולא תתמה על הא דחשיב שמאי מקמי הלל והלל נשיא לכ"ע איכא למימר בהיות כי ג' מזוגות הראשונים אשר אמרו שלא לסמוך היו נשיאים ושמאי סבר כוותייהו נקט ליה בראשונה ואגב דנקט ליה הכא בראשונה חשיב ליה בכל מקום שמאי מקמי הלל והכא ליכא למיטעי לפי שנכנס במקום מנחם דחשיב אחר הלל וא"כ אב ב"ד היה וכן שמאי נמי הכי: ארלה

עין משפט נר מצוה

יא א טוש"ע א"ח סי' רכט סעיף א:
יב ב מיי' פי"ד מהל' תפלה הל"ז סמג עשין כ טוש"ע א"ח סי' קכח סעיף כג:
יג ג מיי' פ"א מהלכות חגיגה הלכה ט:

רבינו חננאל

בכבודי מאי דרוש אמר ר' יוחנן ואתא מרבבות קודש אות הוא ברבבה שלו [ה' צבאות שמו] אדון הוא בצבא שלו אמר רבי יוחנן לא ברוח ה' ואחר הרוח רעש לא ברעש ה' ואחר הרעש אש לא באש ה' ואחר האש קול דממה דקה [והנה ה' עובר] : ת"ר ו' דברים נאמרו בשידין שלשה כמלאכים יש להן כנפים ושטין מסוף העולם ועד סופו ושומעין מה שעתיד להיות וג' כבני אדם פרין ורבין ואוכלין ושותין ומתין כבני אדם : ו' דברים יש בבני אדם יש בהן דעת ומהלכין בקומה זקופה ומספרין לשון קודש כמלאכים אוכלין ושותין ומוציאין רעי ופרים ורבים כבהמה . א) שאלו את בן זומא בתולה שעיברה מהו . מי חיישינן לדשמואל דאמר יכול אני לבעול כמה בתולות בלא דם . או דלמא הא דשמואל לא שכיחא [כו'] וחיישינן שמא באמבטי עיברה כו, פירוש אשה הרה שנבדקה ונמצאת בתולה מי אמרינן מביאה נתעברה כשמואל והריני קורא בה אשה כי תזריע וילדה זכר ב) וטמאה וחייבת [קרבן] לידה או דלמא אימור באמבטי של מרחץ נתעברה כגון שירד איש באותה האמבטי ופלט ש"ז וירדה אשה וקירבה באותה טיפה של ש"ז ונכנסה בתוך רחמה ונתעברה וזה מעשה נסים הוא ואינה טמאה לידה שאין אני קורא בה אשה כי תזריע . ומקשינן וכי הריון באמבטי כי האי גוונא מי משכחת לה והאמר שמואל כל שכבת זרע שאינו יורה כחץ אינה מזרעת ופרקינן כי אמר שמואל דבעינן יריית כחץ בעת שפלטה האיש וזו הש"ז האיש שפלטה באמבטי יורה כחץ הוה ולא איפשיטא ושמעינן שנמצאת אשה הרה ובעת לידה לא היתה יכולה לילד שאמרו כי היא בתולה וקרעו לה הנשים בדינר של זהב אותם הממסככין המלואין דם בתולין וילדה : מתני' כל המסתכל בד' דברים ראוי לו כאילו לא בא לעולם . פי' טוב ממנו הנפל שלא בא לעולם כי אין לאדם להתעסק אלא [במה] שנצטוה להכיר קונו בעשיית חוקיו ומשפטיו כי עשיית משפט וצדקה הם ידיעתו של הקב"ה דכתיב בעשיית צדקה ומשפט הלא הוא הדעת אותי נאום ה' ולעשות מצותיו ותורותיו אבל להסתכל לידע מה למעלה ומה למטה מה לפנים ומה לאחור לא . כי לא נתנה רשות לאדם להתעסק אלא בדבר שהוא מן היום אשר ברא אלהים אדם על הארץ ולמקצה השמים ועד קצה השמים ולא בדברים אחרים . בשלמא מה למעלה ומה למטה ומה לאחור יש להימנע דלמא אתי להסיח מילין כלפי למעלה . אלא לפנים מאי איכפת לן [מה] דהוה הוה. ומשני ר' יוחנן ור' אלעזר משל למלך ב"ו כו'. כל שלא חס על כבוד קונו ראוי לו כאלו לא בא לעולם מאי היא רבה אמר זה המסתכל בקשת ואומר כגון זה דמות ה' שנא' כמראה הקשת אשר יהיה בענן וגו' רב יוסף אמר זה העובר עבירה ומסתתר מבני אדם ואינו חושש לכבודו של מקום שנסתרות לפניו כגלויות וכדרבי יצחק [דאמר] העובר עבירה בסתר כו' שנמצא גונב דעת הבריות ואינו חושש לכבודו של מקום ומקשינן איני כי העובר עבירה בסתר יותר הוא רע מן העובר בגלוי . והתניא [ר'] אילעאי הזקן אומר אם רואה אדם שיצרו מתגבר עליו כו' ח"ו שאילעאי הזקן התיר לעבור עבירה כלל אלא כך א' אם ראה אדם שיצרו מתגבר עליו באכילה ובשתיה ובמיני זמר ומתיירא שמא ישתכר ויבא לידי עבירה התיר לו לילך למקום אחר וילבש שחורים כל זה כדי לשבור את יצרו שהאכסניא לבו שבור כדאמרינן כלבא בלא מאתיה שב שנין לא נבח . וכיון שעושה כן לבו נשבר ונמצא נמנע מאליו . אבל לעבור עבירה או אפילו שתיית יין במיני זמר המרגילין לשמחה אסור וכ"ש מה שהוא למעלה מזה והוא דלא מצי כייף ליה ליצריה וההוא צורבא מרבנן [במו"ק יז] דהוו סנו שמעניה היה שותה במיני זמר ופירש שם דעבד כר' אילעאי . דאי ס"ד עבירה ג) הוה רב יהודה בעי אי משמתינן ליה אי לא אלא לא התיר אלעאי אלא כי האי וכיוצא בו דליכא עבירה ואע"פ לצורבא מרבנן חילול שמים הוא כמפורש בפסחים פרק [אלו עוברין דף מט.] כל המסתכל בג' דברים עיניו כהות . בקשת שנאמר כמראה הקשת וגו'

א) עיין לדף יד ע"ב. ב) מדברי רבינו נראה דלא גרס מהו לכה"ג רק בתולה שעיברה מהו סתם ומפ' דמבעיא ליה לענין טומאת לידה וקרבן. ג) נראה דצ"ל דאי ס"ד עבירה ממש עבר לא הוי רב יהודה בעי אי משמתינן ליה אי לא וכו'.

הגהות הב"ח

(א) גמ' דאמרי תרוייהו למה"ד משל למלך: (ב) שם רב יוסף אמר זה העובר עבירה בסתר. נ"ב ס"א רבה אמר כל המסתכל בקשת צריך שיפול על פניו דכתיב כמראה הקשת אשר יהיה בענן ביום הגשם וכו' ואראה ואפול על פני וכו' לייטי עליה במערבא משום דמיחזי כמינות אלא לימא ברוך זוכר הברית הרואה את הקשת צריך לברך מאי מברך ברוך זוכר הברית רבי ישמעאל בנו של ר' יוחנן בן ברוקה אומר ברוך זוכר הברית נאמן בבריתו וקיים במאמרו: (ג) שם איני והא תניא רבי אלעאי הזקן אומר אם רואה וכו' עליו בכל יום וילך למקום: (ד) שם מהודך עליו בכהנים בזמן שבית המקדש קיים בשעה שהיו כצ"ל ותיבת המסתכל נמחק: (ה) שם מוחל לך אל תאמין וכו' האדם רע מנעוריו ואין אלוף: (ו) שם וכפיס מעץ יעננה רבי זריקא אומר נשמתו וכו' זו נשמה· תניא רבי שילא אמר שני מלאכי השרת: (ז) רש"י ד"ה למקום וכו' נותן לו לב: (ח) תוס' ד"ה כבני וכו' דבעי לאשכוחי שלשה: (ט) ד"ה ויעשה מה שלבו חפץ משמע דמותר לו לאדם שיעשה לגמרי חפצו וכו' דסוגיא: (י) ד"ה בכהנים וכו' דרב הונא דהוה פרים וכו' נראה לפרש וכו' כלום אמרו אין מסתכלין אלא משום היסח הדעת אלא מסתכל: (כ) ד"ה ושנים וכו' לסמוך היו נשיאים ולא תתמה וכו' בהיות כ"ב ואע"ג דאבטליון נמי סבר שלא לסמוך לא נקיט ליה בראשונה [דליכא למיטעי דהוה נשיא] משא"כ בשמאי דליכא למיטעי·

Continuation of translation from previous page as indicated by ◁

R. Judah b. R. Naḥmani, the speaker[6] of Resh Laḳish expounded: Anyone who looks at three things, his eyes become dim; at the rainbow, and at the Prince,[7] and at the priests. At the rainbow, because it is written: *As the appearance of the bow that is in the cloud in the day of rain . . . This was the appearance of the likeness of the glory of the Lord.*[8] At the Prince, for it is written: *And thou shalt put of thy honour upon him.*[9] One who looks at the priests—at the time when the Temple existed, when they stood upon their platform[10] and blessed Israel with the Distinguished Name[11] [of God]. R. Judah son of R. Naḥmani, the speaker of Resh Laḳish expounded: What is the meaning of the verse: *Trust ye not in a friend,*
d *put ye not confidence in a familiar friend.*[1] If the evil inclination say to thee: Sin and the Holy One, blessed be He, will pardon, believe it not, for it is said: *'Trust ye not in a friend'*, and *'friend'* [*Rea'*] means none other than one's evil inclination, for it is said: *For the inclination*[2] *of man's heart is evil* [Ra'].[3] And *'familiar friend'* means none other than the Holy One, blessed be He, for it is said: *Thou art the familiar friend of my youth.*[4] Perhaps thou wilt say: Who testifies against me? The stones of a man's home and the beams of his house testify against him, for it is said: *For the stone shall cry out of the wall, and the beam out of the timber shall answer it.*[5] But the Sages say: A man's soul testifies against him, for it is said: *Keep the doors of thy mouth from her that lieth in thy bosom.*[1] What is it that lies in a man's bosom? You must say, it is the soul. R. Zeriḳa said: Two ministering angels that accompany him testify against him, for it is said: *For He will give His angels charge over thee, to keep thee in all thy ways.*[6] But the Sages[7] say: A man's limbs testify against him, for it is said: *Therefore ye are My witnesses,*[8] *saith the Lord, and I am God.*[9]

MISHNAH. JOSE B. JO'EZER[10] SAYS THAT [ON A FESTIVAL-DAY] THE LAYING ON OF HANDS [ON THE HEAD OF A SACRIFICE][11] MAY NOT BE PERFORMED;[12] JOSEPH B. JOḤANAN SAYS
e THAT IT MAY BE PERFORMED.[1] JOSHUA B. PERAḤIA SAYS THAT IT MAY NOT BE PERFORMED; NITTAI THE ARBELITE[2] SAYS THAT IT MAY BE PERFORMED. JUDAH B. TABBAI SAYS THAT IT MAY NOT BE PERFORMED; SIMEON B. SHEṬAḤ SAYS THAT IT MAY BE PERFORMED. SHEMAIAH SAYS THAT IT MAY BE PERFORMED; ABṬALION SAYS THAT IT MAY NOT BE PERFORMED.[3] HILLEL AND MENAḤEM DID NOT DIFFER. MENAḤEM WENT FORTH,[4] SHAMMAI ENTERED.[5] SHAMMAI SAYS THAT IT MAY NOT BE PERFORMED; HILLEL SAYS THAT IT MAY BE

(6) *Methurgeman.* Lit., 'interpreter', used here in the sense of Amora, 'speaker'; v. *J.E.* vol. VIII, p. 521. (7) Heb. *Nasi*; v. *infra* 16*b* n. 6. (8) Ezek. I, 28. (9) Num. XXVII, 20. Moses' face could not be gazed at; v. Ex. XXXIV, 29-35. A part of Moses' honour belonged not merely to Joshua but to every Jewish leader. (10) V. *J.E.* vol. V, p. 9 (s.v. *Dukan*). (11) I.e., pronounced the *Shem ha-meforash*, the Tetragrammaton (יהוה), instead of the usual substitute אֲדֹנָי, when uttering the sacerdotal blessing. Num. VI, 24-26. cf. Soṭ. VII, 6; and Sanh. (Sonc. ed.) 90*a*. The exact meaning of the term *Shem ha-meforash* is obscure: v. Levy and Jast and *J.E.* vol. XI, pp. 262f. Tosaf. (a.l.) points out that outside the Temple too, e.g., in the provinces, it was forbidden to look at the priests during the pronouncement of the sacerdotal blessing, the reason according to the J.T. being to prevent the distraction of the people's attention.

d (1) Mic. VII, 5. (2) E.V. *'imagination'*. (3) Gen. VIII, 21. Only the vowels differentiate רֵעַ (friend) from רַע (evil). (4) Jer. III, 4. (5) Hab. II, 11. (6) Ps. XCI, 11. (7) In Ta'an. the reading is, 'Some say'=R. Nathan *(v. Hor. 13*b*; cf. p. 14, n. 5). (8) I.e., *ye* yourselves (*sc.* your very bodies) testify to your own sins. (9) Isa. XLIII, 12. (10) In Tem. 16*a*: Joseph b. Jo'ezer. For the successive generations of scholars mentioned here v. Aboth (Sonc. ed.) I, 4-12 and nn. a.l. (11) Cf. Lev. 1, 4. (12) The same restrictions regarding work applied to Festival-days as to the Sabbath, except in respect of work essential to the preparation of food, which was permitted on the Festivals (v. Beẓ. V, 2). Now the 'laying on of the hands' had to be performed with all one's strength, so that the weight of the person was supported by the animal; and this was considered an infringement of the Sabbath rule not 'to make use' of an animal. The point of the controversy, therefore, is this: Had the laying on of the hands to be done immediately prior to the slaughter, and consequently could be regarded as essential to the preparation of food, i.e., the sacrificial meal; or could this be done on the preceding day, so that the profanation of the holyday by this act became unnecessary, although the slaughtering took place on the Festival day? V. Beẓ. II, 4 and Bertinoro a.l.

e (1) In the J. Ḥag. II, 2 we are told: At first there was no controversy in Israel except over the laying on of the hands alone. But Shammai and Hillel arose and made them four (in Bab. Shab. 14*b*, only three points of dispute are mentioned; cf. Tosaf. to our passage). When the disciples of the School of Hillel increased, and they did not study sufficiently under their masters (lit., 'did not sufficiently minister to their masters'), the controversies in Israel increased, and they became divided into two companies, the one declaring unclean, the other declaring clean. And (the Torah) will not again return to its (uncontroversial) place until the son of David (i.e., the Messiah) will come. For the meaning and importance of this controversy v. further Weiss, *Dor* I, 103f; Frankel, *Hodegetica in Mischnam* pp. 43-44; Jacob Levi, in *Oẓar Neḥmod* III, Vienna 1860. [The controversy has also been ingeniously interpreted as referring to the question of 'acceptance of authority' and not the laying on of hands. V. Zeitlin, *JQR*, (N.S.) VII, pp. 499ff; Sidon A, *Gedenkbuch Kaufmann*, pp. 355ff and Bornstein, A. *Hatekufah* IV, p. 396.] (2) I.e., of Arbel, on the borders of Lake Galilee. V. Ab. (Sonc. ed.) I, 6 n. 3. (3) This pair is exceptional in so far as the first Sage permits and the second prohibits. (4) *V. p. 108. (5) I.e., in the former's place as Head of the Court.

*See Corrigenda.

מאי דרש אמר רבה בר בר חנה אמר רבי יוחנן (*ואתא) מרבבות קדש אות הוא ברבבה שלו ורבי אבהו אמר דגול מרבבה דוגמא הוא ברבבה שלו וריש לקיש אמר ה' צבאות שמו אדון הוא בצבא שלו ורבי חייא בר אבא א"ר יוחנן לא ברוח ה' ואחר הרוח רעש לא ברעש ה' ואחר הרעש אש לא באש ה' ואחר האש קול דממה דקה והנה ה' עובר *ת"ר ששה דברים נאמרו בשדים שלשה כמלאכי השרת ושלשה כבני אדם שלשה כמלאכי השרת יש להם כנפים כמלאכי השרת וטסין מסוף העולם ועד סופו כמלאכי השרת ויודעין מה שעתיד להיות כמלאכי השרת יודעין ס"ד אלא שומעין מאחורי הפרגוד כמלאכי השרת ושלשה כבני אדם אוכלין ושותין כבני אדם פרין ורבין כבני אדם ומתים כבני אדם ששה דברים נאמרו בבני אדם שלשה כמלאכי השרת ושלשה כבהמה שלשה כמלאכי השרת יש להם דעת כמלאכי השרת ומהלכין בקומה זקופה כמלאכי השרת ומספרים בלשון הקדש כמלאכי השרת שלשה כבהמה אוכלין ושותין כבהמה ופרין ורבין כבהמה ומוציאין רעי כבהמה: כל המסתכל בד' דברים רתוי לו שלא בא לעולם כו': בשלמא מה למעלה מה למטה מה לאחור לחיי אלא לפנים מה דהוה הוה ר' יוחנן ור"א דאמרי תרוייהו (א) משל למלך ב"ו שאמר לעבדיו בנו לי פלטירין גדולין על האשפה הלכו ובנו לו אין רצונו של מלך להזכיר שם אשפה: כל שלא חס על כבוד קונו רתוי לו שלא בא לעולם: מאי היא *ר' אבא אמר זה המסתכל בקשת רב יוסף אמר זה העובר עבירה בסתר (ב) מסתכל בקשת דכתיב כמראה הקשת אשר יהיה בענן ביום הגשם כן מראה הנגה סביב הוא מראה דמות כבוד ה' רב יוסף אמר זה העובר עבירה בסתר כדר' יצחק *דאמר רבי יצחק כל העובר עבירה בסתר כאילו דוחק רגלי שכינה שנא' כה אמר ה' השמים כסאי והארץ הדום רגלי איני (ג) *והאמר ר' אלעא הזקן אם רואה אדם שיצרו מתגבר עליו ילך למקום שאין מכירין אותו וילבש שחורין ויתעטף שחורין ויעשה מה שלבו חפץ ואל יחלל שם שמים בפרהסיא לא קשיא הא דמצי כייף ליה ליצריה הא דלא מצי כייף ליה ליצריה דרש ר' יהודה ברבי נחמני מתורגמניה דריש לקיש כל המסתכל בג' דברים עיניו כהות בקשת ובנשיא ובכהנים בקשת דכתיב כמראה הקשת אשר יהיה בענן ביום הגשם הוא מראה דמות כבוד ה' בנשיא דכתיב ונתת מהודך עליו (ד) המסתכל בכהנים בזמן שבהמ"ק קיים שהיו עומדין על דוכנן ומברכין את ישראל בשם המפורש דרש ר' יהודה ברבי נחמני מתורגמניה דריש לקיש מאי דכתיב אל תאמינו ברע אל תבטחו באלוף אם יאמר לך יצר הרע חטוא והקב"ה מוחל (ה) אל תאמן (שנא') אל תאמינו ברע ואין רע אלא יצר הרע שנאמר כי יצר לב האדם רע ואין אלוף אלא הקב"ה שנאמר אלוף נעורי אתה *) שמא תאמר מי מעיד בי אבני ביתו וקורות ביתו של אדם הם מעידין בו שנאמר כי אבן מקיר תזעק וכפיס מעץ יעננה (ו) וחכ"א נשמתו של אדם מעידה בו שנאמר משכבת חיקך שמור פתחי פיך אי זו היא דבר ששוכבת בחיקו של אדם הוי אומר זו נשמה ר' זריקא אמר שני מלאכי השרת המלוין אותו הן מעידין בו שנאמר כי מלאכיו יצוה לך לשמרך בכל דרכיך (*וחכ"א) אבריו של אדם מעידין בו שנאמר ואתם עדי נאם ה' ואני אל:

מתני' (*יוסי) בן יועזר אומר שלא לסמוך יוסף בן יוחנן אומר לסמוך יהושע בן פרחיה אומר שלא לסמוך ניתאי הארבלי אומר לסמוך יהודה בן טבאי אומר שלא לסמוך שמעון בן שטח אומר לסמוך שמעיה אומר לסמוך אבטליון אומר שלא לסמוך הלל ומנחם לא נחלקו יצא מנחם נכנס שמאי *שמאי אומר שלא לסמוך הלל אומר לסמוך הראשונים

*) תענית יא:

רש"י

מאי דרש · מהיכן הבין מקום השכינה שנזהר שלא הציץ שם אע"פ שלא טעה כמו שטעה אחר : דוגמא · דבר היכר העומד לדוגמא להראותו לומר כזה עשה לי ואין זה אלא דבר הניכר אף כאן מקומו ניכר : ומה למטה · והרי אמר ומתחת זרועות עולם (דברים לג) ואם שאל מי סבלן לא חס על כבוד קונו לייטי עליה במערבא לא גרסינן לה : כאלו דוחק רגלי השכינה · אומר בלבו אין השכינה כאן וכתיב והארץ הדום רגלי : למקום שאין מכירין אותו · אין דעתו גסה עליו ושמא יקל כח יצרו וגם אם יחטא אין אדם טוען (ז) לב לפי שאינו חשוב בעיניהם וכן בלבוש שחורים : דמצי כייף ליה ליצריה · ובוטח על שהוא נחבא בסתר כאילו דוחק הרגלים : היכא דלא מצי כייף ליה ליצריה · טוב לו בלינעא מפרהסיא : ומברכין את העם בשם המפורש · שהשכינה שורה על קשרי אצבעותיהם : אל תאמינו ברע · האומר לך חטא : ואל תבטחו באלוף · לומר סימחול : וכפיס · חתיכת עץ כמו כפיסין בבבא בתרא (דף ג:) : ואתם עדי · הוא מעיד בעצמו בכל עוונות שאוכיח בפניו: מתני' יוסי בן יועזר אומר שלא לסמוך · בי"ט וזו היא מחלוקת ראשונה שהיתה בחכמי ישראל: יהושע בן פרחיה · כולן דור אחר דור : יצא מנחם · בגמרא מפרש להיכן יצא : נכנס שמאי · להיות אב ב"ד תחתיו : הראשונים

תוספות

כבני אדם · הוה מצי למיחשב ישנים ומוליכין ריעי כבני אדם כדלקמן גבי דדמי לבהמה והיכא למימר דהוי בכלל הני ואף לקמן לא הוה חשיב ליה אלא משום דבעי (ח) לאשכוחי שלשה דומין לבהמה. הר"ר אלחנן:

ויעשה מה שלבו חפץ · (ט) לגמרי משמע דמותר לו לאדם שיעשה חפצו בסתר ולא בפרהסיא ולא כפר"ח דשילהי פ"ק דקדושין (דף מ' וסס) דפירש דח"ו שהיה מתיר לעשות עבירה אלא קאמר ילבש שחורים וילך למקום אחר דלבישת שחורים ולאכסנאות משברין לבו ולא יבא לידי עבירה ויוכל לעשות מעכשיו מה שלבו חפץ דודאי אין יצרו מתגבר עליו וסוגיא דשמעתא אינו משמע כדבריו הכא וכריש פרק בתרא דמועד קטן (דף יז וסס) :

בכהנים בזמן שבית המקדש קיים · מכאן קשה על פרש"י דפ"ג דמגילה (דף כד:) על ההיא דתנן *ידיו בוהקניות לא ישא כפיו ופי' משום שהעם מסתכלין בו והאמרינן בחגיגה המסתכל בכהנים בשעה שנושאין כפיהן עיניו כהות והא ליתא דמסקינן דוקא בזמן שבית המקדש קיים ואילו התם בגבולים מדמקשי מיניה בגמרא מההיא דהוה בשיבבותיה דרב הונא (י) דהוה פריס ידיה ומשני דלמא דש בעירו הוה ונראה לפרש דאף בגבולין מיתסר משום היסח הדעת והכי איתא בירושלמי דהתם א"ר יוסי הדא אמרה שאסור להסתכל בכהנים בשעה שהם מברכין את העם א"ר חגי כלום אמר אלא משום היסח אלא מסתכל ולא מסתכל דעתי:

יוסי בן יועזר כו' · בירושלמי אמר בראשונה לא היה מחלוקת אלא על הסמיכה בלבד ועמדו שמאי והלל ועשו ד' משרבו תלמידי שמאי והלל שלא שמשו כל צורכן רבו מחלוקות בישראל ונחלקו לב' כיתות ויש לתמוה הרי נחלקו כבר בימי שאול על מלוה ופרוטה (סנהדרין יט.) ושמא כיון דשאול ובית דינו הוו סברי דעתו אמלוה ולא היה אדם חולק עליו רק לפי סברת דוד לא מתקרי מחלוקת ומה שאמר בירושלמי ועמדו שמאי והלל ועשו ד' לא מליגו בפ"ק דשבת (דף יד:) רק שלשה דברים שנחלקו בהן:

*שנים מזוגות האחרונים שאמרו לסמוך (כ) נשיאים הוו. ואל תתמה על הא דחשיב שמאי מקמי הלל והלל נשיא לכ"ע איכא למימר בהיות כי ג' מזוגות הראשונים אשר אמרו שלא לסמוך היו נשיאים ושמאי סבר כוותייהו נקט ליה בראשונה ואגב דנקט ליה הכא בראשונה חשיב ליה בכל מקום שמאי מקמי הלל והכא ליכא למימטי לפי שנכנס במקום מנחם דחשיב אחר הלל וא"כ אב ב"ד היה וכן שמאי נמי הכי : ארלה

עין משפט נר מצוה

יא א טוש"ע א"ח סי' רכט סעיף א:

יב ב מיי' פ"ד מה' תפלה הל' טו סמג עשין כ טוש"ע א"ח סי' קכח סעיף כג:

יג ג מיי' פ"א מהלכות חגיגה הלכה ט:

מסורת הש"ס

[נ"ע ואתה] · דברים לג · [אדר"נ פל"ו והרמב"ן פרשת החומש פרשת אחרי פסוק ולא יזבחו לשעירים האריך בביאור הגדה זו] · קדושין מ. ע"ש · יחזקאל א · קדושין לא. · ישעיה סו · מו"ק יז. קדושין מ. · במדבר כז · מיכה ז · בראשית ח · ירמיה ג · חבקוק ב · מיכה ז · תהלים צא · [נ"ל ור"א וכ"ה בתענית] · ישעיה מג · [נ"ל יוסף וכ"ה בתמורה טו:] · שבת טו.

רבינו חננאל

בכבודי מאי דרוש אמר ר' יוחנן ואתא מרבבות קודש אות הוא ברבבה שלו [ה' צבאות שמו] אדון הוא בצבא שלו אמר רבי יוחנן לא ברוח ה' ואחר הרוח רעש לא ברעש ה' ואחר הרעש אש לא באש ה' ואחר האש קול דממה דקה [והנה ד' עובר] : ת"ר ו' דברים נאמרו בשידין שלשה כמלאכים יש להן כנפים ושטין מסוף העולם ועד סופו ושומעין מה שעתיד להיות וג' כבני אדם פרין ורבין ואוכלין ושותין ומתין כבני אדם : ו' דברים יש בבני אדם יש בהן דעת ומהלכין בקומה זקופה ומספרין לשון קודש כמלאכים אוכלין ושותין ומוציאין רעי פרים ורבים כבהמה. א) שאלו את בן זומא בתולה שעיברה מהו. מי חיישינן לדשמואל דאמר יכול אני לבעול כמה בתולות בלא דם. או דלמא הא דשמואל לא שכיחא [כו'] וחיישינן שמא באמבטי עיברה כו, פירוש אשה הרה שנ בדקה ונמצאת בתולה מי אמרינן מביאה נתעברה כשמואל והריני קורא בה אשה כי תזריע וילדה זכר ב) וטמאה וחייבת [קרבן] לידה או דלמא אימור באמבטי של מרחץ נתעברה כגון שירד איש באותה האמבטי ופלט ש"ז וירדה אשה וקירבה באותה טיפה של ש"ז ונכנסה בתוך רחמה ונתעברה וזה מעשה נסים הוא ואינה טמאה לידה שאין אני קורא בה אשה כי תזריע. ומקשינן וכי הריון באמבטי כי האי גוונא מי משכחת לה והאמר שמואל כל שכבת זרע שאינו יורה כחץ אינה מזרעת ופרקינן כי אמר שמואל דבעינן יריית כחץ בעת שפלטה האיש וזו הש"ז האיש שפלטה באמבטי יורה כחץ הוה ולא איפשטא ושמעינן שנמצאת אשה הרה ובעת לידה לא היתה יכולה לילד שאמרו כי היא בתולה וקרעו לה הנשים בדינר של זהב אותם המסוככין המלואין דם בתולין וילדה : מתני' כל המסתכל בד' דברים ראוי לו כאילו לא בא לעולם. פי' טוב ממנו הנפל שלא בא לעולם כי אין לאדם להתעסק אלא [במה] שנצטוה להכיר קונו בעשיית חוקיו ומשפטיו כי עשיית משפט וצדקה הם ידיעתו של הקב"ה כדכתיב בעשיית צדקה ומשפט הלא הוא הדעת אותי נאום ה' ולעשות מצותיו ותורותיו אבל להסתכל לידע מה למעלה ומה למטה מה לפנים ומה לאחור לא. כי לא נתנה רשות לאדם להתעסק אלא בדבר שהוא מן היום אשר ברא אלהים אדם על הארץ ולמקצה השמים ועד קצה השמים ולא בדברים אחרים. בשלמא מה למעלה ומה למטה ומה לאחור יש להימנע דלמא אתי להטיח מילין כלפי למעלה. אלא לפנים מאי איכפת לן [מה] דהוה הוה. ומשני ר' יוחנן ור' אלעזר משל למלך ב"ו כו'. כל שלא חס על כבוד קונו ראוי לו כאלו לא בא לעולם מאי היא רבה אמר זה המסתכל בקשת ואומר כגון זה דמות ה' שנא' כמראה הקשת אשר יהיה בענן וגו' רב יוסף אמר זה העובר עבירה ומסתתר מבני אדם ואינו חושש לכבודו של מקום שנסתרות לפניו כגלויות וכדרבי יצחק [דאמר] העובר עבירה בסתר כו' שנמצא גונב דעת הבריות ואינו חושש לכבודו של מקום ומקשינן איני כי העובר עבירה בסתר יותר הוא רע מן העובר בגלוי. והתניא [ר'] אילעאי הזקן אומר אם רואה אדם שיצרו מתגבר עליו כו' ח"ו שאילעאי הזקן התיר לעבור עבירה כלל אלא כך א' אם ראה אדם שיצרו מתגבר עליו באכילה ובשתיה ובמיני זמר ומתיירא שמא ישתכר ויבא לידי עבירה התיר לו לילך למקום אחר וילבש שחורים כל זה כדי לשבור את יצרו שהאכסניא לבו שבור כדאמרינן כלבא בלא מאתיה שב שנין לא נבח. וכיון שעושה כן לבו נשבר ונמצא נמנע מאליו. אבל לעבור עבירה או אפילו שתיית יין במיני זמר המרגילין לשמחה אסור וכ"ש מה שהוא למעלה מזה והוא דלא מצי כייף ליה ליצריה וההוא צורבא מרבנן [כמו"ק יז] דהוו סנו שמעניה היה שותה במיני זמר ופירש שם דעבד כר' אילעאי. דאי ס"ד עבירה ג) הוה רב יהודה בעי אי משמתינן ליה אי לא אלא לא התיר אלעאי אלא כי האי וכיוצא בו דליכא עבירה ואע"פ לצורבא מרבנן חילול שמים הוא כמפורש בפסחים פרק [אלו עוברין דף מט.] כל המסתכל בג' דברים עיניו כהות. בקשת שנאמר כמראה הקשת וגו'

א) שייך לדף יד ע"ב. ב) מדברי רבינו נראה דלא גרס מהו לכה"ג רק בתולה שעיברה מהו סתם ומפ' דמבעיא ליה לענין טומאת לידה וקרבן. ג) נראה דצ"ל דאי ס"ד עבירה ממש עבר לא הוי רב יהודה בעי אי משמתינן ליה אי לא וכו'.

הגהות הב"ח

(א) גמ' דאמרי תרוייהו למה"ד משל למלך : (ב) שם רב יוסף אמר זה העובר עבירה בסתר. נ"ב ס"א רבה אמר כל המסתכל בקשת צריך שיפול על פניו דכתיב כמראה הקשת אשר יהיה בענן ביום הגשם וכו' ואראה ואפול על פני וכו' לייטי עליה במערבא משום דמיחזי כמינות אלא לימא ברוך זוכר הברית הרואה את הקשת צריך לברך מאי מברך ברוך זוכר הברית רבי ישמעאל בנו של ר' יוחנן בן ברוקה אומר ברוך זוכר הברית נאמן בבריתו וקיים במאמרו : (ג) שם איני והא תניא רבי אלעא הזקן אומר אם רואה וכו' עליו בכל יום וילך למקום : (ד) שם מהודך עליו בכהנים בזמן שבית המקדש קיים בשעה שהיו כצ"ל ותיבת המסתכל נמחק : (ה) שם מוחל לך אל תאמין וכו' האדם רע מנעוריו ואין אלוף : (ו) שם וכפיס מעץ יעננה רבי זריקא אומר נשמתו וכו' זו נשמה. תניא רבי שילא אמר שני מלאכי השרת: (ז) רש"י ד"ה למקום וכו' נותן לו לב: (ח) תוס' ד"ה כבני וכו' דבעי לאשכוחי שלשה : (ט) ד"ה ויעשה מה שלבו חפץ משמע דמותר לו לאדם שיעשה לגמרי חפצו וכו' דסוגיא : (י) ד"ה בכהנים וכו' דרב הונא דהוה פריס וכו' נראה לפרש וכו' כלום אמרו אין מסתכלין אלא משום היסח הדעת אלא מסתכל : (כ) ד"ה ושנים וכו' לסמוך היו נשיאים ואל תתמה וכו' בהיות כ"ב ואע"ג דאבטליון נמי סבר שלא לסמוך לא נקיט ליה בראשונה [דאיכא למימעי דהוה נשיא] משא"כ בשמאי דליכא למימעי·

עין משפט נר מצוה

[פי' בפרש"י מכות דף ה:]

יד א ב ג מיי' פי"ח מהל' עדות הלכה א סמג עשין קו טור ח"מ סי' לח:

[עיין תוס' שבת טו: ד"ה אקפח]

טו ד מיי' פ"א מהלכות חגיגה הל' ט וע"ש מהלכות מעשה קרבנות הלכה יג:

טז ה מיי' שם הלכה ח סמג עשין קפג:

יז ו מיי' שם הל' יג:

הראשונים היו נשיאים ושניים להם *אב ב"ד:

גמ' *ת"ר שלשה מזוגות הראשונים שאמרו שלא לסמוך ושנים מזוגות האחרונים שאמרו לסמוך (הראשונים) היו נשיאים ושניים להם אבות ב"ד דברי רבי מאיר וחכמים אומרים יהודה בן טבאי אב ב"ד ושמעון בן שטח נשיא מאן תנא להא דתנו רבנן *אמר [א] רבי יהודה בן טבאי אראה בנחמה אם לא הרגתי עד זומם להוציא מלבן של צדוקין שהיו אומרים אין עדים זוממין נהרגין עד שיהרג הנידון אמר לו שמעון בן שטח אראה בנחמה אם לא שפכת דם נקי שהרי אמרו חכמים *אין עדים זוממין נהרגין עד שיזומו שניהם ואין לוקין עד שיזומו שניהם *ואין משלמין ממון עד שיזומו שניהם מיד קבל עליו יהודה בן טבאי שאינו מורה הלכה אלא בפני שמעון בן שטח כל ימיו של יהודה בן טבאי היה משתטח על קברו של אותו הרוג והיה קולו נשמע כסבורין העם לומר שקולו של הרוג הוא אמר להם קולי הוא תדעו שלמחר הוא מת ואין קולו נשמע אמר ליה רב אחא בריה דרבא לרב אשי ודלמא פיוסי פייסיה או בדינא תבעי' מני הא אי אמרת בשלמא רבי מאיר דאמר שמעון בן שטח אב ב"ד ר"י בן טבאי נשיא היינו דקא מורי הלכה בפני שמעון בן שטח אלא אי אמרת רבנן דאמרי יהודה בן טבאי אב ב"ד שמעון בן שטח נשיא אב ב"ד בפני נשיא מי מורה הלכה לא מאי קבל עליו דקאמר לאצטרופי דאפי' אצטרופי נמי לא מצטריפנא: יצא מנחם ונכנס שמאי כו': להיכן יצא אביי אמר יצא לתרבות רעה רבא אמר יצא לעבודת המלך תניא נמי הכי יצא מנחם לעבודת המלך ויצאו עמו שמונים זוגות תלמידים לבושין סיריקון אמר רב שמן בר אבא א"ר יוחנן לעולם אל תהא שבות קלה בעיניך שהרי סמיכה אינה אלא משום שבות ונחלקו בה גדולי הדור פשיטא שבות מצוה אצטריכא ליה הא נמי פשיטא לאפוקי ממאן דאמר בסמיכה גופה פליגי קא משמע לן בשבות הוא דפליגי אמר רמי בר חמא שמע מינה *סמיכה בכל כחו בעינן דאי ס"ד לא בעינן בכל כחו מאי קא עביד ליסמוך מיתיבי °דבר אל בני ישראל וסמך *בני ישראל סומכין ואין בנות ישראל סומכות רבי יוסי ור' [ב] (*ישמעאל) אומרים בנות ישראל סומכות רשות אמר רבי יוסי סח לי אבא אלעזר פעם אחת היה לנו עגל של זבחי שלמים והביאנוהו לעזרת נשים וסמכו עליו נשים לא מפני שסמיכה בנשים אלא כדי לעשות נחת רוח לנשים ואי ס"ד סמיכה בכל כחו בעינן משום נחת רוח דנשים עבדינן עבודה בקדשים אלא לאו ש"מ לא בעינן בכל כחו לעולם אימא לך בעינן בכל כחו דאמר להו אקפו ידייכו אי הכי לא מפני שסמיכה בנשים תיפוק ליה דאינה לסמיכה כלל א"ר אמי חדא ועוד קאמר חדא דליתא לסמיכה כלל ועוד כדי לעשות נחת רוח לנשים אמר רב פפא שמע מינה *צדדין אסורין דאי ס"ד צדדין מותרין (א) לסמוך לצדדין אלא לאו שמע מינה צדדין אסורין רב

°ויקרא א

רש"י

הראשונים. שהוזכרו ראשון בכל זוג וזוג היו נשיאים: גמ' עד זומם. שלא הוזם אלא הוא לבדו: עד שיהרג הנדון. קודם הזמה ואחר כך הוזמו שהיו דורשין נפש בנפש האמור בעדים זוממין אמרו להן חכמים והלא כבר נאמר כאשר זמם לעשות לאחיו ועדיין אחיו קיים ולמה נאמר נפש בנפש שאין נהרגים עד שיגמר הדין של נידון קודם שהוזמו: ואין לוקין. אם העידוהו שחייב מלקות בכולהו גרסי' עד שיזומו שניהן ובמסכת מכות *יליף לה מקראי והכא עד שקר העד ולמאי מר' כל מקום שנאמר עד הרי כאן שנים: אלא בפני שמעון. שאם יטעה ילמדהו: היינו דקא מורה הלכה בפני שמעון: דמדקאמר מיד קיבל כו' שמע מינה דעד השתא אורי בפניו ומאי קיבל. לאו דעד השתא הורה דודאי לא הורה בפניו מימיו וכשהרגו לעד זומם לא היה שמעון שם (ב): לא מצטריפנא. ליטב בדין אלא בהדי שמעון: סיריקון. לבוש בגדי מלכות: אינה אלא משום שבות. דתנן אלו הן משום שבות לא עולין באילן ולא רוכבין על גבי בהמה (ביצה דף לו:) והאי נמי משתמש בבעלי חיים הוא שסומך עליה בכל כחו כדלאמרינן לקמן: שבות דמצוה. נמי תנינא במתני' ומאי אשמעינן רבי יוחנן: לאפוקי ממאן דאמר. במסכת ביצה (דף כ:) בסמיכה עצמה פליגי ומאן דאסר לאו משום שבות אסר אלא משום דסבירא ליה דשלמי חובה לא בעו סמיכה דכי כתב וסמך בשלמי נדבה כתיב וחובה מנדבה לא גמרינן קא משמע לן רבי יוחנן דטעמא משום שבות הוא וסמיכתן לעולם מצוה: שמע מינה. מדאוקי רבי יוחנן טעמא משום שבות סמיכה דקדשים בכל כחו בעינן והוה ליה משתמש בבעלי חיים: דבר אל בני ישראל. אדם כי יקריב מכם קרבן לה' וכתיב בההוא עניינא וסמך: אבא אלעזר. כך שמו: אקפו ידייכו. לשון וקפא הקפו ידיכם אקפו לשון דבר הצף ואין מכביד כדמתרגמינן ויצף הברזל וקפא ברזלא (מלכים ב ו): שמע מינה. מדרבי יוחנן דאוקי טעמא משום שבות לצדדין אסורין ואע"ג דגבי שבות רכיבה אמרינן הוא הדין לכל שימוש ואפילו במקום שאינו עשוי להשתמש כגון לידי הבהמה והאי הדין לידי האילן ופליגי אמוראי בהא מילתא במסכת שבת בפ' בתרא (דף קנד:): (ג) לסמוך. הוא ראש הבהמה כלצדדין דמי: דבכדי

תוספות

אראה בנחמה. לישנא קלילא (ד) הוי דשבועה בלשון קלר כלומר לא יוכל לראות בנחמות ציון אם לא עשה זה* ודומה לו אקפח את בני שהלכה זו מקופחת בישראל דרבי טרפון בשמעתא דמרדעת בפ"ק דשבת (דף יז. ושם) ודוגמא מליצו לשון המקרא ואולם חי אני וימלא כבוד ה' וגו' אם יראו וגו' (במדבר יד)*: אם לא הרגתי עד זומם. תימה אמאי לא מקשינן הכא השתא בהמתן של צדיקים אין הקב"ה מביא תקלה על ידן צדיקים עצמן לא כל שכן כדפריך בגיטין (דף ז. ושם) ובחולין (דף ה: ושם) וי"ל דלא שייך לאקשויי רק גבי דבר אכילה דגנאי הוא לצדיק לאוכל דבר איסור אבל דבר היתר בשעת האיסור לא פריך ולהכי לא פריך בר"ה (דף כא.) דאמר (ה) כמה בסים תבשילא דבבל בלומא רבא דמערבא ובערבי פסחים (פסחים קו: ושם) ברב ירמיה בר אבא דאישתלי וטעים קודם הבדלה אע"ג דמיתתו באסכרא דאין דבר מגונה כל כך אכילת היתר בשעת האיסור*: למחר הוא מת. הא דלא נקט כשאיגני שם אין קולו נשמע משום שהיו אומרים לו דאיטו לטעק אלא בשעה שישנו שם אבל השתא מדנקט מת שיהא גביה או היה לו לנעוק: אב ב"ד מי קא מורה בפני נשיא. הוראה לדין ובירושלמי אמר מאן דאמר יהודה בן טבאי נשיא עובדא דאלכסנדריא מסייע ליה (ו) דבני ירושלים בעון מיכנא נשיא ולא קבלו עילוי ערק ואזל לאלכסנדריא והיו בני ירושלים כותבין מירושלם הגדולה לאלכסנדריא הקטנה עד מתי *ארוסי יושב אצלכם ואני יושבת עגומה עליו ומאן דתני שמעון בן שטח נשיא עובדא דאשקלון מסייע ליה ומייתי כולא עובדא שתלה פ' נשים מכשפניות ובסנהדרין (דף מד:) הביאו רש"י בנימוקו*: לא מצטריפנא. לנטות אחרי רבים כדי לבטל דברי שמעון בן שטח: דבר אל בני ישראל וסמך. אבל בשחיטה ליכא למעט נשים מהאי טעמא אע"ג דסמיך טפי להקרבה מסמיכה דהא °בריש כל הפסולין (זבחים לב.) מרבינן נשים לשחיטה וכן ליכא לאלופי שחיטה בבעלים דומיא דסמיכה דההוא היקש לא הוי אלא דרבנן*: לעשות נחת רוח לנשים. וכגון שהיתה בהמה שלהן (ז) השתא דומה לסמיכה להיו' בבעלים בפ"ק דקדושין (דף לו.*) ובפ' בתרא דר"ה (דף לג.*) פירש ר"י דנשים דידן אם באות לעשות מצות עשה שהזמן גרמא ולברך עליהן אין ממחין בידם אע"ג דפטורות ולא מיקרי ברכה לבטלה וכן משמע מהכא ועוד פירשתי התם [בר"ה] והארכתי *):

*) [ועי' תוס' עירובין צו ד"ה דלמא כו']

[ועי' תוס' שבת יב: ד"ה ר' נתן]

[צ"ל ארוסי וכ"ה בירושלמי]

קצת בסיגנון אחר ירושלמי הובא הכא עיי' עליהם

כדאיתא התם ע"ש ועי' מנחות יט. וב"ע קצת

[כד"ה דלא]

[כד"ה סלר"י]

מסורת הש"ס

[צ"ל אבות]

[תוספתא פ"ב]

[דף ה: בגמרא בנוסח ליתא אבל בפרש"י ד"ה שכרי איתא]

מכות ה: [תוספתא סנהדרין פ"ו]

[מכות ג:]

עירובין צו. ר"ה לג. חולין פה. [קדושין לו.]

[שבת קנד.]

רבינו חננאל

בנשיא שנאמר ונתת מהודך עליו בכהנים בזמן שבהמ"ק קיים ובשעה שעומדין על הדוכן ומברכין העם בשם המפורש מפני שאלו כולן אתו להרהורי בכבוד השמולא (יסתכל) [יאמר] האדם כשעובר עבירה בסתר מי מעיד בי ואמרינן אבני ביתו [מעידין אותו] שנאמר כי אבן מקיר תזעק וכפים מעץ יעננה. תניא שני מלאכים המלוין לו לאדם הן מעידין בו שנא' כי מלאכיו יצוה לך לשמרך בכל דרכיך וי"א נשמתו ואבריו הן [סנהדרין] כו: מתני' יוסי בן יועזר אומר שלא לסמוך יוסי בן יוחנן אומר לסמוך כו': ת"ר ג' מזוגות הראשונים שאמרו שלא לסמוך ושנים מזוגות האחרונים שאמרו לסמוך ראשונים נשיאים והשניים אבות ב"ד וכך סידרן יוסי בן יועזר נשיא יוסי בן יוחנן אב ב"ד. יהושע בן פרחיה נשיא נתאי הארבלי אב ב"ד. יהודה בן טבאי נשיא שמעון בן שטח אב ב"ד הללו ג' זוגות הנשיאים שאמרו שלא לסמוך. שמעיה ואבטליון הלל ושמאי וכו' ואבות בתי דינים אמרו לסמוך. ר' מאיר אומר יהודה בן טבאי נשיא ושמעון בן שטח אב ב"ד והחכמים אומרים שמעון בן שטח נשיא ויהודה בן טבאי אב ב"ד ומסתברא כר' מאיר דבריותא מסייעא ליה והאי פירוקא דפרקי לאוקומה לרבנן שנויה היא ולא סמכינן עלה יצא מנחם לעבודת המלך ויצאו עמו שמונים תלמידים לבושי סריקין של זהב א"ר אלעזר לעולם אל תהי שבות קלה בעיניך שהרי סמיכה אינה אלא משום שבות הוא ואע"פ שהוא שבות מצוה נחלקו עליה גדולי הדור הללו. ולא היתה חלוקה בין החכמים הראשונים אלא בסמיכה בלבד ושמאי והלל נחלקו בג' דברים אבל תלמידיהן שלא שמשו כל צרכן רבתה חלוקה ביניהן ונעשית תורה כשתי תורות: ור' יוחנן אי משום שבות דמצוה תנינא לא מקדשין ולא מעריבין ולא מתרימין שהיא שבות מצוה ואינו דוחה. ושנינן לאפוקי ממאן דאמר בסמיכה עצמה פליגי. פי' יש שאומר שלא לסמוך סבר לא בעינן תיכף לסמיכה שחיטה ואשר אמר לסמוך היום ולשחוט למחר והאומר לסמוך סבר בעינן תיכף לסמיכה שחיטה קמ"ל ר' יוחנן דדברי הכל בעינן תיכף לסמיכה שחיטה וכי פליגי בשבות פליגי הני אסרי והני שרי ואסקה רב אשי אפילו תימא צדדין מותרין כל דלהדי גבא כגבא דמו:

הגהות הב"ח

(א) גמ' צדדין מותרין נסמוך אראשה אלא לאו: (ב) רש"י ד"ה מאי קיבל וכו' שמעון שם ולא קיבל הס"ד ואח"כ מה"ד אלא לאצטרופי לא מצטריפנא: (ג) ד"ה נסמוך אראשה דהא ראש: (ד) תוס' ד"ה אראה וכו' קלילא דשבועה הוי בלשון וכו' ודוגמא זו מליצו: (ה) ד"ה אם לא וכו' דאמר התם כמה בסים: (ו) ד"ה אב ב"ד כו' מסייע ליה יהודה בן טבאי הוון בני ירושלים בעון ממני יתיה נשיא ולא קיבל עילויה ערק ואזל ליה לאלכסנדריא וכו' עד מתי ארוסי יושב אצלכם: (ז) ד"ה לעשות וכו' דהשתא דומה כו' ובפ' בתרא דר"ה פירשתי דנשים:

הגהות הגר"א

[א] גמ' אמר יהודה כו' כצ"ל (וכמ"ש במתני' ובאבות פ"א מ"ח): [ב] שם ישמעאל צ"ל שמעון וכ"ה בעירובין וכר"ה ובחולין:

גליון הש"ס גמ' סמיכה בכל כחו בעינן. עיין לעיל דף ד ע"א תוס' ד"ה אלא טומטום ועיין פסחים דף סט ע"א תוס' ד"ה ואילו פסח וביבמות דף קא ע"א תוס' ד"ה ואין ב"ד שקול: תוס' ד"ה דבר וכו'. בריש כל הפסולין מרבינן נשים לשחיטה. ובעניי לא מצאתי שם רק ילפותא דשחיטה כשרה בזרים אבל על נשים ליכא ראי' וצ"ע:

PERFORMED. [16*b*] THE FORMER [OF EACH] PAIR WERE PRINCES[6] AND THE LATTER WERE HEADS OF THE COURT.[7]

a *GEMARA*. Our Rabbis taught: The three of the former pairs[1] who said that the laying on of the hands may not be performed, and the two of the latter pairs who said that it may be performed, were Princes, and the others were Heads of the Court—this is the view of R. Meir. But the Sages say: Judah b. Tabbai was Head of the Court, and Simeon b. Sheṭaḥ was Prince. Who taught the following teaching of our Rabbis? R.[2] Judah b. Tabbai said: May I see consolation,[3] if I did not have a *Zomem*[4]-witness put to death as a demonstration[5] against the Sadducees[6] who said that *Zomemim*-witnesses were not to be put to death unless [through their false evidence] the accused had [already] been put to death. Said Simeon b. Sheṭaḥ to him: May I see consolation, if thou didst not shed innocent blood. For the Sages said: *Zomemim*-witnesses are not put to death until *both* of them have been proved *Zomemim;* and they are not flogged[7] until *both* of them have been proved *Zomemim;* and they are not ordered to pay money [as damages][8] until *both* of them have been proved *Zomemim*. Forth-with Judah b. Tabbai undertook never to give a decision except
b in the presence of Simeon b. Sheṭaḥ.[1] All his days Judah b. Tabbai prostrated himself on the grave of the executed man, and his voice used to be heard. The people believed that it was the voice of the executed man; [but] he said to them: 'It is my voice. Ye shall know this [by the fact that] on the morrow [when] I die my voice will not be heard'.[2] R. Aḥa the son of Raba said to R. Ashi: But perhaps he[3] appeased him, or [the deceased] summoned him to judgment![4]—According to whom will this[5] be? Granted, if you say [it is according to] R. Meir, who said that Simeon b. Sheṭaḥ was Head of the Court [and] R. Judah b. Tabbai was Prince, that is why he decided points of law in the presence of Simeon b. Sheṭaḥ; but if you say [it is according to] the Rabbis, who say that Judah b. Tabbai was Head of the Court [and] Simeon b. Sheṭaḥ was Prince, how may the Head of the Court decide points of law in the presence of the Prince![6]—No, 'he undertook' is to be understood with reference to association. [He said]: I will not even join [with other judges to give a decision, unless Simeon b. Sheṭaḥ is present].[7] ◁

(6) Heb. *Nasi*, i.e., President of the Sanhedrin. V. *J.E.* vol. IX, pp. 171-2; and Strack's *Introduction to the Talmud and Midrash*, p. 1072, n. 3. (7) Heb. Ab beth din, Father of the Court; i.e., Vice-president of the Sanhedrin; *cf. p. 75, n. 5.

a (1) Heb. זוגות (*Zugoth*), Grk. ζυγοι. The term is applied only to the five pairs of leading teachers mentioned in our Mishnah (cf. Pe'ah II, 6); they were followed by the period of the Tannaim (v. Glos.). V. Ab. (Sonc. ed.) I, 4 n. 8; and *supra* n. 6. (2) [Var. lec. rightly omit: 'R.']. (3) A euphemistic form of oath, meaning, 'may I not live to see the consolation of Zion'. According to this explanation (given by Tosaf. and Jast.), Judah b. Tabbai and his colleague looked forward to fuller restoration of Israel's glory than was achieved in their day, v. Mak. (Sonc. ed.) 5*b* n. d7. Levy, however, trans: 'May I not behold the eternal salvation (*ewige Heil*) etc,'; and Rashi (Mak. 5*b*, the alternative explanation), interprets thus: He swore by the life of his children; might he receive condolences on their passing (if etc.). (4) Lit., 'planning (evil)', with reference to Deut. XIX, 19; hence the technical name for *false witnesses* whose evidence has been refuted by other witnesses testifying that the former were with them at another place at the time of the crime, v. Mak. (Sonc. ed.) 5*a*. If the *Zomemim* secure by their false testimony the conviction (but not the punishment) of an innocent person, the Rabbis held them to be amenable to the law of retaliation; v. Deut. XIX, 21 and Mak. (Sonc. ed.) 5*b*. (5) Lit., 'in order to remove (the false opinion) from their heart'. (6) V. the usual works of reference and R. Leszynsky, *Die Sadduzäer*. (7) V. Deut. XXV, 2-3 and Mak. (Sonc. ed.) 22*a*-22*b* and notes a.l. (8) Each of the three punishments referred to is retaliatory, i.e., the *Zomemim*-witness had intended to secure a false conviction involving the said penalty. The flogging of *Zomemim*-witnesses, however, may not always represent the carrying out of the *lex talionis:* lashes were sometimes inflicted as a substitute penalty; cf. Mak. I, 1f.

b (1) Who would correct him, if necessary. (2) The text is idiomatically in the third person. (3) I.e., Judah b. Tabbai. (4) R. Aḥa's point is that the cessation of the voice on Judah b. Tabbai's death is no proof that it was his. For the phenomenon might be explained in this way: whilst Judah was alive, the wrongfully executed man cried out his protest from the grave; but when Judah b. Tabbai died he ceased to call either because he had been appeased by him, or because he had now been able to summon him before the Heavenly Tribunal. (5) I.e., the Baraitha about Judah b. Tabbai. (6) Cf. the principle invoked against the youthful Samuel in Ber. 31*b* (Whoever decides a point of law in the presence of his teacher deserves death). Cf. also J. Ḥag. II, 2 ed. 77*d*, where historical evidence is cited in favour of the view that Judah b. Tammai was Prince, and also in support of the opposite opinion (Tosaf.). (7) So Rashi; but Tosaf. explains that he undertook never to join in voting against R. Simeon b. Sheṭaḥ's opinion. According to either interpretation, the purpose of the answer is to show that Judah b. Tabbai could have been the Head of the Court, for his vow did not imply that he ever gave or proposed to give a decision in the presence of his superior, the *Nasi*.

*See Corrigenda.

◁ *For the continuation of the English translation of this page see overleaf*

הראשונים היו נשיאים ושניים להם *אב ב"ד:

גמ' *ת"ר שלשה מזוגות הראשונים שאמרו שלא לסמוך ושנים מזוגות האחרונים שאמרו לסמוך (הראשונים) היו נשיאים ושניים להם אבות ב"ד דברי רבי מאיר וחכמים אומרים יהודה בן טבאי אב ב"ד ושמעון בן שטח נשיא מאן תנא להא דתנו רבנן *אמר [א] רבי יהודה בן טבאי אראה בנחמה אם לא הרגתי עד זומם להוציא מלבן של צדוקין שהיו אומרים אין עדים זוממין נהרגין עד שיהרג הנידון אמר לו שמעון בן שטח אראה בנחמה אם לא שפכת דם נקי שהרי אמרו חכמים *אין עדים זוממין נהרגין עד שיזומו שניהם ואין לוקין עד שיזומו שניהם *ואין משלמין ממון עד שיזומו שניהם מיד קבל עליו יהודה בן טבאי שאינו מורה הלכה אלא בפני שמעון בן שטח כל ימיו של יהודה בן טבאי היה משתטח על קברו של אותו הרוג והיה קולו נשמע כסבורין העם לומר קולו של הרוג הוא אמר להם קולי הוא תדעו שלמחר הוא מת ואין קולו נשמע אמר ליה רב אחא בריה דרבא לרב אשי ודלמא פיוסי פייסיה או בדינא תבעי' מני הא אי אמרת בשלמא רבי מאיר דאמר שמעון בן שטח אב ב"ד ר"י בן טבאי נשיא היינו דקא מורי הלכה בפני שמעון בן שטח אלא אי אמרת רבנן דאמרי יהודה בן טבאי אב ב"ד שמעון בן שטח נשיא אב ב"ד בפני נשיא מי מורה הלכה לא מאי קבל עליו דקאמר לאצטרופי דאפי' אצטרופי נמי לא מצטריפנא: יצא מנחם ונכנס שמאי כו': להיכן יצא אביי אמר יצא לתרבות רעה רבא אמר יצא לעבודת המלך תניא נמי הכי יצא מנחם לעבודת המלך ויצאו עמו שמונים זוגות תלמידים לבושין סיריקון אמר רב שמן בר אבא א"ר יוחנן לעולם אל תהא שבות קלה בעיניך שהרי סמיכה אינה אלא משום שבות ונחלקו בה גדולי הדור פשיטא שבות מצוה אצטריכא ליה הא נמי פשיטא לאפוקי ממאן דאמר בסמיכה גופה פליגי קא משמע לן בשבות הוא דפליגי אמר רמי בר חמא שמע מינה °סמיכה בכל כחו בעינן דאי ס"ד לא בעינן בכל כחו מאי קא עביד ליסמוך מיתיבי °דבר (ויקרא א) [עמוד ב] אל בני ישראל וסמך *בני ישראל סומכין ואין בנות ישראל סומכות רבי יוסי ור' [ב] (*ישמעאל) אומרים בנות ישראל סומכות רשות אמר רבי יוסי סח לי אבא אלעזר פעם אחת היה לנו עגל של זבחי שלמים והביאנוהו לעזרת נשים וסמכו עליו נשים לא מפני שסמיכה בנשים אלא כדי לעשות נחת רוח לנשים ואי ס"ד סמיכה בכל כחו בעינן משום נחת רוח דנשים עבדינן עבודה בקדשים אלא לאו ש"מ לא בעינן בכל כחו לעולם אימא לך בעינן בכל כחו דאמר להו אקפו ידייכו אי הכי לא מפני שסמיכה בנשים תיפוק ליה דאינה סמיכה כלל א"ר אמי חדא ועוד קאמר חדא דליתא לסמיכה כלל ועוד כדי לעשות נחת רוח לנשים אמר רב פפא שמע מינה *צדדין אסורין דאי ס"ד צדדין מותרין (א) לסמוך לצדדין אלא לאו שמע מינה צדדין אסורין

רב

רש"י

הראשונים. שהוזכרו ראשון בכל זוג וזוג היו נשיאים: **גמ'** עד זומם. שלא הוזם אלא הוא לבדו: עד שיהרג הנדון. קודם הזמה ואחר כך הוזמו שהיו דורשין נפש בנפש האמור בעדים זוממין אמרו להן חכמים והלא כבר נאמר כאשר זמם לעשות לאחיו ועדיין אחיו קיים ולמה נאמר נפש בנפש שאין נהרגים עד שיגמר הדין של נידון קודם שהוזמו: ואין לוקין. אם העידוהו שחייב מלקות בכולהו גרסי' עד שיזומו שניהן ובמסכת מכות *יליף לה מקרא' והנה עד שקר העד ואמר מר* כל מקום שנאמר עד הרי כאן שנים: אלא בפני שמעון. שאם יטעה ילמדהו: היינו דקא מורה הלכה בפני שמעון. דמדקאמר מיד קיבל כו' שמע מינה דעד השתא אורי בפניו: ומאי קיבל. לאו דעד השתא הורה דודאי לא הורה בפניו מימיו וכשהרגו לעד זומם לא היה שמעון שם (ב): לא מצטריפנא. לישב בדין אלא בהדי שמעון: סיריקון. לבוש בגדי מלכות: אינה אלא משום שבות. דתנן אלו הן משום שבות לא עולין באילן ולא רוכבין על גבי בהמה (ביצה דף לו:) והאי נמי משתמש בבעלי חיים הוא שסומך עליה בכל כחו כדאמרינן לקמן: שבות דמצוה. כמי תנינא במתני' ומאי אשמעינן רבי יוחנן: לאפוקי ממאן דאמר. במסכת ביצה (דף כ.) בסמיכה עצמה פליגי ומאן דאסר לאו משום שבות אסר אלא משום דסבירא ליה דשלמי חובה לא בעו סמיכה דכי כתב וסמך בשלמי נדבה כתיב וחובה מנדבה לא גמרינן קא משמע לן רבי יוחנן דטעמא משום שבות הוא וסמיכתן לעולם מטה: שמע מינה. מדאוקי רבי יוחנן טעמא משום שבות סמיכה דקדשים בכל כחו בעינן והוה ליה משתמש בבעלי חיים: דבר אל בני ישראל. אדם כי יקריב מכם קרבן לה' וכתיב בההוא ענינא וסמך: אבא אלעזר. כך שמו: אקפו ידייכו. לשון וקפא הקילו ידיכם אקפו לשון דבר הצף ואין מכביד כדמתרגמינן ויצף הברזל וקפא ברזלא (מלכים ב ו): שמע מינה. מדרבי יוחנן דאוקי טעמא משום שבות לצדדין אסורין ואע"ג דגבי שבות רכיבה אמרינן הוא הדין לכל שימוש ואפילו במקום שאינו עשוי להשתמש כגון לידי הבהמה והוא הדין לידי האילן ופליגי אמוראי בהא מילתא במסכת שבת בפ' בתרא (דף קנד:): (ג) לסמוך. דהא ראש הבהמה כלצדדין דמי:

דבהדי

תורה אור

תוספות

אראה בנחמה. ליגנא קללא (ד) הוי דשבועה בלשון קלר כלומר לא יוכל לראות בנחמות ציון אם לא עשה זה* ודומה לו אקפח את בני שהלכה זו מקופחת בישראל דרבי טרפון בשמעתא דמרדעת בפ"ק דשבת (דף יז. ושם) ודוגמא מליצו לשון המקרא ואולם חי אני וימלא כבוד ה' וגו' אם יראו וגו' (במדבר יד)*: אם לא הרגתי עד זומם. תימה אמאי לא מקשינן הכא השתא בהמתן של צדיקים אין הקב"ה מביא תקלה על ידן צדיקים עצמן לא כל שכן כדפריך בגיטין (דף ז. ושם) ובחולין (דף ה: ושם) וי"ל דלא שייך לאקשויי רק גבי דבר אכילה דגנאי הוא לצדיק דאוכל דבר איסור אבל דבר היתר בשעת האיסור לא פריך ולהכי לא פריך בר"ה (דף כא.) דאמר (ס) כמה בשים תבשילא דבבל בלומא רבא דמערבא ובערבי פסחים (פסחים קז: ושם) ברב ירמיה בר אבא דאישתלי וטעים קודם הבדלה אע"ג דמיתתו באסכרא דאין דבר מגונה כל כך אכילת היתר בשעת האיסור*: למחר הוא מת. הא דלא נקט כשאיגני שם אין קולו נשמע משום שהיו אומרים לו דאיטו נועק אלא בשעה שישנו שם אבל השתא מדנקט מת שיהא גביה אז היה לו לנעוק: אב ב"ד מי קא מורה בפני נשיא. הוראה לדין ובירושלמי אמר מאן דאמר יהודה בן טבאי נשיא עובדא דאלכסנדריא מסייע ליה (ו) דבני ירושלים בעון ממנינה נשיא ולא קבלו עילוי ערק ואזל לאלכסנדריא והיו בני ירושלים כותבין מירושלם הגדולה לאלכסנדריא הקטנה עד מתי *אחי יושב אצלכם ואני יושבת עגומה עליו ומאן דתני שמעון בן שטח נשיא עובדא דאשקלון מסייע ליה ומייתי כולא עובדא שתלה פ' נשים מכשפניות ובסנהדרין (דף מד:) הביאו רש"י בנימוקו*: לא מצטריפנא. לנטות אחרי רבים כדי לבטל דברי שמעון בן שטח: דבר אל בני ישראל וסמך. אבל בשחיטה ליכא למעט נשים מהאי טעמא אע"ג דסמיך טפי להקרבה מסמיכה דהא °בריש כל הפסולין (זבחים לב.) מרבינן נשים לשחיטה וכן ליכא לאלופי שחיטה בבעלים דומיא דסמיכה דההוא היקש לא הוי אלא דרבנן*: לעשות נחת רוח לנשים. וכגון שהיתה בהמה שלהן (ז) השתא דומה לסמיכה להוי' בבעלים בפ"ק דקדושין (ד' לו.*) ובפ' בתרא דר"ה (דף לג.*) פירש ר"י דנשים דידן אם באות לעשות מצות עשה שהזמן גרמא ולברך עליהן אין ממחין בידם אע"ג דפטורות ולא מיקרי ברכה לבטלה וכן משמע מהכא ועוד פירשתי התם [בר"ה] והארכתי*:

*) [וע"ע תוס' עירובין צו: ד"ה דלמא כו']

עין משפט נר מצוה

[פי' כפרש"י מכות דף ה:]

יד א ב ג מיי' פ"כ מהל' עדות הלכה ח סמג עשין קו טור ח"מ סי' לח:

[עיין תוס' שבת טו: ד"ה אקפח]

טו ד מיי' פ"א מהלכות חגיגה הל' ט וע"ש מהלכות מעשה קרבנות הלכה יג:

טז ה מיי' שם הלכה ח סמג עשין קפג:

יז ו מיי' שם הל' יג:

[ועי' תוס' שבת יב: ד"ה ר' נתן]

[נ"ל אחוי וכ"ה בירושלמי]

קצת בסיגנון אחר ירושלמי הכאת פיי' עליהם

כדאיתא התם ע"ש ועי' מנחות יט. ונ"ע קצת

[כד"ה דלא]

[כד"ה הלכ"י]

רבינו חננאל

בנשיא שנאמר ונתת מהודך עליו בכהנים בזמן שבהמ"ק קיים ובשעה שעומדין על הדוכן ומברכין העם בשם המפורש מפני שאלו כולן אותו להדרורי בכבוד השם ושואלא (יסתכל) [יאמר] האדם כשעובר עבירה בסתר מי מעיד בי ואומרין אבני ביתו [מעידין] אותו שנאמר כי אבן מקיר תזעק וכפיס מעץ יעננה. תניא שני מלאכים המלוין לו לאדם הן מעידין בו שנא' כי מלאכיו יצוה לך לשמרך בכל דרכיך וי"א נשמתו ואבריו הן מעידין בו: מתני' יוסי בן יועזר אומר שלא לסמוך יוסי בן יוחנן אומר לסמוך כו': ת"ר ג' מזוגות הראשונים שאמרו שלא לסמוך ושנים מזוגות האחרונים שאמרו לסמוך הראשונים נשיאים והשניים אבות ב"ד וכך סידרן יוסי בן יועזר נשיא יוסי בן יוחנן אב ב"ד. יהושע בן פרחיה נשיא נתאי הארבלי אב ב"ד. יהודה בן טבאי נשיא שמעון בן שטח אב ב"ד הללו ג' זוגות הנשיאים אמרו שלא לסמוך. ואבות בתי דינים אמרו לסמוך שמעיה והלל נשיאים אמרו לסמוך אבטליון ושמאי אבות בתי דינים אמרו שלא לסמוך אלו דברי הכל חוץ ויהלך בזה הזוג. ר' מאיר אומר יהודה בן טבאי אב ב"ד והחכמים אומרים שמעון בן שטח נשיא ויהודה בן טבאי אב ב"ד ומסתברא כו' מאיר דברייתא מסייעא ליה והאי פירוקא דפרקי לאוקמה לרבנן שניה היא ולא מסכינן עלה יצא מנחם לעבודת המלך ויצאו עמו שמונים תלמידים לובשי סריקין של זהב א"ר אלעזר לעולם אל תהי שבות קלה בעיניך לזלזל בה שהרי סמיכה על הזבח ביו"ט משום שבות הוא ואע"פ שהוא שבות מצוה נחלקו עליה גדולי הדור הללו. ולא מצינו שהיתה מחלוקת כלל בין החכמים הראשונים אלא בסמיכה בלבד באו הלל ושמאי חלקו בג' דברים אבל תלמידיהן של שמאי של בית הלל רבתה מחלוקת בישראל ונעשית תורה כשתי תורות. ואמרינן מאי אתא ר' יוחנן לאשמועינן אי משום שבות דמצוה תנינא לא מקדשין ולא מעריבין ולא מתרמין שהיא שבות דמצוה ואינו דוחה. ושנינן לאפוקי ממאן דאמר בסמיכה עצמה פליגי. פי' מי שאומר שלא לסמוך סבר לא בעינן תיכף לסמיכה שחיטה ואפשר לסמוך היום ולשחוט למחר והאומר לסמוך סבר בעינן תיכף לסמיכה שחיטה קמ"ל ר' יוחנן דדברי הכל בעינן תיכף לסמיכה שחיטה ובשבות פליגי הני אסרי והני שרי ואסקה רב אשי אפילו תימא רבי יוסי מותרין כל דלהדרי גבאי דרישא כגבא דמו.

מסורת הש"ס

נ"ל אבות

[תוספתא פ"ב]

[דף ה: בגמרא גופה ליתא אבל בפרש"י ד"ה שקרי איתא]

[מכות ה:]

מכות ה: [תוספתא דסנהדרין פ"ו]

[מכות ג:]

עירובין צ: ר"ה לג. חולין פה. [קדושין לו.]

[שבת קנא.]

הגהות הב"ח

(א) גמ' צדדין מותרין לסמוך לצדדין אלא: (ב) רש"י ד"ה מאי קיבל וכו' שמעון שם ולא קיבל הס"ד ואח"כ מה"ד אלא לא לאצטרופי לא מצטריפנא: (ג) ד"ה לסמוך לצדדין דלא הוה כולה: (ד) תוס' ד"ה אראה וכו' קללה הוי דשבועה כצ"ל ותיבת לשון נמחק ודוגמא זו מליצו: (ה) ד"ה אם לא הרגתי וכו' דאמר כמה בשים: (ו) ד"ה אב ב"ד וכו' מסייע ליה יהודה בן טבאי כצ"ל ולא קיבל עילוי ערק ואזל לאלכסנדריא וכו' עד מתי אחי יושב אצלכם: (ז) ד"ה לעשות וכו' דהשתא דומה כו' ובפ' בתרא דר"ה פירשתי דנשים:

הגהות הגר"א

[א] גמ' אמר יהודה כו' כצ"ל (וכמ"ש במתני' ובתוס' פ"ח מ"ח): [ב] שם ישמעאל נ"ל שמעון וכ"ה בעירובין וכו"ה ובחולין:

גליון הש"ס

גמ' סמיכה בכל כחו בעינן. עיין לעיל דף ד ע"א תוס' ד"ה אלא טומטום ועיין פסחים דף סט ע"א תוס' ד"ה ואילו ובזבחים דף קא ע"א תוס' ד"ה ואין ב"ד שקול: תוס' ד"ה דבר וכו' בריש כל הפסולין מרבינן נשים לשחיטה. ובגיטין לא מצאתי רק בשם ילפותא כשרה בזרים אבל לא נשים ליכא למי"ע:

Continuation of translation from previous page as indicated by ◁

MENAHEM WENT FORTH AND SHAMMAI ENTERED etc. Whither did he go forth? Abaye said: He went forth into evil
c courses.[1] Raba said: He went forth to the King's service. Thus it is also taught: Menahem went forth to the King's service, and there went forth with him eighty pairs of disciples dressed in silk.

R. Shiman b. Abba said that R. Johanan said: Never let [the principle] of *Shebuth*[2] [Rest] be unimportant in thy eyes. For the laying on of the hands [on a Festival-day] is [prohibited] only on account of *Shebuth*, yet the great men of the age differed thereon.[3] But is this not already quite clear![4]—It is required on account of a precept [the fulfilment of which is prohibited] as *Shebuth*.[5] But is not that too quite clear![6]—[It is required] to contradict the view that they differ regarding the laying on of the hands itself: thus he teaches us that it is in regard to *Shebuth* that they differ.[7]

Rami b. Hama said: You can deduce from this[8] that the laying on of hands must be done with all one's strength; for if you suppose that one's whole strength is not required, what [work] does one do by laying on the hands?[9] An objection was raised: [It is written]: *Speak unto the sons of Israel . . . and he shall lay his hands.*[10] The *sons* of Israel lay on the hands but the *daughters* of Israel do not lay on the hands. R. Jose and R. Simeon[11] say: The daughters of
d Israel lay on the hands optionally.[1] R. Jose said: Abba Eleazar told me: Once we had a calf which was a peace-sacrifice, and we brought it to the Women's Court,[2] and women laid the hands on it—not that the laying on of the hands has to be done by women, but in order to gratify the women.[3] Now if you suppose that we require the laying on of the hands to be done with all one's strength, would we, for the sake of gratifying the women, permit work to be done with holy sacrifices![4] Is it to be inferred, therefore, that we do not require all one's strength?—Actually, I can answer you that we do require [it to be] with all one's strength, [but the women] were told to hold their hands lightly.[5] If so, [what need was there to say], 'not that the laying on of the hands has to be done by women'? He could [more simply] have pointed out that it was no laying on of the hands at all! R. Ammi said: His argument runs: Firstly and secondly. Firstly, it was no laying on of the hands at all, and secondly, it was [done] in order to gratify the women.[6]

R. Papa said: One may conclude from this[7] that it is forbidden [on a holy day to make use of] the sides [of an animal].[8] For if you suppose that it is permitted [to make use of] the sides, let the hands be laid on the side.[9] It must be concluded, therefore,

c (1) *V. p. 94, n. 3. (2) שבות, lit., 'rest, abstention from secular occupation', hence, 'an occupation, on the Sabbath and Festivals, forbidden by the Rabbis as being out of harmony with the celebrations of the day' (Jast.) Cf. Ex. X, 3, 15. (3) V. Bez. V, 2. By laying on the hands on an animal with pressure, one 'makes use of it', and therefore infringes the principle of *Shebuth*, just as much as by riding on it, which is prohibited in the above Mishnah. (4) I.e., *Shebuth* is clearly mentioned in the Mishnah; v. n. 3. (5) Otherwise one might have thought that the importance of the religious act would override the prohibition of *Shebuth*. (6) I.e., from the Mishnah; v. n. 3. (7) V. Bez. 20a, where the opinion of R. Jose b. R. Judah is mentioned, viz., that the point of difference between Shammai and Hillel is whether obligatory peace-offerings require laying on of hands, the view of Shammai being that only freewill-offerings require it. (8) Lit., 'hear from it!', i.e., from R. Johanan's statement, which makes *Shebuth* the ultimate point of dispute in the Mishnah. (9) All should agree, therefore, to permit it on the holy day. (10) Lev. I, 2-4. (11) This, and not 'R. Ishmael', is the correct reading; cf. 'Er. 96b, and R.H. 33a, etc.

d (1) I.e., it is neither an obligatory precept (חובה) nor a meritorious religious act (מצוה), but a religiously indifferent act which women are permitted to perform for their own gratification. (2) V. Mid. II, 5. (3) So that they should feel that they have had a share, like men, in the sacrificial rites of their offering. (4) Laying on the hands with all one's strength is work (cf. *supra* n. c3), which must not be performed with animals once they have been dedicated to the Temple. (Cf. Deut. XV, 19 and Bek. II, 2-3). (5) Lit., 'cause to float'. (6) [MS.M.: 'Thus he says not that the laying on of hands by women is deemed valid, since there was no laying on of hands at all, but (the object was) to gratify the women'. A reading which is preferable to that of cur. edd. V. *D.S.*] (7) V. *supra* n. c8. (8) Similarly of the sides of a tree etc.; v. Shab. 154b-155a, and *supra* n. c3. (9) [Rashi reads simply: 'Let the hands be laid on', i.e., since the head on which the laying on of the hands is done is like the sides of the animal.]

*See Corrigenda.

that it is forbidden to make use of the sides.[10] [17a] R. Ashi said:
a You may even say that it is permitted [to use] the sides,[1] but all that is connected with the back[2] is as the back.[3]

MISHNAH. BETH SHAMMAI SAY: PEACE-OFFERINGS[4] MAY BE BROUGHT [ON THE FESTIVAL-DAY],[5] AND THE HANDS NOT LAID THEREON;[6] BUT NOT BURNT-OFFERINGS![7] AND BETH HILLEL SAY: BOTH PEACE-OFFERINGS AND BURNT-OFFERINGS MAY BE BROUGHT,[8] AND THE HANDS LAID THEREON. IF THE FESTIVAL OF WEEKS[9] FELL ON A FRIDAY,[10] BETH SHAMMAI SAY: THE DAY FOR SLAUGHTER[11] IS AFTER THE SABBATH. AND BETH HILLEL SAY: THE DAY FOR SLAUGHTER IS NOT AFTER THE SABBATH.[12] THEY AGREE, HOWEVER, THAT IF IT FALL ON THE SABBATH, THE DAY FOR SLAUGHTER IS
b AFTER THE SABBATH.[1] THE HIGH PRIEST DOES NOT [IN THAT CASE] PUT ON HIS [SPECIAL] ROBES,[2] AND MOURNING[3] AND FASTING[4] ARE PERMITTED, IN ORDER NOT TO CONFIRM THE VIEW OF THOSE WHO SAY THAT THE FESTIVAL OF WEEKS [INVARIABLY] FOLLOWS THE SABBATH.[5]

GEMARA. R. Eleazar said that R. Oshaia said: Whence is it to be deduced that [the offerings of] the Feast of Weeks can be made good throughout seven days? It is said: *On the Feast of Unleavened Bread, and on the Feast of Weeks, and on the Feast of Tabernacles;*[6] thus [Scripture] compares the Feast of Weeks with the Feast of Unleavened Bread: just as [the offerings of] the Feast of Unleavened Bread can be made good throughout seven days,[7] so too [the offerings of] the Feast of Weeks can be made good throughout seven days. But let me say that [Scripture] compares [the Feast of Weeks] to the Feast of Tabernacles; just as [the offerings of] the Feast of Tabernacles can be made good throughout eight days, so too [the offerings of] the Feast of Weeks can be made good throughout eight days!—The eighth
c day is a festival by itself.[1] [But] is not[2] the statement that the eighth is a festival true only in regard to[3] the Balloting [by the watches],[4] [the recital of the benediction of] the Season,[5] [the name of] the Festival,[6] [the prescribed number of] Sacrifices,[7] the [Temple] Song,[8] and the Blessing;[9] but regarding the making good [of the offerings] it makes good for the first [day of Tabernacles].[10] For we have learnt: He who did not bring his festal offering on the first festival day of the Feast, may bring it during
d the whole of the Festival even on the last festival day![1]—If you take hold of much, you do not hold it; but if you take hold of a little, you hold it.[2] For what legal instruction, then, did the Divine Law write [again here] the Feast of Tabernacles?[3]—To compare it with the Feast of Unleavened Bread: just as the Feast of Unleavened Bread requires [the pilgrim] to stay the night [in Jerusalem], so too, the Feast of Tabernacles requires [the pilgrim] to stay the night.[4] And whence do we deduce it in the case of

(10) Actually, the laying on of the hands had to be performed on the side, i.e., of the head.
a (1) As a matter of fact, R. Ashi holds the reverse view, i.e., he agrees with R. Papa (v. Shab. 155a); nevertheless he shows here that the conclusion cannot be drawn from R. Joḥanan's statement (Tosaf.). (2) I.e., is parallel with the back, like the head. (3) Which may not be made use of on holy days. (4) I.e., festal-offerings and offerings of rejoicings *(v. pp. 2, n. 3 and 30. n. 1 and Pes. 119a). (5) Because they are required for food *(v. p. 104, n. 12). V. Beẓ. 19af; there Tosaf. points out, is the original and proper place of our passage, whereas here it is introduced only incidentally. The fuller discussion on the Mishnah found in Beẓ. further tends to show that the latter tractate was complete before Ḥag. (Tosaf.). (6) *V. p. 104 and nn. 11, 12. Since Beth Shammai held that the slaughtering of the animal need not necessarily follow immediately upon the laying on of the hands, the latter rite could be performed on the eve of the Festival, and the former on the Festival-day itself. (7) I.e., the pilgrimage burnt-offerings; *v. p. 2, n. 1. By emphasizing the expression *'unto you'* in Ex. XII, 16, it was deduced that only food for human needs could be prepared on the Festival, but not altar-food. Since burnt-offerings were wholly consumed on the altar and no part reserved for human consumption (as in the case of the sacrifices), they could not, according to the Shammaite view, be brought by individuals. The statutory public burnt-offerings, however, were permitted. (8) For the reason v. Beẓ. 19a. The Hillelites agreed, however, that vow and freewill-offerings could not be offered up. (9) Heb. עצרת, lit., '(sacred) assembly'; *v. p. 27, n. 3. (10) Lit., 'eve of Sabbath'. (11) I.e., of the pilgrimage burnt-offerings, which, according to Beth Shammai, could not be offered up on the Festival day and *a fortiori* on the Sabbath; hence the offering was postponed till Sunday, for the Pentecost sacrifices could be offered throughout seven days in the same way as the Passover and Sukkoth offerings (v. *Infra* and cf. *supra* 9a). (12) But on the Festival day. Var. lec., 'it has no day for slaughter' (omitting the words, 'after the Sabbath'); *v. p. 113, n. 6.
b (1) No private offering, except the Passover sacrifice, could override the Sabbath. (2) According to Rashi, this refers to his private festival garments worn by him at home and in the street; when people would see the High Priest in his ordinary clothes, they would realize that the day was not, as the Sadducees maintained (v. *infra*, n. 5) a holy day. But Tosaf. argues that the reference is to the High Priest's eight sacerdotal vestments, which he wore on Festivals when he would officiate at the Temple service (v. Yoma VII, 5), and adduces the J.T. in support of this view. (3) Heb. הספד: for its exact signification v. S. Krauss, *T.A.* II, p. 68; cf. also Jast. and Levy, s.v. (4) Both mourning and fasting are prohibited on a festival-day. (5) I.e., the Sadducees, who understood the word *'Sabbath'* in Lev. XXIII, 11, 15 literally, and hence maintained that Pentecost must always fall on a Sunday, for it is written: *'And ye shall count unto you from the morrow after the Sabbath . . . even unto the morrow after the seventh week shall ye number fifty days'* (Lev. XXIII, 15-16). But the Pharisees explained the word *'Sabbath'* to mean 'day of rest', i.e., 'holy day' (cf. Lev. XXIII, 32, 39; Ibn Ezra to v. 11 [ibid.] and Men. 65a), and referred it to the first festival day of Passover. This same controversy formed part of the dispute between the Rabbanites and the Karaites some eight hundred years later. (6) Deut. XVI, 16. (7) Cf. *supra* 9a.
c (1) I.e., it does not form part of the Feast of Sukkoth. (2) Lit., 'say'. (3) The following six points of difference are expressed in the original by the abbreviation פז״ר קש״ב, formed out of the initials of the Hebrew words; v. fol. nn. (4) פַּיִ״ס; the ballot or allotment in regard to the Temple services decided by a show of fingers on the part of the priests present; cf. Yoma II, 1f. Throughout the seven days of Sukkoth, the public sacrifices were offered up by the priest-watches according to rota; but on the eighth day the offerings were allotted by ballot. (V. Suk. 55b). (5) זְמַן (cf. Eccl. III, 1): the blessing at the end of the benediction recited on the entrance of a festival, which refers to the return of the festival season, viz., 'Blessed art Thou, O Lord our God, King of the Universe, Who hast kept us alive, sustained us, and enabled us to reach *this season*'. The recital of this blessing on the eighth day of Sukkoth distinguishes it as an independent festival from the other days of Tabernacles. On the last day of Passover, on the other hand, it is not said, because the seventh day is regarded as an integral part of the Feast of Unleavened Bread. V. also n. 6. (6) רֶגֶל, 'pilgrimage-festival'. Three explanations of the meaning of the term have been suggested (v. Tosaf. a.l.). Rashi: It is a distinct festival in as much as it enjoys a special name, viz., *Shemini 'Aẓereth* and not *Sukkoth*. R. Tam: It is a separate festival in the sense that it requires the pilgrim to spend the night following its termination in Jerusalem (Suk. 47a). R. Ḥananel: It is a separate festival in regard to the thirty days of semi-mourning for the dead. If the period of mourning began on the eve of Sukkoth, it is able to annul seven days out of the thirty in addition to the fourteen cancelled by the end of the first seven days of Tabernacles (cf. M.Ḳ. 24a). (7) קָרְבָּן V. Num. XXIX, 12-38. (8) שִׁיר: Tosaf. (s.v. פז״ר) suggests that Ps. XII (note the caption) was said (cf. Sof. XIX and J.T.); and whereas the Psalms allocated for the different weekdays of Tabernacles were not completed each day but spread over two days (v. Suk. 55a), on the eighth day the psalm was completed. (9) בְּרָכָה: according to Rashi, the people blessed the king on the eighth day, as it is written I Kings VIII, 66; according to R. Tam (l.c.) this refers to the special mention of *Shemini 'Aẓereth* in the Grace after meals and in the *'Amidah* (v. Glos.); cf. Suk. 47a. (10) I.e., *Shemini 'Aẓereth* is a continuation of Sukkoth, and if the private offerings due on the first could not be brought till the eighth day, they may still be offered up then.
d (1) *V. p. 43. Since in regard to making good the offerings the eighth day is an essential part of Sukkoth, then the question (*supra*), Why not compare Pentecost with Sukkoth instead of Passover, still stands. (2) A popular proverb meaning that one can make sure of a little, but not of much, i.e., when one is confronted, as in our case, with two possibilities, one greater than the other, the smaller should be chosen for safety, for it is bound to be right in so far as it is included in the greater: thus we cannot go wrong by comparing Pentecost with the seven days of Passover, but we may err in comparing it with the eight of Tabernacles. For the proverb cf. 'every one who adds, lessens' (Talmud) and the French, 'qui trop embrasse mal étreint'. (3) If it is not to teach us about Pentecost, it seems superfluous, for it has already been mentioned elsewhere; and it is a rule that nothing in the Torah is redundant. (4) I.e., of the weekday of the Festival.

*See Corrigenda.

תורה אור

רב אשי אמר אפילו תימא צדדין מותרין כל דבהדי גבה כגבה דמי: **מתני'** *בית שמאי אומרים מביאין שלמים ואין סומכין עליהם אבל לא עולות וב"ה אומרים *מביאין שלמים ועולות ^וסומכין עליהם עצרת שחל להיות בערב שבת ב"ש אומרים יום טבוח (א) אחר השבת ובית הלל אומרים *אין יום טבוח אחר השבת *ומודים שאם חלה להיות בשבת שיום טבוח אחר השבת אין כהן גדול מתלבש בכליו ומותרין בהספד ובתענית שלא לקיים דברי האומרין עצרת אחר השבת: **גמ'** א"ר אלעזר א"ר אושעיא *מניין לעצרת שיש לה תשלומין כל שבעה שנאמר °בחג המצות ובחג השבועות ובחג הסוכות ^מקיש חג השבועות לחג המצות מה חג המצות יש לה תשלומין כל שבעה אף חג השבועות יש לה תשלומין כל שבעה ואימא מקיש לחג הסוכות מה חג הסוכות יש לה תשלומין כל שמונה אף חג השבועות יש לה תשלומין כל שמונה שמיני רגל בפני עצמו הוא אימור דאמרי *שמיני רגל בפני עצמו הוא הני מילי *לענין פז"ר קש"ב אבל לענין תשלומין תשלומין דראשון הוא *דתנן מי שלא חג ביום טוב הראשון של חג חוגג את כל הרגל ויום טוב האחרון *תפשת מרובה לא תפשת תפשת מועט תפשת אלא (ב) למאי הלכתא כתביה רחמנא לחג הסוכות לאקושי לחג המצות מה חג המצות טעון לינה אף חג הסוכות טעון לינה והתם מגלן

דכתיב

°דברים טז

רש"י

דבהדי גבה. שסמוך לגובה הגג של בהמה: כגבה של בהמה דמי. והראש שוה בגובה לגג הבהמה: **מתני'** מביאין שלמים. ביו"ט שהן אכילת הדיוט: ואין סומכין עליהן. כדאמרינן אלא סומך עליהן מערב יו"ט ושוחטן ביו"ט דלא בעינן תכף לסמיכה שחיטה: אבל לא מביאין עולות. בלאו הכי יכול להביאה לאחר יו"ט דכתיב הוא לבדו יעשה לכם (שמות יב) לכם ולא לגבוה: יום טבוח. של קרבנות ראייה וחגיגה של יו"ט לאחר השבת שאין קריבין לא ביו"ט ולא בשבת: אין לה יום טבוח. אינה צריכה יום טבוח שמותר להקריבן ביו"ט: אין כהן גדול מתלבש בכליו. נאים בביתו ובשוק ולאו בשעת עבודה קאמר ולא בבגדי כהונה קאי אלא שלא יתנאה באותו היום שיום טבוח של עצרת אחר שבת (ג) שיבינו הכל שאינו היום יו"ט מפני הצדוקין שהיו אומרים עצרת אחר שבת: **גמ'** מה חג המצות יש לה תשלומין כל שבעה. כדרבינן קראי בפ"ק (דף ט:) (*בחג) הסוכות וה"ה לחג המצות שהרי אף הוא שבעת ימים: פז"ר קש"ב. פיי"ס זמ"ן רג"ל קרב"ן שי"ר ברכ"ה פייס לענין פרי החג כל שבעת ימי החג אין מפייסין עליהן אלא לפי חשבון המשמרות לפי סדרן מקריבין אותן כדתנן במסכת סוכה (דף נה:) מי שהיה מקריב פרים היום לא היה מקריב למחר ופר של שמיני מפייסין עליו איזהו מן המשמרות יקריבנו זמן שהחיינו רגל שיש לו שם רגל בפני עצמו ואינו קרוי סוכות קרבן שאין בהמות קרבנותיו כסדר פרי החג שפרי החג מתמעטין והולכין וכבשין י"ד בכל יום ואילים שנים ובשמיני פר אחד איל אחד ושבעה כבשים שיר אין שיר קרבנותיו כסדר שיר של ימות החג ואינו מדבר מענין פרשיות של הומבה"י (סוכה נה.) שהוא סימן לשיר של ימות החג ברכה שהיו מברכים את המלך זכר לשלמה שנאמר בו ביום השמיני שלח את העם ויברכו את המלך (מלכים א ח): תפשת מרובה לא תפשת. כל מקום שתמצא שני דרכים אחד תופס מרובה ואחד תופס מועט טוב לך לתפוס את המועט שאפילו היה לך לתפוס את המרובה ותתפוס את המועט תפיסתך תפיסה שיש בכלל המרובה המועט אבל אם תתפוס המרובה והיה לך לתפוס המועט נמצאת שתפסת שלא כדת: טעון לינה. מולאי י"ט:

ופנית

תוספות

רב אשי אמר אפילו תימא לצדדין מותרין. דיחויא בעלמא דהא ס"ל לרב אשי בפרק בתרא דשבת (דף קנד: ושם) אמר רב אשי השתא דאמרינן לצדדין אסורין אלא הכי קאמר דמהא ליכא למישמע מינה*: **בית** שמאי אומרים מביאין שלמים. בבילה בפ"ב (דף יט.) מייתיא והתם עיקר והכא אגב גררא (ד) נסבה שמיירי בחגיגה וכן משמע שמאריך התם טפי לפרש ויש להוכיח מינה דבילה מייתיא מקמי מכילתין: **יום** טבוח שלו אחר השבת. ולענ"ג דלא חזו בראשון מייתי לה בשני אפילו למ"ד תשלומין דראשון (ה) כיון שאין העכבה רק בשביל היום כדפי' לעיל חזיא מיהא קרינן ביה: **יום** טבוח אחר השבת. פרש"י קרבנות ראייה וחגיגה שאין קריבין לא ביו"ט ולא בשבת ולא יתכן לומר (ו) דחגיגה אמאי לא ומ"ש משלמים לב"ש ומיהו בירושלמי מייתי *אמרו להם לב"ה נדרים ונדבות יוכיחו [שמותרין להדיוט ואסורים לגבוה] אמרו להם ב"ה מה לנדרים ונדבות שאין קבוע להם זמן תאמרו בחגיגה שזמנה קבוע אמרו להם ב"ש חגיגה נמי אין זמנה קבוע שאם לא חגג בראשון חוגג והולך כל הרגל אמרו להם ב"ה כיון שאם לא חג ברגל אינו יכול לחוג אחר הרגל היינו זמנו קבוע משמע דאף בחגיגה פליגי כדפרישית*: **אין** כהן (ז) מתלבש בכליו. פרש"י בכלים נאים שלו ובביתו ובשוק שלא בשעת עבודה ולא בבגדי כהונה קאמר אלא שלא יתנאה באותו יום טבוח שיבינו הכל שאינו יו"ט וקשה למורי הרב דלישנא לא משמע ליה דהו"ל למיתנא בכלים נאין ועוד מאי איריא כהן גדול אפילו שאר אדם נמי ונראה לו דבח' בגדים איירי שבימים טובים היה רגיל כהן גדול לעבוד בשביל כבוד היום אבל ביום טבוח לא היה לובשן כדי לעבוד שלא יתראה להיות יו"ט וראיה לדבריו בירושלמי בפירקין א"ר יוסי בר בון בשם ריב"ל בכל יום כ"ג מתלבש בכליו והולך ומקריב תמיד של שחר אם יש שם נדרים ונדבות מקריב אותן והולך ואוכל בביתו ובא ומקריב תמיד של (ח) ערב רבי עוקבא בשם ריב"ל אמר לא היה עושה כן אלא בשבתות וי"ט כלומר שלא היה רגיל ומתלבש בכליו ולעבוד אלא אז מפני כבוד היום אבל אי בעי מקריב בכל אות נפשו כדתנן ביומא (ט) (דף יד.) מקריב בראש וביום טבוח אף לכולי עלמא לא היה מתלבש שלא יכירו שהוא יום טוב: **אף** עצרת יש לו תשלומין. *בירושלמי א] אמר רבי יוסי בר בון דוד מת בעצרת והיו כל ישראל אוננין והקריבו למחר כלומר מהתם משמע שהיה לו תשלומין וקשה לה"ר אלחנן תיפוק ליה בלאו הכי לא הקריבו בראשון כיון שהיה שבת כדמשמע בשבת בפרק במה מדליקין (שבת ל.) דבשבת נפטר דוד ושמא התם לית ליה הכי אלא פליג אהא: **פז"ר** קש"ב. פרש"י רגל בפני עצמו שיש לו שם בפני עצמו ואינו בכלל סוכות וברכה היא ברכת המלך כדכתיב ביום השמיני שלח את העם וגו' וקשה לר"ת דהא בפ' לולב וערבה (סוכה דף מז. ושם) אמר כשם שחג טעון שיר קרבן ברכה ולינה אף שמיני עצרת טעון ברכה וקרבן ושיר ולינה מאי לאו זמן לא ברהמ"ז ותפלה ועוד לישנא דנקט ברכה בפני עצמו משמע דאף בימים אחרים איתיה והכי איתא בירושלמי ברכה בפני עצמו מאי היא א"ל זמן א"ל זמן כל שבעה מי איכא משמע דבברכת המזון ותפלה בעי למימר דאיכא כל ז' ומפרש להם מנא ידעינן שהוא רגל דהא בכולהו כתיב וביום וכאן ביום ללמד שהוא רגל בפני עצמו ונראה לר"ת ברכה ברכת המזון ותפלה שמזכירין את שמיני עצרת ורגל היינו לינה שטעון לינה בירושלים ור"ח מפרש רגל לענין אבילות והכא איתא בפרק בתרא דמועד קטן (דף כד:) הרי עברו עליו ערב החג והחג ושמיני שלו הרי כאן כ"א ושניהם יסד ר"ת במעריב שלו (י) לינת שלשים ידחם כאשר אבלים ינחם וברכת המלך לא בעי למיתני משום דנחית אשאר ימים וברכת המלך אינה לשם ולינה לא בעי למיתני לדברי רש"י ור"ח משום דפשיטא ליה שיר (כ) פרש"י לא איתפרש ליה ור"ת מפרש דאומר מזמור שלו שלם דבשאר ימי החג אומר הומבה"י כדמפרש התם שמתחיל ביום (ל) אחד מזמור ומסיים בשני וכאן כולו שלם ורבי עזריאל מצא *שאמר למנצח על השמינית מיהו אומר ר"י דהתם לא מדבר רק מה שאומר בפסוקי דזמרה כמו שמוסיפים מזמורים בשבת מ"מ משמע שהיו אומרים אותו במקדש כיון דנתקן לומר: **תפשת** מועט תפשת. לפי שיש בכלל מאתים מנה (מ) ומ"מ חשבון שבידך אמתי וי"מ דלמדה מרובה אין קצבה לעולם. תוכל להרבות אבל למועט יש סוף ולא יתכן דבת"כ פליגי תנאי בהא גבי זבה ימים מיעוט ימים שנים יכול מרובים א"ר עקיבא כל שמשמעו מרובה ומשמעו מועט תפשת מרובה לא תפשת א"ר יהודה שתי מדות אחת כלה ואחת אינה כלה מודדין במדה כלה ואין מודדין בשאינה כלה א"ר נחמיה וכו' למה בא הכתוב לפתוח או לנעול*): **אף** חג הסוכות טעון לינה. אתיא כראב"י ור"מ דאילו לת"ק ור"ש וראב"ש בפ"ק דר"ה (דף ה. ושם) נפקא להו מדכתיב ופנית בבוקר כל פינות שאתה פונה לא יהו אלא לבקר והכי נמי מרבה התם בפסחים (דף נה:) פסח שני אין צריכה קרא:

*) [ועי' תוס' סוכה כ: ד"ה תפשת]

עין משפט נר מצוה

יח א ב מיי' פ"א מהל' חגיגה הלכה ח ט:

יט ג ד מיי' שם הלכה ז:

[ועי' תוס' שבת קנה. ד"ה אמר רב פפא וכו']

[וכן הוא בתוספתא פ"ב]

[נ"ל כדפי' רש"י]

לעיל ט. [בילה כ: מגילה ה.]

מסורת הש"ס

מגילה ה. לעיל ז: [בילה יט.]

נ"א אין לה יום טביחה מגילה ה.

ר"ה ד: מו"ק כד: [צ"ל לחג]

[סוכה מז.]

ר"ה ד: סוכה מח. יומא ג.

[ר"ה ד: יומא ס. קדושין יז. חולין קלה. ערכין ד:]

[נמס' סופרים פי"ט וכ"כ בירושלמי וכ"כ תוס' בסוכה מז. ד"ה שיר ורש"י ר"ה ד: ד"ה פז"ר קש"ב]

רבינו חננאל

רב אשי אפילו תימא צדדין מותרין כל דלהדי גבה דרישא כגבה דמו. א"ר אלעזר א"ר אושעיא מניין לעצרת שיש לה תשלומין כל שבעה ת"ל בחג המצות ובחג השבועות ובחג הסוכות כו'. פז"ר קש"ב. פירשנוהו כבר למעלה.

הגהות הב"ח

(א) במשנה יום טבוח שלו אחר השבת: (ב) גמ' למאי הלכתא כתביה רחמנא. נ"ב ול"ק דלמא חג השבועות נמי לא כתביה רחמנא אלא לאקושי לחג המצות דטעון לינה דאיכא למימר דאין היקש למחצה וכיון דילפת הקישא מחג המצות לגמרי מקשינן ליה אף דיש לה תשלומין כל ז': (ג) רש"י ד"ה אין כהן וכו' אחר שבת כדי שיבינו הכל שאין היום: (ד) תוס' ד"ה בית שמאי וכו' אגב גררא דמיירי בחגיגה נסבה וכן משמע: (ה) ד"ה יום טבוח וכו' תשלומין דראשון דכיון וכו' בשביל היום חזי קרינן ביה כדפי' לעיל הס"ד: (ו) ד"ה יום טבוח אחר וכו' ולא יתכן לומר כן דחגיגה וכו' אמרו להם ב"ש נדרים: (ז) ד"ה אין כהן גדול מתלבש וכו' דלישנא לא משמע הכי דהוה ליה וכו' היה רגיל כהן גדול ללובשן כדי לעבוד בשביל וכו' בירושלמי דפירקין וכו' בכליו ובא ומקריב וכו' נדרים ונדבות הוא מקריבן והולך כצ"ל ותיבת אותן נמחק: (ח) בא"ד תמיד של בין הערבים ובא ולן בלשכת פלהדרין רבי עוקבא בשם: (ט) בא"ד כדתנן ביומא כה"ג מקריב חלק בראש: (י) ד"ה פז"ר קש"ב וכו' ר"ת במעריב שלו קודם ללינה ושלשים ידחם:

(כ) בא"ד שיר פרש"י. נ"ב כך הוא בפרש"י דפרק לולב וערבה דף מו סע"א ופ"ק דר"ה דף ד' בסופו: (ל) בא"ד שמתחיל ביום ראשון מזמור ומסיים וכו' ורבי עזריאל מצא שאומרים למנצח וכו' דניתקן לומר בבית הכנסת הס"ד: (מ) ד"ה תפשת וכו' דמ"מ חשבון וכו' דלמדה מרובה וכו' יש סוף. נ"ב ופ"ק דר"ה כתבו התוס' דהכא ליכא לפרש הכי דהא יש לדבר סוף דטפי משמונה לא ועיין רפ"ק דסוכה דף ה' ובמ"ש התוס' לשם:

גליון הש"ס

תוס' ד"ה אף עצרת וכו' בירושלמי א"ר. עיין מ"ע פ"ע הלכה ו' מהלכות אבל:

הגהות מהר"י לנדא

א] תוס' ד"ה אף עצרת וכו' בירושלמי. נ"ל פ"ב הלכה ג' ובמס' בילה פ"ב הלכה ד:

עין משפט נר מצוה

[סוטה כז:]

כ א ב מיי' פ"ח מהל' תמידין הלכה כב סמג עשין ר טוש"ע א"ח סי' תמפ סעיף א: [רב אלפס סוף ערבי פסחים דף קה. ובהרא"ש שם סי' מ]

[דה"ב ז]

[ר"ה ה. ע"ש מנחות סו.]

גמרא

דכתיב ופנית בבקר והלכת לאהליך תנן עצרת שחל להיות ערב שבת ב"ש אומרים יום טבוח אחר השבת וב"ה אומרים אין לה יום טבוח מאי לאו אין לה יום טבוח כלל לא שאינה צריכה יום טבוח ומאי קמ"ל דמקרבינן ביומיה הא איפליגו בה חדא זימנא דתנן ב"ש אומרים מביאין שלמים ואין סומכין עליהם אבל לא עולות וב"ה אומרים מביאין שלמים ועולות וסומכין עליהם צריכא דאי אשמעינן בהא בהא קא אמרי ב"ש משום דאפשר למחר אבל (א) הכא אימא מודו להו לב"ה ואי אשמעינן בהא בהא קאמרי ב"ה משום דלא אפשר למחר אבל בהא אימא מודו לב"ש צריכא ת"ש מי שלא חג שבעת ימי הפסח ושמונת ימי החג ויו"ט [א] הראשון של עצרת שוב אינו חוגג מאי לאו יו"ט של עצרת לא יום טבוח אי הכי ניפשוט מינה דחד יום טבוח אימא ימי טבוח ת"ש *דתני רבה בר שמואל אמרה תורה מנה ימים וקדש חדש מנה ימים וקדש עצרת מה חדש למנויו אף עצרת למנויה מאי לאו גמר מחדש מה חדש יום אחד אף עצרת יום אחד אמר רבא ותסברא אטו עצרת יומי מנינן שבועי לא מנינן והאמר אביי **מצוה למימני יומי דכתיב תספרו חמשים יום ומצוה למימני שבועי דכתיב שבעה שבועות תספר לך ועוד חג שבועות כתיב דבי ר"א בן יעקב תנא אמר קרא וקראתם ובקצרכם איזהו חג שאתה קורא וקוצר בו הוי אומר זה חג עצרת אימת אילימא ביו"ט קצירה ביום טוב מי שרי אלא לאו לתשלומין ואע"ג דאיתמר דר"א א"ר אושעיא אצטריך דר"א בן יעקב דאי מדר"א א"ר אושעיא הוה אמינא מה תשלומין של חג המצות אסור בעשיית מלאכה אף תשלומי עצרת נמי אסור בעשיית מלאכה קמשמע לן דר"א בן יעקב ואי מדר"א בן יעקב לא

רש"י

שהוא חול המועד דלאו ביו"ט תחומין אסור: אין לה יום טבוח כלל. אם לא הקריבם ביו"ט עוד אין להן תשלומין: אבל בהא. בעצרת שחל להיות בערב שבת אימא מודו לב"ה ויקרבו ביו"ט דהא מחר שבת היא ולא קרבי ומתוך שאתה מחוייב מהן אתה בא לפשוע שלא תקריבם עוד: מנה ימים. שלשים יום: וקדש חדש. למוספין: מנה ימים. חמשים יום: וקדש עצרת. בקרבנותיו: מה חדש. קדושתו באחד ממנויו: אף עצרת. קדושתו באחד ממנייה: האמר אביי. במס' מנחות מצוה למימני יומי ומצוה למימני שבועי: דבי ר"א בן יעקב תנא. מהכא נפקא לן תשלומין לעצרת: וקראתם בעצם היום הזה. ובחג השבועות כתיב וסמיך ליה ובקצרכם את קציר ארצכם שאתה קורא מקרא קדש וקוצר: הוי אומר זה עצרת. דהכי קראי בעצרת כתיבי: אלא לתשלומין. לאחר יו"ט קאי וקורא אותן מקרא קדש לענין תשלומין ומותרין במלאכה:

תורה אור

דברים טז

תוספות

דכתיב ופנית בבקר. פרש"י בחוש"מ דלאי ביו"ט אסור משום תחומין ולא יתכן דהתינח לר"ע *לרבנן מאי איכא למימר דליכא איסור תחומין דאורייתא וי"מ די"ב מילין אית להו שפיר לרבנן תחומין והכי איתא בירושלמי המחוור מכולן י"ב מילין כנגד מחנה ישראל והש"ס שלנו לא ס"ל (ב) דהא בפ' כלל גדול (שבת סט:) גבי שכח עיקר שבת דבעי דידע ליה לשבת במאי דידע לה בתחומין ואליבא דר"ע ולא קאמר לדברי הכל וכן בפ' בתרא דביצה (דף לו:) גבי אין רוכבין מוקי טעמא בגמרא שמא ילך חוץ לתחום ופריך ש"מ תחומין דאורייתא אלא גזירה שמא יחתוך זמורה אלמא דרבנן לא מודו כלל בתחומין ובפ"ק דר"ה (ד' ה.) פרש"י דלאו (ג) משום יו"ט פשיטא [שהרי הוא יום] שיתחייב להתראות פנים בעזרה ור' עוזיאל (ד) מלא בתוספתא דתניא בליל יו"ט האחרון חוזרין לבתיהן כדכתיב ביום השמיני שלח את העם (מלכים א ח) יכול שאין טעונים לינה ת"ל *ויום עשרים ושלשה לחדש שלח את העם הא כילד נפטרו(ה) והשכימו והולכי' למחרת יום שמיני שהוא כ"ג ועוד הביא הר"י ראיה מההיא דלולב וערבה בשמעתין דאמר זמן בשמיני של חג שהבכורים טעונין לינה משמע לינה דומיא דבכורים שהם יום אחד ועוד תני בספרי בפרשת ראה והלכת לאהליך מלמד שטעונין לינת רגלים אין לי אלא אלו מניין לרבות עופות ומנחות יין לבונה ועצים תלמוד לומר ופנית בבוקר כל פינות שאתה פונה לא יהיו אלא מן הבקר ואילך רבי יהודה אומר יכול יהא פסח קטן כו' ומשמע מיהא דלינת רגלים אינו רק דומיא דהכי והיינו (ו) יום ולילה וכי מקשה פ' לולב וערבה (סוכה מז:) זמן כל ז' ימים מי איכא הוה מצי לאקשויי וליטעמיך לינה (ז) דלא מקשי כלל ויש להקשות דאמרינן בזבחים פרק דם החטאת (דף צז:) דרבי טרפון אומר אם בשל בה מתחלת הרגל כו' מותר לבשל בה בסוף הרגל מ"ט דכתיב ופנית בבקר הכתוב עשאן בקר אחד אלמא מדלענין נותר מחשב יום אחד משמע שטעון לינה כל ז' ותירץ הר"י דלפי המסקנא משני התם טעמא אחרינא משום שכל יום ויום נעשה גיעול לחברו והר"ר אלחנן תירץ דב' ענייני לינה הם אחת משום יו"ט והשנית משום קרבן שטעון לינה והתם אף בחוש"מ והכי משמע בההיא דבכורים (ח) לינה וקרבן משמע שטעונין לינה משום *יו"ט וכן מליט בירושלמי גבי ההיא משנה דבכורים הדא איתמר כשאין עמהן קרבן אבל יש עמהן קרבן בלא כך טעונין לינה מחמת הקרבן: **נפשוט** מינה דחד יומא טבוח. וממתני' לא אלימא ליה לאקשויי (ט) ומודים כשחל להיות בשבת שיום טבוח לאחר השבת ולאי אית ליה תשלומין כל שבעה ימתינו (י) לגיבורא עד תרי בשבת וי"ל דהא לא רצו כל כך לאחר: **אמרה** תורה מנה ימים וכו'. היה קשה להרב רבינו משולם היכן אמרה תורה למנות ימים לקדש חדש והיה מגיה מנה שנים וקדש יובל והכי איתא בתורת כהנים דמצוה למימני שמיטין לקדש יובלות וכן היה מגיה בפ"ק דר"ה (דף ה.) ובמנחות (דף סה: ושם) בשמעתא דלדוקין שהיו אומרים עצרת לאחר השבת אך קשה לר"ת למחוק הספרים ולהגיה גירסא שאינה בשום מקום ומפרש דודאי ר"ח נמי דאורייתא הוא למימני ביה יומי וכדאמרינן בפ"ק דמגילה (דף ה:) מנין שאין מחשבין שעות לחדשים ת"ל עד חדש ימים ימים אתה מונה ולא אתה מונה שעות ולא תתמה על הלשון שאע"פ שאין רק דרשה מליט כי האי לישנא בפרק בתרא דמגילה (דף כט:) אמרה תורה חדש והביא קרבן מתרומה חדשה אע"פ (כ) כי אותה דרשה אינה פשוטה שהרי לדוקין חולקין בה לומר שהיחיד מתנדב ומביא תמיד הר"ר אלחנן וכן יש לגרוס כאן חדש למנויו שכן מליט בפ"ק דר"ה (דף ז:) בגמרא ולנטיעה מה חדש למנויו אף שנה למנויה: **אף** עצרת למנויו. לענין קרבן קאמר דאי לענין יום טוב לא צריך קרא: **מצוה** למימני יומי ומצוה למימני שבועי. ותרוייהו איתנהו יומי לקדש עצרת שבועי לתשלומין והקשה הר"ר אלחנן ליגמר מיובל דלא מקדשין ליה לענין שמיטין רק לשנים וא"כ לא (ל) נימא כלל הכא מנין שבועי לקדש ותירץ דלהכי אצטריך חג השבועות לומר שמקדשין בו ימים ושבועות דאי לא תימא הכי למה לי קרא מדרשה דחג השבועות למדרשה דרבה בר שמואל ומנה ימים וקדש חדש לאפוקי מלבן של לדוקין ועי"ל דלא גמרינן מיובל דדנין ימים מימים עצרת מחדש ולא יוכיח יובל דשנים ניגהו ומהכא שמעינן דמלוה למימני יומי ושבועי בספירת העומר דקי"ל כאביי: **אלא** לאו לתשלומין. דשרי לקצור ולעשות מלאכה ביום טבוח ומסיים בה בירושלמי א"ר יוסי ברבי בון ובלבד שיכלם לעיסתו כהדא דתנינן לה (מ) אמר איכים דליהוו עלוואי אעין ובכורים ואומר הרי עצים למזבח וגיזרין למערכה אסור בהספד ובתענית ומלעשות מלאכה בו ביום כלומר ואע"פ שהתורה התירה מלאכה לתשלומין לא מצי למיעבד רק לצורך אכילתו אם כלה עיסתו כמו שמליט שאסור לאדם לעשות מלאכה ביום הקריבו את קרבנו והא דקאמר בסמוך ואי מדר"א הוה אמינא מה תשלומין בחג המצות אסור בעשיית מלאכה אף של עצרת (נ) מדאורייתא ואע"ג דחול המועד אינו אלא מדרבנן בדבר שאינו אבוד משום שביעי דאורייתא נקטיה אבל מ"מ אף הש"ס שלנו לא פליג בהא דמדרבנן מיהא מיתסר יום טבוח כדפרישית: **ואצטריך** דר"א (ס) ואיצטריך דרבי אושעיא. הקשה הר"ר אלחנן מברייתא דלעיל ליעבד צריכותא דתני רבה בר שמואל ועל ר"א בן יעקב וחג השבועות דאמר ר"א ורבי אושעיא למה לי דמשמע מיניה שיש לו תשלומין כל ז' וי"ל דההיא ברייתא אתיא לסתור דרשת הלדוקין במנחות (דף סה: ושם):

אלא

הגהות הב"ח

(א) גמ' דאפשר למחר אבל בהא אימא מודו: (ב) תוס' ד"ה דכתיב וכו' והש"ס שלנו לא סבירא ליה הכי דהא: (ג) בא"ד ובפ"ק דר"ה פרש"י דלאי ביום טוב כצ"ל ותיבת משום נמחק: (ד) בא"ד ורבי עוזיאל מלא בתוספתא בס"פ בתרא דסוכה דתניא: (ה) בא"ד כילד נפטרו מבע"י והשכימו וכו' בשמעתא דאמר זמן וכו' דומיא דבכורים שהוא לילה אחת ועוד תני: (ו) בא"ד אינו רק דומיא דהכי והיינו לילה אחת וכי מקשה כצ"ל ותיבת יום נמחק: (ז) בא"ד הוה מצי לאקשויי וליטעמיך לינה אלא דלא תש לאקשויי כלל ויש להקשות: (ח) בא"ד בההיא דבכורים דתני לינה וכו' הדא דתימר כשאין: (ט) ד"ה נפשוט וכו' לאקשויי דתנן ומודים. נ"ב דלאחר שבת תני אין כ"ג מתלבש בכליו מפני הלדוקין ואי אית ליה תשלומין וכו' ימתינו עד תרי בשבת דאין בו משום לדוקין: (י) בא"ד ימתינו עד תרי בשבת דיש לומר דלא רצו כל כך לאחר לגיבורא הס"ד: (כ) ד"ה אמרה וכו' אע"פ שאותה דרשה כו' בפ"ק דר"ה גמרא דלנטיעה: (ל) ד"ה מלוה וכו' וא"כ לא לימני כלל הכא וכו' למה לי קרא. נ"ב פי' דאי אין מקדשין שבעה לעצרת למה לי קרא דבחג המצות ובחג השבועות ובחג הסוכות הניחא בחג המצות ובחג הסוכות לאקושי לחג המצות דטעון לינה אבל חג השבועות לא איצטריך ולא קשיא נמי הסתא דכתיב הס"ש דיש תשלומין שבעה לעצרת הך דתני רבה דמנה ימים כו' למה לי דהלא איצטריך לאפוקי מלבן של לדוקים אבל קשה דאיצטריך קרא דחג השבועות דטעון לינה [והשאר חסר]: (מ) ד"ה אלא וכו' כהדא דתנינן כל איכם דליהוו עלוואי אעין ובכורים פי' האומר הרי עלי עצים וכו' כלומר דאע"פ: (נ) בא"ד אף של עצרת הייתו מדאורייתא: (ס) ד"ה ואיצטריך דר' אליעזר ב"י ואיצטריך דר"א אמר ר' אושעיא וכו' דתני רבה בר שמואל למה לי הא כתיב חג השבועות דאמר רבי אלעזר א"ר אושעיא דמשמע מיניה כצ"ל ותיבת למה לי נמחק:

מסורת הש"ס

ר"ה ה. מנחות סה: ע"ש סו.

ויקרא כג

דברים טז

ויקרא כג שם

הגהות הגר"א

[א] גמ' יו"ט הראשון נמחק.

[קרי זיש כצ"ל]

the former? [17b]—It is written: *And thou shalt turn in the morning, and go into thy tents.*[5]

We have learnt: IF THE FEAST OF WEEKS FALL ON A FRIDAY, BETH SHAMMAI SAY: THE DAY FOR SLAUGHTER IS AFTER THE SABBATH. AND BETH HILLEL SAY: IT HAS NO DAY FOR SLAUGHTER. Surely [this means] that it has no day for slaughter at all![6]—No, [it means] that it does not require a [special] day for slaughter.[7] But what then does it teach us, that we can offer up [the sacrifice] on its proper day?[8] Behold they already dispute thereon once; for we have learnt: Beth Shammai say: Peace-offerings may be brought [on the Festival-day] and the hands not laid thereon; but not burnt-offerings. And Beth Hillel say: Both peace-offerings and burnt-offerings may be brought, and
a the hands laid thereon![1]—[Both statements are] required. For if [the Mishnah] had taught us [only that they differ] in the [latter] case,[2] [I might have thought] in that case [only] Beth Shammai hold this view, because it is possible [to bring the offerings] on the following day: but in the [former] case,[3] I might have thought that they agreed with Beth Hillel.[4] And if [the Mishnah] had taught us [only that they differ] in the [former] case, [I might have thought] in this case [only] Beth Hillel hold this view, because it is not possible [to bring the offering] on the following day; but in the [latter] case, I might have thought that they agree with Beth Shammai.[5] [Therefore both statements are] required.

Come and hear: He who does not bring his festal-offering during the seven days of Passover, or the eight days of Tabernacles, or on the first[6] festival-day of the Feast of Weeks, can no longer bring his offering. This must surely mean on the festival-day [proper] of the Feast of Weeks![7]—No, [it means] on the day for the slaughter.[8] If so, let us conclude therefrom that there is [only] one day for slaughter![9]—Read, 'on the *days* for slaughter'.[10]

Come and hear: Rabbah b. Samuel learnt: Count the days,[11]
b and sanctify the New Moon Day;[1] Count the days,[2] and sanctify the Feast of Weeks.[3] Just as the New Moon Festival belongs to its class [of days] by which it is determined,[4] so the Feast of Weeks belongs to its class[5] by which it is determined. Surely [then the Feast of Weeks] is compared with the New Moon Festival because just as [the offerings of] the New Moon Festival [are to brought] on one day, so too [the offerings of] the Feast of Weeks [are to be brought] on one day![6]—Raba answered: How can you think so? Do we then count for the Feast of Weeks [only] the days and not the weeks? Behold Abaye said: It is a precept to count the days,[7] for it is written: *Ye shall number fifty days;*[8] and it is a precept to count the weeks,[9] for it is written: *Seven weeks shalt thou number unto thee.*[10] Furthermore, it is written: *The Feast of Weeks.*[11]

The School of R. Eleazar b. Jacob taught:[12] Scripture says: *And ye shall make proclamation,*[13] and *And when ye reap.*[14] Which is the Feast on which you proclaim and reap? You must say: It is the Feast of Weeks.[15] [Now] when? Should one say on the Festival-day [itself], is reaping then permitted on the Festival-day! It must refer, therefore, to [the period after the Feast] when the offerings can still be made good.[16]

Now although the statement of R. Eleazar in the name of R.
c Oshaia has been quoted,[1] [the teaching] of R. Eliezer b. Jacob is also required. For if we had [only] the statement of R. Eleazar in the name of R. Oshaia, I might say: Just as [in the period] during which the offering can be made good in the case of the Feast of Unleavened Bread, it is forbidden to do work,[2] so too [in the period] during which the offering can be made good in the case of the Feast of Weeks, it is forbidden to do work; therefore we are told the teaching of R. Eliezer b. Jacob. And if we had [only]

(5) Deut. XVI, 7. But the preceding night must be spent in Jerusalem. (6) I.e., if the sacrifice was not offered up on the festival-day, it cannot be made good later. This contradicts R. Oshaia's statement, *p. 111. (7) Since the offering can be brought on the festival-day; but actually the offering can be made good throughout seven days, as R. Oshaia taught. (8) I.e., on the festival itself, that is, according to Beth Hillel.

a (1) In view of this statement of the point at issue between Beth Shammai and Beth Hillel at the beginning of the Mishnah, why does the Mishnah teach us later that they differ in regard to Pentecost which fell on a Friday, if the point of dispute, according to the interpretation just given, is exactly the same? (2) I.e., where a Festival does not fall on a Friday. (3) I.e., where Pentecost falls on a Friday. (4) Because, since the sacrifice could not be offered up the following day, which was the Sabbath, and consequently would have to be left over till the Sunday, there was the danger that the pilgrim might neglect to bring it altogether. (5) Because it was possible to bring the offering the following day, and negligence, therefore, need not be feared. (6) [Omitted in MS.M.] (7) Thus the offerings of Pentecost cannot be made good after the festival, which refutes R. Oshaia. (8) The festival sacrifices, therefore, can be made good on the day for slaughter; thus the objection against R. Oshaia's statement falls away. (9) Whereas R. Oshaia argued that the Pentecost sacrifices could be made good throughout seven days. (10) The plural could include seven days. (11) The Torah nowhere actually enjoins the counting of the days of each month: the expression is an instance of Midrashic licence. The Hebrew months, being lunar, vary in length from twenty-nine to thirty days (v. *J.E.* s. Calendar).

b (1) By the offering of 'additional sacrifices' (v. Num. XXVIII, 11-15). (2) I.e., fifty, v. *infra*, n. 8. (3) By offering the festival sacrifices. (4) Lit., 'belongs to its numbered ones', i.e., it is determined by numbering units of days, on one of which it falls. (5) I.e., the period during which the festival sacrifices can be brought is equal to the class or unit by which it is determined. If the latter is a week, the sacrificial-period is a week; if it is a day, the offering-period is also a day; cf. R.H. (Sonc. ed.) 5a nn. 10 and 11. (6) This would contradict the view that the Pentecost sacrifices can be made good the whole week. (7) In order that we may sanctify the Feast of Weeks on the fiftieth day (Tosaf.). (8) Lev. XXIII, 16. (9) To teach us that the period in which the festival sacrifices may be made good is a full week. (10) Deut. XVI, 9. (11) Ibid. v. 10. (12) I.e., derived the post-festal sacrificial period of the Feast of Weeks in the following way. (13) Lev. XXIII, 21. I.e., proclaim a holy convocation or festival. (14) Ibid. v. 22. (15) To which the Biblical passage refers. (16) Which supports R. Oshaia.

c (1) *V. p. 111. (2) For the prohibition of work during the mid-festival period, v. *infra* and 18a.

*See Corrigenda.

the teaching of R. Eliezer b. Jacob [18a], I would not know how many [days];[3] therefore we are told the statement of R. Eleazar in the name of R. Oshaia.

Resh Laḳish said: [It is written]: *And the Feast of Harvest.*[4] Which is the Feast on which you feast and harvest? You must say: It is the Feast of Weeks. [Now] when? Should one say on the festival-day [itself]? Is reaping then permitted on the festival-day? It must refer, therefore, to [the period after the Feast] when the offerings can still be made good. Said R. Joḥanan [to him]: Now accordingly, [since it is written], *the Feast of Ingathering*[5] [one can likewise argue thus]: 'Which is the Feast on which there is ingathering? You must say: It is the Feast of Tabernacles. When? Should one say on the festival-day [itself], is work then permitted on a festival-day! It must refer, therefore, to the mid-festival days'.[6] But is [work] then permitted on the mid-festival days? It must mean, therefore, the Feast that comes at the *season* of ingathering. Similarly here [it means] the Feast that comes at the season of *reaping*.[7]

It follows therefore that both[8] are of the opinion that on the mid-festival days it is forbidden to do work. Whence is this derived?—For our Rabbis taught: *The Feast of Unleavened Bread*
a *shalt thou keep; seven days.*[1] This teaches concerning the mid-festival days that work thereon is forbidden:[2] this is the view of R. Josiah. R. Jonathan says: This is unnecessary.[3] [It can be proved by] an argument *a minore ad majus*. If on the first and seventh days, which have no sanctity[4] before or after them, work is forbidden, how much more so is it right that work should be forbidden on the mid-festival days, which have sanctity before and after them.—But the six working days[5] disprove[6] [this argument] for they have sanctity[7] before them and after them, and yet work thereon is permitted!—[No], whereas [this applies] to the six working days which have no additional sacrifice, can you say [the same] of the mid-festival days which have an additional sacrifice?[8]—But the New Moon Day disproves this [argument]; for it has additional sacrifices, and yet work thereon is permitted!—[No], whereas [this applies] to the New Moon Day which is not called a *'holy convocation'*, can you say [the same] of the mid-festival days which are called *'holy convocation'?*[9] Since it is called *'holy convocation'* it is only right that work thereon should be forbidden.

Another [Baraitha] taught: *Ye shall do no manner of servile work*[10]—this teaches that it is forbidden to do work on mid-festival days:[11] this is the view of R. Jose the Galilean. R. Akiba says: This is unnecessary. It is said: *These are the appointed seasons of the Lord,* etc.[12] Whereof does the verse speak? If of the first day, behold it
b has already been said: *Solemn rest.*[1] If of the seventh day,[2] behold, it has already been said: *Solemn rest.*[3] The verse, therefore, must speak only of the mid-festival days, to teach thee that it is forbidden to do work thereon.

Another [Baraitha] taught: *Six days thou shalt eat unleavened bread; and on the seventh day shall be restraint [of work]*[4] *unto the Lord.*[5] Just as the seventh day is under restraint [in respect of work],[6] so the six days are under restraint [in respect of work]. If [you should think that] just as the seventh day is under restraint in respect of all manner of work, so the six days are under restraint in respect of all manner of work; therefore Scripture teaches: '*And on the seventh day shall be restraint [of work]*'—only the seventh day is under restraint in respect of all manner of work, but the six days are not under restraint in respect of all manner of work. Thus Scripture left it to the Sages[7] to tell you on which day [work] is forbidden, and on which day it is permitted;[8] which manner of work is forbidden, and which is permitted.[9]

AND MOURNING AND FASTING ARE PERMITTED, IN ORDER NOT TO CONFIRM THE VIEW OF THOSE WHO SAY THAT THE FESTIVAL OF WEEKS [INVARIABLY] FOLLOWS THE SABBATH: But behold it is taught:[10] It happened that Alexa[11] died at Lod,[12] and all Israel assembled to mourn for him, but R. Tarfon did not permit them, because it was the festival-day of the Feast of Weeks. [Now] can you possibly suppose that it was [actually] the festival-day? How could they come on the festival-day? You must say,
c therefore, because it was the day for slaughter![1]—There is no contradiction: in the one case,[2] the festival-day [of the Feast of Weeks] fell after the Sabbath;[3] in the other case,[4] the festival-day fell on the Sabbath.[5]

(3) *Sc.* are allowed for making good the offerings of the Feast of Weeks. (4) Ex. XXIII, 16. (5) Ibid. and XXXIV, 22. (6) Lit., 'the profane part of the festival', i.e., the six half-festive days between the first day of Tabernacles, which is a festival-day proper, and the Eighth Day of Solemn Assembly, which is likewise a festival-day. The same term applies also to the five intermediate days of Passover. This period would correspond to that after the Feast of Weeks when the offerings can still be made good. (7) And not, as Resh Laḳish would have it, a festival time at which feasting and reaping are combined. (8) Since Resh Laḳish does not object to R. Joḥanan's statement regarding the prohibition of work on the mid-festival days, it follows that he must agree.

a (1) Ex. XXIII, 15. (2) *'Keep'* is taken invariably to imply prohibition of work. By connecting the words *'seven days'* with the verb *'keep'*, the prohibition is extended to the mid-festival days. (3) I.e., the verse is not needed for the proof. (4) I.e., holy days. (5) Lit., 'six days of the beginning of (creation)'; cf. Ex. XX, 9-11. (6) Lit., 'prove' *sc.* the contrary. (7) I.e., the Sabbath. (8) V. Num. XXVIII, 19-24, and XXIX, 13-16. (9) V. Lev. XXIII, and Num. XXVIII and XXIX. *'Holy'* implies the prohibition of work. (10) Lev. XXIII, 7. (11) This teaching is deduced by connecting the end of v. 7 with the words *'seven days'* in the following verse. (12) Ibid. v. 4 and 37.

b (1) Lev. XXIII, v. 39. (2) V. next note. The reading should be emended to the *'eighth day'* (v. R. Ḥananel a.l.), for nowhere is the term *'solemn rest'* applied to the seventh day of a festival. (3) Ibid. (4) E.V. *'a solemn assembly'*. (5) Deut. XVI, 8. (6) For the verse concludes: *'Thou shalt do no work therein'*. (7) I.e., since the verse indicates only that the prohibition of work does not apply uniformly to all the days of the festival, it must be the intention of Scripture to let the Sages decide how the prohibition did apply. (8) I.e., which day is a festival day proper, and which only a mid-festival day. For the fixing of the calendar, V. *J.E.* vol. III, pp. 498f. (9) I.e., on mid-festival days: work which could not be postponed without incurring irretrievable loss was permitted. (10) This is the correct reading viz., והתניא ('it is taught' by the Tannaim), not והאיתמר ('it is stated' by the Amoriam). (11) Abbreviated form of the name Alexander. (12) Lydda in South Palestine (Roman name, Diospolis).

c (1) Thus R. Tarfon forbade mourning on the slaughtering day, which contradicts the Mishnah. (2) I.e., the case of Alexa. (3) I.e., in the middle of the week, so that the slaughtering day was not on a Sunday. Mourning, therefore, was prohibited in accordance with regular Jewish law. (4) I.e., that of the Mishnah. (5) Consequently the slaughtering day was on a Sunday, and, therefore, as a demonstration against the erroneous view of the Sadducees, the ordinary rule prohibiting mourning on the slaughtering day was waived.

כא א ב מיי' פ"ז מהל' יו"ט הלכה א טור ש"ע א"ח סי' תקל [רב אלפס ריש מו"ק דף רעת. וברא"ש שם סי' א]:

תורה אור

לא ידענא כמה קא משמע לן דרבי אלעזר א"ר אושעיא וריש לקיש אמר °וחג הקציר (שמות כג) איזהו חג שאתה חוגג וקוצר בו הוי אומר זה עצרת אימת אילימא ביו"ט קצירה ביו"ט מי שרי אלא לאו לתשלומין *א"ר יוחנן אלא מעתה חג האסיף אי זהו חג שיש בו אסיפה הוי אומר זה חג הסוכות אימת אילימא ביו"ט מלאכה ביו"ט מי שרי אלא בחולו של מועד *חולו של מועד מי שרי אלא חג הבא בזמן אסיפה הכא נמי חג הבא בזמן קצירה מכלל דתרוייהו סבירא להו דחולו של מועד אסור בעשיית מלאכה מנהני מילי דתנו רבנן °את חג המצות (שם) תשמור שבעת ימים *ללמד על חולו של מועד שאסור בעשיית מלאכה דברי רבי יאשיה רבי יונתן אומר אינו צריך קל וחומר ומה ראשון ושביעי שאין קדושה לפניהן ולאחריהן אסור בעשיית מלאכה חולו של מועד שיש קדושה לפניהן ולאחריהן אינו דין שיהא אסור בעשיית מלאכה ששת ימי בראשית יוכיחו שיש קדושה לפניהן ולאחריהן ומותרין בעשיית מלאכה מה לששת ימי בראשית שאין בהן קרבן מוסף תאמר בחולו של מועד שיש בו קרבן מוסף ראש חדש יוכיח שיש בו קרבן מוסף ומותר בעשיית מלאכה מה לראש חדש שאין קרוי מקרא קדש תאמר בחולו של מועד שקרוי מקרא קדש הואיל וקרוי מקרא קדש דין הוא שאסור בעשיית מלאכה תניא אידך °כל מלאכת (ויקרא כג) עבודה לא תעשו ללמד על חולו של מועד שאסור בעשיית מלאכה דברי ר' יוסי הגלילי רבי עקיבא אומר אינו צריך הרי הוא אומר °אלה מועדי ה' (שם) וגו' במה הכתוב מדבר אם בראשון הרי כבר נאמר שבתון אם בשביעי הרי כבר נאמר שבתון הא אין הכתוב מדבר אלא בחולו של מועד ללמדך שאסור בעשיית מלאכה תניא אידך °ששת ימים (דברים טז) תאכל מצות וביום השביעי עצרת לה' מה שביעי עצור אף ששת ימים עצורין אי מה שביעי עצור בכל מלאכה אף ששת ימים עצורין בכל מלאכה ת"ל וביום השביעי עצרת *השביעי עצור בכל מלאכה ואין ששה ימים עצורין בכל מלאכה הא *לא מסרן הכתוב אלא לחכמים לומר לך אי זה יום אסור ואי זה יום מותר אי זו מלאכה אסורה ואי זו מלאכה מותרת: ומותרין בהספד ותענית שלא לקיים את דברי האומרין עצרת אחר השבת: (*והאיתמר) מעשה ומת אלכסא בלוד ונכנסו כל ישראל לסופדו ולא הניחם רבי טרפון מפני שיום טוב של עצרת היה יו"ט ס"ד אי ביום טוב מי קאתו אלא אימא מפני שיום טבוח היה לא קשיא כאן ביו"ט שחל להיות אחר השבת כאן ביום טוב שחל להיות בשבת:

מתני'

רש"י

לא ידענא. כמה ימים יהיו לתשלומין קמ"ל דרבי אלעזר מה חג המצות שבעה אף כאן שבעה: וחג הקציר בכורי מעשיך. בחג שבועות כתיב: ה"ג חג הבא בזמן קצירה. קאמר ולאו חוגג וקוצר בו אתא לאשמועינן: מכלל דתרוייהו כו'. מדקאמר רבי יוחנן אסיפה בחולו של מועד מי שרי ולא מהדר ליה ר"ל לקיש אין מכלל דתרוייהו סבירא להו אסור: את חג המצות תשמור שבעת ימים וגו'. לימד על חולו של מועד שאסור בעשיית מלאכה. דרוש ביה את חג המצות *תשמור וכל תשמור אזהרה לא תעשה הוא שומריהו מן המלאכה: ששת ימי בראשית. ימי כל שבוע ושבוע בין שתי שבתות הן ויש בהן קדושה לפניהן ולאחריהן: ראש חדש יוכיח כו'. אף אתה אל תתמה על חולו של מועד כו': (א) כל מלאכת עבודה לא תעשו וגו'. וסמיך ליה שבעת ימים תקריבו אשה: לימד על חולו של מועד וכו'. והכי דריש ביה לא תעשו שבעת ימים ובחג הסוכות כתיב ועליה קיימא הך מתניתא בתורת כהנים: מקראי קדש. משמע קדשיהו בעשיית מלאכה: עצור ממלאכה. כדכתיב בהאי קרא גופיה לא תעשה מלאכה: הא הרי לא מסרן הכתוב אלא לחכמים. כלומר מאחר שאמר לך הכתוב שהן עצורין ממלאכה ולא בכולן ולא פירש אי זו המותרת ואי זו אסורה דע וראה שלא מסרן אלא לחכמים היודעים להבין על איזהו להטיל ההיתר ועל אי זו להטיל האיסור והם יאמרו אי זהו יו"ט על פי קידוש הראייה והאסור בכל מלאכה ואי זהו חולו של מועד שאינו אסור בכל מלאכה ועל חולו של מועד יגידו לך אי זו מלאכה אסורה דבר שאינו אבד ואיזו מלאכה מותרת דבר האבד: ולא הניחן ר' טרפון. ומתני' תני שמותרים בהספד: ביו"ט שחל להיות בשבת. שיום טבוח אחר שבת מותר בהספד מפני האומרים עצרת אחר שבת והאי דאלכסא בלוד יו"ט שחל להיות בחול הוא דאין יום טבוח שלו בא' בשבת: מתני'

תוספות

אלא חג הבא בזמן אסיפה. הקשה הר"ר אלחנן דאמר פ"ק דר"ה (ובגמרא דסנהדרין) (דף יג:) א"ל רבי זירא לרבי אסי ולדמה לא עייל כלל ואקמר רחמנא תשמט ותזיל עד חג הסוכות לא ס"ד דכתיב חג האסיף מאי האסיף אילימא חג הבא בזמן אסיפה הכתיב באספך את מעשיך אלא מאי אסיף קציר אלמא לא אמרי' חג הסוכות הבא בזמן אסיפה ותירץ מורי כיון דמבאספך שמעינן חג הבא בזמן אסיפה ואמר חג האסיף משמע ליה קציר אבל אי לאו האי קרא [באספך וגו'] הוה דרשינן חג [האסיף] הבא בזמן אסיפה א"כ גם חג הקציר נימא הכי הואיל וליכא שום משמעות דמפיק ליה: חולו של מועד אסור בעשיית מלאכה. לכאורה משמע דמלאכה דמיתסרא ביה מדאורייתא דמפיק ליה מפסוק וכן בפרק ב' דמו"ק (דף יא: ושם) לא מיבעיא אבל דמדרבנן אלא אפילו חוש"מ דאורייתא וכן פי' התם בקונטרס וקשה לר"ת דא"כ דבר האבד וכמה מלאכות דשרינן התם היכי משתרו והיכן מצינו איסור דאורייתא מקצתו אסור ומקצתו מותר ועוד דתנן בפ"ג דמגילה (דף כא.) כל מקום שאין יו"ט ויש מוסף קורין ד' כגון חוש"מ ור"ח אלמא לא מיתסר מלאכה מדקאמר דאין יו"ט ועוד דכייל ליה בהדי ר"ח דרבנן כדאמרינן בירושלמי דתענית ובמקום שנהגו הלין נשיא דרגילין דלא למיעבד עבידתא בר"ח ירחא מנהגא הוא ועוד מצינו בירושלמי בפרק שני דמו"ק כלום אסרו מלאכה (ג) אלא כדי שיהו אוכלין ושותין ויהיו יגעים בתורה והם פוחזין ואוכלין ושותין משמע לישנא דמדרבנן הוא וכן בפ"ב דמו"ק (דף יב:) גבי ובלבד שלא יכוון מלאכתו במועד ובעי בגמרא כיון ומת מהו שיקנסו בנו אחריו את"ל לרס און הכבור ומת קנסו בנו אחריו התם איסורא דאורייתא משמע דמלאכה במועד הוי דרבנן ומיהו יש לדחות דלאמכוין מלאכתו במועד קאי דהשתא מיהא ליכא איסורא דאורייתא כיון דדבר האבד הוא מ"מ משמע לפי האמת דלא מיתסר רק מדרבנן וכי קאמר התם בריש פירקא לא מיבעיא אבל דרבנן אלא אפילו חוש"מ דאורייתא כעין דאורייתא קאמר לפי שיש לו סמך (ג) [מקרא דאורייתא אבל ימי האבל ליכא אסמכתא אלא] מדברי קבלה דכתיב והפכתי חגיכם לאבל (עמוס ח) ודקאמר הכא אלא בחוש"מ מי שרי א"כ משמע דאסור מן התורה וי"ל לאו משום דלא משתרי מדאורייתא אלא כיון דאקרא סמכינן ליה למיתסר לא(ד) מסברא ליה לאוקמי קרא דשרי בהדיא בהכי וכן פירש הריב"ם בשם רבינו יב"א דמלאכה דמועד מדרבנן ולא כפירוש רבינו שמואל שפירש בערבי פסחים (פסחים דף קיח.) גבי כל המבזה את המועדות כגון עושה מלאכה בחוש"מ והא ליתא דמדרבנן הוי וכדפי' והא דאמרינן *גבי כותים ותיפוק ליה משום לפני עור לא תתן מכשול במלאכה דחוש"מ משום דסמך *פשטא דקרא הוי והוי ליה לדוקין מודין בה: מה ראשון ושביעי כו'. הוה מצי למפרך מה להני שכן דבר האבד מיתסר אלא שאין זה ק"ו גמור רק גלוי מילתא בעלמא לפי מה שפיר' דמלאכה לא מיתסר רק דרבנן: ראש חדש יוכיח. דשרי בעשיית מלאכה שכן אינו קרוי יו"ט (ה) בפ"ג דמגילה (דף כב: ושם) וגם אינו נאסר רק משום מנהג כדפרי' וכי קאמר בר"ה (דף כג.) משום בטול מלאכה לעם בב' ימים דר"ח של ראש השנה מיירי אי נמי משום נשים דנוהגות שלא לעשות מלאכה כדאיתא בפירקי דרבי אליעזר *וכן פרש"י במגילה (דף כב:): מה לראש חודש שכן אינו קרוי מקרא קדש. *הוה מצי למימר מה לחול המועד דאיכא תרתי מוסף וקדושה לפניו ולאחריו: קשיא

רבינו חננאל

ת"ר את חג המצות תשמור לימד על חולו של מועד שאסו' בעשיית מלאכה דברי ר' יאשיה כלומר אמרה תורה ושמרתם את המצות עוד את חג המצות תשמור למה לי אלא ללמדך שכל שבעת ימים צריכין שמירה. ר'(יוחנן) [יונתן] אמר ק"ו ומה ראשון ושביעי כו'. תניא אידך כל מלאכת עבודה לא תעשו לימד על חולו של מועד שאסור בעשיית מלאכה דברי ר' יוסי הגלילי. ר"ע אומר [לא] אצטריך הרי הוא אומר אלה מועדי ה' מקראי קודש במה הכתוב מדבר אי ביו"ט ראשון הרי הוא אומר ביום ראשון שבתון אי בשמיני הרי הוא אומר ביום השמיני שבתון הא אין הכתוב מדבר מועדי ה' אלא בחולו של מועד שאסור בעשיית מלאכה. ולא מסרך הכתוב אלא לחכמים לומר איזו מלאכה אסורה [ואיזו מותרת] (*עצרת שחלה להיות ע"ש. בית שמאי אומרים יום טבוח לאחר השבת. וב"ה אומרים אין לה יום טבוח ומודים שאם חלה להיות בשבת כו': ירושלמי עצרת שחלה להיות ע"ש ב"ש אומרים יום טבוח לאחר השבת וב"ה אומרים אין לה יום טבוח אלא יומה היא טביחה. ואין כ"ג מתלבש בכליו ומותרין בהספד ובתענית שלא לקיים דברי האומרים עצרת אחר השבת. ומודין שאם חלה בשבת שיום טבוח לאחר השבת. (ומודים חלה בשבת) ומותרין בו ביום בהספד ובתענ'. אבל אם חלה להיות באמצע שבת אסורין בהספד ובתענית:

*) מכאן עד מתני' נוטלין לידים שייך לעיל דף יז ע"א:

מסורת הש"ס

[תשמור שבעת ימי' וכל תשמור כצ"ל]

[עי' תוס' מו"ק יב: ד"ה מכנים]

[מס"א יחזקאל תוס' מו"ק ב. ד"ה מכבין]

[צ"ל והתניא וכו' בתוספתא פ"ג]

[ע"ז כב. ושם]

[פרק מ"ט]

[ועי' תוס' ע"ז כב. ד"ה תיפוק ליה]

הגהות

(א) רש"י ד"ה ראש חדש וכו' של מועד כו' הס"ד ואח"כ מה"ד מקרא קדש וכו' מלאכה הס"ד ואח"כ מה"ד כל מלאכת וכו' אשה לימד וכו' בתורת כהנים הס"ד ואח"כ מה"ד עצור ממלאכה: (ב) תוס' ד"ה חולו וכו' כלום אסרו מלאכה בחוש"מ אלא כדי שיהו אוכלין ושותין ויגעים בתורה והם אוכלים ושותין ופוחזין משמע לישנא כצ"ל: (ג) בא"ד כעין דאורייתא קאמר לפי שיש לו סמך כדמשמע מהאי דרשה

הב"ח

אבל תימה אבל נמי דאסור במלאכה קא סמיך לה מדברי קבלה וכו' ודקאמר נמי הכא אלא בחולו של מועד חוש"מ מי שרי משמע כצ"ל ותיבת א"כ נמחק: (ד) בא"ד לא מיסתבר ליה: (ה) ד"ה ראש חדש וכו' פ"ג דמגילה. נ"ב פי' דברפ"ג דמגילה תנן בר"ה ובחוש"מ קורין ארבעה כו' זה הכלל כל שיש בו מוסף ואינו יו"ט קורין ארבעה אלמא דר"ח אינו קרוי יו"ט:

גליון הש"ס

תוס' ד"ה מה לר"ח וכו' הו"מ למימר. עי' תשובת מהר"י בן לב ח"ג סימן י"ג:

מתני׳ נוטלין לידים לחולין ולמעשר ולתרומה ולקודש מטבילין ולחטאת אם נטמאו ידיו נטמא גופו טבל לחולין הוחזק לחולין אסור למעשר טבל למעשר הוחזק למעשר אסור לתרומה טבל לתרומה הוחזק לתרומה אסור לקודש טבל לקודש הוחזק לקודש אסור לחטאת טבל לחמור מותר לקל טבל ולא הוחזק כאילו לא טבל *בגדי עם הארץ מדרס לפרושין בגדי פרושין מדרס לאוכלי תרומה בגדי אוכלי תרומה מדרס לקודש בגדי קודש מדרס לחטאת יוסף בן יועזר היה חסיד שבכהונה והיתה מטפחתו מדרס לקודש יוחנן בן גודגדא היה אוכל על טהרת הקודש כל ימיו והיתה מטפחתו מדרס לחטאת: גמ׳ חולין ומעשר מי בעו נטילת ידים ורמינהו *התרומה והביכורים *חייבין עליהן מיתה וחומש ואסור לזרים והן נכסי כהן ועולין באחד ומאה וטעונין נטילת ידים והערב שמש הרי אלו בתרומה וביכורים מה שאין כן במעשר וכל שכן בחולין קשיא מעשר אמעשר קשיא חולין אחולין בשלמא מעשר אמעשר לא קשיא הא ר׳ מאיר והא רבנן דתנן *כל הטעון ביאת מים מדברי סופרים מטמא את הקודש ופוסל את התרומה ומותר לחולין ולמעשר דברי רבי מאיר וחכמים אוסרים במעשר אלא חולין אחולין קשיא לא קשיא כאן באכילה כאן בנגיעה מתקיף לה רב שימי בר אשי עד כאן לא פליגי רבנן עליה דרבי מאיר אלא באכילה דמעשר אבל בנגיעה דמעשר ובאכילה דחולין לא פליגי אלא אידי ואידי באכילה ולא קשיא כאן באכילה דנהמא (א) כאן באכילה דפירי *דאמר רב נחמן *כל הנוטל ידיו לפירות הרי זה מגסי הרוח ת"ר *הנוטל ידיו נתכוון ידיו טהורות לא נתכוון ידיו טמאות וכן המטביל ידיו נתכוון ידיו טהורות לא נתכוון ידיו טמאות והתניא בין נתכוון בין לא נתכוון ידיו טהורות אמר רב נחמן לא קשיא כאן לחולין כאן

מתני׳ נוטלין לידים לחולין ולמעשר ולתרומה. די להן בנטילה דכלי שאין בו אלא רביעית מים: ולקודש מטבילין. אבל לאכול שלמים או חטאת ואשם לכהנים יש מעלה שצריך להטביל ידים בארבעים סאה ואע"פ שאין אלא סתם ידים שלא נגעו בטומאה דאורייתא המטמאה את כל הגוף: ולחטאת. ליגע במי חטאת מים המקודשים באפר פרה להזות מהן על טמאי מתים יש מעלה יתירה שאם נטמאו ידיו בלחוד מן הדברים המטמאין את הידים ולא את הגוף כגון ולד הטומאה וכגון ספר וכל טומאות שהן מדברי סופרים: נטמא הגוף. וכל הגוף צריך טבילה וכל מעלות הללו שזה גבוה מזה מדברי סופרים והאי דנקט להו הכא גבי הלכות הרגל לפי שיש בסופן הלכות רגל שעמי הארץ חשובין טהורים ברגל ולא בשאר ימות השנה בסוף חומר בקדש: טבל לחולין הוחזק לחולין. ועוד זו מעלה טבל לחולין הוחזק לחולין כלומר נתכוון לטבול לשם חולין: אסור למעשר. הוחזק לשון כוונה כלומר נתכוון להעמיד גופו בחזקת טהור לחולין: למעשר. למעשר שני הנאכל בירושלים: ולא הוחזק. לא נתכוון לשם טבילת טהרה אלא לרחיצה בעלמא: מדרס. אב הטומאה לטמא אדם וכלים כמדרס הזב שמטמאת אדם וכלים כדכתיב ואיש אשר יגע במשכבו יכבס בגדיו (ויקרא טו): לפרושין. לאוכלי חולין בטהרה: לאוכלי תרומה. כהנים וכל אלו מעלות מדברי סופרים שאמרו שאין שמירת טהרתן של אלו חשובה שמירה אצל אלו ומתוך שהן אלו אצל אלו כאילו לא שמרום גזרו בהן בבגדיהן שמא ישבה בהן אשתו נדה והרי הן מדרס הנדה הכי מפרש לה בפ' השוחט: גמ׳ בכורים. קרויין תרומה דאמר מר ותרומת ידך אלו הבכורים (מכות דף יז.) לכך הן כתרומה: חייבין עליהן מיתה. זר האוכלן מזיד דכתיב ומתו בו כי יחללוהו וסמיך ליה וכל זר לא יאכל קדש וכל הענין מדבר בתרומה: וחומש. האוכלן שוגג דכתיב ואיש כי יאכל קדש בשגגה ויסף חמישיתו עליו (ויקרא כב): ואסור לזרים. בלאו: והן נכסי כהן. לקדש בהן את האשה וליקח בדמיהן עבדים וקרקעות ובהמה טמאה: ועולין באחד ומאה. אבל בפחות אין עולין אלא כל החולין אסור לזרים: וטעונין רחילת ידים. לפי שהשני עושה שלישי וידים גזרו עליהם טומאת שני לפיכך פוסלות את התרומה אם לא נטלן: והערב שמש. אם נטמא טומאה דאורייתא וטבל אינו אוכל בתרומה עד שיעריב שמשו ביבמות (דף עד:) ילפינן מקראי: מה שאין כן במעשר. אין מיתה ואין חומש [ואין] אסור לזרים שהרי כל עלמו נאכל לזרים וחומש שמוסיף בפדיונו לא איירי (ב) בחומש הכא כי האי גוונא דאין בתרומה פדיון ונכסי הדיוט נמי לא הוי לקנות בו עבדים וקרקעות דלא ניתן אלא לאכילה ושתיה וסיכה ואין טעון רחילת ידים שאין השני פוסל בו לעשות שלישי ואינו טעון הערב שמש דקי"ל טבל ועלה אוכל במעשר ומקראי ילפינן לה ביבמות פרק הערל: כל הטעון ביאת מים מדברי סופרים. כל שהוא טהור מן התורה וחכמים גזרו עליו טומאה (ג) כל הנך דאמרי במסכת שבת בפ"ק (דף יג:) אלו פוסלין את התרומה האוכל אוכל ראשון והאוכל שני כו': מטמא את הקודש. כלומר נתנו עליהן טומאת שני לטומאה והשני מטמא את הקודש להיות קרוי טמא ופוסל (ד) עליהן עוד את הרביעי: ופוסל את התרומה. להיפסל היא עלמה אבל אינה פוסלת אחר לעשות רביעי: ומותר לחולין. לאכול חולין מדלא קתני ואינו פוסל את החולין ונקט לישנא דמותר אפילו לאוכלן משמע: באכילה. מתני' דמצריך נטילה באכילה קאמר: עד כאן לא פליגי כו'. (ה) דקתני אסור במעשר לשון אכילה היא דאי בנגיעת שני לא פסיל במעשר דשמעינן לר' מאיר דאמר מותר באכילה ואיפליג עליה באכילה דמעשר ואילו בחולין כולהו מודו דמותר אפילו באכילה ומתני' מני: כאן באכילה דפירי. הא דקתני מה שאין כן במעשר באכילה דפירי קאמר ומיהו בתרומה בעי נטילה שאפילו במגעו הוא [פוסל] דשני פוסל את התרומה: נוטל. בכלי: מטביל. בארבעים סאה:

כאן

קשיא חולין אחולין. ולא בעי למימר בחולין עד הספרק קאמר מה שאין כן במעשר דלישנא לא משמע ליה (ו): כאן באכילה וכאן בנגיעה. הקשה הר"ר אלחנן מעשר אמעשר נמי ליטני הכי ולוקמי אפילו כרבנן ותירץ מורי דאף (ז) בנגיעה דמעשר נמי פליגי רבנן ואסרי לה וכן משמע בסמוך דקאמר עד כאן לא פליגי אלא באכילה דמעשר משמע דמעיקרא סד"א דבכל ענין פליגי וכן בפ' שני דחולין (דף לג: ושם) דקאמר ודלמא לא פליגי רבנן אלא באכילה דמעשר כו' משמע דלדבר ברור הוא מיהו הוי מצי לאקשויי ולישמעינן מתניתין *דהדבר פ"ק (דף יד) דתנן ואלו פוסלין את התרומה לא מיתוקמא כרבנן דמאי איריא תרומה אפילו מעשר נמי אלא לא חש לאקשויי ליה ומכח דהסיא משמע דלמאת הוא כי אתקפתא דרב שימי והא דנקט בפ"ב דחולין (דף לג: ושם) ודלמא לישנא קלילא הוא דלעולם אמת הוא בנגיעת מעשר ואכילת חולין לא פליגי דלכ"ע אין שני עושה שלישי (*בחולין) ולא תתמה היכי ס"ד דלרבנן לא בעי אכילת חולין נטילה וי"ל דאיירי בפירי דלא בעו נטילה: הא בנהמא הא בפירי. והשתא לא הולך לתרץ תו גבי מעשר הא רבי מאיר והא רבנן והוה הדין דמצי למימר הא באכילה (ח) הא בנגיעה אלא כולה באכילה עדיפא ליה: הנוטל ידיו לפירות. וכי אמר בפ' כילד מברכין (ברכות דף מג.*) אורחין שהיו מסובין לשתות אלא בעל הבית נוטלין כל אחד ידו אחת התם משום נקיות הוי וכן משמע לישנא דידו אחת דקתני: כאן לחולין כאן למעשר. משמע דאם לא כוון למעשר לא מהני וכ"ש בתרומה והקשה הר"ר אלחנן דאמר בפ' אלו דברים בברכות (דף נב.) ב"ש אומרים נוטלים את הידים ואח"כ מוזגין את הכוס שאם ימזגו את הכוס שמא יגעו במשקים שאחורי הכוס והשתא אפילו נוטלן נמי כיון דלא מהניא הך נטילה לתרומה הויא ליה פוסל את התרומה ותנן *)כל הפוסל את התרומה מטמא משקין להיות תחלה ותירץ דכיון דנטל ידיו לחולין לא פסיל תרומה והכי משמע דאי לא תימא הכי אין לך אדם אף חבר אוכל חולין בטהרה שלא יטמא משקין:

*) [פרה פ"ח מ"ז פסחים יד:]

נגזור

כב א מיי׳ פ"ו מהלכות ברכות הלכה א סמג עשין כז טוש"ע א"ח סי׳ קנח סעיף א:
כג ב מיי׳ פ"ח מהלכות תרומות הלכה ז ופי"א מהלכות אבות הטומאות הלכה ח ופי"א מהלכות מקואות הלכה יא:
כד ג מיי׳ פי"ג מהלכות אבות הטומאות הלכה ד סמג עשין רמז:
כה ד מיי׳ פי"ג מהלכות פרה אדומה הלכה ד:
כו ה מיי׳ פ"א מהלכות אבות הטומאות הל"ב:
[דזבין פ"ה מי"ב ומייתי לה שבת פ"ק יג: כנ"ל]
כז ו מיי׳ שם ופ"א מהל׳ מקואות הלכה ח ופי"ג הלכה יב:
כח ז מיי׳ פי"ג מהל׳ אבות הטומאות הלכה א ופי"א מהלכות מטמאי משכב ומושב הלכה א:
כט ח מיי׳ פי"ג מהל׳ אבות הטומאות שם: [צ"ל במעשר]
ל ט מיי׳ שם ופי"ב שם הלכה ד:
לא י מיי׳ פי"ג מהלכות אבות הטומאות שם ופי"ג מהלכות פרה אדומה הלכה ג:
לב כ מיי׳ פי"ג מהל׳ פרה אדומה:
לג ל מיי׳ פ"ו מהלכות תרומות הלכה ו ופ"ג מהלכות בכורים הלכה א:
[וע"ש תוס׳ ד"ה כל אחד ותוס׳ פסחים קטו. ד"ה כל שטיבולו]
לד מ מיי׳ פ"ו מהל׳ תרומות שם ופ"ו הלכה א:
לה נ מיי׳ פ"ו שם ופ"ד מהלכות בכורים הלכה טו:
לו ס מיי׳ פ"ד מהלכות בכורים הלכה יד:
לז ע מיי׳ פי"ג מהלכות תרומות הלכה א ופ"ד מהל׳ בכורים הלכה טו:
לח פ מיי׳ פי"א מהל׳ תרומות הלכה ז:
לט צ מיי׳ שם הלכה ג ופ"ג מהלכות מעשר שני הלכה יא:
מ ק מיי׳ פ"ג מהלכות מעשר שני הלכה יז והלכה כד ופ"ב שם הלכה יא:
מא ר ש מיי׳ פי"א מהל׳ תרומות הלכה ז ופ"ו מהלכות ברכות הלכה א סמג עשין כז טוש"ע א"ח סי׳ קנח סעיף א:
מב ת מיי׳ פי"א מהל׳ ברכות הלכה ג טוש"ע שם סעיף ט:
מג א ב מיי׳ פ"ב מהל׳ שאר אבות הטומאות הלכה ז ופי"א מהל׳ מקואות הלכה ז טוש"ע א"ח סי׳ קנט סעיף יג:

[פרה פי"ב מ"ז]
[חולין לה:]
[חולין לה. נדה לג: ועי׳ תוס׳ לקמן יט: ד"ה בגדי]
[בכורים פ"ב מ"א יבמות עג. ב"מ נג:]
[פרה פי"א מ"ה סוטה ל. חולין לג:]
[ברכות מד: חולין קו.]

רבינו חננאל

מתני׳ נוטלין לידים לחולין ולמעשר כו׳. פי׳ נוטלין לידים לחולין ולמעשר אבל לתרומה ולקודש מטבילין כך סוגיא דשמעתא. ומקשינן [חולין ומעשר מי] בעו נט"י והתנן׳ התרומה והבכורים טעונין רחיצת ידים מה שאין כן במעשר ושנינן הא לר׳ מאיר היא דתני בענין מי שטען ביאת מים מדברי סופרים כגון רחיצת ידים מותר בחולין ובמעשר ומתניתין דלא כר׳ מאיר אלא כחכמים דפליגי עליה ואסרי במעשר ומקשינן והא אפילו חכמים דפליגי על ר׳ מאיר לא פליגי אלא במעשר דתנן וחכמים אוסרין במעשר ושנינן כי תניא ומותר בחולין בנגיעה ולא באכילה *)דחולין אפי׳ ר׳ מאיר מודה דצריך נטילה ומתניתין באכילה דחולין דברי הכל וכ"ש למעשר. ודחינן להא שנויה הכי וממאי כדקאמרת דלמא לא פליגי רבנן וחכמים אלא אאכילה דמעשר דר׳ מאיר מתיר וחכמים אוסרים אבל אנגיעה דמעשר ואכילה דחולין דברי הכל שרו ושנינן שנוי׳ אחריתי. מתני׳ באכילה דנהמא ולדברי הכל בעי נטילה. והא דקתני מותר בחולין ואוקימנה לדברי הכל באכילה דפירי דלא בעו רחיצת ידים כרב נחמן דאמר בפרק כל הבשר אסור לבשל בחלב. הנוטל ידיו לפירות הרי זה מגסי הרוח: ת"ר הנוטל ידיו נתכוון ידיו טהורות לא נתכוון ידיו טמאות וכן המטביל ידיו כו׳ ירושלמי. כל הן דתנינן מטבילין במ׳ סאה. ותניא אידך אע"פ שלא נתכוון ידיו טהורות. קשיין אהדדי ושנינן הא דתניא בעינן כוונה למעשר. ואידך דלא בעי כוונה לחולין:

*) נראה דצ"ל ובאכילה דחולין אפילו ר"מ מודה וכו׳.

הגהות הב"ח

(א) גמ׳ באכילה דנהמא כאן. נ"ב [וכרבי מאיר] דכרבנן לא מיתוקמא אפי׳ [באכילה] דפירי אוסרין: (ב) רש"י ד"ה מה שאין כן וכו׳ לא איירי בחומש הכא כי האי גוונא: (ג) ד"ה כל הטעון וכו׳ גזרו עליו טומאה כגון כל הנך: (ד) ד"ה מטמא וכו׳ ופוסל עוד את הרביעי כצ"ל ותיבת עליהן נמחק: (ה) ד"ה עד כאן לא פליגי כו׳ בע"כ הא דקתני אסור וכו׳ מדשמעינן לר"מ: (ו) תוס׳ ד"ה קשיא וכו׳ לא משמע ליה הכי סס"ד: (ז) ד"ה כאן וכו׳ דבנגיעת דמעשר וכו׳ נטילה די"ל לומר דאיירי: (ח) ד"ה הא בנהמא וכו׳ הא באכילה. נ"ב [פי׳ מתניתין באכילה] דנהמא טעלין לחולין [והא דבכורים] בנגיעה אין טעלין אף למעשר וכ"ש לחולין וכר"מ מתוקמא אפילו כי מוקים לה כולה באכילה [לא] אלא לר"מ:

MISHNAH. [18b] THE HANDS HAVE TO BE RINSED[6] FOR [EATING] UNCONSECRATED [FOOD],[7] AND [SECOND] TITHE,[8] AND FOR TERUMAH [HEAVE-OFFERING];[9] BUT FOR HALLOWED THINGS[10] [THE HANDS] HAVE TO BE IMMERSED.[11] IN REGARD TO THE [WATER OF] PURIFICATION,[12] IF ONE'S HANDS BECAME DEFILED, ONE'S [WHOLE] BODY IS DEEMED DEFILED.[13] IF ONE BATHED[14] FOR UNCONSECRATED [FOOD], AND INTENDED TO BE RENDERED FIT SOLELY[15] FOR UNCONSECRATED [FOOD], ONE IS PROHIBITED FROM [PARTAKING OF SECOND] TITHE.[16] IF ONE BATHED FOR [SECOND] TITHE, AND INTENDED TO BE RENDERED FIT SOLELY FOR [SECOND] TITHE, ONE IS PROHIBITED FROM [PARTAKING OF] TERUMAH. IF ONE BATHED FOR TERUMAH, AND INTENDED TO BE RENDERED FIT SOLELY FOR TERUMAH, ONE IS PROHIBITED FROM [PARTAKING OF] HALLOWED THINGS. IF ONE BATHED FOR HALLOWED THINGS, AND INTENDED TO BE RENDERED FIT SOLELY FOR HALLOWED THINGS ONE IS PROHIBITED FROM [TOUCHING THE WATERS OF] PURIFICATION. IF ONE BATHED FOR SOMETHING POSSESSING A STRICTER [DEGREE OF SANCTITY], ONE IS PERMITTED [TO HAVE CONTACT WITH] SOMETHING POSSESSING A LIGHTER [DEGREE OF SANCTITY]. IF ONE BATHED BUT WITH-
a OUT SPECIAL INTENTION,[1] IT IS AS THOUGH ONE HAD NOT BATHED. THE GARMENTS OF AN 'AM HA-AREZ[2] POSSESS MIDRAS[3]-UNCLEANNESS FOR PHARISEES;[4] THE GARMENTS OF PHARISEES POSSESS MIDRAS-UNCLEANNESS FOR THOSE WHO EAT TERUMAH; THE GARMENTS OF THOSE WHO EAT TERUMAH POSSESS MIDRAS-UNCLEANNESS FOR [THOSE WHO EAT] HALLOWED THINGS; THE GARMENTS OF [THOSE WHO EAT] HALLOWED THINGS POSSESS MIDRAS-UNCLEANNESS FOR [THOSE WHO OCCUPY THEMSELVES WITH THE
b WATERS OF] PURIFICATION. JOSE B. JO'EZER[1] WAS THE MOST PIOUS IN THE PRIESTHOOD, YET HIS APRON WAS [CONSIDERED TO POSSESS] MIDRAS-UNCLEANNESS FOR [THOSE WHO ATE] HALLOWED THINGS. JOHANAN B. GUDGADA USED ALL HIS LIFE TO EAT [UNCONSECRATED FOOD] IN ACCORDANCE WITH THE PURITY REQUIRED FOR HALLOWED THINGS, YET HIS APRON WAS [CONSIDERED TO POSSESS] MIDRAS-UNCLEANNESS FOR [THOSE WHO OCCUPIED THEMSELVES WITH THE WATER OF] PURIFICATION.

GEMARA. Do unconsecrated food and [Second] Tithe then require rinsing of the hands? Now we can show this to conflict with [the following Mishnah]: For *terumah* and first fruits[2] one ◁

(6) I.e., in the manner prescribed in Yad. I, 1. Lit., 'take for the hands', an elliptical phrase for 'take water for the hands'. (7) As opposed to tithe etc.; *cf. p. 35, n. 6. (8) *V. p. 35, n. 8. (9) V. Glos. (10) I.e., such as are offered in the Temple, and if not wholly devoted to the altar, have to be eaten in the Temple Court. (11) I.e., in a valid immersion pool (*Mikweh*) containing not less than forty *se'ahs* of undrawn water (cf. Trac. Mikwa'oth). (12) V. Num. VIII, 7 (A.V. 'purifying'; R.V. 'expiation') and ibid. XIX. (13) In regard to lesser degrees of sanctity, it is possible for the hands only to become defiled e.g., by touching unclean food etc.; but in this case the whole body would require ritual immersion. (14) V. n. 11. (15) The clause, 'and intended ... solely' translates only one Heb. word הוחזק denom. of חֲזָקָה (v. Dictionaries) = lit., 'presumed or considered himself (to have taken the ritual bath) etc.' (16) Actually, unconsecrated food does not require ritual immersion, unless one desires to eat it in purity, and even so the immersion does not require 'intention'; but even if there is definite intention to eat ordinary food in purity, it yet does not render the person fit to eat food possessing any degree of sanctity. Similarly, in the cases that follow, intention for one degree of sanctity does not enable one to partake of food having a higher degree of sanctity.

a (1) I.e., merely for the sake of physical cleanliness: such an immersion does not fit one for any sanctified food. (2) Lit., 'people of the land', hence generally 'illiterate, ignorant', (opp. to *Talmid Hakam*, 'a disciple of the wise'). Here it is used in a technical sense, and refers to one who is ignorant of the Torah and fails to observe the laws of purity and impurity, and is not scrupulous in setting aside the tithes from his produce (opp. to *Haber*, 'an associate', who strictly observes the Law). V. Glos. (3) Lit., 'place of treading or pressure', denotes levitical impurity arising in an object from contact with gonorrhoeist who sits, lies, rides upon or leans against it; in general = אב הטומאה, the first degree of impurity. V. Lev. XII, 2; XV, 2-25; and cf. Nid. VI, 3 with explan. ibid. 49*b*. The reason for this Rabbinic enactment is the fear that the wife of the *'Am ha-arez* may have sat on the garments when she was in a menstruous condition. V. Hul. 35 (and *infra* 19*b*. Tosaf. s. בגדי). (4) Those who strictly observe the Mosaic Law and the Rabbinic regulations, particularly in regard to tithing and purity. To their body belong also the *Haberim* (Associates); v. Mishnah Dem. II, 3, and Moore III, 26. For further information, v. *J.E.* vol. IX, pp. 661f, and R. T. Herford's '*The Pharisees*'.
b (1) V. Aboth (Sonc. ed.) I, 4 nn. 4-6. (2) Deut. XXVI, 1ff. For the analogy between *terumah* and first fruits v. Mak. (Sonc. ed.) 17*a*.

*See Corrigenda.

◁ *For the continuation of the English translation of this page see overleaf.*

מתני' נוטלין לידים לחולין ולמעשר ולתרומה ולקודש מטבילין ולחטאת אם נטמאו ידיו נטמא גופו טבל לחולין הוחזק לחולין אסור למעשר טבל למעשר הוחזק למעשר אסור לתרומה טבל לתרומה הוחזק לתרומה אסור לקודש טבל לקודש הוחזק לקודש אסור לחטאת טבל לחמור מותר לקל טבל ולא הוחזק כאילו לא טבל *בגדי עם הארץ מדרס לפרושין בגדי פרושין מדרס לאוכלי תרומה בגדי אוכלי תרומה מדרס לקודש בגדי קודש מדרס לחטאת יוסף בן יועזר היה חסיד שבכהונה והיתה מטפחתו מדרס לקודש יוחנן בן גודגדא היה אוכל על טהרת הקודש כל ימיו והיתה מטפחתו מדרס לחטאת: גמ' חולין ומעשר מי בעו נטילת ידים ורמינהי *התרומה והביכורים *חייבין עליהן מיתה וחומש ואסור לזרים והן נכסי כהן ועולין באחד ומאה וטעונין נטילת ידים והערב שמש הרי אלו בתרומה ובכורים מה שאין כן במעשר וכל שכן בחולין קשיא חולין אחולין קשיא מעשר אמעשר בשלמא מעשר אמעשר לא קשיא הא ר' מאיר והא רבנן דתנן *כל הטעון ביאת מים מדברי סופרים מטמא את הקודש ופוסל את התרומה ומותר לחולין ולמעשר דברי רבי מאיר וחכמים אוסרים במעשר אלא חולין אחולין קשיא לא קשיא כאן באכילה כאן בנגיעה מתקיף לה רב שימי בר אשי עד כאן לא פליגי רבנן עליה דרבי מאיר אלא באכילה דמעשר אבל בנגיעה דמעשר ובאכילה דחולין לא פליגי אלא אידי ואידי באכילה ולא קשיא כאן באכילה דנהמא (א) כאן באכילה דפירי *דאמר רב נחמן כל הנוטל ידיו לפירות הרי זה מגסי הרוח ת"ר הנוטל ידיו נתכוון ידיו טהורות לא נתכוון ידיו טמאות וכן המטביל ידיו נתכוון ידיו טהורות לא נתכוון ידיו טמאות והתניא בין נתכוון בין לא נתכוון ידיו טהורות אמר רב נחמן לא קשיא כאן לחולין כאן

רש"י

מתני' נוטלין לידים לחולין ולמעשר ולתרומה. די להן בנטילה דכלי שאין בו אלא רביעית מים: ולקודש מטבילין. אבל לאכול שלמים או חטאת ואשם לכהנים יש מעלה שצריך להטביל ידים בארבעים סאה ואע"פ שאינן אלא סתם ידים שלא נגעו בטומאה דאורייתא המטמאה את כל הגוף: ולחטאת. ליגע במי חטאת מים המקודשים באפר פרה להזות מהן על טמאי מתים יש מעלה יתירה שאם נטמאו ידיו בלחוד מן הדברים המטמאין את הידים ולא את הגוף כגון ולד הטומאה וכגון ספר וכל טומאות שהן מדברי סופרים: נטמא גופו. וכל הגוף צריך טבילה וכל מעלות הללו שזה גבוה מזה מדברי סופרים והאי דנקט להו הכא גבי הלכות הרגל לפי שיש בסופן הלכות רגל שעמי הארץ חשובין טהורים ברגל ולא בשאר ימות השנה בסוף חומר בקדש: טבל לחולין הוחזק לחולין. ועוד זו מעלה טבל לחולין הוחזק לחולין כלומר נתכוון לטבול לשם חולין: אסור למעשר. הוחזק לשון כוונה כלומר נתכוון להעמיד גופו בחזקת טהור לחולין: למעשר. למעשר שני הנאכל בירושלים: ולא הוחזק. לא נתכוון לשם טבילת טהרה אלא לרחיצה בעלמא: מדרס. אב הטומאה לטמא אדם וכלים כמדרס הזב שמטמאה אדם וכלים דכתיב ואיש אשר יגע במשכבו יכבס בגדיו (ויקרא טו): לפרושין. לאוכלי חוליהן בטהרה: לאוכלי תרומה. כהנים וכל אלו מעלות מדברי סופרים שאמרו שאין שמירת טהרתן של אלו חשובה שמירה אצל אלו ומתוך שהן אלו אצל אלו כאילו לא שמרוה גזרו בהן בבגדיהן שמא ישבה בהן אשתו נדה והרי הן מדרס הנדה הכי מפרש לה בפ' השוחט: גמ' בכורים. קרוין תרומה דאמר מר ותרומת ידך אלו הבכורים (מכות דף יז:) לכך הן כתרומה: חייבין עליהן מיתה. זר האוכלן מזיד דכתיב ומתו בו כי יחללוהו וסמיך ליה וכל זר לא יאכל קדש וכל הענין מדבר בתרומה: וחומש. האוכלו שוגג דכתיב ואיש כי יאכל קדש בשגגה ויסף חמישיתו עליו (ויקרא כב): ואסור לזרים. בלאו: והן נכסי כהן. לקדש בהן את האשה וליקח בדמיהן עבדים וקרקעות ובהמה טמאה: ועולין באחד ומאה. אבל בפחות אין עולין אלא כל החולין אסור לזרים: וטעונין רחיצת ידים. לפי שהשני עושה שלישי וידים גזרו עליהם טומאת שני לפיכך פוסלות את התרומה אם לא נטלן: והערב שמש. אם נטמא טומאה דאורייתא וטבל אינו אוכל בתרומה עד שיעריב שמשו ביבמות (דף עד:) ילפינן מקראי: מה שאין כן במעשר. אין מיתה ואין חומש [ואין] אסור לזרים שהרי כל עצמו נאכל לזרים וחומש שמוסיף בפדיונו לא איירי (ב) בחומש הכא כי האי גוונא דאין בתרומה פדיון ונכסי הדיוט נמי לא הוי לקנות בו עבדים וקרקעות דלא ניתן אלא לאכילה ושתיה וסיכה ואין טעון רחיצת ידים שאין השני פוסל בו לעשות שלישי ואינו טעון הערב שמש דקי"ל טבל ועלה אוכל במעשר ומקראי ילפינן לה ביבמות פרק הערל: כל הטעון ביאת מים מדברי סופרים. כל שהוא טהור מן התורה וחכמים גזרו עליו טומאה (ג) כל הנך דאמרי במסכת שבת בפ"ק (דף יג:) אלו פוסלין את התרומה האוכל אוכל ראשון והאוכל שני כו': מטמא את הקודש. כלומר נתנו עליהן טומאת שני לטומאה והשני מטמא את הקודש להיות קרוי טמא ופוסל (ד) עליהן עוד את הרביעי: ופוסל את התרומה. להיפסל היא עצמה אבל אינה פוסלת אחר לעשות רביעי: ומותר לחולין. לאכול חולין מדלא קתני ואינו פוסל את החולין ונקט לישנא דמותר אפילו לאוכלן משמע: באכילה. מתני' דמצריך נטילה באכילה קאמר: עד כאן לא פליגי כו'. (ה) דקתני אסור במעשר לשון אכילה היא דאי בנגיעת שני לא פסיל במעשר דשמעינן לר' מאיר דאמר מותר באכילה ואיפליג עליה באכילה דמעשר ואילו בחולין כולהו מודו דמותר אפילו באכילה ומתני' מני: כאן באכילה דפירי. הא דקתני מה שאין כן במעשר באכילה דפירי קאמר ומיהו בתרומה בעי נטילה שאפילו במגעו הוא [פוסל] דשני פוסל את התרומה: נוטל. בכלי: מטביל. בארבעים סאה: כאן

תוספות

קשיא חולין אחולין. ולא בעי למימר עד הפרק קאמר מה שאין כן במעשר דליסנא לא משמע ליה (ו): כאן באכילה וכאן בנגיעה. הקשה הר"י אלחנן מעשר למעשר נמי לישני הכי ולוקמי אפילו כרבנן ותירץ מורי דאף (ז) בנגיעה דמעשר נמי פליגי רבנן ואסרי לה וכן משמע בסמוך דקאמר עד כאן לא פליגי אלא באכילה דמעשר משמע דמעיקרא סד"א דבכל ענין פליגי וכן בפ' שני דחולין (דף לג: ושם) דקאמר ודלמא לא פליגי רבנן אלא באכילה דמעשר כו' משמע דדבר ברור אינו מיהו הוי מצי לאקשויי וליטעמיך מתניתין *דפ"ב פ"ק (דף יד) דתנן ואלו פוסלין את התרומה לא מיתוקמא כרבנן דמאי איריא תרומה אפילו מעשר נמי אלא לא חש לאקשויי ליה ומכח דההיא משמע דאמת הוא כי אתקפתא דרב שימי והא דנקט בפ"ב דחולין (דף לג: ושם) ודלמא לישנא קלילא הוא דלעולם אמת הוא בנגיעת מעשר ואכילת חולין לא פליגי דלכ"ע אין שני עושה שלישי (*בחולין) ואל תתמה היכי ס"ד דלרבנן לא בעי אכילת חולין נטילה וי"ל דאיירי בפירי דלא בעו נטילה: הא בנהמא הא בפירי. והשתא לא הוצרך לתרץ תו גבי מעשר הא רבי מאיר והא רבנן והוא הדין דמצי למימר הא באכילה (ח) הא בנגיעה אלא כולה באכילה עדיפא ליה: הנוטל ידיו לפירות. וכי אמר בפ' כיצד מברכין (ברכות דף מג.*) אורחין שהיו מסובין לשתות אצל בעל הבית נוטלין כל אחד ידו אחת התם משום נקיות הוי וכן משמע לישנא דידו אחת דקתני: כאן לחולין כאן למעשר. משמע דאם לא כוון למעשר לא מהני וכ"ש בתרומה והקשה הר"ר אלחנן דאמר בפ' אלו דברים בברכות (דף נב:) ב"ש אומרים נוטלים את הידים ואח"כ מוזגין את הכוס שאם ימזגו את הכוס שמא יגע במשקים שאחורי הכוס והשתא אפילו נוטלן נמי כיון דלא מהניא הך נטילה לתרומה הויא ליה פוסל את התרומה ותנן *)כל הפוסל את התרומה מטמא משקין להיות תחלה ותירץ דכיון דנטל ידיו לחולין לא פסיל תרומה והכי משמע דאי לא תימא הכי אין לך אדם אף חבר אוכל חולין בטהרה שלא יטמא משקין:

*) [פרה פ"ח מ"ז פסחים יד:]

עין משפט נר מצוה

כב א מיי' פי"א מהלכות ברכות הלכה א סמג עשין כז טוש"ע א"ח סי' קנח סעיף א: כג ב מיי' פי"א מהלכות תרומות הלכה ז ופ"ב מהלכות אבות הטומאות הלכה ח ופי"א מהלכות מקואות הלכה יא: כד ג מיי' שם הלכה ז סמג עשין רמז: כה ד מיי' פי"ג מהלכות פרה אדומה הלכה ד: כו ה מיי' פי"ג מהלכות אבות הטומאות הל' ב: [דובין פ"ב מ"ג ומייתי לה שבת פ"ק יג. כל"ג] כז ו מיי' שם ופי"א מהל' מקואות הלכה ח ופי"ג מהלכות אבות הטומאות הלכה ב: כח ז מיי' פי"ב מהל' אבות הטומאות הלכה א ופי"א מהלכות משכב ומושב הלכה א: כט ח מיי' פי"ג מהל' אבות הטומאות שם: [צ"ל למעשר] ל ט מיי' שם ופי' י"ב שם הלכה ד: לא י מיי' פי"ג מהלכות אבות הטומאות שם ופי"ג מהלכות פרה אדומה הלכה ב: לב כ מיי' פי"ג מהל' פרה אדומה שם: לג ל מיי' פ"ו מהלכות תרומות הלכה ו ופ"ג מהלכות בכורים הלכה א: [וע"ש תוס' ד"ה כל אחד ותוס' פסחים קטו. ד"ה כל שטיבולו] לד מ מיי' פ"ו מהל' תרומות שם ופי' הלכה א: לה נ מיי' שם הלכה ה ופ"ד מהלכות בכורים הלכה טו: לו ס מיי' פ"ד מהלכות בכורים הלכה יד: לז ע מיי' פי"ג מהלכות תרומות הלכה א ופ"ד מהל' בכורים הלכה טו: לח פ מיי' פי"א מהל' תרומות הלכה ב: לט צ מיי' שם הלכה ב ופ"ג מהלכות מעשר שני הלכה יא: מ ק מיי' פ"ג מהלכות מעשר שני הלכה א והלכה יז והלכה כד וכ"ז שם הלכה א: מא ר ש מיי' פי"א מהל' תרומות הלכה ז ופ"ו מהלכות ברכות הלכה א סמג עשין כז טוש"ע א"ח סי' קנח סעיף א: מב ת מיי' פ"ו מהלכות ברכות הלכה ג טוש"ע שם סעיף ב: מג א בב מיי' פי"ג מהל' שאר אבות הטומאות הלכה ב ופ"ט מהלכות מקואות הלכה יז טוש"ע א"ח סי' קנט סעיף יג:

מסורת הש"ס

[פרה פי"ב מ"ז] חולין לג: [חולין לג. נדה נג: ועי' תוס' לקמן יט: ד"ה בגדי] בכורים פ"ב מ"א יבמות עג. ב"מ נג: פרה פי"א מ"ה סוטה ל. חולין לג: ברכות מד. חולין קו.

הגהות הב"ח

(א) גמ' באכילה דנהמא כאן. נ"ב [וכרבנן] דכרבנן מאיר לא מיתוקמא דאילו [לרבנן] אפי' באכילה דפירי אוסרין (ב) רש"י ד"ה מה שאין כן וכו' לא איירי בחומש הכא כי האי גוונא: (ג) ד"ה כל הטעון וכו' טומאה כגון כל הנך: (ד) ד"ה מטמא וכו' ופוסל עוד את הרביעי כצ"ל ותיבת עליהן נמחק: (ה) ד"ה עד כאן לא פליגי כו' בע"כ הא דקתני אסור וכו' מדשמעינן לר"מ: (ו) תוס' ד"ה קשיא וכו' לא משמע ליה הכי הס"ד: (ז) ד"ה כאן וכו' דבנגיעת דמעשר וכו' נטילה די"ל לומר דאיירי: (ח) ד"ה הא בנהמא וכו' הא באכילה. נ"ב [פי' מתניתין באכילה] דנהמא טעלין לחולין [והא דבכורים] בנגיעה [לא] אין נוטלין אף למעשר וכ"ש לחולין וכר"מ מתוקמא אפילו כי מוקים לה כולה באכילה [לא] אלא לר"מ:

רבינו חננאל

מתני' נוטלין לידים לחולין ולמעשר כו'. פי' נוטלין לידים לחולין ולמעשר אבל לתרומה ולקדש מטבילין כך סוגיא דשמעתא. [חולין ומעשר מי] בעו נט"י והתנן' התרומה והבכורים טעונין רחיצת ידים מה שאין כן במעשר ושנינן הא לר' מאיר היא דתני בענין מי שטעון ביאת מים מדברי סופרים כגון רחיצת ידים מותר בחולין ובמעשר ומתניתין דלא כר' מאיר אלא כחכמים דפליגי עליה ואסרי במעשר ומקשינן והא אפילו חכמים דפליגי על ר' מאיר לא פליגי אלא במעשר דתנן וחכמים אוסרין במעשר ומותר בחולין בנגיעה ולא באכילה *) דחולין אפי' ר' מאיר מודה דצריך נטילה ומתניתין באכילה דחולין דברי הכל וכ"ש למעשר. ודחינן להא שנויה הכי וממאי כדקאמרת דלמא לא פליגי רבנן וחכמים אלא אאכילה דמעשר דר' מאיר מתיר וחכמים אוסרים אבל אנגיעה דמעשר ואכילה דחולין דברי הכל שרו ושנינן שנוי' אחריתי. מתני' באכילה דנהמא ולדברי הכל בעי נטילה. והא דקתני מותר בחולין ואוקימנה לדברי הכל באכילה דפירי דלא בעו רחיצת ידים כדאמר בפרק כל הבשר אסור לבשל בחלב. הנוטל ידיו לפירות הרי זה מגסי הרוח: ת"ר הנוטל ידיו נתכוון ידיו טהורות לא נתכוון ידיו טמאות וכן המטביל ידיו כו'. ירושלמי כל הן דתנינן מטבילין במ' סאה. ותניא איידך אע"פ שלא נתכוון ידיו טהורות. קשיין אהדדי ושנינן הא דתניא בעינן כוונה למעשר. ואידך דלא בעי כוונה לחולין

*) נראה דצ"ל ובאכילה דחולין אפילו ר"מ מודה וכו'.

Continuation of translation from previous page as indicated by ◁

may incur the penalty of death,[3] or [a fine of] an [added] fifth,[4] and they are prohibited to non-priests[5] and they are the property of the priest,[6] and are neutralized in one hundred and one [parts],[7] and require rinsing of the hands,[8] and sunset;[9] these [rules] apply
c to *terumah* and first fruits but not to [Second] Tithe.[1] How much less then to unconsecrated food. Thus there is a contradiction in regard to [Second] Tithe and a contradiction also in regard to unconsecrated food! Granted that in regard to [Second] Tithe [it can be shown that] there is no contradiction: the one [Mishnah][2] is according to R. Meir and the other is according to the Rabbis. For we have learnt: Whosoever requires immersion by enactment of the Scribes[3] defiles hallowed things[4] and invalidates *terumah*,[5] *but is permitted*[6] [to eat] unconsecrated food and [Second] Tithe—this is the view of R. Meir; but the Sages prohibit in the case of [Second] Tithe. In regard to unconsecrated food, however, there is a contradiction!—There is no contradiction: the one case[7] refers to eating [unconsecrated food] and the other to touching [it]. To this R. Shimi b. Ashi demurred: The Rabbis differ from R. Meir only in regard to the eating of [Second] Tithe, but in regard to the touching of [Second] Tithe and the eating of unconsecrated food they do not differ![8]—Both [Mishnahs], therefore, must refer to eating; but there is no contradiction: the one[9] refers
d to the eating of bread, the other[1] refers to the eating of fruit. For R. Naḥman said: Whosoever rinses his hands for fruit belongs to the haughty of spirit.[2]

Our Rabbis taught: He who raises his hands, if he did so with intention,[3] his hands are [levitically] clean; but if he did so without intention, his hands are unclean. Similarly one who bathes[4] his hands, if he did so with intention, his hands are clean, but if he did so without intention his hands are unclean.—But behold it is taught: Whether he did it with intention or without intention, his hands are clean!—R. Naḥman answered: There is no contradiction: the one [statement][5] refers to unconsecrated food, [19a]

(3) I.e., if a non-priest eats thereof of set purpose; v. Lev. XXII, 9, 10, the context of which refers particularly to *terumah*. Cf. also Ḥul. I, 9. (4) I.e., if a non-priest eats thereof in error he must not only pay the value of the amount consumed but must also add thereto a fifth of the value by way of fine; v. ibid. v. 14. This fifth is not analogous to the added fifth that must be paid in redeeming Second Tithe in order that the produce may be eaten outside Jerusalem and the redemption money spent in food and drink in Jerusalem: hence the Mishnah excludes Second Tithe from all these rules. (5) I.e., by a prohibitory law of the Torah. (6) I.e., he may sell them and purchase with the money whatever he desires, e.g., land, slaves, unclean animals etc.; or he may betroth a woman therewith. (7) E.g., if one *se'ah* of *terumah* fell into one hundred *se'ahs* of unconsecrated produce making one hundred and one in all, any one *se'ah* may be taken out and given to a priest and the rest is permitted to a non-priest. But if there are not at least one hundred *se'ahs* of *terumah* the whole produce becomes prohibited to non-priests. (8) The hands are considered, by Rabbinic enactment, to suffer levitical impurity in the second degree, and therefore, unless washed, can invalidate *terumah* by defiling it with impurity in the third degree. (9) If a priest became unclean through some defilement mentioned in the Torah, he not only requires ritual immersion, but he must also wait till sunset before he may partake of *terumah*. V. Yeb. 74b.

c (1) Here the Mishnah ends, excluding explicitly from the above rules, which include the rinsing of the hands, Second Tithe and also by obvious implication—as the Gemara goes on to point out—ordinary food. (2) I.e., the latter. (3) I.e., although ritually clean from the point of view of the Biblical law. This category includes those who eat or drink what is unclean; vessels that have touched unclean liquids; and the hands: these are all unclean in the second degree. V. Zab. V, 12 and Shab. 14b. (4) Being impure in the second degree he is able to impart impurity to hallowed things in the third degree: in turn the hallowed things are capable of disqualifying in the fourth degree. (5) The *terumah* becomes itself disqualified but cannot disqualify anything else. (6) This positive expression (as opposed to the negative formula 'but does not disqualify') implies permission to *eat* as well as touch. (7) I.e., our Mishnah, which requires rinsing of the hands for ordinary food. (8) V. *supra*, n. 6; similarly the phrase, 'but the Sages prohibit', refers only to eating Second Tithe but not to touching it. But regarding unconsecrated food there is no dispute: even the Sages agree that it may be eaten without rinsing of the hands. The original question, therefore, remains: the Mishnahs contradict one another! (9) Our own Mishnah, which requires rinsing of the hands for unconsecrated food.

d (1) The second Mishnah quoted, which excepts Second Tithe (and consequently unconsecrated food) from rinsing of the hands and the other regulations applying to *terumah* and first fruits. (2) I.e., is affectedly or ostentatiously scrupulous. (3) Cf. our Mishnah *supra* n. a1. (4) I.e., in a ritual bath containing at least forty *se'ahs* of water: this represents a higher degree of purification. (5) I.e., the second Baraitha, which does not require intention.

the other to [Second] Tithe.—And whence do you infer that unconsecrated food does not require intention?[6]—For we have learnt: If a wave was sundered [from the sea] and contained forty *se'ahs*[7] and it fell upon a person or upon vessels [that were unclean], they become clean. Thus a person is likened to vessels: just as vessels have no intention[8] so too [the Mishnah] speaks of a person who had no intention. But why so? Perhaps we are dealing with a case where one was sitting and waiting for the wave to become sundered, and so vessels are likened to a person; just as a person is capable of intention, so too in the case of the vessels one had intention with regard to them! And should you say: If it is a case of one who sits and waits [for the wave to be sundered], what need is there to teach it?[9] [I will answer]: You might have thought it should be prohibited, as a preventive measure, [to bathe in a detached wave] lest one come to bathe in a torrent of rainwater,[10] or that we ought to prohibit, as a pre-
a ventive measure, [immersion in] the ends[1] [of the wave] on account of the crest,[2] therefore [the Mishnah] teaches us that we make no such prohibition.—(And whence do you infer that one may not immerse [vessels] in the crest [of the wave]?—For it is taught: One may immerse [vessels] in the ends [of the wave] but not in the crest, because one may not immerse in the air.)[3]—Rather [is it[4] to be inferred] from that which we have learnt: If produce fell into a channel of water, and one whose hands were unclean put out [his hands] and took it, his hands became clean[5] and [the law], *If [water] be put on*,[6] does not apply to the produce;[7] but if [he did so] in order that[8] his hands should be rinsed, his hands become clean, but [the law], '*If [water] be put on*', applies to the produce.[9]

Rabbah[10] put an objection to R. Naḥman: IF ONE BATHED FOR UNCONSECRATED [FOOD], AND INTENDED TO BE RENDERED FIT SOLELY FOR UNCONSECRATED [FOOD], ONE IS
b PROHIBITED FROM [PARTAKING OF SECOND] TITHE.[1] [Thus] if one intended to be rendered fit [therefor], one may [eat unconsecrated food], but if one did not intend to be rendered fit [therefor], one may not [eat unconsecrated food]![2]—This is the meaning: Even though one had *intention* for unconsecrated, one is still prohibited from [partaking of Second] Tithe.[3]

He put [another] objection to him: IF ONE BATHED, BUT WITHOUT SPECIAL INTENTION, IT IS AS THOUGH ONE HAD NOT BATHED. Surely it means that he is as though he had not bathed at all![4]—No, [it means that] he is as though he had not bathed for [Second] Tithe, but did bathe for unconsecrated food. He[5] thought [at first] that he[6] was merely putting him off,[7] [but] he went forth, examined [the matter] and found that it is taught: If one bathed, but without special intention, one is prohibited [from partaking of Second] Tithe, but one is permitted [to partake of] unconsecrated [food]. ◁

(6) On immersion. (7) The minimum quantity required for ritual immersion. For *se'ah*, v. Glos. (8) On being immersed. (9) I.e., since the immersion was intentional, the case is ritually quite normal and requires no specific mention. (10) Rashi gives two reasons for the unsuitability of a torrent of rainwater, containing forty *se'ahs*, for ritual immersion; (*a*) since the water flows down a steep incline, the forty *se'ahs* cannot be regarded as being in one place or connected (v. Ṭoh. VIII, 9), and consequently the bather does not immerse himself in forty *se'ahs* of water at one and the same time; (*b*) rain-water can be used for immersion only in the form of a stagnant pool but not when it forms a flowing current (v. Sifra to Lev. XI, 36).

a (1) Lit., 'heads' i.e., the lower part of the wave as it reaches the ground. (2) Lit., 'arches, bows' i.e., caps of a wave, billow-crests, surf. (3) Though the ends of the wave have touched the ground, the crest of the wave is regarded as still being suspended in the air, and consequently may not be used for immersion, for no immersion may take place in the air. (4) That no intention is required for unconsecrated food. (5) Though the person's intention was solely to take out the produce and not to purify the hands. Thus it is seen that unconsecrated food does not require intention. (6) Lev. XI, 38. (7) I.e., the produce does not become, through contact with the water, susceptible to defilement in accordance with law referred to in the verse. Only when the owner is pleased with the wetting of the produce does it become susceptible to defilement (v. Ḳid. 59*b*), which is not the case here. The Mishnah text (Maksh. IV, 7) reads 'are clean' for 'the law, "If water be put on", does not apply to the produce'. (8) The Mishnah text reads: 'he purposed, intended' for 'in order that'. (9) Since he took the produce out of the water with the purpose of cleansing his hands, it is clear that he is pleased with the wetting of the produce, for he benefits by it; consequently, the produce becomes susceptible henceforward to defilement. (10) Var. lec. Raba.

b (1) The Hebrew here is identical with the Mishnayoth version, which differs very slightly from our own Mishnah reading. (2) This shows, apparently, that intention is required even for unconsecrated food. (3) But actually unconsecrated food does not require intention. (4) I.e., he is not rendered fit even for unconsecrated food. (5) I.e., Rabbah. (6) I.e., R. Naḥman. (7) I.e., with casuistical arguments, which, in point of fact, were untrue.

◁ *For the continuation of the English translation of this page see overleaf.*

מסורת הש"ס

עין משפט נר מצוה

מד א מיי' פ"ט מהל' מקואות הלכה יז סמג עשין רמח:
מה ב מיי' שם הל' יח סמג שם:
מו ג מיי' פי"ב מהל' טומאת אוכלין הל' י סמג עשין רמו:
מז ד מיי' פ"א מהל' מקואות הלכה יב:
מח ה מיי' שם פ"ח הל' יב טוש"ע י"ד סי' רא סעיף סג:
מט ו מיי' שם הל' ח טוש"ע שם סעיף ס:

כאן למעשר ומנא תימרא דחולין לא בעו כוונה דתנן *גל שנתלש ובו ארבעים סאה ונפל על האדם ועל הכלים טהורין קתני אדם דומיא דכלים מה כלים דלא מכווני אף אדם דלא מכוין וממאי דלמא ביושב ומצפה אימתי יתלש הגל עסקינן וכלים דומיא דאדם מה אדם דבר כוונה אף כלים דמכוין להו וכי תימא ביושב ומצפה מאי למימרא סלקא דעתך אמינא ליגזור דלמא אתי למיטבל בחרדלית של גשמים א"נ נגזור ראשין אטו כיפין קמ"ל דלא גזרינן ומנא תימרא דלא מטבילין בכיפין דתניא *מטבילין בראשין ואין מטבילין בכיפין לפי שאין מטבילין באויר אלא מהא דתנן *פירות שנפלו לתוך אמת המים ופשט מי שידיו טמאות ונטלן ידיו טהורות ופירות אינן בכי יותן ואם בשביל שיודחו ידיו ידיו טהורות והפירות הרי הן בכי יותן איתיביה רבה לרב נחמן הטובל לחולין והוחזק לחולין אסור למעשר הוחזק אין לא הוחזק לא ה"ק אע"פ שהוחזק לחולין אסור למעשר איתיביה טבל ולא הוחזק כאילו לא טבל מאי לאו כאילו לא טבל כלל לא כאילו לא טבל למעשר אבל טבל לחולין הוא סבר דחי קא מדחי ליה נפק דק ואשכח דתניא טבל ולא הוחזק אסור למעשר ומותר לחולין אר"א טבל ועלה מחזיק עצמו לכל מה שירצה מיתיבי עודהו רגלו אחת במים הוחזק לדבר קל מחזיק עצמו לדבר חמור עלה שוב אינו מחזיק מאי לאו אינו מחזיק כלל לא עודהו אע"פ שהוחזק מחזיק עלה אם לא הוחזק מחזיק ואם הוחזק אינו מחזיק מאן תנא עודהו רגלו אחת במים א"ר פדת ר' יהודה היא דתנן* מקוה שנמדד ויש בו ארבעים סאה מכוונות וירדו שנים וטבלו זה אחר זה הראשון טהור והשני טמא אמר רבי יהודה אם היו רגליו של ראשון נוגעות במים אף השני טהור אמר רב נחמן אמר רבה בר אבוה מחלוקת במעלות דרבנן אבל מטומאה לטהרה דברי הכל [א] (אף) השני טמא והיינו דרבי פדת איכא דאמרי אמר רב נחמן אמר רבה בר אבוה מחלוקת מטומאה לטהרה אבל במעלות דרבנן דברי הכל אף השני טהור ופליגא דרבי פדת אמר עולא (א) בעי מיניה מרבי יוחנן רבי יהודה מהו להטביל מחטין וצינוריות בראשו של ראשון גוד אחית אית ליה לרבי יהודה גוד אסיק לית ליה או דלמא גוד אסיק נמי אית ליה א"ל תניתוה *שלש גממיות בנחל העליונה התחתונה והאמצעית העליונה והתחתונה של עשרים עשרים סאה והאמצעית של ארבעים סאה והרדלית של גשמים עוברת ביניהן רבי יהודה אומר מאיר היה אומר מטביל בעליונה והתניא רבי יהודה אומר מאיר

נגזור אטו חרדלית· פרש"י שיורדת מהר גבוה ויש בה מ' סאה ולא עלתה שם טבילה דקטפרס אינו חיבור והר"ר פי' וכן כתוב בכמה פירושים של רש"י דפסול מטעם דאין מקוה מטהר בזוחלין אלא באשבורן כדתניא בת"כ ומיהו אומר הר"ר אלחנן ע"כ טעם ראשון עיקר מדגזרינן בגל של ים דאי משום זחילה (ב) אז בגל של ים מהני אי לא מוקמינן לה כר' [מאיר] דאמר במס' מקואות (פ"ה מ"ד) כל הימים כמקוה והיה קשה למורי מאי קאמר משום חרדלית של מי גשמים הא בגל של ים נמי לא מהני כדתנן ב"ה אומרים אין מטבילין בחרדליה ומשמע דבכל חרדלית איירי מדלא הוזכר ליה בהדיא גשמים ולפי ראשון ניחא ומיהו הכתי יש להקשות דקטפרס הוה חיבור לענין מקואות כדפירש הר"י ואם כן למה לא מהני ולאו הוה טעמא משום זחילה יתקן עפי:

לא כאילו לא טבל למעשר· ורבותא דמתני' משום חולין הויא דמהניא אף בלא כוונה דלאו משום מעשר אף כי הוחזק לחולין קתני רישא דלא מהני הר"ר אלחנן ועוד י"ל דאי משום רישא הייתי אומר דטפי עדיף לא הוחזק כלל למעשר מהוחזק לחולין דהא עקר דעתו לגמרי ממעשר:

טבל ועלה כו' ועודהו לא ובכמה ספרים כתיב בהדיא לא:

רבי יהודה אומר מאיר היה אומר מטבילין בעליונה· ל"נ רש"י מכלל דר"י כו' והכי פירש מטבילין בעליונה מטעם גוד אסיק וכ"ש גוד אחית ולא פליג עליה רבי יהודה מדלא קתני ליה ואני חולק עליו והא תניא רבי מאיר אומר בין בעליונה בין בתחתונה ואני אומר בתחתונה ולא בעליונה וכו' ולשון הכתוב בספרים אין להעמידה דה"כ מתנייתא קשין אהדדי ומאי חזית דלייתי לברייתא כלזה פרש"י ומיהו יש לייבב גירסת הספרים (ג) וכן היא הגנת הגי' בפר"ח ר' יהודה אומר ר' מאיר היה אומר בתחתונה ולא בעליונה דאית ליה גוד אחית ולא גוד אסיק מכלל דר' יהודה אית ליה גוד אסיק דמדקאמר רבי מאיר אומר משמע דלאו הוא מודה לו ופריך והתניא ר' יהודה אומר ר"מ אומר בין בתחתונה בין בעליונה ואני אומר בתחתונה ולא בעליונה אלמא לית ליה גוד אסיק ומתני' אהדדי לא קשין דקמייתא דר"י אומר מאיר אומר ולא בעליונה הייתו לפי דעתו של רבי יהודה אבל לסברא של ר"מ אף בעליונה· בשם מורי בתחתונה

כאן למעשר· בעי כוונה וכ"ש בתרומה: הכי גרסינן מה כלים דלא מיכווני אף אדם נמי דלא מיכוון: חרדלית· שטופפת ויורדת ממקום גבוה ויש בה ארבעים סאה והטובל בה לא עלתה לו טבילה משום דמקום קטפרס הוא מקום זקוף יותר מדאי ומ' סאה שבו אינן במקום אחד ותנן הגלוק והקטפרס אינו חיבור (טהרות פ"ח מ"ט) ולאו אם אינו קטפרס נמי אין טובלין בו לפי שאין מי גשמים מטהרים דרך זחילתן עד שיהו נקוין דרך אשבורן דתניא בת"כ אי מה מעיין מטהר בזוחלין אף מקוה מטהר בזוחלין ת"ל אך מעין ובור מקוה מים יהיה טהור (ויקרא יא) המעיין מטהר בזוחלין והמקוה באשבורן ורביתו הוי גרים הרדלית: ראשין· אחד מראשי הגל כשהוא מגיע לארץ: כיפין· אמצעיתו של גל שעומד באויר כמין כיפה ואם הושיט כלים למעלה והטבילן בכיפה אינה טבילה כדמפרש ואזיל: שאין מטבילין באויר· שלא אמרה תורה מקוה של אויר לטבילה: ידיו טהורות· אע"פ שלא נתכוון: ופירות אינן בכי יותן: דבעינן נמי הכשר יותן דומיא דכי יתן דניחא ליה: ואם בשביל שיודחו ידיו· נתכוון ליטול פירות הרי הוא בכי יותן ומקבלין טומאה מעכשיו וכיון דנתכוון להדיח ידיו גלי דעתיה דניחא ליה בהך נפילה שעל ידיה הדיח ידיו: הוחזק אין· אם נתכוון הוא דהויא טבילה לחולין: טבל ועלה מן המים: מחזיק עצמו· בטבילה שטבל כבר לכל מה שירצה: מאי לאו אינו מחזיק כלל· כלומר בין שהחזיק עצמו בשעת טבילה בדבר קל בין שלא החזיק עצמו לכלום שוב אינו מחזיק: אם לא הוחזק· לשום דבר שטבל סתם מחזיק לכל מה שירצה אבל אם הוחזק לקל אינו מוחזק לחמור דהא איתחזיק ליה לדבר קל: מאן תנא· דמשום עודהו במים חשיב ליה כתחילת טבילה ואע"פ שהוחזק מחזיק: והשני טמא· שהרי חסר השיעור במים שעל הראשון: מחלוקת· דרבי יהודה ורבנן כשהיתה טבילתו בשביל אחת ממעלות של חכמים כגון האונן והמחוסר כפורים שצריכין טבילה לקודש ואינו טמא טומאה דאורייתא בההיא קאמר רבי יהודה דמהני ליה רגליו של ראשון נוגעות במים דאמרינן גוד אחית מים שעליו כאילו הן במקוה: והיינו דרבי פדת· דאוקי לעיל הא דעודהו כרבי יהודה ולא כרבנן אלמא לרבנן אפי' לגבי מעלות לא מהני עודהו דהא חזקה דאמר הוחזק לקל אסור לחמור מעלות ניהו: איכא דאמרי כו'· הכא גרסי' ופליגא דר' פדת דאילו לרב נחמן הא דעודהו הוחזק לקל הוחזק לחמור דברי הכל הוא דהא לא פליגי רבנן עליה דר"י אלא מטומאה דאורייתא לטהרה: צינורות· שטוין בו זהב ועשוין כמין מזלג קטן מאד: בראשו של ראשון· בעודו במים: גממיות· גומות בנחל שיפולי הריס שקורין וולור"א בלע"ז וכן נחל איתן נחל ארנון תחתונה עליונה ואמצעית שנחל מדרון משופע הוא: עוברת ביניהן· ומחברתן: ה"ג

חולין לא. מקואות פ"ה מ"ו

חולין לא: [תוספתא דמקואות פ"ד] חולין שם מכשירין פ"ד מ"ז

מקואות פ"ז מ"ו גיטין טז. פ"ש

תוספתא פ"ג דמקואות

הגהות הב"ח

(א) גמ' אמר עולא בעיא מיניה וכו' ואמר לי תניתוה: (ב) תוס' ד"ה נגזור וכו' דאי משום זחילה לא בגל ים וכו' כדתנן פ"ה דמקואות בים הלל: (ג) ד"ה ר' יהודה וכן היא בפסקא וכו' בפר"ח וכו' לא קשיין הלא דקא מייתי:

הגהות הגר"א

[א] גמ' דברי הכל השני טמא כצ"ל ותיבת אף · נמחק:

רבינו חננאל

ומנא לן דלחולין לא בעינן כוונה דתנן גל שנתלש ובו מ' סאה ונפל על האדם ועל הכלים טהורים ואמרינן אדם דומיא דכלים מה כלים לא בעי כוונה אף אדם לא בעי כוונה ונדחת דאית לן לאוקומה במתכוין היכי דמי ביושב ומצפה מתי יתלש הגל. וכי תימא אי הכי מאי למימרא הא קא מיכוין אצטריך סד"א נגזור גל שנתלש ושתי ראשין מעורבין במי הים אטו חרדלית שהן מי גשמים אי נמי מהו דתימא נגזור ראשים אטו כיפים פי' אמצעית הגל העשוי כמין כיפה שחלקתו הרוח מן הים והפריחתו כמו באויר שאין טבילה עולה בהן. כדתנן מטבילין בראשים ואין מטבילין בכיפים קמ"ל דלא גזרינן ראשים אטו כיפים אלא מהא דתנן פירות שנשרו לתוך אמת המים ופשט מי שידיו טמאות ונטלן ידיו טהורות הנה בלא מתכוון כדי להטביל ידיו וקתני טהרו ש"מ לא בעינן כוונה ואסיקנ' מהא דלא בעינן כוונה לחולין דתניא טבל ולא הוחזק מותר בחולין ואסור במעשר. א"ר אלעזר טבל ועלה מחזיק עצמו לכל מה שירצה. ומותבינן עליה והתנינן עודהו רגלו במים הוחזק לדבר הקל מחזיק עצמו לדבר חמור. פי' אם הוחזק למעשר ועודהו רגליו במים מחזיק עצמו בתרומה עלה שוב אינו מחזיק. קשיא לר' אלעזר דאמר אפילו עלה מחזיק עצמו לכל מה שירצה. ופריק הא דתני עלה שוב אינו מחזיק בשכבר הוחזק לדבר ידוע ועודהו במים וכי אמינא אנא דמחזיק עצמו לכל מה שירצה. כשעלה סתם ועדיין לא הוחזק והוחזק עתה. מאן תנא עודהו רגלו במים אע"פ שהוחזק חוזר ומחזיק א"ר פדת ר' יהודה היא דתנן מקוה שיש בו מ' סאה מכוונות וירדו שנים וטבלו זה אחר זה הראשון טהור והשני טמא ר"י אומר אם היו רגליו של ראשון נוגעות במים אף השני טהור אמר רב נחמן אמר רבה בר אבוה מחלוקת ר' יהודה ות"ק דפליג עליה ואמר השני טמא בעולה מטומאה לטהרה. אבל במעלות דרבנן בין חולין למעשר לתרומה לקדש ולחטאת להחזיק עצמו מן הקל לחמור *) ולפיכך תני אף השני טהור ופליגא דר' פדת דאוקמה לר' יהודה במעלות דרבנן מכלל דת"ק פליג עליה דהא דתניא עודהו רגלו במים הוחזק לדבר הקל כו' במעלות דרבנן הוא· איכא דאמרי אמר רב נחמן אמר רבה בר אבוה מחלוקת במעלות דרבנן ור' יהודה מטהר השני אבל מטומאה לטהרה דברי הכל השני טמא והיינו דר' פדת דאוקמה להא ברייתא כר' יהודה. אמר עולא בעאי מיניה דר' יוחנן מהו להטביל אליבא דר' יהודה מחטין וצינורות בראשו של ראשון גוד אחית אית ליה לר' יהודה ורואה כי המים שהן בגופו של ראשון יורדין במקוה וכאילו מעכשיו ישנן בתוך המקוה אבל גוד אסיק לית ליה שאין אומרים ראה כאלו מי המקוה נקיים ועומדים בראשו של ראשון או גוד אסיק נמי אית ליה וא"ל ר' יוחנן ת"ש נחל שיורד ממעלה למטה ויש בו ג' גממיות פי' ג' חפירות כל אחת למטה מחברתה וגומא העליונה והתחתונה של עשרין עשרין סאה ואמצעית של מ' סאה פי' הוצרך לומר והאמצעית של מ' כדי להכשיר הרדלית של גשמים שעוברת ביניהן ומצרפו שכל מקוה שהוא פחות ממ' סאה מי גשמים פוסלין אותו וחרדלית של גשמים עוברת ביניהן. ר' יהודה אומר מאיר היה אומר מטבילין בתחתונה דאלמא אמרינן גוד אחית ולא אמרינן גוד אסיק מדקתני ר' יהודה מאיר היה אומר מטבילין **) בין בתחתונה לאו מכלל דר' יהודה סבר חלופו ואומר מטבילין אף בעליונה אלמא גוד אסיק נמי

*) לכאורה צ"ל דברי הכל אף השני טהור. **) עי' בתוס' בד"ה ר"י גירסת רבינו בכאן.

Continuation of translation from previous page as indicated by ◁

R. Eleazar said: If a man bathed and came up,[8] he may intend to be rendered fit for whatever he pleases. An objection was raised: If he still has one foot in the water, and he had intended to be rendered fit for something of lesser [sanctity], he may intend to be rendered fit for something of higher [sanctity]; but once he has come up he can no longer have intention. Surely [it means that] he can no longer have any intention at all![9]—No, [it means that] if he still [has one foot in the water] even though he intended to render himself fit [for a lesser degree of sanctity], he may still intend to render himself [fit for a higher degree of sanctity];[10] but once he has come up, if he had no intention to be rendered fit [for anything at all], he may now intend to be rendered fit, but if he had intention to be rendered fit [for any particular degree of sanctity] he may no longer intend to be rendered fit [for any
c higher degree of sanctity].[1]—Who is the author of the teaching: 'If he still has one foot in the water etc.'?[2] R. Pedath said: It is according to R. Judah. For we have learnt: If an immersion pool was measured and found to contain exactly forty *se'ahs* [of water], and two persons went down and immersed themselves therein one after the other, the first person is clean, but the second is unclean.[3] R. Judah said: If the feet of the first person were [still] touching the water [when the second person immersed himself], the second person is also clean.[4] R. Naḥman said that Rabbi b. Abbuha said: The dispute[5] concerns [only] the Rabbinical degrees [of purity],[6] but in a case of purification from [real] uncleanness,[7] all would agree that the second person remains unclean. This then is in agreement with the view of R. Pedath.[8] Another version is: R. Naḥman said that Rabbi b. Abbuha said: The dispute concerns purification from [real] uncleanness, but in regard to the Rabbinical degrees [of purity], all would agree that the second person too becomes clean. Thus he differs from the view of R. Pedath.[9]

'Ulla said: I asked R. Joḥanan: According to R. Judah, is it permissible to immerse needles and hooks in the [wet] head of
d the first [bather]?[1] Does R. Judah accept [only] the principle of connecting downward,[2] but not of connecting upward;[3] or, perhaps, R. Judah accepts the principle of connecting upward as well?—He replied: Ye have learnt it; If a wady has three depressions, one at the top, one at the bottom and one in the middle, the one at the top and the one at the bottom containing twenty *se'ahs* each and the middle one forty *se'ahs*, and a torrent of rainwater passes between them,[4] R. Judah says: Meir used to say:

(8) I.e., left the water completely. Some texts known to Tosaf. actually added the words, 'and is still wet'; but in any case it has to be understood in this sense. (9) I.e., no new intention of his is of any effect. (10) I.e., he may now decide for which degree of sanctity he wishes the immersion to serve.

c (1) For with the completion of immersion the first intention becomes effective. (2) V. *supra* (end). (3) Inevitably some water clings to the body of the first bather; consequently the second bather immerses himself in less than the prescribed minimum of forty *se'ahs* of water. (4) On the principle that the water 'connects downward' (v. *infra* n. 2), i.e., since the feet of the first bather are still in the immersion pool, the water on his body is regarded as forming part of the water in the pool, thus helping to restore the required volume of forty *se'ahs*. (5) I.e., between R. Judah and the Rabbis. (6) E.g., the specific degrees of purity discussed in our Mishnah. (7) I.e., defilement according to the law of the Torah. (8) Who explains the Baraitha, 'If he still has one foot etc.' to be according to R. Judah and not the Rabbis: thus he holds that the Rabbis reject the principle of 'connecting downward' even in regard to the Rabbinical degrees of purity, for the whole question of intention in regard to any specific degree of purity is based on Rabbinic enactment. (9) For according to R. Naḥman, the Baraitha 'If he still has one foot etc.', represents the view of the Rabbis as well as of R. Judah, for he holds that in regard to the Rabbinical degrees of purity, the Rabbis agree with R. Judah in accepting the principle of 'connecting downward'.

d (1) Whilst he is still in the water. (2) Lit., 'stretch, bring down'. (3) I.e., does R. Judah accept the principle of connecting only in the downward direction, as in the case of the two bathers above, where the water on the body of the first bather is regarded as connected with the water in the pool; but not in the upward direction, so that the water in the pool should be considered as connected with the water on the bather's head, and thus enable needles etc. to be purified in the water clinging to the bather's head. (4) Thus connecting them.

גמרא

כאן למעשר ומנא תימרא דחולין לא בעו כוונה דתנן *גל שנתלש ובו ארבעים סאה ונפל על האדם ועל הכלים טהורין קתני אדם דומיא דכלים מה כלים דלא מכווני אף אדם דלא מכוין וממאי דלמא ביושב ומצפה אימתי יתלש הגל עסקינן וכלים דומיא דאדם מה אדם דבר כוונה אף כלים דמכוין להו וכי תימא ביושב ומצפה מאי למימרא סלקא דעתך אמינא ליגזור דלמא אתי למיטבל בחרדלית של גשמים א"נ נגזור ראשין אטו כיפין קמ"ל דלא גזרינן ומנא תימרא דלא מטבילין בכיפין דתניא *מטבילין בראשין ואין מטבילין בכיפין לפי שאין מטבילין באויר אלא מהא דתנן *פירות שנפלו לתוך אמת המים ופשט מי שידיו טמאות ונטלן ידיו טהורות ופירות אינן בכי יותן ואם בשביל שיודחו ידיו ידיו טהורות והפירות הרי הן בכי יותן איתיביה רבה לרב נחמן הטובל לחולין והוחזק לחולין אסור למעשר הוחזק אין לא הוחזק לא ה"ק אע"פ שהוחזק לחולין אסור למעשר איתיביה טבל ולא הוחזק כאילו לא טבל מאי לאו כאילו לא טבל כלל לא כאילו לא טבל למעשר אבל טבל לחולין הוא סבר דחי קא מדחי ליה נפק דק ואשכח דתניא טבל ולא הוחזק אסור למעשר ומותר לחולין אר"א טבל ועלה מחזיק עצמו לכל מה שירצה מיתיבי עודהו רגלו אחת במים הוחזק לדבר קל מחזיק עצמו לדבר חמור עלה שוב אינו מחזיק מאי לאו אינו מחזיק כלל לא עודהו אע"פ שהוחזק מחזיק עלה אם לא הוחזק מהזיק ואם הוחזק אינו מחזיק מאן תנא עודהו רגלו אחת במים א"ר פדת ר' יהודה היא דתנן* מקוה שנמדד ויש בו ארבעים סאה מכוונות וירדו שנים וטבלו זה אחר זה הראשון טהור והשני טמא אמר רבי יהודה אם היו רגליו של ראשון נוגעות במים אף השני טהור אמר רב נחמן אמר רבה בר אבוה מחלוקת במעלות דרבנן אבל מטומאה לטהרה דברי הכל [א] (אף) השני טמא והיינו דרבי פדת איכא דאמרי אמר רב נחמן אמר רבה בר אבוה מחלוקת מטומאה לטהרה אבל במעלות דרבנן דברי הכל אף השני טהור ופליגא דרבי פדת אמר עולא (א) בעי מיניה מרבי יוחנן לרבי יהודה מהו להטביל מחטין וצינוריות בראשו של ראשון גוד אחית אית ליה לרבי יהודה גוד אסיק לית ליה או דלמא גוד אסיק נמי אית ליה א"ל תניתוה *שלש גממיות בנחל העליונה התחתונה והאמצעית העליונה והתחתונה של עשרים עשרים סאה והאמצעית של ארבעים סאה והרדלית של גשמים עוברת ביניהן רבי יהודה אומר מאיר היה אומר מטביל בעליונה והתניא רבי יהודה אומר מאיר

רש"י

כאן למעשר· בעי כוונה וכ"ש בתרומה: הכי גרסינן מה כלים דלא מיכווני אף אדם נמי דלא מיכוון: חרדלית· ששוטפת ויורדת ממקום גבוה ויש בה ארבעים סאה והטובל בה לא עלתה לו טבילה משום דמקום קטפרס הוא מקום זקוף יותר מדאי ומ' סאה שבו אינן במקום אחד ותנן הנצוק והקטפרס אינו חיבור (טהרות פ"ח מ"ט) ואף אם אינו קטפרס נמי אין טובלין בו לפי שאין מי גשמים מטהרים דרך זחילתן עד שיהו נקוין דרך אשבורן דתניא בת"כ אי מה מעיין מטהר בזוחלין אף מקוה מטהר בזוחלין ת"ל אך מעין ובור מקוה מים יהיה טהור (ויקרא יא) המעיין מטהר בזוחלין והמקוה באשבורן ורבינו האי גרים הרדלית: ראשין· אחד מראשי הגל כשהוא מגיע לארץ: כיפין· אמצעיתו של גל שעומד באויר כמין כיפה ואם הושיט כלים למעלה והטבילן בכיפה אינה טבילה כדמפרש ואזיל: שאין מטבילין באויר· שלא אמרה תורה מקוה של אויר לטבילה: ידיו טהורות· אע"פ שלא נתכוון: ופירות אינן בכי יותן· דבעינן גבי הכשר יותן דומיא דכי יתן דניחא ליה: ואם בשביל שיודחו ידיו· נתכוון ליטול פירות הרי הוא בכי יותן ומקבלין טומאה מעכשיו וכיון דנתכוון להדיח ידיו גלי דעתיה דניחא ליה בהך נפילה שעל ידיה הדיח ידיו: הוחזק אין· אם נתכוון הוא דהויא טבילה לחולין: טבל· ירד ועלה מן המים: מחזיק עצמו· בטבילה שטבל כבר לכל מה שירצה: מאי לאו אינו מחזיק כלל· כלומר בין שהחזיק עצמו בשעת טבילה לדבר קל בין שלא החזיק עצמו לכלום שוב אינו מחזיק: אם לא הוחזק· לשום דבר שטבל סתם מחזיק לכל מה שירצה אבל אם הוחזק לקל אינו מוחזק לחמור דהא איניתיק ליה לדבר קל: מאן תנא· דמשום עודהו במים חשיב ליה כתחילת טבילה ואע"פ שהוחזק מחזיק: והשני טמא· שהרי חסר השיעור במים שעל הראשון: מחלוקת· דרבי יהודה ורבנן כשהיתה טבילתו בשביל אחת ממעלות של חכמים כגון האונן והמחוסר כפורים שצריכין טבילה לקודש ואינו טמא טומאה דאורייתא בההיא קאמר רבי יהודה דמהני ליה רגליו של ראשון נוגעות במים דאמרינן גוד אחית מים שעליו כאילו הן במקוה: והיינו דרבי פדת· דאוקי לעיל הא דעודיהו כרבי יהודה ולא כרבנן אלמא לרבנן אפי' לגבי מעלות לא מהני עודיהו דהא חזקה דאמר הוחזק לקל אסור לחמור מעלות ניהו: איכא דאמרי כו'· הכא גרסי' ופליגא דר' פדת דאילו לרב נחמן הא דעודיהו הוחזק לקל הוחזק לחמור דברי הכל הוא דהא לא פליגי רבנן עליה דר"י אלא מטומאה דאורייתא לטהרה: צינורות· שטווין בו זהב ועשוין כמין מזלג קטן חד: בראשו של ראשון· בעודו במים: גממיות· גומות בנחל שיפולי הריס שקורין וולור"א בלע"ז וכן נחל איתן נחל ארצון תחתונה עליונה ואמצעית שנחל מדרון משופע הוא: עוברת ביניהן· ומחברתן:

תוספות

נגזור אטו חרדלית· פרש"י שיורדת מהר גבוה ויש בה מ' סאה ולא עלתה שם טבילה דקטפרס אינו חיבור והר"י פי' וכן כתוב בכמה פירושים של רש"י דפסול מטעם דאין מקוה מטהר בזוחלין אלא באשבורן כדתניא בת"כ ומיהו אומר הר"ר אלחנן ע"כ טעם ראשון עיקר מדגזרינן בגל של ים דאי משום זחילה (ב) אז בשל ים מהני אי לא מוקמינן לה כר' [מאיר] דאמר במס' מקואות (פ"ה מ"ד) כל הימים כמקוה והיה קשה למורי מאי קאמר משום חרדלית של מי גשמים הא בשל ים נמי לא מהני כדתנן ב"ה אומרים אין מטבילין בחרדלית ומשמע דבכל חרדלית מיירי מדלא הוזכר ליה בהדיא גשמים ולפי' ראשון ניחא ומיהו אכתי יש להקשות דקטפרס הוה חיבור לענין מקואות כדפירש הר"י ואם כן למה לא מהני ואי הוה טעמא משום זחילה יתכן טפי:

לא כאילו לא טבל למעשר· ורבותא דמתני' משום חולין הויא דמהניא אף בלא כוונה דאי משום מעשר אף כי הוחזק לחולין קתני רישא דלא מהני הר"ר אלחנן ועוד י"ל דאי משום רישא הייתי אומר דטפי עדיף לא הוחזק כלל למעשר מהוחזק לחולין דהא עקר דעתו לגמרי ממעשר:

טבל ועלה כו'· ועודנו לח ובכמה ספרים כתיב בהדיא לח:

רבי יהודה אומר מאיר היה אומר מטבילין בעליונה· ל"נ רש"י מכלל דר"י כו' והכי פירש מטבילין בעליונה מטעם גוד אסיק וכ"ש גוד אחית ולא פליג עליה רבי יהודה מדלא קתני ליה ואני חולק עליו והא תניא רבי מאיר אומר בין בעליונה בין בתחתונה ואני אומר בתחתונה ולא בעליונה וכו' ולשון הכתוב בספרים אין להעמידה דא"כ מתנייתא קשיין אהדדי ומאי חזית דלייט לבתרייתא כל זה פרש"י ומיהו יש לייישב גירסת הספרים (ג) וכן היא הגעת הגי' בפר"ח ר' יהודה אומר ר' מאיר היה אומר בתחתונה ולא בעליונה דאית ליה גוד אחית ולא גוד אסיק מכלל דר' יהודה אית ליה גוד אסיק דמדקאמר רבי מאיר אומר משמע דאין הוא מודה לו ופריך והתניא ר' יהודה אומר ר"מ אומר בין בתחתונה בין בעליונה ואני אומר בתחתונה ולא בעליונה אלמא לית ליה גוד אסיק ומתני' אהדדי לא קשיין דקמייתא דר"י אומר מאיר אומר ולא בעליונה הייט לפי דעתו של רבי יהודה אבל לסברא של ר"מ אף בעליונה· בשם מורי: בתחתונה

עין משפט נר מצוה

מד א מיי' פ"ט מהל' מקואות הלכה יז סמג עשין רמח:
מה ב מיי' שם הל' יח סמג שם:
מו ג מיי' פי"ב מהל' טומאת אוכלין הל' י סמג עשין רמו:
מז ד מיי' פי"א מהל' מקואות הלכה יב:
מח ה מיי' שם פ"ח הל' יב טוש"ע י"ד סי' רא סעיף סב:
מט ו מיי' שם הל' ח טוש"ע שם סעיף ס:

רבינו חננאל

ומנא לן דלחולין לא בעינן כוונה דתנן גל שנתלש ובו מ' סאה ונפל על האדם ועל הכלים טהורים ואמרינן אדם דומיא דכלים מה כלים לא בעי כוונה אף אדם לא בעי כוונה ונדחת דאית לן לאוקמה במתכוון היכי דמי ביושב ומצפה מתי יתלש הגל. וכי תימא אי הכי מאי למימרא הא קא מיכוון אצטריך סד"א נגזור גל שנתלש ושתי ראשין מעורבין במי הים אטו חרדלית שהן מי גשמים אי נמי מהו דתימא נגזור ראשים אטו כיפים פי' אמצעית הגל העשוי כמין כיפה שהלקתו הרוח מן הים והפריחתו כמו באויר שאין טבילה עולה בהן. כדתנן מטבילין בראשים ואין מטבילין בכיפים קמ"ל דלא גזרינן ראשים אטו כיפים אלא מהא דתנן פירות שנשרו לתוך אמת המים ופשט מי שידיו טמאות ונטלן ידיו טהורות הנה בלא מתכוון כדי להטביל ידיו וקתני טהרו ש"מ לא בעינן כוונה ואסיק' מהא דלא בעינן כוונה לחולין דתניא טבל ולא הוחזק מותר בחולין ואסור במעשר. א"ר אלעזר טבל ועלה מחזיק עצמו לכל מה שירצה. ומותבינן עליה והתנינן עודהו רגלו במים הוחזק לדבר הקל מחזיק עצמו לדבר חמור. פי' אם הוחזק למעשר ועודהו רגליו במים מחזיק עצמו בתרומה עלה שוב אינו מחזיק. קשיא לר' אלעזר דאמר אפילו עלה מחזיק עצמו לכל מה שירצה. ופריק הא דהתני עלה שוב אינו מחזיק בשכבר הוחזק לדבר ידוע ועודהו במים וכי אמינא אנא דמחזיק עצמו לכל מה שירצה. כשעלה סתם ועדיין לא הוחזק והוחזק עתה. מאן תנא עודהו תלו במים אע"פ שהוחזק חוזר ומחזיק א"ר פדת ר' יהודה היא דתנן מקוה שיש בו מ' סאה מכוונות וירדו שנים וטבלו זה אחר זה הראשון טהור והשני טמא ר"י אומר אם היו רגליו של ראשון נוגעות במים אף השני טהור אמר רב נחמן אמר רבה בר אבוה מחלוקת ר' יהודה ות"ק דפליג עליה ואמר השני טמא בעולה מטומאה לטהרה. אבל במעלות דרבנן בין חולין למעשר לתרומה לקדש ולחטאת להחזיק עצמו מן הקל לחמור *) ולפיכך תני אף השני טהור ופליגא דר' פדת דאוקמה לר' יהודה במעלות דרבנן מכלל דת"ק פליג עליה דהא התניא עודהו רגלו במים הוחזק לדבר הקל כו' במעלות דרבנן הוא· איכא דאמרי אמר רב נחמן אמר רבה בר אבוה מחלוקת במעלות דרבנן ור' יהודה מטהר השני אבל מטומאה לטהרה דברי הכל השני טמא והיינו דר' פדת דאוקמה להא ברייתא כר' יהודה. אמר עולא בעאי מיניה דר' יוחנן מהו להטביל אליבא דר' יהודה מחטין וצינורות בראשו של ראשון גוד אחית אית ליה לר' יהודה ורואה כי המים שהן בגופו של ראשון יורדין במקוה וכאילו מעכשיו ישנן בתוך המקוה אבל גוד אסיק לית ליה שאין אומרים ראה כאלו מי המקוה נקוים ועומדים בראשו של ראשון או גוד אסיק נמי אית ליה וא"ל ר' יוחנן ת"ש נחל שיורד מלמעלה למטה ויש בו ג' גממיות פי' ג' חפירות כל אחת למטה מחברתה וגומא העליונה והתחתונה של עשרין עשרין סאה ואמצעית של מ' סאה פי' הוצרך לומר האמצעית של מ' כדי להכשיר הרדלית של גשמים שעוברת ביניהן ומצרפו שכל מקוה שהוא פחות ממ' סאה מי גשמים פוסלין אותו וחרדלית של גשמים עוברת ביניהן. ר' יהודה אומר מאיר היה אומר מטבילין בתחתונה דאלמא אמרינן גוד אחית ולא אמרינן גוד אסיק מדקתני ר' יהודה מאיר היה אומר מטבילין **) בין בתחתונה לאו מכלל דר' יהודה סבר חלופו ואומר מטבילין אף בעליונה אלמא גוד אסיק נמי

*) לכאורה צ"ל דברי הכל אף השני טהור. **) עי' בתוס' בד"ה ר"י גירסת רבינו בכאן.

מסורת הש"ס

חולין לא. מקואות פ"ה מ"ו
חולין לג: [תוספתא דמקואות פ"ד] חולין שם מכשירין פ"ד מ"ו
מקואות פ"ז מ"ו [גיטין טז.] פ"ט
תוספתא פ"ג דמקואות

הגהות הב"ח

(א) גמ' אמר עולא בעיא מיניה וכו' ואמר לי תניתוה: (ב) תוס' ד"ה נגזור וכו' דאי משום זחילה אם כל יס וכו' כדתנן פ"ה דמקואות כל הים כלל: (ג) ד"ה ר' יהודה וכך היא בפלוגתא וכו' בפר"ח וכו' לא קשיין הדא דקא מייתי:

הגהות הגר"א

[א] גמ' דברי הכל השני טמא כצ"ל ותיבת אף נמחק:

עין משפט נר מצוה

מסורת הש"ס

מאיר היה אומר מטביל בעליונה *ואני אומר בתחתונה ולא בעליונה א"ל *אי תניא תניא: הטובל לחולין והוחזק לחולין כו': מני מתניתין רבנן היא דשני להו בין חולין למעשר אימא סיפא בגדי עם הארץ מדרס לפרושין בגדי פרושין מדרס לאוכלי תרומה אתאן לר' מאיר דאמר חולין ומעשר כהדדי נינהו רישא רבנן וסיפא ר' מאיר אין רישא רבנן וסיפא ר' מאיר רב אחא בר אדא *מתני לה בסיפא חמש מעלות ומוקי לה כולה כרבנן אמר רב מרי שמע מינה *חולין שנעשו על טהרת הקודש כקודש דמו ממאי מדלא

ה"ג מאיר היה אומר מטבילין בעליונה · ול"ג מכלל דר' יהודה וה"פ ר' יהודה אומר מאיר היה אומר מטבילין בעליונה דאמר גוד אסיק את מי אמצעיתה למעלה ע"י חרדלית של גשמים להכשיר את העליונה וכל שכן למטבילין בתחתונה דכיון דאית ליה גוד אסיק כ"ש דאית ליה גוד אחית ומדלא קתני ואני חולק עליו לומר כך וכך ש"מ דר' יהודה כר"מ ס"ל: והא תניא · דחלוק עליו וה"ג מאיר היה אומר מטבילין בעליונה ואני אומר בתחתונה ולא בעליונה אלמא פליג עליה: אמר להו אי תניא · בהדיא דחולקין תניא ונלך אחריה וחוזר אני בי ובלשון הכתוב בספרים אינו יכול להעמידה דא"כ מתנייתא קשיין אהדדי ומאי חזית דליית לבתרייתא: רבנן היא · דפליגי עליה דר"מ בכל הטעון ביאת מים מדברי סופרים והסרוהו במעשר: מדרס לאוכלי תרומה · ולא אמר מדרס למעשר: חמש מעלות · פרושים ואוכלי מעשר ואוכלי תרומה ואוכלי קודש וחטאת: שנעשו על טהרת הקודש · אדם הרגיל לאכול קדשים מקבל עליו לאכול חוליו בטהרת הקודש כדי שיהו בני ביתו זהירין ובקיאין בטהרת הקודש:

מדלא

בתחתונה ולא בעליונה · משמע הכא דקטפרס הוי חיבור (א) והא תנן* ומייתי לה פ"ב דגיטין (דף טז· וסס) הנצוק והקטפרס ומשקה טופח אינו חיבור לא לטומאה ולא לטהרה ועוד למה לי ג' גממיות בתרי סגי בזה כ' ובזה כ' וחרדלית מחברתן ותירץ ר"ת דשאני הכא דאיכא מקוה שלם באמצע וכן משמע בפ' בתרא דע"ז (דף עב · וסס) מתוך פרש"י* שפי' קטפרס גממיות בזה כ' ובזה כ' וחרדלית מחברתן ולא נקט ג' כדאיתא הכא אלמא מסתבר ליה טעמא שיש לחלק ואל תתמה היכי מדמה ליה למיפשט מהך דהכא (ב) בעייתו מהו להטביל מחטין וצינורות בראשו של ראשון כההוא דלעיל ולא קאמר *דשאני התם משום מקוה שלם דהתם לעיל איכא טעמא אחרינא (ג) קטפרס שסופו לירד מה שבראשו של ראשון ובהכי מתרלינן קושיא אחרינ' דקשיא לר"ת דמשמע התם בגיטין דגלוק וקטפרס אינו חיבור ומסיק לענין מקוואות ור' יהודה היא משמע דאף ר' יהודה מודי ליה ולעיל קאמר אם היו רגליו של ראשון נוגעות במים אף שני טהור אלמא קטפרס חיבור אלא ודאי שאני הכא שסופו לירד ומיהו יש לדחות הך דלא מוקי כר' יהודה רק ההיא דטופח ע"מ להטפיח ולא תניא בהדיא ההוא דגלוק וקטפרס והוא דפ' בתרא דע"ז (ג"ז סס:) גבי המערה (ד) יין נסך מחבית לבור דלא חשיב גלוק חיבור אע"ג דסופו לירד יש לחלק בין גלוק לקטפרס דאין דרך גלוק לבא כי אם דרך אויר וכו' (ה) מדייק התם* מנישתא ובת גישתא דאתא נכרי ידיה עילויה ואסריה רבא שמע מינה גלוק חיבור ולא מחשב קטפרס י"ל דלא דמי לרגלו של שני נוגעות במים דהא יין שבתוך הגישתא אין סופו לירד בתוך החבית ולפי מה שפירש הר"י התם ההיא דגלוק וקטפרס מיתניא לענין השקה במס' טהרות (פ"ח מ"ט) דומיא דרישא דמקל מלא משקין טמאין והשיקו למקוה אז יתכן שפיר ההיא דהכא לענין טבילה מהני גלוק וקטפרס ולפי' לית ביה מ' סאה נמי מטבילין בתחתונה וכי נקט מ' סאה לרבותא דעליונה דאין מטבילין בה ור' יהודה היא א"כ לאשמעינן דאפ"ה קתני בסיפא בתוספתא וחכ"א אין מטבילין אלא באמצעית (ו) ואע"פ שיש ארבעים באמצעית אין מטבילין בתחתונה והתם האריכתי ולא שייך הכא כלל רק לקמן אפרש (בפ' חומר בקודש דף כה: ד"ה כשוטים) *בגדי ע"ה מדרס לפרושים · דחיישינן שמא ישבה אשתו נדה עליהן כדאיתא בפ"ב דחולין (דף לה: וסם) אבל משום (ז) עצמו לא חיישינן דאינו מטמא בהסיטו וכן משמע שילהי הניזקין (גיטין דף סא: וסם) דפריך וליחוש שמא תסיטם אשתו נדה וכן תנן פרק שביעי דטהרות (מ"ו) הגנבים שנכנסו לבית אינו טמא אלא מקום רגלי הגנבים אבל משכבות ומושבות וכלי חרס המוקפים טהורין אלמא דלא מטמא לא משא ולא היסט וכי תנן התם (פ"ח מ"א) הדר עם ע"ה בחצר ושכח כלים בחצר אפי' חביות המוקפות צמיד פתיל טמאים התם בשביל אשתו נדה שהיא לשם תדע דנקט לישנא דדירה אך קשיא דתנן התם לעיל מינה (פ"ח מ"ה) המניח ע"ה *בחצרו בזמן שרואה הנכנסין והיוצאין כו' בזמן שאינו רואה הנכנסין והיוצאין אפי' מובל אפי' כפות כלומר גידם שאינו יכול לילך הכל טמא ואין לומר דהתם נמי בשביל אשתו דהא מניח קתני לשון אקראי ועוד מאי אפילו מובל איזה רבותא הוי כיון דלא הוי טומאה בשביל זה והיה נראה לי דלאו טעמא אלא משום היסטו ומזיז וכי רואה את הנכנסין (ח) מרתת דנתפס כגנב אבל קשיא לי דתנן התם (פ"ז מ"א) הטועל בית הבד בפני הבדדין והיו שם כלים טמאים מדרס משמע דמטמאה מדרס וכמוך קאמר א"ר יוסי וכי מפני מה טמאים אלא שאין ע"ה בקיאין בהיסטו ועוד כיון דחכמים גזרו עליהם להיות זבין לכל דבריהם אמאי אין מטמאין בהיסטו ומדרס כדין זב ועוד דגזרו עליהן מעיינות לקמן* דגזרו על רוקו כדין משקה זב וזבה ועוד מצינו בפ' בנות כותים (נדה דף לג: וסם) הכא בכותי שטבל ודרס על בגדי חבר דאי משום טומאת ע"ה הא טביל ליה אלמא אי לא טביל מטמא מדרס ותירץ ר"ת דודאי אינו מטמא מדרס והיסט דמשום תקנת השוק נגעו בה כדאמרינן (ט) לפי שאנשים לא ימלאו אדם מעביר חבית ממקום למקום ואין גוזרין גזירה על הצבור אא"כ יכולין לעמוד בה והכי משמע לקמן בפרקין* שאינו מטמא בהיסטו הרי שהיו חמריו ופועליו טעונין טהרות כו' טהרות טהורות ואם אמר לכך כו' ומסיק מאי שנא רישא ומאי שנא סיפא ומשני במטהר חמריו ופועליו לכך משמע דלא מוקי לה במטהר רק משום דק"ל רישא לסיפא וקשה דכי נמי לא מוקמה ליה בהיסט משום דקים ליה דלא מטמא והוא מטמא דלא טבל מטמא ליה במגע והא דנקט בגדי משום דבעי למהוי נגד חבר דלא תחת רגלו של כותי הכי קתני התם במתני' ומטמא משכב תחתון כעליון ואין להקשות (י) דלא מוקי לה בשלא טבל וכשיש דבר חוצץ בין רגלו לבגד משום דע"כ אצטריך לאוקמי כשטבל כי היכי דליהוי ספק ספיקא דאי לא טבל מה לי בועל ברחוק מה לי בועל בקרוב והרב רבי משה מפונטוייז"א מפרש משום דבע"ה אינו מטמא כזב אלא רק מטעם בגדיו משום שהוא נושא המדרס שהוא לבוש בגדיו שישבה עליהם אשתו נדה וליטרא שלו טמא משום שנגעה בשפתיו וקשה דאמרינן בפ' בנות כותים (נ"ז סס) מעשה בכ"ג שהלך בשוק ונתזה ליטרא של לדוקי בבגדיו וקרב אצל אשתו כו' ופריך ותיפוק ליה משום ליטרא דע"ה (כ) כלומר אפילו לא היה טמא בשביל אשתו אדרבה הואיל דאם בועל נדה *היה נטמא הוא ובגדיו כנושא רוקו של זב ואי משום ליטרא דע"ה בגד לאחד הוא דנטמא ואין לומר דמשום גופו לא היה חש רק משום בגדיו דאדרבה טומאת גופו חמירא לן ועוד קשה דכי מוקי לה בכותי ערום למה לי טבל אפי' לא טבל (ל) נמי כיון דהאידנא לאו נושא המדרס הוי לא הוי אלא ראשון ואינו מטמא כלי ועוד קשה למור"י דתניא בהדיא בתוספתא (פ"ג) ספק (מ) רשות ע"ה מדרסו והסיטו ואגילו טהור לחולין וטמא לתרומה ע"כ היה נראה לפרש דלגבי תרומה מטמא כל דבר כזב אבל טהור לחולין וכל הני דאשכחן דמטמא מוקמינן בתרומה וכי קפריך בגיטין (דף סא:) וליחוש שמא תסיטם אשתו נדה אע"ג דבתרומה קיימא התם מילתא דפסיקא ליה נקט ואתאי ועוד דחייש לטומאה דאורייתא ולא לשל טומאה דרבנן וכי קאמר בחולין (דף לה:) שמא תשב עליהם אשתו נדה משום איך נקטיה וראיה לדבריו מצינו בירושלמי דקאמר בגדי פרושים מדרס לאוכלי תרומה ובעי גופו של פרוש מהו שיעשה כזב אצל תרומה התיב והתנינן המניח ע"ה בתוך ביתו לשמרו כיון שהוא רואה את הנכנסין ואת היוצאין כו' אבל משכבות וכלי חרס מוקפין טהורין ואי תימא עשו גופו כזב אצל תרומה אפי' מוקפין טמאים א"ר יהודה תפתר בע"ה אצל פרוש ולית את כלום והשתא לא מיבעיא ליה אלא פרוש אצל תרומה אבל ע"ה אצל תרומה פשיטא ליה א"ל ר' מנא כל מה דאנו קיימין בתרומה אנו קיימין תדע לך שכן הוא דתנינן אפי' מובל אפי' כפות הכל טמא כלום יהיו טמאים אלא משום היסטו ולא כן א"ר יוחנן ולא אגילות ולא הסיטות ולא רה"י ולא רשות ע"ה אצל תרומה כלומר דלא שייך כלל רשות ע"ה אצל תרומה שמטמא בהיסטו ומתני' בע"ה מיירי אבל פרוש אינו מטמא מדרס והיסטו והקשה לו הר"י דאמר שילהי פ' הניזקין (גיטין סב·) אין עושין חלת ע"ה בטהרה לפי שכבר טימא אותה אבל עושין עיסתו בטהרה ונוטל הימנה כדי חלה ומניחה בכפישא או באלנותא וכשבא ע"ה נוטל שתיהן ואינו חושש לפי שהכלי אינו מקבל טומאה ואמאי כיון שהוא מטמא היסטו לתרומה הא קא מטמא לחלה וי"ל דהתם כיון שלא קרא לו שם עדיין הו"ל חולין דפתיכי בהו חלה דלא מטמאו בהיסטו וכן משמע לישנא דנקט כדי חלה ולא חלה עדיין ואיהו במגע מטמא ולהכי פריך דלמא נגע:

רבי

שייך לע"ב

[תוספתא מקוואות פ"ג]

[שבת קמו: וש"נ]

ע"כ שייך לע"א

[חולין ב: נדה עא:]

[דף עב:]

[שייך לעיל במשנה יח:]

[נ"ל בתוך ביתו]

[דף כג.]

[דף כו:]

[טהרות פ"ח מ"ט]

נ א מיי' פי"ב מהל' אבות הטומאות הל' ה:

[נד"ס ולא לטהרה]

נ"ל דשאני הכא· מהרש"א

רבינו חננאל

נמי אית ליה *) ואמר עולא אמרו ליה והתניא בהדיא ר' יהודה אומר מאיר היה אומר מטבילין בין בתחתונה בין בעליונה ואני אומר בתחתונה ולא בעליונה. אלמא לר"י גוד אחית אית ליה גוד אסיק לית ליה א"ל אי תניא הכי בהדיא הא אפשיטא בעיא דילך: מתני' טבל לחולין הוחזק לחולין אסור למעשר כו'· פי' זה מעשר שני היא דכתיב ביה ואכלת לפני ה' אלהיך מעשר דגנך וגו' ומתניתין רבנן הוא דאמרי יש מעלה למעשר מן החולין ומקשינן אימא סיפא בגדי עם הארץ מדרס לפרושין פירוש הפרושין שהן חברים האוכלים חוליהן בטהרה וכשנוגעין בבגדי עם הארץ כאילו נטמאו מדרס וצריכין טבילה לאכול חוליהן בטהרה וקתני בתר הא בגדי פירושין מדרס לאוכלי תרומה ודייקינן מדלא קתני מדרס לאוכלי מעשר ש"מ חולין ומעשר שני כי הדדי נינהו לית בינייהו מעלה

*) אולי צ"ל ואמר ליה עולא והתניא וכו'.

הגהות הב"ח

(א) תוס' ד"ה בתחתונה וכו' הוי חיבור ואלו מסכת טהרות פרק שמיני תנן ומייתי לה וכו' שלם באמצע וכן משמע בפ' בתרא דגיטין מתוך פרש"י. נ"ב אבל בפרק בתרא דמסכת ע"ז פי' בדרך אחר: (ב) בא"ד למפשט מהך דהכא היה בעייתו דלעיל מהו להטביל וכו' בראשו של ראשון ולא קאמר דשאני התם משום דליכא מקוה שלם כצ"ל ותיבות כבסוף דלעיל נמחק: (ג) בא"ד דקטפרס שסופו וכו' של ראשון הוה חיבור ובהכי מתרלינן וכו' ומתם בגיטין דקטפרס אינו חיבור ומסיק לענין וכו' וי"ש לדחות הך קושיא דלא מוקי וכו' ע"מ להטפיח ולא הוה דגלוק כצ"ל ותיבות תניא בהדיא נמחק: (ד) בא"ד גבי המערה מחבית לבור כצ"ל ותיבות יין נסך נמחק: (ה) בא"ד וכי מדמה התם לגישתא ובת גישתא וכו' דלא דמי לרגליו של ראשון נוגעות וכו' הר"י התם דההיא דגלוק וכו' אז יתכן שפיר דהכא כצ"ל ותיבת הויא נמחק: (ו) בא"ד דאע"פ שיש ארבעים וכו' ולקמן אפרש נ"ב בדף כ"א בד"ה כטבילה: (ז) ד"ה בגדי עם הארץ וכו' אבל משום ע"ה עצמו לא חיישינן וכו' אבל המשכבות והמושבות וכלי חרס המוקפים צמיד פתיל טהורין אלמא דלא מטמא לא במושב ולא במשא ואפילו חביות המוקפות צמיד פתיל הרי אלו טמאים התם וכו' המניח עם הארץ בתוך ביתו לשומרו בזמן שרואה: (ח) בא"ד וכי רואה את הנכנסין והיוצאין מרתת דנתפס כגנב (אבל קשיא לי וכו' ע"ה בקיאין בהיסט) ת"מ וכ"ב לא מצאתיה לא בתוספתא פ' בנות כותים ולא בהנזקין ולא בפי' ה"ר שמשון פ"ז דטהרות ואין ספק דאיזה תלמיד טועה כתבה בגליון והמדפיסים הכניסוה בפנים תדע דהא שהרי לא נתיישבה לא ולא בפי' ה"ר ר' משה והתלמיד הבין דהכי תנן והיו שם כלים כל אותן הכלים טמאין מדרס ואין זה אלא משום הבדדין טמאים דמטמאין מדרס וע"ד רבי יוסי הבין נמי הא דקאמר ר' יוסי אלא שאין ע"ה בקיאין בהיסט כלומר ולפיכך מטמאין בהיסט וטעות הוא לפרש כן אלא הכי תנן והיו שם כלים טמאים מדרס פי' שכבר נטמאו הכלים טומאת מדרס ופליגי בה תנאי ר"מ אומר בית הבד טמא משום הבדדין אין חוששין לכלים טמאים מדרס דמטמאין אדם וכלים ר' יהודה אומר בית הבד טהור דנזהרים על טומאות ודאי הואיל ותבר זה שידרס לכך ור' יוסי כר"מ ס"ל אלא דסבר דחוששין למגע ונטמאו על ידי שהסיטו לאותן כלים אע"פ שלא נגעו בהם: (ט) בא"ד דמשום תקנת השוק נגעו בה כדאמרינן בעלמא לפי שלעולם וכו' שאינו מטמא בהיסט דתניא הרי שהיו: (י) בא"ד ואין להקשות וכו' מפונטוייז"א מפרש דלשום דבר ע"ה אינו מטמא כזב וכו' של לדוקי בבגדיו וקדם אצל אשתו: (כ) בא"ד כלומר אפילו לא היה טמא בשביל אשתו מ"מ טמא משום ליטרא דע"ה ומה הועיל במה שקדם פריך הרבה הועיל דאם בועל נדה היה: (ל) בא"ד למה לי טבל אפילו לא טבל. נ"ב קשה הא איצטריך לאוקמיה בטבל כי היכי דליהוי ספק ספיקא כמו בסמוך לפי תירוץ ר"ת [והשאר חסר]: (מ) בא"ד רשות ע"ה ומדרסו וכו' התיב רבי חנין והתנינן וכו' ביתו לשמרו בזמן שהוא רואה וכו' אבל המשכבות והמושבות וכלי חרס מוקפים צמיד פתיל טהורין וכו' טמאים משום היסט אמר ר' יהודה תפתר בע"ה אצל פרוש ולית את והשתא וכו' ר' מנא כל מה דתנן קיימין הכא בתרומה אנן קיימין וכו' כלום אמרו יהיו טמאים וכו' אבל פרוש אצל תרומה אינו מטמא וכו' והקשה לו הר"י מה דאמר וכו' ולהכי פריך התם דלמא נגע:

גליון הש"ס תוס' ד"ה בגדי וכו' בא"ד היה נטמא הוא ובגדיו כנושא רוקו של זב · עיין בהר"ש פ"א מ"ג דכלים:

One may immerse in the top one.[5] [19b]—But it is taught: R. Judah said: Meir used to say: One may immerse in the top one, but I say: [One may immerse only] in the bottom one, but not in the top one! He[6] replied: If it is [expressly] taught, it is taught.[7]

IF ONE BATHED FOR UNCONSECRATED [FOOD] AND INTENDED TO BE RENDERED FIT SOLELY FOR UNCONSECRATED [FOOD] etc. According to whom will our Mishnah be?—[Presumably] it is according to the Rabbis, who distinguish between unconsecrated [food] and [Second] Tithe.[8]—But [then] how will you understand the second part [of the Mishnah]? THE GARMENTS OF AN 'AM HA-AREZ POSSESS MIDRAS-UNCLEANNESS FOR PHARISEES; THE GARMENTS OF PHARISEES POSSESS a MIDRAS-UNCLEANNESS FOR THOSE WHO EAT TERUMAH:[1] this will be according to R. Meir, who said that unconsecrated [food] and [Second] Tithe are [in this respect] the same. Thus the first part [of the Mishnah] will be according to the Rabbis and the second part according to R. Meir!—Indeed, the first part [of the Mishnah] is according to the Rabbis and the second part according to R. Meir. R. Aha b. Adda teaches [also] in the second part [of the Mishnah] five degrees,[2] and attributes it all to the Rabbis. R. Mari said: It follows that unconsecrated [food] which was prepared according to the purity of hallowed things[3] is like hallowed things. Whence [is this to be inferred]?—[20a]

(5) And, of course, in the bottom one; for those who hold the principle of 'connecting upward', certainly accept the principle of 'connecting downward'. Since R. Judah quoted R. Meir's view without contradicting it, the presumption is that he concurs in it. This explanation follows Rashi's text and interpretation. For a different reading and explanation v. Tosaf. s. רבי. (6) I.e., R. Johanan. (7) I.e., I am prepared to retract. (8) V. *supra* ('For we have learnt: Whosoever requires . . . Tithe').

a (1) But not Second Tithe, which shows that it belongs to the same category as unconsecrated food. (2) I.e., he adds those who eat Second Tithe, as representing a separate degree of purity, in between the Pharisees and those who eat *terumah*. (3) A person who is accustomed to eat hallowed things would make it a rule to eat even unconsecrated food according to the purity required by hallowed things, so that his household should be well-trained in the vigilance necessary for the higher degree of purity.

From the fact that [the Mishnah] does not teach it as a [special] degree [of purity].[4]—But perhaps the reason why [the Mishnah] does not teach it as a [special] degree of purity is because if it is like *terumah*, behold [the Mishnah] deals with *terumah;* and if it is like unconsecrated [food], behold [the Mishnah] deals with unconsecrated [food]![5] For it is taught:[6] Unconsecrated [food] which was prepared according to the purity of hallowed things is like unconsecrated [food]. R. Eleazar son of R. Zadok says: It is like *terumah*.—Rather [is it to be inferred] from the second part [of the Mishnah]. JOSE B. JO'EZER WAS THE MOST PIOUS IN THE PRIESTHOOD, YET HIS APRON WAS [CONSIDERED TO POSSESS] MIDRAS-UNCLEANNESS [FOR THOSE WHO ATE] HALLOWED THINGS. JOḤANAN B. GUDGADA USED ALL HIS LIFE TO EAT [UNCONSECRATED FOOD] IN ACCORDANCE WITH THE PURITY REQUIRED FOR HALLOWED THINGS, YET HIS APRON WAS [CONSIDERED TO POSSESS] MIDRAS-UNCLEANNESS FOR [THOSE WHO OCCUPIED THEMSELVES WITH THE WATER OF] PURIFICATION. [Only] for [those who occupied themselves with the water of] purification, but not for hallowed things; thus [the Mishnah] holds that unconsecrated [food] which was prepared according to the purity of hallowed things is like hallowed things.

a R. Jonathan b. Eleazar said: If a man's wrap[1] fell from off him, and he said to his fellow,[2] 'Give it to me', and he gave it to him, it is unclean.[3] R. Jonathan b. Amram said: If by mistake a man put his Sabbath garments on instead of his weekday garments, they become unclean.[4] R. Eleazar b. Zadok said: Once two scholarly[5] women took one another's garments by mistake in the bath-house, and the matter came before R. Akiba, and he declared them unclean. To this R. Oshaia demurred: If so, if a man stretched forth his hand to the basket with the intention of taking wheat bread and there came up in his hand barley bread, has it also become unclean? And should you say 'It is so'; then behold it is taught: If one guards a jug on the assumption that it is [a jug] of wine, and it is found to be [a jug] of oil, it is clean so as not to defile!—But according to your reasoning, how do you understand the concluding clause [of the Baraitha]: But it may not be consumed? Why?—Said R. Jeremiah: It refers to a case where [the keeper]
b says: I guarded it against anything that might defile it,[1] but not against anything that might invalidate it.[2] But can anything be half-guarded?—Indeed; for it is taught: If a man stretched forth his hand into the basket, and the basket was on his shoulder and the shovel was in the basket, and his mind was on the basket but not on the shovel, the basket is clean and the shovel is unclean. [Now it says] 'The basket is clean'? [Surely] the shovel should make the basket unclean!—One vessel does not make another unclean.[3] Then it should make the contents[4] of the basket unclean!—Rabina said: It refers to a case where [the keeper] says: I guarded it [the shovel] against anything that might defile it, but not against anything that might invalidate it.[5] In any case, there is a contradiction![6] And furthermore, Rabbah b. Abbuha raised an objection: Once a woman came before R. Ishmael and said to him: Master, I have woven this garment in purity,[7] but it was not in my mind to guard it in purity.[8] But as a result of the cross-examination to which R. Ishmael subjected her, she said to him: Master, a menstruous woman pulled the cord[9] with me. Said R. Ishmael: How great are the words of the Sages, who used to say: If one had the intention to guard a thing, it is clean; if one did not have the intention to guard it, it is unclean. There was another story of a woman who came before R. Ishmael. She said to him: Master, I wove this cloth in purity, but it was not in my mind to guard it. But as a result of the cross-examination to which R. Ishmael subjected her, she said to him: Master, a thread
c broke[1] and I tied it with my mouth.[2] Said R. Ishmael: How great are the words of the Sages who used to say: If it is in one's mind to guard a thing it is clean; if it is not in one's mind to guard it, it is unclean.[3]

Granted in regard to [the teaching of] R. Eleazar b. Zadok, [it can be explained that] each one [of the women] says [to herself]: 'My companion is the wife of an *'am ha-areẓ';* and [consequently] she takes her mind off it. In regard to [the teaching of] R. Jonathan b. Amram too [it can be explained that] since a man takes special care of Sabbath garments,[4] [it is as though] he took his mind off them. But in regard to [the teaching of] R. Jonathan b. Eleazar [it can be objected] that he could [still] guard it in the hand of his companion!—R. Joḥanan answered: It is a presumable certainty that one does not guard what is in the hand of his

(4) Viz., that the garments of Pharisees who eat unconsecrated food in ordinary purity possess *midras*-uncleanness for those who eat unconsecrated food according to the purity required by hallowed things. The omission of this category proves, according to R. Mari, that it belongs to the same degree of purity as hallowed things themselves, which are already mentioned in the Mishnah. (5) I.e., the fact that unconsecrated food prepared according to the purity of hallowed things is not mentioned in the Mishnah as a separate degree of purity does not necessarily prove that it is like hallowed things. On the contrary, it may belong to one of the other degrees of purity specified in the Mishnah, such as ordinary unconsecrated food or *terumah*. (6) I.e., we actually find Tannaim disputing as to whether it is like ordinary food or like *terumah*, but no one takes the view that it is like hallowed things.

a (1) So Jast.; Levy, *'Hulle'*; Goldschmidt, *'Kopftuch'*. Cf. אֲפֵר ('headband') in I Kings XX, 38, 41, which belongs to the same root as our word מעפרת, with interchange of א and ע. (2) I.e., one as observant of the laws of purity as himself (R. Ḥananel). (3) Even though the person who picked it up was clean, for we cannot assume that he took it upon himself to guard it from impurity whilst he handled it, since the owner did not inquire whether he was clean or not; nor can we say that the owner guarded it against defilement whilst it was not in his possession (v. R. Joḥanan's answer *infra*). (4) This apparently teaches the principle that if a man guards something on the assumption that it is one thing and finds it to be another, it is unclean. (5) Lit., 'associates' i.e., knowing and observing the Laws of purity. V. *supra* 18*b* n. a 4.

b (1) I.e., so that in turn it could make other things unclean. (2) I.e., from being used, but would not make it capable of imparting impurity. This shows that although the keeper may be mistaken regarding the identity of the object guarded, his guarding nevertheless remains effective for the purpose intended, which, in this case, was that the oil should not be defiled. (3) Although a vessel can defile food. (4) Figs (Rashi). (5) From being used at the outset in connection with clean foodstuffs. The shovel, being 'a utensil', can only be invalidated by unclean liquids (Tosaf.). Rashi suggests, alternatively, that *'it'* may refer to the food adhering to the shovel.—This Baraitha thus shows that a thing can be guarded 'by half'. (6) I.e., the statement in the Baraitha that the oil remains clean supports R. Oshaia and contradicts the view that a mistake in regard to the identity of an object serves to make it unclean. (7) I.e., I know, as a matter of fact, that from the moment three fingers by three of cloth—the minimum area susceptible to defilement—were woven it was not made unclean. (8) I.e., I did not actually intend to guard it against defilement. (9) So that uncleanness may have been communicated through her shaking the web.

c (1) Before she commenced to weave: the rules of uncleanness did not yet apply then. (2) She had not yet purified herself by immersion from the impurity of her menstruous condition, so that her saliva possessed uncleanness in the first degree (אב הטומאה). Thus although to begin with the moistened thread could not affect the purity of the cloth (hence she paid no attention to it), nevertheless if the thread remained wet when the web was three fingers by three it would defile the cloth, although the woman had since purified herself by immersion. So Rashi; for another explanation v. Tosaf. s. v. ניטא. (3) From all this, it is clear that the deciding factor in keeping an object clean is the *intention* to guard it against uncleanness; but it is not necessary to know the identity of the object guarded. (4) Whereas he thought them to be his week-day clothes.

נא א מיי׳ פי״א מהל׳ אבות הטומאות הל׳ טו ופי״ב הלכה טו:
נב ב ג ד ה ו מיי׳ פי״ג מהלכות מטמאי משכב ומושב הלכה ו:
נג ז מיי׳ שם הלכה א

מדלא קתני בהו מעלה ודלמא האי דלא קתני בהו מעלה דאי דמו לתרומה הא תני תרומה ואי דמו לחולין הא תני לחולין (דתנן) *חולין שנעשו על טהרת הקודש הרי הן כחולין ר׳ אלעזר ברבי צדוק אומר הרי הן כתרומה אלא מסיפא יוסי בן יועזר היה חסיד שבכהונה והיתה מטפחתו מדרס לקודש יוחנן בן גודגדא היה אוכל על טהרת הקודש כל ימיו והיתה מטפחתו מדרס לחטאת לחטאת אין לקודש לא אלמא קסבר חולין שנעשו על טהרת קודש כקודש דמו א״ר יונתן בן אלעזר נפלה מעפרתו הימנו אמר לחבירו תנה לי ונתנה לו טמאה א״ר יונתן בן עמרם נתחלפו לו כלים של שבת בכלים של חול ולבשן נטמאו א״ר אלעזר בר צדוק מעשה בשתי נשים חבירות שנתחלפו להן כליהן בבית המרחץ ובא מעשה לפני ר״ע וטימאן מתקיף לה רבי אושעיא אלא מעתה הושיט ידו לסל ליטול פת חטין ועלתה בידו פת שעורים הכי נמי דנטמאת וכי תימא הכי נמי והתניא המשמר את החבית בחזקת של יין ונמצאת של שמן טהורה מלטמא ולטעמיך אימא סיפא ואסורה מלאכול אמאי א״ר ירמיה *באומר שמרתיה מדבר המטמאה ולא מדבר הפוסלה ומי איכא נטירותא לפלגא אין והתניא *הושיט ידו בסל והסל על כתיפו והמגריפה בתוך הסל והיה בלבו על הסל ולא היה בלבו על המגריפה הסל טהור והמגריפה טמאה הסל טהור תטמא המגריפה לסל *אין כלי מטמא כלי וליטמא מה שבסל אמר רבינא באומר שמרתיו מדבר שמטמאו ולא מדבר הפוסלו מכל מקום קשיא ועוד מותיב רבה בר אבוה *מעשה באשה אחת שבאת לפני ר׳ ישמעאל ואמרה לו רבי בגד זה ארגתיו בטהרה ולא היה בלבי לשומרו ומתוך בדיקות שהיה רבי ישמעאל בודקה אמרה לו רבי נדה משכה עמי בחבל א״ר ישמעאל כמה גדולים דברי חכמים שהיו אומרים בלבו לשומרו טהור אין בלבו לשומרו טמא שוב מעשה באשה אחת שבאת לפני ר׳ ישמעאל אמרה לו רבי מפה זו ארגתיה בטהרה ולא היה בלבי לשומרה (א) ומתוך בדיקות שהיה רבי ישמעאל בודקה אמרה לו רבי נימא נפסקה לי וקשרתיה בפה אמר רבי ישמעאל כמה גדולים דברי חכמים שהיו אומרים בלבו לשומרו טהור אין בלבו לשומרו טמא בשלמא לרבי אלעזר בר צדוק כל אחת ואחת אומרת חברתי אשת עם הארץ ומסחה דעתה מינה לרבי יונתן בן עמרם נמי כיון דכלים דשבת עביד להו שימור טפי מסח דעתיה מינייהו אלא לרבי יונתן בן אלעזר נעביד להו שימור בידיה דחבריה אמר רבי יוחנן *חזקה אין אדם משמר מה שביד חברו ולא

והתניא

רש״י

מדלא קתני בהו מעלה · לומר בגדי פרושין לאוכלין חוליהן בטהרה חולין מדרס לאוכלי חוליהן בטהרת הקודש שמע מינה בכלל קודש הן והא תנא ליה קודש: דלמא · אי כחולין דמו לא מהני בהו מאי דאמר האי גברא דבטלה דעתו אי כתרומה דמו דאיכא תנאי דפליגי במילתא כדמסיים ואזיל הלכך לא תנא בהו מעלה דאי דמו לחולין הא תני ליה חולין ואי דמו לתרומה הא תנן ליה במתניתין תרומה: דתנן כו׳ · כלומר הא אשכחן תנאי דפליגי בה חד אמר כחולין וחד אמר כתרומה אבל כקודש לא אמרינן: מעפרתו · סודר: טמאה · ואפילו זה טהור ולקמן מפרש טעמא חזקה אין אדם משמר מה שביד חבירו לפיכך הוא לא שמרה ביד חבירו וגם זה שנתנה לו לא היה חש לשומרה דמימר אמר כיון שאמר ליה תנה לי והוא אינו יודע אם טמא אני אם טהור לא חש לטהרתו ויש כאן היסח הדעת ולמחמירין בטהרות הוי היסח הדעת טומאה: כלים של שבת בכלים של חול · כסבור ליטול בגדיו של חול ונטל של שבת: נטמאו · קא סלקא דעתיה השתא דסבירא ליה משמר הדבר בחזקת שהוא דבר זה ונמצא שהוא דבר אחר אינו שמור: אמר רבי ירמיה · הא דפרכת אימא סיפא (ג) אסורה מלאכול לא מסייע ליה מידי: באומר שמרתיה מדבר המטמאה ולא מדבר הפוסלה · אבל במה שמשמרה הימנו הויא שמירתו שמירה ואע״פ שאינו זה: הסל · של תאנים על כתיפו: ומגריפה בתוכה · כלי ברזל הוא שקורין ודי״ל שגורפין בו אפר הכירה וגם מבדילין בו תאנים המודבקות זו בזו: (ג) המטמאה · הנותן לה טומאה לטמא אחרים: (ד) הפוסלה · מלהשתמש בה טהרות לכתחילה אי נמי נפקא מינה לאוכל הדבוק בה שהוא פסול באכילה ומכל מקום אם נגעה בטהרות אינה פוסלתן אלמא איכא נטירותא לפלגא ובכי האי גוונא נמי מיתרצא מתניתין דלעיל ומיתקנא היא: קשיא · הך דקתני בה טהורה מלטמא: ארגתיו בטהרה · יודעת אני שמשעה שנארג בו ג׳ על ג׳ אצבעות שנראה לטומאה לא נגעה בו טומאה ומ״מ לא היה בלבי לשומרו: ומתוך בדיקות כו׳ · הואיל ולא היה בלבך לשומרו שמא אירע בו כך וכך ולא נזהרת: משכה עמי בחבל · שקשרה בו החבל בכלי האריגה ושמא הסיטתו: נפסקה לי · קודם שארגתי בה כלום (ה) וקשרתיה בפה קודם שארגתי בה כלום שלא היתה ראויה לטומאה ולא נזהרתי בה ולא הייתי טבולה לנדתי ויש לחוש שמא כשארגה בה שלש אצבעות עדיין הרוק לח ורוק הנדה אב הטומאה הוא כך נראה בעיני ורבותי מפרשין משום ליגורות עם הארץ המטמאה כל זמן שהיא לחה ואני אומר ע״כ האשה זו חבירה היתה דאי לא חבירה היתה מי אתיא קמי רבנן לישאל על הטהרות ועוד מי מהימנא למימר ארגתיה בטהרה קתני מיהא בלבו לשומרן טהור כלומר אחר כוונת השמירה הן הן הדברים: כיון דכלים של שבת עביד להו שימור טפי · וזה סבור שאלו של חול (ו) אסחא דעתיה משמירה מעלייתא שהיה רגיל לשומרן וכאין בלבו לשומרן דמי:

חמריו

תוספות

רבי אלעזר בר׳ צדוק אומר הרי הוא כתרומה · הקשה הרב ר׳ אלחנן (ז) דאמרינן בפרק בתרא דנדה (דף עא:) בראשונה היו אומרים יושבת על דם טהור מערה מים לפסח ודייק בגמ׳ מערה אין נוגע לא אלמא חולין שנעשו על טהרת הקודש כקודש דמו ומגליה דלמא דהוי כתרומה דטבול יום פוסל תרומה ונראה למורי דאי כתרומה הוו אפי׳ תגע בה לא הוי אלא פוסל דלא הוי ליה אלא שלישי ואין שלישי בתרומה מטמא רביעי בקודש שאין המים עושין בו רביעי ולא משמע כן מתוך פרש״י ור״ח: שמרתיה מדבר המטמאה ולא מדבר הפוסלה · והיה קשה להר״ר אלחנן במאי איפסלא הך מגריפה אי בראשון או בשני אין אדם וכלים מקבלין טומאה אלא מאב הטומאה ואי באב הטומאה האי פסול טמא הוי ותירץ שנפסלה במשקין דמשקין טמאין פוסלין בכלי כדאמרינן אחורי כלים שנטמאו במשקין: נימא נפסקה לי וקשרתיה בפה · פרש״י קודם (ח) שלא היתה נארגת שלא היתה ראויה לטומאה ולא נזהרתי בה ולא הייתי טבולה לנידותי ויש לחוש שמא כשארגתי בה ג׳ עדיין הרוק לח בבגד ואב הטומאה הוי לטמאות ורבותי הוו מפרשי מטעם לגורא דע״ה המטמאה כל זמן שהיא לחה ואני אומר ע״כ אשה זו חברה היתה מדקאתיא קמיה דר׳ ישמעאל לישאל ועוד מי מהימנא לומר ארגתיה בטהרה כל זה פרש״י ובירושלמי מייתי כל הני עובדי על מתניתין דאידך פרקין (ט) בכלים הנגמרים בטהרה צריכים טבילה לקודש וקאמר ליה רבי ישמעאל כמה גדולים מעשה חכמים דאמרי כלים הנגמרים כו׳ משמע דבאשה חברה אורגת עסקינן ובעי טבילה משום דמשמשי בהדיה קודם שנארג כולו כפרש״י והקשה הר״ר יוסף לפי׳ רש״י היה לו לומר נדה הייתי כמו נדה משכה באידך עובדא ונראה לו לפרש דמתוך שקשרה בפה היה שם רוק לח ובשעה שארגה נגעה ברוק וידים שניות הן ובפרק בתרא דעירובין (דף צט: ושם) משמע דרוק מיחשב משקה וחזר הרוק ומטמא למפה כדתנן* אחורי כלים שנטמאו במשקין אך לפי שיטת הירושלמי דמדמי לה לכלים הנגמרים (י) ומוקמי לה לקמן *משום ליגורא דע״ה ומאי איריא משום הכי אפי׳ בליגורא דחבר נמי איכא למיחש מטעם מגע ידים ומיהו נוכל לומר דלא עיקר טעם נקט לקמן אלא חדא מינייהו נקט:

והתניא

רבינו חננאל

מני ר׳ מאיר היא דקתני כל הטעון ביאת מים מדברי סופרים מטמא קודש ופוסל את התרומה ומותר בחולין ובמעשר דברי ר׳ מאיר רישא רבנן וסיפא ר׳ מאיר ומפרקי׳ אין רישא רבנן וסיפא ר׳ מאיר. רב אחא בר אדא מתני בסיפא חמש מעלות והכי קתני בגדי עם הארץ מדרס לפרושים לאוכלי חוליהן בטהרה בגדי פרושין מדרס לאוכלי מעשר בגדי אוכלי מעשר לאוכלי תרומה. בגדי אוכלי תרומה מדרס לקודש בגדי אוכלי קודש כגון זבחי שלמים בכור ומעשר שהן קדשים קלים מדרס לאוכלי חטאת שהוא קדש קדשים הרי אלו ה׳ מעלות מעלות הפרושין אוכלי חוליהן בטהרה על שאר העם שאין אוכלין חוליהן בטהרה. ומעלת מעשר שני על החולין ומעלת טהרת תרומה שהיא חובה שנאמר כל טהור בביתך יאכל אותה וכתיב בה ובא השמש וטהר ואחר יאכל מן הקדשים כי לחמו הוא על המעשר. ומעלת הקדש על התרומה ומעלת החטאת על הקדש ומוקים לה לסיפא כרישא דקתני טבל לחולין אסור במעשר טבל למעשר אסור בתרומה טבל לתרומה אסור בקודש טבל לקודש אסור לחטאת וכולה רבנן היא אמר רב מרי ש״מ חולין שנעשו על טהרת הקודש כקודש דמו ואין בגדיהן מדרס לקודש מאי מדלא קתני בהו מעלה בהדיא בפני עצמו ודחינן לה ומאי דלמא האי דלא קתני להו מעלה בפ״ע לאו משום דכי קדש דמו אלא משום דפליגי בהו אית תנא דמשוי להו לחולין ואית תנא דמשוי ליה כתרומה דתנן חולין שנעשו על טהרת הקודש הרי הן כחולין ור׳ אלעזר בר׳ צדוק אמר הרי הן כתרומה וחזרנו לומר אלא אמר רב מרי מסיפא דמתניתין שמע לה דקתני יוחנן בן גודגדא היה אוכל על טהרת הקדש כל ימיו והיתה מטפחתו מדרס לחטאת ולא לקדש אלמא חולין שנעשו על טהרת הקודש כקדש דמו. א״ר יונתן בן אלעזר נפלה מעפרתו. פי׳ מצנפתו ממנו וא׳ לחבירו שהוא פרוש ונאמן כמותו (א״ל) תנה לי ונתנה לו נטמאת. ומקשינן עליה אמאי נטמאת נעביד לה שימור בידא דחבריה. ופריק ר׳ יוחנן חזקה אין אדם משמר מה שביד חבירו׳ ומקשינן ולא והתניא הרי שהיו חמריו ופועליו טוענין טהרות אע״פ שהפליגו יותר מכדי מיל טהרותיו טהורות ופריק ר׳ יצחק במטהר חמריו ופועליו לכך אי הכי סיפא נמי ואוקימנא אין ע״ה מקפיד כו׳ א״ר יונתן בן עמרם נתחלפו לו כלים של שבת בכלים של חול ולבשם נטמאו. ואקשינן עליה אמאי נטמאו והלא הן בשמירתו וברשותו וכן בשתי נשים חבירות שנתחלפו כליהם וטמאום אמאי הלא מעתה הושיט ידו ליטול פת חטין ועלה בידו פת שעורים וכל הפת היתה טהורה ומשומרת הכי נמי דכיון שנתחלפה לה נטמאת וכי תימא הכי נמי והתניא היה משמר את החבית בחזקת שהיא של יין ונמצאת של שמן טהורה מלטמא ולטעמיך אימא סיפא אסורה מלאכול ואי טהורה היא אמאי אסורה מלאכול ומפרקינן אמר ר׳

מסורת הש״ס

[נ״ל דתניא] [חולין לה: ע״ש]

זבחים לג:

ג״ז שם ע״ש [תוספתא דטהרות פ״ח]

[ברכות נב: פסחים יט:]

[תוספ׳ דכלים ב״ב פ״א]

הגהות הב״ח

(א) גמ׳ לשומרה בטהרה ומתוך בדיקות: (ב) רש״י ד״ה אמר ר׳ ירמיה וכו׳ ואסורה מלאכול לא מסייע לך מידי: (ג) ד״ה המטמאו הנותן לו טומאה: (ד) ד״ה הפוסלו וכו׳ הכ״א עם ד״ס וקשיא הך: (ה) ד״ה נפסקה וכו׳ כלום הס״ד ואח״כ מה״ד וקשרתיה וכו׳ ורבותי מפרשים משום ליגורא של עם הארץ: (ו) ד״ה כיון דכלים וכו׳ וזה סבורה שאלו של חול הסחה: (ז) תוס׳ ד״ה ר׳ אלעזר וכו׳ רבי אלחנן דתנן בפרק: (ח) ד״ה נימא וכו׳ פרש״י קודם שסיפה כצ״ל ותיבת שלא נמחק: (ט) בא״ד דאידך פירקין דתנן כלים וכו׳ וקאמר ר׳ ישמעאל כמה גדולים דברי חכמים וכו׳ דמשמשי בהדה וקודם שנארג כולו נטמא כפרש״י וכו׳ ובפ׳ בתרא דעירובין דף לט ע״א. נ״ב ע״ש בתוספות בד״ה היה אוכל: (י) בא״ד לכלים הנגמרים בטהרה ומוקמי לה לקמן משום ליגורא דע״ה קשה מאי איריא וכו׳ דנקט לקמן:

גליון הש״ס

תוס׳ ד״ה רבי אלעזר וכו׳ ואין שלישי בתרומה מטמא רביעי בקודש. עיין פסחים דף יד ע״ב תוספות ד״ה ואילו הכא:

והתניא *הרי שהיו חמריו ופועליו טעונין טהרות אע"פ שהפליג מהן יותר ממיל טהרותיו טהורות ואם אמר להם לכו ואני אבוא אחריכם כיון שנתעלמו עיניו מהן טהרותיו טמאות מאי שנא רישא ומאי שנא סיפא א"ר יצחק נפחא רישא במטהר חמריו ופועליו לכך אי הכי סיפא נמי אין ע"ה מקפיד על מגע חבירו אי הכי רישא נמי בבא להם דרך עקלתון אי הכי סיפא נמי כיון דאמר להו לכו ואני אבוא אחריכם מיסמך סמכא דעתייהו:

הדרן עלך אין דורשין

חומר [ג]בקדש מבתרומה שמטבילין כלים בתוך כלים לתרומה אבל לא לקדש אחוריים ותוך ובית הצביטה בתרומה אבל לא בקדש הנושא את המדרס נושא את התרומה אבל לא את הקדש בגדי אוכלי תרומה מדרס לקדש לא כמדת הקדש מדת התרומה שבקדש מתיר ומנגב ומטביל ואח"כ קושר ובתרומה קושר ואח"כ מטביל כלים הנגמרים בטהרה צריכין טבילה לקדש אבל לא לתרומה *הכלי מצרף מה שבתוכו לקדש אבל לא לתרומה הרביעי בקדש פסול והשלישי בתרומה ובתרומה אם נטמאת אחת מידיו חבירתה טהורה ובקדש מטביל שתיהן שהיד מטמא את חבירתה בקדש אבל לא בתרומה אוכלים נגובין בידים מסואבות בתרומה אבל לא בקדש

האונן

חמריו ופועליו · עמי הארץ : טעונין טהרות · כגון יין בחביות של חרס והן אינן נוגעין בתוכן וכלי חרס אינו מיטמא מגבו : טהרותיו טהורות · ואין חוששין שמא נגעו דכיון דלא הודיען שהוא מפליג כל שעתא סברי השתא אתי אלמא אדם משמר מה שביד חברו : מאי שנא רישא ומאי שנא סיפא · לא גרסי' ליה ואי גרסי' הכי פירושו ואי ס"ד אין אדם משמר מה שביד חברו מאי שנא רישא מאי שנא סיפא : א"ר יצחק במטהר חמריו ופועליו לכך · לעולם אין אדם משמר מה שביד חברו והכי אין צריכין שימור דאי נמי נגעו לא איכפת להו דכשהטבילן לכך עסקינן : בבא להן דרך עקלתון · כשיכול לבוא להם פתאום דרך עקלתון שלא יבינו הלכך דחלי מיניה :

הדרן עלך אין דורשין

חומר בקדש מבתרומה כו' · שמטבילים כלי בתוך כלי ששניהם (ד) טמאים : אבל לא לקדש · בגמרא מפרש טעמא : אחוריים ותוך ובית הצביטה לתרומה · כלי הראוי להשתמש בתוכו ומאחוריו ובית אביטתו כל תשמיש ותשמיש שבו חשוב כלי בפני עצמו לענין תרומה שאם נטמא זה לא נטמא זה ובטומאות דרבנן קאמר כדמפרש בגמ' : אבל לא לקדש · שאם נטמא אחד מהן כולו טמא לקדש: הנושא את המדרס · מנעל של זב : נושא את התרומה · בזוית(ה) שאינו נוגע באוירה: אבל לא את הקדש · בגמרא מפרש טעמא : לא כמדת הקדש · בחלוק טבילותיו מדת התרומה : שבקדש · אם יש בגד טמא ובא להטבילו אם קשור הוא מתיר את קשרו משום דדמי לחציצה : ומנגב · אם לח הוא מנגבו תחלה ואח"כ מטבילו וכל זה משום דדמי לחציצה הוא : ובתרומה · אם רצה לקושרו קושר ואח"כ מטביל : כלים הנגמרים בטהרה · שנזהר בהן משנאו סמוך לגמרן שראויין לקבל טומאה : צריכין טבילה לקדש · ובגמרא מפרש טעמא : הכלי מצרף את מה שבתוכו · (ו) אוכלים חתיכות הרבה בכלי אחד ונגע טמא באחד מהן הכלי מצרפן להיות כולן חתיכה אחת ונטמאו כולן : אבל לא לתרומה · אלא אותה שנגע בה הויא ראשון והנוגעת בה הויא שניה והנוגעת בשניה שלישית והשאר טהורות : פסול · ואינו פוסל עוד אחר : אם נטמאת אחת מידיו · בטומאה דרבנן שאינה מטמאה אלא ידים ולא את הגוף : נגובין · שהיו נגובין מימיהן שלא הוכשרו לטומאה מעולם : בידים מסואבות · שניות לתרומה דכיון דלא הוכשרה לא מיפסלא : אבל לא לקדש · בגמ' מפרש טעמא

האונן

והתניא וכו' · אלמא אדם משמר מה שביד חברו ובפ' בתרא דע"ז (דף סט.) פרש"י גבי מאי שנא רישא ומאי שנא סיפא דהא (א) חזי ליה דנגע דקתני טעונין טהרות והכי לא בחביות מיירי שהיו סתומות אלא באוכלין מיירי בלא חביות אך קשה להר"ר אלחנן לוקמי בחביות ולא תקשה ליה ועוד דהכא כי אקשי ור"ל שאדם משמר זה שביד חברו היכי מצי משמר ליה כיון דאינו בחביות והו למה לי נתעלמו עיניו מהם לטמאותם תיפוק ליה שהוא נוגע בהם ועוד אפי' בלא סיפא נמי תיקשי ליה מ"ש דרישא ופי' הר"י דהכא בחביות מיירי ולמגס פתוחות הן דאי סתומות לא יטמאו בהעלמת עין (ב) ועוד לא היה צורך לאוקמי רישא במטהר לכך כיון שלא הודיעו שהוא מפליג ומיהו זה יש לדחות דאגב דמוקי ליה הכא משום שינויא דשני' ליה אוקמ' גם התם בע"ז ופריך מינה מכח ההיא דהכא דאי לא תימא הכי אלא אקשי ליה מסברא כי יש לחוש שמא נגעו בהך ברישא א"כ הכא בשמעתין כי פריך מ"ש רישא משום מה שביד חבירו כו' אכתי תיקשי ליה ליחוש שמא יגע בהם אלא ודאי מסברא לא קשיא דלא נגעו דמרתתי כיון שלא הודיעום שהוא מפליג ומיהו הוה מצי לאקשויי ולטעמיך רישא גופא ליחוש שמא נגע וכן בכמה דוכתי ולא פריך ליה :

מאי שנא רישא ומאי שנא סיפא א"ר יצחק רישא במטהר חמריו ופועליו לכך · כך כתוב בספרים ויש פי' כתוב ולא גרסינן ליה אך בפי' שלפני מצאתי כתוב ופירוש לעולם אין אדם משמר מה שביד חבירו וכי תימא מאי שנא רישא במטהר חמריו ופועליו לכך ולפיכך מרתת ובפי' ישנים כתוב וכן פי' מורי דהוי כמו ולטעמיך כלומר אדמוכחת מרישא דאדם משמר תיקשי לסיפא והיינו מאי שנא רישא ומאי שנא סיפא אמאי לא אלא במטהר לכך :

בבא להם דרך עקלתון · ואפ"ה בעינן שיטהרם לכך כדי שיהו מרתתים ליגע בו (ג) ואי לאו הכי לא מירתתי הואיל ומוסרין להם הטהרות ומחזיקים עצמם כטהורים ואפי' מזהירין אותן שלא ליגע סברי דלא קפדי אהך אבל בנכרי סגי בדרך עקלתון לחוד דלעולם יודע הוא שמקפיד על מגעו ומרתת :

הדרן עלך אין דורשין

חומר בקדש · י"א מעלות חשיב לרבא ולרבי אילא י' מעלות והיה קשה להר"ר אלחנן ליתני ההיא דלעיל (דף יח:) נוטלין לידים לחולין ולתרומה ולקדש מטבילין טבל והוחזק לתרומה לא הוחזק לקדש ונראה למורי דלא קא חשיב במתני' אלא היכא דאיכא דרגא דטומאה קלא ואפי' בבתרייתא נמי אבל הך ליכא כלל דרגא דטומאה (ז) והכי נמי בפ"ק דנדה (דף ו:) לא חשיב מעת לעת שבנדה משום דליכא דרגא דטומאה ובגדי אוכלי תרומה מדרס לקדש איכא דרגא דטומאה אף דאורייתא שמא ישבה עליהן אשתו נדה :

הנושא את המדרס · מנעל של זב נושא את התרומה (ח) ובלבד שלא יגע בה רק נושא את החבית וכי תניא בתורת כהנים הנושא את המדרס מטמא שנים ופוסל אחד פי' מטמא שנים ופוסל אחד דהוה אב הטומאה ועושה ראשון ושני בחולין ופוסל בתרומה התם בנוגע בה ועל מה שפרש"י נושא מדרס שנושא את התרומה בחבית ואינו נוגע באוירה וקשה לפירושו דחשיב ליה להאי נושא אב הטומאה לטמא כלי כמו זב וא"כ ליטמא האי חבית ותרומה שבתוכו בהיסט מי לא תניא משכב ומושב בכף מאזנים ואוכלין ומשקין בכף שניה הכריע המשכב טימא האוכלין ועוד תניא בת"כ הנוגע במשכבו יכבס בגדיו (ויקרא טו) אין לי אלא בגדים שהוא לבוש בגדים אחרים מנין ת"ל (ט) בגד בגדיו א"כ מה ת"ל בגדיו לפרט פי' לפרט אדם וכלי חרס אלמא דנושא המדרס לא יטמא כלי אפי' בעת נשאו את המדרס אלא ודאי אפי' יגע באוירה אין לחוש :

לא כמדת התרומה מדת הקדש · לפי שמפרש בו הרבה דינים ביניהם נקט האי לישנא : **הכלי** מצרף מה שבתוכו · הקשה הרב רבי אפרים דבפ"ק דחולין (דף כה: ושם) דרשינן מכל אשר בתוכו יטמא לימד על כלי חרס שאפי' מלא חרדל טמא ומנא ליה דטעמא הכי דלמא התם מטעמא דצירוף ותירץ הר"י דלא מצינו צירוף לחולין* :

כלים הנגמרים וכו' · אומר הר"ר אלחנן דלהכי נקט נגמרים ולא נעשים משום דאין רגילות לשומרם בטהרה בזמן עשייתן עד עת גומרם לפי שאין מקבלין טומאה עדיין אבל כי נגמרו שמקבלין טומאה נותנין לב (י) להן לשומרם בטהרה :

האונן

נד א מיי' פי"ג מהל' מטמאי משכב ומושב הלכה ה :

א ב הכל במיי' פי"ב מהל' אבות הטומאות מהלכה א עד הלכה ז ומהל' יא עד הל' טו :

רבינו חננאל

ירמיה באומר שמרתיה מדבר המטמאה ולא שמרתיה מדבר הפוסלה וש"מ דאיכא נטירותא לפלגא ואסתייעא מן הסל ומן המגריפה ובמעשה דשתי נשים שארגו בטהרה ואמרו לא היה בלבנו לשמרה וסמאן ר' ישמעאל · פשוטות הן :

הדרן עלך אין דורשין בעריות

פרק ג חומר בקדש מבתרומה שמטבילין כלים בתוך כלים לתרומה אבל לא לקדש כו' .

הגהות הב"ח

(א) תוס' ד"ה והתניא וכו' ומאי שנא סיפא דהא קא חזי להו דנגעו דקתני : (ב) בא"ד לא יטמאו בהעלמת עין אלא בכדי שישתום ויפתוח ויגוב כדתנן בפ' בתרא דמסכת ע"ז ועוד לא היה צורך לאוקמי בפרק בתרא דמסכת ע"ז רישא במטהר וכו' משום שנויא דשני ליה אין אדם משמר כו' אוקמה גם התם במסכת ע"ז וכו' כי פריך מ"ש רישא משום אין אדם משמר מה שביד חבירו כו' בלאו הכי תיקשי ליה ליחוש שמא יגעו בהם וכו' שמא נגעו וכן : (ג) ד"ה בבא וכו' דאי לאו הכי : (ד) רש"י ד"ה חומר וכו' שניהם טמאין. נ"ב עי' בדף כ"ב במ"ש התוס' בד"ה מאי איכא : (ה) ד"ה נושא את התרומה בחבית של חרס שאינו נוגע : (ו) ד"ה הכלי מצרף את מה שבתוכו חתיכות אוכלין הרבה : (ז) תוס' ד"ה חומר וכו' וליכא כלל דרגא דטומאה והכי נמי לא חשיב מעת לעת שבנדה משום דליכא דרגא דטומאה כלל כדאמרינן בפרק קמא דנדה ובגדי אוכלי תרומה: (ח) ד"ה הנושא וכו' את התרומה בכלי חרס ובלבד שלא יגע בה וכו' את התרומה בחבית של חרס ואינו נוגע באוירה קשה לפירושו דכיון דחשיב ליה וכו' לטמא כלי חרס כמו זב אם כן: (ט) בא"ד בגדים אחרים מנין תלמוד לומר בגד אם כן מה ת"ל בגדיו פרט לאדם וכלי וכו' לא יטמא כלי חרס אפילו כצ"ל ותיבת לפרט פי' נמחק : (י) ד"ה כלים וכו' נותנין לב עליהן לשומרן :

[תוספתא דטהרות פ"ח] ע"ז סט. ע"א

פסחים יט. [מנחות כד.]

[ועי' תוספות חולין כד: ד"ה התורה]

companion.—Indeed no? [20b] But behold it is taught: If a man's ass-drivers and workmen[5] were laden with [levitically] clean goods, even if he withdrew from them more than a *mil*[6] his clean
a goods[1] remain clean.[2] But if he said to them: Go ye, and I shall come after you, then as soon as they are hidden from his sight, his clean goods become unclean.—In what respect is the first case different from the second?[3] R. Isaac Nappaha[4] said: In the first case he purifies his ass-drivers and workmen for this purpose.[5]—If so, [it applies to] the second case too!—An *'am ha-arez* does not mind another's touching.[6]—If so, [it applies to] the first case too!—It is a case where [the master] can come upon them [suddenly] by a roundabout path.[7]—If so [it applies to] the second case too!—Since he said to them, 'Go ye, and I shall come after you', their minds are at ease.[8]

CHAPTER III

MISHNAH. GREATER STRINGENCY APPLIES TO HALLOW-
b ED THINGS[1] THAN TO TERUMAH:[2] FOR VESSELS WITHIN VESSELS[3] MAY BE IMMERSED [TOGETHER] FOR TERUMAH, BUT NOT FOR HALLOWED THINGS. THE OUTSIDE AND INSIDE AND HANDLE[4] [OF A VESSEL ARE REGARDED AS SEPARATE] FOR TERUMAH,[5] BUT NOT FOR HALLOWED THINGS.[6] HE THAT CARRIES ANYTHING POSSESSING MIDRAS-UNCLEANNESS[7] MAY CARRY [AT THE SAME TIME] TERUMAH,[8] BUT NOT HALLOWED THINGS. THE GARMENTS OF THOSE WHO EAT TERUMAH POSSESS MIDRAS-UNCLEANNESS FOR [THOSE WHO EAT] HALLOWED THINGS.[9] THE RULE [FOR THE IMMERSION OF GARMENTS][10] FOR [THOSE WHO WOULD EAT OF] TERUMAH IS NOT LIKE THE RULE FOR [THOSE WHO WOULD EAT OF] HALLOWED THINGS: FOR IN THE CASE OF HALLOWED THINGS,
c HE MUST [FIRST] UNTIE [ANY KNOTS[1] IN THE UNCLEAN GARMENT], DRY IT[2] [IF IT IS WET, THEN] IMMERSE IT, AND AFTERWARDS RETIE IT; BUT IN CASE OF TERUMAH, IT MAY [FIRST] BE TIED AND AFTERWARDS IMMERSED. VESSELS THAT HAVE BEEN FINISHED IN PURITY[3] REQUIRE IMMERSION [BEFORE THEY ARE USED] FOR HALLOWED THINGS, BUT NOT [BEFORE THEY ARE USED] FOR TERUMAH. A VESSEL UNITES ALL ITS CONTENTS [FOR DEFILEMENT] IN THE CASE OF HALLOWED THINGS,[4] BUT NOT IN THE CASE OF TERUMAH.[5] HALLOWED THINGS BECOME INVALID[6] [BY UNCLEANNESS] AT THE FOURTH REMOVE, BUT TERUMAH [ONLY BY UNCLEANNESS] AT THE THIRD REMOVE.[7] IN THE CASE OF TERUMAH, IF ONE HAND OF A MAN BECAME UNCLEAN,[8] THE OTHER REMAINS CLEAN, BUT IN THE CASE OF HALLOWED THINGS, HE MUST IMMERSE BOTH [HANDS], BECAUSE THE ONE HAND DEFILES THE OTHER FOR HALLOWED THINGS BUT NOT FOR TERUMAH. DRY FOODSTUFFS[9] MAY BE EATEN WITH UNWASH-
d ED HANDS,[1] WITH TERUMAH, BUT NOT WITH HALLOWED

(5) Who belonged to the category of *'am ha-arez*. (6) I.e., unbeknown to them. A *mil* = two thousand cubits (Jast.).
a (1) E.g., wine in earthenware jars. (2) Because the men touch only the exterior of the vessels, which, being earthenware, are not defiled within by the contact of a defiling object on the outside (cf. Hul. 25*a*). The fear of their master who could arrive at any moment would deter the men from attempting to touch the contents of the vessels. This proves that, contrary to R. Johanan's statement, a man *can* guard what is in another's hand. (3) Rashi prefers to delete this sentence. If it is retained, he interprets it as a continuation of the argument against R. Johanan, thus:—If you contend that a man cannot guard what is in another person's hand, then why is the first case decided differently from the second? Tosaf., however, explains it as a rejoinder in defence of R. Johanan's teaching: Granted that the first case of the Baraitha seems to contradict R. Johanan, but how can the second case be explained otherwise than as a support? One must answer, therefore, with R. Isaac Nappaha, that the first case too does not really contradict R. Johanan, because the men were specially purified for the purpose. (4) I.e., the smith. (5) Consequently the goods remain clean; for even if the men touch the goods they cannot defile them. But if the men had not been specially purified, R. Johanan's principle that one cannot guard what is in another's hand would hold good. (6) I.e., though the workmen, being clean, cannot defile the goods, they might allow them to be defiled by other people touching them. (7) I.e., the fear that he might come upon them by surprise would deter them from permitting a stranger to touch the goods. (8) That he will not surprise them, and thus whatever they do will not be observed by their master.
b (1) I.e., sacrificial flesh, meal-offerings and drink-offerings. (2) In the eleven cases (according to Raba), or ten (according to R. Ela), that follow. For further differences,*v. the Mishnah pp. 119-121. The latter are not included in our Mishnah because (according to Tosaf. s.v. חומר) they do not involve the risk of an eventual violation of the law of purity (דררא דטומאה). (3) I.e., any articles susceptible to defilement. According to Rashi (a.l.), both the exterior and interior vessels are unclean; according to Tosaf. (22*a*, s.v. מאי) only the interior vessels are unclean. (4) בית הצביטה 'the place of holding', v. *infra* 22*b* n. c13.

(5) I.e., if these parts can be used separately they are regarded, in the case of *terumah*, as distinct utensils, so that if one of them becomes defiled the others remain unaffected. This rule applies, as the Gemara explains, only in the case of Rabbinical degrees of uncleanness, v. Kel. XXV, 6f. (6) In the case of hallowed things, if one part becomes defiled, the whole vessel is rendered unclean. (7) E.g., if he wears the shoe of a gonorrhoeist.*V. p. 120, n. 3. (8) I.e., if the *terumah* is in an earthenware vessel, which he touches only from without. Cf. *supra* nn. a1 and 2. (9)*V. p. 120, where the same statement is found. (10) In respect of the law of חציצה ('Interposition, an intervening object'). Cf. 'Er. 4*a*.
c (1) Because they resemble an intervening object. (2) Here the moisture is deemed to resemble an intervening object. (3) I.e., from the moment that they reached the stage when they could be termed vessels, and consequently became susceptible to defilement, they were carefully guarded from uncleanness. (4) If an unclean person touched one portion of hallowed food in a vessel, all the other pieces, although not in contact with it, are rendered *equally* unclean by the unifying effect of the vessel. (5) In the case of *terumah*, the portion touched by the unclean person contracts uncleanness at the first remove (v. *infra* n. 7); if another portion touches it, the second contracts uncleanness at the second remove, and any portion touching the latter suffers uncleanness at the third remove; the rest remain clean. (6) But cannot, in turn, render anything else invalid. (7) If A is a 'Father of uncleanness' (i.e., suffers from primary uncleanness, which can convey uncleanness even to men and vessels; those that come in contact with it are termed 'offspring of uncleanness', and can convey uncleanness only to foodstuff and liquids) and touches B, and B touches C, and C touches D, if D is a hallowed thing it becomes invalid; and if C is *terumah* it becomes invalid; but if D is *terumah* it does not become invalid (Danby, *The Mishnah*, p. 214, n. 9). (8) I.e., contracted a Rabbinic (as opposed to Pentateuchal) grade of uncleanness, which defiles the hand without affecting the rest of the body. (9) I.e., ordinary food which has never been rendered susceptible to uncleanses by coming in contact with water; v. *supra* 19*a* nn. a5-9.
d (1) Lit., 'unclean hands'; though these suffer from levitical uncleanness, the food is not affected because it has never become susceptible to uncleanness.

*See Corrigenda.

THINGS.[2] [21a] A MOURNER [PRIOR TO THE BURIAL OF THE DECEASED],[3] AND ONE WHO NEEDS TO BRING HIS ATONEMENT SACRIFICE [IN ORDER TO COMPLETE HIS PURIFICATION][4] REQUIRE IMMERSION FOR HALLOWED THINGS,[5] BUT NOT FOR TERUMAH.[6]

GEMARA. Why not in the case of hallowed things?[7] R. Ela said: Because the weight of the [inner] vessel forms an interposition.[8]—But since the latter clause [of the Mishnah] is based on [the rule of] interposition.[9] For it is taught in the latter clause: THE RULE [FOR THE IMMERSION OF GARMENTS] FOR [THOSE WHO WOULD EAT OF] TERUMAH IS NOT LIKE THE RULE FOR [THOSE WHO WOULD EAT OF] HALLOWED THINGS: FOR IN THE CASE OF HALLOWED THINGS, HE MUST [FIRST] UNTIE [ANY KNOTS IN THE UNCLEAN GARMENT], DRY IT [IF IT IS WET, THEN] IMMERSE IT, AND AFTERWARDS RETIE IT; BUT IN THE CASE OF TERUMAH, IT MAY [FIRST] BE TIED AND AFTERWARDS IMMERSED!—Both the former clause and the latter clause are based on [the rule of] interposition, and they are both required. For if [the Mishnah] taught us the former clause [only], I might have thought that the reason why it is not [permitted to immerse vessels within vessels] for hallowed things is because of the weight of the vessel [which interposes], but in the latter clause where there is no weight of a vessel [to interpose], I might have thought that it would not be deemed an interposition even for hallowed things; and if [the Mishnah] taught us the latter clause, I might have thought that the reason why it is not [per-

(2) V. the explanation in the Gemara, *infra* 24b ff. (3) Heb. אונן, opposed to אבל, a mourner during the week following the burial. It is assumed here that the mourner had not become defiled by the corpse. (4) E.g., a gonorrhoeist who, after duly immersing himself on the seventh day of his uncleanness, has awaited sunset on that day, and now has only to bring his sacrifice on the morrow in order to complete his purification. (5) In the latter case *after* bringing the prescribed sacrifices. (6) Which may be eaten not only without immersion, but even before the sacrifices marking the completion of purification have been brought. (7) The question refers to the beginning of the Mishnah, i.e., why may not vessels within vessels be immersed for hallowed things just as for *terumah*? (8) The weight of the inner vessel prevents the water from reaching every part of the vessels, thus invalidating the immersion both of the outer and inner vessels. V. *infra* 22a. (9) If the purpose of the two clauses is identical viz., to teach us that in the case of hallowed things even that which resembles interposition invalidates, but in the case of *terumah* only proper interposition, then the Mishnah should have contained one of the two clauses, not both.

האונן ומחוסר כפורים צריכין טבילה לקדש אבל לא לתרומה · משמע ליבעי טבילה (א) אבל הערב שמש לא כדדייק לקמן (דף כג.) בכלים הנגמרים והכי נמי משמע בזבחים בריש טבול יום (דף צט.) דקא דייק על הך משנה היכי דמי אי דאסח דעתיה מטמא שרץ טמא מעליא הוי אם כן משמע דלא הערב שמש בעי וגם רש"י פי' כן התם דלא בעי הערב שמש והא דתנן התם טבול יום ומחוסר כפורים אין חולקין בקדשים לאכול לערב משמע דמחוסר כפורים בעי הערב שמש איכא למימר משום טבול יום נקטיה אבל קשה לר"י דאמר בעירובין בפרק בכל מערבין (דף לו.) האשה שהיתה עליה לידה או זיבה מביאה מעות ונותנת בשופר טובלת ואוכלת בקדשים לערב והתם לא תני טבול יום וי"ל דלערב דנקט מיירי שאינה עומדת שם בשעת הקרבה אלא סומכת לה על חזקת ב"ד אוכלת לערב דחזקה אין ב"ד מתעצלין וק"ל דלאחר חצות תשתרי שכן מצינו גבי עומר (מנחות דף סח.) הרחוקים מחצות ואילך מותרין לפי שאין ב"ד מתעצלין ויש לחלק דהתם בקרבן צבור ממהר טפי לעשות עד חצות אבל קרבן יחיד ממתינין כל היום אבל טפי לא כדי שלא יכשל על ידם וכי תימא אחר תמיד של ערב תשתרי דתו לא תשתרי (ב) כיון דכתיבה עליה העולה ומינה ילפינן *עשה השלמה דאין מקריבין אחרי עולת התמיד בין הערבים כלום ויש לומר דליכא למימר שפעמים מאחרין התמיד עד הערב שמש כדאמרינן ריש תפלת השחר (ברכות דף כו:) שהולך וקרב עד הערב הלכך כיון שאין לו זמן קבוע מספקין לה בכל נמי כרבי ישמעאל בנו של רבי יוחנן בן ברוקה שאמר ריש תמיד נשחט (פסחים דף נט.) שחטאת העוף קרב אחר תמיד הערב והכי מפרש הר"י בריש תמיד נשחט גבי מחוסר כפורים שטובל ואוכל בקדשים לערב דלא נקט ערב משום הערב שמש אלא לפי שאינו עומד לעולם על קרבנו כדפי' וסומך על חזקת כהנים וכן יש לפרש ההיא דכריתות בריש פרק מחוסרי כפרה (דף ח:) [גר] מעוכב לאכול בקדשים עד שיביא קנו הביא פרידה אחת שחרית אוכל בקדשים לערב (ג) דרבותא נקט ואע"ג דאם הביאום שחרית תרוייהו לא יאכל עד הערב היכא דסומך על חזקה כדפרי' אבל ליכא למימר התם משום הערב שמש דלא צריך כדפרי' ועוד דלא מזכיר התם טבילה וגם לא מצינו מחוסר כפרה הצריך טבילה רק מחוסר כפרה דטומאה אבל בגר לא מצינו לו וכן תנן (פרה פי"א מ"ה) כל הטעון ביאת מים מדברי סופרים מטמא (ד) הקדש וכו' אחר ביאתו מותר בכולן משמע כל שהוא מדרבנן מותר מיד בלא הערב שמש ומההיא דפרישית תירץ הר"ר שמואל מרא"ם הא דתניא בפ"ב דביצה (דף יח. ושם) גבי מתני' דכלי שנטמא בולד הטומאה מטבילין אותו ביו"ט והאמר והא בעי הערב שמש ותירץ דכיון דולד טומאה דרבנן לא בעי הערב שמש והכי משמע בירושלמי דתרומות פ"ב גמרא המטביל כליו בשבת וכי מתקן מנא לכתחילה תני נפל כליו לתוך הבור מערים עליו ומטבילו כלומר ביום טוב ובשבת תרי אמוראי חד אמר בכלי שנטמא באב הטומאה וחד אמר בכלי שנטמא בולד הטומאה מתיב מאן דאמר בולד הטומאה למאן דאמר באב הטומאה אפי' בחול הא טעון הערב שמש כלומר התינח לדידי דאוקימנא ליה בולד הטומאה שפיר דלא בעי הערב שמש אלא לדידך דמוקמית ליה באב הטומאה צריך ליה הערב שמש ולא חזיא לאשתמושי ביה רק בחול א"כ הוה ליה מטביל משבת לחול ומוקי לה ברוצה להשתמש (ה) לצורך חולין דטבול יום שרי בחולין בלא הערב שמש והשתא לדבריו מוקמי מתני' דביצה (שם) דאין מטבילין כלים שנטמאו באב הטומאה בכהן מיירי לאכול תרומה אי נמי באוכל חולין על טהרת תרומה ולא שרי בטומאה דרבנן רק ע"י הערמה גם שמעתתא דביצה ע"י הערמה מיירי ובאב הטומאה אפילו על ידי הערמה לא וכי שרי התם במתני' מדלין בדלי טמא והוא טהור מאליו הך הערמה עדיפא שפיר מאילו החזירו ריקן ואותה גירסא שפיר מייתי לה בירושלמי גם בפ"ב דביצה [ג"ז שם] כתוב בשיבוש בספרים אמנם הגעת הגירסא כמו שפי' ועוד היה מביא הר"י סייעתא דאמר בפרק האשה (פסחים דף צ:) אמר רב אין שוחטין וזורקין על טמא שרץ דילמא פשע ולא טביל ואלו במחוסר כפרה אמר התם שוחטין וזורקין עליו ולא חיישינן דילמא פשע דהואיל וטהור מעליא הוי מדאורייתא לא העמידו חכמים דבריהם במקום כרת לפוטרו בכך מפסח ושפיר שוחטין וזורקין עליו ואל תתמה דאמר בפרק הוציאו לו (יומא דף מז.) גבי ר' ישמעאל בן קמחית כהן גדול שסיפר עם נכרי בשוק ונתזה צינורא מפיו נכנס ישבב אחיו ושימש תחתיו ואמאי ליזיל וליטבול כיון דטומאה דרבנן הרי לא בעי הערב שמש התם י"ל כיון דחכמים שוינהו לנכרים כזבים לכל דבריהם החמירו בהן והצריכו הערב שמש ובצינורא דע"ה משמע לקמן (דף כג.) בההיא דשפופרת דבעי הערב שמש דקאמר אמאי יטמא ויטבול הא מטמא (ו) וקיימא ליה ומאי קאמר הא בטומאה קמייתא לא בעי הערב שמש וליכא היכירא ואי מטמאין (ז) בעי הערב שמש ושפיר איכא היכירא לצדוקין אלא ודאי דאף של ע"ה צריך הערב שמש ועוד תנן (פרה פ"ג מ"ז) שהיו מטמאין כהן השורף את הפרה ותניא בתוספתא* שהיו נוגעין בו כדפירש לעיל דבגדי אוכלי קדש מדרס לחטאת ואיזה היכירא דצדוקין איכא כיון דלא בעי הערב שמש כדפרי' ותירץ הר"ר שמעון דעשאוהו כטמא מת בשביעי שלו כדלעיל הלכך אף הערב שמש בעי אך רש"י לא פירש הכי לקמן אלא פירש עשאוהו כטמא מת בז' שלו למימני ביה ראשון ושני ולא לענין הערב שמש והשתא קשה דמשמע דאיכא הערב שמש אף בטומאה דרבנן ואלו בההיא דכל הטעון ביאת מים משמע דליכא הערב שמש ואמר הר"י (ח) דמטמא כהן השורף את הפרה מיירי כדי שיהיה טמא לטמא חולין במגעו וכן בההיא [ציורא דע"ה וצינורא דנכרי שנתזה מפיו] שמטמא חולין במגעו לפיכך בעו הערב שמש אך ליסנא לא משמע שיטמא חולין במגעו בההיא דכהן השורף את הפרה וכן לקמן גבי שפופרת לא קאמר עשאוהו כטמא מת בז' שלו רק לענין הערב שמש ולא לענין לטמאות חולין במגעו והא דבעי הערב שמש איכא למימר דבפרה החמירו וגם בשפופרת טפי מבכלים הנגמרים דסגי להו בטבילה בלא הערב שמש הייט גבי חולין ותרומה לקדש ולא לחטאת וההיא דפסחים פרק אלו דברים (דף ע.) דאמר סכין שנמצא בי"ג שוחט ומטביל אותה בי"ד שוחט בה מיד כלומר דמסתמא הטבילוה מאתמול כדי לעשות לה הערב שמש וכ"ת ליחוש דילמא נטמא בטומאה דרבנן דלא בעי הערב שמש ונטר ליה עד לפרא להטביל דהא הויא ספק דרבנן ולקולא ועוד דרגילות להטביל מאורתא דלמא מטריד כ"כ ולא טביל כ"כ וליכא לאתמוהי האי סכין שנמצא היכא אי בירושלים אפי' בי"ג נמי ואי חוץ לירושלים אפי' בי"ד נמי לא כדאמרינן התם בשילהי פרק קמא דפסחים (דף יט:) דהא י"ל דמיירי חוץ מירושלים אי נמי בירושלים ובגזייתא שאינו לא דרך ירידה ולא דרך עליה ובי"ד דאיכא הוכחא דאטבלה שריא והקשה הר"ר אליהו לפסול האי סכין בהיסח הדעת כדאמר לעיל שילהי פ"ב (דף כ.) דאמר לבי על הסל ולא על המגריפה ופסלינה ליה בהיסח הדעת ותירץ הר"י דלא שייך היסח הדעת לפסול רק דומיא דהתם שהיו בידו ואסח דעתיה הימנה אבל היכא שאין בידו כגון שאבד לא שייך התם היסח הדעת ליפסול °והביא הר"ר אלחנן סעד לדבריו מפרק [ז' דשקלים מ"ג] דאמר התם נמצא בעזרה אברים עולות חתיכות חטאות ומשמע שעולה נקריבה וחטאת *תאכל ולא מיפסלה בהיסח הדעת והקשה הר"ר אלחנן מאי האי דקאמר ליסנא דשוחט ומטביל דמשמע שכבר הוטבל ותירץ לו הר"י דאפי' הכיר בה שהטבילוה בעליס נמי מטבילין דאימא לא נשמרה בטהרה הואיל ואית ליה שהות כולי יומא ובההיא דביצה דאמרינן כלי שנטמא בולד הטומאה מטבילין ואקשינן הא בעי הערב שמש היה אומר הר"ר אלחנן דביו"ט שחל להיות בע"ש עסקינן דיו"ט מכין לשבת הלכך מטבילין אפילו ליומא אחרינא אך ליסנא דמתני' לא משמע ליה אלא בכל יו"ט מיירי:

---

*האונן ומחוסר כפורים צריכין טבילה לקדש אבל לא לתרומה: **גמ'** בקדש מ"ט לא א"ר אילא מפני שכבידו של כלי חוצץ והא מדסיפא משום חציצה רישא לאו משום חציצה דקתני סיפא ולא כמדת הקדש מדת התרומה שבקדש מתיר ומנגב ומטביל ואחר כך קושר ובתרומה קושר ואחר כך מטביל רישא וסיפא משום חציצה וצריכא דאי אשמעינן רישא הוה אמינא היינו טעמא דלקדש לא משום כבידו של כלי דאיכא אבל סיפא דליכא כבידו של כלי אימא לקדש נמי לא הוי חציצה ואי אשמעינן סיפא הוה אמינא היינו טעמא דלקדש לא משום דקיטרא

האונן · שלא נטמא במתו: והמחוסר כפורים · כגון זב שטבל ליום שביעי לספירתו והעריב שמשו ולמחרת הוא קרוי מחוסר כפורים שעדיין גמר טהרתו תלויה בקרבנו: צריכין טבילה · לאחר שהביא קרבנו אם רצה לאכול קדש ובגמרא מפרש טעמא: **גמ'** שכבידו של כלי חוצץ · כבידו של כלי הפנימי המכביד על החיצון שהוא מונח בתוכו חוצץ בפני המים ואין טבילה עולה לא לזה ולא לזה ולקמן (דף כב.) פריך אי הכי אפילו תרומה נמי: והא מדסיפא · דמעלה אחריתי דחשיב בסיפא הוי טעמא משום חציצה רישא לאו משום חציצה דאי טעמא דתרוייהו משום חציצה ולאשמעינן גבי קדש כל דדמי לחציצה פוסל בו ובתרומה לא פסלה אלא חציצה גמורה דאורייתא ליתני חדא מינייהו: אהדוקי

זבחים צט.

[פרה פ"ג]

[פי' שם במשנה וירושלמי]

רבינו חננאל

ואמרינן מ"ט דמתניתין א"ר אילא משום חציצת פי' חיישינן שמא כבידו של כלי יש בו בקרקעית הכלי החיצון ואין טבילה עולה לו · וה"מ דחיישינן כולי האי לקדש אבל להרומה לא חיישינן כולי האי · ומקשינן אי משום חציצה הא קתני לה לקמן מדת הקדש מתיר מטביל ומנגב כו' ופרקינן לעולם רישא וסיפא משום חציצה ואצטריך לתרווייהו דאי תנא מטבילין כלים בתוך כלים בלבד היינו אומרים שזה מפני כבידו של כלי אבל התרת חבל אין צריך ואלו תנא מתיר ומטביל בלבד היינו אומרים משום שהקשר במים ואין מים באים לתוכו אבל כלים בתוך כלים אימא המים מצפים אותו ובאין עליו מכל צד קמ"ל דחיישינן בהא

[פסחים נח: ע"ש]

הגהות הב"ח

(א) תום' ד"ה האונן וכו' משמע ליבעי טבילה אין אבל וכו' משמע דלא בעי הערב שמש וגם: (ב) בא"ד אחר תמיד של ערב תשתרי דתו לא ממתינין כיון דכתיב עליה גבי עולה ומינה: (ג) בא"ד ורבותא נקט דאע"ג דהביאוהו שחרית כצ"ל ותיבת דאם נמחק: (ד) בא"ד מטמא את הקדש וכו': (ה) בא"ד להשתמש בהן לצורך חולין וכו' הערמה עדיפא טפי מאילו וכו' מביא הר"י סייעתא מהא דאמר וכו' ואל תתמה מהסיא דאמרינן: (ו) בא"ד אמאי יטמא ויטבול הא מיטמא וקאי ומאי קאמר כצ"ל ותיבת וקיימא ליה נמחק: (ז) בא"ד ואי מטמאין ליה בעי הערב שמש וכו' אלא ודאי דאף בצינורא של ע"ה צריך הערב שמש ועוד דקאמר לקמן שהיו מטמאין את הכהן השורף וכו' בשביעי שלו כדלקמן הלכך: (ח) בא"ד ואמר הר"י דההיא דמטמאין לכהן השורף וכו' וכן בההיא דאמר בצינורא מיירי שמטמא חולין וכו' במגעו דבההיא דכהן וכו' וגם בשפופרת החמירו טפי וכו' לא משמע הכי אלא בכל יו"ט מיירי:

גליון הש"ס

תום' ד"ה האונן וכו' והביא הר"ר אלחנן סעד וכו' · חתיכות חטאת זה וזה תשרף לרתחו ויאה נכות הערישה כך היא במתני' פ"ז דשקלים משנה ג', ודברי תוס' צע"ג:

ב א מיי' פרק יב מהל' אבות הטומאות ה"ח:

ג ב מיי' פ"ח מהלכות מקואות הלכה א ס טוש"ע י"ד סימן רא סעיף נב:

ד ג מיי' שם הלכה ו טור וש"ע שם סעיף מ:

(א)דקיטרא במיא אהדוקי מיהדק אבל רישא דמיא אקפויי מקפו ליה למנא לא הויא חציצה צריכא רבי אילא לטעמיה דאמר רבי אילא א"ר חנינא בר פפא עשר מעלות שנו כאן: חמש ראשונות בין לקדש בין לחולין שנעשו על טהרת הקדש אחרונות לקדש אבל לא לחולין שנעשו על טהרת הקדש מ"ט חמש קמייתא דאית להו דררא דטומאה מדאורייתא גזרו בהו רבנן בין לקדש בין לחולין שנעשו על טהרת הקדש בתרייתא דלית להו דררא דטומאה *מדאורייתא גזרו בהו רבנן לקדש לחולין שנעשו על טהרת הקדש לא גזרו בהו רבנן רבא אמר מדסיפא הוי משום חציצה רישא לאו משום חציצה ורישא היינו טעמא *גזירה שלא יטביל מחטין וצינורות בכלי שאין בפיו כשפופרת הנוד (ב) כדתנן *ב עירוב מקוואות כשפופרת הנוד ג בעוביה וכחללה

אהדוקי מיהדק · וקרוב הוא להיות חוצץ: אקפויי מקפי ליה למנא · מליפות ומגביהות אותו: רבי אילא · דאוקי טעמא דרישא משום חגילה: לטעמיה · דאמר עשר מעלות שנו כאן שבין תרומה לקודש ואכן י"א תנן ביה אלא הכי תרתי לחד טעמא חשיב להו כחדא: בין לחולין שנעשו על טהרת הקדש · אף כן נחשבו יותר מן התרומה במעלות הללו: דררא דטומאה דאורייתא · חשש טומאה דאורייתא כלי בתוך כלי אי איכא חגילה טומאה דאורייתא היא אחוריים ותוך אף על גב דכלים שנטמאו אחוריו במשקין דטומאה דרבנן היא מיהו הא דאמור רבנן משקין מטמאין כלי משום גזרה משקה זב וזבה הוא כגון רוקו ומימי רגליו והני מטמאין כלי מדאורייתא ובטומאה דאורייתא אין חילוק בכלי שטף בין אחוריים לתוכו שבכל מקום שטומאה נוגעת בו נטמא כולו נושא את המדרס נמי חשש טומאה דאורייתא היא כדמפרש בגמרא מעשה היה שנפלה לרועת הסנדל לאויר חבית בגדי אוכלי תרומה מדרס לקדש שמא ישבה עליהן אשתו נדה חשש טומאה דאורייתא היא כלים הנגמרים כו' משום ליטורא דעם הארץ שמא זב הוא: בכלי שאין בפיו כשפופרת הנוד · והוא לאו טבילה היא שאין המים הנכנסין לתוכו חיבור למי המקוה ולא טבלו המחטין אלא במיעוט מים שבכלי ותנן כו' דלאו חיבור הוא: עירוב מקוואות · מקוה חסר בלד מקוה שלם והעיור ביניהן המחברן: אם יש ברוחבו כשפופרת הנוד · קנה שנוקבין בפי הנוד של עור (ג): וכחללה

דקיטרא במיא אהדוקי מיהדק · ומנגיב דמתניתין הוי משום חגילה כדפירש רש"י והא דלא עביד לריכותא ממנגיב משום דקים ליה (ד) דלא ידעינן מאידך ויש מפרשים דמנגיב טעמא אחרינא איכא משום שהמים חוזרים ומטמאין ליה ולא סלקא להו השקה משום מעלה דקדש וקשה למורי דאם כן לרבא הוי שנים עשר ולרבי אילא אחד עשר וי"ל דרביעי בקדש לא חשיב ליה או לירוך דאורייתא:

אחרונות לקדש ולא לחולין כו' · תימה להר"ר אלחנן דמוכח רב מרי לעיל באידך פירקא (דף יט:) ש"מ חולין שנעשו על טהרת הקדש כקדש דמו מדלא קתני להו גבי מעלות כלומר בגדי אוכלי תרומה מדרס לחולין שנעשו על טהרת הקדש בגדי חולין (ה) מדרס לקדש ומאי הוכחה היא דילמא לאו כקדש דמו בעלמא ולענין מעלה זו הוו כקדש שכן מתניתין סבירא גבי ה' ראשונות כקדש דמו ואפ"ה לא חשיב לה גבי מעלות ושמא דלא קאמר הש"ס רק לענין הך מעלה לחוד:

בתרייתא דלית בהו דררא דטומאה דאורייתא לקדש גזור ולא לחולין שנעשו על טהרת הקדש · וקשה לר"י דאמרינן בפ"ק דנדה (דף ו.) מעת לעת שבנדה לקדש אבל לא לתרומה אי הכי לתגווי גבי מעלות כי קתני מילתא דאית ליה דררא כו' דלית ליה דררא דטומאה דאורייתא לא קתני ומאי קא משני ליה הא גבי בתרייתא חשיב הכא דררא דטומאה דרבנן והתם לא דרבנן (ו) ותו קשה מאי שנא הני בתרייתא דהכא דלא הוו לחולין שנעשו על טהרת הקדש והתם מסקינן דמעת לעת אף לחולין שנעשו על טהרת הקדש וריב"א היה מפרש דהתם לא מקשה ליתנייה גבי מעלות רק מקמייתא דגבי בתרייתא לא דמו דהתם אף לחולין שנעשו על טהרת הקדש והכא דווקא לקדש ולא יתכן להר"י דהתם לא קים ליה בהא כי פריך ליה עד דלמסקנא ועוד כי משני דלא דמי לקמייתא משום דלית ליה דררא דטומאה הכתי מקשי ליה מ"ש התם לחולין שנעשו עט"ה והכא דווקא לקדש להכי נראה להר"י לפרש וניתנייה גבי מעלות או קמייתא או בתרייתא ומשני דליכא דררא דטומאה כלל אפילו דרבנן ולא דמי אף לבתרייתא דהא כי מטמינן לה מעת לעת קים לן דטהורה היתה ואל תתמה היכי מסקינן התם אף לחולין כיון דליכא דררא דטומאה כלל לפי שרגילות הוא קלת שנעקר הדם לפני ראייתה לכך גזרו רבנן אף בחולין שנעשו עט"ה ומכל מקום לית להו דררא דטומאה התם כיון דבשעה דעסקה בטהרות אז אין שם ספק טומאה ואין לה להגיה מלעסוק בטהרות שאינה יודעת מתי תראה אחרי כן:

בתרייתא דלית להו דררא דטומאה דאורייתא · תימה להר"י הרי רביעי בקדש דקתני ושלישי בתרומה דהוו דאורייתא כדאיתא בסוטה פרק כשם (דף כט.) ולקמן* אפרש בעז"ה ודלא כפי' רש"י שפירש דהוי דרבנן רביעי בקדש ועוד קשה למורי דרב נחמן אמר רבה בר אבוה דקתני גבי י"א מעלות לקמייתא כו' אחרונות לקדש דווקא אם כן סבירא ליה כל אלו דבתרייתא לית להו דררא דטומאה דאורייתא ואילו לקמן (דף כד.) שמעינן ליה דלירוך הוי דאורייתא דמשני ליה למימרא דרבי חנין כגון שלבסו על גבי (ז) קטבליא דאורייתא יש לו תוך מלרף אלמא הוי דאורייתא בכלי שיש לו תוך ותירץ הר"י כיון דלא שייך לחולין לא חשיב ליה לדררא דטומאה והיינו שייכות דטומאה:

כעוביה וכחללה · פירש"י שתי אצבעות חוזרות למקומן והקשה ר"ת דתנן* ומייתי לה פרק שני דגיטין (דף טז. ושם) ובפרק בתרא דע"ז (דף עב.) הגלוק והקטפרס ומשקה טופח אינו חיבור לא לטומאה ולא לטהרה והשקה חיבור ואומר ר"ת דבמים סגי בטופח על מנת להטפיח אבל בנקב בעינן ב' אצבעות אך קשה להר"י דתנן בפרק חמישי דפרה [מ"ח] שתי שקתות שבאבן (ח) קדש אחת מהם מים שבשניה אינן מקודשות אם היו נקובות זה בתוך זה כשפופרת הנוד או שהיו מים לפין על גביו אפי' כקליפת השום קדש אחת מהן מים שבשניה מקודשות מדקתני סיפא או שהיו מים לפין על גביו משמע דבכותל בעינן שפופרת הנוד אפי' ממים דדוקא בסיפא סגי כקליפת השום ותו תנן במסכת מקוואות (פ"ו מ"ט) כותל שבין שתי מקוואות שנסדק לשתי מלטרף לערב אין מלטרף עד שיהא במקום אחד כשפופרת הנוד ר"י אומר חילוף הדברים נפרצו זה לתוך זה על רוס כקליפת השום ועל רוחב כשפופרת [הנוד] כלומר שתי אצבעות חוזרות למקומן וכיון דבעינן חלי הנקב מלא מים איכא טפי מטופח על מנת להטפיח ועוד אי מיתניא ההיא דגלוק וקטפרס לענין מקוואות אתי שפיר דקאמר בגיטין (ט) ולענין מקוואות ור"י הוא מכלל דמעיקרא לא מיתוקמא לענין מקוואות ונראה לר"י דלענין השקה מיתניא דומיא דרישא [מקל] שהוא מלא משקין טמאין כיון שהשיקו למקוה טהורה דברי ר' יהושע וחכ"א עד שיטביל את כולה הגלוק והקטפרס כו' ובסוף פרק שמיני דטהרות מיתני' אבל לענין מקוואות מועיל כדאיתא לעיל (דף יט.) גבי שלש גממיות דטובלין בתחתונה וכי מוקמינן בגיטין [דילמא] לענין מקוואות ור"י היא דאמר גוד אחית לא מצי לאוקמי כרבנן דלית להו טופח על מנת להטפיח אפי' בגוד אחית וכ"ש בקרקע שוה דלעולם לית להו חיבור עד שיהא כקליפת השום ברוחב שפופרת והכי משמע לישנא דידהו דלעולם לא הוי חיבור ועוד דאיכא למימר לר"י נמי לית ליה רק היכא דשייך גוד אחית אבל בקרקע שוה לא אמרינן ולעיל (דף יט: בד"ה בתחתונה) פירשתי דנקט ובאמלעית ארבעים לרבותא דר"י דאע"ג איכא מ' סאה באמלעית אין טובלין בעליונה אי נמי רבותא דחכמים דאפי' הכי קתני (י) סיפא בתוספתא וחכ"א אין מטבילין אלא באמלעית אך תימה להר"ר אלחנן דסברא הפוכה דגבי השקה חזינן דקטפרס אינו חיבור בההיא דגלוק וקטפרס ולענין מקוואות מהני כדאיתא לעיל גבי שלשה גממיות (שם) דטובלין בתחתונה דהוי חבור ואלו טופח על מנת להטפיח מהני לענין השקה ולענין מקוואות בעינן מים לפין על גביו ותירץ הר"י דטומאה וטהרה והשקה הלכתא גמירי לה ולא בסברא תליא מילתא ועוד קשיא לו דגבי טופח על מנת להטפיח הוי חיבור להשקה ובמקוואות בעינן מים לפין וכי קאמרינן דילמא לענין מקוואות קאמר רוצה לומר דלגבי השקה לא הוי חיבור ויש לומר דהוא הדין להשקה במקום דאיכא למימר גוד אחית הוי חיבור לרבי יהודה והא דנקט מקוואות משום דאיירי ביה נקטיה ומיהו יש לחלק מעיקרא וליישב כל המשניות דבקרקע שוה היכא דליכא כותל כלל סגי בטופח על מנת להטפיח והיכא דאיכא נקב בכותל בעינן כרוחב שפופרת הנוד ועל גבי כותל סגי כקליפת השום ועל רוחב כשפופרת הנוד: [וע' תוס' יבמות סו. ד"ה עירוב]

מאי

רבינו חננאל

ובהא ור' אילא שפירש זה הפירוש*) לטע' ששם שתיהם לחציצה ומחשב להו חדא לפיכך תני עשר מעלות · ורבא דמוקים לה סיפא משום חציצה דרישא גזרה גזרו שלא להטביל כלים בתוך כלים דחיישינן שמא יטבול מחטין וצינורות בכלי שאין בו נקב מרווח כשפופרת הנוד תני אחת עשרה מעלות. כי כל כלי שאין בו נקב מרווח כשפופרת הנוד שיעור כשתי אצבעות שוחקות אין מטבילין בהן כלים אחרים כדתנן במקואות פרק ו' השידה והתיבה שבים אין מטבילין בהם אלא אם כן היו נקובין כשפופרת הנוד · וכשפופרת הנוד תנן בעוביה ובחללה כב' אצבעות חוזרות למקומן עכשיו חיישינן משום הרואה שמטבילין כלים בתוך כלים לקדש שבפיו נקב מרווח כב' אצבעות שוחקות · ואמרינן מפני שהן כלים גדולין כגון סכינין וכיוצא בהן אבל מחטין וצינורות של קדש שהן דקין לא בעי נקב כולי האי ואתי לאטבולי בנקב פחות מב' אצבעות לפיכך גזרו שלא להטביל כלים בתוך כלים לקדש כלל וזה חשבון המעלות מטבילין כלים בתוך כלים לתרומה אבל לא לקדש זו אחת אחוריים ותוך ובית הצביעה לתרומה אבל לא לקדש הרי שתים הנושא את המדרס הוא נושא את התרומה אבל לא את הקדש הרי שלש בגדי אוכלי תרומה מדרס לקדש הרי ד' · מתיר ומטביל ומנגב **) ואחר הנגמרים בטהרה צריכה טבילה לקדש אבל לא לתרומה הרי ו' לדברי רבא ולדברי ר' אילא דתני להו לתרווייהו משום חציצה הווין להו תרווייהו חדא לפיכך תני להו חמש ואמר דאלו נוהגין בין בקדש בין בחולין שנעשו על טהרת הקדש: כיון דאית להון דררא דטומאה · פי' עיקר טומאה שהנה ודאי יש בהן טומאה ובאין לעלות ממנה וגזרו בהו רבנן אפילו בחולין שנעשו על טהרת הקדש אבל חמש האחרונות שעדיין לא חלה טומאה עלייהו לא גזרו בהו · לפיכך אמרנו שנשארו חמש מעלות אחרות שנוהגין בקדש ואין נוהגין בחולין שנעשו על טהרת הקדש ואלו הן הכלי מצרף מה שבתוכו לקדש אבל לא לתרומה · הרביעי בקדש פסול · והשלישי בתרומה היד מטמא את חברתה לקדש אבל לא לתרומה · אוכלין אוכלין נגובים בידים מסואבות בתרומה אבל לא בקדש אונן ומחוסר כפורים צריכין טבילה לקדש אבל לא לתרומה נמצאו מעלות הללו לר' אילא דמשוי להו לתרתי

[עי' תוספות חולין לה. ד"ה אין גן]

מקוואות פ"ו יבמות סו.

[כב: ד"ה והא ודף כד. ד"ה מנין]

טהרות פ"ח מ"ט

*) נראה דל"ל לטעמיה דאמר דעשר מעלות שנו כאן שסם שתיכן וכו'. **) נ"ל ואחר זה כלים הנגמרים כו'

הגהות הב"ח

(א) גמ' משום דקיטרא אהדוקי כל"ל ותיבת במיא נמחק: (ב) שם כשפופרת הנוד ותנן עירוב: (ג) רש"י ד"ה עירוב וכו' המחברן הס"ד ואח"כ מה"ד אם יש וכו' של עור כחללה ועוביה והס"ד: (ד) תוס' ד"ה דקיטרא וכו' קים ליה דהוא ידעינן מאידך: (ה) ד"ה אחרונות וכו' בגדי אוכלי חולין שנעשו על טהרת הקדש מדרס לקדש דמו וכו' תוספות: (ו) ד"ה בתרייתא וכו' דרבנן היא ותו קשה היא לא דררא דטומאה: (ז) ד"ה בתרייתא וכו' גבי קרטבלא דאורייתא: (ח) ד"ה כעוביה וכו' שתי שקתות שבאבן אחת קדש אחת מהם מים שבשניה אינן מקודשות ואם היו וכו' לפין וכו' וקדש אחת מהן המים שבשניה מקודשים מדקתני סיפא או שהיו מים וכו' כל"ל ותיבת מים נמחק: (ט) בא"ד וכיון דבעינן רוחב הנקב מלא מים וכו' דקאמר בגיטין דמשמע דלענין מקוואות: (י) בא"ד קתני בסיפא בתוספתא וכו' דסברא הפוכה היא דגבי

mitted] in the case of hallowed things is because [21b] a knot a becomes tightened[1] in water, but in [the case of] the former clause, where the water causes the vessel to float, it would not be deemed an interposition; therefore [both clauses] are required.[2] R. Ela [in explaining the former clause to be based on the rule of interposition] is consistent in his view. For R. Ela said that R. Ḥanina b. Papa said: Ten distinctions [of hallowed things over *terumah*] are taught here.[3] The former five apply both to hallowed things and to unconsecrated [food] prepared according to the purity of hallowed things: the latter [five] apply to hallowed things, but not to unconsecrated [food] prepared according to the purity of hallowed things. What is the reason?—The former five, which involve the risk of eventual violation of the law of impurity according to the Torah,[4] the Rabbis enacted both in regard to hallowed things and in regard to unconsecrated [food] prepared according to the purity of hallowed things. The latter [five], which do not involve the risk of the eventual violation of the law of purity according to the Torah, the Rabbis enacted in regard to hallowed things, but not in regard to unconsecrated [food] prepared according to the purity of hallowed things. Raba said: Since the latter clause is based on [the rule of] interposition, the former clause cannot be based on [the rule of] interposition; and as to the former clause, the reason is this: It is a precautionary enactment so that one might not immerse needles and hooks in a vessel the mouth of which is not the size of the b spout of a skin-bottle.[1] As we have learnt: The union of immersion-pools [requires a connecting stream][2] the size of the spout of a

a (1) Thus approximating to interposition. (2) Actually the latter clause is required because it also contains the rule: 'He must dry it (if it is wet)'. But this is not taken into account in our argument either because, (*a*) even if it were based on the principle of interposition it was held to follow from the first clause, or (*b*) it may be based not on the principle of interposition but on the fact that the original moisture could re-defile the garment and so render the immersion useless. (3) Since eleven points of difference are actually mentioned in the Mishnah, two, according to R. Ela, must be due to the same reason and hence are counted as one. (4) I.e., as opposed to Rabbinic degrees of purity. For an explanation of how this violation of the Torah law of purity can come about v. Rashi s.v. דרדא; for a discussion of the latter five distinctions v. Tosaf. s.v. בתרייתא.

b (1) In which case the immersion would be invalid, because the water in the vessel would not be regarded as connected with the water in the immersion-pool, for the minimum size of the connecting stream (as explained in the following Mishnah) must be equivalent to the area of the tube of a skin-bottle. (2) I.e., two adjoining pools can be combined to make up the prescribed quantity of forty *se'ahs* of water if there is an aperture in between allowing a stream (of the size mentioned) to flow between them.

skin-bottle in breadth [22a] and in area, [namely, one in which] two fingers can make a complete revolution. Thus he [Raba] agrees with R. Naḥman who said that Rabbah b. Abbuha said: Eleven distinctions are taught here: the former six apply both to hallowed things and to unconsecrated [food] which was prepared according to the purity of hallowed things; the latter [five] apply to the hallowed things, but not to unconsecrated [food] prepared according to the purity of hallowed things. What is [the practical difference] between [the explanations of] Raba and R. Ela?—There is [a practical difference] between them [in the case of] a basket or a net[3] which was filled with vessels and immersed. According to the view that [the former clause] is based on [the rule of] interposition, it applies [here too]; according to the view that [the former clause] is a precautionary enactment lest one immerse needles and hooks in a vessel the mouth of which is not the size of the spout of a skin-bottle, [it does not apply here, because] there is no basket or net the mouth of which is not the size of a skin-bottle. Now Raba is consistent in his view. For Raba said: If one filled a basket or net with vessels and immersed
a them, they become clean;[1] but if an immersion-pool be divided by a basket or net, then whoever immerses himself therein, his immersion is not effective,[2] for the earth is wholly perforated,[3] nevertheless we require that there should be forty *se'ahs* [of undrawn water] in one place. Now this applies only to a clean vessel,[4] but [in the case of] an unclean vessel,[5] since the immersion is effective for the entire vessel itself,[6] it is effective also for the vessels which are in it. For we have learnt:[7] If one filled vessels with vessels and immersed them, these [interior vessels also] become clean.[8] But if he did not immerse [the outer vessel], then the water [in it] mingled [with the water of the immersion-pool] does not count as mingled unless [the water in the outer vessel and immersion-pool] are mingled [by a stream] the size of the spout
b of a skin-bottle.[1] What is the meaning of 'But if he did not immerse [the outer vessel] etc.'?—This is the meaning: But if he did not require to immerse [the outer vessel],[2] then the water [in it] mingled [with the water of the immersion-pool] does not count as mingled unless [the water in the outer vessel and the immersion-pool] are mingled [by a stream] the size of the spout of a skin-bottle.

Now the point of difference between Raba and R. Ela[3] is the subject of dispute between Tannaim. For it is taught: If a basket or net was filled with vessels and immersed, they become clean both for hallowed things and for *terumah*. Abba Saul says: For *terumah*, but not for hallowed things. If so, it should apply to *terumah* too![4]—For whom do we state this rule]?[5] For Associates.[6] Associates know [the rules of immersion] very well. If so, it should apply to hallowed things too![7]—An *'am ha-areẓ* may see it and go and immerse [likewise]. In the case of *terumah* too an *'am ha-areẓ* may see it, and go and immerse [likewise]![8]—We do not accept it from him.[9] Let us not accept hallowed
c things either from him!—He would bear animosity.[1] In the case of *terumah* too he will bear animosity!—[In the case of *terumah*], he does not mind, for he can go and give it to his fellow, a priest who is an *'am ha-areẓ*. And who is the Tanna who takes account of animosity?—It is R. Jose. For it is taught: R. Jose said: Wherefore are all trusted throughout the year in regard to the cleanness of the wine and oil [they bring for Temple use]?[2] It is in order that every one may not go and build a high place[3] for himself, and burn a red heifer[4] for himself. R. Papa said: According to whom is it that we accept nowadays the testimony of an *'am ha-areẓ?* According to whom? According to R. Jose.[5] But should we not apprehend [the contingency] of borrowing [by an Associate]?[6] For we have learnt:[7] An earthenware vessel protects everything [therein from contracting uncleanness from a corpse that is under the same roof]:[8] so Beth Hillel. Beth Shammai say: It protects only foodstuffs and liquids and [other] earthenware vessels.[9] Said Beth Hillel to Beth Shammai: Wherefore? Beth Shammai answered: Because it is unclean on account of the *'am ha-areẓ*,[10] and an unclean vessel cannot interpose. Said Beth Hillel to them: But have ye not declared the foodstuffs and liquids therein clean? Beth Shammai answered: When we declared the

(3) A wicker or network in the wine or oil press (Jast.), used for straining; cf. A.Z. 56*b*.

a (1) Even for hallowed things. (2) For the requisite forty *se'ahs* of water are to be found in neither division, and though, through the meshes of the network, the water flows from one part of the pool to the other, this is not considered a proper connection for the reason that follows. (3) I.e., water flows through the hollows of the earth, and water appearing at any particular spot is bound to be connected underground to some big stream elsewhere, yet this connection is not valid, for we require (as the Gemara goes on to say) forty *se'ahs* of water in one place. (4) I.e., the rule that the immersion of an article in a vessel with an aperture less than the size of the mouth of a skin-bottle is invalid applies only if the outer vessel is clean, and consequently does not itself require immersion. (5) Which itself requires immersion. (6) Even if the vessel's mouth is less than the prescribed size, its interior is nevertheless purified by the water of the immersion-pool, for we argue that in the same manner as it became defiled so it is also purified. (7) Heb. דתנן i.e., we have learnt in a Mishnah viz., Miḳ. VI, 2. But the Mishnah text differs somewhat from the quotation here, reading as follows: 'If a bucket filled with vessels was immersed, they (also) become clean; but if he did not immerse (the bucket), the water (in it) does not count as mingled unless etc.'. These var. lec. made R. Samson b. Abraham of Sens (in his commentary to Miḳ.) conclude that our quotation was not the actual Mishnah from Miḳ., but a Baraitha corresponding to it. Other var. lec. are 'and immersed *it*' for 'and immersed them', and '*in* the mingled water' for 'the mingled water'. Both R. Asher b. Jeḥiel and R. Abraham of Sens had the second reading, the latter referring the phrase specifically to the examples of 'mingled waters' enumerated in Miḳ. V, 6, the former explaining it more generally of all instances of reservoirs united by a connecting stream. The reading 'the water (in it) does not count as mingled' is undoubtedly the smoothest. (8) I.e., irrespective of the size of the outer vessel's mouth. This immersion is valid for *terumah* only*(v. the Mishnah p. 133).

b (1) I.e., unless the outer vessel's mouth is that size. (2) I.e., because it was levitically clean. (3) I.e., Raba explains the first clause of the Mishnah to be based on the rule that the unification of immersion-pools requires a connecting stream at least the size of a skin-bottle spout in thickness, and consequently articles immersed in a basket or net, the mouth of which is invariably large, can be used even for hallowed things in accordance with the first view in the Baraitha. R. Ela explains the same clause with reference to the rule of interposition, and consequently articles immersed in a basket or net, just as those immersed in any other receptacle, may be used only for *terumah* in accordance with Abba Saul. (4) I.e., the prohibition against immersing vessels within vessels, according to either explanation, should apply to *terumah* as well as hallowed things. (5) Concerning the immersion of vessels within vessels. (6) V. p. 120, n. 2. The *'am ha-areẓ* would not even wish to know the laws of immersion, let alone observe them. (7) I.e., if the Mishnah applies only to Associates, who observe all the laws meticulously, why are they not permitted to immerse vessels within vessels for hallowed things? (8) And as he cannot be trusted to observe properly the rules of immersion, the hallowed contents of the vessels would become defiled! (9) *Terumah* is accepted from an *'am ha-areẓ* only at the seasons of wine-presses and olive-vats (v. *infra* 24*b*, and Ṭoh. IX, 4), when all purify their vessels properly under associate supervision (according to Rashi), or when all are regarded for the time as Associates (according to Tosaf. s.v. לא; cf. *infra* 26*a*).

c (1) For were they not Jews? (2) Wine for libations, oil for the preparation of meal-offerings. (3) When these were prohibited: v. *J.E.* vol. VI, pp. 387-389 (particularly the last section, p. 389, s. 'Rabbinic attitude'). (4) V. Num. XIX, 2ff; cf. also R. Judah's statement (quoted in Tosaf. a.l. s. שלא, as R. Jose's) in Tosef. Ḥagiga III, that all are to be trusted to look after the ashes of the red heifer. (5) But not the other Rabbis; v. Pes. 42*b*. (6) I.e., should we not prohibit the immersion of vessels within vessels for *terumah* even by Associates, lest the *'am ha-areẓ* see it and do likewise (but without observing all the prescribed laws), and an Associate go and borrow the vessels from him? (7) I.e., that it is permitted to borrow vessels from an *'am ha-areẓ*. (8) I.e., if its lid is fixed on; or if the corpse is in a room below and the earthen vessel covers the hatchway between the lower room and the upper room, it protects everything in the upper chamber. Cf. Num. XIX, 15, and Oh. V, 3. (9) Kel. X, 1. (10) Being the vessel of an *'am ha-areẓ*, it is unclean to begin with, before ever it is placed over the hatching or articles are put in it.

*See Corrigenda.

וכחללה בשתי אצבעות חוזרות למקומן סבר לה כהא דאמר ר"נ אמר רבה בר אבוה [א] מעלות שנו כאן שש ראשונות בין לקודש בין לחולין שנעשו על טהרת הקודש אחרונות לקודש אבל לא לחולין שנעשו על טהרת הקודש מאי איכא בין דרבא לדר' אילא איכא בינייהו סל וגרגותני שמילאן כלים והטבילן למ"ד משום חציצה איכא למ"ד משום גזירה שמא יטביל מחטין וצינוריות בכלי שאין בפיו כשפופרת הנוד סל וגרגותני שאין בפיהן כשפופרת הנוד ליכא ואזדא רבא לטעמיה דאמר רבא סל וגרגותני שמילאן כלים והטבילן טהורין ומקוה שחלקו בסל וגרגותני הטובל שם לא עלתה לו טבילה דהא ארעא כולה חלחולי מחלחלא ובעינן דאיכא מ' סאה במקום אחד והני מילי בכלי טהור אבל בכלי טמא מינו דסלקא טבילה לכוליה גופיה דמנא סלקא להו נמי לכלים דאית ביה *דתנן *כלים שמילאן כלים והטבילן הרי אלו טהורין ואם לא טבל מים המעורבים עד שיהיו מעורבין כשפופרת הנוד מאי קאמר ואם לא טבל ה"ק ואם אינו צריך להטבילו (א) ומים המעורבין עד שיהו מעורבין כשפופרת הנוד והא דרבא ודר' אילא תנאי היא דתניא *סל וגרגותני שמילאן כלים והטבילן בין לקודש בין לתרומה טהורין אבא שאול אומר לתרומה אבל לא לקודש אי הכי תרומה נמי למאן קאמרינן חברים חברים מידע ידעי א"ה קודש נמי חזי ליה ע"ה ואזיל מטביל תרומה נמי חזי ליה ע"ה ואזיל מטביל לא מקבלינן מינייהו קודש נמי לא נקביל מינייהו הויא ליה איבה תרומה נמי הויא ליה איבה לא איכפת ליה דאזיל יהיב ליה לכהן עם הארץ חבריה ומאן תנא דחייש לאיבה רבי יוסי היא דתניא א"ר יוסי מפני מה הכל נאמנין על טהרת יין ושמן כל ימות השנה כדי שלא יהא כל אחד ואחד הולך ובונה במה לעצמו ושורף פרה אדומה לעצמו אמר רב פפא כמאן מקבלינן האידנא סהדותא מע"ה כמאן כרבי יוסי ונידוש לישאלה דתנן *כלי חרס מציל על הכל *דברי ב"ה וב"ש אומרים *אינו מציל אלא על אוכלים ועל המשקים ועל כלי חרס אמרו להם ב"ה לב"ש מפני מה *אמרו ב"ש מפני שהוא טמא ע"ג ע"ה ואין כלי טמא חוצץ אמרו להם ב"ה והלא טיהרתם אוכלין ומשקין שבתוכו אמרו להם בית שמאי כשטיהרנו אוכלין ומשקין שבתוכו לעצמו

רש"י

וכחללה ועוביה · והן ב' אצבעות חוזרות למקומן שאדם יכול לגלגל בתוך חללו ב' אצבעות לכל צד הוי עירוב ומטבילין אף כלים והאי נמי חשש טומאה דאורייתא היא : גרגותני · סל גדול מאד שבו מכניסין היין בעת הבציר ונותנין אותו תחת קילוח הגת והיין מסתנן בו ויורד לבור כדאמרינן במסכת ע"ז (דף ע:) שלא החזיר גרגותני לגת : טהורין · אף לקודש ורבא לטעמיה דאוקי טעמא גזירה משום כלי שאין בפיו כשפופרת הנוד ובסל וגרגותני ליכא למיחש להכי : לא עלתה לו טבילה · שעשאן כב' מקואות ואין שיעור לא בזה ולא בזה אע"פ שהמים מחברין בין אויר הנקבים אין זה חיבור: דהא ארעא כולה מחלחלא · והמים הנובעין כאן באין מנהר גדול ולא חשבינן כמחובר דבעינן מ' סאה במקום אחד : והני מילי · (ב) דאמרינן המטביל בכלי שאין בפיו כשפופרת הנוד טמאים בכלי טהור שלא היה הכלי החיצון צריך להטביל : אבל · אם הוא צריך להטביל : מינו דסלקא טבילה לגופו של כלי · ליטהר תוכו ע"י מים הנכנסין דרך פיו כדטמאתו כן טהרתו סלקא נמי טבילה לכלים שבתוכו : הרי אלו טהורין · לתרומה ולא חלק בין פיו רחב לפיו קצר : ואם לא טבל כו' · כדמפרש לה ואם אין צריך להטבילו : המים המעורבים · למקוה ולתה בא לטהר על ידיהן כלים שבתוכם עד שיהו מעורבין דרך פה רחב כשפופרת הנוד : והא דר' אילא · דאוקי טעמא משום חלילה וסל וגרגותני נמי כשאר כלים דמו והמטביל כלים לתוכן אינן טהורין לקודש ורבא דאוקי טעמא דמתני' משום עירוב מקוואות והא בסל וגרגותני ליכא למיחש וטהורין תנאי היא : למאן קאמרינן חברים · למי אנו אומרים הוראה זו שלא יטביל כלי בתוך כלי לחבר דאילו עם הארץ לא אתי קמן למשאל הלכך לתרומה ליכא למיחש דהא מידע ידיע שיעור עירוב מקוואות ולענין כבודו של כלי נמי אם כבד הוא מגביהין אותו : א"ה קודש נמי · על כרחך מתני' דקתני אבל לא לקודש בחבר עסקינן דאי ע"ה מי ליית לך ומי אתי קמן למשאל טעמא : תרומה נמי חזי ליה · ישראל עם הארץ ומטביל ומשתמש בו תרומה ואח"כ נותנה לכהן : לא מקבלינן · תרומה מעם הארץ אלא בשעת הגיתות והבדים שהכל מטהרים את כליהן ע"פ חכמים כדתנן (לקמן דף כד:) עברו הגיתות והבדים והביאו לו חבית של תרומה לא יקבלנה ממנו : על טהרת יין ושמן · (ג) לקבל מידם יין לנסכים ושמן למנחות כדתנן במתניתין (לקמן דף כד:) חומר בתרומה שביהודה נאמנין על טהרת יין ושמן : ובונה במה · בשעת איסור הבמות ומקטיר לשמים : כר' יוסי · דאילו לרבנן לא מקבלינן כדאמר בפסחים בפ' אלו עוברין (דף מט:) : וניחוש לשאלה · לא נטבול כלי בתוך כלי לתרומה דלמא חזי עם הארץ ועביד הכי ואנו שואלין את כליהן ומשמשין בהן: דתנן · במתני' דשיילינן מנייהו: כלי חרס מציל על הכל · אם מוקף צמיד פתיל באהל המת אע"כ המת בבית וטהרות בעלייה וארובה פתוחה מן הבית לעלייה והשיבו כלי חרס בפתחה וכלי חרס חוצץ בפני הטומאה דאינו מטמא מגבו ומציל על כל מה שבעלייה: שהוא טמא כו' · הכלי הזה היה טמא מתחילתו קודם שנתנו ע"ה על פי הארובה : והלא טיהרתם אוכלין ומשקין שבתוכו · אם היה מוקף צמיד פתיל באהל המת והיא היא : לעצמו

תוספות

מאי איכא בין רבא לר' אילא · קשיא למורי איכא בינייהו טובא כלי חיצון כשהטביל כלי בתוך כלי למאן דמוקי לה משום חלילה שייך בין בחיצון בין בפנימי ולמאן דמוקי משום גזרה שאין בפיו כשפופרת הנוד ליכא בפנימי דבחיצון ליכא למגזר רק דבכל ענין טהור והכי משמע לקמן(ד) ה"מ בכלי טהור אבל בכלי טמא מגו דמהניא טבילה לחיצון מהני לפנימי ותירץ לו הר"ר אלחנן דמתניתין בחיצון טהור ופנימי טמא וכן משמע לישנא דקתני מטבילין כלי בתוך כלי הלכך לא שייך ביה טעמא דכבידו של כלי לגבי חיצון וגם רבא מוקי לה הכי בסמוך דקאמר והני מילי בכלי טהור והיינו מתניתין דמיתוקמא הכי ומיהו רש"י מפרש במתניתין מטבילין כלי בתוך כלי כששניהם טמאים ולא נראה דהא אפי' בכלי שאין בפיו כשפופרת הנוד אם היו שניהם טמאים מהני שפיר דמגו דסלקא לחיצון והשתא לפי סברת רש"י איכא למימר דמאי למימר הכי איכא בינייהו חיצון אלא כח דהסירה עדיף ליה דלאשכח אף בפנימית סלקא טבילה :

אבא שאול אומר לתרומה וכו' · ל"ע אמאי לא שרינן בעבר והטביל והטבילן קאמר בעבר :

שלא יהא בונה במה לעצמו · דהא לכך נאמנין ע"ה על שמירתה והכי תניא בתוספתא דחגיגה ר' יוסי אומר הכל נאמנין על שמירתה :

לא מקבלין מינייהו · רש"י פירש דבשעת הגיתות נאמנים לפי שחבירים מטהרין. כליהן עברו הגיתות והבדים אמרינן דלא מהימן ול"נ דפותח בחביתו לא התירו אם לא סופו משום תחילתו כדקאמר ליה בפרק קמא דבילה (דף יא:) ואם היו טהורים בדין בלאו הכי נמי משתרי אלא משמע דחכמים ורבי יהודה שוין בטהורים כל ימות הרגל לאחד וכן משמע בש"ס (לקמן דף כו.) כל ישראל כאיש אחד חברים נעשו כולם חברים ברגל והכי משמע בתוספתא בסיפא :

כמאן מקבלין סהדותא מע"ה כרבי יוסי · הר"ר אלחנן אומר דקיימא לן כרבי יוסי וחיישינן לאיבה לפיכך מזמנינן עכשיו בכל ע"ה אף על גב דאמרינן בברכות (דף מז:) אין מזמנים על ע"ה וגם רב מנשיא בר תחליפא לא לזמן עליהם והר"י מפרש דלא כל הרוצה ליטול את השם להחזיק לעצמו כתלמיד חכם שלא לזמן על ע"ה בידו ליטול ואין אנו מחזיקים עצמנו כתלמיד חכם לענין זה :

ניחוש לשאלה · ל"ע מאי סלקא דעתך דהאי מקשה פשיטא דבעי טבילה משום מגע עם הארץ : כלום

רבינו חננאל

לתרתי משום מעלה אחת משום חציצה עשר ולרבא אחת עשרה · ואמרינן מאי איכא בין לר' אילא ובין רבא איכא בינייהו סל וגרגותני שמילאן כלים והטבילן שרבי אילא סבר כבידן חוצץ ואין טבילה עולה להן ורבא סבר כי אמרינן אין מטבילין בתוך כלים כגון כוסות בכוסות או כוסות בקערות או קערות בקערות וכיוצא בהן שיש בהן מי שפיהן צר וחיישינן דלמא אתי לאטבולי במי שפיו צר פחות מב' אצבעות שוחקות אבל סל וגרגותני פומייהו רויחן טובא לא חיישינן דהא ליכא סל וגרגותני פחות פומייהו מב' אצבעות ואזדא רבא לטעמיה דאמר סל וגרגותני שמילאן כלים והטבילן טהורין מקוה שחלקה בסל וגרגותני הטובל שם לא עלתה לו טבילה מפני שחולקת את המים ואינן נמצאין מ' סאה במקום אחד · ואי אמרת האיכא נקבים קטנים שהמים מבצבצין בהן כמו נביעת מים לא מטהרין כהאי גוונא דהא ארעא כולה חלחולי מחלחלא ובעינן עד דאיכא מ' סאה במקום אחד וה"מ *) בסל וגרגותני שהן טהורין אבל אם הן טמאין וצריך להטבילן מגו דסלקא להו טבילה סלקא נמי טבילה להני כלין דבגוויהו כמו הדלי דתנן במקואות פ"ו דלי שהוא מלא כלין והטבילן הרי אלו טהורין אם לא טבל המים מעורבין עד שיהא מעורבין כשפופרת הנוד ותריצנה הכי אם לא טבל הכלי אלא הוא טמא וצריך להטבילן כמים מעורבין הן שאין כלי טמא חוצץ ועלתה טבילה לכלי · ואם הדלי טהור שאין צריך טבילה עד שיהו המים מעורבין מה שבמקוה עם המים שבתוך הדלי כשפופרת הנוד · ואם אין שם זה השיעור הדלי כיון שהיה טהור חולק המים כמין כותל בתוך המקוה · ואוקימנא לדר' אילא ודרבא כתנאי · ומקשה מ"ט לא חיישינן לתרומה אלא מטהרינן ובקדש לא מטהרינן דגזרינן בקדש שמא יטבול מחטין וצינוריות בכלי טהור שאין בפיו כשפופרת הנוד בתרומה נמי נגזור ופריק רבא כי מטהרינן בהטבלת כלין בתוך כלין בתרומה לחבירים מטהרינן דידעי ולא אתו לאטבולי בכלי שאין בפיו כשפופרת הנוד · ומקשינן אי הכי קדש נמי נשרי ונימא לחבר שרינן ליה דידע ולא אתי למיטעא · ופרקינן בקדש חיישינן דלמא חזי ליה עם הארץ דטביל כלי בתוך כלי שבפיו כשפופרת הנוד · ומקשינן תרומה נמי נגזור משום עמי הארץ · ופרקינן בכלי שאומר ע"ה אני הטבלתיו בתרומה אין מקבלין הימנו לפיכך לא אכפת לן · אי הכי בקדש נמי לא נקבל מיניה ונטהר כלין הנטבלין בתוך כלי בקדש כמו שמטהרין בתרומה · ופרקינן אם לא נקבל מע"ה טהרת כלין בקדש קושרין איבה על החבירין שיאמרו וכי אנן אין אנו מבני ישראל שאינכם מאמינים אותנו · אי חיישת משום איבת ע"ה אפילו בתרומה ניחוש · ופרקינן בתרומה אין חוששין אם לא יקבלה הכהן חבר ממנו הולך ונותנה לע"ה כהן כמותו אבל הקדש לא יכיל למיהביה אלא לחבר ועלתה משום איבת ע"ה לא מטהרין כלים בתוך כלים לקדש אפילו לחברים ור' יוסי הוא דחייש לאיבה של ע"ה · וכר' יוסי מקבלין עדותו של ע"ה · ומקשינן ותוב וניחוש לשאלה דלמא שאיל חבר כלי מע"ה לא שאיל · והא מדתנינן כשטיהרת את הכלי פיהרתו לך ולו אלמא שאלו חברים מהם · ופריק רבא כי שאלינן כלים מהם מטבילינן להו אי הכי עד דאמרי ב"ה · והלא טהרתן אוכלין ומשקין שבתוכו לימרו דמטבלינן להו ופריק התם לא יכלי למימר

*) מש"כ רבינו וה"מ בסל וגרגותני צ"ע דהא בסל וגרגותני לעולם יש בהן כשפופרת הנוד ומותר לטבול בהם אף אם הן טהורין ועי' רש"י ד"ה וה"מ וצ"ע .

עין משפט נר מצוה

ה א מיי' פ"ח מהלכות אבות הטומאות הל"ה :

ו ב מיי' שם הלכה טז :

ז ג ד ה מיי' שם הלכה א ופ"ט מהלכות מקואות הלכה כו וכ"ז הלכה ח טוש"ע יו"ד סימן רא סעיף ס :

ח ו מיי' שם פ"ט הלכה כו ופ' יב מהלכות מטמאי משכב ומושב הלכה א :

ט ז מיי' פי"א מהלכות מטמאי משכב ומושב הלכה א :

י ח מיי' פ"ח מהל' עדות הלכה ב ועי' שם בכ"מ טוש"ע ח"מ סימן לד סעיף יז :

יא ט י כ מיי' פכ"ג מהלכות טומאת מת הלכה א :

[במשנה דמקואות איתא דלי שהוא מלא ולכך כתב רבינו דהא דאיתא כאן סל ברייתא ע"ש ולפ"ד רבינו יש לגרוס הכא דתניא אבל היא גופה צ"ע מ"ש לא הביא הש"ס המשנה]

[תוספתא פ"ג]

מסורת הש"ס

מקואות פ"ו מ"ב [וע"ש בר"ש וברמב"ם וכתוי"ט]

עדיות פ"א מ"ד [במשנה איתא כדברי]

[אמרו להם בנ"ל]

כלים פ"י מ"א

הגהות הב"ח

(א) גמ' ומים המעורבין: נ"ב כלומר אם מים המעורבין בכניסה צריך עירוב כשפופרת הנוד: (ב) רש"י ד"ה והני מילי הא דאמרינן: (ג) ד"ה על טהרת יין ושמן ומותר לקבל מידם: (ד) תוס' ד"ה מאי איכא וכו' משמע לקמן דקאמר והני מילי:

גליון הש"ס

גמ' שלא יהא כל אחד ואחד הולך · עי' תוי"ט רפ"ה דפרה :

לעצמו טהרנו אבל נטהר את הכלי שטהרתו לך ולו תניא *א"ר יהושע בושני מדבריכם ב"ש אפשר *אשה לשה בעריבה *אשה ועריבה טמאין שבעה ובצק טהור *לוגין מלא משקין [לוגין] טמא טומאת שבעה ומשקין טהורין נטפל לו תלמיד אחד מתלמידי ב"ש אמר לו אומר לך טעמן של ב"ש אמר לו אמור אמר לו כלי טמא חוצץ או אינו חוצץ א"ל יאינו חוצץ כלי של עם הארץ טמא או טהור אמר לו טמא ואם אתה אומר לו טמא כלום משגיח עליך ולא עוד אלא שאם אתה אומר לו טמא אומר לך שלי טהור ושלך טמא והו טעמן של ב"ש מיד הלך ר' יהושע ונשתטח על קברי ב"ש אמר נעניתי לכם עצמות ב"ש ומה סתומות שלכם כך מפורשות על אחת כמה וכמה אמרו כל ימיו *הושחרו שיניו מפני תעניותיו קתני מיהת לך ולו אלמא שאלינן מינייהו *כי שיילינן מינייהו מטבלינן להו אי הכי ניהדרו להו ב"ה לב"ש כי שאלינן מינייהו מטבלינן להו יטמא מת בעי הזאה ג' וז' ומנא לז' יומי לא מושלי אינשי ואטבילה לא מהימני והתניא יונאמנין עמי הארץ על טהרת טבילת טמא מת אמר אביי ל"ק הא בגופו הא בכליו רבא אמר אידי ואידי בכליו ולא קשיא הא דאמר מעולם לא הטבלתי כלי בתוך כלי והא דאמר הטבלתי אבל לא הטבלתי בכלי שאין בפיו כשפופרת הנוד והתניא ינאמן עם הארץ לומר פירות לא הוכשרו אבל אינו נאמן לומר פירות הוכשרו אבל לא נטמאו ואגופו מי מהימן והתניא יחבר שבא להזות מזין עליו מיד עם הארץ שבא להזות אין מזין עליו עד שיעשה בפנינו שלישי ושביעי א"א אמר אביי מתוך חומר שהחמרת עליו בתחלתו הקלת עליו בסופו: יאחורים ותוך: מאי אחורים ותוך כדתנן *כלי שנטמא אחוריו במשקין אחוריו טמאין תוכו אוגנו אזנו וידיו טהורין נטמא תוכו כולו טמא: ובית הצביטה וכו': מאי בית הצביטה א"ר יהודה אמר שמואל מקום שצובטו וכן הוא אומר *ויצבט לה קלי רבי אסי א"ר יוחנן מקום שנקיי הדעת *צובעין תני רב ביבי קמיה דר"נ כל הכלים אין להם אחורים ותוך אחד קדשי המקדש ואחד קדשי הגבול א"ל קדשי הגבול מאי נינהו תרומה והתנן אחורים ותוך ובית הצביטה לתרומה דלמא לחולין שנעשו על טהרת הקודש קאמרת אדכרתן מילתא דאמר רבה בר בר אבוה אחת עשרה מעלות שנו כאן שש ראשונות בין לקודש בין לחולין שנעשו על טהרת הקודש אחרונות לקודש אבל לא לחולין שנעשו על טהרת הקודש: יהנושא את המדרס נושא את התרומה אבל לא את הקודש: קודש מאי טעמא לא ימשום מעשה שהיה דאמר רב יהודה אמר שמואל מעשה באחד שהיה מעביר חבית של יין קודש ממקום למקום ונפסקה

רש"י

לעצמו טהרנו · הוא יאכלם שהרי החברים בדלין מהן וממגען ובלאו הכי אוכלו טמא: **טהרת לך ולו** · שמא תשאלנו ותשמש בו: **אשה לשה בעריבה** · בעלייה זו: **כלום משגיח עליך** · לפיכך טהרו לו ב"ש אוכלין ומשקין וכלי חרס שאין להן טהרה אלא שבירתן ואם באת לאוסרן עליו לא ישמע לך אבל בכלי שטף ישמע לך ויטבילנו: **מטבילין להו** · שמא הטבילם כלי בתוך כלי: **ואטבילה לא מהימני** · דאמר השואל ממנו צריך להטביל: **בגופו** · מהימן: **לא הוכשרו** · לא נראו לטומאה: **חבר שבא להזות** · ואמר ראוי לקבל הזאה ראשונה שכבר עברו ג' ימים לטומאתו שהיום יום ג': **מתוך חומר שהחמרת עליו בתחילה** · כשבא לפניך להזותו ולא האמנתו הקלת עליו בסופו להאמינו על הטבילה לפי שהוא זהיר בטבילתו שלא יצטרך לו עוד: **כלי שנטמאו אחוריו** · כלי עץ או של מתכת קאמר שמטמאין מגבן: **במשקין** · דטומאה דרבנן היא דמדאורייתא אין אוכל ומשקה מטמא כלי שאין כלי מקבל טומאה אלא מאב הטומאה וגזרו חכמים שיהו משקין מטמאין כלי לפי שיש משקה שהוא אב הטומאה ומטמא כלי מן התורה כגון רוקו של זב ומימי רגליו הלכך הואיל וטומאה זו מדברי סופרים אחוריו טמאין ושאר המשמשין שבו טהורים דעבדו רבנן היכר להודיע שטומאה זו מדבריהם ולא ישרפו עליה תרומה וקדשים כך היא מפורשת במסכת נדה פ"ק: **אוגנו** · שפתו הכפולה לצד חוץ וראוי לתשמיש: **אזנו** · כגון אוזן הכתית: **וידיו** · כלי שיש לו בית יד כגון מחבת: **נטמא תוכו** · אפי' בטומאה דרבנן כולו טמא: **שצובטו** · שאוחזו בו ומושיטו לאחרים: **ויצבט לה קלי** · תרגום ואושיט לה: **נקיי הדעת** · אסטניסים: **צובעין** · מטבילין אוכלין בחרדל או בחומץ שחוקקין בשולי הקערה בית קיבול לעצמו וגובה לו סביב ונותנין שם חומץ וחרדל: **אין להן אחורים** · אין חילוק (א) להם של אחורים ותוך אלא משנטמא אחד מהן הכל טמא בין לקדשי המקדש בין לקדשי הגבול: **תרומה** · הנאכלת בכל גבול א"י: **דלמא** · האי קדשי גבול חולין שנעשו על טהרת קודש קאמרת ועי' שמנקד זו הזכרתני דבר ששמעתי מרבה בר אבוה רביה דרב נחמן:

תוספות

כלום משגיח בך · פרש"י אבל כלי שטף ישמע שפיר ויטבול ותימה היא למה ישמע בזה טפי מבאוכלים ומשקין ולי משום דלית להו טהרה במקוה משקין מאי איכא למימר הרי יכול להשיקן ועוד כי משקינן דמטבלינן להו ולוי לצורכן למה יטבול להו טפי מכלי חרס אלא נראה לפרש כלום משגיח בך לפיכך לא ישאלו לעולם אבל לא על כלי שטף שישאלם מהם ולעולם טמאין לחברים:

טמא מת הזאה ג' ושביעי · בהכי דלעיל דקאמר כי שיילין מטבלינן *והכלה מעפורת ממנו ובכנות כותים (נדה דף לג: ושם) שטבל ודרס אבגדי חבר דלא טמאו אלא משום עם הארץ ולא חיישינן אטומאת מת כיון דלא שכיחי לא גזרינן ליה:

ואטבילה לא מהימני והתניא נאמן עם הארץ לומר כו' · פרש"י כיון דאמר השואל ממנו צריך להטביל אלמא לא מהימן אטבילה וקשה להר"י אלמא מאי פריך ליה ממתני' דנאמן אטומאת מת הא ע"כ לא קאמר השואל צריך להטביל רק טומאת ערב אבל טומאת ז' לא קאמר דכלי לז' לא מושלי אינשי כדמסיק ותירץ מורי דקאי אהא דקאמר נהדרו ב"ה לב"ש דמטבלינן לכלים ומסיק דלא דמי דכיון דמטמאת בית שמאי מטעם שאין כלי חרס מציל מטומאת אהל א"כ בעי הזאה ג' וז' ואם נשתמש בכליהם נאמן שהם נאמנים להציל על הכל שלא נטמאו במת ולמנו להכי פריך אטבילת טמא מת דקאמרת שבשאר טומאות מטבילין לפי שהוא טומאת ערב אבל הכא בעי הזאה לכך לא אהדרו ב"ה לב"ש דלא מהני מידי טבילה לדברי ב"ש דחיישינן בכלים שלא הציל עם הארץ אותו מטומאת אהל ולהכי פריך למימרא דלא מהימן לומר שהכלים מאהל והא תניא נאמן כו':

מתוך חומר שהחמרת עליו בתחלתו הקלת עליו בסופו · פירש רש"י תחילתו הזאתו סופו טבילה ולא יצטרך עוד לחזור ולטבול וק"ע דלעיל מקי' מה כלים שאין נאמן על טבילתן נאמן על הזאתן גופו שנאמן על טבילתו אינו דין שנאמן על הזאתו ואמר מורי דעד כאן לא מהימן בהזאת כלים אלא כשבא לפנינו ואמר שלא נטמאו במת דלא שכיח אבל אם בא להזות אינו נאמן אפי' בלא גופו ותניא נמי הכי בתוספתא ע"ה שבא להזות מזין עליו ועל כליו אחר ג' ימים י"מ תחילתו בא להזות סופו אומר הזיתי אדקיה להם למיגרס מה ואלו בתוספתא תניא טבילת מת:

כלי שנטמא אחוריו במשקין · דמדאורייתא אין אוכל ומשקה מטמא כלי ורבנן הוא דגזור משום משקה זב וזבה כדאיתא בנדה (דף ז:) ועבוד ביה רבנן היכרא לגביה כי היכי דלא לישרוף עליה תרומה וקדשים כדאמרינן פרק אלו מומין (בכורות דף לח. ושם): **מקום** שנקיי הדעת צובעין · פרש"י חוקקין בשולי הקערה בית קיבול והגובה סביב ונותנין בתוך הקיבול חומץ וחרדל והקשה הר"ר אלחנן כיון דלאיטמי החקק מי גרע מתוך תוכו וצריך לדחוק ולומר דהכי פי' המתני' אחורים ותוך הצביטה לא נטמא אחוריו לא נטמא תוכו ובית הצביטה נטמא תוכו ובית הצביטה נטמא אחוריו א"כ לפירוש זה רב יהודה אמר שמואל ורב אסי חלוקין בפירוש המשנה ול"ע:

רבינו חננאל

למימר דמטבילין להו משום דבטומאת מת פליגי דלאו טבילתו מטהרתו אלא צריך נמי הזאה שלישי ושביעי וכלים לשבעה יומי לא מושלי · זה שהיה רבי יהושע אומר בוש אני מדבריכם ב"ש שהיו אומרים אין כלי ע"ה טהור אלא לגבי אוכלין ומשקין וכלי חרס בלבד אבל כלי ע"ה הנוגע בו טמא מכלל שהכלי עצמו טמא · נמצא אשה שלשה בכלי ע"ה האשה והכלי טמאין והבצק טהור · נמצאו דברים הללו בלא טעם וכשפירש לו אותו תלמיד ב"ש טעם ב"ש ואמר לו כי טעמן של ב"ש מפני שכל כלי ע"ה בחזקת טומאה הן ואע"פ שהן צמיד פתיל וכלי שטף בתוכן כלי מתכת וכיוצא בהן שנמצא זה הכלי כיון שהוא צמיד פתיל חוצץ בפני הטומאה אינו מציל דכיון דבחזקת טומאה הוא קיי"ל אין כלי טמא חוצץ וכי תאמר אי הכי אפילו אוכלים ומשקין נמי ליהוו טמאין · אמר לך ב"ש אוכלין ומשקין דלעצמן הוא מפני שהוא צריך לאכול אתם אם תאמר לו אינם טהורין אינו מקבל ממך שאני (אני) וכליי טהורין מכם הלכך אוכלין ומשקין דלעצמו הן שאין חבר מתארח אצל ע"ה ואינו אוכל ממטעמיו ואם אוכל אתם והם טמאין דינו מסור לשמים אבל בכלים שאנו שואלים מהם חיישינן ומחזקינן להו בחזקת טומאה דע"ה לא מהימן בטהרות · חזר ר' יהושע ואמר נעניתי לכם עצמות ב"ש כו' · ומקשינן וכי ע"ה אם יאמר כי אני הטבלתי הכלים הללו אינו נאמן דאמרת כי שאלינן מינייהו מטבלינן להו · והתנן נאמנים ע"ה על טהרת טבילות טמא מת ופריק אביי כי תניא ההיא דנאמן בגופו וכי אמרינן דאינו נאמן בכליו · רבא אמר הא והא בכליו · והא דתניא נאמן בדאמר לא הטבלתי כלי בתוך כלי מעולם וכי האי שאלינן מינייהו לתרומה · אבל אם אמר הין כלי בתוך כלי הטבלתים והוה בפי הכלי רוחב כב' אצבעות שוחקות כי האי נוגע לא ע"ה לומר פירות הללו לא הוכשרו כלל כלומר לא ניתנו עליהן מים מעולם אבל אין נאמנים לומר הוכשרו אבל לא נטמאו הכא נמי נאמן לומר לא הטבלתי כלי בתוך כלי שפיו רחב כשפופרת הנוד אינו נאמן · ואקשינן ואגופיה מי מהימן · והתניא חבר שבא להזות ואמר היום יום שלישי הוא לטומאתי מזין עליו מיד · ע"ה שבא להזות אין מזין עליו עד שיעשה שלישי ושביעי בפנינו · ופריק אביי מתוך חומר שהחמרת עליו בתחלתו שאין מזין עליו עד שיעשה שלישי ושביעי בפנינו הקלת עליו בסופו כשיאמר טהרתי להיותו נאמן · ועלתה שמועה זו כרבא שאמר אין מטבילין כלי בתוך כלי לקדש מעלה היא לקדש גזירה משום כלי שאין בפיו כשפופרת הנוד · והן אחת עשרה מעלות : מעלה שניה אחורים ותוך [ובית] הצביעה לתרומה אבל לא לקדש · פי' אם נפלו משקין טמאין באחורי הכלים או בבית הצביעה שלהן והוא מקום שתופסו באצבעו תוכו של כלי טהור · ואם יש בתוכו תרומה לא נטמאת ואם יש בתוכו קדש נטמא וזהו שאמרו כלי שנטמאו אחוריו במשקין אחוריו טמאין · תוכו אוגנו אזנו ידיו טהורין לתרומה אבל לא לקדש נטמא תוכו נטמא כולו . בית הצביעה *) פירש ר' יוחנן מקום שנקיי הדעת שותין בו והוא אצל אזן הכלי שאין דרך בני אדם ליגע בו כי דרך בני אדם להטות הכלי ולשתות מכנגד אזנו מפני שאוחזין אותו באזניו ונקיי הדעת משנין ואין שותין ממקום שכל אדם שותה בו אלא שותין מאצל אזנו כמו שאמרנו ודין אחוריים ותוך מפורש בכלים פרק כ"ה כל הכלים יש להם אחוריים ותוך כגון הכרים והכסתות והשקין והמרצופין כו' · פי' כי הכרים והכסתות משתמשים בהן באחוריהם בשינה שישנים עליהן ומשתמשין עוד בתוכן כדרך אמתחת שמכניסין בתוכן כלים אחרים אי תבן וכיוצא בו וישינין עליהן · ותנן נמי כל הכלים יש להן אחוריים ותוך ובית הצביעה ר' טרפון אומר לעריבה גדולה של עץ · ר' עקיבא אומר לכוסות · ר' מאיר אומר לידים טמאות וטהורות · א"ר יוסי לא אמרו אלא לידים הטהורות בלבד · כיצד היו ידיו טהורות ואחורי הכוס טמאין ואחזו בבית צביעתו אינו חושש שמא נטמאו ידיו באחורי הכוס היה שותה בכוס שאחוריו טמאין אינו חושש שמא נטמא משקה שבפיו מאחורי הכוס חזר ונטמא את הכוס · קומקום שהוא מרתיח אינו חושש שמא יצאו משקין מתוכו ונגעו באחוריו וחזרו לתוכו : כלי הקודש אין להם אחוריים ותוך ואין להם בית הצביעה כו' ואסיקנא אמר רבה בר אבוה אחת עשרה מעלות שנו כאן שש ראשונות בין לקדש בין לחולין שנעשו על טהרת הקדש אחרונות לקדש אבל לא לחולין שנעשו על טהרת הקדש : מעלה שלישית הנושא את המדרס נושא את התרומה אבל לא את הקדש . ואמרינן מכדי לא נגע קדש אמאי לא · ואמרינן משום מעשה שהיה שהיה אחד מעביר חבית של יין קדש ממקום למקום ונפסקה

*) עי' בערוך ערך בית לבע.

עין משפט נר מצוה

יב א ב מיי' פכ"ג מהלכות טומאת מת הלכה ב:

יג ג ד מיי' שם הל' א:

יד ה מיי' פי"א מהלכות פרה הלכה א:

טו ו מיי' פי"א מהלכות מטמאי משכב ומושב הלכה יב:

טז ז מיי' פט"ו מהל' טומאת אוכלין הלכה ג: [לעיל כ.]

יז ח מיי' פי"א מהל' פרה אדומה הל' ב:

יח ט י מיי' פרק ז מהל' אבות הטומאות הלכה ג ופי"ג שם הל' ב ופי"ג מהלכות כלים הלכה ד:

יט כ מיי' פרק י"ב מהל' אבות הטומאות הלכה ג:

מסורת הש"ס

[תוספתא דאהלות פי"ט] [אהלות פ"ה מ"ד] [שם במשנה ולקמן כו.]

[מיר נב:]

הגהות הב"ח

(א) רש"י ד"ה אין להם וכו' אין חילוק להם של אחורים ותוך לגס אלא:

ברכות נב. כלים פכ"ה מ"ז נדה ז: בכורות לח.

[עי' פירוש נכון בערוך ערך [בית]צבע]

foodstuffs and liquids therein clean, [22*b*] we declared them
a clean [only] for [the *'am ha-arez*] himself;[1] but should we [therefore] declare [also] the vessel clean, which would make it clean for thee as well as for him?[2] It is taught: R. Joshua said: I am ashamed of your words, O Beth Shammai! Is it possible that if a woman [in the upper chamber] kneads [dough] in a trough,[3] the woman and the trough become unclean for seven days, but the dough remains clean; that if there is [in the upper room] a flask[4] full of liquid, the flask contracts seven-day uncleanness, but the liquid remains clean![5] [Thereupon] one of the disciples of Beth Shammai joined him [in debate] and said to him: I will tell thee the reason of Beth Shammai. He replied, Tell then! So he said to him: Does an unclean vessel bar [the penetration of uncleanness] or not? He replied: It does not bar it.—Are the vessels of an *'am ha-arez* clean or unclean? He replied: Unclean.—And if thou sayest to him [that they are] unclean, will he pay any heed to thee? Nay, more, if thou sayest to him [that they are] unclean, he will reply: Mine are clean and thine are unclean.[6] Now this is the reason of Beth Shammai. Forthwith, R. Joshua went and prostrated himself upon the graves of Beth Shammai. He said:
b I crave your pardon,[1] O bones of Beth Shammai. If your unexplained teachings are so [excellent], how much more so the explained teachings. It is said that all his days his teeth were black by reason of his fasts. Now it says, 'For thee as well as for him';[2] accordingly we may borrow from them!—When we borrow [vessels] from them, we immerse them.[3]—If so, Beth Hillel could have replied to Beth Shammai: When we borrow [vessels] from them, we immerse them!—That which is rendered unclean by a corpse requires sprinkling on the third and seventh day,[4] and people do not lend a vessel for seven days.—But are they not trusted in regard to immersion?[5] For behold it is taught: The *'am ha-arez* is trusted in regard to the purification by immersion of that which is rendered unclean by a corpse! Abaye answered: There is no contradiction: the one [teaching] refers to his body,[6] the other to his vessels. Raba answered: Both refer to his vessels; but there is no contradiction: the one refers to a case where he says: I have never immersed one vessel in another;[7] the other refers to a case where he says: I have immersed [one vessel in another], but I have not immersed in a vessel the mouth of which is not the size of the spout of a skin-bottle. For it is taught: An *'am ha-arez* is believed if he says: The produce has not been rendered susceptible [to uncleanness],[8] but he is not believed if he says: The produce has been rendered susceptible [to unclean- ◁

a (1) The foodstuffs and liquids of an *'am ha-arez* are unclean; hence Associates would eschew them in any case. (2) I.e., an Associate may borrow the vessel of an *'am ha-arez*. The Mishnah text differs from our own in several details. The most important var. lec. is: 'But when thou declarest the vessel clean, thou declarest it so for thyself as well as for him'. The Mishnah then concludes: 'Beth Hillel retracted and gave their ruling according to Beth Shammai'. (3) And the hatchway leading from it to the lower room in which the corpse is lying was covered by an earthen vessel. (4) Heb. לוגין = לְגִין (the usual and correct form) of the Mishnah and MS.M.; larger than a כוס (cup) and smaller than a כד (jug)—cf. Bez. 15*b*. Here, it would be made of metal or wood. (5) In accordance with your view that an earthenware vessel affords no protection to anything apart from foodstuffs, liquids and earthenwares. Cf. Oh. V, 4. (6) Because of the intransigeance of the *'am ha-arez* in regard to things which cannot be purified, e.g., foodstuffs and earthenware vessels (the latter have to be broken), therefore Beth Shammai declared them clean i.e., for the *'am ha-arez* only; but vessels (like the trough and the flask) which can be purified by immersion are declared unclean, for the *'am ha-arez* will in such instance, where there is a remedy, pay heed to Rabbinic injunction, and purify the vessels: so Rashi. But Tosaf. (s.v. כלום), holding the view that the *'am ha-arez* never conforms to Rabbinic ruling, explains the passage in the following lines: An Associate may never use food or drinks belonging to an *'am ha-arez*, for the latter does not observe the laws of purity; hence there is no need, in our case, to declare them impure, for they do not affect Associates. But immersible vessels may be borrowed from an *'am ha-arez*, for they can be purified by immersion; hence, in our case, they have to be declared unclean so that Associates should not use them without first purifying them.

b (1) Lit., 'I humble myself to you'. (2) V. *supra* and cf. n. a 2. (3) Lest the *'am ha-arez* immersed them in a vessel, without observing the prescribed rules. (4) V. Num. XIX, 18ff. (5) For Associates we are told have to immerse any vessels borrowed from an *'am ha-arez*. (6) For which he is trusted. (7) In this case he is believed. (8) I.e., by being wetted; v. *supra* 19*a* nn. a 6-9.

◁ *For the continuation of the English translation of this page see overleaf.*

עין משפט נר מצוה

יב א ב מיי' פי"ג מהלכות טומאת מת הלכה כ :
יג ג ד מיי' שם הל' ה:
יד ה מיי' פי"א מהלכות פרה הלכה א :
טו ו מיי' פי"א מהלכות מטמאי משכב ומושב הלכה יב :
טז ז מיי' פט"ו מהל' אוכלין הלכה כ :
[לעיל כ.]
יז ח מיי' פי"א מהל' פרה אדומה הל' ב :
יח ט י מיי' פרק ז מהל' אבות הטומאות הלכה ג ופי"ב שם הל' ב ופי"ג מהלכות כלים הלכה ד :
יט כ ל מיי' פרק י"ב מהל' אבות הטומאות הלכה ג :

לעצמו טהרנו אבל נטהר את הכלי שטהרתו לך ולו תניא *א"ר יהושע בושני מדבריכם ב"ש אפשר *אשה לשה בעריבה *אשה ועריבה טמאין שבעה ובצק טהור *לוגין מלא משקין [לוגין] טמא טומאת שבעה ומשקין טהורין נטפל לו תלמיד אחד מתלמידי ב"ש אמר לו אומר לך טעמן של ב"ש אמר לו אמור אמר לו כלי טמא חוצץ או אינו חוצץ א"ל אינו חוצץ כלי של עם הארץ טמא או טהור אמר לו טמא ואם אתה אומר לו טמא כלום משגיח עליך ולא עוד אלא שאם אתה אומר לו טמא אומר לך שלי טהור ושלך טמא וזהו טעמן של ב"ש מיד הלך ר' יהושע ונשתטח על קברי ב"ש אמר נעניתי לכם עצמות ב"ש ומה סתומות שלכם כך מפורשות על אחת כמה וכמה אמרו כל ימיו *הושחרו שיניו מפני תעניותיו קתני מיהת לך ולו אלמא שאלינן מינייהו כי שיילינן מינייהו מטבלינן להו אי הכי ניהדרו להו ב"ה לב"ש כי שאלינן מינייהו מטבלינן להו טמא מת בעי הזאה ג' וז' ומנא לז' יומי לא מושלי אינשי ואטבילה לא מהימני והתניא נאמנין עמי הארץ על טהרת טבילת טמא מת אמר אביי ל"ק הא בגופו הא בכליו רבא אמר אידי ואידי בכליו ולא קשיא הא דאמר מעולם לא הטבלתי כלי בתוך כלי והא דאמר הטבלתי אבל לא הטבלתי בכלי שאין בפיו כשפופרת הנוד והתניא נאמן עם הארץ לומר פירות לא הוכשרו אבל אינו נאמן לומר פירות הוכשרו אבל לא נטמאו ואגופו מי מהימן והתניא חבר שבא להזות מזין עליו מיד עם הארץ שבא להזות אין מזין עליו עד שיעשה בפנינו שלישי ושביעי א"א אמר אביי מתוך חומר שהחמרת עליו בתחילתו הקלת עליו בסופו: אחורים ותוך: מאי אחורים ותוך כדתנן *כלי שנטמא אחוריו במשקין אחוריו טמאין תוכו אוגנו אזנו וידיו טהורין נטמא תוכו כולו טמא: ובית הצביטה וכו': מאי בית הצביטה א"ר יהודה אמר שמואל מקום שצובטו וכן הוא אומר °ויצבט לה קלי רבי אסי א"ר יוחנן מקום שנקיי הדעת *צובעין תני רב ביבי קמיה דר"נ כל הכלים אין להם אחורים ותוך אחד קדשי המקדש ואחד קדשי הגבול א"ל קדשי הגבול מאי נינהו תרומה והתנן אחורים ותוך ובית הצביטה לתרומה דלמא לחולין שנעשו על טהרת הקודש קאמרת אדכרתן מילתא דאמר רבה בר אבוה אחת עשרה מעלות שנו כאן שש ראשונות בין לקודש בין לחולין שנעשו על טהרת הקודש אחרונות לקודש אבל לא לחולין שנעשו על טהרת הקודש: הנושא את המדרס נושא את התרומה אבל לא את הקודש: קודש מאי טעמא לא משום מעשה שהיה דאמר רב יהודה אמר שמואל מעשה באחד שהיה מעביר חבית של יין קודש ממקום למקום

ונפסקה

תורה אור

רש"י

לעצמו טהרנו · הוא יאכלם שהרי החברים בדלין מהן וממגען ובלאו הכי מאכלו טמא : טהרת לך ולו · שמא תשאלנו ותשמש בו : אשה לשה בעריבה · בעלייה זו : כלום משגיח עליך · לפיכך טהרו לו ב"ש אוכלין ומשקין וכלי חרס שאין להן טהרה אלא שבירתן ואם באת לאוסרן עליו לא ישמע לך אבל בכלי שטף ישמע לך ויטבילנו : מטבילין להו · שמא הטבילם כלי בתוך כלי : ואטבילה לא מהימני · דאמר השואל ממנו צריך להטביל : בגופו · מהימן : והתניא · בניחותא : לא הוכשרו · לא נראו לטומאה : חבר שבא להזות · ואמר ראוי לקבל הזאה ראשונה שכבר עברו ג' ימים לטומאתו שהיום יום ג' : מתוך חומר שהחמרת עליו בתחילה · כשבא לפניך להזאותיו ולא האמנתו הקלת עליו בסופו להאמינו על הטבילה לפי שהוא נזהר בטבילתו שלא יצטרך לו עוד : כלי שנטמאו אחוריו · כלי עץ או של מתכת קאמר שמטמאין מגבן : במשקין · דטומאה דרבנן היא דמדאורייתא אין אוכל ומשקה מטמא כלי שאין כלי מקבל טומאה אלא מאב הטומאה וגזרו חכמים שיהו משקין מטמאין כלי לפי שיש משקה שהוא אב הטומאה ומטמא כלי מן התורה כגון רוקו של זב ומימי רגליו הלכך הואיל וטומאה זו מדברי סופרים אחוריו טמאין ושאר תשמישין שבו טהורים דעבדו רבנן היכר להודיע שטומאה זו מדבריהם ולא ישרפו עליה תרומה וקדשים כך היא מפורשת במסכת נדה פ"ק : אוגנו · שפתו הכפולה לצד חוץ וראוי לתשמיש : אזנו · כגון אוזן החבית : וידיו · כלי שיש לו בית יד כגון מחבת : נטמא תוכו · אפי' בטומאה דרבנן כולו טמא : שצובטו · שאוחז בו ומושיטו לאחרים : ויצבט לה קלי · תרגום והושיט לה : נקיי הדעת · אסתניסים : צובעין · מטבילין אוכלין בחרדל או בשומן שחוקקין בשולי הקערה בית קיבול לעצמו וגובה לו סביב ונותנין שם שומן וחרדל : אין להן אחורים · אין חילוק (א) להם של אחורים ותוך אלא משנטמא אחד מהן הכל טמא בין לקדשי המקדש בין לקדשי הגבול : תרומה · הנאכלת בכל גבול א"י : דלמא · האי קדשי גבול חולין שנעשו על טהרת קודש קאמרת ועי"מ משנתך זו הוזכרתי דבר ששמעתי מרבה בר אבוה רביה דרב נחמן :

תוספות

כלום משגיח בך · פרש"י אבל כלי שטף ישמע ויטבול ותימה היא למה ישמע בזה טפי מבאוכלים ומשקין ואי משום דלית להו טהרה במקוה משקין מאי איכא למימר הרי יכול להשיקן ועוד כי מסקינן דמטבלינן להו ואי לאוסרן למה יטבול להו טפי מכלי חרס אלא נראה לפרש כלום משגיח בך לפיכך לא ישאול לעולם אבל לא על כלי שטף שישאלם מהם ולעולם טמאין לחברים :

טמא מת הזאה ג' ושביעי · בהני דלעיל דקאמר כי שיילינן מטבילין *ודנפלה מעפורת ממנו ובבגדות כותים (נדה דף לג: ושם) שטבל ודרס אבגדי חבר דלא טמאו אלא משום עם הארץ ולא חיישינן אטומאת מת כיון דלא שכיחי לא גזרינן ליה :

ואטבילה לא מהימני והתניא נאמן עם הארץ לומר כו' · פרש"י כיון דאמר השואל ממנו צריך להטביל אלמא לא מהימן אטבילה וקשיא להר"ר אלחנן מאי פריך ליה ממתני' דנאמן אטומאת מת הא ע"כ לא קאמר השואל צריך להטביל רק טומאת ערב אבל טומאת ז' לא קאמר דכלי לז' לא מושלי אינשי כדמסיק ותירץ מורי דקאי אהא דקאמר נהדרו ב"ה לב"ש דמטבילין לכלים ומסיק דלא דמי דכיון דמטמאי בית שמאי מטעם שאין כלי חרס מציל מטומאת אהל א"כ בעי הזאה ג' וז' ואם נשתמש בכליהם נאמן שהם נאמנים להציל על הכל שלא נטמאו במת ואמטו להכי פריך אטבילת טמא מת לטהרת כליו בטבילה ממגע טמא מת דקאמרת שבשאר טומאות מטבילין לפי שהוא טומאת ערב אבל הכא בעי הזאה לכך לא אהדרי תו ב"ה לב"ש דלא מהני מידי טבילה לדברי ב"ש דחיישינן בכלים שלא הציל עם הארץ אותו מטומאת אהל ולהכי פריך למימרא דלא מהימן לומר שהצילם מאהל והא תניא נאמן כו' :

מתוך חומר שהחמרת עליו בתחלתו הקלת עליו בסופו · פירש רש"י תחילתו הזאתו סופו טבילה ולא יצטרך עוד לחזור ולטבול וצ"ע דיליף מק"ו מה כלים שאין נאמן על טבילתן נאמן על הזאתן גופו שנאמן על טבילתו אינו דין שנאמן על הזאתו ואמר מורי דעד כאן לא מהימן בהזאת כלים אלא כשבא לפנינו ואמר שלא נטמאו במת דלא שכיח אבל אם בא להזות איננו נאמן אפי' בלא גופו ותניא נמי הכי בתוספתא ע"ה שבא להזות מזין עליו ועל כליו אחר ג' ימים י"מ תחילתו בא להזות סופו אומר הזיתי אדהיה להם למיגרס טהרת מת ואילו בתוספתא תניא טבילת מת :

כלי שנטמא אחוריו במשקין · דמדאורייתא' אין אוכל ומשקה מטמא כלי ורבנן הוא דגזור משום משקה זב וזבה כדאיתא בנדה (דף ז:) ועבוד ביה רבנן היכירא לגביה כי היכי דלא לישרוף עליה תרומה וקדשים כדאמרינן פרק אלו מומין (בכורות דף לח. ושם) :

מקום שנקיי הדעת צובעין · פרש"י חוקקין בשולי הקערה בית קיבול והגובה סביב ונותנין בתוך הקיבול חומץ וחרדל והקשה הר"ר אלחנן א"כ לתרומה תטמא כולה כיון דלאיטמויי החקק מי גרע מתוך תוכו וצריך לדחוק ולומר דהכי פי' המתני' אחורים ותוך הצביטה אם נטמא אחוריו לא נטמא תוכו ובית הצביטה נטמא תוכו ובית הצביטה נטמא אחוריו א"כ לפירוש זה רב יהודה אמר שמואל ורב אסי חלוקין הן בפירוש המשנה וצ"ע :

רבינו חננאל

למימר דמטבילין להו משום דבטומאת מת פליגי דלאו טבילתו מטהרתו אלא צריך נמי הזאה שלישי ושביעי וכלים לשבעה יומי לא מושלי · זה שהיה רבי יהושע אומר בוש אני מדבריכם ב"ש שהיו אומרים אין כלי ע"ה טהור אלא לגבי אוכלין ומשקין וכלי חרס בלבד אבל כלי ע"ה הנגע בו טמא מכלל שהכלי עצמו טמא' נמצא אשה שלשה בכלי ע"ה האשה והכלי טמאין והבצק טהור · נמצאו דברים הללו בלא טעם וכשפירש לו אותו תלמיד ב"ש טעם ב"ש ואמר לו כי טעמן של ב"ש מפני שכל כלי ע"ה בחזקת טומאה הן ואע"פ שהן צמיד פתיל וכלי שטף בתוכן כלי מחכת וכיוצא בהן שנמצא זה הכלי כיון שהוא צמיד פתיל חוצץ בפני הטומאה אינו מציל דכיון דבחזקת טומאה הוא קיי"ל אין כלי טמא חוצץ וכי האמר אי הכי אפילו אוכלים ומשקין נמי ליהוו טמאין · אמר לך ב"ש אוכלין ומשקין דלעצמן הוא מפני שהוא צריך לאכול אתם אם תאמר לו אינם טהורין אינו מקבל ממך שאני (אני) וכליי טהורין מכם הלכך אוכלין ומשקין דלעצמו הן שאין חבר מתארח אצל ע"ה ואינו אוכל מטעמיו ואם אוכל אתם והם טמאין דינו מסור לשמים אבל בכלים שאנו שואלים מהם חיישינן ומחזקינן להו בחזקת טומאה דע"ה לא מהימן בטהרות' חזר ר' יהושע ואמר נעניתי לכם עצמות ב"ש כו' · ומקשינן וכי ע"ה אם יאמר כי אני הטבלתי הכלים הללו אינו נאמן דאמרת כי שאלינן מינייהו מטבלינן להו · והתנן נאמנים ע"ה על טהרת טבילות טמא מת ופריק אביי כי תניא ההיא דנאמן בגופו וכי אמרינן דאינו נאמן בכליו' רבא אמר הא והא בכליו' והא דתניא נאמן בדאמר לא הטבלתי כלי בתוך כלי מעולם וכי האי שאלינן מינייהו לתרומה · אבל אם אמר הין כלי בתוך כלי הטבלתים והוה בפי הכלי רוחב כב' אצבעות שוחקות כי האי גוונא לא מקבלינן מיניה אפילו בתרומה · וכדתניא נאמן ע"ה לומר פירות הללו לא הוכשרו כלל כלומר לא ניתנו עליהן מים מעולם אבל אין נאמנים לומר הוכשרו אבל לא נטמאו הכא נמי נאמן לומר לא הטבלתי כלי בתוך כלי מעולם [אבל] לומר הטבלתי כלי בתוך כלי שפיו רחב כשפופרת הנוד אינו נאמן · ואקשינן ואגופיה מי מהימן · והתניא חבר שבא להזות ואמר היום יום שלישי הוא לטומאתי מזין עליו מיד · ע"ה שבא להזות אין מזין עליו עד שיעשה שלישי ושביעי בפנינו · ופריק אביי מתוך חומר שהחמרת עליו בתחלתו שאין מזין עליו עד שיעשה שלישי ושביעי בפנינו הקלת עליו בסופו כשיאמר שהרתי להיותו נאמן · ועלתה שמועה זו כרבא שאמר אין מטבילין כלי בתוך כלי לקדש מעלה היא לקדש גזירה משום כלי שאין בפיו כשפופרת הנוד · והן אחת עשרה מעלות : מעלה שניה אחורים ותוך [ובית] הצביעה לתרומה אבל לא לקדש · פי' אם נפלו משקין טמאין באחורי הכלים או בבית הצביעה שלהן והוא מקום שתופסו באצבעו תוכו של כלי טהור · ואם יש בתוכו תרומה לא נטמאת ואם יש בתוכו קדש נטמא וזהו שאמרו כלי שנטמאו אחוריו במשקין אחוריו טמאין · תוכו אגנו אזנו ידיו טהורין לתרומה אבל לא לקדש נטמא תוכו נטמא כולו . בית הצביעה *) פירש ר' יוחנן מקום שנקיי הדעת שותין בו והוא אצל אזן הכלי שאין דרך בני אדם לינע בו כי דרך בני אדם להשות הכלי ולשתות מכנגד אזנו מפני שאוחזין אותו באזניו ונקיי הדעת משנין ואין שותין מסקום שכל אדם שותה בו אלא שותין מאצל אזנו כמו שאמרנו ודין אחוריים ותוך מפורש בכלים פרק כ"ה כל הכלים יש להם אחוריים ותוך כגון הכרים והכסתות והשקין והמרצופין כו' · פי' כי הכרים והכסתות משתמשים בהן באחוריהם בשינה שישנים עליהן ומשתמשין עוד בתוכן כדרך אמתחת שמכניסין בתוכן כלים אחרים אי תבן וכיוצא בו וישנין עליהן · ותנן נמי כל הכלים יש להן אחוריים ותוך ובית הצביעה ר' טרפון אומר לעריבה גדולה של עץ · ר' עקיבא אומר לכוסות · ר' מאיר אומר לידים טמאות וטהורות · א"ר יוסי לא אמרו אלא לידים הטהורות בלבד · כיצד היו ידיו טהורות ואחורי הכוס טמאין ואחזו בבית צביעתו אינו חושש שמא נטמאו ידיו באחורי הכוס היה שותה בכוס שאחוריו טמאין אינו חושש שמא נטמא משקה שבפיו מאחורי הכוס חוזר ונטמא את הכוס · קומקומום שהוא מרתיח אינו חושש שמא יצאו משקין מתוכו ונגעו באחוריו וחזרו לתוכו : כלי הקודש אין להם אחוריים ותוך ואין להם בית הצביעה כו' ואסיקנא אמר רבה בר אבוה אחת עשרה מעלות שנו כאן שש ראשונות בין לקדש בין לחולין שנעשו על טהרת הקדש אחרונות לקדש אבל לא לחולין שנעשו על טהרת הקדש : מעלה שלישית הנושא את המדרס נושא את התרומה אבל לא את הקדש . ואמרינן מכדי לא נגע קדש אמאי לא · ואמרינן משום מעשה שהיה שהיה אחד מעביר חבית של יין קדש ממקום למקום

ונפסקה

*) עי' בערוך ערך בית צבע .

מסורת הש"ס

[תוספתא דאהלות פ"ה] [אהלות פ"ה מ"ד] [שם במשנה ולקמן כו.]

[מיר נב:]

הגהות הב"ח

(א) רש"י ד"ה אין להם אחורים אין חילוק של אחורים ותוך לגמרי אלא:

ברכות נב. כלים פכ"ה מ"ז : בכורות לח.

[פי' פירוש נכון בערוך ערך [בית] [צבע]]

Continuation of translation from previous page as indicated by ◁

c ness], but it has not been made unclean.[1]—But is he trusted in regard to his body? For behold it is taught: If an Associate comes to receive sprinkling,[2] they at once sprinkle upon him; but if an *'am ha-arez* comes to receive sprinkling, they do not sprinkle upon him until he observes before us the third and seventh day!—Abaye answered: As a result of the stringency you impose upon him at the beginning,[3] you make it easier for him at the end.[4]

THE OUTSIDE AND THE INSIDE. What is meant by THE OUTSIDE AND THE INSIDE?—As we have learnt: If the outside of a vessel was rendered unclean[5] by [unclean] liquid,[6] [only] its outside becomes unclean; but the inside, rim, hanger[7] and handles,[8] remain clean. But if the inside became unclean,[9] the whole is unclean.

AND HANDLE. What is meant by the HANDLE? Rab Judah said that Samuel said: The part by which one hands[10] it; and thus it says: *And they handed*[11] *her parched corn.*[12] R. Assi said that R. Johanan said: The part where the fastidious hold[13] it.

R. Bebai recited before R. Naḥman: There is no differentiation [in the case of uncleanness] between the outside and the inside

d of any vessel,[1] be it [for] the hallowed things of the Sanctuary,[2] be it [for] the hallowed things of the provinces.[3] Said [the latter] to him: What is meant by 'the hallowed things of the provinces'? *Terumah*. But we have learnt: THE OUTSIDE AND INSIDE AND HANDLE [ARE REGARDED AS SEPARATE] FOR TERUMAH! Perhaps you mean unconsecrated food prepared according to the purity of hallowed things. [Indeed], you have recalled something to my mind. For Rabbah b. Abbuha[4] said: Eleven distinctions are taught here [in our Mishnah]: the former six apply both to hallowed things and to unconsecrated [food] which was prepared according to the purity of hallowed things; the latter [five] apply to hallowed things, but not to unconsecrated [food] prepared according to the purity of hallowed things.

HE THAT CARRIES ANYTHING POSSESSING MIDRAS-UNCLEANNESS MAY CARRY [AT THE SAME TIME] TERUMAH, BUT NOT HALLOWED THINGS. Why not hallowed things?—Because of a certain occurrence. For Rab Judah said that Samuel said: Once someone was conveying a jar of consecrated wine

c (1) This shows that he could not be relied on in a matter which required scrupulous care, and similarly in regard to the regulation relating to the size of the mouth of the immersing vessel. (2) Declaring that he has duly waited the first three days. Sprinkling takes place on the third and seventh day after defilement by a corpse. (3) By not believing that he waited three days. (4) I.e., he is trusted in regard to the immersion following the sprinklings; for this he carries out with due care, as he is anxious to complete his purification. (5) Only in the case of vessels made of wood or metal can the outside be defiled: earthen vessels are rendered unclean only from the inside (v. Lev. XI, 33). (6) According to the laws of the Torah only 'a father of uncleanness' *(v. p. 134, n. 7) can defile vessels; but the Rabbis enacted that all unclean liquids should defile vessels on account of fluid issuing from a gonorrhoeist, which is a 'father of uncleanness' (v. Nid. 7a). In order, however, to prevent *terumah* or hallowed things from being burnt in consequence of contact with vessels defiled by liquids, a distinction was made to mark the Rabbinic (as opposed to Torah) character of the defilement viz. that if the outside of a vessel became thus defiled, the inside etc. should remain clean (v. Bek. 38a). (7) Lit., 'ear' i.e., ear-shaped handle. (8) Lit., 'its hands' = 'place of holding' in our Mishnah, *v. p. 133, n. 4. The different parts of the vessel enumerated here have a distinct use; hence they are treated as separate utensils, and remain clean, if the outside only of the vessel be defiled. (9) Even according to Rabbinic law only. (10) I.e., holds it and reaches it to another. (11) E.V. '*reached*'. (12) Ruth II, 14. (13) I.e., the handle. Heb. (in edd.) צובעין, prob. denominative from אצבע, 'finger' (cf. Aramaic צבעא) i.e., grip with fingers (v. Levy s.v.). J. T. has בית הצביעא in the Mishnah instead of our בית הצביטה; undoubtedly, R. Johanan, the editor of the Pal. Talmud, was explaining the J.T., rather than the Babylonian reading. According to Rashi, צובעין = מטבילין i.e., dip the food: he explains that a cavity was made in the bottom (under the rim?) of the vessel where mustard or vinegar was placed, and the food dipped there. The MS.M. reading is צובטין; the J.T. III, I has, 'By which the cleanly take hold of it'; Aruch: '... drink'; v. *D.S.* a.l.

d (1) Lit., 'all vessels have no outside', i.e., if the outside became defiled, the whole vessel is rendered unclean. (2) I.e., sacrifices. (3) I.e., sacred gifts, like *terumah*, which can be eaten in any part of Palestine. (4) R. Naḥman's teacher.

*See Corrigenda.

from one place to another [23a], when the thong of his sandal[5] broke, and he took it and placed it on the mouth of the jar, and it fell into the hollow[6] of the jar, which was thus rendered unclean. At that time they enjoined: He that carries anything possessing *midras*-uncleanness may carry [at the same time] *terumah*, but not hallowed things.—If so, [it should be forbidden to carry] *terumah* too!—This is according to R. Ḥananiah b. Akabia who said: They prohibited it only on the Jordan and in a ship and according
a to [the circumstances of] the occurrence.[1] What is this?—It is taught: A man shall not take water of purification or ashes of purification,[2] and convey them over the Jordan in a ship, nor stand on one side [of a river] and throw them to the other side, nor float them over the water, nor ride upon an animal or his fellow, unless his feet touch the ground;[3] but one may unhesitatingly convey them over a bridge, be it across the Jordan or any other river. R. Ḥananiah b. Akabia says: They prohibited it only on the Jordan and in a ship and according to [the circumstances of] the occurrence. What was the occurrence?—Rab Judah said that Rab said: Once someone was conveying water of purification on the Jordan in a ship, and a [piece of a] corpse the size of an olive was found stuck in the bottom of the ship.[4] At that time they enjoined: A man shall not take water of purification and ashes of purification and convey them over the Jordan in a ship.

A question was raised: [It happened with] an unclean sandal; what of a clean sandal?[5] [It happened with] an open jar, what of a closed jar?[6] How is it if a man transgressed and carried [them thus]?—R. Ela said: If he transgressed and carried [them thus], they are unclean. R. Zera said: If he transgressed and carried [them thus] they are clean.

VESSELS THAT HAVE BEEN FINISHED IN PURITY etc. Who finished them? Should one say that an Associate finished them, then why do they require immersion? If, on the other hand, an *'am ha-areẓ* finished them, can they be called 'finished in purity'?—Rabbah b. Shilah said that R. Mattenah said that Samuel said: Actually, [one can say] that an Associate finished them, yet [the
b vessel requires immersion] lest the spittle of an *'am ha-areẓ*[1] [fell upon it].[2]—When could it have fallen [upon it]? Should one say, before he finished it, then it is not yet a vessel![3] If, on the other hand, after he had finished it, then he would surely take good care of them!—Actually, [one can say that it fell upon it] before he finished it, but perhaps at the time when he finished it, it was still moist.[4] [It states:] It requires [only] immersion, but not sunset;[5] our Mishnah, therefore, is not according to R. Eliezer. For we have learnt: If a [reed] pipe[6] was cut[7] for [putting therein ashes of] purification, R. Eliezer says: It must be immersed forthwith; R. Joshua says: It must [first] be rendered unclean, and then immersed.[8] Now we raised the point: Who could have cut it? Should one say that an Associate cut it, then why is im-
c mersion required?[1] If, on the other hand, an *'am ha-areẓ* cut it, how can R. Joshua, in such a case, say: It must [first] be rendered unclean, and then immersed? Behold, it is already unclean! Now Rabbah b. Shila said that R. Mattenah said that Samuel said: Actually, [you can say] that an Associate cut it, yet [immersion is required] lest the spittle of an *'am ha-areẓ* [fell upon it].—[Again] when could it have fallen [upon it]? Should one say before he cut it, then it is not yet a vessel! If, on the other hand, after he had cut it, he would surely take good care of it! Actually, [you can say that it fell on the vessel] before he cut it, but perhaps at the time that he cut it, it was still moist. Granted [then] according to R. Joshua, a distinction is thus made, [as a demonstration] against the Sadducees.[2] For we have learnt: They used to render the priest that was to burn the [red] heifer unclean,[3] as a demonstration against the view of the Sadducees,[4] who used to say:[5] It must be performed [only] by those on whom the sun had set.[6] But according to R. Eliezer, granted if you say that in all other cases we do require sunset,[7] a distinction is thus made [as a demonstration] against the Sadducees, but if you say that in other cases [too] we do not require sunset, what distinction is there, [as a demonstration] against the Sadducees?[8]—Rab answered: [23b]

(5) Which possessed *midras*-uncleanness. J.T.: 'his sandal got torn off' (v. Tosaf s.v. ונפסקה). (6) Lit., 'air'.

a (1) I.e., R. Ḥananiah taught that a Rabbinic decree consequent upon a certain incident was always restricted to the actual circumstances of the incident. In our case, the occurrence was in connection with hallowed things; therefore the Rabbinic prohibition affects only hallowed things. (2) V. Num. XIX. (3) Since a person travelling in a ship does not touch the ground with his feet, the Rabbis enacted that anyone carrying water or ashes of purification may not journey with his feet lifted off the ground. (4) The moment the piece of corpse was overshadowed by a person or object, it caused all under the same covering or overshadowing to become unclean for seven days: v. Num. XIX, 14 and Oh. II, 1. (5) I.e., does the prohibition referred to in our Mishnah extend also to a person wearing a clean sandal? (6) Into which nothing could fall.

b (1) Who, we are afraid, may be suffering from gonorrhoea, in which case any fluid coming from him is a 'father of uncleanness;' *cf. p. 143, n. 6. (2) Unobserved by the Associate. (3) And cannot, therefore, be defiled. (4) In Nid. VII, 1, we learn that spittle etc. convey uncleanness when wet, but not when dry. (5) Otherwise it would be specifically mentioned. *Cf. p. 121, n. 9. (6) Cf. Kel. XVIII, 7. (7) I.e., from the ground, so that it was still clean. (8) R. Eliezer and R. Joshua agree that being a vessel, and therefore subject to defilement, the reed pipe has to be immersed and then used for the ashes of the red heifer before sunset, the underlying motive being to demonstrate against the Sadducees, who held that any thing or person to be employed in connection with the red heifer must, if unclean, first be *completely* purified, i.e., must wait for sunset after immersion; whereas the Rabbis held that immersion without sunset was sufficient; and although the Sadducean view in this case was stricter than the Pharisaic, the Rabbis nevertheless demonstrated against the Sadducees in order to uphold the authority of the Oral Law, which the latter repudiated. The only difference between R. Eliezer and R. Joshua is as to whether the vessel should first be defiled (and thus rendered unclean according to the Law of the Torah, which the Sadducees also recognized), or immersed forthwith (being regarded as unclean by Rabbinic enactment only). Cf. the defilement of the priest referred to on *infra*, and another demonstration against the Sadducees mentioned on *supra* 17a.

c (1) Seeing that the reed pipe is actually clean, the fact that we require its immersion without the awaiting of sunset cannot be regarded as a demonstration against the Sadducees, who postulate sunset only for the unclean; the immersion, therefore, would be pointless. (2) For once the reed pipe is defiled, the Sadducees require sunset in addition to immersion. (3) Either (according to Tosaf. who quotes the Tosef. in support) by his fellow priests laying their hands on him (for compared with him all were unclean; *v. p. 121), or (according to Rashi and Maimonides) he was defiled by means of a (dead) reptile or an equivalent source of uncleanness. (4) Lit., 'to bring forth (the false opinion) from the heart of the Sadducees'. The Mishnah, Par. III, 7, from which this passage is quoted, has simply, 'because of the Sadducees'. (5) The Mishnah text has, '*that they should not say*', and our reading as a var. lec. (6) V. *supra* n. b8. (7) I.e., that all vessels finished in purity (in circumstances as described by Rabbah b. Shila) require sunset in addition to immersion before being used for hallowed things, and that only for the ashes of the red heifer is immersion alone sufficient. (8) We must conclude, therefore, as suggested above, that our Mishnah is not according to R. Eliezer.

*See Corrigenda.

ונפסקה רצועה של סנדלו ונטלה והניחה ע"פ חבית ונפלה לאויר החבית ונטמאת באותה שעה אמרו הנושא את המדרס נושא את התרומה אבל לא את הקדש אי הכי תרומה נמי *הא מני *ר' חנניה בן עקביא היא דאמר לא אסרו אלא בירדן ובספינה וכמעשה שהיה מאי היא דתניא *לא ישא אדם מי חטאת ואפר חטאת ויעבירם בירדן ובספינה ולא יעמוד בצד זה ויזרקם לצד אחר ולא ישיטם על פני המים ולא ירכב ע"ג בהמה ולא על גבי חבירו אלא אם כן היו רגליו נוגעות בקרקע אבל מעבירן על גבי הגשר ואינו חושש אחד הירדן ואחד שאר הנהרות *ר' חנניה בן עקביא אומר לא אסרו אלא בירדן ובספינה וכמעשה שהיה *מאי מעשה שהיה דאמר רב יהודה אמר רב מעשה באדם אחד שהיה מעביר מי חטאת ואפר חטאת בירדן ובספינה ונמצא כזית מת תחוב בקרקעיתה של ספינה באותה שעה אמרו לא ישא אדם מי חטאת ואפר חטאת ויעבירם בירדן בספינה איבעיא להו סנדל טמא סנדל טהור מהו חבית פתוחה חבית סתומה מהו עבר ונשא מהו ר' אילא אמר עבר ונשא טמא רבי זירא אמר עבר ונשא טהור: כלים הנגמרים בטהרה כו': דגמרינהו מאן אילימא דגמרינהו חבר למה להו טבילה אלא דגמרינהו עם הארץ נגמרין בטהרה קרי להו אמר רבה בר שילא אמר רב מתנה אמר שמואל לעולם דגמרינהו חבר ומשום צינורא דעם הארץ דנפל אימת אילימא מקמי דליגמריה הא לאו מנא הוא אלא בתר דגמריה מיזהר זהיר בהו לעולם מקמיה דגמריה ודלמא בעידנא דגמריה עדיין לחה היא טבילה אין הערב שמש לא מתני' דלא כר"א דתנן *שפופרת שחתכה לחטאת ר"א אומר יטבול מיד ר' יהושע אומר יטמא ואחר כך יטבול והוינן בה דחתכה מאן אילימא דחתכה חבר למה לי טבילה ואלא דחתכה עם הארץ בהא לימא ר' יהושע יטמא ויטבול הא טמא וקאי ואמר רבה בר שילא אמר רב מתנה אמר שמואל לעולם דחתכה חבר ומשום צינורא דעם הארץ דנפל אימת אילימא מקמי דליחתכה הא לאו מנא הוא ואלא בתר דחתכה מיזהר זהיר בה לעולם מקמי דליחתכה דלמא בעידנא דחתכה עדיין לחה היא בשלמא לר' יהושע היינו דאיכא היכירא לצדוקין דתנן *מטמאין היו את הכהן השורף את הפרה להוציא מלבן של צדוקין שהיו אומרים במעורבי שמש היתה נעשית אלא לר"א אי אמרת בשלמא בעלמא בעינן הערב שמש היינו דאיכא היכירא לצדוקין אלא אי אמרת בעלמא לא בעינן הערב שמש מאי היכירא איכא אמר רב עשאוה

רש"י

ונפסקה רצועה של סנדלו · מדרס הזב היתה ונטלה בידו ומתוך כך נפלה לאויר החבית : ר' חנניה בן עקביא · דאמר כל מקום שגזרו חכמים על דבר על מעשה שהיה לא גזרו אלא כדוגמת המעשה וכאותו דבר הלכך בקודש היה מעשה ובקודש גזרו : ולא יעמוד בצד זה · של נהר : אא"כ רגליו נוגעות בקרקע · משום מעשה שהיה בספינה כדלקמן וכל ספינה מהלכת באויר וגזרו על האוירות כולן : אבל מעבירין על הגשר · שאויר ורגליו נוגעות בו : אלא בירדן · ולא בשאר נהרות אבל משימן על פניו ועומד בצד זה ויזרקם לצד אחר : כזית מת תחוב · והאהילו עליו ועליהם : איבעיא להו סנדל טמא · הא דאמרת דגזרו עליו שלא ישא קודש עמו : סנדל טהור מאי · מי גזור סנדל טהור אטו טמא או לא : חבית פתוחה · ודאי גזור עליו חבית סתומה מאי : ומשום צינורא דעם הארץ · שמא ניתז עליה רוק מפי עם הארץ כשחבר אוחז בו : הא לאו מנא הוא · ולא ליטמא בכך : עדיין לחה היא · ומטמאה משום משקה זב הוא ובמסכת נדה (דף נד:) תנן הזוב והרוק מטמאין לחין ואין מטמאין יבשין : לחטאת · לתת בתוכו אפר פרה : יטבול מיד · שכל תשמישי פרה העשויין בכלי המקבל טומאה טעונין טבילה וקודם שיעריב שמשו ישתמשו בהן לפרה כדלקמן : [מטמאין היו כו' · נוגעין היו בו שרץ] : להוציא מלבן של צדוקין שהיו אומרים שמש היתה נעשית · ולרבנן טבול יום כשר בה דנפקא להו מריבויא דקרא והזה הטהור על הטמא טהור מכלל שהוא טמא ללמד על טבול יום שכשר בפרה מכדי בטהור עסקינן ולמה לי דכתיב לעיל מיניה ולקח אזוב וטבל במים איש טהור (במדבר יט) למה לי למיהדר ולמיכתב והזה הטהור ליכתוב והזה על הטמא אלא טהור כל דהו ולאכשורי טבול יום דלאו טהור דכתיב ורחץ במים וטהר : יטבול מיד · ואין צריך לטמאה טומאה אחרת שהרי טמאה ועומדת כדמפרש ואזיל : למה לו טבילה · וכיון דאין לה טומאה אין היכר לצדוקים בטבול יום שבה : בשלמא לר' יהושע · המצריכה לטמא היינו דאיכא היכר לצדוקין שהרי טימאוהו טומאה גמורה הצריכה הערב שמש וכאן ישתמשו בה טבולת יום הוי היכר : אלא לרבי אליעזר · שאינו מצריכה אלא טומאה זו : אי אמרת בשלמא בעלמא הצריכו חכמים הערב שמש · בעלמא בטבילת כלים הנגמרים בטהרה ולא כמתני' היינו דהכא לא מצריכנן לה איכא היכירא :

תוספות

ונפסקה רצועה של סנדלו · אע"ג דגבי טומאה כתיב כלי והאי רצועה לאו כלי הוא מדלא שרינן ליה לטלטל בפרק אלו קשרים (שבת דף קיב.) אבי' קא אזיל בתר רב יוסף דאיפסיק ליה רצועה דסנדלא ומוכחא דאסור לטלטלה אלמא לאו מנא הוא צריך למימר כגון דנשתייר בכך רצועה דאיכא מנא להדיוט יכול להחזירו ומיהו בירושלמי מוכח* ונפסקה סנדלו :

לא ישא אדם מי חטאת · ואפילו רבנן דלא בעו כמעשה שהיה מ"מ לא אחמור מיהא לקדש רק לחטאת :

מת תחוב בקרקעיתה של ספינה · והא דאמר בפרק דם חטאת (זבחים דף צג.) מי חטאת שנטמאו מטהרין שכן נדה מקבלת הזאה היינו בשאר טומאות אבל בטומאת מת נפשו :

לעולם דגמרינהו חבר · הנוהג לאכול על טהרת קודש משום צינורא דע"ה איכא שאינו אוכל על טהרת הקדש רק על טהרת תרומה שטהרתה טומאה היא אצל הקדש ואי אין צינורא דחבר טמא מוקמינן ליה בע"ה ממש והיה קשה למורי אמאי מוקמינן הכי לוקמי אפי' בחבר עצמו וניטמא מחמת הצינורא דמשקה ניהו וניטמא הכל מחמת הידים דשניות הן *ונראה לו דידים שניות הן אין להם דרבא דאורייתא רק דרבנן וידים מטמא כלי ומשקה דרבנן והוה ליה מעלות בתרייתא ולא קמייתא :

טבילה אין הערב שמש לא · מדלא תנא בהדיא וכי תימא א"כ הייתי אומר לתרומה טבילה מיהא בעיא וי"ל דליכא למטעי בהכי דא"כ לימא בהדיא צריכין טבילה לתרומה והערב שמש לקדש · הר"ר אלחנן :

שפופרת שחתכה לחטאת · והא דאמרי' (יומא ג.) כל מעשיה היו נעשין בכלי גללים כלי אבנים כלי אדמה והכא שפופרת של עץ הויא וכן תנן* צלוחית שהניחה מגולה ומצאה מכוסה וסתם צלוחית של חרס התם דוקא בשעת עשייה בתוך ז' ימים לפי שהיו מקילים לעשותה במעורבי שמש היו מחמירין בה שאר חומרות דלא לזלזלו בה אבל בשאר ימים אין לחוש א) :

מטמאין היו את הכהן השורף את הפרה · פרש"י נוגעים היו בו שרץ אך בתוספתא לא משמע ליה רק במגע עצמו לחוד והכי ב)תניא בתוספתא כל ז' ימים היו אחיו הכהנים רגילין לפרוש הימנו וביום השמיני היו נוגעים בו ומטמאין אותו וחוזרין ומטבילין אותו ונעשית בטבול יום וז"ל התוספתא* מעשה בצדוקי הכהן שביקש לשרוף את הפרה והיה רוצה לשורפה במעורבי שמש ושמע רבן יוחנן בן זכאי וסמך ידיו עליו ואמר לו אישי כ"ג כמה נאה לך להיות כהן גדול ירד וטבל כו' נהי שאין הצדוקין חוששין אותה טומאה מה שנוגעין בו עכשיו ולא מעלה של פרה מה שלא נגעו בו כל ז' מ"מ הכל רואין לדברי חכמים שמגע ע"ה מטמאת ונגעו בו ביום ח' שיש לעשותה בטבול יום :

עשאוה כטמא מת בז' שלו · כלומר לבתר הזאה וכי תימא א"כ תהא טבילה לבני איכא למימר דאף לאחר הזאה בעי טבילה כדמפרש [ר"ת] *בפ"ג דמגילה דשתי טבילות יש אחת לפני הזאה ואחת לאחר הזאה :

א) [ועיין תוספות יומא ב. ד"ה שכל ותוספות סוכה לז. ד"ה נפל ותוספות חולין ע: ד"ה טמאה ותוספות נדה מט. ד"ה כשר] ב) [בתוספות יומא ב. ד"ה להוציא הביאו ממשנה דפרה פ"ג מ"ח סמכו כו' ע"ש קצת]

עין משפט נר מצוה

כ א מיי' פי"ב מהל' אבות הטומאות ה"ב:

כא ב מיי' פ"י מהלכות פרה אדומה הל' ג:

[לשון הירושלמי שנקרע הכיתו ופסקה בסנדלו]

כב ג מיי' פי"ב מהל' אבות הטומאות הלכה ג:

כג ד ה ו ז מיי' שם הלכה ו:

כד ח מיי' פ"א מהל' פרה אדומה הל' טו:

כה ט מיי' שם הלכה יד:

מסורת הש"ס

תוספתא דפרה פ"ח

פרה פ"ט מ"ו יבמות קטו:

[שבת ס:]

יבמות קטו:

פרה פ"ט מ"ד

יומא ב. ע"ש זבחים כא. פרה פ"ג מ"ז

שייך לע"ב [נ"ל כפ"ב דמגילה כ. בד"ה ולא]

גליון הש"ס

תוס' ד"ה לעולם וכו' ונ"ל דידים שניות · עי' לעיל דף ... ע"א תוספת ד"ה נימא

רבינו חננאל

ונפסקה רצועת סנדלו ונטלה והניחה על פי החבית ונפלה לאויר החבית ונטמאת החבית באותה שעה אמרו הנושא את המדרס לא ישא את הקדש ומתניתין רבי חנניה בן עקביא היא דאמר אין גוזרין אלא כמו המעשה שהיה ומעשה שהיה בחבית של הקדש היה ולא בחבית של תרומה לפיכך לא גזרו על התרומה ומאי היא ר' חנניה בן עקביא דתניא [רבי חנניא] בן עקביא אומר לא אסרו אלא בירדן ובספינה כמעשה שהיה מאי היא דאמר רב מעשה באחד שהיה מעביר מי חטאת ואפר חטאת בירדן ובספינה ונמצא כזית מת תחוב בקרקעיתה של ספינה באותה שעה אמרו לא ישא אדם מי חטאת ואפר חטאת ויעבירם בירדן ובספינה' ומיבעיא לן התינח לא ישא אדם סנדל טמאה בידו ובידו האחרת יין קדש . סנדל טהור מאי גזרו טהור אטו טמא אי לא · התינח חבית פתוחה דחיישינן שמא תכנס רצועה באוירה ויטמאנה' חבית סתומה מאי גזרו סתומה אטו פתוחה אי לא · ועוד אמרינן עבר ונשא המדרס והקדש ולא הגיע זה לזה ולא טימא מאי ופשטנא בכולן ר' אילא אומר עבר ונשא טמא · ר' זירא אומר כיון שבריא לן שלא נגע טהור · וכיון דמעלות מדרבנן נינהו קיי"ל כל בדרבנן עבדינן כדברי המיקל : מעלה רביעית בגדי אוכלי תרומה מדרס לקדש · פי' הכהנים הטהורים לאכול התרומה בגדיהם מדרס למי שמבקש לאכול הקדש · ובגדי אוכלי הקדש מדרס לכהן אוכל חטאת כי הקדש קדשים קלים והחטאת קדשי קדשים אלו כולן השנויין בסוף פרק של מעלה סוה כולן מעלה אחת הן חשובין . בגדי ע"ה ובגדי הפרושין ובגדי אוכלי תרומה כולן מדרס לקדש וכ"ש זולתם : מעלה חמישית שבקדש מתיר מטביל ומנגב ואח"כ קושר שהחבל הקשור בכלי חיישינן משום חציצה לקדש אבל בתרומה קושר ואח"כ מטביל. וקיי"ל נימא אחת קשורה חוצצת שלש אינן חוצצות שאינן נהדקות בקשירה והמים באין בהן כ"ש חבל שאינו נהדק כל כך והמים באים ולגבי קדש מעלה בעלמא : מעלה ששית כלים הנגמרין בטהרה צריכין טבילה לקדש אבל לא לתרומה אוקימנא כגון שגמרה חבר ומשום שמא נתזה צינורא של רוק מפי ע"ה קודם שיגמרו ונשאר אותו הרוק לאחר שנגמרו · ואמאי אוקימנא הכי למפשט [משום] דמקמי נמירתן לא מקבלי טומאה ובתר נמירתן חבר מזהר זהיר בהו *)ונתזה צינורא של רוק מפיו עליהן ונשאר הרוק עליהן לח · וצריכין טבילה ולא בעו הערב שמש מדלא מפרש במתניתין הערב שמש אלא טבילה בלבד · ואמרינן נימא מתני' **) דלא כר' יהושע דתנינן שפופרת שחתכה למי חטאת רבי אליעזר אומר יטבול מיד . ר' יהושע אומר יטמא ויטבול · ואוקימנא בשחתכה חבר ומשום צינורא דע"ה דחיישינן דלמא תיכף לחתיכה ינע בה ע"ה ונתן רוק מפיו ונשאר לח על שפופרת זו אחר חתיכה ומשום הכי מצרכינן להטבילה וסבר בעלמא צריכה הערב שמש והכא משום דהוא לגבי מי חטאת אינה צריכה הערב שמש · וכיון דסבר בעלמא כי האי גוונא צריכין הערב שמש נמצאת משנתנו דלא כר' יהושע · ואמרינן בשלמא לר' יהושע היינו דאיכא היכירא לצדוקין דאפילו אם נטמאת אינה צריכה הערב שמש לגבי חטאת ומשום הכי דייקינן מינה דקתני יטמא ויטבול ומטהרה מיד ולא בעינן הערב שמש · כדתנן מטמאין היו הכהן השורף את הפרה מפני הצדוקין שלא יהו אומרין במעורבי שמש היתה נעשית · פי' אלא היו מטמאין אותו והיה יורד וטובל ומיד עושה הפרה אלא לר' אליעזר אי אמרת בעלמא נמי לא בעי הערב שמש הכא בשפופרת גבי מי חטאת מאי היכירא לצדוקין

*) אולי צ"ל מש"ה אוקמיה דחיישינן שמא נתזה צינורא של רוק מפיו עליהן קודם שיגמרו ונשאר סרוק וכו' . **) משמע דרבינו גרים נימא מתני' דלא כר"י וכן מסיים בסמוך נמצאת משנתינו דלא כר"י צ"ע דהיינו היפך כלל וכמו דמסיק בגמ' בסמוך ואולי דט"ס נפל בדברי רבינו וצ"ע .

עין משפט
נר מצוה

כו א ב ג מיי' פ"א מהלכות פרה אדומה הלכה טו :

כז ד מיי' פ"ז מהלכות משכב ומושב הל' ח :

כח ה ו מיי' פרק י"ב מהל' אבות הטומאות הלכה ז :

כט ז מיי' פי"ג מהל' פרה אדומה הל' ה:

[עיין תוספות מנחות כ. ד"ה שאין וכו' וכד"ה צירוף דאורייתא]

עשאוה כטמא שרץ אלא מעתה לא תטמא אדם אלמה תניא אחותכה ומטבילה טעון טבילה ואלא בעשאוה כטמא מת אי הכי תיבעי הזאת שלישי ושביעי אלמה תניא חותכה ומטבילה טעון טבילה אין גהזאת שלישי ושביעי לא אלא עשאוה כטמא מת בשביעי שלו והתניא מעולם לא חידשו דבר בפרה אמר אביי שלא אמרו קורדום מטמא מושב כדתניא* °והיושב על הכלי דיכול כפה סאה וישב עליה תרקב וישב עליה יהא טמא ת"ל והיושב על הכלי אשר ישב עליו יטמא מי שמיוחד לישיבה יצא זה שאומרים לו עמוד ונעשה מלאכתנו: ההכלי מצרף מה שבתוכו לקדש אבל לא לתרומה: מנה"מ *א"ר חנין דאמר קרא °כף אחת עשרה זהב מלאה קטרת הכתוב עשאו לכל מה שבכף אחת מתיב רב *כהנא *הוסיף ר"ע הסלת והקטרת והלבונה והגחלים שאם נגע טבול יום במקצתו פסל את כולו והא דרבנן היא ממאי מדקתני רישא העיד רבי שמעון בן בתירא על אפר חטאת שנגע הטמא במקצתו שטימא את כולו וקתני הוסיף ר"ע אמר ר"ל משום בר קפרא לא

השים

עשאוה כטמא שרץ · לעולם בעלמא לא בעי הערב שמש ר"א לכלים הנגמרים בטהרה ואפ"ה איכא היכירא לפי שספופרת של חטאת (א) עשאן כאילו נגעו בשרץ לענין מנין ראשון ושני הלכך אי לאו דפרה נעשית בטבולי יום זו היתה לריכה הערב שמש : אלא מעתה · דלא עשאוה אלא כטמא שרץ : לא תטמא אדם · דהא טמא שרץ לאו אב הטומאה הוא ואינו מטמא אדם שלא מצינו טומאה לאדם וכלים הנוגעין בטמא שקיבל טומאה מאחרים חוץ מטומאת מת שנאמר והנפש הנוגעת תטמא עד הערב (במדבר יט) : כטמא מת · כאילו נטמאה במת שמטמאת אדם · לא חידשו דבר בפרה · אע"פ שעשו בה מעלות הרבה בשביל הזלזול הזה שהיו מטמאין כהן השורפה לעשותו טבול יום לא חידשו בגזרות מעלותיה דבר שאינו מלוי בשום מקום ואם כשאמרת שעשו בה כלים הנגמרין בטהרה כטמא מת הרי אין לך חדוש גדול מזה : שלא אמרו קורדום מטמא מושב · כלומר לא נתנו טומאה בפרה לכלי שאינו ראוי לטומאה כגון לומר קורדום שאינו מיוחד לישיבה ואינו נעשה אב הטומאה במושב הזב(ב) בפרה אבל בכלי הראוי לקבל טומאה חידשו בה לעשות שאינו נוגע במת כנוגע במת : תרקב · חצי סאה : אשר (ג)ישב · מדלא קרינן אשר ישב למדנו שאינו מדבר אלא באשר מיוחד לישב שם תמיד : הוסיף ר"ע כו' · רישא קתני העיד ר"ש על אפר חטאת שנגע טמא במקצתו פסל את כולו :

תורה אור

ויקרא טו

במדבר ז

שבת נט. נדה מט:

[פסחים יט.]

פסחים פה יומא מח. [עדיות פ"ח מ"א]

יצא זה שאומרים לו עמוד ונעשה מלאכתנו · בפרק ר"ע (שבת דף פד: ושם) עביד ק"ו ומה פכין קטנים שטהורים בזב כו' שאין להם תוך הראוי למגע בשר בזב טמאים במת פכין שטמא במדרס אינו דין שטמא במת והקשה הר"ר אברהם מכל הכלים ליעבד ק"ו שאין בני מדרס כדאמרינן הכא עמוד ונעשה מלאכתנו טמאים במת מפך כו' ועוד קשה לר"י ליעבד ק"ו מכלי חרס גדולים שטהורים אפי' פתוחים במדרס הזב כדאיתא בפרק ר"ע (ג"ז שם) [דיליף מדכתיב (במדבר יט) וכל כלי פתוח אשר אין צמיד פתיל עליו בטומאת מת משתעי קרא מפך כו' וי"ל דלא דמי דכל הכלים הא דלא מטמאו מדרס לאו משום דכלי הן אלא משום דלאו בני מדרס נינהו דלא שייך שם וכן כלי חרס גדולים דטהורים במדרס וטמאים בשאר טומאת הזב התם משום טומאת מת ושרץ [בתוך] רחמנא תליא דאיתקש לשק כל כלי עץ אבל טומאת מדרס לאו מטעם תוך הוי אלא מטעם מיוחד לישיבה הלכך מפך שמטמא מדרס והוא דינו לא יטמא במת כיון דלית ליה תוך אבל השתא עבדינן ק"ו מפכין קטנים שטהור בהם מגע והיסט שישנן בכלל גדולים ושייך ביה מטעם תוך והכא טהור מטעם גזרת הכתוב דכיון דלא שייך ביה מגע בשר הזב גם מגע סערו ומעייני לא שייך ביה ושוו אפ"ה הן לטומאת מת כגדולים כ"ש דמפך שיש שם גם טומאה דזב כגון מדרס שיטמא במת ותו לא שייך לחלק שכן מיוחד לישיבה דהואיל ומהני בו יחוד ישיבה דלא שייך לפכין קטנים מטעם תוך ואפ"ה יהו טמאים מדרס הזב הוי הק"ו גמור הואיל ולית להו טומאת תוך דשייכא בהו · הר"י :

שאם נגע טבול יום במקצתו · הקשה הר"ר נסים גאון דמשמע הכא דנתקדשו בכלי מדמהני בהו לרוף ואינו בשילהי פרק טרף בקלפי ביומא (דף מד: ושם) נתפזרו לו קב גחלים מכבדן לאמה והיכי מכבדן הא מפסיד בקדש ותירץ דבירושלמי דמכילתין מוקמי לה (ד) בשל יום הכפורים ההיא דהכא וזה לשון ירושלמי ר' יוסי בר חנינא בשם ר' יוחנן מפני מה אומרים שירי מנחות מחברין את עצמן מפני שנזקקו לכליין ר' אחא אומר בשם ר"ל יודעים היו שכלי שרת מחברן מה באו להעיד על הסלתות על הלבונה ועל הקטורת ועל הגחלים ניחא סולת קטורת ולבונה גחלים מאי א"ר בון תיפתר בגחלים של יוה"כ שבמה שהיה חותה היה מכניס אבל של כל יום לא כההיא דתנן נתפזר ממנו קב גחלים מכבדו לאמה ומיהו הר"י היה מפרש הירושלמי הכי גחלים מאי כלומר למה פוסל את כולם כיון שיש הרבה שאינו לריך ומוקי לה בשל יוה"כ דהכל לריך וה"ה דמצי לאוקמי במחתה של כל יום אלא משום דלא פסיק ליה אי מחתה של כסף שחותה בה קדושה אי לא וכלי שרת מחברן משמע כל כלי שמכניסין דומיא דלבונה וקטורת וכ"ת הא אמרינן בסמוך דמדרבנן מיהא אפילו שאינו לריך לכלי כלי נמי מלרף איכא למימר הייתו למ"ד לירוף דאורייתא אבל למ"ד לירוף דרבנן לא יועיל כלום והשתא דאתינן להכי גם מה שהקשה הרב ר' נסים יתכן דכלי אינו מלרף רק הראוי לו ומה שאין לריך לו בו ביום אין בכך כלום אם מפסידו ור"ת מתרץ דכלי שרת אין מקדשין אלא לדעת אך קשה להר"ר אלחנן דפלוגתא היא שילהי לולב וערבה (סוכה דף מט: ושם) וי"א מקדשין ומיהו פ"ק דמנחות (שם דף עח: ושם) איכא מאן *דמוכח מן ולקחו את כל כלי השרת (במדבר ד) דאין מקדשין אלא לדעת ופלוגתא דאמוראי הוא דהוי דלא אשכחן פלוגתא דתנאי וי"מ מחתה דכסף איכא קדושה כי אם חותה שמערה בה ונתפזרו לו קב גחלים דמכבדן לאמה איירי במחתה של כסף וקשה להר"ר אלחנן דהא מזבח מקדש את הדבר הראוי לו ולא ידענא מאי תיובתיה דהא מוריד גחלים מן המזבח לארץ פליגי בה רבי יוחנן ור"ל משמע דלא שייך בגחלים ראוי למזבח*) :

והא דרבנן הוא · משמע הא לאו הכי הוה שייך שפיר לירוף דאורייתא מדלא קדייק רק מהוסיף ועוד מדקאמר ממאי דהאי לירוף מדרבנן אלמא דאית ליה דאורייתא וכן בפ"ב דפסחים (דף לה.) והבשר כל טהור יאכל בשר לרבות עלים ולבונה וכן בפ"ב דחולין (דף נו:) אלא חיבת הקדש מכשרת דאורייתא מכלן כו' אלא מסיפא כל טהור יאכל בשר לרבות עלים ולבונה ובפרק כל הפסולים (זבחים דף לד.) טמא שאכל קדש לפני זריקה חד אומר לוקה וחד אומר אינו לוקה אבל בטומאת בשר דברי הכל לוקה דאמר קרא והבשר כו' ואמר מר לרבות עלים ולבונה אלמא עיקר קרא להכי הוא דאתא ובפרק כל שעה (פסחים דף כד:) והבשר למה לי לרבות עלים ולבונה בשר למה לי לרבות אימורין כו' והא דקאמר בזבחים שילהי ב"ש (דף מו:) והאמר מר והבשר לרבות עלים ולבונה ומשני דלפסול בעלמא התם מדאורייתא מיהא הוי פסול להקרבה ולא קאמר דהוי פסול אלא לאפוקי איכא דאמר התם לוקה וכי אומרים בפסחים (דף לה.) עלים ולבונה בני קבלת טומאה נינהו וכי אוכלין נינהו אלא מעלה דאורייתא מיהא הוי ומעלה דלאו אוכל הוא ושוי ליה אוכל וכן מייתי התם הערב שמשו אוכל בתרומה כו' הביא כפרתו כו' והאי גברא חזי אלא מעלה והתם דאורייתא הוא דהא בהערל (יבמות דף עד:) מפיק ליה מקרא דקאמר ג' קראי כתיבי והשתא משמע דלעולם הוי לירוף דאורייתא גבי עלים ולבונה וכי קאמר הש"ס בפרק הקומץ רבה (מנחות דף כא.) יצאו עלים ולבונה שאין מקבלין טומאה י"ל דר"ל בלי הכשר אע"ג דחיבת הקדש מכשרתו דאורייתא מ"מ לא פסיק ליה כיון דעלי חולין לא מקבלי טומאה דאורייתא אפי' בהכשר אי לאו יתורא דקרא א"כ איכא למימר דלא מרבינן אלא בהכשר וכי קאמר בפסחים (דף יט.) אלמא לירוף דרבנן דעדותו דר"ע דרבנן אבל עלים ולבונה לעולם דאורייתא ולא כפרש"י דקאמר דדייק התם לירוף דגבי מעלות דרבנן ולר"ע דעלים ולבונה לאו בנות קבולי טומאה נינהו דאורייתא דלאו אוכל הוא לא יתכן כדפרישית בכל הני שהבאתי וגם משמעות דשמעתין לא משמע הכי אלא דייק דלירוף דרבנן מהא דקתני רישא העיד רבי שמעון על אפר חטאת וכו' ואפר חטאת

שבת נט. נדה מט:

הגהות הב"ח

(א) רש"י ד"ה עשאוה וכו' של חטאת עשאוהו כאילו נגע בשרץ : (ב) ד"ה שלא אמרו וכו' במושב הזב שיהא טמא בפרה : (ג) ד"ה אשר ישב מדלא קרינן אשר ישב : (ד) תוס' ד"ה שאם וכו' דבירושלמי דמכילתין מוקמי לה ההוא דבשל יום הכפורים וזה לשון ירושלמי :

[סוכה מח. לא מלאתי וכן נשאלתי מהגאב"ד מהר"ו זצ"ל]

*) [ועי' תוס' יומא מו: ד"ה כי פליגי]

רבינו חננאל

לצדוקין איכא ופריק ר' זירא עשאוה לשפופרת זו כטמא שרץ חילוף כל הכלים הנגמרין בטהרה וכל טמא שרץ בעי הערב שמש וזו להוציא מן הצדוקין לא הצריכוה הערב שמש · ומקשינן אי הכי דשפופרת זו כטמא שרץ היא לא תטמא אדם אלמא תניא חותכה ומטבילה וטעון טבילה פי' החותכה נמי בעי טבילה · ואסיקנא אלא עשאוה לשפופרת זו כטמא מת ביום שביעי שלו דלא בעי הזאה ובעי הערב שמש · ומקשינן איני דלעלמא כלין הנגמרין בטהרה מטבלינן להו משום חששא דלמא ניתזה צינורא מפי ע"ה עליה ונשארה לחה עד אחר גמירתה ולגבי מי חטאת עשאוה לשפופרת שחתכה למי חטאת כטמא מת בשביעי שלו ומשום הכי מטבלינן לה · והתניא לא חדשו דבר בפרה כלומר לא החמירו בפרה משאר טמאות דעלמא · ופריק אביי מאי לא חדשו שלא אמרו קורדום מטמא מושב משום חומרא דפרה אלא כיון דעלמא לא הוי קרדום מטמא מושב לגבי פרה נמי לא הוי מושב · כדתניא והיושב על הכלי אשר ישב עליו הזב יטמא · אשר ישב מי שמיוחד לישיבה יצא זה שאומרים לו עמוד ונעשה מלאכתנו · אלו שש מעלות נוהגות בקדש ובחולין שנעשו על טהרת הקדש וכדרב נחמן אבל חמש האחרונות נוהגות בקדש ואין נוהגות בחולין שנעשו על טהרת הקדש : מעלה שביעית הכלי מצרף מה שבתוכו לקדש אבל לא לתרומה · וא"ר חנין צירוף זה מן התורה שנאמר כף אחת עשרה זהב וגו' כיון שכתיב כף ידענו שהיא אחת דכתב רחמנא אחת למה לי אלא ללמדך שכל מה שבכף אחת · ומותיב רב כהנא הוסיף ר' עקיבא הסולת והקטרת והלבונה והגחלים שאם נגע טבול יום במקצתו שפסל כולו · והא מדרבנן היא מדקתני רישא העיד ר' שמעון בן בתירא על אפר חטאת שנגע טמא

a They rendered it as though defiled by a [dead] reptile.[1] — If so, it should not render a person unclean;[2] why then is it taught: He who cuts it and immerses it requires immersion? — [You must say], therefore, They rendered it as though defiled by a corpse. — If so, it should require sprinkling on the third and seventh day; why then is it taught: He who cuts it and immerses it requires immersion? [implying only] immersion, but not sprinkling on the third and seventh day! — [You must say], therefore, They rendered it as though in its seventh day after defilement by a corpse.[3] But surely it is taught: They never introduced any innovation in connection with the [red] heifer![4] — Abaye answered: [It means] that they never said that a spade, [for instance], should be rendered unclean as a seat [on which a gonorrhoeist sat].[5] As it is taught: *And he that sitteth on any thing:*[6] I might [have thought] that if [the gonorrhoeist] inverted a *se'ah* [measure] and sat upon it, [or] a *Tarkab*[7] [measure] and sat upon it, it should become unclean, therefore the text teaches us: *And he that sitteth on any* b *thing whereon [he that hath the issue] sat . . . shall become unclean;*[1] [meaning] that which is appointed for sitting;[2] but that is excluded in regard to which we can say, Stand up that we may do our work.[3]

A VESSEL UNITES ALL ITS CONTENTS [FOR DEFILEMENT] IN THE CASE OF HALLOWED THINGS, BUT NOT IN THE CASE OF TERUMAH. Whence is this deduced? R. Ḥanin said: Scripture says: *One golden pan of ten shekels, full of incense:*[4] thus, the verse made all the contents of the pan one. R. Kahana raised an objection: [We have learnt], R. Akiba added[5] [with regard to] the fine flour[6] and the incense, the frankincense and the coals,[7] that if one who had taken an immersion that day [but had not yet awaited sunset][8] touched a part thereof, he renders the whole invalid.[9] Now this is [an enactment] of the Rabbis![10] — Whence [is this proven]? — Since it teaches in the first clause: R. Simeon b. Bathyra testified concerning the ashes of purification that if an unclean person touched a part thereof, he rendered the whole unclean; c and then it teaches: R. Akiba added:[1] — Resh Laḳish answered

a (1) I.e., you can still say our Mishnah is according to R. Eliezer, even if he holds the view that in other cases too we do not require sunset for vessels finished in purity, for here the vessel is made to assume the uncleanness of an object defiled by a (dead) reptile (in respect of communicating defilement), which object in all other cases requires sunset. Thus a distinction is made, which clearly rejects the Sadducean view. (2) Only a 'father of uncleanness' can defile a person; whereas a vessel defiled by a dead reptile would be an 'offspring of uncleanness'. (3) I.e., as though in its seventh day after the sprinkling: it would still require immersion and could defile a person. (4) Whereas the actual defilement of the priest *(v. p. 147) does not involve any change in the laws of levitical purity, the attribution of corpse-defilement to the reed cut in purity represents a complete innovation. (5) A gonorrhoeist defiles an object on which he sits, making it a 'father of uncleanness' provided (as the following Baraitha explains) it is an object appointed for sitting. Now the Rabbis never enacted a new law in connection with the red heifer, whereby an object *not* susceptible to a given type of uncleanness should become susceptible to it, e.g., that a spade should become defiled as the seat of a gonorrhoeist: in this sense they introduced no innovations. But they did not refrain from attributing to a vessel the kind of uncleanness to which it was susceptible, even though it had not actually been defiled. Thus the reed pipe, though clean, could be regarded as though defiled by a corpse, since it could be subject to corpse-defilement. (6) Lev. XV, 6. (7) Grk. τρίκαβος, *terkab* (for another derivation v. Jastrow s.v.) = three *ḳabs* or a half *se'ah*, a dry measure.

b (1) Heb. יטמא; in the verse וְטָמֵא ('and shall be unclean'). (2) This is deduced apparently from the word יֵשֵׁב ('sat'), which, being vocalized as the imperfect instead of the perfect (יָשַׁב), can imply *repeated* action i.e., that it did not just happen on this one occasion that someone sat on it, but that it was customary to use it as a seat (v. Rashi here and to Lev. XV, 4). B. Epstein in *Torah Temimah* (ibid. n. 20) explains the deduction to be drawn from the word כלי (E.V. '*thing*', but really 'vessel, article') i.e., an article appointed for sitting. (3) I.e., it excludes any article which has its own specific use and was not intended as a seat. (4) Num. VII, 14 *et passim*. (5) I.e., to R. Simeon b Bathyra's statement quoted *infra*; v. 'Ed. (Sonc. ed.) VIII, 1. (6) Used for a meal-offering; cf. Lev. II, 1ff. (7) Carried by the High Priest into the Holy of Holies for the purpose of producing the cloud of incense (cf. Lev. XVI, 12); this rule of defilement did not apply to the coals gathered every day by ordinary priests. It should be noted that though frankincense and coal are ordinarily not susceptible to uncleanness, they are rendered so in this case on account of their sanctity. (8) Which would have completed his purification; thus, he is still partially unclean and renders invalid (though he does not defile) *terumah* and hallowed things. (9) Because the vessel unites all its contents. The point in R. Akiba's addition is either (*a*) that a vessel is able to unite its contents even for invalidation and not for defilement only (Bertinoro); or (*b*) that even flat vessels, not hollowed like a receptacle, can unite their contents (Maim. following our Gemara; *v. p. 150). (10) Whereas R. Ḥanin derived the rule from the Torah.

c (1) R. Simeon b. Bathyra's testimony is definitely of Rabbinic origin, for from the verse quoted above one could only deduce that the rule applied to offerings on the altar, but not to the ashes of the red heifer. Since R. Akiba's statement is an addition to a Rabbinic rule, it follows that it must itself be a Rabbinic enactment.

*See Corrigenda.

in the name of Bar Ḳappara [24a]: It[2] refers only to the remains of the meal-offering,[3] for according to the Torah that which requires the vessel,[4] the vessel unites, that which does not require the vessel,[5] the vessel does not unite; and the Rabbis came and decreed that even though it does not require the vessel, the vessel should unite it. Granted with regard to the fine flour, but how are the incense and the frankincense to be explained?[6]— R. Naḥman answered that Rabbah b. Abbuha said: For instance, if he heaped them upon a leather spread: according to the Torah, that which has an inside[7] can unite [its contents], that which has no inside, cannot unite [them]; and the Rabbis came and enacted that even that which has no inside should unite [its contents]. Now R. Ḥanin's teaching will conflict with that of R. Ḥiyya b. Abba, for R. Ḥiyya b. Abba said that R. Joḥanan said: This Mishnah[8] was taught as a result of R. Akiba's testimony.[9]

HALLOWED THINGS BECOME INVALID [BY UNCLEANNESS] AT THE FOURTH REMOVE. It is taught: R. Jose said: Whence [is it deduced] that hallowed things become invalid [by uncleanness even] at the fourth remove? Now it is [to be deduced by] conclusion *ad majus:* if one who [only] needs to bring his atonement sacrifice [in order to complete his purification][10] is, whilst being permitted [to partake] of *terumah*, [nevertheless] disqualified for
a hallowed things,[1] how much more so should uncleanness at the third remove, which renders *terumah* invalid,[2] produce in the case of hallowed things uncleanness at the fourth remove.[3] Thus, we learn uncleanness at the third remove in respect of hallowed things from the Torah, and uncleanness at the fourth remove by means of an *a fortiori* argument. Whence [do we deduce] from the Torah uncleanness at the third remove in respect of hallowed things? It is written: *And the flesh that toucheth any unclean thing shall not be eaten;*[4] we are surely dealing [here with a case] where it may have touched something suffering from uncleanness [even] at the second remove,[5] yet the Divine Law says it '*shall not be eaten*'. 'Uncleanness at the fourth remove by means of an *a fortiori* argument'; as we have said [above].

IN THE CASE OF TERUMAH, IF [ONE HAND OF A MAN] BECAME etc. R. Shezbi said: They taught [this only] of a case where [the hands] are connected,[6] but not where they are not connect-
b ed.[1] Abaye put an objection to him: [It is taught]: A dry [unclean] hand renders the other unclean so as to render hallowed things unclean,[2] but not *terumah;* this is the view of Rabbi. R. Jose son of R. Judah says: so as to render invalid,[3] but not unclean. Now granted, if you say that [it refers also to] a case where [the hands] are not connected, [then the fact that the hand is] 'dry' is in that case remarkable; but if you say that [it refers only to] a case where [the hands] are connected, but not where they are not connected, what is there remarkable about [the hand being] 'dry'?[4]

It is also[5] taught: Resh Laḳish said: They taught [this only] of his [own hand], but not of the hand of his fellow.[6] [24b] But

(2) I.e., R. Akiba's testimony. (3) I.e., the rule to which R. Akiba testified is certainly of Rabbinic origin; but this does not conflict with the view of R. Ḥanin who derives our Mishnah teaching from the Bible, for R. Akiba refers only to the remains of the meal eaten by the Priests (v. Lev. II, 3 *et passim*) to which the Biblical law (as the Gemara goes on to explain) does not apply. (4) For the service in connection therewith, e.g., the incense; v. Num. VII, 14 quoted on *supra*. (5) E.g., the remains of the meal-offering which are eaten by the priests. (6) Since they require the vessel, the vessel unites them according to the law of the Torah: why then are they included in R. Akiba's testimony, which refers only to Rabbinical enactments? (7) I.e., is hollowed like a receptacle. (8) I.e., our Mishnah. (9) I.e., it is of Rabbinic, not of Torah origin. (10) V. *supra* 21a n. 4.

a (1) V. Yeb. (Sonc. ed.) 74*b*. (2) V. Soṭ. (Sonc. ed.) 29*a*.
(3) Thus rendering the hallowed things invalid. For this method of argument cf. B.Ḳ. (Sonc. ed.) 24*b*-25*a*. The principle of דיו לבא מן הדין להיות כנדון ('It is quite sufficient that the law in respect of the thing inferred should be equivalent to that from which it is derived') discussed ibid., does not apply here, for otherwise the '*a fortiori*' argument becomes valueless, for we know from Scripture that uncleanness at the third remove invalidates hallowed things; and those, too, who hold the principle of '*Dayyo*' even where the purpose of the '*a fortiori*' argument is defeated, would nevertheless not apply it here, since we are dealing only with Rabbinical not Torah degrees of impurity. (4) With reference to the flesh of peace-offerings; Lev. VII, 19. (5) So that the hallowed flesh (of the peace-offering) is made to suffer uncleanness at the third remove. The Gemara assumes here that the term '*unclean thing*' can include something suffering from second-grade uncleanness, because we find that an object possessing uncleanness at the second remove is termed '*unclean*' by Scripture; v. Lev. XI, 33, where the vessel possesses uncleanness at the first remove and its contents, therefore, uncleanness at the second remove. (6) I.e., the rule in the Mishnah that one hand defiles the other for hallowed things applies only (according to Rashi) to a case where the unclean hand is actually touching the clean hand at the time when the latter is in contact with hallowed things, the reason for this Rabbinic enactment being the fear lest the unclean hand touch the hallowed things. But Tosaf. (s.v. בתי בורין) explains the case to be one where the clean hand is touching the unclean hand whilst the latter is in contact with a defiling object (e.g., a sacred Scroll), and we are afraid that the clean hand may also touch the defiling object.

b (1) I.e., (according to Rashi), if, after the unclean hand had been removed from the clean, the latter touched hallowed things, these would remain clean, for one hand cannot convey to the other uncleanness even at the third remove so as to render, in turn, hallowed things invalid. (2) I.e., at the third remove: third-grade uncleanness can, in turn, produce in hallowed things fourth grade uncleanness. Unwashed hands are generally regarded as possessing uncleanness at the second remove. (3) I.e., the second hand can convey at the third remove to hallowed things a fourth-grade uncleanness, which disqualifies them but does not enable them to defile. (4) If the case is one in which the hands are not connected, then the fact that the clean hand, through having been previously in contact with the dry unclean hand, is able to defile hallowed things constitutes a new point of Rabbinic law, viz., that one hand possessing uncleanness at the second remove can convey to the other hand, without the help of moisture, uncleanness of the same grade; were the unclean hand wet this would not, of course, be remarkable, for since second-grade uncleanness renders liquids, by Rabbinic enactment, unclean at the first remove, the moisture on the unclean hand would in turn convey to the other hand uncleanness at the second remove. But if the Mishnah refers only to a case where the hands are connected, the fact that the hand is dry is pointless, for the defilement of the hallowed things would in that instance perforce have to be accounted for as a preventive prohibition lest the unclean hand touch the hallowed things (v. *supra* n. a 6), and in that case it would make no difference whether the unclean hand were wet or dry, for since it possesses second-grade uncleanness, it can defile hallowed things with uncleanness at the third remove. (5) [MS.M. omits 'also' which in fact is difficult to explain.] (6) I.e., if he touched with his unclean hand another person's hand, the latter's hand is not defiled.

לא נצרכא אלא לשירי מנחה דאורייתא *צריך לכלי הכלי מצרפו שא"צ לכלי אין כלי מצרפו ואתו רבנן וגזרו דאע"ג דאינו צריך לכלי כלי מצרפו תינח סלת קטורת ולבונה מאי איכא למימר אמר רב נחמן אמר רבה בר אבוה כגון שצברן על גבי קרטבלא דאורייתא יש לו תוך מצרף אין לו תוך אינו מצרף *ואתו רבנן ותיקנו דאע"ג דאין לו תוך מצרף ופליגא דר' חנין אדר' חייא בר אבא *דא"ר חייא בר אבא א"ר יוחנן מעדותו של רבי עקיבא נשנית משנה זו: הרביעי בקדש פסול: תניא א"ר יוסי *מנין לרביעי בקדש שהוא פסול ודין הוא ומה מחוסר כפורים שמותר בתרומה פסול בקדש שלישי שפסול בתרומה אינו דין שיעשה רביעי לקדש ולמדנו שלישי לקדש מן התורה ורביעי בק"ו שלישי לקדש מן התורה מנין דכתיב [ויקרא ז] והבשר אשר יגע בכל טמא לא יאכל מי לא עסקינן דנגע בשני וקאמר רחמנא לא יאכל רביעי מקל וחומר הוא דאמרן: ובתרומה אם נטמאת כו': אמר רב שיזבי בחיבורין שנו אבל שלא בחיבורין לא איתיביה אביי יד נגובה מטמא חבירתה לטמא לקדש אבל לא לתרומה דברי רבי ר' יוסי ברבי יהודה אומר לפסול אבל לא לטמא אי אמרת בשלמא שלא בחיבורין היינו רבותיה דנגובה אלא אי אמרת בחיבורין אין שלא בחיבורין לא מאי רבותא דנגובה א) איתמר *)נמי אמר ריש לקיש לא שנו אלא ידו אבל

רש"י

לא נצרכא · להאי עדות דר' עקיבא דמדרבנן אלא לסולת של שירי מנחה: דאלו מדאורייתא הצריך לכלי · דומיא דקטורת שבכף דאיירי בה קרא כלי מצרפו ושאינו צריך לכלי כגון שירי מנחה שהן אכילת כהן אין הכלי מצרפן: מאי איכא למימר · הרי צריכין לכלי: קרטבלא · עור שלוק: ופליגא תורה אור הא דר' חנין · דאמר לעיל צירוף דאורייתא אדר' חייא בר אבא: מחוסר כפורים כשר לתרומה ופסול בקדש · ביבמות ילפינן לה מקראי בפרק הערל (דף עד:): שלישי שפסול בתרומה · כדנפקא לן ק"ו במסכת סוטה (דף כט.*) ומה טבול יום שמותר במעשר אסור בתרומה שני שפסול במעשר אינו דין שיעשה שלישי בתרומה (א) אינו דין שיעשה רביעי לקדש · וא"ת דיו לבא מן הדין להיות כנדון א"כ ק"ו לא צריך שהרי למדנו שלישי לקדש מן התורה והיכא דמיפריך ק"ו לא אמרינן דיו לבא מן הדין להיות כנדון כדאמרינן בבבא קמא (דף כה.) ולמ"ד נמי אמרינן דיו הני מעלות דרבנן נינהו ולאו דאורייתא והאי דנקט ולמדנו שלישי לקדש מלתא בעלמא היא דאשמעינן דשלישי לקדש מן התורה הוא: מי לא עסקינן כו' · מי לא משתמע (כו') נמי מהאי קרא: דנגע בשני · דהא אשכחן דאיקרי שני טמא דכתיב כל אשר בתוכו יטמא וה"ל הכלי ראשון ומה שבתוכו שני וקרי ליה טמא וקאמר רחמנא והבשר אשר יגע בכל טמא (ב) בשני וה"ל שלישי לא יאכל והאי קרא בבשר שלמים כתיב: בחיבורין שנו · מתניתין דקתני יד מטמאה את חבירתה לקדש כגון שבעוד שהיד הטמאה נוגעת לטהורה היתה טהורה נוגעת בקדש דגזור רבנן דלמא אתי למיגע טמאה בקדש ולמ"ד (ג) פסול לקמן לפסול דמעלה בעלמא היא: אבל שלא בחיבורין · שלאחר שפירשה מן הטהורה חזרה טהורה ונגעה בקדש טהור ואין יד מטמאה חבירתה לעשותה אפי' שלישית לפסול: יד נגובה · אע"פ שאין בה משקין: לטמא את הקדש · לעשות רביעי: ר' יוסי בר' יהודה אומר · חבירתה פוסלת את הקדש אבל לא מטמאה: אי אמרת בשלמא שלא בחיבורין · קאמר דמטמאה היינו רבותא דנגובה (ד) ואע"ג דנגובה היא כשנגעה בזו ואין לחוש שמא נגעה היד הטהורה במשקין שבטמאה שהן ראשונים דכל הפוסל את התרומה מטמא משקין להיות תחילה והויא לה הך יד נמי שניה מחמת המשקין כמו חבירתה אפילו הכי מטמאה דמעלה דרבנן היא שהיד מטמאה את חבירתה להעשות שניה כמותה לקדש אלא אי אמרת לא אמרינן אלא בחיבורין וטעמא משום דלמא נגע טמא לקדש מאי רבותא דנגובה אטו יד קמייתא לא מטמיא לה לקדש בלא משקין הלא שניה היא: אבל

תוספות

חטאת מדרבנן דאינו קודש אלא חול כדמוכח בהתכלת (מנחות דף נב. ושם) שאין מועלין באפר פרה וקתני הוסיף ר"ע דמשמע דהוי דרבנן כמו רישא כדדייק הכא והשתא מתוקמא דרשה דמייתי בכולי הש"ס והבשר לרבות עצים ולבונה כר"י דפרק המנחות והנסכים (שם דף קב: ושם) דאי לרבנן הא משמע אף בשר בתר שחיטה יש לה פדיון ומיהו יכולנא לאוקומי כרבנן ובהוקדשו בכלי וכדמוקמינן לה בפסחי' אך איכא לדחות דלא קאי רק אלבונה ולא אעצים וכן בריש המנחות והנסכים פי' בשם הר"י דעיקר קרא לא קאי רק אלבונה אבל אעצים לא הוי רק אסמכתא בעלמא והתם הארכתי ולא שייך הכא ואין להביא ראיה מהא דלא חשיב עצים בפרק שני דמעילה (דף ט.) כי חשיב אינך הוכשר ליפסל בטבול יום ובמחוסרי כפרה משום דלא שייך ביה פיגול אף בהולכה ובהקטרה דלא קרבן גמור הוא*:

דאורייתא יש לו תוך מצרף · הקשה הר"ר אלחנן אמאי לא קאמר כגון שצברו בכלי חול דאורייתא כלי שרת מצרף ולא של חול דבעינן דומיא דכף ואע"פ שיש לו תוך ול"ע:

מנין לרביעי בקדש שהוא פסול · פרש"י ולמ"ד דיו הני מעלות דרבנן נינהו ולא דאורייתא והאי דקאמר ולמדנו שלישי מן התורה מילתא בעלמא הוא ולא קאמר כמי מק"ו אלא מלתא בעלמא הוא ובפ"ק דפסחים (דף יט.) פי' רש"י גבי ההיא דר' יוסי ור' שמעון דאין משקה מטמא באוכל ואין טומאה עושה כיוצא בה היכי אשכחן רביעי בקדש אלמא ודאי דרבנן הוא ומביא ראיה דמכילתין חשיב גבי מעלות דרבנן בתרייתא וקשה לר"י לר' חנין דאית ליה צירוף כלי דאורייתא וקחשיב ליה גבי מעלות דרבנן ולר' יוחנן דאית ליה צירוף דרבנן הוא הא מוקי לה כר' עקיבא ור"ע סבר שלישי בחולין דאורייתא וא"כ רביעי בקדש נמי דאורייתא קרי כאן והבשר אשר יגע בכל טמא לא יאכל דמי לא עסקינן דנגע וכו' ותירץ הר"י דקרי להו דרבנן משום דלא משכח לה לחולין שנעשו על טהרת הקדש [דהוי דאורייתא] וכן אר"ת דמשכחת לה לרביעי בקדש [דאורייתא] ע"י עצים ולבונה דטמאין ע"י חיבת הקדש וכי מיבעי ליה לר"ל בגליד של מנחות (מנחות דף קב:) אי מונין בו ראשון ושני אי לא דאי מהני חיבת הקדש למנות בו ראשון ושני למ"ד אין אוכל מטמא אוכל פשיטא ליה האי והיה קשה להר"ר אלחנן לפר"ת דמוקי לה ע"י עצים ולבונה וכי עדיפא מאוכל גמור דלא אהני חיבת הקדש למימני ביה ראשון ושני:

בחיבורין שנו · פרש"י שבשעה שהיד טמאה נוגעת לטהורה היתה טהורה נוגעת לקדש וקשה לפי' דא"כ השניה אינה טמאה כלל והקדש טמא מחמת גזרה שמא יגע בראשונה הטמאה ואמאי קאמר ובקדש יטבול שתיהן יטבול טמאה ויש לייסבו דה"ק הא נטמאה ידו אחת חבירתה טהורה ובקדש בתחילתו הצריכו חכמים להטביל שתיהן שמא נטמאו שתיהן שנו דיד אחת נוגעת בספר הפוסלה ויד האחרת הנוגעת בה תדון כאילו נגעה בספר דגזרינן לה שמא תגע וכן הא דתנן לקמן יד מטמאה חברתה ועושה אותה שניה בקדש מוקמינן לה בשמעתין הכי לפי מאי דס"ד לדברי ר' יהושע דיד מטמאה חברתה להיות שניה ומאיזה טעם לא תהיה שלישית אלא ודאי דגזרינן שמא נגעה בספר עצמה ואפי' לא נגע ביד השניה טמאה שמא נגעה בספר ותניא בתוספתא המטביל את ידו אחת מהן כל טהרות שעשה בטהורה עד שלא הטביל את הטמאה טמאות שהיד מטמאת חברתה לקדש משמע דבלא נגיעה מטמאת לה והשתא יתכן דהוי מעלה לר' יוסי שהיא אלא בכלל רביעי ליפסול בקדש אבל לא לתרומה דבתרומה אין יותר משלישי לכן אינה מטמאה רק קדש דעושה רביעי ולית ליה יד מטמאה את חברתה להיות שניה אלא מטמאה להיות שלישית והקשה הר"ר אלחנן אמאי חשיב האי מעלה במתני' הא הויא בכלל רביעי בקדש ותירץ דמ"מ מעלה אחרת היא דיד מטמאה את חברתה דס"ד כיון דאין גופו נטמא אלא מאב הטומאה גם ידיו נמי לא קמ"ל:

אלא אי אמרת בחיבורין אין וכו' מאי רבותא · ואי משום תרומה דלא מטמאה אף בחיבורין לא נחית להו רבותא אלא רבותא דקדש:

*אחד ידו ואחד יד חברו לפסול · דהואיל ומטמא יד חברו די לנו בכך אם יפסל אבל לר"ל לקיש דאמר דוקא ידו מוקי טעמא משום איחלופי יד טהורה ביד טמאה לפיכך כי היכי דידו טמאה מטמאה קדש דשניה היא אף טהורה נמי וכן משמע בסמוך כי הדר ביה ריש לקיש פירש לדבריו לפסול אבל לא לטמא משמע דמעיקרא סבירא ליה לטמא בשם רבינו שמואל: דתנן

עין משפט נר מצוה

ל א ב מיי' פי"ב מהל' אבות הטומאות ה"ז:

לא ג מיי' שם הל' יא וסי"א הלכה ד:

לב ד ה מיי' שם פי"א הלכה ד:

לג ו ז מיי' שם פי"ב הלכה י"ב ופ"א שם הלכה ז:

[פסחים יט.]

[ועי' תוספות מנחות כה. ד"ה ילפו]

מסורת הש"ס

[מנחות כד.]

[ע"ש ועיין רש"י פסחים יח: ד"ה שלישי שפסול בתרומה]

פסחים יח: סוטה כט: [תוספתא פ"ג]

הגהות הב"ח

(א) רש"י ד"ה שלישי וכו' שני שפסול במעשר אינו דין שיעשה שלישי בתרומה וכיון דשלישי פסול לתרומה דין הוא שיעשה רביעי בקדש: (ב) ד"ה דנגע בשני וכו' בכל טמא אפילו בשני וסוף ליס בשר שלישי: (ג) ד"ה בחיבורין וכו' ולמ"ד לקמן פסול לפסול: (ד) ד"ה אי אמרת וכו' דאף על גב דנגובה:

*)[עי' בעל המאור ועוד תמצא שם פי' הגון לכל הסוגיא זו]

הגהות מהר"ב רנשבורג

א) גמ' איתמר נמי אמר ריש לקיש · כ"ב ע"י בספר עורי אבן מהו האיתמר נמי:

שייך לע"ב

רבינו חננאל

טמא במקצתו שמטמא את כולו וקתני הוסיף ר' עקיבא אלמא צירוף דרבנן הוא ופריק ר"ל אליבא דרבי חנין לעולם צירוף דאורייתא ור' עקיבא שירי מנחות אתא לאשמעינן דמדאורייתא דבר הצריך לכלי כלי מצרפו שאין צריך לכלי אין כלי מצרפו · ואתו רבנן ועשו מעלה וגזרו אפי' בדבר שאין צריך לכלי ומקשינן תינח דמצרף הכלי הסלת מפני שצריכה כלי קטורת לבונה וגחלים מאי כלי צריכי · ופריק רב נחמן כגון שצברן ע"ג קטבליא מדאורייתא יש לו תוך מצרף · אין לו תוך אינו מצרף · ואתו רבנן תקינו דאע"ג דאין לו תוך מצרף ופליגא דר' חייא בר אבא דאמר משמיה דר' יוחנן מעדותו של ר' עקיבא נשנית משנה זו · הכלי מצרף מה שבתוכו לקדש ומסתברא דצירוף כלי מדרבנן היא דהא ר' יוחנן מוקים לה למתניתין מעדותו של ר' עקיבא ושנתנו מעלה מדרבנן וכבר פירשנוהו בפסחים בפ' הראשון: מעלה שביעית הרביעי בקדש פסול והשלישי בתרומה פי' טמא מת הוא אבי הטומאה וטומאתו ז' דכתיב וכל אשר יגע על פני השדה בחלל חרב או במת או בעצם אדם או בקבר יטמא שבעת ימים והנוגע בו טמא טומאת ערב שנאמר וכל אשר יגע בו הטמא יטמא והנפש הנוגעת תטמא עד הערב · עוד קדשים הנוגעים בטמא השני שהוא טמא טומאת ערב נטמאו שנאמר והבשר אשר יגע בכל טמא לא יאכל נמצא שלישי לקדש טמא מן התורה כמו שפירשנו · ורביעי מק"ו כדתניא מניין לרביעי בקדש שפסול ודין הוא ומה מחוסר כפורים שמותר בתרומה שנא' ובא השמש וטהר ואחר יאכל מן הקדשים כי לחמו הוא · ותנן נמי העריב שמשו אוכל בתרומה פסול הוא וזה המחוסר כפורים בקדשים כדתנן הביא כפרתו אוכל (בתרומה) [בקדשים] וכתיב וכפר עליה הכהן וטהרה מכלל שעד שלא הביאה כפרתה לא נגמרה טהרתה ובמאי אי לתרומה הא כתיב ובא השמש וטהר ואחר יאכל מן הקדשים כי לחמו הוא והיא התרומה שגם היא נקראת קדשים · אלא לאו בטהרת קדשים הכתוב מדבר עכשיו שלישי שפסול לתרומה אינו דין שיעשה רביעי בקדש וזו היא מעלת הקדש על התרומה: מעלה שמינית שהיד מטמא לחברתה בקדש אבל לא בתרומה אמר רב שיזבי בחבורין שנו · פי' כגון שחיבר ידו לידו האחרת אבל אם לא חיבר היד הטמאה לטהורה לא · ומותיב אביי עלה יד נגובה מטמאה לחברתה לקדש וכו' · ואע"ג דלא פריק רב שיזבי כיון דא"ר יוחנן אחד

אבל יד חבירו לא ור' יוחנן אמר *אחד ידו ואחד יד חבירו באותה היד לפסול אבל לא לטמא ממאי מדקתני סיפא שהיד מטמאה חבירתה לקדש אבל לא לתרומה הא תו למה לי הא תנא ליה רישא אלא לאו שמע מינה לאתויי יד חבירו ואף ר"ל הדר ביה דא"ר יונה א"ר אמי אמר ר"ל אחד ידו ואחד יד חבירו באותה היד לפסול אבל לא לטמא ולפסול אבל לא לטמא תנאי היא דתנן* כל הפוסל בתרומה מטמא ידים להיות שניות ויד מטמא חבירתה דברי ר' יהושע וחכ"א ידים שניות הן ואין עושה שני (בחולין) מאי לאו שני הוא דלא עביד הא שלישי עביד דלמא לא שני עביד ולא שלישי אלא כי הני תנאי דתניא יד נגובה מטמא את חבירתה לטמא בקדש אבל לא לתרומה דברי רבי ר' יוסי בר' יהודה אומר אותה יד לפסול אבל לא לטמא: אוכלין אוכלים נגובין בידים מסואבות כו': *תניא א"ר חנינא בן אנטיגנוס וכי יש נגובה לקדש והלא חיבת הקדש מכשרתן לא צריכא כגון שתחב לו חבירו לתוך פיו או שתחב הוא לעצמו בכוש ובכרכר וביקש לאכול צנון ובצל של חולין עמהן לקדש גזרו בהו רבנן לתרומה לא גזרו בהו רבנן: האונן ומחוסר כפורים כו': מאי טעמא כיון דעד האידנא הוו אסורי אצרכינהו רבנן טבילה:

מתני' חומר בתרומה שביהודה נאמנין על טהרת יין ושמן כל ימות השנה ובשעת הגיתות והבדים אף על התרומה עברו הגיתות והבדים והביאו לו חבית של יין של תרומה לא יקבלנה ממנו אבל מניחה לגת הבאה *ואם אמר לו הפרשתי לתוכה רביעית קדש נאמן כדי יין וכדי שמן המדומעות

רש"י

אבל יד חברו · אם נגעה ביד חברו לא טימאתה: באותה היד · אם נגע ביד הראשונה ביד חברו אבל השניה אינה מטמאה יד חברו: ולפסול · את הקדש הוא דאמר יד מטמא חבירתה אבל לא לטמא: הא תנא ליה רישא · ולקדש מטבילין שניהן: אין שני עושה שני · אין יד שהיא שניה עושה את חבירתה שניה מכלל דשמעי' לר' יהושע דאמר היד מטמא את חבירתה להיות כמותה: ודלמא לא שני ולא שלישי · דלית להו הך מעלה דמתני' אבל מאן דאית ליה אפי' לטמא אית ליה להכי קאמר ידים לעולם שניות הן לפיכך(א) אין יד מטמא את חבירתה: וכי יש נגובה בקדש · והלא חיבת הקדש מכשרת: אלא אין נגובה זו לומר כשלא הוכשרו אלא כשהוכשרו לטומאה ועכשיו הן נגובין וטומאה הן מקבלין ולא הוצרכה משנתנו לדבר באוכלי קדש נגובין אלא באוכלי חולין נגובין ואוכלי קדש: תחב לו חברו · בידים טהורות וזה האוכל ידיו מסואבות: או שתחבן הוא עצמו בכוש או בכרכר · שהן פשוטי כלי עץ ואין מקבלין טומאה: וביקש לאכול לנון או בצל של חולין עמהן · שאין ידים מטמאות את החולין ואפ"ה גזור רבנן שלא יאכלם עם הקדש פן תגע ידו מסואבת באוכלי קדש שבפיו: לענין תרומה · אע"פ שהיד מסואבת פוסלתה לא עשו מעלה אלא אמרינן זהיר ולא נגע וה"ק מתניתין אוכלין חולין בידים מסואבות עם התרומה אבל לא עם הקדש ולהכי נקט נגובין שאילו עכשיו היו משקין עליהם היו משקין נעשין ראשונים מחמת הידים ועושין את החולין שניים וכשנוגעין בתרומה שבפיו פוסלין אותם א] ואית דמסיק מלתא בנגובין שמעולם לא הוכשרו וקשיא לי בחולין מה לי הוכשרו מה לי לא הוכשרו הלא אין ידים מועילות כלום לחולין: כיון דעד האידנא אסירי · דמחוסר כפורים מותר בתרומה ואסור בקדש וכן אונן ואע"פ שאסורים במעשר שני מותרין בתרומה כדאמרינן במסכת יבמות *אוכל זר יתירה זרות אסרתי לך ולא אנינות: **מתני'** שביהודה נאמנין · עמי הארץ: על טהרת יין ושמן · של קודש אם הקדישוהו למזבח בשעת הגיתות והבדים נאמנין על שמירתן כל ימות השנה ובגמ' מפרש מאי שנא יהודה דנקט: ובשעת הגיתות והבדים · הכל מטהרין את כליהם: והביאו לו · עמי הארץ לכהן חבר: אבל מניחה · עם הארץ לגת הבאה ואז יתננה לכהן: רביעית לוג שמן נאמן · דמיגו דנאמן אקדש נאמן אתרומה: המדומעות

תוספות

דתנן כל הפוסל את התרומה כו' · קשה לר"י דאמרינן בפ"ק דשבת (דף יד. ושם) אף הידים הבאות מחמת ספר פוסלות את התרומה משום דר' פרנך דאמר וכו' מאי קאמר אפי' כל מילי נמי דפוסל את התרומה מטמא ידים כדתנן הכא וי"ל דספר נגזרה ראשון ואח"כ של שאר מילי ועוד יש לומר דלרבנן איצטריך התם דפליגי עליה דרבי יהושע ומיהו קשה נראה לומר דאף ר' יהושע לא קאמר רק לקדש כדמשמע כולה שמעתין אבל לתרומה לא וכי קאמר בסיפא דמתני' אמר להם רבי יהושע והלא כתבי הקדש שניים מטמאין את הידים אמרו ליה אין למדין דברי תורה כו' ומאי קא מקשי להו הא איהו מודה דכתבי הקדש מיירי אף לתרומה והכיא דכל הפוסל את התרומה דוקא לקדש התם לאו קושיא היא אלא סומכא דמלתא קמסיק בה ליתן טעם על דבריו למה שני עושה שני דה"נ מלינו בתרומה כ"ש לקדש אבל קשה להר"י אלחנן מאי סייעתא מייתי למילתיה מכתבי הקדש שאני התם משום דר' פרנך כל האוחז ס"ת ערום כו' ותירץ הר"י דבספר נמי היכא דלא שייך דר' פרנך קאמר ליה כגון לרצועות של תפילין עם התפילין אבל אכתי היה קשה להר"י אלחנן בפ"ב דחולין (דף לג.) מלינו לשני עושה שני ע"י משקין ופריך תחילה נמי הוה ואמאי לא קאמר ביד שמטמאה את חברתה כי הכא וי"ל דליהו קאמר ליה במס' ידים לכך לא חש להביא סייעתא ממה שאמר איהו וגם ע"י ספר לא בעי למימר מלינו שני עושה שני דהתם טעמא רבה איכא משום דר' פרנך ומיהו התם לא בעי למימר שני עושה שני משום גזרה דשבת די"ח דבר דאמרינן דלמא שדי משקין דתרומה לפיו כי אכיל אוכלין טמאים דהתם נמי ידע הא טעמא אלא קמתמה כיון שלא מלינו טומאה כהאי גוונא היכי *גזרינן א"נ הכא והיא דהתם דקאמר שלישי שני לקדש ולא לתרומה בחולין שנעשו עטה"ק וקשה אמאי לא חשיב לה גבי מעלות הכא וי"ל דהתם מפרש טעמא שאני תרומה שטהרתה טמאה היא אבל הקדש א"כ לאו משום מעלה היא הר"ר אלחנן ומיהו למאן דלית ליה התם דאהדר ליה הכי ר"א לר' יהושע ולא קמסיק אף אני לא אמרתי דקאמר התם אמוראי נינהו ואליבא דר' יוחנן א"כ אמאי לא חשיב ליה וי"ל דאיכא למימר דבתרומה לא גזור משום דוריזין גבי תרומה אבל לא גבי קדש הלכך לא שייך למימר בהן מעלה ודוגמתו מלינו בריש פירקין בירושלמי גבי חומר בקדש ר' חייא בשם ר' יוחנן מפני שאוכלי תרומה זריזין הן ואוכלי קדש אינן זריזין א"ר חנינא קומי ר' מנא הדא היא מעלה אילו דבר שבזה ובזה בזה טהור ובזה טמא הדא היא מעלה אלמא לא חשבינן ליה מעלה בדבר התלוי בזריזות:

לא צריכא שתחב לו חבירו בפיו או שתחב כו' · משמע דהוי לישנא דהש"ס מיהו בתוספתא גרסינן ליה ר' חנינא בן אנטיגנוס אומר וכי יש נגובה בקודש אלא תחב ליה חבריה או שתחב הוא בכוש או בקיסם ואוכל עמה זית או בצל *של תרומה ולהכי נקט כוש דהוו ליה פשוטי כלי עץ דלא מקבלי טומאה ואפי' מדרבנן לא מקבלי טומאה פשוטים קטנים ודומה לו ההיא דריש חולין (דף ג. ושם) כגון שבדק קרומית של קנה ושחט בה משום דהוה פשוטי כלי עץ דלא מקבל טומאה וכי אמרינן בהמוכר את [הבית] (ב"ב דף סו.) דף של נחתומין טמא אע"ג דלית ליה בית קבול כלל התם טמא משום משמש אדם ומשתמש ממשמשי אדם וכן ההיא דטבלא המתהפכת טמאה דבפרק שתי הלחם (מנחות דף נז:) אף למ"ד מסגרתו למטה היתה אע"ג דלא מחברא לטבלא כדמשמע בריש סוכה (דף ה.) אלא מטעם משמשי אדם הוי והכי איתא בהדיא בת"כ ובריש סוכה* פירשתי:

לקדש גזור רבנן · שמא יגע בידיו שניות לקדש שבתוך פיו וכן פירש רש"י ועוד הייט יכולים לפרש דלמא נגע ברוק פיו דחשיב משקה בפרק בתרא דעירובין (דף לט. ושם) גבי אכל דבילה בידים מסואבות:

שביהודה נאמנין על טהרת יין ושמן בכל השנה · פרש"י אם הקדישו למזבח בשעת הבציר כל ימות השנה נאמנין בשמירה ואמר הר"ר אלחנן דכן יתכן לפרש דאי בלא הקדישו בשעת הבציר ה"ל חולין ונטמא בטומאת ע"ה *וכי קדש עליו משום דאקדשיה פקע ליה טומאה מיניה א"כ הוה מלינו למימר ביחדו לנסכים נמי וכגון שידוע לנו שחולין הן שיחדן וכי אקדשיה איכא למימר שאימת קדש עליו ומעיקרא היה נזהר לשומרו בטהרה וכן מלינו גבי תרומה בסמוך דע"ה מניח תרומה של כל ימות השנה לשנה הבאה בשעת הגיתות ליתנה לחבר ותניא בתוספתא אע"פ שמכירה החבר שהיא היא ואפי' בחבר עצמו משמע בגמרא שישהנה לשנה הבאה:

שרלועה

עין משפט נר מצוה

לד א מיי' פי"ב מהל' אבות הטומאות הלכה יב:
לה ב מיי' פ"ח שם הל' ב סמג עשין רמח:
לו ג ד מיי' שם פ"ב הלכה יג:
לז ה ו מיי' שם הל' טו:
לח ז ח ט מיי' פי"א מהל' מטמאי משכב ומושב הלכה א:
לט י מיי' שם הלכה ב:
מ כ מיי' שם הלכה ד:

רבינו חננאל

אחד ידו ואחד ידו של חבירו לפסול אבל לא לטמא ש"מ מדאשוי ליה לידו ליד חבירו בחיבורין סבירא ליה כרב שיזבי דאי לא תימא הכי יד חבירו שלא בחיבורין איצטריכא ליה למימר דלא מטמאה אלא לאו בחיבורין סבירא ליה · ור"ל נמי הדר ביה ואמר כרבי יוחנן · ואסיקנא לפסול אבל לא לטמא תנאי היא דתניא יד נגובה מטמאה לחברתה לטמא בקדש אבל לא לתרומה דברי רבי ר' יוסי ב"ר יהודה אומר אותה היד לפסול אבל לא לטמא: מעלה תשיעית אוכלין אוכלים נגובין בידים מסואבות בתרומה אבל לא בקדש · פי' כיון דבהדיא אמר רחמנא וכי יותן מים על זרע ונפל מנבלתם עליו · פי' אם הוכשרו האוכלין מטמאין ואם לא הוכשרו אין מטמאין ושנינן במשנתנו אוכלין אוכלים נגובין · פי' יבשים שלא הוכשרו ואע"ג שהאוכלין הללו הן תרומה אוכלין אותן בידים מסואבות שכיון שלא הוכשרו אין מקבלין טומאה והני מילי לתרומה אבל לקדש עשו בו מעלה שאע"פ שהם נגובין לא יאכלו לאדם טהור בידים מסואבות · ותמיה ר' חנינא בן אנטיגנוס וכי יש נגובה לקדש והלא חיבתו מכשרתו · כלומר חיבת הקדש משוה לאוכלין נגובין כאלו הוכשרו והנוגע בהן בידים מסואבות ודאי מטמאו כי כמוכשרין הן חשובין למה ליה למתני' ופרקינן ודאי לנגוע בידים מסואבות לאכלי קדש ואע"פ שהן נגובין לא אצטריכא ליה · כי אצטריך ליה כגון שלא נגע הוא בידו אלא תחב לו אדם טהור וידיו טהורות לתוך פיו של זה שהוא כולו טהור וידיו מסואבות שנטמאו בהיסח הדעת או עצמו תחב בכוש או בכרכר והכניסם לתוך פיו וביקש לאכול צנון ובצל של חולין עמהן · אם הן אוכלי קדש גזרו בהן שמא יכניס ידו לתוך פיו להפך המאכל בפיו ויגע בהן ויטמאם אבל באוכלי תרומה לא גזרו בהן · וכן עוד אמרו גבי בשר הקדש האי דכתיב והבשר אשר יגע בכל טמא לא יאכל . האי בשר דאתכשר במאי אי נימא דאתכשר בדם קדשים כו' ואסיקנא אלא דאתכשר בחיבת הקדש ואמרינן איסור דמהניא חיבת [הקדש] לא יפסוליה לטבויי כדי למיינא ביה ראשון ושני נמי מהניא חיבת הקדש וכבר פירשנוהו בפסחים בפרק ראשון : מעלה עשירית אונן ומחוסר כפורים צריכין טבילה לקדש אבל לא לתרומה זו כבר פרשנוה בפסחים בסוף פרק האשה אונן טובל ואוכל פסחו לערב אבל לא בקדשים מאי טעמא אנינות יום הוא מדאורייתא שנאמר לא אכלתי באוני ממנו אבל לא אנינות לילה אלא מדרבנן הוא בקדשים אפילו בלילה בפסח שהוא עשה שיש בו כרת דכתיב וחדל לעשות הפסח ונכרתה לא העמידו דבריהם במקום כרת כו' ודבריהן פשוטין הן : כבר שלמו המעלות שיש לקדש על מעלות התרומה · וחזרו לברר עוד חומרי התרומה וזו היא ששנינו חומר בתרומה שביהודה נאמנין לקדש על הגתות והבדים מדקתני

מסורת הש"ס

ידים פ"ג מ"ב

[תוספתא פ"ג]

[עי' תוספות זבחים צט. ד"ה מן ותוספות חולין לג: ד"ה ואם]

[סח: עי' עא.]

הגהות הב"ח

(א) רש"י ד"ה ודלמא וכו' לפיכך יד מטמא כצ"ל ותיבת אין נמחק:

הגהות מהר"ב רנשבורג

א] רש"י ד"ה לענין תרומה וכו' ואית דמסיק מלתא בנגובים שמעולם לא הוכשרו · ר"ל וכן פרש"י במתניתין ע"ש:

בתרומה כצ"ל מהרש"א

[שם בד"ה ומסגרתו]

וכי קדשי מאי הוי משום דאקדשי' כצ"ל

R. Johanan said: Be it his [own] hand or the hand of his fellow;
a [and] with *that*[1] hand he can [defile the other hand][2] so as to render [hallowed things] invalid but not unclean.[3] Whence [is this deduced]?—From the fact that [the Mishnah] teaches in the second clause that the one hand defiles the other for hallowed things but not for *terumah*. Why am I told this again? Behold it has already been taught in the first clause![4] You must surely infer from this that it comes to include the hand of his fellow. And Resh Lakish, too, retracted; for R. Jonah said that R. Ammi said that Resh Lakish said: Be it his own hand or the hand of his fellow, with *that* hand [he can defile the other] so as to render [hallowed things] invalid but not unclean.

Now [whether the second hand] renders [hallowed things] invalid but not unclean is [disputed by] Tannaim. For we have learnt: Whatsoever renders *terumah* invalid[5] defiles the hands with uncleanness at the second remove, and one hand renders the other unclean: this is the view of R. Joshua. But the Sages say: the hands possess uncleanness at the second remove, and that which possesses uncleanness at the second remove cannot convey uncleanness at the second remove to anything else.[6] Surely, [the meaning is], it cannot convey uncleanness at the second remove, but it can convey uncleanness at the third remove![7]—Perhaps, it does not convey uncleanness either at the second or the third remove![8]—Rather [is it disputed by] the following Tannaim. For it is taught: A dry [unclean] hand renders the other unclean so as to render unclean in the case of hallowed things, but not in the case of *terumah*: this is the view of Rabbi. R. Jose son of R. Judah says: That hand [can defile another] so as to render [hallowed things] invalid but not unclean.

DRY FOODSTUFFS MAY BE EATEN WITH UNWASHED HANDS etc. It is taught: R. Hanina b. Antigonos said: Is there [a distinc-
b tion in favour of] dryness in regard to hallowed things?[1] Does not then the honour[2] in which hallowed things are held render them fit [for uncleanness]?[3] It refers only to a case where his companion[4] inserted [the consecrated food] into his mouth,[5] or he himself picked it up with a spindle[6] or whorl,[7] and he wanted to eat unconsecrated horseradish or onion with it,[8] then in the case
c of hallowed things the Rabbis prohibited it,[1] in the case of *terumah* the Rabbis did not prohibit it.[2]

A MOURNER [PRIOR TO THE BURIAL OF THE DECEASED] AND ONE WHO NEEDS TO BRING HIS ATONEMENT SACRIFICE [IN ORDER TO COMPLETE HIS PURIFICATION] etc. What is the reason?—Since up till now they were prohibited [from partaking of hallowed things],[3] the Rabbis required them to take an immersion.

MISHNAH. GREATER STRINGENCY APPLIES TO TERUMAH [THAN TO HALLOWED THINGS], FOR IN JUDEA[4] THEY[5] ARE TRUSTED IN REGARD TO THE PURITY OF [HALLOWED] WINE AND OIL THROUGHOUT THE YEAR;[6] AND ONLY AT THE SEASON OF THE WINE-PRESSES AND OLIVE-VATS[7] IN REGARD TO TERUMAH. IF [THE SEASON OF] THE WINE-PRESSES AND OLIVE-VATS WAS PASSED, AND ONE[8] BROUGHT TO HIM[9] A JAR OF WINE OF TERUMAH, THE LATTER MAY NOT ACCEPT IT FROM HIM. HOWEVER, [THE 'AM HA-AREZ] MAY LEAVE IT
d FOR THE COMING [SEASON] OF THE WINE-PRESS.[1] BUT IF HE SAID TO HIM,[2] 'I HAVE SET APART THEREIN A QUARTER LOG[3] AS A HALLOWED THING',[4] HE IS TRUSTED [IN REGARD TO THE PURITY OF THE WHOLE].[5] IN REGARD TO JUGS OF

a (1) I.e., the first hand. (2) [So Rashi. Tosaf. (s.v. אחר fol. 24*a*) on the basis of another reading refers it to the hand of his fellow: 'Be it his own hand or the hand of his fellow (*that* hand can defile) so as to render invalid etc.'] (3) Resh Lakish on the other hand, holds, it appears, that the hallowed things are rendered unclean; cf. his retraction *infra* (v. Tosaf. ibid.). (4) I.e., that in the case of hallowed things he must immerse both hands. (5) I.e., anything suffering from second-grade uncleanness; cf. Zab. V, 12. (6) I.e., one hand cannot convey the same grade of uncleanness to the other; this shows that R. Joshua holds the opposite view. The text in the Mishnah, apart from minor differences, omits the words 'the hands possess uncleanness at the second remove'. (7) Thus enabling it to invalidate *terumah*. (8) I.e., the Sages may hold that since, as they observe, the hand possesses second-grade uncleanness, it cannot defile the other hand at all, so that, unlike our own Mishnah, they would not accept any distinction in this respect between *terumah* and hallowed things. In other words, possibly the Tannaim do not differ as to whether the second hand invalidates or defiles hallowed things, but as to whether the second hand does or does not become defiled at all; on the view however that it does, all may agree with R. Joshua that it is rendered unclean at the second remove.

b (1) This distinction obtains only in the case of unconsecrated food, which does not become susceptible to uncleanness till it has been once wetted (cf. 19*a* nn. a 6f). R. Hanina b. Antigonos assumes that the Mishnah refers to consecrated foods and that their 'dryness' means that they have not yet been fitted for uncleanness. (2) Lit., 'love'. (3) Following is the Tosefta reading, which differs in several respects from our passage: 'R. H. b. A. said: Is there (a distinction in favour of) dry things in regard to hallowed things? (It must refer to a case), therefore, where he picks up the cake with a spindle or a chip of wood and he eats with it an (unconsecrated) olive or onion; (it is permitted) in the case of *terumah* but not in the case of hallowed things'. The version of the Tosefta quoted by Tosaf. (s.v. לא) corresponds more nearly to our own, but likewise omits the sentence, 'Does not then the honour in which hallowed things are held render them fit for (uncleanness)?', and makes the answer appear to be part of R. H. b. A.'s statement instead of a reply by others to his question. (4) Whose hands were levitically clean. (5) Because the eater's hands were not clean. (6) Jast.: *reed*, especially reed used as *spindle* (v. Ar. s.v.); also as *fork*. (7) Heb. כרכר; Levy reads, כרכר from Grk. κερκις—ιδος (shuttle). The spindle and whorl, being small flat pieces of wood, do not come within the category of 'Kelim' (vessels or articles), and consequently are not susceptible to defilement. (8) For the hands, which possess second-grade uncleanness, do not defile dry unconsecrated foods, since the latter are not susceptible to uncleanness at the third remove (V. *infra* n. c 2).

c (1) Lest his hands touch the consecrated food in his mouth, or defile it indirectly by rendering the saliva unclean. (2) Though unclean hands can invalidate *terumah*, the Rabbis relied on the eaters of *terumah* taking due care, and imposed no prohibition in this case. According to the Gemara's explanation, therefore, the Mishnah does not refer to consecrated but to unconsecrated food; and 'dry' does not mean that the food had not become susceptible to uncleanness, but simply that it was dry at the moment; for were it wet, then the hands would convey to the liquid uncleanness at the first remove*(cf. p. 152, n. 4), which would render the unconsecrated food unclean at the second remove, and the latter in turn would disqualify the *terumah* by conveying to it uncleanness at the third remove (so Rashi here). Another view (refuted by Rashi here, although accepted by him apparently in his note to the Mishnah) takes 'dry' to mean that the unconsecrated food had not yet been fitted for uncleanness. (3) And also of Second Tithe, but not of *terumah*, v. Yeb. (Sonc. ed.) 68*b*. (4) V. *infra* 25*a*. (5) The *'amme ha-arez*. (6) If an *'am ha-arez* set aside wine and oil for Temple use (for libations and meal-offerings respectively) during the seasons of the wine-presses and olive-vats, he may be trusted in regard to their purity throughout the year (for another explanation v. Tosaf. s.v. שביהודה). For though an *'am ha-arez* could not be trusted in respect to *terumah*, he could be relied upon strictly to observe the laws of purity in respect to hallowed things. (7) When everyone can be trusted to purify his vessels: cf. Toh. IX, 4. (8) V. n. 5; lit., 'they'. (9) I.e., an Associate priest.

d (1) And then give it to the priest. (2) I.e., the *'am ha-arez* owner to the priest. (3) A *log* = six eggs. (4) I.e., he had put a quarter *log* of wine in a vessel to be used as a drink-offering. (5) For since he is trusted in regard to the hallowed things, i.e., the drink-offering, he is also trusted in regard to the *terumah*.

*See Corrigenda.

WINE AND JUGS OF OIL [25a] THAT ARE MIXED UP,[6] THEY ARE TRUSTED DURING THE SEASON OF THE WINE-PRESSES AND THE OLIVE-VATS AND PRIOR TO [THE SEASON OF] THE WINE-PRESSES SEVENTY DAYS.[7]

GEMARA. In Judea but not in Galilee: what is the reason? Resh Lakish said: Because a strip of [land inhabited by] Cutheans[8] separates them.[9]—Let it be brought then in a box, chest or turret![10]—This is according to Rabbi, who said: A tent in motion is not to be considered a tent.[11] For it is taught: One who enters Gentile territory in a box, chest or turret, Rabbi declares to be
a unclean, and R. Jose b. Judah to be clean.[1]—But let it be brought in an earthenware vessel fitted with a close-bound covering![2] R. Eliezer[3] said: They teach:[4] Hallowed things are not protected[5] by a close-bound covering.—But it is taught: The [water of] purification is not protected by a close-bound covering. Surely this implies that hallowed things are protected!—No, it implies that water which is not yet sanctified[6] is protected by a close-bound covering.[7]—But 'Ulla said: The Associates prepare [their hallowed things][8] in purity in Galilee![9]—They let them remain; and when Elijah comes[10] he will purify them.[11]

AND ONLY AT THE SEASON OF THE WINE-PRESSES AND OLIVE-VATS IN REGARD TO TERUMAH. Now we shall point to a contradiction. He[12] who finished [gathering] his olives, let him leave[13] one basket [for *terumah*] and give it to a poor priest![14]—R.
b Naḥman said: There is no contradiction: the one [Mishnah][1] refers to early-ripening [olives],[2] and the other refers to late-ripening [olives].[3] Said R. Adda b. Ahaba to him: Which [are called late-ripening]? Like those of your fathers. R. Joseph said: They taught this of Galilee.[4] Abaye put an objection to him: Transjordania and Galilee are like Judea: they are trusted [there] in regard to the wine during the wine-season, and in regard to the oil during the oil-season; but not in regard to the wine during the oil-season, and not in regard to the oil during the wine-season?—The best [explanation],[5] therefore, is that which was given at first.[6]

IF [THE SEASON OF] THE WINE-PRESSES AND OLIVE-VATS WAS PASSED, AND ONE BROUGHT TO HIM A JAR OF WINE OF TERUMAH, THE LATTER MAY NOT ACCEPT IT FROM HIM. HOWEVER, [THE 'AM HA-AREẒ] MAY LEAVE IT FOR THE COMING [SEASON] OF THE WINE-PRESS.

R. Shesheth was asked: If [the priest] transgressed and accepted it, may he leave it for the next [season of the] winepress?—He

(6) Explained in Gemara *(p. 161) to mean that unconsecrated wine *terumah* and drink-offering are mixed together, though, as a rule, the expression is a technical term for the admixture of secular produce with *terumah* in proportions sufficient to make the whole prohibited to non-priests. המדומעות ('mixed up') is f. pl. part. *pu'al*, from (*pi'el*), denom. of דֶּמַע = '(sacred) fruit', from rt. דמע = 'flow, weep'; cf. Ex. XXII, 28. (7) When it is customary to begin purifying the vessels for the wine. Though normally the *'am ha-areẓ* is not trusted in regard to his jugs even during the vat-season, in this case he is trusted, because he is believed in regard to the drink-offering therein; *v. p. 161, n. 1. (8) I.e., Samaritans; v. II Kings XVII, 24, 29, and *J.E.* vol. IV, p. 398. For the Talmudic attitude to Samaritans, v. *J.E.* vol. X, p. 672f (s. Religion). For censorial influence on word, v. Jast, s.v. כותי. (9) The Sages declared heathen territory to be unclean, for fear of defilement by an undiscovered grave; v. Shab. 14b-15a. Thus even Associates could not bring sacred things (e.g., libations) from Galilee to the Temple, which was in Judah. (10) I.e., a kind of chest or case. These receptacles, it is held, could protect their contents against defilement. (11) I.e., such a receptacle, technically termed a tent, does not protect its contents from defilement.

a (1) V. Naz. (Sonc. ed.) 55a notes. (2) V. Num. XIX, 15. (3) Read with MS.M.: R. Eleazar. (4) Heb. שונין, an unusual expression for a Baraitha teaching, for which the most common formula is תניא (it is taught). (5) Lit., 'delivered', *sc.* from defilement. (6) I.e., the ashes of the red heifer had not yet been put in. (7) And may afterwards be used with the ashes for sprinkling. (8) I.e., their wine and oil for Temple use (Rashi). (9) Which implies that there is a way of transporting them in purity to the Temple. (10) Rashi reads, 'Maybe Elijah will come'. For the concept of Elijah as the solver of all religious controversies and legal disputes v. Men. 45b; Ab. R. N. xxxiv; Num. Rab. III, near the end. For the general Rabbinic concept of Elijah v. *J.E.* pp. 122-127. (11) I.e., reveal a path by which the hallowed things can be brought, which does not lead through heathen territory. [The Associates, accordingly, who lived during the Temple times and who were anxious to express their devotion to it, would prepare their wine and oil in purity in the expectation that Elijah might come and direct them through a clean path enabling them to bring these to the Temple. Rashi, Nid. 6b, refers this to the period after the Destruction of the Temple, when the Associates would follow this practice in the expectation that the Temple might be rebuilt in their days.] (12) I.e., an *'am ha-areẓ*. (13) Var. lec., 'and left'. (14) Heb. לעני (ה)כהן (this reading is supported by Maimonides) i.e., the *'am ha-areẓ* must give the olives to the priest before they become susceptible to uncleanness, so that the priest may prepare the olive-oil himself in purity. A poor priest is mentioned, because a rich one would not accept such *terumah*, as he would not wish to bother himself with the pressing of a small quantity of olives. But 'Aruk and Tosaf. and so apparently Rashi (v. Tosaf.) read, לעיני הכהן, 'in the presence of the priest', i.e., so that the priest may be sure that the olives have not been rendered susceptible to uncleanness. According to either reading this Mishnah shows that the *'am ha-areẓ* is not to be trusted even during the season, and thus contradicts our own Mishnah.

b (1) I.e., our own. (2) Which are gathered at the normal season: consequently the *'am ha-areẓ* is trusted. (3) Since these are gathered after the normal season, the *'am ha-areẓ* is no longer trusted in regard to *terumah*. (4) The second Mishnah (Ṭoh. IX, 4), according to which the *'am ha-areẓ* is not to be trusted at all, refers to Galilee, whereas our own Mishnah according to which the *'am ha-areẓ* is to be trusted during the proper season, expressly refers to Judah. Tosaf. a.l. explains that the Galileans were rich and produced so much olive oil that their season continued much later. (5) Lit., 'the white (explanation)'. (6) I.e., R. Naḥman's.

*See Corrigenda.

המדומעות נאמנין עליהם בשעת הגיתות והבדים וקודם לגיתות שבעים יום: **גמ'** ביהודה אין ובגליל לא מ"ט אמר ריש לקיש מפני שרצועה של כותים מפסקת ביניהן וניתיב בשידה תיבה ומגדל הא מני רבי היא דאמר אהל זרוק לאו שמיה אהל דתניא *הנכנס לארץ העמים בשידה תיבה ומגדל רבי *מטמא ור' יוסי בר' יהודה מטהר ולייתוה בכלי חרס המוקף צמיד פתיל אמר רבי אליעזר שונין *אין הקדש ניצול בצמיד פתיל *והתניא *אין חטאת ניצלת בצמיד פתיל מאי לאו הא קדש ניצול לא הא מים שאינן מקודשים ניצולין בצמיד פתיל והאמר עולא *חברייא מדכן בגלילא מניחין ולכשיבא אליהו ויטהרנה: ובשעת הגיתות נאמנין אף על התרומה: ורמינהי *הגומר זיתיו ישייר קופה אחת ויתננה *לעני כהן אמר רב נחמן לא קשיא הא בחרפי הא באפלי א"ל רב אדא בר אהבה כגון מאי כאותן של בית אביך רב יוסף אמר בגלילא שנו איתיביה אביי עבר הירדן וגליל הרי הן כיהודה *נאמנין על היין בשעת היין ועל השמן בשעת השמן אבל לא על היין בשעת השמן ולא על השמן בשעת היין אלא מחוורתא כדשנין מעיקרא: עברו הגיתות והבדים והביאו לו חבית של יין לא יקבלנה הימנו אבל מניחה לגת הבאה: בעו מיניה מרב ששת עבר וקיבלה מהו שיניחנה לגת הבאה אמר להו תניתוה

חבר

רש"י

המדומעות · מפרש בגמרא והכא משמע של טבל תרומה וחולין מעורבין: שבעים יום · מקדימין לטהר את הכלים גיתות של יין בדים של שמן: **גמ'** רצועה · של ארץ העמים מפסקת בין גליל ליהודה וירושלים ביהודה היא וא"א להביאן לירושלים בטהרה לפי שגזרו חכמים טומאה על ארץ העמים ואפילו של חברים שמגליל אינו בא נכנסים: אהל זרוק · אהל המיטלטל ונזרק לאו שמיה אהל להיות מפסיק בין אוירה של ארץ העמים והם גזרו על אוירה: שונין · תנאים שונין ברייתא שאין הקודש ניצל בצמיד פתיל: אין חטאת · מי אפר פרה: שאינן מקודשין · שלא ניתן האפר עליהן עדיין: ניצולין · וכשירין לקדשן אחר כך: מדכן · מטהרין יינן ושמנן למזבח ואי רצועה מפסקת למה מטהרין: שמא יבא אליהו · ויראה להן שביל בה שאינו מארץ העמים: הגומר את זיתיו · עם הארץ שבא לגמור את זיתיו: ישייר קופה אחת · לצורך תרומותיו: ויתננה לעני כהן · ויראה שלא הוכשרו הזיתים והכהן יעשנה בטהרה אלמא בשעת הגיתות והבדים אין נאמנים: באפלי · שכבר עבר זמן הגיתות ורובא דעלמא קאמר דלא מהימן: כאותן של בית אביך · אפילו הוי בגלילא שנו · ומתני' דקא תני דמהימני ביהודה קאי דקתני רישא שביהודה נאמנין על טהרות יין ושמן ועלה קאי ובשעת הגיתות והבדים אף על התרו':

יכול

תוספות

שרצועה של כותים מפסקת · הקשה הר"ר אלחנן היאך היו מביאין אפר פרה לגליל דא"א לעשות אלא בירושלים וא"כ נטמא בהבאתה דרך ארץ העמים ושמא דבשביל קטן איכא להביא דרך שם אבל להביא יין ושמן נכנסים בעי שביל גדול א) *אבל נ"ע היאך עולין לרגל מן הגליל ב) כיון דמפסקיה ליה רצועה נטמא ובעי הזאה ג' וז' כדאמר פ' כ"ג בנזיר (דף נד:) הקשה הר"ר אלחנן דתניא בתוספתא *ארץ העמים טמאה מקוואותיה ושביליהן טמאין ארץ הכותים טהורה ומקוואותיהן טהורין ושביליהן טהורים כו' ונראה למורי דהתם נשנית קודם שקלקלו לדמות יונה כדאיתא פ"ק דחולין (דף ו') והכי משמע בירושלמי דע"ז פ"ב בעו כותאי קומי רבי אבהו אבותיכם היו מסתפקין משלנו מפני מה אין אתם מסתפקין משלנו אמר להו אבותיכם לא קלקלו מעשיהם אתם קלקלתם מעשיכם דתנינן תמן א"י טהורה מקוואותיה טהורים כו' ולאחר שנתקלקלו שאף רבי מאיר מלינו שגזר עליהן בפ"ק דחולין: **אהל** זרוק לאו שמיה אהל. בפרק כ"ג בנזיר (דף נה. ושם) אמר כתנאי הנכנס לארץ העמים בשידה תיבה ומגדל רבי מטמא ורבי יוסי בר יהודה מטהר מאי לאו דרבי סבר משום אוירא גזרו ורבי יוסי סבר לא גזרו משום אוירא לא דכ"ע משום גושא גזרו משום אוירא לא גזרו מר סבר אהל זרוק לא שמיה אהל ומר סבר שמיה אהל והתניא רבי יוסי בר יהודה אומר תיבה מלאה *ספרים וזרקה על פני המת באהל טמאה וכו' וקשה מאי קאמר כיון דס"ל שמיה אהל אמאי זרק על פני המת טמאה אהל זרוק הוא וחוצץ וי"מ והתניא לשון קושיא הוי והכי פריך כדפרשינן וחוצץ ולא"כ דמסיק וקאמר ולאו בעית אימא גר' דכ"ע לא שמיה אהל וגרס דכ"ע משום אוירא ומר סבר דלא שכיח ולא גזרו ביה רבנן והקשה הר"ר אלחנן דבשמעתין משמע דפליגי אי שמיה אהל בזרוק אי לא והכי נמי בפ' בכל מערבין (עירובין דף ל: ושם) ודוחק הוא לומר דנקט הכא לישנא דאהל זרוק משום דמעיקרא בעי למימר ליה ולפי המסקנא אינו ועוד קשה להר"י דהתם נמי נ"ל לרבי יוסי בר יהודה דשמיה אהל כי מוקי פלוגתא בשמא יוצא ראשו ורובו וליה ליה טעמא דאוירא לא שכיח ואמאי מטהר רבי יוסי אם לא מטעם דאהל זרוק שמיה אהל ותהדר קושיין לדוכתה מתיבה מלאה ספרים אמאי מטמא ותירץ ר"י דלעולם אמת הוא דפליגי באהל זרוק שמיה אהל ודוקא כגון שידה תיבה ומגדל שהולכים אבל זרק תיבה לא הוי אהל וכן משמע במסכת אהלות (פ"ח מ"ה) עוף הפורח או הקופץ וספינה המטרפת לא הויא אהל ומייתי סייעתא מזורק תיבה מלאה ספרים מדקאמר ואם היתה מונחת טהורה והיינו שהולכת בנחת והיינו אהל זרוק וזרק דרישא לא חשיב אהל זרוק דומיא דעוף הפורח: **שונין** אין הקדש ניצול במוקף צמיד פתיל · נ"ע אמאי לא חשיב ליה גבי מעלות דתרומה מלינו בשילהי הניזקין (גיטין דף סא: ושם) דנילנת בהא דאמר מפקידין תרומה אצל ע"ה במוקף צמיד פתיל הר"ר אלחנן ויש להקשות על הא דאמר בפ"ק דנדה (דף ה: ושם) ומה כלי חרס המוקף צמיד פתיל הניצול באהל המת אינו מציל במעת לעת שבנדה ומאי קאמר במאי מציל במת היינו בתרומה ולא בקדש כדאיתא הכא בהכי מציל נמי במעת לעת שבנדה דקאמר התם מעת לעת שבנדה לקדש אבל לא לתרומה וי"ל דהא לא שייך הגלה אי לא מטמא לה וה"ק ומה כלי חרס המציל באהל המת במאי שמטמא לה כגון לתרומה אינו מציל במעת לעת במאי שמטמאה דהיינו לקדש דוקא: **יתננה** לעני כהן · פרש"י ויראה שלא הוכשרו הזיתים משמע מהכא דבעינן הכשר בזיתים ולא מכשר ליה בשעת מסיקה ודלא כפר"ת שפירש בפ"ק דשבת (דף יז:) אם אתה מקניטני גוזרני על המסיקה ושוב גזר לה וכן משמע בכולה תוספתא דטהרות פרק ג' דתני דבעינן בזיתים הכשר ויש טעם נכון לדבר כדפי' ר"י שמשקה זיתים אינו אלא מוהל בעלמא ולא חשיב משקה · לעיני כהן גר' וכן גרס רש"י והכי איתא בסדר המשנה דטהרות הגומר זיתיו יתננה לעיני כהן דברי רבי מאיר רבי יהודה אומר ימסור לו מפתח ומאן דגרס לעני כהן שיבוש הוא בידו:

בגלילא שנו · שיש להם רוב שמן ומאחרים בבדים ברוב שמן שיש להם לעשות והכי נמי אמר פרק כירה (שבת דף מז: ושם) גבי מטלטלין כנוגא אגב קיטמא כלומר מחתה אגב אפרה וכן פירש בערוך ועדיף טפי מכלכלה ואבן שבתוכה ואותיב ליה ושוין שאם יש בה שברי פתילה שאסור לטלטלה שבטל הכלי והשמן אגב הפתילה ומוקי לה בגלילא שנו כלומר שעשירים הוו מרוב שמן ולא קפדי עליה בטיל ליה אגב פתילה ודוגמא לדבר ההוא דבפ"ק דסנהדרין (דף יא:) טול אגרתא וכתוב לאחנא בני גלילאה עילאי ותתאי כו' לאפרושי מעשרא ממעטנא דזיתא ובנזיר פ' ב"ש (דף לא:) בגלילא שנו דחמרא עדיף ממשחא ויין היה מצוי להם הרבה ורוב שתייתן בכך כדמשמע בהמוציא יין (שבת דף עח:) דקתני מים כדי לשוף את הקילור דחשיב משום דשכיח לרפואה טפי משתיה שלא היו שותין רק יין מתוך עושרם בגליל ואפ"ה הוה עדיף להם היין מן השמן משמע שהיה להם רוב שמן בזול כדפרי' ומיהו פירש רש"י בגלילא שנו דפרק כירה (שם דף מז:) שהיו עניים ולא היו להם פתילות מצויות ובהמוציא (שם דף עח:) פירש מתוך שהיו עניים לא היו עושין רפואה רק ממים ולא מיין ולא משמע כן דא"כ גם שתיית מים שכיח טפי כיון שלא היה להם יין פורתא לשפות הקילור יהיה להם לשער בשתיה ועוד מלינו בחולין בפ' אותו ואת בנו (דף פג.) וערב יום הכפורים בגליל משמע שהיו עשירים ומרבים בסעודות ועוד מה שפי' דלא היו פתילות מצויות הא אמרינן בשילהי בבא קמא (דף קיח:) מקבלין מן הנשים דבר מועט כלי פשתן בגליל אלמא שמצוי פשתן ביניהם וכי קאמר לישנא דאסור לטלטלה דמשמע דקאי אפתילה דשייך בה לשון נקבה דהא נר לשון זכר דאיכא למימר דקאי אקערה דמייתי לה לעיל מותר השמן שבנר ושבקערה מותר וגם מלינו לשון נקבה אגר נר חנוכה כבתה אין זקוק לה (שבת דף כא:) כל זה פי' הר"י וגם רבינו מאיר פירש כן ועוד הוסיף כי מרוב יין היה להם כאב עינים וטוב המים לרפואה:

חבר

עין משפט נר מצוה

מא א מיי' פ"א מהל' טומאת מת הל' ה:

מב ב מיי' פ"ד מהל' פרה אדומה הל' ד:

מג ג מיי' שם הלכה ג:

מד ד מיי' שם הלכה ד:

[דמקוואות פ"ו]

רבינו חננאל

מדקתני ביהודה נאמנין מכלל דבגליל אין נאמנין מ"ט אמר ר"ל מפני שמפסקת ביניהם מדור הכותים וכיון שצריך לעבור בתוכם חיישינן שמא מטמא טומאת ארץ העמים ומקשינן ויתננה להההיא חבית בשידה תיבה או במגדל דהא לא נטמאה בטומאת ארץ העמים. ופרקינן מתני' רבי היא דאמר אהל זרוק לא הוי אהל דתניא הנכנס בארץ העמים בשידה תיבה ומגדל ר' מטמא ור' יוסי בר' יהודה מטהר וכבר פירשנוה בעירובין פרק בכל מערבין ומקשינן ותוב ולייתוה בכלי חרש המוקף צמיד פתיל. ופרקינן א"ר אלעזר שונין אין קדש ניצל בצמיד פתיל איני והתניא [אין] חטאת ניצלת בצמיד פתיל ומדקתני הכי אין מי חטאת ניצלת בצמיד פתיל הא *) מים שאין מקודשין ניצולין בצמיד פתיל תוב מקשינן וכי לא מצו לאתויי יין ושמן בגליל מפני מדורי הכותים שעוברין בתוכם והא' עולא חבריא מדכי בגלילא פי' חברינו מטהרין האוכלין והמשקין בגליל. ודחי מניחין אותם ואם יבא אליהו ויודיע שלא נטמאו אע"פ שהדרך מפסקת אותה שעה מטהרה **). ובשעת הגיתות והבדים נאמנים אף על התרומה ורמינהו הגומר זיתיו ישייר קופה אחת ויתננה לעיני כהן. ואי מהימן הוא למה לי לעיני כהן. ופריק מתניתין בחרפי. והא דקתני לעיני כהן מכלל הן שאין נאמנין באפלי שכבר עברו הגיתות והבדין ואבותיו של רב נחמן היו להן הרבה והיו מתאחרין הרבה אחרי כל אדם ובא רב יוסף לאוקומה הא דתנא יתננה לעיני כהן בגליל שאינםנאמנים לעולם ומותבינן עליה והא [תניא] עבר הירדן וגליל הרי הן כיהודה נאמנין על היין בשעת היין כו' ואסיקנא אלא מחוורתא באפלי: עברו הגיתות והבדים הביאו לו חבית של יין של תרומה לא יקבלוה כו'. הא דבעו מרב ששת עבר וקיבל מהו שיניחנה לגת הבאה אם לאו פשיט ליה מהא

*) נראה דחסר כאן וצ"ל הא קדש ניצול בצמיד פתיל ומשנינן הא מים וכו'. **) אולי צ"ל שמא יראה שביל שהיא טהורה ועי' רש"י וצ"ע.

מסורת הש"ס

גיטין סח: עירובין ל: נזיר נה.

[צ"ל והתנן פרה פי"א מ"א]

נדה ו:

מסכות פ"ט מ"ד

[צ"ל לעיני כו' תוס' וכן גרס הערוך ערך עין וכן בתוספתא פ"ג דטהרות]

[תוספת' פ"ג]

גליון הש"ס

תוס' ד"ה שרצועה כו' אבל נ"ע היאך עולין לרגל. עיין מ' שער אפרים סי' לו:

הגהות מהר"ב רנשבורג

א) תוס' ד"ה שרצועה כו' אבל נ"ע היאך עולין לרגל מן הגליל כו' נ"ב ונלע"ד שהיו עולין ע"י שוורים וע"ג דלתות דהוי אהל מפסיק לכ"ע כמ"ש תוס' בעירובין דף ל ע"ב בד"ה ומר סבר וכו' ומה שלא התירו גם הכא בכה"ג שהקשה בספר שורי אבן ז"ל כמ"ש שם הרב"ש בעירובין בתוס' בד"ה כ"ל משום דאכלינן עליה בגב הדבר שאם דאוריית' סתירו ודוק: ב [בשם בא"ד כיון דמפסקי' ליה רצועה נטמא ובעי הזאה ג' וז' וכו' נ"ב עיין שיח יצחק מ"ש בזה:

*חבר ועם הארץ שירשו את אביהם עם הארץ יכול לומר לו טול אתה חטין שבמקום פלוני ואני חטין שבמקום פלוני טול אתה יין שבמקום פלוני ואני יין שבמקום פלוני אבל לא יאמר לו טול אתה לח ואני יבש טול אתה חטין ואני שעורים ותני עלה *אותו חבר שורף הלח ומניח את היבש ואמאי יניחנו לגת הבאה בדבר שאין לו גת ויניחנו לרגל בדבר שאינו משתמר לרגל: ואם אמר הפרשתי לתוכה רביעית קדש נאמן: *תנן התם מודין בית שמאי ובית הלל שבודקין לעושי פסח ואין בודקין לאוכלי תרומה מאי בודקין אמר רב יהודה *אמר שמואל ג מנפח אדם בית הפרס והולך *ור' חייא בר אבא משמיה דעולא אמר ד בית הפרס שנדש טהור לעושי פסח *לא העמידו דבריהן במקום כרת לאוכלי תרומה העמידו דבריהן במקום מיתה איבעיא להו בדק לפסחו מהו שיאכל בתרומתו עולא אמר בדק לפסחו מותר לאכול בתרומתו רבה בר בר עולא אמר בדק לפסחו אסור לאכול בתרומתו א"ל ההוא סבא לא תפלוג עליה דעולא דתנן כוותיה ואם אמר הפרשתי לתוכה רביעית קדש נאמן אלמא מדמהימן אקדש מהימן נמי אתרומה הכא נמי מדמהימן אפסח מהימן נמי אתרומה: ה כדי יין וכדי שמן כו': ו תנא אין נאמנין לא על הקנקנים ולא על התרומה קנקנים דמאי אי קנקנים דקדש מיגו דמהימן אקדש מהימן נמי אקנקנים אלא קנקנים דתרומה פשיטא השתא אתרומה לא מהימן אקנקנים מהימן ז אלא בריקנים דקדש ובשאר ימות השנה ובמלאין דתרומה ובשעת הגיתות תנן כדי יין וכדי שמן המדומעות מאי לאו מדומעות דתרומה אמרי דבי ר' חייא מדומעות דקדש ומי איכא דימוע לקדש אמרי דבי ר' אלעאי ח במטהר את טבלו ליטול ממנו נסכים: ט קודם לגיתות שבעים יום: אמר אביי שמע מינה דינא הוא דעיליה אריסא למיטרה אגולפי שבעים יומין מקמי מעצרתא:

מתני' י מן המודיעים ולפנים נאמנין על כלי חרס מן המודיעים ולחוץ אין נאמנין כיצד כ הקדר שהוא מוכר הקדרות נכנס לפנים מן המודיעים הוא הקדר והן הקדרות והן הלוקחין נאמן יצא אינו נאמן: גמ' ל תנא מודיעים פעמים כלפנים פעמים כלחוץ כיצד קדר יוצא וחבר נכנס כלפנים שניהן נכנסין או

תוספות

חבר ועם הארץ שירשו את אביהם. [*מתני' היא בפ"ו דדמאי] ופירש רש"י טעם של משנה זו מטעם ברירה דמעיקרא הוברר הדבר שאלו לחלקו נפל אבל בשני מינים לא אמרינן הוברר הדבר וכן פירש הוא עצמו משנה אחרת* גר וכותי שירשו את אביהן יכול לומר טול אתה ע"ז ואני אטול מעות דלית ליה ברירה התם והיה קשה למורי כיון דהתם משנה אית ליה ברירה תקשי מיניה לרבי יוחנן דאמר אחין שחלקו לקוחות הן ומחזירין זה לזה ביובל אלמא אין ברירה וכן בבכורות פרק יש בכור (דף מח.) גבי נתנו עד שלא חלקו מוקי רבה ר' מאיר ורבי יהודה כרב אסי דאמר האחין שחלקו מחצה יורשין ומחצה לקוחות אלמא מספקא להו אי יש ברירה או לא ומההיא דהלוקח יין מן הכותים (דמאי פ"ז מ"ד) ליכא לאקשויי דשמעינן מינה ברירה דהתם טעמא אחרינא איכא שמפרש דבריו בהדיא אבל ירושה דממילא הויא לא וכן בפ' בכל מערבין (עירובין דף לז: ושם) איכא מאן דלית ליה יהכך סברא וכי תימא דמדרבנן מודה רבי יוחנן דלית ליה ברירה הא שמעינן ליה בשילהי ביצה (דף לז: ושם) אין ברירה אף בעירובי תחומין ומיהו כמה סתמי משניות דמוכח דאין ברירה וכמה מקומות פלוגתא דתנאי ובפרק בכל מערבין (עירובין דף לז: ושם) דדחיק לאתויי תנא דברירה לא מייתי הך משום דעדיפא ליה לאתויי מילתא דהתנא מזכר בה וגם מילתא דאיירי בעירובי תחומין דאיירי בה:

מנפח אדם בית הפרס. (א) פירשתי בברכות (דף יט.) כל הולך הדברים מפרשת רבי יהודה כ"ע:

במטהר טבלו ליקח הימנו נסכים. פירש רש"י דליכא קדש ותרומה דמהימן דנאמן אתרומה וקנקנים במיגו דמהימן אקדש שגנאי הוא לו אם קנקנים שהיה בו הקדישו טמאים תימה דא"כ אמאי נקט שבעים יום קודם אפילו בשאר ימות השנה נמי דהא תנן ואם אמר הפרשתי לתוכה רביעית קדש נאמן ונראה להר"ר אלחנן דהכא מיירי שייחדו לנסכים כשנתעכר ממנו אבל התם מיירי בשכבר הקדישו לכך:

רש"י

יכול לומר לו טול אתה חטין במקום פלוני · שיודע בהן שהוכשרו ואני אטול חטים במקום פלוני שיודע שלא הוכשרו דכיון דחד מינא הן אמרי' יש ברירה שאלו הן חלקו של זה ואלו הן חלקו של זה ולא החליף לו חבר לע"ה חלקו שבטמאין בשביל חלקו של ע"ה בטהורין אבל בשני מינין אין לומר ברירה דלשמא אביהן נפל חלק לזה וחלק לזה בכל המינים ונמצא חבר זה מחליפה לו ועובר בלפני עור לא תתן מכשול (ויקרא יט): שורף את הלח · אם כהן הוא ויש שמן לתרומה מדליקו לנרות: בדבר שאין לו גת · כגון שכר תמרים של תרומה והאי שורף לשון איבוד הוא: ויניחנו לרגל · שטומאת עם הארץ אינה ברגל ומכרנה: שבודקין לעושי פסח · בית הפרס כדמפרש ואזיל היה הולך לעשות פסחו ובית הפרס של שדה שנחרש בו קבר מפסיקו בודקו בנפיחה ואם יש עצם כשעורה רואהו ונטמא ממנו ועצם כשעורה אינו מטמא באהל אלא במגע ובמשא לפיכך בודק בנפיחה שלא יסיטנו ברגלו: ואין בודקין לאוכלי תרומה · אין סומכין על בדיקה זו דכיון דאין זמן קבוע לאכילה ימתין שבעה ימים ויזה שלישי ושביעי ויטבול אבל גבי פסח הואיל ובית הפרס דרבנן לא העמידו דבריהם במקום כרת: שנידש · ברגל וזו היא בדיקתו בודק אם נידש או לא נידש: במקום שיש בו חיוב מיתה · כגון טמא האוכל תרומה: מיגו דמהימן אקדש מהימן אתרומה · שגנאי הוא למזבח שתהא תרומה המחוברת לו בחזקת טומאה והקדש יקרב למזבח: בריקנין דקדש · לאחר שעירה מהן קודש והיה שומרן לקדש אינו נאמן על שמירתן: ובשאר כל ימות השנה · כלומר כל ימות השנה דלקדש אין חילוק בין שעת הגיתות לשאר ימות השנה: ובמלאין דתרומה בשעת הגיתות · שאע"פ שלא גזרו על תרומתן בשעת הגיתות מפני הפסד כהנים חבירים דנמצאת מפסידן מרוב תרומות ארץ ישראל על הקנקנים לא האמינום ואין הכהנים חברים מקבלין מהן הקנקנים עם התרומה אבל מערין אותה לכליהן ודכוותה אמרינן לקמן אל תתמה שהרי לגין טמאין טומאת שבעה ומשקין טהורים: מאי לאו מדומעות דתרומה · וקתני נאמן אכדין: תוס'· ומי איכא דימוע לקדש · טבל שלא נתקן מדומע בתרומה אבל קדש לא הוזקקו לפרוש מתוכה שיהא הטבל מדומע בתוכו . ע"כ: במטהר את טבלו לנסכים · דאיכא חולין וקדש ותרומה מיגו דמהימן אקדש מהימן נמי אתרומה ואקנקנים שגנאי לקדש שיהו הקנקנים שעירוהו מהן בחזקת טומאה והוא קרב: מתני' מן המודיעים ולפנים · מודיעים שם כרך רחוק מירושלים ט"ו מיל כדאמר במסכת פסחים (דף צג:) ממנו ולפנים לצד ירושלים נאמנין קדרין עמי הארץ ליקח מהן כלי חרס הדקין כגון קדרות כוסות וקיתוניות שאי אפשר בלא הם ובירושלים אין עושין כבשונות מפני העשן לא לסיד ולא לקדרות ולפיכך האמינום שלא לגזור עליהן שאין גוזרין גזירה על הצבור שאין רוב הצבור יכולין לעמוד בה: הוא הקדר · מי שהביאן (*חון) למודיעים האמינוהו לפי שא"א אבל אם מסרן ליד קדר עם הארץ היושב במודיעים או לפנים לא האמינוהו: והן הקדירות · על אותן הקדירות שהביא הוא האמינוהו ולא נצרף עמהן קדירות של קדר אחר היושב במודיעים: והן הלוקחין · חברים שראוהו שהביאן נאמן הקדר אצלן ולא אצל לוקחים אחרים: יצא · מן המודיעים לשוב לאחוריו אינו נאמן: גמ' מודיעים · הכרך עצמו: פעמים כלפנים כו' קדר יוצא · מלפנים מן המודיעים ונכנס למודיעים: וחבר · בא מחוץ למודיעים ונכנס למודיעים: כלפנים · מותר ליקח ממנו שהקדר לא יחזור עוד לאחוריו ואם לא עכשיו יקח אימתי: שניהן נכנסין · מחוץ למודיעים ובאו בתוך הכרך כלחוץ אלא ימתין עד שיהא מן כרך ולפנים: וכן

עין משפט נר מצוה

ומהגיה פ"ו דדמאי כצ"ל

מה א מיי' פי"א מהל' מעשר הלכה ו:

[שם מ"ש]

מו ב ג מיי' פ"ו מהל' קרבן פסח הלכה ח:

מז ד ה ו מיי' פי"א מהל' מטמאי משכב ומושב הלכה ד:

מח ז מיי' שם הל' ה:

מט ח מיי' שם הלכה ו:

נ י מיי' שם הלכה ז:

נא כ מיי' שם הלכה ו:

[ועיין ברכות יט: מ"ש שם על הגליון]

[עי' תוס' פסחים לב: ד"ה בודקין כו' ותוס' עירובין כו: ד"ה ולכהן]

מסורת הש"ס

דמאי פ"ו מ"ט

תוספתא דדמאי פ"ה

פסחים לב: אהלות פי"ח מ"ד

ברכות יט: עירובין לה: פסחים לב: מו"ק ה: כתובות כח: בכורות כט: נדה נז.

הגהות הב"ח

(א) תוס' ד"ה מנפח כו' פירשתי בברכות. נ"ב בס"א שלנו לא נמצא כלום כי אם בכתובות דף כח בד"ה היכי אזיל המדיך כוס:

[נ"א מתון]

רבינו חננאל

חבר ועם הארץ שירשו אביהם לא יאמר החבר לעם הארץ טול אתה לח ואני יבש. ותני עלה אותו חבר שורף את הלח ומניח את היבש ואמאי יניחנו לגת הבאה שהוא נאמן בו. ופרשי' בדבר שאין לו גת כגון דבש וחלב וכיוצא בהן. ואמרינן יניחנו לרגל וכדבעינן למימר לקמן טומאת עם הארץ ברגל רחמנא טהריה. ודחי' בדבר שאין משתמר לרגל עליה תנינן שורף את הלח: ואם אמר הפרשתי לתוכה רביעית קדש נאמן. ואם בדק לפסחו מותר לאכול בתרומתו כעולא דדייקא מתניתין כוותיה דקתני אם אמר הפרשתי לתוכה רביעית קדש נאמן. מדמהימן אקדש מהימן נמי אתרומה. הכא נמי מדמהימן אפסח מהימן נמי אתרומה. כדי יין וכדי שמן המדומעות כו' אוקימנא להא דתנינן בתוספתא אין נאמנין לא על הקנקנים ולא על התרומה בקנקנים דקדש ריקנים ובשאר ימות השנה במלאין דתרומה [ובשעת הגיתות]. והא דתנן במתניתין כדי יין וכדי שמן המדומעות אוקימנא בקדש. ומקשינן וכי איכא דימוע בקדש. פי' תרומה שנפלה בחולין נדמעו זה נקרא דמע אבל אין לשון דימוע בקדש. ושנינן אין איכא דימוע בקדש כגון דמשמר טבלו לופריש ממנו נסכים לקדש. כי האי גוונא משכחת לה דימוע בקדש: מתני' מן המודיעין ולפנים כו'· מודיעין מקום כדתנא מודיעין רחוקה מירושלים ט"ו מיל. אוקימנא כדתנא מודיעין פעמים כלפנים פעמים כלחוץ כיצד קדר יוצא וחבר נכנס כלפנים שניהן נכנסין או שניהן יוצאין מודיעין עצמה כלחוץ. תנא

answered them: Ye have learnt it: [25b] If an Associate and an *'am ha-areẓ* inherited [jointly] from their father, who was an *'am ha-areẓ*, [the Associate] may say to the other: 'Take thou the wheat that is in one place, and I [shall take] the wheat that is in the other place; [or] take thou the wine that is in the one place, and I [shall take] the wine that is in the other'. But he may not say to him: 'Take thou the liquid [produce] and I [shall take] the
a dry;[1] [or] take thou the wheat and I [shall take] the barley'.[2] And it is taught with regard to this: That Associate burns the liquid [produce][3] and leaves the dry. Why now? Let him leave it for the coming [season of the] wine-press! — [It refers] to something which has no pressing [season].[4] — Let him leave it then for the [next] Festival![5] — [It refers] to something which cannot be kept till the Festival.

BUT IF HE SAID TO HIM, 'I HAVE SET APART THEREIN A QUARTER LOG AS A HALLOWED THING', HE IS TRUSTED [IN REGARD TO THE PURITY OF THE WHOLE]. We have learnt there: Beth Shammai and Beth Hillel agree that for the purpose of preparing the Passover sacrifice one may investigate [a field containing a ploughed grave],[6] but not for the purpose of eating *terumah*.[7] What is meant by 'investigate'? — Rab Judah said that Samuel said: A man blows [on the ground][8] of a *Beth*
b *ha-Peras*[1] [grave area] and proceeds. But R. Ḥiyya b. Abbah in the name of 'Ulla said: A *Beth ha-Peras* which has been trodden is clean.[2] In the case of those who go to prepare the Passover sacrifice, [the Sages] did not maintain their enactment[3] where *kareth* [extinction][4] was involved; in the case of those who go to eat *terumah*, they maintained their enactment where death [at the hands of Heaven] was involved.[5]

A question was asked: If one investigated [a *Beth Peras*] for his Passover sacrifice, may he [also] eat his *terumah*? Rabbah b. 'Ulla said: If one investigated [a *Beth Peras*] for his Passover sacrifice, he may not [also] eat his *terumah*. Said an old [scholar] to him: Do not dispute with 'Ulla, for we have learnt according to his ◁

a (1) The former being susceptible to uncleanness, but not the latter. (2) In regard to each kind of produce, the Associate may choose for himself the produce that has not been rendered susceptible to uncleanness, or which he knows still to be clean. But he is not entitled to exchange one kind of produce for another in the heritage, and by so doing he would transgress Lev. XIX, 14, (*'nor put a stumbling-block before the blind'*). The principle (as Rashi explains) on which this Mishnah is based is that of ברירה (retrospective selection or designation; v. Jast. s.v.), which applies to different parts of the same produce, but not to different kinds of produce, because on the father's death a share in each kind of produce comprising the heritage falls to each heir. (3) I.e., if he is a priest and inherits oil which is *terumah*, he may use it for kindling his lamp. (4) I.e., no special manufacturing season, e.g., beer or mead. According to this explanation, 'burn' means 'destroy'. (5) When the produce of the *'am ha-areẓ* is considered clean: *v. pp. 165-6. (6) I.e., if a man who is going to prepare his Passover sacrifice must traverse a field containing a ploughed grave, he may walk through the field provided he investigates his path so as to avoid defilement by contact with splintered bones; for bones from the size of a barley grain (unless they comprise a quarter-*kab* of the larger bones or the greater number of the bones, when they defile in accordance with the law of 'tent-covering'; *v. p. 56, n. 6 and Oh. II, 1) defile only when touched or carried. (7) Investigation cannot be relied upon; v. *infra* n. b5. (8) In order to blow away from his path any bone-splinters large enough to defile by contact (v. *supra*, n. 6): the bigger bones he would see and avoid.
b (1) פרס = 'half' sc. furrow (cf. Tosef. Neg. VII, 10, where *Peras* = 'half a loaf'. בית פרס (the area of, i.e., a square, *Peras*) is a technical term for a field, the area of fifty square cubits (a square half-furrow) rendered unclean on account of crushed bones carried over it from a ploughed grave; v. M.Ḳ. 5b and *D.S.* a.l. note; Oh. XVII, 1 where ten cubits represents the size of the full furrow; and Nid. 57a. The above explanation of *Beth Peras* follows Jastrow's view (v. Dict. s. פרס) and adopts the reading חצי מענה ('half a furrow') instead of the usual reading מלא מענה ('a full furrow') in M.Ḳ. 5b. Rashi (to Nid. 57a) explains *Peras* from rt. meaning 'to break' i.e., an area of crushed bones; Maim. (to Oh. XVII) from rt. meaning 'to extend' i.e., area of extension; v. also Levy s.v. (2) It should be investigated then by seeing whether it has been trodden or not. (3) The uncleanness of a *Beth Peras* is a Rabbinic law. (4) כרת = הכרת (*Niph.* infin.), 'to be cut off'; cf. the recurrent Pentateuchal formula, 'that soul shall be cut off from among his people'. It is a term for divine punishment (opp. to מיתה, capital punishment) incurred for thirty-six kinds of transgression (v. Ker. I, 1), including neglect to offer the Passover sacrifice at the proper time; v. Num. IX, 13. The nature of the punishment is variously explained: (*a*) childlessness (Rashi to Shab. 25a, s. ונכרת); (*b*) premature death (M.Ḳ. 28a); (*c*) extinction of soul (Sanh. 64b). Maim. (*Teshubah* Ch. VIII) holds that *kareth* means that the soul perishes completely; but this view is controverted by Naḥmanides (Comm. to Pentateuch end of אחרי). (5) E.g., for wittingly eating *terumah* when he was unclean. *Kareth* is the severer penalty; nevertheless the Rabbis waived their enactment regarding a *Beth Peras* in the case of the Passover sacrifice, because it has a fixed time. But in the case of *terumah*, for the eating of which there is no fixed time, the priest must either avoid the *Beth Peras* by taking a longer route, or else if he traverses it, he must purify himself in accordance with the law of corpse-defilement, before partaking of the *terumah* (cf. our passage in Pes. 92b with Rashi and Tosaf. a.l.).

*See Corrigenda.

◁ *For the continuation of the English translation of this page see overleaf.*

עין משפט נר מצוה

ומתני' היא פ"ו דדמאי כצ"ל

מה א מיי' פ"א מהל' מעשר הלכה ו:

[שם מ"ו]

מו ב ג מיי' פ"ו מהל' קרבן פסח הלכה ח:

מז ד ה ו מיי' פי"א מהל' מטמאי משכב ומושב הלכה ד:

מח ז ח מיי' שם הל' ט:

מט ט מיי' שם הלכה ו:

נ י מיי' שם הלכה ז:

נא כ מיי' שם הלכה ו:

[ועיין ברכות יט: מ"ש שם על הגליון]

[עי' תוס' פסחים לב: ד"ה בודקין כו' ותוס' עירובין כו: ד"ה ולכהן]

*חבר ועם הארץ שירשו את אביהם עם הארץ יכול לומר לו טול אתה חטין שבמקום פלוני ואני חטין שבמקום פלוני טול אתה יין שבמקום פלוני ואני יין שבמקום פלוני אבל לא יאמר לו טול אתה לח ואני יבש טול אתה חטין ואני שעורים ותני עלה *אותו חבר שורף הלח ומניח את היבש אמאי יניחנה לגת הבאה בדבר שאין לו גת ויניחנו לרגל בדבר שאינו משתמר לרגל: ואם אמר הפרשתי לתוכה רביעית קדש נאמן: *תנן התם מודין בית שמאי ובית הלל שבודקין לעושי פסח ואין בודקין לאוכלי תרומה מאי בודקין אמר רב יהודה *אמר שמואל מנפח אדם בית הפרס והולך *ור' חייא בר אבא משמיה דעולא אמר בית הפרס שנדש טהור לעושי פסח *לא העמידו דבריהן במקום כרת לאוכלי תרומה העמידו דבריהן במקום מיתה איבעיא להו בדק לפסחו מהו שיאכל בתרומתו עולא אמר בדק לפסחו מותר לאכול בתרומתו רבה בר עולא אמר בדק לפסחו אסור לאכול בתרומתו א"ל ההוא סבא לא תפלוג עליה דעולא דתנן כוותיה ואם אמר הפרשתי לתוכה רביעית קדש נאמן אלמא מדמהימן אקדש מהימן נמי אתרומה הבא נמי מדמהימן אפסח מהימן נמי אתרומה: כדי יין וכדי שמן כו': תנא אין נאמנין לא על הקנקנים ולא על התרומה קנקנים דמאי אי קנקנים דקדש מיגו דמהימן אקדש מהימן נמי אקנקנים אלא קנקנים דתרומה פשיטא השתא אתרומה לא מהימן אקנקנים מהימן אלא בריקנים דקדש ובשאר ימות השנה ובמלאין דתרומה ובשעת הגיתות תנן כדי יין וכדי שמן המדומעות מאי לאו מדומעות דתרומה אמרי דבי ר' חייא מדומעות דקדש ומי איכא דימוע לקדש אמרי דבי ר' אלעאי במטהר את טבלו ליטול ממנו נסכים: קודם לגיתות שבעים יום: אמר אביי שמע מינה דינא הוא דעיילוה אריסא למיטרה אגולפי שבעים יומין מקמי מעצרתא: **מתני'** מן המודיעים ולפנים נאמנין על כלי חרס מן המודיעים ולחוץ אין נאמנין כיצד הקדר שהוא מוכר הקדרות נכנס לפנים מן המודיעים הוא הקדר והן הקדרות והן הלוקחין נאמן יצא אינו נאמן: **גמ'** תנא מודיעים פעמים כלפנים פעמים כלחוץ כיצד קדר יוצא וחבר נכנס כלפנים שניהן נכנסין או

חבר ועם הארץ שירשו את אביהם · [*מתני' היא בפ"ו דדמאי] ופירש רש"י טעם של משנה זו מטעם ברירה דמעיקרא הוברר הדבר שהלו לחלקו נפל אבל בשני מינים לא אמרינן הוברר הדבר וכן פירש הוא עצמו משנה אחרת* גר ונכרי שירשו את אביהן יכול לומר טול אתה ע"ז ואני אטול מעות דאית ליה ברירה התם והיה קשה למורי כיון דסתם משנה אית ליה ברירה תקשי מיניה לרבי יוחנן דאמר אחין שחלקו לקוחות הן ומחזירין זה לזה ביובל אלמא אין ברירה וכן בבכורות פרק יש בכור (דף מח·) גבי כתבו עד שלא חלקו מוקי רבא ר' מאיר ורבי יהודה כרב אסי דאמר האחין שחלקו מחצה יורשין ומחצה לקוחות אלמא מספקא להו אי יש ברירה או לא ומההיא דהלוקח יין מן הכותים (דמאי פ"ז מ"ד) ליכא לאקשויי דשמעינן מינה ברירה דהתם טעמא אחרינא איכא שמפרש דבריו בהדיא אבל ירושה דממילא הויא לא וכן בפ' בכל מערבין (עירובין דף לז: ושם) איכא מאן דאית ליה הך סברא וכי תימא דמדרבנן מודה רבי יוחנן דאית ליה ברירה הא שמעינן ליה בשילהי ביצה (דף לז: ושם) אין ברירה אף בעירובי תחומין ומיהו כמה סתמי משניות דמלינו דאין ברירה ובכמה מקומות פלוגתא דתנאי ובפרק בכל מערבין (עירובין דף לז: ושם) דדחיק לאתויי תנאי דברירה לא מייתי הך משום דעדיפא ליה לאתויי מילתא דהתנא נזכר בה וגם מילתא דאיירי בעירובי תחומין דאיירי בה:

מנפח אדם בית הפרס. (א) פירשתי בברכות (דף יט:) כל אורך הדברים מפרישת רבי יהודה נ"ע:

במטהר טבלו ליקח הימנו נסכים · פירש רש"י דאיכא קדש ותרומה דמהימן דנאמן אתרומה וקנקנים במיגו דמהימן אקדש שנגאי הוא לו אם קנקנים שהיה בו הקדישו טמאים תימה דא"כ אמאי נקט שבעים יום קודם אפילו בשאר ימות השנה נמי דהא תנן ואם אמר הפרשתי לתוכה רביעית קדש נאמן ותירץ הר"ר אלחנן דהכא מיירי שייחדו לנסכים כשיצטרך ממנו אבל התם מיירי בשכבר הקדישו לכך:

יכול לומר לו טול אתה חטין במקום פלוני · שיודע בהן שהוכשרו ואני אטול חטים במקום פלוני שיודע שלא הוכשרו דכיון דחד מינא הן אמרי' יש ברירה שאלו הן חלקו של זה ואלו הן חלקו של זה ולא החליף לו חבר לע"ה חלקו שבטמאין בשביל חלקו של ע"ה בטהורין אבל בשני מינין אין לומר ברירה דכשמת אביהן נפל חלק לזה וחלק לזה בכל המינים ונמצא חבר זה מחליפה לו ועובר בלפני עור לא תתן מכשול (ויקרא יט): שורף את הלח · אם כהן הוא ויש שמן לתרומה מדליקו לנרות: בדבר שאין לו גת · כגון שכר תמרים של תרומה והאי שורף לשון איבוד הוא: ויניחנו לרגל · שטומאת עם הארץ אינה ברגל: שבודקין לעושי פסח · בית הפרס דמפרש ואזיל היה הולך לעשות פסחו ובית הפרס של שדה שנחרש בו קבר מפסיקו בודקו בנפיחה ואם יש עצם כשעורה רואהו ונטמא ממנו ועצם כשעורה אינו מטמא באהל אלא במגע ובמשא לפיכך בודק בנפיחה שלא יסיטנו ברגלו: ואין בודקין לאוכלי תרומה · אין סומכין על בדיקה זו דכיון דאין זמן קבוע לאכילה ימתין שבעה ימים ויזה שלישי ושביעי ויטבול אבל גבי פסח הואיל ובית הפרס דרבנן לא העמידו דבריהם במקום כרת: שנידש · ברגל וזו היא בדיקתו בודק אם נידש או לא נידש: במקום שיש בו חיוב מיתה · כגון טמא האוכל תרומה: מיגו דמהימן אקדש מהימן אתרומה · שנגאי הוא למזבח שתהא תרומה המחוברת לו בחזקת טומאה והקדש יקרב למזבח: בריקנין דקדש · לאחר שעירה מהן קודש והיה שומרן לקדש אינו נאמן על שמירתן: ובשאר כל ימות השנה · כלומר כל ימות השנה דלקדש אין חילוק בין שעת הגיתות לשאר ימות השנה: ובמלאין דתרומה בשעת הגיתות · שאע"פ שלא גזרו על תרומתן בשעת הגיתות מפני הפסד כהנים חבירים דנמצאת מפסידן מרוב תרומות ארץ ישראל על הקנקנים לא האמינום ואין הכהנים חברים מקבלין מהן הקנקנים עם התרומה אבל מערין אותה לכליהן ודכוותה אמרינן לקמן אל תתמה שהרי לגין טמאין טומאת שבעה ומשקין טהורים: מאי לאו מדומעות דתרומה · וקתני נאמן אכדין: תוס'· ומי איכא דימוע לקדש · טבל שלא נתקן מדומע בתרומה אבל קדש לא הוזקקו לפרוש מתוכה שיהא הטבל מדומע בתוכו. ע"כ: במטהר את טבלו לנסכים · דאיכא חולין וקדש ותרומה מיגו דמהימן אקדש מהימן נמי אתרומה ואקנקנים שנגאי לקדש שיהו הקנקנים שעירוהו מהן בחזקת טומאה והוא קרב: **מתני'** מן המודיעים ולפנים · מודיעים שם כרך רחוק מירושלים ט"ו מיל כדאמר במסכת פסחים (דף צג:) ממנו ולפנים לצד ירושלים נאמנין קדרין עמי הארץ ליקח מהן כלי חרס הדקין כגון קדרות כוסות וקיתוניות שאי אפשר בלא הם ובירושלים אין עושין כבשונות מפני העשן לא לסיד ולא לקדרות ולפיכך האמינום שלא נגזור עליהן שאין גוזרין גזירה על הצבור שאין רוב הצבור יכולין לעמוד בה: הוא הקדר · מי שהביאן (*חוץ) למודיעים האמינוהו לפי שע"ה אבל אם מסרן ליד קדר עם הארץ היושב במודיעים או לפנים לא האמינוהו: והן הקדירות · על אותן הקדירות שהביא הוא האמינוהו ולא נצרף עמהן קדירות של קדר אחר היושב במודיעים: והן הלוקחין · חברים שראוהו שהביאן נאמן הקדר אצלן ולא אצל לוקחים אחרים: יצא · מן המודיעים לשוב להחזירו אינו נאמן: **גמ'** מודיעים · הכרך עצמו: פעמים כלפנים כו' קדר יוצא · מלפנים מן המודיעים ונכנס למודיעים: וחבר · בא מחוץ למודיעים ונכנס למודיעים: כלפנים · מותר ליקח ממנו שהקדר לא יחזור עוד לאחוריו ואם לא עכשיו יקח אימתי: שניהן נכנסין · מחוץ למודיעים ובאו בתוך הכרך כלחוץ אלא ימתין עד שיהא מן כרך ולפנים: וכן

רבינו חננאל

חבר ועם הארץ שירשו אביהם לא יאמר החבר לעם הארץ טול אתה לח ואני יבש. ותני עלה אותו חבר שורף את הלח ומניח את היבש ואמאי יניחנו לגת הבאה שהוא נאמן בה ופרש' בדבר שאין לו גת כגון דבש וחלב וכיוצא בהן. ואמרינן יניחנו לרגל וכדבעינן למימר לקמן טומאת עם הארץ ברגל רחמנא טהריה. ודחי' בדבר שאין משתמר לרגל עליה תנינן שורף את הלח: ואם אמר הפרשתי לתוכה רביעית קדש נאמן. ואם בדק לפסחו מותר לאכול בתרומתו כעולא דדייקא מתניתין כוותיה דקתני אם אמר הפרשתי לתוכה רביעית קדש נאמן. מדמהימן אקדש מהימן נמי אתרומה. הכא נמי מדמהימן אפסח מהימן נמי אתרומה. כדי יין וכדי שמן המדומעות כו' אוקימנא להא דתנינן בתוספתא אין נאמנין לא על הקנקנים ולא על התרומה בקנקנים דקדש ריקנים ובשאר ימות השנה במלאין דתרומה [ובשעת הגיתות]. והא דתנן במתניתין כדי יין וכדי שמן המדומעות אוקימנא בקדש. ומקשינן וכי איכא דימוע בקדש. פי' תרומה שנפלה בחולין נדמעו זה נקרא דמע אבל אין לשון דימוע בקדש. ושנינן אין איכא דימוע בקדש כגון דמשמר טבלו להפריש ממנו נסכים לקדש. כי האי גוונא משכחת לה דימוע בקדש: מתני' מן המודיעין ולפנים כו'· מודיעין מקום כדתנא מודיעין רחוקה מירושלים ט"ו מיל. אוקימנא כדתנא מודיעין פעמים כלפנים פעמים כלחוץ כיצד קדר יוצא וחבר נכנס כלפנים שניהן נכנסין או שניהן יוצאין מודיעין עצמה כלחוץ. תנא

מסורת הש"ס

דמאי פ"ו מ"ט

תוספתא' דדמאי פ"ה

פסחים צב: אהלות פי"ח מ"ד

ברכות יט: עירובין לו: פסחים צב: מו"ק ה: כתובות כח: בכורות כט. נדה נז.

הגהות הב"ח

(א) תוס' ד"ה מנפח כו' פירשתי בברכות. נ"ב בש"ס שלנו לא נמצא כלום כי אם בבכורו' דף כט בד"ה סיכי אזיל האריך בזה:

[נ"ל מחוץ]

Continuation of translation from previous page as indicated by ◁

view: BUT IF HE SAID TO HIM, 'I HAVE SET APART THEREIN A QUARTER-LOG AS A HALLOWED THING', HE IS TRUSTED [IN REGARD TO THE PURITY OF THE WHOLE]. Thus, since he is trusted in regard to hallowed things, he is trusted also in regard
c to *terumah*.[1] Likewise in our case, since he is credited [to be clean] in regard to the Passover sacrifice, he is credited [to be clean] also in regard to *terumah*.

IN REGARD TO JUGS OF WINE AND JUGS OF OIL etc. A Tanna taught: They are not trusted either in regard to the casks or in regard to the *terumah*. Casks of what? If they are casks of hallowed things, then since they are trusted in regard to the hallowed things, they are to be trusted also in regard to the casks! If, on the other hand, they are casks of *terumah*, this is obvious? For if they are not trusted in regard to *terumah*, are they to be trusted in regard to the casks! It must refer, therefore, to empty [casks] of hallowed things[2] at any time of the year,[3] or to full [casks] of *terumah* at the time of the vats.[4]

We have learnt: IN REGARD TO JUGS OF WINE AND JUGS OF OIL THAT ARE MIXED UP: surely [it means] mixed up with *terumah!*[5] —The School of R. Ḥiyya said: [It means] mixed up with hallowed things.—But does 'mixing up' obtain in the case of hallowed things?[6] The School of R. Ila'i said: It is a case where he prepares his untithed produce[7] in purity in order to take therefrom drink-offerings.[8]

PRIOR TO [THE SEASON OF] THE WINE-PRESSES SEVENTY DAYS. Abaye said: From this is to be deduced that it is obligatory
d on the *aris* [tenant][1] to see to the provision of the jugs seventy days before the pressing-season.

MISHNAH. FROM MODI'IM[2] INWARDS[3] [THE POTTERS] ARE TRUSTED IN REGARD TO EARTHENWARE VESSELS; FROM MODI'IM OUTWARDS THEY ARE NOT TRUSTED.[4] FOR INSTANCE: IF THE POTTER WHO SELLS THE POTS ENTERED[5] INWARDS OF MODI'IM, THEN THE SAME POTTER[6] IN REGARD TO THE SAME POTS[7] AND IN REGARD TO THE SAME BUYERS[8] IS TRUSTED. BUT IF HE WENT OUT [FROM MODI'IM OUTWARDS] HE IS NOT TRUSTED.

GEMARA. A Tanna taught: Modi'im [itself] is sometimes [considered] as inwards, sometimes as outwards. For instance:
e If the potter is going out and the Associate is coming in,[1] it is [con-

c (1) For it would be unseemly that part of the wine should be offered as a libation, whilst another part, intended as *terumah*, should be considered unclean. (2) Once the hallowed contents have been emptied out, the *'am ha-areẓ* cannot be relied upon in regard to the purity of his vessels. (3) In regard to hallowed things, there is no distinction between the vat-seasons and the rest of the year. (4) Though the *'am ha-areẓ* was trusted at the appropriate pressing-season in regard to the *terumah*, in order that the Associate priests might not be deprived of the greater part of their dues, he was not trusted in regard to the vessels *(cf. p. 163, 'And do not wonder, etc.'). Thus the priest could not accept the *terumah* in the original vessels, but had to empty it into his own. (5) And yet he is trusted, the Mishnah tells us, in regard to the vessels! *V. p. 156, n. 6. (6) 'Mixing up' necessarily obtains in the case of *terumah*, because all untithed produce contains a part which must eventually be set apart as *terumah;* but not so hallowed things, which have not perforce to be separated from the untithed produce. V. next note. (7) Heb. *ṭebel* i.e., produces in that stage in which the separation of levitical and priestly shares respectively is required before one may partake of them; eatables forbidden pending the separation of sacred gifts. *Ṭebel*, however, is not subject to tithes until it is brought home (Jast. s.v. טבל). (8) I.e., unconsecrated produce, hallowed produce, and *terumah* are all mixed together; and since he is trusted in regard to the hallowed produce, he is also trusted in regard to both the *terumah* and the vessels on the principle explained in n. 1.

d (1) A sub-farmer who tills the owner's ground for a given share in the produce. (2) In Mishnah edd., *Modi'ith;* also occurs as *Moda'ith* and *Modi'in*. V. I Macc. II, 1. Described in Pes. 93*b* (q.v.) as fifteen *mil*—each of two thousand cubits or three thousand five hundred feet—from Jerusalem. Perhaps it is to be identified with the modern Amdiyeh, seventeen miles north-west of Jerusalem. (3) I.e., towards Jerusalem. (4) I.e., potters, who are *'amme ha-areẓ* are trusted within this radius from Jerusalem in regard to small, essential earthenware vessels like pots and cups, because no furnaces, whether for pottery or lime, were permitted in Jerusalem on account of the smoke. (5) Note the var. lec. in the Gemara quotation *(v. p. 163, n. 4). (6) I.e., who brought the vessels inwards of Modi'im; but should he transfer them to another potter (who is an *'am ha-areẓ*) they may not be purchased. (7) I.e., which the potter himself bought; but he is not trusted in regard to vessels he may have acquired from a local potter. (8) I.e., only if the Associate buyers themselves saw the potter bring the vessels in, may they buy them from him.

e (1) I.e., if the potter enters Modi'im from inwards and the Associate from outwards.

*See Corrigenda.

sidered] as inwards.[2] If both are coming in [26a] or both are going out [it is considered] as outwards.[3] Abaye said: We have also learnt [accordingly]: IF THE POTTER WHO SOLD THE POTS ENTERED INWARDS OF MODI'IM.[4] Thus, it is only because it is inwards of Modi'im [that he is trusted], but in Modi'im itself he is not trusted. Consider now the latter part [of the Mishnah]: IF HE WENT OUT, HE IS NOT TRUSTED. THUS, IN MODI'IM ITSELF HE IS TO BE TRUSTED! It is clearly, then, to be deduced from this, that, in the one case,[5] the potter is going out and the Associate is coming in; in the other case, both are going out or both are coming in. Proven.

A Tanna taught: They are trusted [only] in regard to small earthenware vessels for hallowed things.[6] Resh Laḳish said: Only if they can be taken in one hand. But R. Joḥanan said: Even if they cannot be taken in one hand. Resh Laḳish said: They taught this only of empty [vessels], but not of full ones. But R. Joḥanan said: Even of full ones, and even if his head-covering[7] is in it. Raba said: But R. Joḥanan admits that the liquid itself is unclean.[8] And do not wonder at the [anomaly] for in the case of a jar full of liquid, the jar is unclean for seven days, but the liquid is clean.[9]

a *MISHNAH*. IF TAX-COLLECTORS ENTERED A HOUSE,[1] AND SIMILARLY IF THIEVES RESTORED [STOLEN] VESSELS,[2] THEY ARE BELIEVED IF THEY SAY: 'WE HAVE NOT TOUCHED [ANYTHING]'.[3] AND IN JERUSALEM THEY[4] ARE TRUSTED IN REGARD TO HALLOWED THINGS,[5] AND DURING A FESTIVAL[6] ALSO IN REGARD TO TERUMAH.

GEMARA. Now we shall point to a contradiction: If tax-collectors entered a house, the whole house is rendered unclean![7] —There is no contradiction: In the one case, a Gentile was with them;[8] in the other case, there was no Gentile with them. For we have learnt: If a Gentile is with them, they are believed if they say, 'We have not entered [at all]'; but they are not believed if they say, 'We entered but we did not touch [anything]'.—What difference does it make if a Gentile be with them? R. Joḥanan and R. Eleazar [explain it]: one says, They are afraid of the Gentile;[9] the other says. They are afraid of the Government.[10] What is the practical difference between then?—There is [a practical difference] between them when the Gentile is not of high standing.[11]

AND SIMILARLY IF THIEVES RESTORED [STOLEN] VESSELS. Now we shall point to a contradiction: If thieves entered a house, it is not rendered unclean, except for the place where the feet ◁

(2) As the potter is leaving the inward area, the Associate is permitted to buy from him, in order that he should not be left without vessels. (3) In the first case, the Associate must wait till the potter comes inwards of Modi'im; in the second case, since the Associate did not avail himself of the opportunity of buying before he reached the city, he may no longer do so. It follows, *a fortiori*, that if the Associate is going outward and the potter coming inward, that the former must return and buy his vessels in the inward area. (4) V. *supra* 25*b* n. d5. (5) I.e., the latter. (6) I.e., the statement in the Mishnah that from Modi'im inwards the potters are trusted in regard to earthenware vessels, refers only to small vessels for hallowed things, which are essential to the pilgrims, but not to large vessels like wine jars, which may be bought only in Jerusalem itself (v. *infra*). (7) אפיקרסותו; also אפקרסותו = אפקרסין; cf. Peshiṭṭa to Judg. XIV, 2 for Heb. סדינים, Goldschmidt trans: '*Kopfhülle*'; Levy, '*Hülle*'; Jast., 'underwear'. Rashi annotates: Even if they are full of his own liquid, which is not hallowed! Whatever the exact signification of the word, the general meaning is clear: even if his profane things are in it, the vessel is considered clean; (v. however, *D.S.* n. 40). MS.M. has: 'Even if his head-covering fell therein'. (8) Though the containing vessel is clean. (9) V. *supra* 22*b* nn. a, 4-5.

a (1) I.e., if Jewish tax-collectors, acting on behalf of a non-Jewish government, entered a Jewish house in order to seize pledges for the taxes due. Cf. Ṭoh. VII, 6. (2) Or simply 'articles'. (3) I.e., they are trusted in regard to hallowed things but not *terumah*; so Rashi, who regards the whole of our Mishnah as a further exemplification of leniency in regard to hallowed things as compared with *terumah* *(v. p. 155f); the Tosef., that he quotes in support of his view, corresponds to the reading in our edd. Tosaf. (s.v. הנבאין), on the other hand, refers the Mishnah to *terumah* as well, and quotes in support a different version of the same Tosef. statement. (4) I.e., the '*amme ha-areẓ*. (5) V. Gemara *infra*. (6) When all are considered to be clean; cf. *infra* n. b11 and c. (7) I.e., all the utensils are to be regarded as unclean, for it is to be presumed that the tax-collectors touched them. (8) I.e., in the latter case, the tax-collectors are not believed if they say that they have not touched, because they are bound, in the presence of the Gentile, to have searched everything. (9) Lest he punish them. (10) Lest the Gentile inform against them. (11) In which case he himself has not the power to punish them, but he is able to inform against them.

*See Corrigenda.

◁ *For the continuation of the English translation of this page see overleaf.*

או שניהן יוצאין כלחוץ אמר אביי אף אנן נמי תנינא הקדר שמבר את הקדירות ונכנס לפנים מן המודיעים טעמא דלפנים מן המודיעים הא מודיעים גופה לא מהימן אימא סיפא יצא אינו נאמן הא מודיעים גופה נאמן אלא לאו ש"מ כאן בקדר יוצא וחבר נכנס כאן בששניהן יוצאין או שניהן נכנסין שמע מינה *תנא נאמנין בכלי חרס הדקין לקודש אמר ר"ל והוא שניטלין בידו אחת ור' יוחנן אמר אפי' שאין ניטלין בידו אחת אמר ר"ל לא שנו אלא ריקנין אבל מלאין לא א) ורבי יוחנן *אמר אפי' מלאים ואפילו אפיקרסותו לתוכו ואמר רבא ומודה ר' יוחנן במשקין עצמן שהן טמאין ואל תתמה *שהרי לגין מלא משקין לגין טמאין טומאת שבעה ומשקין טהורין : **מתני'** הגבאין שנכנסו לתוך הבית וכן הגנבים שהחזירו את הכלים נאמנין לומר לא נגענו ובירושלים נאמנין על הקודש ובשעת הרגל אף על התרומה : **גמ'** ורמינהי *הגבאין שנכנסו לתוך הבית הבית כולו טמא ל"ק הא דאיכא נכרי בהדייהו הא דליכא נכרי בהדייהו דתנן *אם יש נכרי עמהן נאמנין לומר לא נכנסנו אבל לא נגענו אין נאמנים לומר נכנסנו אבל לא נגענו וכי איכא נכרי בהדייהו מאי הוי ר' יוחנן ור' אלעזר חד אמר אימת נכרי עליהן וחד אמר אימת מלכות עליהן מאי בינייהו איכא בינייהו נכרי שאינו חשוב : וכן הגנבים שהחזירו את הכלים : ורמינהי *הגנבים שנכנסו לתוך הבית אינו טמא אלא מקום דריסת רגלי הגנבים *אמר רב פנחס משמיה (*דרב) כשעשו תשובה דיקא נמי דקתני שהחזירו את הכלים ש"מ : ובירושלים נאמנין על הקודש: תנא נאמנין על כלי חרס גסין לקודש וכל כך למה *שאין עושין כבשונות בירושלים : ובשעת הרגל אף על התרומה: מנהני מילי אמר רבי יהושע בן לוי *דאמר קרא ויאסף כל איש ישראל אל העיר כאיש אחד חברים הכתוב עשאן כולן חברים : **מתני'** *הפותח את חביתו והמתחיל בעיסתו על גב הרגל ר' יהודה אומר יגמור וחכ"א לא יגמור : **גמ'** יתיב ר' אמי ורבי יצחק נפחא אקילעא דר' יצחק נפחא פתח חד ואמר מהו שיניחנה לרגל אחר א"ל אידך יד הכל ממשמשין בה ואת אמרת יניחנה לרגל אחר א"ל אטו עד האידנא לאו יד הכל ממשמשין בה א"ל הכי השתא בשלמא עד האידנא טומאת עם הארץ ברגל רחמנא טהרה אלא השתא טמאה היא נימא כתנאי דתני חדא יניחנה לרגל אחר ותניא אידך לא יניחנה לרגל אחר מאי לאו תנאי היא לא הא דקתני יניחנה ר' יהודה והא דקתני לא יניחנה רבנן ותסברא (א) הא רבי יהודה יגמור קאמר אלא הא דקתני לא יניחנה רבי יהודה והא דקתני יניחנה רבנן ומאי לא יניחנה שאין צריך להניחה: **מתני'** משעבר הרגל מעבירין על טהרת עזרה עבר הרגל ליום ששי לא היו מעבירין מפני כבוד השבת רבי יהודה אומר אף לא ביום ה' שאין הכהנים פנויין : **גמ'** תנא שאין הכהנים פנויין מלהוציא בדשן: **מתני'** כיצד מעבירין על טהרת עזרה מטבילין את הכלים שהיו במקדש ואומרין להם הזהרו

שלא

וכן שניהם יוצאין · הואיל ומלאו לפנים ושם לא לקח (*וממנו) לא יקח עוד וכ"ש קדר נכנס וחבר יוצא הואיל וסוף הקדר ליכנס לפנים יחזור החבר הצריך ליקח ויקח : תנא נאמנין על כלי חרס הדקין לקדש · הא דתנן מן המודיעים ולפנים נאמנין על כלי חרס בכלי חרס הדקין אמרו שא"א בלא הם כדפרשינן לעיל אבל גסין כגון חבית ליין אין נאמנין אלא בתוך ירושלים כדלקמן ואני לא כך שמעתי ולבי מגמגם על שמועתי ששמעתי כשפיהן צר שאין אצבע נכנס לתוכו וסופיו שלא מטהרין אותם אפילו מליאים משקין טמאין : ואפי' אפיקרסותו בתוכו · אפי' מלאין משקין שלו שאינן של קדש: תורה אור

ואל תתמה · שכל דברי חכמי' כקדן שהרי שמעתי אבל כלי חרס המציל את המשקין שבתוכו ואין מציל כל כלי שטף שהלגין טמאין טומאת שבעה והמשקין טהורין: **מתני'** הגבאין · ישראל שהן גבאין למלך נכרי לגבות מיד ישראל גולגליות ומסין וארנוניות : שנכנסו לתוך הבית · לעבוט עבוטו וכן הגנבים שגנבו כלי חרס והחזירום : נאמנים לומר · שלא נגעו לתוכו לקדש נאמנין אבל לא לתרומה דכולה מתני' אחומר בקדש מתרומה קיימא ובהדיא שנינו בתוספתא* הגבאין שנכנסו לתוך הבית נאמנין על טהרת חטאת ואין נאמנין על טהרת תרומה והאי חטאת בשר קדש ולא אפר חטאת כדמוכח התם אף אם עשו תשובה דשין בטומאה היו : ובירושלים נאמנין כו' · מפרש בגמרא : **גמ'** כל הבית כולו טמא · כל כלי הבית טמאין שחזקה הגבאין ממשמשין בכלים : איכא נכרי בהדייהו · אין נאמנין לומר לא נגענו דמרתתו אם לא יחפשו כל הבית : אימת נכרי עליהם · פן יענישם בגוף או בממון : אימת מלכות · שמא ילשין עליהן נכרי אצל המלך : נכרי שאינו חשוב · אימתו ליכא אימת מלכות איכא : אלא מקום דריסת רגלי הגנבים · מ"מ דריסתו מיהא טמא וכ"ש כלים שגנבו והחזירו: כשעשו תשובה · ומחמת תשובה החזירום הלכך לא משקרי : על כלי חרס הגסין · וכ"ש הדקין ובהדיא תניא בירושלמי נאמנין על טהרת כל הכלים לקדש : וכל כך למה · מהדר אף על הדקים מן המודיעים ולפנים: שאין עושין כבשונות בירושלים · לא לדקים ולא לגסין ומיהו בדקים הוצרך לאנשי ירושלים שכל יחיד ויחיד נסכו בביתו לכדהוסיפו להן טהרה ליחידים מגבול מודיעים אבל בעלי הלשכה *המוסרין נסכים לגבור די להם בנכנסין לתוך העיר ולשם בלבד האמינום על החביות א"כ יחידים צריכים לדקים אף לבישול שלמיהן יום יום : ויאסף כל איש ישראל וגו' · בפלגש בגבעה כתיב שנאספו כל ישראל בגבעה : הכתוב עשאן חברים · ורגל שעת אסיפה הוא : **מתני'** הפותח את חביתו · חבר שפתח את חביתו למכור יין בירושלים ברגל וכל הבא ליקח ממשמש ואף עמי הארץ ממשמשים : לא יגמור · אחר הרגל אע"פ שברגל הן טהורין לא שטהרתן טהרה אלא שברגל הכל חברים אבל לאחר הרגל מגעו טמא למפרע כדאמר במתני' עבר הרגל מטבילין כלי העזרה מפני שנגעו בהן ע"ה ברגל : רבי יהודה אומר יגמור · וטעמא מפ' במסכת ביצה (דף יא:) ג' דברים הותרו סופן משום תחלתם וזה כמו כן שאם אתה אומר לא יגמור אף הוא לא יתחיל ואין מזון מצוי לעולי רגלים : **גמ'** מהו שיניחנה כו' · אליבא דרבנן בעי לה : אטו האידנא · כל ימי הרגל לא ממשמשו בה הכל והתרת ברגל : טמאה היא · למפרע וחבר אינו רשאי למכור דבר שהוא טמא לעולם וי"מ אותה בע"ה ואי אפשר לומר בע"ה לא יגמור דמי לייט לן והלא אומר שלך טמא ושלי טהור* וימלא לו מחביריו הרבה שימכור להם ואם בא למכור שלא יקחו חברים ממנו יקחו ולא יקחו מיבעי ליה ועוד דאמר במסכת ביצה שזו היא אחד מג' דברים שהותרו סופן משום תחילתן ואי בע"ה אפי' לא שרית ליה לגמור ניחא (ב) במאי דמזבין ברגל: ה"ג מאי לאו תנאי היא לא הא דקתני יניחנה ר' יהודה והא דתני לא יניחנה רבנן ותסברא והא רבי יהודה יגמור קאמר אלא הא דתניא יניחנה רבנן והא דתניא לא יניחנה רבי יהודה היא ומאי לא יניחנה כו' · מאי לאו תנאי היא ואליבא דרבנן ותפשוט בעיא דלעיל דפלוגתא דתנאי היא: **מתני'** מעבירין על טהרת עזרה · מעבירין את הכלים ממקומן ומטבילן ולטהר את העזרה מטומאת ע"ה שנגעו בהן ברגל שאע"פ שעשאם הכתוב חברים ברגל לא מפני שטהורין הן הלכך לאחר הרגל מגען טמא למפרע : מפני כבוד השבת · שהיו הכהנים צריכין להתעסק איש בביתו בצרכי שבת : אף לא ליום החמישי · אם עבר הרגל ליום חמישי אין מטבילין אותן עד לאחר השבת : **גמ'** לפי שאין הכהנים פנויין · במוצאי יום טוב להטבילן שטרודין להוציא הדשן שעל התפוח שבאמצע המזבח שקיבצו שם כל ימות הרגל כל דשן של מערכה : **מתני'** ואומרים להם · לכהנים ע"ה ברגל : הזהרו שלא תגעו בשלחן · שלא יוכלו להטבילו לאחר הרגל שאי אפשר לסלקו ממקומו דכתיב ביה לחם פנים לפני תמיד (שמות כה) :

טעונין

הגבאין שנכנסו לבית וכו' · לקדש ובתרומה קאי ולא לחטאת ובהדיא תניא בתוספתא הגבאים שנכנסו לבית נאמנין לומר לא נגענו על טהרת חטאת ועל טהרת תרומה והא חטאת הוי קדש כדקתני התם ולא אפר חטאת ואפי' עשו תשובה · הר"ר שמעון :

ובירושלים נאמנין על טהרת כלי חרס הגסים · וכ"ש הדקין וכן תניא בהדיא בירושלמי נאמנין על טהרת כל הכלים · הר"ר שמעון :

שלא

נב א ב מיי' פי"א מהל' מטמאי משכב ומושב הלכה ה :

נג ג ד מיי' שם פי"ב הלכה יב :

נד ה ו מיי' שם הל' יד :

נה ז ח מיי' שם פי"א הלכה ה :

נו ט מיי' שם הל' ט :

נז י מיי' שם הל' י :

נח כ מיי' שם הל' יא :

[נ"ל דרבה כ"ה בכ"מ וביבמות הגהות דרב פפא ובסנהדרין ובב"ק איתא כדאמר רב פנחס כשעשו כו' וכמבו דוכתי בש"ס מליגו רבא וכל"ל כמ"ש הגאון בעל סד"ה וכן מפורש בר"ש סנהדרין שם סוף עמוד א' :]

רבינו חננאל

תנא נאמנין על כלי חרס הדקין לקדש אמר ר"ל והוא שניטלין בידו אחת ודיקנין אבל מליאין לא כלומר אינם נאמנים ור' יוחנן אמר אע"פ שאינן ניטלין בידו אחת ובין מליאין ובין ריקנין ואפי' אפיקרסתו לתוכן נאמנין ואמר רבה אע"ג*) דר"ל אמר אין נאמנין על כלי חרס מליאין [מודה] היה במשקין עצמן שהן טהורין ואל תתמה שהרי לגין טמא טומאת שבעה ומשקין טהורין. **)קודם לגיתות שבעים יום נאמן אמר אביי ש"מ דיטרח אריסא מקמי הגתות אנלפי שבעים יום : **מתני'** הגבאים שנכנסו לתוך הבית נאמנים לומר לא נגענו. אוקימנא בדאיכא נכרי בהדייהו כדתנן אם יש נכרי נאמן לומר נכנסנו אבל לא נגענו מ"ט ר' יוחנן ור' אלעזר חד א' אימת נכרי עליהן וחד אמר אימת מלכות עליהן . מאי בינייהו איכא בינייהו נכרי שאינו חשוב דלית להו אימה . והא דתנינן הגבאין שנכנסו לתוך הבית כולו טמא אוקימנא בדליכא נכרי בהדייהו . דכיון דלית איפתת דחד עלייהו נגעו בכל כלים שבבית . וכן הגנבים שהחזירו את הכלים נאמנים לומר לא נגענו פי' לא נגעו זולתם . דווקא שהחזירו הא לא החזירו כל הבית טמא ומקשינן עלה כל הבית טמא ורמינהו הגנבים שנכנסו לתוך הבית אין טמא אלא מקום רגלי גנבים הנה אע"פ שלא החזירו הכלים הבית טהור כלומר אינו טמא . ופריק רב פנחס בגנבים שבאו לגנוב ועשו תשובה ולא גנבו כלום . ואמרי' כשם שלא גנבו לא נגעו ואין טמא אלא מקום מגע רגליהם ודאי דאי אפשר לעבור אא"כ נגעו ומשום שעשו תשובה אין אנו מחזיקין אותם בזה הדרך וכן נמי גנבים השנוים במשנתנו אינן נאמנים אלא אם עשו תשובה אבל אם לא עשו תשובה בין אלו ובין אלו הבית כולו טמא . דחיישינן דלמא עברי עלייתו ונגעו בהן כדי לגנבן ונמדרו או לקחו טובים מהן והניחו אלו שלא יכלו לעמסן כולן כאחת . ואמרינן דיקא נמי דקתני במתניתין שהחזירו את הכלים ש"מ כשעשו תשובה ש"מ : ובירושלים נאמנים על הקדש תנא נאמנין על כלי חרס הגסין בירושלים . לפי שאין עושין כבשונות בירושלים ומשום הכי מזדהרי ומנטרי להון לפיכך לא גזרו בהו טומאה מספק . ובשעת הרגל נאמנין אף על התרומה מנא הני מילי אריב"ל דאמר קרא ויאסף כל איש ישראל אל העיר כאיש אחד חברים הכתוב עשה לכל ישראל בשעת אסיפתן כאחד אפי' את עמי הארץ עשה אותן חברים : **מתני'** הפותח את חביתו והמתחיל בעיסתו ברגל פי' כדי למכור ונשאר לו אחר הרגל ר' יהודה אומר יגמור וחכ"א לא יגמור ומיבעיא לן אליבא דחכמים דאמרי לא יגמור מהו שיניחנה לרגל אחר ודחינן יד הכל ממשמשין בה כלומר נגעו בה עמי הארץ ויניחנה לרגל אחר וא"ת אי הכי ברגל עצמו היאך שותין אותה שאני זה הרגל עצמו דהא טומאת עם הארץ ברגל היא רחמנא טהריה הא השתא טמאה . היא ואתינן לאוקומה כתנאי ודחינן לה ואסיקנא [illegible] יניחנה לרגל אחר לרבנן היא והא דתני לא יניחנה לר' יהודה היא ומאי לא יניחנה [illegible] אין צריך להניחה [illegible] ירושלמי [illegible] **מתני'** משעבר הרגל

חיו

*) [illegible] **) [illegible]

הגהות מהר"ב רנשבורג א) גמ' ור' יוחנן אמר אפילו מלאים ואפי' אפיקרסותו לתוכו · [illegible] ואפילו אפיקרסותו וכו' :

ג"ל ממנו

[תוספתא פ"ג]

[פ"ג]

לעיל כב: אהלות פ"ה מ"ד

טהרות פ"ז מ"ו

[שם ע"ש]

ג"ז שם

יבמות כב: ב"ק לד: ב"מ סב. סנהדרין פה.

[ב"ק סב: זבחים לו.]

נדה לד

ביצה יא:

בס"א הגירסא כמספקין וכן הוא בכ"מ פי"א מהל' מטמאי משכב ומושב הל' ו

הגהות הב"ח

(א) גמ' ותסברא והא ר' יהודה : (ב) רש"י ד"ה טמאה הוא וכו' ניחא כמאי :

[לעיל כב:]

Continuation of translation from previous page as indicated by ◁

b of the thieves have trodden![1] — R. Phinehas said in the name of Rab:[2] [The Mishnah speaks of a case] when they have repented.[3] It is moreover to be deduced, for [the Mishnah] teaches: [If the thieves] restore the vessels.[4] Proven.

AND IN JERUSALEM, THEY ARE TRUSTED IN REGARD TO HALLOWED THINGS. A Tanna taught: They are trusted in regard to large earthenware vessels for hallowed things.[5] Why all this?[6] — Because no furnaces were erected in Jerusalem.[7]

AND DURING A FESTIVAL ALSO IN REGARD TO TERUMAH. Whence is this deduced? — R. Joshua b. Levi said: Scripture says: *So all the men of Israel were gathered against the city, associated*[8] *as one man:*[9] thus the verse made them all Associates.[10]

MISHNAH. IF [AN ASSOCIATE] OPENED HIS JAR [OF WINE] OR BROKE INTO HIS DOUGH [TO SELL THEM] ON ACCOUNT OF THE FESTIVAL,[11] R. JUDAH SAYS,[12] HE MAY FINISH [SELLING THEM AFTER THE FESTIVAL];[13] BUT THE SAGES SAY, HE MAY NOT FINISH.[14]

c *GEMARA.* R. Ammi and R. Isaac Nappaḥa[1] sat in the anteroom[2] of R. Isaac Nappaḥa. One began and said: May he leave it for another Festival?[3] — Said the other to him: The hands of all touch it, and you say, Leave it for another Festival! Said the former: Did not, till now, the hands of all touch it?[4] — [The other] replied to him: What a comparison! It is alright up to now, because the Divine Law purified the uncleanness of the *'am ha-areẓ* during the Festival, but now it is unclean [retrospectively].[5]

Shall we say that Tannaim differ thereon?[6] For one [Baraitha] taught: He may leave it for another Festival; and another [Baraitha] taught: He may not leave it for another Festival. Surely, Tannaim differ thereon! — No; the one [Baraitha], which teaches that he may leave it, is according to R. Judah; the other which teaches that he may not leave it, is according to the Rabbis. But can you possibly think so! Behold, R. Judah said: He may finish [selling them]![7] — Rather, [the Baraitha] which teaches that he may not leave it is according to R. Judah, and the one that teaches that he may leave it is according to the Rabbis:[8] and 'he may not leave it' means that there is no need for him to leave it.

MISHNAH. AS SOON AS THE FESTIVAL WAS OVER, THEY CLEARED UP[9] FOR THE PURIFICATION OF THE TEMPLE COURT, IF THE FESTIVAL TERMINATED ON FRIDAY, THEY DID NOT CLEAR UP ON ACCOUNT OF THE HONOUR DUE TO THE SAB-
d BATH.[1] R. JUDAH SAID: NEITHER ON THURSDAY,[2] FOR THE PRIESTS WERE NOT [YET] FREE.[3]

GEMARA. A Tanna taught: For the priests were not [yet] free from [the prior duty of] removing the ashes.[4]

MISHNAH. HOW DID THEY CLEAR UP FOR THE PURIFICATION OF THE TEMPLE COURT? THEY IMMERSED THE VESSELS WHICH WERE IN THE TEMPLE, AND THEY USED TO SAY TO

b (1) Now if the place on which they stood is unclean, then certainly the vessels they took and are now returning must be unclean! (2) In Yeb. 22*b*, R. Papa; in B.M. 62*a*, Raba; in B.Ḳ. 94*b* and Sanh. 85*a* simply: As R. Phinehas said. (3) I.e., only if, in consequence of their repentance, they restored the stolen vessels, are they believed, in accordance with our Mishnah, if they say that they have not been touched. (4) Showing their repentance. (5) And, *a fortiori*, in regard to small vessels. The J.T. distinctly states that they are trusted in regard to the purity of *all* vessels for hallowed things. (6) The question refers also to the regulations regarding small vessels contained in the preceding Mishnah *(p. 162). (7) For making either small or large vessels. Consequently, permission was granted to buy vessels from the *'am ha-areẓ*. In the case of small vessels, which were in greater demand, the permission was extended to a fifteen mile radius round Jerusalem; in the case of large vessels, purchase was permitted only in Jerusalem. (8) E.V. *'knit together'*. (9) Judg. XX, 11. (10) Similarly, at Festivals when *'all the men of Israel were gathered'*, they were to be regarded as Associates. (11) Although the goods are touched by *'amme ha-areẓ*, they remain clean throughout the Festival (cf. *supra* n. a6). (12) The order of the disputants is reversed in Rashi. (13) Otherwise the vendors will be discouraged from selling their goods, and the pilgrims will not have sufficient food; v. Beẓ. 11*b*. (14) I.e., he may not sell the goods, because they are considered unclean retrospectively (v. *infra* n. c8 and cf. next Mishnah).

c (1) I.e., 'smith'. (2) Lit., 'curtain'; 'curtained enclosure'. (3) The question refers to the view of the Sages in the Mishnah, i.e., may the goods be kept till the following Festival, when again all are regarded as clean? (4) I.e., during the Festival so many *'amme ha-areẓ* touched it, and yet it is considered clean throughout the festive period. (5) An Associate may never sell unclean goods; and although throughout the Festival the goods were held to be clean, immediately after the Festival the concession ceases, and the goods become retrospectively unclean, because they were touched by *'amme ha-areẓ*. (6) I.e., on the question raised above as to whether the wine etc. may be left for another Festival. (7) After the Festival and need not leave them over for the next Festival. (8) Rashi reverses the order of the disputants; cf. *supra* n. b 12. (9) Lit., 'removed', *sc.* the utensils, which, having been touched during the Festival by *'amme ha-areẓ*, now become retrospectively unclean.

d (1) Every priest had to make preparations for the Sabbath in his own home. (2) But waited till after the Sabbath. (3) V. Gemara. (4) Which were piled up during the whole of the Festival in the centre of the altar, called *Tappuaḥ* (Apple); v. Tam. II, 2.

*See Corrigenda.

וכן שניהם יוצאין · הואיל ומאתו לפנים ושם לא לקח (*וממנו) לא יקח עוד וכ"ש קדר נכנס וחבר יוצא הואיל וסוף הקדר ליכנס לפנים יחזור החבר הצריך ליקח ויקח: תנא נאמנין על כלי חרס הדקין לקדש · הא דתנן מן המודיעים ולפנים נאמנין על כלי חרס בכלי חרס הדקין אמרו שא"א בלא הם כדפרשינן לעיל אבל גסין כגון חבית ליין אין נאמנין אלא בתוך ירושלים כדלקמן ואני לא כך שמעתי ולבי מגמגם על שמועתי שמעתי כשפיכן גר שאין אלבעו נכנס לתוכו וסופיע שאינו מטהרין אותם אפילו מליאים משקין טמאין: ואפי' אפיקרסותו בתוכו · אפי' מלאין משקין שלו שאינן של קדש: ואל תתמה · שכל דברי חכמי' כך הן שהרי שמעתי אבל כלי חרס המציל את המשקין שבתוכו ואין מציל כל כלי שטף שהלגין טמאין טומאת שבעה והמשקין טהורין:

(נ"ל ממנו)

או שניהן יוצאין כלחוץ אמר אביי אף אנן נמי תנינא הקדר שמכר את הקדירות ונכנס לפנים מן המודיעים טעמא דלפנים מן המודיעים הא מודיעים גופה לא מהימן אימא סיפא יצא אינו נאמן הא מודיעים גופה נאמן אלא לאו ש"מ כאן בקדר יוצא וחבר נכנס כאן בששניהן יוצאין או שניהן נכנסין שמע מינה *תנא נאמנין בכלי חרס הדקין לקודש אמר ר"ל והוא שניטלין בידו אחת ור' יוחנן אמר אפי' שאין ניטלין בידו אחת אמר ר"ל לא שנו אלא ריקנין אבל מלאין לא א) ורבי יוחנן *אמר אפי' מלאים ואפילו אפיקרסותו לתוכו ואמר רבא ומודה ר' יוחנן במשקין עצמן שהן טמאין ואל תתמה *שהרי לגין מלא משקין לגין טמאין טומאת שבעה ומשקין טהורין: מתני' הגבאין שנכנסו לתוך הבית וכן הגנבים שהחזירו את הכלים נאמנין לומר לא נגעו ובירושלים נאמנין על הקודש ובשעת הרגל אף על התרומה: גמ' ורמינהי *הגבאין שנכנסו לתוך הבית הבית כולו טמא ל"ק הא דאיכא נכרי הא דליכא נכרי בהדיהו דתנן *אם יש נכרי עמהן נאמנין לומר נכנסנו אבל אין נאמנים לומר נכנסנו אבל לא נגענו וכי איכא נכרי בהדיהו מאי הוי ר' יוחנן ור' אלעזר חד אמר אימת נכרי עליהן וחד אמר אימת מלכות עליהן מאי בינייהו איכא בינייהו נכרי שאינו חשוב: וכן הגנבים שהחזירו את הכלים: ורמינהי *הגנבים שנכנסו לתוך הבית אינו טמא אלא מקום דריסת רגלי הגנבים *אמר רב פנחס משמיה (*דרב) כשעשו תשובה דיקא נמי דקתני שהחזירו את הכלים ש"מ: ובירושלים נאמנין על הקודש: תנא נאמנין על כלי חרס גסין לקודש וכל כך למה *שאין עושין כבשונות בירושלים: ובשעת הרגל אף על התרומה: מנהני מילי אמר רבי יהושע בן לוי דאמר קרא ויאסף כל איש ישראל אל העיר כאיש אחד חברים הכתוב עשאן כולן חברים: מתני' *הפותח את חביתו והמתחיל בעיסתו על גב הרגל ר' יהודה אומר יגמור וחכ"א לא יגמור: גמ' יתיב ר' אמי ורבי יצחק נפחא אקילעא דר' יצחק נפחא פתח חד ואמר מהו שיניחנה לרגל אחר א"ל אחר איך יד הכל ממשמשין בה ואת אמרת יניחנה לרגל אחר א"ל אטו עד האידנא לאו יד הכל ממשמשין בה א"ל הכי השתא בשלמא עד האידנא טומאת עם הארץ ברגל רחמנא טהרה אלא השתא טמאה היא נימא כתנאי דתני חדא יניחנה לרגל אחר ותניא אידך לא יניחנה לרגל אחר מאי לאו תנאי היא לא הא דקתני יניחנה ר' יהודה והא דקתני לא יניחנה רבנן ותסברא (א) הא רבי יהודה יגמור קאמר אלא הא דקתני לא יניחנה רבי יהודה והא דקתני יניחנה רבנן ומאי לא יניחנה שאין צריך להניחה: מתני' משעבר הרגל מעבירין על טהרת עזרה עבר הרגל ליום ששי לא היו מעבירין מפני כבוד השבת רבי יהודה אומר אף לא ביום ה' שאין הכהנים פנויין: גמ' תנא שאין הכהנים פנויין מלהוציא בדשן: מתני' כיצד מעבירין על טהרת עזרה מטבילין את הכלים שהיו במקדש ואומרין להם הזהרו שלא

טעונין

רש"י

תורה אור

ואל תתמה · שכל דברי חכמי' כך הן שהרי שמעתי אבל כלי חרס המציל את המשקין שבתוכו ואין מציל כל כלי שטף שהלגין טמאין טומאת שבעה והמשקין טהורין: מתני' הגבאין · ישראל שהן גבאין למלך נכרי לגבות מיד ישראל גולגליות ומסין וארנוניות: שנכנסו לתוך הבית · לעבוט עבוטו וכן הגנבים שגנבו כלי חרס והחזירום: נאמנים לומר · שלא נגעו לתוכו לקדש נאמנין אבל לא לתרומה דכולה מתני' אחומר בקדש מתרומה קיימא ובהדיא שנינו בתוספתא* הגבאין שנכנסו לתוך הבית נאמנין על טהרת חטאת ואין נאמנין על טהרת תרומה והאי חטאת בשר קדש ולא אפר חטאת כדמוכח התם אף אם עשו תשובה דשין בטומאה הן: ובירושלים נאמנין כו' · מפרש בגמרא: גמ' כל הבית כולו טמא · כל כלי הבית טמאין שחזקה הגבאין ממשמשין בכלים: איכא נכרי בהדייהו · אין נאמנין לומר לא נגעו דמרתתו אם לא יחפשו כל הבית: אימת נכרי עליהם · פן יעניסם בגוף או בממון: אימת מלכות · שמא ילשין עליהן נכרי אל המלך: נכרי שאינו חשוב · אימתו ליכא אימת מלכות איכא: אלא מקום דריסת רגלי הגנבים · מ"מ דריסתו מיהא טמא וכ"ש כלים שגנבו והחזירו: כשעשו תשובה · ומחמת תשובה החזירום הלכך לא משקרי: על כלי (תוספ' כ) חרס הגסין · וכ"ש הדקין ובהדיא תניא בירושלמי נאמנין על טהרת כל הכלים לקדש: וכל כך למה · מהדר אף על הדקים מן המודיעים ולפנים: שאין עושין כבשונות בירושלים · לא לדקים ולא לגסין ומיהו בדקים הוצרך לאנשי ירושלים שכל יחיד ויחיד נסכו בביתו לכך הוסיפו להן טהרה ליחידים מגבול מודיעים אבל בעלי הלשכה *המוסרין נסכים לגבור די להם בנכנסין לתוך העיר ולשם בלבד האמינום על החביות א"נ יחידים צריכים לדקים אף לבישול שלמיהן יום יום: ויאסף כל איש ישראל וגו' · בפלגש בגבעה כתיב שנאספו כל ישראל בגבעה: הכתוב עשאן חברים · ורגל שעת אסיפה הוא: מתני' הפותח את חביתו · חבר שפתח את חביתו למכור יין בירושלים ברגל וכל הבא ליקח ממשמש ואף עמי הארץ ממשמשים: לא יגמור · אחר הרגל אע"פ שברגל הן טהורין לא שטהרתן טהרה אלא שברגל הכל חברים אבל לאחר הרגל מגעו טמא למפרע כדאמר במתני' עבר הרגל מטבילין כלי העזרה מפני שנגעו בהן ע"ה ברגל: רבי יהודה אומר יגמור · וטעמא מפ' במסכת ביצה (דף יא:) ג' דברים הותרו סופן משום תחלתם וזה כמו כן שאם אתה אומר לא יגמור אף הוא לא יתחיל ואין מזון מצוי לעולי רגלים: גמ' מהו שיניחנה כו' · אליבא דרבנן בעי לה: אטו האידנא · כל ימי הרגל לא ממשמשו בה הכל והתרת ברגל: טמאה היא · למפרע וחבר אינו רשאי למכור דבר שהוא טמא לעולם וי"מ אותה בע"ה ואי אפשר לומר בע"ה לא יגמור דמי לייט לן והלא אומר שלך טמא ושלי טהור* וימלא לו מחבירו הרבה שימכור להם ואם בא לאסור שלא יקחו חברים ממנו יקחו ולא מיבעי ליה ועוד דאמר במסכת ביצה שזו היא אחד מג' דברים שהותרו סופן משום תחילתן ואי בע"ה אפי' לא שריא ליה לגמור ניחא (ג) במאי דמזבין ברגל: ה"ג מאי לאו תנאי היא לא הא דקתני יניחנה ר' יהודה והא דתני לא יניחנה רבנן ותסברא והא רבי יהודה יגמור קאמר אלא הא דתניא יניחנה רבנן והא דתניא לא יניחנה רבי יהודה היא ומאי לא יניחנה כו' · מאי לאו תנאי היא ואליבא דרבנן ותפשוט בעיא דלעיל דפלוגתא דתנאי היא: מתני' מעבירין על טהרת עזרה · מעבירין את הכלים ממקומן ולהטבילן ולטהר את העזרה מטומאת ע"ה שנגעו בהן ברגל שאע"פ שעשאם הכתוב חברים ברגל לא מפני שטהורין הן הלכך לאחר הרגל מגען טמא למפרע: מפני כבוד השבת · שהיו הכהנים צריכין להתעסק איש בביתו בצרכי שבת: אף לא ליום החמישי · אם עבר הרגל ליום חמישי אין מטבילין אותן עד לאחר השבת: גמ' לפי שאין הכהנים פנויין · במוצאי יום טוב להטבילן שטרודין להוציא הדשן שעל התפוח שבאמצע המזבח שקיבלו שם כל ימות הרגל כל דשן של מערכה: מתני' ואומרים להם · לכהנים ע"ה ברגל הזהרו שלא תגעו בשלחן · שלא יוכלו להטבילו לאחר הרגל שאי אפשר לסלקו ממקומו דכתיב ביה לחם פנים לפני תמיד (שמות כה):

תוספות

הגבאין שנכנסו לבית וכו' · לקדש ובתרומה קאי ולא לחטאת ובהדיא תניא בתוספתא הגבאים שנכנסו לבית נאמנין לומר לא נגעו על טהרת חטאת ועל טהרת תרומה והא חטאת הוי קדש כדקתני התם ולא אפר חטאת ואפי' עשו תשובה · הר"ר שמשון:

ובירושלים נאמנין על טהרת כלי חרס הגסים · וכ"ש הדקין וכן תניא בהדיא בירושלמי נאמנין על טהרת כל הכלים · הר"ר שמשון:

שלא

מסורת הש"ס

[תוספתא פ"ג] · [פ"ג] · לעיל כב: אהלות פ"ה מ"ד · טהרות פ"ז מ"ז · [שם ע"ש] · ג"ז שם · יבמות כב: ב"ק לד: ב"מ סב. סנהדרין פה. · [ב"ק סב: זבחים נו.] · נדה לד · ביצה יא: · בס"א הגירסא המספקין וכן הוא בכ"מ פי"א מהל' מטמאי משכב ומושב הל' ו · [לעיל כב:]

[נ"ל דרבה כ"ה בב"מ וביבמות דרב פפא ובסנהדרין ובב"ק איתא כדאמר רב פנחס כשעשו כו'] וכמאס דוכתין בש"ס מלינו רבא וכנ"ל כמ"ש הגאון בעל סה"ד וכן מפורש ברש"י סנהדרין סוף עמוד א':

עין משפט נר מצוה

נב א ב מיי' פי"א מהל' מטמאי משכב ומושב הלכה ה:
נג ג ד מיי' שם פי"ג הלכה יב:
נד ה ו מיי' שם הל' יד:
נה ז ח מיי' שם פי"א הלכה ה:
נו ט מיי' שם הל' ט:
נז י מיי' שם הל' י:
נח כ מיי' שם הל' יא:

הגהות הב"ח

(א) גמ' ותסברא והא ר' יהודה: (ג) רש"י ד"ה טמאה הוא וכו' ניחא ליה במאי:

רבינו חננאל

תנא נאמנין על כלי חרס הדקין לקדש אמר ר"ל והוא שניטלין בידו אחת וריקנין אבל מליאין לא כלומר אינם נאמנים ור' יוחנן אמר אע"פ שאינן ניטלין בידו אחת ובין מליאין ובין ריקנין ואפי' אפיקרסתו לתוכן נאמנין אמר רבה אע"ג*) דר"ל אמר אין נאמנין על כלי חרס מליאין [מודה] היה במשקין עצמן שהן טהורין ואל תתמה שהרי לגין טמא טומאת שבעה ומשקין טהורין. **)קודם לניתות שבעים יום נאמן אמר אביי ש"מ דיטרח אריסא מקמי הגתות אגולפי שבעים יום: מתני' הגבאים שנכנסו לתוך הבית נאמנים לומר לא נגענו. אוקימנא בדאיכא נכרי בהדייהו כדתנן אם יש נכרי נאמן לומר נכנסנו אבל לא נגענו פ"ט ר' יוחנן ור' אלעזר חד א' אימת נכרי עליהן וחד אמר אימת מלכות עליהן. מאי בינייהו איכא בינייהו נכרי שאינו חשוב דלית להו אימה. והא דתנינן הגבאין שנכנסו לתוך הבית כולו טמא אוקימנא בדליכא נכרי בהדייהו. דכיון דלית איפתת דחד עלייהו נגעו בכל כלים שבבית. וכן הגנבים שהחזירו את הכלים נאמנים לומר לא נגענו פי' לא נגעו זולתם. דווקא שהחזירו הא לא החזירו כל הבית טמא ומקשינן עלה כל הבית טמא ורמינהו הגנבים שנכנסו לתוך הבית אין טמא אלא מקום רגלי גנבים הנה אע"פ שלא החזירו הכלים הבית טהור כלומר אינו טמא. ופריק רב פנחס בגנבים שבאו לגנוב ועשו תשובה ולא גנבו כלום. ואמרינן כשם שלא גנבו לא נגעו ואין טמא אלא מקום מגע רגליהם ודאי דאי אפשר לעבור אא"כ נגעו ומשום שעשו תשובה אין אנו מחזיקין אותם בזה הדרך וכן נמי תבים השנים במשנתנו אינן נאמנים אלא אם עשו תשובה אבל אם לא עשו תשובה בין אלו ובין אלו הבית כולו טמא. דחיישינן דלמא עברי עלייתו ונגעו בהן כדי לגנבן ונמרדו או לקחו טובים מהן והניחו אלו שלא יכלו לעמסן כולן כאחת. ואמרינן דיקא נמי דקתני במתניתין שהחזירו את הכלים ש"מ כשעשו תשובה ש"מ: ובירושלים נאמנים על הקדש תנא נאמנין על כלי חרס הגסין בירושלים. לפי שאין עושין כבשונות בירושלים ומשום הכי מזהרי ומנטרי להון לפיכך לא גזרו בהו טומאה מספק. ובשעת הרגל נאמנין אף על התרומה מנא הני מילי אריב"ל דאמר קרא ויאסף כל איש ישראל העירה כאיש אחד חברים הכתוב עשה לכל ישראל בשעת אסיפתן כאחד אפי' את עמי הארץ עשה אותן חברים: מתני' הפותח את חביתו והמתחיל בעיסתו ברגל פי' כדי למכור ונשאר לו אחר הרגל ר' יהודה אומר יגמור וחכ"א לא יגמור ומיבעיא לן אליבא דחכמים דאמרי לא יגמור מהו שיניחנה לרגל אחר ודחינן יד הכל מטשמשין בה כלומר נגעו בה עמי הארץ ויניחנה לרגל אחר וא"ת אי הכי ברגל עצמו היאך שותין אותה שאני זה הרגל עצמו דהא טומאת עם הארץ ברגל והיא רחמנא טהריה הא השתא טמאה היא ואתינן לאוקומה כתנאי ודחינן לה ואסיקנא דהיא תנא דתני יניחנה לרגל אחר לרבנן היא והא דתני לא יניחנה לר' יהודה היא ומאי לא יניחנה כלומר אין צריך להניחה אלא יגמור וישתה את כולה: ירושלמי ר' חנניה בשם ר' יוחנן התירו סופן משום תחילתן שאם אתה אומר לא יגמור אף הוא אינו פותח ונמצא ממעט בשמחת הרגל: מתני' משעבר הרגל

היו

*) נ"י רבינו הוא לסיפך מגי' דילן דמשקין הן טהורין אף לר"ל וגירסתו מוכרחת מהראיה שהביאה רבה מלגין ודו"ק. **) דברי רבינו אלו עד המשנה שייכים לעיל דף כ"ה ע"ב ·

הגהות מהר"ב רנשבורג א] גמ' ור' יוחנן אמר אפילו מלאים ואפי' אפיקרסותו לתוכו · כ"כ עי' פרש"י ומ"ש בזה בספר טורי אבן בד"ה ואפילו אפיקרסותו וכו':

תורה אור

*שלא תגעו בשלחן ‏יכל הכלים שהיו במקדש יש להם שניים ושלישים שאם נטמאו הראשונים יביאו שניים תחתיהן ‏יכל הכלים שהיו במקדש טעונין טבילה חוץ ממזבח הזהב ומזבח הנחשת מפני שהן כקרקע דברי ר"א וחכ"א ‏דמפני שהן מצופין: **גמ'** תנא הזהרו שמא תגעו בשולחן ובמנורה ותנא דידן מ"ט לא תני מנורה שלחן כתיב ביה תמיד מנורה לא כתיב בה תמיד ואידך כיון דכתיב (שמות כו) ‏ואת המנורה נכח השלחן כמאן דכתיב בה תמיד דמי ואידך ההוא לקבוע לה מקום הוא דאתא ותיפוק לי דכלי עץ העשוי לנחת הוא *וכל כלי עץ העשוי לנחת לא מטמא מאי טעמא *דומיא דשק בעינן מה שק מיטלטל מלא וריקם אף כל מיטלטל מלא וריקם האי נמי מיטלטל מלא וריקם הוא כדר"ל *דאמר ר"ל מאי דכתיב (ויקרא כד) ‏על השלחן הטהור מכלל שהוא טמא ואמאי כלי עץ העשוי לנחת הוא ואינו מקבל טומאה אלא מלמד שמגביהין אותו ומראין בו לעולי רגלים לחם הפנים ואומרים להם ראו חיבתכם לפני המקום סילוקו כסידורו *דא"ר יהושע בן לוי נס גדול נעשה בלחם הפנים כסידורו כך סילוקו שנאמר (שמואל א כא) ‏לשום לחם חום ביום הלקחו ותיפוק לי משום ציפוי דהתנן *השלחן והדולפקי שנפחתו או שחיפן בשייש ושייר בהם מקום הנחת כוסות טמא ר' יהודה אומר מקום הנחת החתיכות וכי תימא שאני עצי שטים דחשיבי ולא בטלי הניחא לר"ל דאמר לא שנו אלא בכלי אכסלגים הבאין ממדינת הים אבל בכלי מסמים לא בטלי שפיר אלא לרבי יוחנן דאמר ‏אפילו בכלי מסמים נמי בטלי מאי איכא למימר וכי תימא כאן בציפוי עומד כאן בציפוי שאינו עומד והא בעא מיניה ר"ל מרבי יוחנן בציפוי עומד או בציפוי שאינו עומד בחופה את לבזבזיו או בשאינו חופה את לבזבזיו וא"ל ‏לא שנא בציפוי עומד ולא שנא בציפוי שאינו עומד לא שנא בחופה את לבזבזיו ולא שנא בשאינו חופה את לבזבזיו אלא שאני שלחן דרחמנא

רש"י

טעונין טבילה · מפני טומאת הרגל: חוץ ממזבח הזהב ומזבח הנחשת מפני שהן כקרקע · שהכתוב קראו מזבח אדמה ושלחן הא אמרן דלא נגעו בו: מפני שהן מצופין · בגמרא מפרש: **גמ'** מנורה לא כתיב בה תמיד · כלומר התמידין האמורין במנורה לא תמיד יומם ולילה קאמר אלא תמיד מלילה ללילה כתמיד האמור בעולת תמיד ובחביתי כ"ג אבל ביום לא היה דולק מערב עד בוקר כתיב (שמות כז) תן לה מדת השמן שיש בה כדי לידלק מערב עד בוקר לפיכך כל היום אתה יכול לסלקה ולהטבילה אבל תמיד האמור בשלחן תמיד יום ולילה הוא דמשבת לשבת הוא ערוך עליו: נכח השלחן · כל זמן שהשלחן שם תהא מנורה נוכחו: ותיפוק לי · דאי נמי נגעו בשלחן לא מיטמאו ליה דהא כלי עץ העשוי לנחת במקום אחד הוא: דומיא דשק בעינן · לענין טומאה איקשו כלי עץ לשק דכתיב כל אשר יפול עליו מהם במותם יטמא מכל כלי עץ או בגד או עור או שק (ויקרא יא): מה שק מיטלטל מלא וריקם · יצא העשוי לנחת דאינו מיטלטל מלא וריקן יצא כלי עץ המחזיק מ' סאה בלח שהן כוריים ביבש אע"פ שמיטלטל ריקן אינו מיטלטל מלא שאם יטלטלו מלא ישבר: השלחן הטהור · שאמרתי שיהא טהור מכלל שהוא ראוי לטומאה והלא כלי עץ העשוי לנחת הוא: סילוקו כסידורו · שסילוקו לשבת הבאה חם כיום סידורו: חם ביום הלקחו · שיהא חם ביום הלקחו מעל השלחן: ותיפוק לי · דמקבל טומאה ואפילו הוא עשוי לנחת: משום ציפויו · שהוא מתכת דכלי מתכת לא איתקש לשק: דהתנן · דבתר ציפוי אזלינן: הדולפקי · כסא המתקפל ומכוסה עור: שחיפהו בשיש · דשוב הוי ככלי אבנים שאין מקבלין טומאה: ושייר בהן · מן הפחיתה או מן החיפוי כדי הנחת כוסות: טמא · שעדיין ראוי למלאכתו ראשונה: רבי יהודה אומר · צריך אף הנחת חתיכות לחם ובשר ואי לאו שלחן הוא אלמא ציפוי מבטלו אפילו להקל וכל שכן להחמיר: לא שנו · הך דקתני ציפוי מבטלו אלא בעצי אכסלגים שאינו חשוב כ"כ: ציפוי שאינו עומד · שאינו מחוזק במסמרים יפה ותאמר דההוא דמקדש לאו עומד הוא: לבזבזין · שפה לשלחן סביב:

רחמנא

תוספות

שלא תגעו בשלחן · כבהגים עמי הארץ ההולכין להיכל להשתחוות קאמר דאילו ישראל לא היו רשאין ליכנס אף בין אולם למזבח וכן פירש רש"י: מנורה לא כתיב בה תמיד · פי' רש"י דתמיד דכתיב בה לא דמי לתמיד דשלחן דהאי תמיד מלילה ללילה הוי כמו עולת תמיד האמור בתמיד ובחביתי כ"ג אבל ביום לא היה דולק מערב ועד בקר כתיב תן לה מדתה מערב עד בקר הלכך כל היום יכול לסלקה אבל תמיד האמור בשלחן כל היום וכל הלילה דלחם נסדר עליו משבת לשבת והקשה הר"ר אלחנן דהא במסכת תמיד (דף ל:) משמע דנר מערבי דולק כל היום שממנה היה מדליק ובה היה מסיים ומסתמא מתמיד נפקא ועוד קשה להר"ר אלחנן עלה דההיא דהא כתיב מערב עד בקר ושיערו חכמים מדתה מחצי לוג* [מנחות פט.] וי"ל (א) דמ"מ לא היה בה טפי מבשאר נרות ומ"מ ממילא מחמת הנס דולק כל היום ובשעה שלא היה הנס היו דולקין אותה בבקר כדי להדליק ממנה האחרות: כלי עץ העשוי לנחת · הקשה הר"ר אלחנן כל שנים שהיו ישראל במדבר היו מטלטלים אותה ואם כן אין עשוי לנחת ואם כן אמאי צריך ראייה מקרא השלחן הטהור מכלל דאיכא טמא ותירץ דלא איצטריך קרא רק לנוב וגבעון ושילה ובית עולמים שלא היתה מטולטלת ושמעינן מקרא שהיו מגביהין אותה ולא נראה כיון שהיתה מטולטלת כבר אף משבאו לבית עולמים נמי לא נפקא מידי קבלת טומאה ראשונה אלא י"ל דלא מהני טלטולה לבדה כי אם בהדי שאר כלים: סילוקו כסידורו · לענין שהיה חם ומה שאמר הפסוק חום ביום הלקחו לאו דוקא אלא דחם לא היה דליכא מ"ד במנחות (דף לה:) שיהא נאפה מערב שבת ולאי אפשר שישמור החום עד השבת אם לא שנאמר לדבריו נשאר בתנור לשמור חומו עד השבת בבקר: בכלי אכסלגים · יתכן לפרש שהיה שם עיר וחשובים כלים הבאים משם וקשה דהכא משמע של עץ היו והתם בזבחים פרק דם חטאת (דף צד·) משמע שהיו של עור כדפי' רש"י גבי העור טעונכבוס במקו' קדוש: [וע' תוס' מנחות נז· ד"ה כלי]:

כאן בציפוי עומד · ושל מקדש לא היה עומד דשלש שולחנות היו במקדש כמין שלשה ארונות שעשה בצלאל והציפוי נוח להסירו וי"מ בציפוי עומד לפוי דשייש כגון שלחן ודולבקי דשייש עב וחזק וגם בלא עץ נמי עומד מאליו לכך לא חשיב העץ אבל שלחן של משה הזהב היה דק וקלוש ובלא עץ לא מצי קאי לפיכך העץ עיקר והצפוי בטל לגביה:

שאני שלחן דרחמנא קרייה עץ · יש להקשות מזבח נמי איקרי עץ דכתיב המזבח עץ שלש אמות ותנן ליה במתני' דפליגי ביה משום דלא בטיל הצפוי אגב העץ אלא העץ בטל ועוד אמר בסמוך ואיבעית אימא רבנן לר"א קאמרי מאי דעתך משום דמטופין מיבטל בטל צפוי לגבייהו אלמא טעמא משום דהצפוי בטל לגבי העץ ואילו גבי שלחן ודולבקי היכא דלא שייר כלום בטל העץ אגב הצפוי ומיהו הך קרא דמזבח של עץ מתרגם יהונתן פתורא דסמוך למזבח דדהבא אבל מזבח לא מיקרי של עץ וגם שלחן לא מיעו דאיקרי עץ כי אם השלחן דסמוך למזבח מדאפקי' בלשון מזבח אבל שמא שלחן ודולבקי עץ לא איקרי לפיכך לא בטיל הצפוי לגבייהו אי לא שייר כלום והר"ר אלחנן פי' דלא קשה מידי כדתנן במתני' כל הכלים שהיו במקדש טעונים טבילה חוץ ממזבח הזהב והנחשת מזבח הנחשת דכתיב מזבח אבנים תעשה לי מזבח הזהב דכתיב המנורה והמזבחות ואיתקוש להדדי לפיכך נבטל צפוי גבי מזבח הנחשת הלכך לא מקבלי טומאה אך צריך עיון האי קרא דמזבח שלש אמות במאי מיתוקם אי מזבח הזהב אמתים ותו לא:

שולחם

עין משפט נר מצוה

נט א מיי' פ"א מהל' מטמאי משכב ומושב הלכה יא:

ס ב מיי' פ"ג מהלכות כלי המקדש הל' יט:

סא ג ד מיי' פ"א מהל' מטמאי משכב ומושב הלכה יא:

סב ה מיי' פ"ג מה' כלים הלכה א:

סג ו ז ח מיי' שם פ"ו הלכה טו:

רבינו חננאל

היו מעבירין על טהרת העזרה מטבילין הכלים ששמשו בהן במקדש. ואומר להן הזהרו שמא תגעו בשלחן מכלל שאם יגעו בשלחן מטמא ומקשינן וכי שולחן בר קיבולי טומאה הוא והא כלי עץ העשוי לנחת הוא וכל כלי עץ העשוי לנחת לא מקבל טומאה דבעינן כלי עץ דומיא דשק דמיטלטל מלא וריקם אף כלי עץ מיטלטל מלא וריקם ופרקינן שלחן זה שבמקדש נמי מיטלטל ואפי' מלא דהא מגביהין היו הכהנים אותו בעודנו הלחם סדור עליו ומראין אותו לעולי רגלים. ומקשינן ולולי שמיטלטל מלא וריקם שלחן של מקדש לא הוה מטמא · תיפוק לי משום ציפוי דכיון דהוא מצופה זהב הוה ליה ככלי מתכות ומקבל טומאה דהא נפק ליה מתורת כלי עץ דתנן בכלים פרק כ"ב השלחן והדולפקי שנפחתו או שחיפן בשייש כו'. ואסיקנא טעמא דשייר מקום הנחת כוסות שלא חיפהו בשייש אבל לא שייר בו מקום שאינו מחופה טהור שבא החיפוי בשייש שאינו מקבל טומאה כדקי"ל כלי גללין כלי אבנים כלי אדמה אינןמקבלין טומאה וביטל העץ ויבא צפוי הזהב ויבטל העץ ויקבל טומאה ככלי מתכות דהא אפי' פשוטין מקבלין. וכי תימא שאני עצי שטים דכיון דחשיבי לא בטלי בציפויין. הניחא לר"ל דאמר לא שנו שלחן שחיפהו בטיל עצו אלא בכלי אכסלגים דוילי. אבל בכלי [מסמים] פי' עצי (אבנים) [מסמים] א) דיקירי לא בטיל אלא לר' יוחנן דאמר כל כלי עץ בטל בציפויין ל"ש כלי אכסלגס ול"ש כלי מסמים ל"ש ציפוי עומד ל"ש ציפוי שאינו עומד ל"ש חופה את לבזבזין ול"ש אינו חופה הכל בטל בצפויו. האי שלחן כיון דמצופה הוא אע"ג דאינו מיטלטל מלא וריקם הרי הוא ככלי מתכות ומקבל טומאה. ופרקי' שאני שלחן של מקדש דהוא אע"ג דמצופה זהב הוא

א) וכ"ה בערוך ערך אכסלגס ע"ש.

מסורת הש"ס

[מנחות פט.]

[יומא כח: מגילה כו: מנחות נז:]

[שבת פג: וש"נ]

[מנחות כט: לו: יומא כא. כח.]

מנחות צו:

כלים פכ"ב מ"א

[מנחות נז:]

הגהות הב"ח

(א) תוס' ד"ה מנורה וכו' וי"ל דנר מערבי לא היה בה שמן טפי:

THEM:[5] 'TAKE HEED [26b] THAT YE TOUCH NOT THE TABLE [AND THUS RENDER IT UNCLEAN]'.[6] ALL THE VESSELS THAT WERE IN THE TEMPLE HAD SECOND AND THIRD SETS, SO THAT IF THE FIRST WERE RENDERED UNCLEAN, THEY MIGHT BRING A SECOND SET IN ITS PLACE. ALL THE VESSELS THAT WERE IN THE TEMPLE REQUIRED IMMERSION,[7] EXCEPT THE ALTAR OF GOLD[8] AND THE ALTAR OF BRONZE,[9] FOR THEY WERE ACCOUNTED AS THE GROUND:[10] THIS IS THE VIEW OF R. ELIEZER. BUT THE SAGES SAY: BECAUSE THEY WERE OVERLAID [WITH METAL].[11]

GEMARA. A Tanna taught: 'Take heed lest ye touch the Table or the Candlestick'.—Why does not our Tanna mention the Candlestick?—In connection with the Table, there is written [the
a word] *'Tamid'* [perpetual];[1] in connection with the Candlestick, there is not written [the word] *'Tamid'*.[2] And the other [Tanna]?[3]—Since it is written: *And the Candlestick over against the Table,*[4] it is as though [the word] *'Tamid'* were written in connection therewith.[5] And the other [Tanna]?[6]—That [verse] comes merely to fix its place. But I can, [on the contrary,] deduce it[7] from the fact that [the Table] is a wooden utensil made for resting [things on it],[8] and any wooden utensil made for resting [things on it] is not subject to uncleanness!—What is the reason?—We require it to be like a sack:[9] just as a sack is movable both full and empty, so everything that is movable both full and empty [is susceptible to uncleanness].[10] This, too, is movable both full and empty. As Resh Lakish [said]: for Resh Lakish said: What is the meaning of the verse, *Upon the clean table?*[11] The inference is that it is susceptible to uncleanness. But why? It is a wooden utensil made for resting [things on it], and cannot, therefore, contract uncleanness! It teaches, therefore, that they used to lift it and show thereon to the Festival pilgrims the showbread, and to say to them: Behold the love in which you are held by the Omnipresent; it is taken away as [fresh as] it is set down. For R. Joshua b. Levi said: A great miracle was performed in regard to the showbread: As [fresh as] it was when set down, so was it taken away. For it is said: *To put*
b *hot bread in the day when it was taken away.*[1] But I can deduce this[2] from the fact that it is overlaid![3] For behold we have learnt: If a table or a side-table[4] was damaged,[5] or was overlaid with marble,[6] but room was left[7] for setting cups thereon, it remains susceptible to uncleanness.[8] R. Judah said: There must be room [also] for setting portions [of food thereon].[9] And should you say, Acacia wood[10] is valuable and is not nullified [by the plating], this would be quite right according to Resh Lakish, who said: They taught this[11] only of utensils of common wood,[12] which come from overseas, but utensils of polished wood[13] are not nullified. But what can one say according to R. Johanan, who said: Even vessels of polished wood become nullified [by the plating]? And should you
c say: The one [Mishnah] refers to a fixed[1] covering, the other to a covering that is not fixed,[2] behold Resh Lakish asked R. Johanan: [Does it[3] apply only] to a fixed covering, or [also] to a covering that is not fixed? [Only] to overlaid rims, or [also] if the rims are not overlaid? And he answered him: It makes no difference whether the covering is fixed or the covering is not fixed; whether the rims are overlaid or the rims are not overlaid! Rather, [must you say],

(5) I.e., to the *'amme ha-arez* priests who went to prostrate themselves in the *Hekal* (i.e., the Holy Hall where the golden altar etc. stood). Ordinary Israelites, on the other hand, were not permitted to pass even between the Entrance Hall and the altar. (6) I.e., the table of the showbread, which could not be removed for immersion since the showbread was to lie on it continually, v. Gemara. Some texts add: 'And the Candlestick'; but v. *infra*. (7) On account of the uncleanness contracted during the Festival. (8) V. Ex. XXX, 1ff. (9) V. Ex. XXVII, 1ff and I Kings VIII, 64. (10) Utensils of earth are not susceptible to uncleanness; v. pp. 170-171 and cf. Sheb. X, 7; Uk. III, 10. (11) Explained *infra* 27a; cf. Kel. XI, 2, 4, 6.

a (1) V. Ex. XXV, 30 (*'always'*). (2) Actually, the word *'Tamid' is* used of the Temple lamp (cf. Ex. XXVII, 20, *'to cause a lamp to burn continually'*); but, as Rashi points out, it has not the same meaning when applied to the Candlestick as when applied to the Table. In the case of the latter, *'perpetual'* means 'day and night', for the showbread remained on the Table from Sabbath to Sabbath. In the case of the former, it merely means 'every night', as the expression *'from evening unto morning'* (ibid. XXVII, 21) indicates (v. Men. 89a); thus, the Candlestick could be removed during the day. For a similar use of the word *'Tamid'* cf. Ex. XXIX, 38 and Lev. VI, 13. For the difficulty raised by the statement in Tam. 30b that the western lamp of the Candlestick burned all day, v. Tosaf. a.l. (s.v. מנורה). (3) I.e., why does the Tanna of the Baraitha include the Candlestick? (4) Ex. XXVI, 35. (5) I.e., the meaning of the verse is—so long as the Table is there so long must the Candlestick be over against it. (6) I.e., why does the Tanna of our Mishnah exclude the Candlestick? (7) I.e., the insusceptibility of the Table to uncleanness. (8) So Jast. and Levy; But Rashi explains: a wooden utensil intended to *rest in one place;* and Goldschmidt translates: *'Ein ruhendes Holzgerät'*. (9) I.e., in order to be susceptible to uncleanness, we require a wooden utensil to be like a sack, for they are mentioned together in one verse (Lev. XI, 32) in respect of defilement. (10) This would exclude wooden vessels not intended to be moved at all, or such as cannot be moved when full because of their liability to break i.e., a vessel containing forty *se'ahs* of liquid or two *kors* of dry goods. (11) Lev. XXIV, 6.

b (1) I Sam. XXI, 7. I.e., it was still 'hot bread in the day when it was taken away'. (2) I.e., that the Table *was* susceptible to uncleanness even though intended for resting things on it (or to rest in one place). (3) With gold; since metal utensils are not likened to a sack, they are susceptible to defilement even if they are not intended to be moved. (4) דולפקי, (*delphica*, sub. mensa) a three-legged table used as a toilet table or a waiter, contrad. from שלחן (eating table); (Jast.). (5) If it is so damaged as to be useless for its original purpose, it becomes insusceptible to uncleanness. (6) Stone vessels are not susceptible to uncleanness. (7) I.e., part of the table was left undamaged or uncovered with marble. (8) Because it is still useful for its original purpose. (9) Otherwise, it does not serve the purpose of a table, and consequently becomes insusceptible to uncleanness. For a fuller explanation of the principles involved, v. תפארת ישראל to the Mishnah, Kel. XXII, 1. According to either view, however, it is evident that an object's susceptibility to uncleanness is dependent on the covering: if the marble can render a table insusceptible to defilement, then *a fortiori*, the gold plating renders the Sanctuary Table susceptible to defilement. (10) Of which the Table was made: v. Ex. XXV, 23. (11) I.e., that the covering is all-important and nullifies the wood. (12) Or foresters' apparel (i.e., leather covers), Jast. *Aliter* (on basis of other reading): 'camping apparel', Jast.; Levy: *eingewirkte Kleidungstücke*. (13) Probably coralwood (so Jast.). Levy *'Kostbare Holzart'* (s.v. מסימס).

c (1) Lit., 'standing', i.e., fixed e.g., with nails. (2) The covering of the Temple Table (of which our Mishnah speaks) was not fixed. (3) I.e., the Mishnah of the table and side-table, which teaches that the susceptibility of the table to uncleanness depends on the covering.

the Table is different [27a] for the Divine Law calls it wood.[4] For it is written: *The altar, three cubits high, and the length thereof two cubits, was of wood, and so the corners; the length thereof and the walls thereof, were also of wood; and he said unto me: 'This is the table that is before the Lord'.*[5]—[The verse] begins with the altar and ends with the table! R. Johanan and Resh Lakish both explain: At the time when the Temple stood, the altar used to make atonement for a person; now a person's table makes atonement for him.[6]

ALL THE VESSELS IN THE TEMPLE HAD SECOND SETS ETC. 'THE ALTAR OF BRONZE'[7] for it is written: *An altar of earth*[8] *thou shalt make unto Me.*[9] 'THE ALTAR OF GOLD', for it is written: *The candlestick and the altars;*[10] thus, the altars are likened one to another.

BUT THE SAGES SAY: BECAUSE THEY WERE OVERLAID [WITH METAL]. On the contrary, since they were overlaid, they were susceptible to uncleanness![11]—Read: 'But the Sages declared them unclean because they were overlaid'. Or, alternatively, I can
a explain: The Rabbis say it to R. Eliezer: What have you in mind?[1] The fact that they were overlaid?[2] But their plating was quite nullified in regard to them.[3]

R. Abbahu said that R. Eleazar said: The fire of Gehinnom[4] has no power over the Scholars. It is an *ad majus* conclusion [to be drawn] from the salamander.[5] If now [in the case of] the salamander, which is [only] an offspring of fire, he who anoints himself with its blood is not affected by fire, how much more so the Scholars, whose whole body is fire, for it is written: *Is not My word like as fire? saith the Lord.*[6]

Resh Lakish said. The fire of Gehinnom has no power over the transgressors of Israel. It is an *ad majus* conclusion [to be drawn] from the altar of gold. If the altar of gold, on which there is only a *denar* thickness of gold,[7] is not affected through so many years by the fire, how much less so the transgressors of Israel, who are full of good deeds[8] as a pomegranate [is of seeds]; for it is written, *Thy temples are like a pomegranate split open.*[9] Read not 'thy temples' [*rakkathek*] but 'thy worthless ones' [*rekanim shebak*].[10]

(4) Even when overlaid. Hence, it has to be regarded as a wooden utensil made for resting things on it, and, but for the fact that it used to be lifted to exhibit the showbread on it, would not be susceptible to uncleanness. (5) Ezek. XLI, 22. (6) Through the hospitality shown to poor guests. Cf. R. Johanan's statements about 'a mouthful of food' at the end of San. (Sonc. ed.) 103*b*. (7) *Sc.* is accounted as the ground. (8) Understood here to refer to the altar of bronze; but v. Tosaf. s.v. מזבח. (9) Ex. XX, 24. (10) Num. III, 31. (11) For were they not overlaid with metal, they would belong to the category of wooden utensils made for resting things on them which are insusceptible to uncleanness (v. *supra* 26*b*).

a (1) I.e., what is your reason for declaring the altars to be insusceptible to uncleanness solely on the ground that Scripture terms them *earth*, but not because they are utensils made for resting things on them? (2) And are consequently to be regarded as metal vessels, which are susceptible to uncleanness. (3) Because Scripture terms them '*wood*' (Ezek. XLI, 22; *cf. p. 170). (4) *V. p. 82, n. 1. (5) A fabulous animal generated in fire which, according to the Midrash, must burn incessantly for seven days and nights; but Rashi here postulates seven years, and the Aruch (s.v.) seventy years. For a full account of the legend, v. *J.E.* vol. X, pp. 646-7. (6) Jer. XXIII, 29. (7) *Denarius*, v. Glos. For Moses' wonder at the miracle, v. Tosaf. s.v. ושאין. (8) Lit., 'precepts'. (9) Cant. IV, 3. (10) Lit., 'thy empty ones'. The thought is the reverse of Eccl. VII, 20; there is none in Israel that sinneth and yet doeth not good, for even the transgressors, devoid of merit as they may seem, still have innumerable good deeds to their credit.

*See Corrigenda.

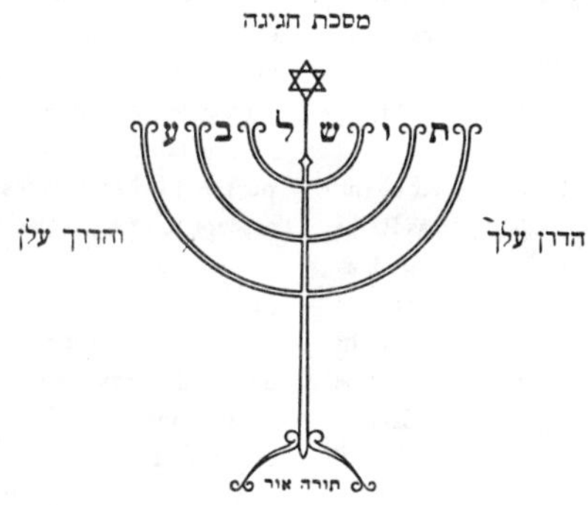

עין משפט נר מצוה

סד א מיי' פי"א מהל' מטמאי משכב ומושב הלכה יא [ועי' מה שכתב בזה הכ"מ בפ"ד מהל' כלים הל' ד]:

דרחמנא קרייה עץ *דכתיב °המזבח עץ שלש אמות גבוה וארכו שתים אמות ומקצעותיו לו וארכו וקירותיו עץ וידבר אלי זה השלחן אשר לפני ה' פתח במזבח וסיים בשלחן רבי יוחנן וריש לקיש דאמרי תרוייהו בזמן שבית המקדש קיים מזבח מכפר על אדם עכשיו שלחנו של אדם מכפר עליו: כל הכלים שבמקדש יש להם שניים כו': מזבח הנחושת דכתיב °מזבח אדמה תעשה לי מזבח הזהב דכתיב °המנורה והמזבחות איתקוש מזבחות זה לזה: וחכמים אומרים מפני שהן מצופין: אדרבה כיון דמצופין נינהו מיטמאו אימא וחכמים מטמאין מפני שהן מצופין ואב"א רבנן לר"א קאמרי מאי דעתיך משום דמצופין *מיבטל בטיל צפויין גבייהו א"ר אבהו אמר ר"א ת"ח אין אור של גיהנם שולטת בהן ק"ו מסלמנדרא ומה סלמנדרא שתולדת אש היא הסך מדמה אין אור שולטת בו ת"ח שכל גופן אש דכתיב °הלא כה דברי כאש נאם ה' על אחת כמה וכמה *אמר ריש לקיש אין אור של גיהנם שולטת בפושעי ישראל קל וחומר ממזבח הזהב מה מזבח הזהב שאין עליו אלא כעובי דינר זהב כמה שנים אין האור שולטת בו פושעי ישראל שמלאין מצות כרמון דכתיב °כפלח הרמון רקתך *אל תקרי רקתך אלא רקנין שבך על אחת כמה וכמה:

הדרן עלך חומר בקודש וסליקא לה מסכת חגיגה

רש"י

רחמנא קרייה עץ · אף כשהוא מצופה: שולחנו מכפר עליו · בהכנסת אורחין: הכי גרסינן מזבח הנחשת דכתיב מזבח אדמה הכתוב קראו אדמה למזבח שמעלין עליו העולות והשלמים והייתו מזבח הנחשת: אדרבה משום דמצופין ניהו נטמאו · דאי לאו מצופה יש להם לטהרם משום כלי עץ העשוי לנחת: מאי דעתיך · דילפת טעמא מדקרינהו אדמה הא לאו הכי טמאין אע"ג דעשוין לנחת: מפני שהן מצופין · ובעי למימר שהציפוי מבטלן והוי להו ככלי מתכות: מיבטל בטיל ציפויין לגבייהו · דרחמנא קרא עץ לכולהו ובלאו האי קרא נמי לא מקבלי טומאה: סלמנדרא · חיה הנבראת מן האור כשבוערין אש במקום אחד שבע שנים תמיד בלי הפסק: כעובי דינר זהב · דבר מועט לא חסר זהבה דנעשה בו נס:

הדרן עלך חומר בקודש וסליקא לה מסכת חגיגה

תוספות

שלחנו של אדם מכפר · דגדול כח הלגימא כדאיתא בהגדת חלק (סנהדרין דף קג:): מזבח אדמה תעשה לי · וכי מוקמי לה בזבחים פרק קדשי קדשים (דף נח: ושם) גבי מזבח אבנים להאי קרא דמזבח אדמה אמר הר"ר אלחנן דקאי לתרוייהו ולמורי נראה לפי שהיה מזבח של משה במקום מזבח של אבנים של בית עולמים וכי האי גוונא דריש התם (דף נט:) כי מזבח הנחשת אשר לפני ה' קטן מהכיל ודריש ליה מזבח אבנים במקום מזבח דנחושת: ואיבעית אימא רבנן לר"א כו' · וקשה למה לי השלחן הטהור מכלל שהיה טמא תיפוק ליה משום ליפוי דהא במזבחות נמי הוה מטמא [ר"א] משום ליפוי אי לאו טעמא דקרקע ניהו ללישנא בתרא אע"פ דרחמנא קרינהו עץ אם כן השלחן נמי טמא אע"ג דאיקרי עץ משום ליפוי וללישנא קמא דמוקי לה כרבנן דמטמא ולא בטל הליפוי לגבי עץ ותירץ הר"ר אלחנן דאיצטריך שפיר קרא דהשלחן דהא במזבחות נמי לא ידעינן ליה שיהיה בטל לגבי הליפוי אלא משום דיליף משלחן דאף על גב דמיקרי עץ התורה טמאתו משום ליפוי ורבנן דאמרי מבטיל בטיל ליפוי לגבייהו אמרי מדאיצטריך לרבויי שלחן דהא מסברא טמא משום ליפוי אלא ודאי לאשמועינן דאע"ג שיש לו ליפוי צריך קרא לרבויי דמקבל טומאה ואי לאו הרבוי הליפוי בטל א"כ ממילא גבי מזבח דליכא רבוי הלפוי בטל ללישנא בתרא:

סלמנדרא · החלד והעכבר תרגמו יונתן כרכושתא וסלמנדרא · ערוך: פושעי ישראל אין אור של גיהנם כו' · נראה לי דלאו בפושעי ישראל בגופן דהא אמרינן בר"ה (דף יז.) פושעי ישראל בגופן גיהנם כלה והם אינם כלים אלא בפושעי קצת קאמר ומשום דמסיק להו אברהם לכולהו חוץ מבועלי הכותית (א) (*דמשכקר ליה) ערלתיה כדאמר בריש עושין פסין (עירובין דף יט.) וכי אמרינן בסוף הזהב (ב"מ דף נח:) הכל יורדין ועולין חוץ משלשה לאו בגיהנם איירי אלא במקום אחד לידון הן יורדין ואף הנידון לאחר שנים עשר חדש עולין ואין נידונין יותר משנה תמימה*:

שאין בו אלא עובי דינר · בתנחומא יש שהיה משה תמיה על זה אי אפשר שלא ישרף העץ ואמר לו המקום כך דרכי באש של מעלה אש אוכלה אש ואינו מכלה כדכתיב והסנה איננו אוכל (שמות ג):

הדרן עלך חומר בקודש וסליקא לה מסכת חגיגה

רבינו חננאל

הוא איקרי עץ שנאמר המזבח עץ שלש אמות גבוה וארכו שתים אמות ומקצועותיו לו וארכו וקירותיו עץ וידבר אלי זה השלחן אשר לפני ה' אלמא דמקרי עץ ומשום הכי בעינן להיותו מטלטל מלא וריקם זו ההלכה כולה ענין השלחן שצפויו אינו מבטל העץ שלו היא במסכת מנחות בפרק שתי הלחם ומפורשת שם כאשר פירשנו והרבה טעו בה דכתיב על השלחן הטהור מכלל דזימנין הוא טמא והשלחן פשוטי כלי עץ הוא ומסגרתו למטה היתה. ותניא (בתוספתא ספ"ג) שלחן שנטמא מטבילין אותו בזמנו אפי' בשבת. משום דמטלטל מלא וריקם. ומעשה שהטבילו המנורה בלילי יום כו'*). חוץ ממזבח הזהב ומזבח הנחושת שהן כקרקע. דכתיב מזבח אדמה וכתיב המנורה והמזבחות [אתקוש מזבחות] להדדי דלהוו כולהו כאדמה דלא מקבלי טומאה. וחכמים מטמאין מפני שהן מצופין. אי בעי תימא לר' אלעזר קאמרי ליה דקאמר טעמא מפני שהן כקרקע דלא מטמו. הא לאו הכי הוו מטמא. והא פשוטי כלי עץ (פשוטי) נינהו ולא מטמו. וכי תימא משום דמצופין. דברי חכמים לר' אליעזר בתימה האי דאמרת דמטמו משום צפויו מיבטל בטיל ציפויה והוו להו כלי עץ. אלא בין משום שהן מצופין בין משום שהן כקרקע אפי'

הכי מצינו **) מבילה לפי' שנינו כל הכלים שמשנין מבילה ואפי' המזבח. א"ר אלעזר תלמידי חכמים אין אור של גיהנם שולטת בהן ק"ו מסלמנדרא ומה סלמנדרא שהוא תולדת אש הסך מדמו אין אור שולטת בו. ת"ח (שמשתמשין) שכל גופן אש דכתיב הלא כה דברי כאש נאם ה' על אחת כמה וכמה. אמר ר"ל אפי' פושעי ישראל אין אור של גיהנם שולטת בהן ק"ו ממזבח הזהב ומה מזבח הזהב שאין צפויו אלא כעובי דינר זהב כמה שנים ואין אור שולט בו פושעי ישראל שהן מליאין מצות כרמון. שנאמר כפלח הרמון רקתך. אפי' ריקנין שבך מלאין מצות כרמון עאכ"ו: הדרן עלך חומר בקודש

*) נראה שצ"ל בלילי יו"ט והתוספתא הגי' שהטבילו המנורה ביו"ט ... עיקר ודו"ק.
**) לכאורה משמע דחכמים נמי ס"ל דלא בעי טבילה ולא פליגי רק בטעמא ודברי רבינו צ"ע.

מסורת הש"ס: ברכות נה. מנחות צז. ע"א · ירמיה כג · עירובין יט. ע"ש · שיר ד · [סנהדרין לז. ברכות נז. מגילה ו.] · [צ"ל דלא מבקר ליה] · [ועיין עדיות פ"ב מ"י]

הגהות הב"ח: (א) תוס' ד"ה פושעי וכו' חוץ מבועל כותית דמשכקר ליה:

גליון הש"ס: רש"י ד"ה סלמנדרא חיה הנבראת וכו'. עיין חולין דף קכז ע"א ברש"י ד"ה וסלמנדרא:

[סליקא ליה מסכת חגיגה. האל יסיר ממנו אף ורוגז וחימה ותוגה

פסקי תוספות ממסכת חגיגה

הכל חייבין פרק ראשון

א חרש שאינו מדבר ואינו שומע פטור מן הראיה וחיגר חולה ברגליו וחולה בגופו וזקן אבל חולה באחד מאיבריו חייב:
קטן לגבי ראיה שאין יכול לאחוז כו' וסוכה דמצותו בשינה שיעורו שיעור משנתו ואינו קורא אימא ולולב דמצותו בניענוע שיודע לנענע ובעירוב שאינו צריך לאמו:
ג ערל שמתו אחיו מחמת מילה חייב א) אלא ערל שמומר לערלות: ד"ה דמרבה: דף ד ע"ב
ד ראיית פנים היתה בעזרה ולא בהר הבית:
ה שלוחי מצוה לא יסמכו על נס שאינם ניזוקים:
ו אתר שקצר אפי' שבולת אחת יכול לעשות כל שדהו פאה ולא קודם קצירה: ד"ה שאין: דף ו ע"ב
ז גמילות חסדים אין לו שיעור בגופו וכן כיבוד אב ואם אבל ממונו לא יבזבז יותר מחומש: ד"ה גמילות חסדים: דף ז ע"א
ח מעשר בהמה אינו טובל ומותר לאכול בלא הפרשת מעשר: ד"ה משום: דף ח ע"א
ט אם לא הקריבו כל קרבנותיהן מקריבין לשם חגיגה ולשם שלמים לרגל אחר:
י נאכדה חגיגתו ברגל חייב להביא אחרת עבר הרגל ונאבדה שוב אינו חייב באחריותו:
יא תלה ביום ראשון ונתרפא בשני או קטן והגדיל או עבד ונשתחרר (חייב) [פטור] נ"ע אי כל הני נמי פטירי מהקהל ב) (ד"ה כיון: דף ט ע"א)
יב שגג או טעה ולא התפלל שחרית מתפלל מנחה שתים לא התפלל מנחה מתפלל ערבית שתים: ד"ה או: שם ע"ב
יג כל היכא דאיכא שתי מלות [שאינן דומות] לא פרכינן הא אפיקתא (כמו לכם ולא לעובד כוכבים ולא לכלבים): ד"ה דלמא: דף י ע"א
יד בא על אשת איש אפשר בתשובה אך קלונו רב ומתכפר ביסורין ותשובה גדולה:
טו נשבע לקיים המצוה ואם עבר אין כאן עקירת שבועה דמושבע בהר סיני הוא:
טז שכר בעל הבית שליח מעל ובמקח קנוי ובעל הבית משלם קרן ושליח חומש אבל עשה שליחותו הרי הוא כבעל הבית:

אין דורשין פרק שני

יז שמים תחילה נבראו אלא הכי פירושו בראשית ברייה שהארץ אותה ארץ היתה תהו ומפרש והולך כיצד:
יח ראוי לגרוס כף רגל חמש מאות וחמש עשרה כמנין ישרה: ד"ה ורגלי: דף יג ע"א
יט הנשיאים היו בימי מלכי ישראל והמלך עוסק במלחמות והנשיאים במילי דשמיא:
כ הלכתא לדין אסורין: ד"ה רב אשי: דף יז ע"א
כא ביום שמביא קרבנותיו הוא יו"ט אפילו אמר הרי עלי עולה או נזירות אסור במלאכה: ד"ה אלא: שם ע"ב
כב מטבילין לקדש אם נגעו ידים לספר או בדבר הפוסלן אבל סתם ידים הגי בנטילת ידים ברביעית: ד"ה כאן: דף יח ע"ב
כג גל שנתלש ונפל לארץ מטבילין בו אבל באויר אין מטבילין ומיירי נמי שלא נפלו למקום מדרון אלא בקרקע שוה ושמא דוקא נפלו לגומא אבל בקרקע חלק הוי כנטוק ואין מטהרין אלא באשבורן: ד"ה בתחתונה: דף יט ע"ב
כד בגדי עם הארץ מדרס לפרושים ומטמא אדם ובגדים שעליו ובאבן מסמא ובאויר ובשאר כליו שמא נגע במת: ד"ה בגדי:
כה הושיט ידו לאמת המים ידו טהורה אבל לא במים שאובין:
כו פירות בכי יותן אחר העלאה. אין טבילה מועלת אלא במכוסה כולה כאחת:

חומר בקודש פרק שלישי

כז קשר עומד לעולם לא חיין ובשאין של קיימא של עור חיין ולא של בגד דהוי אריג: (ד"ה דקיטרא): דף כא ע"ב
כח עירוב מקוואות צריך עיון אי איירי דוקא במקוה חסר אלא שלם או שתי מקוואות שאין בכל אחד שיעור מקוה ג): ד"ה כשוביה:
כט בכלי לתוך כלי גזרינן לקדש כיון דאפילו בתחתון לפנימי אין בו כשפופרת הנוד מה שאין כן בסל: ד"ה מאי: דף כב ע"א
ל סנדל מטמא מדרס ולא הרצועה: ד"ה ונפסקה: דף כג ע"א
לא כל הטעון ביאת מים מדברי סופרים אין טעון הערב שמש:
לב צינורא דעם הארץ הוה כמשקה דמטמא לכלים ולא בעי הערב שמש:
לג אפילו כלי חול מצרף לקדש:
לד גר שנתגייר ועובד כוכבים שירשו אביהם עובד כוכבים יכול לומר לו טול אתה ע"ז ואני מעות: ד"ה חבר: דף כה ע"ב
לה גר יורש אביו מדרבנן:
לו מזבח הנחושת לא היה לו גג אלא מלאו בעפר: ד"ה שאני: דף כו ע"ב

הגהות ב"י א) אבל מומר לערלות לא (בפנים כ"ל דתתח אלא נ"ל ולא): ב) כל הני דפטירי לא מקבלין מינייהו מיהו יכולין לראות בלא קרבן דאפילו בע"מ נכנסין בעזרה: ג) של וגרגותני מקבלים טומאה הואיל ומקבלים פירות:

סליק סימני פסקי תוספות ממסכת חגיגה

GLOSSARY

AND

ABBREVIATIONS

AGGADAH (Lit., 'tale', 'lesson'); the name given to those sections of Rabbinic literature which contain homiletic expositions of the Bible, stories, legends, folk-lore, anecdotes or maxims. Opposed to *halachah*, q.v.

'AM HA-AREẒ pl. *'amme ha-areẓ* (lit., 'people of the land', 'country people'); the name given in Rabbinic literature to (*a*) a person who through ignorance was careless in the observance of the laws of Levitical purity and of those relating to the priestly and Levitical gifts. In this sense opposed to *ḥaber*, q.v.; (*b*) an illiterate or uncultured man, as opposed to *talmid ḥakam*, q.v.

AMORA. 'Speaker', 'interpreter'; originally denoted the interpreter who attended upon the public preacher or lecturer for the purpose of expounding at length and in popular style the heads of the discourse given to him by the latter. Subsequently (pl. Amoraim) the name given to the Rabbinic authorities responsible for the Gemara, as opposed to the Mishnah or Baraitha (v. Tanna).

BARAITHA (Lit., 'outside'); a teaching or a tradition of the Tannaim that has been excluded from the Mishnah and incorporated in a later collection compiled by R. Ḥiyya and R. Oshaiah, generally introduced by 'Our Rabbis taught', or, 'It has been taught''.

BATH ḲOL (Lit., 'daughter of a voice'); (*a*) a reverberating sound; (*b*) a voice descending from heaven (cf. Dan, IV, 28) to offer guidance in human affairs, and regarded as a lower grade of prophecy.

BETH DIN (Lit., 'house of law or judgment'); a gathering of three or more learned men acting as a Jewish court of law.

BETH HAMIDRASH. House of study; the college or academy where the study of the Torah was carried on under the guidance of a Rabbinical authority.

DEMAI (Lit., 'dubious', 'suspicious'); produce concerning which there is a doubt as to whether the rules relating to the priestly and Levitical dues and ritual cleanness and uncleanness were strictly observed. Any produce bought from *'am ha-areẓ* (q.v.), unless the contrary is known, is treated as *demai;* and *terumah gedolah* and *terumah* (q.v.) of the tithe must be separated from it.

DENAR. *Denarius*, a silver or gold coin, the former being worth one twenty-fourth (according to others one twenty-fifth) of the latter.

GEZERAH SHAWAH (Lit., 'equal cut'); the application to one subject of a rule already known to apply to another, on the strengh of a common expression used in connection with both in the Scriptures.

HABER. 'Fellow', 'associate', opp. to *'am ha-areẓ* (q.v.); one scrupulous in the observance of the law, particularly in relation to ritual cleanness and the separation of the priestly and Levitical dues.

HALACHAH (Lit., 'step', 'guidance'), (*a*) the final decision of the Rabbis, whether based on tradition or argument, on disputed rules of conduct; (*b*) those sections of Rabbinic literature which deal with legal questions, as opposed to the *Aggadah*.

HEḲDESH. Any object consecrated to the Sanctuary.

ḤERESH (cf. Ex. IV, 11); a deaf person, especially (in its legal use) a deaf-mute.

ḤULLIN (Lit., 'profane'); ordinary unhallowed food, as opposed to *terumah*, q.v.; unconsecrated animals, as opposed to *heḳdesh*, q.v.

KARETH. 'Cutting off'; divine punishment for a number of sins for which no human penalty is specified. Sudden death is described as '*kareth* of *days*', premature death at sixty as '*kareth* of years'.

MA'AH. The smallest current silver coin, weighing sixteen barleycorns, equal in value to two *dupondia*, a sixth of the silver *denar* or *zuz*.

MIDRAS (Lit., 'treading', 'place of treading'). It denotes uncleanness of the first degree ('Father of uncleanness') contracted by an object on which a gonorrhoeist (more exactly those mentioned in Lev. XII, 2; XV, 2, 25) sits, lies, rides or leans against. Any object fit for, and usually used as, a seat, cover, etc. is susceptible to *midras*-uncleanness.

MIN pl. *minim* (lit., 'kind', 'species'); (*a*) a heretic, esp. (*b*) a member of the sect of the early Jewish Christians.

MISHNAH (rt. SHaNaH, 'to learn', 'to repeat'), (*a*) the collection of the statements, discussions and Biblical interpretations of the Tannaim in the form edited by R. Judah the Patriarch c. 200; (*b*) similar minor collections by previous editors; (*c*) a single clause or paragraph the author of which was a Tanna.

MU'AD (Lit., 'forewarned'); applied to an ox (or any other animal) that has gored or done injury on three successive occasions, so that the owner thus stands 'forewarned' and is liable to pay in full for any damage that has been done by his beast.

PERUṬAH. The smallest copper coin, equal to one-eighth of an *issar* or one-sixteenth of a *dupondium*.

SANHEDRIN (συνέδριον); the council of state and supreme tribunal of the Jewish people during the century or more preceding the fall of the Second Temple. It consisted of seventy-one members, and was presided over by the High Priest. A minor court (for judicial purposes only) consisting of twenty-three members was known as the 'Small Sanhedrin'.

SE'AH. Measure of capacity, equal to six *ḳabs*.

SHECHINAH (Lit., 'abiding [of God]', Divine presence'); the spirit of the Omnipresent as manifested on earth.

SHEKEL. Coin or weight, equal to two *denarii* or ten *ma'ah* (q.v.). The sacred *shekel* was worth twenty *ma'ah* or *gerah* (cf. Ex. XXX, 13), twice the value of the common *shekel*.

TALMID ḤAKAM (Lit., 'disciple of the wise'); scholar, student of the Torah.

TANNA (Lit., 'one who repeats' or 'teaches'); (*a*) a Rabbi quoted in the Mishnah or Baraitha (q.v.); (*b*) in the Amoraic period, a scholar whose special task was to memorize and recite Baraithas in the presence of expounding teachers.

TERUMAH. 'That which is lifted or separated'; the heave-offering given from the yields of the yearly harvests, from certain sacrifices, and from the *shekels* collected in a special chamber in the Temple (*terumath ha-lishkah*). *Terumah gedolah* (great offering): the first levy on the produce of the year given to the priest (v. Num. XVIII, 8ff). Its quantity varied according to the generosity of the owner, who could give one-fortieth, one-fiftieth, or one-sixtieth of his harvest. *Terumath ma'aser* (heave-offering of the tithe): the heave-offering given to the priest by the Levite from the tithes he receives (v. Num. XVIII, 25ff).

TORAH (Lit., 'teaching', 'learning', 'instruction'); (*a*) the Pentateuch (Written Law); (*b*) the Mishnah (Oral Law): (*c*) the whole body of Jewish religious literature.

ṬUMṬUM. A person whose sex cannot be determined.

ZAB (fem. ZABAH). The biblical term for a person who has experienced seminal emission (Lev. XV, 2).

ZUZ. A coin of the value of a *denarius*, six *ma'ah*, or twelve *dupondia*.

ABBREVIATIONS

Alfasi	R. Isaac b. Jacob Alfasi (1013-1103).
Aruk	Talmudic Dictionary by R. Nathan b. Jeḥiel of Rome (d. 1106).
Asheri	R. Asher b. Jeḥiel (1250-1327).
A.Z.	'Abodah Zarah.
b.	ben, bar: son of.
B.B.	Baba Bathra.
BaḤ.	Bayith Ḥadash, Glosses by R. Joel b. Samuel Sirkes (1561-1640).
B.D.B.	*English and Hebrew Lexicon* by Brown, Driver and Briggs.
Bek.	Bekoroth.
Ber.	Berakoth.
Beẓ.	Beẓah.
B.Ḳ.	Baba Ḳamma.
B.M.	Baba Meẓi'a.
CC.	Columbia College Manuscripts.
Cur. ed(d).	Current edition(s).
D.S.	*Diḳduḳe Soferim* by R. Rabbinowicz.
'Ed.	'Eduyyoth.
E.J.	*Encyclopaedia Judaica.*
'Er.	'Erubin.
E.V.	English Version.
Giṭ.	Giṭṭin.
Glos.	Glossary.
Ḥag.	Ḥagigah.
Hor.	Horayoth.
Ḥul.	Ḥullin.
J.E.	*Jewish Encyclopadia.*
JQR.	*Jewish Quarterly Review.*
J.T.	Jerusalem Talmud.
Jast.	M. Jastrow's Dictionary of the Targumim, the Talmud Bible and Yerushalmi, and the Midrashic Literature.
Ker.	Kerithoth.
Keth.	Kethuboth.
Ḳid.	Ḳiddushin.
Ma'as.	Ma'asroth.
Mak.	Makkoth.
Meg.	Megillah.
Men.	Menaḥoth.
MGWJ.	*Monatsschrift für Geschichte und Wissenschaft des Judentums.*
M.Ḳ.	Mo'ed Ḳaṭan.
M.Sh.	Ma'aser Sheni.
MS.M.	Munich Codex of the Talmud.
Naz.	Nazir.
Ned.	Nedarim.
N.H.	Neo-Hebrew.
Nid.	Niddah.
Obermeyer	Obermeyer J., *Die Landschaft Babylonien.*
P.B.	*The Authorised Daily Prayer Book*, S. Singer.
Pes.	Pesaḥim.
R.	Rab, Rabban, Rabbenu, Rabbi.
Rashal	Notes and Glosses on the Talmud by R. Solomon Luria (d. 1573).
Rashi.	Commentary of R. Isaac Yiẓḥaḳi (d. 1105).
R.H.	Rosh Hashanah.
R.V.	Revised version of the Bible.
Sanh.	Sanhedrin.
Shab.	Shabbath.
Sheḳ.	Sheḳalim.
Sonc. ed.	English Translation of the Babylonian Talmud. Soncino Press, London.
Soṭ.	Soṭah.
Suk.	Sukkah.
TA.	*Talmudische Archäologie*, by S. Krauss.
Ta'an.	Ta'anith.
Ter.	Terumoth.
Tosaf.	Tosafoth.
Tosef.	Tosefta.
Wilna Gaon	Notes by Elijah of Wilna (1720-1797) in the Wilna editions of the Talmud.
Yeb.	Yebamoth.
Yom.	Yoma.
Zeb.	Zebaḥim.

TRANSLITERATION OF HEBREW LETTERS

א (in middle of word)	= '
ב	= b
ו	= w
ח	= ḥ
ט	= ṭ
כ	= k
ע	= '
פ	= f
צ	= ẓ
ק	= ḳ
ת	= th

Full particulars regarding the method and scope of the translation are given in the Editor's Introduction in the first Shabbath volume (Mo'ed, Vol. I).

CORRIGENDA

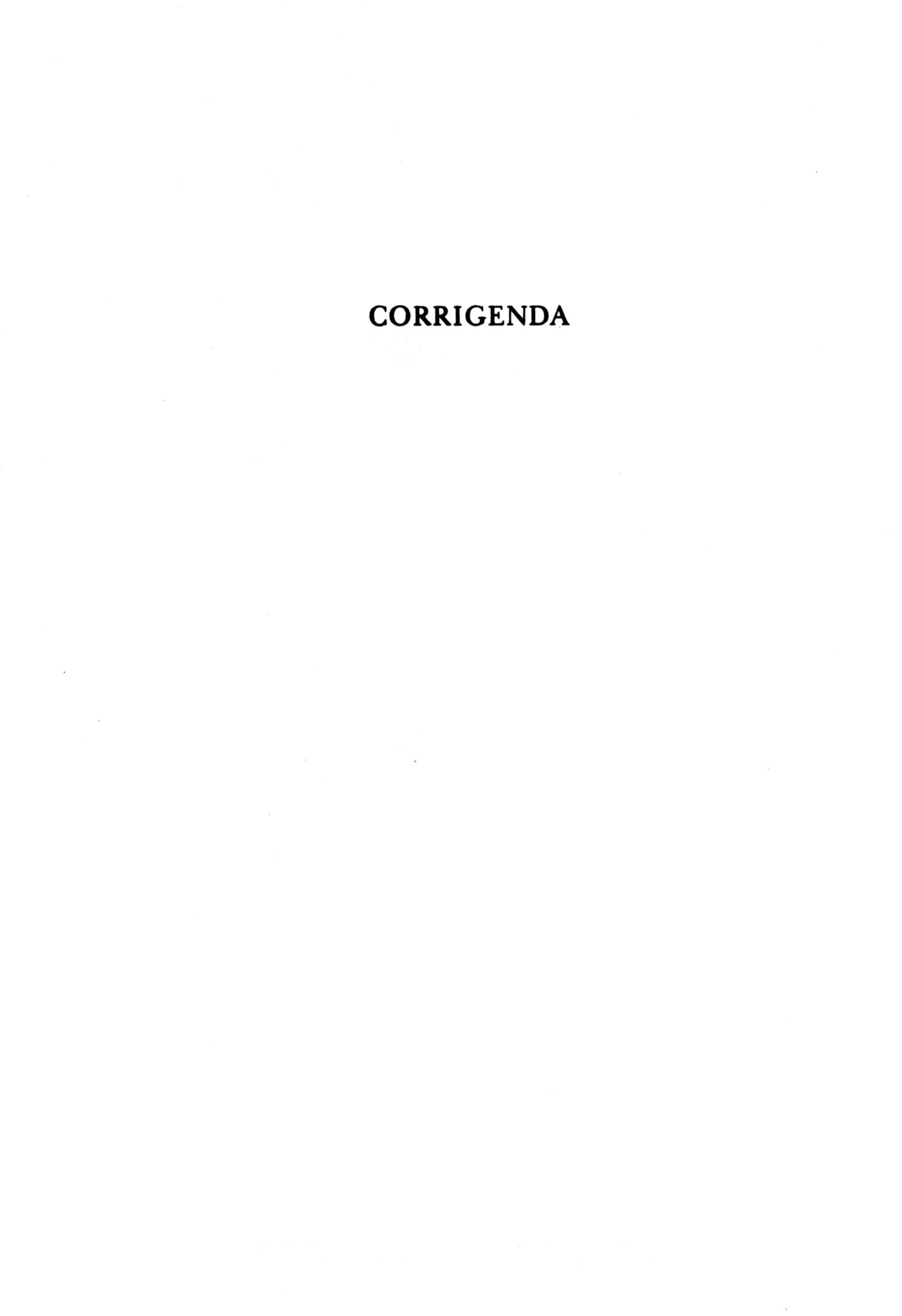

On page 2a note b1 for '(v. p. 1, n. 1).' read '(v. *supra* n. a1).'.

On page 2a note b1 for '(v. p. 1, n. 1),' read '(v. *supra* n. a1),'.

On page 3a note b4 for '(v. p. 5, n. 10);' read '(v. *supra* n. b 10);'.

On page 4a note a3 for 'p. 1.' read '*supra* 2a.'.

On page 4a note b1 for 'p. 1, n. 9.' read '*supra* 2a n. a9.'.

On page 4a note c2 for 'V. p. 7, n. 11.' read 'V. *supra* 3a n. b11.'.

On page 4a note c3 for 'cf. p. 7, n. 12.' read 'cf. *supra* 3a n. b12.'.

On page 4b note 9 for 'p. 1, n. 1.' read '*supra* 2a n. a1.'.

On page 4b note a1 for 'v. p. 3, n. 3.' read 'v. *supra* 2a n. c3.'.

On page 6b note b5 for '(v. p. 13, n. 4)' read '(v. *supra* 4a n. a4)'.

On page 7a note 10 for 'p. 1. n. 1.' read '*supra* 2a n. a1.'.

On page 7b note a1 for 'V. p. 14, n. 5.' read 'V. *supra* 4a n. b5.'.

On page 7b line c25 for 'different?[8]—It' read 'different?[8]—Rav Ashi said: It'.

On page 8b note a8 for 'V. p. 2, nn. 2, 4.' read 'V. *supra* 2a nn. b2 and 4.'.

On page 8b note a10 for 'V. p. 38,' read 'V. *supra* 8a,'.

On page 8b line c8 for 'eat with him![3]—No, it refers' read 'eat with him, then the reason for his not offering them was because he had no [more] people to eat with him![3]—No, it refers'.

On page 8b note c6 for '(v. p. 41, n. 3)' read 'v. *supra* n. b3)'.

On page 9a note b10 for 'V. p. 7, n. 8.' read 'V. *supra* 3a n. b8.'.

On page 9a note c5 for 'v. p. 1.' read 'V. *supra* 2a.'.

On page 9b note b1 for 'V. *P.B.* pp. 40–42.' read 'V. *P.B.* (new ed.) pp. 41–43.'.

On page 9b note b2 for 'V. *P.B.* pp. 44f.' read 'V. *P.B.* (new ed.) pp. 46f.'.

On page 9b line 30 for 'straight; but' read 'straight; if a man robs he can return the robbery and [so] become straight; but'

On page 11b note a1 for 'V. p. 50, n. 8' read 'V. *supra* 10a n. a8.'.

On page 11b note a8 for '(p. 62);' read '(11b–12a);'.

On page 12b note a1 for 'v. p. 66),' read 'v. *supra* 12a),'.

On page 13a note a5 for 'V. p. 69.' read 'V. *supra* 12b.'.

On page 13a note b7 for 'v. p. 85.' read 'v. *infra* 14a.'.

On page 13a note b11 for 'Cf. p. 85,' read 'Cf. *infra* 14a,'.

On page 13a note c4 for '(p. 59).' read '*supra* 11b.'.

On page 14a note b3 for 'V. p. 56, nn. 5 and 6.' read 'V. *supra* 11a n. a5 and 6.'.

On page 14a note d10 for 'Cf. p. 75 and nn. 4 and 5.' read 'Cf. *supra* 13a nn. b4 and 5.'.

On page 14b note 6 for 'V. p. 59, n. 4.' read 'V. *supra* 11b n. a4.'.

On page 14b note a1 for 'Cf. p. 77, n. 9.' read 'Cf. *supra* 13a n. d9.'.

On page 14b note b4 for 'V. p. 73, n. 12' read 'V. *supra* 13a n. 12.'.

On page 15a note a11 for 'V. p. 73, n. 12.' read 'V. *supra* 13a n. 12.'.

On page 15a note b5 for 'V. p. 91, n. 3.' read 'V. *supra* 14b n. c3.'.

On page 15a note b9 for 'V. p. 82, n. 1;' read 'V. *supra* 13b n. 1;'.

On page 15a note c10 for '(v. p. 69, n. 5). V. also p. 101.' read '(v. *supra* 12b n. b5). V. also *infra* 16a.'.

On page 15b note a9 for 'Cf. p. 89.' read 'Cf. *supra* 14b.'.

On page 16a note a10 for 'V. p. 95, n. 10.' read 'V. *supra* 15a note c10.'.

On page 16a note b3 for 'Cf. p. 59, n. 7' read 'Cf. *supra* 11b n. a7.'.

On page 16a note c3 for 'cf. p. 88, n. 9.' read 'cf. *supra* 14b n. 9.'.

On page 16a note d7 for '(v. Hor. *13b*; cf. p. 14, n. 5).' read '(v. Hor. *13b*; cf. *supra* 4a n. b5).'.

On page 16a note e4 for 'V. p. 108.' read 'V. *infra* 16b.'.

On page 16b note 7 for 'cf. p. 75, n. 5.' read 'cf. *supra* 13a n. b4.'.

On page 16b note c1 for 'V. p. 94, n. 3.' read 'V. *supra* 15a n. b3.'.

On page 17a note a4 for '(v. pp. 2, n. 3 and 30, n. 1' read '(v. *supra* 2a n. b3 and 6b n. b1'.

On page 17a note a5 for '(v. p. 104, n. 12).' read '(v. *supra* 16a n. d12).'.

On page 17a note a6 for 'V. p. 104 and nn. 11, 12.' read 'V. *supra* 16a nn. d11 and 12.'.

On page 17a note a7 for 'v. p. 2, n. 1.' read 'v. *supra* 2a n. b1.'.

On page 17a note a9 for 'v. p. 27, n. 3.' read 'v. *supra* 6a n. b3.'.

On page 17a note a12 for 'v. p. 113, n. 6.' read 'v. *infra* 17b n. 6.'.

On page 17a note d1 for 'V. p. 43.' read 'V. *supra* 9a.'.

On page 17b note 6 for 'p. 111.' read '*supra* 17a.'.

On page 17b note c1 for 'V. p. 111.' read 'V. *supra* 17a.'.

On page 18b note 7 for 'cf. p. 35, n. 6.' read 'cf. *supra* 7b n. a6.'.

On page 18b note 8 for 'V. p. 35, n. 8.' read 'V. *supra* 7b n. a8.'.

On page 20b note b2 for 'v. the Mishnah pp. 119–121.' read 'v. *supra* the Mishnah 18b.'.

On page 20b note b7 for 'V. p. 120, n. 3.' read 'V. *supra* 18b n. a3.'.

On page 20b note b9 for 'V. p. 120,' read 'V. *supra* 18b,'.

On page 22a note a8 for '(v. the Mishnah p. 133).' read '(v. *supra* the Mishnah 20).'.

On page 22b note c6 for '(v. p. 134, n. 7)' read '(v. *supra* 20b n. c7)'.

On page 22b note c8 for 'v. p. 133, n. 4.' read 'v. *supra* 20b n. b4.'.

On page 23a note b1 for 'cf. p. 143, n. 6.' read 'cf. *supra* 22b n. c6.'.

On page 23a note b5 for 'Cf. p. 121, n. 9.' read 'Cf. *supra* 18b n. b9.'.

On page 23a note c3 for 'v. p. 121),' read 'v. *supra* 18b,'.

On page 23b note a4 for '(v. p. 147) for '(v. *supra* 23a)'.

On page 23b note b9 for 'v. p. 150).' read 'v. *infra* 24).'.

On page 24b note c2 for '(cf. p. 152, n. 4),' read '(cf. *supra* 24a n. b4),'.

On page 25a note 6 for '(p. 161)' read '*infra* 25b'.

On page 25a note 7 for 'v. p. 161, n. 1.' read 'v. *infra* 25b n. c1.'.

On page 25b note a5 for 'v. pp. 165–6.' read 'v. *supra* 26a.'.

On page 25b note a6 for 'v. p. 56, n. 6' read 'v. *supra* 11a n. a6'.

On page 25b line b9 for 'his *terumah?* Rabbah' read 'his *terumah?* Ulla said: If one investigated [a Beth Peras] for his Passover sacrifice, he may [also] eat his *terumah.* Rabbah'.

On page 25b n. c4 for '(cf. p. 163,' read '(cf. *infra* 26a,'.

On page 25b note c5 for 'V. p. 156, n. 6.' read 'V. *supra* 25a n. 6.'.

On page 25b note d5 for '(v. p. 163, n. 4).' read '(v. *infra* 26a n. 4).'.

On page 26a note a3 for '(v. p. 155f);' read '(v. *supra* 24b;'.

On page 26a note b6 for '(p. 162).' read '(*supra* 25b).'.

On page 27a note a3 for 'cf. p. 170).' read 'cf. *supra* 27).'.

On page 27a note a4 for 'V. p. 82, n. 1.' read 'V. *supra* 13b n. d1.'.

MW01620314